KB049847

제4판

금융거래와 법

박 준 · 한 민

박영사

제4판 서문

제3판을 출간한 지 2년 만에 제4판을 발간하게 되었다. 제3판에 대한 많은 독자들의 성원과 격려에 감사드린다.

지난 2년 동안 금융거래에 관한 법과 실무에 많은 변화가 있었다. 주요한 변화로는 가상자산이용자보호법의 제정과 자산유동화법의 대폭 개정 등의 입법, 신디케이티드 대출, 투자신탁, 자산유동화, 알고리즘거래, 가상자산 등 여러 유형의 금융거래에 관한 대법원과 하급심의 판결들, 전환사채와 알고리즘거래에 대한 규제, 토큰증권 가이드라인의 발표와 증권형 토큰의 투자계약증권 해당여부에 관한 논의 등을 들 수 있고, 그 이외에도 법규와 실무상 여러 변화가 있었다. 제4판에는 이러한 변화와 학계의 논의를 반영하였고 그동안 다루지 않았던 몇 가지 새로운 쟁점에 대한 논의를 추가하였다.

제4판에서 수정·보완된 주요한 사항은 다음과 같다.

제2장 예금: 예금의 양도와 소멸, 국내은행의 해외지점이 받는 예금.
제3장 여신·대출 총론: LIBOR 폐지와 새로운 무위험지표금리의 개발·사용에 따른 국제대출계약의 변화, 대출계약의 준거법과 재판관할에 관한 합의.
제4장 신디케이티드 대출: 대리은행의 의무와 책임.
제6장 신탁: 금융위원회가 발표한 신탁업 혁신방안, 투자신탁 수익증권 판매회사의 법적 지위와 책임, 투자신탁재산에 대한 불법행위 발생시 집합투자업자·신탁업자의 권리보전조치, 수익증권 판매광고와 공모규제.
제8장 회사채 각론: 전환사채의 전환가액 조정과 콜옵션부 전환사채에 관한 새로운 규제.
제9장 자산유동화: 2024년 시행된 자산유동화법 개정에 따라 새로 도입된 유동화증

권 의무보유제도와 발행내역 등 공개제도 및 기타 개정사항.

제13장 부동산개발금융: 상장리츠에 대한 공정거래법상 지주회사 규정의 적용 배제, 부동산개발사업 관련 각종 투융자기구의 이익배당과 소득공제 혜택.

제15장 금융거래와 도산법: 국내 회생계획인가결정의 외국에서의 승인과 관련한 영국의 깁스(Gibbs) 원칙.

제16장 핀테크와 금융거래: 알고리즘거래에 관한 규제, 알고리즘거래와 착오취소.

제17장 가상자산: 가상자산이용자보호법의 내용과 문제점, 가상자산에 관한 여러 하급심 판결, 가상자산의 투자계약증권 해당 여부.

초판부터 제3판까지와 마찬가지로 제4판도 금융거래의 발전과 변화를 반영하고 법적인 쟁점을 새롭게 제기·논의함으로써 실무가와 연구자들에게 도움이 될 수 있게 만들고자 노력하였다. 미흡한 부분은 앞으로 계속 보완해 나갈 생각이다. 편집과 제작에 애써 주신 조성호 이사님과 김선민 이사님 등 박영사의 여러분들께 감사드린다.

2024년 6월 19일

박 준 · 한 민

제3판 서문

제2판을 출간한 지 3년 만에 제3판을 발간하게 되었다. 제3판에서는 초판 원고를 쓸 때부터 염두에 두었으면서도 책에 반영하지 못한 주제들을 다루었다. 책의 분량도 360쪽 이상 늘어났다. 이 책이 금융의 변화를 반영하여 계속 법률·금융실무가와 연구자들에게 도움이 되기를 기대한다.

제3판에는 핀테크와 금융거래(제16장), 암호자산(제17장), 부동산개발금융(제13장)과 투자신탁(제6장 제5절)을 추가하였다. 제2판에서 다룬 주제에 관하여도 새로운 판례와 학계의 논의를 반영하고자 하였고 일부 새로운 세부 쟁점에 대한 논의를 보완하였다.

제16장과 제17장은 핀테크에 의한 금융혁신과 암호자산을 다루었다. 각종 다양한 금융거래에 관한 법적 쟁점을 제기·논의하고자 하는 이 책의 목적에 맞추어 제16장에서는 핀테크에 의한 주요 금융거래를 유형별로 분석하였다. 자금조달과 관련하여 크라우드 펀딩과 P2P 대출을, 인공지능 활용과 관련하여 알고리즘 거래와 로보어드바이저를 다루었다. 제17장에서는 비트코인을 비롯한 암호자산 거래에 관한 법적 쟁점을 당사자의 권리의무와 규제로 나누어 논의하였다. 이러한 새로운 거래에 관하여는 아직 판례 등 선례가 별로 축적되어 있지 않지만, 생각할 수 있는 중요한 법적 쟁점들을 논의하고자 하였다.

제13장은 부동산개발사업에 소요되는 사업자금을 조달하기 위한 부동산개발금융을 다루었다. 부동산개발금융은 적용법규 및 거래구조가 다양하고 복잡하다는 점을 고려하여 그 주요 내용을 보다 체계적으로 이해할 수 있도록 제13장을 구성하였다. 최근 부동산개발사업에 활발히 이용되고 있는 토지신탁, 분양관리신탁, 부동산담보신탁 등 다양한 부동산신탁과 부동산개발사업에 직간접적으로 참여하는 투융자기구인 프로젝트금융투자회사, 부동산투자회사 및 부동산펀드의 역할을 중심으로 금융 조달을 위한 부동산개발사업의 유형과 구조를 살펴보고, 이어서 부동산 프로젝트금융의 구조 및 법적 쟁점들을 분석

하였다.

최근 수년간 사모펀드 사건들이 발생하여 사회적으로 주목을 받은 것을 계기로 투자신탁에 관한 논의를 제6장(신탁)의 마지막 절로 추가하였다.

초판 서문에서 언급하였듯이 두 공저자가 분야를 나누어 이 책의 초고를 집필하였다. 의견교환과 토론을 거쳐 원고를 수정하였지만 아무래도 초고 집필을 맡은 분야에 대해서는 담당 공저자가 집필자로서 주된 책임을 지고 있다고 생각한다. 집필 분담은 다음과 같이 하였다.

박준: 제1장, 제2장, 제3장(제4절 제외), 제5장, 제6장 제5절, 제7장, 제8장, 제10장, 제11장, 제16장, 제17장

한민: 제3장 제4절, 제4장, 제6장(제5절 제외), 제9장, 제12장, 제13장, 제14장, 제15장

제2판 발간 후 저자들의 신상에 변동이 있었다. 박준은 2020년 2월 서울대학교 법학전문대학원에서 정년퇴임한 후 현재 서울대학교 법학전문대학원 특임교수로 강의와 연구를 계속하고 있다. 한민은 2022년 7월 말 이화여자대학교 법학전문대학원에서 퇴임하고 다시 변호사로 활동할 계획이다. 새로운 실무경험을 축적하여 앞으로 이 책에 '살아있는 법'을 더 잘 반영할 수 있게 되기를 기대하고 있다.

제3판 출간에도 많은 분들의 도움을 받았다. 우선 제3판 준비 과정 내내 격려와 조언을 아끼지 않으신 김건식 교수님과 여러 귀중한 의견을 주신 정순섭 교수님께 깊이 감사드린다. 구봉석, 김준영, 박성하, 이정민, 최용호, 허영만, 황정엽 변호사님은 제3판에서 다룬 새로운 주제에 관하여 많은 유익한 지적을 해 주어 미흡한 점들을 보완할 수 있었다. 전경준 변호사님은 초판 때와 마찬가지로 제2판도 면밀히 검토하여 여러 의문점을 제기하여 주었다. 모두 큰 도움이 되었다. 감사드린다. 물론 남아있는 잘못은 저자들의 몫이다. 편집과 제작에 애써주신 조성호 이사님과 김선민 이사님 등 박영사의 여러분들께도 감사드린다.

2022년 7월 28일
박 준 · 한 민

제2판 서문

초판을 출간한 지 1년 만에 개정판을 내게 되었다. 예상보다 빨리 초판이 소진되어 서둘러 개정판을 출간하게 되었다. 많은 독자들의 성원에 감사드린다.

제2판에서는 그동안 새로 나온 판례와 학계의 논의를 반영함과 아울러 새로운 쟁점에 대한 논의를 추가하고 초판의 미흡한 부분을 보완하였다. 주요한 추가 · 보완 사항으로는 제2장(예금거래)의 마이너스 통장 예금거래, 제3장(여신 · 대출 총론)의 금리인하요구권, P2P대출의 법적 성격, 제4장(신디케이티드 대출)의 간사은행의 정보제공의무, 제6장(신탁)의 자본시장법상 이익상반행위 규율, 담보신탁, 자기신탁과 신탁업 영위, 제7장(회사채 총론)의 전자증권법 시행, 부실공시 관련 상당한 주의의 항변, 제8장(회사채 각론)의 발행회사의 자기발행 전환사채의 취득 · 처분, 제9장(자산유동화)의 특별목적회사(SPC)에 대한 도산절차방지, 한국주택금융공사의 주택저당증권 등 발행, 제10장(파생상품거래 총론)의 금융투자업자의 신의성실의무와 고객이익우선의무, 관계회사 상계 조항, 제12장(프로젝트금융)의 투융자집합투자기구의 사채발행, 제13장(자산금융과 인수금융)의 금융리스 관련 2019년 대법원판결, 제14장(금융거래와 도산법)의 집합채권 양도담보의 부인, 소유권이전조건부 선체용선(BBCHP)의 회생절차상 취급, 리먼브러더스의 도산절차에서 제기된 파생금융거래 관련 영미 판결 등이 있다.

금융거래는 혁신과 발전을 통하여 계속 변화하고 있고 이에 따른 새로운 법적인 쟁점들이 발생하고 있다. 개정판에 금융거래의 전자화와 핀테크에 관한 내용을 새로운 장으로 추가하려던 계획을 가지고 있었으나 예상보다 빨리 제2판을 출간하게 되어 그 계획은 다음으로 미룰 수밖에 없게 되었다. 앞으로 계속 이 책이 금융의 변화를 반영하여 법률 · 금융실무가와 연구자들에게 도움이 되도록 보완해 나가려고 한다.

초판 출간 후 격려의 말씀을 해 주신 많은 분들께 감사드린다. 특히 초판을 면밀히 검토하여 오탈자 뿐 아니라 내용에 관한 여러 의문점들을 제기하여 주신 전경준 변호사께 감사드린다. 편집과 제작에 애써주신 조성호 이사님과 김선민 부장님 등 박영사의 여러분들께도 감사드린다.

2019년 7월 17일

박 준 · 한 민

서 문

이 책은 예금·대출 같은 기본적인 금융거래부터 파생상품·프로젝트금융에 이르기까지 다양한 유형의 금융거래에 관한 법적 쟁점을 다루었다.

총 14개 장(章)에 걸쳐 기본적인 금융거래인 여수신거래(예금, 신디케이티드 대출을 포함한 대출과 은행지급보증)와 신탁(제2장부터 제6장), 증권을 이용한 금융거래인 회사채와 자산유동화(제7장부터 제9장), 새로운 유형의 금융거래로 날로 중요성을 더해 가는 파생상품거래(제10장과 제11장), 특별한 용도의 자금조달거래인 프로젝트금융, 자산금융과 인수금융(제12장과 제13장)에 관한 법적 쟁점을 다루었고, 마지막으로 모든 유형의 금융거래에서 제기되는 도산법(제14장) 쟁점을 논의하였다. 기본적으로 사법(私法)의 영역에 속하는 금융거래법상의 쟁점을 다루었고 필요한 범위 내에서 금융규제법 문제도 일부 논의하였다.

이 책을 집필하면서 저자들은 다음과 같은 점들에 유념하였다.

첫째, 위험의 관점에서 금융거래의 법률관계를 조망하고자 하였다. 제1장 총설에서 보듯이 금융거래의 당사자는 금융거래로 신용위험·시장위험 등 위험을 부담 또는 이전한다. 금융자산 보유자가 부담하는 위험은 그가 취득한 법적인 권리의 실질적인 가치를 정하는 요소이고 법적인 권리라는 동전의 뒷면에 해당한다. 법률관계를 분석할 때 금융거래의 이러한 성격을 잘 반영하고자 하였다.

둘째, 금융거래에 대한 보다 깊은 이해와 분석을 토대로 각종 금융거래에 관한 새로운 법적 쟁점을 제기·논의하고자 하였다. 금융거래의 법과 실무의 이정표가 된 많은 판례를 검토하면서 일부는 재조명하거나 비판적으로 분석하였다. 아직 판례가 형성되지 않고 학계와 실무에서도 논의가 활발하지 않은 법적 쟁점도 분석하고 견해를 제시하였다. 기본적으로 한국법이 적용되는 금융거래를 다루지만 국제금융거래에 대해서도 필요한 범위 내에서 언급하였고 외국의 이론과 판례도 참고하였다.

셋째, 법률·금융실무가와 연구자들이 금융거래의 실무와 법을 체계적으로 이해할 수 있는 책이 되도록 하였다. 은행의 여·수신, 신탁부터 시작하여 회사채, 자산유동화, 파생상품, 프로젝트금융, 자산금융, 인수금융에 이르기까지 다양한 금융거래를 체계적으로 파악할 수 있도록 구성하였다. 한편 각 장은 개별유형의 금융거래에 관한 독립적인 참고문헌으로 제시해도 손색이 없을 정도로 연구·정리하고자 애썼다. 특정한 유형의 금융거래에 관심이 있는 독자는 해당 장부터 읽어도 무방하다.

저자들은 20여 년간 변호사로 금융거래에 관한 법률실무를 하면서 금융거래법을 체계적으로 정리한 국내 참고서적의 부족을 실감하였다. 저자들이 학계로 옮긴 후 10년 안팎 동안 연구와 강의를 하며 실무와 연구를 접목한 금융거래법 책을 집필하는 것이 저자들의 의무라고 생각하면서도 쉽게 진전시키지 못하였다. 재작년 초 두 사람이 비슷한 생각을 가지고 있음을 확인하고 이 책을 공동 집필하기로 하였다. 책에서 다룰 분야를 정한 후 각자 그 동안 더 깊이 연구한 분야의 초고 작성을 나누어 맡았다. 초고를 읽은 후 의견교환과 토론을 거쳐 원고를 수정하는 작업을 계속하였다. 혼자 집필할 때는 얻을 수 없는 여러 장점이 있었다. 한편으로는 서로 학문적 호기심을 자극하여 새로운 시각에서 문제를 접근할 수 있었고 다른 한편으로는 느슨해짐을 경계할 수 있었다. 이러한 과정을 거쳐 문제를 더 깊이 들여다보며 견해의 차이를 좁히고 각 장의 논의가 서로 조화를 이루도록 하였다.

이 책은 위험의 관점에서 금융거래의 법률관계를 분석하는 체계서를 목표로 하였지만 아직 미흡한 점이 많다. 또한 애초 계획할 때 다루려고 했던 분야 가운데 포함시키지 못한 부분도 있다. 앞으로 기회가 닿는 대로 보완하고자 한다.

이 책을 출간하며 감사드릴 분들이 많다. 학창시절부터 지금까지 여러 은사님들과 선후배 동료들로부터 많은 가르침과 도움을 받았다. 특히 학자의 길을 몸소 보여주시며 가르침을 주시고 격려를 아끼지 않으신 이시윤, 최기원, 송상현 선생님께 감사드린다. 저자들이 금융거래 법률실무 경험을 축적할 수 있도록 이끌어 주신 김·장 법률사무소의 김영무, 정계성, 조대연 변호사님과 끊임없이 학문적 자극과 영감을 준 서울대의 김건식, 윤진수 교수께도 감사드린다. 김·장 법률사무소의 윤희선, 조영균, 정성구, 권윤구 변호사와 홍선경 미국변호사님, 인천대의 김정연 교수는 초고를 읽고 많은 지적을 해 주어 미흡한 부분을 보완할 수 있었다. 남아있는 잘못은 물론 저자들의 몫이다. 서울대 박사과정의 홍성균 군과 이화여대의 이경미 박사과정수료생은 원고의 교정과 그림의 작성에 큰 도움을 주었다. 편집과 제작에 애써주신 박영사 조성호 이사님과 김선민 부장님께도 감사드린다.

법률가와 학자로서의 길을 걷는 동안 한결같이 저자 박준을 응원해준 아내 김영림, 지난 36년간 늘 저자 한민의 곁에서 헌신적으로 내조를 아끼지 않은 아내 남혜숙(젤뚜르다)과 함께 출간의 기쁨을 나누고자 한다.

2018년 8월 8일

박 준 · 한 민

차례 요약

제1장 총 설

제2장 예 금

제3장 여신 · 대출 총론

제4장 신디케이티드 대출

제5장 은행 지급보증

제6장 신 탁

제7장 회사채 총론

제8장 회사채 각론

제9장 자산유동화

제10장 파생상품거래 총론

제11장 파생상품거래 각론

제12장 프로젝트금융

제13장 부동산개발금융

제14장 자산금융과 인수금융

제15장 금융거래와 도산법

제16장 핀테크와 금융거래

제17장 가상자산

차　례

제1장 총 설

제2장 예 금

제3장 여신·대출 총론

제4장 신디케이티드 대출

제5장 은행 지급보증

제6장 신 탁

제7장 회사채 총론

제8장 회사채 각론

제9장 자산유동화

제10장 파생상품거래 총론

제11장 파생상품거래 각론

제12장 프로젝트금융

제13장 부동산개발금융

제14장 자산금융과 인수금융

제15장 금융거래와 도산법

제16장 핀테크와 금융거래

제17장 가상자산

표 차 례

그림 차례

법령 약어

가상자산이용자보호법	가상자산의 이용자 보호 등에 관한 법률
건축물분양법	건축물의 분양에 관한 법률
공장저당법	공장 및 광업재단 저당법
공정거래법	독점규제 및 공정거래에 관한 법률
국토계획법	국토의 계획 및 이용에 관한 법률
금융산업구조개선법	금융산업의 구조개선에 관한 법률
금융소비자보호법	금융소비자 보호에 관한 법률
금융실명법	금융실명거래 및 비밀보장에 관한 법률
금융회사지배구조법	금융회사의 지배구조에 관한 법률
기부금품법	기부금품의 모집 및 사용에 관한 법률
대부업법	대부업 등의 등록 및 금융이용자 보호에 관한 법률
동산채권담보법	동산·채권 등의 담보에 관한 법률
민간투자법	사회기반시설에 대한 민간투자법
벤처투자법	벤처투자촉진에 관한 법률
부동산개발업법	부동산개발업의 관리 및 육성에 관한 법률
신용정보법	신용정보의 이용 및 보호에 관한 법률
약관규제법	약관의 규제에 관한 법률
온라인투자연계금융업법	온라인투자연계금융업 및 이용자 보호에 관한 법률
유사수신행위법	유사수신행위의 규제에 관한 법률
이중상환채권법	이중상환청구권부 채권 발행에 관한 법률
인터넷전문은행법	인터넷전문은행 설립 및 운영에 관한 특례법
자본시장법	자본시장과 금융투자업에 관한 법률
자산관리공사법	금융회사부실자산 등의 효율적 처리 및 한국자산관리공사의 설립에 관한 법률
자산유동화법	자산유동화에 관한 법률

전자단기사채법	전자단기사채등의 발행 및 유통에 관한 법률
전자상거래법	전자상거래 등에서의 소비자보호에 관한 법률
전자증권법	주식·사채 등의 전자등록에 관한 법률
정보통신망법	정보통신망 이용촉진 및 정보보호 등에 관한 법률
채권추심법	채권의 공정한 추심에 관한 법률
채무자회생법	채무자 회생 및 파산에 관한 법률
통신사기피해환급법	전기통신금융사기 피해방지 및 피해금 환급에 관한 특별법
특정경제범죄법	특정경제범죄 가중처벌 등에 관한 법률
특정금융정보법	특정 금융거래정보의 보고 및 이용 등에 관한 법률
특정동산저당법	자동차 등 특정동산 저당법
특정범죄가중법	특정범죄 가중처벌 등에 관한 법률

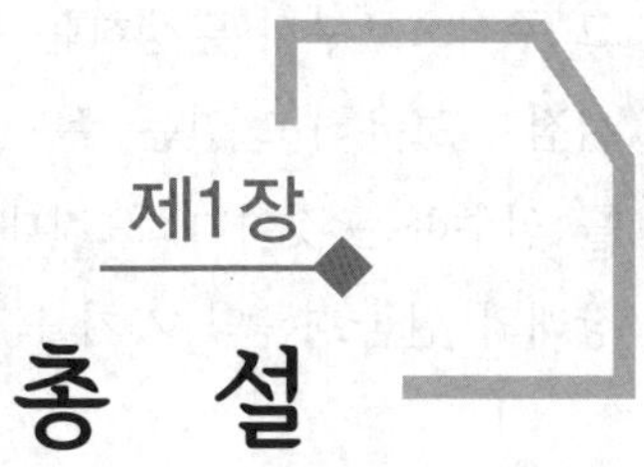

제1장 총 설

제 1 절 금융·위험·법

Ⅰ. 금융거래

1. 전통적인 금융거래와 금융의 속성

국어사전을 찾아보면 금융은 자금이 필요한 사람에게 자금을 공급해 주는 것을 의미한다. 사전적인 의미의 금융을 생각해 보면 자금공급자가 자금수요자에게 직접 자금을 빌려주는 행위 즉 은행의 대출과 같은 금전소비대차가 가장 먼저 떠오른다. 그러나 사전적인 의미의 금융이라도 반드시 소비대차의 형식과 실질을 가지는 것은 아니다. 기업은 사업에 필요한 자금을 은행으로부터 빌리거나 회사채를 발행하여 조달할 수도 있고 신주를 발행하여 조달할 수도 있다. 전자가 이른바 타인자본에 의한 자금조달(debt financing)이고 후자는 자기자본에 의한 자금조달(equity financing)이다. 이 두 가지 유형이 자금의 조달·공급이라는 전통적인 금융의 기본 형태라고 할 수 있다.

금전소비대차에서 차입자는 대여자에게 금전대여에 대한 대가로 통상 이자를 지급한다. 이 때 이자율은 차입자의 신용도 즉 원금상환채무를 불이행할 우려를 반영하여 결정된다. 대여자는 원리금 지급일에 원리금을 지급받을 수 있는 권리의 가치(이 가치를 산정할 때는 원리금지급채무를 불이행할 가능성을 반영함)가 소비대차를 행하는 시점에 보유하고 있는 현금의 가치와 같거나 그보다 크다고 보고 금전대여를 한다. 회사가 자기자본을 늘리는 방법으로 자금을 조달하는 경우도 마찬가지이다. 신주를 인수하는 투자자는 장래 그 주식으로부터 발생하는 이익배당금과 주식을 매각할 때 받을 매매대금의 가치가 투자 시점에 보유하고 있는 주식인수대금에 해당하는 현금의 가치와 같거나 크다고 보고 신주를 인수하는 것이다. 요컨대 금융이란 자금공급자와 자금수요자 사이에서 현재의 현금과 장래의 현금흐름의 가치를 교환하는 행위라고 할 수 있다.

2. 금융거래의 유형

(1) 기본 유형

가. 타인자본 조달과 자기자본 조달

앞서 본 바와 같이 전통적인 금융은 자금수요자가 자금을 빌리는 방법에 의한 자금조달(debt financing 이하 "타인자본조달")과 자금수요자가 자기자본을 늘리는 방법에 의한 자금조달(equity financing 이하 "자기자본조달")로 나누어 볼 수 있다. 자금수요자와 자금공급자가 금융회사가 아닌 경우에는 통상 금융회사의 중개에 의하여 자금의 조달·공급이 이루어지게 된다.

타인자본조달 거래의 법률관계는 기본적으로 사적 자치의 원칙에 따라 자금공급자와 자금수요자 간의 계약으로 규율된다. 그러나 담보와 자금수요자의 도산시의 처리는 자금공급자와 자금수요자 이외의 다른 사람들의 법률관계에도 영향을 주게 되므로 두 당사자의 사적 자치에만 맡겨 놓을 수 없다. 자기자본조달 거래는 주식의 발행과 인수이고 그 결과로 자금공급자인 주주가 주주권을 보유하게 되므로 회사법상 주식 및 주주에 관한 법리에 의하여 규율된다. 자기자본조달 거래의 법적인 면을 잘 다룬 회사법 문헌들이 있으므로 이 책에서는 자기자본조달은 다루지 않는다(다수의 투자자를 상대로 주식을 발행하는 경우에는 증권 공모라는 점에서 자본시장법의 규율을 받게 된다. 이 점은 아래 나.에서 언급하는 채권(債券)의 공모발행과 기본적으로 같은 법리의 적용을 받게 된다).

나. 일대일 계약과 증권 발행

타인자본조달 가운데 가장 전통적인 거래인 금전소비대차 거래는 은행 등 금융기관의 대출과 같이 자금공급자와 자금수요자 간의 직접 협상을 통하여 이루어진다(☞ 제3장 여신·대출 총론, 제4장 신디케이티드 대출). 이러한 대출거래에서 발생할 수 있는 자금수요자의 도덕적 해이와 역선택의 문제는 자금제공자와 자금수요자 간의 계약으로 해소하게 된다.

회사채 등 채권(債券) 발행을 통한 자금조달은 금전소비대차 성격이 있는 거래이기는 하지만 1인의 자금수요자와 다수의 자금공급자 간의 거래로 이루어지므로 일대일 계약에서 고려해야 할 법적인 쟁점 이외에 증권의 발행과 유통이라는 점을 법적으로 고려해야 한다(☞ 제7장 회사채 총론).

다수의 자금공급자(즉 투자자)를 상대로 증권을 발행하여 자금을 조달하는 경우 투자자는 통상 증권발행자와 직접 거래조건을 협상하지 못하고 증권발행자가 제시하는 조건으로 그 증권에 투자할 것인지 여부만을 결정하게 된다. 투자자는 그 증권에 투자한 후 장래 회수할 수 있는 현금흐름(회사채의 경우 원리금, 주식의 경우 배당금과 장래의 매각대금)의 가치가 현재 가지고 있는 현금의 가치와 같거나 그보다 더 크다고 생각할 때 증권에 투자하게 될 것이다. 장래 회수할 수 있는 현금흐름이 얼마나 되는지를 판단하기 위해서는 증권투자에 따른 위험을 평가하여야 하고 이를 위해서는 증권발행자 및 증권자체에 관한 정보가 필요하다. 증권 발행 후 유통과정에서 기존의 투자자가 가진 증권을 다른 사람이 매수하고자 할 때 새로운 투자자 역시 증권의 매매가격과 그 증권으로부터 회수할 장래의 현금흐름의 가치를 비교할 것이다. 장래의 현금흐름을 평가하기 위해서는 증권발행자와 증권자체에 관한 정보가 필요할 것이므로 증권유통시장에서도 역시 정보 공시가 필요하게 된다. 증권 발행에 의한 자금조달뿐만 아니라 증권 발행 후 유통과정에서도 자금제공자의 정보취득비용을 최소화하고 합리적으로 배분하기 위한 법적 규제가 필요하게 된다. 투자자들의 투자판단에 필요한 정보는 거의 대부분 증권발행자가 가지고 있으므로 증권발행자가 그 정보를 투자자들에게 제공하도록 할 필요가 있다. 증권의 발행과 유통과 관련한 정보 공시는 자본시장법이 규율한다.

(2) 새로운 금융거래 유형의 발전

가. 다른 거래 유형과의 혼합

금융거래는 기본적으로 자금의 조달·공급에 관한 거래이다. 타인자본 조달(debt financing)과 자기자본 조달(equity financing) 양자 모두 자금의 조달·공급 거래이다. 외관상 다른 유형의 거래(예: 매매)를 이용하여 자금의 조달·공급에 관한 거래를 하는 경우도 있다. 소유권유보부 매매 또는 환매조건부 매매가 그 예라고 할 수 있다. 또한 물건을 임대차하는 것과 유사한 유형의 거래를 하면서 실질적으로는 자금의 조달·공급의 기능을 하는 예로는 리스를 들 수 있다. 자산금융(asset finance) 또는 소유권금융(title finance)이라고 부르는 형태의 거래에서 이러한 유형의 금융거래들을 볼 수 있다(☞ 제14장 제1절 자산금융). 이러한 유형의 거래는 통상 담보, 조세, 행정규제 등 다른 법제상의 제약이나 혜택 때문에 행해진다.

또한 2008년 글로벌 금융위기를 계기로 주목을 받게 된 자산유동화(securitization) 거래는 매매거래를 다른 방법으로 활용한 금융거래라고 할 수 있다. 자산유동화거래에서 자산보유자(=실질적인 자금수요자)는 가지고 있는 자산을 매각하고 그 매매대금을 받음으로써 자금을 조달한다. 그 자산을 매수한 매수인{통상 그 자산의 유동화만을 목적으로 설립된 특별목적회사(SPC: special purpose company) 또는 특별목적기구(SPV: special purpose vehicle)}이 그 자산을 기초로 채권(債券) 등 증권을 발행하여 자금공급자로부터 자금을 공급받아 그 자산에 대한 매매대금을 지급한다. 자금수요자는 매매거래만을 한 것이지만 자산유동화거래를 통한 자금조달의 실질적 주체라고 할 수 있다(☞ 제9장 자산유동화).

나. 금융거래 기본유형의 상호 접근

타인자본조달 거래의 기본유형인 대출 또는 일반회사채 거래에서는 자금공급자가 자금수요자에 대한 금전소비대차 채권(債權)을 가지게 되고 자기자본조달 거래에서는 자금공급자는 자금수요자인 주식발행회사에 대하여 주주의 지위에 있게 된다. 금전소비대차 채권의 기본 형태는 미리 정한 시기에 원금을 상환하고 그 기간 동안 미리 정한 이자율에 의한 이자를 지급하는 것이다. 즉 자금수요자가 원리금을 상환할 재력이 있는 한 자금공급자는 일정한 수익을 얻을 수 있는 거래이고, 상환할 재력이 없는 경우에는 담보가 있으면 담보로부터 우선변제를 받고 무담보인 경우에는 자금수요자의 파산·청산 시 다른 무담보채권자들과 같은 지위에서 안분 비례하여 채권을 회수하는 거래이다. 반면 자기자본 거래에서 자금공급자는 주주로서 주식발행회사의 사업의 성과에 따라 얻을 수 있는 투자수익의 크기가 달라지고 손실을 입게 될 수도 있으며 회사의 파산·청산 시에는 채권자들보다는 후순위로 잔여재산분배를 받게 된다. 주주는 이렇게 회사의 사업의 최종적인 손익의 귀속주체이므로 주주총회에서 회사의 중요한 의사를 결정할 권한을 가지게 된다.

타인자본조달 거래와 자기자본조달 거래가 근접하는 새로운 유형의 거래들이 생기고 있다. 타인자본조달 거래이면서도, 자금수요자의 사업의 성과에 연동된 수익을 올릴 수 있도록 하는 경우(예: 이익참가부사채), 타인자본이 자기자본으로 바뀔 수 있도록 하는 경우(예: 전환사채, 신주인수권부사채), 자금수요자가 정상적으로 사업을 계속하는 한 원금을 변제하지 않아도 무방한 경우(예: 영구채), 타인자본을 제공한 자금공급자가 사업의 성과에 따른 손실을 부담하도록 하는 경우(예: 후순위채권, 조건부자본증권)가 있다(☞ 제8장 회사채 각론). 또한 자기자본조달 거래이지만 회사의 사업에서 이익이 발생하는 한 일정한 규모의 수익을 보장하고 대신 의결권은 부여하지 않는 경우(예: 비참가적 무의결권 우선주)도 있다.

이와 같이 금융거래의 기본유형 가운데 어느 한 유형을 취하되 다른 유형의 속성 중 일부를 반영하는 방법으로 새로운 금융거래를 개발하여 이용하는 이유는 주로 위험부담에 대한 자금공급자의 성향(risk appetite)에 맞추기 위한 것이겠지만, 자금수요자의 필요성 또는 조세, 행정규제(예: 외환규제) 등 다른 법제상의 제약이나 혜택 때문인 경우도 있다.

다. 파생상품거래

최근 20-30년간 급격히 성장한 파생상품거래는 위험을 거래의 대상으로 삼아 위험을 회피하고자 하는 사람과 위험을 떠안고자 하는 사람 사이에서 이루어진다. 위험을 거래의 대상으로 삼는다는 점에서 일견 자금의 조달·공급을 목적으로 하는 전통적인 금융거래와 큰 차이가 있는 것으로 보인다. 그러나 전통적인 금융거래의 기본적인 속성 역시 위험에 있다는 점에서 두 거래의 기본적인 속성은 마찬가지이다. 예컨대, 은행의 대출거래에서 은행은 차입하는 고객의 신용위험에 노출되고 그 신용위험을 평가하여 이자율과 담보 등의 조건을 고객과 협상한다. 주식에 투자하는 투자자는 주식발행회사의 사업의 위험을 평가하여 가격을 협상하거나 투자여부를 판단한다. 그러나 파생상품거래는 전통적인 자금의 조달·공급거래와는 달리 실제 필요한 자금의 흐름을 일으키는 것이 아니라는 점에서 무제한적으로 거래규모가 커질 수 있고 거래조건 역시 전통적인 자금의 조달·공급거래보다는 더 복잡하게 되기 쉽다는 점에서 법적으로 달리 취급할 필요가 생긴다(☞ 제10장 파생상품거래 총론, 제11장 파생상품거래 각론).

라. 집합투자(펀드)의 역할 증대

위에서는 금융거래의 속성과 유형을 주로 자금조달의 관점에서 살펴보았다. 전통적인 간접금융으로는 은행이 자금여유가 있는 사람으로부터 받은 예금을 재원으로 대출함으로써 자금의 흐름을 중개하고, 자본시장을 통한 직접금융으로는 자금이 필요한 기업등이 주식과 사채를 발행하여 투자자로부터 자금을 직접 조달한다. 자금공급자의 관점에서는 자본시장에 직접 참여하여 주식과 채권을 취득하여 자금조달자에게 직접 자금을 공급할 수도 있겠으나, 공급할 수 있는 자금이 소규모이거나 투자판단의 전문성이 부족한 경우 등에는 자본시장에 직접 참여하기 쉽지 않다. 또한 개별 자금공급자가 분산투자를 하기도 쉽지 않다. 이러한 점에서 공동투자, 분산투자와 전문적인 자산운용을 가능하게 하는 것이 집합투자(펀드) 제도라고 할 수 있다. 이 책은 가장 전형적인 집합투자인 투자신탁(☞ 제6장 제5절 투자신탁)과 부동산 집합투자기구(☞ 제13장 제4절 부동산개발의 투융자기구)를 다루었고, 자산유동화(☞ 제9장 제3절 자산유동화법에 의하지 아니한 자산유동화)와 자산금융(☞ 제14장 제1절 자산금융)에서도 일부 언급하였다.

Ⅱ. 금융거래와 위험

1. 금융거래와 위험의 부담[1)]

전통적인 금융거래인 은행대출 시 자금공급자인 은행은 고객에 대하여 원금의 상환과 이자의 지급을 청구할 수 있는 채권(債權)을 가진다. 은행이 채권을 가진다고 하여 고객이 항상 원리금을 지급하는 것은 아니다. 원리금을 지급하지 못하는 고객도 있다. 이와 같이 대출거래에서 자금공급자는 원리금을 지급받지 못할지도 모른다는 위험에 노출된다.

신주를 인수한 투자자 또는 그로부터 주식을 매수한 투자자는 발행회사에 대하여 주주로서의 권리를 가진다. 주주는 배당금을 받을 권리도 있고 주식을 언제든지 매도할 수 있는 권리도 있다. 이러한 권리를 가지고 있다고 하여 투자자(=주주)가 언제나 원하는 금액의 배당금을 받고 원하는 가격으로 주식을 매도할 수 있는 것은 아니다. 배당금이 기대한 수준에 미치지 못하거나 못 받을 수도 있다. 이는 회사의 사업의 성과에 달려 있다. 또한 주식을 매도할 때 매매대금은 유통시장에서의 가격이 어떻게 형성되는가에 달려있다. 이와 같이 주주는 주주권을 가지고 있지만 그 권리는 항상 발행회사의 사업성과에 대한 위험과 주식시장에서의 가격형성의 위험에 노출된다.

손익의 발생과 크기에 영향을 미치는 불확실성에 노출되는 것이 위험(risk)이다.[2)] 위험은 소유권, 채권 등의 실질적인 가치를 정하는 요소라는 점에서 이러한 권리의 동전의 뒷면에 해당한다. 금융거래와 관련하여 발생하는 위험은 권리라는 동전의 뒷면에 있는 재무적 위험(financial risk)과 그 이외의 위험인 비재무적 위험(non-financial risk)으로 나누어 볼 수 있다. 재무적 위험으로는 거래상대방의 채무불이행으로 인하여 발생할 수 있는 잠재적인 손실 위험인 신용위험(credit risk)과 금리, 환율, 주식·상품의 시가의 일반적 수준의 변화 또는 당해 증권발행자의 상황에 따른 가격변화로 인하여 발생할 손실위험인 시장위험(market risk)을 들 수 있다. 비재무적 위험에는 잘못된 내부절차, 인력 및 시스템 또는 외부의 사건으로 인하여 발생할 수 있는 손실위험인 운영위험(operation risk)과 위법·비

1) 위험부담을 중심으로 금융거래를 분류하여 설명한 문헌으로는 Benjamin(2008).

2) 위험과 불확실성이라는 용어의 의미는 일의적이지 않다. Knight(1921) 이래 위험(risk)과 불확실성(uncertainty)을 구별하여 (i) 우연히 발생할 사건의 확률분포를 알 수 있는 경우를 위험, (ii) 그렇지 않은 경우를 불확실성으로 부르기도 하고, 불확실성이라는 개념을 사용하지 않고 "알려진(known) 위험"(그 위험이 무엇인지 알 수 있고 계량화할 수 있는 경우—위 (i)에서 언급한 위험에 해당), "모르는(unknown) 위험"(그 위험이 존재함은 알 수 있으나 의미있게 계량화할 수 없는 경우—위 (ii)에서 언급한 불확실성에 해당), "알 수 없는(unknownable) 위험"(사전에 그 위험의 존재를 알 수 없는 경우)으로 나누어 설명하기도 한다.

도덕적 행위 등에 따른 평판하락에 따른 손실위험인 평판위험(reputation risk)[3] 등을 들 수 있다. 거래의 무효 또는 위법성으로 인하여 발생할 수 있는 손실위험인 법적 위험(legal risk)은 운영위험의 하나로 취급된다. 아래에서 논의하는 위험의 이전과 평가는 재무적 위험에 관한 것이다.

2. 금융거래와 위험의 이전

(1) 위험의 감축과 이전

금융거래를 비롯한 각종 상거래에서 채권 기타 재산을 취득하는 경우 그 권리자는 항상 그 권리의 가치에 영향을 미칠 수 있는 위험을 떠안게 된다. 위험을 부담하는 사람은 위험을 관리하기 위하여 위험을 감소시키는 방안을 찾고자 한다. 위험의 종류에 따라서는 위험 발생주체로부터의 위험발생을 다른 장치를 통하여 감소시킬 수 있다. 차입자로부터 물적담보를 받아 신용위험을 감소시키는 것이 대표적인 예다. 그러나 그 위험을 완전히 제거할 수는 없다. 신용위험을 완전히 제거하기 위해서는 장래 수령할 원리금에 해당하는 현금을 담보로 미리 받아두어야 할 텐데, 차입자는 자금이 필요해서 차입하는 것이니 차입금 상환에 필요한 현금을 채권자에게 미리 제공한다는 것은 차입거래의 기본성격에 맞지 않는다. 다른 규제를 회피할 목적으로 하는 차입이 아닌 한, 차입자가 그러한 현금담보를 제공하고 자금을 빌릴 이유는 없을 것이다. 사업위험과 시장위험 역시 그 성질상 제거될 수 없다. 결국 자신이 부담하는 위험을 감소시키기 위하여 위험을 다른 사람에게 이전하는 방안을 생각해 볼 수 있다.

(2) 금융거래를 통한 위험의 흡수, 이전, 분산

은행은 예금의 인출을 보장하면서 수신활동(예금)으로 조달한 자금을 기업·가계 등 여신 고객에게 대출하여 신용위험을 부담하는 비유동적인 장기 자산으로 운용함으로써 유동성 변환(liquidity transformation), 만기 변환(maturity transformation)과 신용 변환(credit transformation) 기능을 한다.[4] 은행은 이러한 변환을 통하여 여신 고객에 대한 신용위험을

3) 은행법규는 본문에서 언급한 여러 위험에 대비하여 은행이 위험가중자산에 대하여 일정한 비율 이상의 자기자본을 유지할 것을 요구한다(은행법 제34조, 은행업감독규정 제26조). 은행의 자기자본 규제상 평판위험은 명시적으로 운영위험에서 제외하였다(은행업감독규정시행세칙 [별표 3] 신용·운영리스크 위험가중자산에 대한 자기자본비율 산출 기준(바젤Ⅲ 기준) 3.나.). 평판위험은 계량화할 수 없는 이른바 "모르는(unknown) 위험"에 속하는 것으로 취급한 것이다. 최근에는 평판위험을 계량화하는 방안들이 제시되고 있다.

4) 은행의 이러한 변환기능에 대하여는 Armour et. al.(2016), pp. 277-278.

흡수하고 예금자에게는 신용위험이 이전되지 않도록 한다.

보험과 보증은 위험을 이전하는 전통적인 금융거래라고 할 수 있다. 잠재적 위험에 노출된 사람은 보험에 가입함으로써 그 위험의 현실화 즉 보험사고로 인하여 입을 수 있는 손실을 보험회사로부터 보상받을 수 있다. 마찬가지로 채권자가 채무자보다 신용도가 높은 사람으로부터 보증을 받으면, 채권자는 신용도가 높은 보증인에 대한 신용위험을 지게 되고, 주채무자에 대한 신용위험은 보증인이 부담하게 된다. 위험의 이전은 자산유동화, 파생상품거래 등을 통하여 다양한 방법으로 이루어질 수 있다.

최근에는 위험을 금액·기간으로 분할하거나 조건을 붙이는 등의 방법으로 위험의 일부만을 이전하기도 한다(대표적인 예: 파생상품거래). 또한 위험의 이전을 일대일 거래가 아닌 자본시장에서 거래되는 증권 상품(예: 파생결합증권)으로 하는 경우도 증가하고 있다. 2008년 글로벌 금융위기의 확산 경로를 보면 미국의 서브프라임 주택담보대출채권을 자산유동화 및 파생상품화하여 거래함으로써 서브프라임 주택담보대출의 부실화에 따른 신용위험이 이러한 새로운 금융상품 투자자에게로 확산되었음을 알 수 있다.[5] 신용위험 이외에 시장위험과 투자위험 등도 파생상품거래를 통하여 이전할 수 있다. 시장위험 또는 투자위험을 부담하고 있는 사람(A)이 그 위험을 다른 사람(B)이 부담하도록 하는 계약(예: 장외파생상품)을 체결하여 위험을 B에게 이전하는 것은 A의 입장에서는 그가 부담하고 있던 위험을 B에 대한 신용위험으로 전환하는 효과가 있다(예: 주식을 보유한 A가 그 주식의 주가가 하락할 것에 대비하여 B에게 수수료를 지급하고 미리 정한 가격 밑으로 주가가 하락할 경우에는 미리 정한 가격과 시장가격의 차액을 B로부터 지급받기로 하는 계약을 체결하면 A는 주식의 시장위험을 B에게 넘기는 셈이 된다. 실제 주가가 하락하여 B로부터 차액을 지급받아야 할 상황이 발생한 경우 A는 B의 차액지급의무 불이행에 관한 신용위험을 부담하게 된다).

3. 금융거래와 위험의 평가

금융이란 자금공급자와 자금수요자 사이에서 현재의 현금과 장래의 현금흐름의 가치를 교환하는 행위이기 때문에 자금공급자는 장래의 현금흐름의 가치를 평가하여 그것이 현재의 현금의 가치와 최소한 같다고 판단될 때 금융거래를 할 것이다. 자금수요자도 이와 유사하게 장래 지급할 현금흐름의 가치와 현재의 현금의 가치를 비교하겠지만, 주식회사가 차입하는 경우 그 주주의 입장에서는[6] 장래 회사가 원리금상환채무를 불이행하

---

5) 박준(2008), 4-39쪽.

6) 사업을 추진하는 개인 또는 법인이 주식회사를 신규설립하여 자금을 차입하는 경우를 생각해 보자.

는 경우 주주의 책임이 제한된다는 점도 고려할 것이다. 자금공급자를 중심으로 생각하여 보면 장래의 현금흐름의 크기와 가치를 평가한다는 것은 그 금융거래로 자금공급자가 부담하는 위험을 평가하는 것과 차이가 없다. 대출, 채권(債券) 등 전통적인 타인자본 거래와 통상의 보통주식에 투자하는 거래에서의 위험의 평가는 금융시장 참여자들에게 큰 어려움이 없다. 그러나 파생상품을 비롯한 새로운 복잡한 금융상품이 개발되면서 그 금융상품에 내재한 위험이 무엇인지를 평가하는 것이 쉽지 않은 경우가 발생하고 있다. 위험의 평가가 쉽지 않은 경우에 대하여는 법적으로도 달리 취급할 필요가 있다. 자본시장법도 파생상품거래 및 파생결합증권을 전통적인 증권(주식, 채권) 거래와 달리 취급하고 있다 (☞ 제10장 제2절 파생상품거래의 규제).

Ⅲ. 금융거래와 법

1. 금융거래 관련 당사자 별 관점

어떠한 입장에서 금융거래에 관여하는가에 따라 관심을 두는 법적인 고려사항이 달라진다.

(1) 자금공급자

금융거래로 위험을 부담하는 자금공급자의 입장에서는 공급한 자금의 회수가 가장 중요한 관심사가 된다. 대출이나 채권(債券) 매입등 타인자본조달 거래를 한 경우에는 원리금의 회수가 중요하고 이를 위하여 체결한 계약의 효력과 자금수요자의 도산시 담보권의 인정 및 채권자간의 우열관계가 중요한 관심사가 된다. 따라서 자금공급자는 기본적으로 계약의 효력과 담보의 우선순위를 확실하게 인정하고 도산시의 처리 기준과 절차가 공정한 법제도를 선호하게 될 것이다(☞ 제15장 금융거래와 도산법). 자기자본조달 거래를 통하여 자금을 공급한 자금공급자는 주식을 보유하게 되고, 그의 법적인 지위는 회사법과 자본시장법 등의 법률, 회사의 정관 및 주주간 계약에 의하여 정해지게 된다.

또한 자금공급이 채권(債券)이나 주식등 자본시장 상품에 대한 투자를 통하여 이루어지는 경우 통상 자금공급자가 개별적으로 자금수요자와 거래조건을 협상하지는 못한다. 이러한 경우에는 자본시장 투자자를 보호하는 법제가 중요한 역할을 하게 된다. 우선, 자금공급자가 투자위험에 대한 판단을 할 수 있도록 자금공급자의 투자판단에 필요한 정보를 제공할 의무를 자금수요자에게 부과할 필요가 있다(☞ 제7장 제2절 사채의 발행). 또한, 자금공급자가 자본시장의 문지기(gatekeeper) 역할을 하는 증권인수인(underwriter), 회계감사인, 신용평가회사, 법률가 등의 전문성과 명성에 의존할 수 있도록 문지기의 의무와 책임을 정해 놓을 필요가 있다(예: 자본시장법 제125조 등).[7] 2002년 엔론(Enron), 월드컴(WorldCom) 등의 대규모 회계부정사건이 발생한 이후 공인회계사의 컨설팅등 비회계업무 취급 규제가 강화되었고(공인회계사법 제21조 제2항, 미국 Sarbanes-Oxley법),[8] 2008년 글로벌 금융위기를 전후하여 신용평가회사에 대한 규제가 강화된 것(자본시장법 제335조의2 이하, EU의 CRA Regulation[9] 등)이 그 예라고 할 수 있다.[10]

(2) 자금수요자

자금수요자 특히 주식회사 등 기업에게 금융은 기업의 재무관리의 문제이다. 따라서 금융거래에 관한 계약법·담보법 및 금융거래를 규제하는 법 이외에 회사법적인 검토가 필요하게 된다.

(3) 중개자 - 금융회사

금융거래에는 통상 금융회사가 관여한다. 은행의 대출과 같이 금융거래의 어느 한 당사자가 금융회사인 경우도 있고, 자금수요자와 자금공급자가 금융회사가 아니어서 금융회사가 이들 사이의 금융거래에 중개자로 관여하는 경우도 있다. 자금수요자와 자금공급자의 관점에서 보게 되는 법적인 측면에 추가하여 금융회사 입장에서는 금융규제법이 중요한 의미를 가진다.

2008년 글로벌 금융위기를 겪으면서 금융회사의 공공성과 윤리에 대한 논의가 새롭게 부각되고 있으나,[11] 금융회사는 금융을 영업으로 하기 때문에 기본적으로 영리를 추구함을 부정할 수 없다. 다른 일반 기업과는 달리 금융회사가 오직 영리만을 추구하는 경우 과도하게 높은 위험을 부담함으로써 도산할 수 있고 그 도산은 금융시스템 위험을 초래할 수 있다. 금융회사는 금융에 대한 전문성과 정보의 면에서 고객에 비하여 우위에 있으므로 동등한 당사자로 취급해서는 금융소비자가 충분히 보호되지 않을 수도 있다. 금융

7) BFL 제82호(2017. 3.) 특집 "자본시장의 신뢰와 문지기책임"으로 게재된 7개의 논문이 인수인, 감사인, 신용평가회사, 증권변호사, 투자은행 등의 문지기의 역할과 책임을 논하였다.
8) 고창현·김연미(2004), 48-49쪽.
9) Regulation (EU) No 462/2013 of the European Parliament and of the Council of 21 May 2013 amending Regulation (EC) No 1060/2009 on credit rating agencies Text with EEA relevance.
10) 송옥렬(2017), 72-83쪽.
11) Hendry(2013); Boatright(2014); Williams·Elliott(2010), Russo·Lastra·Blair(2019) 등.

회사의 이러한 특성을 고려하여 금융업에의 진입은 일정한 요건을 갖추어 인·허가 또는 등록 등을 거치도록 하고, 금융회사의 자본의 건전성과 영업행위를 규제한다.

(4) 규제·감독기관

금융에 대한 규제·감독은 금융회사(또는 금융산업), 금융시장, 금융상품에 대한 것으로 나누어 생각해 볼 수 있다. 위에서 본 바와 같이 금융회사에 대한 규제는 금융업 진입에 대한 규제와 금융회사의 건전성과 영업행위에 대한 규제를 중심으로 한다. 금융시장에 대한 규제는 금융회사 이외의 일반인들이 참여하여 증권과 장내파생상품(선물·옵션)을 거래하는 자본시장에 대한 규제가 가장 중요하다. 때로는 금융상품 자체를 규제 대상으로 삼는 경우도 있으나 이는 대체로 금융회사에 대한 규제의 한 측면으로 다룰 수 있다.

2. 금융거래 관련 법률

금융거래의 법적인 면은 당사자 간의 권리의무를 정하는 사법(私法)의 측면과 금융회사·금융시장·금융상품에 대한 규제적인 측면이 있다. 개괄적으로 보면 아래와 같다. 이 책은 주로 사법(私法)적인 사항을 다루고 규제는 필요한 부분에서 일부 논의한다.[12)]

(1) 사법(私法)

각종 금융거래는 기본적으로 당사자 간의 계약으로 이루어지고, 위험의 감축을 위한 담보의 제공이 이루어지는 경우가 많으며, 증권으로 거래하는 경우도 있어서, 계약법, 담보법, 유가증권법이 규율하는 범위가 넓다. 또한 금융은 기본적으로 자금의 조달을 수반하므로 자금수요자의 도산시 자금공급자의 법적 지위가 중요한 의미를 가지고, 따라서 도산법이 중요한 역할을 하게 된다.

금융거래는 계약의 체결로 이루어지지만, 계약내용이 표준화 또는 관행화되어 있는 경우(예: 대출거래에 사용되는 LMA 표준대출계약서, 파생상품거래에 관한 ISDA 기본계약서 등)도 많다(☞ 제3장 제4절 국제 대출계약, 제4장 신디케이티드 대출, 제10장 제3절 파생상품거래의 사법(私法)상 법률관계). 이러한 표준적·관행적 금융계약의 내용을 파악하는 것도 금융거래에 관한 법을 이해하는데 있어서 중요하다. 금융거래중 소송사건화되는 비율은 상당히 낮다. 당사자들이 검토한 거래 중 일부가 실제 체결되고, 그 체결된 거래 중 분쟁이 발생하거나 위법여부가 문제되는 것은 일부에 불과하다. 소송사건화되는 거래의 유형도 대체로

12) 금융규제에 관한 기본문헌으로는 정순섭(2023); Armour et. al.(2016).

금융회사와 금융소비자 간의 분쟁이나 자본시장의 불공정거래에 관한 것들이 대부분이었으나 최근에는 파생상품 등 새로운 금융거래와 관련하여 금융회사 간 또는 금융회사와 기업 간의 분쟁이 증가하고 있다. 금융거래 관련 분쟁의 예방에 관하여는 감독법규와 약관통제의 역할도 중요하지만 금융거래의 당사자가 사후 분쟁 발생의 가능성을 최소화할 수 있도록 계약체결 단계에서 법적인 검토를 면밀히 하는 것이 중요하다.

금융거래는 국제적으로 이루어지는 경우도 많다. 국제금융거래에서는 우선 준거법과 관할 등 국제사법·국제민사소송법적인 문제들이 제기된다. 국제금융거래의 준거법으로 많이 활용되는 영국법(English Law)·미국 뉴욕주법 등에 관한 기본적인 이해도 필요하다. 또한 국제금융거래에서는 관행적인 계약 내용의 파악이 중요하고, 국제적인 도산에 대한 법적인 이해도 필요하다. 이 책에서는 국제금융거래에 관한 사항은 관련 부분에서 필요한 범위 내에서 언급하였다.[13)]

(2) 규제법

가. 금융회사 규제

금융회사에 대한 규제는 금융기관이 정상적으로 경영되고 있는 경우의 규제(평상시 규제)와 금융회사가 부실하게 된 경우의 규제(비상시 규제)로 나누어 볼 수 있다.

평상시 규제는 ① 금융업을 행하기 위해서 필요한 인·허가, 등록 등의 요건을 정하는 진입 규제, ② 일정한 자기자본비율 유지를 요구하는 건전성 규제, ③ 금융업을 영위할 때 준수할 사항 등을 규율하는 영업행위 규제로 나누어 볼 수 있다.[14)] 이러한 규제는 대체로 각 금융권역별 규제법(금융지주회사법, 은행법, 자본시장법, 보험업법, 여신전문금융업법 등)에서 정하고 있다. 영업행위 규제는 그 밖에도 금융소비자보호법, 금융실명법, 신용정보법, 개인정보보호법, 특정금융정보법, 외국환거래법, 유사수신행위법 등에서도 정하고 있다.

비상시 규제는 부실금융기관의 구조조정에 관한 내용을 규정한 금융산업구조개선법과 부실금융기관의 구조조정 및 금융기관의 부실화에도 불구하고 일정한 범위 내에서 예금지급을 보장하는 내용의 예금자보호법에 주로 규정되어 있다.[15)] 금융기관의 부실자산 정리에 관하여는 자산관리공사법이 규율한다.

---

13) 국제금융거래의 법적인 쟁점들을 논의한 영국 문헌으로는 Fuller(2012); Paterson·Zakrzewski(2017); Wood(2008), 미국 문헌으로는 Scott·Gelpern(2020).

14) 현행 금융규제의 개괄적인 설명은 금융감독원(2024), 정순섭(2023). 은행의 진입 규제, 건전성 규제 및 영업행위 규제에 대한 상세한 논의는 정순섭(2017), 제4장부터 제6장.

15) 부실은행의 정리와 퇴출에 관한 상세한 논의는 정순섭(2017), 611-629쪽.

나. 금융시장 규제

금융시장 규제는 금융기관 이외에 일반인이 함께 참여하는 증권시장과 장내파생상품 시장과 같은 자본시장의 규제를 중심으로 한다. 자본시장은 다수의 일반투자자가 참여하는 시장이고 시장의 신뢰가 시장의 존속을 위한 필수적인 요소이다. 이런 관점에서 자본시장법은 시장의 효율성뿐 아니라 공정성을 유지할 수 있도록 하는 법적 장치로서 정보의 공시(발행시장 공시와 유통시장 공시)와 불공정거래 규제(미공개정보이용행위 금지, 시세조종행위 금지, 부정거래행위 금지, 시장질서교란행위 규제 등)의 두 축을 중심으로 규율하고 있다.[16] 또한 외국환거래에 대해서는 외국환거래법이 다양한 규제를 하고 있다.

다. 금융상품 규제

각 금융권역별로 취급할 수 있는 금융상품의 범위가 다르다. 이와 관련하여 특히 문제가 제기되어 온 사항은 가장 금융혁신이 빠르게 일어나는 자본시장에서 거래되는 금융투자상품의 범위이다. 종전의 증권거래법이 증권의 범위를 열거하였기 때문에 새로운 증권을 개발하여 금융상품화하기 위해서는 법령을 개정하여야 하는 어려움이 있었다. 이를 개선하기 위하여 자본시장법은 금융투자상품을 개념적으로 정의하여 포괄적으로 규정하되 일부 명시적으로 금융투자상품에 포함되는 것과 명시적으로 제외되는 것을 규정함으로써 포괄주의를 보완하는 방식으로 입법하였다(동법 제3조부터 제5조).

다수의 고객을 상대로 거래하는 금융상품은 약관을 사용하므로 이러한 금융상품의 내용에 대한 직접적인 규제는 약관규제법에 의한다. 금융회사의 금융상품 판매는 각 금융권역별 법규로 규율한다. 일부 특수한 금융상품의 경우에는 금융규제가 거래의 실체적 내용에도 영향을 미친다. 예컨대 자산유동화법은 자산유동화거래에서 가장 중요한 부분인 진정양도의 요건을 정하고 있고(☞ 제9장 자산유동화), 이중상환채권법은 이른바 커버드본드(covered bond) 발행거래의 실체적인 내용의 많은 부분을 정해 놓고 있다(☞ 제8장 제5절 Ⅱ. 커버드본드).

라. 국제적 금융규제

금융회사의 활동과 금융상품의 거래의 국제화가 진행됨에 따라 금융규제에 대한 국제적인 협력이 강화되고 있다. 국제적인 금융시스템 리스크를 최소화하고, 금융거래의 투명성과 효율성을 증대시키며, 투자자·금융소비자를 적정하게 보호하는 차원에서 금융기관의 자본건전성 규제{예: 은행의 자기자본비율 관련 바젤은행감독위원회(BCBS: Basel Committee on

16) 자본시장의 공시규제와 불공정거래 규제에 관한 상세한 논의는 김건식·정순섭(2023), 제2편, 제3편; 임재연(2024), 제3편, 제4편.

Banking Supervision)의 발표문), 자본시장에서의 불공정거래에 관한 협조{예: 국제증권감독위원회(IOSCO: International Organization of Securities Commissions)의 다자간 양해각서}, 자금세탁방지{예: 자금세탁방지기구(FATF: Financial Action Task Force)} 등 여러 방면에서 국제적인 협력이 이루어지고 있다.

제 2 절 금융시장 · 금융거래 · 금융업

Ⅰ. 금융시장

1. 개 설

금융시장은 자금공급·조달의 장단기에 따라 통상 만기 1년 이내의 금융상품이 거래되는 단기금융시장(money market)과 장기 금융상품이 거래되는 자본시장(capital market), 자금공급자와 자금수요자 사이에 중개기관이 개입하는지 여부에 따라 간접금융시장과 직접금융시장으로 분류되고, 거래장소·통화·규제법규에 따라 국내금융시장과 국제금융시장으로 분류되는 등 여러 기준으로 분류된다. 또한 대표적인 직접금융시장인 증권시장은 공모를 통하여 다수의 투자자에게 증권을 발행 또는 매각하는 거래가 이루어지는 발행시장과 거래소 등을 통하여 투자자들 사이에서 증권이 유통되는 유통시장으로 나누기도 한다. 이러한 금융시장의 분류는 이해의 편의를 도모한다는 측면이 강하지만 발행시장과 유통시장의 분류와 같이 법적으로 의미를 가지는 경우도 있다.

2. 국내금융시장

(1) 간접금융시장[17]

간접금융시장은 자금공급자와 자금수요자가 직접적인 거래의 상대방이 되지 않고 은행과 같은 중개기관이 거래당사자로 개입하여 자금의 중개기능을 하는 금융시장이다. 금융회사가 자금공급자로부터 예금 등의 방법으로 자금을 받아([표 1-1]) 자금수요자에게 대출하는([표 1-2]) 형태로 금융거래가 일어나고, 앞서 언급한 바와 같이 이 때 금융회사

17) 한국은행(2021), 6쪽은 간접금융시장에 집합투자(펀드)시장, 신탁업시장, 보험시장도 포함시키고 있다.

는 유동성 변환, 만기 변환, 신용 변환 기능을 수행한다.

[표 1-1] 금융기관 수신 (단위: 조원)

(연말)	예금은행[18]	비은행 금융기관							
			생명보험[19]	자산 운용[20]	신탁[21]	상호금융	새마을 금고	상호저축 은행	신협
2014	1,401	1,735	505	370	286	266	106	32	53
2016	1,593	2,100	593	474	366	301	122	45	65
2018	1,784	2,423	656	553	435	346	145	59	81
2020	2,107	2,858	702	694	502	398	186	79	99
2022	2,470	3,323	728	843	586	458	251	120	129
2023	2,531	3,477	735	938	600	484	254	107	134

출처: 한국은행경제통계시스템.

[표 1-2] 금융기관 여신 (단위: 조원)

(연말)	예금은행 대출금	비은행 금융기관 여신							
			생명보험	자산운용	신탁	상호금융	새마을 금고	상호저축 은행	신협
2014	1,250	582	99	41	45	182	68	30	37
2016	1,424	724	119	49	44	225	90	43	52
2018	1,600	856	139	76	31	270	112	59	65
2020	1,893	1,016	152	100	41	308	143	77	78
2022	2,165	1,263	161	114	48	374	201	115	107
2023	2,266	1,297	176	143	49	384	188	104	108

출처: 한국은행경제통계시스템.

(2) 직접금융시장

직접금융시장에서는 자금공급자와 자금수요자가 직접 거래의 상대방이 된다. 직접금융시장에는 (i) 자본시장(주식시장, 채권시장), (ii) 파생상품시장, (iii) 단기금융시장(콜시장, 환매조건부매매시장, 양도성예금증서시장, 단기사채시장), (iv) 외환시장 등이 있다.

자금공급자와 자금수요자가 모두 금융기관이거나 전문투자자인 경우에는 스스로 상대방을 찾을 수도 있을 것이다. 이러한 유형의 직접금융시장에는 콜시장, 기관간 환매조건부매매 시장, 외환시장 등을 들 수 있다. 그러나 자금공급자와 자금수요자가 스스로 상

18) 6개 시중은행, 6개 지방은행, 4개 특수은행 및 42개 외국은행 국내지점의 은행계정.
19) 우체국보험 포함.
20) 수익증권.
21) 은행, 증권, 보험회사의 신탁계정.

대방을 찾을 수 없는 경우에는 금융기관의 중개에 의하여 상대방을 찾게 된다. 이러한 예로는 증권의 발행시장에서 증권회사가 투자자의 청약을 받거나, 증권의 유통시장에서 증권회사가 고객의 주문을 받아 위탁매매를 하는 경우를 들 수 있다. 그러한 경우에도 자금공급자와 자금수요자가 자금공급·조달에 따른 법률관계의 당사자가 된다는 점에서 간접금융시장에서의 금융거래와 근본적인 차이가 있다.

아래 [표 1-3]과 [표 1-4]는 대표적인 직접금융시장인 주식시장과 채권시장의 최근 10년간 규모와 성장추세를 보여준다. 파생상품시장의 규모와 성장추세는 [표 10-1]과 [표 10-2]에 나와 있다(☞ 제10장 제1절 파생상품거래의 구조와 동기).

[표 1-3] 주식시장

(연말)	상장회사수		상장주식 시가총액 (조원)		거래량(일평균) (만주)		거래대금(일평균) (억원)	
	유가증권 시장	코스닥 시장	유가증권 시장	코스닥 시장	유가증권 시장	코스닥 시장	유가증권 시장	코스닥 시장
2014	773	1,061	1,192	143	27,808	35,453	39,835	19,703
2016	779	1,209	1,308	201	37,677	69,431	45,230	33,939
2018	788	1,323	1,343	228	39,797	79,276	65,486	49,256
2020	800	1,468	1,980	385	89,525	163,165	122,004	108,152
2022	826	1,611	1,767	315	59,519	103,398	90,083	69,006
2023	839	1,702	2,126	431	53,821	111,806	96,026	100,245

출처: 한국거래소.

[표 1-4] 채권시장

(연말)	공채		회사채			채권 합계		
	종목수	상장잔액 (액면)(조원)	종목수	발행 회사수	상장잔액 (액면)(조원)	종목수	상장잔액 (액면)(조원)	거래대금 (조원)
2014	5,172	1,108	6,678	611	349	11,850	1,457	1,394
2016	5,409	1,236	7,276	588	361	12,685	1,598	3,245
2018	5,390	1,302	7,696	536	416	13,362	1.719	2,407
2020	5,658	1,538	9,044	585	510	14,706	2,049	2.141
2022	6,227	1,790	9,511	612	560	15,742	2,351	957
2023	6,680	1,919	9,870	620	571	16,554	2,490	1,101

출처: 한국거래소

3. 국제금융시장

(1) 국제금융과 국제금융시장의 성격

국가 간 자금의 이동을 가져오는 금융거래를 국제금융이라고 부를 수 있다. 국제금융시장은 전통적으로 금융회사들이 참여하는 대규모 도매시장이라고 할 수 있지만, 점차 국제금융거래에 참여하는 일반투자자들이 증가하고 있다. 국제금융시장을 규율하는 국제법이 별도로 존재하는 것은 아니고 국제금융거래에 관여한 당사자·통화·장소를 관할하는 국가의 금융관련 법이 적용된다.

(2) 국제금융시장의 발전의 법적인 측면

국제금융시장은 1960년대 유로시장이 발생하면서 성장하고 경제활동의 국제화와 더불어 계속 발전하고 있다. 국제금융시장의 발전의 요인과 관련하여 법적인 면에서 관심을 둘 사항들은 금융거래 하부구조의 강화{예: 결제 및 예탁을 담당하는 유로클리어(Euroclear-1968년)와 세델(Cedel-1971년)의 설립}, 금융계약의 표준화{예: 1985년 설립된 ISDA (International Swaps and Derivatives Association)의 파생상품거래 계약서의 표준화} 및 금융기관 규제에 관한 협력의 증진{예: 1974년 Herstatt Bank 위기를 계기로 설립된 바젤은행감독위원회(Basel Committee on Banking Supervision, BCBS)의 은행감독기준 설정, 글로벌 금융위기 이후 2009년 설립된 금융안정위원회(Financial Stability Board, FSB)의 활동} 등을 들 수 있다.[22)]

Ⅱ. 금융거래[23)]

1. 간접금융시장 거래

간접금융시장에서 이루어지는 거래는 예금과 대출, 보증 등 전통적인 은행거래들이다. 예금은 대표적인 소비임치 거래라고 할 수 있으나 최근에는 주가지수연계예금 등 변형된 형태의 예금거래가 생기고 있다. 대출은 소비대차 거래로 대출자가 1인인 거래(bilateral loan)가 대부분이지만 기업의 대규모 자금조달시에는 복수의 대출자(syndicate)로부터 대출(syndicated loan)받기도 한다. 특수한 대출 조건으로 채무자의 모든 재산으로 채무를

22) 법률가를 위한 문헌 중 국제금융시장의 발전에 관한 개략적 해설로는 Fuller(2012), pp. 71-124.
23) 보험도 광의의 금융거래에 포함할 수 있으나 보험법은 별도의 영역을 형성하고 있으므로 보험과 다른 금융거래와의 관계(예: 신용파생거래와 보험)에 관한 논의 이외에는 이 책에서 다루지 않는다.

이행하는 것이 아니라 일정한 책임재산만으로 채무를 이행하기로 하는 책임재산한정 특약부 대출(limited recourse loan)이나 대출채권이 다른 채권자들보다 후순위에 놓이도록 하는 후순위 대출(subordinated loan)도 있다(☞ 제3장 제5절 후순위 채권채무). 변형된 거래로는 리스 또는 자산금융(asset finance) 거래가 있다(☞ 제14장 제1절 자산금융). 또한 대출로 조달한 자금의 용도에 따라 프로젝트금융(project finance)(☞ 제12장 프로젝트 금융) 또는 인수금융(acquisition finance)(☞ 제14장 제2절 인수금융) 등의 용어가 사용되기도 한다.

2. 직접금융시장 거래

직접금융시장 가운데 가장 중요한 자본시장에서 거래되는 대표적인 금융상품은 주식과 채권(債券)이다. 주식은 주식회사가 발행하지만 채권은 주식회사가 발행하는 회사채 이외에도 국가, 지방자치단체, 공기업 등이 발행하는 국채, 지방채, 공채도 있다. 자본시장법에서는 주식은 지분증권에 속하고 채권은 채무증권에 속한다. 전통적인 회사채 이외에 파생상품적 요소가 가미된 파생결합사채도 일정한 요건을 갖추면 채무증권에 속한다. 회사채에 특수한 조건을 붙인 경우로는 만기가 없는 영구채(perpetual bond), 채권의 순위가 일반채권자보다 후순위인 후순위채(subordinated bond), 원리금 감면 또는 주식전환 조건을 특별히 정한 조건부 자본증권 등을 들 수 있다(☞ 제7장 제1절 사채의 종류와 속성 및 법적 규율의 필요성). 파생상품시장에서는 아래 3.에서 언급한 파생상품이 거래된다(☞ 제10장 파생상품거래 총론, 제11장 파생상품거래 각론).

3. 새로운 금융상품거래

금융시장 참여자의 니즈에 부합하여 새로운 금융상품들이 개발되고 있다(☞ 제1절 I. 2.(2) 새로운 유형의 금융거래의 발전). 가장 주목할 금융상품이 구조화금융(structured finance)이라고도 부르는 자산유동화(securitization)와 파생상품거래(derivatives)이다. 자산유동화는 유동성이 낮은 자산(예: 대출채권)을 기초로 증권을 발행하여 자본시장에서 자금을 조달하는 것이다(☞ 제9장 자산유동화). 파생상품거래는 기초자산(예: 주식·채권 등 증권, 통화·주가지수 등 각종 지수, 이자율·원유 등 일반상품 등)의 등락에 연계하여 지급채무의 내용과 크기를 정하는 거래이다(☞ 제10장 파생상품거래 총론). 파생상품거래는 기초자산에서 발생하는 위험을 회피(hedge)하기 위한 목적으로 하는 데서 출발하였을 것이나, 위험회피목적 없이 파생상품에 투기(speculation)하는 사람도 많다. 파생상품시장의 규모가 대폭 증가하여 이

제는 파생상품거래를 빼고 금융거래를 논하기 어렵게 되었다. 새로운 파생상품거래에 관한 분쟁에 대하여는 일반적인 법원의 절차보다는 전문성을 갖춘 중재를 통하여 해결하자는 움직임도 나오고 있다.[24)]

Ⅲ. 금융업

1. 금융업의 분류와 규율

금융업은 은행과 같이 자금의 공급·조달 자체를 제공하는 것을 영업으로 하는 경우도 있고 증권회사와 같이 자금의 공급·조달과 관련한 서비스를 제공하는 경우도 있다. 금융업은 연혁적인 이유로 은행, 증권, 보험의 3대 권역이 중심이 되어 왔고, 금융업의 규율도 권역별·기관별로 달리 해 왔다. 현재도 은행업은 은행법, 증권회사 등에 의한 금융투자업에 대하여는 자본시장법, 보험업은 보험업법, 신용카드업을 비롯한 여신전문업은 여신전문금융업법으로 규율하고 있고, 금융업을 영위하는 회사 또는 회사의 집단을 지배하는 금융지주회사는 금융지주회사법으로 규율하고 있다. 금융회사가 새로운 금융상품과 서비스를 개발함으로써 권역별 구별의 의미가 약화되고 있고 기능별 규율의 필요성이 제기되고 있다. 자본시장법은 자본시장에서의 금융업이라고 할 수 있는 금융투자업에 관하여 기능별 규제를 도입하였다.

2. 최근 금융업의 특성

최근 10여년 간 금융업은 국내외적으로 몇 가지 특성을 보이고 있다.

첫째, 금융회사의 업무범위가 확대되었고 이로 인하여 전통적인 권역별 구분의 경계가 불명료하게 되었다. 은행이 자본시장 업무에도 관여하고{예: 집합투자(펀드)상품의 판매}, 증권회사가 예금과 유사한 기능을 하는 금융상품{예: 자산관리계좌(cash management account), 환매조건부채권매매}을 고객에게 제공하며, 보험회사가 집합투자(펀드)의 성격을 가지는 변액보험을 판매하고, 파생상품거래에는 은행과 증권회사 및 기타 다른 금융회사들도 참여하는 현상 등이 그것이다. 이와 같은 현상에 대응하여 법적인 측면에서는 권역별·기관별 규제가 아닌 기능별 규제가 도입되었다(예: 자본시장법의 제정).

둘째, 개별 금융회사는 일정한 권역의 업무를 영위하지만 여러 금융회사들이 집단을

---

24) Golden·Lamm(2015).

형성하여 집단 단위로는 은행, 증권, 보험, 신용카드 등 거의 전 분야에 걸친 금융업을 영위하는 금융그룹화가 이루어졌다. 법적인 측면에서는 금융지주회사법에 따른 금융그룹에 대한 규율이 정비되었다.

셋째, 복잡한 내용의 새로운 금융상품(특히 파생상품)의 개발과 판매가 확대되었다. 예금, 대출, 채권(債券), 주식 등의 전통적인 금융상품보다 훨씬 복잡한 내용의 파생상품, 그러한 파생상품이 반영된 증권, 그러한 파생상품이나 증권에 투자하는 집합투자(펀드)상품이 개발되어 다양한 방법으로 투자자에게 판매되고 있다. 복잡한 내용의 금융상품 판매시 드러나는 금융회사와 고객 간의 정보 불균형과 판단능력의 차이에 대해서는 금융규제법뿐 아니라 사법(私法)에서도 관심을 둘 필요가 있다.

넷째, 금융거래의 국제화를 들 수 있다. 자유무역의 확대와 정보통신의 발달로 국제적인 금융거래가 확대되었다. 금융거래의 국제화는 금융업의 국제화를 수반하게 되고, 국제적인 금융업을 영위하는 금융회사의 부실화는 그 금융회사의 설립지 또는 주된 영업지 이외의 다른 지역에 까지 영향을 주게 된다. 2008년 글로벌 금융위기시 리먼브러더스의 도산은 경제적으로 전세계에 큰 영향을 주었고, 법적으로도 국제적 도산과 국제적 금융거래의 법적인 처리에 관한 여러 쟁점들을 제기하였다.[25] 또한 금융거래의 국제화로 인하여 개별국가의 규제·감독으로는 한계가 있다는 인식하에서 국제기구{(예: 금융안정위원회(FSB), 바젤은행감독위원회(BCBS), 국제증권위원회기구(IOSCO)}의 역할이 증대되고 있다.

다섯째, 정보통신·정보처리 기술, 인공지능, 분산원장 기술 등을 활용하여 비즈니스 모델, 금융상품과 금융서비스를 혁신하는 핀테크가 등장하였다. 금융회사의 내부적인 업무처리 및 금융회사와 고객 간의 거래를 넘어 고객 상호 간의 거래에까지 금융회사 또는 비금융회사가 정보통신을 이용한 금융서비스를 제공하게 되었다. 핀테크기업을 통한 지급결제 등 비금융회사의 금융업 참여에 따라 은행 등 기존 금융회사의 역할이 침식당하고 있다. 또한 온라인 플랫폼을 이용한 자금조달 방법으로 크라우드펀딩(☞ 제16장 제2절)과 P2P대출(제16장 제3절)이 개발되었고, 인공지능을 활용한 알고리즘거래(☞ 제16장 제4절)와 로보어드바이저 서비스(☞ 제16장 제5절)가 활용되고 있다. 또한 기존 금융제도의 틀을 벗어나려는 시도에서 출발한 비트코인을 대표로 하는 가상화폐와 가상자산 시장이 급성장하고 있고, 분산원장기술을 이용한 새로운 거래들이 등장하고 있다(☞ 제17장). 이러한 새로운 현상은 시간적·공간적 제약을 극복하여 편의성을 증대시키지만, 다른 한편 비대면 거래, 전자·정보통신기술의 한계와 안전성 및 인공지능의 윤리와 책임 등 다양한 법적인 문제를 제기한다.

---

25) 리먼브러더스의 도산에 따른 법적인 쟁점에 대하여는 Faber · Vermunt(2017).

참고문헌

고창현·김연미(2003) 고창현·김연미, "기업회계관련법의 분석과 평가", BFL 제4호(서울대학교 금융법센터, 2004. 3.)

금융감독원(2024) 금융감독원, 2024 개정판 금융감독개론(2024. 3.)

김건식·정순섭(2023) 김건식·정순섭, 자본시장법(제4판)(박영사, 2023)

박준(2008) 박준, "서브프라임대출관련 금융위기의 원인과 금융법의 새로운 방향 모색", 국제거래법연구 제17집 제2호(국제거래법학회, 2008. 12.)

송옥렬(2017) 송옥렬, "신용평가회사의 문지기책임", BFL 제82호(서울대학교 금융법센터, 2017. 3.)

임재연(2024) 임재연, 자본시장법(박영사, 2024)

정순섭(2017) 정순섭, 은행법(지원출판사, 2017)

정순섭(2023) 정순섭, 금융법(홍문사, 2023)

한국은행(2021) 한국의 금융시장(한국은행, 2021)

Armour et. al.(2016) John Armour et. al., Principles of Financial Regulation (Oxford University Press, 2016).

Bamford(2008) Colin Bamford, Principles of International Financial Law (2nd ed.) (Oxford University Press, 2017)

Benjamin(2008) Joanna Benjamin, Financial Law (Oxford University Press, 2008).

Boatright(2014) John R. Boatright, Ethics in Finance (3rd ed.)(Wiley-Blackwell, 2014)

Faber·Vermunt(2017) Dennis Faber and Niels Vermunt (eds.), Bank Failure: Lessons from Lehman Brothers (Oxford University Press, 2017)

Fuller(2012) Geoffrey Fuller, The Law and Practice of International Capital Markets (Butterworths, 2012).

Golden·Lamm(2015) Jeffrey Golden and Carolyn Lamm (eds.), International Financial Disputes: Arbitration and Mediation (Oxford University Press, 2015)

Hendry(2013) John Hendry, Ethics and Finance (Cambridge University Press, 2013)

Knight(1921) Frank H. Knight, Risk, Uncertainty and Profit (Houghton Mifflin Company, 1921) {프랭크 하이너먼 나이트 저/이주명 역 위험과 불확실성 및 이윤(필맥, 2018)}

Paterson·Zakrzewski(2017) Sarah Paterson and Rafal Zakrzewski (eds.), McKnight, Paterson and Zakrzewski on The Law of International Finance (2nd ed.)(Oxford University Press, 2017)

Russo·Lastra·Blair(2019) Costanza A. Russo, Rosa María Lastra and William Blair (eds.), Research Handbook on Law and Ethics in Banking and Finance (Edward Elgar Publishing

Limited, 2019)

Scott · Gelpern(2020) Hal Scott and Anna Gelpern, International Finance, Transactions, Policy, and Regulation (23rd ed.)(Foundation Press, 2020)

Williams · Elliott(2010) Rowan Williams and Larry Elliott, Crisis and Recovery: Ethics, Economics and Justice (Palgrave Macmillan, 2010)

Wood(2008) Philip Wood, The Law and Practice of International Finance (Sweet & Maxwell, 2008)

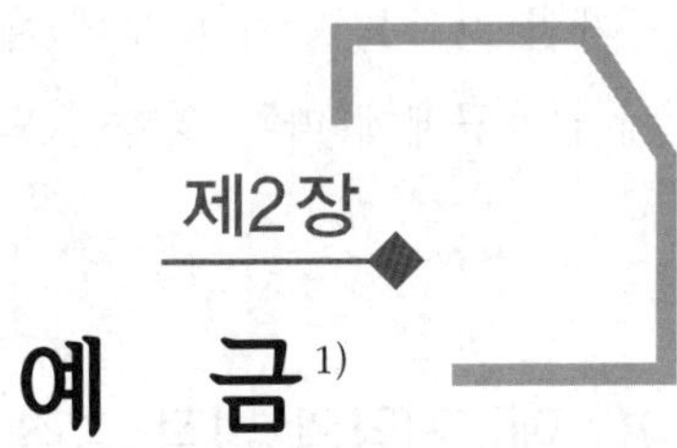

제2장 예 금[1]

제 1 절 예금의 의의와 법적 성격 및 종류

Ⅰ. 예금의 의의와 특성

예금은 "예금자가 은행 기타 수신을 업으로 하는 금융기관에게 금전의 보관을 위탁하되 금융기관에게 그 금전의 소유권을 이전하기로 하고, 금융기관은 예금자에게 같은 통화와 금액의 금전을 반환할 것을 약정하는 계약"이다. 예금자는 현금 이외에 즉시 추심할 수 있는 수표·어음, 기타 증권 등으로도 입금할 수 있으나(예금거래기본약관 제6조 제1항), 이러한 경우에도 그 수표 등의 보관을 위탁하는 것이 아니라 그 수표 등으로부터 추심된 금전의 보관을 위탁하는 것이다.

예금자와 은행의 예금관련 권리의무는 기본적으로 예금계약의 내용에 따른다. 은행은 불특정 다수의 고객과 정형화된 예금거래를 반복적으로 행하기 때문에 예금계약은 통상 공정거래위원회가 마련한 표준약관[2]에 따라 은행이 작성한 약관에 의하게 된다. 따라서 약관의 내용이 약관규제법에 위반하거나 공서양속에 반하지 않는 한 예금자와 은행

---

1) 이 장은 박준(2017)을 수정 보완한 것이다. 예금계약을 전반적으로 다룬 훌륭한 선행연구로는 윤진수(2005), 57-90쪽; 주석민법[채권각칙(4)](2016)(안법영 집필), 제702조 주석 4. 예금계약.

2) 공정거래위원회가 마련한 예금관련 표준약관으로는 예금거래기본약관(공정거래위원회 표준약관 제10012호, 2022. 12. 23. 개정), 입출금이 자유로운 예금약관(공정거래위원회 표준약관 제10013호, 2016. 10. 7. 개정), 거치식 예금약관(공정거래위원회 표준약관 제10015호, 1998. 9. 2. 제정), 적립식 예금약관(공정거래위원회 표준약관 제10014호, 1998. 9. 2. 제정)이 있다.

간의 법률관계는 약관과 이에 추가한 특약에 의하여 규율된다. 또한 은행은 엄격한 금융규제와 감독을 받기 때문에 예금거래의 법률관계도 예금자와 은행 간의 사적 합의 이외에 금융규제에 따른 영향을 받는다.

Ⅱ. 예금계약의 법적 성격

예금계약은 민법의 계약유형 중 소비임치의 성격을 가진다.[3] 소비임치는 임치를 받은 사람이 임치물을 소비할 수 있고 동종·동량의 물건을 반환할 의무만 진다는 점에서 대차한 물건을 차주가 소비하고 동종·동량의 물건을 반환할 의무를 부담하는 소비대차와 사법(私法)적인 법률관계에서는 실질적으로 큰 차이가 없다.[4] 민법도 이러한 점을 반영하여 소비임치에 소비대차에 관한 규정을 준용하도록 하였다(민법 제702조).

그러나 은행의 예금 수령과 금전 차입[5]은 금융규제법상 달리 취급된다. 예컨대, 예금을 받은 은행은 금융통화위원회가 정한 일정한 지급준비금을 적립해야 하고(은행법 제30조 제1항, 한국은행법 제56조),[6] 예금에 대해서는 은행이 부실화되더라도 일정금액까지는 예금자보험제도에 의하여 보호되며, 은행은 예금의 일정비율에 해당하는 보험료를 예금보험공사에 납부하여야 한다(예금자보호법 제31조).[7] 은행의 금전 차입에 대하여는 이와

---

3) 은행이 내준 수표·어음용지로 발행한 수표·어음으로 출금하도록 한 당좌예금은 통상의 예금계약(소비임치계약)과 더불어 예금자가 수표·어음의 지급을 은행에 위탁하는 지급위탁계약이 결합된 것이다. 또한 예금거래에 수반하여 자동이체, 전자통신기기이용 등이 이루어지는 경우에는 이에 관한 계약의 성격도 가지게 된다.

4) 소비임치와 소비대차의 법률관계가 동일한 것은 아니다. 소비임치에서 반환시기의 약정이 없는 경우 임치인은 언제든지 반환을 청구할 수 있으나(민법 제702조 단서), 소비대차에서 반환시기의 약정이 없는 경우 대주는 상당한 기간을 정하여 반환을 청구해야 한다(민법 제603조 제2항). 소비임치에서의 임치기간은 임치인의 이익을 위한 것이고 소비대차에서의 대차기간은 차주의 이익을 위한 것으로 본 것이다.

5) 은행은 한국은행·정부·다른 은행 등으로부터 차입할 수 있고, 외화자금을 외국은행으로부터 차입하기도 한다. 또한 은행이 단기자금시장에서 차입(콜머니)하는 경우도 흔히 있다.

6) 지급준비금은 원칙적으로 예금의 7%이고 정기예금, 정기적금, 상호부금, 주택부금, 양도성예금증서는 2%이며, 장기주택마련저축, 재형저축은 지급준비금 적립이 면제된다. 지급준비금은 원칙적으로 한국은행 당좌예금으로 보유해야 하고, 다만 최저지급준비금의 35%까지 한국은행권으로 그 금융기관에 보유할 수 있다(금융기관지급준비규정).

7) 은행이 받은 예금 가운데 (i) 국가, 지방자치단체, 한국은행, 금융감독원, 예금보험공사로부터 조달한 금전, (ii) 예금보험제도의 적용을 받는 부보금융회사로부터 조달한 금전(퇴직연금관련 적립금예치와 개인종합자산관리계좌 관련 예치는 제외), (iii) 양도성예금증서, 개발신탁, 채권발행, 환매조건부채권매도로 조달한 금전, (iv) 해외지점이 조달한 금전 가운데 해당 해외지점이 소재국의 예금보험제도 등에 의하여 보호되고 있다고 인정되는 금전 등은 예금보험의 대상이 되지 않는다(예금자보호법 제2조 제2호, 동법시행령 제3조 제1항, 제2항, 제5항).

같은 법률 조항들이 적용되지 않는다.

예금을 받는 것은 은행업의 본질적 요소이고 은행을 다른 종류의 금융기관과 구별하는 기준이 된다.[8] 은행이 아니면 예금을 받을 수 없는 것이 원칙이고, 법령에 따른 인가 등 없이 불특정다수인으로부터 예금·적금·부금 등의 명목으로 금전을 받는 행위는 유사수신행위[9]로 금지되어 있으며 이를 위반하면 형사처벌의 대상이 된다(유사수신행위의 규제에 관한 법률 제2조 제2호, 제3조, 제6조).[10]

Ⅲ. 예금의 종류

1. 만기별 분류

예금거래기본약관은 예금을 입출금이 자유로운 예금, 거치식예금 및 적립식예금으로 나누어 규정하고 있다. 예금거래기본약관에서 정한 입출금이 자유로운 예금과 거치식예금·적립식예금의 분류는 종래의 요구불예금과 저축성예금에 각각 대응하는 경우가 대부분이지만 두 분류가 완전히 동일하지는 않다. 예컨대, 저축예금은 입출금이 자유로운 예금이지만 저축성예금으로 분류되고 있었다.

---

8) 정순섭(2011), 242-243쪽; 정순섭(2017), 47쪽. 은행법상의 은행 이외에 상호저축은행, 신용협동조합, 새마을금고, 체신관서 등이 예금, 예탁금, 예수금 등의 명칭으로 수신업무를 하고 있어 비은행예금취급기관으로 불린다.

9) 유사수신행위에는 다음 4가지 유형의 행위가 있고 본문에 언급한 것은 2.유형이다.
1. 장래에 출자금의 전액 또는 이를 초과하는 금액을 지급할 것을 약정하고 출자금을 받는 행위
2. 장래에 원금의 전액 또는 이를 초과하는 금액을 지급할 것을 약정하고 예금·적금·부금·예탁금 등의 명목으로 금전을 받는 행위
3. 장래에 발행가액 또는 매출가액 이상으로 재매입할 것을 약정하고 사채를 발행하거나 매출하는 행위
4. 장래의 경제적 손실을 금전이나 유가증권으로 보전하여 줄 것을 약정하고 회비 등의 명목으로 금전을 받는 행위

10) 대법원은 "유사수신행위를 규제하려는 입법 취지는 관계 법령에 의한 허가나 인가를 받지 않고 불특정 다수인으로부터 출자금 등의 명목으로 자금을 조달하는 행위를 규제하여 선량한 거래자를 보호하고 건전한 금융질서를 확립하려는 데에 있다"고 보고(대법원 2005. 11. 24. 선고 2003도2213 판결, 대법원 2006. 5. 26. 선고 2006도1614 판결), "광고를 통하여 투자자를 모집하는 등 전혀 면식이 없는 사람들로부터 자금을 조달하는 경우뿐만 아니라 평소 알고 지내는 사람에게 직접 투자를 권유하여 자금을 조달하는 경우라도, 그 자금조달 행위의 구조나 성격상 어느 누구라도 희망을 하면 투자에 참여할 수 있는 기회가 열려 있다고 한다면 이는 불특정 다수인으로부터 자금을 조달하는 행위로서 유사수신행위에 해당한다"고 보고 있다(대법원 2006. 5. 26. 선고 2006도1614 판결, 대법원 2013. 11. 14. 선고 2013도9769 판결).

(1) 입출금이 자유로운 예금

입출금이 자유로운 예금은 말 그대로 "예치기간을 정하지 않고 언제든지 자유롭게 입출금하는 예금"이다(입출금이 자유로운 예금 약관 제1조 제1항). 입출금이 자유로운 예금은 예금자가 언제든지 찾을 수 있는 대신 예금이자율이 거치식예금·적립식예금보다 훨씬 낮다. 입출금이 자유로운 예금은 대체로 예금자가 지급결제의 편의 또는 일시적 보관을 위하여 이용한다고 할 수 있다. 입출금이 자유로운 예금에는 보통예금, 당좌예금, 별단예금, 국고예금, 저축예금 등이 있다.

가. 보통예금

보통예금은 가입대상, 예치금액, 예치기간, 입출금 회수 등에 제한이 없는 가장 대표적인 예금 유형이다.

나. 당좌예금

당좌예금은 예금자가 은행을 지급인으로 하는 수표 또는 은행을 지급장소로 하는 어음을 발행하여 그 수표·어음을 제시하는 사람에게 지급하도록 하는 지급위탁이 결합된 예금이다. 제시된 수표·어음의 금액이 당좌예금의 잔액을 초과하면 그 수표·어음은 지급되지 못할 것이지만, 기업·상인이 당좌예금을 하는 경우에는 통상 일정한 당좌대출한도를 정하여 그 한도 내에서는 예금 잔액을 초과하는 수표·어음 제시가 있더라도 은행이 지급할 수 있도록 하는 당좌대출 계약을 함께 체결한다. 당좌예금 계좌를 통하여 당좌대출이 일어난다고 하더라도 대출거래는 당좌대출 계약에 의한 것이다.[11] 당좌예금에는 이자가 지급되지 않는다(입출금이 자유로운 예금약관 제2조 제1항).

다. 별단예금

별단예금은 업무중에 발생하는 미결제자금, 타예금계정으로 처리할 수 없는 자금, 기타 특정자금을 일시 예수하는 계정으로서, 은행의 회계목적 달성에 필요한 계정으로 궁극

---

11) 개인이 예금을 하면서 예금잔액을 초과하여 인출할 수 있도록 일정한 한도 내에서 자동적 대출이 이루어지게 하는 거래를 하는 경우에도 예금거래와 대출거래가 결합되어 있다고 할 수 있다. 대법원은 "마이너스예금거래계좌로서 통상의 예금과 일정 한도액 범위 내의 자동적 대출이 하나의 통장으로 함께 관리되는 계좌라면, … 계좌의 잔고가 일시적으로 마이너스 상태(예금이 없고 대출만 되어 있는 상태)에 있었다고 하더라도, 위 계좌의 개설 이래 금융거래(예금 등의 거래)가 전혀 없이 대출만 행해졌다는 경우가 아닌 이상, 그러한 거래계좌에 관한 정보를 알려달라고 요구하거나 이에 응하여 그 내용을 알려주는 행위는 금융실명법 제4조 제1항에서 금지하는 '거래정보 등'의 제공의 요구 또는 그 제공에 해당한다"고 판시하였다(대법원 2003. 2. 11. 선고 2002도6154 판결). 예금과 대출이 하나의 계좌에서 이루어지는 이상 계좌정보는 예금에 관한 정보라고 할 수 있고 따라서 금융실명법에 따라 보호되어야 한다고 본 것이다.

적으로 고객에게 반환된다(은행업감독업무시행세칙 <별표 4>(회계처리기준) Ⅱ-1-나. 별단예금계정).[12)]

은행회계처리기준은 (i) 당좌거래 없는 자로부터 위탁받고 추심한 어음대금, (ii) 예금종목 미정의 수입금, (iii) 당좌해약금, 사망자의 예금, (iv) (예금거래 없는 자의) 대출금 가지급금의 정리잔금 및 환출이자, (v) (예금거래 없는 자의) 계산착오로 인한 초과징수금, (vi) 자기앞수표,[13)] (vii) 기타 일시적인 예수금을 별단예금의 예로 들고 있다. 판례에 나타난 예로는 어음수표 사고신고담보금,[14)] 지급대행을 위하여 수령한 사채원리금,[15)] 주금납입금,[16)] 신용장매입대금[17)] 등이 있다.

별단예금은 궁극적으로 고객에게 반환될 성질의 자금을 회계처리하기 위한 것이고 그 반환도 예금약관이 아닌 그 별단예금으로 처리된 자금에 관한 법률관계를 규율하는 법리에 근거하여 이루어진다. 예컨대 사고신고담보금은 어음 발행인이 어음 지급은행에 예치한 것이지만 어음 소지인이 정당한 어음상의 권리자임이 판명되면 그에게 사고신고담보금을 반환해야 하고,[18)] 은행이 지급대행기관으로서 회사채 발행회사로부터 수령한 사채원리금 지급자금은 사채권자에게 지급하기 위하여 은행이 수탁자로서 관리하는 것이므로 별단예금으로 예치된 그 자금은 신탁의 수익자로 인정되는 사채권자에게 반환해야 한다.[19)]

---

12) 서울지방법원 2000. 2. 16. 선고 99나7823 판결은 별단예금의 성격에 대하여 다음과 같이 상세히 설시하였다. "별단예금은 환, 대출, 보관 등 은행의 업무수행상 발생하는 미결제자금, 미정리예수금 또는 다른 예금계정으로 처리하기 곤란한 예금 등 각종 원인으로 인한 일시적 보관금(구체적으로는 이 사건과 같은 사채원리금 및 주식배당금 지급기금 이외에 사고신고담보금, 지급정지가처분담보금, 당좌거래 없는 자로부터 위탁받고 추심한 어음대금, 공사채·주식 등의 청약증거금 또는 납입금, 저당권 설정 및 말소비용 등의 일시예수금, 자기앞수표 발행대전 및 부도대금, 전기·전화요금 등 대행수납액, 법원공탁금, 정부보관금 등이 있다)을 처리하기 위한 편의적 계정으로서, 본래 예금거래를 위한 계정이 아니라 은행의 회계목적 달성에 필요한 계정이고, 장차 다른 계정으로 대체되거나 고객에게 환급될 과도적인 예금인만큼 일정한 거래기한이나 거래약관이 없음은 물론 예금증서나 통장 등도 발행하지 않고 다만 필요한 경우에는 예치증, 영수증 또는 확인서 등을 발행할 뿐이며, 이에 대한 이자도 지급하지 않는 것이 원칙이고, 특히 별단예금의 구체적인 성립원인에 따라 예금명의인의 반환청구권도 일정한 제한을 받게 된다."

13) 대법원 2016. 7. 27. 선고 2016다203735 판결(자기앞수표 발행자금을 별단예금에 입금한 사례).

14) 대법원 1992. 10. 27. 선고 92다25540 판결, 대법원 1993. 6. 8. 선고 92다54272 판결 등 다수.

15) 대법원 2002. 7. 26. 선고 2000다17070 판결.

16) 대법원 1998. 2. 10. 선고 96도2287 판결.

17) 대법원 2012. 1. 27. 선고 2009다93817 판결(신용장상 선적서류매입대금을 선적서류 매입의뢰인과의 합의에 기하여 별단예금 계좌에 입금한 사례).

18) 대법원 1998. 1. 23. 선고 97다37104 판결.

19) 대법원 2002. 7. 26. 선고 2000다17070 판결. 이 대법원판결의 사실관계 및 판시사항에 대한 분석은 제7장 각주 87 및 그 본문 참조.

라. 저축예금

저축예금은 입출금이 자유로운 예금이지만 예치기간과 예치금액에 따라 보통예금보다 높은 이자율이 적용된다는 점에서 거치식예금의 특성의 일부가 반영되었다고 할 수 있다.

(2) 거치식예금 · 적립식예금

가. 거치식예금

거치식예금은 "예치기간을 정하고 거래를 시작할 때 맡긴 돈을 만기에 찾는 예금"이다(거치식예금 약관 제1조 제1항).[20] 정기예금이 이에 해당한다.

나. 적립식예금

적립식예금은 "기간을 정하고 그 기간중에 미리 정한 금액이나 불특정 금액을 정기 또는 부정기적으로 입금하는 예금"이다(적립식예금 약관 제1조 제1항). 정기적금이 이에 해당한다. 거치식예금과 적립식예금은 이자증식을 통한 저축을 위하여 이용된다.

다. 양도성예금증서

양도성예금증서는 거치식예금약관이 적용되는 예금 가운데 예금반환청구권을 증서에 의하여 양도할 수 있도록 한 예금상품이다. 예금의 이전과 행사에 증서가 필요하다는 점에서 유가증권에 해당하지만 예금계약의 성립 및 예금자의 예금반환청구권의 발생에 증서가 발행되어야 하는 것은 아니다.[21]

증서는 실물로 발행되어 오다가 실물증서의 위조·변조 또는 불법유통 등 금융사고가 빈발하여 등록발행할 수 있도록 2005. 12. 29. 공사채등록법이 개정됨으로써(공사채등록법 제2조 제5호), 실물증서발행 방식과 등록발행 방식 양자가 사용되어왔다.[22]

2019년 9월 전자증권법이 시행됨에 따라 공사채등록법은 폐지되고 은행은 전자증권법에 따른 전자등록의 방법으로 양도성예금증서를 발행할 수 있게 되었다(동법 제2조 제1호 거목, 동법시행령 제2조 제3항 제1호, 동법 제25조 제1항).[23] 양도성예금증서(소유권, 질권 및 그 밖의 이해관계자의 권리)는 은행법에 따라 발행은행에 등록할 수도 있다(은행법 제33조의

---

20) 거치식예금의 만기가 도래했다고 하여 예금채무자인 은행이 예금채권자에게 예금반환지연으로 인한 지체책임을 지는 것은 아니고, 예금채권자의 지급청구에도 불구하고 예금반환이 지체된 경우에 지체책임이 발생한다(대법원 2023. 6. 29. 선고 2023다218353 판결).

21) 대법원 2009. 3. 12. 선고 2007다52942 판결.

22) 전자증권법 시행이전의 양도성예금증서 발행 및 유통시장의 현황에 대하여는 이효경(2010), 136쪽.

23) ☞ 전자증권법에 따른 전자등록에 관하여는 제7장 제1절 Ⅰ. 2. 사채권의 발행과 전자증권법의 시행.

5 제1항, 은행법시행령 제19조의3). 결국 양도성예금증서는 전자등록, 발행은행 등록 또는 실물발행의 3가지 방법 중 하나를 이용하여 발행할 수 있게 된다.

원화 양도성예금증서는 투자상품적 성격이 있음에도 불구하고 자본시장법상 금융투자상품에서는 제외되어 있다.[24] 한국예탁결제원의 예탁제도를 이용할 수 있는 예탁대상증권에는 포함되어 있으나(자본시장법 제294조 제1항, 같은법 시행령 제310조 제1호), 전자증권법 시행에 따라 한국예탁결제원의 규정상 원화 양도성예금증서는 예탁대상증권으로 지정될 수 있는 근거가 삭제되었다.[25]

양도성예금증서는 한국은행에 예금지급준비금 예치의무가 있는 금융기관만이 발행할 수 있고, 무기명 할인식 양도가능증서로 만기 30일 이상으로 하여 중도해지 불가능한 조건으로 발행하도록 하고 있다.[26] 양도성예금증서로 조달한 자금은 채권(債券)발행으로 조달한 경우와 마찬가지로 예금자보호법에 따른 예금보험의 적용대상에서 제외된다(예금자보호법시행령 제3조 제2항 제2호). 통상의 예금과 달리 투자상품적 성격이 있기 때문이다.

2. 통화별 분류

예금이 어떤 통화로 이루어졌는지에 따라 원화예금과 외화예금으로 나누어지고 외화예금도 외화당좌예금, 외화보통예금, 외화정기예금, 외화별단예금 등으로 나누어진다.

Ⅳ. 예금거래 관련 금융소비자 보호와 중요정보 제공

예금은 금융소비자보호법상 금융상품에 포함되므로 은행은 예금업무에 관하여 신의성실의무(동법 제14조), 차별금지(제15조), 설명의무(제19조), 부당권유행위 금지(제21조), 광고(제22조), 계약서류 제공의무(제23조) 등 금융소비자보호법이 정한 영업행위 준수사항을 준수하여야 한다.

한편 은행법은 은행이 예금자 등 은행이용자를 보호하고 금융분쟁의 발생을 방지하

---

24) 양도성예금증서는 투자상품적 성격을 가진다는 점에서 자본시장법상 채무증권과 차이가 없다. 그러나 자본시장법은 원화표시 양도성예금증서를 금융투자상품에서 명시적으로 제외하였다(제3조 제1항 제1호). 통상 은행에서 취급해 온 것을 감안한 정책적 고려 때문이다. 김건식·정순섭(2023), 35쪽.

25) 증권등예탁업무규정 제61조 개정(2019. 9. 16. 시행), 증권등예탁업무규정시행세칙 제3조 제1호 및 제4조 제1항 삭제(2019. 9. 16. 시행).

26) 금융통화운영위원회, 양도성예금증서의 발행조건(2002. 6. 20.).

기 위하여 은행이용자에게 금융거래상 중요 정보를 제공하는 등 적절한 조치를 마련할 의무를 부과하였다(은행법 제52조의2 제2항). 이에 따라 은행은 금리, 계약 해지 및 예금자 보호에 관한 사항 등 은행이용자가 유의하여야 할 사항을 공시해야 한다(동법시행령 제24조의6 제2항 제1호).

제 2 절 예금계약의 성립

Ⅰ. 예금계약의 성립요건

1. 낙성계약 vs. 요물계약

예금계약도 계약인 이상 예금한다는 점 및 예금의 조건에 관한 양 당사자의 합의가 있어야 한다. 합의에 추가하여 예금자가 은행에게 예금의 목적물인 금전의 교부를 하여야 하는가? 이에 대하여 대법원은 오래전부터 "일반적으로 예금계약은 예금자가 예금의 의사를 표시하면서 금융기관에 금전을 제공하고 금융기관이 그 의사에 따라서 그 금전을 받아서 확인을 하면, 그로써 예금계약은 성립한다"[27]고 판시하여 왔다.

학자들 간에는 예금계약이 당사자 간의 합의만으로 성립할 수 있는 낙성계약인지 아니면 목적물의 교부가 필요한 요물계약인지에 대하여 논의가 있다. 이 논의는 예금자가 은행에게 금전을 교부하지 않으면 예금계약이 성립하지 않는 것인지 아니면 은행의 예금반환채무(예금자의 예금채권)가 발생하지 않는 것인지를 논하는 차이가 있을 뿐이다.[28][29] 금전의 교부가 없으면 은행의 예금반환채무(예금자의 예금채권)가 발생하지 않는다는 점에

27) 대법원 1977. 4. 26. 선고 74다646 판결. 대법원 1984. 8. 14. 선고 84도1139 판결, 대법원 1996. 1. 26. 선고 95다26919 판결, 대법원 2005. 12. 23. 선고 2003다30159 판결, 대법원 2007. 9. 7. 선고 2005다30832 판결 등.

28) 통상 예금계약의 내용을 이루는 서류의 작성과 입금이 거의 동시에 이루어지므로 낙성계약설과 요물계약설에 실질적인 차이가 별로 없다. 예금계약과는 달리 대출계약에서는 대출계약 체결 후 일정한 선행조건을 충족해야 은행이 차주에게 대출금을 지급하는 경우, 또는 대출계약상 일정한 금액 범위 내에서 대출을 신청하면 대출금을 지급하는 경우(이른바 신용한도(credit line)거래) 등과 같이 계약의 체결시점과 대출금의 지급시점에 차이가 있는 경우도 많다. 대출계약은 낙성계약이고 계약체결로 (계약상 조건에 따라) 대주가 대출할 의무를 부담한다. 예금계약을 낙성계약으로 체결하고 예금자가 은행에 예금할 의무를 부담하도록 하는 것도 이론적으로 생각해 볼 수 있을 것이나, 현행 예금거래기본약관은 그러한 유형의 거래를 상정하고 있지 않다.

29) 주석민법[채권각칙(4)](2016)(안법영 집필), 831쪽은 낙성계약인 계좌설정약정에 의한 기본적 예금계약과 계좌 예입에 의한 예금채권의 발생을 구별한다.

서 마찬가지의 결론에 이르게 되므로 은행과 예금자 간의 권리의무에 실질적인 차이를 가져오는 논의는 아니다.

2. 은행에 대한 예금 vs. 은행직원과의 대차관계

예금은 예금자와 은행 사이의 계약이다. 고객이 은행 직원에게 금전을 교부하였으나 고객과 은행 직원 모두 "은행에 예금한다는 의사"가 없었다면 은행과의 사이에서 예금계약이 성립할 수 없다.[30] 고객이 금전을 은행 직원에게 교부하였으나 은행 직원이 그 받은 금전을 그 고객의 계좌에 입금처리하지 않고 횡령·유용한 경우에는 은행 직원이 은행의 업무를 처리한 것인지 나아가 고객과 은행 사이의 예금계약이 체결된 것인지 여부가 문제될 수 있다.

첫째, 고객이 "은행에 예금한다는 의사"를 표시하면서 은행에 금전을 교부하였다면, 원칙적으로 은행 직원이 은행을 대리하여 금전을 받아 확인한 이상 은행에 대한 예금 입금이 적법하게 이루어진 것이고, 직원이 그 받은 금전을 횡령·유용하였다고 하여도 고객과 은행 간의 예금이 성립하는 점에 대하여는 영향이 없다.[31] 고객이 은행으로부터 양도성예금증서를 발행받기 위하여 금전을 은행에 입금하고 직원이 입금을 확인하였으나, 은행 직원이 위조된 양도성예금증서를 고객에게 교부하고, 고객 명의의 양도성예금증서 발행계좌가 개설되어 원장에 입금기록이 되기 전에 은행 직원이 금전을 횡령한 경우에도 유효한 양도성예금증서가 발행된 것은 아니지만 거치식 예금이 성립된 것으로 본다.[32] 또한 은행소정금리 외에 예금유치인을 통하여 추가금리를 지급받기로 하였다 하더라도 예금주에게 통장까지 전달된 이상 예금주와 은행 간의 예금계약의 성립을 인정한다.[33]

---

30) 대법원 2006. 10. 27. 선고 2005다32913 판결(은행 직원이 자기앞수표를 받고 예금증서 또는 예금통장을 교부하지 않고 담보물건보관증을 작성해 준 경우 예금계약이 성립된 것으로 볼 수 없다고 판시한 사례).

31) 형사사건으로는 대법원 1984. 8. 14. 선고 84도1139 판결, 대법원 1987. 12. 22. 선고 87도2168 판결, 민사사건으로는 대법원 1996. 1. 26. 선고 95다26919 판결, 대법원 2005. 12. 23. 선고 2003다30159 판결, 대법원 2006. 12. 21. 선고 2004다41194 판결, 대법원 2007. 9. 7. 선고 2005다30832 판결 등.

32) 대법원 2009. 3. 12. 선고 2007다52942 판결(본문 기재와 같이 거치식 예금의 성립을 인정하고 고객은 거치식 예금계약에 기한 예금반환청구권을 계속 보유·행사하거나, 양도성예금증서를 발행받지 못하였음을 이유로 예금계약을 해제할 수 있다고 한 사례). 이와는 달리 대법원 2000. 3. 10. 선고 98다29735 판결은 유사한 사실관계하에서 원고의 청구를 기각하였는데, 이는 원고의 청구가 양도성예금증서가 발행되었음을 전제로 양도성예금증서의 추심을 위탁하였음을 근거로 하였기 때문이다.

33) 대법원 1985. 12. 24. 선고 85다카880 판결(은행 직원이 아닌 사람이 예금유치하며 추가금리를 지급하기로 한 사례), 대법원 1996. 1. 26. 선고 95다26919 판결(은행 지점장이 높은 이자를 보장하

다만 추가금리 지급약정은 저축관련 부당행위죄로 형사처벌의 대상이 되고(특정경제범죄법 제9조 제1항, 제3항), 민사적으로도 최소한 은행의 규정에 따른 이자 외의 것을 지급하는 부분은 무효가 되며[34] 경우에 따라서는 예금계약 전부가 무효가 될 수 있다.

둘째, 은행 직원이 고객으로부터 금전을 교부받을 때부터 은행을 위한다는 의사 없이 자신 또는 다른 제3자의 이익을 위하여 받았다면, 직원이 은행을 대리하여 고객에게 예금을 받는 외관을 갖추었어도 예금계약 체결 의사표시는 대리권을 남용한 행위이거나 진의 아닌 의사표시가 될 것이다. 대법원은 이른바 상업은행 혜화동 지점 사건에서 "은행의 정규예금금리보다 훨씬 높은 이자가 정기적으로 지급되고 피고은행의 많은 지점 가운데서도 오로지 피고은행의 혜화동지점에서만 이러한 예금이 가능할 뿐더러 예금을 할 때 암호가 사용되어야 하며 예금거래신청서의 금액란도 빈칸으로 한 채 통상의 방법이 아닌 수기식통장이 교부되는 사정"이라면 예금자가 통상의 주의만 기울였던들 은행 대리의 예금계약의사가 진의 아님을 알 수 있었을 것으로 판단하거나,[35][36] 대리권 남용에 의한 계약으로 판단하여[37] 예금계약에 따른 예금반환청구권의 성립을 부인하였다.

은행 직원의 대리권 남용이나 진의 아닌 의사표시로 인하여 예금계약이 성립하지 않은 경우, 고객은 이로 인한 손해에 대하여 은행에 대해 사용자 책임을 물을 수 있다. 물론 사실관계에 따라 상당한 비율의 과실상계가 이루어질 것이고,[38] 금융기관과의 거래에서 "건전한 금융거래의 상식에 비추어 정식의 금융거래와는 동떨어진 경우"에는 금융기관의

겠다고 제의한 사례).

34) 대법원 1987. 7. 7. 선고 86다카1004 판결(한국상업은행 혜화동지점 사건).

35) 대법원 1987. 7. 7. 선고 86다카1004 판결, 대법원 1987. 11. 10. 선고 86다카371 판결(한국상업은행 혜화동지점 사건). 한국상업은행 혜화동지점 사건에 관한 형사판결인 대법원 1984. 8. 14. 선고 84도1139 판결은 고객들의 은행에 예금할 의사를 인정하고 "통장은 예금계약사실을 증빙하는 증표일 뿐이므로 그 통장이 수기식이라고 하여 이미 성립한 예금계약이 소급하여 무효가 된다고는 할 수 없다. … 이 사건 전주들이 처음부터 은행에 예금을 할 의사가 없었다고 할 수 없다"고 하여 은행 대리의 업무상 횡령죄를 인정하였으나, 이 판결은 대법원 1987. 7. 7. 선고 86다카1004 판결의 쟁점인 진의 아닌 의사표시에 대한 논의는 하지 않았다.

36) 진의아닌 의사표시를 알거나 알 수 있어 예금계약을 무효로 판시한 다른 사례로는 대법원 1996. 4. 26. 선고 94다29850 판결(광주에 거주하는 예입자가 순천역전 지점에 보통예금통장을 만든 후 4억원을 온라인 입금하고 4억5천만원이 입금된 것으로 기재된 통장을 교부받았고, 정상금리보다 훨씬 높은 이자가 지급되며 보통예금임에도 일정기간 인출할 수 없는 조건의 거래를 한 사례), 대법원 1999. 1. 15. 선고 98다39602 판결(신용협동조합 이사장이 정상금리보다 높은 이자를 지급하는 조건으로 신협 예탁금 명목으로 금전을 받고 수기식 정기예탁금증서를 작성해 준 사례), 대법원 2007. 4. 12. 선고 2004다51542 판결(신용협동조합의 부장, 상무가 예금명목으로 금전을 받은 후 개인용도로 사용하기 위해 전산원장에는 거래사실을 누락시키고 예금자에게는 정상금리외에 추가이자를 지급한 사례).

37) 대법원 1987. 11. 10. 선고 87다카1557 판결.

38) 대법원 1989. 9. 26. 선고 88다카32371 판결은 한국상업은행 혜화동지점 사건에서 원심이 고객의 과실비율을 10%로 본 것은 너무 낮다고 보아 파기환송하였다.

사무집행에 해당하지 않는다는 점에 대한 고의·중과실이 인정될 여지가 많다.[39]

3. 마이너스 통장에의 입금

은행과 고객 간의 사전 약정에 의하여 일정한 신용공여 한도를 설정하고 고객의 예금계좌의 잔고를 초과하는 금액을 인출할 수 있도록 하는 거래를 할 수 있다. 통칭 마이너스 통장 거래는 종합통장자동대출거래로 당좌대출과 같은 구조를 가지고 있다. 즉 은행이 종합통장자동대출약정에서 고객에 대한 여신한도를 정하고, 고객은 여신한도 범위 내에서 대출약정과 연계된 약정예금계좌(=종합통장기본계좌)의 잔고를 초과하여 인출하는 방법으로 대출을 실행한다. 그 대출이 변제되지 않아 계좌 잔고가 (−)일 때 그 계좌에 입금된 자금은 자동적으로 대출금변제에 충당한다.[40] 고객의 채권자가 그 계좌에 압류 및 추심명령을 받았어도 계좌 잔고가 (−)일 때 입금하여 대출금 변제에 충당되는 금액은 압류의 대상이 되는 예금에 포함되지 않는다.[41] 이 점은 고객(A)이 은행(B)에 개설한 위 계좌에 입금한 경우뿐 아니라 제3자(C)가 A에 대한 채무이행을 위하여 위 계좌에 입금한 경우도 마찬가지로 보아야 한다. C가 A에 대한 채무의 이행을 위하여 A가 지정한 계좌로 입금하면 C는 A에 대한 자신의 채무를 이행한 것이고, 그 입금이 A와 B 사이에서 어떠한 법적인 의미를 가지는지는 A와 B의 약정에 달려 있기 때문이다.[42] 잔고가 (−)인 상태의

39) 대법원 2011. 11. 24. 선고 2011다41529 판결은 원고가 전혀 거래관계가 없던 은행 지점의 고객상담실에서 초면인 부지점장 갑에게 5억원의 자기앞수표를 교부하고 "갑" 개인 이름만 기재된 현금보관증만을 교부받았을 뿐 예금증서를 교부받거나 요구하지도 않고, 갑이 그 수표금을 개인적으로 소비하여 손해를 입고 은행을 상대로 사용자책임을 물은 사례에서, 자기앞수표의 교부와 현금보관증 작성이 비록 영업시간 내에 고객상담실에서 이루어졌다 하더라도, "외형상 객관적으로 갑의 은행 부지점장으로서의 사무집행과 관련이 있다고 보기 어렵고, … 원고로서는 … 은행 부지점장으로서의 사무집행의 범위 내에 속하지 않음을 알고 있었거나 조금만 주의를 기울였다면 알 수 있었음에도 불구하고 단기간에 고액의 수익을 얻으려는 욕심에서 일반인에게 요구되는 주의의무에 현저히 위반하였다고 보아야 할 것이며, 공평의 관점에서 보더라도 원고를 보호할 필요가 없다고 볼 여지가 충분하다"고 판시하였다.

40) 여신거래약정서(Ⅱ)(종합통장자동대출 및 당좌대출용) 제3조 제1항은 "이 약정에 의한 채무가 있는 때에는 종합통장기본계좌 및 당좌예금… 에 입금된 자금…은 자동적으로 대출금변제에 충당하기로 합니다"라고 하였다. 대법원 2022. 6. 30. 선고 2016다237974 판결은 "약정계좌의 잔고가 마이너스로 유지되는 상태, 즉 대출채무가 있는 상태에서 약정계좌로 자금이 이체되면, 그 금원에 대해 수취인의 예금채권이 성립됨과 동시에 수취인과 수취은행 사이의 대출약정에 따라 수취은행의 대출채권과 상계가 이루어지게 된다"고 보았다.

41) 대법원 2015. 3. 12. 선고 2013다207972 판결.

42) 대법원 2014. 9. 24. 선고 2013다200513 판결은 L전자의 납품업체인 M회사가 은행과 마이너스통장을 이용한 대출거래를 하고, L전자가 M회사에게 물품대금을 마이너스통장 지정계좌로 입금하면 그 금액이 M회사의 대출금 변제에 자동 충당하기로 한 사건을 다루었다. 원심판결(서울고법 2012. 12. 27. 선고 2012나60796 판결)은 M회사에 대한 대출이 이루어진 후 L전자가 지정계좌로 입금한 데 대하여 L전자가 M회사를 대신하여 대출금을 변제할 명목으로 입금한 것으로 인정할

위 계좌에 제3자(D)가 착오로 송금한 경우에도 그 송금액은 A의 대출금 변제에 자동적으로 사용되고 A가 D에 대해 부당이득반환채무를 지게 되며, 이 경우 착오송금으로 인하여 은행(B)이 부당이득을 취득한 것은 아니다.[43)]

Ⅱ. 입금의 방법과 예금의 성립시기

1. 예금거래기본약관

종래 예금계약의 성립시기라는 제목 하에서 논의되는 내용은 특정한 예입금에 대하여 예금자의 예금채권(은행의 예금반환의무)이 발생하는 시점에 대한 것이다. 예금자의 예금채권이 발생하기 위해서는 예금자가 은행에게 예금계약의 목적물의 입금, 즉 금전의 교부를 해야 한다. 특정한 입금이 예금이 되면 예금자의 예금채권이 발생한다.

예금거래기본약관은 입금 방법 별로 예금 성립시기를 다음과 같이 정하고 있다(예금거래기본약관 제7조 제1항).[44)]

① 현금으로 입금한 경우에는 은행이 이를 받아 확인한 때.
② 현금으로 계좌송금·계좌이체한 경우에는 예금원장에 입금이 기록된 때.
③ 어음·수표·기타 증권으로 입금하거나 계좌송금한 경우에는 원칙적으로 그 어음·수표·기타 증권을 교환에 돌려 부도반환시한이 지나고 결제를 확인한 때. 다만 예외적으로 (i) 예금계좌를 개설한 영업점에서 지급해야 할 어음·수표·기타 증권은 그날 안에 결제를 확인한 때, (ii) 자기앞수표로 지급제시기간 안에, 사고신고가 없으며 결제될 것이 틀림없음을 은행이 확인하였을 때에는 예금원장에 입금이 기록된 때.

2017년부터 영업을 개시한 인터넷전문은행의 예금거래기본약관상 예금입금은 현금이나 자기앞수표로 계좌송금 또는 계좌이체의 방법으로 할 수 있다. 현금으로 입금하는

수 없다고 하여, 은행이 M회사에 대한 대출금채권과 M회사에 대한 예금채무를 보유하고 있었다고 보고 은행의 상계가 허용된다고 판시하였고, 대법원판결은 원심판결이 정당하다고 하였다. 본문에서 논하였듯이 마이너스 통장 거래에 이용되는 계좌에의 입금의 법적 성격은 그 계좌를 개설한 고객(M회사)과 은행 사이의 계약에 의하여 판단되어야 하는 것이고, 입금자(L전자)가 계좌개설고객(M회사)에 대한 채무이행을 하기 위하여 입금한 점은 은행과 고객 사이에서 입금의 법적 성격을 결정하는데 대해서는 아무런 영향을 미치지 않는다고 보아야 할 것이다.

43) 대법원 2022. 6. 30. 선고 2016다237974 판결.

44) 종전에 대법원은 예금계약의 성립시기에 관하여 구체적으로 기준을 정하여 판시하였으나(예: 대법원 1984. 8. 14. 선고 84도1139 판결), 구체적인 문제의 해결을 위해서는 대법원이 판시한 기준보다 우선 문제된 예금에 적용되는 예금약관의 내용을 파악해야 한다.

경우에도 자동입출금기를 통하거나 계좌송금·계좌이체의 방법으로 하게 되므로 예금원장에 입금이 기록된 때 예금이 성립하도록 규정하고 있다.[45)]

2. 현금으로 입금한 경우

고객이 예금의 의사를 표시하면서 은행에 금전을 교부하고 은행이 그 의사에 따라서 그 금전을 받아 확인을 하면 예금이 되어 예금채권이 발생한다.

3. 어음·수표·기타 증권으로 입금한 경우

(1) 예금의 성립시기

어음·수표·기타 증권으로 입금한 경우 예금원장 또는 예금통장에 입금이 기록되었다고 하여 예금이 되는 것은 아니고, 그 어음 등이 결제되어 금전이 입금되었음을 확인한 때 예금이 되는 것이 원칙이다. 다만 자기앞수표로 입금한 경우에는 결제될 것이 틀림없음을 은행이 확인하였을 때에는 예금원장에 입금이 기록된 때 예금이 된다.

종래 입금을 위하여 은행에 교부한 어음·수표·기타 증권이 예금계좌를 개설한 영업점에서 지급해야 할 것("자점권")인지, 다른 은행 또는 다른 영업점에서 지급해야 할 것("타점권")인지에 따라 달리 논의를 해 왔으나, 현행 예금거래기본약관은 자점권·타점권 모두 은행이 결제를 확인한 때 예금이 되는 것으로 정하고 있다. 자점권인 경우에는 예금계좌를 개설한 영업점이 어음교환소를 통할 필요 없이 입금 당일 결제여부를 확인할 수 있어 결제 확인에 필요한 시간과 절차가 다를 뿐이다. 다만 자기앞수표의 경우에는 결제자금을 은행이 이미 보유하고 있어 사고신고 등의 특별한 사정이 없는 한 결제가 확실하다고 볼 수 있으므로 예입받은 은행이 결제될 것임을 확인하면 실제 결제가 완료되기 전이라도 입금기록이 된 때 예금이 되도록 규정한 것이다.

이 때 결제의 의미에 대하여 ① 예입받은 은행이 지급은행에 지급 제시한 어음 등이 부도처리되지 않고 그 어음 발행인 등 궁극적 채무자가 지급은행에게 그 대금을 지급함으로써 예입받은 은행이 지급은행을 통하여 그 대금을 수령하게 되는 것을 의미하는지, ② (어음발행인 등 궁극적 채무자가 지급은행에게 대금을 지급하였는지는 불문하고) 예입받은 은

45) 전자자금이체의 경우 자금 지급의 효력이 "거래지시된 금액의 정보에 대하여 수취인의 계좌가 개설되어 있는 금융회사 또는 전자금융업자의 계좌의 원장에 입금기록이 끝난 때" 지급의 효력이 발생한다고 규정한 전자금융거래법 제13조 제1항과 마찬가지이다.

행이 지급은행으로부터 적법하게 어음 등의 대금을 지급받는 것{어음교환소를 통하는 경우 지급결제의 완결성(finality)을 갖춘 것}을 의미하는지에 대하여 견해가 나뉠 수 있다. 견해① 은 어음 등의 교부로 예금이 성립하기 위해서는 그 어음 등이 금전으로 취급될 수 있어야 하는데 부도처리된 어음 등을 금전으로 취급할 수는 없다고 보는 것이고, 견해②는 예금거래기본약관이 결제확인이 되어야 예금이 성립하도록 한 것은 예입받은 은행을 위한 것이므로 그 취지는 예입받은 은행이 금전으로 결제 받으면 예입받은 은행과 예입자 간에 예금이 성립되는데 지장이 없다고 보는 것이다.

예입받은 은행이 예입자로부터 받은 당좌수표를 지급은행에게 제시한 후, 지급은행이 어음교환소규약에 정한 미결제어음 통보시각[46]까지 통보하지 않음으로써 제시은행(=예입 받은 은행)에게 그 수표를 반환할 수 없게 되고, 예입받은 은행은 지급은행으로부터 그 대금을 지급받아 예입자에게 지급하였으나 그 수표는 결국 부도처리된 사례에서, 대법원 1996. 9. 20. 선고 96다1610 판결은 견해①을 취하여 두 가지 중요한 판시를 하였다. 첫째, "지급은행이 추심한 결과 부도처리됨으로써 추심이 이루어지지 않은 이상 이 사건 예금계약은 성립하지 않았다"고 보았다.[47] 둘째, 예입자는 법률상 원인없이 수표금 상당액의 이익을 얻었고 이는 지급은행이 입은 결제자금 상당액의 손해로 인한 것으로 보아 지급은행이 예입자에 대하여 부당이득반환청구권이 있다고 보았다. 대법원의 이러한 입장은 이후 대법원 2006. 5. 26. 선고 2003다65643 판결[48]에서 확인되었다.[49][50]

---

46) 당시 서울어음교환소규약상 지급은행은 수취한 어음 중 결제가 되지 아니한 어음에 대하여는 평일에는 교환일 14:30까지 제시은행 앞으로 그 사실을 통보하여야 하며 그 통보가 없는 한 어음을 부도반환할 수 없도록 규정하고 있었다. 이 사건에서 제시은행은 14:30까지 지급은행으로부터 미결제 통보를 받지 못하여 예입자에게 당좌수표금액을 지급하고 그 금액을 지급은행의 한국은행 구좌에서 교환차액으로 지급받았으며, 대법원은 이러한 일련의 행위를 적법한 것으로 보았다.

47) 대법원 1996. 9. 20. 선고 96다1610 판결이 첫째 판시사항의 선례로 인용한 대법원 1995. 6. 16. 선고 95다9754 판결은 지급점포가 부도통지를 하였는데 중개점포 직원의 실수로 그 사실을 예입받은 점포가 알지 못한 사안(즉 어음교환소의 결제절차 상 결제가 완결되지 않은 사안으로 보임)에 관한 것이고, 대법원 1996. 9. 20. 선고 96다1610 판결과 대법원 2006. 5. 26. 선고 2003다65643 판결은 지급은행이 부도통지를 하지 않아 어음교환소의 결제절차상 결제가 완결된 사안에 관한 것이다.

48) 약속어음의 추심을 의뢰받은 제시은행이 교환에 회부하였는데 지급은행이 부도어음통보를 하지 않아 추심의뢰한 고객 계좌로 어음금 상당액이 입금된 사례.

49) 대법원 1997. 11. 28. 선고 96다21751 판결에서도 대법원 1996. 9. 20. 선고 96다1610 판결의 부당이득에 관한 판시사항과 같은 내용을 판시하였으나, 이 사건은 위조된 자기앞수표로 입금한 사례이므로 적법·유효한 어음·수표로 입금한 경우와는 차이가 있다. 그 차이에 대하여는 김형석(2006), 312-313쪽.

50) 대법원 1999. 2. 5. 선고 97다34822 판결도 대법원 1996. 9. 20. 선고 96다1610 판결의 예금의 성립시기에 관한 판시사항과 같은 내용을 판시하였으나, 97다34822 사건은 계좌명의인의 대리인이 약속어음으로 예입한 후, "바로 그 약속어음을 예입받은 피고 은행이 원고의 대리인의 기망행위에 의하여 출연한 금원에 의하여 결제되었다고 할 것인바, 이러한 경우에는 피고 은행이 이 사건 약속어음을 정상적으로 추심완료하였다고 할 수 없으므로 아직 이 사건 약속어음의 액면금에 관

첫째 판시사항에 대하여는 다음과 같은 의문이 있다.

지급은행이 미결제어음 통보시각까지 통보하지 않음으로써 예입받은 은행에게 수표를 반환할 수 없게 된 상황에서 제시은행(=예입 받은 은행)이 예입자에게 수표금 상당액을 지급한 행위는 "당좌수표를 예입받아 그 수표의 추심의뢰를 받은 피고 은행이 서울어음교환소규약 및 은행수신거래기본약관의 규정에 따른 그 수표의 추심 및 교환결제 결과에 의하여 한 업무집행으로서 적법성이 보장"된다고 하면서 예금계약은 성립되지 않았다고 보는 것이 일관성이 있는지 의문이다. 예금계약이 성립되지 않았다면 은행의 수표금 지급은 예금반환채무의 이행이 아니다. 그럼에도 불구하고 은행의 수표금 지급이 적법하다는 것은 은행이 수표금의 추심위임을 받아 그 추심금을 지급한 것으로 본 것으로 선해할 수도 있다.

그러나 수표는 예금으로 입금하기 위하여 은행에 교부한 것이므로 추심은 완료되었는데 예금이 성립하지 않았다는 것은 수표 교부의 목적과 맞지 않는다. 대법원판결도 수표금 지급의 적법성이 보장된다는 판시에서 "은행수신거래기본약관"에 따른 행위라는 점을 언급하였다. 예입자가 예금을 하기 위하여 수표로 입금한 후, 은행이 그 수표금을 추심하여 예입자에게 지급하는 행위가 은행수신거래기본약관에 따른 적법한 행위라고 할 때, 예입자에 대한 지급의 근거가 예금반환이 아닌 다른 무엇이 될 수는 없다. 지급결제의 완결성(finality)의 차원에서도 지급은행이 제시은행(=예입받은 은행)에게 미결제어음 통보를 하지 않음으로써 더 이상 어음교환소를 통한 결제를 다툴 수 없게 된 이상, 예입 받은 은행은 결제확인을 한 것이고, 예입자와 예입받은 은행 사이에서는 예금이 성립한 것으로 봄이 타당할 것이다.

둘째 판시사항에 대하여는 지급은행이 미결제어음통보와 부도어음통보를 하지 않은 행위의 평가에 관하여 논란이 있을 수 있다. 이 점에 대해 대법원 2006. 5. 26. 선고 2003다65643 판결의 원심[51]은 당해 사건에서 지급은행이 어음발행인의 요청에 따라 미결제어음통보와 부도어음통보를 하지 않은 것은 어음발행인의 어음금 지급불이행에 따른 손해

하여 원고와 피고 사이에 예금계약이 성립하지 않은 것"이므로 대법원 1996. 9. 20. 선고 96다1610 판결 및 대법원 2006. 5. 26. 선고 2003다65643 판결의 사례와는 차이가 있다.

51) 대전고등법원 2003. 10. 23. 선고 2002나8757 판결. 이 판결은 "대법원 1995. 6. 16. 선고 95다9754, 95다9761 판결, 대법원 1996. 9. 20. 선고 96다1610 판결, 대법원 1997. 11. 28. 선고 96다21751 판결, 대법원 1999. 2. 5. 선고 97다34822 판결 … 은 각각 중개점포 담당직원의 실수로 부도어음통지가 되지 않은 경우나, 지급은행이 제시은행에 대하여 부당이득반환청구를 한 경우, 또는 지급은행이 수표의 위조를 뒤늦게 발견한 경우, 증권을 예입받은 은행이 예금주의 대리인의 기망행위로 인하여 증권의 결제자금을 출연한 경우 등에 관한 것으로서, 지급은행이 거래처의 요청을 받아들여 부도어음통보를 하지 않은 이 사건과는 사안을 달리 하여 이 사건에 직접 적용하기에 적절하지 않다"고 판시하였다.

를 입을 위험을 부담한 것이고 어음소지인의 어음금 수령은 법률상 원인 없는 이득이 아니라고 보았다. 그러나 대법원은 지급은행이 그 정도의 위험을 부담한 것이라고 볼 수 없다고 하며 어음소지인의 부당이득이 성립된다는 취지로 파기하였다.52)

학설도 나뉘고 있다. 대법원판결의 판시내용에 동의하는 견해53)도 있으나, "부도반환 불능에 의하여 손실을 입은 지급은행의 예입자에 대한 부당이득 청구는 원칙적으로 부정되어야 한다. 지급은행이 의식적이든 착오에 의한 것이든 미결제통보시각을 도과하여 결과적으로 부도어음이나 부도수표를 자금화하게 한 결과는 어디까지나 지급은행이 발행인과의 관계에서 처리할 그들만의 문제이다"라는 견해54)와 "어음이 지급거절되는 위험은 원래 소지인이 부담하는 것이고, … 발행인이 무자력이어서 원래는 지급거절되었어야 할 어음의 지급을 받는다는 것은 소지인의 입장에서도 일종의 망외의 소득(windfall gain)이라고 할 수밖에 없을 것이다. … 원칙적으로는 지급은행은 소지인에 대하여 부당이득 반환을 청구할 수 있다고 보아야 할 것"이라는 견해도 있다.55)

미결제통보·부도통보를 정해진 시각까지 하지 않은 것이 ① 지급은행이 발행인의 요청을 받아들여 의도적으로 한 것인지, 아니면 ② 지급은행(또는 교환중개은행) 직원의 실수·착오 또는 전산 등 기계의 오류로 인한 것인지를 구별할 필요가 있다.56)

---

52) 대법원 2006. 5. 26. 선고 2003다65643 판결은 "부도어음통보를 일시 유예하여 준 조치만으로 지급은행에게 어음금 대위지급의 부담을 감수할 의사까지 있었다고 보는 것은 지급은행과 발행인 사이의 일반적 관계 및 당좌예금거래의 실제, 위 대위지급관계를 인정할 경우 지급은행 담당 임직원들이 받게 될 민·형사적 책임 등을 감안할 때 합리적인 의사해석으로 받아들이기 어렵다. … 부도어음통보시각을 어긴 지급은행의 의사는 제시은행에게 부도어음을 반환할 수 있는 기회의 상실 등 위 규약 등에서 정한 절차적 불이익의 감수는 별론으로 하고, 관련 이해당사자에 대한 실체적 권리관계의 포기까지 용인한 것으로 보기는 어렵다"라고 판시하였다.

53) 김교창(2000), 42-45쪽, 47-48쪽(은행의 '실수'로 부도반환처리를 잘못한 경우만을 논의하고 은행이 의도적으로 부도반환처리를 지연한 경우는 상정하지 않음); 전경근(1999), 128-129쪽.

54) 김형석(2006), 305-308쪽은 지급은행의 수취인(=예입자)에 대한 부당이득반환청구권을 인정하면 대법원 2003. 12. 26. 선고 2001다46730 판결의 평가요소와 배치된다고 하고, (i) 지급은행은 발행인과 수취인 양쪽으로 책임재산을 확대하는 이익을 얻게 된다는 점, (ii) 어음·수표가 교환결제를 거쳐 자금화되어 예입자는 예금이 확정적으로 입금된 것으로 신뢰하여 발행인과의 사이에서 대가관계에서 자신의 급부를 이행한 경우, 발행인의 어음·수표금 지급 불이행을 이유로 지급은행이 예입자에게 부당이득반환청구를 할 수 있다면 예입자는 발행인과의 사이에서 자신의 급부를 선이행하는 결과가 되고 발행인의 무자력 위험을 지게 됨 등을 지적하였다.

55) 윤진수(2007), 420-421쪽.

56) "계약의 일방당사자가 계약상대방의 지시 등으로 급부과정을 단축하여 계약상대방과 또 다른 계약관계를 맺고 있는 제3자에게 직접 급부한 경우, 그 급부로써 급부를 한 계약당사자의 상대방에 대한 급부가 이루어질 뿐 아니라 그 상대방의 제3자에 대한 급부로도 이루어지는 것이므로 계약의 일방 당사자는 제3자를 상대로 법률상 원인 없이 급부를 수령하였다는 이유로 부당이득반환청구를 할 수 없다"고 판시한 대법원 2003. 12. 26. 선고 2001다46730 판결은 A회사는 피고 재개발조합과 상가 매매계약을 체결한 후 분양업무를 개시하여 원고와 분양계약을 체결하고, 원고는 A회사의 지시에 따라 분양대금을 피고에게 송금하였으나, A회사가 피고와의 매매계약상 매매대금을 전부 지급하지 못하여 원고가 분양받은 상가를 취득하지 못하게 된 사례에 관한 판결로서

①의 경우에는 지급은행이 발행인과의 고객관계 때문에 그런 결정을 내린 것이고 이는 지급은행이 발행인의 신용위험을 부담하겠다는 의사로 보아야 한다. 이는 지급은행이 발행인에게 어음·수표 결제에 필요한 금액만큼 당좌대출하겠다는 결정을 하는 것과 차이가 없다. 이 경우 발행인의 지급불이행에 따른 손해를 다른 사람에게 전가할 수 있도록 하는 것은 부당하다.[57] 이 경우 발행인으로부터 어음·수표 대금을 지급받지 못하였다고 하여 수취은행 또는 수취인을 상대로 부당이득을 청구할 수는 없다고 보아야 한다.

②의 경우는 만약 지급은행이 발행인의 계좌에 어음·수표 결제에 필요한 자금이 부족함을 알았더라면(또는 그 사실의 통보에 관한 직원의 실수·착오 또는 전산 등 기계의 오류가 없었더라면) 정해진 시각까지 미결제통보·부도통보를 했을 것이다. 이 점이 ①의 경우와는 다르고, 착오가 개재되었다는 점에서는 오히려 착오송금과 유사한 면이 있다.[58] ②의 경우에는 지급은행(또는 중개은행[59])의 실수·착오·오류 등에 의한 지급으로 수취인이 이득을 얻었다는 점에서 수취인의 부당이득반환의무를 인정하는 것이 타당할 것이다. 다만, 지급은행의 수취인에 대한 부당이득반환청구를 인정하는 경우에도 금전상의 이득이 현존한다는 추정을 깨고 수취인의 자금수취에 대한 신뢰로 인하여 발생하는 손해는 지급은행이 부담하도록 해야 타당할 것이다.

(2) 예금의 성립시기와 예입받은 은행이 취득하는 권리의 관계

종래 타점권에 대하여는 예입자가 예금하기 위하여 어음·수표·기타 증권을 은행에 교부한 행위를 은행에게 추심을 의뢰한 것으로 보는 추심위임설과 은행에게 양도한 것으로 보는 양도설이 대립되어 있었다. 또한, 추심위임설은 추심완료를 정지조건으로 하여 추심된 금전을 예금으로 하는 계약이 성립된 것으로 보고, 양도설은 양도 즉시, 지급거절을 해제조건으로 하는 예금계약이 성립된 것으로 본다고 설명되었다.

추심위임설과 양도설의 대립은 어음 등의 지급은행(또는 어음 발행인 등 궁극적인 채무

급부자인 원고의 실수·착오가 개재되어 있지 않다는 점에서 본문의 ①의 경우에 해당한다고 볼 수 있다.

57) 김형석(2006), 307쪽. 윤진수(2007), 422쪽도 지급은행이 의도적으로 부도반환조치를 취하지 않은 경우에 대하여는 같은 취지.

58) 착오송금의 경우에는 착오송금인과 수취인 사이에 아무런 대가관계가 없다는 점에서 어음·수표를 입금한 예입자와 어음·수표의 궁극적인 채무자 사이의 관계와는 차이가 있다. 그러나 지급은행은 발행인에 대한 관계뿐 아니라 제시은행 또는 수취인에 대한 관계에서도 발행인의 계좌에 어음·수표 결제에 필요한 자금이 없음에도 불구하고 지급할 의무는 없다. 이 점에서 ②의 경우 지급은행의 지위는 궁극적인 채무자와는 다르고 착오송금한 송금인의 지위와 유사한 점이 있다.

59) 지급은행은 부도통지를 하였는데 중개점포 직원의 실수로 예입 받은 점포에 부도사실이 통지되지 않아 입금처리되어 예입자가 인출한 사례로는 대법원 1995. 6. 16. 선고 95다9754, 95다9761(반소) 판결(☞ 위 각주 47).

자)이 예입자에 대하여 가지는 인적 항변으로 그 어음 등의 소지인인 예입받은 은행에게 대항할 수 있는지 여부의 문제[60]를 다루는 것이고, 추심위임인지 양도인지 여부에 따라 예입자와 예입받은 은행 간의 예금의 성립시기를 결정할 것은 아니다. 예금의 성립시기는 예입자와 은행 사이의 계약(약관)에 따라 결정되어야 한다.[61] 예입자가 어음 등을 예입받은 은행에게 양도하였다고 하여 예입자와 예입받은 은행 간에서 예입 즉시 예금이 성립한다는 결론에 이르게 되지는 않는다. 예입자의 예금채권의 취득은 그 어음 등의 양도의 대가이지만 그 대가가 반드시 어음 등의 양도와 동시에 제공되어야 하는 것은 아니다. 예입자와 은행은 예입자의 예금채권 취득, 즉 예금 성립의 시점과 조건에 관하여 합의할 수 있다. 예컨대 (i) 그 어음 등이 지급되지 않음을 해제조건으로 예입 즉시 예금이 성립되는 것으로 정할 수도 있고, (ii) 그 어음 등이 지급됨을 정지조건으로 예금이 성립되는 것으로 정할 수도 있다. 앞에서 본 바와 같이 현행 예금거래기본약관은 예입한 어음 등이 결제된 때 예금이 성립함을 원칙으로 하고, 예외적으로 자기앞수표의 경우 지급제시기간 안에 입금하고 사고신고가 없으며 결제될 것이 틀림없음을 은행이 확인하였을 때에는 예금원장에 입금이 기록된 때 예금이 성립하는 것으로 하였다. 또한 약관상 예금 성립시기에 대한 약정을 두고 있다고 하여 예입받은 은행이 그 어음 등을 양도받은 것이 아니라 추심위임받은 것이라고 단정할 것은 아니다.[62]

이와 관련하여 대법원 1988. 1. 19. 선고 86다카1954 판결은 제3자 발행 어음에 대하여는 "일반적으로 은행의 예금주가 제3자 발행의 어음을 예금으로서 자신의 구좌에 입금시키는 것은 추심의 위임이라고 보아야 하겠지만 은행에 대한 채무자가 그 채무의 변제를 위하여 제3자 발행의 어음을 교부하는 것은 특별한 사정이 없는 한 어음상의 권리의 양도로 보는 것이 합리적이고 이를 단순한 추심권한만의 위임이라고 할 수는 없다"라고 판시하였다.[63][64] 대법원판례[65]가 어음 등에 통상의 양도배서를 하였어도 숨은 추심위임

60) 어음 등에 통상의 양도배서를 하는 경우에도 그것이 숨은 추심위임배서에 해당하면 인적 항변이 절단되지 않는다는 것이 대법원판례의 입장이다. 대법원 1990. 4. 13. 선고 89다카1084 판결, 대법원 1994. 11. 22. 선고 94다30201 판결.

61) 윤진수(2005), 62쪽도 같은 취지.

62) 대법원 1998. 5. 22. 선고 96다52205 판결도 자기앞수표로 입금한 경우 약관상 예금이 되는 시기에 대하여 규정이 있어도 "이는 예금주와 예입받은 은행 사이에서 예금계약이 되는 시기에 관한 규정일 뿐이므로 위와 같은 은행수신거래기본약관의 규정이 있다고 하여 타행 발행 자기앞수표의 예입행위의 성질을 자기앞수표의 양도라고 보는 데에 지장이 있는 것은 아니다"고 판시하였다. 대법원 1966. 2. 22. 선고 65다2505 판결도 기본적으로 같은 취지.

63) 이른바 장영자 스캔들 관련 사건에 대한 판결이다. 이 사건에서는 당좌대월 채무의 변제를 위하여 어음을 원고 은행에 교부하였으므로 어음상의 권리를 양도한 것으로 보아야 한다고 하였으나, 원고 은행이 어음을 취득할 때 그 어음이 사취어음이라는 점과 그 취득으로 피고(=발행인)를 해하게 된다는 점을 알고 있었으므로 피고가 장영자에 대한 인적 항변으로 원고 은행에게 대항할 수 있다고 판시하였다.

배서에 해당하면 인적 항변이 절단되지 않는다는 입장을 취하고 있기 때문에 제3자 발행 어음을 배서하여 예입한 것이 숨은 추심위임인지 양도인지에 따라 인적 항변에 관하여 큰 차이가 있게 된다. 제3자 발행 어음을 은행에게 배서교부한 것이 단순히 예금계좌 입금용인지 채무변제용인지에 따라 추심위임인지 양도인지를 구별한다면, 은행과 당좌대출 약정을 체결한 예금주가 당좌예금 계좌에 입금하기 위하여 제3자 발행 어음·수표·기타 증권을 은행에 교부한 경우, (i) 당좌예금 잔고가 남아 있는 경우에는 추심위임 목적의 예입이 되고, (ii) 당좌대출 미상환 잔액이 있는 경우(즉 당좌예금 잔고가 부족하여 예금주 발행 어음·수표의 지급을 위하여 은행이 대출을 일으켰고 그 대출이 아직 상환되지 않은 경우)에는 그 대출받은 채무의 변제를 위하여 교부한 것이 되어 어음 등의 권리의 양도에 해당한다고 보게 될 것이다. 제3자 발행 어음 등의 교부의 대가가 예금채권의 취득인가 아니면 기존 채무의 변제인가에 따라 차이를 두어야 하는지에 대하여는 의문이 있다.

대법원판례는 자기앞수표를 예입한 경우는 대체로 추심위임이 아닌 양도로 보고 있다.[66] 이는 자기앞수표의 경우 수표 발행은행이 발행시 이미 지급할 자금을 확보한 상태이므로 지급이 거절되는 것이 예외적이라고 보고 현금 예입과 유사하게 취급하고자 한 것 같다. 당좌수표를 예입한 경우 대법원판결[67]이 추심위임설을 따른 것으로 기존 문헌들에 언급되어 있으나, 이 판결들은 은행의 추심을 전제로 하여 은행과 예입자 간의 예금 성립 여부를 다루고 있기는 하지만, 추심위임과 양도의 구별이 의미를 가지는 문제, 즉 지급은행과의 관계에서 예입받은 은행이 가지는 권리를 다루지는 않았다.

4. 계좌송금·계좌이체로 입금한 경우

(1) 예금약관

입금은 계좌송금(=계좌개설인이 계좌개설점 이외에서 자기계좌에 입금하거나, 제3자가 거래처 계좌에 입금하는 것)하거나, 계좌이체(=다른 계좌에서 계좌개설인계좌에 입금하는 것)하는 방법으로 할 수도 있다(예금거래기본약관 제6조 제2항). 예금거래기본약관은 (i) 현금으로 계좌송금·계좌이체한 경우에는 예금원장에 입금이 기록된 때, (ii) 어음·수표·기타 증권으로 계좌송금한 경우에는 은행이 그 어음·수표 등을 교환에 돌려 부도반환시한이 지

64) 대법원 1996. 5. 28. 선고 96다7120 판결은 제3자 발행 어음을 은행에서 어음할인받아 당좌예금 계좌에 입금한 사례에서 은행이 어음을 양도받았음을 전제로 인적항변의 절단을 논하였다.

65) 대법원 1990. 4. 13. 선고 89다카1084 판결, 대법원 1994. 11. 22. 선고 94다30201 판결.

66) 대법원 1997. 3. 11. 선고 95다52444 판결, 대법원 1998. 5. 22. 선고 96다52205 판결.

67) 대법원 1995. 6. 16. 선고 95다9754 판결, 대법원 1996. 9. 20. 선고 96다1610 판결.

나고 결제를 확인한 때 또는 개설점에서 지급하여야 할 어음·수표 등은 그날 안에 결제를 확인한 때(예외적으로 자기앞수표로 지급제시기간 안에 입금하고 사고신고가 없으며 결제될 것이 틀림없음을 은행이 확인하였을 때에는 예금원장에 입금이 기록된 때) 예금이 성립하도록 정하고 있다(제7조). 위 약관의 문면상으로는 어음·수표 등으로 계좌송금하는 경우 예금주가 계좌개설점에서 어음·수표 등으로 입금한 경우와 동일하게 "계좌개설은행"이 결제를 확인하는 주체로 정해져 있다.

(2) 착오송금

가. 착오송금 관련 당사자의 권리의무 일반

계좌송금·계좌이체에 의한 입금시 예금이 되는 것은 계좌개설인과 계좌개설은행 간의 계약에 따른 것이다. 따라서 다른 약정이 없는 한, 계좌송금 또는 계좌이체 방법으로 입금되는 경우에는 그 송금·이체 의뢰인(이하 "송금의뢰인")과 계좌개설인(=수취인) 사이에 송금·이체의 원인이 되는 법률관계가 존재하는지 여부 및 그 법률관계의 내용이 무엇인지와 관계없이 계좌개설인(=수취인)은 계좌개설은행(=수취은행)에 대하여 송금·이체된 금액 상당의 예금채권을 취득한다.[68] 수취인의 채권자는 이 예금채권을 압류할 수 있다.[69] 송금의뢰인과 수취인 사이에 송금·이체의 원인이 되는 법률관계가 존재하지 않는 경우, 그 송금의뢰인은 수취인에 대하여 부당이득반환청구권을 가질 뿐 수취인의 채권자가 행한 예금채권에 대한 강제집행의 불허는 구할 수 없다.[70] 또한 신의칙 위반이나 권리남용에 해당하지 않는 한 수취은행은 수취인에 대한 채권을 이 예금반환채무와 적법하게 상계할 수 있다는 것이 대법원판례의 입장이다.[71]

다만 상계에 관하여 대법원 2010. 5. 27. 선고 2007다66088 판결은 "송금의뢰인이 착오송금임을 이유로 거래은행을 통하여 혹은 수취은행에 직접 송금액의 반환을 요청하고 수취인도 송금의뢰인의 착오송금에 의하여 수취인의 계좌에 금원이 입금된 사실을 인정하고 수취은행에 그 반환을 승낙하고 있는 경우"에는[72] "수취은행이 선의인 상태에서 수취인의 예금채권을 담보로 대출을 하여 그 자동채권을 취득한 것이라거나 그 예금채권이

68) 대법원 2007. 11. 29. 선고 2007다51239 판결.

69) 대법원 2009. 12. 10. 선고 2009다69746 판결, 대법원 2006. 3. 24. 선고 2005다59673 판결(국세체납처분인 경우).

70) 대법원 2009. 12. 10. 선고 2009다69746 판결.

71) 대법원 2010. 5. 27. 선고 2007다66088 판결.

72) 일반적으로 수취은행이 수취인의 계좌에 입금된 금원이 착오송금에 의한 것인지를 조사·확인할 의무는 없다. 송금의뢰인이 착오송금을 주장하더라도 수취인이 착오송금 사실을 인정하거나 수취은행에 그 반환을 승낙하였다고 볼 수 없는 경우에는, 수취은행의 상계는 원칙적으로 허용된다(대법원 2022. 8. 31. 선고 2021다256481 판결).

이미 제3자에 의하여 압류되었다는 등의 특별한 사정"[73]이 없는 한, 그러한 상계는 신의칙 위반이나 권리남용에 해당한다고 보았다.[74]

이렇게 원인관계 없이 송금·이체되어 계좌개설인(=수취인)이 예금채권을 취득한 경우, 그 예금채권은 송금·이체 의뢰인의 착오송금에 기하여 법률상 원인없이 취득한 것이므로 송금·이체 의뢰인에 대한 부당이득반환채무를 진다.[75] 은행의 착오로 그 은행에 개설된 수취인 계좌에 입금한 경우 은행은 부당이득반환청구권과 수취인의 예금채권을 상계할 수 있는 입장에 있으므로, 이해관계 있는 제3자에게 대항할 수 없는 등의 특별한 사정이 없는 한 입금기록을 정정하여 자금이체를 취소할 수도 있다.[76]

나. 착오송금 수취인의 법적 지위

대법원은 형사적으로는 수취인과 송금인 사이에 신의칙상 보관관계가 성립한다고 보아 수취인이 그 예금을 임의로 인출하여 소비하면 횡령죄에 해당하고 이는 송금인과 수취인 사이에 아무런 거래관계가 없어도 마찬가지로 보고 있다.[77] 형사법에서 착오송금으로 인하여 수취인이 취득한 예금채권을 타인의 재물이라고 보는 것은 민사적인 관점에서 보면 "재물"의 면에서나 "타인"의 면에서나 의문이 있다. 이 의문은 대체로 횡령죄와 배임죄 어느 쪽으로 의율할 것인가의 문제가 된다. 이는 착오송금에서만 제기되는 것이 아니고 예금채권의 성격을 민·형사적으로 어떻게 파악할 것인지에 관한 보다 일반적인 쟁점으로 더 깊은 연구가 필요하다.[78]

민사적인 법률관계에서 수취인이 수취은행에 대한 예금채권을 취득하는 것은 수취은행과의 계약(예금약관)에 근거를 두고 있다. 그러나 수취인이 그 예금채권을 마음대로 행사해도 되는지 아니면 다른 사람(착오송금인)의 이익을 위하여 행사해야 하는지는 수취

---

73) 수취인의 계좌에 착오로 입금된 예금채권이 이미 제3자에 의하여 압류된 특별한 사정이 있는 경우 수취은행은 피압류채권액의 범위 내에서만 수취인에 대한 대출채권 등을 자동채권으로 하여 그 예금채무와 상계할 수 있다(대법원 2022. 7. 14. 선고 2020다212958 판결).

74) 대법원 2013. 12. 12. 선고 2012다72612 판결, 대법원 2022. 7. 14. 선고 2020다212958 판결, 대법원 2022. 7. 28. 선고 2022다203033 판결도 같은 취지.

75) 대법원 2007. 11. 29. 선고 2007다51239 판결, 대법원 2019. 9. 26. 선고 2017다51504 판결.

76) 대법원 2012. 10. 25. 선고 2010다47117 판결, 대법원 2022. 10. 27. 선고 2018다258609 판결. 전자금융거래법 제8조 제3항은 "금융기관 또는 전자금융업자는 스스로 전자금융거래에 오류가 있음을 안 때에는 이를 즉시 조사하여 처리한 후 오류가 있음을 안 날부터 2주 이내에 오류의 원인과 처리 결과를 대통령령으로 정하는 방법에 따라 이용자에게 알려야 한다"고 규정하고 있다.

77) 대법원 2005. 10. 28. 선고 2005도5975 판결, 대법원 2010. 12. 9. 선고 2010도891 판결, 대법원 2018. 7. 19. 선고 2017도17494 판결(전원합의체). 대법원은 착오송금의 수취인이 예금반환을 청구하여 지급받는 행위가 수취은행을 피해자로 하는 사기죄를 구성하지는 않는다고 보고 있다(대법원 2010. 5. 27. 선고 2010도3498 판결).

78) 김태업(2011), 32-42쪽은 금융실명제하에서 명의자의 차명예금의 반환거부가 횡령죄에 해당하는지와 관련하여 재물성과 타인성을 상세히 논하였다.

인과 수취은행 사이의 계약에 의하여 규율될 사항이 아니라 착오송금 수취인의 법적 지위를 어떻게 파악할 것인가의 문제이다.

수취인이 아무런 법률상 원인 없이 송금을 받은 것이므로 그 받은 돈은 착오송금인에게 반환하여야 마땅하다. 한편 그 송금으로 취득한 예금채권은 특정할 수 있다. 게다가 수취인이 착오송금임을 알고도 예금을 인출하여 사용하면 횡령죄로 처벌될 수 있는 지위에 있다면, 수취인은 민사적으로도 그 예금채권을 착오송금인의 이익을 위하여 행사해야 하는 지위에 있다고 보는 것이 타당할 것이다.[79] 즉 민사적으로도 수취인이 수취은행에 대하여 가지는 예금채권은 착오송금자를 위하여 수탁자적 지위에서 가지는 것으로 보아야 한다.[80][81] 신탁법상 신탁이 설정되기 위해서는 신탁계약, 유언, 신탁선언이 있어야 하고(제3조 제1항), 착오송금에서는 그러한 행위가 없으므로 신탁법상 신탁이 성립되었다고 하기는 어렵다. 대법원판결도 형사사건에서 착오송금인과 수취인 사이에 "신의칙상 보관관계가 성립한다"고 판시하고 신탁이라는 용어는 사용하지 않았다. 그런데 법률관계를 살펴보면 수취인은 수취은행에 대한 관계에서는 예금채권을 가지지만 그 예금을 임의로 인출하여 소비하면 횡령죄에 해당한다. 신탁이라는 용어가 사용되지 않았을 뿐 착오송금의 수취인의 법적 지위는 수탁자와 다를 바 없다. 착오송금으로 발생한 예금의 민사적인 법률관계에도 수탁자적 지위를 반영할 필요가 있다.[82]

수취은행의 상계에 관하여도 권리남용 또는 공평의 관점[83]만이 아니라 수취인의 수

79) 최준규(2009), 130쪽은 "입금기장 무인론이 상대방[수취인]이 실체적으로 정당한 예금주라고 적극적으로 인정하는 것은 아니다"고 하며 수취인의 예금채권과 형사상 죄책 사이의 갈등이 있음을 지적하면서도 여러 근거를 들어 착오송금인을 압류채권자나 도산절차에서의 일반채권자보다 우선시킬 수 없음을 지적하였다.

80) 우리와 법제가 다르지만 영국의 Chase Manhattan Bank NA v. Israel-British Bank (London) Ltd [1981] Ch 105, [1979] 3 All ER 1025, [1980] 2 WLR 207은 착오로 이중송금한 사례에서 착오송금 자체가 신인관계(fiduciary relationship)를 발생시키는 것으로 보아 의제신탁이 성립된다고 보았으나 이 판시는 비판을 받았고, Westdeutsche Landesbank Girozentrale v. Islington LBC [1996] UKHL 12에서 수취인이 착오송금 되었음을 알아야 의제신탁이 성립한다는 입장을 취하였다. 이에 관한 논의는 Ellinger(2011), pp. 555-556. 오영준(2010), 98쪽도 영미에서 의제적 신탁관계 인정을 통하여 상계를 부정함을 언급하였다.

81) 수취인이 아무런 귀책사유 없이 원하지도 않는데 착오송금을 받았다는 점에서 독일의 예금기장거절권과 유사한 권리를 수취인에게 인정할 필요가 있다는 견해가 많다{예금기장거절권에 관한 논의는 정대익(2004), 313-318쪽; 김상중(2009), 248-259쪽, 이상용(2020), 268-274쪽, 김형석(2023), 69쪽}. 예금기장거절권을 부여하는 것과는 별도로 수취인이 수취은행에 대한 예금채권을 보유하는 동안에는 그 예금채권은 착오송금인의 이익을 위하여 행사해야 한다는 점을 민사적으로 인정할 필요가 있다.

82) 자산유동화에 관한 법률 제10조, 제11조, 제12조에 정한 자산관리, 자본시장법 제74조에 정한 투자자예탁금 등은 법률에서 명시적으로 신탁이라는 용어를 사용하지는 않았으나 내용적으로는 신탁적 법률관계를 정하고 있다.

83) 수취은행의 상계의 허용여부에 관한 독일과 일본의 학설과 판례에 대하여는 오영준(2010), 92-98쪽; 김창모(2009), 471-477쪽.

탁자적 지위에 따른 제한이 있다고 보아야 할 것이다. 수취인이 착오송금된 예금을 인출하여 사용하는 행위가 횡령죄에 해당할 정도로 비난받을 행위라면 수취은행이 착오송금임을 알면서 상계함으로써 수취인의 예금 인출·사용과 같은 효과를 가져오는 행위 역시 허용되어서는 안 될 것이다.[84] 신탁재산에 속한 채권을 수동채권으로 하고 수탁자의 고유재산에 속한 채무를 자동채권으로 하는 상계는 신탁법상 원칙적으로 허용되지 않고 다만 상계를 하고자 하는 제3자가 선의이고 무과실인 경우에만 허용된다(신탁법 제25조 제1항).[85] 이와 유사하게 수취은행이 착오송금으로 인한 예금채권임을 알았을 경우에는 수취인에 대한 대출금 등의 채권을 착오송금으로 수취인이 취득한 예금채권과 상계하는 것은 허용되지 않는다고 보아야 한다.[86] 신탁법 제25조 제1항과 마찬가지로 무과실을 요구할 것인가 또는 중과실이 없음을 요구할 것인가는 더 검토해 볼 필요가 있다.[87] 착오송금시 수취은행의 상계가 허용되지 않는 범위가 넓어지게 되면 수취인이 수취은행에게 채무를 부담하고 있고 착오송금인에게 부당이득반환채무를 이행할 자력이 없는 경우 의미가 있을 것이다. 착오송금된 계좌에 대한 담보설정 또는 압류의 효력 등도 수탁자가 관리하는 신탁재산에 준하여 처리되는 것이 타당할 것이다.

다. 예금보험공사를 통한 착오송금 회수

인터넷 뱅킹과 모바일 뱅킹 등이 확대되면서 수취인 계좌번호 등의 입력 오류 등으로 인한 착오송금이 증가하고 있다. 수취인이 착오송금된 금액을 반환하지 않는 경우 지급인은 시간과 비용이 소요되는 소송을 거쳐야 하므로 이로 인한 사회적 비용이 발생한다. "착오송금은 단순한 개인의 실수가 아닌 금융거래시스템 발전 과정에서 수반되는 부

---

84) 미국 신탁법 제2차 리스테이트먼트{Restatement (Second) of Trusts (1959)} 제324조는 수탁자가 의무를 위반하여 은행에 예치한 신탁재산을 인출한 경우, 은행이 수탁자의 의무위반을 안 경우에는 은행이 수탁자의 의무위반에 가담한 것에 대하여 책임을 진다고 하고 있다. 이 조항 해설(comment h)은 수탁자가 은행에 예치한 신탁재산을 인출하여 은행에 대한 고유재산에 속하는 채무를 변제하는 경우, 은행이 신탁재산을 인출한 것임을 알면 수탁자의 의무위반에 가담한 데 대하여 책임을 진다고 설명하였다.

85) 미국 신탁법 제2차 리스테이트먼트{Restatement (Second) of Trusts (1959)} 제323조는 상계하고자 하는 제3자가 무상으로 자동채권을 취득한 경우가 아닌 한, 자동채권과 수동채권 발생시 수동채권이 신탁재산에 속함을 알지 못한 경우에는 제3자가 상계할 수 있도록 함으로써 무과실까지 요구하지는 않는다.

86) 지급인의 착오송금으로 취득한 수취인의 예금채권(A)은 수취인이 수탁자적 지위에서 보유하는 신탁재산과 같은 성질의 것이고, 수취은행이 수취인에 대해 가지는 채권(B)은 수취인의 고유재산에 속하므로, B와 A의 상계는 고유재산에 속하는 채권과 신탁재산에 속하는 채무의 상계와 마찬가지로 보아야 한다.

87) 오영준(2010), 103쪽과 윤진수(2011), 43쪽은 수취은행이 착오송금에 대하여 악의가 아닌 한 중과실이 있더라도 상계를 권리남용이라고 인정하기 어렵다는 입장이다.

작용으로 볼 수" 있다는 점[88]에서 공공부문이 개입할 필요성이 있어 2021년 예금자보호법 개정으로 착오송금한 금액의 회수를 지원하는 제도가 마련되었다.[89] 예금보험공사는 착오송금한 송금인의 신청이 있으면, 착오송금 관련 부당이득반환채권을 사후 정산하는 방식으로 매입하여 소송을 제외한 반환 안내 등의 방법으로 회수할 수 있고, 매입 이후 착오송금 여부에 관하여 다툼이 있는 경우에는 일정한 요건과 절차에 따라 매입계약을 해제할 수 있다(예금자보호법 제39조의2 제1항).

제 3 절 예금채권자

Ⅰ. 차명거래와 예금계약의 당사자

1. 문제의 소재와 금융실명제 시행

은행에 교부한 금전의 실제 출연자와 예금의 명의인이 다른 경우 누가 예금채권을 가지는지에 대하여 논란이 있을 수 있다. 이 문제는 예금계약에 관여한 당사자들의 의사해석의 문제로서 당사자들의 의사가 분명하지 않은 경우 객관적인 명의와 실질적인 자금의 출연 사이에서 어느 쪽을 중시하는가에 따라 견해가 나뉠 수 있다.[90]

한편 금융규제 차원에서 도입된 금융실명제[91]는 금융회사가 거래자의 실지명의로 예금 등의 금융거래[92]를 할 의무를 부과하고 이를 위반한 경우에는 과태료에 처할 수 있게 하였다(금융실명법 제3조, 제7조).[93] 실명거래할 금융회사의 의무의 구체적인 내용에 대

88) 예금자보호법 2021. 1. 5. 개정(법률 제17878호) 개정이유.

89) 이 제도에 관한 설명과 제도의 한계에 대해서는 임정하(2019).

90) 그동안의 학설 대립에 대하여는 윤진수(2005), 66-68쪽; 이동진(2011), 9-14쪽.

91) 금융실명제는 "금융실명거래 및 비밀보장에 관한 긴급재정경제명령"이 1993. 8. 12. 제정·시행됨으로써 도입되었고, 금융실명법이 1997. 12. 31. 법률 제5493호로 제정·시행됨으로써 위 긴급재정경제명령이 폐지되었다.

92) 금융실명법상 "금융거래"란 금융회사 등이 금융자산(금융회사등이 취급하는 예금·적금·부금(賦金)·계금(契金)·예탁금·출자금·신탁재산·주식·채권·수익증권·출자지분·어음·수표·채무증서 등 금전 및 유가증권과 그 밖에 이와 유사한 것으로서 총리령으로 정하는 것)을 수입(受入)·매매·환매·중개·할인·발행·상환·환급·수탁·등록·교환하거나 그 이자, 할인액 또는 배당을 지급하는 것과 이를 대행하는 것 또는 그 밖에 금융자산을 대상으로 하는 거래로서 총리령으로 정하는 것을 말한다(금융실명법 제2조 제3호).

93) 금융실명제에 따른 실명확인 이외에 금융기관은 자금세탁행위 및 공중협박자금조달행위를 방지하기 위하여 고객의 신원에 관한 사항과 고객을 최종적으로 지배하거나 통제하는 자연인에 관한 사항을 조사하고 고객이 실제 소유자인지 여부가 의심되는 경우 금융거래의 목적과 거래자금의

하여 논란이 있을 수 있으나,[94] 대법원 1997. 4. 17. 선고 96도3377 전원합의체 판결은 "금융기관으로서는 … 거래통장과 거래인감 등을 소지하여 거래자라고 자칭하는 자의 명의가 실명인지의 여부를 확인하여야 하고 또 그것으로써 금융기관으로서의 할 일을 다하는 것이라 할 것이고, 나아가 그가 과연 금융자산의 실질적인 권리자인지의 여부를 조사·확인할 것까지는 없다"고 판시하였다.[95]

2. 대법원 판례

대법원은 금융실명제가 도입된 이후 대체로 실명확인을 거친 명의자를 예금계약의 당사자로 보면서도 명의자가 아닌 출연자를 예금채권자로 보는 근거인 비실명합의의 성립을 상당히 넓게 인정하여 오다가,[96] 대법원 2009. 3. 19. 선고 2008다45828 전원합의체 판결[97]로 입장을 명확하게 정리하였다. 이 판결은 "금융실명법에 따라 실명확인 절차를 거쳐 예금계약을 체결하고 그 실명확인 사실이 예금계약서 등에 명확히 기재되어 있는 경우에는, … 예금명의자나 그를 대리한 행위자 및 금융기관의 의사는 예금명의자를 예금계약의 당사자로 보려는 것이라고 해석하는 것이 경험법칙에 합당하고, 예금계약의 당사

원천 등을 확인할 의무가 있다(특정금융정보법 제5조의2 제1항). 이 고객확인의무와 금융실명법상 실명확인의 차이에 대하여는 최성진(2011), 84-85쪽.

94) 실명거래의무의 의미에 대한 논란에 대하여는 김태연(2011), 62-63쪽.

95) 본문의 내용과 같은 다수의견에 대하여 "'거래자의 실명에 의한 금융거래'라 함은 거래자 자신의 실명에 의한 거래임이 명백하고, … 금융기관이 기존 비실명자산에 대하여 실명전환청구를 받았을 때 실명전환을 청구하는 자가 그 금융자산의 권리자 즉 거래자인지 여부를 조사·확인하는 업무는 금융기관이 담당하는 실명전환업무의 가장 기본적인 업무 내용을 이룬다"거나 "합의차명은 실명에 해당되지 않는다"는 취지의 5인의 대법관의 반대의견이 있다.

96) 오영준(2009), 238-243쪽은 금융실명제 실시 후 대법원 2009. 3. 19. 선고 2008다45828 전원합의체 판결 선고 전까지 명의자가 아닌 출연자를 예금채권자로 본 판례를 (i) 자금출처 중시형(대법원 2002. 8. 23. 선고 2002다29244 판결, 대법원 2005. 6. 9. 선고 2005다12551 판결), (ii) 금융기관의 권유·상담 사실 중시형(대법원 2000. 3. 10. 선고 99다67031 판결, 대법원 2004. 12. 10. 선고 2004다29989, 29996 판결), (iii) 출연자의 도장, 통장, 비밀번호 등 관리 내지 출금사실 중시형(대법원 2002. 9. 24. 선고 2001다38463 판결, 대법원 2005. 6. 24. 선고 2005다17877 판결), (iv) 출연자 단독 출금요청 중시형(대법원 2004. 2. 13. 선고 2003다52364 판결)으로 분류하고, 유사한 유형의 사례에서 명의자를 예금채권자로 인정한 판례들도 다수 있음을 지적하였다.

97) 본문에 기재한 다수의견 이외에 "금융실명법 제3조 제1항은 … 실명확인 절차를 거칠 것을 예금계약의 효력요건으로 규정한 것이고, 위 규정의 취지에 반하는 예금계약의 효력을 부정하는 강행규정이라고 보아야 한다. … 그렇다면 출연자 등이 예금명의자 명의로 실명확인 절차를 거쳐 예금계약을 하면서, 금융기관과의 합의하에 출연자 등을 예금계약상의 예금반환청구권을 갖는 예금계약의 당사자로 하기로 별도로 약정한 경우 … 그러한 별도의 약정 자체는 강행규정인 금융실명법 제3조 제1항에 위반되어 효력이 없는 것으로 보아야 한다. … 결국 이러한 경우에는 금융기관과 예금명의자 사이의 예금계약만이 유효하게 성립할 뿐이어서, 예금반환청구권을 갖는 예금계약의 당사자는 예금명의자라고 할 것이다"라고 보는 대법관 1인의 별개의견과 다수의견을 보충하는 대법관 2인의 보충의견이 있다.

자에 관한 법률관계를 명확히 할 수 있어 합리적"이라고 판시하였다.

대법원 2009. 3. 19. 선고 2008다45828 전원합의체 판결은 나아가 "예금명의자가 아닌 출연자 등을 예금계약의 당사자라고 볼 수 있으려면, … 예금명의자의 예금반환청구권을 배제하고, 출연자 등과 예금계약을 체결하여 출연자 등에게 예금반환청구권을 귀속시키겠다는 명확한 의사의 합치가 있는 극히 예외적인 경우로 제한되어야 할 것이고, 이러한 의사의 합치는 금융실명법에 따라 실명확인 절차를 거쳐 작성된 예금계약서 등의 증명력을 번복하기에 충분할 정도의 명확한 증명력을 가진 구체적이고 객관적인 증거에 의하여 매우 엄격하게 인정하여야 한다"고 판시하였다. 이후 대법원은 실명확인을 거친 명의자의 모(母)가 통장의 관리, 비밀번호의 등록·관리, 예금갱신 등을 한 것만으로 그 모(母)에게 예금반환청구권을 인정할 수 없다고 판시하여 예외 인정은 매우 제한적임을 보여주고 있다.[98]

위 대법원 전원합의체 판결 이후 2014년 금융실명법이 개정되어, 동법에 따라 실명이 확인된 계좌 또는 외국의 관계 법령에 따라 유사한 방법으로 실명이 확인된 계좌에 보유하고 있는 금융자산은 명의자의 소유로 추정됨이 법률에 명시되었다(금융실명법 제3조 제5항).

또한 2014년 개정[99]으로 금융실명법은 불법재산 은닉, 자금세탁행위, 공중협박자금조달행위, 강제집행의 면탈, 그 밖에 탈법행위를 목적으로 타인의 실명으로 예금 등 금융거래를 하는 행위(금융실명법 제3조 제3항)와 금융회사 등의 임직원의 그러한 금융거래 알선·중개행위를 금지하고(동법 제3조 제4항), 그 금지 위반에 대해서는 엄중한 형사처벌을 할 수 있도록 하였다(동법 제6조).[100] 자금의 출연자가 탈법목적으로 명의자의 이름으로

98) 대법원 2011. 9. 29. 선고 2011다47169 판결은 예금명의자의 모(母)가 명의자의 대리인을 자처하여 예금계좌를 개설하고 비밀번호와 통장을 관리한 사례에서, "최초 예금계좌의 개설 당시 은행이 명확하게 알기 어렵거나 은행과의 예금계약과는 별개인 예금명의자와 모(母) 사이의 내부적 법률관계에 불과한 비밀번호의 등록·관리 및 통장의 관리, 예금갱신 등의 사정과, 은행이 이 사건 예금계좌에 관한 예금명의자의 해지권을 일부 제한"하는 등의 사정만으로는 예금명의자가 아닌 모(母)를 예금계약의 당사자라고 볼 수 없다고 판시하였다.

99) 법률 제12711호(2014. 5. 28. 일부개정, 2014. 11. 29. 시행). 당시 특정금융정보법도 개정되어 은행등 금융회사의 고객확인의무가 추가되었다. 은행 등 일정한 금융회사는 고객이 계좌를 신규로 개설하는 경우 (i) 고객의 신원에 관한 사항과 (ii) 실제 소유자(고객을 최종적으로 지배하거나 통제하는 자연인)가 있으면 그의 실지명의 및 국적 등을 확인해야 한다(특정금융정보법 제5조의2 제1항 제1호, 동법시행령 제10조의4, 제10조의5). 은행은 금융거래 등을 이용한 자금세탁행위 및 공중협박자금조달행위를 방지하기 위하여 합당한 주의(注意)를 기울여 이러한 확인을 해야 한다. 고객이 신원확인 등을 위한 정보제공을 거부하는 등 고객확인을 할 수 없는 경우 은행은 계좌 개설 등 해당 고객과의 신규 거래를 거절하고, 이미 거래관계가 수립되어 있는 경우에는 해당 거래를 종료하여야 한다(동법 제5조의2 제4항). 이 조항들은 자금세탁방지국제기구(FATF)의 권고에 따른 것으로 불법 차명거래를 차단하고 자금세탁행위 등을 사전에 방지하고자 하는 목적을 가지고 있다.

100) 5년 이하의 징역 또는 5천만원 이하의 벌금에 처할 수 있고 징역형과 벌금형은 병과할 수 있다.

예금거래를 하고 은행과의 사이에서도 출연자에게 예금반환청구권을 귀속시키겠다는 명확한 의사의 합치가 있는 경우, 그러한 예금거래는 은행과 통모하여 탈법행위 목적으로 금융제도를 남용하는 행위라고 보아야 할 것이고 이는 공서양속에 반하는 행위로서 무효라고 해야 할 것이다. 이와는 달리 자금의 출연자가 탈법목적으로 명의자의 이름으로 예금거래를 한다는 점을 은행이 알지 못한 경우에는 그 예금거래의 당사자는 원칙적으로 명의자일 것이므로 명의자의 명의대여가 위법한 행위라고 하더라도 그 위법행위를 이유로 그 예금거래가 무효가 된다고 보기는 어려울 것이다.

예금반환청구권의 귀속을 둘러싼 분쟁이 발생한 경우 금융기관은 예금명의자와 출연자 사이의 내부적 법률관계를 알았는지 여부에 관계없이 일단 예금명의자를 예금주로 전제하여 예금거래를 처리하면 되고, 이러한 금융기관의 행위는 특별한 사정이 없는 한 적법한 것으로서 보호된다.[101][102] 그러나 실명확인한 명의자가 예금주로 인정된다고 하여도 출연자와의 관계에서는 "보관을 위탁받은 금전이 피고인(=명의자)의 소유로 된다거나 위 망인(=출연자)의 상속인들이 위 금전의 반환을 구할 수 없는 것은 아니므로, 피고인이 이를 함부로 인출하여 소비하거나 또는 위 망인의 상속인들로부터 반환요구를 받았음에도 이를 영득할 의사로 반환을 거부하는 경우에는 횡령죄가 성립"하는 것으로 보고 있다.[103][104]

---

101) 대법원 2013. 9. 26. 선고 2013다2504 판결.

102) 대법원 2009. 10. 29. 선고 2009도5945 판결은 공직자가 다른 사람의 명의로 예금한 경우 "예금계좌의 명의자는 단순히 그 명의만을 빌려주었을 뿐이고 예금의 출연자가 계좌를 개설한 다음 통장과 인장을 스스로 관리하면서 전적으로 자신의 계산으로 예금을 입·출금하고 계좌를 해지·신설하는 등으로 예금계좌를 사실상 지배·관리하는 차명계좌의 경우 그 차명계좌상 예금은 출연자가 [공직자윤리법] 조항들에 의하여 등록 또는 신고하여야 할 사실상 소유하고 있는 재산에 해당한다고 보아야 한다. 이는, 차명계좌의 예금계약상 당사자가 명의자와 금융기관이어서 출연자로서는 직접 금융기관에 대하여 예금계약상 당사자 또는 예금반환청구권자의 지위를 주장할 수 없는 경우라고 하여 달리 볼 것은 아니다"고 판시하였다. 차명으로 예금하여 은행에 대하여 법적으로 예금반환청구권을 가지고 있지 못하지만 사실상 예금을 인출할 수 있는 위치에 있다고 본 것이라고 할 수 있다.

103) 대법원 2000. 8. 18. 선고 2000도1856 판결. 이 판결의 입장은 대법원 2009. 3. 19. 선고 2008다45828 전원합의체 판결 이후에도 대법원 2009. 7. 23. 선고 2009도2006 판결(사실혼 배우자의 복권당첨금을 자신의 계좌에 예치하였다가 반환을 거부한 사례), 대법원 2010. 7. 22. 선고 2008도9954 판결(정치자금을 차명예금으로 관리하던 명의자가 통장·인감 분실을 사유로 통장을 재발급받은 후 만기해약으로 인출하여 다른 계좌에 입금하고 반환을 거부한 사례) 등에서 계속 유지되고 있다. 김태업(2011), 28-44쪽; 박형준(2012), 96쪽.

104) 증권회사가 수익증권계좌의 명의자가 아닌 출연자의 공동상속인에게 수익증권 매도대금을 지급한 후 명의자가 출연자에게 부당이득반환청구한 사안에서 명의자의 청구를 기각하는 취지의 대법원 2012. 2. 23. 선고 2011다86720 판결도 당해사건의 명의자와 출연자 사이에서는 출연자에게 금전이 귀속됨을 확인한 것으로 이해할 수 있다.

Ⅱ. 명의 모용계좌

1. 모용계좌의 예금주

Ⅰ.에서 논의한 차명계좌 예금은 통상 그 명의자(또는 그 대리인)가 자신의 이름으로 예금계약이 체결된다는 사실을 알고 있는 경우이다. 이와는 달리 예금계약을 체결하는 행위자(A)가 다른 사람(B)의 이름을 임의로 사용하여 그 사람(B)으로 행세한 경우는 어떠한가.

계약의 당사자가 타인의 이름을 임의로 사용하여 법률행위를 한 경우, 행위자와 상대방의 의사가 일치하였다면 그 일치한 의사대로 행위자 또는 명의인의 행위로서 확정하여야 하고, 일치하는 의사를 확정할 수 없을 경우에는 계약체결 전후의 구체적인 제반 사정을 토대로 당사자를 결정하고 그 당사자 사이의 계약 성립 여부와 효력을 판단해야 한다.[105] 그런데 은행은 계약상대방이 B인 것으로 알고 B의 실명을 확인한 후 예금계약을 체결하였는데 명의자(B)는 예금계약을 체결할 의사가 없었으므로 은행과 명의자(B) 간의 예금계약 체결이 이루어질 수 없을 것이다.[106] 대법원 2009. 3. 19. 선고 2008다45828 전원합의체 판결이 제시한 법리에서도 명의자의 의사에 기하여 실명확인절차가 이루어진 것을 전제로 하는 것이므로, 명의모용 시에는 명의자(B)에게 예금계약의 당사자가 될 의사가 있다고 할 수 없을 것이다. 행위자(A)가 아무런 권한 없이 명의자(B)의 명의로 예금계약을 체결한 것이고 무권대리와 명의자(B)의 추인 여부의 문제가 남는다.[107] 명의자(B)가 추인하면 그와 은행 간의 예금계약이 성립되고 예금채권을 취득하게 될 것이지만, 명의자(B)는 실제 자금을 출연한 행위자(A)에게 부당이득반환채무를 지게 될 것이다. 또한 행위자(A)는 권한없이 명의자(B)의 주민등록증 등을 사용하여 실명확인을 하고 명의자(B)의 명의로 예금계좌 개설에 필요한 서류를 작성하였을 것이므로 사문서위조죄(형법 제231조)와 공문서부정행사죄(형법 제230조) 또는 주민등록증 부정사용죄(주민등록법 제37조 제8호) 등에 해당하게 될 것이다.

2. 허무인 명의 예금

명의자(B)가 허무인인 경우에는 은행과 허무인 간의 계약이 유효하게 체결될 수 없

105) 대법원 1995. 9. 29. 선고 94다4912 판결(타인의 명의를 모용하여 보험계약을 체결한 사례).
106) 손철우(2010), 168쪽.
107) 오영준(2009), 237-238쪽.

을 것이므로 아무런 예금계약이 체결되지 않은 것으로 보아야 할 것이고 부당이득 반환의 법리로 법률관계를 정리하게 될 것이다.[108)]

3. 모용계좌 개설과 은행의 책임

대법원은 예금계좌가 단순히 예금주의 입출금에만 이용되는데 그치지 않고 자금이체, 추심, 변제를 위한 수단으로 활용되고 금융기관이 본인확인 절차를 거치지 않으면 모용계좌를 쉽게 개설하여 범죄행위에 용이하게 이용할 수 있음을 지적하고, "모용계좌의 출현을 막을 수 있는 적절한 지위에 있는 자는 바로 예금계좌 업무를 담당하고 있는 금융기관 이외에는 존재하지 아니하므로, 예금계좌의 개설에 임하는 금융기관으로서는 … 실명확인의무와 무관하게 위와 같은 (=본인의 신분증을 확인하거나 위임장과 인감증명서를 제출받고 대리인의 신분증을 확인하는 등) 최소한의 조치를 취함으로써 피모용자가 수령하여야 할 금원을 피모용자 명의로 임의로 개설한 은행계좌로 송금하게 하는 방법으로 금원을 편취하는 범죄행위 등에 도움을 주지 않아야 할 주의의무"가 있음을 강조하고 있다.[109)]

은행이 이러한 본인확인절차를 거칠 주의의무를 위반하여 모용계좌가 개설되도록 한 경우, 모용계좌 이용으로 인하여 피모용자 또는 제3자가 입은 손해에 대하여 은행은 그의 주의의무 위반과 상당인과관계가 있는 범위 내에서 손해배상책임을 진다. 실제 모용계좌를 이용한 범죄·위법행위가 발생한 경우 은행의 주의의무 위반과 손해발생 간에 상당인과관계가 있는지 여부가 중요한 쟁점으로 부각된다. 대법원이 제시한 상당인과관계의 기준에 따르면,[110)] "피해자가 모용계좌의 존재로 인하여 잘못된 신뢰를 형성하여 원인계약을 체결하기에 이르렀다거나 가해자가 그 모용계좌의 존재로 인하여 피해자의 재산권에 대한 접근 및 침해가 가능하게 된 경우"에는 상당인과관계가 인정될 것이고,[111)] "모용계좌가 사기적 거래관계에서 이미 기망당한 피해자에 의하여 단순히 원인계약상의 채무의 이행을 위하여 입금하는 데 이용되거나 다른 방법이나 경로로 피해자의 재산권을 침해하여 얻은 이득금 등을 입금·보관하는 데 이용된 것에 불과한 경우"에는 상당인과관

---

108) 대법원 2012. 10. 11. 선고 2011다12842 판결(행위자가 허무인 명의의 자동차운전면허증과 인장을 위조한 후 이를 이용하여 증권회사에 허무인 명의로 증권위탁계좌를 개설한 사례); 김재형(2006), 26쪽 주 104, 28쪽.

109) 대법원 2006. 1. 13. 선고 2003다54599 판결, 대법원 2007. 7. 13. 선고 2005다23599 판결, 대법원 2007. 7. 13. 선고 2005다21821 판결 등.

110) 대법원 2007. 7. 13. 선고 2005다21821 판결.

111) 은행의 손해배상책임을 인정한 사례로는 대법원 2006. 1. 13. 선고 2003다54599 판결, 대법원 2007. 7. 13. 선고 2005다23599 판결.

계가 부정될 것이다.[112)]

Ⅲ. 공동명의 예금

1. 법적 쟁점

금융실명법상 실명이 확인된 계좌에 보유하는 금융자산은 명의자의 소유로 추정된다(금융실명법 제3조 제5항). 특별한 사정이 없는 한 은행은 실명확인한 예금명의자를 거래자로 보고 예금계약을 체결할 의도를 가지고 있다고 보아야 한다. 공동명의 예금의 경우에도 특별한 사정이 없는 한 은행은 공동명의자 전부를 거래자로 하여 예금계약을 체결할 의도가 있다고 보아야 할 것이다.[113)] 그러나 2인 이상의 명의로 계좌를 개설하여 예금하는 경우의 법률관계는 이러한 법리만으로 간단히 해결할 수 있을 정도로 단순하지 않아 분쟁이 발생하는 경우가 드물지 않다.

공동명의 예금의 법률관계는 기본적으로 공동명의 계좌개설 계약 해석의 문제이다. 쟁점은 대체로 당사자들이 (i) 권리(예금반환청구권)의 귀속에 대하여 특별한 합의를 한 것인지(준합유인지 여부), (ii) 준합유가 아니라면 그 권리의 행사방법(예금인출 방법에 대한 제한)에 대하여 어떠한 합의를 한 것인지(공동반환특약을 둔 것인지)로 요약할 수 있다. 공동명의로 예금하는 경우에는 쟁점에 관한 당사자들의 합의 내용을 보다 구체적이고 명확하게 정해 놓을 필요가 있다. 판결례가 일관되지 못하고 학설이 나뉘는 것[114)]도 당사자들의 합의가 명확하지 않기 때문이다.

2. 판 례

대법원은 공동명의 예금을 대체로 다음과 같이 구분하고 있다.[115)]

① 동업자들이 동업하는 자금을 공동명의로 예금한 경우에는 채권의 준합유에 해당한다. 이 경우 예금반환청구권의 관리처분은 공동명의자 전원의 합의로 해야 하고 은행에

112) 상당인과관계가 없어서 은행의 손해배상책임을 인정하지 않은 사례로는 대법원 2007. 7. 13. 선고 2005다23599 판결, 대법원 2016. 5. 12. 선고 2015다234985 판결.

113) 대법원 2001. 6. 12. 선고 2000다70989 판결.

114) 여러 학설의 대립에 대하여는 윤진수(2005), 79-80쪽.

115) 대법원 2005. 9. 9. 선고 2003다7319 판결, 대법원 2004. 10. 14. 선고 2002다55908 판결, 대법원 1994. 4. 26. 선고 93다31825 판결.

대한 반환청구소송은 필수적 공동소송이다.

② 동업이 아닌 다른 특정 목적을 위하여 그 목적 달성 전에는 공동명의 예금채권자 중 1인의 단독 인출을 방지하려고 공동명의로 예금한 경우에는 원칙적으로 각 예금명의자가 각자 지분에 대한 관리처분권을 가진다.[116] 다만 은행에 대한 지급 청구만을 공동반환의 특약에 의하여 공동명의 예금채권자들 모두가 공동으로 해야 할 뿐이다.

②에 속하는 대표적인 예로는, 주택분양사업의 시공사(건설회사)가 시행사에 대해 가지는 공사대금채권을 분양대금에서 확보하기 위하여 분양대금을 입금하는 예금계좌를 시공사·시행사의 공동명의로 개설하는 경우,[117] 또는 이에 추가하여 토지매도인이 토지매도대금채권을 확보하기 위하여 시공사·시행사와 더불어 3인의 공동명의로 개설하는 경우를 들 수 있다.[118]

②에 속하는 공동명의 예금의 경우에는 공동명의자 중 1인에 대하여 대출금채권을 가지는 은행은 그 대출금채권을 자동채권으로 하여 그 1인의 지분에 해당하는 예금채권을 상계할 수 있고, 은행에 대해 채무를 부담하고 있는 공동명의자 1인의 지분을 다른 공동명의자가 양수하였음을 이유로 은행의 상계에 대항하기 위해서는 공동명의예금자들과 은행 사이에 예금채권의 귀속에 관한 합의가 있거나 채권양도의 대항요건을 갖추어야 한다.[119] 공동명의자 중 1인에 대한 채권자는 그 1인의 지분에 해당하는 예금채권에 대하여 압류·추심명령을 받아 집행할 수 있으며, 은행은 그 집행에 대하여 공동명의자들과의 공동반환특약을 들어 지급을 거절할 수 없다고 대법원은 판시하였다.[120]

②에 속하는 공동명의 예금은 결국 공동반환특약부 분할채권으로 보게 되므로 각 명의자의 지분에 해당하는 예금채권을 그 명의자의 채권자가 압류·추심·전부명령을 받아 집행할 수 있을 것이다. 압류·추심·전부 채권자는 원래의 예금채권자(=압류·추심·전부 채무자)가 가지는 권리 이상을 취득할 수는 없고, 예금반환채무를 지는 은행이 원래의 예금채권자에게 대항할 수 있는 사유로 압류·추심·전부 채권자에게 대항할 수 있다고 보는 것이 타당하므로, 은행이 공동반환특약을 들어 지급을 거절할 수 없다는 위 대법원판결은 의문이 있다.[121] 또한 은행의 명의자에 대한 채권을 자동채권으로 하고 공동명의 예금의 지분을 수동채권으로 하는 상계가 허용되어도, 은행의 입장에서는 각 공동명의자의 지분이 얼

116) 동업이 아닌 특정목적을 위하여 공동명의로 예금한 경우 그 특정목적의 성질상 각 예금명의자의 지분에 대한 관리처분권이 인정되지 않을 수도 있다(대법원 2001. 6. 12. 선고 2000다70989 판결).

117) 대법원 2008. 10. 9. 선고 2005다72430 판결.

118) 대법원 2005. 9. 9. 선고 2003다7319 판결.

119) 대법원 2004. 10. 14. 선고 2002다55908 판결.

120) 대법원 2005. 9. 9. 선고 2003다7319 판결.

121) 이 쟁점에 대한 상세한 논의는 윤진수(2006), 87-88쪽.

마인지 알지 못하면 공동명의자 중 1인의 지분에 대해 상계하고자 하여도 상계의 대상으로 삼을 수동채권의 범위를 파악할 수 없어 법적인 불확실성에 노출된다. 지분을 파악하지 못하였다고 하여 은행이 일방적으로 지분이 균등하다고 간주할 수 있는 것은 아니다.

제4절 예금채권의 양도와 소멸

Ⅰ. 예금채권의 양도와 질권설정

전자증권법등 발행근거 법률에 따라 양도할 수 있는 양도성예금증서를 제외하고는 예금채권은 지명채권의 양도방법에 따라 양도할 수 있다. 다만 예금거래기본약관은 예금의 양도와 질권설정에 대하여 은행에 대한 통지와 동의를 받도록 하고, 입출금이 자유로운 예금은 질권설정할 수 없다고 규정하고 있다(동약관 제12조). 이러한 양도제한조항은 약관에 규정되어 있으므로 은행과 예금주 간의 별도약정에 의하여 배제할 수 있다. 대법원은 예금채권 양도금지 특약은 "예금채권자의 이해관계와 밀접하게 관련된 중요한 내용에 해당하므로 은행…은 약관의 내용에 대하여 구체적이고 상세한 명시·설명의무를 지게 되고, 만일 은행이 그 명시·설명의무를 위반하여 예금계약을 체결하였다면 … 약관에 포함된 양도금지의 특약을 예금계약의 내용으로 주장할 수 없다"고 판시하였다.[122)]

채권양도금지 특약은 민법상으로는 선의의 제3자에게 대항하지 못하도록 되어 있으나(민법 제449조 제2항), 판례는 양도금지특약의 존재를 알지 못한데 대해 중대한 과실이 있는 양수인에게는 그 특약으로 대항할 수 있다고 보고 있다.[123)] 이 때 은행거래의 경험이 있는 사람은 특별한 사정이 없는 한 예금채권에 대하여 양도제한의 특약이 있음을 알았거나 알지 못하였어도 중대한 과실이 있다고 보고 있다.[124)]

예금자가 예금을 다른 사람(예: A)에게 이전하고자 하는 경우 그 예금을 인출하여 A의 계좌에 입금함으로써 A가 예금채권을 가질 수 있게 할 수 있으므로 굳이 은행의 사전

122) 대법원 1998. 11. 10. 선고 98다20059 판결.

123) 대법원 2019. 12. 19. 선고 2016다24284 전원합의체 판결, 대법원 2014. 1. 23. 선고 2011다102066 판결, 대법원 2010. 5. 13. 선고 2010다8310 판결, 대법원 2003. 1. 24. 선고 2000다5336, 5343 판결, 대법원 2000. 4. 25. 선고 99다67482 판결, 대법원 1999. 2. 12. 선고 98다49937 판결, 대법원 1996. 6. 28. 선고 96다18281 판결 등.

124) 대법원 2003. 12. 12. 선고 2003다44370 판결(예금채권을 양수한 원고가 수년간 명동에서 사채업을 영위하였고 대표이사로 또 다른 회사를 경영하고 있어 은행거래 경험이 많은 것으로 볼 수 있는 사안).

동의를 받아 예금채권을 양도하는 절차를 취할 필요가 없다. 담보목적의 양도 또는 정기예금 등 중도 해지시의 불이익이 있는 경우를 제외하고는 예금채권을 양도할 실제적인 필요성은 크지 않다.

채권양도금지 특약이 있어도 그 채권을 압류·전부하는 것을 방해하지 않는다. 압류채권자가 채권양도금지 특약에 대해 선의인가 악의인가는 압류·전부명령의 효력에 영향을 미치지 않는다.[125] 일반적으로 예금주의 채권자는 예금채권을 압류할 수 있으나, 통신사기피해환급법 제4조에 따라 지급정지된 사기이용계좌의 채권에 대해서는 지급정지가 종료되기 전에는 압류·가압류 또는 가처분을 할 수 없다(동법 제4조의2 제1항 제2호).

Ⅱ. 예금채권의 소멸

1. 예금채무의 변제

은행이 예금채권자(또는 그의 적법한 대리인[126])에게 변제하면 은행의 예금채무는 소멸한다. 은행이 정당한 예금채권자가 아닌 사람에게 예금을 반환하면 원칙적으로 채권자에게 변제한 것이 아니므로 예금채무는 소멸하지 않는다. 그러나 그 예금의 반환이 채권의 준점유자에 대한 변제로 인정되고 변제자인 은행이 선의, 무과실이면 변제의 효력이 있다(민법 제470조). 이 때 "채권의 준점유자는 변제자의 입장에서 볼 때 일반의 거래관념상 채권을 행사할 정당한 권한을 가진 것으로 믿을만한 외관을 가지는 사람이므로 준점유자가 스스로 채권자라고 하여 채권을 행사하는 경우뿐만 아니라 채권자의 대리인이라고 하면서 채권을 행사하는 때에도 채권의 준점유자에 해당한다."[127]

(1) 예금거래기본약관상 예금반환 관련 조항

예금거래기본약관 제16조는 예금지급청구서에 찍힌 인영·서명을 육안으로 주의깊게 비교, 대조한 경우 인감·서명의 위조, 변조 또는 도용에 대해 은행의 고의·과실이 없는 한 그로 인한 거래처의 손해에 대해 책임을 지지 않는다는 점, 은행의 귀책사유없이 계좌번호, 비밀번호등의 금융정보가 새어나가 거래처에 생긴 손해에 대해서 책임을 지지 않는

125) 대법원 2003. 12. 11. 선고 2001다3771 판결.
126) 예금계약의 체결을 위임받는 사람이 가지는 대리권에 당연히 그 예금을 해약, 인출, 기타 처분하거나 예금을 담보로 대부를 받는 대리권이 포함되어 있는 것은 아니다(대법원 1992. 6. 23. 선고 91다14987 판결).
127) 대법원 2021. 1. 14. 선고 2018다286888 판결, 대법원 2004. 4. 23. 선고 2004다5389 판결.

다는 점, 실명확인증표 등으로 주의깊게 본인확인하여 예금을 지급한 경우 위조, 변조 또는 도용으로 인한 거래처의 손해에 대해 책임을 지지 않는다는 점 등을 규정하고 있다.

위 약관조항은 "주의깊게", "고의 과실" 등의 용어를 사용하고 있어 구체적인 사실관계 하에서 그 의미를 어떻게 파악할 것인가가 문제될 수 있다. 또 약관조항은 인감·서명이 위조된 경우에도 은행의 고의 과실이 없는 한 은행은 책임을 지지 않는다는 취지로 규정하고 있으나, 예컨대 예금을 인출한 권한이 없는 사람이 위조된 예금통장과 위조된 인감·서명이 기재된 예금지급청구서를 은행에 제출하고 은행이 이에 응하여 예금을 반환한 경우, 예금자가 그러한 위조에 대하여 아무런 귀책사유가 없다면 그 예금지급청구는 예금자에 대하여 아무런 효력이 없다고 보아야 할 것이다. 그러한 경우 채권의 준점유자에 대한 변제의 요건을 갖추었는지를 따져보지 않고 예금의 반환의 효력을 예금주에게도 미치게 하려는 것이 위 약관조항의 의도라면 그 약관조항은 고객에게 부당하게 불리한 조항이라고 보는 것이 타당할 것이다. 이와 같이 위 약관조항의 해석상 그 적용범위에 대해 논란이 있을 수 있고, 약관조항에도 불구하고 은행이 추가적인 확인의무를 지는 경우가 있는지의 문제도 제기될 수 있다. 구체적인 사건에서 이러한 쟁점들이 어떻게 다루어지고 있는지에 대해 판례를 살펴볼 필요가 있다.

(2) 전통적 대면 거래에서의 예금채권의 준점유자 변제

가. 채권의 준점유자에 대한 유효한 변제로 인정한 사례

정당한 예금인출 권한이 없는 소외 1(예금채권자의 재경부 부장)이 예금인출에 필요한 예금통장, 인감을 모두 소지하고 위조한 출금신청서를 은행 창구직원에게 제시하여 출금신청을 하였고, 은행 창구직원이 신고된 인감 또는 비밀번호가 일치하는지를 확인한 후 예금(약 502억원)을 지급한 사건에서 은행이 소외 1에게 예금인출권한이 없음을 알았다거나 이를 알지 못한 데에 과실이 있다고 보기 어려워, 위 예금지급은 채권의 준점유자에 대한 변제로서 유효하다고 판시하였다.[128]

나. 채권의 준점유자에 대한 유효한 변제로 인정하지 않은 사례

① 예금통장을 소지하지 않은 예금행위자에게 지급한 경우

원고(=J금고)의 예금계좌가 개설된 은행지점의 지점장이 예금통장없이 거래인감과 비밀번호가 기재된 예금청구서만으로 예금을 인출한 사건에서, 대법원은 "예금명의자도 아니고 예금통장도 소지하지 않은 예금행위자에 불과한 자는 금융실명제가 시행된 이후

128) 대법원 2016. 6. 28. 선고 2012다44358, 44365 판결. 대법원 2004. 4. 23. 선고 2004다5389 판결도 같은 취지.

에는 극히 예외적인 특별한 사정이 인정되지 않는 한 예금채권을 준점유하는 자에 해당될 수가 없다"고 판시하고 이러한 예금의 인출은 달리 특별한 사정이 없는 한 은행의 선의·무과실로 이루어진 채권의 준점유자에 대한 변제로 볼 수 없다고 판시하였다.[129)]

② 예금청구서 등의 대조 확인 주의의무를 소홀히 한 경우

은행은 숙련된 직원으로 하여금 직무수행상 필요한 충분한 주의를 다하여 예금청구서에 찍힌 인영과 예금통장에 찍힌 인감의 대조 확인하도록 하여야 한다.[130)]

예금청구서에 예금주의 성명을 명백하게 잘못 기재되어 있어 조금만 주의를 기울이면 권한없는 사람이 청구하였음을 쉽게 알아차릴 수 있었고 인출자금의 용도에 대한 청구자의 답변이 금방 번복하는 의심스러운 사정이 있었던 경우 법원은 그 예금지급이 예금주에 대해서는 효력이 없다고 보았다.[131)]

③ 지급청구자에게 정당한 변제수령권한이 없을 수 있다고 의심할 만한 특별한 사정이 있는데 예금주에게 확인하지 않은 경우

예금지급을 구하는 청구자에게 정당한 변제수령권한이 없을 수 있다는 의심을 가질 만한 특별한 사정이 있는 경우에는, 은행 직원은 통상적인 조사(인감 대조 및 비밀번호 확인 등) 외에 당해 청구자의 신원 확인 또는 예금주에게 연락하여 예금주 본인의 의사를 확인하는 등의 방법으로 청구자가 정당한 예금인출권한을 가지는지 여부를 조사할 업무상 주의의무를 부담한다. 그러한 특별한 사정이 있다고 볼 것인지 여부는 신중하게 판단하여야 한다.[132)]

그러한 특별한 사정이 없다고 본 사례들도 있다.[133)] 특별한 사정이 있다고 본 사례

---

129) 대법원 2006. 12. 21. 선고 2004다41194 판결. 대법원 2002. 6. 14. 선고 2000다38992 판결은 피고 상호신용금고에 원고의 예금통장 개설과 입출금 업무를 하여온 원고의 업무부장이 예금통장은 소지하지 않고 원고 이사장의 직인만을 피고에게 제시하여 정기예금의 해약, 인출을 신청하고 피고가 이에 응한 사례에서 같은 취지로 판시함.

130) 대법원 2001. 6. 12. 선고 2000다70989 판결.

131) 대법원 1975. 5. 27. 선고 74다2083 판결.

132) 대법원 2013. 1. 24. 선고 2012다91224 판결("특별한 사정이 있다고 볼 것인지 여부는, 인감 대조와 비밀번호의 확인 등 통상적인 조사만으로 예금을 지급하는 금융거래의 관행이 금융기관이 대량의 사무를 원활하게 처리하기 위한 필요에서 만들어진 것이기도 하지만, 다른 한편으로는 예금인출의 편리성이라는 예금자의 이익도 고려된 것인 점, 비밀번호가 가지는 성질에 비추어 비밀번호까지 일치하는 경우에는 금융기관이 그 예금인출권한에 대하여 의심을 가지기는 어려운 것으로 보이는 점, 금융기관에게 추가적인 확인의무를 부과하는 것보다는 예금자에게 비밀번호 등의 관리를 철저히 하도록 요구하는 것이 사회 전체적인 거래비용을 줄일 수 있는 것으로 보이는 점 등을 참작하여 신중하게 판단하여야 한다"고 판시함).

133) 대법원 2013. 1. 24. 선고 2012다91224 판결(예금주와 사실혼관계에 있던 사람이 예금주의 동의 없이 은행에 예금통장과 위조한 예금주 명의의 도장이 날인된 예금청구서를 제출하고, 비밀번호 입력기에 비밀번호를 입력하여 예금을 인출하였고, 인감 대조에 숙련된 금융기관 직원이 충분히 주의를 다하여도 육안에 의한 통상의 대조 방법으로는 예금거래신청서와 예금청구서상의 각 인영이 다른 인감에 의하여 날인되었다는 것을 확인할 수 없었던 사건에서 대법원은 예금청구인에게 정당한 변제수령권한이 없을 수 있다는 의심을 가질 만한 특별한 사정이 있어 예금주 을

로는, 갑이 을과 함께 원고(=예금주, 82세)의 주민등록증을 위조하고 병으로 하여금 원고를 사칭하도록 하여 예금계좌개설 지점(남서초지점)이 아닌 다른 지점(남양주지점)에 가서 예금통장과 인감 분실신고를 하여(이 때 예금계좌번호 일부를 알지 못한다고 하자 은행직원이 계좌번호를 알려줌), 예금통장을 재발급받고 인감을 변경한 후 6억4600만원을 인출한 사건이 있다. 이 사건에서 법원은 "예금지급청구자에게 정당한 변제수령권한이 없을 수 있다는 의심을 할 만한 특별한 사정이 있으므로 피고에게 예금주인 원고의 의사를 확인하는 등의 방법으로 예금지급청구자의 정당한 예금인출권한 여부를 조사하여야 할 업무상 주의의무가 있음에도 불구하고, 피고는 예금지급청구자에게 정당한 예금인출권한이 있는지 여부를 조사하지 아니한 채 이 사건 예금을 지급한 과실이 있다"고 보아 채권의 준점유자에 대한 변제로서 유효하다는 은행의 주장을 배척하였다.[134)]

(2) 비대면 거래에서의 예금채권의 준점유자 변제

PC뱅킹에 의한 자금이체 사건에서 대법원은 "피씨(PC)뱅킹에 의한 자금이체는 기계 또는 전산처리에 의하여 순간적으로 이루어지는 것으로, 그것이 예금채권에 대한 적법한 변제나 채권의 준점유자에 대한 변제로서 은행에 대하여 요구되는 주의의무를 다하였는지 여부를 판단함에 있어서는, 자금이체시의 사정만을 고려할 것이 아니라 그 이전에 행하여진 피씨(PC)뱅킹의 등록을 비롯한 여러 사정을 총체적으로 고려하여야" 하고 통장으로 예금인출할 때 은행에게 요구되는 주의의무와 같은 정도로 주의를 기울여 PC뱅킹 신청에 따른 등록업무를 처리해야 하며 등록 후에도 비밀번호 등이 누설되어 예금인출이

의 의사를 확인하는 등의 방법으로 정당한 예금인출권한 여부를 조사하여야 할 업무상 주의의무가 있었던 것으로 보기 어렵다고 판시함). 대법원 2007. 10. 25. 선고 2006다44791 판결(절취한 예금통장과 인감으로 제1예금인출이 행해진 후 단시간 내에 거래지점을 바꿔가면서 행해진 제2예금인출이나 제3예금인출과 관련하여 "통장과 예금지급청구서에 아무런 하자가 없었고, 이미 신고된 진정한 인감이 사용되었을 뿐만 아니라, 철저한 보안이 요구되는 비밀번호까지 일치하였으므로 앞서 본 예금거래기본약관(제16조 제1항)의 내용과 그에 따른 금융거래의 관행에 비추어 그에 따른 예금의 지급은 특별한 사정이 없는 한 채권의 준점유자에 대한 변제로서 유효한 것"으로 보아야 한다고 판시하고 "통상적으로 정당한 인출권한이 있는 자에 의해서는 이 사건 제2예금인출 및 제3예금인출과 같은 형태의 예금인출이 행하여지지 아니하고 피고 은행에서 그와 같은 형태로 절취통장에 의한 예금의 부정한 인출이 이루어진 적이 있다는 등의 사실이 인정되지도 않는 상태"에서 특별한 사정이 있었던 것으로 인정할 수 있는지 의문이라고 판시함)

134) 대법원 2015. 6. 24. 선고 2014다231224 판결. 이 사건에서 은행은 원고가 인감도장에 예금계좌의 비밀번호를 표시하여 놓았고 을에게 예금인출 심부름을 시킨 적이 있다는 점을 들어 원고의 과실과 갑 등의 사기행위가 은행에 대한 공동불법행위를 구성한다고 주장하였으나, 대법원은 "원고가 이러한 행위로 인하여 자신이 알지도 못하는 갑 등이 이 사건 사기행위를 저지를 것으로 구체적으로 예견할 수 있었다고 인정하기 어렵고, 오히려 이 사건 사기행위는 … 피고(=은행)가 거래상대방의 본인확인의무를 다하지 못한 과실로 인하여 초래되었다고 보일 뿐이므로 피고가 입은 손해와 원고의 위 행위 사이에 상당인과관계가 있다고 보기도 어렵다"고 판시하여 은행의 주장을 배척하였다.

되지 않도록 주의할 의무가 있다고 보았다. 당해 사건에서는 PC뱅킹에 의한 예금인출에 대해 은행의 PC뱅킹 등록업무처리와 그 이후의 여러 사정에 비추어 채권의 준점유자에 대한 유효한 변제라고 인정할 수 없다고 판시하였다.[135)136)137)]

2. 예금채권의 상계

은행은 예금채권자에 대한 채권으로 예금채무와 상계할 수 있는 정당한 권리가 있다. 또한 은행은 상계권을 행사하여 채권을 회수한다는 합리적인 기대도 가지고 있을 수 있다. 따라서 예금채권자에 대한 은행의 행사를 권리남용 또는 신의칙 위반이라고 하려면, "금융기관에게 자신의 정당한 권리를 제한하면서까지 상대방 또는 제3자에게 협력하거나 그의 이익을 보호할 의무가 있는데도 불구하고 그에 반하여 상계권을 행사하였음이 인정되는 등 상계권의 행사에 이른 구체적·개별적 사정에 비추어 그 행사에 법적 보호를 해 줄 가치가 없다고 볼 특별한 사유"가 있어야 한다.[138)]

135) 대법원 2006. 12. 21. 선고 2004다41194 판결(예금주의 예금이 PC뱅킹으로 인출된 사건에서 은행의 PC뱅킹 등록업무 처리를 살펴봄. 예금을 받은 은행지점장이 예금주의 범인인감이 날인되어 있지 않은 상태로 전자금융신청서를 작성하여 제출한 점, PC뱅킹서비스에 대해 예금주에게 설명하지 않았으며 등록신청한 ID, 비밀번호, 보안카드 등을 예금주에게 교부하지 않은 점, 인출한 자금은 그 은행지점장의 개인 주식거래계좌로 입금되어 주식거래자금으로 사용된 점 등의 여러 사정을 들어 은행지점장이 PC뱅킹으로 인출한 것을 예금주로부터 정당한 권한을 위임받은 자에 대한 적법한 변제라고 보기 어렵고, 은행의 과실없이 이루어진 채권의 준점유자에 대한 변제로도 볼 수 없다고 판시함). 대법원 1998. 11. 10. 선고 98다20059 판결은 폰뱅킹에 의한 자금이체와 관련하여 폰뱅킹등록시의 은행의 주의의무에 관하여 유사한 내용으로 판시함.

136) 권한없는 자가 컴퓨터 등 정보처리장치를 통하여 예금을 인출하거나 계좌이체하는 경우 형법 제347조의2에 규정된 컴퓨터등 사용사기죄에 해당할 수 있다. 대법원 2007. 3. 15. 선고 2006도2704 판결(손자가 할아버지 예금통장을 절취하여 현금자동지급기에 넣고 예금을 자신의 거래은행계좌로 이체한 사안에서 컴퓨터등 사용사기의 피해자가 은행이라는 이유로 친족상도례를 적용하지 않음).

137) 일본에서는 특별법(偽造カード等及び盗難カード等を用いて行われる不正な機械式預貯金払戻し等からの預貯金者の保護等に関する法律)으로 위조카드 또는 도난카드를 사용한 기계식예금반환(=현금자동지급기에서의 예금인출)이 행해진 경우 금융기관과 예금자 사이의 책임부담을 규정하였다. ① 위조카드를 사용한 기계식예금반환은 원칙적으로 무효이고, (i) 예금자가 고의로 행한 경우 또는 (ii) 금융기관이 선의, 무과실이고 예금자의 중대한 과실에 의해 그 기계식예금반환이 행해진 경우에는 예금자가 책임을 지도록 하였다(동법 제4조 제1항). ② 도난카드를 사용한 기계식예금반환은 유효하되 금융기관에 대한 도취(盜取)사실의 신속한 통지와 도취 관련 정황에 대한 충분한 설명, 금융기관이 수사기관에게 신고할 것을 요청 등 일정한 요건을 갖추면 당해 예금취급 금융기관에게 기계식예금반환액에 상당하는 금액의 보전을 청구할 수 있다(동법 제5조 제1항). 금융기관이 선의, 무과실이고 예금자의 경과실에 의해 행해진 경우에는 금융기관이 보전대상액의 3/4을 보전하고(동법 제5조 제2항), 금융기관이 선의, 무과실이고 예금자의 중과실 또는 일정한 친족, 동거인, 가사사용인에 의해 행해지거나 예금자가 중요한 사항을 거짓으로 설명한 경우에는 보전하지 않는다(동법 제5조 제3항).

138) 대법원 2015. 4. 23. 선고 2012다79750 판결(예금자가 정기예금계좌를 개설하며 은행에 제출한

3. 소멸시효와 휴면예금

예금채권도 소멸시효의 적용을 받는가에 대해 논란이 있지만 법률상 근거없이 소멸시효의 적용이 배제된다고 할 수는 없다.[139] 예금거래기본약관은 입출금이 자유로운 예금은 이자지급을 포함한 최종거래일로부터 5년 이상 경과한 경우, 거치식·적립식 예금은 만기일 또는 이자지급을 포함한 최종거래일로부터 5년 이상 경과한 경우 예금채권의 소멸시효가 완성된 것으로 보고 휴면예금으로 취급하고(동약관 제9조의2 제1항), 휴면예금에 해당하는 시점부터 예금계약이 자동 종료하고 해당계좌는 더 이상 이용이 불가한 것으로 규정하고 있다(동조 제3항).

소멸시효가 도과한 예금채권을 저소득층을 위한 복지사업의 재원으로 활용하기 위하여 2007년 "휴면예금 이체에 관한 특별법"과 "휴면예금관리재단의 설립에 관한 법률"이 제정되었다. 현재는 두 법률 모두 폐지되었고 "서민의 금융생활 지원에 관한 법률"("서민금융법")이 규율하고 있다. 금융기관은 소멸시효가 완성된 휴면예금을 휴면예금관리위원회가 관리하는 휴면예금등 관리계정에 출연할 수 있다(동법 제40조). 예금거래기본약관도 휴면예금이 이렇게 출연될 수 있음을 확인하는 조항을 두었다(동약관 제12조 제2항). 휴면예금등 관리규정에 있는 자금은 금융기관의 출연후 휴면예금의 원권리자가 지급청구하는 경우 휴면예금에 갈음하는 금액의 지급, 서민 금융생활 지원사업을 수행하기 위한 자활지원계정으로의 전출 등에 사용한다(동법 제42조, 제45조, 제55조의2).

4. 통신사기피해환급법에 따른 예금채권 소멸

통신사기피해환급법은 전기통신금융사기[140]로 인한 피해자에 대한 피해금 환급을

질권설정승낙의뢰서에 "질권설정 승낙일 이전에 질권설정자가 부담한 채무에 대해 은행거래약정서에 따라 은행이 상계권을 행사하여도 이의가 없다"는 취지의 문구가 인쇄되어 있었던 사건에서, 대법원은 은행이 예금계좌의 개설 목적이나 취지를 충분히 알았을 것이라는 사정만으로는 은행이 상계권을 포기하거나 행사를 제한하기로 약속하였다고 볼 수 없다고 하며 은행의 상계권 행사가 신의칙에 반한다고 본 원심판결을 파기환송함), 대법원 2005. 9. 9. 선고 2003다28 판결(은행이 "S주택이 시행하는 S타운 신축사업과 관련하여 국민주택기금과 분양수입금을 S주택과 원고(=대한주택보증)가 개설한 공동계좌에 입금함에 동의"하는 내용의 동의서를 은행이 작성하여 원고에게 교부한 사건에서, 대법원은 그 동의서만으로는 은행이 상계권을 포기하거나 행사를 제한하기로 약속한 취지로 볼 수 없다고 하며 상계권 남용을 인정한 원심판결을 파기환송함)

139) 이에 관한 상세한 논의는 윤진수(2005), 89쪽.

140) "전기통신금융사기"란 「전기통신기본법」 제2조 제1호에 따른 전기통신을 이용하여 타인을 기망·공갈함으로써 자금 또는 재산상의 이익을 취하거나 제3자에게 자금 또는 재산상의 이익을 취하게 하는 다음 각 목의 행위를 말한다. 다만, 재화의 공급 또는 용역의 제공 등을 가장한 행위는 제외하되, 대출의 제공·알선·중개를 가장한 행위는 포함한다(통신사기피해환급법 제2조 제2호).

위하여 사기이용계좌[141]의 명의인의 채권이 소멸되는 절차를 정하고 있다. 동법 제5조 제2항에 따른 채권소멸절차 개시 공고일로부터 2개월이 경과하면 사기이용계좌의 명의인의 채권은 공고가 이루어진 금액 범위 내에서 소멸하고(동법 제9조 제1항), 금융감독원의 피해환급금 결정절차를 거쳐 금융회사는 피해자에게 피해환급금을 지급한다(동법 제10조).

제 5 절 국제적인 예금거래

Ⅰ. 외국은행 국내지점이 받는 예금

1. 개 설

외국 법령에 따라 설립되어 외국에서 은행업을 경영하는 외국은행이 한국 내에서 은행업을 경영하고자 지점을 설립하기 위해서는 금융위원회의 인가를 받아야 한다(은행법 제58조 제1항). 이렇게 금융위원회의 인가를 받은 외국은행의 국내지점은 은행법에 따른 은행으로 간주된다(은행법 제59조 제1항). 외국은행 국내지점과 예금자 사이의 법률관계도 그들 간의 예금계약에 의하여 규율되고 통상 그 은행의 예금약관이 예금계약의 내용을 정한다. 외국은행 국내지점과 국내 예금자의 법률관계는 국내은행과 국내 예금자의 법률관계와는 몇 가지 점에서 차이가 있다.

2. 법률에 의한 채권자 또는 예금자 보호

(1) 은행법에 의한 국내 채권자 보호

은행법은 외국은행 국내지점과 거래하는 한국 국민과 국내 거주자를 보호하는 장치를 두고 있다. 외국은행 국내지점이 청산·파산하는 경우 그 자산, 자본금, 적립금, 그 밖의 잉여금은 한국 국민과 한국에 주소·거소를 둔 외국인의 채무를 변제하는 데에 우선

가. 자금을 송금·이체하도록 하는 행위
나. 개인정보를 알아내어 자금을 송금·이체하는 행위
다. 자금을 교부받거나 교부하도록 하는 행위
라. 자금을 출금하거나 출금하도록 하는 행위

141) "사기이용계좌"란 전기통신금융사기로 인하여 피해자의 자금이 송금·이체된 계좌, 피해자가 교부하였거나 피해자의 계좌에서 출금된 자금이 입금된 계좌 및 해당 계좌로부터 자금의 이전에 이용된 계좌를 말한다(통신사기피해환급법 제2조 제4호).

충당되도록 하였다(은행법 제62조 제1항). 또한 외국은행 국내지점은 자본금으로 의제되는 영업기금에 상당하는 자산을 한국 내에 보유해야 하고(동조 제2항), 국내 자산이 영업기금 상당액에 미달하면 90일 이내에 보전해야 하며 금융위원회는 부족한 자산의 보전을 명할 수 있다(동조 제3항). 국민과 국내 거주자에 대한 채권을 우선 변제하도록 한 것이다.

위 조항 중 자본금, 적립금, 잉여금도 채무변제에 우선 충당하도록 한 부분은 의미가 없다. 자본금, 적립금, 잉여금은 회계상의 숫자에 불과하므로 그것이 채무변제에 사용될 수는 없고, 채무변제에 충당할 것은 자산뿐이다. 외국은행 국내지점의 재무제표상 자본금, 적립금, 잉여금이 양수(+)로 기재되어 있다면 그 액수에 부채를 합한 금액 만큼의 자산을 가지고 있을 것이고 그 자산을 채무변제에 충당할 수 있을 뿐이다. 그런데 외국은행 국내지점이 은행법상 국내 보유해야 하는 자산의 규모는 자본금(=영업기금)에 상당하는 것이므로 국내 보유할 의무가 있는 자산규모는 부채를 변제하기에 부족할 수 있다. 자본시장법에 규정된 외국 금융투자업자의 국내지점에 관한 조항은 국내 채권자 보호에 더 충실하게 규정되어 있다.[142)]

(2) 예금자보호법에 의한 예금자 보호

외국은행 국내지점도 예금보험의 적용을 받는 부보금융회사에 해당하므로(예금자보호법 제2조 제1호 바목), 외국은행 국내지점에 예금한 예금자는 지급정지, 국내지점의 인가취소 또는 파산선고 등의 보험사고 발생시 5천만 원의 범위 내에서 예금자보호법이 정하는 절차와 기준에 따라 보험금을 지급받을 수 있다(예금자보호법 제32조, 같은 법 시행령 제18조).

3. 외국은행 본점 또는 해외지점에 대한 변제요구

외국은행 국내지점이 받은 예금을 반환할 만한 자산을 국내지점이 가지고 있지 못한 경우에는 은행법 제62조에 따른 우선변제에도 불구하고 예금자가 국내지점으로부터 예금을 반환받지 못할 수 있다. 이 때 예금자가 외국은행 본점이나 해외지점에게 예금반환청구를 할 수 있는지가 문제될 수 있다.

---

142) 자본시장법 제65조는 유사한 조항을 두고 있으나 은행법 제62조와는 몇 가지 점에서 차이가 있다. (i) 외국 금융투자업자의 국내지점이 청산·파산하는 경우 보호대상을 "국내에 주소·거소를 둔 자"로 하여 한국 국민이지만 국내에 거주하지 않는 사람은 보호대상에서 제외하였고, (ii) 우선변제에 충당할 목적물에 "국내 자산"만을 언급하였다. 또한 (iii) 외국 금융투자업자의 국내지점은 "자본금으로 의제되는 영업기금과 부채의 합계액"에 상당하는 자산을 국내에 보유하도록 하여 실질적으로 채무변제에 충분한 자산을 국내에 가지고 있도록 하였다.

외국은행 국내지점은 은행법상으로는 별개의 은행으로 취급되지만, 법인의 관점에서 보면 외국은행의 하나의 지점에 불과하고 지점이 행하는 영업에 따른 권리의무는 법인인 외국은행에게 귀속한다. 그렇다면 외국은행 국내지점에 예금한 예금자는 그 외국은행 법인에 대하여 예금반환청구권을 가진다고 해야 한다. 문제는 예금계약으로 이러한 예금반환청구권을 국내지점에서만 행사할 수 있도록 제한(이른바 ring-fencing)할 수 있는지이다. 예금자가 동의하면 예금반환청구권의 행사를 제한하여도 유효할 것이다. 그러나 예금약관으로 이러한 제한을 두는 것은 고객에게 부당하게 불리하여 공정성을 잃은 조항으로 무효라고 볼 가능성이 높다(약관규제법 제6조).

실체법적인 권리를 제한하지는 않지만 예금반환청구소송을 국내에서만 제기할 수 있도록 함으로써 본점·해외지점에 대한 청구를 절차적으로 제한하는 경우는 어떠한가. 실제 외국은행 국내지점의 예금약관에는 예금자와 은행 사이의 모든 소송은 한국 내의 관할권 있는 법원에만 제기할 수 있는 것으로 정하는 경우도 있다. 이 약관에도 불구하고 외국은행의 본점 관할 법원에 소송을 제기할 수 있는지 여부는 그 외국법원이 결정할 문제일 것이다. 그 외국법원이 외국은행 국내지점의 배타적 관할 합의를 근거로 그 외국법원의 관할권을 부정할 수 있고, 그로 인하여 예금자의 예금반환청구권 행사에 상당한 장애를 초래한다면 약관의 배타적 관할 합의가 약관규제법상 공정성을 잃은 조항으로 무효가 된다는 논란이 제기될 수 있다. 물론 이 경우 외국법원이 그 외국의 국제사법에 따라 우리 약관규제법을 적용할 것인지 여부의 문제도 있을 것이다.

Ⅱ. 국내은행의 해외지점이 받는 예금

국내에서 은행법에 따라 설립된 은행은 국내뿐 아니라 외국에도 지점을 두고 영업을 할 수 있다. 은행의 지점은 은행이라는 법인의 일부이고 따라서 지점에서 받은 예금에 대한 권리의무는 법인인 은행에 귀속된다. 이 점은 지점이 국내에 있건 외국에 있건 기본적으로 차이가 없어야 한다. 국내은행의 해외지점이 받은 예금은 법인인 국내은행이 예금자보호법상 부보금융회사이므로 역시 예금보험으로 보호되는 것이 원칙이다. 예외적으로 국내은행의 해외지점에서 받은 예금 중 그 지점 소재지 국가의 예금보험제도에 의하여 보호되는 예금은 예금보험공사가 인정하는 범위에서는 예금자보호법상의 예금보험으로 보호되지 않는다(예금자보호법 제2조 제2호 단서, 같은 법 시행령 제3조 제5항, 제6항).

국내은행이 외국에 지점을 설치하여 영업하기 위해서는 그 외국의 법령에 따라 통상 그 국가에서 은행업을 영위하는데 필요한 허가 등을 받아야 한다. 한국의 은행법상 필요한 인가를 받은 외국은행 국내지점이 은행법에 따른 은행으로 간주되듯이 국내은행이 외국에 설치한 지점도 그 외국의 법령에 따라 은행으로 취급될 수 있고 그 외국의 금융감독당국의 감독을 받게 된다.

해외지점에 예치한 예금채권에 대해 국제징수법상 압류처분을 할 수 있는지에 대하여 사법(私法)상 해외지점에 예치한 예금도 법인인 은행의 예금채무라는 점보다는 금융규제상 해외지점의 특수성에 초점을 맞춘 대법원 판결이 있다.[143] 이 판결은 국내사무소를 두고 있고 법인세 등을 체납한 C홍콩법인이 국내은행의 홍콩지점에 예치한 예금채권을 과세관청이 국세징수법에 따라 압류처분한 후 국내은행에 대해 추심하자 국내은행이 압류의 효력을 다툰 사건을 다루었다.[144] 이 사건에서 대법원은 "국내은행 해외지점에 예치된 예금에 대한 반환채권을 대상으로 한 압류처분은 국세징수법에 따른 압류의 대상이 될 수 없는 재산에 대한 것으로서 무효"라고 판시하였다. 대법원은 그 근거로 (i) 국내은행 해외지점이 소재지 법령에 따른 인가를 받아 그 외국의 은행으로 간주되고 외국 금융당국의 규제 감독을 받는다는 점, (ii) 해외지점에서 이루어지는 예금거래에 대해 소재지인 외국법령이 적용됨이 일반적이라는 점, (iii) 해외지점은 본점 및 국내지점과 전산망이 연결되어 있지 않아 해외지점에 예치한 예금은 그 소재지인 외국에서만 인출할 수 있을 뿐 국내에서 처분하기 위해서는 국내로의 송금절차를 거쳐야 한다는 점을 들었다. 이 판결에 대해서는 비판이 있고,[145] 그 판시를 민사집행법에 따른 강제집행에도 적용할 수 있는지에 대해서도 의문이 있다.[146]

143) 대법원 2014. 11. 27. 선고 2013다205198 판결.

144) 이 사건에서 과세관청은 (i) 피압류채권을 W은행 본점에 대한 예금채권으로 기재한 압류통지서와 (ii) 피압류채권을 W은행 홍콩지점에 대한 예금채권으로 기재한 압류통지서를 2011. 4. 27.경 W은행 본점에 우편으로 송부하였고, 이와 별도로 (iii) 피압류채권을 홍콩지점에 대한 예금채권으로 한 압류통지서를 홍콩지점에 팩스로 송부한 후 2011. 4. 29,경 우편으로 송부하였다. W은행 홍콩지점이 위 압류처분을 이유로 예금지급을 거절하자, C법인의 신청에 따라 홍콩법원은 예금인출을 막는 행위를 금하는 내용의 명령(injunction)을 발하였다. 이에 따라 W은행 홍콩지점은 2011. 6. 16. 예금을 C법인에게 지급하였다.

145) 이창(2005).

146) 금전채권에 대한 국제적 강제집행에 대하여는 문영화(2021).

Ⅲ. 예금계좌 개설점포가 아닌 다른 지점·본점의 예금반환채무에 관한 외국의 사례

예금계좌 개설 점포가 본점과 같은 국가 내에 있는 경우에는 그 점포는 법인의 일부에 불과하므로 그 법인이 예금반환채무를 부담한다는 점에 대하여 별다른 문제가 없다. 그러나 예금계좌 개설 점포가 본점소재지 국가와 다른 국가에 있는 경우에는 여러 상황이 발생할 수 있고 본점의 예금반환채무 존부도 달라질 수 있다. 이 쟁점에 관한 외국의 사례들을 살펴보면 다음과 같이 몇 가지 유형으로 나누어 볼 수 있다.[147)]

1. 예금계좌 개설 점포가 폐쇄된 경우

예금계좌 개설 점포를 폐쇄한 경우 그 점포는 법인의 일부에 불과하므로 법인이 예금반환채무를 계속 부담하고 본점이 이를 이행할 의무가 있는 것이 원칙이다. 예금계약상 계좌 개설 점포에서만 예금반환한다는 특약이 있는 경우에도 그 점포를 유지하지 않으면 특약에 의거한 반환거부가 설득력을 가지기 어렵다. 다만 계좌 개설 점포 폐쇄가 불가항력 사유에 의한 것이고 그러한 불가항력 상황에 대한 특약이 있다면 달리 판단할 여지는 있을 것이다.

이 문제는 1918년 러시아 공산화와 1975년 베트남 공산화로 인한 미국은행의 지점 폐쇄와 관련하여 제기되었다. 1917년 미국 내셔널씨티은행의 뉴욕지점에 미달러화 예금을 한 후 러시아 페트로그라드 지점으로 송금하여 페트로그라드 지점에 러시아 루블화 예금을 가지고 있던 예금주가 러시아 공산화 과정에서 페트로그라드 지점에 예금 청구를 하였으나 거절당하였고, 1918년 페트로그라드 지점이 폐쇄된 후 내셔널씨티은행의 뉴욕 본점에게 계약불이행으로 인한 손해배상을 청구한 사건에서 뉴욕주 법원은 은행의 책임을 인정하였다.[148)]

1975년 미국은행이 베트남 공산화로 인하여 사이공 지점을 자진 폐쇄한 후 사이공지점에 예금한 예금주가 뉴욕에서 본점을 상대로 반환청구한 사례들이 있다. 이 사건에서 미국 연방항소법원은 사이공 지점의 폐쇄로 예금반환채무의 소재지(situs)가 본점으로 바

---

147) 예금계좌 개설 점포가 아닌 본점의 예금반환채무에 관한 외국의 여러 사례에 대한 상세한 논의는 Proctor (2010), Chapter 45 "Liability of Branch Deposits and the Impact of Foreign Law"; Blair(1997). 미국 사례에 관한 논의는 Comizio·Chiachiere(2014).

148) Sokoloff v. National City Bank of New York, 130 Misc. 66, 224 N.Y.S. 102 (N.Y. Sup. Ct. 1927), affirmed, 227 N.Y.S. 907 (App. Div. 1928), affirmed, 250 N.Y. 69, 164 N.E. 745 (N.Y. 1928).

뀌며, 베트남에서의 예금지급채무의 이행이 불가능하게 되었다고 하여 은행의 예금반환 의무가 면제되는 것은 아니고 정치적 혁명에 따른 손실의 위험을 예금자가 아닌 미국은행 본점이 부담하여야 한다고 보아 본점이 예금반환채무를 진다는 점을 인정하였다.[149)]

2. 예금계좌 개설 점포 소재지국이 예금을 국유화한 경우

예금계좌 개설 점포 소재지국가의 정부가 예금을 국유화한 경우 은행의 본점이 그 예금을 반환할 채무를 지는지 여부는 기본적으로 예금계약의 준거법 및 본점 소재지국의 법률상 국유화 조치의 법적 효력을 어떻게 파악할 것인지에 달려있다.

(1) 이스라엘 관련 영국 판결

이스라엘 국가 건립 후 부재자 재산을 국유화 조치한 사례가 있다. 원고(아랍은행)가 1939년 피고 영국 바클레이즈 은행의 예루살렘 지점에 당좌예금 계좌를 개설하였는데 1948년 이스라엘 국가 건립으로 원고의 소재지는 아랍지역, 피고은행의 지점 소재지는 이스라엘지역이 되었고 피고은행은 예루살렘 지점을 폐쇄하였다. 부재자 재산을 부재자재산 관리관에게 귀속시키는 이스라엘 법률에 따라 1951년 피고은행은 예금잔액을 이스라엘의 부재자 재산 관리관에게 교부하였다. 원고가 피고은행의 런던 본점을 상대로 영국에서 예금반환청구를 하였으나 영국법원은 예금이 이스라엘 법률에 따라 부재자 재산 관리관에게 귀속되었으므로 원고의 피고은행에 대한 반환청구권이 없다고 판시하였다.[150)]

(2) 쿠바 관련 미국 판결

1958년 원고 Perez(바티스타 정부의 장관의 부인)가 피고 미국 체이스맨햇턴은행의 아바나 소재 마리아나오 지점에 예금하고 예금증서를 취득한 후, 1959년 카스트로의 새로운 쿠바정부가 설립되자 외국으로 도피하였다. 1959년 쿠바정부는 원고의 예금을 비롯한 여러 계좌를 동결하였고 쿠바정부의 지시에 따라 피고은행은 위 예금증서로 표창된 금액을 쿠바정부에게 납부하였다. 1974년 원고는 피고은행의 뉴욕 점포에서 예금증서를 제시하고 지급을 청구하였으나 거절당하고 소송을 제기하였다. 미국 뉴욕주 1심 법원이 원고 패소판결한 후, 1심의 항소부는 1심 판결을 파기하였고, 최종 항소법원은 원고의 자산(예금)의 소재지는 쿠바정부의 몰수 시점에 쿠바에 있고, 국가행위 이론(act of state doctrine)

149) Vishipco Line v. Chase Manhattan Bank, N.A. 660 F.2d 85462 (2nd Cir. 1981), Trinh v. Citibank, N.A. 850 F.2d 1164 (6th Cir. 1988).

150) Arab Bank Ltd. v. Barclays D.C.O. [1954] A.C. 495.

에 따라 그러한 자산의 몰수의 타당성 심사는 배제되며, 피고은행이 예금증서에 기재된 금액을 쿠바정부에 납부함으로써 피고은행이 다시 쿠바국민에게 예금증서에 따라 지급할 의무는 면한다고 판시하여 원고 패소판결을 내렸다.[151]

쿠바 지점에 예치된 예금의 반환을 뉴욕에서 구한 유사한 건에서 미국 연방항소법원이 은행이 예금반환채무가 있음을 인정하여 원고 청구를 인용한 사례가 있다.[152] 이 사건이 위의 Perez 사건과 다른 점은 예금할 때 은행 본점이 예금증서를 보증하고 본점에서 달러화로 반환받을 수 있다고 쿠바 지점의 직원이 확인해 주었다는 점이다.

3. 예금계좌 개설 점포 소재지국의 지급정지명령이 있는 경우

은행이 설립지 국가가 아닌 외국에 지점을 설치하고, 고객이 그 지점에 예금계좌를 개설하여 예금거래를 하는 도중 그 지점 소재지 국가가 지급정지명령(moratorium)을 선언하여 예금자가 그 지점에서 예금을 인출하지 못하게 될 수 있다. 이 때 예금자가 은행의 본점에 예금반환청구를 하면 은행은 이에 응할 의무가 있는가. 지급정지될 뿐 예금이 몰수·국유화·강제양도된 것이 아니므로 위 2.의 상황과는 차이가 있다.

이 쟁점에 관하여는 1983년 필리핀의 대외지급정지 조치(필리핀 내의 자산으로 외국금융기관에게 외화송금하기 위해서는 필리핀 중앙은행의 사전허가를 받아야 함)로 인한 미국은행 마닐라 지점의 예금지급 거부시 은행의 뉴욕 본점이 반환의무를 지는지와 관련하여 미국 연방법원에서 판결한 바 있다. 이 사건에서 원고(웰즈파고은행의 싱가포르 현지법인)가 씨티은행의 마닐라 지점에 예금을 예치하였으나, 씨티은행 마닐라 지점은 1983년 필리핀 정부의 대외지급정지 조치를 이유로 예금반환을 거부하였고, 원고는 피고 씨티은행의 뉴욕 본점을 상대로 예금반환을 청구하였다. 미국 연방항소법원은 이 사건에 뉴욕법이 적용된다고 본 후, 뉴욕에서 예금을 추심하는 것을 금지하는 당사자들의 합의는 없고, 뉴욕법상 달리 합의하지 않는 한 필리핀 정부의 조치로 피고가 예금반환채무를 면하는 것이 아니라고 보아 원고의 청구를 인용하였다.[153]

이 판결 이후 미국 연방준비은행의 회원인 은행은, 아래 상황에서도 예금반환할 것을 명시적으로 서면으로 합의하지 않는 한, 전쟁, 내란, 내분, 지점 소재지 외국정부의 조치로 인하여 외국지점에서 예금을 반환할 수 없으면 그 외국지점에 예치한 예금을 반환

151) Perez v. Chase Manhattan Bank, N.A. 61 N.Y.2d 460 (N.Y. 1984).
152) Garcia v. Chase Manhattan Bank, N.A. 735 F.2d 64539 (2d. Cir. 1984). Edelmann v. Chase Manhattan Bank, N.A. 861 F.2d 1291 (1st. Cir. 1988)도 같은 취지.
153) Wells Fargo Asia Ltd. v. Citibank, N.A. 936 F.2d 723 (2nd. Cir. 1991).

할 의무가 없도록 미국 연방법이 개정되었다.[154] 이러한 입법조치는 미국은행의 외국지점이 그 외국의 국가위험(sovereign risk)을 부담하여서는 안 된다는 미국정부의 입장을 반영한 것이다.[155]

4. 예금계좌 개설 점포 소재지국 이외의 다른 외국정부의 지급정지명령이 있는 경우

위 3.과는 달리 예금계좌 개설 점포 소재지국에서는 아무런 조치가 없는데 다른 국가에서 지급정지 명령이 나온 경우는 어떠한가. 이 쟁점에 관하여는 미국의 리비아 재산동결명령과 관련한 영국 판결이 있다.

원고(리비아 은행)는 피고(미국 뱅커스트러스트은행)의 런던지점에 예금계좌를 가지고 있었고, 뉴욕지점에도 예금계좌를 개설하여 50만 달러의 잔고를 유지하도록 하였다. 매일 아침과 오후 2시에 뉴욕 계좌 잔고가 50만 달러를 넘으면 초과액을 런던에 개설된 계좌로 이체하고 반대로 50만불 미만이면 런던 계좌에서 뉴욕 계좌로 부족액을 이체하였다. 1986. 1. 8. 오후 2시에는 미화 1억6140만 달러를 뉴욕에서 런던 계좌로 이체할 수 있었으나 이체되지 않았다. 1986. 1. 8. 오후 4시 미국 대통령이 미국 내에 있거나 미국인(미국인의 해외지점 포함)의 지배하에 있는 리비아 재산 동결명령을 서명하였다. 원고는 1986. 1. 8. 영업종료시점의 런던지점 계좌 잔고 미화 1억3100만 달러와 1986. 1. 8. 뉴욕 계좌에서 런던 계좌로 이체되었어야 마땅한 미화 1억6100만 달러의 지급을 청구하였다. 피고은행은 뉴욕의 지급장치를 이용하지 않고서는 미화 1억 달러 이상의 자금을 이체할 수 없고, 그 이용은 미국에서 위법한 행위라고 하며 지급을 거절하여, 원고가 소송으로 청구하기에 이르렀다.

영국법원은 ① 계약의 준거법상 지급이 위법하거나, 계약이 이행되어야 할 장소에서 적법하지 않은 행위를 행해야 한다면 피고은행이 원고의 지급청구에 응하지 않아도 되는데, ② 런던 계좌에 관한 당사자들의 권리의무의 준거법은 영국법이라고 하고, 피고은행 런던지점은 미국에서 미국법을 위반하는 행위를 하지 않으면서 원고의 요구에 따라 런던 계좌에서 자금을 이체할 수 있다고 보아 원고의 런던계좌에 예치된 미화 1억3,100만 달러의 지급청구를 인정하였고, ③ 또한 피고은행이 계약을 위반하여 뉴욕 계좌에서 런던 계좌로 자금을 이체하지 않은 데 따른 원고의 미화 1억6100만 달러의 지급청구를 인용하였다.[156]

154) 12 USC §633.
155) Blair(1997), p. 336.
156) Libyan Arab Foreign Bank v. Bankers Trust Co [1989] Q.B. 728.

참고문헌

김건식·정순섭(2023) 김건식·정순섭, 자본시장법(제4판)(박영사, 2023)

김교창(2000) 김교창, 은행거래의 법률논점 60선(육법사, 2000)

김상중(2009) 김상중, "송금인의 수취인 착오로 이루어진 계좌이체에 따른 반환관계", 고려법학 제55호(고려대학교 법학연구원, 2009)

김재형(2006) 김재형, "금융거래의 당사자에 관한 판단기준", 저스티스 제93호(한국법학원, 2006. 8.)

김창모(2009) 김창모, "착오로 수취인을 잘못 지정하여 계좌이체가 이루어진 경우 예금채권이 성립하는지 여부", 민사판례연구[XXXI](박영사, 2009)

김태업(2011) 김태업, "차명예금거래에 관한 형법적 대응", BFL 제46호(서울대학교 금융법센터, 2011. 3.)

김태연(2011) 김태연, "차명거래에 대한 금융규제법적 대응", BFL 제46호(서울대학교 금융법센터, 2011. 3.)

김형석(2006) 김형석, "지급지시·급부관계·부당이득, 서울대학교 법학 제47권 제3호(서울대학교 법학연구소, 2006. 9.)

김형석(2023) 김형석, "무현금지급거래의 법적 쟁점", 서울대학교 법학 제64권 제4호(서울대학교 법학연구소, 2023. 12.)

문영화(2021) 문영화, "금전채권에 대한 국제적 강제집행", 저스티스 제183호(한국법학원, 2021)

박준(2017) 박준, "예금계약", BFL 제85호(서울대학교 금융법센터, 2017. 9.)

박형준(2012) 박형준, "2000년대 초기 대법원판례의 동향 — 주요 재산범죄 관련 대법원판례를 중심으로", 형사판례연구 제20권(한국형사판례연구회, 2012. 6.)

손철우(2010) 손철우, "금융실명제와 예금주 확정", 민사판례연구[XXXII](박영사, 2010)

오영준(2010) 오영준, "송금의뢰인의 착오송금시 수취은행의 수취인에 대한 상계의 가부", BFL 제43호(서울대학교 금융법센터, 2010. 9.)

오영준(2009) 오영준, "금융실명제하에서 예금계약의 당사자 확정 방법", 사법 제8호(사법발전재단, 2009. 6)

윤진수(2005) 윤진수, "금융기관의 수신거래와 여신거래(1)", BFL 제10호(서울대학교 금융법센터, 2005. 3.)

윤진수(2006) 윤진수, "공동명의의 예금채권자 중 1인의 예금채권이 압류 및 가압류된 경우의 법률관계", BFL 제15호(서울대학교 금융법센터, 2006. 1.)

윤진수(2007) 윤진수, "2006년도 주요 민법 관련 판례 회고", 서울대학교 법학 제48권 제1호(서울대학교 법학연구소, 2007)

윤진수(2011) 윤진수, "이용훈 대법원의 민법판례", 정의로운 사법(이용훈대법원장 재임기념논문집 간행위원회, 2011)

이동진(2011) 이동진, "차명계약의 법리", BFL 제46호(서울대학교 금융법센터, 2011. 3.)

이상용(2020) 이상용, "착오 송금 법리의 재구성", 민사법연구 제92호(한국민사법학회, 2020. 9.)

이창(2014) 이창, "국내은행 해외지점 계좌 관련 예금채권에 대한 체납처분—서울고등법원 2013. 4. 18. 선고 2012나63832 판결을 중심으로—," 홍익법학 제15권 제1호(홍익대학교 법학연구소, 2014)

이효경(2010) 이효경, "양도성예금증서(CD)의 발행 및 유통에 관한 비교법적 고찰", 상사법연구 제29권 제3호(한국상사법학회, 2010)

임정하(2019) 임정하, "착오송금의 분쟁해결지원과 관련 법리의 재검토—예금자보호법 개정안을 중심으로—", 은행법연구 제12권 제1호(은행법학회, 2019)

전경근(1999) 전경근, 예금계약에 관한 연구, 서울대학교 박사학위논문(1999)

정대익(2004) 정대익, "타인의 계좌 또는 지정하지 않은 수취인계좌로 이루어진 지급이체의 법률문제", 비교사법 제11권 4호(하)(한국비교사법학회, 2004)

정순섭(2011) 정순섭, "금융규제체계개편론—은행의 업무범위에 대한 국제적 논의를 중심으로—", 상사판례연구 제24집 제4호(한국상사판례학회, 2011)

정순섭(2017) 정순섭, 은행법(지원출판사, 2017)

주석민법[채권각칙(4)](2016) 김용담(편), 주석민법(제4판)[채권각칙(4)](한국사법행정학회, 2016)

천대엽(2006) 천대엽, "지급은행의 부도어음통보 해태와 어음소지인의 부당이득반환의무 여부", 대법원판례해설(2006년 상반기) 통권 제60호(법원도서관, 2006)

최성진(2011) 최성진, "차명거래와 자금세탁방지제도—고객확인의무를 중심으로—", BFL 제46호(서울대학교 금융법센터, 2011. 3.)

최준규(2009) 최준규, "금전의 이동과 물권적 청구권—가치 소유권 및 의제신탁으로부터의 시사—", 법조 제638호(법조협회, 2009. 11.)

Blair(1997) William Blair, "Liability for Foreign Branch Deposits in English Law", Ross Cranston ed. Making Commercial Law (Clarendon Press, 1997)

Comizio · Chiachiere(2014) V. Gerard Comizio and Ryan A. Chiachiere, ""Ringfencing" U.S. Bank Foreign Branch Deposits: Working toward a Clearer Understanding of Where Deposits Are Payable in the Midst of Chaos", 3 Am. U. Bus. L. Rev. 249 (2014)

Ellinger(2011) E.P. Ellinger, et. al., Ellinger's Modern Banking Law (5th ed.) (Oxford University Press, 2011)

Proctor(2010) Charles Proctor, The Law and Practice of International Banking (Oxford University Press, 2010)

제3장 여신·대출 총론

제 1 절 여신·대출의 의의와 법적 성격

I. 대출과 여신

대출은 은행의 여신(=신용공여)의 한 종류이다.[1] 은행법상 신용공여는 "대출, 지급보증 및 유가증권의 매입(자금지원적 성격인 것만 해당한다), 그 밖에 금융거래상의 신용위험이 따르는 은행의 직접적·간접적 거래"를 말하고, 그 구체적 범위에 대하여는 대통령령으로 정하는 바에 따라 금융위원회가 정한다(은행법 제2조 제1항 제7호, 제2항).[2] 즉 은행이 "채무자의 지급능력 부족으로 변제기에 채무를 불이행하여 채권자가 채권을 회수하지 못할 위험"을 떠안는 행위를 말한다. 은행은 대출거래로 고객에게 자금을 제공함으로써 법

1) 은행 이외에도 보험회사(보험업법 제106조), 여신전문금융회사(여신전문금융업법 제46조), 상호저축은행(상호저축은행법 제11조), 새마을금고(새마을금고법 제28조), 신용협동조합(신용협동조합법 제39조), 대부업자(대부업의 등록 및 금융이용자 보호에 관한 법률) 등도 각 관련 법률이 정한 범위 내에서 여신·대출 업무를 수행한다.

2) 은행법시행령 제1조의3은 은행법 제2조 제1항 제7호에 따른 신용공여의 범위를 다음 각 호의 것으로서 금융위원회가 정하여 고시하는 것으로 정하고 있다.

1. 대출
2. 지급보증
3. 지급보증에 따른 대지급금(代支給金)의 지급
4. 어음 및 채권의 매입
5. 그 밖에 거래 상대방의 지급불능 시 이로 인하여 은행에 손실을 끼칠 수 있는 거래
6. 은행이 직접적으로 제1호부터 제5호까지에 해당하는 거래를 한 것은 아니나 실질적으로 그에 해당하는 결과를 가져올 수 있는 거래

적으로는 고객에 대한 대출원리금 채권을 보유하겠지만, 고객(=채무자)이 대출원리금을 상환하지 못할 경우 채권을 회수하지 못할 위험을 지게 된다. 은행이 고객의 주채무를 지급보증한 경우, 은행은 고객의 주채무 불이행시 보증채무를 이행해야 하고 고객에 대해서는 구상채권을 보유하게 된다. 지급보증의 고객이 구상채무를 불이행하여 지급보증인으로서 주채무를 대지급한 금액을 회수하지 못할 위험을 떠안는 것이다.

이와 같이 은행이 신용위험을 떠안는 행위는 대출, 지급보증, 사모사채의 매입 등 여러 형태로 이루어질 수 있다. 민사법적으로 대출은 소비대차계약, 지급보증은 보증계약 및 구상계약, 사모사채의 매입은 사채계약 등으로 계약 유형이 다르고 이에 따라 법적인 규율도 차이가 있다. 그러나 신용위험의 부담이라는 측면에서는 이들 계약의 내용이 유사하다.

공정거래위원회가 마련한 표준약관인 은행여신거래기본약관[3]은 여신에 관한 모든 거래에 적용하도록 하고 있다. 은행은 표준약관에 기초하여 작성한 약관을 사용하여 여신거래를 한다. 또한 은행은 엄격한 금융규제와 감독을 받기 때문에 여신거래의 법률관계도 은행과 고객 간의 사적 합의 이외에 금융규제에 따른 영향을 받는다.

Ⅱ. 대출의 의의와 특성

대출은 은행이 이자수취를 목적으로 원리금의 반환을 약정하고 고객(=차주, 채무자)에게 자금을 대여하는 행위를 말한다. 전형적인 대출계약은 민법상 소비대차에 해당한다.[4] 대출은행과 차입 고객 사이의 대출 관련 권리·의무는 기본적으로 대출계약의 내용에 따른다. 은행은 불특정 다수의 고객과 정형화된 대출거래를 반복적으로 행하기 때문에 대출계약의 기본적인 사항은 약관에 의하게 된다. 약관의 내용이 약관규제법에 위반하거나 공서양속에 반하지 않는 한 대출은행과 차입 고객 사이의 법률관계는 약관과 이에 추가한 특약에 의하여 규율된다.

---

3) 은행여신거래기본약관(기업용)(공정거래위원회 표준약관 제10005호, 2016. 10. 7. 개정), 은행여신거래기본약관(가계용)(공정거래위원회 표준약관 제10006호, 2016. 10. 7. 개정). 이 책에서는 주로 은행여신거래기본약관(기업용)을 중심으로 검토한다.

4) 아래 대출의 종류에서 설명하는 것처럼 어음할인도 은행이 자금을 제공하고 이자에 해당하는 대가를 수취한다는 점에서 통상 대출의 한 유형으로 설명되지만, 어음할인의 법적 성격은 어음의 매매이지 소비대차계약은 아니다. 참고로 의뢰인들로부터 상품권 핀(PIN)번호를 넘겨받고 문화상품권 할인매입대금을 지급하는 행위는 대부업법상의 대부에 해당하지 않는다(대법원 2019. 9. 26. 선고 2018도7682 판결).

은행은 대출함으로써 차입 고객의 채무불이행으로 인하여 원리금채권을 회수하지 못할 위험 즉 신용위험을 떠안게 된다. 즉 대출은 신용위험을 떠안는 거래인 신용공여(=여신)의 일종이다. 대출거래의 이러한 성격 때문에 대출거래에는 신용위험을 부담하는 모든 여신거래에 적용되는 은행여신거래기본약관을 사용한다.

Ⅲ. 대출의 종류

1. 거래유형에 따른 대출의 종류

대출은 구체적인 거래 유형에 따라 통상 증서대출·당좌대출·어음대출·어음할인으로 분류한다. 은행여신거래기본약관(기업용)도 약관의 적용대상인 여신에 위 4가지 대출과 지급보증·환거래·기타 여신거래를 적고 있다.

(1) 증서대출

증서대출은 은행이 고객으로부터 어음거래약정서·대출거래약정서와 같이 금전소비대차계약의 내용을 기재한 문서를 받고 행하는 대출이다. 여신거래약정서·대출거래약정서는 ① 약관에 해당하는 부동문자로 인쇄된 부분, ② 당사자가 합의하여 정하는 개별 대출 거래조건(대출금액, 개시일, 만료일, 이자율, 수수료, 중도상환해약금, 대출실행방법, 상환방법, 이자지급시기 등)과 ③ 기타 특약사항으로 구성된다.[5)]

(2) 당좌대출

당좌대출은 은행에 당좌예금계좌를 개설한 고객이 당좌예금 잔액을 초과해서 발행한 어음·수표에 대해 미리 약정한 기간과 금액을 한도로 하여 은행이 지급함으로써 자금을 제공하는 방식의 대출이다. 당좌예금계좌를 개설한 고객이 은행에게 자신이 발행한 어음·수표를 당좌대출한도 내에서 지급할 것을 위임하는 내용의 위임계약과 당좌예금 잔액을 초과하는 금액의 어음·수표를 은행이 지급하면 그 초과액에 이자를 붙여 상환하기로 하는 소비대차계약이 혼합된 것이라고 할 수 있다.

---

5) 공정거래위원회가 표준양식으로 마련한 것으로는 여신거래약정서(기업용)(공정거래위원회 표준약관 제10007호, 2008. 1. 30. 개정), 여신거래약정서(종합통장자동대출 및 당좌대출용)(공정거래위원회 표준약관 제10040호, 2008. 1. 30. 개정), 대출거래약정서(종합통장자동대출 및 가계당좌대출용)(공정거래위원회 표준약관 제10041호, 2008. 1. 30. 개정).

(3) 어음대출

어음대출은 은행이 고객으로부터 고객이 발행한 약속어음을 받고 자금을 제공하는 방식의 대출이다. 은행과 고객 사이에서 금전소비대차계약이 체결되고 은행은 대출채권과 어음채권 양자 중 어느 쪽이라도 행사할 수 있다{은행여신거래기본약관(기업용) 제2조}. 결국 어음은 대출채권의 지급을 위하여 또는 지급을 담보하기 위하여 발행되는 것이다. 약정이자·연체이자·수수료 등을 어음에 기재할 수 없다는 점 때문에 별도의 소비대차계약에 그러한 사항을 규정해야 하고, 대출금의 회수 시에도 어음에만 의존할 수 없고 별도의 소비대차계약에 의존할 필요가 있기 때문에 어음대출은 잘 이용되지 않는다.[6]

(4) 어음할인

어음할인은 재화 및 용역 거래에 수반하여 발행된 상업어음, 수출신용장에 근거하여 발행된 무역어음, 자금융통을 목적으로 발행된 융통어음을 어음소지인의 신청에 의하여 할인 방식으로 매입함으로써 발생하는 대출이다. 어음을 매입한 은행은 (i) 어음법에 따라 약속어음 발행인(또는 환어음 인수인)에 대한 어음청구권과 할인신청인 즉 배서인에 대한 소구권을 가지게 되고, (ii) 별도의 약정{은행여신거래기본약관(기업용) 제9조}에 따라 발행인·인수인 또는 할인신청인에게 기한의 이익상실 사유가 발생하면 할인신청인에게 그 할인매입한 어음을 환매할 것을 청구할 수 있게 되어 환매대금채권을 가지게 된다.

이와 같이 어음할인으로 자금을 제공한 은행은 어음법상의 어음채권과 별도 약정에 따른 환매채권을 가질 뿐 소비대차에 따른 원리금반환채권을 가지는 것은 아니다. 이 점에서 어음할인은 증서대출, 당좌대출, 어음대출과는 법적 성격이 다르다. 대법원은 P회사가 발행한 약속어음을 N회사가 취득하여 K은행으로부터 할인받은 사안에서 "어음할인이란 어음소지인이 어음에 기재된 지급기일 이전에 돈을 융통받고자 할 때 금융기관이 그 기일까지의 이자 등을 액면금에서 공제한 돈을 지급하고 그 어음을 매입하는 것을 말하는 것이므로(금융기관 아닌 시중에서 일반적으로 행하여지는 어음할인은 반드시 이와 그 성격을 같이하는 것이라 할 수 없다) 이 약속어음에 관하여는 그 어음을 할인매입하여 소지인이 된 K은행과 P회사 간에 약속어음의 채권채무관계가 발생할 뿐 이 사건의 경우 N회사를 보증인이라 할 수 없고 다만 …은행거래약정서 … 에 의하여 … 약정하였으므로 N회사는 약정된 범위 내에서의 책임을 질 따름이다"고 판시하여(대법원 1985. 2. 13. 선고 84다카1832

6) 오시정(2017), 132-133쪽.

판결), 어음할인이 어음의 매매의 성격을 가진다고 보았다.[7)]

2. 기타 기준에 따른 대출의 종류

대출은 차입자의 성격에 따라 기업자금대출, 가계자금대출, 공공자금대출, 기타자금대출로 나누고, 기업자금대출은 자금의 용도에 따라 운전자금대출, 시설자금대출, 특별자금대출로 나누며, 고객이 개인인 경우 주택관련 대출을 특별히 취급하기도 하고, 대출자금의 원천에 따라 금융자금대출, 재정자금대출, 국민주택기금대출 등으로 분류하기도 한다.[8)] 그러나 이러한 분류는 회계처리상의 분류로서 특별법에 따른 대출이 아닌 한 법적으로 큰 차이를 가져오지는 않는다. 또한 통화를 기준으로 원화대출, 외화대출, 외화표시원화대출[9)]로 분류할 수도 있다. 은행이 금융기관간 직접 거래로 단기자금을 대여하는 콜론(call loan)도 대출에 속하지만 여기서는 일반 고객을 상대로 하는 대출만을 다룬다.

제 2 절　여신·대출에 대한 규제

은행법은 대출에 관한 규제뿐 아니라 대출을 포함한 여신일반에 대한 규제를 하고 있다. 신용위험의 부담 및 고객을 상대방으로 한 영업행위에 관한 규제는 여신의 유형에 따라 달라질 이유가 없으므로 모든 여신에 적용되도록 하고 있다.

7) 대법원 1996. 6. 11. 선고 96다2064 판결은 은행이 수출자로부터 무신용장 방식에 의한 화환어음을 매입하면서, 일정한 경우 수출자가 은행에 대하여 환매채무를 진다는 내용의 수출거래약정을 한 사안에서, "원고(=은행)는 위 수출거래약정서를 채용함으로써 화환어음 매입의 법적 성질이 어음의 매매라는 것과, 그 화환어음의 지급과 관련하여 일정한 사유가 발생한 경우에는 위 환매규정에 의하여 원고의 권리를 구제받을 수 있다는 것을 약정하였다고 보아야 할 것이므로, 원고가 위 화환어음의 매입에 의하여 어음법상의 소구권이나 위 환매채권을 갖는 외에 별도의 대출금채권을 갖게 될 수는 없다"고 판시하고, 화환어음의 매입의 법적 성질을 소비대차로 볼 수 없다고 하였다.

8) 은행회계상 대출금 계정에 대하여는 전국은행연합회(2018), 243-288쪽.

9) 원화로 대출하되 대출일의 환율로 환산한 외화로 기표하고, 원리금 지급도 원화로 이루어지지만 그 금액은 기표 외화에 지급일의 환율을 적용하여 산정한 원화환산액으로 하는 대출이다. 차입고객은 원화로 차입하였으나 해당 외화의 환율변동의 위험에 노출되고, 대출은행은 외화 대출채권을 보유한 것과 다름없게 된다.

Ⅰ. 대출 금지

은행은 직접·간접을 불문하고 해당 은행의 주식을 담보로 하는 대출(은행법 제38조 제4호), 직접·간접을 불문하고 해당 은행의 주식을 사게 하기 위한 대출(은행법 제38조 제5호), 해당 은행의 임직원에 대한 대출(다만 금융위원회가 정하는 소액대출[10]은 제외)(은행법 제38조 제6호)을 해서는 안 된다.

자행주식 담보대출은 주식회사가 자기주식에 대해 질권을 취득하는 경우[11]와 마찬가지로 은행의 주식가치가 하락하면 담보가치 하락으로 인하여 은행의 부실화를 촉진시켜 결국 은행의 재무건전성을 위태롭게 할 우려가 있고, 자행주식을 사게 하기 위한 대출은 자본환급의 결과를 가져올 수 있고 시세조종의 우려도 있으며, 임직원 대출은 은행의 사금고화의 우려가 있어 이러한 행위를 규제한다.

이를 위반하면 1년 이하의 징역 또는 3천만원 이하의 벌금에 처할 수 있고(은행법 제68조 제4호), 은행법 제38조 제4호 또는 제5호를 위반한 경우, 그 대출금액의 5% 이하의 과징금(은행법 제65조의3)과 행정적 제재를 부과할 수 있다.

Ⅱ. 여신한도와 절차 규제

은행법은 ① 특정인 또는 특정집단에 대해 과도한 신용위험을 부담하지 못하도록 하는 동일인 신용공여 한도와 ② 대주주의 사금고화를 방지하기 위한 대주주 신용공여에 대한 한도와 절차상 요건 및 공시 등의 규제를 두고 있다.

1. 동일인 여신한도

일정한 예외사유[12]에 해당하는 경우를 제외하고는 ① 동일한 개인이나 법인 각각에

10) 일반자금대출: 2천만원, 주택자금대출(일반자금포함): 5천만원, 사고금 정리대출: 6천만원.

11) 주식회사인 은행이 대출의 담보가 아닌 다른 목적으로 자기주식에 대해 질권을 취득하는 것은 은행법상 규제를 받지는 않지만 상법 제341조의3에 따라 제한적으로 허용된다.

12) 1. 국민경제를 위하여 또는 은행의 채권 확보의 실효성을 높이기 위하여 필요한 경우로서 다음 각호의 하나에 해당하는 경우
(ⅰ) 회생절차가 진행 중이거나 기업구조조정 등을 위하여 은행 공동으로 경영 정상화를 추진 중인 회사에 대한 추가 신용공여
(ⅱ) (ⅰ)에 해당하는 회사를 인수한 자에 대한 인수계약에서 정하는 바에 따른 추가 신용공여
(ⅲ) 사회기반시설사업의 추진 등 산업발전 또는 국민생활 안정을 위하여 불가피하다고 금융

대한 은행의 신용공여의 한도는 당해 은행 자기자본의 20%, ② 동일차주(同一借主){동일한 개인·법인 및 그 개인·법인과 신용위험을 공유하는 자(=공정거래법에 따른 기업집단)}에 대한 신용공여의 한도는 은행 자기자본의 25%, ③ 거액 신용공여(동일한 개인이나 법인 또는 동일차주 각각에 대한 신용공여가 은행 자기자본의 10% 초과하는 신용공여)의 총합계액의 한도는 은행 자기자본의 5배이다(은행법 제35조 제1항, 제3항, 제4항). 은행이 추가로 신용공여를 하지 아니하였음에도 불구하고 자기자본의 변동, 동일차주 구성의 변동 등으로 인하여 신용공여 한도를 초과하게 되는 경우에는 일정한 부득이한 사유에 해당하지 않는 한 1년 이내에 한도에 맞도록 해야 한다(은행법 제35조 제2항).

은행법 제35조 제1항, 제3항, 제4항을 위반한 경우, 3년 이하의 징역 또는 1억원 이하의 벌금에 처할 수 있고(은행법 제67조 제1호), 한도를 초과한 신용공여액의 30% 이하의 과징금(은행법 제65조의3)과 다른 행정적 제재를 부과할 수 있다.

2. 대주주에 대한 여신의 규제

은행의 대주주에 대한 신용공여는 금액 한도, 절차상 요건 강화, 용도 제한, 공시 등의 방법으로 엄격히 규제한다.[13)]

(1) 대주주 여신한도

가. 여신한도의 규제

① 은행의 대주주(국외현지법인을 제외한 특수관계인 포함)(은행법 제2조 제1항 제10호)에 대한 신용공여의 한도는 (i) 은행 자기자본의 25%와 (ii) 은행 자기자본에 그 대주주의 출자비율을 곱한 금액 중 적은 금액이고(은행법 제35조의2 제1항), ② 은행의 전체 대주주에 대한 신용공여의 한도는 은행 자기자본의 25%이며(은행법 제35조의2 제2항), ③ 이러한 신용공여한도를 회피할 목적으로 다른 은행과 교차하여 신용공여해서는 안 된다(은행법 제

위원회가 인정하는 경우

2. 다음 각호의 사유로 은행이 추가로 신용공여를 하지 아니하였음에도 불구하고 자기자본의 변동, 동일차주 구성의 변동 등으로 인하여 신용공여 한도를 초과하게 되는 경우
   (i) 환율변동에 따라 원화환산액이 증가한 경우
   (ii) 해당 은행의 자기자본이 감소한 경우
   (iii) 동일차주(同一借主)의 구성에 변동이 있는 경우
   (iv) 신용공여를 받은 기업 간의 합병 또는 영업의 양도·양수가 있는 경우
   (v) 그 밖에 급격한 경제 여건의 변화 등 불가피한 사유로 은행의 귀책사유 없이 신용공여한도를 초과하였다고 금융위원회가 인정하는 경우(은행법시행령 제20조의5 제1항, 제2항).

13) 은행이 대주주가 발행한 주식 등 지분증권을 취득하는 행위도 엄격히 규제한다(은행법 제35조의3).

35조의2 제3항). 은행이 추가로 신용공여를 하지 않았는데도 일정한 사유[14]로 위 한도를 초과하게 되면 그 사유발생일부터 3개월 이내에 이를 적합하게 하기 위한 계획을 금융위원회에 제출하여 승인을 받아야 한다(은행법시행령 제20조의7 제4항).

나. 위반의 효과

은행법 제35조의2 제1항, 제2항 또는 제3항을 위반하면 10년 이하의 징역 또는 5억원 이하의 벌금에 처할 수 있고(은행법 제66조 제2호), 행정적 제재를 부과할 수 있으며, 은행법 제35조의2 제1항 또는 제2항의 한도를 위반한 경우, 초과한 신용공여액의 30% 이하의 과징금을 부과할 수 있다(은행법 제65조의3).

(2) 대주주 여신 승인 요건 강화

은행의 대주주에 대한 신용공여(모집·매출로 발행되는 사채의 취득 포함)의 단일거래금액이 (i) 자기자본의 0.1% 또는 (ii) 50억원 중 적은 금액 이상인 경우에는 은행의 재적이사 전원의 찬성에 의한 이사회 사전 승인을 받아야 하고, 그러한 신용공여를 한 경우에는 금융위원회에 대한 보고와 인터넷 홈페이지를 통한 공시를 해야 한다(은행법 제35조의2 제4항, 제5항).

(3) 대주주 여신의 용도 제한 및 불리한 여신 금지

은행은 은행의 대주주의 다른 회사에 대한 출자를 지원하기 위한 신용공여를 해서는 안 된다(은행법 제35조의2 제7항). 은행의 대주주가 은행을 대주주의 기업확장을 위한 자금조달 창구로 이용하는 행위를 방지하고자 하는 것이다. 또한 은행은 은행의 대주주에게 통상의 거래조건에 비추어 은행에게 현저하게 불리한 조건으로 신용공여해서는 안 된다. 신용공여는 아니지만, 은행은 은행의 대주주에게 자산을 무상으로 양도하거나 은행에게 현저하게 불리한 조건으로 매매·교환해서는 안 된다(은행법 제35조의2 제8항). 은행법 제35조의2 제7항 또는 제8항을 위반하면 10년 이하의 징역 또는 5억원 이하의 벌금에 처할 수 있고(은행법 제66조 제2호) 행정적 제재를 부과할 수 있다.

---

14) 1. 환율변동에 따른 원화환산액의 증가
2. 해당 은행의 자기자본 감소
3. 동일인 구성의 변동
4. 기업 간 합병 또는 영업의 양수
5. 그 밖에 금융위원회가 인정하는 불가피한 사유

(4) 공 시

은행은 매 분기 말 현재 대주주에 대한 신용공여 규모, 분기 중 신용공여의 증감액, 신용공여의 거래조건, 그 밖에 금융위원회가 정하여 고시하는 사항을 매 분기가 지난 후 1개월 이내에 인터넷 홈페이지 등을 이용하여 공시하여야 한다(은행법 제35조의2 제6항).

Ⅲ. 여신관련 영업행위 규제

1. 금융소비자보호법상 영업행위 규제

대출은 금융소비자보호법상 금융상품에 포함되므로 은행은 대출업무를 수행할 때 신의성실의무(동법 제14조), 차별금지(제15조), 설명의무(제19조), 부당권유행위 금지(제21조), 광고(제22조), 계약서류 제공의무(제23조) 등 금융소비자보호법이 정한 영업행위 준수사항을 준수하여야 한다. 이와 함께 은행은 은행법상 금융거래상 중요정보 제공 등 적절한 조치를 마련할 의무가 있고(은행법 제52조의2 제2항). 이에 따라 은행은 금리, 계약 해지 및 거래제한에 관한 사항 등 은행이용자가 유의하여야 할 사항을 공시해야 한다(동법시행령 제24조의6 제2항 제1호, 은행업감독규정 제89조 제1항).

금융소비자보호법은 여신 등 대출성 상품에 관하여 은행 등 금융상품판매업자등이 우월적 지위를 이용하여 금융소비자의 권익을 침해하는 다음 행위를 불공정영업행위로 규정하여 금지하고 구체적인 유형 또는 기준은 대통령령[15]으로 정하도록 하였다(동법 제

15) 금융소비자보호법시행령 제15조 제4항: 법 제20조 제1항에 따른 불공정영업행위의 구체적인 유형 또는 기준은 다음 각 호의 구분에 따른다.
1. 법 제20조 제1항 제1호: 다음 각 목의 행위
   가. 금융소비자에게 제3자의 명의를 사용하여 다른 금융상품의 계약을 체결할 것을 강요하는 행위
   나. 금융소비자에게 다른 금융상품직접판매업자를 통해 다른 금융상품에 관한 계약을 체결할 것을 강요하는 행위
   다. 금융소비자가 「중소기업기본법」에 따른 중소기업인 경우 그 대표자 또는 관계인(금융위원회가 정하여 고시하는 자로 한정한다)에게 다른 금융상품의 계약체결을 강요하는 행위
   라. 그 밖에 가목부터 다목까지의 행위에 준하는 것으로서 금융위원회가 정하여 고시하는 금융소비자의 의사에 반하여 다른 금융상품의 계약체결을 강요하는 행위
2. 법 제20조 제1항 제2호: 다음 각 목의 행위
   가. 담보 또는 보증이 필요 없음에도 이를 요구하는 행위
   나. 해당 계약의 체결에 통상적으로 요구되는 일반적인 담보 또는 보증 범위보다 많은 담보 또는 보증을 요구하는 행위
3. 법 제20조 제1항 제6호: 다음 각 목의 행위

20조).

1. 대출성 상품에 관한 계약체결과 관련하여 금융소비자의 의사에 반하여 다른 금융상품의 계약체결을 강요하는 행위
2. 대출성 상품에 관한 계약체결과 관련하여 부당하게 담보를 요구하거나 보증을 요구하는 행위
3. 금융상품판매업자등 또는 그 임직원이 업무와 관련하여 편익을 요구하거나 제공받는 행위
4. 대출성 상품의 경우 다음 각 목의 어느 하나에 해당하는 행위

가. 자기 또는 제3자의 이익을 위하여 금융소비자에게 특정 대출 상환방식을 강요하는 행위

나. 아래 1)부터 3)까지의 경우를 제외하고 수수료, 위약금 또는 그 밖에 어떤 명목이든 중도상환수수료를 부과하는 행위

1) 대출계약이 성립한 날부터 3년 이내에 상환하는 경우[16]

2) 다른 법령에 따라 중도상환수수료 부과가 허용되는 경우

3) 금융소비자 보호 및 건전한 거래질서를 해칠 우려가 없는 행위로서 대통령령으로 정하는 경우[17]

다. 개인에 대한 대출 등 대통령령[18]으로 정하는 대출상품의 계약과 관련하여 제3자의

가. 금융소비자의 계약의 변경·해지 요구 또는 계약의 변경·해지에 대해 정당한 사유 없이 금전을 요구하거나 그 밖의 불이익을 부과하는 행위

나. 계약 또는 법령에 따른 금융소비자의 이자율·보험료 인하 요구에 대해 정당한 사유 없이 이를 거절하거나 그 처리를 지연하는 행위

다. 법 제17조제2항에 따라 확인한 금융소비자의 정보를 이자율이나 대출 한도 등에 정당한 사유 없이 반영하지 않는 행위

라. 그 밖에 가목부터 다목까지의 행위에 준하는 것으로서 금융위원회가 정하여 고시하는 행위

16) 금융소비자 보호에 관한 감독규정 제14조 제9호는 금융소비자보호법시행령 제15조 제4항 제3호 라목(☞ 바로 위 각주 15)에 근거하여 다음 사항을 불공정영업행위로 규정하였다.
"대출에 관한 계약(이하 이 호에서 "기존 계약"이라 한다)을 체결했던 금융소비자와 기존 계약을 해지하고 그 계약과 사실상 동일한 계약(기존 계약에 따라 금융소비자에 지급된 금전등을 상환받는 계약을 말한다. 이하 이 호에서 "신규 계약"이라 한다)을 체결한 후에 기존 계약의 유지기간과 신규 계약의 유지기간을 합하여 3년이 넘었음에도 법 제20조 제1항 제4호 나목 1)에 해당한다는 이유로 금융소비자의 계약해지에 대해 중도상환수수료를 부과하는 행위 등 계약의 변경·해지를 이유로 금융소비자에 수수료 등 금전의 지급을 부당하게 요구하는 행위"

17) 금융소비자보호법시행령 제15조 제1항: 법 제20조 제1항 제4호 나목 3)에서 "대통령령으로 정하는 경우"란 금융소비자가 여신전문금융업법에 따른 시설대여, 연불판매 또는 할부금융에 관한 계약을 해지한 경우로서 다음 각 호에 해당하지 않는 경우를 말한다.
1. 계약에 따른 재화를 인도받지 못한 경우
2. 인도받은 재화에 하자가 있어 정상적 사용이 어려운 경우

18) 금융소비자보호법시행령 제15조 제2항: 법 제20조제1항 제4호 다목에서 "개인에 대한 대출 등 대통령령으로 정하는 대출상품의 계약과 관련하여 제3자의 연대보증을 요구하는 경우"란 다음 각 호의 경우를 말한다.
1. 개인인 금융소비자에 대한 대출에 제3자의 연대보증을 요구하는 경우. 다만, 다음 각 목의 제3자에 대해서는 연대보증을 요구할 수 있다.

연대보증을 요구하는 경우

5. 연계·제휴서비스등이 있는 경우 연계·제휴서비스등을 부당하게 축소하거나 변경하는 행위로서 대통령령으로 정하는 행위.[19] 다만, 연계·제휴서비스등을 불가피하게 축소하거나 변경하더라도 금융소비자에게 그에 상응하는 다른 연계·제휴서비스등을 제공하는 경우와 금융상품판매업자등의 휴업·파산·경영상의 위기 등에 따른 불가피한 경우는 제외한다.
6. 그 밖에 금융상품판매업자등이 우월적 지위를 이용하여 금융소비자의 권익을 침해하는 행위

금융소비자보호법상 여신등 대출성상품을 취급하는 은행 등 금융상품판매업자가 고의 또는 과실로 동법을 위반하여 금융소비자에게 손해를 발생시킨 경우에는 손해배상책임을 진다(동법 제44조 제1항). 동법 제20조 제1항을 위반하여 대출계약이 체결된 경우 금융소비자는 계약 체결후 5년 이내이고 계약체결에 관한 위반사항을 안 날로부터 1년 이내에 그 대출계약의 해지를 요구할 수 있다(동법 제47조 제1항). 또한 동법 제20조 제1항을 위반한 은행 등 금융상품판매업자에게는 그 위반행위와 관련된 계약으로 얻은 수입 또는 이에 준하는 금액의 50% 이내의 과징금(동법 제57조 제1항), 행정적 제재(동법 제51조, 제52조)와 과태료(동법 제69조 제3호)가 부과될 수 있다.

가. 사업자등록증 상 대표자의 지위에서 대출을 받는 경우 해당 사업자등록증에 기재된 다른 대표자
나. 「건축물의 분양에 관한 법률」에 따른 분양대금을 지급하기 위해 대출을 받는 경우 같은 법에 따른 분양사업자 및 해당 건축물의 시공사

2. 법인인 금융소비자에 대한 대출에 제3자의 연대보증을 요구하는 경우. 다만, 다음 각 목의 제3자에 대해서는 연대보증을 요구할 수 있다.
   가. 해당 법인의 대표이사 또는 무한책임사원
   나. 해당 법인에서 가장 많은 지분을 보유한 자
   다. 해당 법인의 의결권 있는 발행 주식 총수의 100분의 30(배우자·4촌 이내의 혈족 및 인척이 보유한 의결권 있는 발행 주식을 합산한다)을 초과하여 보유한 자
   라. 그 밖에 대출의 목적·성격 및 대상 등을 고려하여 금융위원회가 정하여 고시하는 자
3. 조합·단체인 금융소비자에 대한 대출에 제3자의 연대보증을 요구하는 경우. 다만, 해당 조합·단체의 대표자에 대해서는 연대보증을 요구할 수 있다.

19) 금융소비자보호법시행령 제15조 제3항: 법 제20조 제1항 제5호 본문에서 "대통령령으로 정하는 행위"란 다음 각 호의 행위를 말한다.
1. 연계·제휴서비스등을 축소·변경한다는 사실을 금융위원회가 정하여 고시하는 바에 따라 미리 알리지 않고 축소하거나 변경하는 행위
2. 연계·제휴서비스등을 정당한 이유 없이 금융소비자에게 불리하게 축소하거나 변경하는 행위. 다만, 연계·제휴서비스등이 3년 이상 제공된 후 그 연계·제휴서비스등으로 인해 해당 금융상품의 수익성이 현저히 낮아진 경우는 제외한다.

2. 채권추심 관련 규제

채권자의 정당한 권리행사를 보장하면서 채무자의 인간다운 삶과 평온한 생활을 보호함을 목적으로 하는 채권추심법은 은행을 포함한 여신금융기관이 채권을 추심할 때 준수해야 할 다양한 사항들을 규정하고 있다. 이를 위반하면 경우에 따라 형사처벌 또는 손해배상책임을 물을 수 있다. 또한 금융감독원은 채권추심업무 가이드라인을 작성하여 여신금융기관이 내규에 반영하도록 하고 있다.[20] 채권추심법에 규정된 채권추심관련 주요 규제를 보면 다음과 같다.

(1) 채무자 이외의 사람 접촉 제한

채권추심자는 채권추심을 위하여 채무자의 소재, 연락처 또는 소재를 알 수 있는 방법 등을 문의하는 경우를 제외하고는 채무와 관련하여 관계인을 방문하거나 관계인에게 말·글·음향·영상 또는 물건을 도달하게 해서는 안 되고, 관계인 방문 등이 허용된 경우에도 채권자·채권추심자의 인적사항과 방문 등의 목적을 밝히고 관계인이 채무자의 채무내용 또는 신용에 관한 사실을 알게 해서는 안 된다(채권추심법 제8조의3).

(2) 채권추심시 위법행위·사생활 침해행위·거짓표시·불공정 행위 금지

채권추심자는 채권추심과 관련하여 폭행·협박·체포·감금하거나 위계·위력을 사용하는 행위, 일정한 유형의 행위를 하여[21] 공포심이나 불안감을 유발하여 사생활 또는 업무의 평온을 심하게 해치는 행위, 채무자 외의 사람에게 채무에 관한 거짓 사실을 알리는 행위, 채무자의 직장이나 거주지 등 채무자의 사생활 또는 업무와 관련된 장소에서 다수인이 모여 있는 가운데 채무자 외의 사람에게 채무자의 채무금액, 채무불이행 기간 등 채무에 관한 사항을 공연히 알리는 행위를 해서는 안 된다(동법 제9조).[22] 채권추심자는 채권추심과 관련하여 채무자 또는 관계인에게 일정한 유형의 거짓 표시를 하거나,[23] 일정

20) 금융감독원 보도자료(2016. 10. 10.), "「채권추심업무 가이드라인」 개정(안) 주요내용 예고".

21) 1. 정당한 사유 없이 반복적으로 또는 야간(오후 9시 이후부터 다음 날 오전 8시까지)에 채무자나 관계인을 방문함
2. 정당한 사유 없이 반복적으로 또는 야간에 전화하는 등 말·글·음향·영상 또는 물건을 채무자나 관계인에게 도달하게 함
3. 채무자·관계인에게 금전의 차용이나 이와 유사한 방법으로 채무의 변제자금을 마련할 것을 강요함
4. 법률상 의무가 없는 채무자 외의 사람에게 채무자를 대신하여 채무를 변제할 것을 요구함

22) 채무불이행 사실을 일반에게 알려 간접적으로 채무이행을 촉구하는 방법으로는 채무불이행자명부 등재(민사집행법 제70조)가 있다.

23) 1. 무효이거나 존재하지 아니한 채권을 추심하는 의사를 표시하는 행위

한 유형의 불공정한 행위[24]를 해서는 안 된다(동법 제11조, 제12조).

(3) 개인정보 이용·누설 금지

채권추심자는 채권발생이나 채권추심과 관련하여 알게 된 채무자 또는 관계인의 신용정보나 개인정보를 누설하거나 채권추심의 목적 외로 이용해서는 안 된다(동법 제10조).

제 3 절 국내 대출계약

Ⅰ. 대출계약의 당사자

1. 은행의 대출계약 당사자 확인의무

은행을 비롯한 일정한 금융회사가 고객이 계좌를 신규로 개설하는 경우에는 (i) 고객의 신원에 관한 사항과 (ii) 실제 소유자(고객을 최종적으로 지배하거나 통제하는 자연인)가 있으면 그 실제 소유자의 실지명의 및 국적(외국인인 경우) 등을 확인해야 한다(특정금융정보법 제5조의2 제1항 제1호, 동법시행령 제10조의4, 제10조의5).[25] 계좌의 신규개설에는 대출

---

2. 법원, 검찰청, 그 밖의 국가기관에 의한 행위로 오인할 수 있는 말·글·음향·영상·물건, 그 밖의 표지를 사용하는 행위
3. 채권추심에 관한 법률적 권한·지위를 거짓으로 표시하는 행위
4. 채권추심에 관한 민사상 또는 형사상 법적인 절차가 진행되고 있지 아니함에도 그러한 절차가 진행되고 있다고 거짓으로 표시하는 행위
5. 채권추심을 위하여 다른 사람·단체의 명칭을 무단으로 사용하는 행위

24) 1. 혼인, 장례 등 채무자가 채권추심에 응하기 곤란한 사정을 이용하여 채무자·관계인에게 채권추심의 의사를 공개적으로 표시하는 행위
2. 채무자의 연락두절 등 소재파악이 곤란한 경우가 아님에도 채무자의 관계인에게 채무자의 소재, 연락처·소재를 알 수 있는 방법 등을 문의하는 행위
3. 정당한 사유 없이 수화자부담전화료 등 통신비용을 채무자에게 발생하게 하는 행위
3의2. 채무자회생법 제593조 제1항 제4호 또는 제600조 제1항 제3호에 따라 개인회생채권에 대한 변제를 받거나 변제를 요구하는 일체의 행위가 중지·금지되었음을 알면서 법령으로 정한 절차 외에서 반복적으로 채무변제를 요구하는 행위
4. 회생절차, 파산절차 또는 개인회생절차에 따라 전부 또는 일부 면책되었음을 알면서 법령으로 정한 절차 외에서 반복적으로 채무변제를 요구하는 행위
5. 엽서에 의한 채무변제 요구 등 채무자 외의 자가 채무사실을 알 수 있게 하는 행위

25) 고객이 법인 또는 단체인 경우에는 실제소유자로서 일정한 지배요건(25% 이상 주식·출자지분 소유자, 주식·출자지분 최대소유자, 대표자·임원 등의 과반수를 선임한 주주 등, 사실상 지배하는 자, 대표자)을 갖춘 경우에는 그 실제소유자의 성명, 생년월일 및 국적을 확인해야 한다(특정금융정보법시행령 제10조의5 제2항).

계약의 체결도 포함된다.[26] 은행은 금융거래 등을 이용한 자금세탁행위 및 공중협박자금조달행위를 방지하기 위하여 합당한 주의(注意)를 기울여 이러한 확인을 해야 한다. 고객이 신원확인 등을 위한 정보제공을 거부하는 등 고객확인을 할 수 없는 경우 은행은 계좌개설 등 해당 고객과의 신규 거래를 거절하고, 이미 거래관계가 수립되어 있는 경우에는 해당 거래를 종료하여야 한다(동법 제5조의2 제4항).

이 조항은 자금세탁방지국제기구(Financial Action Task Force, FATF)의 권고에 따른 것으로 불법 차명거래를 차단하고 자금세탁행위 등을 사전에 방지하고자 하는 목적을 가지고 있다.

2. 차명대출의 경우

(1) 타인 명의의 대출계약과 차명대출

자금을 이용하려는 사람(A)이 각종 법규상 제한 등을 이유로 다른 사람(B)의 명의로 은행과 대출계약을 체결하는 경우가 있다. 이 거래는 (i) B의 명의로 은행과 체결한 대출계약에 따른 대출금을 A가 사용하고 대출원리금의 지급도 A가 책임지기로 A와 B가 약정(=명의대여약정)하고 (ii) B의 명의로 은행과 대출계약을 체결하는 2단계로 계약관계를 나누어 볼 수 있다.[27] 은행이 A와 B 사이의 명의대여약정을 모르고 B의 신용도를 심사하여 대출을 결정하고 대출계약을 체결한 경우에는 B가 속으로 대출원리금 지급채무의 부담 등 대출에 따른 법적 효과를 A에게 귀속시킬 것이라는 생각을 가지고 있었다고 하여(즉 비진의 의사표시), B의 대출계약상의 채무를 부정할 수 없을 것이다.[28] 그러나 은행이 A와 B 사이의 명의대여약정을 알았거나 알 수 있을만한 외관이 있는 상황하에서 B와 대출계약을 체결한 경우 B가 대출계약상의 채무를 부담하는지가 문제될 수 있다. 이러한 경우를 차명대출이라고 부를 수 있다.

---

26) 자금세탁방지 및 공중협박자금조달금지에 관한 업무규정 제22조 제2호

27) 차명거래의 구조에 대하여는 이동진(2011), 8-9쪽.

28) 대법원 1997. 7. 25. 선고 97다8403 판결은 "피고(=명의인)의 의사는 특별한 사정이 없는 한 위 대출에 따른 경제적인 효과는 김○○에게 귀속시킬지라도 그 법률상의 효과는 자신에게 귀속시킴으로써 위 대출금채무에 대한 주채무자로서의 책임을 지겠다는 것으로 보아야 할 것이므로, 피고가 위 대출을 받음에 있어서 한 표시행위의 의미가 피고의 진의와는 다르다고 할 수 없다"고 하고 "설사 피고의 내심의 의사가 위 대출에 따른 법률상의 효과마저도 김○○에게 귀속시키고 자신은 책임을 지지 않을 의사였다고 하여도, … [금융기관이] 피고의 위와 같은 내심의 의사마저 알았거나 알 수 있었다고 볼 수는 없다"고 판시하였다.

(2) 차명대출이 통정허위표시 또는 비진의의사표시인지 여부

차명대출에 대하여 우선 ① "금융기관의 양해 하에 그에 따른 채무부담의 의사 없이 형식적으로 이루어진 것에 불과하여 통정허위표시에 해당하는 무효의 법률행위"라고 판시한 대법원 2001. 5. 29. 선고 2001다11765 판결[29]을 비롯하여 통정허위표시로 무효라고 판시한 일련의 판결들[30]이 있다.

그러나 이와는 달리 ② 명의인이 은행을 직접 방문하여 금전소비대차약정서에 주채무자로서 서명·날인한 것은 자신이 소비대차계약의 주채무자임을 은행에 대하여 표시한 것이고, 배후자로 하여금 명의인 명의로 대출받아 배후자가 사용하도록 할 의도나 원리금을 배후자의 부담으로 상환하기로 한 것은 "특별한 사정이 없는 한 … 소비대차계약에 따른 경제적 효과를 배후자에게 귀속시키려는 의사에 불과할 뿐, 그 법률상의 효과까지도 배후자에게 귀속시키려는 의사로 볼 수는 없으므로 피고의 진의와 표시에 불일치가 있다고 보기는 어렵다"는 입장을 취한 대법원 1998. 9. 4. 선고 98다17909 판결[31]을 비롯한 일련의 판결들[32]이 있다.

또한 명의인이 은행을 직접 방문하지 않고 대출금을 사용할 사람이 명의인으로부터 대출에 필요한 서류를 교부받아 명의인의 대리인으로서 금융회사로부터 대출을 받은 경우라도 "법률상 또는 사실상의 장애로 자기 명의로 대출받을 수 없는 자를 위하여 대출금 채무자로서의 명의를 빌려준" 명의인에게 채무부담의 의사가 있다고 보아야 한다는 취지의 판결도 있다.[33]

---

29) 대법원 2001. 5. 29. 선고 2001다11765 판결은 축산업협동조합의 차명대출에 대하여 "동일인에 대한 대출액 한도를 제한한 법령이나 금융기관 내부규정의 적용을 회피하기 위하여 실질적인 주채무자가 실제 대출받고자 하는 채무액에 대하여 제3자를 형식상의 주채무자로 내세우고, 금융기관도 이를 양해하여 제3자에 대하여는 채무자로서의 책임을 지우지 않을 의도 하에 제3자 명의로 대출관계서류를 작성 받은 경우, 제3자는 형식상의 명의만을 빌려 준 자에 불과하고 그 대출계약의 실질적인 당사자는 금융기관과 실질적 주채무자이므로, 제3자 명의로 되어 있는 대출약정은 그 금융기관의 양해하에 그에 따른 채무부담의 의사 없이 형식적으로 이루어진 것에 불과하여 통정허위표시에 해당하는 무효의 법률행위이다"고 판시하였다.

30) 상호신용금고(현재 상호저축은행)의 차명대출에 관한 대법원 1996. 8. 23. 선고 96다18076 판결, 대법원 1999. 3. 12. 선고 98다48989 판결, 대법원 2001. 2. 23. 선고 2000다65864 판결, 대법원 2002. 10. 11. 선고 2001다7445 판결, 대법원 2004. 1. 15. 선고 2002다31537 판결, 대법원 2007. 11. 29. 선고 2007다53013 판결.

31) 대법원 1998. 9. 4. 선고 98다17909 판결은 본문에서 언급한 사항 이외에 은행이 소비대차계약의 체결시 명의인에 대한 신용조사를 거치고 명의인을 주채무자인 고객으로 등록한 점에 비추어 보면, 은행도 명의인을 주채무자로 할 의사인 것으로 보았다.

32) 대법원 1980. 7. 8. 선고 80다639 판결(학교법인이 사용할 자금을 은행이 교직원 명의로 대출함), 대법원 2003. 6. 24. 선고 2003다7357 판결(신용협동조합의 대출), 에 관한 대법원 1997. 7. 25. 선고 97다8403 판결(상호신용금고의 대출)도 같은 법리를 적용하였다.

33) 대법원 1996. 9. 10. 선고 96다18182 판결.

(3) 최근의 대법원판결

최근 대법원판결은 위 ②의 입장을 발전시켜 법률상의 효과까지 배후자에게 귀속시키려는 특별한 사정의 존재를 인정하기 위한 요건을 구체적으로 제시하고 이를 적극적으로 입증할 것을 요구하거나, 처분문서의 증명력을 근거로 들어 명의인이 아닌 다른 사람을 대출계약의 채무자로 인정하기 위해서는 보다 강한 입증을 요구하고 있다.

대법원 2008. 6. 12. 선고 2008다7772, 7789 판결은 "특별한 사정의 존재를 인정하기 위해서는, 실제 차주와 명의대여자의 이해관계의 일치 여부, 대출금의 실제 지급 여부 및 직접 수령자, 대출서류 작성과정에 있어서 명의대여자의 관여 정도, 대출의 실행이 명의대여자의 신용에 근거하여 이루어진 것인지 혹은 실제 차주의 담보제공이 있었는지 여부, 명의대여자에 대한 신용조사의 실시 여부 및 조사의 정도, 대출원리금의 연체에 따라 명의대여자에게 채무이행의 독촉이 있었는지 여부 및 그 독촉 시점 기타 명의대여의 경위와 명의대여자의 직업, 신분 등의 모든 사정을 종합하여, 금융기관이 명의대여자와 사이에 당해 대출에 따르는 법률상의 효과까지 실제 차주에게 귀속시키고 명의대여자에게는 그 채무부담을 지우지 않기로 약정 내지 양해하였음이 적극적으로 입증되어야 할 것"이라고 판시하며, 저축은행의 대표이사가 배후자인 차명대출에서 명의인과 그 저축은행이 체결한 대출계약이 통정허위표시로 무효라고 판시한 원심판결을 파기하였고, 이후 이를 따른 판결[34]이 나오고 있다.

특별한 사정의 존재를 판단하기 위하여 검토해야 할 점에 대한 일반론은 위 대법원 2008. 6. 12. 선고 2008다7772, 7789 판결을 따르면서 당해 사건에서 그러한 특별한 사정이 있다고 본 사례도 있다. 대법원 2018. 11. 29. 선고 2018다253413 판결은 아파트 신축시공을 맡은 P회사가 분양이 저조하자 임직원 291명의 명의로 분양계약을 체결하고 은행으로부터 이를 기초로 중도금대출을 받아 자금을 조달한 후, P회사가 은행과 대출기간연장을 협의하고 대출금 이자를 지급하였으며 분양아파트를 전매하여 288명의 중도금대출을 변제했으나 3명의 중도금대출의 변제를 거부하자, 은행이 대출명의자인 임원에게 대출금 변제를 청구한 사건에서, "피고는 처음부터 그 대출의 경제적 효과뿐만 아니라 법률상 효과까지도 피고가 아닌 P회사에게 귀속시키려는 의사로 대출서류에 서명·날인한 것으로 보이고, 원고도 이 사건 대출약정에 따르는 법률상의 효과까지 실제 차주인 P회사에게 귀속시키고 피고에게는 그 채무부담을 지우지 않기로 양해하였다고 볼 특별한 사정이

34) 저축은행의 차명대출에 관한 대법원 2014. 9. 4. 선고 2014다207092 판결, 대법원 2015. 2. 12. 선고 2014다41223 판결.

인정되므로, 피고 명의로 되어 있는 이 사건 대출약정은 통정허위표시에 해당하여 무효라고 볼 여지가 충분하다"고 판시하였다.

한편 대법원 2010. 5. 13. 선고 2009다92487 판결은 저축은행의 대출과 관련하여 계약의 당사자가 누구인지는 계약에 관여한 당사자의 의사해석의 문제로 보고 계약 내용을 처분문서로 작성한 경우 그 문서의 문언의 객관적인 의미가 명확하다면, 특별한 사정이 없는 한 문언대로의 의사표시의 존재와 내용을 인정하여야 한다는 원칙을 확인하고 대출계약의 당사자로 기재된 명의인이 아닌 다른 사람을 채무자로 인정한 원심판결을 파기하였다. 대법원 2016. 3. 24. 선고 2015다246346 판결은 "계약의 성립을 위한 의사표시의 객관적 합치 여부를 판단함에 있어, 처분문서인 계약서가 있는 경우에는 특별한 사정이 없는 한 계약서에 기재된 대로의 의사표시의 존재 및 내용을 인정하여야 한다"는 법리와 위 ②의 입장에 선 법리를 제시하고 "원심이 [명의인과의 사이에] 소비대차계약이 있었다고 보기 어렵다고 판단한 근거로 든 사정들은 명의대여대출 일반에 공통된 사정에 불과하여 위 소비대차계약의 성립을 부정하는 근거로 삼기에 부족하다"고 하여 원심판결을 파기하였다. 이러한 최근의 대법원판결은 차명예금에 관한 대법원 2009. 3. 19. 선고 2008다45828 전원합의체 판결과 같은 정도의 문안[35]을 사용하고 있지는 않으나 궤를 같이 한다고 할 수 있다.[36]

Ⅱ. 은행의 대출금 제공의무

대출계약상 대출금액과 대출일을 미리 정하여 자금을 제공하는 방법으로 대출을 실행할 수도 있지만, 미리 약정한 금액(commitment amount)과 기간(commitment period) 범위 내에서 고객이 요청하는 금액을 고객이 요청하는 시기에 제공하는 방법으로 실행할 수 있다. 일정한 기간 동안 일정한 금액 한도 내에서 은행이 고객에게 여신을 제공하고 고객이 그 기간 중 차입금을 상환하면 그 상환금 만큼 차입 한도가 부활하도록 하는 신용한도(credit line) 거래도 후자의 대출거래 유형에 속한다. 은행이 이렇게 일정한 한도 내에서 대출할 것을 약정하는 경우, 고객의 요청시 대출할 수 있는 준비태세를 갖추는데 대한 대

35) "실명확인절차를 거쳐 서면으로 이루어진 예금명의자와의 예금계약을 부정하여 예금명의자의 예금반환청구권을 배제하고, 출연자 등과 예금계약을 체결하여 출연자 등에게 예금반환청구권을 귀속시키겠다는 명확한 의사의 합치가 있는 극히 예외적인 경우로 제한되어야 할 것".

36) 이동진(2011), 21쪽은 대법원 2009. 3. 19. 선고 2008다45828 전원합의체 판결의 취지가 처분문서로 체결된 차명대출 기타 차명계약 일반에 대해서도 관철되어야 한다는 견해.

가로 약정수수료(commitment fee)를 고객으로부터 지급받는 경우도 많다. 약정수수료는 통상 약정한도에서 사용(=차입)하지 않은 약정금액에 대해 일정한 수수료율을 적용하여 산정한다(여신거래약정서(기업용) 제5조).[37)]

은행이 일정금액의 한도 내에서 고객이 요청하면 대출할 의무를 부담하지는 않고, 대출심사 결과와 은행의 자금 사정 등을 고려하여 대출여부를 결정할 수 있는 재량권을 가지는 내용으로 된 미확약부 대출계약(uncommitted loan agreement)을 체결하면 문제가 있을까. 민법상 당사자가 합의한 대출계약은 공서양속이나 강행법규에 위반되지 않는 한 효력이 있다. 은행이 다수의 고객과 계약을 체결하기 위하여 미리 준비한 문안으로 미확약부 대출계약을 체결하려면 약관심사를 받아야 한다. 그러나 은행이 특정한 고객과 개별협상으로 이러한 내용의 대출계약을 체결하는 것은 법규 위반이라고 할 수는 없을 것이다.[38)] 미확약부 대출계약 자체를 허용하지 않는다면 미확약부 대출계약을 체결하여 은행거래관계를 유지하고자 하는 고객은 은행이 확약부 대출계약을 체결하지 않는 경우 아무런 계약없이 자금이 필요한 시점에 은행에게 대출 가능여부를 타진해 볼 수밖에 없게 되고 이는 고객을 보호하는 길이라고 하기는 어렵다.

은행이 대출금을 제공할 의무를 정당한 사유없이 불이행한 경우에는 고객이 입은 손해를 배상할 책임이 있다. 원고가 피고 신용카드회사로부터 아파트분양대금 중 중도금을 대출받기로 하였으나 피고가 일부만 대출한 후 IMF구제금융의 여파로 대출을 이행하지 못하여 원고가 분양계약 해제로 인하여 위약금을 부담하게 된 사건에서 대법원은 원고의 위약금 상당의 손해뿐 아니라 다른 은행으로부터 받은 중도금 대출로 인한 이자 지급도 특별한 사정이 없는 한 원고가 피고의 채무이행을 믿고 지출한 비용의 일종으로서 통상적인 지출비용의 범위 내에 속하는 것이고 그 지출을 피고가 알았거나 알 수 있어서 이행이익의 한도 내에서 배상을 청구할 수 있다는 취지로 판결하였다(대법원 2002. 10. 25. 선고 2002다21769 판결).

37) 대법원 2001. 12. 24. 선고 2001다30469 판결의 원심판결인 부산고법 2001. 4. 6. 선고 99나4429 판결은 "약정수수료는 차관계약에 따른 소정의 인출기간 내에 언제든지 차주의 인출자금을 준비하여야 하는 대주의 잠재적 부담에 대한 보상으로 차주가 대주인 개별 참여은행에게 지급하는 것으로 통상 약정 대출금중 미인출 잔액에 대한 일정률로 표시된다"고 설명하였다.

38) 대등한 당사자간 개별적인 교섭으로 자신의 이익을 반영할 수 있는지가 미확약부 여신계약의 불공정성 판단시 고려되어야 하고, 은행이 우월적 지위를 이용하여 그러한 계약을 체결하도록 하는 경우에는 불공정하다는 것이 금융감독당국의 입장인 것으로 보인다.

Ⅲ. 대출계약의 조건

1. 원금의 상환과 기한이익상실

은행으로부터 대출을 받은 고객(=차주, 채무자)은 대출계약[39]이 정한 대로 은행에게 차입금액을 상환해야 한다. 채무자는 원칙적으로 미리 약정한 상환기일에 차입금액을 상환하면 된다. 채무자의 신용상태를 신뢰하여 채무자에게 상환기일까지 기한의 이익을 부여하였어도, 채무자의 신용상태의 기초가 흔들리는 상황이 발생하는 경우에는 채권자에게 상환기일까지 기다릴 것을 요구하는 것은 불합리하다. 이 경우 채무자가 기한의 이익을 상실하도록 한다. 기한이익상실은 법률에 규정되어 있는 것도 있지만 보다 상세한 내용은 통상 계약으로 정한다.

(1) 법정 기한이익상실 사유

민법 제388조는 (i) 채무자가 담보를 손상, 감소 또는 멸실하게 한 때 또는 (ii) 채무자가 담보제공의 의무를 이행하지 않은 때 채무자가 기한의 이익을 상실하도록 규정하고 있다. 한편 채무자회생법 제425조는 기한부 채권은 파산선고 시에 변제기에 이른 것으로 본다고 규정하여, 채무자가 파산선고를 받으면 그 채무자의 모든 채무에 대하여 기한의 이익이 상실되는 것으로 규정하고 있다.[40]

(2) 약정 기한이익상실 사유

법률에 정해진 기한이익 상실 사유는 제한적이므로, 대출자금을 제공하는 은행의 입장에서는 채무자의 신용상태의 악화 또는 채무자의 신뢰에 반하는 행위에 대해 효과적으로 대처하기 위하여 대출계약으로 기한이익상실 사유를 더 상세히 규정한다.

약정 기한이익 상실은 ① 일정한 사유가 발생하면 당연히 기한의 이익이 상실되어 변제기가 도래하는 정지조건부 기한이익상실(=자동 기한이익상실)과 ② 일정한 사유가 발생하면 채권자의 통지나 청구 등 채권자의 의사행위를 거쳐 비로소 변제기가 도래하는 형성권적 기한이익상실(=통지에 의한 기한이익상실)로 나누어 볼 수 있다. "기한이익상실

39) 표준약관 여신거래약정서(기업용)는 (i) 대출기간 만료일 전액상환, (ii) 일정기간 거치 후 분할상환, (iii) 기타의 3가지 중에서 상환 방법을 선택하도록 하고 있다.

40) 소비대차계약을 체결하고 아직 대주가 차주에게 목적물을 인도하기 전에 당사자 일방이 파산하면 소비대차계약은 효력을 잃는다(민법 제599조).

의 특약이 위의 양자 중 어느 것에 해당하느냐는 당사자의 의사해석의 문제이지만 일반적으로 기한이익상실의 특약이 채권자를 위하여 둔 것인 점에 비추어 명백히 정지조건부 기한이익상실의 특약이라고 볼 만한 특별한 사정이 없는 이상 형성권적 기한이익상실의 특약으로 추정하는 것이 타당하다"(대법원 2002. 9. 4. 선고 2002다28340 판결, 대법원 2010. 8. 26. 선고 2008다42416 판결).

대법원판결은 형성권적 기한이익상실 특약이 있는 경우 채권자가 잔존채무 전액의 변제를 구하는 의사를 표시한 경우에 한하여 전액에 대해 그 때부터 소멸시효가 진행된다고 판시하였다(대법원 1997. 8. 29. 선고 97다12990 판결, 대법원 2002. 9. 4. 선고 2002다28340 판결). 이에 대하여 소멸시효는 권리를 행사할 수 있는 때부터 진행한다(민법 제166조 제1항)는 점을 근거로 기한이익상실 사유 발생시부터 소멸시효가 진행된다고 보는 것이 타당하다는 비판[41]과 대법원판결의 입장을 지지하는 견해[42]가 있다. 여신거래기본약관의 기한이익상실 조항은 (i) 기한이익상실 사유 발생시 채권자인 은행의 단순한 통지만으로 기한의 이익이 상실되는 경우(제7조 제1항, 제3항)와 (ii) 은행이 그 사유를 치유할 것을 독촉하고 독촉에도 불구하고 채무자가 치유하지 못하여 기한의 이익이 상실되는 경우(제7조 제4항, 제5항)로 나누어 볼 수 있다. 기존의 논의는 대체로 (i)을 상정한 것으로 보인다. (i)의 경우에는 논란이 있을 수 있겠으나 (ii)의 경우에는 기한이익상실 사유의 발생만으로 채권자가 대출채권을 행사할 수 있게 되었다고 보기는 어렵다.

(3) 은행여신거래기본약관의 기한이익상실 사유

은행여신거래기본약관(기업용) 제7조는 기한이익상실 사유를 4종류로 나누어 규정하고 있다. 은행과 채무자는 은행여신거래기본약관에 정해진 기한이익 상실 사유 이외에 다른 사유를 기한이익 상실 사유로 추가할 수 있다.

가. 제7조 제1항의 "모든 채무" 기한이익상실 사유 – 치유기간 없음

채무자의 은행 예금·담보재산에 대한 압류, 파산·회생절차개시 신청,[43] 어음교환소의 거래정지처분, 폐업 등 채무자의 신용상태가 매우 심각하게 악화되었음을 나타내는 사

---

41) 최진갑,(2000), 29-32쪽; 엄동섭(1998); 김상배(1999), 103-106쪽; 구병수(2001), 257-258쪽.

42) 박재현(2002) 295-296쪽; 한상문(2007), 506쪽.

43) 기업구조조정촉진법에 따른 "부실징후기업"은 주채권은행이 신용위험평가를 통하여 통상적인 자금차입 외에 외부로부터의 추가적인 자금유입 없이는 금융채권자에 대한 차입금 상환 등 정상적인 채무이행이 어려운 상태에 있다고 인정한 기업이므로(기업구조조정촉진법 제2조 제7호), 부실징후기업에 해당하여 공동관리절차를 신청한 경우도 신용상태의 악화를 잘 드러낸다고 할 수 있으나, 기업구조조정촉진법상의 절차는 은행여신거래기본약관(기업용) 제7조의 기한이익상실 사유로 규정되어 있지 않다.

유들[44]이 발생하면 은행이 채무자의 은행에 대한 모든 채무에 대하여 기한의 이익을 상실시킬 수 있도록 하였다. 이 사유 발생시 자동적으로 기한의 이익이 상실되는 것은 아니고, 은행이 해당 사유 및 "기한의 이익을 상실했다"는 사실을 채무자에게 서면통지하도록 규정하였다. 제7조 제1항의 사유가 발생하여도 은행의 통지가 없으면 기한의 이익이 상실되지 않는다는 점에서 정지조건부 기한이익상실 사유는 아니다. 다만 은행의 이 통지가 채무자에게 도달하면 그 사유 발생 시부터 기한의 이익을 상실하도록 하였다.

이 조항의 기한이익상실에 관하여는 몇 가지 법적인 쟁점이 있다.

① 은행은 제7조 제1항의 사유 발생 후 언제까지 통지해야 하는가. 은행여신거래기본약관(기업용)은 이 점에 대해 아무런 언급이 없다. 은행이 그 사유 발생을 알고도 상당한 시간이 경과할 때까지 통지를 하지 않은 경우 채무자 또는 채무자와 거래하는 제3자로서는 은행이 기한의 이익을 상실시킬 권리를 행사하지 않는 것으로 믿을 수 있을 것이다. 구체적 사실관계에 따라 달라지겠으나, 은행이 뒤늦게 통지하여 기한의 이익을 상실시키는 행위가 권리의 남용에 해당되는 경우도 발생할 수 있을 것이다.

② 제7조 제1항은 은행의 통지가 채무자에게 도달하면 사유발생 시부터 기한의 이익이 상실된다고 규정하여 기한이익상실 시점을 실질적으로 소급시키고 있다. 이러한 통지의 도달 시점보다 앞서 기한이익상실의 효력이 발생하도록 한 조항이 채무자뿐 아니라 채무자의 다른 채권자에게도 그대로 효력을 발생할 수 있는지에 대해서는 문제가 제기될 수 있다. 특히 압류와 상계에 관하여 변제기 선도래설을 취하고 있는 대법원판결[45]의 입장을 따를 때 상계 가능여부와 관련하여 문제가 제기될 수 있다.[46]

---

44) 1. 은행에 대한 예치금 등 각종 채권에 대하여 압류명령이나 체납처분 압류통지가 도달하거나 또는 기타의 방법에 의한 강제집행 개시나 체납처분 착수가 있는 때
2. 채무자가 제공한 담보재산(제1호의 은행에 대한 예치금 등 각종 채권은 제외)에 대하여 압류명령이나 체납처분 압류통지가 도달하거나 기타의 방법에 의한 강제집행 개시나 체납처분 착수가 있는 때
3. 파산·화의개시·회사정리절차개시의 신청이 있거나, 채무불이행자명부 등재 결정이 있는 때
4. 조세공과에 관하여 납기전 납부고지서를 받거나, 어음교환소의 거래정지처분이 있는 때
5. 폐업, 도피 기타의 사유로 지급을 정지한 것으로 인정된 때
6. 채무자의 과점주주나 실질적인 기업주인 포괄근보증인의 은행에 대한 예치금 등 각종 채권에 대하여 제1호의 명령이나 통지가 도달한 때

45) 대법원 2012. 2. 16. 선고 2011다45521 전원합의체 판결의 다수의견.

46) 예컨대 채무자A가 B은행으로부터 대출받아 아직 원금상환일이 도래하지 않은 상황 하에서 (i) D1(예: 9월 1일)에 제7조 제1항 제6호의 기한이익상실 사유에 해당하는 "채무자A의 과점주주의 B은행에 대한 예금에 대해 압류명령이 B은행에 도달"하고, (ii) 이에 따른 B은행의 기한이익상실 통지가 D3(예: 9월 3일)에 A에게 도달하였는데, (iii) A의 채권자C가 A의 B은행 예금을 압류하는 압류명령이 D2(예: 9월 2일)에 B은행에 도달한 경우를 상정해 보자. 이 때 B은행은, A에 대한 통지는 D3에 도달했지만 제7조 제1항에 정한대로 A는 D1에 기한의 이익을 상실하였고 D2에는 이미 B은행의 A에 대한 대출채권과 A에 대한 예금채무가 상계적상에 있었다고 주장할 것이다.

③ 회생절차의 개시신청을 이유로 채무자가 기한이익을 상실하여 개시결정이 있기 전에 담보가 실행되거나 상계를 당하면, 중요자산의 상실 또는 재무구조 악화의 가속화로 인하여 회생절차를 통한 회생에 장애요인이 된다는 주장이 있을 수 있으나, 그러한 주장에는 동의하기 어렵다. 회생절차가 개시되면 회생계획에 따라서만 변제될 수 있는 것이 원칙이지만, 개시결정 이전에는 채권행사를 일반적으로 금지할 이유는 없다. 또한, 기한이익상실 조항은 잔존 채무를 즉시 일괄 변제할 의무를 부과하는 데 그치고 그 조항만에 의하여 책임재산으로부터의 재산 일탈이라는 불이익이 생기는 것은 아니다.[47] 따라서 회생절차의 개시결정 전에 개시신청을 이유로 기한이익상실을 통지하여 그 통지가 도달한 때 기한이익이 상실되도록 한 조항 자체의 효력을 부정할 것은 아니다. 기한이익상실에 따라 중요자산에 대한 담보가 실행되는 것에 대해서는 담보실행에 대한 부인권의 행사[48]의 문제로 다룰 사항이다. 합작투자계약의 도산해지조항의 효력을 인정한 대법원 2007. 9. 6. 선고 2005다38263 판결에 비추어 보아도 회생절차 개시신청을 기한이익상실 사유로 한 약정의 효력은 인정되어야 한다.[49]

이에 대해 C는 D3에 되어서야 비로소 A가 기한의 이익을 상실하였음이 확정되었고, D2에는 B은행의 A에 대한 대출채권의 변제기가 아직 도래하였다고 할 수 없으므로 B은행의 대출채권과 예금채무가 상계적상에 있지 않았다고 주장할 것이다. 이러한 사안에서 B은행이 C의 압류명령에도 불구하고 제7조 제1항을 근거로 A에 대한 대출채권을 자동채권으로, A에 대한 예금채무를 수동채권으로 적법하게 상계할 수 있다고 보아야 하는지는 의문이다. 압류와 상계에 대하여 대법원 2012. 2. 16. 선고 2011다45521 전원합의체 판결의 반대의견과 같이 이른바 무제한설의 입장에 선다면 위와 같은 사안에서도 적법하게 상계할 수 있을 것이다.

47) 長島·大野·常松法律事務所(2016), 435-436쪽.

48) 담보실행의 부인에 관한 대법원 2003. 2. 28. 선고 2000다50275 판결, 대법원 2013. 11. 24. 선고 2009다76362 판결.

49) 통상 회사의 영업에 필요한 매매계약, 용선계약, 임대차계약 등 쌍무계약을 도산절차개시를 이유로 해제 또는 해지하는 경우 도산해지조항의 효력에 관한 문제가 제기된다. 대법원 2007. 9. 6. 선고 2005다38263 판결은 합작투자계약의 도산해지조항과 관련하여 "도산해지조항을 일반적으로 금지하는 법률이 존재하지 않는 상태에서 … 도산해지조항은 어느 경우에나 회사정리절차의 목적과 취지에 반한다고 하여 일률적으로 무효로 보는 것은 계약자유의 원칙을 심각하게 침해하는 결과를 낳을 수 있을 뿐만 아니라 상대방 당사자가 채권자의 입장에서 채무자의 도산으로 초래될 법적 불안정에 대비할 보호가치 있는 정당한 이익을 무시하는 것이 될 수 있다. … 도산해지조항이 회사정리법에서 규정한 부인권의 대상이 되거나 공서양속에 위반된다는 등의 이유로 효력이 부정되어야 할 경우를 제외하고, 도산해지조항으로 인하여 정리절차개시 후 정리회사에 영향을 미칠 수 있다는 사정만으로는 그 조항이 무효라고 할 수는 없다. 그리고 쌍방 미이행의 쌍무계약의 경우에는 계약의 이행 또는 해제에 관한 관리인의 선택권을 부여한 회사정리법 제103조[채무자회생법 제119조]의 취지에 비추어 도산해지조항의 효력을 무효로 보아야 한다거나 아니면 적어도 정리절차개시 이후 종료시까지의 기간 동안에는 도산해지조항의 적용 내지는 그에 따른 해지권의 행사가 제한된다는 등으로 해석할 여지가 없지는 않을 것이다. 그런데 이 사건의 경우에 도산해지조항이 문제된 합작투자계약은 … 회사정리법 제103조가 적용된다고 할 수 없고, … 위와 같은 사유에 의한 도산해지조항을 약정한 경우에는 이를 무효라고 단정하기 어렵다 할 것이다"라고 판시하였다(☞ 도산해지조항의 효력에 관한 상세한 논의는 제14장 제4절 Ⅲ. 2.).

나. 제7조 제3항의 "당해 채무" 기한이익상실 사유 – 치유기간 없음

채무자가 분할상환금·이자 등의 지급을 일정 회수 또는 기간 지체하는 등의 사유[50]가 발생하면, 은행이 채무자의 해당 채무에 대하여 기한의 이익을 상실시킬 수 있도록 하였다. 채무자의 해당 채무 지급능력에 대해 심각한 우려를 할 상황의 발생을 사유로 삼은 것이다. 이 경우에도 은행의 통지가 필요하다. 은행은 기한의 이익상실일 3영업일 전까지 해당 사유 및 "기한의 이익을 상실한다"는 사실을 채무자에게 서면통지하도록 규정하였다. 통지가 기한의 이익상실일 3영업일 전까지 채무자에게 도달하지 않은 경우에는 실제 통지도달일부터 3영업일이 경과한 날에 채무자는 기한의 이익을 상실한다.

제7조 제1항의 통지는 사유발생 후의 통지이지만, 제7조 제3항의 통지는 사유발생 전에 할 수 있다. 예컨대, 이자 등의 지급지체가 14일간 계속되기 전에 또는 분할상환금의 2회 연속 연체가 발생하기 전에 통지하여 그 사유가 발생하면 기한의 이익이 상실됨을 알릴 수 있다.

다. 제7조 제4항의 "모든 채무" 기한이익상실 사유 – 치유기간 있음

채무자의 신용상태의 악화를 보여주는 일정한 사유[51]가 발생하여 은행의 채권보전에 현저한 위험이 예상될 경우, 은행은 채무자의 은행에 대한 모든 채무에 대하여 기한의 이익을 상실시킬 수 있도록 하였다. 이 경우, 은행은 당해 사유 및 변제, 압류 등의 해소, 신용의 회복 등을 독촉하고, 독촉의 도달일부터 10일 이상으로 은행이 정한 기간이 경과하면 기한의 이익을 상실한다는 사실을 채무자에게 서면 통지하도록 하였다. 제7조 제1항과 제3항의 사유와는 달리 제4항의 사유 발생 시에는 채무자에게 치유할 수 있는 시간을 10일 이상 부여하였다. 그 치유기간 동안 객관적으로 적정한 조치를 취하지 않으면 채무자는 기한의 이익을 상실하게 된다.

---

50) 1. 이자 등을 지급하여야 할 때부터 계속하여 14일간 지체한 때
2. 분할상환금 또는 분할상환 원리금의 지급을 2회 이상 연속하여 지체한 때

51) 1. 은행에 대한 수개의 채무 중 하나라도 기한에 변제하지 아니하거나 제2항, 제3항 또는 제5항에 의하여 기한의 이익을 상실한 채무를 변제하지 아니한 때
2. 제1항 제1호 및 제2호 외의 재산에 대하여 압류·체납처분이 있는 때
3. 채무자의 제1항 제1호 외의 재산에 대하여, 민사소송법상의 담보권실행등을 위한 경매개시가 있는 경우로서, 채무자의 신용이 현저하게 악화되어 채권회수에 중대한 지장이 있을 때
4. 제5조[자금의 용도와 사용], 제19조[회보와 조사]에서 정한 약정을 위반하여 건전한 계속거래 유지가 어렵다고 인정된 때
5. 여신거래와 관련하여 허위, 위·변조 또는 고의로 부실자료를 은행에 제출한 사실이 확인된 때
6. 청산절차 개시, 결손회사와의 합병, 노사분규에 따른 조업중단, 휴업, 관련기업의 도산, 회사경영에 영향을 미칠 법적분쟁 발생 등으로 현저하게 신용이 악화되었다고 인정된 때
7. 어음교환소의 거래정지처분 이외의 사유로 금융기관의 신용불량거래처로 규제된 때

라. 제7조 제5항의 "당해 채무" 기한이익 상실 사유 – 치유기간 있음

채무자가 대출계약에서 정한 부수적 의무를 불이행하거나 보증인의 신용상태 악화에도 불구하고 보증인을 교체하지 않는 등의 사유[52]가 발생한 경우 은행이 채무자의 해당 채무에 대하여 기한의 이익을 상실시킬 수 있도록 하였다. 이 경우, 은행은 당해 사유 및 그 이행을 독촉하고, 독촉의 도달일부터 10일 이상으로 은행이 정한 기간이 경과하면 기한의 이익을 상실한다는 사실을 채무자에게 서면통지하도록 하였다. 치유기간 동안 채무자가 그 의무를 이행하지 않으면 채무자는 기한의 이익을 상실하게 된다.

2. 이자의 산정 – 이자율

금전소비대차에서 이자채무의 액을 산정하기 위한 구성요소는 원금, 이자율, 기간의 경과의 3개이고 결국 이자율이 결정적인 요소이다. 은행여신거래기본약관과 여신거래약정서는 은행 대출금에 대한 이자율을 ① 채무의 이행을 완료할 때까지 은행이 그 율을 변경할 수 없음을 원칙으로 하는 것과 ② 채무의 이행을 완료할 때까지 은행이 그 율을 수시로 변경할 수 있는 것으로 나누어 전자를 고정이자율, 후자를 변동이자율로 부르고 있고, 여신거래약정서 체결 시 한쪽을 선택하고 그 율을 정하여 기재하도록 하였다{은행여신거래기본약관(기업용) 제3조 제2항, 여신거래약정서 제1조}.

(1) 고정이자율

고정이자율로 약정하면 대출기간 중 은행이 임의로 이자율을 변경할 수는 없다. 예상하기 어려운 경제상황이 발생하여 시장이자율이 급등하는 경우 대출은행의 입장에서는 고정금리대출의 유지가 심각한 경영상의 문제를 야기할 수 있다. 실제 1998년 IMF구제금융 상황에서 그러한 일이 발생하였으나 약관·약정상 금리변경권한이 없는 이상 채권자의 이자율 인상은 법적 효력이 없다.[53] 은행여신거래기본약관은 이러한 상황에 대비하여 고

---

52) 1. 제6조 제1항[담보보충의무], 제15조[위험부담·면책조항]에서 정한 약정을 이행하지 아니한 때
2. 담보물에 대한 화재보험 가입의무를 이행하지 아니한 때, 은행을 해할 목적으로 담보물건을 양도하여 은행에 손해를 끼친 때, 시설자금을 받아 설치·완공된 기계·건물 등의 담보제공을 지체하는 때, 기타 은행과의 개별약정을 이행하지 아니하여 정상적인 거래관계 유지가 어렵다고 인정된 때
3. 보증인이 제1항 제1호 내지 제5호의 사유에 해당하거나 제4항 제2호와 제3호에 해당하는 경우로서, 상당한 기간 내에 보증인을 교체하지 아니한 때

53) 대법원 2002. 2. 22. 선고 2000다53274 판결은 상호신용금고가 1997년 2-3월 대출기간을 3년, 이자율 연 16.5%, 연체이자율 연 22%의 고정금리로 대출한 후 IMF구제금융 후인 1998. 2. 이자율 연 24%, 연체이자율 연 30%로 인상하고 금리인상에 동의하지 않는 경우 계약을 해지할 수 있고,

정이자율로 정한 경우에도 "국가경제·금융사정의 급격한 변동 등으로 계약 당시에 예상할 수 없는 현저한 사정변경이 생긴 때에는 은행은 채무자에 대한 개별통지에 의하여 그 율을 인상·인하할 수 있기로" 하고, 변경요인이 해소되면 은행은 지체없이 해소된 상황에 부합되도록 변경하도록 하였다{은행여신거래기본약관(기업용) 제3조 제3항}. 이로 인하여 채무자에게 예상하지 못한 불이익이 초래되는 경우 채무자는 일정 기간 내에 계약을 해지할 수 있다(동약관 제3조 제8항). 또한 채무자의 신용상태 변동시 은행은 신용평가등급을 조정하고 서면통지로 금리와 여신한도 및 여신만기 등 여신거래조건을 변경할 수 있다(동약관 제20조 제1항). 고정이자율로 금리를 약정하였다고 하여 당사자 일방에게 금리변경권을 부여하는 것이 모순되는 것은 아니다.[54] 은행여신거래기본약관에 은행의 변경권을 인정하는 조항이 있다고 하더라도 특별약관 또는 개별 약정으로 위 조항을 배제하면 개별 약정이 우선하게 된다.[55]

그렇지 않은 경우 인상된 금리에 따라 원리금을 납입할 것을 고지하자, 채무자가 고지한대로 원리금을 모두 납입한 후 10여일이 경과된 시점에 인상된 이자분이 부당이득에 해당한다고 주장하며 소송을 제기한 사건에서, "금리변경권을 금융기관에 부여하는 약관이나 약정이 존재하지 아니하는 경우 … 상호신용금고의 업무수행에 있어서 준수하여야 할 기준 내지 훈령에 불과한 재정경제원장관의 상호신용금고업무운용준칙이나, 금융감독위원회의 상호신용금고 업무방법서에서 그 약정 이율의 변경권한을 상호신용금고에 부여하는 듯한 규정을 두었다고 하여 이를 근거로 상호신용금고가 약정 이율을 변경할 권한이 있다고 볼 수도 없고, 또 그 준칙 등에 그 이율 변경에 거래자가 부동의하는 경우 1개월 내에 대출계약을 해지하여야 한다는 규정을 두었다고 하여 거래자에게 해지에 응할 의무가 발생한다거나 해지하지 아니한 경우 금리 인상에 동의한 법적 효과가 발생한다고 볼 수도 없다"고 판시하였다. 이 판결은 나아가 금융기관이 법적 권원없이 금리 인상을 요구한 경우, "그 요구를 받은 상대방이 이의를 유보함이 없이 인상된 금리에 따른 이자를 장기간 납입함으로써, 묵시적으로 금리 인상에 동의 내지는 추인한 것으로 볼 수 있는 경우에는, 적법한 대출금리의 인상이라는 법적 효과를 인정할 수 있다 할 것이나, 그 경우 묵시적 동의 내지는 추인이 인정되기 위해서는, 그 상대방이 이의를 유보하지 아니하고, 법률관계의 변경에 따른 결과를 장기간 수용하였어야만 한다"고 판시하고, 이 사건에서는 채무자가 금리인상이 일방적이라며 다투었고 원리금 납입 후 10여일 후에 인상된 이자분이 부당이득이라며 소송을 제기하는 등의 사정을 들어 묵시적 동의·추인한 것으로 볼 수 없다고 하였다.

54) 대법원 2001. 12. 11. 선고 2001다61852 판결. 이 판결은 신용카드회사가 연 14.8%의 고정금리로 카드론 대출계약을 체결한 후 IMF 구제금융 상황 하에서 자금 사정이 악화되자 이자율을 연 24%로 변경한 사건에 관한 것이다. 이 판결은 카드론 거래신청서의 대출조건 란에 부동문자로 인쇄된 '이자율 년 %'에 손으로 '14.8'을 기재하고 카드론 거래약정서에 '이자는 년 %로 일할 계산을 원칙으로 하여 1개월씩 후불하기로 하고 초회 이자의 계산은 차입일로부터 초회 이자 납입일까지 1년을 365일로 보고 일할 계산한다.'라고 기재되어 있는 것은 고정금리 방식으로 금리를 결정하는 합의일 뿐 '회사가 이자율을 변경한 경우 채무자는 … 금융사정의 변화 그 밖의 상당한 사유로 말미암아 … 상응하게 변경된 것일 때에는 그 변경된 바에 따를 것에 동의한다'는 여신거래기본약관조항을 배제하는 약정을 하였다고 인정하기 어렵다고 판시하였다.

55) 대법원 2001. 3. 9. 선고 2000다67235 판결은 (i) 여신거래기본약관에 금융사정의 변화 기타 상당한 사유가 있을 때 법령에 의한 최고율 범위 내에서 그 사유에 상응하는 정도로 주택할부금융회사가 이자 등의 율을 변경한 때에는 채무자는 이에 따르기로 하는 조항이 있고, (ii) 주택할부금융약정서에 '차입의 종류 및 상환방법은 본인이 선택할 수 있으나 본 약정체결일에 일단 정하여진 내용은 대출실행기간 동안에는 임의로 변경하지 않는다', '본 약정체결일에 정하여진 적용이자율, … 은 대출실행만기일까지 변경하지 않는다', '본 약정서 …에서 정하는 내용은 여신거래기본

(2) 변동이자율

변동이자율은 ① 기준금리(benchmark)에 일정한 가산금리를 더한 율로 정하는 경우(이 때는 일정기간마다 기준금리의 변동에 맞추어 이자율이 변동함)와 ② 은행이 시장이자율을 반영하여 일정기간마다 이자율을 정하여 게시·통지하는 경우[56]로 나누어 볼 수 있다. 여신거래약정서는 "기준금리+가산금리" 방식과 기타 다른 방법으로 변동이자율을 정할 수 있도록 하였다(제1조 거래조건).

기준금리의 변동에 따라 대출금에 적용하는 이자율이 변동되는 경우에는 은행이 이자율을 인상하거나 인하하는 것이 아니다. 은행의 이용자 권익 보호의무(은행법 제52조 제1항) 및 이자율 산정방법의 명확한 표시의무(은행법 제52조의3 제2항)와 관련하여 대법원은 "국내외에서 통용되는 기준금리+가산금리" 방식으로 대출금리가 변동되는 경우, 은행이 "변동금리의 의미와 기준금리의 종류에 관하여 설명하여야 할 것이나 해당 기준금리를 결정하는 요소와 내용까지 구체적으로 설명하여야 하는 것은 아니"라고 판시하였다.[57]

"기준금리+가산금리" 방식으로 이자율을 약정한 경우 금융시장의 혼란으로 기준금리가 제공되지 않거나 기준금리가 시장이자율(또는 은행의 자금조달비용)을 충분히 반영하지 못하는 경우 이자율을 어떻게 정할 것인지의 문제가 발생한다. 이 점에 대하여 국제금융시장에서 사용하는 대출계약서에서는 통상 대체금리 조항을 상세히 규정하고 있으나,[58] 은행여신거래기본약관은 이에 대한 조항을 두고 있지 않다.[59]

약관에 우선하여 적용됨을 승인한다'라고 정한 사안에서, 약정서의 내용이 약관조항을 배제하는 것으로 보고 개별약정이 약관에 우선하므로 주택할부금융회사가 한 이자율 인상은 효력이 없는 것으로 판시하였다.

56) 대법원 2009. 10. 29. 선고 2007두20812 판결(원심 서울고등법원 2007. 9. 5. 선고 2006누25089 판결)에서 다룬 변동금리부 주택담보대출의 대출약정서는 다음과 같이 규정하였다.

제2조(대출조건) 제3호 '이자율': 연 __ %. 다만 은행은 제6조 제1항에 의하여 아래 기간 중 채무자가 선택하는 매 기간이 종료하는 때마다 이자율을 변경할 수 있음.
매 3개월, 매 6개월, 매 1년, 매 2년

제6조 제1항: 은행이 제2조 제3호에서 정하는 바에 따라 이자율을 변경하는 경우, 은행은 변경기준일로부터 1개월간 모든 영업점에 게시하기로 한다. 그러나 특정 채무자에 대하여 개별적으로 변경하는 경우에는 즉시 서면통지하기로 한다.

제6조 제2항: 채무자는 제2조 제3호 본조 제1항에 따라 변경된 이율에 대하여 이의가 있을 때에는 변경 후 최초로 이자를 납입할 날로부터 1개월 이내에 본 약정에 의한 대출을 해지할 수 있으며, 채무자가 동 기간 내에 이의를 제기하지 아니한 경우에는 변경된 이율에 동의한 것으로 본다. 채무자가 본 항에 따라 본 약정에 의한 대출을 해지하기로 한 경우에 채무자는 변경전의 이율에 의하여 곧 채무전액을 상환하기로 하고, 이를 지체한 경우에는 해지일의 다음날부터 상환일까지 제2조 제5호에서 정한 율에 의한 지연배상금을 더하여 지급하기로 한다.

57) 대법원 2016. 7. 7. 선고 2013다35764 판결.

58) ☞ 제4절 Ⅱ. 수익보장.

은행여신거래기본약관은 변동이자율 약정이 "기준금리+가산금리" 방식인지 그 밖의 변동이자율 방식인지를 구별하지 않고 합리적인 범위 내에서의 인상과 인하가 가능한 것으로 규정하고 있다{은행여신거래기본약관(기업용) 제3조 제4항}. 그러나 "기준금리+가산금리" 방식으로 이자율을 약정한 경우 가산금리는 대출계약 체결시 차주의 신용을 반영하여 확정하는 것이므로 그 밖의 변동이자율 방식에서의 이자율 변경과 같이 취급하는 것은 타당하지 않다.[60] 오히려 가산금리는 채무자의 신용상태 변동시 은행이 신용평가 등급을 조정하고 이를 반영하여 금리를 포함한 여신거래조건을 변경할 수 있도록 한 조항{은행여신거래기본약관(기업용) 제20조 제1항}에 기초하여 변경할 수 있다고 보는 것이 합리적이다.

대출계약상 기준금리를 정하지 않고 은행이 일정기간마다 이자율을 변경할 수 있도록 하는 경우에는 그 변경의 기준이 무엇인지가 문제될 수 있다. 이 점을 고려하여 여신거래기본약관은 변동이자율에 관한 은행의 인상·인하는 건전한 금융관행에 따라 합리적인 범위 내에서 이루어지도록 규정하고 있다(동약관 제3조 제4항). 이러한 종류의 변동이자율 약정을 한 경우 시장금리가 인하되었음에도 불구하고 은행이 정당한 이유 없이 이자율을 인하하지 않으면 채무자에 대하여는 과도한 이자 수취에 따른 부당이득의 문제가 발생할 수 있고,[61] 공정거래법상 불공정거래행위에 해당할 수 있다.[62]

(3) 채무자의 금리인하요구권

2018. 12. 11. 은행법을 비롯한 여신을 담당하는 금융회사에 관한 법률들이 개정되어 채무자의 금리인하요구권이 법률에 규정되었다.[63] 그동안 은행여신거래기본약관에 채무자가 대출이자율의 인하를 요구할 수 있는 근거[64]를 두고 있었으나 홍보부족 및 고객의

---

59) 다만 변동금리 약정을 한 경우 은행이 이자율을 합리적인 범위 내에서 변경할 수 있으나{은행여신거래기본약관(기업용) 제3조 제2항 제2호, 제4항}, 국제금융시장에서 사용하는 대체금리조항의 기능을 하기에는 너무 간단하고 분쟁 발생의 소지가 크다고 할 수 있다.

60) 정종관(2002), 427-428쪽은 자금조달상황의 악화로 가산금리를 인상할 수 있음을 전제로 논의하고 있으나, 금융시장의 변동은 기준금리에 반영될 것이므로 자금조달상황의 악화를 이유로 가산금리를 인상하는 것은 정당화하기 어렵다.

61) 대법원 2009. 10. 29. 선고 2007두20812 판결의 사안에서도 금융감독원의 지적에 따라 은행이 일정기간 과다수취된 이자를 고객에게 전액 환급하였다. 황태희(2010), 81쪽.

62) 대법원 2009. 10. 29. 선고 2007두20812 판결은 '은행은 채무자가 선택하는 매 기간이 종료하는 때마다 이자율을 변경할 수 있다'고 약정한 변동금리부 주택담보대출에서 "2002. 12.부터 2005. 5.까지 대부분의 시장금리가 약 30% 하락하였으므로 건전한 금융관행에 비추어 볼 때 원고(은행)는 합리적인 범위 내에서 적절한 수준으로 이 사건 대출금리를 인하할 의무가 있음에도 정당한 이유 없이 이를 인하하지 않았는바, 이러한 원고의 행위는 원고의 우월적 지위, 이 사건 대출 고객이 입게 될 경제적 손해 등에 비추어 볼 때 정상적인 거래관행을 벗어난 것으로서 공정한 거래를 저해할 우려가 있는 부당한 행위"라고 판단하였다.

63) 보험업법 제110조의3, 상호저축은행법 제14조의2, 여신전문금융업법 제50조의13.

64) 은행여신거래기본약관(기업용) 제20조 제3항: 채무자는 신용상태가 호전되었다고 인정되는 경우

인식부족으로 적극적인 활용에 한계가 있었다. 채무자의 금리인하요구권의 법적 근거와 금융회사의 안내의무가 법률에 반영됨으로써 채무자의 권리행사가 활성화될 것으로 기대되고 있다.

은행을 중심으로 살펴본다. 은행은 신용공여 계약을 체결하려는 사람에게 금리인하를 요구할 수 있음을 알려야 한다(동법 제30조의2 제2항). 은행과 신용공여 계약을 체결한 사람은 재산 증가나 신용평가등급 상승 등 신용상태 개선이 나타났다고 인정되는 경우[65] 은행에게 금리인하를 요구할 수 있다(은행법 제30조의2 제1항). 금리인하 요구를 받은 은행은 신용상태 개선 확인에 필요한 자료제출을 요구할 수 있고, 금리인하 요구를 받은 날부터 10영업일 이내(금리인하 요구자에게 자료의 보완을 요구하는 날부터 자료가 제출되는 날까지의 기간은 포함하지 않음)에 그 요구의 수용 여부 및 그 사유를 금리인하 요구자에게 알려야 한다(은행법시행령 제18조의4 제3항). 은행은 인하요구의 수용여부 결정시 (i) 신용공여 계약을 체결할 때 신용상태가 금리산정에 영향을 미치지 아니하였는지와 (ii) 신용상태의 개선이 경미하여 금리 재산정에 영향을 미치지 아니하는지를 고려한다(은행업감독규정 제25조의4 제1항).

3. 대출부대비용의 부담

대출과 관련된 부대 비용은 ① 대출심사, 계약체결 및 대출실행 단계에서 발생하는 비용(예: 계약서 작성 비용, 인지세, 신용보증기금 출연금, 교육세 등), ② 담보취득과 관련하여 발생하는 비용(예: 담보설정시 소요되는 각종 수수료와 세금 등), ③ 대출채권 회수와 관련하여 발생하는 비용(예: 담보권 행사, 강제집행 비용 등)으로 나누어 볼 수 있다. 이 비용을 누가 부담할 것인가는 계약으로 정할 수 있다. 특별한 약정이 없으면 각 당사자가 지출하는

은행이 정하는 바에 따라 여신한도, 여신만기, 금리 등 여신거래조건 변경을 서면으로 요구할 수 있습니다. 이 경우 은행은 적정성 여부를 심사하여 필요한 조치를 취하고, 그 결과를 채무자 앞으로 곧 통지하여야 합니다.

은행여신거래기본약관(가계용) 제3조 제9항: 제1항 및 제2항 제2호에 의한 이자 등의 율과 관련하여 은행이 정하는 바에 따라 채무자는 약정당시와 비교하여 신용상태의 현저한 변동이 있다고 인정되는 경우 합리적인 근거를 서면으로 제시하고 금리변경을 요구할 수 있습니다. 이 경우 은행은 그 적정성 여부를 성실히 심사하고 이에 따른 필요한 조치를 취할 경우 그 결과를 곧 통지하기로 합니다.

65) 금리인하를 요구할 수 있는 경우는 다음과 같다(은행법시행령 제18조의4 제1항).
1. 개인이 신용공여 계약을 체결한 경우: 취업, 승진, 재산 증가 또는 신용평가등급 상승 등 신용상태의 개선이 나타났다고 인정되는 경우
2. 개인이 아닌 자(개인사업자를 포함한다)가 신용공여 계약을 체결한 경우: 재무상태 개선 또는 신용평가등급 상승 등 신용상태의 개선이 나타났다고 인정되는 경우

비용은 자신의 부담이다. 은행여신거래기본약관 제4조는 채무자가 채무불이행에 따라 발생하는 비용을 부담하도록 하여 위 ③의 비용에 관하여 규정하고 있다. 또한 표준약관인 근저당권설정계약서[66] 제8조는 근저당권 설정과 관련된 비용부담을 상세히 정하고 있다.[67]

종전 근저당권설정계약서는 근저당권 설정과 관련하여 발생하는 각종 세금과 비용을 채무자, 설정자, 채권자 중 누가 부담할 것인지를 선택하도록 하는 조항(=선택형 부담조항)을 두고 있었고, 이 조항이 약관규제법상 무효인지 여부가 다투어졌으나, 대법원은 "선택형 부담조항을 폐지하고 개정 표준약관에 대한 사용권장 처분이 확정되었다는 사정만으로, 선택형 부담조항이나 이와 동일한 비용부담조항이 건전한 거래질서를 훼손하는 등 고객에게 부당하게 불이익을 주는 약관조항으로서 약관규제법 제6조 제1항에 의하여 무효가 되는 '신의성실의 원칙에 반하여 공정을 잃은 약관조항'에 해당한다고 보기에 부족"하다고 판시하였다(대법원 2014. 6. 12. 선고 2013다214864 판결).

4. 대출계약과 금융규제

위 제2절에서 대출을 포함한 여신에 대하여는 은행의 건전성 확보, 대주주·경영자의 권한 남용 방지 및 금융거래 질서 유지를 목적으로 하는 여러 규제를 하고 있음을 살펴보았다. 대출계약의 내용은 공서양속·강행법규에 위반되지 않는 한 (약관에 반영된 경우에는 약관규제법에 위반하여 무효로 되지 않는 한) 적법·유효하다. 금융감독기관은 금융소비자 보호라는 금융감독정책 차원에서 적법성의 기준보다 더 높은 기준을 적용하고 있다. 그 예로 금융소비자보호법 제20조 제1항 제4호의 나에 규정된 중도상환수수료 부과 금지를 들 수 있다(☞ 위 제2절 Ⅲ. 1.). 그 밖에도 최근 수년간 금융감독기관이 대출과 관련하여 취한 조치의 예로는 (i) 주택담보대출의 기한이익상실 사유를 채무자에게 유리하게 완화하고(가계용), 은행의 담보물보충청구권의 행사요건을 강화하는(기업용·가계용) 등 은행여신거래기본약관을 개정하도록 한 사례,[68] (ii) 기한이익상실 우편통지 관행을 개선하도록 지

66) 공정거래위원회 표준약관 제10045호(2016. 10. 7. 개정).

67) 1. 국민주택채권매입비: 채무자 또는 설정자
 2. 등록세, 지방교육세, 등기신청수수료 및 법무사 수수료
  가. 근저당권 설정등기를 하는 경우: 채권자
  나. 근저당권 말소등기를 하는 경우: 채무자 또는 설정자
 3. 근저당물건의 조사 또는 감정평가 수수료
  가. 근저당권을 설정하기 위한 경우: 채권자
  나. 채무자의 채무불이행으로 인하여 근저당권을 행사하는 경우: 채무자 또는 설정자
 4. 기타 비용으로서 부담주체가 분명하지 아니한 비용: 채권자와 채무자 또는 설정자의 균분

68) 금융위원회 보도자료(2014. 3. 25.), "기한이익 상실 시기 연장 등 은행 여신약관 개정 시행".
 (i) 주택담보대출의 연체시 기한이익상실(가계용)

도한 사례,[69)] (iii) 대출기간 연장시 예·적금을 담보로 취득하고도 대출금리에 반영하지 않아 이자를 과다 수취했다고 보아 과다 수취 이자를 고객에게 환급하도록 지도한 사례,[70)] (iv) 기타 불합리한 대출관행의 개선[71)] 등을 들 수 있다.

제 4 절 국제 대출계약

통상적으로 국제 대출계약은, ① 개별 대출의 내용(대출조건, 대주의 수익 보장 등)에 관한 조항, ② 진술보장/확약/기한이익상실에 관한 조항과 ③ 기타 일반조항(boilerplate claus-es)으로 구성된다. 이 조항들에는 영미법에 따른 계약에서 사용되는 조항들이 많이 있지만, 한국법을 준거법으로 기업자금을 대출하는 계약(특히, 신디케이티드 대출계약)에서도 위 조항들을 개별 거래에 맞게 일부 수정하여 포함시키는 경우가 많다.

(개정전) 이자 등 연체시 약정일부터 1개월 경과(분할상환금 2회 연체)하면 기한이익 상실
(개정후) 이자 등 연체시 약정일부터 2개월 경과(분할상환금 3회 연체)하면 기한이익 상실
(ii) 주택담보대출의 연체시 기한이익상실 전 사전통지기간 연장(가계용)
(개정전) 사전통지가 기한이익 상실일 전 3영업일까지 도달하여야 함
(개정후) 사전통지가 기한이익 상실일 전 7영업일까지 도달하여야 함
(iii) 은행의 담보물보충청구권 행사요건 강화(가계용·기업용)
(개정전) 담보가치 하락시 고객의 책임 불문하고, 대출기간 중 추가 담보제공 요구가능
(개정후) 고객 귀책사유로 신용악화·담보가치 감소가 현저하면 추가 담보제공 요구가능

69) 금융감독원 보도자료(2013. 12. 30.), "은행의 대출 기한이익상실 우편통지 관행 개선". 금융감독원은 은행이 기한이익상실 예정사실을 우편으로 사전통지시 배달증명부 내용증명 우편으로 발송하고, "대출연체에 따른 기한이익상실 (예정)통지서" 등 통일된 명칭을 사용하고, 기한이익상실의 법적 의미, 대출이자 미납금액, 기한이익상실 예정일, 원금에 대해 연체이자를 부과한다는 사실, 연체기간별 가산이자율, 연체이자금액(일/월별) 등을 상세히 안내하도록 지도하여 업무관행을 개선하였다고 보도하였다.

70) 금융감독원 보도자료(2013. 2. 8.), "은행, 예적금 담보 취득 후 깎아주지 않은 대출이자 돌려준다"; 금융감독원 보도자료(2013. 6. 17.) "은행 과다수취 대출이자 240억원, 고객에게 돌려준다". 금융감독원은 은행이 대출기한 연장 전후에 예·적금을 담보로 취득하여 금리인하 요인이 발생하였는데도 이를 대출금리에 적절히 반영시키지 않아 이자를 과다하게 받았다고 하여 과다수취 이자를 대출고객에게 환급하도록 지도하였다. 그러나 대출 기한을 연장할 때 담보를 취득하였다고 하여 반드시 대출금리를 인하해야 한다고 볼 것은 아니다. 만약 은행이 기존 대출의 기한 연장 여부를 결정할 때 채무자의 신용상태가 악화되어 담보를 취득하였다면 대출금리 결정시 담보취득와 신용악화 두 요소가 모두 고려되어야 한다.

71) 금융감독원 브리핑자료(2016. 5. 26.), "여신관련 불합리한 관행 개선 및 소비자 불편 해소 방안".

Ⅰ. 대출조건

1. 대출의무

대주는 대출계약의 조건에 따라(특히, 후술하는 대출실행의 선행조건 충족을 조건으로 하여) 약정된 금액을 차주에게 대출할 의무를 부담한다. 대주가 대출의무를 부담하는 것에 대한 대가로 차주는 대주에게 후술하는 바와 같이 약정수수료를 지급한다. 이와 같이 차주가 약정수수료를 지급하는 경우, 차주는 대출계약상 반드시 대출금을 인출할 의무를 부담하지는 않는다. 인출기간 동안 또는 지정된 인출일에 차주가 대출금을 인출하지 아니하면 미인출금액에 대한 대출의무는 소멸한다.

(1) 대출의무의 불이행

대주가 대출의무를 불이행한 경우, 차주가 어떠한 구제수단을 갖는지는 대출계약의 준거법에 의한다. 한국법상으로는 대주의 대출의무 불이행이 있는 경우 차주는 해당 대주를 상대로 대출금의 지급을 청구하는 소를 제기할 수도 있고, 대출계약을 해제하고 손해배상을 청구할 수도 있다. 그러나, 대출금 지급청구의 소에 대한 승소판결을 받을 때까지 시간이 많이 소요될 것이므로 손해배상청구가 현실적인 구제수단이 되는 경우가 대부분일 것이다. 대출계약의 준거법이 한국법인 경우, 대주의 대출의무는 금전채무에 해당된다고 할 것이므로 민법 제397조에 따른 금전채무불이행에 대한 특칙이 적용된다. 차주가 대출채무를 불이행한 대주에 대하여 민법 제397조 제1항의 법정이율 또는 약정이율에 의한 손해배상액을 초과하여 손해배상을 구할 수 있는가? 대법원 2002. 10. 25. 선고 2002다21769 판결은, 대주(금융기관)의 아파트분양대금(중도금) 대출의무의 불이행에 따른 손해배상의 범위에 관하여, 차주가 부담한 위약금(분양계약의 해제로 분양대금의 10%가 몰취됨) 및 차주가 대주 및 제3의 금융기관에 대하여 지급한 대출 이자금액(이행이익 한도 내에서의 신뢰이익)의 손해배상을 인정하였다.[72)]

(2) 신디케이티드 대출과 대출채무의 개별성

신디케이트 대출의 경우에는 복수의 대주가 차주에게 대출을 제공하지만 대출계약상 각 대주의 대출의무는 개별적·독립적이다. 즉, 어느 한 대주가 대출의무를 불이행하더

---

72) 매매대금채무 불이행으로 인한 손해배상의 범위에 관한 대법원 1991. 10. 11. 선고 91다25369 판결도 긍정설을 취한 것이라고 할 수 있다.

라도 대리은행이나 다른 대주들이 대신 대출할 의무를 부담하는 것은 아니다(☞ 제4장 제1절 Ⅲ. 신디케이티드 대출의 법적 성질). 따라서, 차주의 입장에서는 정해진 기일에 차질 없이 예정된 대출금액 전액을 대출받기 위해서 신용도가 높은 금융기관들이 대주단에 참여하는 것이 바람직하다. 2008년 글로벌 금융위기를 겪는 과정에서 대주들의 신용도에 대한 우려가 높아지면서, 대주단 중 일부 대주가 대출을 하지 못하는 경우 차주가 다른 대주로부터 대출을 받을 수 있는 안전장치를 미리 대출계약에 반영해 두는 경우도 생기고 있다.[73)]

2. 대출금의 용도

대출계약에는 대출금의 용도(예컨대, 운영자금, 주식인수대금의 지급, 다른 대출의 상환 등)를 규정한다. 차주에 대하여 대출금을 정해진 용도에 따라 사용할 의무를 명시적으로 부과하는 경우도 있고, 그렇지 아니한 경우도 있다. 대주의 입장에서 보면, 범죄수익의 은닉, 자금세탁 방지 등 자금의 출처나 사용에 대한 법령상의 규제가 강화되고 있으므로 대출금의 용도 준수를 차주의 의무로 명시하는 것이 바람직할 것이다. 이 경우, 차주가 대출금을 다른 용도로 사용한 경우에는 채무불이행이 된다. 대주는 많은 경우 차주가 실제로 대출금을 어디에 사용하는지를 사전에 통제할 수 없는 입장에 있기 때문에, 대출금이 실제로 용도에 부합되게 사용되었는지에 관하여 대주의 감시의무가 없음을 대출계약서에 규정하는 것이 일반적이다.

3. 대출의 실행과 선행조건

(1) 인출요청

대출금의 인출기간(availability period 또는 commitment period) 중에 차주가 대주(신디케이티드 대출의 경우에는 대리은행)에게 인출요청을 하고 대출실행의 선행조건을 충족하게 되면 대주(신디케이티드 대출의 경우에는 대리은행)가 차주의 은행계좌에 대출금을 송금함으로써 대출의 실행이 이루어진다. 대출실행은 인출기간 동안 1회 또는 수회 분할하여 인출

73) 미국에서는 대출을 못하는 대주를 제외한 다른 대주들로부터 단기대출(swing-line credit)을 받을 수 있도록 미리 약정을 맺어 두거나 신용장(letter of credit)을 발급받는 등 대처방안을 강구하는 경향이 생겼다고 한다{Josenhans(2010)}. 영국의 Loan Market Association(이하, "LMA")에서도 2009. 6.경부터 대출의무를 불이행한 대주를 다른 대주로 대체할 수 있는 근거 조항들을 신디케이티드 대출계약서의 표준양식에 추가하였다{Wright(2024), pp. 71-72}.

할 수 있다. 특정일에 인출이 일어날 것으로 정해져 있는 경우에는 인출기간 대신에 인출일(availability day)을 구체적으로 명시하는 경우도 있다. 차주가 일단 대출금의 인출요청을 하면 그 후에 이를 취소하는 것은 허용되지 않는다. 인출요청을 한 후에 선행조건의 불충족으로 대출이 실행되지 못할 경우, 차주는 대주의 자금조달 비용 손실을 보전해야 한다.

(2) 대출실행의 선행조건

가. 선행조건의 내용

대출실행의 선행조건(conditions precedent)이라 함은 차주가 대출금을 인출하기 위하여 사전에 충족하여야 하는 조건이다. 일반적으로 선행조건은 ① 정해진 서류 및 증빙이 제출될 것, ② 차주의 진술보장이 진실할 것과 ③ 기한이익상실 사유(기간의 경과, 통지, 대주의 결정 등에 의해 기한이익상실 사유로 될 수 있는 불이행 사유 포함)가 존재하지 않을 것으로 구성된다. 서류 및 증빙으로는, 차주의 내부수권에 관한 증빙자료(이사회의사록 등), 외환인증 등 정부인허가의 증빙자료, 담보 제공 서류, 최근 재무제표, 차주 대표자의 확인서{서류 및 증빙의 진정성, 진술보장 및 확약의 준수, 불이행(Default) 사유의 부존재 등에 관한 사항}, 대출금인출요청서(request for drawdown), 대출계약의 유효성 등에 관한 변호사의 법률의견서(legal opinion) 등을 들 수 있다. 일반적으로 대주들의 자금조달(funding)에 필요한 시간을 고려하여 대출금 인출예정일 이전의 일정한 날짜(예컨대, 3 내지 5 영업일 전)까지 선행조건이 충족되도록 하고 있다. 선행조건은 대출금 인출 시까지도 계속하여 충족될 것이 요구된다.

나. 선행조건의 효력 및 판단 주체

신디케이티드 대출의 경우, 선행조건의 충족 여부에 관하여는, 각 대주의 개별 판단에 의하는 방법, 다수 대주 또는 대주 전원의 판단에 의하는 방법과 대리은행의 판단에 의하는 방법이 있을 수 있다. 우리나라 국내거래에서는 일반적으로 선행조건 충족 여부에 관한 판단은 대리은행이 하는 것으로 규정하고 있다. 선행조건의 일부가 충족되지 않았음에도 대리은행의 판단에 따라 대출이 실행된 이상, 대출이 무효로 되는 것은 아니고 대출채권 자체는 유효하게 존재한다고 보아야 할 것이다. 다만, 선행조건의 불충족 사유가 대출계약상 기한이익상실 사유에 해당하고 그 사유가 대출실행 후에도 치유되지 않고 계속되는 경우에는 기한의 이익이 상실될 수 있다. 대리은행의 판단에 오류가 있었을 경우, 경우에 따라 대리은행은 대주들에 대하여 손해배상책임을 질 가능성도 배제할 수 없을 것이다. 대리은행은 법적 문제에 관한 사항은 변호사의 법률의견에 의존할 수 있는 것으로 한다.

다. 후행조건

대출금 인출 전에 갖추기 어려운 조건으로서 특별히 그 충족 시기에 관하여 정할 필요가 있는 경우에는 이를 후행조건(conditions subsequent)으로 규정하는 경우가 있다. 후행조건에 관한 규정은 확약 조항이라고 할 수 있고, 이에 위반하는 경우 기한의 이익이 상실될 수 있다.

4. 원리금 및 수수료

(1) 원금 상환

원금 상환에 관하여는 만기 전액상환(repayment in one lump sum), 분할상환(repayment in installments) 등 당사자 간 합의에 따른 상환방법을 규정한다. 대출계약이 정하는 바에 따라 원금은 그 전부 또는 일부가 기한 전에 상환될 수도 있다. 기한 전 상환은 자발적 조기상환과 의무 조기상환으로 나눌 수 있다. 많은 경우, 차주가 자발적 의사에 따라 기한 전의 정해진 날(예컨대, 이자지급기간의 말일)에 조기상환을 할 수 있도록 허용한다. 이 경우 대주의 일실이익에 대한 보상으로서 조기상환수수료를 지급하는 경우도 있다. 아래 Ⅱ.에서 보는 바와 같이, 대주의 수익을 보장하기 위하여 차주가 추가 지급을 해야 할 일정한 경우, 추가 지급을 원하지 않는 차주는 대출금을 조기상환할 수 있다.

한편, 대출의 유지가 위법하게 되는 경우에는 해당 대주의 대출에 대하여는 이자기간의 말일(또는 대주가 지정한 그 이전의 날)에 조기상환이 강제된다.[74] 차주의 채무불이행으로 인하여 기한의 이익이 상실되는 경우에도 차주는 기한 전에 원금을 의무적으로 상환하여야 한다. 통상 기한부 대출(term loan)의 경우에는, 만기상환 또는 조기상환에 의하여 상환된 금액만큼 대주의 대출약정액이 확정적으로 감소하고 이를 다시 차입할 수 없는 것으로 규정한다.

74) 영국 LMA의 "Multicurrency Term and Revolving Facilities Agreement incorporating Term SOFR for use in Investment Grade transactions" 양식(2023. 10. 26.) (이하, "LMA 표준대출계약서") 10.1조; Wright(2024), p. 165. 차주는 일정한 요건을 갖춘 기관에게 해당 대주의 대출채권을 전부 양도할 것을 요청할 수도 있다{동계약서 10.7조(d)}.

(2) 이 자

가. 달러화 대출

유로달러 금융의 적용금리에는 고정금리(fixed interest rate)와 변동금리(floating interest rate)가 있다. 고정금리는 채권자의 자금조달비용(funding cost)과 관계없이 만기까지 이자율이 고정되는 것을 말한다. 변동금리는 채권자의 자금조달 비용(funding cost)에 해당하는 기준금리에 채권자의 총수익(gross profit)에 해당하는 가산금리(margin 또는 spread)를 더하여 정해진다. 가산금리는 채무자의 신용도 등을 고려하여 당사자 간의 협상을 통해 정하게 되는데, 확정된 후 변동되지 않는다. 통상 100분의 1퍼센트에 해당하는 basis point 단위로 표시한다. 기준금리는 해당 이자기간(예컨대, 1개월, 3개월 또는 6개월)마다 변동하므로 변동금리에서는 바로 이 기준금리의 변동에 의해 이자율이 변동되는 것이다. 신디케이트 대출의 경우 일반적으로 변동금리를 이용하고 있고, 사채 중에서는 FRN(Floating Rate Note; 변동금리부사채)이 변동금리를 이용하는 대표적인 상품이다.

유로달러의 경우, 변동금리의 기준금리로는 그동안 LIBOR(London Inter-bank Offered Rate; 런던 은행간금리)가 이용되어 왔고, "LIBOR+margin"으로 금리가 정해졌다. 이자기간에 맞추어 1개월물 LIBOR, 3개월물 LIBOR, 6개월물 LIBOR 등을 이용했었다. "LIBOR"라 함은, 런던의 은행간 금융시장에서 일류은행들이 다른 은행들에게 유로달러 예금을 단기간 대여하는 데에 적용하는 금리들(즉, offer quotes)의 평균금리를 말한다. 과거에는 해당 이자기간(예컨대, 3개월, 6개월)마다 적용할 이자율을 통보해야 하는 이자율 고시은행(Reference Bank)을 복수로 지정하여 각 고시은행으로부터 통보받은 금리를 산술평균하여 적용하였으나, 후기에는 Thomson Reuters screen 등 정보통신서비스에서 제공하는 LIBOR를 이용하였다.

2012년 밝혀진 LIBOR 조작 사건[75]을 계기로 LIBOR 산정 및 관리는 영국의 금융영업행위감독청(FCA: Financial Conduct Authority)의 감독을 받게 되었다. 영국 FCA는 파운드, 유로, 스위스프랑, 엔화 LIBOR와 미달러화 1주일물과 2개월물 LIBOR는 2021년 말까지, 나머지(1일, 1개월, 3개월, 6개월, 12개월물) 미달러화 LIBOR는 2023년 6월 말까지만 산출되고 그 이후에는 LIBOR가 금융시장에서 퇴장하는 것으로 발표하였다.[76] 실제 그 발표대로 2023년 6월말로 1일물과 12개월물 미달러화 LIBOR는 영구히 중지되었고 1개월, 3개월, 6

75) 김도형(2013), 101-114쪽. Enrich(2017)은 LIBOR 금리 조작이 실제 어떤 방법으로 이루어졌는지를 생생하게 묘사하였다.

76) FCA Press Release, "Announcements on the end of LIBOR"(published 05/03/2021).

개월물 미달러화 LIBOR는 합성(synthetic) 방식으로 산정하여 2024년 9월까지 고시되는 것으로 되었다.[77] LIBOR가 퇴장함에 따라 각국은 LIBOR를 대체하는 기준금리로 자국통화 관련 무위험지표금리(RFR, Risk-Free Reference Rate, 무위험 투자로부터 기대할 수 있는 이론적 이자율)를 마련하였다.[78]

나. 이자의 지급

고정금리부대출의 경우에는 대출계약에서 정해진 날(예컨대, 매 6개월 또는 1년)에 지급하도록 한다. 변동금리부대출의 경우에는 일반적으로 대주의 자금조달 만기에 맞추어 각 이자기간의 말일에 이자를 지급하도록 한다.

(3) 수수료

가. 약정수수료

대주가 대출의무를 부담하는 것에 대한 대가로 차주는 대주에게 약정수수료(commitment fee)를 지급한다. 차주는 약정수수료를 지급하기 때문에 대출계약상 대출금을 인출할 의무를 부담하지는 않는다. 인출기간 동안 차주가 대출금을 인출하지 아니하면 대주의 대출의무는 소멸한다. 일반적으로 약정수수료의 금액은 대출계약 체결일로부터 대출금 인출기간의 종료일까지(그 전에 대출약정액이 전액 인출된 경우에는 전액 인출된 날까지) 미인출금액에 대하여 일정한 비율을 곱하여 경과일수에 따라 산정되고 정기적으로 지급된다.

나. 주선수수료와 대리수수료

신디케이티드 대출에서는 각 대주에게 위의 약정수수료를 지급하는 외에, 간사은행에게는 주선수수료(arrangement fee)를, 대리은행에게는 대리수수료(agency fee)를 지급한다. 대리수수료와 주선수수료는 대리은행과 주선은행 입장에서는 대외비 정보이므로 별도의 수수료약정서(fee letter)에서 따로 정하는 경우가 많다. 이 경우에도 수수료약정서에 따른 대리수수료 및 주선수수료의 지급의무(금액을 제외한)의 존재는 대출계약서에도 언급이 되는데, 그 이유는 차주가 담보를 제공하는 경우 그 담보의 피담보채권에 포함시킬 필

---

77) FCA News, “The US dollar LIBOR panel has now ceased”(published 03/07/2023).

78) 국내의 대처에 대해서는 금융위원회 등 보도자료(2021. 12. 24.), “리보 산출중단 관련 대응 현황 및 향후 계획”. 미국에서는 2022. 3. 15. “Adjustable Interest Rate (LIBOR) Act”가 포함된 “Consolidated Appropriations Act, 2022”가 발효되어 연방준비제도이사회가 정하는 지표금리가 기존 계약상 LIBOR를 대체하도록 하였다. 그 지표금리는 뉴욕연방준비은행이 발표하는 SOFR (Secured Overnight Financing Rate)에 기반을 두고 있다. 영국 파운드화에 대해서는 영란은행이 Sterling Overnight Index Average (SONIA)를 발표한다. 한국 원화에 대해서는 예탁결제원이 KOFR을 고시한다.

요가 있고, 수수료 지급의무를 이행하지 아니할 경우 대출계약서상의 채무불이행 사유에 해당되도록 할 필요가 있으며, 대리은행과 간사은행 입장에서는 참여은행들과의 사이에 이 수수료가 공개되지 아니한 수익으로서 다른 참여은행들에 분배할 의무를 부담하게 될 위험을 해소하기 위한 것이다.[79)]

5. 보증·담보의 제공

대출계약상 차주의 채무에 대한 보증에 관하여는 별도의 보증서에서 그 조건을 따로 규정할 수도 있고, 대출계약서에서 이를 함께 규정하는 경우도 있다. 국내 금융기관의 경우에는 일반적으로 별도의 보증서에 의하는 것으로 보인다.

국제 대출거래에 이용되는 보증서에 따른 보증인의 채무는 대체로 다음과 같은 특징을 갖는다. ① 보증인은 차주와 연대채무를 부담한다. ② 차주의 채무가 무효가 되더라도, 보증인의 채무는 차주의 채무와는 독립적인 주된 채무(independent and primary obligation)를 구성하고 보증인은 대주가 대출거래와 관련하여 입은 모든 손해와 손실을 보전할 의무(일종의 손해담보의무)를 부담한다. ③ 대출거래와 관련하여 현재 또는 장래의 차주의 채무를 보증하는 계속적 보증(continuing guarantee)이다. ④ 차주의 채무가 전액 변제될 때까지는 보증인은 대주의 권리에 대위하거나 차주에 대하여 구상권을 행사할 수 없다(대주의 채권에 대한 후순위화). 대출실행의 선행조건, 진술보장, 확약, 기한이익상실 등에 관한 계약조항은 차주 및 대출계약서에 관한 사항뿐만 아니라 보증인 및 보증서에 관한 사항도 규율한다.

물적 담보로는, 부동산 근저당권(또는 부동산 담보신탁)이 선호되고 있고, 동산·유가증권 또는 채권(물적 담보로 제공된 재산에 관한 보험금청구권 포함)에 대한 질권 또는 양도담보권도 이용된다. 신디케이티드 대출에서의 담보의 제공 및 관리에 관하여는 제4장에서 따로 살펴본다(☞ 제4장 제4절 Ⅱ. 1. 신디케이티드 대출의 담보구조).

Ⅱ. 수익보장

변동금리부 대출의 경우, 대주의 수익은 '기준금리+이윤(가산금리, margin)'으로 구성된다. 따라서, 시장혼란(market disruption), 법규 변경 등 대출계약 체결 후의 사정변경

---

79) Wright(2024), p. 184.

으로 인하여 자금조달 비용이 높아지거나 추가 비용을 부담하게 됨으로써 대주가 예정한 수익을 얻지 못할 위험이 내재되어 있다. 대출계약상 그러한 위험을 대주가 부담하기로 하는 경우에는, 그 위험이 현실화되었을 때 대주는 대출채권을 제3자의 기관에게 매각해야 하는 부담을 갖게 될 것이다. 반면에, 그러한 위험이 차주에게 전가된다면, 그 위험이 현실화되었을 때 차주가 다른 금융회사로부터 신규 차입을 하여 기존 대출금을 대환(refinancing)하여야 할 부담을 갖게 된다. 국제 대출계약에서는 위와 같은 대주의 위험을 차주에 전가하고 대주가 본래 예정한 수익이 그대로 유지될 수 있도록 합의된 기준금리 또는 약정금리의 인상, 자금조달비용 관련 손실의 보전, 일정한 사정이 발생할 경우 차주에 대한 추가지급 의무 부과 등을 규정한다. 이러한 조항들을 "대주의 수익보장(yield protection) 조항"이라고 한다.

1. 자금조달비용의 상승과 대체이자율

LIBOR가 폐지되기 전의 국제 대출계약에서는, ① 해당 이자기간에 대한 기준금리가 대출계약서에 정해진 방법으로 정해지지 못하는 경우 또는 ② 해당 이자기간 동안 대주(신디케이티드 대출의 경우에는 대출액 기준으로 일정 비율 이상의 대주들)가 자금을 조달하는 비용이 대출계약상의 기준금리를 초과하게 될 경우, 미리 정해진 협상기간 내(대체로 30일 이내)에 차주와 대주(신디케이티드 대출의 경우에는 대주 전원의 동의를 얻은 대리은행) 간에 합의되는 새로운 기준금리에 따라 결정되는 대체이자율(substitute rate of borrowing)을 적용하기로 약정하였다.[80] 이 협상기간 내에 대체이자율에 관하여 합의가 안 될 경우, 차주는 대주(신디케이티드 대출의 경우에는 다수 대주 또는 각 대주)의 조달금리를 반영하는 이자율에 따라 해당 이자기간 동안 발생한 이자금액을 지급하는 것으로 하되, 차주가 원하는 경우 조기상환수수료 없이 대출금 전액을 조기상환할 수 있도록 하는 것이 보통이었다.[81]

위의 대체이자율 조항은 본래 시장혼란(market disruption)으로 인하여 대주들이 유로달러 시장에서 자금을 제대로 조달할 수 없는 상황에 대처하기 위하여 마련된 것이었는데, 금융위기 등을 겪으면서 그 내용이 보완되어 왔다. 위 ①의 경우에는 그 자체로 시장혼란, 즉 은행간 대출시장이 제대로 기능하지 못한다는 사정이 드러나 있다고 할 수 있다. 그런데, 위 ②의 경우에는 실제 조달금리의 상승이 시장 문제로 인한 경우

80) LIBOR 폐지 전에 이용된 LMA의 Multicurrency Term Facility Agreement 양식, 11.1조부터 11.4조.
81) 이미현·최승훈(2009), 14쪽.

뿐만 아니라, 해당 대주의 신용저하로 인한 경우도 포함될 수 있도록 넓게 규정되어 있다.[82)83)]

위 ②의 조항에 대하여는 SOFR 등의 RFR은 대주의 자금조달비용을 반영하는 것은 아니므로 RFR을 기초로 이자율을 정하는 국제 대출계약에서는 위 ②의 조항의 필요성은 없어지게 된 것이라는 지적도 있다.[84)] 그러나, LIBOR 폐지 후에도 실무에서는 대출계약상 위 ① 및 ②의 조항을 포함하여 실질적으로 거의 동일한 내용으로 유지하되, 대체이자율은 대주(또는 일정 금액 비율 이상의 다수 대주들)의 실제 자금조달비용을 그대로(또는 가중평균하여) 해당 개별 대주(또는 모든 대주들)에 대해 적용하는 것으로 보인다.[85)]

신디케이티드 대출의 차주의 입장에서는 위 조항이 시장 문제가 아닌 대주의 신용저하로 인한 자금조달비용 상승 시에 적용될 여지를 낮추기 위하여 위 조항 발동에 필요한 대주들의 비율을 합리적으로 높게 정하거나,[86)] 해당 대주를 자금조달 비용에 문제가 없는 다른 대주로 대체할 수 있는 권리를 확보하는 방안 등을 고려할 수 있을 것이다.[87)]

2. 조기상환 등에 따른 자금조달 관련 손실의 보전

변동금리부 대출에서 차주가 이자기간의 말일 이전(즉, 이자기간 중)에 원금을 조기상환할 경우(선택적 조기상환, 의무적 조기상환, 기한이익상실에 의한 기한 전 상환 등) 또는 대출 실행 예정일에 차주의 귀책사유로 대출이 실행되지 못할 경우 대주는 자신이 조달한 해

82) Slaughter and May(2014), pp. 10-11; Wright(2024), p. 182.

83) 1990년대에 활발히 유로달러 대출을 하던 일본계 은행들은 그 무렵 신용저하로 인하여 은행간시장에서의 조달금리(LIBOR)가 대출계약상의 기준금리(LIBOR screen rate)를 초과하게 되었다. 그러나, 대출계약에는 시장혼란과 관련하여 위 ①의 조항만 두고 있었기 때문에, 차주에게 이자율 인상을 요구할 수 없었다. 일본계은행들은 손실을 무릅쓰고 LIBOR screen rate에 가까운 금리로 자금을 조달할 수 있었던 제3의 기관에게 대출채권을 매각할 수밖에 없었는데, 이를 계기로 LMA 표준대출계약서에 위 ②의 조항이 신설되었다{Wright(2024), p. 181}. 우리나라의 경우에도, 1997년 IMF 경제위기로 인하여 국내금융기관의 자금조달비용이 크게 상승하여 대출거래에서 역마진이 발생하게 된 적이 있었다. 이러한 국내금융기관의 자금조달비용 상승은 은행간시장의 혼란으로 인한 것은 아니었고 IMF 경제위기에 따른 우리나라 및 국내금융기관의 신용도 하락으로 인하여 국내금융기관이 자금조달 시에 지급하는 가산금리(margin)가 폭등하였기 때문이었다. 이러한 사정으로는 그 당시 관련 대출계약에 사용되었던 대체이자율 조항을 발동시키기에는 충분하지 않았던 것으로 보인다. 이에 관한 상세한 내용은 이미현·최승훈(2009), 15쪽; 한국산업은행 법무실(2007), 78-79쪽.

84) Wright (2024), pp. 35-36.

85) LMA 표준대출계약서 13.1(Changes to the calculation of interest), 13.3조(Market disruption), 13.4조(Cost of funds); Wright (2024), pp. 181-183.

86) Wright(2024), p. 183. 연혁적으로 대체로 금액 기준으로 대출금액의 50% 이상을 요건으로 하였으나 35%로 하는 거래도 많았다고 한다{Slaughter and May(2014), p. 11}.

87) LMA 표준대출계약서 1.1조("Breakage Costs"), 3.5조, Schedule 14.

당 자금의 만기(해당 이자기간의 말일)까지 다른 용도로 자금을 재활용하여야 한다. 만일 대주가 원래의 대출조건보다 낮은 이자율로 자금을 재활용하게 되는 경우 자금조달의 조기종료에 따른 손실(funding breakage cost)을 입게 되므로 대출계약에서는 차주로 하여금 그 손실을 보전하게 하고 있다.[88] 대주의 손실을 산정하는 방법은 한 가지로 한정된 것은 아니지만, 대체로 대주는 조기상환으로 인하여 해당 조기상환액으로부터 당초 기대한 이익을 얻지 못할 경우 그 차액을 보전 받으려고 한다.[89]

3. 원천징수 세액의 추가지급 등

대주의 입장에서는 대출계약에 따른 소득(이자 및 수수료)에 대한 원천징수로 인하여 외국에서 세금이 납부되고 차주로부터 이자 또는 수수료 전액을 지급받지 못할 경우, 대출계약 체결 당시 예정한 수익을 얻을 수 없다. 따라서, 국제 대출계약에서는 대출의 이자, 수수료 등의 지급에 대하여 법인세 등이 원천징수되는 경우, 원천징수 후에도 대주가 원래 지급받을 수 있었던 금액을 전액 지급받도록 차주에게 추가지급 의무를 부담하게 하는 조항, 즉 원천징수 세액의 추가지급(tax gross-up) 조항을 예외 없이 포함시키고 있다.[90]

차주는 대출계약 체결 후에 원천징수 세액의 추가지급 의무를 새로이 부담하거나 더 크게 부담하게 되는 경우 위 추가지급 조항에 따라 조세당국에 추가 세액을 납부하여야 한다. 이 경우 차주는 이자지급기간의 말일(또는 차주가 원하는 그 이전의 날)에 해당 대주의 대출금 전액을 조기상환할 수 있다.[91] 그러나 대주가 변경되거나 대출채권이 양도됨으로써 차주가 원천징수 세액을 새로이 또는 추가로 지급하게 되는 경우 새로운 대주와

---

88) 다만, 대주가 금융소비자보호법에 따른 금융상품판매업자에 해당할 경우, 대출계약이 성립한 날로부터 3년 이내에 상환하는 경우, 다른 법령에 따라 중도상환수수료 부과가 허용되는 경우 및 동법시행령에서 정하는 경우를 제외하고는 해당 대주가 수수료, 위약금 또는 그 밖에 어떤 명목이든 중도상환수수료를 부과하는 행위는 금지된다(☞ 위 제2절 Ⅲ. 1.).

89) 이자기간 개시 전에 정해지는 '기간물 이자율(forward looking term rate)'(예: CME Term SOFR)(LMA 표준대출계약서 1.1.조는 Term Reference Rate라는 용어로 정의함)을 이자기간 전체에 대해 적용한 경우에는, 이자기간 중 조기상환이 발생하면 대주에게 미경과 이자기간 동안 적용되었을 적용이자율과 조기상환시의 미경과 이자기간에 대한 시장이자율의 차이에 따라 조달비용(또는 기대수익) 대비 손실이 발생할 수 있다. 그러나 이자기간 중 매영업일마다 '익일물 RFR(backward looking RFR)'(LMA 표준대출계약서 1.1조는 Compounded Reference Rate라는 용어로 정의함)을 적용하여 이자를 산정하는 경우에는 이자기간 전체에 대한 적용이자율이 미리 정해지지 않고 실제 경과한 기간에 대하여 매일 이자율을 산정하게 되므로 자금조달의 조기종료에 의한 손실 발생을 정당화하기가 쉽지 않다{Wright(2024), p. 36}.

90) LMA 표준대출계약서 15.2조.

91) LMA 표준대출계약서 10.7조(a). 차주는 일정한 요건을 갖춘 기관(예컨대, 원천징수가 적용되지 않는 기관)에게 해당 대주의 대출채권을 양도할 것을 요청할 수도 있다(동계약서 10.7조(d)).

의 관계에서는 추가지급 의무를 부담하지 않는 것으로 정하는 것이 보통이다. 원천징수된 세액의 전부 또는 일부를 대주가 추후 자국에서 세액공제(tax credit)에 의하여 환급받는 경우, 동 금액을 차주에게 반환하기로 하는 조건을 붙이는 경우도 있다. 하지만, 세액공제의 대상이나 범위에 관하여는 대주에게 재량이 부여되어 있고, 실제로 해당 대출과 세액공제와의 연관성을 판단하기가 쉽지 않으며, 외국세액공제에 따른 세금 환급에 상당한 기간이 소요될 수도 있다는 점 등에 비추어 이러한 조항의 실효성은 크지 않은 것으로 평가되고 있다.[92] 또한, 국제금융거래에서 사용되는 대출계약서에는 원천징수 세액뿐만 아니라 대출거래와 관련되어 부가되는 다른 세금(대주에게 부과되는 일반 법인세는 제외)이 있는 경우 이를 차주가 부담하여야 함을 명시하는 경우가 많다. 이 경우에도 차주는 해당 대주의 대출금 전액을 조기상환할 수 있는 권리를 갖는다.[93]

4. 법령준수 비용의 보전

변동금리부 대출의 경우, 대출계약 체결 후 새로운 법규의 제정 또는 기존 법규의 변경(해석의 변경 포함)으로 인하여 대주(신디케이티드 대출의 경우에는 하나 또는 그 이상의 대주)에게 추가 비용이 발생하는 경우 이를 차주가 지급하도록 하는 계약조항을 둔다.[94] 차주는 이러한 추가지급 의무가 있음을 대주(신디케이티드 대출의 경우에는 대리은행)로부터 통보받는 경우 위 추가지급 조항에 따라 정해진 기간 내에 대리은행에게 그러한 추가지급을 하여야 한다. 차주는 원하는 경우 이자지급기간의 말일(또는 차주가 원하는 그 이전의 날)에 해당 대주의 대출금을 조기상환할 수 있다.[95] 그런데, 차주의 입장에서는 대주가 대출계약상 금리를 약정할 때 기존 법규상 어떠한 요소들을 그 전제로서 고려하였는지, 그리고 어떠한 새로운 요소들이 이 조항에 따른 비용 보전의 대상이 될 수 있는 것인지를 알기 어렵다. 대주의 입장에서도 법규의 변경과 수익률의 변동 간에 인과관계를 증명하기가 쉽지 않고, 대주에게 발생한 추가 비용 중 어느 정도가 해당 대출에 배정되어야 하는지도 판단하기가 쉽지 않다는 문제를 안고 있다.[96]

---

92) Wright(2024), p. 198; 이미현·최승훈(2009), 16쪽.

93) LMA 표준대출계약서 10.7조(a). 이 경우에도 차주는 일정한 요건을 갖춘 기관(예컨대, 추가비용이 발생하지 않는 기관)에게 해당 대주의 대출채권을 양도할 것을 요청할 수도 있다(동계약서 10.7조(d)).

94) LMA 표준대출계약서 16.1조(a).

95) LMA 표준대출계약서 10.7조(a).

96) Wright(2024), p. 209.

5. 이종통화의 지급에 따른 손실 보전

우리 법상 외화표시채무의 경우 채무자는 지급할 때에 있어서의 이행지의 환율에 의하여 원화로 지급할 수 있는 대용급부권을 갖는다(민법 제378조). 대법원 1991. 3. 12. 선고 90다2147 전원합의체판결에 의하면, 채무자가 대용급부권의 행사에 의하여 외화채권을 원화로 변제할 경우, 해당 외화금액에 상당하는 원화금액은 실제 지급시의 환율을 기준으로 산정한다.[97] 이 판례에 의하면 채권자에게도 대용급부청구권이 인정된다.

국제 대출계약에서는, 대출원리금 등의 지급통화가 특정 통화(예컨대, 미국 달러화)로 정해진 경우 이종통화의 지급으로 인하여 대주가 입는 손실의 보전에 관한 내용을 명시적으로 규정한다. 이에 의하면, 원칙적으로 모든 계산과 지급은 언제나 대출계약상 지정된 통화로 행하여져야 한다. 만일 판결 또는 그 밖의 이유로 다른 통화로 지급이 행하여진 경우에는, 그 금액을 통상의 은행업무 절차에 따라 즉시 지정 통화로 환산한 금액이 대출계약에 따라 지급하여야 할 지정 통화 금액에 미달하는 범위에서 차주의 지급의무는 면책되지 않는 것으로 한다. 즉, 판결이나 그 밖의 원인으로 인한 지급이 환전 결과 대출계약에 의한 지정 통화 금액에 미달할 경우에는 차주는 대주에게 그 차액을 따로 지급하여야 한다.

Ⅲ. 진술보장·확약·기한이익상실

국제 대출계약에서는 공통적으로 대출실행의 선행조건에 관한 조항과 함께 진술보장·확약·기한이익상실에 관한 조항을 두고 있다. 이들 계약조항의 내용에 따라, 대출계약 체결 후 대출의 실행, 유지 또는 상환에 부정적인 영향을 주는 사정이 발생함으로써 불이익을 입을 위험이 차주와 대주 간에 분배되게 된다. 차주의 입장에서는, 이들 계약조항은 대출계약 체결 후 차주의 사업 영위에 지속적으로 영향을 주는 내용이므로 대출계

97) 대법원 1991. 3. 12. 선고 90다2147 전원합의체 판결(채권액이 외국통화로 지정된 금전채권인 외화채권을 채무자가 우리나라 통화로 변제함에 있어서는 민법 제378조가 그 환산시기에 관하여 외화채권에 관한 같은 법 제376조, 제377조 제2항의 "변제기"라는 표현과는 다르게 "지급할 때"라고 규정한 취지에서 새겨 볼 때 그 환산시기는 이행기가 아니라 현실로 이행하는 때 즉 현실이행시의 외국환시세에 의하여 환산한 우리나라 통화로 변제하여야 한다고 풀이함이 상당하므로 채권자가 위와 같은 외화채권을 대용급부의 권리를 행사하여 우리나라 통화로 환산하여 청구하는 경우에도 법원이 채무자에게 그 이행을 명함에 있어서는 채무자가 현실로 이행할 때에 가장 가까운 사실심 변론종결 당시의 외국환 시세를 우리나라 통화로 환산하는 기준시로 삼아야 한다).

약 협상의 주요 대상이 된다. 반면에, 대주의 입장에서는 이들 계약조항은 차주의 정보 및 영업을 통제하면서 대출실행의 전후에 대주의 이익을 보호하는 데에 중요한 수단이 된다.

1. 진술보장

(1) 개 요

진술보장(representations and warranties) 조항은 특정 시점에 일정한 사실관계 또는 법률관계가 진실함을 차주가 확인하도록 하는 조항이다. 일반적으로 차주의 진술보장은 행위능력 및 내부수권에 관한 사항(차주 회사의 설립 및 존속, 내부수권 등), 대출계약의 적법성·유효성 및 집행가능성, 보증·담보의 유효성, 무담보대출채권의 경우 다른 무담보채권과 동일한 변제순위(pari passu ranking), 재무제표의 정확성(그 후 대출계약체결일까지 차주의 재무 또는 영업상 중대한 부정적 변경의 부존재 포함), 차주가 제공한 기타 정보의 정확성, 정관·법령 및 다른 중요 계약의 준수, 대출계약상 불이행(Default) 사유의 부존재, 대출계약의 체결 및 이행과 관련된 조세(원천징수 부존재 포함)에 관한 확인, 차주의 재산 및 영업에 관한 그 밖의 사항(중대한 분쟁의 부존재, 중대한 채무의 부존재, 중요 자산에 대한 소유권 및 보험 유지, 환경 관련 책임의 부존재 등)을 포함한다. 위 특정 시점은 주로는 대출계약의 체결일이 되나, 재무제표의 정확성과 같이 해당 서류의 작성일이 기준이 되는 경우도 있다. 또한, 대출계약의 체결일 기준으로 제공된 진술보장 중 대다수의 진술보장은 대출실행일, 각 이자기간의 초일 등 대출계약 체결일 이후의 시점을 기준으로 다시 반복되는 것으로 규정하는 것이 일반적이다.

(2) 진술보장의 기능

가. 대주와 차주 간의 위험배분

진술보장 조항의 기능은 특정 시점에 대출계약에 기술된 사실관계 또는 법률관계가 진실하지 아니할 위험을 차주에게 귀속시키는 것이다. 즉, 특정 시점에서의 진술보장 조항의 내용이 사실과 다름이 밝혀진 경우, 대출실행 전에는 선행조건의 불충족으로 되어 대주는 대출의무의 이행을 거절할 수 있고, 대출실행 후에는 기한이익상실 사유가 될 수 있다.[98] 따라서 진술보장 조항에 관한 협상에 있어서는, 진술보장 내용이 합리적인가의

98) 천경훈(2009), 85-86쪽.

문제보다는 그 내용이 사실과 다를 위험을 대주와 차주 중 누가 부담하는 것이 적절한가(예컨대, 진술보장 내용이 사실과 다를 경우에도 대주는 대출을 실행할 의무를 부담하여야 하는가)의 문제에 초점이 맞추어져야 한다.[99] M&A를 위한 주식매매계약에서는 진술보장이 계약체결 또는 거래종결(closing) 시점에 진실하지 아니한 경우, 거래종결 전이라면 선행조건의 불충족을 이유로 이행을 거절할 수 있고, 거래종결 후에 그러한 사실이 드러난 경우에는 이를 손해배상 사유로 정하는 것이 일반적이다.[100] 그러나, 대출계약에서는 진술보장 위반을 위와 같이 선행조건 불충족 또는 기한이익상실 사유로 정하고 있고 손해배상 사유로 정하지는 않는다. 진술보장의 위반 행위가 불법행위를 구성하는 경우, 계약책임과는 별도로 불법행위에 따른 손해배상책임을 물을 수 있겠으나, 진술보장 위반에 따른 대출계약상의 권리를 행사하는 것으로 충분하므로 굳이 불법행위책임을 따로 문제삼을 실익은 별로 없다.

나. M&A 계약의 샌드배깅 조항(sandbagging clause)과의 비교

M&A를 위한 주식매매계약의 경우에는 계약상의 진술보장을 가격 조정(price adjustment)의 문제로 보아, 특별한 사정이 없는 한 진술보장을 제공받은 상대방(주식매수인)이 진술보장이 제공된 시점에 그 내용이 사실과 다름을 알고 있었을 경우에도 진술보장 조항을 위반한 당사자(주식매도인)에 대하여 손해배상청구를 할 수 있다(이른바 샌드배깅).[101][102] 그러나, 대출계약에서의 진술보장은 대출의 실행·유지 및 상환에 관한 위험 배분의 문제이므로 대출거래에서 만일 대주가 차주의 진술보장 위반을 이미 알고 있었다면, 이를 이유로 나중에 대출실행을 거절하거나 기한의 이익을 상실시키는 것은 신의칙 위반에 해당되어 허용되지 않는다고 보아야 할 경우가 많을 것이다.

(3) 진술보장 범위의 제한

차주 입장에서는 사소한 사실관계나 법률관계로 인하여 채무불이행에 빠지지 않도록 진술보장의 범위를 제한할 필요가 있다. 예컨대, "중요한 점에서(in material respect)", "차주가 최대한 아는 범위 내에서(to the best of the Borrower's knowledge)", "대출계약서에 첨부된 공개목록에 기재된 사항을 제외하고(except as disclosed in the Disclosure Schedule)" 등의 문구를 넣음으로서 진술보장에 따른 위험을 차주가 용인할 수 있을 범위 내로 제한

99) Wright(2024), pp. 228-229.
100) 천경훈(2009), 87쪽.
101) 대법원 2015. 10. 15. 선고 2012다64253 판결, 대법원 2018. 7. 20. 선고 2015다207044 판결.
102) 샌드배깅에 관한 일반적인 논의는 이준기(2014), 18-31쪽.

하는 것이 바람직하다.

또한, 차주뿐만 아니라 차주의 주요 자회사에 관한 사항도 진술보장의 대상으로 삼는 경우가 많다. 차주의 입장에서는 이 경우 진술보장의 대상이 되는 자회사의 범위를 적절히 제한하는 데에 유의하여야 한다. 특히, 프로젝트금융이나 자산금융에 이용되는 특별목적회사(special purpose company: SPC)는 차주의 신용위험과는 절연되는 것이 원칙이므로 이러한 진술보장의 대상이 되는 자회사에서 제외시킬 필요가 있다.

(4) 진술보장의 반복

대부분의 진술보장 조항에서는 차주가 대출계약체결일 현재의 사실관계 또는 법률관계에 관하여 진술하는 것이다. 또한, 이러한 진술보장 중 대다수가 대출계약 체결 후에도 대출금 인출신청일, 대출실행일, 이자지급일(또는 이자기간의 초일) 등의 시점을 기준으로 동일한 내용으로 반복되는 것으로 규정된다. 차주의 입장에서는, 진술보장이 위와 같이 장래에 반복되는 것으로 규정되어 있는 경우에는 그 반복되는 시점에 해당 진술보장을 함으로써 그 진실성에 관한 위험을 부담할 수 있는 것인지, 그리고 진술보장의 반복시 대출계약의 다른 조항(예컨대, 기한이익상실에 관한 조항)을 차주에게 불리하게 변경하는 결과가 되지 않는지에 특히 유의할 필요가 있다.[103] 예컨대, 재무제표의 내용이 차주의 재무 및 영업의 결과에 관하여 그 작성일 현재 정확하고 그 후 대출계약체결일까지 차주의 재무 또는 영업에 중대한 부정적 변경이 없었음을 기술하는데, 이 내용을 대출계약 체결 후에도 위와 같이 반복하는 경우에는 후술하는 기한이익상실 사유로서의 '중대한 부정적 변경(Material Adverse Change)'의 범위를 확대하는 결과가 될 수도 있다. 또한, 대출계약에 따라서는, 반복되는 시점을 아예 특정하지 않고 진술보장의 내용이 대출기간 중에 계속 정확성을 유지하도록 할 것을 차주의 확약 사항으로 포함시키는 경우가 있는데, 이는 진술보장의 내용을 사실상 확약으로 변질되게 하는 것이다.

2. 확 약

(1) 개 요

차주의 확약(covenants; undertakings)은 어떠한 행위를 할 것을 약정하는 적극적 확약(affirmative covenants)과 어떠한 행위를 하지 않을 것을 약정하는 소극적 확약(negative covenants)으로 구성된다. 적극적 확약의 대표적인 예로는, 법인격 및 사업의 유지, 계약의

103) Wright(2024), pp. 231-235.

이행, 담보권의 유효성 유지, 정부인허가의 유지, 재무확약, 재무제표의 제공의무, 중요자산의 유지, 부보의무, 중대한 분쟁에 관한 통지의무, 대표자 변경 등 주요사항의 변경에 대한 통지 등을 들 수 있다. 소극적 확약의 대표적인 예로는, 담보제공, 채무부담, 신용공여, 현재 사업 이외의 사업 수행, 일정 규모 이상의 신규 투자, 정관변경, 지배주주의 지배권 변동, 기업재편(합병, 분할, 중요한 영업의 양수도 등 M&A, 중요 자산의 처분 등) 등의 금지·제한을 들 수 있다. 이러한 확약의 범위는 담보제공의 여부, 채무자의 신용도, 해당 대출의 목적 및 성격 등에 따라 차이가 있다. 진술보장의 경우와 마찬가지로 차주가 확약조항을 위반하면, 대출실행 전에는 선행조건의 불충족으로 대출실행이 거절될 수 있고, 대출실행 후에는 기한의 이익이 상실될 수 있다.

(2) 주요 확약 조항

가. 재무확약

재무확약(financial covenants)은 차주의 재무에 관하여 제한을 부과하는 조항이다. 재무확약의 대표적인 예로는, ① 이자비용과 대비한 최저 현금흐름의 수준(예: EBITDA÷지급이자), ② 현금흐름과 대비한 부채 규모(예: 차입금액÷EBITDA), ③ 설비투자의 규모 등에 관한 제한을 들 수 있다. 재무확약은 장래의 현금흐름을 주된 상환재원으로 하는 인수금융, 프로젝트금융 등에 관한 대출계약에 주로 포함된다.

나. 담보제공의 금지

담보제공금지(negative pledge) 조항은 대표적인 소극적 확약이다. 차주로 하여금 다른 채무의 채권자에게 장래에 담보 또는 담보와 유사하거나 그에 준하는 우선적인 대우를 제공하는 것을 금지함으로써 대주들이 자신의 대출채권이 채무자에 대한 장래의 채권과 실질적으로 동순위(pari passu)로 취급될 수 있도록 하기 위해 포함시키는 조항이다. 담보제공금지의 범위 및 그에 대한 예외를 어떻게 정할 것인지가 대주와 차주 간의 주된 협상 포인트가 된다. 자산의 진정양도에 의한 자산양도는 해석상 담보제공에 해당되지 아니하나, 이중상환청구권부채권(covered bond)에 대한 물상담보의 제공은 달리 예외 인정을 받지 않는 이상, 담보제공금지에 저촉될 것이다. 담보제공금지의 예외로는, 대출계약 체결 시 이미 제공되어 있는 담보, 근담보의 경우 채권최고액까지의 담보, 물건의 구매를 위하여 해당 물건에 설정되는 담보, 법률의 규정에 의하여 설정되는 담보권, 기존 담보부채무의 대환(refinancing) 시 기존 담보물 및 담보가액 범위 내에서 제공되는 담보, 담보가액의 합계가 일정한 금액을 초과하지 않는 범위 내에서의 신규 담보제공 등이 협상의 대상이 될 수 있다.

다. 자산유출, 구조조정 등의 제한

배당, 자기주식 취득, 자본금·자본준비금 감소, 차입·보증, 투자·대출, 자산양도·처분, 임원 보수, 기타 현금흐름에 중대한 영향을 미치는 사항(파생상품계약의 체결 등)에 대한 제한이 부과될 수 있다. 또한, 신주발행, 인수·합병, M&A 계약의 변경 등을 금지하는 조항이 포함되는 경우가 있다. 다만, 지배주주의 지배권 변동(change of control)은 소극적 확약 사항에 포함시키지 않고 의무조기상환 사유로 규정하는 예가 많다. 차주의 입장에서는, 이와 같이 자산유출이나 구조조정 등에 관한 제한은 차주의 영업에 중대한 영향을 주는 것이므로 제한의 대상 및 범위에 관하여 신중한 검토를 요한다.

3. 기한이익상실

(1) 개 요

대출계약상 "불이행 사유"로는, 원리금 등의 연체, 진술보장의 위반, 확약의 위반, 교차불이행, 정부인허가 취소, 담보의 효력 상실, 차주 또는 보증인에 대한 도산절차개시 신청 등을 들 수 있다. 그런데, 위 불이행 사유가 곧바로 기한이익상실(acceleration) 사유[104)]로 되는 것은 아니고, 치유기간(cure period)이 부여된 경우에는 치유기간을 그대로 도과한 때, 기준금액이나 중대성(materiality) 판단 등 일정한 요건이 부가되어 있는 경우에는 그 요건이 충족된 때에 한하여 기한이익상실 사유가 된다. 따라서, 기한이익상실에 관하여는, 불이행 사유의 치유 허용 여부 및 치유 기간, 일정한 기준금액의 설정, 중대성 기준의 적용 등이 주된 협상 포인트가 된다. 기한이익상실 사유는 불이행 사유의 중요도 및 그에 관한 당사자간 협상에 따라 ① 불이행 사유가 생기면 즉시 기한이익이 자동적으로 상실되도록 하는 자동상실(=정지조건부 기한이익상실) 사유와 ② 불이행 사유가 발생하면 대주(신디케이티드 대출의 경우에는 대리은행)의 통지에 의하여 기한이익이 상실되도록 하는 청구상실(=형성권적 기한이익상실) 사유로 구분된다.

104) 영문계약서에서는 기한이익상실 사유를 "채무불이행사유(Events of Default)"로 정의하고, 치유기간의 경과 등에 의하여 채무불이행사유를 구성하게 될 사유는 "불이행(Default)"라고 정의하는 것이 일반적이다. 여기서는 "불이행"과의 혼돈을 피하기 위하여 위 "채무불이행사유"를 "기한이익상실 사유"라고 지칭한다.

(2) 논란이 있을 수 있는 기한이익상실 사유

가. 교차불이행

교차불이행(cross-default)이라 함은, 차주의 다른 채무에 대하여 불이행 또는 기한이익상실이 발생하는 경우, 대주에 대한 차주의 대출원리금 채무에 대하여도 기한의 이익을 상실시킬 수 있도록 하는 조항이다. 이 조항은 대주가 위 다른 채무의 채권자와 같은 시기에 채권을 행사할 수 있게 하는 것으로서 국제 금융거래에서는 거의 예외 없이 포함된다. 다만, 이 조항이 차주에 대하여 불합리하게 넓게 적용되는 것을 피하기 위하여, 교차불이행의 적용 대상이 되는 채무를 적절히 제한하는 경우가 많다. 우선, 교차불이행의 적용 대상이 되는 채무의 범위를 '차입채무', '금전채무', '외화채무' 등으로 제한할 것인지가 협상의 대상이 될 수 있다. 이와 관련하여 파생상품거래상의 채무도 포함시킬 것인지도 고려 대상이다. 또한, 교차불이행의 적용 대상이 되는 '다른 채무'를 누적액 기준으로 일정 금액 이상인 경우로 제한하고, 다른 채무에서 단순한 불이행이 있는 때가 아니라 실제로 기한의 이익이 상실된 때로 제한하는 경우가 많다. 기한의 이익이 상실되었다고 하더라도 차주가 선의로(in good faith) 다투고 있는 경우는 제외할 것인지도 고려 대상이다.

나. 지배주주의 지배권 변동

대주의 동의 없이 차주에 대한 지배권의 변동(change of control)이 생기는 경우 이를 기한이익상실 사유로 삼을 수 있다. 그런데, 차주의 입장에서는 이러한 지배권 변동을 기한이익상실 사유로 규정하는 것보다는 의무조기상환 사유로 규정하는 것이 바람직하다. 지배권 변동은 대부분 차주 본인이 통제할 수 없는 사정인데, 이것이 기한이익상실로 이어질 경우, 위에서 본 교차불이행 조항에 의하여 다른 금융계약상의 채무에 관하여 기한의 이익이 상실될 위험이 있기 때문이다.

다. 중대한 부정적 변경

국제대출의 대출계약서에는 종종 어떤 식으로든지 '중대한 부정적 변경(Material Adverse Change: MAC)'를 기한이익상실 사유로 포함시키고 있다. 대출계약에서 장래의 모든 사정을 빠짐없이 규정할 수는 없는 것이므로 이 조항 역시 차주와 대주 간의 위험분배의 문제로서 다루어질 수 있다.

4. 선행조건/진술보장/확약/기한이익상실 조항들의 상호 관계

대주는 진술보장을 통하여 차주로부터 필요한 정보를 확인하고 대출계약을 체결할 유인을 갖게 된다. 선행조건/진술보장/확약/기한이익상실 조항들은 대출계약의 체결로부터 대출실행에 이르기까지의 단계뿐만 아니라 대출실행 후에도 상호 유기적으로 작용하면서 대주의 이익을 보호하는 수단이 된다. 대출실행 전 단계에서 진술보장 위반, 확약의 위반 또는 기한이익상실 사유(치유기간의 경과 등에 의하여 기한이익상실 사유가 될 수 있는 불이행 포함)가 있는 경우, 선행조건의 불충족으로 대출실행을 거절할 수 있다. 따라서, 이 조항들은 대출계약이 정하는 바에 따라 차주의 신용 또는 시장 여건에 부정적인 변동이 생길 경우 대주가 대출의무의 이행을 거절할 수 있도록 함으로써 대주의 위험을 사전적으로 통제하는 수단을 제공한다. 대출실행 후에는, 진술보장 위반, 확약의 위반 또는 기타 대출계약의 위반이 발생하고 이것이 기한이익상실 사유를 구성하는 경우, 대주는 만기 전에 대출채권 회수를 꾀할 수 있다. 따라서, 대출실행 후에도 차주 또는 시장 여건에 부정적인 변동이 생길 경우, 대주는 이들 조항에 의해 위험을 줄일 수 있다.

Ⅳ. 기타 일반조항

1. 경개 및 양도

대출금 인출 전 대주의 변경은 차주사의 동의를 받아 경개(novation) 방식에 의하고, 대출금 인출 후에는 차주에 대한 통지만에 의하여 대출채권을 양도할 수 있도록 하는 것이 일반적이다. 이 경우 차주는 대주의 변경으로 인하여 추가적인 조세나 비용의 부담이 생길 수 있다. 따라서, 차주로서는 경개나 양도에 의하여 대주가 변경되고 이로 인하여 차주에게 위와 같은 조세 또는 비용 부담이 늘어나는 경우에는 새로운 대주에 대하여 이에 대한 원천징수 세액 추가지급(tax gross-up) 의무와 면책·보상(indemnity) 의무를 지지 않는 조건을 포함시킬 필요가 있다.

2. 계약의 준거법

국제적 대출계약의 준거법은 영국법(English law) 또는 미국의 뉴욕주법으로 하는 경우가 많다. 당사자 간에 합의된 계약의 준거법에도 불구하고 우리나라 법원에서 재판이 이루어지는 경우, 아래와 같은 사항에 대하여는 국제사법의 규정에 따라 정해지는 법이 적용된다. 예컨대, 당사자의 내부수권행위(이사회결의, 위임 등)에 관하여는 법인의 설립 준거법에 따른다(국제사법 제30조). 채권의 양도인과 양수인 간의 법률관계는 당사자 간의 계약의 준거법에 따르되, 채권의 양도가능성(transferability), 채무자 및 제3자에 대한 채권양도의 효력은 양도되는 채권의 준거법에 따른다(국제사법 제54조 제1항). 채권·주식, 그 밖의 권리 또는 이를 표창하는 유가증권(무기명증권은 제외)을 대상으로 하는 약정담보물권은 담보대상인 권리의 준거법이 적용되고, 무기명증권에 관한 권리의 취득·상실·변경 및 무기명증권을 대상으로 하는 약정담보물권은 그 원인된 행위 또는 사실의 완성 당시 그 무기명증권의 소재지법에 따른다(동법 제35조, 제37조). 동산 및 부동산에 관한 물권 또는 등기하여야 하는 권리는 그 동산·부동산의 소재지법에 따른다(동법 제33조 제1항).

입법목적에 비추어 준거법에 관계없이 해당 법률관계에 적용되어야 하는 대한민국의 강행규정은 국제사법에 따라 외국법이 준거법으로 지정되는 경우에도 적용된다(동법 제20조). 여기서의 강행규정은 당사자의 합의에 의해 그 적용을 배제할 수 없다는 의미에서의 '국내적(또는 단순한) 강행규정'이면서 그에 더하여 준거법이 외국법이어도 그 적용이 배제되지 않는 이른바 '국제적 강행규정'을 의미한다.[105] 금융거래에서 주로 문제되는 국제적 강행규정의 예로는, 외국환거래법, 자본시장법, 공정거래법, 외국인투자촉진에 관한 법률의 일부 규정을 들 수 있는데, 구체적으로 어떤 규정이 국제적 강행규정인지는 해당 규정의 의미, 목적, 보호 대상인 공적 이익, 입법자의 적용의지 등을 개별적으로 검토하여 판단할 문제이다.[106] 국제금융거래의 경우, 한국 법원에서 제3국의 국제적 강행규정의 적용이 문제되는 경우도 있을 수 있다.[107]

한편, 계약의 준거법과는 별도로 정부인허가 부여, 그 위반에 대한 제재 등 공법적 규제는 공법(행정법 및 형사법)의 적용범위(역외적용 포함)의 문제로서 별도로 검토되어야 할 문제이다.

---

105) 석광현(2022a), 420쪽.

106) Id.

107) 예컨대, 한국의 은행이 제3국의 차주에게 대출하면서 준거법을 한국법으로 지정하고 관할법원을 한국 법원으로 합의한 경우, 한국 법원이 그 대출거래에 대하여 그 제3국의 외환규제법을 적용하여 그에 따른 사법적(私法的) 권리의무관계를 판단할 것인지의 문제이다. 이에 관한 상세한 논의는 Id., 423-446쪽.

3. 재판관할에 관한 합의

2022. 1. 4. 국제사법 전부개정시 신설된 동법 제8조 제1항에 의하면, 당사자는 일정한 법률관계로 말미암은 소(訴)에 관하여 국제재판관할의 합의를 할 수 있다. 다만 ① 합의에 따라 국제재판관할을 가지는 국가의 법(준거법의 지정에 관한 법규를 포함한다)에 따를 때 그 합의가 효력이 없는 경우, ② 합의를 한 당사자가 합의를 할 능력이 없었던 경우, ③ 대한민국의 법령 또는 조약에 따를 때 합의의 대상이 된 소가 합의로 정한 국가가 아닌 다른 국가의 국제재판관할에 전속하는 경우 또는 ④ 합의의 효력을 인정하면 소가 계속된 국가의 선량한 풍속이나 그 밖의 사회질서에 명백히 위반되는 경우에는 그 합의는 효력이 없다.

일반적으로 당사자 간 분쟁의 재판관할은 비전속적관할(non-exclusive jurisdiction) 합의에 의한다. 예컨대, 영국의 법원, 미국 뉴욕주 뉴욕시 소재 연방법원 및 주법원을 비전속적 관할법원으로 정한다. 전속적 관할(exclusive jurisdiction) 합의는 그 효력을 인정받기가 쉽지 아니하므로 실무상 거의 채택하고 있지 않는 것으로 보인다.[108] 국제대출거래의 분쟁해결수단으로 중재를 이용하는 경우는 거의 없다. 합의된 외국법원의 재판의 효력이 우리나라에서 승인되기 위해서는 민사소송법 제217조에 의한 외국재판의 승인 요건을 충족하여야 한다.[109] 국내재산에 대하여 외국재판을 집행하기 위해서는 그 외국재판이 민사소송법 제217조의 승인 요건을 갖추어야 하고 민사집행법 제26조 및 제27조에 따라 국내법원으로부터 집행판결을 받아야 한다.[110] 통상적으로 외국의 합의관할 법원으로부터 해당 외국에서 소장을 송달받을 수 있는 송달대리인(service of process agent)을 지정한다.

108) 일찍이 대법원 1997. 9. 9. 선고 96다20093 판결은, 전속적인 국제재판관할의 합의가 유효하기 위해서는 (i) 당해 사건이 한국법원의 전속관할에 속하지 아니하여야 하고, (ii) 지정된 외국법원이 그 외국법상 당해 사건에 대하여 관할권을 가져야 하며, (iii) 당해 사건이 그 외국법원에 대하여 합리적인 관련성을 가질 것이 요구된다. 나아가 (iv) 전속적인 관할합의가 현저하게 불합리하고 불공정한 경우에는 그 관할합의는 공서양속에 반하는 법률행위에 해당하는 점에서 무효라고 판시하였다. 대법원 2010. 8. 26. 선고 2010다28185 판결 및 대법원 2011. 4. 28. 선고 2009다19093 판결도 같은 취지. 그러나, 국제사법 제8조 제1항은 위 (iii)의 요건을 제외하였으므로 위 대법원판례는 현행 국제사법 하에서는 유지되기 어려울 것이다{석광현(2022b), 19, 24쪽}.

109) 민사소송법 제217조: 외국판결의 승인을 위한 5가지 요건-① 확정판결 또는 이와 동일한 효력이 인정되는 재판(=확정재판)일 것, ② 국제재판관할의 존재, ③ 패소한 피고가 적법한 방식에 따라 방어에 필요한 시간여유를 두고 송달받았거나(공시송달 제외) 송달받지 아니하고도 응소하였을 것, ④ 공서양속에 반하지 않을 것 및 ⑤ 상호보증의 존재(또는 대한민국과 해당 외국의 확정재판 승인요건이 현저히 균형을 상실하지 아니하고 중요한 점에서 실질적으로 차이가 없을 것).

110) 민사집행법 제26조 제1항: 외국법원의 확정판결 또는 이와 동일한 효력이 인정되는 재판에 기초한 강제집행은 대한민국 법원에서 집행판결로 그 강제집행을 허가하여야 할 수 있다.
동법 제27조 제1항: 집행판결은 재판의 옳고 그름을 조사하지 아니하고 하여야 한다.

이는 차주에게 신속하게 소장을 송달하고 해당 외국법원이 차주에 대하여 인적 관할을 가질 수 있도록 하기 위한 것이다.

제5절 후순위 채권 채무

Ⅰ. 후순위 채권 채무의 발생

1. 후순위 채권 채무가 발생하는 사유

채무자는 그의 채무에 대하여 그가 가진 모든 재산으로 책임을 지고 채권자는 물적 담보를 가지고 있지 않은 이상 다른 채권자와 같은 지위에서 채무자의 모든 재산으로부터 채권을 회수할 수 있는 것이 원칙이다.[111] 이러한 채권자 평등의 원칙에 대한 예외로 다른 채권보다 우선권이 부여된 채권이 있고, 반대로 다른 채권보다 후순위인 채권이 있다. 임금채권,[112] 임대차보증금반환채권,[113] 조세채권[114] 등 다른 채권보다 우선권을 가지는 채권은 모두 법률에 근거를 두고 있다.

---

111) 채무자회생법 제440조: "동일순위로 변제하여야 하는 채권은 각각 그 채권액의 비율에 따라 변제한다."

112) 최종 3개월의 임금, 재해보상금은 질권·저당권·동산채권담보법에 따른 담보권으로 담보된 채권, 조세·공과금 및 다른 채권에 우선하고, 그 밖의 임금, 재해보상금, 근로관계로 인한 채권은 (위 담보로 담보된 채권 및 그 담보에 우선하는 조세·공과금을 제외하고) 조세·공과금 및 다른 채권에 우선한다(근로기준법 제38조). 최종 3년간의 퇴직급여는 질권·저당권으로 담보된 채권, 조세·공과금 및 다른 채권에 우선하고, 그 밖의 퇴직급여는 (위 담보로 담보된 채권 및 그 담보에 우선하는 조세·공과금을 제외하고) 조세·공과금 및 다른 채권에 우선한다(근로자퇴직급여보장법 제12조). 근로기준법과는 달리 근로자퇴직급여보장법의 우선변제 조항에 동산채권담보법에 따른 담보가 언급되지 않은 것은 입법상의 실수로 보인다. 2010. 6. 10. 동산채권담보법이 제정될 때 부칙 제3조 제5항에 의하여 당시 퇴직급여 우선변제 조항인 근로자퇴직급여보장법 제11조에 "동산채권담보법에 따른 담보권"이 추가되었으나, 2011. 7. 25. 근로자퇴직급여보장법이 전부개정될 때 퇴직급여 우선변제 조항인 제12조가 2010. 6. 10. 개정 이전의 문안으로 되돌아갔다. 이는 2008. 11. 28. 정부안으로 제출된 법률안과 그 이후 제출된 의원안들을 국회에서 논의하여 최종 개정법률안을 작성하면서 2010. 6. 10. 개정된 점을 누락했기 때문인 것으로 추측된다.

113) 주택 또는 상가건물 임차인은 대항요건과 확정일자 등 일정한 요건을 갖추면 보증금에 대해 후순위권리자 또는 다른 채권자보다 우선변제권을 가지고, 보증금 중 일정액에 대하여 다른 담보물권자보다 우선한다(주택임대차보호법 제3조의2, 제8조, 상가건물임대차보호법 제5조, 제14조).

114) 국세·가산금·체납처분비는 (신고일·납세고지서 발송일·납세의무 확정일 등 일정한 기일 전에 등기·등록한 전세권·질권·저당권으로 담보된 채권, 우선권 있는 임대차보증금, 우선권 있는 임금, 퇴직금 등을 제외하고) 다른 공과금이나 채권에 우선한다(국세기본법 제35조).

다른 채권보다 후순위인 채권은 (i) 약정에 의한 경우(=약정 후순위) 이외에도 (ii) 법률에 의하거나(=법정 후순위), (ii) 거래구조의 속성상 발생하는 경우(=구조적 후순위)가 있다.

법정 후순위의 예로는 상법이 주식회사의 주주의 잔여재산분배 청구권은 회사의 채권자보다 후순위로 정하고 있는 것(상법 제260조, 제542조 제1항)이나 채무자회생법에 규정된 후순위 파산채권[115)]을 들 수 있다. 위에 언급한 임금채권 등 법률상 우선권이 부여된 채권에 대한 관계에서는 일반채권이 법정 후순위가 된다.

구조적 후순위는 모자회사의 관계에서 자회사 재산에 대해 가지는 권리를 기준으로 볼 때 모회사의 채권자는 항상 자회사의 채권자에 비하여 후순위가 되는 것과 같이 거래구조상 후순위 채권이 되는 경우이다. 이런 구조적 후순위는 특히 모회사가 자회사 발행주식 소유 이외에 다른 사업을 하지 않는 경우에 잘 드러난다. 모회사의 채권자는 모회사 재산 즉 자회사가 발행한 주식을 책임재산으로 삼아 채권을 회수할 수 있으므로, 자회사의 주주가 가지는 우선순위를 넘을 수 없다. 모회사는 자회사의 주주로서 자회사의 채권자보다는 후순위에 있으므로 모회사의 채권자 역시 (자회사 재산에 관한 한) 자회사의 채권자보다는 후순위에 있을 수밖에 없다. 이러한 모자회사 관계에서도 모회사가 채권자로부터 조달한 자금으로 자회사에게 대여한 경우에는 자회사에 대한 채권이 모회사의 책임재산에 속하게 되고 모회사의 자회사에 대한 채권은 원칙적으로 자회사의 다른 채권자와 같은 순위에 놓이게 되므로[116)] 모회사 채권자가 자회사 채권자 보다 구조적으로 후순위

115) 파산선고 후의 이자, 파산선고 후의 불이행으로 인한 손해배상액 및 위약금, 파산절차참가비용, 벌금·과료·형사소송비용·추징금 및 과태료 등이 후순위 파산채권에 속한다(채무자회생법 제446조 제1항).

116) 다만 자회사에 대한 회생절차에서, 차등을 두어도 형평을 해하지 않는다고 인정되는 경우, 회생계획상 모회사의 자회사에 대한 대여금 채권을 동순위의 다른 회생채권보다 불이익하게 취급할 수 있다(채무자회생법 제218조 제2항). 예컨대, 모회사가 자회사의 부실경영에 중대한 책임이 있는 경우 자회사의 회생계획에서 모회사의 자회사에 대한 대여금 채권은 전액 면제될 수도 있다{서울중앙지방법원 파산부실무연구회(2015), 615-616쪽}. 그러나 채무자회생법은 파산절차에 관하여는 위와 같은 형평에 의한 차등 취급을 허용하는 규정을 두고 있지 않다. 참고로 미국에서는 형평에 의한 후순위화(equitable subordination) 원칙에 따라 채권자인 지배주주가 형평에 반하는 행위로 다른 채권자를 해한 경우 채무자회사의 도산절차에서 지배주주의 채무자회사에 대한 채권을 다른 채권자보다 후순위로 취급하는 법리가 형성되어 있고, 연방파산법(Section 510(c)(1))(☞ 제15장 Ⅰ. 2. 각주 7)에도 추상적으로 반영되어 있다. 또한, 독일 도산법 제39조는 10%를 초과하는 출자지분을 보유하거나 경영권을 행사한 지분권자(단, 지급불능 또는 채무초과 상태에 있는 또는 그러한 상태가 임박한 채무자회사의 구조조정을 위하여 채권자가 지분을 취득한 경우 제외)의 채무자회사에 대한 대여금 채권(또는 경제적으로 이와 동일시할 수 있는 채권)을 도산절차에서 후순위로 취급한다{Braun(2019), pp. 154-157}. 이에 관한 국내의 논의는 김민주·이승민·진권용(2019), 142-197쪽(파산절차에서도 채무자회생법 제218조 제2항의 유추적용에 의하여 지배주주의 채무자회사에 대한 채권에 대하여 형평에 의한 후순위화를 인정할 필요성과 그에 관한 입법의 필요성을 강조함), 송지민(2021), 287-292쪽('공정하고 평등한 차등'

가 되지 않을 수도 있다. 구조적 후순위는 인수금융 등 특별목적회사(SPC)를 활용한 구조화된 금융거래에서 자금제공자가 모자회사 중 어느 단계의 회사에 대여할 것인가를 결정할 때 고려요소가 된다.

2. 후순위 채권 채무의 활용

후순위 채권 채무는 자산유동화 거래와 같이 여러 순위의 채권(債券, bond)을 발행하는 경우, 은행 등 금융기관이 자기자본 확충을 위하여[117] 후순위채를 발행하는 경우,[118] 인수금융 등에서 고수익을 원하는 자금제공자에게 후순위 채무를 부담하는 경우 등에 사용된다.

후순위 채무는 일반채무 부담과 다른 기능을 할 수 있다.[119] 후순위 채권자는 일반채권보다 높은 이자율[120][121]을 대가로 후순위 위험을 부담하여 채무자의 도산시 자기자본(주식) 다음 순위로 손실을 흡수하는 역할을 한다. 따라서 후순위 채무가 생기는 만큼

을 파산절차에도 명시하거나 채무자회생법 총칙에 규정하되 지배주주채권의 후순위화 법리의 요건을 명확하게 규정할 것을 제안함).

117) 기타기본자본 또는 보완자본으로 인정받을 수 있는 여러 요건 중 하나로 후순위특약을 두도록 하고 있다(은행업감독업무시행세칙 별표 3 "신용·운영리스크 위험가중자산에 대한 자기자본비율 산출 기준(바젤Ⅲ 기준)" 6., 7.).

118) 예: 하나은행의 상각형 조건부자본증권 후순위채 발행을 위한 증권신고서(2016. 6. 14.)에 기재된 발행사유: 바젤Ⅲ 시행 이전에 발행된 후순위채권(일명 '부적격자본증권')의 경우, 그 자본인정비율이 매년 10%가 자본인정비율에서 차감됨. 따라서 이를 충당하기 위한 보완자본의 발행이 필요한 상황임. 본 사채의 발행은 총자본비율이 0.12%p.(2016년 3월말 기준) 상승하는 효과를 가져다 줄 것으로 예상됨.

119) Fuller(2012), pp. 468-469.

120) 채무자와 사업의 성격에 따라 후순위에 따른 이자율 할증분이 크게 차이난다. 하나은행의 상각형 조건부자본증권 후순위채의 이자율은 10년 만기 국고채 수익률+0.82%(2016. 6. 23. 증권신고서)이나, 제일저축은행 후순위채의 이자율은 연 8.5%(2009. 10. 9.증권신고서)였다. 신공항하이웨이주식회사의 선순위차입의 이자율은 고정금리 9%, 변동금리 기준금리+1.85%(또는 2.5%)이나 후순위차입의 이자율은 연 13.9%(2004. 1. 15. 계약체결)였고(2014. 3. 11. 감사보고서 주석), 천안논산고속도로주식회사의 선순위차입의 이자율은 국고채금리+가산금리로 산정되어 만기에 따라 6.92%에서 8.62%이나, 후순위차입(출자금을 유상감자하여 후순위차입금으로 전환한 것임)의 이자율은 기간경과에 따라 높아져 연 6%-20%로 되어 있다(2006. 1. 13. 감사보고서 주석).

121) 민간투자사업법인이 주주로부터 후순위차입한 거래에 대하여 과세관청이 높은 이자율을 이유로 부당행위계산에 해당한다고 보고 법인세과세처분하자 그 과세처분취소소송이 제기된 사례들이 있다. 대법원 2018. 7. 20. 선고 2015두45298 판결은 신공항하이웨이가 주주로부터 후순위차입하며 이자율 연 13.9%로 정한 것이 경제적 합리성이 없는 비정상적인 것이라고 볼 수 없어 과세처분이 위법하다고 판시한 원심판결을 유지하였다. 대법원 2018. 7. 20. 선고 2015두39842 판결은 천안논산고속도로에 관한 유사한 사건에서 선순위차입금 이자율이 연 8.62%인 상황에서 후순위차입금 이자율을 연 16%로 정한 것이 경제적 합리성이 없는 비정상적인 것으로 보기 어렵다고 판시하였다.

채무자 입장에서는 선순위 채무를 추가로 부담할 수 있는 여력이 생긴다. 또한 후순위 채무는 채무자가 이미 체결한 차입계약이나 증권발행 조건상 추가채무부담 제한의 적용을 받지 않을 수 있다. 지배주주 또는 경영진의 회사에 대한 자금대여도 후순위로 하면 다른 채권자가 제공한 자금이 지배주주 또는 경영진의 채권 회수에 사용될 것이라는 우려를 불식시킬 수 있다.

또한 후순위 채무는 주식과 유사하게 손실흡수 기능을 하지만 신주발행으로 자기자본을 조달하는 경우에 비하여 여러 장점을 가지고 있다. 우선 후순위 채무에 대한 이자는 법인세 과세시 손비로 처리된다. 신주발행하면 기존 주주의 지분권의 희석과 더불어 주주구성에 영향을 주게 되고 기존 주주의 신주인수권 등으로 인하여 발행절차가 까다로울 수 있으며, 신주발행으로 자본금을 증액시키면 자본에 관한 각종 제한을 받게 되고, 주식의 조건을 특별하게 정하기 위해서는 정관의 변경 등 절차상 어려움이 따르지만, 후순위 채무에서는 이러한 문제들이 없다. 물론 후순위 채권자는 주주와는 달리 주주총회에서의 의결권이 없고 회사의 경영성과를 분배받지 못한다는 점에서 투자자들이 좋아하지 않을 수 있으나, 이 점은 전환사채 또는 신주인수권부사채 등으로 발행함으로써 해소할 수 있는 방법을 찾을 수도 있다.

Ⅱ. 후순위 약정

1. 후순위 약정의 당사자

후순위 약정에는 우선 반드시 후순위가 되는 채권의 채권자가 당사자가 되어야 한다. 일반 무담보채권은 다른 특별한 약정이 없는 한 다른 일반 무담보채권과 동순위에 있고, 그 순위를 낮추는데 대해서는 당해 채권자의 동의가 있어야 하기 때문이다. 다른 당사자는 채무자가 될 수도 있고, 그 후순위채권에 대해 선순위가 되는 채권자가 될 수도 있다. 후순위 약정의 유형·내용에 따라 달라질 것이다.

2. 후순위 약정의 유형

(1) 선순위 채무의 범위에 따른 분류[122)]

가. 일반 후순위 약정(general subordination)

당해 채무를 다른 모든 채무(또는 당해 후순위채무와 같은 순위 또는 그보다 후순위로 변제받을 것임이 표시되지 않은 모든 채무)보다 후순위로 약정하는 경우를 말한다.

나. 특정 후순위 약정(specific subordination)

당해 채무를 일정한 범위의 채무에 대하여 후순위로 약정하는 경우를 말한다.

(2) 후순위 채무의 지급사유에 따른 분류[123)]

가. 완전 후순위 약정(complete subordination)

선순위 채무가 전부 변제될 때까지 당해 채무에 대한 어떠한 변제도 행할 수 없는 것으로 하는 약정을 말한다. 외국에서는 주주·이사 등 회사의 내부자가 회사에게 대여하는 경우 이러한 약정을 하기도 한다.

나. 불완전 후순위 약정(inchoate subordination/springing subordination)

일정한 사유(예: 도산, 선순위 채무의 불이행, 재무비율 위반)가 발생하면 선순위 채무가 전부 변제될 때까지는 당해 채무를 변제하지 않지만, 그러한 사유가 발생하지 않는 한 당해 채무를 변제할 수 있도록 하는 약정을 말한다. 대부분의 후순위債(subordinated bond)가 이러한 후순위 약정을 사용한다.[124)]

(3) 후순위를 달성하는 방법에 따른 분류[125)]

가. 후순위합의의 효력이 파산절차에서 인정되지 않을 경우에 대비한 약정

아래 약정은 선순위 채권자를 특정할 수 있는 특정 후순위 약정에 적합하다.

---

122) Fuller(2012), p. 484.

123) Fuller(2012), pp. 483-484.

124) 예: 현대해상화재보험주식회사의 무보증 후순위채 발행을 위한 증권신고서(2017. 5. 26.)에 기재된 후순위 특약(인수계약서 제5조 제1항): ① "본 사채"에 관한 원리금지급청구권은 "발행회사"에 대하여 파산절차, 회생절차, 청산절차, 외국에서 유사한 도산절차가 개시되는 경우 및 제3조 제16항에서 규정한 기한의 이익이 상실되는 경우에는 (i) "발행회사"에 대한 모든 일반 무보증(동순위 채권 제외), 비후순위 채권보다 후순위이고, (ii) "본 사채"보다 열후한 후순위 특약이 부가된 채권 및 주주의 권리(보통주 및 우선주 포함)보다는 선순위로 한다.

125) Fuller(2012), pp. 484-489.

(가) 신탁형 후순위 약정(trust subordination)

당해 채권자가 채무자의 파산절차에서 변제·배당을 받으면, 당해 채권자는 선순위 채권자들이 변제받지 못한 범위 내에서 선순위 채권자를 위하여 수탁받은 것으로 하는 약정을 말한다. 무담보채무는 항상 동등한 지위에 있고 파산절차에서 후순위합의는 채권자 평등 원칙에 위반된다고 보는 법제 하에서는 후순위 채권자도 다른 채권자들과 동등하게 변제를 받게 되므로, 그 변제받은 금액을 선순위 채권의 변제에 사용할 수 있는 장치로 신탁을 이용하는 것이다.

신탁의 성립을 유연하게 인정하는 영국과는 달리 우리는 신탁법에 따라 신탁이 성립되어야 하는데, 이러한 약정으로 과연 신탁이 성립한다고 볼 수 있는지에 대해 여러 의문이 제기될 여지가 있다. 사전에 합의하여 신탁이 성립하는 시점에는 신탁행위의 의사를 의제하는 것이 허용될 것인지, 신탁의 위탁자가 채무자인지 아니면 후순위 채권자의 신탁선언에 의한 것인지, 특정 후순위 약정이 아닌 경우에는 선순위 채권자를 특정하지 않고 신탁이 성립할 수 있는지 등이 그러한 법적인 의문점이 될 것이다.

(나) 계약적 양도형 후순위 약정(contractual turnover subordination)

당해 채권자가 채무자의 파산절차에서 변제·배당을 받으면 선순위 채권자들이 변제받지 못한 범위 내에서 선순위 채권자들에게 지급하기로 하는 약정을 말한다. 이 유형의 약정에서 선순위 채권자는 후순위 채권자에 대한 채권적 권리만 있으므로 후순위 채권자에 대한 신용위험을 떠안게 된다.

후순위 약정의 효력을 파산절차에서 인정하는 경우에는 이 유형의 약정을 변형하여, 후순위 채권자가 수령한 금액을 채무자에게 반환하도록 하여 선순위 채권자를 위한 책임재산을 증가시키는 방법을 사용할 수도 있다.[126] 이러한 변형된 약정은 선순위 채권자를 특정할 필요가 없으므로 일반 후순위 약정시에도 이용할 수 있을 것이다.

나. 조건부 변제 약정(contingent-debt subordination)

채무자가 선순위 채권자에게 전부 변제한 경우(또는 이를 변제할 수 있을 정도로 충분한 자산을 가지고 있는 경우)에만, 당해 채무의 지급의무가 발생하거나 변제기가 도래하도록 약정하는 경우를 말한다.[127][128][129]

126) 예: 하나은행의 상각형 조건부자본증권 후순위채 발행을 위한 증권신고서(2016. 6. 14.)에 기재된 후순위특약(상각형 조건부자본증권 특약 제2조 제2항): ② 사채권자가 본 특약 제1조 제1항 내지 제4항에 따라 변제 또는 배당을 받을 수 없음에도 불구하고 본 사채 원리금의 전부 또는 일부를 받은 경우 그 수령한 금액을 즉시 발행회사에 반환하여야 합니다.
현대해상화재보험주식회사의 무보증 후순위채 발행을 위한 증권신고서(2017. 5. 26.)에 기재된 후순위 특약(인수계약서 제5조 제3항)도 같은 취지.

127) 은행법상 은행의 기타기본자본 또는 보완자본으로 인정되는 후순위채무의 후순위 특약은 “파산

다. 단순 후순위 약정(simple contractual subordination)

단순히 당해 채권이 선순위채권에 대하여 후순위임을 표시하는 문구(예: 'subordinated to', 'postponed to', 'ranking after')를 계약상 정해 놓는 경우를 말한다. 이러한 후순위 약정은 단지 채권의 순위에 대한 합의만 있으므로 법률에서 명시적으로 채권 순위에 대한 합의의 효력을 인정하여 실현방법을 마련해 놓지 않는 한 어떻게 후순위를 실현할 것인지에 대한 불명확성이 발생할 수 있다.

등의 사태가 발생한 경우 선순위채권자(unsubordinated creditor)가 전액을 지급받은 후에야 후순위채권자의 지급청구권의 효력이 발생함을 정한 특약"을 말하는 것으로 되어 있어 정지조건부 채권으로 할 것을 요구한다. 은행업감독업무시행세칙 별표 3(신용·운영리스크 위험가중자산에 대한 자기자본비율 산출 기준(바젤Ⅲ 기준)) 6.나.

128) 예: 하나은행의 상각형 조건부자본증권 후순위채 발행을 위한 증권신고서(2016. 6. 14.)에 기재된 후순위특약(상각형 조건부자본증권 특약 제1조): ① 파산절차의 경우: 본 사채 상환기일 이전에 발행회사에 대해 파산 절차(이에 준하는 절차 포함. 이하 같음)가 개시되는 경우, 사채권자는 다음의 조건이 충족되는 경우에만 파산절차에 따른 변제 또는 배당을 받을 수 있습니다.
(정지조건) 본 사채 및 본 조 제1항 내지 제3항과 동일한 조건이 부가된 증권을 제외한 다른 모든 채권(이하 "선순위채권")이 그 채권전액에 대하여 파산절차 또는 이에 상응하는 절차에서 변제(공탁 포함)되거나 배당되었을 경우
② 회생절차의 경우: 발행회사에 대해 회생절차(이에 준하는 절차 포함. 이하 같음)가 개시되는 경우, 사채권자는 다음의 조건이 충족되는 경우에만 회생절차에 따른 변제 또는 배당을 받을 수 있습니다.
(정지조건) 선순위채권이 회생계획에서 상환하기로 한 채권 전액에 대하여 회생절차 또는 이와 상응하는 절차에서 변제(공탁 포함)되거나 배당되었을 경우. 다만, 원금에 관하여는 본 사채 상환기일이, 이자에 관하여는 당해 이자지급 기일이 도래한 이후에 한합니다.
③ 청산절차 진행의 경우: 본 사채 상환기일 이전에 발행회사에 대해 청산절차(이에 준하는 절차를 포함하되, 제1항 및 제2항 제외)가 개시되는 경우, 사채권자는 다음의 조건이 충족되는 경우에만 청산절차에 따른 변제 또는 배당을 받을 수 있습니다.
(정지조건) 선순위채권 중 채권신고기간 내에 신고한 채권 및 기타 법률에 의하여 청산에 포함되어야 할 채권 전액이 청산절차에서 변제(공탁 포함)되거나 배당되었을 경우
④ 외국에서의 도산절차의 경우: 외국에서 발행회사에 대해 대한민국법에 의하지 않는 파산절차, 회생절차 또는 이에 준하는 절차(이하 "해당 외국 절차"라 한다)가 개시되는 경우, 사채권자는 해당 국가의 법령에서 정한 제한 범위 내에서 제1항 내지 제3항의 조건이 충족된 경우에만 해당 외국 절차에 따른 변제 또는 배당을 받을 수 있습니다. 다만, 해당 외국 절차상 당해 조건을 부가하는 것이 허용되지 않을 경우 사채권자는 그 조건에도 불구하고 해당 외국 절차에 따른 변제 또는 배당을 받을 수 있습니다.

129) 투자자들이 자본시장법 제125조 및 불법행위에 따른 손해배상책임을 청구한 사건인 대법원 2015. 11. 27. 선고 2013다211032 판결에서 문제된 제일저축은행 발행 후순위채의 후순위특약:
1. "본 사채"에 관한 원리금지급청구권은 "발행회사"에 대하여 파산절차, 회생절차, 기업 구조조정절차, 청산절차 및 외국에서 이와 유사한 도산절차가 개시되는 경우에는 1) "발행회사"에 대한 모든 일반 무보증, 비후순위 채권보다 후순위이고, 2) "본 사채"보다 열후한 후순위특약이 부가된 채권 및 주주의 권리(보통주 및 우선주 포함)보다는 선순위로 한다.
2. "발행회사"에 대하여 파산절차, 회생절차, 기업구조조정절차, 청산절차 및 외국에서 이와 유사한 도산절차가 개시되는 경우 "본 사채"와 동일하거나 열후한 후순위 특약이 부가된 채권 및 위 1. 2) "주주의 권리"를 제외한 다른 모든 채권이 그 전액에 대하여 변제가 완료되는 것을 정지조건으로 하여 "본 사채"를 상환한다.

3. 후순위 약정의 효력

채무자가 평상시와 마찬가지로 활동을 하거나 청산하는 경우에도 자신의 채무를 모두 변제할 수 있으면 채무의 순위가 문제될 리 없다. 후순위 약정의 효력이 문제될 수 있는 상황은 채무자가 파산 상태가 되어 채무를 전부 변제할 수 없게 된 때이다.[130] 채무자회생법은 "채무자가 채권자와 파산절차에서 다른 채권보다 후순위로 하기로 정한 채권은 그 정한 바에 따라 다른 채권보다 후순위로 한다"고 규정하고(제446조 제2항), 배당표 작성시에도 후순위 채권은 구분하여 기재하도록 하여(제507조 제2항) 채무자와 채권자가 체결한 후순위 약정의 효력을 인정하고 있다.

파산절차상 채무자와 채권자 사이의 후순위 약정은 일반·특정, 완전·불완전 후순위 약정 모두 약정한 내용대로 후순위 효력이 인정된다. 다만 특정 후순위 약정에 따른 배당을 어떻게 할 것인지에 대하여는 논의의 여지가 있다. 또한 조건부 변제약정·단순 후순위 약정도 채무자와 채권자 사이의 약정인 한 그 약정 내용대로 후순위 효력이 인정되어야 하고, 이렇게 후순위 효력이 인정된다면 신탁형·계약적 양도형 약정에 의존할 필요가 없게 된다. 그런데 채무자회생법은 채무자와 채권자 사이의 후순위 약정에 대해서만 규정하고 있으므로 채무자가 당사자가 아닌 채권자들 사이의 약정은 파산관재인을 구속하지 못하고 결국 채권자들 사이에서 정산을 하게 될 것이다[131](☞ 상세한 논의는 제14장 제2절 도산절차와 권리의 우선순위). 결국 신탁형·계약적 양도형 약정은 채무자가 당사자가 되지 않아 파산절차상 후순위 효력이 인정되지 않을 경우 기능하게 될 것이다.

한편 회생절차에서는 "… 채권자들 사이에 그들이 가진 채권의 변제순위에 관한 합의가 되어 있는 때에는 회생계획안 중 다른 채권자를 해하지 아니하는 범위 안에서 변제순위에 관한 합의가 되어 있는 채권에 관한 한 그에 반하는 규정을 정하여서는 아니된다"고 규정하여(채무자회생법 제193조 제3항) 후순위 약정의 효력을 회생계획에 반영하도록 하였을 뿐 채무자와 채권자 사이의 후순위약정의 효력에 대한 조항은 없다. 청산을 도모하는 파산절차와는 달리 회생절차에서는 회생을 도모하기 위하여 회생계획으로 채권자(및 주주)의 권리를 변경하게 되므로, 회생계획에 후순위 약정을 어떻게 반영할 것인가를 검토할 필요가 있다(상세한 논의는 ☞ 제14장 제2절 Ⅱ. 약정 후순위채권).

130) 회사가 청산할 때 회사의 재산이 채무를 완제하기에 부족한 것이 분명하게 된 때에는 청산인은 지체없이 파산선고를 신청하여야 한다(민법 제93조 제1항, 상법 제254조 제4항, 제542조 제1항, 제613조 제1항). 물론 이 때 청산인은 회생절차개시신청을 할 수도 있다(채무자회생법 제35조 제1항). 그러나 이미 회사가 청산하기로 하여 청산인이 선임되었고 채무를 완제할 수 없는 상황인데 다시 회사를 재건하는 회생절차에 들어가는 것은 실제로는 쉽게 발생하지는 않을 것이다.

131) 상세한 논의는 한민(2009), 401-417쪽.

4. 후순위 약정의 효과를 방해하는 법적 장치의 배제

특정 채권을 후순위로 하기로 하는 약정을 하더라도, 그 후순위 채권과 채무자의 후순위 채권자에 대한 다른 채권을 상계할 수 있다면 변제를 받는 효과가 있으므로 후순위 약정의 의미가 사라진다. 또한 채권에 대한 물적 담보는 일반 무담보채권자보다 우선하여 채권 회수를 보장받는 장치이므로 일반 무담보채권자보다 후순위가 되어야 하는 채권에 물적 담보를 제공하는 것은 후순위 약정의 본질에 어긋나는 행위이다.[132] 이러한 점을 반영하여 후순위 약정에는 통상 상계금지 조항[133]과 담보제공금지 조항[134]을 두고, 은행 등 금융기관의 자기자본 인정 요건에도 이에 관해 규정하고 있다.[135]

이와 관련하여 대법원 2002. 9. 24. 선고 2001다39473 판결은 증권회사가 후순위 약정을 붙여 보험회사로부터 자금을 대출받으면서 보험회사가 상계할 수 있도록 약정한 사건[136]에서 "구 증권거래법 … 시행령 제37조에 의하여 증권관리위원회가 … 제정한 '증권회사의 재무건전성준칙' 제9조 제2항 제4호가 '영업용 순자본'에 가산될 수 있는 '후순위

---

132) 다만, 특별목적회사(SPC)를 이용한 구조화된 금융거래에서는 특별목적회사에게 대출을 제공한 대주들 간에 상대적 후순위 약정을 하면서 선순위 대출채권에 대하여는 제1순위 담보권을 설정하고 후순위 대출채권에 대하여는 제2순위 담보권을 설정하는 경우도 있다(예컨대, ☞ 제13장 제2절 Ⅱ. 1. (1) LBO의 개념과 구조).

133) 예: 하나은행의 상각형 조건부자본증권 후순위채 발행을 위한 증권신고서(2016. 6. 14.)에 기재된 후순위특약(상각형 조건부자본증권 특약 제2조 제3항): ③ 사채권자가 본 특약 제1조 제1항 내지 제4항에 따라 본 사채의 원리금을 지급받을 수 없는 경우, 본 사채에 기한 권리를 자동채권으로 하여 발행회사의 사채권자에 대한 채권과 상계할 수 없습니다.

134) 예: 하나은행의 상각형 조건부자본증권 후순위채의 발행을 위한 증권신고서(2016. 6. 14.)에 기재된 후순위특약(상각형 조건부자본증권 특약 제4조): 본 사채는 무담보로 발행되며 발행일 이후 어떠한 형태로도 본 사채의 상환을 담보하기 위한 담보권 설정을 할 수 없습니다.

135) 예: 은행의 후순위채로 조달한 자금이 보완자본으로 인정받기 위한 요건 중 "투자자는 파산 및 청산 이외에는 미래의 원금 또는 이자 지급일을 앞당기는 권리를 가지지 않을 것"과 "은행 및 은행이 실질적으로 영향력을 행사하는 자는 … 자본증권의 매입자에 대하여 대출, 담보제공 및 보증 등의 방식으로 관련 자금을 직·간접적으로 제공하지 않을 것" 및 "납입자금에 대하여 청구권의 변제순위를 법적, 경제적으로 강화할 수 없고, 직접 또는 관계회사를 통하여 동 증권의 매입자에게 담보를 제공하거나 보증하지 않을 것"이라는 요건을 두고 있다(은행업감독업무시행세칙 별표3 "신용·운영리스크 위험가중자산에 대한 자기자본비율 산출 기준(바젤Ⅲ 기준)" 7.).

136) [사실관계] 1997. 5. 28. 고려증권은 국민생명보험과 직장인저축보험계약(보험료 100억 원)을 체결하고, 같은 날 국민생명은 고려증권에게 100억 원의 대출계약을 체결하면서 후순위약정(대출금의 변제기 전에 고려증권에 대하여 파산선고가 되는 경우에는 그 파산절차에서 다른 채권 전액이 우선변제되고 남는 재산이 있을 경우에 한하여 파산절차에 따른 변제 또는 배당을 받거나 고려증권에 대한 채무와 상계할 수 있도록 하는 내용의 특약)을 붙여서 여신거래약정을 체결하고, 동시에 고려증권이 파산하거나 또는 회사정리절차에 들어갈 때에는 국민생명이 위 보험계약의 해약에 따른 보험료의 환급채무와 위 대출금채권을 상계할 수 있기로 하는 추가약정을 체결하였다. 1997. 12. 5. 고려증권은 지급정지(부도)사태에 빠졌고, 1997. 12. 10. 국민생명은 위 추가약정에 기하여 위 보험계약의 해약에 따른 보험료환급채무와 위 대출금채권을 대등액에서 상계하였다. 1998. 10. 9. 고려증권에 대하여 파산선고가 되었다.

차입금'은 그 본질을 해할 우려가 있는 상계약정이나 담보제공약정이 붙어 있어서는 안 되도록 규정하고 있으나, 위 추가약정에 의한 상계권 부여특약이 위 규정에 위반하였다고 하더라도 사법적 효력을 가지지 못하여 무효라고는 할 수 없다"고 판시하였다.

이 사건의 대출의 효력을 살피려면 ① 우선 대출채권자인 보험회사와 차입자인 증권회사의 의사해석의 문제로 대출계약의 내용이 무엇인지를 파악하고, ② 그 계약 내용이 관련 법규에 위반되거나 관련 법규의 잠탈을 목적으로 한다면 그 위반 또는 잠탈이 계약의 효력에 영향이 미치는지를 살펴보아야 한다. ①에 관하여 보면, 상계허용을 대출의 기본조건의 하나로 당사자들이 합의하였다고 볼 수 있으므로 상계가 허용되는 후순위 약정인 셈이다. 그렇다면 이 사건에서 증권회사는 영업용 순자본에 가산할 수 있는 후순위 차입을 한 것이 아니다. ②에 관하여 보면, 증권회사가 '영업용 순자본에 가산할 수 없는 차입(또는 후순위 차입)'을 하는 것 자체가 법규에 위반되는 것은 아니다. 그러나 '영업용 순자본에 가산할 수 없는 후순위 차입'임에도 불구하고 '영업용 순자본에 가산할 수 있는 후순위 차입금'으로 공시하거나 감독기관에 보고한 행위는 관련 법규에 위반하는 행위일 것이고 그에 상응하는 책임을 물을 수 있을 것이다. 거짓으로 공시·보고한 증권회사뿐 아니라 거짓 공시·보고할 것을 알면서 대출계약을 체결한 보험회사에게도 책임을 물을 수 있어야 한다. 더 나아가 '영업용 순자본에 가산할 수 없는 차입'을 하면서 투자자와 감독기관을 기망하기 위하여 '영업용 순자본에 가산할 수 있는 후순위 차입'인 것처럼 가장하는 행위를 공서양속 위반으로 보아 무효라고 할 수 있는가의 문제가 있다.[137] 분식회계와 마찬가지로 거짓 공시·보고로 인하여 거래상대방이 그 증권회사의 영업용 순자본이 증가한 것으로 믿고 행동하여 피해를 입을 수도 있다. '영업용 순자본에 가산할 수 있는 후순위 차입'인 것처럼 가장하는 행위는 분식회계를 목적으로 함을 알면서 행한 거래의 효력과 마찬가지로 다룰 필요가 있다. 위 대법원판결은 이 점에 대해서는 판시하지 않았다.[138]

137) "후순위 차입계약서에서는 규정상 후순위채무의 요건을 충족하는 것과 같은 외관을 통모하여 만들어내고, 이면계약을 통해 이를 회피하려는 추가적인 상계약정을 하는 것은 건전성 규제의 목적을 정면으로 위반하는 것으로서 무효라고 보는 것이 타당할 것"이라고 하여 금융규제법규의 공공성을 강조하는 견해로는 정순섭(2009), 47쪽.

138) 다만 부인권 대상이 아니라고 판시하면서 "부당한 목적(금융외환위기 당시 이른바 BIS비율을 허위로 높여서 퇴출을 면하려고 시도한 것)을 달성하려고 하였다거나, 위와 같은 후순위특약부 차입사실이 공시되었다는 사정만으로는 이러한 판단을 달리 할 수 없"다고 하였다.

제6절 대출채권의 양도와 매매

Ⅰ. 대출채권 매매의 동기와 태양

1. 대출채권 매매의 동기

대출채권을 가진 은행이 그 채권을 법적으로 양도하거나 그 채권에 내재한 신용위험을 이전하는 거래를 하는 경우가 흔히 있다. 이러한 거래를 하는 목적은 다양하지만 대체로 건전성규제에 따라 은행이 자기자본 비율을 유지하기 위한 경우와 부실채권의 정리를 위한 경우가 있다. 은행이 대출하면 은행은 채무자의 신용위험에 노출되므로 그 위험가중치에 따른 자기자본이 필요하게 된다.[139] 은행에 예금이 계속 들어와도 위험자산을 일정 수준 이상으로 늘릴 수는 없다. 은행이 자기자본을 증액하지 않고 사업을 확대하기 위해서는 위험가중치가 낮은 자산(예: 국가, 중앙은행, 신용도가 높은 금융기관 등에 대한 채권)으로 운용하거나 위험가중치가 높은 자산을 줄일 필요가 생긴다. 대출채권의 양도는 위험가중자산을 줄이는 대표적인 방법이다. 또한 채무자가 채무를 불이행하여 대출채권이 부실화 하면 은행이 그 부실채권을 계속 직접 관리하는 것보다는 부실채권을 처분하기를 원할 수 있다.

대출채권의 양수인은 은행 이외에 보험회사 등 다른 금융기관, 연기금, 헤지펀드, 자산유동화를 위한 특별목적회사(SPC) 또는 부실채권의 양수를 전문으로 하는 펀드(이른바 벌처펀드) 등이 있다. 대출채권을 양도하여 그것을 기초로 자산유동화를 하는 경우, 대출채권의 양수인은 SPC이지만, SPC는 다른 사업은 전혀 하지 않고 단지 대출채권에 기초한 유동화증권을 발행할 뿐이므로, 대출채권의 신용위험에 실질적으로 노출되는 것은 유동화증권 투자자 들이다(☞ 제9장 자산유동화). 대출채권을 가진 은행이 그 채권을 직접 양도하지 않고 신용파생거래 등을 통하여 채무자에 대한 신용위험만 이전하는 경우에도, 그 이전된 신용위험을 바탕으로 합성유동화증권이 발행되면, 증권투자자가 대출채권의 신용위험을 부담하게 된다. 이와 같이 대출채권의 매매는 은행의 간접금융인 대출을 직접금융시장인 증권시장으로 연계하는 역할을 하게 된다. 2008년의 미국 서브프라임대출 채무자

---

139) 예컨대 표준신용등급이 BBB인 일반 기업에 대출한 경우 위험가중치가 100%이므로 자기자본 비율 8%를 준수하려면 대출금의 8%에 해당하는 자기자본이 있어야 한다. 이는 바꾸어 말하면 자기자본이 100인 은행은 위험가중치가 100%인 대출을 1250까지만 할 수 있다.

들의 채무불이행이 자산유동화증권 등의 부실화를 초래하여 미국 금융기관뿐 아니라 유럽 금융기관들도 큰 영향을 받게 된 데는 미국의 주택담보부대출채권이 증권화되고 그 유동화증권을 기초로 한 새로운 증권화가 여러 단계에 걸쳐 이루어지고 그 증권이 국제적으로도 널리 거래되었다는 점이 기여한 바 있다.[140)]

2. 대출채권 매매의 태양

대출채권을 가진 은행(채권자)은 그 채권을 양수인에게 양도하거나, 계약상의 지위를 이전할 수 있다. 이러한 채무자 및 제3자에 대한 대항요건을 모두 갖추어 대출채권을 양도하거나 계약상의 지위를 이전하면 양도인은 더 이상 채무자에 대하여 그 채권을 행사할 수 없다.

은행(채권자)은 대출채권을 법적으로 양도하지 않고 채무자에 대한 신용위험을 이전하거나 채무자로부터 받을 대출원리금의 흐름을 그대로 다른 사람에게 제공할 의무를 부담하는 계약을 체결할 수도 있다. 그 방법으로는 대출채권에 관한 참가거래(participation 또는 sub-participation) 또는 그 대출채권이나 채무자를 대상으로 한 신용파생거래(☞ 제11장 제1절 신용파생거래)를 들 수 있다.

3. 대출채권 매매와 채무자 관련 정보의 제공

대출은행이 대출채권을 다른 사람에게 양도하거나 대출채권에 관하여 참가거래를 하는 경우, 잠재적인 양수인 또는 참가인은 대출채권의 가치를 평가하기 위하여 채무자에 관한 재무정보 기타 정보를 필요로 하게 된다. 대출은행이 그러한 정보를 잠재적인 양수인 또는 참가인에게 제공하는 행위가 개인정보보호법, 신용정보보호법 등의 정보보호에 관한 각종 법률 또는 계약상 비밀유지 조항에 위반되는지 여부를 검토할 필요가 있다. 이 점이 문제될 경우에는 결국 채무자의 동의를 얻어서 거래를 진행하는 것이 바람직할 것이다.[141)]

---

140) 박준(2008), 18-38쪽.
141) 西村あさひ法律事務所(2017), 435쪽.

Ⅱ. 대출채권의 양도

1. 채권양도와 계약상 지위의 이전

은행이 고객에 대하여 가지는 대출채권을 법적으로 유효하게 다른 사람에게 양도하는 방법으로는 (i) 대출계약상 가지는 대주로서의 지위를 이전하는 방법과 (ii) 대출계약상 채무자에게 대하여 가지는 대출채권을 양도하는 방법이 있다. 계약상 지위의 이전은 그 지위를 이전하는 계약에 의하여 양수인과 채무자 사이의 법률관계가 정해질 것이다. 그러한 계약상 지위의 이전은 계약당사자인 채무자의 동의를 받아야 하므로 대주인 은행으로서는 선호하지 않을 것이다.

2. 채권양도와 대출계약 조항의 계속 적용

대출채권은 지명채권으로 양도를 금지하는 특약을 하지 않는 한 민법상의 채권양도 절차를 거쳐 양도할 수 있다. 은행여신거래기본약관과 은행여신거래약정서상 대출채권의 양도를 금지하는 조항은 없다. 국제적인 대출거래에서는 양도를 명시적으로 허용하는 조항이 들어있는 경우가 많다. 계약상 지위를 이전하지 않고 대출채권만 양도하는 경우 양수인이 양수하는 대출채권의 내용과 조건이 무엇인지를 생각해 보아야 한다. 대출채권의 가장 중요한 조건인 금액, 이자율, 약정지급기일 이외의 다른 계약조항(예컨대, 기한의 이익 상실 사유 등)이 그대로 유지되어 양수인이 그 조항상의 권리를 행사할 수 있는지에 대하여 논란이 있을 수 있다.[142)]

대출계약의 각 조항을 이 쟁점의 맥락에서 분류하면 ① 대출채권의 내용 또는 그 이행에 관한 조항과 ② 대출거래에 부수한 의무에 관한 조항으로 나누어 볼 수 있다.

전자는 다시 ①-1 대출채권의 내용을 구성하는 조항(기한이익상실 조항, 기한전 변제 조항 등), ①-2 대출채무의 이행을 위하여 채권자가 가지는 권리 또는 채무자의 의무를 구성하는 조항(유질 등 유담보 특약, 상계금지 특약 등), ①-3 대출채무 이행과 관련하여 채무자가 가지는 항변에 해당하는 조항(책임재산한정 특약, 양도금지 특약, 양수인의 자격제한 특약 등)으로 나누어 볼 수 있다. 이 조항들은 대출채권의 내용을 구성하거나 그 채무의 이행에 직접적으로 관련되는 조항이므로, 특별히 조항의 내용상 원래의 당사자 사이에서

---

142) 이 쟁점에 대한 논의는 일본 金融法委員会(2004)에 의존하였다.

만 적용될 수 있는 성질을 가졌다고 볼 예외적인 경우를 제외하고는, 대출채권의 양수에도 불구하고 이 조항들이 양수인과 채무자 간의 관계에도 적용된다고 보아야 한다.

후자는 ②-1 대출거래에 부수하여 채권자가 가지는 다른 권리를 정하는 조항(채무자의 진술 및 보장, 채무자의 재무확약, 담보제공 제한 등 확약(covenants) 조항 등)과 ②-2 대출거래에 부수하여 채무자가 채권자에 대하여 가지는 권리에 관한 조항(채권자의 진술 및 보장, 채권자의 도산신청 포기 특약, 비밀유지 조항 등)으로 나누어 볼 수 있다. 조항의 내용상 특별히 원래의 당사자 사이에서만 적용될 수 있는 성질의 것이거나, 양수도계약상 달리 정하지 않는 한 이 조항들도 원칙적으로 채무자와 양수인 사이에서도 적용된다고 봄이 합리적이다. 이 조항에는 다양한 내용이 들어갈 수 있으므로 채권양수 후에도 양수인과 채무자 사이의 관계에 계속 적용되어야 하는지에 대하여 분쟁이 발생할 수 있다. 대출채권의 양도를 금지하는 특약을 넣지 않은 경우에는 위 조항 중 대출채권의 양수도시 채무자와 양수인 사이에도 계속 적용될 조항과 그렇지 않은 조항을 대출계약상 미리 정해 놓는 것이 바람직하다.

Ⅲ. 대출채권에 대한 참가거래(Participation)

1. 의의와 종류

대출채권에 대한 참가(participation 또는 sub-participation)는 은행(대출채권자)과 참가자(participant)가 체결하는 거래로서 대출채권자가 참가자에게 대출채권을 법적으로 양도하지 않고 채무자에 대한 신용위험을 이전하거나 채무자로부터 받을 대출원리금의 흐름을 그대로 참가자에게 제공하는 거래이다. 이 거래는 자금제공부 참가(funded-participation)와 위험참가(risk participation)로 나누어 볼 수 있다.

2. 자금제공부 참가(funded-participation)

(1) 거래의 개요

자금제공부 참가거래에서는 (i) 거래 성립시 참가자가 대출채권자에게 대출금 중 참가비율에 해당하는 금액을 제공하고, (ii) 대출채권자는 채무자로부터 대출원금을 수령하면 참가비율에 해당하는 금액을 참가자에게 지급하며, 이자를 수령하면 참가계약에서 정한 이자율로 산정한 금액을 참가자에게 지급한다. 대출채권자가 채무자로부터 수령한 지연손해금의 경우도 마찬가지이다. 채무자가 채무불이행하는 경우에는 대출채권자가 참가자에게 지급할 의무가 없다. 즉 대출채권자는 참가자로부터 받은 자금이 있으므로 채무자로부터 상환을 받지 못하더라도 참가가 이루어진 부분에 대해서는 손실이 없고, 참가자는 지급을 받지 못하게 되므로 채무자에 대한 신용위험을 참가자가 부담한다. 또한, 참가자는 대출채권자가 채무자로부터 상환을 받고도 참가자에게 지급하지 않을 위험, 즉 대출채권자의 신용위험도 부담하므로 이중의 신용위험을 부담한다.

자금공급자와 자금수요자가 금융회사를 통하지 않고 온라인 플랫폼을 통하여 일으키는 대출을 의미하는 P2P 대출이 국내에서도 수년전부터 크게 증가하였다(P2P대출에 관한 상세한 논의는 ☞ 제16장 제3절). 온라인투자연계금융업법이 제정·시행되기 이전에 국내에서 행해지던 P2P대출의 주류인 원리금수취권매매형[143]은 전형적인 자금제공부 참가거래의 구조를 취하고 있었다. 원리금수취권매매형 거래에서는 (i) 통상 플랫폼업자(=대출중개업자)의 100% 자회사인 대부업자가 차입자(=자금수요자)에게 대출하고, (ii) 투자자의 투자금에 대한 대가로 대부업자는 대출에 관한 원리금수취권을 투자자(=참가자)에게 부여하며, (iii) 플랫폼업자는 그 원리금수취권 부여와 원리금 지급을 중개하는 역할을 담당한다. 투자자와 플랫폼업자 사이의 계약상, (i) 원리금수취권이란 대부업자가 차입자로부터 원리금을 회수한 경우 그 회수된 원리금을 적법하게 전달받아 취득할 수 있는 권리로 정의하고, (ii) 원리금수취권에 따른 지급의무자는 대부업자이고 플랫폼업자는 아니라는 점, (iii) 대부업자가 차입자로부터 대출채무를 변제받은 때에 한하여 투자자는 대부업자에게 원리금 지급을 청구할 수 있고 대출채무가 변제되지 않으면 투자자가 투자금 손실을 부담한다는 점을 명시하였다. 현재는 온라인투자연계금융업법이 거래당사자 간의 법률관계를 정해 놓고 있다(상세한 논의는 ☞ 제16장 제3절).

(2) 법적 성격

자금제공부 참가거래가 ① 채무자에 대한 대출채권을 대항력 없이 양수도 또는 매매한 것인지, ② 참가자가 대출채권자에게 자금을 대출한 것인지에 대하여 의문이 생길 수 있다. 이러한 법적 성격 구분은 참가자가 누구에게 무엇을 청구할 수 있는가 라는 계약법적 문제[144]와 대출채권자가 도산한 경우 참가자가 가지는 권리가 무엇인가 라는 도산법

143) 원리금수취권매매형 이외에 일부 담보제공위탁계약형(=금융기관제휴형) 거래도 이루어지고 있었다. 한국소비자원(2016), 34-35쪽; 김은비·주성환(2016), 107-118쪽.

144) 참가거래가 대항력 없는 채권양도라면, 채무자가 적극적으로 그 양도의 효력을 인정하고 채무자가 참가자에 대하여 가지고 있는 채권을 자동채권으로 하여 상계하는 일도 발생할 수 있을 것

적 문제[145)]에 영향을 줄 수 있다.[146)][147)]

거래의 법적 성격은 계약서에 드러난 당사자의 의사해석의 문제이다. 자금제공부 참가거래 계약서는 통상 참가거래가 대출채권자가 대출계약상 가지는 권리를 양도하는 것이 아니고, 대출채권자만이 대출계약상 채무자에 대한 권리를 행사할 수 있으며, 참가자는 대출계약상 아무런 권리가 없고 채무자로부터 직접 지급을 받지 않거나 의사소통을 하지 않는다는 점 등을 명시하고 있다. 이러한 조항에 비추어 참가거래를 대항력 없는 양수도·매매로 보는 것은 당사자의 의사에 반하고, 참가자와 대출채권자의 두 당사자 사이의 자금공여 거래라고 보는 것이 합리적이다. 참가계약서에 통상 대출채권자의 참가자에 대한 지급의무는 일반적 지급의무가 아니라 대출계약상 채무자로부터 수령한 금액에 한정되는 책임재산한정(limited recourse) 의무임을 명시하므로, 참가자가 대출채권자에게 대출하되 대출채권자는 책임재산이 한정된 채무를 부담하는 거래라고 보는 것이 합리적이다.[148)] 따라서 참가자는 대출채권의 채무자가 대출원리금을 상환한 경우에 한하여 대출

이다.

145) 참가거래가 대항력 없는 채권양도라면 참가자가 도산절차개시 전에 제3자 대항력을 갖추어 채무자에게 청구할 여지가 있으나, 그렇지 않은 경우에는 대출채권자에 대한 파산채권자에 그치게 될 것이다. 또한 도산절차개시 전에 제3자 대항력을 갖추었다고 하더라도 채권양도인의 지급정지, 회생절차개시의 신청 또는 파산의 신청이 있은 후에 대항요건을 구비한 때에는 일정한 경우 회생절차나 파산절차 개시 후에 그 대항요건이 부인될 수 있다(채무자회생법 제103조 제1항, 제394조 제2항).

146) 채무자가 지급한 이자의 귀속자가 누구인가 라는 세법상 문제는 세법의 원리에 따라 해결하여야 한다.

147) 참가거래 이후 대출채권자가 대출채권을 계속 보유한 것으로 회계처리할 것인지에 대하여는 기업회계기준서 제1109호(금융상품) 문단 3.2.5.에서 다음과 같이 구체적인 회계기준을 두고 있으므로 참가거래의 법적 성격 규명으로 결정되는 것은 아니다.

3.2.5 금융자산('최초 자산')의 현금흐름을 수취할 계약상 권리를 갖고 있으나 해당 현금흐름을 하나 이상의 거래상대방('최종 수취인')에게 지급할 계약상 의무를 부담하는 경우에 그 거래가 다음 세 가지 조건을 모두 충족하는 경우에만 양도거래로 본다.

(1) 최초 자산에서 최종 수취인에게 지급할 금액에 상응하는 금액을 회수하지 못한다면, 그 금액을 최종 수취인에게 지급할 의무가 없다. 양도자가 그 상당액을 단기간에 선급하면서 시장이자율에 따른 이자를 포함한 원리금을 전액 상환 받는 권리를 가지는 경우에도 이 조건을 충족한다.

(2) 현금흐름을 지급할 의무를 이행하기 위해 최종 수취인에게 담보물로 제공하는 경우를 제외하고는, 양도자는 양도계약의 조건 때문에 최초 자산을 매도하거나 담보물로 제공하지 못한다.

(3) 양도자는 최종 수취인을 대신해서 회수한 현금을 중요하게 지체하지 않고 최종 수취인에게 지급할 의무가 있다. 또 양도자는 해당 현금을 재투자할 권리가 없다. 다만 현금 회수일부터 최종 수취인에게 지급하기까지의 단기결제유예기간에 현금이나 현금성자산(기업회계기준서 제1007호 '현금흐름표'에서 정의함)에 투자하고 이러한 투자에서 생긴 이자를 최종 수취인에게 지급하는 경우는 제외한다.

148) 일본에서는 "대출참가거래(자금제공부 참가거래)는 원채권자가 원채무자에 대하여 보유하는 권리 중 원리금청구권(및 부수적으로 지연손해금 포함)만을, 참가자가 원채무자에 대하여 직접적으로 아무런 청구권을 갖지 아니할 것 등을 조건으로 하여, 원채권자로부터 참가자에게 상대적

채권자로부터 참가거래에 따른 지급을 받을 수 있고, 대출채권자가 도산한 경우에는 대출채권의 채무자가 채무를 이행하더라도 참가거래에 따른 지급을 받을 수 없게 된다. 즉 참가자는 대출채권의 채무자의 신용위험과 대출채권자의 신용위험을 모두 부담하게 된다. 통상 은행의 신용도가 높기 때문에 은행이 가진 대출채권에 대한 참가에서 대출채권자의 신용위험은 중요한 고려요소에 해당하지 않는다.

또한 참가계약서에는 통상 대출채권자가 대출계약상 채무자에 대한 권리를 원칙적으로 자신이 전적인 재량을 가지고 행사할 수 있도록 정하고 있으므로, 대출채권자가 참가자를 위한 대리인이나 수탁자로서의 지위를 가진다고 볼 수도 없다. 대출채권자는 참가자에 대하여 참가계약서에 정한 범위 내에서의 의무를 지는 것에 불과하다. 참가계약서에는 통상 일정한 사유(예: 지급기일 후 일정기간 경과하도록 대출채권자가 지급받지 못하는 경우)가 발생하면 대출채권자가 채무자에 대한 권리를 참가자에게 양도할 의무를 부담하도록 한다. 이 조항에 따라 대출채권자가 참가자에게 채무자에 대한 권리를 양도하면 그 때부터 참가자는 채권양수인으로서 채무자에게 직접 권리를 행사할 수 있게 된다.

3. 위험참가(risk participation)

(1) 거래의 개요

위험참가거래에서는 (i) 거래 성립시 참가자는 대출채권자에게 대출금 중 참가비율에 해당하는 금액을 제공하지 않고, (ii) 대출채권자는 대출기간 중 일정기간마다 참가자에게 참가수수료(participation fee)를 지급하며, (ii) 대출계약상 채무자가 원리금지급을 불이행하면, 참가자는 대출채권자에게 그 미지급금액의 참가비율 해당 금액을 지급하고, (iv) 그 후 대출채권자가 채무자로부터 원리금을 회수하면 참가비율에 해당하는 금액을 참가자에게 지급한다. 위험참가한 부분에 대해 대출채권자가 위험참가거래 성립 시부터

으로 이전하는 원채권자와 참가자 간의 무명계약에 해당하고, 법률상 원대출채권의 보유자는 어디까지나 참가이익(=원리금을 수령할 권리)의 매도인인 원채권자이며, 참가이익을 매수하는 대출참가자는 차입인에 대하여 직접적인 권리를 갖지 않는 것"이라고 파악하는 견해가 일반적이다{西村あさひ法律事務所(2017), 435쪽}. "권리의 상대적 이전"의 의미가 명확하지는 않지만, 원채권자가 원채무자에 대해 가지는 원리금청구권을 참가자에게 이전하는 것으로 본다면, 그 이전에 대하여 원채무자가 적극적으로 승낙하고 참가자에 대해 직접 이행하거나 참가자에 대해 가진 채권과 상계할 수 있는 상황이 발생할 수 있다. 그러나 통상의 자금제공부 참가계약의 내용은 그러한 상황의 발생을 의도하고 있지는 않다. 참가거래로 원채권자가 자신이 원채무자에 대해 가진 권리를 참가자에게 이전한 것이 아니라, 위 국내 P2P대출계약에서 적절히 사용하고 있듯이 "원채권자가 원채무자로부터 원리금을 회수한 경우 그 금액을 원채권자로부터 수령할 권리"를 참가자에게 부여한 것이라고 보아야 할 것이다.

참가자로부터 자금을 받는 것은 아니지만, 채무자가 채무불이행했을 때 그 불이행한 대출원리금 중 참가비율에 해당하는 금액을 참가자로부터 지급받으므로 채무자의 채무불이행에 따른 손실을 입지 않게 된다. 대신 참가자가 채무자의 채무불이행에 따른 손실을 입게 되므로 채무자의 신용위험을 참가자가 지게 된다.

(2) 법적 성격

위험참가거래의 법적 성격도 계약서에 드러난 당사자의 의사해석의 문제이다. 얼른 보면 위험참가거래는 민법상의 보증 특히 부탁받지 않은 보증과 유사해 보인다. 보증인은 변제할 정당한 이익이 있으므로 변제로 당연히 채권자를 대위하여 구상권의 범위에서 대출채권을 행사할 수 있다(민법 제481조, 제482조). 그러나 위험참가계약서는 통상 참가자가 대출채권자에게 지급하였다고 하여 참가자가 대출채권에 대하여 대위하는 것은 아니고, 참가자는 채무자와 아무런 계약관계를 가지는 것이 아니며, 대출채권자와 참가자 사이의 관계는 대출채권자가 채무자로부터 수령한 금원의 일정 부분에 상당하는 금액을 참가자가 대출채권자로부터 수령하는 권리를 가지는 채권채무 관계라고 명시한다. 또한 이러한 계약조항에 비추어 볼 때 위험참가거래는 보증이 아닌 대출채권자와 참가자 간의 신용위험 이전을 위한 비전형계약이라고 보는 것이 합리적이다. 서울고등법원 2015. 12. 3. 선고 2015나2042221 판결[149]도 "위험참가약정은 차주 또는 채무자의 채무불이행 등 채무자의

149) [사실관계]

(1) H은행은 (i) SF(국내 D회사가 골프장 건설자금 조달 목적으로 말레이시아에 설립한 특수목적법인)가 발행한 변동금리부외화채권(FRN) 원금 미화 2,800만달러의 상환채무와 (ii) 그 FRN의 변동금리부이자를 고정금리로 바꾸는 이자율스왑계약상 지급할 고정금리액(미화 6,532,000달러)의 지급을 보증하였다. 한편 H은행은 D회사로부터 SF의 부채를 상환하기에 충분한 금액을 추가출자하겠다는 확약서를 받았다.

(2) H은행과 S종금은 위 보증채무에 대하여 S종금의 위험참여비율 10/28로 하는 위험참여약정(risk participation agreement)을 체결하였다.

(3) H은행은 위 FRN의 만기에 위 보증채무를 이행하여 미화 34,532,000달러를 대지급한 후, S종금의 파산절차에서 S종금의 위험참여 분담금으로 미화 12,332,857달러(FRN 미화 1000만달러+스왑계약 미화 2,332,857달러)를 파산채권으로 신고하였다.

(4) S종금 파산절차에서 H은행은 2001년부터 2010년에 걸쳐 7회에 걸쳐 미화 약 937만달러 상당의 원화 배당금을 지급받았다.

(5) D회사의 회사정리절차에서 H은행은 D회사에 대한 정리채권(위 확약서 불이행에 따른 손해배상채권) 230억원을 가지고 있는 것으로 확정되고, 정리계획에 따라 2004. 11. 출자전환하여 받은 주식을 2005. 10.까지 처분하여 약 301억원을 회수하였다. H은행은 동일한 골프장 건설자금 조달목적으로 설립된 또 다른 SPC로부터 담보로 받은 골프장 회원권을 약 58억원에 매도하였다.

(6) S종금은 H은행이 (5)에서 회수한 금액의 10/28은 S종금의 분담금 채무에 충당된다는 전제하에 H은행이 S종금의 분담금액을 초과하여 파산철차에서 배당받았다고 주장하며 그 초과액을 부당이득으로 반환할 것을 청구하였다.

[판시] S종금의 부당이득반환청구 기각.

신용위험이 발생한 경우 참여자로 하여금 당해 신용위험을 분담 내지 이전받도록 하는 형태의 거래로서, 주채무에 대한 부종성과 보충성이 인정되지 아니하는 손해담보계약에 불과하여 보증계약이라 할 수 없다"고 판시하였다.

"위험참가거래에서의 당사자는 참가대상인 여신의 주체와 참여자이고 차주 또는 채무자는 이에 포함되지 않으며, 참여자는 위험참가의 대가로서 수수료를 차주가 아닌 대주 또는 채권자로부터 받게 된다. 참여자는 채무를 변제하더라도 당연히 대위권을 행사하는 것이 아니며 대주 또는 채권자로부터 채권을 양도받아야 행사할 수 있는 점에서 일반 보증과 다르다. 즉, 위험참가약정은 차주 또는 채무자의 채무불이행 등 채무자의 신용위험이 발생한 경우 참여자로 하여금 당해 신용위험을 분담 내지 이전받도록 하는 형태의 거래로서, 주채무에 대한 부종성과 보충성이 인정되지 아니하는 손해담보계약에 불과하여 보증계약이라 할 수 없다." 위험참여약정의 관련 조항들의 내용에 비추어 "이 사건 위험참여약정의 참여자인 S종금의 분담금은 피고(=H은행)가 지급보증에 따라 SF의 의무를 대지급한 후 SF에 그 손해 등의 보상을 요구하였음에도 SF가 이를 보상하지 아니한 때에 바로 확정되고, 위 분담금 확정 후 피고가 SF 등으로부터 대지급금을 회수하였는지 여부에 따라 달라지는 것은 아니다."

참고문헌

구병수(2001) 구병수, "기한이익상실약관과 소멸시효의 기산점에 관한 연구", 법학연구 제7집(한국법학회, 2001)

김도형(2013) 김도형, "리보(LIBOR)금리 조작 사건의 이해 및 법률 쟁점", BFL 제62호(서울대학교 금융법센터, 2013. 11.)

김민주·이승민·진권용(2019) 김민주·이승민·진권용, "지배주주의 사익편취에 대한 도산법적 해결방안: 주주채권의 후순위화를 중심으로", 서울대학교 법학 제60권 제1호(서울대학교 법학연구소, 2019. 3.)

김상배(1999) 김상배, "기한이익상실의 특약있는 할부채무에서 소멸시효의 진행시기", 재판과 판례 제8집(대구판례연구회, 1999)

김은비·주성환(2016) 김은비·주성환, "P2P대출의 법적 구조 분석과 규제방안 연구", 2016년도 금융경제법 연구논문 현상공모 수상논문집(한국은행, 2016. 12.)

박재현(2002) 박재현, "기한이익상실의 특약과 소멸시효의 기산점", 재판과 판례 제11집(대구판례연구회, 2002)

박준(2008) 박준, "서브프라임대출관련 금융위기의 원인과 금융법의 새로운 방향 모색", 국제거래법연구 제17집 제2호(국제거래법학회, 2008. 12.)

서울중앙지방법원 파산부 실무연구회(2015) 서울중앙지방법원 파산부 실무연구회, 회생사건실무(상)(제4판)(박영사, 2015)

석광현(2022a) 석광현, "국제금융거래에서 제3국의 외국환거래법과 국제적 강행규정의 적용: IMF협정 제Ⅷ조 2(b)를 포함하여", 국제사법과 국제소송[정년기념](박영사, 2022)

석광현(2022b) 석광현, "2022년 개정 국제사법에 따른 국제재판관할합의의 제문제", 경희법학 제57권 제2호(2022)

송지민(2021) 송지민, "도산법상 지배주주채권의 후순위화 법리에 대한 연구 — 미국과 독일의 법제를 중심으로 —", 상사법연구 제40권 제3호(한국상사법학회, 2021. 11.)

엄동섭(1998) 엄동섭, "기한이익상실약관과 소멸시효의 기산점", 법률신문 제2697호(1998. 5.)

오시정(2017) 오시정, 여신거래계약의 이론과 실무 — 기업금융편(한국금융법연구원, 2017)

이동진(2011) 이동진, "차명계약의 법리 — 차명예금과 차명대출을 중심으로", BFL 제46호(서울대학교 금융법센터, 2011. 3.)

이미현·최승훈(2009) 이미현·최승훈, "국제금융계약에서의 이자조항", BFL 제35호(서울대학교 금융법센터, 2009. 5.)

이준기(2014) 이준기, "진술 및 보장 위반에 관한 매수인의 악의의 법적 효과 — 샌드배깅에 관한 고찰 —", BFL 제68호(서울대학교 금융법센터, 2014. 11.)

전국은행연합회(2018) 전국은행연합회, 은행회계해설(상)(2018)

정순섭(2009) 정순섭, "후순위약정의 법적 문제", BFL 제35호(서울대학교 금융법센터, 2009. 5.)

정종관(2002) 정종관, "고정금리방식에 의한 금리의 결정과 계약자 일방에게 금리변경권을 부여하는 것이 상호 모순되는 관계에 있는지 여부", 대법원판례해설 제38호(2001 하반기)(법원도서관, 2002)

천경훈(2009) 천경훈, "진술보장조항의 한국법상 의미", BFL 제35호(서울대학교 금융법센터, 2009. 5.)

최진갑(2000) 최진갑, "기한이익상실특약이 있는 할부지급채무의 소멸시효 기산점", 판례연구 제11집(부산판례연구회, 2000)

한국산업은행 법무실(2007) 한국산업은행 법무실, 국제금융 Documentation의 이해—Syndicated Loan 계약서를 중심으로—(한국산업은행, 2007)

한국소비자보호원(2016) 한국소비자보호원 시장조사국 거래조사팀, "온라인 P2P대출 서비스 실태조사"(2016. 6.)

한민(2009) 한민, "국제금융과 국제도산법에 관한 소고", 석광현·정순섭 편, 국제금융법의 현상과 과제(제1권)(소화, 2009)

한상문(2007) 한상문, 여신거래법률(상) 거래편(제5판)(한국금융연수원, 2007)

황태희(2010) 황태희, "은행의 변동금리부 주택담보대출금리 고정행위와 불이익제공", 대법원판례해설 제82호(2009 하반기)(법원도서관, 2010)

Braun(2019) Eberhard Braun (ed.), German Insolvency Code (2nd ed.) (Verlag C. H. Beck, 2019)

Enrich(2017) David Enrich, The Spider Network (Custom House, 2017)

Fuller(2012) Geoffrey Fuller, The Law and Practice of International Capital Markets (3rd ed.) (LexisNexis Butterworths, 2012)

Josenhans(2010) Michael Josenhans, "Recent Legal Developments in the US Syndicated Loan Market", 35 DAJV Newsl. 165, 166-166 (2010)

Slaughter and May(2014) Slaughter and May, "The ACT Borrowers Guide to LMA Loan Documentation for Investment Grade Borrowers" (November 2014)

Wright(2024) Sue Wright, The Handbook of International Loan Documentation (3rd ed.) (Palgrave Macmillan, 2024)

金融法委員会(2004) 金融法委員会, "ローン債権の譲渡に伴う契約条項の移転"(2004)

西村あさひ法律事務所(2017) 西村あさひ法律事務所, ファイナンス法大全[全訂版](上) (商事法務, 2017)

長島·大野·常松法律事務所(2016) 長島·大野·常松法律事務所 編, ニューホライズン事業再生と金融 (商事法務, 2016)

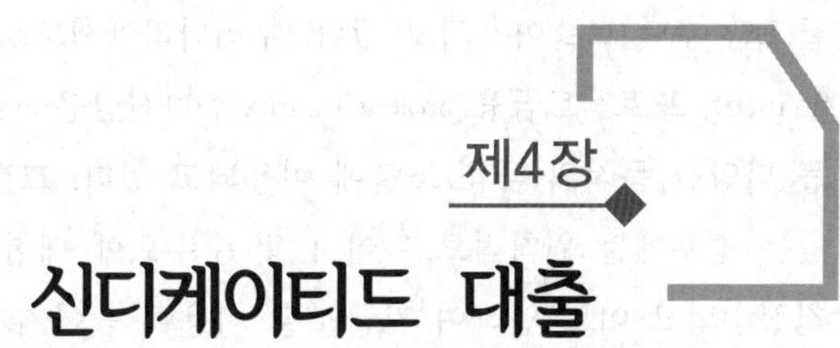

신디케이티드 대출

제 1 절 서 설[1)]

Ⅰ. 신디케이티드 대출의 개념과 효용

신디케이티드 대출(syndicated loan)은 복수의 대주들이 대주단(syndicated lenders)을 구성하여 하나의 대출계약서에 의하여 공통된 조건으로 차주에게 자금을 대출하는 거래이다. 신디케이티드 대출은 하나의 대주가 차주에게 단독으로 자금을 대출하는 단독대출(single lender loan) 또는 양자간대출(bilateral loan)과 대비되는 개념이다. 신디케이티드 대출은, 차주의 입장에서는 자금조달 규모가 커서 한 금융회사로부터의 대출로 전액을 조달하기 어려운 경우에, 대주의 입장에서는 법령상 동일한 차주에 대한 신용공여 금액에 제한[2)]을 받거나 동일한 차주에 대하여 과도한 신용위험을 부담하는 것을 피하고자 하는 경우에 이용된다. 불특정 다수인에 대한 사채의 공모 발행에 의해서도 큰 금액의 자금을 조달할 수 있으나, 자금조달을 하고자 하는 기업이 자본시장에 아직 잘 알려지지 않았거나 또는 필요한 자금 전액을 적시에 차질 없이 조달하고자 하는 경우 사채의 공모 발행보다는 신디케이티드 대출이 적절할 수 있다.

신디케이티드 대출은 1950년대 말에서 1960년도 초 무렵에 유로달러(eurodollars)[3)]가

1) 이 부분은 한민(2012), 205-212쪽을 수정, 보완한 것이다.
2) 예컨대, 은행법 제35조에 의한 은행의 동일인 등에 대한 신용공여의 한도(☞ 제3장 제2절 Ⅱ. 여신한도와 절차규제).
3) 유로달러는 달러 발행국인 미국 이외의 지역에 예치된 미달러화를 말한다. 유로달러는 제2차 세계대전 이후 미국의 마셜플랜에 따른 대외투자로 인한 외국인 보유 미달러화의 증가, 외국은행

본격적으로 창출되면서 활성화되었고, 그 후에도 지속적으로 국제금융시장에서 유력한 자금조달 수단으로 이용되고 있다. 우리나라에서도 신디케이티드 대출은 기업금융(corporate finance), 프로젝트금융(project finance), 자산금융(asset finance), 인수금융(acquisition finance) 등 다양한 목적의 금융 조달에 이용되고 있다. 그런데, 국내 기업이 외국으로부터 대출을 받는 경우에는 원칙적으로 이자 및 수수료에 대한 법인세 또는 소득세(부가세 포함)가 원천징수되고 이로 인하여 자금조달 비용이 높아지게 되므로,[4] 신디케이티드 대출은 국내 기업이 국내 금융회사(외국은행의 국내지점 포함)로부터 국내에서 자금을 차입하는 경우 또는 국내기업(또는 그의 현지법인)이 해외건설 등을 위하여 현지금융[5]을 조달하는 경우에 주로 이용되고 있다.[6] 국내 기업이 현지금융이 아닌 목적으로 외국으로부터 자금을 차입하는 방식으로는, 조세특례제한법에 따라 이자 및 수수료에 대한 소득세 또는 법인세가 면제되고 있는 외화표시 사채의 해외 발행이 선호되고 있다.[7]

(또는 미국은행 외국지점)이 예치받은 예금에 대한 Regulation Q(정기예금이자율 한도 설정)의 적용 배제, 냉전시기에 동구권 국가들이 보유하는 미달러화를 미국 내에 예치할 경우 달러 자금의 인출 동결을 우려하여 영국 등 유럽지역에 미달러화를 예치하는 현상 등에 의하여 발생하였고, 그 후 중동국가들의 오일달러 자금이 유럽지역에 예치됨으로써 폭발적으로 증가하였다. Kindleberger(1993), pp. 439-441; Cassis(2006), pp. 219-221; 강일원(2002), 391-392쪽; 홍대희(2012), 254-256쪽.

4) 국제 대출거래에서는 원천징수의 부담이 있는 경우, 원천징수 세액의 추가지급(tax gross-up) 조항에 의하여 차주는 원천징수된 세액을 다시 포함시켜 원래의 이자 및 수수료 금액 전액을 대주에게 지급하도록 하고 있다(☞ 제3장 제4절 Ⅱ. 3. 원천징수 세액의 추가지급 등). 이로 인하여 차주가 이자 및 수수료에 대한 세금을 원천징수해야 하는 경우 차주의 자금조달 비용이 크게 높아지는 부담이 있다. 우리나라가 체결한 조세조약상 이와 같은 원천징수의 세율이 감경되거나 원천징수가 면제되는 경우도 있다. 그러나, 조세조약상 원천징수가 면제될 수 있다고 하더라도 그러한 혜택을 받기 위해서는 조세조약의 상대방 체약국에 본점을 두고 있는 대주가 이자 및 수수료의 수익적 소유자(beneficial owner)이어야 하므로 조세조약에 의존하여 이자 및 수수료에 대한 원천징수 없이 국제 대출거래를 할 수 있는 경우는 제한적이다.

5) "현지금융"은 거주자, 거주자의 해외지점 또는 거주자의 현지법인 등이 외국에서 사용하기 위하여 외국에서 자금을 차입(증권발행에 의한 경우를 포함한다)하거나 지급보증을 받는 것을 말한다(외국환거래규정 제1-2조 제42호).

6) 다만, 외국환거래법에 의한 외국환업무취급기관이 동법에 따른 외국환업무를 하기 위하여 외국금융기관으로부터 차입하여 외화로 상환하여야 할 외화채무에 대하여 지급하는 이자 및 수수료에 대해서는 조세특례제한법에 따라 소득세 또는 법인세가 면제되므로(조세특례제한법 제21조 제1항 제2호) 외국환업무취급기관은 원천징수의 부담 없이 외국금융기관으로부터 외화대출을 받을 수 있다.

7) 조세특례제한법 제21조 제1항 제1호에 따라 국가·지방자치단체 또는 내국법인이 국외에서 발행하는 외화표시채권의 이자 및 수수료 소득을 받는 자(거주자, 내국법인 및 외국법인의 국내사업장은 제외)에 대해서는 소득세 및 법인세가 면제된다.

Ⅱ. 신디케이티드 대출의 거래 구조

신디케이티드 대출의 거래 구조를 간략히 도식화해 보면 [그림 4-1]과 같다. 신디케이티드 대출거래를 단계별로 나누어 보면, 차주의 의뢰를 받아 간사은행(arranger)[8]이 대주단을 구성하기까지의 단계([그림 4-1]의 ①, ②), 차주와 대주단을 구성하는 복수의 대주들 간에 하나의 대출계약이 체결되어 대출이 실행되는 단계([그림 4-1]의 ③, ④, ⑤)와 대주들의 대리인인 대리은행(agent)에 의한 대출채권의 사후관리 단계([그림 4-1]의 ⑥, ⑦)로 나누어 볼 수 있다. 대주단 구성 단계에서는 단독대출 거래와는 달리 간사은행을 중심으로 새로운 유형의 권리의무 관계가 형성된다. 신디케이티드 대출계약의 체결에 의해 대주들을 대리하는 대리은행이 선임되고, 그 때부터 차주와 대주 간의 권리의무 관계뿐만 아니라, 대리은행과 차주, 대리은행과 대주, 대주 상호간의 권리의무 관계가 대두된다.

[그림 4-1] 신디케이티드 대출의 기본구조[9)]

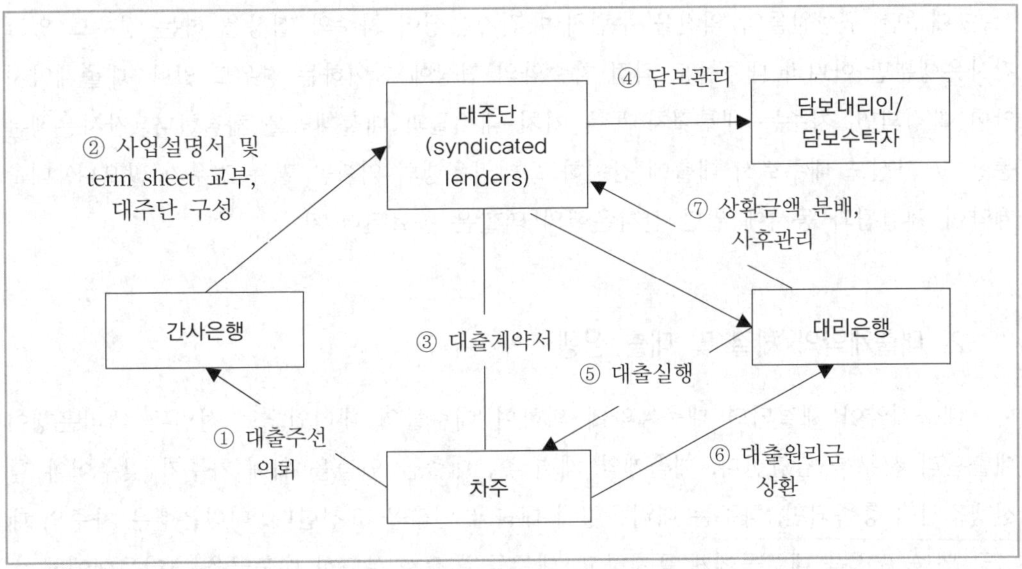

1. 대주단 구성 및 대출계약 협상

신디케이티드 대출거래는 차주와 대출주선을 담당할 간사은행 간에 협의하여 잠재

8) 주선은행이라고도 부른다. 이 책에서는 금융실무에서의 일반적인 용어 사용례에 따라 간사은행이라고 칭하기로 한다.
9) 오수근·한민·김성용·정영진(2012), 471쪽의 그림을 다소 수정한 것이다.

적인 대출참여자들이 수락할만한 내용으로 주요 대출조건(대출금액, 이자, 만기, 담보 등)을 정하고 이를 반영하는 조건제안서(term sheet)를 작성함으로써 시작된다. 이어서 차주가 간사은행에게 조건제안서에 따라 대주단의 구성 및 대출계약 체결의 주선을 의뢰하는 기채의뢰서(mandate)(여기에 조건제안서가 첨부되거나 그 내용이 포함됨)를 교부함으로써 간사은행의 역할이 개시된다.[10] 그 후, 차주와 간사은행은 주요 대출조건 및 차주의 영업·재무 등에 관한 정보를 기재한 사업설명서(information memorandum)를 차주 명의로 작성하고, 간사은행은 잠재적인 대출참여자들과 비밀유지약정을 체결한 후에 사업설명서를 조건제안서와 함께 잠재적인 대출참여자들에게 배포하면서 대출참여를 권유한다. 대출참여 희망자들이 간사은행에 대하여 대출희망금액과 함께 대출참여 의향을 표시하고 간사은행이 이를 수락함으로써 대주단이 구성된다. 대출 규모가 큰 경우에는 주간사은행(lead arranger)의 주도 아래 복수의 공동간사은행(joint arranger 또는 co-arranger)이 대주단 구성을 맡는다.[11]

대주단 구성이 완료될 무렵에 간사은행의 변호사가 조건제안서를 토대로 대출계약서의 초안을 작성하면, 차주와 간사은행은 계약서 협상을 진행하게 된다. 대출계약의 협상은 대주단 구성원들의 의견을 수렴하여 간사은행이 차주와 협상을 하는 경우도 있고 간사은행뿐만 아니라 대주들도 직접 차주와의 협상에 참여하는 경우도 있다. 대출계약서안이 확정되면, 차주는 내부절차 등을 거쳐 대주들과 대출계약을 체결한다. 간사은행은 통상 그 자신도 대주로서 대출에 참여하고 대리은행의 역할을 맡는 경우가 많으나, 대출계약이 체결됨과 동시에 일단 간사은행의 역할은 종료된다.[12]

2. 대출계약의 체결 및 대출 실행

대출계약이 체결되면 대출계약에 의하여 대주들의 대리인으로 선임된 대리은행이 대출관리 사무를 담당한다. 대출계약 체결 후, 대출금 인출을 위해 차주가 갖추어야 할 선행조건이 충족되면, 차주는 대리은행에 대출금 인출을 요청한다. 대리은행은 차주의 대출금 인출 요청을 대주들에게 통지하고, 대주들은 각자 분담한 대출금을 대리은행에게 송금한다. 대리은행은 대주들이 송금한 자금을 합하여 차주에게 대출금을 지급한다.[13] 담보

10) 후술하는 바와 같이, 대출주선에 관한 약정에 추가하여, 간사은행(간사은행이 복수인 경우에는, 주간사은행)은 중대한 사정변경이 없을 것과 대출계약이 체결될 것 등 일정한 조건의 충족을 전제로 하여, 대주단이 충분히 구성이 되지 않더라도 대출예정금액의 전부 또는 일부를 자신이 직접 대출하겠다고 약정하는 경우도 있다.

11) 강일원(2002), 395쪽.

12) Proctor(2010), p. 389; 清原 健·三橋友紀子(2004), 8쪽.

13) 통상적으로 대출과 관련하여 차주가 부담하기로 한 각종 수수료 및 비용은 대출금에서 공제하고

부대출의 경우에는 대주들을 위하여 담보를 관리하는 담보대리인(security agent) 또는 담보수탁자(security trustee)를 둔다. 대리은행이 담보 관리도 담당하는 경우가 많다.

3. 대출채권의 사후관리

차주는 원금 및 이자 지급 기일에 대리은행에게 대출원리금을 지급하고, 대리은행은 차주로부터 지급받은 대출원리금을 각 대주의 대출참여비율에 따라 분배한다. 대출원리금 상환채무에 관하여 기한이익상실 사유가 발생하는 경우, 대리은행은 대출계약서에서 정한 바에 따라 기한의 이익을 상실시킨다. 대출계약의 조건을 유예하거나 변경하고자 하는 등 일정한 경우에는 대출금액 기준으로 과반수 또는 3분의 2 이상의 다수 대주 또는 대주 전원의 동의나 지시를 요한다. 대리은행은 대출계약상의 채권이 전액 변제되는 때에 그 역할이 종료된다.

Ⅲ. 신디케이티드 대출의 법적 성질

신디케이티드 대출계약에 따른 당사자들의 권리의무 관계는 기본적으로 계약의 산물이고, 계약자유의 원칙이 지배하는 영역이므로 신디케이티드 대출의 법적 성질은 대출계약의 구체적 내용과 그 준거법에 터잡아 판단될 문제이다. 국제금융시장에서 이루어지는 신디케이티드 대출계약은 대부분 영국법 또는 미국 뉴욕주법을 준거법으로 한다. 국내금융시장에서 쓰이는 신디케이티드 대출계약은 한국법을 준거법으로 하는 경우가 많은데, 이 경우에도 국제적으로 통용되는 계약조항을 많은 부분 그대로 수용하고 있다.

영국법이나 미국 뉴욕주법을 준거법으로 하는 신디케이티드 대출계약과 마찬가지로 한국법을 준거법으로 하는 신디케이티드 대출계약에서도 각 대주의 대출의무는 개별적·독립적이고 다른 대주의 대출의무 불이행으로 인하여 영향을 받지 아니하며, 각 대주는 다른 대주의 대출의무 불이행에 대하여 책임을 지지 아니한다는 취지의 규정을 둔다. 나아가, 대출계약에서 달리 정한 경우를 제외하고 각 대주의 권리와 그에 대응되는 차주의 채무는 각각 개별적이고 독립적임을 규정한다.[14] 따라서, 대주단이 공동으로 하나의 대출

잔액만 차주에게 지급한다.

14) LMA 표준대출계약서도 각 대주의 대출실행의무는 각 대주의 개별적인 의무이고, 각 대주가 차주에 대하여 가지는 채권도 각각 개별적이고 독립적임을 명시적으로 규정하고 있다(동계약서 2.3조). 우리나라에서도 대주들의 채권이 개별적·독립적이라는 점을 분명히 하기 위하여 신디케이티

계약을 체결하기는 하나 실질적으로는 다수의 대주들이 공통된 내용을 가지는 다수의 대출계약서에 의하여 각각 대출하는 것과 같다("개별채권채무 원칙").[15] 다만, 신디케이티드 대출에서는 일정한 사항에 관하여는 대주단의 공동 의사결정에 따라 대주들의 권리가 행사되도록 하고, 대주가 개별적으로 회수한 채권액은 원칙적으로 각 대주의 대출참여비율에 따라 안분(pro rata sharing)되도록 함으로써 공평성을 위하여 개별채권채무 원칙을 일부 수정하고 있다. 또한, 대리은행이 대주들의 대리인으로서 대출실행 및 사후관리 업무를 담당하고, 담보대리인이나 담보수탁자를 이용하여 담보를 공동으로 관리하는 경우가 많다. 따라서, 신디케이티드 대출은 개별대출 거래의 단순한 병존으로 보기는 어렵다. 그렇다고 하여, 신디케이티드 대출계약이 대주들 간의 조합계약에 해당되는 것은 아니다.[16] 대주와 차주 간 및 대주들 상호간에 기본적으로 개별채권채무 원칙이 적용되고, 대주단이 권리의 귀속이나 행사에 있어서 단체성을 갖는 것은 아니며, 대주들 간에 '공동사업에 의한 이익 분배'가 있다고 보기도 어렵기 때문이다.[17] 요컨대, 한국법을 준거법으로 하는 신디케이티드 대출계약에서는 개별 대주와 차주 간에 별개의 금전소비대차계약이 성립하되, 개별채권채무 원칙을 수정하는 일부 계약조항이 특약으로 부가된 구조

드 대출계약서에 아래와 같은 조항들을 포함시키고 있다.

" … 각 대주는 본 계약서의 제 조건 및 대한민국의 관련 법규에 의거하여 자금인출기간 동안 각자의 약정액 한도 내에서 차주에게 대출하기로 개별적으로 약정한다."

"각 대주는, 이 대출약정서에서 달리 규정한 경우를 제외하고는, 대리은행 및/또는 다른 대주들과 독립하여 이 대출약정서상의 권리를 행사할 수 있고, 대주들이 차주를 상대로 소를 제기하는 경우에도 단독으로 제기할 수 있다."

"어느 대주(들)가 그가 대출할 금액을 입금하지 아니한 경우에도 이 약정서상의 다른 대주들 및 차주의 의무는 그로 인하여 면제되지 아니한다. 그 경우 다른 대주들은 대출을 이행하지 아니한 대주(들)의 의무에 대하여 어떠한 책임도 지지 아니하며, 또한 어떠한 대주도 대출금 인출일에 그의 대출약정금을 초과하는 금액을 대출할 의무를 지지 아니한다."

15) 대법원 2001. 12. 24. 선고 2001다30469 판결은 영국법을 준거법으로 하는 신디케이티드 대출계약에서 다수의 대주 중 한 대주와의 관계에서만 차주(정확히는 차주의 파산관재인)가 대출계약을 해제하는 것을 인정하였다. 미국의 예로서, 대주의 채권채무의 '개별성(severalty)'에 관한 조항을 두지 않았던 신디케이티드 대출계약에 기하여 어느 한 대주가 차주를 상대로 원리금지급청구의 소를 제기한 사안에서, 뉴욕주의 1심 법원이 "제한된 금액과 시간 내에 차주에게 자금을 대여하기 위한 대주은행들 간의 콘소시움(consortium)"은 공동사업체(joint venture)에 해당하므로 콘소시움에 대한 채무의 이행에 관하여는 모든 대주가 공동으로 소를 제기하여야 하고 개별 대주가 소를 제기할 수는 없다고 하면서 원고의 당사자적격을 부정한 예가 있었다{Credit Francais International SA v Sociedad Financiera de Comercio 490 NYS 2d 670 (1985)}. 이 판결은 비판을 받기는 하였지만, 그 후 신디케이티드 대출계약서에 각 대주의 채권채무의 개별성에 관한 조항이 누락되지 않도록 유의하게 되는 계기가 되었다{Buchheit(1985)}.

16) 같은 취지로 석광현(2004), 554-556쪽.

17) 영국의 경우 「Partnership Act 1890」에 의한 파트너십은 "이익을 얻을 목적으로 공동으로 사업을 수행하는 자들 간에 성립되는 관계"가 되어야 하는데, 신디케이티드 대출거래에서는 "순이익의 분배(sharing of net profit)"가 없으므로 파트너십에 해당되지 않는다고 본다. Cranston et al.(2017), p. 248; Proctor(2010), p. 405; 석광현(2004), 555쪽.

라고 할 수 있고, 당사자 간의 권리의무 관계는 기본적으로 대출계약에서 합의된 내용에 따라 정해지게 된다.[18)19)]

단독대출과 대비되는 신디케이티드 대출의 특유한 성질은 주로 대주들 상호간의 관계에 집중되어 있다. 신디케이티드 대출 거래에서도 단독대출에서와 마찬가지로 대주와 차주 간의 권리의무 관계가 가장 중요하다고 할 수 있고 금융실무에서도 주로 이 점에 주목하여 거래 조건의 협상이 이루어진다. 그러나, 신디케이티드 대출에 특유한 ① 대주단 구성 과정에서의 간사은행의 역할 및 책임, ② 대출계약 체결 후 대리은행의 역할 및 책임, 그리고 ③ 대주 간의 권리의무도 그 중요성이 간과되어서는 안 된다. 2008년 글로벌 금융위기를 겪으면서 은행 등 금융회사의 채무불이행도 현실적인 위험으로 인식되고 있고, 우리나라에서도 아래에서 살펴보는 바와 같이 신디케이티드 대출거래에서 대리은행과 대주 간의 권리의무(위의 ②)와 대주 간의 권리의무(위의 ③)에 관한 쟁송 사례가 생기고 있다.

Ⅳ. 신디케이티드 대출계약의 구성

신디케이티드 대출은 단독대출과 마찬가지로 크게 기한부대출(term loan)과 회전한도대출(revolving credit facility)로 나눌 수 있는데, 그 중 기한부대출을 위한 신디케이티드 대출계약의 주요 내용은 대체로 [표 4-1]과 같다. 계약 조항의 순서와 세부 내용은 개별 대출거래에 따라 차이가 있다. [표 4-1]에서 보는 바와 같이 신디케이티드 대출계약서는 국제대출(단독대출)에 통용되는 계약조항([표 4-1]의 Ⅰ, Ⅱ 및 Ⅳ)을 복수의 대주들이 참가하는 신디케이티드 대출에 맞게 다소 수정하여 포함시키고, 여기에 신디케이티드 대출 특유의 조항([표 4-1]의 Ⅲ)을 추가한다.

간사은행의 역할은 신디케이티드 대출계약의 체결로 종료되므로 신디케이티드 대출

---

18) 영미법상으로도 기본적으로 신디케이티드 대출계약의 당사자들 사이의 관계는 그들이 합의한 계약 내용에 의해 규율되는 독립적인 관계(arm's length relationship)로 보고 있다. Cranston et al. (2017), pp. 249-250{영미법을 준거법으로 하는 신디케이티드 대출계약서에서는 대리은행은 대주들에게 신인의무(fiduciary duty)를 부담하지 않는다고 명시적으로 규정하는 것이 통상적이고 이러한 규정은 원칙적으로 유효한 것으로 인정된다. 또한, 대주와 차주 간의 관계와 대주들 상호간의 관계는 서로 신인의무를 부담하는 관계는 아니다}.

19) 미국에서는 약 70개의 대주단이 참여한 신디케이티드 대출거래와 관련하여 신디케이티드 대출이 증권에 해당하는지 여부가 다투어졌으나 미국 뉴욕남부 연방지방법원은 증권에 해당하지 않는다고 판시하였다. Kirschner, v. JP Morgan Chase Bank, N.A. et al, No. 1:2017cv06334 - Document 119 (S.D.N.Y. 2020).

[표 4-1] 신디케이티드 대출계약의 주요 내용

대출의 내용 [I]	개별 대출조건	ㅇ 정의 조항: 용어의 정의, 기간의 계산 등 ㅇ 대출의무, 대출금의 용도, 개별채권채무 원칙 ㅇ 대출 실행과 선행조건 ㅇ 이자, 연체이자, 수수료, 비용 등의 부담 ㅇ 원리금의 지급방법 ㅇ 차주의 자발적 조기상환과 의무 조기상환(법규 변경으로 인한 위법 사항의 발생 등) ㅇ 변제충당, 영업일 지급, 지급장소 등 ㅇ 보증·담보의 제공, 담보가치의 유지, 추가 담보, 담보의 해지 등
	대주의 수익 보장	ㅇ 기준금리의 변경(대체이자율)과 선택적 조기상환 ㅇ 기한 전 원금상환과 자금조달 관련 손실의 보전 ㅇ 원천징수 세액의 추가지급 및 기타 세금의 보전과 차주의 선택적 조기상환 ㅇ 법규 변경으로 발생하는 대주의 추가비용 보전과 차주의 선택적 조기상환 ㅇ 이종통화의 지급에 따른 대주의 손실 보전
진술보장/확약/기한이익상실[II]		ㅇ 차주의 현황에 관한 진술보장 ㅇ 차주의 적극적 확약(재무비율 유지 등)과 소극적 확약(담보제공 금지 등) ㅇ 기한이익상실 사유와 효과
신디케이티드 대출 특유의 조항[III]		ㅇ 대리은행에 관한 규정: 선임, 책임 제한, 비용보전, 이익충돌 업무의 수행, 사임·해임 및 승계 등 ㅇ 간사은행의 책임 제한 ㅇ 대주 간의 권리의무(공평성을 위해 개별채권채무 원칙 수정): 대주단의 의사결정과 개별적 권리행사에 대한 제한, 담보권의 취득과 관리(담보대리인 또는 담보수탁자), 분배조항 등
기타 일반조항[IV]		ㅇ 상계: 채무자의 상계권 포기, 대주의 상계권 인정 ㅇ 양도: 대출금 인출 전·후의 경개, 대출채권양도 등 ㅇ 계약의 변경, 권리의 포기, 일부 무효, 비밀유지의무, 통지 등 ㅇ 준거법 및 관할법원
부록		ㅇ 대주별 대출약정금액 목록
첨부		ㅇ 대출실행요청서, 차주 대표자의 확인서 등의 양식

계약에서는 그에 관하여는 규정하지 않는다. 다만, 후술하는 바와 같이 대출계약 체결 전의 행위에 대한 간사은행의 책임 제한을 확실히 하기 위해 대주단 구성 단계에서 배포되는 사업설명서뿐만 아니라 대주단 구성 후 체결되는 신디케이티드 대출계약서에도 간사은행의 행위에 관한 책임제한조항을 둔다.

국제금융시장에서 이루어지는 신디케이티드 대출의 경우 그 동안 계약당사자들 간의 분쟁, 국제적인 금융위기 등을 겪으면서 대출계약서의 표준적인 조항이 수정, 보완되거나 새로운 조항이 추가됨으로써 계약서의 내용이 계속 진화해 왔다.[20] 영국의 LMA

20) Pigott(1982), pp. 199-203은 그러한 계약조항의 예로, 대주의 수익보장, 원천징수 세액의 추가지급, 대체이자율, 대리은행의 의무 및 책임 제한, 분배조항, 개별 대주에 의한 권리행사 제한 등을 들고 있다.

(Loan Market Association), 미국의 LSTA(The Loan Syndication and Trading Association), 홍콩의 APLMA(Asia Pacific Loan Market Association), 일본의 JSLA(Japanese Syndication and Loan-Trading Association) 등의 단체는 각각 유럽시장, 미국시장, 아시아태평양시장과 일본 국내시장에서 이용되는 신디케이티드 대출계약서 및 관련 계약서의 양식을 표준화하는 노력을 해 오고 있다. 우리나라에서도 금융기관과 기업이 참고할 수 있는 우리 법과 시장 사정에 보다 적합한 신디케이티드 대출계약서의 표준양식을 마련할 필요가 있다.

이하에서는, (i) 신디케이티드 대출계약의 체결 전 대주단 구성 단계에서 간사은행, 대주단 참여은행 및 차주의 권리의무에 관하여 살펴보고(제2절), (ii) 신디케이티드 대출계약에 관하여는, 대리은행의 의무와 책임(제3절), 대주 간의 권리의무(제4절)의 순서로 검토한다.

제 2 절 대주단 구성 단계에서 당사자 간의 권리의무[21)]

Ⅰ. 간사은행의 의무와 책임

1. 기채(起債)의뢰의 유형

간사은행과 차주 간에 주요 대출조건에 관하여 협의가 되면 차주는 간사은행에 기채의뢰서(mandate letter)를 교부함으로써, 대주단을 구성하여 대출계약의 체결을 주선해 줄 것을 의뢰한다.[22)] 기채의뢰서에는 주요 대출조건, 간사은행의 대출주선 및 그 이행조건, 대주단 구성의 방침, 기채의뢰 기간, 간사은행의 보수 등이 규정된다. 기채의뢰의 유형으로는, ① 간사은행이 대주단의 구성을 위하여 '최선의 노력'을 하되, 간사은행 자신은 차주에게 대출할 것을 약속하지는 않는 방식(=주선방식, best efforts basis)과 ② 간사은행이 일정액의 대출을 약속하는 방식(=인수방식, underwriting basis)이 있다. 인수방식은 처음부터 간사은행이 총액을 대출하기로 약속하는 방식(총액인수방식)과 주선방식에 의하여 대

21) 이 부분은 한민(2012), 215-222쪽을 수정, 보완한 것이다.

22) "주선"이라는 용어는 상법상으로는 '자기 명의로 타인의 계산으로 매매 기타 거래를 하는 것'을 의미하나, 일반 생활용어로 쓰이는 "주선"이라는 용어는 상법상의 "중개"를 포함하는 넓은 개념이다. 이 글에서는 중개를 포함하는 넓은 의미로 "주선"이라는 용어를 쓰기로 한다. 은행법에서는 은행의 업무에 관하여 대출 및 대출채권매매의 "중개·주선"이라는 용어를 쓰고 있고(동법시행령 제18조의2 제4항 제8호), 대부업 등의 등록 및 금융이용자 보호에 관한 법률에서는 대부업 이외에 "대부중개업"을 규제 대상으로 삼고 있다(동법 제2조 제2호).

출주선을 하되 자금조달액이 당초 예정한 금액에 미치지 못할 경우 잔액을 간사은행이 대출하기로 약속하는 방식(잔액인수방식)이 있다.[23] 주선방식은 자본시장법상 증권발행에서의 "모집주선"[24]에, 인수방식은 자본시장법상 증권의 "인수"[25]에 대응되는 개념이라고 할 수 있다(☞ 제7장 제2절 Ⅱ. 사채의 공모발행). 은행법에 의한 은행은 '대출 및 대출채권매매의 중개·주선 또는 대리 업무'를 겸영업무로 수행할 수 있다(동법 제28조 제1항 제3호, 동법시행령 제18조의2 제4항 제8호).[26] 차주의 입장에서 반드시 특정한 시기에 대출을 받아야 할 필요가 있는 경우(예컨대, M&A 거래에서 주식매수 대금을 차입하는 경우 또는 다른 대출금의 만기가 도래하여 그 만기에 신규 대출금으로 기존 대출금을 상환하고자 하는 경우) 인수방식에 의할 필요가 있다. 차주가 금융시장에 많이 알려지지 아니한 때에도 인수방식이 고려될 수 있다.[27] 그 외에는 대체로 주선방식이 많이 이용되는 것으로 보인다.

2. 간사은행의 차주에 대한 의무

(1) 대출주선의무

가. 기채의뢰약정의 법적 성질

한국법이 준거법이 되는 경우 주선방식의 기채의뢰약정은 차주가 위탁인으로서 간사은행에게 대주단의 구성 및 신디케이티드 대출계약의 체결을 주선해 줄 것을 의뢰하고 그 대가로 주선수수료를 지급하기로 하는 계약이다. 간사은행은 타인 간의 상행위의 중개를 영업으로 하는 상법 제93조의 중개인이라고 할 수 있다. 상법에서는 이와 같이 위탁인과 중개인 쌍방이 의무를 부담하는 중개계약을 강학상 쌍방적 중개계약이라고 하는데, 그 법적 성질은 위임이다.[28] 따라서, 간사은행은 위임의 본지에 따라 차주를 위하여 선량한

23) Mugasha(2007) pp. 114-116; 西村あさひ法律事務所(2017), 480-481쪽.

24) 자본시장법 제6조 제3항.

25) 자본시장법 제6조 제2항, 제9조 제11항.

26) 그 밖의 금융기관이 대출중개업을 영위하려면 이러한 업무가 해당 금융기관에 대한 금융감독법규상 허용되는 업무 범위에 속하여야 한다. 금융기관이 아닌 자가 대출중개업을 영위하려면 대부업 등의 등록 및 금융이용자 보호에 관한 법률에 따라 대부중개업 등록을 하여야 한다(동법 제3조).

27) Mugasha(2007), pp. 114-116.

28) 송옥렬(2022), 159쪽. 2013년 법무부 민법개정시안은 다음과 같이 민법에 중개계약에 관한 규정을 신설할 것을 제안하였다. "제692조의7(중개의 의의) 중개는 당사자 일방이 상대방에 대하여 계약체결의 기회를 소개하거나 계약체결을 알선할 것을 의뢰하고 상대방이 이를 승낙함으로써 효력이 생긴다"{법무부 민법개정자료발간팀(2013), 333쪽}. 위 민법개정시안에서는, 중개에 대하여는 민법의 위임에 관한 규정 중 제681조(수임인의 선관의무), 제682조(복임권의 제한), 제683조(수임인의 보고의무)와 위임의 해지 또는 종료에 관한 제689조 내지 제692조의 규정을 준용한다(민법개정시안 제692조의10).

관리자의 주의로써 위임사무를 처리할 의무가 있다(민법 제681조). 간사은행이 개별 행위에 관하여 차주의 대리인이 되는 경우가 있을 수 있으나, 기채의뢰약정에 의하여 포괄적으로 대리권이 수여되는 것은 아니다.

주선방식의 기채의뢰약정에서는, 간사은행이 대출 주선에 최선의 노력을 할 것을 규정하는 한편, "차주의 영업 및 재산에 중대한 부정적 변경이 없을 것"[29]을 간사은행의 의무의 이행 조건으로 정하는 것이 보통이다.[30] 시장 여건의 변동에 유연하게 대응하면서 대주단 구성의 성공률을 높이기 위하여 기채의뢰약정에 소위 "마켓 플렉스(Market Flex)" 조항을 포함시키는 경우도 있다. Market Flex 조항은 금융시장의 여건상 조건제안서(term sheet)에 정해진 대출조건으로는 대주단 구성이 어렵게 되는 경우 간사은행이 대출조건 중 주요 조건(예컨대, 이자율)을 일정한 범위 내에서 변경하여 대주단 구성을 성사시킬 수 있도록 한 규정이다. 간사은행은 기채의뢰약정에 규정된 조건 하에서 일정한 의무를 지는 것에 그치고 수임인으로서의 의무를 이행한 이상 최종적으로 대출계약이 체결되지 못했다는 이유로 차주에 대하여 채무불이행 책임을 지는 것은 아니다. 주선방식의 기채의뢰약정은 간사은행이 '일의 완성'을 할 의무를 부담하는 도급계약은 아니기 때문이다.

나. 의무의 내용

영미법상으로는, 주선방식에서 말하는 "최선의 노력(best efforts)"의 의미에 관하여, (i) 이를 자금을 조달하여야 할 '거의 절대적인 약정'이라고 해석하는 견해와 (ii) 주어진 상황에서 대주단 구성을 위해 합리적인 진정하고 적극적인 노력을 하여야 할 의무를 부과하는 것이라고 보는 견해로 나뉘나, 후자의 견해가 유력하다.[31] 한국법을 준거법으로 하는 신디케이티드 대출의 경우에는, 간사은행은 중개인으로서 선량한 관리자의 주의를 다하여 대출주선 사무를 처리할 의무를 부담하는 것이므로 기채의뢰약정에 따로 "최선 노력 의무"를 언급하더라도 이는 주의적 또는 확인적 규정으로 보아야 할 것이고 이로 인하여 중개인으로서 부담하는 법적 의무가 강화되거나 감경된다고 보기는 어렵다.[32]

간사은행이 민법 제681조에 따른 수임인의 의무를 위반함으로써 대주단이 구성되지 못하거나 대출계약이 체결되지 못한 때에는 간사은행은 차주에 대하여 채무불이행으로

29) 대주의 요청에 따라 "시장여건에 중대한 부정적 변경이 없을 것"을 조건으로 추가하는 경우도 있다.
30) 森下哲朗(2007), 18쪽.
31) Mugasha(2007), pp. 114-115.
32) 권영준(2014), 82-83쪽은, 금전소비대차계약에서 "변제기 내에 변제하도록 최선의 노력을 다하여야 한다"라는 조항과 건축도급계약에서 "수급인은 건물에 하자가 발생하지 않도록 최선의 노력을 다하여야 한다"라는 조항과 같이 최선노력조항을 통해 달성하고자 하는 목적이 계약의 특성과 내용상 마땅히 이루어져야 하는 것이라면 최선노력조항은 독자적인 법적 의미를 가지지 않을 가능성이 크다고 한다.

인한 손해배상책임을 질 수 있다. 간사은행이 부담하는 의무의 구체적 내용으로는, 기채의뢰약정서에서 합의된 기간과 조건 내에서 대주단 구성 및 대출계약의 체결을 위해 합리적으로 가능한 노력을 할 의무, 대출 주선의 진행상황에 관한 보고의무, 대주단의 구성이 곤란하다고 예상되는 경우 이를 차주에 전달할 의무, 비밀유지의무 등을 들 수 있는데, 이는 개별 사안에서 "위임의 본지"를 어떻게 파악할 것인지의 문제로 귀착된다.[33] 다만, 아래에서 보는 바와 같이 대출계약의 체결과 관련하여서는 간사은행의 독특한 법적 지위로 인하여 추가적으로 고려하여야 할 사정이 있다.

다. 대출계약의 협상과 간사은행의 법적 지위

대주단 구성이 마무리 단계에 들어가면, 간사은행은 차주와 본격적으로 대출계약 체결을 위한 협상에 들어가게 된다. 이 경우, 대출계약의 협상에 임하는 간사은행의 법적 지위를 어떻게 파악할 것인가 하는 문제가 있다. 간사은행은 차주와의 기채의뢰약정에 따라 대주단 구성 및 대출계약 체결의 주선이라는 위임사무를 처리하여야 하고, 대출계약이 체결되어야 주선수수료를 받는 것으로 약정함이 보통이다. 이러한 점을 중시한다면, 간사은행에 의한 대출협상은 기채의뢰약정에 따른 자신의 의무를 이행하는 것일 뿐이라고 볼 수도 있다. 그런데, 실제로는 간사은행 스스로도 대주로 참여하고 나아가 대리은행이 되는 경우가 거의 대부분이다. 이 경우 기채의뢰 전에 조건제안서의 작성 단계에서 간사은행은 이미 잠재적인 대주의 지위에서 차주와 주요 대출조건에 관하여 협상을 하는 것이다. 대주단 구성 후 대출계약의 협상 단계에서 간사은행은 장래의 대주 및 대리은행 자격으로 협상에 참여할 수 있어야 할 것이다. 간사은행의 임무가 대출해 줄 의향이 있는 기관들로 대주단을 구성하여 대출계약 체결을 목표로 하는 것이지만, 대출조건의 협상은 대주 및 대리은행의 입장에서 차주와 상대방이 되어 자신의 이익을 위하여 협상하는 것이라고 보는 것이 합리적이다. 즉, 간사은행은 차주와의 관계에서 대출계약이 체결되도록 선량한 관리자로서 주의를 다해야 하지만, 대출조건에 관하여는 차주의 상대방이라는 단서가 붙어 있는 것으로 보아야 할 것이다. 다만, 대주단 구성 후 대출계약의 협상 단계에서는 원칙적으로 조건제안서에서 이미 합의된 주요 대출조건은 준수되어야 한다. 위와 같은 간사은행의 이중적 지위에 대하여는 차주의 명시적 또는 묵시적 동의가 있다고 보아야 할 것이다. 따라서, 간사은행이 대주의 입장에서 대출조건의 협상에 참여하고, 중개인 또는 수임인으로서의 간사은행의 지위와 장래의 대주 및 대리은행으로서의 간사은행의 지위가 명확히 구분되지 않는다고 하더라도, 이를 들어 이익충돌 행위라거나 위임의 본지

---

33) 森下哲朗(2007), 20-22쪽; 森·濱田松本法律事務所(2015), 48-49쪽.

에 반하는 행위라고 볼 것은 아니다.[34)]

(2) 대출제공의무

인수 방식의 경우, 간사은행은 기채의뢰약정(또는 대출인수약정)만으로 차주에 대하여 대출을 제공할 구속력 있는 의무를 부담하는 것은 아니다. 통상적으로 대출의무의 발생은 "중대한 부정적 변경이 없을 것"[35)]과 "(조건제안서의 대출조건을 반영한) 대출계약의 체결"을 조건으로 한다. 따라서, 인수방식의 기채의뢰약정은 조건부 대출약정 또는 대출예약의 성질을 갖는다. 간사은행의 의무는 위와 같이 조건부이기는 하나 신사협정이나 자연채무는 아니다. 간사은행은 신의성실로써 대출계약의 체결에 힘쓸 의무가 있다고 할 것이고, 이에 위반하는 경우 손해배상책임을 질 수 있다. 간사은행이 신의성실에 반하여 조건의 성취(대출계약의 체결)를 방해한 것으로 인정되는 경우에도 차주에게 채무불이행 또는 불법행위로 인한 손해배상책임을 질 수 있다(민법 제148조). 간사은행의 의무불이행이 있더라도 대출계약을 구성할 대출조건에 관하여 모두 합의가 되지 않은 이상 대출계약이 성립된 것으로 인정되기는 어려우므로 차주가 간사은행을 상대로 소송에 의해 대출채무의 이행 청구(즉, 대출금의 지급 청구)를 하는 것은 가능하지 않다.[36)]

인수방식에서 간사은행은 차주의 상대방의 지위에서 자신의 이익을 위하여 대출계약 협상을 한다. 기채의뢰약정시 이미 차주와 합의한 주요 대출조건은 원칙적으로 준수하여야 할 것이다. 차주의 입장에서는 대출계약 협상 단계에서 간사은행이나 대주가 갖는 재량의 여지를 줄이기 위하여 가급적 대부분의 대출조건을 조건제안서에 포함시키고 이것을 기채의뢰약정(또는 대출인수약정)에 반영하거나 첨부하는 것이 바람직하다(☞ 이와 관련된 내용은 제13장 제2절 Ⅲ. 2. 대출확약서).

---

34) 이 점에 관하여, 영미법 하에서는 견해가 나뉘고 있다. 첫 번째 견해는, 간사은행은 대주단 구성 과정에서는 차주를 위하여 사무를 처리해야 하지만, 대주단 구성 후 대출계약의 협상 과정에서는 대주단을 위하여 사무처리를 해야 한다고 보는 견해이다. 이 견해에 의하면, 대출계약 체결 전 어느 시점에서는 간사은행의 법적 지위가 변경되는 것이라고 본다(소위 shifting 이론). 두 번째 견해는, 간사은행은 대출계약 협상과정에서 그 자신을 위해 일하는 것이고 차주나 대주단 어느 쪽을 위하여 계약협상을 하는 것은 아니라고 보는 견해이다. 세 번째 견해는, 간사은행은 처음부터 끝까지 차주를 위하여 사무를 처리하는 것이고 대출계약 협상 과정에서도 대출의 성사를 위해서 당초 차주와 간사은행 간에 합의된 조건에 부합되는 내용으로 대출계약이 체결될 수 있도록 차주를 위하여 관여한다고 본다. 이러한 세 가지 견해에 관하여는, Qu(2000), p. 97(위 첫 번째 견해를 지지한다). 이에 대하여 Skene(2005-2006), pp. 79-81은 의무 이전의 시점이 모호하다는 등의 이유로 이 견해에 반대한다.

35) 기채의뢰약정(또는 대출인수약정)에서 이러한 사정변경을 차주의 재산 및 영업으로 한정할 것인지, 시장여건의 변경도 포함시킬 것인지는 차주와 대주 간의 주된 협상대상 중의 하나이다.

36) 이 점은 영국법을 준거법으로 하는 경우에도 마찬가지이다{Mugasha(2007), pp. 118-128}.

(3) 비밀유지의무

간사은행은 차주로부터 제공받은 차주의 영업, 재산 등에 관한 미공개정보에 관하여 비밀유지를 할 의무가 있다. 이러한 비밀유지의무는 통상적으로 차주와 간사은행 간의 비밀유지약정에 따라 부과된다. 명시적인 약정이 없더라도, 간사은행은 수임인의 의무로서 차주에 대하여 비밀유지의무를 부담한다고 할 것이다. 간사은행이 비밀유지의무를 위반한 경우 기채의뢰약정의 해지 사유가 되고 차주에 대해 손해배상책임을 진다. 차주가 자본시장법상 상장법인(또는 동법 제174조 제1항의 '상장예정법인 등')인 경우, 간사은행은 차주와 계약(기채의뢰약정)을 체결하고 그 계약을 체결·교섭 또는 이행하는 과정에서 차주의 미공개중요정보를 얻는 때에는 자본시장법상 차주의 준내부자에 해당되므로 간사은행 및 직무와 관련하여 차주의 미공개중요정보를 알게 된 간사은행의 임직원은 미공개중요정보를 증권 등의 매매, 그 밖의 거래에 이용하거나 타인에게 이용하게 하여서는 안 된다.[37)]

영국의 경우, 신디케이티드 대출과 관련하여 간사은행의 비밀유지의무 위반이 문제된 사례가 있다.[38)] 차주 등과 비밀유지약정을 체결하고 차주의 비밀정보를 받은 신디케이티드 대출의 간사은행이 차주의 이익과 충돌되는 내용의 주식인수 거래를 제3자와 하였고, 이에 대하여 차주가 간사은행을 상대로 소를 제기하여 간사은행이 인수한 주식에 대하여 권리를 주장하자 간사은행이 동 주식을 처분하려고 하였다. 법원은 핵심적인 은행거래(key banking) 관계, 상호 신뢰, 규칙적인 비밀정보 제공 등을 근거로 간사은행이 차주에 대하여 신인의무(fiduciary duty)가 있음이 인정되므로 간사은행이 위 주식인수 거래와 관련하여 차주의 비밀정보를 이용하지 않았음을 입증할 책임이 있고, 차주의 입장에서는 간사은행이 위 주식인수 거래와 관련하여 차주의 비밀정보를 이용한 것이라고 진지하게 주장할만한 사정이 존재한다는 이유로 차주가 간사은행을 상대로 제기한 주식처분금지가처분신청을 인용하였다.

3. 간사은행의 대주에 대한 의무

(1) 의무의 근거와 책임의 유형

주선방식이든 인수방식이든 간사은행과 대주단 참여은행 간에는 계약관계가 없으

37) 자본시장법 제174조 제1항 제4호, 제5호; 정순섭(2017), 465쪽.

38) United Pan Europe Communications NV v. Deutsche Bank [2000] EWCA Civ 166 (19 May 2000).

므로 간사은행이 대주단 참여은행에 대하여 법적 책임을 지게 된다면 이는 계약불이행책임이 아니라 불법행위책임이 될 것이다. 영미법에서도 신디케이티드 대출 거래에서 간사은행과 대주단 참여은행들은 계약관계에 있지 않고, 참여은행들은 전문지식을 갖추고 상호 공정한 조건으로 거래를 하는 것이므로 일반적으로 신인관계(fiduciary relationship)는 성립되지 않는다고 보는 견해가 유력하다.[39] 따라서, 이하에서 보는 바와 같이 원칙적으로 간사은행이 사업설명서에 부실표시(misrepresentation)가 있는 것을 알고도 이를 방치하는 등 간사은행에 고의 또는 중과실에 의한 불법행위책임이 인정되는 경우에 한하여 간사은행은 대주단에게 책임을 진다고 본다.[40]

가. 대출계약의 협상

간사은행의 대주단 참여은행에 대한 책임은 대출계약의 체결과 정보의 제공이라는 두 가지 영역에서 살펴볼 수 있다. 대출계약의 체결에 관하여 보면, 대주단 참여은행은 대출을 전문적으로 취급하는 금융회사로서 대출계약의 직접적인 당사자가 된다. 간사은행과 참여은행 간에 대출계약 협상에 관하여 위임관계는 없는 것이므로 참여은행은 계약체결 전에 대출계약 조건을 스스로 검토하여야 하고 간사은행이 참여은행의 이익을 위하여 대출조건에 관하여 협상할 의무는 없다. 따라서, 간사은행은 특별한 사정이 없는 한 참여은행과의 관계에서 대출계약의 협상이나 내용에 관하여 책임을 지지 않는다고 보아야 할 것이다.

나. 정보의 제공

대주단 참여은행과의 관계에서 간사은행의 책임이 문제된 경우는 대부분 간사은행이 참여은행들에 제공하는 정보의 부정확으로 인하여 참여은행들이 손해를 입은 경우이다. 대주단 참여은행들은 대출을 전문적으로 취급하는 금융회사로서 스스로 차주에 관한 정보를 조사하고 판단할 책임이 있고 간사은행이 제공한 정보에 만연히 의존하여서는 안 됨이 원칙이라고 할 것이다.[41] 그러나, 차주가 재정파탄에 빠짐으로써 대출채권의 변제능력을 상실한 때에는, 대주단 참여은행들은 간사은행이 대출계약 체결 전에 참여은행들에게 차주에 관한 부정확한 정보를 제공하였고 참여은행들이 이를 믿고 대출을 함으로써 손해를 입었다는 이유로 간사은행의 책임을 추급하고자 할 유인을 갖게 된다. 정보제공과 관련한 간사은행의 책임에 관하여는 항을 달리하여 따로 상세히 살펴본다.

39) Proctor(2010), p. 392; Mugasha(2007), pp. 160-161.
40) Proctor(2010), pp. 390-391.
41) 森下哲朗(2007), 23-24쪽.

(2) 책임제한조항

간사은행은 대주단 참여은행으로부터 정보제공과 관련한 책임추급의 위험을 줄이고 책임의 소재 및 범위를 명확히 하기 위하여, 대주단 참여은행들에게 제공하는 차주의 사업설명서에 흔히 "① 사업설명서는 차주의 명의 및 책임으로 작성하는 것이라는 점, ② 간사은행은 제공되는 정보의 정확성을 확인하지 않았고, 정보의 정확성에 대하여 명시적 또는 묵시적 보장(representation)을 하지 않는다는 점, ③ 간사은행은 사업설명서에 기재된 정보의 정확성에 관하여 조사할 의무가 없고 향후 정확한 정보를 추가 제공(update)할 의무도 없으며, 참여은행들은 차주에 관한 정보를 독자적으로 조사하여 판단하여야 한다는 점, ④ 간사은행은 사업설명서의 기재 내용에 관하여 아무런 책임을 지지 않는다는 점" 등 간사은행의 책임을 제한하는 소위 "책임제한조항(disclaimer)"을 포함시킨다.[42)]

또한, 신디케이티드 대출계약서에도, 간사은행의 고의 또는 중과실이 있는 경우를 제외하고는, 대주들은 대출계약서의 작성 및 효력, 차주에 관한 정보 제공 등에 관하여 간사은행의 책임을 묻지 않기로 하는 책임제한조항을 둔다.[43)] 간사은행은 대출계약의 체결과 동시에 그 임무가 종료되고 간사은행의 보수인 주선수수료는 기채의뢰약정(또는 이와 동시에 체결되는 별도의 수수료약정)에 따라 지급받는 것이므로 간사은행이 반드시 대출계약의 당사자가 될 필요는 없다. 간사은행이 대주 및 대리은행이 되는 경우에는 대주 및 대리은행의 자격으로 대출계약에 참여하면 된다. 그럼에도 불구하고, 간사은행이 간사은행의 자격으로 대출계약의 당사자가 되는 주된 이유는, 간사은행이 대출계약상의 위 책임제한조항을 직접 적용받음으로써 대주단 구성 과정에서 대출계약의 협상, 정보 제공 등 간사은행의 행위에 관하여 보다 확실하게 책임을 감면받기 위한 것이다.[44)]

(3) 정보의 제공과 간사은행의 책임

간사은행의 역할, 참여은행의 전문성, 사업설명서 및 대출계약서에 포함된 책임제한조항 등을 고려할 때, 우리 법상 단지 사업설명서에 기재된 정보가 사실과 다르다는 것만 가지고 간사은행의 불법행위 책임을 묻기는 어렵다. 그러나, 사업설명서의 책임제한조항에도 불구하고, 간사은행이 사업설명서에 기재된 정보의 내용이 허위임을 알았거나 또는

---

42) Mugasha(2007), p. 132; 森下哲朗(2007), 53-54쪽.

43) 책임제한조항은 특단의 사정이 없는 한 고의 또는 중과실로 인한 불법행위 책임에는 적용되지 않는다(해상운송계약에 관한 대법원 1983. 3. 22. 선고 82다카1533 전원합의체 판결).

44) Proctor(2010), p. 389. 간사은행이 신디케이티드 대출계약의 당사자가 되는 또 다른 이유로는, 차주의 간사은행에 대한 주선수수료 지급의무를 대출관련 채무에 포함시키고 그 의무를 위반하였을 때 대출채무 전체에 대하여 기한의 이익을 상실시킬 수 있도록 하기 위한 것을 들 수 있다.

중요한 사실이 누락되어 사업설명서에 기재된 정보가 오인을 일으키는 정보임을 알았음에도 이를 방치하고 참여은행들에게 정보 제공을 하지 아니한 경우, 간사은행은 이로 인하여 참여은행이 입은 손해에 관하여 불법행위로 인한 손해배상책임을 지게 될 수 있다.[45] 이러한 방치행위에 간사은행의 중과실이 있는 경우에도 손해배상책임이 인정될 수 있다.[46]

간사은행은 차주와의 사이에 비밀유지약정이 따로 체결된 경우에는 동 약정에 의하여, 그렇지 아니한 경우에는 차주의 수임인으로서 비밀유지의무를 부담한다. 간사은행이 차주로부터 얻은 중요 정보가 이러한 비밀유지의무의 대상이 되는 정보에 해당되는 경우에는, 간사은행으로서는 정보제공에 관하여 차주의 동의를 받거나 차주에 대하여 해당 정보를 차주 스스로 대주단 참여은행에게 제공해 줄 것을 요청하여야 할 것이다. 만일 차주가 이에 응하지 아니할 경우에는 차주로부터 의뢰받은 대로 대출주선을 수행하는 것이 곤란해지는 것이므로 대주단 구성을 중지하고 간사은행은 차주와의 기채의뢰약정을 해지할 수밖에 없을 것이다.[47]

이미 제공된 정보가 오인을 일으키는 정보임을 "간사은행이 알았다"는 것이, ① "간사은행 업무를 담당하는 부서가 안 때"와 ② "어느 부서 소속이든 간에 간사은행의 임직원이 안 때" 중 어느 것을 의미하는가의 문제가 있다. 참여은행들은 전문적인 지식을 갖춘 기관이고 간사은행이 적극적으로 차주에 관한 정보의 조사 의무를 부담하지 않는다는 점에서 특별한 사정이 없는 한 위 ①과 같이 좁게 해석하는 것이 타당하다.[48]

정보 제공과 관련하여 간사은행의 참여은행에 대한 책임 문제를 다룬 우리나라 판례는 보이지 않는다. 아래에서는 영국과 일본의 대표적 판례를 살펴본다.

가. 영국의 판례

정보제공과 관련된 간사은행의 책임에 관한 영국의 대표적인 판결로는 IFE Fund SA

---

45) 일본의 JSLA「론신디케이션거래에서의 행위규범」(「ローン·シンジケーション取引における行爲規範」)(2003)(이하, "JSLA 행위규범") 및 JSLA「론신디케이션거래에 관계되는 참가자의 실무지침」(「ローン·シンジケーション取引に係る參加者の實務指針」)(2007)(이하, "JSLA 실무지침")은, (i) 간사은행이 알고 있으면서도 참여은행에 전달하지 아니한 정보가 있고, (ii) 그 정보가 차주에 의해 제공되지 않는 한 참여은행이 입수할 수 없는 것이며, (iii) 그 정보가 참여은행이 대주단에 참여하기로 하는 의사결정을 하는 데에 중대한 정보(중대한 부정적 정보)에 해당되는 경우, 간사은행이 차주에 의한 정보제공을 요구하지 않고 대출계약의 체결에 이른 때에는 간사은행은 참여은행에 대하여 손해배상책임을 질 가능성이 있다고 규정하고 있다{JSLA 행위규범 5.(2)③ 및 JSLA 실무지침 3.(2)①}; 神田秀樹·新作裕之·みずほフィナンツャルグループ(2013), 229쪽.

46) 森·濱田松本法律事務所(2015), 67쪽도 간사은행의 고의에 의한 책임뿐만 아니라 과실 책임도 문제될 여지가 있다고 본다.

47) 西村あさひ法律事務所(2017), 451쪽.

48) 神田秀樹·新作裕之·みずほフィナンツャルグループ(2013), 229쪽.

v Goldman Sachs International 사건(이하, "IFE 사건"이라고 함)에 대한 판결[49]을 들 수 있다. 이 사건의 원고 IFE Fund SA("IFE")는 간사은행인 피고 Goldman Sachs International이 주선한 신디케이티드 대출에 참여하였는데, 이 대출은 차주(Autodis SA)가 Finelist라는 회사를 인수하는 데에 필요한 자금을 조달하기 위한 것이었다. 대출 실행 후 Finelist가 도산하게 되자, IFE는 간사은행이 IFE에게 Finelist에 관한 정보를 제대로 제공하지 않았음을 이유로 부실표시(misrepresentation) 또는 과실(negligence) 책임에 따른 손해배상청구를 하였다.[50]

법원은 대체로 다음과 같은 이유로 간사은행의 손해배상책임을 부정하였다. ① IFE는 전문성 있는 금융회사이고 간사은행이 IFE에게 교부한 사업설명서는 사업설명서에 포함된 정보에 대하여 간사은행이 책임을 지지 않는다는 점을 명시하고 있다. ② 간사은행이 IFE에게 사업설명서를 교부함으로써 '사업설명서에 기재된 정보를 부정확하게 하는 다른 정보를 알지 못한다는 것'에 대한 묵시적 표시(implied representation)를 한 것이라고 볼 수 없다. 다만, 간사은행은 '신의에 관한 묵시적 표시(implied representation of good faith)'를 한 것으로 볼 수는 있는데, 이에 따라 간사은행은 대출참여 희망기관인 IFE에게 정보를 제공한 후에 사업설명서에 따라 기제공한 정보가 오인을 불러일으키는 정보(misleading information)(이하, "오인정보"라고 함)임을 실제로 안 때에는 대출계약 체결 전에 이를 IFE에게 알려줄 의무가 있다. ③ 그러나, 간사은행이 IFE에게 기제공한 것이 오인정보였음을 실제로 안 것과 간사은행이 IFE에게 기제공한 것이 오인정보였을 가능성이 있음을 시사하는 정보를 얻은 것은 구별해야 한다. 후자의 경우, 사업설명서에서 간사은행의 정보조사 의무를 배제하고 있으므로 간사은행은 IFE에 대하여 그 정보를 조사할 의무를 부담하지 않는다. ④ 이 사건에서 간사은행이 IFE에게 기제공한 것이 오인정보였음을 실제로 알았다는 사실은 인정되지 아니하므로 간사은행에 대해 부실표시에 의한 책임을 물을 수 없다. ⑤ 간사은행은 IFE의 조언자가 아니므로 주의의무 위반으로 인한 과실책임도 인정

---

49) IFE Fund SA v Goldman Sachs International [2006] EWHC 2887 (Comm). 이 판결에 관한 간략한 소개로는, Mugasha(2007), pp. 167-168; Proctor(2010), pp. 391-392. 이 판결의 결론은 항소심 판결에서도 유지되었다([2007] EWCA Civ 811).

50) 이 사건에서 간사은행은 대출주선 단계에서 IFE에게 차주 등에 관한 정보를 담은 사업설명서(Syndicated Information Memorandum)를 교부하였는데, 그 내용은 신디케이티드 대출거래에서 일반적으로 사용되는 표준적인 내용이고 책임제한조항(disclaimer)도 포함되어 있었다. 이 사업설명서의 부속서류로서 회계법인(Arthur Andersen)이 작성한 인수대상기업 Finelist에 관한 보고서들("1차 보고서")도 IFE에게 제공되었다. 그 후 간사은행은 다른 신디케이티드 대출의 조성에 이용하기 위해 위 회계법인으로부터 위 1차 보고서에 이어 인수대상기업에 관한 후속보고서들을 초안 상태로 제출받았는데, 이들 후속보고서의 초안은 제1차 보고서의 내용과는 차이가 있었다. 그런데, 간사은행은 이 후속보고서들의 초안 내용을 IFE에게 제공하지 않았고, 그 후에 대출계약이 체결되고 대출실행이 이루어졌다.

되지 않는다.

나. 일본의 판례

일본의 최고재판소 판결[51]은, 간사은행의 담당자가 간사은행이 이미 대주단 참여은행에게 제공한 차주의 재무 정보가 사실과 다른 정보(오인정보)에 해당될 수 있다는 새로운 정보(주채권은행의 문제 제기에 의하여 차주의 분식회계 가능성에 관하여 조사가 진행되고 있다는 정보)(이하, "이 사건 정보")를 차주의 대표이사로부터 얻었으나 간사은행이 그 정보를 대주단 참여은행에게 제공하지 아니하고 신디케이티드 대출계약이 체결되었던 사안[52]에서 간사은행의 대주단 참여은행에 대한 불법행위 손해배상책임을 인정하였다. 대주단 참여은행에 대한 계약책임이나 신인의무는 인정되지 아니하였다.

일본 최고재판소는, ① 이 사건 정보는 차주의 신용력에 관한 판단에 중대한 영향을 주는 것이고 본래 차주 자신이 참여은행들에게 밝혀야 하는 것이며, ② 참여은행들이 미리 이를 알았다면 이 사건 대출에 참여하지 않았거나 적어도 재무조사의 결과를 기다리는 것이 통상의 대응이라고 할 수 있고, 그렇게 대응하였더라면 이 사건 대출의 실행으로 인한 손해를 입지 않았을 것이며, ③ 별건 대출에는 관여하지 아니한 이 사건 대출의 참여은행들이 이 사건 정보를 스스로 알 수 있다는 것은 통상 기대할 수 없는 것이고, ④ 차주의 대표이사는 간사은행 내지는 그 담당자에게 본건 대출의 조성·실행절차의 계속 여부에 관한 판단을 위임한다는 취지에서 이 사건 정보를 간사은행의 담당자에게 알려준 것이며, 참여은행들로서는 간사은행이 간사은행으로서의 업무를 수행하는 과정에서 얻은 이 사건 정보가 참여은행들에게 제공될 것을 기대하는 것이 당연하고 간사은행으로서도 그와 같이 대응할 필요가 있다는 것을 쉽게 생각할 수 있는 것이라고 판단하였다. 나아

51) 일본 최고재판소 2012(平成 24). 11. 27. 판결(判時 2175号, 15면).

52) 피고(=간사은행)는 2007. 8. 29.부터 차주의 위탁을 받아 신디케이티드 대출("이 사건 대출")의 조성에 착수하였고, 참여은행들에게 대출권유를 하면서, 차주의 2007년 3월 결산서, 사업설명서 등을 교부하였다. 한편, 2007년 8월 말 주채권은행은 차주의 2007년 3월 결산서에 부적절한 처리가 있다는 의심이 있으므로 전문가에 의한 재무조사를 받지 않으면 이미 차주에게 제공한 별도의 신디케이티드 대출("별건 대출")을 유지할 수 없음을 차주에게 고지하였다. 차주는 재무조사를 수락하고 별건 대출의 다른 대주들에게 위 결산서에 일부 부적절한 처리가 있을 가능성이 있으므로 전문가에게 동 결산서의 검토를 의뢰할 예정이라는 취지가 기재된 차주사 명의의 서신("이 사건 서신")을 송부하였다. 2009. 9. 21. 차주의 대표이사가 간사은행 담당자에게 이 사건 서신을 보여주면서, "별건 대출과 관련하여 주채권은행이 차주의 2007년 3월 결산서에 부적절한 처리가 있다는 의심을 표하여, 그 대출의 다른 대주들에게 이 사건 서신을 송부하였다"는 정보를 알려 주었다. 그런데, 간사은행은 그 정보를 이 사건 대출의 참여은행들에게 알려 주지 아니하였고, 2007. 9. 28. 대출총액 9억엔의 이 사건 대출이 실행되었다. 그 후 전문가에 의한 재무조사 결과, 차주의 2007년 3월 결산서에 다액의 분식이 있음이 밝혀졌고, 차주는 2007. 10. 31. 별건 대출에 관하여 기한이익을 상실하였고, 2008. 4. 11. 차주에 대하여 도산절차가 개시되었다. 森·濱田松本法律事務所(2015), 50-54쪽.

가, 간사은행은 참여은행들에 대하여 신의칙상 이 사건 대출의 조성 및 실행 전에 이 사건 정보를 제공해야 할 주의의무를 부담하고, 그럼에도 불구하고 간사은행은 이에 위반하여 이 사건 정보를 참여은행들에게 제공하지 아니하였으므로 참여은행들에 대하여 불법행위로 인한 손해배상책임이 있다고 판시하였다.[53)]

다. 검 토

(가) 정보제공의무와 책임제한조항

위 일본 최고재판소 판결의 사안에서는, 간사은행이 당해 대출의 간사은행 업무수행 과정에서 참여은행에게 이미 제공한 정보가 사실과 다르다고 밝혀질 가능성이 높음을 보여주는 정보를 차주의 대표이사로부터 직접 지득하였다는 점에서, 간사은행이 (다른 업무수행중 지득한) 새로운 정보를 따로 조사하지 않고는 기제공된 정보의 오인가능성에 관하여 알기 어려웠다고 인정된 위 영국 법원 판결의 사안과는 사실관계에서 다소 차이가 있다.[54)]

간사은행이 새로 취득한 정보의 출처·취득경위·중요도, 간사은행의 인식의 정도 등 위 두 판결이 다룬 사건의 사실관계에 차이가 있으므로 두 판결을 직접 비교하기는 어렵다. 주목할 만한 부분은 책임제한조항의 적용범위에 관하여 위 영국 법원 판결에서는 사업설명서상의 책임제한조항에도 불구하고 간사은행은 "신의에 관한 묵시적인 표시(implied representation of good faith)"를 한 것으로 보아야 하므로 기제공된 정보가 오인정보임을 실제로 알게 된 때에는 참가희망기관에게 새로 얻은 정보를 제공하여야 한다는 취지로 판시한 점이다. 일본 최고재판소 판결은 사업설명서에 포함된 책임제한조항의 효력이나 그 적용범위에 관한 일반론을 설시하지는 않았으나 간사은행로서의 업무 수행 과정에서 입수한 그 사건에서의 정보는 참여은행들에게 제공될 것이라고 기대하는 것이 당연하

---

53) 森·濱田松本法律事務所(2015), 60-61쪽; 西村あさひ法律事務所(2017), 451-454쪽.

54) 위 최고재판소 판결 이후에 내려진 도쿄지방재판소 2013(平成 25). 11. 26. 판결(金判1433号, 51면)은, 차주가 대출채권의 담보인 공사대금채권의 성립을 증명하는 주문서를 위조하여 대출을 받았던 사안에서, 간사은행이 대출실행 전에 그러한 사실을 알지 못하였음을 이유로(간사은행은 차주로부터 주문서의 사본을 수령하였는데, 그 원본을 확인하지 않았고 또한 도급인 등에게 계약관계를 확인하지도 않았음) 간사은행의 대주단 참여은행에 대한 손해배상책임을 부정하였다. 이 판결에서 법원은, (i) 신디케이티드 대출의 참여은행은 대출거래의 전문가로서 필요한 신용정보를 스스로 특정하여 그 정보의 입수방법을 모색한 후 적절하다고 인정하는 자료·정보에 기하여 자신의 책임하에 참여 여부의 의사결정을 해야 한다는 점, (ii) 이 사건의 초청서(invitation letter)에는 초청을 받은 금융회사가 독자적 판단으로 참여 여부를 결정해야 한다는 취지의 기재가 있었던 점, (iii) 참여은행에 제공된 검토자료에서 간사은행은 제공된 자료 등의 내용의 정확성, 진실성 및 완전성에 관하여 책임을 부담하지 않는다는 취지의 기재가 있었던 점 등을 근거로 간사은행은 대출의 전제로 된 정보에 허위가 없다는 것을 조사·확인해야 할 의무를 부담하지 않는다고 판시하였다{이 판결에 대하여 항소가 제기되었으나 도쿄고등재판소 2014(平成). 5. 21. 판결(平成25년(ネ)第7278号)로 항소기각 되었다}. 상세한 논의는 西村あさひ法律事務所(2017), 457-458쪽.

다고 설시함으로써 책임제한조항의 적용범위에 일정한 한계가 있음을 시사하였다.[55)56)]

위 일본 최고재판소 판결의 사안에서는 간사은행이 참여은행에게 기제공한 차주의 재무정보가 사실과 다르다고 밝혀질 가능성이 높음을 보여주는, 그 자체로 매우 중요한 정보를 간사은행의 업무수행 과정에서 차주의 대표이사로부터 직접 지득하였고, 차주의 대표이사가 그 정보를 간사은행에게 제공한 것은 바로 대출의 조성·실행절차의 계속 여부에 관한 판단을 구하는 것이었다. 따라서 그 사안에서 간사은행은 참여은행들에게 이를 알리고 판단할 기회를 부여했어야 함에도 불구하고 그 정보를 참여은행에 전달하지 않고 방치하였다. 이와 동일한 내용의 사건이 국내에서 발생하는 경우, 한국법상으로도 신의칙에 위반한 고의 또는 중과실에 의한 불법행위가 성립하여 책임제한조항에도 불구하고 간사은행의 책임이 인정되는 것으로 법리를 구성할 수 있을 것이다.

(나) 비밀유지의무

일본 최고재판소 판결은 간사은행의 정보제공의무와 차주에 대한 비밀유지의무의 관계에 관하여는 따로 설시하지 않고, 단지 그 사건의 사실관계 하에서는 간사은행의 차주에 대한 비밀유지의무 위반은 문제되지 않는다고 보았다. 그 이유는, 위 판결의 다수의견은 차주의 대표자가 차주의 분식회계 가능성에 관한 정보를 간사은행에게 알려 준 것 자체가 차주의 대표자가 간사은행 및 참여은행들이 이러한 정보를 기초로 하여 예정대로 대출을 제공할 것인지 여부를 판단해 줄 것을 요청한 것이라고 의사 해석을 하였고, 따라서 간사은행은 차주의 양해 하에 당연히 차주의 대표자로부터 받은 정보를 참여은행들에게 제공할 수 있었던 것으로 보았기 때문이라고 분석되고 있다.[57)] 한편, 위 판결의 보충의견은, 차주의 분식회계 가능성에 관하여 조사가 진행되고 있다는 정보는 비밀정보이기는 하나 간사은행은 간사은행으로서의 업무 수행 과정에서 취득한 정보에 대하여는 차주에 대하여 비밀유지의무를 지지 않는다는 의견을 제시하였다. 그러나, 일본의 학설은 이러한 보충의견에 대하여 반대한다.[58)] 우리 법 하에서도 간사은행이 간사은행으로서의 업무를 수행하는 과정에서 취득한 차주에 관한 미공개정보에 대해서 차주에 대해 비밀유지의무를 부담하는 것이 원칙일 것이다. 미공개정보가 이미 제공된 정보가 허위이거나 오인을 불러일으킬 것임을 밝히는 정보이고 대출참여 여부에 중대한 영향을 끼치는 정보로서 참여은행에게 제공하지 않으면 간사은행이 책임을 지게 될 성질의 정보인 경우에는, 앞서

55) 森·濱田松本法律事務所(2015), 65쪽.

56) 위 일본 최고재판소 판결은 간사은행의 불법행위책임의 성립요건에 관하여 일반적 판단기준을 제시하지 않았고 통상적으로는 상정하기 어려운 매우 예외적인 사안에 대한 개별적 판단이었으므로 이 판결에 의하여 간사은행의 정보제공의무를 넓게 일반적으로 인정하여야 한다고 하기는 어렵다는 견해가 유력하다. 西村あさひ法律事務所(2017), 455-456쪽.

57) 森·濱田松本法律事務所(2015), 63쪽.

58) 森·濱田松本法律事務所(2015), 62쪽; 西村あさひ法律事務所(2017), 457쪽.

살펴본 바와 같이(☞ 제2절 Ⅰ. 3. (3) 정보의 제공과 간사은행의 책임) 간사은행은 정보제공에 관하여 차주의 동의를 받거나 차주에 대하여 해당 정보를 차주 스스로 참여은행에게 제공할 것을 요청해야 하고, 만일 차주가 이에 응하지 아니한다면, 대주단 구성을 중지하고 차주와의 기채의뢰약정을 해지하는 것을 고려해야 할 것이다.

(다) 과실상계

참여은행에 과실이 있는 경우 간사은행의 불법행위로 인한 손해배상책임은 과실상계의 대상이 될 수 있음은 당연하다. 위 일본 최고재판소 판결은 참여은행의 대출총액 전액에 대하여 간사은행의 손해배상책임을 인정하였고 과실상계는 언급하지 않았다. 사실심에서 간사은행 측이 과실상계 주장을 하지 않았기 때문인 것으로 보인다.[59)]

Ⅱ. 대주단 참여은행의 의무

간사은행으로부터 사업설명서 등에 의하여 차주의 미공개정보를 제공받은 대주단 참여은행은 간사은행과 체결하는 비밀유지약정에 따라 비밀유지의무를 부담한다. 차주가 주권상장법인인 경우 간사은행으로부터 미공개중요정보를 제공받은 참여은행과 그 임직원은 자본시장법상 제1차 정보수령자에 해당되므로 차주의 미공개중요정보를 증권 등의 매매, 그 밖의 거래에 이용하거나 타인에게 이용하게 하여서는 안 된다(자본시장법 제174조 제1항 제6호).

간사은행의 대주단 참여 권유에 따라 참여를 희망하는 금융회사는 간사은행에 참여의사를 통지하면서 대출확약서(commitment letter)를 제출하게 된다. 통상적으로 이 대출확약서에서 참여은행은 "관련 계약의 체결"을 조건으로 일정 금액을 대출할 것을 약속한다. "중대한 부정적 변경이 없을 것"을 조건으로 추가할 수도 있다. 이 점에서 대출확약서상 참여은행의 대출 참여 약속은 위에서 살펴본 인수방식에서 간사은행이 기채의뢰약정(또는 대출인수약정)에 따라 부담하는 의무와 마찬가지로 조건부 대출약정 또는 대출예약의 성격을 갖는다.[60)] 일본의 JSLA 행위규범에서는, "대출확약서의 제출에 의하여 차주와 참여은행 간에 계약이 성립되는 것은 아니나, 대출확약서에 포함된 명시적인 조건을 제외하고, 대출확약서에 따른 대출약속을 철회하거나 그 내용을 근본적으로 뒤집는 중요한 변경

---

59) 위 일본 최고재판소 판결의 보충의견에서는 차주사의 과거 3년분 결산서를 검토하면 계수상 문제점이 나타나므로 사실심에서 과실상계의 유무에 관하여 다투어질 여지가 있었던 사안임을 지적하고 있다{森·濱田松本法律事務所(2015), 65-66쪽}.

60) 森下哲朗(2007), 8-9쪽 각주 21도 같은 취지.

을 요구하는 것은, 당초 상정하지 아니하였던 중대한 변화가 생긴 경우를 제외하고는, 거래관행상 원칙적으로 가능하지 않다"고 하고 있다.[61] 간사은행에 대출확약서를 제출한 참여은행은 신의성실로써 대출계약의 체결에 힘쓸 의무가 있고, 참여은행이 신의성실에 반하여 조건의 성취(대출계약의 체결)를 방해한 것으로 인정되는 경우, 차주에게 채무불이행 또는 불법행위로 인한 손해배상책임을 질 수 있다.[62]

Ⅲ. 차주의 의무

실무상 차주는 대출의 성사와 관계 없이 간사은행이 대출 주선을 위해 지출하거나 부담한 비용을 간사은행에게 지급하지만, 대출 주선에 대한 보수인 주선수수료(arrangement fee)는 대출계약이 체결되어야만 지급하는 것으로 한다.[63] 대법원 2001. 12. 24. 선고 2001다30469 판결은, 영국법을 준거법으로 하는 신디케이티드 대출계약과 관련하여, 채무자가 신디케이트 구성을 주도한 간사은행단에게 신디케이트 구성과 대출계약의 체결 등에 대한 대가로 지급하는 관리수수료(즉, 주선수수료)는 대출계약이 성립함으로써 간사은행단에게 귀속되고, 그 뒤 대주단에 속한 은행이 대출계약상의 대출의무를 이행하지 아니하여 그 부분 대출약정이 해제되었다고 하더라도 그 은행이 분배받은 주선수수료를 채무자에게 반환하여야 하는 것은 아니라고 한다.

간사은행이 대출예정금액의 전부 또는 일부를 자신이 직접 대출하겠다고 대출인수 약정을 하는 경우, 차주는 간사은행에게 대출인수의 대가로서 인수수수료(underwriting fees)를 지급한다. 인수수수료는 주선수수료와 명확히 금액이 구분되지 아니하는 경우도 있다. 실무상 각종 수수료의 지급에 관한 상세한 내용은 대출계약서와는 별도로 체결되는 수수료약정서에 정하는 경우가 많다. 통상적으로 대출과 관련된 각종 수수료 및 비용은 대출금에서 공제하고 잔액만 차주에게 지급한다.

61) 일본 JSLA 행위규범 5.(1)②; 神田秀樹·新作裕之·みずほフィナンツャルグループ(2013), 224쪽 각주 26. 그러나 우리 민법상으로는 사정변경의 원칙이 제한적으로 인정되고 있다는 점에서 "중대한 부정적 변경이 없을 것"을 대출의 이행조건으로 명시적으로 기재하지 아니한 경우에는, 중대한 변경을 당초 상정하지 못했다는 이유만으로 대출확약서를 철회하는 것이 허용될 수 있다고 단정짓기는 어려울 것이다.

62) 森下哲朗(2007), 8-9쪽 각주 21도 대체로 같은 취지(대출조건이 조건제안서의 내용과 다르지 않고 그 밖의 내용이 시장관행상 표준적인 것이며, 차주의 재무 상황이나 시장 환경에 실질적인 변동이 없는 등의 상황에서 합리적인 이유 없이 참여은행이 참여의사를 철회하는 경우에는 참여은행은 차주에 대하여 손해배상책임이 있다고 한다).

63) 강일원(2002), 402면; 홍대희(2012), 282면. 주선수수료는 대출계약 체결 후 일정기간 이내 또는 최초 대출금 인출일 중 먼저 도래하는 날에 지급하는 것으로 하는 경우가 많다.

제 3 절 대리은행의 의무와 책임

Ⅰ. 대리은행의 역할

1. 대리은행의 업무

신디케이티드 대출은 복수의 금융기관이 대주단을 구성하여 차주에게 대출하는 것이지만, 전형적인 신디케이티드 대출에서 대출에 따른 권리의무 관계는 각 대주와 차주 간에 발생한다. 그렇다고 하여 대출실행과 대출원리금의 회수를 각 대주가 차주와 직접 접촉하여 개별적으로 행하여야 한다면 불편할 뿐 아니라 업무의 불통일 및 대주단 구성원간의 채권회수 및 정보의 불균형을 초래하게 되므로 대주단 전체적으로 대출관리업무를 일괄적으로 행할 필요가 있다. 이 역할을 맡은 금융기관이 대리은행(agent bank)이다.[64] 대리은행은 대출계약의 규정에 의하여 선임되고[65] 대주들로부터 대출관리 사무를 위임받아 대출계약 체결시로부터 대출원리금 회수시까지 대주들의 대리인으로서 활동한다.

대리은행은 통상 ① 대출실행에 필요한 선행조건의 충족 여부 확인, ② 각 참여은행의 대출 실행시 차주와의 사이에서 창구 역할(차주로부터 대출금인출요청서의 수령, 대주들에 대한 대출분담금 지급 요청, 차주에 대한 대출금의 지급 등), ③ 차주의 대출금 원금 상환 및 이자 지급시 각 참여은행에 대한 분배, ④ 차주로부터 수령한 자료(재무정보 등), 통지 등의 수령 및 각 대주에의 전달, ⑤ 다수대주(Majority Lenders)에 의한 의사결정이 필요한 경우 대주들의 의사결집 및 그 결정사항의 이행 등의 업무를 수행한다. 대리은행의 수임업

64) 박준(2013), 97쪽; 대리은행의 역할에 대한 일반적인 설명은 진상범(2012), 314-318쪽, 321-324쪽. 영미에서의 신디케이티드 대출의 대리은행에 대하여는 Mugasha(2007), pp. 404-437; Proctor(2010), pp. 393-398.

65) 국내 신디케이티드 대출에서 이용되는 대리은행의 선임에 관한 계약조항의 예를 들면 다음과 같다. "각 대주는 이 대출약정서에 규정된 바에 따라 그의 대리인으로 행위를 하도록 대리은행을 선임하고 이 대출약정서 및 그에 언급된 서류의 규정에 따라 그를 위하여 행위를 하고 이 대출약정서 및 그러한 서류상 대리은행에게 특별히 수권된 권한과 그에 합리적으로 부수된 권한을 행사할 수 있도록 수권하며 이러한 수권은 대출약정서 기간 동안 취소하거나 철회할 수 없다. 대리은행은 이 대출약정서상의 그의 직무를 수행함에 있어서 차주와 대리 또는 신탁관계에 있지 아니하며 차주에 대하여 대리 또는 신탁으로 인한 의무를 부담하지 아니한다. 대리은행과 각 대주의 관계는 대리인과 본인의 관계일 뿐이고, 대리은행은 이 대출약정서상의 그의 직무를 수행함에 있어서 각 대주와 신탁관계에 있지 아니한다."

무의 구체적인 범위와 책임의 정도는 계약조항에 따라 결정된다.[66] 통상 대리은행은 행정사무적인 업무를 행하고 기한이익상실 또는 계약의 변경 등은 대주단의 다수결(예: 과반수, 2/3 또는 3/4. 일부 사항은 전원일치)로 정한데 따라 행동한다. 대리은행은 적은 금액의 수수료를 받고 대출관리를 하기 때문에 큰 위험을 부담하지 않으려 하고 대주단도 중요한 사항은 스스로 결정하기를 원하기 때문이다.[67]

2. 대출의 실행·회수와 대리은행의 신용위험

대리은행은 대주들로부터 대출분담금을 지급받고 이를 합하여 차주에게 대출금으로 지급해 준다. 차주에 대한 대출 실행은 대리은행이 대출금을 차주에게 지급한 때에 그 효력이 생긴다. 대주들이 대리은행에 대출금을 지급하였음에도 불구하고 대리은행의 도산 등으로 인하여 대리은행이 대출금을 차주에게 지급하지 못하게 되면 대주들은 차주에 대하여 여전히 대출의무를 이행할 위험을 부담하게 된다. 이를 피하기 위하여 대주들이 각자의 대출 몫을 개별적으로 차주에게 지급하는 방식을 고려해 볼 수 있으나 우리나라의 실무에서는 이 방식은 이용되지 않는 것으로 보인다.

대출원리금의 상환에 있어서는, 차주는 대리은행에 대출원리금 등을 지급함으로써 대주들과의 관계에서 해당 원리금의 상환 채무를 면한다. 대리은행은 차주로부터 상환받은 대출원리금을 대주들의 대출분담 비율에 따라 대주들에게 분배한다. 대리은행이 차주

66) LMA 표준대출계약서는 대리은행의 권한과 의무에 대하여 다음과 같이 정하고 있다. 각 참여은행은 대리은행이 대출계약서 및 부속약정서상 또는 이와 관련하여 대출은행에게 명시적으로 부여된 권리, 권능, 권한과 재량 및 기타 부수적인 권리, 권능, 권한 및 재량을 행사할 수 있도록 수권한다는 점(28.1조 (b))을 규정하고 대리은행의 의무에 대한 일반조항으로 다음과 같이 규정한다(28.3조).

(a) 대출계약 및 부속약정서상 대리은행의 의무는 오로지 기계적이고 행정사무적인 성질(solely mechanical and administrative in nature)이다.

(b) 대리은행은 어느 당사자가 다른 당사자에게 전달하기 위하여 대리은행에게 교부한 서류의 원본 또는 사본을 즉시 그 당사자에게 전달하여야 한다.

(c) (생략)

(d) 대출계약서 및 부속약정서에 달리 명시되어 있지 않는 한, 대리은행은 그가 다른 당사자에게 전달하는 서류의 충분성, 정확성 또는 완전성을 검토하거나 조사할 의무가 없다.

(e) 대리은행이 어느 당사자로부터 대출계약서를 언급하고 채무불이행을 묘사하며 묘사된 상황이 채무불이행이라고 기재한 통지를 받았을 경우, 즉시 참여은행들에게 통지하여야 한다.

(f) 대리은행이 이 계약상 참여은행(대리은행 또는 간사은행은 제외)에게 지급할 원금, 이자, 약정수수료 또는 다른 수수료가 지급되지 않았음을 알았을 경우, 다른 참여은행들에게 즉시 통지하여야 한다.

(g) 대리은행은 대리은행이 당사자로 기재된 대출계약서 및 부속약정서에 명시적으로 기재된 의무, 채무 및 책임만을 진다(다른 어떤 것도 암시하지 않는다).

67) 森下哲朗(2007), 9쪽; Wood(2007), p. 120.

로부터 수령한 돈은 대리은행의 고유재산과 혼장되어 구분되지 않을 수 있으므로 대리은행의 신용에 문제가 생길 경우, 특히 대리은행에 대하여 도산절차가 개시될 경우, 대주들은 대리은행이 차주로부터 수령한 대출원리금을 지급받지 못할 위험을 부담한다.

2008년 글로벌 금융위기로 인한 일련의 은행 도산사건을 계기로, LMA는 대리은행의 신용위험 악화에 대한 대처방안으로서, 대리은행이 도산절차에 들어간 경우 또는 변제기가 도래한 지급의무를 이행하지 못하거나 대출계약상 장래의 의무를 이행할 능력을 상실한 경우, 차주는 대리은행을 거치지 않고 (i) 각 대주에게 직접 대출원리금을 상환하거나 (ii) 일정한 신용도를 갖춘 제3의 은행에 개설된 신탁계좌(trust account)(계좌명의자=차주, 수익자=해당 대주)에 대출원리금을 지급하도록 하는 내용 등을 규정한 선택적인 표준계약조항(LMA Finance Party Default and Market Disrupt Clauses)을 마련하였다.[68]

Ⅱ. 대리은행의 의무

1. 대리은행의 법적 지위와 대주에 대한 의무

대리은행과 대주들의 관계는 민법상 위임이다. 대리은행은 대주들의 위탁에 따라 선량한 관리자의 주의로써 대출계약이 정한 수임사무를 처리할 의무를 부담한다. 대리은행은 통상 업무수행에 대한 대가로 대리수수료(agency fee)를 대출기간 중 정기적으로(통상 1년 단위로) 차주로부터 선급받는다.[69] 수수료를 차주로부터 지급받는다고 하여 대리은행이 차주와 위임관계에 있는 것은 아니고 대주단으로부터 위임받은 사무를 처리하는 것이다. 대리은행이 수임사무를 처리하면서 준수하여야 할 선량한 관리자로서의 주의는 수임사무의 내용과 위임의 본지가 무엇인지에 따라 달라진다. 수임사무의 내용 중 수임인이 판단할 사항이 많을수록, 또 판단에 대한 수임인의 재량이 클수록, 수임인의 주의의무의 수준은 높아져야 한다.[70]

---

68) Wright(2024), p. 74; Cleary Gottlieb(2017), p. 192. 신디케이티드 대출계약에서는 일반적으로 대리은행은 대주들의 신인의무자(fiduciary)나 수탁자(trustee)가 아니라는 조항을 두고 있는데, 이러한 조항이 있는 경우 한국법상 대리은행과 대주들 사이에 묵시적 의사표시에 의한 신탁의 성립을 인정하기는 어려울 것이다. 따라서 한국법을 준거법으로 하는 경우에도 대리은행의 신용 악화에 대비하고자 하는 경우 본문에서와 같은 별도의 방안이 필요하다.

69) 홍대희(2012), 284면.

70) 진상범(2012), 323쪽도 "대리은행에게 재량이 부여된 경우에는 계약상 명기된 사항 이외에도 대리은행에게 책무가 미친다고 해석될 위험이 있고 대리은행이 스스로의 행위에 의해 명기된 사항 이외의 책무를 부담하게 될 여지도 있다"는 입장이다.

대리은행의 수임사무가 단순한 행정사무적인 업무가 아니라 위임인인 대주들의 이해관계에 영향을 미칠 수 있는 사항인 경우(예컨대, 대리은행이 대출계약에 따라 대출실행의 선행조건의 충족 여부를 판단하는 경우), 대리은행에 의한 재량권의 행사는 남용되거나 자의적이어서는 안 되고, 단순한 행정사무적인 업무를 수행할 때와는 다른 수준의 선량한 관리자로서의 주의의무를 다할 것을 기대하는 것이 합리적이다.[71] 이와 같이 대출계약에서 대리은행에게 판단이 필요한 사무를 위임한 경우에는 판단의 내용과 판단에 이르는 절차의 양쪽의 측면에서 선량한 관리자의 주의의무를 생각해 볼 필요가 있다.

위임인의 이해관계에 영향을 미치는 사항에 대한 판단을 하여야 할 경우에는, 판단의 내용면에서는 위임인의 이익을 판단의 기준으로 삼는 것이 위임의 본지에 따르는 것이다.[72] 수임인이 "위임인의 이해관계에 영향을 미치는 판단"을 할 재량권을 명시적으로 부여받은 경우에도 그 재량권은 위임인의 이익을 판단기준으로 삼아 행사하여야 한다. 수임인이 명시적으로 재량권 행사를 위임받았고 위임인의 이해관계에 영향을 미치는 사항에 대하여 위임인의 의사를 정확히 알 수 없는 경우에는 위임인에게 그러한 판단이 필요한 상황이 발생하였음을 알리고 위임인의 의사를 확인하는 것이 위임의 본지에 부합하는 경우가 많을 것이다.[73] 절차적으로도 대주단에게 상황을 알리고 대주단의 의사를 확인하는 것이 위임의 본지에 따라 선량한 관리자의 주의의무를 다한 것이 될 경우도 있을 수 있다. 이 경우 대리은행이 별도로 위임받아야만 그러한 행위를 할 필요가 있는 것은 아니다. 명시적으로 계약서에 기재되어 있지 않은 행위(예: 조사, 보고, 협의 등)라고 하더라도 대리은행이 수임사무를 선량한 관리자의 주의의무를 다하여 수행하기 위하여 그러한 행위를 해야 할 필요가 있을 수 있다.

한편, 민법은 수임인의 충실의무에 관한 일반규정을 두고 있지 않으나, 위임관계는 수임인에 대한 위임인의 신뢰를 바탕으로 하므로 수임인은 위임사무의 구체적 처리에 관하여 충실의무를 부담한다고 보아야 할 경우도 많다.[74][75] 신디케이티드 대출의 대리은행

71) 같은 취지의 영국 법원 판결로는 Torre Asset Funding Ltd. v Royal Bank of Scotland Plc [2013] EWHC 2670 (Ch).

72) LMA 표준대출계약서는 대주단의 지시가 없는 경우 대리은행은 대주단의 최선의 이익을 위한다고 생각하는 작위·부작위를 할 수 있는 것으로 규정하고 있다(28.2조 (e)).

73) Wood(2007), p. 123도 대리은행이 재량권을 행사하는 경우에 대하여 설명하면서 "대리은행은 의문이 있을 때에는 대주단의 지시를 받아야 한다"라고 하였다.

74) 김용담(2016), 532쪽(정현수 집필). 이연갑(2015), 40쪽은 이익이 충돌하는 상황에서 수임인이 위임인의 이익을 자기의 이익보다 우선하여야 할 충실의무는 넓게 선관주의의무에 포함시킬 수 있다고 보고 있다. 충실의무를 인정하는 경우에도 충실의무의 범위에 관하여는 논의의 여지가 있다.

75) 영미법상 대리인은 본인에 대하여 신인의무(fiduciary duty)를 부담한다. 이러한 신인의무에 따라 대리인은 (i) 그 지위를 이용하여 개인적인 이익을 얻어서는 안 되고, (ii) 본인의 이익과 상반되는 행위 또는 그의 의무와 충돌될 수 있는 행위를 해서는 안 되며, (iii) 대리업무 수행 과정에서

이 이익충돌에 관한 충실의무를 부담할 것인지 여부는 대리은행이 가지는 재량의 범위, 대주의 대리은행에 대한 신뢰 및 대리은행의 행위에 대해 대주가 얼마나 취약한 지위에 있는지에 달려 있다. 전형적인 신디케이티드 대출의 경우 대리은행은 단순한 행정사무적인 업무를 수행하므로 그러한 충실의무가 요구되지 않는다고 볼 수 있다.[76][77]

2. 대리은행의 의무에 관한 대법원 판결

(1) 대법원 2012. 2. 23. 선고 2010다83700 판결[78]

대법원 2012. 2. 23. 선고 2010다83700 판결은 아파트신축 분양사업(이하 "이 사건 사업")에 필요한 토지의 매입 자금을 제공하기 위하여 조성된 신디케이티드 대출거래에서 차주에게 대출되어 별도 계좌에 보관되어 있던 자금의 집행과 관련한 피고 대리은행의 주의의무를 다룬 판결이다. 이 사건 사업을 진행하기 위하여 차주가 토지를 매입하던 중 지가의 상승 등으로 토지 매입비가 예상보다 증가되어 대출금을 대출계약에서 미리 정한 지불예정액에 따라 사용할 경우 향후 본 PF대출에 필요한 매매계약률 95%를 달성하기 어렵게 되었다. 이에 차주는 잔여대출금 중 대주단에게 담보로 제공할 토지의 소유권 확보 목적으로 사용할 자금을 다른 토지의 계약금으로 사용하고자 하는(이하, "대출금 전용") 요청을 하였고, 피고 대리은행과 이 사건 사업의 주관회사였던 D증권이 이에 동의하였다. 대출금 전용으로 대주들은 당초 예정된 4,859.9평(매입가 414억5천만원)이 아닌 3,328.7평

본인 몰래 이득을 얻어서는 안 되고, (iv) 본인의 동의 없이 본인의 비밀정보를 자신의 이익을 위하여 이용해서는 안 될 의무를 부담하며, (v) 본인에 대하여 상시 정보를 제공하여야 하는 의무도 부담한다. Menges(2003), pp. 45-46; 森下哲朗(2007), 64쪽. 영미법상의 신인의무와 한국법상의 충실의무에 관한 상세한 논의는 ☞ 제7장 제4절 Ⅳ. 사채관리회사의 의무와 책임.

76) 신디케이티드 대출계약에서 일반적으로 대리은행은 대주들의 신인의무자(fiduciary)나 수탁자(trustee)가 아니라는 조항(LMA 표준대출계약서 28.5조)을 두는 것도 대리은행의 임무가 이러한 단순한 행정사무적인 업무를 처리하는데 있기 때문이다.

77) 충실의무를 부담해야 하는지 여부에 관하여 신디케이티드 대출의 대리은행의 지위는 사채관리회사와 차이가 크다(사채관리회사에 관하여는 ☞ 제7장 제4절 Ⅳ. 사채관리회사의 의무와 책임).
첫째, 사채관리회사는 사채권자에게 충실의무를 부담한다는 점이 법률에 명시되어 있으나(상법 제484조의2 제1항), 대리은행에 대해서는 그러한 조항이 없고 오히려 대출계약상 통상 신인의무자(fiduciary)가 아니라고 규정한다.
둘째, 충실의무가 필요한 상황의 요소 중 하나인 재량과 권한을 보면, 사채관리회사는 사채에 관한 채권을 변제받거나 채권의 실현을 보전하기 위하여 필요한 재판상 또는 재판 외의 모든 행위를 할 수 있어(상법 제484조 제1항) 광범위한 권한을 가지고 있다. 그러나 통상의 신디케이티드 대출계약은 대리은행이 기계적이고 행정사무적인 업무만을 처리한다고 규정한다.
셋째, 충실의무가 필요한 상황의 요소 중 하나인 신뢰와 취약성의 면에서 보면, 일반투자자를 포함한 다수의 사채권자가 사채관리회사에게 의존하지만, 대리은행에게 사무를 위임한 대주들은 전문성과 판단력을 갖춘 금융회사이다.

78) 이 판결에 대한 상세한 논의는 박준(2013), 96-111쪽.

(매입가 353억17백만원)만을 차주로부터 담보로 제공받게 되었다. 이에 대주단에 속한 원고는 피고 대리은행을 상대로 당초 예정된 토지 담보를 제공받지 못한데 따른 손해배상을 청구하였으나 대법원은 대리은행의 손해배상책임을 부정하였다.

대법원은 대리은행의 선관주의의무 위반 여부에 관하여 다음과 같이 판단하였다.

① "신디케이티드 론(syndicated loan) 거래에서, 참여은행으로부터 신디케이티드 론과 관련된 행정 및 관리사무의 처리를 위탁받아 참여은행을 대리하게 되는 대리은행(agent bank)은 위탁받은 사무에 관하여 참여은행과 위임관계에 있다."

② "이 경우 구체적인 위임사무의 범위는 신디케이티드 론 계약의 대리조항(agency clause)에 의하여 정해진다.

③ 하지만, 참여은행과 대리은행은 모두 상호 대등한 지위에서 계약조건의 교섭을 할 수 있는 전문적 지식을 가진 거래주체라는 점에서 원칙적으로 대리은행은 대리조항에 의하여 명시적으로 위임된 사무의 범위 내에서 위임의 본지에 따라 선량한 관리자의 주의로써 위임사무를 처리하여야 하고, 명시적으로 위임받은 사무 이외의 사항에 대하여는 이를 처리하여야 할 의무를 부담한다고 할 수 없다."

④ "피고가 2006. 5. 3.경 차주가 대주단에게 담보로 제공할 토지의 소유권 확보 목적으로 사용하기로 한 잔여 대출금을 다른 토지의 계약금으로 사용하는 데 동의하게 되면 매입가 414억5천만 원 이상의 토지들의 담보제공이 이루어질 수 없게 되는 사정을 알았거나 알 수 있었다고 하더라도, 참여은행으로부터 그러한 사정이 발생하는지를 감시하여 보고하는 사무를 별도로 위임받지 않은 이상 즉시 참여은행에게 그러한 사정을 알리지 아니하였다고 하더라도 이를 두고 피고가 이 사건 대출금 집행의 관리·감독사무에 있어 선량한 관리자의 주의의무를 위반하였다고 볼 수 없다."

①과 ②에 설시한 일반론은 기본적으로 타당한 설시이다. 다만 ②에 관하여 보다 정확히 말하자면 위임사무의 범위는 대리은행과 대주단 간의 계약에 의하여 정하여진다.[79] ③은 전형적인 신디케이티드 대출계약[80]에서는 매우 타당하다.[81] 상호 대등한 지위에서

79) 전형적인 신디케이티드 대출계약에서는 대리은행의 권한과 의무에 관한 중요한 내용을 대리조항(agency clause)이라고 부르는 별도의 조항으로 묶어서 규정한다. 그러나 대리은행의 할 일이 반드시 그러한 별도의 조항에만 규정되어 있기 보다는 대출계약의 여러 조항에 산재되어 있다. 위 대법원판결에서 구체적인 대리은행의 수임사무의 범위가 대출계약의 대리조항에 의하여 정하여 진다고 한 부분은 대리은행과 대주단간의 계약에 의하여 정하여진다는 취지로 읽는 것이 타당할 것이다.

80) 위 대법원판결에서 문제된 대출은 한 개의 융자협약에 다수의 참여은행이 당사자로 참여하여 동일한 대출조건하에 대출하였다는 점에서는 신디케이티드 대출이라고 부를 수 있겠으나, 전형적인 신디케이티드 대출에서 흔히 들어가는 조항들이 포함되어 있지 않다는 점에서 전형적인 신디케이티드 대출과는 차이가 있다. 이 사건의 융자협약은 전형적인 신디케이티드 대출과는 달리 대주단의 집단적 의사결정에 관한 조항을 두지 않았고, 신디케이티드 대출에서 참여은행 간의 공평의

계약조건을 교섭할 수 있는 전문적 지식을 가진 거래주체 간의 거래에서는 수임인은 계약에 명시된 사무의 범위 내에서 위임의 본지에 따라 위임사무를 처리할 의무가 있다고 하여 전문적 거래주체 간의 거래에서 합의된 계약의 내용을 중시한 점은 거래당사자의 예측가능성을 높인다는 면에서 의미가 크다.[82] 전형적인 신디케이티드 대출계약에서 대리은행은 대부분 판단이 필요 없는 행정사무적 업무[83]를 행하도록 한다. 수임사무의 성질이 그러하기 때문에 명시적으로 위임된 사무만 처리할 수 있도록 하며, 앞서 본 바와 같이 대리은행의 책임을 고의·중과실로 인한 경우로 제한하는 책임제한조항 및 대리은행이 수임업무 수행으로 입은 손해를 대주단으로부터 보상을 받도록 하는 조항을 둔다.[84]

위 대법원판결에서 문제된 '대출금 전용에 대한 대리은행의 동의'는 융자협약(또는 이에 따른 부수적인 합의)의 변경 또는 대주단의 권리의 포기의 성격을 가지는 것이고, 전형적인 신디케이티드 대출에서는 이러한 성격의 행위를 대주단의 결정에 따라 행하도록 규정하는 것이 통상이다. 따라서 전형적인 신디케이티드 대출계약에 관한 논의를 모두 그대로 이 사건에 적용할 수는 없다. 위 대법원판결은 '대리은행이 대출금 전용시 414억 5천만원 이상의 토지의 담보제공이 이루어지지 못한다는 점에 대하여 대주단에게 알리는 행위'를 '별도의 사무'로 보고 그 사무를 명시적으로 위임받지 않은 이상 그러한 통지를 하지

견지에서 들어가는 분배조항(sharing clause)도 들어있지 않았다. 대리은행의 책임을 제한하는 조항이나 대리은행이 수임업무 수행중 입은 손해를 대주단으로부터 보상을 받도록 하는 조항을 두지도 않았다.

81) ②에서와 마찬가지로 ③에서 위 대법원판결이 "대리조항"이라고 한 부분은 대리은행과 대주단 간의 계약을 의미하는 취지로 읽어야 할 것이다.

82) 참고로 일본 JSLA 행위규범은 대리은행과 대주단의 관계에 대하여 다음과 같이 적고 있다. 이 행위규범은 JSLA 표준대출계약서를 전제로 한 것이다.
- 대리은행과 참가금융기관은 대리은행에게 위임된 사무내용, 대리은행의 책임범위에 관하여 명확한 합의를 신디케이티드 대출계약에 해 두어야 한다.
- 참가금융기관은 신디케이티드 대출계약에 명시적으로 대리은행에게 위임한 사무의 수행과 책임 이외의 사항을 대리은행에게 기대하여서는 안 된다.
- 대리은행은 신디케이티드 대출계약상 명시적으로 위임된 사무를 선관주의의무로 수행하여야 하고 또 수권의 범위를 넘는 권한을 행사할 의무는 없다.

83) LMA 표준대출계약서에서 "대리은행의 의무는 오로지 기계적이고 행정사무적인 성질(solely me-chanical and administrative in nature)"이라고 규정하고 있다(26.3조(a)). 전형적인 신디케이티드 대출거래에서는 일정한 사항은 대주단 전원의 동의가 필요하고 나머지 사항은 대주단의 다수결에 의하여 변경하거나 권리를 포기(waiver)할 수 있도록 규정한다. 이는 대리은행이 이러한 계약의 변경이나 권리의 포기는 독단적으로 결정할 수 있는 재량을 부여받지 못하고 대주단의 결정에 따라야 한다는 것을 의미한다. 대출계약뿐 아니라 대출계약에 부수하여 체결한 주요한 약정상의 대주의 권리를 포기하는 경우도 마찬가지이다.

84) 대리은행이 이와 같이 행정사무적인 역할만을 수행하기 때문에 대리은행(agent bank)이라는 용어를 사용하더라도 전통적인 의미의 대리인이 아니라 "차주와 대주단 양자의 행정사무의 부담을 덜어주기 위한 접촉 창구"에 불과하다는 견해까지 제시된다. Clarke and Farrar(1982), p. 229, p. 247.

않은 것은 선량한 관리자로서의 주의의무 위반이 아니라고 판단하였다. 그러나, 위 대법원판결의 판시에 대하여는 다음과 같은 몇 가지 점에서 의문이 있다.

첫째, 수임인의 주의의무에 대한 일반적인 논의로 대주단에 대한 통지가 '별도의 사무로 수임'되었는지 여부 이외에 '선량한 관리자로서의 주의의무'를 다하기 위하여 그러한 통지를 하였어야 하는지 여부에 대하여도 판단이 필요하다. 이러한 경우의 통지 또는 협의는 그것이 명시적으로 위임받은 사무라서 행하는 것이 아니라 다른 수임 사무를 위임의 본지에 따라 선량한 관리자의 주의의무로써 처리하기 위하여 행하는 것이다. 대주단이 대리은행에게 대출금 전용에 대한 동의권을 부여하였다고 보는 경우에도 동의권 행사여부 결정시 대리은행은 대주단에 대한 선량한 관리자로서의 주의의무를 다해야 한다.

둘째, 대리은행이 계약 변경 또는 대주단의 권리 일부 포기의 의미를 가지는 동의를 할 때 위임인인 대주단에게 알려 대주단과 협의할 필요가 있는지 여부에 대하여 생각해 볼 필요가 있다.[85] 대리은행이 대출금 전용에 대하여 동의하려면, 담보부동산 감축(또는 감축 가능성)에도 불구하고 본 PF대출의 성사 가능성을 고려할 때 대출금을 전용하여 집행하는 것이 대출금 회수 가능성을 높인다고 믿어야 하고 그러한 믿음에 대한 합리적인 근거를 가지고 있어야 한다. 그러한 합리적인 근거를 갖춘 믿음이 없다면 대리은행은 위임인이자 대출금 회수불능의 위험을 지고 있는 당사자인 대주단에게 통지하여 대주단의 결정에 따르는 것이 위임의 본지에 따른 선량한 관리자로서의 주의의무에 부합할 것이다.[86]

셋째, 위 대법원판결 및 원심판결을 보면, 이 사건 대출금 전용은 대출금을 매매계약금으로 지출함으로써 본 PF대출이 가능하게 되는 매매계약률 95%를 달성하기 위한 목적

85) JSLA 실무지침, 7쪽은 대출실행 후의 참가금융기관에 의한 여신관리와 관련하여 "covenant의 준수상황 모니터링을 대리은행이 행하여야 한다는 생각은 대리은행의 본래의 직책에 맞지 않는다. 계약에 특별히 그러한 취지의 규정이 없는 한 이러한 생각은 잘못이고 참가금융기관이 행하는 것이 당연하고 필요한 것이다"라고 적고 있다. 대리은행이 차주의 담보제공의무 불이행을 감시할 의무를 지지 않는다는 위 대법원판결의 판시는 위 JSLA 실무지침과 같은 취지라고 할 수 있다. 그런데, 이 사건에서는 대리은행이 적극적인 동의 행위를 하였고, 그 동의의 대상인 차주의 행위가 담보제공의무 불이행을 초래할 수 있다는 점에서 감시의무가 없다는 일반적인 논의만으로 해결할 수 있는 문제는 아니다.

86) 위 대법원판결에서 문제된 융자협약상 차주가 이자 납입을 연체하거나 기한이익이 상실되었을 때에는 참여은행은 지체 없이 대리은행에 알려야 하고 법적 절차는 모든 대출은행이 공동으로 착수하기로 하되, 법적 절차의 수행은 대리은행이 맡기로 되어 있었다(융자협약서 제12조). 원심판결에서는, 대출금의 전용에 의하여 담보 부족이 발생하는 경우 기한이익상실 사유에 해당된다고 설시하고 있으나 대법원판결은 이 점에 관하여는 판단하지 아니하였다. 대출금의 전용은 융자협약서상 허용된 대출금의 용도를 벗어나지 않는다고 보아 차주가 대리은행의 동의를 받아 대출금을 전용하는 한 기한이익상실 사유에는 해당되지 않는 것으로 여긴 듯하다. 만일 이와는 달리 원심판결과 같이 대출금의 전용으로 인한 담보예정액의 부족이 기한이익상실 사유에 해당되는 것이라고 본다면, 대리은행은 기한이익상실을 초래하는 행위를 용인하기보다는 이를 대주들에게 통지하여 사전에 대주들의 의견을 구하는 것이 위임의 본지에 부합된다고 할 것이다.

이었던 것으로 보이고, 대법원판결과 원심판결 모두 본 PF대출의 성공이 중요하다는 점을 강조하였다. 이는 매매계약률 95% 달성시 본 PF대출이 성사되도록 예정되어 있거나 그 성사 가능성이 매우 높은 경우에만 타당하다. 그런데, 특정한 금융회사와 본 PF대출 협상이 진행되고 있었다는 점에 대하여는 판결문상 아무런 언급이 없어 정확한 상황을 파악할 수는 없다.[87] 매매계약률 95%의 달성은 이 사건 사업의 진행을 위하여 필요한 사항이고 따라서 이 사건 사업에 관여한 모든 당사자들을 위하여 바람직한 사항이라고 할 여지도 있겠으나, 각 당사자들의 이해관계가 반드시 동일하지는 않다. 매매계약률 95%를 달성하더라도 본 PF대출이 성사되지 않는 경우에는 대주단은 애초 융자협약 체결시 예정하였던 담보부동산을 취득하지 못하게 된다. 일정한 담보를 받는 것을 전제로 신용위험을 관리하고자 했던 대주단의 계획과는 다른 결과가 발생하는 것이다. 이러한 상황에서 대출금 전용에 대한 동의 여부를 결정할 때 대리은행은 대주단의 이익을 위하여 의사결정을 하여야 할 의무가 있다.

(2) 대법원 2023. 8. 31. 선고 2019다224870 판결

대법원 2023. 8. 31. 선고 2019다224870 판결이 다룬 사건에서는 원고 H은행과 피고 W은행(이하 "피고은행") 등 3개 은행이 대주단을 구성하여 S조선에게 선박제작에 필요한 원·부자재 구매자금을 대출하는 대출계약을 체결하였고 피고 한국무역보험공사(이하 "피고공사")가 대출금채무를 연대보증하였다. 피고은행은 위 대출의 관리은행으로서 대주단을 대리하여 대출금의 집행·관리, 대출원리금 회수 등 업무를 수행하였다.

S조선이 대출금을 변제하지 못하자, 원고는 피고공사에게 보증채무의 이행을 청구하였고, 피고공사는 원고와 피고은행 등이 대출을 실행하는 과정에서 보증계약상 신용보증조건을 위반하였다는 이유로 보증금액 중 일부의 면책을 주장하였다. 원고는 예비적으로 피고은행을 상대로 피고공사의 보증책임이 면책될 경우 피고은행이 관리은행으로서 부담하는 주의의무 위반으로 인한 손해배상으로 면책금액 상당의 금원 지급을 청구하였다.

원고가 실행한 대출 중 일부는 대출계약에서 정한 직접지급방식이 아닌 사후대출(차주의 구매대금 결제 후 대출실행)로 이루어졌고, 일부는 구매자금 증빙 구비 금액을 초과한 대출로 신용보증조건 위반으로 밝혀져 피고공사는 그 대출금액에 대해 면책되었다.

피고은행의 의무에 관하여 대법원은 대법원 2012. 2. 23. 선고 2010다83700 판결을 언급하면서 "참여은행으로부터 신디케이티드 론과 관련된 행정 및 관리사무의 처리를 위

87) 판결문에는 명확하게 나오지 않지만 본 PF대출이 이루어지지 못하였고 이 사건 사업은 실패로 돌아간 것으로 보인다.

탁받아 참여은행을 대리하게 되는 대리은행 내지 관리은행은 위탁받은 사무에 관하여 참여은행과 위임관계에 있다. 이 경우 구체적인 위임사무의 범위는 신디케이티드 론 관련 계약 등의 내용에 의하여 정해지고, 대리은행 내지 관리은행은 위임된 사무의 범위 내에서 위임 본지에 따라 선량한 관리자의 주의로써 위임사무를 처리하여야 한다"고 판시하였다. 이 사건에서의 피고은행의 의무 위반에 대해서는 "피고은행이 원고 등과 체결한 대주 간 계약에 따라 이 사건 대출의 실행 및 계좌 관리 등의 업무를 담당하는 관리은행으로서 선량한 관리자의 주의로써 차주…로부터 받은 인출요청서와 대출금의 용도에 관한 증빙서류의 적정 여부를 심사하여 대출을 실행해야 하는 의무를 부담하는데, 피고은행이 원고로 하여금 이른바 사후대출방식 및 초과대출방식에 의한 대출을 실행하게 한 것은 선관주의의무 위반에 해당하므로, 피고은행은 그 의무 위반으로 원고에게 발생한 손해를 배상할 책임이 있다"고 한 원심의 판단이 타당하다고 하였다.

다만 피고은행의 책임의 범위에 관하여 대법원은 "사후대출로 인해 피고공사가 면책됨으로써 발생한 손해는 계약 자체에 해석상 오해할 소지가 많은 내용[88]이 들어 있었고, 원고와 피고은행 등이 공통하여 그 부분 계약 내용에 대한 잘못된 해석으로 말미암아 발생한 것이므로, 그 손해를 피고은행에게만 부담지우는 것은 공평의 원칙에 맞지 않다"고 하고, "원고와 피고은행의 지위와 역할, 대출 실행 경위 등의 사정을 고려하면, 피고공사가 면책됨으로써 원고에게 발생하는 손해와 관련한 위험을 피고은행이 전적으로 부담하는 것은 형평의 관점에 비추어 부당하다"고 판시하여 피고은행의 책임제한을 배척한 원심판결을 파기하였다. 사건의 구체적 타당성의 면에서 설득력이 있는 것으로 보인다.

---

88) 해석상 오해할 소지가 있는 계약조항에 관한 판결문을 보면 다음과 같다.
"이 사건 대출계약 제3조 제2항에 따르면, 이 사건 대출계약은 차주가 원·부자재 구매대금 입금요청을 할 때 대금 결제를 위하여 원·부자재 매도인의 계좌에 대금을 직접 입금하거나 그 구매를 위해 발행된 신용장 대금을 결제하는 이른바 직접지급방식에 의한 대출 실행만 허용하였다. 이 사건 보증계약 중 특약 제3항 및 약관 제6조 제1호에 따르면, 직접지급방식 외의 방식으로 대출을 실행하는 것은 신용보증조건 위반에 해당하고 피고공사는 그 대출에 관한 보증책임을 지지 않는다. … 그런데 이 사건 대출계약 제3조 제2항 본문은 인출요청서에 명시된 대출금계좌로 대출금을 입금하는 방식으로 대출을 실행하는 것이 가능하다고 규정하였고, 그 계약서에 첨부된 인출요청서 양식에서는 S조선을 그 대출금계좌의 예금주로 기재하고 있다. 위 규정 등에 따르면, S조선의 계좌로 대출금을 지급하는 것은 이 사건 대출계약이 허용하는 대출 실행 방식이라고 잘못 해석할 소지가 있고, 원고와 피고은행 모두 그 내용을 오해하였을 가능성이 있다."

Ⅲ. 대리은행의 책임

1. 책임제한조항

일반적으로 신디케이티드 대출계약에는 (i) 대리은행 업무의 성격을 기술적이고 행정사무적인 것으로 규정하는 등 대리은행의 의무를 제한하는 조항, (ii) 신인의무를 배제하는 조항, (iii) 대리은행은 고의 또는 중과실에 의한 경우를 제외하고는, 대출관리와 관련하여 대주들이나 차주에게 책임을 지지 않는 것으로 책임을 제한하는 조항과 (iv) 대출의 관리과정에서 대리은행이 입은 손실에 대하여 대주들이 보상해 주기로 하는 조항을 둔다.[89)]

2. 대주들과의 이익충돌

대리은행이 해당 신디케이티드 대출거래 이외에 차주와 다른 금융거래를 할 경우, 그 대출의 대주들과 경쟁하거나 대주들과 이익충돌이 있는 거래를 할 기회를 갖게 된다. 대리은행이 차주의 주채권은행인 경우에는 더욱 그러하다. 통상의 신디케이티드 대출계약에서는 앞서 본 바와 같이 대리은행의 신인의무를 배제하는 일반 조항 이외에도 대리은행이 신디케이티드 대출거래에 관계없이 차주 및 그 계열사와 예금, 대출 등 은행거래와 그 밖의 거래를 할 수 있도록 하는 조항을 둔다.[90)] 이러한 포괄적 동의조항은 대주들이 대출거래에 전문성이 있는 기관이라는 점을 고려한다면 기본적으로 유효하다고 보아야 할 것이다.

이와 같이 통상의 신디케이티드 대출거래에서는 대리은행이 차주와 해당 신디케이티드 대출 이외의 다른 거래를 하는 것이 허용되는 이상, 그 다른 거래로부터 변제를 수령하는 것도 제약을 받지는 않는다고 할 것이다.[91)] 다만, 대리은행이 차주의 신용악화에 관한 정보를 신디케이티드 대출거래와는 별개로 획득한 경우, 차주가 그 정보를 신디케이티드 대출계약에 따라 대리은행 또는 대주들에게 통지할 의무를 부담하고 있음에도 불구하고 대리은행이 이를 방치, 이용하여 자신의 차주와의 다른 거래에 따른 채권을 먼저 회수한 때에는, 대리은행은 다른 대주들에 대하여 책임을 질 가능성도 있다.[92)]

89) Proctor(2010), pp. 395-398; LMA 표준대출계약서 28.3조, 28.5조, 28.10조, 28.11조 등.
90) LMA 표준대출계약서 28.6조.
91) 西村あさひ法律事務所(2017), 463쪽; 森·濱田松本法律事務所(2015), 73-74쪽.
92) 西村あさひ法律事務所(2017), 464쪽.

3. 대주에 대한 정보제공

대리은행의 업무 및 법적 지위와 대출거래에 관한 대주들의 전문성을 고려할 때, 대리은행은 대주들과의 관계에서 기한이익상실 사유의 발생 여부나 그 밖에 대출계약 및 부속약정서상 차주의 의무이행 여하에 관하여 조사할 의무를 부담하지는 않는다고 보아야 할 것이다.[93)]

대출채권의 사후관리 과정에서 중요한 정보는 기한이익상실 사유 또는 아직 기한이익상실 사유에는 해당되지 아니하나 통지 또는 기간의 경과 등에 의하여 앞으로 기한이익상실 사유가 될 수 있는 사유라고 할 수 있다. 통상의 신디케이티드 대출계약에서는 차주의 확약사항으로서 차주가 위의 사유를 안 때에는 그 내용을 지체 없이 대리은행에게 통지하도록 하는 조항을 두고 있다.[94)] 또한, 대리은행이 차주로부터 위의 통지를 받은 경우 이를 대주들에게 즉시 통지하여야 하는 것으로 규정한다.[95)]

대출계약에서 명시적으로 기한이익상실 사유에 관한 통지의무를 대리은행에 부과하지 아니한 경우에도 대리은행이 대리은행 업무의 수행 과정에서 기한이익상실 사유가 발생한 것을 알게 되었음에도 불구하고 대주들에게 그 정보를 제공하지 아니한 때에는, 경우에 따라 이러한 행위가 대리은행에게 부여된 합리적인 재량권 행사의 범위를 벗어난 것으로 인정되어 대리은행의 대주들에 대한 책임이 인정될 가능성도 있다.[96)]

대리은행 내에서 누가 해당 정보를 알게 된 경우 대리은행이 그 정보를 알게 되었다

---

93) LMA 표준대출계약서도 이러한 취지로 규정한다(28.9조).

94) LMA 표준대출계약서 22.5조(a). 일본 JSLA의 기한부대출계약서(term loan agreement) 양식(2013. 2. 12.)(이하 "JSLA 표준대출계약서")은 "차주는 기한이익상실 사유가 발생한 경우 또는 발생할 우려가 있는 경우에는 즉시 그 내용을 대리은행 및 모든 대주들에게 보고하여야 한다"고 규정한다(17조 1항 1호).

95) LMA 표준대출계약서 28.3조(e), (f); JSLA 표준대출계약서 21조 9항. JSLA 표준대출계약서는 대주가 차주에게 기한이익상실 사유가 발생한 것을 안 때에도 즉시 이를 대리은행에게 통지하고 대리은행은 그 사유의 발생을 다른 모든 대주들에게 통지하도록 규정함으로써 대주들에게도 기한이익상실 사유의 발생에 관하여 통지의무를 부과하고 있다(18조 4항).

96) Rhodes(2004), p. 250도 대리은행의 의무를 설명하면서 "대리은행이 채무불이행(event of default) 발생을 감시하거나 조사할 의무를 지지는 않지만 채무불이행사유 발생을 알게 되면 모든 당사자들에게 적시에 통지하여야 한다"고 한다. 영국 법원은, 신디케이티드 대출거래에서 대리은행이 차주에 관하여 기한이익상실 사유가 발생하였음을 대주들에게 통지하지 않은 것이 문제된 사건에서, 대리은행이 기한이익상실 사유를 대주들에게 통지하는 것이 유일한 합리적인 행위이었다면 대리은행의 통지 해태는 묵시적인 계약조건의 위반에 해당될 수도 있다고 보았다{Torre Asset Funding Ltd. v. Royal Bank of Scotland Plc [2013] EWHC 2670 (Ch); Wright(2024), p. 386}. 이 판결 이후 2014년경 LMA는 대리은행의 잠재적인 책임을 제한하기 위하여 마련된 LMA 표준대출계약서 제28조(대리은행 등의 역할) 및 그 밖의 관련 조항들을 대폭 변경하였다(예컨대, 다수대주가 사전에 반대 취지의 통지를 하지 않는 한 대리은행이 차주에게 선행조건이 충족되었음을 통지할 수 있도록 하고 이에 따른 대리은행의 책임을 면제하는 LMA 표준대출계약서 4.1조(b)의 신설, 대리은행은 대출계약서 및 부속약정서에 명시적으로 규정된 의무, 채무 및 책임만 지고 그 외의 어떤 것도 암시하지 않는다고 규정하는 LMA 표준대출계약서 28.3조(g)의 신설 등){Wright (2024), p. 386}.

고 할 수 있는가의 문제도 있다. 해당 신디케이티드 대출의 대리은행 업무담당자가 해당 정보를 안 경우는 당연히 포함된다고 할 것이나, 위 업무담당자 이외의 임직원이 해당 정보를 지득한 경우도 포함시킬 것인지는 이론의 여지가 있다. LMA 표준대출계약서는 대리은행의 대주들에 대한 정보제공의무는 해당 대리은행 업무를 담당하는 부서의 직원이 지득한 정보에 한정된다는 취지의 조항을 두고 있다.[97)][98)] 대출계약서에 이 점을 명확히 규정하는 것이 바람직하다.

한편, 대리은행은 차주로부터 제공받은 미공개정보에 관하여 대출계약상의 약정 등에 따라 비밀유지의무를 진다. 일반적으로는, 대리은행이 대리은행의 자격으로 차주에 관한 미공개정보를 차주로부터 제공받은 때에는, 그 정보가 대출계약상 차주가 대리은행에게 제공하여야 하는 것이거나 차주가 대주들에 대한 정보 제공에 묵시적으로 동의한 것으로 볼 수 있을 것이므로 대리은행이 그 정보를 대주들에게 제공하여도 비밀유지의무 위반이 되지는 않을 것이다. 만일 대리은행이 차주와의 다른 거래에서 얻은 차주에 관한 미공개정보를 대주들에게 제공하려면 원칙적으로 차주의 동의를 받아야 할 것이다. 다만, 그 미공개정보가 기한이익상실 사유의 발생 등 대출계약상 차주가 대리은행에 통지의무를 부담하는 정보에 해당되는 때에는 대리은행은 차주에게 해당 신디케이티드 대출계약상의 의무 위반 가능성을 경고하면서 차주로 하여금 대리은행 또는 대주들에 그 정보를 통지할 것을 촉구할 수 있을 것이다.[99)]

제 4 절 대주 간의 권리의무

Ⅰ. 대주단의 의사결정과 대주의 개별적 권리행사 제한

1. 개 요

신디케이티드 대출은 각 대주와 차주 간에 개별적인 대출계약이 성립되는 관계에 있

97) LMA 표준대출계약서 28.13조.

98) 이러한 조항을 두는 또 다른 이유는, 대리은행의 입장에서는 대주들에 대한 정보공개의무와 차주에 대한 비밀유지의무가 서로 충돌되는 상황에 처하게 되므로 대주들과의 관계에서는 대리은행 업무를 담당하는 부서(agency division)가 마치 독립된 기관으로서 대리은행의 역할을 행하는 것으로 취급할 필요가 있기 때문이다{Cleary Gottlieb(2017), p. 188}.

99) 西村あさひ法律事務所(2017), 462-463쪽.

지만, 대출계약상 대주의 권리 행사에 공동의 의사를 반영하고 대출채권의 회수에 있어서는 아래에서 따로 살펴보는 분배조항에 따라 차주의 신용위험을 공동으로 부담한다는 점에서 공동대출의 성격도 어느 정도 갖고 있다. 신디케이티드 대출에서 아무런 제한 없이 개별 대주가 단독으로 권리행사를 하도록 허용한다면 혼란이 초래될 수 있고 신디케이티드 대출의 취지에도 맞지 않게 된다.[100)]

일반적으로 대출채권에 관한 권리행사(예컨대, 기한이익상실)는 원칙적으로 대출계약에서 정한 다수대주(Majority Lenders)의 의사에 따라 이루어지는 것으로 정한다. 통상적으로 만기의 도래 또는 기한이익상실에 의해 일단 변제기가 도래한 대출채권에 관하여는 개개의 대주가 대출채권을 행사하는 것을 금지하지는 않는다. 다만, 담보부대출에서 대출계약상 담보권의 개별적 실행이 금지되거나 담보의 구조상 개별적 실행이 가능하지 아니한 경우에는 사실상 개별적인 대출채권의 행사도 금지되는 결과가 될 것이다. 대주의 개별적 대출채권 행사가 가능한 경우에도 어느 한 대주가 대출채권을 개별적으로 행사하여 채권을 회수한 때에는 그 회수된 금액은 원칙적으로 분배조항에 의하여 모든 대주들에게 안분되도록 하고 있다. 그런데, 신디케이티드 대출에서는 소송상 청구에 의하여 대출채권을 행사하는 경우, 소 제기를 하려고 하는 대주로부터 통지를 받고도 소송에 참가하지 아니한 대주들은 분배조항에 의한 분배 대상에서 제외된다고 규정하는 경우가 많다. 요컨대, 신디케이티드 대출에서 대주의 개별적 대출채권 행사가 허용되는 것인지와 그 허용 범위, 그리고 개별적 권리행사의 실익(즉, 어느 한 대주의 개별적 권리 행사에 의한 회수금이 그 대주에게 전적으로 귀속될 수 있는지)은 대출계약의 조항 및 그 해석에 의하여 정해진다.

2. 외국의 판례

(1) 미국의 판례

미국의 판례를 보면, 신디케이티드 대출에서 다수의 대주들이 차주에 대한 대출원리금의 변제조건을 재조정하기 위하여 협의를 하면서 그 협의가 진행되는 동안에는 대출채권의 기한의 이익을 상실시키지 않기로 합의하였는데, 이에 반대하는 다른 대주가 대리은행을 상대로 기한이익상실 및 담보권 실행을 소송상 청구한 사안에서, 법원은 대출계약상 대주 단독으로는 이와 같은 권리를 행사할 수 없다는 이유로 원고의 청구를 받아들이지 아니한 사례가 있다.[101)]

---

100) Pigott(1982), pp. 202-203.

101) New Bank of New England, N.A. v. The Toronto-Dominion Bank, 768 F.Supp. 1017 (S.D.N.Y.

또한, 차주의 대출원리금채무에 관하여 차주의 모회사가 대주단에게 Keep-Well Agreement[102]를 제공하였고, 차주에 대하여 미국 연방파산법에 따른 도산절차가 개시된 후에 금액 기준으로 95.5%의 대주들이 Keep-Well Agreement에 따른 권리의 행사를 유예하기로 합의하였음에도 이에 반대하는 다른 대주가 차주의 모회사를 상대로 Keep-Well Agreement에 따른 의무의 이행을 소송상 청구한 사안에서, 법원은 대출계약의 해석상 개별 대주가 단독으로 그러한 권리를 행사할 수 있는 근거가 없다고 하여 원고의 청구를 기각한 사례도 있다.[103]

(2) 영국의 판례

영국의 경우, 다수대주의 결정에 의한 대출계약의 변경이 일부 대주에게 불리한 경우에 다수대주의 의사결정이 효력이 있는지의 문제를 다룬 판결[104]이 있다. 이 판결의 사안에서는, 하나의 신디케이티드 대출계약에 세 개의 대출(A대출, B대출 및 C대출)에 관하여 규정하였고, 대출계약상 대주의 권리 포기(waiver)에 관한 대주단의 의사결정은 A, B 및 C 대출을 합하여 전체 대주의 66 2/3% 이상(금액 기준)에 의하는 것으로 규정되어 있었다. 원고는 (i) 채무자의 장래 존립이 불확실한 상황에서 A대출의 추가대출금을 B대출 대주들의 대출채권 회수에 사용하기로 한 포기서한(waiver letter)은 A대출의 대주들에게 명백히 불공정한 계약이고, (ii) 소수 채권자에게 효력이 미치는 행위를 할 수 있도록 다수 채권자들에게 부여된 권한은 전체 채권자들의 이익을 위하여 신의성실의 원칙에 따라 행사되어야 한다고 주장하였다.

이에 대하여 법원은 다음과 같은 이유로 원고의 주장을 받아들이지 아니하였다. ① 이 사건은 회사법상의 소수주주 보호에 관한 선례와는 구별되는 사안이다. ② 여신계약서

1991).

102) 차주의 재무지표가 일정 수준 이하로 떨어지면 모회사가 차주에게 증자를 통해 자금을 투입하겠다는 약정이다.

103) Beal Savings Bank v. Sommer, 8 N.Y. 3d318 (2007)의 판시: ① 대출계약서에는 "대리은행은 다수대주(66 2/3%)의 지시가 없는 경우, 대출관련계약상 특정하여 대리은행에게 위임된 권한을 행사할 수 있다"는 조항과 "대리은행은, 채무불이행(default) 발생 시 다수대주의 지시에 따라, 기한의 이익을 상실시킬 권리, 스폰서(sponsor)에 대하여 Keep-Well Agreement상의 의무이행을 청구하는 소를 제기할 권리를 비롯하여 정해진 채무불이행에 대한 구제수단을 행사할 수 있다"는 조항을 두고 있는데, 위 구제수단의 행사는 대리은행이 다수대주의 지시에 의하여 행할 일이고 개별 대주에게 부여된 권리가 아니다. ② 대출계약에는 대리은행을 통한 권리행사 외에 개별 대주가 단독으로 계약상의 권리행사(enforcement)를 할 수 있도록 명시적으로 허용하는 규정은 없고, 다수대주의 지시에 의해 권리행사를 할 수 있도록 한 대출계약 조항은 다수대주의 지시에 의한 "권리행사의 유예"도 포함한다.

104) Redwood Master Fund Ltd and Others v. TD Bank Europe Limited and Others [2002] EWHC 2703(Ch).

상 다수대주의 결정이 모든 대주들을 구속하도록 의도하고 있음이 명백하다. ③ 이 사건에서 다수대주가 부정(bad faith)하게 행동했다는 증거가 없다. 다수대주의 동기가 원고의 비용으로 자신들의 지위를 좋게 만들고자 하는 것이 아니었고 전체 대주들의 이익을 위하여 여신규모를 감축하고자 한 것이었다. ④ 이 사건 대출계약은 상사계약으로서 다수대주가 계약변경을 하여 전체 대주들에게 효력이 미치도록 하고 있는데, 어느 한 대주가 그러한 결정으로 자신이 다른 대주들에 비하여 더 영향을 받는다고 하여 계약상 약정을 벗어날 수는 없다.

Ⅱ. 담보권의 실행[105)]

위에서 본 기한이익상실의 경우와 마찬가지로, 담보권 실행과 관련한 대주들의 의사결정과 관련해서도 법적 쟁점이 있다. 다수대주가 담보권 실행을 원하지 아니함에도 이에 반대하는 특정 대주가 담보권 실행을 대리은행에게 요청하는 경우, 대리은행은 다수 대주가 지시하지 않는 이상 담보권을 실행할 수 없다. 이 경우, 위 특정 대주가 단독으로 담보권 실행을 할 수 있는가? 이하에서는, 우선 신디케이티드 대출에서의 담보 구조에 관하여 간략히 살펴본 후에, 개별적인 담보권 실행의 허용 여부에 관하여 본다.

1. 신디케이티드 대출의 담보구조

(1) 담보대리인과 담보수탁자

담보권의 준거법이 한국법인 경우, 담보부 신디케이티드 대출에서는 일반적으로 대주들을 위하여 담보를 관리하는 담보대리인(security agent)을 두고 있다. 담보대리인은 담보를 관리만 하는 것이고 담보권자는 여전히 대주들이다. 이와 같이 대주들이 직접 담보권을 갖게 되면, 대출채권을 양도할 때 담보물권의 부종성 원칙으로 인하여 양도인이 갖고 있는 담보권을 대출채권 양수인에게 함께 이전해야 하므로 담보권 이전의 성립요건 또는 대항요건을 일일이 갖추어야 하는 번거로움이 생긴다. 영미법에서 널리 이용되고 있는 담보권신탁(security trust)의 경우에는 담보수탁자(security trustee)가 담보권자가 되며, 대주들은 신탁의 수익권을 갖는다. 우리나라에서도 신탁법 개정(2011. 7. 25. 개정 2012. 7. 26. 시행)에 의하여 담보권신탁 제도가 새로이 도입되었다. 담보권신탁은 담보권설정자를

105) 이 부분은 한민(2012), 229-232쪽을 수정, 보완한 것이다.

위탁자, 담보권자를 수탁자, 피담보채권의 채권자를 수익자로 하는 '담보권의 설정적 신탁'이다. 다수의 채권자가 있고 채권자 구성도 수시로 변경될 수 있는 거래의 경우에는 담보권신탁에 의하여 다수의 채권자들을 위하여 보다 간편하게 담보를 제공할 수 있게 된 것이다(☞ 담보권신탁에 관한 상세한 내용은 제6장 제3절 Ⅰ. 담보권신탁).

(2) 병행채무

채무자가 채권자에 대한 채무와 병행하여 담보대리인에 대하여도 동일한 내용의 채무(=병행채무, parallel debt)를 부담하고, 채권자 또는 담보대리인의 어느 일방이 채무를 변제받은 때에는 채무가 소멸하는 것으로 약정하면서, 담보대리인에 대한 병행채무를 담보하기 위하여 담보권을 담보대리인 앞으로 설정해 주는 방법을 이용할 수도 있다.[106] 각 대주의 대출채권에 관하여 해당 대주와 담보대리인이 차주에 대하여 연대채권을 갖고 이 연대채권을 담보하기 위하여 담보대리인에게 담보가 제공되는 구조이다. 신탁법에 따른 담보권신탁이 활성화될 것으로 예상되지만, 거래에 따라서는 병행채무 방식에 의한 담보제공도 고려될 수 있다.[107]

2. 개별적인 담보권 실행의 제한

앞서 본 바와 같이 신디케이티드 대출에서 특정 대주가 변제기가 도래한 대출채권을 개별적으로 행사하는 것은 허용하는 것이 보통이나, 담보권의 경우에는 개별적인 담보권 실행을 금지하는 조항을 명시적으로 두는 경우도 있다. 설사 대출계약상 개별적인 담보권 실행이 허용된다고 하더라도 후술하는 분배조항의 적용 대상인 경우 담보권 실행에 의한 회수금은 모든 대주들에게 안분되어야 한다. 대출계약상으로는 개별적인 담보권 실행을 금지하는 명시적인 규정을 두고 있지 않더라도 담보의 구조에 따라 개별 대주가 단독으로 담보권을 실행하는 것이 허용되지 않을 수도 있다. 예컨대, 대주들이 각자 근저당권을

106) 병행채무(parallel debt)에 관한 상세한 내용은 Proctor(2010), pp. 409-410. 일본에서는 2017년 일본민법에 연대채권 조항(제432조 이하)를 신설하여 병행채무 거래의 근거를 마련하였다{民法(債権関係)の改正に関する中間試案」に対して寄せられた意見の概要(各論3)民法(債権関係)部会資料 71-4, p. 25}. 영국과 독일의 병행채무 구조의 설명과 일본에서의 논의는 洞鶏敏夫·池田順一·島崎哲(2011).

107) 연대채권이 담보대리인의 담보 취득만을 목적으로 하고 그 연대채권을 발생시키는 계약의 준거법이 한국법인 경우에는 그 계약이 담보의 부종성을 회피할 목적의 거래로서 효력에 대한 논란이 제기될 수 있다. 그러나 연대채권 발생근거 계약의 준거법상 연대채권이 적법하고 유효하게 발생하는 경우 그 연대채권을 담보하는 담보권은 한국법에 따라 설정되었더라도 원칙적으로 유효하다고 보아야 할 것이다.

설정받지 아니하고 근저당권을 공유하는 경우에는, 공유자의 1인으로서 근저당권을 실행할 수 있는지는 의문이다. 또한, 위에서 본 담보권신탁이나 병행채무 방식으로 담보권이 설정된 경우에는, 대리은행은 다수대주의 동의나 지시를 받은 후에 담보수탁자 또는 담보대리인에 대하여 담보권 실행 지시를 하게 되므로 이러한 경우에는 개별 대주에 의한 담보권 실행은 허용되지 않는다.

Ⅲ. 분배조항

1. 분배조항의 개념

전형적인 신디케이티드 대출계약에서는 차주에 의한 대출원리금의 상환은 대리은행을 통해서 하는 것을 원칙으로 하고 있고, 어느 대주가 대리은행을 통하지 아니하고 차주로부터 개별적으로 대출원리금을 회수한 때에는 그 회수금액을 대주단을 구성하는 대주들에게 각 대출참여비율에 따라 다시 안분되도록 하는 소위 "분배조항(sharing clause)"을 둔다. 분배조항은 특정 대주가 개별적인 채권회수 행위로 이득을 취하는 결과를 방지하고 대출원리금의 공평한 상환이 이루어지도록 하기 위한 것이다.[108)]

2. 분배조항의 유형

분배조항에는 채권을 회수한 특정 대주가 회수금액을 대리은행에게 지급하도록 한 후 대리은행를 통하여 재분배하는 방식(이하, "대리은행 재분배 방식"이라고 함)과 특정 대주가 다른 대주들로부터의 대출채권 매수에 의하여 회수금액을 분배하는 방식(이하, "채권매매 방식"이라고 함)이 있다.[109)]

---

108) 분배조항은 1970년대에 미국의 신디케이티드 대출시장에서 차주와 거래관계가 없는 소규모은행들이 차주가 그와 거래관계를 맺고 있는 은행들에게 대출원리금을 편파적으로 먼저 상환할 것을 우려하자 이를 덜어주기 위해 고안된 것이다. 분배조항은 최초에는 '차주로부터의 자발적 지급'만을 대상으로 하였으나, 1979년 이란사태 발생 시 이란 정부의 예금을 보유하던 미국계 은행이 이란 정부에 대한 대출채권과 예금채무 간의 상계에 의하여 신디케이티드 대출원리금을 회수한 후 상계는 분배조항의 적용대상이 아님을 이유로 나머지 대주들에 대하여 회수금의 분배를 거절한 것을 계기로, 상계(set-off), 반대채권(counterclaim), 소송 또는 그 밖의 방법에 의한 대출원리금의 회수도 명시적으로 포함하게 되었다. 이러한 분배조항의 연원과 그 내용의 발전에 관하여는, Buchheit(1990), pp. 15-16; Mugasha(2007), pp. 261-262.

109) 신희강·강은주(2009), 23-25쪽은 대리은행 재분배 방식에 의한 분배조항을 "영국식 분배조항", 채권매매 방식에 의한 분배조항을 "미국식 분배조항"이라고 칭한다.

(1) 대리은행 재분배 방식

대리은행 재분배 방식은 차주로부터 개별적으로 채권을 회수한 특정 대주가 대리은행에게 회수금액을 지급하고 대리은행이 회수금액을 다른 대주들에게 대출참여비율에 따라 재분배하는 방법이다. 분배조항의 구체적인 내용은 당사자 간의 합의에 따라 차이가 있으나, 통상적인 대리은행 재분배 방식에 의한 분배조항의 요지는 다음과 같다.[110)]

① 어느 대주("회수대주")가 대리은행을 통하지 아니하고 대출채권금액을 개별적으로 회수한 경우, 회수대주는 회수금액 전액을 대리은행에 지급하여야 함.
② 대리은행이 회수대주로부터 지급받은 회수금액은 차주가 대리은행에게 직접 지급한 것으로 간주됨. 대리은행은 회수금액을 모든 대주들(회수대주 포함)에게 각 대출참여비율에 따라 재분배하여야 함.
③ 대리은행이 회수대주로부터 회수금액을 지급받은 때에 차주와 회수대주 간에는 회수금액이 지급되지 아니한 것으로 간주되고, 회수대주는 차주에 대하여 회수금액(단, 회수대주가 대리은행을 통하여 재분배받은 금액은 제외)에 관하여 대출채권을 그대로 보유함.
④ 회수대주가 회수금액의 전부 또는 일부를 차주에게 반환하여야 할 경우에는 다른 대주들은 위 ②에 따라 대리은행으로부터 재분배받은 금액 중 해당 금액을 대리은행에 반환하여야 하고, 대리은행은 이를 회수대주에게 반환하여야 함.

가. 개별적 채권회수와 대리은행에의 지급

위 ①은 회수대주로 하여금 회수금액 중 대출참여비율에 따라 회수대주에 분배될 금액까지 포함하여 회수금액 전액을 대리은행에게 지급하도록 한다. 후술하는 서울지방법원 1999. 9. 22. 선고 98가합108848 판결과 대전지방법원 2000. 9. 28. 선고 99가합10961 판결에서 다루어진 분배조항에서도 이와 같이 회수금액 전액이 대리은행에 지급되도록 규정하였다.[111)] 신디케이티드 대출계약상 차주의 대출채권 변제는 대리은행을 통하여야 한다는 원칙에 보다 부합되는 방식이라고 할 수 있다.

반면에, 후술하는 대법원 2015. 9. 10. 선고 2013다207521 판결에서 다루어진 분배조항에서는 회수대주는 회수금액 중 그의 대출참여비율을 초과하는 금액만을 대리은행에게 지급하도록 하여, 대리은행이 이 금액을 다른 대주들에게 분배하는 것으로 규정하였다. LMA 표준계약서도 이 방식을 취하고 있다.[112)] 회수대주의 입장에서 보면, 위 ①과 같이

110) 신희강·강은주(2009), 24쪽에 소개된 계약조항의 예를 주로 참고하였다.
111) JSLA 표준대출계약서는 특정 대주에 대한 차주의 자발적 지급에 대하여 이 방식을 적용한다(14조 3항).
112) LMA 표준대출계약서 30.1조(a).

회수금액 전액을 대리은행에게 지급할 경우 회수금액 중 자신의 몫에 관하여도 이를 대리은행에게 지급하여 다시 분배받을 때까지 불필요하게 대리은행의 신용위험을 부담하게 된다. 이 점에서 LMA 표준계약서의 방식이 회수대주에게 유리하다. 다만, LMA 표준계약서에서와 같이 회수대주의 몫을 정확히 산정하기 위해 회수대주의 대리은행에 대한 회수내역통지와 대리은행에 의한 분배금액 산정 및 회수대주에 대한 지급청구 절차를 규정할 경우,[113] 회수대주가 대리은행에게 자신의 몫을 제외한 나머지 회수금액을 지급하는 시기가 늦어지게 될 것이다.

나. 대출채권 변제의 효력과 대리은행의 재분배

대리은행 재분배 방식에서 차주는 어느 시점에 대출채권 변제의 효력을 인정받을 수 있는가? 위 ②의 내용에 비추어 볼 때, 회수대주가 회수금액을 대리은행에게 지급한 때에 비로소 차주에 의한 대출채권 변제의 효력이 생긴다고 볼 수 있다.[114] 차주의 회수대주에 대한 변제는 대출채권 변제의 효력을 인정받지 못하고, 회수대주가 대리은행에 회수금액을 지급할 때까지는 차주는 다른 대주들에 대하여 그에 해당하는 대출채무를 여전히 부담하게 된다. 따라서 차주는 회수대주의 신용위험을 부담하고 대출채권의 이중변제 위험이 있다. 다만, 회수대주가 대리은행인 경우에는 회수대주(대리은행)에 대한 대출채권의 변제는 모든 대주들과의 관계에서 효력이 있다고 할 것이다.

다. 회수대주의 대출채권

위 ③에서 보는 바와 같이, 회수대주가 대리은행에게 회수금액을 지급하면 회수대주는 회수금액(대리은행으로부터 재분배받은 자신의 몫은 제외)을 차주로부터 지급받지 않은 것으로 간주되고 동 금액에 관하여 대출채권을 그대로 보유하는 것으로 간주된다. 그런데, 대리은행 재분배 방식을 채택하고 있는 LMA 표준계약서에서는 위 ③과는 달리, 회수대주가 대리은행에게 회수금액을 지급한 때가 아니라 대리은행이 회수대주로부터 지급받은 회수금액(회수대주의 몫은 제외)을 다른 대주들에게 재분배한 때에 그 금액을 차주가 회수대주에게 지급하지 않은 것으로 취급한다고 규정하고 있다.[115] 이 조항의 취지는 명확하지는 않은 것으로 보인다. 이 조항에 의하면 회수대주는 대리은행에게 회수금액(회수대주의 몫은 제외)을 지급한 후에도 대리은행이 이를 다른 대주들에 재분배할 때까지는 동 금

113) LMA 표준대출계약서 30.1조(a).

114) 이 점에 관하여, JSLA 표준계약서는 차주에 의한 자발적 지급의 경우, 회수대주는 즉시 회수금액 전액을 대리은행에 지급하여야 하고, 대리은행이 이를 수령함으로써 동 금액에 관한 채무의 이행이 있었던 것으로 간주한다고 규정하고 있다(14조 3항).

115) LMA 표준대출계약서 30.3조.

액에 관한 자신의 대출채권을 차주에 대하여 행사할 수 없게 되므로 대리은행의 신용위험을 부담하는 결과가 된다. 개별적으로 채권을 회수한 대주보다는 다른 대주들의 이익을 더 배려하고 있는 것이다.

라. 회수대금의 반환

위 ④에서 다른 대주들의 회수대주에 대한 대출금반환의무는 언제 이행 완료되는가? 대출계약에서 특별히 달리 정하지 않은 이상 대리은행은 다른 대주들의 대리인 자격에서 회수대주에게 해당 금액을 반환하는 것으로 보아야 할 것이다. 따라서 대리은행이 다른 대주들로부터 반환받은 대출금을 회수대주에게 실제로 지급한 때에 다른 대주들의 대출금반환의무가 이행 완료된다고 본다.

(2) 채권매매 방식

채권매매 방식은 특정 대주가 자신의 몫을 초과하는 회수금을 다른 대주들에게 대출참여비율에 따라 안분하여 지급하고 각각의 지급액을 매매대금으로 하여 그에 상당하는 다른 대주들의 대출채권을 매수하는 방식이다. 국내에서 통상적으로 이용되고 있는 채권매매 방식에 의한 분배조항의 요지는 다음과 같다.

① 어느 대주("회수대주")가 대리은행을 통하지 아니하고 대출채권금액을 개별적으로 회수한 경우, 회수대주는 즉시 회수금액 중 자신의 대출참여비율을 초과하는 금액("초과회수금액")을 아래 ②의 방법에 의하여 다른 대주들이 대출참여비율에 따라 수령한 결과가 되도록 하여야 함.

② 회수대주는 초과회수금액이 대리은행을 통하여 다른 대주들에게 대출참여비율에 따라 분배되었더라면 각 대주가 지급받을 수 있었던 금액에 상당하는 대출채권을 각 대주로부터 액면금액으로 매수하여야 함[단, 다른 대주들은 대출채권의 매도를 거절할 권리가 있음].

③ 차주는 회수대주가 차주의 동의 없이 위와 같이 다른 대주들로부터 대출채권을 매수하여 그 매수한 범위 내에서 차주에 대하여 직접 대주로서 권리를 행사할 수 있음에 동의함[위 ②와 같이 대출채권의 매매가 이루어지는 경우 다른 대주는 그의 비용 부담으로 대출채권의 양도 즉시 차주에게 확정일자 있는 증서에 의한 채권양도통지를 하여야 함].

④ 초과회수금액의 전부 또는 일부가 차주에게 반환되어야 하는 경우, 위 ②의 대출채권매매는 그 범위 내에서 해제되고 해당 대출채권을 매도한 각 대주는 해당 매매대금을 회수대주에게 반환하여야 함.

가. 개별적 채권회수와 대출채권 변제의 효력

채권매매 방식에서는 회수대주가 차주로부터 회수한 금액 전액에 관하여 차주의 회수대주에 대한 대출채권 변제의 효력이 생긴다. 차주는 회수금액이 대주들 간에 언제, 어떻게 분배되는지에 관하여는 우려할 필요가 없다. 차주는 회수대주의 신용위험이나 이중변제의 위험을 부담하지 않는다. 따라서 차주에게는 대리은행 재분배 방식보다는 채권매매 방식이 유리하다.

나. 대출채권의 매수에 의한 회수금액의 분배

회수대주로부터 대출채권의 매매대금을 지급받을 권리를 갖는 다른 대주들은 회수대주의 신용위험을 부담하게 된다. 회수대주가 도산상태에 처할 경우 다른 대주들은 회수대주에 대한 대출채권 매도를 통하여 회수금액을 분배받는 것보다는 차주에게 직접 대출채권을 행사하는 것이 유리할 수 있다. 이러한 이유로 채권매수 방식에서는 다른 대주들이 대출채권의 매도를 거절할 수 있는 권리를 명시적으로 규정하는 경우도 있다.[116)]

다. 회수대주와 차주 간의 관계

분배조항에 따른 대출채권의 매매에 대한 차주의 명시적인 동의를 규정하고, 나아가 대출채권의 양도가 제3자 대항력을 갖추도록 대출채권을 매도하는 대주가 차주에 대하여 확정일자 있는 증서에 의한 채권양도통지를 할 의무를 부과하는 것이 바람직하다.[117)]

라. 회수금액의 반환

채권매수 방식에서는 회수금액이 차주에게 반환되어야 하는 경우, 대출채권을 매도한 대주와 회수대주 간에 대출채권 매매계약의 해제 및 매매대금의 반환에 의하여 처리한다. 대리은행이 관여할 필요가 없다.

3. 분배조항의 효력

(1) 차주의 자발적인 지급과 비자발적 채권회수

차주에 의한 자발적인 지급의 경우, 차주와 회수대주 간에 대출채권 변제의 효력을 부정하고 대리은행에게 지급될 때 변제의 효력이 생기는 것으로 하는 대리은행 재분배 방식은 차주와 대주 간의 대출채권 변제 방법에 관한 합의에 해당하므로 그 내용대로 효

116) JSLA 표준대출계약서 20조 1항 2호.
117) JSLA 표준대출계약서 20조 1항 3호.

력을 인정받을 수 있다. 그러나 상계, 강제집행 또는 담보권 실행에 의하여 채권회수가 이루어진 경우에는 회수대주가 갖고 있던 채권은 상계, 강제집행 또는 담보권 실행의 결과 회수된 금액만큼 일단 소멸한다. 이러한 채권소멸의 효과를 인정하지 않는 것으로 하는 합의는 계약자유의 원칙상 대출계약의 당사자들 간에는 유효하다고 볼 수 있다. 판례도 상계에 의한 채권회수 및 담보권 실행에 있어서 대리은행 재분배 방식에 의한 분배조항이 대출계약의 당사자들 간에 유효하다고 본다.[118] 그러나, 회수대주가 채권회수 후에도 차주에 대하여 대출채권을 그대로 보유하는 것으로 간주한다고 하더라도 그 대출채권은 상계, 강제집행 또는 담보권 실행에 의하여 소멸한 대출채권과는 동일성이 없다. 따라서, 대출계약의 당사자가 아닌 제3자의 이해관계가 관련되는 경우(예컨대, 차주에 대하여 도산절차가 개시된 경우) 대리은행 재분배 방식에 의한 분배조항이 그 문언대로 효력을 인정받을 수 있는지에 관하여는 법적 불확실성이 있다.

JSLA 표준대출계약서에서는 차주로부터 자발적 지급을 받은 경우에는 대리은행 재분배 방식에 의하고,[119] 상계, 강제집행 및 담보권 실행에 의한 채권회수의 경우에는 채권매매 방식에 의한다.[120] LMA 표준대출계약서에서는 채권을 개별적으로 회수한 대주가 분배조항에 따른 지급의무를 이행한 후에 차주에 대하여 유효하고 집행 가능한 대출채권을 갖지 못하게 될 경우에는 예외적으로 분배조항의 적용이 배제된다는 취지의 조항을 두고 있다.[121]

(2) 개별적인 채권회수금액에 대한 대리은행 및 다른 대주들의 권리

대리은행 재분배 방식의 경우에는, 회수대주가 차주로부터 회수한 금액은 대리은행에게 일단 지급되어야 하고 그 후 대리은행을 통해 다른 대주들에게 재분배된다. 이와 관련하여, 대리은행이 회수대주에 대하여 가지는 권리가 ① 자기의 이름과 계산으로 회수대주로부터 회수금액을 지급받을 권리인지, ② 자기의 이름으로 대주들의 계산으로 지급받을 권리인지, 아니면 ③ 대주들의 대리인으로서 행사할 수 있는 권리인지를 생각해 볼 필요가 있다. 이 문제는 회수대주를 상대로 분배조항에 따른 의무의 이행을 소송상 청구할 수 있는 원고적격을 누가 갖는 것인가의 문제이기도 하다.

만일 분배조항에서, 회수대주가 회수금액을 대리은행에 지급한 때가 아니라 대리은

---

118) 대법원 2015. 9. 10. 선고 2013다207521 판결은 담보권 실행, 서울지방법원 1999. 9. 22. 선고 98가합108848 판결은 상계, 대전지방법원 2000. 9. 28. 선고 99가합10961 판결은 상계 및 담보권 실행에 대하여 대리은행 재분배 방식에 의한 분배조항의 효력을 인정하였다.

119) JSLA 표준대출계약서 14조 3항.

120) JSLA 표준대출계약서 20조.

121) LMA 표준대출계약서 30.5조(a).

행이 대주들에게 회수금액을 분배한 때에 차주에 의한 대출채권 변제의 효력이 발생하는 것으로 정하는 경우에는, 대리은행은 계약상 독립된 지위에서 회수금액을 일단 지급받은 후에 이를 대주들에게 분배할 계약상의 의무를 지는 것이 되므로 대리은행의 권리는 위 ①에 해당될 것이다. 위 ①과 같이 해석하는 경우, 다른 대주들은 회수대주에 대하여는 아무런 계약상 권리가 없고, 대리은행만이 회수대주를 상대로 회수금액의 지급을 소송상 청구할 수 있다. 그러나, 분배조항에서 회수대주가 회수금액을 대리은행에게 지급한 때에 대주들에 대한 변제의 효력이 발생하는 것으로 정한 경우에는 위 ②와 ③ 중의 하나에 해당할 것이다. 위 ②에 해당하는 경우, 대리은행만이 회수대주에 대하여 권리를 갖고 다른 대주들은 회수대주에 대하여 직접적인 권리를 갖지 못한다. 위 ③에 해당하는 경우에는, 다른 대주들이 회수대주에 대하여 직접적인 권리를 갖고, 대리은행은 다른 대주들의 대리인으로 회수대주에 대하여 지급을 청구할 수 있으나 소송상 청구는 할 수 없다. 일반적으로 분배조항에서는 대리은행이 회수대주로부터 회수금액을 지급받는 것을 차주로부터 대리은행에 대한 지급으로 간주하고 있는데, 대리은행이 회수대주로부터 회수금액을 지급받지 못한 경우, 대리은행의 권리가 위 ②와 ③ 중 어느 것에 해당하는 것인지는 명확하지 않다.

서울지방법원 1999. 9. 22. 선고 98가합108848 판결에서는, 대리은행이 원고가 되어 회수대주를 상대로 약정금(신디케이티드 대출계약의 분배조항에 따라 회수대주가 대리은행에 지급하여야 하는 금액)의 지급을 청구하였고, 법원은 원고의 청구를 인용하였으므로 위 ②의 입장에 선 것으로 보인다(이 사건의 분배조항은 대리은행이 회수대주로부터 지급받은 금액은 이를 차주로부터 직접 지급받은 것으로 취급한다고 규정하고 있었다). 이 판결과 동일한 입장을 취하여, 신디케이티드 대출계약상의 대주가 대리은행을 통하지 않고 상계 등에 의하여 개별적으로 채권을 회수한 특정 대주에 대하여 분배조항상의 권리를 직접 행사하기는 어렵다고 보는 견해가 있다.[122)]

한편, 대법원 2015. 9. 10. 선고 2013다207521 판결의 사안에서는 회수금액을 분배받을 권리가 있는 다른 대주들이 원고가 되어 회수대주들을 상대로 부당이득반환청구 또는 분배조항의 위반으로 인한 손해배상을 청구하였다. 이 사건에서는 회수대주들 중에 대리은행이 포함되어 있어 위 서울지방법원 판결의 사안과 차이가 있기는 하나,[123)] 원고 대주들이 회수대주들을 상대로 회수금액을 각 원고 대주에게 직접 지급할 것을 청구하지 않

122) 신희강·강은주, 27-28쪽(대리은행이 회수대주를 상대로 분배금의 수령을 게을리 하는 경우, 대주들은 대리은행을 상대로 손해배상청구를 할 수 있다고 본다).

123) 이 대법원판결의 사안에서는 회수대주들 중에 대리은행이 포함되어 있었는데, 대리은행이 회수대주인 경우에는 위 어느 견해를 취하든 원고 대주들은 대리은행을 상대로 회수금액의 분배금을 원고대주들에게 지급할 것을 소송상 청구할 수 있다고 본다.

고 부당이득반환 또는 손해배상을 청구한 점에 비추어 볼 때 위 ②의 입장을 전제로 한 것으로 보인다.

생각건대, 대리은행은 차주와의 관계에서 대주들의 대리인임은 명확하다. 차주에 대하여 대출채무금의 지급을 소송상 청구할 수 있는 주체는 각 대주이고 대리은행은 원고 적격이 없다. 그러면, 분배조항에서도 대리은행은 회수대주와의 관계에서 다른 대주들의 대리인인가? 이 점은 결국 계약에서 어떻게 정할 것인가의 문제이다. 위 ②의 입장은, 분배조항에 따라 대리은행이 회수대주에 대하여 갖는 권리가 대주들의 대리인으로서 갖는 권리라는 점이 대출계약에 명시적으로 규정되어 있지 아니하므로 대리은행의 권리는 분배조항 자체에 기하여 갖는 본인으로서의 권리(대리은행이 자기의 이름으로 대주들의 계산으로 갖는 권리)라고 해석한 것으로 볼 수 있다. 대리은행은 기본적으로 행정사무적인 업무를 담당하는데, 대리은행으로 하여금 회수대주를 상대로 회수금액에 대한 지급청구의 소를 제기할 의무를 부담시키는 것은 대리은행 본연의 업무 성격에 부합되지 않는다. 또한, 분배조항에 의하여 회수대주가 회수금액을 대리은행에게 지급한 때에는 이러한 지급을 차주로부터의 대리은행에 대한 지급으로 취급한다는 계약조항(대리은행 재분배 방식에 의한 분배조항의 일부)과 일관되지 않는다. 분배조항에서 대리은행은 대주들의 대리인으로서 회수대주로부터 회수금액을 지급받는 것이고, 소송상 청구는 각 대주가 하여야 함을 대출계약에서 명확히 규정할 필요가 있다.

채권매매 방식에서는 차주와 회수대주 간에 변제의 효력을 일단 그대로 인정한 후에, 대주 간의 분배는 대주들 간의 문제로서 다루고 있으므로 대리은행 재분배 방식에 비하여 당사자 간의 권리의무 관계가 보다 명확하게 구성될 수 있다. 즉 채권매매 방식에 의한 분배조항의 경우, 채권을 회수한 대주를 상대로 다른 대주들이 개별적으로 각자의 대출비율에 따른 회수금의 지급을 대출채권의 양도와 상환으로 청구할 수 있다.

4. 분배조항의 적용범위[124)]

분배조항이 적용되는 변제 유형은 대출계약에서 정한다. 일반적으로 자발적 변제, 상계, 소송, 담보권 실행 등을 비롯한 모든 유형의 변제를 포함시키고 있으나, 특정 대주가 소송을 통하여 회수한 금액은, 차주를 상대로 한 소송에 관하여 통지를 받고도 다른 대주들이 함께 소송에 참가하지 아니한 경우에는, 분배조항의 적용에서 배제하는 것이 보통이다.[125)]

124) 이 부분은 한민(2012), 234-237쪽을 수정, 보완한 것이다.
125) LMA 표준대출계약서 30.5조(b).

분배조항의 적용과 관련하여서는 상계와 담보권 실행이 주로 문제된다.

(1) 상 계

가. 대리은행 재분배 방식의 적용

서울지방법원 1999. 9. 22. 선고 98가합108848 판결은 한국법이 준거법인 신디케이티드 대출계약에서 상계에 의한 특정 대주의 채권회수에 대하여 대리은행 재분배 방식에 의한 분배조항[126]이 유효하게 적용됨을 인정하였다. 1998년 초경 차주에 대하여 (구)재정경제부의 영업정지명령 및 인가취소가 내려지게 되자 대리은행은 1998. 3.경 차주에 대한 통지로써 대출원리금 채권에 대한 기한의 이익을 상실시켰고, 그 후 차주에 대하여 파산절차가 개시되었다. 대주들 중의 하나인 K은행은 차주에 대하여 원/달러 선물환계약에 따른 약 177억원의 채무를 부담하고 있었는데, 대리은행이 위와 같이 기한이익상실 통지를 하자, K은행은 차주에 대하여 갖는 약 516만 달러의 대출원리금채권을 자동채권으로, 차주의 K은행에 대한 위 177억원의 채권을 수동채권으로 하여 대등액에서 상계하여 대출원리금채권을 회수하였다. 대리은행은 K은행에 대하여 대출계약상의 분배조항에 따라 K은행이 상계에 의하여 회수한 금액 전액을 대리은행에게 지급해 줄 것을 요구하였으나 K은행은 거절하였다. 이에 대리은행은 K은행을 상대로 상계에 의해 회수한 금액 전액을 지급할 것을 청구하는 소를 제기하였고, 다른 대주들은 원고 보조참가인으로 참여하였다.

법원은 피고 K은행은 위 상계의 의사표시에 의하여 차주에 대하여 갖고 있던 위 대출원리금 채권을 모두 변제받았고, 한편 피고를 제외한 다른 대주들은 차주로부터 전혀 대출금을 변제받지 못하고 있는 상태이므로, 회수은행인 피고 K은행은 대출계약의 분배조항에 의하여 대리은행인 원고에게 위 변제받은 금액 전부를 지급하여야 할 의무가 있음을 인정하였다. 또한, 분배조항의 문면 내용, 분배조항이 신디케이티드 대출에 참여한 대주들이 평등하게 대출금을 회수할 수 있도록 하기 위하여 도입된 것이라는 점에 비추

---

126) 위 판결에 인용된 이 사건 분배조항의 구체적인 내용은 다음과 같다.

① 이 약정에 의하여 차주가 특정 대주(회수은행)와 다른 대주들에게 지급할 금액 중 회수은행이 (지급, 상계권의 행사 또는 상호계산, 기타 다른 방법에 의하여) 자신이 지급받을 부분을 지급받거나 회수한 비율이 위 해당 지급에서 가장 적은 비율을 지급받거나 회수한 대주들이 지급받거나 또는 회수한 비율보다 클 경우(이하 위 비율을 초과하는 수령 또는 회수금액을 '초과금액'이라고 한다) 회수은행은 대리은행에게 위 초과금액을 지급한다.

② 위 반환과 동시에 차주는 회수은행에 대하여 회수은행이 위 ①항에 의하여 대리은행에 지급한 금액에 상당하는 금액만큼 지급의무가 있고, 이 약정서의 목적상 지급의무가 있는 금액은 회수은행의 해당지급에 대한 부분 가운데 지급되지 않은 부분으로 간주된다.

③ 대리은행은 위 ①항에 의하여 회수은행으로부터 지급받은 금액을 해당 지급과 관련하여 차주로부터 직접 지급받은 금액으로 취급하여 위 금액을 수령할 권한이 있는 대주들(회수은행 포함)에게 각 지분비율에 따라 지급하여야 한다.

어 볼 때, 차주로부터 다른 대주들에 비하여 초과금액을 지급받은 대주는 즉시 참여지분에 상관없이 대주들 사이의 평등한 재분배를 위하여 그 전부를 대리은행에게 지급하여야 한다고 해석하는 것이 옳다고 판시하였다.

나. 반복 상계의 문제

어느 한 대주에 차주의 예금이 예치된 경우, 이러한 예금은 분배조항에 따른 반복되는 상계(double-dipping)에 의하여 사실상 대주들 전체의 채권에 대한 공동담보의 기능을 하게 된다. 예컨대, 신디케이티드 대출의 대출원금 총액이 100이고, 대주단에 A은행(대출원금 20), B은행(대출원금 20), C은행(대출원금 40) 및 D은행(대출원금 20)이 참여하고 있고, 대출계약에 상계를 대상으로 하는 채권매매 방식의 분배조항이 규정되어 있다고 하자. 이 사안에서 차주가 C은행에 보통예금(100)을 예치하고 있는데, 차주가 지급정지 상태에 빠지게 되어 대출원리금의 기한의 이익이 상실되었고 이에 따라 C은행이 그의 대출채권 40 전액과 예금채무 중 대등액(40)을 상계하였다. C은행은 회수한 채권액 40 중 자기의 몫인 16을 초과하는 금액인 24를 다른 대주들에게 각 대출참여비율에 따라 대출채권 매매대금으로 지급하고 그 대가로 다른 대주들로부터 대출채권(합계 24)을 매수하게 되므로 잔존 대출채권은 A(12), B(12), C(24) 및 D(12)가 된다. 만일 C은행이 위 제1차 상계 및 분배의 결과 나머지 대주들로부터 새로이 취득한 대출채권(24)과 예금채무 잔액을 대등액에서 거듭 상계한다면, C은행은 이러한 제2차 상계에 의해 회수한 금액 중 자기의 몫을 초과하는 금액을 다시 다른 대주들에게 지급하고 그들로부터 대출채권을 매수하게 된다.

이러한 방식으로 상계 및 분배를 계속하면 차주의 예금을 보유하고 있는 C은행의 경우, 사실상 자행예금이 무한정 다른 대주들을 위한 공동담보 재산이 된다.[127] 대리은행 재분배 방식의 경우에도 위와 동일한 결과가 된다. 차주나 C은행이 이러한 결과를 피하려면, 상계를 분배조항의 적용 대상에서 제외시키거나 상계의 횟수를 제한할 필요가 있다.

분배조항에 의하여 상계를 반복하게 되는 경우, 상계를 하는 시점이 차주에 대한 지급정지나 도산절차개시 신청 후에 이루어지는 경우가 있을 수 있다. 채무자에 대하여 회생절차나 파산절차가 개시되더라도 당초의 대출채권을 자동채권으로 하여 차주에 대한 채무와 상계하는 것은 허용된다.[128] 그러나, 채무자회생법 제145조 제4호(회생절차) 및 제422조 제4호(파산절차)에 의하면, 채권자가 채무자에 대하여 지급의 정지, 회생절차 또는

127) 한민(2008), 103쪽; 西村あさひ法律事務所(2024), 169쪽.

128) 다만, 회생절차의 경우에는, 채권신고기간 내에 자동채권과 수동채권이 상계적상에 있어야 하고 동 기간 내에 상계의 의사표시를 하여야 한다는 제한이 있다(채무자회생법 제144조 제1항).

파산절차의 개시신청(이하, "지급정지 등")이 있음을 알고 채권을 취득한 때에는 이 채권을 자동채권으로 하는 상계는 금지되며 이에 위반한 상계는 효력이 없다. 다만, 채권자가 위 지급정지 등을 알기 전에 생긴 원인에 기하여 자동채권을 취득한 때에는 예외적으로 상계가 허용된다(동법 제145조 제4호 단서, 제422조 제4호 단서). 여기서 분배 조항에 근거하여 차주의 지급정지 등 이후에 이루어진 상계가 위 상계금지 규정에 저촉되어 무효로 되는지, 아니면 위 예외 규정에 해당되어 효력을 인정받을 수 있을 것인지가 문제된다.

대전지방법원 2000. 9. 28. 선고 99가합10961 판결은 분배조항에 기하여 차주의 지급정지 등 이후에 이루어진 상계는 유효하다고 판시하였다. 이 사건에서는, 대리은행 재분배 방식에 의한 분배조항[129]을 둔 신디케이티드 대출거래에서 피고 대주가 차주에 지급정지 등이 발생한 후에 (i) 차주로부터 개별적으로 받은 유가증권 담보권을 실행하여 회수한 금액과 (ii) 피고 대주의 대출채권을 자동채권으로, 차주의 예금채권을 수동채권으로 한 상계("제1차 상계")에 의하여 회수한 금액을 대리은행(=(i)+(ii))에 지급하여 분배조항에 따라 대주들 간에 분배되었고, 그후 (iii) 피고 대주가 대리은행에 위의 회수금액을 지급함에 따라 소멸하지 않은 것으로 간주된 피고 대주의 대출채권(피고 대주가 대리은행으로부터 분배받은 금액은 제외)을 자동채권으로 하여 차주의 잔존 예금채권과 다시 상계("제2차 상계)를 하였다. 차주의 파산관재인(=원고)은 제2차 상계는 파산법상 상계금지에 위반되어 효력이 없다고 주장하면서 피고 대주에 대하여 제2차 상계의 대상이 되었던 예금 상당액의 반환을 청구하였다. 대전지방법원은, ① 피고 대주는 차주인 파산회사의 지급정지 등 이후에 자동채권을 새로이 취득한 것이 아니라 원래의 대출채권에 기한 제1차 상계가 이루어진 후에 신디케이티드 대출계약에 따라 소멸하지 않은 것으로 간주된 원래의 대출채권(대리은행으로부터 피고 몫으로 재분배된 금액은 제외)을 행사하여 제2차 상계를 한 것이라고 보았고, ② 설사 피고의 제2차 상계가 피고가 제1차 상계에 따라 회수한 금액을 대리은행을 통하여 대주들 간에 재분배한 결과 다른 대주들이 회수하게 된 금액에 관한 대출채권을 다른 대주들로부터 새로이 취득하여 이를 자동채권으로 하여 상계한 것이라고 보더라도, 피고 대주가 다른 대주들로부터 대출채권을 취득한 것은 (구)파산법 제95조 제4호

---

129) 이 사건의 신디케이티드 대출계약에서는 아래와 같은 취지의 분배조항을 두고 있었다.
"① 만약 어떤 대출자가 파산자 회사[차주]로부터 지급만기가 된 금액과 관련하여 돈을 직접 받는다면, 지급·상계·반소청구·은행가의 선취득권·소송 등이 자발적이든 비자발적이든, 수령액을 대리은행에게 즉시 납부하여 대출자가 그 대출 지분에 맞는 비율로 나누어 갖도록 해야 한다.
② 대리인은 그 금액이 파산자 회사[차주]가 대리인에게 직접 준 돈으로 간주해야 하고, 파산자 회사[차주]와 처음 그 돈을 수령한 대출자 사이에서는 수령되지 않은 것으로 취급하며, 후에 대리인이 그 돈을 대출자들의 대출지분 비율로 나누어 해당 대출자에게 지급한 금액을 제외하고는 해당 대출자는 파산자 회사[차주]에 대하여 그 돈에 대한 권리를 여전히 가진다."

단서의 규정[130]에서 말하는 "자동채권의 취득이 채권자가 채무자의 지급정지 등을 알기 전에 생긴 원인에 기한 때"에 해당되므로 제2차 상계는 금지되지 아니한다고 판시하였다.

그러나, 위 판시에 대하여는 의문이 있다. 우선 위 ①의 논점에 관하여 보면, 피고 대주의 제2차 상계에 있어서 대리은행 재분배 방식에 의한 분배조항의 문언 그대로 제2차 상계의 자동채권이 피고 대주가 원래부터 갖고 있는 채권이라고 인정해 줄 수 있는지는 의문이다. 원래의 대출채권은 이미 상계로 인하여 그와 대등액에 상당하는 예금반환채무와 함께 소멸한 것인데, 분배조항의 효력을 인정하여 원래의 대출채권이 존속하고 있다고 간주하고 이를 자동채권으로 하여 잔존 예금채무를 수동채권으로 하는 상계를 거듭 허용하는 경우에는 도산재단을 보전하고 다른 채권자들과의 형평을 도모하기 위하여 일정한 유형의 상계를 금지하고 있는 도산법의 규정을 잠탈하는 결과가 빚어질 수 있다. 대리은행 재분배 방식과 채권매매 방식은 분배의 구체적 방법에 있어서는 차이가 있으나 실질적인 내용에서는 다를 바 없는 것이므로 법적 효과에 있어서도 해석상 실질적 차이가 생겨서는 안 될 것이다. 아래에서 보는 바와 같이 채권매매 방식에 기한 제2차 상계가 금지되는 것으로 보는 이상, 대리은행 재분배 방식에 기한 제2차 상계의 효력도 인정되지 않는다고 해석하는 것이 옳다고 본다.

위 ②의 논점에 관하여 보면, 위 판결의 에서와 같이 회수금의 분배약정을 채권매매 방식에 의한 분배조항으로 재구성하여 볼 경우, 이 사건 자동채권의 취득이 (구)파산법 제95조 제4호 단서에서 말하는 "지급정지 등을 알기 전에 생긴 원인에 기한 때"에 해당된다고 볼 수 있는지는 의문이다. 대법원 2005. 9. 28. 선고 2003다61931 판결에 의하면, 도산절차에서의 상계금지의 예외에 해당되기 위해서는, 지급정지 등을 알기 전에 생긴 원인에 해당되는 법률관계는 채권자에게 구체적인 상계 기대를 발생시킬 정도로 직접적인 것이어야 하고, 개별적인 경우에 구체적인 사정을 종합하여 상계의 담보적 작용에 대한 채권자의 신뢰가 보호할 가치가 있는 정당한 것으로 인정되는 경우이어야 한다. 신디케이티드 대출계약의 분배조항은, 개별 대주가 보유하고 있는 특정의 예금에 관하여 구체적으로 상계 및 분배에 관한 합의를 하는 것이 아니라 대주들이 대출계약의 체결일 현재 또는 그 후에 차주에 대하여 부담하거나 부담하게 될 모든 채무를 수동채권으로 하는 상계를 분배조항의 적용 대상 중의 하나로 포함시킨 것이다. 이러한 내용의 분배조항이 피고 대주에게 장래의 수동채권에 관하여 "구체적인 상계 기대를 발생시킬 정도로 직접적인 법률관계"에 해당될 수 있는지는 의문이다. 오히려, 위 제2차 상계의 대상인 자동채권의 취득(즉, 다른 대주들로부터의 대출채권 취득)의 직접적인 원인은 분배조항이라기보다는 대출채

130) 채무자회생법 제422조 제4호 단서에 해당함.

권 취득의 대가인 "다른 대주들에 대한 회수금액의 분배"라고 할 수 있고, 이는 차주의 지급정지 등 이후에 생긴 사유이므로 (구)파산법 제95조 제4호 단서의 예외 사유에는 해당되지 아니하여 제2차 상계는 금지된다고 보아야 할 것이다.[131)]

(2) 담보권 실행

앞서 본 바와 같이 대출계약상 또는 담보권의 구조상 대주의 개별적인 담보권 실행이 허용되지 않는 경우가 있다. 개별적인 담보권 실행이 허용된다고 하더라도 어느 한 대주가 개별적으로 담보권 실행에 의해 회수한 금액은 분배조항의 대상으로 포함시키는 것이 보통이다. 그런데, 근담보권을 갖고 있는 대주는 분배조항의 적용 범위에 관하여 유의할 점이 있다. 어느 대주가 신디케이티드 대출계약 체결 전에 차주에 대하여 다른 여신을 제공하고 이미 담보권을 설정받았고 그 담보권이 신디케이티드 대출계약상의 채권도 담보할 수 있는 근담보권인 경우, 그 대주는 근담보권의 실행에 따른 채권회수금을 분배조항의 적용 대상에서 제외시키는 방안을 고려할 필요가 있다. 이러한 예외 규정을 두지 아니할 경우, 해당 대주가 근담보권의 실행에 의하여 회수한 금액이 신디케이티드 대출채권에 변제충당되는 때에는, 그 자신의 몫을 초과하는 회수금은 다른 대주들에게 분배되고 그 대신 해당 대주는 차주에 대한 무담보 대출채권을 보유하게 되어 불리해지기 때문이다. 어느 대주가 갖는 담보권의 실행을 분배조항의 예외로 인정하는 경우에는, 그 대주에 의한 경매 등 담보권 실행 절차에서 회수된 금액뿐만 아니라 (i) 동일한 담보물에 대하여 다른 담보권자나 채권자가 신청한 경매·강제집행 절차에서 회수된 금액 또는 (ii) 그 담보물의 임의매각에 의한 회수금도 포함되도록 하여야 할 것이다.[132)]

대법원 2015. 9. 10. 선고 2013다207521 판결은 신디케이티드 대출계약상 분배조항의 효력을 다룬 최초의 대법원판결로서, 일부 대주들이 차주와의 별도 약정에 따라 제공받은 담보권을 실행하여 개별적으로 회수한 금액에 대하여 분배조항이 적용되는지 여부가 다투어진 사건에 관한 것이다. 이 사건에서는 대주인 원고은행들과 피고은행들(피고은행들 중의 한 은행은 대리은행을 겸하고 있었음)이 차주와 공동대출약정을 체결하면서 "상환만기일 연장 결정은 대주들 전원의 동의에 따라 결정한다"는 연장조항과 대리은행 재분배 방식의 분배조항[133)]을 두었다. 피고은행들은 변제기 연장에 동의하면서 개별적으로

---

131) 같은 취지: 西村あさひ法律事務所(2024), 171쪽.

132) JSLA 표준대출계약서 20조 4항.

133) 이 사건 공동대출약정의 준거법은 한국법이고, 분배조항의 핵심적 내용은 아래와 같다.
"제12조 제2항: 어느 대주가 차주로부터 대주 각자의 대출금 비율을 초과하는 금액을 수령하는 경우, 그 수령한 원인이나 방법(차주의 자발적 또는 비자발적인 지급, 상계, 담보권실행, 소송 등)을 불문하고, 당해 대주는 그 초과하는 금액을 다른 대주에게 분배하기 위하여 대리은행에게

추가담보를 제공받고도 이를 원고은행들에 알리지 않았고, 그 후 추가담보를 실행하여 자신들의 대출금 상환에 충당하였다. 이에 원고은행들은 피고은행들에게 부당이득 또는 위 분배조항 위반으로 인한 손해배상으로서 피고은행들이 위와 같이 차주로부터 추가로 설정받은 담보권의 실행에 따라 회수한 금액 중 대주들의 대출참여비율에 따라 산정된 원고은행들 몫의 분배금을 지급할 것을 청구하였다.

대법원은 다음과 같은 이유로 피고은행들이 회수한 채권액에 관하여 분배조항이 적용될 수 있다고 판시하면서 원심판결을 파기환송하였다. ① 이 사건 공동대출약정에는 변제기가 도래한 후 대주들이 개별적으로 채권을 행사하거나 따로 받은 담보를 통해 회수한 채권액에는 위 분배조항의 적용이 없다는 취지의 조항은 없다. ② 각 대주별로 담보조건 및 변제기를 달리하여 연장하는 내용의 동의는 연장조항에서 정한 대주들 전원의 동의라고 볼 수 없으므로 변제기 연장이 이루어지지 아니하였다고 본 원심 판단은 정당하다. ③ 대주들 전원의 의사에 따라 공동대출관계가 종료하고 새롭게 개별적인 대출관계가 형성되었다고 볼 수 없으므로 피고은행들이 개별적으로 추가담보를 제공받거나 추가담보로부터 채권을 회수한 것은 공동대출약정에 기한 채권을 개별적으로 행사하여 추심한 것이고, 분배조항은 특별한 사정이 없는 한 공동대출약정의 변제기가 도래한 후 일부 대주가 추가담보를 제공받아 그로부터 회수한 채권액에 관하여 여전히 적용된다.

(3) 신디케이티드 대출 이외의 채권 회수와 변제충당

신디케이티드 대출의 대주는 대주단을 구성하는 다른 대주들의 이익을 위해 자신의 채권을 행사할 의무를 부담하는 것은 아니므로, 어느 대주가 해당 신디케이티드 대출 채권이 아닌 다른 채권의 회수를 위하여 변제를 수령하거나 상계, 담보권 실행, 강제집행 등을 하는 것은 원칙적으로 분배조항에 의해 제약을 받지 않는다고 보는 것이 타당하다.[134] 그러나, 논란을 피하기 위해 분배조항에서 이 점을 명시적으로 규정해 두는 것이 바람직하다. 상계의 경우에는, 드물기는 하나, 각 대주가 신디케이티드 대출채권과 다른 채권을 모두 자동채권으로 하여 상계할 수 있는 것으로 하되 자동채권의 범위는 그 잔액비율에 따르는 것으로 약정하는 예도 있다.

지급하여야 한다. 대리은행은 그 수령 받은 금액을 차주로부터 직접 수령한 것으로 취급하고, 당해 대주는 대리은행에게 지급하여야 할 금액을 차주로부터 수령하지 않은 것으로 보고, 차주에 대하여 가지는 자신의 권리를 그대로 가진다.”

134) 같은 취지: 신희강·강은주(2009), 27쪽.

참고문헌

강일원(2002) 강일원, "Syndicated Loan 거래의 법적 구조", 민사재판의 제문제 제11권(한국사법행정학회, 2002)

권영준(2014) 권영준, "최선노력의무에 관하여", 서울대학교 법학 제55권 제3호(서울대학교 법학연구소, 2014. 9.)

김용담(2016) 김용담 편, 주석민법(제4판)[채권각칙(4)](한국사법행정학회, 2016)

박준(2013) 박준, "신디케이티드 대출에서 대리은행이 부담하는 선관주의의무 — 대상판결: 대법원 2012. 2. 23. 선고 2010다83700 판결 —", BFL 제59호(서울대학교 금융법센터, 2013. 5.)

법무부 민법개정자료발간팀(2013) 법무부 민법개정발간팀, 2013년 법무부 민법개정시안 채권편(하)(법무부, 2013)

석광현(2004) 석광현, "국제적인 신디케이티드 론 거래와 어느 대주은행의 파산", 국제사법과 국제소송 제3권(박영사, 2004)

송옥렬(2022) 송옥렬, 상법강의(제8판)(홍문사, 2022)

신희강·강은주(2009) 신희강·강은주, "신디케이티드 대출에서의 분배조항에 대한 이해", BFL 제35호(서울대학교 금융법센터, 2009. 5.)

오수근·한민·김성용·정영진(2012) 오수근·한민·김성용·정영진, 도산법(한국사법행정학회, 2012)

이연갑(2015) 이연갑, "위임과 신탁: 수임인과 수탁자의 의무를 중심으로", 비교사법 제22권 제1호 (한국비교사법학회, 2015. 2.)

정순섭(2017) 정순섭, 은행법(지원출판사, 2017)

진상범(2012) 진상범, "신디케이티드 론 거래의 대리은행이 부담하는 선관주의의무의 범위", 대법원판례해설 제91호(2012년 상)(법원도서관, 2012)

한민(2008) 한민, "국제금융거래와 국제도산법 — 실무상의 문제점 분석을 중심으로", BFL 제50호(서울대학교 금융법센터, 2008. 1.)

한민(2012) 한민, "신디케이티드 대출에 관한 법적 검토", 이화여자대학교 법학논집 제16권 제4호(이화여자대학교 법학연구소, 2012. 6.)

홍대희(2012) 홍대희, 국제채 및 신디케이티론(제3판)(한국금융연수원, 2012)

Buchheit(1985) Lee C Buchheit, "Is syndicated lending a joint venture?", 4 Int'l Fin. L. Rev. 12 (1985)

Buchheit(1990) Lee C Buchheit, "The Sharing Clause as a Litigation Shield", 9 Int'l Fin. L. Rev. 15 (1990)

Cassis(2006) Youssef Cassis, Capitals of Capital: A History of International Financial Centres, 1780-2005 (Cambridge University Press, 2006)

Clarke and Farrar(1982) Leo Clarke and Stanley F. Farrar, "Rights and Duties of Managing/Agent Banks in Syndicated Loans to Government Borrowers", U. Ill. L. Rev. (1982)

Cleary Gottlieb(2017) Andrew Shutter and Cleary Gottlieb Steen & Hamilton LLP (eds.), A Practitioners Guide to Syndicated Lending (2nd ed.) (Sweet & Maxwell, 2017)

Cranston et al.(2017) Ross Cranston · Emilios Avgouleas · Kristin van Zwieten · Christopher Hare · Theodor van Sante, Principles of Banking Law (3rd ed.) (Oxford University Press, 2017)

Kindleberger(1993) Charles P. Kindleberger, A Financial History of Western Europe (2nd ed.) (Oxford University Press, 1993)

Menges(2003) Charles L. Menges, "An Agent's Liability to Co-Lenders in Syndicated Loan Transactions", 17 Probate & Property (2003)

Mugasha(2007) Agasha Mugasha, The Law of Multi-Bank Financing-Syndicated Loans and Secondary Market (Oxford University Press, 2007)

Pigott(1982) Hugh S. Pigott, "The Historical Development of Syndicated Eurocurrency Loan Agreements", 10 Int'l Bus. Law (1982)

Proctor(2010) Charles Proctor, The Law and Practice of International Banking (Oxford University Press, 2010)

Qu(2000) Qu, Charles, "The Fiduciary Role of the Manager and the Agent in a Loan Syndicate", Bond Law Review Vol. 12 (2000)

Rhodes(2004) Tony Rhodes, Syndicated Lending: Practice and Documentation (4th ed.) (Euromoney Institutional Investor, 2004)

Skene(2005-2006) Gavin R. Skene, "Arranger Fees in Syndicated Loans-A Duty to Account to Participant Banks?", 24 Penn St. Int'l L. Rev. 59. 90, 90-91 (2005-2006)

Wood(2007) Philip R. Wood, International Loans Bonds, Guarantees, Legal Opinions (2nd ed.) (Sweet & Maxwell, 2007)

Wright(2024) Sue Wright, The International Loan Documentation Handbook (3rd. ed.) (Palgrave Macmillan, 2024)

洞鶏敏夫 · 池田順一 · 島崎哲(2011) 洞鶏敏夫 · 池田順一 · 島崎哲, "パラレルデット方式による新しい担保付シンジケートローンの試み(上), NBL No. 952(2011.5.1.)

森 · 濱田松本法律事務所(2015) 森 · 濱田松本法律事務所, 詳解 シンジケート · ローンの法務 (金融財政事情研究會, 2015)

森下哲朗(2007) 森下哲朗, シンジケート · ローンにおけるアレンジャー´ エージェントの責任, 上智法学論集 51巻 2号 (2007)

西村あさひ法律事務所(2017) 西村あさひ法律事務所 編, ファイナンス法大全[全訂版](上) (商事法

務, 2017)

西村あさひ法律事務所(2024) 西村あさひ法律事務所 編, 新しいファイナンス手法(第3版)（金融財政事情研究会, 2024)

神田秀樹·新作裕之·みずほフィナンツャルグループ(2013) 神田秀樹·新作裕之·みずほフィナンツャルグループ, 金融法講義（岩波書店, 2013)

清原 健·三橋友紀子(2004) 清原 健·三橋友紀子, "シンジケートロンにおけるアレンジャおよびエージェントの地位と責務", 金融法務事情 No.1708（金融財政事情研究会, 2004. 6.)

제5장 은행 지급보증

제 1 절 은행 지급보증의 의의

은행법은 "지급보증"이란 은행이 타인의 채무를 보증하거나 인수하는 것으로 정의하였다(제2조 제1항 제6호). 은행의 지급보증은 피보증채무의 채권자에게 주채무자보다 높은 신용을 가진 은행이 채무를 부담하는 방법으로 주채무자에게 신용을 공여하는 것이다(은행법 제2조 제1항 제7호, 은행법시행령 제1조의3 제1항). 은행이 지급보증한 경우, 은행은 주채무자의 채무불이행시 보증채무를 이행해야 하고 주채무자에 대해서는 구상채권을 보유하게 된다. 은행은 주채무자가 구상채무를 불이행하여 지급보증인으로서 대지급한 금액을 회수하지 못할 위험을 떠안게 된다.

지급보증거래에는 지급보증인인 은행, 주채무자인 고객(지급보증신청인)과 채권자의 3당사자가 관여하고 법률관계도 다음과 같이 ① 주채무자-채권자, ② 주채무자-은행, ③ 채권자-은행의 삼면으로 발생한다. 주채무의 내용을 결정하는 ① 주채무자-채권자 사이의 법률관계는 은행의 관여 없이 형성될 것이므로 여기서 논하지 않는다. 지급보증거래를 통하여 ②와 ③의 법률관계가 아래와 같이 형성된다.

(i) 은행과 고객은 고객(지급보증신청인)이 은행에게 보증채무를 부담할 것을 요청하는 보증위탁계약을 체결한다.

(ii) 그 보증위탁계약에 기초하여 은행이 다시 채권자와 사이에 보증계약을 체결하여

보증채무가 성립한다. 지급보증계약은 통상 은행이 지급보증서를 채권자에게 직접 또는 고객을 통하여 교부함으로써 체결되고, 은행의 보증 범위는 지급보증서에 표시된 보증의사의 해석을 통하여 결정된다. 지급보증서를 발행하는 방식이 아닌 어음보증, 어음인수 등의 방식 또는 사채권에 원리금지급보증 문언을 기재하는 방식으로 지급보증할 수 있다.

(iii) 주채무자가 주채무를 불이행하는 경우 은행은 보증계약에 따라 보증채무를 이행할 의무를 진다.

(iv) 은행이 보증채무를 이행하면 주채무자에 대한 구상권(일정한 경우에는 보증채무를 이행하지 않더라도 사전구상권)을 가지게 된다.

제2절 보증은행과 지급보증신청인 간의 법률관계

Ⅰ. 은행의 수탁보증인으로서의 지위

통상 주채무자인 지급보증신청인이 은행에게 지급보증채무를 부담할 것을 요청하고, 지급보증채무 부담에 대한 대가로 보증료를 지급할 채무와 은행에 대한 구상채무를 부담한다. 은행은 주채무자의 부탁으로 보증채무를 부담하는 수탁보증인의 지위에 서게 된다.[1] 보증인인 은행과 지급보증신청인인 주채무자는 그들 사이의 법률관계를 보다 명확하게 규율하는 계약을 체결한다. 이는 통상 지급보증거래약정서[2]라는 약관의 형태로 되어 있다.

---

1) 주채무자의 부탁으로 보증채무를 부담한 보증인이 과실없이 변제 기타의 출재로 주채무를 소멸하게 한 때에는 주채무자에 대하여 구상권이 있고(민법 제441조 제1항), 일정한 사유가 발생하면 주채무자에게 사전구상권을 행사할 수 있으며(민법 제442조 제1항), 주채무자가 변제 등 자기의 행위로 면책하였음을 수탁보증인에게 통지하지 아니한 경우에 보증인이 선의로 채권자에게 변제 기타 유상의 면책행위를 한 때에는 보증인은 자기의 면책행위의 유효를 주장할 수 있는(민법 제446조) 등 주채무자의 부탁을 받지 않거나 주채무자의 의사에 반하여 보증채무를 부담한 보증인과는 민법상 다른 권리를 가진다.

2) 공정거래위원회가 표준양식으로 마련한 것으로는 지급보증거래약정서(기업용)(공정거래위원회 표준약관 제10042호, 2002. 12. 5. 제정), 지급보증거래약정서(가계용)(공정거래위원회 표준약관 제10043호, 2002. 12. 5. 제정).

Ⅱ. 은행이 지급보증채무를 부담할 의무

지급보증거래약정서의 체결로 은행은 지급보증신청인이 지급보증거래약정서에 기재한 지급보증금액에 해당하는 보증채무(또는 지급보증한도금액을 넘지 않는 보증채무)를 부담할 의무를 진다. 한도금액을 정하여 지급보증을 신청한 경우, 은행은 국가경제·금융사정의 급격한 변동 또는 지급보증신청인의 신용상태의 현저한 악화 등으로 여신거래에 중대한 지장을 초래한다고 판단될 때에는 지급보증신청인에 대한 통지에 의하여 한도액을 줄이거나 그 거래를 일시 정지할 수 있고, 그 사유가 해소되어 정상적 여신거래가 가능한 경우에는 은행은 곧 감액·정지를 해소하도록 하였다(지급보증거래약정서 제3조 제1항, 제2항). 은행이 지급보증채무를 부담할 의무를 정당한 사유 없이 불이행한 경우에는 그로 인하여 고객(지급보증신청인)이 입은 손해를 배상할 책임이 있다.

Ⅲ. 지급보증신청인의 의무

1. 보증료 지급의무

은행의 지급보증채무 부담에 대한 대가로 지급보증신청인은 은행에게 보증료를 지급할 의무를 진다. 보증료의 산정방법과 지급방법은 지급보증거래약정서에 명시한다. 보증료는 통상 전부 또는 일정기간 단위로 선급한다.

2. 주채무 이행의무

지급보증은 채권자가 부담하는 주채무자에 대한 신용위험을 보증인인 은행에 대한 신용위험으로 바꾸는 효과가 있다. 이러한 효과가 있으므로 주채무자의 신용위험이 높더라도 채권자는 주채무자와 주채무가 발생하는 거래를 한다. 은행은 채권자에 대하여 보증채무를 부담하지만 그 보증채무에 따른 대지급이 발생하는 것은 은행이 바라는 일은 아니다. 지급보증거래약정서는 지급보증신청인이 주채무의 지급기일 전에 지급자금을 은행에 예치하거나 주채무의 지급기일에 스스로 그 주채무를 이행하여 은행에게 부담을 지우지 않을 의무를 지도록 하였다(제4조).

3. 통지의무

지급보증거래약정서는, 지급보증신청인이 주채무를 이행하였거나 주채무가 경개·상계·면제·혼동·시효의 완성 등으로 소멸한 경우, 지급보증신청인이 채권자로부터 이행청구를 받거나 담보물건이나 시효의 변동 등 은행의 보증채무에 영향을 미칠 사유가 발생한 경우 지급보증신청인은 은행에게 통지할 의무를 지고, 그 통지를 게을리함으로써 은행이 채권자의 청구를 받아 보증채무를 이행한 때에는, 지급보증신청인이 그 금액에 대한 상환채무를 지고 곧 이를 갚도록 하였다(제5조).

4. 지급보증신청인의 의무 불이행시 특별배상금 지급의무

지급보증거래약정서는 지급보증신청인이 주채무를 불이행한 경우 그 지급기일의 익일부터 이행일 또는 은행의 보증채무 이행일 전일까지 보증료와 지연배상금을 특별배상금으로 지급하고,[3] 지급보증신청인이 주채무의 이행·소멸 통지를 게을리 한 경우에는 주채무 소멸일 익일부터 그 통지 도달일까지 보증료 해당액을 특별배상금으로 지급할 의무를 지도록 하였다(제7조 제2항).[4] 특별배상금은 구체적인 사정에 비추어 과다하면 법원이 감액할 수 있다.

5. 은행의 구상권에 대응하는 상환의무

(1) 사후구상권

민법상 은행이 과실없이 채권자에게 지급보증채무를 이행한 경우, 수탁보증인인 은행은 주채무자에 대해 그 이행 금액과 그 이후의 법정이자 및 피할 수 없는 비용 기타 손

---

3) 지급보증거래약정서상 보증료의 산정기간이 명확하지 않으나, 이 조항은 지급보증신청인이 보증인(은행)에게 일단 주채무의 지급기일까지 보증료를 지급하는 것을 전제로 한 것으로 보인다. 주채무의 지급기일 이후에도 주채무가 불이행된 경우에는 은행의 보증채무가 소멸하지 않았으므로 주채무의 지급기일 이후 보증채무가 소멸할 때까지의 기간 동안 보증료가 추가로 발생함을 정한 것으로 보인다.

4) 통지 해태에도 불구하고 보증인이 보증채무금을 지급하지는 않았을 경우 보증인에게는 손해가 없음에도 불구하고 특별배상금을 지급하도록 하는 것은 부당하다는 지적이 있을 수 있다. 이 조항은 주채무소멸시에는 보증채무가 소멸하므로 보증료지급채무 역시 소멸한다는 전제하에서, 주채무가 소멸했음에도 주채무자가 그 사실을 보증인에게 통지하지 않아 보증인이 보증채무 이행태세를 갖추고 있어야 했다는 점을 근거로 보증료상당액의 지급청구권을 규정한 것으로 보인다. 그러한 취지의 조항이라면 합리성이 있다고 할 수 있다.

해배상을 포함한 금액에 대한 구상권을 가진다(민법 제441조). 지급보증거래약정서는 은행의 구상권의 범위를 보다 명확하게 정하고 있다.[5] 지급보증신청인이 은행에게 주채무 이행 또는 경개·상계·면제·혼동·시효의 완성 등으로 주채무가 소멸한 사실의 통지를 게을리하여 은행이 채권자에게 보증채무를 이행함으로써 지급보증신청인이 은행에게 상환의무를 지는 경우가 아닌 한(지급보증거래약정서 제5조), 은행이 주채무의 불발생·소멸·변제기의 미도래 등 지급보증채무를 이행할 의무가 없음에도 불구하고 채권자에게 지급한 경우 은행은 주채무자에 대한 구상권을 취득할 수 없는 것이 원칙일 것이다. 이와 관련하여 독립적 은행보증에 관한 법적인 쟁점은 아래에서 따로 논의한다.

(2) 사전구상권

수탁보증인인 은행은 민법 제442조에 정한 바에 따라 일정한 사유[6]가 발생하면 채권자에게 보증채무를 이행하기 이전이라도 주채무자에게 미리 구상권을 행사할 수 있다. 지급보증거래에 적용되는 여신거래약관은 사전구상권 발생사유를 확장하여 대출의 기한이익상실 사유가 발생하면 지급보증거래에서 사전구상권을 행사할 수 있도록 하였다(☞ 기한이익상실 사유에 대하여는 제3장 제3절 Ⅲ. 대출의 조건). 이와 같은 사전구상권 발생사유의 확장은 원칙적으로 계약자유의 원칙상 유효하다고 할 수 있다.[7] 그러나 이렇게 계약으로 은행에게 "사전구상권을 준 취지는 주채무자가 그의 경제적 신용을 잃었다고 볼 수 있는 사유가 발생한 경우에는 보증인인 은행으로 하여금 그 구상채권을 확보하도록 함"에 있으므로 주채무자의 경제적 신용 및 자력과 상관 없는 경우에는 사전구상권 발생사유에 해당하지 않는다고 보는 것이 합리적이다.[8]

---

5) 지급보증거래약정서 제8조에 정한 은행의 구상권의 범위는 다음과 같다.
   1. 보증채무 이행금액
   2. 보증채무 이행에 든 비용
   3. 기타 지급보증신청인에 대한 권리의 행사나 보전에 든 비용
   4. 제1호 내지 제3호의 지급금액에 대하여 그 지급일로부터 상환일까지의 지연배상금

6) 1. 보증인이 과실 없이 채권자에게 변제할 재판을 받은 때
   2. 주채무자가 파산선고를 받은 경우에 채권자가 파산재단에 가입하지 아니한 때
   3. 채무의 이행기가 확정되지 아니하고 그 최장기도 확정할 수 없는 경우에 보증계약후 5년을 경과한 때
   4. 채무의 이행기가 도래한 때

7) 대법원 1989. 1. 31. 선고 87다카594 판결.

8) 대법원 1989. 1. 31. 선고 87다카594 판결은 "사전구상권의 발생사유로 약정하고 있는 가압류, 압류의 신청도 소외회사(=주채무자)가 그의 재산이 가압류 또는 압류됨으로 말미암아 경제적 신용을 잃게 되었다고 볼 수 있는 경우를 뜻하는 것이지, 이 사건에서와 같이 소외회사의 경제적 신용 및 자력과는 상관이 없는 소외회사 발행의 약속어음금 지급을 일시 정지시키기 위하여 사고신고와 함께 예탁된 별단예금 반환채권에 대하여 당해 약속어음의 소지인으로부터 그 약속어음금 채권의 보전을 위하여 가압류를 신청한 경우까지는 여기에 포함하지 아니한다"고 판시하였다.

사전구상권은 주채무자에 대한 이행청구, 주채무자에 대한 채무와의 상계, 담보권의 실행 등의 방법으로 행사할 수 있다. 이 가운데 특히 문제가 제기되는 것이 상계다. 민법 제442조의 사전구상권 행사에 대하여 주채무자는 민법 제443조[9]에 따른 담보제공청구권을 가지고 있다. 민법 제442조에 따른 사전구상권뿐 아니라 약정에 의한 사전구상권에 대해서도 원칙적으로 주채무자는 민법 제443조에 따른 권리를 가진다.[10] 이와 같이 사전구상권은 주채무자의 항변권이 부착되어 있는 권리이므로 사전구상권을 자동채권으로 하는 상계는 허용될 수 없는 것이 원칙이다.[11] 그러나 민법 제443조는 임의규정으로서 주채무자가 사전에 담보제공청구권의 항변권을 포기한 경우에는 보증인이 사전구상권을 자동채권으로 하여 주채무자에 대한 채무와 상계할 수 있다.[12] 또한 민법 제443조에 근거한 항변권을 이유로 사전구상권을 자동채권으로 하는 상계가 허용되지 않는 것은 일방적 의사표시에 의한 상계에 관한 것이고, 당사자 간의 상계약정에 의한 상계는 허용된다.[13]

종전의 은행여신거래약관 제10조 제2항은 민법 제443조의 항변권에도 불구하고 사전구상권을 자동채권으로 상계할 수 있음을 명시적으로 규정하였으나,[14] 현재 그 조항은 삭제되었다. 아마도 약관규제법 제11조가 법률에 따른 고객의 항변권을 상당한 이유 없이 배제·제한하는 조항을 무효로 하고 있기 때문인 것으로 보인다.[15] 또한 항변권 포기 조항을 삭제하였어도 은행여신거래기본약관(기업용) 제10조 제1항[16]을 상계약정으로 보고 사전구상권을 자동채권으로 하는 상계가 허용되는 것으로 보고 있는 듯하다. 제10조 제1항에 따른 상계도 은행의 일방적 통지에 의한 상계이므로 항변권을 배제하는 취지로

---

9) 제443조 (주채무자의 면책청구) 전조의 규정에 의하여 주채무자가 보증인에게 배상하는 경우에 주채무자는 자기를 면책하게 하거나 자기에게 담보를 제공할 것을 보증인에게 청구할 수 있고 또는 배상할 금액을 공탁하거나 담보를 제공하거나 보증인을 면책하게 함으로써 그 배상의무를 면할 수 있다.

10) 대법원 2004. 5. 28. 선고 2001다81245 판결(사채보증보험약정에 따른 사전구상권을 자동채권으로 한 상계). 이 판결에 대한 상세한 논의는 문영화, "서울보증보험의 사채보증보험계약상의 사전구상권을 자동채권으로 한 상계권 행사", BFL 제7호 (2007) 95-108쪽.

11) 대법원 1982. 5. 25. 선고 81다595 판결, 대법원 2001. 11. 13. 선고 2001다55222, 55239 판결, 대법원 2004. 2. 13. 선고 2003다14362 판결, 대법원 2004. 5. 28. 선고 2001다81245 판결 등.

12) 대법원 2004. 5. 28. 선고 2001다81245 판결.

13) 대법원 1982. 5. 25. 선고 81다595 판결.

14) "은행이 사전구상권에 의하여 제1항의 상계를 하는 경우에는, 민법 제443조의 항변권에 불구하고 상계할 수 있는 것으로 하며, 원채무 또는 구상채무에 관하여 담보가 있는 경우에도 상계할 수 있습니다. 이 경우, 은행은 상계후 지체없이 보증채무를 이행하여야 합니다."

15) 공정거래위원회의 표준약관인 은행여신거래기본약관이 2013. 12. 20. 개정될 때 삭제되었으나 삭제 이유에 대해서는 공정거래위원회의 보도자료에도 설명이 없다.

16) "기한의 도래 또는 제7조에 의한 기한전 채무변제의무, … 기타의 사유로, 은행에 대한 채무를 이행하여야 하는 경우에는, 그 채무와 채무자의 제예치금 기타의 채권과를 그 채권의 기한도래 여부에도 불구하고, 은행은 서면통지에 의하여 상계할 수 있습니다."

합의한 상계약정이라고 할 수 있는지에 대하여는 의문이 제기될 수 있다. 그러나 은행의 지급보증은 각종 법령[17]에서 현금을 대체할 수 있는 것으로 취급하고 있으므로, 지급보증신청인이 이중지급의 위험 즉 은행의 지급보증채무 불이행을 우려하여 담보제공을 요구할 수 있도록 함은 은행 지급보증 제도와는 어긋나는 것 같다. 은행이 사전구상권을 자동채권으로 하여 은행여신거래기본약관에 따라 상계하는 경우 주채무자의 담보제공청구권을 근거로 상계를 제한하는 것이 타당한지는 의문이다.

제 3 절 보증은행과 채권자 간의 법률관계

Ⅰ. 지급보증채무의 발생

은행의 채권자에 대한 채무는 은행이 채권자와 지급보증계약을 체결함으로써 발생한다. 지급보증계약은 통상 은행이 지급보증서를 발행하여 직접 또는 지급보증신청인을 통하여 채권자에게 교부하는 방법으로 체결한다. 채권자가 직접 지급보증서를 교부받지 않더라도 대리인이 채권자를 대리하여 보증인의 보증의사를 수령한 경우 지급보증계약이 체결된 것으로 인정될 수 있다. 다단계판매업자의 보증의뢰를 받아 은행이 다수의 다단계판매원을 채권자로 하는 지급보증서를 발행하고 사본을 서울특별시장에게 제출한 사건에서, 대법원은 "서울특별시장을 그 채권자 집단의 법률상 대리인으로 보아 서울특별시장이 지급보증서 사본을 제출받음으로써 그 채권자집단과 피고 사이에 지급보증계약이 성립되어 그 효력이 발생한다"고 해석하였다.[18]

일단 지급보증서를 채권자에게 교부하여 지급보증계약이 체결된 이상, 지급보증계약의 변경·해제·해지는 채권자의 동의가 있어야 한다. 단순히 은행이 지급보증의뢰인을 통하여 지급보증서를 회수하였다고 하여 지급보증계약이 해제·해지되었다고 볼 수는 없다.[19]

17) 예: 국세기본법 제29조(납세담보의 종류에 금전뿐 아니라 은행의 지급보증서도 포함됨), 국가를 당사자로 하는 계약에 관한 법률 시행령 제37조 제2항(입찰보증금 납부를 은행의 지급보증서로 갈음할 수 있음).

18) 대법원 2002. 10. 11. 선고 2001다62374 판결.

19) 대법원 1996. 12. 10. 선고 96다32188 판결(지급보증의뢰인이 지급보증서의 금액과 기한을 증액, 연장하여 주겠다고 채권자를 기망하여 지급보증서를 받아내고, 은행이 지급보증의뢰인을 통하여 지급보증서를 회수한 사안), 대법원 2002. 10. 11. 선고 2001다62374 판결.

Ⅱ. 지급보증채무의 내용

지급보증서의 기재사항과 그 보증의사의 해석이 지급보증채무의 내용을 결정한다. 예컨대 지급보증의 대상인 주채무의 범위와 주채무의 불이행 요건 등은 지급보증서에 표시된 보증의사의 해석을 통하여 결정된다.

지급보증의 대상인 주채무의 범위와 관련하여 은행이 단자회사(채권자)에게 발행한 지급보증서에 주채무의 종류를 "융자담보"로 기재한 사안에서, 대법원은 "'융자'라 함은 … 신용을 공여하는 일체의 금융거래를 포괄적으로 나타내기 위하여 사용되고 있는 개념으로서 … 자금의 교부를 수반하는 대출은 물론 자금의 교부가 수반되지 아니하는 무형의 신용공여인 어음보증도 당연히 여기에 포함"된다고 보고 채권자가 주채무자가 발행한 어음의 보증인으로서 어음금채무를 이행함으로써 발생한 구상금채무는 그 지급보증이 담보하는 주채무에 포함된다고 판시하였다.[20] 은행이 주채무자에게 행한 대출에 대하여 종합금융회사가 지급보증하면서 보증기한을 기재한 사안에서, 그 보증기한 내에 주채무자가 그 대출금채무를 이행하지 않는 경우에 한하여 보증책임을 부담하는 것으로 해석함이 타당하다고 보았다.[21]

은행의 지급보증에도 민·상법상 보증의 법리가 적용됨이 원칙이겠으나, 그렇지 않은 독립적 은행보증에 대해서는 아래에서 절을 바꾸어 별도로 살펴보기로 한다.

제 4 절 독립적 은행보증

Ⅰ. 의 의

민법상 보증채무는 주채무에 부종되는 부종성이 있다. 부종성의 구체적인 내용으로는 (i) 주채무가 성립하지 않으면 보증채무도 성립하지 않고, (ii) 주채무가 소멸하면 보증채무도 소멸하며, (iii) 보증채무의 내용은 주채무의 범위 이내이고, (iv) 보증채무자는 주채무자가 채권자에게 대항할 수 있는 사유를 원용할 수 있으며, (v) 주채무자에 대한 채권이 이전되면 보증채권도 이전된다.

20) 대법원 1998. 10. 27. 선고 98다27784 판결.
21) 대법원 2001. 10. 12. 선고 99다56192 판결.

이러한 부종성을 배제하여 "주채무자(보증의뢰인)와 채권자(수익자) 사이의 원인관계와는 독립되어 그 원인관계에 기한 사유로서는 수익자에게 대항하지 못하고 수익자의 청구가 있기만 하면 보증인의 무조건적인 지급의무가 발생"[22]하는 보증이 독립적 은행보증이다. 독립적 은행보증은 현금예탁을 대신하는 기능을 하는 것이므로 부종성 배제와 더불어 수익자의 청구를 받으면 무조건적으로 지급해야 한다는 이른바 요구불 조항을 두고 있다. 요구불 조항이 있다는 점에서 청구보증("on demand guarantee" 또는 "first demand guarantee")으로 불린다. 이러한 요구불 조항의 해석은 보증은행과 채권자 사이에서는 보증서의 준거법, 보증은행과 보증의뢰인 사이에서는 보증위탁계약의 준거법에 따르게 된다.[23] 여기서는 각 준거법이 한국법인 경우를 전제로 논한다.

보증서의 제목이 반드시 독립적 은행보증이라고 적히는 것은 아니다. 보증서의 제목에 입찰보증(bid bond), 이행보증(performance bond 또는 guarantee for performance), 선수금지급보증(advance payment guarantee), 환급보증(refund guarantee), 유보금보증(retention money bond) 등을 사용하여도 보증채무의 내용을 보아 "on demand guarantee"의 속성을 가지고 있으면 독립적 은행보증이라고 할 수 있다. 보증채무의 내용과 성질은 보증계약 즉 지급보증서의 구체적인 문안에 의하여 결정된다. 예컨대, "조건의 증명 없이 청구 즉시 지급할(payable on demand without proof of conditions)" 것을 약정하는 경우를 들 수 있다.[24] 대법원 2021. 7. 8. 선고 2017다218895 판결은 "은행이 보증을 하면서 보증금 지

22) 대법원 1994. 12. 9. 선고 93다43873 판결, 대법원 2014. 8. 26. 선고 2013다53700 판결.

23) 대법원 2015. 2. 26. 선고 2012다79866 판결은 영국법을 준거법으로 한 독립적 은행보증 관련 사건에서 "영국법에서 말하는 독립적 보증을 한 금융기관은 공급자와 고객 사이의 원인관계에 의해 전혀 영향을 받지 않고 독립적 보증에 기한 채무를 이행하여야 하고, 금융기관이 보증의 이행을 거절할 수 있는 유일한 예외는 명백한 사기가 존재하고 금융기관이 이러한 사실을 알고 있는 경우임을 알 수 있다"고 하고 그 사건에서 영국법상 독립적 보증을 한 은행이 이행을 거절할 수 있는 사유에 해당하지 않는다고 판시하였다. 대법원 1994. 12. 9. 선고 93다43873 판결은 사우디아라비아 왕국의 법령에 따라 규율되고 해석되는 지급보증서에 관한 사건에서 독립적 은행보증의 법리를 설시한 후 그 법리가 사우디아라비아 왕국의 법령의 해석에 의하더라도 모두 그대로 승인되는 것으로 보인다고 판시하였다.

24) 대법원 2014. 8. 26. 선고 2013다53700 판결에서 다룬 보증서의 문안: "은행은 수익자(수입자)의 첫 서면에 의한 청구와 수출자가 원인계약을 불이행하고 어떤 점에서 불이행이 일어났다는 것을 명시한 수익자의 서면을 접수하면 107,500유로를 초과하지 않는 범위 내에서 청구금액을 지급할 것을 확약한다(At the request of the principal, We, (oo Bank), hereby irrevocably undertake to pay you any sum or sums not exceeding in total an amount of EUR 107,500 upon receipt by us of your first demand in writing and your written statement stating that the principal is in breach of his obligations under the underlying contract and the respect in which the principal is in breach)."
대법원 1994. 12. 9. 선고 93다43873 판결에서 다룬 보증서의 문안: "시공자의 절대적 판단으로 수급인이 도급조건의 어느 것이라도 불이행하였다고 단정하는 때에는 지급보증인(은행)은 시공자의 서면청구를 받는 즉시 수급인이 반대하더라도 보증금액을 지급하고."
서울고등법원 2001. 2. 27. 선고 2000나8863 판결에서 다룬 보증서의 문안: (1) 우리는 수익자에

급조건과 일치하는 청구서 및 보증서에서 명시적으로 요구하고 있는 서류가 제시되는 경우에는 그 보증이 기초하고 있는 계약이나 이행제공의 조건과 상관없이 그에 의하여 어떠한 구속도 받지 않고 즉시 수익자가 청구하는 보증금을 지급하겠다고 약정하였다면, … 독립적 은행보증"이라고 판시하였다.

보증의뢰인의 요청에 따라 보증은행이 수익자에게 독립적 은행보증서를 발행함으로써 세 당사자가 관여하는 경우가 가장 기본적인 거래형태(직접보증)일 것이다.[25] 그러나 국제거래에서는 수익자가 자국에서 영업하는 은행의 보증서를 받기를 선호하므로 두 개의 은행이 단계적으로 관여하는 경우가 흔히 있다.[26] 즉 보증의뢰인은 그가 소재한 국가에서 영업하는 제1은행에게 제2은행 앞으로 보증서를 발행할 것을 요청하여, 제1은행이 제2은행에게 보증서(구상보증 또는 역보증 counter-guarantee)를 발행하고, 제2은행은 제1은행의 요청에 따라 수익자에게 자신의 보증서를 발행하는 거래형태(간접보증)도 많이 이용된다.

또한 보증금액이 큰 경우에는 보증은행이 수익자 앞으로 보증서를 발행하되, 보증은행이 부담하는 신용위험(보증서에 따른 지급에 대하여 보증의뢰인에 대한 구상권 행사시 보증의뢰인이 채무를 불이행할 위험)에 참여하는 은행단(syndicate)을 구성하는 경우도 있다. 보증서 발행은행이 보증의뢰인에 대하여 부담하는 신용위험을 은행단에게 이전하는 거래(즉 은행단이 신용위험에 참가하는 위험참가(risk participation)거래)를 하는 것이다{☞ 제3장 제6절 Ⅲ. 대출채권에 대한 참가거래(Participation)}.

게 어떠한 이의제기도 없이 총계약가의 10%인 미화 금 285만 $를 초과하지 아니하는 금액을 지급할 것을 보증합니다.

(2) 우리는 본 보증서의 유효기간 내에 공급자가 공급, 설치, 시운전한 *** 설비를 이용하여 수익자가 *** 규정에 따라 6″ 내지 20″짜리 강관을 생산하지 못하거나 ***의 검사를 통과하지 못한다는 수익자의 절대적인 판단에 따른 최초의 서면통지가 있으면, 위 금액을 초과하지 않는 범위 내에서 수익자가 청구하는 금원을 지급할 것을 무조건적으로 보증합니다(We hereby unconditionally guarantee to put under your disposal an amount not exceeding the above mentioned figure upon receiving your first written notice during the validity of this guarantee according to your absolute judgment of a failure in meeting that (수익자) can and able to produce size 6 inch-20 inch pipes according to *** specification and able to pass *** inspection using *** Equipment supplied, installed, commissioned by (공급자)).

서울남부지방법원 2009. 8. 10. 자 2009카합769 결정에서 독립적 은행보증으로 취급한 은행보증서는 "수익자의 지급청구가 있으면 이의 없이 수익자에게 보증한도액 범위 내에서 보증금을 지급하여야 하고, 이러한 수익자의 권리는 보증의뢰인에 의해 어떠한 분쟁이 제기되더라도 영향을 받거나 보류되지 않는다"는 내용으로 되어 있다.

25) 대법원 2014. 8. 26. 선고 2013다53700 판결의 사안.

26) 서울고등법원 2001. 2. 27. 선고 2000나8863 판결의 사안.

Ⅱ. 특성과 기능

1. 특성 – 독립·추상성

독립적 은행보증을 발행한 경우 수익자(채권자)가 청구하면 보증은행은 보증의뢰인이 수익자에 대하여 채무불이행을 하였는지 여부를 묻지 않고 그 지급보증서에 기재된 대로 청구금액을 수익자에게 지급하여야 한다. 보증은행의 채무가 보증의뢰인과 수익자 사이의 원인관계로부터 독립되어 있다는 점에서 독립성[27]을 가진다. 또한 보증은행은 수익자의 청구가 있으면 실제 발생한 사실관계를 확인하지 않고 수익자가 작성한 청구서 등 서류에 의존하여 처리한다는 점에서 추상성을 가진다.[28] 보증은행은 수익자의 청구가 보증서 조건에 일치하는지를 수익자가 제시한 서류를 바탕으로 심사하여 보증서 조건에 맞으면 수익자의 청구에 응해야 한다. 수익자의 청구가 보증서의 조건에 맞지 않음에도 이를 알지 못하고 지급한 경우에는 보증은행이 보증의뢰인에게 구상청구를 할 수 없다.[29] 물론 보증서의 조건에 맞지 않는 수익자의 청구에 대한 보증은행의 지급이 보증의뢰인의 명시적·묵시적 양해에 따른 것이라면 보증은행은 그 지급에 대하여 보증의뢰인에게 구상을 청구할 수 있다.[30] 독립성과 추상성은 부종성 배제의 동전의 양면이다.

---

27) 대법원 2021. 7. 8. 선고 2017다218895 판결은 무인성이라고 하였다.

28) 국제상업회의소(International Chamber of Commerce)가 제정한 청구보증통일규칙(Uniform Rules for Demand Guarantee: URDG)(ICC Publication No. 758) 제5조 a항도 URDG가 적용되는 보증은 기초관계로부터 독립되고 보증인의 지급의무가 보증인-수익자 간의 관계 이외의 관계에 기한 항변에 영향을 받지 않음을 명시하였다.

29) 서울고등법원 2001. 2. 27. 선고 2000나8863 판결: "독립적 은행보증거래에 있어 은행은 … 수익자가 보증서의 조건과 일치되는 청구를 하였는지를 국제적인 표준은행관행(international banking standard)에 따라 엄격하게 심사하여야 하고, 이 사건과 같은 간접보증의 경우 수익자에게 보증서를 발급한 은행 … 의 경우 수익자의 보증서에 기한 지급 청구를 위와 같은 기준에 의하여 심사한 결과 그 청구가 위와 같은 요건을 갖추지 못하였음을 명백히 알았거나 알 수 있었던 경우가 아닌 한 수익자의 청구에 응하여야 할 것이고, 만약 위 은행이 수익자의 청구가 그와 같은 요건을 갖추지 못한 청구로서 이를 알았거나 알 수 있었음에도 불구하고 청구를 거절하지 아니한 채 채권자의 청구에 응하였다면 … 구상보증서의 발급은행에게 구상청구를 할 수 없다 … ."

30) 대법원 2004. 9. 24. 선고 2001다69771 판결은 보증신용장거래에서 "개설의뢰인이 상대방인 개설은행으로 하여금 보증신용장의 유효기간 만기 이후에 수익자가 보증신용장 대금을 청구하여 개설은행이 이를 지급하여도 사후에 이에 대한 이의를 제기하지 않겠다는 취지로 믿게 할 만한 언동을 하였거나 개설의뢰인이 신의성실의 원칙상 요구되는 개설은행에 대한 보호의무를 현저히 위반한 것으로 평가되는 경우 등에는 구체적인 사정에 따라 개설의뢰인이 개설은행의 하자 있는 신용장대금 지급행위를 사전에 묵시적으로 양해하였다고 보거나 혹은 사후에 개설의뢰인의 권리행사가 제한된다고 볼 경우가 있을 수 있다"고 판시하였다.

2. 독립적 은행보증의 기능

독립적 은행보증은, 부종성 있는 은행보증이 행하는 보증의뢰인에 대한 신용공여 기능 이외에 다음과 같은 특유한 기능을 한다.[31)]

(1) 현금예탁을 대신하는 기능

독립·추상성은 독립적 은행보증을 마치 현금과 같은 정도로 신뢰할 수 있게 만들어 거래를 원활하게 해준다.[32)][33)] 독립적 은행보증을 수익자에게 발행하면 수익자에게 현금을 예탁한 것과 같은 정도의 기능을 하는 셈이다. 예컨대 입찰보증금을 현금으로 예치하는 대신에 독립적 은행보증서를 제출하는 경우를 생각해 보면 쉽게 알 수 있다.[34)]

(2) 위험의 분배·전환 기능

수익자의 지급청구시 보증은행은 그 청구가 독립적 은행보증에서 정한 요건을 충족하였음을 확인하면 원인관계상 근거가 있는 것인지를 조사하지 않고 (아래에서 논의하는 수익자의 권리남용에 해당하지 않는 한) 수익자에게 지급하게 된다. 보증은행은 수익자에게 지급 후 보증의뢰인에게 구상할 것이고, 보증의뢰인과 수익자 사이의 채권채무관계는 보증의뢰인과 수익자 사이에서 해결하게 된다. 즉 '우선 지급하고 나중에 다툰다(pay first,

31) 橋本喜一(2010), 39-41쪽은 독립적 은행보증의 기능으로 (i) 현금예탁적 기능, (ii) 분쟁의 치환기능, (iii) 신용보완 기능, (iv) 청산적 기능, (v) 파이넌스 스탠드바이의 5가지를 들고 있고, Enonchong (2011), pp. 34-36은 독립적 은행보증의 기능으로 (i) 원인거래의 이행담보, (ii) 신속하고 용이하고 확실하게 실현할 수 있는 담보형식, (iii) 수익자가 현금을 확보하게 함으로써 수익자에 대한 잠정적인 구제수단의 제공, (iv) 집행할 수 없는 거래의 이행의 확보, (v) 계약금액의 지급의 수단의 5가지를 들고 있다. 이들 기능은 결국 본문의 두 가지 사항으로 요약할 수 있다.

32) 손해담보계약이 현금예탁을 대신하는 기능에 대한 설명은 김형석(2004), 51쪽.

33) 영국법원은 독립적 은행보증을 국제상거래의 혈액으로 표현하며 현금을 대신하는 기능을 강조하였다. R D Harbottle (Mercantile) Ltd v. National Westminster Bank Ltd [1978] QB146, [1977] 2 ALL ER 862는 은행보증이 국제상거래의 생혈(life-blood)이고 명백한 사기로서 은행이 알고 있는 경우가 아닌 한 법원은 상인들이 그들의 계약상 분쟁을 소송·중재로 해결하도록 내버려 두어야 한다고 하고, Intraco Ltd v. Notis Shipping Corporation of Liberia [1981] 2 Lloyd's Rep. 256; 1981 WL 186935은 더 나아가 "사기(fraud)가 개재되지 않는 한 법원이 간섭하여 그 신용장과 은행보증상의 권리를 손에 쥐고 있는 현금과 동일하게 취급하는 상관행을 교란시킨다면 혈전(thrombosis)이 생길 것"이라고 하였으며, 이를 Hongkong and Shanghai Banking Corp v Kloeckner & Co AG [1990] 2 QB 514도 인용하였다.

34) 현금예탁을 대신하는 기능을 한다는 점에서 독립적 은행보증과 보증신용장은 수출입거래에 사용되는 화환신용장(documentary letter of credit)과 차이가 있다. 화환신용장의 수익자는 선적서류(선하증권 등)를 은행에 제시하고 지급을 받게 된다. 화환신용장은 은행의 신용을 매개체로 삼아 격지자 간의 거래에서 물건의 인도와 대금의 지급이 상환으로 이루어지는 것과 같은 기능을 한다. 격지자 간의 매매거래에서는 매수인이 매도인에게 현금을 예탁해야 하는 것은 아니고 화환신용장도 수익자에게 현금예탁을 대신하는 기능을 하지는 않는다.

argue later)'는 말에 표현되듯이 독립적 은행보증은 수익자가 신속하게 현금을 확보하고 보증의뢰인이 수익자와 협상하거나 소송을 제기하여 반환을 청구하도록 만든다.

수익자는 독립적 은행보증을 받지 않은 경우, 보증의뢰인에 대한 채권을 행사하여 소송 절차를 거쳐 판결을 받아서 강제집행해야 한다. 수익자는 보증의뢰인에 대한 권리를 가지고 있어도 소송절차, 소송비용, 집행의 어려움 등 채권회수에 장애가 되는 여러 위험을 부담하게 된다. 독립적 은행보증은 수익자가 이런 위험을 부담하지 않고 보증은행으로부터 지급을 받을 수 있게 하고, 보증의뢰인이 수익자와의 사이에서 그 지급의 부당성을 다투는 위험을 부담하도록 한다. 보증은행이 수익자에게 지급한 후, 원인관계 상 보증의뢰인에 대한 수익자의 권리가 없는 것으로 판명된 경우에도, 수익자가 보증은행에게 보증금을 반환해야 하는 것이 아니라는 '보증은행과 수익자 사이에서의 청산적 기능'은 위험 전환의 다른 측면이라고 할 수 있다.

이와 같이 원인관계상 권리의무에 다툼이 있는 경우 수익자가 보증은행으로부터 지급받으면, 보증의뢰인은 보증은행에게 구상금을 지급한 후 수익자를 상대로 수익자의 권리 유무를 다투어 반환 청구해야 하는 불편함과 위험을 진다. 보증의뢰인이 지는 이러한 불편함과 위험은 원인관계상의 거래를 하기 위하여 독립적 은행보증을 이용하기로 한데 따른 것이고 보증의뢰인이 스스로 인수한 것이다.[35] 원인관계 거래에서 독립적 은행보증을 제공할 것인지 여부, 보증금 지급청구에 필요한 서류의 종류와 내용, 독립적 은행보증 제공에 따라 보증의뢰인이 부담할 위험에 대하여 어떠한 보호장치를 둘 것인지 등은 모두 보증의뢰인과 수익자 사이의 협상에 의하여 결정되는 것이고 이는 두 당사자가 부담할 위험의 분배작업이라고 할 수 있다.[36]

Ⅲ. 독립적 은행보증의 법적 성격

독립적 은행보증도 보증의뢰인과 수익자 사이의 법률관계(원인관계)를 배경으로 하여 발행된다는 점에서 민법상의 보증과 유사한 부분이 전혀 없다고 할 수는 없겠으나, 부종성이 배제되고 독립·추상성을 가진다는 점에서 한국법이 준거법인 독립적 은행보증서를 발행한 은행은 민법상의 보증채무를 부담하는 것은 아니다.

독립적 보증에서는 통상 은행이 수익자에게 부담하는 채무가 2차적 채무가 아닌 주

35) 윤진수(2014), 16-17쪽; 김진오(2015), 358쪽.
36) 독립적 은행보증의 위험 분배 기능에 대해서는 Bertrams(2013), pp. 71-80.

된 채무(primary obligation)임을 명시하고, 심지어 원인관계 상의 채무가 무효인 경우에도 채무를 부담한다는 취지의 조항을 넣기도 한다. 이러한 조항이 부종성의 원칙에 위반하여 무효라고 볼 것은 아니고, 독립적 은행보증을 부종적 인적 담보인 민법상의 보증과는 다른 유형의 인적 담보라고 보는 것이 당사자의 의사에 부합한다. 원인관계 상의 채무가 무효인 경우 그로 인하여 수익자가 입게 되는 손해를 독립적 보증을 통하여 전보받을 수 있는 계약은 "주채무의 존재를 전제로 하지 않고 독립하여 존재하는 손해보증의 일종으로서 주채무에 대한 부종성과 보충성이 없는 것을 특징으로 하는"[37] 손해담보계약적 성격이 있다고 보는 것이 합리적일 것이다.

Ⅳ. 독립·추상성의 한계

1. 독립·추상성에 대한 예외를 인정할 필요성

수익자가 보증서에서 요구하는 서류(통상 보증의뢰인의 채무불이행을 확인하는 수익자의 진술서)를 첨부하여 지급을 청구하면 보증은행은 그 청구와 진술서의 진실여부를 조사하지 않고 지급하도록 한 것이 독립·추상성의 요체다. 그러나 그 청구와 진술서가 근거 없고 수익자가 독립·추상성을 남용하거나 사기적으로 청구한다는 사실을 입증하는 증거를 그 청구시에 보증은행이 가지고 있는데도 보증은행이 반드시 지급해야 한다면, 이는 수익자의 독립·추상성 남용행위 또는 사기적 행위를 도와주는 것과 다름이 없다. 또한 이는 보증의뢰인과 수익자 사이에서 합의한 보증의뢰인이 부담할 위험의 범위를 넘게 되어 보증의뢰인은 부당한 피해를 입게 된다.

이와 같이 독립적 은행보증이라고 하여 수익자의 이러한 청구를 무제한 허용하여서는 안 된다는 점을 인식하여 여러 나라에서 사기 또는 신의칙·권리남용 법리에 근거한 판례,[38]

37) 서울고등법원 2002. 4. 10. 선고 2001나16502 판결(확정)("… 손해담보계약에 있어 담보자의 채무는 보증채무와 달리 주채무의 존속과 관계없이 성립하는 하나의 독립된 계약으로서 부종적 성질이 없다 할 것이므로, 나산을 상대로 충분히 채권회수를 할 수 있다 하더라도 그를 상대로 이행을 구하지 아니하고 위 손해담보계약에 따라 피고를 상대로 하여 그 이행을 구하는 원고의 이 사건 청구를 권리남용에 해당한다고 할 수 없고, 또한 보증채무와도 그 성질을 달리하는바 보증채무임을 전제로 하는 위 최고·검색의 항변도 이유 없다").

38) 대체로 영미법계에서는 사기 법리를, 대륙법계에서는 신의칙·권리남용 법리에 근거하여 독립·추상성에 대한 예외를 인정한다. 이러한 예외를 인정하는 법리는 신용장 거래에서 시작되어 독립적 은행보증에도 인정되고 있다. 이에 관한 미국, 영국, 프랑스, 독일 등의 판례의 개관은 윤진수(2014), 18-24쪽; 김선국(2008), 313-319쪽. 심승우(2015), 377-378쪽은 영미법계의 사기 법리와 대륙법계의 신의칙·권리남용 법리 중 어느 법리를 따르는가에 따라 결과에 상당한 차이를 가져와서는 안

또는 조약,[39] 개별국가의 입법,[40] 모델법,[41] 통일규칙[42] 등으로 수익자의 이러한 청구를

된다고 한다.

39) 독립적 보증과 보증신용장에 관한 유엔협약(United Nations Convention on Independent Guarantees and Stand-by Letters of Credit)은 1995. 12. 11. 유엔총회에서 채택되어 2000. 1. 1. 발효되었다. 2019. 7. 1. 현재 가입국은 벨라루스, 에콰돌, 엘살바돌, 가봉, 쿠웨이트, 리베리아, 파나마, 튀니지아의 8개국이다. 유엔협약 제19조(지급의무의 예외)는 다음과 같이 규정하고 있다.
(1) 다음이 명백한 경우에는 보증은행/발행은행은, 선의로 행동하여, 수익자에 대하여 지급을 유보할 권리가 있다.
(a) 어떠한 서류라도 진정하지 않거나 위조된 경우
(b) 지급청구 및 부대서류에서 주장된 데에 근거하여 지급할 것이 아닌 경우, 또는
(c) 확약(=독립적 보증 또는 보증신용장)의 유형과 목적에 비추어 판단할 때, 지급청구가 생각할 수 있는 아무런 근거를 가지고 있지 않은 경우
(2) 제(1)항 (c)의 목적상 다음은 지급청구가 생각할 수 있는 아무런 근거를 가지지 않은 유형들이다.
(a) 확약이 어떤 우발사건 또는 위험으로부터 수익자를 안전하게 하려고 의도하였는데, 그 우발사고 또는 위험이 의문의 여지 없이 발생하지 않은 경우.
(b) 보증의뢰인의 원인관계상 채무가 법원 또는 중재판정부에 의하여 무효로 선언된 경우(다만 그러한 우발사건이 확약상 보장되는 위험에 해당한다고 확약이 표시한 경우는 제외한다).
(c) 원인관계상 채무가 의문의 여지 없이 수익자가 만족하도록 이행된 경우.
(d) 원인관계상 채무의 이행이 명백하게 수익자의 고의적인 비행으로 방해된 경우
(e) 구상보증상의 청구인 경우, 구상보증의 수익자가 구상보증이 관련된 확약의 보증은행/발행은행으로서 악의로 지급한 경우.

40) 미국 통일상법전(Uniform Commercial Code)은 보증신용장을 포함한 신용장에 관하여 다음과 같이 규정하였다.
제5-109조(사기와 위조)
(a) 신용장의 조건을 철저하게 준수하는 것으로 보이는 제시가 있으나, 요구된 서류가 위조되거나 중대하게 사기적이거나 또는 그 제시에 대한 결제가 발행은행 또는 개설의뢰인에 대한 수익자의 사기를 용이하게 하는 경우에는 다음과 같이 처리한다.
(1) (i) 선의로 위조 또는 중대한 사기를 알지 못하고 대가를 지급한 지정은행, (ii) 선의로 결제한 확인은행, (iii) 신용장에 따라 발행된 환어음을 발행은행 또는 지정은행이 인수한 후 취득한 정당한 소지인, (iv) 발행은행 또는 지정은행이 연불채무를 부담한 후 위조 또는 중대한 사기를 알지 못하고 대가를 지급하여 그 연불채권을 양수한 양수인이 결제를 요구한 경우, 발행은행은 그 제시에 대하여 결제한다.
(2) 그 밖의 경우 발행은행은 선의로 행동하여 그 제시에 대해 결제를 하거나 거절할 수 있다.
(b) 발행의뢰인이 요구된 서류가 위조 또는 중대하게 사기적이라고 주장하거나 그 제시에 대한 결제가 발행은행 또는 개설의뢰인에 대한 수익자의 사기를 용이하게 한다고 주장하는 경우, 관할 법원은 다음이 인정되는 경우에 한하여 발행은행이 그 제시에 대하여 결제하는 것을 잠정적 또는 영구적으로 금지하거나 발행은행 그 밖의 사람에게 유사한 구제를 부여할 수 있다.
(1) 인수된 환어음 또는 발행은행이 부담한 연불채무에 적용되는 법상 그러한 구제가 금지되지 않을 것
(2) 악영향을 받을 수 있는 수익자, 발행은행 또는 지정은행이 구제 부여로 인하여 입을 손실로부터 충분히 보호될 것
(3) 이 주(州)법상 구제를 부여할 모든 조건을 충족할 것
(4) 법원에 제출된 정보에 기초하여, 개설의뢰인의 위조 또는 중대한 사기 주장이 인정될 가능성이 그렇지 않을 가능성보다 높고, 결제를 요구하는 사람이 (a)(1)의 보호 요건에 해당하지 않을 것.

41) 유럽의 공통참조기준초안(Draft Common Frame of Reference, DCFR)도 독립적 인적 담보(independent personal security on first demand)에 관하여 규정하면서 다음과 같이 남용적 또는 사기적 청구에 대해서는 지급하지 않아도 됨을 명시하였다.
Ⅳ. G.-3：105(명백히 남용적 또는 사기적인 청구)

규율하고 있다. 우리나라도 아래에서 상세히 살펴보는 바와 같이 판례에 의해 독립·추상성에 대한 예외를 인정하고 있다.

2. 독립·추상성에 대한 예외의 인정 범위

독립적 은행보증의 수익자가 그 보증에서 요구하는 서류를 갖추어 청구하였음에도 불구하고 독립·추상성에 대한 예외를 인정하여 수익자의 청구에 응하지 않을 수 있기 위해서는 수익자가 권리가 없음에도 불구하고 독립·추상성을 남용하여 청구하고, 그 남용이 명백한 경우이다. 또한 이와 같이 수익자의 청구가 권리남용임이 명백한 경우에는 보증은행은 보증의뢰인과의 보증위탁계약상 수익자의 청구에 응하지 않을 의무를 부담한다고 볼 수 있다.[43]

(1) 수익자의 청구가 권리남용일 것

우선 수익자가 원인관계상 보증의뢰인에 대하여 아무런 권리가 없음에도 불구하고 지급보증의 독립·추상성을 남용하여 보증은행에게 지급을 청구하였어야 한다. 대법원[44]도 "수익자가 실제에 있어서는 보증의뢰인에게 아무런 권리를 가지고 있지 못함에도 불구하고 위와 같은 은행보증의 추상성 내지 무인성을 악용하여 보증인에게 청구를 하는 것임"이 명백해야 한다고 하여 수익자의 권리 없음을 요구하고 있다. 이 때 수익자가 권리를 가지고 있지 못함을 알았다거나 보증의뢰인을 해할 의사가 있는 등의 주관적 요건은 필요하지 않다고 보고 있다.[45]

---

(1) 청구가 명백하게 남용적이거나 사기적임이 현재의 증거로 증명되는 경우, 담보제공자는 이행청구에 응할 의무가 없다

(2) 전항의 요건이 충족되는 경우 채무자는 (a) 담보제공자의 이행과 (b) 채권자에 의한 이행청구의 발행 또는 사용을 금지할 수 있다.

DCFR의 위 조항에 대한 설명은 위계찬, "공통참조요강초안(Draft Common Frame of Reference)의 인적담보에 관한 연구", 외법논집 제33권 제2호(2009), 49-53쪽.

42) 국제상업회의소(International Chamber of Commerce)가 제정한 '청구보증통일규칙(Uniform Rules for Demand Guarantee: URDG)'. 이 통일규칙은 독립적 은행보증을 통일적으로 규율하기 위하여 1992년 국제상업회의소가 제정한 것이고, 2010. 7. 1.부터 개정된 규칙(ICC Publication No. 758)이 시행되었다. 지급보증서에 URDG가 적용된다는 취지의 조항을 포함시킴으로써 지급보증서의 해석의 준거가 된다.

43) 대법원 1994. 12. 9. 선고 93다43873 판결.

44) 대법원 1994. 12. 9. 선고 93다43873 판결은 독립적 은행보증의 보증은행이 수익자의 청구에 응하지 않을 수 있는 경우에 대한 일반적인 법리를 설시하였으나, 다른 쟁점(부제소 특약의 효력)으로 파기하고 그 사건이 수익자에 대한 지급을 거절할 수 있는 경우에 해당하는지에 대하여는 판단하지 않았다.

45) 윤진수(2014), 40쪽.

또한 지급보증 자체가 강행법규 또는 공서양속에 위반한 경우 또는 원인관계가 강행법규 또는 공서양속에 위반하고 지급보증이 독립한 지급을 보장함으로써 공서양속 위반을 조장하는 경우(예: 마약거래 등 형사범죄행위에 따른 지급확보를 위하여 지급보증을 이용하는 경우)에는 독립·추상성의 예외로 수익자의 청구를 은행이 거절할 수 있어야 할 것이다{이른바 위법성(illegality)에 근거한 예외}.[46] 예컨대 단순히 원인관계의 계약이 무효이거나(예: 당사자 일방이 권리능력이 없거나 내부 수권을 받지 않은 경우) 행정법규를 위반하였다고 하여 지급보증 청구가 권리남용이 되는 것은 아니다. 위법성(illegality)에 근거한 독립·추상성에 대한 예외는 지급보증이 공서양속에 반하는 행위를 조장할 정도일 경우이어야 할 것이다.[47]

원인관계로부터 독립한 은행의 채무 부담이라는 방법으로 담보적 기능을 하는 것이 독립적 은행보증의 요체이므로, 원인관계상의 권리 유무를 가지고 권리남용을 판단할 때 독립·추상성의 목적과 어긋나지 않도록 할 필요가 있고, "엄격한 요건 아래 극히 신중해야"[48] 한다. 결국, 권리가 없음에도 청구하여 권리남용이 되어야 하고 또 아래 (2)에서 논의하듯이 권리남용이 명백한 경우에만 수익자에 대한 지급을 거절할 수 있다고 해야 한다.[49]

보증의뢰인－제1은행(보증의뢰인 소재국가에서 영업)－제2은행(수익자 소재국가에서 영업)－수익자가 관여하여 제1은행이 제2은행에게 구상보증을 발급하고 제2은행이 수익자

46) 엔론의 파생상품거래와 회계분식의 문제와 관련하여 발생한 은행지급보증의 지급의무에 대한 영국판결(Mahonia Ltd v JP Morgan Chase Bank [2003] EWHC 1927과 Mahonia Ltd v JP Morgan Chase Bank (No. 2) [2004] EWHC 1938)에서 논의되었고, 영국에서는 위법성(illegality)이 사기적 청구(fraud)와는 별도로 독립·추상성의 예외로 인정된다고 보고 있다. Mahonia 사건에 관한 설명은 Horowitz(2010), pp. 197-213. Mahonia 판결 이후의 영국의 판결에 대하여는 Enonchong (2011), pp. 192. (☞ 제10장 제4절 Ⅰ. 2. 엔론 사례). 미국에서는 위법성(illegality)이 신용장의 독립·추상성에 대한 예외로 인정되지 않는다. Enonchong(2011), p. 204. 위법성(illegality) 사유에 관한 영국에서의 논의의 국내 소개로는 한재필(2014), 269-287쪽.

47) 영국에서는 위법성(illegality)에 근거한 예외를 인정하기 위해서는 위법성에 대한 명백한 입증이 필요함과 아울러 위법성의 심각성의 정도, 수익자의 관여도, 원인거래의 위법성과 지급보증의 관계 등을 검토해야 한다고 보고 있다. Enonchong(2011), pp. 193-200; Horowitz(2010), pp. 222-223.

48) 서울중앙지방법원 2012. 3. 23. 자 2011카합2956 결정. 이 결정은 특허권 라이선스계약상 의무불이행시 지급하는 내용의 독립적 은행보증에 따라 수익자가 지급청구하자 보증의뢰인이 지급금지가처분을 신청한 사건에서, 보증의뢰인의 회생절차에서 수익자가 회생채권신고를 하지 않아 "주채무가 면책되었다는 사정 또는 주채무가 보증청구금액에 미달한다는 사정만으로는 지급보증금 청구가 객관적으로 권리남용에 해당한다고 보기 어렵다"고 판시하였다. 서울남부지방법원 2009. 8. 10. 자 2009카합769 결정은 보증의뢰인이 보증은행을 상대로 지급금지가처분을 신청한 사건에서 보증의뢰인이 제품을 납품기일에 인도하지 못한 사실을 자인하고 있고 그 불이행이 오로지 수익자의 귀책사유에 해당한다고 단정하기 부족하다고 하여 수익자의 보증금 청구가 권리남용에 해당하지 않는다고 판시하였다.

49) 실제 구체적인 기준을 제시하기는 쉽지 않다. Bertrams(2013), pp. 358, 366은 독일과 영국 등에서도 어떠한 청구가 권리남용·사기인지는 그렇게 명확하지 않다고 지적하였다.

에게 자신의 보증서를 발행하는 형태로 이루어지는 거래에서는 보증의뢰인은 제2은행과의 사이에서는 통상 직접적 법률관계가 없으므로 수익자의 지급청구가 권리남용에 해당하여도 제2은행의 지급을 금할 수는 없고 계약 당사자인 제1은행에 대하여 제2은행의 청구가 권리남용인 경우 그 구상보증에 따른 지급을 하지 말 것을 청구할 수 있을 뿐이다. 이때 제2은행의 청구가 권리남용이 되기 위하여는 수익자의 제2은행에 대한 청구가 권리남용에 해당할 뿐아니라 제2은행이 수익자의 청구가 권리남용임을 객관적인 자료에 의하여 명확히 알면서도 그 지급을 거절하지 아니하고 다시 제1은행에게 구상보증에 기한 지급청구를 함으로써 제2은행의 청구자체도 역시 권리남용에 해당하여야 한다.[50)][51)]

(2) 권리남용이 명백할 것

가. 권리남용의 명백성

권리가 없음에도 지급을 청구하는 수익자의 권리남용이 명백해야 한다. 수익자의 청구가 권리남용임을 쉽게 인정하면 독립·추상성이 의미를 잃게 되고 독립적 은행보증이 가지는 담보 가치도 훼손될 것이어서 독립적 은행보증 제도가 가지는 효용이 유지될 수 없게 된다. 보증은행이 수익자의 청구가 권리남용인지 여부를 조사하여 판단하도록 하는 것 역시 바람직하지 않으므로 권리남용이 명백한 경우에 한하여 독립·추상성에 대한 예외를 인정해야 한다.[52)] 대법원[53)]도 "독립적 은행보증에 기한 원고(=수익자)의 청구가 권리남용에 해당하기 위해서는 … 원고의 소외 회사(=보증의뢰인)에 대한 권리가 존재하지 않는다는 것만으로는 부족하고, 원고가 소외 회사에 대하여 아무런 권리가 없음을 잘 알면서 독립적 은행보증의 추상성과 무인성을 악용하여 청구를 하는 것임이 객관적으로 명백한 경우이어야 할 것이다"라고 하여 권리남용의 객관적 명백성을 요구하였다.[54)] 위와

---

50) 서울고등법원 1993. 7. 13. 선고 91나44225 판결, 서울고등법원 2001. 2. 27. 선고 2000나8863 판결.

51) 하급심 판결 중 수익자에게 보증서를 발행한 제2은행이 수익자의 청구가 "권리남용에 해당한다는 사실을 알면서 수익자의 권리남용적 청구에 가담하였거나 적어도 그렇게 의심할 충분한 이유가 있었음에도 만연히 수익자의 청구에 응하여 보증금을 지급한 경우에는 제1은행은 제2은행의 구상금지급청구를 거절할 수 있다"고 판시한 사례가 있다(서울고등법원 2001. 2. 27. 선고 2000나8863 판결). 이 판결은 당해 사건에서 수익자의 청구가 권리남용임이 객관적으로 명백하다고 보기 어렵다고 하였고 제2은행이 수익자의 권리남용을 알면서 가담하였거나 의심할 충분한 이유가 있었음에도 보증금을 지급했다는 증거가 없다고 판시하였다. 이 판결과 같이 "의심할만한 충분한 사유"가 제2은행의 청구의 권리남용의 기준이 되기 위해서는, 그 충분한 사유는 수익자의 청구가 권리남용임을 명백하게 보여주는 증거를 제2은행이 가지고 있는 경우를 의미한다고 보아야 할 것이다.

52) 윤진수(2014), 41쪽.

53) 대법원 2014. 8. 26. 선고 2013다53700 판결.

54) 이 판결과 같은 입장에 있는 견해로는 윤진수(2014), 41-44쪽, 김진오(2015), 354-360쪽; 김세연·우재형(2017), 27-28쪽; 김승현(2016), 276-277쪽. 비판하는 견해로는 채동헌(2017), 68-72쪽.

같은 법리는 대법원 2015. 7. 9. 선고 2014다6442 판결에서 다시 확인되었다.[55]

권리남용이 객관적으로 명백하다는 것은 “형식적 법적 지위의 남용이라는 사실이 누구에게나 의심없이 인식될 수 있는 상태”를 의미한다고 할 수 있고, “제출된 자료에 비추어 단 하나의 가능한 추론이 권리남용으로 귀결되는 경우에만 명백성이 인정될 수” 있다.[56] 보증의뢰인이 보증은행의 보증채무 이행 거절을 요구하는 이유가 원인관계상 법적·사실적 다툼에 기인한 경우에는 수익자의 청구가 권리남용임이 명백하다고 할 수 없다.[57] 이러한 경우에는 수익자의 청구에 대해 지급을 거절하여서는 안 되고 보증의뢰인과 수익자 사이의 원인관계 상의 분쟁은 별도로 해결해야 한다.

나. 권리남용의 명백성의 입증과 판단시점

명백성을 입증하는 증거는 “지체없이 입수할 수 있고 권리남용임을 명백하게 보여주는 증거”이어야 한다.[58] 권리남용의 명백성의 판단은 “보증은행이 수익자의 지급청구를 받은 후 지급여부 판단에 필요한 합리적인 기간이 지난 때”를 기준으로 판단하여야 하고,[59] 따라서 보증은행이 그 시점에 수익자의 청구가 권리남용임을 명백하게 보여주는 증거를 가지고 있어야 하는 것이 원칙이다. 수익자와 보증은행, 또는 보증의뢰인과 보증은행 사이의 소송에서 수익자와 보증의뢰인 사이의 원인관계상의 다툼의 당부에 대한 실체적인 판단을 위하여 원인관계상의 다툼에 관한 본격적인 심리를 할 것은 아니다. 수익자의 청구가 명백한 권리남용인지 여부를 심리해야 한다. 사실심 변론 종결시까지 제출된 증거에 기초하여 원인관계상 수익자가 보증의뢰인에 대한 권리를 가지고 있는지 여부를 밝혀 수익자의 지급보증 청구에 대한 보증은행의 지급 또는 지급거절이 적법한지 여부를 판단할 것은 아니다. 소송에서 각종 주장과 입증을 통하여 원인관계상 수익자의 보증의뢰인에 대한 권리 유무를 판단하여 지급보증에 따른 지급의무 유무를 결정하는 것은 현금을 대체하는 담보적 기능을 가진 독립적 은행보증의 목적과 기능을 심각하게 훼손하게 된다.[60]

---

55) 다만 대법원 2015. 7. 9. 선고 2014다6442 판결은 권리남용의 명백성에 관한 판단의 기준시점을 “원고가 소제기를 통하여 보증금을 청구한 당시”로 판시하여 “수익자로부터 청구를 받은 때”를 기준 시점으로 삼은 대법원 2014. 8. 26. 선고 2013다53700 판결과는 차이가 있다.

56) 김진오(2015), 354쪽.

57) Enonchong(2011), p. 117은 보증의뢰인이 보증은행을 상대로 지급금지명령을 청구하는 경우 보증의뢰인은 수익자의 사기와 그 사기에 대한 보증은행의 명백한 인지(clear knowledge)를 입증해야 하고, 그 증거는 명백해야 하며, 사기의 의심(suspicion)을 일으키거나, 추가 조사가 필요함을 제시하거나, 지급청구의 효력에 대한 의문을 제기하는 정도로는 부족하다고 하였다.

58) 윤진수(2014), 42-43쪽; 김진오(2015), 354쪽. 윤진수(2014), 41-48쪽은 권리남용의 명백성의 입증에 관한 독일, 오스트리아의 법제와 사례를 들고 있다.

59) 윤진수(2014), 42쪽; 김진오(2015), 355쪽.

60) 김진오(2015), 355쪽.

하급심 판결 가운데는 보증의뢰인과 수익자 사이의 계약의 해석상 논란이 있어 수익자의 권리남용이 명백하다고 보기 어려운 사안에서 계약의 해석 및 수익자의 손해 발생 여부에 대하여 심도있는 실체적 심리를 하여 결정을 내린 예들이 있다.[61] 독립적 은행보증을 이용하는 목적에 비추어 수익자에 대한 지급을 거절할 수 있으려면 수익자의 청구가 권리남용이고 그것이 보증은행에게 명백한 경우이어야 하고, 보증의뢰인이 보증은행에게 지급금지가처분을 신청한 경우 법원은 이와 같이 권리남용이 명백한지 여부를 판단하여야 할 것이고 보증의뢰인과 수익자 사이의 계약 해석상의 다툼에 보증은행이 관여하여 지급을 거절하도록 하여서는 안 될 것이다.[62]

대법원 2014. 8. 26. 선고 2013다53700 판결[63]은 권리남용의 명백성이란 "수익자의 형식적인 법적 지위의 남용이 별다른 의심 없이 인정될 수 있는 경우"를 의미한다는 점과 보증은행이 권리남용의 명백성 여부를 판단하는 시점은 수익자로부터 청구를 받은 때라는 점을 분명하게 판시함으로써, 종전 하급심 판결이 보여준 문제점을 해소하였다.[64] 독립적 은행보증의 특성을 잘 반영하여 타당한 기준을 제시하였다고 하겠다. 대법원 2015. 7. 9. 선고 2014다6442 판결은 조선계약의 발주자(=원고)가 선수금환급보증서(보증의뢰인: 조선회사)에 따른 지급을 보증은행(=피고)에게 청구한 사건에서 대법원 2014. 8. 26. 선고 2013다53700 판결이 제시한 권리남용의 명백성이 필요하다는 법리를 적용하여 원심판결을 파기환송하였으나 권리남용의 명백성 여부의 판단 기준 시점에 대하여는 약간 다르게

61) 윤진수(2014), 56-59쪽은 서울고등법원 2008. 2. 28. 자 2007라604 결정, 서울중앙지법 2012. 9. 28. 선고 2011가합124948 판결(대법원 2015. 7. 9. 선고 2014다6442 판결의 1심), 서울고등법원 2013. 11. 29. 선고 2012나90216 판결(대법원 2015. 7. 9. 선고 2014다6442 판결의 2심) 등이 이러한 문제가 있음을 지적하였다.

62) 심승우(2015), 380-391쪽은 신용장과 독립적 은행보증에 관한 지급금지가처분 신청의 인용률이 높은(2009. 1. 1.부터 2014. 5. 31.까지 신청된 95건 중 58건이 인용됨) 이유로 가처분 심리의 초점이 청구의 부당성에 맞추어져 있고 선의의 제3자 보호 관점에서의 심리가 소홀하다는 점과 가처분신청의 상대방인 국내은행이 적극적으로 다투지 않고 수익자는 절차에 참여하기 어렵다는 점을 지적하였다.

63) "원인관계와 단절된 추상성 및 무인성이라는 독립적 은행보증의 본질적 특성을 고려하면, 수익자가 보증금을 청구할 당시 보증의뢰인에게 아무런 권리가 없음이 객관적으로 명백하여 수익자의 형식적인 법적 지위의 남용이 별다른 의심 없이 인정될 수 있는 경우가 아닌 한 권리남용을 쉽게 인정하여서는 아니 될 것이다."

64) 이 대법원판결은 독립적 은행보증의 수익자(=원고)가 보증은행에게 보증금을 청구한 사건에 대한 것이다. 이 대법원판결에 대한 대법원 재판연구관의 평석은 "원심이 이 사건을 마치 원고가 소외 회사(=보증의뢰인)를 당사자로 하는 원인관계상의 분쟁인양 원인관계의 세밀한 부분에 대한 판단을 거침없이 함으로써 독립적 은행보증에서 권리남용 여부의 판단을 마치 원인관계 상의 분쟁에서 당사자의 잘잘못을 따지듯이 운용하고 있다. 하지만 권리남용 여부에 대한 판단은 분명하고, 의심의 여지가 없으며, 당장 확보할 수 있는 자료에 의하여 이루어져야지 원인관계 상 분쟁에 대한 자세한 탐구를 거쳐야 비로소 알 수 있는 사정을 토대로 이루어져서는 안 된다"고 지적하였다. 김진오(2015), 358쪽.

판시하였다.[65)]

보증은행이 수익자의 지급청구에 응하여 지급한 이후 보증의뢰인이 보증은행의 구상청구에 응하지 않아 보증은행과 보증의뢰인 사이에서 소송이 제기된 경우에는, 보증의뢰인의 구상채무가 없다고 인정되기 위해서는 보증의뢰인은 수익자의 지급청구가 명백한 권리남용이고 보증은행이 지급시 이를 알고 있었음을 입증해야 할 것이다. 수익자의 지급청구가 권리남용임을 보증은행이 알지 못하고 지급하였다면, 그 이후 수익자의 지급청구가 명백한 권리남용임을 보증의뢰인이 입증한다고 하더라도 구상채무를 면할 수 없을 것이다.

이와는 달리 보증은행이 수익자의 지급청구에 대하여 지급을 거절하여 수익자가 보증은행에 대하여 지급청구소송을 제기한 상황을 생각해 보자. 보증은행이 지급거절시 수익자의 지급청구가 명백한 권리남용이라는 충분한 증거를 가지고 있지 않고 단순한 의혹을 가진 경우에는 보증은행의 지급거절은 적법한 거절이 아니다. 보증은행은 수익자의 지급청구에 응했어야 한다. 그런데 소송진행과정에서 보증은행이 수익자의 지급청구가 "명백한 권리남용"이었음을 입증할 증거를 입수하여 법원에 제시한 경우에는 어떻게 판단해야 할까. 보증은행이 적법하게 지급을 거절할 수 있기 위해서는 보증은행은 수익자의 지급청구를 받고 지급여부 판단에 필요한 합리적인 기간이 지나는 시점에 수익자의 지급청구가 "명백한 권리남용"임에 대한 증거를 가지고 있어야 한다는 원칙을 철저하게 따른다면, 그러한 경우에도 보증은행은 수익자에게 지급할 것을 명해야 한다는 결론에 이르게 될 것이다. 그러나 보증은행이 아직 지급하지 않은 상태에서 수익자의 지급청구가 명백한 권리남용임이 나중에라도 드러난 이상 보증은행이 수익자의 권리남용을 방조하도록 하여서는 안 될 것이다. 따라서 이러한 경우에는 보증은행의 수익자에 대한 지급거절이 결과

65) 대법원 2015. 7. 9. 선고 2014다6442 판결은 "청구가 권리남용에 해당하기 위해서는 원고들이 이 사건 소제기를 통하여 보증금을 청구할 당시 조선회사(=보증의뢰인)에 대하여 아무런 선수금환급청구권이 없음에도 독립적 은행보증의 수익자라는 법적 지위를 남용하여 청구하는 것임이 독립적 은행보증인인 피고에게 객관적으로 명백하다고 인정되어야 하는데, … 이 사건 소제기 전에 이루어진 원고들과 조선회사 사이의 회생채권조사확정재판에서도 조선회사의 위 계약 해제가 적법한지 여부가 쟁점이 되어 1년여에 걸쳐 심문절차가 이루어졌음에도 결론이 내려지지 못한 채 회생절차폐지로 종결된 점 등을 고려하면, 이 사건 소제기 당시 원고들이 조선회사에 대하여 선수금환급청구권이 없음에도 이 사건 보증금을 청구하는 것임이 피고에게 객관적으로 명백한 경우에 해당한다고 보기는 어렵다"고 하여 원고들의 청구가 권리남용이라고 판단한 원심판결(서울고등법원 2013. 11. 29. 선고 2012나90216 판결)을 파기환송하였다. 이 대법원판결이 "원고가 소제기를 통하여 보증금을 청구한 당시"를 권리남용의 명백성 여부의 판단 기준 시점으로 삼은 부분은, 원고가 소제기로 비로소 보증금을 청구한 것이 아니라면 "수익자로부터 청구를 받은 때"를 기준 시점으로 삼은 대법원 2014. 8. 26. 선고 2013다53700 판결과는 차이가 있다. 대법원 2015. 7. 9. 선고 2014다6442 판결은 미공간 판결로 판결문은 해양한국(2015. 8.), 114-116쪽에 게재되었다. 이 판결에 대한 평석은 김세연·우재형(2017), 1-29쪽; 김인현(2015), 145-162쪽. 이 판결의 원심판결 및 1심판결에 대한 비판은 윤진수(2014), 57-59쪽.

적으로 적법한 행위가 된다고 보아야 할 것이다.[66]

제 5 절 보증신용장

Ⅰ. 의의와 기능

격지자 간의 무역거래에서 사용되는 화환신용장(documentary letter of credit)·상업신용장(commercial letter of credit)과는 달리 보증신용장(stand-by letter of credit)은 타인의 채무를 보증하기 위한 목적으로 발행되는 신용장이다. 과거 미국 은행법상 은행은 보증권한을 명시적으로 부여받지 않아 보증을 할 수 없었으나, 독립적인 채무를 부담하는 신용장을 발행하는 것은 허용되었으므로 신용장의 일종으로 보증신용장[67]을 발행하여 왔다.[68] 보증신용장은 기본적으로 신용장의 한 종류로 발행되는 것이므로 주채무에 대한 부종성이 없고 수익자가 신용장 조건에 따른 서류를 제출하여 지급을 청구하면 발행은행은 결제해야 한다. 즉 원인관계로부터 독립하고 서류에만 의존하여 처리한다는 점에서 독립·추상성을 가진다. 이 점에서 통상의 보증과는 큰 차이가 있고 독립적 은행보증과 유사하다.

보증신용장은 신용장의 일종으로 화환신용장과 마찬가지로 독립·추상성을 가지지만 화환신용장과는 차이가 있다. 화환신용장에서는 수익자가 매매계약 등 원인거래상 자신의 의무를 이행하였음을 증명하는 선하증권 등 선적서류를 제시하여 신용장상의 지급을 청구한다. 화환신용장은 매매계약 등 원인거래상의 지급기능을 하는 셈이다. 그러나 보증신용장에서는 통상 원인거래상 보증의뢰인이 채무불이행이 있을 경우 보증금을 지급하고

66) 영국에서도 유사한 논의가 있다. Enonchong(2011), pp. 116-117.

67) 미국의 은행법규상 "보증신용장은 명칭을 불문하고 신용장 또는 이와 유사한 약정으로 발행은행의 수익자에 대하여 (i) 개설의뢰인이 차입하거나 그에게 제공한 자금을 상환하거나, (ii) 개설의뢰인이 부담한 채무를 지급하거나, (iii) 개설의뢰인의 채무불이행(불이행 진술을 포함함)으로 인하여 지급할 채무를 나타내는 것"으로 정의되어 있다. 12 CFR 32.2(ee); 208.24; 337.2 등.

68) 미국 국법은행(national bank)이 보증할 권리능력이 있는지는 관련 법조항(12 U.S.C. 24, Seventh)의 해석의 문제로, 미국 판례는 일반적으로 타인의 채무를 보증할 권리능력은 없고 다만 신용장을 발행할 수는 있다는 입장을 취했으나 은행의 권리증진을 위하거나 은행이 이해관계를 가진 거래에 부수한 보증을 허용하는 등 일정한 범위에서는 보증이 허용되었다. 은행규제상으로도 미국은행은 일정한 제한된 범위 내에서 보증할 수 있다(미국 국법은행의 보증채무 부담에 대해서는 12 C.F.R. §7.1017 National bank as guarantor or surety on indemnity bond, 미국은행의 해외지점의 보증채무 부담에 대해서는 12 CFR 211.4 Permissible activities and investments of foreign branches of member banks). Malloy(2011a), pp. 205-207; Malloy(2011b), p. 407.

보증의뢰인의 채무불이행을 입증하는 서류도 수익자의 진술서 정도를 요구한다. 보증신용장은 원인거래상 채무불이행에 따른 수익자의 권리를 확보하기 위한 수단으로 사용된다는 점에서 담보기능을 한다고 할 수 있다.

Ⅱ. 보증신용장의 독립·추상성과 그 한계

1. 독립·추상성

보증신용장은 기능 면에서나 독립·추상성의 면에서나 독립적 은행보증과 별 차이가 없다. 다만 보증신용장은 신용장의 형식을 갖추고 신용장거래에 통용되는 신용장통일규칙(Uniform Customs and Practice for Documentary Credits-UCP 600)과 보증신용장통일규칙(The International Standby Practices-ISP98)의 적용을 받는 경우가 대부분일 것이므로 그 통일규칙을 따르게 된다. 신용장통일규칙과 보증신용장통일규칙은 신용장거래의 독립·추상성을 명시적으로 규정하고 있다.[69] 대법원은 제5차 개정 신용장통일규칙(UCP 500) 제3조 a항과 b항[70]과 제4조[71]가 "신용장거래는 직접적 상품의 거래가 아니라 서류에 의한 거래로서 그 기초가 된 상품의 매매계약과는 관계가 없는 전혀 별개의 거래로 취급된다는 원칙"을 나타내고 있다고 보고, 이러한 "신용장거래의 독립 추상성의 원칙에 의하여 매입은행은 그 기초가 된 상품의 거래대금이 실제로 결제되었는지 여부와 상관없이 개설은행에 대하여 그 신용장 대금의 지급을 구할 수 있는 것"이라고 판시하여 신용장통일규칙이 정한 사항을 그대로 인정하였다.[72]

---

69) 보증신용장통일규칙(ISP98)은 제1.06조 a항에서 보증신용장이 독립적이고 서류로 행해지는 약정임을, c항에서 개설은행의 의무가 개설은행의 발행의뢰인에 대한 구상청구권 또는 수익자의 발행의뢰인에 대한 지급청구권에 의존하거나 원인거래상의 이행 또는 위반 사실을 개설은행이 알고 있는지에 의존하는 것이 아님을, d항에서 개설은행의 의무는 서류의 제시와 요구된 서류의 문면상 심사에 의존하는 것임을 명백히 하였다.

70) a항: "신용장은 본질적으로 그 근거가 되는 매매계약 또는 기타 계약과는 별개의 거래이다. 따라서 은행은 신용장에 그러한 계약에 관한 여하한 참고사항이 포함되어 있다 하더라도 그러한 계약과는 전혀 아무 관계가 없으며 또한 이에 구속되지 아니한다."
b항: "수익자는 어떠한 경우에도 은행 상호간 또는 개설의뢰인과 개설은행 사이에 존재하는 계약관계를 자신의 이익을 위하여 원용할 수 없다."
제6차 개정 신용장통일규칙(UCP 600)은 위의 내용을 제4조 a항에 규정하고 있다.

71) "신용장거래에서 모든 관계당사자는 서류상으로만 거래를 행하는 것이지 그 서류와 관계되는 상품, 용역 또는 기타 계약이행 등의 거래를 하는 것이 아니다." UCP 600은 위 내용을 제5조에 규정하고 있다.

72) 대법원 2003. 10. 9. 선고 2002다2249 판결. 대법원 1985. 5. 28. 선고 84다카696 판결도 신용장거래의 독립성을 확인하였다.

2. 독립·추상성의 한계

신용장거래에서도 수익자가 독립·추상성을 남용하는 경우에는 개설은행이 수익자의 청구에 응하지 않을 수 있다. 화환신용장에 관하여 대법원[73]은 "선적서류가 위조된 경우에 매입은행이 매입 당시 그 서류가 위조된 문서임을 알았거나 위조된 문서라고 의심할 만한 충분한 이유가 있었고, 또한 신용장개설은행도 매입은행으로부터 상환청구를 받을 당시 그 서류가 위조된 문서임을 알았거나 위조된 문서라고 의심할 만한 충분한 이유가 있었던 때에는, 신의성실의 원칙상 신용장개설은행은 매입은행에 대하여 신용장대금의 상환을 거절함이 마땅하고, 설사 신용장개설은행이 매입은행에게 신용장대금을 지급하였다고 하더라도 개설의뢰인 또는 개설의뢰인의 보증인에 대하여 신용장대금을 청구할 수 없다"고 판시하였다.

화환신용장에 관한 위 대법원판결은 지급을 거절할 수 있는 사유로 매입은행과 개설은행이 "위조된 서류임을 알았거나 위조된 서류라고 의심할 만한 충분한 이유가 있었던 때"를 들었다. 이는 독립적 은행보증에서의 지급거절 사유로 대법원 2014. 8. 26. 선고 2013다53700 판결이 제시한 "수익자가 보증금을 청구할 당시 보증의뢰인에게 아무런 권리가 없음이 객관적으로 명백하여 수익자의 형식적인 법적 지위의 남용이 별다른 의심없이 인정될 수 있는 경우"와는 약간 차이가 있다. 화환신용장 거래에서는 통상 원인관계에 연계된 것으로서 제3자가 작성한 서류(예: 선하증권)가 요구되므로 서류의 위조가 중요한 사유에 해당하지만, 보증신용장이나 독립적 은행보증에서는 그러한 서류를 요구하지 않는다는 점에서 개설은행 또는 보증은행의 지급거절 사유에 차이가 있을 수 있다. 그러나 은행의 지급거절 사유로 "위조·사기 등을 의심할 만한 충분한 이유가 있으면" 충분한 것인지 아니면 "권리남용이 별다른 의심없이 인정될 수 있는 경우"에 한해야 하는 것인지의 점에서 화환신용장과 보증신용장(또는 독립적 은행보증) 거래를 달리 취급할 이유가 있는지는 의문이다. 최소한 보증신용장과 독립적 은행보증의 지급거절 사유의 기준에 차이를 둘 합리적인 이유는 찾기 어렵다. 보증신용장의 개설은행이 수익자의 청구에 응하지 않을 사유는 대법원 2014. 8. 26. 선고 2013다53700 판결이 제시한 것과 같은 기준이 적용되어야 타당할 것이다.

73) 대법원 1997. 8. 29. 선고 96다37879 판결, 대법원 1997. 8. 29. 선고 96다43713 판결, 대법원 2017. 11. 14. 선고 2017다216776 판결. 위 판결들은 모두 신용장 개설의뢰인과 수익자가 공모하여 신용장 개설은행에게 사기적 청구를 한 사안에 관한 것이다.

참고문헌

김선국(2008) 김선국, "독립적 은행보증의 법리", 재산법연구 제25권 제1호(한국재산법학회, 2008)

김세연·우재형(2017) 김세연·우재형, "독립적 은행보증의 독립성과 권리남용의 관계", 율촌판례연구(박영사, 2017)

김승현(2016) 김승현, "독립적 보증과 그 부당한 청구에 대한 대응방안 연구", 무역상무연구 제69권(무역상무학회, 2016)

김인현(2015) 김인현, "독립적 보증으로서의 선수금환급보증과 권리남용(대법원 2015. 7. 9. 선고 2014다6442 판결)", 국제거래법연구 제24집 제2호(국제거래법학회, 2015)

김진오(2015) 김진오, "독립적 은행보증에 있어 권리남용 법리의 적용 범위와 한계", 사법 33호(사법발전재단, 2015)

김형석(2004) 김형석, "보증계약과 손해담보계약", 저스티스 제77호(한국법학원, 2004)

문영화(2007) 문영화, "서울보증보험의 사채보증보험계약상의 사전구상권을 자동채권으로 한 상계권 행사", BFL 제7호(서울대학교 금융법센터, 2007)

심승우(2015) 심승우, "신용장 및 독립적 은행보증 관련 지급금지가처분 — 우리나라 법원의 하급심 결정례를 중심으로 —", 민사집행법연구 제11권(한국민사집행법학회, 2015)

위계찬(2009) 위계찬, "공통참조요강초안(Draft Common Frame of Reference)의 인적담보에 관한 연구", 외법논집 제33권 제2호(한국외국어대학교 법학연구소, 2009)

윤진수(2014) 윤진수, "독립적 은행보증의 경제적 합리성과 권리남용의 법리", 법조 제692호(법조협회, 2014. 5.)

채동헌(2017) 채동헌, "독립적 은행보증에서 권리남용에 대한 기준", 국제거래법연구 제26집 제2호(국제거래법학회, 2017)

한재필(2014) 한재필, "신용장 및 독립적 보증 거래에서 위법 예외의 실무적 적용요건에 관한 연구 — 영국법을 중심으로 —", 무역학회지 제39권 제2호(한국무역학회, 2014)

Bertrams(2013) Roeland F. Bertrams, Bank Guarantees in International Trade (4th ed.) (Wolters Kluwer, 2013)

Enonchong(2011) Nelson Enonchong, The Independence Principle of Letters of Credit and Demand Guarantees (Oxford University Press, 2011)

Horowitz(2010) Deborah Horowitz, Letters of Credit and Demand Guarantees: Defences to Payment (Oxford University Press, 2010)

Malloy(2011a) Michael P. Malloy, Principles of Bank Regulation (3rd ed.) (West, 2011)

Malloy(2011b) Michael P. Malloy, Banking and Financial Services Law: Cases, Materials, and

Problems (Carolina Academic Press, 2011)

橋本喜一(2010) 橋本喜一, 銀行保証状論(增補版) (中央公論事業出版, 2010)

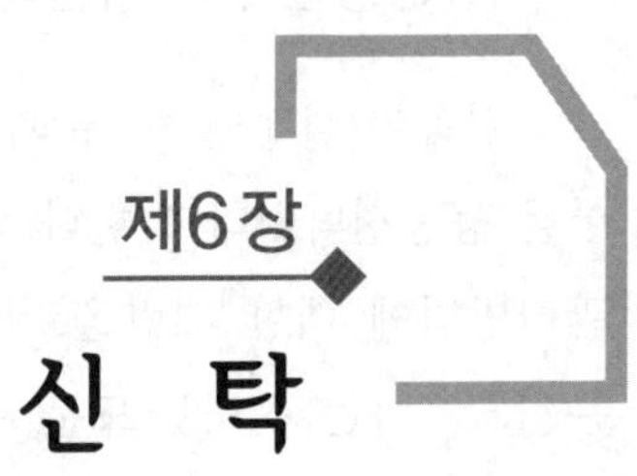

제6장 신 탁

제1절 서 설

Ⅰ. 신탁의 개념

신탁은 "믿고(信) 맡긴다(託)"는 의미를 갖는다. 신탁법 제2조에 의하면, "신탁"이란 "(i) 신탁을 설정하는 자(=위탁자)와 신탁을 인수하는 자(=수탁자) 간의 신임관계에 기하여, (ii) 위탁자가 수탁자에게 특정의 재산(영업이나 저작재산권의 일부를 포함)을 이전하거나 담보권의 설정 또는 그 밖의 처분을 하고, (iii) 수탁자로 하여금 일정한 자(=수익자)의 이익 또는 특정의 목적을 위하여 그 재산의 관리, 처분, 운용, 개발, 그 밖에 신탁 목적의 달성을 위하여 필요한 행위를 하게 하는 법률관계"를 말한다. 신탁의 주된 구성요소는 위탁자, 수탁자, 수익자, 신탁의 목적, 신탁설정 행위 및 신탁재산이다. 수익자가 없는 특정의 목적을 위한 신탁(목적신탁)도 인정된다(신탁법 제3조 제1항).

Ⅱ. 신탁의 종류

신탁은 다양한 방법으로 분류할 수 있다. 이하에서는 신탁법상 신탁의 개념을 이해하는 데에 비교적 중요한 신탁의 종류에 관하여 살펴본다.

1. 능동신탁 · 수동신탁 · 명의신탁

신탁이 설정되면, 통상 수탁자는 적극적으로 신탁재산을 관리·운용 또는 처분하는데 이를 능동신탁이라고 한다. 수동신탁은 수탁자가 신탁재산의 명의인이 될 뿐 신탁재산의 관리방법에 대한 재량을 가지고 있지 않고, 수익자, 위탁자 등의 지시에 따라 관리·처분 등을 하는 신탁[1] 또는 수탁자가 신탁재산을 적극적으로 관리 또는 처분을 해야 할 권리·의무를 부담하지 아니하는 신탁[2]이다. 과거에는 수동신탁의 효력에 관하여 의문이 제기되었던 것으로 보이나 근래에는 수동신탁이라고 하더라도 신탁법상의 신탁으로서의 효력을 인정하는 것이 일반적인 견해이다(상세한 내용은 ☞ 제2절 Ⅰ. 3. 수탁자에 의한 신탁재산의 관리·처분 등).[3]

한편, "명의신탁"이란 소유명의는 수탁자 앞으로 하여 두되, 명의신탁자와 수탁자 사이의 내부관계에 있어서는 명의신탁자가 여전히 소유권을 보유하기로 하는 것을 말한다. 명의신탁의 경우 명의신탁자가 신탁재산을 관리, 처분하고 수탁자는 단지 이를 용인할 의무를 부담하는 것이어서 수탁자에게 신탁재산에 대한 관리·처분 등의 권한이 있다고 보기 어렵다. 대법원판례는 단순한 명의신탁에 대하여는 신탁법상의 신탁이 아니라고 일관되게 판시하고 있다.[4] 부동산의 경우, 신탁법 또는 자본시장법에 따른 신탁재산인 사실을 등기한 때에는 부동산 실권리자 명의 등기에 관한 법률상의 "명의신탁약정"에 해당되지 않는다(동법 제2조 제2호).

2. 자익신탁 · 타익신탁

위탁자가 수익자를 겸하는 경우를 '자익신탁'[5]이라고 부르고, 위탁자와 수익자가 다른 경우를 '타익신탁'이라고 한다. 타익신탁은 민법상 제3자를 위한 계약과 유사하다. 그러나, 신탁에서는 신탁행위에 달리 정한 경우를 제외하고 신탁행위에 의해 수익자로 지정된 자가 수익의 의사표시 없이 당연히 수익권을 취득하고(신탁법 제56조), 제3자를 위한 계약에서는 수익자가 수익의 의사를 표시하여야 비로소 낙약자에 대하여 권리를 취득한

1) 법무부(2010), 14쪽.
2) 神田秀樹·折原 誠(2014), 10-11쪽; 新井 誠(2008), 126쪽.
3) 이중기·이영경(2022), 298-302쪽. 수동신탁의 개념 및 효력에 관한 우리나라의 학설들에 관한 소개로는, 최수정(2023), 44-45쪽.
4) 대법원 1971. 1. 29. 선고 70도2716 판결, 대법원 1993. 4. 27. 선고 92누8163 판결, 대법원 1996. 10. 15. 선고 96다17424 판결 등.
5) 위탁자가 자신을 수익자로 지정하는 경우에도 위탁자와 수익자의 지위는 전혀 별개의 것이다(대법원 2002. 12. 26. 선고 2002다49484 판결).

다는 점에서 타익신탁과 제3자를 위한 계약은 기본적으로 차이가 있다.[6)]

위탁자가 자신을 위해 재산의 관리·운용 목적으로 신탁을 하는 경우 자익신탁 방식에 의한다. 재산의 승계, 담보제공 기타 처분 목적으로 신탁을 하는 경우에는 처음부터 타익신탁에 의할 수도 있고, 자익신탁에 의하여 위탁자가 수익권을 취득한 후 수익권을 제3자에게 양도, 담보제공 기타의 방법으로 처분할 수도 있다. 처음부터 타익신탁으로 설정하는 경우 위탁자는 수익자로부터 신탁행위의 원인이 되는 법률행위로 반대급부를 받는 경우도 있고 그렇지 아니한 경우(증여)도 있다. 신탁행위로 달리 정하지 아니한 경우, 위탁자가 수익권 전부를 갖고 있는 자익신탁(후발적으로 자익신탁이 된 경우를 포함)은 위탁자나 그 상속인이 언제든지 종료할 수 있다(신탁법 제99조 제2항, 제4항).[7)]

금융거래에 이용되는 신탁에서는 하나의 신탁에 타익신탁과 자익신탁이 혼합되어 있는 경우가 많다. 예컨대, 후술하는 담보신탁(아래 제3절 Ⅱ)은 타익신탁 부분(=위탁자의 채권자에 대한 우선수익권 부여)과 자익신탁 부분(=위탁자 자신의 후순위수익권 취득)으로 구성된다.

3. 영리신탁과 비영리신탁

신탁은 수탁자가 신탁을 인수하는 것이 "영업으로" 하는 것인지 여부에 따라 영리신탁과 비영리신탁으로 구분할 수 있다. 영리신탁의 경우, 수탁자는 신탁업을 영위하는 신탁업자로서 자본시장법에 따른 규제(진입규제, 건전성규제, 영업행위규제 등)를 받는다(동법 제6조 제1항, 제8항).[8)] 자본시장법에 따라 규제되는 영리신탁은 신탁재산의 종류에 따라 금전신탁과 비금전신탁(=증권, 금전채권, 동산, 부동산, 부동산 관련 권리 또는 무체재산권을 신탁재산으로 하는 신탁)으로 구분된다(동법 제103조 제1항). 종류가 다른 복수의 재산을 종합하여 수탁하는 것을 "종합재산신탁"이라고 한다(동법 제103조 제2항). 금전신탁은 다시 위탁자가 신탁재산인 금전의 운용방법을 지정하는 것인지 여부에 따라 특정금전신탁[9)]과 불특정금전신탁[10)]으로 구분한다(자본시장법시행령 제103조).

---

6) 신탁과 제3자를 위한 계약의 그 밖의 차이점에 관하여는 최수정(2023), 192-194쪽.
7) 무궁화·광장(2021), 386쪽.
8) 신탁업에 해당되기 위한 구체적인 요건에 관하여는 제3절 Ⅳ. 2. (2) 신탁업 인가.
9) 특정금전신탁은 위탁자가 신탁재산인 금전의 운용방법을 지정하는 금전신탁으로, (i) 투자자가 운용대상을 특정종목과 비중 등 구체적으로 지정하는 "지정형 특정금전신탁"과 (ii) 운용대상을 구체적으로 지정하지 아니하는 "비지정형 특정금전신탁"으로 구분된다(한국금융투자협회, 「특정금전신탁 업무처리 모범규준」).
10) 위탁자가 신탁재산인 금전의 운용방법을 지정하지 아니하는 불특정금전신탁은 집합투자와 구분하기가 어렵다. 불특정금전신탁에 관하여는 (구)간접투자자산운용업법이 제정되면서 2004년 7월

신탁업자는 인가받은 신탁재산 외에는 수탁할 수 없으나, 부동산신탁 중 부동산개발사업을 목적으로 하는 신탁의 경우에는 자본시장법시행령이 정하는 사업비의 15% 이내에서 금전을 수탁할 수 있다(자본시장법 제103조 제4항). 토지신탁의 경우에는 부동산 전업신탁회사에만 허용되고 있다. 2018년 12월말 현재 신탁업자의 현황은 [표 6-1]과 같다.

[표 6-1] 신탁업자의 현황(2023. 12. 31.)

구분	업자수	수탁고(단위: 조원)	인가 단위
은행 (외국은행 지점)	18 (2)	632.0	종합신탁(15), 금전신탁(3)
증권회사	21	252.8	종합신탁(19), 금전신탁(2)
보험회사	7	23.8	종합신탁(4), 금전신탁(3)
부동산신탁회사	14	402.1	부동산신탁(14)
합계	60	1,310.7	

출처: 금융감독원.

Ⅲ. 신탁의 법체계

1961년에 신탁법과 신탁업법이 제정되었고, 1962년에 담보부사채신탁법이 제정되었다. 2009년에 자본시장법이 제정되면서 신탁업법은 폐지되어 자본시장법에 통합되었다. 우리나라의 신탁제도는 영리신탁을 중심으로 발전하여 왔다. 2011. 7. 25. 신탁법이 전면 개정되어 2012. 7. 26.부터 시행되었다(이하에서는, 전면 개정된 신탁법을 "신탁법" 또는 "개정 신탁법", 개정 전의 신탁법을 "(구)신탁법"이라고 한다).[11] 신탁법 개정 내용 중에는 신탁재산의 범위 확대, 담보권신탁·자기신탁 등 신탁행위의 범위 확대, 사해신탁 제도의 개선, 유한책임신탁·수익증권발행신탁 및 신탁사채의 도입, 수익자가 여럿인 경우의 의사결정 방법 신설, 상계 관련 규정의 정비, 신탁사무 위임의 유연화 등이 포함되어 있다.[12]

부터는 예외적인 경우를 제외하고는 신탁업자가 불특정금전신탁을 추가로 설정하는 것은 불허하였고(동법 부칙 제6987호 제14조 제2항), 이러한 규제는 자본시장법에서도 기본적으로 유지되고 있다. 다만, 자본시장법상 예외적으로 허용되는 원본보장형 신탁(연금신탁, 퇴직일시금신탁, 신노후생활연금신탁 등)(동법 제103조 제3항, 동법시행령 제104조 제1항)은 실적배당을 하는 것이 아니어서 신탁수익권이 투자성이 있다고 볼 수 없어 불특정금전신탁으로 신규 취급하는 것이 가능하다.

11) 신탁법 전면 개정은 국제경쟁력 강화와 글로벌 스탠다드에 부합하는 선진화된 신탁법제를 마련하기 위한 것으로 (구)신탁법의 체계와 내용을 전면 개편하여 조문의 수가 72개에서 147개로 늘어났다. 법무부 보도자료(2009. 10. 28.), 신탁법 전면개정안 입법예고.

12) 신탁법 개정안의 준비 단계에서의 주요 쟁점에 관하여는 이중기(2009); 안성포(2010).

신탁법은 관련 당사자 간의 권리의무 관계를 규율하는 거래법적 성격을 갖고 있고, 많은 규정이 신탁행위에 의해 달리 정할 수 있는 임의규정으로 되어 있다. 신탁업을 영위하는 신탁업자는 자본시장법의 규제를 받는데, 신탁법과의 관계에서는 자본시장법상 금융투자업자에 대하여 공통적으로 적용되는 영업행위규제와 신탁업자에 대하여만 적용되는 영업행위규제가 중요하다.[13] 신탁법에서 허용된 행위라도 신탁업자와의 관계에서는 자본시장법상의 영업행위규제에 따라 금지 또는 제한될 수 있다. 담보부사채신탁법은 사채에 물상담보를 붙이려고 하는 경우에 적용되는 법으로서 신탁법과 자본시장법의 특별법이라고 할 수 있고 거래법과 규제법의 속성을 모두 갖고 있다. 신탁법에 따른 신탁으로서 일정한 공익사업을 목적으로 하는 공익신탁은 공익신탁법(2017. 10. 31. 제정, 2018. 11. 1. 시행)에 의하여 규율된다. 개정신탁법에 따라 사해신탁 제도가 대폭 변경되고 파산능력을 갖는 유한책임신탁이 새로 도입됨에 따라 2013. 5. 28. 채무자회생법이 개정되어 신탁행위의 부인에 관한 특칙과 유한책임신탁의 신탁재산에 대한 파산절차가 신설되었다. 또한, 2013. 5. 28.자로 부동산등기법이 개정되어 유한책임신탁, 부동산 저당권을 설정하는 담보권신탁 등에 관한 신탁등기 제도가 마련되었다.[14]

위와 같은 신탁 관련 제도의 개선은 신탁을 이용한 금융거래의 활성화에 크게 기여할 것으로 기대되었다. 그러나 개정신탁법에 의해 새로운 유형의 신탁이 도입되고 신탁제도가 개선되어도 신탁업 규제에 관한 자본시장법의 규정이 이를 적절히 수용하지 아니할 경우, 신탁제도 개혁의 취지가 퇴색될 수도 있다. 예를 들면, 개정신탁법에서 담보권신탁을 도입하였지만 자본시장법 제103조 제1항에 따라 신탁업자가 수탁할 수 있는 재산에는 '담보권'이 포함되어 있지 아니하여 신탁업자가 영업행위로서 담보권신탁을 인수하는 것은 허용되지 않고 있다. 또한, 개정신탁법은 수익증권발행신탁 제도를 새로이 도입하였으나 자본시장법상으로는 금전신탁계약에 의한 수익권과 투자신탁의 수익권이 표시된 수익증권만 발행할 수 있다(동법 제110조, 제189조).[15]

---

13) 자본시장법상 신탁업자에 대한 주요 영업행위규제로는, 업무위탁에 대한 규제(제42조), 손실보전·이익보장의 금지(제56조, 제103조 제3항), 신탁업자가 수탁할 수 있는 신탁재산의 제한(제103조), 신탁재산과 고유재산의 구분(제104조), 신탁재산 운용의 제한(제105조), 여유자금의 운용(제106조), 불건전영업행위의 금지(제108조), 신탁계약의 기재사항(제109조), 수익증권(제110조), 신탁재산의 회계처리(제114조) 등을 들 수 있다.

14) 부동산등기법 제81조 제1항 제12호(유한책임신탁의 등기), 제87조의2(담보권신탁에 관한 특례).

15) 2019. 5. 2. 금융위원회는 금융혁신지원특별법에 따라 '블록체인 기반 분산원장 방식을 활용하여 부동산 유동화 수익증권을 디지털화하여 투자자에게 발행·유통하는 서비스'를 혁신금융서비스로 지정하였고, 규제특례로 자본시장법상 허용되지 않은 "부동산신탁계약에 의한 수익증권 발행"을 허용하는 특례와 "투자중개업과 거래소 인·허가 없이 플랫폼 상 다자간상대매매 방식으로 거래" 할 수 있는 특례를 허용하였다{금융위원회 공고 제2019-147호((주)카사코리아 및 ㈜국민은행 등 5개 신탁회사의 혁신금융서비스 지정), 금융위원회 보도자료(2019. 12. 19), "12월 18일 금융위원

금융위원회는 2022. 10.경 신탁업의 혁신 방안으로서 다음과 같은 개선방안을 발표하였고,[16] 이를 반영하여 조만간 자본시장법이 개정될 것으로 예상된다.[17]

① 신탁업자가 신탁 받을 수 있는 재산에 담보권(담보권신탁에 의해 신탁되는 담보권을 염두에 둠), 채무(신탁재산에 결부된 채무로 제한) 등을 추가함.

② 비금융 전문기관(병원·법무법인·회계법인·세무법인·특허법인 등)이 신탁 업무 일부를 위탁받아 전문화된 서비스를 제공할 수 있도록 신탁업무 위탁 관련 규율을 정비함.

③ 중소·혁신기업 등의 자금조달 지원, 조각투자 등 혁신 서비스의 제도화를 위해 비금전재산신탁의 수익증권 발행을 원칙적으로 허용하고{단, 금전신탁의 수익증권은 사실상 펀드(집합투자업)와 유사함을 감안해 발행을 금지하기로 함}, 소비자 보호를 위해 '발행 - 판매 - 운용' 등 단계별 규율도 함께 정비함.

④ 가업승계신탁의 활용을 저해하는 제도적 요인(신탁업자의 의결권 행사를 15%로 제한한 규정 등)을 발굴·정비함.

⑤ 종합재산신탁이 활성화될 수 있도록, 종합재산신탁에 편입된 금전의 운용방법에 대한 규율을 정비하고, 유언대용·후견·가업승계 등 신탁계약의 기능적 측면에 대한 홍보를 허용함.

한편, 신탁은 기본적으로 일대일 계약의 비정형성을 갖는 것이고 금융부문뿐만 아니라 비금융부분도 포괄하고 있다는 점을 고려하여, 자본시장법 밖에서 신탁업에 대한 독립적 규율 체계를 마련할 필요가 있다는 견해[18]도 제시된 바 있었으나 그 후 논의가 진전되지 않았다.

회, 혁신금융서비스 9건 지정"}.

16) 금융위원회 보도자료(2022. 10. 12.), "신탁을 활용한 가계 재산의 종합관리, 중소·혁신기업의 자금조달이 가능해집니다 —「신탁업 혁신 방안」 발표"; 최병권, "자본시장과 금융투자업에 관한 법률 일부개정법률안 검토보고"{제413회 국회(임시회) 제1차 정무위원회, 2024. 2.}.

17) 위 혁신 방안을 반영하여 2023. 11. 29. 국회에 제출된 자본시장법 개정안(김희곤 의원 대표 발의, 의안번호 제2125655호)은 21대 국회 임기만료로 폐기되었으나, 22대 국회에서 다시 같은 취지의 법안이 제출될 것으로 예상된다.

18) 금융위원회, 금융개혁 주요 추진과제(2017년 업무계획 상세 브리핑 자료, 2017. 1. 12), 6-8쪽. 이러한 견해는 그 근거로 주로 (i) 신탁업에 대한 자본시장법상의 규제가 상사신탁(=금융신탁)을 중심으로 운용되고 있기 때문에 비금전재산을 관리·보관하는 민사신탁(=비금융신탁) 업무에 대한 효과적인 규율이 어렵다는 문제점과 (ii) 신탁업을 금융투자업으로 분류하여 높은 수준의 자기자본을 요구하는 자본시장법상의 진입규제로 인해 민사신탁만을 운용하는 신탁업자의 출현이 어렵고 신탁업은 대부분 금융회사의 겸영업무로 영위되고 있다는 문제점을 지적하고 있다.

Ⅳ. 금융거래에서 신탁의 기능[19)]

현대의 금융거래에서 신탁은 매우 중요한 역할을 하고 있다. 금융거래에서 신탁의 기본적인 기능으로는, 신탁재산의 독립성(제2절 Ⅲ)에 따라 신탁재산이 위탁자와 수탁자의 도산으로부터 절연될 수 있게 하는 기능(=도산절연기능)과 재산을 단일 또는 복층의 신탁수익권으로 변환시켜 보다 쉽게 금융거래의 수단이 될 수 있도록 하는 기능(=재산변환기능)을 들 수 있다. 또한, 신탁수익권의 행사를 수익자가 가지는 채권의 담보 목적으로 제한하는 경우에는 신탁재산이 실질적으로 담보의 기능을 한다(=신탁의 담보적 기능).[20)]

이러한 신탁의 기능을 활용하여, 가장 기본적인 담보부대출 거래에서부터 다양한 금융기법이 총체적으로 이용되는 자산유동화 등의 복잡한 구조화금융 거래에 이르기까지 신탁이 널리 이용되고 있다. 신탁을 이용한 금융거래로는 투자신탁, 자산유동화, 담보신탁, 프로젝트 금융, 교환사채, 담보부사채신탁 등을 들 수 있고, 신탁법 개정에 의하여 사업신탁,[21)] 담보권신탁, 유한책임신탁, 신탁사채, 수익증권발행신탁, 신탁의 합병·분할 등 새로운 제도가 도입됨으로써 신탁의 이용가능성이 증대되었다.

제 2 절 기본적 법률관계

Ⅰ. 신탁의 성립

신탁은 당사자의 법률행위에 의하여 설정되는 것이 보통이다. 이 경우 신탁이 성립하기 위해서는, (i) 신탁의 설정과 (ii) 위탁자의 수탁자에 대한 재산권의 이전(또는 담보권

19) 이 부분은 한민(2015), 234쪽을 수정한 것이다.

20) 담보적 기능에는 신탁법 개정에 의하여 신설된 담보권신탁을 추가할 수도 있을 것이다. 신탁이 상거래에 매력적인 수단이 되는 이유로 아래와 같은 네 가지 특성을 제시하는 견해도 있다. ① 신탁재산에 대한 수익자의 권리가 수탁자의 도산에 의하여 영향을 받지 아니한다는 점, ② 조세 목적상 신탁이 도관으로 취급되어 신탁 단계에서는 과세되지 아니하고 수익자 단계에서 과세된다는 점, ③ 수탁자에게 수익자에 대한 신인의무가 부과된다는 점 및 ④ 내부적 의사결정 및 수익권의 구조를 설계함에 있어서 탄력성이 있다는 점{Langbein(1997), pp. 179-185}.

21) 개정신탁법 제2조는 (구)신탁법상 신탁의 대상을 "특정의 재산권"이라고 하였던 것을 "특정의 재산(영업이나 저작재산권의 일부를 포함한다)"이라고 수정, 확대함으로써 소극재산을 포함하여 다수의 재산으로 구성되는 영업을 하나의 신탁행위에 의하여 수탁자에게 이전하는 사업신탁(또는 영업신탁)이 가능하도록 하였다{법무부(2010), 4-7쪽}. 그러나 사업신탁에 관한 상세한 조항을 두고 있지 않아 실제 활용에는 어려움이 있다{이영경(2018)}.

설정, 기타의 처분)이 있어야 한다. 신탁은 법률의 규정에 의하여 성립될 수도 있다. 신탁법 제101조 제4항은 신탁이 종료된 경우 신탁재산이 수익자 또는 귀속권리자에게 이전할 때까지는 신탁은 존속하는 것으로 간주하고, 제132조 제2항은 유한책임신탁을 청산할 때 청산완료시까지 그 목적범위 내에서 신탁이 존속하는 것으로 간주한다. 이들 신탁은 법률의 규정에 의하여 제한적인 목적으로 성립되는 법정신탁이다.[22] 신탁이 종료하여도 그 잔여재산을 귀속권리자 등에게 완전히 이전시킬 때까지 상당한 시일이 걸리므로 귀속권리자 등의 권리를 보호하고 신탁의 나머지 업무를 마치도록 하기 위한 것이다.[23] 이하에서는 신탁설정 행위(=신탁행위)에 의한 신탁의 성립에 관하여 본다.

1. 신탁설정의 방법과 의사

(1) 신탁설정의 방법

법률행위에 의하여 설정되는 신탁을 임의신탁(또는 설정신탁)이라고 한다. 신탁법상 신탁설정 행위로는 위탁자와 수탁자 간의 신탁합의(신탁계약), 위탁자의 유언 및 신탁선언이 있다(동법 제3조 제1항). 신탁설정에 의하여 신탁이 성립되기 위해서는 신탁설정의사를 요한다.[24]

신탁합의는 묵시적으로도 이루어질 수 있다. 대법원 2002. 7. 26. 선고 2000다17070 판결은 사채원리금지급대행계약의 문면상 신탁이라는 용어가 사용되고 있지 않음에도 불구하고 발행회사가 사채권자에게 원리금을 지급하기 위하여 그 지급 자금을 은행에게 제공하고 은행은 제공받은 자금을 별단예금으로 넣어 두고 관리한 사안에서, 사채원리금지급대행계약은 신탁계약이라고 하였다(☞ 이 대법원판결에 관한 상세한 검토는 제7장 제3절 Ⅰ. 4. 사채원리금지급대행계약).

한편, 신탁선언은 신탁의 목적, 신탁재산, 수익자(공익신탁인 경우에는 신탁관리인) 등을 특정하고 자신을 수탁자로 정한 위탁자의 선언을 말한다(신탁법 제3조 제1항 제3호). "신탁선언에 의한 신탁" 또는 "자기신탁"은 개정신탁법이 새로 도입한 제도이다(☞ 상세한 내용은 제3절 Ⅳ. 금융거래와 자기신탁). 자기신탁의 설정은 공익신탁을 제외하고는 공정증서를 작성하는 방법으로 하여야 하며, 신탁을 해지할 수 있는 권한을 유보할 수 없다(신탁법 제3조 제2항). 위탁자가 신탁설정 후 임의로 해지할 수 있도록 한다면 불법목적으로 신탁

22) 최수정(2023), 247-249쪽, 508-509쪽.
23) 대법원 2002. 3. 26. 선고 2000다25989 판결 등.
24) 이중기·이영경(2022), 68쪽; 정순섭(2015a), 195-196쪽, 202쪽; 최수정(2023), 201쪽.

을 남용할 우려가 있기 때문이다.[25)]

(2) 신탁설정 의사의 내용

가. 수탁자에 의한 신탁재산의 관리·처분 목적

신탁이 성립되기 위해서는, 수탁자로 하여금 수익자의 이익(또는 특정의 목적)을 위하여 그 재산의 관리, 처분, 운용, 개발, 그 밖에 신탁 목적의 달성을 위하여 필요한 행위를 하게 하여야 한다(제2조). 수탁자는 신탁재산에 대한 권리와 의무의 귀속주체로서 신탁재산의 관리, 처분 등을 하고 신탁 목적의 달성을 위하여 필요한 모든 행위를 할 권한이 있으며, 다만 이러한 수탁자의 권한은 신탁행위로 제한할 수 있다(제31조). 그러나 신탁계약에 수탁자의 권한을 제한하는 특약을 두었더라도 수탁자는 수익자에 대한 관계에서 위와 같은 특약에 따른 제한을 부담할 뿐이고 제3자에 대한 관계에서는 완전한 소유권을 행사할 수 있다.[26)]

앞서 본 바와 같이 수탁자가 신탁재산에 대하여 적극적인 관리·처분을 할 권리·의무를 부담하지 아니하는 수동신탁이라고 하더라도 신탁법상 신탁으로서 유효하다고 보는 것이 일반적인 견해이다. 그러나 신탁이 성립되기 위해서 수탁자에게 신탁재산에 대하여 어느 정도의 관리·처분 등 권한이 있어야 하는 것인지, 즉 수탁자의 권한을 어느 정도까지 제한할 수 있는지는 논의의 여지가 있다.

특정금전신탁과 투자신탁[27)]은 수동신탁의 범주에 속한다. 이들 유형의 신탁은 자본시장법에 의하여 유효한 신탁으로 인정받고 있다. 또한, 자본시장법은 신탁의 유형 중 '금융투자상품'으로부터 명시적으로 배제되는 '관리형신탁'으로서 ① 위탁자(신탁계약에 따라 처분권한을 가지고 있는 수익자를 포함)의 지시에 따라서만 신탁재산의 처분이 이루어지는 신탁(동법 제3조 제1항 제2호 가목)과 ② 신탁계약에 따라 신탁재산에 대하여 보존행위 또는 그 신탁재산의 성질을 변경하지 아니하는 범위에서 이용·개량 행위만을 하는 신탁(동법 제3조 제1항 제2호 나목)을 규정하고 있다. 관리형신탁에 대하여는 자본시장법상 투자권유에 대한 규제가 적용되지 아니한다(동법 제9조 제4항). 자본시장법의 위 규정들은 위 ①

25) 법무부(2010), 33쪽.

26) 대법원 2008. 3. 13. 선고 2007다54276 판결(신탁계약에서 "수탁자의 권한은 등기부상 소유권 관리 및 보전에 한정되므로 그 이외의 실질적인 관리, 보전 업무 일체는 우선수익자의 책임 하에 수익자가 주관하여 관리한다"는 내용의 특약을 한 사안). 이에 관한 상세한 내용은 ☞ 제2절 Ⅳ. 3. (4) 권한제한에 위반한 행위의 대외적 효력.

27) 투자신탁의 수탁자는 집합투자업자의 지시에 따라야 한다는 점에서 수동신탁적 성격이 있다. 그러나 집합투자의 수탁자는 집합투자업자에 대한 적극적인 감시업무를 수행하는 점에서는 단순한 수동신탁과는 차이가 있다{김건식·정순섭(2023), 911쪽}.

및 ②의 유형에 속하는 관리형신탁이 신탁법에 의한 신탁임을 전제로 한 것이라고 볼 수 있다. 위 자본시장법의 규정에 비추어 볼 때, 수탁자가 수익자 등의 지시에 따라 행동하지만 대외적으로는 권리·의무를 수탁자가 행사하고 부담하는 신탁(특정금전신탁, 투자신탁 등 위 ①의 유형에 속하는 신탁)뿐만 아니라 수탁자의 역할이 보전기능에 그치는 신탁(부동산관리신탁 등 위 ②의 유형에 속하는 신탁)의 경우에도, 신탁을 가장한 것이 아닌 한, 신탁법상의 신탁으로서 유효하다고 보아야 할 것이다.[28)]

대법원판례도 수탁자의 관리·처분권에 관하여 같은 입장을 취하고 있는 것으로 보인다. 대법원 2002. 4. 12. 선고 2000다70460 판결은, 수탁자의 의사와 이익에 반하지 않는 범위에서 신탁재산인 아파트 관리권의 일부를 위탁자가 행사하는 경우에도 신탁법상의 신탁으로 인정하였다.[29)] 또한, 후술하는 담보신탁에 관한 대법원 2003. 5. 30. 선고 2003다18685 판결은, 을종 부동산관리신탁(위탁자가 부동산에 대한 관리와 보존에 관한 업무를 전담하고 수탁자는 등기부상 소유권의 보존관리만을 담당하는 내용의 신탁)에 대하여도, 신탁법 제8조 소정의 사해신탁에 해당된다거나 또는 수탁자가 그 신탁계약을 해제하였다는 등의 다른 특별한 사정이 없는 한, 이러한 신탁은 유효하다고 판시하였다.

반면에, 대법원 2003. 1. 27. 자 2000마2997 결정은, "신탁법상의 신탁은 위탁자가 수탁자에게 특정의 재산권을 이전하거나 기타의 처분을 하여 수탁자로 하여금 신탁 목적을 위하여 그 재산권을 관리·처분하게 하는 것이어서((구)신탁법 제1조 제2항), 신탁의 효력으로서 신탁재산의 소유권이 수탁자에게 이전되는 결과 수탁자는 대내외적으로 신탁재산에 대한 관리권을 갖는 것이고, 다만 수탁자는 신탁의 목적 범위 내에서 신탁계약에 정하여진 바에 따라 신탁재산을 관리하여야 하는 제한을 부담함에 불과하므로, 신탁재산에 관하여는 수탁자만이 배타적인 처분·관리권을 갖는다고 할 것이고, 위탁자가 수탁자의 신탁재산에 대한 처분·관리권을 공동행사하거나 수탁자가 단독으로 처분·관리를 할 수 없도록 실질적인 제한을 가하는 것은 신탁법의 취지나 신탁의 본질에 반하는 것이므로 법원은 이러한 내용의 관리방법 변경을 할 수는 없다"고 판시하였다.[30)] 생각건대, 위 대법원결정은

28) 같은 취지: 神田秀樹·折原 誠(2014), 11쪽.

29) 이 판결의 사안에서는, 신탁계약에서 위탁자가 신탁부동산을 사용·관리할 수 있다고 정하였으나, 위탁자의 경영악화 및 관리가 적정하지 못하게 된 경우를 비롯하여 수탁자가 요구할 때에는 언제나 위탁자는 신탁재산의 관리권을 수탁자에게 넘겨야 하고, 위탁자가 일정세대 이상의 임대보증금 및 월임료를 변경할 때에는 수탁자의 동의를 받아야 하며, 위탁자는 임대계약자 현황 및 변경사항을 수탁자에게 통보하도록 정하고 있었다.

30) 이 대법원결정의 사안은 신탁이 설정된 후에 수탁자(피신청인)의 업무처리에 불만을 가진 위탁자(신청인)가 신탁재산 관리방법의 변경을 구한 것이었다. 원심이 신탁재산인 아파트의 분양수입금 등을 수탁자 명의로 개설된 은행예금계좌에 보관하되, 수탁자가 신탁과 관련하여 은행예금계좌에 입금된 예금을 인출·지출하려면 "미리 위탁자의 동의를 얻어야 하도록 신탁재산관리방법을 변경"하는 결정을 한데 대해, 대법원은 위탁자의 신청이 우선 (구)신탁법 제36조 제1항에서 정한

법원이 사후적으로 개입하여 당초의 신탁행위에 의해 수탁자에게 부여되었던 신탁재산의 관리·처분 권한을 본질적으로 제한하는 방식으로 신탁재산의 관리방법을 변경하는 것이 신탁행위 당시 의도한 신탁의 목적에 부합되는지 여부에 관하여 판단한 것으로 보아야 하고, 위의 판시 내용이 수동신탁의 효력에 관하여도 그대로 적용될 것은 아니다.[31]

나. 신탁의 목적

'신탁의 목적'이란 위탁자가 신탁을 설정할 때 의도하는 목적으로서 해당 신탁의 근본적 성격 또는 근간을 결정하고, 수탁자가 갖는 관리·처분 등 권한의 한계를 설정하는 기능을 갖는다.[32] 신탁목적은 신탁의 성립요건이자 효력요건이다.[33] 공서양속에 반하는 사항을 목적으로 하는 신탁은 무효이고(신탁법 제5조 제1항), 목적이 위법 또는 불능인 신탁은 원칙적으로 전부 무효이다(신탁법 제5조 제2항). 수탁자로 하여금 소송행위를 하게 하는 것을 주된 목적으로 하는 신탁(소송신탁)도 무효이다(신탁법 제6조). 법령에 따라 일정한 재산권을 향유할 수 없는 자는 수익자로서 그 권리를 가지는 것과 동일한 이익을 누릴 수 없다(신탁법 제7조). 이러한 금지에 위반하여 신탁(탈법목적의 신탁)이 설정될 경우, 목적이 위법 또는 불능한 신탁(신탁법 제5조 제2항)에 해당되므로 역시 무효이다.[34] 신탁의 목적을 달성하였거나 달성할 수 없게 된 경우에는 신탁은 종료한다(신탁법 제98조 제1호).

2. 위탁자에 의한 재산의 이전 또는 기타의 처분

신탁이 성립하기 위해서는 위탁자가 수탁자에게 특정의 재산을 이전하거나 담보권의 설정 또는 그 밖의 처분을 할 것을 요한다(신탁법 제2조). 이와 관련하여 신탁계약이 신탁재산의 이전 기타의 처분에 의하여 효력을 발생하는 것인지(=요물계약설), 아니면 신탁재산의 이전 또는 기타의 처분 없이 신탁계약의 체결만으로 일단 효력을 발생하는 것인지(=낙성계약설)의 문제가 있다. 신탁계약 체결이 되면 아직 신탁재산의 이전 등이 없더라도 수탁자에게 신탁법상 일정한 의무(예컨대, 충실의무, 재산권이전 업무의 처리 등)가 생기고 위탁자에 대하여 신탁재산의 이전을 청구할 수 있는 채권도 갖게 되므로[35] 낙성계약

관리방법 변경의 요건을 갖추었다고 할 수 없다고 판시한 후, 추가적인 판단으로 원심의 결정과 같이 신탁재산의 관리방법을 변경하는 것은 신탁법의 취지나 신탁의 본질에 반하여 허용되지 않는다고 한 것이다.

31) 이중기·이영경(2022), 302쪽도 같은 취지.
32) 이중기·이영경(2022), 82-83쪽.
33) 최수정(2023), 209쪽.
34) 최동식(2007), 73쪽.
35) 최수정(2023), 188쪽.

설이 타당하다. 다만, 신탁계약이 체결되더라도 재산이 수탁자에게 이전될 때까지는 신탁재산의 분별관리의무, 신탁재산의 관리·처분 등에 관한 의무, 신탁재산에 관한 장부작성의무 등 신탁재산이 수탁자의 지배하에 놓일 때에 구체화되는 의무는 부담하지 않는다.[36]

Ⅱ. 신탁재산의 공시

수탁자가 신탁설정 단계 또는 그 후 신탁재산의 관리·운용 단계에서 재산권을 유효하게 취득하기 위해서는 성립요건·대항요건 등 권리이전의 요건을 구비하여야 한다. 나아가, 그 재산권이 신탁재산에 속한 것임을 대항할 수 있으려면 신탁법이 요구하는 방법에 따라 신탁재산의 공시방법을 갖추어야 한다(=재산권 이전+신탁재산 공시). "대항할 수 있다"라고 함은 수탁자 등 신탁의 관계인이 신탁재산에 대하여 신탁이 설정된 것을 주장하여 이것과 양립할 수 없는 제3자의 권리를 부정할 수 있다는 의미이다. 신탁설정 단계에서 수탁자에 대한 재산권 이전의 요건이 제대로 갖추어지지 아니한 경우에는 위탁자의 채권자는 신탁재산에 대하여 강제집행을 할 수 있고, 수탁자에 대한 재산권의 이전은 제대로 되었으나 신탁재산임이 공시되지 아니한 경우에는 수탁자의 채권자는 신탁재산에 대하여 강제집행을 할 수 있게 된다.

등기·등록을 할 수 있는 재산권에 관하여는 신탁의 등기·등록을 함으로써 그 재산이 신탁재산에 속한 것임을 제3자에게 대항할 수 있다(신탁법 제4조 제1항). 등기·등록을 할 수 없는 재산권에 관하여는 (i) 다른 재산과 분별하여 관리하는 등의 방법으로 신탁재산임을 표시함으로써 그 재산이 신탁재산에 속한 것임을 제3자에게 대항할 수 있다(신탁법 제4조 제2항).[37] 이러한 신탁재산의 표시는 수익증권발행신탁의 수익자명부(신탁법 제79조 제1항), 주주명부(상법 제352조), 전자주주명부(상법 제352조의2) 등 신탁법시행령으로 정하는 장부에 신탁재산임을 표시하는 방법으로도 할 수 있다(신탁법시행령 제2조).[38] 전자등록주식등의 신탁은 전자등록부에 표시해야 제3자에게 대항할 수 있다(전자증권법 제32

---

36) 神田秀樹·折原 誠(2014), 30쪽.

37) 개정신탁법상 신탁재산의 공시방법으로서 "분별관리 등의 방법에 의한 신탁재산임의 표시"에 관한 상세한 내용은 이연갑(2011), 106-107쪽.

38) 신탁재산임을 표시할 수 있는 그 밖의 장부로는, 가설건축물대장(건축법 제20조), 건축물대장(동법 제38조), 토지대장 및 임야대장(공간정보의 구축 및 관리 등에 관한 법률 제71조 제1항), 부동산종합공부(동법 제76조의3), 도시개발사업 등 신탁법 시행령이 규정하는 법령에 따른 환지(換地) 방식의 사업을 할 때 환지, 체비지(替費地) 및 보류지(保留地)의 관리를 위하여 작성·관리하는 장부가 있다(신탁법 시행령 제2조).

조, 제35조 제4항). 한국예탁결제원에 예탁된 증권의 신탁은 신탁법 제4조 제2항의 규정에도 불구하고 예탁자계좌부 또는 투자자계좌부에 신탁재산인 뜻을 기재함으로써 제3자에게 대항할 수 있다(자본시장법 제311조 제3항).

Ⅲ. 신탁재산의 독립성

1. 개 념

신탁설정에 의하여 수탁자에게 귀속된 재산(신탁법 제2조, 제31조)뿐만 아니라 신탁재산의 관리, 처분, 운용, 개발, 멸실, 훼손, 그 밖의 사유로 수탁자가 취득한 재산도 신탁재산에 속한다(신탁법 제27조). 신탁재산은 별개의 독립한 인격체는 아니나 수탁자의 인격을 빌림으로써 별개의 인격을 가진 것과 유사하게 취급된다.[39] 신탁재산은 수탁자가 소유하지만 이는 수익자를 위한 소유이고 수탁자의 수익의 대상은 아니다. 이와 같이 신탁재산이 수탁자의 고유재산으로부터 독립된다는 것을 '신탁재산의 독립성'이라고 한다. 신탁재산의 독립성은 넓은 의미에서 위탁자와의 관계에서도 적용될 수 있다. 신탁법에 따른 신탁설정에 의하여 수탁자가 위탁자로부터 신탁재산에 관한 권리를 취득하면 신탁재산은 대내외적으로 수탁자의 재산이 되기 때문이다.

신탁재산의 독립성이 인정되기 위해서는 신탁설정 단계 또는 그 후 신탁재산의 관리·운용 단계에서 수탁자가 신탁재산으로서 취득하는 재산권에 관하여 수탁자가 그 재산권을 취득하는 데에 필요한 성립요건·대항요건 등 '권리이전의 요건'을 갖추어야 하고, 아울러 그 재산권에 관하여 '신탁재산의 공시방법'을 갖추어야 한다. 신탁재산의 독립성으로부터 파생되는 기본적인 법적 효과로는, 신탁재산에 대한 강제집행이 제한된다는 것과 신탁재산은 수탁자의 도산절차로부터 절연된다는 것을 들 수 있다. 그 외에도, 신탁법은 신탁재산의 독립성을 확보하기 위하여 다음과 같은 특칙을 두는 등 여러 장치를 마련하고 있다.[40]

① 신탁재산에 속한 채권과 신탁재산에 속하지 않은 채무 간의 상계 제한(제25조 제1항)

② 신탁재산에 대한 민법상 혼동의 특칙(제26조)

---

39) 같은 취지: 이중기·이영경(2022), 189쪽("신탁은 수탁자의 운용능력을 이용하면서 동시에 수탁자의 강제집행위험 또는 도산위험으로부터 격리된 재산을 만들 수 있기 때문에, 신탁은 수탁자를 대표이사로 하는 회사를 설립한 것과 유사한 기능을 하게 된다"고 한다).

40) 이중기·이영경(2022), 194쪽.

③ 신탁재산과 고유재산 또는 다른 신탁재산 간의 첨부(부합, 혼화 또는 가공)가 있는 경우, 그 재산이 각각 다른 소유자에게 속하는 것으로 간주하는 규정(제28조)
④ 신탁재산과 고유재산 간 또는 신탁재산 간에 귀속관계를 구분할 수 없는 경우 신탁재산의 귀속 추정에 관한 규정(제29조).

또한, 개정신탁법에 신탁사채(제87조), 신탁의 합병·분할·분할합병(제90조 이하), 유한책임신탁(제114조 이하)이 도입됨으로써 신탁재산은 독립한 인격체와 더욱 유사하게 되어 수탁자와의 관계에서 신탁재산의 독립성이 강화되었다. 또한, 개정신탁법은 사해신탁 취소제도의 미비점을 대폭 개선하고, 채무자회생법에 신탁행위의 부인에 관한 특칙을 신설하였다(☞ 상세한 내용은 제4절 사해신탁의 취소와 신탁행위의 부인). 이에 의하면, 위탁자의 채권자에 의한 사해신탁 취소의 원인(신탁법 제8조) 또는 위탁자에 대한 도산절차에서 관리인·파산관재인에 의한 신탁행위 부인의 원인(채무자회생법 제113조의2, 제406조의2)이 있는 경우에도, 선의의 수익자가 1인이라도 있는 경우에는 수탁자로부터 위탁자(또는 위탁자의 도산재단)에게로 신탁재산이 원상회복되는 것을 허용하지 않고 있다. 이와 같이 사해신탁의 취소와 신탁행위의 부인에 있어서 신탁 수익자의 보호가 강화됨으로써 위탁자와의 관계에서도 신탁재산의 독립성이 강화되었다고 볼 수 있다.

2. 신탁재산 독립성의 법적 효과

이하에서는, 앞에서 간략히 언급한 신탁재산 독립성의 주요 법적 효과 중 신탁재산에 대한 강제집행 제한, 신탁재산의 도산절연성, 상계 제한과 신탁재산의 귀속 추정에 관하여 살펴본다.

(1) 강제집행의 제한

신탁재산은 수탁자에게 귀속되고 수탁자는 이를 수익자를 위해 관리하는 것이므로 신탁재산에 대하여는 위탁자나 수탁자의 채권자가 강제집행, 담보권 실행 등을 위한 경매, 보전처분 또는 국세 등 체납처분을 할 수 없다(신탁법 제22조 제1항). 다만, 신탁 전의 원인으로 발생한 권리 또는 신탁사무의 처리상 발생한 권리에 기한 경우에는 그러하지 아니하다(신탁법 제22조 제1항 단서).[41]

41) 위탁자, 수익자나 수탁자는 이에 위반한 강제집행 등에 대하여 민사집행법의 규정 또는 체납처분에 대한 불복절차에 따라 이의를 제기할 수 있다(신탁법 제22조 제2항, 제3항).

가. 신탁 전의 원인으로 발생한 권리

신탁법상의 신탁을 통하여 위탁자 소유의 재산을 신탁목적으로 수탁자에게 처분하는 행위(부동산의 경우 소유권이전등기, 동산의 경우 인도 등)를 거치면 신탁재산이 대내외적으로 위탁자로부터 수탁자에게로 완전하게 이전되고, 위탁자의 채권자는 수탁자에게 신탁된 신탁재산에 대하여는 더 이상 강제집행 등을 할 수 없다.[42] 이와 같이 위탁자의 채권자는 신탁재산에 대하여 강제집행 등을 할 수 없음이 원칙이지만, 그의 권리가 "신탁 전의 원인으로 발생한 권리"에 해당되면 신탁재산에 대하여 강제집행 등을 할 수 있다. "신탁 전의 원인으로 발생한 권리"는 신탁의 설정 또는 신탁재산의 관리 등에 따라 수탁자가 제3자에게 대항할 수 있는 방법으로 신탁재산을 취득하기 전에 신탁재산을 목적으로 하여 발생한 권리로서 수탁자에게 대항할 수 있는 권리를 의미한다.[43]

나. 신탁사무의 처리상 발생한 권리

수탁자가 신탁사무를 처리하는 중에 거래상대방 등 제3자에 대하여 취득하는 권리와 그에 대하여 부담하는 의무는 모두 신탁재산을 구성한다. 제3자가 수탁자에 대하여 권리를 취득하는 경우 신탁재산이 그 책임재산이 되고, 후술하는 바와 같이 원칙적으로 수탁자는 그의 고유재산으로도 책임을 진다.[44] 신탁법 제22조 제1항 단서는 이러한 신탁사무의 처리 중 수탁자에 대하여 발생한 권리에 기하여 신탁재산에 대하여 강제집행 등을 할 수 있음을 명확히 하고 있다. 수탁자가 신탁사무를 처리하는 중에 발생한 수탁자의 불법행위로 인한 손해배상채권도 '신탁사무의 처리상 발생한 권리'에 해당된다.[45] '신탁사무의

42) 대법원 1996. 10. 15. 선고 96다17424 판결{"위탁자가 수탁자에게 부동산의 소유권을 이전하여 당사자 사이에 신탁법에 의한 신탁관계가 설정되면 단순한 명의신탁과는 달리 신탁재산은 수탁자에게 귀속되고, 신탁 후에도 여전히 위탁자의 재산이라고 볼 수는 없으므로(대법원 1993. 4. 27. 선고 92누8163 판결 참조), 위탁자에 대한 조세채권에 기하여 수탁자 명의의 신탁재산에 대하여 압류할 수 없다"}. 그러나 위탁자가 수익권을 가지는 경우 위탁자의 채권자는 수익권에 대하여 강제집행할 수 있다.

43) 이중기·이영경(2022), 90-191쪽; 최수정(2023), 283쪽; 대법원 1996. 10. 15. 선고 96다17424 판결(신탁대상재산이 위탁자에게 상속됨으로써 부과된 국세라 하더라도 신탁법상의 신탁이 이루어지기 전에 압류를 하지 아니한 이상, 그 조세채권이 (구)신탁법 제21조 제1항[개정신탁법 제22조 제1항] 소정의 '신탁 전의 원인으로 발생한 권리'에 해당된다고 볼 수는 없다고 하였다); 대법원 1987. 5. 12. 선고 86다545, 86다카2876 판결(위탁자의 채권자가 위탁자에 대한 계약금반환채권에 기하여 위탁자로부터 수탁자에게 신탁된 부동산의 가압류를 신청한 사안에서, "신탁 전의 원인으로 발생한 권리라 함은 신탁 전에 이미 신탁부동산에 저당권이 설정된 경우 등 신탁재산 그 자체를 목적으로 하는 채권이 발생되었을 때를 의미하는 것이고 신탁 전에 위탁자에 관하여 생긴 모든 채권이 이에 포함된다고 할 수 없다고 한 원심의 판단을 정당하다"고 하면서, 신탁재산은 수탁자의 고유재산으로부터 구별되어 관리될 뿐만 아니라 위탁자의 재산권으로부터도 분리되어 (구)신탁법 제21조 제1항 단서의 예외의 경우에만 강제집행이 허용될 뿐이라고 하였다).

44) 최수정(2023), 284쪽.

45) 대법원 2007. 6. 1. 선고 2005다5843 판결.

처리상 발생한 권리'에는 수탁자를 채무자로 하는 것만이 포함되며, 위탁자를 채무자로 하는 것은 포함되지 않는다.[46)]

(2) 신탁재산의 도산절연성

가. 수탁자에 대한 도산절차로부터의 절연

신탁재산은 수탁자의 파산재단, 회생절차의 관리인이 관리 및 처분권한을 갖고 있는 채무자의 재산이나 개인회생재단을 구성하지 아니한다(신탁법 제24조). 따라서, 수익자, 위탁자, 신탁재산에 대한 채권자, 신탁재산의 귀속권리자 등 신탁의 이해관계인의 신탁재산에 관한 권리행사는 수탁자에 대한 도산절차에 구속되지 아니한다.

수탁자가 파산선고를 받은 경우 수탁자의 임무는 종료된다(신탁법 제12조 제1항 제3호). 수탁자의 임무가 종료되면 위탁자와 수익자는 합의하여 신수탁자를 선임할 수 있고, 합의가 이루어지지 아니한 경우 이해관계인은 법원에 신수탁자의 선임을 청구할 수 있다(신탁법 제21조 제1항, 제2항). 법원은 수탁자에 대한 파산선고 시 신수탁자가 선임되지 아니하였거나 다른 수탁자가 존재하지 아니한 때에는 신탁재산을 보관하고 신탁사무 인계에 필요한 행위를 하여야 할 신탁재산관리인을 선임하여야 한다(신탁법 제18조 제1항).

수탁자에 대하여 회생절차가 개시된 경우에는, 신수탁자나 신탁재산관리인의 선임이 강제되지 않는다. 신탁계약이 정한 바에 따라 수탁자가 해임되거나 신탁계약이 해지·종료되지 않는 이상, 수탁자에 대한 회생절차의 개시에 의하여 수탁자의 임무가 종료되는 것은 아니기 때문이다. 위탁자와 수익자는 합의에 의하여 회생절차가 개시된 수탁자를 해임하고 신수탁자를 선임할 수 있다(신탁법 제16조, 제21조). 그렇지 아니할 경우에는 채무자회생법상 수탁자의 재산 및 업무에 관한 관리·처분권을 갖는 관리인이 수탁자로서의 임무를 계속하여야 할 것이다.[47)]

---

46) 대법원 2012. 4. 12. 선고 2010두4612 판결(사실관계: 토지신탁회사(甲)가 乙회사로부터 토지를 신탁받아 상가건물을 신축하고 토지와 상가건물을 신탁재산으로 하여 이를 분양·임대한 후 이익을 乙회사에 환원하여 주기로 하는 분양형 토지개발신탁계약을 체결하고 그에 따라 상가건물을 신축하여 분양하면서 乙회사를 공급자로 하는 세금계산서를 발행하였는데, 乙회사가 관할 세무서장에게 부가가치세 신고를 하고 이를 납부하지 않자 세무서장이 乙회사를 체납자로 하여 신탁재산인 甲회사의 예금채권을 압류하였다.
판시: (구)신탁법 제21조 제1항 단서에서 말하는 '신탁사무의 처리상 발생한 권리'는 수탁자가 신탁사무와 관련한 행위를 함으로써 수탁자에 대하여 발생한 권리를 의미하는데, 위 처분에 관계된 부가가치세 채권은 위탁자인 乙회사에 대한 채권으로서 여기에 해당하지 않는다는 이유로, 乙회사에 대한 부가가치세 채권을 근거로 수탁자인 甲회사 소유의 신탁재산을 압류한 처분은 무효라고 본 원심판단은 정당하다). 대법원 2012. 7. 12. 선고 2010다67593 판결도 같은 취지.

47) 이중기·이영경(2022), 206쪽; 최수정(2023), 289-290쪽; 한민·박종현(2006), 36쪽.

나. 위탁자에 대한 도산절차로부터의 절연

신탁재산과 위탁자의 도산절차의 관계에 관하여 신탁법상 명시적인 조항은 없다. 신탁재산은 대내외적으로 수탁자의 재산이 되는 것이고 위탁자의 채권자가 수탁자에게 대항할 수 없는 권리에 기하여 신탁재산에 대해 강제집행을 하는 것은 허용되지 않는 점에 근거하여, 신탁재산의 소유권이 수탁자에게 이전되는 통상의 신탁의 경우에는 해석상 위탁자에 대하여 회생절차, 개인회생절차나 파산절차가 개시되더라도 신탁재산은 동 절차에 구속되지 않는다고 본다.[48] 그러나 신탁재산이 위탁자가 그의 재산에 설정한 담보권인 경우에는 수탁자가 담보권자로서 위탁자의 도산절차에 따라야 한다(☞ 제3절 Ⅰ. 담보권신탁). 또한, 위탁자 본인 또는 제3자의 채무를 담보하기 위한 담보신탁의 경우 '위탁자 소유의 재산에 대한 담보권의 설정'으로 재구성되어 채권자가 담보로 취득한 수익권(또는 신탁재산에 대한 권리)이 위탁자에 대한 도산절차에 구속되는지의 문제가 있다(☞ 제3절 Ⅱ. 담보신탁).

다. 신탁계약과 채무자회생법상의 쌍방미이행 쌍무계약[49]

관리인 또는 파산관재인은 파산절차 또는 회생절차의 개시 당시에 채무자와 그 상대방 모두가 아직 그 이행을 완료하지 아니한 이른바 '쌍방미이행 쌍무계약'에 관하여 계약을 해제 또는 해지하거나 채무자의 채무를 이행하고 상대방의 채무이행을 청구할 수 있다(채무자회생법 제119조 제1항, 제335조 제1항).

수탁자에 대하여 회생절차나 파산절차가 개시된 경우, 신탁재산의 독립성의 원칙상 신탁재산은 도산재단(=파산재단 또는 회생절차에 구속되는 채무자의 재산)을 구성하지 아니하고(신탁법 제24조), 특히 파산절차가 개시된 경우에는 앞서 본 바와 같이 신탁재산에 관하여 신수탁자 또는 신탁재산관리인이 따로 선임되므로, 신탁계약은 수탁자의 관리인(회생절차) 또는 파산관재인(파산절차)의 도산처리업무의 대상이 되지 않는 재산에 관한 계약이고 수탁자의 회생절차나 파산절차에 의해 영향을 받지 아니한다고 보아야 한다. 그렇다면, 설사 해당 신탁계약이 쌍방미이행 쌍무계약에 해당하더라도, 수탁자의 관리인이나 파산관재인이 도산재단에 관하여 부여받은 권한에 기하여 이를 해제·해지할 수는 없다고 보아야 한다.[50][51]

48) 이중기·이영경(2022), 215쪽; 최수정(2023), 293쪽; 한민·박종현(2006), 29쪽.

49) 이 부분은 한민·박종현(2006), 44쪽과 온주 신탁법, 제24조 주석(한민 집필)(2021)을 주로 참고하였다.

50) 같은 취지: 이계정(2017), 269-270쪽; 고영한·강영호(2009), 155면(김춘수 집필); 信託と倒産實務硏究會(2008), 53쪽(深山雅也 집필).

51) 수탁자가 신탁사무의 처리 과정에서 신탁재산에 관하여 신탁채권자와 체결한 계약에 대하여도,

그러나, 위탁자에 대하여 회생절차나 파산절차가 개시되고 그 시점에 위탁자와 수탁자 쌍방의 신탁계약상 채무가 모두 '미이행'인 경우에는, 위탁자의 관리인 또는 파산관재인은 신탁계약을 해제·해지하거나 또는 그 이행을 선택할 수 있다. 여기서 일반적으로 '미이행'이란 '상호 대등한 대가관계에 있는 채무의 이행 미완료'를 의미하고 부수적인 의무의 불이행이 있는 경우에는 '미이행'에 해당되지 않는다.[52]

통상의 신탁계약에서는 위탁자의 신탁재산 인도의무는 신탁계약의 체결 직후에 이행되고 위탁자가 신탁의 비용·보수를 지급하거나 추가신탁의무를 부담하는 경우는 별로 없으므로, 대부분의 경우 신탁계약상의 위탁자의 의무는 신탁계약 체결 직후에 그 이행이 완료된다고 볼 수 있다(반면에, 신탁사무 수행의무, 잔여재산의 지급의무 등 수탁자의 의무는 지속되게 된다).[53] 따라서 신탁계약이 쌍방미이행 쌍무계약에 해당되어 위탁자의 도산절차에서 해제·해지될 위험은 일반적으로는 크지 않다.

만일 위탁자에 대한 도산절차개시 당시 위탁자의 신탁 비용·보수 지급의무가 미이행이라면, 그 의무는 수탁자의 신탁사무수행 의무와 '상호 대등한 대가관계'에 있다고 볼 수 있고, 이 경우 원칙적으로 해당 신탁계약은 쌍방미이행 쌍무계약에 해당하여 위탁자의 관리인 또는 파산관재인의 해제·해지 또는 이행선택의 대상이 될 수 있다. 그러나 신탁의 비용·보수를 일차적으로 신탁재산 또는 신탁수익으로부터 지급하고, 부족한 부분만 위탁자가 지급하기로 약정한 경우에는, 이러한 위탁자의 보완적 의무는 수탁자의 신탁사무수행 의무와 '상호 대등한 대가관계'가 인정되지 않는 부수적 의무에 불과하다고 보아야 할 것이다.[54] 이 경우 그 신탁계약은 쌍방미이행 쌍무계약에 해당하지 아니하므로 위탁자의 관리인이나 파산관재인은 신탁계약을 해제·해지할 수 없다.[55][56]

위와 동일한 이유로 수탁자의 관리인이나 파산관재인은 쌍방미이행 쌍무계약임을 이유로 이를 해제·해지할 수 없다{같은 취지: 이계정(2017), 270쪽; 信託と倒産實務研究會(2008), 99-100쪽, 105쪽(後藤出 집필)}.

52) 대법원 1998. 6. 26. 선고 98다3603 판결, 대법원 1994. 1. 11. 선고 92다56865 판결 등.

53) 信託と倒産實務研究會(2008), 9쪽(小野 傑·有吉尙哉 집필).

54) 이계정(2017), 318쪽; 信託と倒産實務研究會(2008), 49-50쪽(深山雅也 집필). 대법원 2021. 5. 6. 선고 2017다273441 전원합의체 판결은, 민간투자법에 따른 민간투자사업의 완공·인도 후 관리·운영단계에 있는 사업시행자에 대하여 파산절차가 개시된 사안에서, 실시협약상 당사자간의 법률관계는 '상호 대등한 대가관계'가 없어 쌍방미이행 쌍무계약에 해당하지 않는다고 판시하였다{☞ 제12장 제3절 Ⅱ.2. 및 Ⅱ.5.(4)}.

55) 설사 신탁계약이 쌍방미이행 쌍무계약에 해당되는 경우에도 해당 신탁계약 또는 신탁계약상의 급부가 가분적이라고 평가될 수 있는 경우에는 분할된 개개의 계약 또는 급부 별로 쌍방미이행 쌍무계약에의 해당 여부가 판단되어야 한다. 즉, 일견 1개의 신탁계약으로 보이더라도 이를 그대로 불가분 일체로서 1개의 계약으로 보아야 하는 것은 아니고, 복수의 가분적인 계약 또는 급부라고 평가될 수 있는 경우에는 분할된 개개의 계약 또는 급부 별로 계약의 해제·해지 또는 이행이 선택되어야 한다. 대법원 2016. 2. 18. 선고 2014다31806 판결(하나의 계약에 포함된 복수의 설계용역계약의 가분성), 대법원 2007. 9. 6. 선고 2005다38263 판결(하나의 합작투자계약에 포함

(3) 상계의 제한

가. 신탁재산에 속하는 채권

신탁재산에 속하는 채권과 신탁재산에 속하지 아니하는 채무는 상계하지 못한다(제25조 제1항 본문). 다만, 양 채권·채무가 동일한 재산에 속하지 아니함에 대하여 제3자가 선의이며 과실이 없을 때에는 그러하지 아니하다(제25조 제1항 단서). 예컨대, 수탁자인 은행이 고객 甲에게 신탁재산으로부터 대출을 하여 대출채권을 갖고 있고, 甲은 은행에 예금채권을 갖고 있는 경우, 甲이 은행에 대한 예금채권과 대출채무를 상계하는 것을 허용한다면, 실질적으로는 신탁채권자도 수익채권자도 아닌 제3자인 甲이 신탁재산에 대해 강제집행을 하는 것을 허용하는 것과 같은 결과가 될 것이다.[57] 신탁법 제25조 제1항 본문의 규정에 따라 甲의 상계는 허용되지 않는다. 다만, 甲이 양 채권·채무가 동일한 재산에 속하지 아니함에 대하여 선의이며 과실이 없을 때에는 예외적으로 상계가 허용된다. 신탁법 제25조 제1항의 규정은 선의·무과실인 제3자를 해하지 않는 범위 내에서 신탁재산의 독립성을 확보하여 신탁재산과 수익자를 보호하기 위한 것이다.

위 사례에서 수탁자인 은행에 의한 상계도 원칙적으로 금지된다. 이를 허용한다면, 수탁자의 고유재산으로 책임을 지는 채무를 신탁재산으로 소멸시켜 수탁자가 신탁재산으로부터 이익을 향수하는 결과가 되므로 이를 금지함으로써 신탁재산의 감소를 방지하고 수익자를 보호하기 위한 것이다.[58] 그런데, 신탁재산에 속하는 채권과 신탁재산에 속하지 아니한 채무를 상계하는 것이 수익자에게 이익이 되는 경우도 있다. 예컨대, 위의 예에서 甲(=대출채무자)의 변제자력이 악화된 경우에는 은행이 대출채권과 예금채무를 상계하는 것을 허용하고 은행이 상계에 의하여 소멸한 대출채권액 상당에 대하여 신탁재산에 구상의무를 부담하도록 하는 것, 즉 甲에 대한 대출채권보다는 은행에 대한 구상채권을 신탁재산으로 갖는 것이 수익자에게 이익이 된다.[59] 이러한 점에 비추어 볼 때 신탁법 제25조 제1항의 규정은 강행규정은 아니고 신탁재산과 수익자를 보호하기 위한 임의규정이라고

된 합작투자에 관한 약정과 주식매도청구권에 관한 약정의 가분성), 대법원 2004. 8. 20. 선고 2004다3512, 3529 판결(공사도급계약에서 기성고에 따라 지급되는 건설공사대금 채권의 가분성 판단 기준) 등.

56) 쌍방미이행 쌍무계약의 해제·해지에 의하여 상대방 등 이해관계인에게 현저하게 불공평한 상황이 생기는 경우에는 해제·해지권의 행사는 허용되지 않아야 할 것이다. 같은 취지: 일본 최고재판소 2000(平成 12). 2. 29. 판결(民集54巻2号, 553면).

57) 神田秀樹·折原 誠(2014), 54쪽; 寺本昌広(2007), 90-91쪽.

58) 대법원 2007. 9. 20. 선고 2005다48956 판결.

59) 이중기·이영경(2022), 268쪽.

보아야 할 것이다.[60] 신탁법 제25조 제1항의 규정을 임의규정으로 볼 경우 어떠한 경우에 예외적으로 수탁자에 의한 상계가 허용되는 것으로 볼 것인가? 수탁자에 의한 상계는 충실의무에 위반되는 이익상반행위에 해당되는 것이므로 이익상반행위금지에 대한 예외를 정하고 있는 신탁법 제34조 제2항의 규정에 준하여 수탁자에 의한 상계에 관하여 신탁행위로 이를 미리 허용하였거나 수익자에게 상계에 관련된 사실(상계의 상대방인 제3자의 변제자력 등)을 고지하고 수익자의 승인을 받은 경우에는 신탁법 제25조 제1항의 규정에도 불구하고 수탁자에 의한 상계가 허용된다고 보아야 할 것이다.

그런데, 자본시장법 제104조 제1항은 신탁업자에 대하여는 신탁법 제34조 제2항의 적용을 배제하고 있다. 자본시장법의 위 조항이 이익상반행위에 대하여 전혀 예외를 인정하고 있지 않은 점을 고려할 때, 수탁자가 자본시장법에 의해 규제되는 신탁업자인 경우에는 수익자에게 이익이 된다는 이유로 신탁업자(=수탁자)에 의한 상계가 허용된다고 보기는 어려울 것이다.[61] 그러나, 입법론으로는, 수익자에게 이익이 되는 것이어서 수탁자가 사후적으로 수익자에게 관련된 사실을 충분히 고지하고 수익자의 승인을 받은 경우조차 수탁자에 의한 상계를 허용하지 않는 것이 수익자 보호를 위한 최선의 방법인지는 의문이 있다.

나. 신탁재산에 속하는 채무

신탁재산에 속하는 채무에 대한 책임이 신탁재산만으로 한정되는 경우에는 신탁재산에 속하지 아니하는 채권과 신탁재산에 속하는 채무는 상계하지 못한다(신탁법 제25조 제2항 본문). 다만, 양 채권·채무가 동일한 재산에 속하지 아니함에 대하여 제3자가 선의이며 과실이 없을 때에는 그러하지 아니하다(신탁법 제25조 제2항 단서).

후술하는 바와 같이 수탁자가 신탁사무의 처리상 부담하는 채무는 원칙적으로 신탁재산뿐만 아니라 수탁자의 고유재산으로 책임을 진다. 따라서 수탁자의 상대방은 신탁사무의 처리상 수탁자에 대하여 갖는 채권과 수탁자에 대하여 부담하는 채무를 상계할 수 있다. 상대방이 수탁자에 대하여 부담하는 채무가 수탁자의 고유재산에 속하는 것이든 신탁재산에 속하는 것이든 모두 상계가 허용된다. 그런데, 수탁자가 신탁사무의 처리와 관

60) 이중기·이영경(2022), 267쪽; 무궁화·광장(2021), 150쪽.

61) 수탁자에 의한 상계에 관한 것은 아니지만, 대법원 2009. 1. 30. 선고 2006다62461 판결은 “수탁자가 신탁회사인 경우에는 (구)신탁업법 제12조 제1항[자본시장법 제104조 제1항에 대응되는 (구)신탁업법 조항]의 규정에 의하여, ‘단, 수익자에게 이익이 되는 것이 명백하거나 기타 정당한 이유가 있는 경우에는 법원의 허가를 얻어 신탁재산을 고유재산으로 할 수 있다.’고 규정한 (구)신탁법 제31조 제1항 단서마저 그 적용이 배제되어 매우 엄격한 규제가 이루어지고 있음에 비추어 볼 때, 신탁회사가 행한 신탁재산과 고유재산 간의 거래가 수익자에게 이익이 된다는 사정만으로는 그와 같은 거래를 유효하다고 볼 수는 없다”고 판시하였다.

련하여 상대방에 대하여 부담하는 채무의 책임재산이 신탁재산만으로 한정되는 경우에도 위와 같은 내용으로 상대방의 상계권을 인정해 주면 수탁자의 이익을 해하게 된다. 즉, 해당 신탁이 유한책임신탁(신탁법 제114조 제1항, 제126조)이거나, 수탁자와 상대방 간에 책임재산한정특약이 있거나 또는 상대방이 신탁의 수익자로서 신탁재산에 대하여 수익채권(신탁법 제38조)을 갖고 있는 경우, 수탁자의 상대방에 대한 채무는 신탁재산만으로 그 책임이 한정된다. 신탁법 제25조 제2항의 규정은 이러한 책임한정의 실효성을 확보하기 위하여 상대방이 선의·무과실인 경우를 제외하고는 신탁재산에 속하지 않는 채권과 신탁재산에 속하는 채무를 상계할 수 없도록 한 것이다.

그런데, 신탁법 제25조 제2항의 규정은 수탁자를 보호하기 위한 것이므로 수탁자 측에서 책임한정에 따른 이익을 스스로 포기하고 상계 의사표시를 한다면 이는 유효하다고 본다.[62] 대법원판례도 수탁자가 수익자에 대하여 갖는 고유의 채권을 자동채권으로 하여 수익자가 신탁종료시 수탁자에 대하여 갖는 원본반환채권 등과 상계하는 것은, 수익자의 반대채권과의 상계를 통한 채권회수를 둘러싸고 신탁재산에 속하는 채권과 수탁자 고유의 채권이 경합하는 관계에 있어 이익상반행위에 해당한다거나 일반 민법상의 권리남용에 해당한다는 등의 특별한 사정이 없는 한, 적법·유효한 것으로서 허용된다고 한다.[63]

(4) 신탁재산의 귀속 추정

신탁재산에 속한 재산과 고유재산(또는 다른 신탁재산)에 속한 재산이 외형적으로는 구별할 수 있어도 서로 혼화되어 실질적인 귀속관계를 구분할 수 없는 경우에 신탁재산의 범위를 어떻게 확정할 것인가의 문제가 있다. 이 문제를 해결하기 위해 개정신탁법은

62) 같은 취지: 최수정(2023), 306쪽.

63) 대법원 2007. 9. 20. 선고 2005다48956 판결. 대법원은 그 논거로 (i) (구)신탁법 제20조[개정신탁법 제25조]가 금지하는 상계의 유형에 해당하지 않는 점, (ii) 상계로 인하여 신탁재산의 감소가 초래되거나 초래될 위험이 전혀 없는 점, (iii) 수익자는 상계로 소멸하는 원본반환채권 등과 대등액의 범위 내에서 자신의 채무를 면하는 경제적 이익을 향수하게 되는 점, (iv) (구)신탁법 제42조[개정신탁법 제46조] 자체가 수탁자에게 자기의 고유재산으로 일단 신탁재산에 속하는 채무를 변제한 다음 그 비용을 신탁의 이익이 귀속하는 신탁재산 또는 수익자로부터 보상받을 수 있는 권리를 인정하고 있는 점, (v) 수탁자가 수익자와의 거래로 생긴 채권 등을 자동채권으로 하여 수익자의 수탁자에 대한 원본반환채권 등과 상계할 것을 기대하는 것이 거래통념상 법적으로 보호받을 가치가 없는 비합리적인 기대라고 볼 수 없는 점 등을 들었다. 위 대법원판결은 또한 "신탁재산 독립의 원칙은 신탁재산의 감소방지와 수익자의 보호 등을 위하여 수탁자의 고유재산과 신탁재산은 분별하여 관리되어야 하고 양자는 별개 독립의 것으로서 취급되어야 한다는 것을 의미함에 그칠 뿐, 신탁재산 자체가 그 소유자 내지 명의자인 수탁자와 구별되는 별개의 법인격을 가진다는 것까지 의미하는 것은 아니므로, 수탁자가 수익자에 대하여 갖는 고유의 채권을 자동채권으로 하여 수익자가 신탁종료시 수탁자에 대하여 갖는 원본반환채권 등과 상계하는 것이 신탁관계에 신탁재산 독립의 원칙이 적용된다는 이유만으로 신탁법상 금지된 것이라고 할 수는 없다"고 판시하였다.

(i) 신탁재산과 고유재산 간에 귀속관계를 구분할 수 없는 경우 그 재산은 신탁재산에 속한 것으로 추정하고, (ii) 서로 다른 신탁재산 간에 귀속관계를 구분할 수 없는 경우 그 재산은 각 신탁재산 간에 균등하게 귀속된 것으로 추정하는 조항을 신설하였다(동법 제29조).[64] 예를 들어, 수탁자 A가 B은행에 신탁재산 2,000만원과 고유재산 1,000만원, 합계 3,000만원을 예치하고 있었는데, A의 직원이 1,500만원을 무단으로 인출하여 개인적으로 소비하였다고 하자. 이 경우 예금잔고 1,500만원은 신탁재산과 고유재산에 어떻게 귀속되는가가 문제된다. 위 신탁법 조항에 의하면, 예금잔고 1,500만원은 신탁재산에 속한 것으로 추정된다(즉, A의 직원이 횡령한 돈은 고유재산에서 먼저 인출된 것으로 추정된다). 만일 위의 1,000만원이 고유재산이 아니라 다른 신탁재산으로부터 예치되었던 것이라면, 예금잔고 1,500만원은 각 신탁재산에 1,000만원과 500만원으로 안분, 귀속되는 것으로 추정될 것이다.[65]

Ⅳ. 수익자의 지위와 수탁자의 의무

1. 수익자의 지위

(1) 수익자의 권리와 의무

수익자는 신탁이익을 향수하는 주체이다. 수익자는 수탁자에게 신탁재산에 속한 재산의 인도와 그 밖에 신탁재산에 기한 급부를 요구하는 청구권(=수익채권)을 갖는다(신탁법 제62조).[66] 수익자는 수익채권 외에도 신탁법이 정하는 바에 따라 수탁자 및 그 밖의 자에 대하여 일정한 행위를 구할 수 있는 권리[67]와 신탁사무의 처리에 관한 다양한 감

64) 신탁법 제29조에 따른 신탁재산의 귀속 추정에 관한 상세한 내용은 온주 신탁법, 제9조 주석(이계정 집필)(2021).

65) 금전의 혼화, 예금계좌에서의 혼화 및 대출채권에서의 혼화가 발생하는 경우 신탁재산과 다른 재산 간의 귀속 문제를 해결하기 위한 다양한 접근방법에 관하여는 이중기·이영경(2022), 240-257쪽.

66) 신탁법 제62조에 의하면, 신탁채권은 수익채권보다 우선한다. "신탁채권"은 신탁법에 따로 정의되어 있지 아니하나, 수익채권 이외에, 신탁재산에 속하는 재산을 책임재산으로 하는 채권이라고 할 수 있다. 법무부(2010), 485-486쪽에 의하면, 이러한 신탁채권에는, (i) 수익채권 외에, 신탁재산에 관하여 발생한 신탁관계인 및 제3자의 채권으로서, 신탁 전의 원인으로 발생한 권리, 수탁자의 신탁사무 처리로 인하여 발생한 권리(제22조 제1항 단서), (ii) 반대수익자의 수익권매수청구권(제89조, 제91조 제3항, 제95조 제3항), (iii) 신탁의 목적을 위반한 수탁자의 법률행위 중 취소될 수 없거나 취소되지 않은 행위로 발생한 권리(제75조), (iv) 수탁자의 신탁사무 처리로 인하여 발생한 불법행위에 기한 권리 등이 포함된다.

67) 신탁법 제43조에 의한 수탁자에 대한 원상회복 또는 손해배상청구권, 제75조 제1항에 따른 신탁위반 법률행위의 취소권, 제77조에 따른 수탁자에 대한 유지청구권 등.

시·감독권[68]을 갖는다. 신탁법이 정하는 수익자의 중요 권리[69]는 신탁행위로도 제한할 수 없다(신탁법 제61조).

수익권의 법적 성질에 관하여는 종래부터 다양한 학설이 제시되어 왔는데, 신탁수익권에는 본질적으로 채권과 물권의 성질이 함께 포함되어 있으므로 수탁자에 대한 채권을 기본으로 하면서 물권적 요소도 함께 입법화한 것으로 보아야 한다는 견해,[70] 수익권을 자익권(신탁재산으로부터의 급부수령권)과 공익권(신탁감독적 권능 및 신탁운영의 참가권)으로 구성되는 사원권으로 파악하는 견해,[71] 수익권은 수익채권 및 이를 확보하기 위하여 신탁법이 수익자에게 부여한 그 밖의 권리의 총합이라고 보는 견해[72] 등이 있다. 어느 견해에 의하더라도 신탁법상 수익권과 관련된 권리의무관계에 실질적인 차이가 생기는 것은 아닌 것으로 보인다.

한편, 수익자는 신탁법상 일정한 의무도 부담한다. 수익권에 부담이 있는 경우(부담부(附)수익권) 부담의 형태로 의무를 부담할 수 있다.[73] 신탁재산이 수탁자가 신탁사무의 처리를 위하여 지출한 비용(수탁자에게 보수청구권이 인정되는 경우에는 수탁자의 보수를 포함)과 과실 없이 부담한 손해를 충당 또는 전보하기에 부족하거나 부족하게 될 우려가 있을 때에는, 신탁행위로 달리 정한 경우를 제외하고 수익자는 그가 얻은 이익의 범위 내에서 수탁자에게 그 비용 및 손해에 관하여 상환의무를 부담한다(신탁법 제46조 제4항부터 제6항, 제47조 제1항, 제4항). 다만, 수익증권발행신탁의 수익자는 신탁행위로 달리 정한 경우를 제외하고 위 비용 및 손해에 관하여 수탁자에게 상환의무를 부담하지 아니한다(신탁법 제85조 제7항).

(2) 수익권의 취득

신탁행위로 달리 정한 경우를 제외하고, 신탁행위로 정한 바에 따라 수익자로 지정된 자는 당연히 수익권을 취득한다(신탁법 제56조). 수익자로 지정된 자의 신탁이익 향수의 의사표시를 요하지 않는다. 수익권에 부담이 있는 경우에도 같다.[74] 수탁자는 지체 없이 수익자로 지정된 자에게 그 사실을 통지하여야 한다. 부담부수익권인 경우를 제외하고

68) 신탁법 제16조에 의한 수탁자 해임권·해임청구권, 제42조 제1항에 기한 수탁자에 의한 신탁사무의 위임에 대한 동의권, 제40조에 기한 서류의 열람·복사청구권 및 설명요구권 등.
69) 예컨대, 앞에서 본 신탁법 제43조에 의한 원상회복 또는 손해배상청구권, 제75조 제1항에 따른 신탁위반의 법률행위 취소권, 제77조에 따른 유지청구권, 제40조 제1항 열람·복사청구권 등.
70) 정순섭(2015b), 39쪽. 최동식(2007), 328-329쪽도 같은 취지.
71) 이중기·이영경(2022), 516-522쪽.
72) 神田秀樹·折原 誠(2014), 119쪽; 최수정(2023), 124쪽.
73) 최수정(2023), 118쪽.
74) 최수정(2023), 125쪽.

는 신탁행위로 통지시기를 달리 정할 수 있다(신탁법 제56조 제2항). 수익자는 수탁자에 대한 의사표시로써 위와 같이 취득한 수익권을 포기할 수 있다(신탁법 57조 제1항). 이 경우 처음부터 수익권을 가지지 아니하였던 것으로 되지만, 제3자의 권리는 해하지 못한다(신탁법 제51조). "제3자"는 수익채권을 압류하는 등 수익권에 기하여 새로운 이해관계를 갖게 된 자를 말한다.[75]

2. 수탁자의 의무

신탁사무 처리에 관한 수탁자의 의무는 크게 선관주의의무와 충실의무로 구분할 수 있다.

(1) 선관주의의무

수탁자는 선량한 관리자의 주의(注意)로 신탁사무를 처리하여야 하고, 다만 신탁행위로 달리 정한 경우에는 그에 따른다(신탁법 제32조). 대법원 2006. 6. 9. 선고 2004다24557 판결은 신탁의 본지에 따라 선량한 관리자의 주의로써 신탁재산을 관리 또는 처분하여야 하는 수탁자의 주의의무는 민법상 위임에 있어서 수임인의 주의의무와 같은 개념으로 이해할 수 있고, 따라서 토지신탁계약의 수탁자는 우선적으로 위탁자의 지시에 따라 사무처리를 하여야 하나, 그 지시에 따라 신탁사업을 추진하는 것이 신탁의 취지에 적합하지 않거나 경제성이 없는 것으로 판단되어 위탁자에게 불이익할 때에는 그러한 내용을 위탁자에게 알려주고 그 지시를 변경하도록 조언할 의무를 진다고 판시하였다.

자본시장법은 신탁업자의 영업행위에 대한 규제로서 신탁업자의 선관의무에 관하여 유사한 내용의 규정을 두고 있다(동법 제102조 제1항). 대법원 2019. 7. 11. 선고 2016다224626 판결은, "신탁업자의 영업행위 규칙을 다루고 있는 자본시장법 제102조에서는… 금융투자업자로서의 신탁업자가 부담하는 선관주의의무 및 충실의무에 관하여 수익자가 전문투자자인지 일반투자자인지 구별하지 않고, 신탁업자는 수익자에 대하여 선량한 관리자의 주의로써 신탁재산을 운용하여야 하고 수익자의 이익을 보호하기 위하여 해당 업무를 충실하게 수행하여야 한다고만 규정하고 있다. 따라서 특정금전신탁의 신탁업자가 계약 체결 이후 투자자의 재산을 관리·운용하는 단계에서 수익자에 대하여 부담하는 선관주의의무 및 충실의무의 정도는 수익자가 전문투자자인지 여부에 따라 달라진다고 보기 어렵다."라고 판시하였다.

75) 최수정(2023), 132쪽.

가. 분별관리의무

수탁자는 신탁재산을 분별관리할 의무를 부담한다. 즉, 수탁자는 신탁재산을 수탁자의 고유재산과 분별하여 관리하고 신탁재산임을 표시하여야 한다(신탁법 제37조 제1항). 여러 개의 신탁을 인수한 수탁자는 각 신탁재산을 분별하여 관리하고 서로 다른 신탁재산임을 표시하여야 한다(신탁법 제37조 제2항). 다만, 신탁재산이 금전이나 그 밖의 대체물인 경우에는 그 계산을 명확히 하는 방법으로 분별하여 관리할 수 있다(제37조 제3항).[76] 수탁자가 신탁법 제37조에 따른 분별관리의무를 위반하여 신탁재산에 손실이 생긴 경우 수탁자는 분별하여 관리하였더라도 손실이 생겼으리라는 것을 증명하지 아니하면 그 책임을 면하지 못한다(신탁법 제44조). 분별관리의무는 신탁재산을 특정하여 확실히 파악할 수 있도록 함으로써 수탁자의 도산으로부터 신탁재산을 절연시키는 기능, 신탁재산에 생긴 손실에 관하여 수익자에 의한 입증을 용이하게 하여 수탁자가 그 지위를 남용하여 충실의무 위반행위를 하는 것을 미연에 방지하는 기능 등을 한다.[77] 앞서 본 바와 같이 분별관리는 등기·등록을 할 수 없는 신탁재산의 공시 방법 중의 하나이다. 수탁자는 신탁재산을 제대로 공시하고 신탁재산의 독립성을 유지하면서 신탁사무를 처리할 의무가 있으므로 분별관리의무는 기본적으로는 수탁자의 선관주의의무에 속한다. 그런데, 분별관리의무 위반행위는 신탁재산과 수탁자 간의 이해상반행위 금지에도 위반되는 경우가 많을 것인데, 이 경우 분별관리의무는 충실의무의 범주에도 포함시킬 수 있다.

나. 금전의 관리방법

수탁자는 신탁행위로 달리 정한 경우를 제외하고는 신탁법 제41조가 허용하는 방법(국채 등의 매입, 국채 등을 담보로 하는 대출, 은행예금 등)으로 금전을 관리하여야 한다. 자본시장법과 자산유동화법에서는 신탁업자가 신탁재산에 속하는 금전을 운용하는 방법에 관하여 특칙을 두고 있다(자본시장법 제105조, 제106조, 자산유동화법 제16조 제1항).

다. 제3자에 대한 신탁사무의 위임

신탁행위로 달리 정한 경우를 제외하고는, 수탁자는 정당한 사유가 있으면 수익자의 동의를 받아 타인으로 하여금 자기를 갈음하여 신탁사무를 처리하게 할 수 있다(신탁법 제42조 제1항). 이 경우(신탁행위로 정한 경우를 포함), 수탁자는 그 선임·감독에 대하여만

---

76) 자산유동화법에 따른 자산유동화거래에서 신탁업자가 유동화자산을 관리·운용함에 있어서는 신탁법 제37조 제3항에도 불구하고 그 신탁재산이 금전인 경우에도 고유재산 또는 다른 재산에 속하는 금전과 구별하여 관리하여야 한다(자산유동화법 제16조 제3항).

77) 神田秀樹·折原 誠(2014), 78쪽.

책임을 진다(신탁법 제42조 제2항). 반면에, 수탁자를 갈음하여 신탁사무를 처리하는 자는 수탁자와 동일한 무거운 책임을 지도록 하고 있다(신탁법 제42조 제3항). 신탁의 인수를 영업으로 하는 신탁업자가 신탁업의 일부를 제3자에게 위탁하는 것에 대하여는 수익자의 동의 여부를 묻지 않고 자본시장법 제42조에 따른 엄격한 규제가 적용된다. 특히, 제3자에게 위탁하는 업무가 신탁업의 본질적 업무(=신탁업자가 인가를 받은 업무와 직접적으로 관련된 필수업무로서 대통령령으로 정하는 업무)인 경우 그 제3자는 해당 업무의 수행에 필요한 인가를 받은 자이어야 한다(동법 제42조 제4항).[78]

한편, 신탁법상 수탁자는 신탁행위로 달리 정함이 없으면 신탁목적의 달성을 위해 필요한 경우 수익자의 동의를 받아 타인에게 신탁재산에 대하여 신탁을 설정할 수 있다(신탁법 제3조 제5항). 그러나 자본시장법은 신탁업자가 이러한 재신탁을 하는 것을 허용하는 규정을 두고 있지 않다.

(2) 충실의무

수탁자는 수익자의 이익을 위하여 신탁사무를 처리하여야 할 의무, 즉 충실의무가 있다(신탁법 제33조). 자본시장법은 신탁업자의 충실의무를 유사한 내용으로 규정하고 있다(동법 제102조 제2항). 신탁법 제33조에 따른 수탁자의 충실의무는 (i) 이익상반행위의 금지(신탁법 제34조) 및 공평의무(신탁법 제35조)로 구성되는 이익충돌회피의무와 (ii) 신탁이익의 향수금지(신탁법 제36조)로 대표된다.

가. 이익상반행위의 금지

신탁법 제34조 제1항에 의하면, 수탁자는 누구의 명의로도 ① 신탁재산을 고유재산으로 하거나 신탁재산에 관한 권리를 고유재산에 귀속시키는 행위(제1호), ② 고유재산을 신탁재산으로 하거나 고유재산에 관한 권리를 신탁재산에 귀속시키는 행위(제2호), ③ 여러 개의 신탁을 인수한 경우 하나의 신탁재산 또는 그에 관한 권리를 다른 신탁의 신탁재산에 귀속시키는 행위(제3호), ④ 제3자의 신탁재산에 대한 행위에서 제3자를 대리하는 행위(제4호)와 ⑤ 그 밖에 수익자의 이익에 반하는 행위(제5호)를 하지 못한다. 이러한 이익상반행위이더라도 신탁행위로 허용한 경우, 수익자에게 그 행위에 관련된 사실을 고지하

78) 신탁업의 본질적 업무는 다음과 같다(자본시장법시행령 제47조 제1항).
① 신탁계약(투자신탁의 설정을 위한 신탁계약 포함) 및 집합투자재산(투자신탁재산은 제외)의 보관·관리계약의 체결과 해지 업무
② 신탁재산(투자신탁재산은 제외. 이하 같음)의 보관·관리업무(채권추심업무는 제외)
③ 집합투자재산의 보관·관리업무(운용과 운용지시의 이행업무를 포함하고 채권추심업무는 제외)
④ 신탁재산의 운용업무{신탁재산에 속하는 지분증권(지분증권과 관련된 증권예탁증권을 포함)의 의결권 행사 포함}.

고 수익자의 승인을 받은 경우 또는 법원의 허가를 받은 경우에는 이를 할 수 있다(제34조 제2항). 위 ②부터 ⑤까지의 행위는 개정신탁법에 신설된 것이다.

신탁법은 이익상반행위 금지에 위반한 행위의 효력에 관해서는 따로 규정을 두고 있지 아니하여 해석에 맡겨져 있다. 우선 신탁법 제34조 제2항에 따른 예외를 인정받는 경우에는 수탁자에 의한 이익상반행위 금지 위반은 해소된다. 그러나, 신탁업자의 경우에는 아래에서 보는 바와 같이 자본시장법에 따라 신탁법 제34조 제2항의 적용이 배제되므로 그러한 예외 취급의 혜택을 받을 수 없다. 신탁법 제34조 제2항이 적용되지 아니할 경우 이익상반 금지에 위반하여 수탁자가 한 행위의 효력은 어떻게 되는가? 대법원 2009. 1. 30. 선고 2006다62461 판결[79]에 의하면 위 ① 및 ②의 행위는 무효라고 한다. 위 ③과 ④의 행위는 민법 제124조에 따라 규율되는 자기계약·쌍방대리로서 이익상반행위에 해당된다고 생각되므로 특별한 사정이 없는 한 무효로 보는 것이 타당하다.[80][81] ①부터 ④까

79) 대법원 2009. 1. 30. 선고 2006다62461 판결은, 분양형 토지신탁의 수탁자인 한국토지신탁(=피고)이 고유계정에서 신탁계정으로 한 자금대출(이자부소비대차)의 효력과 그 대출과 관련한 수익자(=원고)의 피고에 대한 비용보상의무가 다투어진 사안에서, "(구)신탁법 제31조 제1항 본문[개정신탁법 제34조 제2항]에 의하면, 특별한 사정이 없는 한 누구의 명의로 하든지 신탁재산을 고유재산으로 하거나 이에 관하여 권리를 취득하지 못할 뿐만 아니라, 고유재산을 신탁재산이 취득하도록 하는 것도 허용되지 아니하고(대법원 2007. 11. 29. 선고 2005다64552 판결 참조), 위 규정에 위반하여 이루어진 거래는 무효라고 할 것이다"라고 판시하였다. 이 사건에서 피고는 각 신탁사업에 필요한 자금을 사업별로 조달하지 않고 신탁사업 전체를 기준으로 소요 예상자금을 미리 차입하여 고유계정에 보관하다가 자금을 필요로 하는 개별 신탁사업의 신탁계정으로 대여하는 방법을 취하였고, 고유계정에서 신탁계정으로 자금을 대여할 때에는 차입금리에 연 1.5% 내지 5%의 금리를 가산하였다. 이 대법원판결은 "위와 같은 이자부 소비대차 거래는 (구)신탁법 제31조 제1항에 위반된 거래로서 무효"라고 판시하였고, 피고가 신탁사무의 처리를 위하여 외부로부터 차입한 신탁 관련 차입금을 가지고 신탁사무의 처리 등에 사용하였음을 근거로 하여 비용보상청구권을 주장하는 것으로 보더라도, 피고가 신탁계정에 대여하면서 가산한 이자는 피고가 원고에게 갖는 비용보상청구권에서 제외하여야 한다고 판시하였다. 현행 자본시장법상으로는 신탁업자는 부동산 및 부동산 관련 권리만을 신탁받은 경우, 일정한 한도 내에서 신탁의 계산으로 그 신탁업자의 고유재산으로부터 금전을 차입하는 것이 허용된다(동법 제105조 제2항). 따라서 자본시장법 하에서는 위 대법원판결과 다르게 판단해야 할 것이다.

80) 같은 취지: 최수정(2023), 345쪽. 이에 대하여 이연갑(2014), 89쪽은 ③의 행위는 무효로 보나, ④의 행위는 이를 무효로 하면 제3자의 이익이 부당히 침해된다는 이유로 유효하다고 본다.

81) 회사에 대하여 수탁자와 유사한 내용의 충실의무를 지는 주식회사의 이사와 회사간의 이익상반거래(=이사의 자기거래)에 관하여, 대법원판례는 이사가 회사의 거래상대방이 되는 경우뿐만 아니라 상대방의 대리인이나 대표자로서 회사와 거래를 하는 경우도 상법 제398조에 의해 통제되는 이사와 회사간의 거래에 해당한다고 하며(대법원 2017. 9. 12. 선고 2015다70044 판결), 상법 제398조에 위반하여 이사회의 승인 없이 한 이사의 자기거래는 회사와 거래상대방 간에는 무효라고 본다{대법원 2014. 6. 26. 선고 2012다73530 판결 등; 김건식·노혁준·천경훈(2024), 459쪽; 송옥렬(2022), 1073쪽}. 이와 마찬가지로 위 ④의 행위는 수탁자가 대리한 본인의 선의·악의를 묻지 않고 신탁재산과 거래상대방간에는 무효로 보는 것이 합리적일 것이다. 이와 달리, 일본 신탁법은 위 ④의 제3자(=대리행위의 본인)가 수탁자의 이익상반행위를 알았거나 중과실로 알지 못한 때에 한하여 수익자가 당해 행위를 취소할 수 있는 것으로 법에 규정하고 있다(일본 신탁법 제31조 제7항).

지의 행위가 무효라고 하는 것은 신탁재산과 그 거래상대방과의 관계에서 무효라는 의미라고 보아야 하고, 무효인 행위에 터잡아 이루어진 해당 재산의 후속 처분행위의 효력에 관하여는 별도의 검토를 요한다.

예컨대, 수탁자가 신탁재산(A)을 고유재산 또는 다른 신탁재산(B)에 귀속시킨 후(=① 또는 ③의 행위) 이를 제3자에게 처분한 경우, 수탁자는 실제로 신탁재산(A)을 처분한 것인바 이 후속 처분행위까지 당연 무효로 되는 것은 아니다. 수탁자의 제3자에 대한 신탁재산 처분행위는 후술하는 신탁법 제75조에 따른 수익자취소권의 대상이 되는 때에만 취소될 수 있고, 그렇지 아니할 경우에는 유효하다고 보아야 할 것이다.[82] 반대로 수탁자가 고유재산을 신탁재산으로 귀속시킨 뒤(=위 ②의 행위) 이를 처분한 때에는 고유재산을 처분한 것이므로 유효하고 신탁법 제75조의 수익자취소권은 발생하지 않는다고 본다.[83]

위 ④의 행위가 있은 후에 거래상대방이 해당 목적물을 제3자에게 처분한 경우는 어떠한가? 이에 대하여는 (i) 이러한 행위는 무권리자에 의한 처분행위이므로 전득자인 제3자에 의한 선의취득의 대상이 되지 않는 한 그 처분행위는 무효라고 보는 견해가 있다.[84] 그러나, 외부의 제3자에게 일일이 수탁자의 이익상반행위 여부를 조사·확인할 의무를 부담시키는 것은 상거래의 신속성이나 거래의 안전을 해치므로 전득자가 수탁자의 이익상반행위에 관하여 알지 못하였고 알지 못한 데에 중과실이 없는 경우(=선의·무중과실)에는 그 제3자에 대하여는 무효를 주장할 수 없다고 보는 것이 합리적이다.[85]

위 ⑤의 행위에 관하여는 (i) 원칙적으로 독자적인 법률상 이익을 가지는 제3자가 관여하게 되는 경우[86]에는 유효하고, 그렇지 아니한 경우에는 무효로 보아야 한다는 견해[87]와 (ii) 이익상반 금지에 관한 규정을 강행규정으로 보아 ①부터 ⑤까지의 행위는 모두 무효라는 견해[88]가 있다. 이익상반행위 금지는 수탁자의 의무 중 가장 핵심적인 부분이고 그 위반은 신탁계약의 기초를 흔드는 행위이므로 ⑤의 행위도 수익자가 사후 추인하지 않는 한 신탁재산과의 관계에서는 효력이 없다고 보는 것이 합리적이다. 다만, ⑤의

82) 최수정(2023), 367쪽.
83) 최수정(2023), 368쪽.
84) 최수정(2023), 369쪽.
85) 이 견해는 상법 제398조에 의한 이사의 자기거래 제한에 위반한 행위는 회사와 이사 간에는 무효이나, 회사와 제3자와의 관계에서는 제3자가 위반 사실에 관하여 악의 또는 중과실이 있는 경우에 한하여 무효라고 보는 대법원판례(대법원 2014. 6. 26. 선고 2012다73530 판결 등)(=이른바 "상대적 무효설")의 법리에 기초한 것이다.
86) 간접적 자기거래(예컨대, 수탁자가 자기의 고유채무에 대하여 신탁재산을 제3자에게 담보로 제공한 경우), 경업행위, 사업기회유용행위 등을 그 예로 들 수 있다. 이연갑(2014), 90쪽; 최수정(2023), 370-371쪽.
87) 이연갑(2014), 89-90쪽. 최수정(2023), 370-371쪽도 같은 취지.
88) 무궁화·광장(2021), 186쪽.

행위의 상대방이 제3자인 경우에는, 거래의 안전 및 후술하는 신탁법 제75조 제1항에 따른 신탁위반 법률행위의 취소 제도와의 균형을 고려하여야 할 것이다. ⑤의 이익상반행위가 신탁법 제75조 제1항에 따른 수익자 취소의 요건을 충족하는 때에 한하여 수익자는 (수탁자가 아닌) 거래 상대방 또는 전득자를 상대로 그 법률행위를 취소할 수 있고, 그렇지 아니한 때에는 제3자와의 관계에서 그 법률행위의 효력은 유효하다고 보아야 할 것이다. 이와는 별개의 구제수단으로서, 수익자는 수탁자에 대하여 후술하는 바와 같이 의무위반을 이유로 원상회복 또는 손해배상 책임(신탁법 제43조 제1항)을 묻거나 수탁자 또는 제3자가 얻은 이득의 반환(신탁법 제43조 제3항)을 청구할 수 있다.

한편, 자본시장법은 신탁업자에 대하여 기본적으로 신탁법 제34조 제2항(이익상반행위 금지의 예외)의 적용을 배제하고(자본시장법 제104조 제1항), 신탁재산과 고유재산 간의 거래가 허용되는 예외를 인정하고 있다. 예컨대, 자본시장법 제104조 제2항은 일정한 경우 신탁계약이 정하는 바에 따라 신탁재산을 고유재산으로 취득할 수 있도록 하였다. 또한, 신탁업자는 부동산 및 부동산 관련 권리만을 신탁받은 경우, 신탁의 계산으로 그 신탁업자의 고유재산으로부터 금전을 차입할 수 있다(동법 제105조 제2항). 자본시장법은 신탁업자의 이익상반행위(신탁재산과 고유재산 간의 거래 포함)를 비롯한 불건전영업행위를 금지하는 상세한 규정을 두고 있는데, 수익자 보호 및 건전한 거래질서를 해할 우려가 없는 경우로서 대통령령으로 정하는 경우에는 예외를 인정하고 있다(동법 제108조). 예컨대, 신탁재산으로 신탁업자와 거래하는 행위 중에서 (i) 예금거래(수탁액이 3억원 이상인 특정금전신탁 또는 자산유동화법 제3조에 따른 자산유동화계획에 의한 여유자금 운용을 말함)(동법시행령 제109조 제1항 제4호 아목)와 (ii) 금액의 규모 또는 시간의 제약으로 인하여 다른 방법으로 운용할 수 없는 경우로서 신탁재산으로부터 그 신탁재산을 운용하는 신탁업자의 고유계정에 대한 일시적 자금대여(동법시행령 제109조 제1항 제4호 자목) 등 다양한 유형의 거래들을 예외적으로 허용하고 있다.[89] 자본시장법상 신탁업자의 이익상반행위에 대한 규제는 (구)신탁업법상의 규제의 틀을 따르고 있으나 금지되는 행위와 그에 대한 예외를 인정하는 조항들이 산재되어 있고 체계적으로 규정되어 있지 않다. 이익상반행위에 대한 개정신탁법의 규율 체계와 균형을 맞추어 신탁업자의 이익상반행위에 대한 자본시장법의 규제도 보다 체계적으로 정비할 필요가 있다.

나. 공평의무

수익자가 여럿인 경우, 수탁자는 신탁행위로 달리 정한 경우를 제외하고, 각 수익자

89) 자본시장법상 신탁업자의 이익상반행위에 대한 특칙에 관한 상세한 설명은, 정순섭(2021), 392-393쪽.

를 위하여 공평하게 신탁사무를 처리하여야 한다(신탁법 제35조).

다. 신탁이익의 향수 금지

신탁법 제36조에 의하면, 수탁자는 수탁자가 공동수익자의 1인인 경우를 제외하고는 누구의 명의로도 신탁의 이익을 누리지 못한다. 목적이 위법이거나 불능인 신탁은 무효이므로(신탁법 제5조 제2항), 신탁법 제36조를 위반한 신탁은 무효이다.[90] 수탁자가 공동수익자 중 1인인 경우에는 다른 공동수익자도 신탁의 이익을 향수하면서 신탁을 감독할 수 있기 때문에 예외를 인정하고 있다.[91] 그런데, 신탁업자인 은행 등 금융회사가 자신으로부터 여신을 제공받은 차주겸 위탁자로부터 부동산 또는 금전채권을 수탁받고, 1순위 수익자를 위 금융회사로, 후순위 수익자를 차주로 하여 담보신탁을 설정하는 것이 신탁법 제36조와의 관계상 허용되는지에 관하여, 법무부는 차주인 후순위수익자가 1순위 수익자인 금융기관이 신탁계약을 위반하는지, 신탁을 남용하는지 등에 대한 실질적인 감독을 할 수 없기 때문에 원칙적으로 위 담보신탁의 수탁자를 공동수익자의 1인인 수탁자로 볼 수 없다고 보았다.[92] 금융위원회도 위와 같은 담보신탁의 설정은 신탁법 제36조 이익향수 금지 규정의 우회적 회피수단으로 이용될 우려가 있으며, 자본시장법상 담보신탁제도의 취지를 고려할 때, 수탁자와 채권자가 동일하다면 위탁자 보호 등에 문제가 발생할 수 있으므로 허용하지 않는 것이 타당하다고 보았다.[93]

신탁상 발생한 비용에 대하여 수탁자의 고유재산으로 지출한 부분에 대한 상환(제46조)과 신탁행위에 정함이 있거나 수탁자가 신탁업자인 경우 수탁자에 의한 보수 청구(제47조 제1항)는 이익향수금지에 반하지 않는다.

3. 수탁자의 의무위반에 대한 수익자·위탁자의 구제수단

(1) 원상회복·손해배상 책임

수탁자가 그 의무를 위반하여 신탁재산에 손해가 생긴 경우 위탁자, 수익자 또는 수탁자가 여럿인 경우의 다른 수탁자는 그 수탁자에게 신탁재산의 원상회복을 청구할 수

---

90) 대법원 2024. 4. 16. 선고 2022다307294 판결(유언대용신탁에서 위탁자 사망후 유일한 수익자를 수탁자로 정하면 그 부분은 무효임. 다만 그 신탁계약중 위탁자 생존중 수익자를 위탁자로 한 부분은 효력이 있음).

91) 무궁화·광장(2021), 190쪽; 최수정(2023), 353쪽.

92) 2019. 10. 17.자 법무부 유권해석(미공간). 법무부 유권해석의 내용은 이를 보도한 언론보도{팍스넷뉴스, "법무부 '은행 부동산담보신탁 수탁자의무 위반 소지"(2019. 10. 22.)(https://paxnetnews.com/articles/53007)}를 참조하였음.

93) 2017. 3. 14.자 금융위원회 법령해석 회신(170063).

있다(제43조 제1항 본문). 다만, 원상회복이 불가능하거나 현저하게 곤란한 경우, 원상회복에 과다한 비용이 드는 경우, 그 밖에 원상회복이 적절하지 아니한 특별한 사정이 있는 경우에는 손해배상을 청구할 수 있다(신탁법 제43조 제1항 단서). 수탁자가 그 의무를 위반하여 신탁재산이 변경된 경우에도 마찬가지이다(신탁법 제43조 제2항).

(2) 이득반환 책임

수탁자가 신탁법 제33조부터 제37조까지의 규정에서 정한 의무(충실의무, 이익상반행위의 금지, 공평의무, 수탁자의 이익향수금지 및 수탁자의 분별관리의무)를 위반한 경우에는 신탁재산에 손해가 생기지 아니하였더라도 수탁자는 그로 인하여 수탁자나 제3자가 얻은 이득 전부를 신탁재산에 반환하여야 한다(신탁법 제43조 제3항).

(3) 신탁위반 법률행위의 취소

수탁자가 신탁의 목적을 위반하여 신탁재산에 관한 법률행위를 한 경우 수익자는 상대방이나 전득자가 그 법률행위 당시 수탁자의 신탁 목적 위반 사실을 알았거나 중대한 과실로 알지 못한 때에만 그 법률행위를 취소할 수 있다(신탁법 제75조 제1항). 수익자가 여럿인 경우 그 1인이 제75조 제1항에 따라 한 취소는 다른 수익자를 위하여도 효력이 있다(신탁법 제75조 제2항).[94] 여기서 어떠한 행위가 '신탁목적의 위반' 행위에 해당될 것인지는 명확하지 않다. 다른 규정에서는 '의무위반'을 요건으로 한 것과는 달리 신탁법 제75조는 '신탁목적의 위반'을 요건으로 하고 있다는 것[95]과 수탁자와 상대방 간에는 완전히 유효한 법률행위를 수익자(신탁재산) 보호를 위해 예외적으로 취소할 수 있도록 한 것을 고려하여 그 요건은 제한적으로 해석되어야 할 것이다.[96]

취소권자는 수익자이다. 재판 외에서도 행사할 수 있으므로 통상 취소의 의사표시를

---

94) 개정신탁법 제75조 제1항은 신탁위반 처분행위의 취소에 관한 (구)신탁법 제52조를 다음 세 가지 점에서 개정한 것이다. ① (구)신탁법 제52조는 '신탁의 본지'에 위반할 것을 요건으로 하였던 것을 '신탁의 목적'에 위반할 것을 요건으로 하였다. ② (구)신탁법 제52조는 '신탁재산의 처분행위'를 취소대상으로 하였던 것을 '신탁재산에 관한 법률행위'를 취소대상으로 하여 확대하였다. 이는 자금 차입행위 등 '신탁재산의 처분'에 해당되지 않는 경우에도 취소의 대상으로 하기 위한 것이다. ③ 상대방이나 전득자의 악의·중과실 요건을 적용함에 있어서 신탁재산의 공시 여부를 묻지 않는 것으로 하였다. 법무부(2010), 568-569쪽.

95) 이연갑(2014), 217-208쪽; 최수정(2023), 395쪽.

96) 법무부(2010), 570-571쪽은 '신탁목적의 위반'을 수탁자가 수탁자에게 부여된 의무를 위반하거나 수여된 권한을 초과하는 행위를 하여 신탁이 달성하고자 하는 목적에 반하는 결과에 이른 것을 의미한다고 보고, 수탁자의 충실의무 위반, 분별관리의무의 중대한 위반 및 공평의무 위반뿐만 아니라 선관주의의무 위반도 그 의무 위반의 정도가 중대하여 신탁의 목적을 달성하기 어려운 상태에 이르렀다면 신탁목적의 위반에 포함된다고 해석한다.

한 후 신탁재산의 반환 등을 구하는 소를 제기하는 방법에 의하게 될 것이다.[97][98] 신탁법 제75조는 수익자의 취소권 행사에 따른 신탁재산의 반환방법에 관하여는 규정을 두지 않고 있어 해석에 맡겨져 있다. 수익자가 자신의 권리로서 직접 상대방이나 전득자에게 반환청구권을 행사할 수 있는지, 아니면 수익권에 기하여 반환청구권을 대위행사할 수 있을 뿐인지에 관하여 견해가 나뉘고 있으나, 어느 방법에 의하든, 신탁재산이 금전 등이더라도 수익자가 이를 직접 수령할 수는 없고 반드시 신탁재산에 반환시켜야 한다는 점에 관하여는 이견이 없는 것으로 보인다.[99]

(4) 권한제한에 위반한 행위의 대외적 효력

신탁법은 수탁자가 권한을 초과하여 신탁사무를 행한 경우의 효력에 관하여 따로 규정을 두고 있지 아니하여 견해가 나뉠 수 있다. 신탁계약에 수탁자의 권한을 제한하기로 특약을 두었더라도 "수탁자는 수익자에 대한 관계에서 위와 같은 특약에 따른 제한을 부담할 뿐이고 제3자에 대한 관계에서는 완전한 소유권을 행사할 수 있다"는 대법원 2008. 3. 13. 선고 2007다54276 판결에 비추어 볼 때, 수탁자가 내부적 권한제한에 위반하여 한 대외적 행위는 상대방이 이를 알았다고 하더라도 유효하다고 보아야 할 것으로 생각된다.[100] 이 경우, 수익자는 신탁법 제75조 제1항의 요건이 충족되면 수탁자의 신탁위반 법률행위를 취소할 수 있다. 수탁자의 신탁계약 위반으로 인한 신탁재산의 손해에 관하여 수탁자를 상대로 신탁재산의 원상회복청구 또는 손해배상청구를 할 수도 있다(신탁법 제43조 제1항).

4. 수탁자의 신탁사무 관련 채무와 책임재산의 범위

(1) 수익자에 대한 유한책임

수탁자는 수익권에 정해진 바에 따라 수익자에게 일정한 급부를 할 의무를 부담한다. 그 의무의 실질은 신탁재산을 분배 또는 급부할 의무라고 할 수 있다. 신탁법은 수탁

97) 이연갑(2014), 212-213쪽.
98) (i) 취소 의사표시의 상대방을 누구로 해야 하는지('수탁자'·'수탁자 및 수탁자의 상대방'·'수탁자 또는 전득자'), (ii) 취소의 효과가 취소 당사자에게만 미치는지(=상대적 무효설) 또는 관련 법률행위의 당사자 전부에게 미치는지(절대적 무효설)와 (iii) 전득자를 상대로 한 취소에서 주관적 요건으로서 '전득자의 악의·중과실'만 요하는지, 아니면 '상대방 및 전득자 모두의 악의·중과실'을 필요로 하는지에 관하여는 학설이 대립된다. 이에 관하여는 우선, 최수정(2023), 398-404쪽.
99) 법무부(2010), 575쪽.
100) 같은 취지: 이연갑(2015), 328-329쪽; 무궁화·광장(2021), 171쪽.

자가 신탁행위로 인하여 수익자에 대하여 부담하는 채무에 대하여는 신탁재산만으로 책임을 진다고 규정하고 있다(제38조). 따라서 수탁자는 수익자에 대한 급부의무에 관하여는 신탁재산에 의한 물적 유한책임을 부담한다.[101)]

(2) 신탁사무의 처리와 관련한 수탁자의 제3자에 대한 채무

가. 수탁자 – 거래상대방 간에 책임재산한정약정이 없는 경우

수탁자와 거래상대방 간에 달리 특약이 없는 경우 신탁법상 수탁자는 신탁사무의 처리와 관련하여 거래한 제3자에 대해 수탁자의 고유재산으로도 책임을 져야 한다.[102)] 대법원 2004. 10. 15. 선고 2004다31883, 31890 판결은, "신탁사무의 처리상 발생한 채권을 가지고 있는 채권자는 수탁자의 일반채권자와 달리 신탁재산에 대하여도 강제집행을 할 수 있는데((구)신탁법 제21조 제1항), 한편 수탁자의 이행책임이 신탁재산의 한도 내로 제한되는 것은 신탁행위로 인하여 수익자에 대하여 부담하는 채무에 한정되는 것이므로((구)신탁법 제32조), 수탁자가 수익자 이외의 제3자 중 신탁재산에 대하여 강제집행을 할 수 있는 채권자((구)신탁법 제21조 제1항)에 대하여 부담하는 채무에 관한 이행책임은 신탁재산의 한도 내로 제한되는 것이 아니라 수탁자의 고유재산에 대하여도 미치는 것으로 보아야 한다"고 판시하였다.

나. 책임재산한정약정이 있는 경우

실무상 수탁자의 거래 상대방에 대한 채무에 대해 신탁재산만으로 이행의 책임을 지도록 하기 위하여 책임재산한정(limited recourse) 약정을 이용하고 있다.[103)] 책임재산한정약정의 효력은 사적자치의 원칙에 비추어 볼 때 일반적으로 유효한 것으로 받아들여지고 있으나 문제되는 행위의 태양에 따라서는 그 효력이 부정될 수도 있으므로 법적 안정성 측면에서 법률상 명시적인 근거가 있는 경우보다는 미흡하다. 책임재산한정약정이 있는 채권에 대한 이행판결은 원고가 청구하는 채권 전부에 대하여 이행을 명하되 책임을 한정하는 형식의 판결이 될 것이다.[104)] 대법원 2010. 2. 25. 선고 2009다83797 판결도 신탁

---

101) 이중기·이영경(2022), 443쪽.

102) 법무부(2010), 777쪽; 이중기·이영경(2022), 386-388쪽{신탁사무의 처리상 발생한 채권에 대한 수탁자의 인적 무한책임은 '수탁자의 인격을 차용'하는 신탁제도의 특성상 수익자의 이익과 거래상대방을 보호할 필요성에서 정당화될 수 있고, (구)신탁법 제21조 1항 단서(개정신탁법 제22조 제1항 단서)에 따라 "신탁사무의 처리상 발생한 권리"에 기하여 신탁재산에 대하여 강제집행을 할 수 있으므로 신탁재산에 대하여도 책임을 추궁할 수 있다고 한다}.

103) 일본 신탁법은 신탁재산으로만 이행의 책임을 부담하는 채무 유형 중의 하나로서 수탁자와 거래상대방 간에 책임재산한정약정이 있는 채무를 명시적으로 규정하고 있다(동법 제21조 제2항 제4호).

104) 이중기·이영경(2022), 453쪽.

재산의 한도 내에서 수탁자가 책임을 부담하는 경우에는, 채권자의 수탁자에 대한 이행판결 주문에는 수탁자의 고유재산에 대한 강제집행을 할 수 없도록 집행력을 제한하기 위하여 신탁재산의 한도에서 지급을 명하는 취지를 명시하여야 한다고 판시하였다.

법률의 규정에 따라 책임재산이 한정되는 경우도 있다. 예컨대, 신탁법 제53조 제2항은 (수탁자 변경시) 신탁사무의 처리에 관하여 발생한 채권은 신탁재산의 한도 내에서 신수탁자에게도 행사할 수 있도록 하고 있다.[105] 또한, 자본시장법은, 법령·약관·집합투자규약·투자설명서 등에 위반하는 행위를 하거나 그 업무를 소홀히 하여 투자자에게 손해배상책임을 지는 경우를 제외하고, 투자신탁의 집합투자업자나 그 투자신탁재산을 보관·관리하는 신탁업자가 투자대상자산의 취득·처분 등을 한 경우 그 투자신탁재산을 한도로 하여 그 이행책임을 부담하는 것으로 규정하고 있다(동법 제80조 제1항, 제2항 및 제64조 제1항).

(3) 유한책임신탁

개정신탁법은 유한책임신탁 제도를 도입하였다. 신탁법상 '신탁행위로 수탁자가 신탁재산에 속하는 채무에 대하여 신탁재산만으로 책임을 지는 신탁', 즉 유한책임신탁을 설정할 수 있고, 이 경우 유한책임신탁의 등기를 하여야 그 효력이 발생한다(제114조 제1항, 제126조). 그러나, 수탁자가 고의 또는 중과실로 그 임무를 게을리 하거나, 신탁사무 처리 과정에서 고의 또는 과실로 위법행위를 하거나 또는 회계서류의 중요 기재사항에 관하여 사실과 다른 기재를 함으로써 제3자에게 손해를 입힌 때에는 유한책임신탁임에도 불구하고 그 손해를 배상할 책임이 있다(제118조). 유한책임신탁의 수탁자는 거래상대방에게 유한책임신탁이라는 뜻을 명시하고 그 내용을 서면으로 교부하여야 하고, 수탁자가 이에 위반한 경우 거래상대방은 그 법률행위를 한 날부터 3개월 내 이를 취소할 수 있다(제116조). 유한책임신탁이 종료한 경우에는 신탁을 청산하여야 한다(제132조 제1항).

신탁을 이용한 자산유동화거래 등 금융거래에서는 선순위수익권의 상환이 완료된 경우, 즉시 또는 그로부터 일정기간 경과 후에 신탁기간이 종료되는 것으로 신탁계약에 규정하는 경우가 많은데, 유한책임신탁의 경우에는 신탁 종료 시 반드시 청산절차를 거쳐야 하므로 신탁재산의 완전한 정리에 이르기까지 신탁법 개정전보다 시간과 비용이 더 소요될 수 있다. 또한, 유한책임신탁에 대하여는 파산능력을 인정하여 파산원인이 있는 경우 유한책임신탁에 대하여 채무자회생법에 따른 파산절차가 개시될 수 있다.[106]

---

105) 앞의 대법원 2010. 2. 25. 선고 2009다83797 판결.

106) 신탁법 제138조, 채무자회생법 제578조의2부터 578조의17. 신탁법이 파산능력이 있는 유한책임신탁을 도입함에 따라 2013. 5. 28.자로 채무자회생법이 개정되어 유한책임신탁의 신탁재산에 대한 파산절차가 신설되었다. 채무자회생법은 유한책임신탁이 아닌 신탁에 대하여는 종전과 마

제 3 절 금융거래와 신탁

Ⅰ. 담보권신탁[107)]

1. 담보권신탁의 구조

채무자가 수탁자에게 자기 소유 재산에 대한 담보권(예를 들어, 채무자 소유의 부동산에 대해 수탁자를 권리자로 하여 설정한 저당권)을 신탁재산으로 하여 신탁을 설정하고 채권자를 수익자로 지정하면서 수탁자가 채권자에게 수익권증서(또는 수익증권)를 발행하여 주는 형태의 신탁을 '담보권신탁'이라고 한다.[108)] 즉, 담보권신탁은 담보권설정자를 위탁자, 담보권자를 수탁자, 피담보채권의 채권자를 수익자로 하는 '담보권의 설정적 신탁'이라고 할 수 있다([그림 6-1]).[109)]

신탁법 개정 전에는 이러한 담보권 신탁은 신탁법에 명시적 근거가 없을 뿐만 아니라 민법상의 담보물권의 부종성 법리에도 반하므로 허용되지 않는다고 보았다.[110)] 또한,

[그림 6-1] 담보권신탁의 구조

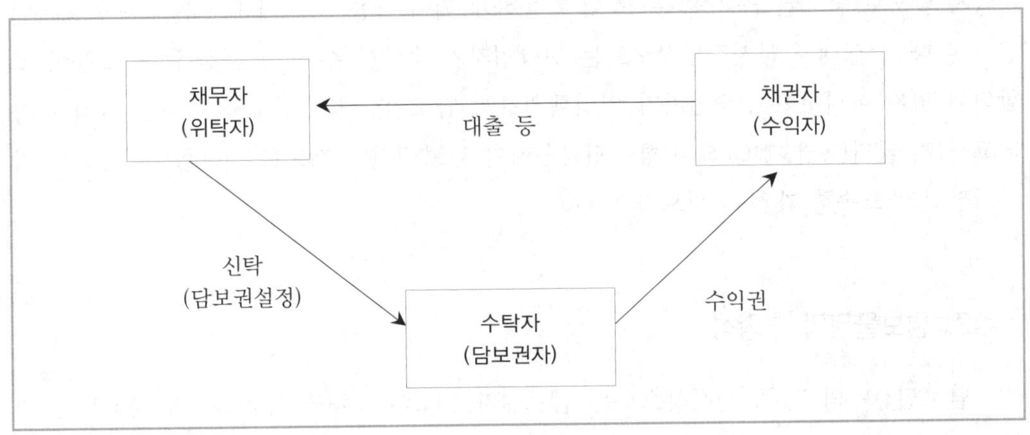

찬가지로 파산절차를 두고 있지 않다. 또한, 채무자회생법은 유한책임신탁이든 아니든 신탁에 대한 회생절차는 두고 있지 않다.

107) 이 부분은 한민(2015), 240쪽, 248-250쪽을 수정, 보완한 것이다.

108) 법무부(2010), 8쪽.

109) 新井 誠(2007), 59쪽(勝田信篤 집필).

110) 다만, 담보부사채신탁법에 따라 발행되는 담보부사채의 경우에는 예외가 인정되었다.

국제금융거래에서 영미법에 따라 담보권신탁이 설정되는 경우,[111] 국제사법에 의하여 담보권의 준거법이 한국법이 되는 때(예컨대, 담보물의 소재지가 한국인 때)에는[112] 담보권 설정 및 이전의 효력에 관하여 한국법이 적용되게 되는데, 민법상 담보물권의 부종성 원칙으로 인하여 채권자와 담보권자의 분리를 인정하는 영미법상의 담보권신탁은 한국법상으로는 그 효력이 인정되지 않는다고 보았다. 이러한 문제점을 해결하기 위하여, 그 동안 국내기업의 국제금융거래 실무에서는 채무자가 채권자에 대한 채무와 병행하여 담보대리인에 대하여도 동일한 내용의 병행채무(parallel debt)를 부담하고 채권자 또는 담보대리인의 어느 일방이 채무를 변제받은 때에는 채무가 소멸하는 것으로 약정(영국법 등을 준거법으로 약정함)하면서, 담보대리인에 대한 채무를 담보하기 위하여 담보권을 담보대리인 앞으로 설정해 주는 방법도 종종 이용되어 왔다.[113]

개정신탁법은 제2조 신탁의 정의에 관한 규정에서, '담보권 설정'을 신탁행위의 유형으로 새로 추가하였다.[114] 담보권신탁은, 채권자를 위하여 신탁의 수탁자 앞으로 담보권이 설정되고, 채권이 양도되는 경우 채권의 양수인은 신탁(신탁재산은 담보권)의 수익권만 취득하게 함으로써 용이하게 담보권 설정 및 관리를 할 수 있게 한다. 개정신탁법에서는 담보부사채신탁법과는 달리 담보권신탁 방식으로 설정할 수 있는 담보권의 유형이나 피담보채권의 종류에 관하여 아무런 제한을 두고 있지 아니하다. 개정신탁법이 담보권신탁을 도입함에 따라 신탁을 이용하여 수시로 변동하는 불특정·다수의 채권자들을 위하여 수탁자 앞으로 담보권을 설정하는 것이 가능하게 되어 금융·담보거래의 활성화에 도움이 될 것이다. 그런데 자본시장법상으로는 신탁업자가 수탁할 수 있는 재산에 '담보권'이 포함되어 있지 아니하여 신탁업자가 영업행위로서 담보권신탁을 인수하는 것은 아직 허용되고 있지 않다(동법 제103조 제1항). 신탁업자가 담보권신탁 제도를 이용할 수 있도록 자본시장법이 조속히 개정될 필요가 있다.

2. 담보물권의 부종성

담보권신탁의 경우, 형식상으로는 담보권자(수탁자)와 채권자(수익자)가 분리되는 현상이 발생하여 민법상의 담보물권의 부종성 원칙에 반하는 것이 아닌가 하는 의문이 들

111) 영미법에 의한 담보권 신탁 및 담보권 수탁자(security trustee)에 관하여는, 우선 Wood(2008), pp. 181-182, pp. 272-274.

112) 국제사법 제33조부터 제37조.

113) 병행채무에 관하여는 ☞ 제4장 제4절 Ⅱ. 담보권의 실행.

114) 개정신탁법상 담보권신탁이 허용됨에 따라 부동산등기법 제87조의2(담보권신탁에 관한 특례)가 신설되었고, 신탁등기사무처리에 관한 예규에 담보권신탁에 관한 사항이 추가되었다{1.나.(7)}.

수 있다. 신탁법에 따른 담보권신탁의 경우, 채권자가 신탁의 수익권을 취득하는 것을 상정하였기 때문에 채권자가 담보권자이어야 한다는 담보물권의 부종성의 기본취지에는 부합하는 것이므로 외관이나 형식에 있어서는 민법 제361조에 따른 담보물권의 부종성 원칙에 반하더라도 실질에서는 부종성 원칙에 부합하는 방법으로 담보권을 설정할 수 있도록 특례를 인정해 준 것으로 볼 수 있다.[115)]

담보권신탁에서 채권자가 신탁의 수익권을 취득하는 방법으로는, ① 특정한 채권자를 지정하지 않고 채권자 및 그 양수인 등 수시로 변동되는 채권자를 수익자로 포괄적으로 지정하는 방법과 ② 최초의 채권자만을 수익자로 지정하는 방법이 있을 수 있다. 전자의 방법을 취하는 경우 채권이 양도되면 양수인은 자동적으로 수익자가 되나, 후자의 경우에는 채권이 양도되는 경우, 채권의 양수인에게 수익권을 따로 양도하여야 한다. 다만, 부동산 저당권(또는 근저당권)의 담보권신탁에서는 ① 및 ②의 경우 모두 채권자(수익자) 변경에 따른 담보권신탁등기의 변경등기(=신탁원부 기록의 변경등기)를 하여야 한다(부동산등기법 제86조, 제81조 제1항 제2호).[116)] 수익권이 채권자와 분리되어 채권자 이외의 자에게 양도될 경우에는 담보권의 효력이 상실된다고 보아야 한다.[117)]

담보부사채신탁법에 따른 담보권신탁은 사채의 성립 이전에도 그 효력이 생긴다(동법 제62조). 민법상 담보권의 부종성 원칙과 관련하여 피담보채권의 성립에 관한 부종성을 완화시켜 준 것이다. 그러나, 신탁법에 따른 담보권신탁의 경우에는 그러한 특칙을 따로 두고 있지 아니하므로, 민법 또는 대법원판례에 의해 성립에 관한 부종성이 완화되는 경우를 제외하고는, 피담보채권의 성립에 관한 부종성은 그대로 적용된다.[118)] 따라서, 피담보채권이 존재하지 아니하는 경우(성립에 있어서 부종성이 완화되어 있는 근저당권은 제외)에는 담보권신탁에 의한 담보권 설정은 효력이 없다고 보아야 한다. 담보권신탁의 수익자겸 채권자는 수탁자가 담보권을 보유한 상태에서 피담보채권과 수익권을 이전할 수 있다. 다만, 앞서 본 바와 같이 부동산 저당권(또는 근저당권)을 담보권신탁 방식으로 설정한 경우, 피담보채권이 제3자에게 이전되는 경우 담보권신탁등기의 변경등기를 하여야 하는 번거로움이 남아 있다. 피담보채권이 소멸하면 수탁자가 보유하는 담보권도 소멸한다. 그러나, 담보권이 실행된 경우 피담보채권이 언제 소멸하는 것으로 볼 것인지에 관하여는 후

---

115) 이중기·이영경(2022), 225쪽; 최수정(2023), 589쪽.

116) 최수정(2023), 591-592쪽.

117) 최수정(2023), 593쪽; 新井 誠(2007), 61쪽(勝田信篤 집필); 谷笹孝史(2009), 50쪽; 山田誠一(2007), 21-22쪽도 모두 같은 취지이다. 이러한 점을 고려하여, 개정신탁법은 담보권을 신탁재산으로 하여 설정된 수익증권발행신탁의 경우, 수익증권을 기명식으로만 발행할 수 있도록 함으로써 담보권자와 채권자가 실질적으로 분리되지 않도록 하고 있다(신탁법 제78조 제3항). 법무부(2010), 590쪽.

118) 이중기·이영경(2022), 224-225쪽.

술하는 바와 같이 견해가 나뉘고 있다.

3. 피담보채권의 변제 시기

담보부사채신탁법상 신탁업자는 신탁계약에서 따로 정하지 아니하였을 때에는 총사채권자를 위하여 채권 변제를 받는 데에 필요한 모든 행위를 할 권한을 가진다(동법 제73조). 다만, 일정한 사항에 관하여는 사채권자집회의 결의를 거쳐야 한다(제74조, 제75조 등). 사채에 관한 신탁업자의 권한은 법률이 특별히 부여한 대리권이라고 할 수 있는데, 대체로 상법상 사채관리회사의 권리와 유사하다. 신탁업자가 변제금을 수령한 때에 사채원리금 채권은 소멸한다.[119] 따라서, 담보부사채신탁법에 의하여 설정된 담보권신탁의 경우에는 담보권실행에 의하여 수탁자(신탁업자)가 피담보채권을 변제받는 때에 피담보채권이 소멸한다.

그러나, 신탁법에 의한 담보권신탁의 경우에는 수탁자에게 법상 위와 같은 채권자(수익자)를 위한 변제수령권을 인정하고 있지 아니하므로 담보권실행에 의하여 담보권이 소멸하고 수탁자가 해당 변제금을 배당받은 때에 그에 상당하는 피담보채권이 소멸한 것으로 볼 것인가, 아니면 수탁자가 배당받은 금원을 실제로 채권자인 수익자에게 지급한 때에 소멸한 것으로 볼 것인가의 문제가 있다. 이에 대하여는 담보권신탁의 수탁자가 담보권실행에 의한 변제금을 수령한 것만으로는 피담보채권은 소멸되지 않고 수탁자가 수익자에게 배당금 등을 교부한 때에 소멸하는 것으로 보는 견해[120]와 수탁자가 변제금을 수령한 때에 소멸한 것으로 보는 견해[121]로 나뉘고 있다.[122] 생각건대, 일반적인 담보권 실행의 경우와 마찬가지로 담보권신탁의 경우에도 담보권이 실행되어 담보권자인 수탁자가 변제금을 수령했으면 피담보채무는 소멸한다고 보아야 할 것이다. 법상 변제수령권을 명시적으로 규정하고 있지 않아도, 담보권신탁의 수탁자는 담보권자의 지위에서 담보권을 실행하여 채권을 회수할 권한을 가진다. 수탁자가 담보권 실행으로 변제금을 수령한 후 이를 수익자에게 분배하는 것은 수탁자와 수익자간의 문제일 뿐이다.[123] 담보권신탁의

119) 최수정(2023), 593-596; 上柳克郎 외(1989), 501쪽.

120) 안성포(2012), 131쪽.

121) 이중기·이영경(2022), 232쪽; 최수정(2023), 596쪽.

122) 일본에서의 견해 대립에 관하여는, 안성포(2012), 130쪽; 新井 誠 외(2011), 327-328쪽(細川昭子 집필).

123) 담보권신탁의 수탁자가 담보권을 실행하여 변제금을 받으면 그 범위에서 피담보채무가 소멸된다고 보아야 할 것이다. 담보신탁에서는 통상 우선수익자(=채권자)의 요청에 의해 수탁자가 신탁재산을 처분한 후 그 대금을 우선수익자에게 지급한 때 채권자가 변제받은 것으로 보도록 약정한다.

신탁재산은 담보권이므로 담보권의 실행에 의하여 수탁자가 받은 변제금은 신탁재산의 관리·처분·그 밖의 사유로 얻은 재산으로서 신탁재산에 속하고(신탁법 제27조), 수탁자의 고유재산과는 독립되어 분별관리되어야 한다. 채권자겸 수익자는 수익권을 행사하여 수탁자가 신탁재산으로 보유하는 변제금으로부터 급부를 받을 수 있다. 이는 채권자겸 수익자가 수탁자의 고유재산으로부터 변제금을 상환받는 것과는 엄연히 다르다.

그러나 담보권신탁의 수탁자는 담보권자이고 채권자는 아니므로 신탁계약에서 달리 정하지 않는 한 채무자와의 합의에 의해 피담보채권을 변경하거나 피담보채권의 임의 변제를 수령할 권한은 없다고 보아야 할 것이다.[124)]

4. 위탁자에 대한 도산절차와 담보권신탁의 취급

담보권신탁 방식에 의하여 위탁자 소유의 재산상에 담보권(질권, 저당권, 가등기담보권, 전세권 등)이 설정될 경우, 그 담보권에 의하여 담보되는 채권은 위탁자에 대하여 회생절차가 개시되는 경우에는 회생담보권, 파산절차가 개시되는 경우에는 별제권부(附) 채권에 해당된다. 앞서 본 바와 같이 담보권신탁에서는 채권자와 신탁 수익자가 동일하면 담보물권의 부종성 원칙에 부합된다고 보아야 하고, 따라서 채권자가 채무자 소유의 재산상에 설정된 담보권을 직접 보유하고 있는 경우와 동일하게 취급되어야 하기 때문이다. 회생담보권은 위탁자에 대한 회생절차에 구속되고 원칙적으로 회생계획에 따라서만 변제될 수 있다. 별제권은 파산절차에 원칙적으로 구속되지 않는다. 반면에, 후술하는 바와 같이 대법원판례에 의하면 담보신탁에서의 수익권은 위탁자에 대한 도산절차에 구속되지 않는데, 이는 담보신탁과 담보권신탁의 중요한 차이점이다.

Ⅱ. 담보신탁

1. 담보신탁의 구조

담보신탁은 대출 기타 거래에서 채무를 담보하기 위한 목적으로 채무자 소유의 재산에 대하여 설정한 신탁을 말한다. 담보신탁의 일반적인 형태를 보면, ① 채무자가 채권자로부터 자금을 대출받으면서 채무자가 위탁자가 되어 채무자 소유의 재산을 수탁자에게

124) 최수정(2023), 596쪽; 田中和明(2017), 42쪽.

신탁하고, ② 채권자에게 선순위수익권(=우선수익권 또는 제1종 수익권)을, 채무자에게는 후순위수익권(=제2종 수익권)을 부여한다([그림 6-2]). 정상적인 기간 동안에는 신탁재산(=담보재산)으로부터의 배당이 후순위수익자에게 행하여지나 채무불이행 사유(예컨대, 차입계약에 정해진 기한이익상실 사유)가 발생하면 신탁계약에 정해진 방법에 따라 후순위수익자에 대한 지급은 정지되고 선순위수익자에게만 신탁재산으로부터의 수익 및 신탁재산의 처분대금이 지급되고, 선순위채권자가 선순위수익권을 통하여 신탁재산으로부터 변제받은 금액만큼 채무자의 대출계약상 채무가 소멸한다. 대출계약상의 채무가 전액 변제된 때에는 신탁계약이 해지 또는 종료되어 잔존 신탁재산을 후순위수익자에게 반환 또는 지급한다.[125] 채무자 이외의 자가 위탁자가 되어 마치 물상보증인처럼 채무자의 채무를 담보하기 위하여 자신의 재산에 대하여 담보신탁을 설정할 수도 있다. 현재 실무상 부동산, 유가증권, 금전채권 등을 신탁재산으로 하여 담보신탁이 활발히 이용되고 있다.[126]

[그림 6-2] 담보신탁의 구조

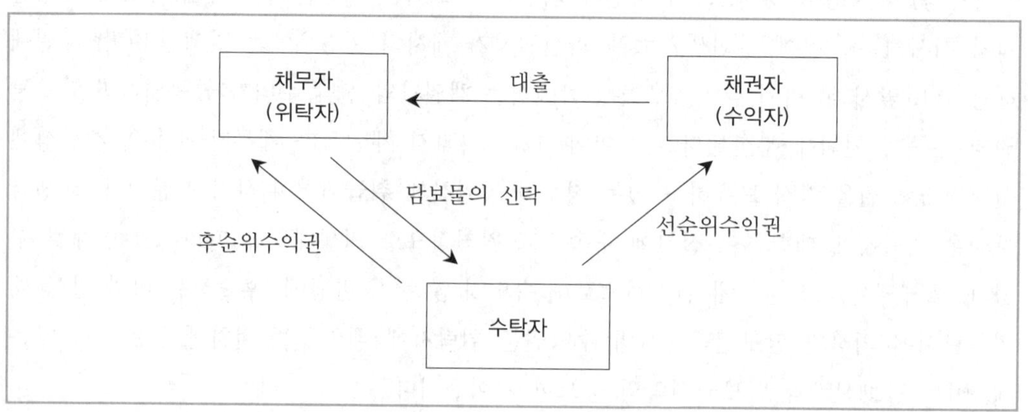

2. 담보신탁과 담보물권의 부종성

앞서 본 바와 같이 담보권신탁의 경우에는, 채무자겸 위탁자 소유의 재산상에 약정담보물권이 설정되는 것이므로 민법상 담보물권의 부종성이 적용된다. 그러나 담보신탁의 설정에 따라 채권자가 취득하는 우선수익권은 법상 인정되는 담보물권은 아니므로 담보물권의 부종성 원칙은 적용되지 않는다고 보아야 할 것이다.

대법원판례도 담보신탁의 우선수익권에 대하여는 특별한 사정이 없는 한 담보물권

125) 한민·박종현(2006), 30-31쪽.

126) 2022년 3월 31일 현재 은행/증권회사/보험회사/부동산전업신탁회사를 수탁자로 하는 부동산신탁

의 부종성은 적용되지 않는다고 본다. 대법원 2017. 6. 22. 선고 2014다225809 전원합의체 판결에 의하면, "위탁자가 금전채권을 담보하기 위하여 그 금전채권자를 우선수익자로, 위탁자를 수익자로 하여 위탁자 소유의 부동산을 신탁법에 따라 수탁자에게 이전하면서 채무불이행시에는 신탁부동산을 처분하여 우선수익자의 채권 변제 등에 충당하고 나머지를 위탁자에게 반환하기로 하는 내용의 담보신탁을 해 둔 경우, 특별한 사정이 없는 한 우선수익권은 경제적으로 금전채권에 대한 담보로 기능할 뿐 금전채권과는 독립한 신탁계약상의 별개의 권리가 된다. 따라서 이러한 우선수익권과 별도로 금전채권이 제3자에게 양도 또는 전부되었다고 하더라도 그러한 사정만으로 우선수익권이 금전채권에 수반하여 제3자에게 이전되는 것은 아니고, 금전채권과 우선수익권의 귀속이 달라졌다는 이유만으로 우선수익권이 소멸하는 것도 아니다"라고 판시하였다.[127] 이 판결은 대여금채권이 압류 및 전부명령에 의하여 다른 자에게 귀속됨으로써 대여금채권의 귀속주체(대여금채권을 전부받은 채권자)와 우선수익권의 귀속 주체(우선수익권에 대한 질권자)가 달라지게 된 사안에 관한 것인데, 대여금채권의 귀속 주체와 상관없이 우선수익권에 대한 질권자가 우선수익권을 행사할 수 있는 것으로 관련 당사자들 간에 사전 합의가 있었으므로 대여금채권이 압류 및 전부명령으로 인하여 우선수익권으로부터 분리되었어도 우선수익권은 유효하게 존속하는 것으로 인정하였다.

우선수익권의 내용은 담보신탁을 위한 신탁계약과 우선수익권의 조건에 따라 정해진다. 따라서 피담보채권과 우선수익권이 분리되어 각각 다른 자에게 귀속되는 경우 채권자가 아닌 우선수익자가 우선수익권만을 행사하여 신탁재산으로부터 급부를 받을 수 있는지 여부는 당사자들의 약정 내용에 달린 문제이다. 일반적으로 담보신탁에서의 우선수익권의 내용은 피담보채권의 변제조건과 직접적으로 연계되어 있을 것이므로 피담보채권과 분리된 후에도 우선수익권을 행사할 수 있는 것으로 하고자 할 경우, (i) 과연 우선수익권의 가치가 유지될 수 있는지, (ii) 채무자, 우선수익자(=피담보채권의 양도인), 피담보채권의 양수인 등 이해관계자 간의 채권채무 정산을 어떻게 해야 하는지 등의 복잡한 문제가 생길 것이다.

3. 담보의 실행

대법원판례는 담보신탁계약의 우선수익권을 담보물권이 아닌 신탁계약상의 권리로

은 총 421조원 상당이고 이 가운데 담보신탁이 299조원 상당에 달한다. 금융투자협회 종합통계서비스(http://freesis.kofia.or.kr/).

127) 이 대법원 전원합의체 판결에 대한 비판으로는 최수정(2017), 40-59쪽.

파악한다.[128] 대법원 2013. 6. 27. 선고 2012다79347 판결은, 채무자 소유의 수개 부동산에 관하여 공동저당권이 설정된 경우 적용되는 민법 제368조의 법리가 담보신탁의 경우에도 유추적용된다고 보기는 어렵다고 판단한 원심판결이 정당하다고 하였다.[129] 또한, 채무자가 담보신탁을 설정하고 이와 별도로 제3자가 채무자를 위하여 담보신탁을 설정한 경우 누구의 담보신탁재산으로부터 채권이 먼저 회수되는 것으로 할 것인가는 기본적으로 계약의 내용과 의사해석의 문제이다. 명시적인 합의가 없는 경우에는 대법원 2014. 2. 27. 선고 2011다59797, 59803 판결의 판시와 같이 채무자 본인이 제공한 담보신탁재산으로부터 먼저 회수하는 것이 타당할 것이다.[130]

4. 담보신탁과 도산절연

(1) 대법원판례

아래에서 보는 바와 같이 대법원판례에 의하면 (i) 타익신탁 방식으로 채권자에게 우선수익권을 부여한 경우와 (ii) 자익신탁 방식으로 부동산신탁을 설정하고 채권자 앞으로 신탁부동산상에 근저당권을 설정한 경우에 담보신탁의 신탁재산 및 수익권은 위탁자의 도산으로부터 절연된다고 한다. 금융실무에서는 이러한 대법원판결에 터잡아 부동산, 유가증권, 금전채권 등 다양한 재산을 채권자에게 담보로 제공함에 있어서 담보신탁을 활발히 이용하고 있다. 담보신탁을 이용하는 경우 여러 가지 이점이 있으나 그 중 가장 중요한 것은 이와 같은 '위탁자 도산으로부터의 절연' 효과라고 할 수 있다.[131]

128) 대법원 2017. 6. 22. 선고 2014다225809 전원합의체 판결의 다수의견에 대한 보충의견.

129) 이 대법원판결은, ① 채무자 소유의 수개의 부동산에 관하여 채권자들을 선순위 또는 후순위 우선수익자로 한 담보신탁계약이 체결되어 있는 경우, 당사자 사이의 약정 등 특별한 사정이 없는 한, 선순위 우선수익자가 어느 부동산의 처분대금에서 자신의 채권을 회수함에 있어 각 부동산에 존재하는 후순위 우선수익자들 사이의 형평까지 고려하여야 할 제약을 받는다고 볼 근거는 없고, ② 설령 선순위 우선수익자가 특정 부동산에서 다액의 채권을 회수함으로써 후순위 우선수익자들 사이에서 불공평한 결과가 발생하였다고 하더라도, 그러한 사정만으로 선순위 우선수익자가 특정 후순위 우선수익자에 대한 관계에서 부당이득을 취하였다고 볼 수도 없다고 판시하였다.

130) 이 대법원판결이 정당하다고 인정한 원심판결은 "자신의 채무를 담보하기 위하여 부동산을 신탁하는 위탁자는 그 신탁부동산의 처분대금이 채무의 변제에 충당된다는 것을 당연한 전제로 하는 반면, 다른 사람의 채무를 담보하기 위하여 부동산을 신탁하는 위탁자는 채무자가 신탁한 부동산의 처분대금으로 채무가 전부 변제된다면 자신이 신탁한 부동산이나 그에 갈음하는 물건은 그대로 반환된다는 것을 전제로 하여 신탁계약을 체결하였다고 봄이 당사자의 의사에 부합한다"고 하였다.

131) 아래에서 살펴보는 대법원판례는 모두 채무자가 위탁자로서 담보신탁을 설정한 사안에 관한 것이나, 이러한 대법원판례에 의하면 채무자 이외의 제3자가 채무자를 위하여 위탁자가 된 경우에도 동일한 이유로 채권자의 수익권과 수탁자 소유의 신탁재산은 위탁자의 회생절차에 구속되지

가. '타익신탁 + 우선수익권 부여' 방식

대법원 2001. 7. 13. 선고 2001다9267 판결은, 위탁자가 채무 담보를 위하여 담보신탁용 부동산관리·처분신탁을 하고 타익신탁 방식으로 채권자에게 우선수익권을 부여한 사안에서, "위탁자에 대하여 (구)회사정리법에 의한 회사정리절차가 개시되더라도 위탁자의 채권자가 보유한 신탁의 수익권은 (구)회사정리법 제240조 제2항[채무자회생법 제250조 제2항]에서 말하는 '정리회사 이외의 자가 정리채권자 또는 정리담보권자를 위하여 제공한 담보'에 해당하여 정리계획이 여기에 영향을 미칠 수 없다고 할 것이고, 따라서 피고(우선수익권을 부여받은 채권자)가 정리채권 신고기간 내에 신고를 하지 아니함으로써 정리계획에 변제의 대상으로 규정되지 않았다 하더라도, 이로써 실권되는 권리는 피고(우선수익권을 부여받은 채권자)가 정리회사(위탁자겸 채무자)에 대하여 가지는 정리채권 또는 정리담보권에 한하고, 피고(수탁자)에 대하여 가지는 신탁부동산에 관한 수익권에는 아무런 영향이 없다"고 하였다.

또한, 대법원 2002. 12. 26. 선고 2002다49484 판결은, 위탁자가 분양형 토지(개발)신탁계약을 체결하면서 채무를 담보할 목적으로 타익신탁 방식으로 채권자에게 제1순위 수익권을 부여한 사안에서, "정리담보권으로 신고하지 아니하였을 때 (구)회사정리법 제241조[채무자회생법 제251조]에 의하여 소멸되는 정리담보권이 되기 위해서는 그 담보권이 정리절차개시 당시 회사 재산을 대상으로 하는 담보권이어야만 한다 할 것인데, … 특히 담보신탁이 아니라 분양형 토지(개발)신탁의 경우에 신탁계약시에 위탁자인 정리 전 회사가 제3자를 수익자로 지정한 이상, 비록 그 제3자에 대한 채권담보의 목적으로 그렇게 지정하였다 할지라도 그 수익권은 신탁계약에 의하여 원시적으로 그 제3자에게 귀속한다 할 것이지, 위탁자인 정리 전 회사에게 귀속되어야 할 재산권을 그 제3자에게 담보 목적으로 이전하였다고 볼 수는 없는 것이어서, 그 경우 그 수익권은 정리절차개시 당시 회사 재산이라고 볼 수 없다 할 것이고, 따라서 그 제3자가 정리절차에서 그 수익권에 대한 권리를 정리담보권으로 신고하지 아니하였다고 하여 (구)회사정리법 제241조에 의하여 소멸된다고 볼 수는 없다"고 하였다.

나. '자익신탁 + 신탁부동산상의 근저당권 설정' 방식

대법원 2003. 5. 30. 선고 2003다18685 판결은, 위탁자가 부동산을 수탁자에게 자익신탁 방식으로 신탁하고 수탁자가 위탁자의 채권자에 대한 채무의 담보를 위하여 신탁부동산에 근저당권을 설정해 준 사안에서, "수탁자는 결국 신탁자를 위한 물상보증인과 같

않게 된다.

은 지위를 갖게 되었다 … 신탁자에 대한 회사정리절차가 개시된 경우 채권자가 신탁부동산에 대하여 갖는 근저당권 등 담보권은 … '정리회사 이외의 자가 … 제공한 담보'에 해당하여 정리계획이 여기에 영향을 미칠 수 없고 … 채권자가 정리채권 신고기간 내에 신고를 하지 아니함으로써 정리계획에 변제의 대상으로 규정되지 않았다 하더라도, 이로써 실권되는 권리는 채권자가 신탁자에 대하여 가지는 정리채권 또는 정리담보권에 한하고, 수탁자에 대하여 가지는 신탁부동산에 관한 담보권과 그 피담보채권에는 아무런 영향이 없다"고 판시하였다.

다. '담보권의 선(先) 설정 + 담보재산의 신탁' 방식

대법원 2017. 11. 23. 선고 2015다47327 판결은, "신탁자가 그 소유의 부동산에 채권자를 위하여 저당권을 설정하고 저당권설정등기를 마친 다음, 그 부동산에 대하여 수탁자와 부동산 신탁계약을 체결하고 수탁자 앞으로 신탁을 원인으로 한 소유권이전등기를 해주어 대내외적으로 신탁부동산의 소유권이 수탁자에게 이전하였다면, 수탁자는 저당부동산의 제3취득자와 같은 지위를 가진다. 따라서 그 후 신탁자에 대한 회생절차가 개시된 경우 채권자가 신탁부동산에 대하여 갖는 저당권은 채무자회생법 제250조 제2항 제2호의 '채무자 외의 자가 회생채권자 또는 회생담보권자를 위하여 제공한 담보'에 해당하여 회생계획이 여기에 영향을 미치지 않는다. 또한 회생절차에서 채권자의 권리가 실권되거나 변경되더라도 이로써 실권되거나 변경되는 권리는 채권자가 신탁자에 대하여 가지는 회생채권 또는 회생담보권에 한하고, 수탁자에 대하여 가지는 신탁부동산에 관한 담보권과 그 피담보채권에는 영향이 없다"고 하였다.[132)]

(2) 대법원판례에 대한 검토

담보목적으로 신탁수익권을 채권자에게 제공하는 방법으로는 [그림 6-3]의 좌측에 표시한 담보신탁(제1유형)과 [그림 6-3]의 우측에 표시한 수익권양도담보(제2유형)가 있을 수 있다. 대법원판례에 의하면, 제1유형과 같이 담보 목적으로 타익신탁을 설정하여 우선수익권(제1순위 수익권)을 채권자에게 제공한 경우, 이러한 수익권은 채무자회생법에 따른 회생절차에서 '채무자 소유의 재산상에 설정된 담보권'에 해당되지 아니하므로 회생절차

132) 이 대법원판결은 채무자회생법 제250조 제2항 제2호에 따라 채무자의 회생계획에 의하여 영향을 받지 않는 "채무자 외의 자가 회생채권자 또는 회생담보권자를 위하여 제공한 담보"에는 물상보증인이 제공한 물상담보뿐만 아니라 회생절차개시 전에 채무자가 제공한 담보재산(예컨대, 저당권이 설정된 부동산)에 대한 소유권이 채무자로부터 제3취득자에게 이전된 경우도 포함된다고 보았던 기존의 대법원판례(대법원 2007. 4. 26. 선고 2005다38300 판결)를 따른 것으로서, 이 사건에서 수탁자는 위 담보재산의 제3취득자에 해당된다고 본 것이다.

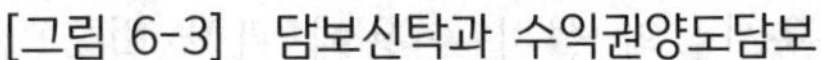
[그림 6-3] 담보신탁과 수익권양도담보

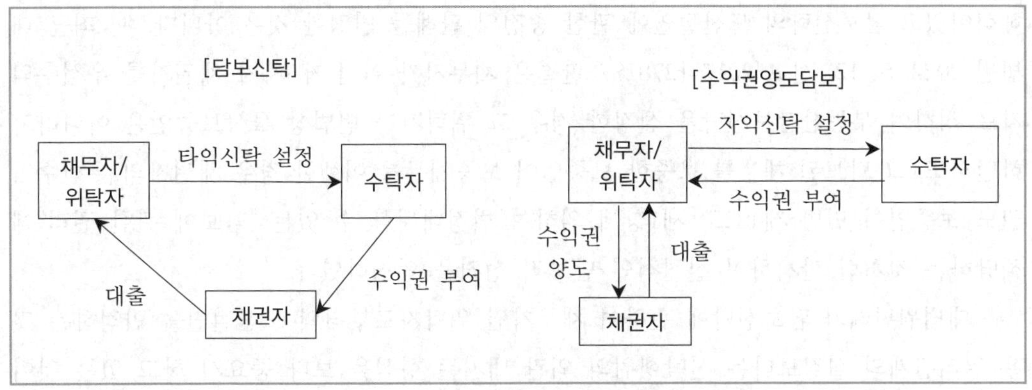

와 관계없이 우선수익권을 행사할 수 있다는 것이다.[133)] 다만, 위 대법원 2002. 12. 26. 선고 2002다49484 판결에서는, 신탁이 자익신탁 방식으로 설정되어 위탁자가 수탁자로부터 수익권을 부여받은 다음에 그 수익권을 채권자에게 담보 목적으로 양도하는 제2유형의 경우에는 수익권의 양도담보, 즉 회생담보권에 해당된다고 보고 있다.[134)]

대법원 2018. 10. 18. 선고 2016다220143 전원합의체 판결이 "담보신탁은 소유권 등 권리이전형 담보의 일종인 '양도담보'와 유사한 측면이 있다"고 판시하여,[135)] 담보신탁의

133) 여기서 유의할 점은, 채권자(우선수익자)가 회생절차 중에 있는 위탁자겸 채무자에 대하여 갖는 채권은 제3자(수탁자) 소유의 재산으로 담보되는 채권이어서 회생채권에는 해당되고 따라서 위탁자로부터는 그 채권은 원칙적으로 회생계획에 의해서만 변제받을 수 있고 회생채권으로 신고하지 아니하면 실권된다는 것이다.

134) 또한, 담보신탁의 도산절연성을 인정하는 대법원판례가 자기신탁 방식으로 설정된 담보신탁에 그대로 적용될 수 있는지는 논의의 여지가 있다. 대법원판례가 담보신탁에서 채권자가 보유하는 우선수익권(또는 신탁재산에 대한 저당권)이 채무자(=위탁자)에 대한 회생절차에서 회생담보권에 해당되지 않는다고 보는 이유는, 기본적으로 신탁재산이 "채무자 외의 자(즉, 수탁자)가 소유하는 재산"이라는 데에서 출발한다. ① 이 점에 주목하여, 채무자가 위탁자겸 수탁자가 되어 자기신탁을 설정하고 채권자에게 수익권(또는 신탁재산상의 저당권)을 부여하는 경우(즉, 자기신탁 방식으로 담보신탁을 설정하는 경우), 대외적으로 채무자(=위탁자)와 신탁재산의 소유자(=수탁자)가 동일인이라는 점에서 채권자가 갖는 수익권(또는 신탁재산상의 저당권)은 채무자 이외의 자가 제공한 담보라고 보기 어려우므로 채무자에 대한 회생절차에 구속된다고 보는 견해가 있을 수 있다. ② 이에 대하여는 자기신탁의 경우에도 수탁자에 대한 회생절차와의 관계에서 신탁재산의 독립성은 인정되어야 하므로(신탁법 제24조) 신탁재산에 관한 우선수익권(또는 신탁재산상의 저당권)은 채무자에 대한 회생절차에 구속되지 않는 것으로 보아야 한다는 반론이 있을 수 있다. 나아가, ②의 견해를 취할 경우, (i) 채무자에 대한 회생절차에서 담보신탁으로 담보되는 채권이 회생계획상의 권리변경에 따라 감축되면, 신탁계약에 별도의 정함이 없는 한, 우선수익권(또는 신탁재산상의 저당권)으로부터 회수할 수 있는 채권액도 그만큼 감축된다고 볼 것인지, 아니면 (ii) 채무자회생법 제250조 제2항 제2호(물상담보의 부종성 배제 특례)가 적용되어 회생계획에 의한 권리변경은 우선수익권(또는 신탁재산상의 저당권)에 영향을 미치지 않는다고 볼 것인지의 문제도 있다.

135) 대법원 2018. 10. 18. 선고 2016다220143 전원합의체 판결은 체육필수시설업자(당해 사건에서는 골프장운용회사)가 담보목적으로 체육필수시설(당해 사건에서는 골프장)을 담보신탁한 후 채무

실질을 방론으로 인정하였으나 이 판결의 쟁점은 체육시설의 설치·이용에 관한 법률의 해석이었고 담보신탁의 도산절연에 관한 종전의 판례를 변경한 것은 아니다.[136] 최근 대법원 2022. 5. 12. 선고 2017다278187 판결은 채무자가 아닌 제3자가 채권자를 우선수익자로 정하여 부동산담보신탁을 설정한 경우 그 위탁자가 민법상 물상보증인은 아니라고 하면서도, 그 담보된 채무를 보증한 보증인이 보증채무를 이행한 경우 채권자의 우선수익권도 보증인이 민법 제482조 제1항에 의하여 법정대위할 수 있는 "담보에 관한 권리"에 해당하는 것처럼 판시하여 실질적인 담보적 성격을 인정하였다.

대법원판례가 담보신탁에 관하여 채무자겸 위탁자로부터의 도산절연을 인정하는 것은 권리관계의 실질보다는 신탁행위의 외관 내지는 형식을 보다 중요시 하고 있는 것이라고 볼 수 있다.[137] 학설상으로는 대법원판례를 지지하는 견해[138]와 대법원판례에 반대하거나 그 타당성에 관하여 의문을 제기하는 견해[139]로 나뉜다. 대법원판례에 반대하는 최근의 유력한 견해에 의하면, 다음과 같은 이유로 담보신탁의 수익자는 유추에 의하여 채무자회생법 제141조 제1항에 의한 회생담보권자로 인정되어야 한다고 본다.[140] 첫째, 담보신탁은 권리이전형 담보제도로서 양도담보와 기능적으로 동일하다. 둘째, 담보신탁에서 신탁재산이 위탁자의 재산으로부터 분리되는 것은 잠정적인 것, 즉 피담보채무의 변제를 해제조건으로 하는 것인데, 이와 같이 위탁자가 신탁재산에 대하여 여전히 이해관계를 가지고 있을 때에는 신탁재산이 위탁자로부터 분리되었다는 이유만으로 위탁자 도산시 신탁재산의 독립성을 무제한으로 관철하여 완전한 도산절연을 인정하는 것은 불합리하다. 셋째, 도산법에서 무엇이 회생담보권에 해당하는가에 관하여는 법적 구성 내지는 형식보다 실질을

불이행하여 체육필수시설이 공매 또는 수의계약으로 처분되는 경우 매수인이 「체육시설의 설치·이용에 관한 법률」(이하, "체육시설법") 제27조 제1항에 따라 회원에 대한 권리의무도 승계한다고 판시하였다. 이 판결은 "담보신탁은 실질적으로는 저당권 등 담보권과 유사한 기능을 수행한다. …담보신탁은 소유권 등 권리이전형 담보의 일종인 '양도담보'와 유사한 측면이 있다. 즉, 담보신탁은 채권담보 목적을 실현하기 위하여 채무자의 처분권한을 제한하는 조치로 수탁자가 위탁자인 채무자로부터 신탁부동산의 소유권을 이전받는다. 그 부동산을 처분할 때에도 채무자에게로 다시 그 소유권이 회복되지 않은 채 그대로 처분절차가 진행된다. 대출금 채무를 담보하기 위하여 체육필수시설에 대해 양도담보나 가등기가 설정된 경우 그 양도담보나 가등기담보가 실행될 때 체육시설법 제27조 제2항 제1호나 제4호가 적용될 여지가 있는데…, 이를 긍정한다면 담보신탁과 양도담보는 채권담보 목적으로 설정되고 설정 당시 소유권이전등기가 이루어진다는 점에서 실질적으로 같으므로, 담보신탁을 근거로 한 공매와 수의계약도 양도담보의 실행과 마찬가지로 체육시설법 제27조 제2항이 적용될 수 있다."라고 판시하였다.

136) 이 대법원 전원합의체 판결에 대한 분석으로는 최수정(2023), 57-82쪽; 최준규(2019), 363-398쪽.

137) 담보신탁에 관한 대법원판례의 상세한 분석은, 이주현(2002), 584쪽 이하; 김상준(2003), 552쪽 이하.

138) 이중기·이영경(2022), 222쪽; 이계정(2017), 313-316쪽; 임채웅(2009), 130-131쪽; 조영희(2009), 198-199쪽; 최수정(2023), 577쪽.

139) 윤진수(2018), 723-742쪽; 무궁화·광장(2022), 617쪽; 정소민(2017), 151-152쪽; 함대영(2010), 78-79쪽.

140) 윤진수(2018), 723-742쪽.

중요시 하여야 하고, 유사한 지위에 있는 채권자들은 공평한 취급을 받아야 한다.

생각건대, 위 제1유형에서는 수익권을 처음부터 채권자에게 부여하는 것이기는 하나 이러한 수익권의 부여는 위탁자의 의사를 반영한 신탁행위에 의한 것이다. 채권자에 대한 수익권의 부여가 위탁자의 의사에 의한 것이라는 점은 제2유형과 차이가 없다. 또한, 제1유형 및 제2유형 모두 수익권의 부여 또는 양도는 채권자의 위탁자에 대한 금전대여를 대가로 하여 담보 목적으로 이루어진다는 점에서 동일하다. 담보신탁에서는 이와 같이 피담보채권이 존재하고 이것이 수익권을 매개로 하여 신탁재산으로 담보되는 것이다. 따라서 그 실질은 양도담보와 동일시할 여지가 있는 것이다.[141][142]

본래 채무자회생법상 회생담보권을 구성하는 담보권으로는 회생절차개시 당시 채무자의 재산상에 존재하는 유치권, 질권, 저당권, 양도담보권, 가등기담보권, 전세권 또는 우선특권이다(채무자회생법 제141조 제1항). 그럼에도 불구하고, 대법원판례는 동산의 소유권유보부매매에서 매도인이 유보한 소유권은 담보권의 실질을 가지고 있으므로 매수인에 대한 회생절차에서 회생담보권으로 취급하여야 한다고 하고 있고, 하급심판례와 법원의 실무는 금융리스의 리스이용자에 대한 회생절차에서 리스제공자의 금융리스채권도 회생담보권으로 취급하고 있다(☞ 이에 관한 상세한 내용은 제14장 제4절 Ⅱ. 2. 금융리스). 이는 도산절차 밖에서 실체법상 소유권으로 인정되는 권리에 대하여 도산절차 내에서 그 법적 성질을 담보권으로 재구성하는 것이라고 할 수 있다. 그러나 도산절차에서 소유권이 담보권으로 재구성되어야 하는 경우와 그렇지 아니한 경우를 구분하는 기준이 명확하게 정립되어 있지는 않다. 대법원판례는 신탁법에 의한 신탁에 해당되는 경우에는 이러한 신탁에 대하여 신탁법이 부여하고 있는 신탁재산의 독립성을 그대로 인정해 주는 것이어서 신탁

141) 일본의 주류적 학설은 도산절연성을 부정하고 있는 것으로 보인다(西村總合法律事務所(2003), 45-46쪽). 일본의 경우, 담보목적의 신탁을 ① 수탁자가 신탁재산의 완전한 소유권을 가지나, 채권자가 갖는 수익권의 내용이 신탁재산 전체에 대응하지 않고 담보목적으로 되어 있는 경우(즉, [그림 6-3]의 제1 유형에 해당하는 경우), ② 채권자인 수익자는 신탁재산에 대응한 내용의 수익권을 갖고 있으나, 수탁자가 갖는 권리가 양도담보권인 경우(즉, 담보권신탁에 해당되는 경우)와 ③ 당초 수익자인 위탁자로부터 현재의 수익자(채권자)가 수익권을 양도담보로 제공받은 경우(즉, [그림 6-3]의 제2 유형에 해당하는 경우)로 구분한 다음에, ①의 경우는 원칙적으로 그 실질에 따라 법적 성격을 담보권으로 재구성하여 도산절연의 효과가 인정되지 않는다고 보고 있고, ②의 경우에는 수탁자가 갖는 권리는 양도담보권에 불과하므로 당연히 채무자인 위탁자로부터의 도산절연 효과가 인정되지 않는다고 보며, ③의 경우는 수익권에 대한 양도담보권이므로 이 역시 담보제공자인 위탁자로부터의 도산절연의 효과가 생기지 않는다고 분석하는 견해가 있다(道垣內 弘人(2007), 59-65쪽). 이 학설에 대한 분석으로는, 한민(2015), 251-255쪽.

142) 이러한 입장에 설 경우, '자익신탁+신탁부동산상의 근저당권 설정' 방식(대법원 2003. 5. 30. 선고 2003다18685 판결)과 '담보권의 선(先) 설정+담보재산의 신탁' 방식(대법원 2017. 11. 23. 선고 2015다47327 판결)에 관하여도 위탁자와의 관계에서 신탁재산의 독립성을 배제하고 그 실질을 양도담보와 동일시할 수 있다고 볼 것이다.

을 이용한 금융거래에 법적 안정성을 부여해 준다는 점에서 긍정적인 면이 있고, 위탁자에 대한 채권자 일반의 이익은 사해신탁에 대한 취소권이나 부인권의 행사를 통하여 상당 정도 보호될 수 있을 것이다.[143] 반면에, 도산절차 내에서 담보신탁의 수익권(또는 담보신탁재산에 설정된 저당권)을 양도담보권, 소유권유보부매매에서의 매도인의 권리, 금융리스에서의 리스제공자의 권리 등과 달리 담보권으로 취급하지 않는 이론적인 근거가 강하다고 보기는 어려운 점도 있다. 이 문제는 기본적으로 소유권의 담보권으로의 재구성 여부가 문제되는 구체적인 사안에서 '법적 안정성(또는 예측가능성)'과 '권리의 실질에 부합하는 공평한 이해관계 조정' 중 어느 쪽에 비중을 둘 것인가의 문제라고 할 수 있다.[144]

Ⅲ. 담보부사채와 신탁사채

1. 담보권신탁을 이용한 담보부사채

담보부사채신탁법 제3조에 의하면 사채에 물상담보를 붙이려고 하는 자는 동법에 의한 신탁계약(즉, 사채권자를 수익자로 하는 담보권신탁에 관한 신탁계약)에 의하여야 한다. 담보부사채신탁법에 의하지 아니하고 신탁법에 의한 담보권 신탁을 이용하여 담보부사채를 발행할 수 있는가? 이에 대하여는 신탁법에서 담보권신탁 제도를 도입한 이상 신탁법과 담보부사채신탁법 중 어느 법에 의한 담보권신탁을 이용하여 사채를 발행할 것인지는 당사자의 선택에 맡겨야 한다는 견해가 있을 수 있다. 그러나, 담보부사채신탁법에서 담보부사채에 관하여 구체적인 여러 조항을 두고 있음에 비추어 보면 담보부사채는 담보부사채신탁법에 따라 발행하여야 한다고 보는 것이 더 합리적이다(☞ 제8장 제5절 Ⅰ. 담보부사채).

2. 신탁사채

(구)신탁법상으로는 수탁자가 신탁재산의 계산으로 사채를 발행하는 것에 대하여 근

143) 한민(2015), 244-245쪽.

144) 소유권의 담보권으로의 재구성 및 이와 관련한 담보신탁의 도산절연성은 담보권의 행사가 원칙적으로 중지·금지되고 담보부채권(=회생담보권)이 회생계획에 따라 변제되는 회생절차에서 문제된다. 파산절차에서는 채권자가 가지는 권리가 담보권으로 취급된다고 하더라도 채권자는 파산절차에 의하지 아니하고 별제권을 행사하여 담보부채권을 회수할 수 있으므로 소유권에 기한 환취권이 인정되는 경우와 별로 차이가 없다. 상세한 내용은 ☞ 제15장 제4절 Ⅰ, 각주 136 및 관련 본문.

거 규정을 두고 있지 않았다. 개정신탁법에 의하면, 수익증권발행신탁(신탁법 제78조)이면서 동시에 유한책임신탁에 해당하는 신탁으로서 신탁의 수탁자가 주식회사(또는 상법 이외의 법률에 따라 사채를 발행할 수 있는 자)인 경우, 신탁행위로 수탁자가 신탁을 위하여 사채를 발행할 수 있도록 정할 수 있다(신탁법 제87조).

Ⅳ. 금융거래와 자기신탁[145)]

1. 자기신탁의 효용

(1) 자산담보부 금융

(구)신탁법상 '신탁선언'에 의한 신탁설정, 즉 자기신탁이 가능한지에 관하여 학설상으로는 견해가 나뉘고 있었으나[146)] 법상 명시적으로 규정되어 있지 않았기 때문에 실무상으로는 자기신탁은 허용되지 않는다고 보고 업무처리를 해 온 것으로 보인다. 신탁법에 자기신탁 제도가 신설됨으로써 신용도가 높은 금융회사의 경우에는 자신이 보유하는 재산을 다른 금융회사에 신탁하는 것보다는 자기신탁 방식으로 신탁을 설정하여 시간과 비용을 줄이고 보다 효율적으로 자산유동화 증권의 발행, 수익증권의 발행, 담보부 차입 등 다양한 자산담보부금융에 활용할 수 있는 유인이 생겼다. 신탁법에 자기신탁 제도가 도입되기 전에 이미 자산유동화법은 "신탁업자는 자산유동화계획에 따라 유동화자산을 양도 또는 신탁함에 있어서 신탁법 제2조, 민법 제563조 및 제596조에 불구하고 자기계약을 할 수 있다"라고 규정함으로써(동법 제16조 제2항) 자산유동화법에 따른 유동화 신탁의 신탁업자에 대하여는 자기계약에 의한 자기신탁을 허용하고 있었다.[147)] 그런데, 자산유동화법상의 자기신탁이 실제로 이용된 사례는 동법 시행 초기에 극소수에 불과했고 그 후 거의 이용되지 않고 있다. 이는 자기신탁에 있어서 신탁재산의 구분관리가 감독당국과 투자자의 충분한 신뢰를 얻지 못하였을 가능성을 시사한다. 앞으로 자기신탁이 실제로 활용되기 위해서는 투자자 보호를 위해 해결해야 하는 문제점들이 있을 수 있음을 보여주는 예라고 할 수 있다.

145) 이 부분은 한민(2015), 257-267쪽의 내용을 수정, 보완한 것이다.
146) 법무부(2010), 25쪽; 최은순(2010), 208-209쪽.
147) 한국주택금융공사법 제32조 제1항과 자본시장법 제74조 제2항에서도 자기계약에 의하여 자신을 수탁자로 하는 신탁을 설정할 수 있도록 하고 있다.

(2) 재산의 혼장 방지

금융거래에서는 채권자를 위하여 재산을 관리하면서 채권을 추심하는 자가 그 회수금을 별도의 은행계좌에 입금시켜 따로 관리하면서 수시로 또는 약정된 날에 채권자에게 추심금을 교부하는 경우가 있다. 이 경우 채권자에 대하여 그 은행계좌에 대하여 담보권(=예금반환채권에 대한 질권 또는 양도담보권)을 설정해 주는 경우가 많다. 그런데, 이와 같이 담보권을 설정하기가 곤란한 경우(예컨대, 피담보채권이 존재하지 않거나 이를 특정하기 어려운 경우) 또는 그 은행계좌에 예치된 금전(=예금주의 예금반환채권)을 예금주에 대한 도산절차나 강제집행 절차로부터 절연시키려고 하는 때에는, 예금주로 하여금 예금반환채권을 신탁재산으로 하고 채권자를 수익자로 하여 자기신탁을 설정하도록 하는 방법을 고려할 수 있을 것이다.

2. 자기신탁 이용에 대한 제약

(1) 자익신탁 방식에 의한 자기신탁

자기신탁의 기본적인 형태는 위탁자겸 수탁자가 신탁선언을 하면서 제3자를 수익자로 지정하는 방식(=타익신탁 방식)이다. 위탁자겸 수탁자가 자신을 유일한 수익자로 지정하는 자기신탁(=자익신탁 방식)은 효력이 없다. 신탁법 제36조에서 따라, 수탁자는 공동수익자의 1인인 경우를 제외하고 누구의 명의로도 신탁의 이익을 누리지 못하기 때문이다.[148] 따라서, 자익신탁 방식으로 자기신탁을 설정한 후에 수익권을 특별목적회사 등에 양도하여 자산유동화, 담보부차입 등의 방식으로 자금을 조달하고자 하는 경우에는 수탁자 이외에 다른 공동수익자가 없으므로 신탁설정을 하지 못한다는 난점이 있다.[149]

신탁설정 당시 위탁자겸 수탁자 이외에 다른 공동수익자가 있는 때에는 위탁자겸 수탁자도 신탁의 수익자가 될 수 있다.[150] 이와 같이 위탁자겸 수탁자 이외에 다른 공동수

148) 같은 취지: 최수정(2023), 205쪽.

149) 일본의 개정신탁법에서는, 자산유동화거래 등에서의 필요성을 고려하여, 수탁자가 유일한 수익자인 신탁도 유효하게 설정될 수 있는 것으로 하되(동법 제8조), 수탁자가 수익권의 전부를 고유재산으로 가진 상태가 1년 이상 계속된 때에는 신탁은 종료한다고 규정한다(동법 제163조 제2호){寺本昌広(2007), 52-53쪽, 361쪽}. 금융거래에서 자기신탁을 이용할 수 있는 기회를 넓히기 위해, 일본의 개정신탁법과 같이 일정한 유예기간을 부여하여 자기신탁의 수탁자가 유일한 수익자가 되는 것을 허용해 주는 방안을 고려해 볼 수 있다. 그러나, 채권자를 해할 위험이 있고 법률관계가 불명확해지므로 허용해서는 안 된다는 반대견해도 있다{이에 관하여는, 무궁화·광장(2022), 194쪽}.

150) 최수정(2023), 206쪽(다른 공동수익자가 신탁재산으로부터 이익을 향수하면서 신탁을 감독할 수

익자를 둔 신탁에서는 신탁설정 후 사후적으로 위탁자겸 수탁자가 유일한 수익자가 될 수도 있는데, 이 경우 신탁의 효력은 어떻게 되는가? 예컨대, 자기신탁 방식으로 선순위수익권을 투자자에게 부여하고 위탁자겸 수탁자 자신은 후순위수익권을 취득한 경우에 그 후 선순위수익권이 전액 상환되면 위탁자겸 수탁자가 유일한 수익자가 될 것이다. 이와 같이 자기신탁에서 신탁설정 후 수탁자가 유일한 수익자가 된다고 하여 이를 이유로 신탁이 무효라고 볼 것은 아니다. 신탁설정 후에 수탁자가 유일한 수익자가 된 때에는 그 시점에 신탁법 제98조 제1호에서 말하는 '신탁의 목적을 달성할 수 없게 된 경우'에 해당되어 신탁이 종료된다고 보는 것이 타당하다.[151]

(2) 신탁업 인가

자기신탁에 의하여 자신의 재산을 수탁받는 자가 신탁업을 영위하는 것에 해당되어 자본시장법상 금융투자업 인가를 받아야 하는지의 문제가 있다. 자본시장법상 자기신탁에 대해 예외를 인정하는 명시적인 규정이 없는 이상 자기신탁의 경우에도 일반적인 신탁의 경우와 마찬가지로 신탁업 해당 여부를 판단하여야 할 것이다.

자본시장법상 "금융투자업"이란 이익을 얻을 목적으로 계속적이거나 반복적인 방법으로 행하는 행위로서 투자매매업, 투자중개업, 집합투자업, 투자자문업, 투자일임업 및 신탁업의 어느 하나에 해당하는 업(業)을 말한다. 신탁업은 신탁의 인수를 영업으로 하는 것을 말한다(동법 제6조 제8항). 따라서 이익을 얻을 목적으로 계속적이거나 반복적인 방법으로 행하는 행위로서 신탁업에 해당되는 "업"을 하고자 하는 경우에는 금융투자업 인가를 받아야 한다(동법 제6조 제1항, 제11조, 제12조).

이 때 "업"으로 하는 것으로 인정되기 위해서 어떠한 요건을 갖추어야 하는지에 관하여는 견해가 나뉜다. 제1설은 (i) 이익을 얻을 목적으로 (ii) 계속적이거나 반복적인 행위에 의할 것, 즉 '영업성'을 갖추면 된다고 본다.[152] 이 견해는 금융투자업에 관한 자본시장법의 정의는 대법원판례가 설시하는 상법상 상행위에 요구되는 영리성의 개념을 반영한 것이라고 본다.[153] 제2설은 신탁업의 "업"에 해당되기 위해서는 위 (i) 및 (ii)에 추

있고, 신탁재산으로부터의 이익을 다른 공동수익자에게 귀속시키고자 하는 위탁자의 의사를 무효로 할 근거도 없다고 한다).

151) 같은 취지: 최은순(2010), 225쪽.

152) 김건식·정순섭(2023), 94쪽; 한국증권법학회(2015), 34쪽; 온주 자본시장법, 제9조 제1항 주석(김홍기 집필)(2015); 小出卓哉(2008), 17쪽.

153) 대법원 1994. 4. 29. 선고 93다54842 판결(영업으로 한다고 함은 영리를 목적으로 동종의 행위를 계속 반복적으로 하는 것을 의미한다). 대법원 1998. 7. 10. 선고 98다10793 판결과 대법원 2009. 9. 10. 선고 2009도5334 판결도 같은 취지.

가하여 "다수의 고객관계"를 요한다고 본다.[154]

위 제1설의 입장에 설 경우에도, 일회성으로 자기신탁의 수탁업무를 하거나 서비스 제공에 대한 수수료를 받지 않는 경우에는 신탁업을 영위하는 것은 아니라고 보아야 한다는 견해가 있을 수 있다. 반면에, 수탁자로서의 업무가 1회의 거래라고 하더라도 업무 자체가 계속성을 갖는 것이고, 수수료를 받지 않는다고 하더라도 그에 상당하는 이익이 후순위수익권 등을 통하여 실질적으로 위탁자에게 귀속되는 경우에는 신탁업을 영위하는 것으로 보아야 한다는 견해도 있을 수 있다.

제2설에서 말하는 "다수의 고객관계"를 구체적으로 어떻게 판단하여야 하는지도 명확하지 않다.[155] 이와 관련하여, 일찍이 대법원판례는 (구)증권거래법상 "증권업"의 개념에 관하여, 증권의 매매업은 영리 목적으로 불특정 일반 고객을 상대로 하는 반복적인 영업행위이고, 증권의 인수업은 증권의 발행회사와 인수회사와의 관계상 일반 고객을 상대로 할 수 없어 영리 목적으로 인적·물적 시설을 갖추고 시장조성자로서 반복적인 인수행위를 하는 것이라고 보았다.[156] 위 대법원판례만으로는 불특정 일반 고객을 상대로 영업행위를 하는 것이 요구되는 경우와 단지 인적·물적 시설을 갖추고 영업행위를 하는 것이 요구되는 경우를 구별하기는 쉽지 않다.

자기신탁에 대하여는 진입규제를 완화하면서 법적 불확실성을 해소하는 방향으로 이 문제를 입법적으로 해결하는 것이 바람직하다.[157][158]

---

154) 성희활(2013), 646-652쪽. 오영표(2012), 115-117쪽도 대체로 이와 같은 취지의 견해. 新井 誠 외(2011), 501쪽(神田秀樹 집필)(불특정 다수의 위탁자·수익자와의 거래가 행하여질 것인가라는 실질적인 측면에서 고려해야 한다고 본다)도 같은 취지.

155) 일본의 金融商品取引法상으로는 금융상품거래업(일본 신탁업법에 의해 규제되는 신탁업은 여기에 해당되지 않음)의 "업"에 해당되기 위한 요건으로서 '계속반복성'('영리성'은 요구되지 않음)에 추가하여 '대공중성(對公衆性)'을 요한다고 해석하는 견해가 유력하나, 이 견해에서는 '대공중성'이라는 것은 주로 일반 개인이나 사업회사가 투자목적 또는 자산운용목적으로 빈번히 자기의 계산으로 행하는 유가증권의 매매나 파생상품거래가 업규제의 대상이 되지 않도록 하기 위해 설계된 요건이라고 설명하고 있고, 이것을 '불특정 다수' 또는 '다수'의 의미로 확대 해석하는 것은 적절치 않다고 한다{松尾直彦(2021), 345-346쪽}.

156) 대법원 2002. 6. 11. 선고 2000도357 판결.

157) 오영표(2012), 123-124쪽도 같은 견해(입법론으로 신탁업 인가보다는 다소 완화된 유사신탁업자 등록제를 도입하는 방안을 제안하고 있다).

158) 일본의 경우, 신탁업법상 신탁업은 '신탁의 인수를 행하는 영업'이라고 정의되어 있는데(일본 신탁업법 제2조 제1항), 자기신탁은 위 신탁업의 정의에는 포함되지 않는다. 新井 誠(2007), 25쪽(細川昭子/及川富美子 집필). 일본에서는 자기신탁을 신탁업으로 취급하지는 아니하나, 다수의 수익자에 대한 양도를 예정하고 있는 자기신탁에 대하여는 수익자 보호의 관점으로부터 신탁업과는 별도의 규제를 가하고 있다. 즉, 신탁업법 개정에 의하여 자기신탁에 의하여 수익권을 발행하는 경우 실질적으로 일정 수(하위 법규에서 50명으로 정함) 이상의 자가 수익권을 취득할 수 있는 일정한 경우에는 감독당국에 등록을 할 의무를 부과하고 있다(일본 신탁업법 제50조의 2 제1항). 이러한 등록의무는 신탁업에 대한 면허, 등록 또는 인가를 받고 신탁업을 영위하는 자에 대하여도 적용된다. 또한 실체가 없는 재산이나 과대평가된 재산을 책임재산으로 하는 수

3. 자기신탁의 수익자 보호장치의 한계

(1) 신탁재산의 이전 및 공시

신탁선언에 의한 신탁, 즉 자기신탁의 설정에 의하여 위탁자겸 수탁자의 고유재산이 그의 신탁재산으로 되는 경우, 신탁재산에 대한 수익자와 위탁자에 대한 채권자 간의 권리 경합에 관한 문제를 단계별로 살펴볼 필요가 있다. 첫 번째는 자기신탁에 의해 고유재산이 신탁재산으로 인정받기 위해서는 어떠한 요건을 갖추어야 하는지의 문제이다. 두 번째는 자기신탁에 의해 신탁이 유효하게 설정된 후, 제3자에게 신탁재산임을 대항하기 위한 신탁재산의 공시 문제이고, 세 번째는 신탁설정 후 사후관리 단계에서 수탁자가 신탁재산의 분별관리 의무(제37조)를 이행하는 문제이다.

자기신탁은 신탁법 제3조 제1항 제3호에 따른 신탁선언의 요건을 갖추고 동조 제2항에 따라 공정증서를 작성하는 방법에 의하여 설정된다. 자기신탁의 경우 위탁자와 수탁자가 동일하고 위탁자로부터 수탁자로 신탁재산에 대한 권리의 이전은 없다. 신탁설정 후 해당 재산이 신탁재산에 속한 것임을 제3자에게 대항하기 위하여 신탁법 제4조에 따라 신탁재산의 공시를 하여야 한다. 등기 또는 등록할 수 있는 재산권에 대하여는 신탁의 등기 또는 등록을 함으로써, 등기 또는 등록을 할 수 없는 재산권에 대하여는 다른 재산과 분별하여 관리하는 등의 방법(대통령령으로 정하는 장부에 신탁재산임을 표시하는 방법 포함)으로 신탁재산임을 표시함으로써 각각 그 재산이 신탁재산임을 제3자에게 대항할 수 있다. 이와 같이 신탁재산의 제3자 대항력을 갖춘 후에는, 수탁자는 신탁재산을 수탁자의 고유재산 및 다른 신탁재산과 분별하여 관리하여야 한다(신탁법 제37조).

(2) 신탁재산을 상실할 위험

자기신탁의 수익자가 부담하는 위험으로는 (i) 위탁자겸 수탁자에 의한 신탁재산의 임의 처분으로 인하여 제3자가 신탁재산에 대한 권리를 취득하게 될 위험, (ii) 신탁재산의 공시 또는 분별 관리의 미비로 인하여 제3자에 대하여 신탁재산임을 주장할 수 없게 되어 위탁자겸 수탁자에 대한 채권자가 신탁재산에 대하여 권리를 행사할 위험, (iii) 신탁재산이 채권인 경우, 위탁자의 채권자에 의한 상계 위험 등을 들 수 있다.

위 (i)에 관하여 보면, 앞서 본 바와 같이 신탁법은 수탁자가 신탁의 목적에 위반하여

익권이 다수의 투자자에게 판매되는 사태를 방지하고자 하는 취지에서, 다수자를 수익자로 하는 자기신탁을 한 경우에는, 변호사, 공인회계사 등 제3자에게 신탁설정된 재산의 상황을 조사하게 하도록 하였다(동법 제50조의2 제10항). 이상의 논의는, 新井 誠(2007), 25-26쪽(細川昭子/及川富美子 집필).

신탁재산을 처분하는 등의 법률행위를 한 경우, 수익자는 상대방이나 전득자가 그 법률행위 당시 수탁자의 신탁목적의 위반사실을 알았거나 중대한 과실로 알지 못하였을 때에만 그 법률행위를 취소할 수 있는 것으로 정하고 있다(신탁법 제75조). 따라서 상대방·전득자가 악의·중과실이 없으면 자기신탁의 위탁자겸 수탁자가 임의로 신탁재산을 제3자에게 양도하거나 신탁재산상에 제3자를 위하여 담보권을 설정할 경우, 특히 해당 신탁재산이 등기 또는 등록에 의하여 공시될 수 없는 재산권인 때에는, 수익자는 신탁재산을 회복할 수 없게 된다. 위 (ii)에 관하여 보면, 자기신탁이 유효하게 설정된 후에 사후적으로 위탁자겸 수탁자가 신탁재산의 분별 관리를 소홀히 하면 등기 또는 등록할 수 없는 재산권의 경우에는 신탁재산임을 제3자에게 대항할 수 없게 될 수도 있다(신탁법 제4조 제2항). 끝으로 위 (iii)에 관하여 보면, 신탁재산이 채권인 경우 선의·무과실인 채무자는 위탁자겸 수탁자에 대하여 갖는 채권을 자동채권으로 하고 신탁재산에 속하는 채권을 수동채권으로 하여 상계할 수 있다(신탁법 제25조 제1항). 이러한 상계를 방지하려면 제3채무자에게 위의 수동채권이 신탁된 사실을 통지하여야 할 것이다. 위에서 본 여러 위험은 위탁자겸 수탁자의 재무상태가 나빠질수록 더 커진다고 볼 수 있다.

(3) 집행면탈 등 부정한 목적의 자기신탁과 신탁의 종료

자기신탁의 설정이 사해행위에 해당하는 경우 채권자는 신탁법 제8조에 따라 사해신탁의 취소, 원상회복 등을 구할 수 있다. 이와는 별개로 위탁자가 집행의 면탈이나 그 밖의 부정한 목적으로 자기신탁을 설정한 경우 신탁법 제3조 제3항에 의하여 이해관계인은 법원에 신탁의 종료를 청구할 수 있다. 신탁의 종료에 관한 일반 규정인 신탁법 제101조 제1항에 따라 신탁이 종료된 경우 신탁재산은 수익자(잔여재산수익자를 정한 경우에는 그 잔여수익자) 또는 신탁행위로 정한 신탁재산의 귀속권리자에게 귀속한다. 그러나 신탁법 제3조 제3항에 따라 신탁이 종료된 경우에는 신탁재산은 위탁자에게 귀속된다(제101조 제3항). 집행면탈이나 그 밖의 부정한 목적으로 설정하였음을 이유로 자기신탁이 종료된 때에는 신탁재산을 수익자나 귀속권리자가 아니라 위탁자에게 귀속시킴으로써 채권자가 용이하게 책임재산으로 확보할 수 있도록 특칙을 둔 것이다.[159)]

신탁의 종료 사유가 되는 '집행의 면탈' 또는 '그 밖의 부정한 목적'은 신탁법 제8조에서 정하고 있는 사해신탁의 취소·원상회복의 요건보다 넓다. 그런데, 자기신탁의 종료에 따라 신탁사무에 관한 최종계산을 하는 경우, 선의의 수익자가 충분히 보호될 수 있는지는 명확하지 않다. 위의 사유로 자기신탁이 종료되어 수익권의 가액을 전액 회수하지

159) 최수정(2023), 226, 524쪽.

못한 상태에서 신탁재산이 위탁자에게 귀속되게 된다면, 선의의 수익자는 신탁법 제8조에 따른 사해신탁 취소의 경우와는 달리 충분한 보호를 받지 못하여 불합리하게 된다.[160)]

제 4 절 사해신탁의 취소와 신탁행위의 부인[161)]

Ⅰ. 서 설

(구)신탁법에 따른 사해신탁의 취소 제도에서는 선의의 수익자 보호에 미흡하다는 비판이 있었는바, 개정신탁법은 이를 수용하여 상당한 개선이 이루어졌다. 신탁법상의 사해신탁의 취소와 채무자회생법상의 신탁행위의 부인은 채무초과이거나 재정파탄의 우려가 있는 채무자가 채권자를 해하는 내용이나 방법으로 신탁을 설정한 경우, 신탁행위를 취소 또는 부인하고 일탈된 재산을 원상회복시킨다는 점에서 공통점이 있다. 다만, 사해신탁의 취소는 사해행위에 해당하는 신탁행위[162)]를 대상으로 함에 비하여, 도산절차에서의 신탁행위의 부인은 넓게 사해행위·편파행위·무상행위에 해당하는 신탁행위를 대상으로 한다는 점에서 차이가 있다. 위탁자에 대한 도산절차의 개시 전에 위탁자의 채권자가 제기한 민법상의 사해행위 취소소송이나 신탁법상의 사해신탁 취소소송은 도산절차개시에 따라 중단되고 위탁자의 관리인(또는 파산관재인)이 소송을 수계한다(채무자회생법 제113조, 제406조). 도산절차개시 후에는 위탁자의 채권자는 사해행위 취소소송이나 사해신탁 취소소송을 제기할 수 없고 위탁자의 관리인(또는 파산관재인)의 부인권 행사에 의존해야 한다. 이와 같이 채무자인 위탁자에 대하여 도산절차가 개시되는 경우 신탁행위의 부인은 신탁법에 따른 사해신탁의 취소를 대체·보완하는 기능을 하게 된다는 점에서 두 제도는 서로 밀접한 연관성을 갖는다. 신탁법상의 사해신탁 취소 제도가 전면 개편됨에 따라 채

---

160) 일본의 신탁법은 우리 신탁법 제3조 제3항과 같은 규정은 두고 있지 않으나, 자기신탁이 사해신탁에 해당되는 경우에 위탁자의 채권자가 용이하게 책임재산을 확보할 수 있도록 특칙(동법 제23조 제2항)을 두고 있다. 이에 의하면, 위탁자겸 수탁자에 대하여 신탁 전에 발생한 채권을 갖는 자는 사해신탁의 취소 소송을 제기하지 않고도 신탁재산에 대하여 곧바로 강제집행 등을 할 수 있다. 다만, 수익자의 전부 또는 일부가 수익자로 지정을 받은 것을 안 때(또는 수익권을 양수한 때)에 채권자를 해함을 알지 못한 경우에는 그러하지 않다.

161) 이 부분은 한민(2012), 6-20쪽을 수정, 보완한 것이다.

162) 여기서 사해신탁 취소의 대상이 되는 신탁행위라는 것의 의미에 관하여는, 이를 신탁설정이라고 보는 견해와 신탁행위에 의한 재산처분이라고 보는 견해로 나뉜다. 실제적인 결과에 있어서는 그다지 차이가 없는 것으로 보이므로 상세한 논의는 생략한다.

무자회생법도 이에 상응하는 내용으로 신탁행위의 부인에 관한 특칙을 신설하였다(채무자회생법 제113조의2, 제406조의2).

Ⅱ. 사해신탁의 취소

1. 채권자를 해하는 신탁설정

(1) 사해행위

사해신탁은 위탁자가 채권자를 해함을 알면서 설정한 신탁이다. 채권자를 해한다는 것(=사해성)은 채무초과 상태에서 신탁설정에 의하여 책임재산을 감소시키거나 또는 신탁설정에 의한 책임재산 감소로 인하여 채무초과 상태가 초래되는 것을 말한다.[163] 이 경우 위탁자의 채권자는 신탁법 제8조의 규정에 따라 수탁자 또는 수익자에게 민법 제406조 제1항의 취소 및 원상회복을 청구할 수 있다.[164]

(2) 타익신탁 · 자익신탁 · 담보신탁과 사해성

채무자가 타익신탁만으로 신탁을 설정하여 제3자에게 수익권이 부여된 경우, 예컨대 채무자가 재산을 제3자에게 양도하는 수단으로 타익신탁을 이용하는 경우에는 일반적으로 신탁설정에 의하여 신탁재산만큼 채무자의 책임재산이 확정적으로 감소하므로 신탁설정의 대가가 적정한지(또는 신탁재산이 부동산인 경우에는 그 부동산이 채무자의 유일한 부동산인지) 여부에 따라 신탁행위의 사해성 여부를 판단하면 된다.

그런데 채무자가 설정한 신탁의 수익권을 채무자만이 취득한 경우, 즉 자익신탁으로만 신탁이 설정된 경우에는, 신탁재산만큼 책임재산이 감소하나 채무자는 그 대신 수익권을 취득하게 되고, 채무자가 수익권을 보유하고 있는 동안은 수익권을 통하여 신탁재산의 이익을 향수할 수 있다. 이 경우 신탁행위의 '사해성'을 어떻게 판단할 것인지가 문제된다. 대법원판례는, 채무자가 소유한 재산 전부인 부동산에 관하여 신탁이 설정된 사안에서, 자익신탁을 설정한 것이 사해행위에 해당하는지 여부를 판단할 때는 단순히 신탁재산이 위탁자의 책임재산에서 이탈하여 외견상 무자력에 이르게 된다는 측면에만 주목할 것이 아니라, 신탁의 동기와 신탁계약의 내용, 이에 따른 위탁자의 지위, 신탁의 상대방 등

163) 최수정(2023), 223쪽.

164) 인천지법 2004. 11. 17. 선고 2003가합13044 판결(항소기각 확정)은 사해신탁 취소에 대해 민법 제406조 제2항의 제척기간이 적용된다고 보았다.

을 두루 살펴 신탁의 설정으로 위탁자의 책임재산이나 변제능력에 실질적인 감소가 초래되었는지, 이에 따라 위탁자의 채무면탈이 가능해지거나 수탁자 등 제3자에게 부당한 이익이 귀속되는지, 채권자들의 실효적 강제집행이나 그 밖의 채권 만족의 가능성에 새로운 장애가 생겨났는지 여부를 신중히 검토하여 판단하여야 한다고 하였다.[165] 대법원판례에 의하면 자익신탁의 경우에는 신탁행위의 구체적인 내용에 따라 사해성 여부의 판단이 달라질 수 있다.

한편, 담보신탁의 사해성에 관하여, 대법원판례는 자금난으로 사업을 계속 추진하기 어려운 상황에 처한 채무자가 자금을 융통하여 사업을 계속 추진하는 것이 채무변제력을 갖게 되는 최선의 방법이라고 생각하고 자금을 융통하기 위하여 부득이 부동산을 특정 채권자에게 담보신탁하고 그로부터 신규자금을 추가로 융통받았다면 특별한 사정이 없는 한 채무자의 신탁행위는 사해행위에 해당하지 않는다고 보았다.[166] 담보신탁은 타익신탁(=채권자에 대한 우선수익권 부여)과 자익신탁(=위탁자의 후순위수익권 취득)으로 구성된다. 담보신탁 중 타익신탁 부분은 우선수익권 부여와 신규자금의 대출에 등가성이 인정되는 한 사해성이 인정되기는 어려울 것이다. 자익신탁 부분에 관하여는 앞에서 살펴본 자익신탁의 사해성에 관한 대법원판례의 기준을 적용할 수 있을 것이다.

2. 선의의 수익자 보호

(1) 악의의 수익자만을 상대로 한 취소

(구)신탁법상 사해신탁의 취소에 관한 규정은 수익자가 무상으로 수익권을 취득하는 것을 전제로 수익자의 이익이 크게 침해되지 않는다는 이유로 수익자의 악의 여부를 사해신탁 취소의 요건으로 하지 아니하였다((구)신탁법 제8조).[167] 현대의 상거래에서는 수익권이 무상으로 취득되는 경우는 오히려 매우 이례적인 것이라 할 수 있다. 신탁법은 수익

---

165) 대법원 2011. 5. 23. 자 2009마1176 결정(자익신탁의 경우 신탁재산은 위탁자의 책임재산에서 제외되지만 다른 한편으로 위탁자는 신탁계약에 따른 수익권을 갖게 되어 위탁자의 채권자가 이에 대하여 강제집행을 할 수 있고, 이러한 수익권은 <u>채무자가 유일한 재산인 부동산을 매각하여 소비하기 쉬운 금전으로 바꾸는 등의 행위와 달리 일반채권자들의 강제집행을 피해 은밀한 방법으로 처분되기 어려우며</u>, 특히 수탁자가 자본시장법에 따라 인가받아 신탁을 영업으로 하는 신탁업자인 경우 공신력 있는 신탁사무의 처리를 기대할 수 있다는 점을 고려하여야 한다고 한다). 이 대법원판례가 다룬 사건에서는, 채무자가 자금을 융통하여 사업을 계속 추진할 목적으로 부동산 담보신탁을 설정하여 자금을 대여한 금융기관들에게 우선수익권을 부여하고(=타익신탁 부분) 채무자 자신은 후순위수익권(=자익신탁 부분)을 취득하였다.

166) 대법원 2012. 10. 11. 자 2010마2066 결정. 같은 취지: 대법원 2011. 5. 23. 자 2009마1176 결정.

167) 법무부(2010), 75쪽.

자의 전부 또는 일부가 수익권을 취득할 당시 선의인 경우에는, 수탁자나 선의의 수익자를 상대로 한 취소 및 원상회복을 인정하지 아니하고(신탁법 제8조 제1항 단서), 위탁자의 채권자는 악의의 수익자만을 상대로 취소 및 원상회복을 청구할 수 있도록 함으로써(신탁법 제8조 제2항) 선의의 수익자를 두텁게 보호해 주고 있다.

일부 수익자가 선의여서 신탁재산이 수탁자로부터 위탁자에게로 원상회복될 수 없게 된다고 하더라도, 위탁자의 채권자는 악의의 수익자를 상대로 취소 및 원상회복 청구를 할 수 있고, 후술하는 바와 같이 악의의 수익자가 갖고 있는 수익권을 위탁자에게 양도할 것을 청구할 수도 있다(신탁법 제8조 제5항).

(2) 수익자의 악의 여부에 관한 판단 시점

수익자의 악의 여부의 판단 기준 시점이 되는 "수익권을 취득할 당시"의 의미에 관하여는 논의의 여지가 있다. 신탁법 제55조 제1항에 의하면, 신탁행위에서 달리 정하지 아니하는 한, 수익자는 신탁행위에서 수익자로 지정됨으로써 당연히 수익권을 취득하고, 수익자가 수익권 취득을 원하지 않는 경우에는 신탁법 제57조에 따라 수익권을 포기할 수 있다. 따라서 신탁행위에서 수익자로 지정된 때와 실제로 수익자가 이러한 수익자 지정 사실을 안 때는 그 시점이 차이가 날 수 있다. 수익자로 지정된 때에는 수익자가 선의였으나 그 지정 사실을 안 때에 악의였다고 하면 이러한 수익자를 선의의 수익자로 보호해 주는 것은 적절치 아니하다. 수익권의 최초 취득의 경우에는, 수익자로 지정된 사실을 안 때에 악의이면 위 "수익권을 취득할 당시" 악의의 수익자에 해당된다고 해석하는 것이 타당하다고 생각된다.[168)]

(3) 수익권의 전득자

사해신탁의 취소에 관한 신탁법 제8조 제1항 및 제2항에서는 취소 및 원상회복의 대상이 되는 수익권의 취득이 신탁행위에서의 수익자 지정에 의한 취득인지 아니면 기존의 수익자로부터 수익권을 양도, 증여 등에 의해 개별적으로 승계취득한 것인지를 구분하지 않고 일괄하여 "수익자가 수익권을 취득할 당시"(신탁법 제8조 제1항) 또는 "여러 명의 수익자 중 일부가 수익권을 취득할 당시"(신탁법 제8조 제2항)라고 언급하고 있다. 또한, 최초 취득이든 승계취득이든 취득자가 수익자인 것을 전제로 하고 있다. 따라서 이러한 수익권의 전득자를 상대방으로 하는 취소는 앞에서 본 최초의 수익자를 상대방으로 하는

---

168) 일본의 신탁법은 수익권의 최초 취득의 경우에는 수익자가 수익자로 지정된 것을 안 때를 기준으로 선의·악의를 판단한다(동법 제11조 제1항, 제4항).

취소와 동일하게 취급된다고 할 것이다.

(4) 선의의 수익자를 악용한 사해신탁의 문제

신탁법은 위탁자와 사해신탁의 설정을 공모하거나 위탁자에게 사해신탁의 설정을 교사·방조한 수익자 또는 수탁자는 위탁자와 연대하여 이로 인하여 채권자가 받은 손해를 배상할 책임을 지도록 하고 있다(신탁법 제8조 제6항). 이는 사해신탁의 설정을 억제할 목적으로 신탁법에 신설된 것이다.[169] 선의의 수익자를 이용하여 취소를 면할 목적으로 사해신탁을 한 경우, 악의의 수익자에 대하여는 취소 및 원상회복 청구와 수익권 양도청구가 가능하고, 위탁자와 공모한 수탁자나 다른 수익자(위 선의의 수익자를 제외한)에 대하여는 신탁법 제8조 제6항에 따라 위탁자의 채권자가 그로 인하여 자신이 입은 손해[170]에 대하여 사후적으로 손해배상청구를 할 수 있다.[171]

3. 수탁자를 상대방으로 하는 취소

신탁법은 수탁자의 선의·악의를 불문하고 수탁자와의 관계에서 취소 및 원상회복의 청구를 인정하나(신탁법 제8조 제1항 본문), 선의의 수익자가 있는 경우에는 수탁자의 선의·악의에 관계없이 수탁자를 상대로 취소 및 원상회복을 청구할 수 없다(같은 항 단서).[172] 수익자들이 모두 악의이어서 신탁이 취소되고 신탁재산이 수탁자로부터 위탁자에게 원상회복되어야 하는 경우에도 선의의 수탁자는 현존하는 신탁재산의 범위 내에서만 원상회복의무를 부담한다(신탁법 제8조 제3항). 반대해석상 신탁재산이 위탁자에게 원상회복되어야 하는 경우 악의의 수탁자는 현존하는 신탁재산의 원상회복 의무뿐만 아니라 현존하지 않는 신탁재산에 관한 가액배상 의무를 진다.

---

169) 법무부(2010), 82쪽.

170) 여기에는 선의의 수익자의 존재로 인하여 신탁재산이 위탁자로 원상회복되지 못함으로 인한 손해도 포함될 것이다. 그러나, 실제로 채권자가 개별적으로 입은 손해액을 산정하기는 쉽지 아니할 것으로 생각된다.

171) 일본 신탁법 제11조 제7항 및 제8항은, 사해신탁의 취소를 면할 목적으로 무상(무상과 동일한 유상을 포함한다)으로 선의의 수익자를 개입시키는 행위(즉, 무상으로 수익자를 지정하거나 수익권을 양도하는 행위)를 금지하고, 아울러 이러한 금지에 위반한 수익자의 지정 또는 수익권의 양도에 의하여 수익자로 된 자에 대하여는 선의의 수익자 보호에 관한 규정이 적용되지 않는 것으로 규정하고 있다. 즉, 사해신탁을 목적으로 선의의 수익자를 이용한 경우에는 선의의 수익자가 존재함에도 불구하고 신탁의 취소 및 원상회복이 가능하도록 하고 있다. 우리 신탁법은 이와 같이 선의의 무상 수익자를 악용한 사해신탁을 취소할 수 있는 규정은 두지 않고 있다.

172) 무궁화·광장(2022), 71쪽.

4. 신탁재산의 전득자를 상대방으로 하는 취소

(구)신탁법상 사해신탁의 취소에 관한 규정에서는 신탁재산의 전득자에 관하여 따로 정하고 있지 아니하나 신탁재산의 전득자에 대하여는 민법 제406조 제1항에 따라 악의의 전득자를 상대로 취소 및 원상회복을 구할 수 있는 것으로 해석되었다. 현행 신탁법 하에서도 수탁자로부터 악의로 신탁재산을 전득한 자를 상대로 하여 민법 제406조에 의한 채권자취소권에 의하여야 할 것으로 생각된다.[173)]

5. 악의의 수익자를 상대로 한 수익권 양도청구

신탁법은 위탁자의 채권자는 악의의 수익자를 상대로 그가 갖고 있는 수익권을 위탁자에게 양도할 것을 청구할 수 있도록 하였다(신탁법 제8조 제5항). 앞서 본 바와 같이 일부의 수익자라도 선의인 경우에는 수탁자를 상대방으로 하는 취소 및 원상회복은 인정되지 않는다. 이 경우 악의의 수익자가 수익권에 따른 급부를 전혀 받지 않았다면, 위탁자의 채권자는 악의의 수익자로 하여금 그가 갖고 있는 수익권을 위탁자에게 양도할 것을 청구하여 위탁자로 하여금 그 수익권에 기한 이익 전부를 향수하게 할 수 있다. 그런데, 일부의 수익자가 선의이어서 수탁자를 상대로 취소 및 원상회복을 청구할 수 없는 경우로서 악의의 수익자가 이미 수익권에 따른 급부의 일부를 받은 때에는 어떠한가? 이 경우 선의의 수익자와의 관계에서 신탁은 여전히 존속하므로 위탁자의 채권자는 악의의 수익자가 이미 받은 급부에 대하여는 취소 및 원상회복을 청구할 수 있고(신탁법 제8조 제2항), 이와 함께 악의의 수익자가 장래에 받을 급부에 관하여는 신탁법 제8조 제5항에 따라 위탁자에게 그 수익권을 양도할 것을 청구할 수 있다고 보아야 한다. 악의의 수익자에 대하여는 급부(=수익채권의 이행으로서의 급부)가 된 재산의 반환을 청구할 수 있는데, 미급부 부분에 대하여는 악의의 수익자에게 급부가 되기를 기다렸다가 재산의 반환을 청구할 수 있다고 보는 것은 채권자 보호에 미흡할 뿐만 아니라 악의의 수익자가 위탁자에 대한 채권자와의 관계에서 사해신탁의 취소 후에 수익권에 기하여 급부를 받는 것은 정당성을 가질 수도 없다. 수익권 양도청구가 사해신탁의 취소가 불가능할 것을 요건으로 하고 있는 것은 아니므로 기급부 부분에 대한 취소권의 행사와는 별도로 악의의 수익자에 대하여 수익권을 위탁자에게로 양도할 것을 청구할 수 있다고 보는 것이 합리적이다.[174)][175)]

173) 무궁화·광장(2022), 78쪽; 최수정(2023), 235쪽.

174) 道垣內弘人(2018), 133쪽; 神田秀樹·折原 誠(2014), 40쪽. 이에 대하여 반대하는 견해로는 최수정(2023), 228-231쪽(채권자가 악의의 수익자를 상대로 사해신탁을 취소하면 수익권도 소멸하게

수익권이 가분이면 피보전채권의 범위 내에서 일부 양도를 받을 수 있고, 불가분이면 전부 양도를 받은 후에 채권자는 피보전채권을 한도로, 위탁자에게 양도된 수익권에 기한 급부를 수령할 수 있는 데에 그치고 잔액이 있으면 수익자에게 반환하여야 할 것이다.[176)]

신탁법 제8조 제3항에 따른 악의의 수익자에 대한 수익권 양도청구는 수탁자로부터 신탁재산을 원상회복받을 수 없는 경우(즉, 수익자의 일부가 선의인 경우)에만 이를 행사할 수 있는 것은 아니다. 수익자가 모두 악의이어서 수탁자로부터 신탁재산을 원상회복받을 수 있는 경우에도 수탁자를 상대로 취소 및 원상회복을 구하지 아니하고, 악의인 수익자들에 대하여 그들이 이미 받은 이익의 반환을 구하면서 수익권 양도청구를 할 수도 있다고 보아야 할 것이다.[177)] 신탁재산을 수탁자로부터 위탁자에게 원상회복하게 하지 않고 신탁을 유지하면서 위탁자가 수익권을 갖고 신탁의 이익을 향수할 수 있도록 해 주는 것이 위탁자에 대한 채권자 일반의 이익에 부합되는 경우가 있을 수 있기 때문이다. 굳이 수탁자로부터 신탁재산의 원상회복이 될 수 없는 경우에만 위의 수익권 양도청구가 가능하다고 해석할 이유는 없다. 한편, 악의의 수익자가 수익권을 다른 선의의 수익자에게 양도한 경우 위탁자의 채권자는 그 악의의 수익자에 대하여 수익권의 양도에 갈음하여 가액배상을 청구할 수 있다.[178)]

6. 선의의 신탁채권자 보호

신탁법은 사해신탁이 취소되어 신탁재산이 수탁자로부터 위탁자에게로 원상회복되는 경우, 위탁자는 그 신탁의 수탁자와 거래한 선의의 제3자에 대하여 원상회복된 신탁재

되므로 수익자는 양도청구의 대상이 되는 수익권을 더 이상 가지지 않는다고 본다).

175) 악의의 수익자에게 수익권에 대한 일부 급부가 이루어진 경우, 악의의 수익자에게 취소 및 원상회복 청구를 하는 때에는 수익권의 양도청구를 하지 못한다고 한다면, 선의의 수익자와의 관계에서 신탁은 유효하게 존속하므로 취소된 수익권의 수익자에게 제공되었을 재산(미급부 부분)이 신탁재산에 남게 되는데, 신탁종료 후 신탁재산의 귀속권리자가 위탁자가 아닐 경우, 취소에 따른 혜택은 위탁자의 채권자가 아니라 귀속권리자가 누리게 되어 불합리한 결과가 빚어질 수 있다. 또한, 취소된 수익권보다 후순위인 선의의 수익자가 있는 때에는 후순위 수익자가 본래의 조건보다 유리한 내용으로 급부를 받아 망외의 이득을 얻게 되는 불합리한 결과가 빚어질 수도 있다. 반대로, 악의의 수익자에게 수익권에 대한 일부 급부가 이루어진 경우, 수익권 양도청구를 하는 때에는 사해신탁의 취소를 하지 못한다고 한다면, 악의의 수익자가 받은 급부를 회복할 수 없게 된다. 따라서, 사해신탁의 취소와 수익권 양도청구를 모두 할 수 있다고 보는 것이 타당하다.

176) 米倉 明(2008), 99쪽(松尾 弘 집필).

177) 寺本昌広(2007), 63쪽 注11.

178) 무궁화·광장(2022), 88쪽; 寺本昌広(2007), 63쪽 각주 9. 이에 반대하는 견해로는, 최수정(2023), 242쪽.

산의 한도 내에서 책임을 지도록 하였다(신탁법 제8조 제4항). 신탁사무의 처리상 발생한 채권을 가진 채권자는 신탁재산에 대해 강제집행할 수 있는데(신탁법 제22조 제1항 단서), 사해신탁이라는 이유로 신탁행위가 취소되어 신탁재산이 수탁자로부터 위탁자에게 원상회복되면 선의의 신탁채권자는 예측할 수 없는 손해를 입을 수 있으므로 선의의 채권자를 보호하기 위한 것이다.[179] 다만, 이 조항이 위탁자에게로 원상회복된 신탁재산에 대하여 선의의 신탁채권자에게 우선변제권이나 기타 배타적인 권리를 인정하는 것은 아니다.

신탁법 제8조 제4항에서 말하는 "신탁재산의 한도 내"라는 것은 선의의 신탁채권자가 위탁자로부터 받을 수 있는 금액의 한도(즉, 신탁재산의 가액)를 정한 것이라고 보는 것이 합리적이다. 신탁법 제8조 제4항은 신탁재산이 위탁자에게로 원상회복되지 않았을 때와 같은 정도로 선의의 신탁채권자를 보호하고자 하는 것인데, 이렇게 해석하지 않고 선의의 채권자는 원상회복된 신탁재산 자체에 대하여만 책임을 추급할 수 있다고 한다면 선의의 신탁채권자 보호는 사실상 유명무실해 지기 때문이다. 따라서 만일 위탁자에게 원상회복된 신탁재산에 대하여 위 선의의 신탁채권자뿐만 아니라 위탁자의 다른 채권자들도 권리를 행사함으로 인하여 선의의 신탁채권자가 변제받을 수 있었던 몫을 위탁자의 다른 채권자들이 변제받은 경우, 선의의 신탁채권자는 원상회복된 신탁재산의 가액한도 내에서 위탁자의 다른 재산으로부터 부족분 채권액을 변제를 받을 수 있다. 후술하는 바와 같이 채무자회생법에서는 위탁자에 대한 도산절차에서 신탁행위가 부인될 경우 위 선의의 채권자가 위탁자에 대하여 갖는 채권을 공익채권(또는 재단채권)으로 인정함으로써 이와 같은 해석을 전제로 하고 있다.

한편, 수탁자가 신탁사무의 처리에 관하여 필요한 비용을 고유재산에서 지출한 경우에는 이를 신탁재산에서 상환받을 수 있다(신탁법 제46조 제2항). 수탁자가 가지는 비용상환청구권은 문언상 신탁법 제8조 제4항에서 말하는 "수탁자와 거래한 제3자의 채권"에 해당된다고 보기 어렵지만, 선의의 수탁자가 갖는 위 비용상환청구권을 보호해 주지 않는다면 불합리하다. 신탁법상 필요비와 유익비의 상환청구권에 대하여는 민사집행절차 등에서 수익자나 다른 채권자보다 우선하여 변제받을 수 있는 권리를 인정하는 것(신탁법 제48조 제1항)과도 균형이 맞지 않는다. 선의의 제3자에게 채무를 변제한 선의의 수탁자는 그 제3자를 대위하여 신탁법 제8조 제4항에 따른 권리를 행사할 수 있다고 해석함으로써 선의의 수탁자의 권리를 선의의 신탁채권자와 같은 수준으로 보호해 주는 것이 타당하다. 그렇지 않더라도 위 선의의 수탁자는 신탁재산의 가액 한도 내에서 그 변제금액에 대하여 위탁자를 상대로 부당이득반환청구를 할 수 있어야 할 것이다.

179) 법무부(2010), 81쪽.

Ⅲ. 신탁행위의 부인

1. 부인의 대상행위와 상대방

(1) 부인 대상인 신탁행위의 유형

채무자회생법상 신탁행위의 부인에 관한 조항은 부인에 관한 기본 조항인 동법 제100조 제1항에 대한 특칙으로 규정되어 있다(채무자회생법 제113조의2, 제406조의2). 따라서 부인 대상이 되는 신탁행위에는 (i) 신탁법 제8조의 규율 대상인 협의의 사해신탁(=사해행위)뿐만 아니라 (ii) 편파행위에 해당하는 신탁행위와 (iii) 무상행위(또는 무상에 준하는 유상행위)에 해당되는 신탁행위도 포함된다.

(2) 부인의 상대방

신탁행위에 대한 부인의 상대방은 수탁자, 수익자 또는 그 전득자이다. 수탁자의 권리의무를 신수탁자가 승계하였다면, 신수탁자도 수탁자로서 부인의 상대방이 된다. 최초 수익자로부터 수익권을 양도 기타 개별적 승계에 의하여 취득한 수익권의 전득자도 부인의 상대방이 된다. 신탁재산의 전득자도 채무자회생법상 부인의 대상이 되나, 그에 대하여는 신탁행위 부인에 관한 특칙이 아니라 전득자에 대한 부인권 규정(채무자회생법 제110조, 제403조)이 적용된다.

2. 수탁자를 상대방으로 하는 부인

수탁자를 상대방으로 하여 신탁행위를 부인하는 경우, 수탁자의 선의·악의를 묻지 않고 신탁행위를 부인할 수 있다(채무자회생법 제113조의2 제2항). 다만, 신탁법 제8조에 의한 사해신탁 취소의 경우와 마찬가지로 수익자 전부(단, 수익권의 전득자가 있는 경우에는 그 전득자를 말함)에 대하여 부인의 원인이 있는 때(예컨대, 사해행위 부인이나 편파행위 부인인 경우에는 수익자 전부가 악의인 때, 무상행위 부인인 경우에는 모든 수익자와의 관계에서 무상행위가 있는 때)에 한하여 수탁자에게 신탁재산의 원상회복을 청구할 수 있다(동법 제113조의2 제4항 전문). 이 경우 부인의 원인이 있음을 알지 못한 수탁자에게는 현존하는 신탁재산의 범위에서 원상회복을 청구할 수 있다(동법 제113조의2 제4항 후문).

3. 수익자를 상대방으로 하는 부인

수익자를 상대방으로 하여 사해행위 또는 편파행위에 해당되는 신탁행위를 부인하는 경우, 악의의 수익자만을 상대로 부인 및 원상회복 청구를 할 수 있다(채무자회생법 제113조의2 제3항). 신탁법 제8조에 의한 사해신탁 취소의 경우 수탁자의 선의·악의를 고려하지 않고 수익자의 선의·악의만을 기준으로 수익자에 대한 취소 및 원상회복 청구의 가부를 정하는 것과 일관된 것이다. 무상부인에 해당되는 신탁행위의 경우에는 무상부인에 관한 채무자회생법 제100조 제1항 제4호의 규정을 직접 적용하여 무상(또는 그에 준하는 유상)으로 수익권을 취득한 수익자를 상대로 부인 및 원상회복 청구를 할 수 있다.

또한, 사해신탁 취소의 경우와 마찬가지로 위탁자의 관리인·파산관재인은 악의 등 부인의 원인이 있는 수익자(수익권의 전득자가 있는 경우 그 전득자도 포함)를 상대로 그가 취득한 수익권을 채무자의 재산으로 반환할 것을 청구할 수 있다(채무자회생법 제113조의2 제5항). 최후의 수익자뿐만 아니라 수익권을 양도 기타 처분한 자도 그 자신이 수익권을 취득한 때에 악의 등 부인의 원인이 있었던 경우에는 부인의 상대방이 된다.

4. 수익권의 전득자를 상대방으로 하는 부인

수익권을 양도 그 밖의 사유로 개별승계에 의해 취득하여 수익자가 된 자는 여전히 수익자의 지위에 있는 것이므로 위에서 본 수익자를 상대방으로 하는 부인 조항이 그대로 적용된다고 본다.

5. 신탁재산의 전득자를 상대방으로 하는 부인

민법상 사해행위 취소의 경우와 마찬가지로, 채무자회생법에 따라 관리인·파산관재인은 신탁재산의 전득자를 상대로 부인권을 행사할 수 있다고 본다. 다만, 이 경우에는 신탁행위의 부인에 관한 특칙이 적용되는 것이 아니라 전득자 부인에 관한 채무자회생법 제110조(또는 제403조)가 적용되어야 할 것이다. 민법상 사해행위 취소의 경우에는 수탁자 또는 수익자로부터 신탁재산을 전득한 자가 신탁재산을 전득할 당시 채무자를 해함을 안 때에 취소 및 원상회복을 구할 수 있다. 그러나, 채무자회생법 제110조(또는 제403조)에 의한 전득자 부인의 경우에는 민법상 사해행위 취소의 경우와는 달리 신탁재산의 전득자 이전의 최초 취득자 및 중간전득자 전원에게 부인의 원인이 있어야 전득자를 상대로 신탁행위를 부인할 수 있다(동법 제110조 제1항, 제403조 제1항). 특히, 사해행위 부인과 편파행위 부인의 경우에는, (i) 신탁재산의 전득자에 앞서는 신탁재산의 취득자 전원에게 각각 부인의 원인이 존재하고 (ii) 그러한 부인의 원인이 있음을 전득자가 안 때에 한하여 전득자를 상대로 부인 및 원상회복이 인정된다(동법 제110조 제1항 제1호, 제403조 제1항 제1호).[180] 즉, 전득자는 그 자신이 악의이어야 할 뿐만 아니라, 그 전자 모두가 악의였다는 것에 대하여도 악의이어야 한다. 도산절차에서 전득자를 상대로 하는 사해행위 및 편파행위의 부인에 있어서는 위와 같이 소위 “이중의 악의”를 요한다는 점에서 민법상의 사해행위 취소나 신탁법상의 사해신탁의 취소와 크게 차이가 난다.

6. 선의의 채권자 보호

채무자가 위탁자로서 한 신탁행위가 부인되어 신탁재산이 채무자에게로 원상회복된 경우 그 신탁과 관련하여 수탁자와 거래한 선의의 제3자는 그로 인하여 생긴 채권을 원상회복된 신탁재산의 한도 내에서 공익채권자·재단채권자로서 행사할 수 있다(채무자회생법 제113조의2, 제406조의2). 채무자회생법에서는 이와 같이 선의의 채권자의 채권을 회생채권·파산채권으로 분류하지 않고 공익채권·재단채권으로 분류함으로써 두텁게 보호해 주고 있다.

제 5 절 투자신탁

I. 집합투자와 투자신탁

1. 집합투자의 의의

투자자는 투자의 대상, 시점과 규모 등을 스스로 판단하여 주식, 채권 등의 금융상품에 투자할 수도 있지만(=직접투자), 전문성 부족과 소규모 투자자금에 따른 한계에 부딪히게 된다. 이를 해소하기 위한 투자 방법이 전문가에게 운용을 맡기는 간접투자이다.[181]

---

180) 다만, 무상부인의 경우에는 위 (ii)의 전득자의 악의는 요하지 아니한다(채무자회생법 제110조 제1항 제3호, 제403조 제1항 제3호).

181) 투자일임(동법 제6조 제8항)을 이용한 투자는 전문가의 전문성을 활용하지만 투자자(투자일임

우리가 일상적으로 펀드투자로 부르는 집합투자가 대표적인 간접투자 방법이다.

펀드를 통한 투자의 기본적인 속성은 공동투자, 분산투자와 전문가 운용에 있다. 여러 투자자가 공동으로 투자하여 펀드의 규모가 커짐에 따라 분산투자가 가능하고 전문가의 전문성을 활용함으로써 투자자가 개별적으로 투자하는 경우에 비하여 위험 대비 수익을 개선할 수 있게 된다.[182] 또한 펀드의 운용·관리에 관한 투자자 보호장치를 구비하고, 펀드 운용의 투명성을 높이며 필요한 시점에 환매할 수 있도록 하여 유동성을 높일 수 있다면 펀드는 투자자에게 매우 편리하고 효율적인 투자수단이 될 수 있다.

자본시장법은 집합투자를 “2인 이상의 투자자로부터 모은 금전등을 투자자로부터 일상적인 운용지시를 받지 아니하면서 재산적 가치가 있는 투자대상자산을 취득·처분, 그 밖의 방법으로 운용하고 그 결과를 투자자에게 배분하여 귀속시키는 것”으로 정의하였다(동법 제6조 제5항).[183] 또한 집합투자를 영업으로 하는 집합투자업 인가 요건으로 일정한 전문인력과 전산설비를 요구하고(동법 제6조 제4항, 동법시행령 제16조 제5항, 금융투자업규정 제2-6조 및 별표 2), 공모펀드 운용시에는 일정한 분산투자요건을 충족하도록 함으로써(동법 제81조 제1항), 펀드투자의 기본적인 속성을 법령에 반영하고 있다.

2. 집합투자기구(펀드)의 종류

(1) 법적 형태에 따른 분류

자본시장법상 집합투자기구(이 절에서 “펀드”는 집합투자기구를 의미한다)가 취할 수 있는 법적 형태는 7가지이다. 신탁형으로 투자신탁, 회사형으로 투자회사(=주식회사 형태의 집합투자기구), 투자유한회사, 투자합자회사와 투자유한책임회사, 조합형으로 투자익명조합과 투자합자조합이 있다. 2021년 말 설정액 기준으로 한국에서 설정된 펀드의 97% 이상이 투자신탁이고 투자회사, 투자유한회사 및 투자합자회사가 나머지 일부를 차지하고

등의 고객)의 명의로 투자가 이루어진다는 점에서 직접투자의 외관에 간접투자의 성격이 가미된 형태의 투자이고, 투자자문(동법 제6조 제7항)을 이용한 투자는 투자일임보다 간접투자의 성격이 더 약하다.

182) 杉田浩治(2018), 3-5쪽은 펀드의 특성으로 포트폴리오 구성을 통한 위험대비 수익의 개선 이외에 기업지배구조의 개선과 기업가치의 향상 및 노령화 사회에서 퇴직대비 재산형성과 퇴직 후의 재산운용이라는 사회적 기능을 들었다. Pozen·Hamacher(2015), pp. 3-5는 펀드의 장점으로 분산투자와 이에 따른 위험감소 및 전문가 운용이외에 높은 유동성(매일 환매가능), 투자자 보호장치와 투명성 및 비교가능성을 들었다.

183) 거래구조와 기능은 집합투자에 해당하지만 특별법으로 규율하여 집합투자에서 제외되거나 행위의 성격 및 투자자 보호의 필요성 등을 고려하여 집합투자규율의 적용이 배제되기도 한다(자본시장법 제6조 제5항, 동법시행령 제6조 제1항부터 제4항).

있다.[184)]

(2) 기타 분류

집합투자기구는 자본시장법상 (i) 집합투자증권을 투자자에게 공모하는지 여부에 따라 공모형과 사모형(☞ Ⅵ. 사모투자신탁)으로, (ii) 집합투자증권의 환매가능여부에 따라 수시로 환매가 가능한 개방형(예: 동법 제196조 제4항)과 환매가 허용되지 않는 폐쇄형(동법 제230조)으로, (iii) 집합투자재산의 운용대상에 따라 증권펀드, 부동산펀드, 특별자산펀드, 혼합자산펀드, 단기금융펀드로 분류된다(동법 제229조). 자본시장법은 (iv) 특수한 펀드로 환매금지형펀드(동법 제230조), 종류형펀드(동법 제231조), 전환형펀드(동법 제232조), 모자형펀드(동법 제233조), 상장지수펀드(exchange-traded fund, ETF)(동법 제234조)를 열거하고 있다.

또한 펀드는 시장평균보다 초과수익을 목표로 적극적인 투자운용을 하는 액티브펀드와 시장평균 또는 일정한 부문의 지수에 따른 수익률을 목표로 소극적으로 운용하는 인덱스펀드 같은 패시브펀드로 나눌 수 있다. ETF는 대부분 패시브펀드에 속한다. 비용절감, 자본시장의 효율성, 액티브투자의 지속적인 운용실적 유지의 어려움 등을 내세운 패시브펀드의 비중이 점점 증가하고 있다.[185)] 미국에서는 패시브펀드 시장을 주도하는 3대 운용회사가 개별 피투자기업에 대한 감시에 소홀하고 경영진의 입장에 과도하게 동조하는 경향이 있다는 지적이 있다.[186)187)] 다른 한편 패시브펀드의 성장에 따라 주요지수에 포함된 회사들에 대해 상당한 지분을 가진 공통의 주주(common owner) 발생이 증가하게 된다. 공통의 주주들이 같은 업종에 속하여 경쟁관계에 있는 복수의 회사의 상당한 지분

184) 2023년 말 현재 한국에서 설정된 펀드(공모, 사모 포함)의 설정액 총액은 약 928조원이고 그 중 투자신탁이 약 902조원, 투자회사가 약 17조원, 투자유한회사가 약 5.1조원, 투자합자회사{모두 기관전용 사모펀드[자본시장법개정{법률 제18128호(2021. 4. 20. 개정, 2021. 10. 21. 시행)}(이하 제5절에서 "2021년 개정 자본시장법"으로 약칭한다) 이전에는 경영투자형 사모펀드]}가 약 3.3조원이다.

185) 2023년 말 기준 국내 지수연계형상품(상장지수펀드인 ETF와 증권회사가 발행하는 파생결합증권인 ETN)의 자산총액은 134.9조원, ETF의 자산총액은 121조원이고 특히 ETF의 성장이 현저하다. 2004년 말 국내 ETF의 자산총액은 4,896억원으로 KOSPI 시가총액 대비 0.1%에 불과했으나 2023년 말 5.7%가 되었다(한국거래소, ETF ETN Monthly 2024년 1월호). 미국에서는 전체 뮤추얼펀드 자산총액 가운데 인덱스 뮤츄얼펀드와 인덱스 ETF의 비중이 2010년말 전체 9.9조 달러의 19%에서 2023년말 전체 미화 27.7조 달러의 48%로 성장하였다{ICI(2024), p. 28}.

186) Bebchuck·Hirst(2019){인덱스펀드 운용을 주도하는 3대 자산운용회사(블랙록, 뱅가드, 스테이트 스트리트)의 인센티브 구조에 대한 이론적인 분석 및 그들의 기업감시활동과 의결권 행사에 대한 실증적인 분석을 한 후, 이를 토대로 정책적 개선조치를 제안함}.

187) 패시브펀드가 시장의 가격발견기능과 자본시장의 효율성을 저해할 수 있다는 우려도 제기되었으나, 시장거래에서 패시브펀드가 차지하는 비중이 작고 액티브한 거래가 시장의 가격발견기능을 주도하는 것으로 보고 있다{Scott·Gelpern(2020), pp. 1109-1110}.

을 가지는 경우 경쟁제한적 효과가 발생할 수 있다는 견해와 이를 뒷받침하는 실증연구가 제시되었고 그에 대한 반론과 다른 실증연구도 나오고 있다.[188]

3. 집합투자의 특성에 따른 법적 규율의 필요성

(1) 펀드재산의 분리

집합투자의 핵심은 여러 투자자로부터 모은 자금을 전문가인 집합투자업자가 운용하여 그 결과를 투자자에게 귀속시키는 데 있다. 이러한 형태의 투자에서 투자자보호를 위해서는 우선 펀드재산을 펀드 운용·관리를 맡은 업자의 재산과 확실하게 분리하고 그 업자의 경영부실·도산시 그의 채권자로부터 보호해야 한다. 투자신탁에서는 신탁재산의 독립성(☞제6장 제2절 Ⅲ. 신탁재산의 독립성)이라는 신탁제도의 특성을 활용하여 이 문제를 해소하였다.[189]

(2) 집합투자업자 등의 대리 문제에 대한 대응

펀드재산을 분리하여도 집합투자업자는 큰 재량을 가지고 펀드재산을 운용하고 그 결과가 투자자에게 귀속하게 된다. 이때 집합투자업자가 투자자의 이익이 아닌 자신 또는 다른 제3자의 이익을 추구할 우려 즉 대리 문제가 발생할 우려가 있으므로 이를 최소화하기 위한 법적 장치가 필요하다.[190] 자본시장법은 집합투자업자의 대리 문제를 최소화하기 위한 다양한 법적 장치를 두었다. 우선 집합투자업자의 충실의무와 선관주의의무를 명시하고(동법 제79조), 여러 개별 조항에서 이를 구체화하였다.[191] 또한 펀드 재산의 보관·관리를 신탁업자가 맡고(동법 제184조 제3항), 공모투자신탁과 일정한 사모투자신탁의 경우에는 신탁업자가 집합투자업자의 운용을 감시하도록 하였다(동법 제247조 제1항, 제5항, 제6항). 한편 신탁계약의 일정한 중요한 변경에 대한 수익자총회의 결의를 받도록 하였다(동법 제188조 제2항). 집합투자업자에 대한 공적 규제도 대리 문제의 최소화를 위한 장치의 하나로 볼 수 있을 것이다. 사모투자신탁의 집합투자업자도 충실의무와 선관주의의무

188) 이 쟁점에 관한 미국 학계의 논의의 개요는 Scott · Gelpern(2020), pp. 1121-1123.
189) 회사형 펀드에서는 투자회사 등 회사가 펀드재산을 소유하도록 함으로써 이 문제를 해소하였다.
190) 펀드재산의 보관·관리를 맡은 신탁업자, 집합투자증권(투자신탁의 경우에는 수익증권)을 판매하는 판매회사의 경우에도 대리 문제가 발생할 수 있으나, 자산운용 권한을 가지고 있는 집합투자업자의 대리 문제의 발생 우려가 가장 크다. 신탁업자에 대하여는 자본시장법과 신탁법의 규율을 통하여 판매회사에 대하여는 자본시장법상 투자매매업과 투자중개업 규율을 통하여 대리문제에 대처하고 있다.
191) ☞ 아래 각주 197.

를 지지만, 구체적인 행위에 관하여는 상당히 많은 부분이 적용배제되어 사적자치에 맡겨져 있다.

(3) 펀드관련 정보제공

투자자는 펀드에 투자하기 이전에 투자판단에 필요한 펀드관련 정보를 제공받아야 한다. 또한 펀드에 투자한 후에도 집합투자업자를 적절히 감시하기 위해서는 투자자가 펀드관련 정보를 충분히 제공받아야 한다. 자본시장법은 수익증권의 공모를 위해서는 증권신고서를 제출하고 투자설명서를 작성하도록 하여(동법 제119조, 제123조) 잠재적 투자자에 대한 정보제공을 규율하고, 금융소비자보호법은 판매회사에게 적합성의 원칙과 설명의무 기타 영업행위 관련 조항의 준수를 요구하고 있다(동법 제17조부터 제25조). 공모투자신탁의 경우 투자자의 펀드 투자 이후에는 집합투자업자가 투자자에게 운용 관련 정보를 제공하고(동법 제88조, 제89조), 매일 펀드재산을 평가하고 기준가격을 산정하여 공고하는 등(동법 제238조) 운용의 투명성을 유지하도록 하였다. 사모투자신탁에 대하여는 위 조항들이 대부분 적용배제되어 사적자치에 맡겨져 있었으나, 최근의 사모펀드 사건들이 발생한 후 2021년 자본시장법 개정으로 적용배제를 일부 축소하였다(☞ Ⅵ. 3. (3) 펀드관련 정보제공).

4. 논의의 전개

아래 Ⅱ.부터 Ⅴ.에서는 공모투자신탁의 법적인 규율과 관련 법적인 쟁점을 다룬다. 여러 특례가 적용되는 사모투자신탁에 대해서는 Ⅵ.에서 논의한다.

Ⅱ. 투자신탁의 거래구조와 당사자의 권리의무

1. 투자신탁의 거래구조

투자신탁은 집합투자업자가 위탁자로서 수탁자인 신탁업자에게 재산을 신탁하여 설정하고, 그 신탁재산을 수탁자로 하여금 그 위탁자인 집합투자업자의 지시에 따라 투자·운용하게 하며, 신탁원본의 상환 및 이익의 분배 등에 관한 수익권은 수익증권으로 표창하여 수익자에게 귀속하게 하는 집합투자기구이다(자본시장법 제9조 제18항 제1호, 제189조 제1항, 제2항). [그림 6-4]에 표시된 것과 같이 투자신탁은 수익증권을 판매하여 투자자로

[그림 6-4] 투자신탁의 거래구조

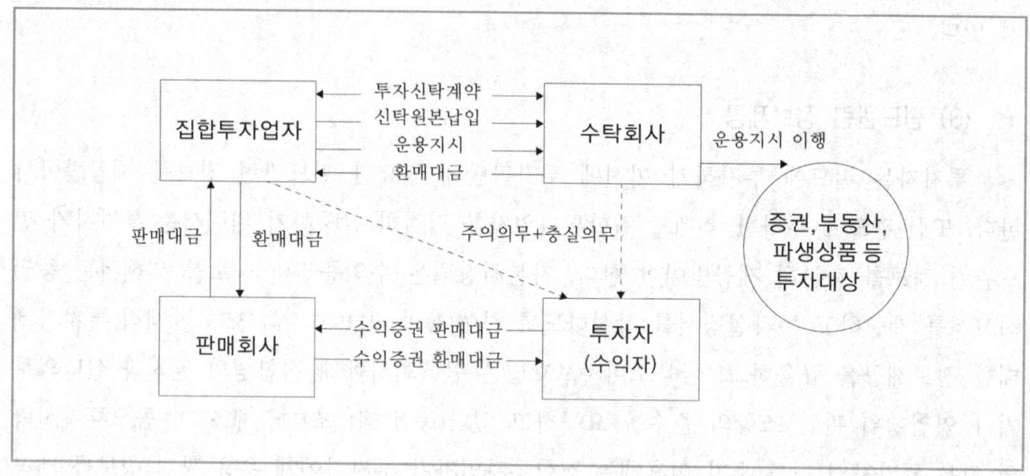

부터 받은 재산을 집합투자업자가 신탁업자에게 신탁한 후, 그 신탁재산의 투자·운용을 위탁자인 집합투자업자가 결정하고 수탁자인 신탁업자는 집합투자업자의 지시에 따라 자산을 취득·처분하며, 투자자들이 신탁의 수익권을 가지는 구조로 되어 있다.

이러한 구조를 가진 투자신탁의 법적 성격을 어떻게 파악할 것인가에 대해서는 논란이 있다.192) 투자신탁은 집합투자업자가 위탁자로서 신탁업자에게 재산을 신탁하여 설정하는 것이므로 집합투자업자와 신탁업자의 관계는 신탁이고 투자자는 투자신탁의 수익자로서의 권리를 가진다. 자본시장법 제184조 제3항이 "집합투자재산의 보관·관리업무를 신탁업자에게 위탁"하도록 규정하였음을 근거로 신탁업자의 임무가 단순한 보관이라고 볼 우려가 있으나, '위탁'은 신탁을 포함하는 개념이라고 보아야 하고, 이 조항은 투자신탁 이외에 투자회사 기타 다른 여러 형태의 집합투자기구에게 모두 적용할 수 있도록 표현한 것에 불과하다고 보아야 할 것이다. 자본시장법은 투자신탁의 수탁자에 대해 선관주의의무만을 규정하였으나(동법 제244조), 수탁자는 신탁법에 따라 충실의무와 선관주의의무를 부담한다(신탁법 제32조, 제33조).

투자자와 집합투자업자와의 관계는 통상의 신탁에서의 위탁자와 수익자의 관계와는 차이가 있다. 집합투자업자는 투자신탁의 위탁자이지만 투자신탁재산의 투자·운용을 결정할 권한을 가지고 또한 투자신탁의 수익증권을 발행한다. 통상의 신탁에서는 수탁자가 신탁계약에서 정한 바에 따라 신탁재산을 관리·처분하고 수익증권을 발행한다(신탁법 제

192) 투자자와 집합투자업자와의 관계도 신탁 또는 신탁에 유사한 관계로 볼 것인지, 집합투자업자와 신탁업자의 관계를 법률에 정한 대로 신탁으로 볼 것인지 아니면 단순한 보관으로 볼 것인지, 아니면 전체 거래를 하나의 조직으로 파악할 것인지 등에 관하여 견해가 나뉜다. 이에 대하여는 김용재(2018), 50-56쪽.

31조, 제78조). 투자신탁의 위탁자인 집합투자업자는 투자신탁의 운용에 관하여 통상의 신탁에서의 수탁자에 해당하는 권한을 가진다는 점에서 투자자에 대하여 수탁자에 준하는 의무(예: 영미법상 신인의무에 해당하는 의무)와 책임을 져야 한다. 자본시장법상 집합투자업자의 충실의무와 선관주의의무는 이러한 점을 반영한 것이다. 그러나 신탁법상 신탁은 위탁자가 신탁을 설정할 의사로 수탁자에게 재산권을 이전해야 성립하는데, 투자신탁의 투자자는 수익증권을 취득하기 위한 대금을 납입하는 것이지 집합투자업자에게 신탁할 의사로 재산권을 이전하는 것은 아니므로 집합투자업자와 투자자 사이에서 신탁법상 신탁이 성립한다고 볼 수는 없다.

2. 투자신탁재산의 권리주체와 대외적 행위의 당사자

(1) 투자신탁재산의 권리주체

투자신탁은 신탁업자를 수탁자로 하여 설정된 신탁이므로 투자신탁재산의 소유자는 수탁자인 신탁업자가 된다. 또한 신탁재산이므로 신탁법에 따라 강제집행 및 경매가 원칙적으로 금지되어 위탁자(=집합투자업자)나 수탁자의 채권자가 강제집행할 수 없고(신탁법 제22조), 수탁자의 도산절차로부터 절연된다(동법 제24조). 또한, 투자신탁재산에 속하는 채권채무와 신탁재산에 속하지 않는 채권채무의 상계도 제한되고(신탁법 제25조), 투자신탁재산에 속하는 채무에 대한 책임이 자본시장법 제80조 제2항에 따라 투자신탁재산만으로 한정되는 때에는 투자신탁재산에 속하지 아니하는 채권과 투자신탁재산에 속하는 채무의 상계도 제한된다(신탁법 제25조 제2항).

또한 신탁재산에 속한 채권을 자동채권으로 하는 상계권은 수탁자인 신탁업자가 행사하여야 하고, 이 경우 수동채권은 수탁자가 부담하는 채무이어야 한다. 위탁자인 집합투자업자가 수탁자인 신탁업자에게 지시하여 수탁자로 하여금 일정한 내용으로 상계권을 행사하게 할 수는 있을 것이나, 스스로 신탁재산에 속한 채권에 관하여 상계권을 행사할 수는 없다(대법원 2002. 11. 22. 선고 2001다49241 판결, 대법원 2002. 12. 26. 선고 2002다12734 판결).

최근 공정거래법 적용과 관련하여 신탁재산에 속하는 채권채무의 당사자가 집합투자업자인지 아니면 수탁자인 신탁업자인지가 문제된 사건이 발생하였다. M보험은 계열회사인 M자산운용이 운용하는 투자신탁에 대출하였다. 공정거래법 제11조의2는 특수관계인을 상대방으로 하거나 특수관계인을 위하여 하는 일정한 대규모내부거래에 대해서는 이사회 의결과 공시를 요구하고 있으나, M보험은 이를 하지 않았다. 대법원 2020. 4. 9. 자 2019마6806 결정은 "'특수관계인을 위하여' 하는 거래에는 … 집합투자업자인 특수관계인이 운용하는 투자신탁재산을 보관·관리하는 신탁업자를 차주로 하여 그 투자신탁재산에 대한 대출계약을 체결하는 것도 포함된다"고 보아 위 대출거래에 공정거래법 제11조의2가 적용됨은 인정하였다. 그러나 위 대법원 결정은 "원심이 이 사건 대출거래가 … 특수관계인을 상대방으로 하는 거래행위에 해당하는 것으로 본 것은 부적절"하다고 판시하여,[193] 투자신탁재산에 속하는 채권채무의 당사자가 집합투자업자가 아닌 수탁회사임을 확인하였다.

한편 집합투자업자와 신탁업자는 투자신탁재산에 속한 부동산의 점유자로서 민법 제758조 제1항에 따른 공작물 점유자의 책임을 부담하는 주체가 되고, 그 책임은 투자신탁재산의 취득·처분 등과 관련한 이행 책임이 아니므로 투자신탁재산을 한도로 책임을 제한한 자본시장법 제80조 제2항이 적용되지 않고 고유재산으로도 그 책임을 부담하여야 한다.[194]

(2) 투자신탁재산 관련 대외적 행위의 당사자

투자신탁재산의 소유자는 수탁자인 신탁업자이고, 투자신탁에 속하는 채권채무의 당사자도 수탁자이므로 투자신탁재산에 관한 대외적 행위의 당사자도 수탁자가 되는 것이 원칙이다. 투자신탁재산의 운용권한은 집합투자업자에게 있으므로 집합투자업자가 수탁자인 신탁업자에게 투자대상자산의 취득·처분 등에 관하여 필요한 지시를 하면, 수탁자는 그 지시에 따라 투자대상자산의 취득·처분 등을 하게 된다(자본시장법 제80조 제1항). 그러나 자본시장법은 투자신탁재산의 효율적 운용을 위하여 신탁계약서에 상장주식 또는 장내파생상품의 매매 등 대통령령이 허용하는 일정한 방법을 정하여 투자대상자산을 운용하는 경우[195]에는 집합투자업자가 자신의 명의로 직접 투자대상자산의 취득·처분 등을 할 수 있도록 하였다(동법 제80조 제1항 단서, 동법시행령 제79조 제2항). 투자신탁의 신탁업자와 집합투자업자는 투자대상자산의 취득·처분 등을 한 경우, 원칙적으로 그 투자신탁재산을 한도로 하여 그 이행 책임을 부담한다(동법 제80조 제2항). 그러나 위 책임제한은

193) 1심(서울남부지방법원 2018. 2. 23.자 2017과102187 결정)과 항소심(서울남부지방법원 2019. 11. 7.자 2018라123 결정)은 "신탁업자는 투자신탁재산의 보관, 관리업무를 위탁받은 주체로서 계약의 법률상 효과가 귀속되는 당사자인 것에 불과하다"고 하며 위 대출거래가 '특수관계인인 M자산운용을 상대방으로' 하는 자금거래에 해당한다고 보고 과태료를 부과하였다.

194) 대법원 2024. 2. 15. 선고 2019다208724 판결(투자신탁형 부동산 집합투자기구가 투자한 건물 주차장 천장에서 발생한 화재의 피해자가 공작물 점유자의 책임을 추궁한 사건에서 집합투자업자와 신탁업자는 주차장 천장 부분을 사실상 지배하면서 그 설치 또는 보존상의 하자로 인하여 발생할 수 있는 각종 사고를 방지하기 위하여 그 공작물을 보수·관리할 권한 및 책임을 가지는 자에 해당한다고 봄).

195) ☞ 아래 Ⅳ.1.(1).

신탁업자 또는 집합투자업자가 법령·약관·집합투자규약·투자설명서에 위반하는 행위를 하거나 그 업무를 소홀히 하여 자본시장법 제64조 제1항에 따라 투자자에게 부담하는 손해배상책임을 지는 경우에는 적용되지 않는다.

3. 투자신탁 관련 당사자의 권리와 의무

(1) 투자자

투자자는 수익증권을 취득하는 방법으로 투자신탁에 투자하여 수익증권에 표창된 수익권을 가진다(자본시장법 제189조 제2항). 환매금지형(공모펀드의 경우에는 동법 제230조 제5항, 일반투자자를 대상으로 하는 일반 사모펀드의 경우에는 동법 제249조의8 제2항 제3호)이 아닌 한 투자신탁의 투자자는 언제든지 환매를 청구하여 투자를 회수할 수 있다(동법 제235조 제1항). 또한 자본시장법은 공모펀드의 경우 집합투자업자와 신탁업자 사이의 신탁계약에 대한 일정한 중요한 변경[196](동법 제188조 제2항, 동법시행령 제216조, 제217조)과 투자신탁의 합병(동법 제193조 제2항)은 수익자총회의 결의를 받도록 하여, 투자자의 견제 권한을 부여하였다. 투자자는 신탁계약 변경 또는 합병에 관한 수익자총회의 결의에 반대하는 경우 매수청구권을 행사할 수 있다(동법 제191조).

(2) 집합투자업자

투자신탁의 위탁자인 집합투자업자는 투자신탁재산의 투자·운용을 신탁업자에게 지시할 권한을 가진다. 집합투자업자는 충실의무와 선관주의의무를 진다(자본시장법 제79조). 충실의무와 선관주의의무에 관한 보다 구체적인 행위유형에 대해서는 자본시장법령의 여러 개별조항이 규율하고 있다.[197] 집합투자업자는 투자신탁재산의 투자·운용에 대해 투자신탁재산으로부터 운용보수를 지급받는다.[198] 집합투자업자는 원칙적으로 운용실적에

196) 1. 집합투자업자·신탁업자 등이 받는 보수, 그 밖의 수수료의 인상
2. 신탁업자의 변경(합병·분할·분할합병, 그 밖에 영업양도 등 자본시장법시행령으로 정하는 경우는 제외)
3. 신탁계약기간의 변경(투자신탁 설정시 그 기간변경이 신탁계약서에 명시되어 있는 경우는 제외)
4. 그 밖에 중요한 사항으로서 자본시장법시행령으로 정하는 사항

197) 충실의무를 구체화한 조항의 예로는 각종 이해관계인 거래의 제한(자본시장법 제84조), 펀드이익을 해하면서 자신 또는 제3자의 이익을 도모하는 행위, 선행매매, 고유재산 또는 다른 펀드와의 거래 등을 불건전영업행위로 금지하는 조항(동법 제85조), 펀드 재산에 속한 주식의 의결권 행사에 관한 조항(동법 제87조)을 들 수 있다. 분산투자 요구 등 다양한 내용의 운용제한(동법 제81조)은 선관주의의무를 구체화한 것이라고 할 수 있다.

198) 미국 투자회사법(Investment Company Act) 제36조 (b)항은 투자회사의 투자자문업자는 서비스 대가 수령에 관하여 신인의무를 지고, 투자회사의 투자자와 미국 SEC는 투자자문업자에게 그

연동하여 산정하는 성과보수를 받아서는 안 되고, 사모펀드인 경우와 일정한 예외적인 경우에 한하여 성과보수가 허용된다(자본시장법 제86조, 동법시행령 제88조).

(3) 신탁업자

투자신탁의 수탁자인 신탁업자는 투자신탁재산의 소유자로서 투자신탁재산을 보관·관리할 권한과 의무가 있다. 신탁업자는 기본적으로 신탁의 수탁자로서 충실의무와 선관주의의무를 진다(신탁법 제32조, 제33조).[199]

또한 수탁자인 신탁업자는 다음과 같이 집합투자업자를 감시할 권한과 의무가 있고, 이는 원래 신탁의 수탁자가 가지는 신탁재산관리 권한과 의무에서 비롯된 것이라고 할 수 있다.[200]

① 신탁업자는 투자설명서가 법령 및 집합투자규약에 부합하는지를 확인해야 한다(자본시장법 제247조 제5항 제1호).

② 신탁업자는 집합투자업자의 운용지시·운용행위가 법령·집합투자규약·투자설명서를 위반하는지 확인하고, 필요한 경우 관련 자료의 제출을 요구할 수 있으며, 위반이 있으면 집합투자업자에게 그 운용지시·운용행위의 철회·변경·시정을 요구해야 한다(동법 제247조 제1항, 제6항). 집합투자업자가 그 요구를 이행하지 않으면 신탁업자는 금융위원회에 보고하고, 집합투자업자의 지시내용과 위반사항을 판매회사의 영업소에 게시하거나 인터넷홈페이지에 공시해야 한다(동법 제247조 제3항, 동법시행령 제269조 제2항).

③ 집합투자업자는 집합투자재산평가기준 작성시 신탁업자의 확인을 받아야 하고, 신탁업

신인의무 위반에 기초한 소송을 제기할 수 있도록 규정하고 있다. 과도한 운용보수라고 주장하는 소송에서 미국의 연방 제2항소법원은 "보수가 모든 제반 정황에 비추어 대등한 입장에서(at arm's length) 협상하였을 범위 내에 있는지 여부가 기준이 되고, … 제36조 (b)항 위반이 되려면 보수가 너무 불균형하게 커서 제공된 서비스와 합리적인 관계가 없고 대등한 입장에서의 협상의 결과라고 할 수 없을 정도이어야 한다"고 기준을 제시하였고{Gartenberg v. Merrill Lynch Asset Management, Inc., 694 F.2d 923, 928 (2d Cir. 1982)}, 미국대법원은 이후 다른 사건에서 이 기준이 타당하다고 인정하였다{Jones v. Harris Assocs. L.P. 559 U.S. 335 (2010)}. 비공개 화해를 한 사례들은 있지만 아직 원고가 승소한 사례는 없다고 한다. Curtis·Morley(2012), pp. 277-279, Roy et al.(2020), p. 132.

199) 자본시장법은 투자신탁의 수탁자인 신탁업자에 대해 신탁업자의 영업행위 규칙을 대부분(동법 제102조부터 제115조) 적용배제하였다(동법 제245조). 이는 투자신탁의 수탁자의 영업행위규범은 투자신탁 또는 집합투자기구 일반에 관한 조항{예: 동법 제246조(신탁업자의 업무제한), 제247조(운용행위의 감시), 제248조(자산보관·관리보고서의 교부) 등}에 규정되어 있기 때문인 것으로 보인다.

200) 이중기(2001), 80쪽{영국의 인가받은 투자신탁{authorized unit trust("AUT")에 관하여 "AUT에서 운영기능이 분화되어 운용자가 담당하게 됨에도 불구하고 AUT의 수탁자는 여전히 완전한 수탁자로서의 권한과 의무를 부담한다. 왜냐하면 신탁상 수탁자의 적극적 관리의무는 AUT에서는 운영기능의 분화에 따라 적극적 운용감시의무로 변화 혹은 대체되기 때문"이라고 함}.

자는 집합투자업자의 집합투자재산에 대한 평가가 법령 및 집합투자재산평가기준에 따라 공정하게 이루어졌는지를 확인하고 집합투자자산 평가의 공정성과 기준가격의 적정성을 확인해야 한다(동법 제238조 제3항부터 제5항, 제247조 제5항 제4호, 제5호). 집합투자업자는 파생상품 매매에 따른 위험평가액이 펀드 자산의 10%을 초과하여 투자할 수 있는 공모투자신탁의 경우에는 위험관리방법을 작성하여 신탁업자의 확인을 받아야 한다(동법 제93조 제2항, 제247조 제5항 제3호). 또한 집합투자업자는 자산운용보고서를 작성하여 투자자에게 교부하기 전에 신탁업자의 확인을 받아야 한다(동법 제88조 제1항, 제2항, 제247조 제5항 제2호).

또한 공모투자신탁의 수탁자인 신탁업자는 원칙적으로 투자신탁의 회계기간 종료, 계약기간 종료 또는 해지시 2개월 이내에 자산보관·관리보고서를 작성하여 투자자에게 교부하여야 한다(법 제248조).

사모투자신탁에 대해서는 신탁업자의 집합투자업자 감시 기능이 대부분 적용배제되어 있었으나(자본시장법 제249조의8 제1항), 2021. 4. 자본시장법 개정으로 일반투자자를 대상으로 하는 일반 사모투자신탁의 경우에는 감시 기능이 일부 부활하게 되었다(☞ Ⅵ.3.(4) 집합투자업자 견제·감시).

(4) 판매회사

가. 자본시장법과 금융소비자보호법상의 의무

자본시장법은 집합투자업자가 투자신탁 수익증권을 판매하고자 하는 경우에는 원칙적으로 투자매매업자와 판매계약을 체결하거나 투자중개업자와 위탁판매계약을 체결할 것을 요구한다(동법 제184조 제5항). 판매회사는 집합투자업자와 수익증권 판매계약 또는 위탁판매계약을 체결하고 수익증권을 판매하는 투자매매업자 또는 투자중개업자를 말한다. 판매회사는 금융소비자보호법상 금융상품판매업자로서 동법상의 각종 의무(동법 제12조부터 제16조)와 영업행위준수사항(적합성 원칙, 설명의무, 부당권유 금지, 계약문서의 교부의무 등)(동법 제17조부터 제23조) 및 자본시장법상 불건전영업행위 금지(자본시장법 제71조)를 준수해야 한다. 또한 판매회사는 투자자의 수익증권 환매청구의 상대방이 되어 환매절차에 관여한다(자본시장법 제235조 제2항).

나. 판매회사의 계약상 지위와 민법상 권리의무

판매회사는 민법상으로도 투자자보호의무를 부담하고, 법적 지위에 따라 민법상의 권리의무를 가진다. 최근 금융분쟁조정위원회가 내린 사모투자신탁의 수익증권 판매와 관련하여 투자자의 착오에 기한 수익증권 매매계약의 취소를 인정하는 결정[201]과 관련하여 판매회사의 법적 지위에 대하여 논란이 제기되고 있다.[202] 판매회사가 투자매매업자로서 수익증권을 취득한 후 이를 투자자에게 매도하는 경우에는 판매회사가 투자자의 착오로 인한 수익증권 매매계약의 취소의 상대방이 되는데 대해 의문이 없을 것이다.[203] 그러나 판매회사가 집합투자업자와 위탁판매계약을 체결한 투자중개업자인 경우에는 그 판매회사가 집합투자업자의 대리인인지,[204] 집합투자업자와 투자자 간의 거래를 중개하는 중개인인지,[205] 자신의 이름으로 그러나 집합투자업자의 계산으로 거래하는 준위탁매매업자인지[206][207]에 대하여 논란이 있다. 대체로 수익증권을 투자자에게 판매하는 업무를 하는 투자중개업자의 입장에서는 판매회사가 집합투자업자의 대리인 또는 중개인이라는

201) 라임펀드에 관한 금융분쟁조정위원회 조정결정(조정일자: 2020. 6. 30., 조정번호: 제2020-4호, 제2020-5호); 금융감독원 보도자료(2021. 4. 6.), "금융분쟁조정위원회, 옵티머스펀드 투자원금 전액 반환 결정".

202) 이 쟁점에 관한 대법원과 하급심 판결례를 상세히 정리한 최근 문헌으로는 정재은(2020), 49-52쪽.

203) 대법원 2015. 12. 23. 선고 2013다40681 판결은 판매회사가 선박펀드의 수익증권을 취득한 후 투자자에게 판매한 사건에서 "S증권(=판매회사)이 수익증권을 소유의 의사로 인수하였다가 원고(=투자자)에게 양도하였는지와 무관하게 원고와 S증권 사이에는 수익증권에 관한 매매계약이 체결되었다고 할 것이고, 거기에 민법 제107조 이하 의사표시의 하자에 관한 규정의 적용이 배제될 만한 사정이 보이지 아니한다"고 판시하여 판매회사가 수익증권 매매계약의 당사자임을 인정하였다. 다만 이 사건에서는 취소의 제척기간이 도과하여 투자자의 기망·착오에 기한 취소는 인정되지 않았다.

204) 김건식(2005), 77-78쪽{구 증권투자신탁업법(1998년 개정 전 법)에서와 같이 원칙적으로 고유재산에 의한 환매의무가 인정되던 상황에서는 판매회사는 위탁매매인에 가까운 쪽이었다고 한다면 신탁의 해지가 강제되는 개정법 하에서는 오히려 대리인에 접근하는 것을 볼 수 있다는 취지}; 정재은(2020), 54쪽(판매회사는 집합투자업자의 대리인 내지 수임인으로 수익증권 모집주선을 한다는 견해).

205) 임재연(2024), 1252쪽(판매회사는 위탁매매인이나 대리인이 아니고 중개라는 사실행위를 하는 중개인이라는 견해).

206) 이철송(2009), 304쪽{"위탁회사와 판매회사의 관계는 약정하기에 따라 본인·대리인의 관계일 수도 있고, 판매회사를 위탁회사의 위탁매매인(위탁모집)으로 보아야 할 경우도 있으며, 판매회사를 기발행된 유가증권의 매도인으로 보아야 할 경우도 있을 수 있다. 판매회사의 기본적인 기능은 위탁회사를 위해 수익증권을 모집하는 업무를 수행하는 것이므로 일반적으로는 상법상의 준위탁매매인(상법 제113조)에 해당한다"}.

207) 위탁판매의 목적물이 이미 발행된 수익증권인 경우에는 위탁매매, 새로 발행되는 수익증권인 경우에는 준위탁매매에 해당할 것이다. 집합투자업자와 판매회사의 관계를 (준)위탁매매로 보는 경우 위탁매매의 법리상 위탁매매인(판매회사)과 거래한 제3자(투자자)는 위탁자인 집합투자업자에 대해 아무런 법률관계를 갖지 못하므로 위탁매매관계로는 수익자와 집합투자업자 간에 성립하는 신탁관계를 설명할 수 없다는 비판이 있으나, 투자자는 수익증권에 표창된 수익권을 취득함으로써 법령과 신탁계약에 의하여 규율되는 집합투자업자와의 법률관계가 형성된다. 판매계약 체결로 투자자와 집합투자업자 간의 신탁관계가 형성되는 것은 아니고 판매계약의 이행에 의하여 투자자가 수익증권을 취득하게 됨으로써 그러한 법률관계가 형성되는 것이다. 이 점에 대해서는 이철송(2005), 139쪽이 "가령 A증권회사가 삼성전자로부터 사채모집을 위탁받았다면, A는 삼성전자의 위탁매매인(엄밀히는 준위탁매매인, 상법 제113조)이 되는 것인데, 그렇다고 해서 사채권자가 A에게 사채의 원리금 상환을 요구할 수 없음과 같다"라고 하며 증권발행시 준위탁매매의 법률관계를 설명하였다.

주장을 하고, 수익증권 매매계약의 취소를 통하여 구제를 받고자 하는 투자자의 입장에서는 판매회사가 투자자의 계약상대방인 독립적인 당사자라는 주장을 하는 형국이다. 금융분쟁조정위원회의 위 결정과 아래에서 보는 최근의 하급심 판결들은 투자자의 입장을 지지하였다.

이 쟁점에 관한 판례를 살펴보자. (구)증권투자신탁업법상 환매의무와 관련한 사건에서 대법원 2006. 12. 8. 선고 2002다19018 판결은 "판매회사는 증권투자신탁에 있어서 단순히 위탁회사의 대리인에 불과한 것이 아니라 자신의 책임으로 수익증권 판매업무 등을 수행하는 독립된 당사자로 보아야 한다"고 판시하였고. 대법원 2011. 7. 28. 선고 2010다76368 판결은 (구)간접투자자산운용업법에 따른 판매회사의 수익증권 판매시 투자자보호의무를 다룬 사건에서 "판매회사는 수익증권의 판매에 있어서 단순히 자산운용회사의 대리인에 불과한 것이 아니라 투자자의 거래상대방의 지위에서 판매회사 본인의 이름으로 투자자에게 투자를 권유하고 수익증권을 판매하는 지위에 있다"고 판시하였다.

위 대법원 판결들은 환매의무와 투자자보호의무의 맥락에서 판매회사의 지위를 다루었고 수익증권 판매시 사기·착오로 인한 수익증권매매계약의 취소의 맥락에서 판매회사의 지위를 검토한 대법원 판결은 아직 없는 것으로 보인다. 하급심판결로는 투자자가 사기·착오를 이유로 수익증권매매계약을 취소하고 판매회사에게 부당이득을 청구한 사건에서 판매회사가 자신은 집합투자업자의 대리인 또는 중개인에 불과하다고 항변하였으나, 위 대법원 2006. 12. 8. 선고 2002다19018 판결과 대법원 2011. 7. 28. 선고 2010다76382 판결을 들어 항변을 배척한 판결례들이 있다. 우선 서울고등법원 2015. 12. 18. 선고 2014나60608 판결은 항공기에 투자하는 사모투자신탁의 투자자가 착오 취소를 근거로 판매회사에게 행한 부당이득반환청구를 인용하면서, 판매회사가 집합투자업자의 대리인이고 따라서 수익증권매매계약의 당사자는 집합투자업자라는 판매회사의 주장을 배척하였다.[208] 서울중앙지방법원 2009. 10. 29. 선고 2008가합122881 판결은 장외파생상품에 투자하는 투자신탁의 투자자가 예금과 유사한 상품으로 착오하여 수익증권을 매입하였다고 그 매입을 취소한다고 주장한 사건에서 판매회사의 수익증권 매매계약상 당사자의 지위와 투자자의 착오를 인정하였으나 투자자에게 중대한 과실이 있다고 하여 취소를 인정하지 않았다.[209]

208) 피고인 판매회사가 상고하였으나 대법원 2016. 4. 28. 선고 2016다3638 판결로 심리불속행 기각되었다.

209) 투자자의 착오취소 주장에 대한 1심 판결은 항소심에서도 유지되었고(서울고등법원 2010. 7. 22. 선고 2009나113461 판결), 투자자만 상고하여 대법원은 중대한 과실 유무만을 다루었고 판매회사의 지위는 논하지 않았다(대법원 2011. 7. 28. 선고 2010다69193 판결).

최근 라임펀드와 옵티머스펀드 투자자들이 판매회사를 상대로 제기한 부당이득금 청구소송에서 판매회사와 투자자 간의 법률관계에 대해 서로 다른 하급심판결들이 나오고 있다. 서울중앙지방법원 2023. 7. 13. 선고 2021가합558793 판결은 옵티머스 펀드 관련 사건에서 "판매회사는 투자자와 수익증권 매매계약을 체결하고 직접 계약상 권리·의무를 부담하는 주체에 해당한다"고 판시하고 수익증권 매매계약의 중요한 부분에 대한 투자자들의 착오를 인정하였다. 서울중앙지방법원 2024. 1. 26. 선고 2021가합589063 판결은 옵티머스 펀드 관련 사건에서 판매회사와 투자자 사이에 수익증권에 대한 매매계약이 체결되었다거나 판매회사가 집합투자업자의 위탁매매인이라고 보기 어렵지만 "피고(=판매회사)가 단순히 집합투자업자의 대리인 내지 중개인으로 대리행위 또는 이행보조 내지 사실행위를 한 것을 넘어서 원고(=투자자)와의 펀드 가입계약의 상대방으로서 원고와 계약관계를 맺었다고 봄이 타당하다"고 보고 착오취소를 인정하였다.

한편 서울고등법원 2023. 9. 21. 선고 2022나2017964 판결[210]은 라임펀드 관련 사건에서 판매회사는 "집합투자업자의 대리인이 아닌 독립된 당사자로서 … 신탁계약상의 수익자 지위를 취득하게 하는 내용의 무명계약을 체결하였다"고 보고 "판매계약이 취소될 경우 … 그에 따른 원상회복으로 원고들로부터 지급받은 … 펀드 가입대금을 원고들에게 반환할 지위에 있다"고 판시하였다.

이 문제는 기본적으로 판매회사인 투자중개업자와 집합투자업자가 체결한 계약의 내용 및 판매회사의 실제 행위에 따라 결정될 문제이다. 통상 사용되는 위탁판매계약은 위탁판매라는 용어[211]와 판매대행이라는 용어를 사용하고 있을 뿐 판매회사인 투자중개업자의 법적 지위를 명확하게 규정하고 있지는 않다. 위탁판매계약상 판매회사인 투자중개업자가 중개인이라거나 집합투자업자의 대리인이라는 명시적인 조항도 없고 위탁매매인이라는 명시적인 조항도 없다.[212] 계약상 판매회사의 지위가 명백하지 않은 경우 판매회사의 판매업무 수행방법과 행위, 판매회사가 판매시 투자자에게 제시·교부하는 서류와 투자자

210) 이 판결은 사기·착오를 이유로 펀드판매계약을 취소하고 판매회사에게 부당이득을 청구한 원고들의 청구를 인용한 서울중앙지방법원 2022. 4. 28. 선고 2020가합515027 판결의 항소심 판결로 사실관계상 판매회사의 기망행위 또는 중요부분에 관한 착오를 인정하기 어렵고 착오가 있었더라도 중대한 과실이 있었다고 보아 원고의 청구를 기각하였다. 원고들이 상고하였으나 대법원 2024. 2. 29. 선고 2023다294043 판결로 상고기각되었다.

211) 상법상의 대리상이나 중개인과의 관계에서도 '위탁'이라는 용어를 쓰고 있으므로(예: "물건의 판매나 그 중개의 위탁을 받은 대리상"을 언급하는 상법 제90조), '위탁판매'의 의미가 위탁매매에 한정된다고 볼 수는 없다.

212) 대법원 2006. 12. 8. 선고 2002다19018 판결이 다룬 사건에서는 수익증권위탁판매세부협약서에 계약당사자는 서로 상대방의 대리관계에 있지 않다는 조항이 있었으나(원심판결인 서울고등법원 2002. 2. 8. 선고 2001나27175 판결), 최근 통용되는 위탁판매세부협약서에는 그러한 조항은 없는 것으로 보인다. 그러나 적극적으로 대리관계임을 명시한 조항도 없는 것으로 보인다.

로부터 받는 서류의 형식과 내용, 집합투자업자가 투자자를 파악할 수 있는 구조인지 여부, 판매회사가 받는 수수료·보수가 각 법적 지위에 합당한 수준인지 여부 등이 판매회사의 지위를 판단하는데 고려요소가 될 것이다. 또한 판매회사와 집합투자업자 간의 계약과 판매회사의 판매업무 수행방법과 관행이 위에서 언급한 "판매회사는 … 위탁회사의 대리인에 불과한 것이 아니라 자신의 책임으로 … 판매업무를 수행하는 독립한 당사자로 보아야 한다"고 판시한 대법원 2005. 12. 8. 선고 2002다19108 판결과 대법원 2011. 7. 28. 선고 2010다76368 판결 당시와 어떠한 점에서 얼마나 차이가 있는지도 중요한 고려요소일 것이다.

금융상품 투자와 관련하여 투자자가 취할 수 있는 금전적 피해구제 수단은 대체로 (i) 계약의 효력이 없음을 전제로 투자금의 원상회복을 받는 방법(계약의 무효, 취소, 해제 등)과 (ii) 계약이 유효하게 존속함을 전제로 계약불이행 또는 불법행위에 따른 손해배상을 받는 방법(예: 적합성원칙·설명의무 기타 판매권유 규제 또는 투자자보호의무 위반 등)으로 나누어 볼 수 있다. 투자신탁 수익증권 투자자의 착오에 기한 취소는 위 (i)에 속한다.

앞서 살펴본 바와 같이 판매회사의 법적 지위를 어떻게 볼 것인가에 따라 판매회사가 투자자의 착오취소에 의한 원상회복의 당사자가 되는지 여부가 달라진다. 판매회사가 그 당사자로 인정되어 원상회복의무를 부담하는 경우 그 의무는 결국 부당이득반환의무이고, 선의의 수익자는 현존이익의 범위 내에서 반환의무를 진다(민법 제748조 제1항). 최근 투자자가 착오취소를 이유로 부당이득을 청구한 사건에 대한 하급심판결들을 보면, 판매회사가 선의였고 현존이익이 소멸했다고 항변하자 그 항변을 배척한 판결(서울중앙지방법원 2023. 7. 13. 선고 2021가합558793 판결, 서울중앙지방법원 2023. 7. 13. 선고 2021가합563290 판결, 서울중앙지방법원 2023. 11. 28. 선고 2021가합569342 판결 등)과 이를 인정하여 현존이익이 없다고 한 판결(서울중앙지방법원 2024. 1. 26. 선고 2021가합589063 판결, 서울남부지방법원 2023. 8. 30. 선고 2021가합116546 판결, 서울남부지방법원 2024. 2. 2. 선고 2021가합117419 판결 등)로 나뉘고 있다.

투자신탁을 설정한 집합투자업자의 귀책사유로 인하여 투자자의 착오가 발생하고 그 착오를 이유로 수익증권매입이 적법하게 취소되어 판매회사가 투자자에게 수익증권매매대금을 부당이득으로 반환할 채무가 인정되는 경우, 판매회사는 귀책사유가 있는 집합투자업자에게 구상권을 행사할 수 있다.[213]

---

213) 서울고등법원 2015. 12. 18. 선고 2014나60608 판결(대법원 2016. 4. 28. 선고 2016다3638 판결로 상고기각)에 따라 착오취소한 투자자에게 부당이득반환 채무를 이행한 판매회사가 투자신탁을 설정·운용한 집합투자업자를 상대로 구상금을 청구한 사건에서, 대법원 2021. 6. 10. 선고 2019다226005 판결은 "원고가 선행판결에 따라 개인투자자들에게 수익증권매매대금을 부당이득으로 반환하였다면, 피고들중 원고와 함께 공동불법행위책임을 부담하는 자들 사이에서는 원고가 지급한 부당이득반환금에 의하여 소멸된 손해배상채무 중 원고의 부담부분을 넘는 부분에

보다 근본적으로 계약상 지위를 불명확하게 하여 분쟁이 발생하도록 하는 것은 바람직하지 못한 일이다. 판매회사는 계약상 지위를 명백히 하고 고객에 대해서도 그 지위를 제대로 알리고 그 지위에 맞게 행동할 필요가 있다.

위의 논의는 주로 판매회사가 집합투자업자와 위탁판매계약을 체결했다는 점에 초점을 맞춘 것이나, 판매회사와 투자자 사이의 법률관계도 살펴볼 필요가 있다. 판매회사가 고객과의 사이에서 체결하는 수익증권저축약관 등 계약에 따른 판매회사와 고객(=투자자) 간의 법률관계가 있을 수 있다. 또한 자본시장법은 판매회사가 판매수수료(=집합투자증권을 판매하는 행위에 대한 대가로 투자자로부터 직접 받는 금전)를 받을 수 있음을 전제로 그 한도와 실적연계금지를 규정하고 있다(동법 제76조 제4항, 제5항). 판매하는 자가 판매목적물의 가격 이외에 판매행위에 대한 수수료를 왜 구매자인 투자자로부터 받는 것인지, 이로 인해 판매회사가 투자자에 대하여 자본시장법이나 금융소비자보호법에서 지는 의무에 추가하여 새로운 의무(예: 조언의무)를 부담한다거나[214] 판매회사와 투자자 간의 법률관계를 달리 구성하여야 것인지(예: 투자자를 위한 위탁매수)에 관하여 검토가 필요하다. 투자중개업자가 판매회사인 경우 그 지위를 중개인이라고 보는 견해는 중개의 대가로 판매수수료를 받는다고 설명하지만, 투자매매업자가 판매회사인 경우에도 투자자로부터 받는 판매수수료를 중개의 대가라고 할 수는 없을 것이다. 판매회사가 투자매매업자인 경우와 투자중개업자인 경우 모두 투자자로부터 판매수수료를 받는 실질적인 이유가 무엇인지를 규명할 필요가 있다. 판매회사가 투자자에게 무엇인가 서비스를 제공하기 때문이라면, 판매회사는 그 서비스 제공과 관련해서도 투자자에게 의무를 부담할 수 있다. 판매회사와 투자자 간의 법률관계와 이에 따른 판매회사의 투자자에 대한 의무도 판매회사와 투자자 사이에서 체결되는 계약과 주고받는 문서 및 판매회사의 판매업무 수행방법과 관행 및 실제 행위 등을 면밀히 살펴보아야 판단할 수 있을 것이다.

다. 운용에 대한 책임

판매회사는 투자신탁재산의 운용에 관하여 구체적인 고의·과실이 인정되지 않는 한

대하여 공동의 면책이 이루어졌다고 볼 수 있다"고 판시하고 구상금청구를 기각한 원심판결을 파기하였다.

214) 자본시장법은 "따로 대가 없이 다른 영업에 부수하여 금융투자상품 등의 가치나 그 금융투자상품등에 대한 투자판단에 관한 자문에 응하는 경우" 금융투자업으로 보지 않도록 규정하였다(동법 제7조 제6항 제4호, 동법시행령 제7조 제4항 제8호). 판매회사가 수익증권 판매와 관련하여 대가없이 고객의 투자자문에 응하더라도 투자자문업으로 규율되지 않는다(☞ 제16장 각주 313, 314의 본문). 이는 규제감독 차원에서 투자자문업으로 규율되지 않는다는 것이지, 고객과의 사법(私法)상의 권리의무 차원에서는 무상서비스라고 하여도 의무와 책임이 발생할 수 있다. 또한 이러한 형태의 서비스 제공은 형식적으로는 무상이겠지만, 실질적으로는 판매회사가 결국 고객이 부담하는 판매수수료 또는 판매보수로 수익을 올린다는 점을 고려해야 합리적일 것이다.

그 운용에 관한 손해배상책임을 지지 않는다(대법원 2003. 12. 12. 선고 2003다8886 판결).

Ⅲ. 투자신탁의 설정과 수익증권의 판매, 유통 및 환매

1. 투자신탁의 설정

투자신탁은 위탁자인 집합투자업자와 수탁자인 신탁업자 사이에서 신탁계약을 체결하고, 집합투자업자가 신탁계약에서 정한 신탁원본을 납입하여 설정한다(자본시장법 제188조 제1항, 제4항). 투자신탁이 설정되면 집합투자업자는 투자신탁을 금융위원회에 등록해야 한다(동법 제182조 제1항). 투자신탁 등록신청서를 증권신고서와 함께 제출하는 경우에는 그 증권신고의 효력이 발생하는 때에 투자신탁이 등록된 것으로 본다(동법시행령 제211조 제5항). 공모투자신탁의 등록 전에는 그 수익증권 판매가 금지되고 원칙적으로 판매광고도 금지된다(동법 제76조 제3항).

2. 수익증권의 판매

(1) 집합투자업자의 증권신고서 제출과 투자설명서 작성·공시의무

투자신탁의 수익권은 균등하게 분할되어 수익증권에 표창된다(동법 제189조 제1항, 제2항).[215] 집합투자업자가 투자신탁의 수익증권을 공모하기 위해서는 금융위원회에 증권신고서를 제출하고(동법 제119조 제1항), 증권신고서 효력발생일에 투자설명서와 간이투자설명서를 제출하고 비치하여 일반인이 열람할 수 있도록 하여야 한다(동법 제123조 제1항).

투자신탁의 수익증권 공모를 위한 증권신고서와 투자설명서(간이투자설명서 포함) 중 중요사항에 관하여 거짓의 기재·표시가 있거나 중요사항이 기재·표시되지 아니함으로써 증권의 취득자가 손해를 입은 경우에는 집합투자업자, 그 이사 등 자본시장법 제125조에 열거된 사람은 손해배상책임을 진다(동법 제125조). 한편 집합투자업자와 투자신탁의 수탁자인 신탁업자는 투자설명서가 법령 및 신탁계약에 부합하는지 여부를 확인할 의무가 있다(동법 제247조 제5항).

215) 2020. 7. 6. 정부가 국회에 제출한 자본시장법 개정법률안(의안번호 2101515)은 공모펀드도 일정한 요건을 갖춘 경우에는 집합투자규약에 따라 투자자에 대한 손익의 분배 또는 손익의 순위 등에 관한 사항을 정할 수 있도록 하였으나(제187조의2 추가), 21대 국회 임기만료로 폐기되었다.

(2) 광 고

투자신탁의 수익증권에 관한 판매광고는 자본시장법과 금융소비자보호법의 규율을 받는다.

가. 자본시장법상 광고규제

① 공모투자신탁과 사모투자신탁 모두에 적용되는 광고규제

투자신탁의 등록 전에는 판매광고를 금지하고, 관련 법령의 개정에 따라 새로운 집합투자증권의 판매가 예정되어 있어 그 집합투자기구의 개괄적인 내용을 광고하여도 투자자의 이익을 해칠 염려가 없는 경우에만 등록 전 판매광고를 허용하고 있다(동법 제76조 제3항, 동법시행령 제77조 제3항).

② 사모투자신탁에만 적용되는 광고규제

일반 사모투자신탁의 수익증권을 판매하는 금융투자업자가 그 사모투자신탁의 투자광고를 하는 경우에는 전문투자자 또는 투자광고를 하는 날 전날의 금융투자상품 잔고(투자자예탁금 잔액 포함)가 3억원(투자하는 파생상품 위험평가액, 채무보증·담보제공액, 차입금 총액 등의 합계액이 순자산액의 200%를 초과하는 경우에는 5억원) 이상인 일반투자자만을 대상으로 해야 하고, 투자광고를 하는 경우에는 서면, 전화, 전자우편, 문자메시지, 전신 또는 모사전송 그 밖에 이와 유사한 것으로서 금융감독원장이 정하는 매체를 통하여 전문투자자 또는 위에 정한 일반투자자에게 개별적으로 알려야 한다(동법 제249조의5, 동법시행령 제271조의6, 금융투자업규정 제7-41조의4 제6항).

③ 투자신탁 수익증권의 공모에 관한 규제

증권신고의 대상이 되는 증권의 모집, 매출 그 밖의 거래를 위하여 청약의 권유를 하고자 하는 경우에는 (i) 증권신고의 효력이 발생한 후 투자설명서를 사용하거나, (ii) 증권신고서가 수리된 후 효력발생 전에 일정한 예비투자설명신고서를 사용하거나, (iii) 증권신고서가 수리된 후 일정한 간이투자설명서를 사용하는 방법을 사용해야 한다(자본시장법 제124조 제2항). 자본시장법 제124조 제2항에도 불구하고 집합투자증권의 경우에는 투자자가 정식 투자설명서의 사용을 별도로 요청하지 않는 한 간이투자설명서를 사용할 수 있다(동법 제124조 제3항).

그런데 자본시장법상 “청약의 권유”의 정의에 따르면 신문·방송·잡지 등을 통한 광고 또는 홍보전단 등 인쇄물의 배포 등의 방법으로 증권발행 사실을 알리거나 취득절차를 안내하는 활동이 “청약의 권유”에 포함된다(동법시행령 제2조 제2호 본문). 즉 불특정다

수인에 대한 광고의 방법에 의한 청약의 권유가 행해질 수 있다. 다만 인수인의 명칭과 증권의 발행금액을 포함하지 아니하는 등 금융위원회가 정하여 고시하는 기준[216]에 따라 증권발행에 관한 일정한 사항[217] 중 전부나 일부에 대하여 광고 등의 방법으로 단순히 그 사실을 알리거나 안내하는 경우는 "청약의 권유"에 해당하지 않도록 정하고 있다(동법 시행령 제2조 제2호 단서). 위 단서에 해당하는 범위 내에서 청약의 권유에 해당하지 않는 광고가 있을 수 있게 된다.

나. 금융소비자보호법상 광고규제

종전에는 자본시장법이 집합투자증권의 판매광고의 내용에 대해서도 규율하였으나 금융소비자보호법 제정에 따라 자본시장법의 관련 조항이 삭제되고 금융소비자보호법이 광고의 내용에 대한 규제를 하고 있다. 금융소비자보호법은 금융상품판매업자가 그 업자의 업무에 대한 광고 뿐 아니라 금융상품에 관한 광고를 할 수 있음을 전제로 광고에 대한 규제를 하고 있다(동법 제22조 제1항의 "금융상품등에 관한 광고"의 정의).

① 기본원칙

금융상품판매업자등은 금융상품에 대한 광고를 하는 경우 금융소비자가 금융상품의 내용을 오해하지 않도록 명확하고 공정하게 전달하여야 한다(동법 제22조 제2항).

② 금융상품광고에 반드시 포함되어야 하는 내용

금융상품판매업자등이 하는 투자신탁의 수익증권을 포함한 투자성 상품에 관한 광고에는 다음 내용이 포함되어야 한다(동법 제22조 제3항)(일반 사모집합투자기구에 대해서는 이 조항의 적용이 배제됨).

(i) 금융상품에 관한 계약을 체결하기 전에 금융상품 설명서 및 약관을 읽어 볼 것을 권유하는 내용
(ii) 금융상품판매업자등의 명칭과 금융상품의 내용
(iii) 투자에 따른 위험

216) 청약의 권유에서 제외되는 단순 사실의 광고 또는 안내 방법으로서 다음 각 호에 따라야 한다(증권의 발행 및 공시 등에 관한 규정 제1-3조).
1. 인수인의 명칭을 표시하지 않을 것
2. 증권의 발행금액 및 발행가액을 확정하여 표시하지 않을 것
3. 증권신고의 대상이 되는 증권의 거래를 위한 청약의 권유는 투자설명서, 예비투자설명서 또는 간이투자설명서에 따른다는 뜻을 명시할 것

217) 가. 발행인의 명칭
나. 발행 또는 매도하려는 증권의 종류와 발행 또는 매도 예정금액
다. 증권의 발행이나 매도의 일반적인 조건
라. 증권의 발행이나 매출의 예상 일정
마. 그 밖에 투자자 보호를 해칠 염려가 없는 사항으로서 금융위원회가 정하여 고시하는 사항

(iv) 과거 운용실적을 포함하여 광고를 하는 경우에는 그 운용실적이 미래의 수익률을 보장하는 것이 아니라는 사항

③ 집합투자증권 광고시 금지되는 사항

금융상품판매업자등이 투자성 상품에 관한 광고를 하는 경우 다음 행위가 금지된다(동법 제22조 제4항 제2호, 동법시행령 제3항).

가) 손실보전 또는 이익보장이 되는 것으로 오인하게 하는 행위(다만, 자본시장법시행령 제104조 제1항 단서에 따라 손실을 보전하거나 이익을 보전하는 경우는 제외)(동법 제22조 제4항 제2호 가목, 동법시행령 제20조 제2항).

나) 집합투자증권에 대해 다음 사항 이외의 사항을 광고에 사용하는 행위(동법 제22조 제4항 제2호 나목, 동법시행령 제20조 제3항).

(i) 집합투자증권을 발행한 자의 명칭, 소재지 및 연락처

(ii) 집합투자증권을 발행한 자의 조직 및 집합투자재산 운용 인력

(iii) 집합투자재산 운용 실적

(iv) 집합투자증권의 환매

(v) 위 (i)부터 (iv)에 준하는 것으로서 집합투자증권의 특성 등을 고려하여 금융위원회가 정하여 고시하는 사항[218]

다) 수익률이나 운용실적을 표시하는 경우 수익률이나 운용실적이 좋은 기간의 수익률이나 운용실적만을 표시하는 행위 등 금융소비자 보호를 위하여 대통령령[219]으로 정하는 행위(동법 제22조 제4항 제2호 다목).

금융소비자보호법상의 금융상품에 대한 광고는 "금융상품의 내용, 거래조건, 그 밖의 거래에 관한 사항을 소비자에게 널리 알리거나 제시하는 행위"이고, 불특정다수인을 대

---

218) 금융소비자보호에 관한 감독규정 제19조 제2항이 정한 "금융위원회가 정하여 고시하는 사항"에는 투자성상품(즉 집합투자증권)의 내용, 투자에 따른 위험, 집합투자기구의 수익구조 등이 포함되어 있다.

219) 금융소비자보호법시행령 제20조 제4항은 다음 행위를 금지되는 행위로 규정하였다

(i) 금융소비자의 경제적 부담이 작아 보이도록 하거나 계약체결에 따른 이익을 크게 인지하도록 하여 금융상품을 오인하게끔 표현하는 행위

(ii) 비교대상 및 기준을 분명하게 밝히지 않거나 객관적인 근거 없이 다른 금융상품등과 비교하는 행위

(iii) 불확실한 사항에 대해 단정적 판단을 제공하거나 확실하다고 오인하게 할 소지가 있는 내용을 알리는 행위

(iv) 계약 체결 여부나 금융소비자의 권리·의무에 중대한 영향을 미치는 사항을 사실과 다르게 알리거나 분명하지 않게 표현하는 행위

(v) 수익률이나 운용실적을 표시하는 경우 수익률이나 운용실적이 좋은 기간의 수익률이나 운용실적만을 표시하는 행위

(vi) 위 (i) 내지 (v)에 준하는 것으로서 금융소비자의 합리적 의사결정을 방해하거나 건전한 시장질서를 훼손할 우려가 있다고 금융위원회가 정하여 고시하는 행위

상으로 한다는 점이 광고의 특성인 것으로 설명되고 있다.[220] 자본시장법상 "청약의 권유"는 불특정다수인을 상대로 광고의 방법으로 행할 수도 있다는 점에서 금융소비자보호법에 따라 금융상품에 대한 광고를 하는 경우 자본시장법상 "청약의 권유"의 방법으로 사용된 것인지 여부는 자본시장법에 의해 판단되어야 한다.

다. 공모규제와 관련한 투자신탁 수익증권 판매광고 제도의 문제점

자본시장법과 금융소비자보호법 모두 투자신탁의 수익증권을 판매하는 금융회사가 특정한 투자신탁상품에 대한 광고를 할 수 있음을 전제로 여러 가지 규제를 하고 있다. 특정한 증권의 발행에 관한 광고는 결국 그 증권에 대한 청약을 하도록 홍보하는 것이라는 점에서 그것이 단순한 증권의 발행사실을 알리거나 안내하는 행위라고 하여 청약의 권유에서 제외하도록 한 자본시장법시행령 제2조 제2호 단서의 타당성에 의문이 있다. 게다가 동조항은 광고에 인수인의 명칭을 표시하지 않을 것을 요건으로 함으로써 인수인이 잠재적인 투자자들을 광고의 형식으로 접촉하여 광고가 실질적으로 청약의 권유의 기능을 하는 일이 발생하지 않도록 하였으나, 투자신탁의 수익증권을 판매하는 판매회사는 자본시장법상 인수인에 해당하지 않기 때문에 판매회사는 투자자와 광고의 형식으로 접촉하는 것이 허용되고 있다.

판매회사가 자신이 판매하는 수익증권에 대한 판매광고를 하는 경우 자본시장법시행령 제2조 제2호 단서가 인수인의 명칭을 표시하지 않도록 한 취지가 달성될 수 없다. 또한 잠재적 투자자는 투자설명서(또는 간이투자설명서)에 비하여 판매홍보성 내용이 중심이 된 광고에 영향을 받을 우려가 크고, 광고를 투자의 권유에 해당하지 않는 것으로 보는 경우 청약의 권유시 반드시 투자설명서(또는 간이투자설명서)를 사용하도록 한 자본시장법 제124조의 의미가 퇴색될 우려가 있다.

한편 금융소비자보호법에 따른 집합투자증권 광고에는 집합투자증권의 내용, 투자에 따른 위험, 집합투자기구의 수익구조 등을 기재할 수 있게 되어 있는 등 그 내용이 자본시장법시행령 제2조 제2호 단서에서 허용하는 "청약의 권유에 해당하지 않는 광고"에 기재할 수 있는 사항과는 차이가 있다.

현행법의 해석상 금융소비자보호법에 따른 투자신탁 수익증권에 관한 광고가 당연히 자본시장법상 청약의 권유에 해당하지 않는다고 할 수는 없고 청약의 권유 해당 여부는 자본시장법에 따라 판단해야 할 것으로 보인다. 외관상 광고의 형식을 취하였더라도 실질적인 청약의 권유에 해당하는 경우에는 청약의 권유로 취급하여 사모투자신탁의 요

220) 금융위원회·금융감독원, "금융소비자보호법 FAQ 답변 (3차)"(2021. 4. 26.), 4쪽. 금융위원회·금융감독원, "금융광고규제 가이드라인"(2021. 6. 8.), 2쪽.

건을 갖추었는지를 판단해야 할 것이고, 공모투자신탁의 경우에도 광고의 형식을 취하였다고 하여 실질적인 청약의 권유를 하는 행위를 청약의 권유에 해당하지 않는다고 보는 것은 타당하지 않다. 보다 근본적으로는 특정한 증권의 판매를 위한 광고를 일정한 범위 내에서 청약의 권유에서 제외하고자 한 자본시장법시행령 제2조 제2호 단서가 얼마나 설득력이 있는지를 재고할 필요가 있다.

(3) 판매회사를 활용한 판매

가. 투자매매업자·투자중개업자와 판매계약·위탁판매계약 체결

자본시장법은 집합투자업자가 투자신탁 수익증권을 판매하고자 하는 경우에는 원칙적으로 투자매매업자와 판매계약을 체결하거나 투자중개업자와 위탁판매계약을 체결할 것을 요구한다(동법 제184조 제5항).[221]

나. 판매회사의 판매활동시 투자자보호의무

판매회사는 수익증권 청약의 권유시 투자설명서 또는 간이투자설명서를 사용해야 하고 수익증권을 매도하기 전에 이를 투자자에게 교부해야 하고(동법 제124조), 자본시장법상 불건전영업행위 금지(자본시장법 제71조)를 준수해야 한다. 또한 판매회사는 금융소비자보호법상 신의성실의무와 차별금지 등 금융상품판매업자가 지는 일반적인 의무(동법 제12조부터 제16조)와 영업행위준수사항(적합성 원칙, 설명의무, 부당권유 금지, 계약문서의 교부의무 등)(동법 제17조부터 제23조)을 준수해야 하고, 위반시 손해배상책임과 계약해지 등의 적용을 받게 된다(동법 제44조, 제45조, 제47조).

자본시장법이 시행되기 이전부터 대법원은 "고객에게 투자신탁상품의 매입을 권유할 때에는 그 투자에 따르는 위험을 포함하여 당해 투자신탁의 특성과 주요내용을 명확히 설명함으로써 고객이 그 정보를 바탕으로 합리적인 투자판단을 할 수 있도록 고객을 보호하여야 할 주의의무가 있고, … 고객에게 어느 정도의 설명을 하여야 하는지는 투자대상인 상품의 특성 및 위험도의 수준, 고객의 투자 경험 및 능력 등을 종합적으로 고려하여 판단하여야 한다"고 판시하였다(대법원 2003. 7. 11. 선고 2001다11802 판결). 수익증권의 판매시 설명의무 위반에 따른 판매회사의 손해배상책임을 인정한 판례가 다수 있다.[222]

---

221) 예외적으로 집합투자업자가 투자매매업 또는 투자중개업을 겸영하는 경우 투자매매업자 또는 투자중개업자로서 수익증권을 직접 판매할 수 있다(자본시장법 제184조 제5항 단서). 또한 일반 사모집합투자업자는 자신이 운용하는 사모투자신탁의 수익증권을 직접 판매할 수 있다.

222) 예: 대법원 2003. 7. 11. 선고 2001다11802 판결(해외공사채형 투자신탁에 투자한 경험이 없는 고객에게 투자신탁 재산의 운용방법이나 투자계획 등에 관하여 구체적으로 설명하지 아니한 채 단순히 특별한 고수익상품이라는 점만을 강조하면서 러시아채권에 투자하는 투자신탁 수익증권

판매회사는 투자자에게 수익증권의 취득을 권유할 때 "투자설명서의 내용을 숙지하고, 그 의미가 명확하지 않은 부분은 자산운용회사로부터 정확한 설명을 들어 그 내용을 스스로 명확하게 이해한 다음, 투자자에게 그 투자신탁의 운용방법이나 투자계획 및 그로 인한 수익과 위험을 투자자가 정확하고 균형 있게 이해할 수 있도록 설명하여야 하고, 단지 자산운용회사로부터 제공받은 판매보조자료의 내용이 정확하고 충분하다고 믿고 그것에 의존하여 투자신탁에 관하여 설명하였다는 점만으로는 투자자보호의무를 다하였다고 볼 수 없다"(대법원 2011. 7. 28. 선고 2010다101752 판결).[223)]

사모투자신탁의 수익증권 판매와 관련하여 대법원은 (구)간접투자자산운용법에 따른 투자신탁의 판매에 관한 사건에서 "판매회사는 특별한 사정이 없는 한 자산운용회사에서 제공받은 투자설명서나 운용제안서 등의 내용을 명확히 이해한 후 이를 투자자가 정확하고 균형 있게 이해할 수 있도록 설명하면 되고, 내용이 진실한지를 독립적으로 확인하여 이를 투자자에게 알릴 의무가 있다고 할 수는 없다"고 하고,[224)] 그러나 "판매회사가 투자신탁재산의 수익구조나 위험요인과 관련한 주요 내용을 실질적으로 결정하는 등으로 투자신탁의 설정을 사실상 주도하였다고 볼 만한 특별한 사정이 있는 경우에는 판매회사 역시 자산운용회사와 마찬가지로 투자신탁의 수익구조와 위험요인을 합리적으로 조사하여 올바른 정보를 투자자에게 제공하여야 할 투자자보호의무를 부담한다"고 판시하였다(대법원 2015. 11. 12. 선고 2014다15996 판결).[225)]

의 매입을 적극 권유함); 대법원 2010. 11. 11. 선고 2008다52369 판결(은행 직원이 파생금융상품 투자경험이 없는 고객에게 신탁재산의 대부분을 파생금융상품인 주가지수연계증권에 투자하는 투자신탁 수익증권의 매수를 권유하면서 중도 환매가격에 대하여 오해를 불러일으킬 수 있는 부실한 표시가 기재된 상품설명서를 제공하고, 명확한 설명을 하지 않음으로써 고객으로 하여금 중도 환매 시 지급받을 수 있는 환매가격에 관하여 오해하게 함).

223) 이 사건에서는 자산운용회사(=투자신탁의 집합투자업자)가 광고지, Q&A 자료, 상품요약서, 상품제안서 등 판매보조자료에 펀드투자대상인 장외파생상품과 대한민국 국고채, 시중은행 후순위채, 은행예금의 이율과 신용등급을 직접 비교함으로써 중요한 사항에 대하여 오해를 유발할 수 있는 표시를 사용하거나 투자신탁의 수익과 위험에 관하여 균형성을 상실한 정보를 판매회사에게 제공하고, 판매회사는 이 판매보조자료를 이용하여 투자자에게 적극 투자권유를 함으로써 투자자보호의무를 위반한 위법행위와 손해배상책임이 인정되었다.

224) (구)간접투자자산운용업법상 투자설명서의 작성은 자산운용회사의 의무이고 그 내용이 법령등에 부합하는지에 대한 확인은 수탁회사가 해야 하며(동법 제56조 제1항) 판매회사는 투자자에게 투자설명서를 제공하고 주요내용을 설명하도록(동법 제56조 제3항) 정하고 있는 점등을 근거로 판매회사에게 자산운용회사가 생산한 정보의 진실성을 조사하라고 요구하는 것은 적절하지 않다고 본 것이다{김상연(2016), 125쪽}.

225) 이 사건에서는 판매회사가 선박매수자금을 공급하고 정기용선료와 선박매각대금으로 자금을 회수하는 형태의 선박펀드의 구조를 미리 정하는 등 펀드설정을 사실상 주도하였으므로, 대법원은 자산운용회사가 정기용선계약의 내용을 부정확하게 파악하고 작성한 운용제안서를 판매회사가 이용하여 투자권유를 하였지만, 판매회사가 독립적이고 객관적인 방법으로 정기용선계약의 내용을 조사하여 올바른 정보를 투자자들에게 제공할 필요가 있었던 것으로 판시하였다.

수익증권의 공모를 위하여 집합투자업자가 작성한 투자설명서에 중요한 사항이 거짓기재 또는 기재누락된 경우에는, 판매회사가 투자설명서를 작성하지 않았더라도 투자설명서를 교부한 자로서 그 거짓기재 또는 기재누락으로 인한 투자자의 손해를 배상할 책임이 있다(자본시장법 제125조). 사모투자신탁의 수익증권을 판매하는 판매회사가 집합투자업자로부터 수익증권 판매를 위하여 작성한 투자제안서·상품설명서 등을 제공받은 경우, 일반적으로는 판매회사가 그 서류의 정확성·진실성을 독립적으로 확인하여 투자자에게 알릴 의무가 없다고 하더라도, 그 서류상 투자판단에 필요한 중요한 사항의 부실기재가 있음을 수익증권 판매를 전문으로 하는 금융회사로서 어렵지 않게 파악할 수 있는 경우라면 이를 파악하지 못하고 그 서류를 이용하여 투자권유하여 투자자에게 손해가 발생한 경우 그 손해를 배상할 책임을 부담하는 것이 합리적일 것이다.

다. 수익증권 투자와 금융소비자보호법상 청약철회

고난도금융투자상품에 해당하는 투자신탁[226]에 대해서는 금융소비자보호법에 일반금융소비자의 보호를 위해 도입된 청약철회제도가 적용된다(동법 제46조, 동법시행령 제37조 제1항 제2호 가목). 투자신탁의 수익증권 가운데 "운용자산의 가격결정의 방식, 손익의 구조 및 그에 따른 위험을 투자자가 이해하기 어렵다고 인정되는 것으로서 금융위원회가 정하여 고시하는[227] 집합투자증권으로서 금융위원회가 정한 방법으로 산정한 최대 원금손실 가능금액이 원금의 20%를 초과"하면 고난도금융투자상품[228]에 해당한다(자본시장법 시행령 제2조 제7호 다목).

금융소비자보호법상 청약철회제도가 적용되는 금융상품에 관한 계약의 청약을 한 일반금융소비자는 청약철회의 기간 이내에 청약을 철회할 수 있다(동법 제46조 제1항). 고난도금융투자상품에 해당하는 투자신탁의 경우에는 일반금융소비자가 금융상품판매업자로부터 계약서류를 제공받은 날부터 7일 이내에 청약을 철회할 수 있다(동법 제46조 제1항

226) 일정 기간에만 금융소비자를 모집하고 그 기간이 종료된 후에 금융소비자가 지급한 금전등으로 집합투자를 실시하는 것만 해당한다(금융소비자보호법시행령 제37조 제1항 제2호 가목).

227) 몇 가지 예외가 있지만, 기본적으로 파생결합증권에 운용하는 비중과 파생상품매매에 따른 위험평가액이 집합투자기구 자산총액에서 차지하는 비중의 합계가 20%를 초과하는 집합투자기구의 집합투자증권이 이에 해당한다(금융투자업규정 제1조의2의4 제2항, 제3항).

228) 고난도금융투자상품은 2021년 개정된 자본시장법시행령(대통령령 제31441호, 2021. 2. 9. 일부개정, 2021. 5. 10. 시행)에 신설된 개념으로 "최대 손실가능금액이 원금의 20%를 초과하는 (i) 파생결합증권, (ii) 파생상품, (iii) 집합투자증권 중에서 운용자산의 손익구조 등을 투자자가 이해하기 어렵다고 인정되는 것으로서 금융위원회가 고시한 것, (iv) 그 밖에 기초자산의 특성, 가격결정의 방식, 손익의 구조 및 그에 따른 위험을 투자자가 이해하기 어렵다고 인정되는 것으로서 금융위원회가 정하여 고시하는 것"을 말한다(동시행령 제2조 제7호) 이는 사모펀드 사건들이 발생하자 이에 대한 대응방안으로 마련된 것이다{☞ 아래 Ⅵ. 사모신탁 3.(1)다, 온주 자본시장법, 제3조 주석(한민집필)(2024), Ⅱ. 3.}.

제2호, 제23조 제1항 본문). 다만, 일반금융소비자가 위 청약철회의 기간 이내에 예탁한 금전 등을 운용하는 데 동의한 경우는 청약을 철회할 수 없다(동법시행령 제37조 제1항 제2호 단서). 투자자의 청약철회시 판매회사는 원상회복해야 한다(동법 제46조 제3항). 판매회사가 수익증권 판매계약을 체결하기 위하여 투자자에게 계약서류를 제공함으로써 판매회사와 투자자 사이에서의 수익증권 판매계약이 체결되고 통상 동일한 시점에 투자자가 판매회사에게 그 수익증권 대금을 지급한다. 통상 판매회사는 투자자로부터 받은 대금을 투자신탁의 수탁자인 신탁업자에게 납입하여 투자자가 수익증권을 취득하게 된다. 일반금융소비자인 투자자가 위와 같이 금융소비자보호법에 따라 청약철회를 할 경우 판매회사는 원상회복을 해야 하므로 받은 대금을 반환해야 한다.

이때 금융소비자에게 원상회복의무를 지는 판매회사가 집합투자업자 또는 투자신탁으로부터 언제 얼마를 지급받을 수 있는지에 대해 금융소비자보호법은 아무런 조항을 두고 있지 않다. 법률에 의하여 적법하게 투자자가 청약철회한 이상 신탁업자에 대한 판매대금 납입과 이에 따른 투자신탁재산의 증가 및 수익증권발행도 모두 원상회복되어야 한다고 보는 것이 합리적이다. 따라서 투자자의 청약철회시 집합투자업자는 수탁자인 신탁업자에게 판매대금을 판매회사에게 반환할 것을 지시해야 한다.

라. 판매수수료와 판매보수

판매회사는 (i) 수익증권을 판매하는 행위에 대한 대가로 투자자로부터 판매수수료를 받고, (ii) 판매회사가 수익증권 판매 후 투자자에게 지속적으로 제공하는 용역의 대가로 투자신탁으로부터 받는 판매보수를 받는다. 자본시장법은 공모펀드의 경우 판매수수료는 납입금액 또는 환매금액의 2%, 판매보수는 원칙적으로 투자신탁재산의 연평균가액의 1%를 초과할 수 없고(동법 제76조 제5항, 동법시행령 제77조 제4항),[229] 판매수수료와 판매보수를 투자신탁의 운용실적에 연동하여 정할 수 없도록 하였다(동법 제76조 제4항).

(4) 판매가격

수익증권 판매가격은 납입 후 최초로 산정되는 기준가격으로 하는 것이 원칙이다(동법 제76조 제1항).[230] 기준가격은 그 기준가격의 공고·게시일 전날의 대차대조표상에 계상

229) 투자자의 투자기간에 따라 판매보수율이 감소하는 경우로서 2년을 넘는 시점에 적용되는 판매보수율이 1% 미만인 경우 그 시점까지는 1%에서부터 1.5%까지의 범위에서 정할 수 있다(자본시장법시행령 제77조 제4항, 금융투자업규정 제4-48조 제1항).

230) 투자신탁의 종류 및 판매계약 체결시점 등에 따른 여러 예외가 있다(자본시장법 제76조 제1항 단서, 동법시행령 제77조, 금융투자업규정 제4-48조 제2항부터 제4항). 예컨대 주식편입비율이 50% 이상인 투자신탁에 대해서는 매입일(D)의 증권시장 종료시점 이전으로서 신탁계약에서 정한 시점을 기준으로 그 이전에 취득자금을 납입하면 D+1의 기준가격을 적용하고, 그 시점 이

된 순자산가액(자산총액에서 부채총액을 뺀 금액)을 공고·게시일 전날의 수익증권 총수로 나누어 계산한다(동법 제238조 제6항, 동법시행령 제262조 제2항). 따라서 어느 특정일(D)의 투자신탁의 기준가격은 그 전일(D-1)의 투자신탁재산의 가치를 반영하게 되고 이는 당일(D)의 투자신탁재산의 가치와는 차이가 있게 된다. 수익증권 판매와 환매 모두 판매대금 납입 또는 환매청구 후 최초로 산출되는 기준가격 즉 미래가격(forward pricing)이 적용되도록 한 것은 투자신탁재산의 시장가치보다 낮은 가격으로 판매되거나 시장가치보다 높은 가격으로 환매되는 것을 방지하기 위한 것이다.[231]

3. 수익증권의 유통

투자신탁의 수익증권은 무액면 기명식으로 발행되고 전자등록되어 유가증권으로서 전전 유통될 수 있다. 또한 상장지수펀드는 거래소에 상장되므로 거래소시장을 통하여 유통된다. 그런데 비상장수익증권에 대해서는 자본시장법이 사실상 유통시장 거래를 제약하고 있다. 투자매매업자 또는 투자중개업자가 투자자로부터 집합투자증권(상장 집합투자증권은 제외)을 매수하거나 그 중개·주선 또는 대리하는 행위는 투자매매업자 또는 투자중개업자의 불건전영업행위에 해당하여 원칙적으로 금지된다(동법 제71조 제7호, 동법시행령 제68조 제5항 제10호). 이는 판매회사가 자신이 판매한 집합투자증권을 매수하거나 매수를 중개·주선 또는 대리하는 경우뿐 아니라 집합투자증권의 판매에 관여하지 않은 다른 투자매매업자 또는 투자중개업자가 하는 행위에도 동일하게 적용된다. 환매금지형 펀드가 아닌 이상 투자자들이 환매로 투자를 회수할 수 있다고 보아 집합투자증권의 유통시장 거래가 불필요하다고 본 것으로 추측되나, 비상장 집합투자증권의 유통시장 거래가 이루어지기 어렵게 만드는 것이 합리적인지 의문이다.[232]

후에 납입하면 D+2의 기준가격을 적용한다.

231) 판매와 환매를 과거가격(예컨대 판매일과 환매일의 기준가격)으로 하도록 하면 어떤 일이 일어나는지를 살펴보자. 특정일(D)에 투자신탁재산에 속한 증권의 시장가격이 상승하면 D일의 기준가격은 D일의 투자신탁재산의 시장가치보다 저평가되어 있게 된다. 투자자는 판매되는 수익증권을 D일의 기준가격으로 매입·취득하여 그 즉시 D일의 투자신탁재산 가격상승분 만큼의 이익을 얻을 수 있다. 반대로 D일에 투자신탁재산의 시장가격이 하락한 경우에는 D일의 기준가격은 투자신탁재산 실제가치보다 고평가되어 있으므로 투자자로서는 D일의 기준가격으로 환매를 신청하여 D일의 주가하락분만큼 손실을 줄일 수 있다. 이러한 판매시 D일의 가격상승분 이익과 환매시 D일의 주가하락분 손실의 감축은 결국 투자신탁의 다른 투자자의 지분적 이익을 침해하게 된다. 미국에서는 일부 뮤추얼펀드가 법규를 위반하여 특정 투자자(헤지펀드)에게 과거 가격으로 펀드거래를 하거나(late trading) 국제적인 시차로 인하여 외국증권시장의 가격이 순자산가치(NAV)에 반영되기 전에 펀드거래(market timing)를 할 수 있도록 허용해 온 것이 밝혀져 2003년부터 2005년에 크게 문제되었다{Scott·Gelpern(2020), pp. 1104-1108; Frankel(2011), pp. 337-345}.

232) 투자매매업자·투자중개업자의 집합투자증권 매수 또는 그 중개·주선·대리가 수익보장약정을

4. 수익증권의 환매

(1) 환매의 법적 성격과 환매의무자

환매는 투자신탁의 순자산가치를 기준으로 투자자가 가진 수익증권에 표창된 수익권을 금전으로 회수하는 것을 말한다. 환매금지형 투자신탁이 아닌 한 투자자는 언제든지 수익증권의 환매를 청구할 수 있다(자본시장법 제235조 제1항).

자본시장법상 투자자는 원칙적으로 판매회사(=해당 집합투자증권을 판매한 투자매매업자 또는 투자중개업자)에게 환매청구를 해야 한다[233](동법 제235조 제2항). 판매회사는 환매청구를 받은 후 집합투자업자에게 지체없이 환매에 응할 것을 요구해야 하고, 그 요구를 받은 집합투자업자는 일정한 예외적인 경우를 제외하고는 원칙적으로 환매청구일부터 15일 이내에서 신탁계약에 정한 환매일에 환매대금을 지급해야 한다(동법 제235조 제3항, 제4항).[234] 이때 환매대금의 지급은 투자신탁재산의 범위에서 투자신탁재산으로 소유 중인 금전 또는 투자신탁재산을 처분하여 조성한 금전으로만 해야 한다[235](동법 제235조 제5항). 원활한 환매를 위하여 필요하거나 투자자의 이익을 해할 우려가 없는 일정한 경우[236]를 제외하고는 판매회사, 집합투자업자, 신탁업자는 환매청구를 받거나 환매에 응할 것을 요구받은 수익증권을 자기의 계산으로 취득하거나 타인에게 취득하게 하여서는 안 된다(동법 제235조 제6항).

이와 같이 통상의 경우 투자자는 판매회사에게 환매청구를 하고, 판매회사는 집합투자업자에게 환매에 응할 것을 요구하여 집합투자업자는 투자신탁재산에 있거나 그것으로 조성한 금전으로 환매대금을 판매회사에게 지급하고 판매회사는 이를 투자자에게 지급한다. 이때 판매회사는 환매청구의 상대방이 되고 단순히 집합투자업자의 대리인에 불과하지는 않다. 투자자는 판매회사에 대하여 환매대금청구권을 가지고, 판매회사는 집합투자업자로부터 환매대금을 지급받는 것을 조건으로 환매대금지급의무를 진다고 볼 수 있다.

탈법적으로 행하는 수단으로 이용될 우려 때문이라면 그러한 행위는 수익보장약정 위반으로 규율하는 것이 합당할 것이다.

233) 다만, 판매회사가 해산·인가취소 또는 업무정지 등으로 인하여 환매청구에 응할 수 없는 경우에는 집합투자업자에게 직접 환매청구할 수 있고, 집합투자업자가 해산등으로 인하여 환매에 응할 수 없는 경우에는 수탁자인 신탁업자에게 환매청구할 수 있다.

234) 판매회사의 환매의무의 법적 성격에 관한 종전의 논란(판매회사가 독립적으로 고유재산으로 환매할 의무 부담하는가, 단순히 환매의 창구 내지는 위탁회사가 환매하도록 요청할 의무만 부담하는가, 상환이 매매인가 신탁의 일부 해지인가 등등의 문제)은 입법적으로 해결되었다.

235) 다만, 집합투자기구의 투자자 전원의 동의를 얻은 경우에는 그 집합투자기구에서 소유하고 있는 집합투자재산으로 지급할 수 있다.

236) 예: 판매회사가 일정한 규모 이내의 단기금융펀드(MMF)를 환매하는 경우(시행령 제254조 제2항).

투자자의 환매대금청구권과 판매회사의 투자자에 대한 다른 채권(예: 대출채권)이 상계적상에 놓일 수도 있을 것이다.[237] 다른 한편 투자자의 환매대금청구권과 투자신탁재산이 가진 투자자에 대한 채권(예: 투자자가 발행한 회사채 원리금채권)은 상계할 수 없게 될 것이다. 환매대금청구권의 채무자는 판매회사이고 투자신탁의 채권은 판매회사가 아니라 신탁업자가 그 채권자이어서 상계적상이 인정되지 않기 때문이다.

(2) 환매가격과 환매수수료

환매가격은 환매청구일 후에 산정되는 기준가격으로 하여야 한다(자본시장법 제236조 제1항). 판매가격과 마찬가지로 미래가격 원칙을 적용한 것이다. 신탁계약에서 정하는 기간 이내에 환매하는 경우에 한하여 환매를 청구하는 투자자에게 환매수수료를 부과할 수도 있지만 그 환매수수료는 투자신탁에 귀속된다(동법 제236조 제2항, 동법시행령 제255조 제2항).

(3) 환매대금의 지급과 환매연기

투자자가 환매를 신청하면 집합투자업자는 원칙적으로 환매청구일부터 15일 이내에 신탁계약에서 정한 환매일에 환매대금을 지급하여야 한다(자본시장법 제235조 제4항). 그러나 증권시장의 폐쇄, 휴장, 거래정지, 천재지변, 뚜렷한 거래부진 등으로 투자신탁재산의 처분이 불가능한 경우 또는 대량의 환매청구에 응하는 것이 투자자 간의 형평성을 해칠 염려가 있는 일정한 경우[238] 등 일정한 사유로 인하여 신탁계약에 정한 환매일에 환매할 수 없게 되면 수익증권의 환매를 연기할 수 있다(동법 제237조 제1항, 동법시행령 제256조).

---

237) 자본시장법 제정 이전에 투자자의 MMF 환매대금청구권과 판매회사의 투자자에 대한 채권(투자자가 발행한 회사채 원리금청구권)의 상계를 허용한 예로는 대법원 2005. 9. 15. 선고 2005다15550 판결.

238) "환매청구가 일시에 대량으로 이루어질 경우에는 환매대금으로 사용할 재원을 조성하기 위하여 집합투자재산을 단기간에 대량으로 처분하는 조치가 필요하게 된다. 이 경우 집합투자재산의 종류, 구성 및 규모, 시장의 거래상황 등에 따라서는 집합투자재산의 가치가 크게 하락하는 손실이 생길 수 있는데, 이러한 손실이 반영되지 아니한 기준가격으로 집합투자증권을 환매하게 되면 먼저 환매한 투자자로부터 잔류하는 투자자에게 손실이 전가되어 집합투자의 본질인 실적배당주의 내지 수익자평등대우주의를 훼손하는 결과가 초래될 수 있다. 이는 환매연기사유의 하나인 '대량의 환매청구에 응하는 것이 투자자 간의 형평성을 해칠 염려가 있는 경우'에 해당한다" (대법원 2014. 7. 10. 선고 2014다21250 판결). 대법원 2014. 7. 10. 선고 2014다21250 판결은 골드만삭스투자자문("GS")의 국내업무중단계획이 발표된 당일 펀드 수익자인 총 11개의 기관투자자 중 8개의 기관투자자가 펀드 자산 규모 중 약 80%에 해당하는 약 1,500억 원 규모의 수익증권에 대하여 환매를 청구하자 GS가 환매연기를 결정한 사안에서, 위 환매청구는 '대량의 환매청구에 응하게 되는 경우'에 해당하고, 환매청구에 응하기 위하여 자산처분을 단기간 강행할 경우 수익자들 사이의 형평성 문제가 야기될 것으로 예상되는 상황이었으므로, GS의 환매연기 결정이 적법하다고 보았다.

이 경우 집합투자업자는 환매를 연기한 날부터 6주 이내에 수익자총회에서 수익증권의 환매에 관한 일정한 사항을 결의하여야 하고, 그러한 결의가 없거나 결의의 실행이 불가능한 경우 계속 환매를 연기할 수 있으며, 결의가 있는 경우 그 결의내용과 환매연기를 계속하는 경우 그 사유와 기간 등을 지체없이 투자자에게 통지하여야 한다(동법 제237조 제2항, 제3항).[239] 투자신탁재산의 일부가 환매연기사유에 해당하는 경우 집합투자업자는 그 일부에 대하여는 환매를 연기하고 나머지에 대하여는 투자자가 소유하고 있는 수익증권의 지분에 따라 환매에 응할 수도 있다(동법 제237조 제5항).[240]

Ⅳ. 투자신탁의 운용

1. 운용의 당사자와 집행

(1) 운용지시와 집행

투자신탁재산의 투자·운용에 관한 의사결정은 집합투자업자의 임무이다(자본시장법 제184조 제1항). 집합투자업자는 투자·운용에 관한 의사결정 후 원칙적으로 수탁자인 신탁업자에게 투자대상자산(증권 등)의 취득·처분 등에 관하여 필요한 지시를 하고, 신탁업자는 그 지시에 따라 취득·처분 등을 한다(자본시장법 제80조 제1항, 제184조 제3항). 자본시장법은 투자신탁재산의 효율적 운용을 위하여 신탁계약서에 상장주식 또는 장내파생상품의 매매 등 대통령령이 허용하는 일정한 방법을 정하여 투자대상자산을 운용하는 경우[241]에는 집합투자업자가 자신의 명의로 직접 투자대상자산의 취득·처분 등을 할 수 있

239) 투자자에 대한 환매연기 통지조항이 없던 (구)증권투자신탁업법상의 환매연기에 관하여 대법원 2010. 10. 14. 선고 2008다13043 판결은 "환매연기사유가 존재하면 판매회사가 모든 수익자에 대해 일률적으로 환매연기를 한다는 것을 공시 또는 공표하는 등의 적극적인 환매연기조치를 취하지 않더라도 개별 수익자의 환매청구에 응하지 않는 것만으로 환매연기가 이루어진다."고 하고 당시 법률상 금융감독위원회의 환매연기 승인제도와 관련하여 환매연기가 "적법·유효한지 여부는 환매연기사유의 존재 여부에 따라 결정되는 것"이라고 판시하였다. 자본시장법 제237조 제3항이 수익자총회에서 환매에 대한 결의를 한 경우 그 결의의 내용, 환매연기를 계속할 경우 그 이유와 기간 등을 지체없이 투자자에게 통지하도록 하고 있으나, 그 통지 여부가 환매연기의 요건은 아니고 위 대법원판결이 판시한 바와 같이 환매연기사유 존재 여부에 따라 환매연기의 적법성이 결정된다고 보아야 할 것이다.

240) (구)증권투자신탁업법상으로는 환매 부분연기에 대한 명시적인 조항이 없었으나, 1999. 8. 12. 대우채 환매 연기조치에 따라 투자자의 수익증권 환매 요청시 투자신탁재산 중 비대우그룹채권 편입비율만큼은 즉시 현금으로 지급하고 대우그룹 채권 편입비율만큼은 환매를 연기한 사례가 있다.

241) 1. (i) 증권시장이나 해외 증권시장에 상장되었거나, (ii) 상장예비심사를 청구하여 거래소로부터 그 증권이 상장기준에 적합하다는 확인을 받은 법인이 발행한 지분증권, 지분증권과 관련된

도록 허용하고 있다(동법 제80조 제1항 단서, 동법시행령 제79조 제2항).

(2) 다수 펀드 운용시 집합거래

집합투자업자가 복수의 투자신탁을 운용하는 경우 각 투자신탁별로 투자·운용을 하는 것이 원칙이다. 그러나 복수의 투자신탁재산을 위한 증권시장에의 매매주문을 집합하여 일괄적으로 처리한다면 업무의 효율성을 높일 수 있을 것이다. 이렇게 주문을 집합하여 처리하면 매매거래가 일부만 체결된 경우 그 체결분을 복수의 투자신탁에 배분하는 문제가 남는다. 이때 특정 투자신탁에게 유리하게 처리하는 등 복수의 투자신탁 간의 이익충돌이 발생할 우려가 있다.

자본시장법은 동법 제80조 제1항 단서에 따라 집합투자업자가 자신의 명의로 직접 투자대상자산의 취득·처분 등을 할 수 있는 경우에는 집합투자업자가 주문을 집합하여 처리하는 것을 허용하되 투자신탁재산별로 미리 자산배분명세를 정해 놓고 이에 따라 투자신탁자산의 취득·처분등의 결과를 공정하게 배분하도록 하였다(동법 제80조 제3항).[242] 공정한 배분의 구체적인 기준으로는 취득·처분 등을 한 투자대상자산을 균등한 가격으로 배분해야 하고, 취득·처분 등을 한 투자대상자산의 수량이 주문 수량에 미달하는 경우에는 미리 정한 자산배분명세에 따라 배분해야 하며(동법시행규칙 제10조 제1항), 준법감시인

증권예탁증권, 수익증권 및 파생결합증권의 매매

1의2. 국채, 지방채, 사채(신용평가회사로부터 신용평가를 받은 것으로 한정한다), 일정한 기준을 충족하는 기업어음증권 또는 단기사채(이와 유사한 것으로서 외국에서 발행된 채무증권 포함)의 매매

2. 장내파생상품의 매매

3. 자본시장법 제83조제4항에 따른 단기대출

4. 동법 제251조제4항에 따른 대출

5. 은행 기타 일정한 금융기관이 발행·할인·매매·중개·인수 또는 보증하는 어음의 매매

6. 양도성 예금증서의 매매

7. 「외국환거래법」에 따른 대외지급수단의 매매거래

8. 투자위험을 회피하기 위한 장외파생상품의 매매 또는 금융위원회가 정하여 고시하는 기준에 따른 동법 제5조제1항제3호에 따른 계약의 체결

8의2. 환매조건부매매

9. 그 밖에 투자신탁재산을 효율적으로 운용하기 위하여 불가피한 경우로서 금융위원회가 정하여 고시하는 경우

242) 신탁업자와 투자일임업자도 유사하게 집합주문을 할 수 있다. 즉 신탁업자가 각각의 신탁계약에 따른 신탁재산별로 운용하지 않고 여러 신탁계약의 신탁재산을 집합하여 운용하는 행위와 투자일임업자가 투자자별로 운용하지 않고 여러 투자자의 자산을 집합하여 운용하는 행위는 금지된다(자본시장법 제108조 제9호, 동법시행령 제109조 제3항 제5호, 동법 제98조 제2항 제8호). 그러나 개별 신탁재산·투자일임재산을 효율적으로 운용하기 위하여 투자대상자산의 매매주문을 집합하여 처리하고, 그 처리 결과를 신탁재산·투자일임재산별로 미리 정하여진 자산배분명세에 따라 공정하게 배분하는 집합주문은 허용된다(동법 제108조 단서, 동법시행령 제109조 제1항 제5호, 동법 제98조 제2항 단서, 동법시행령 제99조 제2항 제4호).

이 취득·처분 등의 주문서와 자산배분명세서의 적정성 및 그 이행여부를 확인하도록 하고(동법시행규칙 제9조 제2항), 주문 집합처리의 공정성을 확보하기 위한 여러 장치를 두고 있다.[243]

2. 운용에 대한 제한

(1) 투자제한

자본시장법은 공모투자신탁의 운용에 대해서는 다양한 제한을 두고 있다(동법 제81조 제1항). 증권과 파생상품에 대한 투자제한(동조 동항 제1호),[244] 부동산 투자제한(동조 동항 제2호, 동법시행령 제80조 제7항),[245] 집합투자증권 투자제한(동조 동항 제3호),[246] 투자신탁 보유 증권의 50%를 초과하는 환매조건부매도 및 증권대여와 투자신탁 보유 자산총액의

---

243) (i) 투자신탁재산 평가위원회의 의결을 거칠 것, (ii) 특정 수익자 또는 특정 투자신탁재산에 유리하거나 불리하지 않을 것, (iii) 투자신탁재산별 취득·처분 등의 주문서와 자산배분명세가 전산으로 기록·유지될 것, (iv) 자산배분명세에 관한 사항을 인터넷 홈페이지등을 통하여 공시할 것, (v) (지수연동 투자신탁재산 등 일정한 제한적인 경우를 제외하고는) 집합투자재산의 운용담당 직원과 투자대상자산의 취득·처분 등의 실행업무담당 직원을 구분할 것 등이 요구되고 있다(동법시행규칙 제10조 제2항부터 제4항). 이에 관한 보다 구체적인 사항에 대해서는 금융투자협회의 "집합투자업자의 사전자산배분 가이드라인(2015. 9. 14.)".

244) 일정한 예외적인 경우를 제외하고는 다음 행위는 금지된다. (i) 개별 투자신탁 자산총액의 10%를 초과하여 동일종목 증권에 투자하는 행위, (ii) 각 투자신탁 자산총액으로 동일법인이 발행한 지분증권 총수의 10%를 초과하여 투자하는 행위, (iii) 동일한 집합투자업자가 운용하는 전체 집합투자기구가 동일법인이 발행한 지분증권 총수의 20%를 초과하여 투자하는 행위, (iv) 일정한 적격 요건을 갖추지 못한 자와 장외파생상품을 매매하는 행위, (v) 파생상품의 매매에 따른 위험평가액이 일정 기준을 초과하여 투자하는 행위, (vi) 파생상품의 매매시 기초자산 중 동일법인 등이 발행한 증권의 가격변동으로 인한 위험평가액이 각 투자신탁 자산총액의 10%를 초과하여 투자하는 행위, (vii) 같은 거래상대방과의 장외파생상품 매매에 따른 거래상대방 위험평가액이 각 투자신탁 자산총액의 10%를 초과하여 투자하는 행위.

245) 일정한 예외적인 경우를 제외하고는 다음 행위는 금지된다. (i) 부동산 취득 후 5년 이내의 범위에서 대통령령으로 정하는 기간(국내 부동산인 경우는 1년) 이내에 이를 처분하는 행위, (ii) 건축물, 그 밖의 공작물이 없는 토지로서 그 토지에 대하여 부동산개발사업을 시행하기 전에 이를 처분하는 행위.

246) 다음 행위는 금지된다. (i) 각 투자신탁 자산총액의 50%를 초과하여 같은 집합투자업자가 운용하는 집합투자기구의 집합투자증권에 투자하는 행위, (ii) 각 투자신탁 자산총액의 20%를 초과하여 동일 투자신탁의 수익증권에 투자하는 행위, (iii) 집합투자증권에 자산총액의 40%를 초과하여 투자할 수 있는 집합투자기구의 집합투자증권에 투자하는 행위, (iv) 각 투자신탁 자산총액의 5%를 초과하여 사모집합투자기구의 집합투자증권에 투자하는 행위, (v) 각 투자신탁재산으로 동일 투자신탁의 수익증권 총수의 20%를 초과하여 투자하는 행위, (vi) 당해 투자신탁의 수익증권의 판매회사가 받는 판매수수료 및 판매보수와 그 투자신탁이 투자하는 다른 집합투자기구의 집합투자증권을 판매하는 판매회사가 받는 판매수수료 및 판매보수의 합계가 일정한 기준(판매수수료: 납입금액의 2%, 판매보수: 투자신탁재산 연평균가액의 1%)을 초과하여 집합투자증권에 투자하는 행위.

20%를 초과하는 증권차입의 금지(동조 제1항 제4호, 동법시행령 제81조 제1항, 금융투자업규정 제4-53조)도 기본적인 운용 제한에 속한다. 대부분 투자신탁재산으로 과도한 위험을 부담하는 것을 방지하기 위한 것이고 일부는 투자신탁재산을 이용하여 기업을 지배하는 행위를 방지하기 위한 것도 있다. 이 제한에 대해서는 투자자 보호 및 집합투자재산의 안정적 운용을 해할 우려가 없는 경우로서 자본시장법시행령에 정한 일정한 경우는 예외로 취급한다(동법 제81조 제1항 단서, 동법시행령 제80조 제1항).

(2) 자기수익증권 취득과 자금차입·대여의 제한

자본시장법은 주식회사의 자기주식 취득 금지와 유사하게 투자신탁의 계산으로 그 투자신탁의 수익권을 표창하는 수익증권의 취득을 원칙적으로 금지하고(동법 제82조), 자금차입(대량환매 또는 대량 매수청구권행사로 인한 환매·매수대금 지급이 곤란한 경우는 제외)(동법 제83조 제1항), 금전대여(일정한 단기대출은 제외)(동법 제83조 제4항)와 타인을 위한 채무보증 및 담보제공(제83조 제5항)을 금지하고 있다. 그러나, 자본시장법상의 부동산의 운용특례에 따라 집합투자업자는 (i) 집합투자재산으로 부동산을 취득하는 경우(공모 부동산 집합투자기구를 운용하는 경우를 포함) 대통령령으로 정하는 방법에 따라 투자신탁 등 집합투자기구의 계산으로 금전을 차입할 수 있고(동법 제94조 제1항), (ii) 집합투자재산으로 부동산개발사업을 영위하는 법인(부동산신탁업자 등 대통령령으로 정하는 자 포함)에 대하여 대통령령으로 정하는 방법에 따라 금전을 대여할 수 있다(동조 제2항).

(3) 이해관계인 거래의 제한

자본시장법은 집합투자업자가 투자신탁재산을 운용함에 있어서 이해관계인[247]과의 거래는 원칙적으로 금지하고, 투자신탁과 이해상충 우려가 없는 일정한 거래의 경우[248]에만 허용하고 있다(동법 제84조 제1항 단서). 마찬가지로 이익충돌을 방지하기 위하여 집합투자업자가 투자신탁재산을 운용함에 있어서 그 집합투자업자의 계열회사가 발행한 증권은 일정한 한도 범위 내에서만 취득할 수 있도록 하였다(동법 제84조 제4항).

---

247) 집합투자업자의 임직원·대주주와 각 그 배우자, 집합투자업자의 계열회사, 그 임직원과 그 배우자, 집합투자업자가 운용하는 전체 집합투자기구의 집합투자증권(일정한 집합투자증권은 제외)의 30% 이상을 판매·위탁판매하는 투자매매업자·투자중개업자, 집합투자업자가 운용하는 전체 집합투자기구(일정한 집합투자기구는 제외)의 집합투자재산의 30% 이상을 보관·관리하는 신탁업자, 집합투자업자가 법인이사인 투자회사의 감독이사(자본시장법시행령 제84조).

248) 1. 이해관계인이 되기 6개월 이전에 체결한 계약에 따른 거래
2. 증권시장 등 불특정다수인이 참여하는 공개시장을 통한 거래
3. 일반적인 거래조건에 비추어 집합투자기구에 유리한 거래
4. 그 밖에 대통령령(자본시장법시행령 제85조)으로 정하는 거래

(4) 의결권 행사

투자신탁재산에 포함된 주식의 의결권은 투자신탁의 집합투자업자가 행사하되, 투자자의 이익을 보호하기 위하여 충실하게 행사해야 한다(자본시장법 제184조 제1항, 제87조 제1항). 그러나 집합투자업자가 그 주식발행회사와 일정한 관계가 있거나[249] 그 밖에 투자자 보호 또는 집합투자재산의 건전한 운용을 해할 우려가 있는 경우로서 대통령령이 정하는 경우[250]에는 주주총회에 참석한 다른 주주들의 결의내용에 영향을 미치지 않도록 의결권을 행사하여야 한다(동법 제87조 제2항, 동법시행령 제89조).

(5) 불건전영업행위의 금지

자본시장법 제85조는 다양한 형태의 집합투자업자의 불건전영업행위를 금지하고, 투자자 보호 및 건전한 거래질서를 해할 우려가 없는 경우로서 동법시행령 제87조에 열거한 일정한 경우에만 허용하고 있다. 불건전영업행위 유형 중 투자신탁재산의 운용에 관한 것은 대부분 집합투자업자의 이익충돌 즉 충실의무 위반이라고 할 수 있고,[251] 일부 선관주의의무 위반에 해당하는 것[252]과 기타 집합투자 규제정책을 위반하는 것[253]이 있다.

---

249) 1. 그 집합투자업자 및 그의 특수관계인 또는 공동보유자, 관계 투자매매업자·투자중개업자 및 그 계열회사, 집합투자업자의 대주주(최대주주의 특수관계인인 주주 포함)가 그 집합투자재산에 속하는 주식을 발행한 법인을 계열회사로 편입하기 위한 경우
2. 그 집합투자재산에 속하는 주식을 발행한 법인이 그 집합투자업자와 계열회사, 관계 투자매매업자·투자중개업자 및 그 계열회사, 집합투자업자의 대주주(최대주주의 특수관계인인 주주 포함)의 관계가 있는 경우

250) 2024. 5. 31. 기준으로 대통령령으로 정한 것이 없다.

251) 선행매매(자본시장법 제85조 제1호), 집합투자업자 또는 관계인수인이 인수한 증권을 투자신탁재산으로 매수하는 행위(동조 제2호), 집합투자업자 또는 관계인수인이 일정한 인수업무를 담당한 법인의 특정증권 등에 대해 인위적인 시세 형성을 위하여 투자신탁재산으로 그 특정증권을 매매하는 행위(동조 제3호), 특정 집합투자기구의 이익을 해하면서 자기 또는 제3자의 이익을 도모하는 행위(동조 제4호), 투자신탁재산을 집합투자업자의 고유재산, 다른 집합투자재산, 투자일임재산 또는 신탁재산과 거래하는 행위(동조 제5호), 제3자와의 계약·담합으로 투자신탁재산을 특정자산에 교차하여 투자하는 행위(동조 제6호), 과도한 매매(동법시행령 제87조 제4항 제2호), 금융위원회가 정한 기준을 위반하여 판매회사에 대한 재산상 이익을 제공하는 행위(동조 동항 제2호), 금융위원회가 정한 기준을 위반하여 판매회사로부터 업무와 관련하여 재산상 이익을 제공받는 행위(동조 동항 제4호).

252) 투자운용인력이 아닌 자에게 투자신탁재산을 운용하게 하는 행위(제7호), 신탁계약·투자설명서를 위반한 운용행위(자본시장법시행령 제87조 제4항 제1호), 단기금융투자신탁재산을 자본시장법 제241조에 정한 것 이외의 자산·방법으로 운용하는 행위(동조 동항 제8호의 2).

253) 자본시장법시행령 제87조 제4항 제5호(투자자와의 이면계약 등에 따라 그 투자자로부터 명령·지시·요청 등을 받아 투자신탁재산을 운용하는 행위)와 제6호(집합투자업자가 운용하는 집합투자기구의 집합투자증권을 판매하는 투자매매업자 또는 투자중개업자와의 이면계약 등에 따라 그 투자매매업자 또는 투자중개업자로부터 명령·지시·요청 등을 받아 집합투자재산을 운용하는 행위)는 이른바 OEM펀드를 규율하기 위한 조항이다. 금융감독원은 위 조항이 "자산운용사가 아

2021년 금융감독당국은 공모펀드 경쟁력 제고를 위하여 펀드운용의 책임성을 제고하는 방안으로 집합투자업자가 신규 공모펀드 등록시 일정금액과 일정기간 이상 자신의 고유재산을 투자하는 자기재산 투자제도를 실효성 있게 개선하겠다는 방안을 발표하였다.[254] 이를 반영하여 투자신탁의 등록요건의 하나로 "등록하려는 투자신탁 수익증권에 대한 해당 집합투자업자(그의 대주주와 계열회사, 투자설명서상 집합투자재산의 운용업무를 담당하는 자 포함)의 매수계획으로서 매수 규모·기간 등에 관하여 금융위원회가 정하여 고시하는 기준을 충족하는 계획을 수립할 것"이 추가되었다(자본시장법시행령 제209조 제1호 가목). 이는 투자신탁의 설정 초기에 발생할 수 있는 투자신탁의 위험을 해당 투자신탁을 운용하는 집합투자업자 등이 부담할 수 있도록 하기 위한 것이다. 집합투자업자가 자신이 운용하는 모든 펀드에 같은 정도의 투자를 하지 않는다면, 집합투자업자는 자신이 투자한 펀드(A)와 그렇지 않은 펀드들(B)을 운용하게 된다. 집합투자업자는 펀드(A)의 투자자와 같은 이해관계를 가지겠지만, 다른 펀드들(B)의 투자자는 집합투자업자가 펀드(A)를 선호하고 펀드(A)의 이익을 위하여 행동할 유인이 커지는 위험을 추가로 부담하게 된다. 집합투자업자가 펀드(A)의 이익을 우선하는 행위는 집합투자업자의 충실의무에 위반하고 불건전영업행위의 하나인 "특정 집합투자기구의 이익을 해하면서 자기 또는 제3자의 이익을 도모하는 행위"(동법 제85조 제4호)에 해당하여 현행 자본시장법상 충분히 규율되고 있다고 할 수도 있다. 그러나 이 조항들은 모두 추상적으로 규정되어 있어, 교묘하게 펀드(A)의 수익이 높아지도록 하는 행위를 충분히 억제하는 기능을 할 수 있을지 주시할 필요가 있다.

(6) 소위 소프트달러의 활용

투자중개업자가 집합투자업자 등 기관투자자에게 위탁매매수수료를 받고 위탁매매 실행 이외에 조사분석보고서 제공 등 다른 서비스도 제공하는 경우 그 다른 서비스에 대한 대가를 소프트달러라고 부른다. 집합투자재산의 운용과정에서 발생하는 위탁매매수수료를 비롯하여 각종 거래·자문비용은 펀드투자자가 부담하는 비용이지만 운용보수와는 달리 신탁계약·투자설명서에 명시할 수 없어 투자자가 펀드투자를 결정할 때 이 비용을 미리 파악할 수 없다. 또한 집합투자업자가 투자자의 부담으로 위탁매매수수료를 지급하

닌 자의 무인가 영업행위 및 판매사의 자기이익 도모 유인을 방지하여 투자자의 권익을 엄격하게 보호하기 위한 것"으로 "원칙적으로 단순협의를 제외한 모든 행위는 '명령·지시·요청 등'에 해당하는 불건전영업행위로 볼 수 있다"고 해석하였다{금융감독원 법령해석 회신문(200016)}.

254) 금융위원회 보도자료(2021. 1. 29), "투자자 중심으로의 변화를 통한 「공모펀드 경쟁력 제고방안」 발표".

고 증권회사로부터 위탁매매 실행뿐 아니라 다른 서비스를 제공받음으로써 펀드운용자와 투자자간의 이익충돌 문제가 발생할 수 있다.

소프트달러를 허용하지 않는 EU 또는 일정한 기준을 정하여 허용하는 미국과는 달리,[255] 자본시장법은 이에 대한 명시적인 조항을 두고 않았고, 다만 투자자에게 보내는 자산운용보고서에 투자중개업자에게 지급한 매매수수료 중 투자중개업자로부터 제공받는 조사분석업무 등의 서비스와 관련한 수수료는 구분하도록 하였다(자본시장법 제88조 제2항 제5호, 동법시행령 제92조 제3항 제9호, 금융투자업규정 제4-66조 제2항 제1호). 자본시장법은 규제의 측면에서는 운용보고서 기재 이외에는 특별한 조항을 두고 있지 않아,[256] 결국 사법(私法)적으로 집합투자업자의 충실의무와 선관주의의무에 맡겨 놓았다고 할 수 있다. 집합투자업자가 투자중개회사로부터 받는 조사분석서비스가 집합투자기구를 위해 제공되는 것이 아니라면 그 비용을 집합투자기구의 계산으로 지급할 수 없도록 했던 한국금융투자협회의 모범규준[257]이 폐지되었어도 집합투자업자의 충실의무와 선관주의의무에 비추어 보면 그 원칙은 그대로 적용되어야 한다.

3. 운용관련 의무와 책임

(1) 운용관련 의무와 책임 일반

집합투자업자는 투자신탁재산의 운용에 관하여 충실의무와 선관주의의무를 진다.[258]

---

255) EU에서는 2018년 제2차 금융상품시장지침(MiFID II) 시행으로 소프트달러 활용을 금지하는 입장을 취하였다{MiFID II에 따른 Delgated Directive 2017/593 제13조 제1항, 제9항}. 미국에서는 1934년 증권거래소법(Securities Exchange Act) 제28조 (e)항에 허용하는 범위 내에서 소프트달러를 활용할 수 있다. 이에 관한 개괄적인 설명은 Scott · Gelfern(220), pp. 1111-1115.

256) 금융감독원 비조치의견서(2015. 11. 5. 일련번호 150071){(i) 증권회사가 기관투자자에게 위탁매매서비스를 제공하면서 위탁매매수수료와 함께 리서치자료 공급대가 등 소프트달러가 포함된 포괄수수료를 수취하고, 이후 기관투자자의 지시에 따라 서비스제공의 대가인 소프트달러를 제3자(서비스 제공기관)에게 지급하는 행위와 (ii) 리서치서비스 등을 기관투자자에게 제공하고 그 대가를 제3의 증권회사를 통하여 수취하는 행위에 대해 자본시장법상 제한이 없고 투자자 피해 등의 문제가 없으므로 조치대상이 아니라고 판단함}도 자본시장법이 소프트달러에 대한 명시적인 조항을 두지 않은데 기초한 것으로 보인다. 그러나 이 비조치의견서는 소프트달러를 서비스제공기관에게 이체하는 증권회사의 행위와 서비스제공대가를 소프트달러로 수취하는 행위에 대한 것이고, 증권회사의 위탁매매 고객인 기관투자자가 지는 충실의무와 선관주의의무 위반 여부에 대해 판단한 것은 아니다.

257) "집합투자업자의 조사분석서비스 이용에 관한 모범규준"(2011. 2. 23. 제정, 2013. 10. 7. 개정, 2014. 10. 27. 폐지).

258) 대법원 2023. 11. 30. 선고 2019다224238 판결{집합투자업자가 사모투자신탁의 자금으로 구리중개업을 영위하는 회사를 설립하여 사업을 하는 방식으로 투자신탁을 운용하면서 '입고후 결제방식'(구리매입시 구리가 창고에 반입된 후에만 대금을 지급하는 방식)으로 자금을 관리할 의무가 있음에도 선급금지급을 승인하여 선관주의의무를 위반함}

투자신탁의 수탁자인 신탁업자는 집합투자업자의 운용지시·운용행위가 법령·집합투자규약·투자설명서를 위반하는지 여부를 확인하고 위반이 있으면 운용지시·운용행위의 철회·변경·시정을 요구해야 하는 등 투자신탁재산 운용에 대한 감시의무를 진다(자본시장법 제247조). 집합투자업자와 신탁업자는 위 의무를 위반한 경우 수익증권 투자자에게 그로 인하여 발생한 손해를 배상할 책임을 진다. 투자자가 수익증권을 보유하는 기간 동안 발생한 의무 위반에 따른 책임은 수익증권을 환매 또는 투자신탁을 해지하였다고 하여도 원칙적으로 소멸하거나 면제되지 않는다.[259] 신탁법상 수탁자가 이익상반행위의 금지, 공평의무 등을 위반한 경우 그로 인하여 수탁자 또는 제3자가 얻은 이익 전부를 신탁재산에 반환해야 하는 이익반환 책임을 지는데(동법 제43조 제3항) 반하여 자본시장법은 집합투자업자 또는 신탁업자의 의무 위반에 대해서 이익반환 책임을 규정하고 있지 않다.

(2) 신탁계약에 포함되지 않은 내용을 기재한 운용계획서

집합투자업자는 법령과 신탁계약에 정한대로 투자신탁재산을 운용해야 하는 것이 원칙이다. 집합투자업자가 신탁계약에는 포함되어 있지 않은 내용을 기재한 운용계획서를 작성하여 판매회사를 통하여 투자자에게 제시하고 수익증권을 판매한 경우, 집합투자업자는 그 운용계획서에 따라 운용할 의무를 지는가? 신탁계약에는 투자대상 중 사모사채에 대해서만 신용등급요건을 정해놓고 다른 투자대상에 대해서는 신용등급에 대해 아무런 언급이 없는데, 운용계획서[260]에는 '국공채 및 우량회사채 위주 운용'이라고 기재하고 펀드구성에 일정한 신용등급 이상의 회사채·기업어음에 투자하여 일정한 예상수익률을 제시하여 투자자에게 제공한 사안에서, 대법원 2007. 9. 6. 선고 2004다53197 판결은 "[그] 운용계획서는… 투자대상을 일정 등급 이상의 회사채와 기업어음에 한정한다는 명시적인 내용이 아니고, 단지 작성 당시의 예상수익률을 제시하고 그 예상수익률의 산출 근거로서 일정 등급 이상의 회사채와 기업어음 위주로 편입시킨다는 것을 예시적으로 설명한 것으로 보이므로…[그] 운용계획서는 작성 당시 예견할 수 있었던 제반 경제상황을 바탕으로 향후의 펀드 운용에 대한 계획을 나타내는 문서에 지나지 않는다고 할 것이므로 … 투자신탁 운용회사와 수익자 간의 개별약정이 되어 운용회사에게 구속력을 가진다

259) 대구지방법원 2020. 9. 16. 선고 2019나310298 판결(집합투자업자와 신탁업자가 제3자의 불법행위로 투자신탁재산에 손해가 발생하였는데 손해배상을 받기 위한 권리보전조치를 하지 않은 사례)

260) 예상수익률이라는 제목하에 연 7.2% 내지 12.9%로 제시하면서 그 산출 근거로서 펀드구성(Trading과 Buy&Hold), 투자대상(국공채, 회사채, 기업어음 등), 투자비중을 기재하였는데, 펀드구성 중 Trading에 국공채, BBB+등급 이상의 회사채, A0등급 이상의 금융기관채를 대상으로 80%를 투자하고, Buy&Hold에 A3-등급 이상의 기업어음(CP), CD, 정기예금, 발행어음을 대상으로 20%를 투자하면 예상수익률이 최저 7.29%, 최고 12.91%로 계산된다는 내용을 기재함.

고 볼 수는 없다"는 취지로 판시한 원심판단을 유지하였다.

그러나 위 대법원 판결은 "[운용회사]는 [판매회사]를 통하여 … 운용계획서를 투자자에게 교부하여 잘못된 정보를 제공함으로써 원고(=투자자)가 수익증권을 매수하는 데 수반하는 위험성이나 투자내용에 관하여 정확한 인식을 형성하지 못하는 데 중요한 원인을 제공하였고 이로 말미암아 원고가 정확한 정보에 기초한 합리적인 투자판단을 할 수 없도록 하였는바, 그 잘못된 정보를 믿고 투자한 원고를 보호하기 위하여, 향후 펀드를 운용하면서 다른 투자자를 보호할 필요가 있는 경우 등을 비롯하여 특별한 사정이나 합리적인 사정이 없다면 가능한 한 그 운용계획서에서 명시한 일정 등급 이상의 기업어음을 매입할 필요가 있고, 만약 특별한 사정이나 합리적인 사정이 없음에도 불구하고 원고의 신뢰를 저버리고 이와 달리 운용함으로써 피해가 발생하였다면 투자자 보호를 위하여 그로 인한 손해를 배상할 책임이 있다"고 판시하였다.[261)]

만약 위 사건에서 다른 투자자를 보호할 필요가 있는 등 특별한 사정이 있어서 운용계획서에 명시한 일정 등급 이상의 기업어음을 매입할 수 없었던 사정이 있었다면 위탁회사가 투자자에 대한 책임을 면할 수 있을까? 위탁회사가 운용계획서로 투자자에게 잘못된 정보를 제공하여 투자자가 합리적인 투자판단을 할 수 없도록 한 것이 투자자 보호의무 위반이 되는 것이고 사후에 생긴 새로운 사정인 다른 투자자를 보호할 필요성과 그로 인한 비용과 손실은 운용계획서를 받고 투자한 투자자와 위탁회사 사이에서는 위탁회사가 부담해야 할 부분이라고 보는 것이 합리적일 것이다.

(3) 투자신탁재산에 대한 불법행위 발생시 권리보전조치

투자신탁을 운용하는 집합투자업자와 투자신탁재산의 수탁자인 신탁업자는 제3자의 불법행위(예: 시세조종행위)로 인하여 투자신탁재산의 가치가 하락하는 손해가 발생한 경우 불법행위자에 대해 손해배상청구를 하는 등 권리보전 조치를 취해야 한다. 아무런 권리보전 조치를 취하지 않아 손해배상채권이 소멸시효 완성으로 소멸하게 된 경우, 집합투자업자와 신탁업자는 선관주의의무 위반으로 수익증권 투자자에 대하여 손해배상책임을 부담하게 된다.[262)] 투자신탁재산의 운용에 대한 의사결정은 집합투자업자의 임무이지만,

261) 위 판시사항에 관한 상세한 논의는 위 대법원판결을 따른 후속 대법원판결에 대한 평석인 박양준·최문희(2013), 91-108쪽.

262) 대법원 2021. 10. 28. 선고 2020다273618 판결. 이 판결은 "피고들이 원고에게 … 권리보전조치를 취할 것이라는 신뢰를 부여하여 놓고 실제로는 … 권리보전조치를 취하지 않은 것은 … 선관주의의무 내지 충실의무 위반에 해당한다"고 본 원심판단이 정당하다고 하여 권리보전조치를 취할 것이라는 신뢰부여를 언급하였다. 그러한 신뢰부여가 없었다고 하더라도 집합투자업자와 신탁업자는 투자신탁재산에 불법행위로 인한 손해가 발생하면 그 손해를 전보 받을 조치를 취

불법행위에 따른 손해배상청구 등 권리보전조치는 투자신탁의 보관·관리에 관한 사항이므로 집합투자업자로부터 권리보전조치에 대한 지시가 없더라도 수탁자는 권리보전조치를 취할 의무가 있다.[263]

V. 투자신탁의 해지와 합병

1. 투자신탁의 해지

(1) 해지의 종류

투자신탁을 설정하는 근거가 되는 신탁계약을 해지하면 장래를 향하여 신탁계약의 효력이 소멸한다. 투자신탁의 해지에는 (i) 일정한 사유[264] 발생시 집합투자업자가 지체없이 해지해야 하는 의무 해지와 (ii) 일정한 사유 발생시 금융위원회의 승인을 받거나(또는 일정한 요건을 갖추면[265] 승인없이) 해지할 수 있는 임의 해지가 있다(자본시장법 제192

해야 할 의무가 있다고 보아야 할 것이다. 또한 이 사건에서는 동일한 집합투자업자와 신탁업자가 설정한 3개의 투자신탁이 동일한 투자전략으로 운용되어 동일한 불법행위에 따른 손해를 입었는데, 신탁업자인 은행이 그 가운데 1개의 투자신탁을 대표펀드로 삼아 불법행위에 따른 손해배상청구를 하였고, 이 사건 원고는 그러한 청구를 하지 않은 나머지 2개 투자신탁의 수익증권 투자자였다. 복수의 투자신탁을 운용하는 집합투자업자 또는 그 투자신탁재산을 수탁한 신탁업자는 각각의 투자신탁의 수익증권 투자자에 대하여 의무와 책임을 지는 것이므로 어느 한 투자신탁을 대표로 삼아 권리보전조치를 취하였다고 하여 다른 투자신탁에 관한 의무를 이행한 것으로 되지는 않는다.

263) 대구지방법원 2020. 9. 16. 선고 2019나310298 판결(대법원 2021. 10. 28. 선고 2020다273618 판결). 이 사건에서 원고(=투자자)는 D증권과 D은행을 상대로 불법행위(2011. 11. 11.의 옵션쇼크 사건)에 기한 손해배상청구소송(이하 "선행소송")을 제기하였으나, 1심에서 소멸시효완성을 이유로 패소하고 항소하지 않아 확정되었다. 그 후 대법원 2018. 7. 24. 선고 2018다215664 판결 등이 동일한 불법행위에 대해 개인투자자가 청구한 소송에서 소멸시효 기산점을 투자자에게 유리한 내용으로 판시하였다. 대구지방법원 2020. 9. 16. 선고 2019나310298 판결은 원고가 선행소송에서 항소포기하여 손해경감조치를 다하지 못하였다고 하며 피고들(집합투자업자와 신탁업자)의 손해배상책임을 50%로 제한하였다. 집합투자업자와 신탁업자는 투자신탁재산을 선량한 관리자의 주의를 다하여 운용·보관·관리할 의무가 있고 그 의무 위반에 따른 투자자의 손해를 배상할 책임이 있다. 그러한 의무는 수익증권 투자자가 직접 불법행위자에게 손해배상청구를 하는지 여부와 관계없이 이행하여야 한다. 원고가 항소포기하였다고 하여도(또는 투자자가 직접 불법행위자에게 손해배상청구를 하지 않았다고 하여도) 집합투자업자와 신탁업자가 투자신탁을 위하여 불법행위자에게 손해배상청구를 하는데 아무런 지장이 없다는 점에서 위와 같은 손해배상액 제한이 충분한 설득력을 가지는지 의문이다.

264) (i) 신탁계약에서 정한 신탁계약기간의 종료, (ii) 수익자총회의 투자신탁 해지 결의, (iii) 투자신탁의 피흡수합병, (iv) 투자신탁의 등록 취소, (v) 일정한 예외적인 경우는 제외하고 수익자의 총수가 1인이 되는 경우, (vi) 사모투자신탁의 해지 명령을 받은 경우(자본시장법 제192조 제2항).

265) (i) 수익자 전원이 동의한 경우, (ii) 해당 투자신탁의 수익증권 전부에 대한 환매의 청구를 받아 신탁계약을 해지하려는 경우, (iii) 존속하는 동안 투자금을 추가로 모집할 수 있는 공모투자신

조 제1항, 제5항). 또 집합투자업자는 발행한 수익증권이 판매되지 않거나 환매청구 또는 매수청구권 행사가 있으면 투자신탁을 일부 해지할 수 있다(동법 제192조 제5항, 동법시행령 제225조).

(2) 해지의 효과

투자신탁을 일부 해지한 경우 그 해지한 부분의 투자신탁이 소멸하고 환매 또는 매수청구권을 행사한 수익자에게 환매대금 또는 매수금액을 지급하게 된다. 투자신탁을 전부 해지한 경우 투자신탁이 피흡수합병되는 경우를 제외하고는 투자신탁재산을 신탁계약이 정하는 바에 따라 수익자에게 분배하게 된다(자본시장법 제192조 제3항).

2. 투자신탁의 합병

(1) 투자신탁 합병의 요건과 절차

집합투자업자는 그가 운용하는 다른 투자신탁을 흡수하는 방법으로 투자신탁을 합병할 수 있고, 이를 위해서는 집합투자업자가 합병계획서를 작성하여 각 투자신탁의 수익자총회의 결의를 거쳐야 한다(자본시장법 제193조). 다만 건전한 거래질서를 해할 우려가 적은 소규모 투자신탁의 합병 등 대통령령으로 정하는 경우[266]는 합병계획서 작성과 수익자총회의 결의가 필요없다(동법 제193조 제2항). 소규모펀드의 통폐합을 유도하기 위한 것이다.[267] 수익자총회 결의가 필요 없는 경우에도 집합투자업자는 투자자들에게 투자신탁의 합병을 서면으로 통지해야 한다(동법시행령 제225조의2 제2항).

탁으로서 설정한 후 1년이 되는 날에 원본액이 50억원 미만인 경우, (iv) 존속하는 동안 투자금을 추가로 모집할 수 있는 공모투자신탁을 설정하고 1년이 지난 후 1개월간 계속하여 투자신탁의 원본액이 50억원 미만인 경우(자본시장법시행령 제223조). 위 제3호와 제4호는 소규모펀드의 해소를 유도하기 위한 것이다.

266) 다음 요건을 모두 갖춘 경우에는 합병계획서 작성과 수익자총회의 결의가 필요없다(자본시장법 시행령 제225조의2 제1항).
1. 합병하려는 투자신탁 중 하나 이상이 제223조 제3호 또는 제4호{☞ 바로 위 각주의 (iii) 또는 (iv)}에 해당할 것
2. 그 투자신탁 간에 자본시장법 제229조에 따른 집합투자기구의 종류가 동일할 것
3. 그 투자신탁 간에 집합투자규약에 따른 투자대상자산 등이 유사할 것

267) 금융감독당국은 소규모펀드의 문제점(정상적인 분산투자곤란, 소규모일수록 고비용, 소규모펀드 난립으로 투자자의 합리적 상품선택 저해 등)을 인식하고 소규모펀드 해소를 위한 노력을 기울여, 공모추가형펀드에서 소규모펀드(설정 1년 이후 원본액이 50억원 미만인 펀드)가 차지하는 비율이 2010년 48.2%, 2015년 6월 36.3%로 높은 비율을 유지하다가 2016년 말 7.2%, 2017년 말 6.4%로 낮아졌다. 소규모펀드를 해소한 방법은 주로 임의해지와 모자형펀드 전환 및 판매확대이고 합병을 이용한 예는 매우 적다. 금융위원회 보도자료(2015. 11. 27.), “펀드투자자 신뢰회복을 위한 소규모 펀드 해소 방안”; 금융위원회 보도자료(2018. 2. 5.), “소규모펀드 모범규준 연장 실시”.

투자신탁의 합병은 신탁계약의 변경을 수반할 수밖에 없고, 신탁계약의 변경을 위해서는 신탁업자의 동의가 필요하다. 또한 투자신탁의 합병은 본래의 집합투자규약(신탁계약) 또는 투자설명서에 따른 투자신탁재산의 운용은 아니므로, 신탁업자는 자본시장법 제247조에 따라 집합투자업자의 합병에 관한 의사결정의 법령 위반여부를 감시할 수 있다.[268] 자본시장법은 투자신탁의 합병에 대해 원칙적으로 수익자총회의 결의를 요구함으로써 합병의 적정성을 확보할 수 있다고 보고 있는 셈이다.

(2) 투자신탁 합병의 효력

투자신탁의 합병은 합병후 존속하는 투자신탁의 집합투자업자가 금융위원회에 합병사실을 보고한 때에 효력이 발생한다(동법 제193조 제5항, 제6항). 합병으로 소멸하는 투자신탁은 해지된 것으로 보고 존속하는 투자신탁은 소멸된 투자신탁의 권리·의무를 승계한다(동법 제193조 제6항, 제7항)

(3) 반대수익자의 매수청구권

수익자총회 결의를 거쳐 합병하는 경우와 그 결의가 필요없는 경우 모두 이에 반대하는 수익자는 자본시장법이 정한 절차에 따라 집합투자업자에게 자기가 소유하고 있는 수익증권을 매수할 것을 청구할 수 있다(동법 제191조 제1항). 집합투자업자는 투자신탁재산으로 수익증권을 매수해야 하고 매수 후에는 지체없이 소각해야 한다(동법 제191조 제3항, 제4항)

Ⅵ. 사모투자신탁[269]

1. 개 요

수익증권을 사모로만 발행하고 일정한 전문투자자를 제외한 투자자의 숫자가 100인(2021년 개정 자본시장법 시행 전에는 49인) 이하인 투자신탁이 일반 사모펀드((2021년 개정 자본시장법 시행 전에는 "전문투자형 사모투자신탁")이다(법 제9조 제19항, 시행령 제14조).[270]

268) 김용재·강태양(2011), 341쪽은 합병에 대한 신탁업자의 감시를 특별히 규정하지 않은 것을 입법상의 오류로 보았다.

269) 이 부분은 박준(2020), 6-29쪽을 요약·보완한 것이다.

270) 사모펀드는 그동안 전문투자형과 경영투자형으로 구분되었으나, 2021년 개정 자본시장법에서 일반 사모펀드와 기관전용 사모펀드로 구분하는 것으로 개정되었다. 경영투자형 사모펀드와 마찬

1998년 증권투자회사법의 제정과 증권투자신탁법의 개정에 사모펀드에 대한 특례가 반영된 이후, 2003년 간접투자자산운용업법의 제정, 2007년 자본시장법의 제정, 2011년 자본시장법시행령의 개정, 2013년과 2015년의 자본시장법의 개정을 거치면서 특례 확대를 통한 사모펀드 활성화가 추진되어 왔다. 특히 사모전문집합투자업(2021년 개정 자본시장법 시행 이후에는 "일반사모집합투자업") 제도의 도입으로 전문투자형 사모펀드의 운용회사를 손쉽게 설립할 수 있었고(2021년 개정 전 자본시장법 제249조의3), 전문투자형 사모펀드에 투자할 수 있는 적격투자자 기준이 대폭 완화되어 판매대상 고객이 확대되었다. 2015년 이후 전문투자형 사모펀드의 설정이 급격히 증가하여 2023년 말 현재 설정원본 기준으로 펀드전체 약 928조원 가운데 공모펀드가 329조원, 사모펀드가 598조원(이 가운데 투자신탁이 576조원)으로 사모펀드가 공모펀드의 2배 가까이 되었다.[271)] 2016년 공모펀드보다 사모펀드 설정금액이 더 커진 이후 사모펀드 설정금액이 계속 높은 비율을 유지하고 있다.

한편 자본시장법은 그동안 전문투자형 사모펀드에 대해 투자광고 허용, 판매시 적합성·적정성의 원칙 적용배제, 자산운용보고서 작성의무 면제 등 판매규제·운용제한·정보제공의무를 대폭 완화하여, 기본적으로 전문투자형 사모펀드를 사적자치에 맡기겠다는 입법태도를 보였다. 2019년 이후 여러 건의 사모펀드 사건이 발생한 이후 이루어진 자본시장법령의 개정으로 일반 사모펀드(종전의 전문투자형 사모펀드)에 관하여 일부 투자자보호 장치를 보완하였지만 일반 사모펀드를 사적자치에 맡기는 기본 입장은 변함이 없다. 아래에서는 특별히 종전의 법제에 대해 언급하는 경우가 아닌 한 일반 사모펀드인 사모투자신탁에 대한 법적 규율을 살펴보기로 한다.

2. 적격투자자

사모투자신탁에 투자할 수 있는 적격투자자에는 (i) 일정한 전문투자자와 (ii) 전문투자자가 아닌 일정한 개인, 법인, 단체가 있다(자본시장법 제249조의2, 동법시행령 제271조).

전문투자자인 적격투자자에는 국가, 한국은행, 은행 등 각종 금융기관, 주권상장법인, 예금보험공사 등 공기업과 공공기관 등 이외에 금융투자자산 잔고가 100억원(외부감사를 받는 경우에는 50억 원) 이상인 법인, 최근 5년 중 1년 이상 일정한 투자위험이 있는 금융투자상품의 월말 평균잔고가 5천만원 이상이고 금융위원회가 정하여 고시하는 소득

가지로 기관전용 사모펀드는 투자합자회사의 형태를 취한다.

271) 금융투자협회 종합통계서비스.

액·자산기준이나 금융 관련 전문성 요건을 충족하는 개인전문투자자가 포함된다. 전문투자자의 범위는 자본시장법과 그 시행령에 따라 명백하게 인정되는 경우를 제외하고는 한정적으로 해석해야 한다.[272)]

전문투자자가 아닌 적격투자자(이하 "적격일반투자자")에는 해당 사모투자신탁에 3억원(펀드의 부채비율이 200%을 초과하는 경우에는 5억원)[273)] 이상을 투자하는 개인, 법인 그 밖의 단체가 있다.

3. 사모투자신탁의 규제

(1) 설정과 판매

가. 설 정

등록 전에는 판매활동을 할 수 없는 공모투자신탁과는 달리 사모투자신탁은 원칙적으로 설정 후 2주일 이내에 금융위원회에 보고하여야 한다(자본시장법 제249조의6 제2항).

나. 사모 요건

사모투자신탁이 되려면 (i) 사모로만 수익증권을 발행해야 하고,[274)] (ii) 개인전문투자자를 포함한 일정한 범위의 전문투자자를 제외한 투자자의 숫자가 100인(2021년 자본시장법 개정 이전에는 49인) 이하이어야 한다.[275)] 2019년 이후 발생한 일련의 사모펀드 사건들에서 위 (ii)의 "49인 이하" 요건을 교묘히 회피하는 사례들이 발생하였고, 금융위원회는 증권신고서 제출의무 위반으로 과징금 부과[276)]와 자본시장법시행령 개정[277)]으로 대처

272) 대법원 2021. 4. 1. 선고 2018다218335 판결(근로복지기본법 제50조, 제52조에 따라 고용노동부장관의 인가를 받아 설립된 한국도로공사 사내근로복지기금은 자본시장법시행령 제10조 제3항 제12호에 규정된 '법률에 따라 설립된 기금'에 해당하지 않음).

273) 3억원/5억원의 금액기준은 2021. 2. 9. 자본시장법시행령 개정으로 증액된 것이고 종전에는 1억원/3억원이었다.

274) '사모'로만 수익증권을 발행해야 하므로 당해 수익증권의 청약의 권유를 받는 사람 수에 청약의 권유를 하는 날 이전 6개월 이내에 해당 증권과 같은 종류의 증권에 대하여 모집이나 매출에 의하지 아니하고 청약의 권유를 받은 투자자의 수(전문투자자, 연고자 등 자본시장법시행령이 정하는 자는 제외)를 합산하여 50인 미만이어야 한다(자본시장법 제9조 제7항, 동법시행령 제11조 제1항, 제2항).

275) 일정한 특별법(부동산투자회사법, 선박투자회사법, 산업발전법 등)에 따라 사모로 금전 등을 모아 운용·배분하는 것으로서 (일정한 전문투자자를 제외한) 투자자의 총수가 49인 이하인 경우에는 자본시장법상 집합투자로 보지 않는다(자본시장법 제6조 제5항, 시행령 제6조).

276) 2건의 금융위원회 제재(제재조치일 2020. 6. 24.).

277) 자본시장법시행령 제129조의2에 "증권의 발행 또는 매도가 사실상 동일한 자금조달 계획에 따른 것인지 여부. 이 경우 증권의 기초자산 또는 운용대상자산이 별도로 있는 경우에는 해당 증권의 기초자산 또는 운용대상자산, 투자위험 및 손익의 구조 등의 유사성 여부를 기준으로 판단

하였다.

다. 판매시 투자자 보호장치의 완화

금융소비자보호법상 일반투자자를 상대로 사모투자신탁의 투자권유 또는 판매를 하는 경우 판매회사에게 설명의무는 요구되지만(동법 제19조), 적합성 원칙과 적정성 원칙은 요구되지 않는다(동법 제17조 제5항, 제18조 제4항). 적격일반투자자는 일반투자자이지만 사모투자신탁에 내재한 위험을 인지, 평가, 판단할 능력이 충분함을 전제로 하여 사모투자신탁에 투자할 수 있도록 한 것이라고 할 수 있다. 그러나 최근 발생한 사모펀드 사건들을 보면 그 전제가 타당한지 큰 의문이 제기되었다. 이에 대한 대처방안으로 2021년 개정 자본시장법은 일반투자자를 대상으로 하는 사모투자신탁의 수익증권 발행시 집합투자업자가 핵심상품설명서를 작성하여 판매회사에게 제공하고 판매회사는 이를 투자자(전문투자자 및 시행령에 정하는 자는 제외)에게 교부하도록 하였다(동법 제249조의4 제2항부터 제4항). 또한 개인에게 고난도금융투자상품[278]을 판매하는 경우에는 핵심설명서 제공 등 추가적인 투자자 보호장치를 두도록 하였고(동법시행령 제68조 제5항 제2호의3), 금융소비자보호법상 청약철회의 대상이 된다.[279]

적합성 원칙과 적정성 원칙을 적용배제하는 위 금융소비자보호법상의 특례조항에도 불구하고 판매회사가 부담하는 신의칙상 투자자보호의무가 면제되는 것은 아니다.[280] 투자신탁의 특성과 위험도 수준, 투자자의 투자 경험이나 전문성 등을 고려하여 투자자 보호의무의 범위와 정도를 달리 정할 수 있을 뿐이고, 고객의 투자 상황에 비추어 과대한 위험성을 수반하는 거래를 적극적으로 권유한 경우에는 위법행위로 인정될 수 있다[281]고 보는 것이 타당하다.

한다"는 조항을 추가하고, 제14조 제2항을 개정하여 동일한 운용사가 운용하는 다수의 자펀드가 모펀드에 30% 이상 투자한 경우 해당 자펀드의 투자자수를 모두 모펀드 투자자 수에 합산하도록 하였다.

278) 최대 손실가능금액이 원금의 20%를 초과하는 (i) 파생결합증권, (ii) 파생상품, (iii) 집합투자증권 중에서 운용자산의 손익구조 등을 투자자가 이해하기 어렵다고 인정되는 것으로서 금융위원회가 고시한 것, (iv) 그 밖에 기초자산의 특성, 가격결정의 방식, 손익의 구조 및 그에 따른 위험을 투자자가 이해하기 어렵다고 인정되는 것으로서 금융위원회가 정하여 고시하는 것{자본시장법시행령(대통령령 제31441호, 2021. 2. 9. 일부개정) 제2조 제7호}.

279) 위 각주 227-228과 그 본문 참조.

280) 전문투자자에 대한 금융투자상품 권유시에도 투자자보호의무가 인정되는 경우가 있을 수 있다{(구)간접투자자산운용업법에 따른 판매회사의 투자자보호의무에 관한 대법원 2015. 2. 26. 선고 2014다17220 판결 등).

281) 대법원 2010. 11. 11. 선고 2010다55699 판결; 대법원 2013. 9. 26. 선고 2012다1146, 1153 전원합의체 판결 등.

라. 판매회사의 보수·수수료

공모투자신탁에서와는 달리 사모투자신탁 수익증권 판매회사의 판매수수료와 판매보수에 대해서는 제한이 없고 투자신탁 운용실적에 연동하는 것도 허용된다(자본시장법 제249조의8 제1항, 제76조 제4항, 제5항).

마. 집합투자업자의 직접 판매

한편 일반사모집합투자업자는 자신이 운용하는 사모투자신탁의 수익증권을 직접 판매할 수 있고, 그 판매는 금융투자업에 해당하지 않는 것으로 보고(동법 제7조 제6항 제3호), 판매시 일부 조항만을 적용한다(동법 제249조의8 제9항). 그 판매에 관해서는 법적으로 여러 의문이 제기될 수 있다.[282] 한편 금융소비자보호법상 금융관계법률에서 인허가를 받지 않아도 금융상품판매업에 해당하는 업무를 영위할 수 있도록 규정한 경우에는 그 업무를 영위하는 자도 금융상품판매업자에 해당하도록 규정하고 있으므로(동법 제2조 제3호), 일반사모집합투자업자가 사모투자신탁의 수익증권을 직접 판매하는 경우 금융소비자보호법상 금융상품판매업자로 규율된다.

(2) 운 용

사모투자신탁에 대하여는 과도한 위험부담을 규율하려는 자본시장법 제81조(자산운용의 제한), 제82조(자기집합투자증권의 취득 제한)와 제83조(금전차입 등의 제한)의 적용이 배제되고(동법 제249조의8 제1항), 파생상품의 위험평가액, 금전차입액, 다른 사람을 위한 채무보증·담보제공액과 거래의 실질이 차입에 해당하는 일정한 경우 그 실질적 차입금액의 합계액이 각 펀드의 순자산의 400% 이내로 해야 하는 제한, 부동산에 운용할 때 적용되는 일부 운용제한, 금전대여의 제한, 규제회피목적으로 법인을 설립·이용하는 행위 제한과 경영권 참여 투자를 하는 경우에 대한 제한 등이 적용된다(동법 제249조의7). 모험자본투자를 위하여 자산운용에 대한 각종 제한을 배제하고 투자위험에 대한 평가와 판단을 사적자치에 맡겨 놓은 것이다.

---

282) 판매가 일반사모집합투자업자의 부수업무인지, 판매에 적용되는 것으로 명시적으로 표시된 조항(예: 법 제249조의8 제9항)을 제외하고는 수익증권을 판매하는 금융투자업자를 규율하는 자본시장법 조항들이 적용될 수 없는 것인지, 적격투자자 확인의무 등도 적용되지 않는 것인지 등의 의문이 제기된다.

(3) 펀드관련 정보제공

가. 펀드 설정·판매 단계에서의 정보제공

사모투자신탁은 수익증권을 사모로 발행하므로 증권신고서 제출과 투자설명서 교부가 불필요하다. 그동안 판매 단계에서 판매회사가 일반투자자에 대한 투자권유시 설명의무를 부담하는 것을 제외하고는 집합투자업자 또는 판매회사가 투자자(또는 잠재적 투자자)에게 펀드에 관한 정보를 제공할 법령상 의무는 없었으나, 2021년 자본시장법령의 개정으로 일반 사모펀드의 핵심상품설명서 제도(동법 제249조의4 제2항부터 제4항)와 고난도 금융투자상품 판매시 핵심설명서 제도(동법시행령 제68조 제5항 제2호의3)가 도입되었다. 핵심상품설명서와 핵심설명서는 공모시 요구되는 증권신고서·투자설명서보다는 내용이 간략하고,[283] 부실기재가 있는 경우 판매회사의 설명의무와 집합투자업자의 신의칙상 투자자보호의무에 근거한 책임을 물을 수 있다는 점에서 공모시 요구되는 증권신고서·투자설명서의 부실기재시의 민·형사 책임보다는 투자자보호의 강도가 약하다. 물론 자본시장법 제178조의 부정거래행위에 해당하는 경우에는 동법 제179조에 따른 손해배상책임을 추궁할 수 있을 것이다.

나. 판매후 투자자에 대한 펀드관련 정보제공

사모투자신탁을 운용하는 집합투자업자가 투자자에게 펀드관련 정보를 제공할 자본시장법상 의무는 대폭 완화되어 있다. 그동안 기준가격의 통지, 자산운용보고서와 결산서류의 제공, 회계감사, 파생상품투자시의 위험지표 등에 대하여 적용을 배제함으로써(동법 제249조의8 제1항), 투자자가 펀드에 관한 어떤 정보를 언제 어떻게 받아 볼 수 있는지를 모두 사적 자치에 맡겨 놓았었다. 최근의 사모펀드 사건들이 발생함에 따라 2021년 개정 자본시장법은 일반투자자를 대상으로 하는 사모투자신탁의 경우에는 (i) 회계감사를 받도록 하고(다만 투자자 전원의 동의를 받은 경우 및 투자자의 이익을 해할 우려가 없는 경우로서 대통령령으로 정하는 경우는 제외함)(동법 제249조의8 제2항 제4호), (ii) 전문투자자가 아닌 투자자에게 자산운용보고서를 교부하도록 하였다(동법 제249조의8 제2항 제2호).[284]

283) 투자자가 투자결정하기 전에 제공할 정보를 16개 항에 걸쳐 상세히 규정한 EU의 대체투자펀드운용자지침(Directive 2011/61/EU of the European Parliament and of the Council of 8 June 2011 on Alternative Investment Fund Managers, 이하 "AIFMD")과 크게 대비된다. AIFMD 제23조 제1항은 투자전략과 목적, 투자기법과 이에 연계된 위험, 레버리지사용시 그 종류와 원천 및 연계된 위험, 운용자와 수탁자, 회계감사인과 기타 서비스제공자의 권리와 의무, 펀드자산의 평가절차와 방법 등 수많은 사항을 잠재적 투자자에게 제공할 것을 요구하고 있다. 이에 대한 상세한 설명은 정대익(2013), 79-80쪽.

284) 금융감독당국은 공정가액 평가기준을 마련하여 투자신탁재산의 가치평가의 공정성을 높이는 방

한편 자본시장법상 투자자는 집합투자업자 또는 판매회사에게 이유를 기재한 서면으로 그 투자자에 관련된 투자신탁재산에 관한 장부·서류의 열람이나 등·초본의 교부를 청구할 수 있다(동법 제91조 제1항).

(4) 집합투자업자 견제·감시

가. 수탁자

공모투자신탁과는 달리 그동안 사모투자신탁의 수탁자인 신탁업자는 투자설명서가 법령·신탁계약에 부합하는지를 확인할 의무(자본시장법 제247조 제5항 제1호), 집합투자업자의 운용지시·운용행위가 법령·신탁계약·투자설명서에 위반하는지를 확인하고, 위반이 있으면 시정을 요구할 의무(동법 제247조 제1항)가 없었다(동법 제249조의8 제1항). 투자자의 이익을 해할 우려가 큰 자전거래[285]도 신탁업자의 견제·감시없이 집합투자업자가 행할 수 있었다. 2019년 이후 여러건의 사모펀드 사건들이 발생한 후 2021년 자본시장법 개정으로 일반투자자를 대상으로 하는 일반 사모펀드에 대해서는 동법 제247조를 적용하여, 수탁자인 신탁업자는 집합투자업자의 운용지시·운용행위가 법령·신탁계약·핵심상품설명서에 위반하는지를 확인하고, 위반이 있으면 시정을 요구할 의무를 부담하도록 하였다(동법 제249조의8 제2항 제5호). 늦었지만 바람직한 개선이다. 일반투자자에게 판매하지 않는 사모투자신탁의 경우에는 계속 수탁자의 집합투자업자 견제·감시 기능이 없으므로 투자자들이 필요한 견제·감시 장치를 집합투자업자와의 협상을 통해 계약에 반영할 수밖에 없다. 이 점은 투자신탁이 신탁이라는 법적 구조를 취했음에도 신탁의 핵심적 요소인 수탁자의 의무와 권한을 무력화한다는 점에서 바람직한 입법인지에 대해 의문이 있다.

전담중개업무(prime brokerage)를 영위하는 종합금융투자사업자가 사모투자신탁의 수탁자가 되는 경우에는 수탁자의 집합투자업자 감시기능을 제대로 수행하기 더 어렵다, 수탁자의 고유재산과 투자신탁재산 간의 거래가 금지되는 통상의 투자신탁과는 달리 전담중개업무(예: 신용공여, 증권대차, 파생거래 등)로 행하는 거래는 예외적으로 허용된다(동법

안도 제시하였다. 금융위원회·금융감독원 보도자료(2020. 4. 27.), "사모펀드 현황 평가 및 제도 개선 방안 발표", 별첨, 9쪽.

285) 투자신탁 간의 자전거래는 불건전영업행위로 원칙적으로 금지되지만(자본시장법 제85조 제5호), 일부 예외가 허용되어 있다(동법시행령 제87조 제1항 제3호). 2015년 자본시장법 개정과 함께 예외가 확대되었으나{금융위원회·금융감독원 보도자료(2015. 10. 23.), "사모펀드 활성화를 위한 「자본시장법」 및 하위법령 개정안 일괄 시행에 따른 주요 변경 사항 안내", 8쪽}, 자전거래의 공정성을 확인할 장치가 없다. 예컨대 자전거래를 통한 불공정행위를 방지할 수 있는 장치의 하나로 투자자이익에 반하지 않는 거래일 것을 요구하고 있으나(금융투자업규정 제4-59조 제1항 제3호), 사모투자신탁에서는 이를 신탁업자가 확인하는 장치가 없다.

제246조 제5항, 동법시행령 제268조 제4항 제5호).[286] 전담중개업무 거래에서 통상 종합금융투자사업자는 투자신탁의 수익자와 이해관계가 충돌되는 지위에 있으므로 투자자의 이익을 위하여 행동해야 할 수탁자의 임무를 다할 수 있을지 의문이다. 게다가 2021. 5. 18. 자본시장법시행령 개정 이전에는 전담중개업무와 투자신탁의 수탁자 업무는 정보교류차단의 예외로 인정되어 같은 부서에서 처리할 수 있어(개정전 시행령 제50조 제1항 제1호 나목) 이익충돌의 문제가 더욱 심각했으나, 2021. 5. 18. 개정으로 정보교류차단 예외는 삭제되었다. 전담중개업무와 투자신탁의 수탁자 업무 겸업에 따른 이해상충의 문제를 과도하게 느슨하게 규율하여 투자자 이익보호에 대한 우려를 발생시키지 않도록 할 필요가 있다.[287]

나. 판매회사

2021년 개정 자본시장법은 일반투자자를 대상으로 하는 사모투자신탁의 수익증권을 판매한 자는 당해 집합투자업자의 운용행위가 핵심상품설명서에 부합하는지 여부에 대해 확인하고, 부합하지 않으면 운용행위의 철회·변경 또는 시정을 요구해야 하도록 하였다(동법 제249조의4 제5항). 위 요구를 한 날로부터 3영업일(3영업일 이내에 요구를 이해하기 곤란한 불가피한 사유가 있는 경우로서 판매회사가 별도로 합의한 경우에는 그 기간) 이내에 집합투자업자가 이행하지 않는 경우에는 판매회사는 그 사실을 금융위원회에 보고하고 투자자에게 통보하도록 하였다(동조 제6항).

이 제도는 판매회사로 하여금 집합투자업자의 운용을 감시하도록 한 것이다. 집합투자업자의 운용을 모두 파악할 수 있는 수탁자와는 달리 판매회사는 운용에 관여하지도 운용에 관한 정보를 계속 제공받지도 못하는 법적 지위에 있다는 점에서 이 제도의 타당성에는 의문이 있다. 이 제도가 실효성을 가지려면 판매회사가 운용에 관한 정보를 계속 제공받을 수 있어야 하는데, 이 제도에 따른 확인의무 이행 이외에 판매회사가 어떠한 이유로 그 정보를 제공받을 필요가 있는지 의문이다. 다만 이 제도는 판매회사가 수익증권 판매후 환매시점까지 수익증권의 순자산가치의 일정 비율로 산정한 판매보수를 받는 데

286) 집합투자업자의 펀드자산운용 규제에서도 전담중개업무는 예외로 취급되고 있다. 집합투자업자가 펀드재산을 운용함에 있어서 일정한 이해관계인(펀드재산의 30% 이상을 보관·관리하는 신탁업자, 펀드의 집합투자증권을 30% 이상 판매·위탁판매한 투자매매·중개업자 포함)과 거래행위를 해서는 안 되지만(법 제84조 제1항), 이해관계인과 전담중개업무로서 하는 거래는 예외적으로 허용된다(법 제84조 제1항 제4호, 시행령 제85조 제5호의2).

287) EU의 AIFMD상 대체투자펀드(AIF)에 대한 프라임브로커는 (i) 프라임브로커 업무와 재산수탁 업무를 기능적, 구조적으로 분리하고, (ii) 잠재적 이해상충을 파악, 관리, 점검하고 이를 투자자에게 알리는 경우에 한하여 AIF 재산수탁자(depositary)를 겸할 수 있다(AIFMD, Article 21(4)(b)). 정대익(2013), 78쪽.

대한 서비스로 정당화할 여지는 있을 것이다.

다. 수익자총회

공모투자신탁과는 달리 사모투자신탁의 신탁계약중 일정한 중요한 사항을 변경하는 경우에도 수익자총회의 결의(동법 제188조 제2항, 동법시행령 제217조)와 그 변경에 대한 공시 및 수익자에 대한 통지(동법 제188조 제3항), 환매연기에 관한 수익자 총회의 결의와 통지(동법 제237조)가 필요없다. 다만 2021년 개정 자본시장법상으로는 일반투자자를 대상으로 하는 사모투자신탁에 대해서는 환매연기시의 수익자총회에 관한 조항(동법 제237조)이 적용되도록 하였다. 사모투자신탁에서는 기본적으로 수익자총회의 견제기능도 투자자와 집합투자업자의 협상에 의하여 결정되도록 사적자치에 맡겨져 있다.

(5) 문제점

사모투자신탁에 관한 여러 규율을 사적자치에 맡기기 위해서는 그 펀드에 투자하는 적격투자자가 투자위험과 운영위험을 인지, 이해하고 판단할 능력과 필요한 정보를 수집하고 협상할 능력을 갖춘 투자자여야 할 것이다. 자본시장법은 사모투자신탁에 투자할 수 있는 일반투자자에 대해 그러한 능력 유무를 기준으로 삼고 있지 않다. 그러한 능력을 기준으로 적격투자자의 범위를 정하지 않는다면 사적자치에 맡긴 공적 규제의 대부분을 사모투자신탁에 대해서도 적용하도록 제도를 개선할 필요가 있다. 특히 운영위험(operation risk)[288]을 통제하기 위한 규제{펀드 설정 및 운용시 정확한 정보를 제공하고 충실의무와 선관주의 의무를 이행하는지 여부를 점검할 수 있도록 한 규제(정보제공, 견제와 감시, 펀드 조직형태의 지배구조 등)}는 사모투자신탁이라고 하여 공모투자신탁보다 완화할 이유가 없다.[289] 2021년 개정 자본시장법이 일반투자자를 대상으로 하는 일반 사모펀드에 대해 핵심상품설명서 제도, 자산운용보고서 제공, 수탁자의 집합투자업자 견제·감시 기능 부활 등은 이 문제를 일부 해소하였다고 할 수 있다.

---

288) 예컨대 투자신탁재산이 부실함을 알면서 이를 감추고 수익증권을 판매하거나 그 판매로 모은 자금을 부실한 투자대상에 투자하거나, 또는 신탁계약을 위반하여 집합투자업자의 개인적 친분 또는 이익을 위하여 투자하거나, 투자신탁재산의 평가를 부풀리는 등의 위법·부당행위를 하는 데 따라 투자자가 부담하는 위험.

289) 상세한 논의는 박준(2020) 21-28쪽.

참고문헌

고영한·강영호(2009) 고영한·강영호 편, 도산관계소송(한국사법행정학회, 2009)

김건식(2005) 김건식, "수익증권 판매회사의 환매의무", BFL 제12호(서울대학교 금융법센터, 2005. 7.)

김건식·노혁준·천경훈(2024) 김건식·노혁준·천경훈, 회사법(제8판)(박영사, 2024)

김건식·정순섭(2023) 김건식·정순섭, 자본시장법(제4판)(두성사, 2023)

김상연(2016) 김상연, "자산운용회사와 판매회사의 투자정보 조사의무 — 대상판결: 대법원 2015. 11. 12. 선고 2014다15996 판결", BFL 제75호(서울대학교 금융법센터, 2016. 1.)

김상준(2003) 김상준, "신탁자에 대한 회사정리절차가 개시된 경우 토지신탁회사가 신탁자를 위하여 기존에 제공한 물상담보의 효력", 대법원판례 해설 통권 제44호(2003년 상)(법원도서관, 2003)

김용재(2018) 김용재, "증권투자신탁의 법률관계 분석과 입법적 과제", 금융법연구 제15권 제2호(금융법학회, 2018)

김용재·강태양(2011) 김용재·강태양, "신탁형 집합투자기구에서 집합투자업자의 지위 및 신탁형 집합투자기구의 합병과 관련한 법적 쟁점 소고", 한국금융법학회지 제8권 제1호(한국금융법학회, 2011)

무궁화·광장(2021) 무궁화신탁법연구회·광장신탁법연구회, 주석 신탁법(제3판)(박영사, 2021)

박양준·최문희(2013) 박양준·최문희, "사모부동산투자신탁 운용계획서의 성질과 위탁회사의 책임 — 대상판결: 대법원 2012. 11. 15. 선고 2010다64075 판결 —", BFL 제57호(서울대학교 금융법센터, 2013. 1.)

박준(2020) 박준, "전문투자형 사모펀드 법제의 연혁과 현황 그리고 문제점", BFL 제104호(서울대학교 금융법센터, 2020. 11.)

법무부(2010) 법무부, 신탁법 개정안 해설(법무부 상사법무과, 2010. 2.)

서울회생법원 재판실무연구회(2019) 서울회생법원 재판실무연구회, 회생사건실무(상)(제5판)(박영사, 2019).

송옥렬(2022) 송옥렬, 상법강의(제12판)(홍문사, 2022)

성희활(2013) 성희활, "신탁법과 자본시장법의 바람직한 관계 설정에 대한 연구", 비교사법 제20권 3호(한국비교사법학회, 2013. 8.)

안성포(2010) 안성포, "신탁법의 개정방향 — 법무부 2009년 신탁법 전면 개정안을 중심으로 —", 부산대학교 법학연구 제51권 제1호 통권 63호(2010. 2.)

안성포(2012) 안성포, "담보권신탁의 기본적 법률관계", 선진상사법률연구 통권 제59호(법무부, 2012. 7.)

오영표(2012) 오영표, "신신탁법 시행에 따른 자본시장법상의 법적 쟁점(신탁법과 자본시장법의 조화로운 공존을 모색하며)", 은행법연구 제5권 제1호(은행법학회, 2012. 5.)

오창석(2009) 오창석, "개정신탁법상 사해신탁에 관한 소고", 금융법연구 제6권 제2호(한국금융법학회, 2009. 12.)

온주 신탁법 온주 신탁법(로앤비)

온주 자본시장법 온주 자본시장법(로앤비)

윤진수(2018) 윤진수, "담보신탁의 도산절연론 비판", 비교사법 제25권 제2호(비교사법학회, 2018. 5.)

이계정(2017) 이계정, 신탁의 기본 법리에 관한 연구 — 본질과 독립재산성(경인문화사, 2017)

이연갑(2011) "공시원칙과 신탁법 개정안", 법학논총 제31집 2호(전남대학교 법학연구소, 2011. 8.)

이연갑(2014) 이연갑, 신탁법상 수익자 보호의 법리(경인문화사, 2014)

이연갑(2015) 이연갑, "개정 신탁법상 수탁자의 권한과 의무, 책임", 정순섭·노혁준 편, 신탁법의 쟁점(제1권)(소화, 2015)

이영경(2018) 이영경, "사업신탁의 법리에 관한 연구", 서울대학교 박사학위논문(2018)

이주현(2002) 이주현, "신탁법상의 신탁계약을 체결하면서 담보목적으로 채권자를 수익권자로 지정한 경우 그 수익권이 정리계획에 의하여 소멸되는 정리담보권인지 여부", 대법원판례해설 통권 제42호(2002년 하)(법원도서관, 2003)

이중기(2001) 이중기, "투자신탁펀드의 지배구조에 관한 비교법적 연구", 증권법연구 제2권 제2호(한국증권법학회, 2001. 12.)

이중기(2006) 이중기, "신탁채권자에 대한 수탁자의 책임의 범위", 민사판례연구회 편, 민사판례연구[XXVIII](박영사, 2006)

이중기(2009) 이중기, "신탁법의 개정방향, 신탁법 총칙의 개정, 신탁관계인제도의 개정, 새로운 신탁의 도입", 선진상사법률연구 통권 제48호(법무부, 2009. 10.)

이중기(2013) 이중기, "담보신탁과 담보권신탁 — 부종성과 신탁관리인의 역할, 도산격리성을 중심으로 —", 증권법연구 제14권 제2호(한국증권법학회, 2013)

이중기·이영경(2022) 이중기·이영경, 신탁법(삼우사, 2022)

이철송(2005) 이철송, "증권투자신탁에서의 환매청구의 본질과 판매회사의 환매의무", 인권과 정의 제342호(대한변호사협회, 2005. 2.)

이철송(2009) 이철송, "집합투자증권(수익증권)의 환매에 관한 판례이론의 평가", 증권법연구 제10권 제1호(한국증권법학회, 2009. 6.)

임재연(2024) 임재연, 자본시장법(박영사, 2024)

임채웅(2009) 임채웅, 신탁법연구(박영사, 2009)

정대익(2013) 정대익, "유럽연합 대체투자펀드운용사지침(AIFMD)의 주요 내용", BFL 제61호(서울대학교 금융법센터, 2013. 9.)

정소민(2017) 정소민, "신탁과 도산 — 부동산담보신탁을 중심으로 —"(2017. 8. 23. 비교사법학회 신탁법연구 공동세미나 발표문)

정순섭(2015a) 정순섭, "신탁의 성립과 신탁설정의사 — 사채원리금 지급대행계약에 대한 판례를 중심으로 —", 정순섭·노혁준 편, 신탁법의 쟁점(제1권)(소화, 2015)

정순섭(2015b) 정순섭, "신탁의 기본 구조에 관한 연구", 정순섭·노혁준 편, 신탁법의 쟁점(제1권)(소화, 2015)

정순섭(2021) 정순섭, 신탁법(지원출판사, 2021)

정재은(2020) 정재은, "사모펀드 판매 관련 법적 쟁점", BFL 제104호(서울대학교 금융법센터, 2020. 11.)

조영희(2009) 조영희, "파산절연과 자산유동화에 관한 법률 제13조에 관한 소고", 박준·정순섭 편, 자산유동화의 현상과 과제(제1권)(소화, 2009)

최동식(2007) 최동식, 신탁법(법문사, 2007)

최수정(2017) 최수정, "부동산담보신탁상 우선수익권의 성질과 우선수익권질권의 효력 — 대법원 2017. 6. 22. 선고 2014다225809 전원합의체 판결을 계기로 —", 인권과 정의 Vol. 470(대한변호사협회, 2017. 12.)

최수정(2019a) 최수정, "부동산담보신탁상 신탁재산 처분의 성질과 효과 — 대법원 2018. 10. 18. 선고 2016다220143 전원합의체 판결에 대한 비판적 검토", 선진상사법률연구 통권 제85호(법무부, 2019. 1.)

최수정(2023) 최수정, 신탁법(제3판)(박영사, 2023)

최은순(2010) 최은순, "자기신탁에 관한 고찰 — 신탁법 개정안을 중심으로", 안암법학 Vol.32 (안암법학회, 2010. 5.)

최준규(2019) 최준규, "담보신탁을 근거로 한 체육필수시설의 매매와 매수인의 권리·의무 승계 — 대상판결: 대법원 2018. 10. 18. 선고 2016다220143 전원합의체 판결", 사법 제48호(사법발전재단, 2019)

한국증권법학회(2015) 한국증권법학회, 자본시장법[주석서 I](개정판)(박영사, 2015)

한민(2012) 한민, "사해신탁의 취소와 부인", BFL 제53호(서울대학교 금융법센터, 2012. 5.)

한민(2015) 한민, "신탁제도 개혁과 자산유동화", 정순섭·노혁준 편, 신탁법의 쟁점(제2권)(소화, 2015)

한민·박종현(2006) 한민·박종현, 신탁과 도산, BFL 제17호(서울대학교 금융법센터, 2006. 5.)

함대영(2010) 함대영, "신탁형 자산유동화에서의 진정양도 판단 — 민법과 신탁법의 교차영역에 대한 고찰의 일환", BFL 제44호(서울대학교 금융법센터, 2010. 11.)

Azar et al.(2018) Jose Azar, Martin C. Schmalz & Isabel Tecu, "Anticompetitive Effects of Common Ownership", 73 Journal of Finance 1513 (2018)

Bebchuk · Hirst(2019) Lucian Bebchuk and Scott Hirst, "Index Funds and the Future of Corporate Governance: Theory, Evidence, and Policy", Columbia Law Review, Vol. 119, No. 5 (December 2019)

Curtis · Morley(2014) Quinn Curtis and John Morley, "An Empirical Study of Mutual Fund

Excessive Fee Litigation: Do the Merits Matter?", The Journal of Law, Economics, and Organization, Volume 30, Issue 2 (May 2014)

Frankel(2011) Tamar Frankel, Investment Management Regulation(4th Edition)(Fathom Publishing Company, 2011)

Langbein(1997) John H. Langbein, "The Secret Life of the Trust: The Trust as an Instrument of Commerce", 107 Yale L.J. 176 (1997)

Pozen · Hamacher(2015) Robert Pozen & Theresa Hamacher, The Fund Industry(2nd Ed.)(Wiley, 2015)

Roy et al.(2020) Amy D. Roy, Jonathan R. Ference-Burke, and Hannah C. Vail, "Refocusing The Jones Analysis: New Trends In Excessive Fee Litigation", The Review of Securities and Commodities Regulation Vol. 53 No. 11 (June 10, 2020)

Scott · Gelpern(2020) Hal Scott and Anna Gelpern, International Finance, Transactions, Policy, and Regulation (23rd ed.)(Foundation Press, 2020)

Wood(2008) Philip Wood, Law and Practice of International Finance, University Edition (Sweet & Maxwell, 2008)

谷笹孝史(2009) 谷笹孝史, "セキュリティ·トラストに關るす實務上の諸論點 — 動産擔保お中心として", NBL No.907 (商事法務, 2009. 6. 15.)

道垣內弘人(2007) 道垣內弘人, "特輯 新信託法とその利用 — 擔保的利用を中心に <金融法學會 第24回大會資料> — 報告 3. 擔保としての信託", 金融法務事情 No.1811 (金融財政事情研究會, 2007. 8.)

道垣內弘人(2018) 道垣內弘人, 信託法 (有斐閣, 2018)

藤瀨裕司(2009) 藤瀬裕司, "信託私債(シリーズ 新信託法制と流動化·證券化)", 法律時報 81卷 11号 (通巻 1014) (2009. 10.)

米倉 明(2008) 米倉 明 編, 信託法の新展開 (商事法務, 2008)

寺本昌広(2007) 寺本昌広, 逐條解說 新しい信託法 (商事法務, 2007)

山田誠一(2007) 山田誠一, "特輯 新信託法とその利用 — 擔保的利用を中心に<金融法學會 第24回大會資料> — 2. セキュリティ·トラスト", 金融法務事情 No.1811 (金融財政事情研究會, 2007. 8.)

杉田浩治(2018) 杉田浩治, 投資信託の世界 (きんざい, 2018)

上柳克郎 외(1989) 上柳克郎·鴻常 夫·竹內昭夫 編, 新版 註釋會社法 11 (有斐閣, 1989)

西村總合法律事務所(2003) 西村總合法律事務所 編, ファイナンス法大典(下) (商事法務, 2003)

小出卓哉(2008) 小出卓哉, 逐條解說 信託業法 (清文社, 2008)

松尾直彦(2018) 松尾直彦, 金融商品取引法(第5版) (商事法務, 2018)

神田秀樹·折原 誠(2014) 神田秀樹·折原 誠, 信託法講義 (弘文堂, 2014)

新井 誠(2007) 新井 誠 編, 新信託法の基礎と運用 (日本評論社, 2007)

新井 誠(2008) 新井 誠, 信託法(第3版) (有斐閣, 2008)

新井 誠 외(2011) 新井 誠·新田秀樹·木南 敦 編, 信託法制の展望 (日本評論社, 2011)

信託と倒産實務研究會(2008) 信託と倒産實務研究會(編), 信託と倒産 (商事法務, 2008)

田中和明(2017) 田中和明 編, 新類型の信託ハンドブック (日本加除出版株式會社, 2017)

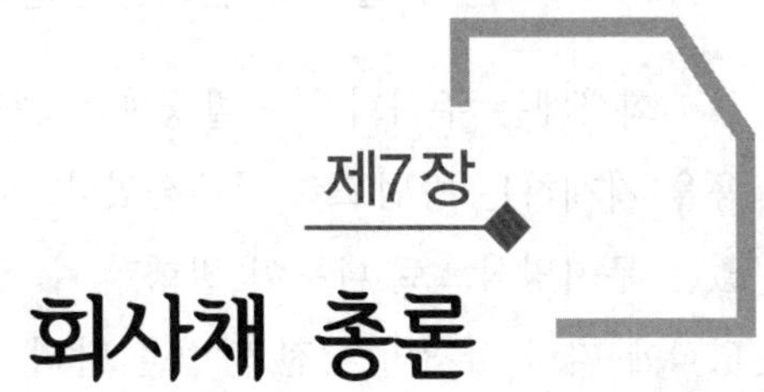

제7장 회사채 총론

제 1 절 사채의 종류와 속성 및 법적 규율의 필요성

Ⅰ. 회사채 발행의 의의

1. 채권(債券)과 회사채

금융거래에서 사용되는 채권(債券) 또는 채무증권에는 주식회사가 발행하는 회사채 이외에도 정부가 발행하는 국채, 지방자치단체가 발행하는 지방채, 공기업이 발행하는 공채 등도 있다. 이러한 채권을 규율하는 법규는 발행주체에 따라 다르다. 제7장에서는 채권(債券) 중 가장 다양한 형태로 발행될 수 있고, 법적인 쟁점도 많이 발생할 수 있는 주식회사의 회사채만을 다룬다.

주식회사가 타인자본으로 자금을 조달하는 가장 중요한 방법 중의 하나가 회사채의 발행이다. 은행대출은 은행이 자금공급자와 자금수요자 사이에서 자금의 중개 역할을 한다는 점에서 간접금융이라고 부르는데 반하여, 회사채 발행은 발행회사가 자본시장의 투자자들로부터 직접 자금을 조달한다는 점에서 직접금융에 속한다. 회사채 발행은 회사의 행위라는 점에서 회사법의 규율을 받고, 다수의 투자자에게 발행하는 경우에는 자본시장법의 규율을 받게 된다. 또한 담보 기타 특수한 조건에 관하여는 담보부사채신탁법 등 특별법의 규율을 받는다.

2. 사채권의 발행과 전자증권법의 시행

회사채는 주식회사가 발행하는 채권(債券)으로서 원래 종이에 발행회사의 채무의 내용을 기재하는 방법으로 발행하였다. 사채권자의 성명을 표시한 기명식과 그러한 표시가 없는 무기명식으로 나누어 발행할 수 있게 하고(상법 제474조 제2항 제10호), 기명식·무기명식에 따라 사채의 이전 방법을 달리 정한 것(상법 제479조)은 사채권이라는 실물이 작성되어 교부됨을 전제로 한 것이었다.

이렇게 실물을 발행하여 유통하는 경우에는 분실의 위험과 위·변조의 우려 등의 문제가 발생할 수 있어 무권화(無券化) 제도의 도입이 추진되었다. 우선 공사채등록법에 따른 등록 제도를 이용하여 왔고, 2011년 상법 개정시 주권·사채권의 발행 대신에 회사의 정관으로 정하는 바에 따라[1] 전자등록기관의 전자등록부에 등록하는 방법을 택할 수 있는 근거(상법 제356조의2 제1항, 제478조 제3항)가 마련되었다. 이어 2016. 3. 22. 전자증권법이 제정되었고 2019. 9. 16. 시행되었다.

전자증권법에 따르면 사채를 전자등록 방식으로 발행하기 위해서는 발행인이 신규 전자등록을 신청하여야 하고, 전자등록기관[2]은 양도제한 등 일정한 법정사유에 해당하지 않는 한 전자등록을 거부할 수 없다(동법 제25조 제6항). 자본시장법에 따른 상장증권, 투자신탁의 수익권과 투자회사의 주식 및 그 밖의 일정한 증권[3]은 발행·유통의 일원화, 권리자 보호 및 건전한 거래질서 유지를 위하여 의무적으로 전자등록의 방법으로만 신규 발행할 수 있다(동법 제25조 제1항 단서, 동법시행령 제18조). 전자증권법 시행 전에 이미 발행된 상장증권은 원칙적으로 전자증권법 시행일부터 전자등록증권으로 전환된다(동법 부칙 제3조 제1항). 발행인은 전자등록된 증권에 대해서는 실물을 발행해서는 안 되고, 이를 위반해서 실물을 발행하더라도 효력이 없다(동법 제36조 제1항, 제2항). 전자등록계좌부에

---

1) 상장회사협의회의 상장회사표준정관(2021. 1. 5. 개정)은 상장회사가 발행하는 주식, 신주인수권증서, 사채, 신주인수권증권을 모두 전자등록하는 것으로 규정하고 있다(동 표준정관 제9조, 제15조의2). 표준정관의 문면상으로는 해외에서 발행하는 사채도 포함되는 것으로 보이지만, 전자증권법에 따른 전자등록을 하면 해외발행사채의 발행 및 유통관행과 조화를 이루기 어렵다{유로채 관행에 관하여는 ☞ 아래 제3절 Ⅱ.(국제적인 사채 발행시 체결되는 계약) 2.(사채의 조건)}. 표준정관의 위 조항이 해외발행사채를 국제관행과 다르게 발행할 것을 규정하려고 한 것은 아니라고 보아야 할 것이고, 위 조항은 사채를 국내자본시장에서 발행하는 경우에 한하여 적용되는 것으로 해석하는 것이 타당할 것이다. 정순섭(2019), 8쪽.

2) 전자등록기관은 금융위원회 및 법무부장관으로부터 전자등록업 허가를 받아야 하는데(전자등록법 제5조 제1항), 한국예탁결제원은 허가를 받은 것으로 간주된다(전자등록법 부칙 제8조).

3) 조건부자본증권, (투자매매업자가 발행하는) 파생결합사채, 주택저당증권, 학자금대출증권, (투자매매업자가 발행하는) 옵션이 표창된 증권(예: 주식워런트증권), 증권예탁증권, 그 밖에 발행 및 유통 구조, 권리자의 권리행사 내용과 방법 등을 고려하여 신규 전자등록 신청을 해야 할 필요가 있는 것으로서 금융위원회가 정하여 고시하는 권리.

전자등록된 사람은 해당 전자등록된 증권에 대하여 전자등록된 권리를 적법하게 가지는 것으로 추정하고, 그 증권의 양도는 계좌간 대체의 전자등록으로 효력이 발생하며 질권설정도 전자등록을 해야 효력이 발생한다(동법 제35조).

Ⅱ. 사채의 종류

1. 상법에 규정된 사채

상법상 주식회사가 발행할 수 있는 사채로는 2011년 상법개정 이전 까지는 ① 일반사채, ② 전환사채, ③ 신주인수권부사채만이 규정되어 있었으나 2011년 상법개정으로 ④ 이익참가부사채, ⑤ 교환사채, ⑥ 상환사채, ⑦ 파생결합사채가 추가되었다.

(1) 일반사채

일반사채는 회사가 투자자로부터 자금을 차입하기 위하여 발행한 채무증권으로서 전환권 등 특수한 정함이 없는 것을 말한다. 일반사채 발행시 발행회사는 청약자 또는 인수인으로부터 원금 상당액(또는 일정한 할인 또는 할증한 금액)을 납입받고, 상환기일에 원금을 상환하고 일정기간(예: 3개월)마다 이자를 지급하는 조건으로 발행한다. 전형적인 소비대차 계약과 매우 흡사한 내용이다. 그래서 종래 다수의 견해는 회사채의 발행회사와 사채권자 간의 계약을 소비대차 또는 소비대차와 유사한 무명계약이라고 보아 왔다.

가. 원금의 상환

상법은 사채청약서의 기재사항에 사채상환의 방법과 기한을 정하도록 하고(상법 제474조 제2항 제8호), 사채의 상환청구권의 소멸시효를 규정하는 등(상법 제487조) 발행회사가 사채권자에게 부담하는 주된 채무로 사채상환의무가 있음을 전제로 하고 있다. 국내 채권시장에서 발행하는 회사채는 2008년까지는 만기 3년 이하가 대부분이었으나, 양적 완화에 따른 저금리가 유지되며 장기 회사채의 발행이 증가하여 근래에는 만기가 5년 이상인 회사채 발행 비중이 상당히 커졌다.[4] 이와 같이 사채는 통상 원금상환 기한을 정해 놓지만, 발행회사가 계속기업으로 운영되고 있는 동안은 원금상환의무를 부담하지 않고 이자만 지급하는 내용의 사채 즉 영구채(perpetual bond)를 발행할 수도 있다.[5] 영구채는

4) 2023년 신규발행 기준으로 만기 5년 이상인 회사채의 발행이 전체의 29%이다(한국예탁결제원 SEIBro).

5) 영구채에 관한 전반적인 논의는 문준우(2014), 59-97쪽.

발행회사가 청산·파산하지 않는 한 원금상환의무를 부담하지 않는다는 점에서 사채의 개념에 포함시킬 수 있는지에 대하여 의문이 제기될 수 있으나, 발행회사가 계속기업으로 있는 동안에는 상환의무가 발생하지 않더라도 발행회사의 청산에 따른 잔여재산 분배시 또는 파산에 따른 배당시 채무의 성격을 가진다는 점(또한 발행조건에 따라서는 일정한 채무불이행사유가 발생하면 기한의 이익을 상실하고 상환하도록 할 수도 있다는 점)에서 영구채의 사채적 성격을 부인할 이유는 없다.[6][7] 회사의 청산·파산시 주주에 대한 잔여재산배분은 채무(영구채 포함)를 전부 이행한 후에만 가능하다(상법 제260조, 제542조)는 점에서 영구채는 주식과는 근본적으로 다르다. 만약 발행회사가 계속기업으로 활동하는 기간중 뿐 아니라 청산·파산시에도 원금상환의무가 없는 조건으로 발행한다면, 그러한 증권은 채무를 표창한 것이라고 보기 어렵고 사채에 해당한다고 할 수 없다.

은행의 자기자본에 관한 법규상 일정한 조건을 갖춘 영구채(만기 30년 이상인 채권으로 은행이 동일한 조건으로 만기 연장 권한을 보유한 경우 포함)를 기본자본(tier 1 capital)으로 인정하고 있고(이른바 신종자본증권),[8] 실제 여러 은행들이 만기 30년 이상인 채권으로서

---

6) 은행법시행령 제19조와 금융지주회사법시행령 제11조의2는 은행과 금융지주회사가 발행하는 조건부자본증권의 만기를 발행회사가 청산·파산하는 때로 할 수 있음을 명시하였다. 이는 영구채 발행 가능여부에 대한 논란을 우려한 입법이고 상법 해석상 사채를 영구채로 발행하는 것이 금지된다고 볼 것은 아니다.

7) 기한부채권은 파산선고시에 변제기에 이른 것으로 본다(채무자회생법 제425조). 영구채의 경우에도 발행회사에 대한 파산선고시 원금상환의무가 변제기에 이르게 된다, 또한 영구채상 확정이자를 계속 지급하기로 되어 있는 경우, 투자자는 '영구히 지급되는 이자의 현재가치'를 평가하여 투자할 것이고, 이자지급 의무를 불이행하는 경우에는 원금 상환을 영구히 하지 않아도 된다는 약정의 기초가 흔들리게 된다. 사채권자로서는 이러한 경우 원금의 상환을 요구할 수 있는 권리를 유보하고 싶어 할 것이고, 이는 결국 기한이익상실 조항에 반영될 것이며, 영구채의 원금상환 영구유예는 '이자지급의무의 불이행 등 사채계약상 기한이익상실 사유 발생'을 해제조건으로 한다고 볼 수 있다. 그러나 영구채를 조건부자본증권으로 발행하는 경우에는 파산선고(또는 파산선고에 앞선 발행회사의 재무악화)시 주식으로 전환되거나(전환형) 원리금 지급의무가 감면되므로(상각형), 그러한 사유발생시 지급할 채무가 감경 또는 면제된다.

8) 은행업감독업무시행세칙 별표3에서 보통주가 아닌 자본증권의 형태로 조달하는 "기타기본자본"으로 부르고 있고 다음과 같은 여러 요건을 충족하여야 한다.

(가) 발행절차를 거쳐 납입이 완료된 상태이어야 하며, 영구적인 형태로서 금리상향조정(step-up) 또는 다른 상환유인이 없을 것,

(나) 예금자, 일반 채권자 및 후순위채권보다 후순위특약 조건이며, 파산 선고시 자산을 초과하는 부채에 해당하지 않을 것,

(다) 발행 은행이 부실금융기관으로 지정되거나 일정한 적기시정조치를 받은 경우 동 사유가 해소될 때까지 배당·이자 지급이 정지되는 조건일 것,

(라) 배당·이자지급이 은행의 신용등급에 연계되어(신용등급에 따라 배당·이자 지급의 전부 또는 일부가 정기적으로 재조정) 결정되지 않을 것,

(마) 배당 지급은 배당가능항목에서 지급될 것,

(바) 은행은 언제든지 배당 취소에 대한 완전한 재량권을 가질 것,

(사) 배당의 지급취소가 보통주 주주에 대한 배당 관련사항 이외에 은행에 어떠한 제약요인으로 작용하지 않을 것,

발행회사가 만기를 연장할 수 있는 조건으로 신종자본증권을 발행하였다. 최근에는 금융기관이 아닌 일반 회사도 이와 유사한 조건으로 영구채를 발행하는 사례가 늘고 있다.[9] 사채는 원래 발행회사의 지급채무를 표창하므로 부채로 회계처리되어야 하지만 신종자본증권은 계약조건의 실질에 따라 자본으로 분류될 수도 있다.[10] 은행감독법규 또는 회계상 자본으로 분류될 수 있는 자금을 조달하면서 주식이 아닌 영구채 형태의 신종자본증권을 발행하는 이유 중 하나는 세법상 이러한 신종자본증권상 지급하는 이자가 이자소득으로 취급된다는 점이다.[11] 무의결권 배당우선주식을 발행하여 자본을 조달한 경우 그

(아) 배당의 지급취소가 부도사건으로 간주되지 않고, 은행은 취소된 금액을 만기가 도래한 채무의 이행에 사용할 수 있는 완전한 권리를 가질 것,
(자) 발행 후 5년 이내에 상환되지 아니하며, 5년 경과 후 상환하는 경우에도 상환여부를 발행은행이 전적으로 자율적으로 판단할 수 있어야 하며, 상환될 것이라는 투자자의 기대를 유발하거나 발행은행에게 사실상 상환을 하도록 부담을 부과하는 어떠한 조건도 없을 것,
(차) 자기자본 인정을 위한 조건부자본 기준을 충족할 것,
(카) 은행 및 은행이 실질적으로 영향력을 행사하는 자는 자본증권을 매입하거나 자본증권의 매입자에 대하여 담보제공, 지급보증 및 대출 등에 의하여 매입자금을 직·간접적으로 지원할 수 없고, 납입자금에 대하여 청구권의 변제순위를 법적, 경제적으로 강화할 수 없으며, 직접 또는 관계회사를 통하여 동 증권의 매입자에게 담보를 제공하거나 보증하지 않을 것,
(타) 자본증권은 향후 발행은행의 자본조달 및 자본확충을 저해하는 조건이 없을 것.

9) 두산인프라코어 기타 주요경영사항(자율공시)(2012. 9. 24.) 및 Offering Circular U.S.$500,000,000 3.250% Senior Capital Securities(25 September 2012). 이 증권의 회계상 분류에 관한 논의는, 최성호·김인숙 (2014), 551-577쪽, 세법상 취급에 대한 논의는 최규환(2015), 149-176쪽. 2012년부터 2017년까지 국내기업의 영구채 발행건수 52건, 발행금액은 12조원에 달한다{금융감독원 보도자료(2018. 5. 29.), "일반기업의 영구채(신종자본증권) 발행 현황 및 시사점"}.

10) 회계기준위원회는 아래와 같은 내용의 신종자본증권에 대하여 발행자가 현금 등 금융자산을 상환할 계약상 의무를 부담하지 않는다고 보아 자본으로 분류하였다.
- 만기: 30년 revolving(발행자 선택에 따라 매 30년 revolving)
- 발행자 중도상환: 발행자가 발행 5년 및 그 이후 매 이자지급일에 중도상환가능(이하, 발행자 call option)
- 보유자 매수청구
  · 발행자가 발행 5년 경과시점에 중도상환하지 않는 경우 보유자(투자자)가 '독립된' 제3자인 SPC에게 발행증권의 매수청구 가능(이하, 투자자 put option)
  · 발행자는 SPC에게 대가로 주식교부청구권을 부여하고 일정한 프리미엄을 지급
  · 동 청구권은 보유자의 put option행사에 따라 SPC가 발행증권을 매입한 시점 및 이후 매 이자지급일에 행사가능
  · 동 청구권 행사시 발행자는 선택에 따라 원금 및 누적이자를 지급하거나 확정 수량의 주식을 교부(이에 따라 최초 발행증권은 소멸)
- 표면금리
  · 고정금리: 기준금리+발행시점 스프레드
  · 기준금리 reset: 발행 후 5년마다 시장금리 반영하여 조정
  · 표면금리 step-up: 발행 5년 후에 스프레드 500bp, 7년 후에 스프레드 200bp 상향 조정(2회)
- 이자지급 부대조건: 이자 지급연기 가능(누적이자는 복리적용). 단, 보통주 배당지급시 이자 지급연기 불가. 또한, 이자 지급 연기시 보통주 배당지급 불가
- 채권자 지위: 발행사 파산시 기타 채권자들과 동순위

한국회계기준원 보도자료(2013. 9. 30.), "'신종자본증권' 회계처리 심의결과".

11) 고창현(2004), 895-897쪽.

주주에게 지급하는 배당액은 법인세납부 후의 이익잉여금에서 지급해야 하지만, 신종자본증권에 따라 지급하는 이자금액은 손금으로 처리되어 법인세 과세소득이 줄어들게 된다.

사채는 통상 자금조달을 위하여 발행하고 금전으로 상환한다. 그러나, 상법상 사채상환을 반드시 금전으로 해야만 하는 제한을 두고 있지 않다. 금전으로 상환하지 않고 다른 물건으로 상환하여도 무방하다. 다만, 다수의 투자자들에게 사채를 발행한 경우 발행회사의 사채권자에 대한 상환의무는 균일해야 하므로 상환의 목적물은 종류물이 되어야 할 것이다. 발행회사가 보유한 다른 회사 발행 주식이나 채권 등의 증권 또는 발행회사가 발행한 다른 사채가 이러한 목적으로 사용될 수 있다. 2011년 개정 상법 제469조 제2항 제2호가 명시적으로 이러한 사채(=교환사채 및 상환사채)의 발행을 인정하였으나 이는 확인적 의미의 입법이라고 보아야 할 것이다.

나. 이자의 지급

전형적인 소비대차에서 이자는 원금, 이자율, 기간의 경과라는 세 가지 요소에 의하여 산정된다. 일반사채에서는 표면이자율을 정하고 일정기간(통상 3개월)마다 이자를 후급으로 지급한다. 할인채(zero-coupon bond)는 표면적으로 이자율과 이자의 지급을 정해 놓지 않지만 실질적으로 이자를 지급한다. 할인채에서는 발행가액(예: 90)이 액면금액(예: 100)보다 작다. 사채 발행시 투자자가 발행회사에 납입하는 발행가액(예: 90)과 만기시 발행회사가 사채권자에게 상환하는 금액(예: 100)의 차액이 발행가액(예: 90)에 대한 이자상당액이 되는 셈이다.

무기명식 사채에 이권(利券 coupon)을 붙여서 이권을 제시하여야 이자를 지급하도록 하는 경우가 있다. 이권은 사채와 분리하여 유통할 수 있어 실질적으로 유가증권과 유사한 기능을 할 수 있다. 상법은 사채상환(통상 만기전 조기상환)시 남아있는 이권 중 흠결된 것이 있으면 이권에 상당한 금액을 상환액에서 공제하도록 규정하고 있다(상법 제486조 제1항). 전자증권법은 이권의 별도 거래를 허용하고 있지 않다. 전자증권법이 시행되면 사채권 실물이 발행되던 때와는 달리 이권의 분리는 계약에 의한 채권(債權)적인 거래로만 이루어질 수 있을 것으로 보인다.[12)]

---

12) 다만, 국고채권에 대해서는 「국고채권의 발행 및 국고채전문딜러 운영에 관한 규정」에 따라 등록발행시에도 국고채를 보유한 자가 원금채권과 이자채권을 분리하거나 재결합할 수 있도록 하고 있다(이른바 STRIPS: Separate Trading of Registered Interest and Principal of Securities). 전자증권법에 따라 국고채가 전자등록되는 경우에도 원금·이자분리 및 재결합을 할 수 있다{한국예탁결제원 「주식·사채 등의 전자등록업무규정」 제60조)}.

(2) 전환사채

전환사채는 일반사채에 사채권자의 전환권을 붙인 것이다(상법 제513조 이하). 즉 사채권자는 사채의 상환 대신에 신주를 발행받을 수 있는 옵션(=전환권)을 가지도록 한 것이다. 전환권은 사채권자가 가지는 권리이므로 행사하지 않을 수도 있다. 전환권을 행사하지 않는 경우, 사채권자는 사채의 조건에 따라 사채의 상환과 이자의 지급을 받는다. 전환권을 행사하면 사채는 소멸하고 신주가 발행되어 사채권자는 주주가 된다. 전환사채의 발행은 잠재적으로 신주 발행을 예정하고 있다는 점에서 일반사채의 발행보다 회사법에서 규율할 사항이 많아진다(☞ 제8장 제2절 전환사채).

(3) 신주인수권부사채

신주인수권부사채는 일반사채에 사채권자의 신주인수권을 붙인 것이다(상법 제516조의2 이하). 즉 사채권자는 사채의 조건에서 정한 기간중 신주의 발행을 받을 권리가 있다. 신주인수권부사채에 부착된 신주인수권은 상법 제418조 제1항에 정한 주주가 가지는 신주인수권과는 다르다. 신주인수권부사채에 부착된 신주인수권은 형성권으로 그 행사와 신주발행가액의 납입이 있으면 신주가 발행된다. 신주인수권부사채에 붙은 신주인수권은 사채권자(또는 분리형인 경우에는 신주인수권증권의 보유자)가 가지는 권리이므로 행사하지 않을 수도 있다. 신주인수권을 행사하지 않는 경우, 사채권자는 사채의 조건에 따라 사채의 상환과 이자의 지급을 받는다. 전환사채권자가 전환권을 행사하면 사채는 소멸하고 신주가 발행되는 반하여, 신주인수권부사채권자(또는 신주인수권증권의 보유자)가 신주인수권을 행사할 때 미리 정한 신주 발행가액을 납입하여야 하고 사채는 그대로 남아 있는 것이 원칙이다. 신주인수권을 행사하려는 사채권자의 청구가 있는 때에는 신주발행가액을 사채상환청구권으로 대용납입할 수 있도록 정할 수 있고(상법 제516조의2 제1항 제5호), 이렇게 정해 놓는 경우에는 전환사채와 실질적인 차이가 없게 된다. 신주인수권부사채 역시 잠재적으로 신주 발행이 예정되어 있다는 점에서 일반사채의 발행보다 회사법에서 규율할 사항이 많아진다(☞ 제8장 제3절 신주인수권부사채).

(4) 이익참가부사채

일반사채의 사채권자는 전형적인 소비대차에서와 마찬가지로 원금의 상환과 이자의 지급을 받을 권리가 있고, 이자의 산정기준이 되는 이자율은 발행 시에 미리 정한다. 주식투자자가 얻을 수 있는 수익인 배당과 시세차익(손)이 발행회사의 경영성과에 따라 달라질 수 있는 것과는 달리, 통상의 채권(債券 bond) 투자자가 얻는 수익은 미리 정해져 있다는 점에서 사채를 비롯한 채권은 확정수익 증권(fixed-income securities)이라고도 부른다. 일반사채와는 달리 이익참가부사채의 사채권자는 발행회사의 이익배당에 참가할 수 있는 권리를 가진다(상법 제469조 제2항 제1호, 상법시행령 제21조)(☞ 제8장 제4절 Ⅰ. 이익참가부사채).

(5) 교환사채

교환사채는 일반사채에 사채권자의 교환권을 붙인 것이다. 즉 사채권자는 사채의 상환 대신에 미리 정한 교환대상증권(=발행회사가 소유한 주식이나 다른 증권)으로 교환할 수 있는 옵션(=교환권)을 가지도록 한 것이다(상법 제469조 제2항 제2호, 상법시행령 제22조). 교환권은 사채권자가 가지는 권리이므로 행사하지 않을 수도 있다. 교환권을 행사하지 않는 경우, 사채권자는 사채의 조건에 따라 사채의 상환과 이자의 지급을 받는다. 사채권자가 교환권을 행사하면 사채는 소멸하고 교환대상증권을 교부받는다. 교환사채는 발행회사가 소유한 교환대상증권으로 교환되고 신주발행이 예정되어 있지 않다는 점에서 잠재적인 신주발행이 예정된 전환사채 또는 신주인수권부사채와는 달리 규율된다. 발행회사가 보유한 자기주식도 교환대상증권에 포함시켜 교환사채를 발행할 수 있다는 점에서 전환사채와 유사한 기능을 할 수 있으나, 상법은 제342조의 자기주식 처분과 같은 맥락에서 자기주식으로 교환될 수 있는 교환사채를 전환사채와 다르게 규율한다(상법시행령 제22조 제2항)(☞ 제8장 제4절 Ⅱ. 교환사채).

(6) 상환사채

상환사채는 ① 발행회사의 선택 또는 ② 일정한 조건의 성취나 기한의 도래 시 미리 정한 대물변제 목적물(=발행회사가 소유한 주식이나 다른 증권)로 상환하는 조건이 붙은 사채이다(상법 제469조 제2항 제2호, 상법시행령 제23조). ①의 경우에는 발행회사가 선택권을 가지므로 그 선택권을 행사하지 않는 경우 사채권자는 사채의 조건에 따라 사채의 상환과 이자의 지급을 받는다. 발행회사가 소유한 주식·유가증권으로 상환하고 신주발행이 예정되어 있지 않다는 점에서 잠재적인 신주발행이 예정된 전환사채·신주인수권부사채와는 달리 규율된다. 발행회사가 보유한 자기주식으로 상환하는 상환사채는 자기주식 처분과 같은 맥락에서 전환사채와 다르게 규율한다(상법시행령 제23조 제2항)(☞ 제8장 제4절 Ⅲ. 상환사채).

(7) 파생결합사채

파생결합사채는 그 상환 또는 지급금액이 다른 기초자산의 가격·이자율·지표·단위 또는 이를 기초로 하는 지수에 따라 결정되는 사채이다(상법 제469조 제2항 제3호). 기초자산에는 증권 기타 금융투자상품, 통화, 일반자산, 신용위험, 기타 자연적·환경적·경제적 현상에 속하는 위험으로 합리적이고 적정한 방법에 의하여 평가가 가능한 것이 포함된다(상법시행령 제20조, 자본시장법 제4조 제10항). 이는 자본시장법상 파생상품 및 파생결합증권의 정의에서 사용되는 기초자산과 같다. 파생결합사채에 따른 상환·지급금액은 다른 기초자산의 가격이나 지수 등에 따라 정해지므로 파생결합사채의 발행가액 또는 원금액을 초과할 수도 있고 그보다 작아질 수도 있다. 또한 상환·지급금액이 발행가액을 초과하는 경우에도 그 초과금액이 원금에 대한 일정한 비율로 시간의 경과에 따라 증가하는 이자와는 달리 기초자산의 가격이나 지수 등에 따라 산정된다. 이와 같은 상환·지급금액의 산정은 파생결합사채가 원금 상환과 이자 지급이라는 소비대차적 성격을 가진 전통적인 일반사채와는 다른 성격을 가지고 있음을 잘 보여준다. 파생결합사채에 대하여는 회사법적인 규율 이외에 자본시장법의 규율도 중요한 의미를 가진다(☞ 제8장 제4절 Ⅳ. 파생결합사채).

2. 특별법에 규정된 사채

상법 이외의 특별법에 규정된 사채로는 ① 담보부사채신탁법에 의한 담보부사채(☞ 제8장 제5절 Ⅰ.), ② 이중상환채권법에 의한 이중상환청구권부 채권(covered bond) (☞ 제8장 제5절 Ⅱ.), ③ 자본시장법 제165조의11에 의한 조건부자본증권(☞ 제3장 제5절 후순위 채권채무 Ⅱ., 제8장 제2절 전환사채 Ⅳ.), ④ 전자증권법 제59조에 의한 단기사채를 들 수 있다. 그 밖에 은행이 발행하는 "금융채"(은행법 제33조)와 같이 발행회사가 속한 산업을 규율하는 특별법으로 그 산업의 특성에 비추어 별도의 규율을 하는 경우가 있다.

3. 원화사채와 외화사채

상법에 규정된 것이건 특별법에 규정된 것이건 사채원리금 지급통화의 종류에 따라 원화사채와 외화사채로 나누어 볼 수 있다. 상법에 의하여 설립된 주식회사가 국내에서 발행하는 사채는 대부분 원화사채이지만 외화사채 발행도 허용된다.[13] 주식회사가 외국에서

13) 외국환거래법상으로도 거주자의 국내 외화증권발행에 대하여 별도의 허가·신고가 필요없다(외국

사채를 발행하고자 하는 경우, 외화사채이건 원화사채이건 외국환거래법규에 따라 신고를 하여야 한다.[14] 주식회사를 포함한 내국법인이 국외에서 발행한 외화표시채권의 이자와 수수료의 소득에 대해서는, 소득을 받는 자가 거주자, 내국법인, 외국법인의 국내사업장인 경우를 제외하고는, 소득세 또는 법인세가 면제된다(조세특례제한법 제21조 제1항 제1호).[15] 이러한 조세상의 특례 때문에 외국환거래법상 외국환업무취급기관이 아닌 일반 주식회사가 외국에서 타인자본을 조달하고자 하는 경우에는 통상 은행대출이 아닌 사채발행의 방법을 취하게 된다.[16] 우리나라 주식회사가 외국에서 사채를 발행하듯이, 외국법인이 한국 내에서 채권을 발행할 수도 있다. 외국인이 한국 내에서 발행하는 원화채권은 아리랑본드,[17] 외화채권은 김치본드[18]라고 부른다.

4. ESG채권과 녹색채권

최근 ESG가 강조되면서 ESG채권과 녹색채권(green bond)이 ESG금융의 하나로 언급되고 있다. ESG채권에 대한 명확한 정의는 없으나 한국거래소는 녹색채권(환경 친화적인 프로젝트나 사회기반시설에 투자할 자금을 마련하기 위해 발행하는 채무증권), 사회적 채권(social bond)(사회가치 창출 사업에 투자할 자금을 마련하기 위해 발행하는 채무증권), 지속가능채권(sustainability bond)(환경 친화적이고 사회가치를 창출하는 사업에 투자할 자금을 마련하기

환거래규정 제7-22조 제1항).

14) 외국환업무취급기관이 아닌 거주자가 외국에서 외화사채를 발행하려면 지정거래외국환은행(일정한 경우에는 지정거래외국환은행을 경유하여 기획재정부장관)에게 신고해야 하고, 외국환업무취급기관을 포함한 거주자가 외국에서 원화사채를 발행하려면 기획재정부장관에게 신고해야 한다(외국환거래규정 제7-22조 제2항, 제3항). 원화의 국제화에 대한 규제가 엄격하다고 할 수 있다.

15) 자본유치경쟁 때문에 국제금융거래에 따른 이자소득에 대해서는 비과세나 면세가 일반적이다. 이창희(2014), 435쪽.

16) 증권발행이 아닌 대출계약에 의한 차입에 따라 내국법인이 외국법인에게 지급하는 이자는 국내원천소득으로서 원칙적으로 22%의 법인세와 지방세가 원천징수되고(법인세법 제98조 제1항 제3호, 지방세법 제103조의52), 조세조약이 적용되는 경우에는 그 조세조약에 정한 세율에 따라 원천징수된다.

17) 채권발행자가 설립지/주된 사무소 소재지가 아닌 국가에서 외국투자자를 대상으로 발행하는 채권을 국제債(international bond)라 부르고 이는 다시 발행지의 통화로 표시된 외국채(foreign bond)와 그렇지 않은 유로채(euro bond)로 나뉜다. 외국인이 각국의 자본시장에서 그 국가 통화로 발행하는 외국채(foreign bond)는 그 국가를 나타내는 독특한 명칭을 가지고 있다(예: 미국시장에서 발행되는 양키본드, 일본시장에서 발행되는 사무라이본드, 영국시장에서 발행되는 불독본드). 아리랑본드는 1995년 아시아개발은행(ADB)이 최초로 발행한 이후 국제금융기구, 한국회사의 해외현지법인 등이 발행해오다가 최근에는 외국금융회사가 발행하는 사례{노무라 인터내셔널 펀딩 피티이(Nomura International Funding Pte. Ltd.)의 증권신고서(2015. 6. 5.)}도 생기고 있다.

18) 2006년 미국 베어스턴스(Bear Stearns Companies Inc.)가 한국에서 증권신고서(2006. 6. 16.)를 제출하고 미화 3억 달러의 채권을 공모로 발행한 것이 최초의 김치본드 발행이다.

위해 발행하는 채무증권)과 지속가능연계채권(sustainability-linked bond)(사전에 정한 지속가능 성과목표를 달성하는지 여부에 따라 재무적 또는 구조적 특성이 변경될 수 있는 채무증권)을 ESG 채권으로 부르고 있다.[19]

금융위원회와 환경부 등이 제정한 한국형 녹색채권가이드라인(2022. 12.)에 따르면 녹색채권은 ① 발행자금이 한국형 녹색분류체계에 의해 정의된 6대 환경목표(온실가스 감축, 기후변화 적응, 물의 지속가능한 보전, 순환경제로의 전환, 오염 방지 및 관리, 생물다양성 보전) 중 하나 이상에 기여하는 녹색경제활동에 사용되며, ② 4대 핵심요소[20]를 모두 충족하는 채권을 말한다. 녹색채권 발행절차가 별도로 있는 것은 아니고 녹색채권의 경우에는 발행자금의 용도가 중요하다. 발행시에는 조달자금을 녹색프로젝트에 사용할 것으로 공시서류 등에 기재한 후 실제 자금을 다른 용도에 사용하는 이른바 그린워싱(greenwashing)이 발생하는 경우 부실공시 또는 사기적 부정거래 등의 문제가 발생할 수 있다.[21]

Ⅲ. 사채의 속성

1. 종래의 견해

종래 사채는 대체로 (i) 발행자가 주식회사라는 점. (ii) 발행회사가 채무(내지는 금전채무)를 부담한다는 점.[22] (iii) 채권자가 확정된 이자를 지급받는 점. (iv) 비교적 장기의 자금을 조달한다는 점 및 (v) 단위화된 증권으로 발행되며 채권자가 불특정의 투자자라는 점[23] 등의 속성을 가진 것으로 설명되어 왔다.[24] 회사채의 발행회사와 사채권자 간의

---

19) 한국거래소, ESG채권 정보플랫폼 운영지침 제2조.

20) (i) 자금의 사용: 조달자금이 녹색분류체계에 적합한 녹색경제활동에 사용되어야 함.
(ii) 평가와 선정절차: 발행자는 녹색프로젝트 선정시 평가 기준 및 선정절차를 투명하게 운영하여야 함.
(iii) 자금의 관리: 발행자는 녹색채권 조달금액을 내부통제절차를 통해 추적가능한 적절한 방법(별도의 계좌, 가상의 방식 등)을 제시하여야 함.
(iv) 보고: 발행자는 녹색채권 발행 전 외부검토를 받고 ㉮ 관리체계 및 ㉯ 적합성판단 확인서와 ㉰ 사전 외부검토 보고서를 공시해야 함
환경부·금융위원회 등, 한국형 녹색채권 가이드라인(2022), 13-16쪽.

21) 녹색채권의 법적인 쟁점에 관하여는 엄상연·오광식(2021).

22) 회사의 이익과 관계없는 확정적인 채권이라거나, 기업가치와 관계없이 미래의 현금흐름이 고정된다거나, 청산시 주주에 우선하여 변제받는다거나 하는 설명은 모두 '채무'라는 점을 부연한 것이다.

23) 집단성, 정형성과 대량성을 가진다는 설명은 단위화된 증권을 발행하는 데 따라 발생하는 현상을 부연한 것이다.

24) 권기범(2017), 1082쪽; 이철송(2022), 1047-1048쪽; 정동윤(2012), 719쪽; 정찬형(2017) 1221쪽; 최기원(2012), 840쪽 등. 일본의 鴻常夫(1958), 9쪽도 같은 취지.

계약에 대해서도 다수의 견해는 소비대차[25] 또는 소비대차와 유사한 무명계약[26]이라고 보아 왔다.

위의 네 가지 속성 중 (i)은 현재도 차이가 없다.[27] (ii)도 기본적으로는 유지되고 있으나 영구채와 같이 원금상환의 시기에 대한 특별한 조건이 붙거나, 아래에서 보는 바와 같이 파생결합사채에서는 상환·지급금액이 원금과는 다르게 될 수 있다. 파생결합사채에서는 확정된 이자지급이 아닌 다른 지수·지표에 연동하여 산정된 금액이 지급된다는 점에서 (iii)도 파생결합사채에는 타당하지 않게 되었다. 비교적 장기자금조달 목적으로 사채를 발행하는 경우가 대부분이지만 단기자금조달을 위한 단기사채가 도입됨으로써 사채 일반에 대하여 (iv)의 속성이 있다고 하기 어렵게 되었다. (v)에 대해서는 단위화가 일부 완화되었으나 (2011년 상법개정으로 개정전 상법 제472조 제1항이 삭제됨) 사채는 증권의 발행을 전제로 한다는 점은 유지되고 있다. 그러나 사채를 사모로 발행할 수 있다는 점에서 반드시 불특정의 투자자를 상대로 증권을 발행해야 하는 것은 아니다. 이와 같이 사채의 유형이 확대됨에 따라 전통적인 사채의 기본적 속성이 모든 사채에 그대로 유지되지는 않게 되었다.

2. 2011년 개정상법에 따른 사채의 속성의 변화

2011년 개정상법에 따라 회사가 발행할 수 있는 사채의 범위가 확대되고 특히 파생결합사채가 사채의 한 종류로 열거됨에 따라 파생결합사채를 포함한 사채의 일반적 속성은 종래의 일반사채가 가지고 있던 속성으로부터 변하지 않을 수 없다. 사채의 속성 중 권리(발행회사의 채무)를 표창한 증권을 균일하고 호환성있게 하여 전전유통할 수 있도록 한다는 점은 종전과 동일하다. 그러나 사채에 표창된 사채권자의 권리(=발행회사의 채무)의 내용은 소비대차에 국한되지 않으므로 이제는 사채는 발행회사의 편무적 채무(통상 금

25) 임재연(2017), 821쪽; 이철송(2022), 1050쪽.

26) 김건식·노혁준·천경훈(2024), 715쪽; 송옥렬(2022), 1172쪽; 최기원(2012), 846쪽; 권기범(2017), 1086-1087쪽. 이와는 달리 채권의 매매로 보는 견해는 정찬형(2017), 1226쪽.

27) 상법은 주식회사의 사채발행에 대한 조항을 두고 있고 다른 유형의 회사의 사채발행에 대해서는 아무런 조항을 두고 있지 않다. 유한회사와 유한책임회사에 대하여는 유한책임에도 불구하고 사채권자보호를 위한 상법조항이 없고 상법 제600조 제2항, 제604조 제1항 등이 유한회사(또는 유한책임회사)가 사채발행을 할 수 없음을 전제로 하고 있다는 점등을 근거로 유한회사와 유한책임회사의 사채발행은 허용되지 않는다는 것이 통설이다. 이와는 달리 합명회사와 합자회사는 사원의 전부 또는 일부가 회사채권자에 대하여 무한책임을 지므로 사채권자 보호에 관한 상법조항이 없어도 사채를 발행할 수 있다고 본다. 주석상법[회사법(5)](2021), 11-13쪽(윤영신 집필); 이철송(2022), 1048쪽; 송옥렬(2022), 1170쪽.

전채무이겠으나 다른 종류물 채무이어도 무방)가 표창된 것이라고 보아야 할 것이다.[28)]

파생결합사채의 발행회사가 사채권자에게 상환·지급할 금액은 전통적인 사채의 원금 또는 이자와는 달리 기초자산의 가격이나 지수 등에 연계하여 결정된다. 상환·지급할 금액이 사채의 발행가액보다 작아질 수도 있고 경우에 따라서는 상환·지급금액이 0이 될 수도 있다. 또한 사채청약자가 사채발행시 납입한 발행가액이 파생결합사채의 상환·지급금액의 산정기준금액이 되어야 하는 것도 아니다. 파생상품거래에서 상환·지급금액을 산정하는 기준은 이른바 명목금액(notional amount)이고 어느 한 당사자가 다른 당사자에게 지급한 금액이 기준금액이 되어야 하는 것은 아니다. 파생결합사채는 파생상품거래를 증권에 표창한 것으로 이러한 원리가 동일하게 적용된다. 즉 파생결합사채에서는 사채의 조건에서 정한 명목금액을 기준으로 기초자산의 가격이나 지수 등에 따라 상환·지급금액이 결정된다. 이와 같이 파생결합사채에서는 만기에 상환·지급할 금액이 반드시 최초의 사채권자가 발행회사에게 납입한 발행가액이 아니고 이자의 산정기준으로서의 원금도 없기 때문에 전통적인 사채에서의 원금과 이자라는 속성이 남아있지 않게 되었다. 이러한 변화에 대하여 파생결합사채라는 새로운 종류의 사채의 속성상으로는 원금과 이자라는 속성이 사라졌다고 하더라도 그 밖의 사채에서는 아직 원금과 이자의 존재의의를 인정하여 사채의 속성을 이원적으로 파악하고자 하는 견해도 있을 수 있다. 그러나 파생결합사채를 포함한 상법상 사채 전체를 관통하는 속성이 무엇인지를 찾고자 한다면 원금과 이자가 더 이상 사채의 본질적 속성이 아니게 되었다고 하지 않을 수 없다.

파생결합사채의 도입은 사채권자가 부담하는 위험에서도 변화를 가져왔다. 전통적인 일반사채에서 사채권자는 원금상환과 이자지급에 대한 발행회사의 신용위험만을 부담하였다.[29)] 그러나, 파생결합사채를 보유한 사채권자는 상환·지급금액의 지급에 대한 발행회사의 신용위험 이외에 상환·지급금액을 산정하기 위한 기초자산의 가격 또는 지수의 변동 위험(예: 기초자산이 주식인 경우에는 그 주식의 가격변동위험, 통화인 경우에는 환위험, 이자율인 경우에는 이자율변동 위험)을 부담한다. 이렇게 사채권자가 새로운 내용의 위험을 부담한다는 사실은 그 사채에 투자하고자 하는 투자자가 그 사채의 가치를 평가하기 위하여 고려해야 할 요소가 늘어난다는 것을 의미한다. 전통적인 일반사채의 투자판단을 위해서는 발행회사의 신용위험을 평가하고 그 신용위험에 비추어 볼 때 사채의 조건이 합당한가를 판단하면 충분하다. 그러나 파생결합사채의 경우에는 발행회사의 신용위험에 추가하여 기초자산의 가격 또는 지수 변동위험을 평가하여야 하고 또한 기초자산의 가격

28) 사채의 속성에 관한 상세한 논의는 박준(2012), 9-58쪽.

29) 물론 사채를 만기까지 보유하지 않고 유통시장에서 거래하고자 하는 투자자는 시장이자율의 변동에 따른 사채의 시장가격의 변동위험도 부담한다.

또는 지수의 변동이 파생결합사채상의 상환·지급금액 산정에 어떻게 영향을 주는지를 알 수 있도록 거래구조를 정확하게 파악하여야 한다. 파생결합사채의 발행 및 판매시 발행회사와 판매자가 어떠한 정보를 투자자에게 제공하여야 하는지의 문제도 사채권자가 부담하는 위험의 내용의 변화를 반영하여 종전의 일반사채의 발행 및 판매 시와는 달리 생각할 필요가 있다.

3. 사채와 주식의 접근 경향과 사채와 주식의 구분

(1) 사채와 주식의 접근

사채는 회사의 채무를, 주식은 회사에 대한 지분을, 표창하는 것인데 주식의 특성 중 일부를 가지는 사채와 사채의 특성 중 일부를 가지는 주식이 발행되어 양자가 근접하고 있다.

가. 주식의 사채로의 접근

주주권의 주요 내용을 기준으로 사채에 근접하는 주식으로는 ① 회사의 주요 의사결정을 할 수 있는 권리인 의결권의 면에서는 의결권이 없거나 제한되는 주식, ② 회사의 경영성과인 이익을 향유할 수 있는 권리인 이익배당청구권의 면에서는 일정한 금액으로 미리 정해진 배당을 받는 이른바 사채형 배당우선주식, ③ 회사는 해산할 때까지 주주가 존재하는 것을 전제로 하므로 주주의 투하자본 회수는 유통시장에서의 거래를 통하여 이루어지는 것이 통상인데 반하여 일정기간 경과 후 상환이 가능한 내용의 상환주식을 들 수 있고, 이러한 속성이 모두 반영된 무의결권 확정배당률 상환우선주식은 사채에 상당히 접근하는 셈이다.[30] 그러나 이러한 주식이 사채로 접근하는데는 한계가 있다. 첫째, 주식에 대한 배당과 상환은 (자본감소의 절차를 따르는 경우가 아닌 한) 배당가능이익의 한도에서 이루어져야 하고, 둘째, 회사의 청산·파산시 주주는 회사의 채무가 모두 변제된 이후에 잔여재산을 분배받을 권리가 있다.

나. 사채의 주식으로의 접근

사채권자가 주주권의 전부 또는 일부에 해당하는 권리를 취득하는 방법으로는 ① 잠재적으로 주식을 취득할 수 있는 권리의 취득, ② 사채권자로서 회사의 경영성과에 따른

30) 회계기준상 우선주의 발행자가 보유자에게 확정되었거나 결정 가능한 미래의 시점에 확정되었거나 결정 가능한 금액을 의무적으로 상환해야 하거나, 우선주의 보유자가 발행자에게 특정일이나 그 후에 확정되었거나 결정 가능한 금액의 상환을 청구할 수 있는 권리를 보유하는 경우에는 그러한 우선주는 금융부채로 취급한다(한국채택국제회계기준 제1032호 문단 18).

손익에의 참여, ③ 사채권자로서 회사의 의사결정에의 참여[31] 등의 방법을 생각해 볼 수 있다.

①에 해당하는 것으로는 전환사채, 신주인수권부사채, 자기주식 교환사채, 자기주식 상환사채를 들 수 있다.

②에 해당하는 것으로는 회사의 이익의 측면에서는 사채권자에게 이익배당에 참가할 권리를 부여하는 이익참가부사채, 회사의 손실의 측면에서는 다른 채권자보다 후순위로 채권을 행사할 수 있도록 함으로써 경영성과의 손실부분을 다른 채권자보다 먼저 부담하는 후순위 사채를 들 수 있다.

③에는 한계가 있다. 의결권등 주주의 공익권에 해당하는 권리를 사채권자에게 부여할 수는 없을 것이다.[32] 다만, 발행회사가 사채의 조건 중 확약(covenants)의 하나로 일정한 사항에 대하여 사채권자의 사전 동의를 받을 것을 약정하는 경우가 있다. 예컨대, 일반 무담보사채를 발행하면서 (i) 담보부사채 발행 또는 일정한 금액 이상의 담보부 차입 또는 (ii) 일정한 금액 이상의 배당금 지급시에는 사채권자의 동의를 받도록 정하는 경우이다. 발행회사가 확약사항을 위반하여 동의의 대상인 행위를 한 경우, 원칙적으로 그 위반이 행위의 효력에 영향을 주지는 않고 사채권자에 대한 계약위반에 해당하게 될 것이다. 이러한 경우, 사채권자가 주주권을 행사하거나 경영참여를 하는 것은 아니다.

(2) 사채와 주식의 구분

사채권자가 주주의 공익권을 가지지 못한다고 하더라도 사채와 주식이 유사한 기능을 수행할 수 있다. 예컨대, 영구 이익참가부사채는 발행회사가 계속기업으로 활동하는 한 원금을 상환하지 않는다는 점에서 무의결권 배당우선주와 매우 근접하게 된다. 이 경우에도 발행회사가 청산·파산하는 경우 투자자가 가지는 권리가 무엇인가라는 점에서 사채와 주식이 구별된다. 청산·파산시 사채권자는 채권자로서의 권리를 행사할 수 있고 주주는 회사의 채무가 모두 변제된 이후에 잔여재산을 분배받을 권리가 있을 뿐이다. 만약, 사채의 조건에 상환기한을 두지 않고, 발행회사가 청산·파산하는 경우에도 발행회사의

31) 윤영신·정순섭(2002), 17쪽은 단순히 주식과 관련이 되어 있는 것에 불과한 "가장 약한 주식성"을 가진 사채, 현금흐름에 참여하는 "약한 주식성"을 가진 사채와 지배에 참여하는 "강한 주식성"의 3가지로 분류하였다. 강한 주식성을 가진 사채는 신주인수권부사채와 같이 잠재적으로 주주가 되어 회사의 지배에 참여하는 경우를 의미하고 있어 본문의 ③과 같이 사책권자로서 회사의 의사결정에 참여하는 것과는 차이가 있다.

32) 김교창(2003), 221-223쪽은 "사채권자에게도 주주총회에 출석하여 어느 정도의 의결권을 행사할 수 있도록 한 사채"를 경영참가사채라고 하고 이를 외국의 사채의 종류의 하나로 소개하였다. 영국에서는 사채권자가 발행회사와의 계약에 의하여 발행회사의 이사를 선임할 수 있는 권리를 부여 받을 수 있는 것으로 본다. Davies·Worthington(2012), p. 1184.

상환의무가 없도록 계약에 정해 놓고 투자자에게 이익에 참가할 수 있는 권리를 부여한다면, 그러한 내용의 증권은 사채로 볼 수 없을 것이다. 이러한 증권을 사채라고 이름 붙여 발행하더라도 이는 적법한 절차를 거치지 않고 주식과 유사한 속성을 가지는 증권을 발행한 것으로 취급하여야 마땅하다.

요컨대 상환기한이 없더라도 발행회사의 청산·파산시 상환·지급의무가 있는 한 채무를 표창한다고 볼 수 있고 이러한 내용으로 발행한 증권은 사채에 해당한다. 그러나 평상시뿐 아니라 청산·파산 시에도 상환·지급의무가 없는 조건으로 발행된 증권은 채무를 표창하는 것이라고 할 수 없고 사채라고 할 수 없다. 또한 이렇게 항상 상환의무가 없도록 발행한 증권은 다른 자산이나 지표·지수의 변동에 따라 산정한 상환·지급금액이 0이 되는 경우가 발생할 수 있는 증권(=파생결합사채)과는 차이가 있다.

Ⅳ. 사채에 관한 법적 규율의 필요성[33)]

1. 주주와 채권자 간의 대리문제

주주는 유한책임을 지기 때문에 채권자의 이익을 침해하며 자신의 이익을 추구할 유인이 있다. 즉 대리문제(agency problem)가 발생한다. 주주의 이익을 추구하는 회사의 경영진 역시 채권자의 이익을 해하고 주주의 이익을 도모할 유인이 있다. 이와 같이 채권자의 이익을 해하고 주주의 이익을 도모하는 행위는 회사의 자산을 유출하는 자산희석화(asset dilution), 회사가 추가채무를 부담하여 기존채무의 가치를 떨어뜨리는 채권희석화(claim dilution), 저위험사업용 자산을 처분하고 고위험사업용 자산을 취득하는 자산대체(asset substitution) 등의 형태로 이루어질 수 있다.[34)]

회사법은 회사의 채권자 전체를 대리문제로부터 보호하기 위한 최소한의 법적 장치로 자본금제도와 이익배당 등 회사 자산의 유출을 규율하는 제도를 두고 있다. 그러나 이러한 제도로 채권자의 이익을 해하고 주주이익을 도모하는 여러 형태의 행동을 모두 방지할 수는 없다. 위의 여러 형태의 채권자의 이익을 해하는 행동에 대한 대응은, 회사가 도산상태 또는 도산에 임박한 상태가 아닌 한, 통상 법률로 정하기보다는 계약에 맡겨 두고 있다. 그 이유로는 과도한 규제의 위험, 채권자의 회사에 관한 이익의 다양성, 채권자

33) 상세한 논의는 박준(2017b), 64-68쪽.

34) 상세한 논의는 김건식 외(2020), 214-220쪽; Bratton(2006), pp. 45-49; 윤영신(1998), 314-318쪽; 송옥렬(2022), 1174-1177쪽.

와의 재협상의 어려움 등을 든다.[35] 이와 같은 이유로 회사와 채권자의 관계는 통상 계약으로 규율한다. 은행 대출시 채무자인 회사와 상세한 대출계약을 체결하는 것이 대표적인 예이다.[36]

2. 회사채의 특수성과 사채권자 보호를 위한 법적 장치

(1) 회사채 발행시

회사채의 발행은 은행으로부터의 차입과 더불어 대표적인 타인자본 조달 방법이다. 은행은 대출시 채무자인 회사와 협상을 통하여 회사(주주)-채권자 간의 대리인 문제로부터 자신의 이익을 보호할 장치를 대출계약에 둘 수 있다. 그러나 사채권자는 정보입수 및 평가 능력의 부족과 투자자의 무임승차의 문제 등으로 인하여 은행과 같은 정도로 채무자인 회사와 협상하여 자신의 이익을 보호할 계약을 체결하기 어렵다. 회사채 발행시의 이러한 문제는 공모발행에 대한 공시제도를 정비하고 인수인(underwriter), 신용평가업자, 회계감사인 등이 자본시장의 문지기(gatekeeper) 역할을 제대로 수행하면 어느 정도 해소될 수는 있겠으나 완벽하지는 않다.[37]

(2) 회사채 발행후

대출을 일으킨 은행은 대출계약상 채무자의 확약조항(covenants)을 두어 채무자의 기회주의적 행동을 방지하고 그 위반여부를 계속 주시하여 신용위험의 상승에 대비한다. 분산 발행되어 전전 유통되는 회사채를 가진 다수의 사채권자들은 대출은행과 같이 발행회사를 모니터하기는 매우 어렵다. 또한 불특정 다수의 채권자가 동일한 내용의 채권(債權)을 증권의 형태로 보유하게 되므로 사채권자의 집단적인 의사결정이 필요한 경우가 있다. 집단적인 의사결정이 필요한 경우 사채권자의 집단행동의 문제[38]가 발생할 수 있다. 사채권자의 집단적인 의사결정과 행동을 위하여 둔 제도가 사채관리회사와 사채권자집회이

35) 김건식 외(2020), 219-220쪽.

36) 회사 또는 그 이사는 사채권자에 대하여 충실의무(또는 신인의무)를 부담하지 않는다. Harff v. Kerkorian 324 A2d. 215(Chancery Court of Delaware, July 23, 1974).

37) 자본시장의 문지기에 대해서는 BFL 제82호(2017. 3.) 특집 "자본시장의 신뢰와 문지기책임"으로 게재된 7개의 논문 참조.

38) 집단행동의 문제는 구성원 개개인이 합리적으로 행동할 경우 집단의 이익을 추구하는 방향으로 행동하지 않음으로써 발생하는 문제이다. 즉 대규모 집단에서 각 구성원이 차지하는 비중이 작은 경우 구성원 입장에서는 집단의 의사결정에 참여하지 않고 무임승차하는 것이 합리적인 결정이 되는 합리적 무관심의 문제와 죄수의 딜레마로 설명되는 전략적 행동으로 인하여 집단전체의 이익을 추구하는 의사결정이 이루어지지 않을 가능성이 발생한다. 이에 관한 설명은 김성은(2020), 10-15쪽.

다(☞ 제7장 제4절 사채관리회사, 제5절 사채권자집회). 위에서 살펴본 은행의 대출과 대비한 회사채의 특성 및 그 특성을 반영한 사채관리회사 제도와 사채권자집회 제도의 필요성은 주식회사가 발행한 회사채에 대해서만 타당한 것이 아니다. 발행인이 누구이건 채권(債券)의 형태로 다수의 투자자들이 타인자본을 제공하는 경우도 마찬가지이다. 상법의 회사채에 관한 규율 중 잠재적 신주 발행에 따른 기존 주주와의 이해조정을 위한 조항 이외의 다른 조항들은 발행인이 누구이건 다수의 투자자에게 채권을 발행하는 경우에 적용될 수 있도록 별도의 법률로 입법할 필요가 있다.[39]

3. 잠재적 신주 발행과 기존 주주와의 이해조정의 필요성

회사채의 내용이 단순히 소비대차와 같은 내용의 금전채무를 표창하는데 그치지 않고 회사의 신주 발행을 받을 권리를 표창하는 등 회사의 주주의 권리에 영향을 줄 수 있는 경우에는 기존 주주와의 이해관계를 조정할 필요성이 발생한다. 상법상 주주 외의 자에게 전환사채·신주인수권부사채를 발행하는 경우에는 발행규모, 전환조건, 신주인수권의 내용 등을 정관에 규정하지 않으면 주주총회의 특별결의로 정하도록 한 것(상법 제513조 제3항, 제516조의 제4항)은 바로 이러한 점을 반영한 것이다.

4. 회사채 조건의 복잡화에 따른 법적 규율의 필요성

2011년 상법개정으로 파생결합사채가 회사채의 범주에 포함되었다. 2011년 상법개정 이전에는 상법상 사채는 대체로 소비대차 또는 이와 유사한 내용의 계약이 증권에 표창된 것이었고 당연히 원금의 상환의무가 있는 것이었다. 투자자는 발행회사가 지급능력이 부족하여 지급받지 못하는 위험 즉 신용위험을 떠안을 뿐이었다. 그러나 파생결합사채는 다른 자산·지표에 연계하여 상환·지급금액이 결정되는 것이므로 발행회사가 지급할 의무를 지는 상환·지급금액이 투자자의 투자원금에 미달할 수 있는 경우가 발생한다. 투자자는 발행회사의 지급능력에 따른 신용위험이 아닌 다른 종류의 위험인 기초자산·지표의 변동에 관한 위험을 떠안는 것이다. 이와 같이 발행회사가 원금상환의무를 부담하지 않는 종류의 파생결합사채의 발행규모는 최근 수년간 크게 증가하였다.

39) 예컨대 독일 채권(債券)법(Schuldverschreibungsgesetz)은 독일법을 준거법으로 하여 발행되는 채권이면 회사, 금융회사, 비독일발행자 등 발행자를 불문하고 적용된다. 다만 카버드본드 및 연방정부(또는 연방정부의 특별기금), 주정부 또는 시가 발행하거나 보증한 채권에는 적용되지 않는다. 또한 일반사채, 전환사채, 신주인수권부사채뿐 아니라 파생상품이 화체된 증권에도 적용된다.

이러한 파생결합사채의 조건은 전통적인 일반사채 또는 전환사채와는 달리 매우 복잡한 내용으로 이루어져서 투자자가 그 사채에 내재한 위험을 판단하기 쉽지 않다. 또한 파생결합사채 중 자본시장법상 파생결합증권에 해당하는 것은 원칙적으로 자본시장법상의 투자매매업인가를 받은 증권회사만이 발행할 수 있고,[40] 통상 인수인 없이 발행되어 발행회사인 증권회사가 직접 자신의 고객 또는 은행의 특정금전신탁에 판매한다. 이와 같이 내용이 복잡하고 투자자가 부담하는 위험이 종전의 전통적인 사채와는 완전히 다른 새로운 파생결합사채에 대해서는 금융소비자 보호 및 발행회사인 금융회사에 대한 금융규제의 차원에서 규율할 필요가 있다.[41] 일정한 조건성취시 원금지급의무가 소멸하거나 주식으로 자동전환 또는 강제전환되는 조건부자본증권에서도 유사한 문제가 발생할 수 있다.

제 2 절 사채의 발행

Ⅰ. 사채 발행의 결정

1. 이사회 결의와 대표이사에의 위임

사채발행은 이사회 결의를 필요로 한다(상법 제469조 제1항). 사채발행은 타인자본으로 자금을 조달하는 방법의 하나이다. 일반적인 자금차입 중에서는 중대한 재산의 차입에 해당하면 이사회 결의를 필요로 하고(상법 제393조), 그렇지 않은 경우에는 이사회 결의가 반드시 필요한 것은 아니다. 그러나 사채발행의 방법으로 자금을 조달하는 경우에는 금액의 다과를 묻지 않고 이사회 결의를 필요로 한다. 은행으로부터의 차입 등 다른 여러 방법에 의한 자금조달과는 달리 사채발행에 대해서만 특별히 이사회 결의가 필요하도록 정해 놓은 것은 증권발행의 방법으로 자금을 조달하여 다수의 사채권자가 발생한다는 점에서 중요성이 있다고 본 것이라고 할 수 있다. 사채발행에 대한 내부수권으로 이사회결의

40) 자본시장법은 파생결합증권의 발행을 원칙적으로 인가가 필요한 투자매매업의 한 유형으로 규정하고 있고, 다만 전문투자자가 사업에 필요한 자금조달목적으로 발행하고 발행과 동시에 위험회피목적의 거래를 해야 하는 등의 요건을 갖춘 경우에는 예외로 하고 있다(자본시장법 제6조 제2항, 제7조 제1항, 자본시장법시행령 제7조 제1항, 자본시장법시행규칙 제1조의2). 파생결합사채 중 투자원금과 이에 대한 수익 모두 기초자산의 가격 등의 변동과 연계되어 발행회사의 원금지급보장이 없는 것은 파생결합증권에 해당한다(자본시장법 제4조 제7항).

41) 주가연계증권(ELS)에 관한 여러 분쟁들에 관하여는 ☞ 제10장 제2절 Ⅳ. 불공정거래 규제.

가 필요하다는 점은 국내발행이건 국제적 발행이건 차이가 없다.[42] 그러나 주주 이외의 자에게 전환사채, 신주인수권부사채, 이익참가부사채를 발행하는 경우에는 일정한 사항(예: 전환사채의 경우 전환사채의 액, 전환의 조건, 전환으로 발행할 주식의 내용과 전환청구기간)에 관하여 정관에 근거가 없으면 주주총회 특별결의로 이를 정해야 한다(상법 제513조 제3항, 제516조의2 제4항, 상법시행령 제21조 제2항).

실제 사채발행시 사채의 조건은 금융시장의 상황에 따라 결정되므로 이사회에서 사채의 조건(예: 이자율, 발행가액 등)을 미리 결정하는 것은 현실성이 부족하다. 이러한 점을 감안한 2011년 상법개정으로 회사의 정관에 근거를 두면 이사회가 사채의 금액과 종류를 정하여 1년 이내의 기간 동안의 사채발행 권한을 대표이사(또는 대표집행임원)에게 위임할 수 있도록 하였다(상법 제469조 제4항, 제408조의5 제2항). 이사회가 대표이사에게 사채발행 권한을 위임할 때 사채의 조건이나 발행방법에 관하여 일정한 범위를 설정할 것인지 여부는 각 회사의 상황에 비추어 이사회가 판단할 문제이다.

2. 사채 발행에 관하여 결정할 사항

상법은 사채 발행시 이사회에서 결정해야 할 사항을 구체적으로 규정하고 있지 않다. 상법 제474조 제2항 제4호부터 제15호에 규정된 사채청약서에 기재해야 할 사항들[43]

---

42) 참고로 국채는 국회의 의결을 받아 발행하는데(헌법 제58조, 국채법 제5조 제1항), 외국에서 국채를 발행하거나 국내에서 외화로 국채를 발행하는 경우에는 따로 국회의 의결을 받아야 한다(국채법 제6조). 지방채는 지방재정법시행령 제10조에 정한 범위 내에서 지방의회의 의결을 받아 발행하는데, 외채를 발행하는 경우에는 지방의회의 의결 이전에 행정안전부장관의 승인을 받아야 한다(지방재정법 제11조 제2항).

43) 4. 사채의 총액
5. 각 사채의 금액
6. 사채발행의 가액 또는 그 최저가액
7. 사채의 이율
8. 사채의 상환과 이자지급의 방법과 기한
9. 사채를 수회에 분납할 것을 정한 때에는 그 분납금액과 시기
10. 채권을 기명식 또는 무기명식에 한한 때에는 그 뜻
10의2. 채권을 발행하는 대신 전자등록기관의 전자등록부에 사채권자의 권리를 등록하는 때에는 그 뜻
11. 전에 모집한 사채가 있는 때에는 그 상환하지 아니한 금액
12. [삭제]
13. 사채모집의 위탁을 받은 회사가 있는 때에는 그 상호와 주소
13의2. 사채관리회사가 있는 때에는 그 상호와 주소
13의3. 사채관리회사가 사채권자집회결의에 의하지 아니하고 제484조 제4항 제2호의 행위를 할 수 있도록 정한 때에는 그 뜻
14. 제13호의 위탁을 받은 회사가 그 모집액이 총액에 달하지 못한 경우에 그 잔액을 인수할 것을 약정한 때에는 그 뜻

을 참고하여 사채 총액, 각 사채의 금액, 사채의 이율, 사채의 상환과 이자지급 방법 등을 정해야 하는 것으로 보고 있다.[44] 2011년 상법개정으로 이사회에서 사채의 금액과 종류를 정하여 대표이사에게 사채발행을 위임하는 경우에는 실질적으로 대표이사가 이러한 사항들을 결정하게 된다.

Ⅱ. 사채의 공모 발행

1. 개 설

(1) 자본시장법에 의한 공모의 규율

사채를 공모의 방법으로 발행하는 것에 대하여는 자본시장법이 규율한다. 자본시장법은 투자자보호와 시장질서의 유지를 위하여 투자자에 대한 정보의 공시를 요구한다. 사채를 비롯한 증권의 공모시의 정보의 공시는 금융위원회에 제출하는 증권신고서와 잠재적 투자자들에게 교부하는 투자설명서에 기재하는 방법으로 이루어진다(자본시장법 제119조, 제123조). 자본시장법에서 요구하는 공시의무를 준수하지 않았을 경우에는 투자자에 대한 손해배상책임을 질 수 있을 뿐 아니라, 형사처벌과 행정적 제재를 받을 수 있다.

(2) 상법상 모집·공모

상법상 회사채를 모집하는 경우 발행회사는 회사의 재무상태에 관한 간단한 정보와 발행할 회사채의 내용에 관한 정보 등을 기재한 사채청약서를 작성하고 응모자가 사채청약서에 서명하여야 한다(상법 제474조). 사채청약서는 자본시장법상 요구되는 증권신고서·투자설명서보다 훨씬 작은 범위의 정보를 제공한다.

상법은 총액인수(상법 제475조)에 대응하여 모집·공모(상법 제474조)라는 용어를 사용하고 있지만 그 의미가 무엇인지는 명확하지 않다. 다수의 학설은 일반 공중 또는 불특정 다수의 투자자에 대한 발행[45]으로 설명하고 있으나 구체적인 판단기준은 불명확하다. 상법상 모집·공모는 총액인수를 제외한 것을 의미하는 것으로 보이고 자본시장법상의 사모도 포함한다고 할 수 있다.[46][47] 하지만, 자본시장법상 인수인이 총액인수하여 모집하는

15. 명의개서대리인을 둔 때에는 그 성명·주소 및 영업소

44) 주석상법[회사법(5)](2021), 18쪽(윤영신 집필).

45) 이철송(2022), 1052쪽; 김건식·노혁준·천경훈(2024), 717쪽; 임재연(2017), 823쪽.

46) 자본시장법의 공모와 사모를 합친 개념으로 보는 견해로는 권기범(2017), 1088쪽.

47) 일본에서는 회사법상의 모집은 “새로이 발행하는 증권의 취득의 청약의 권유”이고 일본 금융상품

경우(자본시장법 제9조 제7항, 제11항 제1호)는 상법상 총액인수에 해당하고 상법상 모집에 포함되지 않는다는 점에서 자본시장법상 모집 중에는 상법상 모집에 해당하지 않는 것도 있다.48) 실제 증권의 공모는 자본시장법에 따라 이루어지고 있으므로 상법상 모집·공모의 해석에 관한 논의는 큰 의미가 없다.49) 발행방법을 자본시장법에서 규율하는 이상 상법이 사채발행 방법을 총액인수와 모집·공모로 나누어 규정할 필요는 없다.50) 입법적으로 개선되어야 할 사항이다.

2. 자본시장법상 공모

(1) 모집과 매출

자본시장법상 공모에는 새로 발행되는 증권의 모집과 이미 발행된 증권의 매출이 있다. 모집은 "50인 이상의 투자자에게 새로 발행되는 증권의 취득의 청약을 권유하는 행위"이다(자본시장법 제9조 제7항). 매출은 "50인 이상의 투자자에게 이미 발행된 증권의 매도의 청약을 하거나 매수의 청약을 권유하는 행위"이다(자본시장법 제9조 제9항). 여기서는 새로 발행하는 사채를 전제로 하므로 모집을 중심으로 살펴본다.

(2) 50인

50인을 산출할 때 (i) 청약의 권유를 하는 날 이전 6개월 이내에 해당 증권과 같은 종류의 증권에 대하여 모집·매출에 의하지 아니하고 청약의 권유를 받은 자를 합산하고, (ii) 전문투자자등 일정한 전문가와 발행회사의 임원 등 일정한 연고자를 제외한다(자본시장법시행령 제11조 제1항). 이들 전문가와 연고자는 "발행인으로부터 설명을 듣지 아니하고

거래법의 "유가증권의 모집"과 "유가증권의 사모" 양자를 포함한다고 보고 있다. 橋本円(2015), 157쪽.

48) 상법상 사채의 인수, 공모, 모집의 개념과 자본시장법상 인수, 공모, 모집의 개념의 차이에 대한 상세한 논의는 주석상법[회사법(5)](2021), 49-52쪽(윤영신 집필).

49) 송옥렬(2022), 1185쪽은 상법상의 용어가 혼동을 초래함을, 김건식 외(2008), 324-325쪽(윤영신 집필)은 상법의 총액인수 개념이 혼란의 여지가 있음과 사채청약서 제도의 개선의 필요성을, 주석상법[회사법(5)](2021), 50-52쪽(윤영신 집필)은 공모와 총액인수로 나눈 상법의 사채발행형태 분류가 사채발행 실무와는 맞지 않음을 지적하였다.

50) 흔히 상법상 사채의 공모를 (i) 발행회사가 직접 모집사무를 처리하는 직접모집, (ii) 발행회사로부터 모집의 위탁을 받은 수탁회사가 자신의 명의와 발행회사의 계산으로 모집하는 위탁모집으로 나누고 위탁모집 가운데 응모액이 발행예정액에 미달할 때 수탁회사가 그 미달액을 인수하는 도급모집(인수모집)이 있다고 설명되고 있으나, 주석상법[회사법(5)](2021), 51-52쪽(윤영신 집필)은 자본시장법에 따른 증권발행 절차에 비추어볼 때 상법상 위탁모집, 도급모집, 인수모집은 사문화된 제도라고 보았다.

도 발행인의 재무상황이나 사업내용 등의 정보에 충분히 접근할 수 있는 위치에 있을 뿐만 아니라, 그것을 판단할 수 있는 능력을 갖추고 있어 스스로 자기이익을 방어할 수 있는" 사람이기 때문이다(대법원 2005. 9. 30. 선고 2003두9053 판결).

(3) 청약의 권유

"청약의 권유"란 권유받는 사람에게 증권을 취득하도록 하기 위하여 신문·방송·잡지 등을 통한 광고, 안내문·홍보전단 등 인쇄물의 배포, 투자설명회의 개최, 전자통신 등의 방법으로 증권 취득청약의 권유 또는 증권 매도청약이나 매수청약의 권유 등 증권을 발행 또는 매도한다는 사실을 알리거나 취득의 절차를 안내하는 활동을 말한다(자본시장법시행령 제2조 제2호). 법원은 잠재적 투자자를 1:1로 만나 사업설명을 하면서 투자를 요구하거나 주식의 청약을 권유하는 형태로 주주를 모집한 사안에서 "피고인이 … 55명이나 그 밖의 다른 사람들을 상대로 하여 '신문·방송·잡지 등을 통한 광고, 안내문·홍보전단 등 인쇄물의 배포, 투자설명회의 개최, 전자통신 및 그 밖에 이에 준하거나 이와 유사한 방법'으로 청약의 권유를 하였다고 볼 만한 자료가 없다"고 하여 무죄를 선고하였다(대법원 2004. 2. 13. 선고 2003도7554 판결 및 파기환송후 항소심 서울중앙지방법원 2004. 8. 11. 선고 2004노1495 판결). 피고인이 직접 1:1 면담의 방법으로 구두로 청약의 권유를 한 상대방의 숫자가 50명 이상임이 증명되지 않았던 것인지 아니면 1:1 면담은 청약의 권유방법에 포함되지 않는다는 것인지 명확하지 않다. 만약 후자의 취지라면, 50명 이상의 투자자와 각각 1:1 면담을 통하여 구두로 증권 취득청약을 권유하되, 안내문등의 문서를 사용하지 않는 경우에는 증권의 모집에 해당하지 않게 된다. 그러나 이러한 행위를 모집으로 규율할 필요는 안내문을 사용한 경우와 차이가 없다. 또한 반드시 다수가 참석하여야만 투자설명회가 성립하는 것은 아니다. 예컨대 서로 다른 30인이 참석한 설명회를 2회 개최한 경우, 5인이 참석한 설명회를 12회 개최한 경우, 3인이 참석한 설명회를 20회 개최한 경우와 60명과 각각 1:1 면담을 한 경우를 달리 취급할 필요는 없을 것이다. 1:1 면담도 회의의 일종이므로 투자설명회의 범주에 들어간다고 보는 것이 합리적일 것이다.

(4) 모집간주

청약의 권유를 받는 자의 수가 50인 미만이면 원칙적으로 모집에 해당되지 않는다. 그러한 경우에도 그 증권이 발행일부터 1년 이내에 50인 이상의 자에게 양도될 수 있는 경우로서 금융위원회가 정하여 고시한 전매기준에 해당하는 때에는 모집으로 간주한다(자본시장법시행령 제11조 제3항). 즉 청약의 권유가 없더라도 전매가능성이 있으면 모집에 해당한다(대법원 2014. 2. 27. 선고 2012두25712 판결[51]). 금융위원회의 「증권의 발행 및 공시 등에 관한 규정」 제2-2조는 국내 발행시의 전매기준, 제2-2조의2는 해외발행시의 전매기준을 상세히 규정하고 있다.

3. 공모발행시 공시의무와 부실공시에 대한 책임

(1) 공시의무

공모 즉 모집·매출 방식으로 사채를 발행하는 경우에는 자본시장법에 따라 금융위원회에 증권신고서를 제출하고 잠재적 투자자들에게 투자설명서를 교부해야 한다. 증권신고서와 투자설명서는 잠재적 투자자들에게 정보를 제공하는 것을 목적으로 한다. 상법은 회사채 발행인이 잠재적 투자자에게 제공할 정보로 사채청약서에 기재할 사항을 규정하는데 그치고 있어(상법 제474조 제2항), 상법에 따른 정보공시는 매우 제한적이다. 자본시장법은 증권신고서와 투자설명서에는 (i) 모집·매출에 관한 사항[52]과 (ii) 발행인에 관한 사항[53]

51) 대법원 2014. 2. 27. 선고 2012두25712 판결은 상장법인이 증권거래법이 규정한 유가증권의 모집방법에 따라 신주를 발행하면서 신주의 발행가액을 시가보다 낮게 결정함으로써 신주인수인이 이익을 얻더라도 그에 대하여는 증여세를 과세하지 아니하도록 규정한 구 상속세 및 증여세법 제39조 제1항 제1호 (가)목의 괄호에서 정한 '유가증권의 모집방법'에 증권거래법 시행령 제2조의4 제4항이 정한 간주모집의 방법이 포함된다고 판시하면서, 간주모집에 해당하는지 여부는 '청약의 권유를 받은 자의 수'가 아니라 '전매 가능성의 유무'를 기준으로 판단하도록 정하고 있으므로, 청약의 권유가 없었더라도 전매 가능성 기준을 충족하는 경우에는 간주모집에 해당한다고 판시하였다.

52) 모집·매출에 관한 사항은 다음과 같은 내용을 포함한다.
가. 모집·매출에 관한 일반사항
나. 모집·매출되는 증권의 권리내용
다. 모집·매출되는 증권의 취득에 따른 투자위험요소
라. 모집·매출되는 증권의 기초자산에 관한 사항(파생결합증권 및 금융위원회가 정하여 고시하는 채무증권의 경우만 해당)
마. 모집·매출되는 증권에 대한 인수인의 의견(인수인이 있는 경우만 해당)
바. 주권비상장법인의 지분증권 직접공모에 관한 신고서를 제출하는 경우에는 일정한 요건을 갖춘 분석기관의 평가의견. 다만, 금융위원회가 정하여 고시하는 경우에는 이를 생략 가능.
사. 자금의 사용목적
아. 그 밖에 투자자를 보호하기 위하여 필요한 사항으로서 금융위원회가 정하여 고시하는 사항

53) 발행인에 관한 사항은 다음 사항을 포함한다(설립중인 법인의 경우에는 금융위원회가 정하여 고시한다).
가. 회사의 개요
나. 사업의 내용
다. 재무에 관한 사항
라. 회계감사인의 감사의견
마. 이사회 등 회사의 기관 및 계열회사에 관한 사항
바. 주주에 관한 사항
사. 임원 및 직원에 관한 사항

을 기재하고, 일정한 첨부서류[54]를 첨부할 것을 요구한다(자본시장법시행령 제125조 제1항, 제2항). 구체적인 서식과 작성방법은 금융위원회가 별도로 정하여 고시한다(동조 제4항).[55] 투자설명서의 표제부에는 신고의 효력발생일, 모집·매출가액, 청약기간, 모집기간, 증권신고서 사본과 투자설명서의 열람장소 등의 사항[56]을 기재하고, 본문에는 증권신고서에 기재할 사항을 모두 기재해야 한다(자본시장법시행령 제131조 제2항, 제3항). 공모발행을 위하여 금융위원회에 제출한 증권신고서와 투자설명서는 금융감독원 전자공시시스템(DART; Data Analysis, Retrieval and Transfer System) (http://dart.fss.or.kr/)에 게시됨으로써 투자자들이 온라인으로 쉽게 접근할 수 있다.

아. 이해관계자와의 거래내용
자. 그 밖에 투자자를 보호하기 위하여 필요한 사항으로서 금융위원회가 정하여 고시하는 사항

54) 첨부서류는 다음과 같다
1. 정관 또는 이에 준하는 것으로서 조직운영 및 투자자의 권리의무를 정한 것
2. 증권의 발행을 결의한 주주총회 또는 이사회의사록의 사본, 그 밖에 증권의 발행결의를 증명할 수 있는 서류
3. 법인 등기사항증명서에 준하는 것으로서 법인 설립을 증명할 수 있는 서류(법인 등기사항증명서로 확인할 수 없는 경우로 한정한다)
4. 증권의 발행에 관하여 행정관청의 허가·인가 또는 승인 등을 필요로 하는 경우에는 그 허가·인가 또는 승인 등이 있었음을 증명하는 서류
5. 증권의 인수계약을 체결한 경우에는 그 계약서의 사본
6. 지분증권(집합투자증권은 제외), 증권예탁증권(지분증권과 관련된 것만 해당) 또는 일정한 파생결합증권을 증권시장에 상장하려는 경우에는 거래소로부터 그 증권이 상장기준에 적합하다는 확인을 받은 상장예비심사결과서류
7. (자본시장법 제124조 제2항 제2호에 따른 예비투자설명서를 사용하려는 경우) 예비투자설명서
8. (자본시장법 제124조 제2항 제3호에 따른 간이투자설명서를 사용하려는 경우) 간이투자설명서
9. 직접공모의 경우에는 증권분석기관의 평가의견서, 증권분석기관 대표자의 각서, 청약증거금관리계약에 관한 계약서 사본 및 청약증거금 예치계좌의 통장 사본
10. 그 밖에 투자자를 보호하기 위하여 필요한 서류로서 금융위원회가 정하여 고시하는 서류

55) 금융위원회가 제정한 "증권의 발행 및 공시등에 관한 규정" 제2-6조 이하에서 증권신고서와 투자설명서에 기재할 사항을 추가로 상세히 규정하고 있고, 금융감독원이 거의 매년 발간하는 「기업공시실무안내」가 증권신고서 작성과 관련한 의문점에 대해 상세히 설명하고 있다.

56) 그 밖에 다음 사항을 투자설명서의 표제부에 기재해야 한다.
1. 법 제176조 제3항 제1호에 따른 안정조작(이하 "안정조작")이나 법 제176조 제3항 제2호에 따른 시장조성(이하 "시장조성")을 하려는 경우에는 증권시장에서 안정조작이나 시장조성이 행하여질 수 있다는 뜻
2. 청약일 전날(개방형 집합투자증권 및 금적립계좌등인 경우에는 청약일 이후에도 해당한다)까지는 해당 증권신고서의 기재사항 중 일부가 변경될 수 있다는 뜻
3. 정부가 증권신고서의 기재사항이 진실 또는 정확하다는 것을 인정하거나 해당 증권의 가치를 보증 또는 승인하는 것이 아니라는 뜻
4. 그 밖에 투자자를 보호하기 위하여 필요한 사항으로서 금융위원회가 정하여 고시하는 사항

(2) 부실공시에 따른 민사책임

가. 개 요

잠재적 투자자에게 제공한 정보가 부실한 경우, 민사책임과 형사처벌의 대상이 된다. 상법은 투자자에 대한 부실한 정보제공에 따른 민사책임에 관한 명시적인 조항을 두고 있지는 않으나 민법상 불법행위 책임이나 상법 제401조에 따른 이사의 제3자에 대한 책임의 문제가 제기될 수 있을 것이다.

자본시장법은 증권신고서(정정신고서 및 첨부서류를 포함)와 투자설명서(예비투자설명서 및 간이투자설명서를 포함) 중 중요사항에 관하여 거짓의 기재·표시가 있거나 중요사항이 기재·표시되지 아니함으로써 증권 취득자가 손해를 입은 경우에는 발행인과 그 이사 및 그 밖의 일정한 사람들은 손해배상책임을 지도록 하였다(동법 제125조 제1항). 다만, 배상책임을 질 주체가 상당한 주의를 하였음에도 불구하고 알 수 없었음을 증명하거나 그 증권 취득자가 취득의 청약을 할 때에 그 사실을 안 경우에는 배상책임을 지지 않는다.

나. 중요사항

중요사항이란 "투자자의 합리적인 투자판단 또는 해당 금융투자상품의 가치에 중대한 영향을 미칠 수 있는 사항"을 의미한다.[57][58][59] 이는 합리적인 투자자가 금융투자상품과 관련된 투자판단이나 의사결정을 할 때에 중요하게 고려할 상당한 개연성이 있는 사항을 의미한다. 나아가 어떠한 사항이 합리적인 투자자가 중요하게 고려할 상당한 개연성

---

57) 2020. 3. 24. 금융소비자보호법이 제정되어 설명의무에 관한 사항들이 금융소비자보호법에 규정되고 자본시장법에서는 설명의무를 규정하였던 제47조가 삭제되면서 동조 제3항에 있던 중요사항의 정의도 삭제되었다. 정의의 삭제에도 불구하고 중요사항의 의미는 삭제 전과 마찬가지로 보는 것이 합리적이겠으나, 자본시장법의 여러 조항에서 중요사항이라는 용어를 사용하고 있으므로 종전처럼 중요사항의 정의를 자본시장법에 두는 것이 바람직하다.

58) 대법원판결에 나타난 중요사항의 거짓기재·기재누락의 예: 저축은행이 BIS비율과 자산건전성을 허위로 기재한 사례(대법원 2015. 11. 27. 선고 2013다211032 판결), 자본잠식된 회사가 가공자산 등을 과대계상하여 자기자본이 있고 당기순이익이 발생한 것으로 분식결산한 사례(대법원 2010. 8. 19. 선고 2008다92336 판결, 대법원 2007. 10. 25. 선고 2006다16758, 16765 판결), 완전자본잠식한 회사가 발행한 주식에 대한 감액손실처리를 하지 않고, 완전자본잠식한 회사 및 폐업중인 회사에 대한 매출채권에 대한 대손충당금을 설정하지 않는 등 분식결산한 사례(대법원 2012. 10. 11. 선고 2010다86709 판결), 주간사회사의 시장조성 비용을 발행회사가 부담한다는 점을 기재하지 않은 사례(대법원 2002. 9. 24. 선고 2001다9311, 9328 판결).

59) 금융감독원(2023), 259-261쪽은 중요사항의 거짓기재·기재누락으로 인하여 과징금이 부과된 예로 (i) 유상증자 자금의 일부 인출을 제한한다는 내용을 기재하고 실제로는 이를 인출 사용한 사례, (ii) 유상증자 모집총액 160억원 중 30억원을 가장납입한 사례, (iii) 210억원의 증자자금의 사용목적을 신규사업투자 및 차입금상환으로 기재하여 증권신고서를 제출한 후, 100억원을 기업구조조정조합에 출자하기로 자금사용목적을 변경하였으나 그 변경사실을 증권신고서에 기재누락한 사례, (iv) 연대보증채무를 부담한 후 주채무자의 파산선고 및 대위변제 사실을 기재누락한 사례 등을 들고 있다.

이 있는 사항에 해당하는지는 그 사항이 거짓으로 기재·표시되거나 그 기재·표시가 누락됨으로써 합리적인 투자자의 관점에서 이용할 수 있는 정보의 전체 맥락을 상당히 변경하는 것으로 볼 수 있는지에 따라 판단하여야 한다.[60]

다. 손해배상책임 주체

자본시장법은 (i) 증권신고서의 신고인(회사채 공모 발행의 경우에는 발행인)과 신고 당시의 발행인의 이사, (ii) 상법 제401조의2 제1항에 해당하는 자로서 그 증권신고서의 작성을 지시하거나 집행한 자, (iii) 그 증권신고서의 기재사항 또는 그 첨부서류가 진실 또는 정확하다고 증명하여 서명한 공인회계사, 감정인, 신용평가를 전문으로 하는 자, 변호사, 변리사 또는 세무사 등 공인된 자격을 가진 자(그 소속단체를 포함한다), (iv) 그 증권신고서의 기재사항 또는 그 첨부서류에 자기의 평가·분석·확인 의견이 기재되는 것에 대하여 동의하고 그 기재내용을 확인한 자, (v) 그 증권의 인수인 또는 주선인, (vi) 그 투자설명서를 작성하거나 교부한 자, (vii) 매출의 방법에 의한 경우 매출신고 당시의 매출인을 손해배상책임의 주체로 규정하고 있다(자본시장법 제125조, 동법시행령 제135조).

라. 상당한 주의의 항변

손해배상책임의 주체는 상당한 주의를 하였음에도 불구하고 증권신고서 중 중요사항에 관한 거짓 기재·표시 또는 중요사항에 관한 기재·표시의 누락이 있음을 알 수 없었다는 점을 증명하면 책임을 면한다. 대법원은 이를 "'자신의 지위에 따라 합리적으로 기대되는 조사를 한 후 그에 의하여 거짓의 기재 등이 없다고 믿었고 그렇게 믿을 만한 합리적인 근거가 있었음'을 증명하는 것"으로 보고 있다.[61] 자신의 지위에 따라 합리적으로 기대되는 조사가 무엇인지는 책임주체의 유형 및 구체적 상황에 따라 판단할 수밖에 없다.

인수인의 상당한 주의에 대하여는 금융감독원이 유의사항[62]과 모범규준[63]의 형태로 기준을 제시하였고, 금융투자협회가 이를 반영하고 더 상세한 행동지침을 넣은 모범규준[64]을 제시하고 있다. 이러한 유의사항·모범규준은 상당한 주의 이행 여부 기준으로 직접 적용할 수 있는 법규는 아니나 기준으로 활용한 하급심 판결례[65]도 있다. 금융투자협

60) 대법원 2015. 12. 23. 선고 2013다88447 판결(해운회사의 용선계약·대선계약의 개별적·구체적 내용이 기재되지 않은 것이 정보의 전체 맥락에서 중요사항의 기재누락이 있다고 보기 어렵다고 함).
61) 대법원 2007. 9. 21. 선고 2006다81981 판결, 대법원 2014. 12. 24. 선고 2013다76253 판결, 대법원 2015. 12. 23. 선고 2015다210194 판결 등.
62) 인수업무등에 관한 "적절한 주의" 이행을 위한 유의사항(2009. 2. 5. 개정).
63) 금융투자업자의 기업실사(Due Diligence) 모범규준(2011. 12.).
64) 대표주관업무 등 모범규준(금융투자협회, 2023. 9. 7. 최종개정).
65) 서울고등법원 2012. 7. 26. 선고 2012나2165 판결.

회가 작성한 모범규준의 주요한 내용을 보면 다음과 같다.[66)]

○ 조사·검토는 "분별있는 자가 자기재산을 관리할 때 기대되는 정도의 주의"를 갖고 수행한다.

○ 조사·검토를 위하여 시중에 유통되는 일반 정보의 수집은 물론 발행회사와의 면담이나 질문을 통한 추가정보의 확인, 전문분야에 관한 전문가 의견의 확보, 해당 산업에 관한 객관적 정보를 제공하는 제3자(제품구입처, 경쟁업체 등)로부터의 의견 청취 및 회사 제시 중요자료에 대한 독립적 검증을 실시하는 등 정보의 특성에 따라 그에 맞는 합리적 노력을 기울인다.

○ 발행회사가 신고서에 기재하고자 하는 내용이 진실한 지를 확인하기 위하여 발행회사로부터 제공받은 정보에 대한 적정한 검증을 실시한다.

– 다음과 같은 기준을 충족하는 경우에 적절한 검증이 이루어졌다고 봄

i) 전문가 의견이나 분석[67)]이 반영된 정보에 대해서는 그 내용이 진실하지 않다고 의심할 만한 합리적 근거가 없을 것

ii) 비전문정보[68)]에 대해서는 그 내용이 진실하다고 믿을 만한 합리적 근거가 있을 것

○ 발행회사가 자금사정에 어려움을 겪고 있거나 경영이 불투명한 때에는 그렇지 않은 회사에 비하여 더욱 엄격한 조사와 검증을 실시한다.

위의 내용 중 특기할 부분은 전문가 의견·분석이 반영된 정보("전문가 담당부분")와 그렇지 않는 정보를 구분한 점이다. 전문가 담당부분에 대해 비전문가는 그것이 진실하다고 믿을 만큼 조사를 해야 하는 것이 아니라 "진실하지 않다고 의심할만한 합리적 근거가 없으면" 상당한 주의를 다한 것이 되도록 했다. 이는 미국 증권법[69)] 상 통상{즉 전문가 담

66) 본문에 적은 사항 이외에도 아래와 같은 내용이 포함되어 있다.
○ 신고서 기재내용의 조사·검증을 위하여 충분한 시간을 확보한다.
○ 신고서의 조사·검증 업무는 동 업무를 적절히 수행하는데 필요한 경험과 지식을 갖춘 인력에 의해 수행한다.
○ 발행회사의 사업과 그 운영 현황에 관한 이해를 돕고 신고서 기재 내용에 관한 의문점 해소 등을 위하여 최소한 1회 이상 발행회사의 경영자를 상대로 대면 면담을 실시한다.
○ 주가에 중요한 영향을 미치는 발행회사에 관한 기존 정보(과거 수시공시나 언론보도 정보 등)가 시장에 오해를 유발케 하는 등 잘못 알려져 있거나 검증시점에서 그 내용에 변동이 있는 경우에는 신고서 등에 당해 정보가 적절히 수정되어 기재되었는지를 조사한다.
○ 신고서 등에 기재되는 내용이 진실하지 않거나 중요 사항이 누락되었다는 조사 결과가 나오는 경우, 인수 금융투자회사 등은 발행회사에 신고서 기재내용의 수정·추가·삭제 등 보완을 요구하여야 하며 발행회사가 이에 납득할 만한 추가설명이나 자료제출 없이 이에 응하지 않을 경우 인수계약 등을 취소하거나 정지하는 것을 검토한다.

67) 적정 감사의견을 받은 재무제표, 전문평가기관의 평가를 받은 광물매장량 등.

68) 외부감사인의 감사나 검토를 받지 않은 재무제표(분기재무제표 등)는 비전문정보에 해당되므로 발행인의 외부감사인으로부터 당해 비감사 재무제표 및 최근 회사의 재무상황에 대한 의견을 듣는 등의 방법으로 이에 대한 검증을 실시한다(필요시 comfort letter 확보).

69) Securities Act of 1933, Section 11(b), 15 U.S. Code § 77k (b). 미국 증권법 조항의 내용과 판례

당부분(expertized portion)에 대한 당해 전문가의 주의 또는 전문가 담당부분을 제외한 비전문가 담당부분(non-expertized portion)에 대한 비전문가의 주의}은 합리적 조사기준(reasonable investigation standard)을 적용하지만, 전문가 담당부분에 대한 비전문가의 주의에 대해서는 합리적 신뢰기준(reasonable reliance standard)을 적용하는 것을 참고한 것으로 보인다. 이 점에 대해 자본시장법은 아무런 언급이 없으나, 이와 같은 구분은 합리성이 있으므로 자본시장법상 책임에 대하여도 미국 증권법 조항과 유사하게 해석하는 것이 합리적일 것이다. 또한 위 유의사항·모범규준은 인수인·대표주관회사에 대한 것이지만 위와 같이 주의의 수준을 구분하는 것은 인수인뿐 아니라 사외이사와 같은 다른 손해배상책임 주체에게도 적용되는 것이 타당하다.[70]

마. 손해배상액의 산정

손해배상액은 청구권자가 (i) 해당 증권을 취득할 때 실제 지급한 금액에서 (ii) 변론종결시의 시장가격(변론 종결전에 처분한 경우에는 그 처분가격)을 뺀 금액으로 추정한다(자본시장법 제126조 제1항). 다만 청구권자가 입은 손해액의 전부 또는 일부가 중요사항에 관하여 거짓의 기재 또는 표시가 있거나 중요사항이 기재 또는 표시되지 아니함으로써 발생한 것이 아님을 손해배상책임의 주체가 증명한 경우에는 그 부분에 대하여 배상책임을 지지 아니한다(동법 제126조 제2항). 이러한 추정조항에도 불구하고 손해배상청구권자에게 손해발생과 확대에 대한 귀책사유가 있는 경우에는 손해액을 감액할 수 있다.

저축은행이 중요사항을 거짓 기재한 증권신고서를 사용하여 후순위채를 발행한 사건에서 대법원은 "사채 발행과 관련한 자본시장법 제125조, 제126조에 의한 손해배상청구소송에서 사채 발행회사의 신용위험이나 사채 가격의 변동요인은 매우 다양하고 여러 요인이 동시에 복합적으로 영향을 미치는 것이어서 어느 특정 요인이 언제 어느 정도의 영향력을 발휘한 것인지를 가늠하는 것이 극히 어렵다는 점을 감안할 때, 증권신고서에 거짓의 기재를 하는 등의 위법행위 외에 사채의 취득시점 이후 손실이 발생할 때까지의 기간 동안 발행회사나 채권시장의 전반적인 상황 변화, 경기 변동 등도 손해 발생에 영향을 미친 것으로 인정되는 경우, 그러한 사정에 의하여 생긴 손해액을 일일이 증명하는 것이 성질상 곤란한 점에 비추어 그러한 사정을 들어 손해배상액을 제한할 수 있다"고 보았다.[71]

에 대해서는 천경훈(2017), 137-144쪽; 박준·정순섭(2021), 62-63쪽.

70) 천경훈(2017), 146-147쪽.

71) 대법원 2015. 12. 23. 선고 2015다210194 판결. 이 판결은 "부산2저축은행이 원고들에게 후순위사채 원리금을 변제하지 못하게 된 데에는 분식회계로 인하여 드러나지 않았던 부산2저축은행의 재무상태의 불건전성 외에도 경기 침체나 부동산 경기 하강 등과 같은 외부적인 요인들도 복합적으로 영향을 미친 것으로 보이고, 이러한 요인은 소액신용대출과 부동산 프로젝트 파이낸스 대출에 대한 의존도가 높은 부산2저축은행이 발행하는 후순위사채의 특성상 그 취득 당시 이미 내

한편 대법원은 자본시장법 제125조에 따른 손해배상책임은 민법상 불법행위 책임과는 별도의 법정책임이지만 그 손해배상채무의 지연손해금의 발생시기는 불법행위 책임의 경우와 마찬가지로 보아 부실기재한 증권신고서·투자설명서로 공모한 증권을 취득하기 위한 인수대금을 지급한 때로부터 진행한다고 보고 있다(대법원 2015. 11. 27. 선고 2013다211032 판결).

(3) 부실공시에 따른 형사책임

상법은 사채를 모집함에 있어서 중요한 사항에 관하여 부실한 기재가 있는 사채청약서, 사업계획서, 사채모집에 관한 광고 기타의 문서를 행사한 때는 5년 이하의 징역 또는 1,500만원 이하의 벌금에 처할 수 있도록 하였다(상법 제627조 제1항).

자본시장법은 증권신고서·투자설명서 중 중요사항에 관하여 거짓의 기재 또는 표시를 하거나 중요사항을 기재 또는 표시하지 아니한 자, 그 중요사항에 관하여 거짓의 기재 또는 표시가 있거나 중요사항의 기재 또는 표시가 누락되어 있는 사실을 알고도 그러한 사실이 없다고 확인·검토 후 서명한 대표이사와 신고업무 담당이사 및 그 사실을 알고도 이를 진실 또는 정확하다고 증명하여 그 뜻을 기재한 공인회계사·감정인 또는 신용평가를 전문으로 하는 자를 5년 이하의 징역 또는 2억원 이하의 벌금에 처할 수 있도록 하였다(자본시장법 제444조 제13호). 부실공시에 대해 형사책임을 질 사람의 범위는 앞에서 본 손해배상책임의 주체보다 좁고, 형사책임을 묻기 위해서는 부실기재에 대한 고의가 필요하다.

4. 국제적인 사채발행과 자본시장법의 적용

(1) 자본시장법 적용 여부의 판단 기준

사채를 국제적으로 발행하는 경우 어느 국가의 법에 따라 증권신고서의 제출을 통한 공시 등의 의무를 이행하여야 하는가의 문제가 발생한다. 증권의 공모 발행시 일정한 공시의무를 부과하거나 다른 절차적 요건을 충족하도록 요구하는 것은 기본적으로 그 증권에 투자할 투자자를 보호하고 시장 질서를 유지하여 증권시장의 신뢰를 유지하기 위한 것이다. 이러한 증권 발행규제의 목적에 비추어 볼 때 증권의 공모가 이루어지는 국가는

재되어 있던 위험으로서 투기적 요소가 있는 'BB' 신용등급의 후순위사채에 투자하는 원고들 스스로가 감수한 위험이라고 할 수 있으므로, 부산2저축은행의 손해배상의 범위를 정함에 있어서도 손해분담의 공평이라는 손해배상제도의 이념에 비추어 위와 같은 사정을 참작하여 그 책임을 제한함이 타당하다"고 판시하였다.

자국의 법을 적용하고자 할 것이다. 자본시장법은 이에 관한 명시적인 조항을 두고 있지는 않으나 국내에서 증권의 공모가 이루어지면 증권신고서의 제출 등 자본시장법에 따른 의무가 적용된다고 보아야 할 것이다. 이때 증권의 공모가 이루어지는지 여부를 판단의 기준을 정할 때 (i) 청약의 권유를 받는 투자자의 소재지, (ii) 청약의 권유 행위가 이루어지는 장소, (iii) 투자자의 청약이 이루어지는 장소, (iv) 투자자의 청약대금이 지급되는 장소, (v) 증권의 실물이 발행되어 교부되는 장소 등을 생각하여 볼 수 있을 것이나, 모집규제가 국내 증권 발행시장의 투자자 보호와 공정한 질서유지라는 점을 고려할 때 (i)과 (ii)가 가장 중요한 기준이 되어야 한다.

사채를 발행할 때 통상 청약의 권유는 투자자에게 행하게 될 것이다. 그런데 최초의 사채취득자가 자신이 투자하는 것이 아니라 다른 사람에게 곧 다시 매도할 의사로 취득하고 발행회사도 그 점을 알고 있는 경우 최초의 취득자는 투자자로서 사채를 취득한 것이 아니라 발행회사의 사채 발행 과정에 참여하는 인수인의 역할을 하는 것이다. 인수인이 다른 사람에게 매도의 청약을 하거나 매수의 청약의 권유를 하는 것은 발행회사의 사채 공모 과정의 일부를 구성한다고 보아야 할 것이다.

대법원 2004. 6. 17. 선고 2003도7645 전원합의체 판결[72]은 "증권신고서 제출의무는 국내 발행시장에서 모집에 응하는 투자자를 보호하기 위한 것"이라고 보면서, "상장회사가 해외에서 해외투자자를 상대로 전환사채를 공모함에 있어서 내국인이 최초 인수자인 해외투자자로부터 재매수하기로 하는 이면계약을 별도로 체결하였다 할지라도, 해외투자자와 발행회사 사이의 투자계약은 여전히 유효한 것이고, 또한 증권거래법 제8조 제1항에 의한 유가증권발행신고서 제출의무는 국내 발행시장에서 모집에 응하는 투자자를 보호하기 위한 것임에 비추어 볼 때, 국내 투자자가 유통시장에서 그 이면약정에 따라 이를 다시 인수하였는지 여부를 불문하고 해외에서 발행된 전환사채에 대하여는 증권거래법

72) 이 판결의 사실관계를 간단히 정리하면 다음과 같다.
(1) 피고인이 대표이사로 있는 주식회사 삼애인더스가 해외전환사채를 발행하려 하였으나 신용등급이 낮아 해외인수처를 모집하지 못하는 등으로 실패하자, 2000. 10. 24. 한국산업은행이 그 전환사채 전량을 매수하여 주면, 피고인이 명목상 내세운 공소외 A, B, C 등이 다시 그 중 500만 달러를 2000. 11. 10.까지 110%의 가격으로, 나머지 중 300만 달러를 2000. 12. 10.까지 115%의 가격으로 재매수하여 주기로 하되, 피고인이 연대하여 재매입의무를 부담하기로 한국산업은행과 약정함.
(2) 삼애인더스는 2000. 10. 25. 900만 달러의 전환사채를 발행하기로 결의하였고, 노무라증권 홍콩지점과 니탄에이피 싱가폴 지점은 한국산업은행이 즉시 재매수하여 주겠다는 약속에 따라 2000. 10. 26. 전환사채 500만불 상당과 400만불 상당을 인수함.
(3) 한국산업은행은 약정에 따라 2001. 11. 2. 노무라증권으로부터 500만 달러의 전환사채, 2001. 11. 15. 니탄에이피로부터 400만 달러의 전환사채를 재매수함
(4) 피고인은 2000. 11. 13. - 12. 18. 공소외 D 등의 차명 계좌로 삼애인더스 발행의 전환사채 300만 달러 상당을 매수하여 보유함.

제8조 제1항에 의한 유가증권발행신고서 제출의무가 인정되지 아니한다"라고 판시하며 원심판결[73]을 파기환송하였다.

대법원은 한국산업은행이 이면계약에 따라 해외의 최초 취득자로부터 전환사채를 매수한 거래를 유통시장에서의 거래로 인정하였으나, 증권 발행시 공시등 규제를 필요로 하는 발행시장에서의 거래와 그 이후의 유통시장에서의 거래를 구별하는 기준을 제시하지는 않았다. 이건에서는 발행회사의 대표이사가 전환사채발행을 추진하는 과정에서 한국산업은행과 합의하였고, 최초 취득자인 2개의 외국회사는 한국산업은행이 매수할 것을 조건으로 인수하였다. 그렇다면 한국산업은행이 외국회사들로부터 전환사채를 매수한 것은 발행회사와의 사전 합의를 이행하기 위한 것으로서 증권발행규제 차원에서는 유통시장거래라고 하기는 어렵다. 발행회사가 한국산업은행과 전환사채 매수에 관하여 사전 합의하고 이를 실행한 이상 전환사채는 국내투자자(한국산업은행 또는 다시 매수하기로 한 피고인과 공소외 사람들)를 대상으로 발행할 것을 예정하였고 실제로 국내투자자를 대상으로 발행한 것이라고 보는 원심의 판시가 더 설득력이 있다.[74] 그런데 한국산업은행은 전문투자자이므로 50인의 산정에서 배제되어 증권신고서 제출의무가 적용되지 않는다고 생각할 수 있으나, 아래에서 언급하는 모집간주조항에 따라 모집에 해당하는지 여부를 검토해 볼 필요가 있다.[75]

(2) 모집간주

사채의 청약의 권유를 국내에서는 하지 않고 해외에서만 행한다면 자본시장법상의 증권신고서 제출등의 의무를 부과할 이유가 없다. 그러나 그 사채가 발행 후 1년 이내에

---

73) 서울고등법원 2003. 11. 14. 선고 2003노1683, 2042 판결: "위 전환사채는 외견상으로는 노무라증권 명의로 500만 달러분을, 니탄에이피 명의로 400만 달러분을 각각 인수하는 형식을 취하면서 실제로는 위와 같이 한국산업은행이 외국 소재 법인의 이름을 빌려 인수한 것이라고 봄이 상당하고, 나아가 증권거래법 제2조 제3항에 의하면, 유가증권의 모집은 신규로 발행되는 유가증권 취득의 청약을 권유하는 것으로서 앞서 본 바와 같이 실질적인 유가증권 인수자가 한국산업은행이고 그 취득 권유나 취득 결정 등이 국내에서 이루어진 점 등에 비추어 볼 때 위 전환사채의 모집은 국내시장에서 이루어진 것이라고 보아야 하므로, 위 전환사채와 관련하여 증권거래법에 정한 절차에 따라 금융감독위원회에 신고서를 제출하여야 할 것이어서, 피고인은 위 신고 불이행으로 인한 증권거래법위반의 죄책을 져야 한다."

74) 대법원 2006. 4. 27. 선고 2003도135 판결은 발행회사의 위임을 받은 회계법인의 주선으로 미리 국내 증권회사들과 전환사채 인수를 협의하고 일단 외국소재 법인이 인수한 후 국내 증권회사가 취득한 사안에서 대법원 2004. 6. 17. 선고 2003도7645 판결을 따라 국내에서의 모집에 해당하지 않기 때문에 증권신고서 제출의무가 없다고 하면서 회계법인 상무의 행위를 증권 모집의 주선에 해당한다고 봄으로써 모집에 해당하는지 여부에 대하여 혼란스러운 판시를 하였다.

75) 위 대법원판결 및 국제적인 증권발행규제에 대한 상세한 논의는 조민제·조남문·차경민(2008), 96-110쪽.

국내로 유입되어 거주자(외국환거래법상 정의된 용어)(증권 발행시 인수한 금융투자업자는 제외함)가 취득할 수 있는 조건으로 발행되면 일정한 예외에 해당하지 않는 한 모집으로 간주된다(증권의 발행 및 공시에 관한 규정 제2-2조의2 제1항). 그 예외로는 (i) 권면에 발행시 또는 발행후 1년 이내에 거주자에게 양도할 수 없다는 취지가 기재된 경우, (ii) 발행후 지체없이 공인된 예탁결제기관에 예탁하고 1년 이내에는 인출을 금지하며 거주자에게 양도하지 않는다는 예탁계약을 체결하고 이행하는 경우, (iii) 전환사채·신주인수권부사채·교환사채가 아닌 사채로서 외화로 표시·지급되고, 외국에 상장·등록되거나 외국에서 모집절차를 거쳐 비거주자에게 발행금액의 80% 이상을 배정하며, 발행당시 또는 발행일로부터 1년 이내에는 적격기관투자자가 아닌 거주자에게는 양도할 수 없다는 내용이 사채권 권면·인수계약·취득계약·청약권유문서에 기재된 경우, (iv) 외국법인등이 외국통화로 표시된 증권을 해외에서 발행하는 경우로서 발행당시 또는 발행일로부터 1년 이내에 해당 증권 등을 거주자에게 양도할 수 없다는 뜻을 해당 증권의 권면(실물발행의 경우에 한함), 인수계약서, 취득계약서 및 청약권유문서에 기재하고 국내 금융투자업자가 해당 증권 등을 중개 또는 주선하지 않는 경우, (v) 기타 발행당시 또는 발행일부터 1년 이내에 거주자가 해당 증권등을 취득할 수 없는 구조로 발행된 경우가 있다(위 규정 제2-2조의2 제2항). 또한 국내발행시 적용되는 모집간주예외 조항(위 규정 제2-2조 제2항)의 요건[76]을 충족시키는 경우에는 증권을 해외에서 발행하고 위 규정 제2-2조의2 제2항에 해당하지 않는 경우에도 모집으로 간주되지 않는다고 보는 것이 타당할 것이지만 실무는 그렇지 않은 듯하다.

제 3 절 사채 관련 계약

Ⅰ. 사채의 국내 발행시 체결되는 계약

1. 개 설

증권을 공모로 발행하려면 발행회사와 그 증권에 관한 사항을 기재한 증권신고서와

---

76) 예컨대, 한국예탁결제원에 1년간 예탁하고 인출·매각하지 않기로 하고 이를 이행하는 경우, 지분증권이 아닌 증권을 50매 미만으로 발행하고 증권의 권면에 1년 이내 분할금지특약을 기재한 경우, 자산 2조원 미만인 기업이 발행한 채무증권 또는 외국법인 등이 발행한 원화표시채권 또는 외화표시채권을 적격기관투자자가 취득하여 적격기관투자자 사이에서만 양수도하도록 한 경우 등이 있다.

관련 계약서들을 금융위원회에 제출하여 공시한다. 이러한 공시서류들은 전자공시시스템(http://dart.fss.or.kr)에서 누구든지 인터넷으로 조회할 수 있다. 사채 발행에 관한 공시자료를 전자공시시스템에서 찾아보면 ① 사채를 인수(underwrite)하는 증권회사(=인수회사)와 발행회사가 체결하는 인수계약, ② 사채관리회사와 발행회사가 체결하는 사채관리계약 및 ③ 사채원리금지급대행업무를 수행하는 금융기관(통상 은행)과 발행회사가 체결하는 사채원리금지급대행계약이 사채 발행시 체결되는 주요 계약임을 알 수 있다.

사채권자와 발행회사 간의 권리의무를 정하는 계약은 원칙적으로 사채권에 표시된다. 사채권 실물이 인쇄되던 시기에 우리나라에서 일반적으로 사용되던 사채권에는 원금액, 원금상환일, 이자율, 이자지급기일, 원리금 지급장소 정도만 기재되어 있었다. 공사채등록법에 따라 사채권 실물이 인쇄되지 않게 되었고, 앞으로 전자증권법에 따라 전자등록이 되는 경우에는 사채권 실물은 없고 전자등록계좌부에 사채권자의 발행회사에 대한 권리의 내용이 기재된다. 한편 사채관리회사와 발행회사가 체결하는 사채관리계약은 통상 사채관리회사의 권한과 의무에 관한 조항이 사채권자에게도 미치도록 규정하고 있어서 사채관리계약의 내용의 상당부분이 사채권자를 위한 계약으로 인정될 수 있다.

2. 인수계약

(1) 상법상의 인수와 자본시장법상의 인수

상법도 사채의 인수(상법 제474조, 제475조)와 인수인(상법 제476조, 480조의3)이라는 용어를 사용하고 있으나 상법에서 사용하는 인수는 사채의 모집에 응하여 청약(subscription)하는 것을 의미하고 인수인도 청약자(subscriber)를 의미한다. 상법은 사채를 모집하는 경우 사채청약서를 작성하도록 하고 있고(상법 제474조), 사채전부를 특정인이 인수(=청약)하는 경우[77] 그 절차를 생략하도록 하고 있을 뿐(상법 제475조), 모집절차에 대하여 상세한 규율을 하지 않고 있다. 상법에서 사용하는 "모집"이라는 용어는 특별히 정의되어 있지 않고 새로이 발행하는 사채에 대한 청약을 권유하는 행위라는 의미로 읽을 수 있다. 상법은 모집위탁을 받은 회사라는 개념을 아직 유지하고 있으나(상법 제474조 제2항 제13호, 제475조, 제476조 제2항 등), 사채관리회사 제도를 도입한 이상 그 개념을 계속 유지할 이유가 있는지 의문이다.

77) 특정인은 반드시 1인이 아닌 복수일 수도 있다. 또한 상법 제475조는 사채모집의 위탁을 받은 회사가 사채의 일부를 인수하는 경우 그 일부에 대해서도 사채청약서를 작성하지 않도록 하는 조항을 남겨두었다.

앞서 본 바와 같이 자본시장법은 다수의 투자자들에 대하여 사채와 같은 증권을 취득하도록 하는 행위를 상세히 규율한다. 자본시장법상 "모집"은 50인 이상의 투자자에게 새로 발행되는 증권의 취득의 청약을 권유하는 것을(동법 제9조 제7항), "매출"은 50인 이상의 투자자에게 이미 발행된 증권의 매도의 청약을 하거나 매수의 청약을 권유하는 것을(동법 제9조 제9항) 말하고 강학상 모집과 매출을 합쳐 공모라 한다. 자본시장법상 증권의 "인수"는 ① 제3자에게 증권을 취득시킬 목적으로 (i) 증권의 전부 또는 일부를 취득하거나 또는 취득하는 것을 내용으로 하는 계약을 체결하거나(=강학상 총액인수 full commitment underwriting) (ii) 다른 사람이 취득하지 않고 남는 부분을 취득하는 것을 내용으로 하는 계약을 체결하는 행위(=잔액인수 standby underwriting), 또는 ② ①을 전제로 발행인 또는 매출인을 위하여 증권의 모집·매출·사모를 하는 행위를 말한다(동법 제9조 제11항). 증권의 인수는 금융위원회로부터 인가를 받은 투자매매업자(증권회사)가 한다(자본시장법 제11조, 제12조). 증권을 공모하기 위해서는 원칙적으로 발행회사와 증권에 관한 일정한 정보를 기재한 증권신고서를 금융위원회에 제출하는 등 공시의무를 이행하여야 하고 인수계약도 공시된다. 이러한 점에 비추어 볼 때 인수계약에서 사용되는 용어는 대체로 자본시장법상의 개념을 따른다고 보는 것이 합리적일 것이다.

(2) 인수인의 인수의무

가. 통상 사용하는 인수계약상 인수의무의 내용

사채의 공모시 인수계약은 인수인(=증권회사)의 사채인수의무를 규정하는 것을 목적으로 한다. 사채공모 발행시 작성하는 인수계약은 통상 인수인이 "총액인수 및 모집"하는 내용으로 계약을 체결한다. 총액인수와 모집이 양립할 수 있는지는 의문이다. 사채를 모집한다는 것은 새로이 발행되는 사채의 취득의 청약을 투자자들에게 권유하는 것이고 청약한 투자자들이 최초의 사채권자가 되어야 한다. 그러나, 인수인이 사채를 총액인수하면 인수인이 최초의 사채권자가 되어야 하고, 그 사채를 투자자들에게 파는 것은 매출에 해당한다. 이와 같이 인수계약상 "총액인수 및 모집"이라고 하여 양립할 수 없는 용어를 사용하고 있지만 인수계약의 내용을 살펴보면 실제로 인수인이 잔액인수를 하는 것으로 보인다. 인수인이 새로 발행되는 사채를 최초의 사채권자로 취득하는 것이 아니라 투자자들에게 모집하여 배정하는 절차를 상세히 규정하고 있다. 즉 ① 일차적으로 수요예측(book building)에 참여한 전문투자자 및 기관투자자에게 배정하고, ② 수요예측 참여자의 청약이 발행금액에 미달하는 경우 기관·전문·일반 투자자들로부터 청약을 받아 배정하며, ③ 그렇게 해도 발행금액에 미달하는 경우에는 인수인이 인수비율에 따라 안분하여 인수하고 인수금액을 납입하도록 규정한다.

인수인이 복수인 경우 통상 인수의무는 각 인수인의 인수금액·인수비율에 따른 개별채무로 한다.

나. 통상 사용하는 인수계약상 인수의무의 발생과 소멸

발행회사의 관점에서 보면 인수인의 인수의무 부담으로 투자자들로부터 충분한 청약을 받지 못하여 사채를 모두 발행하지 못하는 상황, 즉 이로 인하여 계획한 자금을 조달하지 못하는 상황을 방지할 수 있다. 그러나 인수인의 관점에서는 시장에서 소화되지 않는 사채를 떠안는 것이므로 상당한 부담이 될 수 있다. 이에 대한 보상으로 인수인은 발행회사로부터 인수수수료를 받는다(추가로 주관회사는 대표주관수수료 또는 관리수수료 등을 받음). 또한 수수료만으로 인수로 인한 위험 인수가 충분히 보상되지 않는 상황을 예방하기 위하여 계약상 몇 가지 장치를 둔다.

첫째, 인수인의 인수의무는 일정한 선행조건(conditions precedent)이 충족되어야 발생하는 것으로 정한다. 발행회사의 여러 진술보장(representations and warranties-예: 발행회사의 공시의무 준수, 발행회사의 경영상 중대한 부정적 변경(material adverse change)의 불발생 등)과 약정사항(covenants-예: 증권신고서 수정이 필요한 행위 또는 상장에 지장을 초래할 행위 등의 금지)의 준수를 조건으로 한다.78)

둘째, 일정한 사유가 발생하면 인수계약을 해지·해제하여 인수의무가 소멸하도록 한다. 인수의무 소멸사유는 ① 발행회사의 귀책사유가 있는 경우(예: 발행회사의 증권신고서 또는 인수인에게 제공한 서류의 기재내용이 거짓 또는 중요사항이 누락된 경우, 발행회사의 사채발행 관련한 법령 위반 행위, 발행회사의 중대한 계약위반)와 ② 발행회사의 귀책사유가 없지만 증권의 모집에 중대한 악영향을 끼질 사유(예: 거래소의 거래중단, 경제상 중대한 불리한 상황의 발생 등)로 나누어 볼 수 있다. 국제적인 거래(예컨대 한국회사가 미국에서 공모로 사채를 발행하는 경우)에서는 통상 관련 국가(위의 예에서는 한국과 미국)에 대한 침략, 적대행위 또는 전쟁, 재난, 비상사태의 발생 등도 ②유형의 사유의 하나로 규정한다.

(3) 인수의 대상 – 사채의 조건과 사채발행 또는 모집의 조건

가. 사채의 조건

인수계약은 인수의무의 대상이 되는 사채의 조건(사채의 명칭, 종류, 권면총액, 이율, 상

---

78) 국제적인 증권발행거래에서는 통상 그 증권 발행에 관한 변호사의 법률의견서와 공시관련의견서(disclosure letter, negative assurance letter, 10b-5 opinion 등으로 불림) 및 감사인의 comfort letter와 consent letter 등 전문가의 의견서의 제출이 선행조건에 포함된다.

환방법과 기한, 이자지급방법과 기한, 연체이율, 원리금지급대행자 및 지급사무처리장소, 기한의 이익상실사유, 사채관리회사 유무 등 발행회사와 장래 전전유통으로 사채를 취득하는 모든 사채권자 간의 권리의무를 정하는 사항)을 상세히 기재한다. 이는 일차적으로 인수의 대상인 사채의 동일성을 확인하는 기능과 아울러 사채권자와 발행회사 간의 법률관계를 규율하는 사채계약의 내용을 확인하는 기능을 한다. 전자증권법에 따라 전자등록의 방법으로 사채가 발행되는 경우 사채의 조건이 표창되는 사채권 실물이 없으므로 사채계약의 내용을 사채권 실물로는 확인할 수 없다. 전자증권법상 전자등록계좌부 또는 발행인관리계좌부에 해당 사채의 조건을 기재하도록 하고 있지는 않다.[79] 따라서 전자등록의 방식으로 사채가 발행되는 경우에는 종전에 공사채등록법에 따른 등록발행 시와 마찬가지로 인수계약과 사채관리계약에 기재된 사채의 조건으로 사채계약의 내용을 확인할 수 있게 된다.

나. 사채 발행 또는 모집의 조건

인수계약은 사채의 조건 이외에 사채 발행 또는 모집의 조건(발행가액, 발행방식, 청약기간, 납입기일 등 발행회사와 인수인 또는 최초의 사채취득자와의 사이에서만 발생하는 사항)도 규정한다. 단일한 기회에 발행하는 사채의 조건은 동일해야 할 것이나, 발행 또는 모집의 조건은 달라질 수 있다. 예컨대 금융기관의 창구에서 일정 기간 동안 모집하는 사채의 경우에는 모집기간 최초일에 모집에 응하여 사채를 취득하는 투자자는 그 모집기간에 해당하는 이자만큼을 할인한 가격으로 취득하도록 할 수 있을 것이다. 주주배정을 전제로 전환권의 옵션가치가 전환사채의 발행가액에 충분히 반영되지 않은 조건으로 발행하기로 한 전환사채(신주를 주주배정으로 할인 발행하는 것과 마찬가지라고 생각하면 됨)가 실권되어 주주 이외의 사람에게 배정되는 경우에는 주주배정시의 발행가액보다 높은 발행가액으로 발행하여도 사채의 집단성에 반하는 것은 아니다.

대법원 2009. 5. 29. 선고 2007도4949 전원합의체 판결은 (1) “단일한 기회에 발행되는 전환사채의 발행조건은 동일하여야 하므로, 주주배정으로 전환사채를 발행하는 경우 … 실권된 부분에 관하여 이를 주주가 인수한 부분과 별도로 취급하여 전환가액 등 발행조건을 변경하여 발행할 여지가 없다”고 하고 (2) “즉, 사채는 채권 발행의 방법에 의한 기채로서 유통성, 공중성, 집단성 등의 성질을 가지고 있으므로, … 채권에 법에 정한 사항을 기재하여 발행하여야 한다(상법 제478조 제2항). 전환사채의 경우 회사는 전환사채의 총액, 전환의 조건, 전환으로 인하여 발행할 주식의 내용, 전환을 청구할 수 있는 기간 등을 결정한 뒤 이러한 사항 등을 사채청약서, 채권, 사채원부에 기재하여야 하고(상법 제

79) 전자등록주식등의 종류, 종목 및 종목별 수량 또는 금액을 전자등록하도록 하였다(전자증권법 제22조 제2항 제3호, 제23조 제2항 제2호, 제21조 제2항 제2호).

513조 제2항, 제514조), 전환사채의 납입이 완료된 때에는 위 각 사항 등을 등기하도록 규정하고 있는바(상법 제514조의2), 이는 같은 기회에 발행하는 전환사채의 발행조건 등이 동일한 것을 전제로 하는 것이다"라고 한 후 (3) "실권된 부분에 대하여 전환사채의 발행을 계속할 때에는 반드시 이사회를 통하여 전환의 조건 등 전환사채의 발행사항을 변경하여 발행하여야 한다면, 회사의 이사에게 동일한 기회에 발행되는 전환사채의 발행가액을 서로 달리하여 발행함으로써 동일 종류의 사채에서 그 발행조건이 상이한 채권을 발행하도록 강제하는 것이 될 것인데, 이는 오히려 이사에게 사채권자평등의 원칙에 반하는 결과를 의무지우는 것으로서 이를 인정할 만한 아무런 법적 근거가 없다"고 판시하였다.

이 판시는 "사채의 조건"(terms and conditions of bonds)과 "사채 발행 또는 모집의 조건"(terms of offer)을 구별하지 못한 것으로 보인다. 동일한 조건의 사채를 발행하되 그 가격을 달리 정하여 (예컨대, 주주에게 배정할 때는 액면가로 청약하도록 하고, 제3자에게 배정할 때는 할증된 가격으로 청약하도록 함) 발행하더라도, 그 "전환사채 자체의 조건"은 동일하므로 단일한 기회에 발행되는 전환사채의 발행조건은 동일하여야 한다는 요건은 충족된다. 할인 발행된 전환사채가 실권된 경우 그 실권된 부분을 주주배정이 아닌 방법으로 배정(예컨대 특정 주주에게만 배정)하고자 하는 경우에는 이사회가 실권주 배정의 필요성(자금조달의 급박성)과 아울러 발행가격의 적정성에 대하여 다시 검토하여야 할 것이다.

(4) 발행자금의 용도

인수계약은 통상 발행회사가 사채발행을 통하여 조달한 자금의 용도를 기재하고 발행회사가 다른 용도로 사용하지 않을 것을 약정하도록 한다. 자금의 용도는 발행회사가 그 사채 발행으로 조달한 자금을 이용하여 벌일 사업의 내용을 알 수 있게 한다는 점에서 투자자의 투자 판단에 중요한 사항이기 때문이다.

(5) 부실공시에 따른 책임과 면책·보상 조항[80)]

발행회사는 사채 공모시 증권신고서를 제출하여 공시하고 사채에 투자하고자 하는 사람들에게 투자설명서를 교부하여야 한다. 증권신고서와 투자설명서에는 투자판단에 필요한 중요한 사항들을 기재하여야 하고, 발행회사가 그러한 사항을 거짓으로 기재하거나 기재를 하지 않은 경우에는 이로 인하여 투자자가 입은 손해를 배상할 책임을 진다. 발행회사가 중요사항을 거짓으로 기재하거나 기재하지 않은 경우, 인수인이 상당한 주의를 하였음에도 불구하고 이를 알 수 없었음을 증명하거나 증권 취득자가 취득의 청약을 할 때

80) 인수계약상 인수인 면책·보상약정의 효력에 대한 상세한 논의는 박준(2017a), 42-55쪽.

그 사실을 안 경우를 제외하고는 인수인과 주선인(주선인이 2인 이상인 경우에는 발행인·매출인으로부터 인수 외의 방법으로 그 발행인·매출인을 위하여 해당 증권의 모집·사모·매출을 할 것을 의뢰받거나 그 밖에 직접·간접으로 증권의 모집·사모·매출을 분담할 것을 의뢰받아 그 조건 등을 정하는 주선인)도 이로 인하여 손해를 입은 투자자에게 손해배상책임을 진다(자본시장법 제125조 제1항 제5호, 동법시행령 제135조 제2항).

국제금융시장 특히 미국에서 사용되는 인수계약은 통상 다음과 같은 내용으로 증권신고서·투자설명서의 부실기재에 따른 손해배상에 관하여 면책·보상 및 책임분담(indemnity and contribution) 조항을 둔다.

① 발행인은 증권신고서·투자설명서상 중요한 사항에 대한 부실기재로 인하여 인수인과 그 대리인, 임직원, 계열사가 입는 손해를 면책·보상할 의무를 부담한다. 다만, 인수인이 증권신고서·투자설명서 기재에 사용할 것을 명시적으로 전제하여 제공한 정보를 발행인이 원용함으로써 발생한 부실기재는 제외한다.

② 인수인은 그가 증권신고서·투자설명서 기재에 사용할 것을 명시적으로 전제하여 제공한 정보로 인한 부실기재로 인하여 발행회사와 그 대리인, 임직원등이 입은 손해를 면책·보상할 의무를 부담한다. 인수인의 이 의무는 개별채무이며, 귀책사유 있는 인수인은 귀책사유 없는 인수인을 면책·보상할 의무 부담한다.

③ ①과 ②에 따른 면책·보상이 가능하지 않거나 또는 관련된 손해를 면책·보상하기에 부족한 경우, (i) 공모를 통해 발행인이 얻는 이익과 인수인이 얻는 이익의 비율("상대적 이익비율")에 따라 책임을 분담하고, (ii) 이러한 분담이 법령상 허용되지 않는 경우 상대적 이익비율과 아울러 발행인과 인수인의 과실비율 및 기타 형평성을 고려하여 분담한다. 이 때 상대적 이익비율은 공모로 발행인이 조달한 금액(비용 제외)과 인수인이 받은 수수료액의 비율에 의한다. 발행인과 인수인의 상대적인 과실은, 부실기재가 발행인이 제공한 정보에 의한 것인지 인수인이 제공한 정보에 의한 것인지 여부 및 각 당사자의 그 정보에 대한 의도, 인식, 정보 접근성과 부실기재를 시정하거나 방지할 기회를 갖고 있었는지 여부에 의해 결정한다.

위 ①과 ②는 증권신고서·투자설명서의 부실기재에 따른 손해배상책임이 문제될 때 발행인과 인수인이 상대방을 면책·보상하는 내용(indemnity)이고, ③은 그러한 면책·보상 약정의 효력이 인정되지 않는 경우 손해배상책임의 분담 및 구상(contribution) 비율을 정하는 원칙에 대한 합의이다.

미국 연방증권거래위원회(SEC)는 인수계약에 미국 연방증권법에 따른 손해배상책임에 관하여 발행인이 인수인을 면책·보상하는 약정(indemnification)을 두고 있는 경우 그 내용을 공시하도록 하였다.[81] SEC가 발행인이 인수인과 체결한 면책·보상약정의 효력에 대하여는 언급하지 않았지만, 오래 전부터 발행인이 이사, 임원 및 지배주주의 미국 연방증권법상의 책임을 면책·보상하는 합의는 공공정책(public policy)에 반하여 효력이 없다는 입장을 취하고, 발행인에게 SEC의 입장을 알고 있음을 증권신고서에 기재할 것을 요구하여 왔다.[82] 한편 미국 연방법원은 발행인과의 면책·보상약정에 근거한 인수인의 청구는 공공정책(public policy)에 어긋난다고 하며 인수인의 청구를 기각하였다.[83] 이러한 판결은 인수계약서에 대한 변호사의 법률의견 발급 관행에도 영향을 미쳤다. 한국 발행인이 미국 금융시장에서 자금을 조달하기 위하여 증권을 공모발행하는 경우 인수계약의 준거법은 통상 뉴욕주법이 사용되고 미국 뉴욕주 변호사가 그 계약에 대한 법률의견을 발급하게 된다. 그런데 미국 뉴욕주 변호사들은 통상 인수계약에 대해서는 적법하게 내부승인되고 서명·교부된(duly authorized, executed and delivered) 점에 대한 법률의견을 제시할 뿐 효력(validity)과 집행가능성(enforceability)에 대한 법률의견은 포함시키지 않는다. 문제가 되는 조항은 인수인 면책·보상조항인데 인수계약 전체의 효력과 집행가능성에 대한 법률의견을 내지 않는 이유는 다음과 같다. 즉 법률의견을 발급하는 시점은 증권발행과 증권대금의 지급이 이루어지는 인수계약이행(closing) 시점인데, 그 시점이후 인수계약에서 의미가 있는 조항은 실질적으로 면책·보상약정 뿐이므로 면책·보상약정을 제외하고 인수계약에 대한 법률의견을 내는 것은 의미가 없기 때문이다.

국내에서 사용되는 사채인수계약은 위에서 언급한 미국의 인수계약에서 사용하는 조항들을 두고 있는 경우도 있지만, 대체로 증권신고서·투자설명서에 부실기재가 없음을 보장하는 조항을 두고 추가로 다음과 같은 내용의 책임부담에 관한 조항을 두고 있다.[84]

---

81) 미국 SEC의 공시규정(Regulation S-K 508(g)).

82) Regulation S-K, Item 510, 512(h).

83) 인수인이 부실기재 사실에 대하여 악의인 사례에 대한 판결로는 Globus v. Law Research Service, Inc., 287 F. Supp. 188 (S.D.N.Y. 1968), affirmed in part, reversed in part on other grounds, 418 F2d 1276 (2d Cir. 1969). 인수인이 부실기재 사실에 대하여 악의가 아닌 사례에 대한 판결로는 Eichenholtz v. Brennan, 52 F.3d 478 (3d Cir. 1995).

Eichenholtz V. Brennan은 "일반적으로 연방법원은 면책약정에 따른 청구는 연방증권법률의 취지(policy)에 반하므로 그러한 청구를 허용하지 않는다. 증권법제의 목표는 증권거래에서 주의(diligence)를 촉진하고 태만(negligence)을 억제하는데 있다. 이러한 목표는 발행인과 인수인을 손해배상책임이라는 실질적인 위험에 노출시킴으로써 달성된다"고 하고, 자신이 단순히 과실이 있을 뿐이고 공모에서 미미한(de minimus) 역할을 했을 뿐이라고 하며 면책약정에 따른 청구가 인정되어야 한다는 인수인의 주장에 대하여 "계약에 의한 면책은 위법행위의 주장이나 과오가 결정되기 전에 미리 인수인이 그의 책임 전부를 발행인에게 전가하는 것이고, 이는 인수인의 '조사자 및 공적인 대변자(public advocate)'로서의 역할을 약화시킨다. 법원이 인수인 면책·보상조항에 따른 청구를 인정한다면, 인수인이 조사의무를 다할 유인을 효과적으로 없애게 된다"고 하며 인수인이 구상(contribution)할 권리는 있으나 면책·보상(indemnification) 받을 권리는 없다고 판시하였다.

84) 주식공모를 위한 인수계약에는 본문에 적은 사항에 추가하여 "발행인이 대표주관회사에 제공한

① 귀책사유(인수인의 경우에는 고의·중과실인 경우에 한함)가 있는 당사자가 다른 당사자에게 손해배상한다.
② 발행인은 공모에 따른 모든 업무와 관련하여 인수인 및 그 임직원이 입은 손해를 배상할 책임을 부담한다. 다만, 손해배상 받을 자의 고의·중과실로 인한 손해는 제외한다.
③ 발행인이 인수계약과 증권신고서·투자설명서에 기재한 사항의 불이행에 따른 책임을 부담하고, 이로 인하여 인수인 및 그 임직원이 소송당한 경우 면책의무를 부담한다.
④ 판결로 위 조항의 일부 또는 전부가 무효가 되는 경우 그 과실 비율에 따라 손해배상책임을 부담하지만, 인수인의 책임은 인수인이 받은 수수료를 한도로 한다.

위 조항은 미국에서 사용되는 인수계약 조항만큼 상세하지는 않으나, 증권신고서·투자설명서 작성은 공모에 따른 업무에 속할 것이므로 증권신고서·투자설명서에 부실기재로 인하여 인수인이 손해배상책임을 지게 되더라도 그로 인한 인수인의 손해를 발행인에게 전가할 수 있게 하였다. 또한 그 약정이 무효로 판정되는 경우 인수인의 부담부분을 수수료액에 한하도록 함으로써 인수인의 부담을 줄이도록 하였다. 이와 같이 증권신고서·투자설명서의 부실기재에 따른 인수인의 손해를 발행인에게 전가하거나, 인수인과 발행인의 손해배상책임 분담 비율을 인수인에게 유리하게 정한 약정의 효력은 그대로 인정되는가? 공서양속 또는 강행법규에 위반하지 않는 한 계약의 효력은 인정되어야 하고, 불법행위에 따른 손해배상책임 또는 이와 유사한 성질의 채무의 발생을 우려하여 분담부분을 미리 정하는 것도 원칙적으로는 허용된다. 그러나 사전약정이 위법행위의 발생을 촉진하거나 다른 법률상의 의무의 이행을 소홀히 할 것을 의도하거나 그러한 효과를 초래하는 경우에는 전적으로 계약자유의 원칙에 맡겨둘 수 있는 것은 아닐 것이다.

인수인은 공모로 자금을 조달하려는 기업에게 필요한 서비스를 제공하는 자본시장의 문지기(gatekeeper)의 하나로서 위법하게 자금을 조달하려는 기업에게는 서비스 제공을 거부함으로써 자본시장 진입을 억제하는 기능을 한다. 문지기들은 통상 평판자본을 기초로 발행시장에서 지속적으로 활동하는 전문가들로서 1회의 공모에 그칠 수 있는 발행인보다는 더 적극적으로 증권법규를 준수할 유인이 크다. 증권법은 평판자본 유지만을 유인으로 삼아 문지기 역할을 할 것을 기대하는 것이 아니라 제재의 방법도 사용한다. 자본시장법에 따른 인수인의 민·형사책임도 이러한 맥락에서 이해할 수 있다. 증권신고서·투자설명서에 중요한 사항의 부실기재가 있는 경우, 인수인은 '상당한 주의를 하였음에도 불구하고 부실기재를 알 수 없었음'을 증명해야 자본시장법 제125조 제1항에 따른 손해

재무제표 등 각종 신고서 작성 및 증권 분석 관련 자료상의 부실기재에 대한 책임을 부담하고, 이로 인한 인수인 또는 그 임직원의 손해(소송비용, 변호사비용 등 포함)를 배상한다."는 취지의 조항을 두는 경우도 많다.

배상책임을 면할 수 있다. 자본시장법상 발행인 규율과는 별도로 인수인에게 독자적인 조사를 할 의무를 부과한 것이다. 인수인이 독자적인 조사의무를 이행하지 않으면 발행인이 작성한 증권신고서·투자설명서를 검증하지 못하게 되어 결국 발행시장 공시제도가 제대로 작동되지 못하게 된다. 발행인이 자본시장 거래에 경험이 부족하거나 인력이 부족하여 인수인 측의 직원이 증권신고서·투자설명서 초안을 작성하는 경우에는 문제가 더 심각해진다.

인수인이 독자적 조사 의무를 이행할 유인을 없애는 것이 민법 제103조에 규정된 "선량한 풍속 기타 사회질서"에 위반되는지 특히 공공의 이익을 보호하기 위한 공서양속에 위반되는지 여부는 자본시장이 사회제도로 인정될 것인지 여부와 그 비중, 자본시장의 정보공시제도의 중요성, 정보공시제도의 훼손으로 인한 자본시장 신뢰의 추락과 자본시장 기능의 훼손의 심각성, 자본시장 문지기의 역할의 중요성 등을 고려하여 판단할 문제이다. 정보공시가 자본시장의 기초를 이루는 것이며 증권공모시 발행인이 공시의무 불준수의 유혹에 빠질 것에 대비하여 제도적으로 자본시장 문지기로서의 인수인에게 상당히 의존하고 있다는 점을 고려하면, 인수인 면책·보상약정은 발행시장의 가장 중요한 제도의 의미를 무력화시킬 우려가 있고, 이는 증권회사의 손실보전약정에 못지않게 공공의 이익을 위한 사회질서를 훼손할 우려가 있음을 의미한다고 보아야 할 것이다. 미국 법원의 판시가 한국법의 맥락에서도 상당히 설득력이 있다.

3. 사채관리계약

(1) 계약 당사자

사채관리계약은 발행회사와 사채관리회사가 체결한다. 국내 발행 사채에서는 통상 한국금융투자협회가 제시하는 "표준무보증사채 사채관리계약"(이하 "표준사채관리계약")[85]을 활용한다. 사채권자가 사채관리계약의 당사자로 들어가지는 않지만, 표준사채관리계약은 그 계약상 사채관리회사의 권한과 의무에 관한 조항 및 사채관리회사의 권한행사와 의무이행의 효과가 사채권자에게 미치도록 규정하고 있다. 사채관리회사가 사채권자를 위하여 활동한다는 점에서 사채에 관한 법률관계의 혼선을 피하기 위한 것이다.

(2) 사채관리의 대상

사채관리계약은 사채의 조건(사채의 명칭, 종류, 권면총액, 발행가액, 이율, 상환방법과 기

85) 2002. 1. 9. 제정, 2019. 9. 5. 최종개정.

한, 이자지급방법과 기한, 연체이율, 원리금지급대행자 및 지급사무처리장소, 기한이익상실사유 등)을 상세히 기재한다(표준사채관리계약 제1-2조). 이는 사채관리의 대상이 되는 사채의 동일성을 확인할 뿐 아니라 사채권자와 발행회사 간의 사채계약의 내용을 확인하는 기능을 하게 된다.

(3) 발행회사의 의무

발행회사의 가장 주된 채무인 원리금 지급의무와 더불어 중요한 의무로 각종 재무비율 유지의무(financial covenants), 담보권설정·자산처분 제한(negative covenants) 등을 규정하고, 부수적인 의무로 각종 보고·통지의무를 규정한다(표준사채관리계약 제2-1조부터 제2-7조).

(4) 사채관리회사의 권리와 의무

사채관리회사가 사채권자를 위하여 행동할 수 있는 권한과 사채권자에 대한 의무 및 발행회사의 사채관리회사에 대한 수수료 지급에 대하여 상세히 규정한다(표준사채관리계약 제4-1조부터 제4-5조). 이는 사채관리회사에 관한 부분에서 상세히 논한다(☞ 제7장 제4절 사채관리회사).

(5) 사채권자의 권리

사채관리계약상 사채관리회사가 사채권자를 위하여 다양한 권한을 가지고 있다고 하더라도 사채권자는 개별적으로 사채권자로서의 권리를 행사할 수 있고(표준사채관리계약 제5-2조), 사채관리회사에 대하여 일정한 지시를 할 수 있는 권한이 있다(동계약 제5-1조 제1항).

4. 사채원리금지급대행계약

(1) 당사자

사채원리금지급대행계약은 발행회사와 원리금지급대행사무를 수행하는 은행이 체결한다.

(2) 원리금지급대행 사무

원리금지급대행계약은 지급대행사무를 위임받은 지급대행기관의 사무처리 및 이에 관한 보수에 대하여 상세한 조항을 둔다. 지급대행사무를 수행하는 은행은 발행회사로부터 사채원리금지급에 필요한 자금을 제공받아 발행회사를 대신하여 사채원리금을 사채권자에게 지급한다.

(3) 법적 성격

사채원리금지급대행사무는 발행회사가 은행에게 위임한 것이라고 할 수 있는데, 그 지급대행을 위하여 발행회사가 은행에게 제공한 자금의 법적 성격이 문제될 수 있다. 은행은 발행회사가 제공한 사채원리금 지급자금을 별단예금계정에 넣어둔다.[86] 이와 같이 은행이 별단예금에 넣어둔 자금을 반환받을 권리자는 누구이며 은행은 어떠한 지위에서 이 자금을 보관하는 것인가. 이 문제에 대하여 대법원 2002. 7. 26. 선고 2000다17070 판결[87]은 "사채원리금 지급대행계약은 발행회사가 발행한 사채의 사채권자에게 그 원리금을 지급하기 위하여 발행회사가 사채원리금 지급 자금을 은행에게 인도하고 은행은 이를 인도받아 보관, 관리하면서 사채권자에게 그 사채원리금을 지급하는 것을 목적으로 하는 것으로서 신탁계약으로서의 성질을 가지고, 그렇다면 발행회사가 은행에게 인도하는 사채원리금 지급자금은 신탁재산에 해당하고 수익자인 사채권자의 이익 향수의 의사는 추정되는 것이므로, 은행은 발행회사로부터 인도받은 사채원리금 지급자금을 그 신탁의 본지에 따라 관리할 의무가 있고, 은행이 사채권자의 이익과 관계없이 발행회사의 청구만

86) 별단예금의 성격에 관하여는 ☞ 제2장 제1절 Ⅲ. 예금의 종류.

87) 이 판결의 사실관계를 정리하면 다음과 같다.

(1) A회사는 1994. 12. 5. 제59회 보증사채(총액 50억 원, 3년 만기 일시상환)를 발행하면서 사채원리금 지급장소는 사채원리금지급대행사무를 수행하는 피고은행의 충무로지점으로 하였고, 원고(대한보증보험)는 이 사채의 원리금 지급을 보증하였다.

(2) A회사는 제59회 보증사채의 상환자금 마련을 위하여 제97회 보증사채를 발행하여, 그 발행대금 3,356,270,000원이 1997. 12. 4. 피고은행 충무로지점의 별단예금계좌에 납입되었다.

(3) 1997. 12. 4. 17 : 55경 A회사의 요청에 따라 피고은행은 별단예금계좌에 입금된 위 자금을 A회사의 당좌계좌로 이체하였다.

(4) 1997. 12. 5. 오전 중 A회사는 부도에 대비하여 위 당좌계좌에서 한미은행으로 금 31억 원, 상업은행으로 금 9,000만 원을 각 이체하였다. 그러나 원고가 위 금원은 사채원리금 지급자금이므로 지체 없이 원상복구시킬 것을 요구하자 A회사는 같은 날 16 : 00경 한미은행에 이체되었던 금 31억 원을 피고 은행에 재입금하였다.

(5) 제59회 보증사채의 원리금상환기일인 1997. 12. 5. 사채권자들을 대리한 증권예탁원은 피고은행에게 이 사건 사채원리금의 지급을 청구하였으나 거절당하고 원고로부터 제59회 보증사채에 따른 보험금 5,137,500,000원을 수령하였다.

(6) 1997. 12. 5. 17 : 55경 A회사의 부도가 발생하자 피고은행은 1997. 12. 8. 위 금 31억 원을 포함한 A회사의 피고에 대한 예금채권과 피고의 A 회사에 대한 대출원리금 채권을 대등액에서 상계하였다.

(7) 원고는 증권예탁원에 대한 대위지급으로 피고은행에 대한 사채원리금 지급청구권을 취득하였음을 전제로 3,356,270,000원 및 이에 대한 지연손해금의 지급을 청구하였다.

에 의하여 위 사채원리금을 반환하거나 그 지급자금의 반환채권을 수동채권으로 하여 자신의 발행회사에 대한 채권과 상계하는 것은 신탁의 법리상 허용되지 아니한다"고 판시하여 사채권자를 수익자로 하는 제3자를 위한 계약으로 본 원심판결[88]을 파기환송하였다.[89]

이 대법원판결에 대해서는 여러 각도에서 생각해 볼 점들이 있다. 우선, 이 사건의 사채원리금지급대행계약의 문면상 신탁이라는 용어가 사용되고 있지 않음에도 불구하고, 대법원은 그 계약이 사채권자에게 원리금을 지급하기 위하여 발행회사가 사채원리금 지급 자금을 은행에게 인도하고 은행은 이를 인도받아 보관, 관리하면서 사채권자에게 사채원리금을 지급하는 것을 목적으로 한다고 보아 신탁계약이라고 하였다. 신탁은 위탁자가 수탁자에게 특정 재산권을 이전하고 수탁자가 수익자의 이익을 위하여 재산권을 관리·처분하는 법률관계이고(당시 신탁법 제1조 제2항, 현행 신탁법 제2조), 수탁자는 신탁재산을 고유재산과 구별하여 관리하여야 한다(당시 신탁법 제30조, 현행 신탁법 제37조). 이 사건에서는 어떠한 점에서 발행회사가 제공한 자금이 특정의 재산권이 되어 분별관리된 것으로 볼 수 있는가. 발행회사가 은행에 통상의 예금으로 자금을 예치하는 경우에는 예치된 자금은 혼장임치되어 재산권을 특정할 수 없다. 은행이 발행회사로부터 제공받은 자금을 별단예금[90]으로 넣어두고 사채원리금 지급용으로 사용한다는 점에서 다른 예금과는 달리 별도의 재산권으로서 관리된 것으로 볼 수 있을 것이다.

---

88) 서울지방법원 2000. 2. 16. 선고 99나7823 판결: "가. 사채원리금 지급대행계약은 " … 소외 회사(요약자)로부터 피고은행(낙약자)에 그 원리금 지급자금이 입금되면, 피고은행은 이를 별단예금계정으로 관리하면서 사채권자(수익자)를 위하여 보관하다가 정당한 사채권자 … 의 청구가 있으면 이를 사채권자에게 지급하기로 한다"는 내용의 이른바 '제3자를 위한 계약'으로 봄이 상당하고, 사채권자들로서는 채무자인 피고은행에 대하여 위 계약의 이익을 받을 의사를 표시함으로써 직접 위 별단예금에 대한 지급청구권을 취득한다. … 사채권자들이 상환기일에 이르러 사채권을 소지하고 채무자인 피고은행에 대하여 사채원리금의 지급을 구한 시점에 비로소 수익의 의사표시가 있다고 보아야 할 것이고, … 사채권자가 수익의 의사표시를 하지 않은 이상 위 별단예금의 처분권은 소외 회사에 있다 할 것이므로, 피고은행이 정당한 처분권자인 소외 회사의 요구에 따라 위 별단예금을 당좌예금으로 이체한 것에 어떠한 위법이 있다고 할 수 없다. …
나. … 이미 사채권자들이 피고은행에 대하여 수익의 의사표시를 한 상태에서 소외 회사와 피고은행 및 원고 사이의 합의에 따라 사채원리금 지급자금용으로 목적이 특정되어 피고은행에 입금된 위 금 3,100,000,000원은, 비록 그 이체과정에서 피고은행의 내부회계처리 규정상 가수금계정에 입금되었다고 하여 사채원리금 지급자금의 성격을 상실하는 것은 아니므로 위 금원에 대한 지급청구권자는 더 이상 소외 회사가 아니라 사채권자라 할 것이고, 따라서 피고은행으로서는 소외 회사에 대한 반대채권으로서 이를 상계할 수는 없다고 할 것이므로 피고은행의 1997. 12. 8.자 상계 중에서 금 3,100,000,000원에 대한 부분은 효력이 없다."

89) 이 판결에 대한 평석으로는 정순섭(2004), 317-350쪽; 임채웅(2008), 277-301쪽.

90) 사채원리금지급용 자금을 이제는 "기타대행업무수입금"으로 계정처리하고 있다. 전국은행연합회(2018), 650쪽. 사채원리금 지급 이외에도 다른 사람과의 대행업무계약에 따라 수납(각종 공과금)하거나 지급하는 자금을 "기타대행업무수입금"으로 처리하고 있다. 이러한 경우에도 신탁으로 볼 수 있는지 여부는 각 수납·지급대행계약의 내용과 성격을 분석하여 판단할 문제이다.

대법원판결이 사채원리금지급대행계약을 신탁계약으로, 은행이 발행회사로부터 제공받은 사채원리금 지급용 자금을 신탁재산으로, 은행을 사채권자를 위한 수탁자로 판시하였으므로 사채원리금지급대행업무를 수행하는 은행은 이 업무를 신탁업으로 취급하고 사채원리금지급자금을 신탁재산으로 관리해야 할 것이다.

다음, 사채권자 보호의 관점에서 볼 때 사채원리금지급대행계약을 제3자를 위한 계약으로 보는 견해와 신탁계약으로 보는 견해의 실제적인 차이가 어디에 있는가. ① 수익의 의사표시가 필요한지 여부, ② 사채발행회사의 도산시 사채권자가 지급대행사무를 수행하는 은행에게 사채원리금 지급을 청구할 수 있는지 여부, ③ 지급대행사무를 수행하는 은행의 도산시 사채권자가 사채원리금을 지급받는데 지장이 있는지 여부 등의 관점에서 생각해 볼 수 있다. 원심판결은 제3자를 위한 계약으로 보면서 사채권자가 지급대행은행에게 지급청구를 한 때 수익의 의사표시가 있는 것으로 보았다. 원심판결과 같이 본다면 발행회사가 도산절차에 들어간 경우, 도산절차 개시 전에 수익의 의사표시를 하지 않은 사채권자는 발행회사의 도산절차에 따라 권리를 행사할 수밖에 없게 될 것이다. 이와는 달리 대법원판결과 같이 신탁으로 보게 되면 사채권자는 신탁의 수익자로서 수익의 의사표시없이 권리를 행사할 수 있으므로[91] 위탁자인 발행회사의 도산절차와 무관하게 수탁자인 은행으로부터 신탁재산인 사채원리금지급자금을 지급받을 수 있게 될 것이다.

지급대행계약을 제3자를 위한 계약으로 파악하는 경우에도 과연 사채권자가 지급대행은행에 대하여 수익의 의사표시를 해야 지급대행은행이 보유한 사채원리금 지급자금을 지급받을 수 있는지에 대해서는 더 검토할 필요가 있다. 공모로 발행되는 사채의 원리금 지급대행계약은 원심판결과 대법원판결이 판시하듯이 증권신고서의 첨부서류로 공시되고, 원리금지급장소의 형태로 발행회사와 사채권자 간의 법률관계의 일부를 이룬다. 그렇다면 사채원리금 지급자금을 제공받은 지급대행은행은 적법한 사채권자에게 그 자금을 지급할 채무를 진다고 보는 것이 사채권자와 발행회사 간의 법률관계에도 부합한다. 즉 지급대행은행은 발행회사로부터 사채원리금 지급자금을 제공받아 이를 별단예금으로 예치한 경우 그 예금을 사채권자(그 지급자금을 제공받은 이후에도 전전유통되어 바뀔 수 있음)에게 반환할 채무를 부담하는 것이다. 사채권자가 그 자금을 지급받기 위하여 사채권자임을 입증할 필요는 있으나 수익의 의사표시가 필요한 것은 아니라고 보아야 할 것이다. 사채권자가 수익의 의사표시를 하지 않았다고 하여 그 자금을 발행회사에게 반환하거나 지

91) 신탁법 제56조 제1항: 신탁행위로 정한 바에 따라 수익자로 지정된 자(제58조 제1항 및 제2항에 따라 수익자로 지정된 자를 포함한다)는 당연히 수익권을 취득한다. 다만, 신탁행위로 달리 정한 경우에는 그에 따른다.

급대행은행이 발행회사에 대해 가진 채권으로 상계할 수는 없다고 보아야 한다.[92] 설사 견해를 달리하여 수익의 의사표시가 필요하다고 하더라도, 사채권자의 사채청약 시점 또는 사채인수대금을 납입한 시점에 수익의 의사표시를 한 것으로 봄이 합당할 것이다. 지급대행계약을 제3자를 위한 계약으로 보더라도 수익의 의사표시에 관하여 위와 같은 입장을 취하면, 발행회사가 사채원리금 지급자금을 지급대행은행에게 제공한 후 도산하는 경우 사채권자는 발행회사의 도산과 관계없이 지급대행은행으로부터 사채원리금을 지급받을 수 있게 될 것이다.

사채권자의 지위를 제3자를 위한 계약의 수익자로 볼 것인지 아니면 신탁의 수익자로 볼 것인지는 지급대행은행이 도산절차에 들어간 경우 더 큰 차이를 가져온다. 사채권자를 제3자를 위한 계약의 수익자로 본다면, 예컨대 지급대행은행이 파산한 경우 사채권자는 은행에 대한 파산채권자에 그치게 되지만, 대법원판결과 같이 사채원리금지급대행을 신탁으로 본다면 신탁재산은 파산재단에 속하지 않게 되므로 수탁자인 지급대행은행이 신탁재산인 사채원리금지급자금을 신탁법에 정한 대로 분별관리한다면 사채권자는 파산절차에 따르지 않고 사채원리금을 지급받을 수 있게 되어 사채권자를 더 강하게 보호하는 것이 될 것이다. 대법원판결이 선고된 이후 금융감독기관이 사채원리금지급대행업무를 신탁업의 일부로 감독하고 있는지는 의문이다. 지급대행은행이 발행회사로부터 수령한 사채원리금지급자금을 신탁재산으로 관리하지 않는다면, 대법원판결에 따라 신탁의 수익자가 되는 사채권자가 신탁법이 정한만큼 충분히 보호되지 않을 수도 있다.

5. 사채계약

(1) 사채계약의 당사자 및 문서화

사채계약은 발행회사와 사채권자 간의 법률관계를 규율하는 계약이다.[93] 사채권자

92) 사고신고담보금을 예치받은 은행이 어음 소지인의 어음상 권리가 확인되면 지급할 의무가 있는 경우(대법원 1998. 1. 23. 선고 97다37104 판결)와 유사하다.

93) 사채관리회사 제도가 도입되기 이전에 발행된 사채에 관한 분쟁을 다룬 대법원 2005. 9. 15. 선고 2005다15550 판결은 사채계약에 대하여 언급하고 있으나 사채계약이 무엇인지에 대하여 명확한 판시는 하지 않았다. 사채계약이 무엇인지에 대하여 대법원은 원심판결을 그대로 따른 것 같다. 원심판결(서울고등법원 2005. 1. 13. 선고 2004나39445 판결)은 “사채모집위탁을 받은 수탁회사가 자신의 명의로 발행회사를 위하여 사채응모자와 사이에 사채모집위탁계약과 같은 내용으로 사채계약을 체결하는 것”이라고 하고 이 사건에서 피고(사채권자)는 “SK증권을 통하여 수탁회사인 대우증권에게 사채청약을 하고 이를 승낙한 대우증권으로부터 이 사건 회사채를 배정받았으므로, 원고와 수탁회사 사이의 위임계약에 따라 수탁회사가 사채응모자와 사채계약을 체결”한 것으로 보았다. 그러나 이 사건에서 사채모집위탁계약상 수탁회사의 의무는 계약에 명시된 업무를 수행하는 것에 한하도록 하였고, 수탁회사가 발행회사를 위하여 자신의 명의로 사채계약을 체결

와 발행회사 간의 권리의무를 규율하는 계약인 사채의 조건이 무엇인지를 명확하게 정해 놓을 필요가 있다. 사채계약의 핵심적인 사항은 사채권면에 인쇄된 사채의 조건이고 이는 사채청약서에 기재될 수도 있으며, 사채권자의 이익을 위하여 체결하는 다른 계약도 제3자를 위한 계약으로서 사채계약의 일부를 이룰 수 있다. 최근에는 사채권 실물이 인쇄되어 발행되지 않고 통상 등록 발행되고 있어서 사채권면으로 사채의 조건을 확인할 수 없다.[94)]

상법은 사채청약서 작성으로 발행회사와 최초 사채권자 간의 계약내용이 정해지도록 한 것으로 보인다. 그러나 상법 제474조 제2항에 열거된 사채청약서 기재사항은 발행회사와 사채권자 간의 권리의무를 정하는 사채의 조건(terms and conditions of bonds)의 일부만 반영할 수 있을 뿐이다. 사채청약서 제도를 유지한다면 청약서에 사채의 조건의 일부 주요내용만 기재할 것이 아니라 전부가 기재되거나 첨부되도록 할 필요가 있다. 사채조건이 복잡한 파생결합사채 등의 경우에는 사채권자에게 사채의 조건 전부를 제시하고 이에 대한 의사의 합치가 있도록 할 필요성이 더 높아질 것이다.

사채권 실물이 발행되지 않고 사채청약서 기재 사항도 매우 제한적인 상황하에서는 인수계약 및 사채관리계약이 그 계약의 적용대상을 표시하기 위한 목적으로 사채의 조건을 기재하고 있으므로 그 표시가 증권신고서에 기재된 내용과 더불어 사채의 조건을 확인하는 중요한 근거가 된다.

대법원 2005. 9. 15. 선고 2005다15550 판결은 "사채계약의 내용에 기한의 이익 상실에 관한 규정을 두고 있지 아니한 이상, 원고(발행회사)와 수탁회사 등 사이의 이 사건 사채모집위탁계약 및 인수계약상의 기한의 이익 상실규정에 관하여 피고(사채권자)가 사채계약의 체결로써 당연히 이를 원용할 수 있다고 볼 것은 아니므로, 원심의 주위적 판단에는 사채모집위탁계약 및 회사채인수계약의 법적 성질 및 사채계약, 기한의 이익 등에 관

하도록 하였다거나 수탁회사에게 사채청약서의 작성과 납입을 받는 행위를 위탁하는 조항은 없다. 사채모집위탁계약과 인수계약은 사채의 청약을 포함한 모집·매출 절차를 동일한 내용으로 규정하였고, 인수계약은 인수인들이 총액인수 및 매출을 하는 것으로 되어 있다. 이러한 계약 내용에 비추어 보면 인수인들이 발행회사로부터 사채를 총액인수하여 청약한 투자자에게 매출하였다고 보아야 할 것이다. 상법상 사채모집위탁이 남아 있지만 증권거래법(현재는 자본시장법) 상 증권의 공모에 관한 법제가 정비되고 이에 따른 인수업무를 통하여 공모발행이 이루어지게 됨으로써 모집위탁계약의 모집위탁에 관한 부분은 사실상으로나 법적으로나 기능을 상실한 것으로 보인다.

94) 표준사채관리계약 제1-3조(사채권의 발행 및 사채청약서의 기재사항)는 "발행회사는 공사채 등록법령에 의거 '본 사채'의 사채권을 등록발행하며, 본 계약의 주요내용을 요약하여 사채청약서에 기재하여야 한다"고 규정하고 있다. 표준사채관리계약 제1-3조의 주석에서는 사채권을 실물로 발행하는 경우 "발행회사는 본사채의 사채권을 <별첨1>의 양식에 의하여 발행하여야 하며, 본 계약의 주요내용의 요약을 기재하고, 사채권 이면의 기재사항을 사채청약서에도 기재하여야 한다"라는 조항을 사용하도록 하고 있다.

한 법리를 오해하는 등의 위법이 있다. … 그러나 … 이 사건 사채모집위탁계약 및 인수계약에서는 … 사채조건이 발행회사와 수탁회사 또는 주간사회사의 권리의무에 한정되는 것이 아니라 사채권자의 권리의무에도 미친다는 점을 명시함으로써, 그 계약의 당사자가 아닌 사채권자로 하여금 직접 기한의 이익 상실에 관한 규정에 따른 권리를 취득하게 하고 있어, 이 사건 사채모집위탁계약 및 인수계약상 기한의 이익 상실규정은 제3자인 사채권자를 위한 규정으로 보기에 충분하므로, 제3자를 위한 계약의 법리에 따라 사채권자인 피고는 수익의 의사표시에 의하여 위 기한의 이익 상실규정을 원용할 수 있다고 보아야 할 것"이라고 판시하였다.

이 사건의 사채모집위탁계약 및 인수계약을 보면 사채권 실물이 교부되지 않고 등록발행된 것으로 보인다. 따라서 사채권면의 기재로 사채권자와 발행회사 간의 계약의 내용을 확인할 수 없는 상황이었다. 이러한 경우에는 사채모집위탁계약 및 인수계약 및 증권공모를 위하여 제출한 증권신고서상 기재된 "사채의 조건"이 사채권자와 발행회사 간의 계약(즉 사채계약)이라고 보는 것이 더 타당할 것이다. 왜냐하면 등록발행하지 않고 사채권 실물을 교부하였다면 사채모집위탁계약 및 인수계약 및 증권신고서상 기재된 "사채의 조건"이 사채권면에 인쇄되었어야 할 것이기 때문이다.

(2) 사채계약의 내용

사채관리계약은 "사채의 발행조건"이라는 제목 하에 사채의 명칭, 종류, 권면총액, 발행가액, 이율, 상환방법과 기한, 이자지급방법과 기한, 연체이율, 원리금지급대행자 및 지급사무처리장소, 기한이익상실 등 "사채의 조건"(사채가 전전 유통되는 경우에도 발행회사와 사채권자 간의 법률관계를 규율하는 사항)을 규정한다(표준사채관리계약 제1-2조). 한편 인수계약도 "사채의 발행조건"이라는 제목 하에 여러 사항을 기재하고 있으나 그 내용은 ① "사채의 조건" (사채관리계약에 "사채의 발행조건"이라는 제목 하에 기재된 내용) 이외에도 ② "사채 발행 또는 모집의 조건"(발행가액, 발행방식, 청약기간, 납입기일 등 발행회사와 인수인 또는 최초의 사채취득자와의 사이에서만 발생하는 사항)도 규정한다. "사채의 조건"이 사채계약의 핵심적인 내용이다. 혼선을 피하기 위해서는 계약상 전전유통이후에도 발행회사와 사채권자 간의 법률관계를 규율하는 "사채의 조건"과 발행회사와 최초의 인수인 또는 최초의 취득자 간의 법률관계에만 적용되는 "사채발행 또는 모집의 조건"을 구별하여 규정하는 것이 바람직할 것이다.

사채의 조건 중 특히 중요한 사항은 기한이익상실에 관한 사항이다. 표준사채관리계약 제1-2조 제14호 가목은 기한이익상실사유를 ① 즉시 상실 (즉 정지조건부 상실) 사유(발행회사의 파산·회생절차개시 신청, 해산사유발생, 휴·폐업, 어음·수표 부도, 채무재조정, 감독관청의 중요한 영업정지·취소처분 등)와 ② 선언에 의한 상실 (즉 형성권적 상실) 사유(이자지급 불이행, 다른 채무 지급불이행·기한이익상실, 중요 재산 압류 또는 임의경매, 재무제한조항 위반, 중요재산에 대한 가압류·가처분 등)로 구분하여 규정하고 있다. 표준사채관리계약은 즉시 상실 사유가 발생하면 발행회사는 즉시 기한이익을 상실하고 그 사실을 공고하며 자신이 알고 있는 사채권자 및 사채관리회사에게 통지할 의무를 지도록 하고 있다. 표준사채관리계약은 선언에 의한 상실 사유가 발생하면 사채권자 및 사채관리회사가 사채권자집회의 결의에 따라 발행회사에게 서면통지함으로써 기한이익상실을 선언할 수 있도록 규정한다. 기한의 이익이 상실되면 발행회사는 원금 및 기한이익 상실된 날까지 발생한 이자를 즉시 변제할 의무를 진다. 또한 표준사채관리계약은 기한이익상실사유 발생에도 불구하고 사채권자집회 결의 또는 미상환잔액의 2/3 이상을 보유한 사채권자의 동의에 의한 기한이익상실사유 불발생 간주(동계약 제1-2조 제14호 나목)와 사채권자집회 결의에 의한 기한이익상실 취소(동계약 제1-2조 제14호 다목)도 규정하였다.

(3) 사채권자의 권리행사

사채권자는 자신이 가지고 있는 사채의 원리금의 지급청구 등 사채상의 권리를 개별적으로 행사할 수 있다(표준사채관리계약 제5-2조). 앞서 본 바와 같이 대법원 2005. 9. 15. 선고 2005다15550 판결은 사채모집위탁계약을 제3자를 위한 계약으로 보고 사채권자가 개별적으로 수익자로서 정지조건부 상실사유의 발생에 따른 기한이익상실을 주장할 수 있음을 인정하였다. 기한이익상실 사유는 원리금 지급기한에 관한 사항이고 발행회사와 사채권자 간의 계약의 중요한 일부를 이루는 것이므로 사채계약상 기한이익상실에 관한 권리의 행사에 사채권자집회의 결의가 필요하도록 규정되어 있지 않는 한 그 권리의 행사는 사채권자가 원래 가지고 있는 자신의 권리의 행사라고 보아야 할 것이다.

사채관리회사는 사채상의 원리금 변제를 받거나 그 권리 실현을 보전하기 위하여 필요한 재판상 재판외의 행위를 할 수 있다(상법 제484조 제1항). 구체적으로 사채관리회사가 행할 수 있는 권한과 절차는 사채관리계약으로 정한다(표준사채관리계약 제4-1조, 제4-2조).

Ⅱ. 국제적인 사채 발행시 체결되는 계약

1. 개 설

(1) 국제적인 채권 발행

우리나라 회사들이 사채를 외국 시장에서 발행하는 경우가 있다. 국제적으로 발행되는 채권(국제債 international bonds)은 통상 유로시장에서 발행하는 유로債(eurobonds)와 각 개별국가의 증권시장에서 발행하는 외국債(foreign bonds)로 구분한다. 유로債는 표시통화의 발행국가의 규제를 받지 않고 발행되는 채권이고, 유로債가 발행되는 유로시장은 유럽공동체의 통화 유로와는 관계없다.[95] 유로債는 통상 기관투자자들을 대상으로 발행되므로 채권이 발행되는 국가의 증권규제를 받지 않는다. 외국債는 각 국가마다 다른 이름을 붙여 사용한다. 미국에서 외국발행자가 발행하는 미달러화 채권은 양키본드(Yankee bonds), 일본에서 외국발행자가 엔화로 발행하는 채권은 사무라이본드(Samurai bonds)로 부르고, 우리나라에서 외국발행자가 원화로 발행하는 채권은 아리랑본드로 부른다.

(2) 국제적인 채권발행의 거래구조와 계약의 개요

전형적인 유로債 발행시 관여하는 당사자와 체결되는 계약의 구조를 보면 [그림 7-1]과 같다.

국제적인 채권 발행시 체결되는 계약도 국내 발행시 체결되는 계약과 유사하나 계약조항이 국내에서 사용되는 것보다는 대체로 더 정교하게 다음과 같이 규정하고 있다.

① 사채의 발행 단계를 규율하는 계약으로 발행회사와 사채를 인수(underwrite)하는 증권회사(=인수회사) 간에 인수계약(Subscription Agreement, Underwriting Agreement)을 체결한다.

② 사채 발행 후의 발행회사의 사채권자에 대한 의무를 규율하는 계약으로 발행회사가 사채권자를 위한 수탁회사와 신탁계약(Trust Deed, Indenture)을 체결하는 경우도 있고, 재무대리인과 재무대리계약(Fiscal Agency Agreement)를 체결하는 경우도 있다.

---

95) 유로債는 표시통화의 발행국가 밖에서 발행되는 국제債이다. 미국 밖에 예치된 유로달러(eurodollar)로 발행자금을 조달하는 채권이 대표적이다. 유럽연합의 통화인 유로(euro)로 표시된 채권이 아니고, 글로벌 금융위기 이후 유로지역 국가들이 공동으로 발행하려고 했던 Eurobond와도 구별해야 한다. 유로債 시장은 1963년 이탈리아 고속도로회사인 Autostrade가 최초로 유로債를 발행한 이래 비약적으로 발전하여 매우 중요한 국제債 시장이 되었다. 유로債 시장의 발생과 발전에 대해서는 Fuller(2012), pp. 101-121.

[그림 7-1] 국제적인 채권발행의 거래구조

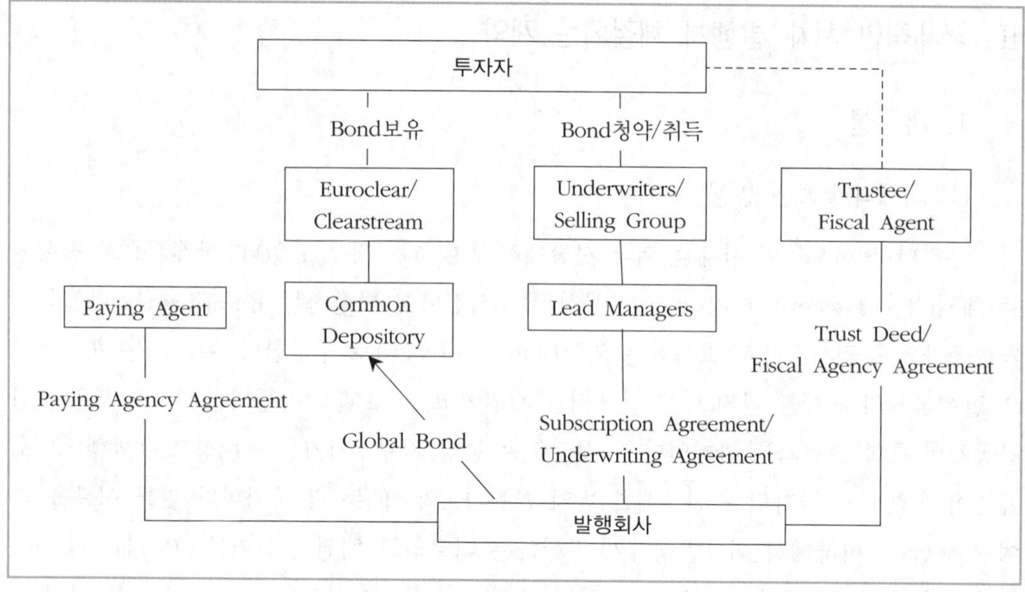

③ 사채 발행 후 사채권자에 대한 원리금 지급대행 또는 전환사채권자의 전환권 행사시 전환청구의 수령대리 등을 위한 지급대행계약(Paying Agency Agreement)과 전환대리계약(Conversion Agency Agreement)이 체결된다.

④ 발행회사와 사채권자 간의 권리의무를 규율하는 사채계약의 내용은 사채의 조건(Terms and Conditions of Bonds)으로 별도로 정해 놓고, 투자설명서(prospectus 또는 offering circular)에 그 전문(全文)을 기재하며, 인수계약, 신탁계약, 재무대리계약 등에도 부속서류로 첨부하여 어떠한 내용의 사채에 대한 계약인지를 명백하게 한다.

2. 사채의 조건(Terms and Conditions of Bonds)

유로債 또는 양키본드의 사채의 조건은 국내에서 발행되는 사채에 비하여 훨씬 상세한 조항을 두고 있다. 전형적인 유로債의 주요한 조항을 살펴보면 다음과 같다.

(1) 債券의 성격, 형식, 양도 등에 관한 기본 사항

가. 채권의 지위(Status)

債券상 발행회사가 지는 채무의 성격(담보부 여부, 후순위 여부, 다른 채무와의 우선순위 등)을 개괄적으로 기재한다.

나. 형식, 액면금액 및 소유권(Form, Denomination and Title), 사채권의 양도(Transfers of Bonds), 사채권실물발행(Issue of Certificates)

실물발행 또는 등록발행 여부, 액면금액, 債券 소유권 이전 방법 등을 기재한다.

실제 사채에 관한 권리를 어떻게 기재하는지는 대법원 2010. 1. 28. 선고 2008다54587 판결이 다룬 사건에서 잘 드러난다. 이 사건에서 국내회사가 영국법을 준거법으로 기명식 해외전환사채를 발행하면서 외국법인을 장래의 사채권자를 위한 수탁자로 선임하여 사채권자 및 사채에 관한 이해관계인들의 권리의무관계에 관하여 규정하는 신탁계약(Trust Deed)을 체결하고, 그에 따라 사채 전액에 관하여 유럽포괄사채권(European Global Certificate)을 발행하였다. 이 사건에서 신탁계약과 사업설명서는 다음과 같이 규정하였다.

(i) 유럽포괄사채권(European Global Certificate)이 발행되는 이 사채는 기명사채이다. 사채권자(Bondholder)는 사채권자 명부에 사채의 소지자로 등록된 자를 의미한다.
(ii) 이 사채를 표창하는 유럽포괄사채권은 청산기관(clearing system)인 유로클리어(Euro-clear)와 세델은행(Cedel Bank, societe anonyme)의 공동예탁기관(common depositary) 또는 그를 위한 피지명인(nominee)의 이름으로 발행되고, 그의 명의로 사채권자 명부에 등록된다.
(iii) 유럽포괄사채권은 유로클리어와 세델은행의 공동예탁기관인 체이스 맨해튼 은행(The Chase Manhattan Bank)에 예탁된다.
(iv) 사채권(Title to Bond)은 사채권자 명부에 사채소지자로 등록하여야만 이전되고, 적정하게 등록된 사채권자만이 유럽포괄사채권에 의하여 표창되는 사채에 관하여 지급받을 권리를 갖는다.
(v) 사채권을 청산기관이 지명한 자가 아닌 다른 이름으로 등록하는 것은 소정의 예외적인 경우를 제외하고는 허용되지 아니한다.
(vi) 청산기관의 계좌에 기입된 형태로 존재하는 이 사건 사채에 관한 권리(Title to book-entry interest in the Bonds)는 청산기관이 정한 절차에 따라 그 계좌상 기입된 명의를 변경하는 방법으로 양도한다.

대법원은 위와 같은 사실관계하에서 “신탁계약과 사채는 영국의 신탁법리에 기초하여 사채의 발행회사와 사채권자 및 사채에 관한 이해관계인들의 권리의무관계를 규율하는 구조로서, 위 사채의 유일한 사채권자는 사채권자 명부에 사채소지자로 등록된 자로서 원칙적으로 그 자 또는 그 수탁자만이 발행회사에 대한 관계에서 권리의무관계를 맺고, 위 사채의 청산기관(clearing system)에 계좌를 개설하여 위 사채에 관한 권리(Title to book-entry interest in the Bonds)를 취득한 기관투자자 등과 같은 계좌보유자들과 다시 계좌를 개설함으로써 위 사채에 관한 권리에서 파생하는 수익적 권리를 취득한 개인 투자자 등은 발행회사에 대하여 사채권자의 지위에 있다거나 직접 금전지급청구권이 있음을 주장할 수 없다"고 판시하였다.

다. 담보제공금지(Negative Pledge)[96)]

무담보 사채를 발행한 후 발행회사가 다른 채권자들에게 담보를 제공하면 무담보 채권을 가지고 있는 채권자가 채무회수를 위하여 의존할 채무자의 일반자산이 감소될 것이고는 실질적으로 후순위화될 수 있다. 따라서 발행회사의 담보제공을 금지하는 조항을 둘 필요성이 있다. 한편 발행회사의 입장에서는 담보를 제공하여 자금조달비용을 낮출 필요성도 있고 국내거래에서는 예컨대 은행으로부터의 차입시 담보 제공이 일반화되어 있는 경우도 있다. 또한 너무 엄격한 조항을 두게 되면 발행회사가 담보를 제공하고 채무를 부담해야 할 불가피한 경우가 발생할 때 이를 허용하기 위해서는 사채권자집회를 통한 결의를 거쳐야 하는 등 복잡한 절차를 거쳐야 하게 된다. 이러한 점을 고려하여 국제적으로 발행하는 債券의 담보제공금지 조항은 발행회사의 모든 채무에 대하여 적용하는 경우보다는 일정한 범위(예: 외화증권으로 발행하여 부담하는 채무)로 제한하는 경우가 많다. 이와는 달리 은행대출의 경우에는 債券발행시보다 담보제공금지를 더 엄격하게 정해 놓는 경우가 많다. 은행대출의 경우에는 나중에 담보제공을 허용하기 위해서는 은행과 채무자 간의 협상만 있으면 되므로 債券발행시보다 훨씬 유연하게 대처할 수 있기 때문이다.

(2) 원리금 지급에 관한 사항

가. 상환, 매입 및 소각(Redemption, Purchase and Cancellation)

만기에 원금을 상환하되 그 이전에 조기상환하는 상황도 정한다. 발행회사 또는 사채권자에게 일정한 기한의 도래 또는 조건의 성취시 조기상환청구권을 부여하는 방법을 취한다. 기한이익상실도 만기 이전에 원금 지급의무가 발생한다는 점에서 조기상환 조항에 따른 조기상환과 유사하지만 기한이익상실은 채무불이행 또는 이에 준하는 사유의 발생에 기초한 것으로 다른 계약상 교차불이행(cross-default) 조항에 근거한 다른 채무의 기한이익상실을 초래할 수 있다는 점에서 조기상환과 구별된다.

조기상환청구권은 발행회사가 가지는 경우(call)와 사채권자가 가지는 경우(put)가 있다.

발행회사가 조기상환청구권을 가지는 대표적인 예로는 (i) 조세로 인한 경우(이른바 tax call)와 (ii) 전환사채 발행 후 주가가 상승한 경우를 들 수 있다. 전자는 발행회사가 세

---

96) negative pledge조항에 관한 상세한 설명은 이상현(2009), 49-65쪽.

금등을 원천징수한 후 사채권자가 수령하게 되는 금액이 미리 정한 원리금액이 되도록 할 의무를 부담하는 원천징수세액 추가지급조항(tax gross-up조항)과 관련된다. 사채발행 후 세법 등의 변경으로 인하여 원리금 지급시 발행회사가 지출해야 하는 금액이 증가한 경우 발행회사가 조기상환을 청구할 수 있도록 하는 조항을 흔히 넣는다. 세법 등의 변경으로 인하여 발행회사가 예상하지 못한 조달비용 증가가 발생한 경우 발행회사에게 그 금융거래로부터 벗어날 수 있는 기회를 주는 것이다.[97] 후자는 전환사채 발행 후 전환대상인 주식의 시가가 일정한 기간 전환가격을 상당히 상회(예컨대 주가가 전환가격의 130% 이상인 상태가 20거래일 이상 계속) 하는데도 불구하고 사채권자가 전환권을 행사하지 않는 경우 발행회사에게 전환사채를 조기상환할 수 있는 권리를 부여하는 조항이다. 이 조항은 사채권자의 전환권행사를 촉진하기 위한 것이라고 할 수 있다.

사채권자가 조기상환청구권을 가지는 대표적인 예로는 예컨대 만기 15년인 전환사채의 사채권자가 발행후 5년 경과시 원금에 일정한 수익률(이른바 put yield)을 보장하는 금액으로 조기상환을 청구할 수 있도록 하는 경우가 있다. 전환사채 투자자가 전환권의 행사를 통한 이익을 의도하였으나 주가가 상승하지 못하여 전환권을 행사할 수 없는 경우 일반사채의 이자에 준하는 정도의 수익으로 그 금융거래에서 벗어날 수 있도록 하는 것이다. 또한 발행회사에 관한 특별한 사정(예: 지배권의 변동)의 발생을 조기상환 청구권 발생사유로 삼는 경우도 있다. 특별한 사정의 발생을 조기상환 청구권 발생사유로 정해 놓으면 그 발생을 근거로 한 조기상환청구에 대하여 발행회사가 상환을 하면 아무런 문제가 없다. 그러나 이러한 특별한 사정의 발생을 기한이익상실 사유로 정해 놓는 경우에는 그 사정의 발생으로 인하여 기한의 이익이 상실되면 다른 채무의 기한의 이익도 상실되는 효과(앞서 언급한 교차불이행 조항 설명 참조)가 생길 수도 있다. 이와 같이 동일한 상황도 사채의 조건에서 어떻게 정하는가에 따라 법적 효과가 다르게 나타난다.

나. 원천징수세액 추가지급(Tax gross-up)

국제금융거래에서는 원리금 지급시 세금 등이 원천징수되는 경우 통상 채무자인 발행회사가 그 원천징수 금액을 부담하는 조항을 둔다. 즉 발행회사는 세금 등을 원천징수한 후 사채권자가 수령하게 되는 금액이 미리 정한 원리금액이 되도록 할 의무를 부담한다.

예컨대 원금 100, 이자율 연 10%인 사채를 발행하였는데 발행회사가 속한 국가의 세법상 사채의 이자에 대하여 20%의 원천징수의무가 부과된 경우를 생각해 보자. 계약상 별도의 합의가 없다면 채무자인 발행회사는 연 10의 이자를 지급하되 2를 원천징수하여

97) 국제적인 대출에서도 원천징수세액 추가지급 조항과 그러한 추가지급 사유 발생시 채무자가 대출금을 조기상환할 수 있도록 하는 조항을 둔다(☞ 제3장 제4절 Ⅱ. 수익보장).

이를 세무서에 납부하고 나머지 8을 사채권자에게 지급하여야 한다. 원천징수세액 추가 지급 조항은 이러한 경우 발행회사로 하여금 사채권자가 수령하는 금액이 10이 되도록 할 의무를 지게 하므로, 발행회사는 자신의 금고에서 12.5를 꺼내 그중 20%인 2.5는 세무서에 납부하고 나머지 10을 사채권자에게 송금하게 된다.

다. 기한이익상실 사유(Events of Default)

기한이익상실 사유는 (i) 사유발생시 즉시 기한이익상실이 이루어지는 정지조건부 기한이익상실 사유와 (ii) 사채권자(또는 수탁회사)의 통지에 의하여 기한이익상실이 이루어지는 형성권적 기한이익상실 사유로 나누어 볼 수 있다. 또한, 사유가 발행회사의 지급능력상의 문제인지에 따라 (i) 지급불이행(payment default) 사유(예: 원리금 지급의 연체, 발행회사의 일정한 다른 채무의 기한이익상실 사유 발생, 발행회사의 해산·청산 결의, 파산·회생 절차 신청, 관리인 선임 등)와 (ii) 그 밖의 계약상 의무불이행인 기술적 불이행(technical default) 사유(예: 각종 재무비율의 위반)로 나누어 볼 수 있다.

형성권적 기한이익상실 사유 발생시 누가 어떻게 기한이익상실을 판단하고 발행회사에게 통지할 것인가에 대해서 정한다. 형성권적 기한이익상실 사유 발생 후 일정한 비율(예: 25%) 이상의 사채권자가 서면으로 요구하면 수탁회사가 반드시 기한이익상실을 선언해야 하고, 그러한 요구가 없는 경우에는 수탁회사가 기한이익상실 선언 여부를 판단할 수 있도록 하는 경우가 많다.

라. 소멸시효(Prescription)

원리금지급청구권의 소멸시효에 관한 조항도 기재한다. 상법 제487조상 사채의 원금의 소멸시효는 10년 이자의 소멸시효는 5년이나 국제적으로 발행하는 사채에 관하여는 사채의 준거법에 따라 상법과 다른 내용으로 규정되는 경우가 많다.

(3) 기 타

가. 사채권자집회(Meetings of Bondholders)

사채권자집회의 결의로 결정할 사항, 사채권자집회에서의 결의 방법과 요건 등을 상세히 규정한다. 상법은 사채권자집회에 관하여 상세한 조항을 두고 있는데, 이러한 조항이 외국법을 준거법으로 하여 발행되는 사채에도 그대로 적용되는가의 문제가 제기될 수 있다. 실무에서는 외국법을 준거법으로 하여 사채를 발행하는 경우 상법상 사채권자집회에 관한 조항이 적용되는 것은 아니라고 보고 있고 학계의 뒷받침을 받고 있다.[98)]

---

98) 석광현(1997), 50쪽.

나. 준거법과 관할법원(Governing Law and Jurisdiction)

준거법과 분쟁시 관할에 관한 합의이다. 준거법은 당사자, 발행지역 등에 따라 정해진다. 외국債의 경우에는 발행지역이 속한 국가의 법이 사용되는 경우가 많고, 유로債의 경우에는 대체로 영국법과 뉴욕주법 중에서 주관회사가 선호하는 법이 사용되는 경우가 많다. 관할은 통상 준거법과 맞추어 그 국가의 법원으로 정한다. 관할을 준거법국가가 아닌 곳으로 정하면 분쟁 발생시 관할 합의된 법원의 법관이 준거법의 내용에 정통하지 않게 되는 문제가 발생하게 된다.

다. 통지 등 각종 표준 조항들(boilerplate clauses)

사채권자에 대한 통지, 채권 실물을 발행한 경우 실물의 교체에 관한 사항, 지급대리인 등 각종 대리인에 관한 사항 등 기타 일반적인 조항들이다.

제 4 절 사채관리회사

Ⅰ. 사채관리회사[99] 제도의 취지

1. 사채권자의 원활한 권리행사를 위한 법적 장치의 필요성

사채는 통상 중장기 자금의 조달을 목적으로 발행하므로 사채의 상환시까지 발행회사의 재무상태 등이 변할 수 있고 사채상의 채무가 불이행될 수 있다. 사채는 일정 단위로 증권화되어 다수의 투자자에게 전전 유통될 것이 전제된다. 다수의 사채권자가 각자 자신의 사채계약상의 권리를 행사하고 발행회사를 모니터하는 데는 많은 비용이 들어가게 되므로 사채권자가 개별적으로 발행회사의 계약 준수를 감독하거나 계약위반에 대응한 구제조치를 취할 인센티브가 부족하다. 이러한 집단행동문제(collective action problem)를 완화하고 사채권자 전체를 위하여 일괄하여 발행회사를 모니터하고 사채권자의 권리행사를 대신하여 사채권자의 이익을 도모하는 장치가 필요하다. 이러한 장치가 없을 경우 사채권자의 이익을 보호하기 위하여 과도하게 엄격한 특약조항을 두는 것보다 유연하게 계약조항을 둘 수 있게 되어 발행회사의 입장에서도 바람직하다.[100] 사채관리회사 제도

99) 사채관리회사가 될 수 있는 자격을 갖춘 법인 가운데는 "회사"가 아닌 법인도 여럿 있기 때문에 "사채관리회사"라는 용어가 적절한지 의문이다.

100) 주석상법[회사법(5)](2021), 85-86쪽(윤영신 집필)은 사채관리회사가 사채권자의 이익을 도모하

는 이러한 취지에서 도입되었다. 2011년 상법개정 이전에는 사채모집의 수탁을 받은 회사가 한편으로는 발행회사를 위하여 사채모집을 하고 다른 한편으로는 사채권자를 위한 업무를 하도록 하고 있어서 이익충돌의 문제가 불가피하게 존재하는 문제가 있었으나, 사채관리회사는 사채의 모집에는 관여하지 않고 오로지 사채권자를 위한 업무만을 수행하도록 함으로써 이 문제를 해결하였다.

2. 사채관리회사의 지정 – 의무화 여부

상법은 사채관리회사를 의무적으로 두도록 하지는 않았고, 사채관리회사를 둘 것인지 여부는 발행회사가 결정하도록 하였다(상법 제480조의2). 그러나 무보증사채를 금융투자업자(증권회사)가 인수하는 방법으로 공모 발행하는 경우에는 원칙적으로 사채관리회사를 두고 한국금융투자협회가 정한 표준사채관리계약에 의한 사채관리계약이 체결되어야 한다. 그렇지 않으면 증권회사가 그 사채를 인수하지 못하도록 하고 있다(한국금융투자협회의 "증권인수업무 등에 관한 규정" 제11조의2 제2항).

증권인수업무등에 관한 규정에서 예외적으로 사채관리회사를 두지 않아도 인수할 수 있는 무보증사채는 은행, 금융투자업자, 여신전문회사 등의 금융회사가 발행한 사채와 유동화 사채 등이다. 이러한 예외는 아마 금융회사들에 대한 감독이 사채관리회사의 역할을 실질적으로 대신할 수 있고, 금융투자업자에게는 자본시장법 제37조의 신의성실의무가 부과된다는 점 등에 기초한 것으로 보인다. 또한 사채관리회사 수수료 만큼 발행비용이 절감된다는 점이 예외조항의 채택에 영향을 주었을 수도 있다. 금융회사에 대한 감독이 있어도 금융회사의 도산이나 채무불이행 우려가 없어지는 것은 아니고, 자본시장법 제37조의 신의성실의무는 매우 추상적이며, 파생결합사채의 내용이 점점 복잡해짐에 따라 사채권자 보호의 필요성은 점점 증대하고 있다는 점을 고려할 필요가 있다. 최근 판결로 드러난 주가연계증권(ELS) 발행회사의 기초자산 주가에 영향을 주는 행위에 대하여도 투자자들이 각자 문제를 제기하여야만 했으나, 사채관리회사를 통하여 주가연계증권 투자자들의 이익을 집단적으로 대변할 수 있도록 제도적으로 장치를 두는 것이 합리적일 것이다. 특히 주가연계증권등 파생결합사채는 유통시장이 확보되어 있지 않아 증권에 내재한 위험의 실현가능성의 증가에 대응하여 투자에서 탈출(exit)할 수 있는 방법이 없고 유통시장의 가격형성에 의한 발행시장 가격의 적정성을 검증할 수 없다는 점에서 투자자

고 발행회사에게 유연성을 부여하는 역할을 하지만, 사채권자가 자신의 권리에 대한 통제를 할 수 없게 되고, 사채관리회사가 사채관리권한을 효율적으로 행사할 인센티브가 부족하다는 문제가 있음을 지적하였다.

보호장치가 더 필요하다.

보다 근본적으로 자본시장법에 따라 공모 발행되는 사채에 대하여는 사채관리회사를 두는 것이 원칙이 되도록 입법할 필요가 있다.[101] 미국 증권거래위원회(SEC)에 등록하여야 하는 무보증 채권(債券) 발행시에는 사채권자를 위한 수탁회사(trustee)를 반드시 두도록 한 미국의 입법례(Trust Indenture Act of 1939 제304조-제308조)와 각 사채의 금액이 1억엔 이상이거나 기타 사채권자의 보호에 흠결의 우려가 없는 경우를 제외하고는 사채관리자를 반드시 두도록 한 일본의 입법례(일본 회사법 제702조)[102]를 참고할 필요가 있다.

Ⅱ. 사채관리회사의 자격

1. 사채관리회사의 전문성과 독립성의 필요

사채관리회사는 사채권자를 위한 업무를 수행하지만 발행회사가 지정하고 업무수행에 대한 수수료도 발행회사로부터 수령한다(표준사채관리계약 제4-5조)는 점에서 사채권자와 이익충돌되는 부분이 남아 있다. 이 문제를 해소하고 사채관리회사가 전문성과 독립성을 갖출 수 있도록 상법은 두 가지 방법으로 사채권자의 자격을 엄격하게 제한하고 있다.

2. 자격요건

(1) 적극적 요건

사채관리회사가 될 수 있는 자격자는 은행(산업은행, 중소기업은행, 농협은행, 수협은행 포함), 신탁회사(신탁업 인가를 받아 금전을 수탁받을 수 있는 자 포함), 증권인수업무를 할 수 있는 투자매매업자, 한국예탁결제원, 증권금융회사로 제한되어 있다(상법 제480조의3 제1항, 상법시행령 제26조).

(2) 소극적 요건

적극적 자격요건을 갖춘 경우에도 당해 사채의 인수인이거나 발행회사와 특수한 이

101) 江頭憲治郎(2010)(藤田友敬 집필), 130쪽은 일본에서 1996년-1999년 발행된 사채 중 사채관리회사를 두지 않은 사채가 둔 사채에 비해 응모자 이자율이 높게 설정되었는데 이는 디폴트시의 채권회수의 리스크가 높다는 점과 발행회사에 대한 모니터링이 약하다는 점에 대한 시장의 평가로 이해할 수 있다는 실증연구결과가 있음을 지적하였다.

102) 일본의 사채관리자 지정의무제도의 취지 및 이에 대한 일본에서의 논의는 권종호(2012), 198쪽.

해관계가 있으면 사채관리회사가 될 수 없다(상법 제480조의3 제2항, 제3항). 상법 제480조의3 제2항은 "사채의 인수인이 그 사채의 사채관리회사가 될 수 없다"고 규정하고 있어서, 당해 사채의 인수인은 사채관리회사가 될 수 없다. 그러나 동일한 발행회사가 사채를 2회에 걸쳐서 발행한 경우 제1회 사채의 인수인이 제2회 사채의 사채관리회사가 될 자격은 있다.[103] 인수인의 사채관리회사 자격을 부정한 것은 2011년 상법 개정 전의 사채모집의 위탁을 받은 회사가 가지고 있었던 문제(사채를 발행하기 까지 발행회사를 위한 업무를 수행하고 사채 발행 후에는 사채권자를 위한 업무를 하여 이익충돌이 내재되어 있는 문제)를 해소하고자 한 것으로 보인다. 이 조항에 대하여는 비판도 있으나 사채인수업무와 사채관리업무 사이에 있는 근본적인 이익충돌 문제를 고려하면 필요한 조항이다.[104]

특수한 이해관계는 (i) 사채발행회사의 최대주주 또는 주요주주인 경우, (ii) 사채관리회사가 되려는 자가 은행, 신탁회사, 투자매매업자이고 사채발행회사가 사채관리회사가 되려는 자의 대주주인 경우 (iii) 사채발행회사와 사채관리회사가 공정거래법상 계열회사인 경우, (iv) 기타 사채발행회사의 주식을 보유하거나 사채발행회사의 임원을 겸임하는 등으로 인하여 사채권자의 이익과 충돌하는 특수한 이해관계가 있어 공정한 사채관리를 하기 어려운 경우로서 법무부장관이 정하여 고시하는 기준[105]에 해당하는 경우로 정해져 있다(상법시행령 제27조).

(3) 이익충돌이 발생할 수 있는 지위와 개별적인 이익충돌 발생의 구별

이와 같이 상법은 사채관리회사가 사채권자와의 사이에서 이익충돌이 발생할 수 있는 가능성이 높은 지위에 있는 경우에는 사채관리회사로서 부적격하도록 정하고 있고, 이러한 지위에 있지 않은 이상 사채관리회사로 지정될 수 있는 자격을 인정한다. 이러한 지위에 있지 않아 사채관리회사로 지정된 이후 사채권자와의 사이에서 이익충돌이 발생하는 행위를 하는 경우[106]에는 사채관리회사의 사채권자에 대한 의무위반과 책임의 문제로 다루게 된다.[107]

---

103) 주석상법[회사법(5)](2021), 95쪽(윤영신 집필).

104) 이 조항과 관련한 여러 입법론의 검토와 이 조항의 타당성에 대하여는 윤영신(2014), 121-122쪽.

105) 2022. 6. 1. 현재 법무부장관이 고시한 기준은 없다.

106) 예컨대 사채관리회사가 발행회사에 대하여 다른 채권(예: 은행의 대출, 증권회사의 다른 회사채 보유)을 가지고 있어, 그 채권의 추심과 사채관리의 대상인 사채 원리금의 추심이 경합할 수 있는 상황에서 자신의 채권을 우선하여 추심하고 사채권자의 권리행사를 소홀히 한다면 사채권자에 대한 의무 위반의 문제가 제기될 것이다.

107) 사채관리회사와 사채권자간의 이익충돌의 문제에 대한 미국과 일본의 입법례에 대하여는 김건식 외(2008), 331-336쪽(윤영신 집필); 권종호(2012), 200-202쪽.

Ⅲ. 사채관리회사의 권한

1. 상법상 부여된 권한

(1) 기본적인 권한

사채관리회사는 사채권자를 위하여 사채에 관한 채권을 변제받거나 채권의 실현을 보전하기 위하여 필요한 재판상 또는 재판 외의 모든 행위를 할 수 있다(상법 제484조 제1항). 이 권한은 상법에 의하여 부여된 사채권자 전원을 본인으로 하는 법정대리권이고[108] 사채관리계약으로 제한할 수 없다.[109] 이 권한에 속하는 것으로는 다음과 같은 것을 들 수 있다.

1. 사채 원리금 지급의 재판외 청구
2. 사채 원리금 변제의 수령
3. 사채 원리금 지급의 재판상 청구(소송의 제기)
4. 사채 원리금 지급청구권을 보전하기 위한 가압류·가처분의 신청
5. 사채원리금 지급청구권에 관한 확정판결 등 집행권원에 기초한 강제집행의 신청
6. 다른 채권자가 발행회사의 재산에 대하여 신청한 강제집행절차에서의 배당요구
7. 발행회사의 파산·회생절차에서의 채권신고

파산·회생절차의 신청은 사채원리금 회수를 위한 행위라고 할 수 있는지 의문이 있다.[110] 이는 아래 사채권자집회의 결의가 필요한 권한에 속한다고 하겠다.

또한 사채관리회사는 회사가 어느 사채권자에게 한 변제, 화해, 그 밖의 행위가 현저하게 불공정한 때에는 소(訴)만으로 그 행위의 취소를 청구할 수 있다(상법 제511조 제1항).[111] 각 사채권자가 사채에 관한 권리를 행사할 수 있지만, 회사가 특정한 사채권자를 우대하여 다른 일반 사채권자에게 불이익을 초래하는 행위를 사채관리회사가 소(訴)로 취소하여 사채권자의 공평을 기할 수 있게 한 것이다.[112] 이 취소소송은 취소 원인 사실을 안 때로부터 6개월, 행위가 있은 때로부터 1년 이내에 제기해야 하고, 사채권자가 변제 등의 행위 당시 현저한 불공정성을 알지 못한 경우에는 취소할 수 없다.[113]

108) 권종호(2012), 205쪽, 한국상사법학회(2013)(김두환 집필), 67쪽.
109) 江頭憲治郎·中村直人(2012)(三原秀哲 집필), 105쪽.
110) 江頭憲治郎(2010)(藤田友敬 집필), 142-143쪽.
111) 사채권자집회의 결의가 있는 때에는 대표자 또는 집행자도 이 소송을 제기할 수 있다(상법 제512조).
112) 주석상법[회사법(5)](2021), 188쪽(윤영신 집필).
113) 상법 제511조 제3항은 채권자취소권에서 수익자·전득자가 "그 행위 또는 전득 당시에 채권자를

(2) 법원의 허가를 받아야 하는 권한

사채관리회사는 법원의 허가를 받아 발행회사의 업무와 재산상태 조사를 할 수 있다(상법 제484조 제7항). 발행회사의 업무와 재산상태 조사는 발행회사의 업무 수행에 지장을 초래할 수 있고 발행회사의 영업비밀의 누설의 우려도 있을 수 있으며 사채권자를 위하여 그러한 조사가 필요한지 여부에 대하여 논란이 있을 수 있으므로 법원의 허가를 받도록 한 것이다. 발행회사가 동의하면 법원의 허가는 필요 없을 것이다. 같은 논리로 만약 사채관리계약에 사채관리회사가 발행회사의 업무와 재산상태 조사를 할 수 있음을 명시적으로 정해 놓은 경우에는 사채관리회사는 계약에 근거하여 법원의 허가 없이도 그러한 조사를 할 수 있다고 보아야 한다. 실제 표준사채관리계약은 발행회사가 사채관리계약을 위반하였거나 위반하였다는 합리적 의심이 있거나 기타 사채원리금 지급에 관하여 중대한 영향을 미친다고 합리적으로 판단되는 사유가 있는 경우에는 사채관리회사가 발행회사의 업무 및 재산상황에 대하여 정보 및 자료의 제공요구, 실사 등의 조사를 할 수 있고 발행회사는 이에 성실히 협력할 의무를 부담하도록 규정하고 있다(동계약 제4-2조 제1항). 상법 제484조 제7항은 사채관리계약에 특별한 조항을 두지 않았을 경우에 관한 조항이라고 할 수 있다.

(3) 사채권자집회의 결의가 필요한 권한

사채관리회사가 (i) 해당 사채 전부에 대한 지급의 유예, 그 채무의 불이행으로 발생한 책임의 면제 또는 화해와 (ii) (사채권자집회의 결의 없이 할 수 있음을 발행회사가 미리 정하지 않는 한) 해당 사채 전부에 관한 소송행위 또는 채무자회생 및 파산에 관한 절차에 속하는 행위를 하기 위해서는 원칙적으로 사채권자집회의 결의가 필요하다(상법 제484조 제4항). 다만, 이러한 행위라고 하더라도 사채에 관한 채권을 변제받거나 채권의 실현을 보전하기 위한 행위는 사채권자집회의 결의 없이 행할 수 있다.

상법 제484조 제4항에 규정된 사채 전부에 관한 소송행위는 제484조 제1항에 규정된 "사채에 관한 채권을 변제받거나 채권의 실현을 보전하기 위하여 필요한 재판상 또는 재판 외의 모든 행위"가 아닌 처분행위에 해당하는 소송행위를 의미하는 것으로 본다. 원리

해함을 알지 못한 경우"에는 취소할 수 없도록 한 민법 제406조 제1항 단서를 준용하고 있다. 상법 제511조 제1항이 행위의 현저한 불공정성만을 요구하고, 발행회사가 다른 사채권자를 해함을 알고 행위할 것을 요구하고 있지는 않으므로, 민법 제406조 제1항 단서의 준용은 변제 등을 받은 사채권자가 그 행위 당시에 "현저한 불공정성을 알지 못한 경우"에는 취소하지 못한다는 것으로 해석하는 것이 타당할 것이다.

금 지급청구소송의 취하, 청구의 포기·인락, 재판상 화해, 민사조정법에 의한 민사조정의 신청 등이 제484조 제4항에 규정된 소송행위에 해당한다.[114)]

발행회사의 파산·회생절차에서의 채권신고는 채권을 변제받거나 채권의 실현을 보전하기 위한 행위에 속한다고 볼 수 있다. 사채관리회사가 발행회사가 미리 정한 바에 따라 사채권자집회의 결의없이 위 (ii)의 행위를 한 경우에는 지체없이 그 뜻을 공고하고 알고 있는 사채권자에게 따로 통지하여야 한다(상법 제484조 제5항).

2. 계약상 부여된 권한

사채관리계약에서 사채관리회사의 권한을 더 상세히 규정할 수 있다. 표준사채관리계약은 사채관리회사가 다음의 권한이 있음을 규정하고 있다(동계약 제4-1조 제1항).

1. 원금 및 이자의 지급의 청구, 이를 위한 소제기 및 강제집행의 신청
2. 원금 및 이자의 지급청구권을 보전하기 위한 가압류·가처분 등의 신청
3. 다른 채권자에 의하여 개시된 강제집행절차에서의 배당요구 및 배당이의
4. 파산, 회생절차 개시의 신청
5. 파산, 회생절차 개시의 신청에 관한 재판에 대한 즉시항고
6. 파산, 회생절차에서의 채권의 신고, 채권확정의 소제기, 채권신고에 대한 이의, 회생계획안의 인가결정에 대한 이의
7. 발행회사가 다른 사채권자에 대하여 한 변제, 화해 기타의 행위가 현저하게 불공정한 때에는 그 행위의 취소를 청구하는 소제기 및 기타 채권자취소권의 행사
8. 사채권자집회의 소집 및 사채권자집회 결의사항의 집행(사채권자집회결의로써 따로 집행자를 정한 경우는 제외)
9. 사채권자집회에서의 의견진술
10. 기타 사채권자집회결의에 따라 위임된 사항

또한 사채권자집회의 결의 또는 단독 또는 공동으로 '사채의 미상환잔액'의 2/3 이상을 보유한 사채권자의 동의에 근거한 사채권자의 서면 지시가 있는 경우 사채관리회사는 위에 열거한 행위를 할 의무를 진다. 다만, 사채권자의 서면 지시에 의해 사채관리회사가 해당 행위를 하여야 하는 경우라도, 발행회사의 잔존 자산이나 자산의 집행가능성 등을 고려할 때 소송의 실익이 없거나 투입되는 비용을 충당하기에 충분한 정도의 배당가능성이 없다는 점을 사채관리회사가 독립적인 회계 또는 법률자문을 통하여 혹은 기타 객관

114) 江頭憲治郎·中村直人(2012)(三原秀哲 집필), 118쪽.

적인 자료를 근거로 소명할 수 있는 경우, 사채관리회사는 해당 지시를 하는 사채권자들에게, 해당 행위 수행에 필요한 비용의 선급이나 그 지급의 이행보증, 기타 소요 비용 충당에 필요한 합리적 보상을 제공할 것을 요청할 수 있고 그 실현 시까지 사채관리회사는 사채권자의 서면 지시에 응하지 아니할 수 있다(동계약 제4-1조 제1항 단서).

표준사채관리계약 제4-1조 제1항 단서에 근거한 사채권자의 서면 지시가 없는 경우 사채관리회사는 상법 또는 계약상 부여된 권한을 행사할 의무는 없는가? 이 점은 아래 사채관리회사의 의무와 책임에서 다루기로 한다.

3. 사채관리회사가 복수인 경우 권한의 행사

사채관리회사가 복수인 경우에는 공동으로 권한을 행사하여야 한다(상법 제485조 제1항). 복수의 사채관리회사 중 어느 한 사채관리회사의 독단적인 행위를 허용하지 않고자 하는 취지이다. 여기서 사채관리회사의 권한은 상법상 부여된 권한 이외에 계약상 부여된 권한도 포함된다고 보는 것이 합리적이다.[115] 공동행사 의무를 위반하여 단독으로 행한 행위는 무효라고 보아야 한다. 사채관리회사가 복수인 경우 사채관리회사 간의 의견이 불일치하여 적절한 권한을 적시에 행사하기 어렵게 될 수 있다. 이러한 상황을 고려하여 다수결로 내부 의사결정을 하더라도 권한은 공동으로 행사하여야 하므로 그 권한 행사에 따른 책임은 모든 사채관리회사가 부담한다고 보는 것이 합리적이다.

4. 사채관리회사의 권한의 행사와 사채권자의 권리

(1) 사채권자의 개별적인 사채상의 권리 행사

상법 제484조 제1항에 따라 사채관리회사가 사채권자를 위하여 채권변제를 받거나 채권 실현을 보전하기 위하여 필요한 재판상·재판외의 모든 행위를 할 수 있는 권한은 사채권자 전체를 위한 법정대리권의 성격을 가지는 것이고, 따라서 사채권자가 사채상의 권리를 직접 행사하는 것을 배제하지 않는다. 표준사채관리계약도 사채권자가 개별적으로 권리를 행사할 수 있음을 명시하였다(동계약 제5-2조). 그러나 사채관리회사가 전체 사채권자를 위하여 사채원리금 지급을 청구하는 소송을 제기한 이후 사채권자가 개별적으로 소송을 제기하는 경우에는 후소는 중복소송으로 허용되지 않는다고 보아야 한다.

사채권자의 개별적인 권리행사를 사채계약, 사채관리계약 또는 사채권자집회 결의로

115) 江頭憲治郎·中村直人(2012)(三原秀哲 집필), 130쪽.

제한할 수 있는가에 대해서는 신중하게 생각해 볼 필요가 있다. 표준사채관리계약이 사채권자의 개별적인 권리행사를 허용하면서도, 예컨대 선언에 의한 기한이익상실은 사채권자집회 등 집단적 의사결정을 따르도록 하여 개별적인 권리행사를 제한하였다(동계약 제1-2조 제14호 가목 (2)). 사채권자의 개별적인 권리행사 제한은 다수결에 의하여 사채권자의 이익을 침해할 수 있는 면이 있지만, 사채관리회사와 사채권자의 권리행사의 중첩으로 인한 법률관계의 복잡화와 사채권자 간의 불공정의 발생우려가 있어서 그 균형을 맞추어야 할 필요가 있다.116)

(2) 사채관리회사의 변제의 수령과 사채권자의 권리

발행회사가 사채관리회사에게 사채원리금을 지급하면 발행회사는 사채원리금을 변제한 것이고 그 범위 내에서는 사채권자와의 사이에서 채무가 이행된 것이다. 상법은 사채관리회사가 사채에 관한 채권을 변제받으면 지체 없이 공고하고 알고 있는 사채권자에게 통지할 의무를 부과하고(상법 제484조 제2항), 사채권자에게는 사채관리회사가 변제받은 금액 중 자신이 가진 사채에 상응하는 부분에 대한 지급을 청구할 수 있도록 하였다(상법 제484조 제3항). 또한 사채관리회사가 복수인 경우에는 사채권자에 대하여 변제액 지급채무를 연대하여 부담한다(상법 제485조 제2항).

사채관리회사는 법정대리권에 기하여 사채권자를 위하여 발행회사로부터 사채원리금의 변제를 받는 것이므로 사채관리회사가 사채권자에게 그 변제액 지급을 해태하더라도 발행회사의 변제의 효력에는 지장이 없다. 사채관리회사가 발행회사로부터 사채원리금의 변제를 받은 후 사채권자에게 변제액을 지급하기 전에 파산한 경우 사채권자가 사채관리회사에게 가지는 권리가 파산절차상 어떠한 지위에 있는지를 생각해 볼 필요가 있

116) 주석상법[회사법(5)](2021), 119쪽(윤영신 집필). 江頭憲治郎(2010)(藤田友敬집필), 143-144쪽은 일본에서는 사채권자집회 결의에 의한 제한은 가능하다는 견해가 많았다고 하고, 사채관리회사제도의 취지가 사채권자의 합리적 무관심 문제에 대처하는데 있다면 사채권자의 개별적인 권리행사를 제한하여서는 안 될 것이지만, 사채관리회사제도가 다수의 사채권자 간에 발생할 수 있는 전략적 행동을 억제하는 기능을 가진 것으로 본다면 개별적인 권리행사를 제한하는 계약이나 결의의 합리성을 인정하기 쉬울 것이라고 하였다. 사채권자가 파생상품거래를 통하여 사채상의 경제적 이해관계를 다른 사람에게 이전하여 사채권자로서의 이해관계를 실질적으로 상실하거나 사채권자와는 반대방향의 이해관계를 가지게 되는 권리의 분화현상(decoupling)이 발생하는 경우에는 명의상 사채권자의 권리행사를 제한하는 조항의 합리성이 더 설득력을 얻을 수 있을 것이다. 회사채등 채권(債券)관련 파생상품거래를 통한 권리의 분화 현상에 대한 논의는 Hu(2015), pp. 347-405. 사적자치의 원칙에 따라 개별사채권자의 권리행사를 계약으로 제한하는 것이 가능하다는 전제하에 사채관리회사의 법정권한 사항 중 보전행위에 대해서도 계약으로 개별사채권자의 권리행사를 제한할 수 있다고 보고, 사채관리회사의 약정권한 사항에 대해서는 사채권자의 지시에 따르지 않는 경우 사채권자가 직접 권리행사를 할 수 있도록 정할 수 있다는 견해로는 김성은(2020), 68, 99-101쪽.

다. 사채관리회사가 변제액을 신탁의 수탁자로서 관리하도록 하지 않는 한[117] 사채권자는 사채관리회사에 대한 단순한 파산채권자에 그치게 되고 다른 채권자와 함께 파산재단으로부터 배당을 받는 지위에 있게 된다. 그러나 이러한 결과는 사채관리회사의 업무 및 속성과는 어울리지 않는다. 사채관리회사가 변제받는 사채원리금은 사채권자를 위하여 수탁자로서 보관하는 것으로 입법적으로 보완할 필요가 있다.

Ⅳ. 사채관리회사의 의무와 책임

1. 사채관리회사의 의무

상법은 사채관리회사가 사채권자를 위하여 공평하고 성실하게 사채를 관리할 의무(공평·성실의무)와 사채권자에 대하여 선량한 관리자의 주의로 사채를 관리할 의무(선관주의의무)를 부과하고 있다(상법 제484조의2 제1항, 제2항). 사채관리회사는 발행회사가 지정하고 발행회사와 사채관리계약을 체결하지만 사채권자를 위한 업무를 수행하고 그 업무수행의 결과가 사채권자의 권리에 영향을 미치게 되므로 실질적으로 사채권자의 위임·위탁을 받은 것과 같은 수준의 의무를 부담한다.

(1) 성실의무

상법 제484조의2 제1항에 규정된 "사채권자를 위하여 성실하게 사채를 관리할 의무"의 의미를 상법 조항의 문언만으로는 파악하기 쉽지 않다. 상법 제484조의2 제1항 상의

117) 현행법 하에서 사채관리회사가 수탁자의 지위에 있도록 하기 위하여, 사채관리계약상 사채관리회사가 사채원리금의 변제를 받으면 그 변제받은 금전에 대하여 사채권자와 사채관리회사 사이에서 신탁이 성립한다는 점과 사채관리회사는 그 변제액을 신탁법이 정한대로 분별관리를 한다는 점을 명시하는 방안을 생각해 볼 수 있다. 그러나 이러한 방안에 대하여는 사채권자가 사채관리계약을 서명하는 것은 비현실적인데 사채관리계약에 따른 이익의 귀속이 아닌 "재산의 처분"(신탁 성립을 위해서 필요함)을 사채권자의 명시적인 동의 없이 행할 수 있는지, 최초 사채권자로부터는 인수계약 등을 통하여 그 동의를 구한다고 하더라도 사채의 전전유통에 따라 실제 사채관리회사가 변제받는 시점의 사채권자가 최초의 사채권자와 달라진 경우 실제 재산의 처분이 발생하는 시점의 사채권자의 동의 없이 재산의 처분이 이루어질 수 있는 것인지 등에 대한 의문이 발생할 수 있다. 그러나 신탁의 성립을 위한 재산의 처분은 사채권자의 보호를 위한 것이라는 점과 사채권자와 사채관리회사 사이의 법률관계를 규율하는 사채관리계약은 증권신고서의 첨부서류로 공시되어 유통시장에서 사채를 취득한 사채권자도 그 내용을 알고 동의하여 취득했다고 볼 수 있다는 점에 비추어 사채관리계약에 신탁성립에 관한 내용을 명시하면 사채관리회사의 변제수령시 사채권자를 위한 신탁이 성립한 것으로 보는 것이 합리적일 것이다. 물론 이렇게 사채관리회사가 사채권자를 위한 수탁자로 활동하기 위해서는 신탁업 인가를 받아야 할 것이다.

의무를 충실의무로 보는 견해[118]도 있고 선관주의의무로 보는 견해[119]도 있다. 우리 상법과 유사한 조항을 두고 있는 일본 회사법 제704조 제1항의 "성실하게 관리할 의무"란 "사채관리자가 자신 또는 제3자의 이익과 사채권자의 이익이 상반되는 경우에 자기 또는 제3자의 이익을 우선하여서는 안 된다는 의미"이고[120] 선관주의의무와 충실의무를 구별하는 경우의 충실의무에 해당한다고[121] 보고 있다.[122] 일본에서는 위 조항의 성실의무에 위반하는 사례로 사채관리회사가 발행회사에 대하여 별도의 채권을 가지고 있는 경우 그 채권을 사채관리를 맡은 사채의 원리금 지급보다 우선적으로 회수함으로써 사채권자가 원리금을 변제받지 못하게 되는 등 사채권자의 이익을 해하는 결과를 발생시킨 경우를 들고 있다.[123]

상법 제484조의2 제1항의 성실의무는 같은 조 제2항의 선관주의의무와 대응되는 의무로 규정되어 있다. 또한 사채관리회사는 사채권자를 위하여 사채에 관한 채권의 변제를 받거나 채권의 실현을 보전하기 위하여 필요한 재판상 재판외의 모든 행위를 할 수 있는 등(상법 제484조 제1항), 사채관리회사와 사채권자의 관계는 신인관계의 성질을 가지고 있다.[124] 이러한 점에 비추어 볼 때 일본 회사법 제704조 제1항의 해석과 마찬가지로 영미법상의 신인의무(fiduciary duty)의 핵심[125]을 이루는 충성의무(duty of loyalty)[126]에 해당하는 의무를 입법한 것으로 보아야 한다.

---

118) 김건식·노혁준·천경훈(2022), 708쪽; 권기범(2017), 1103쪽; 한국상사법학회(2013)(김두환 집필), 75쪽.

119) 이철송(2022), 1064쪽; 송옥렬(2022), 1182쪽; 임재연(2017), 859쪽; 김홍기(2018), 725쪽.

120) 江頭憲治郎(2010)(藤田友敬 집필), 139쪽.

121) 橋本円(2015), 271쪽.

122) 사채관리회사와 사채권자 간의 이익충돌의 문제에 대한 미국과 일본의 입법례에 대한 설명은 김건식 외(2008), 331-336쪽(윤영신 집필); 권종호(2012), 200-202쪽.

123) 江頭憲治郎(2010)(藤田友敬 집필), 139쪽; 江頭憲治郎·中村直人(2012)(三原秀哲 집필), 100쪽.

124) 신인의무가 인정되는 상황은 대체로 재량, 신뢰 및 취약성의 세 가지 특징을 갖추고 있다. 즉 (i) 일방 당사자(즉 신인의무자)가 다른 당사자(즉 수익자)의 이해관계에 대한 재량권을 행사할 수 있고, (ii) 다른 당사자(수익자)는 일방 당사자(신인의무자)가 수익자의 이익을 위하여 행동할 것으로 기대하며, (iii) 다른 당사자(수익자)는 일방 당사자(신인의무자)의 사익 추구 또는 부당한 영향력 행사에 취약한 상황에서 그 일방 당사자가 신인의무를 부담하게 된다. Frankel(2010), pp. 4-5; Miller(2013), p. 1011; 김정연(2017), 74-81쪽.

125) 영미법상 신인의무(fiduciary duty)의 핵심이 충성의무(duty of loyalty)인지 아니면 신인의무가 충성의무(duty of loyalty) 이외에 주의의무(duty of skill and care), 개시의무(duty of dis-closure), 성실의무(duty of good faith) 등을 포함하는 것인지에 대하여 견해가 나뉜다. 전자의 입장은 영국 문헌인 Virgo(2012) p. 480과 Conaglen(2010). 후자의 입장은 미국 문헌인 Frankel (2010), p. 106. 이에 관한 정리는 김정연(2017), 82-88쪽; 이중기(2016), 12-13쪽.

126) 영미 신인의무법상 충성의무의 핵심은 신인의무자(fiduciary)가 자신의 의무와 이익이 충돌되는 상황에서 행동하는 것이 금지되는 이익충돌 금지의 원칙(no-conflict rule)과 신인의무자의 지위를 이용하거나 직무범위 내에서 이익을 추구해서는 안 되는 원칙(no-profit rule)으로 구성된다. 김정연(2017), 89쪽; 이중기(2016), 21쪽.

전형적인 신인관계라고 할 수 있는 신탁의 수탁자에 대하여 신탁법은 "수익자의 이익을 위하여 신탁사무를 처리할 의무"를 충실의무로 명시하고(동법 제33조), 충실의무의 구체적인 내용을 이익에 반하는 행위의 금지(동법 제34조), 공평의무(동법 제35조) 등으로 유형화하여 규정하였다. 또 신인관계의 또 다른 전형인 회사의 이사에 대하여 상법은 "직무를 충실하게 수행하여야 할 의무"를 충실의무로 규정하고(상법 제382조의3),[127] 구체적으로 경업금지(상법 제397조), 회사기회유용금지(상법 제397조의2), 자기거래(상법 제398조)에 관한 조항을 두고 있다.[128] 다른 전형적인 신인관계에 대하여 법률이 충실의무라는 용어를 사용하는 것과는 달리 사채관리회사에 대하여는 성실의무라는 용어를 사용하고 있어 그 의무의 내용상 차이가 있는 것은 아닌지에 대한 의문이 제기될 수 있다. 일본 회사법 제704조 제1항과 같이 이익충돌시 사채권자의 이익을 우선시킬 의무를 의미한다면 수탁자 또는 이사의 충실의무와 차이가 없다. 그러나 상법이 사채관리회사의 성실의무의 상세한 내용을 규정하고 있지 않으므로[129] 그 해석·적용에 대하여 논란이 발생할 수 있다. 입법적으로 보완하여 사채관리회사가 신탁의 수탁자와 같은 의무를 진다는 점을 명확히

---

127) 고객과의 관계가 전형적인 신인관계에 해당하는 집합투자업자·투자자문업자·투자일임업자·신탁업자에 대하여 자본시장법은 "… 업자는 투자자의 이익을 보호하기 위하여 해당 업무를 충실하게 수행하여야 한다"고 규정하여(동법 제79조 제2항, 제96조 제2항, 제102조 제2항), 이사의 충실의무에 관한 상법 조항과 유사한 표현을 사용하였다.

128) 신인관계에 해당하는 민·상사 거래에 대한 우리나라 입법은 다양하다. (i) 일반적인 충실의무 조항을 두고 구체적 유형을 규율하는 신탁법과는 달리, (ii) 법률에 충실의무에 관한 조항을 두고 있으나 신탁의 수탁자에게 적용되는 충실의무보다는 불충분하게 입법되어 있는 경우(집합투자업자, 투자자문업자, 투자일임업자, 신탁업자, 사모투자전문회사의 업무집행사원에 관한 자본시장법 제79조, 96조, 제102조, 제272조), (iii) 신탁의 수탁자 또는 주식회사의 이사와 유사한 지위에 있다고 할 수 있음에도 불구하고 일반적인 충실의무 조항 없이 선량한 관리자의 주의의무에 관한 조항만을 둔 경우(수임인에 관한 민법 제681조, 합자조합의 업무집행조합원에 관한 상법 제86조의5), (iv) 일반적인 충실의무 조항을 두지 않고 이익충돌 문제를 다루는 조항만을 둔 경우(변호사법 제31조, 합명회사 사원에 관한 상법 제198조, 제199조)가 있다.

129) 일본 회사법은 발행회사의 거래은행이 사채관리자가 되는 경우가 많다는 점을 감안하여 대출채권을 가진 사채관리자와 사채권자의 이익이 충돌하는 전형적인 행위유형을 규정하고 이러한 상황이 발생한 경우 사채관리자가 성실의무를 해태하지 않았다는 점 또는 사채권자의 손해가 사채관리자의 그 행위에 의하여 발생한 것이 아니라는 점을 증명하지 않는 한 사채권자의 손해를 배상할 책임을 지도록 하였다(동법 제710조 제2항). 그 행위유형은 발행회사가 사채의 상환 또는 이자의 지급을 게을리하거나, 발행회사의 지급정지가 있은 후 또는 그 이전 3개월 이내에, (i) 사채관리자의 채권에 관하여 발행회사로부터 담보를 제공받거나 채무가 소멸하도록 하는 것, (ii) 사채관리자와 특별한 관계가 있는 자에게 사채관리자의 채권을 양도하는 것(특별한 관계가 있는 자가 그 채권에 관하여 담보를 제공받거나 채무가 소멸되도록 한 경우에 한함), (iii) 발행회사에 대한 채권을 가지고 있는 사채관리자가 오로지 상계를 할 목적으로 발행회사의 재산의 처분을 내용으로 하는 계약을 발행회사와 체결하거나 발행회사에 대하여 채무를 부담하는 자의 채무를 인수하고 이에 의해 발행회사에게 부담하는 채무와 자신의 채권을 상계하는 것, (iv) 발행회사에게 채무를 지고 있는 사채관리자가 발행회사에 대한 채권을 양수하여 당해 채무와 상계하는 것의 4가지로 규정하였다. 이러한 구체적인 조항을 두었음에도 불구하고 일본에서는 그 해석론과 입법론에 관한 많은 논의가 제기되고 있다. 江頭憲治郎(2010)(田澤元章 집필), 188-189쪽.

하는 것이 바람직하다. 일본 회사법과 같이 사채관리회사의 성실의무에 관한 구체적인 유형을 입법하는 경우에도 그것은 예시적인 규정이어야 하고 열거적·제한적으로 규정할 것은 아니다. 사채관리회사가 사채권자와의 사이에서 신인관계에 있기 때문에 의무를 부담하는 것이므로 사채권자의 이익을 추구하지 않는 행위가 비정형적이라고 하여 허용되어서는 안 되기 때문이다.

사채관리회사의 이러한 의무에 대응하여 앞서 논의한 바와 같이 사채관리회사가 사채권자를 위하여 사채원리금을 수령하는 경우 그 수령한 금전에 대하여 신탁의 수탁자로 보관하는 것으로 입법적으로 보완할 필요가 있다.

(2) 공평의무

상법 제484조의2 제1항의 공평의무는 다수의 사채권자를 각 사채권자가 가진 사채의 내용과 액수에 따라 공평하게 관리할 의무를 의미한다고 볼 수 있다. 동일 회차의 동일 순위에 속하는 회사채에서 사채권자를 공평하게 취급해야 함에 대하여는 아무런 의문의 여지가 없을 것이다. 그러나 동일한 발행회사가 발행한 여러 회차의 회사채의 사채관리회사가 동일한 경우, 같은 회차에서도 여러 순위의 사채가 발행되고 그 사채관리회사가 동일한 경우 어느 범위의 회사채에 대하여 공평하게 관리할 의무를 부담하는가가 문제될 수 있다.[130]

신탁의 수탁자는 신탁법 제35조에 따라 수익자가 여럿인 경우 신탁행위로 우선순위를 정하는 등의 특약이 있지 않는 한 수탁자는 각 수익자를 공평하게 취급하여야 하고,[131] 신탁간의 거래는 이해상반행위를 규율하는 신탁법 제34조에 의하여 규율된다.[132] 동일한 회사가 여러 회차의 회사채의 사채관리회사로 지정된 경우에도 마찬가지 논의를 할 수 있을 것으로 보인다.

사채관리회사는 사채권자의 권한과 관련하여 실질적으로 수탁자적 지위에 있다고 보아야 하므로 여러 회차의 회사채(예: 제1회, 제2회, 제3회 사채)의 사채관리회사가 특정 회차(예: 제1회 사채)의 사채권자의 이익을 다른 회차(예: 제2회와 제3회 사채)의 사채권자의 이익보다 우선시키는 것은 그 다른 회차의 사채권자에 대한 충실의무(상법에서는 제484조 제1항에서 성실의무로 표현함)를 위반하는 것이다. 이러한 쟁점에 대하여 상법 제484조의2 제1항에 규정된 "공평하고 성실하게"라는 문언의 해석에 맡겨 두기보다는 신탁법 제34조,

130) 이에 관한 일본에서의 논의의 요약은 橋本円(2015), 268-270쪽.
131) 공평의무에 대한 상세한 설명은 정순섭(2021), 402-505쪽, 이중기·이영경(2022), 361-364쪽; 무궁화·광장(2021), 187-190쪽.
132) 법무부(2010), 280쪽.

제35조를 참고하여 입법적으로 논란의 여지를 없애는 것이 바람직하다.

(3) 선관주의의무

상법 제484조의2 제2항에 규정된 사채관리회사의 선관주의의무는 신탁의 수탁자의 선관주의의무(신탁법 제32조), 집합투자업자·투자자문업자·투자일임업자·신탁업자의 선관주의의무(자본시장법 제79조 제1항, 제96조 제1항, 제102조 제1항), 수임자의 선관주의의무(민법 제681조)와 마찬가지의 의무이다. 사채관리회사와 사채권자 간에 직접적인 위임·위탁 계약이 체결되지는 않지만 법률에 의하여 사채권자를 위한 행동을 할 수 있게 되어 있으므로 위임·위탁 계약이 체결된 경우와 같은 수준의 선관주의의무를 부담한다. 상법 제484조의4 제1항에 규정된 성실의무가 영미법상 신인의무자(fiduciary)의 충성의무(duty of loyalty)에 해당하는 의무라면 제484조의2 제2항의 선관주의의무는 신인의무자의 주의의무(duty of skill and care)에 해당하는 의무라고 할 수 있다.

사채관리회사가 법률상 또는 계약상 가진 권한의 구체적인 행사뿐 아니라 이러한 권한의 행사 여부의 결정 시에도 역시 선량한 관리자의 주의를 기울여야 한다. 적절한 시기에 적절한 방법으로 권한을 행사하지 않은 경우도 선관주의의무 위반에 해당할 수 있다. 사채관리회사의 선관주의의무에 대하여 주식회사의 이사에 적용되는 경영판단의 원칙[133]이 적용될 수 있는가가 논의될 수 있다.[134] 경영판단의 원칙은 회사의 사업에는 위험이 따르기 마련인 점을 반영한 것이고, 사채관리회사의 임무를 회사의 사업 경영과 같은 수준으로 볼 수는 없다는 점을 고려할 필요가 있다.[135]

---

133) 대법원 2007. 10. 11. 선고 2006다33333 판결("회사의 이사가 법령에 위반됨이 없이 … [행동]함에 있어서 … 합리적으로 이용가능한 범위 내에서 필요한 정보를 충분히 수집·조사하고 검토하는 절차를 거친 다음, 이를 근거로 회사의 최대 이익에 부합한다고 합리적으로 신뢰하고 신의성실에 따라 경영상의 판단을 내렸고, 그 내용이 현저히 불합리하지 않은 것으로서 통상의 이사를 기준으로 할 때 합리적으로 선택할 수 있는 범위 안에 있는 것이라면, 비록 사후에 회사가 손해를 입게 되는 결과가 발생하였다 하더라도 그 이사의 행위는 허용되는 경영판단의 재량범위 내에 있는 것이어서 회사에 대하여 손해배상책임을 부담한다고 할 수 없다"고 판시함).

134) 일본에서의 논의의 간단한 요약은 江頭憲治郎·中村直人(2012)(三原秀哲 집필), 101-103쪽.

135) 영미의 현대 경영판단 법리는 "위임의 목적을 달성한다고 수임자가 정직하게 믿는 데에 위임받은 권한을 행사하는 것 이상을 수임자에게 기대할 수 없다"는 도덕적 생각에 기초하였고, 사법(私法)관계뿐 아니라 공법관계에도 적용되는 법리{Kershaw(2018), pp. 5, 25-28}라는 연혁에 비추어 보면 사채관리회사에 대한 경영판단의 법리의 적용배제는 재고할 여지가 있다. 물론 경영판단의 법리와 유사한 법리가 적용된다고 하더라도 이는 주의의무에 관한 것이고 사채관리회사의 충실의무에 영향을 주는 것은 아니다. 이 점에 대해서는 더 연구가 필요할 것으로 보인다.

2. 사채관리회사의 책임

상법 제484조의2 제3항은 "사채관리회사가 상법이나 사채권자집회결의를 위반한 행위를 한 때에는 사채권자에 대하여 연대하여 이로 인하여 발생한 손해를 배상할 책임이 있다"고 규정하고 있다. 사채관리회사는 발행회사에 의하여 지정되고 사채권자와의 직접적인 계약관계 없이 법률에 의하여 사채권자를 위한 업무를 수행하게 된다는 점에서 사채권자에 대한 법정책임을 규정한 것으로 설명된다. 상법에 규정된 공평의무, 성실의무, 선관주의의무를 위반한 행위가 상법에 위반한 행위에 해당한다.

한편 표준사채관리계약은 사채관리회사가 선량한 관리자의 주의로 사채관리계약상의 권한행사와 의무이행을 하도록 하고, 사채관리계약을 위반하여 사채권자에게 손해가 발생한 경우 배상책임을 지도록 하였다(동계약 제4-4조). 또한 표준사채관리계약은 사채관리회사의 권한과 의무에 관한 규정의 효력이 사채권자에게 미치도록 함으로써 위 조항에 따른 사채관리회사의 책임을 사채권자가 직접 추궁할 수 있도록 하였다(前文).

제 5 절 사채권자집회

Ⅰ. 사채권자집회의 기능과 지위

사채는 증권으로 분할하여 다수의 투자자가 취득할 수 있게 되므로 사채권자가 집합적 의사결정을 할 수 있는 장치로 사채권자집회 제도가 있다. 사채권자의 집합적 의사결정은 사채권자 전체의 이익을 위하여 다수결에 의한 결정을 내릴 수 있게 한다는 면도 있으나 발행회사의 편의를 도모하는 면도 크다. 사채권자집회를 통하여 사채권자가 효율적으로 집합적 의사결정을 할 수 있도록 하기 위해서는 사채권자간의 협력을 용이하게 하고 필요한 정보를 충분히 적시에 제공할 수 있는 장치가 필요하다.[136]

상법은 수종의 사채가 발행된 경우 각 종류별로 사채권자집회를 소집하도록 하였다(상법 제491조 제2항, 제509조). 사채의 종류[137]별로 사채권자의 이해관계가 다를 수 있기

136) 김성은(2020), 132-142쪽(공시를 통한 정보제공 확대, 업무·재산상태 조사권의 요건 완화 등을 제시함).

137) 사채의 종류에 대하여는 아래 각주 149의 본문 참조.

때문이다. 그러나 주주총회와는 달리 사채권자집회는 회사의 기관은 아니다. 사채권자는 채권자로서 채무자인 발행회사와 대립되는 관계에 있고, 회사재산에 대하여 주주보다는 우선적인 권리를 가지고 있기 때문이다.

단기사채에 대해서는 사채권자집회에 관한 조항들이 적용되지 않는다.[138)]

Ⅱ. 사채권자집회의 결의가 필요한 사항

사채권자집회는 상법에 규정된 사항과 사채권자의 이해관계가 있는 사항에 대하여 결의할 수 있다(상법 제490조).

1. 상법에 정해진 사항

상법은 다음 사항에 대하여 사채권자집회에서 결의하도록 하였다.

(1) 보통결의가 필요한 사항

사채관리회사의 사임에 대한 동의(상법 제481조), 사채관리회사 해임의 청구(상법 제482조), 사채관리회사의 사임·해임 시 사무승계자 지정에 대한 동의(상법 제483조), 발행회사 대표자의 사채권자집회에의 출석의 청구(상법 제494조).

(2) 특별결의가 필요한 사항

① 사채관리회사가 (i) 사채 전부에 대한 지급유예, 채무불이행으로 발생한 책임의 면제 또는 화해, (ii) (발행회사가 사채권자집회가 필요 없는 것으로 정한 경우가 아닌 한) 사채 전부에 관한 소송행위 또는 파산·회생절차에 속하는 행위를 하는데 대한 승인(상법 제484조 제4항).[139)]

---

138) 전자증권법 제61조. 이 조항은 전자증권법 시행으로 폐지된 전자단기사채법 제32조에 규정되어 있었다. 전자단기사채법안에 대한 국회 정무위원회의 심사보고서(2011. 6.)는 이 조항이 타당하다는 논거로 ① 사채권자 1인이 개별적으로 권리행사할 수 있어 사채권자의 권리가 배제되지 않는 점, ② 전문투자자 중심의 전자단기사채권자에게 사채권자 집회를 허용할 특별한 실익이 없다는 점, ③ 전자단기사채는 법률관계의 단순화가 필요하고 기업어음에 대해 이에 상응하는 제도가 없다는 점 등을 들었다.

139) 대표적인 예로 대우조선해양의 사채권자집회(2017. 4. 17/18.)에서 원금에 대해 3년 거치 3년 분할 상환으로 지급유예하고, 기발생한 기한이익상실의 취소, 기발생한 기한이익상실에 대한 원인사유의 불발생 간주 및 기발생한 기한이익상실에 따른 연체이자의 면제 등을 결의하였다. 대우조선해양 공시(사채권자집회 소집, 2017. 3. 24.; 사채권자집회 결의 결과 공시, 2017. 4. 18.).

② 자본의 감소, 합병, 분할합병 등에 대한 사채권자의 이의(상법 제439조 제3항, 제530조 제2항, 제530조의9 제4항, 제530조의11 제2항)

③ 사채권자의 이해관계가 있는 사항(상법 제490조)

위에 언급한 보통결의가 필요한 사항은 성질상 사채권자의 집합적 의사결정이 필요한 사항이고, 특별결의가 필요한 사항 중 ①도 권리의 감축 등 사채권자에게 부정적인 영향을 준다는 점에서 사채권자집회의 결의가 필요하다는 점에 쉽게 수긍할 수 있다.

특별결의가 필요한 사항 중 ②도 사채의 법률관계를 집단적·획일적으로 처리하기 위한 것으로 사채권자가 개별적으로 이의를 제기하는 것은 허용되지 않는다고 해석되고 있다. 사채권자가 개별적으로 이의를 제기할 수 있도록 하면 발행회사가 이의를 제기한 사채권자를 각각 상대하여야 하는 번거로움이 있어 발행회사의 조직재편을 저해할 수 있기 때문이라고 한다.[140] 결국 발행회사의 편의를 위한 면이 강하다. 실제 사채권자집회의 결의를 받아 이의제기하는 경우는 거의 없다.[141]

각 사채상의 권리는 사체계약에서 정한 바에 따라 그 사채를 가진 사채권자가 행사할 수 있는 것이 원칙이다. 예컨대 사채 원리금 지급기일에 발행회사가 원리금 지급자금을 지급대행금융기관에게 제공하여도 이를 적시에 수령하는지 여부는 각 사채권자에 달려 있다. 사채원리금의 기한이익상실 사유가 발생한 경우 기한이익상실을 선언할 것인지 여부는 계약상 달리 정하지 않는 한[142] 원칙적으로 각 사채권자의 판단에 달려있고,[143] 소멸시효 기간이 도과하였는지 여부도 각 사채권자별로 다르게 정해질 수밖에 없다. 이미 부여된 사채상의 권리의 행사는 개별 사채권자가 결정하도록 하여야 하고 사채의 조건의 변경과 같이 사채권자의 집합적 의사가 필요한 사항과는 구별되어야 한다. 상법상 합병 등에 대한 이의는 합병 등으로 인한 회사의 신용위험 증가로부터 회사의 채권자를 보호하기 위한 것이다. 사채 조건에 따른 원리금 지급청구권의 행사와 마찬가지로 취급하여 각 사채권자가 판단하여 이의 제기 여부를 결정할 수 있도록 하는 것이 타당할 것

140) 江頭憲治郎(2010)(伊藤壽英 집필), 256쪽.

141) 박철영(2011), 217쪽에 의하면 2011년 대우자동차판매(주)의 분할계획에 대하여 반대하는 개인투자자들이 8개월간 인터넷을 통하여 의결권 결집에 노력하여 이의결의를 하였는데, 사채권자집회를 통하여 이의를 제출한 것은 처음 있는 일이라고 한다.

142) 기한이익상실 조치를 개별 사채권자가 할 것인지 아니면 사채권자 집회를 통하여 할 것인지는 사채의 조건으로 미리 정할 수 있다. 표준사채관리계약(2015. 6. 5. 개정)은 기한의 이익 상실 사유를 (i) 즉시 상실(=정지조건부 상실) 사유와 (ii) 선언에 의한 상실(=형성권적 상실) 사유로 구분하고, 선언에 의한 상실 사유가 발생하면 사채권자 및 사채관리회사가 사채권자 결의에 따라 발행회사에게 서면 통지함으로써 기한이익상실을 선언할 수 있도록 하였다(동계약 제1-2조 14호).

143) 대법원 2005. 9. 15. 선고 2005다15550 판결도 개별 사채권자가 기한이익상실 조치를 취할 수 있음을 전제로 하고 있다.

이다.[144)]

2. 표준사채관리계약상 결의할 수 있는 사항

표준사채관리계약은 다음 사항을 사채권자집회가 결의할 수 있는 것으로 정하고 있다. 사채권자의 이해관계가 걸려있는 사항들(상법 제490조)이라고 할 수 있다.

1. 형성권적 기한의 이익상실 사유 발생시 기한의 이익상실 선언, 기한의 이익상실의 취소, 기한의 이익상실과 관련된 기타 구제방법 조치의 결정(동계약 제1-2조 제14호 나, 다, 라목).
2. 사채 원리금의 감액, 기한의 연장등 사채권자에게 불이익한 사채조건 변경 또는 발행회사의 사채관리계약 위반에 대한 책임의 면제등 사채권자의 이해에 중대한 관계가 있는 사항(동계약 제4-1조 제3항).
3. 사채권자 또는 제3자에게 발행회사의 업무 및 재산상황에 대하여 정보 및 자료의 제공 요구, 실사 등 조사 위임(동계약 제4-2조 제3항).
4. 사채관리회사가 사채관리계약상 가지는 권한의 행사 및 행사방법에 대한 지시의 결정(동계약 제5-1조 제1항).
5. 사채관리계약의 변경(동계약 제6조 제1항)

표준사채관리계약은 사채권자에게 불이익한 변경인 사채원리금의 감액을 사채권자집회가 결의하면 사채관리회사는 이에 따라 재판상, 재판외의 행위로 이를 행할 수 있도록 규정하고 있다(동계약 제4-1조 제3항 제1호). 상법은 사채원리금 감액에 대해 명시적인 조항을 두고 있지 않아 사채권자집회 결의에 의한 원금감액을 할 수 있는지에 대해 견해가 나뉘고 있다.[145)] 사채권자집회는 상법 제490조에 따라 사채권자의 이해관계가 있는 사항에 관하여 결의할 수 있고, 상법 제484조 제4항은 사채관리회사의 행위를 통제하기

---

144) 森まどか(2009), 175-199쪽은 Kahan(2002)의 논의를 활용하여 개별 사채권자의 이의제기를 인정하는 경우의 폐해와 다수결에 의한 폐해를 분석한 후 이의제기는 채권자의 고유한 권리로서 개별행사를 인정해야 한다는 의견을 제시하였다.

145) ① 부정적인 견해로는 송옥렬(2022), 1183쪽(상법이 원리금 지급유예에 대해서도 명문의 규정을 두고 있으므로 제490조에서 말하는 "사채권자의 이해관계가 있는 사항"이란 그보다 침해정도가 낮은 것에 국한한다고 보고 명문의 규정없이 사채원리금 일부 면제를 사채권자 집회에서 할 수는 없다는 견해).
② 긍정적인 견해로는 김장훈·김지평·홍정호(2016), 13-14쪽(사채권자집회 결의에 의한 사채조건의 변경은 사채발행회사와의 경개 또는 화해 유사한 계약으로 볼 수 있고, 사채권자집회 결의를 통한 권리변경에 대해서는 법원의 인가절차가 있으므로 그러한 권리변경에 대해서는 원칙적으로 제약이 없다고 함).
③ 절충적인 견해로는 김성은(2020), 258-260쪽(상법 해석상 사채권자집회에서 원금감축을 결의할 권한이 없다고 보면서도, 사채조건에 사채권자집회 결의로 원본감액을 할 수 있도록 정한 경우 사적 자치의 원칙에 따라 계약의 효력을 인정해야 한다는 견해).

위한 것이지 사채권자집회가 결의할 사항을 제한한 것으로 볼 것은 아니다. 설사 상법 제484조 제4항에 의한 제한을 받는다고 하더라도 사채원리금 감액은 상법 제484조 제4항 제1호에 규정된 화해에 해당한다고 볼 수 있다. 표준사채관리계약서 내용과 같이 명시적으로 사채권자집회 결의로 사채원리금 감액을 할 수 있는 근거를 사채계약 또는 사채관리계약에 두고 그 계약에 기초하여 사채권자집회 결의로 원금을 감액하는 것이 허용되지 않을 이유가 없다.[146)]

Ⅲ. 사채권자집회의 소집과 결의

1. 소 집

사채권자집회는 발행회사 또는 사채관리회사가 소집한다(상법 제491조 제1항). 각 종류별로 해당 종류의 사채 총액의 10% 이상을 가진 사채권자는 회의 목적 사항과 소집이유를 적은 서면 또는 전자문서를 발행회사 또는 사채관리회사에 제출하여 사채권자집회의 소집을 청구할 수 있다(상법 제491조 제2항). 이 때 분모에 해당하는 사채총액 산정시 발행회사가 가진 사채(=자기사채)를 포함시켜야 하는지에 대하여 상법은 아무런 조항을 두고 있지 않다.[147)] "사채총액의 10%"는 전체 사채권자의 입장을 대표할 만한 기준으로 제시된 것이니 실제 사채권자가 가진 채권액을 기준으로 하는 것이 합리적이다. 또한 사채권자집회는 통상 채권자인 사채권자와 채무자인 발행회사의 이해관계가 대립되는 사항을 다루게 된다. 이러한 점들과 함께 발행회사가 가진 자기사채에 대하여는 사채권자집회에서의 의결권이 없도록 한 조항(상법 제510조 제1항)의 취지에 비추어 보면 소집을 청구할 수 있는 사채권자의 결정시에도 발행회사의 자기사채를 제외한 실제 채권자들이 가진 사채의 총액을 기준으로 산정하는 것이 타당할 것이다.

소집청구가 있은 후에도 발행회사 또는 사채관리회사가 지체 없이 사채권자집회 소집의 절차를 밟지 않으면 청구한 사채권자는 법원의 허가를 받아 사채권자집회를 소집할 수 있다. 이 경우 사채권자집회의 의장은 법원이 이해관계인의 청구나 직권으로 선임할 수 있다(상법 제366조 제2항, 제491조 제3항). 무기명식 회사채를 가진 사채권자가 사채권자집회의 소집을 청구하거나 법원의 허가를 받아 소집하고자 하는 경우 또는 사채권자집회에서 의결권을 행사하고자 하는 경우에는 사채권을 공탁하여야 한다(상법 제491조 제4항,

146) 이 쟁점에 관한 상세한 논의는 한민(2021), 723-730쪽.

147) 일본 회사법 제718조 제2항은 사채 총액 산정시 발행회사의 자기사채는 제외함을 명시하였다.

제492조 제2항).[148)]

상법 제491조 제2항에서 말하는 사채의 종류가 무엇인지는 법문상으로는 명확하지 않다.[149)] 이 점은 수종의 사채를 발행한 경우에는 사채권자집회를 "각종의 사채"에 관하여 소집하도록 한 상법 제509조도 마찬가지이다. 사채의 종류에 따라 사채권자집회를 달리 하도록 하는 것은 같은 권리를 가지는 사채권자의 집합적 의사결정을 하도록 하는 것이므로 사채상 사채권자의 권리가 동일한지 여부에 따라 판단하여야 한다. 상법 제474조 제2항에 열거된 사채의 조건을 기준으로 판단하게 될 것이나 실제로는 회차에 따라 다른 종류로 취급하게 될 것이다. 동일한 발행일자에 원금상환일을 달리하는 두 가지 사채를 발행하는 경우에는 각각 다른 종류에 해당한다.

소집절차는 주주총회에 관한 조항(상법 제363조 제1항, 제2항)이 준용되어 집회일 2주 전에 각 사채권자에게 회의의 목적사항을 적은 통지를 서면(또는 사채권자의 동의를 받은 경우에는 전자문서)으로 발송하여야 한다(상법 제491조의2).

상법은 사채권자 전원이 동의한 결의는 법원의 인가가 없어도 효력이 발생함을 정하고 있을 뿐(상법 제498조 제2항), 사채권자 집회 없이 사채권자 전원이 동의한 경우 이를 사채권자집회 결의로 볼 수 있는지에 대해서는 언급하지 않고 있다.[150)] 사채권자집회 제도는 사채권자의 의사를 정하기 위한 것이므로 사채권자집회를 거치지 않더라도 사채권자 전원의 의사가 일치하는 경우에는 굳이 사채권자집회라는 절차를 요구할 이유는 없다. 사채권자 전원의 의사가 일치한다는 점에 대하여 분쟁이 발생할 수 있으므로 의사가 일치한다는 점을 서면으로 작성해야 할 것이다. 사채권자 전원의 서면동의를 사채권자집회 결의로 취급하면, 충분한 정보제공과 설명 없이 동의한 사채권자는 민법의 의사표시에 관한 일반 법리에 따라 동의의 효력을 다툴 수밖에 없다는 지적을 할 수 있다.[151)] 그러나

148) 전자증권법에 따라 전자등록되는 사채의 소유자는 전자등록기관으로부터 전자등록증명서를 발행받아(전자증권법 제63조 제1항), 이를 공탁해야 할 것이다.

149) 일본 회사법은 "사채의 종류마다 사채권자집회를 조직한다"(제715조)고 규정하고, 사채의 종류는 "회사법 제676조 제3호부터 제8호까지에 열거한 사항 기타 사채의 내용을 특정하는 것으로서 법무부령에 정한 사항"(제681조 제1호)으로 정의하고 있다. 일본 회사법 제676조 제3호부터 제8호에 열거한 사항은 (i) 이율, (ii) 상환의 방법과 기한, (iii) 이자지급의 방법과 기한, (iv) 사채권을 발행하는 때는 그 뜻, (v) 사채권자가 기명식사채권과 무기명식사채권 간의 전환의 청구의 전부 또는 일부를 할 수 없도록 하는 경우에는 그 뜻, (vi) 사채관리자가 사채권자집회의 결의에 의하지 않고 당해 사채의 전부에 관하여 하는 소송행위 또는 파산절차, 재생절차, 갱생절차 또는 특별청산에 관한 절차에 속하는 행위를 할 수 있도록 하는 때는 그 뜻이다.

150) 주주총회에 대하여는 자본금 총액이 10억원 미만인 회사는 주주 전원의 동의가 있으면 서면결의로 주주총회결의를 갈음할 수 있고, 주주 전원이 서면으로 동의하면 주주총회 결의와 같은 효력이 있도록 규정되어 있다(상법 제363조 제4항, 제5항).

151) 일본에서는 이자 지급불이행시 기한이익상실 통지(일본 회사법 제739조 제1항)를 제외한 법정 부의사항에 대해서는 동의로 결의에 갈음할 수 없다는 견해가 있다{橋本円(2015), 330-331}. 이

사채권자 전원이 동의한 결의에 대해서는 법원의 인가없이 결의의 효력이 발생하도록 하고 있으므로(상법 제498조 제1항 단서), 사채권자가 충분한 정보를 제공받지 못하고 집회에서 찬성한 경우에도 같은 문제가 제기될 수 있고 서면동의에 특유한 문제는 아닐 것이다.

2. 발행회사·사채관리회사의 참여

발행회사 또는 사채관리회사는 대표자가 사채권자집회에 출석하게 하거나 서면으로 의견을 제출할 수 있고(상법 제493조 제1항), 사채권자집회 또는 그 소집자는 필요하다고 인정하는 때에는 발행회사의 대표자의 출석을 청구할 수 있다(상법 제494조).

3. 의결권

사채권자는 그가 가지는 해당 종류의 사채금액의 합계액에 따라 의결권을 가진다(상법 제492조 제1항). 발행회사가 가지고 있는 자기사채는 의결권이 없다(상법 제510조 제1항, 제369조 제2항). 발행회사가 가진 자기사채는 발행회사의 청산시 채권으로 인정될 수 없을 것이므로 자기사채를 가지고 있다고 하더라도 발행회사는 다른 사채권자에 대한 관계에서는 어디까지나 채무자의 지위에 있다. 사채권자집회는 채권자인 사채권자의 집합적 의사결정을 하기 위한 것인데, 사채권자와는 이해가 대립되는 채무자인 발행회사가 사채권자의 집합적 의사결정에 참여하는 것은 사리에 맞지 않는다. 자기사채의 의결권이 없음을 규정한 상법조항은 이러한 점을 확인하는 의미를 가진다.

자회사가 가진 모회사 주식의 의결권이 없음을 규정한 상법 제369조 제3항은 준용하고 있지 않아 자회사가 가진 모회사 발행 사채의 의결권은 인정되는 것처럼 보인다. 그러나 이 경우(예컨대 100% 자회사가 모회사 발행 사채를 취득한 경우를 생각해 보자)도 발행회사가 자신의 지배하에 있는 자회사를 통하여 사채권자의 의사결정에 참여하는 것은 타당하지 않다. 상법상 명시적인 조항이 없어도 자회사가 가진 모회사 발행 사채는 발행회사의 지배하에 있다는 점에서 사채권자집회에서 의결권을 행사할 수 없다고 보아야 타당할 것이다.[152] 자회사가 가진 모회사 발행 사채의 의결권을 행사하여 사채권자의 이익도모와

견해는 일본 회사법상 사채권자집회 결의의 효력 발생에 필요한 법원의 인가(일본 회사법 제734조)를 사채권자 전원의 동의로 배제할 수 있는 명시적 근거가 없고, 사채권자에게 충분한 정보제공 없이 동의를 받은 경우에는 소집절차 또는 결의방법이 법령 등에 위반한 때에 해당하여 인가를 거부할 사유에 해당함을 지적하였다.

152) 江頭憲治郎·中村直人(2012)(宮野勉 집필), 198쪽은 100% 자회사가 보유한 사채에 관하여는 발행회사가 스스로 보유한 것과 같이 취급하여 의결권을 인정할 수 없다는 견해.

는 거리가 있는 결의가 이루어진 경우 법원이 불인가하는 법적 장치가 있으므로 자회사의 의결권을 인정하여야 한다는 입장도 있을 수 있다. 의결권을 행사할 수 있는지 여부는 절차적인 문제로 명확하게 해야 하고 법원의 인가에 맡길 것은 아니다. 채권자와 이익이 정면으로 충돌하는 관계에 있는 채무자인 발행회사가 채권자의 의사결정에 관여하면 진정한 채권자입장에서의 의사결정이 방해될 것이라는 점은 다툼의 여지가 없을 것이다. 이러한 행위를 허용하는 것은 사채권자의 집합적 의사결정을 위한 사채권자집회 제도의 의의에 어긋나고, 이는 발행회사가 직접 자기사채를 보유한 경우나 자회사를 통하여 모회사 발행사채를 보유한 경우나 차이가 없다.[153)]

의결권은 사채권자집회에 직접 참석하여 행사할 수도 있고, 서면행사(상법 제495조 제3항)와 대리행사(상법 제510조 제1항, 제368조 제3항)도 가능하며, 발행회사가 이사회 결의로 정하면 전자투표도 가능하다(상법 제495조 제6항, 제368조의4).

4. 결의의 요건

사채권자집회의 결의는 원칙적으로 특별결의 즉 출석 의결권의 2/3와 전체 미상환사채총액의 1/3 이상의 찬성을 필요로 한다(상법 제495조 제1항, 제434조). 다만 사채관리회사의 사임에 대한 동의(상법 제481조), 사채관리회사 해임의 청구(상법 제482조), 사채관리회사의 사임·해임시 사무승계자 지정에 대한 동의(상법 제483조), 발행회사 대표자의 사채권자집회에의 출석의 청구(상법 제494조)는 보통결의 즉 출석 의결권의 과반수의 찬성을 필요로 한다.

원칙적으로 특별결의가 필요하도록 하고 경미한 사항에 한하여 예외적으로 보통결의 사항으로 한 것은 사채권자집회 결의를 필요로 하는 사항이 사채권자의 지위를 불리하게 하는 내용이기 때문이다.[154)] 이와 같이 사채권자의 지위에 불리한 영향을 초래하는 사항을 다룬다는 점을 고려할 때 그 결의요건을 사전에 사채의 조건(실제로는 이를 반영한 사채관리계약)으로 가중할 수는 있지만 완화는 허용되지 않는다고 보는 것이 합리적이다.[155)]

153) 자회사가 가진 모회사 발행 사채를 어떻게 취급할 것인가의 문제는 사채권자집회에서의 의결권 행사 이외에도 사채권자집회 소집을 청구할 수 있는 사채권자(상법 제491조 제2항)와 사채권자집회의 대표자(상법 제500조 제1항)의 자격 기준을 정하는 데서도 발생하게 된다. 입법적으로 정비할 필요가 있다.

154) 주석상법[회사법(5)](2021), 158쪽(윤영신 집필).

155) 이에 대하여는 버티기를 하는 일부 사채권자 때문에 필요한 구조조정을 하지 못하는 등의 비효율이 초래될 수 있어 사적자치를 억제할 때의 부작용이 있다는 지적이 있을 수 있지만, 현행 상법의 특별결의요건은 소액의 회사채를 가지고 버티기 문제를 일으킬 정도로 가중되어 있지는 않다.

5. 결의할 사항의 위임

사채권자집회는 사채총액의 1/500(=0.2%) 이상을 가진 사채권자 중에서 1명 또는 여러 명의 대표자를 선임하여 결의할 사항의 결정을 위임할 수 있다. 사채권자집회를 수시로 개최할 수 있는 것도 아니고 사채권자집회에서 결정할 사항이 다수의 일반 사채권자가 쉽게 결정하기 어려운 세부적인 사항인 경우에는 사채권자집회에서 그 세부적인 사항을 결정하는 것보다는 전문성을 갖춘 사람에게 위임하는 것이 더 효과적일 수 있다. 이러한 위임 결의는 사채권자집회의 결의 요건에 관한 일반 원칙(상법 제494조 제1항)에 따라 특별결의 요건을 갖추어야 한다. 사채총액의 1/500을 산정할 때 분모에 발행회사가 가진 자기사채를 포함하여야 하는가에 대하여 상법은 아무런 조항을 두고 있지 않다.[156] "사채총액의 1/500"은 전체 사채권자의 입장을 대표할 만한 기준으로 제시된 것이니 실제 사채권자가 가진 채권액을 기준으로 하는 것이 합리적이라는 점, 사채권자집회는 통상 채권자인 사채권자와 채무자인 발행회사의 이해관계가 대립되는 사항을 다루게 된다는 점 및 발행회사가 가진 자기사채에 대하여는 사채권자집회에서의 의결권이 없도록 한 조항(상법 제510조 제1항)의 취지에 비추어 보면 대표자 선임 시에도 발행회사의 자기사채를 제외한 실제 채권자들이 가진 사채의 총액을 기준으로 산정하는 것이 타당할 것이다.

이러한 대표자 선임 및 위임 결의에 대하여 법원의 인가를 받아야 한다(상법 제498조). 그런데 이렇게 선임된 대표자가 위임받은 사항에 관하여 결정을 한 경우 그 결정에 대하여도 법원의 인가를 받아야 하는가에 대하여 상법은 아무런 조항을 두고 있지 않다. 사채권자집회의 결의로 결정할 사항을 위임받아 대신 결정한다는 점에서 대표자의 결정을 사채권자집회의 결의와 마찬가지로 보고 법원의 인가를 받아야 한다는 입장도 있을 수 있으나,[157] 상법이 사채권자집회의 위임 결의를 허용하고 그 위임 결의에 대하여 법원이 인가를 한 이상 그 위임에 따른 대표자의 결정에 대하여 또 다시 법원의 인가를 받아야 효력이 생긴다고 할 근거는 박약하다. 법원이 대표자의 결정에 대한 절차적·내용적 통제를 하고자 한다면, 법원이 위임 결의에 대한 인가 시 대표자의 결정에 대하여 추가로 인가를 받을 것을 조건으로 붙일 수 있을 것이다.

---

156) 일본 회사법 제736조 제2항은 사채의 총액 산정시 발행회사의 자기사채는 제외함을 명시하였다.
157) 上柳克郎·鴻常夫·竹内昭夫(1988)(大野正道 집필), 178쪽.

6. 결의의 효력

사채권자집회의 결의가 효력을 발생하기 위해서는 사채권자 전원이 동의한 결의가 아닌 한 법원의 인가를 받아야 한다(상법 제498조 제1항).[158] 법원은 다음 4가지 사유가 있는 경우 결의를 인가하지 못하지만 절차상의 하자에 해당하는 (i)과 (ii)의 경우에는 법원은 결의의 내용 기타 모든 사정을 참작하여 결의를 인가할 수 있다. 주주총회 결의 취소 소송의 재량기각(상법 제379조)과 마찬가지라고 할 수 있다.

(i) 사채권자집회 소집의 절차 또는 그 결의방법이 법령이나 사채모집의 계획서의 기재에 위반한 때(예: 소집 통지 절차 위반, 의결권 산정원칙 위반)

(ii) 결의가 부당한 방법에 의하여 성립하게 된 때(예: 부정한 금품수수 또는 사기·강박에 의한 의결권행사)

(iii) 결의가 현저하게 불공정한 때(예: 사채권자 사이에서 불공평한 내용의 결의)

(iv) 결의가 사채권자의 일반의 이익에 반하는 때(예: 청산가치를 밑도는 수준으로 사채원리금채권을 감축하는 결의)

사채권자집회의 결의에 대한 법원의 인가는 사채권자집회의 결의가 절차적·내용적으로 공정하게 이루어지도록 법원이 후견적 역할을 하도록 하는 셈이다. 주주총회 결의에 대하여는 하자에 대한 각종 소송제도를 두었으나 사채권자집회의 결의에 대하여는 그러한 소송제도를 두지 않았다. 법원이 사채권자집회의 결의를 인가하면 결의의 절차적·내용적 공정성을 법원이 인정한 것이므로 하자가 있음을 이유로 결의의 부존재·무효를 주장할 수 없다고 보아야 할 것이다.[159] 사채권자집회의 결의에 대한 인가와 불인가 결정에 대하여는 즉시항고할 수 있다(비송사건절차법 제113조 제2항, 제78조).

앞서 언급한 것처럼 사채권자 전원이 동의한 사채권자집회 결의는 법원의 인가가 필요 없이 효력이 발생한다(상법 제498조 제1항 단서). 결의의 효력발생에 법원의 인가를 받도록 하는 것은 소수 사채권자를 다수결의 남용으로부터 보호하기 위한 것이므로 사채권자 전원이 동의하여 결의한 경우에는 법원의 인가를 받도록 할 필요가 없는 것이다. 만약 사채권자가 의사결정에 필요한 충분한 정보를 제공받지 못한 채 동의한 경우[160] 결의를

158) 담보부사채에 관한 사채권자집회에 대해서는 담보부사채신탁법이 별도로 규율하고 있다. 담보부사채에 관한 사채권자집회 결의에 대하여는 법원의 인가가 필요없고 집회 소집의 절차 또는 결의방법이 담보부사채신탁법 또는 신탁계약을 위반한 경우에는 법원에 결의무효를 청구할 수 있다(동법 제50조). 한민(2011), 344쪽.

159) 江頭憲治郎·中村直人(2012)(小舘浩樹 집필), 218쪽.

160) 다수 사채권자가 사채보유 이외의 다른 이해관계에서의 이익을 위하여 당해 사채를 가진 사채권자의 이익을 해하는 내용의 결의에 찬성하고 다른 사채권자들이 충분한 정보를 제공받지 못

다툴 수 있는가. 이 경우 결의의 효력을 다투는 상법상의 절차가 없으므로 일반적인 회의의 법적 효력의 문제로 다룰 수밖에 없을 것이다. 이 때 사채권자집회를 소집한 자(발행회사 또는 사채관리회사) 또는 소집을 요구한 자(당해 사채총액의 10% 이상을 가진 사채권자)가 사채권자의 의사결정에 충분한 정보를 제공할 의무를 부담하는지 여부와 그 의무를 충실하게 이행하지 않았을 때 결의의 효력에 영향을 미치는지 여부 등이 법적 쟁점이 될 것이다.

결의의 효력이 발생하면 사채권자집회에 출석하였는지 여부 및 결의에 찬성하였는지 여부를 묻지 않고 그 종류의 사채를 가진 모든 사채권자에게 효력이 미친다(상법 제498조 제2항). 사채권자집회의 결의는 사채권자집회에서 집행자를 정한 경우에는 그 집행자, 정하지 않은 경우에는 사채관리회사, 사채관리회사도 없는 경우에는 상법 제500조에 따른 대표자가 집행한다(상법 제501조).

하여 그러한 사정을 알지 못하고 다수 사채권자가 권하는 대로 결의에 찬성한 경우를 생각해 볼 수 있다.

참고문헌

고창현(2005) 고창현, "신종자본증권", 민사판례연구 [XXVII](박영사, 2005)

권기범(2017) 권기범, 현대회사법론(제7판)(삼영사, 2017)

권종호(2012) 권종호, "사채관리회사제도 운영상의 쟁점과 과제", 상사법연구 제31권 제2호(한국상사법학회, 2012. 8.)

금융감독원(2021) 금융감독원, 기업공시 실무안내(금융감독원, 2021. 12.)

김건식·노혁준·천경훈(2024) 김건식·노혁준·천경훈, 회사법 제8판(박영사, 2024)

김건식 외(2008) 김건식·송옥렬·안수현·윤영신·정순섭·최문희·한기정, 21세기 회사법 개정의 논리 제2판(소화, 2008)

김건식 외(2020) 김건식·노혁준·박준·송옥렬·안수현·윤영신·천경훈·최문희 역, 회사법의 해부(개정판)(소화, 2020) Reinier Kraakman et. al., The Anatomy of Corporate Law (3rd ed.)(Oxford University Press, 2017).

김교창(2003) 주석 상법 회사법(4)(한국사법행정학회, 2003)

김성은(2020) 사채권자의 권리행사와 권리변경에 관한 연구(서울대학교 법학박사 논문, 2020)

김정연(2017) 김정연, 자본시장에서의 이익충돌에 관한 연구(경인문화사, 2017)

김홍기(2018) 김홍기, 상법강의(제3판)(박영사, 2018)

무궁화·광장(2021) 무궁화신탁법연구회·광장신탁법연구회, 주석 신탁법(제3판)(박영사, 2021)

박준(2012) 박준, "상법상 사채의 속성", 상사법연구 제31권 제3호(한국상사법학회, 2012. 11.)

박준(2017a) 박준, "인수인 면책약정의 효력", BFL 제82호(서울대학교 금융법센터, 2017. 3.)

박준(2017b) 박준, "회사채 관련 법제의 개선", 상사법연구 제36집 제1호(한국상사법학회, 2017. 5.)

박준·정순섭(2021) 박준·정순섭, 자본시장법 기본판례(제2판)(소화, 2021)

법무부(2010) 법무부, 신탁법 개정안 해설(2010)

박철영(2011) 박철영, "전자등록제도 하에서의 사채관리에 관한 검토" 상사법연구 제30권 제2호(한국상사법학회, 2011. 8.)

석광현(1997) 석광현, "국내기업의 해외사채 발행의 실무와 법적인 문제점", 국제거래법연구 제6집(국제거래법학회, 1997)

송옥렬(2022) 송옥렬, 상법강의(제12판)(홍문사, 2022)

엄상연·오광식(2021) 엄상연·오광식, "녹색채권발행과 법률문제", BFL 제110호(서울대학교 금융법센터, 2021. 11.)

윤영신(1998) 윤영신, "주주와 사채권자의 이익충돌과 사채권자의 보호", 상사법연구 제17권 제1호(한국상사법학회, 1998)

윤영신·정순섭(2002) 윤영신·정순섭, 신종사채 발행 활성화에 관한 연구(충남대학교, 2002)

이상현(2009) 이상현, "Negative Pledge 조항", BFL 제35호(서울대학교 금융법센터, 2009. 5.)

이중기(2016) 이중기, 충실의무법(삼우사, 2016)

이중기 · 이영경(2022) 이중기 · 이영경, 신탁법(삼우사, 2022)

이창희(2014) 이창희, 국제조세법(박영사, 2014)

이철송(2022) 이철송, 회사법강의(제30판)(박영사, 2022)

임재연(2017) 임재연, 회사법 I(제4판)(박영사, 2017)

임채웅(2008) 임채웅, "묵시신탁과 의제신탁의 연구", 저스티스 제105호(한국법학원, 2008. 8.)

전국은행연합회(2018) 전국은행연합회, 은행회계해설(상)(2018)

정동윤(2012) 정동윤, 상법(상)(제6판)(법문사, 2012)

정순섭(2004) 정순섭, "사채원리금지급대행계약의 법적 성질론", 증권법연구 제5권 제1호(한국증권법학회, 2004)

정순섭(2019) 정순섭, "전자증권제도의 구조와 범위", BFL 제96호(서울대학교 금융법센터, 2019. 7.)

정순섭(2021) 정순섭, 신탁법(지원출판사, 2021)

정찬형(2017) 정찬형, 상법강의(상)(제20판)(박영사, 2017)

조민제 · 조남문 · 차경민(2008) 조민제 · 조남문 · 차경민, "해외증권 발행 공시규제에 대한 비판적 소고: 유가증권의 발행 및 공시 등에 관한 규정 제12조 제1항 제6호 신설규정을 중심으로", BFL 제28호(서울대학교 금융법센터, 2008. 3.)

주석상법[회사법(5)](2021) 권순일(편집대표), 주석상법 제6판 회사법(5)(한국사법행정학회, 2021)

천경훈(2017) 천경훈, 재무정보의 부실공시에 대한 상장회사 이사의 책임과 '상당한 주의' 항변, 증권법연구 제18권 제2호(한국증권법학회, 2017. 8.)

최기원(2012) 최기원, 신회사법론(제14대정판)(박영사, 2012)

한국상사법학회(2013) 한국상사법학회 편, 주식회사법대계 Ⅲ(법문사, 2013)

한민(2011) 한민, "담보부사채 발행제도의 법적 문제점과 개선방향", 이화여자대학교 법학논집 제16권 제1호(이화여자대학교 법학연구소, 2011)

한민(2021) 한민, "회사채의 채무조정과 사채권자집회", 강원법학 제62권 (강원대학교 비교법학연구소, 2021. 2.)

Bratton(2006) William W. Bratton, "Bond Covenants and creditor protection: economics and law, theory and practice, substance and process", European Business Organization Law Review 7.01 (2006)

Conaglen(2010) Matthew Conaglen, Fiduciary Loyalty: Protecting the Due Performance of Non-Fiduciary Duties (Oxford University Press, 2010)

Davies · Worthington(2012) Davies, Paul L. and Worthington, Sarah, Principles of Modern Company Law (9th ed.) (Sweet & Maxwell, 2012)

Frankel(2010) Tamar Frankel, Fiduciary Law (Oxford University Press, 2010)

Hu(2015) Henry T. C. Hu, "Financial Innovation and Governance Mechanisms: The Evolution of

Decoupling and Transparency", Business Lawyer, Vol. 70, No. 2 (2015)

Kahan(2002) Marcel Kahan, "Rethinking Corporate Bonds: The Trade-Off Between Individual and Collective Rights", 77 NYUL Rev. 1040 (2002)

Kershaw(2018) David Kershaw, The Foundations of Anglo-American Corporate Fiduciary Law (Cambridge University Press, 2018)

Miller(2013) Paul B. Miller, "Justifying Fiduciary Duties", 58:4 McGill LJ 969 (2013)

Virgo(2012) Graham Virgo, The Principles of Equity and Trusts (Oxford University Press, 2012)

橋本円(2015) 橋本円, 社債法 (商事法務, 2015)

江頭憲治郎(2010) 江頭憲治郎 編, 会社法コンメンタール〈16〉 社債 (商事法務, 2010)

江頭憲治郎·中村直人(2012) 江頭憲治郎·中村直人, 論点体系 会社法 5 (第一法規, 2012)

上柳克郎·鴻常夫·竹内昭夫(1988) 上柳克郎·鴻常夫·竹内昭夫 編, 新版 注釈 会社法(11) (有斐閣, 1988)

森まどか(2009) 森まどか, 社債権者保護の法理 (中央経済社, 2009)

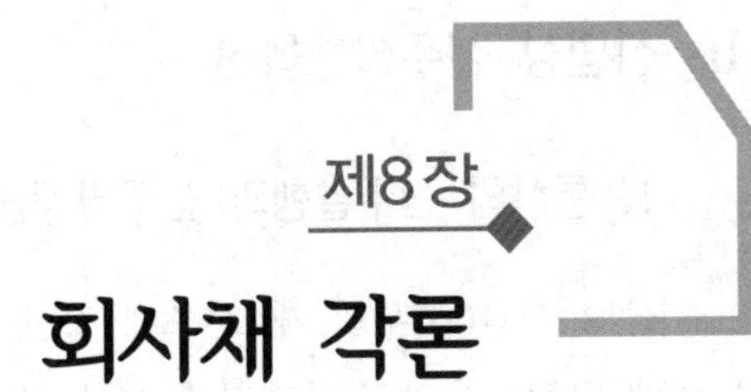

제8장 회사채 각론

제 1 절 사채와 신주발행옵션 개관

Ⅰ. 사채와 신주발행

발행회사의 원리금지급에 관한 채권·채무만을 표창하는 일반사채에서는 발행회사와 사채권자 간의 법률관계만이 문제된다. 그러나 발행회사의 주식이 발행될 수 있도록 한 전환사채·신주인수권부사채에서는 발행회사와 사채권자 이외에 기존 주주들도 이해관계를 가지게 된다. 전환사채·신주인수권부사채를 기존 주주 외의 자에게 발행하는 경우 기존 주주와의 이해관계의 조정 문제가 발생한다.

상법은 발행회사의 주식이 발행될 수 있는 잠재력을 가진 사채로 전환사채와 신주인수권부사채의 2가지를 정하고 있다. 전환사채와 신주인수권부사채는 사채권자가 신주발행을 청구할 수 있는 콜옵션(call option)을 내재한 사채라는 점에서 같은 속성을 가진다. (i) 콜옵션 행사시 행사대금(즉 신주인수대금)을 사채의 원리금지급청구권과 상계하기로 미리 정할 것인지(전환사채 및 사채로 대용납입을 허용하는 신주인수권부사채) 아니면 (ii) 사채권자가 사채의 원리금지급청구권은 그대로 보유하고 콜옵션 행사시 행사대금을 별도로 발행회사에게 납입할 것인지(대용납입을 허용하지 않는 신주인수권부사채)의 차이만 있다. 전환사채와 신주인수권부사채는 기본적으로 유사한 속성을 가지고 있으므로 법적인 규율도 유사하다.

Ⅱ. 상법상 신주발행옵션

1. 통상의 신주발행과 신주발행옵션 행사에 따른 신주발행의 차이

상법 제416조부터 제423조에 정한 절차에 따른 일반적인 신주발행은 발행회사의 주도하에 발행회사의 의사결정에 따라 신주를 발행하는 것이다. 이와는 달리 전환사채의 전환권 행사 또는 신주인수권부사채의 신주인수권 행사에 따른 신주발행은 사채권자 또는 신주인수권증권 소지자의 권리행사에 따라 이루어진다. 발행회사의 별도의 의사결정과 신주발행 절차 없이 그 권리행사 및 (대용납입이 이루어지지 않는 신주인수권부사채의 경우) 주금납입을 한 때 주식은 자동적으로 발행되고 그 권리를 행사한 사채권자 또는 신주인수권증권 소지자는 주주가 된다(상법 제516조, 제350조 제1항, 제516조의10).

주식매수선택권(stock option)(상법 제340조의2, 제542조의3)도 그 권리를 가진 사람이 권리를 행사하면 신주 또는 자기주식을 발행 또는 교부받거나 미리 정한 행사가액과 행사당시의 주식의 시가의 차액에 해당하는 이익을 얻게 된다는 점에서 발행회사 주식에 대한 콜옵션에 해당한다.[1)]

이와 같이 상법상 발행회사의 신주를 발행받을 수 있는 콜옵션을 인정하는 법적 장치로는 계약형이라고 할 수 있는 주식매수선택권과 증권형이라고 할 수 있는 전환사채·신주인수권부사채가 있다.[2)] 대법원은 상법에서 인정하는 방법이 아닌 다른 방법으로 신주발행 옵션을 부여한 계약을 무효로 보았다(대법원 2007. 2. 22. 선고 2005다73020 판결[3)]). 계약이 아니라 증권으로 신주발행옵션을 부여한 경우도 마찬가지로 취급하게 될 것이다.

---

1) 주식매수선택권은 그 권리행사시 이행방법의 면에서 전환사채·신주인수권부사채와 차이가 있다. 즉 전환사채·신주인수권부사채의 경우에는 전환권·신주인수권의 행사시 반드시 신주가 발행되는데 반하여 주식매수청구권의 행사시에는 발행회사가 신주발행, 자기주식 교부, 행사가액과 행사시 시가의 차액지급(차액지급 방법으로는 현금 또는 자기주식 양도) 등의 방법중에서 선택할 수 있도록 정할 수 있다(상법 제340조의2 제1항).

2) 발행회사가 보유한 자기주식으로 교환될 수 있는 교환사채의 교환권도 발행회사 주식에 대한 콜옵션에 해당한다.

3) 대법원 2007. 2. 22. 선고 2005다73020 판결(주식회사가 타인으로부터 돈을 빌리는 소비대차계약을 체결하면서 '채권자는 만기까지 대여금액의 일부 또는 전부를 회사 주식으로 액면가에 따라 언제든지 전환할 수 있는 권한을 갖는다'는 내용의 계약조항을 둔 경우, 달리 특별한 사정이 없는 한 이는 전환의 청구를 한 때에 그 효력이 생기는 형성권으로서의 전환권을 부여하는 조항이라고 보아야 하는바, 신주의 발행과 관련하여 특별법에서 달리 정한 경우를 제외하고 신주의 발행은 상법이 정하는 방법 및 절차에 의하여만 가능하다는 점에 비추어 볼 때, 위와 같은 전환권 부여조항은 상법이 정한 방법과 절차에 의하지 아니한 신주발행 내지는 주식으로의 전환을 예정하는 것이어서 효력이 없다).

2. 현물인도형 신주발행옵션과 차액정산형 옵션

전환사채·신주인수권부사채의 경우에는 전환권·신주인수권의 행사시 신주가 발행된다. 즉 현물인도형 옵션이라고 할 수 있다. 주식매수선택권을 행사하는 경우 (i) 행사자가 행사가액을 회사에 납입하면 회사가 신주를 발행하거나 자기주식을 교부하는 방법(즉 현물인도)과 (ii) 행사자의 행사가액 납입 없이 미리 정한 행사가액과 행사시의 주식의 시가의 차액을 금전으로 지급하거나 그 차액 상당을 자기주식을 양도하는 방법(즉 차액정산) 중 어느 방법으로 이행할 것인지를 정할 수 있다.

옵션행사시 현물인도가 이루어지는 경우 옵션행사자는 그 실물을 증권시장에서 매각하면 [(주식의 시가)−(행사가액)]의 이익을 실현할 수 있고 이는 차액정산으로 받은 이익과 마찬가지이다. 거꾸로 차액정산이 이루어지는 경우 옵션행사자는 그 받은 차액에 행사가액을 더한 금액으로 증권시장에서 주식을 매입하면 현물인도형 옵션의 행사자가 받는 주식과 같은 수의 주식을 매입할 수 있게 된다. 즉 옵션권리자가 옵션을 행사함으로써 얻는 이익은 현물인도 방식이건 차액정산 방식이건 마찬가지이다(물론 거래비용과 거래에 필요한 시간에 따른 차이가 발생할 수는 있을 것이나 논의의 편의상 이러한 점은 고려하지 않는다).

대법원 2007. 2. 22. 선고 2005다73020 판결이 무효로 판시한 것은 회사의 거래상대방인 채권자에게 금전소비대차에 따른 채권을 신주로 전환할 수 있는 권리를 부여하는 약정 즉 현물인도형 신주발행 콜옵션이다. 거래상대방의 권리행사시 신주를 발행하지 않고 주가의 상승부분에 대한 이익을 지급하기로 하는 약정(즉 차액정산형 옵션 부여)은 적법·유효한가? 예컨대 A회사가 자신이 발행한 주식의 주가가 1주당 9,000원인 시점에 B로부터 금전(예: 100억원)을 1년 만기로 차입하면서 이자율 연 10%로 하되 만기시 B가 청구하는 경우 (i) 원금의 상환과 더불어 (ii) 이자에 갈음하여 (차입원금 1만원당) 만기시의 A회사의 주가와 미리 정한 행사가액(예: 1만원)의 차액을 지급하기로 하는 약정은 적법·유효한가?

A-B 간의 약정을, A회사가 만기에 전환가액 1만원에 1주로 전환할 수 있는 조건으로 액면 100억원의 전환사채를 만기 1년으로 C에게 발행한 경우와 비교해 보자. A회사의 주가가 상승한 경우 C는 전환권을 행사하고자 할 것이고 그 결과 A의 주식 100만주를 받으면 그 주식의 가치는 B가 수령한 현금의 가치와 차이가 없을 것이다. 즉 C가 받은 주식을 증권시장에 매각하면 B가 수령한 것과 같은 금액을 확보할 수 있을 것이고, B가 수령한 현금으로 증권시장에서 A회사 주식을 매입하면 C가 받은 것과 같은 수량의 주식을 확보할 수 있을 것이다. 두 거래가 발행회사의 거래상대방인 B와 C의 입장에서는 경제적으

로는 거의 같은 효과가 있다고 볼 수 있다. 발행회사의 입장에서는 A-B 간의 거래에서는 신주가 발행되지 않는데 반하여 A-C 간의 거래에서는 신주가 발행되어 A의 다른 주주들이 가진 지분의 희석을 가져온다는 점에서 차이가 있다. A-B 간의 거래에서는 신주 발행에 따른 문제가 발생하지 않는다는 점에서 상법상 제한없이 허용된다고 보아야 할 것인가?

구체적 사실관계에 따라 A-B 간의 거래에 대해 A회사 이사의 선관주의의무·충실의무 위반의 문제가 제기될 수 있다. 또한 주식매수선택권에 관한 상법의 규율과 관련해서도 생각해 볼 필요가 있다. 상법은 주식매수선택권을 부여받을 수 있는 적격자, 부여절차, 행사요건, 양도제한 등 여러 면에서 엄격한 규율을 하고 있다. 행사가액과 시가의 차액을 현금으로 지급하는 형태의 콜옵션도 주식매수선택권의 하나이다(상법 제340조의2 제1항 2문). 상법상 주식매수선택권에 대한 규율을 따르지 않고 A-B 간의 거래를 할 수 있다면, 상법의 주식매수선택권의 엄격한 규율[4]을 쉽게 회피할 수 있게 되는 문제(예: 상법상 주식매수선택권을 부여받을 적격이 없는 사람에 대한 현금정산형 주식매수선택권의 부여, 상법상 주식매수선택권을 부여받을 적격자에게 부여하는 경우에도 상법이 정한 절차, 행사요건과 다르게 부여)가 발생할 수 있다. 이 점에 대한 논의는 주식매수선택권에 관한 상법 조항의 취지를 어떻게 보는가에 달려있다.[5] 주식매수선택권에 관한 상법 조항이 신주발행을 전제로 하는 경우뿐 아니라 현금정산하는 콜옵션을 허용하는 것이고 그 이외의 현금정산 콜옵션은 상법이 허용하지 않는다고 보는 견해도 있을 수 있다. 그러나 주식매수선택권에 관한 상법 조항은 신주발행이 예정된 경우를 기본형으로 삼고 있고 엄격한 규율도 기본형을 전제로 하고 있는 것이며, 현금정산형을 주식매수선택권의 결제의 하나의 수단으로 허용하고 있는 것에 불과하다고 보는 것이 합리적이다. 그렇다면 주식매수선택권에 관한 상법 조항이 임직원이 아닌 다른 사람과의 현금정산형 콜옵션거래를 금지하는 것은 아니라고 보아야 할 것이다. 이렇게 본다면 A-B 간의 거래는 주식매수선택권에 관한 규율을 탈법적으로 회피하기 위한 거래(예: B가 A의 임직원의 계산으로 행동하는 경우)가 아니라면, 이사가 선관주의의무·충실의무를 준수하는 이상 상법상 주식매수선택권 조항의 제약을 받지 않고 행할 수 있다고 보게 될 것이다.

---

4) 주식매수선택권의 행사요건에 관하여 대법원 2011. 3. 24. 선고 2010다85027 판결은 "정관이나 주주총회의 특별결의를 통해서도 상법 제340조의4 제1항의 요건을 완화하는 것은 허용되지 않는다고 해석하여야 한다"고 하였다.

5) 신주발행을 전제로 하는 콜옵션에 대해서는 상법에 정한 절차와 요건을 준수하지 않고 주식매수선택권을 부여하는 것이 허용되지 않는다는 점에 대해서는 별로 논란이 없을 것이다. 자기주식 교부를 전제로 하는 콜옵션은 자기주식 처분의 한 방법으로 사용할 수 있으므로 주식매수선택권에 관한 상법상 절차와 요건과 관계없이 자기주식 처분에 관한 상법상 규율에 따라 그러한 콜옵션 거래를 할 수 있을 것이다. 회사의 주식의 가치에 연계된 현금정산형 콜옵션에 대하여는 주식매수선택권 조항 이외에는 상법상 아무런 언급이 없어 논란의 여지가 있다.

Ⅲ. 벤처투자법상 조건부지분인수계약과 조건부지분전환계약

2020년 제정되어 시행된 벤처투자법[6]은 미국에서 기업가치를 정하기 어려운 창업기업의 자금조달수단으로 사용되는 SAFE(simple agreement for future equity)[7]와 CN(convertible note)을 모델로 삼아 조건부지분인수계약의 체결과 조건부지분전환계약의 체결을 동법에 따른 투자의 한 유형으로 규정하였다.

1. 조건부지분인수계약

가. 조건부지분인수계약의 요건

벤처투자법에 따른 조건부지분인수계약은 "투자금액의 상환만기일이 없고 이자가 발생하지 아니하는 계약으로서 다음 요건을 충족"해야 한다(동법 제2조 제1호, 동법시행규칙 제3조).

1. 투자금액이 먼저 지급된 후 후속 투자에서 결정된 기업가치 평가와 연동하여 지분이 확정될 것
2. 조건부지분인수계약에 따른 투자를 받는 회사가 조건부지분인수계약의 당사자가 되고, 그 계약에 대해 주주 전원의 동의를 받을 것
3. 조건부지분인수계약을 통해 투자를 받은 회사가 자본 변동을 가져오거나 가져올 수 있는 계약을 체결하는 경우 조건부지분인수계약이 체결된 사실을 해당 계약의 상대방에게 문서로 고지할 것

조건부지분인수계약에 따른 투자자는 기업에게 투자금을 지급하고 장래 지분을 인수하기로 계약을 체결하지만, 투자시점에는 신주발행가액과 장래 인수할 주식수가 결정되지 않고, 가치평가가 수반되는 후속투자가 있을 때 그 후속투자에 의한 기업가치 평가에 연동하여 신주발행가액과 인수할 주식수가 정해진다는 점이 특징이다. 후속투자의 범위(일정비율 이상의 신주발행, 기업인수합병, 기업공개 등이 포함될 수 있음), 후속투자시 조건부지분인수계약 상대방에게 발행할 주식의 발행가액과 주식수, 기타 발행회사의 의무사항은 조건부지분인수계약에 명시하게 된다.[8]

---

6) 법률 제16998호(2020. 2. 11. 제정, 2020. 8. 12. 시행).
7) 미국 SAFE의 등장배경, 구조와 현황에 대해서는 박용린·천창민(2018), 3-9쪽.
8) 한국벤처캐피탈협회(kvca.or.kr)가 조건부지분인수계약서와 조건부지분전환계약서 양식을 작성하여 제시하고 있다. 조건부지분인수계약서의 주요내용에 대한 설명은 성희활(2022), 488-490쪽.

나. 조건부지분인수계약에 따른 신주발행

벤처투자법은 벤처투자를 촉진하고 벤처투자산업을 육성하기 위한 법이어서(동법 제1조), 조건부지분인수계약도 벤처 "투자"의 하나의 유형으로 규정되어 있을 뿐, 그 계약을 체결하는 벤처기업에 의한 신주발행이 어떠한 절차를 거쳐 이루어지는지에 대해서는 규정하고 있지 않다. 우선 조건부지분인수계약 체결시 주주 이외의 제3자에게 신주를 발행하는 요건과 절차를 갖추어야 할 것이다.[9)] 조건부지분인수계약상 신주발행가액과 주식수를 결정할 수 있는 후속투자 등의 사건이 발생한 경우 전환사채의 전환권행사 또는 주식매수선택권 행사시와 마찬가지로 회사의 신주발행절차 없이 조건부지분인수계약 투자자에게 자동적으로 신주가 발행되는 것인지 아니면 회사가 신주발행절차를 거쳐 신주를 발행할 채무를 부담하는 것인지도 문제이다. 법률상 명시적인 근거없이 자동적인 신주발행이 이루어진다고 보기는 어려울 것이다. 정관상 조건부지분인수계약 투자자에 대해서는 자동 신주발행이 되도록 하는 조항을 둔다고 하더라도 그 효력이 인정될 수 있을지는 의문이다.

조건부지분인수계약에 의한 투자를 다수의 투자자에게 권유하는 경우에는 자본시장법상 증권의 공모에 해당할 것이다.[10)]

2. 조건부지분전환계약

가. 조건부지분전환계약의 요건

벤처투자법상 조건부지분전환계약은 "무담보전환사채의 발행을 사전에 약정하는 계약으로서 다음 요건을 충족"해야 한다(동법 제2조 제1호, 동법시행규칙 제3조의2).

1. 투자금액이 먼저 지급된 후 계약기간 내에 후속 투자에서 결정된 기업가치 평가와 연동하여 전환되는 지분이 확정되는 무담보전환사채 발행계약 체결을 약정할 것
2. 조건부지분전환계약에 따른 투자를 받는 회사가 조건부지분전환계약의 당사자가 되고, 그 계약에 대해 주주 전원의 동의를 받을 것
3. 무담보전환사채 발행계약이 체결되면 조건부지분전환계약 체결일부터 무담보전환사채 발행계약 체결일 이전까지에 해당하는 기간에 대한 원리금 지급 의무가 소멸할 것

---

9) 계약체결시점에는 장래 발행할 신주수가 정해져 있지 않으므로 발행할 가능성이 있는 최대 주식수에 대해 제3자 배정 요건과 절차를 갖추어야 할 것이다.

10) 박용린·천창민(2018), 20쪽, 성희활(2022), 508쪽(최소한 투자계약증권이나 파생결합증권으로 자본시장법상 공모규제의 대상이 된다는 견해).

4. 계약기간 내에 후속투자가 결정되지 않는 경우 투자를 받은 회사는 계약에 따른 원리금을 투자자에게 상환할 것. 이 경우 계약기간은 계약 당사자 간 협의하여 연장할 수 있다.
5. 조건부지분전환계약을 통해 투자를 받은 회사가 자본 변동을 가져오거나 가져올 수 있는 계약을 체결하는 경우 조건부지분전환계약이 체결된 사실을 해당 계약의 상대방에게 문서로 고지할 것

조건부지분전환계약에 따른 투자자는 기업에게 투자금을 지급하고 일정한 계약기간 내에 전환사채를 인수하기로 하는 계약을 체결하지만, 투자금 지급시점에 전환사채의 조건(특히 전환가액 또는 전환비율)이 정해지지 않고 전환사채도 발행되지 않으며, 기업가치 평가가 수반되는 후속투자가 있을 때 비로소 그 기업가치 평가와 연동하여 전환사채의 조건이 확정되고 전환사채가 발행된다는 특징이 있다. 조건부지분전환계약에 정한 계약기간 내에 전환사채 발행계약이 체결되면 투자금과 이에 대한 이자상당액이 전환사채 납입금으로 사용될 것이고, 전환사채 발행 후 발행회사는 전환사채의 조건에 따른 원리금 지급의무를 지고 투자자는 전환권을 행사할 수 있게 된다. 조건부지분전환계약에 정한 계약기간 내에 전환사채가 발행되지 않으면 기업은 그 계약에 정한 조건에 따라 투자자로부터 받은 지급받은 투자금의 원리금을 투자자에게 상환할 의무가 있다. 투자원리금 상환의무가 발생하는 사유, 상환의무의 내용과 방법 등은 조건부 지분전환계약에 구체적으로 정하게 된다.

나. 조건부지분전환계약에 따른 전환사채 발행

전환사채를 주주 이외의 제3자에게 발행하기 위해서는 정관 또는 주주총회 특별결의로 일정한 사항을 정하여야 한다(상법 제513조 제3항). 조건부지분전환계약을 체결하기 위해서는 당해 벤처기업의 주주 전원의 동의가 필요하므로 이러한 요건을 갖추는 것은 어렵지 않을 것이다. 조건부 지분전환계약의 요건은 기업가치 평가가 수반되는 후속투자시 전환사채 발행계약을 체결하는 것으로 정하고 있으므로, 후속투자시 전환사채가 자동적으로 발행되는 것이 아니라 벤처기업이 전환사채 발행계약을 체결할 의무를 부담하는 것으로 보인다.

제 2 절 전환사채

I. 의 의

전환사채는 사채권자가 사채를 상환받는 대신에 신주의 발행을 청구하면 발행회사는 신주를 발행하여 사채권자가 주주가 될 수 있도록 하는 조건이 붙어 있는 사채이다. 사채가 주식으로 전환(convert)되는 현상을 강조하여 전환사채(convertible bond)라고 부른다. 개념적으로는 사채 전환으로 사채권자가 취득하는 것이 발행회사의 신주가 아닌 다른 증권(예: 발행회사가 발행한 기존주식(자기주식)이나 사채, 발행회사가 새로 발행할 사채 또는 발행회사 이외의 발행자가 발행한 다른 증권 등)을 생각해 볼 수 있으나, 상법은 발행회사의 신주로 전환되는 경우만을 전환사채로 정하고 있다.

상법은 또한 사채권자가 전환권을 가지는 경우를 전환사채로 규정하고 있고 발행회사가 전환권을 가지는 경우는 전환사채의 개념에 포함시키지 않고 있다(☞ 제8장 제2절 Ⅳ. 2. 강제전환사채). 발행회사가 전환권을 가지는 경우 중 일부는 상환사채(상법 제469조 제2항 제2호, 상법시행령 제23조)에 해당할 수 있다.

이와 같이 상법상 전환사채는 사채권자에게 전환권 즉 사채를 상환받는 대신에 발행회사에게 신주의 발행을 청구하면 신주가 발행되도록 하는 내용의 권리를 부여한다. 사채권자가 가지는 전환권은 금융에서 말하는 콜옵션(call option)에 해당한다. 즉 전환사채는 일반사채에 신주발행을 받을 수 있는 콜옵션이 붙어 있는 것이라고 할 수 있고, 그 콜옵션 행사시 행사가액의 지급(즉 신주인수대금의 납입)은 사채상환청구권으로 상계하기로 미리 약정해 놓은 것이다. 전환사채에 붙은 전환권은 상법 제418조에 규정된 추상적 신주인수권은 아니고 발행가액과 발행주식수 등이 모두 정해져 있는 구체적인 신주발행을 받을 권리이며, 사채권자가 권리를 행사하면 회사의 승낙이나 다른 조치 없이 자동적으로 전환의 효력(즉 사채권자가 주주가 되는 효과)이 발생하는 형성권이다.

Ⅱ. 전환사채의 발행

1. 신주발행의 잠재력에 따른 규율

(1) 전환시 발행할 주식수의 확보

전환사채의 주식전환은 전환 청구시에 효력이 발생하여 자동적으로 신주가 발행되도록 하고 있으므로(상법 제516조 제2항, 제350조 제1항), 전환권이 모두 행사될 때 발행되어야 할 주식수를 수권주식에 충분히 확보하고 있어야 한다(상법 제516조 제1항, 제346조 제4항).

(2) 기존 주주의 보호

가. 제3자 배정

(가) 상법의 규율

전환사채를 가진 사채권자가 전환권 즉 신주발행 콜옵션을 행사하면 신주가 발행되어 기존 주주의 지분권이 희석되게 된다. 전환사채의 발행은 기존 주주의 지분권에 영향을 줄 수 있는 잠재력을 가지고 있다는 점에서 상법은 전환사채 발행시 신주발행과 유사하게 기존 주주의 보호를 위하는 장치를 두고 있다. 주주 외의 자에게 전환사채를 발행하는 경우에는 발행할 수 있는 전환사채의 액, 전환의 조건, 전환으로 발행할 주식의 내용과 전환을 청구할 수 있는 기간에 관하여 정관에 규정이 없으면 주주총회의 특별결의로 정하도록 하였다(상법 제513조 제3항).[11)]

통상 정관에 주주 외의 자에게 발행할 수 있는 전환사채의 최대한도 금액을 정해 놓는다(상장회사협의회 표준정관 제14조의2). 이 때 정관에 규정을 둔다는 것은 정관에 전환의 조건 등을 미리 획일적으로 확정하여 규정하도록 요구할 것은 아니며, "정관에 일응의 기

11) 전환사채·신주인수권부사채를 주주 외의 자에게 발행함에 관한 상법 조항은 기존 주주를 보호하기 위한 것이고 이는 기존 주주에게 신주인수권이 있다는 원칙을 반영한 것이라고 할 수 있다. 우리사주조합원은 신주 공모시 우선배정을 받을 권리가 있지만(근로자복지기본법 제38조 제1항) 기존 주주와 마찬가지로 취급되지는 않는다. 대법원 2014. 8. 28. 선고 2013다18684 판결은 "우리사주조합원이 우선적으로 배정받을 권리가 있는 '당해 주식'에 사채의 일종인 신주인수권부사채가 포함되지 아니함은 문언의 해석상 분명하다. … 나아가 신주인수권부사채는 미리 확정된 가액으로 일정한 수의 신주 인수를 청구할 수 있는 신주인수권이 부여된 점을 제외하면 보통사채와 법률적 성격에서 차이가 없고, … 우리사주제도는 근로자로 하여금 우리사주조합을 통하여 소속회사의 주식을 취득·보유하게 함으로써 근로자의 경제적·사회적 지위향상과 함께 근로자의 생산성 향상과 노사협력 증진을 통하여 국민경제에 기여하는 사회정책적 효과를 도모하기 위하여 채택된 제도이고, 이러한 제도의 취지에 따라 우리사주조합원에게 부여된 주식우선배정권은 주주의 신주인수권을 법률상 제한하는 것인 점 등을 고려하면, 우리사주조합원에게 주식 외에 신주인수권부사채까지 우선적으로 배정받을 권리가 있다고 유추해석하기도 어렵다"고 판시하였다.

준을 정해 놓은 다음 이에 기하여 실제로 발행할 전환사채의 구체적인 전환의 조건 등은 그 발행시마다 정관에 벗어나지 않는 범위에서 이사회에서 결정하도록 위임하는 방법을 취하는 것도 허용된다"(대법원 2004. 6. 25. 선고 2000다37326 판결). 주주 외의 자에게 전환사채를 발행하는 경우에는 주주 외의 자에게 신주를 발행하는 경우와 마찬가지로 신기술의 도입, 재무구조의 개선등 회사의 경영상 목적을 달성하기 위하여 필요한 경우에 한하도록 하였다(상법 제513조 제3항 제2문, 제418조 제2항 단서).

제3자 배정 방식으로 전환사채를 발행하는 경우 발행회사의 이사는 그 발행가액과 전환가액을 적정하게 정해야 한다. 대법원은 "현저하게 불공정한 가액으로 제3자 배정 방식에 의하여 신주·전환사채·신주인수권부사채를 발행하는 행위는 이사의 임무위배행위에 해당하는 것으로서 그로 인하여 회사에 공정한 발행가액과의 차액에 상당하는 자금을 취득하지 못하게 되는 손해를 입힌 이상 이사에 대하여 배임죄의 죄책을 물을 수 있다"고 판시하였다(대법원 2009. 5. 29. 선고 2007도4949 전원합의체 판결).[12)]

회사가 자신이 발행한 전환사채를 매수하여 보유하다가 매도하는 행위는 새로운 전환사채를 발행하는 것과 실질적으로 차이가 없으므로 전환사채를 제3자 배정으로 발행할 때 적용되는 법리가 동일하게 적용되어야 타당할 것이다.

(나) 상장회사에 대한 자본시장법의 규율

대법원 2009. 5. 29. 선고 2007도4949 전원합의체 판결이 선고된 이후 자본시장법이 개정되어 주권상장법인이 신주, 전환사채, 신주인수권부사채 또는 주식으로 교환·상환되는 사채를 주주 배정하였으나 주주가 실권한 경우 실권된 부분을 제3자에게 배정하는데 대하여 추가적인 제한이 있다(동법 제165조의6 제2항, 제165조의10 제1항). 주주 배정 후 실권이 발생하면 그 부분의 발행은 철회하는 것이 원칙이고 미리 투자매매업자(증권회사)와 실권 부분 인수계약을 체결하여 인수시키거나 일정한 제약하에 초과 청약한 주주에게 배정하는 등의 제한적인 예외만을 인정하고 있다.

나. 법령·정관 위반 또는 불공정한 발행

법령 또는 정관에 위반하거나 현저하게 불공정한 방법에 의하여 전환사채를 발행함으로써 주주가 불이익을 받을 염려가 있는 경우 주주는 유지청구권이 있고(상법 제516조 제1항, 제424조), 이사와 통모하여 불공정한 발행가액으로 전환사채를 인수한 자는 공정한 발행가액과의 차액을 회사에게 지급할 의무가 있다(상법 제516조 제1항, 제424조의2).

---

12) 전환사채를 주주에게 배정하였으나 주주들이 인수하지 않아 실권된 부분을 제3자에게 배정하는 경우의 발행가액에 관한 대법원 2009. 5. 29. 선고 2007도4949 전원합의체 판결의 판시와 이에 대한 비판은 ☞ 제7장 제3절 Ⅰ. 2. (3) 인수의 대상.

상법상 명시적인 조항은 없으나 장래 신주가 발행될 수 있는 잠재력이 있다는 점에서 전환사채 발행에 대하여는 신주발행무효의 소에 관한 조항이 유추적용되고, "전환사채발행무효의 소는 사후에 이를 무효로 함으로써 거래의 안전과 법적 안정성을 해칠 위험이 큰 점을 고려할 때, 그 무효원인은 가급적 엄격하게 해석하여야 하고, 따라서 법령이나 정관의 중대한 위반 또는 현저한 불공정이 있어 그것이 주식회사의 본질이나 회사법의 기본원칙에 반하거나 기존 주주들의 이익과 회사의 경영권 내지 지배권에 중대한 영향을 미치는 경우로서 전환사채와 관련된 거래의 안전, 주주 기타 이해관계인의 이익 등을 고려하더라도 도저히 묵과할 수 없는 정도라고 평가되는 경우에 한하여 전환사채의 발행 또는 그 전환권의 행사에 의한 주식의 발행을 무효로 할 수 있을 것"이라는 것이 대법원의 입장이다.[13][14]

전환사채 발행의 실체가 없는데도 전환사채 발행 등기가 되어 있는 외관이 있는 경우 이를 제거하기 위하여 전환사채발행부존재 확인의 소를 제기할 수 있다. 이 경우에는 상법 제429조 소정의 6월의 제소기간의 제한이 적용되지 않는다.[15]

2. 사채 발행으로서의 규율

전환사채가 장래 전환권의 행사로 신주가 발행될 수 있는 잠재력을 가지고 있다는 점에서 기존 주주의 보호를 위한 장치를 두고 있으나, 그래도 전환사채는 주식이 아닌 사채이므로 전환사채의 발행에는 기본적으로 사채발행의 법리가 적용된다.[16] "전환사채의

13) 대법원 2004. 6. 25. 선고 2000다37326 판결. 이 판결은 나아가 "전환사채발행무효의 소에 있어서의 무효원인을 위와 같이 엄격하게 해석하여야 하는 이상 단지 전환사채의 인수인이 회사의 지배주주와 특별한 관계에 있는 자라거나 그 전환가액이 발행시점의 주가 등에 비추어 다소 낮은 가격이라는 것과 같은 사유는 일반적으로 전환사채발행유지청구의 원인이 될 수 있음은 별론으로 하고, 이미 발행된 전환사채 또는 그 전환권의 행사로 발행된 주식을 무효화할 만한 원인이 되지는 못한다"고 판시하였다.

14) 서울고등법원 1997. 5. 13. 자 97라36 결정은 "경영권 분쟁 상황 하에서 열세에 처한 구지배세력이 지분 비율을 역전시켜 경영권을 방어하기 위하여 이사회를 장악하고 있음을 기화로 기존 주주를 완전히 배제한 채 제3자인 우호 세력에게 집중적으로 '신주'를 배정하기 위한 하나의 방편으로" 전환사채를 발행한 것이 "전환사채제도를 남용하여 전환사채라는 형식으로 사실상 신주를 발행한 것으로 … 주주의 신주인수권을 실질적으로 침해한 위법이 있어 신주 발행을 위와 같은 방식으로 행한 경우와 마찬가지로 이를 무효로 보아야 한다"고 하고, 현저하게 불공정한 방법에 의한 발행이라는 점에서도 무효로 보았다.

15) 대법원 2004. 8. 20. 선고 2003다20060 판결.

16) 대법원 2010. 7. 29. 선고 2008다7895 판결은 한국석유공사의 (주)한국전자석유거래소 발행 전환사채 인수 합의를 구 정부투자기관관리기본법과 한국석유공사 정관상 '다른 기업체에 대한 출자'에 해당한다고 판시하였다. 이는 한국석유공사를 규율하는 법률과 정관상 전환사채 인수의 성격을 어떻게 볼 것인가를 판시한 것으로 전환사채의 인수 또는 취득이 항상 자본의 출연과 마찬가지로 취급된다는 취지는 아니다.

인수에 관해서는 상계금지에 관한 상법 제334조의 규정이 적용되지 않는다"고 한 대법원 2004. 8. 20. 선고 2003다20060 판결과 "전환사채의 인수 과정에서 그 납입을 가장하였다고 하더라도 상법 제628조 제1항의 납입가장죄는 성립하지 아니한다"고 판시한 대법원 2008. 5. 29. 선고 2007도5206 판결도 이러한 맥락에서 나온 것으로 이해할 수 있다. 그러나 전환사채는 신주발행의 잠재력을 가지고 있고, 가장납입으로 발행된 전환사채가 전환되면 결국 납입없이 신주가 발행되는 효과가 발생한다는 점에서 납입가장에 의한 전환사채 발행은 일반사채의 발행과는 달리 취급할 필요성이 있다. 항을 바꾸어 별도로 논한다. 이 논의는 신주인수권부사채에도 동일하게 적용될 수 있다.

3. 납입가장에 의한 전환사채 발행

(1) 민사적 법률관계

사채권은 사채전액의 납입이 완료되지 않으면 발행할 수 없다(상법 제478조 제1항). 사채인수인과 사채발행회사의 담당임직원이 통모하여 납입을 가장한 경우에는 납입이 이루어졌다고 볼 수 없으므로 사채권을 발행하여서는 안 된다.

그럼에도 불구하고 사채권이 발행된 경우 그 사채권이 당연 무효는 아니다. 특히 전환사채의 발행은 "주식회사의 물적 기초와 기존 주주들의 이해관계에 영향을 미친다는 점에서 사실상 신주를 발행하는 것과 유사하므로, 전환사채의 발행의 경우에도 신주발행무효의 소에 관한 상법 제429조가 유추적용"(대법원 2004. 6. 25. 선고 2000다37326 판결)되는 점에 비추어 보면 더욱 그렇다.

그러나 사채권이 발행되었어도 사채인수인이 계속 보유하고 있다면 발행회사는 사채납입대금을 받지 않았음을 이유로 사채권자(=사채인수인)에 대한 의무이행을 거절할 수 있다고 보아야 한다.[17] 전환권은 형성권이고 발행회사에 대한 청구권이 아니므로 전환권 행사는 원리금상환청구와는 다르게 취급해야 하는 것 아닌가라는 의문이 발생할 수 있으나, 전환권의 발생 역시 사채인수대금의 납입을 전제로 하는 것이므로 납입을 가장한 사채인수인과 발행회사 사이에서는 전환권이 발생하지 않는다고 보는 것이 타당할 것이다. 무기명식으로 발행된 사채가 전전유통된 경우 사채소지인에게도 사채상의 의무이행을 거절할 수 있는지 여부는 사채인수인에 대한 인적 항변이 단절되는지 여부에 따라 결정될 것이다. 사채소지인이 발행회사를 해함을 알고 사채를 취득한 때가 아닌 한 발행회사는 사채인수인에 대한 인적관계의 항변으로 사채 소지인에 대하여 대항할 수 없다(민법

17) 江頭憲治郎(2010)(今井克典 집필), 54쪽.

제515조, 제524조). 즉 사채인수대금이 가장납입된 경우 발행회사는 그 사채인수인에 대하여는 사채상환을 거절할 수 있으나, 전전유통 후 사채를 취득한 사람에 대하여는 인적항변이 단절되는 한 사채상의 채무를 부담한다.

(2) 형사적 법률관계

가. 대법원판례

납입가장에 의한 전환사채 발행이 독자적으로 상법 제628조 제1항의 납입가장죄에 해당하지는 않는다. 전환사채는 전환권이 행사되기 전에는 사채이고, 전환권은 사채권자에게 부여된 권리이며 전환권이 행사되지 않을 수도 있으므로, 전환사채의 납입을 가장하였어도 자본충실을 해치는 행위를 처벌하는 상법 제628조 제1항의 납입가장죄는 성립하지 않는다는 것이 대법원판례의 입장이다(대법원 2008. 5. 29. 선고 2007도5206 판결).

그러나 납입가장에 의한 전환사채 발행이 신주인수대금의 납입을 가장하는 편법으로 사용된 경우에는 전환사채 발행과 전환에 의한 신주발행의 일련의 행위가 신주발행에 관한 납입가장죄에 해당하는가? 이를 명시적으로 인정한 대법원판결을 보이지 않으나 납입가장에 의한 전환사채 발행을 업무상 배임죄로 기소한 사건에서 "전환사채의 발행이 주식 발행의 목적을 달성하기 위한 수단으로 이루어졌고 실제로 그 목적대로 곧 전환권이 행사되어 주식이 발행됨에 따라 실질적으로 신주인수대금의 납입을 가장하는 편법에 불과하다고 평가될 수 있는 등의 특별한 사정"이 있는 경우에는 업무상 배임죄에 해당하지 않는다는 취지로 판시한 대법원 2015. 12. 10. 선고 2012도235 판결과 이 판결이 인용한 대법원 2011. 10. 27. 선고 2011도8112 판결[18]에 비추어 볼 때, 납입가장에 의한 전환사채 발행이 신주인수대금의 납입을 가장하는 편법으로 사용된 경우에는 신주발행에 관한 납입가장죄에 해당되는 것으로 보는 것이 대법원의 입장인 것으로 보인다. 위의 두 판결은 납입가장의 방법으로 신주를 발행한 발행회사의 담당자의 행위가 업무상 배임죄에 해당하지 않는다는 대법원판례(대법원 2004. 5. 13. 선고 2002도7340 판결,[19] 대법원 2004. 6.

18) 대법원 2011. 10. 27. 선고 2011도8112 판결은 "원심은, … 피고인들이 가장납입에 의하여 전환사채권을 발행하고 그 전환사채권을 발행한 목적대로 곧 그 전환청구를 하여 주식을 발행함으로써 주식회사 A는 전환사채대금 채무를 부담하지 않게 되었을 뿐만 아니라 발행된 주식대금 상당의 자본이 감소하였다고 볼 수도 없어 A에게 재산상 손해가 발생한 것으로 볼 수 없으므로 위 행위가 업무상 배임죄에 해당한다고 할 수 없다"는 원심 판단이 정당하다고 판시하였다.

19) 대법원 2004. 5. 13. 선고 2002도7340 판결은 "납입을 가장하는 방법에 의하여 주금이 납입된 경우 회사의 재산에 대한 지분가치로서의 기존 주식의 가치가 감소하게 될 수는 있으나, 이는 가장납입에 의하여 회사의 실질적 자본의 감소가 초래됨에 따른 것으로서 업무상배임죄에서의 재산상 손해에 해당된다고 보기도 어렵다"고 판시하였다.

17. 선고 2003도7645 전원합의체 판결,[20] 대법원 2007. 9. 6. 선고 2005도1847 판결[21])와 같은 취지이다.

납입가장에 의한 전환사채 발행이 신주납입가장의 수단으로 사용된 경우가 아니면 전환사채의 발행업무를 담당하는 사람이 업무상 배임행위를 한 것이 된다. 그는 "회사에 대하여 전환사채 인수대금이 모두 납입되어 실질적으로 회사에 귀속되도록 조치할 업무상의 임무를 위반하여, 전환사채 인수인으로 하여금 인수대금을 납입하지 않고서도 전환사채를 취득하게 하여 인수대금 상당의 이득을 얻게 하고, 회사로 하여금 사채상환의무를 부담하면서도 그에 상응하여 취득하여야 할 인수대금 상당의 금전을 취득하지 못하게 하여 같은 금액 상당의 손해를 입게 하였으므로, 이로써 업무상배임죄의 죄책을 진다"(대법원 2015. 12. 10. 선고 2012도235 판결[22]).

나. 대법원판례의 검토

대법원판례에 따르면 납입가장에 의한 전환사채 발행이 신주인수대금의 납입을 가장하는 편법으로 사용된 경우에는 배임죄가 아닌 상법 제628조의 납입가장죄에 해당하고, 그러한 편법으로 사용되었다고 인정되지 않는 경우에는 배임죄에 해당한다는 결론에 이르게 된다. 이렇게 처리하는 것이 타당한가? 몇 가지 쟁점을 검토해 볼 필요가 있다.

(가) 첫째, 납입가장에 의한 전환사채 발행으로 회사가 손해를 입은 것인가.

대법원판결은 배임죄의 구성요건 중 회사가 손해를 입은 근거로 발행회사가 납입가장에 의하여 발행된 전환사채상의 상환의무를 부담한다는 점을 들고 있다.[23][24] 납입가장

---

20) 대법원 2004. 6. 17. 선고 2003도7645 전원합의체 판결은 납입된 주금의 인출이 횡령인지 여부에 대하여 "주금의 납입 및 인출의 전과정에서 회사의 자본금에는 실제 아무런 변동이 없다고 보아야 할 것이므로, 그들에게 회사의 돈을 임의로 유용한다는 불법영득의 의사가 있다고 보기 어렵다"고 판시한 후 "피고인에게 재산상의 이익을 취한다는 의사가 있었다고 볼 수는 없으므로, 배임죄 역시 성립한다고 할 수 없다"고 판시하였다.

21) 대법원 2007. 9. 6. 선고 2005도1847 판결은 "주금의 납입 및 인출의 전 과정에서 회사의 자본금에는 실제 아무런 변동이 없는 것인바 …, 비록 회사의 대표이사가 유상증자를 통한 신주발행을 함에 있어 납입을 가장하는 방법에 의하여 주금이 납입된 상태에서 자기 또는 제3자에게 신주를 발행해 주었고, 이후 그 주식인수인이 그 신주인수대금을 실제로 회사에 납부하지 아니하고 있다 하더라도 그로 인하여 회사에게 그 신주인수대금 상당의 자본이 감소하는 등의 재산상 손해가 발생한 것으로는 보기 어렵다"고 판시하였다.

22) 전환사채의 발행업무를 담당하는 자와 전환사채 인수인이 사전 공모하여 제3자로부터 전환사채 인수대금에 해당하는 금액을 차용하여 전환사채 인수대금을 납입하고 전환사채 발행절차를 마친 직후 이를 인출하여 위 차용금채무의 변제에 사용하는 등 실질적으로 전환사채 인수대금이 납입되지 않았음에도 전환사채를 발행한 사례.

23) 대법원 2015. 12. 10. 선고 2012도235 판결.

24) 대법원 2011. 10. 27. 선고 2011도8112 판결은 가장납입에 의한 전환사채 발행 후 주식으로 전환된 사안에서 "전환청구를 하여 주식을 발행함으로써 회사는 전환사채대금 채무를 부담하지 않게" 된 것을 회사가 손해를 입지 않았다는 근거의 하나로 제시하였다.

에 의하여 발행된 사채의 인수인이 그 사채를 계속 보유하고 있다면 발행회사는 그에 대한 의무이행을 거부할 수 있으므로 사채인수인에 대하여는 상환의무를 부담한다고 볼 수 없다. 그러나 전전유통되면 인적항변의 단절로 발행회사가 사채상의 의무를 부담하게 될 수 있다는 점을 들어 가장납입에 의한 사채발행 시점에 재산상 손해 발생의 위험을 초래하였다고 볼 여지가 있다. 대법원판결이 이와 같은 분석을 하지는 않았으나 전전유통까지 고려하여 판단한 것으로 선해할 수 있다. 이 점에 대한 법리는 대법원 2017. 7. 20. 선고 2014도1104 전원합의체 판결이 보다 명확하게 판시하였다.[25] 위 전원합의체 판결에서 밝힌 법리에 따른다면 납입가장으로 발행한 사채를 사채인수인이 보유하고 있는 동안은 배임죄의 미수에 해당하고 제3자에게 양도하여 인적 항변이 단절되면 기수에 해당할 것이다.

(나) 둘째, 신주인수대금의 납입을 가장하는 편법으로 사용되었는지 여부를 기준으로 배임죄 해당여부를 판단하는 것이 타당한가. 주식의 가장납입과 사채의 가장납입을 달리 취급해야 하는가

다음과 같은 이유로 납입가장 전환사채 발행이 신주인수대금의 납입을 가장할 목적인지 여부에 따라 배임죄 성립여부를 구별할 것은 아니다.

① 임무의 내용

전환사채의 발행업무를 담당하는 사람은 회사에 대하여 전환사채 인수대금이 모두 납입되어 실질적으로 회사에 귀속되도록 조치할 업무상의 임무를 진다(대법원 2015. 12. 10. 선고 2012도235 판결). 마찬가지로 주식의 발행업무를 담당하는 사람은 회사에 대하여 주금이 모두 납입되도록 할 업무상의 임무가 있다. “대표이사가 일반 주주들에 대하여 그들의 신주인수권과 기존 주식의 가치를 보존하는 임무를 대행한다거나 주주의 재산보전행위에 협력하는 자로서 타인의 사무를 처리하는 자의 지위에 있다고는 볼 수 없다”(대법원 2004. 5. 13. 선고 2002도7340 판결)[26]고 하더라도, 신주발행시 주금이 납입되어 회사에 귀속되도록 조치할 업무상의 임무가 있음은 부정할 수 없다.

② 손해의 발생

대법원은 납입을 가장하여 발행한 사채에 대하여 회사가 상환의무를 진다고 하여 회

25) “약속어음 발행의 경우 어음법상 발행인은 종전의 소지인에 대한 인적 관계로 인한 항변으로써 소지인에게 대항하지 못하므로(어음법 제17조, 제77조), 어음발행이 무효라 하더라도 그 어음이 실제로 제3자에게 유통되었다면 회사로서는 어음채무를 부담할 위험이 구체적·현실적으로 발생하였다고 보아야 하고, 따라서 그 어음채무가 실제로 이행되기 전이라도 배임죄의 기수범이 된다. 그러나 약속어음 발행이 무효일 뿐만 아니라 그 어음이 유통되지도 않았다면 회사는 어음발행의 상대방에게 어음채무를 부담하지 않기 때문에 특별한 사정이 없는 한 회사에 현실적으로 손해가 발생하였다거나 실해 발생의 위험이 발생하였다고도 볼 수 없으므로, 이때에는 배임죄의 기수범이 아니라 배임미수죄로 처벌하여야 한다.”

26) 학자들도 대법원판결과 같은 견해. 한국상사법학회(2013)(한석훈 집필), 920쪽.

사에 손해를 입힌 것으로 보았다. 그러나 대법원은 가장납입으로 인하여 기존 주식의 가치가 감소하는 것은 회사에 손해를 입힌 것은 아니라고 하거나(대법원 2004. 5. 13. 선고 2002도7340 판결), 신주인수대금을 실제로 회사에 납부하지 않았어도 그로 인하여 회사에게 그 신주인수대금 상당의 자본이 감소하는 등의 재산상 손해가 발생한 것으로는 보기 어렵다(대법원 2007. 9. 6. 선고 2005도1847 판결)고 하여 납입가장으로 주식을 발행한 경우 회사가 손해를 입은 것으로 인정하지 않는다.

한편 대법원 2009. 5. 29. 선고 2007도4949 전원합의체 판결에 따르면 주주배정으로 신주를 발행하는 경우에는 경영판단에 따라 시가보다 낮게 발행가액을 정하여도 무방하지만, 제3자에게 시가보다 현저하게 낮은 가액으로 신주를 발행하는 경우에는 시가를 적정하게 반영하거나 주식의 실질가액을 고려한 공정한 발행가액과 실제 발행가액의 차액만큼 회사가 손해를 입은 것이고 그러한 발행으로 회사에게 손해를 입힌 임직원에게 배임죄의 죄책을 물을 수 있다.

신주인수인과 회사의 임직원이 통모하여 납입을 가장하여 신주를 발행하는 경우 주식의 발행가액이 회사에 납입되지 않아 그 만큼 회사가 손해를 입음을 부인할 수 없다. 이 점은 주주배정이건 제3자 배정이건 다르지 않다. 예컨대 실질가액이 1주당 1만원인 회사가 1주당 5천원의 발행가액으로 주주배정 신주발행하는 행위는 경영판단에 따라 허용될 수 있지만, 같은 5천원의 발행가액으로 제3자 배정 신주발행하는 행위는 원칙적으로 배임행위라는 점을 대법원 2009. 5. 29. 선고 2007도4949 전원합의체 판결이 확인하였다. 주주배정이건 제3자 배정이건 발행가액 5천원을 가장으로 납입하여 회사의 자산을 그만큼 증가시키지 못하게 한 행위는 위 전원합의체 판결에서 제시한 법리를 적용할 때 배임행위임이 더 현저하다. 대법원 2009. 5. 29. 선고 2007도4949 전원합의체 판결 이후에는 납입가장에 의한 신주발행시 배임죄의 성립을 부정한 종전의 판례들의 논거는 유지되기 어려울 것으로 보인다.[27][28]

그렇다면 납입을 가장하여 전환사채를 발행한 경우 그것이 신주인수대금의 납입을 가장하는 편법으로 사용된 경우에는 납입가장죄, 그렇지 않은 경우에는 배임죄에 해당한다고 보는 기존 대법원판례의 입장 역시 설득력을 유지하기 어렵다. 이와 관련하여 납입가장죄의 법정형이 업무상배임죄 또는 상법 제622조의 특별배임죄의 법정형보다 낮다는

27) 대법원 2004. 6. 17. 선고 2003도7645 전원합의체 판결은 불법영득 의사가 없음을 배임죄가 성립하지 않는 근거로 제시하였다. 허일태(2005), 297-298쪽은 이를 비판하고 배임죄의 성립을 인정한다.

28) 한석훈(2015), 197-198쪽은 납입가장에 의한 주식발행시 일정한 경우 배임죄가 성립한다는 입장이나 납입금인출시를 배임행위의 착수시기로 보았고, 통모가장납입의 경우에는 회사자금이 유출되지 않아 회사에 손해를 가하지 않는 것으로 보았다.

점도 고려할 필요가 있다. 기존의 대법원판례에 따르면 납입을 가장하여 신주를 발행하는 행위는 납입가장죄, 납입을 가장하여 전환사채를 발행하는 행위는 업무상 배임죄 또는 특별배임죄에 해당하게 될 텐데, 과연 납입가장 신주발행 행위가 납입가장 전환사채 발행 행위보다 비난가능성이 작다고 할 수 있는지 의문이다.[29] 결국 납입가장에 의한 전환사채 발행행위는 주식의 납입을 가장하는 편법으로 사용되었는지 여부를 묻지 않고 업무상 배임죄에 해당하고, 전환권이 행사되어 주식이 발행되는 경우에는 납입가장죄도 성립한다고 보아야 한다.

Ⅲ. 전환의 조건

1. 광의의 전환의 조건 – 전환권의 내용

전환사채에 붙어 있는 전환권(콜옵션)의 내용은 전환권의 옵션가치를 결정하는 중요한 요소이므로 전환사채의 발행시에 결정된다. 전환권의 내용은 (i) 전환권을 행사하면 어떠한 내용의 주식 몇 주를 받을 수 있는가(전환으로 발행할 주식의 내용과 전환가액), (ii) 전환권을 언제 어떠한 방법으로 행사할 수 있는가(전환을 청구할 수 있는 기간과 전환청구의 방법)로 구성된다. 전환권의 내용을 광의의 전환의 조건으로 부를 수 있을 것이나, 상법은 전환의 조건이라는 용어를 전환가액 또는 전환비율의 의미로 사용한다. 발행회사는 전환권의 내용 중 협의의 전환의 조건(전환가액 또는 전환비율), 전환으로 발행할 주식의 내용, 전환을 청구할 수 있는 기간을 사채청약서에 기재하고 발행후 등기하여야 한다(상법 제514조 제1항, 제514조의2 제2항 제4호). 전환의 방법은 상법 제515조에 규정되어 있다.

2. 협의의 전환의 조건 – 전환가액

(1) 전환가액과 전환비율

협의의 전환의 조건은 전환가액 또는 전환비율로 표시할 수 있다. 전환권을 행사하면 사채의 일정단위(예: 100만원)당 얼마만큼의 주식을 받을 수 있는가를 표시하는 것이 전환비율이다. 같은 내용을 전환권을 행사할 때 주식 1주당 얼마만큼의 사채금액이 필요한가를 표시하는 것이 전환가액이다. 예컨대 전환가액을 1주당 1만원으로 정하면 발행가

29) 서태경(2007), 382쪽은 업무상 배임죄에 대한 특별요건으로 납입가장죄를 규정한 것으로 보고 있다.

액이 100만원인 전환사채를 전환하면 100주의 주식을 받게 된다(상법 제516조 제2항, 제348조). 통상 전환가액으로 표시한다.

(2) 전환가액의 규제

가. 상장회사의 전환사채에 대한 자본시장법상의 규제

전환대상인 주식의 시가에 비하여 전환가액이 낮으면 전환권의 내재가치가 높아지고 반대로 주식의 시가에 비하여 전환가액이 높으면 전환권의 내재가치는 낮아진다. 주식의 시가보다 낮은 금액으로 전환가액을 정해서 발행 즉시 전환권의 행사가 가능한 조건으로 제3자 배정 방식으로 전환사채를 발행하면 사채권자는 전환권을 행사하여 시가와 발행가액의 차이만큼의 이익을 얻을 수 있게 된다. 이는 기존 주주가 가진 주식의 가치가 희석되는 면에서는 신주를 시가보다 할인하여 발행하는 것과 다르지 않다. 특히 상장회사가 전환사채를 대주주 또는 경영진과 특수한 관계에 있는 사람에게 전환가액을 낮추어 전환사채를 발행하는 경우 일반 소액주주들이 가진 주식의 가치를 희석시키는 문제가 발생한다.

이러한 문제를 방지하기 위하여 금융위원회는 상장회사의 전환사채 발행시 전환가액을 일정한 방법으로 계산한 주식의 시가 이상이 되도록 정하고 있다. 즉 원칙적으로 전환사채 발행을 승인한 이사회 결의일 전일을 기산일로 하여 (i) 1개월 가중산술평균주가, 1주일 가중산술평균주가 및 최근일 가중산술평균주가를 산술평균한 가액, (ii) 최근일 가중산술평균주가, (iii) 청약일(청약일이 없는 경우에는 납입일) 전 제3거래일 가중산술평균주가 중 높은 가액(다만 일반 공모의 방식으로 발행하는 경우에는 낮은 가액) 이상으로 하도록 하였다(증권의 발행 및 공시등에 관한 규정 제5-22조 제1항). 다만 신용평가가 투기등급인 경우에는 그 가액의 90% 이상으로 하고(위 규정 제5-22조 제2항), 기업구조조정촉진법에 따른 기업개선작업을 추진중인 기업이나 금융기관이 공동으로 경영정상화를 추진 중인 기업이 경영정상화계획에 따라 금융기관의 대출이나 사채를 상환할 목적으로 발행하는 경우에는 이러한 전환가액의 제한을 받지 않도록 하였다(위 규정 제5-22조 제3항).

위 규정은 자본시장법 제165조의16에 따라 상장회사의 재무관리기준으로 정한 것이고 강행법규는 아니겠으나, 이를 위반한 경우에는 금융위원회는 그 사실을 공고하고 정정명령을 할 수 있고 임원 해임권고, 일정기간 증권발행 제한 등의 조치를 취할 수 있다(자본시장법 제165조의18).

나. 전환가액과 주식액면가

상법은 자본충실을 위하여 주식의 액면보다 낮은 발행가액으로 신주를 발행하는 것을 엄격히 규율한다. 설립 후 2년이 경과한 후에 주주총회 특별결의와 법원의 인가를 얻어야 액면미달의 발행가액으로 신주를 발행할 수 있다(상법 제417조 제1항). 자본시장법은 상법의 액면미달 발행 규제를 약간 완화하여 상장회사의 액면미달 발행시 (i) 액면미달금액이 전액 상각되었고, (ii) 주주총회 결의에서 주식의 최저발행가액을 정하되 주주총회 소집을 위한 이사회 결의일 기준으로 일정한 방법으로 산정한 시가의 70% 이상으로 하고, (iii) 주주총회에서 달리 정하지 않는 한 주주총회결의일로부터 1개월 이내에 발행하는 경우에는 법원의 인가가 필요 없도록 특례를 인정하였다(자본시장법 제165조의8 제1항).

전환사채를 전환하여 발행되는 신주의 발행가액은 전환가액이 될 것이므로(상법 제516조 제2항, 제348조), 전환가액을 주식의 액면보다 낮은 금액으로 정하면 전환으로 발행되는 주식이 액면미달 발행되는 결과가 된다. 따라서 전환가액은 주식의 액면 이상이 되어야 함이 원칙이다. 그러면 전환가액을 주식의 액면보다 낮은 금액으로 정한 전환사채는 발행할 수 없는가? 회사의 경영성과가 좋지 않아 주가가 액면 미달인 경우에는 신주를 액면미달로 발행할 필요성이 있는 것과 마찬가지로 전환가액을 주식 액면미달로 하여 전환사채를 발행할 필요성이 있고 다만 상법 제417조 제1항의 요건을 언제 어떻게 갖추어야 하는지만이 문제라고 하겠다. 이러한 전환사채를 발행한 경우 신주가 발행되는 것은 전환권 행사시이므로 상법상 필요한 주주총회 특별결의와 법원의 인가를 전환시에 받으면 될 것이다. 그러나 전환권의 행사시 이러한 절차가 갖추어질 것인지가 불명확한 상태에서 전환사채를 인수할 사람이 있을지 의문이다. 결국 액면미달 신주 발행이 일어날 잠재력이 있는 전환사채 발행시점에 상법 제417조 제1항의 요건을 갖추어야 한다고 볼 수밖에 없다.[30] 자본시장법상 특례가 적용되는 경우에는 법원 인가 없이 주주총회의 특별결의만이 필요하므로 회사의 주도 하에 전환사채 발행시 액면미달 발행의 요건을 갖출 수 있다. 이 때 발행시한은 주주총회에서 전환기간 종료시까지로 정하면 될 것이고, 자본시장법상의 최저발행가액은 전환사채 발행을 승인하는 주주총회 소집을 위한 이사회 결의일을 기준으로 해석하는 것이 합리적이다.[31]

---

30) 의무전환사채라서 일반적인 전환사채는 아니지만, 전환사채 발행단계에서 액면미달 발행에 관한 주주총회 특별결의를 거친 사례로는 하이닉스반도체(서울지방법원 남부지원 2002. 5. 31. 자 2002카합995 결정).

31) 전환가액이 주식의 액면에 미달한 전환사채 발행에 관한 여러 쟁점을 다룬 글로는 조민제(2003).

(3) 자본구조 변동으로 인한 전환가액의 조정 - 희석화 방지(anti-dilution)

가. 희석화 방지 조항의 필요성

전환사채를 가진 사채권자는 미리 정한 전환가액으로 전환하여 주식을 받을 권리가 있다. 발행회사의 영업성과에 따른 주식의 가치의 등락은 전환사채권자가 부담하는 위험에 속한다. 주주도 마찬가지 위험에 노출된다. 그러나 발행회사의 신주발행 등 자본구조의 변동으로 인하여 1주당 주식의 가치가 변동되지만 주주들이 가진 부(富)에는 영향이 없는 경우가 있다.

예컨대 준비금을 자본금으로 전입하는 경우 모든 주주에게 각자 가진 주식수에 비례하여 신주를 발행하게 된다(상법 제461조 제1항, 제2항). 준비금을 자본금으로 전입하는 것은 단순히 대차대조표(재무상태표)상 자본 항목에 속한 두 계정과목 간의 이전에 불과하고 회사의 재산이나 실질적인 가치에는 아무런 영향이 없다. 즉 회사의 재산은 동일하게 유지되지만 1주당 주식의 가치는 발행된 신주만큼 희석된다(예컨대 발행주식수 100만주인 회사가 준비금의 자본금전입으로 100만주의 신주를 발행하면 그 이전에 비하여 1주당 주식의 가치는 1/2로 될 것이다). 그러나 기존 주주들은 보유한 주식수에 비례하여 신주를 배정받게 되므로 기존 주주들의 부(富)는 그대로 유지된다(위의 예에서 1주당 주식의 가치는 1/2로 되는 대신에 각 주주는 보유한 주식수가 2배로 증가한다). 이러한 경우 전환가액을 그대로 유지하면 전환사채권자는 전환권의 행사로 받는 주식수는 동일하지만 1주당 주식의 가치는 준비금의 자본금전입 이전에 비하여 1/2인 주식을 받게 된다. 전환권 행사로 받게 되는 주식의 가치의 희석이 일어나고 이는 전환권의 가치의 하락을 초래할 것이다.

전환사채권자는 전환 전까지는 주주가 아니므로 주주와 동일하게 취급할 수는 없다. 그러나 준비금의 자본금 전입이 주주의 부(富)에는 영향이 없는데 전환권의 가치가 하락하도록 하는 것은 전환사채권자 입장에서는 부당하다고 보아 전환권의 가치를 유지시킬 수 있는 장치를 둘 필요가 있다. 발행회사의 입장에서도 그러한 장치를 둘 필요가 있다. 그러한 장치가 없으면 투자자들은 발행회사가 임의로 전환권의 가치를 하락시키는 행위를 할 수 있다고 볼 것이고 전환사채 발행시 투자자들이 전환권에 대한 충분한 대가를 지급하지 않으려고 할 것이며 이는 전환사채의 존재 의의에 심각한 타격을 줄 것이기 때문이다.

위에서는 준비금의 자본금 전입을 예로 들었으나, 주식분할과 주식배당도 마찬가지이다. 주식의 시가보다 낮은 발행가액에 의한 신주 발행, 주식의 시가보다 낮은 전환가액·행사가액에 의한 전환사채·신주인수권부사채 발행 등은 회사의 순자산이 증가하기는 하지만 시가보다 낮은 발행가액으로 인하여 1주당 순자산은 감소하므로 마찬가지로 전환권의 가치를 희석시키는 행위로서 통상 희석화 방지조항의 적용대상에 포함시킨다.

현금배당을 하면 회사의 순자산은 감소하지만 기존 주주들은 배당을 받으므로 주주의 부(富)에는 영향이 없다. 그러나 1주당 순자산이 감소하므로 전환권의 가치는 감소하게 된다. 전환사채권자의 이익을 마치 이미 주주가 된 것과 마찬가지로 보호하려면 현금배당도 희석화 방지 조항의 대상으로 삼아야 하겠으나 통상 현금배당은 희석화 방지 조항의 대상에 포함시키지 않는다. 평상시 행하던 현금배당이 아닌 특별하게 큰 금액의 현금배당만을 희석화 방지 조항의 적용대상으로 삼는 경우는 있다.

나. 주식의 가치 및 전환권 희석화에 따른 전환가액의 조정

준비금의 자본전입 등 주식의 가치가 감소하고 전환권의 가치가 희석화되는 현상이 발생하는 경우 전환권이 그 현상이 발생하기 이전의 가치를 유지할 수 있도록 전환가액을 조정한다. 종전에는 전환가 방식[32]도 사용된 적이 있었으나 이제는 통상 아래와 같은 시가 방식이 사용된다.[33]

조정 후 전환가액＝조정 전 전환가액×{(기발행주식수＋신발행주식수×1주당 발행가액÷시가)÷(기발행주식수＋신발행주식수)}

기발행주식수는 조정사유 발생직전의 발행주식 총수, 신발행주식수는 조정사유로 인하여 발행될 주식수, 1주당 발행가액은 신발행주식을 발행할 때 발행회사가 받는 발행가액을 의미한다. 위 산식을 보면 결국 시가보다 낮은 가액으로 신주발행(또는 신주발행의 잠재력이 있는 다른 행위)을 하면 시가보다 낮은 정도에 비례하여 전환가액이 하향조정됨을 알 수 있다. 통상 새로 발행하는 신주 등의 발행가액이 시가보다 높더라도 이미 발행한 전환사채의 전환가액을 상향 조정하지는 않는다.

---

32) 새로 발행하는 주식 등의 발행가액이 전환가액보다 낮은 경우 낮은 비율을 반영하여 전환가액을 조정하는 방식.

33) 실제로는 (i) 전환권 희석이 아닌 사유로 전환가액을 조정하도록 한 사례(예: 기업공개, EBITDA의 일정 수준 미달 등)와 (ii) 시가방식 이외에 다른 방식이 사용된 사례{예: (ㄱ) 전환사채 발행 후 그 전환가액을 하회하는 발행가액으로 신주를 발행(또는 전환가액을 하회하는 전환가액으로 새로운 전환사채를 발행)하는 경우 전환사채의 전환가액을 신주발행가액(또는 새로운 전환사채의 전환가액)으로 대체, (ㄴ) 전환사채 발행 후 기업공개하는 경우 상장주식 공모가액의 70%가 전환가액을 하회하는 경우 공모가액의 70%로 조정 등}들이 있다{심다은(2024), 48-60쪽}. 금융위원회 보도자료(2024. 1. 22.), "전환사채 시장 건전성 제고방안 발표"에 따라 2024. 5. 28. 입법예고된 「증권의 발행 및 공시 등에 관한 규정」 일부개정안은 "시가변동 외 증자·주식배당 등 주식가치 하락사유에 따른 전환가액의 조정시 조정 후 전환가액은 증자·주식배당 등으로 인하여 주식가치가 하락한 비율을 적용하여 산정한 가액 이상으로 하여야 한다"고 규정하고 있다.

다. 전환가액의 상향조정

준비금의 자본금전입이나 주식의 분할과는 반대 방향으로 주식을 병합하거나 무상으로 소각하는 경우에는 회사의 재산이나 실질적인 가치에는 아무런 영향이 없고 기존 주주의 부(富)에도 영향이 없다. 그러나 1주당 가치는 병합·소각 비율만큼 상승하게 된다. 전환사채를 발행한 회사가 주식을 병합·소각하고 전환가액을 그대로 유지한다면 전환사채권자가 전환권행사로 받는 주식의 가치는 병합·소각 비율만큼 커지게 된다. 이렇게 전환권의 가치가 증대하는 결과는 준비금의 자본금전입에서의 전환권의 가치의 희석과 마찬가지로 불합리하다. 따라서 이러한 사유가 발생한 경우에는 전환가액이 병합·소각 비율만큼 상향조정되어야 하는 조항을 둔다. 금융위원회는 상장회사가 전환사채를 발행할 때는 이러한 상향조정 조항을 두도록 하고 있다(증권의 발행 및 공시에 관한 규정 제5-23조 제1항).

(4) 시장가격의 변동으로 인한 전환가액의 조정-리픽싱(refixing)

가. 리픽싱 조항의 내용과 문제점

전통적인 전환사채에서는 주식가치의 희석화와 관계없는 발행회사의 주가 변동은 사채권자가 부담하는 위험에 속하고 통상 주가의 하락을 이유로 전환가액을 조정하지는 않았다. 그런데 투자자가 발행회사의 주가 하락 시에도 전환권의 가치를 유지하고자 하고, 발행회사는 사채원금의 상환보다는 전환권 행사로 신주를 발행하여 자기자본을 늘리는 것을 선호하는 경우에는 주가의 하락을 반영하여 전환가액을 조정하는 조항(이른바 refixing 조항)을 두는 경우가 있다. 이 조항은 통상 주가가 하락하는 경우 일정기간[34]마다 그 하락한 주가를 반영하여 전환가액을 조정한다.

이 조항은 몇 가지 문제를 안고 있다.

첫째, 이 조항을 두면 주가의 하락시 전환가액이 하향 조정되어 전환으로 발행할 주식수가 증가하여 기존 주주의 지분율의 희석이 심화된다.

둘째, 발행회사와 투자자가 독립적인 거래 상대방으로서 협상에 의하여 이 조항을 두기로 하는 것이 아니라 전환사채를 발행회사의 대주주 또는 경영진과 특수한 관계가 있는 사람에게 발행하면서 이 조항을 두는 경우에는 편법 승계 등에 악용될 수 있다.[35]

셋째, 이 조항을 둔 전환사채를 가진 투자자는 발행회사의 주식을 차입하여 공매도

34) 실제 발행 사례를 보면, 1, 3, 5, 6, 7, 8개월 등 다양하다. 심다은 (2024), 67-68쪽.

35) 편법승계에 관한 문제를 제기한 글로는 김선웅(2002); 김홍길(2010). 금융위원회 규정이 정비되기 전의 리픽싱조항의 문제점에 대하여는 김진욱(2001).

하여 주가가 하락하도록 하고, 하락된 주가를 반영하여 전환가액을 하향조정한 후, 전환권을 행사하여 받는 주식으로 공매도시 차입한 주식을 반환하는 방법으로 수익을 올릴 수 있다. 이러한 공매도가 시세조종행위가 되는 것인지 여부는 별론으로 하더라도 이와 같은 방식의 수익 추구 행위는 발행회사 또는 그 주주의 이익과는 반대방향으로 이루어진다는 문제가 있다.[36)]

나. 리픽싱조항에 대한 금융위원회의 규제 강화

「증권의 발행 및 공시 등에 관한 규정」은 다음과 같은 방법으로 위의 첫째와 둘째 문제에 대해 대처하고자 하였다.

우선 상장회사가 전환사채를 발행하면서 전환가액 하향조정 조항을 넣는 경우 하향조정 후 전환가액이 (ㄱ) (i) 발행당시의 전환가액(또는 반희석화 조항에 의하여 이미 조정된 전환가액)의 70% 또는 (ii) 일정한 경우{정관으로 조정 후 전환가액의 최저한도(=최저조정가액), 최저조정가액을 적용하여 발행할 수 있는 전환사채의 발행사유 및 금액을 구체적으로 정한 경우 또는 정관으로 전환가액의 조정에 관한 사항을 주주총회 특별결의로 정하도록 하고 해당 전환사채 발행시 주주총회에서 최저조정가액 및 해당 사채의 금액을 구체적으로 정한 경우}에는 정관[37)] 또는 주주총회에서 정한 최저조정가액과 (ㄴ) 조정일 전일을 기산일로 하여 산정한 (i) 1개월, 1주일, 최근일 가중산술평균주가의 산술평균금액과 (ii) 최근일 가중산술평균주가 중 높은 금액 이상이 되도록 할 것을 요구하였다(동규정 제5-23조 제2호).

또한 금융위원회는 2021. 10. 28. 위 규정을 개정하여 상장회사가 전환사채를 사모로 발행하면서 시가변동에 따라 전환가액을 하향조정할 수 있다는 내용을 정한 경우에는 하향조정 이후 다시 시가가 상승하면 전환가액을 상향조정한다는 내용 및 구체적인 조정방법을 이사회에서 정하도록 의무화하였다(동규정 제5-23조 제1호 나목). 상향조정하는 경우 조정 후 전환가액은 (ㄱ) 발행당시의 전환가액(또는 반희석화 조항에 의하여 이미 조정된 전환가액) 이내에서 (ㄴ) 동규정 제5-23조 제2호에 정한 하향조정시 적용되는 최저조정가액

36) 일본에서는 리픽싱조항과 같이 신주예약권 발행 후 행사가액이 주가에 연동하여 변동하도록 하는 행사가액수정조항{MS워런트(moving strike warrant)}이 포함된 전환사채를 MSCB(moving strike convertible bond)라고 부르고 이런 조항이 포함된 신주예약권부사채를 MSCB등으로 부른다. 6개월에 1회를 초과하는 빈도로 행사가액을 조정하는 MSCB등에 대해서는 일본증권업협회 규칙으로 그러한 MSCB등을 보유하는 증권회사의 공매도와 신주예약권 행사를 일정 범위 내에서 제한하고, 도쿄증권거래소 규칙으로 MSCB등의 발행시 한도등을 정하고 그 발행과 신주예약권 행사에 관한 공시를 강화하는 등의 방법으로 규율하고 있다. 武井一浩 외(2017), 198-208쪽.

37) 금융위원회 보도자료(2024. 1. 22.)(위 각주 33)는 70%의 최저한도 제한을 정관을 근거로 회피하는 사례가 발생하여 정관에 의한 최저한도 예외적용 근거를 삭제하고 건별로 주주총회 동의를 얻은 경우에만 예외 적용을 허용하겠다고 하였고, 2024. 5. 28. 이를 반영한 「증권의 발행 및 공시 등에 관한 규정」 일부개정안이 입법예고되었다.

이상으로 하도록 규정하였다(동규정 제5-23조 제3호).[38] 이러한 상향조정의무는 전환사채를 주주배정이나 일반공모 등 공모발행하는 경우에는 적용되지 않고, 상향조정일은 하향조정일과 동일해야 한다.

다. 리픽싱조항의 효력에 관한 판례

리픽싱조항의 효력에 대하여 여러 분쟁이 있었으나 대법원은 발행회사와 투자자가 독립된 당사자인 사건에서 그 효력을 인정하였다. 우선 대법원 2011. 10. 27. 선고 2009다87751 판결은 "주식병합으로 인하여 이 사건 반희석화 조항의 적용이 이루어진 후에 주가가 다시 하락하였을 경우 이 사건 리픽싱 조항에 의하여 이 사건 신주인수권 행사가액의 최저한도를 1,500원 아래로 추가 조정"하는 것이 상법이나 정관을 위배하지 않는다고 판시하였다.[39] 또한 대법원 2014. 9. 4. 선고 2013다40858 판결은 리픽싱 조항에 따른 신주인수권 행사가액 조정사유 발생에도 불구하고 발행회사가 조정을 거절하는 경우, "신주인수권자는 발행회사를 상대로 조정사유 발생시점을 기준으로 신주인수권 행사가액 조정절차의 이행을 구하는 소를 제기할 수 있고, 신주인수권자가 소송과정에서 리픽싱 조항에 따른 새로운 조정사유의 발생으로 다시 조정될 신주인수권 행사가액의 적용을 받겠다는 분명한 의사표시를 하는 등의 특별한 사정이 없는 한 위와 같은 이행의 소에 대하여 과거의 법률관계라는 이유로 권리보호의 이익을 부정할 수는 없다"고 보고 있다. 이 판결들은 신주인수권부사채에 관한 판결이지만 전환사채에 관하여도 마찬가지의 법리가 적용된다.[40]

---

38) 2023. 3. 30.「증권의 발행 및 공시 등에 관한 규정」 개정으로 리픽싱조항에 관한 규제가 전환주식에 대하여도 준용된다(동규정 제5-24조의2).

39) 이 판결은 "상법 제516조의2 제3항은 신주인수권부사채의 발행에 있어서는 신주인수권부사채권자와 기존 주주의 이해조정을 고려하여 … 신주의 발행가액의 합계액이 신주인수권부사채의 금액을 넘지 않도록 하는 총액제한만을 규정하고 있는 점, 피고의 정관은 신주인수권의 행사로 발행되는 주식의 발행가액은 액면금액 또는 그 이상의 가액으로 사채 발행시 이사회가 정한다고 규정하고 있는데, 이 사건 리픽싱조항에 의한 추가 조정이 이루어지더라도 액면액인 500원 아래로 내려가지 않는 한 위 정관규정에 배치된다고 볼 수 없는 점, 이 사건 신주인수권부사채의 발행 당시 신주인수권의 행사가액 조정에 관하여 상법이나 관련 법령이 별다른 규정을 두고 있지 않으므로 신주인수권의 행사가액 조정은 신주인수권부사채의 발행회사와 인수인의 합의로 정해져야 하는 점" 등을 근거로 들었다.

40) 서울고등법원 2022. 1. 27. 선고 2021나13774 판결은 피고회사가 최초전환가액의 4%인 액면가 500원까지 하향조정할 수 있는 리픽싱조항이 들어간 전환사채를 발행하여 주주권이 중대하게 침해되었다는 원고의 주장에 대해, 자본시장법상 주권상장법인이 전환형 조건부자본증권을 발행할 수 있다는 점과 금융위원회 규정에 있는 시가하락에 따른 전환가액 조정조항을 언급한 후 "최저한도를 액면가로 지정할 수 있도록 한 리픽싱 조항…은 자본시장법 등 관계법령에 위배되지 않는다. 따라서 … 정관 내용에 따라 … 제3자에게 전환사채를 발행하면서 이와 같은 리픽싱 조항을 결부하였다고 하여 기존 주주들의 주주권을 침해한다고 볼 수는 없다"고 판시하였다.

Ⅳ. 기타 규제

1. 콜옵션부 전환사채

(1) 콜옵션부 전환사채의 발생 배경

분리형 신주인수권부사채가 지배주주의 지분권 확대 또는 편법 지분 승계 등의 용도로 이용된다는 지적이 있어, 2013년 자본시장법 개정으로 상장회사의 분리형 신주인수권부사채의 발행이 금지되었다. 2015. 7. 24. 자본시장법이 다시 개정되어 상장회사가 분리형 신주인수권부사채를 공모로만 발행할 수 있게 되었다. 상장회사의 분리형 신주인수권부사채의 발행이 금지·제한되자, 사모로 전환사채를 발행하면서 발행회사, 발행회사의 최대주주 또는 그가 지정하는 자가 전환사채를 매입할 수 있는 콜옵션을 붙이는 형태의 거래가 크게 증가하였다.[41]

발행회사가 만기 전에 사채를 조기상환할 수 있는 권리를 가지는 조건으로 사채를 발행하는 경우는 흔히 있다(☞ 발행회사의 조기상환청구권에 대하여는 제7장 제3절 2. (2) 원리금지급에 관한 사항). 이와 같이 조기상환할 수 있는 권리를 콜옵션이라고 부르기도 하지만, 2013년 이후 증가한 콜옵션부 전환사채를 논의할 때의 콜옵션은 사채권자로부터 전환사채를 매수할 수 있는 권리를 말한다.[42]

(2) 콜옵션의 내용[43]

가. 콜옵션 권리자와 의무자

콜옵션부 전환사채의 특수성은 발행회사(또는 그가 지정하는 자[44]) 또는 최대주주(또는

---

41) 윤평식(2020), 344, 346쪽에 의하면 동 연구가 확인한 최초의 콜옵션 전환사채는 2013. 10. 31. 크루셜엠스(주)가 공시한 전환사채이고, 2018년에 발행된 전환사채의 약 41%가 콜옵션 전환사채이다.

42) "중도상환청구권"이라는 용어를 사용하면서도 내용적으로는 그 권리 행사로 사채가 상환되는 것이 아니라 발행회사에게 매도하도록 하는 경우도 있다{(주)수성이노베이션의 주요사항보고서(2021. 11. 18.)}.

43) 콜옵션의 내용은 관련 계약서를 보아야 정확히 파악할 수 있겠으나, 콜옵션부 전환사채는 대부분 사모로 발행되므로 계약서가 공시되지 않아 전환사채발행에 관한 주요사항보고서로 공시된 내용에 의존하였다.

44) 2016. 6. 9. 기업공시서식 작성기준을 개정하여 전환사채, 신주인수권부사채, 교환사채 발행결정에 관한 주요사항보고서에 "옵션행사로 인하여 발행회사가 아닌 제3자가 만기 전에 사채권을 취득할 수 있는 경우에는 제3자의 성명, 제3자와 회사와의 관계, 취득규모, 취득목적 등을 자세히 기재하여야 하며, 발행당시 제3자가 확정되지 않은 경우에는 제3자가 될 수 있는 자, 제3자가 얻게 될 경제적이익 등에 관한 사항을 자세히 기재"하도록 하였다. 발행회사가 콜옵션권리자를 미래에 지정하는 것으로 하여 "미정"으로 공시하고 있어 공시서식 개정이 역할을 하지 못한다는 지적

그가 지정하는 자)[45]가 전환사채를 사채권자[46]로부터 매입할 수 있는 권리를 가진다는 점에 있다. 일단 발행회사가 콜옵션을 행사하여 사채권자로부터 전환사채를 매입한 이후 최대주주 등 특수관계인에게 다시 그 전환사채를 매수할 수 있는 콜옵션을 부여하는 경우도 있다.[47] 콜옵션부 전환사채를 발행하는 근본적인 목적은 최대주주, 그의 자녀 또는 특수관계인 등의 이해관계자에게 콜옵션을 부여하기 위한 것으로 보인다.[48]

나. 콜옵션 행사기간과 목적물의 범위

사채권자로부터 전환사채를 매입할 수 있는 콜옵션 권리는 통상 전환기간이 개시된 이후부터 일정기간 동안 행사하도록 하고, 그 대상이 되는 전환사채는 발행한 전환사채의 일정한 비율[49]로 정한다.

다. 콜옵션의 대가

전환사채 발행관련 공시에 따르면 콜옵션 부여에 대한 대가를 명시적으로 정해 놓은 경우[50]도 있고 그렇지 않은 경우도 있다. 콜옵션부 전환사채의 발행조건에 콜옵션 대가

을 받고 있다{윤평식(2020), 346쪽}. 실제 공시를 보면 "최대주주 및 특수관계인, 임직원, 계열회사 등"으로 명시한 사례{예: 아이큐어(주)의 주요사항보고서(2019. 4. 15.)}와 "발행일 현재 미정"이라고 표시하는 사례{예: (주)덱산데코피아의 주요사항보고서(2021. 11. 17.)}가 있다.

45) 최대주주 또는 그가 지정하는 자가 콜옵션을 보유한 사례: "발행회사의 최대주주 또는 최대주주가 지정하는 제3자는 인수자가 보유하고 있는 본 사채를 사채발행일로부터 1년이 경과하는 날부터 1년 6개월이 되는 날까지 사채원금의 최대 15%에 해당하는 금액에 대해 매도하여 줄 것을 인수자에게 청구할 수 있으며, 인수자는 발행회사의 최대주주 또는 최대주주가 지정하는 제3자의 청구에 따라 해당사채를 매도하여야 한다. 매도청구권 행사에 따른 사채권 매매금액은 매도청구의 대상이 되는 사채의 권면금액에 연 복리 2.0%(YTC)의 이자를 가산한 금액으로 하며, 이를 매매청구일로부터 30일 이내에 상환하기로 한다."{㈜스카이이앤엠의 주요사항보고서(2021. 11. 17.)}.

46) 앞의 각주들에서 언급한 사례들을 보면 공시사항에 콜옵션의무자를 "사채권자"로 표시한 사례(덱산데코피아, 수성이노베이션, 아이큐어)와 "인수자"(스카이이앤엠) 또는 "인수인"(현대엘리베이터)으로 표시한 사례가 있다.

47) 경제개혁연대가 문제를 제기한{경제개혁연대 보도자료(2018. 6. 21.), "금융위에 현대엘리베이터 전환사채 거래의 법령 위반 여부 묻는 유권해석 요청"} 현대엘리베이터 건에서는 전환사채 발행시 "회사가 직접 또는 회사가 지정한 자를 통하여 인수인 별로 본 사채의 40%에 대하여… 그 전부 또는 일부를 매수할 권리를 갖는다"고 공시하였다{현대엘리베이터(주)의 주요사항보고서 2015. 11. 5.}. 2016. 12. 28. 현대엘리베이터가 콜옵션을 행사하여 전환사채(액면 820억원)를 매매대금 약871억원에 취득한 후, 같은 날 현대글로벌(주)와 현정은 회장에게 그 전환사채를 매수할 수 있는 콜옵션(매매대금 각각 435억69백만원, 행사기간 2020. 10. 17.까지, 콜옵션 대가 각각 38억86백만원)을 부여하였다{현대엘리베이터(주)의 투자판단관련 주요경영사항 공시(2016. 12. 28.), 감사보고서(2018. 3. 16.) 주석 32, 33}.

48) 윤평식(2020), 344쪽.

49) 앞의 각주들에서 언급한 사례를 보면 15%(스카이이앤엠). 30%(아이큐어), 40%(현대엘리베이터), 50%(덱산데코피아), 70%(수성이노베이션).

50) 예: 발행회사가 콜옵션 취득대가로 원금의 3%를 전환사채 인수인에게 지급하기로 한 사례{(주)수성이노베이션의 주요사항보고서(2021. 11. 18.)}. 발행회사가 콜옵션 행사로 취득한 전환사채에 대한 콜옵션을 대주주 등에게 부여하면서 대주주 등으로부터 매매대금의 약 8.9%에 해당하는 대

가 명시적으로 규정되어 있지 않은 경우에는 그 콜옵션 대가가 이자율 등 다른 조건에 반영되어 있다고 볼 수 있다.[51)]

발행회사가 지정하는 자 등 제3자가 콜옵션을 행사할 수 있는 경우에는 콜옵션을 행사할 수 있는 자가 적정한 콜옵션 대가[52)]를 부담하여야 타당할 것이다. 발행회사가 아닌 제3자가 콜옵션을 행사할 수 있다면 콜옵션 대가가 전환사채 발행조건에 명시되어 있는지와 관계없이 발행회사는 제3자로부터 적정한 콜옵션 대가를 수령할 필요가 있다. 발행회사가 취득한 전환사채에 대한 콜옵션을 최대주주 기타 다른 사람에게 부여하는 경우에도 마찬가지로 콜옵션을 부여받는 사람이 콜옵션 대가를 발행회사에게 지급해야 한다. 콜옵션에 대한 대가는 콜옵션 부여시점을 기준으로 산정해야 한다. 전환사채 발행시점보다 주가가 상승하는 등 전환하는 것이 더 유리한 시점에 발행회사로부터 콜옵션을 행사할 수 있는 자로 지정되는 경우에는 발행시점의 콜옵션 대가보다 더 큰 금액의 대가를 발행회사에게 지급해야 올바를 것이다.[53)]

발행회사가 콜옵션 취득에 따른 대가를 부담하고, 즉 발행회사가 아닌 다른 사람이 콜옵션에 대한 적정한 대가를 지급하지 않고 콜옵션을 행사할 수 있도록 하는 거래구조[54)] 또는 발행회사가 취득한 전환사채에 관한 콜옵션을 아무런 대가 없이 다른 사람에게 부여하는 거래구조는 발행회사의 부담 하에 제3자가 콜옵션이라는 이익을 취할 수 있도록 한다는 점에서 발행회사에 대한 배임의 문제가 발생할 수 있다. 이 쟁점은 기본적으로 전환사채 발행회사의 문제이겠으나 사채권자가 그러한 사정을 잘 알면서 콜옵션부 전

가를 받은 사례(현대엘리베이터 ☞ 위 각주 47)도 있다.

51) 전환사채 발행조건에 콜옵션 대가가 일정한 금액으로 명시되어 있는 경우에도 그 금액이 실제 콜옵션 대가를 전부 반영한다고 단정할 것은 아니다. 그 금액에는 콜옵션 대가의 일부만 반영하고 나머지는 쉽게 눈에 띄지 않게 이자율 등 다른 조건에 반영할 수도 있다.

52) 콜옵션부 전환사채에는 주식의 시가 하락시 전환가액을 조정하는 리픽싱(refixing) 조항이 포함되어 있는 경우가 많다는 점(앞의 각주들에서 언급한 사례들 가운데 아이큐어, 덕산데코피아, 수성이노베이션, 현대엘리베이터)에서 리픽싱 조항이 없는 전환사채에 비하여 전환권의 가치 보장 장치가 있다고 할 수 있고 이러한 점도 콜옵션 대가의 산정시 반영될 필요가 있다.

53) 윤평식(2020), 345쪽은 “최대주주 입장에서는 사모 분리형 BW보다 사모 콜옵션 CB가 보다 유리하다. 이유는 분리형 사모 BW의 경우 최대주주가 발행과 동시에 신주인수권을 매입해야 하지만, 콜옵션 전환사채의 경우 발행시점에 매입할 필요가 없고 주가가 충분히 상승하여 전환사채를 전환하는 것이 유리한 시점이 되면 이해관계자는 발행기업으로부터 콜옵션을 양도받아 주식을 시가보다 낮은 가격으로 확보할 수 있기 때문이다. 이처럼 매입비용을 즉각적으로 지불하지 않아도 될 뿐만 아니라 이해관계자는 전환이 유리한 시점에 도달하는 경우에만 콜옵션을 양도받으므로 손해보지 않는다는 점에서 절대적으로 유리하다.”라고 지적하였으나, 전환이 유리한 시점에는 전환사채 콜옵션의 가치가 높아지므로 그 시점에 콜옵션을 부여/양도받으려면 그 유리함에 상응하는 더 높은 대가를 지급해야 한다.

54) 윤평식(2020), 345쪽은 “최대주주가 콜옵션을 얼마에 매입하는지 전혀 공시되지 않으므로 외부의 감시기능이 제대로 작동하지 않는 많은 코스닥 기업의 경우 최대주주는 아주 헐값에 또는 거의 무상에 가까운 가격으로 콜옵션을 양도받을 것으로 추정된다”고 하였다.

환사채의 발행에 적극 가담하는 경우에는 사채권자도 그 책임을 분담할 수 있다.

(3) 콜옵션부 전환사채의 효력

콜옵션을 전환사채의 조건에 포함시켜 전환사채를 발행하는 경우 그 전환사채는 통상의 전환사채에 콜옵션에 관한 약정이 추가된 것이라고 할 수 있다. 콜옵션 권리자의 권리와 의무자의 의무의 구체적인 내용은 계약에 따라 달라질 수 있겠으나, 대체로 콜옵션은 매매계약의 완결권이라고 할 수 있고 권리자가 콜옵션을 행사하면 콜옵션 의무자와의 사이에서 전환사채 매매계약이 체결된다고 할 수 있다. 그 매매계약에 따라 콜옵션 권리자의 미리 정한 매매대금을 의무자에게 지급하고 전환사채의 교부를 받을 권리가 발생한다.

전환사채에 매매계약의 완결권에 관한 약정을 포함시키는 것에 대해서는 상법상 아무런 언급이 없지만, 그러한 약정은 원칙적으로 공서양속에 반하는 것이 아니고 전환사채에 부수하는 약정으로 볼 수 있으므로 전환사채에 그러한 약정을 포함시키는 것이 위법한 행위는 아니다. 또한 약정의 내용을 명확하게 정해 놓는다면 전환사채가 전전유통되어 취득하게 된 사채권자도 그 약정의 의무자로서 의무를 부담하게 된다고 보아야 할 것이다.

만약 발행회사가 콜옵션 취득에 따른 대가를 부담하고 콜옵션은 발행회사가 아닌 다른 사람이 행사할 수 있도록 하는 등 발행회사에 대한 배임행위가 인정되고, 사채권자가 그러한 사정을 잘 알면서 콜옵션부 전환사채의 발행에 적극 가담한 경우, 전환사채 발행이 공서양속에 반하는 행위로서 무효로 인정될 수 있는가. 앞서 본 바와 같이 전환사채 발행에 대해서는 신주발행무효의 소에 관한 조항이 유추적용되고 전환사채발행 무효원인은 엄격하게 해석해야 한다는 대법원판결의 입장에 비추어 볼 때 무효로 인정될 수 있는 경우는 매우 제한적일 것으로 보인다.

(4) 콜옵션부 전환사채의 부작용과 금융위원회의 새로운 규제

금융위원회는 콜옵션부 전환사채가 최대주주 등의 지분확대 수단으로 악용되거나 불공정거래에 활용되는 문제점을 해소하기 위하여 2021. 10. 28. 「증권의 발행 및 공시 등에 관한 규정」을 개정하여 전환사채 콜옵션에 관한 규제를 도입하였다.[55] 상장회사가 최대주주 또는 그의 특수관계인("최대주주등")에게 전환사채를 매수할 수 있는 콜옵션을 부여하는 전환사채를 발행하는 경우(상장회사가 자신이 발행한 전환사채를 취득한 후 최대주

55) 금융위원회 보도자료(2024. 1. 22.)(위 각주 33)는 콜옵션 행사자 지정시 구체적인 행사자, 대가 수수여부 및 지급금액 등의 공시의무 부과, 발행회사의 만기전 전환사채 취득시 공시의무 부과, 사모전환사채 발행시 공시의무강화 등을 법규에 반영하는 방안을 제시하였고, 2024. 5. 28. 그 일부 내용이 반영된 「증권의 발행 및 공시 등에 관한 규정」 일부개정안이 입법예고되었다.

주등에게 매도하는 경우를 포함)에는 최대주주등이 전환사채매수선택권의 행사로 각자 발행당시 보유(누구의 명의로든지 자기의 계산으로 소유하는 경우를 말함)한 주식 비율을 초과하여 주식을 취득할 수 없도록 하는 조건으로 이를 발행하도록 하였다(동 규정 제5-21조 제3항).[56)] 또한 제3자가 전환사채 콜옵션을 행사하거나, 상장회사가 자기가 발행한 전환사채를 취득하여 제3자에게 매도하기로 결정한 때에는 주요사항보고서를 제출하도록 하였다(동규정 제4-4조 제2항, 자본시장법시행령 제171조 제3항 제7호).

2. 발행회사의 자기 발행 전환사채의 취득(또는 자회사의 모회사 발행 전환사채 취득)과 자기주식·상호주 규제

회사가 자신이 발행한 전환사채를 취득하는 것이나 자회사가 모회사 발행 전환사채를 취득하는 것이 자기주식 취득이나 상호주 취득과 마찬가지로 규율되어야 하는지에 대하여 의문이 있을 수 있다. 자기주식 취득은 방법·재원·목적 등 일정한 제한 내에서만 허용되고(상법 제341조, 제341조의2), 전환사채의 전환권 행사는 이러한 허용된 범위에 속하지 않는다. 또한 자회사의 모회사 주식 취득도 주식의 포괄적 교환 등 일정한 예외적인 경우를 제외하고는 금지되고(상법 제342조의2), 전환권 행사는 이러한 예외에 속하지 않는다. 따라서 회사가 자신이 발행한 전환사채를 취득하거나, 자회사가 모회사 발행 전환사채를 취득하여도 그 전환권은 행사할 수 없다는 점에 대하여는 의문이 없다.

그러나 회사가 자신이 발행한 전환사채를 취득하는 행위 또는 자회사가 모회사 발행 전환사채를 취득하는 행위는 다음과 같은 이유로 자기주식·상호주 규율을 위반한 것이라고 볼 수는 없다.

전환사채는 전전 유통할 수 있는 증권이고, 발행회사·자회사가 아닌 다른 사람이 그 전환사채를 가지고 있을 때는 전환권을 행사할 수 있다는 점에서 발행회사·자회사가 취득하였다고 하여 그 전환사채의 전환권이 무효로 되는 아니다. 발행회사·자회사가 보유한 전환사채를 제3자에게 매도하는 경우 그 매매가액은 전환권의 가치를 반영하여 결정될 것이다(발행회사가 보유한 전환사채를 제3자에게 매도하는 행위는 실질적으로 전환사채의 발행과 차이가 없으므로 제3자 배정에 의한 전환사채 발행시의 법리가 동일하게 적용되는 것이 타당할 것이다). 발행회사·자회사는 전환사채를 취득함으로써 전환권이라는 옵션의 권리자가 된 것이고 스스로 그 옵션을 행사하여 실물인도(신주발행)를 받는 것은 법적으로 허용되

56) 2023. 3. 30.「증권의 발행 및 공시 등에 관한 규정」 개정으로 최대주주등의 콜옵션 행사한도에 대한 제한과 콜옵션 행사시와 제3자에게 매도시 발행회사의 공시의무가 전환주식에 대하여도 준용된다(동규정 제5-24조의2, 제4-4조 제3항).

지 않으므로 옵션이 가치가 있는 경우 제3자에게 매각하여 현금으로 옵션가치를 실현하는 셈이다. 이렇게 전환권이라는 옵션의 권리자가 되는 행위가 상법상 자기주식·상호주 규율의 취지에 비추어 볼 때 그 규율에 위반된다고 볼 것은 아니다. 그 규율의 취지는 대체로 자기주식·모회사 주식 취득이 ① 출자환급 또는 자본의 공동화(空洞化)로 인한 자본충실의 저해와 ② 경영진의 지배영속화 내지는 회사지배의 왜곡을 초래하기 때문이다. 주식을 취득할 수 있는 옵션인 전환권의 권리자가 되는 것만으로는 전환권이 행사되기 전까지는 자본금이 증가하지 않고 발행회사가 전환사채를 취득하여도 출자환급이 이루어지는 것은 아니다.[57] 또한 전환사채가 전환되어 주식이 발행되기 전까지는 주주총회에서 의결권을 행사할 수 없으므로 회사지배 왜곡의 문제가 발생하지 않는다.[58] 다만, 회사가 자신이 발행한 전환사채를 취득하거나 자회사가 모회사 발행 전환사채를 취득하는 등 회사·모회사 주식에 관한 옵션에 투자하는 것이 회사 재산을 위태롭게 하는 행위 또는 이사의 충실의무·선관주의의무에 위반된 행위에 해당하는지 여부는 거래의 태양과 옵션의 조건 등 구체적인 사실관계에 비추어 별도로 검토해야 할 문제라고 하겠다.

위의 논의는 신주인수권부사채 또는 신주인수권 증권의 취득에 대하여도 동일하게 적용할 수 있을 것이다.[59]

---

57) 발행회사가 자신이 발행한 전환사채를 취득하는 경우 자본충실을 해할 수 있는 여지가 전혀 없는 것은 아니다. 기업회계기준서 제1032호(금융상품: 표시)는 전환사채와 같은 복합금융상품에 대해 (i) 금융부채가 생기게 하는 요소(=부채요소)와 (ii) 발행자의 지분상품으로 전환할 수 있는 옵션을 보유자에게 부여하는 요소(=자본요소)로 나누어 이를 분리하여 인식하도록 하였다(동기준서 문단 29). 보통주로 전환될 수 있는 전환사채의 발행자는 우선 자본요소를 포함하지 않은(내재되어 있는 비자본요소인 파생상품의 특성이 모두 포함된) 비슷한 사채의 공정가치를 측정하여 부채요소의 장부금액을 우선 결정한 후, 지분상품의 장부금액은 전환사채 전체의 공정가치에서 금융부채의 공정가치를 차감하여 결정한다(동기준서 문단 32). 발행회사가 전환사채를 재매입하는 경우 재매입금액을 부채요소와 자본요소로 나누어 회계처리하여 부채요소 해당부분은 당기손익에 반영하고, 자본요소 해당부분은 자본 증감으로 인식하게 된다(동기준서 AG33-34). 재매입금액이 부채요소의 공정가치(=전환사채의 현금흐름을 재매입시 일반사채 시장이자율로 할인한 현재가치)보다 큰 경우, 그 차액은 자본요소에 배분되어 자본의 차감요인이 된다(동기준서 사례11: 전환상품의 재매입, IE39-45). 따라서 재매입시의 전환권의 시장가치(이것에는 주식의 시장가치가 반영되어 있을 것임)가 클수록 자본차감 금액도 커지게 되어, 발행회사의 전환사채 재매입이 출자환급을 일으키는 것은 아니지만 자본충실을 해하는 효과가 있다고 볼 여지도 있다.

58) 만약 발행회사가 자신이 발행한 주식 또는 자회사가 모회사 주식을 매수할 의무를 부담하는 풋옵션(put option) 의무자가 되는 경우에는 그 의무의 이행이 바로 자기주식·모회사 주식 취득 금지 위반을 초래하므로 그 의무 부담 자체를 강행법규에 위반한 것으로 볼 수 있다.

59) 이철송(2022), 410쪽은 회사가 자기가 발행한 전환사채·신주인수권부사채를 취득할 수 있지만, 신주인수권증권의 취득은 자기주식 취득과 같은 위험이 있다고 보아 취득 자체가 금지된다는 입장이다.

V. 유사한 다른 증권과의 비교

1. 의무전환사채

(1) 의 의

의무전환사채는 사채권자에게 전환권이 부여되지만 전환기간 종료시까지 전환권을 행사하지 않으면 사채 원리금지급채무가 소멸하는 조건으로 발행되는 증권이다. 대표적인 사례인 하이닉스반도체의 제159회 무보증 전환사채의 주요한 조건을 보면 다음과 같다.[60)]

- o 사채의 명칭: (주)하이닉스반도체 제159회 무보증전환사채
- o 사채의 종류: 무기명식 이권부 무보증전환사채
- o 사채의 이율: 사채발행일로부터 상환기일 전일까지 연 0%로 한다.
- o 사채의 상환방법과 기한: 본사채의 만기는 2004년 12월 6일이며, 전환청구기간 내에 반드시 전환청구권을 행사하여 주식으로 의무전환하고, 전환권을 행사하지 않을 경우 「(주)하이닉스반도체 제2차 채권금융기관협의회(2001년 10월 31일) 회의」결과에 의거 채권금액은 면제된다.
- o 전환청구기간: 사채발행일 이후 3개월이 경과한 날인 2002년 3월 7일로부터 상환기일 1주일 전인 2004년 11월 29일까지로 한다.
- o 의무전환에 관한 사항: 사채권자는 전환청구기간 내에 반드시 전환청구권을 행사하여 주식으로 의무전환하고, 전환권을 행사하지 않을 경우 「(주)하이닉스반도체 제2차 채권금융기관협의회(2001년 10월 31일) 회의」결과에 의거 채권금액은 면제된다.

(2) 법적 성격

의무전환사채는 부실 상장회사가 자본잠식 등 상장폐지 요건을 회피할 목적으로 사모로 발행하는 것으로 파악되고 있다.[61)] 법무부는 의무전환사채를 상법상 사채로 볼 수 없다고 하였다. 법무부는 상법상 사채에 해당하지 않는다는 근거로 ① 원리금지급채무가 존재하지 않는다는 점과 ② 전환권 행사여부에 대한 선택권이 없다는 점을 들었다.

①의 논거는 타당하다. 의무전환사채의 소지자가 전환권을 행사하면 사채는 소멸하고 주식을 취득하게 되고, 전환권을 행사하지 않으면 발행회사의 원금상환의무가 면제된다. 즉 어느 경우에나 발행회사는 원금상환의무를 부담하지 않는다. 발행회사의 청산·파

60) 서울지방법원남부지원 2002. 5. 31. 자 2002카합995 결정 및 ㈜하이닉스반도체의 증권신고서(2001. 11. 30).

61) 금융감독원 보도자료(2009. 7. 20), “의무전환사채 등 변종사채 발행에 대한 공시심사 강화”.

산시에도 이 점은 마찬가지다. 파산채권은 파산전의 원인으로 생긴 재산상의 청구권이어야 하는데, 위 증권의 소지인은 전환권의 행사 또는 불행사 어느 경우에도 발행회사에 대하여 원금상환청구권이 없다. 즉 기한부 채권도 조건부 채권도 보유하지 않는다는 점에서 위 증권은 청산·파산시 채권을 가지는 영구채 소지인과는 차이가 있다.[62)]

②의 논거를 살펴보면, 투자자가 전환청구기간 중에는 언제든지 전환권의 행사를 할 수 있으므로, 투자자가 전환권 행사여부에 대한 선택권을 전혀 가지지 않는다고 볼 수는 없다. 문제는 전환권을 행사하지 않고 만기가 도래한 경우 원금상환채무가 면제되기 때문에 합리적인 투자자라면 전환청구기간 이내에 전환권을 행사할 것이라는 점이다. 전환청구기간의 만료시까지 전환할 것이므로 전환권행사가 사실상 의무화된 것과 마찬가지라고 이야기할 여지도 있다. 그렇다고 하여도 '전환청구기간' 중에 전환권을 행사할 수 있는 선택권이 사라지는 것은 아니다.[63)]

합리적인 투자자라면 결국 전환권을 행사할 것이라는 점에 착안하여, 위 증권을 마치 만기에 자동적으로 전환되는 조건의 증권과 같이 취급한다면, 전환권을 행사하기 이전까지 이 전환사채를 가지고 있는 사람의 법적 지위는 (i) 만기에 신주를 발행받기로 하고 신주인수대금을 미리 발행회사에게 지급한 것이고, (ii) 이에 추가하여 만기 이전이라도 신주로 전환할 수 있는 전환권을 가지는 것이다. 의무전환사채는 그 지위를 증권에 표창하여 전전 유통할 수 있게 한 것이다. 즉 (i) 신주발행 콜옵션을 증권(warrant)으로 발행, (ii) 옵션권리자의 신주납입대금 예납 및 (iii) 옵션 불행사시 예납한 신주납입대금의 반환청구권 포기가 혼합된 것이라고 볼 수 있다. 그러나 이는 상법이 정한 신주발행 방법이 아니라는 점에서 이러한 증권을 발행할 상법상 근거는 박약하다.[64)]

2. 강제전환사채

강제전환사채는 발행회사가 사채를 상환할 의무는 지되 발행회사가 신주로 전환하는 선택권을 가지는 조건이 붙은 증권을 말한다. 이러한 사채는 상법상 사채의 기본적 속성을 지니고 있으나, 상법상 전환사채의 전환권은 사채권자가 행사하는 것을 전제로 하고

---

62) 조건부자본증권 중 "발행 당시 객관적이고 합리적인 기준에 따라 미리 정하는 사유가 발생하는 경우 그 사채의 상환과 이자지급 의무가 감면된다는 조건이 붙은 상각형 조건부자본증권(자본시장법 제165조의11, 자본시장법시행령 제176조의13)은 원금상환의무가 있음이 원칙이고, 일정한 조건의 성취시에 한하여 원금상환의무가 감면되므로 '항상 원금상환의무가 없도록' 만든 의무전환사채와는 차이가 있다.

63) 조민제·조남문(2007), 163-164쪽도 같은 취지.

64) 대법원 2007. 2. 22. 선고 2005다73020 판결.

있으므로, 발행회사가 전환권을 보유하는 것이 상법상 전환사채에 관한 조항에 부합하는지에 대하여는 의문이 제기된다. 특히 대법원 2007. 2. 22. 선고 2005다73020 판결이 제시한 법리에 따른다면 법원이 현행 상법의 해석상 이러한 강제전환사채의 효력을 인정할 것인지 의문이다. 입법론적으로 이러한 사채의 발행을 금지할 특별한 이유가 없을 것이다.

강제전환사채와 같은 기능을 발휘할 수 있는 증권으로는 발행회사가 보유하고 있는 자기주식으로 상환하는 사채를 생각해 볼 수 있다. 이러한 상환사채는 상법이 명시적으로 인정하고 있다(상법시행령 제23조 제2항).

3. 자동전환사채

자동전환사채는 일정한 기간의 경과 또는 전환권 행사 이외의 다른 일정한 조건의 성취시 자동으로 주식으로 전환되는 내용으로 발행되는 증권을 말한다.

(1) 기간의 경과만으로 신주로 전환되는 증권

이러한 증권이 형성하는 법률관계는 기한부 신주발행약정에 따라 신주대금을 미리 납입한 것이라고 보아야 할 것이다. 발행회사의 청산·파산시 발행회사와 이 증권소지자의 법률관계는 신주발행이 불가능하게 됨에 따라 신주납입대금을 반환받을 수 있는 관계가 될 것이다. 청산·파산으로 인하여 신주발행이 불가능하게 되어 미리 납입한 신주납입대금을 반환하는 것은 처음부터 원금의 반환을 예정한 통상의 사채에서의 채권채무관계와는 차이가 있다고 보는 것이 합리적일 것이다. 즉 발행회사가 청산·파산하지 않는 한 투자자는 기간의 경과로 자동적으로 주주가 되는 것이므로 기한부 신주청약 및 납입의 법률관계를 형성한다고 보이고, 이를 증권화하였다고 하여 사채로 취급할 수는 없을 것이다. 통상의 전환사채의 경우 사채권자는 발행회사로부터 지급을 받을 권리가 있고 이 권리와 더불어 주식으로 전환할 수 있는 옵션을 가지고 있다는 점에서 기간의 경과로 자동적으로 신주로 전환되는 조건의 증권과는 구별된다.

(2) 일정한 조건의 성취시 주식으로 전환되는 증권

글로벌 금융위기 이후 은행 등 금융회사가 부실화되었을 때 채권자가 손실을 흡수하여 금융회사의 자본건전성을 개선할 수 있는 장치로 조건부자본(conditional capital)이 국제적으로 논의되었고, 자본시장법도 2013년 개정으로 이 제도를 도입하였다. 조건부자본증권은 "발행 당시 객관적이고 합리적인 기준에 따라 미리 정하는 사유가 발생하는 경우"

주식으로 전환되거나 원리금 상환의무가 감면되는 조건이 붙은 증권이다. 이 가운데 그 사유 발생시 주식으로 전환되는 조건이 붙은 전환형 조건부자본증권(자본시장법 제165조의11, 자본시장법시행령 176조의12)이 자동전환사채에 해당한다.

조건의 성취는 불확실한 것이고 조건이 성취되지 않는 경우 발행회사는 사채상 상환·지급 채무를 부담한다는 점에서 이러한 증권은 상법상 사채의 기본적 속성을 가지고 있으나 상법상으로는 전환권을 사채권자가 아닌 발행회사가 가진 전환사채의 발행을 명시적으로 규정하고 있지 않다. 사채에 자본시장법에 정한 전환조건이 붙은 전환형 조건부자본증권은 자본시장법을 근거로 발행할 수 있다. 상법은 전환권을 사채권자에게 부여함을 전제로 전환사채에 관한 조항을 두고 있기 때문에 자본시장법에 따른 전환형 조건부자본증권과 같이 일정한 조건 성취시 자동으로 주식으로 전환되는 자동전환사채가 상법상 전환사채로 인정될 수 있는지는 의문이다. 입법론적으로는 기존 주주의 보호를 위한 상법상의 요건을 준수하는 한 이러한 종류의 자동전환사채의 발행을 금지해야 할 이유는 없을 것이다.

4. 자동상환사채

2011년 개정 상법은 자기주식으로 상환하는 상환사채와 조건부 상환사채, 기한부 상환사채를 모두 인정하고 있다(상법시행령 제23조 제2항, 제3항). 일정한 기간의 경과 또는 일정한 조건의 성취시 발행회사가 보유하고 있는 자기주식으로 자동상환하는 사채를 발행할 수 있고 이러한 내용의 자동상환사채는 자동전환사채와 유사한 기능을 할 수 있다. 다만 상법은 자기주식으로 상환되는 상환사채를 주주 이외의 자에게 발행하는 경우에 대하여 상법 제513조의2(전환사채 인수권을 가진 주주의 권리)와 같은 조항을 두지 않고, 정관에 다른 정함이 없으면 그러한 상환사채의 발행을 이사회에서 정할 수 있도록 하였다. 이는 자기주식으로 교환되는 교환사채에 대하여 상법 제513조의2의 원칙을 적용하지 않았던 입장을 유지한 것이고 자기주식을 회사의 자산으로 보는 견해가 반영된 것이라고 할 수 있다.

5. 자기주식 교환사채

사채권자에게 교환권을 부여하되 교환권 행사시 발행회사가 보유한 자기주식을 교부하는 교환사채는 사채권자의 입장에서 보면 전환사채와 같은 기능을 하게 된다. 자기주식은 발행된 주식이라고는 하지만 회사가 자기주식을 취득하면 취득가액만큼 자산이 감소하고 같은 금액만큼 자본에서 차감하고, 자기주식의 매입 또는 매도하는 경우의 손익은 당기손익으로 인식하지 아니한다(기업회계기준서 제1032호 문단 33). 회사가 보유하고 있던 자기주식을 처분하면 처분가액만큼 자본이 증가한다.[65] 이와 같이 교환권의 행사로 자기주식이 교부되는 경우에는 그만큼 자본이 증가한다는 점에서 전환사채와 같은 기능을 한다. 그러나 상법은 제342조의 자기주식 처분과 같은 맥락에서 교환사채 발행을 전환사채와는 다르게 규율한다(상법시행령 제22조 제2항).

제 3 절 신주인수권부사채

Ⅰ. 의의와 유형

신주인수권부사채도 사채권자에게 신주발행 콜옵션(=신주인수권)을 부여한다는 점에서는 전환사채와 마찬가지이다. 신주인수권부사채에 붙은 신주인수권은 상법 제418조에 규정된 추상적 신주인수권은 아니고 발행가액과 발행주식수 등이 모두 정해져 있는 구체적인 신주발행을 받을 권리이고, 그 권리자가 권리를 행사하고 신주발행가액을 납입하면 회사의 승낙이나 다른 조치 없이 자동적으로 주주가 되는 효과가 있는 형성권이다.

신주인수권부사채에 붙은 콜옵션(=신주인수권) 행사시 원칙적으로 옵션권리자가 신주발행가액을 발행회사에 납입하여야 하고 발행회사의 사채원리금지급채무는 그대로 남는다는 점에서 전환사채와 차이가 있다(신주인수권부사채에서도 예외적으로 신주발행가액을 사채상환청구권으로 대용납입할 수 있도록 정할 수 있고 대용납입하는 경우에는 전환사채와 실질적인 차이가 없게 된다). 또한 그 콜옵션을 사채와 분리하여 증권(=신주인수권증권)에 표창하여 옵션권리자가 쉽게 양도할 수 있게 할 수 있다는 점도 전환사채와는 큰 차이가 있다. 분리양도는 투자자의 성향에 맞춘 발행이 가능하게 되어 확정수익을 확보하고자 하는 투자자(fixed income investor)로부터는 사채, 높은 위험의 투자를 선호하는 투자자로부터는 신주인수권증권에 대한 투자를 받을 수 있게 된다.

이를 정리하면 신주인수권부사채는 ① 신주인수권증권이 사채와 분리되는 분리형과

65) 회계상 처분가액이 취득가액과 차이가 있어 이익 또는 손실이 발생하더라도 그 손익은 당기손익으로 인식하지 않는다(기업회계기준서 제1032호 문단 33). 자기주식의 회계처리에 대해서는 김동수·이인규·신철민(2018), 78-81쪽.

그렇지 않은 비분리형으로 나눌 수 있고, 이를 다시 ② 신주인수권행사시 신주인수권자(=사채권자)가 신주발행가액을 납입하고 발행회사의 사채원리금지급채무는 그대로 남는 유형과 신주인수권행사시 신주납입대금을 사채로 대용납입하는 유형으로 나눌 수 있다. 분리형에서는 신주인수권증권이 사채와 별도로 유통되어 신주인수권 보유자와 사채권자의 분리가 예정되어 있으므로 신주인수권 행사시 신주납입대금을 사채로 대용납입하는 것은 분리형 신주인수권부 사채에는 적합하지 않다. 신주인수권부사채의 특성이 가장 잘 나타나는 유형은 ①의 분리형이므로 아래에서는 분리형을 중심으로 논의하기로 한다.

Ⅱ. 신주인수권부사채의 발행

1. 발행절차

신주발행의 잠재력에 따른 발행할 주식수의 확보 및 기존 주주의 보호, 사채발행으로서의 규제에 관한 사항은 전환사채와 차이가 없다. 신주인수권부사채도 "주식회사의 물적 기초와 기존 주주들의 이해관계에 영향을 미친다는 점에서 사실상 신주를 발행하는 것과 유사하므로, 신주발행무효의 소에 관한 상법 제429조가 유추적용되고, 신주발행의 무효원인에 관한 법리 또한 마찬가지로 적용된다".[66] 또한 신주인수권의 행사가격을 시가보다 현저하게 낮게 정하여 제3자 배정 방법으로 신주인수권부사채를 발행하면 신주를 주주가 아닌 제3자에게 저가 발행하는 경우와 마찬가지로 배임죄에 해당하게 된다.[67]

66) 대법원 2009. 5. 29. 선고 2007도4949 전원합의체 판결, 대법원 2015. 12. 10. 선고 2015다202919 판결.

67) 대법원 2009. 5. 29. 선고 2008도9436 판결: "회사가 주주 배정의 방법이 아니라 제3자에게 인수권을 부여하는 제3자 배정의 방법으로 신주 등을 발행하는 경우에는 … 만약 회사의 이사가 시가보다 현저하게 낮은 가액으로 신주 등을 발행하는 경우에는 시가를 적정하게 반영하여 발행조건을 정하거나 또는 주식의 실질가액을 고려한 적정한 가격에 의하여 발행하는 경우와 비교하여 그 차이에 상당한 만큼 회사의 자산을 증가시키지 못하게 되는 결과가 발생하는데, 이는 회사법상 공정한 발행가액과 실제 발행가액과의 차액에 발행주식수를 곱하여 산출된 액수만큼 회사가 손해를 입은 것으로 보아야 한다. … 이 사건 신주인수권부사채 발행은 제3자 배정방식에 의한 것이 분명하므로, 만약 이 사건 신주인수권의 행사가격인 1주당 7,150원이 시가보다 현저하게 낮은 경우에 해당한다면 피고인들은 공모하여 이 사건 신주인수권부사채의 발행에 관한 업무상 임무에 위배하여 회사에 손해를 입힘으로써 배임죄를 저질렀다고 보아야 할 것 … 이다."

2. 발행한도

(1) 상법상 발행한도

가. 신주인수권부사채의 발행 규모

주주 외의 자에게 신주인수권부사채를 발행하기 위해서는 그 액과 신주인수권의 내용 및 행사기간에 관하여 정관에 규정이 없으면 주주총회의 특별결의로 정해야 한다(상법 제516조의2 제4항). 통상 정관에 주주 외의 자에게 발행할 수 있는 신주인수권부사채의 최대한도 금액을 정해 놓는다(상장회사협의회 표준정관 제15조).

나. 신주인수권의 규모

정관에 신주인수권부사채를 발행할 수 있는 한도를 정해 놓더라도 사채에 붙어 있는 신주인수권의 규모를 어느 정도로 할 수 있는가는 별개의 문제이다. 전환사채에서는 사채의 발행가액이 전환으로 발행되는 신주의 발행가액이 되므로(상법 제516조 제2항, 제348조) 사채의 발행가액을 전환가액으로 나눈 숫자를 초과하여 신주를 발행할 수 없고 전환가액의 규율 이외에 별도로 발행할 주식수를 규율할 필요가 없다. 신주인수권부사채에서도 신주인수권의 행사가액(=신주 발행가액)을 미리 정해 놓지만 그 행사가액만으로는 발행할 주식수가 결정되지 못한다. 신주인수권의 규모[68]를 정해놓을 필요가 있다.

상법은 각 신주인수권부사채에 부여된 신주인수권의 행사로 인하여 발행할 주식의 발행가액의 합계액은 각 신주인수권부사채의 금액을 초과할 수 없도록 하였다(상법 제516조의2 제3항). 이 조항은, 신주인수권부사채 발행의 원래의 목적은 어디까지나 자금조달이고 신주인수권은 이에 부수하여 붙이는 것으로 보고 신주인수권의 행사한도를 정한 것으로 보인다. 그런데 상법은 사채의 액면을 의미하는 "사채의 금액"이라는 용어를 사용하였다. 예컨대 액면 100만원권의 신주인수권부사채를 1만장 발행하되 신주인수권 행사가액(=신주발행가액)은 1주당 1만원으로 하는 경우를 가정해 보자. 이 경우 각 사채에 붙은 신주인수권으로 발행될 수 있는 주식 발행가액의 총액은 사채의 액면인 100만원 이내이어야 하므로 신주인수권 행사로 발행될 주식수는 100주 이내이어야 한다. 이 제한이 현행 상법상 독립적인 신주인수권증권(warrant)을 발행할 수 없는 실정법상의 근거라고 할 수 있다.

68) 한국금융투자협회의 표준사채관리계약서 별첨 4 "신주인수권 관련 기재사항"에서 사용하는 "신주인수권증권 권면금액"이라는 용어와 같은 의미이다. 실제 신주인수권부사채 발행 관행은 신주인수권증권의 권면금액이라는 개념을 사용하지 않고 행사할 수 있는 신주의 수량에 맞추어 권종을 정하여(예: 5주 인수권, 10주 인수권, 100주 인수권 등), 신주인수권증권을 실물발행하는 것으로 보인다. 이러한 경우에는 발행되는 신주인수권증권으로 인수할 수 있는 주식수가 신주인수권부사채 관련 계약서에 드러나야 할 텐데 실제 관행은 그렇지 않은 것 같다.

(2) 상장회사에 대한 자본시장법상 제한

가. 신주인수권의 규모에 대한 제한

상법은 "사채의 금액" 범위 내에서 신주인수권 행사시 발행할 주식의 발행가액의 한도를 정하고 있는데 사채의 발행가액은 사채의 액면과 반드시 같아야 하는 것은 아니다. 예컨대 표면이자율이 0인 사채(=할인채 zero-coupon bond)는 만기에 상환할 액면금액을 할인한 금액으로 발행하므로 사채의 발행가액은 액면보다 작은 금액이 되고 사채의 발행가액과 액면의 차이는 만기가 길수록 커진다. 사채의 발행가액을 액면보다 작게 발행하고 액면금액만큼 신주인수권을 행사할 수 있도록 하면 결국 사채로 조달하는 금액과 관계없이 신주인수권을 부여할 수 있게 된다. 실제 1998년 만기 50년 표면이자율 0인 사채에 액면금액만큼 신주를 발행받을 수 있는 신주인수권을 붙인 사채가 발행된 사례[69]가 발생하여, 자본시장법에 근거하여 상장회사가 발행하는 신주인수권부사채상 신주인수권의 행사로 인하여 발행할 주식의 발행가액의 합계액은 각 신주인수권부사채의 "발행가액"을 초과할 수 없도록 하였다(증권의 발행 및 공시 등에 관한 규정 제5-24조).[70]

나. 분리형 신주인수권부사채의 발행 방법에 대한 제한

2015. 7. 24. 개정된 자본시장법은 상장회사가 분리형 신주인수권부사채를 사모[71]의 방법으로 발행할 수 없도록 하였다(제165조의10). 2013년 개정된 자본시장법은 상장회사의 분리형 신주인수권부사채 발행을 전면적으로 금지하였으나 과도한 규제라는 비판이 있어 2015년 다시 개정된 것이다. 분리형 신주인수권부사채의 신주인수권증권을 취득하는 투자자는 큰 자금부담없이 잠재적인 지분을 확보할 수 있게 된다. 2000년대 초부터 분리형 신주인수권부사채가 지배주주의 지분권 확대[72] 또는 편법 지분 승계[73]의 방법으로

69) 1998년 신한은행이 발행한 신주인수권부사채의 내용을 보면 다음과 같다.
액면이율: 0%, 만기: 50년, 할인매출가액: 액면 1만원당 10원, 신주인수권 행사비율: 사채액면 1만원당 신주(보통주) 2매 행사 가능, 행사가격: 5천원, 행사기간: 사채발행 후 3개월 경과하는 날부터 5년까지, 조기상환선택권: 회사는 사채의 발행 후 5년이 되는 날에 조기상환선택권을 행사할 수 있으며 조기상환가액은 사채액면가액 1만원당 20원으로 함. 김건식(1999), 248쪽.

70) 신주발행 콜옵션을 회사채발행으로 조달하는 자금 범위 내에서만 붙일 수 있다는 원칙을 일관성 있게 유지하려면 상법 제516조의2 제2항의 "각 신주인수권부사채의 금액"은 "각 신주인수권부사채의 발행가액"이 되어야 했을 것이다. 박준(2017), 89-90쪽.

71) 2009년부터 분리형 신주인수권부사채의 발행을 전면 금지하는 자본시장법 개정이 발효한 2013년 8월까지의 기간 동안 신주인수권부사채의 공모 발행은 86건, 35,097억원, 사모 발행은 548건, 51,201억원으로 사모발행이 건수로는 86%, 금액으로는 59%에 달했다. 진정구, 자본시장법 일부개정법률안(의안번호 12569, 박대동의원 대표발의) 검토보고서(2015. 3.), 9쪽.

72) 2009년 하반기 상장회사가 사모로 발행한 신주인수권부사채는 138건이고 그 중 최초 투자자가 신주인수권증권을 분리하여 매각한 82건 중 57건이 최대주주에게 매각되었다. 금융감독원 보도자료(2010. 5. 25), "사모 신주인수권부사채 발행실태 분석".

이용된다는 지적이 있어 왔다. 이러한 지적이 분리형 신주인수권부사채의 발행을 전면 금지하거나 발행방법을 공모로 제한하는 등의 입법으로 나타났다고 할 수 있다.

Ⅲ. 신주인수권의 내용

1. 광의의 신주인수권의 내용

신주인수권(콜옵션)의 내용은 신주인수권의 옵션가치를 결정하는 중요한 요소이므로 신주인수권부사채의 발행시에 결정된다. 신주인수권의 내용(광의)은 개념적으로는 (i) 신주인수권 행사로 발행할 주식의 내용과 수 및 행사가액, (ii) 신주인수권 행사기간과 행사방법으로 구성된다고 볼 수 있다. 상법은 이 가운데 행사방법은 제516조의9에서 정하고 있고, 제516조의2 제2항에서 행사기간을 "신주인수권의 내용"과는 별도로 열거함으로써 "신주인수권의 내용"(협의)은 (i)의 의미로 사용하고 있다. 협의의 신주인수권의 내용과 행사기간은 사채청약서와 신주인수권증권에 기재하고 발행 후 등기하여야 한다(상법 제516조의4, 제516조의5 제2항, 제516조의8).

행사기간에 대하여 상법은 아무런 조항을 두고 있지 않으나 신주인수권이 사채에 부수하여 발행되는 것인 이상 신주인수권의 행사기간이 사채의 원금상환기일 보다 더 길어서는 안 될 것이다. 통상 원금상환기일 전 1개월 정도에 행사기간이 만료되도록 한다(☞ 아래 3. 신주인수권의 행사시기와 자금조달과의 관계).

2. 협의의 신주인수권의 내용 – 행사가액과 행사비율

(1) 행사가액과 신주인수권의 규모

전환사채의 전환시 사채는 소멸하고 사채의 발행가액을 전환가액으로 나누어 나오는 숫자만큼의 주식이 발행된다. 따라서 전환가액이 정해지면 전환비율 즉 사채의 일정단위(예: 100만원)당 얼마만큼의 주식을 받을 수 있는가가 자동적으로 정해진다. 그러나 신주인수권부사채에서는 위 "2. 나. 신주인수권의 규모"에서 살펴본 바와 같이 신주인수권의 행사가액이 정해지더라도 행사규모를 얼마만큼으로 할 것인지를 정해야 한다. 예컨대 (액면 및 발행가액이) 100만원인 사채 1장에 행사가액(=신주발행가액) 1주당 1만원인 신주

73) 신주인수권부사채를 경영권 승계에 이용한 사례에 대하여는 김홍길(2010), 114-121쪽.

인수권을 붙이는 경우를 생각해 보자. 신주인수권의 규모는 반드시 100만원으로 해야 하는 것은 아니고 100만원의 범위 내에서 정할 수 있다. 위 사채 1장당 신주인수권을 행사하여 발행할 주식을 100주로 정하여도 되고 50주로 정하여도 된다. 통상 사채금액과 같은 금액만큼 신주인수권을 행사할 수 있도록 한다.

(2) 행사가액의 규제

상장회사가 발행하는 신주인수권부사채에 대하여는 전환사채의 전환가액에 관한 제한 조항이 준용되어(증권의 발행 및 공시규정 제5-24조 제1항, 제5-22조), 일정한 예외를 제외하고는 원칙적으로 행사가액은 일정한 방법으로 계산한 주식의 시가 이상이 되어야 한다(☞ 제8장 제2절 Ⅲ. 전환의 조건).

신주인수권의 행사가액을 주식 액면보다 낮게 정할 수 있는가의 문제 역시 전환사채의 전환가액에서의 논의와 마찬가지이다.

(3) 행사가액의 조정

희석화 방지(anti-dilution)를 위한 신주인수권 행사가액의 하향조정, 주식의 병합·소각시의 행사가액의 상향조정, 주식가치의 희석화와 관계없이 발행회사의 주가 변동을 반영하여 행사가액을 하향조정하는 리픽싱(refixing)은 모두 전환사채에서 논의한 것과 마찬가지의 법리가 신주인수권에도 적용된다. 전환사채의 리픽싱조항과 관련하여 위에 인용한 대법원 2011. 10. 27. 선고 2009다87751 판결과 대법원 2014. 9. 4. 선고 2013다40858 판결이 모두 신주인수권부사채에 관한 것임은 위에서 언급한 바와 같다.

3. 신주인수권의 행사시기와 사채발행 자금조달과의 관계

상법에 따라 회사가 자금조달을 위하여 사채를 발행하면서 신주발행 콜옵션을 붙일 때 첫째, 신주발행 콜옵션의 규모가 사채발행으로 조달하는 자금의 범위 내인지와 둘째, 그 콜옵션을 행사할 수 있는 기간이 사채발행으로 자금을 조달하는 기간을 벗어나도 무방한지의 두 가지 점을 살펴볼 필요가 있다. 첫째 문제는 상법 제516조의2 제3항에 규정된 신주인수권부사채의 발행한도 규율과 자본시장법상 신주인수권의 규모에 대한 제한에서 살펴보았고 여기서는 둘째 문제를 살펴보기로 한다.[74]

둘째 문제는 실질적으로 분리형 신주인수권부사채에서 발생한다. 전환사채와 비분리

74) 박준(2017), 90-92쪽의 논의에 기초하였다.

형 신주인수권부사채에서는 사채가 소멸하면 전환권·신주인수권 역시 소멸할 것이기 때문에 특별한 문제가 발생하지 않는다. 분리형 신주인수권부사채에서는 다음 두 가지 상황에서 문제가 제기될 수 있다. ① 발행시부터 신주인수권을 행사할 수 있는 기간을 사채의 원금상환기일보다 더 장기로 발행하는 경우와 ② 신주인수권을 행사할 수 있는 기간이 사채의 원금상환기일 이내로 발행되었지만, 사채가 원금상환기일(신주인수권 행사기간 만료) 전에 상환·소각되어 소멸한 경우이다.

①은 발행시부터 원금상환기일을 넘는 기간에 대하여 독립한 신주인수권증권을 발행하는 것을 의도한 것이다. 상법은 이에 대한 구체적인 조항을 두고 있지 않으나, 상법 제516조의2 제3항의 취지에 비추어 보면 이러한 신주인수권부사채의 발행은 상법상 허용된다고 볼 수 없을 것이다. 상법이 신주인수권 행사로 발행되는 주식의 양을 제한한 것은 신주인수권부사채의 발행은 사채로 자금을 조달하는데 주된 목적을 두고 신주인수권은 부수적으로 붙이도록 하는데 있고, 이는 독립한 신주인수권증권의 발행을 허용하지 않겠다는 취지라고 보아야 할 것이기 때문이다. 실제로는 사채의 원금상환기일보다 훨씬 장기로 신주인수권 행사기간을 정하여 신주인수권부사채를 사모로 발행하는 예가 있다.[75] 사모 발행이므로 증권신고서가 제출되지 않아 금융감독당국에서도 아무런 조치를 취하지 못하는 것 같다. 신주인수권행사기간이 원금상환기일을 넘는 부분은 신주인수권부사채 발행시점부터 독립적인 신주인수권증권을 발행한 것과 다르지 않으므로 그 부분은 상법 위반으로 효력이 없다고 보아야 할 것이다. 그러한 신주인수권증권에 따라 원금상환기일 경과후 신주인수권을 행사하여 발행된 신주는 상법이 정한 신주발행절차를 따르지 않은 신주발행이 될 것이다.

②는 발행시부터 원금상환기일을 넘는 기간 동안 신주인수권을 부여할 것을 의도한 것은 아니지만 발행 후 발생한 사정으로 인하여 사채가 상환된 이후에도 신주인수권을 행사할 수 있게 되는 상황이다. 이에 대하여도 상법은 아무런 조항을 두고 있지 않다. 이 점은 각 신주인수권부사채에 부여된 신주인수권의 행사로 인하여 발행할 주식의 발행가액의 합계액이 각 신주인수권부사채의 금액을 초과할 수 없도록 한 상법 제516조의2 제3항의 의미를 어떻게 새기는가와 관련이 있다. 이 요건을 신주인수권부사채의 발행시에 준수하면 되는 것인지(=발행시설)[76] 아니면 신주인수권을 행사하는 시점에도 준수해야 하

---

75) 대법원 2017. 1. 25. 선고 2015두3270 판결에서 다룬 신주인수권부사채는 분리형이고 발행일 2006. 12. 12., 만기일 2009. 11. 25., 신주인수권 행사가능기간 2007. 12. 12~2011. 10. 25로 되어 있었고 신주인수권부사채발행 즉시 신주인수권증권이 분리되어 그 중 50%를 대주주겸 대표이사가 취득하였다. 다만 실제 신주인수권은 사채의 만기 이전에 모두 행사되었다.

76) 이철송(2022), 1088쪽.

는지(=행사시설), 행사시 준수하지 않아도 되는 예외는 어느 범위까지 인정될 수 있는 지에 대하여 견해가 나뉠 수 있다.

발행시설에 따른다면 신주인수권부사채 발행 후 즉시 또는 만기 전에 조기 상환한 후에도 신주인수권증권은 그대로 유효하게 남아 있게 된다면 사채에 수반하지 않은 신주인수권증권을 발행하는 것과 마찬가지 효과가 있다. 이는 실질적으로 신주인수권사채의 신주인수권의 행사기간을 사채의 만기보다 더 장기간으로 하거나 신주인수권의 규모를 사채의 금액보다 크게 하는 것과 차이가 없다. 상법 제516조의2 제3항이 정한 신주인수권 행사로 발행되는 주식의 양을 제한한 취지를 관철하자면 ②도 ①과 마찬가지로 취급해야 할 것이다. ②도 상법 제516조의2 제3항의 취지에 어긋나거나 그 해석상 허용되지 않는 것으로 본다면 사채가 조기 상환·소각되는 경우 신주인수권도 소멸하도록 할 필요가 있다. 분리형으로 발행한 경우 신주인수권증권에 그 내용이 반영되어야 한다. 신주인수권의 소멸로 인한 신주인수권증권 소지자의 이익침해를 방지하기 위하여 사채의 조기 상환·소각(특히 발행회사가 주도하는 상환·소각)을 할 수 없도록 하는 조항을 넣는 방법도 있을 수 있다. 그렇게 하더라도 사채권자의 입장에서는 기한이익상실 사유 발생으로 인한 상환은 반드시 있어야 할 것이다. 상법 제516조의2 제3항의 취지를 확실하게 관철하려면 기한이익상실로 인하여 사채가 조기 상환되는 경우 신주인수권은 소멸하도록 해야 한다.

현재 신주인수권부사채의 발행실무는 발행시설을 따라 형성되어 있는 것으로 보인다. 사채의 조기 상환·소각이 이루어지더라도 신주인수권증권은 유효하게 남는 것으로 실무상 취급되고 있다.[77] 이러한 실무는 분리형 신주인수권부사채의 발행과 사채의 조기 상환·소각을 통하여 독립적인 신주인수권증권 발행과 실질적으로 같은 기능을 하고 있고 상법 제516조의2 제3항의 해석 이외에는 이를 제어할 별다른 법적 장치가 없다.[78] 독립한 신주인수선택권 증권 제도를 도입하지 않기로 한 국회의 결정[79]과는 다른 방향으로

77) 예: 2013. 8. 6. 만기 6년으로 발행한 분리형 신주인수권부사채의 사채를 2016. 2. 11. 취득 후 소각하며 "본 사채의 취득은 사채권(Bond)에 대한 조기상환이며, 신주인수권증권(Warrant)은 분리형으로 유효"하다는 공시(서린바이오사이언스 2016. 2. 11); "사채의 원금전액이 조기상환되더라도 신주인수권증권에는 영향을 미치지 아니"한다는 분리형 신주인수권부사채의 증권신고서 기재(현대상선의 2015. 8. 25. 증권신고서, 동아쏘시오홀딩스의 2017. 2. 2. 증권신고서).

78) 종전의 일본 상법은 신주인수권부사채에 관하여 우리 상법 제516조의2 제3항과 동일한 내용의 조항(일본 구 상법 제341조의8 제3항)에 추가하여, 미행사된 신주인수권이 행사될 경우의 신주발행가액의 총액이 잔존 사채의 총액을 넘지 않는 때에 한하여 사채를 상환·소각할 수 있는 것으로 발행하는 경우가 아닌 한, 분리형 발행은 주주총회의 특별결의를 받도록 하였다(일본 구 상법 제341조의8 제4항). 신주인수권부사채를 주식옵션으로 탈법적으로 이용하는 것을 방지하면서도 주주총회 특별결의를 거치는 방법으로 실무상 필요한 경우 사채의 조기 상환·소각을 할 수 있는 길을 여는 타협적인 입법이다. 上柳克郎·鴻常夫·竹内昭夫(1988)(鴻常夫 집필), 161쪽.

79) 2012년 정부는 상장회사의 자금조달수단의 다양화를 위하여 독립적인 신주발행콜옵션을 증권(=신주인수선택권증권)으로 발행할 수 있도록 하는 내용이 포함된 자본시장법개정안을 국회에 제

실무가 형성되고 있는 셈이다. 독립적인 신주인수권증권 발행제도 도입이전에 과도기적으로 이러한 실무가 형성되도록 하는 것이 금융감독당국의 정책인지는 명확하지 않다.

제 4 절 2011년 개정 상법에 따른 특수한 사채

Ⅰ. 이익참가부사채

1. 의 의

일반사채의 사채권자는 원금의 상환과 이자의 지급을 받을 권리가 있고 이자의 산정기준이 되는 이자율은 발행시에 미리 정한다. 이와는 달리 이익참가부사채의 사채권자는 발행회사의 이익배당에 참가할 수 있는 권리를 가진다(상법 제469조 제2항 제1호, 상법시행령 제21조). 사채권자가 일정한 이자에 추가하여 발행회사의 이익배당에 참가할 수 있는 권리를 가지거나 이자의 지급 없이 이익배당에 참가하는 권리만을 가지는 경우 모두 이익참가부사채에 해당한다.

사채권자가 이익배당에 참가할 수 있는 권리를 가지는 점에서는 주주의 권리 중 일부를 가지는 셈이지만 사채의 원금의 상환이 예정되어 있는 것이 통상이고 기본적으로 채권자의 지위에 있으므로 이익참가부사채도 사채에 해당한다. 이익참가부사채와 주식은 평상시이건 발행회사의 파산·청산시이건 원금상환의무가 발생하는 지 여부에 따라 구별할 수 있다. 일정한 기일에 원금의 상환이 예정되어 있는 경우에는 이익배당에 참가할 권리를 가지는 경우에도 사채라는 점에 의문의 여지가 없다. 영구채의 경우에도 발행회사의 파산·청산시 원금상환의무가 발생하도록 정해져 있는 한 이익배당에 참가할 수 있는 권리가 있다고 하여도 사채에 해당한다. 그러나 발행회사의 파산·청산시 원금상환의무가 없고 잔여재산의 분배를 받는 권리를 부여한다면 그것은 사채가 아니라 주식에 해당하고 신주 발행의 요건과 절차를 따라 발행하여야 한다.

출하였으나, 국회심의과정에서 신주인수선택권증권은 편법적인 경영권 승계 수단 등으로 남용할 우려가 있다는 의견이 많아 개정안은 채택되지 않고, 오히려 상장회사의 분리형 신주인수권부사채 발행을 금지함으로써 종전보다 더 제한적으로 입법되었다. 제313회 국회 정무위원회 회의록(2013. 2. 15), 25-26쪽. 앞서 언급한 바와 같이 이 입법에 대한 비판이 있어 상장회사가 공모방식으로 분리형 신주인수권부사채를 발행할 수 있도록 2015년 자본시장법이 개정되었다.

2. 발행절차

이익참가부사채를 발행할 때는 사채의 총액과 이익배당 참가의 조건 및 내용을 정관에 규정하거나 이사회(또는 정관에서 주주총회가 정하도록 한 경우에는 주주총회)가 결정한다. 이익배당은 원래 주주가 가지는 권리이므로 사채권자가 이익배당에 참가할 수 있게 되면 주주의 권리에 영향을 주게 되므로 이익참가부사채를 주주 외의 자에게 발행하는 경우에는 그 가액과 이익배당 참가의 내용에 관하여 정관에 규정이 없으면 주주총회의 특별결의로 결정해야 한다(상법시행령 제21조 제2항).

3. 이익연계 파생결합사채

통상의 사채의 이자는 발행회사의 비용이고 배당가능이익을 산정하기 전 단계에서 지급된다. 이와는 달리 상법 제469조 제2항 제1호에 규정된 이익참가부사채는 사채권자가 배당가능이익의 배당에 참가할 수 있는 권리를 부여한다. 통상의 사채와 같이 발행회사의 배당가능이익을 산정하기 전 단계에서 사채권자에게 이자를 지급하되 그 금액을 발행회사의 경영성과에 연계하여 산정하면 어떠한가. 즉 이자를 단순한 연율(年率)이 아니라 발행회사의 보통주에 대한 배당률, 영업이익, 매출액등에 연계하여 산정하도록 하면 어떠한가. 이러한 사채는 이익참가부사채와 매우 유사한 기능을 할 수 있으나 이익배당에 참가하는 것은 아니기 때문에 이익참가부사채의 규율을 받지 않을 것이다. 2011년 상법 개정으로 사채의 종류의 하나로 열거된 파생결합사채에 해당할 것으로 보인다. 사채의 지급금액의 산정이 "그 밖에 자연적·환경적·경제적 현상 등에 속하는 위험으로서 합리적이고 적정한 방법에 의하여 가격·이자율·지표·단위의 산출이나 평가가 가능한 것"(상법시행령 제20조, 자본시장법 제4조 제10항 제5호)의 변동과 연계하여 미리 정해진 방법에 따라 이루어진다고 볼 수 있을 것이다.

Ⅱ. 교환사채

1. 의 의

교환사채는 사채권자가 사채원리금을 지급받는 대신에 교환권을 행사하면 사채발행회사가 가지고 있는 주식이나 다른 유가증권으로 교환받을 수 있는 조건이 붙어 있는 사채를 말한다(상법 제469조 제2항 제2호, 상법시행령 제22조). 교환사채는 사채권자가 사채원리금을 지급받는 대신에 발행회사가 가지고 있는 주식이나 다른 유가증권으로 교환할 수 있는 무청산귀속형 대물변제예약이 붙어 있는 사채라고 할 수 있다.[80)]

2. 발행절차

일반사채는 통상 금전으로 상환이 이루어지지만, 교환사채가 교환되면 사채의 상환에 갈음하여 발행회사가 가지고 있는 주식·유가증권을 사채권자에게 양도하게 된다. 발행회사가 가지고 있는 자산 가운데 현금과 주식·유가증권 중 어느 것을 이용하는가의 차이가 있을 뿐이다. 전환사채와는 달리 신주가 발행되지 않으므로 교환사채가 기존 주주의 이해관계에 미치는 영향은 일반사채와 마찬가지라고 할 수 있다. 따라서 교환사채의 발행은 이사회에서 결정한다.

다만 자기주식으로 교환될 수 있는 교환사채를 발행하면 자기주식을 처분하는 결과를 가져온다. 주주 이외의 자에게 자기주식으로 교환될 수 있는 교환사채를 발행할 때에는 자기주식 처분시의 규율(상법 제342조)과 유사하게 거래 상대방에 대하여 정관에 규정이 없으면 이사회에서 결정하도록 하였다(상법시행령 제22조 제2항).

3. 교환의 조건

(1) 광의의 교환의 조건

교환사채에 붙어 있는 교환권의 내용은 교환권의 옵션가치를 결정하는 중요한 요소이므로 교환사채를 발행하는 시점에 결정된다, 교환권의 내용은 (i) 교환권을 행사하면 어떠한 내용의 주식·유가증권을 얼마만큼 양수받는가(교환으로 양수받는 주식·유가증권의 종류·내용 및 수량)와 (ii) 교환권을 언제 어떠한 방법으로 행사할 수 있는가(교환을 청구할 수 있는 기간 및 교환청구의 방법)로 구성된다. 이 가운데 교환청구의 방법은 상법시행령 제22조 제4항과 제5항에 규정되어 있다. 교환권의 내용에 따른 교환권의 옵션가치는 교환사채의 표면이자율 또는 발행가액 등에 반영된다.

80) 대물변제예약으로서의 교환사채의 법률구성에 관한 상세한 논의는 한민(2006), 1055-1056쪽.

(2) 교환의 대상

가. 교환대상의 확정

교환사채도 전환사채와 마찬가지로 사채권자에게 콜옵션을 부여하지만, 그 콜옵션(=교환권)의 내용이 발행회사의 신주발행에 관한 것이 아니라 발행회사가 소유한 주식 그 밖의 다른 유가증권의 양수에 관한 것이다. 교환의 대상이 되는 주식 또는 유가증권의 종류와 내용은 교환권의 내용의 핵심을 이루므로 교환사채를 발행할 때 정해야 한다.

나. 교환대상의 예탁

발행회사는 교환청구기간이 끝날 때까지 교환에 필요한 주식·유가증권을 한국예탁결제원에 예탁하여야 하고, 한국예탁결제원은 이 주식·유가증권을 신탁재산으로 관리한다(상법시행령 제22조 제3항). 전환사채의 경우 사채권자의 전환청구시 신주를 발행할 수 없다면 전환권의 존재의의를 의심하게 할 정도의 심각한 일이므로 전환사채 발행회사는 전환시 발행할 주식을 수권주식에 충분히 확보하고 있어야 할 의무를 부담한다(상법 제516조 제1항, 제346조 제4항). 교환사채권자의 교환청구시 교환대상 주식·유가증권을 교부하지 못하는 상황 역시 방지하여야 하고 이를 위하여 상법은 교환대상 주식·유가증권을 예탁하도록 한 것이다. 또한 교환대상 주식·유가증권이 교환이 이루어지기 전까지 교환사채 발행회사의 소유로 남아있게 된다면 그의 채권자가 압류할 수 있다. 이러한 사태를 방지하기 위하여 한국예탁결제원이 신탁재산으로 관리하도록 한 것이다.

다. 자기주식

상법은 발행회사의 자기주식도 교환대상 주식에 포함시키고 있고, 앞서 언급한 바와 같이 이는 자기주식을 회사가 소유하는 자산과 유사하게 취급하는 셈이다. 발행회사의 재무의 관점에서 볼 때 자기주식으로 교환될 수 있는 교환사채는 전환사채와 기능적으로 전혀 차이가 없다는 점에서 전환사채와 달리 취급하는 것 나아가 자기주식의 처분을 이와 같이 취급하는 것이 타당한지는 의문이다.

(3) 협의의 교환의 조건 – 교환가액 또는 교환비율

가. 교환가액과 교환비율

협의의 교환의 조건은 교환가액 또는 교환비율로 표시할 수 있다. 교환권을 행사하면 사채의 일정단위(예: 100만원)당 얼마만큼의 교환대상 주식·유가증권을 양수받는지를 표시하는 것이 교환비율이다. 같은 내용을 교환권을 행사할 때 교환대상 주식 1주(또는 유가증권 1단위)당 얼마만큼의 사채금액이 필요한가를 표시하는 것이 교환가액이다. 예컨대 교환가액을 교환대상 주식 1주당 1만원으로 정하면 액면 100만원인 교환사채의 교환권 행사시 100주의 교환대상 주식이 양도된다.

나. 교환가액의 규제

교환사채는 발행회사의 신주발행을 전제로 하지 않으므로 전환사채·신주인수권부사채의 전환가액·행사가액 규제와 같이 기존 주주의 지분 희석을 방지하기 위한 목적의 규제를 할 필요가 생기지 않는다.[81] 다만 자기주식으로 교환되는 교환사채를 제3자 배정하는 경우에는 교환가액을 어떻게 정하는가에 따라 기존 주주의 지분 희석의 문제가 발생할 수 있다. 이 점은 현행 상법상으로는 자기주식의 처분에 대한 규율과 같은 정도의 규율을 받게 될 것이다.

다. 교환가액의 조정

교환사채의 교환대상은 주식과 그 밖의 유가증권이 될 수 있으나 여기서는 편의상 교환사채 발행회사의 자기주식이 아닌 주식이 교환대상인 것을 전제로 논의한다. 앞에서 전환사채의 희석화 방지조항에 따른 전환가액의 조정에 관하여 살펴보았다. 전환사채의 경우 발행회사가 준비금의 자본전입·주식분할·주식배당·시가보다 저가의 신주발행 등을 행하여 기존 주주들이 가진 부(富)에는 영향이 없는데 전환권의 가치가 희석되는 상황에 대비하여 전환사채상의 전환권의 가치를 유지할 수 있는 장치로 희석화 방지조항을 두어 전환가액을 조정한다.

교환사채의 경우에도 교환대상인 주식·유가증권의 발행회사가 준비금의 자본전입·주식분할·주식배당·시가보다 저가의 신주발행 등을 행하여 기존 주주들이 가진 부(富)에는 영향이 없는데 교환권의 가치가 희석되는 상황이 발생할 수 있다. 이러한 상황에 대비하여 교환사채상의 교환권의 가치를 유지할 수 있는 장치로 희석화 방지조항을 둘 필요가 있다. 그런데 교환사채는 전환사채와는 달리 발행회사가 가진 주식으로 교환한다는 점에서 추가로 고려할 사항이 생긴다. 전환사채에서는 전환가액이 하향조정되어 전환으로 발행할 신주가 증가하더라도 수권주식수의 범위 내에 있는 한 발행회사가 추가로 신주를 발행하는데 지장이 없다. 교환가액 조정사유로 인하여 발생한 교환권 희석에 상응하는 만

81) 교환사채의 교환가액을 교환대상의 가치보다 낮게 정하는 경우 교환권의 행사로 회사의 순자산가치가 감소할 것이고, 이로 인하여 기존 주주가 보유한 주식의 가치가 하락할 수 있다. 이는 회사의 가치 하락에 따른 보유주식의 가치 하락이고 기존 주주의 지분적 비율에 영향을 주는 것은 아니다. 이사회가 회사의 가치 하락을 초래하는 조건으로 교환사채를 발행하도록 결정하는 경우, 이사의 선관주의의무 위반 여부가 문제될 수 있다.

큼 교환사채 발행회사의 보유 주식수가 증가한다면 교환권 행사시 증가한 수의 주식을 교부하는데 문제가 없다. 그런데 교환대상 주식의 발행회사가 신주를 주주배정으로 시가보다 할인하여 발행하는 경우 교환가액의 하향조정 및 이에 따라 증가된 주식 교부를 위해서는 교환사채 발행회사는 신주를 인수할 필요가 생긴다. 교환사채 발행회사가 추가적인 주식인수에 필요한 자금부담을 하고 싶지 않은 경우도 있을 수 있다. 또한 교환대상 주식의 발행회사가 공모로 시가보다 할인한 가액으로 전환할 수 있는 전환사채를 발행하는 경우 교환가액은 하향조정되지만 교환사채 발행회사의 보유주식수는 증가하지 않는 상황도 발생한다. 이러한 경우에도 교환가액 하향조정 및 증가한 수의 교환대상 주식을 교부하기 위해서는 발행회사가 주식을 추가로 취득할 필요가 생긴다.

이러한 교환사채의 특수성을 감안할 때 교환사채의 희석화 방지조항에는 두 가지 방법을 생각해 볼 수 있다. 첫째는 옵션가치를 유지하기 위한 내용을 정한 전환사채의 전환가액 조정과 동일한 내용의 조정 산식을 사용하여 교환가액을 조정하는 방법이다. 이 방법을 취하는 경우에는 교환사채 발행회사가 교환가액 하향조정시 이에 상응하는 교환대상 주식을 추가로 취득하여야 하고 그 추가 취득한 주식도 한국예탁결제원에 예탁하도록 하는 장치를 사채계약으로 명확하게 정해 놓을 필요가 있다. 둘째는 교환대상 주식을 미리 확정해 놓고 교환가액 조정사유 발생으로 생긴 주식·권리 등의 과실(권리를 현금화할 수 있는 경우에는 그 금전)을 미리 확정한 주식과 함께 교환청구한 사채권자에게 교부하는 방법이다. 둘째 방법을 취하는 경우에도 통상의 현금배당과 같이 교환가액 조정사유에 포함시키지 않을 사유로 인한 과실은 첫째 방법에서와 마찬가지로 교환사채 발행회사가 보유하는 것으로 정한다.

4. 교환청구의 효력 및 교환권의 법적 성격

교환사채의 사채권자가 가지는 교환권은 사채의 풋옵션(put option)과 교환대상 주식·유가증권의 콜옵션(call option)에 해당한다. 전환사채의 전환권 또는 신주인수권부사채의 신주인수권을 행사한 경우 발행회사의 다른 조치 없이 전환과 신주발행의 효력이 발생함을 규정한 것(상법 제516조, 제350조 제1항, 제516조의10)과는 달리, 상법은 교환청구의 효력 발생에 관한 조항을 두고 있지 않다. 2011년 상법개정으로 교환사채가 상법에 명시되기 전에는 자본시장법에서 상장회사의 교환사채 발행에 관한 조항을 두면서 교환의 효력에 대하여 상법 제350조 제1항을 준용하도록 함으로써 전환사채의 전환에서와 같은 원칙이 적용됨을 명시하였었다(대통령령 제24697호, 2013. 8. 27. 일부개정으로 삭제되기 전의 자본시장법시행령 제176조의13 제4항). 상법은 교환사채의 효력에 관하여 상법 제350조 제1항을 준용하고 있지 않다. 개정전 상법 하에서 교환권 행사의 효력에 관하여는 (i) 교환청구시에 교환대상 유가증권에 대한 소유권이 사채발행회사로부터 사채권자에게 이전된다는 견해와 (ii) 교환청구에 의하여 발행회사는 별도의 승인 절차 없이 교환대상 유가증권을 사채권자에게 인도하여야 할 의무가 발생한다고 보는 견해로 학설이 나뉘었다.[82] 현행 상법 하에서는 위 (i)의 견해가 성립될 여지가 없음이 명확하게 되었다.

상법은 교환대상 주식·유가증권을 한국예탁결제원에 예탁하여 신탁재산으로 표시하도록 하였고(상법시행령 제22조 제3항), 한국예탁결제원이 사용하는 예탁교환대상주식관리계약서 상 한국예탁결제원은 사채권자의 교환권 행사 청구를 받으면 형식적 요건의 구비여부만을 심사한 후 이상이 없으면 교환권 행사일 16시 이후에 교환대상 주식을 해당 사채권자에게 교부하도록 하고 있다. 이와 같이 교환청구시 발행회사의 다른 조치 없이 교환의 목적물을 신탁재산으로 관리하는 한국예탁결제원이 교환의 목적물을 사채권자에게 교부하도록 하고 있으므로, 교환권은 회사의 승낙없이 교환대상 주식·유가증권을 사채권자에게 인도할 의무를 발생시키는 형성권으로 볼 수 있을 것이다. 교환청구에 의해 교환권이 행사되면 사채원리금 채무는 교환대상 주식·유가증권의 인도 의무로 전환되고 이에 따라 교환사채는 소멸한다고 본다. 교환대상 주식·유가증권의 인도 의무는 예탁교환대상주식관리계약서에 따라 수탁자의 지위에 있는 한국예탁결제원이 수익자의 지위에 있는 교환사채권자에게 교환대상 주식·유가증권을 인도함으로써 이행된다.[83] 한국예탁결제원에 예탁된 교환대상 주식·유가증권이 발행회사의 교환의무 이행에 부족한 때에는 교환사채권자는 발행회사에 대하여 그 부족분의 인도를 청구할 수 있다고 할 것이다.

Ⅲ. 상환사채

1. 의 의

상환사채는 발행회사가 사채원리금을 지급하는 대신 발행회사가 가지고 있는 주식이나 다른 유가증권으로 상환할 수 있는 무청산귀속형 대물변제예약이 붙어 있는 사채를 말한다(상법 제469조 제2항 제2호, 상법시행령 제23조). 교환사채는 사채를 주식·유가증권으

82) 이에 관한 상세한 내용은 한민(2006), 1052-1055쪽(위 (ii)의 견해를 취하였다).

83) 교환사채권자가 갖는 수익권의 내용 및 그에 대한 도산절차에서의 취급에 관하여는, 한민(2006), 1069-1070쪽.

로 교환할 권리를 사채권자에게 부여하는 것인데 반하여 상환사채는 발행회사의 선택이나 일정한 조건의 성취 또는 기한의 도래에 따라 주식·유가증권으로 상환할 수 있게 된다. 상환사채에서 사채권자가 상환받는 것은 주식·유가증권이고 원래의 사채의 원금과 다르게 된다는 점에서 파생결합사채와 매우 유사한 기능을 할 수 있다.

전환사채 또는 교환사채와는 달리 상환사채의 대물변제는 발행회사가 선택권을 가지는 경우뿐 아니라 조건의 성취 또는 기한의 도래에 따라 행해지도록 할 수도 있어서 거래 당사자들의 선택지가 늘어났고 계약의 내용을 정할 때 고려할 요소 역시 늘어나게 된다. 상환사채에 관하여 상법은 시행령에 간단한 1개의 조문만을 두고 있고 상환사채의 상환의 법률관계에 대하여 침묵하고 있다. 예컨대 발행회사가 선택권을 가지는 경우 선택권의 행사의 방법과 대물변제의 실행 및 효력발생시기, 조건의 성취 또는 기한의 도래에 따르는 경우 대물변제의 실행 및 효력발생시기 등에 관하여 아무런 조항을 두고 있지 않다. 이러한 사항은 결국 상환사채 발행시 계약으로 상세히 정해야 할 부분이다.

2. 발행절차

상환사채는 사채의 상환에 갈음하여 발행회사가 가지고 있는 주식·유가증권을 사채권자에게 양도하게 되므로 발행회사가 가지고 있는 자산 가운데 현금과 주식·유가증권 중 어느 것을 이용하는가의 차이가 있을 뿐이다. 전환사채와는 달리 신주가 발행되지 않으므로 상환사채가 기존 주주의 이해관계에 미치는 영향은 일반사채와 마찬가지라고 할 수 있다. 따라서 상환사채의 발행은 이사회에서 결정한다.

다만 자기주식으로 교환될 수 있는 상환사채를 발행하면 자기주식을 처분하는 결과를 가져온다. 주주 이외의 자에게 자기주식으로 상환될 수 있는 상환사채를 발행할 때에는 자기주식 처분시의 규율(상법 제342조)과 유사하게 거래 상대방에 대하여 정관에 규정이 없으면 이사회에서 결정하도록 하였다(상법시행령 제23조 제2항).

3. 상환의 조건

(1) 광의의 상환의 조건

상환사채에 붙어 있는 광의의 상환의 조건은 상환사채의 가치를 결정하는 중요한 요소이므로 상환사채를 발행하는 시점에 결정된다. 광의의 상환의 조건은 ① 대물변제는 언제 어떠한 방법으로 결정되는가(발행회사의 선택에 따르는 경우에는 발행회사가 주식·유가증권으로 상환할 것을 결정할 수 있는 기간 및 방법, 조건의 성취 또는 기한의 도래에 따르는 경우에는 조건·기한의 내용), ② 대물변제는 언제 일어나는가{원래의 사채원금상환기일인가 아니면 회사의 선택, 조건의 성취 또는 기한의 도래시 (또는 그로부터 일정한 기간이 도과한 시점)인가}와 ③ 대물변제시 사채권자는 어떠한 내용의 주식·유가증권을 얼마만큼 받는가(상환으로 받는 주식·유가증권의 종류·내용 및 수량)로 구성된다. 이러한 조건은 상환사채의 가치에 영향을 주고 상환사채의 표면이자율 또는 발행가액에 반영된다.

(2) 대물변제 목적물

가. 대물변제 목적물의 확정

금전 상환에 갈음하여 양도할 주식 또는 유가증권의 종류와 내용은 상환사채의 상환의 핵심을 이루므로 상환사채를 발행할 때 정해야 한다.

나. 대물변제 목적물의 예탁

조건의 성취 또는 기한의 도래에 따라 주식·유가증권으로 상환하는 특약을 둔 사채를 발행한 경우에는 발행회사는 조건의 성취 또는 기한의 도래시까지 상환에 필요한 주식·유가증권을 한국예탁결제원에 예탁하여야 하고, 한국예탁결제원은 이 주식·유가증권을 신탁재산으로 관리한다(상법시행령 제23조 제3항). 위와 같은 조건의 사채에서는 조건의 성취 또는 기한의 도래시 상환에 필요한 주식·유가증권이 사채권자에게 상환에 갈음하여 양도하는데 지장이 없도록 한 것이다. 또한 상환에 필요한 주식·유가증권을 상환사채 발행회사의 채권자가 압류하는 등의 문제를 방지하기 위하여 한국예탁결제원이 신탁재산으로 관리하도록 하였다.

발행회사의 선택에 따라 주식·유가증권으로 상환할 수 있는 사채의 경우에 대하여는 이러한 예탁의무를 적용하지 않은 것은 발행회사가 선택하기 전까지는 그 주식·유가증권을 반드시 보유해야 할 필요가 없다고 본 셈이다. 선택권을 가진 발행회사가 합리적으로 행동한다면 사채를 금전으로 상환할 금액보다 대물변제할 주식·유가증권의 가치가 작은 경우에만 선택권을 행사할 것이다. 선택권 행사가 발행회사에게 유리한 결과를 가져오므로 선택권 행사 후 대물변제할 주식·유가증권을 준비하지 못하여 채무불이행할 우려는 상대적으로 적을 것이라고 보아 이 경우에는 예탁의무를 적용하지 않은 것으로 보인다.

발행회사가 대물변제의 선택권을 가진다면 그 선택권 행사로 발행회사가 지는 주된 채무의 내용이 사채원리금지급채무에서 대물변제 목적물인 주식·유가증권 교부의무로 바뀐다고 보아야 할 것이다. 물론 구체적인 발행회사의 선택권 행사의 효과는 상환사채의 조건에 따라 정해질 것이다. 발행회사가 선택권을 행사하고 대물변제 목적물 교부의무를 불이행하는 경우 사채권자는 그 의무의 이행 또는 채무불이행으로 인한 손해배상청구를 할 수 있을 것이다. 현행 상법상 사채권자의 입장에서는 발행회사의 대물변제 목적물 교부의무 불이행 발생에 대비하여 발행회사가 대물변제 목적물을 미리 사채관리회사에게 제공하도록 하고 사채권자가 신탁의 수익자 또는 제3자를 위한 계약의 수익자의 지위에 있도록 사채관련계약상 명시할 필요가 있다.

다. 자기주식

상법은 발행회사의 자기주식도 상환대상 주식에 포함시키고 있고 이는 자기주식을 회사가 소유하는 자산과 유사하게 취급하는 셈이다. 교환사채에서와 마찬가지로 자기주식의 처분을 이와 같이 취급하는 것이 타당한지는 의문이다.

(3) 협의의 상환의 조건 – 상환가액 또는 상환비율

교환사채의 교환가액과 교환비율, 교환가액의 규제, 교환가액의 조정에 관한 논의는 상환사채의 상환가액과 상환비율, 상환가액의 규제, 상환가액의 조건에 관한 논의에 그대로 원용할 수 있다.

4. 대물변제의 효력

상법은 상환사채를 주식·유가증권으로 상환할 때의 법률관계에 관하여 아무런 조항을 두고 있지 않다. 발행회사가 대물변제의 선택권을 가지는 경우 그 선택권을 어떻게 행사하여 사채권자에게 어떻게 통지하는지, 발행회사의 선택, 조건의 성취, 기한의 도래 어느 것에 따르는 경우에도 사채권자의 사채권 제출과 대물변제는 어떻게 실행하며 사채권은 언제 실효되는지 등에 관하여 아무런 조항을 두고 있지 않다. 이러한 사항은 결국 상환사채 발행시 계약으로 상세히 정해야 할 부분이다.

5. 파생결합사채와의 관계

상법은 증권·통화 기타 다른 기초자산의 가격 등에 연계하여 상환 또는 지급금액이 결정되는 파생결합사채를 사채의 한 종류로 열거하였다(제469조 제2항 제3호). 상환사채도 주식·유가증권으로 상환되면 사채권자는 사채의 원금 대신에 주식·유가증권을 수령하는 것이고 그 주식·유가증권의 가치에 해당하는 상환을 받는 셈이 되어 파생결합사채와 유사한 효과가 있다.

예컨대 다음과 같은 B회사와 C회사의 사채발행을 생각해 보자. 사채발행 시점에 A회사 주식의 시가가 1주당 1만원이다. ① B회사가 만기 1년의 사채를 발행하면서 상환기일에 사채 액면금 1만원 당 A회사 주가 상당액을 지급하는 조건을 붙이면 파생결합사채에 해당할 것이다. ② 한편 C회사가 만기 1년의 사채를 발행하면서 상환기일(기한이익상실에 따른 상환기일 포함) 도래시 사채 액면 1만원 당 A회사의 주식 1주로 상환하는 조건을 붙이면 상환사채에 해당할 것이다.

B회사 사채를 보유한 사채권자는 금전으로 상환받고 C회사 사채를 보유한 사채권자는 주식으로 상환받는다는 점에는 차이가 있지만 상환으로 수령한 금전과 주식의 가치는 동일하고 그렇게 상환받는 점에 관한 사채의 조건도 차이가 없다. 상환사채는 파생결합사채를 발행하면서 발행회사의 채무이행 방법을 금전지급이 아닌 실물교부 방식으로 한 것과 차이가 없다. 파생결합사채를 실물교부 방식으로 발행할 수 있는지 여부에 대하여는 파생결합사채에서 논의하기로 한다.

Ⅳ. 파생결합사채

1. 의 의

2011년 상법개정으로 파생결합사채를 "유가증권이나 통화 또는 자본시장법 제4조 제10항에 따른 기초자산의 가격·이자율·지표·단위 또는 이를 기초로 하는 지수 등의 변동과 연계하여 미리 정하여진 방법에 따라 상환 또는 지급금액이 결정되는 사채"로 정의하여 주식회사가 발행하는 사채의 한 종류로 열거하였다(상법 제469조 제2항 제3호, 상법시행령 제20조). 자본시장법 제4조 제10항에 따른 기초자산에는 증권 기타 금융투자상품, 통화, 일반상품, 신용위험, 기타 자연적·환경적·경제적 현상에 속하는 위험으로 합리적이고 적정한 방법에 의하여 평가가 가능한 것이 포함된다.

전통적인 사채에서는 발행회사가 사채 원금에 대하여 미리 정한 이자율을 적용하여 산정한 이자를 지급하고 만기에는 원금을 상환한다. 즉 발행회사는 사채권자에 대하여 통상의 소비대차의 차입자와 같은 내용의 채무를 진다. 파생결합사채의 상환[84] 또는 지급

84) 상환이라는 용어는 소비대차에서의 원금의 상환에 적합한 용어로서 소비대차적 성격이 없는 거래에서의 주된 채무의 이행에는 적합한 용어가 아니다. 파생결합사채에 관하여 상법이 상환이라

금액은 다른 기초자산의 가격·이자율·지표·단위 또는 이를 기초로 하는 지수에 따라 결정되므로 파생결합사채의 발행가액 또는 원금액을 초과할 수도 있고 그보다 작아질 수도 있다. 또한 상환·지급금액이 발행가액을 초과하는 경우에도 그 초과금액이 원금에 대한 일정한 비율로 시간의 경과에 따라 증가하는 이자와는 달리 기초자산의 가격이나 지수 등에 따라 산정된다. 이와 같은 상환·지급금액의 산정은 파생결합사채가 파생상품거래를 증권에 화체한 것임을 보여준다. 파생결합사채는 원금 상환과 이자 지급이라는 소비대차적 성격을 가진 전통적인 일반사채와는 달리 파생상품거래의 성격을 가지고 있으므로 회사법적인 규율 이외에 자본시장법의 규율도 중요한 의미를 가진다.

2. 발행절차

파생결합사채는 상환·지급 금액이 다른 기초자산에 연계되어 있다는 특성이 있어서 발행회사와 투자자 모두 일반사채와는 다른 성격의 위험에 노출된다. 하지만, 파생결합사채는 신주 발행을 전제로 하지 않으므로 기존 주주의 이해관계에 미치는 영향은 (위험의 성격과 정도를 제외하고는) 일반사채와 마찬가지라고 할 수 있고, 상법은 파생결합사채의 발행을 이사회에서 결정하도록 정하였다(상법시행령 제24조). 상법이 사채는 이사회 결의로 발행할 수 있도록 규정하고 있는데, 정관으로 파생결합사채의 발행을 금지하거나 정관으로 파생결합사채의 발행에 대해 이사회가 아닌 주주총회의 결의를 요구할 수 있는가. 주주총회와 이사회 간의 권한 배분에 대해서는 논란이 있다. 그런데 파생결합사채의 발행은 통상의 사업상의 위험이 아닌 위험을 부담하게 된다고 볼 수 있다. 이러한 위험 부담에 대하여 주주가 의사결정하도록 정관으로 정한다고 하여 이사회의 일반적인 업무집행 기능을 형해화하는 것은 아니므로 이러한 정관 조항은 유효하다고 보는 것이 합리적일 것이다.[85)]

3. 사채의 조건

상법 제469조 제2항 제3호는 파생결합사채를 " … 방법에 따라 상환 또는 지급금액이 결정되는 사채"로 정의하여 반드시 금전으로 상환·지급해야 하는 것인지에 대하여 의문이 제기될 수 있다. 사채는 통상 금전채권을 표창하고 금전으로 상환하겠지만 상법상

는 용어를 사용하고 있어도 이는 발행회사가 사채상 부담하는 주된 채무를 이행함을 의미하는 것으로 읽어야 할 것이다.

85) 주식회사의 기관간의 권한 배분에 대하여 특별히 금지할 이유가 없는 한 사적 자치의 여지를 폭넓게 인정하는 것이 타당하다는 견해로는 김건식·노혁준·천경훈(2022), 285쪽.

반드시 금전상환할 것이 요구되지는 않으며 금전이 아닌 물건으로 상환하는 것을 금지해야 할 이유는 별로 없다.

한편 자본시장법상 파생결합증권의 정의도 원래 " … 방법에 따라 지급금액 또는 회수금액이 결정되는 권리가 표시된 것"으로 되어 있어(자본시장법 제4조 제7항) 같은 의문이 발생할 수 있었고[86] 학자들의 견해도 나뉘었으나, 2013. 5. 28. 개정으로 " … 방법에 따라 지급하거나 회수하는 금전 등이 결정되는 권리가 표시된 것"이라고 개정하여 금전지급 이외에 현물로 상환하는 것도 가능함에 의문이 없도록 하였다.

상법상 파생결합사채 및 2013. 5. 28. 자본시장법 개정 이전의 파생결합증권의 본질적 속성은 발행자의 의무(투자자의 권리)가 기초자산에 연계하여 결정된다는 점에 있다. 원리금을 금전으로 지급하는가 아니면 다른 증권이나 기타 실물로 상환하는가는 원리금 상환의 결제방법에 그친다고 보아야 할 것이고 실물로 상환하는 경우에도 파생결합사채 또는 파생결합증권에 해당한다고 보는 것이 합리적이다.[87]

4. 자본시장법상의 규율

(1) 파생결합사채와 파생결합증권의 관계

가. 상법상의 파생결합사채와 자본시장법상의 파생결합증권

자본시장법은 증권을 채무증권, 지분증권, 수익증권, 투자계약증권, 파생결합증권, 증권예탁증권으로 분류하고 2011년 상법개정 전에는 상법상의 사채는 채무증권에 속했다. 그런데 자본시장법상의 파생결합증권의 정의를 보면 "기초자산의 가격·이자율·지표·단위 또는 이를 기초로 하는 지수 등의 변동과 연계하여 미리 정하여진 방법에 따라 지급하거나 회수하는 금전등이 결정되는 권리가 표시된 것"로 되어 있고 일정한 예외를 두고 있다(자본시장법 제4조 제7항). 자본시장법상 파생결합증권의 정의는 상법상의 파생결합사채의 정의와 대동소이하다. 다만 자본시장법상의 파생결합증권은 " … 결정되는 권리가 표시된 것"이므로 반드시 사채일 필요가 없고 자본시장법상의 증권에 해당할 수 있으면 모두 포함된다.

---

86) 당시도 자본시장법시행령은 파생결합증권이 현물인도형으로 발행될 수 있음을 전제로 한 조항(제139조 제2호 가목)을 두고 있었다.

87) 김건식·정순섭(2023), 68쪽, 임재연(2024), 69쪽.

나. 파생결합사채가 파생결합증권에 해당하는가[88)]

2011년 상법개정으로 파생결합사채가 사채의 한 종류가 됨으로써 파생결합사채를 자본시장법상 어떻게 규율할 것인가를 검토할 필요가 생겼고, 2013년 자본시장법 개정으로 정리되었다. 파생결합사채 중 투자원금(발행가액)과 이에 대한 수익 모두 기초자산의 가격 등의 변동과 연계된 경우(=원금비보장형)는 파생결합증권에 해당하고, 발행회사가 투자원금(발행가액)의 상환의무를 지고 투자원금에 대한 수익부분만 기초자산의 가격 등의 변동과 연계된 경우(=원금보장형)는 채무증권에 해당한다(자본시장법 제4조 제3항, 제7항 제1호). 발행회사가 원금상환채무를 부담하는지 여부에 따라 달리 취급하는 것이고 이는 자본시장법상 파생결합증권의 발행과 판매에 대한 엄격한 규율을 고려한 합리적인 입법이라고 하겠다.[89)]

다. 파생결합증권이 파생결합사채에 해당하는가

현재 발행되는 대표적인 파생결합증권 중 주가연계증권(ELS: equity linked securities)은 발행시 청약자가 일정한 대금을 납입하고 증권을 취득하며, 발행회사가 주가 또는 주가지수에 연동하여 산정한 금액을 지급할 의무를 부담하므로 상법 제469조 제2항 제3호의 파생결합사채의 정의에 부합되는데 의문이 없다.

주식워런트증권(ELW: equity linked warrants)의 경우에는 옵션을 증권에 화체한 것이기 때문에 상법상 사채에 해당하는지에 대하여 논란이 있을 수 있다. 실제 발행되는 ELW는 차액정산(현금결제)형으로만 발행되고 있으나 이론적으로는 옵션 행사시 옵션의무자의 채무이행 방법은 현물인도형과 차액정산형으로 나누어 볼 수 있다. 이 가운데 현물인도형 중 옵션행사의 효과가 매매계약의 체결에 그치고 양 당사자의 매매계약상의 의무가 남는 내용의 ELW라면 (옵션권리자가 자신의 채무를 먼저 이행하도록 옵션행사의 조건으로 정해져 있지 않는 한) 쌍무적인 채무가 남는 것이고 이를 상법상 사채에 해당한다고 보기는 어렵다. 그러나, 차액정산형[90)]의 경우에는 옵션행사로 인하여 옵션권리자가 미리 정한 방법으로 산정한 금액을 수령하는 것이고 옵션권리자가 옵션의무자에게 추가로 지급해야 하는 것

---

88) 이 점에 대한 상세한 논의는 박준(2012), 43-48쪽.

89) 이러한 파생결합증권과 채무증권의 구별기준에 따라 국내에서 발행되는 파생연계증권은 파생결합증권에 해당하는 주가연계증권(ELS: equity linked securities)과 기타파생결합증권(DLS: derivatives linked securities), 채무증권에 해당하는 주가연계파생결합사채(ELB: equity linked bonds)와 기타파생결합사채(DLB: derivatives linked bonds)로 분류하고 있다(☞ 제10장 제1절 Ⅳ. 파생연계증권).

90) 차액정산형 옵션이 화체된 ELW의 경우에는 옵션행사시 옵션권리자(ELW 소지인)가 옵션의무자(ELW 발행회사)로부터 ELW 조건에 따라 산정한 금액(기본적으로 현물인도형 옵션이었다면 옵션권리자가 수령할 자산의 시가에서 행사가액을 공제한 금액)을 지급받는다.

은 없다. 특히 실제 발행되는 ELW는 옵션 만기시에만 옵션을 행사할 수 있는 유럽형 옵션(European option)을 표창하고, 만기에 옵션행사하는 것이 옵션권리자에게 유리한 상황이 된 경우에는 자동적으로 옵션이 행사된 것으로 보고 산정한 금액을 발행회사(옵션의무자)가 증권소지인(옵션권리자)에게 지급하도록 한다. 다만, ELW에도 사채의 원금에 해당하는 것이 있는지가 문제될 수 있다.[91][92] 파생결합사채에 대한 투자는 단순히 신용위험에 대한 투자가 아닌(즉 투자원금에 대한 신용위험을 반영한 이자를 지급받는 것이 아닌), 다른 종류의 위험에 대한 투자이다. 이를 발행회사의 관점에서 보면 전통적인 사채는 자금조달 목적으로 발행하지만, 파생결합사채는 자금조달만을 목적으로 하는 것이 아니다.[93] 이는 파생결합사채에 담겨있는 위험의 성격이 다르다는 점에서 쉽게 드러난다. 이러한 파생결합사채의 특성을 고려할 때, 차액정산형 ELW에 전통적인 사채의 원금의 요소가 없다고 하더라도 발행회사의 편무적인 금전채무를 표창한다는 점에서 사채의 속성을 갖추고 있다고 볼 수 있고 그렇다면 파생결합사채에 해당한다고 봄이 합리적이다.

(2) 파생결합증권 발행 규제

자본시장법은 파생결합증권의 발행을 영업으로 하는 경우 원칙적으로 투자매매업 인가를 요구한다. 다만 전문투자자가 사업에 필요한 자금조달목적으로 발행하고 발행과 동시에 위험회피목적의 거래를 해야 하는 등의 요건을 갖춘 경우에는 예외로 하고 있다(자본시장법 제6조 제2항, 제7조 제1항 제2호, 자본시장법시행령 제7조 제1항, 자본시장법시행규칙 제1조의2). 따라서 파생결합사채 중 파생결합증권에 해당하는 경우 즉 원금비보장형인 경우에는 자본시장법상의 투자매매업인가를 받은 증권회사만이 그 발행을 영업으로 할 수 있고, 예외적으로 전문투자자에 해당하는 회사가 자금조달목적과 헤지거래 등의 요건을 갖추어야 그러한 파생결합증권을 적법하게 발행할 수 있다. 원금보장형인 파생결합사채는 자본시장법상 파생결합증권에 해당하지 않아 별도의 영업인가를 받지 않은 일반 회사가 발행하는데 대해 자본시장법상 제한이 없다.

영업이란 이익을 얻을 목적으로 계속적이거나 반복적인 방법으로 행하는 것을 의미하므로(자본시장법 제6조 제1항 본문) 일반회사가 파생결합증권을 1회 발행하거나 매우 장기간의 시간간격을 두고 발행하면 계속적·반복적 방법으로 행한 것인지 여부에 대해 다

91) ELW 발행시 ELW투자자가 발행회사에게 옵션프레미엄에 해당하는 금액을 지급하겠지만 이는 옵션의 가격에 해당하는 것이지 나중에 상환할 원금과는 거리가 있다.

92) 법무부(2012), 360쪽은 "ELS는 상법상 파생결합사채에 포함되나, 원본이 없는 ELW의 경우 상법상 파생결합사채에 해당하지 않는" 것으로 보고 있다.

93) 자본시장법시행령 제7조 제1항은 파생결합증권을 자금조달목적으로 발행하는 경우와 그렇지 않은 경우가 있음을 인정하고 있다.

툴 여지가 있겠지만, 이 경우에도 결국 그 증권 발행의 목적이 자금조달과 위험회피에 있는지 여부가 중요한 고려요소가 될 것이다. 그러한 목적이 없다면 결국 파생결합증권 발행를 통한 파생상품거래 자체를 영업으로 했다고 인정하기가 수월할 것이기 때문이다.

제 5 절 특별법에 따른 특수한 사채

Ⅰ. 담보부사채[94)]

1. 의의와 활용

(1) 의 의

담보부사채는 발행회사의 사채원리금 지급채무를 담보하는 물적 담보가 붙은 사채를 말한다. 사채가 전전 유통되더라도 사채권자가 가진 발행회사에 대한 권리가 그 물적 담보에 의하여 담보된다. 사채는 전전 유통됨을 전제로 하여 발행되는 것이고 다수의 사채권자가 있을 수 있으므로 부종성의 원칙이 요구되는 일반적인 담보법리에 따라 사채권자 각각에 대하여 담보권을 설정하는 것은 비현실적이다. 담보부사채신탁법은 신탁제도를 이용하는 방법으로 입법적으로 이 문제를 해결하였다. 즉 담보권은 수탁자인 신탁업자 앞으로 설정하되 그 담보권은 사채권자 전체의 이익을 위하여 신탁업자에게 귀속되며(담보부사채신탁법 제60조 제1항), 신탁업자는 사채권자 전체를 위하여 담보권을 보존하고 실행하여야 하며(제60조 제2항, 제68조), 사채권자는 채권액에 따라 평등하게 담보의 이익을 받는다(제61조).

(2) 활성화되지 않은 원인

실제 담보부사채가 발행된 건수는 많지 않다. 발행회사가 담보를 붙인 사채를 발행하여야 투자자들이 투자할만한 정도의 신용도를 가진 경우에는 담보부사채보다는 은행 등 금융기관의 보증을 붙인 보증사채가 더 활발하게 이용되었다. 보증사채에서는 신용도가 높은 보증인이 사채권자에게 사채원리금의 지급을 보증하고, 보증채무를 이행하는 경우 발행회사에 대하여 구상권을 행사하게 됨으로써 발행회사에 대한 신용위험을 보증인

94) 상세한 논의는 한민(2011), 317-355쪽.

이 부담한다. 보증인이 구상채권 확보를 위한 담보를 제공받는 경우 보증인과 발행회사간의 일대일 거래이므로 담보거래의 내용을 유연하게 정할 수 있다. 또한 2008년 자산유동화법 제정 이후에는 유동화증권의 발행으로 담보부사채의 기능을 대신할 수 있게 된 점도 담보부사채가 많이 활용되지 못하는 원인 중의 하나라고 할 수 있다.

2. 담보부사채의 발행과 담보부사채신탁법의 적용

(1) 담보부사채신탁법상 담보부사채의 규율

담보부사채신탁법은 담보부사채의 발행방법(제3조), 붙일 수 있는 담보의 종류의 제한(제4조), 발행회사와 담보권을 가지는 신탁업자 간의 신탁계약의 기재사항(제12조부터 제15조)과 효력(제59조부터 제85조), 담보부사채의 모집에 관한 사항(제17조부터 제29조), 사채권·사채원부·사채권자집회에 관한 사항(제31조부터 제58조), 담보수탁자인 신탁업자의 규율(제5조부터 제11조, 제86조부터 제95조) 등을 상세하게 규정하고 있다. 담보부사채신탁법에 따라 담보권의 부종성 원칙에 대한 예외가 인정된다는 점에 비추어 볼 때 사채에 물상담보를 붙인 담보부사채는 반드시 담보부사채신탁법에 따라 발행하여야 한다고 보아야 할 것이다.

(2) 담보부사채와 별도계약에 의한 담보제공의 구별

사채에 붙인 담보가 사채의 전전유통에도 불구하고 사채권자를 위한 담보로서의 효력을 가지는 사채는 담보부사채신탁법에 따라 발행하여야 한다. 이에 반하여 사채계약과는 별도로 발행회사가 특정(또는 특정시점)의 사채권자와의 개별계약에 의하여 사채원리금 지급채무를 담보하는 물적 담보를 제공하는 경우에는 '사채에 물상담보를 붙이는 것'에 해당되지 않는다고 보아 담보부사채신탁법이 적용되지 않는다. 이러한 거래는 그 특정의 사채권자에게 담보를 제공한 것이고 사채권이 전전유통될 때 담보가 사채권을 따라 이전되는 것은 아니므로, 발행회사의 사채 발행과는 별도로 채권자(=특정 사채권자)와 채무자(=발행회사) 간의 통상의 담보법리에 따라 담보계약이 체결되는 것에 불과하기 때문이다. 담보부사채신탁법에 따르지 않고 사채를 사모로 발행하면서 (사채의 조건상 사채 자체는 무담보사채로 발행됨) 최초의 사채권자에게 담보를 제공하는 경우[95]가 여기에 속한다.

---

95) 예컨대, 발행회사가 은행과 대출 등 여신거래상의 채권 담보로 발행회사가 소유한 부동산에 이미 포괄근저당권을 설정한 상태에서, 은행에 사모사채를 발행하면 이 사모사채는 기존의 포괄근저당권으로 담보된다고 보는 것이 합당하다. 사채 자체는 무담보사채로 발행되었지만, 사채권자와 발행회사 간의 별개계약(즉, 포괄근저당권 설정계약)에 따라 사채원리금지급채무에 대한 담보가 제

(3) 담보부사채신탁법상의 사채에 대한 물상담보와 신탁법상의 담보권신탁

2011. 7. 25. 개정되어 2012. 7. 26. 시행된 신탁법은 "담보권의 설정"을 신탁행위의 하나로 열거함으로써(제2조), 담보권신탁이라는 새로운 유형의 신탁의 설정이 가능하게 되었다. 위탁자(=담보설정자)가 수탁자에게 자기 소유 재산에 대한 담보권(예: 부동산상의 근저당권)을 설정함으로써 그 담보권을 신탁재산으로 하여 신탁을 설정하되 채권자를 수익자로 지정하는 형태의 신탁이 '담보권신탁'이다. 담보권신탁은 채권자(=신탁의 수익자)와 담보권자(=신탁의 수탁자)가 분리되지만 채권자가 신탁의 수익자로서 담보이익의 귀속 주체가 된다는 점에서 담보물권의 부종성의 원칙의 기본취지에 부합하는 행위로 신탁법이 인정한 것이라고 할 수 있다(상세한 내용은 ☞ 제6장 제3절 Ⅰ. 담보권신탁). 신탁법은 담보권신탁을 설정할 수 있음을 정하고 있을 뿐 담보권 또는 피담보채무의 종류, 수익자에 대한 제한 등에 관하여 아무런 조항을 두고 있지 않다. 신탁법상의 담보권신탁을 이용하여 담보부사채를 발행할 수 있는 것 아닌가 라는 논의가 있을 수 있으나 담보부사채신탁법에서 담보부사채에 관하여 구체적인 여러 조항을 두고 있음에 비추어 보면 담보부사채는 담보부사채신탁법에 따라 발행하여야 한다고 보는 것이 타당할 것으로 보인다. 2011년 신탁법 개정으로 담보권신탁의 개념이 도입된 이상 신탁법상의 담보권신탁의 규율과 담보부사채신탁법상의 담보부사채 규율이 조화를 이룰 수 있도록 입법적으로 정비할 필요가 있다.

3. 사채에 붙일 수 있는 물상담보

2018년 개정전 담보부사채신탁법 제4조는 사채에 붙일 수 있는 물상담보를 동산질, 증서가 있는 채권질, 주식질과 부동산저당이나 그 밖에 법령에서 인정하는 각종 저당이라는 4가지 유형의 담보물권으로 한정하고 주식을 담보목적물로 하려면 금융위원회의 인가를 받도록 하고 있었다. 이렇게 사채에 붙일 수 있는 물상담보의 유형을 한정한 취지는 '집단적이고 장기인 사채권자의 이익을 위하여 제한적으로 정한 것', '계속적 담보로서 적절한 것', '신탁법리의 적용에 지장이 없을 것', '사채의 계속성 및 절차의 간략화 요청' 등으로 설명되고 있으나, 담보의 종류를 이와 같이 제한하는 이유로서는 설득력이 약하다.[96)]

공된 것이다. 발행회사가 사모사채를 은행에게 발행한 후 나중에 포괄근저당권이 설정된 경우에도 사채원리금지급채무는 포괄근저당권으로 담보된다고 보아야 한다.

96) 일본 담보부사채신탁법은 사채에 붙일 수 있는 물상담보의 종류를 확대해 오다가 2006년 개정으로 제한조항을 삭제하였다. 일본 담보부사채신탁법에서 물상담보 제한을 철폐한 이유는 일본의 2006년 개정 신탁법상 모든 유형의 담보권에 대하여 담보권 신탁을 인정하는 입법이 이루어졌기 때문인 것으로 보인다.

이에 2018. 2. 21.자로 담보부사채신탁법 제4조를 개정하여(2018. 8. 22. 시행), 담보의 종류로 동산·채권 등의 담보에 관한 법률에 따른 담보권 및 대통령령으로 정하는 담보권을 추가하고 상장회사가 아닌 회사가 발행한 주식을 물상담보의 목적으로 하는 경우에 한하여 금융위원회의 인가를 받도록 함으로써 사채에 붙일 수 있는 물상담보의 범위를 확대하였다.

4. 발행절차

담보부사채는 사채에 물적 담보를 붙인 것이므로 사채 발행에 관한 발행회사의 내부 승인 절차는 기본적으로 담보가 붙지 않은 사채를 발행하는 경우와 마찬가지이다. 이에 추가하여 담보를 설정한다는 점 및 신탁업자와 신탁계약을 체결한다는 점에 대하여 이사회의 승인이 필요할 것이다. 담보부사채신탁법은 외국에서 물적 담보를 붙이는 사채를 모집하는 경우에는 외국회사를 수탁자로 정할 수 있지만 이 때는 금융위원회의 인가를 받아야 한다(제11조 제1항).

5. 담보부사채신탁법의 문제점

(1) 담보부사채신탁법의 성격과 문제점

담보부사채신탁법은 담보부사채 발행에 관한 종합적인 법률로 사채권자와 담보수탁자인 신탁업자 및 발행회사의 사법적인 권리의무에 관한 사항을 규율함으로서 민·상법과 신탁법에 대한 특별법적인 성격을 가지고 있을 뿐 아니라, 신탁업자의 규제와 감독도 함으로써 자본시장법에 대한 특별법적인 성격도 가지고 있다. 담보부사채신탁법은 1962년에 입법된 후 몇 차례 개정되었으나 상법과 신탁법 등의 법제의 발전에 상응하는 개정이 이루어지지 못하여 입법적인 보완이 필요한 상태에 있다.

(2) 사채권자의 담보의 이익 향유에 관한 사항

사채권자의 담보의 이익의 향유에 관하여 담보부사채신탁법은 담보의 종류를 제한하는 점 외에도 유질계약 및 간이변제충당의 금지(제63조, 제71조 제2항) 등 사채권자의 이익을 위하여 필요한 것인지 의문이 있는 조항들을 두고 있다. 또한 담보부사채신탁법상 담보수탁자인 신탁업자가 담보권 실행(제71조 제1항), 총사채권자를 위한 소송행위 또는 파산절차에 따른 행위(제75조)를 하기 위해서는 사채권자집회 결의가 필요하도록 하고 사채권자집회 결의 요건을 미리 배제하는 약정을 할 수 있는 여지를 두지 않았다. 이는 미리 사채관리계약상 사채권자집회의 결의 없이 할 수 있다고 정해 놓은 경우에는 사채관리회사가 사채 전부에 관한 소송행위와 채무자회생 및 파산에 관한 절차에 속하는 행위를 할 수 있도록 한 상법(제484조 제4항)의 규율보다 경직적이다. 담보부사채신탁법은 사채권자집회에 관하여 결의요건(제45조 제1항), 의결권의 제한(제45조 제4항 단서), 결의 효력발생에 대한 법원의 관여 방법(제50조), 결의할 사항을 위임받을 대표자의 요건(제55조 제2항) 등 현행 상법과 상이한 여러 조항을 두고 있다. 담보부사채이기 때문에 특별히 달리 취급할 이유가 없는 한 상법과 일관성을 갖추도록 할 필요가 있다.

(3) 담보수탁자의 이익충돌에 관한 사항

담보부사채신탁법 제18조는 담보수탁자인 신탁업자가 발행회사로부터 사채모집을 위임받을 수 있고, 이 경우 신탁업자가 채권의 발행, 사채의 상환과 이자의 지급에 관한 모든 행위를 할 수 있는 권한을 가지는 것으로 정하고 있다. 신탁업자는 한편으로는 발행회사를 위하여 사채의 모집 및 원리금의 지급에 관한 행위를 하는 권한을 가지고(제18조), 다른 한편으로는 총사채권자를 위하여 담보를 보존하고 실행하며(제60조) 총사채권자를 위하여 채권변제를 받는데 필요한 모든 행위를 할 권한을 가진다(제73조). 정면으로 이익이 충돌하는 두 지위를 가지고 있는 것이다. 2011년 상법개정 이전의 사채모집 수탁회사가 안고 있던 것과 동일한 문제이고 담보수탁자는 사채권자를 위하여 담보권을 가지고 있다는 점에서 이익충돌의 문제가 더 심각하다. 2011년 상법개정과 마찬가지로 담보부사채의 담보수탁자인 신탁업자는 오로지 사채권자를 위하여 행동할 권한과 의무를 지는 지위에 있도록 개정할 필요가 있다. 담보부사채신탁법상 담보수탁자인 신탁업자가 사채총액인수를 할 수 있다고 한 조항도 마찬가지로 2011년 상법개정[97]에 맞추어 개정되어야 한다.

(4) 담보수탁자(신탁업자)의 규제 감독에 관한 사항

담보부사채신탁법상의 담보수탁업무는 자본시장법상의 신탁업에서 제외되어 담보부사채신탁업법으로 규율하게 되어 있다(자본시장법 제7조 제5항). 신탁법에 담보권신탁 제도가 도입됨에 따라 일반적으로 담보권을 수탁하는 업무는 자본시장법 개정에 의하여 동법상의 신탁업으로 규율될 것으로 예상되고 있으므로 앞으로도 담보부사채의 담보를 수탁하는 업무를 별도의 법률로 규율할 특별한 이유가 있을지는 의문이다.

---

97) 상법상 사채의 인수인은 그 사채의 사채관리회사가 될 수 없다(제480조의3 제2항).

(5) 국제적인 담보부사채의 발행에 관한 사항

현행 담보부사채신탁법상 담보부사채의 국외모집에 관한 조항(제11조)의 적용요건과 범위에 관하여 해석상 논란의 여지가 있다.[98] 이 문제는 담보부사채신탁법을 위반한 담보부사채의 발행시 담보 및 사채의 효력에 관한 논란과 맞물려 국제적인 담보부사채의 발행에 법적 불확실성을 높이고 있다.

Ⅱ. 이중상환청구권부 채권(커버드본드 Covered Bond)

1. 의의 및 유사한 증권과의 비교

(1) 의 의

커버드본드는 은행 그 밖의 일정한 적격 금융기관이 이중상환채권법에 따라 발행하는 채권으로서 발행기관에 대한 상환청구권과 함께 발행기관이 담보로 제공하는 기초자산집합에 대하여 제3자에 우선하여 변제받을 권리를 가지는 채권이다(동법 제2조 제3호). “이중상환청구(dual recourse)”라고 하는 것은 발행인과 담보자산 양쪽에 대하여 상환청구를 할 수 있다는 의미이다. 이중상환채권법은 2008년 글로벌 금융위기를 계기로 금융기관을 위하여 금융위기시에도 작동할 수 있는 안정적인 장기자금조달을 확보하고 가계부채에서 상당한 비중을 차지하는 주택담보대출의 장기화를 통하여 가계부채 구조개선을 지원하기 위하여 제정되었다.[99] 2011년 현재 유럽의 27개국과 유럽외 지역 5개국에서 커버드본드의 발행을 위한 근거 법률을 따로 제정하고 있고, 미국에서도 커버드본드의 법제화 움직임은 있으나 아직 입법으로 이어지지 않고 있다.[100] 이와 같이 법령의 규정에 근거하여 발행되는 커버드본드를 “법정 커버드본드(statutory covered bond)”라고 한다. 한국주택금융공사법에 의하여 한국주택금융공사가 발행하는 주택저당채권담보부채권(MBB: mortgage backed bond)도 법정 커버드본드에 해당된다(동법 제30조, 제31조 제2항 및 제3항).

(2) 담보부사채 · 유동화증권과의 비교

커버드본드는 담보부사채 및 유동화증권과 유사하지만 차이가 있다. 담보부사채의

98) 상세한 논의는 한민(2011), 330-341쪽.
99) 김용호 · 윤수진 · 최용호(2014), 116-117쪽.
100) 이미현(2014), 263-264쪽. 커버드본드에 관한 외국의 주요 입법례는, 김용호(2011), 260-270쪽.

[표 8-1] 이중상환청구권부 채권과 담보부사채·유동화증권의 비교

구분	커버드본드	담보부사채	유동화증권
근거법률	이중상환청구권부 채권 발행에 관한 법률	담보부사채신탁법	자산유동화법
발행주체	은행 기타 일정한 적격 금융회사 등	주식회사	적격 기업(금융회사포함)
담보자산	주택담보대출채권, 공공부문대출채권, 선박·항공기 담보대출채권 국채·지방채·공채 등	동산, 채권, 주식, 부동산 등	채권, 부동산, 기타 재산권
발행구조	자산보유자가 직접 발행(담보자산 구분관리, 담보자산 감시인 선임)	자산보유자가 직접 발행(담보자산에 담보권 설정)	자산보유자가 SPV에게 자산 양도·신탁하고 SPV가 증권 발행
담보자산의 회계처리	자산보유자가 계속 보유(on-balance)	자산보유자가 계속 보유(on-balance)	양도자산의 위험과 보상의 이전 여부에 따라 자산보유자의 부외처리(off-balance) 여부 결정
자산보유자 도산시 담보자산의 취급	파산재단·회생절차 대상 재산에 속하지 않음	파산절차에서 별제권, 회생절차에서 회생담보권	유동화자산: 자산보유자의 파산·회생절차와 관계 없음(진정양도)
'자산보유자의 다른 자산'에 대한 채권자의 권리	있음	있음	없음

경우에는 발행기관이 회생절차에 들어가면 회생담보권으로 취급되어 사채권자가 담보를 실행할 수 없게 되는데 반하여 커버드본드 소지자는 발행기관의 파산·회생절차와 관계없이 담보로부터 회수할 수 있다. 자산유동화의 경우 자산보유자가 파산·회생절차에 들어가더라도 유동화증권 소지자는 유동화자산으로부터 채권을 회수할 수 있지만 유동화자산이 부실화되는 경우 유동화증권의 원리금이 모두 지급되지 않을 수 있다.[101] 이에 반하여 커버드본드의 경우 담보자산이 부실화되더라도 발행기관의 다른 일반자산이 채무이행을 위한 책임자산으로 남아 있으므로 커버드본드 소지자는 발행기관이 도산상황이 아닌 한 채권을 회수할 수 있게 된다.

101) 2008년 미국 서브프라임대출채권의 부실화로 인하여 그 대출채권을 유동화자산으로 하여 발행한 유동화증권의 원리금이 지급되지 못하는 현상이 발생하였다. 이에 대한 분석은 박준(2008), 4-38쪽.

2. 적격 발행기관

은행(한국산업은행, 한국수출입은행, 중소기업은행, 농협은행, 수협은행 포함) 또는 한국주택금융공사로서 자본금 1,000억원 이상, 자기자본비율(BIS비율) 10% 이상, 커버드본드 발행 관련 위험을 관리·통제할 수 있는 절차·수단을 갖춘 경우에만 커버드본드를 발행할 수 있다(이중상환채권법 제4조 제1항, 동법시행령 제2조). 커버드본드를 발행하려는 금융회사 등은 발행계획에 관한 사항과 기초자산집합에 관한 사항을 금융위원회에 등록하여야 한다(이중상환채권법 제6조 제1항).

3. 담보자산(=기초자산집합 Cover Pool)의 요건과 관리

커버드본드의 원리금 지급을 담보하는 담보자산인 기초자산집합은 (i) 기초자산, (ii) 유동성자산 및 (iii) (기초자산과 유동성자산으로부터의) 회수금 등 그 밖의 자산으로 구성된다(이중상환채권법 제5조). 그 중 기초자산은 주택에 대한 1순위 저당권(또는 근저당권)으로 담보되는 대출채권으로서 주택담보 대비 대출비율(70% 이하) 및 그 밖에 시행령이 정하는 요건을 갖춘 주택담보대출채권, 담보가치 대비 대출비율이 70% 이하인 선박·항공기담보대출채권, 국가·지방자치단체·법률에 따라 직접 설립된 법인에 대한 대출채권, 그들이 발행한 국채·지방채 등 채권(債券), 또는 주택담보대출채권을 기초 또는 담보로 하여 발행된 유동화증권 등 시행령이 규정한 증권으로 제한되어 있다. 발행기관은 기초자산집합의 종류와 명세를 금융위원회에 등록하고(이중상환채권법 제6조), 다른 자산과 구분관리하여야 하며(이중상환채권법 제8조), 금융위원회 승인을 얻어 일정한 자격을 갖춘 기초자산 감시인을 선임하여야 한다(이중상환채권법 제9조). 감시인은 기초자산집합에 대한 회계감사, 자산의 적격요건과 담보유지비율에 대한 실사·평가 등의 업무를 행하고(이중상환채권법 제11조 제1항), 우선변제권자[102)]를 위하여 기초자산집합의 관리·유지·처분에 필요한 재판상·재판외의 모든 행위를 할 권한이 있으며 선관주의의무와 더불어 우선변제권자의 이익을 보호할 의무를 진다(이중상환채권법 제10조).

102) 커버드본드 소지자 및 이중상환채권법 제13조 제2항에 의한 파생상품거래 채권, 비용채권 및 감사인의 보수채권을 보유하는 자를 말한다.

4. 기초자산집합의 도산절연 및 커버드본드 채권자의 우선변제권

발행기관의 파산·회생절차 개시·기업구조조정관리절차(=기업구조조정촉진법에 따른 채권금융기관, 채권은행의 공동관리 또는 주채권은행에 의한 관리절차) 개시시 기초자산집합은 파산재단, 회생절차의 관리인이 관리·처분 권한을 가지는 채무자의 재산 또는 기업구조조정관리절차상 관리대상이 되는 재산에 속하지 않으며, 채무자회생법에 따른 보전처분, 중지명령 또는 포괄적 금지명령의 대상이 되지 않는다(이중상환채권법 제12조).

커버드본드 소지자는 기초자산집합으로부터 제3자에 우선하여 변제받을 권리를 가지고(이중상환채권법 제13조 제1항),[103] 채권 원리금의 전부 또는 일부를 변제받지 못한 경우에는 발행기관의 다른 재산으로부터 변제받을 수 있으며, 그 변제받지 못한 채권의 범위에서 발행기관의 파산절차나 회생절차에 참여할 수 있다(이중상환채권법 제13조 제4항). 커버드본드 소지인 등 우선변제권자는 우선변제권에도 불구하고 지급기일에 발행기관에 대하여 그 채권의 지급을 청구할 수 있으며, 발행기관은 우선변제권을 이유로 그 지급의 전부 또는 일부를 거절하거나 유예하지 못한다(이중상환채권법 제14조).

103) (i) 커버드본드 발행계획에 따라 환율 또는 이자율의 변동, 그 밖에 기초자산집합과 관련한 위험을 회피하기 위하여 체결한 파생상품 거래로 인하여 취득하는 채권, (ii) 커버드본드의 상환·유지 및 관리와 기초자산집합의 관리·처분 및 집행을 위한 비용채권 및 (iii) 감시인의 보수채권을 보유하는 자도 커버드본드 소지자와 동일한 우선변제권을 가진다(이중상환채권법 제13조 제2항).

참고문헌

김건식(1999) 김건식, "워런트(warrant)의 도입을 위한 소론", 서울대학교 법학 제40권 제1호(서울대학교 법학연구소, 1999)

김건식·노혁준·천경훈(2024) 김건식·노혁준·천경훈, 회사법(제8판)(박영사, 2024)

김건식·정순섭(2023) 김건식·정순섭, 자본시장법(제4판)(박영사, 2023)

김동수·이민규·신철민(2018) 김동수·이인규·신철민, "자기주식의 회계처리와 세무상 쟁점의 검토", BFL 제87호(서울대학교 금융법센터, 2018. 1.)

김선웅(2002) 김선웅, "두산이 발행한 해외신주인수권부사채의 법적 문제", 기업지배구조연구 제6호(좋은기업지배구조연구소, 2002 겨울)

김용호(2011) 김용호, "커버드본드(Covered Bond)의 법적 이해와 과제", 이화여자대학교 법학논집 제15권 제3호(이화여자대학교 법학연구소, 2011. 3.)

김용호·윤수진·최용호(2014) 김용호·윤수진·최용호, "이중상환청구권부 채권 발행에 관한 법률의 제정과 커버드본드의 법률관계", BFL 제65호(서울대학교 금융법센터, 2014. 5.)

김진욱(2001) 김진욱, "Refixing Option의 위법성에 대하여", 기업지배구조연구 제1호(좋은기업지배구조연구소, 2001 겨울)

김홍길(2010) 김홍길, "지배권 강화 및 경영권 승계에 이용되는 편법적 BW발행 사례", 기업지배구조연구 제34호(좋은기업지배구조연구소, 2010 봄)

박용린·천창민(2018) 박용린·천창민, "한국형 SAFE 도입의 경제적 의의와 법적 쟁점", 이슈보고서 18-10(자본시장연구원, 2018. 10. 31.)

박준(2008) 박준, "서브프라임대출관련 금융위기의 원인과 금융법의 새로운 방향 모색", 국제거래법연구 제17집 제2호(국제거래법학회, 2008. 12.)

박준(2012) 박준, "상법상 사채의 속성", 상사법연구 제31권 제3호(한국상사법학회, 2012)

박준(2017) 박준, "회사채 관련 법제의 개선", 상사법연구 제36권 제1호(한국상사법학회, 2017)

법무부(2012) 법무부, 상법 회사편 해설(도서출판 동강, 2012)

서태경(2007) 서태경, "납입가장행위에 대한 형사책임", 한양법학 제21집(한양대학교, 2007)

성희활(2022) 성희활, "조건부지분인수계약(SAFE)의 법적 문제 — 유가증권법정주의를 중심으로 —", 상사법연구 제40권 제4호(한국상사법학회, 2022. 2.)

심다은(2024) 심다은, "전환사채의 전환의 조건의 현황 및 문제점: 공시서류에 나타난 전환의 조건 비교를 중심으로", 상사법연구 제42권 제4호(한국상사법학회, 2024. 2.)

윤평식(2020) 윤평식, "제3자에게 콜옵션을 부여하는 전환사채의 문제점에 관한 연구", 한국증권학회지 제49권 제3호(한국증권학회, 2020)

이미현(2014) 이미현, "커버드본드 법제화의 효용과 한계", 상사법연구 제33권 제3호(한국상사법

학회, 2014)

이철송(2022) 이철송, 회사법(제30판)(박영사, 2022)

임재연(2024) 임재연, 자본시장법(박영사, 2024)

조민제(2003) 조민제, "전환사채의 전환권 행사에 따른 주식의 액면미달 발행의 허용여부에 관한 소고", 증권법연구 제4권 제2호(증권법학회, 2003)

조민제·조남문(2007) 조민제·조남문, "의무전환 조건부 전환증권의 허용여부에 대한 검토", 법조 제607호(법조협회, 2007. 4.)

한민(2006) 한민, "전환사채·신주인수권부사채 및 교환사채 채권자의 도산절차에서의 지위", 민사판례연구[XXVIII](박영사, 2006)

한민(2011) 한민, "담보부사채 발행제도의 법적 문제점과 개선방향", 이화여자대학교 법학논집 제16권 제1호 (이화여자대학교 법학연구소, 2011)

한국상사법학회(2013) 한국상사법학회 편, 주식회사법대계 Ⅲ(법문사, 2013)

한석훈(2015) 한석훈, "가장납입의 효력과 형사책임 — 회사 자본금 제도의 특성과 범죄의 보호법익을 기초로", 기업법연구 제29권 제1호(한국기업법학회, 2015)

허일태(2005) 허일태, "가장납입과 형사책임", 형사법연구 제23권(한국형사법학회, 2005)

江頭憲治郎(2010) 江頭憲治郎 編, 会社法コンメンタール〈16〉社債 (商事法務, 2010)

武井一浩 외(2017) 武井一浩·郡谷大輔·濃川耕平·有吉尚哉·高木弘明(編著), 資金調達ハンドブック〔第2版〕(商事法務, 2017)

上柳克郎·鴻常夫·竹内昭夫(1988) 上柳克郎·鴻常夫·竹内昭夫 編, 新版 注釈会社法(11) (有斐閣, 1988)

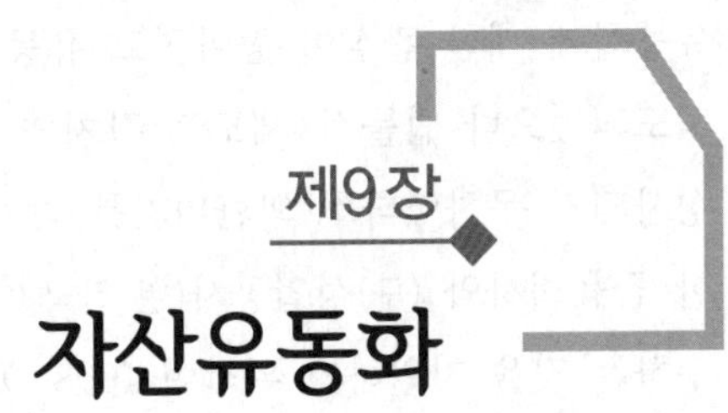

제9장 자산유동화

제1절 총 설[1)]

I. 자산유동화에 대한 법적 규율 체계와 이용 현황

1. 자산유동화의 의의와 자산유동화법 제정 경위

자산의 유동화(流動化)는 유동성(liquidity)이 적은 자산을 보유하는 자가 이를 특별목적기구(Special Purpose Vehicle: SPV)에 분리·이전하여 특별목적기구로 하여금 그 자산을 기초로 유동성이 높은 증권·증서를 발행하도록 함으로써 자본시장에서 자금을 조달하는 금융기법이다. 자산이 증권으로 변환된다는 점에서 자산의 유동화를 자산의 "증권화(securitization)"라고도 부른다. 현대적 의미의 자산유동화는 1970년 미국의 정부저당금융공사(Government National Mortgage Association: Ginnie Mae)가 주택저당대출채권을 대량으로 증권화한 데에서 시작되었다. 1983년 선순위 투자자에 대한 지급이 안정적으로 확보될 수 있도록 여러 순위의 증권을 발행하는 구조의 CMO(Collateralized Mortgage Obligations: 주택담보대출담보부증권)가 발행되었고, 그 후 리스료 채권, 자동차대출채권, 신용카드채권의 증권화에 각각 성공함으로써 자산유동화의 대상자산이 크게 확대되었다.[2)]

1) 제9장 제1절 및 제2절의 내용은 온주 자산유동화법(2016), 전주(총설)(한민 집필)과 제2조 주석(한민 집필)의 내용을 수정, 보완하고, 그 후의 법 개정 내용을 반영한 것이다.

2) Fuller(2012), pp. 186-187.

우리나라에서도 1997년 초중반 경부터 종합금융회사 등 금융회사를 중심으로 자산유동화에 대한 관심이 높아졌고 유동성 확보를 위하여 실제로 다수의 자산유동화거래가 시도되었으나 법률적·제도적 장치의 미비와 1997년 하반기에 발생한 외환위기로 인하여 성사되지 못하였다.[3] 외환위기를 맞아 많은 부실채권이 발생함에 따라 부실채권을 보유한 금융회사와 (구)성업공사(현 한국자산관리공사)가 이를 효율적으로 처분하여 자금을 회수하는 것을 지원하기 위하여 1998. 9. 16. 자산유동화법이 제정·시행되었다. 자산유동화법은 외환위기의 와중에서 양산된 부실채권을 자산유동화거래를 통하여 효율적으로 정리하는 데에 크게 기여하였고,[4] 그 후 자산유동화법이 제공하는 각종 거래법 및 규제법상의 특례, 투자자 보호 장치, 자산유동화를 지원하기 위한 세법상의 조세 혜택 등에 힘입어, 우리 금융시장에서 다양한 기법에 의한 자산유동화거래가 활성화될 수 있었다.

한편, 장기채권인 주택저당채권의 유동화 촉진을 위해서는 특별목적기구뿐만 아니라 실체를 가진 회사가 자산유동화를 할 필요도 있었으므로 한국주택금융공사법에 따라 주택저당채권을 기초자산으로 하는 한국주택금융공사의 자산유동화거래를 지원하고 있다.[5]

2. 자산유동화에 대한 법적 규율 체계

(1) 등록유동화와 비등록유동화

가. 자산유동화법

자산유동화법은 자산유동화제도의 확립과 투자자 보호를 위하여 자산유동화의 거래구조, 특별목적기구의 구성 및 업무 수행, 자산유동화계획 및 유동화자산의 양도등록 등에 의한 거래 내용 및 유동화자산에 관한 공시, 유동화증권의 발행, 유동화자산의 관리 등에 관하여 독자적인 규제를 마련하고 있다. 또한, 자산유동화법은 기존 법제도상의 제약이나 법적 불확실성을 제거해 주고 자산유동화거래를 용이하게 할 수 있도록 거래당사자들의 사법상 권리의무 관계에 관하여 민법, 상법, 신탁법, 자본시장법, 채무자회생법 등에 대한 다양한 특례 규정을 두고 있고, 금융업에 적용되는 기존의 규제와 채권양도, 저

3) 김용호·이선지(2009), 95쪽.

4) 자산유동화를 통한 국내외 금융위기의 극복에 관하여는 박훤일(2009), 296-302쪽, 311쪽.

5) 본래는 1999. 1. 29. 주택저당채권유동화회사법을 제정하여(1999. 4. 30. 시행) 주택저당채권유동화회사가 주택저당채권을 양수하여 이를 기초로 유동화증권을 발행할 수 있도록 하였으나, 2003. 12. 31. 제정된 한국주택금융공사법(2004. 3. 1. 시행)에 따라 한국주택금융공사가 주택저당채권유동화회사의 영업을 양수하였다. 그 후 주택저당채권유동화회사법은 사실상 이용되고 있지 않다가 2015. 7. 24. 폐지되었다.

당권·부동산소유권의 이전 등과 관련한 절차 및 비용의 부담을 완화해 주고 있다.[6)7)]

자산유동화를 반드시 자산유동화법에 의하여 행하여야 하는 것은 아니다. 자산유동화법에 의한 자산유동화를 하려는 경우에는 금융위원회에 자산유동화계획을 등록하여야 하고(동법 제3조 제1항), 이 경우 자산유동화법이 전면적으로 적용된다. 자산유동화법에 의한 유동화는 자산유동화를 지원하기 위한 동법상의 특례가 필요한 주택저당대출채권(채권양도의 대항요건, 저당권의 이전, 근저당권 피담보채권의 확정 등에 관한 특례), 대출채권·카드채권·매출채권 등의 집합채권(채권양도의 대항요건 특례), 리스채권(시설대여계약상 채권의 유동화에 관한 특례) 등을 유동화자산으로 하는 경우에 주로 이용되고 있다.

자산유동화거래는 자산유동화법 밖에서도 할 수 있다. 자산유동화법에 의하지 아니한 자산유동화는 자산유동화계획의 등록을 요하지 아니하고, 이러한 이유로 실무에서는 이를 "비등록유동화"[8)]라고 부른다. 이와 대비하여 자산유동화법에 의한 자산유동화거래는 "등록유동화"라고 한다. 2005년경부터 자산유동화법에 의한 자산유동화에 주어지는 특례를 굳이 필요로 하지 않는 거래(대표적으로 부동산 프로젝트금융 유동화[9)])를 중심으로, 감독당국의 규제에 따른 부담이나 거래 비용을 줄이기 위해 자산유동화법에 의하지 아니한 비등록유동화거래가 늘어나기 시작하였다. 최근에는 비등록유동화거래가 자산유동화거래에서 더 큰 비중을 차지하고 있다. 자산유동화법은 비등록유동화에 대하여는 적용되지 않았으나, 2023. 7. 11. 개정(2024. 1. 12. 시행) 자산유동화법(이하 제9장에서 "2024년 개정법"이라고 함)에 의하여, 비등록유동화의 경우에도 제한된 범위이기는 하지만 등록유동화와 마찬가지로 자산보유자 등의 유동화증권 의무보유(☞ 제2절 Ⅳ.5.) 및 유동화증권의 발행내역 등 공개(☞ 제4절 Ⅱ.2.)에 관하여 신설된 규제가 적용된다.

나. 금융규제법 및 거래법

자산유동화법에 의한 등록유동화거래와 자산유동화법에 의하지 아니한 비등록유동

---

6) 자산유동화에 관한 입법은, 법 제정 이전에 시도되었던 자산유동화거래들이 좌절되었던 과정에서 제기되었던 문제점들을 중심으로 하여, 대체로 자산유동화절차의 간소화, 도산위험의 최소화와 비용절감 및 세제상의 혜택 부여라는 세 가지 관점에서 추진되었다{자산유동화 실무연구회(1999), 292쪽}.

7) 2021. 10. 18. 정부는 자산유동화에 관한 법률 일부개정법률안(의안번호: 2112873)을 국회에 제출하였고 현재 국회 정무위원회에 계류 중이다. 개정법률안은 자산보유자 및 유동화자산의 범위 확대, 자산유동화계획 등의 등록제도 개선, 자산관리자의 범위 확대 및 선관주의의무 부여, 유동화전문회사의 설립 형태 등에 관한 규제 개선, 유동화증권의 발행내역의 공개 및 의무보유 제도 도입 등 상당히 넓은 범위에 걸친 개정을 제안하고 있다.

8) "비전형유동화" 또는 "유사유동화"라고도 부른다.

9) 부동산개발사업(예컨대, 신축아파트의 분양)을 위한 프로젝트금융의 대출채권을 기초자산으로 하는 자산유동화거래이다.

화거래는 모두 자본시장법 등 금융규제법에 의해 규제된다. 자본시장법에 의한 증권 발행시장 및 유통시장의 공시 규제와 집합투자 규제, 자산유동화 거래에 참여하는 자산보유자, 자산관리자, 업무수탁자, 신용보강자, 투자자 등에 대한 해당 금융규제법에 의한 업규제·영업행위 규제 등이 그 대표적인 것이다. 자산유동화거래의 사법적 법률관계에 대하여는, 자산유동화법에서 등록유동화에 관하여 특별히 정하고 있는 경우를 제외하고는, 민법, 상법, 신탁법, 채무자회생법 등 거래법이 적용된다.

(2) 한국주택금융공사법에 의한 채권유동화

한국주택금융공사법도 넓게는 '자산의 유동화'에 관한 법률의 범주에 속한다.[10] 한국주택금융공사(이하, "공사"라고 함)는 한국주택금융공사법에 따라 금융기관으로부터 양수한 주택저당채권[11] 또는 학자금대출채권[12]을 기초자산 또는 담보자산으로 하여 주택저당증권(Mortgage Backed Securities: MBS), 주택저당채권담보부채권(Mortgage Backed Bond: MBB)과 학자금대출증권을 발행한다. 공사가 이와 같이 주택저당증권 등을 발행하여 채권유동화[13]를 하기 위해서는 채권유동화계획을 금융위원회에 등록하여야 하고(동법 제23조), 채권유동화의 대상이 된 채권은 채권유동화계획별로 다른 자산과 구분하여 관리하여야 한다(동법 제30조 제1항, 제46조).[14] 이와 같이 구분·관리되는 주택저당채권과 학자금대출채권은 공사의 채권자가 강제집행할 수 없고, 공사의 파산절차나 회생절차에 구속되지 않는다(동법 제30조 제2항, 제3항, 제46조).

주택저당증권(MBS)은 공사가 주택저당채권을 신탁재산으로 하여 발행하는 신탁 수익증권이다. 공사는 신탁의 설정 방법에 관한 신탁법 제3조 제1항에도 불구하고 채권유동화계획에 따라 자신을 수탁자로 하는 자기신탁을 설정하여 주택저당증권을 발행할 수 있다(동법 제2조 제5호, 제32조 제1항). 이러한 자기신탁의 설정은 신탁설정에 관한 사항이 포

10) 이 책에서는 한국주택금융공사법에 따른 채권유동화에 관하여는 아래에서 간략히 살펴보는 것 외에는 따로 다루지 않는다.

11) "주택저당채권"이란 주택법 제2조 제2호에 따른 주택(고가주택의 기준에 해당하는 주택은 제외)의 구입 또는 건축에 들어간 대출자금(동 주택의 구입 및 건축에 들어간 자금을 보전하기 위한 대출자금 포함) 또는 그러한 대출자금을 상환하기 위한 대출자금에 대한 채권으로서 그 주택에 설정된 저당권 또는 근저당권으로 담보된 채권을 말한다(한국주택금융공사법 제2조 제3호).

12) "학자금대출채권"이란 금융기관이 고등교육법 제2조에 따른 학교 등의 학생에게 등록금과 생활비 등의 용도로 대출한 자금에 대한 채권을 말한다(한국주택금융공사법 제2조 제6호).

13) "채권유동화"는 공사가 (i) 주택저당채권 또는 학자금대출채권을 기초로 주택저당증권 또는 학자금대출증권을 발행하고 그 수익자에게 주택저당채권 또는 학자금대출채권의 관리·운용 및 처분으로 생긴 수익을 분배하거나 (ii) 주택저당채권을 담보로 주택저당채권담보부채권을 발행하고 그 소지자에게 원리금을 지급하는 행위를 말한다(한국주택금융공사법 제2조 제1호).

14) 다만, 구분하여 관리하는 자산이 금전이면 채권유동화계획별로 그 계산을 명확하게 하는 경우 원본 및 배당수익의 대지급을 제외하고 통합하여 관리할 수 있다(동법 제30조 제1항 단서).

함된 채권유동화계획을 금융위원회에 등록한 때부터 그 효력이 발생한다(동법 제32조 제2항, 제23조 제1항 5호). 학자금대출증권도 학자금대출채권을 신탁재산으로 하여 공사가 위의 방식으로 자기신탁을 설정한 후 발행하는 신탁 수익증권이고, 주택저당증권에 준하여 발행된다(동법 제46조). 공사는 주택저당증권, 학자금대출증권 및 자산유동화법에 의한 유동화전문회사 등이 주택저당채권을 유동화자산으로 하여 발행한 유동화증권에 대하여 한국주택금융공사법에서 정한 한도를 초과하지 아니하는 범위 안에서 지급보증을 할 수 있다(동법 제34조).

주택저당채권담보부채권(MBB)은 공사가 해당 채권유동화계획에 따라 구분·관리하는 주택저당채권을 담보로 하여 발행하는 채권(債券)이다(동법 제2조 제4호, 제31조 제1항). 투자자(=MBB의 소지자)는 다른 법률에서 정하는 경우를 제외하고는 담보자산인 주택저당채권으로부터 제3자에 우선하여 변제받을 권리를 가지고, 이러한 우선변제에 의하여 채권 원리금의 전부 또는 일부를 변제받지 못한 경우에는 공사의 일반자산으로부터 변제받을 수 있다(동법 제31조 제2항, 제3항). 또한, 앞서 본 바와 같이 채권유동화의 대상이 되어 채권유동화계획별로 구분·관리되는 주택저당채권(=담보자산)은 공사의 채권자에 의한 강제집행 대상에서 제외되고 공사의 파산절차나 회생절차에 구속되지 않는다(동법 제30조). 이 점에서 MBB는 커버드본드(Covered Bond)의 일종이다{☞ 제8장 제5절 Ⅱ. 이중상환청구권부 채권(커버드본드 Covered Bond)}.한국주택금융공사법은 주택저당채권 등에 대한 채권유동화를 지원하기 위하여 위에서 본 채권유동화계획등록 외에, 주택저당채권 등 유동화자산의 양도 등의 등록(동법 제24조, 제46조), 진정양도 간주 조항(동법 제25조, 제46조), 채권양도 등의 대항요건에 관한 특례(동법 제26조, 제46조), 근저당권 피담보채권의 확정에 관한 특례(동법 제27조), 저당권 이전에 관한 특례(동법 제28조) 등 전반적으로 자산유동화법과 매우 유사한 내용의 거래법상 특례를 두고 있다.

3. 자산유동화의 이용 현황

(1) 유동화증권의 발행규모

자산유동화는 외환위기시 부실채권의 처리라고 하는 정책적 목표를 달성하는 데에 크게 기여하였고, 그 후 금융시장이 경색될 때마다 금융회사와 일반기업의 대체 자금조달 수단이 되어 왔다. 대내외 금융환경의 변화에 따라 자산유동화의 대상자산이나 유동화증권의 유형도 시기별로 변화 또는 진화해 왔다.[15] 최근 비등록유동화를 포함하여 전체 자

15) 금융감독원(2023), 41-42쪽.

산유동화거래에서 발행된 유동화증권의 총발행금액은 연간 500조원을 상회하고 있다([표 9-1]).

[표 9-1] 유동화증권의 발행금액 (단위: 조원)

구분	2019	2020	2021	2022	2023
등록유동화	23.6	30.5	25.1	27.5	29.0,
한국주택금융공사	28.1	48.6	36.6	16.5	37.0
합 계	51.7	79.1	61.7	44.0	66,0
(발행잔액 합계: 연말)	(190.8)	(219.0)	(228.3)	(230.4)	(253.4)
비등록유동화	403.9	418.7	479.1	522.0	455,2
(발행잔액: 연말)	(189.9)	(189.5)	(222.6)	(167.1)	(145.8)
총발행금액	455.6	497.8	540.8	566.0	521.2
(총발행잔액: 연말)	(380.7)	(408.5)	(450.9)	(397.5)	(399.2)

(출처) 등록유동화/한국주택금융공사의 MBS: 금융감독원, 비등록유동화: 금융감독원/한국예탁결제원[16]

(2) 비등록유동화의 높은 비중

주목할 만한 점은 자산유동화법에 의하지 아니한 비등록유동화의 발행금액이 큰 비중을 차지하고 있다는 것이다. 그 이유로는, 증권 발행절차의 간소화, 발행비용의 절감, 유동화회사 재활용 등에서 비등록유동화가 상대적으로 유리하다는 점과 일부 등록유동화 거래에 대한 감독당국의 규제(부동산 프로젝트금융 ABS 발행기준의 강화, 차익거래 목적의 자산유동화 규제 등)가 원인이 된 것이라고 분석되고 있다.[17] 2022년 말 현재 비등록유동화의 유동화증권 발행잔액을 기준으로 볼 때, 비등록유동화의 유동화자산으로는 정기예금(75.4조원, 45.1%), 부동산PF채권(42.7조원, 25.5%), 대출채권(18.7조원, 11.2%), 매출채권(5.4조원, 3.3%) 등의 순으로 활발히 이용되고 있다.[18] 비등록유동화의 유동화증권은 대부분 단기사채(ABSTB)(2023년도 가중평균 만기: 58.6일)와 기업어음(ABCP)(2023년도 가중평균 만기: 162.3일)이고, 증권의 만기일에 차환발행되는 비중이 높다.[19] 따라서 등록유동화와 비등록유동화의 발행금액을 보다 정확히 비교하려면, [표 9-1]의 연도별 발행금액에서 차환발행 부분을 제거한 실질 발행금액을 파악할 필요가 있다.[20] 이와 유사한 관점에서, 비등록

16) 비등록유동화의 경우 2022년까지의 통계는, 금융감독원 보도참고자료(2023. 2. 21.) "자산유동화 활성화 및 리스크 관리 강화를 위한 「자산유동화법」 개정안 정무위원회 전체회의 통과", 참고 1 (유동화증권 통계 ['22년])을, 2023년의 통계는 한국예탁결제원 증권정보포탈 SEIBro의 유동화증권 통계자료를 참조하였음.

17) 양승용(2020), 5쪽.

18) 금융위원회 보도참고자료(2023. 2. 21.)(위 각주 16), 참고 1(유동화증권 통계).

19) 김종각(2023), 11-12쪽.

20) Id.(이 점을 지적하면서 자체적으로 집계, 조정한 연도별 발행금액에서 차환발행금액을 제거한 연

유동화 증권은 만기 1년 미만으로 발행하거나 차환발행하는 경우가 많아 제도권 유동화(등록유동화 및 한국주택공사의 채권유동화)에 비하여 발행금액은 크지만 발행잔액은 비슷하다고 보는 견해도 있다.[21)]

Ⅱ. 자산유동화의 효용

자산유동화의 기본적인 당사자는 유동화 대상자산의 보유자(자산보유자), 특별목적기구, 투자자 및 특별목적기구의 업무를 대행하는 기관(자산관리자 및 업무수탁자)이다. 그 외에 증권의 모집주선·인수를 담당하는 증권회사, 신용보강기관, 신용평가회사 등 다양한 기관들이 거래에 참여한다. 자산유동화는 거래참여자들과 경제 전체에 다양한 효용을 제공한다.

1. 자산보유자

자산보유자인 금융회사와 일반기업의 입장에서 보면, 자산유동화법 제1조에서 언급하고 있는 자산유동화에 의한 원활한 자금조달과 재무구조의 안정성 제고가 가장 중요하다고 할 수 있다.

(1) 유리한 자금조달

자산보유자는 유동화자산으로부터 생기는 장래의 현금흐름을 기초로 현재 시점에서 자금을 조달함으로써 자금회수의 조기화에 의한 유동성 및 자금효율의 향상이라는 이점을 얻을 수 있고, 자금조달 수단을 다양화할 수 있다.[22)]

자산보유자는 자산유동화를 통해서 자금조달 비용을 낮출 수 있다. 유동화자산이 자산보유자로부터 법적으로 분리되어 자산보유자에 대한 도산절차로부터 절연되게 되면 투자자는 특별목적기구가 보유하는 유동화자산의 경제적 위험에만 초점을 맞출 수 있다. 따라서, 유동화자산이 자산보유자보다 높은 신용도의 양질의 자산으로 구성되거나 유동화증권의 투자자를 위한 적절한 신용보강이 이루어질 경우, 특별목적기구가 발행하는 증권은 자산보유자가 자신의 신용에 기초하여 직접 발행하는 증권보다 높은 신용등급을 받을

도별 실질 발행금액을 제시하고 있음).

21) 금융위원회 보도참고자료(2023. 2. 21.)(위 각주 16), 참고 1(유동화증권 통계).

22) 高橋正彦(2009), 9쪽.

수 있고 그에 상응하여 보다 낮은 금리로 발행될 수 있다.[23)]

그러나 복잡한 구조화금융인 자산유동화에는 적지 않은 거래비용이 생길 수 있고, 후순위증권의 취득, 유보금의 적립, 유동화증권에 대한 지급보증 또는 매입보장의 수혜 등에 의해 신용보강이 이루어지는 경우 그에 따른 비용이 발생한다. 따라서, 자산유동화를 이용함으로써 기업금융 등 다른 수단에 의한 자금조달의 경우보다 비용을 절감할 수 있는지는 개별적으로 판단해 보아야 한다. 자산유동화에 의한 자금조달의 총비용이 높다고 하더라도 자산유동화의 다른 효용을 고려하여 자산유동화가 필요한 경우도 있을 것이다.

(2) 상환청구제한 금융

자산유동화거래에서는 투자자에 대한 채무의 이행은 특별목적기구에 이전된 자산만을 책임재산으로 하고, 자산보유자는 후순위증권을 투자자 자격으로 인수한 경우나 유동화자산에 대하여 담보책임을 지는 경우 등 예외적인 경우를 제외하고는 원칙적으로 자산에 관한 위험이나 자산 부족에 따른 상환책임을 부담하지 않는다.[24)] 자산보유자의 입장에서 보면 자산유동화는 상환청구권이 없거나 제한된 금융(non-recourse finance 또는 limited recourse finance)이라고 할 수 있고, 자산보유자는 자산보유에 수반되는 위험(신용위험, 시장위험 등)을 투자자에게 전가할 수 있다는 이점이 있다.

(3) 재무구조의 개선

자산보유자는 한국채택국제회계기준(K-IFRS)에 따라 대상자산을 부외처리(book-off)할 수 있는 경우(즉, 재무상태표에서 대상자산을 제거할 수 있는 경우), 자산유동화에 의하여 재무구조를 개선함으로써 자산부채관리의 효율성을 높일 수 있다.[25)] 또한, 건전성 규제를 받는 은행 등 일부 금융회사의 경우에는 법령상 요구되는 자기자본비율을 준수하기 위하여 분모에 속하는 자산을 처분하거나 분자에 속하는 자본을 증액할 필요가 생기게 되는데, 이들 금융회사에게는 자산유동화에 의하여 자산을 처분하여 부외처리하는 것이 자기자본비율의 준수를 위한 매력적인 수단이 될 수 있다.[26)]

이와 관련하여, 자산보유자의 채권자들은 법적으로 분리된 유동화자산에 대하여 추

---

23) Kravitt·Mayer Brown(2014), pp. 3-6~3-7; 자산유동화실무연구회(1999), 25쪽.
24) 자산유동화실무연구회(1999), 26쪽; 高橋正彦(2009), 10쪽.
25) 자산유동화실무연구회(1999), 22쪽; 금융감독원(2013), 29쪽.
26) 자산유동화실무연구회(1999), 22쪽; 금융감독원(2013), 26-27쪽; 高橋正彦(2009), 11쪽; Kravitt·Mayer Brown (2016), pp. 3-5~3-6.

급할 수 없게 되므로 자신들의 채권을 위한 책임재산이 줄어들어 자산유동화로 인하여 전보다 불리한 입장에 처하게 된다는 견해가 있다.[27] 생각건대, 이러한 우려는 일대일 상대거래에 의한 자산 처분의 경우에도 발생한다. 자산보유자는 자산유동화에 의하여 유리한 자금조달과 재무구조 개선이라는 이점을 얻을 수 있으므로 일반적으로는 자산유동화는 자산보유자의 무담보채권자에게도 이익이 되는 것이다. 자산유동화에 의하여 자산보유자의 무담보채권자들이 불리해지는 경우 무담보채권자들과의 이익충돌은 특별목적기구에 대한 유동화자산의 양도나 신탁을 민법상 사해행위의 취소(또는 신탁법상 사해신탁의 취소)와 채무자회생법상 부인권의 행사에 의하여 견제함으로써 조정될 수 있다. 또한, 자산보유자가 금융회사인 경우에는 금융규제법에 의한 건전성 규제를 통하여 이러한 문제의 발생을 예방할 수 있을 것이다.

(4) 부실채권 처분의 수단

부실채권은 그 현금흐름을 예측하거나 가치를 평가하기가 쉽지 아니하고 채권회수를 위한 적극적 자산관리를 요하는 것이어서, 일반적으로는 이를 유동화자산으로 하여 자본시장에서 불특정 다수인에게 증권을 발행하여 자금을 조달하는 것은 용이하지 않다. 그러나, 부실채권 중에서도 어느 정도 현금흐름이 예상되는 것은 그 수익가치를 바탕으로 증권화가 불가능하지는 않고, 신용보강 조치를 충분히 갖출 경우에는 높은 신용등급의 유동화증권을 발행하는 것도 가능하다.[28]

1998년 자산유동화법이 제정됨에 따라 (구)성업공사와 금융회사는 외환외기의 와중에서 발생한 많은 부실채권을 동법에 의한 자산유동화를 이용하여 매각하였고, 이로써 자금회수의 조기화에 의한 유동성 및 자금효율의 제고, 재무구조의 개선 효과 등을 얻을 수 있었다. 그 당시 부실채권의 매각에 있어서는, 1차적으로 경쟁 입찰에 의하여 매수인을 선정한 후에, 자산보유자인 매도인((구)성업공사 또는 금융회사)은 매수인이 설립한 유동화전문회사에 부실채권을 양도하고 유동화전문회사가 이를 기초로 당초의 매수인에게 유동화증권을 사모로 발행하여 매매대금을 조달하는 거래구조를 이용하였다. 이러한 방식은 이미 체결된 부실채권 매매계약의 이행(매매목적물의 인도와 대금지급)을 위한 수단으로서 자산유동화를 이용한 것이었다.

27) Lupica(1998), p. 636, p. 659.
28) 자산유동화실무연구회(1999), 30쪽.

(5) 중소기업 등의 대체 자금조달 수단

자산유동화는 자본시장에서 개별적으로 자금을 조달하기 어려운 중소기업을 위한 자금조달 수단으로 이용될 수 있다. 예컨대, 회사채 시장이 경색되었을 때, 자본시장에서 직접 자금을 조달하기 어려운 중소기업들을 위하여 소위 "발행시장 CBO(Primary CBO)"라고 하는 자산유동화 방식이 이용되어 왔다.[29] Primary CBO는 정부 정책에 따라 이루어진 자산유동화법에 의한 자산유동화로서, 다수의 중소기업들이 발행한 사채를 증권회사가 1차적으로 인수한 다음에 이를 집합(pooling)하여 유동화전문회사에 양도하고, 유동화전문회사가 적절한 신용보강을 받은 후에 양도받은 사채를 기초로 자본시장에서 유동화증권(사채)을 발행하는 방식의 자산유동화거래이다.[30]

자산유동화는 신용이나 평판이 높지 아니하여 자본시장에서 직접 자금을 조달하기는 어려우나 매출채권 등 양질의 자산을 보유하고 있는 그 밖의 기업(워크아웃 또는 법원 회생절차를 통하여 구조조정이 진행 중인 기업 포함)을 위한 대체 자금조달 수단이 될 수도 있다.

(6) 차익거래(Arbitrage)

자산유동화는 자산보유자가 (i) 유동화자산에서 나오는 수익과 (ii) 특별목적기구가 발행한 유동화증권에 지급해야 할 현금흐름의 차이에 따른 이익을 얻기 위한 차익거래로도 이용된다. 기대손실과 비교하여 신용스프레드가 큰 점을 이용하는 것이고 채무불이행위험을 얼마나 잘 분산하는가에 따라 차익의 규모(arbitrage gap)가 달라지게 된다.

2. 그 밖의 거래참여자

(1) 투자자

자산유동화는 투자자, 특히 다액의 자금 운용을 하는 기관투자가(연기금, 집합투자기구, 보험회사 등)에게 신용도가 높고 상대적으로 수익률도 좋은 다양한 상품에 투자할 수 있는 기회를 제공한다.

(2) 증권회사, 은행 등 그 밖의 거래참여자

증권회사는 자산유동화의 거래구조를 제시하고 자문하는 주선기관으로서의 업무, 증

29) 금융감독원(2013), 45쪽, 47쪽, 55쪽.
30) 금융감독원(2023), 108쪽.

권의 모집주선, 인수 등을 담당한다. 은행은 특별목적회사를 위한 대체자산관리자(back-up servicer), 업무수탁자 등의 역할을 맡는다. 은행, 증권회사 등은 지급보증, CP 매입약정 등 신용보강을 제공하고, 신용평가회사는 유동화증권에 대한 신용등급평가를 담당한다. 이와 같이 금융기관들은 자산유동화의 발전에 따라 다양한 영업기회를 얻을 수 있다.[31)]

3. 자산유동화법에 의한 자산유동화에 대하여 부여되는 혜택

자산유동화법에 의한 자산유동화의 경우 거래법 및 규제법상의 각종 특례와 국민주택채권 매입의 면제(동법 제36조의2) 등 세제상의 혜택을 받을 수 있으므로 자산보유자, 특별목적기구, 투자자 등 거래참여자는 직간접적으로 혜택을 누릴 수 있다. 자산유동화법의 시행 초기에 비하여 세제상의 혜택은 많이 줄어들었다.

자산유동화법에 의한 유동화전문회사에게 부여되는 가장 중요한 조세혜택으로는 법인세법상 배당금액의 소득공제 혜택을 들 수 있다.[32)] 이에 의하면, 자산유동화법에 의한 유동화전문회사가 대통령령으로 정하는 배당가능이익의 90% 이상을 배당한 경우, 원칙적으로 그 금액은 해당 배당을 결의한 잉여금 처분의 대상이 되는 사업연도의 소득금액에서 공제한다(법인세법 제51조의2 제1항 제1호, 제2항, 동법시행령 제86조의3).[33)] 다만, 유동화전문회사가 법인세법 제51조의2 제2항에 해당하는 경우,[34)] 위 배당금액의 소득공제 혜택이 적용되지 않는다.[35)] 유동화전문회사가 이익배당을 하는 경우 상법 제462조 제1항에도 불구하고 정관이 정하는 바에 따라 이익을 초과하여 배당할 수 있고, 상법 제458조에 따른 이익준비금은 적립하지 아니한다(자산유동화법 제30조 제2항, 제4항)(☞ 제2절 Ⅲ. 2 (5)).

---

31) 高橋正彦(2009), 15쪽.

32) 법인세법상 배당금액의 소득공제 혜택은 유동화전문회사 외에도 부동산투자회사(자기관리부동산투자회사는 제외), 자본시장법상 회사형 투자펀드(기관전용 사모집합투자기구는 제외), 선박투자회사 등의 특수목적법인에게 부여되고 있다. 부동산투자회사에 대한 소득공제 혜택에 관하여는 ☞ 제13장 제4절 Ⅲ. 6.

33) 배당금액이 해당 사업연도의 소득금액을 초과하는 경우 초과배당금액의 이월 및 이월된 사업연도의 소득으로부터의 초과배당금액 공제에 관한 내용(법인세법 제51조의2 제4항, 제5항)은 부동산투자회사의 경우와 동일하다(☞ 제13장 제4절 Ⅲ. 6, 각주 208).

34) 법인세법 제51조의2 제2항의 내용은 ☞ 제13장 제4절 Ⅲ. 6.

35) 법인세법상 배당금액의 소득공제 혜택은 유동화전문회사 외에도 부동산투자회사(자기관리부동산투자회사는 제외), 자본시장법상 회사형 투자펀드(기관전용 사모집합투자기구는 제외), 선박투자회사 등의 특수목적법인에게 부여되고 있다. 부동산투자회사에 대한 소득공제 혜택에 관하여는 ☞ 제13장 제4절 Ⅲ. 6.

4. 경제 전체 – 글로벌 금융위기와 자산유동화

2007년 미국에서 주택가격 폭락 및 서브프라임 주택담보대출의 연체로 인하여 주택담보대출채권이 대량으로 부실화되고 이를 기초로 하는 증권화 거래에서 발행된 증권에 투자한 미국 등 주요 국가의 투자자들은 막대한 손실을 입게 되었다. 이는 그 후 2008년 미국의 5대 투자은행 중의 하나였던 리먼브러더스(Lehman Brothers) 및 그 계열사들의 도산으로 이어져 금융시장에서 급격한 신용경색을 야기하면서 글로벌 금융위기로까지 파급되었다.[36] 일각에서는 주택담보대출채권의 증권화 거래가 미국에서 주택가격의 버블(bubble)의 증폭과 붕괴를 초래함으로써 글로벌 금융위기의 주된 원인으로 작용하였다는 비판이 제기되었다.[37]

서브프라임 주택담보대출로 인하여 글로벌 금융위기가 촉발되기까지의 과정을 보면, ① **주택담보대출을 창출하는 단계**에서, "판매하기 위하여 대출하는 구조(originate to distribute)"로 대출이 행하여졌기 때문에, 즉 대출기관이 대출을 실행하는 즉시 대출채권을 특별목적기구에 매각하여 증권화하였기 때문에, 대출기관에 도덕적 해이(moral hazard)가 생기고 이로 인하여 여신심사가 느슨해지고 채무자의 상환능력을 넘는 과도한 대출이 발생하게 되었다는 점,[38] ② **투자자에 대한 공시의 측면**에서, 주택담보대출채권의 1차 유동화에 의하여 증권이 발행된 후에 이들 증권을 다른 유동화증권과 집합하여 제2차, 제3차로 재유동화된 증권을 출시함으로써 투자자들이 원래의 기초자산에 관한 위험의 소재와 정보를 추적하기가 어렵게 되었고, 또한 신용스왑(Credit Default Swap: CDS)을 이용한 신용파생상품거래 내지는 신용파생적 요소가 내재된 증권화 거래를 통하여 대출기관이 부담한 위험이 자본시장 내에서 확산되었으나, 그 위험에 관한 정보는 투자자에게 충분히 전달되지 않았다는 점,[39] ③ **유동화증권에 대한 신용평가의 단계**에서, 신용평가가 금융공학적·확률적 수법에 과도하게 의존함으로써 평가방법의 적정성에 의문이 있었고, 신용평가기관의 도덕적 해이 내지는 투자자와의 이익충돌 문제[40]가 있었다는 점,[41] ④ **투자자 측면**에서는, 투자자들이 신용평가에 과도하게 의존하였고 높은 비율의 차입금에 의존하

---

36) 서브프라임 주택담보대출과 관련한 글로벌 금융위기의 원인에 관한 상세한 법적 분석은, 박준(2008), 3-49쪽.
37) 高橋正彦(2009), 275쪽.
38) 박준(2008), 12쪽, 49쪽; 高橋正彦(2009), 275쪽.
39) 박준(2008), 19쪽, 49쪽; 高橋正彦(2009), 275쪽.
40) 이는, 신용등급은 투자자의 이용을 위한 것인데, 그 신용등급을 부여하는 업무에 대한 수수료는 신용등급을 받는 증권의 발행인(또는 주선기관)이 지급한다는 점에서 기인한다{박준(2008), 25쪽}.
41) 高橋正彦(2009), 276-277쪽.

였으며, 투자기관의 임원에 대한 불합리한 성과보수의 지급으로 인하여 투자기관과 그 임직원의 이해관계에 괴리가 생기는 등 투자기관의 허술한 위험관리가 있었다는 점[42] 등을 들 수 있다.

그러나, 이러한 사정들은 자산유동화 자체의 결함이라기보다는, 미국 시장에서 신용도가 낮은 서브프라임 등급의 개인채무자들에 대한 주택담보대출채권을 기초자산으로 하여 과도하게 자산유동화를 하는 과정에서 빚어진 관리·감독상의 문제라고 할 것이다.[43] 이러한 문제는 적절한 규제와 감독을 통하여 해결하고, 자산유동화가 추구하는 금융의 효율성의 제고와 기업의 자금조달 비용의 하락과 재무구조의 견실화를 통하여 사회적인 효용이 증대될 수 있도록 할 필요가 있다. 실제로 이러한 문제점들을 시정하기 위하여 미국과 EU를 중심으로 자산유동화를 포함하여 금융업에 대한 규제가 대폭 강화되었다.[44] 우리나라에서도 자산유동화에 대한 공시규제 강화, 신용평가회사에 대한 규제 강화 등의 조치가 취하여졌다.

Ⅲ. 자산유동화의 기본 구조 및 구성요소

자산유동화의 기본구조는 [그림 9-1]과 같다. 자산유동화는, ① 특별목적기구(Special Purpose Vehicle: SPV)를 설립하고, ② 자산유동화의 대상자산을 특별목적기구에 양도·신탁 등에 의하여 이전함으로써 자산보유자로부터 법적으로 분리하며, ③ 특별목적기구가

[그림 9-1] 자산유동화의 기본구조

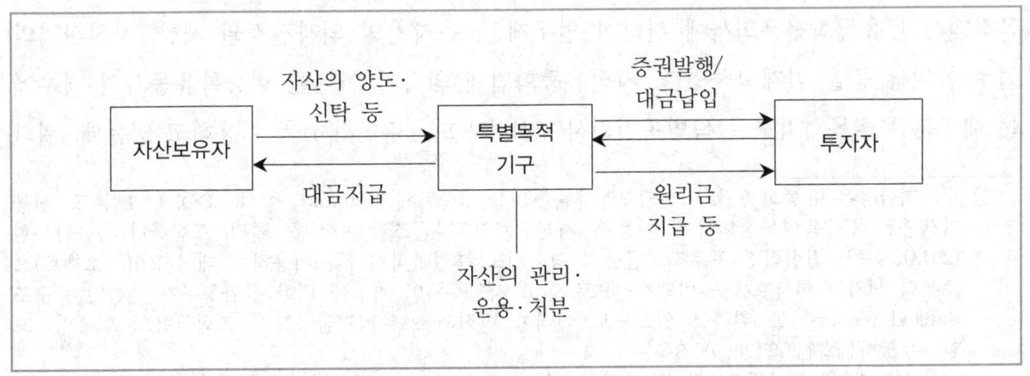

42) 박준(2008), 21-22쪽, 29쪽, 49쪽; 高橋正彦(2009), 277쪽.
43) 高橋正彦(2009), 278쪽.
44) 미국과 EU에서의 자산유동화에 대한 규제 강화 동향에 관하여는, 한민(2014), 16-22쪽.

취득한 자산을 기초로 증권·증서를 발행하고, ④ 특별목적기구가 보유하는 자산의 관리·운용·처분으로부터 얻은 수익(현금흐름)으로 증권·증서의 원리금 또는 수익금을 투자자에게 배분하는 것이라는 네 가지의 중요 요소로 구성된다.

1. 특별목적기구

(1) 특별목적기구의 기능

자산유동화는 특별목적기구를 이용하여 설계된 거래구조를 통하여 금융이 이루어진다는 점에서 '구조화금융(structured finance)'에 속한다. "구조화금융"은 별도로 설계된 구조를 이용하는 금융기법을 일컫는 넓은 개념인데, 자산유동화는 그 대표적인 예이다.[45] 자산유동화법은 유동화전문회사(유한회사 또는 주식회사)와 신탁법에 의한 신탁을 특별목적기구로 규정하고 있다(동법 제2조 제1호).[46] 자산유동화법은 유동화전문회사라고 하는 특별목적회사(Special Purpose Company: SPC)의 개념을 입법적으로 인정함으로써 일정한 거래만을 위한 법인을 설립한다는 개념이 정착되는 데에 기여하였다.[47] 특별목적기구의 가장 큰 효용은 이를 이용하여 대상자산을 자산보유자로부터 법적으로 분리시킬 수 있다는 점에 있으나 특별목적기구의 속성을 활용하여 특별목적기구 자체의 신용위험을 최소화함으로써 투자자 보호를 도모할 수 있다는 점도 중요하다.

(2) 특별목적기구의 특성과 법적 규율

자산유동화에 사용되는 특별목적기구는 자산유동화거래를 하기 위한 목적으로 설립·운영되는 것이므로 업무의 범위와 수행방법도 제한될 수밖에 없다. 자산유동화법은 특별목적회사인 유동화전문회사에 관하여 업무제한, 출자자의 의사결정권 제한, 자산관리와 업무의 위탁 등을 법제화하였다. 자산유동화법에 의하지 아니한 비등록유동화의 경우에는 대부분 특별목적기구로 특별목적회사(주식회사 또는 유한회사)를 이용하고 있는데, 위와

45) 구조화금융은 유동화증권, 자산담보부대출(ABL), 이슬람채권(Sukuk), 합성 CDO, CAT 본드, 신용파생증권 등 특별목적회사를 이용한 자산담보부 자금조달 방식을 널리 포함한다{금융감독원(2013), 9쪽}. 전형적인 프로젝트금융의 경우에도 특별목적회사를 이용하여 대상사업(프로젝트)으로부터 생기는 현금흐름을 변제재원으로 삼고 사업주체인 기업에 대한 상환청구가 제한되는 구조(limited recourse)를 취하고 있으므로 이러한 방식의 프로젝트금융도 구조화금융의 일종이라고 할 수 있다{高橋正彦(2009), 8쪽}.

46) 그 외에 자산유동화법은 '자산유동화를 전업으로 하는 외국법인'을 특별목적기구의 하나로 규정하고 있으나(동법 제2조 제1호 가목) 거의 이용되지 않고 있다.

47) 박준(2014), 179쪽. 특별목적회사라는 이유만으로 법인격이 부인되지 않는다는 취지의 판례로는, 대법원 2010. 2. 25. 선고 2007다85980 판결 참조.

같은 특별목적회사의 업무제한, 업무위탁, 자산관리 등에 관한 내용을 특별목적회사의 정관 또는 자산유동화 관련 계약에 규정한다. 특별목적기구로 신탁을 이용하는 경우에는, 신탁계약에서 신탁의 목적과 수탁자의 권한의 범위를 정할 수 있다. 신탁법상 수탁자는 자산의 분별관리의무가 있고(동법 제37조), 자산유동화법에서는 수탁자의 분별관리의무를 강화하고 있다(동법 제16조 제3항).

(3) 도산절차개시의 방지

등록유동화와 비등록유동화의 경우 모두, 특별목적회사에 대한 도산절차의 개시를 방지하기 위하여 관련 계약에서 특별목적회사(그의 이사 포함), 투자자 및 채권자에 의한 도산절차 개시신청을 금지하는 규정을 두는 것이 일반적이다. 투자자나 채권자가 개별적으로 도산절차개시 신청권을 포기하는 약정은 부제소합의 또는 부집행합의가 소송법상 합의로서 유효하다고 보고 있는 것에 비추어 그 효력을 인정하는 것이 일반적인 견해이다.[48] 그러나 특별목적회사나 그 이사가 도산절차 개시신청권을 포기하는 계약 규정이 유효한지는 의문이 있다. 채무자나 채무자 회사의 이사에게 법상 부여된 도산절차개시 신청권은 채무자 본인뿐만 아니라 채권자, 주주 등 이해관계인 일반의 이익과 관련되는 것이므로 채무자나 그 이사가 포기할 수 있는 성질의 권리가 아니기 때문이다.[49]

자산유동화거래에서는 특별목적회사에 대한 채권의 책임재산을 특별목적회사가 소유하는 재산으로 한정하는 책임재산한정약정을 하는 경우가 많다.[50] 책임재산한정약정에서는 (i) 약정대상 채권에 대한 지급은 약정대상 재산만을 책임재산으로 하고 다른 재산으로부터는 지급하지 않는다는 것, (ii) 약정대상 재산 이외의 재산에 대하여는 약정대상 채권의 만족을 얻기 위한 강제집행을 할 수 없다는 것 등을 합의한다.[51] 책임재산한정약정은 사적 자치의 원칙에 따라 일반적으로 유효하다고 인정되고 있다(☞ 제6장 제2절 Ⅳ. 4. (2) 나. 책임재산한정약정이 있는 경우).[52] 다만, 책임재산한정약정이 특별목적회사에 대한

48) 西村總合法律事務所(2003), 62쪽; Kravitt·Mayer Brown(2016), p. 5-174. 山本和彦(2014), 333-334쪽도 원칙적으로 유효하다고 보나, 예외적으로 충분한 판단능력을 가지지 아니한 개인 등 당사자의 특성과 신청권 포기 기간이나 조건 등의 합리성 여하에 따라 효력이 제한될 여지도 있다고 본다.

49) 山本和彦(2014), 325-327쪽; 西村總合法律事務所(2003), 61-62쪽; Kravitt·Mayer Brown(2016), p. 5-169.

50) 국내자산을 유동화자산으로 하는 국제적인 유동화거래에서는 대부분 이러한 책임재산한정약정을 하고 있는 것으로 보이나, 국내유동화거래에서는 위에서 본 도산절차개시 신청권의 포기에 관한 약정 외에 책임재산한정약정까지 하는 경우는 별로 없는 것으로 보인다.

51) 西村總合法律事務所(2003), 63쪽; 山本和彦(2014), 337쪽(위와 같은 합의 외에도, 유동화증권의 미상환금액이 책임재산을 초과하는 경우에는 투자자는 당해 초과채권을 포기하기로 하는 합의 등도 포함될 수 있다고 한다).

52) 西村總合法律事務所(2003), 64쪽; 山本和彦(2014), 338쪽 각주 66.

도산절차의 개시를 방지하는 효과가 있으려면 책임재산한정약정에 의하여 특별목적회사의 채무초과 상태가 해소되는 결과가 될 수 있어야 할 것이다.[53]

우리 법상 원칙적으로 신탁재산 자체는 도산절차의 대상이 되지 아니하나, 2011. 7. 27. 신탁법 개정(2012. 7. 26. 시행)에 의해 새로 도입된 유한책임신탁(동법 제114조)의 경우에는 신탁재산에 파산의 원인이 있는 때에 유한책임신탁의 신탁재산에 대하여 파산절차가 개시될 수 있다(채무자회생법 제578조의2부터 제578조의17). 또한, 유한책임신탁이 종료한 경우에는 신탁종료시 반드시 청산절차를 거쳐야 한다(신탁법 제132조 제1항). 신탁을 이용한 자산유동화거래에서는 실무상 선순위수익권의 상환이 완료된 경우, 즉시 또는 그로부터 일정 기간 경과 후에 신탁기간이 종료되는 것으로 정하는 경우가 많은데, 유한책임신탁의 경우에는 신탁종료시 반드시 청산절차를 거쳐야 하므로 신탁재산의 완전한 정리에 이르기까지 시간과 비용이 더 소요될 수 있다. 유한책임신탁에 대하여 파산능력이 인정됨에 따라 특별목적회사의 경우와 마찬가지로 유동화증권 투자자의 이익을 보호하기 위하여 유한책임신탁에 대하여도 위탁자, 수탁자, 후순위수익권자 등 이해관계인이 신탁재산에 대한 파산신청권을 포기하도록 약정하는 것이 필요한 것으로 생각된다.[54] 우리나라 자산유동화거래에서 유한책임신탁이 이용된 예는 아직 없는 것으로 보인다.

2. 자산보유자로부터 자산의 법적 분리와 도산절연

(1) 유사한 금융기법과의 차이

자산유동화는 기업의 재무상태표상 좌측(차변)의 자산을 처분하여 자금을 조달한다는 점에서, 기업의 재무상태표상 우측(대변)의 부채·자본에 속하는 은행차입, 사채·주식의 발행 등 기업 자체의 신용에 의존하여 자금을 조달하는 전통적인 기업금융과 구별된다.[55] 담보부차입이나 담보부사채와 같은 담보부금융 거래의 경우, 채권자는 기본적으로 기업 자체의 신용을 기초로 금융을 제공하는 것이고 담보자산은 채무자의 소유로 남아 있으면서 채무자의 신용을 보강하기 위한 수단이 되는 것이므로 이러한 담보부금융은 일반 기업금융으로 분류된다. 자산유동화의 경우에는 자산을 특별목적기구에 처분하여 자산보유자로부터 법적으로 분리함으로써[56] 그 자산으로부터의 현금흐름과 자산의 가치만

53) 山本和彦(2014), 342쪽.
54) 한민(2015), 268-269쪽.
55) Lupica(1998), p. 596; 자산유동화 실무연구회(1999), 19쪽.
56) 다만, 후술하는 바와 같이 회계처리상으로는 처분조건에 따라 유동화자산이 자산보유자의 재무상태표에서 제거되어 부외처리되는 경우도 있고, 재무상태표에 그대로 남는 경우도 있다.

이 채권자에 대한 변제의 재원이 되고 자산보유자의 다른 자산으로는 원칙적으로 변제책임을 지지 않는다는 점에서 위와 같은 담보부 금융과는 차이가 있다.[57] 자산보유자로부터 자산이 법적으로 분리된다는 점에서는 자산유동화는 자산보유자가 해당 자산을 제3자에게 직접 매각하는 방식과 같으나, 자산유동화에서는 특별목적기구에 자산이 처분되고 그 처분대금은 특별목적기구에 의한 증권 발행에 의하여 조달된다는 점에서 차이가 있다. '자산의 유동화'가 아닌 '위험(risk)의 유동화·위험의 증권화'인 합성 CDO(Synthetic CDO) 거래(☞ 제3절 Ⅰ. 2. 신용위험 유동화: 합성 CDO)는 자산을 보유하는 자가 자산에 관한 소유권을 그대로 보유하면서 자산에 관한 위험만을 특별목적기구에 이전한다는 점에서 전통적인 자산유동화와 차이가 있다.

(2) 자산의 법적 분리와 도산절연

자산유동화법은 자산보유자로부터 자산을 법적으로 분리하는 방법으로 자산의 양도와 신탁을 인정하고 있고(동법 제2조 제1호), 자산의 양도는 매매·교환으로 한정하고 있다(동법 제13조 제1호). 비등록유동화의 경우에도 자산 이전의 방식으로는 대부분 자산의 양도 또는 신탁이 이용되고 있으므로 이하에서는 '양도 또는 신탁에 의한 법적 분리'만을 다루기로 한다. 자산유동화거래에서는 자산의 법적 분리에 의하여, 특별목적기구가 보유하는 자산이 자산보유자에 대한 도산절차에 구속되지 않는 것 — 즉, 자산보유자와의 관계에서 '도산절연(bankruptcy remoteness)'이 확보되는 것 — 이 필수적이다.

이와 같이 자산보유자와의 관계에서 법적 분리 및 도산절연이 인정되기 위해서는, ① 자산의 양도 또는 신탁에 따른 권리 이전의 대항요건 또는 성립요건이 제대로 갖추어져야 하고, ② 특별목적기구가 양도 또는 신탁받은 자산에 대하여 갖는 권리는 진정한 소유권으로 인정되어 그 후 자산보유자에 대하여 도산절차가 개시되더라도 자산보유자의 도산재단에서 제외되어야 하며, ③ 자산의 양도 또는 신탁이 민법상의 채권자취소권이나 신탁법상의 사해신탁 취소 또는 채무자회생법상의 부인권 행사에 의하여 취소 또는 부인될 사유가 없어야 한다.

가. 권리 이전의 대항요건·성립요건

자산유동화법에 의한 자산유동화이든 자산유동화법에 의하지 아니한 비등록유동화든 간에, 자산보유자의 채권자에 의한 강제집행을 피하고 자산보유자에 대한 도산절차(회생절차 또는 파산절차)에서 유동화자산에 대한 권리 이전의 효력이 인정되기 위해서는 자

57) 高橋正彦(2009), 8쪽.

산보유자에 대한 도산절차의 개시 전에 유동화자산의 양도 또는 신탁에 관하여 제3자 대항요건 또는 성립요건을 갖추어야 한다.58)

나. 진정양도와 신탁재산의 독립성

(가) 진정양도

"진정양도(true sale)"("진정매매"라고도 한다)는 유동화자산의 양도가 '담보권의 설정'(즉, 양도담보)에 해당되지 아니하고 진정하게 소유권의 이전이 일어나는 양도임을 의미한다. 특별목적회사에 대한 유동화자산의 양도가 진정양도에 해당되는 경우, 유동화자산에 대한 특별목적회사의 권리는 양도인인 자산보유자의 도산절차(회생절차 및 파산절차)에서 담보권이 아니라 소유권으로 인정되고 특별목적회사는 자산보유자의 도산절차와 관계없이 유동화자산에 대하여 환취권 등 소유자로서의 권리를 행사할 수 있게 된다. 반면에, 특별목적회사에 대한 유동화자산의 양도가 양도담보로 인정되게 되면, 자산보유자에 대하여 회생절차가 개시되는 경우 양도담보권으로 담보되는 채권은 회생담보권에 해당되므로(채무자회생법 제141조 제1항) 담보권의 실행이 금지되고 특별목적회사는 원칙적으로 회생계획이 정하는 바에 따라서만 그의 채권을 변제받을 수 있다.59)

자산유동화법 제13조는 유동화전문회사에 대한 유동화자산의 양도는 동조에 정한 요건을 갖추어야 하고 이러한 요건을 갖춘 자산의 양도는 담보권의 설정으로 보지 않는다고 규정함으로써 진정양도에 관한 일종의 안전항(safe harbor) 조항을 두고 있다. 자산유동화법에 의하지 아니한 비등록유동화거래에서 어떠한 요건을 갖추어야 진정양도로 인정받을 수 있는지는 해석에 맡겨져 있다. 자산유동화법 제13조의 기준은 진정양도와 양도담보를 구분짓는 기준들을 충분히 고려하여 제정된 것이라 할 수 있으므로 비등록유동화거래에 있어서도 자산유동화법 제13조에 정한 기준이 진정양도와 양도담보를 구분하는 기준으로서 유추적용될 수 있다고 본다.60)

---

58) 다만, 도산절차 개시 전에 권리변동의 성립요건 또는 대항요건을 갖추었다고 하더라도 자산보유자의 지급정지나 도산절차개시신청 후에 그러한 요건을 구비한 경우에는 일정한 조건 하에서 채무자회생법상 소위 "대항요건 부인"의 대상이 될 수도 있다(동법 제103조, 제394조).

59) 파산절차에서는 진정양도인지 여부가 회생절차의 경우만큼 중요하지 않다. 파산절차에서는 양도담보권에 대하여 별제권이 인정되어 기본적으로 파산절차와 관계없이 양도담보권을 실행할 수 있기 때문이다.

60) 다만, 자산유동화법 제13조 제4호의 기준 중 "일정기간의 위험인수"와 "채권양도 시의 채무자 자력담보"가 진정양도 기준으로 적절한지에 관하여는 의문이 있으므로 이를 자산유동화법에 의한 자산유동화거래 외의 다른 자산양도 거래에서 진정양도와 양도담보를 구분짓는 기준으로 그대로 적용하기는 어려울 것으로 생각된다. 비등록유동화를 위하여 SPC에게 장래매출채권을 양도한 거래가 (구)회사정리법에 따른 회사정리절차에서 진정양도에 해당하는지 여부가 문제된 사건(서울중앙지법 2003회7)에 대하여는 ☞ 제15장 각주 100.

(나) 신탁재산의 독립성

자산유동화의 특별목적기구로 신탁을 이용하는 경우에는, 자산보유자가 신탁업자에게 해당 재산을 신탁법에 따라 신탁함으로써 그 소유권을 이전한다. 신탁법상 인정되는 '신탁재산의 독립성'에 의하여 신탁재산은 원칙적으로 위탁자나 수탁자의 채권자에 의한 강제집행 대상이 되지 않고 위탁자나 수탁자에 대한 도산절차에 의하여 영향을 받지 않는다(신탁재산의 독립성에 관한 상세한 내용은 ☞ 제6장 제2절 Ⅲ. 신탁재산의 독립성).

다. 사해행위취소 및 부인 사유의 부존재

자산보유자와의 관계에서 유동화자산의 법적 분리 및 도산절연이 확보되기 위해서는, 자산의 양도나 신탁이 자산보유자의 채권자에 의한 채권자취소권(민법 제404조) 또는 신탁법상 사해신탁 취소(신탁법 제8조)의 대상이 되거나 자산보유자에 대한 도산절차에서 부인권의 대상이 되어 취소 또는 부인될 수 있는 사유가 없어야 한다.

3. 자산을 기초로 한 증권·증서의 발행

(1) 증권화 v. 유동화

자산유동화의 요체는 특별목적기구를 이용하여 유동성이 낮은 자산을 유동성이 높은 증권·증서로 변환하여 자금을 조달한다는 데에 있다.[61] 이와 같이 자산보유자가 보유하던 기초자산이 특별목적기구가 발행하는 증권으로 바뀌어 자본시장의 투자대상으로 제공된다는 점에서 자산유동화는 자산의 "증권화(securitization)"라고도 불린다. 특별목적기구가 발행하는 '증권' 또는 '증서'가 사법(私法)상의 "유가증권"이나 자본시장법상의 "증권"(동법 제4조)에 해당되지 않는 경우도 있을 수 있으므로 엄밀히 말하면 자산의 "유동화"는 자산의 "증권화"보다는 넓은 개념이라고 할 수 있다.[62] 예컨대, 자산담보부대출(Asset- Backed Loan: ABL)은, 위의 [그림 9-1]에서 특별목적기구가 증권을 발행하지 않고 투자자로부터 차입을 하여(이를 위하여 투자자에게 채무증서를 발행할 수 있다) 자산보유자에게 자산 양도대금을 지급하는 구조를 취하는 경우가 있는데, 이러한 방식의 자산담보부대출은 자산의 "유동화"라고 할 수 있지만 증권이 발행되는 것은 아니어서 자산의 "증권화"에는 해당되지 않는다.[63]

61) 김건식·정순섭(2023), 989쪽.

62) 상위 개념부터 보면, '구조화금융' → '자산의 유동화' → '자산의 증권화'의 순서로 정리할 수 있다{高橋正彦(2009), 8-9쪽}.

63) 금융감독원은 소수의 투자자에게 채무증서가 발행되는 ABL거래는 자산유동화법에 의한 자산유동화로는 허용하지 않고 있어서 동 거래는 자산유동화법에 의하지 아니한 비등록유동화 방식으로

(2) 신용보강과 신용평가

유동화증권이 시장에서 원활하게 소화될 수 있도록 유동화증권의 신용도를 높이기 위한 신용보강 조치가 취해지는 경우가 많다. 유동화증권의 발행 전과 후에 유동화증권에 대하여 신용평가회사에 의한 신용평가가 이루어진다.[64] 신용보강 방법으로는, 주로 후순위증권의 발행,[65] 유보금의 적립(cash reserve), 유동화증권 원리금에 대한 지급보증, CP 매입약정 등이 이용된다. 지급보증이나 CP 매입약정은 은행, 증권회사, 보험회사, 보증회사 등의 신용보강기관에 의하여 제공된다. 신용평가회사는 유동화자산의 특성과 현금흐름, 도산절연 여부, 자산유동화의 구조, 자산관리회사 등 참여회사의 역할·능력 및 상호간의 견제수단, 신용보강 수단의 적정성, 주요 위험 및 통제수단 등 제반 사항을 고려하여 정기 및 수시평가를 진행한 후 유동화증권에 대하여 신용등급을 부여 또는 변경하고, 이를 적절한 방법으로 공시한다.[66]

4. 자산의 관리·운용·처분으로부터의 수익으로 증권 원리금 등 지급

(1) 자산관리자와 업무수탁자

자산유동화의 네 번째 개념요소는, 자산의 관리·운용·처분으로부터의 수익(현금흐름)으로 증권 원리금 등 투자자에 대한 배분이 이루어진다는 것이다. 이들 사무는 특별목적기구 자신이 직접 처리하는 것은 아니고, 그 중 자산의 관리·운용·처분은 업무수탁자의 감시 하에 자산관리자가 담당하고, 증권 원리금의 지급 등 투자자에 대한 배분은 업무수탁자가 행한다.

(2) 집합투자와의 구분

자본시장법에 의하여 규제되는 집합투자의 경우에도 특별목적기구라고 할 수 있는 집합투자기구(예컨대, 투자회사 또는 투자신탁)를 설정하고, 집합투자기구의 집합투자증권

이루어지고 있다.

64) 자산유동화 실무연구회(1999), 36쪽.

65) 한국채택 국제회계기준(K-IFRS) 하에서는 후순위채권을 자산보유자가 보유할 경우 매각거래가 아니라 차입으로 회계처리하게 되었고, 종래 자산유동화의 주요 기능 중의 하나였던 회계상의 부외처리(off-balance)라는 이점을 이용할 수 있는 경우가 많이 줄어들었다. 다만, K-IFRS 하에서도 후순위채를 시장(제3자 포함)을 통하여 매각하는 등의 방법으로 자산보유자가 유동화자산에 관한 위험과 효익을 보유하지 않는다면 종전의 회계기준(K-GAAP)에서와 마찬가지로 유동화자산을 재무상태표에서 제거할 수 있다. 이에 대한 상세한 논의는 한민(2014), 23-24쪽.

66) 금융감독원(2013), 107쪽.

발행에 의하여 투자자들로부터 자금을 조달하여 집합투자업자가 이를 재산적 가치가 있는 투자대상자산을 취득·처분·그 밖의 방법으로 운용하고 그 결과를 투자자들에게 배분하는 구조를 갖는다(동법 제6조 제5항, 제9조 제18항). 이러한 구조는 자산유동화와 유사하다. 자본시장법은 자산유동화법에 의한 자산유동화를 집합투자로부터 명시적으로 제외하고 있으므로(자본시장법 제6조 제5항 제2호), 자산유동화법에 의한 자산유동화의 경우에는 집합투자와의 구분이 특별히 문제되는 것은 아니다. 그러나, 자산유동화법에 의하지 아니한 비등록유동화의 경우에는 집합투자에 대한 규제를 받을 수도 있으므로 이를 집합투자와 어떻게 구분할 것인지가 문제된다(☞ 상세한 내용은 제3절 Ⅱ. 3. 비등록유동화와 집합투자의 구분).

Ⅳ. 유동화증권의 종류

1. 개 요

자산유동화를 위하여 발행되는 증권은 그 성질에 따라 지분증권(equity securities)과 채무증권(debt securities)으로 나눌 수 있다. 지분증권으로는 주식과 자산유동화법에 의한 유동화전문회사가 발행하는 출자증권을 들 수 있다. 채무증권으로는, 사채, CP, 신탁의 수익증권 또는 수익권증서 등을 들 수 있다. 대부분의 자산유동화는 금융자산을 기초자산으로 하기 때문에 실제로 유동화증권으로는 사채와 CP가 압도적인 비중을 차지하고 있고, 출자증권은 별로 발행되고 있지 않다.[67] 자산유동화법에 의한 등록유동화에서 자산유동화법 제32조의 특례에 기하여 수익증권이 발행된 사례는 아직 없는 것으로 보이고, 신탁의 수익권증서도 이를 투자자에게 직접 발행한 사례는 극히 적으며, 신탁의 수익권은 주로 '신탁+유동화전문회사'의 2단계 유동화거래(☞ 제2절 Ⅱ. 4. 2단계 자산유동화) 중 제1단계에서 유동화전문회사에게 발행되고 있다.

유동화증권이 사채인 경우에는 유동화자산에 설정된 담보권으로 담보되는 사채를 발행할 수 있는지의 문제가 있다. 사채에 물상담보를 붙이려면 담보부사채신탁법에 따라 발행회사와 신탁업자 간의 신탁계약에 의하여 사채를 발행해야 하는데(동법 제3조), 자산유동화거래의 구조상 동법상의 절차를 이용하는 것은 곤란하다. 다만, 사모로 발행되는

67) 자산유동화의 대상자산이 부동산과 같이 현금흐름을 예측하기 어려운 실물자산인 경우에는 지분증권, 대출채권과 같이 규칙적인 현금흐름이 예측 가능한 금융자산(financial assets)인 경우에는 채무증권이 적절하다. 자산유동화 실무연구회(1999), 117-118쪽.

유동화사채의 경우에는 사채권자와의 별도 계약에 의하여 사채원리금채무를 담보하기 위해 유동화자산 등에 저당권 또는 질권을 설정해 주는 경우가 있다.[68]

유동화증권은 이하에서 보는 바와 같이 유동화증권의 상환 방법, 유동화자산의 종류, 자산의 유동화와 위험의 유동화, 특별목적기구에 의한 증권 발행의 회수 등의 기준에 의해서도 다양하게 분류되고 있다.

2. 유동화증권의 상환 방법에 따른 분류

(1) 패스스루(pass-through)형 증권

패스스루형 증권은 특별목적기구로 신탁을 이용하는 경우 발행되는 증권으로서 유동화자산으로부터 회수되는 현금흐름이 수수료 등의 비용을 공제하고 유동화증권의 지분율에 따라 투자자(신탁의 수익자)에게 그대로 배분되는 것을 말한다.[69] 투자금의 조기회수위험을 유동화증권 투자자가 부담한다. 유동화자산의 수탁자인 신탁업자가 발행하는 수익증권 또는 수익권증서가 이에 해당된다. 한국주택금융공사가 한국주택금융공사법에 따라 투자자들에게 발행하는 주택저당증권(MBS)은 신탁재산인 주택저당채권을 기초로 발행되는 것으로서 신탁의 수익권을 표창하므로 이 유형의 유동화증권에 속한다고 할 수 있다.

(2) 패이스루(pay-through)형 증권

패이스루형 증권은 특별목적기구로 SPC를 이용하는 경우에 발행되는 증권으로서 유동화자산으로부터 얻는 현금흐름을 경제적인 토대로 삼아 SPC에 대한 청구권을 표시하는 증권이다. 유동화증권의 변제가 유동화자산의 현금흐름와 밀접하게 관련되지만 우선순위와 변제시기가 다른 복수의 종류(예컨대, 선순위사채와 후순위사채)로 증권을 발행할 수

68) 사채계약과는 별도로 발행회사가 사채권자와의 개별계약에 의하여 사채원리금지급채무에 대한 물상담보를 제공하는 경우에는 담보부사채신탁법이 적용되지 않는다고 본다(☞ 제8장 제5절 Ⅰ. 2. 담보부사채의 발행과 담보부사채신탁법의 적용). 예컨대, 국내자산을 유동화자산으로 하는 국제적인 유동화거래(☞ 제9장 제2절 Ⅱ. 5.)에서는 국내 SPC가 해외 SPC에게 발행하는 사모사채의 원리금채무를 담보하기 위하여 그 해외 SPC와의 별도 계약에 의하여 유동화자산 등에 대하여 질권(pledge)을 설정해 준다.

69) 자산유동화 실무연구회(1999), 121쪽. 1970년대 미국에서 이루어진 초기의 주택담보대출채권 유동화증권은 pass-through 방식으로 발행되어 대출채권 회수금액이 그대로 투자자들에게 배분되었다. 대출채무자가 예상치 않은 조기상환을 하는 경우 유동화증권 투자자들도 투자금액을 조기회수하게 되고 이는 투자기간에 대한 예측가능성 나아가 pass- through 유동화증권의 매력을 떨어뜨리는 요소가 되었고, 이를 해결하기 위하여 1983년 여러 순위의 유동화증권을 발행하는 CMO(Collateralized Mortgage Obligations)가 개발되었다. Fuller(2012), p. 186.

있다.[70)]

3. 유동화자산의 종류에 따른 분류

(1) CDO(Collateralized Debt Obligation: 채무담보증권)

CDO는 기업에 대한 은행 대출채권, 기업이 발행한 사채·기타 증권, 다른 유동화 거래에서 발행된 자산유동화증권 등을 유동화자산으로 하여 발행되는 유동화증권이다. CDO 중에서 기업에 대한 대출채권을 기초자산으로 하는 증권을 CLO(Collateralized Loan Obligations: 대출담보부증권), 기업이 발행한 사채를 기초자산으로 하는 증권을 CBO(Collateralized Bond Obligations: 채권담보부증권)라고 한다.[71)] CBO 중에서 이미 발행되어 유통시장에서 유통되고 있는 사채를 기초자산으로 하는 증권을 유통시장 CBO(Secondary CBO)라고 하고, 자산유동화를 위하여 다수의 기업이 신규로 발행한 사채들을 집합하여 이를 기초자산으로 하여 발행하는 유동화증권을 발행시장 CBO(Primary CBO: P-CBO)라고 부른다.[72)]

(2) MBS(Mortgage Backed Securities: 저당대출담보부증권)

토지 또는 건물에 대한 저당권으로 담보되는 대출채권을 유동화자산으로 하여 발행되는 증권이다. RMBS(Residential Mortgage Backed Securities: 주택저당대출담보부증권)와 CMBS(Commercial Mortgage Backed Securities: 상업용저당대출담보부증권)를 포함한다.

(3) 소비자채권 ABS(Asset Backed Securities)

ABS는 좁은 의미로는 소비자대출채권, 자동차할부채권, 신용카드채권, 리스채권 등 주로 소비자를 대상으로 하는 채권을 유동화자산으로 하여 발행되는 증권을 가리킨다. 우리나라에서는 '소비자채권 ABS'라는 분류는 별로 이용되고 있지 아니하고 그 기초자산별로 대출채권 유동화, 자동차할부채권 유동화, 신용카드채권 유동화, 리스채권 유동화 등

---

70) 자산유동화 실무연구회(1999), 123쪽.

71) CDO에 대한 설명은 Fuller(2012), pp. 190-192; 小林秀之(2010), 19쪽.

72) 한편, 다른 유동화거래에서 발행된 CDO를 기초자산의 전부 또는 대부분으로 하여 발행된 유동화증권을 "2차 CDO(CDO Squared: CDO's CDO)"라고 부른다. 이미 증권화한 것을 재증권화한 상품이다. 2007년 미국의 서브프라임 사태를 초래한 주택담보대출채권의 증권화 거래에서는 이와 같은 재증권화, 재재증권화(3차 CDO: CDO Cubed)된 상품이 대량으로 발행되었는데, 이 금융상품들은 주로 신용등급에 의존하여 거래되고 증권화의 대상이 된 자산 및 위험에 대한 정보제공이 충분하였는지 의문이 있다.

으로 개별적으로 분류하는 것으로 보인다.

제 2 절 자산유동화법에 의한 자산유동화

Ⅰ. 자산유동화법의 개요

자산유동화법[73]은 자산유동화에 관한 거래법 및 규제법의 속성을 갖는다. 자산유동화법은 48개의 조문으로 구성된 비교적 간명한 내용의 법이다. 자산유동화의 실무는 금융위원회의 하위규정과 금융감독원의 행정지도에 의하여 보완·운영되어 왔다.

1. 자산유동화에 대한 거래법상의 특례

자산유동화법은 자산유동화의 개념을 정의하고(법 제2조), 자산유동화거래를 지원하기 위하여 거래당사자들의 사법상 권리의무 관계에 관하여 [표 9-2]에서 보는 바와 같이

[표 9-2] 자산유동화법의 거래법상 특례

특례	자산유동화법의 해당 규정
민법의 특례	채권양도의 대항요건에 관한 특례(법 제7조), 근저당권 피담보채권의 확정에 관한 특례(법 제7조의2), 저당권·질권의 이전에 관한 특례(법 제8조 제1항), 한국자산관리공사 및 한국토지주택공사가 보유한 부동산의 소유권 이전에 관한 특례(법 제8조 제2항), 시설대여계약 및 연불판매계약상 채권의 유동화를 지원하기 위하여 자산보유자 등에 의한 동 계약의 변경·해지를 금지하는 규정(법 제14조) 등
상법의 특례	유동화전문회사(유한회사)의 출자증권·사채의 발행·지분 양도 등에 관한 특례, 유동화전문회사(유한회사 및 주식회사)의 이익배당·자본금 증감 및 이익준비금 적립면제에 관한 특례(법 제28조부터 제31조), 유동화전문회사의 사원총회·주주총회의 서면결의, 합병·조직변경의 금지와 청산인·파산관재인의 선임에 관한 특례(법 제19조 제1항, 제24조, 제25조, 제26조) 등
신탁법의 특례	자기신탁계약에 의한 신탁의 설정(법 제16조 제2항), 신탁업자의 금전 분별관리의무 강화(법 제16조 제3항) 등
자본시장법의 특례	신탁업자에 의한 수익증권 발행에 관한 특례(법 제32조) 등
채무자회생법의 특례	유동화자산을 자산관리자의 도산재단[74]에서 제외하는 규정(법 제12조), 진정양도의 요건(법 제13조), 차임채권의 유동화를 지원하기 위하여 차임채권 처분의 효력 제한에 관한 채무자회생법 조항의 적용 배제(법 제15조) 등

73) 제2절에서 “법” 또는 “시행령”이라고만 한 것은, 문맥상 다른 의미를 갖는 경우를 제외하고는, 자산유동화법 또는 동법시행령을 의미한다.

74) 파산절차에서의 파산재단, 회생절차에서의 채무자의 재산 등을 의미한다.

민법, 상법, 신탁법, 자본시장법, 채무자회생법 등에 대한 다양한 거래법상의 특례를 둠으로써 자산유동화에 관한 거래법으로서 기능한다.

2. 자산유동화에 대한 규제

자산유동화법은 자산유동화에 관한 규제법으로서 ① 한편으로는 자산유동화제도의 확립과 투자자 보호를 위하여 자산유동화에 대하여 독자적인 규제를 부과하고, ② 다른 한편으로는 자산유동화의 활성화를 지원하기 위하여 금융업에 적용되는 기존의 규제 및 저당권·부동산 소유권의 이전 등과 관련한 비용부담(예컨대, 국민주택채권의 매입) 등을 완화해 주고 있다.

위의 ①에 속하는 내용을 보면, 자산유동화법은 자산유동화계획의 등록과 유동화자산의 양도·신탁 등의 등록을 제도화하고(법 제3조 제1항, 제6조), 유동화전문회사의 업무범위를 기본적으로 자산유동화 관련 업무로 제한하면서(법 제22조, 제20조 제1항), 유동화전문회사로 하여금 본점외 영업소 설치와 직원의 고용을 금지하고(법 제20조 제2항) 자산관리자와 업무수탁자를 의무적으로 선임하도록 하고 있다(법 제10조 제1항, 제23조). 자산유동화법은 투자자 보호를 위하여 유동화증권 발행총액을 유동화자산의 매입가액 또는 평가가액의 총액을 한도로 제한하고(법 제33조), 유동화전문회사 등 유동화증권의 발행인으로 하여금 일정한 중요사항 발생시 금융위원회에 지체없이 보고하도록 하며 금융위원회는 이를 공시한다(법 제35조의2).

2024년 개정법은 투자자 보호를 강화하기 위하여 유동화증권의 발행에 관하여 의무보유제도와 발행내역 등 공개제도의 두 가지 규제를 신설하였다. 즉, (i) 자산보유자 및 그에 준하는 일정한 자로 하여금 원칙적으로 유동화증권 발행금액의 5%에 해당하는 금액 범위에서 대통령령으로 정하는 기준과 절차에 따라 유동화증권을 보유하도록 하였고(법 제33조의3). (ii) 유동화전문회사 등 유동화증권의 발행인으로 하여금 원칙적으로 유동화증권의 발행내역 등을 대통령령이 정하는 바에 따라 공개하도록 하였다(법 제33조의2). 자산유동화법은 등록유동화를 적용 대상으로 하지만, 2024년 개정법은 예외적으로 위 (i) 및 (ii)의 규제는 등록유동화뿐만 아니라 비등록유동화에 대하여도 적용되도록 하였다.

위의 ②에 속하는 주요 규정들로는, 자산관리자에 대한 신용정보의 이용 및 보호에 관한 법률상의 채권추심업 허가 면제(법 제10조 제2항), 신탁업자에 대한 자본시장법상 신탁자금운용 제한의 적용 배제(법 제16조 제1항), 채무자에 관한 정보의 제공 및 활용에 관한 특례(법 제37조), 자산유동화계획에 따른 저당권의 이전· 설정시 국민주택채권 매입의 면제(법 제36조의2), 한국자산관리공사·한국토지공사가 금융기관 부실자산 정리 등을 위하여 취득한 부동산의 등록유동화에 관한 특례(법 제36조) 등을 들 수 있다.

또한, 자산유동화법은 감독당국이 자산유동화거래에 대한 조사(법 제34조), 업무개선명령(법 제35조), 자산유동화계획의 등록 취소(법 제38조의2) 등의 수단에 의하여 자산유동화 관련 업무를 감독할 수 있도록 하고, 제39조 이하에서는 주요 법 규정의 위반에 대한 벌칙(형벌 또는 과태료)을 두고 있다.

한편, 자산유동화법이 위임한 사항들을 자산유동화법 시행령과 금융위원회가 제정한 「자산유동화업무감독규정」 및 「유동화전문회사회계처리기준」이 정하고 있다. 자산유동화법에 따른 자산유동화거래는 법령과 규정뿐 아니라 감독당국의 실무지침(guideline)에 의해 사실상 규제 또는 제약을 받아 왔다. 이러한 실무지침은 자산보유자 자격, 유동화자산의 종류, 유동화증권의 종류, 거래구조 등 자산유동화의 주요 측면에 대하여 널리 적용되어 왔다.[75] 2005년 5월 'ABS 관련업무 모범규준 실무협의회'[76]는 「ABS 관련업무 모범규준」을 마련하여 자산유동화거래 참여자별로 표준적인 업무내용(best practice)을 제시하고, 특히 각 참여자의 역할과 책임을 명확히 하고 자산관리자와 업무수탁자 간의 상호 견제·감시 장치를 구체적으로 정하도록 함으로써 초기 자산유동화 시장의 지침서 역할을 수행하였다.[77] 2012. 6. 9. 위 모범규준의 효력기간이 종료됨에 따라 금융감독원이 발행한 「자산유동화 실무안내」[78]가 실질적인 실무지침의 역할을 하고 있다.

Ⅱ. 자산유동화법에 의한 자산유동화의 거래 구조

자산유동화법은 "자산유동화"를 법 제2조 제1호 가목부터 라목까지의 네 가지 유형 중 어느 하나에 해당되는 행위라고 정의하고 있다(법 제2조 제1호).

1. 유동화전문회사를 이용한 자산유동화

법 제2조 제1호 가목의 자산유동화는 특별목적회사를 이용한 자산유동화의 기본형

75) 김용호·이선지·유이환(2009), 142쪽.
76) 자산유동화거래에 참여하는 업계의 주요 은행 및 증권회사, 신용평가회사 등이 참여하는 자율협의체이다{금융감독원(2013), 43쪽}.
77) 금융감독원(2013), 43쪽.
78) 금융감독원(2023).

으로서 법 제3장(법 제17조부터 제26조)의 규정에 의하여 규율되는 유동화전문회사를 특별목적회사로 이용한다([그림 9-2]). 자산유동화를 전업으로 하는 외국법인은 자산유동법 제정 직후에는 이용된 사례가 있으나, 지금은 이용되지 않는 것으로 보인다(☞ 제2절 Ⅲ. 4. 유동화전업 외국법인).

[그림 9-2] 유동화전문회사를 이용한 자산유동화

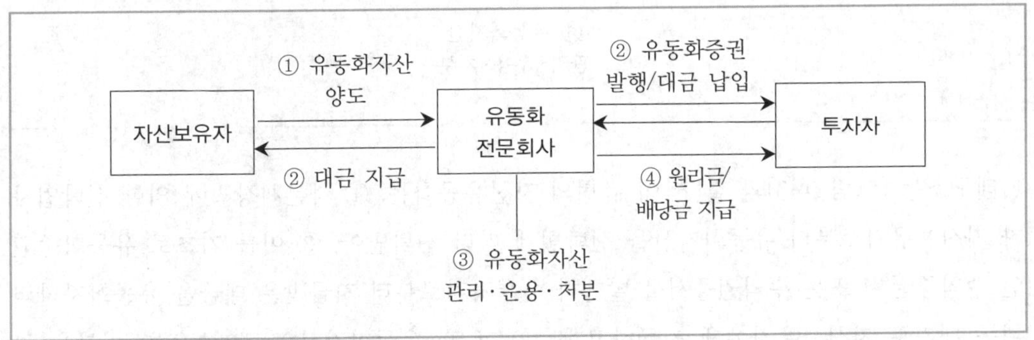

이 유형의 자산유동화는, 자산유동화의 사전준비단계에서 유동화전문회사를 설립한 후에, ① 유동화전문회사가 자산보유자로부터 금전채권, 증권, 부동산 등 유동화자산을 양도받아, ② 이를 기초로 투자자에게 사채, CP, 출자증권 등 유동화증권을 발행하여 조달한 자금으로 자산보유자에게 유동화자산의 양도대금을 지급하고, ③ 그 후 유동화자산의 관리·운용·처분을 하여, ④ 그에 의한 수익이나 차입금 등으로 유동화증권의 원리금 또는 배당금을 지급하는 일련의 행위로 구성된다. 이러한 거래구조는 주로 부실채권(Non-Performing Loan: NPL)의 유동화, 발행시장 CBO(Primary CBO),[79] 부동산 프로젝트금융(PF) 대출채권 유동화,[80] 주택담보대출채권의 유동화 등에 이용된다.

2. 자산보유자가 위탁자인 신탁을 이용한 자산유동화

법 제2조 제1호 나목의 자산유동화는 신탁을 이용한 자산유동화의 기본형으로서 그

79) 앞서 본 바와 같이 발행시장 CBO는 자신의 신용으로 회사채를 발행하기 어려운 중소기업들의 자금조달을 지원하기 위하여 고안된 자산유동화 기법이다. 일정한 적격요건을 갖춘 다수의 중소기업들이 신규 발행하는 사모사채를 증권회사가 총액인수하여 곧바로 이를 유동화전문회사에 양도하고, 유동화전문회사는 이를 기초로 유동화증권(사채)을 발행하는 거래이다. 사모사채를 발행한 중소기업들이 후순위 유동화사채를 인수하고, 선순위 유동화사채에 관하여는 신용보증기금, 기술신용보증기금 또는 중소기업진흥공단에서 신용공여 또는 보증을 제공함으로써 투자자들은 높은 신용등급의 유동화증권을 취득한다{금융감독원(2013), 114쪽; 조영희(2013), 401쪽, 각주 1}.

80) 부동산 프로젝트금융(PF) 대출채권 유동화는 부동산개발사업에 필요한 자금을 조달하기 위한 자

[그림 9-3] 자산보유자가 위탁자인 신탁을 이용한 자산유동화

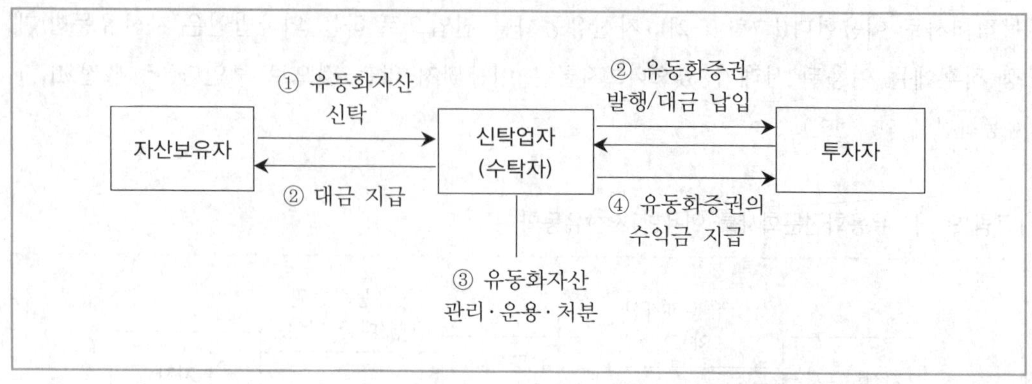

거래구조는 [그림 9-3]과 같다. 이 유형의 자산유동화는, ① 자본시장법에 의한 신탁업자가 자산보유자로부터 유동화자산을 신탁법에 따라 신탁받아, ② 이를 기초로 유동화증권인 수익증권[81] 또는 수익권증서를 발행하여 투자자로부터 지급받은 대금을 유동화자산의 취득 대가로 자산보유자에게 지급하고,[82] ③ 그 후 유동화자산의 관리·운용·처분을 하여, ④ 그에 의한 수익이나 차입금등으로 유동화증권의 수익금을 지급하는 일련의 행위이다. 투자자와의 관계에서는 소위 '타익신탁'이 설정되는 것이다. 이와 같이 자산보유자가 위탁자가 되는 신탁을 이용한 자산유동화거래의 절차 진행은, 유동화자산에 대하여 양도 대신에 신탁이 이루어지고 유동화전문회사 대신에 신탁업자가 유동화자산인 신탁재산을 소유하게 된다는 점, 업무수탁자의 선임을 요하지 않는다는 점 등 유동화신탁과 관련된 특유한 사항을 제외하고는 법 제2조 제1호 가목의 자산유동화와 거의 동일한 절차로 진행된다. 자산보유자인 신탁업자는 자산유동화계획에 따라 유동화자산을 신탁함에 있어서 자신이 위탁자인 동시에 수탁자가 되는 자기계약에 의하여 신탁을 설정할 수 있다(법 제16조 제2항).[83] 그러나, 이러한 자기신탁 방식에 의한 자산유동화는 거의 이용되고 있지

산유동화거래로서, 금융기관의 시행사에 대한 토지매입자금 등의 대출을 통해 창출된 대출채권을 유동화전문회사에 양도하여 이를 기초자산으로 하여 유동화증권을 발행하는 거래이다. 유동화증권의 실질적인 상환재원은 시행사의 분양대금채권이다{금융감독원(2013), 114쪽}.

81) 자본시장법상 신탁업자는 금전신탁에 한하여 수익증권을 발행할 수 있도록 하고 있으나(자본시장법 제110조 제1항), 자산유동화법 제32조에 의하여 유동화자산의 수탁자인 신탁업자는 비금전신탁의 경우에도 수익증권을 발행할 수 있다.

82) 이 경우 수익증권 또는 수익권증서의 발행대금은 수익자가 직접 자산보유자(위탁자)에게 지급할 수도 있을 것이나, 실무상으로는 위의 발행대금은 수탁자인 신탁업자를 통하여 자산보유자에게 지급하고 있다.

83) 2011. 7. 15. 신탁법의 전면 개정(2012. 7. 26. 시행)에 의하여 신탁법상 일반적으로 자기신탁(신탁선언에 의한 신탁)에 의한 신탁설정이 가능하게 되었다(신탁법 제3조). 자산유동화법뿐만 아니라 한국주택공사법과 자본시장법에서 자기계약에 의한 신탁의 설정을 허용하고 있는 경우가 있는데, 이러한 자기계약에 의한 신탁설정과 개정 신탁법에 따른 자기신탁의 관계 및 법 개정의 필

않는 것으로 보인다.

자산유동화법에 의한 자산유동화거래에서 법 제2조 제1호 나목의 구조만을 이용하는 사례는 별로 없다. 즉, 법 제2조 제1호 나목에 의한 자산유동화거래로서 신탁의 수익권증서를 투자자 앞으로 직접 발행한 예는 극소수이고, 수익증권이 발행된 사례는 없는 것으로 보인다. 일반적으로 신탁은 이하에서 살펴보는 법 제2조 제1호 라목의 '2단계 자산유동화' 구조에서 유동화전문회사 앞에 있는 제1단계 특별목적기구로 이용되고 있다.[84] 그 이유는 신탁의 수익권증서나 수익증권이 아직 시장에서 표준화된 투자상품으로 자리잡지 못하고 있고 유동화자산의 종류에 따라서는 신탁수익권으로부터의 소득에 대한 조세 취급이 유동화전문회사가 발행하는 사채나 CP에 비하여 불리하거나 불확실성이 있기 때문인 것으로 보인다.[85]

3. 투자자가 위탁자인 금전신탁을 이용한 자산유동화

법 제2조 제1호 다목의 자산유동화는 투자자가 금전신탁의 위탁자겸 수익자가 되는 방식이다. 이 유형의 자산유동화는, ① 투자자들이 신탁의 위탁자겸 수익자로서 신탁업자에게 금전을 신탁하여 신탁업자로부터 유동화증권인 신탁 수익증권 또는 수익증서를 교부받으며, ② 신탁업자는 신탁받은 금전으로 자산보유자로부터 유동화자산을 양도받고, ③ 그 후 유동화자산의 관리·운용·처분을 하여, ④ 그에 의한 수익이나 차입금 등으로 유동화증권의 수익금을 지급하는 일련의 행위로 구성된다([그림 9-4]).[86] 법 제2조 제1호 다목에 의한 자산유동화는 실제로는 이용되지 않는 것으로 보인다.

요성에 관하여는, 한민(2015), 258-259쪽.

84) 자산보유자가 자산유동화거래 밖에서 먼저 자익신탁 방식으로 신탁업자에게 대상자산을 신탁하여 수익권을 발행 받은 후에, 그 수익권을 유동화전문회사에 양도하고, 유동화전문회사가 이를 기초로 사채나 CP를 발행하는 방식으로 자산유동화거래를 하는 경우도 있는데, 이러한 거래구조는 신탁의 수익권을 유동화자산으로 하는 거래로서 위에서 살펴본 법 제2조 제1호 가목([그림 9-2])의 자산유동화에 속한다.

85) 한민(2015), 238쪽.

86) 자산유동화 실무연구회(1999), 301쪽.

[그림 9-4] 투자자가 위탁자인 금전신탁을 이용한 자산유동화

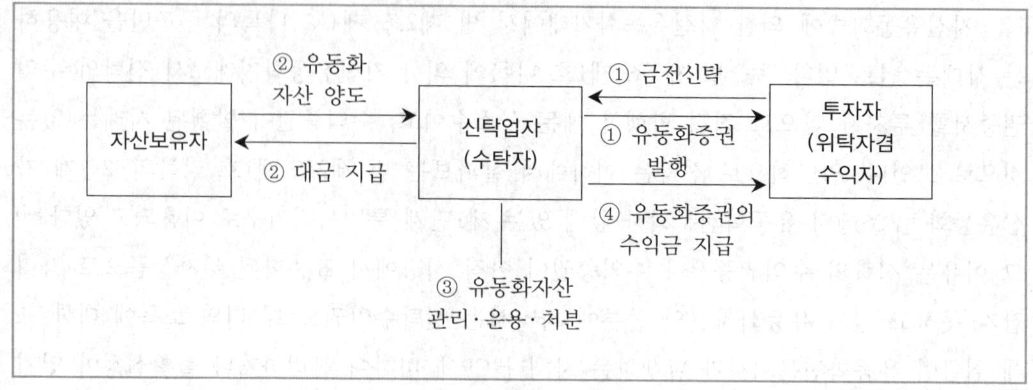

4. 2단계 자산유동화

법 제2조 제1호 라목의 자산유동화는, 법 제2조 제1호 가목 및 나목의 자산유동화가 결합되어 이루어지는 '2단계 자산유동화'이다([그림 9-5]).[87] 2개의 유동화전문회사가 이용되는 경우도 간혹 있으나, 대부분의 경우 제1단계에서는 신탁, 제2단계에서는 유동화전문회사가 이용되고 있다.

[그림 9-5]에서 보는 바와 같이, '신탁+유동화전문회사' 구조의 제1단계에서는 유동화자산을 신탁받은 신탁업자가 이를 기초로 유동화전문회사에게 유동화증권으로서 선수위수익권(증서)을 발행하고, 제2단계에서는 유동화전문회사가 이를 기초로 투자자에게 유

[그림 9-5] 2단계 자산유동화

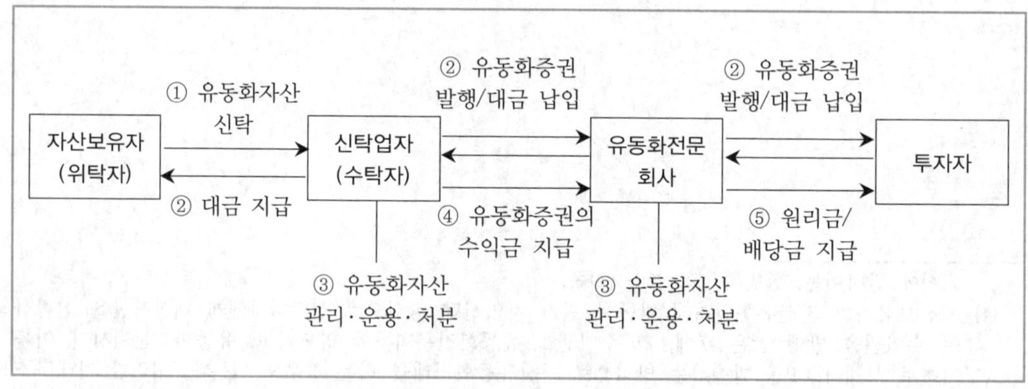

87) 2단계 자산유동화는 자산유동화법 제정 당시에는 법 제2조 제1호의 정의 규정에 포함되어 있지 않았고 해석상으로만 인정되어 왔는데, 2000. 1. 21. 자산유동화법 개정에 의하여 법 제2조 제1호 라목으로 신설되었다.

동화증권을 발행한다. 이와 관련하여, 법문상 "유동화전문회사가 … 신탁업자로부터 유동화자산 또는 이를 기초로 발행된 유동화증권을 양도 또는 신탁받아 이를 기초로 하여 유동화증권을 발행하고 … "(밑줄은 필자)라고 규정하고 있는데, 여기서 유동화전문회사가 신탁업자로부터 "유동화증권을 양도받는다는 것"은 "유동화증권의 인수"를 포함하는 넓은 의미로 해석하여야 할 것이다. [그림 9-5]에는 표시되어 있지 아니하나, 통상 자산보유자는 제1단계에서 신탁업자로부터 후순위수익권을 인수한다.[88]

2단계 자산유동화 방식은 장래 매출채권이나 신용카드채권과 같이 그 규모가 장래에 증감 변동하는 유동화자산을 기초로 투자자에게 사채나 CP를 발행하는 데에 많이 주로 이용된다. 2단계 자산유동화방식에 의하게 되면, 제1단계에서는 유동화증권 투자자를 위하여 유보되어야 하는 일정 규모의 자산을 초과하는 자산을 신탁의 후순위수익권을 통하여 자산보유자에게 반환하는 데에 편리하고, 제2단계에서는 선순위수익권을 취득한 유동화전문회사가 이를 기초로 투자자에게 사채나 CP를 발행할 수 있게 된다.[89]

자산유동화가 두 단계로 구성되는 데에 따른 특유한 사항을 제외하고는, '신탁+유동화전문회사'의 거래구조를 갖는 자산유동화의 절차 진행 및 관련 법적 문제는 법 제2조 제1호 나목의 자산유동화(신탁을 이용한 기본형)와 법 제2조 제1호 가목의 자산유동화(유동화전문회사를 이용한 기본형)와 공통된다고 할 수 있다.

5. 국내자산을 유동화자산으로 하는 국제적인 유동화

해외 유동화거래는 국내의 자산보유자가 보유하는 국내재산을 유동화자산으로 하여 해외에서 유동화증권을 발행하여 자금을 조달하는 거래이다. 유동화자산은 대부분 대출채권, 신용카드채권, 운임채권 등 금전채권이다. 해외 유동화의 거래구조는 크게 '2단계 SPC 구조'와 '신탁을 이용한 구조'로 구분할 수 있다.

(1) 2단계 SPC 구조

2단계 SPC 구조는 대출채권과 같이 장래증감 변동하지 않고 확정된 채권을 기초자산으로 하는 경우에 이용된다. 이 구조에 의한 해외 유동화거래([그림 9-6])는 대체로 다음과 같이 진행된다.

① 2개의 SPC를 국내와 외국(예: Cayman Islands)에 각각 1개씩 설립한다.

88) '신탁+유동화전문회사'의 거래구조에 관한 상세한 내용은 금융감독원(2013), 116-117쪽 참조.
89) 한민(2015), 239쪽.

[그림 9-6] 2단계 SPC를 이용한 유동화증권 해외 발행

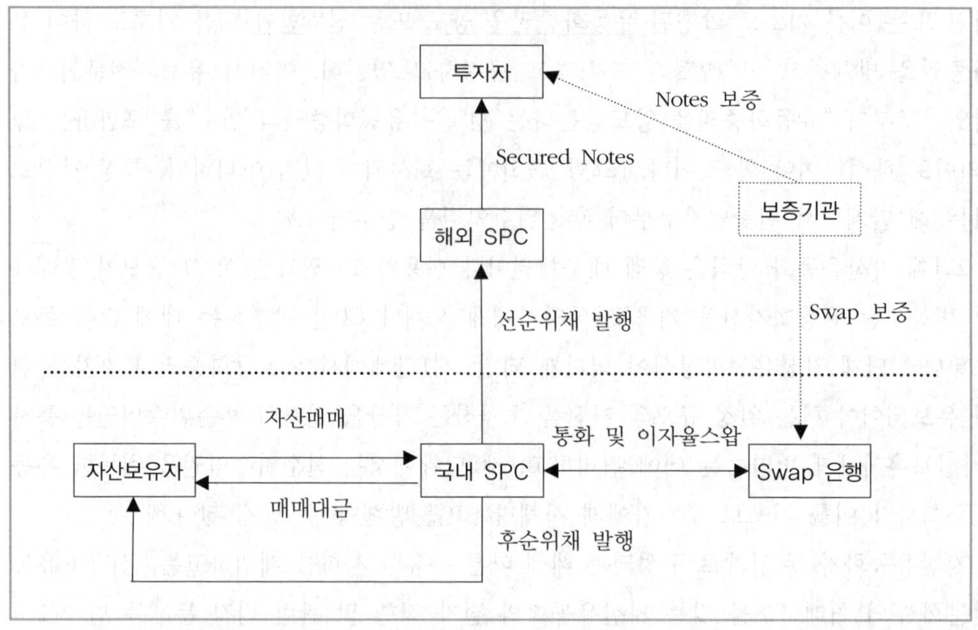

② 자산보유자는 유동화자산을 국내 SPC에게 양도하고, 국내 SPC는 양도받은 유동화자산을 기초로 해외 SPC[90]에게 자산유동화법에 따른 유동화증권으로서 선순위채를 발행한다. 이 사채는 미국 달러화 등 외화표시 사채로 발행되는 것이 일반적이다.[91]

③ 해외 SPC는 국내 SPC로부터 발행받은 선순위채 및 그와 관련된 담보를 기초자산으로 하여 외국에서 담보부 사채(Secured Notes)를 발행한다.

④ 이와 같이 SPC를 2개 설립하는 이유는, 국내 SPC가 불특정 다수의 해외 투자자들을 대상으로 직접 담보부사채를 발행하는 경우 담보부사채신탁법에 저촉될 수도 있기 때문이다.

⑤ 최초 발행단계에서는 투자자가 납입한 발행대금(외화자금)이 해외 SPC를 통하여 국내로 유입되고, 그 후에는 국내 SPC가 보유하고 있는 원화자산에서 생기는 현금흐름으로 선순위채 원리금을 지급한다.

⑥ 원달러 환율의 변동으로 인한 환위험을 피하기 위해 국내 SPC는 국내 외국환은행과 통화 및 이자율 스왑계약을 체결한다.

⑦ 국내 SPC는 해외 SPC로부터 받은 발행대금을 원화로 환전하여 자산양도대금의 일부로

90) 해외 SPC는 국내의 유동화전문회사가 발행하는 유동화증권을 취득하는 투자자에 해당되고, 자산유동화법 제2조 제1호 가목에서 말하는 "유동화전업 외국법인"에 해당되지 않는다.

91) 조세특례제한법 제21조 제1항 제1호에 따라 국가·지방자치단체 또는 내국법인이 국외에서 발행하는 외화표시채권의 이자 및 수수료 소득을 받는 자(거주자, 내국법인 및 외국법인의 국내사업장은 제외)에 대해서는 소득세 및 법인세가 면제된다.

자산보유자에게 지급하고, 나머지 자산양도대금 채무는 국내 SPC가 자산보유자에게 후순위사채를 발행하면서 납입받을 후순위사채대금 채권과 상계한다.

⑧ 자산유동화거래의 신용도를 높이기 위하여 투자자들에 대하여 해외 SPC가 발행한 사채의 원리금채무를 보증하는 보증기관을 참여시킬 수도 있다. 글로벌 금융위기를 겪으면서 다수의 국제적 보증기관이 도산상태에 처하였고, 그 여파로 인하여 최근에는 해외 자산유동화거래에서 보증기관은 이용되지 않는 것으로 보인다.

(2) 신탁을 이용한 구조

[그림 9-7]의 신탁을 이용한 구조는 신용카드채권이나 매출채권과 같이 유동화자산의 규모가 장래에 증감변동하는 경우에 이용된다. 신탁을 이용하면, 유동화증권 투자자를 위하여 유보되어야 하는 일정한 규모의 책임재산을 초과하는 자산을 후순위수익권을 통하여 자산보유자에게 수시로 반환하는 데에 편리하다. 자산보유자가 유동화자산을 수탁은행에게 신탁하고 수탁자가 선순위수익권을 국내 SPC에게, 후순위수익권을 자산보유자에게 부여하는 것을 제외하고는 위 (1)의 거래구조와 대동소이하다.

[그림 9-7] 신탁을 이용한 유동화증권 해외 발행

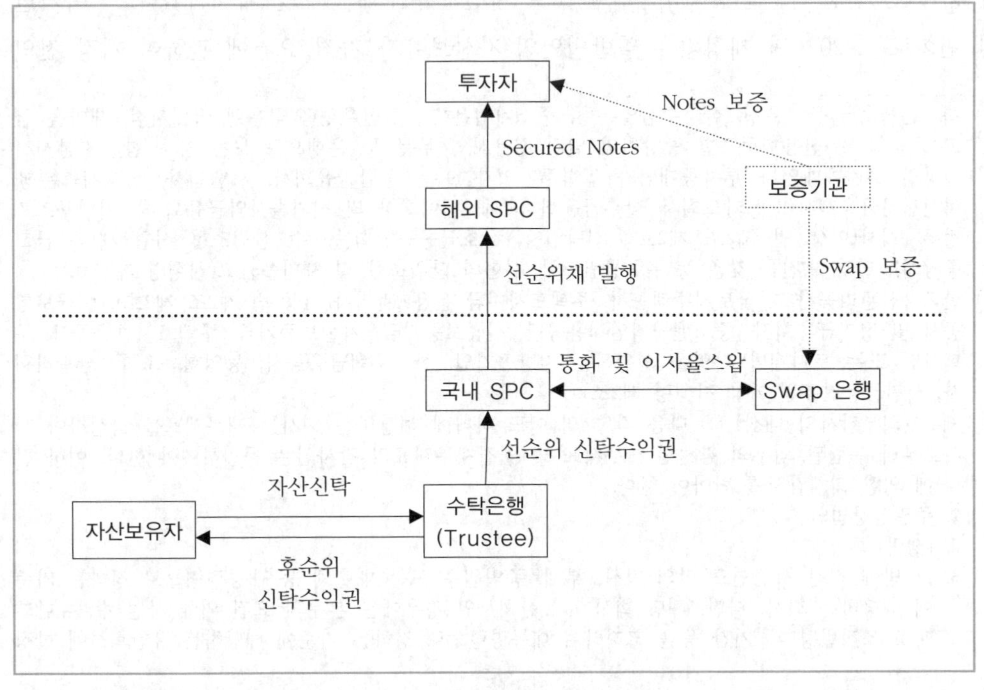

Ⅲ. 자산유동화거래의 참여자

1. 자산보유자

(1) 자산보유자의 정의

자산유동화법상 인정되는 자산보유자는 크게 (i) 국가·지방자치단체, (ii) 금융회사,[92] (iii) 공기업[93]과 (iv) 「주식회사 등의 외부감사에 관한 법률」 제4조 제1항 제1호 또는 제3호에 따라 외부감사를 받는 회사[94](해당 회사에 준하는 외국 법인 중 자국의 법령에 따라 회계감사를 받는 외국법인을 포함함) 중 자산규모 및 재무상태 등을 고려하여 금융위원회가 정하여 고시하는 기준을 충족하는 회사로 분류할 수 있다(법 제2조 제2호, 시행령 제2조).

위 (i)의 국가·지방자치단체는 2024년 개정법에서 추가된 것이다. 이는 국가 및 지방자치단체의 다양한 자산유동화 활용 수요(예: 지방자치단체의 수도요금채권 유동화)를 고려한 것이다.[95] 또한, 개정 전의 자산유동화법은 일부 상호금융중앙회와 단위조합만 자산보유자로 인정하였으나 2024년 개정법은 상호금융 전권역의 중앙회 및 단위조합(단, 단위조합의 경우에는 법정 기준을 충족하여야 함)으로 자산보유자의 범위를 확대하였다.[96] 특기할 만한 변화로는, 2024년 개정법은 일반법인의 자산보유자 자격 요건에 관하여 개정 전의

92) 특수은행(한국산업은행, 한국수출입은행, 중소기업은행), 일반은행(외국은행 국내지점, 새마을 금고 중앙회 및 신용협동조합 중앙회의 일정 신용사업 부문 등 은행으로 보는 자 포함), 자본시장법상의 투자매매업자·투자중개업자·집합투자업자 또는 종합금융회사, 보험회사, 상호저축은행, 여신전문금융회사(신용카드회사·할부금융회사·시설대여회사 및 신기술사업금융회사), 기업구조조정투자회사(이상 법 제2조 제2호), 신탁업자, 상호금융중앙회(농·수·산림조합·신협·새마을금고 중앙회), 일정 요건을 갖춘 농·수·산림조합·신협의 단위조합 및 새마을금고(시행령 제2조).

93) 한국자산관리공사, 한국토지주택공사, 주택도시기금 운용·관리자(이상 법 제2조 제2호), 예금보험공사 및 정리금융회사, 중소벤처기업진흥공단, 신용보증기금, 기술보증기금, 주택도시보증공사, 주택사업 또는 토지개발 사업을 영위하는 지방공기업, 한국주택금융공사, 농업협동조합자산관리회사, 서민금융진흥원(이상 시행령 제2조).

94) 제4조(외부감사의 대상) ① 다음 각 호의 어느 하나에 해당하는 회사는 재무제표를 작성하여 회사로부터 독립된 외부의 감사인(재무제표 및 연결재무제표의 감사인은 동일하여야 한다. 이하 같다)에 의한 회계감사를 받아야 한다.
1. 주권상장법인
2. (생략)
3. 그 밖에 직전 사업연도 말의 자산, 부채, 종업원수 또는 매출액 등 대통령령으로 정하는 기준에 해당하는 회사. 다만, 해당 회사가 유한회사인 경우에는 본문의 요건 외에 사원 수, 유한회사로 조직변경 후 기간 등을 고려하여 대통령령으로 정하는 기준에 해당하는 유한회사에 한정한다.

95) 이용준, "자산유동화에 관한 법률 일부개정법률안 검토보고"(정부 제출, 의안번호 제2112873호)(2022. 5.), 14쪽.

96) 금융위원회 보도자료(2023. 12. 27.) "24. 1. 12. 개정 「자산유동화에 관한 법률」이 시행됩니다", 2쪽.

"신용도 우량" 기준을 폐지하고 위 (iv)의 기준으로 대체하였다는 점이다.

일반법인이 위 (iv)의 자산보유자 자격을 인정받기 위해서는 외부감사 대상 회사(또는 이에 준하는 위 외국법인)로서 다음 ① 또는 ②의 기준을 충족하여야 한다. 다만, 외국법인이 아래 ②의 기준을 충족하는 경우 당해 외국법인이 설립한 국내법인(국내 자회사를 말한다)은 아래 ②의 기준을 충족한 것으로 본다(자산유동화업무감독규정 제2조).

① 다음 요건을 모두 충족하는 회사(직전 사업연도 말 기준)
  (i) 자산총액이 500억 원 이상일 것
  (ii) 자기자본이 납입자본금의 50% 이상일 것
  (iii) 감사보고서 상 감사의견이 "적정"일 것

② 주권상장법인(관리종목인 경우는 제외). 다만, 외국법인은 그 본국에서 이에 상응하는 요건을 갖춘 법인일 것

2024년 개정법 전의 (구)자산유동화법 및 (구)자산유동화업무감독규정에 의하면, "신용도가 우량한 법인", 즉 BB등급(또는 이에 준하는 등급 이상)의 평가등급을 받거나 또는 주권상장법인(관리종목 제외)에 해당되는 경우에 한하여 자산보유자의 자격이 인정되었으나, 2024년 개정법 및 그에 기하여 개정된 자산유동화업무감독규정에서는 위와 같이 일반법인의 자산보유자 자격 기준이 완화되었다.[97]

(2) 자산보유자 자격의 완화·폐지에 관한 논의

자산유동화법의 제정 당시 자산보유자의 자격을 제한한 이유는, 자산유동화법에 의한 자산유동화에 관하여는 세금 감면, 저당권·소유권 등기특례 등 각종 특례를 부여하고 있어서 제도의 남용과 악용을 방지하고 투자자를 보호하기 위한 것이었다.[98] 자산유동화법 제정 이후 법 또는 시행령의 개정을 통하여 자산보유자의 범위는 조금씩 확대되어 왔다.

자산유동화법에 의한 자산보유자 자격을 충족하지 못하는 일반 기업은 자산유동화법에 의한 등록유동화를 할 수 없기 때문에 비등록유동화를 이용할 수밖에 없다. 그런데, 일반 법인이 비등록유동화 방식에 의하여 유동화하고자 하는 자산이 매출채권과 같이 수많은 채무자를 대상으로 하는 집합채권인 경우에는 지명채권의 양도 또는 신탁의 대항요건을 일일이 갖추어야 하므로 비등록유동화를 이용하는 것은 쉽지 않다. 자산유동화법상

97) 금융위원회에 의하면, 2024년 개정법 시행에 의하여 자산보유자 자격을 충족하는 일반기업은 약 3,000개사에서 11,000개사 이상으로 확대될 것으로 예상된다. Id., 1쪽.

98) 금융감독원(2013), 14쪽; 자산유동화실무연구회(1999), 303쪽.

의 대항요건 특례를 필요로 하지 않는 자산의 경우에는 자산보유자 자격을 갖추지 못한 일반 법인이 보유하는 자산을 자산보유자 자격을 갖춘 자에게 양도하여 그를 통하여 등록유동화를 하는 방법도 생각해 볼 수 있다. 그러나, 이러한 방식의 자산유동화는 거래비용이 높아질 뿐만 아니라, 금융감독원은 자산유동화법상 자산보유자의 자격을 제한하고 있는 취지를 감안하여 원칙적으로 유동화자산은 자산보유자에 의하여 일정기간 보유되고 있는 자산이어야 한다는 입장을 취하고 있으므로 이러한 방식으로 자산유동화거래를 하는 것도 어렵다.[99]

위와 같은 이유에서 일반기업의 자금조달 기회를 확대하기 위해 자산보유자의 자격요건을 개선하여야 한다는 주장이 꾸준히 제기되어 왔다. 일반법인의 자산보유자 자격을 신용도가 우량한 법인으로 제한하게 되면, 유동화자산의 양도나 신탁이 사해행위 취소 또는 부인의 대상이 될 가능성이 거의 없어지게 되므로 투자자 보호를 위해 바람직하다. 반면에, 신용도가 우량하지 아니한 법인의 경우에 오히려 자산유동화에 의한 자금조달의 필요성이 더 크다고 할 수 있다. 2024년 개정법에 의한 일반법인의 자산보유자 자격의 완화는 이러한 양면성을 고려하여 절충적인 입장을 취한 것이라고 볼 수 있다. 앞으로 자산보유자의 자격에 관한 법규상 제한을 아예 폐지할 수 있을 것인지는 시장에서 유동화증권에 대해 제대로 평가할 수 있는 하부구조(예: 신용평가의 신뢰도, 주선기관의 투자자보호에 대한 인식 등)가 충분히 구축될 것인가에 달려 있는 문제일 것이다. 실무상 유동화자산의 자산관리는 대부분 자산보유자가 맡고 있는데, 앞으로 자산보유자의 자격 요건을 더 완화하거나 폐지할 경우에는, 투자적격등급 미만의 기업은 투자자 보호에 문제가 없다고 인정되는 때를 제외하고는 원칙적으로 자산관리자가 될 수 없도록 하는 보완장치를 마련하는 것도 고려해 볼 필요가 있다.

2. 유동화전문회사

(1) 회사의 형태

유동화전문회사는 법 제17조의 규정에 의하여 설립되어 법 제22조의 규정에 따라 자산유동화업무를 수행하는 특별목적회사이다(법 제2조 제5호). 유동화전문회사는 상법상의 유한회사 또는 주식회사이어야 한다(법 제17조 제1항). 유동화전문회사의 형태는 자산유동화법 제정시부터 유한회사로 한정되어 왔으나, 2024년 개정법은 유동화전문회사를 주식회사의 형태로도 설립할 수 있도록 하였다.

99) 김용호·이선지·유이환(2009), 156쪽.

자산유동화법 제정시 유동화전문회사의 형태를 유한회사로 규정한 것은 유한회사가 주식회사에 비하여 설립절차가 간편하고 규제가 완화되어 있어 특별목적기구에 더 적합하다고 보았기 때문이다.[100] 특히, 유한회사의 경우 의결권(상법 제575조), 이익배당(상법 제580조), 잔여재산의 분배(상법 제612조)에 관하여 주식회사의 경우보다 더 다양한 내용으로 정관에 정하는 바에 따라 정할 수 있으므로 보다 유연한 출자구조를 마련할 수 있었다.[101] 다만, 상법상 유한회사는 사채를 발행할 수 없다고 보고 있으므로[102] 자산유동화법은 유동화전문회사가 자산유동화계획에 따라 사채를 발행할 수 있도록 하는 특례 규정을 두었다(법 제31조 제1항). 반면에, 자산유동화법에 의하지 아니한 비등록유동화거래의 경우에는 유동화증권으로 CP를 발행하는 경우에는 주식회사 이외에 유한회사 형태의 특별목적회사도 이용하고 있으나, 사채를 발행하고자 하는 경우에는 유한회사는 사채를 발행할 수 없으므로 주식회사 형태의 특별목적회사를 이용하고 있다.[103] 등록유동화의 경우에는 비등록유동화의 경우와는 달리 유한회사의 경우에도 사채를 발행할 수 있으므로 앞으로 유동화전문회사로 주식회사를 이용하고자 하는 수요가 크지 않을 수 있다.[104]

(2) 자본금과 출자구조

사채, CP 등 채무증권을 발행하는 특별목적회사는 명목상의 자본금으로 설립된다. 후순위유동화증권의 발행 등 신용보강 조치에 의하여 유동화증권 투자자를 보호할 수 있고, 자본금의 채권자 보호 기능에 의존할 필요가 없기 때문이다. 상법상 주식회사 및 유한회사의 최저자본금 요건이 폐지되었으므로 이론상 최저 100원의 자본금만으로 회사를 설립하는 것이 가능하다. 대법원판례에 의하면 특별목적회사가 과소자본금을 갖고 있다는 사정만으로 법인격부인의 대상이 되지는 않는다.[105] 유한회사인 유동화전문회사의 설

---

100) 자산유동화실무연구회(1999), 406쪽.

101) 강희철·장우진·윤희웅(2003), 195-196쪽; 온주 자산유동화법(2016), 제17조 주석(권진홍 집필).

102) 자산유동화실무연구회(1999), 433쪽; 상법 제600조 제2항 및 제604조 제1항 단서.

103) 다만, 비등록유동화의 경우 사채(단기사채 포함)뿐만 아니라 CP를 발행하는 경우에도 주식회사가 압도적으로 많이 이용되고 있다고 한다{이선지(2024), 81쪽}.

104) 이선지(2024), 80쪽(등록유동화거래에서는 유한회사가 사채를 발행할 수 있으므로 그 동안 주식회사를 이용하지 못하는 데 대한 실무적인 아쉬움은 그리 많지 않았다고 함).

105) 대법원판례에 의하면 특수목적회사가 그 설립목적을 달성하기 위하여 설립지의 법령이 요구하는 범위 내에서 최소한의 출자재산을 가지고 있다거나 특수목적회사를 설립한 회사의 직원이 특수목적회사의 임직원을 겸임하여 특수목적회사를 운영하거나 지배하고 있다는 사정만으로는 특수목적회사의 독자적인 법인격을 인정하는 것이 신의성실의 원칙에 위배되는 법인격의 남용으로서 심히 정의와 형평에 반한다고 할 수 없으며, 법인격 남용의 위험을 인정하려면 적어도 특수목적회사의 법인격이 배후자에 대한 법률적용을 회피하기 위한 수단으로 함부로 이용되거나, 채무면탈, 계약상 채무의 회피, 탈법행위 등 위법한 목적달성을 위하여 회사제도를 남용하는 등의 주관적 의도 또는 목적이 인정되는 경우라야 한다(대법원 2006. 8. 25. 선고 2004다

립시 발행되는 출자지분은 (i) 잔여재산분배청구권을 가지나 의결권은 없는 출자지분과 (ii) 잔여재산분배청구권은 없으나 의결권을 갖는 출자지분의 두 종류로 발행되는 것이 보통이다. 유동화전문회사가 공정거래법상 자산보유자의 계열사가 되는 것을 피하기 위하여 첫 번째 유형의 출자지분은 자산보유자가 갖고, 두 번째 유형의 출자지분은 자산보유자와 특수관계에 있지 아니한 회계사 등의 전문가나 자산보유자의 직원의 지인이 보유하는 것이 일반적이다.

(3) 회사의 목적범위

유동화전문회사가 행할 수 있는 업무는 ① 유동화자산의 양수·양도 또는 신탁업자에의 위탁, ② 유동화자산의 관리·운용 및 처분, ③ 유동화증권의 발행 및 상환, ④ 자산유동화계획의 수행에 필요한 계약의 체결, ⑤ 유동화증권의 상환 등에 필요한 자금의 일시적인 차입, ⑥ 여유자금의 투자와 ⑦ 기타 위의 각 업무에 부수하는 업무로 한정되어 있다(법 제22조 제1항, 제20조 제1항). 유동화전문회사는 본점 외의 영업소를 설치할 수 없으며 직원을 고용할 수도 없다(법 제20조 제2항). 특히, 자산유동화계획에 의하지 아니하고 자금을 차입하거나 여유자금을 투자한 자는 형사처벌을 받는다(법 제40조 제2호). 또한, 유동화전문회사는 다른 회사와 합병하거나 다른 회사로 조직을 변경할 수 없다(법 제25조). 유동화전문회사에 대하여 회사의 목적범위를 제한하는 주된 이유는 특별목적회사로서의 유동화전문회사 자체의 신용위험을 최소화함으로써 투자자를 보호하기 위한 것이다.

최근 대법원 2024. 2. 8. 선고 2023다259262 판결은 자산유동화계획에 따라 여유자금 투자업무를 수행하도록 한 자산유동화법 제22조 제1항 제6호를 위반한 행위의 효력이 문제된 사건에서, 자산유동화법의 입법취지(동법 제1조), 위 조항의 취지는 "유동화증권 상환의 불확실성을 높이는 행위를 엄격하게 금지하여 유동화증권의 투자자를 보호하려는 것"이라는 점 및 자산유동화계획에 반하거나 유동화증권을 소지한 자의 권리를 해하는 사원총회결의는 효력이 없다(동법 제19조 제2항)는 점 등에 비추어 보면 위 조항은 강행규정에 해당하고 이를 위반한 행위는 사법상 무효라고 판시하였다. 하급심판결로는 일찍이 서울중앙지방법원 2008. 9. 9. 선고 2008가합3898 판결은 자산유동화계획에 의하지 아니한 차입의 효력이 쟁점이 된 사건에서 자산유동화법이 유동화전문회사의 업무를 자산유동화계획에 따른 일정한 행위들로 제한하고 있는 취지는 "유동화전문회사로 하여금 공시된 자산유동화계획에 따라 유동화전문회사의 설립 취지에 부합하는 합리적이고 정상적인 자산유동화 관련 업무 외의 업무는 수행하지 못하도록 함으로써 유동화자산을 계획에 따

26119 판결).

라 운용할 것을 기대하고 유동화증권에 투자한 투자자들에게 예측할 수 없는 위험이 발생하는 것을 방지할 필요"가 있기 때문이고, 그와 같은 입법 목적 등에 비추어 보면, "유동화전문회사의 업무를 자산유동화계획에 따른 일정한 행위들로 제한하고 있는 자산유동화에 관한 법률 제22조는 단순한 단속규정이 아니라 권리능력의 범위에 관한 강행규정"으로서 이에 위반한 유동화전문회사의 행위는 그 효력이 없다고 보았다.

(4) 지배구조

가. 의사결정권한의 한계

유동화전문회사의 궁극적인 의사결정권은 유동화전문회사의 보유 재산에 실질적으로 투자한 유동화증권 투자자에 부여되어야 하는 것이므로 자산유동화거래에서 예정한 유동화전문회사의 업무나 행위에 대하여는 회사의 정관 등 조직문서와 관련 계약서에 그 범위를 규정하고, 예정하지 아니한 변동이 있는 경우에는 유동화증권 투자자들의 사전 동의를 요하는 것으로 계약에 규정하는 것이 일반적이다.[106)]

이와 같이 유동화전문회사는 특별목적기구로서 유동화증권 투자자의 권리 실현을 위해 존재하는 것이라 할 수 있으므로 유동화전문회사의 사원총회는 최소한의 조직법적인 사항과 자산유동화계획 및 정관에서 정한 제한된 사항에 한하여 결의할 수 있는 것으로 보아야 한다.[107)] 자산유동화법은 자산유동화계획에 반하거나 유동화증권을 소지한 자의 권리를 해하는 사원총회 또는 주주총회의 결의는 효력이 없다고 규정하고 있다(법 제19조 제2항). 자산유동화를 위한 특별목적기구라는 속성을 고려할 때 유동화전문회사의 이사는 명목상의 출자자뿐만 아니라 유동화증권 투자자를 포함한 유동화회사의 채권자 일반에 대하여 주의의무를 부담한다고 본다.[108)] 명문의 규정은 없지만 위 사원총회·주주총회 결의의 효력에 관한 법 규정을 유추적용하여 유동화전문회사의 이사가 자산유동화계획에 반하거나 유동화증권 소지자의 권리를 해하는 행위를 한 경우에도 그러한 행위는 효력이 없다고 보아야 할 것이다.[109)]

나. 업무의 위탁

유동화전문회사는 유동화자산의 관리를 자격을 갖춘 자산관리자에게 위탁하여야 하

106) 김연미(2009), 267쪽.
107) 유한회사인 유동화전문회사에 관하여 같은 취지: 자산유동화실무연구회(1999), 410쪽.
108) 유한회사인 유동화전문회사에 관하여 같은 취지: 김연미(2009), 271쪽.
109) 유한회사인 유동화전문회사에 관하여 같은 취지: 자산유동화실무연구회(1999), 410쪽; 김연미(2009), 271쪽.

고(법 제10조 제1항), 그 밖의 대부분의 업무(투자자에 대한 원리금 상환 등)[110]는 자산보유자 또는 자격을 갖춘 그 밖의 제3자(=업무수탁자)에게 위탁하여야 한다(법 제23조 제1항, 제2항). 유동화전문회사의 이사가 자산유동화법에 의하여 자산관리자 또는 업무수탁자에게 위탁되어야 하는 업무에 관하여 대표권을 행사하여 이를 직접 수행하는 것은 허용되지 않는다. 유동화전문회사(유한회사)의 이사가 대표권 제한을 위반하여 한 행위의 효력에 관하여 서울중앙지방법원 2008. 9. 9. 선고 2008가합3898 판결(확정)은 "자산유동화법상 이사의 대표권 제한규정을 위반한 행위는 상법상 회사의 대표자가 이사회의 결의 등 회사의 내부절차를 거치지 아니한 경우와 달리, 상대방이 이를 알았거나 알 수 있었는지 여부에 관계없이 원칙적으로 무효라고 해석함이 타당하다"고 판시하였다.[111]

유동화전문회사는 이와 같이 업무의 대부분을 자산관리자 또는 업무수탁자에게 위탁하게 되어 있으므로 유동화전문회사가 어떠한 사실을 인지하였는지 여부를 누구를 기준으로 판단할 것인지가 문제될 수 있다. 이 점에 대하여 대법원 2011. 4. 28. 선고 2009다47791 판결[112]은 유한회사 형태의 SPC를 이용한 자산담보부대출(ABL) 거래에 관하여 판시하였다. 이 사건에서는 SPC에게 부동산을 매도한 원고의 이사회결의의 하자를 양수인 SPC가 알았거나 알 수 있었는지 여부 및 SPC의 악의 또는 과실 여부를 누구의 인식을 기준으로 판단해야 하는지가 쟁점이 되었다. 대법원은, "H건설이 양도계약과 관련한 원고의 이사회결의에 하자가 있음을 알고 있는 상태에서, 피고 SPC의 설립 및 자산유동화계획의 수립을 주도하고 스스로의 인적·물적 기반이 없는 피고 SPC를 대신하여 이 사건 양도계약의 체결 및 이행 업무를 실제로 처리하였다는 것이므로, … 이 사건 양도계약과 관련한 원고 회사 이사회결의의 하자에 관한 H건설의 인식에 근거하여 이 사건 양도계약의 당사자인 피고 SPC가 원고 회사 이사회결의의 하자를 알았거나 알 수 있었다고 봄이 상당하다"고 판시하였다.

위 판결은 자산유동화를 위한 특별목적회사의 설립, 자산유동화계획의 수립, 유동화

110) 다만, 주주총회 또는 사원총회의 의결을 받아야 하는 사항, 이사의 회사대표권에 속하는 사항, 감사의 권한에 속하는 사항, 유동화자산의 관리에 관한 사항과 기타 위탁하기에 부적합한 사항으로서 대통령령이 정하는 사항을 업무위탁의 대상에서 제외된다(법 제23조 제1항 각호).

111) 이 판결은, "원고는 공시된 자산유동화계획이 정하는 바에 따라 업무수탁자인 [甲은행]의 대리행위를 통하여 금융기관으로부터만 일시적으로 자금을 차입할 수 있고, 자산관리자인 [乙주식회사]가 甲은행의 서면에 의한 사전 동의를 얻은 경우에만 유동화자산을 양도하거나 유동화자산에 질권을 설정할 수 있으므로, 원고의 대표자인 이사 ○○○이 자산유동화법 및 자산유동화계획이 정하고 있는 절차를 거치지 않고 직접 유동화자산으로 등록되어 있는 이 사건 근저당권부채권에 관하여 피고들에게 질권을 설정하여 준 행위는 자산유동화법 제22조를 위반한 유동화전문회사의 권리능력을 넘는 행위일 뿐만 아니라 자산유동화법상 이사의 대표권 제한규정을 위반한 것으로서 무효이다"라고 한다.

112) 이 대법원판결에 대한 상세한 검토는, 김연미(2014), 322-352쪽.

자산의 양도 등의 단계에서 특별목적회사의 대표자가 아닌 유동화거래 참여자의 인식을 가지고 특별목적회사의 인식 여부를 인정하였다는 점에서 중요한 의미를 갖는다.[113] 위 판결에 의하면 자산유동화법에 의한 자산유동화의 경우에도 사안에 따라 자산관리자 또는 업무수탁자의 인식을 유동화전문회사의 인식으로 귀속시킬 수 있을 것이다. 나아가, 특별목적회사를 이용하는 프로젝트금융거래, 구조화금융거래 등의 경우에도 같은 법리가 적용될 수 있을 것으로 본다.

(5) 이익배당과 이익준비금 적립의무에 관한 특례

유동화전문회사는 정관에서 정하는 바에 따라 그 이익(재무상태표상의 자산에서 부채·자본금 및 준비금을 뺀 금액을 말함)을 초과하여 배당할 수 있다(법 제30조 제2항). 2024년 개정법은 유동화전문회사에 대하여 이익준비금 적립의무를 면제하였다(법 제30조 제4항). 유동화전문회사는 특별목적법인으로서 계속적인 영업을 하지 않고 투자자들은 유동화전문회사의 자본이 아닌 유동화자산의 가치를 보고 투자하기 때문에 자본의 결손을 보전하기 위해 적립하는 이익준비금은 유동화전문회사의 설립 목정상 불필요하다는 점을 고려한 것이다.[114]

3. 신탁업자

자산유동화의 특별기구로 신탁이 이용되는 경우 신탁의 수탁자는 자본시장법에 따른 신탁업자이어야 한다(법 제2조 제1호 나목). 신탁을 이용하는 경우에는 자산유동화법상 신탁업자가 유동화자산의 자산관리 및 그 밖의 업무를 자산유동화법에 따른 자산관리자와 업무위탁자에게 위탁할 것이 요구되지 않는다. 실무상 신탁업자는 자본시장법이 허용하는 범위 내에서 자산보유자에게 자산관리를 위탁하는 것이 일반적이다(이 경우 동법 제42조 제2항에 따른 업무위탁보고를 요한다). 앞에서 본 '신탁+유동화전문회사'의 2단계 유동화 구조에서 제1단계 신탁의 유동화자산은 자산보유자로부터 신탁받은 재산이고, 제2단계 유동화전문회사의 유동화자산은 유동화전문회사가 신탁업자로부터 인수한 선순위수익권이다. 제1단계에서는 실무상 신탁업자가 유동화자산의 관리(채권추심)를 자산보유자에게 위탁한다. 제2단계에서는 유동화전문회사의 업무수탁자에게 자산관리(즉, 선순위수익권의 관리)도 함께 위탁하는 경우가 많다. 신탁업자가 자산유동화계획에 따라 유동화자산

113) 김연미(2014), 351쪽.
114) 이용준, 앞의 검토보고(각주 95), 45쪽.

을 양도받은 경우와 자산유동화계획에 따라 유동화자산을 양도받거나 신탁받아 자산유동화계획에 따라 여유자금을 운용하는 경우에는 자본시장법 제105조에 따른 신탁자금운용의 제한을 받지 아니한다(자산유동화법 제16조 제1항). 다만, 신탁업자가 유동화자산을 관리·운용하는 경우에는 신탁법 제37조 제3항[115)]에도 불구하고 금전인 신탁재산도 고유재산이나 다른 신탁재산에 속하는 금전과 구별하여 관리하여야 한다.

4. 유동화전업 외국법인

유동화전업 외국법인은 자산유동화를 전업으로 하여야 한다는 점만 법에 명시되어 있고(법 제2조 제1호 가목), 법인의 형태, 지점 설립, 직원의 고용, 자산관리를 제외한 나머지 업무의 수행방법 등에 관하여는 자산유동화법상 아무런 제한이 없다. 자산유동화법 제17조 이하의 규정은 국내에 설립되는 유동화전문회사에 대하여만 적용되고 외국에서 설립되는 유동화전업 외국법인에 대하여는 적용되지 않는다. 업무수탁자의 선임도 강제되지 아니하므로 유동화전업 외국법인은 자산관리 이외의 업무는 스스로 처리할 수 있다.

자산유동화법이 제정되었던 초기에 (구)성업공사 등으로부터 자산유동화거래를 통하여 부실채권을 매입한 외국 투자자들이 외국의 조세피난처(예컨대, Cayman Island)에 설립된 SPC를 유동화전업 외국법인으로 이용한 예가 있었다. 그러나, 그 후에는 유동화전업 외국법인은 이용되지 않는 것으로 보인다. 그 주된 이유는, 1999. 12. 28. 법인세법 개정(2000. 1. 1. 시행)에 의하여 국내 유동화전문회사에 대한 법인세 부과와 관련하여 배당금의 소득공제 특례[116)]가 부여됨에 따라 유동화전업 외국법인을 이용할 실익이 별로 없게 되었기 때문이다.

5. 자산관리자

유동화전문회사를 이용한 자산유동화의 경우 유동화전문회사는 자산관리위탁계약에 의하여 자산관리자의 자격을 갖춘 자에게 유동화자산의 관리를 위탁하여야 한다(법 제10조 제1항 본문). 자산관리자의 자격을 갖춘 자는 (i) 자산보유자, (ii) 신용정보법 제2조 제5

115) 신탁법 제37조(수탁자의 분별관리의무) ③ 제1항 및 제2항의 신탁재산이 금전이나 그 밖의 대체물인 경우에는 그 계산을 명확히 하는 방법으로 분별하여 관리할 수 있다.

116) 유동화전문회사가 배당가능이익의 90% 이상을 배당한 경우, 원칙적으로 그 금액은 해당 사업연도의 소득금액에서 공제된다(법인세법 제51조의2 제1항 제1호, 제2항, 동법 시행령 제86조의3). 이에 의하여 유동화증권의 투자자 입장에서는 법인소득과 배당소득에 대한 이중의 과세 부담을 피할 수 있게 되었다. 상세한 내용은 ☞ 제1절 Ⅱ. 3.

호에 따른 신용정보회사(개인신용평가회사, 개인사업자신용평가회사, 기업신용조회회사 및 신용조사회사) 중 채권추심업 허가를 받은 자, (iii) 신용정보법에 따른 채권추심업 허가를 받은 채권추심회사 및 (iv) 그 밖에 자산관리업무를 전문적으로 수행하는 자로서 대통령령이 정하는 요건을 갖춘 자이다(법 제10조 제1항 각호). 위 (ii) 및 (iii)은 2024년 개정법에 의하여 자격 요건이 완화된 것이다. 위 (i)의 "자산보유자"는 해당 자산유동화거래에서의 자산보유자뿐만 아니라 넓게 자산유동화법에 따른 자산보유자 자격을 갖춘 자를 의미하는 것으로 해석되고 있다.[117] 위 (i)의 자산보유자 및 위 (iv)의 자산관리업무를 전문적으로 수행하는 자는 신용정보법 제4조 및 제5조에 따른 채권추심업 허가를 받지 않고도 채권추심업을 수행할 수 있고, 이 경우 해당 채권추심업의 수행에 관하여는 신용정보법 제27조 제1항(임직원의 채용·고용 제한 및 채권추심업무의 위임 금지), 제42조 제1항(신용정보의 업무 목적 외 누설 금지) 및 제43조 제4항(손해배상책임)을 준용한다(법 제10조 제2항).

실무상 유동화전문회사의 자산관리는 자산보유자에게 위탁하는 경우가 일반적이지만, 자산관리자 자격을 갖춘 그 밖의 자에게 위탁하는 경우도 있다. 유동화전문회사가 자산관리자와 체결하는 자산관리위탁계약서에는 위탁업무의 내용, 범위 및 방법, 위탁수수료 등 관련비용 및 지급방법, 기타 투자자보호를 위하여 필요한 사항 등을 명시하여야 한다(자산유동화업무감독규정 제16조). 자산관리자에게 위탁되는 업무의 예로는, (i) 유동화자산의 관리·운용 및 처분(채권추심에 필요한 업무 포함), (ii) 유동화자산에 수반되는 권리의 행사에 관한 업무, (iii) 유동화자산에 관하여 지급받은 금원 및 관련 서류의 보관·관리 업무, (iv) 위 (i) 내지 (iii)의 업무에 부수하는 업무 및 자산관리위탁계약에 따라 자산관리자의 기타 업무로 정한 업무 등을 들 수 있다. 다만, 위 (i)의 업무 중 자산관리자의 자산 처분에 대하여는 업무수탁자의 사전 동의를 받도록 하는 것이 보통이다.

6. 업무수탁자

유동화전문회사는 자산관리자에게 위탁되어야 하는 유동화자산의 관리에 관한 사항을 제외하고는 나머지 대부분의 업무는 자산보유자나 그 밖의 제3자에게 위탁하여야 한다(법 제23조 제1항). 유동화전문회사로부터 업무를 위탁받을 수 있는 제3자의 범위는 대

117) 온주 자산유동화법(2016), 제10조 주석(조영희·이종욱 집필). 그러나 일반회사가 자산보유자 자격을 갖추었다는 이유로 제3자의 자산유동화거래에서 자산관리자가 될 수 있는 가능성을 열어주는 것이 타당한지는 의문이다. 실무에서는 부실채권의 유동화 등 일부 예외적인 경우를 제외하고는 해당 거래의 자산보유자가 유동화자산을 관리하므로 이 문제가 쟁점으로 부각되지는 않는 것으로 보인다.

통령령으로 정하는 바에 따라 제한할 수 있다(법 제23조 제2항).

자본시장법시행령은 그 동안 제3자의 범위를 제한하는 규정을 두지 않았는데, 2023. 12. 19. 개정된 자본시장법시행령(2024. 1. 12. 시행)은 업무수탁자가 될 수 있는 제3자의 범위를 제한하면서 업무수탁자를 유동화전문회사의 자금 관리·운용·차입에 관한 업무를 위탁받을 수 있는 업무수탁자와 그 외의 업무(이하, "일반업무")를 위탁받을 수 있는 업무수탁자로 구분하여 다음과 같이 자격요건을 규정하고 있다(동시행령 제5조의2).

일반업무에 관한 업무수탁자는 자기자본이 5억원 이상이고 3명 이상의 상시근무인력(일정 자격·경력을 갖춘 2명 이상의 전문인력 포함)을 갖춘 법인이어야 하고, 같은 유동화전문회사로부터 자산관리업무를 위탁받아 함께 수행하는 경우에는 금융위원회의 자산유동화업무감독규정에 따른 이해상충방지체계를 갖추어야 한다(☞ 동규정 제16조 제2항). 자금 관리·운용·차입 업무에 관한 업무수탁자는 (i) 자본시장법상 금전신탁업에 관하여 인가를 받은 신탁업자(단, 같은 유동화전문회사로부터 자산관리업무를 위탁받아 함께 수행하는 경우에는 위 일반업무의 업무수탁자와 마찬가지로 위 이해상충방지체계를 갖추어야 함) 또는 (ii) 자본시장법에 따른 전문투자자(집합투자기구는 제외)로서 해당 유동화전문회사가 발행한 유동화증권 전부를 보유하고 위 일반업무에 관한 업무수탁자의 자격요건을 모두 갖춘 자이어야 한다.

유동화전문회사와 업무수탁자 간에 체결되는 업무위탁계약서에는 위탁업무의 내용, 범위 및 방법, 위탁수수료 등 관련비용 및 지급방법, 기타 투자자 보호를 위하여 필요한 사항 등을 명시하여야 한다(자산유동화업무감독규정 제16조). 업무수탁자에게 위탁되는 업무의 예로는, (i) 통지 및 공고, (ii) 유동화자산의 관리와 관련된 업무(유동화자산에 관하여 양도인에게 담보책임의 이행 또는 손해배상금 지급을 요구, 대체자산관리자로서의 역할, 예비대체자산관리자의 선임 등), (iii) 자산관리계좌의 관리와 관련된 업무, (iv) 여유자금의 운용, 일시적 자금부족시 차입, (v) 재무제표 작성, 사업보고서 공시, 세무, (vi) 사원명부의 관리, 사원총회의 소집, 자산유동화법에 의한 자산유동화계획 등록신청, 통장 및 인감 관리, 조기상환권의 행사, 청산시 협조 등을 들 수 있다.

Ⅳ. 자산유동화거래의 진행과 주요 쟁점

1. 자산유동화거래의 진행 개관

법 제2조 제1호 가목에 의한 자산유동화거래의 진행은 대체로 [표 9-3]과 같이 정리

[표 9-3] 자산유동화거래의 진행

절차 진행		주요 내용
사전준비 단계		타당성 검토, 관련기관 선정, 신용평가회사의 실사(유동화자산, 거래구조, 자산보유자의 신용도 등), 기초자산의 확정, 회계법인에 의한 유동화자산의 실사 및 평가, 신용평가회사에 의한 신용위험및 현금흐름의 측정, 유동화전문회사의 설립, 발행구조 확정, 각종 계약서 작성 등[118]
유동화자산의 양도 단계	자산유동화계획의 등록	ㅇ 유동화전문회사 명의(업무수탁자가 대행)로 금융감독원에 자산유동화계획 등록 신청(법 제3조 제1항) ㅇ 금융감독원의 심사기간: 등록신청서 제출일로부터 10 영업일(자산유동화업무감독규정 제7조)[119]
	유동화자산의 양도 및 양도등록	ㅇ 자산유동화계획의 등록 직후에 자산보유자는 유동화자산을 양도하고 금융감독원에 유동화자산의 양도등록을 함(법 제6조 제1항)
유동화증권의 발행 단계	증권신고서 제출 (공모 발행)	ㅇ 통상 유동화자산의 양도등록 직후에 유동화전문회사의 명의로 금융위원회에 증권신고서를 제출함 ㅇ 신고의 효력발생일: 증권의 종류 등에 따라 차이가 있으나, 유동화사채의 경우 증권신고서의 수리일[120]로부터 5영업일이 경과한 날(자본시장법 제120조 제1항, 동법시행규칙 제12조 제1항, 제5항)[121]
	증권 발행 및 양도대금의 지급	ㅇ 사모 발행: 유동화자산의 양도등록 직후에 유동화증권 발행(자산유동화계획 등록 신청일로부터는 최장 10영업일이 경과한 날에 발행)[122] ㅇ 공모 발행: 증권신고서의 효력 발생 직후에 유동화증권 발행(사채의 경우에는 자산유동화계획 등록 신청일로부터 최장 15영업일이 경과한 날에 발행)[123]) ㅇ 자산보유자 등에 의한 유동화증권의 의무보유 ㅇ 유동화자산 양도대금의 지급
유동화자산의 관리		ㅇ 자격을 갖춘 자산관리자에게 자산관리를 의무적으로 위탁(법 제10조 제1항)
유동화증권의 상환		ㅇ 유동화증권의 원리금 지급 ㅇ 여유자금의 투자(법 제22조 제6호) 및 유동화증권의 상환 등을 위한 자금의 일시 차입(법 제22조 제5호)
유동화회사의 해산·청산		ㅇ 유동화증권의 상환을 전부 완료한 때에는 유동화회사는 해산 및 청산(법 제24조 제2호, 제26조)

할 수 있다.

2. 자산유동화계획의 등록

자산유동화에 관하여 자산유동화법의 적용을 받고자 하는 경우에는 유동화전문회사, 유동화전업 외국법인 및 신탁업자(이하, 일괄하여 "유동화전문회사등"이라고 함)는 금융위원회가 정하는 서류를 갖추어 유동화자산의 범위, 유동화증권의 종류, 유동화자산의 관리방법 등에 관한 자산유동화계획을 금융위원회에 등록하여야 한다(법 제3조 제1항, 제3항). 유동화전문회사와 유동화전업 외국법인이 등록할 수 있는 자산유동화계획은 유동화자산 및 자산보유자의 수에 관계없이 1개로 한정된다(법 제3조 제2항). 이를 '1 SPC-1 유동화계획' 요건이라고 부른다. 그러나 신탁업자는 이러한 제한을 받지 않는다(법 제3조 제2항). 2024년 개정법은 법 제3조 제2항의 규정에 위 밑줄 친 문구를 추가함으로써 복수의 자산보유자가 하나의 자산유동화계획으로 유동화증권을 발행하는 것을 명시적으로 허용하였다. 이러한 개정에 의하여, 실무상 앞으로 영세한 중소기업들이 다수의 자산보유자로서 각자 보유한 매출채권, 수출대금채권 등을 하나의 유동화전문회사에 각각 양도한 후에 유동화전문회사가 이들 자산을 유동화자산으로 하여 하나의 자산유동화계획에 따라 유동화증권을 발행하는 것이 가능하게 되었다고 한다.[124]

자산유동화계획에는 유동화전문회사, 자산보유자, 자산유동화계획기간, 유동화자산, 유동화증권, 유동화자산의 관리·운용 및 처분, 자산관리자 등에 관한 사항이 포함되어야 한다(법 제4조). 금융위원회는 등록신청서에 허위의 기재가 있거나 필요한 기재를 하지 아니한 경우, 자산유동화계획의 내용에 법령을 위반한 사항이 포함되어 있는 경우, 유동화전문회사의 설립에 관하여 법령에 위반한 사항이 있는 경우에는 자산유동화계획의 등록을 거부하거나 그 내용의 변경을 요구할 수 있다(법 제5조 제1항).

한편, 등록된 자산유동화계획을 변경하고자 하는 경우, 대통령령이 정하는 경미한 사항을 변경하는 경우를 제외하고는, 변경에 관하여 금융위원회에 등록하여야 한다(법 제3조 후문). 이에 관한 대통령령의 규정은 없다. 자산유동화계획의 변경의 허용 요건 및 절차에 관하여는 자산유동화법상 별다른 규정이 마련되어 있지 않다. 자산유동화계획이 변경되는 경우, 유동화증권 투자자의 이익에 불리한 영향을 미칠 수 있으므로 자산유동화계획의 변경은 원칙적으로 유동화전문회사의 출자자뿐만 아니라 유동화증권 투자자 전원의 사전 동의를 요한다고 할 것이다.

118) 금융감독원(2023), 49-50쪽.
119) 자산유동화계획 등록신청서는 신청서 제출일로부터 10영업일 이내에 금융감독원에 의한 등록거부 또는 내용변경 요구의 서면 통보가 없으면 그 제출일에 등록된 것으로 본다(자산유동화업무감독규정 제7조 제2항).
120) 효력발생기간을 계산함에 있어서 금융위원회가 증권신고서를 수리하면 증권신고서가 접수된 날에 수리된 것으로 간주된다(증권의 발행 및 공시 등에 관한 규정 제2-3조 제5항).
121) 금융감독원(2013), 64, 79쪽.
122) 금융감독원(2013), 64쪽
123) 금융감독원(2013), 64쪽.
124) 이선지(2024), 77쪽.

3. 유동화자산의 양도

(1) 유동화자산

자산유동화법상 “유동화자산”이라 함은 자산유동화의 대상이 되는 채권(채무자의 특정 여부에 관계없이 장래에 발생할 채권을 포함한다), 부동산, 지식재산권 및 그 밖의 재산권을 말한다(법 제2조 제3호).

유동화증권은 원활한 현금흐름을 창출할 수 있는 기초자산을 전제로 하므로 부동산은 최적의 대상은 아니라고 할 수 있으나 (구)성업공사나 금융기관이 보유하고 있던 부실채권과 부동산을 적정가격으로 조기에 매각하는 것을 지원하고자 하였던 자산유동화법의 입법취지와 외국의 성공사례를 감안하여 유동화자산의 범위에 포함시킨 것이라고 한다.[125] 자산유동화법에 의한 자산유동화의 경우, 금전채권 그 중에서도 대출채권과 금융거래 관련 매출채권의 유동화가 압도적인 비중을 차지하고 있고, 일반기업에 의한 매출채권 유동화의 비중은 미미하다.[126]

2024년 개정법은 위 밑줄 친 부분을 추가함으로써 장래 발생할 채권과 지식재산권을 명시하였다. 개정 전의 자산유동화법은 자산유동화의 대상이 될 수 있는 재산권의 범위를 특별히 제한하고 있지는 않았으므로 자산보유자가 보유한 재산권으로서 현금흐름을 창출할 수 있고, 양도 또는 신탁의 대상이 될 수 있으면 원칙적으로 유동화자산이 될 수 있었다.[127] 장래에 발생할 채권과 지식재산권도 유동화자산에 포함되는 것으로 해석되었으므로 2024년 개정법은 이를 확인하는 내용이라고 할 수 있다.

가. 장래채권

현재 채권으로서 성립하였다고는 할 수 없으나 장래에 그 요건을 갖출 것으로 예상되는 장래채권도 양도할 수 있는 경우에는 자산유동화의 대상이 될 수 있다.[128] 대법원은 장래채권도 양도 당시 기본적 채권관계가 어느 정도 확정되어 있어 그 권리의 특정이 가능하고 가까운 장래에 발생할 것임이 상당 정도 기대되는 경우에는 이를 양도할 수 있다고 한다.[129] 대법원판례가 ‘가까운 장래의 발생가능성’까지 요구하는 것에 대하여는 비판

---

125) 자산유동화실무연구회(1999), 32쪽.
126) 금융감독원(2023), 44-46쪽.
127) 자산유동화실무연구회(1999), 305쪽.
128) 장래채권의 유동화에 관한 상세한 내용은, 김용호·이선지(2009), 119-123쪽.
129) 대법원 2010. 4. 8. 선고 2009다96069 판결, 대법원 2001. 9. 18. 자 2000마5252 결정, 대법원 1997. 7. 25. 선고 95다21624 판결 등.

적인 견해가 유력하다.[130] 다만, 대법원판례는 발생가능성에 관하여 비교적 유연한 입장을 취하고 있다.[131] 2024년 개정법은 유동화자산에 "채무자의 특정 여부에 관계없이 장래 발생할 채권"을 명시적으로 포함시켰는바, 장래에 발생할 채권으로서 채무자가 특정되지 아니한 경우에는 채무자를 제외하더라도 채권의 종류, 발생원인, 발생연월일 등을 정하거나 이와 유사한 방법으로 특정할 수 있어야 할 것이다.[132]

나. 신탁할 수 있는 재산의 종류

특별목적기구로 신탁을 이용하는 경우에는 신탁업자에게 신탁할 수 있는 신탁재산의 종류는 자본시장법에 의한 제한을 받는다. 자본시장법상 신탁업자는 금전, 증권, 금전채권, 동산, 부동산, 지상권·전세권·부동산임차권·부동산소유권 이전등기청구권 및 그 밖의 부동산 관련 권리와 무체재산권(지식재산권을 포함)만을 수탁할 수 있다(동법 제103조 제1항). 따라서 자산유동화거래에서 신탁을 이용하는 경우 신탁할 수 있는 재산의 범위는 위 자본시장법상의 제한을 받는다.

자본시장법상 신탁수익권을 유동화자산으로 하여 이를 신탁업자에게 신탁할 수 있는가? 이는 "신탁수익권"이 자본시장법상 인정되는 신탁재산 중 "증권"에 해당되는지의 문제이다. 자본시장법상 인정되고 있는 6가지 증권 유형 중의 하나인 수익증권은 "자본시장법 제110조의 수익증권(특정금전신탁의 수익증권), 동법 제189조의 수익증권(투자신탁의 수익증권), 그 밖에 이와 유사한 것으로서 신탁의 수익권이 표시된 것"을 말한다(동법 제4조 제2항, 제5항). 자산유동화법에 근거하여 신탁업자가 자산유동화계획에 따라 발행하는 수익증권(법 제32조)은 위 예시된 수익증권과 유사한 것으로서 자본시장법상의 증권(수익증권)에 해당한다. 자본시장법의 법문상 명확하지는 아니하나, 신탁업자가 업으로 발행하는 수익권증서도 "그 밖에 이와 유사한 것으로서 신탁의 수익권이 표시된 것"에 해당되어 자본시장법상 '증권(수익증권)'에 해당된다고 보아야 할 것이다.[133]

다. 주 식

실무상 금융감독원은 주식을 유동화자산으로 하는 자산유동화는 원칙적으로 허용하고 있지 않다. 그 이유는 주식은 이미 유동화된 것으로 볼 수 있고, 주식유동화를 허용할 경우 유동화회사를 통한 주식의 위장 분산으로 기업지배구조가 왜곡될 우려가 있다는 점

---

130) 양창수(2003), 264쪽. 장래채권의 양도요건에 관한 판례 및 학설에 관한 상세한 내용은, ☞ 제12장 제2절 Ⅱ. 2. (2) 나 (나).

131) 대법원 2001. 9. 18.자 2000마5252 결정.

132) 이선지(2024), 76쪽.

133) 온주 자본시장법, 제4조 주석(한민 집필, 2024. 4. 30.).

등에 기인한 것이다. 그러나, 공적 자금 회수를 위한 것이거나 금융산업 구조조정의 필요가 있는 경우와 부실채권 처리를 위한 유동화거래에서 주된 자산에 일부 주식이 포함되어 있는 경우 등과 같이 불가피한 사정이 있는 때에는 예외적으로 주식 유동화를 허용하고 있다.[134] 주식의 유동화를 허용하지 않고 있는 금융감독원의 실무는 자산유동화법상 근거가 충분하지 아니한 것으로 보이므로 입법에 의한 해결이 필요하다고 본다.

라. 현 금

현금은 그 성질상 자산유동화의 대상이 된다고 하기 어렵다. 다만, 실무상 유동화자산의 확정일 이후에 유동화 대상자산으로부터 회수된 현금은 유동화자산에 포함시켜 유동화전문회사나 신탁업자에게 양도 또는 신탁하고 있다.

마. 단일 자산

자산유동화법상 유동화자산이 복수의 자산의 집합(pool)일 것을 요하는지는 명확하지 않다. 유동화자산은 다수의 자산이 집합된 경우가 대부분이나 대규모 상업용 건물과 같이 하나의 자산을 기초로 하는 유동화증권 발행이 명시적으로 금지되어 있지는 않다. 그러나 금융감독원의 실무상 부동산개발사업을 위한 대출채권과 같이 단일 금융자산을 기초로 한 자산유동화를 제한한 경우도 있었다. 이는 자산유동화거래는 본래 유동화자산의 집합으로부터 현금흐름이 창출됨을 전제로 하는데, 단일 자산으로부터의 현금흐름이 그대로 유동화증권의 상환에 쓰인다는 것은 자산유동화법에 내재된 기본적인 유동화의 개념에 부합되지 않는다는 입장에 기인한 것이라고 한다.[135]

자산유동화에 해당되기 위해서 유동화자산(특히, 금융자산)의 집합이 필요한지에 관하여는 미국에서도 법령 간에 차이가 보인다. 집합투자에 관한 규제인 미국의 투자회사법(Investment Company Act of 1940) 하에서는 단일 자산을 대상으로 하더라도 미국 연방증권거래위원회 규정(SEC Rule 3a-7)[136]에 따라 투자회사 규제로부터 면제되는 증권화거래에 포함될 수 있다고 본다.[137] 예컨대, 규모가 큰 하나의 자산(신용등급이 높은 하나의 리스이용자에 대한 하나의 리스계약상 채권 등)을 기초자산으로 증권화하는 거래도 SEC Rule 3a-7에 정의된 증권화에 해당된다고 본다.[138] 반면에, 증권법(Securities Act of 1933)과 증권거래소법(Securities Exchange Act of 1934)에 기하여 유동화증권에 대한 공시를 규율하는 SEC

134) 김용호·이선지·유이환(2009), 155쪽.
135) 김용호·이선지·유이환(2009), 155쪽.
136) SEC Rule 3a-7의 내용에 관하여는 이하 제3절 Ⅱ. 3. 비등록유동화와 집합투자의 구분 기준.
137) Investment Company Act Release No. 19105, 57 Fed. Reg. 56,248 (Nov. 27, 1992), at n.11.
138) Kravitt·Mayer Brown(2016), p. 12-21.

의 Regulation AB[139]에서는, "유동화증권(Asset-Backed Securities)"이라 함은 기본적으로 "받을 채권(receivables) 또는 그 밖의 금융자산(financial assets)의 별도 집합(discrete pool)으로부터의 현금흐름에 의해 주로 상환되는 증권"이라고 정의하고 있다.[140] 이러한 유동화증권의 정의를 충족하지 못하는 경우 Regulation AB의 적용 대상에서 제외되므로 증권법과 증권거래소법상 일반 법인에 대하여 적용되는 공시규제를 받게 된다.[141]

생각건대, 단일한 자산도 유동화할 필요성과 실익이 인정될 수 있는 것이므로 자산유동화법상 명시적인 근거 없이 단일한 자산이라는 이유로 유동화자산에서 일률적으로 제외시키는 것은 설득력이 약하다.

바. 지식재산권

지식재산권도 유동화자산으로서 유동화전문회사등에 대한 양도나 신탁의 대상이 될 수 있다. 지식재산권의 유동화는 ① 특허권, 상표권, 저작권 등 지식재산권 그 자체를 유동화는 방법, ② 라이센스(license) 계약에 기한 사용료채권 등 금전채권을 유동화 하는 방법, ③ 지식재산권을 보유하는 기업 자체를 유동화의 대상으로 하는 방법(이는 아래 제3절 Ⅰ. 4.의 '사업유동화'에 해당된다) 등이 있을 수 있다.[142] 우리나라에서도 지식재산권의 유동화를 활성화하는 방안에 관하여 꾸준히 논의되고 있는 것으로 보이나, 아직은 지식재산권의 유동화가 활발히 이루어지지는 않고 있다.

(2) 유동화전문회사에 의한 유동화자산의 취득 방법

법 제2조 제1호 가목에 의하면 유동화전문회사는 유동화자산을 자산보유자로부터 '양도'에 의하여 취득하여야 하고, 법 제13조에 의하면 자산유동화계획에 의한 유동화자산의 양도 방식은 매매 또는 교환으로 한정되어 있다. 따라서, 유동화전문회사가 이미 존재하던 자산을 자산보유자로부터 취득하는 것이 아니라 스스로 새로운 자산을 창출하는 방법으로 취득하는 것은 인정되지 아니한다. 예컨대, 유동화전문회사가 직접 자산보유자에게 대출을 하거나 자산보유자가 발행한 사채를 인수함으로써 유동화자산을 취득하는 것은 자산유동화법상 허용되지 아니한다. 법 제13조는 동조의 요건을 충족하는 유동화자산의 양도를 담보권의 설정으로 보지 않는다고 하는, 즉 유동화자산의 양도를 '진정양도

---

139) Asset-Backed Securities, Securities Act Release No. 8518, Exchange Act Release No. 50, 905, 70 Fed. Reg. 1506 (Jan. 7, 2005)(codified at 17 C.F.R. pts 210, 228, 229 et al.).

140) Regulation AB, Item 1101{"a security that is primarily serviced by the cash flows of a discrete pool of receivables or other financial assets, either fixed or revolving, that by their terms convert into cash within a finite time period, plus any rights or other assets … (이하 생략)}."

141) Kravitt·Mayer Brown(2016), p. 11-10.

142) 西村總合法律事務所(2003), 193쪽.

(true sale)'로 간주한다고 하는 법적 효과를 부여할 뿐만 아니라, 최초 유동화자산의 양도 방식을 강제하고 있는 것이므로[143] 동조 제1호에 규정된 매매·교환 이외의 다른 방식에 의한 유동화자산의 승계취득은 인정되지 않는다.[144]

자산유동화법상 유동화자산의 취득 방식을 제한하고 있는 것은 자산유동화법에 의하지 아니한 비등록유동화거래를 증가시키는 원인 중의 하나가 될 수 있다. 이와 관련하여, 유동화자산의 취득 방식으로서 매매·교환 이외의 승계취득과 원시취득을 모두 허용하는 내용의 법 개정이 고려될 수 있다.[145] 그러나, 유동화자산 취득 방식의 확대는 법 제13조를 임의규정화할 것인지 아니면 동조를 아예 폐지할 것인지의 문제와도 관련되는 것이므로[146] 법 제13조가 제공하고 있는 진정양도에 관한 '법적 안정성'의 중요성과 자산유동화법의 전체 체계를 함께 고려하여 신중히 검토되어야 할 내용이다.

(3) 자산유동화법 제13조에 의한 진정양도

가. 매매·교환에 의한 진정양도

자산유동화법 제13조에 의하면, 유동화전문회사에 대한 유동화자산의 양도는 자산유동화계획에 따라 매매 또는 교환의 방식에 의하되, 동조에 정한 소위 진정양도(true sale) 요건을 반드시 갖추어야 하고, 이러한 요건을 갖춘 매매 또는 교환은 담보권의 설정으로 보지 않는다.[147] 즉, 양도인인 자산보유자에 대하여 회생절차나 파산절차가 개시되더라도 유동화자산에 대한 유동화회사의 권리행사는 자산보유자에 대한 회생절차나 파산절차에

143) 김용호·이선지(2009), 110쪽.

144) 같은 취지: 자산유동화실무연구회(1999), 370쪽.

145) 일본의 「자산의 유동화에 관한 법률(資産の流動化に關する法律)」에서는 "자산유동화"를 정의함에 있어서 특별목적회사에 의한 "자산의 취득"이라고만 하고 있고 그 취득 방식에 관하여는 제한을 두고 있지 않으므로 유동화자산의 원시취득도 가능하고 승계취득의 방식도 제한되지 않는다{長崎幸太郎·額田雄一郎(2009), 53쪽}. 반면에, 일본의 경우에는 우리 자산유동화법 제13조와 같은 진정양도에 관한 간주 규정은 두고 있지 않다.

146) 자산유동화법 제13조의 임의규정화 또는 폐지에 관한 상세한 논의는, 김용호·이선지(2009), 111쪽; 이미현(2003), 117-118쪽, 조영희(2009), 205쪽 등 참조.

147) 제13조(양도의 방식) 유동화자산의 양도는 자산유동화계획에 따라 다음 각호의 방식에 의하여야 한다. 이 경우 이를 담보권의 설정으로 보지 아니한다.
1. 매매 또는 교환에 의할 것
2. 유동화자산에 대한 수익권 및 처분권은 양수인이 가질 것. 이 경우 양수인이 당해 자산을 처분하는 때에 양도인이 이를 우선적으로 매수할 수 있는 권리를 가지는 경우에도 수익권 및 처분권은 양수인이 가진 것으로 본다.
3. 양도인은 유동화자산에 대한 반환청구권을 가지지 아니하고, 양수인은 유동화자산에 대한 대가의 반환청구권을 가지지 아니할 것
4. 양수인이 양도된 자산에 관한 위험을 인수할 것. 다만, 당해 유동화자산에 대하여 양도인이 일정기간 그 위험을 부담하거나 하자담보책임(채권의 양도인이 채무자의 자력을 담보한 경우에는 이를 포함한다)을 지는 경우에는 그러하지 아니하다.

의하여 영향을 받지 않는다. 따라서 자산유동화법 제13조는 위탁자로부터의 도산절연에 관한 일종의 안전항(safe harbor) 조항이라고 할 수 있다.[148)]

나. 신탁에의 적용 여하

법문상 자산유동화법 제13조는 유동화자산의 신탁에 적용되지 않는다.[149)] 그러면, 유동화자산의 신탁의 진정양도 내지는 위탁자 도산으로부터의 절연 문제는 어떠한 기준에 의하여 판단해야 하는가? 이에 대하여는, 자산유동화법 제13조를 유추적용하여야 한다는 견해[150)]와 굳이 이와 같이 유추적용을 할 필요 없이, 신탁법에 의한 신탁이 이루어진 이상, 담보목적 여부를 불문하고 담보신탁의 법리에 따라 신탁재산의 위탁자로부터의 도산절연을 인정할 수 있다고 하는 견해[151)]가 있다. 최근의 실무에서는 신탁을 위한 자산유동화 거래에 관하여 진정양도에 관한 의견서를 발급하는 경우에 대체로 후자의 견해에 입각하여 의견을 내고 있는 것으로 보인다. 담보신탁에 대하여 위탁자로부터의 도산절연을 인정하는 대법원판례(☞ 제6장 제3절 Ⅱ. 담보신탁)에 의할 경우, 후자의 견해를 취할 수 있을 것이다.

(4) 자산양도의 등록

2024년 개정법은 자산양도 등의 등록사유를 의무 등록사유와 임의 등록사유로 구분하여 임의 등록사유의 경우에는 자산양도등 등록에 따른 자산유동화법상의 특례를 적용받고자 하는 경우 등 당사자의 필요에 따라 양도 등의 등록 여부를 선택할 수 있도록 유동화자산의 양도 등 등록 제도를 변경하였다([표 9-4] 참조).[152)]

양도 등 등록시 등록신청서와 해당 등록사유에 관한 증명서류(예: 유동화자산의 양도 등에 관한 계약서)를 제출하여야 하고(법 제6조 제3항), 등록신청서에는 유동화자산의 명세, 양도·신탁 또는 반환의 방법·일정 및 대금지급방법, 유동화자산이 채권인 경우 채권양도의 대항요건 구비 여부, 양도 등에 관한 계약의 취소 요건, 양수인이 해당 유동화자산을 처분하는 경우 양도인 등이 우선매입권을 가지는지 여부, 그 밖에 투자자보호를 위하여 필요한 사항으로서 금융위원회가 정하여 고시하는 사항을 기재하여야 한다(법 제6조 제3항). 유동화자산의 양도등록시 등록신청서 또는 등록사유에 관한 증명서류를 허위로 작성

148) 자산유동화법 제13조의 해석 및 적용에 관한 상세한 내용은, 이미현(2003), 103-115쪽; 김용호·이선지(2009), 100-118쪽.
149) 같은 취지: 김용호·이선지(2009), 113쪽; 조영희(2009), 199쪽.
150) 종래 감독당국인 금융감독원의 입장은 이 견해를 취해 왔다고 볼 수 있다.
151) 조영희(2009), 199쪽.
152) 이선지(2024), 77쪽.

[표 9-4] 2024년 개정법에 의한 양도 등 등록제도의 변경[153]

등록대상	사유	관련조항	개정 전	개정 후
양도	자산보유자 → 유동화전문회사등	법 6①(i)	의무	
	유동화전문회사등 → 다른 유동화전문회사등	법 6①(ii)	의무	
	유동화전문회사등 → 자산보유자	법 6②(i)	의무	임의
신탁	자산보유자 → 신탁업자	법 6①(i)	의무	
반환	다른 유동화전문회사등 → 유동화전문회사등	법 6①(ii)	의무	
	유동화전문회사등 → 자산보유자	법 6②(i)	의무	임의
질권·저당권의 설정·해지	유동화전문회사등 ↔ 제3자 질권·저당권의 설정·해지	법 6②(ii)	의무	임의
담보신탁의 설정·반환	유동화전문회사등 ↔ 제3자 신탁·반환	법 6②(iii)	등록 ×	임의 (신설)

한 자는 형사처벌을 받는다(법 제39조 제1호).

(5) 채권양도의 대항요건 특례

자산유동화계획에 따라 행하는 채권의 양도·신탁 또는 반환에 관하여 법 제6조 제1항 및 제2항에 따라 등록한 경우 해당 채권의 채무자(유동화자산에 대한 반환청구권의 양도인 경우 그 유동화자산을 점유하고 있는 제3자를 포함함) 외의 제3자에 대하여는 그 등록을 한 때에 민법 제450조 제2항의 규정에 따른 제3자 대항요건을 갖춘 것으로 본다(법 제7조 제2항). 그러나, 자산유동화계획에 따른 채권의 양도·신탁 또는 반환은 양도인(신탁의 위탁자 포함) 또는 양수인(신탁의 수탁자 포함)이 채무자에게 통지하거나 채무자가 승낙하지 아니하면 채무자에게 대항하지 못한다(법 제7조 제1항). 채무자에 대한 양도통지는 채권양도인뿐만 아니라 채권양수인이 한 경우에도 이로써 채무자에게 대항할 수 있다.[154] 요컨대, 유동화자산에 관한 양도 등 등록에 의하여 채권양도의 제3자에 대한 대항요건을 갖춘 것으로 의제되나, 양도채권의 채무자와의 관계에서는 통지 또는 승낙이 있어야 대항요건을 갖추게 된다.

(6) 근저당권부채권의 양도에 관한 특례

자산유동화계획에 의하여 양도 또는 신탁하려는 유동화자산이 근저당권에 의하여 담보된 채권인 경우 자산보유자가 채무자에게 근저당권에 의하여 담보된 채권의 금액을 정하여 추가로 채권을 발생시키지 아니하고 그 채권의 전부를 양도 또는 신탁하겠다는

153) 금융감독원(2023), 57쪽 및 이선지(2024), 77쪽을 참고함.
154) 대법원 2008. 11. 27. 선고 2008다55672 판결.

의사를 기재한 통지서를 내용증명우편으로 발송한 때에는 그 통지서를 발송한 날의 다음 날에 해당 채권은 확정된 것으로 본다(법 제7조의2 본문). 다만, 채무자가 10일 이내에 이의를 제기하였을 때에는 해당 채권이 확정된 것으로 보지 아니한다(동조 단서).

(7) 질권·저당권·부동산 소유권의 취득에 관한 특례

자산보유자 또는 유동화전문회사등이 자산유동화계획에 따라 질권 또는 저당권으로 담보된 채권을 양도·신탁 또는 반환한 사실을 제6조 제1항 및 제2항에 따라 등록한 경우 그 채권을 양도·신탁 또는 반환받은 자산보유자, 유동화전문회사등 또는 제6조 제2항 제3호에 따라 유동화자산을 신탁받은 제3자는 그 등록을 한 때에 해당 질권 또는 저당권을 취득한다(법 제8조 제1항). 위 특례는 2024년 개정법에 의하여 적용 범위가 확대된 것인데, 질권·저당권 취득의 특례를 질권·저당권으로 담보된 채권의 양도·신탁뿐만 아니라 그의 반환에 대하여도 확대 적용하였고, 나아가 유동화전문회사등이 자산유동화계획에 따라 유동화증권의 투자자를 위하여 제3자에게 유동화자산을 신탁하거나 신탁의 종료 등을 이유로 반환받는 경우에도 질권·저당권 취득 특례가 적용되도록 하였다.

한편, 한국자산관리공사 또는 한국토지주택공사가 금융기관의 부실자산정리, 부실징후기업의 자구계획지원 및 기업의 구조조정을 위하여 취득한 부동산을 자산유동화계획에 따라 유동화전문회사 등에 양도 또는 신탁한 경우 유동화전문회사 등은 법 제6조 제1항에 따른 등록을 한 때에 그 부동산에 대한 소유권을 취득한다(법 제8조 제2항).

4. 유동화증권의 발행

(1) 유동화증권

자산유동화법은 자산유동화에 의하여 발행할 수 있는 “유동화증권”을 “유동화자산을 기초로 하여 자산유동화계획에 따라 발행되는 주권, 출자증권, 사채(社債), 수익증권, 그 밖의 증권이나 증서”라고 넓게 정하고 있고, 유동화전문회사가 발행할 수 있는 출자증권(지분증권)[155] 및 사채에 관하여 상법에 대한 특례를 두고 있으며, 신탁의 경우 비금전신탁의 수탁자도 수익증권을 발행할 수 있도록 자본시장법에 대한 특례를 두고 있다.

자산유동화법은 유한회사인 국내 유동화전문회사가 자산유동화계획에 따라 사원의 지분에 관한 무기명식의 출자증권을 발행할 수 있도록 특례를 두고 있고(법 제28조), 유한

155) 실무상 자산유동화계획의 등록 및 그에 따른 유동화증권의 발행 전에 유동화전문회사의 설립시 납입되는 자본금에 해당하는 출자지분은 자산유동화증권으로 보지 않는다.

회사임에도 불구하고 자산유동화계획에 따라 사채를 발행할 수 있도록 특례 규정을 두고 있다(법 제31조). 또한, 신탁업자는 자산유동화계획에 따라 수익증권을 발행할 수 있고, 이에 관하여는 자본시장법 제110조 제1항부터 제4항까지를 적용하지 않는다(법 제32조). 즉, 자본시장법상으로는 신탁업자는 금전신탁에 한하여 수익증권을 발행할 수 있으나(동법 제110조), 자산유동화법에서는 금전 이외의 재산을 신탁재산으로 하는 경우에도 수익증권을 발행할 수 있도록 하고 있는 것이다. 신탁업자가 발행하는 수익권증서도 자본시장법상 증권(동법 제4조 제5항)에 해당한다고 보아야 할 것이므로 신탁업자는 자산유동화계획에 따라 수익권증서를 유동화증권으로 발행할 수 있다.

가. 증 권

자본시장 규제의 기본법인 자본시장법에서 증권의 개념을 정의하고 있으므로(자본시장법 제4조, 제3조) 자본시장법상의 증권에 해당되면 자산유동화법상 유동화증권의 정의 규정에서 말하는 "증권"에 해당된다고 보아야 할 것이다. 유동화증권이 반드시 사법상의 유가증권에 해당되어야 하는 것은 아니다.

나. 증 서

유동화증권에는 증서도 포함되는데 자산유동화법상 그 의미나 적용범위에 관하여 해석상 불확실성이 있다. 법문상으로는 소수의 투자자로부터 차입하는 방식(loan)으로 유동화 하는 것도 대출채권이 '증서'로 표시되어 투자자에게 발행되는 경우에는 허용된다고 할 수 있다.[156] 자산유동화법 제정 시의 입법 의도는 소수의 투자자로부터 차입하는 방식으로 유동화하는 것도 포함시키고자 하였던 것으로 보인다.[157] 그러나, 금융감독원의 실무상으로는 대출채권을 표시하는 증서를 소수의 투자자에게 발행하는 경우 이러한 증서는 유동화증권에 포함되지 않는 것으로 취급하고 있다. 예컨대, 금융감독원은 자산담보부대출(ABL) 거래에서 투자자(대출자)에게 교부되는 채무증서는 통상의 증권과는 달리 유통성이 없어서 자산유동화의 개념에 부합되지 아니한다는 이유로 ABL거래를 자산유동화법에 의하여 행하는 것을 허용하지 않고 있다. 이에 따라 ABL거래는 자산유동화법 밖에서 비등록유동화 방식으로 이루어지고 있다.[158]

일본의 「자산의 유동화에 관한 법률(資産の流動化に關する法律)」은 유동화 대상자산을 취득하기 위해 필요한 자금을 차입하는 방식(특정목적 차입)에 의하여 자산유동화를 하는 것도 명시적으로 인정하고 있다(동법 제2조 제2호, 제12호, 제210조). 이는 기관투자가에 따

156) 같은 취지: 자산유동화실무연구회(1999), 306쪽; 김용호·이선지(2009), 136쪽.
157) 자산유동화실무연구회(1999), 306쪽.
158) 김용호·이선지·유이환(2009), 136쪽.

라서는 사채의 매입보다는 대출을 선호하는 경우도 있고, 자산보유자도 금융시장의 상황에 따라 사채와 차입을 탄력적으로 선택할 수 있기를 희망함에 따라 2000년 법 개정에 의하여 도입된 제도이다. 이에 따라 동법에 의한 자산유동화 구조는 단지 증권화의 범위를 넘어서 널리 자산담보금융(자산을 기업 본체로부터 분리하여 현금흐름을 독립시켜 이것만을 담보로 하여 자금조달을 행하는 것)을 매개하는 역할을 하게 되었다고 평가되고 있다.[159)]

최근 자산유동화법 밖에서 이루어지는 비등록유동화거래가 급증하고 있음을 고려할 때, ABL거래와 같이 소수의 투자자로부터 차입하는 방식의 자산유동화거래도 자산유동화법의 적용 대상에 포함시킴으로써 권리이전의 대항요건 등의 특례와 투자자 보호를 위한 법적 장치가 적용될 수 있도록 자산유동화법을 넓게 운용하는 것이 바람직하다고 본다. 자산유동화법에 의한 자산유동화에 부여되는 세제상의 혜택은 전보다 많이 줄어들었는데, 차입에 의한 자산유동화에 대하여 이러한 세제상의 혜택을 모두 누리도록 하는 것이 여전히 적절치 않다고 보는 경우에는 관련 세법 등의 개정에 의하여 차입에 의한 자산유동화에 대하여는 세제상 혜택의 전부 또는 일부를 배제할 수도 있을 것이다.[160)]

(2) 유동화증권의 발행 시기

법 제2조 제1호 가목의 법문상 "유동화자산을 양도받아 이를 기초로 유동화증권을 발행하고"라고 되어 있으므로 이를 엄격히 해석하면 유동화자산의 양도는 유동화증권의 발행보다 앞서거나 늦어도 유동화증권의 발행과 동시에 이루어져야 한다. 금융감독원의 실무는 이러한 입장을 취하고 있는 것으로 보인다.

유동화증권이 사모 발행되는 경우에는 실무상 자산유동화계획의 등록절차를 거친 후에 유동화자산의 양도등록이 완료되면 같은 날 유동화증권이 발행되는 것이 일반적이다. 유동화증권이 공모 발행되는 경우에는, 금융감독원에 미리 증권신고서를 제출하여야 한다.[161)] 증권신고서가 수리되기 전에는 청약의 권유를 할 수 없고(자본시장법 제119조 제1항), 신고의 효력이 발생하여야만 유동화증권 취득에 관한 계약을 체결할 수 있다(자본시

159) 長崎幸太郎·額田雄一郎(2009), 536쪽.
160) 같은 취지: 김용호·이선지·유이환(2009), 136쪽.
161) 2017. 10. 31.자 개정 자본시장법(2018. 5. 1. 시행)에 의하여, 자금조달 계획의 동일성 등 대통령령으로 정하는 사항을 종합적으로 고려하여 둘 이상의 증권의 발행 또는 매도가 사실상 동일한 증권의 발행 또는 매도로 인정되는 경우에는 하나의 증권의 발행 또는 매도로 보아 증권신고서 제출의무 조항을 적용하도록 하는 조항(동법 제119조 제8항)이 추가되었다. 이 개정은 M증권이 해외부동산 관련 대출채권을 유동화하면서 15개의 유동화회사를 이용하여 각각 49인 이하이지만 총 771명에게 같은 종류의 유동화사채에 대한 청약의 권유를 하였음을 이유로 2017. 3. 8. 20억원의 과징금이 부과된 사건을 계기로 입법되었다. 자본시장법의 개정에 참고가 된 증권발행 공시와 관련한 미국 SEC의 '통합 기준(integration doctrine)'에 관하여는 김연미(2011), 29-54쪽.

장법 제121조 제1항, 제120조). 금융감독원의 실무상 일반적으로 유동화자산의 양도등록이 완료된 후에 자본시장법에 따른 증권신고서가 제출되도록 하고 있으므로[162] 유동화증권이 공모 발행되는 경우에는 자산보유자는 유동화자산을 양도한 후에 상당한 시차를 두고 양도대금을 지급받게 된다.

(3) 후순위증권의 발행

가. 유동화전문회사의 후순위사채 발행

유동화자산의 신용보강을 위하여 자산보유자가 유동화증권의 투자자로서 유동화전문회사가 발행하는 후순위사채를 인수하는 경우가 많다. 유동화자산의 양도대금 중 일부(예컨대, 양도대금의 20%)의 지급에 갈음하여 유동화전문회사로부터 후순위사채를 발행받는 것이다. 즉, 자산보유자가 후순위사채를 인수하는 경우, 그 납입대금은 자산보유자가 유동화전문회사에 대하여 갖는 양도대금 채권과 대등액에서 상계하는 방법으로 지급한다. 과거에는 이와 같이 자산보유자가 후순위사채를 인수하더라도 유동화전문회사에 양도한 유동화자산을 회계상 부외처리(off-balance)할 수 있었으나, 현재는 한국채택국제회계기준(K-IFRS)이 적용되는 자산보유자의 경우에는 이러한 부외처리가 어렵게 되었다. 그리하여, 최근 이러한 자산보유자들은 한국채택국제회계기준에 따라 유동화자산을 부외처리하기 위하여 아예 후순위사채를 발행하지 않거나 발행하더라도 이를 시장에서 자산보유자 이외의 투자자에게 매각하는 사례가 나타나고 있다.[163] 회계상 자산보유자가 유동화자산을 양도한 것으로 처리하지 못한다는 것은 결국 유동화자산 매각대금을 차입한 것으로 처리해야 한다는 것인데 이는 자산유동화법 제13조가 동조의 요건을 갖추면 유동화자산의 양도를 "담보권의 설정으로 보지 아니한다"라고 명시하고 있는 것과는 어긋난다고 할 수 있다. 자산유동화법 제13조에 비추어 회계처리를 어떻게 하는 것이 합리적인지 더 검토할 필요가 있다.

나. 유동화자산의 신탁과 후순위수익권의 발행

자산유동화법 제2조 제1호 나목 및 라목의 자산유동화 구조는 자산보유자를 위탁자,

---

162) 다만, 예외적으로 발행시장 CBO(Primary CBO)의 경우에는 증권신고서 제출시기가 앞당겨진다. 발행시장 CBO 거래에서는 증권회사가 자금조달을 희망하는 중소기업들로부터 사채를 발행받아 이를 자산보유자로서 유동화전문회사에게 양도하는 중개자(intermediary)의 역할을 하는데, 이에 따라 증권회사가 부담하게 되는 중소기업들에 대한 신용위험을 최소화해 줄 필요가 있으므로 금융감독원의 실무상 자산유동화계획의 등록 신청 직후에 유동화증권의 공모에 관한 증권신고서의 제출을 허용하고 있다. 그 후 증권신고서의 효력이 발생하는 즉시 증권회사가 자산유동화의 대상인 회사채를 중소기업들로부터 사모로 발행받아 유동화전문회사에 대한 양도 및 양도등록을 마치고, 그 다음 날 유동화증권이 발행된다.

163) 금융감독원(2013), 58쪽.

신탁업자를 수탁자, 투자자를 수익자로 하는 신탁을 특별목적기구로 이용한다. 이 거래 구조에서는 신용보강을 위하여 자산보유자가 신탁의 후순위수익권을 인수할 수 있다.[164] 이 경우 신탁의 후순위수익권은 신용보강뿐만 아니라 잉여 현금흐름을 보다 쉽게 자산보유자에게 제공하기 위한 수단이 될 수도 있다.

5. 유동화증권의 의무보유

(1) 규제의 취지

2024년 개정법은 등록유동화거래 및 비등록유동화거래에서 자산보유자 등 실질적 자금조달주체로 하여금 원칙적으로 유동화증권(비등록유동화의 경우에는 등록유동화의 유동화증권에 준하는 증권을 말함)의 지분의 일부(발행잔액의 5%)를 만기까지 보유하도록 하였다(법 제33조의3). 이는 위험분담을 통한 실질적 자금조달주체의 책임성 및 유동화증권의 건전성을 제고하기 위한 것이다.[165] 고의 또는 중대한 과실로 의무보유 규제를 위반하여 유동화증권을 보유하지 아니하거나 그 보유 비율을 준수하지 아니한 자에 대하여는 대통령령이 정하는 바에 따라 유동화증권 발행금액의 5%에 해당하는 금액(20억 원을 초과하는 경우에는 20억 원)의 범위에서 과징금을 부여할 수 있다(법 제38조의3). 또한, 2024년 개정법은 비등록유동화도 의무보유의 적용 대상으로 하였고, 의무보유 및 정보공개 규제{유동화증권 발행내역 등의 공개(☞ 제4절 Ⅱ. 2.)}의 실효성을 높이기 위해 동 규제의 위반에 대하여는 금융당국이 비등록유동화에 대해서도 조사 권한을 가지도록 근거 규정을 신설하였다(법 제34조 제2항).[166] 이와 같이 2024년 개정법이 제한된 영역이기는 하지만 비등록유동화거래도 규제 대상으로 편입함으로써 앞으로 자산유동화법이 등록유동화뿐만 아니라 비

164) 신탁을 이용한 자산유동화에 관한 보다 상세한 내용은, 한민(2015), 237-240쪽.

165) 금융위원회 보도자료(2023. 12. 27.), "24. 1. 12. 개정 「자산유동화에 관한 법률」이 시행됩니다", 3쪽. 미국에서는 글로벌 금융위기의 주요 원인으로 지목되었던 서브프라임 주택담보대출 및 그 대출채권을 기초로 한 자산유동화거래에서 "판매를 하기 위하여 대출하는 구조(originate-to-distribute)"라고 하는 영업모델이 빚은 도덕적 해이와 부실 대출심사의 폐해(☞ 제1절 Ⅱ. 4. 경제 전체 — 글로벌 금융위기와 자산유동화)를 시정하기 위해, 2010년 금융개혁법(=도드-프랭크법, Dodd-Frank Wall Street Reform and Consumer Protection Act) 제941조 (b)항으로 증권거래소법(Securities Exchange Act) 제15G조를 신설하여 자산보유자 등 자산유동화의 실시자로 하여금 원칙적으로 자산에 관한 신용위험 중 5% 이상을 보유하도록 하는 제도를 도입하였다. 동법조항에 근거하여 2014년 SEC와 미국 재무부 등 관련부처가 공동으로 이에 관한 세부 규칙을 제정하였다(SEC Release No. 34-73407). 2024년 개정법상의 유동화증권 의무 보유 규제는 이러한 미국 제도를 참고한 것이다. 미국의 위 신용위험 보유 제도에 관하여는, 이용준, 앞의 검토보고(각주 95), 76-77쪽; 김필규·김현숙(2019), 48-52쪽.

166) 금융위원회 보도자료(2023. 2. 21.), "자산유동화 활성화 및 리스크 관리 강화를 위한 「자산유동화법」 개정안 정무위원회 전체회의 통과", 9쪽.

등록유동화도 포괄하는 자산유동화에 관한 통합 기본법으로 발전할 가능성이 열리게 되었다.

이하에서는 논의의 편의상 등록유동화거래뿐만 아니라 비등록유동화거래에서의 유동화증권의 의무보유에 관하여도 함께 살펴본다.

(2) 의무보유의 주체

의무보유의 주체는 기본적으로 등록유동화의 유동화전문회사등 또는 비등록유동화회사(=비등록유동화거래에서 유동화증권을 발행하는 회사)에 자산을 양도 또는 신탁한 **자산보유자**이다. 그 이외에 '유동화자산을 양도하거나 신탁하는 행위에 준하여 제공한 자로서 금융위위원회가 정하여 고시하는 자'도 의무보유의 주체가 된다(시행령 제5조의4 제1항 제1호). 이에 따라 금융위원회는 '**참가계약(수익이전계약)** 등을 통해 보유한 자산으로부터 발생하는 수익을 유동화전문회사등 또는 비등록유동화회사에게 실질적으로 제공한 자'를 의무보유의 주체로 정하였다(자산유동화업무감독규정 제18조의3 제2항).

(3) 적용 대상인 자산유동화거래

가. 등록유동화

등록유동화의 경우 그 유형이나 내용에 관계없이 일단 등록유동화에 해당하면 모두 의무보유 규제의 적용 대상이 된다. 등록유동화에 대한 의무보유 규제는 2024년 개정법의 시행일(2024. 1. 12.) 이후 유동화전문회사등이 자산유동화계획을 등록하는 경우부터 적용되므로(2024년 개정법의 부칙 제4조 제1항) 시행일 이후에 유동화자산의 양도·신탁등과 유동화증권의 발행이 이루어지더라도 시행일 전에 이미 등록된 자산유동화계획에 기한 경우에는 의무보유 규제의 대상이 아니다.

나. 비등록유동화

비등록유동화의 경우, 의무 보유 규제는 '등록유동화의 유동화증권에 준하는 증권'[167]을 발행하는 경우에 적용된다. 여기서의 증권은 아래 ①부터 ③의 요건에 비추어 볼 때 자본시장법상의 증권에 한정된다고 보아야 할 것이다.[168] 따라서 자본시장법상 증권에 해당하지 아니하는 증서의 발행이 이루어지는 비등록유동화{예; 자산담보부 대출(asset-backed loan: ABL)}에 대하여는 의무보유가 적용되지 않는다. 비등록유동화에서의

---

167) 법 제33조의2 본문은 동조 및 제33조의3의 "유동화증권"에는 비등록유동화회사가 발행한 유동화증권에 준하는 증권을 포함한다고 규정하고 있다.

168) 같은 취지: 이선지(2024), 84-85쪽, 87쪽.

의무보유 규제는 2024년 개정법의 시행일 이후 비등록유동화회사에 의한 증권의 발행을 위하여 다음 중 어느 하나에 해당하는 조치를 한 경우부터 적용된다(2024년 개정법의 부칙 제4조 제2항).

① 증권의 공모에 관하여 (i) 자본시장법 제119조에 따른 증권신고서를 제출하거나 또는 (ii) 동법 제130조 제1항에 따른 공시 또는 그 밖의 조치를 한 경우
② 전자증권법 제25조 제1항에 따라 전자등록을 신청한 경우
③ 자본시장법 제309조에 따라 예탁결제원에 예탁을 한 경우

따라서 비등록유동화거래에서 위 시행일 이후에 자산의 양도·신탁등과 증권의 발행이 이루어지더라도, 그 증권이 위의 세 가지 조건 중 어느 것에도 해당하지 아니할 경우, 즉 '사모/비전자등록/비예탁'이라는 요건을 모두 충족하는 증권에 대하여는 의무보유가 적용되지 않는다. 위 부칙 조항은 실질적으로 의무 보유의 대상이 되는 비등록유동화거래의 범위를 획정하는 기능을 한다.

다. 차환발행

2024년 개정법에 따라 유동화증권의 의무보유를 한 후 유동화증권의 만기일에 동일한 유동화전문회사등 또는 비등록유동화회사가 유동화증권을 차환발행하는 경우에는, 최초에 양도·신탁등을 한 유동화자산을 기초로 발행되는 것이므로 차환발행되는 유동화증권의 발행잔액의 5%를 다시 보유해야 한다.[169] 그러나, 2024년 개정법의 시행일 전에 발행된 유동화증권이 시행일 이후에 차환발행되는 경우에는 시행일 전에 자산의 양도·신탁등이 이루어진 것이므로 의무보유 규제가 적용되지 않는다는 것이 금융위원회의 입장이다.[170]

(4) 의무보유의 방법

가. 의무보유의 기간

유동화증권의 의무보유 기간은 그 유동화증권의 만기일(만기일 전에 유동화전문회사등/비등록유동화회사가 유동화자산의 조기 상환이나 처분 등을 통하여 유동화증권의 상환에 필요한 대금의 회수를 전부 완료한 경우에는 회수완료일)까지이다(시행령 제5조의4 제2항 제4호).

---

169) 금융위원회 보도자료(2023. 12. 27), "24. 1. 12. 개정 「자산유동화에 관한 법률」이 시행됩니다", 개정 자산유동화법 관련 FAQ.

170) Id. 이 경우 등록유동화에서의 차환 발행은 시행일 전에 등록된 자산유동화계획에 기한 것이라는 점에서도 의무보유의 대상이 되지 않는다고 할 수 있다.

나. 의무보유 금액 및 유동화증권의 종류가 다른 경우의 보유 방법

의무보유 금액은 기본적으로 **유동화증권 발행잔액의 5%**이다. 유동화증권의 종류가 다른 경우, 의무보유는 다음 중 어느 한 방법에 의하여야 한다(시행령 제5조의4 제2항 제2호, 자산유동화업무감독규정 제18조의3 제3항).[171]

① 발행회차별 발행잔액의 5% 보유

(예시 1) 상환순위가 동일한 유동화증권

회차	상환순위	발행금액	의무보유금액
1-1	선순위	100만원	5만원
1-2	선순위	100만원	5만원
1-3	선순위	100만원	5만원
합계		300만원	15만원(5%)

② 후순위 증권/수익권증서로 총발행잔액의 5% 보유

(예시 2) 상환순위가 혼재된 유동화증권

회차	상환순위	발행금액	의무보유금액
1-1	선순위	100만원	-
1-2	선순위	100만원	-
2-1	후순위	100만원	15만원
합계		300만원	15만원(5%)

③ 발행순위 및 회차 별로 혼합하여 총 발행잔액의 5% 보유

(예시 3-1) 상환순위가 동일한 유동화증권

회차	상환순위	발행금액	의무보유금액
1-1	선순위	100만원	-
1-2	선순위	100만원	13만원
1-3	선순위	100만원	2만원
합계		300만원	15만원(5%)

* 상환순위가 동일한 경우 만기가 긴 회차의 유동화증권을 의무보유할 필요.

(예시 3-2) 상환순위가 혼재된 유동화증권 - 후순위 유동화증권은 그보다 후순위인 유동화증권에 대한 의무보유 금액을 포함하여 순위별 발행잔액의 5%에 해당하는 금액을 보유하여야 함.

171) 아래 각 의무 보유 방법에 관한 예시는 금융감독원(2023), 72쪽.

회차	상환순위	발행금액	의무보유금액
1－1	선순위	100만원	－
2－1	중순위	100만원	10만원
3－1	후순위	100만원	5만원
합계		300만원	15만원(5%)

다. 그 밖의 요건

유동화증권의 의무보유에 대하여 요구되는 그 밖의 요건은 다음과 같다(시행령 제5조의4 제2항 제1호, 제3호, 제4호).

(i) 유동화전문회사등 또는 비등록유동화회사가 다른 유동화전문회사등 또는 비등록유동화회사로부터 양도·신탁등을 받은(여러 단계에 걸쳐 양도·신탁등을 경우를 포함함) 유동화자산 또는 유동화증권을 기초로 하여 유동화증권을 발행하는 경우에는 처음으로 유동화전문회사등 또는 비등록유동화회사에 유동화자산을 양도·신탁등을 한 자가 그 유동화증권을 보유하여야 한다(시행령 제5조의4 제2항 제1호).

(ii) 유동화증권을 보유해야 하는 자가 둘 이상인 경우 각각 보유해야 하는 금액은 유동화자산의 가액에 비례하여 배분한 금액으로 한다(이 경우 해당 유동화자산 가액의 산정 기준은 명목가액으로 함)(시행령 제5조의4 제2항 제3호).

(5) 예 외

가. 유동화자산의 원시취득

위 (3)에서 본 바와 같이 의무보유의 주체는 유동화전문회사등 또는 비등록유동화회사에 자산의 양도나 신탁을 한 자 또는 자산으로부터 발생하는 수익을 실질적으로 제공한 자이므로 자산의 양도·신탁등이 일어나지 않는 자산유동화거래는 의무보유 대상에서 제외된다. 따라서 유동화전문회사등/비등록유동화회사가 유동화자산을 원시취득하는 경우(대출을 직접 실행하거나 회사채·주식의 발행시 발행인으로부터 이를 직접 취득하는 경우) 의무보유 대상에서 제외된다.[172] 주로 비등록유동화 방식에 의하여 이루어지는 부동산PF 대출채권 유동화(☞ 제3절 I.1.)에서는 비등록유동화회사가 먼저 투자자에게 유동화증권을 발행하여 조달한 자금을 시행사에 직접 대출하는 방법을 이용하고 있으므로 의무보유 대상에서 제외된다.

나. 그 밖의 예외

2024년 개정법은 국가·지방자치단체 또는 금융위원회가 정하여 고시하는 공공기관

172) 이선지(2024), 87쪽.

이 원리금의 지급을 보증하나 그 밖의 일정한 방법으로 신용공여를 제공한 유동화증권과 그 밖에 신용위험이 낮거나 이해상충이 발생할 가능성이 낮은 유동화증권으로서 금융위원회가 고시하는 유동화증권에 대하여는 의무보유를 면제하였다(법 33조의3 제1호, 제2호, 시행령 제5조의4 제3항). 이와 같이 의무보유가 면제되는 유동화증권의 유형은 [표 9-5]와 같다. 이에 대하여는 의무보유가 면제되는 유동화증권의 범위가 폭넓게 인정됨으로써 당

[표 9-5] 의무보유의 예외

국가·지방자치단체·공공기관의 신용공여	국가·지방자치단체·금융위원회가 고시하는 공공기관(공기업 및 준정부기관 포함)으로부터 다음과 같은 신용공여가 제공된 유동화증권(법 33조의3 제1호, 2호, 시행령 5조의4 제3항 1호 내지 3호) ㅇ 원리금의 지급 보증 ㅇ 원리금 일부의 지급을 보증하고 남은 금액에 해당하는 유동화증권의 인수지급 보증 ㅇ 원리금 전액에 해당하는 유동화증권을 인수 ㅇ 유동화자산 또는 유동화증권의 매입을 약정하거나 유동화전문회사등에 신용을 공여하는 방법으로 그 지급기일에 원리금 지급이 보장
발행시장 CBO (P-CBO)	기업의 자금조달을 정책적으로 지원하기 위하여 기업이 신규로 발행한 회사채 등을 금융회사가 일괄 인수하고 이를 기초로 발행되는 유동화증권(자산유동화업무감독규정 18조의3 제4항 1호)
정기예금 유동화	은행법 2조 및 58조에 따른 은행 및 외국은행에 예치한 정기예금을 기초로 하여 발행되는 유동화증권(다만, 외국은행은 신용평가회사로부터 AA등급 또는 이에 준하는 등급 이상의 평가등급을 받고 정기예금의 환위험이 헤지된 경우에 한함)(동규정 18조의3 제4항 2호)
단말기 할부채권 유동화	이동통신 가입자에 대하여 보유하고 있는 신용위험이 전액 보증되는 단말기 할부채권을 기초로 하여 발행되는 유동화증권(동규정 18조의3 제4항 3호)
브릿지 대출채권 유동화	법 3조에 따라 자산유동화계획을 등록하기 위하여 일시적으로 실행되어 해당 자산유동화계획에 따른 유동화증권이 발행되는 경우 그 유동화증권의 만기와 동일한 만기로 연장되거나 1개월을 초과하지 아니하는 범위에서 그 유동화증권의 만기보다 먼저 도래하는 만기로 연장되는 조건의 대출채권을 유동화자산으로 하여 발행되는 유동화증권(동규정 18조의3 제4항 4호)
부실채권(NPL) 유동화	법 3조에 따라 자산유동화계획을 등록하는 경우로서, 금융회사의 재무구조 개선을 위하여 부실채권(금융회사등의 여신거래로 인하여 발생한 대출원리금, 지급보증 및 이에 준하는 채권으로서 회수에 상당한 위험이 발생하였거나 발생할 우려가 있는 채권을 말함)을 유동화자산으로 하여 발행되는 유동화증권(동규정 18조의3 제4항 5호)
기업구매카드대금채권 유동화 및 기업발행의 당좌수표 관련 권리의 유동화	기업이 다음 어느 하나의 방법으로 구매자금 등을 지급하거나 납부하고 신용카드업자 또는 금융기관이 그 기업에 대하여 가지는 권리를 기초로 하여 발행되는 유동화증권(동규정 18조의3 제4항 6호) (i) 여신전문금융업법 시행령 2조의4 제1항 1호에 따른 기업구매전용카드 거래에 따라 신용카드업자가 그 기업에 대하여 가지는 채권 (ii) 그 기업이 발행하여 금융기관이 취득하는 당좌수표 관련 권리. 다만, 당좌수표를 취득한 금융기관이 구매자금 등의 납부대행기관이며, 동일한 금융기관에 당좌수표 관련 권리를 신탁하는 경우에 한함

초의 규제 도입 취지가 퇴색된 점이 있다는 지적이 있다.[173]

6. 자산관리위탁과 투자자 등의 보호

자산관리자는 관리를 위탁받은 유동화자산(유동화자산을 관리·운용 및 처분함에 따라 취득한 금전 등의 재산권을 포함함)을 그의 고유재산과 구분하여 관리하여야 하고(법 제11조 제1항), 유동화자산의 관리에 관한 장부를 별도로 작성·비치하여야 한다(같은 조 제2항). 유동화자산과 자산관리자의 고유자산 간의 혼장(commingling)으로 인한 투자자의 손실 위험을 방지하기 위한 것이다. 자산관리자가 위탁관리하는 유동화자산(유동화자산을 관리·운용 및 처분함에 따라 취득한 금전 등의 재산권을 포함함)은 자산관리자의 채권자에 의한 강제집행의 대상이 되지 않는다(법 제12조 제3항). 또한, 자산관리자가 위탁관리하는 위의 유동화자산은 자산관리자에 대하여 파산절차나 회생절차가 개시되는 경우 파산재단을 구성하지 않고 자산관리자의 회생절차에도 구속되지 아니하며, 유동화전문회사 등은 그 자산관리자 또는 파산관재인·관리인에 대하여 유동화자산의 인도를 청구할 수 있다(법 제12조 제1항, 제2항). 유동화전문회사등은 자산관리위탁계약의 해지에 따라 자산관리자의 변제수령권한이 소멸되었음을 이유로 유동화자산인 채권의 채무자에게 대항할 수 없다. 다만, 채무자가 자산관리자의 변제수령권한이 소멸되었음을 알았거나 알 수 있었을 경우에는 그러하지 아니하다(법 제10조 제3항).

7. 유동화증권의 상환과 여유자금의 운용

유동화증권의 상환은 유동화자산의 관리·운용·처분으로부터의 수익금으로 하는 것이 원칙이다. 유동화전문회사는 유동화증권의 상환에 필요한 자금을 일시적으로 차입하여 유동화증권을 상환할 수도 있으나 반드시 자산유동화계획이 정하는 바에 따라 차입이 이루어져야 한다(법 제22조 제1항 제5호, 제40조 제2호). 자산유동화거래에서는 유동화증권 원리금 등의 지급일까지 유동화자산의 관리·운용·처분에 의해 얻는 수익으로부터 여유자금이 생기는 경우가 많다. 자산유동화법은 유동화전문회사가 이러한 여유자금을 투자할 수 있도록 하고 있으나 이 역시 반드시 자산유동화계획에 의하여야 한다(법 제22조 제1항 제6호, 제40조 제2호). 유동화전문회사는 자산관리에 관한 사항을 제외한 대부분의 회사업무를 업무수탁자에게 위탁하여야 하므로, 유동화전문회사의 유동화증권 상환, 자금 차

173) 이선지(2024), 87-89쪽.

입, 여유자금 투자 등의 업무는 업무수탁자가 담당한다. 자산유동화의 특별목적기구로 신탁을 이용하는 경우 자산유동화법상 신탁업자는 업무수탁자의 선임을 요하지 아니하므로 투자자에 대한 수익금 지급과 여유자금의 운용은 수탁자인 신탁업자가 담당한다.

업무수탁자에 의한 여유자금의 운용은 다음과 같이 집합투자와 투자일임 두 가지 측면에서 검토할 필요가 있다.

(1) 집합투자

등록유동화의 경우에는 자산유동화계획에 따라 여유자금이 운용되는 한 자본시장법의 안전항 조항(동법 제6조 제5항 제2호)[174]에 따라 여유자금의 운용은 집합투자 규제에서 제외된다. 그런데, 여유자금의 운용은 유동화증권 원리금 등의 지급기일까지 자산의 적극적 운용(여유자금에 의한 자산의 추가 취득, 교체 등)을 통하여 수익을 추구하는 것이므로 자산유동화법에 의하지 아니한 비등록유동화의 경우에는 여유자금의 운용 여하에 따라서 집합투자 규제의 대상이 될 여지도 있다. 생각건대, 일반적으로 위와 같은 여유자금의 운용은 일시적이고 부수적인 업무라 할 것이므로 비등록유동화의 경우에도 관련 계약에서 원칙적으로 원본 보장이 되는 금융상품을 여유자금의 투자 대상으로 미리 특정하여 두고 운용 기간과 방법을 제한하여 운용하는 경우에는 집합투자에 해당되지 않는다고 보는 것이 타당하다.

(2) 투자일임

여유자금의 투자에 관한 업무를 업무수탁자에게 위탁하는 경우, 업무수탁자는 유동화회사 명의로 여유자금을 투자하게 된다. 등록유동화이든 비등록유동화이든 업무수탁자가 재량을 갖고 여유자금을 자본시장법상의 '금융투자상품등'[175]에 투자할 경우, 이러한 투자 행위가 자본시장법상 투자일임업[176]에 해당하는가? 이는 여유자금 투자에 관한 업무수탁자의 업무가 '투자판단의 전부 또는 일부를 일임받은 것'에 해당될 만큼 재량을 행사하는 것이라고 볼 것인지의 문제인데, 자산유동화계획(등록유동화의 경우)이나 관련 계약(비등록유동화의 경우)에서 미리 정하고 있는 여유자금 투자에 관한 사항(투자대상, 투자방

174) 자본시장법 제6조 제5항 제2호는 "자산유동화에 관한 법률 제3조의 자산유동화계획에 따라 금전등을 모아 운용·배분하는 경우"를 자본시장법상 규제되는 집합투자로부터 제외하고 있다.

175) 여기서 "금융투자상품등"이라고 함은, 자본시장법 제3조의 금융투자상품과 동법 시행령 제6조의 2에서 정한 부동산, 예치금 등의 자산을 말한다(동법 제6조 제6항).

176) 투자일임업이란, "투자자로부터 금융투자상품등에 대한 투자판단의 전부 또는 일부를 일임받아 투자자별로 구분하여 그 투자자의 재산상태나 투자목적 등을 고려하여 금융투자상품등을 취득·처분 그 밖의 방법으로 운용하는 것을 영업으로 하는 것"을 말한다(자본시장법 제6조 제7항).

법, 투자기간 등) 등 제반 사정을 고려해 개별적으로 판단되어야 할 것이다. 여유자금의 운용은 대부분의 자산유동화거래에서 생기는 문제이므로 명확한 가이드라인을 제시해 줌으로써 법적 안정성을 제고하는 것이 바람직하다.

제 3 절 자산유동화법에 의하지 아니한 자산유동화

Ⅰ. 비등록유동화의 유형

시장에서 행하여지고 있는 비등록유동화거래는, 기초자산의 '증권화' 여부에 따라 자산담보부대출(ABL)과 자산담보부 기업어음발행(Asset-Backed CP: ABCP)으로 분류할 수 있고, 기초자산의 종류에 따라 부동산PF 대출채권 유동화, 신용위험 유동화, 그 밖에 사채·대출채권·매출채권 등을 기초자산으로 하는 통상적인 유동화로 분류할 수 있다. 대부분의 거래는 기초자산의 투입과 증권의 발행이 각각 1회씩만 이루어지는 단일 유동화거래에 의하나, 비등록유동화의 경우에는 유동화자산이 지속적·반복적으로 투입되고 그 때마다 유동화증권이 추가로 발행되는 ABCP 프로그램도 이용된다.

1. 부동산 프로젝트금융(PF) 대출채권 유동화

부동산 프로젝트금융(PF) 대출채권 유동화는 아파트, 상가, 주상복합건물 등의 부동산 개발사업을 추진하는 시행사에 대한 대출채권을 유동화하는 거래이다.[177] 기본적 유형의 부동산PF 대출채권 유동화는, [그림 9-8]에서 보는 바와 같이, ① 금융회사가 시행사에게 대출을 하여 대출채권의 보유자(=자산보유자)가 된 후에, ② 그 대출채권을 상법상 회사인 SPC에게 양도하고(=기초자산의 양도), ③ SPC가 양도받은 대출채권을 기초자산으로 하여 투자자들에게 CP(=ABCP)를 발행하여(=증권 발행) 그 발행대금을 양도인에

177) 김용호·이선지·유이환(2009), 161쪽. 시행사는 부동산개발사업을 위한 토지매입비, 사업비 등을 금융회사로부터 대출받는다(최근에는 SPC가 유동화증권 발행으로 조달한 자금을 시행사가 SPC로부터 직접 대출받는 경우도 많다). 이러한 대출에 대하여는 일반적으로 (i) 사업용 토지에 대한 담보신탁의 우선수익권, (ii) 시공사의 대주에 대한 책임준공확약, (iii) 시행사의 사업시행권 포기·양도 약정, 시행사 주식에 대한 질권, 시행사 임원의 연대보증 등이 담보로 제공된다. 전에는 [그림 9-8]에서 보듯이 시공사가 시행사의 대출채무에 대해 연대보증(또는 채무인수약정)을 하는 것이 일반적이었으나, 최근에는 시공사는 이러한 연대보증이나 채무인수약정은 하지 않고 대주에게 책임준공확약만 제공하는 경우가 많은 것으로 보인다.

[그림 9-8] 부동산 프로젝트금융(PF) 대출채권 유동화[178)]

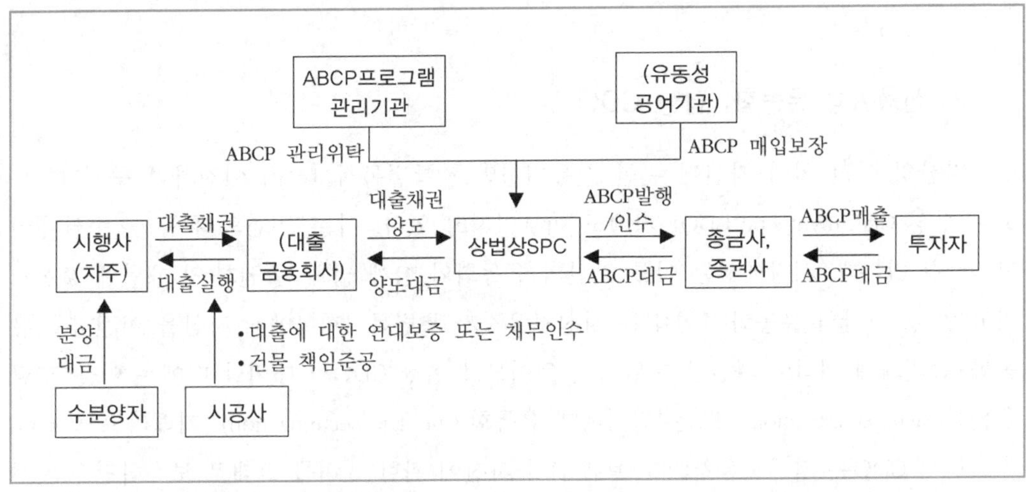

출처: 금융감독원 2006. 9. 5. 정례브리핑자료.

게 대출채권의 매매대금으로 지급하는 방식으로 진행된다.[179)] 2006년 하반기부터 감독당국이 부동산개발사업과 관련한 등록유동화의 기준을 강화한 것을 계기로 그 후부터는 절차가 보다 신속하고 간편한 비등록유동화 방식에 의하여 행하여지고 있다.[180)]

그런데, 금융회사로부터 SPC 앞으로의 대출채권 양도(=유동화회사에 대한 유동화자산의 양도)는 자산유동화법에 의하지 아니한 비등록유동화 거래에서는 반드시 필요한 것은 아니므로, 최근에는 SPC가 먼저 투자자에게 CP를 발행하여 조달한 자금을 시행사에 직접 대출하는 방법(先 자금조달 → 後 유동화자산 취득)이 많이 이용되고 있다. 최근의 부동산PF 대출채권 유동화에서는 증권회사가 유동화회사인 SPC에 CP 매입보장 또는 유동화자산 매입보장 등을 제공함으로써 신용보강을 하는 경우가 많다. 유동화자산의 자산관리자와 SPC의 업무수탁자는 주로 신용보강을 제공한 증권회사가 담당한다. 부동산개발사업으로부터의 현금흐름(예: 수분양자로부터 지급되는 분양대금)이 부동산PF 대출채권, 나아가 ABCP의 상환재원이 된다.

부동산개발사업 관련 자산유동화는 시행사에 대한 부동산PF 대출채권을 기초자산으로 하는 유동화거래가 가장 많이 이루어지고 있지만, 그 이외에도 부동산개발사업과 관련한 공사대금채권, 부동산신탁의 수익권, 토지매매계약에 따른 매매대금반환채권, 미분양

178) 2006년 금융감독원 자료발표후에 단기사채제도가 도입되어 이제는 단기사채를 사용하는 경우가 많으므로 [그림 9-8]의 ABCP는 단기사채를 포함하는 것으로 볼 필요가 있다.
179) 김용호·이선지·유이환(2009), 162쪽.
180) 김용호·이선지·유이환(2009), 161쪽; 김경무(2014b), 316쪽.

부동산 등을 기초자산으로 하는 유동화도 이루어지고 있다.[181]

2. 신용위험 유동화: 합성 CDO

자산의 이전 없이 자산에 관한 신용위험만을 특별목적회사에 이전하여 증권화하는 소위 합성 CDO(Synthetic CDO) 거래도 이루어지고 있다. 이는 '위험의 유동화·증권화'라고 할 수 있는데, 시장에서는 이를 자산의 유동화와 함께 넓게 '증권화'의 개념에 포함시키고 있다. 자산의 유동화(증권화)는 자산보유자가 특별목적회사에게 자산을 이전하고 유동화·증권화에 의하여 자금을 조달하는 것이므로 합성 CDO와 대비할 때에는 이를 '현금유동화(cash securitization)' 또는 '진정매매 유동화(true sale securitization)' 거래라고 부른다.

합성 CDO는 자산보유자(위험 보유자)가 자산에 관한 권리를 그대로 보유하면서 자산에 관한 신용위험(credit risk 또는 exposure)만을 특별목적회사에 이전하는 거래 기법이다. 자산보유자의 입장에서 보면 자산의 처분이 없으므로 자금조달은 일어나지 않는다. 합성 CDO 거래에서는 자산보유자가 보장매입자(Protection Buyer), 특별목적회사가 보장매도자(Protection Seller)로서 신용스왑(CDS) 계약을 체결하여 자산보유자가 보유하는 자산에 관한 신용위험만을 특별목적회사에 이전한다{신용스왑에 관하여는 ☞ 제11장 제1절 Ⅱ. 1. 신용스왑(CDS)거래}. 자산보유자는 특별목적회사가 대상자산에 관한 신용위험을 인수해 주는 것에 대한 수수료(프리미엄)를 지급하게 된다. 특별목적회사는 투자자들에게 증권을 발행하여 투자자들이 납입한 증권대금으로 CDS계약상 자산보유자에 대하여 부담하는 채무를 담보할 자산을 취득한다. 특별목적회사는 이 담보자산에서 얻는 이자과 CDS에 따라 자산보유자로부터 받는 프리미엄으로 조성되는 현금흐름을 기초로 하여 투자자에게 증권의 원리금을 상환한다. 대상자산에 관한 신용위험이 현실화되는 경우(=CDS계약상의 신용사건이 발생하는 경우), 특별목적회사는 담보자산을 처분하여 CDS에 따른 보장금(Protection Payment)을 자산보유자에게 지급한다. 증권의 만기까지 신용위험이 현실화되지 아니할 경우에는 담보자산을 처분하여 투자자에게 증권 원리금을 상환한다.[182]

자산을 실제로 보유하고 있는 자가 합성 CDO 거래를 하는 경우, 자금조달의 효과는 없으나 자산보유자가 갖는 자산에 관한 신용위험을 제거할 수 있다는 점에서 자산유동화와 유사한 효과를 얻을 수 있다. 그러나, 자산을 보유하고 있지 아니한 자도 투기거래로

---

181) 김경무(2014b), 316-317쪽.

182) SPC가 보장매도자가 되는 신용스왑(CDS)을 이용한 합성 CDO의 거래구조에 관하여는, ☞ 제11장 제1절 Ⅱ. 2.의 [표 11-3] 합성담보부채권의 거래구조.

서 합성 CDO 거래를 할 수 있는데,[183] 이 경우에는 2007-2008년 미국의 서브프라임 사태에서 보듯이 자산(예컨대, 주택담보대출채권)에 관한 위험이 과도하게 증폭되어 자본시장의 투자자들에게 전가되는 부작용이 생길 수 있다. 현재 우리 감독당국은 투자자 보호 등의 정책적 이유와 자산유동화법상 '위험의 유동화'를 할 수 있는 법적 근거가 약하다는 이유로 자산유동화법에 의한 자산유동화에 의하여 합성 CDO를 발행하는 것은 허용하지 않고 있다.[184] 이에 따라 합성 CDO는 비등록유동화 방식으로 사모 발행되어 왔다.

3. 동일 특별목적기구를 이용한 복수의 자산유동화: CP Conduit

자산유동화법에 따라 자산유동화를 하는 경우, 유동화전문회사 또는 유동화전업 외국법인이 등록할 수 있는 자산유동화계획은 1개에 한한다(동법 제3조 제2항). 이를 "1 SPC 1 유동화" 원칙이라고 한다.[185] 일정한 자산을 기초로 SPC가 CP를 발행하는 자산유동화거래 중에는 CP의 최초 발행 이후에 동일한 SPC가 추가 자산매입을 통하여 추가시리즈의 CP를 발행하는 'ABCP 프로그램'이 있다. 이와 같은 ABCP 프로그램에 의하여 동일한 SPC(흔히 "CP Conduit"라고 부른다)가 복수의 자산유동화거래를 하는 것은 자산유동화법상으로는 인정되지 아니하므로 비등록유동화 방식에 의하고 있다.[186] 자산유동화법상의 '1 SPC 1 유동화 원칙'은 특별목적기구로 신탁을 이용하는 경우에는 적용되지 않는다(동법 제3조 제2항). 따라서, 유동화신탁에 기하여 신탁업자가 자산유동화증권을 최초로 발행한 후에 그 유동화신탁에 추가로 신탁된 자산을 기초로 추가로 유동화증권을 발행하는 방식, 즉 하나의 신탁을 통하여 복수 시리즈의 유동화증권을 발행하는 방식{이를 흔히 "마스터 트러스트(Master Trust)"라고 부른다}이 가능하다. 2004년경 신용카드사 위기에 따른 대안으로서 일시적으로 Master Trust에 의한 자산유동화거래가 두세 건 정도 이루어진 적이 있었다.[187]

183) 이러한 거래는 대부분 그 거래를 조성하는 금융회사가 (i) 특별목적회사에게 지급할 CDS 프리미엄과 담보자산으로부터 얻는 이자의 합계금액과 (ii) 특별목적회사가 투자자에게 지급할 유동화증권의 이자 금액 간의 차액으로부터 이득을 얻기 위한 차익거래(arbitrage CDO)이다.

184) 자산보유자로부터 유동화전문회사로 실제로 유동화자산(=담보자산)의 양도가 일어나도록 거래구조를 다소 변형시킴으로써 합성 CDO를 자산유동화법에 의하여 발행한 사례가 10여년 전에 한 건 있었으나, 그 후 감독당국은 이러한 변형된 방식에 의한 합성 CDO도 허용하지 않고 있다{김용호·이선지·유이환(2009), 152-154쪽}.

185) 이에 관한 상세한 내용은 온주 자산유동화법, 제3조 주석(김용호·선용승 집필, 2016).

186) 비등록유동화 방식에 의한 ABCP 프로그램의 거래구조에 관하여는, 김용호·이선지·유이환(2009), 163-166쪽.

187) 박준 외 좌담회(2009), 15쪽, 39쪽(김용호 발언부분).

4. 새로운 유형의 자산유동화: 사업유동화[188)]

사업유동화(Whole Business Securitization)는 1990년대에 영국에서 최초로 대두되어 그 후 유럽과 미국에서 활성화된 거래구조로서, 채권, 부동산 등 개별 자산의 집합뿐만 아니라 부동산, 채권, 계약관계 등으로 구성되는 사업 일체를 증권화하는 방법이다. 사업유동화는 사업으로부터 생기는 장래의 복합적인 현금흐름을 기초로 하여 자금을 조달하는 방법이고, M&A 등 기업재편을 행하는 데에도 이용되고 있다.[189)] 최근 일본에서도 사업유동화 사례들이 축적되고 있다.[190)]

사업유동화의 일반적인 거래구조를 보면, 특별목적기구로서 SPC를 새로 설립하여 이 SPC가 사채 등 증권을 발행하여 투자자로부터 조달한 자금으로 대상사업을 영위할 회사("사업회사")에 대출을 하고, 대상사업으로부터의 장래의 현금흐름에 기하여 증권 원리금을 상환받는 방식에 의한다.[191)] SPC는 대출채권의 담보로 대상사업(또는 이를 구성하는 개별 자산)에 대한 담보권을 설정받고, 사업회사의 기존의 담보대출은 전액 SPC로부터 받은 대출금으로 상환함으로써 SPC가 사업회사의 유일한 담보채권자가 되도록 한다.[192)] 대상사업을 영위해 오던 원래의 사업회사("원사업회사")가 계속 사업을 영위하도록 하는 경우에는 원사업회사에게 대출을 한다. 원사업회사의 신용위험을 차단시키기 위하여 별도의 사업회사를 신설하여 대상 사업을 신설회사에 이전하고[193)] 신설회사에 대출을 하는 방법도 있다. 후자의 방법을 취하는 경우, 신설회사는 원사업회사의 자회사로 남겨 둘 수도 있고, 그 주식의 전부 또는 대부분을 SPC에 양도함으로써 SPC의 자회사로 전환시킬 수도 있다.[194)] 특별목적기구로서 SPC 대신에 신탁을 이용하여 사업을 유동화하는 방법도 모색해 볼 수 있다.

우리나라의 경우, 위와 같은 구조의 사업유동화는 SPC가 사업회사에 제공한 담보부

---

188) 그 외에도, 2000년대 초반에 미국에서 활발히 이루어졌던 (i) 보험계약에 관한 자산부채 또는 보험계약상의 일부 위험 등을 이전하기 위한 '보험회사에 의한 유동화'와 (ii) 생명보험계약자들(policy holders)이 보유한 생명보험증권들을 집합하여 이를 기초로 하여 증권을 발행하는 '생명보험 전매에 의한 유동화'도 새로운 유형의 유동화(증권화)라고 할 수 있다. 이러한 보험 관련 유동화는 보험업법, 자산유동화법, 보험약관 등에 따른 제약으로 아직 우리나라에서는 성사되기가 어려운 것으로 보이는바, 이에 관한 상세한 내용은, 조영희(2013), 400-415쪽.

189) 西村總合法律事務所(2003), 174, 222, 232쪽.

190) 西村あさひ法律事務所(2016), 303-308쪽.

191) 조영희(2009), 207쪽.

192) 조영희(2009), 207쪽.

193) 회사분할을 하거나 또는 회사 신설 후 신설회사에 영업양도를 하는 방법으로 대상사업을 신설회사에 이전할 수 있다.

194) 西村總合法律事務所(2003), 174쪽, 226-231쪽; 西村あさひ法律事務所(2016), 296-303쪽.

대출을 기초로 하는 것이어서 '유동화자산의 진정양도'를 요하는 자산유동화법상의 자산유동화 방식에 의하기는 어렵다.[195] 위 거래구조를 일부 변경함으로써 자산유동화법에 의한 자산유동화의 구조에 포섭시킬 수 있는지 또는 자본시장법상 집합투자에 대한 규제를 받지 않으면서 자산유동화법 밖에서 비등록유동화 방식으로 사업유동화거래를 구성하는 것이 가능할지에 관하여는 별도의 검토를 요한다.

Ⅱ. 비등록유동화와 집합투자의 구분

1. 자본시장법상 집합투자의 개념

자본시장법상 집합투자란 "2인 이상의 투자자로부터 모은 금전등을 투자자로부터 일상적인 운용지시를 받지 아니하면서 재산적 가치가 있는 투자대상자산을 취득·처분, 그 밖의 방법으로 운용하고 그 결과를 투자자에게 배분하여 귀속시키는 것"을 말한다(동법 제6조 제5항 본문). 집합투자를 영업으로 하고자 하는 경우에는 금융투자업 인가를 받아야 하고(동법 제6조 제4항, 제11조, 제444조 1항 1호), 자본시장법상 허용되어 있는 집합투자기구를 통하여 지분증권인 출자증권 또는 수익증권을 발행하는 거래구조를 취해야 하며(동법 제9조 제18항, 제21항), 집합투자기구에 의한 사채 발행이나 은행 차입 등 금전의 차입은 제약을 받는다(동법 제83조). 대표적인 집합투자기구로는 신탁과 회사를 들 수 있다. 신탁형 집합투자의 경우에는 집합투자업자가 신탁의 수익증권을 투자자에게 발행하여 금전등을 모아 이를 신탁업자에게 신탁하고 집합투자업자가 신탁재산을 운용하여 그 운용결과를 투자자에게 배분한다. 회사형 집합투자의 경우에는, 투자자는 투자회사에 금전 등을 투자하여 출자지분을 취득하고, 집합투자업자는 투자회사의 법인이사로 참여하여 투자회사의 재산을 운용하여 그 운용결과를 투자자에게 배분한다.

2. 등록유동화에 관한 자본시장법의 집합투자 특례 규정

자본시장법은, "자산유동화에 관한 법률 제3조의 자산유동화계획에 따라 금전등을 모아 운용·배분하는 경우"는 자본시장법상 규제되는 집합투자로부터 제외하고 있다(동법 제6조 제5항 제2호). 즉, 자산유동화법에 따라 금융감독원에 등록된 자산유동화계획에 의해

195) 조영희(2009), 208쪽.

유동화자산을 운용하여 유동화증권의 원리금·배당금 또는 수익금을 지급하는 등록유동화는 집합투자로 보지 않는다는 것이다.[196] 자산유동화법에 의한 자산유동화거래 중에는 성질상 자본시장법상의 집합투자에 속하는 것도 있고 그렇지 않은 것도 있을 수 있는데, 설사 성질상 집합투자에 속하는 거래라고 하더라도 이를 집합투자 규제 대상에서 제외시킨 것이라고 할 수 있다.

자산유동화법의 위 특례 조항은 동법에 따른 등록유동화에 대해서만 적용되므로, 결국 자산유동화법에 의하지 아니한 비등록유동화와 집합투자는 어떠한 기준에 의하여 구분되는가라는 문제가 제기된다.[197] 다만, 비등록유동화에서 특별목적기구로 신탁이 이용되는 경우 신탁재산의 운용에 대하여는 자본시장법상 신탁업에 대한 규제가 적용되므로, 특별목적회사에 의한 자산운용과는 달리, 신탁재산의 운용이 집합투자에 해당하는지는 따로 문제되지 않는다. 이하에서는 특별목적회사를 이용한 비등록유동화와 집합투자의 구분 기준에 관하여 살펴보기로 한다.

3. 비등록유동화와 집합투자의 구분 기준

앞서 살펴본 자본시장법상 집합투자의 개념(동법 제6조 제5항 본문) 중 '2인 이상'이라고 하는 공동성과 '투자자로부터 일상적인 운용지시를 받지 않는다"는 투자자의 수동성은 집합투자와 자산유동화에 대체로 공통되는 요소로서 양자를 구분짓는 기준이 되지 못한다. 집합투자에서는 자산운용의 결과가 투자자에게 귀속되기 때문에 투자자에 대한 분배가 운용실적과 무관한 경우에는 집합투자가 될 수 없다.[198] 집합투자의 개념요소 중 '운용실적의 배분', 즉 '운용결과에 의한 투자자에 대한 배분'이 자산유동화와의 관계에서 집합투자를 구분짓는 핵심요소라고 할 수 있다.

196) 자본시장법의 제정 이전에 (구)간접투자자산운용업법(2003. 10. 4. 제정, 2004. 1. 5. 시행)(이하, "간투법"이라고 함)에도 위와 유사한 내용의 규정이 있었다. 간투법은 간접투자를 '투자자로부터 자금 등을 모아서 투자증권, 장내파생상품, 장외파생상품, 부동산 또는 그밖에 대통령령이 정하는 것에 운용하고 그 결과를 투자자에게 귀속시키는 것'이라고 정의하되 대통령령이 정하는 자가 행하는 간접투자는 간접투자로 보지 않는다고 규정하였다(동법 제2조). 간투법시행령에 따라 '자산유동화에 관한 법률에 의한 유동화전문회사 및 신탁회사가 행하는 간접투자'는 간투법상의 간접투자에서 제외되었다(동법시행령 제2조 제2항). 이러한 간투법상의 등록유동화에 대한 취급은 자본시장법에서도 그대로 유지되고 있다.

197) 간투법이 제정된 2003년 무렵에는 비등록유동화거래가 아직 시장에 본격적으로 출현하기 전이었으므로 비등록유동화와 집합투자와의 관계에는 주목하지 않았을 것으로 짐작된다. 간투법에서 "간접투자"를 폭넓게 정의함에 따라 간접투자행위에 해당하는지 여부에 대한 판단 문제가 많이 발생할 것이라는 것은 입법 당시 예견된 것이었다{김철배 외(2005), 62-63쪽}.

198) 김건식·정순섭(2023), 903쪽, 112쪽.

대체로 자산취득과 투자자에 대한 증권 발행 중 어느 것이 앞서는가에 따라 자산유동화('先 자산취득-後 증권발행') 또는 집합투자('先 증권발행-後 자산취득')로 구분될 수 있으나 이것이 양자를 구분짓는 확실한 기준이 되지는 못한다. 투자자에 대한 증권발행이 먼저 이루어져서 '先 증권발행-後 자산취득'의 구조를 취하더라도, 투자자에 대한 배분이 자산운용실적에 기한 것이 아니면 위 집합투자의 정의를 충족한다고 보기 어렵기 때문이다. 반면에, '先 자산취득-後 증권발행'의 구조라고 하더라도 운용실적의 배분이 있으면 집합투자에 해당할 수 있다.

생각건대, 투자대상자산을 처음부터 고정시키고, 그 후에는 자산의 교체나 처분 등 적극적인 자산운용을 하지 않고 기본적으로 '자산의 조건'에 따라 회수되는 현금흐름에 의존하는 소극적인 자산운용(이하, "소극적 자산운용"이라고 함)에 기하여 투자자에 대한 배분이 이루어지는 경우, 이를 운용실적의 배분이라고 보기는 어렵다. 반면에, 투자대상자산을 고정시키지 않고 자산의 교체, 처분 등 적극적인 자산운용(이하, "적극적 자산운용"이라고 함)에 기한 자산의 시장가치 변동의 결과 또는 자산에 대한 시가평가 결과에 따라 투자자에 대한 분배의 몫과 시기가 정해지는 경우에는 운용실적의 배분에 해당된다고 보아야 한다.[199)]

이하에서는, 투자자에게 발행되는 증권의 유형과 자산운용의 속성에 따라 운용실적의 배분에 해당되는지 여부에 관하여 보다 상세히 살펴본다.

(1) 증권의 유형

가. 출자지분(equity interests)

잔여재산분배청구권을 갖는 출자지분의 경우에는 본질적으로 자산의 현금흐름에 의존하여 배분이 일어나는 것이 아니라 자산의 처분 또는 자산의 시장가치에 기하여 그 배분 시기나 금액이 정해진다. 따라서, 출자지분권자와의 관계에서는 운용실적의 배분이 이루어진다고 볼 수 있다. 등록유동화는 이러한 출자지분 구조를 취하더라도 자본시장법의 특례

199) 자산유동화 등 구조화금융거래에 대하여 미국의 1940년 투자회사법(Investment Company Act of 1940)에 따른 집합투자 규제를 면제시켜 주기 위하여 1992년 11월에 '증권화(securitization)'의 개념에 관한 미국 증권거래위원회(SEC)의 Rule 3a-7이 제정되었다{17 C.F.R. §270.3a-7 (2005)}. Rule 3a-7은 Investment Company Act Release로 공표되었다{Exclusion from the Definition of Investment Company for Structured Financings, Investment Company Act Release No. 19105, 57 Fed. Reg. 56,248 (Nov. 27, 1992)}(이하, "Rule 3a-7 Adopting Release"라고 함). SEC Rule 3a-7에 의하면, 투자회사에 대한 규제가 면제되는 '증권화'에 해당하기 위해서는 기본적으로 ① 최초에 증권화의 대상자산을 특정하여야 하고, ② 그 후에는 자산의 교체나 처분 등 적극적 자산운용을 하지 않아야 하며 ③ 자산의 조건에 따라 회수되는 현금흐름에 의존하는 '소극적 자산운용'에 의해 투자자에 대한 배분이 이루어져야 한다. 반면에, 자산의 '시장가치'에 의존하여 투자자에 대한 분배가 이루어지는 경우 투자회사 규제를 받는다(Rule 3a-7 Adopting Release, at n. 35).

규정에 의하여 집합투자에서 제외된다. 그러나, 비등록유동화의 경우에는 등록유동화와 같은 특례 규정이 없으므로 출자지분권자가 2인 이상인 경우에는 집합투자에 해당된다.

나. 확정수익 증권(fixed income securities)

사채 등 확정수익을 지급하는 증권의 발행이나 금전차입을 행하고 소극적 자산운용을 하는 경우에는, 자산으로부터의 현금흐름에 의존하여 투자자에 대한 배분이 이루어지므로 '운용실적의 배분'에는 해당되지 아니하여 집합투자에 속하지 않는다고 할 것이다.[200] 신탁의 수익권은 본래 출자지분에 가까운 것이나, 패스스루(pass-through) 방식의 신탁수익권이라 하더라도 자산으로부터의 현금흐름이 그대로 수익권의 지급에 쓰이는 경우에는 위 확정수익 증권이나 금전차입과 마찬가지로 자산의 현금흐름에 의존하여 상환되는 것으로 볼 수 있다.[201]

그러나, 확정수익을 지급받는 증권에 의한 투자라고 하더라도 아래 (2)에서 보는 바와 같이 적극적 자산운용(시가평가에 의한 실적 배분 및 중도환매 포함)에 기하여 투자자에 대한 배분이 이루어지는 구조로 설계된 경우에는 투자자에 대한 원리금 지급이 '운용실적의 배분'에 해당되는 경우가 있을 수 있다. 왜냐하면, 이 경우 유동화자산 및 그 시장가치의 변동에 따라 확정수익을 지급받는 증권투자자에 대한 배분 시기나 금액이 영향을 받게 되어 이들 투자자는 자산의 시장가치 변동 위험을 떠 안고 있다고 보아야 하기 때문이다. 미국의 SEC Rule 3a-7에서 자산의 신규취득, 교체 등은 시장가치의 변동에 따른 이익이나 손실 회피가 주된 목적이 아니어야 하고 그로 인해 유동화증권에 대한 신용등급이 낮아져서는 안 될 것을 요구하는 것[202]도 바로 이러한 이유 때문인 것으로 보인다.

---

200) 김용호·이선지·유이환(2009), 179쪽도 같은 취지의 견해이다. 이 견해는, CP 도관체(CP conduit)를 통하여 ABCP를 발행하는 비등록유동화거래에서의 투자가 자본시장법상의 집합투자에 해당되는지 여부에 관하여, (i) ABCP거래에서는 투자자로부터 자금 등을 모으는 시점에 자산을 매입하고 그 매입한 자산의 회수 또는 처분을 통하여 취득한 현금을 ABCP 상환자금으로 사용할 뿐 현금화된 자금으로 다른 자산을 매입하는 것이 일반적으로 허용되지 않으므로 자금을 적극적으로 '운용'한다고 볼 수 없고, 또한 (ii) ABCP거래에서 수익으로 볼 수 있는 ABCP의 (할인)이자율은 시장상황에 따라 발행 시에 확정되고 투자기구는 자산운용 결과와는 무관하게 ABCP의 상환의무를 부담하므로 투자자에 대하여 자산에 대한 '운용의 결과'를 귀속시키는 것으로 보기 어렵다는 이유로, ABCP의 발행은 집합투자에 해당되지 않는다고 한다. 안수현(2010), 494-495쪽도 이 견해에 찬성한다.

201) Rule 3a-7 Adopting Release, at n. 14.

202) SEC Rule 3a-7, paragraph (a)(3).

(2) 적극적 자산운용의 유형

가. 자산의 적극적 교체

자산의 최초 취득 후에 적극적으로 자산 교체가 이루어진다면, 이는 소극적 자산운용은 아니다. 등록유동화의 경우, 최초 유동화자산의 명세는 자산유동화계획에 기재되도록 되어 있고(자산유동화법 제4조 제4호) 투자자 보호를 위해 자산유동화계획의 변경은 엄격히 제한되어 있어서(동법 제3조 제1항), 담보책임의 이행 등으로 인한 예외적인 경우를 제외하고는 자산의 교체는 어렵다. 자산유동화계획에서 미리 유동화자산의 적극적 교체를 예정하고 투자자가 예측할 수 있도록 그 내용을 명시하는 방법도 생각해 볼 수 있으나, 지금까지 금융감독원은 이와 같은 소위 운용형 자산유동화(Managed ABS)는 허용하지 않고 있고, 이는 바로 집합투자와의 구분을 고려한 것으로 보인다.[203] 비등록유동화의 경우 시장가치에 대한 투자를 목적으로 자산의 적극적 교체를 하면 "자산의 적극적 운용"이라고 하는 집합투자의 자산운용 속성을 갖게 된다고 본다.

나. 재량에 의한 자산취득

투자자들로부터 금전 등을 출연 받은 후에 자산운용자의 재량이 개입되어 투자대상자산을 정하는 경우, 위에서 본 '자산의 적극적 교체'와 마찬가지로 집합투자의 속성을 갖는다고 보아야 할 것이다. 따라서, '소극적 자산운용'에 해당되기 위해서는 유동화증권 발행 전에 자산유동화계획(등록유동화) 또는 증권발행 관련 계약(비등록유동화)에 투자대상자산이 미리 구체적으로 특정되어야 한다.

다. 증권의 환매를 위한 자산의 처분 또는 시가평가

채무불이행 사유가 없음에도 불구하고 투자자에게 증권의 환매를 인정하여 수시로 자산의 처분대금 또는 시장가격에 따라 투자금의 회수가 일어나도록 한다면 소극적 자산운용의 속성에는 반한다. 미국의 SEC Rule 3a-7은 개방형펀드(mutual fund)와의 혼동을 피하기 위하여 1940년 투자회사법의 규제에서 제외되는 증권은 중도환매를 못하도록 하고 있다.[204] 한편, 미국 SEC Rule 3a-7은 앞서 본 바와 같이 증권이 "주로(primarily)" 자산 자체로부터의 현금흐름에 의존하여 상환될 것을 요구하고 있는데, 주된 자산으로부터의 현금흐름으로 확정수익을 지급하는 증권에 대한 상환을 완료한 후에 잔여재산을 처분하여 출자지분권자에게 분배를 하는 경우에는 위의 "주로(primarily)"에 해당되지 않는다고 보

203) 박준 외 좌담회(2009), 63쪽(황호석 발언부분).
204) SEC Rule 3a-7, paragraph (a); Kravitt·Mayer Brown(2016), p. 12-19.

아 투자회사 규제에서 면제시켜 주고 있다.[205] 우리나라의 비등록유동화거래에서도 이러한 방식으로 자산운용 결과의 배분이 이루어지는 경우가 있을 수 있는데, 명문의 규정이 없는 우리 법 하에서도 SEC Rule 3a-7과 같이 유연하게 해석할 수 있을지는 의문이다.

라. 적극적 자산운용이 수반되는 자산의 취득

투자대상자산의 유형에 따라서는 자산 자체의 성질상 '소극적 자산운용'의 속성에 적합하지 않은 경우가 있다. 미국의 SEC Rule 3a-7 하에서는, 유동화자산이 만기를 가지고 현금흐름을 생성하는 자산이 아닌 경우 원칙적으로 증권화의 대상이 될 수 있는 "적격자산(Eligible Assets)"에 해당되지 않는다.[206] 이에 따라, 예컨대, 보통주식은 일반적으로 '적격자산'이 아니다. 그러나, 다른 적격자산에 관한 채무조정(workout) 또는 담보로서 취득한 보통주식은 적격자산에 부수되는 자산으로서 적격자산에 해당된다.[207] 일본의 경우에는 조합이나 익명조합의 출자지분, 금전신탁의 수익권, 다른 법인의 경영에 영향을 미칠 수 있는 비율 이상의 주식·출자지분 등과 같이 제3자 보유 자산에 관한 운용지시권을 수반하는 자산인 경우에는 그 자산을 보유하는 것 자체로 실질적으로 사업이나 자산운용을 하는 것으로 인정될 수 있다고 보아 일본의 「자산의 유동화에 관한 법률」상 위와 같은 자산은 유동화자산으로 취득하지 못하도록 하고 있다(동법 제212조, 제224조).[208] 생각건대, 우리나라의 경우에도 자산 자체의 속성상 적극적 자산운용이 수반된다고 볼 수 있는 주식, 조합의 출자지분 등과 같은 자산을 취득하는 때에는 원칙적으로 자산의 보유 자체로서 소극적 자산운용의 속성에 반한다고 볼 여지가 있을 것이다. 다만, 현행법상으로는 종국적으로 집합투자에 해당되는지 여부는 실제로 자산의 운용 단계에서도 적극적 자산운용을 하여 투자자에 대한 '운용실적의 배분'이 이루어지는지를 살펴보고 판단하여야 할 것이다.

(3) 결 론

자산유동화법에 의한 등록유동화의 경우 발행되는 증권의 유형과 그 증권에 대한 배분의 기초가 되는 자산운용의 속성에 따라 집합투자의 정의에 속하는 거래도 있을 수 있고, 그렇지 아니한 거래도 있을 수 있다. 자본시장법 제6조 제5항 제2호의 규정은 자산유동화거래가 집합투자의 정의에 속하는지 여부를 가리지 않고 일괄하여 집합투자 규제로

205) Kravitt·Mayer Brown(2016), p. 12-23; Rule 3a-7 Adopting Release, Pt. Ⅱ. A. 2(i).
206) SEC Rule 3a-7 (b)(1).
207) Kravitt·Mayer Brown (2016), pp. 12-22.
208) 藤瀨裕司(2009), 50쪽.

[표 9-6] 비등록유동화와 집합투자의 구분

투자 수단	운용·배분의 속성	집합투자 해당 여부
출자지분	적극적 자산운용에 의존하는 배분	해당됨. (단, 운용실적을 분배받는 출자지분권자가 1인인 경우에는 해당 안 됨.)
	'소극적 자산운용'+'(확정수익을 지급하는 증권의 상환완료 후) 잔여재산 처분에 의한 배분'	해당 여지 있음. (단, 운용실적을 분배 받는 출자지분권자가 1인인 경우에는 해당 안 됨.)
확정수익을 지급하는 증권	적극적 자산운용에 의존하는 배분	명확하지 아니하나, 해당 여지 있음.
	소극적 자산운용에 의존하는 배분	해당 안 됨.

부터 면제시켜 주는 규정으로서 일종의 안전항(safe harbor) 조항으로 기능한다. 한편, 비등록유동화거래의 경우에는 자산운용의 실적이 분배되는 출자지분권자가 2인 이상인 경우에는 집합투자에 해당된다. 출자지분권자가 1인인 경우로서 확정수익권증권에 의해 투자가 이루어지고 소극적 자산운용이 있는 경우에는 집합투자에 해당되지 아니한다. 다만, 위에서 본 바와 같이 확정수익을 지급하는 증권에 의하여 투자가 이루어지더라도 적극적 자산운용이 있는 경우에는 예외적으로 집합투자에 해당되는 경우가 있을 수 있다. 비등록유동화와 집합투자의 구분 기준에 관한 이상의 논의를 정리·요약하면 [표 9-6]과 같다. 앞으로 자본시장법상 집합투자의 규제 대상에서 제외되는 자산유동화의 개념과 조건에 관하여 법령에 의해 명확한 기준을 제시함으로써 자산유동화 및 집합투자에 대한 규제 체계를 정비할 필요가 있다.

제 4 절 자산유동화에 대한 공시

I. 자본시장법상의 공시 규제

1. 발행시장 공시

등록유동화이든 비등록유동화이든, 유동화증권을 공모 발행하려고 하는 유동화회사는 자본시장법에 따라 증권신고서 등을 금융위원회에 제출하여야 한다(동법 제119조 제1항, 동법시행령 제128조 제1항).

과거 비등록유동화의 경우 대부분 기업어음(CP)을 사모 발행하였기 때문에 증권시장에 그 발행 내역과 규모가 제대로 알려지지 않는 문제가 있었다. 감독당국은 단기자금시장의 투명성을 제고하고 회사채와의 규제차익을 방지하기 위한 목적으로 「증권의 발행 및 공시 등에 관한 규정」(이하, "증권발행공시규정")을 개정하여 2013. 5. 6.부터 CP에 대한 공시규제를 강화하였다. 이에 의하면, ① CP가 50매 이상으로 발행되는 경우, ② CP의 만기가 365일 이상인 경우 또는 ③ CP가 특정금전신탁에 편입되는 경우, CP 발행은 모집으로 간주되어 증권신고서를 제출하여야 한다(자본시장법시행령 제11조 제3항, 증권발행공시규정 제2-2조 제1항 제5호).

(1) 등록유동화

등록유동화의 경우 증권신고서에 기재할 사항은 모집·매출에 관한 사항, 발행인·자산보유자 및 유동화자산에 관한 사항, 자산유동화계획에 관한 사항, 신용보강·자산실사 및 자산유동화계획에 참여하는 기관에 관한 사항, 전문가의 검토의견, 그 밖에 투자자보호에 필요한 사항 등이고, 첨부서류는 정관, 증권발행에 관한 회사의 내부결의 서류, 증권인수계약서, 자산관리위탁계약서 사본, 업무위탁계약서사본, 외부평가기관의 평가의견서, 자산실사보고서, 예비·간이투자설명서 등이다(자본시장법 제119조 제7항, 자본시장법시행령 제128조, 증권발행공시규정 제2-8조).

(2) 비등록유동화

증권발행공시규정의 개정에 따라 2013. 5. 6.부터 자산유동화법에 의한 유동화전문회사 또는 신탁업자가 아닌 회사, 그 밖의 특수목적기구가 자산유동화에 준하는 업무를 하여 증권을 공모 발행하거나 동법에서 정한 방법 이외의 방법에 따라 유동화자산을 기초로 증권을 공모 발행하고자 하는 경우, 등록유동화에 관한 자본시장법시행령 제128조 및 증권발행공시규정 제2-8조의 규정이 준용된다(증권발행공시규정 제2-8조의2). 이에 따라 발행시장 공시의 내용에 있어서 비등록유동화는 등록유동화와 별다른 차이가 없게 되었다.

2. 유통시장 공시

(1) 등록유동화

등록유동화에 의하여 무보증사채(담보부사채 제외) 등 일정한 유형의 증권을 공모 발행 또는 상장한 유동화회사는 유통시장 공시로서 사업보고서, 반기보고서 및 분기보고서를 금융위원회에 제출하여야 한다(자본시장법 제159조, 제160조, 동법시행령 제167조). 위 사업보고서 등에는 자산유동화거래에 특유한 사항, 즉 유동화회사에 관한 사항, 자산관리자 및 자산의 관리방법, 자산유동화계획의 추진실적, 그 밖에 투자자 보호를 위하여 필요한 사항 등을 기재하여야 하고, 회계감사인의 감사보고서 등을 첨부하여야 한다(증권발행공시규정 제4-3조 제4항, 제5항).

(2) 비등록유동화

비등록유동화에 의하여 무보증사채(담보부사채 제외) 등 일정한 유형의 증권을 공모 발행 또는 상장한 유동화회사도 자본시장법에 따른 사업보고서 제출 등 유통시장 공시규제를 받는다(자본시장법 제159조, 제160조, 동법시행령 제167조). 그런데, 비등록유동화의 유통시장 공시에 있어서는, 등록유동화의 경우와는 달리 등록유동화에 대한 유통시장 공시에서 요구되고 있는 '자산유동화거래 특유의 사항'은 공시 대상에 포함되어 있지 않다.

Ⅱ. 자산유동화법에 의한 공시

1. 자산유동화계획 및 자산양도등록: 등록유동화

자산유동화법에 의한 자산유동화의 경우에는, 공모 발행인지 여부에 관계없이, 금융감독원에 자산유동화계획등록과 자산양도등록을 하여야 하고(동법 제3조, 제6조), 그 등록내용은 금융감독원의 전자공시시스템(dart.fss.or.kr)을 통하여 투자자들에게 공시된다. 자산유동화계획등록은 유동화전문회사등이 해야 하고(법 제3조 제1항), 자산양도등록은 최초 자산유동화 단계에서는 자산보유자가 해야 한다(동 제6조 제1항). 자산양도등록과 관련하여 등록신청서 또는 자산양도계약서를 허위로 작성한 자는 형사처벌 대상이다(법 제39조 제1호, 제6조 제3항). 신탁업자, 자산관리자 및 업무수탁자는 유동화자산의 명세와 그 현황에 관한 서류를 작성, 비치하고 유동화증권의 투자자가 이를 열람할 수 있게 하여야 하고(동법 제9조 제2항), 그 서류를 허위로 작성하거나 열람에 제공하지 아니한 자는 형사처벌 대상이 된다(동법 제39조 제2호).

2. 유동화증권의 발행내역 등 공개: 등록유동화 및 비등록유동화

2024년 개정법은 등록유동화의 유동화전문회사등과 비등록유동화회사가 유동화증권을 발행한 경우, 대통령령으로 정하는 바에 따라 (i) 유동화증권의 종류·총액·발행조건 등 발행내역, (ii) 유동화자산, 자산보유자 등 유동화 관련 정보, (iii) 법 제33조의3(유동화증권의 의무 보유)에 따른 유동화증권의 보유내역과 (iv) 그 밖에 유동화증권의 발행에 관한 사항으로서 대통령령으로 정하는 사항[209]을 한국예탁결제원의 인터넷 홈페이지{'유동화증권 정보수집시스템(e-SAFE)}'를 통하여 공개하도록 하였다(법 제33조의2, 시행령 제5조의3). 유동화증권을 발행한 경우에는 지체 없이 공개하여야 하고, 유동화증권의 발행내역등을 변경하거나 유동화증권의 상환을 전부 완료한 경우에는 변경일 또는 상환완료일부터 10영업일 이내에 공개하여야 한다(시행령 제5조의3 제1항 제1호). 법 제33조의2에 따른 발행내역 등 공개 의무의 적용대상이 되는 등록유동화의 유동화전문회사등 및 비등록유동화회사의 범위는 법 제33조의3에 따른 의무보유 규제의 적용 대상(☞ 제2절 Ⅳ. 5. (3) 적용대상인 자산유동화거래)과 동일하다(부칙 제4조). 다만, 발행내역 등 공개의무에 대하여는 법 제33조의3에 따른 의무보유에 대한 예외(☞ [표 9-5])는 적용되지 않는다.

3. 중요사항에 대한 수시공시: 등록유동화

유동화전문회사등은 (i) 유동화전문회사의 해산사유, (ii) 자산보유자의 파산, (iii) 그 밖에 투자자 보호를 위하여 대통령령 및 금융위원회의 고시로 정한 중대한 사유가 있는 경우 지체 없이 그 사실을 금융위원회에 보고하여야 하고, 금융위원회는 그 내용을 공시하여야 한다(법 제35조의2, 시행령 제5조의6, 자산유동화업무감독규정 제19조). 위 보고 및 공시에 관한 내용은 자산유동화업무감독규정에 규정되어 있었는데, 2024년 개정법에 의하여 그 대부분의 내용을 법 및 시행령으로 옮김으로써 규정 체계를 개편한 것이다.

---

209) 시행령 제5조의3(유동화증권의 발행내역 등 공개) ② 법 제33조의2 제4호에서 "대통령령으로 정하는 사항"이란 다음 각 호의 사항을 말한다.
1. 유동화전문회사등의 명칭,
2. 법 제10조 제1항에 따라 유동화자산의 관리를 위탁받은 자와 위탁업무,
3. 법 제23조 제1항에 따라 업무를 위탁받은 자와 위탁업무,
4. 유동화증권에 대한 신용보강 내역 및 유동화증권의 신용평가등급,
5. 그 밖에 유동화증권의 발행에 관한 사항으로서 금융위원회가 정하여 고시하는 사항

Ⅲ. 공시규제의 개선 방향

1. 유통시장 공시

미국에서는 2005년 말경부터 자산유동화증권(asset-backed securities)에 관한 증권법(Securities Act of 1933)의 발행시장 공시와 증권거래소법(Securities Exchange Act of 1934)의 유통시장 공시에 대하여는 Regulation AB를 제정하여 적용해 오고 있다.[210] Regulation AB는 발행시장 공시 외에도 (i) 유통시장 공시에는 자산의 위험에 관한 공시가 충실히 되도록 '자산 풀(pool)'에 관한 정보와 '금전 분배'에 관한 정보를 포함시키도록 하고 있고, (ii) 원칙적으로 특별목적회사에 해당 자산을 처분하는 자(depositor)"[211]를 공시주체로 정함으로써[212] 유동화자산을 가장 잘 파악하고 있는 자가 공시의무를 부담하도록 하고 있다.[213] 일본의 경우에도 발행시장 공시의 경우에는 「금융상품거래법(金融商品取引法)」에 자산의 운용이 투자판단에 중요한 '자산금융형 증권'의 개념을 도입하고 증권신고서에 포함될 내용에 관한 특칙을 두고 있다(동법 제5조 제1항, 동법시행령 제2조의13). 아울러 유통시장에서의 계속 공시의무와 관련하여, 위 자산금융형 증권의 발행자는 유가증권보고서(자본시장법상의 사업보고서에 해당)에 해당 자산의 운용 및 내용 등에 관한 중요 사항을 포함시키도록 하고 있다(동법 제24조 제5항, 제1항).

우리나라의 경우에도 등록유동화 및 비등록유동화에 대한 유통시장 공시 규제를 보다 체계적으로 정비하여 자산의 위험에 관하여 보다 충실한 공시가 되도록 할 필요가 있다. 이에 관하여는, 빈번하게 유동화 되는 자산군을 설정하고 자산별로 위험요인이 보다 정확히 공시되도록 하는 방안, 지속적·반복적으로 이루어지는 유동화자산의 경우에는 과거의 자산 성과를 공시함으로써 향후의 유동화증권의 상환에 대한 예측 가능성을 제고하는 방안, 발행 후의 자산 성과의 공시 강화, 단순 구조의 자산유동화 상품과 복잡한 구조의 자산유동화 상품 간에 규제 및 공시를 이원화하는 방안, 비등록유동화의 경우에도 등록유동화에 준하는 공시를 하도록 하는 방안 등의 도입을 검토할 필요가 있다는 견해가 있다.[214] 위에서 본 바와 같이 2024년 개정법 및 하위법규는 등록유동화뿐만 아니라 비등록유동화에 관하여도 '유동화증권의 발행내역 등'에 관한 공개 의무를 부과하고 있는바

210) Regulation AB에 관한 상세한 내용은 김연미(2007), 188-193쪽.
211) Regulation AB § 229.1101(e). 김연미(2007), 189쪽.
212) Securities Act of 1933 Rule 191(17 CFR 230.191).
213) 김연미(2007), 180-190쪽; 川北英隆(2012), 255, 261쪽(桑木小惠子 집필).
214) 김필규·김현숙(2019), 111-112쪽.

(법 제33조의2), 앞으로 이 제도를 잘 활용하고 발전시키면 유동화거래에 관한 보다 충실한 공시제도로서 자리 잡을 수 있을 것이다.

2. 비등록유동화에 의한 사모 발행

등록유동화의 경우에는 사모 발행에 대하여도 자산유동화법에 의한 공시규제가 적용되고, 자산유동화업무감독규정에 의하여 유동화자산의 증빙서류에 대한 감독원장의 확인 절차를 거치거나 이에 갈음하여 유동화자산 양도등의 등록신청시 자산실사보고서를 제출하도록 하고 있다.[215] 비등록유동화에 관하여도, 등록유동화에 준하여 유동화자산의 증빙서류에 대한 확인 절차 또는 유동화자산에 관한 자산실사를 거치도록 법에 명시적으로 규정하는 방안을 고려해 볼 수 있다.

3. 공시 주체와 부실공시에 따른 책임

자본시장법에서는 구 증권거래법과 마찬가지로 발행인인 법인의 대표이사 및 그 제출 업무를 담당하는 이사에 대하여 발행인을 대표하여 증권신고서와 사업보고서의 주요사항에 관하여 확인·검토 하고 그에 서명할 의무를 부과하고 있다(동법 제119조 제5항, 제159조 제7항). 그런데, 자산유동화법에 의하면 유동화전문회사의 업무 중 자산관리업무는 자산관리자에게, 나머지 업무는 매우 제한된 일부 업무(사원총회의 결의에 속하는 사항과 이사의 회사대표권과 감사의 권한에 속하는 사항)를 제외하고는 모두 업무수탁자에게 위탁하도록 하고 있다(동법 제11조, 제23조). 따라서 유동화전문회사의 이사가 독자적으로 행해야 하는 업무는 사실상 거의 없다고 볼 수 있고 현재 실무상 유동화전문회사의 이사에게는 보수도 지급하지 않는다. 이러한 유동화전문회사의 이사에 대하여 증권신고서에 관하여 일반 사업회사의 이사와 같이 위 확인·검토 및 서명 의무를 부과하는 것은 불합리한 점이 있는 것으로 생각된다.[216]

215) 자산유동화업무감독규정에 의하면, 자산보유자 또는 유동화전문회사등이 자산양도 등의 등록신청시 유동화자산에 관한 증빙서류에 대하여 금융감독원장의 확인을 받아야 하고, 금융감독원장은 제출된 증빙서류의 원본에 대하여 확인을 하고 양도 대상자산의 종류별 세부명세와 대조한 후 이상이 없는 경우 그 등록사실의 확인과 함께 위 원본을 제출인에게 반환하도록 되어 있다(동 규정 제11조). 다만, 자산보유자 또는 유동화전문회사등이 양도 대상자산에 대하여 외부평가기관의 실사를 받은 후 그 실사결과에 대한 외부평가기관의 자산실사보고서를 자산양도등록신청서와 함께 제출하는 경우에는 위 증빙서류 확인절차를 생략할 수 있다(동 규정 제12조). 실무상 일반적으로 외부평가기관에 의한 자산실사보고서를 이용한다.

216) 김연미(2007), 194쪽(또한, 정보 작성에 있어서 우월적 지위를 가진다고 보기 어려운 업무수탁자

자본시장법상 증권신고서나 사업보고서 중 중요사항에 관하여 부실공시가 있더라도 배상의 책임을 질 자가 상당한 주의를 하였음에도 불구하고 이를 알 수 없었음을 증명한 경우에는 손해배상 책임을 지지 않는다(동법 제125조 및 제 162조 제1항). 유동화전문회사의 이사에 관하여는, 위 "상당한 주의"에 기한 면책 요건을 해석함에 있어서 사업회사의 이사보다 훨씬 낮은 수준의 주의 의무를 적용하여야 할 것으로 생각된다. 유동화전문회사의 성격 및 거래참여자들의 업무분장을 고려하여, 유동화전문회사를 위해 공시의무를 이행할 주체와 부실공시에 따라 책임을 질 자에 관한 법 규정을 정비할 필요가 있다.[217] 우선은 미국 SEC의 Regulation AB를 참고하여, 등록유동화이건 비등록유동화이건 증권신고서나 사업보고서에 포함되는 자산의 내역에 관한 공시 부분은 자산보유자(자산유동화거래 당시 자산 내역의 경우) 또는 자산관리자(자산관리에 따른 유동화자산의 변동 내역)가 공시 주체로서 공시 내용을 확인·검토 및 서명할 의무를 부과하여 부실공시에 따른 책임도 지게 하고 유동화전문회사의 이사는 악의나 중과실이 있는 예외적인 경우에 한하여 책임을 지도록 하는 방안을 고려해 볼 수 있을 것이다.

를 일반 기업의 대표이사나 공시담당 이사와 동일한 책임 주체로 내세우는 것도 타당하지 않다고 한다).

217) 김연미(2007), 194-195쪽.

참고문헌

강희철·장우진·윤희웅(2003) 강희철·장우진·윤희웅, "자산유동화법에 의한 자산유동화의 한계와 이를 극복하기 위한 수단으로서의 비정형유동화에 관한 고찰", 증권법연구 제4권 제1호(한국증권법학회, 2003)

금융감독원(2013) 금융감독원, 자산유동화 실무안내(2013. 12.)

금융감독원(2023) 금융감독원, 자산유동화 실무안내(2023. 12.)

김건식·정순섭(2023) 김건식·정순섭, 자본시장법(제4판)(박영사, 2023)

김경무(2014) 한국기업평가(김경무 편), ABS의 이해와 신용평가(새로운 제안, 2014)

김연미(2007) 김연미, "유동화증권에 있어 계속적인 공시에 관한 연구", 증권법연구 제8권 제1호(한국증권법학회, 2007)

김연미(2009) 김연미, "유동화전문회사(SPC)의 법리", 박준·정순섭 편, 자산유동화의 현상과 과제(제1권)(소화, 2009)

김연미(2011) 김연미, "증권발행 규제에 있어 거래통합에 관한 연구—미국의 거래통합원칙과 우리나라에 대한 시사점—", 증권법연구 제12권 제3호(한국증권법학회, 2011)

김연미(2014) 김연미, "유동화회사의 인식의 귀속문제—대법원 2011. 4. 28. 선고 2009다47791 판결—", 상사법연구 제32권 제4호(한국상사법학회, 2014)

김용호·이선지(2009) 김용호·이선지, "자산유동화거래의 법적 과제", 박준·정순섭 편, 자산유동화의 현상과 과제(제1권)(소화, 2009)

김용호·이선지·유이환(2009) 김용호·이선지·유이환, "비등록유동화거래의 실태와 법적 문제", 박준·정순섭 편, 자산유동화의 현상과 과제(제1권)(소화, 2009)

김종각(2023) 김종각, "2023년 유동화증권 발행시장 분석", Issue Report(한국기업평가, 2024. 1. 30.)

김철배 외(2005) 법령제정 실무작업반(김철배 외 7인), 간접투자자산운용업법해설(박영사, 2005)

김필규·김현숙(2019) 김필규·김현숙, "주요국 자산유동화 규제체계 변화와 시사점"(자본시장연구원, 2019. 1.)

박준(2008) 박준, "서브프라임 대출관련 금융위기의 원인과 금융법의 새로운 방향 모색", 국제거래법연구 제17집 제2호(국제거래법학회, 2008. 12.)

박준(2014) 박준, "1997년 경제위기와 IMF 구제금융이 금융법에 미친 영향", 서울대학교 법학 제55권 제1호(서울대학교 법학연구소, 2014. 3.)

박준 외 좌담회(2009) 박준·김용호·이미현·정순섭·황호석, "자산유동화 10년의 회고와 전망", 박준·정순섭 편, 자산유동화의 현상과 과제(제1권)(소화, 2009)

박훤일(2009) 박훤일, "자산유동화에 의한 금융위기의 극복과 시사점", 정동윤 선생 고희기념논문

집(법문사, 2009)

안수현(2010) 안수현, “자산담보부기업어음(ABCP)에 관한 법제도적 문제”, 한양법학 제21권 제1집(통권 제29집)(한양법학회, 2010. 2.)

양승용(2020) 양승용, “2019년 ABS 발행시장 분석”, Issue Report(한국기업평가, 2020. 1. 23.)

양창수(2003) 양창수, “장래채권의 양도”, 민법연구(제7권)(박영사, 2003)

온주 자산유동화법 온주 자산유동화에 관한 법률(로앤비)

온주 자본시장법 온주 자본시장법(로앤비)

이미현(2003) 이미현, “자산유동화와 진정한 매매(True Sale)”, 법조 통권 제565호(법조협회, 2003. 10.)

이선지(2024) 이선지, “개정 자산유동화법의 주요 내용과 쟁점”, BFL 제125호(서울대학교 금융법센터, 2024. 5.)

자산유동화실무연구회(1999) 자산유동화실무연구회, 금융혁명 ABS — 자산유동화의 구조와 실무(한국경제신문사, 1999)

조영희(2009) 조영희, “파산절연과 자산유동화에 관한 법률 제13조에 관한 소고”, 박준·정순섭 편, 자산유동화의 현상과 과제(제1권)(소화, 2009)

조영희(2013) 조영희, “보험회사에 관한 유동화거래의 유형과 특징”, 한기정 편, 보험법의 현대적 과제(소화, 2013)

한민(2014) 한민 “글로벌 금융위기 이후 자산유동화거래에 대한 법적 규제와 개선 방향”, 상사법연구 제32권 제4호(한국상사법학회, 2014)

한민(2015) 한민, “신탁제도 개혁과 자산유동화”, 정순섭·노혁준 편, 신탁법의 쟁점(제2권)(소화, 2015)

한민·박종현(2006) 한민·박종현, “신탁과 도산법 문제”, BFL 제17호(서울대학교 금융법센터, 2006. 5.)

Fuller(2012) Geoffrey Fuller, The Law and Finance of International Capital Market (3rd ed.) (LexisNexis Butterworths, 2012)

Investment Company Release(1992) Exclusion from the Definition of Investment Company for Structured Financings, Investment Company Release No. 19105 (Nov. 19. 1992) (57 FR 56248 (Nov. 27, 1992))

Kravitt·Mayer Brown(2016) Jason H.P. Kravitt·Mayer Brown LLP (eds.), Securitization of Financial Assets (3rd ed.), Vol. 1 (Wolters Kluwer, 2016)

Lupica(1998) Lois R. Lupica, “Asset Securitization: The Unsecured Creditor's Perspective”, Texas Law Review (February, 1998)

Munoz(2010) David Ramos Munoz, The Law of Transnational Securitization (Oxford, 2010)

Schwarcz(2012) Steven L. Schwarcz, “What Is Securitization? And For What Purpose?”, Southern California Law Review (July, 2012)

高橋正彦(2009) 高橋正彦, 證券化の法と經濟學(增補新版) (NTT出版, 2009)

藤瀨裕司(2009) 藤瀨裕司, 證券化ウィークルの法務と實務 (日本經濟出版社, 2009)

川北英隆(2012) 川北英隆(編), 證券化 (金融財政事情研究會, 2012)

山本和彦(2014) 山本和彦, "證券化のスキームにおけるSPVの倒産手續防止措置", 山本和彦, 倒産法制の現代的課題 (有斐閣, 2014)[218]

西村總合法律事務所(2003) 西村總合法律事務所(編), ファイナンス法大全(下) (商事法務, 2003)

西村あさひ法律事務所(2023) 西村あさひ法律事務所(編), 資産·債權の流動化·證券化(第4版) (金融財政事情研究會, 2023)

小林秀之(2010) 小林秀之(編), 資産流動化·證券化の再構築 (日本評論社, 2010)

長崎幸太郎·額田雄一郎(2009) 長崎幸太郎·額田雄一郎(編), 逐條解說 資産流動化法(改正版) (金融財政事情研究會, 2009)

218) 동일한 내용의 논문이 德岡卓樹·野田博, 企業金融手法の多様化と法(ビジネス法務大系)(日本評論社, 2008), 35-59쪽에도 실려있다.

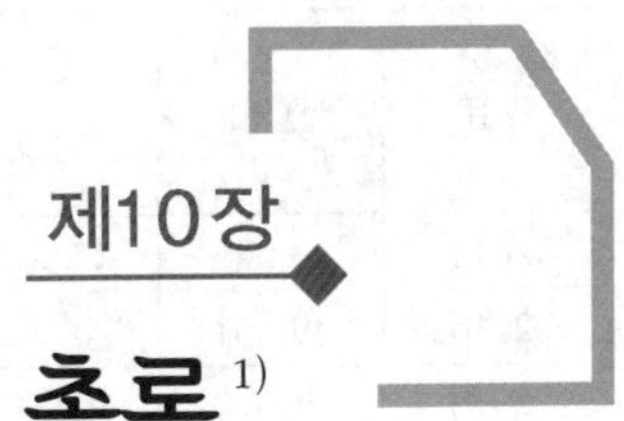

제10장

파생상품거래 총론[1)]

제 1 절 파생상품거래[2)]의 구조와 동기

Ⅰ. 총 설

세계은행과 IBM 간의 통화스왑거래가 행하여진 1981년 이후 거의 40년이 지나는 사이에 파생상품시장이 비약적으로 성장하였고, 국내에서도 파생상품거래가 큰 규모로 이루어지고 있다([표 10-1], [표 10-2]). 파생상품거래의 역사가 길지 않고, 새로운 파생상품이 속속 개발되고 있어서, 파생상품거래를 둘러싼 각종 법적인 쟁점에 대한 연구 역시 현재 진행형이라고 할 수 있다. 파생상품거래의 법적인 취급은 대체로 규제적인 면과 계약상의 권리의무의 양면에서 접근하여 볼 수 있다. 자본시장법의 제정으로 규제의 기본적인 골격은 잡혀 있다고 하겠으나, 세부적인 면에서는 아직 논의의 여지가 있는 부분들이 있다. 계약상의 권리의무는 기본적으로 관련 계약의 구체적인 조건에 따라 결정된다는 점에서 당사자들의 의사를 어떻게 구체적으로 명확하게 계약에 반영할 것인가가 매우 중요하다. 신의칙상의 의무 등 계약에 명시되지 않은 권리의무에 대한 법리는 판례를 통하여 구

---

1) 제10장은 박준(2012), 15-87쪽을 수정, 보완한 것이다.

2) 파생(derivatives), 파생금융(financial derivatives), 파생상품(derivative products), 파생금융상품(financial derivative products) 등의 용어가 사용되고 있으나 의미상 별 차이가 없다. 이 책에서는 자본시장법에서 파생상품이라는 용어를 사용하고 대부분의 다른 법령도 자본시장법의 용어를 사용하고 있으므로 파생상품거래라는 용어를 사용하기로 한다.

3) 집계대상은 은행, 증권, 보험, 종금, 카드, 선물 및 자산운용사.

[표 10-1] 상품별·금융회사[3] 권역별 파생상품(장내·장외 포함) 거래규모 (단위: 조원)

구분	전 체	주식		이자율		통화		신용	상품 기타
			주식옵션 (장내)		이자율 선물		통화선도		
2014	43,645	27,562	25,444	7,140	4,816	8,888	7,820	22	31
2016	39,651	20,392	18,259	8,704	6,083	10,496	9,273	25	33
2018	41,670	19,609	16,171	8,803	5,310	13,172	11,843	28	56
2020	38,004	14,417	12,016	9,333	5,806	14,106	12,530	22	124
2022	46,514	15,326	13,227	12,809	5,599	18,180	15,754	48	151
은행	19,497	403	350	4,846	843	14,219	13,321	13	14
증권	22,380	12,041	10,475	7,606	4,450	2,582	1,214	34	116
보험	330	36	0	109	63	184	121	0	0
신탁	1,878	467	34	206	205	1,183	1,096	0	20
기타	2,426	2,378	2,367	38	37	105	0	0	0

출처: 금융감독원 보도자료.

[표 10-2] 금융회사의 장내·장외 별 파생상품 거래규모 및 거래잔액

(단위: 조원, 거래규모: 누적, 거래잔액: 연말)

구분	거래규모			거래잔액		
	전체	장내	장외	전체	장내	장외
2014	43,645	32,873	10,771	7,465	92	7,372
2016	39,651	27,007	12,643	7,364	127	7,237
2018	41,670	25,366	16,304	9,467	188	9,279
2020	38,004	20,985	17,019	10,090	155	9,935
2022	46,514	21,978	24,548	12,407	196	12,210

출처: 금융감독원 보도자료.

체화될 것이다. 아직 이 부분에 대한 법적 불확실성이 높은 상태라고 할 수 있다. 아울러, 파생상품거래를 통하여 추구하고자 하는 목적에 따라서는 거래의 형식에 구애받지 않고 경제적 실질에 기초하여 그 거래의 법적인 성격이 재조명될 수 있다는 점에 유의하여야 한다. 세상의 모든 거래를 파생상품거래의 형식으로 바꾸어 놓을 수 있으므로 법령상의 제한을 회피하기 위한 파생상품거래는 탈법행위에 해당할 수도 있다. 실제 거래 시에는 법적인 문제를 다각도로 면밀하게 검토할 필요가 있다.

Ⅱ. 파생상품거래의 기본 유형

1. 개 설

자본시장법 제5조의 파생상품 정의에서 분류하고 있듯이 파생상품거래는 통상 옵션거래(option), 선도거래(forward), 스왑거래(swap)로 나누어 볼 수 있다.[4] 금융시장에서 개발되는 새로운 파생상품은 모두 위의 3가지 유형의 거래의 하나에 속하거나 이를 결합한 것이라고 할 수 있다. 또한 경제적 효과의 면에서는 모든 파생상품거래를 선도거래와 옵션거래의 결합 또는 궁극적으로는 각종 옵션의 결합으로 인수 분해할 수 있겠으나, 법적으로는 선도거래와 스왑거래는 예약완결권 내지는 선택권의 행사(optionality)가 없다는 점에서 옵션거래의 결합과 반드시 동일하다고 하기는 어렵다. 장내선물거래(futures)는 선도거래의 성격을 가진다.

2. 옵션거래(option)

(1) 개 념

옵션거래는 옵션의무자가 옵션권리자에게 옵션권리자의 의사표시에 의하여 일정한 기초자산을 매도 또는 매수하는 거래 또는 기초자산의 가격·이자율·지표·단위 또는 이를 기초로 하는 지수 등에 의하여 산출된 금액을 수령하는 거래를 성립시킬 수 있는 권리를 부여하는 계약이다. 옵션의무자는 권리를 부여하는 대가로 옵션권리자로부터 옵션수수료(fee 또는 premium)를 수령한다.

(2) 종 류

가. 옵션에는 기본적으로 매도옵션(put option)과 매수옵션(call option)이 있다.

나. 옵션행사기간에 따라 옵션 만기 시까지 언제든지 옵션을 행사할 수 있는 미국식옵션(American option), 옵션 만기 시에만 옵션을 행사할 수 있는 유럽식옵션(European option) 및 옵션 만기 이전에 미리 정한 시점에 한해서 옵션을 행사할 수 있는 버뮤다옵션(Bermuda option)으로 나눌 수 있다.

---

4) 자본시장법 제5조는 옵션(제2호), 선도(제1호), 스왑(제3호) 이외에 제4호로 "제1호부터 제3호까지의 규정에 따른 계약과 유사한 것으로서 대통령령으로 정하는 계약"을 파생상품의 유형으로 열거하고 있으나 아직 대통령령으로 정한 것은 없다.

다. 옵션 행사시 옵션의무자가 지는 의무의 내용 또는 의무이행 방식에 따라 현물인도(=실물결제, physical delivery) 방식과 차액정산(=현금결제, cash settlement) 방식으로 나눌 수 있다.

라. 그 밖에도 옵션의무자의 의무의 내용에 일정한 조건을 붙여 다양한 형태의 옵션거래(bull spread, bear spread, straddle, digital option 등)가 행하여질 수 있다

(3) 법적 성격

옵션의 행사로 매매계약이 체결되는 경우 옵션권리자는 매매계약의 예약완결권을 가진다고 할 수 있다. 옵션의 행사로 옵션권리자가 옵션의무자에 대하여 일정한 금액의 지급청구권을 취득하는 차액정산형 옵션은 그 지급청구권을 발생시킬 수 있는 형성권을 부여하는 계약이다.

옵션권리자의 선택권(optionality)이 있어야 옵션이라고 할 수 있으므로, 거래 문서에 옵션이라는 표현을 사용하였어도 기한의 도래 또는 조건의 성취에 따라 옵션이 행사되어 매매가 성립하는 것으로 계약을 체결하였다면, 그것은 옵션이 아니라 기한부 또는 조건부 매매계약으로 보아야 한다.[5]

3. 선도거래(forward)

(1) 개 념

선도거래의 매도자는 미래의 일정한 시점[6]에 기초자산을 약정된 가격(forward price)으로 매도할 의무를 부담하고, 매수자는 매입할 의무를 부담한다. 즉 계약 체결시 계약의 조건을 확정하여 놓지만, 그 이행은 장래의 일정한 시점에 행하는 것이다.

---

5) 대법원 2003. 5. 16. 선고 2000다54659 판결이 다룬 사례를 들 수 있다. 이 사례에서 센테니얼은 1997. 4. 9. 대농중공업의 신주를 인수하기로 하는 주식인수계약을 체결함과 아울러 대농 및 미도파가 센테니얼에게 대농중공업주식에 대한 풋옵션을 부여하는 계약(Share Purchase Agreement)을 체결하였다. 풋옵션은 2000. 4. 10. 자동 행사되는 것으로 간주하되, 대농중공업, 대농 또는 미도파에 대하여 해산, 파산, 회사정리 등 절차가 개시될 경우 센테니얼이 보유한 풋옵션은 특별한 의사표시 없이 그 사실이 가장 먼저 발생한 날의 전날에 행사된 것으로 간주되고, 이와 같이 풋옵션이 행사될 경우 대농과 미도파는 연대하여 이 사건 주식을 매입하여야 할 의무가 있도록 하였고 매입가격도 정해 놓았다.

6) 외국환거래규정은 매매계약일의 제3영업일 이후 장래의 약정한 시기에 결제가 이루어지는 것을 "선물환거래"(=선도거래)로 그 전에 이루어지는 것을 현물환거래(spot transaction)로 구분하였다(제1-2조 제11호).

(2) 법적 성격

선도거래의 대상이 일정한 재산권(예: 주식)이고, 장래 일정한 시점에 현물인도 방식으로 결제하기로 한 경우에는 선도거래는 매매계약의 성질을 가진다. 그러나 선도거래의 대상이 일정한 재산권인 경우에도 차액정산 방식(선도거래에서 미리 합의한 선도가격과 계약이행일 현재의 그 목적물의 시가의 차액을 결제하는 방식[7])의 선도거래는 대상물건의 인도가 없다는 점에서 매매라고 할 수는 없을 것이고 비전형계약에 속한다. 선도거래의 대상이 일정한 재산권이 아닌 경우(예: 주가지수를 기초자산으로 하는 선도거래)에는 항상 차액정산을 할 수밖에 없으므로 이러한 선도거래 역시 비전형계약에 속한다.[8]

(3) 선도거래와 2개의 옵션거래의 결합

선도거래는 경제적으로는 동일한 행사가격(strike price)으로 행사할 수 있는 2개의 옵션 즉 매도옵션(put option)과 매수옵션(call option)이 결합되어 있는 것으로 설명할 수 있다. 선도거래의 매도자(A)는 장래 일정한 시점에 기초자산을 약정된 가격(P)으로 매도할 의무를 부담하고, 매수자(B)는 매입할 의무를 부담한다. 이러한 A의 지위를, P를 행사가격으로 하여 일정한 시점에 기초자산을 매도할 수 있는 옵션(put option)을 D로부터 매입함과 동시에 일정한 시점에 기초자산을 매수할 수 있는 옵션(call option)을 D에게 매도한 C와 비교해 보자. C는 만기일에 기초자산의 가격(spot price)이 행사가격(P)보다 높다면 그가 보유하는 매도옵션을 행사하지 않을 것이나, D는 보유하는 매수옵션을 행사할 것이다. 반대로, 만기일에 기초자산의 가격이 행사가격(P)보다 낮다면 D는 매수옵션을 행사하지 않을 것이나 C는 매도옵션을 행사할 것이다. 결국 기초자산의 가격이 어떻게 되든지, C와 D 두 당사자 중 어느 한 당사자는 옵션을 행사할 것이고 그 결과는 A와 B가 행한 선도거래와 경제적으로 차이가 없다. 법적으로는 선도계약의 경우에는 당사자의 선택권(optionality)이 없다는 점에서 두 개의 옵션계약을 체결한 경우와 구별된다. 그러나 각 당사자가 합리적으로 선택권을 행사한다면 두 거래가 실질적으로 차이가 없게 된다.

---

7) 계약이행일(예: 계약일 이후 6개월 되는 날) 현재의 목적물(예: A회사 주식 1주)의 시가(예: 1주당 12,000원)가 미리 합의한 선도가격(예: 1주당 1만원)보다 높은 경우에는 매도인이 그 차액(예: 1주당 2,000원)을 매수인에게 지급하고, 반대로 시가(예: 9,000원)가 선도가격(예: 1주당 1만원)보다 낮은 경우에는 매수인이 매도인에게 그 차액(예: 1,000원)을 지급하게 된다.

8) 본문에서 언급한 것은 KOSPI 200과 같은 다수의 주식이 포함된 지수를 전제로 한 설명이다. 물론 작은 수의 주식의 집합(basket)을 만들어 그 집합의 주가지수를 기초자산으로 선도거래를 하고 그 집합에 속하는 주식을 양도하는 방법으로 이행하는 것으로 선도거래 계약을 체결할 수도 있을 것이고 이러한 경우에는 물건의 인도를 전제로 한 매매계약이라고 할 수 있다.

4. 스왑거래(swap)

스왑거래는 장래의 일정기간 동안 미리 정한 가격으로 기초자산이나 기초자산의 가격·이자율·지표·단위 또는 이를 기초로 하는 지수 등에 의하여 산출된 금전 등을 교환할 것을 약정하는 계약이다. 스왑거래는 계약시 최초교환(initial exchange)을 수반할 수도 있고 최초교환이 없는 경우도 있다. 계약시 최초교환이 없는 경우에는 장래의 교환은 결국 일련의 선도거래가 결합된 것이라고 할 수 있다. 스왑거래에서도 매 기일마다 목적물의 인도 또는 통화의 지급을 상호 행하는 것(=현물인도)으로 합의할 수도 있고, 양 당사자의 인도 또는 지급의무를 특정한 통화로 환산하여 그 차액을 매 기일마다 정산하는 것(=차액정산)으로 합의할 수도 있다.[9)]

9) 대법원 1997. 6. 13. 선고 95누15476 판결은 스왑거래를 세법상 대출로 인정할 것인지 여부를 판단하면서 스왑거래에 대하여 다음과 같이 언급하였다. "국제금융거래에서 스왑거래라 함은 이른바 신종 파생금융상품의 하나로 외국환 거래에 있어서 환거래의 당사자가 미래의 이자율 또는 환율변동에서 오는 위험을 회피하기 위하여 채권이나 채무를 서로 교환하는 거래로서, 그 종류로는 크게 보아 이자율 변동으로 인한 고객의 위험을 회피하기 위하여 고객이 부담할 변동이자율에 의한 이자지급채무를 미리 약정된 시기에 고정이자율이나 다른 변동이자율에 따른 이자지급채무로 교환하여 부담하는 이자율스왑(Interest Rate Swap)과, 차입비용을 절감하고 구성통화의 다양화를 통한 환율변동의 위험을 회피하기 위하여 계약당사자간에 서로 다른 통화표시 원금과 이자를 미리 약정된 시기에 교환하여 부담하기로 하는 통화스왑(Currency Swap)이 있다. 이러한 스왑거래를 통하여 고객의 입장에서는 미래의 이자율이나 환율의 변동으로 인하여 입을 수 있는 불측의 손해를 방지할 수 있고, 은행의 입장에서는 고객의 위험을 인수하게 되지만 이자율 변동, 환율변동 등 제반 여건의 변화를 사전에 고려하여 계약조건을 정하고 은행 스스로도 위험을 방어하기 위한 수단으로 다시 다른 은행들과 2차 커버거래를 하거나 자체적으로 위험분산 대책을 강구하게 되는데, 국내에는 이러한 스왑거래에 따르는 외국환은행들의 위험을 흡수할 수 있는 금융시장의 여건이 형성되는 단계에 있어 주로 해외의 은행들과 커버거래를 하게 되며, 이러한 스왑거래과정을 통하여 은행은 일정한 이윤을 얻게 된다. 한편 외국은행 지점이 국내기업과 위와 같은 스왑거래를 할 때에는 거래목적에 따라 변형거래가 행하여지고 있는데, 이자율스왑의 변형에 해당하는 것으로는 이자율 스왑계약과 동시에 국내기업이 외국은행 지점으로부터 변동금리부 이자에 해당하는 이자금액을 선취하고 계약만기에 외국은행 지점은 고정금리에 해당하는 이자금액을 후취하는 형태의 거래가 있고, 통화스왑의 변형에 해당하는 것으로는 외국은행 지점이 국내기업이 부담하기로 하는 것보다 높은 고금리 통화의 원금을 지급하기로 하는 통화스왑계약을 체결함과 동시에 이자를 교환하여 기업이 정산이자 차액만큼 외화자금을 선취하고 계약만기에 원금을 계약시의 약정환율로 역교환하는 형태의 거래 등이 있고, 그 밖에도 여러 가지 모습의 변형된 스왑거래가 있으며 그 거래목적도 외국환거래에 있어서의 위험회피, 외화대부, 투기적 이익도모 등 다양하게 이루어지고 있다."

Ⅲ. 파생상품거래의 기타 분류

1. 기초자산에 따른 분류

파생상품거래상의 계약당사자의 기본적 권리의무(금전지급의무 또는 금전 이외의 재산교부의무)는 다른 자산이나 다른 경제적 위험을 기초로 결정된다는 점에서 "파생"상품거래로 불린다. 파생상품거래의 구체적인 내용은 거래의 기초가 되는 다른 자산이나 위험이 무엇인가에 따라 달라진다. 자본시장법은 파생상품의 기초가 되는 자산 또는 위험을 "기초자산"으로 정의하고, 다음과 같은 자산 또는 위험이 파생상품의 기초자산이 될 수 있음을 인정함으로써 금융시장에서 개발될 수 있는 거의 모든 파생상품이 자본시장법의 규율범위 내에 속하도록 하였다(자본시장법 제4조 제10항).

(i) 금융투자상품
(ii) 통화(외국통화 포함)
(iii) 일반상품(농산물·축산물·수산물·임산물·광산물·에너지에 속하는 물품 및 이 물품을 원료로 하여 제조하거나 가공한 물품, 그 밖에 이와 유사한 것)
(iv) 신용위험(당사자 또는 제삼자의 신용등급의 변동, 파산 또는 채무재조정 등으로 인한 신용의 변동)
(v) 그 밖에 자연적·환경적·경제적 현상 등에 속하는 위험으로서 합리적이고 적정한 방법에 의하여 가격·이자율·지표·단위의 산출이나 평가가 가능한 것

기초자산이 무엇인가에 따라 장외파생상품거래는 다음과 같이 분류할 수도 있다.

① 기초자산이 통화인 경우(Currency Derivatives): 통화옵션거래(Currency Option), 선물환거래(Forward Exchange) 즉 통화선도거래(Currency Forward), 통화스왑거래(Currency Swap) 등
② 기초자산이 이자율인 경우(Interest Rate Derivatives): 이자율옵션거래, 이자율선도거래, 이자율스왑거래 등
③ 기초자산이 주식 또는 주가지수인 경우(Equity Derivatives): 개별주식옵션, 개별주식선도, 주가지수옵션, 주가지수선도, 주식스왑 등 두 당사자 간의 계약과 주가·주가지수 연계증권(Equity Linked Securities 또는 Equity Linked Notes), 주가·주가지수 옵션증권(Equity Linked Warrant)
④ 기초자산이 신용위험인 경우(Credit Derivatives): 신용스왑(Credit Default Swap)과 신용

연계증권(Credit Linked Notes)[10]

⑤ 기초자산이 일반상품인 경우(Commodities Derivatives): 일반상품옵션, 일반상품선도, 일반상품스왑

⑥ 최근에는 기초자산이 날씨, 물가, 재해 위험 등으로 확대되고 있다.

⑦ 총수익스왑(Total Return Swap)의 기초자산은 주식, 채권, 대출, 부동산등 여러 종류가 있을 수 있으나 이들은 통상 모두 총수익스왑(Total Return Swap)으로 불린다.

2. 거래시장에 따른 분류

자본시장법상 파생상품은 시장(=한국거래소, 종전의 선물거래소 또는 이와 유사한 해외 파생상품시장)에서 거래되는 장내파생상품과 시장 밖에서 거래되는 장외파생상품(over-the-counter derivatives)으로 구별된다. 장내파생상품은 거래소에서 거래하기 쉽도록 표준화된 상품이지만,[11] 장외파생상품은 거래소 밖에서 두 당사자의 합의에 의하여 행하는 거래이므로 당사자의 필요에 따라 새로운 거래의 유형이 계속 새로 개발되고 있고, 계약의 내용도 다양하다. 이 책은 주로 장외파생상품거래에 관한 법적인 문제를 다룬다.

Ⅳ. 파생연계증권

증권 가운데도 "기초자산의 가격, 이자율, 지표, 단위 또는 이를 기초로 하는 지수등의 변동과 연계하여 미리 정하여진 방법에 따라 지급금액 또는 회수금액이 결정되는 권리가 표시된 증권"이 있다. 투자원본을 초과하여 추가로 지급할 의무가 없다는 점에서 증

10) 외국환거래규정 상 "신용파생결합증권"은 "자본시장법상의 증권 중, 신용사건 발생시 신용위험을 거래당사자의 일방에게 전가하는 신용연계채권(Credit Linked Note) 및 손실을 우선 부담(First to Default 또는 First Loss)시키는 합성담보부채권(Synthetic Collateralized Debt Obligations, Synthetic Collateralized Loan Obligations) 또는 이와 유사한 거래"로 정의되어 있다(제1-2조 제13-1호).

11) 아래 거래는 거래소에서 이루어지는 거래가 아니지만 자본시장법상 해외파생상품거래로서 장내파생상품으로 취급된다(동법시행령 제5조, 금융투자업규정 제1-3조).
1. 런던금속거래소의 규정에 따라 장외에서 이루어지는 금속거래
2. 런던귀금속시장협회의 규정에 따라 이루어지는 귀금속거래
3. 미국선물협회의 규정에 따라 장외에서 이루어지는 외국환거래
4. 선박운임선도거래업자협회의 규정에 따라 이루어지는 선박운임거래
5. 대륙간 거래소의 규정에 따라 장외에서 이루어지는 에너지거래
6. 일본 금융상품거래법에 따라 장외에서 이루어지는 외국환 거래
7. 유럽연합의 금융상품시장지침에 따라 장외에서 이루어지는 외국환거래
8. 영국 금융감독청의 업무행위감독기준에 따라 장외에서 이루어지는 외국환거래

권으로 분류되지만, 그 내용상으로는 파생상품거래를 증권화한 것이므로 실질적으로 파생상품거래의 범주에 속한다고 할 수 있다. 이 가운데 발행인이 원금지급의무를 지고 이자·수익에 해당하는 부분만 기초자산에 연계된 경우에는 채무증권으로 분류되고 원금부분까지 기초자산에 연계된 경우에는 파생결합증권으로 분류된다.

국내에서는 원금보장여부와 기초자산을 기준으로 파생상품이 내재된 증권을 아래와 같이 부른다.

- ㅇ 주가연계증권(ELS: equity linked securities): 주식·주가지수 만을 기초자산으로 하는 파생연계증권으로 원금이 보장되지 않는 파생결합증권
- ㅇ 주가연계파생결합사채(ELB: equity linked bonds): 주식·주가지수 만을 기초자산으로 하는 파생연계증권으로 원금이 보장되는 채무증권
- ㅇ 기타파생결합증권(DLS: derivatives linked securities): 주식 외 기초자산이 있는 파생연계증권으로 원금이 보장되지 않는 파생결합증권
- ㅇ 기타파생결합사채(DLB: derivatives linked bonds): 주식 외 기초자산이 있는 파생연계증권으로 원금이 보장되는 채무증권

[표 10-3] 파생연계증권 발행현황 (금액 단위: 조원)

	ELS		ELB		ELS/ELB 합계		DLS		DLB		DLS/DLB 합계	
(연말)	금액	건수	금액	건수	금액	건수	금액	건수	금액	건수	금액	건수
2014	47.7	15,825	18.6	4,477	66.3	20,302	10.4	2,069	12.6	1,639	23.0	3,708
2016	32.5	12,412	14.7	2,410	47.2	14,822	15.8	2,744	12.6	1,493	28.5	4,237
2018	66.2	16,129	18.5	1,684	84.7	17,813	16.4	3,234	12.0	1,937	28.4	5,171
2020	41.4	13,192	26.0	1,547	67.5	15,143	7.8	1,223	13.3	1,140	21.1	2.363
2022	27.6	12,192	29.3	2,120	57.0	14,312	3.3	555	13.1	1,150	16.5	1,705
2023	30.1	12,948	32.0	2,518	62.1	15,466	3.2	526	12.8	1,369	16.1	1,895

출처: 한국금융투자협회 http://freesis.kofia.or.kr/.

V. 파생상품거래의 동기와 기능

파생상품거래는 기초자산에 관한 위험을 이전하는 거래이고, 어느 한 당사자는 위험을 인수하고 다른 당사자는 위험을 이전하게 된다. 기초자산에 대한 위험에 노출되어 있는 당사자는 그 위험을 회피(hedge)할 목적으로 그 위험을 이전하는 파생상품거래를 이용할 동기가 크다. 그러나 위험을 회피할 목적을 가진 당사자만 있어서는 거래가 활발하게 이루어지기 어렵다. 기초자산에 대한 위험에 노출되어 있지 않음에도 불구하고 그 위험을

인수하는 투기(speculation)목적의 당사자 및 위험에 대한 평가의 차이를 이용한 차익거래(arbitrage)를 목적으로 하는 당사자들이 있어서 거래가 활발하게 이루어진다.

위의 3가지 동기가 파생상품거래를 하는 가장 기본적인 동기들이지만, 자본건전성 규제(예: 은행의 자기자본비율)를 준수하는 방안으로 이용하거나(예: 신용파생거래), 보다 좋은 조건으로 자금을 조달하기 위한 목적으로 이용하기도 한다.

파생상품거래는 위와 같은 동기를 가진 당사자들에 의하여 리스크 관리, 투자와 자금조달을 위한 수단으로 사용되고 금융회사 입장에서는 고객이 필요로 하는 금융상품을 개발하는데 이용될 수 있다.

Ⅵ. 파생상품거래에 관련된 위험

파생상품거래가 위험을 회피하기 위한 수단으로 사용되기도 하지만 어느 한 당사자의 위험 회피는 다른 당사자의 위험 인수를 뜻한다. 파생상품거래를 하는 당사자는 그 거래 자체에 내재하는 시장위험(기초자산의 가격 변동에 따른 파생상품의 가치 변동 위험), 신용위험(거래상대방의 채무불이행으로 인한 손실발생 위험), 유동성 위험(시장에서의 거래량 부족으로 정상적인 가격으로 거래할 수 없는 위험), 운영위험(내부통제의 불충분, 회계·정보·자료 처리의 오류·왜곡, 적합하지 않은 모델 사용 등에 관한 위험), 결제위험(본인은 지급의무를 이행하였으나 시차 등으로 인하여 상대방의 지급이 이루어지지 않을 위험), 법적 위험(법규위반으로 처벌·제재를 받거나 계약의 효력이 인정되지 않거나 의도하지 않은 내용으로 인정될 위험)에 노출된다. 이러한 위험이 적절히 관리되지 않는 경우 개별 기업 또는 금융회사의 문제에 그치지 않고 금융시스템의 안정에 영향을 줄 수 있다.

또한 파생상품거래가 활발해지면서 복잡·난해한 거래가 증가하고, 현물시장과 선물시장간 연계 및 국내시장과 국제시장 간의 연계 등 금융시장 간의 연계가 더 심화되고 있다. 이러한 금융시장 간의 연계 및 국제화는 각 국가의 통화정책이나 금융정책의 효과에도 영향을 미치게 되었다.

Ⅶ. 관련 법률

파생상품거래의 개념 및 유형에 관하여 직접적으로 정하고 있는 현행 법률로는 자본시장법, 채무자회생법, 외국환거래법 등을 들 수 있다.

1. 자본시장법

자본시장법은 파생상품의 유형, 기초자산과 속성등에 관하여 그동안의 어느 법률보다도 체계적으로 파생상품의 개념과 범위를 정의하고 있다. 자본시장법은 금융시장에서 거래되는 금융상품을 금융투자상품과 그렇지 않은 금융상품으로 구별하고, 금융투자상품의 한 종류로 파생상품을 정의하고 있다.

금융투자상품은 "이익을 얻거나 손실을 회피할 목적으로 현재 또는 장래의 특정(特定) 시점에 금전, 그 밖의 재산적 가치가 있는 것(이하 "금전 등"이라 한다)을 지급하기로 약정함으로써 취득하는 권리로서, 그 권리를 취득하기 위하여 지급하였거나 지급하여야 할 금전 등의 총액(판매수수료 등 시행령으로 정하는 금액을 제외)이 그 권리로부터 회수하였거나 회수할 수 있는 금전 등의 총액(해지수수료 등 시행령으로 정하는 금액을 포함)을 초과하게 될 위험(이하 "투자성"이라 한다)이 있는 것"을 말한다(자본시장법 제3조). 금융투자상품과 기타 금융상품(예금 등)의 구별 기준으로 투자성 즉 투자한 원본을 회수하지 못할 위험을 제시하고 있는 것이다.

금융투자상품은 다시 증권과 파생상품으로 분류된다. 증권은 "내국인 또는 외국인이 발행한 금융투자상품으로서 투자자가 취득과 동시에 지급한 금전 등 외에 어떠한 명목으로든지 추가로 지급의무(투자자가 기초자산에 대한 매매를 성립시킬 수 있는 권리를 행사하게 됨으로써 부담하게 되는 지급의무를 제외)를 부담하지 아니하는 것"으로 정의되어 있고(자본시장법 제4조), 증권에 해당하지 않는 금융투자상품은 파생상품에 해당하게 된다. 투자자가 금융투자상품 투자시 지급한 금전 이외에 추가로 지급할 의무를 지는지 여부가 증권과 파생상품의 구별기준이 된다.[12)]

---

12) 자본시장법상 증권과 파생상품 개념의 중복 가능성 및 이에 따른 증권과 파생상품의 구분 기준에 관하여는 해석상 논란(예컨대, ① 파생상품인 옵션의 개념과 옵션이 내재된 파생결합증권의 개념은 서로 중복될 수 있는가, ② 중복될 수 있다면, 옵션과 파생결합증권을 어떠한 기준에 의하여 구분할 수 있는가)이 있었는데, 2013. 5. 28. 자본시장법 개정에 의하여 해당 금융투자상품의 유통가능성, 계약당사자, 발행사유 등을 고려하여 증권으로 규제하는 것이 타당한 것으로서 시행령으로 정하는 금융투자상품을 파생상품에서 배제할 수 있는 근거 규정(동법 제5조 제1항 단서, 동법 시행령 제4조의3)을 신설함으로써 증권과 파생상품의 구분을 보다 명확하게 하였다. 이에 관한 논의는 김건식·정순섭(2023), 43-44쪽, 84쪽.

2. 채무자회생법

자본시장법이 제정되기 전에 제정되고 시행(2006. 4. 1.)된 채무자회생법에 파생상품거래에 관한 상세한 조항이 포함되었다. 채무자회생법은 "파생상품"이라는 용어를 사용하는 자본시장법과는 달리 "파생금융거래"라는 용어를 사용하고 있다. 동법 제120조 제3항에서 파생금융거래 등 일정한 요건을 갖춘 적격금융거래의 일괄정산(close-out netting) 조항의 효력을 파산 또는 회생절차 하에서도 인정하여, 동법상의 해제, 해지, 취소, 부인에 관한 예외를 인정받을 수 있도록 하였다(☞ 제3절 Ⅴ. 도산과 파생상품거래).

채무자회생법 제120조 제3항의 특례의 적용을 받는 파생금융거래는 기본계약에 근거하여 이루어져야 한다는 요건이 추가적으로 적용되지만, 그 내용은 자본시장법 제5조의 파생상품과 동일하다(채무자회생법 제120조 제3항 제1호, 동법시행령 제14조 제1항).[13] 다만, 채무자회생법 제120조 제3항의 적용을 받는 적격금융거래에는 자본시장법 제5조의 파생상품 이외에 증권환매거래와 증권대차거래도 포함되어 있다. 환매거래는 통상 채권(債券)을 대상으로 하는 환매조건부채권매매의 형태로 이루어지고, 자본시장법상으로는 증권의 매매거래로 취급된다(자본시장법시행령 제7조 제3항 제3호). 증권의 대차거래는 종류물인 증권의 소비대차거래이다.[14] 환매거래나 대차거래는 매매 또는 대차거래이고 당사자의 의무가 기초자산에 기초하여 결정 또는 산정되는 것은 아니므로 통상 파생상품거래에 포함되지는 않는다. 그러나 환매거래와 대차거래는 기본계약에 따라 이루어지고 유사한 담보구조와 일괄정산 개념을 사용하는 점에서 파생상품거래와 유사하며, 파생상품거래와 연계하여 이용될 수 있다{☞ 제11장 제3절 증권의 환매조건부매매거래(Repo)와 대차거래}.

3. 외국환거래법

외국환거래법상 파생상품은 (i) 자본시장법 제5조에 따른 파생상품과 (ii) 상품의 구성이 복잡하고 향후 수익을 예측하기 어려워 대규모 외환유출입을 야기할 우려가 있는 금융상품으로서 기획재정부장관이 고시하는 것(외국환거래법 제3조 제1항 제9호, 동법시행령 제5조)으로 정의되어 있으나 기획재정부장관이 고시한 외국환거래규정에서 정하고 있는 파생상품은 모두 자본시장법 제5조에 따른 파생상품의 범주에 포함되고, 이에 추가하여

13) 이 입법에 관한 상세한 논의는 박준·홍선경·김장호(2012), 270-315쪽.

14) 증권대차거래의 구체적인 계약내용에 관하여는 한국예탁결제원의 "증권대차거래의 중개 등에 관한 규정"과 한국금융투자협회의 "금융투자회사의 약관 운용에 관한 규정" 별표5 "증권대차거래약관" 참조.

별도로 고시한 파생상품은 없는 것으로 보인다. 외국환거래법상으로는 거주자와 비거주자 간의 파생상품거래 및 거주자 간의 파생상품거래 중 외국환과 관련된 파생상품거래에 한하여 자본거래로 취급되어 규율된다(외국환거래법 제3조 제1항 제19호 다목).[15)]

제 2 절 파생상품거래의 규제[16)]

Ⅰ. 파생상품거래 영업에 대한 인가

자본시장법상 파생상품의 매도·매수 또는 파생결합증권의 발행·인수 또는 그 청약의 권유, 청약, 청약의 승낙을 영업으로 하는 경우 중 자기의 계산으로 하는 경우에는 투자매매업, 타인의 계산으로 하는 경우에는 투자중개업 인가를 받아야 한다(동법 제6조 제2항, 제3항). 자본시장법상 파생결합증권의 발행은 원칙적으로 인가가 필요한 투자매매업의 한 유형이지만 전문투자자가 사업에 필요한 자금조달목적으로 발행하고 발행과 동시에 위험회피목적의 거래를 해야 하는 등의 요건을 갖춘 경우에는 예외적으로 투자매매업으로 보지 않고 있다(동법 제7조 제1항, 동법시행령 제7조 제1항, 동법 시행규칙 제1조의2).

Ⅱ. 파생상품거래 영업행위 규제

종전에는 자본시장법이 파생상품거래 관련 영업행위 규제를 정하고 있었으나, 2020년 제정된 금융소비자보호법이 2021년 시행되면서 적합성원칙, 적정성원칙, 설명의무 등을 금융소비자보호법이 규율하게 되었다. 이에 관련된 사항 가운데 일부는 아직 자본시장법에 남아 있는 것도 있다. 자본시장법은 일반투자자와 전문투자자로 투자자를 구분하였으나 금융소비자보호법은 일반금융소비자와 전문금융소비자로 구분하고 있다.

15) 외국환거래법에 따른 파생상품거래 규제에 대한 논의는 고동원(2008), 249-254쪽.
16) 은행, 증권회사, 보험회사 별로 파생상품거래 규제에 대한 상세한 논의는 고동원(2008), 237-303쪽.

1. 금융투자업자의 일반적 의무: 신의성실과 고객이익우선

자본시장법 제37조는 금융투자업자가 신의성실의 원칙에 따라 공정하게 금융투자업을 영위해야 하는 신의성실의무(동조 제1항)와, 정당한 사유없이 투자자의 이익을 해하면서 자기가 이익을 얻거나 제3자가 이익을 얻도록 해서는 안 된다고 하는 고객이익우선의무(동조 제2항)를 규정하고 있다.[17] 금융소비자보호법 제14조도 금융상품판매업자등에 대하여 거의 같은 내용의 조항을 두고 있다. 신의성실의무는 아래에서 살펴보는 적합성의 원칙, 설명의무, 적정성 파악의무 등에 의하여 구체화되어 있다.

고객이익우선의무 조항이 모든 금융투자업자에 대하여 영미법상의 신인의무(fiduciary duty)와 같은 정도로 고객의 이익을 우선시킬 의무를 부여한 것이라고 하기는 어렵다.[18] 자본시장법은 고객의 신뢰를 기초로 금융투자업자에게 재량이 부여되는 속성을 가졌다는 점에서 신인의무로 규율할 필요성이 가장 큰 금융투자업인 집합투자업, 투자자문업, 투자일임업, 신탁업 등에 대해서는 명시적인 충실의무 조항을 두고 있기 때문에(동법 제79조 제2항, 제96조 제2항, 제102조 제2항), 이러한 금융투자업에 관하여는 동법 제37조 제2항과 금융소비자보호법 제14조 제2항이 작동될 여지가 많지 않다.

그러나, 투자매매업과 투자중개업의 경우에는 자본시장법 제37조 제2항과 금융소비자보호법 제14조 제2항의 고객이익우선의무가 의미가 있다.[19] 투자매매업자와 고객이 금

17) 증권시장의 국제화와 기관화 현상이 확대됨에 따라 국제적으로 적용할 수 있는 영업행위 기본원칙으로 1990. 7. 9. 국제증권감독위원회(IOSCO)가 제시한 International Conduct of Business Principles의 제1원칙(Honesty and Fairness: In conducting its business activities, a firm should act honestly and fairly in the best interests of its customers and the integrity of the market)의 영향을 받은 조항이라고 할 수 있다. EU의 금융상품시장지침(MiFID)(2004) 제19조 제1항과 제2차 금융상품시장지침(MiFID Ⅱ)(2014) 제24조 제1항 및 일본 금융상품거래법 제36조도 IOSCO가 제시한 원칙을 반영한 유사한 내용을 규정하고 있다. 김정연(2019), 129쪽.

18) 김건식·정순섭(2023), 793쪽; 김정연(2019), 142쪽.

19) 최근 미국 SEC는 증권회사가 고객의 최선이익을 추구할 것을 요구하는 내용의 새로운 규정을 채택하였다{Regulation Best Interest: The Broker-Dealer Standard of Conduct, SEC Release No. 34-86031(June 5, 2019)}. 이 규정은 증권회사의 행위 기준을 기존의 적합성의 원칙을 준수할 의무보다 강화하여, 증권회사(broker-dealer) 또는 그 임직원이 개인고객(retail customer)에게 증권거래 또는 증권관련 투자전략의 권유를 할 때 고객의 최선의 이익을 위하여 행동하고 증권회사 또는 그 임직원의 이익을 개인고객의 이익보다 우선시키지 않을 것을 요구하였다{CFR § 240.15l-1(a)(1)}. 구체적인 의무의 내용으로 (i) 개인고객과의 관계의 범위와 조건에 관한 모든 중요한 사실을 개인고객에게 충분하고 공정하게 서면으로 제공할 정보제공의무(disclosure obligation), (ii) 권유에 수반되는 잠재적 위험, 보상, 비용을 이해하고, 권유가 특정 개인고객의 최선의 이익을 위한 것이라고 믿을 합리적인 근거를 가지며, 일련의 권유된 거래가 과도하지 않고 전체적으로 볼 때 개인고객의 최선의 이익을 위한 것이라고 믿을 합리적인 근거를 가질 수 있도록 합리적인 성실성, 주의와 기술을 행사할 주의의무(care obligation), (iii) 권유와 관련된 모든 이익충돌을 파악해서 개시하거나 제거하는 등의 조치를 취할 이익충돌방지의무(conflict of interest obligation)를 들고 있다{CFR § 240.15l-1(a)(2)}.

융투자상품을 매매하는 경우, 매매에는 통상 거래당사자의 자기책임의 원칙이 적용되므로 매매당사자 간의 일반적인 매매조건(매매가격 등)은 각 당사자가 자기책임 하에 협상하여 결정할 사항이다. 금융투자업자가 고객의 이익을 위하여 자신에게 불리한 가격조건으로 매매거래를 할 것이 요구되는 것은 아니다. 그러나 그 매매거래에 따르는 위험, 수수료 기타 비용, 매매목적물의 비교대상 존재여부 등에 대한 정보의 면에서 투자매매업자와 고객 사이에 정보의 불균형이 존재하고 투자매매업자가 이를 이용하여 자신의 이익을 추구하는 행위는 자본시장법 제37조 제2항과 금융소비자보호법 제14조 제2항을 위반한다고 보아야 할 것이다. 또한 이 조항은 고객에게 주가연계증권(ELS)을 발행한 증권회사가 중도상환조건 평가기준일에 기초자산인 주식을 대량매도하여 중도상환조건의 성취를 방해하는 행위와 같이 금융투자업자와 고객의 이익이 충돌되는 상황에서의 금융투자업자의 행위지침을 제시하고 있다.[20)]

2. 파생상품계약 체결 및 그 권유관련 규제

(1) 투자권유규칙 작성의무

자본시장법상 투자권유는 "특정 투자자를 상대로 금융투자상품의 매매 또는 투자자문계약·투자일임계약·신탁계약(관리신탁계약 및 투자성 없는 신탁계약은 제외)의 체결을 권유하는 것"을 말한다(동법 제9조 제4항). 금융투자업자는 임직원이 투자권유 시 준수해야 할 구체적인 기준 및 절차를 규정한 투자권유준칙을 정해야 하고 파생상품·파생결합증권·조건부자본증권·기타 파생상품에 투자하는 펀드상품[21)] 등(이하 "파생상품 등")에 대하여는 일반투자자의 투자목적·재산상황 및 투자경험 등을 고려하여 투자자 등급별로 차등화된 투자권유준칙을 마련해야 하고, 투자권유준칙은 회사의 홈페이지 등을 통하여 공시하여

---

20) 자본시장법 시행이전에 발생한 사건에 대하여 판결한 대법원 2015. 5. 14. 선고 2013다2757 판결은 그 사건 당시 적용되던 민법, 증권거래법과 이에 기초한 증권업감독규정 등에 비추어 "증권회사는 유가증권의 발행, 매매 기타의 거래를 함에 있어 투자자의 신뢰를 저버리는 내용 또는 방법으로 권리를 행사하거나 의무를 이행하여 투자자의 보호나 거래의 공정을 저해하여서는 안 되므로 투자자와의 사이에서 이해가 상충하지 않도록 노력하고, 이해상충이 불가피한 경우에는 투자자가 공정한 대우를 받을 수 있도록 적절한 조치를 취함으로써 투자자의 이익을 보호하여야 하며, 정당한 사유 없이 투자자의 이익을 해하면서 자기 또는 제3자의 이익을 추구하여서는 안 된다."고 판시하였다(밑줄은 필자가 표시함). 마지막 부분은 자본시장법 제37조 제2항과 거의 같은 표현이다. 이에 관한 논의는 김정연(2019), 142-145쪽.

21) (i) 자본시장법 제93조 제1항에 따라 파생상품 매매에 따른 위험평가액이 집합투자재산 총액의 10%를 초과하여 투자할 수 있는 집합투자기구의 집합투자증권, (ii) 집합투자재산의 50%를 초과하여 파생결합증권에 운용하는 집합투자기구의 집합투자증권, (iii) 파생상품·조건부자본증권이나 위에 열거한 금융투자상품에 운용하는 신탁의 수익증권(자본시장법시행령 제52조의2 제1항).

야 한다(동법 제50조). 한국금융투자협회는 금융투자회사들이 사용할 표준투자권유준칙을 마련하였다.

(2) 적합성원칙(금융소비자보호법 제17조)

고객과 파생상품 계약 또는 파생결합증권 매매계약을 체결하고자 하는 금융상품판매업자는 계약체결에 앞서서 고객의 특성을 파악하여야 한다(이른바 'know-your-customer' 의무). 우선, 일반금융소비자인지 전문금융소비자인지 여부를 확인하여야 한다(동법 제17조 제1항).

일반금융소비자에게 파생상품이나 파생결합증권과 같은 투자성 상품계약 체결을 권유하는 경우에는 면담·질문 등을 통하여 투자자의 특성(해당 금융상품의 취득 또는 처분목적·재산상황·취득 및 처분 경험 등)을 파악하고, 이를 서명, 기명날인, 녹취 등으로 확인받고 확인받은 내용을 투자자에게 제공하여야 한다(동조 제2항).

일반금융소비자와 파생상품 또는 파생결합증권 거래를 하고자 하는 금융상품판매업자는 이와 같이 파악한 정보를 고려하여 그 일반금융소비자에게 적합하지 아니하다고 인정되는 계약체결을 권유해서는 안 된다. 이른바, '적합성(suitability) 판단' 의무가 있다.[22)]

이 의무는 투자권유의 상대방이 일반금융소비자(=전문금융소비자가 아닌 금융소비자)인 경우에만 적용된다. "전문금융소비자"란 금융상품에 관한 전문성 또는 소유자산규모 등에 비추어 금융상품 계약에 따른 위험감수능력이 있는 금융소비자로서 일정한 금융기관, 주권상장법인(장외파생상품에 대한 계약 체결, 체결권유를 하거나 청약을 받는 것과 관련해서는 전문금융소비자와 같은 대우를 받겠다는 의사를 금융상품판매업자등에게 서면으로 통지한 주권상장법인에 한함) 등을 말한다(금융소비자보호법 제2조 제9항, 동법시행령 제2조 제9항). 다만, 일정한 전문금융소비자가 일반금융소비자와 같은 대우를 받겠다는 의사를 금융상품판매업자등에게 서면으로 통지하는 경우 금융상품판매업자등은 정당한 사유가 있는 경우를 제외하고는 이에 동의하여야 하며, 금융상품판매업자등이 동의한 경우에는 해당 금융소

22) 미국 금융산업규제기구(FINRA: Financial Industry Regulatory Authority, Inc.) 규칙 2111조는 적합성의 의무가 다음과 같은 세 가지 요소로 구성되어 있는 것으로 규정하고 있다.
(i) 합리적인 기준의 적합성(reasonable-basis suitability): 이 의무는 합리적인 조사에 기초하여 권유가 적어도 일부 투자자에게 적합할 것이라고 믿을 합리적인 근거가 있을 것을 요구한다.
(ii) 고객에 고유한 적합성(customer-specific suitability): 이 의무는 권유가 특정 고객의 투자성향등에 비추어 볼 때 그 고객에게 적합하다고 믿을 합리적인 근거가 있을 것을 요구한다.
(iii) 양적 적합성(quantitative suitability): 이 의무는 금융기관 또는 그 직원이 고객의 구좌를 실제로 또는 사실상 지배하는 경우 각 개별거래가 적합하더라도 일련의 권유된 거래가 과도하지 않고 적합하다고 믿을 합리적인 근거가 있을 것을 요구한다. Securities and Exchange Commission(Release No. 34-63325; File No. SR-FINRA-2010-039)(November 17, 2010).

비자는 일반금융소비자로 본다(☞ 금융회사와 고객 간의 권리의무의 측면에서의 적합성 판단의무에 대하여는 제3절 Ⅱ. 금융회사의 고객보호의무).

(3) 적정성원칙(금융소비자보호법 제18조)

금융상품판매업자가 일반금융소비자에게 계약체결을 권유하지 않고 파생상품 또는 파생결합증권에 관한 계약이나 파생상품·파생결합증권에 운용하는 일정한 집합투자기구의 집합투자증권 등[23]에 관한 계약을 체결하려는 경우에는 미리 면담·질문 등을 통하여 투자자의 특성(해당 금융상품의 취득 또는 처분목적·재산상황·취득 및 처분 경험 등)을 파악해야 한다(동법 제18조 제1항, 동법시행령 제12조 제1항 제2호). 이와 같이 파악한 정보를 고려하여 해당 파생상품 또는 파생결합증권 계약이 그 일반금융소비자에게 적정하지 아니하다고 판단되는 경우에는 그 사실을 알리고 그 일반금융소비자로부터 서명, 기명날인, 녹취 등으로 확인받아야 한다(동법 제18조 제2항).

(4) 설명의무(금융소비자보호법 제19조)

금융상품판매업자가 일반금융소비자에게 파생상품 계약 또는 파생결합증권 매매체결을 권유를 하는 경우 및 일반금융소비자가 설명을 요청하는 경우에는 파생상품의 내용과 투자에 따른 위험, 금융상품판매업자가 정하는 위험등급,[24] 그 밖에 금융소비자가 부담해야 하는 수수료, 계약의 해지·해제, 증권의 환매 및 매매, 그 밖에 이에 준하는 것으로서 금융위원회가 고시하는 사항 등 파생상품에 관한 중요한 사항을 일반금융소비자가 이해할 수 있도록 설명해야 한다(동법 제19조 제1항, 동법시행령 제13조 제4항). 금융상품판매업자는 일반금융소비자에게 위 설명에 필요한 설명서를 제공해야 하고, 일반금융소비

---

23) 투자성 상품 가운데 다음 상품에 대해 적정성원칙이 적용된다(금융소비자법시행령 제12조 제1항 제2호).
가. 파생상품 및 파생결합증권(자본시장법시행령 제7조제2항 각 호의 증권은 제외)
나. 사채 중 일정한 사유가 발생하는 경우 주식으로 전환되거나 원리금을 상환해야 할 의무가 감면될 수 있는 사채(전환사채, 신주인수권부사채, 상법 제469조 제2항에 따른 사채는 제외)
다. 자본시장법시행령 제2조 제7호부터 제9호에 규정된 고난도금융투자상품, 고난도투자일임계약 및 고난도금전신탁계약
라. 그 밖에 가목부터 다목까지의 규정에 준하는 것으로서 일반금융소비자의 보호를 위해 금융위원회가 정하여 고시하는 금융상품
위 라목에 따라 금융소비자보호에 관한 감독규정 제11조 제1항은 적정성원칙이 적용되는 집합투자기구(대체로 파생상품 또는 파생결합증권에 투자하는 집합투자기구)의 집합투자증권과 금전신탁의 수익증권의 기준에 대해 상세히 규정하였다.

24) 위험등급을 정하는 경우에는 기초자산의 변동성, 신용등급, 금융상품 구조의 복잡성, 최대 원금손실 가능성, 그 밖에 금융위원회가 고시하는 사항을 고려해야 한다(금융소비자보호법시행령 제13조 제3항).

자가 서명, 기명날인, 녹취 등의 방법으로 확인을 받아야 한다(동법 제19조 제2항, 동법시행령 제14조). 이러한 설명을 할 때 일반금융소비자의 합리적인 투자판단 또는 해당 금융상품의 가치에 중대한 영향을 미칠 수 있는 사항을 거짓 또는 왜곡(불확실한 사항에 대하여 단정적 판단을 제공하거나 확실하다고 오인하게 할 소지가 있는 내용을 알리는 행위)하여 설명하거나 중요사항을 누락하여서는 안 된다(동법 제19조 제3항, 동법시행령 제13조 제9항). 금융소비자보호법에 따른 설명의무는 고객이 일반금융소비자인 경우에 적용된다.

자본시장법은 금융투자업자가 금융소비자보호법 제19조 제1항 또는 제3항을 위반한 경우 이로 인하여 발생한 일반투자자의 손해를 배상할 책임을 지우고 있다(자본시장법 제48조 제1항). 이 경우 손해액은 [일반투자자가 금융투자상품 취득시 지급한(또는 지급할) 금전의 총액]에서 [금융투자상품 처분으로 회수한(또는 회수할 수 있는) 금전의 총액]을 차감한 금액으로 추정한다(동조 제2항). 한편 금융소비자보호법은 금융상품판매업자가 동법 제19조의 설명의무를 위반하여 금융소비자에게 손해를 발생시킨 경우 그 손해를 배상할 책임을 짐을 명확하게 규정하면서 고의 및 과실이 없음을 금융상품판매업자가 입증한 경우에는 책임을 면하도록 하였다(동법 제44조 제2항).

또한 금융소비자보호법은 동법 제19조 제1항을 위반하여 중요한 사항을 설명하지 않거나 동조 제2항을 위반하여 설명서를 제공하지 않거나 확인을 받지 아니한 경우 그 위반행위와 관련된 계약으로 얻은 수입 또는 이에 준하는 금액의 50% 이내(수입등이 없는 경우에는 10억원 범위)에서 과징금을 부과할 수 있도록 하였다(동법 제57조 제1호).

투자자는 금융투자업자에 비하여 투자판단에 필요한 정보를 충분히 가지고 있지 못하고 금융투자업자는 그 정보비대칭을 이용하여 이익을 얻을 유인이 있으므로 금융투자업자에게 투자자의 투자판단에 필요한 정보를 제공할 의무를 부과하는 것이다. 설명의무를 준수하여 투자판단에 필요한 정보를 투자자에게 제공하면 투자자의 정보수집비용의 절감, 정보에 기초한 투자결정 및 이에 따른 금융투자상품의 가격결정 기능의 작동 및 효율적인 시장의 형성에 기여하고 금융투자상품에 내재한 위험과 수익성에 대한 정보가 부족한데 따른 변동성을 억제하여 시장을 안정화시키는 기능도 하게 된다.[25] 파생상품거래와 같이 복잡한 금융투자상품의 경우에는 정보의 제공만으로 투자자가 그 정보를 이해하고 판단하기가 어렵고 투자자가 합리적 판단을 한다고 단정할 수도 없어 전통적인 설명의무의 부과로 투자자보호가 충분한지에 대한 의문이 제기되고 있다. 최근에는 투자자가 쉽게 이해할 수 있도록 정보제공을 간소화하는 방안, 직접적인 상품규제를 하는 방안 또는 실질적인 금융자문서비스 제공시 금융투자업자의 대고객 의무를 강화하는 방안이 제

25) 김정연(2017), 372-373쪽.

시되고 있다.[26)]

(5) 부당권유행위와 불건전영업행위의 금지

금융상품판매업자는 파생상품 계약체결을 권유하는 경우 금융상품의 내용을 사실과 다르게 알리는 행위 등 일정한 부당권유행위[27)]를 해서는 안 된다(금융소비자보호법 제21조).

또한 금융상품판매업자는 일정한 불건전 영업행위[28)]를 해서는 안 된다(금융소비자보호법 제20조, 자본시장법 제71조). 파생상품과 관련되는 부분으로는 일정한 투자자(65세 이상 고령자 또는 투자목적·재산상황 및 투자경험 등의 정보를 파악한 결과 판매상품이 적합하지 아니하거나 적정하지 아니하다고 판단되는 일반투자자)를 대상으로 장외파생상품, 비상장 파생결합증권 또는 고난도금융투자상품[29)]을 판매하거나 신탁업자가 그러한 투자자와 장외파생상품, 비상장 파생결합증권에 운용하는 신탁계약을 체결하는 경우에는 판매과정 녹취, 숙려기간 부여 등의 투자자 보호장치를 위반하는 행위가 불건전 영업행위에 포함되어 있다(자본시장법시행령 제68조 제5항 제2호의2, 제109조 제3항 제1호의2).

---

26) 이에 대한 상세한 논의는 김정연(2017), 376-379쪽, 385-391쪽, 402-403쪽.

27) 1. 불확실한 사항에 대하여 단정적 판단을 제공하거나 확실하다고 오인하게 할 소지가 있는 내용을 알리는 행위
2. 금융상품의 내용을 사실과 다르게 알리는 행위
3. 금융상품의 가치에 중대한 영향을 미치는 사항을 미리 알고 있으면서 금융소비자에게 알리지 아니하는 행위
4. 금융상품 내용의 일부에 대하여 비교대상 및 기준을 밝히지 아니하거나 객관적인 근거 없이 다른 금융상품과 비교하여 해당 금융상품이 우수하거나 유리하다고 알리는 행위
5. 투자성 상품의 경우 다음 각 목의 어느 하나에 해당하는 행위
가. 금융소비자로부터 계약의 체결권유를 해줄 것을 요청받지 아니하고 방문·전화 등 실시간 대화의 방법을 이용하는 행위
나. 계약의 체결권유를 받은 금융소비자가 이를 거부하는 취지의 의사를 표시하였는데도 계약의 체결권유를 계속하는 행위
7. 그 밖에 금융소비자 보호 또는 건전한 거래질서를 해칠 우려가 있는 행위로서 대통령령으로 정하는 행위

28) 파생상품과 관련된 사항은 금융상품판매업자등 또는 그 임직원이 업무와 관련하여 편익을 요구하거나 제공받는 행위와 그 밖에 금융상품판매업자등이 우월적 지위를 이용하여 금융소비자의 권익을 침해하는 행위이다.

29) "고난도금융투자상품"이란 다음 하나에 해당하는 금융투자상품 중 금융위원회가 정하여 고시하는 방법으로 산정한 최대 원금손실 가능금액이 원금의 20%를 초과하는 것을 말한다(다만 일정한 예외가 인정됨).
가. 파생결합증권(자본시장법시행령 제7조 제2항 제1호에 따른 파생결합증권은 제외)
나. 파생상품
다. 집합투자증권 중에서 운용자산의 가격결정의 방식, 손익의 구조 및 그에 따른 위험을 투자자가 이해하기 어렵다고 인정되는 것으로서 금융위원회가 정하여 고시하는 집합투자증권
라. 그 밖에 기초자산의 특성, 가격결정의 방식, 손익의 구조 및 그에 따른 위험을 투자자가 이해하기 어렵다고 인정되는 것으로서 금융위원회가 정하여 고시하는 금융투자상품

3. 영업행위 규제 위반과 민사 책임

앞서 언급한 것과 같이 자본시장법은 영업행위에 관한 사항 중 금융투자업자의 설명의무 위반에 대하여는 손해배상책임을 질 수 있음을 명시적으로 규정하였고(동법 제48조), 금융소비자보호법은 금융상품판매업자가 설명의무 위반에 대한 고의·과실이 없음에 대한 입증책임을 지도록 하였다(동법 제44조 제2항). 자본시장법과 금융소비자보호법의 이러한 조항들은 설명의무가 규제·감독의 차원에서 요구되는 것일 뿐 아니라, 금융투자업자와 고객(투자자) 사이의 법률관계상으로도 요구되는 것임을 명시한 것으로 볼 수 있다. 또한 금융소비자보호법은 금융상품판매업자가 동법을 고의·과실로 위반하여 금융소비자에게 손해를 발생시킨 경우 손해배상책임이 있음을 명시하였다(동법 제44조 제1항). 금융투자업자를 포함한 금융상품판매업자에게 일반적으로 적용되는 신의성실의무와 고객이익우선의무(자본시장법 제37조, 금융소비자보호법 제14조) 또는 적합성원칙과 적정성원칙 위반도 동법 제44조 제1항에 따른 손해배상청구의 원인이 될 수 있다. 금융소비자·투자자의 입장에서는 자본시장법 제64조 제1항(금융투자업자가 법령·약관·집합투자규약·투자설명서를 위반하는 행위를 하여 투자자에게 손해를 발생시킨 경우에는 손해배상책임을 지도록 규정)에 추가하여 손해배상책임을 청구할 법적 근거가 하나 더 생긴 셈이다.

금융상품판매업자의 적합성원칙·적정성원칙은 그 위반 시 금융감독기관이 행정적 제재를 가할 수 있다는 점에서 금융기관의 감독차원에서 부과되는 의무일 뿐 아니라, 고의 과실로 위반한 경우 이로 인하여 발생한 고객의 손해를 금융상품판매업자가 배상하도록 규정했다는 점에서 금융상품판매업자가 이러한 의무를 거래 상대방인 고객(투자자)에게 직접 부담한다고 볼 수 있다. 아래 제3절에서 보듯이 실제로는 금융소비자보호법 제정 이전에 자본시장법이 적용되지 않는 경우에도 법원은 적합성의 원칙과 설명의무를 고객(투자자)에 대한 신의칙상의 의무로 인정하고 있다.

4. 공정거래법에 따른 부당공동행위 규제

공정거래법은 부당한 공동행위를 원칙적으로 금지한다(동법 제19조 제1항). 이를 금지하는 이유는 상호 경쟁해야 할 사업자들이 합의하면 시장의 본질적 요소인 경쟁이 사라지게 되기 때문이다. 금융거래에서도 가격, 이자율, 환율 등의 조건에 대해 금융회사들이 합의하면 금융회사 간의 경쟁을 저해하게 된다. 기업이 외환 파생상품거래를 체결하기 위하여 금융회사를 대상으로 하여 행한 입찰에서 금융회사들이 가격을 합의하는 등의 방법

으로 담합하여 공정거래위원회가 시정명령과 과징금을 부과한 사례들이 있다.[30)]

Ⅲ. 금융회사의 내부통제

1. 자본의 건전성 규제

금융회사 입장에서도 파생상품 업무를 처리하는 경우 파생상품거래에 내재한 신용위험과 시장위험 등을 금융회사 자신이 직접 부담하게 될 수도 있을 뿐 아니라 파생상품거래와 관련하여 부담하게 될 수 있는 법적인 위험을 포함한 운영위험 등 다른 위험들이 있으므로 위험의 관리는 매우 중요한 사항이다. 각 금융회사에 적용되는 개별 법령은 금융회사가 부담하는 위험의 한도를 정하거나, 위험을 흡수할 수 있을 정도의 자기자본 또는 영업용순자본 등 자본을 보유할 것을 요구하는 건전성 규제를 하고 있다.

2. 파생상품관련 내부통제의 강화

글로벌 금융위기 발생 직후인 2009. 2. 3. 자본시장법 개정시 파생상품에 관한 금융회사의 내부통제를 강화하는 조항이 추가되었다. 장내파생상품에 대한 투자매매업자·투자중개업자로서 자산총액이 1천억원 이상인 자와 장외파생상품에 대한 투자매매업자·투자중개업자(겸영금융투자업자 포함)는 상근 임원으로서 파생상품업무를 총괄하는 파생상품업무책임자를 1인 이상 두고 이 파생상품업무책임자는 파생상품 투자자보호에 필요한 절차나 기준의 수립 및 집행에 관한 관리·감독업무, 장외파생상품 매매에 대한 승인 업무를 수행하도록 하였다(동법 제28조의2, 동법시행령 제32조의2 제1항).

그 밖에도 자본시장법은 투자매매업자 또는 투자중개업자가 장외파생상품을 대상으로 하여 투자매매업 또는 투자중개업을 하는 경우에는 일정한 기준을 준수할 의무를 부과하였다(동법 제166조의2 제1항).[31)]

30) 공정거래위원회 의결 제2016-112호(2016. 4. 19.) 2016국카0683; 공정거래위원회 의결 제2017-221호(2017. 6. 29.) 2016국카1627. 최근 사례로는 공정거래위원회 보도자료(2019. 1. 18.) “외국계 은행의 외환 파생상품거래 관련 담합행위 제재”.

31) 1. 장외파생상품의 매매 및 그 중개·주선 또는 대리의 상대방이 일반투자자인 경우에는 그 일반투자자가 위험회피 목적의 거래{즉 위험회피를 하려는 자가 보유하고 있거나 보유하려는 자산·부채 또는 계약 등(“위험회피대상”)에 대하여 미래에 발생할 수 있는 경제적 손실을 부분적 또는 전체적으로 줄이기 위한 거래로서 계약체결 당시 그가 (i) 위험회피대상을 보유하고 있거나 보유할 예정이고 (ii) 장외파생거래 계약기간 중 장외파생거래에서 발생할 수 있는

이 가운데 특히 유의할 사항은 제1호에 규정된 일반투자자와의 거래시 위험회피 목적의 거래에 한한다는 부분이다. 금융투자업자가 고객(투자자)이 위험회피 목적으로 거래를 하는 것인지 여부를 확인하는 것은 기본적으로 규제목적의 제한이므로, 이 확인의무를 위반하였다고 하여 그 파생상품거래가 무효로 되는 것은 아니라고 보아야 할 것이다.

이러한 내부통제의 강화는 파생상품거래에 따른 금융투자업자의 운영위험(operation risk)을 최소화하기 위한 것이다. 파생상품거래로 인한 금융사고(예컨대 영국의 베어링 사건[32]) 발생은 물론 그 금융사고를 일으킨 임직원에게 일차적인 문제가 있지만 회사 차원에

손익이 위험회피대상에서 발생할 수 있는 손익의 범위를 초과하지 아니하는 거래)를 하는 경우에 한할 것. 이 경우 투자매매업자 또는 투자중개업자는 일반투자자가 장외파생상품 거래를 통하여 회피하려는 위험의 종류와 금액을 확인하고, 관련 자료를 보관하여야 한다.

2. 장외파생상품의 매매에 따른 위험액이 금융위원회가 정하여 고시하는 한도를 초과하지 아니할 것
3. 영업용순자본에서 총위험액을 차감한 금액을 제15조, 제20조, 제117조의4 제8항 또는 제249조의3 제8항에서 요구하는 인가업무 또는 등록업무 단위별 자기자본(각 해당 조항에서 대통령령으로 정하는 완화된 요건을 말한다)을 합계한 금액으로 나눈 값이 100분의 150에 미달하는 경우(겸영금융투자업자의 경우에는 금융위원회가 정하여 고시하는 경우)에는 그 미달상태가 해소될 때까지 새로운 장외파생상품의 매매를 중지하고, 미종결거래의 정리나 위험회피에 관련된 업무만을 수행할 것
4. 장외파생상품의 매매를 할 때마다 제28조의2의 파생상품업무책임자의 승인을 받을 것. 다만, 금융위원회가 정하여 고시하는 기준을 충족하는 계약으로서 거래당사자 간에 미리 합의된 계약조건에 따라 장외파생상품을 매매하는 경우는 제외한다.
5. 월별 장외파생상품(파생결합증권 포함)의 매매, 그 중개·주선 또는 대리의 거래내역을 다음 달 10일까지 금융위원회에 보고할 것

위의 규제 이외에도 (i) 기초자산이 신용위험 또는 기타 자연적·환경적·경제적 현상에 속하는 위험에 해당하는 장외파생상품 또는 (ii) 일반투자자를 대상으로 하는 장외파생상품을 신규로 취급하는 경우 한국금융투자협회의 사전심의를 받도록 하는 제도가 2011. 12. 31.까지 한시법으로 도입되었고 현재는 실효되었다.

32) 1995. 2. 27. 영국의 가장 오래된 머천트뱅크인 Barings가 선임트레이더 Nick Leeson의 선물·옵션 거래로 인하여 8억2700만 파운드의 손실을 입고 도산하여 결국 1파운드에 네덜란드의 ING에게 인수된 사례는 내부통제가 제대로 행해지지 않을 때 발생할 수 있는 최악의 사태를 잘 보여주었다.

Leeson은 싱가포르 국제금융거래소(Singapore International Monetary Exchange: SIMEX)와 오사카 증권거래소(Osaka Securities Exchange: OSE) 및 도쿄 증권거래소(Tokyo Securities Exchange: TSE) 간에 Nikkei 225지수선물, 일본국채선물, 유로엔의 차익거래(arbitrage)를 하는 것으로 되어 있었으나, 사실은 매도 또는 매수포지션을 취하면서 그에 상응하는 상쇄포지션을 두지 않아 위험에 노출된 net open position을 취하고 있었다. 1992년에는 이러한 open position의 규모가 작았으나(그 해의 누적 손실은 2백만 파운드), 매년 손실 규모가 증가하여 1993년 말에는 2,300만 파운드, 1994년 말에는 1억 8,500만 파운드, 1995년 2월 27일에는 8억2,700만 파운드에 달하였다.

Leeson은 이러한 open position으로 인한 손실 누적을 가공 구좌를 이용한 가공 거래를 통하여 은폐하였다. 그가 취급한 선물·옵션은 평범하고 이해하기 쉬운 상품들로 파생상품의 복잡성 때문에 손실이 누적되었다고 보기 어렵고 손실누적은 오히려 부실한 내부통제 시스템에 기인한 바 크다. 손실이 누적된 것은 기본적으로 Leeson의 잘못된 시장 판단에 기인하였으나 Leeson은 위험관리시스템이나 가격결정모델을 사용하지 않고 자신의 직관에 의존하였다. 또한 Leeson이 거래 체결업무와 후선 결제업무 양쪽을 맡고 있어 회사의 조직구조가 거래 내용을 위장하기 쉽게 되어 있었고, 내부 보고체계도 Leeson의 업무를 파악하기 어렵게 되어 있었다. 베어링 내부적으로 증거금의 증가와 Leeson으로의 권한 집중 현상 등이 매우 현저한 위험을 내재하고 있다는 지적이 일부 있었으나 이에 대해 베어링의 내부 감사부서가 제대로 대처하지 못하였다. 자산부채위

서 적절한 내부통제 장치를 통하여 사전 예방을 할 수 없었는가를 생각해 볼 필요가 있다.

Ⅳ. 장외파생상품 거래정보 보고의무

2009년 G20 회의에서 장외파생상품시장의 리스크 관리를 위한 방안[33]의 하나로 거래정보저장소(TR: trade repositories)에 대한 장외파생상품거래 보고의무가 제시되었다. 이를 도입하기 위하여 2015년 금융위원회는 한국거래소를 거래정보저장소로 선정하였고 2019. 1. 31. 금융투자업규정 개정으로 거래정보보고의 법적 근거를 마련하였다.[34] 한국거래소의 거래정보저장소 업무는 2021. 4. 1.에 시작되었다.

금융투자업자와 금융투자상품거래청산회사는 자신의 명의로 체결하거나 채무를 부담하는 장외파생상품 거래[35]에 관하여 일정한 거래정보를 거래정보저장소에 보고해야 한다(금융투자업규정 제5-50조의3). 거래정보저장소는 보고받은 거래정보를 금융위원회, 금융감독원, 한국은행 등[36]에게 제공해야 한다(동 규정 제5-50조의4 제2항). 금융감독기구는 그 정보를 금융시스템 리스크 관리 및 불공정 거래 예방과 감시 등에 활용하게 된다.

Ⅴ. 불공정거래 규제

1. 내부자거래 규제

종전의 증권거래법상으로는 내부자거래 금지의 대상이 되는 증권을 당해 상장법인

원회(Asset and Liability Committee)에서 리스크 관리를 해 왔지만, Leeson의 거래내용이나 결제, 자금조달 등에 대해서 충분히 보고받아 검토하지 않았다는 점들이 내부통제가 부실했던 징표의 하나로 제시되고 있다. 베어링 사건의 전말에 대하여는 Stoneham(1996a), pp. 167-175; Stoneham(1996b), pp. 269-278; 김형태·이현진(2003), 102-110쪽.

33) 아래 각주 95.

34) 정부는 거래정보저장소의 법적 근거를 명확하게 하기 위하여 자본시장법 개정안(거래정보저장업에 관하여 동법 제323조의21부터 제323조의32를 신설)을 20대와 21대 국회에 두 번 제출하였으나 임기만료로 폐기되었다.

35) 다음에 해당하는 경우에는 거래정보 보고의무가 없다
1. 정부 또는 한국은행이 거래상대방인 거래
2. 동일 법인 내 거래(외국 금융투자업자의 국내지점과 그 본점 또는 외국 지점간 거래는 제외)
3. 거래취소 등의 사유로 거래일 당일 종료된 거래

36) (i) 금융위원회와 상호 거래정보 교환에 관한 협약을 체결한 외국 금융감독기관과 (ii) 그 밖에 금융위원회에 특정한 거래정보의 제공을 요청하여 승인을 받은 자도 거래정보저장소로부터 정보를 제공받을 수 있다.

이 발행한 증권에 한정하였으나, 자본시장법은 당해 상장법인이 발행한 증권 이외에 제3자가 발행한 증권예탁증권, 교환사채 및 이러한 증권만을 기초로 하는 금융투자상품도 내부자거래금지의 대상이 되는 특정증권의 범위에 포함시켰다(동법 제172조 제1항). 따라서 어떤 상장법인의 미공개중요정보를 가지고 있는 내부자(또는 준내부자 또는 정보수령자)는 당해 법인이 발행한 주식 등의 증권의 거래에 정보를 이용하는 것이 금지될 뿐 아니라 그러한 주식 등의 증권을 기초로 한 파생결합증권이나 파생상품의 거래에 이용하는 것도 금지된다. 다만, 자본시장법이 "제1호 내지 제3호까지의 증권만을 기초자산으로 한 금융투자상품"이라고 규정함으로써 문면상 특정 회사(A)의 주식과 다른 주식이 함께 기초자산(예: 일정한 산업의 주가지수)이 되는 파생결합증권이나 장외파생상품은 A회사에 관한 내부자거래금지의 대상인 특정증권의 범위에 포함되지 않는다. 기초자산에서 A주식이 차지하는 비중이 큰 파생결합증권이나 장외파생상품의 거래에 A회사의 미공개중요정보를 이용하는 행위를 내부자거래금지 규율대상에서 제외하는 것이 타당한지는 의문이다.[37]

2. 시세조종행위 규제

(1) 자본시장법상 파생상품거래를 통한 시세조종의 규제

자본시장법은 현물시장과 선물시장의 연계거래에 의한 시세조종, 기초자산이 되는 증권과 파생결합증권의 연계에 의한 시세조종 등을 금지하고 있다. 즉 (i) 파생상품 매매 등에서 부당한 이익을 얻거나 제삼자에게 부당한 이익을 얻게 할 목적으로 그 파생상품의 기초자산의 시세를 변동 또는 고정시키는 행위, (ii) 파생상품의 기초자산의 매매 등에서 부당한 이익을 얻거나 제삼자에게 부당한 이익을 얻게 할 목적으로 그 파생상품의 시세를 변동 또는 고정시키는 행위, (iii) 증권의 매매 등에서 부당한 이익을 얻거나 제삼자에게 부당한 이익을 얻게 할 목적으로 그 증권과 연계된 다른 증권으로서 자본시장법시행령 제207조에 열거한 증권 또는 그 증권의 기초자산의 시세를 변동 또는 고정시키는 행위, (iv) 증권의 기초자산의 매매등에서 부당한 이익을 얻거나 제삼자에게 부당한 이익을 얻게 할 목적으로 그 증권의 시세를 변동 또는 고정시키는 행위와 (v) 파생상품의 매매등에서 부당한 이익을 얻거나 제삼자에게 부당한 이익을 얻게 할 목적으로 그 파생상품과 기초자산이 동일하거나 유사한 파생상품의 시세를 변동 또는 고정시키는 행위를 금지하고 있다(동법 제176조 제4항).

37) 김건식·정순섭(2023), 432쪽.

(2) 파생상품거래를 통한 시세조종이 인정된 사례

가. 옵션의 기초자산인 주식가격의 시세조종

장외파생상품거래의 해제조건 성취를 둘러싸고 거래의 양 당사자가 조건 성취를 인위적으로 만들거나 조건 성취를 방해하는 행위를 하여 시세조종금지 위반으로 처벌된 사례가 있다(대법원 2012. 11. 29. 선고 2012도1745 판결). 이 사례에서 (i) D은행 런던지점은 T회사로부터 H은행 주식 2,859,370주를 1주당 7,930원에 매수하면서 동시에 T회사에게 행사가격 1주당 7,892원으로 2,859,370주에 대한 유럽식 콜옵션을 부여하되, H은행 주가가 행사가격의 200%(15,784원) 이상이 되면 옵션권리가 소멸하는 녹아웃조건이 포함된 옵션계약을 T회사와 체결하였다. (ii) H은행 주가가 15,800원 전후로 등락하자, D은행의 계열회사인 D증권 직원 A는 4만주의 고가매수주문을 제출하여 동시호가 직전가격을 15,800원으로 형성시키고, 같은 날 종가 동시호가 마감직전(14:59:43)에 15,800원(지정가)에 93만주의 매수주문을 제출하여 당일 종가를 15,800원으로 끝나도록 하였고, (iii) 한편, T회사의 자금팀장 B는 주가가 15,800원인 상황에서 동시호가 마감직전(14:59:37)에 시장가로 35만 주의 대량매도주문을 제출함으로써 예상체결가격을 급락시켰다(15,800원→15,300원). 법원은 A의 행위는 녹아웃 가격 이상인 15,800원으로 변동시키려는 의도로 행해진 시세변동 행위에, B의 행위는 녹아웃 가격 아래로 인위적으로 변동시키기 위한 시세변동 행위에 해당하고 다른 투자자들의 매매거래를 유인할 목적도 인정된다고 판시하였다.

나. 주가연계증권(ELS) 관련 사례

최근에는 주가연계증권(ELS)의 발행회사(또는 발행회사가 ELS상의 위험을 헤지하기 위하여 파생상품거래를 체결한 상대방인 금융회사)가 ELS의 기초자산인 주식을 매매하여 가격 형성에 영향을 미친 것이 불공정거래에 해당하는지 여부가 문제되었다.[38]

(가) 민사사건

민사사건으로는, (i) 만기에 이르기까지 4개월마다 도래하는 중간평가일의 기초자산의 가격변동에 따라 중도상환의무가 발생하는 구조의 ELS를 발행한 증권회사가 중간평가일의 장 종료 무렵 기준가격에 미치지 못하는 가격으로 대량 매도 주문을 하여 장 종료 10분 전까지 기준가격을 상회하던 기초자산(주식)의 가격이 108,000원으로 끝나게 되어 기준가격(108,500원) 이상이어야 하는 중도상환조건의 성취가 무산된 사안에서, ELS 발행회사의 행위가 신의성실에 반하여 중도상환조건 성취를 방해한 것으로서 민법 제150조

38) ELS관련 민·형사 사건의 판결에 대하여는 정순섭(2016), 6-30쪽; 김연미(2016), 31-47쪽; 이상훈(2016), 48-63쪽.

제1항의 조건성취 방해 행위라고 볼 여지가 충분하다고 본 사례(대법원 2015. 5. 14. 선고 2013다3811 판결, 대법원 2015. 5. 14. 선고 2013다2757 판결[39])와 (ii) ELS 발행회사와 스왑계약을 체결하여 ELS 발행회사와 동일한 위험에 노출된 외국금융회사가 만기 상환금액을 정하는 기준일에 단일가 매매시간인 14 : 50-15 : 00에 대량매도하여 종가가 기준가격에 40원 못미치는 54,700원으로 결정된 사안에서, 그러한 주식매도행위는 ELS 만기상환조건이 성취되지 않도록 기초자산인 주식의 기준일 종가를 낮추기 위하여 이루어진 것으로서 자본시장법상 금지되는 시세조종행위 내지 부정거래행위에 해당한다고 본 사례(대법원 2016. 3. 24. 선고 2013다2740 판결)가 있다.

대법원 2016. 3. 24. 선고 2013다2740 판결은 그러한 주식매도행위가 ELS와 관련하여 금융회사 자신을 위한 위험 회피 목적으로 이루어졌다 하여 달리 볼 수 없다고 하였으나,[40] 대법원 2016. 3. 10. 선고 2013다7264 판결은 "금융투자업자가 파생상품의 거래로

---

39) 대법원 2015. 5. 14. 선고 2013다2757 판결은 "증권회사는 … 투자자와의 사이에서 이해가 상충하지 않도록 노력하고, 이해상충이 불가피한 경우에는 투자자가 공정한 대우를 받을 수 있도록 적절한 조치를 취함으로써 투자자의 이익을 보호하여야 하며, 정당한 사유 없이 투자자의 이익을 해하면서 자기 또는 제3자의 이익을 추구하여서는 안 된다. 따라서 증권회사가 약정 평가기준일의 기초자산 가격 또는 지수에 연계하여 투자수익이 결정되는 유가증권을 발행하여 투자자에게 판매한 경우에는, 증권회사가 설사 기초자산의 가격변동에 따른 위험을 회피하고 자산운용의 건전성을 확보하기 위하여 위험회피거래를 한다고 하더라도, 약정 평가기준일의 기초자산 가격 또는 지수에 따라 투자자와의 사이에서 이해가 상충하는 때에는 그와 관련된 위험회피거래는 시기, 방법 등에 비추어 합리적으로 하여야 하며, 그 과정에서 기초자산의 공정한 가격형성에 영향을 끼쳐 조건의 성취를 방해함으로써 투자자의 이익과 신뢰를 훼손하는 행위를 하여서는 안 된다. … 피고가 이 사건 ELS과 관련된 델타헤지거래로 삼성SDI 보통주를 매도하는 것은 기본적으로 위험회피라는 자신의 이익을 위하여 행하는 것이므로 그 과정에서 투자자의 신뢰나 이익이 부당하게 침해되어서는 안 된다고 할 것인바, 이 사건과 같이 중간평가일의 기초자산 가격이 중도상환조건을 성취시키는 가격에 근접하여 형성되고 있어 그 종가에 따라 중도상환조건이 성취될 가능성이 커서 피고와 투자자 사이의 이해관계가 서로 상충하는 상황에서는 피고는 중도상환조건의 성취 여부에 최소한의 영향을 미치는 방법으로 헤지거래를 함으로써 투자자를 보호해야지 그 반대로 중도상환 조건의 성취를 방해함으로써 투자자의 신뢰를 저버리는 헤지거래를 하여서는 안 된다."고 판시하였다. 이 판결의 1심 판결(서울중앙지법 2010. 5. 28. 선고 2009가합116043 판결)에 대한 평석으로는 나승철(2011), 193-216쪽; 이숭희(2011), 42-72쪽.

40) 투자자에게 상환될 금액이 기초자산의 상환기준일 종가에 따라 결정되는 구조로 된 주가연계증권(ELS)을 발행한 H증권이 그 ELS상의 지급위험을 회피하기 위하여 그 ELS와 같은 구조로 D은행과 스왑계약을 체결한 후, D은행이 기초자산인 주식을 기준일 오후부터 대량매도한 사건에서 대법원 2016. 3. 24. 선고 2013다2740 판결은 "피고(=D은행)로서는 이 사건 주식의 기준일 종가를 낮추어 수익만기상환조건의 성취를 무산시킴으로써 H증권에 지급할 금액을 절반 가까이 줄이고자 할 동기가 충분히 있었다"고 인정하고, 주식매도행위의 태양(단일가매매시간대에 예상체결가격이 기준가격을 근소하게 넘어서는 시점마다 가격하락효과가 큰 시장가주문 방식으로 반복적으로 주식을 대량 매도하고 매도관여율이 매우 큰 비중을 차지함)을 보더라도 "피고가 이 사건 주식의 가격을 낮출 의도로 이 사건 주식의 가격 내지 예상체결가격의 추이를 줄곧 살피면서 이 사건 주식매도행위를 하였다고 볼 여지가 많다"고 보아 "이 사건 주식매도행위는 … 자본시장법에서 금지하고 있는 시세조종행위 내지 부정거래행위에 해당한다고 볼 수 있으며, 이 사건 주식매도행위가 이 사건 주가연계증권과 관련하여 피고 자신을 위한 위험회피 목적으로 이루어졌다 하여 달리 볼 수 없다"고 판시하였다.

인한 위험을 관리하기 위하여 시장에서 주식 등 그 기초자산을 매매하는 방식으로 수행하는 헤지(hedge)거래가 시기, 수량 및 방법 등의 면에서 헤지 목적에 부합한다면 이는 경제적 합리성이 인정되는 행위라고 할 것이므로, 헤지거래로 인하여 기초자산의 시세에 영향을 주었더라도 파생상품의 계약 조건에 영향을 줄 목적으로 인위적으로 가격을 조작하는 등 거래의 공정성이 훼손되었다고 볼만한 특별한 사정이 없는 한 이를 시세조종행위라고 할 수는 없다"고 하고 당해 사건에서 주식매도의 방법이 부당하지 않고 금융회사가 시세 고정·안정시킬 목적이 있다고 보기 어렵다고 판시하였다.

(나) 형사사건

ELS 발행회사의 트레이더가 시세고정행위를 한 것으로 기소된 사안에서 대법원 2015. 6. 11. 선고 2014도11280 판결은 거래의 동기와 태양 등에 비추어 피고인이 기준일에 기초자산인 주식의 종가를 ELS의 상환기준가격 미만으로 인위적으로 형성·고정시킬 목적으로 장 마감 직전에 단일가매매 시간대 전체 그 주식 거래량의 80%가 넘는 물량으로 상환기준가격보다 낮은 가격으로 집중적인 매도주문을 함으로써 자본시장법상 금지되는 시세고정행위를 하였다고 보았고, 나아가 델타헤지를 위하여 주식을 매도할 필요가 있었다고 하더라도 시세고정목적의 인정에 방해가 되지 않는다고 판시하였다.

(3) 부정거래행위 규제

자본시장법은 미국 연방증권거래위원회(SEC)의 Rule 10b-5와 유사하게 광범위한 부정거래행위를 금지하는 조항을 별도로 두었다(동법 제178조). 부정거래행위는 증권만이 아니라 모든 금융투자상품의 매매(증권의 경우 모집·사모·매출을 포함), 그 밖의 거래에 적용되므로 파생상품거래에도 적용된다.[41] 부정거래행위의 유형으로는 다음의 4가지가 규정되어 있다.

1. 부정한 수단, 계획 또는 기교를 사용하는 행위
2. 중요사항에 관하여 거짓의 기재 또는 표시를 하거나 타인에게 오해를 유발시키지 아니하기 위하여 필요한 중요사항의 기재 또는 표시가 누락된 문서, 그 밖의 기재 또는 표시를 사용하여 금전, 그 밖의 재산상의 이익을 얻고자 하는 행위
3. 금융투자상품의 매매, 그 밖의 거래를 유인할 목적으로 거짓의 시세를 이용하는 행위
4. 금융투자상품의 매매, 그 밖의 거래를 할 목적이나 그 시세의 변동을 도모할 목적으로 풍문의 유포, 위계(위계)의 사용, 폭행 또는 협박하는 행위

주가연계증권(ELS) 발행회사가 자본시장법 제178조 제1항 제1호를 위반하여 ELS 기

41) 위법·부정한 파생상품거래에 조력한 전문가의 자본시장법 제178조상의 책임을 논한 문헌으로는 김정연(2020), 208-253쪽.

초자산의 주가를 인위적으로 하락시킴으로써 ELS의 상환조건 성취가 무산되었고 그로 인하여 ELS 투자자들이 만기에 투자금 중 일부만 상환받아 손해를 입었다고 주장하며 손해배상을 구하는 청구는 자본시장법 제179조 제1항에 따른 손해배상청구에 해당한다고 보아 집단소송이 허가된 사례(대법원 2015. 4. 9. 자 2014마188 결정)와 ELS 기초자산인 주가의 인위적 하락이 시세조종행위 내지 부정거래행위에 해당된다고 본 사례(대법원 2016. 3. 24. 선고 2013다2740 판결)가 있다.[42)]

제 3 절 파생상품거래의 사법(私法)상 법률관계

I. 권리능력

파생상품거래의 당사자가 파생상품거래를 행할 권리능력이 있는지가 문제될 수 있다. 자본시장법에 따라 파생상품영업 인가를 받은 금융투자업자의 경우에는 그 인가를 받은 범위 내에서의 파생상품거래에 대한 권리능력에는 문제가 없을 것이다.

이러한 영업인가를 받지 않은 법인이 파생상품거래의 당사자가 되는 경우는 어떠한가. 당사자가 회사인 경우에는 회사의 권리능력은 회사의 설립근거가 된 법률과 회사의 정관상의 목적에 의하여 제한되나 그 목적범위 내의 행위라 함은 정관에 명시된 목적 자체에 국한되는 것이 아니고 그 목적을 수행하는데 있어 직접 또는 간접으로 필요한 행위는 모두 포함된다(대법원 1987. 9. 8. 선고 86다카1349 판결 등). 회사가 '목적범위 내'의 업무를 수행하는 과정에서 부담하는 위험의 회피 또는 관리를 위하여 행하는 파생상품거래는 회사의 권리능력 내의 행위라고 보아야 할 것이다.

상법상의 회사가 아닌 민법상의 법인의 경우에는 민법 제34조에 정한 바에 따라 보다 엄격하게 정관으로 정한 목적 범위 내에서 권리능력을 갖는다고 보아야 하므로 민법상의 법인이 파생상품거래를 하는 경우에는 권리능력이 있는지 여부에 대하여 신중하게 검토할 필요가 있다. 특별법상의 법인의 목적이 법률로 정해져 있는 경우, 파생상품거래가 그러한 목적에 포함되는지 여부가 문제될 수 있다. 국민연금법,[43)] 한국투자공사법[44)] 등 일부 법

42) 대법원 2016. 3. 24. 선고 2013다2740 판결과 대법원 2015. 4. 9. 자 2014마188 결정이 다룬 사건은 연계시세조종행위를 금지하는 자본시장법 제176조 제4항이 입법되기 이전에 발생하였고, 현행 자본시장법상으로는 제176조 제4항이 규율하는 연계시세조종행위에 해당할 것으로 보인다.

43) 국민연금법은 "금융투자상품지수에 관한 파생상품시장에서의 거래"(동법 제102조 제2항 제4호)와 "자본시장법 제5조 제2항 및 제3항에 따른 장내파생상품과 장외파생상품의 거래"(동법 제102조

률에서는 파생상품거래를 할 수 있음을 명시적으로 규정하고 있다. 또한 공공기관의 파생상품거래는 기획재정부훈령으로 일정한 요건을 갖춘 경우에만 할 수 있도록 되어 있다.[45)]

영국에서는 지방자치단체의 스왑계약 체결이 영국 지방정부법(Local Government Act of 1972)[46)]에서 허용하고 있는 지방정부의 권리능력에 포함되는지 여부가 문제된 사안에서 이자율스왑이 장래 이자율 예측에 달린 투기거래로 보아 위 법률에서 허용한 지방정부의 기능 수행을 원활하게 하거나 기능수행에 도움이 되거나 부수적인 것으로 볼 수 없다고 하여 지방정부의 권리능력을 부인하였다.[47)] 이 판결로 인하여 170여개의 지방정부와 75개의 금융회사가 체결한 스왑계약이 무효로 되어 금융회사들이 큰 손실을 입게 되었고, 새로운 금융거래에 대하여 법원이 시장에서의 기대와 다른 판단을 할 법적 위험의 대표적인 사례로 지적되고 있다.

Ⅱ. 금융회사의 고객보호의무

1. 금융거래 권유시 요구되는 고객보호의무

대법원은 거래행위와 거래방법, 고객의 투자 상황, 거래의 위험도 및 이에 관한 설명의 정도 등을 종합적으로 고려할 때 당해 권유행위가 경험이 부족한 일반투자자에게 거래행위에 필연적으로 수반되는 위험성에 관한 올바른 인식형성을 방해하거나 고객의 투자상황에 비추어 과대한 위험성을 수반하는 거래를 적극적으로 권유한 경우에 해당하여 결국 고객에 대한 보호의무를 저버려 위법성을 띤 행위인 것으로 평가되는 경우 손해배상책임을 부담한다는 취지로 판시하여 왔다(대법원 1994. 1. 11. 선고 93다26205 판결, 대법원 2007.

제2항 제7호, 동법시행령 제74조 제3항 제3호)를 국민연금의 관리·운용 방법으로 명시하고 있다.

44) 한국투자공사법은 "외국환거래법 제3조 제1항 제17호의 규정에 의한 파생금융거래"로 한국투자공사의 자산을 운용할 수 있음을 명시하였다(동법 제31조 제1항 제2호).

45) 「공공기관등의 환위험관리에 관한 표준지침」(기획재정부훈령 제46호, 2009. 3. 9. 일부개정)은 공공기관(공공기관의 운영에 관한 법률 제4조) 및 지방자치단체가 설립한 법인으로서 외국환거래규정에 따라 기획재정부장관에게 금전의 대차계약신고, 증권발행신고를 한 자가 파생상품거래를 할 경우에는 환위험의 구조를 파악하여 적정한 환위험관리가 이루어질 수 있는 경우에 한하여 거래를 시행할 수 있으며 정기적으로 사후점검을 실시하도록 규정하고 있다(동지침 제13조).

46) 문제된 조항은 제111조 제1항이다. "Local authority shall have power to do anything(whether or not involving expenditure, borrowing or lending of money or the acquisition or disposal of any property or rights) which is calculated to facilitate or is conducive or incidental to, the dis-charge of any of their functions."

47) Hazell v. Hammersmith & Fulham London Borough Counsel 2 W.L.R. 372(H.L. 1991). 이 판결에 대한 설명으로는 정응기(2010), 183-197쪽. 이 판결에 대한 법적 위험의 관리 관점에서의 논의는 McCormick (2010), pp. 205-218.

4. 12. 선고 2004다62641 판결 등).[48] 이러한 고객보호의무는 통상 일반투자자를 상대방으로 하는 거래에서 문제가 되는 경우가 많지만 전문투자자를 상대방으로 하는 거래라고 하여 금융회사의 고객보호의무가 완전히 배제되는 것은 아니다. 투자자보호의무의 범위와 정도를 정함에 있어 금융상품의 특성과 위험도 수준 및 투자자의 투자경험이나 전문성 등이 고려될 뿐이다(대법원 2015. 3. 26. 선고 2014다214588(본소), 2014다214595(반소) 판결).

계약에 의하여 이러한 의무를 배제할 수 있는가. 일반투자자와의 거래에서와 같이 자본시장법 등 법령상 위와 같은 의무가 요구되는데도 불구하고 이를 배제하는 조항을 약관으로 둔 경우에는 약관규제법[49]에 위반되어 무효가 되는 경우가 대부분일 것이다. 금융회사가 일반투자자와의 거래에서 자본시장법상 요구되는 위와 같은 의무를 배제하는 특약을 체결한 경우, 그 계약상대방인 일반투자자가 그러한 특약의 의미를 이해하고 그 위험을 떠안을 만한 전문성과 판단능력을 가지고 있고 그러한 특약을 체결할 만한 특별한 사정이 있는 경우인지 여부에 따라 그 효력유무를 판단할 필요가 있다. 계약상대방이 일반투자자인 경우에는 금융회사가 그러한 사정을 입증하도록 할 필요가 있다. 계약상대방이 전문투자자라서 자본시장법 등에서 금융회사에게 위와 같은 의무를 부과하지 않는 경우에는 위와 같은 의무를 배제하는 특약은 원칙적으로 유효하다고 하여야 할 것이다.

---

48) 대법원은 고객보호의무를 금융기관의 고객에 대한 선관주의의무로부터 끌어내는 듯한 판시도 하였다. 대법원 2010. 11. 11. 선고 2010다55699 판결은 역외펀드에 투자한 고객과의 선물환거래시 은행의 설명의무가 문제된 사안에서 "고객의 자산을 관리하는 금융기관은 고객에 대하여 선량한 관리자로서의 주의의무를 부담하는 것이므로, 고객의 투자목적·투자경험·위험선호의 정도 및 투자예정기간 등을 미리 파악하여 그에 적합한 투자방식을 선택하여 투자하도록 권유하여야 하고, 조사된 투자목적에 비추어 볼 때 고객에게 과도한 위험을 초래하는 거래행위를 감행하도록 하여 고객의 재산에 손실을 가한 때에는 그로 인한 손해를 배상할 책임이 있다"고 일반론을 제시하고 당해사건에서 은행의 설명의무가 있는지 여부를 판시하였다.

49) 약관규제법 제7조(면책조항의 금지): 약관의 내용 중 다음 각 호의 어느 하나에 해당하는 내용을 정하고 있는 조항은 무효로 한다.
1. 사업자, 이행보조자 또는 피고용자의 고의 또는 중대한 과실로 인한 법률상 책임을 배제하는 조항
2. 상당한 이유 없이 사업자의 손해배상 범위를 제한하거나 사업자가 부담하여야 할 위험을 고객에게 떠넘기는 조항
3. 상당한 이유 없이 사업자의 담보책임을 배제 또는 제한하거나 그 담보책임에 따르는 고객의 권리행사의 요건을 가중하는 조항
4. 상당한 이유 없이 계약목적물에 관하여 견본이 제시되거나 품질·성능 등에 관한 표시가 있는 경우 그 보장된 내용에 대한 책임을 배제 또는 제한하는 조항

2. 파생상품거래에서의 설명의무

(1) 파생상품 투자신탁 관련 설명의무

위와 같은 금융회사의 고객보호의무에 터잡아 대법원은 파생상품거래시 금융회사의 고객에 대한 설명의무에 대하여 일련의 판결을 선고하였다. 파생상품 판매회사의 담당직원이 "누구도 예측하기 어려운 미래 사실인 파생금융상품의 손실 발생 가능성을 스스로 예측하여 고객에게 그 가능성과 범위에 관하여 명확히 설명할 의무"가 있는 것은 아니지만 금융상품의 내용과 성격을 정확하게 설명하여야 하므로 상품설명서의 기재는 정확해야 하고 오해를 불러일으키지 않도록 하여야 한다. 파생상품 투자신탁 상품설명서에 "환매수수료: 장외파생상품의 투자일의 익영업일로부터 장외파생상품 만기일 전일까지 환매금액의 5%, 따라서 중도 환매 시에 원금 손실을 초래할 수 있으며 펀드 조기 상환 시에는 환매수수료가 없다"고 기재한 것은 마치 중도 환매 시에는 환매 수수료만을 공제하고 이 때문에 원금손실이 발생하는 것처럼 오해할 소지를 제공한다. 대법원은 이 사례[50)]에서 다음과 같이 설명의무에 대하여 판시하였다(대법원 2010. 11. 11. 선고 2008다52369 판결).[51)]

> "이러한 상황 하에서 이 사건 수익증권을 판매하는 피고은행 직원이 만기 전 기준일에는 원금손실이 결정되지 않는다는 점을 설명하면서 만기 전에 환매하는 경우에 환매가격이

---

50) <사실관계> 피고은행이 파생상품에 투자해 본적 없는 62세의 남성에게 파생상품 투자신탁의 가입을 권유하였다. 이 투자신탁은 만기 3년으로 가입 시 코스피 지수('기준지수') 20% 범위 내에서 지수가 변동한 때에는(이하 '수익발생조건') 7% 또는 9%의 수익금과 원금을 지급하고, 20% 범위를 넘어설 경우에는 [(변동률-20%)×1.74]의 비율에 따른 원금손실이 발생한다(즉 만기 또는 만기 전 기준일에 코스피 지수가 기준지수 대비 77.47% 이상 변동하면 원금을 전부 잃게 된다). 단, 3년간 매 6개월마다(이하 '만기 전 기준일') 그날의 코스피 200의 종가가 기준지수 대비 10% 이내에서 변동하는 경우 연7%의 수익을, 10%-20% 범위에서 변동하는 때는 연 9%의 수익을 조기에 확정할 수 있다.

원고가 투자한 이후 주가지수가 급격하게 상승하여 이 사건 투자신탁은 계속 손실이 발생하였다. 원고는 약 1년 후 원금 50%에 달하는 손실이 발생하였음을 알고, 피고은행에게 원금 보장을 주장하였다. 원고는 피고은행의 환매권유에도 불구하고 환매 요청을 하지 아니하였고, 이 사건 투자신탁은 만기까지 자동으로 연장되어 원금 1억원 가운데 80만 9천390원이 남게 되었다.

51) CP매출 당시 발행회사의 신용등급이 A3+에서 A3-↓으로 변경되었음에도 피고 증권회사가 발행한 통장과 거래원장에는 그 신용등급을 A3+로 기재한 사안에서 "원고가 종래 피고 증권회사로부터 매수하였던 CP는 투기적 요소가 전혀 없는 A2-등급이었고, 이 사건 CP의 신용등급 옆에 첨부되는 +, - 기호는 같은 신용등급 내에서 상대적 우열을 가지는 표시로 본질적인 표지가 달라지는 것이 아니라고 하지만, 일반 투자자의 입장에서 본 발행인의 신용도라는 측면에 있어서는 엄연히 적지 않은 차이가 있다. … 이 사건 거래 대상인 CP에 있어서 발행자의 신용도를 측정하는 신용등급은 중요정보에 해당한다. … 이를 설명하지 않거나 잘못 설명한 경우에는 원칙적으로 고객에 대한 보호 의무를 져버린 위법한 행위"라고 하여 고객보호의무 위반으로 인한 손해배상책임을 인정한 대법원 2006. 6. 29. 선고 2005다49799 판결도 금융회사가 판매하는 금융상품의 내용에 관하여 정확한 정보를 제공할 의무를 인정하였다는 점에 같은 취지이다.

원금에 미달될 수 있다는 점에 대하여 설명하지 아니한다면, 파생금융상품이나 이에 투자하는 투자신탁의 수익증권을 매수한 경험이 없는 투자자로서는 만기 전에 언제든지 환매하더라도 원금에서 환매 수수료만을 공제할 뿐 그 이외에는 원금을 환급받을 수 있는 금융상품이라고 오해할 수 있다. 따라서 … 이 사건 수익증권의 매수를 권유하면서 중도 환매가격에 대하여 오해를 불러일으킬 수 있는 부실한 표시가 기재된 이 사건 상품설명서를 제공하고, 그 환매가격에 대한 명확한 설명을 하지 아니함으로써 원고로 하여금 중도 환매 시 지급받을 수 있는 환매가격에 관하여 오해하게 한 것은, 고객이 올바른 정보를 바탕으로 합리적인 투자판단을 할 수 있도록 고객을 보호하여야 할 주의의무를 위반한 것으로 원고에 대하여 불법행위를 구성한다."

또한 파생상품 투자신탁 판매시 판매회사뿐 아니라 자산운용회사도 올바른 정보를 제공할 의무를 부담한다는 점에 대하여 대법원은 다음과 같이 판시하였다(대법원 2011. 7. 28. 선고 2010다101752 판결).

"판매회사는 자산운용회사가 제공한 투자설명서의 내용을 숙지하고, 그 의미가 명확하지 않은 부분은 자산운용회사로부터 정확한 설명을 들어 그 내용을 스스로 명확하게 이해한 다음, 투자자에게 그 투자신탁의 운용방법이나 투자계획 및 그로 인한 수익과 위험을 투자자가 정확하고 균형 있게 이해할 수 있도록 설명하여야 하고, 단지 자산운용회사로부터 제공받은 판매보조자료의 내용이 정확하고 충분하다고 믿고 그것에 의존하여 투자신탁에 관하여 설명하였다는 점만으로는 투자자보호의무를 다하였다고 볼 수 없고, … 자산운용회사는 … 투자신탁에 대하여 제1차적으로 정보를 생산하고 유통시켜야 할 지위에 있으므로, 이러한 자산운용회사로서는 판매회사나 투자자에게 투자신탁의 수익구조와 위험요인에 관한 올바른 정보를 제공함으로써 투자자가 그 정보를 바탕으로 합리적인 투자판단을 할 수 있도록 투자자를 보호하여야 할 주의의무와 이에 따른 불법행위책임을 부담한다."

(2) 고객보호의무 또는 설명의무가 요구되지 않는 경우

가. 적합성의 원칙에 어긋나지 않는 경우

주가지수 옵션상품에 주로 투자하는 것을 내용으로 하는 투자일임계약을 체결한 후 '9.11 테러사건' 직후 주가지수 옵션거래에서 큰 폭의 손실을 입게 된 사안에서 적합성의 원칙에 어긋나지 않았다고 본 사례가 있다(대법원 2008. 9. 11. 선고 2006다53856 판결). 이 사건에서는 (i) 원고2가 주식투자경험이 있을 뿐만 아니라 각종 금융기관의 전무, 대표이사 등을 역임하였고, 2000. 3. 24.자로 유가증권 투자 운용, 파생상품 투자 운용, 해외펀드 투자 등을 목적에 추가한 원고1 회사의 대표이사이고, (ii) 원고2는 2000. 5.경 피고 회사의 임직원들로부터 옵션거래 및 피고 회사의 기본적인 투자 방식 등에 대하여 설명을 듣고 일임계약을 체결하였으며, (iii) 투자가 개시된 후 원고2는 피고 회사의 투자일임 담당자로부터 옵션거래에 대한 일별, 주간, 월별 운용보고를 받았고, 자산운용계획에 대하여도 정기적으로 설명을 들었다. 대법원은 사실관계에 비추어 원고들이 옵션거래의 위험성을 알고 있었다고 봄이 상당하다고 보았고, "고객의 투자목적 등은 지극히 다양하므로, 어느 특정한 상품에 투자하거나 어떠한 투자전략을 채택한 데에 단지 높은 위험이 수반된다는 사정만으로 일률적으로 선관주의의무를 위반한 것이라고 단정할 수는 없다 …. 고객이 감수하여야 할 위험과 예상되는 수익은 당연히 비례하기 마련인데, 주식은 물론 가격 등락이 극심한 파생상품 투자에서 가격변동에 따른 위험은 불가피한 것으로서 … 예상 가능한 모든 위험에 완벽하게 대처하면서 동시에 높은 수익률이 실현될 것을 기대할 수는 없는 것이고, … 피고 회사가 주가지수 옵션상품 투자에 구사한 스트랭글 또는 레이쇼 스프레드 매도 전략은 주가지수가 예상과 달리 큰 폭으로 변동하는 경우에는 큰 폭의 손실을 볼 수 있으나(수익의 규모는 일정하나 손실의 규모는 이론적으로는 그 한계가 없다), 이는 어디까지나 확률과 그에 입각한 투자 판단의 문제로서, 피고 회사가 조사한 원고들의 앞서 본 투자목적 등에 비추어 적합성을 잃은 것으로 보기는 어렵다고 할 것이므로, … 피고 회사의 투자일임 담당자들이 2001. 9. 12.과 2001년 12월물, 2002년 7월물, 2003년 1월물 거래에서 주가지수 변동에 대한 예측을 잘못함으로써 원심 판시와 같이 상당한 규모의 손실을 입었다고 하더라도, 그것이 본질적으로 상품 가격의 불가 예측성과 변동성에 기인하는 것인 이상, 그것만으로 선관주의의무를 위반하였다고 볼 수는 없다"고 판시하였다.

나. 설명의무가 요구되지 않는 경우

금융상품 판매시 부수적으로 체결하는 파생거래에 대하여도 금융회사의 고객보호의무가 적용된다. 해외자산에 투자하는 역외펀드 투자 시에는 환위험이 내재되어 있으므로 환위험을 헤지하기 위한 선물환거래를 행하는 경우가 많다. 이러한 선물환거래와 관련된 판결에서 대법원은 금융회사가 설명의무를 부담하는 경우와 그렇지 않은 경우를 다음과 같이 구별하여 판시하였다(대법원 2010. 11. 11. 선고 2010다55699 판결[52]).

---

52) <사실관계>

(1) 원고는 1994년부터 피고은행에서 변액연금보험, 금융채권, 양도성예금증서 등 거래를 하다가, 2007. 2. 6.경부터 간접투자상품인 펀드에 투자하기 시작하였다.

(2) 원고는 2007. 2. 6. 피고은행의 직원1의 권유로 50,965,250엔(한화로 3억9,600만원, 당시 환율 777원/ 100엔) 상당의 역외펀드에 투자하였다. 이 펀드는 엔화로 투자한 후 엔화로 회수하기 때문에 환율변동에 따른 위험이 내재하고 있다.

(3) 원고는 2007. 11. 16. 피고은행의 직원2의 권유에 따라 환율변동위험을 헤지하기 위하여 계약만기일(2008. 2. 18.)에 약정선물환율(833.18원)로 투자원금에 해당하는 금액(50,965,250엔)을

"금융기관이 일반 고객과 선물환거래 등 전문적인 지식과 분석능력이 요구되는 금융거래를 할 때에는, 상대방이 그 거래의 구조와 위험성을 정확하게 평가할 수 있도록 거래에 내재된 위험요소 및 잠재적 손실에 영향을 미치는 중요인자 등 거래상의 주요 정보를 적합한 방법으로 설명할 신의칙상의 의무가 있다고 할 것이나, 계약자나 그 대리인이 그 내용을 충분히 잘 알고 있는 경우에는 그러한 사항에 대하여서까지 금융기관에게 설명의무가 인정된다고 할 수는 없다. …

금융기관이 고객과 역외펀드에 연계된 1차 선물환계약을 체결하면서 기본적인 환 헤지의 기능에 관하여는 어느 정도 설명하였으나 위 선물환계약에 수반되는 특별한 위험성에 관하여는 충분한 설명을 하지 않은 데에는 고객 보호의무를 위반한 잘못이 있으나, 위 고객이 1차 선물환계약의 만기일에 펀드를 해지하지 않고 선물환계약만을 정산하면서 선물환계약의 의미와 정산금의 발생내역에 관한 설명을 다시 들었으므로, 그 무렵에는 선물환계약의 특별한 위험성에 관하여 잘 알고 있었다고 보이므로 그 후 위 금융기관이 1차 선물환계약과 비교하여 만기 및 약정 환율만 다른 2차 선물환계약을 체결하면서 별도로 선물환계약의 특별한 위험성에 관하여 설명할 의무를 부담한다고 볼 수 없다."

이 판결에서 설시한 선물환거래시 금융회사의 설명의무에 관한 일반적인 판시사항은 설득력이 있으나, 구체적으로 역외펀드의 환위험을 헤지하기 위한 목적으로 체결하는 선물환계약을 체결할 때 금융기관이 고객에게 어떠한 내용을 설명하여야 하는가에 대하여는 다음과 같은 점을 더 생각해 볼 필요가 있다. 이 사건에서 원고가 손실을 입은 원인을 살펴보면 (i) 원·엔환율이 예상과 달리 변동하였을 뿐 아니라(원화강세·엔화약세가 될 것을 우려하여 선물환계약을 체결하였는데 반대로 원화약세·엔화강세가 됨), (ii) 선물환계약의 만기일에 선물환계약금액에 해당하는 엔화자산을 가지지 못하게 되었기 때문이다.

만약 원고가 선물환거래의 만기일에 선물환거래금액에 해당하는(또는 그 금액보다 더 많은) 엔화자산을 확보할 수 있었다면 (즉 [투자한 펀드의 선물환계약만기일의 엔화가치]≥선물환거래금액]이었다면) 원고는 선물환계약을 이행하고 약정선물환율로 산정한 원화금액을

피고은행에게 매도하기로 하는 내용의 1차 선물환계약을 체결하였다.

(4) 1차 선물환계약의 만기일(2008. 2. 18.)의 엔화환율이 애초 예상한 환율보다 높아지자, 원고는 피고은행 직원2의 이야기를 듣고 펀드를 해지하지 아니하고 선물환계약만을 정산하기 위해서 만기일 당시 시장환율(876.33원)과 선물환율(833.18원)의 차이에 따른 차액정산금 21,991,506원을 피고은행에게 지급하고, 2차 선물환계약을 체결하였다. 2차 선물환계약은 원고가 계약만기일(2009. 2. 18.)에 50,965,250엔을 약정환율(890.68원)에 피고은행에게 매도하기로 하는 것이었다(2차 선물환계약 체결 당시 원고가 투자한 펀드의 평가액은 39,199,145엔이었다).

(5) 원고는 2009. 2. 17. 펀드 및 2차 선물환계약을 해지하고 당시 시장환율인 1,582.94원을 기준으로 2차 선물환계약을 정산하였다. 원·엔 환율이 급등하는 바람에 352,812,039원[=50,965,250엔×(시장환율 1,582.94원-선물환율 890.68원)]의 손실을 입게 되었고, 펀드도 손실이 발생하여 해지일 당시 펀드평가액은 18,844,846엔에 불과하였다.

수령할 수 있었을 것이다. 이러한 경우에는 선물환거래를 하지 않았더라면 엔화의 가치가 상승하는 이익을 볼 수 있었는데 그렇지 못하게 되었다는 점에서 손해를 입은 것 아닌가 라고 생각할 수도 있으나, 선물환율로 환율을 고정시켜 엔화 : 원화의 환율의 불확실성에 따른 위험을 회피하는 것이 선물환거래의 목적이므로 위험회피 결과 환율변동에 따른 이익을 얻지 못한 것을 손해라고 보기는 어렵다.

이 사건에서 원고가 손실을 입은 이유는 선물환계약의 만기일에 선물환계약금액에 해당하는 엔화자산을 확보할 수 없었기 때문에 엔화자산을 확보하지 못한 범위 내에서는 엔·원 환율변동의 위험에 완전히 노출되었기 때문이다. 펀드의 엔화자산가치는 계속 증감변동하게 될 텐데, 마치 선물환계약의 만기일에 처음 투자한 엔화금액 그대로 엔화자산 가치를 유지할 것이라는 전제하에서 처음 투자한 금액만큼 선물환계약을 체결하였다는 점이 원고가 손실을 입게 된 가장 큰 원인이라고 할 수 있을 것이다. 펀드의 평가액이 계속 증감 변동할 수 있기 때문에 선물환계약 만기시 확보할 수 있는 엔화금액을 정하기 어려우므로 펀드 투자금액을 선물환계약금액을 한 것으로 보인다. 이와 같은 논리로 선물환계약금액을 정하였다고 하더라도, 다음과 같은 점에 유의했어야 한다.

첫째, 금융기관은 고객에게 선물환계약의 만기일에 선물환계약금액에 해당하는 엔화를 확보하지 못할 위험에 대하여 충분히 설명했어야 한다.

둘째, 제1선물환계약은 펀드투자 후 7개월 이상 경과한 후에 체결하였는데, 선물환계약금액을 최초의 펀드투자원금(50,965,250엔)으로 정한 것이 합리성이 있는지 의문이다. 제1선물환계약 체결시점에는 이미 최초 투자시보다 펀드의 평가금액이 하락하였으므로 (2007.2.6. 기준가: 240.40엔, 2007.11.16. 기준가: 214.20엔) 위의 논리에 따르더라도 선물환계약체결시점의 펀드평가액보다 큰 금액으로 선물환계약을 체결하는 것을 정당화할 수는 없다. 이 점은 제2선물환계약 체결시 더 극명하게 드러난다. 제2선물환계약 체결당시 펀드의 평가액은 39,199,145엔(2008.2.18. 기준가 184.90엔)에 불과하였는데, 과연 투자자인 원고가 최초투자원금인 50,965,250엔에 대하여 엔·원 환율변동 위험을 부담하고 있었다고 할 수 있는가. 제2선물환계약금액이 정당화되기 위해서는 그 계약체결당시 펀드의 평가액은 39,199,145엔에 불과하였지만 제2선물환계약 만기일에 50,965,250엔이 될 가능성이 상당히 높았다는 점을 뒷받침할 합리적인 근거가 있어야 할 것이고 선물환계약 만기시 선물환계약금액에 해당하는 엔화자금을 확보하지 못할 위험에 대한 설명의무가 더 강화된다고 보아야 할 것이다.

(3) KIKO 거래에서의 설명의무

글로벌 금융위기의 발생 이후 미달러 대비 원화가치가 급격히 하락하면서 여러 기업들이 통화옵션거래에서 큰 손실을 입었고, 이에 관련된 다수의 소송이 제기되었다. 하급심에서부터 논의된 여러 쟁점들에 대한 2013년 대법원 전원합의체 판결에서 파생상품거래에서의 설명의무에 관하여 종전보다 더 상세한 법리가 전개되었다.

가. KIKO 옵션의 거래구조

최근에 문제가 된 외환 관련 KIKO(Knock-in Knock-out) 옵션 거래는 조건부 통화옵션거래로서 기본 구조는 다음과 같다.[53)54)]

〈KIKO 옵션 구조〉

○ KIKO(knock-in, knock-out) 옵션은 수출대금(헤지대상)의 환율변동 위험에 대비한 헤지 수단으로 배리어(barrier)가 있는 풋옵션 매입·콜옵션 매도를 주로 1 : 2 비율로 결합

○ 계약기간 중 환율이 상·하한 barrier 내에서 제한적으로 변동하는 경우 유용

〈수출기업의 KIKO옵션거래 예시〉

※ A사(월수출액 200만달러)가 수출액의 50%에 대하여 환위험을 헤지하기 위하여 B은행과 KIKO 옵션계약 체결

- 풋옵션 매입 1계약(50만달러) 및 콜옵션 매도 2계약(100만달러) 체결
- knock-out 환율: 890원, knock-in 환율: 990원, 계약환율: 940원

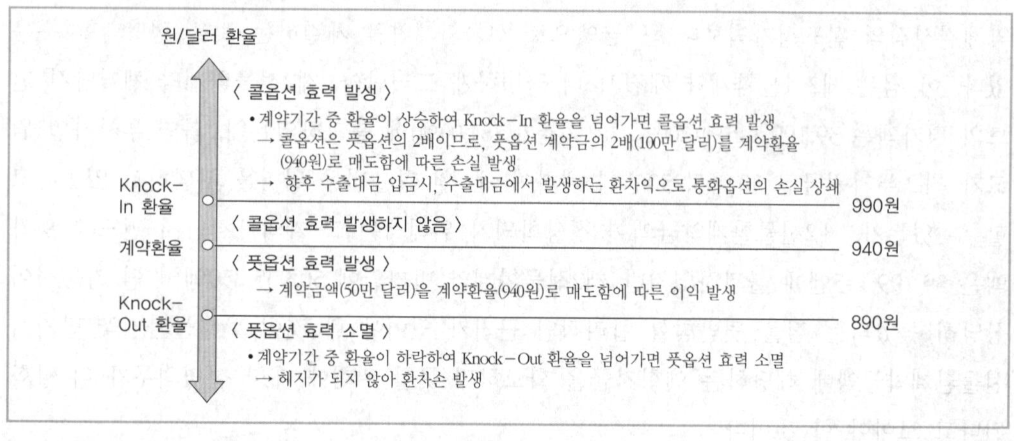

53) 본문의 KIKO거래 설명은 금융위원회·금융감독원의 보도자료(2008. 8. 1.), "KIKO거래현황 및 대책", 6쪽에 참고로 첨부되어 있는 내용임.

54) KIKO거래에 대한 행동경제학적 분석으로는 고학수(2011) 3-23쪽.

위의 설명에 나타나 있는 바와 같이 환율이 일정한 수준이 되면 콜옵션의 효력이 발생하고(Knock-in), 환율이 또 다른 일정한 수준이 되면 풋옵션의 효력이 소멸하는(Knock-out) 거래 구조를 기본으로 하고 있다. Knock-in과 Knock-out은 정지조건과 해제조건에 해당한다고 할 수 있다.

나. KIKO 거래의 유형

KIKO거래는 이러한 기본 형태를 기초로 다음과 같은 유형이 있다.[55)]

① 기본형 키코 통화옵션

(i) '수출대금의 환율변동위험을 회피하기 위해 기업의 은행에 대한 넉아웃(Knock-Out) 풋옵션(Put-Option)과 은행의 기업에 대한 넉인(Knock-In) 콜옵션(Call-Option)을 주로 1:2 비율로 결합한 통화옵션'을 의미한다. 다시 말하면, 기업이 환위험을 회피하기 위해 은행으로부터 풋옵션(장래의 일정시기에 계약금액을 행사가격에 매도할 수 있는 권리)을 매입하되, 은행에 그 프리미엄을 지급하는 대신 콜옵션(장래의 일정시기에 주로 계약금액의 2배를 행사가격에 매수할 수 있는 권리)을 매도하여, 결국 제로코스트(Zero-Cost)를 실현한 통화옵션이다. 거래시점에서 거래당사자 간에 서로 거래비용을 부담하지 않도록 옵션가격결정 모델인 블랙-숄즈 모형(Black-Scholes option pricing model)에 기초하여 산출한 두 옵션(기업의 풋옵션과 은행의 콜옵션)의 가치가 동일하도록[56)] 설계되어 있다.

(ii) 기업의 풋옵션에는 넉아웃 조건이, 은행의 콜옵션에는 넉인 조건이 각각 붙어 있어, 시장환율이 하단환율 이하로 떨어지면 해당 구간에 관한 계약은 실효되고(넉아웃[57)]), 반대로 시장환율이 상당환율 이상으로 오르면 은행의 콜옵션이 실제로 발생한다(넉인[58)]). 이와 같이 옵션에 넉아웃, 넉인 조건을 붙인 이유는, 그러한 옵션이 그러한 조건이 붙지 않은 표준적인 옵션에 비해 프리미엄이 훨씬 저렴하기 때문이다. 환율이 일정 범위에서 움직이는 경우에는 옵션에 위와 같은 조건을 붙임으로써 기업은 저렴한 비용으로 동일한 환위험 회피 효과를 누릴 수 있게 된다.

(iii) 대부분 은행이 갖는 콜옵션의 계약금액은 기업이 갖는 풋옵션의 계약금액의 2배

55) 이하의 KIKO거래의 유형별 설명은 서울중앙지법 2008. 12. 30. 2008카합3816 결정 3쪽-7쪽을 적절히 편집한 것이다.

56) 두 옵션의 가치가 동일하다는 것은 단순한 손익의 크기가 아니라 향후 환율 변동의 확률적 분포를 고려한 기업과 은행의 기대이익이 동일함을 의미한다. 기업이 이익을 볼 환율구간은 한정되어 있지만 상대적으로 실현 확률이 높고 반대로 은행이 이익을 볼 환율구간은 이론적으로는 무한대이지만 실현 가능성이 무척 낮기 때문에 결국 기업과 은행의 기대이익은 동일하다는 뜻이다.

57) '넉아웃 옵션'은 기초자산의 가격, 즉 환율이 일정 수준에 도달하면 권리가 소멸하는 조건을 가진 옵션을 말한다(일종의 해제조건).

58) '넉인 옵션'은 기초자산의 가격, 즉 환율이 일정 수준에 도달하면 권리가 발생하는 조건을 가진 옵션을 말한다(일종의 정지조건).

로 약정되어 있다(레버리지 조건). 이는 레버리지를 높일수록 다른 계약조건, 즉 행사환율, 넉아웃 환율(하단환율), 넉인 환율(상단환율) 등을 기업에 유리하게 바꿀 수 있기 때문이다.[59]

(iv) 계약기간은 1년 내지 3년으로서, 주로 1개월 단위로 만기가 도래하는 수개의 옵션의 묶음으로 구성되어 있으며, 결제는 각 구간(tranche)마다 해당 만기시점의 시장환율을 기준으로 이루어진다.

② 변형 키코 통화옵션

(i) 전체 계약기간을 전반부(A파트)와 후반부(B파트)로 나누어, A파트에서는 계약조건을 기본형에 비하여 기업에 유리하게 해주는 대신 B파트에서는 계약조건을 은행에 유리하게 한 구조이다.

(ii) 1유형

ㅇ A파트: 기본형 구조와 같다. 다만, 기업의 풋옵션 행사가격을 더욱 높여주거나(turbo 조건) 넉아웃 조건이 성취되어 기업의 풋옵션이 소멸된 경우에도 기업에 일정액을 보상해 주는(enhanced 조건) 등 계약조건이 기본형에 비하여 기업에 더욱 유리하게 되어 있다.

ㅇ B파트: 은행만 낮은 행사환율의 콜옵션을 갖는다. 다만, 시장환율이 관찰기간 동안 1회라도 하단환율 이하로 떨어지는 경우에는 해당 구간과 그 이후의 구간에 관한 계약이 모두 실효된다(Anytime 넉아웃 조건).

(iii) 2유형

ㅇ A파트: 기본형 구조와 같다. 다만, 넉아웃 조건이 성취되어 기업의 풋옵션이 소멸된 경우에도 기업에 일정액을 보상해주는 등 계약조건이 기본형에 비하여 기업에 더욱 유리하게 되어 있다.

ㅇ B파트: 단순 선물환 매도 구조이다. 다만, B파트는 A파트 만기시점의 시장환율이 행사환율보다 같거나 높은 경우에만 발효된다(넉인-이벤트 조건).

(iv) 3유형

ㅇ A파트: 기업만 풋옵션을 갖는다. 그리고 넉아웃 조건이 성취되어 기업의 풋옵션이 소멸된 경우에도 기업에 일정액을 보상해주는 등 계약조건이 기본형에 비하여 기업에 더욱 유리하게 되어 있다.

ㅇ B파트: 은행만 낮은 행사환율의 콜옵션을 갖는다. 다만, 시장환율이 관찰기간 동안 1회라도 하단환율 이하로 떨어지는 경우에는 해당 구간과 그 이후의 구간에 관한 계약이 모두 실효된다.

---

59) 예컨대 레버리지를 높이는 대신 행사환율 혹은 넉인 환율을 높이거나, 넉아웃 환율을 낮출 수 있어 레버리지 상승에 따른 불이익을 상쇄할 수 있다. 만약 기업이 레버리지 조건 없이 거래하고자 할 경우에는 비교적 낮은 행사환율과 넉인 환율, 높은 넉아웃 환율 조건으로 설계된다.

다. 키코거래에 관한 대법원판결[60)]

대법원 2013. 9. 26. 선고 2011다53683, 53690 전원합의체 판결[61)]에서 대법원은 은행은 통화옵션계약을 체결함에 있어서 해당 기업의 경영상황을 미리 파악한 다음, 그에 비추어 해당 기업에 적합하지 않은 통화옵션계약의 체결을 권유하여서는 안 된다는 일반적인 적합성의 원칙에 추가하여 "특히 장외파생상품은 고도의 금융공학적 지식을 활용하여 개발된 것으로 예측과 다른 상황이 발생하였을 경우에는 손실이 과도하게 확대될 위험성이 내재되어 있고, 다른 한편 은행은 그 인가요건, 업무범위, 지배구조 및 감독 체계 등 여러 면에서 투자를 전문으로 하는 금융기관 등에 비하여 더 큰 공신력을 가지고 있어 은행의 권유는 기업의 의사결정에 강한 영향을 미칠 수 있으므로, 은행으로서는 위와 같이 위험성이 큰 장외파생상품의 거래를 권유할 때에는 다른 금융기관에 비하여 더 무거운 고객 보호의무를 부담한다"고 판시하여 증권회사 등 금융투자업자에 비하여 은행의 고객 보호의무가 더 무겁다고 보았다. 실제 키코상품을 판매한 은행이 적합성의 원칙을 준수하였는지 여부는 구체적인 사실관계에 달려있다.[62)]

60) KIKO사건 대법원판결에 대하여는 진상범·최문희(2014); 최문희(2014).

61) 본문에 적은 내용 이외에도 대법원판결은 ① 거래의 불공정성에 대해 "계약 체결 당시를 기준으로 전체적인 계약 내용에 따른 권리의무관계를 종합적으로 고려한 결과 불공정한 것이 아니라면, 사후에 외부적 환경의 급격한 변화에 따라 계약당사자 일방에게 큰 손실이 발생하고 상대방에게는 그에 상응하는 큰 이익이 발생할 수 있는 구조라고 하여 그 계약이 당연히 불공정한 계약에 해당한다고 말할 수 없다"고 하고, "키코 통화옵션계약의 구조가 환율 변동이 클수록, 그리고 급격하게 발생할수록 은행의 손실은 제한적인 반면 그 이익은 기하급수적으로 늘어나는 구조이고, 시간이 지날수록 시장환율이 당초의 예상범위에서 벗어나는 경향이 심해지고 변동의 정도도 커짐에 따라 은행이 막대한 이익을 얻게 되는 것이어서 불공정하다"는 주장은 "통화옵션계약 체결 당시의 시장환율 추이와 대다수 국내외 연구소 및 금융기관 등의 환율 전망에 비추어 시장환율이 상승할 확률이 높지 않으리라고 예상하였다가 사후에 시장환율이 급상승하였다는 결과를 놓고 키코 통화옵션계약이 불공정한 법률행위라고 주장하는 것과 다름없으므로 받아들이기 어렵다"고 판시하며 거래자체의 불공정성은 없다고 보았다. ② "헤지거래를 하려는 당사자가 현물의 가격변동과 관련하여 특별한 전망이나 목적을 가지고 있는 경우에는 특정구간에서만 위험회피가 되는 헤지거래도 다른 거래조건들을 함께 고려하여 선택할 수 있으므로, 전체 구간에서 위험회피가 되지 아니한다는 이유만으로 구조적으로 헤지에 부적합하다고 단정할 수는 없다"고 하고 "통화옵션계약을 환 헤지 구간이 협소하여 환 헤지 효과가 없는 옵션상품이라거나 제한된 헤지 효과만 가질 뿐이어서 불공정하다고 단정할 수 없다"고 한 원심의 판단이 정당하다고 판시하였다. ③ 약관에 해당하는지 여부에 대하여는 "통화옵션거래 약정서 등에서 미리 포괄적으로 정하고 있는 일반적인 조항은 대체로 당사자 사이에 개별적인 교섭이나 선택의 여지가 없는 부분이어서 약관에 해당할 가능성이 클 것"이라고 하였으나, 통화옵션계약의 "구조만으로는 거래당사자 사이에서 아무런 권리의무가 발생하지 아니하고 거기에 계약금액, 행사환율, 녹인·녹아웃 환율, 레버리지, 계약기간 등의 구체적 계약조건들이 결부됨으로써 비로소 전체 계약의 내용으로 완결되는 것이므로, 그 구조 자체만을 따로 약관에 해당한다고 볼 수는 없다"고 판시하였다.

62) 대법원 2013. 9. 26. 선고 2011다53683, 53690 판결, 같은 날짜 2013다26746 판결에서는 적합성의 원칙을 준수한 것으로, 같은 날짜 2011다1146, 1153 판결 및 2012다13637 판결에서는 적합성의 원칙을 위반한 것으로 인정되었다. 상세한 분석은 진상범·최문희(2014), 94-111쪽.

한편 설명의무에 대하여는 "금융기관이 고객에게 설명하여야 하는 거래상의 주요 정보에는 당해 장외파생상품 계약의 구조와 주요 내용, 고객이 그 거래를 통하여 얻을 수 있는 이익과 발생 가능한 손실의 구체적 내용, 특히 손실발생의 위험요소 등"이 모두 포함된다. 그러나 "당해 장외파생상품의 상세한 금융공학적 구조나 다른 금융상품에 투자할 경우와 비교하여 손익에 있어서 어떠한 차이가 있는지," "수수료가 시장의 관행에 비하여 현저하게 높지 아니한 이상 그 상품구조 속에 포함된 수수료 및 그로 인하여 발생하는 마이너스 시장가치," "통화옵션계약에서 녹인 또는 녹아웃될 확률, 개별 옵션의 이론가, 환율이 급상승하는 최악의 시나리오를 가상한 결과 및 환율 변동에 영향을 미치는 근본 요소에 관한 분석 결과"에 대하여 설명할 의무는 없다고 보았다. 중도해지에 대하여는 "장외파생상품 거래도 일반적인 계약과 마찬가지로 중도에 임의로 해지할 수 없는 것이 원칙이고, 설령 중도에 해지할 수 있다고 하더라도 금융기관과 고객이 중도청산금까지 포함하여 합의하여야 가능한 것이므로, 특별한 사정이 없는 한 금융기관이 고객과 장외파생상품 거래를 하면서 그 거래를 중도에 해지할 수 있는지와 그 경우 중도청산금의 개략적인 규모와 산정방법에 대하여도 설명할 의무가 있다고 할 수 없다"고 판시하였다. 어떠한 사항이 설명할 대상에 포함되는지 여부는 결국 그 사항이 고객이 부담하는 거래의 위험요소에 속하는 것인지 여부에 달려있다. 금융기관이 설명의무를 이행했는지는 구체적인 사실관계에 달려있다.[63]

설명의 정도는 "금융상품의 특성 및 위험의 수준, 고객의 거래목적, 투자경험 및 능력 등을 종합적으로 고려하여 고객이 거래상 주요 정보를 충분히 이해할 수 있을 정도로 설명하여야 한다"고 판시하였다. 키코사건의 하급심 가처분 결정 중에는 설명의 방식을 대면, 서면, 전자우편 등의 문서형태를 취하여야 한다고 하고 전화상담 형식으로 기업측에서 궁금해 하는 사항에 대해서 답변하는 정도로는 부족하다고 한 결정[64]이 있으나, 대법원판결은 설명의 방법에 대하여는 명시적으로 언급하지 않았다. 설명의무의 목적은 거래의 구조 및 리스크를 정확하게 평가할 수 있도록 거래상의 주요 정보를 알려 주는 데 있다. 그러한 목적이 달성될 수 있다면 반드시 대면이나 문서 형태로 해야만 하는 것은 아닐 것이다.

(4) 금융상품 숙지의무

법률에 명시적으로 규정하고 있지는 않으나, 금융투자업자가 설명의무를 다하고 적

63) 대법원 2013. 9. 26. 선고 2011다53683, 53690 판결, 같은 날짜 2011다1146, 1153 판결에서는 설명의무 위반이 인정되지 않았고, 같은 날짜 2012다13637 판결에서는 원고의 설명의무 위반 주장이 인정되었다. 상세한 분석은 최문희(2014), 78-102쪽.

64) 서울중앙지방법원 2009. 4. 24. 자 2009카합393 결정.

합성의 원칙을 준수하기 위해서는 투자권유하는 금융투자상품의 내용을 정확하게 파악하여야 한다. 금융투자상품의 내용을 파악하지 못하고 투자권유하는 경우 오해를 유발할 수 있는 언급을 할 가능성과 적합성 판단을 그르칠 가능성이 커지게 된다.

투자권유를 행하는 금융기관의 직원이 금융투자상품의 내용을 정확하게 파악하지 못한 것으로 밝혀진 판례의 사안을 보면 대체로 다음과 같은 3가지 유형이 있다.

유형(1)은 복잡한 금융상품을 판매하는 금융회사의 영업점 직원들이 그 내용을 정확하게 파악하지 못한 경우이다. 대표적인 사례로는 대법원 2011. 7. 28. 선고 2010다76368 판결과 대법원 2011. 7. 28. 선고 2010다101752 판결의 사안을 들 수 있다.

유형(2)는 복잡한 금융상품을 판매하는 금융회사의 중앙의 전문부서 직원들이 금융상품의 내용을 정확하게 파악하지 못하였거나 파악하였어도 부주의하게 작성한 서류가 판매에 사용된 경우이다. 상품설명서가 부정확하다는 이유로 판매를 담당한 금융회사의 책임을 인정한 대법원 2010. 11. 11. 선고 2008다52369 판결의 사안이 이에 해당한다. 금융상품 판매는 금융회사의 각 영업점에서 이루어지므로 금융회사는 중앙에서 판매담당직원이 사용할 자료를 정확하게 작성하여 제공하고 판매담당직원이 자신이 취급하는 금융상품의 내용을 정확히 파악하도록 교육할 필요가 있다는 점에서 유형(2)는 유형(1)의 발생 원인 중의 하나라고 할 수 있다.

유형(3)은 금융상품 자체는 복잡하지 않으나 그 금융상품을 통하여 달성하고자 하는 목적을 금융회사 또는 그 담당직원이 정확하게 이해하지 못한 경우이다. 대표적인 사례로는 고객이 투자한 역외펀드의 가치가 하락하였음에도 불구하고 고객의 환위험을 헤지하게 한다면서 "최초 역외펀드 투자금액" 상당의 선물환거래를 한 사례(대법원 2010. 11. 11. 선고 2010다55699 판결[65])를 들 수 있다.

Ⅲ. 장외파생상품계약의 구조[66]

1. ISDA 표준계약서의 구조

파생상품시장에서 활발하게 활동하던 금융회사들이 설립한 ISDA(International Swaps

65) ☞ 위 각주 52과 그 본문.

66) 한국거래소에서 거래되는 장내파생상품은 한국거래소가 설계하여 상장하므로 장내파생상품의 종류, 내용, 거래조건, 증거금과 결제 등 거래소에서의 장내파생상품 거래에 관한 사항과 거래소회원과 고객 사이의 장내파생상품 매매수탁에 관한 사항은 한국거래소의 파생상품시장업무규정에 따른다. 이하에서는 특별히 표시하지 않는 한 "파생상품"은 "장외파생상품"을 의미한다.

[그림 10-1] ISDA 계약서의 기본구조

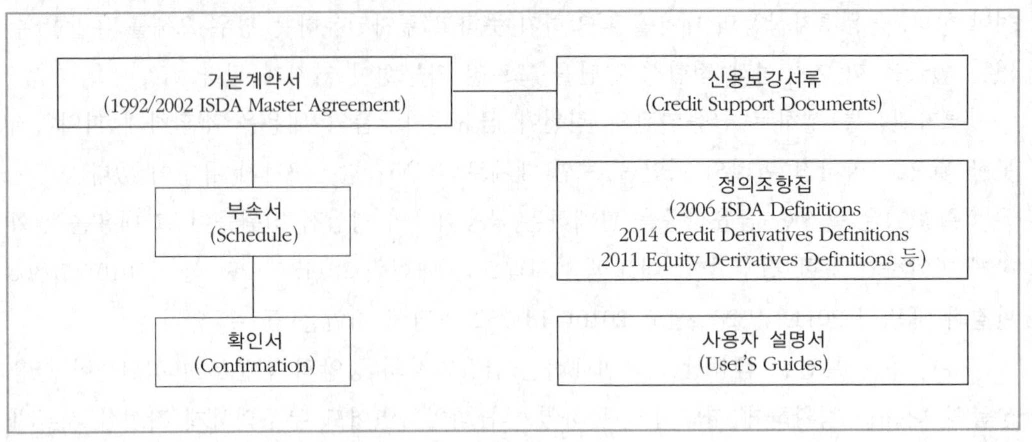

and Derivatives Association, Inc.)는 각종 파생상품거래를 위한 계약서의 표준화에 노력하여 왔고, 국제적인 파생상품거래는 대체로 ISDA에서 정한 표준계약서 양식을 사용한다. ISDA에서 정한 파생상품거래 계약서는 기본계약서(Master Agreement)와 이에 부속되는 부속서(Schedule), 담보계약에 해당하는 신용보강서류(Credit Support Documents) 및 각 개별거래의 구체적인 조건을 기재하는 거래확인서(Confirmation)로 구성되고, 정의조항집(Definitions)에서 이러한 각 계약서 기타 서류에 사용되는 용어의 의미를 정의한다.[67)]

기본계약서(Master Agreement)는 1992년 기본계약서(1992 Master Agreement)와 2002년 기본계약서(2002 Master Agreement)가 주로 사용된다. 기본계약서는 두 당사자 간에 앞으로 체결될 다양한 유형의 파생상품거래(Swaps, Options, Forward 등)에 적용될 수 있는 기본적인 조항들을 규정한다.

부속서(Schedule)는 기본계약서의 표준내용 중 미정인 사항 또는 수정, 보완할 사항(예: 준거법, 관할법원, 계약종료사유, 조세관련 진술, 상호 제출할 서류, 기타 거래의 특수성을 반영한 추가 사항)을 당사자들이 합의하여 규정한다. 당사자 간의 ISDA계약서 협상은 주로 부속서 조항에 관하여 이루어진다.

거래확인서(Confirmation)는 개별거래의 구체적인 조건(예: 계약금액, 계약일, 거래개시일 및 거래종료일, 지급일, 지급방법, 지급조건 등)을 상세히 규정하고, 아울러 개별거래에 적용되는 기본계약서와 부속서를 특정하고 정의조항집 적용 여부 등도 규정한다.

67) ISDA 기본계약서에 대한 상세한 설명은 Harding(2004); 황민택(2008); 植木雅広(2008); 植木雅広(2010). 2002년 ISDA 기본계약서의 주요 내용은 정순섭(2003a), 97-108쪽; 김홍기(2007) 5-105쪽; 이헌영(2007) 37-72쪽. 파생상품거래에 대한 체계서인 Hudson(2018)과 Henderson(2009)도 계약법적인 문제에 관하여 참고할 주요 문헌이다.

신용보강서류(Credit Support Document)로는 뉴욕주법CSA와 영국법CSA(☞ Ⅳ. 4. 장외파생상품거래 관련 담보계약의 구조)로 대표되는 담보계약(Credit Support Annex)을 들 수 있다. 뉴욕주법CSA와 영국법CSA는 그 문서가 기본계약서의 일부를 이룬다고 명시하고 있다.

이외에도 각 파생상품거래의 유형에 따라 적용되는 특별한 계약서 양식 및 정의조항집이 별도로 있다. 예컨대, 신용파생거래에 대하여는 2014 신용파생정의조항집(2014 Credit Derivatives Definitions), 주식파생거래에 대하여는 2011 주식파생정의조항집(2011 Equity Derivatives Definitions)이 그 종류의 파생거래 표준계약서에서 사용하는 용어를 정의하고 있다.

ISDA 기본계약서 및 부속서 기타 ISDA 계약서 양식은 모두 다양한 조건의 거래에 사용할 수 있도록 작성되어 있다. 대출의 경우 항상 대출자의 입장에 있는 은행이 작성한 대출계약서가 대체로 은행의 이익을 보호하기 위한 각종 조항을 두고 있는 것과는 달리 파생상품시장에서는 금융회사들이 파생상품거래의 양쪽 당사자 중 어느 한 쪽의 입장에만 있지 않으므로(예: 파생상품의 매도인이 되는 경우도 있고 매수인이 되는 경우도 있음), ISDA 계약서 양식은 어느 한 당사자의 이익 보호에 치중하기보다는 양 당사자의 이익 균형을 도모하도록 작성되어 있다고 볼 수 있다. 두 당사자 간의 여러 파생상품거래에 대해 공통적으로 적용할 사항들{준거법, 관할법원 기타 대부분 법적인 사항(legal terms)}에 대한 협상결과는 부속서(Schedule)에 나타나고, 특정한 파생상품거래에 대한 협상의 결과는 그 거래의 구체적인 조건{대부분 금융조건(financial terms)에 관한 사항}이 기재된 거래확인서(Confirmation)에 나타나게 된다. 특정한 파생상품거래의 법적 성격도 기본적으로 거래확인서를 보고 판단하게 된다.

2. 기본계약서

2002년 기본계약서의 특유한 조항으로는 다음과 같은 것을 들 수 있다. 이들 조항과 유사한 조항이 환매조건부매매(Repo) 또는 증권대차거래를 위한 기본계약서에서도 사용된다.

(1) 단일계약(Single Agreement)

기본계약서, 부속서 및 이에 따른 모든 거래확인서는 하나의 단일한 계약을 구성한다는 전제 하에 모든 거래가 이루어지며, 양 당사자는 이에 반하는 어떠한 거래도 체결하지 않는다(제1조 제(c)항).

(2) 계약의 조기종료와 일괄정산

가. 조기종료(Early Termination)

채무불이행사유(Events of Default, 예: 지급불이행, 도산, 계약상 의무 위반, 허위진술 및 표명, 교차채무불이행 등) 및 계약종료사유{Termination Events, 예: 불법(Illegality), 불가항력(Force Majeure Event), 세제의 변경(Tax Event), 합병에 의한 세제의 변경(Tax Event Upon Merger) 등}를 규정하고(제5조), 이러한 사유 발생시 조기종료를 인정하고, 조기종료시의 지급금액의 산정 및 지급 방법(일괄정산에 관한 조항 포함)에 대하여 상세한 조항을 두고 있다(제6조). 조기종료사유 발생시 자동조기종료(Automatic Early Termination)가 되도록 정해 놓을 수도 있다. 자동조기종료에 합의한 경우에는 조기종료사유가 발생하였으나 당사자들이 인식하지 못한 경우에도 조기종료되어 당사자들이 예측하지 않은 상황이 발생할 수 있고, 당해 파생상품거래에서 발생하는 위험을 회피하기 위하여 체결한 다른 파생상품거래가 같이 종료되지 않는 경우 위험에 노출될 수 있기 때문에 실제로 자동조기종료는 어느 한 당사자의 설립지 또는 사무소 소재지 국가의 법률상 도산절차의 개시 후에 행하는 통지에 의한 조기종료가 허용되지 않는 경우에만 사용된다.[68] 자동조기종료에 합의하지 않은 경우에는 채무불이행사유 등이 발생한 당사자(이하 "유책당사자")가 아닌 상대방 당사자(이하 "비유책당사자")가 조기종료를 할 수 있다. 조기종료사유가 발생한 경우 비유책당사자가 계약을 조기종료시킬 의무를 부담하는지 여부가 다투어진 사례가 있으나 호주법원은 비유책당사자가 그러한 의무를 부담하지 않는다고 보았다.[69]

금융위원회는 체계적으로 중요한 금융기관이 체결한 적격금융거래에 대하여 부실금

---

68) Firth(2017), p. 230은 그러한 국가의 예로 스위스를 들고, 스위스에서 설립된 Lehman Brothers Finance SA가 체결한 파생상품거래는 전형적으로 자동종료되었다고 한다. 일본에서는 「금융기관등이 행하는 특정금융거래의 일괄청산에 관한 법률」이 도산에 의한 계약해제·해지가 당사자의 의사에 관계없이 행해진다는 것을 전제로 하고 있기 때문에(동법 제2조 제6항: 일괄청산에 해당하는 요건으로 "당사자 쌍방의 의사에 관계없이 당해 일괄청산사유가 생긴 때에 있어서"라고 정함) 자동조기종료가 선택되는 것이 통상이라고 한다. 相澤豪·河合健(2015), 106쪽.

69) Enron Australia v TXU Electricity [2003] NSWSC 1169. 엔론 도산시 엔론과 TXU 사이에 78개의 전기 스왑계약이 남아 있었다. 스왑계약을 조기종료하면 TXU가 지급의무를 부담해야 하는 상황(즉 TXU가 out-of-the-money)이었고, TXU는 조기종료 통지를 하지 않았다. 엔론의 파산관재인은 TXU가 조기종료일을 지정한 것과 마찬가지로 지급금액 정산 절차에 들어가게 할 것을 청구하였으나 호주법원은 엔론의 청구를 기각하였다. 다만 이 사건에서는 ISDA 기본계약서 조항에 추가하여 "당사자 X에게 채무불이행 사유가 발생하고, 당사자 X가 제2조 (a)항 (i)호에 따른 지급·인도 채무를 모두 이행하고 더 이상 상대방 당사자 Y에게 장래 지급·인도할 채무가 없으며, 당사자 Y가 제2조 (a)항 (iii)호의 선행조건에 근거하여 당사자 X에 대한 지급을 거절하는 경우"를 추가종료사유(Additional Termination Events)로 하기로 하는 별도의 합의가 있었다. 법원은 엔론이 추가종료사유 조항에 따라 잔존 계약의 최종 만기일에 엔론이 모든 채무를 이행하면 TXU가 더 이상 제2조 (a)항 (iii)호에 따라 채무이행을 거절할 수 없다는 점은 인정하였다.

융기관·부실금융회사로의 결정 또는 적기시정조치 명령이 있음을 사유로 하는 적격금융거래의 종료 및 정산을 일시정지 결정의 효력이 발생한 때부터 다음 영업일 자정까지 정지할 수 있다(금융산업구조개선법 제14조의9, 동법시행령 제5조의10).[70)]

나. 일괄정산 네팅(Close-out Netting)[71)]

어느 한 거래 당사자의 도산 또는 채무불이행 발생시 양 당사자 간 체결된 모든 파생상품거래의 채권·채무를 정산하여 순 잔액 기준으로 결제할 의무가 남도록 하는 일괄정산 네팅(Close-out Netting)을 행한다(제6조). 일괄정산네팅은 (i) 도산 등 일정한 사유가 발생하는 경우에만 이루어지고, (ii) 결제일이나 통화 등이 다른 채권·채무도 일괄적으로 정산이 되며, (iii) 네팅한 잔액에 대하여 채권·채무가 남는다는 특성을 가지고 있다.

상계는 두 당사자가 서로 같은 종류의 채무를 부담하는 경우 양 채무의 이행기가 도래한 때 그 채무를 대등액만큼 소멸시키는 행위이고, 상계계약도 두 당사자가 서로 상대방에 대하여 가진 채권을 대등액만큼 소멸시키기 위하여 그 요건과 방법을 정하는 약정이다. 일괄정산 네팅은 두 당사자의 채권 채무가 아직 확정되지 않은 상태에서 채권·채무를 확정시키기 위한 계약이라는 점에서 상계와 구별된다. 또한 기간 단위로 채권·채무를 확정하는 것이 아니고 일정한 사유의 발생시 작동한다는 점에서 상호계산과도 구별된다.

조기종료 및 일괄정산 네팅에 관한 조항들이 어느 한 당사자의 도산 시에도 효력을 가지는가에 대하여 논란의 여지가 있어 국제결제은행(BIS: Bank for International Settlements)의 지급결제시스템위원회(CPSS: Committee on Payment and Settlement Systems)는 은행간 거래, 특히 국제금융거래에서 거래상대방에 대한 신용위험과 유동성위험을 효과적으로 감소시킬 수 있도록 각국이 네팅의 효력을 인정하는 입법을 하도록 권고하였다. 우리나라도 2005년 제정되어 2006년 시행된 채무자회생법 제120조 제3항(회생절차)과 제336조(파산절차)에 파생상품거래의 네팅의 효력을 보장하는 조항을 두었다(☞ V. 도산과 파생상품거래).[72)][73)]

70) 이는 글로벌 금융위기 이후 금융안정위원회(FSB)가 권고한 "금융기관을 위한 효과적인 정리체계의 핵심원칙(Key Attributes of Effective Resolution Regimes for Financial Institutions)" 제4조를 반영한 것이다. FSB의 핵심원칙 제4조에 대한 설명은 한민(2014), 256-259쪽.

71) ISDA 기본계약서는 일괄정산 네팅 이외에 지급네팅(Payment Netting)에 관한 조항도 두고 있다. 부속서 또는 거래확인서에 "Multiple Transaction Payment Netting"을 명시함으로써 지급네팅(Payment Netting)을 적용할 것을 선택하는 경우, 지급통화와 지급일이 동일한 경우 지급일에 상호 지급할 금액을 차감 계산하여 차액만을 지급할 의무를 부담한다(제2조 (c)항).

72) 채무자회생법 제120조 제3항이 제정되기 전에 ISDA 기본계약서상 지급불능에 따른 조기종료를 인정하고 계약서에 정한 대로 지급액을 산정한 사례로는 서울지방법원 2001. 11. 23. 선고 99가합52591 판결.

73) 2008년 글로벌 금융위기를 전후하여 미국에서는 파생상품거래에 관한 도산 특례조항에 대한 비

다. 조기종료시 지급금액의 산정방법

1992년 기본계약서는 시장호가(Market Quotation) 방식과 손해액(Loss) 방식의 두 가지 중 하나를 선택하여 조기종료시의 지급금액을 산정하도록 하였다. 선택하지 않은 경우에는 시장호가 방식을 적용한다(제6조 (e)항). 시장호가 방식에서는, 조기종료된 거래가 조기종료되지 않았더라면 행했을 지급·인도와 경제적으로 동등한 가치를 유지하는 효과를 가지는 거래("대체거래")를 지급금액을 산정하는 당사자(=결정당사자)와 참조시장조성자(=시장을 선도하는 매매업자)가 체결하고자 할 때 참조시장조성자가 대체거래의 체결대가로 제시하는 가액(결정당사자가 수령할 금액은 (−)로, 지급할 금액은 (+)로 표시됨)을 제시받아 그 금액을 기초로 지급금액을 산정한다.[74] 3개의 가액제시를 받았을 경우에는 최고액과 최저액을 제외한 가액이 시장호가가 되고 4개 이상의 가액제시를 받았을 경우에는 최고액과 최저액을 제외한 가액의 평균이 시장호가가 된다.[75] 이 때 참조시장조성자들이 청약이나 청약의 유인이 아니라 정보제공목적으로 하는 호가를 제시하였어도 이를 1992년 기본계약서에서 요구하는 호가가 아니라고 보기 어렵다는 우리나라 하급심판결[76]이 있지만, 영국 법원의 판결은 구속력 없는 예시적 가액제시(indicative quotation)가 아닌 실제 거래를 할 수 있는 확정적 가액제시(firm quotation 또는 live quotation)일 것을 요구한다.[77]

판이 제기되고 있다. Roe(2011); Morrison, Roe and Sontchi(2014); Schwarcz and Sharon(2014); 이영경(2019) 등.

74) 구체적인 산정의 예시로는 김창희(2015), 92쪽.

75) 4개 이상의 호가를 받은 경우 시장호가금액의 산정에 관한 조항은 "the Market Quotation will be the arithmetic mean of the quotations, without regard to the quotations having the highest and lowest values"라고 되어 있는데 서울지방법원 2001. 11. 23. 선고 99가합52591 판결은 이를 "해당 평가액이 가장 높거나 가장 낮은 금액을 적고 있는지에 상관없이 평가액들의 산술평균으로 정한다"로 해석하고 4개의 시가평가액 중 최고액과 최저액을 제외한 나머지 2개의 시가평가액의 산술평균으로 산정해야 한다는 주장을 배척하였다. "without regard to …"를 잘못 읽은 것으로 보인다. 이에 대한 상세한 논의는 정순섭(2002), 40쪽; 김창희(2015), 100-101쪽.

76) 서울남부지방법원 2011. 11. 4. 선고 2010가합8779 판결. 이 사건에서 원고가 받은 5개의 금융기관의 호가중 3개가 예시적 정보목적의 호가였지만, 원고는 그 3개 금융기관이 제시한 호가를 기준으로 대체거래를 체결한 점도 그 호가가 계약상 유효한 것으로 인정되는 근거가 되었다. 이 사건은 원고(국내 H증권회사)가 Lehman Brothers Commercial Corporation Asia Limited("LBAL")와 체결한 장외파생상품거래가 LBAL의 지주회사인 Lehman Brothers Holdings Inc의 파산신청으로 조기종료된 후 '조기종료시 지급금액'에 대하여 발생한 분쟁이다. 원고는 조기종료일에 가까운 2008. 9. 25.을 기준으로 5개의 국제적인 금융기관으로부터 호가를 받아 시장호가를 산정하였다. 이에 대해 피고(LBAL의 국제도산관리인)는 시장이 극도로 불안정한 상황이므로 시장호가 방식을 적용하는 것이 부당하다는 주장도 하였으나 법원은 이를 받아들이지 않았다.

77) Lehman Brothers Finance SA v. Sal. Oppenheim Jr. & CIE. KGAA [2014] EWHC 2627 (Comm) (29 July 2014). LBF가 체결한 니케이255 주가지수에 연계된 옵션거래가 월요일인 2008. 9. 15. 자동 조기종료되었으나, 그 날이 일본 공휴일이어서 도쿄증권거래소와 오사카증권거래소가 폐장하여 확정적인 가액제시를 구할 수 없어서 비유책당사자가 직전 거래일인 금요일 종가를 기준으

손해액(Loss) 방식은 거래의 조기종료로 인하여 각 당사자가 입은 손해(또는 이익)를 산정하고 이에 기초하여 지급할 금액을 정한다. 손해액은 거래의 기회상실에 의한 손해(loss of bargain), 자금조달비용 또는 (당사자의 선택에 의하여 중복되지 않는 범위 내에서) 당해 당사자가 헤지거래 또는 기타 관련 거래상의 지위를 종료, 청산, 취득 또는 재구축한 결과 입은 손해와 비용(또는 이익)을 포함한다. 또한 손해액에는 관련 조기종료일 이전에 (필요한 선행조건이 충족되었다고 가정하고) 이행되었어야 함에도 불구하고 이행되지 않은 지급·인도에 관한 손해와 비용(또는 이익)을 포함한다. 손해액은 당해 당사자가 성실하게 합리적으로 산정(reasonably determines in good faith)해야 한다. 또한 손해액은 관련 시장의 선도적인 매매업자로부터 제시받은 가액에 기초하여 산정할 수도 있다. 이렇게 손해액을 정하는 경우 시장호가 방식에 따른 지급금액과 별 차이가 없게 될 것이다. 두 방식은 내용이 다른 것으로 보이지만 대체적으로 같은 결과에 도달할 것을 의도하고 있는 것이라고 할 수 있으나 반드시 동일한 결과가 되지는 않는다.[78)]

시장호가(Market Quotation) 방식이 시장에서 평가하는 가치를 반영한다는 점에서 신뢰도가 높아 많이 사용되어 왔으나 이 방식의 실제 적용시 예상하지 않는 결과가 나타나 분쟁이 발생하였다. 대표적인 사례가 홍콩의 페레그린("P")과 태국의 로빈슨백화점("R") 간의 분쟁이다. 두 당사자는 1997. 11. 20. 스왑계약을 체결하여 (i) P는 거래 초기에 지

로 시장호가(Market Quotation)을 산정하였으나, 법원은 시장호가 방식의 지급금액 산정시에는 실제거래가 체결될 수 있는 가액제시(live quotation)를 받아야 하고, 그 가액제시는 조기종료일 또는 그 이후 합리적으로 가장 빨리 얻어야 하므로 과거의 시세를 기준으로 산정해서는 안 된다고 판시하였다.

78) 일본에서는 리먼브러더스증권과 일본회사들이 손해액(Loss)방식을 선택하여 1992년 ISDA기본계약을 체결하고 행한 통화파생상품거래와 니케이주가지수에 연계된 스왑거래 등이 Lehman Brothers Holdings Inc.의 파산신청일인 2008. 9. 15. 조기종료되자, 그 날이 일본의 휴일이어서 손해액 산정을 위한 시세의 기준일을 어느 날로 할 것인가가 문제되었다. 1992년 ISDA기본계약서는 조기종료일에 손해액을 산정하되 그렇게 합리적으로 실행할 수 없는 경우에는 합리적으로 실행가능한 최초의 날짜에 손해액를 산정하도록 규정하고 있다. (i) 위 조항에 기초하여 2008. 9. 16.을 기준으로 손해액을 산정해야 한다는 견해와 (ii) 조기종료 직전 영업일인 2008. 9. 12.의 시세를 이용하여 조기종료일의 손해액을 추정하는 것이 합리적이고 조기종료일에 손해액 산정이 합리적으로 실행할 수 없는 경우라고 볼 수 없다는 견해로 나뉘었다. 1심판결 중에는 (i)의 입장을 취한 판결(도쿄지방재판소 2012(平成 24). 7. 20. 판결 平22(ワ) 第46422号 判例タイムズ 1403号 209쪽)과 (ii)의 입장을 취한 판결(도쿄지방재판소 2012(平成 24). 7. 27. 판결 平23(ワ) 第3159号 判例タイムズ 1403号 217쪽, 도쿄지방재판소 2013(平成 25). 1. 29. 판결 平23(ワ) 第30412号 判例タイムズ 1403号 199쪽)로 나뉘었으나, 항소심판결(도쿄고등재판소 2013(平成 25). 4. 17. 판결 判例時報 2250号 14쪽)은 (ii)의 입장을 취하여 (i)의 입장을 취한 판결을 파기하였다. 일본의 위 판결들은 손해액(Loss) 방식에 관한 것이고 바로 위 각주에 언급된 영국 판결 Lehman Brothers Finance SA v Sal. Oppenheim Jr. & CIE. KGAA [2014] EWHC 2627 (Comm) (29 July 2014)은 시장호가(Market Quotation) 방식에 관한 것이다. 시장호가 방식에 따라 지급금액을 산정하기 위해서는 반드시 참조시장조성자로부터 가액제시를 받아야 하는데 위 영국 판결은 그러한 가액제시를 받지 않고 최근의 시세에 기초하여 시장호가를 산정한 것은 잘못된 것으로 본 것이다.

급의무를 모두 이행하고 R이 1998. 11.부터 25년간 매년 685만불을 지급할 의무를 부담하게 된 상황 하에서(외관은 스왑계약이지만 실질은 P가 R에게 자금을 대여한 것임), (ii) 1998. 1. 15. P의 청산신청과 그 다음날 임시청산인 선임으로 스왑계약이 조기종료되었다. 스왑계약은 시장호가 방식을 적용하도록 되어 있었다. 비유책당사자인 R이 3개의 금융회사로부터 가액을 제시받아 보았더니 75만불, 969만불, 2,550만불로 나타나 기본계약서에 따르면 최고액과 최저액을 제외한 969만불이 시장호가로 인정되어야 했다. R이 매년 685만불씩 25년간 지급할 금액 총액이 1억7,125만불이고 이를 현가 할인한 금액도 8,730만불(이 금액이 P의 손해액일 것임)인데 시장호가가 현저하게 작은 금액이 된 것은 R 역시 재무상태가 악화되어 25년간의 지급의무 이행능력에 대한 의문이 있었기 때문이다. 이에 대해 영국 법원은 시장호가 방식과 손해액 방식 모두 넓게는 같은 결과를 가져올 것을 의도한 것이라고 보고, 이 사건에서 시장호가 방식이 상업적으로 합리적인 결과를 보여주지 못하므로 P는 손해액(Loss) 방식으로 지급금액을 산정할 것을 요구할 수 있으며, 손해액 방식으로 지급금액을 산정할 때 R의 신용도는 고려할 필요가 없다고 판시하였다.[79)]

리먼브러더스 도산시에도 손해액 산정시 유책당사자의 신용도를 고려할 필요가 있는지의 문제가 제기되었다. Lehman Brothers Finance SA("LBF")가 풋옵션 의무자로 파생상품계약을 체결한 후 도산하여 계약은 조기종료되었고, 비유책당사자가 기본계약에서 허용된 대로 LBF와의 풋옵션을 대체하는 옵션계약을 시장의 선도적인 매매업자와 체결하는데 들어가는 비용을 손해액(Loss)으로 산정하였다. LBF는 대체옵션계약을 LBF보다 신용도가 높은 당사자와 체결하기 때문에 비용이 높아진 부분은 손해로 인정할 수 없어야 한다고 주장하였으나, 영국 법원은 LBF의 주장을 받아들이지 않았다.[80)]

2002년 기본계약서에서는 시장가액 방식과 손해액 방식을 통합한 Close-out금액(Close-out Amount)이라는 개념을 사용한다.[81)] Close-out금액은 종료된 거래의 중요한 계약조건 또는 옵션권리를 대체하거나 또는 비유책당사자에게 경제적으로 그와 동일한 가치를 제공하기 위하여 비유책당사자가 부담해야 하는 손해/비용(이 경우에는 비유책당사자가 지급받게 됨) 또는 비유책당사자가 실현하게 되는 이익(이 경우에는 비유책당사자가 지급하게 됨)을 의미한다. Close-out금액을 산정하는 산정당사자는 성실하게(in good faith) 상

79) Peregrine Fixed Income Ltd v. Robinson Department Store Public Co Ltd. QBD (Comm) (18 May 2000). 이 판결을 해설한 국내문헌은 정순섭(2002), 41쪽; 김창희(2015), 95-96쪽.

80) Fondazione Enasarco v. Lehman Brothers Finance SA & Anor [2015] EWHC 1307 (Ch) (12 May 2015).

81) 2002년 기본계약서상 Close-out금액을 상세히 설명한 국내문헌은 정순섭(2003a), 99-100쪽.

업적으로 합리적인 결과(commercially reasonable results)를 얻기 위하여 상업적으로 합리적인 절차(commercially reasonable procedures)를 사용해야 한다.[82] 산정당사자는 Close-out금액을 정하기 위하여 (i) 제3자가 제공하는 대체거래를 위한 가격제시(확정적 가격제시 또는 구속력 없는 가격제시), (ii) 제3자가 제공하는 각종 시장정보, (iii) 내부로부터 얻는 위 (i)과 (ii)의 정보(산정당사자가 통상의 업무과정에서 유사한 거래의 평가에 사용하는 종류의 정보에 한함)를 포함한 각종 정보를 고려할 수 있다.

라. 조기종료시 지급금액의 지급의무자

1992년 기본계약서는 조기종료시 지급금액의 지급방법으로 제1방식(1st method)과 제2방식(2st method)을 두고 당사자가 선택하도록 하였다. 제2방식을 채택하면 조기종료로 지급할 최종 정산금액을 산정하여 이를 지급할 당사자가 상대방에게 지급할 의무를 진다(이른바 쌍방지급(two-way) 방식). 비유책당사자가 유책당사자에게 지급해야 할 경우도 발생한다. 그러나 제1방식을 선택하면 최종 정산금액을 유책당사자만 지급할 의무를 진다(이른바 일방지급(one-way) 방식). 제1방식의 법적 효력에 대한 의문이 있고, 실무 관행도 제2방식을 채택하고 있어,[83] 2002년 기본계약서에서는 이 구분을 없애고 모두 쌍방지급방식을 적용하도록 하였다.

(3) 조건부자산 조항(flawed-asset clause)

ISDA 기본계약서는 일방 당사자에게 채무불이행 사유 또는 잠재적 채무불이행 사유가 발생하지 않음을 상대방 당사자의 지급의무에 대한 선행조건으로 규정하고 있다(제2조(a)항 (iii)호). 채무불이행(또는 잠재적 채무불이행) 사유가 발생한 유책당사자가 그것을 치유하지 않는 한 비유책당사자는 자신의 채무이행을 거절할 수 있다. 물론 비유책당사자는 그러한 사유 발생을 근거로 계약을 종료시키고 일괄정산하는 방법을 취할 수 있고 그러한 선택을 한 경우에는 계약 종료 및 일괄정산 절차에 따라 처리된다. 그러나 예컨대 시

---

82) 1992년 기본계약서는 손해액(Loss) 산정을 "성실하게 합리적으로 산정(reasonably determines in good faith)"하도록 하였으나, 2002년 기본계약서는 일괄정산 금액(Close-out Amount) 산정에 대하여 "상업적으로 합리적인 결과(commercially reasonable results)를 얻기 위하여 상업적으로 합리적인 절차(commercially reasonable procedures)를 사용"하도록 변경되었다. 최근 영국 High Court는 Lehman Brothers Special Financing Inc v. National Power Corporation & Anor [2018] EWHC 487 (Comm) (12 March 2018)에서 2002년 기본계약서의 위 조항을 "객관적으로 상업적으로 합리적인 결과"를 얻기 위하여 "객관적으로 상업적으로 합리적인 절차"를 거친다는 의미로 해석하였다.

83) 은행의 자기자본 규제상 일방지급 방식을 채택한 경우에는 정산금액기준(net basis)이 아닌 거래총액기준(gross basis)으로 위험에 대한 자기자본이 필요했던 것이 이러한 실무관행의 주된 이유였다. Firth(2017), p. 232; 정순섭(2003a), 100쪽.

장상황의 변화로 파생금융계약상 유책당사자가 지급을 받을 수 있고(즉 內가격 in-the-money) 비유책당사자가 지급을 해야 하는 상황(즉 外가격 out-of-the-money)에서는 비유책당사자가 계약을 조기종료시키고 일괄정산할 유인이 없다.[84] 비유책당사자의 지급의무에 대한 선행조건이 성취되지 않았기 때문에 유책당사자에게 채무를 이행하지 않아도 되기 때문이다.[85] 유책당사자가 지급받을 권리를 가지고 있지만 그 자신이 채무불이행을 하지 않을 것을 조건으로 한다는 점에서 그 권리는 조건부자산에 해당한다고 하여 위 조항을 조건부자산 조항(flawed-asset clause)이라고 부른다.

금융회사의 도산이 발생하면서 이 조항이 실제로 어떻게 작동되어야 하는지에 대하여 논란이 제기되었다. 특히 이 조항에도 불구하고 비유책당사자가 계약을 조기종료시키고 일괄정산할 의무가 있는지,[86] 이 조항에 의거하여 비유책당사자의 지급채무가 발생조차 하지 않는 것인지 아니면 채무는 존재하지만 지급의무가 연기되는 것인지, 그 연기는 언제까지 계속되는 것인지, 지급의무가 면제된다고 볼 수 있는지, 도산절차에서는 위 조항의 효력을 인정할 수 있는지 등의 문제가 제기되었다. 영국의 항소심 판결은 대체로 위 조항에 따른 선행조건 불충족시 비유책당사자의 채무(debt obligation)는 존재하지만 지급의무(payment obligation)가 연기되는 것이고, 선행조건 불충족이 치유되지 않은 상태로 거래의 만기가 도래하더라도 비유책당사자의 지급의무가 면제되거나 부활하는 것은 아니며, 도산절차상 책임재산박탈금지(anti-deprivation) 원칙에도 어긋나지 않는다는 입장이다.[87] 그러나 미국에서는 채무자의 도산신청 등을 이유로 기존 미이행 쌍무계약상 권리의무를 종료 또는 변경시키는 도산해지조항(ipso facto clause)의 효력을 인정하지 않는 연방파산법 제365조 (e)항 (1)호에 따라 도산절차에서 위 조항(제2조 (a)항 (iii)호)의 효력이 인정되지 않는 것으로 본 사례[88]가 있다. 이러한 법적 불확실성을 해소하고자 2014. 6.

84) 예: 위 각주 69에서 언급한 Enron Australia v TXU Electricity [2003] NSWSC 1169의 사안.

85) 제2조 (a)항 (iii)호에 따른 선행조건은 평상시 즉 조기종료가 되기 이전의 지급의무에 대한 것이고 조기종료가 이루어지면 일괄정산 조항에 따라 처리되고 위 선행조건 조항이 작동하지 않는다.

86) 앞서 언급한 바와 같이 호주의 Enron Australia v TXU Electricity [2003] NSWSC 1169 판결은 비유책당사자가 계약을 조기종료시킬 의무가 없다고 판시하였다.

87) Lomas v JFB Firth Rixson Inc [2012] EWCA Civ 419 (3 April 2012). 이 판결의 배경과 내용을 다룬 국내문헌으로는 홍성균(2015), 176-187쪽.

88) In re Lehman Brothers Holdings, Inc., et al. (Metavante) Case No. 08-13555 et seq. (2009). 이 사건에 관한 상세한 논의는 박준(2018), 15-16쪽; 홍성균(2015), 201-202쪽. 이 결정은 나아가 리먼브러더스의 스왑거래 상대방인 메타반테(Metavante Corporation)가 미국 연방파산법 제560조의 안전항 조항(파생거래의 당사자가 거래종료 및 정산할 권한은 도산해지조항에 의하더라도 유효하도록 함) 적용을 주장한데 대하여 메타반테가 1년간 지급의무를 연기하며 조기종료를 선택하지 않은 것은 위 안전항 조항의 보호를 받을 권리를 포기한 것에 해당한다고 보았다. 메타반테가 위 결정에 대해 항소하였고 항소심에서 화해가 이루어졌다. 화해의 내용은 파생금융거래의 원래 만기(2012. 2. 1.)에 리먼의 도산신청 이후 만기까지 상호 지급할 금액을 네팅하여 일괄지급하되

19. ISDA는 기본계약 수정계약을 발표하였다.[89]

(4) 관계회사 상계 조항

금융그룹은 위험을 그룹 전체적으로 관리하기 위하여 소속 회사가 상대방과 파생상품거래를 할 때 소속 다른 회사들이 그 상대방과의 사이에서 가지는 채권·채무를 상계할 수 있는 특약을 하는 경우가 있다. 평상시에는 공서양속이나 강행법규에 위반하지 않는 한 특약의 효력이 인정될 것이다. 그러나 당사자 일방에 대해 도산절차가 개시된 경우에는 당해 파생상품거래의 당사자 사이에서 채권채무가 상호대립하고 있지 않다는 점에서 그 특약의 효력이 문제될 수 있다.

리먼브러더스의 도산과 관련하여 미국과 일본에서 이 쟁점을 다루었다. 두 사건 모두 ISDA기본계약서의 부속서에 "조기종료시 비유책당사자는 '유책당사자가 비유책당사자 또는 그의 관계회사에게 부담하는 채무'를 '비유책당사자 또는 그의 관계회사가 유책당사자에 대하여 부담하는 채무'와 상계할 수 있다"는 취지의 조항을 두었다. 미국 뉴욕남부연방파산법원의 판결[90]과 일본 최고재판소의 판결[91]은 모두 파산채무자의 채권자에 대

다만 메타반테는 만기 전에 조기종료할 권리를 보유하였다. 이는 메타반테가 파생금융거래를 조기종료할 권리를 상실하였다고 본 위 결정과 달리 리먼이 상당히 양보한 것이다. Lehman Brothers Special Financing Inc. v. Bank of America N.A. Docket No. 18-1079 (2nd Cir, August 11, 2020)에서 미국 연방제2항소법원은 조기종료를 선택하지 않아 미국 연방파산법 제560조 안전항 조항의 보호를 받을 권리를 포기한 것으로 본 메타반테 결정과는 다른 취지의 판시를 하였다{Cleary Gottlieb Alert Memorandum, Second Circuit Rules that Provisions in Lehman CDOs Setting Payment Priorities Are Protected by Safe Harbor (August 18, 2020), p. 5}.

89) 수정계약 조항의 주요 내용은 (i) 채무불이행 사유 발생시 유책당사자가 비유책당사자에게 "조건종료일자(Condition End Date)"를 정하여 그 일자가 지나면 선행조건 위반을 주장할 수 없다는 취지의 통지를 할 수 있고(조건종료일자는 기본적으로 통지 후 90일로 하되 기본계약 체결 시 이를 달리 정할 수 있다), (ii) 통지 후 조건종료일자가 경과하면 제2조 (a)항 (iii)호의 선행조건 위반의 효과가 소멸되어, 비유책당사자의 지급의무가 되살아나며, (iii) (최초 채무불이행이 도산인 경우를 제외하고는) 추가적으로 채무불이행 사유가 발생하면 위 통지는 효력을 상실하도록 하였다.

90) In re Lehman Brothers Inc., 458 B.R. 134 (Bankr. S.D.N.Y., Oct. 4. 2011). UBS AG가 Lehman Brothers Inc("LBI")와 ISDA기본계약을 체결하고 파생상품거래를 하다가 리먼브러더스의 도산으로 조기종료한 뒤 정산 후 남은 담보반환채무를 LBI에 대한 도산절차개시 후에 UBS AG의 자회사인 UBS Securities의 LBI에 대한 채권으로 상계한 사건에서 법원은 상계의 효력을 인정하지 않았다. 이 사건에 관한 설명은 박준(2018), 23-25쪽; 김창희(2018) 422-424쪽.

91) 일본 최고재판소 2016(平成 28). 2. 8. 판결(平成26年(受)第865号 清算金請求事件). 노무라신탁과 노무라증권이 각각 Lehman Brothers Japan("LBJ")와 별도의 ISDA기본계약을 체결하고 파생상품거래를 하다가 신용보증제공자였던 Lehman Brother Holdings Inc.의 도산으로 파생상품거래가 조기종료된 뒤 (i) LBJ의 노무라신탁에 대한 채권과 (ii) LBJ의 노무라증권에 대한 채무가 남았다. LBJ에 대하여 민사재생절차가 개시된 후 노무라신탁은 관계회사 상계조항에 근거하여 자신의 LBJ에 대한 채무를 노무라증권의 LBJ에 대한 채권과 상계하였으나, 일본 최고재판소는 그러한 상계는 허용되지 않는다고 판시하였다. 이 사건에 관한 설명은 박준(2018), 25-28쪽.

한 채권과 채권자의 파산채무자에 대한 채권이 상호대립하지 않는다는 점을 이유로 도산절차에서 상계가 허용되지 않는다고 판시하였다.

채무자회생법도 동일한 채권자와 채무자가 채권·채무를 상호 가진 경우 상계를 허용하고 있으므로(동법 제144조 제1항, 제416조), 위와 같은 관계회사 상계 조항에 따른 상계는 채무자회생법의 회생·파산절차상 상계의 요건을 갖추지 못한다고 보아야 할 것이다. 또한, 위 관계회사 상계 조항에 따른 상계가 채무자회생법 제120조 제3항 및 제336조에 따른 적격금융거래의 종료 및 정산에 해당하는가에 대해서는 논의의 여지가 있으나, 위 관계회사 상계조항에 의한 상계는 적격금융거래의 조기종료 및 정산 후 남은 금액의 지급채권·채무를 다른 채권·채무와 상계하는 것이라고 보는 것이 더 설득력이 있을 것이다. 그렇게 본다면 이는 적격금융거래의 종료 및 정산 이후에 행해지는 상계로서 제120조 제3항 및 제336조에 따른 특례의 적용을 받지 않는다고 보게 될 것이다.[92]

3. 국내 기본계약서

국내에서 만든 기본계약서로는 한국금융투자협회가 제정한 장외파생상품거래 한글약정서 권고안을 들 수 있다.[93] 국내 계약서 권고안은 한글로 되어 있어 외국어로 된 계약서 사용에 따른 이해부족 또는 오해의 소지를 줄일 수 있다는 장점이 있다. 그러나 국내에서 행한 파생상품거래상의 위험을 헤지하기 위하여 해외 당사자와 파생상품거래를 행하는 경우 국내 계약서와 국제금융관행에 따른 계약서의 내용에 차이가 있으면, 국내계약서상 부담한 위험과 해외 당사자와의 계약서상 정한 위험이 동일하지 않게 될 우려가 있다는 점에 유의해야 한다.[94]

4. 장외파생상품거래의 중앙청산

장외파생상품거래의 당사자가 부담하는 의무의 내용은 두 당사자 사이의 계약으로 정해지고 의무의 이행도 계약에서 정한 바에 따라 당사자 사이에서 이루어지는 것이 원칙이다. 글로벌 금융위기 이후 일부 장외파생상품거래는 중앙청산소를 통한 청산이 의무

92) 이에 관한 상세한 논의는 박준(2018), 28-29쪽.

93) 여러 시중은행들이 사용하는 장외파생상품거래 기본계약서가 이 권고안을 따른 것으로 보인다.

94) 김홍기(2007), 46쪽은 우리나라의 법률체계에 부합하는 독자적인 표준계약서를 마련한 필요성을 주장하면서도 파생상품거래의 국제적이고 표준화된 특성에 비추어 국제적인 표준계약서의 내용과 동떨어진 표준계약서를 사용하는 것도 곤란하다는 점을 지적하였다.

화되었다. 글로벌 금융위기를 겪으며 대규모 장외파생상품거래를 행한 금융회사의 결제 불이행이 국내·국제 금융시스템의 불안정을 야기할 우려를 인식하고 장외파생상품시장의 리스크를 관리할 방안의 하나로 중앙청산 의무화제도가 도입된 것이다. 글로벌 금융위기 발생 직후 G20 회의에서 장외파생상품시장의 리스크 관리를 위한 방안[95]의 하나로 표준화된 장외파생상품거래의 중앙청산소(CCP: central counterparty)를 통한 청산을 채택하기로 하였고, 2012년 국제증권감독위원회(IOSCO)와 지급결제위원회(CPSS)가 금융시장인프라 기본원칙(PFMI: Principles for financial market infrastructures)을 제시하여, 각국이 장외파생상품거래의 중앙청산소를 법제화하였다.[96]

국내에서도 장외파생상품거래의 중앙청산의무에 관한 근거가 자본시장법에 마련되었다(동법 제166조의3, 동법시행령 제186조의3). 금융투자업자는 다른 금융투자업자 또는 외국금융투자업자와 일정한 청산의무거래(장외파생상품의 매매 및 그 밖의 장외거래로서 그 거래에 따른 채무의 불이행이 국내 자본시장에 중대한 영향을 줄 우려가 있는 경우로 한정함)를 하는 경우 금융투자상품거래청산회사(또는 금융위원회가 승인한 외국금융투자상품거래청산회사)를 통하여 청산하여야 한다. 현재 일정한[97] 원화이자율스왑거래가 청산의무거래로 지정되어 있고, 한국거래소가 금융투자상품거래청산업 인가를 받아 장외파생상품거래의 중앙청산소 기능을 하고 있다.

가장 기본적 거래유형인 한국거래소의 청산회원 A와 다른 청산회원 B 사이의 장외파생상품거래("청산대상거래")를 금융투자상품거래청산회사(=한국거래소)를 통하여 청산하는 경우를 살펴보자. 한국거래소의 규정에 의하면 A와 B가 거래소에 청산대상거래에 대하여 채무부담신청을 하고 거래소가 그 거래를 장외파생상품청산시스템에 등록하면, 청산대상거래는 소멸하고(채무부담신청을 하면, 청산약정거래 성립을 조건으로 청산대상거래를 합의해약하는 의사표시를 상대방 청산회원에게 행한 것으로 간주함), (i) A와 거래소 사이의 청산약정거래(거래소가 청산대상거래에서의 B와 동일한 지위를 가지는 내용임)와 (ii) B와 거래소 사이의 청산약정거래(거래소가 청산대상거래에서의 A와 동일한 지위를 가지는 내용임)가 성립

95) (i) 표준화된 장외파생상품거래의 거래소 또는 전자플랫폼 거래와 중앙청산소(CCP)를 통한 청산, (ii) 거래정보저장소(TR: trade repositories)에 대한 장외파생상품거래 보고, (iii) 중앙청산소를 통하여 청산되지 않는 장외파생상품거래에 대해 높은 자기자본 요구, G20 Leaders Statement-The Pittsburgh Summit(September 24-25, 2009), para. 13.

96) 장외파생상품거래의 중앙청산의무화 제도의 논의경과와 각국의 입법에 대하여는 남희경(2014), 154-167쪽; 이헌영(2015), 76-94쪽.

97) 다음 요건을 갖춘 거래(금융투자업규정 제5-50조의5)
1. 기초자산: 한국금융투자협회가 발표하는 91일 만기 양도성예금증서의 이자율
2. 거래의 만기: 30년 이내의 범위에서 금융투자상품거래청산회사의 청산업무규정으로 정하는 기간
3. 그 밖에 최소계약금액 등 금융투자상품거래청산회사의 청산업무규정에서 정하는 사항

한다.[98] 청산약정거래에는 거래소의 규정과 ISDA 정의조항이 적용되고, ISDA 기본계약이나 거래소 규정에 없는 당사자 간 합의는 적용되지 않는다.[99]

청산대상거래의 소멸과 청산약정거래의 체결은 한국거래소 규정에 근거한 것이고 청산대상거래와 청산약정거래에 적용되는 계약조항이 다르기 때문에 청산대상거래의 소멸과 청산약정거래의 체결은 민법상 "채권자변경으로 인한 경개"라기 보다는 청산대상거래의 당사자들을 포함한 다수 당사자들이 동의한 한국거래소 규정에 근거를 둔 무명계약이라고 보는 것이 합리적일 것이다. 이렇게 본다면 "채권자변경으로 인한 경개는 확정일자있는 증서로 하지 않으면 제3자에게 대항하지 못한다"고 규정한 민법 제502조는 한국거래소의 중앙청산에 따른 청산대상거래의 소멸에는 적용되지 않을 것이다. 이러한 중앙청산이 경개와 유사한 기능을 한다고 하여 자본시장법에 근거한 중앙청산제도의 운영에 "이미 제도적 의의를 상실했다"는 평가[100]를 받고 있는 경개에 관한 민법조항을 유추적용할 것은 아니다.[101]

Ⅳ. 파생상품거래와 담보[102]

1. 파생상품거래 관련 담보 취득의 동기

채권자는 채무자가 변제기에 채무를 불이행하여 채권을 회수하지 못할 신용위험을 부담한다. 일반적으로 특정 상대방에 대한 신용위험에 대처하는 방안으로는 (i) 그 상대방에 대한 신용위험을 처음부터 부담하지 않는 방안(예: 거래를 체결하지 않음), (ii) 신용위험의 규모를 최소화하는 방안(예: 네팅, 장내파생상품거래에서의 증거금과 일일정산제도, 중앙청산제도), (iii) 그 상대방에 대한 신용위험을 그보다 신용도가 높은 제3자에 대한 신용위

98) 한국거래소 장외파생상품 청산업무규정 제50조, 제52조.

99) 한국거래소 장외파생상품 청산업무규정 제53조.

100) 김형석(2018), 146쪽(민법 제502조를 사적자치에 기초하여 발달한 제도인 계약인수에 섣불리 유추하는 것에는 극히 신중할 필요가 있음을 지적). 이 논문은 대법원 2017. 1. 25. 선고 2014다52933 판결(임대차계약상의 지위 양도시 임대차보증금 반환채권의 양도 부분에 대해 채권양도의 제3자 대항요건을 적용)을 비판하고 채권양도의 대항요건이 계약인수에 유추되는 것은 적절하지 않다고 보았다.

101) 민법상 채권자변경·채무자변경이 결합된 경개와 유사하고 민법 제502조가 유추적용 된다고 보아 전자확정일자 제도를 활용할 것을 주장하는 견해로는 김창희(2016), 96-98쪽.

102) 이 문제에 대한 상세한 분석은 한민·홍선경(2012), 239-269쪽. 그 밖에 파생상품거래에 대한 담보에 관한 논의로는 허항진(2009), 195-249쪽; 박훤일(2004), 198-203쪽. 파생상품거래에 사용되는 담보계약서 작성에 관한 상세한 해설은 Harding·Johnson(2002).

험으로 대체하는 방안(예: 보증, 신용파생거래), (iv) 그 상대방의 지급능력의 악화와 관계없이 채권을 회수할 수 있도록 물적 담보를 취득하는 방안 등을 들 수 있다.[103)]

파생상품거래에서도 위의 4가지 방안이 모두 사용되고, 담보취득자는 신용위험을 관리하기 위하여 담보를 취득한다. 또한 은행 등 금융회사는 보유하는 위험자산에 상응하는 일정한 규제자본(regulatory capital)을 확보해야 한다(건전성 규제). 신용위험에 노출된 자산의 규모를 줄이면 파생상품거래를 하는데 필요한 규제자본을 절약할 수 있어서 금융회사가 가지고 있는 규제자본을 보다 효율적으로 사용할 수 있게 된다. 담보제공자의 입장에서는 담보를 제공함으로써 다른 거래조건을 유리하게 할 수 있고 복잡한 거래도 보다 용이하게 체결할 수 있게 된다.

2. 파생상품거래 관련 담보의 특징

파생상품거래에 따른 지급은 기초자산에 연동되어 있으므로 기초자산의 가치변동에 따라 파생상품거래에 따른 지급의무의 유무와 규모가 변동된다. 예컨대 A가 계약체결일(T0)로부터 180일 후(T180) 100엔:1달러의 환율로 100만 미달러를 B에게 매도하고 1억엔을 매수하기로 하되 계약의 이행은 차액을 엔화로 결제하는 현금결제 방식의 선도계약을 체결하였다고 가정해 보자. 선도계약의 이행기일(T180)의 엔-달러 현물환율이 만약 120엔:1달러가 되면 A가 B에게 2,000만엔을 지급해야 하고, 만약 90엔:1달러가 되면 B가 A에게 1,000만엔을 지급해야 한다. 기초자산의 가치 변동에 따라 계약당사자 중 누가 채권자가 되고 누가 채무자가 되는지가 달라지고 이는 누가 누구에게 담보를 제공해야 하는지에 대해 영향을 끼친다.

기초자산의 장래의 가치를 알 수 없으므로 파생상품거래에서는 수시로 기초자산의 가치를 평가하여 그 평가액을 기초로 담보제공 여부와 규모를 결정하는 것이 합리적이다. 위의 엔-달러 선도거래에서 지급기일이 되기 이전에 엔화의 가치가 100엔:1달러보다 하락하면 B가 내가격(in-the-money) 상태가 되므로 A가 B에게 담보를 제공할 필요가 있고, 반대로 엔화의 가치가 100엔:1달러보다 상승하면 A가 내가격(in-the-monay) 상태가 되므로 B가 A에게 담보를 제공할 필요가 있다. 이와 같이 기초자산의 가치의 변동에 따라 파생상품거래에서 지급할 당사자와 지급채무의 규모가 변동되므로, 그 채무의 이행을 담보하기 위한 담보의 제공자와 담보의 규모도 변동될 수밖에 없다. 담보의 제공과 교체 및

103) 위에 열거한 방안 이외에 신용위험이 현실화되더라도 채권자가 스스로 이를 흡수할 수 있도록 자신의 재무능력을 강화하는 방안(예: 자기자본의 확충)도 있으나 이는 신용위험의 현실화로 인한 손실의 발생을 막지는 못한다.

반환이 수시로 발생할 수 있으므로 파생상품거래에서는 가치평가가 수월하고 호환성 내지는 현금화 가능성이 높은 담보물(예: 국채 또는 현금)이 사용된다.

3. 비청산 장외파생상품거래 증거금 제도

글로벌 금융위기 이후 G20에서 합의한 장외파생상품시장의 위험관리를 위한 여러 방안[104] 가운데 하나가 중앙청산소(CCP)를 통하여 청산이 이루어지지 않는 장외파생상품거래(이하 "비청산 장외파생상품거래")에 대한 증거금 제도의 확립이다. 이를 위해 2015년 바젤은행감독위원회(BCBS)와 국제증권감독위원회(IOSCO)가 비청산 장외파생상품거래에 대한 증거금 부과규제의 기본원칙[105]을 제시하였다. 이 제도는 비청산 장외파생상품거래에 따른 상대방위험을 관리하여 계약불이행의 확산을 방지함으로써 시스템위험을 축소하고 장외파생상품거래의 중앙청산소 청산을 유도하는 것을 목적으로 한다. 이 기준에 기초하여 미국, EU, 캐나다, 일본, 호주, 홍콩 등 각국이 비청산 장외파생상품거래에 대한 증거금 부과 제도를 시행하였다. 우리나라에서도 금융감독원이 「비청산 장외파생상품거래 증거금 교환 제도 가이드라인」을 제정하여 시행하고 있다.[106]

금융감독원의 이 가이드라인은 비청산 장외파생상품거래의 월말 명목거래잔액 평균이 일정 수준 이상인 은행, 금융투자회사, 보험회사 등 장외파생상품을 취급하는 금융회사에게 적용된다. 이 가이드라인은 원칙적으로 거래당사자들이 비청산 장외파생상품거래

104) ☞ 위 각주 95.

105) Margin requirements for non-centrally cleared derivatives(Mach 18, 2015). 이 보고서가 제시한 8가지 핵심원칙의 주요 내용은 다음과 같다.

- (i) 증거금 대상거래의 범위: 모든 비청산 장외파생상품거래를 대상으로 함.
- (ii) 적용대상: 비청산 장외파생상품거래를 하는 모든 금융회사와 시스템적으로 중요한 비금융회사가 거래상대방 위험에 적합한 개시증거금(initial margin)과 변동증거금(variation margin)을 주고받아야 함.
- (iii) 최소증거금액과 증거금 산정방법: 증거금을 산정하는 방법은 잠재적인 미래 위험노출액(개시증거금의 경우)과 현재의 위험노출액(변동증거금의 경우)을 반영하고 모든 상대방위험을 완전히 담보할 수 있어야 함.
- (iv) 적격담보: 높은 유동성이 있고 적절한 담보가액차감을 해서 금융경색시에도 가치를 유지할 수 있어야 함.
- (v) 제공된 개시증거금의 취급: 개시증거금은 네팅없이 총액기준으로 양 당사자가 주고받아야 하고 상대방의 채무불이행시 즉시 이용할 수 있도록 보관되어야 하고, 증거금수령자의 도산시 제공자를 보호할 수 있는 장치가 있어야 함.
- (vi) 계열회사간 거래는 각국의 법체계에 맞게 규율되어야 함.
- (vii) 각국의 규제당국은 상호교류하여 일관되고 중복되지 않는 규제를 해야 함.
- (viii) 증거금 규제는 단계적으로 도입해야 함.

106) 위 가이드라인에 관한 상세한 논의는 이헌영(2017), 55-72쪽. 미국과 EU의 증거금규제를 포함하여 장외파생상품의 증거금 규제를 상세히 검토한 문헌으로는 김성은(2020), 162-207쪽.

의 거래시점에는 가이드라인에서 정한 산식에 따른 개시증거금(IM: initial margin)을, 거래기간 중에는 매일 그 장외파생상품거래 평가금액(exposure)을 반영한 변동증거금(VM: variation margin)을 교환하도록 하고 있다.

변동증거금은 시장상황 변화에 따른 시가변동 리스크로부터 보호받기 위한 담보이고, 개시증거금은 거래상대방의 계약불이행시 장외파생상품거래를 청산하고 대체하는데 필요한 기간중 발생할 수 있는 미래의 시가 변동 리스크로부터 보호받기 위한 담보라고 할 수 있다.

「비청산 장외파생상품거래 증거금 제도 가이드라인」에 따르면 변동증거금 교환은 비청산장외파생상품 거래잔액이 3조원 이상인 금융회사는 2017. 9. 1.부터, 개시증거금 교환은 비청산 장외파생상품 거래잔액이 70조원 이상인 금융회사는 2021. 9. 1.부터, 10조원 이상 70조원 미만인 금융회사는 2022. 9. 1.부터 하도록 되어 있다.[107)]

4. 장외파생상품거래 관련 담보계약의 구조

(1) ISDA 기본계약서 관련 담보계약의 유형

ISDA 기본계약서와 함께 사용되는 표준화된 담보계약의 주요 유형은 (i) 뉴욕주법을 준거법으로 하는 1994 Credit Support Annex(Security Interest-New York Law)("1994뉴욕주법CSA")와 2016 Credit Support Annex for Variation Magin(VM)(Security Interest-New York Law)("2016뉴욕주법VMCSA")(1994뉴욕주법CSA와 2016뉴욕주법VMCSA를 합하여 "뉴욕주법CSA"), (ii) 영국법을 준거법으로 하는 1995 Credit Support Annex(Transfer-English Law)("1995영국법CSA")와 2016 Credit Support Annex(Title Transfer-English Law)("2016영국법VMCSA")(1995영국법CSA와 2016영국법VMCSA를 합하여 "영국법CSA")[108)]이다.[109)] 그 이외에도 (iii) 일본법을 준거법으로 하는 1995 Credit Support Annex(Security Interest-Japanese Law)와 2008 Credit Support

107) 금융위원회/금융감독원 보도자료(2020. 5. 6.), "'비청산 장외파생거래 개시증거금 교환제도' 도입 1년 연기"; 금융감독원 보도자료(2023. 8. 24.), "「비청산 장외파생상품거래 증거금 교환제도에 대한 가이드라인」 연장". 한편 정부는 증거금교환의무의 법적인 근거를 명확하게 하기 위하여 자본시장법 개정안(동법 제166조의5를 신설하여 장외파생상품 거래잔액이 일정한 규모 이상인 금융기관이 장외파생상품거래를 하는 경우 증거금을 교환하도록 함)을 20대와 21대 국회에 제출하였으나 임기만료로 폐기되었다.

108) 영국법을 준거법으로 하는 1995 Credit Support Deed(Security Interest-English Law)도 있으나 별로 많이 사용되지 않는다.

109) 그 밖에도 ISDA 2014 Standard Credit Support Annex (Security Interest-New York Law)와 ISDA 2014 Standard Credit Support Annex(Transfer-English Law)가 있으나 별로 많이 사용되지 않는 것으로 보인다.

Annex(Loan/Japanese Pledge)("일본법CSA"), (iv) 한국법을 준거법으로 하는 2014 Korean Law Credit Support Annex(Loan and Pledge)("한국법CSA") 등이 있다. 2016년에 ISDA가 발표한 변동증거금 관련 표준담보계약은 국제적으로 도입되는 비청산 장외파생상품거래 증거금 제도 중 변동증거금 부분을 반영한 것이다.[110] 새로운 증거금 제도의 적용을 받는 금융기관들이 그 제도에 맞추어 작성된 2016뉴욕주법VMCSA를 이용하면서도 한국법이 적용되는 담보물을 포함시키려고 하는 경우에는 2016뉴욕주법VMCSA에 Korea Pledge Addendum과 Korea Title Transfer Addendum을 첨부하여 사용하도록 하고 있다.

(2) 담보권설정 방식과 소유권이전 방식

가. 개 설

위 (1)에서 언급한 표준담보계약 가운데 (i)은 담보권을 설정하는 유형이고, (ii)는 담보목적 양도가 아닌 완전한 소유권을 이전하는 유형이며, (iii)과 (iv)는 담보권 설정과 완전한 소유권이전을 혼합한 유형이다. 담보권 설정 방식에서는 원칙적으로 피담보채무가 불이행되는 상황이 발생하기 전까지는 담보권자는 담보물을 처분할 수 없을 것이다(다만 후술하는 뉴욕주법CSA는 제외). 피담보채무가 불이행된 경우, 기본계약에 따른 채권채무의 일괄정산이 먼저 이루어지고 남은 단일의 잔액채권에 대하여 담보의 처분 및 충당이 이루어지게 된다.

그러나, 소유권이전 방식에서는 담보제공자가 담보취득자에게 현금이나 유가증권 등 종류물의 소유권을 완전히 이전한다. 담보취득자는 담보물의 소유권자로서 그 소유권의 본질상 허용되는 범위 내의 제한 없는 지배권한을 보유하여, 담보물을 처분하거나 환매거래를 하거나 또는 자신의 채권자에게 자신의 다른 채무에 대한 담보로 제공할 수도 있다. 담보제공자는 담보취득자로부터 담보물과 동종·동량의 등가대체물(equivalent collateral)을 반환받을 권리를 가진다. 조기종료시 통상 (i) 담보취득자가 담보제공자에 대하여 갖는 모든 채권과 (ii) 담보취득자가 담보제공자에 대하여 부담하는 모든 채무(등가대체물의 반환채무 포함)를 일괄정산한다. 이러한 정산방식은, 담보를 제외한 나머지 개별채권채무의 일괄정산이 먼저 이루어지고 남은 단일의 잔액채권에 대하여 다시 담보의 처분 및 충당이 이루어지는 담보권설정방식에서의 채권회수방식과는 차이가 있다.

나. 질권설정 방식

뉴욕주법CSA는 뉴욕주법에 따른 질권(pledge)을 설정하는 것으로 되어 있다. 한국법

---

110) 개시증거금 규제는 적용대상회사의 거래규모에 따라 점진적으로 적용될 예정이고, 개시증거금 규제를 반영한 ISDA의 표준담보계약(Credit Support Annex)도 아직 발표되지 않았다.

에 따른 질권설정과는 달리 뉴욕주법CSA는 피담보채무의 불이행이 발생하지 않더라도 담보권자가 임의로 담보물을 매각, 재담보하거나 달리 처분할 수 있는 권한을 가지도록 하고 있다(동계약 제6조 (c)항).[111]

다. 소유권이전(title transfer) 방식

영국법CSA는 담보권설정이 아닌 완전한 소유권을 이전(title transfer)하는 것으로 되어 있다. 채무의 변제기 도래 여부 또는 채무불이행 발생 여부와 관계 없이 담보물을 제공받은 당사자가 그 담보물을 처분하거나 담보물에 자신의 채무를 위한 담보를 설정할 수 있다는 점에서 양도담보와 구별된다. 영국법CSA는 기본계약서에 따른 확인서(Confirmation)로, 이에 따른 담보제공은 기본계약서에 따른 거래(Transaction)의 하나로 취급된다. 따라서 기본계약서상 일방 당사자의 채무불이행의 발생 등으로 인하여 조기종료 사유가 발생한 경우 기본계약서에 따른 여러 거래를 일괄정산할 때 영국법CSA에 따른 담보제공도 그 거래의 하나로 취급되어 담보물반환채무가 일괄정산의 대상에 포함된다.[112] 피담보채권이 확정된 후 그 채권을 회수하기 위하여 담보권을 실행하는 일반적인 담보권과는 다르다.

소유권이전 방식을 취한 국내계약서로는 한국금융투자협회의 표준약관인 기관간환매조건부매매약관을 들 수 있다. 이 약관은 실질적인 담보의 역할을 수행하는 증거금 및 증거금증권이라는 개념을 두고,[113] 증거금증권의 인도시 담보권이 설정되는 것이 아니라 소유권이 이전됨을 명시하였으며,[114] 채무불이행 발생시 일괄정산하는[115] 조항을 두

---

111) 뉴욕주법CSA에 따라 실제 조기종료 이전에 담보물을 처분할 수 있는 경우는 예탁·보관기관에 예탁된 증권에 한한다. 뉴욕주법CSA는 조기종료 이전에 담보물을 처분한 후 조기종료가 발생하는 경우의 처리에 관하여 영국법CSA와 같은 상세한 조항을 두고 있지 않다.

112) 부동산 임대차에서 차임채무 등 임대차에 따른 임차인의 채무를 담보하기 위하여 임대차보증금을 제공한 경우, 임대인은 임대차 종료 후 목적물 반환시 미지급 차임채무를 보증금에서 당연히 공제한 후 잔액만을 반환할 의무를 부담하는 것(대법원 2004. 12. 23. 선고 2004다56554 판결 등)과 유사하게 담보적 기능을 한다.

113) 기관간환매조건부매매약관 제5조(증거금의 유지) 제1항: 순평가차손이 발생한 당사자는 상대방에 대한 구두 또는 서면 통지(이하 "증거금 통지"라 한다)로써 상대방의 선택에 따라 순평가차손액 상당의 현금 또는/및 증권(교부일의 시장가치를 기준으로 한다)을 지급 또는/및 교부하도록 요구할 수 있다.

114) 기관간환매조건부매매약관 제9조(지급과 교부) 제1항: 이 약관과 관련하여 교부 또는 지급되어야 할 증권과 현금에 관한 모든 권리, 명의는 그 교부 또는 지급시에 이를 교부받거나 지급받는 자에게 이전한다. 이 약관에서 "환매", "환매일", "환매가", "환매차액", "증거금", "순증거금", "증거금률" 또는 "대체"와 같은 표현, 기타 이 약관의 어느 규정도 본항 전문의 해석에 영향을 미치지 아니하며 교부 또는 지급된 증권 또는 현금에 대해 일방이 타방을 위하여 담보적 이익을 설정한 것으로 해석되지 아니한다.

115) 기관간환매조건부매매약관 제12조(환매일의 조기도래 및 정산) 제4항: 제3항에 의하여 일방 당사자가 상대방에게 지급하여야 하는 정산금은, 본조에 따라 환매일이 도래함에 따라 각 당사자가 교부하여야 하는 등가매입증권과 등가증거금증권의 평가시점의 시장가치를 확정한 후 이를 제1항에 따라 도래한 환매일 현재 이 약관 및 각 개별거래에 따라 지급되어야 할 환매가, 현금

고 있다.[116)]

라. 소유권이전 방식과 질권설정 방식의 혼합

한국법CSA와 일본법CSA는 소비대차와 상계약정을 결합한 방식의 담보제공을 하도록 하였고 이와 더불어 질권설정 방식의 담보제공을 이용할 수 있도록 하였다. 소비대차와 상계약정을 결합한 방식은 영국법CSA에 따른 소유권이전 방식의 담보제공의 법적 성격을 보다 명확하게 한 것이라고 할 수 있다. 이 때 담보물은 금전 또는 국채와 같은 종류물을 사용한다. 소비대차거래에서는 대주(담보물제공자)로부터 차주(담보물수령자)에게로 담보물에 대한 완전한 소유권이 이전된다. 차주는 소비대차 거래 종료시 대주에게 자신이 받은 물건과 같은 종류의 물건을 같은 수량만큼 반환할 의무가 있다. 한국법CSA는 담보제공자의 채무불이행 등의 사유로 기본계약에 따른 파생상품거래가 조기종료되는 경우 담보수령자는 피담보채무를 담보물의 가액과 상계할 수 있도록 하고, 담보수령자에게 발생한 사유로 조기종료되는 경우 담보제공자는 담보수령자로부터 담보물(소비대차를 이용한 담보의 경우에는 그 가액)을 즉시 반환받을 권리가 있고, 반환이 이루어지지 않으면 담보제공자의 채무와 담보물의 가액을 상계할 수 있도록 하였다.[117)] 2016뉴욕주법VMCSA에 첨부하여 사용되는 Korea Pledge Addendum도 이와 유사한 조항을 두고 있다.

5. 담보제공의무의 산정

(1) 비청산 장외파생상품거래 증거금 규제 이전의 방식

ISDA 기본계약서와 함께 사용되는 신용보강서류(credit support documents)는 기본계약의 두 당사자가 상대방에 대하여 부담하는 신용위험을 반영하여 담보제공이 필요한지 여부와 그 규모를 결정한다. 1994뉴욕주법CSA와 1995영국법CSA 등에서는 A와 B 간의 거래에서 A가 B에게 제공할 담보규모(=담보필요금액 Credit Support Amount)를 다음과 같이 산정한다.

증거금 및 기타의 금원과 서로 차감하여 산출된 잔액을 말하며, 이와 같이 지급할 잔액이 남은 당사자가 상대방에게 그 잔액을 제3항에 따라 지급하기로 한다. (이하 생략)

116) 증거금증권의 소유권이전이 민법상 전형계약(예: 소비대차, 소비임치) 가운데 어떤 성격을 가지는지는 약관상 명백하지 않다.

117) 담보수령자에게 발생한 사유로 인한 조기종료시 담보제공자가 가지는 상계권 행사도 기본계약에 규정되어 있다면 적격금융거래의 종료 및 정산에 관한 것으로서 채무자회생법 제120조 제3항(또는 제336조)이 적용된다고 보는 것이 합리적일 것이다.

○ 담보필요금액＝B의 A에 대한 순위험노출액(Exposure)
　　＋A가 B에게 제공할 기본담보액(Independent Amounts)
　　－B가 A에게 제공할 기본담보액
　　－A에 대한 신용한도액(＝담보면제액 Threshold)

○ 순위험노출액(Exposure)은 그 신용보강서류가 적용되는 장외파생상품거래가 전부 조기 종료되었다고 가정할 때 수령(또는 지급)해야 할 금액을 의미한다.

○ 기본담보액(Independent Amount)은 담보취득자의 순위험노출액과 상관없이 담보제공자가 제공할 담보액을 의미한다. 기본담보액은 순위험노출액 변동에 대비하고 부수적으로 유동성을 확보하는 기능을 한다.

파생상품거래 및 제공된 담보물의 가치의 변동에 따라 두 당사자 간에 담보물을 추가로 제공하거나 반환할 필요가 발생한다. 추가로 제공하거나 반환할 담보액은 다음과 같이 산정한다.

○ [기제공 담보가액]＜[담보필요금액] → 차액(Delivery Amount) 상당 추가담보 제공
○ [기제공 담보가액]＞[담보필요금액] → 차액(Return Amount) 상당 초과담보 반환

즉 A와 B 간의 거래에서 A가 B에게 이미 제공한 담보의 가액이 A가 B에게 제공할 담보필요금액에 미달하는 경우에는 A는 B에게 그 차액 상당의 추가 담보를 제공한다. 반대로 A가 B에게 이미 제공한 담보의 가액이 A가 B에게 제공할 담보필요금액을 초과하는 경우에는 B는 A에게 그 차액 상당의 담보를 반환한다.

(2) 비청산 장외파생상품거래 증거금 규제 이후의 방식

최근의 비청산 장외파생상품거래 변동증거금규제를 반영한 2016뉴욕주법VMCSA와 2016영국법VMCSA는 담보필요금액(Credit Support Amount)과 신용한도액(＝담보면제액 Threshold)의 개념을 없애고, A와 B 간의 거래에서 A가 B에게 제공할 담보규모를 B의 A에 대한 신용위험노출액(Exposure)으로 하여, 파생상품거래 및 제공된 담보물의 가치의 변동에 따라 두 당사자간에 담보물을 추가로 제공하거나 반환하도록 하였다.

○ [A의 기제공 담보의 가액]＜[B의 순위험노출액]→A가 B에게 차액{Delivery Amount (VM)} 상당 추가담보 제공
○ [A의 기제공 담보의 가액]＞[B의 순위험노출액]→B가 A에게 차액{Return Amount (VM)} 상당 초과담보 반환

6. 담보취득자의 담보물 활용·재담보

(1) 담보물 활용·재담보(Right of Use/Rehypothecation)의 의의

소유권이전 방식으로 담보를 제공한 경우 담보취득자는 담보물에 대한 완전한 소유권을 취득하고 담보물을 임의로 처분하거나 자신의 채무에 대한 담보로 제공(이른바 재담보, rehypothecation)할 수 있게 된다. 영국법[118]상 금융담보물(financial collateral)의 취득자가 담보물을 활용·처분할 수 있는 것으로 약정한 경우 담보취득자는 그 약정에서 정한 바에 따라 소유자로 담보물을 활용·처분할 수 있고, 그렇게 이용·처분한 경우 담보취득자는 동등한(equivalent) 담보물을 피담보채무의 이행기일 또는 그 이전에 반환하거나, 약정에서 허용한 경우에는 동등한 담보물의 가치를 피담보채무와 상계하거나 피담보채무의 이행에 충당할 수 있다.

담보물 활용·재담보가 가능하게 되면 담보취득자 입장에서는 취득한 담보물을 활용하여 자신의 자금조달 비용을 절약할 수 있고, 담보제공자 입장에서는 담보취득자의 담보물 활용권을 인정함으로써 담보취득자가 낮은 비용으로 조달한 자금을 대여받거나 거래의 다른 조건을 개선할 수 있게 된다.

(2) 한국법상 담보의 활용·재담보

한국법 하에서도 소비대차와 상계약정을 함으로써 영국의 소유권이전 방식에서의 담보물의 활용·재담보가 가능하다. 담보물을 담보취득자가 자신의 채무에 대한 담보로 이용하는 제도로 민법상 전질제도가 있으나 실제 거래에서 이용하기에는 여러 장애요인이 있다. 책임전질(민법 제336조)은 원질권의 범위 내에서 설정할 수 있고 전질권의 피담보채무의 액이나 이행기는 원질권의 피담보채무의 액이나 이행기를 넘지 못하므로 전질권자 입장에서는 담보로서 충분한 기능을 하기 어렵다. 승낙전질(민법 제343조, 제324조 제2항)에서는 원질권자의 원질권설정자에 대한 담보물 반환의무의 이행 및 원질권과 전질권의 우선순위에 관한 분쟁 발생 우려 등의 문제가 발생할 수 있다.[119][120]

118) The Financial Collateral Arrangements (No.2) Regulations 2003, Article 16.

119) 상세한 논의는 한민·홍선경(2012), 239-269쪽.

120) 대법원판례가 질권 설정 자체가 부인될 수 없는 경우에도 질권설정자의 지급정지 또는 회생신청 후 질권자가 질권을 실행하면 그 질권 실행을 부인할 수 있다고 보는 점(대법원 2003. 2. 28. 선고 2000다50275 판결; 대법원 2011. 11. 24. 선고 2009다76362 판결)도 담보취득자의 입장에서는 우려사항이 될 수 있다. 그러나 대법원 2011. 11. 24. 선고 2009다76362 판결에서는 담보재산이 "채무자의 회생에 필요한 재산"인 경우에 "채무자를 해하는 행위(유해성)"에 해당된다고 판시하여 채무자의 회생에 필요하지 아니하는 재산인 경우에는 부인 대상이 되지 않을 수 있는 여지를 남겨 두고 있다(대법원 2011. 11. 24. 선고 2009다76362 판결에 대한 상세한 논의는 ☞

2017. 3. 금융투자업규정 개정으로 투자매매업자, 투자중개업자, 한국예탁결제원과 증권금융회사는 일정한 요건을 갖추는 경우 담보를 제공할 목적으로 증권대차거래를 할 수 있음이 명시되었다(동규정 제5-25조 제4항). 그 요건은 (i) 채무자회생법 제120조 제3항에 따른 기본계약[121]에 대한 담보 또는 증거금을 제공할 목적으로, (ii) 국채증권 또는 통화안정증권을 대상으로 하는 증권대차거래로서, (iii) 대차거래 계약에 일정한 내용[122]이 포함되고, (iv) 대차거래 대상증권에 대해 시가평가를 통해 일일정산할 것 등이다. 위 규정개정에 따라 한국예탁결제원이 국채와 통화안정증권을 대상으로 담보목적의 증권대차거래에 대한 중개업무를 제공하고 있다.

(3) 담보취득자의 담보물 활용·재담보와 담보제공자의 위험 부담

질권 등 전통적인 담보권을 설정한 경우에는 담보제공자가 소유권을 가지고 있으므로 담보취득자가 도산하더라도 담보제공자는 피담보채무를 변제하고 담보물을 환취할 수 있다. 그러나 소유권이전 방식으로 담보를 제공한 경우에는 담보제공자가 소유권을 완전히 담보취득자에게 이전하였으므로 담보취득자가 도산한 경우 담보제공자가 담보물을 환취할 수 없게 된다. 담보제공자는 담보취득자에 대한 동종·동량의 등가물의 반환청구권만을 가지고 있을 뿐이다. 따라서 담보하고자 하는 채무액보다 가치가 큰 담보를 제공한 초과담보[123]의 경우 담보취득자가 도산하게 되면 도산절차에서 담보제공자가 무담보채권자로서 초과담보 해당금액(담보물의 가치가 피담보채무를 초과하는 부분)의 반환을 청구해야 한다. 통상 금융회사와 일반 기업 간의 파생상품거래에서 금융회사가 초과담보를 취득하는 경우가 많다. 그동안 금융회사가 도산하는 상황을 우려하지 않았으나, 2008년 리먼브

제14장 제3절 Ⅲ. 담보권과 부인). 파생거래의 담보가 채무자의 회생에 필요한 재산이라고 보기는 어려운 경우가 많을 것이다. 또한 파생상품거래에서 제공된 담보의 처분은 채무자회생법 제120조 제3항에 의하여 도산절차에서 부인의 대상이 되지 않는다고 보아야 할 것이다(☞ 아래 Ⅴ. 도산과 파생상품거래).

121) 기본계약이 장외파생상품 매매인 경우 다음 요건을 모두 충족해야 함.
가. 장외파생상품매매와 관련하여 국제증권감독위원회(IOSCO)가 정하는 기준을 감안하여 금융감독원장이 정하는 기준을 충족할 것
나. 담보목적 대차거래의 목적이 개시증거금(initial margin)을 제공하기 위한 것이 아닐 것

122) 대차계약에 다음 내용이 모두 포함되어야 함.
가. 담보목적 대차거래로 제공받은 증권은 환매조건부매매, 제3자에 대한 담보 또는 증거금 제공 외에는 재활용하지 않을 것
나. 담보목적 대차거래로 제공되는 증권의 재활용에 대하여 제공자의 동의를 받을 것
다. 증권 반환 없는 대차거래의 종료는 채무자회생법 제120조 제3항에 따른 기본계약이 일괄정산 되는 경우만 가능할 것

123) 담보물의 장래 가치의 변동에 대비하여 담보물 취득시 담보가액을 시가보다 일부 감액(haircut)하여 평가하는 것도 초과담보가 발생하는 원인 중의 하나라고 할 수 있다.

러더스의 도산으로 인하여 초과담보로 인한 담보제공자의 위험이 현실화되었다.[124)]

담보제공자가 부담하는 이러한 위험을 고려하여 EU에서는 (i) 담보제공자가 재활용에 따른 위험과 결과(최소한 담보수령자의 채무불이행시 발생할 위험과 결과)를 서면으로 고지받고 (ii) 담보제공자가 담보물 재활용에 대해 서명으로 명시적인 사전 동의해야 담보물을 재활용할 수 있는 권리를 취득할 수 있도록 하고, 소매고객으로부터는 소유권이전방식의 담보를 제공받을 수 없도록 하였다.[125)][126)]

Ⅴ. 도산과 파생상품거래

1. 파생상품거래의 일괄정산과 신용위험 감축

국제금융시장에서는 파생상품거래에 따른 거래상대방 신용리스크를 줄이기 위하여 네팅(netting) 특히 거래당사자의 도산 등 채무불이행 발생시 일괄정산(close-out netting)을 하도록 하는 내용의 계약(예컨대, ISDA Master Agreement[127)])을 이용한다. 종전의 파산법 및 회사정리법의 해석상으로도 이러한 일괄정산 약정의 효력이 인정되어야 한다는 것이 유력한 견해이었지만,[128)] 법률에서 그 효력을 명시적으로 인정하고 있지 않다는 점에서 불확실성이 있었다. 일괄정산 조항의 도산시 효력 유무에 대한 불확실성은 국내 금융회사의 파생상품거래시 더 많은 규제자본을 필요로 하게 하고, 국내 금융회사의 국제적인 파생상품거래 조건에도 불리한 영향을 줄 수 있었다. 바젤 은행감독위원회[129)]와 UN 국제상거래

124) 도쿄고등재판소 2010(平成 22). 10. 27. 판결 平成21年(ネ) 제6514호는 원고(지방은행)가 피고(Lehman Brothers Holdings Inc.의 일본자회사)에게 일본법 CSA에 따라 소비대차 방식으로 담보를 제공한 후 피고의 모회사의 도산으로 ISDA기본계약이 조기종료된 사안에서 원고가 피고에게 초과담보의 반환을 청구하면서 제기한 환취권 및 공익채권 주장을 배척하였다.

125) Regulation (EU) 2015/2365 of the European Parliament and of the Council on transparency of securities financing transactions and of reuse, 제15조 제1항, MiFID II, 제16조 제8항, 제10항.

126) 이영경(2020)은 담보재활용에 대한 미국, EU, 영국의 법제와 한국법상 문제점을 검토하고 입법적인 보완의 필요성과 담보제공자 보호를 위한 위험 고지의무와 담보제공자가 이를 숙지하고 동의하도록 할 것을 주장하였다.

127) 증권대차거래의 경우 국제적으로 많이 사용되는 Global Master Securities Lending Agreement도 일괄정산 조항을 두고 있고, 한국금융투자협회의 표준약관 중 기관간환매조건부매매약관과 증권대차거래약관도 단일계약조항과 채무불이행시의 일괄정산 조항을 두고 있다.

128) 김건식(1997), 67-82쪽.

129) Angell Report {CPSS, Report on Netting Schemes Prepared by the Group of Experts on Payment Systems of central banks of the Group of Ten Countries, CPSS Publications No. 2(February 1989)}와 Lamfalussy Report {CPSS, Report of the Committee on Interbank Netting Schemes of the central banks of the Group of Ten countries, CPSS Publications No. 4 (November 1990)}.

법위원회(UNCITRAL: United Nations Commission on International Trade Law)[130] 등에서 네팅이 은행간 거래 특히 국제금융거래에서 거래상대방에 대한 신용위험과 유동성 위험을 효과적으로 감소시킬 수 있음을 인정하고 각국에서 네팅의 효력을 인정하는 확실한 법적인 근거가 마련되어야 함을 권고하였다. 국내파생상품거래가 증가하는 등 금융환경이 변화함에 따라 채무자회생법 제120조 제3항(회생절차)과 제336조(파산절차)의 특칙이 제정되었고, 이로써 쌍방미이행 쌍무계약 조항 적용에 따른 선별적 취급(cherry picking)[131]의 우려와 일괄정산 조항의 효력에 대한 불확실성이 해소되었다.

2. 특칙의 내용[132]

(1) 특칙의 적용대상

채무자회생법 제120조 제3항은 기본계약에 근거하여 행하는 장외파생상품거래 등 일정한 적격금융거래의 당사자 일방에 대하여 회생절차가 개시된 경우 적격금융거래의 종료 및 정산에 관하여는 기본계약에서 정한 바에 따라 효력이 발생하도록 하고 있다.

가. 기본계약의 존재

특칙이 적용되기 위해서는 우선, 적격금융거래가 기본계약에 근거하여 행하여져야 한다. 채무자회생법 제120조 제3항에서 기본계약의 내용에 관하여 명시적으로 정하고 있지는 않다. 기본계약에 따른 다수의 거래의 정산을 하고자 하는 당사자들의 의사를 존중하여 어느 한 당사자의 도산이 발생하더라도 일괄정산의 효력에 대한 예측가능성을 높이는데 이 조항의 입법 취지가 있다고 보면 기본계약에는 복수의 거래를 하나의 채권채무로 만드는 일괄정산조항이 있어야 할 것으로 보는 것이 합리적이다. 바젤은행감독위원회의 자기자본비율 규제 상으로도 네팅의 효과를 인정하기 위한 전제로 이와 같이 1개의 채권채무로 만드는 계약의 존재를 요구하여 왔다. 채무자회생법 제120조 제3항에서 기본계약에 근거하여 적격금융거래를 한 경우에 한하여 특칙을 적용하고자 하는 것도 같은 취지라고 하겠다.

국제금융거래를 중심으로 하여 보면 파생상품거래에서 가장 흔히 사용되는 ISDA 기본계약서,[133] 증권대차거래에서 많이 사용되는 Global Master Securities Lending Agreement,

130) UNCITRAL Legislative Guide on Insolvency Law (2004), Recommendations 101-107.

131) 당사자 사이의 기본계약의 적용 하에 있는 다수의 적격금융거래들 중 회생절차가 개시된(또는 파산이 선고된) 당사자에게만 유리한 방향으로 일부는 이행, 일부는 해제 또는 해지하도록 관리인이 선택권을 행사하는 것을 말한다.

132) 상세한 논의는 박준·홍선경·김장호(2012), 270-315쪽.

133) 뉴욕주법CSA, 영국법CSA, 한국법CSA는 그 문서(CSA)가 ISDA 기본계약서의 일부를 이룬다고 명

환매거래에서 많이 사용되는 Global Master Repurchase Agreement 등이 대표적인 기본계약에 해당될 것이다. 국내 거래에서는 한국금융투자협회가 정한 표준약관인 증권대차거래약관과 기관간환매조건부채권매매약관, 표준약관은 아니지만 한국금융투자협회에서 권고안으로 제시하고 있는 장외파생상품거래 한글약정서 권고안 등이 이에 해당될 수 있을 것이다. 그러나 한국금융투자협회의 표준약관 중 대고객 환매조건부채권매매 약관은 동일 고객과의 다수의 환매조건부 채권매매거래에 적용되는 약관이기는 하지만 일괄정산 조항이 없는 계약으로서 제120조 제3항의 기본계약에는 해당하지 않을 것으로 보인다. 한국예탁결제원의 「증권대차거래의 중개 등에 관한 규정」에 따른 증권대차거래 가운데 맞춤거래[134]의 경우에는 대차 당사자들이 별도로 체결한 계약이 무엇인지에 따라 달라질 것이다. 대차거래 당사자들이 Global Master Securities Lending Agreement를 체결하고 한국예탁결제원의 대차중개 서비스를 이용하여 맞춤거래를 하는 경우에는 당사자들이 체결한 Global Master Securities Lending Agreement를 기준으로 기본계약의 존재 여부를 판단하여야 할 것이다.[135]

나. 적격금융거래

제120조 제3항의 특칙은 적격금융거래 즉 (1) 선도, 옵션, 스왑 등 파생금융거래로서 대통령령이 정하는 거래, (2) 현물환거래, 유가증권의 환매거래, 유가증권의 대차거래 및 담보콜거래, (3) 제1호 내지 제2호의 거래가 혼합된 거래, (4) 제1호 내지 제3호의 거래에 수반되는 담보의 제공·처분·충당에 적용된다. 기본계약을 체결하고 그 기본계약에 따라 적격금융거래를 행한 후 회생절차개시결정 또는 파산선고가 이루어진 경우에는 적격금융거래의 종료 및 정산 시점이 회생절차개시결정 또는 파산선고 전후 언제인지를 불문하고 제120조 제3항의 특칙이 적용된다고 보아야 한다. 적격금융거래의 당사자들이 체결한 기본계약 중 적격금융거래의 종료 및 정산에 관한 합의의 효력을 그대로 인정하겠다는 것이 제120조 제3항의 입법취지이기 때문이다. 적격금융거래의 종료 및 정산이 회생절차개시결정 또는 파산선고 이후에 이루어지는 경우에도 그 이전에 합의한 기본계약에 따른 효력을 인정하여야 제120조 제3항이 의도하는 효과가 있다. 그러나 당사자 일방(=유책당

시하고 있으므로 CSA에 규정된 사항은 기본계약의 내용에 포함된다.

134) 참가자 간 대차수수료율 및 담보비율 등 대차거래 조건의 합의에 의하여 이루어지는 거래로서 한국예탁결제원이 대이행책임을 부담하지 않는 대차거래.

135) 맞춤거래 이외에 한국예탁결제원이 중개하는 결제거래, 경쟁거래 또는 지정거래 등의 경우에는 한국예탁결제원의 「증권대차거래의 중개 등에 관한 규정」을 근거로 체결된다고 할 수 있으나, 위 규정이 각 거래의 종료에 대한 사항을 정하고 있을 뿐 여러 거래의 일괄정산을 정하고 있지 않으므로 결국 각 개별거래를 개별로 취급하는 계약이라고 할 수 있다. 이러한 계약은 채무자회생법 제120조 제3항에서 의도한 기본계약에 해당된다고 보기 어렵다.

사자)에 대하여 채무불이행 사유가 발생하여 그 상대방(=비유책당사자)이 조기종료를 할 수 있음에도 불구하고 종료 및 정산을 하지 않고 있다가 유책당사자에 대한 회생절차 개시결정 또는 파산선고 이후 상당한 시간이 흐른 후에 종료 및 정산을 하는 경우에는 신의칙 위반의 문제가 제기될 여지가 있을 것이다.[136] 또한 기본계약에 따른 종료 및 정산의 효력이 인정되는 경우에도 그 정산 결과 남는 채권을 비유책당사자가 회생채권 또는 파산채권 신고기간 내에 신고하지 않는데 따른 법적인 효과는 도산절차에 따르게 될 것이다.

제120조 제3항은 "담보"의 의미에 관하여 아무런 정의를 내리지 않고 있다. 파생상품거래에서 사용되는 담보는 앞서 본 바와 같이 질권 등 담보권의 설정("담보권설정방식")과 담보물의 소유권이전("소유권이전방식")의 두 가지 유형이 있다. 담보권설정방식에서는 담보제공자에 대한 채무불이행 사유가 발생하지 않는 한 담보취득자는 담보물을 처분할 수 없는 것이 원칙이다. 또한 담보권설정방식의 경우 그 담보권의 피담보채권은 일괄정산이 먼저 이루어지고 남은 단일의 잔액채권인 것이고, 그 잔액채권에 대하여 담보권의 실행이 이루어진다. 소유권이전방식의 경우에는 담보제공자가 담보취득자에게 현금이나 유가증권 등 종류물의 소유권을 이전한다. 담보제공 시 담보취득자는 담보물의 소유권을 취득하고 반대로 담보제공자는 담보물에 대한 소유권을 상실한다. 다만, 담보제공자가 담보물의 제공으로 담보하고자 한 거래상 채무(피담보채무)를 이행할 경우, 그 양도받은 담보물과 동일한 가치를 가지는 동종·동량의 등가대체물(equivalent collateral)을 반환할 의무를 부담한다. 담보제공자에게 채무불이행사유가 발생한 경우, 기본계약상 (ㄱ) 담보취득자가 담보제공자에 대하여 갖는 모든 채권과 (ㄴ) 담보취득자가 담보제공자에 대하여 부담하는 모든 채무(등가대체물 반환채무 포함)와의 사이에서 일괄정산하는 방식으로 채권의 만족을 얻게 된다.[137]

"담보"에 질권, 저당권, 양도담보권 내지는 그러한 담보권이 설정된 담보물이 포함되는데 대하여는 의문이 없을 것이다. 소유권이전방식의 담보제공이 제120조 제3항 제4호의 담보에 포함되는지에 대하여 논란이 있을 수 있으나, 제120조 제3항 제4호의 "담보"는 반드시 우리 민법에 의하여 인정되는 담보물권에 한하지 않고, 담보적 기능을 수행하는 것이라면 소유권이전방식에 의한 증거금, 유가증권담보도 포함된다고 보아야 할 것이다. 제120조 제3항 제4호의 입법취지는 적격금융거래에 관한 담보구조를 회생 및 파산절차에서 부인 또는 중지명령 등의 다양한 제한들의 적용으로부터 보호하려는 데 있는 것이므로, 담보권설정방식에 의한 담보와 대비하여 소유권이전방식에 의한 담보를 다르게 취급

136) 위 각주 88에 언급된 Metavante 사건 참조.

137) 물론 일괄정산 결과 (ㄱ)의 담보취득자가 보유하는 채권보다 (ㄴ)의 담보취득자의 채무가 큰 경우에는 담보취득자는 그 차액에 해당하는 등가대체물을 담보제공자에게 반환해야 한다.

할 이유는 없다. "인적 담보"로 불리는 보증은 적격금융거래의 당사자가 아닌 제3자의 채무부담행위이므로 제120조 제3항 제4호의 담보에는 포함되지 않는다.[138] 물상보증인이 적격금융거래의 일방 당사자의 채무를 담보하기 위하여 상대방에게 담보를 제공한 후, 물상보증인에 대하여 회생절차가 개시되거나 파산이 선고된 경우에도 물상보증인은 적격금융거래의 당사자는 아니므로 물상보증인에 대한 회생절차나 파산절차에서 제120조 제3항을 적용 또는 유추적용할 것은 아니다.

(2) 특칙 적용의 효과

특칙은 기본계약에 근거하여 체결된 적격금융거래의 종료 및 정산에 관하여는 채무자회생법의 다른 규정에도 불구하고 기본계약에서 당사자가 정한 바에 따라 효력이 발생하고 해제, 해지, 취소 및 부인의 대상이 되지 아니하도록 하였다. 특칙 적용의 효과는 첫째, 기본계약에 따라 적격금융거래를 일괄정산할 수 있다는 점, 둘째, 관리인의 해제·해지 권한을 배제한다는 점 및 셋째, 일괄정산이 부인의 대상이 되지 않는다는 점으로 요약할 수 있을 것이다.

관리인의 해제 및 해지에 관한 권한을 배제한 것은 기본계약의 적용을 받는 다수의 적격금융거래들 중 회생절차가 개시된(또는 파산이 선고된) 당사자에게만 유리한 방향으로 일부는 이행, 일부는 해제 또는 해지하는 것(이른바 "cherry picking")을 방지한다는 점에서 의미가 있다.

제120조 제3항은 "적격금융거래의 종료 및 정산에 관하여는 … 기본계약에서 당사자가 정한 바에 따라 효력이 발생하고, 해제·해지·취소 및 부인의 대상이 되지 아니하며"라고 규정하고 있어 부인의 대상이 되지 않는 것이 "적격금융거래의 종료 및 정산"으로 읽힌다. 부인권의 대상은 기본적으로 채무자의 행위(또는 이와 동일시 할 수 있는 채권자 기타 제3자의 행위)와 집행행위이다. 종료 및 정산은 회생절차에 들어간 채무자가 아닌 거래상대방이 하는 행위이므로 원래 부인의 대상으로 삼을 수 있는 행위가 아니다. 그 행위를 채무자의 행위와 동일시할 수 있는 경우라고 하더라도, 채무자가 상대방과 공모하여 회생채권자·회생담보권자를 해할 목적으로 적격금융거래를 행한 경우가 아닌 한, 제120조 제3항에 의하여 부인의 대상이 되지 않는다. 제120조 제3항에 의하여 개별 적격금융거래 자체가 부인의 대상이 되지 않는다고 할 수 있는지에 대해서는 논란의 여지가 있다. 동 조

138) 적격금융거래의 당사자가 아닌 제3자가 보증채무를 부담하거나 물적 담보를 제공한 경우, 적격금융거래의 당사자에 대하여 회생절차가 개시되거나 파산이 선고되더라도 그 상대방의 보증인에 대한 권리 또는 제3자가 제공한 물적 담보에 대한 권리는 영향을 받지 않는다(채무자회생법 제250조 제2항, 제567조).

항의 본문 상으로는 그 근거를 찾기 어려우나 단서는 개별 적격금융거래 자체가 부인의 대상이 되지 않음을 전제로 하는 것으로 볼 수 있다. 제120조 제3항에 의하여 개별 적격금융거래 자체가 부인의 대상이 되지 않는다고 보더라도 “채무자가 상대방과 공모하여 회생채권자·회생담보권자를 해할 목적으로 적격금융거래를 행한 경우”에는 제120조 제3항의 특칙의 적용을 받지 못한다.

제120조 제3항에 의하면, 적격금융거래를 담보하기 위해 제공된 담보의 처분은 중지명령 또는 포괄적 금지명령의 대상이 되지 않으므로, 회생절차 개시 이전에도 담보의 처분이 허용된다. 그런데 채무자회생법 제58조에 따라 회생절차개시결정이 있으면 담보권 실행을 포함한 채권자의 모든 개별집행이 금지되고(동법 제58조), 회생계획에 따르지 않은 채권소멸행위는 원칙적으로 금지되나(동법 제141조 제2항, 제131조), 적격금융거래에서 제공된 담보의 처분에 관하여는 아무런 규정을 두고 있지 않아서, 회생절차 개시결정 이후에 담보의 처분(환가)을 통한 채권의 만족이 허용될 것인지에 관하여는 논란의 여지가 있다.

우선 두 가지 담보제공방식 중 소유권이전방식에 있어서는 앞서 살핀 바와 같이 (ㄱ) 소유권이전방식의 담보제공은 제120조 제3항 제4호의 “적격금융거래”에 해당하는 것이고, (ㄴ) 기본계약상 소유권이전방식에 있어서는 담보제공자의 채무불이행사유 등이 발생한 경우 담보취득자의 담보제공자에 대한 기본계약상의 모든 채권과 담보제공자에 대한 기본계약상의 모든 채무 (등가대체물 반환채무 포함) 사이의 일괄정산이 이루어지도록 하고 있을 것이므로, 제120조 제3항의 ‘적격금융거래의 종료 및 정산은 채무자회생법의 규정에 불구하고, 기본계약에서 정한 바에 따라 효력이 발생한다”는 규정에 따라 그 일괄정산의 효력이 인정된다. 영국법CSA에 따른 소유권이전방식의 담보는 회생절차 개시결정 이후 ‘담보의 처분’ 또는 ‘담보권의 실행’이 아닌 ‘적격금융거래의 정산’을 통하여 채권의 회수 기능을 하고, 채무자회생법의 다른 조항에도 불구하고 그 정산의 효력은 제120조 제3항에 따라 인정된다.

담보권설정방식에 있어서는 일괄정산 후 남는 단일의 잔액채권을 담보하기 위하여 담보가 제공되고, 채무불이행 사유 발생 후 담보의 처분 및 충당이 전제되어 있다는 점에서, 소유권이전방식의 경우와는 달리 논란이 있다. 담보의 처분 및 충당은 실질적으로 담보권에 기한 채무자 재산에 대한 사적 집행에 해당한다고 보아, “회생담보권에 기한 강제집행”을 금지하는 채무자회생법 제58조 제1항 제2호 및 회생계획에 규정한 바에 따르지 않은 변제 등 채권소멸행위를 금지하고 있는 채무자회생법 제131조 등의 취지에 비추어 회생절차 개시결정 이후 담보의 처분 및 충당은 허용되지 않는다는 주장[139]도 있으나, 담

139) 서울중앙지법(2015), 188쪽; 임치용(2006), 108쪽.

보제공의 법적 형식에 따라 담보취득자의 권리에 실질적으로 큰 차이를 두는 것이 합리적인지에 대하여는 의문이 있다.[140)]

관리인 또는 파산관재인이 부인권을 행사하는 외에, 모든 채권자의 공적 수탁자로서 민법 제406조의 채권자취소소송도 제기할 수 있는지 여부에 관하여는 논의가 있을 수 있다. 회생절차 개시결정 또는 파산선고 이후에도 관리인 또는 파산관재인이 민법 제406조에 근거하여 채권자취소소송을 제기할 수 있다고 본다면, 적격금융거래도 채권자취소소송의 대상이 되는 것인지 문제될 수 있다. 법문상으로 민법상의 채권자취소권의 적용이 당연히 배제된다고 명시하고 있지 않으나, 적격금융거래를 관리인의 부인권의 대상에서 배제하는 특칙을 규정한 입법취지를 고려한다면, 회생 또는 파산절차 개시 이후에 관리인이 적격금융거래를 대상으로 채권자취소소송을 제기하는 것은 허용되지 않는다고 해석하는 것이 타당하다.

일괄정산 후 남은 채권은 회생채권/파산채권으로 행사하여야 할 것이다. 제4호의 거래 즉 담보의 제공·처분·충당에 대하여는 부인권의 적용이 없을 뿐 아니라 중지명령 및 포괄적 금지명령의 대상이 되지 않는다.

(3) 특칙 적용의 배제

채무자가 상대방과 공모하여 회생채권자 또는 회생담보권자를 해할 목적으로 적격금융거래를 행한 경우에는 제120조 제3항의 특칙을 적용하지 않는다. 지급결제제도 및 청산결제제도에 대하여 적용되는 제120조 제1항과 제2항에는 없는 조항이다. 지급결제제도 및 청산결제제도의 경우에는 당사자 간의 합의로 제1항 또는 제2항의 적용을 남용할 우려가 없겠으나 제3항이 적용되는 적격금융거래의 경우에는 당사자 간의 계약에 의하여 이루어지는 것이므로 남용될 우려가 있기 때문이다.

(4) 금융투자상품거래청산회사(=한국거래소)를 통한 장외파생상품거래의 청산과 특칙 적용

자본시장법 제166조의3, 동법시행령 제186조의3에 따라 금융투자상품거래청산회사(=한국거래소)를 통하여 장외파생상품거래(청산대상거래)를 결제하는 경우에는 청산대상거래는 소멸하고 청산대상거래의 각 당사자와 한국거래소 사이에서 각각 청산약정거래가 성립하게 되고, 한국거래소가 당사자로 된 청산약정거래는 한국거래소의 「장외파생상품청산업무규정」에 따르게 된다. 청산업무규정은 한국거래소에게 채무불이행, 어음·수표부도, 인가취소, 도산신청 등이 발생한 경우 모든 청산회원과의 청산약정거래를 일괄정산

140) 오수근(2007), 31쪽도 같은 취지.

하도록 하고 있어(동규정 제111조), 한국거래소의 귀책사유로 인한 일괄정산에 대해서는 제120조 제3항을 적용할 수 있을 것이다. 한편 금융투자상품거래청산회사로서의 한국거래소는 자본시장법에 따른 청산결제업무를 수행하는 것으로 볼 수 있으므로 채무자회생법 제120조 제2항에 따라 청산결제제도의 참가자에 대하여 회생절차가 개시된 경우 그 참가자와 관련된 채무의 인수, 정산, 차감, 증거금 그 밖의 담보의 제공·처분·충당 그 밖의 청산결제에 관하여는 한국거래소의 장외파생상품 청산업무규정이 정한 바에 따라 효력이 발생하며 해제, 해지, 취소 및 부인의 대상이 되지 않는다.[141]

3. 기업구조조정촉진법에 따른 공동관리절차와 적격금융거래의 종료·정산

기업구조조정촉진법[142]은 채무자회생법 제120조 제3항 및 제336조에 따른 소위 적격금융거래에 관한 특칙에 대응되는 규정을 두고 있지 않아 동법에 따른 공동관리절차에서 적격금융거래의 종료 및 정산이 어떻게 취급되는지는 해석에 맡겨져 있었다. 기업구조조정촉진법상 공동관리절차의 개시를 위한 협의회의 소집 또는 공동관리절차의 개시에 의하여 금융채권의 행사가 유예되는 경우(동법 제9조 제3항, 제4항, 제11조) 적격금융거래의 종료나 정산이 그러한 채권행사 유예의 대상이 되는지의 문제가 제기되었었다.

기업구조조정촉진법상 명시적인 근거 규정은 없었으나 금융위원회는 "금융채권자와 기업이 채무자회생법 제120조 제3항에 따른 기본계약에 근거하여, 같은 항 제1호의 파생금융거래('적격파생금융거래')를 체결하고 있는 경우, 동 기본계약에서 '기본계약에 근거하여 체결한 적격파생금융거래를 일괄 정산하여 잔액만을 결제할 의무를 질 것'을 규정하고 있다면, 금융채권자와 기업 사이의 단일한 기본계약에 기초한 모든 적격파생금융거래에 근거한 금융채권이란, 기본계약에서 정한 바에 따라 적격파생금융거래 전부를 일괄 정산한 잔액채권을 의미한다"라고 함으로써 적격금융거래의 종료 및 정산은 기업구조조정촉진법에 따른 채권행사 유예의 대상이 아니라고 보았다.[143] 이 유권해석은 구 재정경제부

141) 채무자회생법 제120조 제2항이 "청산결제제도의 참가자"에 대하여 회생절차가 개시된 경우를 규정하고 있고, 청산결제제도의 운영자에 대하여 회생절차가 개시된 경우에 대하여는 아무런 규정을 하고 있지 않다. 그런데 한국거래소의 장외파생상품 청산업무규정 제52조 제5항은 한국거래소에 대하여 회생절차가 개시된 경우에도 한국거래소와 관련된 청산대상물의 확정 및 결제금액의 수수 그 밖의 청산결제에 관하여는 채무자회생법 제120조 제2항의 절차에 준하여 해제, 해지, 취소 및 부인의 대상이 되지 않는다고 규정하고 있다. 한국거래소의 규정으로 채무자회생법 제120조 제2항의 적용범위를 확장할 수는 없을 것이다.

142) 기업구조조정촉진법은 2001. 8. 14. 한시법으로 제정된 후 존속기간 만료시 신규입법되어 왔다. 가장 최근에는 2023. 10. 존속기간이 만료된 후 2023. 12. 26. 다시 제정되었고(법률 제19852호) 3년간 효력을 가진다.

143) 2016. 6. 7.자 기업구조조정촉진법 관련 유권해석. 금융위원회는 이 유권해석에서 "파생금융거래

의 유권해석[144]과 마찬가지로 적격금융거래에서의 일괄정산의 효력에 관하여 상당한 정도로 법적 불확실성을 해소해 주었다.

제 4 절 파생상품거래의 남용

Ⅰ. 파생상품거래의 남용

1. 파생상품거래의 법규 회피 목적 이용

파생상품거래는 원래 보유한 위험을 회피하거나 새로운 위험의 인수를 목적으로 행하여지는 거래이다. 파생상품거래가 독자적인 목적없이 다른 법령의 적용을 회피하기 위하여 이용되는 것에 불과하다면, 파생상품거래로서의 성격을 가진다고 하기보다는 탈법적인 수단으로 이용된 것에 불과하다고 할 수 있다. 아래와 같은 몇몇 법규는 법규 회피 목적으로 파생상품거래를 이용하는 행위를 명시적으로 규율하고 있다.

가. 신용공여제한을 회피할 목적으로 하는 파생상품거래

자본시장법은 일정한 예외적인 경우를 제외하고는 금융투자업자의 대주주 및 그 특수관계인에 대한 신용공여를 금지하고 있다(동법 제34조 제2항). 이 때 신용공여는 금전등 재산의 대여, 채무이행의 보증, 자금지원적 성격의 증권의 매입, 그 밖의 신용위험을 수반하는 직접적·간접적 거래로서 대통령령이 정하는 거래를 말한다. 대통령령이 정하는 거래에 신용공여 제한을 회피할 목적으로 장외파생상품거래, 신탁계약, 연계거래 등을 이용하는 거래를 포함시켰다(동법시행령 제38조 제1항 제4호).[145] 상장회사가 주요주주 및 그의 특수관계인, 이사, 집행임원, 감사에게 신용공여하는 행위를 원칙적으로 금지하는 상법도 마찬가지로 장외파생상품거래를 이용한 거래를 신용공여의 범위에 포함시켜 규율하고 있다(상법 제542조의9, 상법시행령 제35조 제1항 제4호).

의 청산이 인정되지 않을 경우에 발생할 부작용을 피하기 위해, 국제적 기준에 부합하는 기본계약에서 잔액만을 결제할 것을 규정하고 있는 파생금융거래는 그 잔액을 [기업구조조정촉진법상의] 금융채권으로 인정할 필요가 있음"을 그 이유로 들었다.

144) 구 재정경제부는 2003. 1. 27.자 구 기업구조조정촉진법 관련 질의 회신에서 앞의 금융위원회 유권해석과 같은 취지로 유권해석을 한 바 있다.

145) 은행법도 대주주에 대한 신용공여 제한(동법 제35조의2), 자은행의 모은행에 대한 신용공여 제한(동법 제37조 제6항 제3호)을 두고 있으나 자본시장법시행령 제38조 제1항 제4호와 같은 조항은 두고 있지 않고 은행의 신용공여의 범위와 산정방법에 관한 일반원칙을 적용하고 있다.

나. 자본시장법상 각종 금지·제한을 회피할 목적으로 하는 파생상품거래

자본시장법은 대주주와의 거래 등의 제한을 회피할 목적으로 하는 행위, 투자매매업자·투자중개업자·집합투자업자·투자일임업자·신탁업자가 손실보전의 금지, 운용제한, 이해관계인과의 거래제한, 불건전영업행위 금지 등을 회피할 목적으로 하는 행위 또는 기관전용 사모집합투자기구의 업무집행사원이 각종 금지나 제한을 회피할 목적으로 하는 행위로서 장외파생상품거래, 신탁거래, 연계거래 등을 이용하는 행위를 금지하고 있다(동법시행령 제37조 제4항 제2호, 제68조 제5항 제11호, 제87조 제4항 제7호, 제99조 제4항 제5호, 제109조 제3항 제8호, 제271조의20 제4항 제5호).

다. 외국환거래규제를 회피할 목적으로 하는 파생상품거래

외국환거래규정 제7-40조 제2항 제3호는 "파생상품거래를 자금유출입·거주자의 비거주자에 대한 원화대출·거주자의 비거주자로부터의 자금조달 등의 거래에 있어 이 법·영 및 규정에서 정한 신고등의 절차를 회피하기 위하여 행하는 경우"에는 거래타당성 입증서류를 첨부하여 한국은행총재에게 신고하도록 하고 있다.

라. 기 타

이러한 명시적인 조항을 두고 있는 법규는 극히 소수이고 파생상품거래는 다양한 상황에서 이용될 수 있으므로 법규 회피 목적의 거래인지 여부가 문제될 수 있는 경우는 다양하다. 법규 회피 목적의 거래는 형사처벌의 대상이 될 수도 있다. 예컨대 외국인에 의한 취득이 금지 또는 제한된 재산권(예: 외국인투자가 금지 또는 제한된 업종의 국내회사 발행주식)을 기초자산으로 한 총수익스왑거래는 특정범죄가중법 제12조[146] 위반의 문제를 야기할 수 있다. 최근 우리나라에서도 총수익스왑(TRS: total return swap)이 다양하게 규제회피적인 용도로 사용되고 있어 파생상품거래를 남용하는 것인지 여부의 문제가 제기되고 있고,[147] 구체적인 문제는 제11장에서 다루기로 한다(☞ 신용파생거래에 관하여는 제11장 제1절, 주식파생거래에 관하여는 제11장 제2절).

---

146) 제12조(외국인을 위한 탈법행위) 외국인에 의한 취득이 금지 또는 제한된 재산권을 외국인을 위하여 외국인의 자금으로 취득한 사람은 다음 각 호의 구분에 따라 처벌한다.
1. 재산권의 가액이 1억원 이상인 경우에는 무기 또는 10년 이상의 징역에 처한다.
2. 재산권의 가액이 1억원 미만인 경우에는 무기 또는 3년 이상의 유기징역에 처한다.

147) 이에 관한 전반적인 논의는 정순섭(2017), 6-17쪽.

2. 엔론 사례

법규 회피 목적으로 파생상품거래를 이용한 것인지 여부에 대한 논란이 제기된 대표적인 사례가 미국의 엔론이 회계 목적으로 체결한 파생상품거래들이다.[148] 2003. 7. 28. 미국 연방증권거래위원회(SEC)가 엔론이 대금선불조건의 선도거래(prepay transactions)[149] 등의 구조화거래를 이용하여 분식회계[150]하는 것을 거래은행이 방조하였음을 이유로 거래은행을 상대로 벌금부과와 이익반환 등을 구하는 소송을 제기하자, 유수한 은행들이 (SEC의 주장을 인정하지도 부인하지도 않고) 거액의 벌금과 이익반환에 합의하였다.[151] 미국 SEC의 보도자료는 "거래의 구조적 복잡성은 실질이 대출이라는 사실을 감추기 위한 목적 이외의 사업목적이 없다"고 하고, 이들 금융기관들이 고객이 (i) 영업활동으로부터의 현금흐름 금액을 부풀리고, (ii) 금융활동으로부터의 현금흐름과 차입금을 낮추어 보고하는 것을 도왔고, 그 결과 엔론이 재무건전성과 영업활동의 결과를 거짓으로 제시하였다고 지적하였다.[152]

미국 SEC의 제재에 등장하는 대금선불조건의 선도거래(prepay transactions)와 관련한 소송이 미국 뉴욕주 법원과 영국 법원에 제기되었다. 먼저 거래내용이 상세히 드러난 영국 법원 사건을 보면 2001. 9. 28. 다음과 같은 내용으로 3개의 스왑계약이 체결되었다.[153]

(i) JP Morgan Chase은행(이하 "C은행")과 저지에 특별목적기구로 설립된 Mahonia간의 스왑: (ㄱ) 계약시점에 C은행이 Mahonia에게 미화 3억5천만불을 지급하고, (ㄴ) 2002.

148) 엔론 사건을 법적인 관점에서 전반적으로 설명한 문헌으로는 Markham(2006).

149) 대금선불조건의 선도거래는 계약 체결시 은행이 매매대금을 지급하고 장래의 일정 시점에 엔론이 상품(원유·가스) 등을 은행에게 인도하는 거래이다. 정상적인 선도거래라면 대금이 선지급되더라도 상품인도 시점의 상품가격이 선도거래 가격보다 상승하거나 하락하는 경우 어느 한 당사자가 이익, 다른 당사자가 손실을 보게 된다. 그런데 엔론이 체결한 거래에서는 그 위험을 결국 모두 엔론이 부담하도록 거래구조가 짜여져 있다는 것이 미국 SEC의 지적이다.

150) 엔론은 대금선불조건부 선도거래(prepay transactions)에 따른 현금흐름을 영업활동에 따른 현금흐름으로 회계처리하고 채무를 차입금채무가 아닌 가격위험관리활동으로 회계처리하였다. 대금선불조건부 선도거래가 엔론의 1999년 영업활동 현금흐름 12억불 전부를 차지했고, 2000년 영업활동 현금흐름 48억불 중 15억불을 차지했다. Batson(2003), p. 45.

151) 엔론과의 거래와 관련하여 씨티그룹은 미화 4,850만불의 민사벌금과 5,275만불의 이익반환금을 SEC에게 지급할 것에 합의하였고, JPMorgan Chase는 6,500만불의 민사벌금과 6,500만불의 이익반환금 및 500만불의 이자를 SEC에게 지급할 것에 합의하였다. 이와는 별도로 씨티그룹은 2,750만불, JP Morgan Chase는 2,500만불을 맨해튼지역 검찰청에 납부할 것을 합의하였다. SEC, Securities Exchange Act of 1934 Release No. 48230 (July 28, 2003); Litigation Release No. 18252 (July 28, 2003).

152) SEC Press Release 2003-87 (July 28, 2003) "SEC Settles Enforcement Proceedings against J.P. Morgan Chase and Citigroup".

153) 거래 내용은 Mahonia Ltd v JP Morgan Chase Bank 2003 WL 22827091(QBD (Comm Ct)), [2003] 2 Lloyd's Rep. 911, [2003] EWHC 1927에 판시된 사실관계를 요약한 것임.

3. 26. Mahonia가 C은행에게 2002. 3. 25.의 천연가스선물가격에 기초하여 산정한 금액을 지급한다.

(ii) Mahonia와 ENAC(Enron North America Corporation-엔론의 자회사) 간의 스왑: (ㄱ) 계약시점에 Mahonia가 ENAC에게 미화 3억5천만불을 지급하고, (ㄴ) 2002. 3. 26. ENAC가 Mahonia에게 2002. 3. 25.의 천연가스선물가격에 기초하여 산정한 금액을 지급한다.

(iii) ENAC와 C은행 간의 스왑: 2002. 3. 26. (ㄱ) ENAC가 C은행에게 고정금액(미화 3억5596만1258.40불)을 지급하고, (ㄴ) C은행은 ENAC에게 2002. 3. 25. 천연가스선물가격에 기초하여 산정한 금액을 지급한다.

(iv) 위 (ii)거래에서 ENAC의 지급채무를 담보하기 위하여 합계 미화 3억1,500만불의 보증신용장 2장이 Mahonia에게 제공되었다. 그 중 1장이 2001. 10. 5. WestLB AG가 발행한 미화 1억6,500만불의 보증신용장이다. WestLB는 보증신용장 발행시 위 (ii)거래가 3개의 거래의 일부라는 점을 몰랐다.

위 3개의 스왑거래를 합쳐보면 ENAC가 미화 3억5천만불을 받아서 그 자금을 2001. 9. 28.부터 2002. 3. 26.까지 이용하고, C은행에게 연리 3.4%에 해당하는 596만1,258.40불을 추가로 지급하는 거래라고 할 수 있다. 엔론과 ENAC를 비롯한 자회사들이 2001. 12. 2. 미국 연방 파산법 제11장에 따른 회생절차 개시 신청을 하여 위 (ii)거래상 ENAC의 채무불이행이 발생하자 Mahonia가 보증신용장 발행은행인 WestLB에게 보증신용장상의 지급을 청구하였다.

WestLB는 위 거래는 ENAC의 자금차입을 차입으로 회계처리하지 않기 위한 것으로 미국 회계기준과 증권법 위반의 위법성이 있음을 근거로 보증신용장상 지급을 거절하였다. Mahonia는 이에 대응하여 법원에 WestLB가 제기한 지급거절 항변을 배척하는 간이판결(summary judgment)을 구하였다. 쟁점은 거래의 위법성(illegality)이 보증신용장의 독립추상성을 배제할 수 있는지 여부와 이 사건에서 그 정도의 위법성이 있는지 여부였고, 법원은 WestLB가 미국 증권법 위반을 근거로 지급을 거절하고 본안소송에서 다툴 충분한 이유가 있다고 보아 Mahonia의 청구를 기각하였다.[154] 1년 뒤 선고된 본안소송의 판결[155]은, 위 거래의 전체를 합쳐보면 어느 정도 금전차입의 성격이 있지만, 각 스왑계약상 채무가 약간 다르고,[156] 특별목적기구인 Mahonia의 독립성이 인정된다고 보아,[157] 엔

154) Mahonia Ltd v JP Morgan Chase Bank [2003] EWHC 1927.

155) Mahonia Ltd v JP Morgan Chase Bank (No. 2) [2004] EWHC 1938.

156) 3개의 스왑계약상 천연가스선물가격에 기초한 변동금액지급이 정상적으로 이행되는 경우에는 모두 동일한 내용의 채무라고 할 수 있으나, 채무불이행 사유가 발생한 경우에는 3개의 스왑계약상의 지급채무에 차이가 있음을 지적하였다.

157) 이 점이 미국 SEC의 소장과는 다르다. 미국 SEC는 Mahonia가 C은행의 지배를 받고 C은행의 지

론의 이 거래 회계처리가 미국 회계기준과 증권법에 위반되지 않았다고 판시하고[158] 결국 Mahonia의 청구를 인용하였다.

뉴욕주 법원에 제기된 소송에서는 엔론의 도산으로 엔론이 Mahonia에 대한 채무를 불이행하게 되자 C은행이 Mahonia를 위하여 보증서(surety bonds)를 발행한 보험회사들을 상대로 11억 달러의 지급을 청구하였다. C은행은 보증서가 무조건적인 지급의무를 규정하고 있는 점을 들어 간이판결(summary judgment)을 구하였으나, 법원은 보증서상 그러한 조항이 있더라도 보험회사들이 사기적으로 유인되어 보증서를 발급했다는 항변을 할 수 있고, 거래가 숨은 대출이라는 점을 나타내는 징표가 충분하다고 하며 원고의 간이판결 청구를 기각하였다.[159] 이 소송은 결국 합의로 종료되었다.[160]

Ⅱ. 파생상품거래에서의 형식과 실질

1. 개 설

파생상품거래가 전형적인 위험 회피 또는 위험 인수 목적으로 행하여지는 경우에도 그 위험 회피 또는 위험 인수의 경제적 효과가 다른 법령상의 규제의 대상이 되거나 다른 법적인 취급을 받도록 되어 있는 경우에 파생상품거래로 취급하여 법적인 효과를 부여할 것인지 아니면 경제적 효과를 중시하여 그 경제적 효과를 기준으로 법적인 취급을 할 것인지, 그 경계선 내지 기준은 무엇인지가 문제될 수 있다. 파생상품거래가 새로운 유형 또는 방법의 위험 회피 또는 위험 인수의 목적으로 행하여지는 경우, 이러한 문제가 새롭게 발생할 여지가 많을 것이다. 이러한 형식과 실질의 문제에 대하여는 하나의 기준을 정하여 모든 유형의 파생상품거래에 일률적으로 적용할 수는 없을 것이고, 결국 관련되는 각 개별법령의 목적, 강행법규성의 정도에 따라 달리 판단하여야 할 것이다.[161]

시에 따라 거래에 참여했다고 보았으나, 영국 법원은 Mahonia가 거래참여 여부를 독립적으로 결정할 수 있다고 보았다.

158) 이 판결은 그 법정에 제출된 증거만에 기초하여 판단한 것임을 강조하였다.

159) JPMorgan Chase Bank v. Liberty Mut. Ins. Co. 189 F.Supp.2d 24 (S.D.N.Y. March 5, 2002).

160) JPMorgan Chase가 보험회사로부터 6억5,400만 달러를 받는 것으로 합의한 것으로 보도되었다.

161) 신용파생거래와 주식파생거래에서 발생하는 문제에 대하여는 제11장 제1절 Ⅳ. 3.과 제11장 제2절 Ⅱ 참조.

2. 문제가 제기될 수 있는 상황

가. 자본시장법상 대량주식 보유

거래의 실질을 반영한 법규의 하나로 자본시장법상 대량주식 보유에 관한 규율을 들 수 있다. 자본시장법 제142조는 자기의 계산으로 주식을 소유하는 경우 이외에 주식인도 청구권, 의결권 행사 지시권, 취득·처분 권한, 매수인이 될 수 있는 매매예약 완결권을 가지거나 주식매수선택권을 부여받은 경우에도 "소유에 준하는 보유"에 해당하는 것으로 규정하고 있다. 파생상품거래를 이용하여 위와 같은 권리를 가지는 경우에는 "소유에 준하는 보유"에 해당하게 될 것이다. 파생상품거래 계약에 위와 같은 권리를 명시적으로 정하지 않지만 실제로는 일방당사자(예: 주식을 가지고 있으나 주가변동의 위험의 전부 또는 일부를 주식스왑계약으로 타방당사자에게 전가한 A)가 계약기간 중 의결권 행사, 주식의 처분 등을 타방당사자(예: 주식스왑계약상 주가변동의 위험을 부담하는 B)의 의사대로 행하거나 계약 종료시 B가 그 주식을 A로부터 매입하는 경우 파생상품거래시부터 B가 자본시장법에서 정한 각종 권리를 가지고 있다고 볼 수 있는지 여부가 문제될 수 있다. 이러한 문제는 대체로 사실관계의 입증의 문제라고 할 수 있다.

나. 세 법

세법상 파생상품거래의 형식을 무시하고 당사자들이 의도하는 경제적 효과를 기준으로 과세할 것인가에 대하여는 몇 가지 판례가 나와 있다. 대법원 1997. 6. 13. 선고 95누15476 판결은 "외국은행 국내지점이 계약일 또는 이자지급 약정일에 변동금리에 해당하는 이자금액과 고정금리에 해당하는 이자금액을 서로 주고받지 아니하고 변동금리에 해당하는 이자상당액을 국내고객에게 선지급하고 만기에 고정금리에 해당하는 이자상당액을 후취하고 있는 형태의 스왑거래를 행하고 다시 외국에 있는 본점이나 다른 외국지점과 국내 스왑거래로부터 입을 수 있는 손실에 대비하기 위한 커버거래를 하였다면, 그 국내 스왑거래는 일종의 스왑거래에 해당하기는 하지만 실질에 있어서는 이자율 차액에 해당하는 금액의 외화대부에 해당한다고밖에 할 수 없을 것"이라고 하여 세법상 대출거래로 인정하였다. 실질과세의 원칙[162]에 따라 거래를 세법목적상 재구성한 것이다.

---

162) 국세기본법 제14조(실질과세) ① 과세의 대상이 되는 소득, 수익, 재산, 행위 또는 거래의 귀속이 명의일 뿐이고 사실상 귀속되는 자가 따로 있을 때에는 사실상 귀속되는 자를 납세의무자로 하여 세법을 적용한다.
② 세법 중 과세표준의 계산에 관한 규정은 소득, 수익, 재산, 행위 또는 거래의 명칭이나 형식에 관계없이 그 실질 내용에 따라 적용한다.
③ 제3자를 통한 간접적인 방법이나 둘 이상의 행위 또는 거래를 거치는 방법으로 이 법 또는 세법의 혜택을 부당하게 받기 위한 것으로 인정되는 경우에는 그 경제적 실질 내용에 따라 당

한편 (i) 고객이 은행에게 원화를 지급하고 엔화를 매입하는 엔화현물환거래, (ii) 고객이 그 엔화를 은행에 예치하는 엔화정기예금거래, (iii) 고객이 엔화정기예금 만기일에 받는 엔화자금을 은행에게 미리 정한 선물환율로 매도하는 엔화선물환거래로 구성된 이른바 '엔화스왑예금거래'에서 엔화정기예금에 따른 이자뿐만 아니라 엔화선물환거래에 따른 고객의 이익도 이자소득으로 볼 수 있는지에 대하여 은행과 과세당국 간의 분쟁이 발생하였다. 이에 관하여 하급심 판결은 나뉘었는데, 대법원 2011. 4. 28. 선고 2010두3961 판결은 "당사자가 취한 거래형식이 세금의 부담을 회피하기 위한 행위라 하더라도 그것이 가장행위에 해당하는 등의 특별한 사정이 없는 이상 유효한 것으로 보아야 한다는 전제 아래, 이 사건 선물환계약은 엔화정기예금계약과는 구별되는 별개의 계약으로 인정되고, 법률행위의 효력이 없는 가장행위에 해당한다거나 엔화정기예금계약에 포함되어 일체가 되었다고 보기 어려우며, … 선물환거래로 인한 차익을 … 이자소득세의 과세대상에 해당한다고 보기 어렵다"고 판단한 원심 판결이 정당하다고 판시하였다.

이 판결 및 관련 세법조항의 해석에 대해서는 세법학자들 사이에서도 논란이 있다.[163] 물론 세법의 관련 조항의 해석에 따라 판단할 문제이겠으나, 일반적으로 파생상품거래가 다른 거래와 연계되어 남용되는지 여부는 그 거래들이 실질적으로 결합되어 하나의 거래로 이루어지는지, 아니면 각 거래가 시장환율 또는 이자율 조건을 반영한 거래로서 당사자가 각 거래 별로 위험을 인수하는 것인지 등이 중요한 고려요소가 되어야 할 것이다.

이 판결이 선고된 이후 이자소득(또는 배당소득)이 발생하는 상품과 파생상품거래를 함께 거래하는 경우로서 일정한 요건[164]을 갖춘 경우에는 그 파생상품거래로부터 얻는

사자가 직접 거래를 한 것으로 보거나 연속된 하나의 행위 또는 거래를 한 것으로 보아 이 법 또는 세법을 적용한다.

163) 이창희(2018), 439쪽.

164) 이자소득에 대하여는 아래 1 또는 2에 해당할 것이 요구된다(배당소득에 대해서도 유사한 요건이 적용된다).

1. 다음 각 목의 요건을 모두 갖추어 실질상 하나의 상품과 같이 운영되는 경우
   가. 금융회사 등이 직접 개발·판매한 이자부상품의 거래와 해당 금융회사 등의 파생상품 계약이 해당 금융회사 등을 통하여 이루어질 것
   나. 파생상품이 이자부상품의 원금 및 이자소득의 전부 또는 일부(이하 "이자소득등 ")나 이자소득등의 가격·이자율·지표·단위 또는 이를 기초로 하는 지수 등에 따라 산출된 금전이나 그 밖의 재산적 가치가 있는 것을 거래하는 계약일 것
   다. 가목에 따른 금융회사 등이 이자부상품의 이자소득등과 파생상품으로부터 이익을 지급할 것
2. 다음 각 목의 요건을 모두 갖추어 장래의 특정 시점에 금융회사 등이 지급하는 파생상품(자본시장법 제166조의2 제1항 제1호에 해당하는 경우에 한정한다)으로부터의 이익이 확정되는 경우
   가. 금융회사 등이 취급한 이자부상품의 거래와 해당 금융회사 등의 파생상품의 계약이 해

이익도 이자소득(또는 배당소득)에 해당하도록 소득세법이 개정되었다.[165)]

한편 L그룹 소속회사들이 부동산을 보유한 회사의 주식의 50%를 매수하고, 나머지 50%에 대해서는 L그룹 소속회사와 총수익스왑(total return swap)계약을 체결한 금융회사의 SPC들("외부투자자들")에게 매매계약상 지위를 양도하여 그들이 50%의 주식을 매수한 건에서, 과세당국은 외부투자자들이 매수한 주식도 L그룹 소속회사들이 실질적으로 취득한 것으로 보았고, 결국 특수관계있는 회사들의 지분이 50%를 초과한 것이 되어 과점주주 간주취득세를 부과하였다. 법원은 이 과세처분에 대한 취소청구를 인용하면서 "이 사건 스왑계약의 목적과 내용, 당시 원고 호텔들의 자금조달 사정 및 부채비율 등 재무 여건에서 알 수 있는 … 사정들에 비추어 보면, 원고 호텔들이 이 사건 외부투자자들과 체결한 이 사건 각 거래가 과점주주에 대한 간주취득세를 회피하기 위한 목적 이외에 다른 합당한 경제적 이유를 찾을 수 없는 거래라고 단정하기 어려우므로, 원고 호텔들이 실질과 괴리되는 비합리적인 형식이나 외관을 취하였다고 볼 수 없어 … 원고 호텔들이 이 사건 쟁점주식의 실질 귀속자가 된다고 할 수 없다"고 판시하였다.[166)]

다. 외국환거래 규제와 계약 당사자

앞서 본 바와 같이 외국환은행 등 외국환업무취급기관이 외국환업무로서 행하는 거래가 아닌 한 거주자와 비거주자 간의 파생금융거래는 한국은행에 신고하여야 한다(외국환거래규정 제7-40조). 이러한 제한 때문에 거주자와 비거주자 간에 국내 외국환은행이 개입하여 두개의 거의 동일한 내용의 파생금융거래(back-to-back거래)를 체결하는 경우가 있다. 이렇게 두 개의 파생금융거래를 체결하는 경우 국내 외국환은행의 계약상의 지위를 어떻게 보아야 하는가를 다룬 미국 뉴욕의 연방지방법원 판결[167)]이 있다.

이 사건의 원고는 한국회사인 D보험회사와 D가 말레이시아의 라부안에 설립한 역외

당 금융회사 등을 통하여 이루어질 것(이자부상품의 거래와 파생상품의 계약이 2 이상의 금융회사 등을 통하여 별도로 이루어지더라도 파생상품의 계약을 이행하기 위하여 이자부상품을 질권으로 설정하거나 자본시장법시행령 제103조에 따른 금전신탁을 통하여 이루어지는 경우를 포함한다)

나. 파생상품이 이자부상품의 이자소득등이나 이자소득등의 가격·이자율·지표·단위 또는 이를 기초로 하는 지수 등에 따라 산출된 금전이나 그 밖의 재산적 가치가 있는 것을 거래하는 계약일 것

다. 파생상품으로부터의 확정적인 이익이 이자부상품의 이자소득보다 클 것

165) 이자소득에 대하여는 소득세법 제16조 제1항 제13호, 소득세법시행령 제26조 제5항, 배당소득에 대하여는 소득세법 제17조 제1항 제10호, 소득세법시행령 제26조의3 제5항.

166) 서울고등법원 2021. 9. 8. 선고 2020누48972, 2020누48989(병합), 2020누48996(병합), 2020누49005(병합), 2020누49012(병합) 판결. 대법원 2022. 1. 13. 선고 2021두54231 판결(심리불속행기각).

167) Korea Life Insurance Co., Ltd. and Morning Glory Investment (L) Limited v. Morgan Guaranty Trust Company of New York, No. 99 Civ. 12175 (July 1, 2003). 이에 관한 해설은 정순섭(2003b), 67-71쪽.

펀드인 M투자회사이고 피고는 미국 투자은행 J이다. 원·피고 이외에 우리나라 은행인 K은행이 파생금융거래의 당사자로 관여하였다. 사실관계를 요약하면, ① 1997. 1. 15. 우리나라 은행인 K은행이 (i) M과 태국 바트화와 일본 엔화의 환율변동에 관련된 총수익스왑(total return swap)계약을, (ii) J와 동일한 내용의 반대방향 총수익스왑계약을 체결(즉 K은행은 M으로부터 지급받은 금액을 J에게 지급하고, J로부터 지급받은 금액을 M에게 지급하게 됨)하였고, ② 담보계약서로 M은 K은행의 J에 대한 채무가 이행되도록 할 의무를 부담하고 D보험은 M이 채무를 이행하지 못하는 경우 M을 증자하겠다는 확약서를 K은행에게 제공하였다. ③ M-K 간의 계약에는 태국 바트화와 엔화의 환율이 일정한 비율을 벗어나면 M이 계약을 조기에 해지할 수 있는 조항을 두었으나, K-J 간의 계약에는 그러한 조항이 없었다. ④ 1997. 7. 2. 태국이 변동환율제로 전환함에 따라 바트화의 가치가 대폭 하락하자 D보험은 K은행과 J에게 거래의 해지를 요구하였으나 받아들여지지 않았다. ⑤ J가 만기일 23일 전인 1998. 1. 7. 계약을 해지하였고, D보험과 M은 계약 해지에 따른 지급을 행한 후 J를 상대로 다른 여러 주장과 더불어 해지관련 계약위반을 이유로 지급금의 반환을 구하는 소송을 제기하였다.

미국연방지방법원은 해지조항관련 계약 위반 주장과 관련하여, "두 개의 스왑계약이 독립적인 것으로 의도되지 않았고 상호 연계되어 있다. … K은행은 M과 J 간의 중개자 내지는 M의 대리인으로서의 이해관계를 가진다. … 이 문서들은 불합리하게 큰 위험을 야기하는 것으로서 규제받는 한국의 생명보험회사가 체결하기에는 부적정하고 위법일 수도 있는 투기적 역외거래를 감추기 위하여 거래구조를 짠 하나의 계약의 조각들이라고 볼 수밖에 없다. 계약당사자로 되어 있는 특별목적기구들과 중간에 관여한 기관들은 진정한 당사자가 되도록 할 의사가 있다고 볼 수 없다. 진정한 당사자는 D보험과 J이고, D보험이 J에게 지급의무를 지고 있는 것과 마찬가지로 J도 D보험이 손실 확대를 방지하고자 계약을 조기 해지하고자 하는 경우 이에 협조할 의무가 있다"고 판시하였다. 이 판결은 계약상의 당사자 표시에도 불구하고 거래의 전체 진행과정 및 주된 계약서 이외에 부수되는 계약서를 통하여 거래의 진정한 당사자를 가려냈다는 점에 주목할 필요가 있다. 이 사건과 달리 거주자와 비거주자 간의 거래의 중간에 외국환은행 기타 국내금융기관이 개입하여 두 개의 계약이 체결되는 경우라고 하더라도, 그 중간에 개입한 기관이 각 계약의 조건의 협상이나 결정에 실질적으로 관여하여 두 개의 계약을 각각 별개로 협상하여 결정하는 경우에는 그 중간에 개입한 외국환은행 등이 실질적인 당사자라고 하여야 할 것이다.

Ⅲ. 도 박

파생상품거래는 다른 기초자산 또는 위험의 가치 또는 지수 등 수치 변동에 따라 당사자의 권리의무가 결정된다는 점에서 우연적 요소가 내재되어 있어, 도박성이 문제될 수 있다. 이 점에 대하여 자본시장법은 금융투자업자가 금융투자업을 영위하는 경우에는 형법 제246조(도박죄)를 적용하지 않는다는 점을 명시하였다(동법 제10조). 파생상품거래는 통상 금융투자업자가 인가받은 금융투자업으로 영위하는 경우가 대부분이겠으나, 국내 기업 또는 금융회사가 해외 당사자와 파생상품거래를 행하는 경우 등 자본시장법상의 금융투자업에 해당하지 않는 경우도 있을 수 있다. 이러한 경우, 파생상품거래의 우연성에 대한 법적 판단은 결국 그러한 거래의 경제적 필요성 내지는 사회적 유용성을 기준으로 하여야 할 것이다.

참고문헌

고동원(2008) 고동원, 금융규제와 법(박영사, 2008)

고학수(2011) 고학수, "행동법경제학의 지평", 법경제학연구 제8권 1호(한국법경제학회, 2011)

김건식(1997) 김건식, 스왑거래에 관한 법적 연구(한국금융연구원, 1997)

김건식·정순섭(2023) 김건식·정순섭, 자본시장법(제4판)(박영사, 2023)

김성은(2020) 김성은, "장외파생거래와 증거금", 정순섭(편저), 파생금융거래와 법(제2권) 제3장 (소화, 2020)

김연미(2016) 김연미, "주가연계증권 관련 소송을 통해 본 불공정거래규제상 쟁점", BFL 제80호 (서울대학교 금융법센터, 2016. 11.)

김정연(2017) 김정연, "금융투자자문법리 정립을 위한 시론", 서울대학교 법학 제58권 제1호(서울대학교 법학연구소, 2017. 3.)

김정연(2019) 김정연, "자본시장법상 영업행위 규칙의 사법(私法)적 의의", 상사법연구 제37권 제4호(한국상사법학회, 2019. 5.)

김정연(2020) 김정연, "파생·구조화 금융거래와 전문가의 민형사 책임", 정순섭(편저), 파생금융거래와 법(제2권) 제4장(소화, 2020)

김창희(2015) 김창희, "장외파생상품거래의 조기종료에 따른 정산금 산정에 관한 연구", 선진상사법률연구 제69호(법무부, 2015. 1.)

김창희(2016) 김창희, "장외파생상품 중앙청산에서의 네팅에 관한 법적 연구", 선진상사법률연구 제73호(법무부, 2016. 1.)

김형석(2018) 김형석, "계약인수와 대항요건—대판 2017. 1. 25., 2014다52933에 대한 평석", 민사법학 제83호(한국민사법학회, 2018. 6.)

김형태·이현진(2003) 김형태·이현진, 장외파생상품실패사례 분석과 시사점(한국증권연구원, 2003)

김홍기(2007) 김홍기, 2002 ISDA기본계약서의 내용과 장외파생상품거래를 위한 국내용 표준계약서의 필요성, 법학연구 제47권 제2호(부산대학교 법학연구소, 2007. 2.)

나승철(2011) 나승철, "주가연계증권(ELS)에 있어서 발행사와 투자자 사이의 이해상충", 기업법연구 제24권 제4호(한국기업법학회, 2011. 1.)

남희경(2014) 남희경, "금융투자상품거래청산회사를 통한 장외파생상품의 청산 및 결제", 증권법연구 제13권 제2호(한국증권법학회, 2012)

민정석(2012) 민정석, "질권 실행행위가 회생절차상 부인권 행사의 대상이 될 수 있는지 여부", BFL 제54호(서울대학교 금융법센터, 2012. 7.)

박준(2012) 박준, "파생금융거래를 둘러싼 법적 문제 개관", 박준·정순섭 편, 파생금융거래와 법(소화, 2012), 제1장

박준(2018) 박준, "리먼브러더스의 도산절차에서 제기된 파생금융거래 관련 법적 쟁점", BFL 제92호(서울대학교 금융법센터, 2018. 11.)

박준·홍선경·김장호(2012) 박준·홍선경·김장호, "채무자회생 및 파산에 관한 법률 제120조의 해석", 박준·정순섭 편, 파생금융거래와 법(소화, 2012), 제7장

박휜일(2004) 박휜일, 파생상품거래의 담보화에 따른 법적 문제, 경희법학 제39권 제1호(경희대학교 법학연구소, 2004. 6.)

서울중앙지법(2015) 서울중앙지방법원 파산부 실무연구회, 회생사건실무(제4판)(상)(박영사, 2015)

오수근(2007) 오수근, 도산절차와 결제제도, 신도산법 제120조 해석론, 증권예탁 제62호(한국예탁결제원, 2007. 2분기)

이상훈(2016) 이상훈, "최근 주가연계증권 소송과 민법상 조건성취 방해 법리", BFL 제80호(서울대학교 금융법센터, 2016. 11.)

이숭희(2011) 이숭희, "ELS분쟁의 현황과 법적 쟁점", 연세글로벌비즈니스 법학연구 제2권 제2호(연세대학교 법학연구원, 2011)

이영경(2019) 이영경, "채무자 회생 및 파산에 관한 법률의 적격금융거래에 대한 특례조항의 비판적 검토", 서울대학교 법학 제60권 제2호(서울대학교 법학연구소, 2019. 6.)

이영경(2020) 이영경, "금융거래에서의 담보물의 재활용", 서울대학교 법학 제61권 제1호(서울대학교 법학연구소, 2020. 3.)

이창희(2018) 이창희, 세법강의(제16판)(박영사, 2018)

이헌영(2007) 이헌영, "2002년도 ISDA Master Agreement 해설", 산은조사월보 제614호(2007. 1.)

이헌영(2015) 이헌영, "장외파생상품 의무청산의 현황과 법적 개선과제", 증권법연구 제16권 제3호(한국증권법학회, 2015)

이헌영(2017) 이헌영, "비청산 장외파생상품거래 증거금규제에 관한 연구", 은행법연구 제10권 제2호(은행법학회, 2017)

임치용(2006) 임치용, "지급결제제도에 관한 회생 및 파산절차의 특칙: 제120조의 해석론", 인권과 정의 제356호(대한변호사협회, 2006. 4.)

정순섭(2002) 정순섭, "장외파생상품의 중도종료와 도산절차상 효력", 증권 제112호(한국증권업협회, 2002. 8.)

정순섭(2003a) 정순섭, "2002 ISDA마스터 계약서의 주요개정사항 해설", BFL 제1호(서울대학교 금융법센터, 2003. 9)

정순섭(2003b) 정순섭, "대한생명과 제이피 모건의 파생상품거래에 관한 뉴욕연방지방법원판결", BFL 제1호(서울대학교 금융법센터, 2003. 9.)

정순섭(2016) 정순섭, "주가연계증권 관련 소송의 유형별 분석과 법적 판단기준", BFL 제80호(서울대학교 금융법센터, 2016. 11.)

정순섭(2017) 정순섭, "총수익율스왑의 현황과 기업금융법상 과제 — 헤지, 자금조달, 의결권 제한, 그 밖의 규제회피기능의 법적 평가 —", BFL 제83호(서울대학교 금융법센터, 2017. 5.)

정응기(2010) 정응기, "장외파생상품거래와 법인의 권리능력", 인권과 정의 411호(대한변호사협

회, 2010. 11.)

진상범 · 최문희(2014) 진상범 · 최문희, "KIKO 사건에 관한 대법원 전원합의체 판결의 논점 — 적합성 원칙과 설명의무를 중심으로(상) —", BFL 제63호(서울대학교 금융법센터, 2014. 1.)

최문희(2014) 최문희, "KIKO 사건에 관한 대법원 전원합의체 판결의 논점 — 적합성 원칙과 설명의무를 중심으로(하) —", BFL 제64호(서울대학교 금융법센터, 2014. 3.)

한민(2014) 한민, "시스템적으로 중요한 금융기관(SIFI)에 대한 국제적 정리체계 — FSB의 개선권고를 중심으로 —". 이화여자대학교 법학논집 제19권 제1호(이화여자대학교 법학연구소, 2014. 9.)

한민 · 홍선경(2012) 한민 · 홍선경, "장외파생상품거래와 담보 — Rehypothecation 문제를 중심으로". 박준 · 정순섭 편, 파생금융거래와 법(소화, 2012), 제5장

허항진(2009) 허항진, "국제적 증권담보거래에 대한 법적 소고", 상사법연구 제28권 제2호(한국상사법학회, 2009)

홍성균(2015) 홍성균, "장외파생금융거래에 사용되는 'ISDA 기본계약서'상 선행조건 조항에 관한 연구", 상사법연구 제33권 제4호(한국상사법학회, 2015)

황민택(2008) 황민택, 장외파생상품계약실무(제3판)(탐진, 2008)

Batson(2003) Neal Batson, Final Report Of Neal Batson, Court-Appointed Examiner (November 4, 2003) In re: ENRON CORP., et al., Case No. 01-16034 (AJG) (S.D.N.Y. Bankruptcy)

Firth(2017) Simon Firth, "Treatment of Derivatives, Repo and Stock Lending Positions in the Lehman Proceedings", in Dennis Faber and Niels Vermunt (eds.), Bank Failure: Lessons from Lehman Brothers (Oxford University Press, 2017)

Harding(2004) Paul Harding, Mastering The ISDA Master Agreements (1992 and 2002) (Pearson Education Limited, 2004)

Harding · Johnson(2002) Paul Harding and Christian Johnson, Mastering Collateral Management and Documentation (Pearson Education Limited, 2002)

Henderson(2009) Schuyler K Henderson, Henderson on Derivatives (2nd ed.) (Lexis Nexis UK, 2009)

Hudson(2018) Alastair Hudson, The Law on Financial Derivatives (6th ed.) (Sweet & Maxwell, 2018)

Markham(2006) Jerry W Markham, A Financial History of Modern U.S. Corporate Scandals: From Enron to Reform (M.E. Sharpe, 2006)

McCormick(2010) Roger McCormick, Legal Risk in the Financial Markets (2nd ed.) (Oxford University Press, 2010)

Morrison · Roe · Sontchi(2014) Edward R. Morrison, Mark J. Roe and Christopher S. Sontchi, "Rolling Back the Safe Harbours", 69(4) Business Lawyer 1015 (2014)

Roe(2011) Mark J. Roe, "The Derivatives Market's Payment Priorities as Financial Crisis

Accelerator", 63 Stanford Law Review 539 (2011)

Schwarcz · Sharon(2014) Steven L. Schwarcz and Ori Sharon, "The Bankruptcy Law Safe-Harbor for Derivatives: a Path-Dependence Analysis", 71 Wash. & Lee L. Rev. 1715 (2014)

Stoneham(2008a) Paul Stoneham, "Whatever Happened at Barings? Part One: The Lure. of Derivatives and Collapse", European Management Journal Vol.14 No.2 (1996)

Stoneham(2008b) Paul Stoneham, "Whatever Happened at Barings? Part Two: Unauthorised Trading and the Failure of Controls", European Management Journal Vol.14 No.3 (1996)

相澤豪 · 河合健(2015) 相澤豪・河合健, "リーマン・ブラザーズ・グループの倒産処理手続 ― デリバティブ取引に関して生じた諸問題", アンダーソン・毛利・友常法律事務所 編, クロスボーダー事業再生 (商事法務, 2015) 第5章

植木雅広(2008) 植木雅広, デリバティブ・ドキュメンテーション デリバティブ取引の契約書解説と実務 基本契約書編 (近代セールス社, 2008)

植木雅広(2010) 植木雅広, デリバティブ・ドキュメンテーション デリバティブ取引の契約書解説と実務 担保・個別契約書編 (近代セールス社, 2010)

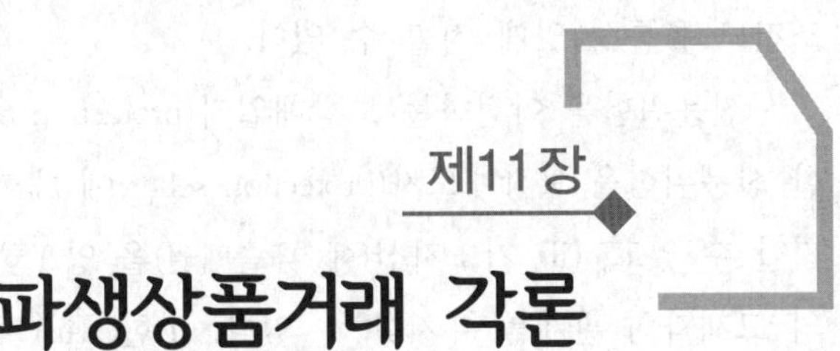

제11장 파생상품거래 각론

제 1 절 신용파생거래[1)2)]

Ⅰ. 의의와 기능

1. 의 의

2007-2008년 글로벌 금융위기 발생 및 확산과 관련하여 주목받고 있는 거래 중의 하나가 신용파생거래(credit derivatives)이다. 신용파생거래는 신용위험을 기초자산으로 하는 파생상품거래이다. 신용위험은 통상 채무(특히 금전채무) 불이행으로 인하여 손실을 입을 위험을 말한다. 기초로 된 신용위험의 발생여부에 따라 신용파생거래에 따른 지급이 달라진다.

2. 기 능

신용파생거래는 당사자 사이에서 신용위험[3)]을 이전하는 기능을 한다. 기초자산(예:

1) 제1절은 박준(2012c), 105-113쪽을 수정, 보완한 것이다.
2) 신용파생거래의 법적 문제를 전반적으로 다룬 문헌으로는 이금호(2007); 이금호(2008), 185-225쪽. 금융기관의 신용파생거래 규제에 대하여는 고동원(2008) 304-327쪽. 신용파생거래 계약서를 다룬 문헌으로는 Parker(2007); Parker(2017); 河合祐子 · 糸田真吾(2007).
3) 신용위험의 관리에 관한 일반적 설명은 제10장 제3절 Ⅳ. 파생상품거래와 담보.

대출채권)의 양도 없이 기초자산상의 신용위험을 이전할 수 있고, 위험 이전에 관한 거래의 조건도 융통성 있게 정할 수 있다.

신용위험을 이전하는 보장매입자(protection buyer)의 입장에서는 (i) 준거채무자에 대한 신용위험을 보장매도자(protection seller)에 대한 신용위험으로 대체하여 신용위험을 헤지할 수 있고, (ii) 기초자산(예: 대출채권)을 양도하지 않고 신용위험을 이전함으로써 자신의 고객과의 관계를 유지할 수 있다. 또한, (iii) 신용위험의 이전은 보장매입자의 규제자본(자기자본비율)을 개선하게 되고, (iv) 다양한 금융회사(예: 헤지펀드 포함)가 신용파생거래 시장에 참여하기 때문에 대출채권 양도 등 전통적인 시장보다 신용위험을 인수하고자 하는 금융회사가 많아 거래가 더 원활하게 이루어지게 된다.

신용위험을 인수하는 보장매도자의 입장에서는 기초자산의 양수 없이 신용위험을 인수할 수 있어 전통적인 대출채권 양수 또는 채권(債券) 매수보다 적은 자금으로 신용위험에 투자할 수 있다(이른바 leverage 효과).

3. 유사 제도와의 비교

(1) 보 증

신용파생거래는 보장매도자가 신용위험을 부담하기로 하는 점에서 보증과 경제적으로 유사한 기능을 하지만 법적인 구성과 효과는 크게 다르다. 보증은 주채무의 존재를 필요로 하고 보증인은 주채무자의 항변으로 대항할 수 있으며 주채무자가 취소권, 해지·해제권을 가지고 있는 동안에는 보증채무의 이행을 거절할 수 있고, 보증채무의 이행을 청구하기 위해서는 주채무의 이행기가 도래하였지만 이행하지 않고 있어야 하는 등 기본적으로 부종성과 보충성의 원칙이 적용된다. 또한 보증채무 이행시 보증인은 주채무자에 대한 구상권을 취득하고 변제자 대위가 이루어진다. 물론, 연대보증의 경우에는 보충성의 원칙이 적용되지 않고, 부탁받은 보증인지 여부에 따라 구상권의 범위가 달라지며, 보증계약의 조건에 따라 부종성의 원칙 중 일부를 배제할 수도 있다. 그러나 보증채무의 채권자가 피보증채무의 채권자이어야 한다는 점은 변함이 없다.

이에 반하여 신용파생거래에서 보장매입자가 반드시 보장의 대상이 되는 채권을 보유하고 있어야 하는 것은 아니고, 신용보장의무를 이행하도록 만드는 신용사건에는 변제기에 지급되지 않은 상황{지급불이행(Failure to Pay)}뿐 아니라 아직 변제기에 도달하지 않았으나 신용도 악화로 인정되는 다른 사유{예: 채무재조정(Restructuring)}도 포함된다. 보장매도자가 신용보장의무를 이행하였어도 준거채무자에 대한 구상권을 취득하거나 변제자

대위가 당연히 일어나지는 않는다. 실물결제형 신용스왑계약에서는 보장매도자의 신용보장의무 이행시 보장매입자가 일정한 요건을 갖춘 채권(債權)을 양도하여야 하므로 준거채무자에 대한 채권을 취득할 수 있으나, 현금결제형 신용스왑계약에서는 보장의무의 이행에도 불구하고 준거채무자에 대하여 아무런 채권도 취득하지 못한다.

이와 같이 신용파생거래의 법률관계가 민법상의 보증과는 차이가 있기는 하지만 신용파생거래 역시 준거채무자에 대한 신용위험을 인수하는 거래라는 점에서는 보증과 같은 기능을 한다. 법규상 보증채무의 부담을 규제하는 경우 신용파생거래의 형식을 취하였다고 하여 그 규제를 적법하게 회피할 수 있는 것은 아니다. 법규상 제한(예: 신용공여 제한)을 회피할 목적으로 파생상품거래를 이용하는 경우 그 행위를 제한대상행위(예: 신용공여)에 해당하는 것으로 명시적으로 규정하는 경우도 있다.[4] 이와 같이 회피 목적의 파생상품거래를 명시적으로 규제하는 조항을 두지 않은 경우에는 당해 법규의 취지에 비추어 해석해야 한다. 예컨대, 보험업법상 보험회사는 대통령령이 정하는 경우 이외에는 채무보증을 할 수 없고(제113조), 보험업법시행령은 신용연계증권(CLN: credit linked note)과 신용연계예금만을 예외적으로 허용하고 있어(제57조의2 제1항), 보험회사가 신용스왑의 보장매도자가 되는 것은 보증과 마찬가지로 취급되어 허용되지 않는다고 보인다.[5] 총수익스왑(TRS)도 채권(債券) 또는 대출채권과 같이 신용위험이 있는 준거자산을 대상으로 하는 경우에는 총수익수령자가 준거자산에 관한 신용위험을 인수하는 거래이므로 총수익스왑 거래를 체결하는 행위가 공정거래법이 규제하는 이득제공 또는 자금지원 행위에 해당할 수 있다.[6]

(2) 보 험

신용파생거래 특히 신용스왑(CDS: credit default swap)은 준거채무자에 대하여 신용사건이 발생하면 (i) (현금결제형인 경우) 보장매도자가 보장매수자에게 미리 정한 일정한 금액(또는 신용사건 발생 후의 준거채무의 가치와 미리 정한 금액의 차액)을 지급하거나, (ii) (실물결제형인 경우) 보장매수자가 보장매도자에게 (신용사건 발생으로 가치가 하락한) 일정한 채권을 양도하는 것과 상환으로 보장매도자는 보장매수자에게 일정한 금액을 지급한다는 점에서 보험계약과 유사한 점이 있다. 신용스왑이 보험계약의 성질을 가지는지 여부에 대

4) 예: 상장회사의 주요주주 및 그의 특수관계인, 이사, 집행임원, 감사에 대한 신용거래 금지(상법 제542조의9, 상법시행령 제35조 제1항 제4호)와 자본시장법상 대주주 및 특수관계인에 대한 신용공여 금지(동법 제34조 제2항, 동법시행령 제38조 제1항 제4호)(☞ 제10장 제4절 Ⅰ. 파생상품거래의 남용 및 아래 Ⅳ. 4. 신용파생거래와 지급보증·신용공여).

5) 정성구(2017), 47쪽.

6) 정성구(2017), 49쪽. 아래 Ⅳ. 4.

하여는 외국에서도 문제가 제기되어 왔다. 만약 보험계약의 성질을 가진다면 신용파생거래를 영업으로 영위하는 경우 보험업 허가를 받아야 할 것이고, 그 영업도 보험영업으로 규제를 받아야 할 것이다.

보험계약은 피보험자가 피보험이익을 가지고 있어야 하고 보험금의 지급은 기본적으로 보험사고의 발생시 피보험자가 입은 손해를 보상하는 것이다. 일찍이 신용파생거래는 보장매수자가 반드시 신용파생거래의 대상이 된 신용위험을 부담하고 있어야 하는 것이 아니고, 신용사건 발생시 보장매도자가 보장매수자에게 지급하는 금액도 반드시 보장매수자의 손실을 보상하는 것은 아니라는 점에서 보험계약에 해당하지 않는 것으로 여겨졌다.[7] 주법으로 보험업을 감독하는 미국의 경우, 2000. 6. 16. 뉴욕주의 보험감독당국에서 보장매입자가 대상채무로부터 손실을 입지 않을 수 있다는 전제하에서 신용스왑거래가 보험에 해당하지 않는다는 유권해석을 하고, 이에 근거하여 신용스왑거래가 행하여져 왔다. 2008년 9월 뉴욕주 보험감독당국에서, 위 유권해석은 보장매입자가 "대상채무에 대하여 중대한 이익(material interest)을 가지고 있거나 가질 것으로 합리적으로 예상되는 경우"에는 적용되지 않고 이러한 경우 신용스왑 보장매도 계약의 체결은 보험업 영위에 해당할 수 있다는 입장을 표명하는 등 보험 해당여부에 대하여 의문이 다시 제기되었다.[8] 미국에서는 금융개혁법(=도드-프랭크법, Dodd-Frank Wall Street Reform and Consumer Protection Act)에 스왑은 보험으로 간주되지 않고 어떠한 주법으로도 보험계약으로 규제될 수 없다는 조항을 상품거래소법(Commodity Exchange Act)에 추가하도록 하는 조항(제722조 (b)항)이 들어감으로써 신용스왑거래가 보험이 아닌 것으로 정리되었다.[9]

우리나라에서도 그동안 보험계약의 의의에 관한 상법 제638조[10] 정도만 있고 보험상품의 개념에 대한 상세한 조항이 없어서 보험업법의 적용범위에 대하여 논란이 있을 수 있었다. 2010. 7. 23. 개정된 보험업법은 "보험상품"의 정의[11]를 추가하고(제2조 제1호),

7) Edwards(2004), pp. 646-650. 정성구(2017), 55쪽.

8) 이 문제에 대하여는 박준(2008), 31-32쪽. 신용파생거래와 보험의 구별에 관한 각국의 입장은 정성구(2017), 53-59쪽.

9) 미국에서의 논의에 대한 상세한 설명은 정성구(2017), 56쪽.

10) 상법 제638조(의의): 보험계약은 당사자 일방이 약정한 보험료를 지급하고 상대방이 재산 또는 생명이나 신체에 관하여 불확정한 사고가 생길 경우에 일정한 보험금액 기타의 급여를 지급할 것을 약정함으로써 효력이 생긴다.

11) "보험상품"이란 위험보장을 목적으로 우연한 사건 발생에 관하여 금전 및 그 밖의 급여를 지급할 것을 약정하고 대가를 수수(授受)하는 계약(보험계약자의 보호 필요성 및 금융거래 관행 등을 고려하여 대통령령으로 정하는 것은 제외한다)으로서 다음 각 목의 것을 말한다.
가. 생명보험상품(생략)
나. 손해보험상품: 위험보장을 목적으로 우연한 사건(다목에 따른 질병·상해 및 간병은 제외한다)으로 발생하는 손해(계약상 채무불이행 또는 법령상 의무불이행으로 발생하는 손해를 포함한다)에 관하여 금전 및 그 밖의 급여를 지급할 것을 약속하고 대가를 수수하는 계약으로서 대통

구체적인 보험상품은 시행령에 위임하여 보험업법시행령 제1조의2 제3항에 손해보험계약의 종류를 열거하고 있다.[12] 이 중 신용파생거래와 관련이 있을 수 있는 보험은 보증보험이다. 보험상품의 정의조항을 추가하는 법률안을 입안할 당시 금융위원회의 보도자료[13]에 의하면 위험보장적 기능은 수행하지만 보험상품으로 규제할 필요성이 없는 상품을 대통령령으로 열거할 예정이라고 하고 신용스왑거래를 그 예로 들었다. 그런데 실제 보험업법에 보험상품의 정의조항을 추가하면서 신용파생거래에 대한 예외조항을 두지 않았다.[14] 이는 신용파생거래를 보험상품으로 규제하겠다는 의도라기보다는 오히려 신용파생거래는 이미 자본시장법에 의하여 규율되는 금융상품이므로 보험업법시행령상 제1조의2 제3항에 열거한 손해보험의 종류(보증보험 포함)에 신용파생거래가 포함되지 않음에 대하여 의문이 없다고 본 것으로 생각된다.[15]

Ⅱ. 유 형

신용파생거래의 가장 기본적인 형태는 신용스왑(CDS)거래이다. 신용파생거래가 증권에 화체된 상품이 신용연계증권(CLN: credit linked notes)이다. 대출채권, 채권(債券) 등 금전채권을 기초로 한 CDO(collateralized debt obligations)도 증권 형태의 신용파생거래이다. 대출채권, 채권(債券) 등 금전채권을 기초로 하는 총수익스왑(TRS: total return swap)거래도 신용파생거래의 한 유형으로 분류할 수 있다.[16] 그 밖에 신용스프레드(credit spread)가 일

령령으로 정하는 계약

다. 제3보험상품(생략)

12) 한기정(2018), 5쪽은 보험업법 제2조 제1호는 보험의 요소에 관한 최소한의 규정에 그치고 있고 다른 보험요소는 학설과 판례에 맡겨져 있다고 보고 있으며, 5-13쪽은 (i) 보험사고의 불확정성 및 손해성(보험사고는 손해 또는 재산상 불이익을 야기할 위험이 있어야 한다는 점)과 (ii) 보험계약자가 보험료지급채무를 부담하고 보험자가 보험급여지급채무를 부담한다는 점을 기본적인 보험의 요소로 들고 있고, 대수의 법칙을 통한 위험의 분산도 보험의 요소로 보는 통설 및 주류적 판례에 대해 비판적인 견해를 제시하였다.

13) 금융위원회 보도자료(2011. 11. 3.), "보험업법개정안 입법예고", 10쪽.

14) 개정 보험업법과 관련한 신용스왑(CDS)의 보험상품성에 관한 논의는 안재홍·양승현(2013), 29-31쪽.

15) 보험업법시행령상 제1조의2 제3항 제14호에 날씨보험을 열거하고 있으므로 날씨 파생상품의 경우에는 보험업법상 보험상품에 해당하는지 여부가 논란이 있을 수 있다. 개정 보험업법상 날씨보험과 날씨파생상품의 구분에 관한 논의는 안재홍·양승현(2013), 28-29쪽.

16) 예컨대, 외국환거래규정은 재정경제부고시 제2002-12호로 2002. 7. 2. 신설된 조항인 제1-2조 제12-1호에서 "'신용파생금융거래'라 함은 영 제8조 제5호의 파생금융거래로서 당사자, 제3자 또는 기초자산의 채무불이행, 신용등급 하락 등 당사자간의 약정된 조건에 의한 신용사건(Credit Events) 발생시 신용위험을 거래당사자의 일방에게 전가하는 신용연계채권(Credit Linked Note), 총수익교환스왑(Total Return Swap), 신용스왑(Credit Default Swap), 신용옵션(Credit Default

정률 이상 또는 이하가 되면 일방당사자가 상대방에게 기초자산을 매도 또는 매수할 수 있는 옵션을 부여하는 신용스프레드옵션(credit spread option)도 신용파생거래의 한 유형이다.

신용파생거래를 통하여 신용위험을 부담하게 되는 보장매도자가 신용위험이 현실화되었을 때 보장매입자에게 지급해야 할 금액을 신용파생거래 개시시점에 미리 제공하는가 여부에 따라 "자금비제공형(unfunded) 신용파생거래"(거래 개시시점에 자금을 제공하지 않는 유형)와 "자금제공형(funded) 신용파생거래"(거래 개시시점에 자금을 제공하는 유형)로 구별하기도 한다. 전형적인 신용스왑(CDS)은 자금비제공형 신용파생거래의 대표적인 유형이고, 신용연계증권(CLN)은 자금제공형 신용파생거래의 대표적인 유형이다.

1. 신용스왑(CDS)거래

신용스왑은 보장매입자(credit protection buyer)와 보장매도자(credit protection seller) 사이에서 일정한 준거채무자 또는 채무에 관한 신용위험을 보장매도자가 부담하기로 하는 거래이다([그림 11-1]). 보장매입자는 보장매도자에게 신용보장에 대한 대가로 수수료를

[그림 11-1] 신용스왑의 거래구조

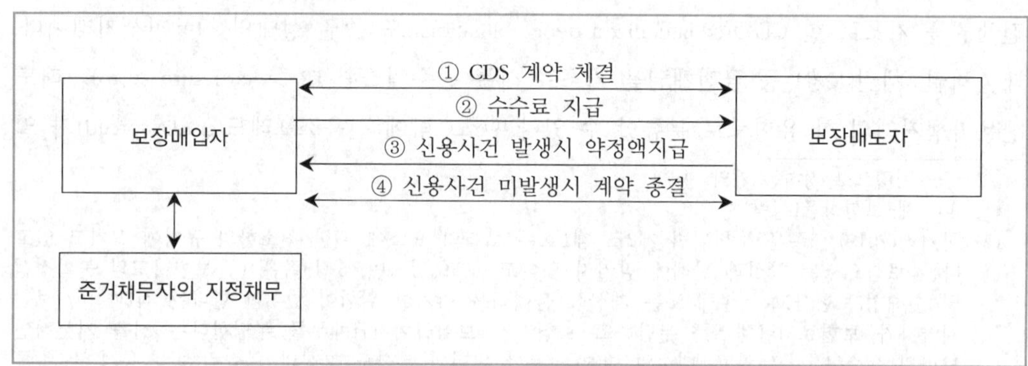

① 보장매입자와 보장매도자: 신용스왑(CDS)계약 체결
② 보장매입자가 보장매도자에게 수수료를 정기적으로 또는 일시에 지급
③ 보장매도자는 신용사건 발생시 미리 정한 금액을 보장매입자에게 지급(또는 미리 정한 가격으로 준거채무자에 대한 채권(債權)을 보장매입자로부터 매입)
④ 신용스왑계약 만기시까지 신용사건이 발생하지 않을 경우 계약 종결

Option) 및 손실을 우선 부담(First to Default 또는 First Loss)시키는 합성담보부채권(Synthetic Collateralized Debt Obligations, Synthetic Collateralized Loan Obligations) 또는 이와 유사한 거래를 말한다"고 규정하였었다. 2009. 2. 4. 자본시장법의 시행과 더불어 외국환거래규정상 신용파생금융거래라는 용어 대신에 "신용파생상품"이라는 용어를 사용하면서 자본시장법 제5조에 따른 파생상품 중 신용위험을 기초자산으로 하는 파생상품을 말하는 것으로 개정되었다(외국환거래규정 제1-2조 제13-2호).

지급하고, 보장매도자는 신용위험이 현실화되었을 때 그 위험에 따른 손실을 부담한다. 신용스왑계약기간 동안 신용위험이 현실화되지 않는 경우 보장매입자는 계속 신용보장수수료를 보장매도자에게 지급하지만, 신용위험이 현실화되는 경우 보장매도자는 보장매입자에게 현금으로 결제하거나 미리 정한 채권(債權)을 미리 정한 가격으로 매입하여 결제하고, 보장매입자의 수수료 지급의무는 종료된다. 이와 같은 당사자 간의 권리의무관계에 비추어 보면 신용스왑은 스왑이라는 용어를 사용하고 있으나 파생상품거래의 유형 분류에 따르자면 성질상 신용사건의 발생을 조건으로 하는 옵션거래의 성질을 띠고 있다고 할 수 있다.

2. 신용연계증권(CLN)[17]

신용연계증권은 신용스왑거래를 채권에 화체시켜 발행인이 보장매입자, 투자자가 보장매도자의 지위를 가지도록 한다([그림 11-2]). 신용연계증권의 발행인은 특별목적회사(SPC)인 경우와 금융회사와 같이 실체가 있는 경우가 있다. 특별목적회사가 발행하는 경우 발행인은 통상 신용연계증권 발행대금으로 무위험·저위험 자산을 취득하여 투자자를 위한 담보로 보유한다.[18] 신용연계증권의 만기까지 신용사건이 발생하지 않으면 투자자는 원리금을 지급받는다. 이 때 이자액에는 투자자가 신용위험을 부담한데 따른 수수료에 해당하는 금액이 포함된다. 신용연계증권의 만기 이전에 신용사건이 발생하면 발행인이

[그림 11-2] 신용연계증권의 거래구조

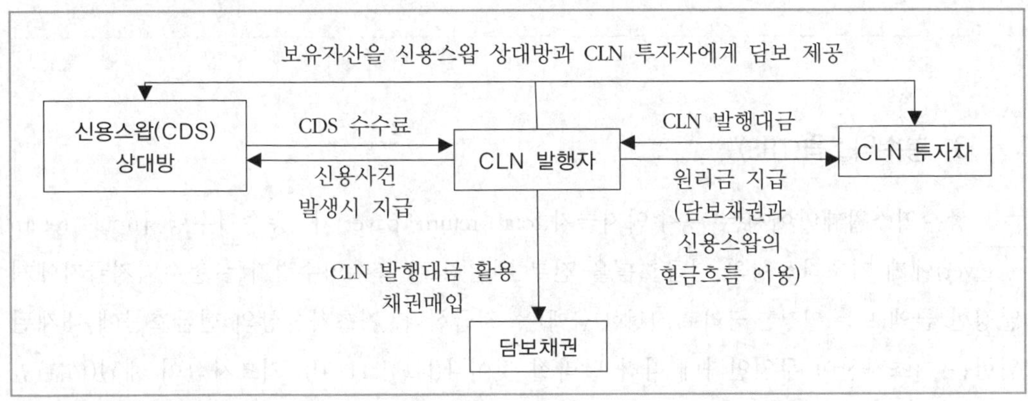

17) 우리나라에서는 "신용기초DLS"로 부른다.

18) 물론 신용사건이 발생하여 신용연계증권 발행인이 자신이 체결한 신용스왑계약상 지급의무를 지는 경우 그 발행인이 보유한 무위험·저위험 자산은 그 신용스왑계약의 보장매입자에 대한 지급을 위한 재원으로 사용될 것이다.

투자자에게 상환할 금액에서 미리 정한 금액을 공제하거나 미리 정한 준거채무의 가치하락분을 공제한 후 남는 금액만을 상환한다. 신용연계증권의 구조는 신용스왑거래에서 보장매도자가 신용위험 발생 시 지급하기로 한 금액에 해당하는 현금을 계약체결 시에 미리 보장매입자에게 담보로 제공하는 것과 실질적으로 같다. 즉, 신용연계증권의 투자자는 보장매도자로서 지는 채무의 이행을 담보하기 위하여 신용연계채권 발행가액에 해당하는 현금담보를 보장매입자(신용연계채권 발행인)에게 제공한 셈이다.

전통적 자산유동화(true sale ABS)가 아닌 합성유동화의 방식으로 발행되는 합성담보부채권(CDO: Collateralized Debt Obligations)([그림 11-3])에도 신용위험이 화체되어 있다(합성 CDO에 관한 상세한 내용은 ☞ 제9장 제3절 Ⅰ. 비등록유동화의 유형).

[그림 11-3] 합성담보부채권의 거래구조

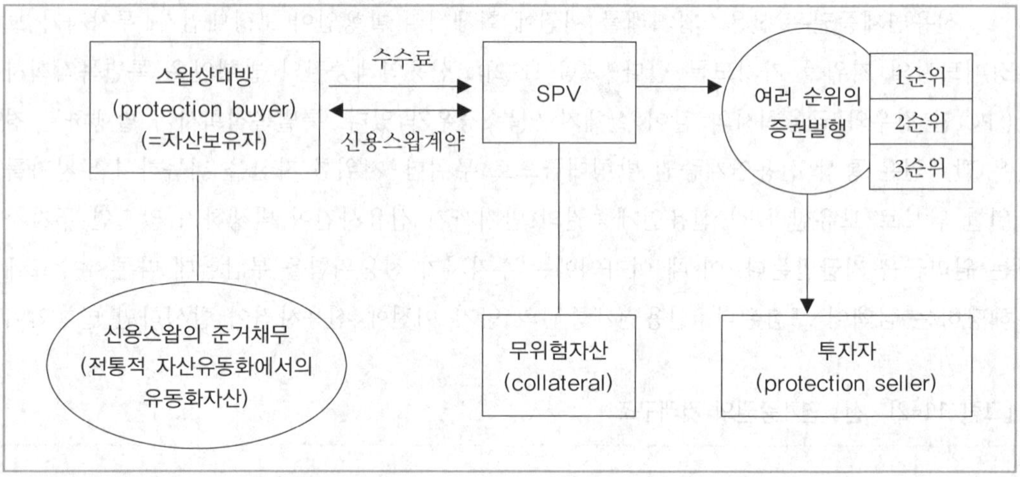

스왑상대방
(protection buyer)
(=자산보유자)
수수료
신용스왑계약
SPV
여러 순위의
증권발행
1순위
2순위
3순위
신용스왑의 준거채무
(전통적 자산유동화에서의
유동화자산)
무위험자산
(collateral)
투자자
(protection seller)

3. 총수익스왑(TRS)

총수익스왑계약에서는 총수익지급자(total return payer)가 총수익수령자(total return receiver)에게 기초자산상의 현금흐름을 전부 지급하고, 총수익수령자는 총수익지급자에게 일정한 금액(또는 일정한 금리로 산정한 금액)을 지급한다. 기초자산상의 현금흐름에 내재된 위험은 기초자산이 무엇인가에 따라 달라질 것이다([그림 11-4]). 기초자산이 채권(債權)인 경우에는 우선 채무자의 채무불이행에 따른 신용위험이 총수익지급자로부터 총수익수령자에게로 이전된다고 할 수 있으므로 총수익스왑이 신용파생거래의 기능을 한다. 그런데 총수익스왑의 계약기간이 기초자산의 만기보다 짧은 경우(예: 만기가 3년 남은 회사채를 기

[그림 11-4] 총수익스왑의 거래구조

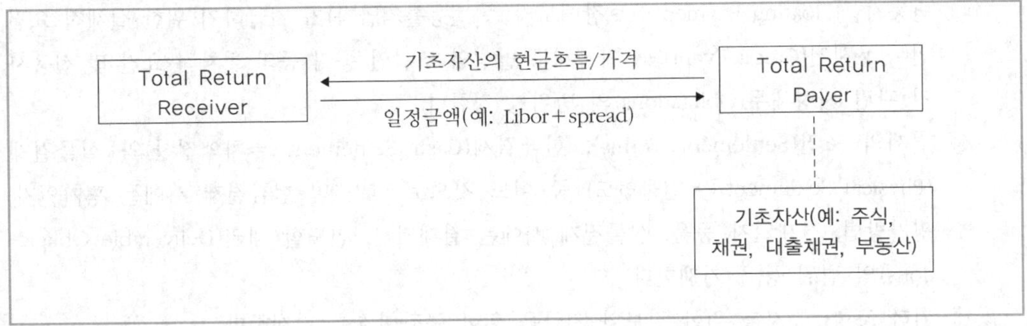

초자산으로 하면서 총수익스왑의 계약기간은 1년으로 하는 경우)에는 총수익스왑의 계약기간 중 회사채발행인의 신용도에 변동이 없는 경우에도 시장이자율의 변동에 따라 계약기간 종료시의 기초자산의 가치가 계약기간 개시시점과는 달라질 수 있다. 총수익지급자는 계약기간 종료시 기초자산을 매도하고 그 대금을 총수익수령자에게 지급하게 되므로 총수익수령자는 신용위험뿐만 아니라 기초자산의 가치변동에 관한 시장위험도 부담한다. 총수익스왑에서는 시장위험도 부담한다는 점이 신용스왑거래와 다르다.

Ⅲ. 신용스왑(CDS: Credit Default Swap) 계약

1. 신용스왑거래를 위한 계약서

앞서 언급한 바와 같이 국제금융시장에서 체결되는 많은 파생상품거래는 ISDA가 제시한 표준계약서 양식을 사용한다. ISDA기본계약서를 이용한 구체적인 파생상품거래의 계약조건은 거래확인서(Confirmation)에 기재된다. 신용파생거래도 마찬가지로 각 거래마다 거래확인서(Confirmation)가 작성된다. ISDA의 2014년 신용파생거래정의조항집(2014 ISDA Credit Derivatives Definitions)의 부록 A(Exhibit A)가 가장 기본적인 신용파생거래 확인서 양식으로서 다음의 5개의 조항으로 구성되어 있다.

① 일반조항(General Terms): 신용스왑의 거래일자, 효력발생일자, 예정된 종료일자, 각 당사자, 영업일 조항, 준거채무자(Reference Entity), 현금결제의 준거채무(Reference Obligations), 보증여부, 준거가격(Reference Price) 등을 기재한다.

② 고정지급(Fixed Payments): 보장매입자(즉 고정률지급자)가 지급할 금액(즉 premium) 또는 그 금액의 산정기준이 되는 고정률(Fixed Rate)(통상 명목원금 금액의 일정한 연율(年

率)로 표시하여 매 3개월마다 지급함), 지급기일 및 기간 등을 기재한다.

③ 변동지급(Floating Payment): 보장매도자(즉 변동률지급자)가 지급하기 위한 실체적 요건인 신용사건(Credit Event)과, 지급채무 발생의 조건인 통지 등의 절차적 요건 및 신용사건 관련 지정채무(Obligations)의 범위를 정한다.

④ 결제의 조건(Settlement Terms): 현금결제(Cash Settlement)(=차액정산)와 실물결제(Physical Settlement)(=현물인도) 중 어느 것으로 할지 및 현금결제 시에는 평가일자, 평가방법, 결제일자 등을, 실물결제 시에는 결제기간, 인도할 채권(Deliverable Obligations)의 범위 등을 기재한다.

⑤ 기타 조항: 통지를 위한 정보와 지급을 위한 구좌번호를 기재한다.

거래확인서 양식에 들어있는 내용을 (i) 신용보장의 대상, (ii) 신용위험의 현실화에 대한 실체적 요건인 신용사건(credit event), (iii) 신용보장 이행절차의 세 가지로 정리하여 아래에서 살펴보겠다. 아래의 설명과 논의는 단일 준거채무자를 대상으로 하는 가장 단순한 형태의 신용스왑거래를 전제로 한다.

2. 신용보장의 대상[19)]

(1) 준거채무자

신용스왑계약에 따라 보장매입자는 일정한 채무자의 신용위험에 대한 신용보장을 보장매도자로부터 매입하는 것이므로 계약상 신용보장의 대상이 되는 준거채무자(Reference Entity)를 미리 정하여야 한다. 신용스왑계약상 당사자가 의도한 준거채무자를 정확하게 기재하여야 함은 두말할 나위가 없다. 그러나 유수한 금융기관들도 신용스왑계약으로 신용위험을 보장받고자 의도한 법인이 아닌 다른 법인을 확인서상 준거채무자로 기재함으로써 분쟁의 당사자가 된 사례들이 있다.[20)]

준거채무자인 법인이나 국가가 분할될 경우 어느 법인·국가를 준거채무자로 삼아야 하는지가 문제될 수 있다. ISDA의 신용파생거래정의조항집은 이에 관한 상세한 조항을

19) 신용보장의 대상과 범위에 대한 상세한 논의는 박준(2012a), 160-200쪽.

20) (i) Amstrong World Industries, Inc.에 대한 신용위험을 대상으로 하려고 했으나 Amstrong Holdings, Inc.를 준거채무자로 기재한 2000년 UBS와 Deutsche Bank간의 거래사례, (ii) Bear Stearns와는 보장매도자로서 필리핀의 공공기관인 Government Service Insurance System를 준거채무자로 하는 신용스왑계약("제1계약")을 체결하고, Societe Generale와는 보장매입자로서 필리핀정부를 준거채무자로 하는 신용스왑계약("제2계약")을 체결한 Aon Financial Products, Inc.가 제1계약에 따라 신용보장의무를 이행하게 되자 제2계약의 보장매도자로부터 지급을 받으려고 하였으나 제2계약상으로는 신용사건이 발생하지 않은 것으로 판정된 사례(Aon Financial Products, Inc. v. Societe Generale, 476 F.3d 90 (Feb. 5, 2007)) 등이 있다. 박준(2012a), 169-172쪽.

두고 있다.[21)]

(2) 신용사건의 발생대상이 되는 채무

신용위험은 신용사건의 발생으로 현실화된다. 7가지 유형의 신용사건 중 파산(Bankruptcy)과 정부개입(Government Intervention)은 준거채무자를 기준으로 판단할 수 있는 것이겠으나 나머지 5가지 유형[22)]은 모두 준거채무자의 일정한 채무를 전제로 하므로 신용보장의 대상이 되는 지정채무(Obligations)의 범위를 미리 정해야 한다. 지정채무의 유형과 속성을 정함으로써 그 범위를 정한다.

지정채무는 아래 6가지의 유형 중 1개로 정한다.[23)]

(i) 차입금채무를 포함한 현재 또는 장래의 (우발채무를 포함한) 모든 금전지급채무(Payment),
(ii) 예금채무와 신용장발행의뢰인으로서의 상환채무를 포함한 차입금채무(Borrowed Money),
(iii) 거래확인서에 준거채무로 기재된 것을 의미하고 다른 속성은 적용하지 않는 준거채무한정(Reference Obligations Only),
(iv) 증권으로 표시된 채권(Bond),
(v) 차입금중 만기를 정한 차입계약서(term loan agreement), 회전대출계약서 기타 여신계약서로 서류가 작성된 대출(Loan),
(vi) 채권 또는 대출(Bond or Loan)

(i)의 금전지급채무(Payment)가 가장 넓고, (iii)의 준거채무한정(Reference Obligations Only)이 가장 좁은 범위의 채무가 될 것이다. 준거채무자가 북미 일반회사, 유럽과 일본의 일반회사·금융회사인 경우에는 차입금채무(Borrowed Money)를, 유럽 신흥회사, 아시아 일반회사·금융회사인 경우에는 채권 또는 대출(Bond or Loan)을 사용하는 것이 통상이다.[24)]

지정채무의 속성(Obligation Characteristics)은 (i) 후순위가 아닐 것(Not Subordinated), (ii) 거래확인서에 정한 특정 통화로 표시될 것(Specified Currency), (iii) 국가나 국제기구에 대한 채무가 아닐 것(Not Sovereign Debt), (iv) 내국통화로 표시되지 않았을 것(Not Domestic Currency), (v) 준거채무자의 설립지 국가의 법이 준거법이 아닐 것(Not Domestic

21) 2014년 신용파생정의조항집 제2.2조.
22) 지급불이행(Failure to Pay), 지정채무불이행(Obligation Default), 지정채무 기한이익상실(Obligation Acceleration), 이행거부·모라토리움(Repudiation/Moratorium), 채무재조정(Restructuring).
23) 2014년 신용파생거래정의조항집 제3.13조 (a)항, 부록 A 제3조.
24) ISDA Credit Derivatives Physical Settlement Matrix(2016. 5. 25.).

Law), (vi) 거래소에 상장될 것(Listed), (vii) 준거채무자가 국내시장에서 발행하거나 모집하고자 한 채무가 아닐 것(Not Domestic Issuance)의 7가지로 구분하고, 신용보장의 대상이 되는 지정채무에 적용될 속성들을 선택하도록 하고 있다.[25] 준거채무자가 어느 지역의 채무자인가에 따라 어떠한 속성을 선택할 것인지에 대한 시장의 관행에 차이가 있다. 준거채무자가 북미의 일반회사와 유럽의 일반회사·금융회사인 경우에는 아무런 제한을 두지 않고, 아시아 일반회사·금융회사인 경우에는 위의 8가지 중 (i), (iii), (iv), (v), (vii)을 선택하는 것이 통상이다.[26]

3. 신용위험의 현실화에 대한 실체적 요건 – 신용사건

(1) 신용사건 발생사유

보장매도자는 신용스왑계약상 정해진 신용위험이 현실화되었을 때 그 신용위험을 부담하고 보장매입자에게 일정금액을 지급하게 되는 것이므로 어떠한 상황이 발생하여야 신용위험이 현실화되는지를 미리 정해야 한다. 신용위험이 현실화하는 사유로 정해 놓는 것이 신용사건(Credit Event)이다. 여신계약상의 채무불이행사유(event of default)는 채권자가 자신의 이익을 보호하기 위하여 적절한 조치를 취할 수 있는 조기경보장치로서의 기능을 하는데 반하여, 신용스왑에서의 신용사건은 준거채무자의 채무이행능력이 현저하게 악화된 상태를 나타낸다. 여신계약상의 채무불이행사유에는 기술적 채무불이행(technical default)도 포함되지만 신용사건은 주로 지급이 되지 않는 상태가 발생하는 경우이다. 그러나 채무재조정과 같이 채무불이행이라고 하기 어려운 상황도 신용사건에 해당될 수 있다.

2014년 신용파생거래정의조항집은 신용사건을 파산(Bankruptcy), 지급불이행(Failure to Pay), 지정채무불이행(Obligation Default), 지정채무 기한이익상실(Obligation Acceleration), 이행거부·모라토리움(Repudiation/Moratorium), 채무재조정(Restructuring), 정부개입(Government Intervention)의 7가지 유형으로 정하고 그중 1개 또는 수개를 당사자들이 선택하여 거래확인서에 기재하도록 하고 있다. 준거채무자가 일반회사인 경우에는 통상 파산, 지급불이행 및 채무재조정이 이용되고, 금융회사인 경우 정부개입을 추가한다. 국가채무자가 준거채무자인 경우에는 통상 채무재조정 대신에 이행거부·모라토리움이 이용된다.

이러한 신용사건이 발생한 경우, 설령 (i) 준거채무자가 권한없이 채무를 부담하였다는 점, (ii) 채무가 위법, 무효, 집행불가능하다는 점, (iii) 법령, 법원 또는 행정관청의 해

25) 2014년 신용파생거래정의조항집 제3.13조 (b)항, 부록 A 제3조.

26) ISDA Credit Derivatives Physical Settlement Matrix(2016. 5. 25.).

석이나 명령, (iv) 외환거래 또는 자본거래 규제 등에 기인하여 그 신용사건이 발생하였다거나 위와 같은 사정에 기초한 항변을 할 수 있다고 하더라도 신용사건으로 취급되는데 지장이 없도록 하였다.[27] 이 조항은 신용사건의 발생 여부를 판단함에 있어서 객관성을 높이기 위한 것으로 설명된다. 이 조항이 신용사건의 객관성을 높이는 효과는 있겠으나, 다른 한편 보장매도자가 신용위험만이 아니라 법적 위험(legal risk)이나 계약서 등의 부실 작성·심사에 따른 위험(documentation risk)까지 부담할 수도 있게 된다. 보장매도자의 입장에서 이러한 법적 위험과 서류관련 위험까지 부담하지 않으려면 위 조항의 적용을 배제하거나 수정하는 특약이 필요하다.

한편 2014년 신용파생거래정의조항집 제11.1조 (b)항 (iv), (vi), (vii)호에서는 신용파생거래의 당사자 중 일방이 상대방 당사자가 가지고 있지 않은 중요한 미공개정보를 상대방에게 제공할 의무를 지지 않고, 신용파생거래 당사자는 상대방이 그러한 미공개정보를 가지고 있는 것과 관계없이 신용파생거래를 하는 것이며, 정보보유자가 정보를 상대방에게 제공하지 않았다고 하여 상대방에게 책임을 지는 것은 아니라는 취지의 조항을 두고 있다.[28] 신용파생계약 체결 후 정보 미제공을 이유로 한 계약의 해제·해지·불이행 관련 분쟁 발생을 예방하여 신용파생계약의 법적 안정성을 높이기 위한 것으로 보인다. 이는 신용파생거래를 행하는 당사자들이 신용위험에 대한 전문성을 가지고 있는 것을 전제로 한 것이었을 것이다. 당사자가 신용위험을 독자적으로 판단할 수 있는 금융기관이나 전문투자자라면 합리성이 있다고 할 수 있으나 신용파생상품이 비전문가에게 판매되어 신용위험이 비전문가에게 이전되는 상황에서는 적절한 조항인지 의문이 있다. 이와 같은 조항이 포함된 신용스왑거래를 증권화하는 경우 유동화거래의 주선자와 증권화된 금융투자상품의 판매자는 각 단계의 거래에서 어느 당사자가 어떠한 위험을 부담하는지에 대하여 면밀하게 검토하고 투자자가 부담하는 위험이 무엇인지를 파악하여 투자자에게 고지할 필요가 있을 것이다.

(2) 신용사건 발생에 대한 인위적 개입

신용스왑의 일방당사자가 신용사건 발생을 유발·촉진하거나 반대로 신용사건 발생을 저해하는 행위를 하는 사건들이 발생하고 있다.

신용사건 발생을 유발·촉진하는 행위로는 보장매입자가 재무적 곤란을 겪고 있는 준거채무자(A)에게 접근해서 대출을 해주며 신용사건에 해당할 만한 30일 이상의 경미한

27) 2014년 신용파생거래정의조항집 제4.1조.
28) 신용파생거래가 보험과 유사한 기능을 하지만 미공개정보에 관한 위와 같은 처리는 보험계약에서 보험계약자 또는 피보험자가 부담하는 고지의무와는 큰 차이가 있다.

지급지체를 약속 받는 경우가 있다.[29]

신용사건 발생을 저해하는 행위로는 (i) 보장매도자가 재무적 곤란을 겪고 있는 준거채무자(A)에게 접근해서 준거채무자의 부채를 자회사(B)로 격리시키는 경우(그 부채 대부분을 매입할 만한 자금을 B에게 대출해주되 그 대출금으로 A의 부채 대부분을 매입)[30]와 (ii) 보장매도자가 재무적으로 곤란한 A의 파산신청을 지체시키기 위해서 단기적 자금지원을 하는 경우 등이 있다.[31]

이러한 행위들이 발생하자 ISDA는 신용파생정의조항 중 제4.5조(지급불이행의 정의)에 신용악화 요건을 도입하였다. 즉 신용스왑 확인서(confirmation)에 '신용악화요건'이 적용되는 것으로 정한 경우에는, 불이행이 직간접적으로 준거채무자의 신용도 또는 재무상태의 악화에 기인하거나 그러한 악화를 초래하는 것이 아니라면 지급불이행(Failure to Pay)에 해당하지 않는다는 내용이 추가되었다.[32]

신용사건 발생에 관한 인위적 개입의 법적 효과는 구체적인 계약의 내용과 사실관계에 크게 좌우될 것이다. 한국법상으로는 자본시장법 제178조 제1항 제1호에 규정된 부정거래행위에 해당하는지 여부와 민법 제150조 적용가능성이 문제될 것이다.[33]

---

29) '만들어진 채무불이행(engineered defaults)'으로 불린다. Codere 사례와 Hovnanian 사례{상세한 설명은 홍성균(2020), 149-154쪽}. Hovnanian("H") 사례를 보면, 보장매입자가 준거채무자 H와 협상하여 H의 기존채무를 장기 채무로 바꾸되, H의 자회사가 H에 대한 채권 일부를 취득한 후 H는 그 자회사에 대한 104만불(이는 교차채무불이행이 발생하지 않을 정도의 금액임)의 이자지급 채무를 불이행하기로 하였다. 보장매도자는 1934년 증권거래소법의 반사기조항 위반과 불법행위 등을 이유로 H의 지급불이행을 금지하는 예비적 금지명령을 신청하였으나 미국 뉴욕남부 연방지방법원은 '신청인의 회복할 수 없는 손해'가 인정되지 않는다고 하며 기각하였다{Solus Alternative Asset Management LP v. GSO Capital Partners L.P., No. 18 CV 232-LTS-BCM (SDNY Jan. 29, 2018)}. 이후 당사자들의 합의로 사건이 종료되었다.

30) McClatchy 사례{상세한 설명은 홍성균(2020), 157-158쪽}.

31) 사례로는 RadioShack("R") 사건을 들 수 있다. 2014년 R이 도산가능성이 높은 상태였는데 주요주주였던 Standard General로부터 자금을 차입하였다. Standard General이 제공한 자금이 R을 준거채무자로 하는 CDS를 대량매도한 헤지펀드들이 공급한 것이고 CDS 만기인 2014. 12. 20.까지 R에 대한 신용사건이 발생하는 것을 막으려 했다는 의혹이 제기되었다. 신용사건 발생을 막기 위해 보장매도자가 자금을 제공한 것이므로 신용사건이 발생한 것으로 보아야 한다고 주장하였으나, 2014. 12. 17. 신용파생결정위원회는 이를 받아들이지 않았다. 2015. 2. 5. R은 결국 회생신청을 하였다. 이 사건에 대한 상세한 설명은 홍성균(2020), 156-157쪽.

32) ISDA, 2019 Narrowly Tailored Credit Event Supplement to the 2014 ISDA Credit Derivatives Definitions (published on July 15, 2019).

33) 국내법상 문제에 대한 상세한 논의는 홍성균(2020), 170-174쪽.

4. 신용보장 이행절차[34)]

신용사건이 발생하면 보장매도자가 신용스왑계약상 부담하는 신용보장의무를 이행하여야 한다. 신용보장의무를 이행하는 방법에는 경매결제(Auction Settlement), 실물결제(Physical Settlement), 현금결제(Cash Settlement)의 3가지가 있다. 어느 방법을 택할지는 거래확인서(Confirmation)에서 정한다. 특별히 정하지 않으면 경매결제에 의한다.[35)]

현금결제에서는 통상 준거채무자에 대한 채권(債權)의 시장가격을 반영하여 결제금액을 결정하여야 하는데 널리 거래되지 않는 채권(예: 대출채권)의 시장가치 산정이 쉽지 않아 실물결제가 사용되었다.[36)] 실물결제를 위해서는 보장매입자가 준거채무자에 대한 채권(=인도가능채무)을 보장매도자에게 양도하여야 하고 이미 보유하고 있지 않은 경우에는 누군가로부터 그 채권을 매입해서 양도해야 한다. 그런데 신용파생거래가 위험 헤지 목적만이 아니라 신용위험에 대한 투자 목적으로 이용되면서 준거채무자의 발행채권(債券)·차입채무의 규모보다도 그 준거채무자에 관한 신용파생거래의 규모가 훨씬 더 커지는 현상이 발생하여, 실물결제를 위한 인도가능채무의 가격이 비정상적으로 상승하는 사례가 발생하였다. 이러한 불합리를 해소하기 위하여 신용사건 발생 후 경매를 통하여 준거채무자에 대한 채권의 시장가치를 산정하고 이에 기초하여 현금결제하는 경매결제가 신용파생거래 결제의 기본형이 되었다.

Ⅳ. 관련 법적 쟁점

1. 자기신용파생거래

자기신용파생거래(self-referenced credit derivatives)는 보장매도자가 자기 자신을 준거채무자로 하여 신용보장을 매도하는 내용의 신용파생거래이다. 자기신용파생거래는 통상 보장매도자가 신용사건 발생시 지급할 금액을 보장매입자에게 미리 제공하는 자금제공형 구조, 즉 보장매도자가 신용연계증권(=자기신용연계증권, self-referenced credit linked notes)을 매입하는 형태를 취하게 된다. 보장매도자는 신용사건이 발생하면 보장의무를 이행하여야 하는데, 신용스왑의 형태로 거래할 경우 준거채무자(즉 보장매도자)의 채무불이행이

---

34) 신용보장의무의 발생과 이행에 관한 상세한 논의는 박준(2012b), 201-238쪽.

35) 2014년 신용파생거래정의조항집 제5.2조.

36) Parker(2007), p. 123; de Vries Robbe(2008), pp. 158-160.

나 도산 등 신용사건 발생 후 보장매도자의 이행을 확보하기 어렵기 때문이다. 이러한 자기신용연계증권 거래는 준거채무자인 자신의 신용도를 가장 잘 파악할 수 있는 보장매도자에게는 신용보장수수료가 포함되어 높은 이자율로 발행되는 신용연계증권에 투자할 수 있는 기회를 제공하는 것이고, 보장매입자에게는 준거채무자의 신용위험에 대하여 일종의 현금담보를 제공하는 거래이다.

자기신용연계증권은 신용사건이 발생하지 않으면 원리금이 지급되지만 준거채무자의 도산 등 신용사건이 발생하면 그로 인하여 채권자가 채권을 회수하지 못한 만큼 감액되어 지급된다. 편의상 신용사건이 도산인 경우만을 가정하여 논의하여 보면, 자기신용연계증권에의 투자는 투자자(=준거채무자) 자신의 도산 발생을 조건으로 원래 받을 금액의 일부를 포기하여 채무자의 재산 또는 파산재단을 줄이는 행위이고 이는 회생채권자 또는 파산채권자를 해하는 행위로서 준거채무자에 대한 도산절차에서 그 효력이 인정될 수 있는지의 문제가 있다.[37)]

이에 대해서는 다음과 같은 두 가지 견해가 있을 수 있다.

첫째, 신용사건 발생시 자기신용연계증권의 지급액이 감액되는 것은 투자자가 수령한 신용보장수수료(증권의 이자율에 반영되었을 것임)를 대가로 투자위험을 인수한 결과이고 그 대가관계가 독립적인 당사자 간의 거래로 인정될 수 있는 한 이는 투자자가 다른 증권에 투자할 때와 근본적으로 차이가 없다는 견해이다. 이 견해는 또한 신용연계증권의 매입은 신용위험에 대한 현금담보(cash collateral) 제공의 실질을 가지고 있고, 자기신용연계증권은 투자자 자신의 신용위험에 연계된 것이므로 그 증권의 매입은 자신의 신용위험에 대한 현금담보의 제공의 실질을 가진다는 점에 주목한다. 이 견해는 위와 같은 점들에 비추어 볼 때, (i) 자기신용연계증권의 매입시 그 증권의 만기까지 자신이 도산할 것을 충분히 예상할 수 있었던 경우가 아니라면 자기신용연계증권의 매입은 채무자회생법 제100조 제1항 제1호(또는 제391조 제1호)[38)]의 사해행위에 해당한다고 보기 어려우므로 도산절차개시 후에 부인 대상이 되지 않고, (ii) 자기신용연계증권의 발행을 담보의 제공에 준하

37) 자기신용파생거래의 또 다른 예로서, A와 B가 원화와 미달러화 간의 통화 및 이자율 스왑거래(currency and interest rate swap)를 체결하고, A나 B 일방에 대하여 도산, 도산절차 신청, 도산절차 개시 등의 사유가 발생하면 그 시점에서 스왑계약은 소멸하고 양당사자는 상대방에게 더 이상 아무런 채권채무를 갖지 않는 내용의 조항(extinguishing clause)을 포함시키는 경우를 들 수 있다{한민(2011), 71쪽}. 자기신용연계증권의 경우와 마찬가지로 당사자 일방에 대하여 도산절차가 개시된 경우 이러한 스왑계약의 소멸(=도산채무자가 스왑계약에 따라 받을 채권의 소멸)에 관한 약정의 효력이 인정될 수 있는지의 문제가 있다.

38) 1. 채무자가 회생채권자 또는 회생담보권자를 해하는 것을 알고 한 행위. 다만, 이로 인하여 이익을 받은 자가 그 행위 당시 회생채권자 또는 회생담보권자를 해하는 사실을 알지 못한 경우에는 그러하지 아니하다.

는 것으로 보아 채무자회생법 제100조 제1항 제2호[39] 또는 제3호[40](또는 제391조 제2호 또는 제3호)가 적용되는 경우를 제외하고는 도산절차개시 후에 부인 대상이 되지 않는다고 본다.[41] 위 견해는 부인의 대상이 되는 행위가 파산채권자를 해하는 행위인지 여부는 그 행위 당시를 기준으로 판단하여야 하고, 이는 특별한 사정이 없는 한 그 행위가 정지조건부인 경우라 하더라도 마찬가지라고 보는 대법원판례[42]를 논거로 들 수 있을 것이다. 또한 부인은 원칙적으로 '채무자의 행위'를 대상으로 하기 때문에 대법원 판결[43]이 집합채권 양도담보에서 예약완결권 행사 등 채권자(=양수인)의 행위는 부인 대상이 되지 않는다고 한 점을 자기신용연계증권에도 원용하여 신용사건 발생 시 자기신용연계증권의 지급금액 감액은 그 증권의 발행인의 행위이지 그 증권의 투자자인 채무자의 행위에 의한 것이 아니라고 보고 이 견해를 취할 여지도 있을 것이다.

둘째, 자신의 도산발생(도산, 도산절차 신청, 도산절차 개시 등)을 조건으로 하여 받을 채권 등 재산을 포기하는 것을 허용하는 것은, 당사자 간의 약정에 의하여 도산절차의 원천적인 배제를 방치하는 결과가 되거나 도산절차에 의하지 아니하고 특정 채권자에 대하여 채권의 우선적 만족을 허용하는 결과를 초래하므로, 도산발생시 도산재단(insolvency estate)의 재산을 확보하고 회생채권자 또는 파산채권자들의 평등한 취급을 하고자 하는 도산절차의 목적이나 도산법의 기본정책에 어긋난다는 견해이다. 이 견해에 따르면 위와

---

39) 2. 채무자가 지급의 정지, 회생절차개시의 신청 또는 파산의 신청(이하 이 조 내지 제103조에서 "지급의 정지등"이라 한다)이 있은 후에 한 회생채권자 또는 회생담보권자를 해하는 행위와 담보의 제공 또는 채무의 소멸에 관한 행위. 다만, 이로 인하여 이익을 받은 자가 그 행위 당시 지급의 정지등이 있는 것 또는 회생채권자나 회생담보권자를 해하는 사실을 알고 있은 때에 한한다.

40) 3. 채무자가 지급의 정지등이 있은 후 또는 그 전 60일 이내에 한 담보의 제공 또는 채무의 소멸에 관한 행위로서 채무자의 의무에 속하지 아니하거나 그 방법이나 시기가 채무자의 의무에 속하지 아니한 것. 다만, 채권자가 그 행위 당시 채무자가 다른 회생채권자 또는 회생담보권자와의 평등을 해하게 되는 것을 알지 못한 경우(그 행위가 지급의 정지등이 있은 후에 행한 것인 때에는 지급의 정지등이 있은 것도 알지 못한 경우에 한한다)에는 그러하지 아니하다.

41) 리먼브러더스(Lehman Brothers) 계열사의 합성CDO 거래에서 당사자 일방의 도산시 그 당사자가 갖는 담보재산에 관한 우선순위를 후순위로 변경시키는 플립(flip) 조항의 효력이 문제된 사안에서, 영국 대법원의 판결(Belmont Park Investments Pty Ltd v. BNY Corporate Trustee Services Ltd., [2011] UKSC 38)은 도산을 회피하기 위한 목적에서가 아니라 객관적으로 보아 성실하게(in good faith) 체결된 상업적 거래에 대하여는 영국법상의 재산박탈금지원칙(anti-deprivation rule)은 적용되지 않는다는 이유로 플립조항의 효력을 인정하였는데, 이 영국 대법원판결의 논리는 자기신용파생거래의 효력을 인정하는 앞의 견해의 논리와 궤를 같이 한다고 볼 여지가 있다. 위 합성 CDO 거래 및 영국 대법원판결에 관한 상세한 내용은 ☞ 제14장 제5절 Ⅱ. 1. (3) 동일 사안에 관하여 적용법을 달리한 사례.

42) 파산절차에서의 부인에 관한 대법원 2018. 10. 25. 선고 2017다287648, 287655 판결과 사해행위취소에 관한 대법원 2013. 6. 28. 선고 2013다8564 판결(이 대법원판결들에 관한 논의는 ☞ 제14장 제3절 Ⅲ. 2. (5) 정지조건형 집합채권 양도담보).

43) 대법원 2011. 10. 13. 선고 2011다56637, 56644 판결 등. 이 판결에 대한 상세한 논의는 ☞ 제14장 제3절 Ⅲ. 2. 집합채권 양도담보의 부인.

같은 재산 포기에 관한 약정은 이른바 "도산 공서양속"에 위반되는 것으로서 무효라고 볼 것이다.[44] 또한 이 견해에서는, 앞의 견해에 대한 반론으로서, 자신의 도산발생을 정지조건으로 하는 재산포기는 그에 관한 계약이 도산발생 이전에 이루어졌다고 하더라도 그 계약 내용은 실질적으로 도산발생 이후에 이루어진 재산포기라고 보아야 하므로 채무자회생법상 부인의 대상이 될 수도 있다고 볼 것이다.[45]

2. 신용사건과 미공개중요정보 이용

신용사건 발생은 통상 준거채무자의 심각한 신용도 악화를 의미하고 준거채무자가 발행한 증권 투자 여부를 판단하는데 중대한 영향을 미칠 수 있는 경우가 많을 것이다. 신용사건 발생이 미공개 정보인 경우 보장매도자가 보장매입자로부터 신용사건 발생사실을 통지받고 그 정보에 기초하여 준거채무자 발행 증권을 거래하면 미공개중요정보 이용행위 또는 시장질서교란행위에 해당할 것이다. 보장매도자로서는 신용파생거래 담당 부서와 증권거래 담당 부서 간에 정보차단장치를 구축할 필요가 있다. 정보차단장치가 없다면, 보장매도자는 신용사건 발생통지를 받으면 그 통지 내용에 미공개중요정보가 포함되어 있는지 확인할 필요가 있다.

3. 신용파생거래와 지급보증·신용공여

여러 법률에서 주채무자와 일정한 특수한 관계에 있는 사람이 신용공여를 하거나 채권자에게 지급보증하는 행위를 금지하거나 규제하고 있다. 상법은 일정한 제한된 예외를 제외하고는 상장회사가 주요주주 및 그의 특수관계인, 이사, 집행임원, 감사에게 신용공여하는 행위를 원칙적으로 금지하고 있다(제542조의9). 신용공여는 대여, 보증, 자금지원적 성격의 증권 매입, 그 밖에 거래상의 신용위험이 따르는 직접적·간접적 거래로서 대통령령이 정하는 거래를 말한다. 대통령령이 정하는 거래에는 담보제공, 어음배서, 출자

44) 자기신용파생거래에 관한 것은 아니나, 대법원 2007. 9. 6. 선고 2005다38263 판결은 도산해지조항의 효력에 관한 판시에서 "도산해지조항이 회사정리법에서 규정한 부인권의 대상이 되거나 공서양속에 위반된다는 등의 이유로 효력이 부정되어야 할 경우"가 있음을 지적하였다. 한편, 미국 연방파산법은 채무자의 도산, 도산절차의 개시 등을 이유로 하여 채무자의 재산권을 박탈·변경·소멸시키는 권리를 발효시킬 수 있는 계약조항의 효력을 부정하는 규정{section 541(c)(1)}을 두고 있으므로 미국 연방파산법상 자기신용파생거래는 효력을 인정받기 어려울 것이다{한민(2011), 71쪽}.

45) 채무자의 지급정지 등을 정지조건으로 하는 집합채권 담보의 제공에 관하여도 같은 취지의 논의가 있다. 이에 관하여는 ☞ 제14장 제3절 Ⅲ. 2. (5) 정지조건부 집합채권 양도담보.

약정 이행, 신용공여 제한(대여, 보증, 자금지원 성격의 증권 매입 제한)을 회피할 목적으로 장외파생상품거래, 신탁계약, 연계거래 등을 이용하는 거래가 포함된다(상법시행령 제35조 제1항 제4호, 자본시장법시행령 제38조 제1항 제4호).[46] 따라서 상법 제542조의9가 규율하는 주요주주 등에 대한 자금대여 또는 주요주주의 채무를 보증하는 것과 같거나 유사한 경제적 효과를 가져오기 위하여 신용파생거래를 이용하는 행위는 상법상으로도 허용되지 않는다. 자본시장법상 금융투자업자의 대주주 및 그 특수관계인에 대한 신용공여금지(동법 제34조 제2항)에서의 신용공여에도 그 제한을 회피할 목적으로 하는 장외파생상품거래, 신탁계약, 연계거래 등을 이용하는 거래가 포함된다(동법시행령 제38조 제1항 제4호). 한편 보험업법은 동법과 동법시행령이 정하는 바에 따라 채무보증을 할 수 있는 경우를 제외하고는 보험회사의 채무보증을 원칙적으로 금지한다(동법 제113조). 그 예외의 하나로 신용파생증권을 매수하거나 신용파생예금에 가입하는 것은 허용함으로써(보험업법시행령 제57조의2 제1항), 신용파생거래가 채무보증의 실질을 가지고 있음을 전제로 보험회사를 규율하고 있다.

공정거래법상으로는 신용파생거래를 체결함으로써 준거채무자에 대한 신용위험을 인수하는 보장매도자(또는 총수익수령자)는 신용위험을 부담하는 방법으로 준거채무자에게 이익을 제공하거나 자금을 지원하는 행위를 한 것으로 인정될 수도 있다. 최근 대규모기업집단 총수가 지배주주인 회사가 완전한 자본잠식상태에 이른 후 후순위 전환사채를 사모로 발행할 때, 그 기업집단 소속 회사가 그 전환사채를 인수하는 특별목적회사(금융회사가 설립함)와 총수익스왑(TRS)계약[47]을 체결한 행위를 사실상 무상 지급보증을 제공한 것

46) 본문에 적은 유형의 거래 이외에, 채무의 인수, 자산유동화회사 등 다른 법인의 신용을 보강하는 거래, 그 밖에 대주주의 지급불능시 이로 인하여 회사에 손실을 초래할 수 있는 거래도 포함된다(상법시행령 제35조 제1항 제5호, 자본시장법시행령 제38조 제1항 제5호, 금융투자업규정 제3-72조 제1항).

47) TRS를 체결한 회사(=H회사) 및 전환사채 발행회사(=G회사)의 감사보고서에 기재된 TRS계약의 주요내용은 다음과 같다.

(1) 기초자산: G회사 발행 전환사채 120억원

(2) 전환사채의 양도: 자산보유자(=HS회사)는 (i) H회사의 매수선택권의 행사로 기초자산을 매각하는 경우 또는 (ii) H회사의 사전서면동의가 있는 경우에 한하여 전환사채 양도 가능

(3) 총수익스왑계약결제: 정산일(전환사채 발행일로부터 2년이 되는 날)에 기초자산의 공정가격(P)과 기준가격(Q)의 차이를 다음과 같이 차액결제 방식으로 정산한다.

- P<Q이면 H회사가 HS회사에게 차액을 지급하고, P>Q이면 HS회사가 H회사에게 차액을 지급한다.
- P: 실제 매각가액
- Q: 기초자산 원금 120억원+정상이자(연5.8%)+가산금(정산의무 미이행시 연 19%)

(4) H회사의 결제이행담보: H회사의 투자부동산 담보제공(담보설정액 300억)

(5) 매수선택권: H회사는 전환사채 발행일로부터 1년이 되는 날로부터 2년이 되는 날까지 자산보유자(HS)에 대하여 H회사 또는 H회사가 지정하는 제3자에게 기초자산 전부를 매도할 것을 청구할 수 있는 콜옵션을 보유

으로 보아, 공정거래위원회가 공정거래법 제23조의2의 사익편취금지와 제23조 제1항 제7호의 부당지원금지 위반에 따른 시정명령과 과징금을 부과하고 고발하기로 결정한 사례가 있다.[48)49)]

제 2 절 주식파생거래[50)]

I. 의의와 유형

주식파생거래(equity derivatives)는 개별주식, 주식묶음(basket) 또는 주가지수를 기초자산으로 하는 파생상품거래이다. 주식파생거래는 거래시장을 기준으로 거래소에서 거래되는 장내주식파생상품(예: 코스피200선물, 코스피200옵션, 개별주식선물, 개별주식옵션 등)과 장외에서 거래되는 장외주식파생거래로 나누어 볼 수 있다.

장외주식파생거래는 (i) 옵션, 선도, 스왑 등 파생상품거래의 기본형식을 이용하여 할 수도 있고(제1유형), (ii) 파생거래의 내용을 다른 전통적인 금융상품(예: 증권, 펀드, 예금)에 반영하여 그 금융상품을 발행·판매하는 방식(제2유형)으로 이루어질 수도 있다. 제2유형에는 주가연계증권(ELS: equity linked securities), 주가연계파생결합사채(ELB: equity linked bonds),[51)] 주식워런트증권(ELW: equity linked warrant)과 같은 파생연계증권, 주식연계파생상품펀드(ELF: equity linked fund), 주식연계예금(ELD: equity linked deposit) 등의 형태가 있다. 제2유형은 제1유형을 기초로 대체로 다수의 고객에게 판매하기 위하여 전통

48) 공정거래위원회 2018. 5. 21. 의결 제2018-148호 및 2018. 5. 21. 결정 제2018-040호; 공정거래위원회 보도자료(2018. 4. 3.), "기업집단 '효성'의 총수일가 사익편취 행위 엄중 제재". 공정거래위원회의 시정명령과 과징금 부과처분에 대한 취소소송이 제기되었으나 서울고등법원 2021. 1. 28. 선고 2018누52497 판결로 기각되었고 대법원 2022. 11. 10. 선고 2021두35759 판결로 상고기각되었다.

49) 대법원 2007. 7. 27. 선고 2005두10866 판결은 대법원 2008. 5. 29. 선고 2005도4640 판결의 사안(SK글로벌의 해외법인들이 SK증권의 유상증자에 참여한 JP모건에 대해 SK증권 주식에 대한 풋옵션을 부여하고 콜옵션을 취득하여 JP모건의 주가등락 위험을 제거함)에서 SK글로벌 해외법인들이 위험 제거 가치 상당의 급부를 부담하여 퇴출 위기에 몰려있던 SK증권을 부당지원한 것으로 보았다.

50) 제2절은 박준(2012c), 88-105쪽을 수정, 보완한 것이다.

51) ELS는 투자원금도 주가에 연계되어 발행인의 지급채무가 주가의 변동에 따라 원금을 초과하거나 원금에 미달할 수 있는 증권이고, ELB는 발행인이 투자원금의 반환채무를 지고 수익에 해당하는 부분만 주가에 연계된 증권이다. 자본시장법상 ELS는 파생결합증권에 해당하고 ELB는 채무증권에 해당한다. 상법상으로는 ELS와 ELB 모두 파생결합사채에 해당한다(☞ 제8장 제4절 Ⅳ. 파생결합사채, 제10장 제1절 Ⅳ. 파생연계증권).

적인 금융상품을 거래하는 형식을 취한 것이고, 법적인 측면에서는 증권·펀드·예금과 관련된 법적인 사항과 금융소비자 보호에 관한 사항을 추가로 검토할 필요가 있다. 제1유형이 주식파생거래의 특성에 관한 법적 쟁점을 보다 선명하게 드러내므로 여기서는 제1유형을 중심으로 논의하기로 한다.

Ⅱ. 주식파생거래를 둘러싼 법적 쟁점

특히 특정주식에 관한 주식파생거래에서는 그 거래의 조건과 당사자의 의도에 따라 몇 가지 법적인 문제점이 발생할 수 있다.

1. 주식파생거래와 주식의 실질적 소유·지배

(1) 개 설

파생상품거래는 각종 거래를 인수분해한 구성요소적 성질을 가지고 있으므로 파생상품거래의 조건과 당사자의 의도에 따라서는 외관상 파생상품거래이지만 실질적으로 주식의 소유·지배를 위한 거래로 인정될 수 있다.[52] 예컨대, 극단적으로 주식의 차명거래(여기서 논의의 목적상 차명거래는 실질주주가 주식취득에 필요한 자금을 명의주주에게 제공하고 명의주주는 그 자금으로 주식을 취득하여 실질주주의 이익을 위하여 보유하고, 모든 주주권을 실질주주의 지시에 따라 행사하며, 주식의 처분대금과 배당금을 실질주주에게 귀속시키는 거래로 정의한다)도 외관상 총수익스왑(total return swap) 내지는 주식스왑(equity swap)의 거래구조를 가질 수도 있을 것이다.

파생상품거래의 어느 한 당사자(A)가 주식을 소유하고 있는 외관에도 불구하고 다른 당사자(B)가 주식을 실질적으로 소유·지배하고 있는 것으로 인정되는 경우에는 상법이나 각종 특별법상의 제한이 B를 기준으로 적용되어야 하는지를 신중하게 검토할 필요가 있다. 파생상품거래는 매우 다양한 형태로 이루어질 수 있어서 실질적인 소유 또는 지배를 하고 있는지를 일률적으로 판단할 수는 없다. 또한, 각 관련 법률의 입법 취지와 목적에 따라 당해 법률 적용 여부에 대한 판단의 기준도 달라질 수밖에 없다. 예컨대, 상법상 자기주식 취득 관련 조항 위반 여부 판단 시에는 회사의 계산에 해당하는지 여부가 판단의 기준이 될 것이다. 그러나 자본시장법상의 소유에 준하는 보유의 맥락에서는 계산주체에

52) 이 문제에 대한 외국의 이론적 분석과 논의는 김지평(2012).

해당하는 경우뿐 아니라 의결권 행사에 대한 지시권, 처분권 또는 매수청구권 중 어느 하나만 충족하더라도 보유에 해당할 수 있다.

(2) 거래구조와 법적 쟁점

가. 기본 거래구조

A와 B가 다음과 같은 내용의 스왑계약을 체결한 경우를 생각하여 보자.

[거래 유형 1]

A(변동금액 지급자)는 B(변동금액 수령자)와 甲회사 발행주식 1만주에 대하여 만기 1년의 스왑계약을 체결한다. 계약체결일 현재 甲회사 주식의 시가는 1만원이다.

① 스왑계약 종료시 甲회사의 주식가격이 1만원보다 높은 경우에는 A가 B에게 {(만기의 주식가격−1만원)×1만주}를 지급하고, 1만원보다 낮은 경우에는 B가 A에게 {(1만원−만기의 주식가격)×1만주}를 지급한다.

② 甲회사가 스왑계약 기간 중 배당금을 지급한 경우, 1만주에 배당될 배당금과 같은 금액을 A가 B에게 지급한다.

③ 스왑계약 기간중 B는 A에게 1억원(=1만원×1만주)에 대한 이자상당액을 지급한다.

[거래 유형 1]은 명목금액(notional amount) 1억원(=시가 1만원인 주식 1만주)을 기준으로 한 거래이다. 명목금액이 거래당사자 간에 지급되는 것은 아니고 다만 그 명목금액 및 계약체결일 당시의 시가에 따라 산정한 주식수를 기준으로 주가의 변동에 따른 손익, 이자상당액, 배당금상당액을 주고받게 된다.

또한 A가 반드시 甲회사 발행 주식 1만주를 가지고 있어야 하는 것은 아니다. A는 甲회사의 주식을 가지지 않고 甲회사의 주식의 가격이 스왑기간 중 하락할 것(short position)에 투자하기 위하여 이런 스왑계약을 체결할 수도 있다. 그러나 A가 甲회사 주식의 가격이 상승할 경우 지급채무가 발생하는 위험을 회피하고자 한다면 甲회사 주식 또는 그 주식에 대한 매수옵션(call option)을 매입하거나 이 스왑과 유사한 스왑을 변동금액 수령자의 지위에서 체결하는 등의 방법(즉 甲회사의 주식에 대한 long position 보유)을 취할 필요가 있을 것이다. 만약 A가 甲회사의 주식을 매입하는 방법으로 그 위험을 회피하고자 하는 경우, 주식매입에 필요한 자금은 스스로 조달하여야 하지만 그 조달비용은 B로부터 지급받는 이자상당액([거래유형 1]의 ③)으로 충당할 수 있게 된다.

[거래 유형 1]에서 B는 甲회사 주식에 투자한 것(long position)과 같은 손익을, A는 甲회사 주식을 공매도한 것(short position)과 같은 손익을 가지게 된다. 또한 A와 B는 서로 상대방이 스왑계약상의 지급채무를 불이행할 위험, 즉 상대방의 신용위험을 추가적으

로 지게 된다.

나. 주식의 계산주체·실질적 지배의 문제

스왑거래 기간 동안 A가 甲회사 주식을 가지고 있지 않은 경우에는 B가 甲회사 주식에 투자한 것과 같은 손익을 올린다고 하여 B에게 상법상 자기의 계산으로 주식을 가지고 있는 것으로 인정하거나 자본시장법상 소유에 준하는 보유를 하고 있는 것으로 인정하기는 어려울 것이다.

그러나 만약 A가 甲회사 주식을 가진 경우에는 A가 자신의 명의로 그러나 B의 계산으로 주식을 가진 것인지 또는 B가 주식에 대한 실질적인 지배권을 가진 것인지에 대한 논란이 제기될 수 있다. 스왑계약에 따라 B에게 귀속되는 손익은 특정한 甲회사 주식이 아니라 추상적인 甲회사 주식 1만주에 대한 것일 뿐이다. 만약 A가 가진 특정한 甲회사 주식의 손익이 스왑계약에 따라 B에게 귀속되는 것이라면 A는 B의 계산으로 甲회사 주식을 보유하는 것이다. 이 문제는 결국 A가 자신의 명의로 가진 甲회사 주식이 스왑계약과 얼마나 연계되어 있는가에 따라 달려 있다.

(i) A가 甲회사 주식을 스왑거래 기간 동안 보유하도록 하는 장치(보유에 관한 명시적 약정이 없지만 스왑계약상 A의 지급의무가 A의 실제 매도가격을 기준으로 하는 등 보유를 전제로 하는 경우 포함)가 있는 경우에는 A 명의로 보유한 甲회사 주식은 스왑계약에 따른 것이므로 그 주식은 B의 계산으로 보유하는 것임을 부인할 수 없을 것이다.

(i)의 장치가 없는 경우에도, A가 스왑계약 체결 시점 이전부터 스왑계약 체결 이후 계속 스왑계약에서 정한 수량의 甲회사 주식을 보유한 경우 또는 스왑계약 체결 시점(또는 이에 근접한 시점)에 甲회사 주식을 매수하여 계속 보유하는 경우에는, A는 이와 같은 스왑계약 체결로 B의 계산으로 甲회사 주식을 보유하는 것으로 보아야 할 경우가 많을 것이다. 스왑거래 기간 동안 주식보유에 따른 손익이 B에게 귀속되고 A는 그 주식투자에 따른 위험을 부담하지 않기 때문이다.

만약 (ii) A가 주식의 의결권 기타 주주권을 B의 지시에 따르거나 B와 협의하여 행사하기로 한 장치(명시적 약정이 없지만 실제 A가 주식의 의결권 기타 주주권을 B의 지시에 따라 또는 B와 협의하여 행사한 경우 포함) 또는 (iii) A가 보유한 甲회사 주식의 처분 시점을 B가 결정할 수 있도록 하는 장치(명시적 약정이 없지만 B가 스왑계약의 조기종료 청구로 주식처분권을 실질적으로 행사하는 경우 포함)가 있다면, 그것은 A가 B의 계산으로 甲회사 주식을 보유한다는 점을 더 강력하게 뒷받침한다고 보아야 할 것이다. 물론 B의 계산으로 주식을 보유한 것인지 또는 B가 실질적으로 그 주식을 지배한 것인지를 판단할 때, B가 주식을 자신의 이름으로 소유하지 못할 사정 또는 주주권을 실질적으로 행사하여야 할 사정과 스왑거래를 통하여 달성하려는 목적 등을 고려하여야 할 것이다.

다. 자금제공과 자금조달비용 부담

[거래 유형 2]

[거래 유형 1]의 ①을 ①-1과 ①-2로 바꾸고 ③을 삭제한 계약을 체결한 경우를 생각하여 볼 수 있다.

①-1 스왑계약 체결과 동시에 B가 A에게 1억원(=1만원×1만주)을 지급한다.

①-2 스왑계약 종료시 A가 B에게 [만기시의 주식가격×1만주]로 산정한 금액을 지급한다.

② 甲회사가 스왑계약 기간 중 배당금을 지급한 경우, 1만주에 배당될 배당금과 같은 금액을 A가 B에게 지급한다.

[거래 유형 2]는 [거래 유형 1]과 기본적으로 동일하지만 스왑계약 체결시 명목금액에 해당하는 금액을 A가 B로부터 수령하고, 스왑계약 종료시 그 금액을 A가 B에게 반환한다는 점이 다르다(①-2에 따라 A가 B에게 지급할 금액은 1억원에 [거래 유형 1]의 ①에 따라 A와 B 사이에서 주고받을 금액을 합산한 금액과 동일하다).

A가 B로부터 수령한 1억원으로 甲회사 주식 1만주를 매입할 의무는 없고, 다른 용도로 사용하여도 된다. 그러나 A가 甲회사 주식의 가격 상승에 따른 위험을 부담하지 않으려고 한다면 甲회사의 주식에 대한 long position을 보유할 필요가 있을 것이다. 만약 A가 甲회사의 주식을 매입하는 방법으로 그 위험을 헤지하고자 하는 경우, 주식매입에 필요한 자금은 ①-1에 따라 B로부터 지급받은 것으로 충당할 수 있다. A는 주식매입에 필요한 자금을 조달하기 위한 비용을 부담하지 않게 된다(A가 ①-1에 따라 지급받은 자금을 다른 용도(U)로 사용하고, 甲회사 주식 매입에 필요한 자금을 외부에서 차입하여 조달한 경우 이자지급 등 조달비용이 소요되겠지만, 다른 용도(U)로 사용할 자금의 조달비용을 절약하는 이득이 있었으므로 甲회사 주식 매입자금 조달비용이 A에게 추가로 부담이 되는 것은 아니다).

A가 스왑기간 중 甲회사 주식을 매입하여 보유하고 있을 때 B가 그 주식을 자기의 계산으로 보유하거나 실질적으로 지배하는 것인지에 대한 문제가 제기될 수 있다. [거래 유형 1]은 A의 주식매입자금 조달비용(이자)을 B가 부담한 것이고, [거래 유형 2]는 A의 주식매입에 필요한 자금을 B가 제공한 것이라는 점(또한 이에 따른 당연한 결과로서 자금의 반환과 관련하여 [거래 유형 2]에서 B가 A에 대하여 부담하는 신용위험은 더 커지고, A는 B에 대한 신용위험을 부담하지 않는 점) 이외에 두 거래 유형에서 A와 B가 부담하는 甲회사 주식 관련 위험 및 이에 따른 손익은 차이가 없다. A가 甲회사 주식매입에 필요한 자금을 스스

로 조달한 경우에도 그 조달비용(이자상당액)을 B가 부담한 이상, A가 그 자금을 B로부터 제공받은 경우와 차이가 없다.[53][54]

대법원판례[55]는 타인명의·회사계산으로 자기주식을 취득하였는지 여부의 판단 기준인 "회사의 계산"에 해당하려면 회사의 주식취득자금출연과 회사에 대한 손익귀속이 있어야 한다고 판시하여 왔다. 회사가 주식취득자금을 주식명의인에게 증여한 경우에는 자금출연에 해당한다는 점에 의문이 없을 것이다. 나아가 대법원 2011. 4. 28. 선고 2009다23610 판결은 회사가 주식명의인에게 자금을 대여한 경우와 주식명의인이 다른 곳에서 자금을 차입할 때 회사가 보증한 경우도 자금출연에 해당하는 것으로 보았다. 이러한 자금대여 또는 보증·담보제공 등의 신용보강 이외에 주식명의인이 자금을 다른 곳에서 차입하여 조달하고 회사가 그 조달비용을 부담하는 유형도 자금출연의 한 형태로 인정할 필요가 있다. 주식취득자금 조달비용을 회사가 부담하는 것만으로는 직접적인 출자환급이 이루어지는 것은 아니지만, 주식명의인의 관점에서는 실질적으로 주식취득자금을 제공받은 것과 차이가 없고 손익귀속과 결합하면 실질적인 출자환급의 효과와 지배구조의 왜곡의 우려의 면에서 주식취득자금을 제공하는 경우와 차이가 없기 때문이다.[56]

2. 주주권 또는 취득이 제한된 주식에 관한 주식파생거래

(1) 개 설

주식을 가지고 있더라도 상법[57] 기타 다른 법률[58]에 따라 의결권 등 주주권 행사에 대한 제한을 받을 수 있다. 또한 특정범죄가중법 제12조는 외국인에 의한 취득이 금지 또는 제한된 재산권을 외국인을 위하여 외국인의 자금으로 취득한 자는 매우 엄하게 처벌하도록 규정하고 있다. 이와 같이 주주권 행사 또는 취득이 제한된 주식을 기초자산으로 하는 주식파생거래에서는 이러한 제한을 잠탈하는 것인지 여부가 문제될 수 있다.

53) A의 자금조달비용을 B가 부담한다는 내용이 스왑계약에 명시되어 있지 않더라도 A는 자금조달비용을 감안하여 스왑계약의 다른 조건(수수료율 등)을 정할 것이다.
54) 별도로 자금을 차입한 경우와 스왑거래의 일부분으로 자금을 제공받은 경우 회계처리에 차이가 있을 수는 있다.
55) 대법원 2003. 5. 16. 선고 2001다44109 판결과 대법원 2011. 4. 28. 선고 2009다23610 판결.
56) 이에 관한 상세한 논의는 박준(2018), 24-30쪽.
57) 예: 상법 제409조(감사선임시 3% 초과 보유 주주의 의결권 제한), 제369조 제3항(10% 이상의 주식 상호 보유시의 의결권 상실) 등.
58) 예: 동일인 주식소유제한을 규정한 은행법 제15조, 제16조 및 제16조의2, 금융지주회사법 제8조 및 제8조의2, 공기업의 경영구조개선 및 민영화에 관한 법률 제18조, 외국인 주식소유제한을 직·간접적으로 규정한 전기통신사업법 제8조, 공기업의 경영구조개선 및 민영화에 관한 법률 제19조, 방송법 제14조, 항공안전법 제10조 등.

(2) 자기주식 파생상품거래와 계산주체

자기주식을 가지고 있는 甲회사가 C에게 보유 주식 1만주를 매도하고 C와 다음과 같은 주식파생거래를 체결한 경우를 생각해 보자.

[거래 유형 3]

甲회사는 자기주식을 C에게 당시 주식의 시가인 주당 1만원으로 매도하고, 甲회사가 변동금액 수령자, C가 변동금액 지급자로 만기 1년의 스왑계약을 체결한다(즉 [거래 유형 1]의 A의 지위에 C가 들어가고 B의 지위에 甲 회사가 들어가는 것임).[59]

① 스왑계약 만기시 甲회사의 주식가격이 1만원보다 높은 경우에는 C가 甲회사에게 {(만기의 주식가격-1만원)×1만주}를 지급하고, 1만원 보다 낮은 경우에는 甲회사가 C에게 {(1만원−만기의 주식가격)×1만주}를 지급한다.

② C가 스왑계약 기간 중 배당금을 지급받은 경우, ①에서 만기의 주식가격을 산정할 때 그 배당액을 가산한다.

③ 스왑계약 기간중 甲회사가 C에게 1억원(1만원×1만주)에 대한 이자상당액을 지급한다.

[거래 유형 4]

[거래 유형 3]의 ①부분을 아래와 같이 ①-1과 ①-2의 내용으로 바꾸어 계약을 체결한 경우를 생각하여 볼 수 있다.

①-1 스왑계약 체결과 동시에 甲회사가 C에게 1억원(1만원×1만주=주식매수대금)을 지급한다.

①-2 스왑계약 종료시 C가 甲회사에게 [만기시의 주식가격×1만주]로 산정한 금액을 지급한다.

② C가 스왑계약 기간 중 배당금을 지급받은 경우, ①-2에서 만기의 주식가격을 산정할 때 그 배당액을 가산한다.

[거래 유형 3]과 [거래 유형 4]는 [거래 유형 1]과 [거래 유형 2]를 회사의 자기주식 처분 및 스왑거래에 그대로 적용한 것이다. C가 매수하여 보유하는 甲회사의 주식을 甲회사의 계산으로 보유하는 것인지 여부가 문제된다. [거래 유형 3, 4]는 첫째, 스왑거래의 기초자산인 주식이 스왑계약의 당사자가 발행한 주식이라는 점, 둘째, 스왑계약의 당사자가 보유하고 있는 동안에는 주주권을 행사할 수 없는 주식이었으나 매각으로 외관상 의결권 등 주주권을 행사할 수 있는 상태가 됨과 동시에 스왑거래를 통하여 甲회사가 그 주

59) 이러한 자기주식 처분과 관련한 계약에 "甲회사는 C회사에게 매도한 주식을 다시 매수할 권리를 가지지 않는다"는 취지의 조항을 넣는 경우도 있으나 상법상 요구되는 자기주식 취득방법을 준수하면서 매도한 자기주식을 다시 매수할 수 없을 것이므로 별로 큰 의미가 없는 조항이다.

식의 손익에 노출된다는 점에서 [거래 유형 1, 2]와 차이가 있다.[60)]

앞서 [거래 유형 1]에서 살펴본 (i), (ii), (iii)과 같은 장치가 있는 경우에는 변동금액 수령자([거래 유형 1]에서는 B, [거래 유형 3]에서는 甲회사)의 계산으로 주식을 보유하는 것으로 보아야 한다. 특히 (i)의 장치, 즉 C가 甲회사 주식을 스왑거래 기간(의 전부 또는 일부) 동안 보유하도록 하는 장치(명시적 약정이 없지만 스왑계약상 C의 지급의무가 C의 실제 매도가격을 기준으로 하는 등 보유를 전제로 하는 경우 포함)가 있는 경우에는 C는 甲회사 주식을 자신의 명의로 보유하고 있으나 甲의 계산으로 보유하는 것임을 부인할 수 없을 것이다. 그런데 [거래 유형 1, 2]에서는 스왑계약의 기초자산인 주식의 매매 및 A의 주식 보유가 전제로 되어 있지 않지만 [거래 유형 3, 4]에서는 스왑계약의 당사자인 회사가 기초자산인 주식을 C에게 매각함과 동시에 스왑계약을 체결한다는 점에서 주식의 매매와 보유가 전제로 된다. 즉 스왑계약 당사자인 회사가 자기주식을 C에게 매도하여 C는 그 주식을 취득하기 때문에 [거래 유형 1]에서 살펴본 (i)의 장치가 들어 있을 가능성이 높아진다. [거래 유형 3, 4]에서 (i)의 장치가 있음이 드러나면 甲회사는 자신이 발행한 주식에 관한 손익에 노출되어 있고, C는 甲이 발행한 주식을 보유하고 있으므로 그 주식은 甲의 계산으로 보유한다고 할 수밖에 없다. 甲회사는 C에게 자기주식을 매각하여 C가 자신의 명의로 주식을 가지고 있지만 그 주식은 여전히 甲회사의 계산으로 보유하는 것이고, 따라서 그 주식은 甲회사가 타인(C)의 명의로 보유하는 주식으로서 의결권 등 주주권을 행사할 수 없는 주식이라고 보아야 한다.

[거래 유형 3]은 甲회사가 C의 주식매입자금을 제공하지는 않지만 그 자금조달비용을 甲회사가 부담하게 되어 있고, [거래 유형 4]에서는 甲회사가 C의 주식매입자금을 제공하는 구조로 되어 있다. [거래 유형 1]과 [거래 유형 2]의 검토에서 언급하였듯이 C가 스스로 주식매입자금을 조달한 경우에도 甲회사가 그 조달비용을 부담한 이상 C가 그 자금을 甲회사로부터 제공받은 경우와 차이가 없다. 즉 [거래 유형 3]과 [거래 유형 4]에서 C가 보유한 甲회사 주식이 甲회사의 계산인지 여부의 판단에 차이가 없어야 한다.

약간 변형된 거래로 다음과 같은 거래를 생각해 보자.

60) 주식회사가 자신의 주식을 기초자산으로 하는 스왑계약을 체결하는 것 자체가 자기주식 취득 제한의 취지에 어긋나거나, 회사의 재산을 위태롭게 하는 행위에 해당할 수 있다. 본문의 [거래 유형 3, 4]는 회사가 이미 보유하고 있는 자기주식을 처분하면서 스왑계약을 체결하는 것이므로 자기주식을 보유한 상황보다 더 자신이 발행한 주식에 대한 위험에 노출되는 것은 아니다. 그러나 이러한 거래에서는 외관상 처분으로 자기주식의 속성을 상실한 것인지를 살펴볼 필요가 있다. 외관상 처분되었으나 아직 회사의 계산을 벗어나지 않았다면 자기주식의 속성을 계속 가지고 있으므로 그 주식에 근거한 주주권은 행사할 수 없어야 한다.

[거래 유형 5]

甲회사는 자금을 조달하기 위하여 자기주식을 매각할 필요가 있으나 현재 주가가 회사의 가치를 충분히 반영하지 못하고 있다고 믿고 있다. 甲회사는 보유한 자기주식 1만주를 D에게 당시 주식의 시가인 주당 1만원에 매도하고, 甲회사가 변동금액 수령자, C가 변동금액 지급자로 다음과 같은 내용의 만기 1년의 스왑계약을 체결한다.

① 스왑계약 만기시 甲회사의 주식가격이 1만원보다 높은 경우에는 C가 甲회사에게 그 차액을 주당 2천원을 한도로 [즉 {max (만기의 주식가격−1만원), 2천원}×1만주] 지급한다.

② 스왑계약 만기시 甲회사의 주식가격이 1만원 보다 낮은 경우에는 甲회사가 C에게 차액을 1천원을 한도로 [즉 {max (1만원−만기의 주식가격), 1천원}×1만주} 지급한다.

회사가 자기주식을 적법하게 취득하여 보유하고 있는 이상, 그 자기주식을 전부 처분할 수도 있을 뿐 아니라 일부만 처분하고 나머지를 남겨 두는 것을 금지할 이유는 없을 것이다. 전통적인 일부 처분은 주식수로 나누어 일부 주식을 처분하는 것일 것이나, 주식의 가치 중 일부를 처분한다(즉, 회사가 자기주식을 처분하면서 그 주식을 소유하는데 따른 효익·위험 중 일부만을 양도하고 나머지는 회사가 보유함)는 개념을 인정하지 않을 특별한 이유는 없다. 자기주식을 처분하면서 회사가 주가 변동에 따른 차액 중 일부를 정산하는 내용의 풋옵션의무를 부담하는 것은 자기주식의 소유에 따른 효익·위험 중 일부를 회사에 남기는 유형의 거래의 하나라고 할 수 있다. 이러한 거래는 이미 보유하고 있는 자기주식을 처분하면서 이루어지는 거래이고 그 거래를 통하여 새로운 자기주식을 취득한 것은 아니므로, 그 거래에서 회사의 차액정산형 풋옵션의무 부담이 자기주식 취득금지의 위반은 아닐 것이다.[61)]

그러나 회사가 자기주식을 그러한 조건으로 양도한 경우 더 이상 "회사의 계산"으로 보유하고 있는 것이 아니라고 할 수 있는지 아니면 법적인 소유권의 이전에도 불구하고 양수인이 "회사의 계산으로 보유하는 주식으로서 자기주식적인 성격이 남아 있는 것으로 볼 것인지의 문제가 있다. [거래 유형 3, 4]와 같이 자기주식을 처분하면서 주식을 소유함에 따른 모든 손익을 회사에 귀속시키는 스왑거래를 한 경우에는 "회사의 계산"으로 보유한다고 보는데 어려움이 없겠으나 회사에 남게 되는 효익·위험이 일부인 경우에는 어디에 선을 그어야 하는지 쉽지 않다. 회사가 자기주식을 처분하면서 주식의 가치 하락의 위

61) 물론 회사가 이미 보유한 자기주식을 처분하는 경우가 아니라 별도로 주주 또는 제3자와 자신이 발행한 주식에 대하여 풋옵션의무를 부담하거나 스왑계약을 체결하는 경우에는 현물인도형 풋옵션뿐 아니라 차액정산형 풋옵션인 경우에도 자본의 환급의무를 부담하는 셈이 되므로 자기주식 취득금지의 원칙에 위반된다고 보아야 할 것이다.

험을 전부 인수한 경우[62]에는 자기주식을 처분하였다고 보기 어려울 것이다.

(3) 상호주 파생상품거래와 계산주체

자기주식 관련 파생상품거래에 관한 위의 분석은 의결권이 제한되는 상호주식 보유에도 마찬가지로 적용되어야 한다. 그런데 서울남부지법 2015. 6. 11. 선고 2014가합4256 판결은 A회사와 B회사 간의 상호주식 보유관계를 해소하기 위하여 A회사가 보유한 B회사 발행주식을 D증권회사에게 매도하고 동시에 A회사(총수익수령자)와 D증권(총수익지급자)간에 그 매도한 B주식("이 사건 주식")을 기초자산으로 하는 총수익스왑계약을 체결한 사안[63]에서 이 사건 주식을 A회사의 계산으로 보유하고 있다고 보기 어렵다고 판시하였다.

서울남부지법 2015. 6. 11. 선고 2014가합4256 판결은 구체적인 논거로 다음과 같은 점들을 들고 이를 종합하여 보면 A가 이 사건 주식의 매매대금을 실질적으로 출연하였다거나 이 사건 주식의 취득에 따른 손익이 A에게 귀속된다고 볼 수 없다고 판시하였다.

① D는 A에게 이 사건 주식의 매매대금을 실제로 지급하였고, 당시 A는 D에게 주식 매매대금을 대여하지 아니하였으며, D가 주식매수자금을 마련할 수 있도록 연대보증 등의

---

62) 회사가 보유한 자기주식을 해외 SPC에게 양도하고 해외 SPC가 발행한 교환사채의 원리금지급을 보증함으로써 매도한 자기주식의 주가하락의 위험을 전부 회사가 인수한 사건에서 서울북부지방법원 2007. 10. 25. 자 2007카합1082 결정은 자기주식에 해당한다고 보기 어렵다고 판시하였다. 판시내용은 본문에서 논의한 계산 주체에 관한 사항을 상세히 분석하지 않았다. 참고로 이 사건에서 회사는 이 거래에 관하여 재무제표의 주석에 다음과 같이 기재하였다. "회사의 교환사채발행과 관련하여 SPC에 대한 자기주식의 매각은 상법 및 증권거래법 등에 따른 자기주식 매각요건을 충족하나, 교환사채 발행 및 상환과 SPC가 보유한 자기주식과 관련한 위험을 회사가 실질적으로 부담하고 있는바, 경제적 실질에 따라서 상기 거래를 차입거래로 회계처리하였습니다" 이 결정의 사안에서 "회사의 계산"의 성격이 남아 있는지에 대한 상세한 분석은 박준(2018), 23-24, 47-49쪽.

63) 구체적인 사실관계는 다음과 같다.

1. A회사의 최대주주는 B회사(지분율 30.8%), 2대주주는 C회사(지분율 12.61%)이다.
2. 2013. 10. 23. A회사는 출자전환으로 B회사 주식 4,224,598주(지분율 13.08%)를 취득하였다.
3. 2014. 3. 21. A회사는 B회사 주식 1,613,800주(지분율 4.86%)를 D증권회사에게 매도하고 동시에 D증권과 다음과 같은 총수익스왑(Total Return Swap)계약을 체결하였다.
   * 체결일: 2014. 3. 21., 발효일: 2014. 3. 25., 종료일: 2015. 3. 21.
   * 기초자산: B회사 주식 1,613,800주
   * 주식금액의 지급: (주식처분가격-체결일 종가)금액이 (+)면 그 차액을 D증권이 A회사에게 지급하고, (-)면 그 차액을 A회사가 D증권에게 지급한다.
   * 고정금리 지급금액: A회사는 D증권에게 연 6.4%의 고정금리를 지급.
   * 주식의 의결권은 D증권이 독단적인 판단하에 행사한다. A회사가 D증권에게 의결권 위임을 요청할 수 없다.
4. 2014. 3. 27. A회사의 주주총회에서 B회사 측 인사들을 이사로 선임하는 안건에 대하여 C회사 등 일부주주가 반대하였으나 B회사 등이 찬성하여 가결되었다(B회사가 보유한 A회사 주식은 출석주주 의결권의 52.88%에 해당).

방법으로 기여한 바도 없는 점.

② D는 주식보유기간 동안 의결권 및 이익배당을 받을 권리[64]를 가지며, 주식을 임의로 제3자에게 처분할 수 있고 A는 주식우선매수권리를 갖지 아니하며, D에 주식에 대한 의결권의 위임 등을 요청할 수도 없는 점.

③ A회사와 D증권의 주식금액 정산의무는 이 사건 주식의 가격변동으로 인한 손익에 한하여 부담하는 것이고, D가 계약이 종료될 때 주식을 다시 A에 매도하는 등의 방식으로 A로부터 위 주식의 매매대금을 그대로 회수할 수 있는 절차는 마련되어 있지 아니하고, 공정거래법상 상호출자 해소의무가 있어 A가 주식을 다시 취득할 수도 없는 점.

④ D가 계약의 거래종료일 이후에도 주식 중 전부나 일부를 매도하지 않고 계속 소유하는 경우에 그 잔여주식으로 인한 손익은 모두 D에 귀속되어 이 사건 주식 취득에 따른 손익이 언제나 전액 A에게 귀속되지는 않는 점.

서울남부지방법원 2015. 6. 11. 선고 2014가합4256 판결은 대법원 2003. 5. 16. 선고 2001다44109 판결이 회사계산으로 하는 자기주식 취득의 판단 기준으로 자금의 출연과 손익의 귀속을 제시하였음을 들어 이 사건에서도 같은 기준을 사용하였다. 판결문상 명백하게 기재하지는 않았으나 ①은 A가 매매대금의 출연을 하지 않았다는 점을, ②, ③, ④는 손익이 A에게 귀속된다고 볼 수 없다는 점을 뒷받침하는 근거로 제시한 것으로 보인다.

그러나 위 판시사항에 대해서는 여러 의문이 제기된다. 우선 매매대금의 출연과 관련하여, 위에서 [거래 유형 1]과 [거래 유형 2]를 비교하면서 논의한 바와 같이 자금의 제공과 자금조달비용의 부담은 동일하게 평가하여야 한다. 대법원 2003. 5. 16. 선고 2001다44109 판결은 주식발행회사가 신주청약인에게 신주청약에 필요한 자금을 제공한 사례였으므로 자금조달비용만을 부담하는 것에 대하여는 판시할 필요가 없었다. 이 사건에서 A회사는 D증권에게 고정금리를 지급함으로써 D증권의 이 사건 주식매매대금 조달비용을 부담하였다. 이는 매매대금에 필요한 자금 제공과 동일하게 취급해야 타당한 사항임에도 불구하고 ①은 자금조달비용 부담에 관하여는 아무런 언급이 없다.[65]

손익의 귀속과 관련하여, ②와 ③은 이 사건 주식에 관하여 A회사가 우선매수권을 가지지 않고, 매매대금에 관하여 D증권이 회수할 수 없음을 "A회사의 계산"을 인정할 수 없는 근거로 제시하였다. 매도인의 우선매수권과 환매도청구에 의한 매수인의 매매대금 회수는 주식에 대한 손익을 부담하는 하나의 유형에 불과하고 손익귀속의 필요조건은 아니다. B회사는 결손이 누적되어 총수익스왑 계약기간 중 이익배당을 기대할 수 없는 상

64) 총수익스왑계약상 D증권이 이 사건 주식에 기하여 이익배당을 받아도 이를 A회사에게 지급하지 않도록 정하여 통상의 총수익스왑계약과는 차이가 있으나, 이는 B회사가 결손 누적으로 총수익스왑 계약기간중 이익배당을 할 것으로 기대할 수 없었기 때문에 큰 의미를 부여할 조항은 아니다.

65) 원고가 이 점을 명확하게 주장하지 않았기 때문일 수도 있다.

태였으므로 A회사 주식 소유에 따른 이익과 손실은 주식의 가격변동에 따른 것밖에 없고 총수익스왑계약으로 그것이 A회사에게 귀속된다는 점이 중요하다.

②는 D증권이 이 사건 주식을 제3자에게 임의로 처분할 수 있음을, ④는 D증권이 이 사건 주식을 스왑계약 종료 후에도 매도하지 않고 계속 소유할 수 있음을 A회사에게 손익이 귀속되는 것이 아니라는 근거로 제시하였다. ②에 언급한 D증권의 제3자에 대한 임의 처분은 이 사건 주식의 처분 방법에 관한 것에 불과하다. 주식처분 방법이 "총수익스왑계약 체결 후 그 주식처분시까지의 손익의 귀속 주체"를 정하는 기준이 될 수는 없다. 또한 판결문에 요약된 총수익스왑계약은 이 사건 주식의 처분을 전제로 하는 것이므로 ④에 언급한 총수익스왑계약 이후에 D증권이 이 사건 주식을 계속 보유한다는 것은 A회사와 D증권 간의 새로운 합의에 의해서만 이루어질 수 있는 것으로 보인다. 그렇게 D증권이 계속 주식을 소유하기로 하는 경우에도, 그러한 D증권의 주식 계속 소유가 "총수익스왑계약 기간 동안의 손익의 귀속 주체"를 결정하는 기준이 될 수는 없다. 판결문에 요약된 총수익스왑계약은 이 사건 주식의 처분가액에 따른 손익의 정산을 하도록 하였고 그 정산이 손익의 귀속주체를 결정하는 기준이 되는 것이다. 일반적으로 총수익스왑(total return swap)은 총수익수령자에게 기초자산의 손익 전부(total return)를 이전하는 약정이므로 총수익수령자에게 손익이 귀속함을 부인할 수 없다고 하겠다.

3. 공정거래법상 경제력 집중 억제를 위한 규제

공정거래법은 경제력 집중억제를 위한 제도로 지주회사 규제(제8조, 제8조의2), 상호출자제한기업집단에 속하는 회사의 계열회사 주식 취득·소유 또는 신규순환출자의 금지(제9조, 제9조의2) 등을 규정하고 있다. 이는 자본충실의 저해, 가공의결권의 형성을 통한 지배구조의 왜곡을 방지하기 위한 것이다.[66)]

공정거래법의 규제를 회피하는 효과를 가지는 파생상품거래를 어떻게 평가할 것인가의 문제를 다룬 사건이 있다. 대규모기업집단에 속한 A회사는 계약상대방과 파생상품계약을 체결하였다. 그 계약의 내용은, 계약상대방이 A회사의 계열회사 주식을 취득·보

66) 공정거래위원회는 "상호출자는 자본충실의 원칙을 저해하고 가공의결권을 형성하여 지배권을 왜곡하는 등 기업의 건전성과 책임성을 해치는 악성적 출자형태"로, "순환출자는 가공자본을 이용하여 계열사를 지배하는 여러 다단계 출자형태 중 하나로 대기업집단에서 총수(일가)가 순환출자를 활용해, 적은 지분으로 전체계열사를 지배함으로써 권한과 책임이 괴리되는 구조를 형성하게 되고 이러한 소유구조는 총수(일가)의 부당한 보상추구, 한계기업의 구조조정저해 및 개별기업의 부실이 기업집단 전체로 전이될 수 있는 위험 등의 폐해로 나타날 가능성이 높아 규제가 필요"하다고 보고 있다. 공정거래위원회 웹사이트, 정책/제도-경쟁정책-경제력집중억제-주요제도.

유하면서 의결권을 A회사의 주요 주주에게 우호적으로 행사하되, A회사가 계약상대방에게 주식취득에 따른 금융비용과 주식시세 하락 시 손실 전액을 보전하여 주고, 주식시세 상승 시 그 이익을 80:20의 비율로 A회사와 계약상대방이 나누는 것으로 되어 있었다. A회사의 주주가 그 파생상품계약 체결이 A회사의 이사의 의무에 위반한 행위임을 근거로 이사의 손해배상책임을 청구하는 주주대표소송을 제기하였다.[67] 1심판결(수원지방법원 여주지원 2016. 8. 24. 선고 2014가합10051 판결)은 원고청구를 기각하였으나 항소심판결(서울고등법원 2019. 9. 26. 선고 2016나2063874 판결)은 A회사 회장이 A회사에게 1,700억원을 지급할 것을 명하는 등 원고청구를 일부 인용하였다.

1심 판결(수원지방법원 여주지원 2016. 8. 24. 선고 2014가합10051 판결)은 경영판단의 원칙을 적용하여 이사의 의무 위반을 인정하지 않으면서 "직접 주식을 취득하는 경우와 경제적 목적이 유사한 측면이 있다고 하더라도 그 형식과 실질이 동일하다고는 할 수 없는 바, 이를 두고 당시 공정거래법의 규정 취지를 잠탈하는 탈법행위라고 볼 수는 없다"고 판시하였다.[68] 항소심판결(서울고등법원 2019. 9. 26. 선고 2016나2063874 판결)은 공정거래법 회피의 효과에 대해서는 특별한 언급 없이 "A회사의 이사들은 B의 경영권을 방어하고 나아가 회장을 정점으로 하는 H그룹의 순환출자구조를 유지하기 위하여 B에 대한 의결권 지분을 확보할 목적으로 당시 해운업 전망이 부정적이어서 B 주가하락의 위험이 있었음에도 주가에 따라 거액의 손실을 발생시킬 수 있는 주식 TRS계약 자체의 위험성 및 손실가능성 그 위험에 대한 관리방안, A가 계약체결로 얻을 수 있는 실질적 이익 등을 제대로 검토하지 않은 채, 계약상대방 N에는 주가하락에 따른 손실을 전혀 부담시키지 않고 주가상승에 따른 이익 중 일부는 취득하게 하면서 A에는 과도한 비용과 주가하락에 따른 손실을 모두 부담시키고 주가상승에 따른 이익은 일부만 취득하게 하는 내용의 계약 체결결의에 찬성하였고, A의 대표이사는 위 이사회 결의에 따라 계약을 체결함으로써 선관주의의무를 위반하였다"고 판시하였고, 대법원은 양당사자의 상고를 기각하여[69] 항소심판결이 확정되었다.

공정거래법상 파생상품거래를 통하여 실질적으로 의결권을 확보하고 경제적인 손실의 전부와 이익의 대부분이 귀속되는 경우를 직접 주식을 취득한 경우와 달리 취급해야 하는지에 대해 거래의 구체적인 조건에 비추어 심도있게 검토할 필요가 있다. 이와 관련하여 공정거래위원회는 순환출자 금지 위반 여부의 맥락에서 주식스왑계약을 활용하여

67) 이 사건의 배경과 관련 파생상품거래의 내용에 대해서는 이민형(2014), 37-48쪽.

68) 이 판결은 문제된 파생상품거래의 본질이 "회장의 H그룹 지배력을 유지하기 위한 행위라는 점을 경시"하였다거나{임정하(2017), 352쪽}, "동일인의 이익을 위해서 기업집단 내지 계열회사에 대하여 희생을 요구하는 구시대적 관행을 정당화하는데 악용될 소지가 있다"{황남석(2017), 173쪽}는 비판을 받았다.

69) 대법원 2023. 3. 30. 선고 2019다280481 판결.

보유한 주식을 처분한 사례를 다루었다.[70] 순환출자회사집단에 속하는 H자동차와 K자동차는 계열출자대상회사인 H제철이 H하이스코를 흡수합병함에 따라 H제철의 주식을 추가로 취득하게 되어 이를 취득 후 6개월 이내에 처분할 의무가 발생하였다. 취득 후 7개월이 지난 시점에 H자동차와 K자동차는 N증권에게 위 주식을 시간외 대량매매로 매도하고 총수익스왑(TRS)을 체결하였다. 스왑거래의 상세한 조건은 공시되지 않았으나 N증권은 계약기간(3년) 동안 H자동차 그룹이 일정 수익을 보장해 주는 만큼 주가변동에서 자유로울 수 있다고 보도되었다. 공정거래위원회의 결정은 이러한 방식의 처분에 대하여 특별한 언급 없이 주식을 처분한 것으로 판단하였다.[71]

주식 소유에 따른 위험과 손익을 전부 또는 대부분 주식양도인이 부담하고 주식양수인은 그러한 위험 부담없이 주식양도인으로부터 일정한 수익을 보장받는 경우, 주식양수인은 명의상 주주이기는 하지만 주식양도인에 대한 신용위험만을 진다는 점에서 주식의 의결권 행사에 대한 이해관계와 관심을 가지기 어렵다. 특히 주식에 대한 위험을 부담하는 당사자가 명의상 주주에 대해 의결권 행사를 지시하거나 주식의 처분 시점을 결정할 수 있는 권한이 있는 경우 명의상 주주가 주식을 보유한 것으로 보는 것은 공정거래법상 경제력 집중 억제를 위한 규제에 부합하지 않는다. 파생상품계약상 그러한 지시·결정권을 명시하지 않은 경우에도 명의상 주주가 의결권을 확보하는 것이 파생상품계약의 조건이라면 그것은 명의상 주주가 주식에 대한 위험을 부담하는 당사자의 지시에 따라 의결권을 행사하도록 하였다고 인정할 강력한 정황증거가 된다고 보는 것이 합리적일 것이다.

4. 주식파생거래 관련 자본시장법 쟁점

자본시장법은 "보유"라는 개념을 사용하여 주식 등을 보유한 비율이 5% 이상인 경우에는 보고의무를 지우고(제147조), 반드시 공개매수를 하여야 하는 경우의 요건에서도 보유 비율의 개념을 사용하고 있다(제133조 제3항).

주식파생거래 중 현물인도를 전제로 하는 거래를 하여 매수인의 지위에 서는 당사자는 자본시장법시행령 제142조에 정한 보유의 유형중 주식 인도청구권(제2호[72]), 주식 매수예약권(제5호[73]), 또는 주식 옵션(제6호[74])을 가진 것으로 보아 그 주식을 보유한 것으로

70) 공정거래위원회 제1소회의 의결 제2016-415호(2016. 5. 26.).

71) 이 사건에 대한 설명은 임정하(2017), 356-357쪽.

72) 법률의 규정이나 매매, 그 밖의 계약에 따라 주식등의 인도청구권을 가지는 경우.

73) 주식등의 매매의 일방예약을 하고 해당 매매를 완결할 권리를 취득하는 경우로서 그 권리행사에 의하여 매수인으로서의 지위를 가지는 경우.

74) 주식등을 기초자산으로 하는 법 제5조 제1항 제2호에 따른 계약상의 권리를 가지는 경우로서 그

인정될 것이다. 현물인도를 하지 않고 시가의 변동에 따른 차액의 차액정산을 하는 경우에는 위의 보유에 해당하기 쉽지 않을 것이지만, 경우에 따라서는 주식 취득 또는 처분권을 가진 경우(제4호[75])에 해당할 수 있다.

[거래 유형 1, 2]에서 A가 주식을 스왑거래 기간 동안 보유하도록 하는 장치(보유에 관한 명시적 약정이 없지만 스왑계약상 A의 지급의무가 A의 실제 매도가격을 기준으로 하는 등 보유를 전제로 하는 경우 포함)가 있고, B는 A에게 A가 보유한 주식의 매각을 지시·요구할 수 있으며 A는 이에 응할 의무가 있는 경우에는 제4호에 해당함에 의문이 별로 없을 것이다. 이러한 내용을 계약에 명시적으로 정하여 놓지 않더라도 B가 스왑계약을 언제든지 해지할 수 있도록 하고 해지시 A가 주식을 매각하여 받은 매도대금을 그대로 반영하여 현금으로 정산하도록 정한다면, A가 보유한 주식을 처분할 시기를 B가 정하는 것과 다름없게 된다. 만약, B가 주식의 의결권이나 주식의 취득·처분에는 관심이 없고 다만 주가의 등락에 따른 수익만을 취하기 위하여 스왑 등 파생상품거래를 이용하려고 한다면, 스왑계약에서 A가 주식을 스왑거래 기간 동안 보유하도록 하는 장치를 둘 필요가 없을 것이다. 또한 주가변동에 따른 두 당사자 간의 지급액도 일정한 객관적인 가격(예: 스왑계약의 만기 또는 조기종료 시점 전의 1주일 평균종가)을 기준으로 산정한다면, 설사 A가 주가상승에 따른 지급위험을 헤지하기 위하여 실제 스왑계약의 대상물인 주식을 보유하고 있었다고 하더라도, B가 그 주식을 취득, 처분할 권한을 가진 것으로 보기 어려울 것이다.

제 3 절 증권의 환매조건부매매거래(Repo)와 대차거래[76]

증권의 환매조건부매매거래와 대차거래는 전형적인 파생상품거래의 유형에 속하지 않는다. 그러나 환매조건부매매거래와 대차거래는 파생상품거래와 밀접하게 관련된다. 우선 환매조건부매매거래와 대차거래는 양당사자 사이에서 상당한 기간에 걸쳐 지속적으로 행해지고 그 거래의 조기종료시 일괄정산을 사용하여 상대방에 대한 신용위험을 감축한다는 점에서 파생상품거래의 거래구조와 유사하다. 또한 이 두 유형의 거래는 증권의 소유권을 이전하는 거래로서 파생상품거래에 부수하여 담보목적으로 사용될 수 있다. 이

권리의 행사에 의하여 매수인으로서의 지위를 가지는 경우.

75) 법률의 규정이나 금전의 신탁계약·담보계약·투자일임계약, 그 밖의 계약에 따라 해당 주식등의 취득이나 처분의 권한을 가지는 경우.

76) 증권대차거래에 대하여는 박철영(2009), 183-217쪽.

러한 성격 때문에 채무자회생법 제120조 제3항은 옵션·선도·스왑 등 전형적인 파생상품거래 이외에 환매조건부매매거래와 대차거래도 적격금융거래에 포함시켰다.

Ⅰ. 증권의 환매조건부매매거래(Repo)

1. 의 의

환매조건부매매거래(classic repo)는 매도인이 매수인에게 매입일에 일정한 증권(=매입증권)을 일정한 가격(=매입가 purchase price)으로 매도하기로 약정하면서 이와 동시에 환매일에 매도인이 매수인으로부터 매입증권과 동종·동량의 증권(=등가매입증권 equiv-alent securities)을 매입가에 일정한 이자율(=환매이율 repo rate)로 산정한 금액(=환매차액 repo return)을 합한 가액(=환매가 repurchase price)으로 환매수하기로 약정하는 거래를 말한다. 역환매조건부매매거래(reverse repo)는 위 거래를 매수인의 입장에서 보았을 때를 의미한다.

환매조건부매매의 목적물인 증권은 종류물로서 매수인은 매수한 증권에 대한 완전한 소유권을 취득하고 이를 임의로 사용 처분할 수 있고, 환매일에 동종·동량의 증권(=등가매입증권)을 매도인에게 인도할 의무가 있다.

전형적인 환매조건부매매와는 달리 재매매조건부매매(sell/buy-back)거래가 이루어지는 경우도 있다. 재매매조건부매매는 현물(spot)매매거래와 선도(forward)매매거래의 결합으로 이루어지고 환매이율을 사용하지 않는다. 재매매조건부매매는 환매조건부매매거래에 관한 기본계약을 체결하지 않은 상태에서 거래하거나 법규상 환매조건부매매에 제한이 있는 경우 행해진다. 기본계약 없이 재매매조건부매매를 하는 경우에는 아래에서 보는 증거금의 수수, 증권의 대체, 증권상 이자수령시 즉시 지급 등이 이루어질 수 없는 등의 차이가 생긴다.[77)]

2. 거래의 동기

환매조건부매매거래는 매도자가 보유한 증권을 이용하여 자금을 조달(매수자의 입장에서는 자금을 공급)하는 기능을 한다. 이 거래는 주로 금융회사의 단기자금 조달을 위한 금

77) 두 유형의 거래의 차이에 대한 설명은 정순섭(2004), 158-160쪽.

융수단으로 사용되고 중앙은행이 통화량 또는 금리정책을 달성하기 위하여 유동성을 공급하거나 회수하는 수단으로 사용될 수도 있다. 환매조건부매매거래는 매도자가 보유한 증권을 이용하여 자금을 조달한다는 점에서 증권을 담보로 자금을 차입하는 담보부차입 거래와 유사한 기능을 수행하지만 아래에서 설명하듯이 법적으로는 담보부차입과 다르다.

3. 거래의 구성과 계약의 내용

(1) 거래의 시간적 구성

환매조건부매매거래는 [그림 11-5]와 같이 (i) 매입일(매수인이 매도인으로부터 증권을 매입가에 매수), (ii) 매입일 이후 환매일까지의 기간(증권의 발행자로부터 수령하는 이자의 귀속, 증거금의 수수 등)과 (iii) 환매일(매도인이 매수인으로부터 증권을 환매가에 환매수)의 3단계로 구성된다. 각 단계에서 행해지는 사항은 구체적으로 계약서에 명시된다.

(2) 계약서의 내용

가. 기본계약서

환매조건부매매에 관한 기본계약서는 국제적으로는 미국의 증권업및금융시장협회(SIFMA: Securities Industry and Financial Markets Association)와 스위스에 본부가 있는 국제자

[그림 11-5] 환매조건부매매거래에서 현금·증권의 흐름

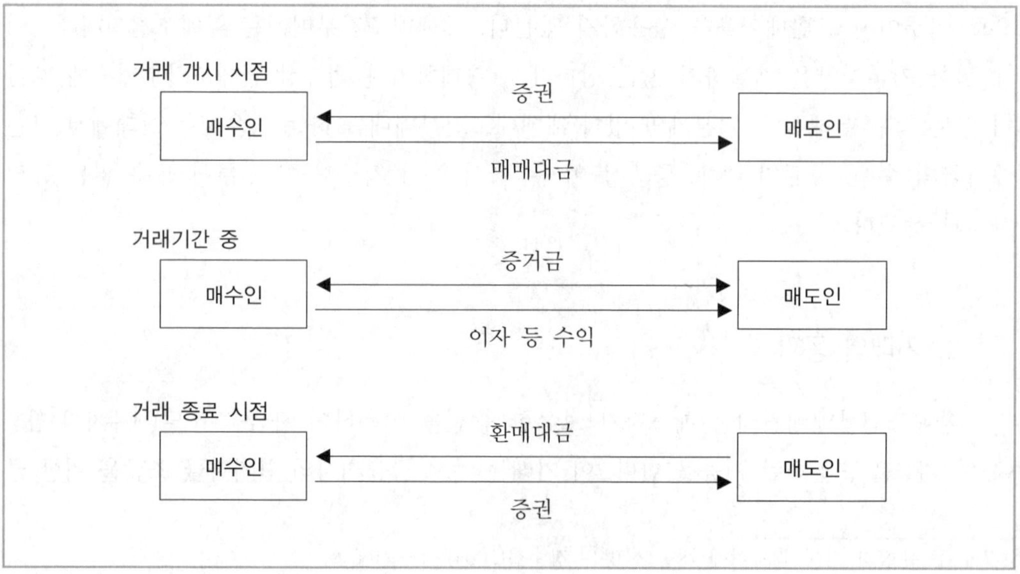

거래 개시 시점
매수인 ← 증권 ← 매도인
매수인 → 매매대금 → 매도인

거래기간 중
매수인 ↔ 증거금 ↔ 매도인
매수인 → 이자 등 수익 → 매도인

거래 종료 시점
매수인 ← 환매대금 ← 매도인
매수인 → 증권 → 매도인

본시장협회(ICMA: International Capital Markets Association)가 공동으로 발표한 Global Master Repurchase Agreement(2011 version)[78](이하 "2011 GMRA")가 사용되고, 국내에서는 한국금융투자협회가 제정한 기관간환매조건부매매약관과 대고객환매조건부매매약관이 사용된다. 기관간환매조건부매매약관은 2011 GMRA의 주요 내용과 매우 유사한 조항들을 두고 있다. 여기서는 보다 전형적인 환매조건부매매를 다루고 있는 기관간환매조건부매매약관을 중심으로 살펴보기로 한다.

나. 특징적 조항들

환매조건부매매거래의 핵심은 증권과 현금을 같은 가치로 교환하는데 있으므로 계약서 역시 이 점을 반영하고 있고, 매도인과 매수인이 상대방에 대한 신용위험을 최소화할 수 있는 장치를 두고 있다.

(가) 단일계약

파생상품거래에 관한 기본계약서에서와 마찬가지로 환매조건부매매에 관한 기본계약서에 따라 체결되는 모든 환매조건부매매가 하나의 단일한 계약관계를 구성한다는 조항을 두고 있다(기관간환매조건부매매약관 제15조,[79] 2011 GMRA 제13조).

(나) 매입일에 행해지는 사항

매입일에는 매수인이 매도인으로부터 증권을 매입가에 매수한다. 이 때 매입가를 증권의 매입일 현재의 시가대로 할 수도 있고 그 미만으로 정할 수도 있다. 당사자가 달리 정하지 않는 한 시가를 매입가로 나눈 비율이 증거금율이 된다(기관간환매조건부매매약관 제2조 제16호, 2011 GMRA 제2조(bb)).

(다) 매입일과 환매일 사이의 기간중 행해지는 사항

① 증거금의 수수

당사자 간에 정한 증거금율을 적용하여 산정한 금액과 매매의 목적물인 증권의 가치의 등락에 따라 증거금의 수수가 이루어진다.

---

78) 이 기본계약의 종전판인 TBMA-ISMA Global Master Repurchase Agreement에 대한 설명은 정순섭(2012), 145-159쪽.

79) 제15조(단일계약)
① 이 약관의 적용을 받는 당사자간에 체결된 모든 환매조건부매매는 하나의 계약관계를 구성하는 것으로 한다.
② 제1항에 따라 하나의 계약관계를 구성하고 있는 일부 환매조건부매매의 채무불이행은 이 약관의 적용을 받는 모든 환매조건부매매의 채무불이행으로 본다.
③ 각 환매조건부매매거래는 다른 환매조건부매매거래를 고려하여 체결되고 이행되며 어느 환매조건부매매거래에 관한 모든 지급 및 인도는 다른 환매조건부매매거래에 관한 지급 및 인도를 참작하여 이루어진 것으로 간주된다.

기본적으로 매 환매조건부매매거래별로 “환매가×증거금률”(A)과 “매매목적물인 증권의 시장가치”(B)를 비교하여 A<B인 경우에는 매수인이 매도인에게 그 차액에 해당하는 증거금을, A>B인 경우에는 매도인이 매수인에게 그 차액에 해당하는 증거금을 제공하여야 한다. 실제 제공할 증거금의 액은 모든 환매조건부매매거래별로 산정한 금액을 합산하고 기 제공한 증거금의 가치를 반영하여 산정한 순평가차손(net exposure)이 된다.

증거금 제공은 현금 지급 또는 증권(=증거금증권) 인도의 방법으로 행한다. 증거금증권의 가치도 수시로 변동할 수 있으므로 추가로 수수할 증거금의 액수 산정시에는 증거금증권의 가치 변동분도 반영된다. 환매조건부매매의 목적물인 증권이 종류물인 것과 마찬가지로 증거금증권도 종류물을 사용한다. 증거금증권을 받은 당사자는 그 증권을 자유롭게 이용·처분할 수 있고 동종·동량의 증권(=등가증거금증권)을 반환할 의무를 부담할 뿐이다(기관간환매조건부매매약관 제5조 제2항, 2011 GMRA 제4조 (d)).

② 수익의 지급

매입일과 환매일 사이의 기간중 환매조건부매매의 목적물인 증권의 발행인이 증권소지자에게 이자 등을 지급한 경우 매수인은 그 지급일에 그 금액을 매도인에게 지급한다. 매수인이 증권을 처분한 경우에는 처분하지 않았더라면 지급받을 수 있었던 최초의 날에 지급받을 수 있었던 금액을 매도인에게 지급한다(기관간환매조건부매매약관 제8조 제1항, 2011 GMRA 제5조(a)). 증거금증권에 대하여도 마찬가지 방법으로 그 증권을 제공받은 당사자가 제공한 당사자에게 그 증권의 발행인이 지급한 금액을 지급할 의무가 있다(기관간환매조건부매매약관 제8조 제2항, 2011 GMRA 제5조(b)).

③ 증권의 대체

당사자들의 합의에 의하여 환매일 이전에 매도인이 환매조건부매매의 목적물인 증권의 반환을 받고자 하는 경우, 그 증권을 다른 증권으로 대체할 수 있다(기관간환매조건부매매약관 제10조, 2011 GMRA 제8조). 대체인도되는 증권의 시장가치는 대체 전 등가매입증권의 시장가치 이상이어야 한다.

(라) 환매일에 행해지는 사항

① 등가매입증권의 인도와 환매가의 지급

환매일에 매수인은 등가매입증권을 매도인에게 인도하고 매도인은 환매가(매수인으로부터 수익의 지급을 받지 못한 경우에는 그 금액을 공제한 잔액)를 매수인에게 지급하여야 한다(기관간환매조건부매매약관 제4조 제1항, 2011 GMRA 제3조(f)).

② 환매일의 조기도래와 일괄정산

계약당사자 중 일방에게 채무불이행 사유가 발생한 경우 상대방의 통지 또는 자동으로 환매일이 조기도래될 수 있다. 환매일이 조기도래하는 경우 각 당사자가 인도하여야 하는 등가매입증권과 등가증거금증권의 시장가치를 확정한 후 환매일 현재 지급되어야 할 환매가, 현금증거금 및 기타의 금원과 서로 차감하여 산출된 잔액을 지급하는 방식으로 일괄정산을 한다(기관간환매조건부매매약관 제12조, 2011 GMRA 제10조).

4. 증권의 환매조건부매매의 법적 성격 및 관련 법적 쟁점

(1) 종류물 매매를 통한 금전조달 기능

환매조건부매매(repo)에서 매도인은 자신이 보유한 증권을 매수인에게 매도하여 자금을 조달하고 그 조달한 자금에 일정한 이자상당액을 가산한 금액을 환매일에 환매대금으로 매수인에게 지급하고 동종·동량의 증권을 매수한다.

매도인 입장에서 보면 증권을 담보로 자금을 차입하고 계약만기에 차입자금에 이자를 붙여서 반환하는 것과 같은 경제적 기능을 수행한다. 그런데 환매조건부매매의 목적물은 종류물인 증권이고 매수인은 그 증권의 완전한 소유권을 취득하고 자유롭게 이용 처분할 수 있다. 환매조건부매매(repo)의 법적 성질을 담보부 소비대차로 볼 것인가 아니면 증권의 매매로 볼 것인가의 논의는 환매조건부매매거래가 종류물의 매매·환매를 통하여 이루어진다는 점과 자금 차입의 경제적 기능을 한다는 점 중 어느 한쪽을 강조하는 것에 불과하다. 환매조건부매매를 법적으로 어떻게 파악하고 규율할 것인가는 어떤 맥락에서의 논의인가에 따라 관련 법규의 목적과 취지에 비추어 판단할 문제이다.

(2) 종류물의 매매·환매 – 특정물의 환매와의 차이

환매조건부매매(repo)의 목적물은 종류물인 증권이다. 매수인은 그 증권의 완전한 소유권을 취득하고 자유롭게 이용·처분할 수 있다. 환매일에는 동종·동량의 증권을 인도할 의무를 질 뿐, 매수한 증권 자체를 특정물로 반환할 의무를 지는 것은 아니다. 특정물의 매도인이 매매목적물을 환매할 권리를 가지는 경우에 관한 조항인 민법 제590조 이하의 환매에 관한 조항들은 환매조건부매매에 적합하지 않다. 부동산을 양도담보로 제공할 때 민법 제592조에 의한 환매등기를 하여 담보제공자를 보호한다는 논의도 특정물 양도를 전제로 논의되는 것이지 종류물 양도에는 적합하지 않다.

(3) 도산절차상 환매조건부매매의 취급(진정한 매매 해당 여부에 대한 논의)

물건의 매매가 진정한 매매에 해당하는지 여부에 대한 논의는 매도인(자금조달자)의

도산시 매수인을 물건의 소유권자로 인정할 것인가 아니면 물건으로 담보된 대여금채권자로 인정할 것인가의 논의이다. 만약 매매목적물인 물건으로 담보되는 채권을 가진 채권자로 인정된다면, 특히 회생절차에서는 회생계획에 의하여 채권을 회수할 수밖에 없게 된다. 만약 채무자로 인정된 매도인이 피담보채무를 모두 이행하면 채권자는 담보물을 채무자에게 반환하여야 한다. 이는 그 물건에 담보권을 설정하여 자금을 대여한 경우와 차이가 없다.

자산유동화 거래에서 자산보유자가 유동화자산을 유동화전문회사에게 양도한 후 자산보유자가 회생절차에 들어간 경우 유동화전문회사가 유동화자산에 대하여 소유권이 아니라 (유동화자산 매매대금 상당의 대여금채권을 담보하는) 담보권을 가진 것으로 인정되면 유동화증권 투자자는 유동화자산으로부터 유동화증권의 원리금을 회수할 수 없게 된다. 이러한 위험 때문에 진정한 매매(진정한 양도)가 자산유동화거래에서 확보해야 할 가장 핵심적인 사항이 된다.

이러한 진정한 매매의 논의는 그 매매목적물이 특정물인 경우를 전제로 한다. 진정한 양도가 아닌 담보목적의 양도는 양도담보에 해당하고, 피담보채무 이행시 그 목적물을 담보제공자에게 반환하게 된다. 그런데 환매조건부매매(repo)의 목적물은 종류물이고, 매수인은 최초 매매에 따라 증권을 인도받음으로써 그 증권의 완전한 소유권을 취득하고 자유롭게 이용·처분할 수 있다.[80] 매수인은 증권을 처분하여 환매조건부매매에 소요된 자금을 조달할 수도 있다. 이와 같이 매수한 증권을 처분한 경우, 매도인이 도산절차에 들어가도 특정물 매매에서와는 달리 매매목적물이 매수인에게 남아 있지 않은 경우가 대부분일 것이다. 이와 같이 매매목적물이 매수인에게 남아 있지 않으면 그 물건에 대한 소유권이 매수인과 매도인 어느 쪽에 있는 것인지, 소유권의 이전이 담보목적이었는지 등을 논의할 이유가 없게 된다.

그 거래가 종류물매매이고 매수인에게 소유권이 완전히 넘어가면 매수인은 동종·동량의 증권을 인도할 의무를 부담하는 것이므로 매매목적물이 매수인에게 남아 있는지 여부를 불문하고 최초 매매목적물에 대하여 매도인의 소유권 및 매수인의 담보권이 인정될 여지가 없다고 보는 견해가 설득력이 있다. 환매조건부매매의 목적물이 매수인에게 남아 있는 경우에도 환매조건부매매는 종류물 매매로서 매수인에게 최초 매매목적물의 소유권

80) 매매의 목적물이 종류물인 경우에도 매수인이 그 물건을 별도로 보관하고 환매일에 그 물건을 인도할 의무를 진다면 특정물을 대상으로 한 거래와 차이가 없다. 또한 매수인이 매수한 종류물을 동종의 종류물과 혼장하여 보관하고 환매일에 그 혼장보관된 것의 일정비율에 해당하는 물건을 인도할 의무를 부담하는 경우에는 집합물 양도담보와 유사한 법률관계에 해당할 수 있다. 그러나 기관간환매조건부매매약관과 2011년 GMRA는 매수인에게 그러한 보관의무를 부과하지 않았고 매수인은 자유롭게 매입증권을 처분할 수 있다.

이 완전히 이전되고 환매일에 매수인이 매도인에게 동종·동량의 증권을 인도할 채권적 의무만이 남아 있을 뿐이므로 최초의 매매목적물이나 환매목적물에 대하여 매도인의 소유권 및 매수인의 담보물권이 인정될 여지가 없다고 보는 것이 거래의 성질에 부합할 것이다.[81][82]

환매조건부매매의 최초 매매 후 환매일 전에 매도인이 도산한 경우, (특별한 약정이 없다면) 매수인은 매도인에게 환매의 이행을 청구할 수 있을 것이고 이는 채무자회생법 제119조(회생절차) 또는 제335조(파산절차)의 쌍방미이행 쌍무계약에 해당할 것이며 매도인의 관리인·파산관재인이 계약의 이행 또는 해제·해지의 선택권을 행사할 수 있을 것이나, 2011 GMRA 또는 기관간환매조건부매매약관은 환매일의 조기도래와 일괄정산 조항을 두고 있으므로 실제로는 이 조항에 따른 정산을 하게 될 것이다. 채무자회생법 제120조 제3항(회생절차) 및 제336조(파산절차)는 기본계약에 따른 유가증권의 환매거래의 종료 및 정산의 효력을 인정한다. 채무자회생법 제120조 제3항에 규정된 기본계약은 일괄정산 조항이 있는 계약을 의미한다. 기관간환매조건부매매약관과 2011 GMRA는 일괄정산 조항을 두고 있으므로, 채무자회생법 제120조 제3항에 따라 이를 기본계약으로 하는 환매조건부매매거래의 종료 및 정산은 기본계약에 정한대로 효력이 발생하게 된다.[83]

(4) 환매조건부매매에 관한 영업

환매조건부매매를 영업으로 하는 경우 담보부소비대차 영업으로 규율할 것인지, 아니면 증권매매업으로 규율할 것인지의 문제도 논의의 여지가 있다. 영업에 대한 규율은 그 영업의 경제적 기능에 대한 규율의 측면이 있기 때문이다. 그러나 연혁적으로 수십년 전부터 환매조건부증권매매는 증권매매업으로 취급하여 증권매매업에 필요한 인허가를 받는 것으로 감독당국의 관행이 형성되어 있다.

---

81) 환매조건부매매 계약상, 매입증권의 발행인이 지급하는 이자 등의 수익을 매수인이 매도인에게 지급할 의무가 있다는 점은 매도인과 매수인 간의 계약에 따른 채권 채무관계에 불과하고 그것이 매도인이 매입증권에 대한 물권적 권리를 가진다는 근거가 되지는 않는다.

82) 본문의 견해에 대하여 환매조건부매매의 실질적인 기능이 매도인의 자금조달에 있다는 점을 강조하는 입장에서는 매매목적물이 매도인에게 남아 있지 않은 경우에는 매매목적물에 대한 담보권 여부를 논의할 수 없지만 목적물이 매도인에게 남아 있는 경우에는 그것을 담보물로 인정해야 한다는 주장을 할 것이다.

83) 다만 금융위원회는 체계적으로 중요한 금융기관이 체결한 적격금융거래에 대하여 부실금융기관·부실금융회사로의 결정 또는 적격시정조치 명령이 있음을 사유로 하는 적격금융거래의 종료 및 정산을 일시정지 결정의 효력이 발생한 때부터 다음 영업일 자정까지 정지할 수 있다(금융산업구조개선법 제14조의9, 동법시행령 제5조의10)(☞ 제10장 각주 70).

(5) 조 세

세법은 채권 또는 증권의 환매조건부매매차익을 이자소득의 일종으로 분류하였고(소득세법 제16조 제1항 8호), 환매조건부채권매매의 매매목적물인 채권(債券)상 그 채권의 발행인이 지급하는 이자소득 상당액이 매도인에게 귀속되는 것으로 간주하는 것으로 규정하여(법인세법시행령 제114조의2 제2항), 경제적 기능에 초점을 둔 입법을 하였다.

(6) 환매조건부매매거래의 목적물인 증권상의 권리행사

매수인은 환매조건부매매로 매수한 증권을 보유하고 있는 경우 그 증권의 발행인에 대한 관계에서 그 증권상의 권리를 행사할 수 있다.[84] 그러나 각종 법규상 제한을 회피하기 위해서 환매조건부매매를 이용하는 경우에는, 탈법행위로 인정되거나 그 피하려는 법규상 제한이 계속 적용됨으로써 매수인의 증권상 권리행사가 허용되지 않을 수 있다. 예컨대 회사의 경영진의 의도대로 주주총회 결의가 이루어지도록 할 목적으로 회사가 보유한 자기주식을 환매조건부매매로 다른 사람에게 매도하고 그 매수인이 그 주식을 가지고 있는 경우, 매수인은 자신의 명의로 그러나 회사계산으로 주식을 가지고 있는 것으로 인정될 경우가 대부분일 것이다. 그러한 경우에는 자기주식의 법적 성격을 유지하게 되므로 매수인의 의결권행사가 허용되지 않는다.

(7) 회 계

금융자산 양도시 양도자가 금융자산의 소유에 따른 위험과 보상의 대부분을 보유하면, 당해 금융자산을 계속하여 인식한다. 위험과 보상의 이전 여부는 양도자산의 순현금흐름의 금액과 시기의 변동에 대한 양도 전후 양도자의 익스포저정도를 비교하여 평가한다. 양도자가 확정가격 또는 매도가격에 이자수익을 더한 금액으로 재매입하기로 하고 금융자산을 매도한 경우, 양도자의 익스포저정도가 양도의 결과 유의적으로 변하지 않으므로 양도자가 금융자산의 소유에 따른 위험과 보상의 대부분을 보유하고 있는 것으로 취급한다(기업회계기준서 제1109호 문단 3.2.6, 3.2.7, B3.2.5). 결국 환매조건부매매(repo)는 자금

84) 담보목적으로 주식을 환매조건부로 양수한 양수인이 주주로서 의결권을 행사한 사안에서 대법원 1992. 5. 26. 선고 92다84 판결은 "환매특약부매매가 채권담보의 경제적 기능을 갖는 것은 사실이나, 그렇다고 하더라도 채권자(매수인)가 단순히 담보권만을 취득하는 것이 아니고 목적물의 소유권까지를 일단 취득하고 단지 채무자(매도인)가 환매기간 내에 환매할 수 있는 권리를 유보하는 부담을 갖는데에 그치는 것이므로, 주식을 환매조건부로 취득하여 주주명부상의 명의개서까지 마친 [채권자(매수인)]로서는 주주로서의 의결권 기타의 공익권도 행사할 수 있다"라고 판시하였다.

의 차입·대여로 회계처리된다.[85)]

Ⅱ. 증권대차거래

1. 의 의

증권대차거래는 대여자가 증권을 차입자에게 대여하고 일정 기간 후 차입자가 동종·동량의 증권을 반환하고, 차입자는 대여에 대한 대차수수료를 대여자에게 지급하는 거래이다. 종류물인 증권의 소비대차거래이고 차입자는 차입한 증권을 인도받으면 그 증권에 관한 완전한 소유권을 취득하고 자유롭게 이용·처분할 수 있다.

2. 거래의 동기

차입자는 증권대차거래로 증권을 차입함으로써 증권을 매입하지 않고 증권에 대한 소유권을 취득하여 이를 처분할 수 있게 된다. 차입한 증권을 매도함으로써[86)] 매도포지션(short position)을 가질 수 있게 되고, 가격 하락시 증권을 매입하여 수익을 올리고 차입한 증권을 반환하게 된다. 차입한 증권은 매도 이외에도 장외거래에서 증권을 인도해야 할 여러 상황에서 이용할 수 있다. 파생상품거래와 환매조건부매매거래 등에서의 담보제공[87)]

85) 리먼브러더스 그룹의 지주회사인 Lehman Brothers Holdings Inc.(이하, "리먼")에 대한 미국 연방파산법 Chapter 11 절차의 법원 조사위원(Examiner)은 조사보고서에서 리먼이 통상의 리포거래는 자금 차입으로 회계처리하면서 통상의 리포거래와 실질적으로 차이가 없으나 담보가액 감액(haircut) 비율이 높은 "Repo 105"와 "Repo 108"(통상의 리포거래에서는 100의 자금을 조달하기 위하여 102의 가치가 있는 증권을 매매목적물로 하는데 Repo 105/Repo 108에서는 105 또는 108의 가치가 있는 증권을 매매목적물로 하였음)을 하고 이를 자금 차입이 아닌 증권매도로 회계처리함으로써 재무제표상 차입규모를 줄여서 표시하였음을 지적하였다{Valukas(2010), Vol. 3, Section Ⅲ. A. 5.}. 이와 관련하여 리먼은 Repo 105 및 Repo 108 거래 당시 영국 로펌으로부터 영국법상 GMRA에 따른 환매조건부매매의 매도인이 최초매매의 목적물인 매입증권에 대한 물권을 전부 처분한 것이라는 의견을 받았다. 법적으로는 매도인이 매입증권에 대한 물권을 전부 처분한 것이고 매수인이 그 매입증권에 대한 완전한 소유권을 취득한 것이라고 하더라도, 그 거래를 회계상 어떻게 처리해야 하는지는 회계기준에 따라 판단할 문제이다. 그러나 의뢰인이 법률의견을 이용하여 회계부정 또는 위법을 행할 것을 알면서 변호사가 그에게 법률의견을 제공한다면 변호사윤리의 위반뿐 아니라 민형사상의 방조책임의 문제도 제기될 수 있다. 리먼의 Repo 105와 관련한 변호사책임에 관한 논의는 김정연(2017), 93-94쪽.

86) 자본시장법은 일정한 상장증권의 공매도(short sale)를 (i) 소유하지 아니한 상장증권의 매도(naked short sale)와 (ii) 차입한 상장증권으로 결제하고자 하는 매도(covered short sale)로 나누어 전자는 금지하고 후자는 일정한 가격제한 하에 일정한 방법으로 할 수 있도록 하였다(제180조 제1항).

87) 2017. 3. 22. 개정된 금융투자업규정 제5-25조 제4항은 담보를 제공할 목적으로 하는 증권대차거

또는 상장지수펀드(ETF)의 설정시 필요한 증권의 조달 등이 그것이다. 증권 매도포지션은 위험회피목적 또는 증권 현물시장과 선물·옵션시장 간의 차익거래에도 사용될 수 있다. 증권대차는 또한 증권시장 거래의 결제불이행 방지에 필요한 장치이다.

대여자는 보험회사, 연기금, 펀드 등 대규모 기관투자자들로서 보유한 증권을 대여함으로써 대여수수료 수익을 올릴 수 있게 된다. 차입자는 대체로 금융투자업자, 투자은행, 헤지펀드 등이고 차입한 증권을 활용한 거래를 통하여 수익을 올릴 수 있고, 시장의 유동성을 높이게 된다.

3. 거래의 구성과 계약의 내용

(1) 거래의 당사자와 시간적 구성

증권대차거래는 대여자와 차입자 간의 거래이나 그 거래를 원활하게 하기 위하여 중개기관이 관여하는 경우가 많다. 증권대차거래는 계약 체결 후 (i) 거래개시일(대여자가 차입자에게 대상증권을 인도하고 차입자는 대여자에게 담보 제공), (ii) 거래개시일 이후 반환일까지의 대차기간(대상증권에서 발생하는 수익의 처리, 담보의 일일정산), (iii) 종료일(차입자가 대여자에게 증권을 반환)의 3단계로 구성된다. 각 단계에서 행해지는 사항은 구체적으로 계약서에 명시된다.

(2) 계약서의 내용

가. 계약서

증권대차거래에 관한 기본계약서로는 국제적으로는 국제증권대여협회(ISLA: International Securities Lending Association)가 마련한 Global Master Securities Lending Agreement (이하 "GMSLA")가 사용되고, 국내에서는 중개기관마다 별도의 거래약관을 정하고 있다. 증권회사가 중개하는 거래에는 한국금융투자협회가 정한 증권대차거래약관, 한국예탁결제원이 중개하는 거래에는 한국예탁결제원의 「증권대차거래의 중개등에 관한 규정」, 한국증권금융이 중개하는 거래에는 한국증권금융의 증권대차거래중개약관이 적용된다. 여기서는 한국금융투자협회의 증권대차거래약관을 중심으로 살펴보기로 한다.

나. 특징적 조항들

증권대차거래는 증권의 소비대차이므로 대여자는 차입자의 반환의무 불이행에 관한

래가 일정한 요건을 충족하면 그 대차거래에 대한 담보를 징구하지 않을 수 있음을 명시하였다(☞ 제10장 제3절 Ⅳ. 6. (2) 한국법상 담보의 활용·재담보).

위험을 부담한다. 계약서는 차입자의 반환의무 불이행에 대비하여 차입자의 담보제공의무를 규정하고, 차입자 또는 대여자의 채무불이행 발생시 정산에 관하여 규정한다.

(가) 단일계약

파생상품거래에 관한 기본계약서에서와 마찬가지로 증권대차거래약관도 그 약관에 따라 동일한 대여자와 차입자 간에 체결된 일체의 대차거래는 하나의 거래를 구성한다는 조항을 두고 있다(증권대차거래약관 제14조,[88] GMSLA 제17조).

(나) 거래개시일에 행해지는 사항

거래개시일에는 차입자는 대여자에게 담보를 제공하고 동시에 대여자는 차입자에게 대상증권(=대차증권)을 인도한다(증권대차거래약관 제5조, GMSLA 제4조). 담보제공은 현금담보 또는 일정한 증권(=담보증권)의 인도로 한다. 담보증권을 제공한 경우 대여자는 대차거래 종료시 동종·동량의 증권을 반환하면 된다(증권대차거래약관 제2조 제5호, GMSLA 제2.3조).[89]

(다) 대차기간 중 행해지는 사항

① 담보의 유지

대여자와 차입자는 담보비율(=담보의 평가금액/대차증권의 평가금액)이 미리 합의한 담보유지비율을 유지할 수 있도록 일일정산을 한다. 즉 [담보비율>담보유지비율]인 경우에는 대여자가 차입자에게 초과담보를 반환하고, [담보비율<담보유지비율]인 경우에는 차입자가 대여자에게 추가담보를 제공한다(증권대차거래약관 제8조, GMSLA 제5.4조).

② 수익의 처리

대차기간 중 대차증권에서 발생하는 이자, 배당 기타 수익은 차입자가 대여자에게, 담보증권에서 발생하는 이자, 배당 기타 수익은 대여자가 차입자에게 인도한다(증권대차

88) 제14조(단일거래) ① 동일한 대여자와 차입자간에 체결된 모든 대차거래는 하나의 거래(이하 "단일거래"라 한다)를 구성하는 것으로 한다.
② 단일거래를 구성하고 있는 일부 대차거래의 계약불이행은 단일거래의 계약불이행으로 할 수 있다.
③ 단일거래에서도 제13조에 따라 차감정산을 할 수 있다.

89) 한국예탁결제원이 중개하는 증권대차거래 중 맞춤거래와 담보거래(채무자회생법 제120조 제3항에 따른 기본계약에 대한 담보를 제공할 목적으로 하는 대차거래) 이외의 거래에서는 한국예탁결제원이 담보를 제공받고 한국예탁결제원은 담보증권에 질권을 설정하는 방식으로 관리한다(증권대차거래의 중개등에 관한 규정 제22조 제1항, 제23조 제1항). 한국예탁결제원은 차입자로부터 증권대차 방식으로 담보를 제공받을 수 있지만 차입자의 채무불이행이 발생하지 않는 한 그 담보를 처분할 수 없도록 하였다(동규정 제22조 제6항, 제23조 제3항). 한국예탁결제원은 자신이 중개하는 증권대차거래(맞춤거래와 담보거래 제외)에 대하여 대이행 책임을 지기 때문에(동규정 제32조) 차입자로부터 담보를 제공받는 것이므로 대여자와 차입자 간의 대차거래에서의 담보제공과 다른 방식으로 처리된다고 할 수 있다. 한국증권금융이 중개하는 증권대차거래에서도 한국증권금융이 담보증권에 대하여 포괄근질권을 설정받는 것으로 되어 있다.

거래약관 제9조, GMSLA 제4.4조). (대차증권의 경우) 차입자 또는 (담보증권의 경우) 대여자가 그 이자, 배당 기타 수익을 실제 수령하였는지 여부를 불문하고 그 금액·수익을 인도하여야 한다.

③ 대차수수료와 현금운용료의 지급

차입자는 대여자에게 대차거래기간에 대한 대차수수료를 지급하고, 대여자는 현금담보를 제공받은 경우 담보제공기간 동안 차입자에게 현금담보운용료를 지급한다(증권대차거래약관 제12조, GMSLA 제7조).

(라) 종료일에 행해지는 사항

① 대차증권과 담보의 반환

대차거래 종료시 차입자는 대차증권과 동종·동량의 증권을 대여자에게 반환하고, 대여자는 담보를 반환(현금담보인 경우 현금의 지급, 담보증권인 경우 동종·동량의 증권의 인도)한다(증권대차거래약관 제6조, GMSLA 제8.3조, 제8.4조).

② 조기종료와 일괄정산

계약당사자 중 일방에게 채무불이행 사유가 발생한 경우 상대방의 통지 또는 자동으로 증권대차거래가 조기종료될 수 있다. 조기종료되는 경우 대차증권, 대차수수료, 대차증권에 대한 수익, 담보, 현금담보운용료, 담보증권에 대한 수익을 상호 반환하여야 하고, 일정한 경우 대차증권, 담보증권 등을 평가하여 차감 정산할 수 있다(증권대차거래약관 제16조, GMSLA 제10조, 제11조).

4. 증권대차거래의 법적 성격 및 관련 법적 쟁점

(1) 소비대차

증권대차거래는 종류물인 증권의 소비대차로서 차입자는 차입한 증권에 대한 완전한 소유권을 취득하여 자유롭게 이용 처분할 수 있고, 대차 종료시 동종·동량의 증권을 인도할 의무가 있다. 증권대차의 대여자가 수령하는 담보증권 역시 대여자가 담보 반환시에는 동종·동량의 증권을 반환할 의무를 지도록 하였으므로 담보를 취득한 대여자가 완전한 소유권을 취득하여 처분할 수 있다.

담보목적의 증권대차거래는 그 자체가 담보를 제공할 목적으로 하는 것이므로 그 대차거래의 차입자로부터 그 대차거래에 대한 담보를 제공받을 이유가 없는 거래이다. 금융투자업규정은 투자매매업자, 투자중개업자, 한국예탁결제원 또는 증권금융회사가 담보목적의 대차거래를 할 때 차입자로부터 그 대차거래에 대한 담보를 제공받지 않기 위한 요건을 정하고 있다. 요건 중 하나로 대차거래로 제공받은 증권을 재활용하는데 대하여 대여자의 동의를 받아야 하고 그 재활용은 환매조건부매매, 제3자에 대한 담보 또는 증거금 제공의 방법으로만 할 수 있다는 내용으로 계약을 체결할 것을 요구하고 있다.[90] 파생상품거래 등과 관련하여 증권대차의 형식으로 제공되는 담보를 재활용할 수 있도록 하지만 담보목적 대차거래의 관리상 재활용에 대해 일정한 제한을 둔 것이다.

대여자와 차입자 간의 권리의무 관계는 당사자 간의 계약에 의하여 정해질 것이다. 대차거래로 증권의 소유권이 차입자에게 이전됨에 따라 제3자와의 법률관계에 영향을 줄 수 있고 다른 법령을 회피할 목적으로 대차거래가 행해질 수 있어 아래 (3)과 (4)에서 논의하는 여러 법적인 쟁점들이 제기될 수 있다.

(2) 자본시장법상 "보유" 해당 여부

자본시장법상 일정한 주식 또는 주식관련증권을 발행주식총수의 5% 이상 보유하는 사람은 금융위원회와 거래소에 보고하여야 한다(자본시장법 제147조). 계약에 따라 주식 등의 인도청구권을 가지는 경우는 소유에 준하는 보유에 해당한다(자본시장법시행령 제142조 제2호). 증권대차로 증권의 소유권이 대여자로부터 차입자로 이전되지만, 대차기간 종료시 대여자는 차입자로부터 동종·동량의 증권을 반환받을 권리가 있다. 따라서 대여자는 증권대여를 하더라도 그 증권을 계속 보유하고 있는 것이고 직접 소유에서 소유에 준하는 보유로 보유형태가 바뀔 뿐이다. 차입자는 증권대차로 증권의 소유권을 취득하였으므로 자신이 이미 보유한 동일 종목의 증권과 합산하여 대량보유상황 보고의무 발생여부를 판단하여야 한다.[91]

(3) 주주권 행사

주식을 대차한 경우 차입자가 매도포지션(short position)을 취하기 위하여 차입한 주식을 매도한 경우에는 주주권 행사가 문제되지 않을 것이다. 차입자가 차입한 주식을 계속 보유하고 있고 주주명부에도 명의개서가 되어 있는 경우에는 차입자가 주주권을 행사하게 된다. 차입자가 대차거래로 주식에 대한 완전한 소유권을 취득하였기 때문에 통상 주주권 행사에 대하여 의문이 제기되지 않는다. 주주권 행사시 차입자가 대여자의 의사에 따를 것인지 여부는 양 당사자의 계약에서 정할 사항이다.[92][93]

---

90) 금융투자업규정 제5-25조 제4항 제3호. ☞ 제10장 제3절 Ⅳ. 6. (2) 한국법상 담보의 활용·재담보.

91) 환매조건부매매 거래의 목적물은 주로 일반 채권이므로 주식대량보고를 논의하지 않았으나 그 목적물이 주식인 경우에는 주식대차의 경우와 유사하게 주식대량보유보고의무를 검토해야 한다.

92) 아래 증권대차의 세법 쟁점과 관련하여 언급되는 대법원 2010. 4. 29. 선고 2007두11092 판결의

그러나 대여자가 법령상의 제한(공정거래법상 의결권제한, 상호주 보유에 따른 의결권 제한, 감사 선임시 대주주의 의결권제한 등) 때문에 주주권을 행사할 수 없는 상황에서 우호적인 차입자에게 주식을 대여하여 차입자로 하여금 주주권을 행사하도록 하는 경우에는 증권대차거래의 탈법적인 남용에 해당할 수 있다.[94)]

(4) 자기주식 대여거래

회사가 보유한 자기주식을 다른 사람에게 대여할 수 있는가. 자기주식 대여를 할 수 있다면 회사는 대여수수료 수익을 올릴 수 있다. 주주들 입장에서 보면 자기주식 대여는 다른 방식의 자기주식 처분과 마찬가지로 시장에 유통되는 주식수를 증가시킨다. 유통주식수 증가의 측면에서는 신주발행과 동일하지만 신주발행 또는 자기주식의 매도와는 달리 회사에 추가로 새로운 자본이 유입되는 것은 아니다. 대여한 자기주식을 반환받으면 증가했던 유통주식수를 다시 줄이게 된다. 자기주식 반환시에는 회사가 아무런 대가를 지급하지 않으므로 회사의 자산이 유출되는 통상의 자기주식 취득과는 차이가 있다.

이러한 자기주식 대여에 대하여는 우선 대여 이후 자기주식의 성격이 유지되는지를 검토해야 하고, 그 검토 결과에 따라 현행 자기주식 법제상 그것이 허용될 것인지와 대여한 자기주식의 의결권이 부활하는지를 검토할 필요가 있다.

주식대여시 주식소유권이 차입자에게 이전되고 반환시 소유권이 대여자에게 이전되므로 법적인 소유권의 이전의 면에서 보면 자기주식 대여는 자기주식의 처분에 해당하고

1심 판결(서울행정법원 2006. 8. 22. 선고 2004구단10497 판결)에 의하면 이 사건에서 주식대차계약상 "대차기간 동안 이 사건 대차주식에 대하여 무상증자, 주식배당, 현금배당, 합병, 액면분할, 의결권행사 등의 주주권리가 발생될 경우 L증권(=차입자)은 관련 규정에 위반하지 않는 한 원고(=대여자)의 지시에 따라 주주권리를 행사하여 주권 교부일에 권리행사로 추가된 주식을 원고에게 반환하며, 대차기간 중 유상증자 청약권리가 발생될 경우에는 신주인수권을 원고에게 무상으로 양도한다"고 정하였다.

93) 자본시장법은 주권상장법인의 합병·영업양수도 등과 관련하여 주식매수청구권을 행사할 수 있는 반대주주의 범위를 정하면서 증권대차를 언급하고 있다. 즉 반대주주가 주식매수청구권을 행사하기 위해서는 원칙적으로 합병 등에 관한 이사회 결의 사실 공시 이전에 주식을 취득하였음을 증명해야 하고, 예외적으로 이사회 결의 사실 공시 이후에 취득하였지만 대통령령이 정하는 경우에 해당함을 증명해야 한다(동법 제165조의5 제1항). 합병 등 이사회 결의 사실이 공시된 날의 다음 영업일까지 "해당 주식의 소비대차계약의 해지가 있는 경우"가 대통령령으로 정한 경우 중 하나이다(동법시행령 제176조의7 제2항 제2호). 이 조항은 대차계약의 해지만을 요구하고 있고 해지에 따른 대여자의 주식취득(즉 해지에 따른 주식의 반환)이 언제 이루어져야 하는지에 대해서는 아무런 언급이 없어 주식의 반환시한에 대해서는 논란의 여지가 있다. 그 해석을 어떻게 하더라도 대여자가 주식매수청구권을 행사하기 위해서는 관련 주주총회 기준일 현재 주주명부상의 주주가 되어야 한다(대법원 2017. 3. 23. 선고 2015다248342 전원합의체 판결).

94) 주주권(예: 의결권)의 행사가 제한된 주식을 소유한 사람이 주식대차거래를 이용하여 주식차입자로 하여금 대여자의 의사에 맞추어 주주권을 행사하도록 한 행위가 주식대차거래의 탈법적 남용으로 인정된다면 그 의결권이 행사된 주주총회의 취소사유에 해당할 수 있을 것이다.

대여한 주식의 반환은 자기주식의 취득에 해당할 것이다. 이는 자기주식 대차의 목적이 무엇이건 마찬가지다. 차입자는 차입한 주식에 대한 법적인 소유권을 취득하지만 양도인(=회사)에게 주가에 상응하는 대가를 지급하지 않았고 소유권 취득 후 주가 변동에 따른 위험도 부담하지 않으며 통상의 주식대차거래에서는 대차기간 중 발생하는 배당금 해당액을 차입자가 대여자에게 지급한다. 이는 차입자가 차입주식에 대한 계산주체가 되지 못함을 잘 드러낸다. 주식대여에도 불구하고 대여자가 계속 계산 주체로 남는 것이다. 이 점은 아래 (6)에서 언급하였듯이 회계원칙에 잘 반영되어 있다. 즉 증권대여자는 대차거래로 증권의 법적인 소유권이 차입자에게 이전되었다고 하더라도 그 증권 소유에 따른 위험과 보상의 대부분을 보유하고 있으므로 대여한 증권을 계속 인식해야 한다. 자기주식을 대여한 경우에도 마찬가지이고 대여한 회사는 대여한 자기주식을 계속 자본의 차감항목으로 인식하여야 한다. 자기주식의 대여는 차입자 명의와 회사의 계산으로 자기주식을 보유하는 결과를 가져온다.[95] 이러한 방법의 자기주식 보유는 상법이나 자본시장법이 허용하는 자기주식 보유 방법이 아니다.

이와 같이 자기주식 대여는 차입자 명의와 회사의 계산으로 보유하는 자기주식이므로 그 주식에 따른 의결권을 비롯한 주주권을 행사할 수 없다고 보아야 한다. 자기주식의 대여는 회사의 경영진에게 우호적인 차입자를 상대방으로 하는 거래일 것이고 회사의 경영진이 바라는 방향으로 의결권이 행사되도록 하기 위한 경우가 대부분일 것이다. 이러한 거래는 회사명의와 계산으로 보유하는 자기주식의 의결권을 행사할 수 없도록 한 상법을 잠탈하여 타인명의와 회사계산으로 보유하면서 주주총회 결의를 왜곡한다. 자기주식 차입자의 의결권 행사는 허용되지 않는다고 보아야 할 것이다.[96]

(5) 세 법

주권의 양도(유상으로 소유권 이전)에 대하여는 원칙적으로 증권거래세가 부과되지만(증권거래세법 제1조), 주권을 목적물로 한 소비대차의 경우에는 그렇지 않다(동법 제6조 제3호, 동법시행령 제3조). 양도소득세의 맥락에서는 세법상 특별한 조항이 없지만 대법원은 증권대차에 따른 대여자의 대여와 차입자의 상환을 양도로 보고 있다. 차입자의 차입 주식 상환은 양도소득세의 과세대상이 되는 양도이지만 실지거래가액을 파악할 수 없는 경우에 해당한다고 보았다(대법원 2006. 9. 28. 선고 2005두2971 판결). 또한 주식양도차익에 대

95) 이에 대한 상세한 논의는 박준(2018), 20-22, 40-41쪽.

96) 정재은(2018), 30-32쪽은 자기주식 대여시 회사의 자본충실과 주주의 비례적 지위가 침해되는 문제와 의결권 부활을 활용하기 위한 전략적 목적의 자기주식 대여시 지배구조 왜곡의 가능성을 지적하였다.

한 과세의 맥락에서 대주주가 가진 주식 중 일부를 증권회사에게 대여한 경우 그 부분은 차입자에게 양도한 것으로 보아 대주주 지위 판단시 대여자가 보유한 주식에 포함되지 않는 것으로 보았다(대법원 2010. 4. 29. 선고 2007두11092 판결[97]).

(6) 회 계

금융자산 양도시 양도자가 금융자산의 소유에 따른 위험과 보상의 대부분을 보유하면, 당해 금융자산을 계속하여 인식한다. 증권대여계약을 체결한 경우는 양도자가 금융자산의 소유에 따른 위험과 보상의 대부분을 보유하는 예에 해당한다(기업회계기준서 제1109호 문단 3.2.6, B3.2.5). 따라서 증권대여자는 대차거래로 증권의 법적인 소유권이 차입자에게 이전되었다고 하더라도 그 증권 소유에 따른 위험과 보상의 대부분을 보유하고 있으므로 대여한 증권을 계속 인식해야 하고 제거하지 못한다(AG51).

---

97) [사실관계] 1. 1999. 9. 16. 원고가 보유한 S주식 110,500주 중 100,000주를 L증권에게 대여(대여기간: 1999. 9. 20. - 2000. 3. 20.).
2. 2000. 12. 31. 원고가 S주식 50,233주를 매도
3. 세무서는 원고가 대주주에 해당한다고 보고 양도소득세 부과(당시 세법상 주식양도일 직전 사업연도 종료일 현재 100억원 초과 주식 보유하면 대주주에 해당)
[판시] 1심과 2심은 원고가 대주주에 해당한다고 보았으나 대법원은 아래와 같은 이유로 원심판결을 파기환송하였다. "'소유'의 개념에 대하여 구 소득세법에 별도의 정의 규정을 두고 있지 않은 이상 특별한 사정이 없는 한 민사법과 동일하게 해석하는 것이 법적 안정성이나 조세법률주의가 요구하는 엄격해석의 원칙에 부합하는 점 등을 종합하면, … '주식대차계약'에 따라 차주에게 이전된 대차주식은 … '주주 등이 기준일 현재 소유하고 있는 당해 법인의 주식'에 포함되지 않는다고 봄이 상당하고, 차주로부터 대차주식을 조기에 반환받을 권리 또는 대차기간 중 대차주식에서 발생한 배당금 등을 차주로부터 반환받을 권리가 대주에게 유보되어 있다 하더라도 이는 대주의 차주에 대한 채권적 권리에 불과하여 위와 같은 해석에 아무런 영향을 미치지 아니한다."

참고문헌

고동원(2008) 고동원, 금융규제와 법(박영사, 2008)

김정연(2017) 김정연, "증권변호사의 문지기책임과 역할", BFL 제82호(서울대학교 금융법센터, 2017. 3.)

김지평(2012) 김지평, 주식에 대한 경제적 이익과 의결권(경인문화사, 2012)

박준(2008) 박준, "서브프라임대출관련 금융위기의 원인과 금융법의 새로운 방향 모색," 국제거래법연구 제17집 제2호(국제거래법학회, 2008. 12.)

박준(2012a) 박준, "신용스왑(Credit Default Swap)계약상 신용보장의 대상과 범위", 박준·정순섭 편, 파생금융거래와 법(소화, 2012), 제4장

박준(2012b) 박준, "신용스왑(Credit Default Swap)계약상 신용보장의무의 이행", 박준·정순섭 편, 파생금융거래와 법(소화, 2012), 제5장

박준(2012c) 박준, "파생금융거래를 둘러싼 법적 문제 개관", 박준·정순섭 편, 파생금융거래와 법(소화, 2012), 제1장

박준(2018) 박준, "타인명의 자기주식 취득 시 '회사의 계산'", 상사법연구 제37권 제1호(한국상사법학회, 2018)

박철영(2009) 박철영, "증권대차거래에 관한 법적 고찰", 증권법연구 제10권 제2호(한국증권법학회, 2009)

안재홍·양승현(2013) 안재홍·양승현, "개정 보험업법상 보험상품의 정의에 관련된 이슈 검토", 한기정 편, 보험업법의 현대적 과제(소화, 2013)

오민석(2009) 오민석, "건설회사의 회생절차에 관한 소고", 고영한·강영호 편, 도산관계소송(한국사법행정학회, 2009)

이금호(2007) 이금호, 신용파생금융거래법론(탐진, 2007)

이금호(2008) 이금호, "신용파생금융거래의 종류 및 법적문제", 증권법연구 제9권 제2호(한국증권법학회, 2008)

이민형(2014) 이민형, "현대엘리베이터의 현대상선 경영권 부당지원 논란과 현대그룹 재무개선 자구대책(안)의 영향", 기업지배구조리뷰 제73호(한국기업지배구조원, 2014, 3/4)

이진만(2006) 이진만, "통합도산법상의 부인권 — 부인의 대상을 중심으로 —", 민사판례연구[XXVIII](박영사, 2006)

임정하(2017) 임정하, "TRS와 의결권 행사: 회사법 및 공정거래법상 문제를 중심으로", 기업법연구 제31권 제1호(한국기업법학회, 2017. 3.)

정성구(2017) 정성구, "TRS와 지급보증, 신용공여 및 보험규제의 접점", BFL 제83호(서울대학교 금융법센터, 2017. 5.)

정순섭(2004) 정순섭, "국제증권금융거래에 관한 법적 고찰: 리포 거래를 중심으로", 경영법률 제14집 제2호(한국경영법률학회, 2004. 3.)

정순섭(2012) 정순섭, "2000년 국제마스터리포계약서 주요조항 해설", 박준·정순섭 편, 파생금융거래와 법(소화, 2012), 제3장

정재은(2018) 정재은, "자기주식과 대차거래", BFL 제87호(서울대학교 금융법센터, 2018. 1.)

한기정(2018) 한기정, 보험법 제2판(박영사, 2018)

한민(2011) 한민, "미이행쌍무계약에 관한 우리 도산법제의 개선방안", 선진상사법률연구 통권 제53호(법무부, 2011. 1.)

홍성균(2020) 홍성균, "신용파생상품에 관한 기회주의적 행태에 대한 규율—신용사건(Credit Event)에 대한 인위적 개입 사례를 중심으로—", 저스티스 통권 제180호(한국법학원, 2020. 10.)

황남석(2017) 황남석, "총수익교환스왑계약의 체결과 경영판단원칙의 적용: 수원지방법원 여주지원 2016. 8. 24. 선고 2014가합10051 판결", 상사판례연구 제30집 제2권(한국상사판례학회, 2017)

de Vries Robbe(2008) Jan Job de Vries Robbe, Securitization Law and Practice in the Face of the Credit Crunch (Wolters Kluwer, 2008)

Edwards(2004) Steven Edwards, "The Law of Credit Derivatives", Journal of Business Law (Nov. 2004)

Parker(2007) Edmund Parker, Credit Derivatives: Documenting and Understanding Credit Derivatives Products (Globe Business Publishing Ltd, 2007)

Parker(2017) Edmund Parker, Credit Derivatives: Understanding and Working with the 2014 ISDA Credit Derivatives Definitions (Globe Business Publishing Ltd, 2017)

Valukas(2010) Report of Anton R. Valukas, Examiner In re LEHMAN BROTHERS HOLDINGS INC., et al., Debtors (March 11, 2010)

河合祐子·糸田真吾(2007) 河合祐子·糸田真吾, クレジット·デリバティブのすべて 第2版 (財経詳報社, 2007)

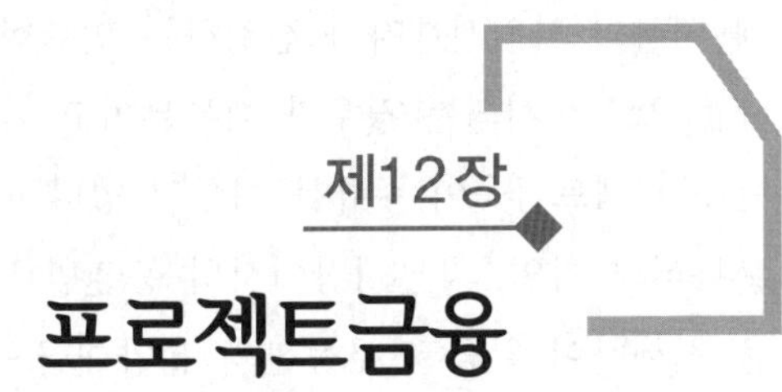

제12장 프로젝트금융

제1절 총 설[1)]

Ⅰ. 프로젝트금융의 개념

프로젝트금융(project finance)은 일의적으로 개념이 정립되어 있지는 않지만 대체로 실질적 사업주(sponsor)가 특별목적회사(special purpose company: SPC)의 명의로 특정 사업(=프로젝트)을 건설·개발·수행하는 데에 필요한 자금을 조달하되 원리금의 상환을 그 사업으로부터 발생하는 현금흐름에 의존하고 원칙적으로 그 사업의 자산만을 담보로 제공하는 금융기법을 말한다.[2)] 이러한 방식의 금융은 사업주가 사업수행에 따라 부담할 위험을 금융회사가 분담하는 방식의 금융으로서 위험사업의 수행을 위한 자금조달 수단으로 중요한 기능을 한다.

프로젝트금융은 주로 ① 발전소, 정유공장 등의 플랜트 건설사업, ② 석유·가스·석탄·광물 등의 자원개발사업, ③ 도로·항만·공항·교량 등 사회간접자본시설의 건설사업, ④ 학교, 병원, 복지시설 등의 생활기반시설의 건설사업, ⑤ 부동산개발사업 등을 대상사업으로 한다. 국내에서는 ①의 플랜트 건설사업 중 발전소 건설사업에 대하여 전통적인 방식의 프로젝트금융이 활발히 이루어지고 있다. ②의 자원개발사업은 주로 해외에서 프

1) 제12장 제1절 및 제2절은 한민(2018), 46-80쪽의 내용을 수정, 보완한 것이다.

2) Dewar(2015), p. 1; 西村ときわ法律事務所(2015), 2쪽 등; 프로젝트금융이라는 용어가 다양한 의미로 사용되는데 대해서는 Hoffman(2008), p. 4.

로젝트금융이 일어난다. ③과 ④는 민간투자법에 의하여 원칙적으로 공개경쟁입찰 방식에 의하여 사업시행자를 선정하는 민관협력사업(public private partnership: PPP)(=민간투자사업)으로 실시되는 경우가 대부분이고 이에 따라 국내에서는 이러한 사업을 대상으로 하는 프로젝트금융이 주류를 이루고 있다.[3] ⑤의 부동산개발사업은 사업시행사가 금융회사로부터의 차입, 자본시장에서의 증권발행 등에 의하여 조달한 자금으로 부동산개발사업을 시행하여 완공된 부동산의 분양대금으로 금융채무를 상환한다. 완공된 프로젝트로부터 발생하는 미래의 현금흐름에 의하여 장기간에 걸쳐 금융채무가 상환되는 통상의 프로젝트금융과는 차이가 있으나 넓은 의미에서 프로젝트금융에 포함시킬 수도 있다.[4] 부동산 프로젝트금융을 포함한 부동산개발금융은 제13장에서 다룬다.

전통적인 프로젝트금융에서는 간접금융시장에서 주로 은행 등 금융회사로부터의 차입에 의하여 자금을 조달한다. 최근에는 자본시장을 이용한 프로젝트금융도 활성화되고 있다. 예컨대, 민간투자법에 의한 사회기반시설 투융자기구와 자본시장법에 의한 집합투자기구(부동산펀드, 특별자산펀드), 부동산투자회사법에 의한 부동산투자회사, 자산유동화회사 등의 투자기구를 이용하여 자본시장에서 증권발행에 의해 조달한 자금으로 프로젝트에 투자하거나 대출 등의 금융을 제공한다.[5]

Ⅱ. 프로젝트금융의 특성

1. 사업주에 대한 상환청구제한

프로젝트금융에서 사업주는 현금흐름과 사업자산이 프로젝트금융 채무의 변제에 부족하더라도 자신이 사업에 투자한 재산을 제외하고는 원칙적으로 자신의 재산으로 책임을 지지 않기를 원한다. 대부분의 프로젝트금융은 프로젝트금융에 대한 사업주의 상환 의무와 책임이 제한되는 소위 "상환청구제한 금융(limited recourse financing)"이다.[6] 어느 정

3) 발전소와 같은 플랜트 건설사업도 민간투자법에 의한 민간투자사업으로 실시되는 경우가 있으나 동법상의 사업시행자 지정절차를 거치는 것이 더 복잡한 경우 또는 동법에 따른 정부 지원을 굳이 필요로 하지 않는 경우에는 전통적인 방식에 의해 플랜트 건설사업과 프로젝트금융을 추진하게 된다.

4) 반기로(2017), 24-25쪽; 노상범·고동원(2017), 84-85쪽; 김경무(2014), 305-307쪽.

5) 선박투자회사에 의한 선박 투자도 프로젝트금융의 특성을 갖는다. 선박투자회사법에 따라 설립되는 특별목적회사인 선박투자회사는 차입뿐만 아니라 자본시장에서의 증권발행으로 조달한 자금으로 선박을 취득하고 선박운항회사로 하여금 운용하게 하여 그로부터 발생하는 수익금으로 차입금과 투자금을 상환한다(☞ 제14장 제1절 Ⅲ. 5. 자본시장을 이용한 선박금융).

6) 사업자의 상환책임이 전적으로 배제되는 조건(non-recourse basis)으로 프로젝트금융이 제공되는 경우는 거의 없다{Nihehuss(2010), p. 7}.

도의 책임을 사업주에게 부담시킬 것인지는 해당 프로젝트 특유의 위험 및 시장에서 그러한 위험이 수용될 수 있는 정도에 따라 정해진다.7)

사업주에 대한 상환청구가 제한됨에 따라 프로젝트금융의 가장 중요한 특성은 차입금의 원리금상환을 프로젝트로부터 발생하는 미래의 수익8)(현금흐름)에 의존한다는 데에 있다. 대주들에게 사업자산이 담보로 제공되기는 하나, 사업자산(예컨대, 발전소 등 플랜트, 항만, 도로 등 사회간접자본시설)은 용도상 제약이 있고 높은 건설비용에 비하여 시장가격은 낮기 때문에, 그 담보가치(교환가치)는 일반적으로 미약하다. 따라서 차입금의 원리금 상환은 주로 해당 프로젝트로부터 생성되는 현금흐름에 의존하므로 프로젝트의 실행가능성 및 사업성과 이에 따른 프로젝트 자체의 신용도가 매우 중요하다. 이 점이 기업(차주)의 모든 재산이 책임재산이 되는 일반 기업금융과의 가장 큰 차이라고 할 수 있다.

2. SPC를 이용한 구조화금융

대상사업으로부터 발생하는 현금흐름에 의해서 원리금을 상환하기 위해서는 우선 대상사업으로부터 발생하는 미래의 수익에 관한 권리를 포함하여 중요한 사업자산이 금융채권자에게 담보로 제공되어야 한다. 나아가, 그러한 현금흐름과 이를 창출하는 사업자산이 사업주의 신용위험(도산위험 포함)으로부터 절연되어야 한다. 이러한 이유로 프로젝트금융에서는 SPC를 이용한 구조화금융(structured finance) 기법을 이용한다. 또한, 프로젝트금융에서는 해당 사업이 악화되더라도 대주의 개입권(step-in right) 행사에 의해 사업이 계속되게 하여 현금흐름을 지속적으로 확보하는 방안(☞ 제2절 Ⅱ. 4. 대주의 개입권과 직접계약)을 도모하고, SPC에 대한 도산절차의 개시에 의해 해당 사업의 운영 및 사업자산의 관리·처분에 관하여 법원이나 관리인·파산관재인이 관여하게 되는 상황은 기본적으로 상정하지 않고 있다. 프로젝트 관련 계약에는 SPC에 대한 도산절차의 개시를 방지하기 위하여 정형적인 계약조항으로서 (i) 프로젝트 관련 계약의 상대방들이 프로젝트 SPC에 대한 도산절차개시 신청권을 포기하는 것으로 하는 특약과 (ii) 도산원인인 채무초과 상태가 되지 않도록 SPC의 책임을 그 소유의 재산에 한정하는 특약을 포함시키는 것이 일반적이다.9)

---

7) Hoffman(2008), p. 5. 예컨대, 후술하는 바와 같이 사업주는 프로젝트금융에 관한 위험 분담의 일환으로 대주단에게 완공보증(completion guarantee)을 제공하고, 프로젝트 SPC의 일시적인 현금부족이 발생할 경우 일정한 범위 내에서 자금지원을 하기로 약정하는 경우가 있다{허익렬(2001), 817쪽}.

8) 수익(revenue)은 (출자 이외에) 자산의 유입 등 경제적 효익의 유입을 의미한다. 수익에서 비용을 공제한 금액인 이익(profit)과 다르다.

9) 森·濱田松本法律事務所(2015), 52쪽; 西村あさひ法律事務所(2017), 155-156쪽. SPC에 대한 도산절

사업주가 해당 사업만을 위하여 SPC를 설립하고 사업주로부터 법적으로 독립된 SPC가 사업자산의 소유자로서 프로젝트의 건설·개발·수행 및 그에 필요한 자금조달의 주체가 된다.[10] 따라서 프로젝트 SPC가 회계상 사업주의 연결대상이 아닌 경우 SPC가 부담한 부채는 사업주의 부채에 포함되지 않는다(이른바 off-balance sheet 거래). 또한, SPC에 의한 차입은 사업주의 부채가 아니므로 원칙적으로 사업주의 기존 금융계약상 부채비율제한 재무약정(financial covenant)이나 교차불이행(cross-default) 조항의 적용을 피할 수 있다.[11] 물론 기존 금융계약이 SPC의 부채를 사업주 또는 그 계열사의 부채로 취급하여 규율할 수도 있으므로 실제로 위 계약조항들의 적용이 배제될 수 있는지는 해당 계약조항에 대한 개별적 검토를 요한다.

3. 일반 기업금융과의 비교

프로젝트금융과 일반 기업금융의 속성을 비교·정리하면 [표 12-1]과 같다.

[표 12-1] 프로젝트금융과 일반 기업금융의 비교

구분	프로젝트금융	일반 기업금융
차주	ㅇ 당해 프로젝트 목적으로 설립한 회사	ㅇ 당해 프로젝트 이외의 다른 사업도 영위
여신의 기초	ㅇ 프로젝트에서 발생하는 미래 현금흐름	ㅇ 기업(차주)의 모든 재산 및 향후의 현금흐름
책임재산의 범위	ㅇ 일정한 프로젝트 자산에 한정, 사업주에 대한 청구 제한(limited recourse)	ㅇ 기업(차주)의 모든 재산
담보	ㅇ 프로젝트 자산 ㅇ 이해관계 있는 제3자(사업주, 구매자, 시공자, 설비·원료공급자)의 신용보강 ㅇ 주요계약(건설계약, 판매계약, 보험계약)상의 권리에 대한 담보 ㅇ 프로젝트계좌에 대한 담보	ㅇ 기업의 재산 중 물적 담보 제공 ㅇ 대주주·경영진의 보증
금융구조	ㅇ 구조화금융-거래구조 복잡 ㅇ SPC 설립, 다수 당사자 관여	ㅇ 채무자-대주의 관계 ㅇ 제3자는 보증인·물상보증인
여신금액	ㅇ 프로젝트를 사업주의 기존 사업과 분리하여 소요금액·여신금액 산정	ㅇ 기업 전체의 신용도를 기초로 여신금액 산정
대주 구성	ㅇ 대개 대주단(syndicated lenders) 구성	ㅇ 여신 금액에 따라 단독대출 또는 대주단 구성
차입비용	ㅇ 사업기간과 리스크 반영한 높은 이자율	ㅇ 신용도와 담보에 따른 이자율

차개시의 방지에 관하여는 ☞ 제9장 제1절 Ⅲ. 1. (3) 도산절차개시의 방지.

10) 프로젝트금융은 특정 사업의 적극적인 수행으로부터 장래에 창출될 자산을 상환재원으로 한다는 점에서 SPC로 이전된 기존의 금융자산을 수동적으로 관리하면서 그로부터 회수되는 현금흐름을 상환재원으로 삼는 일반적인 구조화금융(예컨대, 자산유동화)과는 차이가 있다{Nihehuss(2010), p. 4}.

11) Hoffman(2008), p. 11.

	o 부대비용 고액	o 부대비용 저렴
사업주의 부채와 분리	o (회계) 프로젝트 SPC가 사업주의 연결대상이 아닐 경우 사업주 입장에서 부외(off-balance sheet) 거래 o (계약) 기존 금융계약상의 부채비율제한 조항/교차불이행 조항이 적용되지 않을 수 있음	o (회계) 사업주의 부채에 포함됨 o (계약) 기존 금융계약상의 부채비율제한 조항/교차불이행 조항이 적용됨
기타	o 유동화·구조화 기법의 적용이 용이함 o 펀드 등 재무적 투자자의 참여가 용이함 o 지속적인 프로젝트 감시	o 통상의 대출 구조 o 자금제공자: 은행 중심 o 기업(차주)의 신용위험에 대한 일반적인 사후관리

Ⅲ. 프로젝트 금융의 구조와 위험의 분담

1. 거래구조

프로젝트금융의 기본적인 거래구조는 [그림 12-1]과 같다. 프로젝트금융 거래에는 금융제공자, 사업주 및 프로젝트 SPC(=사업시행자 겸 차주)와 같은 금융 관련 계약의 직접 당사자뿐만 아니라, EPC업자(설계·조달·시공자), 생산품구매자, 원재료공급자, 운영회사, 정부, 보험회사 등 프로젝트 관련 계약의 당사자들이 참여한다. 이로 인하여 일반 기업금

[그림 12-1] 프로젝트금융의 거래구조

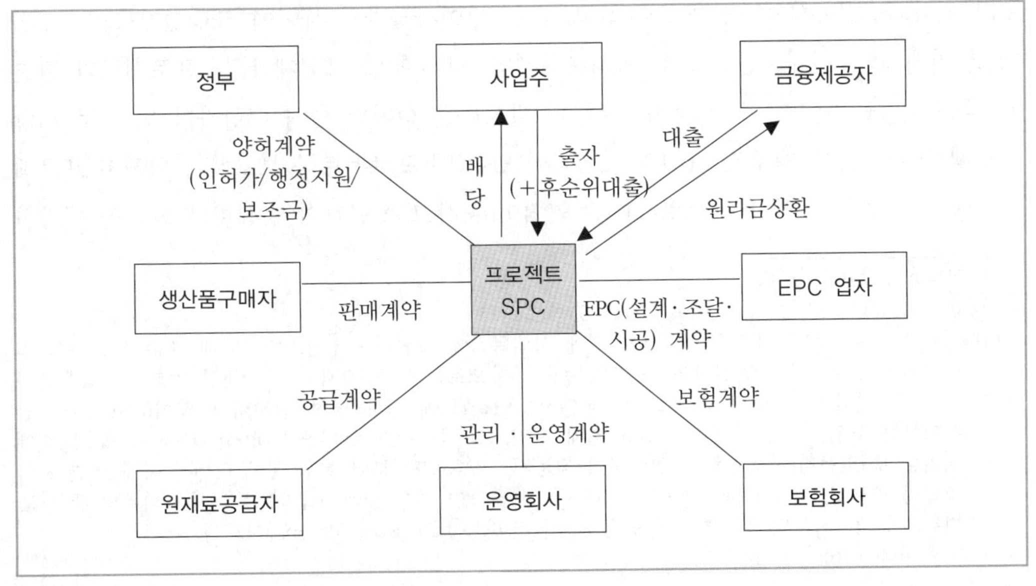

융에 비하여 거래구조와 계약관계가 매우 복잡하다. 프로젝트 SPC와 그 밖의 거래참여자들 간에 복잡하게 얽혀 있는 계약에 의하여 프로젝트의 위험이 분담되고 프로젝트로부터 창출되는 현금흐름이 분배된다. 이러한 점에서 프로젝트금융은 "계약에 기반을 둔 금융(contract-based finance)"이라고 할 수 있다.[12)]

2. 거래참여자

(1) 사업주

사업주는 사업전략적으로 프로젝트를 추진하는 실질적 사업시행 주체이다. 주로 시공회사, 운영회사, 생산품구매자, 원료공급자 등 해당 프로젝트의 이해관계인이 사업주가 된다. 드물기는 하나 해당 프로젝트를 자신의 개발사업으로 추진하여 이익을 창출하고자 하는 개발회사(developer)가 사업주로 참여하는 경우도 있다.[13)] 사업주는 사업성 검토 후에 프로젝트를 진행하기로 결정하면 프로젝트 SPC를 설립한다.[14)] 사업주는 프로젝트의 건설·개발·수행에 필요한 외부 차입을 주도하고, 지분투자 및 후순위대출 방식으로 프로젝트 SPC에 투자한다. 사업의 규모가 큰 경우에는 다수의 투자자들이 콘소시움(consortium)을 구성하여 프로젝트 SPC에 투자한다.

(2) 프로젝트 SPC

프로젝트 SPC는 사업주가 출자하여 설립하는 특별목적회사로서 프로젝트금융의 차주가 된다. SPC는 사업자산을 소유하고, 다른 참여자들과의 사이에 EPC(설계·조달·시공) 계약, 판매계약, 원재료공급계약, 관리운영계약, 양허계약, 보험계약 등 프로젝트와 관련된 각종 계약을 체결하며, 프로젝트로부터 발생하는 수익의 법적 수령자가 되는 등 해당 프로젝트에서 법적·재무적 관계의 중심점에 있다.[15)] 프로젝트를 보호하기 위해서 프로젝트 SPC는 사업주 등의 도산으로부터 절연되어야 하고 법인격의 형해화나 남용을 예방함

12) Nihehuss(2010), p. 8.

13) 반기로(2017), 30-31쪽; 서극교(2004), 34쪽.

14) 사업주는 프로젝트 SPC를 설립하기 전에 사업목적에 부합되도록 설립지·형태·소유구조 등을 결정하여야 한다. 이와 관련하여 고려할 주요 사항으로는 ① 출자자의 유한책임 여부, ② 공동출자자 간의 권리의무, ③ 프로젝트 소재국에서 프로젝트에 대한 면허·실시협약·양허(concession)를 부여하는 요건, ④ 프로젝트 SPC의 조세 책임, ⑤ 사업주가 부외거래(off-balance sheet)로 회계처리할 수 있는지(사업주의 연결대상이 되는지), ⑥ 출자지분이 아닌 부채(타인자본)에 의한 자금조달의 필요성, ⑦ 프로젝트 SPC의 경영에 대한 참여 여부 및 정도, ⑧ 추가 출자의무의 존부 및 범위, ⑨ 출자지분의 양도가능성 등을 들 수 있다{Nihehuss(2010), pp. 69-71}.

15) Nihehuss(2010), pp. 13-14.

으로써 법인격이 부인될 위험이 없어야 한다.

(3) 금융제공자

프로젝트금융은 대출·사채발행·리스·자산유동화 등 다양한 방법으로 제공될 수 있으나 주된 금융제공 수단은 은행 등 금융회사의 대출이다. 자금조달 규모가 크므로 신디케이티드 대출(syndicated loan) 방식에 의한다. 선순위대출의 대주단으로는 은행이 주로 참여하나, 국제 프로젝트금융에서는 각국의 수출신용기관(Export Credit Agency: ECA),[16] 국제금융공사(International Finance Corporation: IFC), 아시아개발은행(Asia Development Bank: ADB) 등 국제개발금융기구도 참여한다. 투자종목의 다변화나 조세 혜택을 목적으로 재무적인 동기만으로 프로젝트에 투자를 하는 재무적 투자자(financial investors)도 프로젝트 SPC에 대한 지분투자나 후순위대출에 참가할 수 있다. 이러한 재무적 투자자로는 기반시설투자펀드(민간투자업법에 의한 사회기반시설 투융자회사, 자본시장법에 의한 특별자산펀드 등), 기관투자자, 사모펀드(private equity fund), 국부펀드(sovereign wealth fund) 등을 들 수 있다.[17]

(4) EPC업자

프로젝트금융의 상환재원인 현금흐름을 확보하기 위해서는 그 현금흐름을 창출하는 프로젝트의 시설이 제대로 완공되어야 한다. 따라서 해당 시설이 정해진 시간, 금액 및 사양(specification)에 맞추어 완공되는 것이 중요하고 경험이 많고 신뢰할만한 EPC(Engineering, Procurement and Construction) 업자(또는 시공회사)와 EPC계약을 체결하는 것이 중요하다. EPC계약은 설계(Engineering), 조달(Procurement) 및 시공(Construction)을 일괄하여 발주하는 계약을 말한다. 금융제공자의 관점에서는 시공회사에게 공사대금을 확정금액으로 하여 지정된 완공기한까지 시설의 완성 및 시운전에 필요한 일체의 공사·작업을 일괄하여 발주하는 조건(fixed price, date certain, full turn-key)의 EPC계약이 바람직하다.[18] 또한, 계약 이행에 관한 책임 소재를 명확히 하고 프로젝트 건설의 효율성을 높일 수 있다는 점에서 가급적 하나의 업자에게 일괄하여 설계, 조달 및 시공을 맡기는 것이 바람직하다.

---

16) ECA로는 우리나라의 한국수출입은행, 한국무역보험공사, 미국의 Export-Import Bank of United States (US-EXIM), 영국의 Export Credits Guarantee Department (ECGD), 프랑스의 Compagnie Française d'Assurance pour le Commerce Extérieur(Coface), 일본의 國際協力銀行(Japan Bank for International Cooperation: JBIC), 日本貿易保險(Nippon Export Investment Insurance: NEXI), 캐나다의 Export Development Canada (EDC) 등이 있다.

17) Nihehuss(2010), p. 14.

18) 森·濱田松本法律事務所(2015), 20쪽; 서극교(2004), 54쪽.

복수의 업자에게 공사나 작업을 분리하여 발주하는 경우에는 채무불이행(예컨대, 성능미달이나 준공지연) 및 그로 인한 손해에 대하여 누가 책임을 져야 하는 것인지를 입증하기가 어려울 수 있다. 따라서 EPC업자가 복수인 경우에는 금융제공자의 입장에서는 복수의 업자에게 일괄하여 발주하면서 계약의 이행에 대하여 연대채무를 지도록 할 필요가 있다.

(5) 생산품구매자

구매자나 이용자가 하나 또는 소수의 자로 한정되는 경우 현금흐름을 확보하기 위해서는 생산품구매자(Off-taker)와 장기판매계약(Off-take Contract)을 체결하는 것이 매우 중요하다. 판매계약의 계약기간이 장기이므로 제품이나 서비스의 가격변동 리스크에 대비하기 위해서 가격을 원재료비에 연동하는 방법을 강구하여야 한다. 같은 종류의 제품이나 서비스의 시장가격 또는 인플레이션 등에 대응되도록 하는 방안도 고려할 수 있다. 수량리스크에 대비하기 위해 판매계약상 제품 또는 서비스의 인도조건으로 '무조건지급(take-or-pay)', '인도시지급(take-and-pay)' 등을 이용할 수 있다.[19] 무조건지급 계약은 해당 제품이 공급될 수 있는 상태인 한 구매자는 실제로 제품을 수령했는지 여부에 관계없이 합의된 최소금액(minimum agreed price)을 지급하는 조건의 계약을 말한다.[20] 반면에, 인도시지급 계약은 프로젝트 SPC로부터 제품의 공급을 받은 경우에만 공급량에 따라서 지급의무를 부담하는 조건의 계약이다.

한편, 도로, 공항, 항만시설 등 사회기반시설의 경우에는 프로젝트 SPC는 그 제품 또는 서비스를 공개된 시장에서 불특정 다수인에게 제공하게 된다. 이 경우에는 프로젝트의 사업성 평가단계에서 프로젝트 시설에 대한 시장의 수요가 금융 원리금의 상환에 필요한 현금흐름을 충분히 창출할 수 있을지를 제대로 예측하는 것이 중요하다.[21]

(6) 운영회사

프로젝트 SPC와 운영회사 간에 프로젝트의 운영·관리에 관한 사항을 정하는 관리운영계약(Operation and Management Contract)이 체결된다. 필요한 현금흐름을 지속적으로 창출하기 위해서는 지정된 성능과 산업표준에 부합되는 수준으로 프로젝트 시설이 운영·관리되어야 한다. 통상 프로젝트 SPC는 이에 필요한 전문인력을 갖추지 못하고 있으므로 운영·관리 경험이 풍부한 회사가 사업주로 참여하고 있는 경우에는 그 회사 또는 그 회사로부터 파견된 인력으로부터 운영·관리 서비스를 받을 수 있다. 그렇지 아니한 경우에

19) 황보창(2015), 12쪽; 西村總合法律事務所(2003), 379쪽.
20) "hell-or-high-water" 채무로 불리기도 한다.
21) Nihehuss(2010), pp. 154-155.

는 자격을 갖춘 외부업자에게 운영·관리를 위탁한다.[22]

(7) 원재료공급자

프로젝트로부터의 생산에 필요한 원재료를 적정한 가격에 안정적으로 확보하는 것은 프로젝트의 성공에 매우 중요하므로 원재료공급자와의 장기 공급계약을 필요로 한다.[23] 원재료 수급 위험과 관련하여서는 가격변동 리스크에 대비하여 고정가격 조건으로 장기 공급계약을 체결하고, 수량 리스크에 대비하여(사업주가 원재료 공급자인 경우에는 특히) 'put or pay' 조건[24]의 계약 체결을 고려할 수 있다.

(8) 프로젝트 소재 국가의 정부

양허계약(Concession Agreement)[25]은 주로 자원개발, 사회기반시설건설과 같이 정부로부터 사업권을 받아야 하는 프로젝트에서 정부와 사업시행자 간에 건설·개발·소유·운영에 관한 사항을 정하는 계약이다. 양허계약에서는 프로젝트의 내용, 프로젝트의 소유권, 사업권의 내용(예컨대, 사회기반시설 이용권의 부여), 정부의 지원 및 보장, 정부와 사업시행자 간의 의무 및 위험 분담 등을 다룬다. 민간투자법에서는 이를 "실시협약"이라고 한다(실시협약에 관한 상세한 내용은 ☞ 제3절 Ⅱ. 실시협약).

(9) 보험회사

원칙적으로 프로젝트에서 생기는 현금흐름과 사업자산으로부터만 원리금을 상환받을 수 있는 프로젝트금융에서는 사업자산의 손실과 프로젝트 관련 위험에 대비한 보험가입이 필수적이다. 보험사고가 발생하였을 때 금융채권자의 보험금청구권에 대한 담보권 행사는 중요한 채권회수 수단이 되므로 해당 사업에 관련된 각종 위험과 손해에 관하여 정확하게 파악하고 적절하게 부보하여야 한다.[26]

---

22) Nihehuss(2010), pp. 16-17; 森·濱田松本法律事務所(2015), 29쪽.
23) 반기로(2017), 40쪽.
24) 'put or pay' 조건은 프로젝트 SPC의 안정적 원재료 조달을 위한 약정으로 원재료공급자는 프로젝트 SPC에 약정된 양의 원재료를 공급하여야 하고, 원재료 공급이 불가능하게 된 경우 원재료공급자는 프로젝트 SPC가 시장에서 필요 원재료를 구입하기에 충분한 금액을 지급한다는 내용이다{황보창(2015), 12쪽}.
25) "license", "service contract", "development agreement" 등의 용어가 사용되기도 한다{Hoffman(2008), p. 145}.
26) 반기로(2017), 38쪽.

3. 위험의 분담

(1) 프로젝트 관련 위험의 유형

프로젝트금융의 금융채권자는 차주인 SPC의 신용위험을 부담한다. 그런데 SPC는 프로젝트의 수행을 위해 설립된 특별목적회사로서 프로젝트 자산 및 그로부터 창출될 현금흐름 외에는 다른 책임재산을 보유하지 않는 것이고, 앞서 본 바와 같이 사업주에 대한 상환청구는 제한된다. 프로젝트금융에서는 '프로젝트 관련 위험'의 적절한 분담에 의하여 이러한 프로젝트금융 특유의 신용위험에 대처하게 된다. '프로젝트 관련 위험'은 다음과 같이 ① 프로젝트 건설 중의 위험, ② 프로젝트 완공 후 운영단계에서의 위험과 ③ 프로젝트의 완공 전후에 공통되는 위험으로 분류할 수 있다.

가. 건설 중의 위험

프로젝트 건설 중 위험의 주요 내용은 [표 12-2] 및 [표 12-4](공통 위험)와 같다.

프로젝트의 건설단계에서는 프로젝트의 건설을 위해 자금이 투입만 되고 대출금의 상환재원이 되는 현금흐름은 창출되지 않으며, 건설 중인 프로젝트 시설 자체는 그 교환가치가 대출금 상환에 충분하지 아니하므로 완공위험(completion risk)[27]은 금융채권자에게는 가장 큰 위험이라고 할 수 있다. 프로젝트가 완공되면 금융채권자뿐만 아니라 사업주도 가장 큰 위험으로부터 벗어나게 되므로 EPC 계약 및 대출계약에서 '완공'의 의미를 정확히 정의하는 것이 중요하다. 사업주에 의한 완공 전 위험의 분담은 금융채권자와 사업주 간의 중요한 협상 대상이 된다.

[표 12-2] 건설 중의 위험[28]

위험	내용
완공지연	○ 원자재의 조달 지연 ○ EPC업자의 귀책사유 또는 도산 ○ 행정당국의 인허가 지연, 불가항력 등 시공회사 기타 관련 당사자의 귀책사유가 아닌 경우
사양(仕様) 미달	○ 시설 운영에 의하여 당초 상정한 수량 또는 품질의 제품 공급이나 서비스 제공이 어렵게 될 경우
비용 증가	○ 원자재 가격의 급등으로 건설비용이 증가하는 경우 ○ 설계변경으로 인하여 건설비용 또는 운용비용이 증가하는 경우

27) 프로젝트 건설 중(완공 전)의 위험요인으로 인하여 프로젝트가 완공되지 못 할 위험이다.

28) 상세한 논의는 Dewar(2015), pp. 87-90; 西村ときわ法律事務所(2015), 15-18쪽.

나. 완공 후 운영단계에서의 위험

프로젝트 완공 후 운영단계에서 위험의 주요 내용은 [표 12-3] 및 [표 12-4](공통 위험)와 같다.

[표 12-3] 완공 후의 위험[29)]

위험	내용
판매 위험 (시장위험)	ㅇ 수요변동에 따른 수익 감소 위험 ㅇ 생산품구매자의 도산
원재료 수급 위험	ㅇ 원재료 공급 지연 ㅇ 원재료 가격의 상승
금리변동위험	ㅇ 이자율 변동에 의한 사업운영 비용의 증대
운영위험	ㅇ 운영회사의 도산 ㅇ 자본적 지출을 위한 자금조달 ㅇ 운영비용의 증가 ㅇ 현금흐름 부족 위험

다. 프로젝트 완공의 전후에 공통되는 위험

프로젝트의 완공 전 및 완공 후에 공통되는 위험의 주요 내용은 [표 12-4]와 같다.

[표 12-4] 공통 위험[30)]

위험	내용
사업주체에 관한 위험	ㅇ 사업수행 능력, 출자금조달 능력, 도산 위험
법령의 변경	ㅇ 법령의 변경으로 프로젝트나 대출에 대한 장애요인 발생 ㅇ 법령(조세 포함)의 변경으로 프로젝트 건설비용, 생산원가 등의 증가
인허가의 취득·유지	ㅇ 프로젝트의 건설·개발 등에 필요한 정부 인허가의 미비, 변경, 취소
환경문제	ㅇ 환경오염·악화 등으로 인하여 프로젝트의 추진 곤란
불가항력	ㅇ 프로젝트의 추진이 불가능한 경우 ㅇ 프로젝트의 추진은 가능하나, 건설공기의 연장, 시설운영의 중단, 시설일부의 파손 등으로 인하여 수익이 감소하는 경우

라. 국제적 프로젝트금융의 추가적 위험

국제적 프로젝트금융에서는 외국통화에 의한 지급과 관련한 프로젝트 소재국에서의 외환거래 제한과 환율변동, 이자·배당·양도차익 등에 대한 세금의 원천징수 등에 관하여

29) 상세한 논의는 Dewar(2015), pp. 91-94; 西村ときわ法律事務所(2015), 19-21쪽.

30) 상세한 논의는 西村ときわ法律事務所(2015), 13-15쪽.

미리 확인하여야 하고, 그 외에도 프로젝트 소재국 정부의 사업 면허나 양허 관련 위험, 전쟁, 혁명, 국유화, 사업동결 등 정치적 위험, 수출입 장벽, 생산·소비 규제, 조세, 환경 규제, 가격 규제 등에 관한 법령 개정 위험, 생산물에 대한 우선권 주장, 정부의 의무 불이행 등 정책 변경 위험, 법령과 사법제도의 차이로 인한 법적 위험 등의 추가적 위험이 있다.[31]

(2) 위험 분담의 방법

프로젝트금융에서는 적절한 위험의 분담 및 이에 관한 당사자 간의 협상을 정확히 반영하는 계약서류의 작성(documentation)이 중요하다. 위험 분담의 원칙은, 프로젝트의 성공을 위태롭게 하지 않는다는 기본 전제 하에서, SPC가 부담할 프로젝트 관련 위험을 가급적 다른 프로젝트계약 당사자들에게 전가함으로써 SPC의 위험 부담을 최소화하고 잔여 위험은 사업주와 대주가 수용할만한 수준으로 감소·완화시키는 것이다.[32] '프로젝트 관련 위험'의 분담 방법을 단계별로 살펴보면 다음과 같다.

우선, 프로젝트의 성공적인 완공 또는 수행을 위협하는 위험의 유형과 내용을 검토한 후 '프로젝트 관련 계약'의 협상을 통하여 이러한 위험을 SPC 및 사업주 이외의 프로젝트 관련 계약의 당사자들에게 적절히 분담시킨다.[33] 아울러 시설훼손 등 프로젝트 자산에 대한 위험에 대비하여 SPC로 하여금 적절한 보험에 부보하도록 한다. '프로젝트 관련 위험'은 기본적으로는 해당 위험을 가장 잘 관리·통제할 수 있는 당사자가 이를 부담하는 것이 합리적이다.[34] 위험 분담의 기본적인 방법은 SPC가 부담할 위험을 SPC와 해당 당사자 간에 체결되는 계약에 의하여 그 당사자에게 그대로 전가시키는(=pass through) 것이다. 예컨대, 정부가 발주하는 프로젝트에서 정부와 프로젝트 SPC 간에 체결된 양허계약상 SPC는 프로젝트의 완공이 지연될 경우 정부에 손해배상책임을 질 것이다. 이 경우 SPC는 해당 시설을 건설할 EPC업자와 EPC계약을 체결하면서 EPC업자로 하여금 프로젝트의 완공 지연시 최소한 SPC가 정부에 부담하는 것과 동일한 내용의 손해배상책임을 지도록 약정함으로써 SPC의 위험을 EPC업자에게 전가시킬 수 있다.[35]

다음으로, 프로젝트 관련 계약을 통한 위험 분담이나 보험 부보에 의하여 해소되지

31) 상세한 논의는 Hoffman(2008), pp. 39-57.

32) Dewar(2015), pp. 120-121.

33) 국제 프로젝트금융의 실제 사례에서 완공위험, 완공 전 운영자금부족위험, 원재료공급위험, 판매위험, 현금흐름위험 등에 대처하기 위해 이용된 구체적인 위험감소 방안에 관하여는, 김상만(2014), 293-297쪽.

34) Dewar(2015), p. 456.

35) Dewar(2015), pp. 122-123.

않는 위험에 관하여는 금융채권자와 사업주 간에 이를 어떻게 분담할 것인지가 중요한 협상대상이 된다. 이는 해당 프로젝트에 관하여 충분히 해소되지 아니한 '완공 전 위험'과 '완공 후 위험'에 관하여 사업주가 SPC에 최초 출연한 자금(출자금 및 후순위대출금) 이외에 어느 정도의 추가 지원을 제공하기로 금융채권자에 대하여 약정할 것인지의 문제로 귀착된다(☞ 상세한 내용은 제2절 Ⅱ. 3. 사업주에 의한 신용보강).

제 2 절 프로젝트금융의 계약 구조

Ⅰ. 금융계약

1. 금융의 유형

(1) 자금조달 방법

프로젝트를 수행하는 데에 필요한 자금은 사업주에 의한 출자·후순위대출과 금융회사 등 제3자로부터의 금융에 의하여 조달된다.[36] 제3자로부터의 자금조달은 주로 대출에 의하고, 전체 자금의 일부를 사채발행, 리스, 자산유동화 등에 의하여 조달하는 경우도 있다.[37] 사채의 경우 은행 대출보다는 낮은 이자율을 적용받을 수 있고 사채계약상 발행회사에 요구하는 확약(covenants) 사항이 대출계약보다는 완화되어 있다. 반면에, 사채발행의 경우 자금조달 시기에 유연성이 적고, 사채권자의 의사결집은 대출의 경우보다 어렵기 때문에 확약 사항의 위반 등 채무불이행 사유가 발생한 때에는 사채권자들로부터 채무불이행에 대한 권리행사 유예(waiver)를 받기가 쉽지 않다.[38]

---

36) 다양한 금융채권자들 간의 이해관계를 조정하기 위하여 수익 및 담보의 분배, 채권의 우선순위, 의결권 등에 관한 채권자간약정(intercreditor agreement)도 체결된다{Nihehuss(2010), p. 10}.

37) 생산물을 활용한 자금조달 방법도 있다. 프로젝트로부터 생산될 물건을 미리 구매하고(forward purchase) 매매대금을 선급함으로써 프로젝트회사에 자금을 제공하는 방법이다. 자원개발사업의 경우에는 매장되어 있는 자원에 대한 소유지분 자체를 매수하고 그 대금을 선급함으로써 프로젝트회사에 자금을 제공하는 방법도 이용된다. 어느 방법에 의하든 프로젝트가 완공된 후에 생산물을 일정 비율 인도받거나 그 판매대금을 지급받아 프로젝트회사에 제공한 자금의 원리금을 상환받는다. 통상은 대주들이 특별목적기구를 설립하여, 이 특별목적기구가 대주들로부터 대출받은 자금으로 프로젝트회사에 물건 매매대금(또는 자원의 소유지분 매매대금)을 선급하고 그 후 생산물의 판매대금으로써 대출원리금을 상환하는 구조를 취한다. 보다 상세한 내용은 Hoffman(2008), pp. 81-82.

38) 허익렬·김규식·김건호(2009), 52쪽; 森·濱田松本法律事務所(2015), 49쪽.

(2) 완공 전(건설단계) vs 완공 후(운영단계)

프로젝트의 완공 전 단계와 완공 후 단계에서 프로젝트금융의 대주가 부담하는 위험은 차이가 있다. 프로젝트의 완공 전에는 프로젝트로부터 수익은 전혀 발생하지 않고 대주는 사업자산만을 담보로 대출하는 것이다. 따라서 완공 전 대출의 대주는, 사업자산뿐만 아니라 프로젝트에서 생기는 현금흐름까지 담보로 제공받는 완공 후 대출(완공 전의 대출을 상환하기 위한 대출 포함)의 대주보다 더 큰 위험을 부담한다. 이러한 이유로 완공 전 단계에서는 완공보증 등에 의하여 사업주가 위험을 분담하는 경우가 많다.

외국에서는 동일한 프로젝트금융에서 처음부터 완공 전 대출과 완공 후 대출로 나누어 별도의 대출약정에 따라 각기 다른 금융회사들이 대출을 제공하는 경우도 있다.[39] 국내에서는 동일한 금융회사들이 완공 전 및 완공 후 대출에 참여하는 경우가 대부분이다. 다만, 프로젝트가 완공되면 기존의 사업주들이 연기금, 보험회사, 펀드 등 재무적 투자자에게 출자지분의 전부 또는 일부를 매각하고 재무적 투자자는 투자수익률 제고를 위하여 보다 낮은 금리로 운영단계에 맞는 금융을 일으켜 기존 대출을 상환하는 경우가 많다.[40]

2. 대출계약

프로젝트금융을 위한 대출은 규모가 크므로 통상 신디케이티드 대출 방식에 의한다. 앞서 본 바와 같이 프로젝트금융에서는 프로젝트의 완공 전 및 완공 후 운영단계에서 다양한 위험요인이 존재한다.[41] 대주들은 프로젝트 관련 계약의 직접 당사자는 아니지만,[42] 대출계약을 통하여 프로젝트 관련 계약의 내용을 간접적으로 통제한다. 대주들은 대출실행의 선행조건, 진술보장, 확약 및 기한이익상실 조항에 프로젝트금융 특유의 사정

39) Hoffman(2008), pp. 78-79.

40) 허익렬·김규식·김건호(2009), 51-52쪽.

41) 대법원 2021. 5. 7. 선고 2018다275888 판결은, "이른바 프로젝트 파이낸스 대출은 부동산개발 관련 특정 프로젝트의 사업성을 평가하여 사업에서 발생할 미래의 현금흐름을 대출원리금의 주된 변제재원으로 하는 금융거래이므로, 대출을 할 때 이루어지는 대출상환능력에 대한 판단은 프로젝트의 사업성에 대한 평가에 주로 의존한다. 이러한 경우 금융기관의 이사가 대출 요건인 프로젝트의 사업성에 관하여 심사하면서 필요한 정보를 충분히 수집·조사하고 검토하는 절차를 거친 다음 이를 근거로 금융기관의 최대 이익에 부합한다고 합리적으로 신뢰하고 신의성실에 따라 경영상의 판단을 하였고, 그 내용이 현저히 불합리하지 않아 이사로서 통상 선택할 수 있는 범위에 있는 것이라면, 비록 나중에 회사가 손해를 입게 되는 결과가 발생하였다고 하더라도 그로 인하여 이사가 회사에 대하여 손해배상책임을 부담한다고 할 수 없다."라고 판시하였다.

42) 후술하는 바와 같이 프로젝트 SPC의 채무불이행으로 인한 프로젝트 관련 계약의 조기 종료를 막기 위해 대주들은 프로젝트 관련 계약의 상대방과 직접계약(direct agreement)을 체결함으로써 제한된 범위 내에서 프로젝트계약에 개입할 수 있다.

을 반영함으로써 프로젝트 관련 위험과 현금흐름 위험을 관리한다. 예컨대, 프로젝트금융의 대주들은 프로젝트 관련 위험이 현실화되어 대출의 실행이나 유지가 곤란하게 되는 경우를 대출계약상 대출 거절(=대출 선행조건의 불충족) 또는 기한이익상실 사유로 삼을 수 있다. 인허가와 환경문제에 관하여는 대출실행을 위한 선행조건으로 프로젝트 SPC가 필요한 인허가를 모두 받을 것과 환경영향평가를 받을 것을 요구할 수 있다. 적도원칙(Equator Principles)[43]은 해당 프로젝트가 건전한 사회적·환경적 관리 관행에 따라 건설·운영됨이 증명되지 않는 경우 동 원칙을 채택한 금융회사가 금융제공 또는 조언을 하지 못하도록 한다.

또한 대출이 유지될 수 있다고 하더라도 프로젝트의 건설·유지 비용이 증가하거나 시설이 훼손되는 경우에 대비하여, 비용증가분은 프로젝트 SPC의 제품·서비스의 판매대금에 반영되도록 판매계약상의 장치를 미리 강구해 둘 필요가 있고, 시설훼손 등 위험에 대하여 적절한 보험이 부보되도록 해야 한다. 프로젝트계약의 상대방들에 대한 위험 전가와 보험 부보에 의해서도 대처할 수 없는 위험을 사업주와 대주 간에 어떻게 분담할 것인지는 사업주와 대주 간의 협상에 의할 문제이다.[44]

(1) 위험의 관리

가. 선행조건

통상의 신디케이티드 대출계약에서와 마찬가지로 차주의 설립 및 권리능력에 관한 사항, 관련 계약서 및 서류의 제출, 담보에 관한 사항, 정부인허가의 취득, 차주의 재무상태, 진술보장·확약 위반의 부존재, 기한이익상실 사유(잠재적 기한이익상실 사유 포함)의 부존재, 중대한 부정적 변경(material adverse change)의 부존재, 법률의견서 등이 선행조건으로 요구된다. 여기에 더하여, 프로젝트금융 특유의 선행조건으로서 ① 프로젝트 관련 계약이 대주들에게 만족스러운 내용으로 적절히 작성되었을 것, ② 사업계획의 내용이 대주들에게 만족스러운 내용으로 작성되었을 것, ③ 프로젝트 계좌들의 개설, ④ 사업주에 의한 출자 및 후순위대출의 완료, ⑤ 프로젝트의 완공(프로젝트 시설의 완공·인도 후), ⑥ 각종 보험의 부보(해당 대출실행 시점에 부보 의무가 부과된 경우) 등을 선행조건으로 포함시

43) Equator Principles는 2003년에 일단의 국제적 금융회사들에 의하여 프로젝트의 환경적·사회적 위험을 특정·평가·관리하기 위한 목적으로 채택되었고(EP Ⅰ), 그 후 2006년(EP Ⅱ)과 2013년(EP Ⅲ)에 개정되었다. 현재 37개국 92개 금융회사가 채택하고 있는데, 이는 신흥국 시장에서의 국제 프로젝트금융의 70%를 커버하는 것이다. 우리나라에서는 한국산업은행이 2017년 1월에 이 원칙을 채택하였다. 보다 상세한 내용은, Dewar(2015), p. 105; Equator Principles의 웹사이트, <http://www.equator- principles.com>.

44) 西村ときわ法律事務所(2015), 13-15쪽.

킨다.[45)]

나. 진술보장

신디케이티드 대출계약상 일반적으로 요구되는 진술보장에 추가하여, ① 사업계획 및 사업시행(특히 완공예정시기), ② 프로젝트 관련 계약(계약상 진술보장·확약의 준수, 해제·기한이익상실 사유의 부존재 등), ③ 프로젝트 시설에 대한 권리 및 계약상 권리, ④ 각종 인허가 등 법규상 문제와 환경문제 등의 부존재 ⑤ 해당 프로젝트 이외의 다른 사업을 영위하지 않음, ⑥ 불가항력의 부존재 등 해당 프로젝트 특유의 사항에 관한 진술보장이 추가된다.[46)]

다. 확 약

신디케이티드 대출계약상 일반적으로 요구되는 확약 사항에 추가하여, 특별목적회사로서의 존재 유지, 사업계획의 준수, 프로젝트 및 시설의 완공·유지·운영, 프로젝트 관련 계약의 준수, 지정된 보험계약의 체결·유지, 각종 프로젝트계좌(적립금 계좌 포함)의 유지, 정해진 재무지표의 준수, 사업수행과 관련된 중요 서류 및 정보의 제출·보고 등 프로젝트 및 프로젝트 관련 계약에 관한 광범위하고 상세한 적극적·소극적 확약이 포함된다. 이들 확약 사항은 (i) 금융제공 당시 상정한 내용대로 프로젝트가 수행되는 것을 확보하고, (ii) 프로젝트에 영향을 미치는 사실에 관하여는 대주에게 적시에 정보가 제공되도록 하는 기능을 한다.[47)] 특히 자기자본비율, 채무상환부담률(debt service coverage ratio: DSCR)[48)] 등 프로젝트 SPC의 재무지표를 일정 수준으로 유지하도록 하는 재무확약은 프로젝트의 현금흐름 악화에 대비하는 데에 유용하다.[49)]

라. 기한이익상실

통상 담보부대출계약에 규정되는 기한이익상실 사유에 추가하여 프로젝트 관련 계약의 조기 종료, 그 계약 상대방의 계약위반 또는 신용위험 현실화(지급정지, 도산 등), 최종 완공기한을 도과하는 완공지연, 프로젝트시설의 멸실 등 프로젝트의 계속을 곤란하게 하는 사유를 포함시킨다. 그러나 대주들로서는 기한이익상실 사유가 발생하더라도 즉시 기한이익을 상실시키고 담보권을 실행하여 채권을 회수하기보다는, 후술하는 바와 같이 사업주를 변경하거나 프로젝트를 제3자에게 이관시켜 프로젝트를 지속시키고 그로부터

45) 西村ときわ法律事務所(2015), 48-52쪽; 森·濱田松本法律事務所(2015), 51-52쪽.
46) 森·濱田松本法律事務所(2015), 55-56쪽. Hoffman(2008), pp. 121-138.
47) 森·濱田松本法律事務所(2015), 56-59쪽.
48) DSCR=(프로젝트 SPC의 수입-제세공과금 및 경비)÷차입금의 원리금 변제액.
49) 西村ときわ法律事務所(2015), 22-23쪽; 森·濱田松本法律事務所(2015), 57쪽.

의 현금흐름으로 대출원리금을 상환받는 것이 유리하다.[50)]

(2) 현금흐름의 관리

가. 원리금상환

프로젝트의 완공 전에는 프로젝트 SPC는 이자를 지급할 수 있는 수익을 얻지 못하므로 이자지급기일에 해당 이자금액에 해당되는 금액만큼 추가 대출을 제공받아 이자를 지급한다. 즉, 대출이자는 원금에 가산된다. 프로젝트의 완공 후에도 프로젝트 시설이 제대로 운영되어 예정된 현금흐름을 창출할 때까지 일정 기간 동안은 원금상환을 유예한다.

나. 프로젝트계좌의 개설과 지급우선순위

프로젝트가 완공되어 가동되면 프로젝트의 수익으로부터 제세공과금, 거래상대방에 대한 지급금, 대출원리금 등 다양한 지급이 이루어지게 되는데, 프로젝트 SPC의 수익과 지출을 분별관리하기 위하여 프로젝트 SPC 명의로 다양한 목적의 은행계좌(project accounts)가 개설된다. 또한, 대주의 입장에서는 프로젝트 관련 위험이 현실화되어 현금흐름 부족으로 대출원리금 상환이 어려워질 경우에 대비하여 미리 1~2회분의 대출원금 상환액을 별도의 계좌(=부채상환적립금계좌)에 적립하여 둘 필요가 있다.[51)] 현금흐름이 부족할 경우 적립금계좌로부터 대출원리금을 상환함으로써 기한이익상실을 피하고 관련 당사자 간에 해결방안을 모색하는 시간을 벌 수 있다. 이들 은행계좌를 통한 지급은 대출계약에 약정된 지급우선순위에 관한 조항(waterfall provision)에 의하도록 함으로써 현금흐름을 통제한다.[52)]

Ⅱ. 담보 및 신용보강

1. 담보의 기능

프로젝트금융의 상환재원은 원칙적으로 프로젝트로부터 생기는 현금흐름이고 프로

50) 西村ときわ法律事務所(2015), 22-23쪽, 77-78쪽; 森·濱田松本法律事務所(2015), 60-61쪽.

51) Dewar(2015), pp. 308-309; 西村ときわ法律事務所(2015), 71쪽.

52) 예컨대, 평상시의 자금충당은 ① 제세공과금, ② 운영비용(operation costs), ③ 대출원리금 등 대출계약에 관한 지급, ④ 부채상환적립금(대출원리금 변제를 위한 적립금), ⑤ 수선적립금, 위약금 적립금 등, ⑥ 사업주의 후순위대출 원리금의 변제 및 배당 등의 순으로 이루어진다. 다만, 기한이익이 상실된 경우(또는 기한이익상실 사유가 발생한 경우) 대출계약에 따른 지급이 최우선적으로 이루어진다. 위 ⑥에 관하여는, 사업기간 중에는 출자금의 환급(배당 포함)과 후순위대출에 관한 지급을 일체 허용하지 않는 예, 후순위대출에 관한 변제만 허용하는 예, 일정한 경제적 조건을 충족하는 때에 한하여 허용하는 예 등이 있다. 西村ときわ法律事務所(2015), 68-70쪽.

젝트 SPC가 소유하는 재산은 이러한 현금흐름의 창출을 위한 수단이 되는 것이므로 대주는 중요한 프로젝트 재산에 대하여는 모두 담보권을 설정받을 필요가 있다. 프로젝트금융에서 담보의 기능은 기본적으로 (i) 프로젝트가 계속되는 동안에는, 대주가 프로젝트재산에 대하여 우선적 권리를 확보함으로써 프로젝트재산에 대한 제3자의 권리행사로 인해 사업 수행 및 현금흐름 창출에 지장이 초래되는 것을 방지하고,[53] (ii) 프로젝트의 중단이 불가피하게 된 경우에는 담보권에 기하여 채권을 회수하는 데에 있다.

그러나 프로젝트재산은 일반적으로는 교환가치가 낮기 때문에 담보실행에 의한 재산 환가에 의하여 채권을 회수하는 것보다는 프로젝트의 계속을 통하여 현금흐름을 지속적으로 확보하는 것이 중요하다. 따라서 프로젝트에 어려움이 발생할 때 담보권자인 대주는 프로젝트 관련 계약에 개입하여 프로젝트 SPC에 의한 채무불이행의 치유, 사업주의 변경, 프로젝트의 제3자 이관(=프로젝트 SPC의 변경) 등에 의하여 프로젝트를 지속시킬 필요가 있다. 대주는 이와 같이 프로젝트에 개입하여 프로젝트의 구조조정을 할 수 있는 권리를 확보하기 위하여 사업주가 갖고 있는 프로젝트 SPC의 출자지분에 대하여 담보권을 설정 받고, 나아가 프로젝트 관련 당사자들과 계약을 체결하여 위와 같은 권리를 직접적으로 부여받기도 한다.[54] 이와 같이 프로젝트의 구조조정을 위하여 대주가 프로젝트에 개입할 수 있는 권한도 넓은 의미에서 프로젝트금융의 담보로서 기능한다고 볼 수 있다.[55]

2. 프로젝트 SPC 재산상의 담보

원칙적으로 프로젝트 SPC가 소유하는 모든 재산이 프로젝트금융의 담보로 제공된다.

(1) 부동산·동산·지식재산권

가. 일반적인 담보

일반적으로 프로젝트 SPC 소유의 토지와 건물에 대하여는 근저당권보다는 등록면허세의 부담이 적고 채무자(=위탁자)에 대한 도산절차로부터 절연될 수 있는 부동산 담보신탁이 많이 이용되고, 설비·비품 등 동산에 대하여는 양도담보권을 설정한다. 프로젝트 SPC가 토지 또는 건물에 대한 사용권(지상권, 전세권 또는 임차권)을 갖고 있는 경우에

53) 허익렬·김규식·김건호(2009), 52쪽; 西村ときわ法律事務所(2015), 29쪽.
54) 森·濱田松本法律事務所(2015), 64쪽.
55) 西村ときわ法律事務所(2015), 31쪽.

는 지상권·저당권을 목적으로 하는 저당권(민법 제371조) 또는 임차권에 대한 양도담보권을 설정할 수 있다. 특허권 등 지식재산권에 대하여는 질권 또는 양도담보권을 설정할 수 있다.

나. 협의의 공장저당

담보목적물이 공장저당법에 의한 공장에[56] 해당되는 경우, 동법 제3조 또는 제4조에 의한 공장저당권(이하 "협의의 공장저당권"이라고 함) 또는 동법 제10조에 의한 공장재단저당권을 설정할 수 있다. 협의의 공장저당권은 공장에 속하는 토지 또는 건물과 그 토지 또는 건물에 설치된 기계·기구를 담보목적물로 한다. 공장의 토지 또는 건물에 설치된 기계, 기구 기타 공장의 공용물은 공장저당법 제6조 소정의 기계·기구목록에 기재되어야만 공장저당의 효력이 미친다.[57] 공장저당법의 규정에 의하여 저당권의 목적이 되는 것으로 목록에 기재되어 있는 동산이라고 하더라도 그것이 저당권설정자가 아닌 제3자의 소유인 경우에는 위 저당권의 효력이 미칠 수 없고, 그 목록에 기재되어 있는 동산이 점유개정의 방법에 의하여 이미 양도담보에 제공되어 있는 것인 경우에도 그 동산은 제3자인 저당권자와의 관계에 있어서는 양도담보권자의 소유에 속하므로, 마찬가지로 공장저당법에 의한 저당권의 효력이 미칠 수 없다.[58]

다. 공장재단저당

공장저당법에 의하면 공장의 소유자는 하나 또는 둘 이상의 공장으로 공장재단[59]을 설정하여 저당권의 목적으로 할 수 있다(동법 제10조 제1항). 프로젝트 SPC는 프로젝트의 완공 후에 공장에 속하는 토지·건물·그 밖의 공작물 등 공장저당법 제13조에 따른 구성물로 공장재단을 구성하여 그 명의로 공장재단에 대한 소유권보존등기(동법 제11조, 제32조)를 경료한 후에 대주에게 공장재단저당권을 설정할 수 있다(동법 제10조, 제41조, 제51조).

공장재단저당권을 이용하는 경우 공장재단을 구성하는 재산에 관하여 포괄적으로 1개의 저당권을 설정하는 것이 가능하므로 담보권자는 공장의 재산적 가치를 일체로서 파악

---

56) "공장"이란 영업을 하기 위하여 물품의 제조·가공, 인쇄, 촬영, 방송 또는 전기나 가스의 공급 목적에 사용하는 장소를 말한다(공장저당법 제2조 제1호).

57) 대법원 1988. 2. 9. 선고 87다카1514, 1515 판결, 대법원 1995. 6. 29. 선고 94다20174 판결, 대법원 2006. 10. 26. 선고 2005다76319 판결 등.

58) 대법원 1998. 10. 12. 자 98그64 결정, 대법원 2003. 9. 26. 선고 2003다29036 판결 등.

59) "공장재단"이란 공장에 속하는 일정한 기업용 재산으로 구성되는 일단(一團)의 기업재산으로서 공장저당법에 따라 소유권과 저당권의 목적이 되는 것을 말한다(동법 제2조 제2호). 공장재단은 공장재단등기부에 소유권보존등기를 함으로써 설정되고(동법 제11조 제1항), 소유권과 저당권 외의 권리의 목적이 되지 못한다(다만, 저당권자가 동의한 경우에는 임대차의 목적물로 할 수 있다)(동법 제12조 제2항).

할 수 있고, 저당권의 실행도 일괄하여 한 번에 할 수 있다는 이점이 있다.[60] 다만, 공장재단의 구성물이 변경되는 경우에는 매번 변경등기를 해야 하는 번거로움이 있기 때문에 수시로 변동될 수 있는 기계·기구 등은 공장재단에 포함시키지 않고 별도로 동산 양도담보에 의하는 것이 편리하다.

국내 발전소건설 사업을 위한 프로젝트금융에서는 '건설기간 중의 담보'로는 일반적으로 공장 부지에 대한 담보신탁과 동산 양도담보를 이용하고 있으나, 발전소가 완공되면 공장재단저당권을 설정하는 경우가 많은 것으로 보인다. 공장재단 자체는 저당권을 설정할 목적으로 조성된 재단이므로 신탁등기의 목적으로 할 수 없고 따라서 담보신탁의 목적으로 할 수 없다.[61]

공장재단은 공장에 속하는 기업용 재산으로서(공장저당법 제2조 제2호) 공장의 소유자가 설정할 수 있는 것이므로(동법 제10조 제1항) 공장재단을 구성하려면 공장이 존재하여야 한다. 프로젝트 SPC가 공장재단에 대하여 공장재단저당권을 설정하려면 우선 공장을 구성하는 프로젝트의 토지 또는 건물에 대한 소유권 또는 사용권(지상권·전세권 또는 임차권)을 취득하여야 한다.[62] 공장재단의 소유권보존등기 신청이 가능하게 될 때까지는 토지에 관하여는 담보신탁 또는 근저당권(토지 사용권의 경우에는, 지상권·전세권에 대한 근저당권 또는 임차권에 대한 양도담보)을 설정하고, 기계·설비에 대하여는 동산양도담보권 등을 설정하여야 할 것이다.

등기·등록제도가 없는 동산이 공장재단의 구성물로 예정된 때에는 그 동산이 타인의 권리의 목적이 되어 있지 않은 것을 확인하기 위하여 등기관은 관보에 의하여 이해관계인에게 일정 기간 내에 권리를 신고할 것을 공고하고 그 공고기간이 경과한 후에야 공장재단의 소유권보존등기를 완료하게 된다(공장저당법 제33조 제1항). 보존등기 신청 후 공고기간 중에는 무담보 상태에 놓이게 되나, 공장저당법은 공장재단의 소유권보존등기 신청 후부터 공장재단저당권이 설정될 때까지 공장재단의 구성물로 예정된 재산의 처분 또는 그에 대한 보전처분의 효력을 제한함으로써(동법 제15조, 제17조) 장래의 공장재단저당

60) 森·濱田松本法律事務所(2015), 71쪽. 또한, 일반 부동산에 대한 저당권설정·이전등기의 등록면허세는 채권금액의 0.2%인데 비하여, 공장재단에 대한 저당권설정·이전등기의 등록면허세는 채권금액의 0.1%이다(지방세법 제28조 제1항 제1호, 제5호).

61) 2010. 12. 7. 등기선례 제201012-3호.

62) 토지에 대한 사용권이 없다고 하더라도, 건물에 대한 등기된 권리가 있다면 건물 및 그 건물에 부속된 기계·기구 등으로 공장재단을 구성하여 공장재단설정등기를 신청할 수 있다(2001. 3. 8. 등기선례 제6-329호). 그러나, 공장저당법상 공장재단을 구성하기 위하여는 토지나 건물 또는 그 전세권, 지상권, 임차권에 관하여 등기된 권리 중 하나 이상이 반드시 포함되어야 하므로, 등기되지 아니한 토지임차권 및 기계·기구만으로는 공장재단을 설정할 수 없다(2004. 11. 2. 등기선례 제200411-2호).

권자의 이익을 고려하고 있다. 발전소 건설사업과 같이 공장을 건설하는 프로젝트의 경우 공장재단저당이 좀더 편리하게 이용될 수 있도록 공장재단저당 제도를 개선해 나갈 필요가 있다.

라. 집합물 양도담보

대법원판례에 의하면, 재고상품, 제품, 원자재 등과 같은 집합물을 하나의 물건으로 보아 이를 일정 기간 계속하여 채권담보의 목적으로 삼으려는 이른바 집합물에 대한 양도담보권설정계약에 있어서는 담보목적인 집합물을 종류, 장소 또는 수량지정 등의 방법에 의하여 특정할 수 있으면 집합물 전체를 하나의 재산권 객체로 하는 담보권의 설정이 가능하다.[63] 따라서 프로젝트 시설에 보관 중인 프로젝트 SPC 소유의 원재료·반제품·완제품 등과 같은 집합물(=유동집합동산)에 대하여는 목적물의 종류, 소재하는 장소, 수량지정 등의 방법에 의하여 목적물을 특정하여 양도담보를 설정할 수 있다. 하나의 양도담보계약에 의하여 다수의 동산을 양도담보의 목적으로 하는 경우에는 개개의 목적물마다 별도의 양도담보권을 설정하는 것인지 아니면 집합물로서 하나의 양도담보권을 설정하는 것인지를 계약상 명확히 하고 그에 따라 목적물의 특정, 담보권의 성립요건 등을 갖추어야 한다.[64] 설정자가 담보목적물을 보관장소로부터 반출하는 등의 사유로 집합물의 범위로부터 이탈시킨 후에 제3자에게 처분한 경우 그 목적물에 대하여 집합물 양도담보의 효력이 미치지 않을 수 있으므로 빈번히 교체되지 않고 특정이 용이한 동산에 대하여는 개별 양도담보에 의하는 것이 바람직하다.[65]

마. 동산채권담보법에 의한 동산담보

특정의 동산 또는 집합물에 대하여 양도담보권 대신에 동산채권담보법에 따른 담보권을 설정할 수도 있다.[66] 동산 양도담보의 경우에는 동일한 목적물에 후순위 양도담보권을 설정할 수 없으나,[67] 동산채권담보법에 의할 경우 동일한 목적물에 후순위 담보권을 설정할 수 있다는 이점이 있다.[68]

63) 대법원 2016. 4. 28. 선고 2012다19659 판결, 대법원 1999. 9. 7. 선고 98다47283 판결, 대법원 1990. 12. 26. 선고 88다카20224 판결, 대법원 1988. 12. 27. 선고 87누1043 판결 등.
64) 대법원 2016. 4. 2. 선고 2015다221286 판결 참조.
65) 森·濱田松本法律事務所(2015), 72쪽.
66) 여러 개의 동산(장래에 취득할 동산을 포함한다)이더라도 목적물의 종류, 보관장소, 수량을 정하거나 그밖에 이와 유사한 방법으로 특정할 수 있는 경우에는 이를 목적으로 담보등기를 할 수 있다(동법 제3조 제2항).
67) 대법원 2005. 2. 18. 선고 2004다37430 판결, 대법원 2004. 12. 24. 선고 2004다45943 판결, 대법원 2004. 10. 28. 선고 2003다30463 판결 등도 같은 취지.
68) 다만, 동산채권담보법에 따른 동산담보권의 설정등기와 이전등기에 대하여는 피담보채권금액의 0.1%에 해당하는 금액의 등록면허세가 부과된다(지방세법 제28조 제1항 제5호의 2).

(2) 채권 담보

가. 개 요

프로젝트 SPC는 프로젝트금융의 담보로 EPC계약, 판매계약, 원재료공급계약, 운영계약 등 프로젝트 관련 계약에 따른 채권, 프로젝트계좌에 관한 예금채권, 프로젝트 관련 각종 보험의 보험금청구권 등에 대하여 대주들에게 양도담보 또는 질권을 설정한다. 프로젝트금융은 프로젝트에서 생기는 미래의 수익을 주된 상환재원으로 하는 것이므로 채권담보 중 가장 중요한 것은 프로젝트 SPC가 판매계약에 따라 취득할 장래 매출채권에 대한 담보이다. 또한 매출채권의 회수금 등 프로젝트로부터의 수익금이 예치되는 프로젝트 관련 계좌에 대한 담보 역시 중요하다. 그 밖의 프로젝트 관련 계약상의 채권에 대한 담보는 수익을 창출하기보다는 프로젝트 관련 업무의 이행에 관한 것으로서 프로젝트 관련 계약 상대방의 채무불이행으로 인한 재산상의 손해를 전보받는다는 점에서 의의가 있다.[69][70] 프로젝트 시설의 전손 또는 이에 준하는 중대한 훼손으로 인하여 프로젝트가 중단될 수밖에 없을 경우 프로젝트 시설에 대하여 부보된 보험의 보험금청구권은 사실상 프로젝트 재산의 청산가치에 상당하는 것이므로 보험금청구권에 대한 담보권 설정은 필수적인 것이다.[71]

나. 장래채권 담보의 유효성

(가) 장래채권의 개념

프로젝트 SPC가 담보로 제공하는 채권은 대부분 '장래채권'에 해당된다. 여기서 장래채권이란 채권 발생요건의 일부 또는 전부가 갖추어지지 아니한 채권을 말하고, 일반적으로 정지조건부 채권이나 시기부(始期附) 채권은 이에 포함되지 않는다.[72] 장래채권은 대체로 다음과 같이 분류할 수 있다.

① 현재 그 채권발생의 기초가 되는 법률관계는 존재하고 그에 단순히 어떤 사실이 가하여

69) 西村總合法律事務所(2003), 396쪽.

70) 민간투자법에 따른 민간투자사업을 위한 프로젝트금융의 경우에는 선순위대출채권자가 실시협약의 해지 또는 조기종료시 사업시행자(=채무자)가 실시협약상 주무관청에 대하여 갖는 해지시지급금 채권과 사업매수청구권 행사에 따른 매수대금 채권에 대하여 담보를 설정받음으로써 프로젝트 중단시 대출채권의 상당 부분을 회수할 수도 있다.

71) 프로젝트재산의 분손(partial loss)의 경우에도 보험금청구권에 대하여 담보권을 설정받지만, 보험금은 대출금의 기한이익 상실 등 특별한 사정이 없는 한 원칙적으로 수리비로 지출된다. 제3자에 대한 손해배상책임 보험의 경우에도 담보권을 설정받지만 보험금은 제3자에 대한 손해배상금의 지급에 쓰인다.

72) 양창수(2003), 243쪽; 오영준(2006), 238쪽; 최수정(2004), 327쪽.

짐으로써 채권이 발생하는 경우(예: 일을 완성하기 전의 도급계약상 공사대금채권, 임대차계약에 기하여 발생할 차임채권, 장래의 기간에 대한 임금채권 등).

② 현재 그 채권의 발생의 기초가 되는 법률관계를 발생시킬 요건의 일부만이 성립하고 있는 경우(예: 기본계약인 계속적 물품공급계약에 기하여 장래 개개의 주문에 따라 발생할 매매대금채권, 계약상 채무의 불이행으로 발생할 손해배상채권, 계약의 해제로 인하여 발생할 원상회복청구권 등).

③ 아무런 기초적 법률관계도 없고 단지 예상되는 것일 뿐인 경우(예: 당사자들 사이에 협상이 진행되어 앞으로 일정한 단계에 이르면 계약이 체결될 수도 있다는 전망이 선 경우 장래에 체결될 계약상의 채권).[73]

판매계약상의 매출채권은 위 ① 또는 ②에 해당될 것이다. 그 밖의 프로젝트 관련 계약상의 채권은 프로젝트 관련 계약 상대방의 채무불이행으로 인한 손해배상채권 또는 원상회복채권(위 ②의 유형)이 중요하다. 프로젝트 관련 계약에 따른 지급금이 입금되는 프로젝트계좌에 관한 예금채권도 장래채권(위 ① 또는 ②의 유형)에 해당된다. 프로젝트 관련 보험의 보험금청구권은 정지조건부 채권이고 장래채권에는 속하지 않는다고 보아야 할 것이다.

(나) 장래채권의 양도요건

장래채권에 대하여 양도담보권 또는 질권을 설정하기 위해서는 장래채권의 양도요건을 갖추어야 한다.[74] 대법원판례에 의하면 장래 발생할 채권이 채권양도 당시 기본적 채권관계가 어느 정도 확정되어 있어 그 권리의 특정이 가능하고 가까운 장래에 발생할 것임이 상당한 정도로 기대되는 경우에 이를 양도할 수 있다.[75] 이러한 대법원판례에 대하여는, 학설은 장래채권의 양도성은 '채권의 특정성' 여부만을 가지고 판단하여야 하고 "가까운 장래에 발생할 것임이 상당한 정도로 기대될 것"(이하, "가까운 장래의 발생가능성") 까지를 요구하는 것은 타당하지 않다고 보는 견해[76]가 유력하다.

73) 양창수(2003), 244-245쪽; 오영준(2006), 238-239쪽.

74) 국제사법에 의하면 채권의 양도인과 양수인 간의 법률관계는 당사자 간의 계약의 준거법에 의하고, 채권의 양도가능성, 채무자 및 제3자에 대한 채권양도의 효력은 양도되는 채권의 준거법에 의한다(동법 제54조 제1항). 예컨대, 판매계약의 준거법이 영국법인 경우, 국제사법에 의하면 판매계약에 따른 장래 매출채권의 양도가능성에 대하여는 한국법이 적용되지 않고 영국법이 적용된다.

75) 대법원 1991. 6. 25. 선고 88다카6358 판결(장래 물품대금채권의 양도가능성 인정), 대법원 1996. 7. 30. 선고 95다7932 판결(일의 완성 전 도급계약상 보수채권의 양도가능성 인정), 대법원 1997. 7. 25. 선고 95다21624 판결(장래 매매계약의 해제시 발생할 매매대금반환채권의 양도가능성 인정) 등.

76) 양창수(2003) 264쪽; 김재형(2002), 183-184쪽; 최수정(2004), 328쪽. 일회성 장래채권이 아닌 계속적 장래채권을 양도하는 경우에는 '가까운 장래의 발생가능성'은 요구되지 않고, 그렇지 않다 하더라도 장래채권의 발생이 가까운 장래에 개시될 가능성이 있으면 충분하고 가까운 장래의 일

프로젝트금융의 경우 10년을 초과하는 장기(예컨대, 20~30년)로 제공되는 경우가 많고 프로젝트 관련 계약 중에도 그에 준하여 장기간의 계약으로 체결되는 경우가 있다. 그러므로 프로젝트금융에서는 '가까운 장래의 발생가능성'이라는 요건 중에서도 특히 "가까운"이라는 요건과 관련하여 어느 정도 기간까지 발생할 장래채권의 양도가 유효한 것으로 인정받을 수 있을 것인지가 문제될 수 있다.[77] 비교적 길지 아니한 기간(예컨대, 5년)의 만료 전에 매번 채권담보설정계약과 대항요건을 갱신하는 방법도 고려해 볼 수 있다.[78] 동산채권담보법에 의한 채권담보권을 설정하면 '가까운 장래의 발생가능성'에 관한 법적 불확실성을 해소할 수 있다.[79] 동산채권담보법에 의한 채권담보의 경우 담보의 목적인 채권이 특정되어 있을 것만 요하고 장래 발생가능성을 요구하지 않기 때문이다(동법 제34조 제2항).[80] 다만, 동산채권담보법에 의한 담보권의 최초 존속기간은 5년 이하이고, 5년 이하의 기간으로 이를 갱신할 수 있다(동법 제49조 제1항). 담보권의 존속기간을 갱신하려면 존속기간 만료 전에 연장등기를 신청하여야 한다(동법 제49조 제2항). 현재 프로젝트금융 실무에서는 채권담보권의 등기에 따른 등록면허세의 부담[81]을 꺼려하여 동산채권담보법에 의한 채권담보는 별로 이용하지 않는 것으로 보인다.

정기간 동안 계속하여 발생할 가능성까지를 요하는 것은 아니라고 보아야 한다는 견해도 있다{김용호·선용승(2009), 307쪽}.

77) 일본의 경우, '가까운 장래의 발생가능성'을 요구하였던 과거의 최고재판소판례{최고재판소 1978(昭和 53). 12. 15. 판결(判例時報 916号 25면)}가 변경되어 현재 최고재판소판례{최고재판소 1999(平成 11). 1. 29. 판결(民集 53卷 1号 151면)}는 '가까운 장래의 발생가능성'을 요구하지 않는다. 이들 판결에 대한 상세한 분석은 양창수(2003), 258-262쪽; 오영준(2006), 257-261쪽.

78) 일본 최고재판소판례(앞서 본 1999. 1. 29. 최고재판소판결) 하에서는 장래채권의 양도에 '가까운 장래의 발생가능성'은 요구되지 않고 있음에도 불구하고, 프로젝트금융 실무에서는 장래채권에 대한 담보권의 존속기간을 5년~10년으로 하여 존속기간 만료 전에 다시 담보권설정계약과 대항요건을 갱신하는 경우가 있다고 한다. 이러한 실무는 최고재판소 판례가 변경되기 전의 실무에 영향을 받은 측면도 있고, 현재의 최고재판소 판례에 의하더라도 장래채권의 양도가 공서양속 위반(=장래채권의 발생기간의 길이 등의 계약내용이 양도인의 영업활동 등에 대하여 사회통념에 비추어 상당한 범위를 현저히 벗어나는 제한을 가하거나, 또는 다른 채권자에게 부당한 불이익을 주는 것으로 보이는 등 특단의 사정이 인정되는 경우)에 해당되는 때에는 예외적으로 그 효력의 전부 또는 일부가 부정될 수 있다는 점(위 1999. 1. 29. 최고재판소 판결에서는 발생기간이 8년 3개월간인 의사의 장래 진료보수채권의 양도가 유효하다고 인정하였음)을 고려한 측면도 있다고 한다{森·濱田松本法律事務所(2015), 78쪽}. 이러한 실무에 대하여는 프로젝트금융의 특성에 비추어 볼 때 굳이 위와 같이 담보권설정계약 및 대항요건을 갱신하지 않아도 현재의 최고재판소 판례 하에서는 장래채권 담보의 효력이 부정될 가능성은 낮다고 보는 견해가 유력하다{森·濱田松本法律事務所(2015), 78쪽}. 西村總合法律事務所(2003), 394-395쪽도 같은 취지.

79) 김재형(2009a), 40쪽.

80) 법무부(2010), 97쪽.

81) 동산채권담보법에 의한 동산담보등기의 경우와 마찬가지로 채권담보권의 설정등기와 이전등기에 대하여는 피담보채권금액의 0.1%의 등록면허세가 부과된다(지방세법 제28조 제1항 제5호의2).

다. 채권담보의 대항력

(가) 제3채무자의 승낙

프로젝트 SPC가 프로젝트 관련 계약상의 채권을 대주에게 담보로 양도하는 경우, 채권양도에 관하여 확정일자 있는 증서에 의하여 계약상대방(=제3채무자)에게 통지를 하거나 계약상대방으로부터 승낙을 받음으로써 대항요건을 갖출 수 있다. 프로젝트 관련 계약에서는 채권양도금지특약이 있는 경우가 많고, 금융채권의 담보로 계약상 채권에 대한 담보뿐만 아니라 후술하는 바와 같이 계약상 지위의 이전도 미리 약정해 두는 경우가 많으므로 통상 계약상대방으로부터 채권담보 설정 및 계약상 지위 이전에 관하여 승낙을 받는다. 계약상대방이 채권양도에 대하여 승낙을 할 때 이의를 보류할 것인지는 당사자 간 협상의 대상이 된다. 승낙에 이의를 보류하였는지 여부에 따라 대주와 제3채무자 간의 이해관계가 달라지기 때문이다(민법 제451조 제1항).

(나) 장래채권 양도의 대항요건 구비시기

장래채권 양도의 제3자에 대한 대항요건은 양도대상채권이 발생한 때에 갖추어지는 것이 아니라 확정일자 있는 증서에 의하여 프로젝트 SPC가 제3채무자(=프로젝트 관련 계약의 상대방)에 대하여 통지를 하거나 제3채무자로부터 승낙을 받음으로써 구비된다. 즉, 양수인과 제3자 간에 장래채권에 대한 우선권을 두고 다툼이 생기는 경우 채권발생 전의 대항요건 구비시점을 기준으로 권리의 우선관계가 정해진다. 이와 같은 해석이 학설상 통설에 가까운 견해이다.[82] 대법원판례도 장래채권의 압류 및 전부명령의 효력발생시기에 관하여 같은 입장을 취하고 있다.[83] 한편, 위와 같이 채권발생 전에 장래채권 양도의 제3자 대항요건을 갖출 수 있다고 보는 경우에도, 양도채권은 채권발생 시점에 양수인에게 이전된다고 보는 견해가 있다.[84] 이 점에 관한 대법원판례는 보이지 않는다. 양수인에게 언제 장래채권이 이전되는 것으로 보는지에 따라 제3채무자가 채권발생 전에 취득한 양

---

82) 양창수(2003), 250쪽; 오영준(2006), 303-304쪽, 306-307쪽; 최수정(2004), 340쪽.

83) 대법원 2000. 10. 6. 선고 2000다31526 판결, 대법원 2000. 4. 21. 선고 99다70716 판결, 대법원 1999. 4. 28. 자 99그21 결정, 대법원 1995. 9. 26. 선고 95다4681 판결 등.

84) 오영준(2006), 307쪽(만일 장래채권이 제3자 대항요건을 갖춘 때에 양수인에게 바로 이전하는 것으로 본다면, 제3채무자는 그 이후 장래채권이 현실적으로 발생할 때까지 사이에 양도인에 대하여 취득한 항변권이나 상계권을 가지고 양수인에게 대항할 수 없다는 논리적 귀결에 이르게 되는데, 이는 양수인의 권익을 지나치게 보호하면서 제3채무자의 법적 지위를 현저히 불안하게 하는 것이어서 부당하다고 한다). 채권발생시에 채권이 양수인에게 이전된다고 보는 견해를 취하더라도 양도인이 일단 채권을 취득한 후에 양수인에게 이전되는 것으로 볼 것인지, 아니면 양수인이 직접 채권을 취득한 것으로 볼 것인지의 문제는 남는데, 이 문제는 도산절차개시 후에 발생한 채권에 대하여 담보의 효력이 미치는지의 문제와 관련하여 검토할 필요가 있다(이에 관하여는 ☞ 제14장 제3절 Ⅱ. 도산절차의 개시와 장래채권 담보의 효력).

도인(=프로젝트 SPC)에 대한 항변권이나 상계권을 가지고 양수인에게 대항할 수 있는지 여부가 달라진다.[85)]

(다) 채무자가 특정되지 아니한 장래채권

장래에 발생할 채권으로서 제3채무자가 특정되어 있지 아니한 경우에는 채권 양도담보의 대항요건을 갖추기 어렵다. 동산채권담보법에 의한 채권담보권을 설정하는 경우에는 제3채무자가 특정되지 아니하여도 채권의 종류, 발생 원인, 발생 연월일을 정하거나 그 밖에 이와 유사한 방법으로 특정할 수 있는 경우에는 제3자에 대하여 대항력이 있는 담보권 설정이 가능하다(동법 제34조 제2항, 제35조 제1항).[86)] 다만, 제3채무자에게 대항하기 위해서는 담보등기 후 담보목적물인 채권이 발생하여 제3채무자가 특정된 이후에 채권담보권에 관한 등기사항증명서를 제3채무자에게 건네주는 방법으로 채권담보권 설정 사실을 통지하거나 채권담보권 설정에 대하여 제3채무자의 승낙을 얻어야 한다(동산채권담보법 제35조 제2항).[87)]

(라) 추심권유보부 채권양도의 대항요건

채권양도에 관한 양도통지서 또는 양도승낙서에서는 채무불이행사유의 발생 등을 이유로 양수인(=대주)이 제3채무자(=프로젝트 관련 계약의 상대방)에게 따로 통지하여 양도채권의 변제금을 양수인에게 직접 지급할 것을 요청할 때까지는 제3채무자는 양도된 채권의 변제금을 양도인(=프로젝트 SPC)에게 지급할 수 있도록 하는 경우가 많다. 이 경우 최초의 양도통지(또는 양도승낙)가 이루어진 때에 채권양도의 대항요건을 갖춘 것으로 볼 것인지, 아니면 대주가 그 후 별도로 대주에게 직접 지급할 것을 제3채무자에게 통지할 때에 대항요건을 갖출 수 있는 것인지의 문제가 있다. 이는 관련 계약과 통지서(또는 승낙서)의 구체적인 내용에 따라 판단할 문제이다. 일반적으로는 양수인이 채권을 확정적으로 양수받은 후에 그 양수받은 채권에 대한 추심권한만을 양도인에 위임한 것으로 보아 채권양도의 대항요건은 최초의 양도통지(또는 양도승낙) 시점에 갖추어진 것으로 보는 것이 타당하다고 본다.[88)]

---

85) 오영준(2006), 307쪽; 김용호·선용승(2009), 310쪽.

86) 담보목적물인 채권의 특정을 위한 등기사항은 대법원규칙 및 예규에서 정하고 있다. 이에 의하면, (i) 장래에 발생할 채권으로서 채무자가 담보권 설정 당시 특정되어 있지 않은 경우 또는 (ii) 담보권 설정 당시 이미 발생한 채권과 채무자가 특정되어 있지 않은 장래에 발생할 채권을 함께 담보로 제공하는 경우로서 채권의 발생원인 및 발생연월일 또는 그 시기와 종기로 특정할 수 있는 다수의 채권에 대하여 동시에 담보등기를 신청하는 경우에는, 담보목적물인 채권을 특정하는 데에 필요한 사항으로서 신청서에 적어야 하는 등기사항 중에서 '담보목적물인 채권의 채무자의 성명 및 주소'를 적지 않을 수 있다(대법원「동산·채권의 담보등기 등에 관한 규칙」 제35조 제1항 제2호 및「동산·채권의 담보등기 신청에 관한 업무처리지침」 제6조 제2항).

87) 김재형(2009a), 43쪽.

88) 같은 취지: 오영준(2006), 279쪽; 西村總合法律事務所(2003), 395-396쪽; 집합채권 양도담보의 제3

(3) 프로젝트 관련 계약상 지위의 양도예약

프로젝트금융의 대주는 프로젝트 SPC로부터 프로젝트 관련 계약상의 채권에 대하여 담보를 설정받는 외에도, 대출채무의 불이행이 발생할 경우 대주(또는 그가 지정하는 제3자)에게 프로젝트 관련 계약이 이전될 수 있도록 SPC와 미리 합의하여 두는 경우가 많다. 대주와 SPC 간에 대출채무에 관한 기한이익상실 사유 발생시 대주가 요구하는 경우에는 SPC는 대주(또는 그가 지정하는 제3자)에게 프로젝트 관련 계약상의 지위(권리·채권뿐만 아니라 의무·채무를 포함)를 양도하기로 합의하고, 나아가 프로젝트 관련 계약 상대방으로부터 그 양도에 관하여 미리 승낙을 받아 두는 것이다.[89][90] 대주의 입장에서 이와 같이 프로젝트 관련 계약상 지위의 양도예약이 필요한 이유는, SPC의 대출채무에 관하여 기한이익상실 사유가 발생할 경우 프로젝트를 수행할 능력을 상실한 SPC 대신에 제3자로 하여금 프로젝트를 계속 수행하게 함으로써 프로젝트로부터의 현금흐름을 지속시키는 것이 유리할 수 있기 때문이다.[91] 이러한 계약상 지위 양도에 관한 대주와 SPC 간의 약정(=계약상 지위의 양도예약)은 프로젝트금융에 관한 실질적인 담보의 기능을 수행한다고 볼 수 있다.[92]

자 대항요건에 관한 일본 최고재판소 2001(平成 13). 11. 22. 판결(民集 55卷 6号 1056면)("甲이 乙에 대한 금전채무의 담보로서, 발생원인으로 되는 거래의 종류, 발생기간 등으로 특정된 甲의 丙에 대한 이미 발생하였거나 또는 장래 발생할 채권을 일괄하여 乙에게 양도하는 것으로 하고, 乙이 丙에 대하여 담보권실행으로서 추심의 통지를 할 때까지는 양도채권의 추심을 甲에게 허락하며, 甲이 추심한 금전에 관하여 乙에게 인도할 것을 요하지 않는 것으로 한 甲, 乙 간의 채권양도계약은 이른바 집합채권을 대상으로 한 양도담보계약이라고 불리는 것의 일종이라고 해석된다. 이러한 경우에는, 이미 발생한 또는 장래 발생할 채권은, 甲으로부터 乙에게 확정적으로 양도되었고, 단지 甲, 乙 간에 있어서 乙에게 귀속된 채권의 일부에 관하여 甲에게 추심권한을 부여하고, 추심된 금전을 乙에게 인도할 것을 요하지 않는다는 합의가 부가되어 있는 것으로 해석하여야 한다. 그러므로 상기 채권양도에 관하여 제3자 대항요건을 구비하기 위하여는 지명채권양도의 대항요건의 방법에 의할 수 있는 것이고 그 시점에 丙에게 甲의 추심권한 행사에 관하여 협력을 의뢰하였다고 하여도 제3자 대항요건의 효과를 방해하는 것은 아니다"라고 판시하였다). 위 판결에 관한 분석으로는, 오영준(2006), 278-282쪽.

89) 보다 상세한 내용은, 김동은·김광열(2009), 34-35쪽.

90) 다만, 이러한 계약상 지위의 양도예약에 관하여 확정일자 있는 증서로써 사전 승낙을 받더라도 그 시점에서 제3자에 대한 대항력을 완비한 것으로 볼 수 있는지는 의문이다. 따라서, 실제로 예약완결권을 행사하는 단계에서 다시 확정일자 있는 증서에 의하여 계약양도에 관한 승낙을 받는 것이 필요하다{森·濱田松本法律事務所(2015), 76쪽; 西村あさひ法律事務所(2017), 189쪽}. 사업시행자의 변경에 대하여 정부인허가가 필요할 경우에는 계약상 지위의 양도의 효력 발생은 정부인허가의 획득을 조건으로 할 수밖에 없을 것이다{김동은·김광열(2009), 34쪽}.

91) 森·濱田松本法律事務所(2015), 75쪽. 다만, 대주와 차주(=기존의 프로젝트 SPC) 간에는 양도예약에 따른 계약상 지위의 이전은 담보권 실행에 준하는 채권회수 조치에 해당되는 것이므로 제3자에게 이전되는 '계약상 지위'의 적정 가액을 평가하여 이를 차주의 대출금 채무와 정산하는 과정이 필요할 것이다{김동은·김광열(2009), 35쪽도 같은 취지}. 그 밖의 프로젝트 자산을 제3자에게 이전하기 위해서는 차주가 자발적으로 협조하지 아니할 경우 프로젝트 자산에 대한 담보권 실행에 의하여야 할 것이다.

92) 이러한 계약상 지위의 양도예약은 후술하는 직접계약(☞ 제2절 Ⅱ. 4. 대주의 개입권과 직접계약)

(4) 민간투자법에 따른 관리운영권

민간투자법에 따른 민간투자사업 중 귀속사업(동법 제4조 제1호 또는 제2호에 따라 완공된 시설의 소유권이 정부에 귀속되는 방식으로 추진되는 사업)의 경우, 사업시행자로 지정된 자는 정부로부터 해당 시설을 무상으로 사용·수익할 수 있는 기간 동안 시설을 유지·관리하고 시설사용자로부터 사용료를 징수할 수 있는 권리, 즉 사회기반시설관리운영권(이하, "관리운영권"이라고 함)을 설정받는다(동법 제26조 제1항). 민간투자사업을 위한 프로젝트금융에서 대주는 관리운영권상에 근저당권을 설정받는다(이에 관한 상세한 내용은 ☞ 제3절 Ⅲ. 민간투자사업을 위한 프로젝트금융).

3. 사업주에 의한 신용보강

(1) 주식 담보

사업주가 취득한 프로젝트 SPC 주식에 대하여 대주들에게 질권을 설정한다. 주식은 프로젝트 SPC에 대한 채권보다 후순위이므로 주식 질권은 그 자체로는 담보가치가 크지 않을 수 있다. 그러나 질권 설정에 의하여 사업주가 주식을 임의로 제3자에게 처분하는 것을 방지할 수 있고, 프로젝트 SPC의 채무불이행이 발생하고 기존의 사업주로는 프로젝트의 유지가 어렵다고 판단되어 사업주를 교체하고자 할 경우에는 주식 질권을 실행함으로써 주식을 새로운 사업주에게 양도할 수 있다.

대주에 의하여 주식 질권이 실행될 경우 주식을 담보로 제공하였던 기존의 사업주는 물상보증인으로서 프로젝트 SPC에 대하여 구상권을 갖게 되고, 이 구상권은 프로젝트 SPC의 주식을 취득하는 새로운 사업주의 주주권보다 선순위가 되지만, 통상 대주와의 후순위약정에 의하여 원칙적으로 선순위대출채권에 앞서서 구상권을 행사하지 못한다. 기존 사업주가 갖게 되는 구상권이 제3자가 프로젝트 SPC의 주식을 매수하는 데에 대한 법적 장애요인은 되지 않는다. 그러나 SPC의 구상채무 부담은 SPC 주식 처분가액에 영향을 줄 수 있는 요소가 될 수 있다.[93] 또한, 프로젝트 SPC가 우발채무를 부담하고 있거나 부담할 우려가 큰 경우 새로운 사업주는 기존 사업주의 주식을 인수하는 방법보다는 새로운 SPC를 설립하여 새로운 SPC로 하여금 기존 프로젝트 SPC의 사업 및 관련 자산을 직

에 포함시킬 수도 있을 것이다.

93) 허익렬·김규식·김건호(2009), 57쪽은 본문에 적은 점 때문에 기존 사업주로 하여금 구상권을 사전에 포기하도록 하는 것을 고려해 볼 수 있다고 한다.

접 인수하는 방법을 선호할 것이다.

(2) 후순위약정

사업주의 SPC에 대한 대출금 채권을 프로젝트금융 대주의 대출채권보다 후순위로 하기로 하는 후순위약정(subordination agreement)을 체결한다. 후순위약정은 통상적으로 대주(신디케이티드 대출의 경우에는 대리은행), SPC 및 사업주 삼자 간의 약정에 의한다.

(3) 사업주의 추가지원

프로젝트로부터 생기는 현금흐름이 금융채무의 원리금 상환에 부족할 경우 사업주는 금융채권자와의 사이에 프로젝트 SPC에 추가자금을 지원하기로 약정하는 경우도 있다.

가. 완공 지원(completion support)[94)]

완공위험은 건설 중(완공 전)의 위험요인으로 인하여 프로젝트가 예정된 시간, 예산 및 사양에 따라 완공되지 못할 위험을 말한다. 프로젝트의 완공에 관한 사업주의 추가지원은 관련 개별 프로젝트의 위험 및 관련 당사자들의 위험분담 내용에 의해 그 수준이 달라진다. 한 쪽의 극단에는, 프로젝트가 새로운(또는 증명되지 않은) 기술에 의존함으로 인하여 매우 높은 개발 위험이 있는 경우로서 프로젝트 완공시까지 사업주가 대출채무를 보증하는 경우가 있을 수 있다. 다른 한 쪽의 극단에는, 사업주는 최초에 출연한 투자금과 대출금 이외에는 정해진 일정 내에 프로젝트가 완공되도록 '합리적 노력(reasonable endeavors)'을 할 의무만을 추가 부담하는 경우가 있을 수 있다.

위 양극단 사이에서는 사업주가 프로젝트 SPC에게 다음 중 하나 이상의 지원을 할 의무를 부담한다. ① 완공시까지의 프로젝트비용 초과분(cost overruns)(완공지연으로 인하여 프로젝트 SPC가 추가로 부담하게 된 이자비용 포함)의 지원(프로젝트 SPC가 이용 가능한 다른 재원이 없는 경우), ② 선순위대주도 자금지원을 분담하는 것을 조건으로 하는 프로젝트비용 초과분의 지원, ③ 판매가의 감소 또는 위약금의 부과를 방지하기 위해 정해진 사양대로 사양을 수정하는 데에 소요되는 비용의 지원(프로젝트 SPC가 이용 가능한 다른 재원이 없는 경우).

사업주에 의한 부족자금 지원(cash deficiency support)은 후순위대출 또는 추가출자에 의하는 것이 보통이다. 사업주들 중에 시공사가 포함되어 있는 경우에는 일반적으로 시공사가 대주들에게 완공보증을 제공한다.

94) 이하의 내용은 Dewar(2015), pp. 455-459를 주로 참고하였다.

나. 완공 후 지원(post-completion support)[95)]

완공 후에도 일시적으로 프로젝트 SPC가 선순위대출의 원리금을 상환하는 데에 필요한 자금이 부족하게 된 경우 사업주가 일정한 한도금액 내에서 그 부족자금을 출자 또는 후순위대출에 의하여 보충해 주기로 약정하는 경우도 있다. 또한, 생산품구매자나 원재료공급자가 사업주 중의 일원인 경우에는 사업주에 의한 '완공 후 지원'이라는 관점에서 판매계약이나 원재료공급계약의 조건이 정해지는 경우가 많다. 이 경우 ① 선순위대출이 잔존하는 한 해당 프로젝트 관련 계약을 계속 유지하겠다는 확약을 받는 방법, ② 해당 프로젝트 관련 계약에서 사업주에게 'supply-or-pay'(원재료공급계약의 경우) 또는 'take-or-pay'(판매계약의 경우) 의무를 부과하는 방법, ③ 프로젝트 SPC에 자금부족이 발생할 때 그 사업주가 프로젝트 SPC로부터 지급받을 대금, 비용 등이 선순위대주의 대출원리금보다 후순위로 지급되도록 지급우선순위(waterfall)를 정하는 방법 등을 고려할 필요가 있다. 또한, 프로젝트의 완공 후에도 사업주가 프로젝트 SPC에 대한 투자지분을 처분하려면 대주의 사전 동의를 받도록 함으로써 사업주가 지분투자를 유지하면서 프로젝트의 성공에 진력할 유인을 갖도록 할 필요가 있다.

4. 대주의 개입권과 직접계약

프로젝트금융에서 대주는 프로젝트에 어려움이 생기더라도 프로젝트가 중단되지 않고 계속되게 함으로써 현금흐름을 지속적으로 확보하는 것이 유리하다. 이를 위해 대주는 ① EPC계약, 판매계약, 원재료공급계약 등 프로젝트 관련 계약상 프로젝트 SPC의 채무불이행이나 계약 해제·해지 사유가 발생할 경우 계약상대방의 해제·해지권의 행사를 일정기간 유예하고, 그 유예기간 중에 대주(또는 대주가 지정하는 제3자)가 프로젝트 SPC를 대신하여 채무불이행을 치유할 수 있는 권한(=채무불이행 치유권)을 부여받고, 아울러 ② 프로젝트 SPC의 관련 계약상 지위를 대주(또는 대주가 지정하는 제3자)에게 양도할 수 있는 권리(=계약상 지위 양도권)를 확보하고자 한다.[96)] 대주가 갖는 위 ①의 채무불이행 치유권(또는 통칭하여 위 ① 및 ②의 권리)을 "개입권(step-in right)"이라고 한다. 대주는 프로젝트 SPC의 채무를 중첩적으로 인수함으로써 위 ①에서와 같이 프로젝트 SPC의 채무불이행 또는 계약 해제·해지 사유를 치유한다. 대주가 프로젝트 SPC를 대신하여 채무불이행 등

---

95) 이하의 내용은 Dewar(2015), pp. 460-461을 주로 참고하였다.

96) 앞에서 본 "프로젝트 관련 계약상 지위의 양도예약"{☞ 제2절 Ⅱ. 2.(3)}이 별도로 이루어진 경우에는 그와 중복하여 위 ②에 관한 약정을 할 필요는 없을 것이다.

을 치유한 후에 프로젝트 SPC가 그대로 프로젝트를 계속하더라도 무방하다고 판단하는 때에는 위 ②에 따른 계약상 지위 양도권을 행사하지 않고 프로젝트에 대한 더 이상의 개입 없이 프로젝트 SPC의 채무에 대한 중첩적 채무인수를 실효시킬 수 있는 권리(step-out)를 가질 수도 있다.[97)]

대주의 개입권은 프로젝트 SPC, 해당 프로젝트 관련 계약의 상대방 및 대주 간의 삼자간 약정에 의하여 대주에게 부여될 수 있는데, 이러한 약정을 "직접계약(direct agreement)"이라고 한다. 위 ②의 계약상 지위 양도에 관한 계약서(novation agreement)의 양식을 직접계약서에 첨부하는 경우도 있다. 계약상 지위 양도와 관련하여서는 정부인허가, 라이센스 등이 제3자로 이전될 수 있는가가 중요한 문제가 된다.[98)] 직접계약은 실질적으로 프로젝트의 계속을 위한 담보 기능을 수행하는 것으로서 담보권설정계약과 함께 프로젝트금융 제공 전에 미리 체결된다. 해외 프로젝트금융의 경우에는 직접계약이 많이 이용되고 있으나, 국내 프로젝트금융의 주류를 이루고 있는 사회기반시설에 대한 민간투자사업을 위한 프로젝트금융에서는 직접계약이 체결되는 예는 거의 없는 것으로 보인다.[99)]

한편, 프로젝트의 구조조정 방법으로서 대주가 프로젝트 SPC 주식에 대한 담보권을 실행하여 새로운 사업주에게 주식을 양도함으로써 프로젝트 SPC는 그대로 유지하되 그 주주인 사업주만 변경하는 방식도 이용할 수 있다. 또한, 대주가 프로젝트 관련 채권에 대한 담보를 설정받을 때 담보 목적으로 함께 체결한 프로젝트 관련 계약상 지위의 양도 예약(또는 위의 직접계약)을 이용하여 프로젝트를 제3자에게 이관시킬 수도 있다. 대주가 담보권에 기하여 사업주를 변경하거나 프로젝트를 제3자에게 이관하는 권리도 넓은 의미에서 개입권에 포함시킬 수 있다.

위와 같은 대주의 개입권 행사를 지원하기 위하여 프로젝트 관련 계약에는 계약상대방이 프로젝트 SPC에 대한 도산절차개시 신청권을 포기하는 특약 및 프로젝트 SPC의 책임을 그 소유의 재산에 한정하는 특약(☞ 제1절 Ⅱ. 2. SPC를 이용한 구조화금융) 외에 계약상대방이 유치권 기타 법정담보권을 포기하는 것으로 하는 특약을 둔다.[100)]

---

97) Dewar(2015), p 489; 村上祐亮(2015), 54쪽.

98) 西村總合法律事務所(2003), 400쪽.

99) 김동은·김광열(2009), 26쪽 각주 9.

100) 森·濱田松本法律事務所(2015), 52쪽.

제 3 절 사회기반시설에 대한 민간투자와 프로젝트금융

Ⅰ. 민간투자사업에 대한 법적 규율 개관

1. 개 념

사회기반시설에 대한 민간투자사업은 전통적으로 정부예산으로 건설·운영하여 온 도로, 항만, 철도, 학교, 환경시설 등의 사회기반시설을 민간이 건설·운영하게 함으로써 정부의 재원부족 문제를 해결하고 동시에 창의적이고 효율적인 사회기반시설의 확충·운영을 도모하기 위하여 민간투자법[101]에 따라 추진하는 사업이다.[102] 민간투자법상 민간투자사업은 동법이 정하는 바에 따라 민간부문[103]이 시행하는 사회기반시설의 신설·증설·개량 또는 운영에 관한 사업이다(동법 제2조 제6호, 제3호). '사회기반시설'이란 각종 생산활동의 기반이 되는 시설, 해당 시설의 효용을 증진시키거나 이용자의 편의를 도모하는 시설 및 국민생활의 편익을 증진시키는 시설로서, 다음의 어느 하나에 해당하는 시설을 말한다(동법 제2조 제1호).[104] 단, 군사기밀을 취급하거나 군사작전에 필요한 시설, 외교정보통신망 등 일정 시설은 사회기반시설에서 제외된다(동법 제2조 제2호).

① 도로, 철도, 항만, 하수도, 하수·분뇨·폐기물처리시설, 재이용시설 등 경제활동의 기반이 되는 시설

② 유치원, 학교, 도서관, 과학관, 복합문화시설, 공공보건의료시설 등 사회서비스의 제공을 위하여 필요한 시설

---

101) 1994년 '사회간접자본시설에 대한 민간자본유치촉진법'이 제정되었고, 동법은 1998년 말 '사회간접자본시설에 대한 민간투자법'으로 개정되었으며, 2005. 1. 27. 다시 '사회기반시설에 대한 민간투자법'으로 개정되었다.

102) 김재형(2009b), 6쪽; KDI 공공투자관리센터(2023), 53쪽.

103) 동법 제2조 제11호에 규정된 '공공부문'(=국가, 지방자치단체, 공공기관의 운영에 관한 법률에 따른 공공기관 중 기획재정부장관이 지정하는 기관 및 특별법에 따라 설립된 각종 공사 또는 공단) 이외의 법인을 말하고, 외국법인과 민관합동법인(=공공부분과 민간부문이 공동으로 출자하여 설립한 법인)을 포함한다(동법 제2조 제12호).

104) 2020. 3. 31.자 개정(같은 날 시행) 전의 민간투자법(이하, "개정 전 민간투자법") 제2조 제1호는 '사회기반시설'의 유형을 구체적으로 열거하고 있었으나(이에 따라 민간투자사업의 대상이 되는 사회기반시설은 총 12개 분야, 53개 유형이었고, 그 관계 법률은 총 56개이었음), 개정 민간투자법은 사회가 새롭게 필요로 하는 민간투자사업 수요에 탄력적으로 대응하기 위하여 사회기반시설의 범위를 포괄적으로 정의하였다{KDI 공공투자관리센터(2023), 56-57쪽; 법제처 국가법령정보센터, 민간투자법 제정·개정 이유}.

③ 공공청사, 보훈시설, 방재시설, 병영시설 등 국가 또는 지방자치단체의 업무수행을 위하여 필요한 공용시설 또는 생활체육시설, 휴양시설 등 일반 공중의 이용을 위하여 제공하는 공공용 시설

민간투자사업은 정부고시사업과 민간제안사업으로 구분된다. 정부고시사업은 주무관청(=사회기반시설사업의 업무를 관장하는 행정기관의 장)이 민간투자대상사업을 발굴·지정하여 민간사업자를 모집하는 방식의 사업이다(민간투자법 제8조의2). 민간제안사업은 민간이 민간투자대상 사업을 발굴하여 주무관청에 민간투자사업을 제안하는 방식의 사업을 말한다(동법 제9조). 주무관청은 관계법령에 따라 해당 사회기반시설사업의 업무를 관장하는(=해당 업무의 소관기관으로 인정받은) 행정기관의 장을 말한다(동법 제2조 제5호). 민간투자사업은 주무관청이 중앙부처인 국가관리사업, 주무관청이 지방자치단체이면서 국고보조금을 받는 국가관리지자체사업 및 주무관청이 지방자치단체이면서 국고보조금을 받지 않는 지자체관리사업으로 나뉜다.[105)]

2. 민간투자사업에 대한 법적 규율 체계

민간투자사업 제도는 기본적으로 민간투자법, 동법시행령 및 기획재정부가 작성·공고하는 민간투자사업기본계획에 의하여 규율된다. 민간투자법은 민간투자사업에 관하여는 관계 법률에 우선하여 적용된다(동법 제3조 제1항).

기획재정부장관은 관계 중앙행정기관의 장과의 협의와 민간투자심의위원회의 심의를 거쳐 추진 예정인 민간투자사업에 관하여 민간투자사업기본계획을 수립·공고한다(동법 제7조, 동법시행령 제5조). 민간투자사업기본계획은 민간투자정책 추진방향 및 해당연도 투자계획과 현재 및 장래의 민간투자사업에 대하여 일반적으로 적용되는 「민간투자사업 추진 일반지침」(이하, "민자사업일반지침"이라고 함)[106)]으로 구성된다.

민간투자사업기본계획에 기초하여 주무관청은 선정된 개별사업에 관하여 사회기반시설기본계획을 작성, 공고한다. 개별 사업의 시행조건은 종국적으로 주무관청과 사업시행자 간에 협상을 거쳐 체결되는 실시협약에 의한다.[107)] 주무관청과 사업시행자의 권리의무 관계를 비롯한 해당 민간투자사업의 조건과 내용은 민간투자법과 동법시행령에 의

105) 박현석·김태건·안성현(2019), 67쪽; KDI 공공투자관리센터(2023), 92쪽.

106) 이하에서 언급하는 '민자사업일반지침'은 2024. 5. 20.자 「민간투자사업기본계획」(기획재정부공고 제2024-123호)} 제2편에 규정된 「민간투자사업 추진 일반지침」이다.

107) 후술하는 바와 같이 실시협약은 공법상의 계약인 동시에 사업시행자를 지정하는 행정처분으로서의 이중적 성격을 갖는다.

하여 강행적으로 규율되는 사항 이외에는 당사자 간의 협상을 반영한 실시협약에 의하여 규율된다.[108)]

3. 민간투자사업의 추진방식과 투자실적

(1) 사업의 추진방식

민간투자사업은 주로 다음 어느 하나에 해당하는 방식으로 추진된다(민간투자법 제4조).[109)]

① BTO(Build-Transfer-Operate) 방식: 사회기반시설의 준공과 동시에 해당 시설의 소유권이 국가 또는 지방자치단체에 귀속되며 사업시행자에게 일정기간의 시설관리운영권을 인정하는 방식

② BTL(Build-Transfer-Lease) 방식: 사회기반시설의 준공과 동시에 해당 시설의 소유권이 국가 또는 지방자치단체에 귀속되며, 사업시행자에게 일정기간의 시설관리운영권을 인정하되, 그 시설을 국가 또는 지방자치단체 등이 협약에서 정한 기간 동안 임차하여 사용·수익하는 방식

③ BOT(Build-Operate-Transfer) 방식: 사회기반시설의 준공 후 일정기간동안 사업시행자에게 해당시설의 소유권이 인정되며 그 기간이 만료시 시설소유권이 국가 또는 지방자치단체에 귀속되는 방식

④ BOO(Build-Own-Operate) 방식: 사회기반시설의 준공과 동시에 사업시행자에게 해당 시설의 소유권이 인정되는 방식

민간투자사업은 크게 수익형 민자사업과 임대형 민자사업으로 구분할 수 있다. 수익형 민자사업은 시설이용자가 지급하는 사용료로 투자비를 회수하는 방식의 민간투자사업

---

108) 이러한 점에서 민자사업일반지침의 규정이 주무관청뿐만 아니라 사업시행자에게 직접적으로 구속력이 있는 것인지는 의문이 있다. 이하에서 해당 민간투자사업의 조건·내용에 관하여 민자사업일반지침의 근거 규정을 언급한 경우 사업시행자와의 관계에서는 동 규정이 실시협약에도 반영될 것을 전제로 한 것이다. 수원지방법원 2013. 6. 5. 선고 2011구합16033 판결은 민간투자사업기본계획은 기본계획으로서 그 성격상 비구속적 행정계획에 해당한다고 보았고, 부산고등법원 2015. 9. 23. 선고 2014누22397 판결은 실시협약에서 협약당사자가 민간투자사업기본계획을 협약의 내용으로 편입하기로 합의한 것으로 볼 수 있는 경우에는 민간투자사업기본계획의 구속력이 인정될 수 있다고 보았다{황성현(2018), 83쪽}.

109) 본문에 언급된 네 가지 방식 이외에, 민간부문이 제시하여 주무관청이 타당하다고 인정하는 방식(동조 제5호)과 주무관청이 민간투자시설사업기본계획에 제시한 방식(동조 제6호)이 있다. 민자사업일반지침에는 BLT(Build-Lease-Transfer) 방식{사업시행자가 사회기반시설을 준공(신설·증설·개량)한 후 일정기간 동안 타인에게 임대하고 임대기간 종료 후 시설물을 국가 또는 지방자치단체에 이전하는 방식}, BTO와 BTL을 혼합한 방식, 둘 이상의 방식을 복수로 활용하는 방식, 기존 사회기반시설을 개량·증설하는 방식 등도 규정하고 있다(민자사업일반지침 제3조 제1항).

이다(동지침 제2조 제8호). BTO, BOT 및 BOO 방식이 이에 해당된다. BTO 방식에는 사업시행자가 투자위험을 전부 부담하는 "일반적 BTO"와 정부와 사업시행자가 투자위험을 분담하는 '위험분담형 BTO(BTO-risk sharing: BTO-rs)'와 '손익공유형 BTO(BTO-adjusted: BTO-a)'가 있다(동지침 제32조부터 제33조의2). 이러한 투자위험분담 방식은 2015. 4. 20. 민자사업일반지침 개정에 의해 도입되었는바, 정부가 투자위험을 부담하는 부분의 사업수익률을 낮추어 최종적으로 이용자의 사용료를 인하하는 방식이다.[110] 임대형 민자사업은 국가 또는 지방자치단체가 지급하는 시설임대료 등 사용료로 투자비를 회수하는 방식의 사업이다(동지침 제2조 제9호). 2005년 민간투자법 개정에 의해 도입된 BTL 방식이 이에 해당된다. 수익형 민자사업인 BTO 방식은 도로, 철도, 항만 등 수익(통행료 등) 창출이 용이한 시설을 대상으로 하는 반면에, BTL 방식은 학교시설, 문화시설, 복지시설 등 수요자(학생, 관람객 등)에 대한 사용료 부과에 의해 투자비를 회수하는 것이 어려운 시설을 대상으로 한다.[111]

2020. 2. 10.자 민자사업일반지침 개정에 의하여 혼합형 방식과 결합형 방식이 추가되었다. 혼합형 방식은 BTO 방식과 BTL 방식을 혼합하여 하나의 사회기반시설을 설치·운영하는 방식으로서 시설이용자가 지불하는 사용료와 국가 또는 지방자치단체가 지급하는 시설임대료 등 사용료로 투자비를 회수하는 사업을 말한다(민자사업일반지침 제2조 제9-2호, 제3조 제1항 제10호). 결합형 방식은 사회기반시설을 물리적으로 구분하여 다른 방식 중 둘 이상을 복수로 활용하는 방식이다(동지침 제3조 제1항 제11호).

(2) 투자실적

과거에는 대형 산업기반시설을 대상으로 하여 상대적으로 높은 사업위험을 수반하는 BTO 방식이 주로 이용되었다. 2005년부터 BTL 방식이 도입됨에 따라 상대적으로 운영위험이 적고 안정적 수익실현이 가능한 BTL 방식이 학교시설 등 소형 생활기반 시설에 적용되고 있다.[112] 1992년부터 2022년까지 추진방식별 민간투자사업의 투자실적은 [표 12-5]와 같다.

110) KDI 공공투자관리센터(2023), 58쪽.
111) 기획재정부 보도자료(2009. 8. 12.), "사회기반시설에 대한 제2차 민자사업 활성화방안 마련 — 사업구조 개선 등으로 적극적인 투자 환경 조성 —", 7쪽.
112) 황보창(2015), 5쪽.

[표 12-5] 추진방식별 투자실적(1992년~2022년) (단위: 건, 억원)

구분		사업수 (비중)	총투자비 (비중)	사업분야(사업수)
수익형	BTO	250 (30.6%)	833,261 (66.3%)	환경(100), 도로(66), 도로(주차장)(31), 도로(휴게소)(3), 항만(17), 공항(14), 철도(12), 교육(2), 문화관광(4), 정보통신(1)
	BTO-a	14 (1.7%)	21,340 (1.7%)	환경(14)
	BTO-rs	1 (0.1%)	41,047 (3.3%)	철도(1)
	BOT	4 (0.5%)	6,579 (0.5%)	문화관광(3), 유통(1)
	BOO	7 (0.9%)	10,944 (0.9%)	유통(5), 문화관광(2)
	소계	276 (33.7%)	913,171 (72.6%)	
임대형	BTL*	542 (66.3%)	343,908 (27.4%)	교육(276), 환경(107), 국방(93), 문화관광(33), 복지(20), 철도(5), 정보통신(7), 주택(1)
합계		818	1,257,079	

* BTL은 2005년에 도입되었음.

* BTO-a(손익분담형 BTO)와 BTO-rs(위험분담형 BTO)는 2015년에 도입되었음.

출처: KDI 공공투자관리센터(2023), 84, 86쪽.

4. 민간투자사업의 기본 구조와 주요 절차

(1) 기본 구조

전형적인 수익형(BTO) 민자사업과 임대형(BTL) 민자사업의 기본 구조는 [그림 12-2]와 같다. 해당 프로젝트의 투자자들은 공동으로 출자하여 사업시행자인 SPC를 설립한다. 시공 이윤, 기존 사업의 확장, 신규 사업 진출, 판로 확보 등 사업전략적 목적을 갖고 투자하는 건설회사, 운영회사 등의 전략적 투자자뿐만 아니라 양도차익, 배당수익 등을 주된 목적으로 하는 재무적 투자자(보험회사, 연기금, PF 투자회사· 펀드 등)도 SPC에 대한 출자에 참여할 수 있다.[113] SPC는 주무관청과의 실시협약 체결에 의하여 사업시행자로 지정된다. 이어서 실시계획에 대한 승인을 받고 자기자본 및 프로젝트금융 방식으로 조달한 타인자본을 투입하여 해당 시설이 완공되면, 사업시행자는 해당 시설을 정부에 기부채납하고 동 시설을 실시협약에서 정한 기간 동안 무상으로 사용·수익한다. 해당 시설의 유지·관리는 운영회사에게 위탁하고, 수익형 민자사업의 경우에는 최종 사용자가 지급하는

113) 이종윤·김남용(2014), 79쪽.

[그림 12-2] 민간투자사업의 기본 구조[114)]

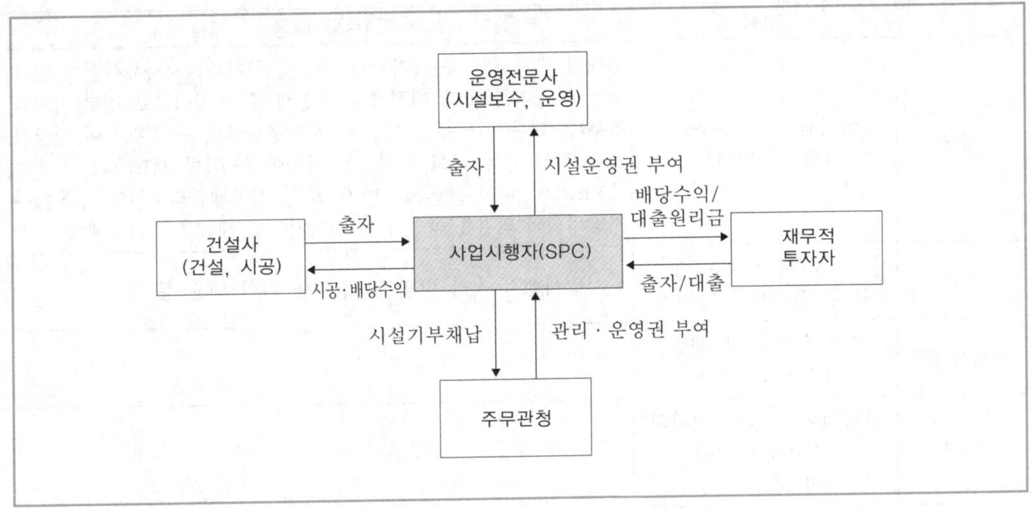

사용료(예컨대, 통행료)로부터, 임대형 민자사업의 경우에는 정부가 지급하는 시설임대료(정부 재정)로부터 투자비를 회수한다.

(2) 주요 절차

민간투자사업 중 정부고시사업의 주요 절차는 [표 12-6]과 같다. 민간투자사업을 시행하려는 자는 시설사업기본계획에 따라 사업계획을 작성하여 주무관청에 제출하여야 한다(민간투자법 제13조 제1항). 주무관청은 제출된 사업계획을 검토·평가한 후 사업계획을 제출한 자 중 협상대상자를 지정한다(동조 제2항). 주무관청은 협상대상자와 총사업비 및 사용기간 등 사업시행의 조건 등이 포함된 실시협약을 체결함으로써 사업시행자를 지정한다(동조 제3항). 사업시행자로 지정받은 자는 법이 정하는 기간 내에 실시계획의 승인을 신청하여야 한다(동조 제5항). BTO 또는 BTL 방식의 사업시행자는 민간투자법 제22조에 따라 준공확인을 받은 경우 준공 후 일정기간 동안 해당 시설을 무상으로 사용·수익할 수 있다(동법 제25조 제1항). 이 경우 주무관청은 사업시행자가 무상으로 사용·수익할 수 있는 기간 동안 해당 시설을 유지·관리하고 시설사용자로부터 사용료를 징수할 수 있는 관리운영권을 그 사업시행자에게 설정할 수 있다(동법 제26조 제1항). 사업시행자가 관리운영권을 설정받았을 때에는 대통령령으로 정하는 바에 따라 주무관청에 등록하여야 한다(동법 제26조 제2항).

---

114) 기획재정부 보도자료(2009. 8. 12.), "사회기반시설에 대한 제2차 민자사업 활성화방안 마련—사업구조 개선 등으로 적극적인 투자 환경 조성—"; KDI 공공투자관리센터(2023), 63쪽.

[표 12-6] 정부고시사업의 주요 절차("법"은 민간투자법을 의미함)[115]

주체	행위	주요 내용
정부	대상사업 지정(주무관청) (법 제8조의2)	임대형 민자사업 중 국가관리사업 및 국가관리지자체사업의 경우에는 투자비를 국가 재정에서 보전해 주는 것이므로 정부(기획재정부)는 다음 연도에 실시할 사업의 총한도액 등에 대하여 대상사업의 지정 전에 국회의 의결을 받아야 하고(법 제7조의2, 시행령 제5조의2), 국고보조금을 받지 않는 지자체관리사업의 경우에는 지방의회의 의결을 받아야 함(지방자치법 제47조 제1항 제8호).[116]
정부	시설사업기본계획 수립·고시(주무관청)(법 제10조)	ㅇ 사업시행자 지정 방법 및 정부의 지원 내용 등 명시
사업시행자	사업계획 작성·제출 (법 제13조①)	
정부	사업계획의 검토·평가와 협상대상자 지정 (법 제13조②)	
정부	실시협약 체결(=사업시행자 지정)(주무관청) (법 제13조③)	ㅇ 세부 사업시행 조건 확정 ㅇ 협상기한: 협상대상자 지정일로부터 1년(6개월 범위내에서 1회 연장 가능)(민자사업일반지침 제69조④)
사업시행자	실시계획 승인 신청 (법 제13조⑤)	
정부	실시계획 승인(주무관청) (법 제15조)	
사업시행자	공사준공보고서 제출 (법 제22조①)	ㅇ 실시계획에 따른 사업완료
정부	준공 확인 등(주무관청) (법 제22조②, ③)	ㅇ BTO/BTL 방식의 사업시행자에 대하여 해당 사회기반시설의 사용·수익권 부여(법 제25조) ㅇ BTO/BTL의 경우 해당 시설에 대한 관리운영권의 설정·등록(법 제26조)

5. 사회기반시설 투융자집합투자기구

(1) 개 념

민간투자법에 따라 사회기반시설사업에 자산을 투자하여 그 수익을 주주에게 배분하는 것을 목적으로 하는 사회기반시설투융자회사("투융자회사")를 설립하거나 그 수익을 수익자에게 배분하는 것을 목적으로 하는 사회기반시설투융자신탁("투융자신탁")("투융자회

115) 민간투자사업의 추진방식별 상세한 추진절차에 관하여는 민자사업일반지침 제3조 제3항, 별표 1.
116) 이는 민간제안사업으로 추진되는 임대형 민자사업의 경우에도 마찬가지이다. 상세한 내용은 박현석·김태건·안성현(2019), 374-380, 421쪽.

사"와 "투융자신탁"을 일괄하여 "투융자집합투자기구"라고 함)을 설정할 수 있다(동법 제41조 제1항). 투융자회사와 투융자신탁은 각각 자본시장법에 따른 투자회사와 투자신탁으로 간주된다(민간투자법 제41조 제2항). 자본시장법에 따라 금융위원회에 투융자집합투자기구의 등록신청이 있는 경우 금융위원회는 해당 투융자집합투자기구를 등록하기 전에 민간투자사업의 주무부서인 기획재정부와 사전 협의를 하여야 한다(민간투자법 제41조의6 제1항). 민간투자법은 투융자집합투자기구에 의한 투자를 지원하기 위하여 여러 특례를 인정하고 있고, 이러한 특례를 제외하고는 투융자집합투자기구에 대하여는 자본시장법이 적용된다(민간투자법 제41조 제4항).

(2) 투자업무

투융자집합투자기구는 다음의 투자 업무를 할 수 있다(민간투자법 제43조 제1항).[117]

① 사회기반시설사업의 시행을 목적으로 하는 법인의 주식, 지분 및 채권의 취득
② 사회기반시설사업의 시행을 목적으로 하는 법인에 대한 대출 및 대출채권의 취득
③ 하나의 사회기반시설사업의 시행을 목적으로 하는 법인에 대하여 ① 또는 ②의 방식으로 투자하는 것을 목적으로 하는 법인(투융자집합투자기구는 제외한다)에 대한 ① 또는 ②의 방식에 의한 투자
④ 그 밖에 금융위원회가 ①부터 ③까지의 목적을 달성하기 위하여 필요한 것으로 승인한 투자

투융자집합투자기구는 위의 업무를 하기 위하여 필요할 때에는 그 자산을 담보로 제공하거나 보증을 할 수 있고(민간투자법 제43조 제2항), 여유자금은 법에서 정한 방법으로만 운용할 수 있다(동법 제43조 제3항). 투융자집합투자기구는 민간투자법 제43조에 따라 투자하는 것 외의 업무를 수행할 수 없다(동법 제42조).

(3) 자금 조달

투융자집합투자기구는 운영자금이나 투자목적자금의 조달 등을 위하여 민간투자법이 허용하는 한도 내에서 차입하거나 사채를 발행할 수 있다(동법 제41조의5 제1항).[118] 그

117) 맥쿼리한국인프라투융자회사 2011. 5. 23. 증권신고서(채무증권): "회사는 '사회기반시설에 대한 민간투자법'에 따라 한국의 사회기반시설사업시행사들이 발행하는 주식, 채권 및 대출채권 등에 투자함으로써 동 투자자산의 사업시행자 등으로부터 발생하는 배당 및 이자수익 등을 통해 수익을 창출하고, 궁극적으로 회사의 투자자에게 그 수익을 분배하는 것을 목적으로 하며 …".

118) 투융자집합투자기구가 운영자금을 조달하기 위하여 차입하거나 사채를 발행하는 경우에는 주주총회 또는 수익자총회의 승인을 받아야 한다(같은 항 단서).

러나 민간투자법은 사채발행한도와 내부승인기관(주주총회 또는 수익자총회)에 관한 사항만을 규정하고 있고, 사채발행에 따른 다른 법률관계에 대해서는 아무런 언급이 없다. 한편 신탁법은 일정한 요건[119] 하에서 수탁자가 신탁을 위하여 사채를 발행할 수 있도록 하였다(동법 제87조). 투융자신탁도 신탁의 일종이라고 보아, 투융자신탁의 사채발행에 대하여 민간투자법이 정하지 않은 사항은 신탁법의 신탁사채에 관한 조항이 적용되는 것인지에 대해 논란이 있을 수 있다.[120] 투융자집합투자기구의 사채발행에 관한 입법과 신탁사채의 발행에 관한 입법이 상호 관련 없이 이루어진 것으로 보이고, 사채발행의 요건과 신탁의 감독 등의 면에서 큰 차이가 있으므로 투융자신탁의 사채발행에 신탁사채에 관한 신탁법 조항이 당연히 적용된다고 보기에는 무리가 있다. 조속히 입법적으로 정비할 필요가 있다.

(4) 환매금지, 증자제한 완화 및 상장의무

투융자집합투자기구는 환매금지형집합투자기구(자본시장법 제230조 제1항)로 하여야 한다(민간투자법 제41조 제3항). 이러한 환매금지는 민간투자법상 투자융자기구의 투자대상인 사업시행법인의 주식 또는 채권이 유동성이 낮아 환금성이 떨어지고 환매가 곤란하다는 점과 민간투자사업에서는 상대적으로 장기에 걸쳐 안정적인 재무적 지원 및 투자금원의 확보가 필요하다는 점 등을 고려한 것이다.[121]

투융자회사는 그 성립 후에 신주를 발행할 수 있고, 투융자신탁은 그 설정 후에 추가로 수익증권을 발행할 수 있는데, 그 발행가액은 해당 투융자집합투자기구가 보유하는 자산의 순자산액에 기초하여 대통령령으로 정하는 방법에 따라 산정한다(민간투자법 제41조의7). 자본시장법상 집합투자증권의 추가 발행이 제한되는 환매금지형집합투자기구[122]와는 달리 투융자집합투자기구의 경우에는 그러한 제한이 적용되지 않는다(민간투자법 제44조 제1항). 이러한 특례를 인정한 이유는 투자대상인 민간투자사업의 유지 및 완공에 따른

119) 다음 3가지 요건을 모두 갖추어야 한다.
1. 수익증권발행신탁일 것
2. 신탁법 제114조 제1항에 따른 유한책임신탁일 것
3. 수탁자가 상법상 주식회사나 그 밖의 법률에 따라 사채를 발행할 수 있는 자일 것.

120) 신탁법에 따른 신탁사채는 유한책임신탁의 수탁자만 발행할 수 있으나, 민간투자법에 따른 투융자신탁의 사채 발행에는 그러한 제한이 없다. 투융자신탁의 수탁자가 사채상의 채무에 대하여 신탁재산만으로 책임을 부담하기 위해서는 사채의 조건에 책임한정약정을 포함시킬 필요가 있다.

121) KDI 공공투자관리센터(2014a), 126쪽.

122) 자본시장법에 따른 환매금지형집합투자기구의 경우 기존 투자자의 이익을 해할 우려가 없는 등 대통령령으로 정하는 때에만 해당 집합투자기구의 집합투자증권을 추가로 발행할 수 있다(자본시장법 제230조 제2항, 동법시행령 제242조 제1항).

공익의 보호를 중요시하였기 때문이다.[123] 다만, 투융자회사 및 투융자회사의 집합투자업자는 자본시장법 제390조 제1항에 따른 상장규정의 상장요건을 갖추게 되었을 때에는 그 주식 또는 수익증권을 증권시장에 상장하기 위한 절차를 지체 없이 진행하여야 한다(민간투자법 제41조의8 제1항).

(5) 자본시장법에 의한 특별자산펀드

민간투자사업에 투자할 수 있는 자본시장법상의 집합투자기구로는 이른바 "특별자산펀드"가 있다. 특별자산펀드는 자본시장법 제229조 제3호에 따른 집합투자기구로서 민간투자사업의 사업시행법인이 발행하는 주식·채권이나 사업시행법인의 지분증권 등에 펀드재산의 50%를 초과하여 100%까지도 투자할 수 있다(동법시행령 제240조 제2항 제4호, 제5호, 동법 제81조 제1항 제1호, 가목, 동법시행령 제80조 제1항 제1호 아목 내지 차목).[124] 시장에서는 민간투자사업에 대한 투자기구로서 자본시장법상 특별자산펀드(그 중에서도 투자신탁형의 펀드)가 압도적인 다수로 활용되고 있는데,[125] 그 주된 이유는 투융자집합투자기구의 경우 금융위원회와 기획재정부의 이중감독이 과도한 행정적 부담으로 작용할 수 있기 때문이라는 분석이 있다.[126]

6. 정부 지원

민간투자법은 민간투자사업을 위하여 다양한 정부지원을 규정하고 있다. 그 중 중요한 지원은 다음과 같다.

(1) 보조금 지급 또는 장기 대부

국가 또는 지방자치단체는 귀속시설사업(=BTL, BTO 또는 BOT 방식)을 원활하게 시행하기 위하여 필요하면 대통령령으로 정하는 경우에 한정하여 사업시행자에게 보조금을 지급하거나 장기대부를 할 수 있다(민간투자법 제53조, 제2조 제4호, 동법 시행령 제37조 제1

---

123) KDI 공공투자관리센터(2014a), 127쪽.

124) KDI 공공투자관리센터(2014a), 108-109쪽.

125) 자본시장법상의 회사형 펀드보다 신탁형 펀드를 선호하는 주된 이유는 금융산업구조개선법에 따른 금융기관의 타회사에 대한 출자 제한(금융위원회의 승인) 때문인 것으로 분석되고 있다 {KDI 공공투자관리센터(2014a), 86쪽}. 자본시장법상 특별자산펀드와 민간투자법에 따른 투융자집합투자기구에 대한 자본시장법 및 민간투자법상 규제의 차이에 관하여는 KDI 공공투자관리센터(2014a), 132-147쪽.

126) KDI 공공투자관리센터(2014a), 75쪽, 147쪽.

항). 실무상 장기대부를 하는 경우는 거의 없는 것으로 보인다.

(2) 산업기반신용보증기금을 통한 보증

산업기반신용보증기금의 관리자(=신용보증기금법에 따른 신용보증기금)는 사업시행자 등이 민간투자법에 의한 투융자집합투자기구 또는 그 밖에 민간투자법과 동법시행령이 정하는 금융회사 등으로부터 민간투자사업자금의 대출 등을 받음으로써 부담하는 금전채무 등 일정한 금전채무에 대하여 산업기반신용보증기금의 부담으로 보증할 수 있다(민간투자법 제34조, 제30조).

(3) 조세 및 부담금 감면

민간투자사업을 촉진하기 위하여 민간투자법 제57조에 기하여 조세특례제한법과 지방세특례제한법에서 정하는 바에 따라 조세를 감면할 수 있고, 민간투자법 제56조에 기하여 농지법, 산지관리법, 개발이익환수에 관한 법률, 수도권정비계획법 등에 따라 각종 부담금을 감면할 수 있다.

(4) 금융 관련 규제 완화

민간투자사업의 추진을 위한 금융을 지원하기 위하여 공정거래법, 은행법 등 관련 법령상의 규제를 완화해 주고 있다.

가. 공정거래법

공정거래법상의 규제 완화로는, 민간투자법에 따라 사업시행자로 지정된 회사의 주식 취득에 관한 기업결합신고 면제(공정거래법 제11조 제3항 제3호), 사업시행자의 기업집단 편입에 관한 특례(공정거래법 제2조 제11호, 동법시행령 제5조 제2항), 국내 금융기관이 민간투자법에 따른 사업시행자에 행하는 여신에 대하여 사업시행자의 계열사가 보증을 하는 경우 공정거래법상 채무보증금지의 적용 배제(공정거래법 제24조 제2호, 동법시행령 제31조 제2항 제7호) 등이 있다.

나. 은행법 등 금융규제법

사회기반시설사업의 추진을 위하여 불가피하다고 금융위원회가 인정하는 경우 은행은 자기자본의 25%를 초과하여 은행법 제35조에 따른 '동일차주'에게 신용공여를 할 수 있다(동법 제35조 제1항 제1호, 동법시행령 제20조의5 제1항 제3호). 동일계열금융기관이 민간투자법 제8조의2에 따라 주무관청이 지정한 민간투자사업을 경영하는 회사(법인세법 제51

조의2 제1항 제6호의 회사만 해당)에 대한 출자를 하는 경우 금융위원회는 그 출자에 대하여 금융산업구조개선법 제24조 제1항에 따른 승인을 할 수 있도록 하고 있다(동법 제24조 제1항, 제6항, 동법시행령 제6조 제1항). 또한, 금융지주회사가 민간투자법 제8조의2에 따라 주무관청이 지정한 민간투자사업을 경영하는 회사(조세특례제한법 제104조의31 제1항에 해당하는 회사에 한함)의 주식을 취득할 경우 단독으로 (또는 특수관계자와 합하여) 그 회사의 최대주주가 되지 않아도 된다(금융지주회사법 제2조 제1항 제1호, 동법시행령 제2조 제3항 제4호).

Ⅱ. 실시협약

1. 개 념

"실시협약"이란 민간투자법에 따라 주무관청과 민간투자사업을 시행하려는 자 간에 사업시행의 조건 등에 관하여 체결하는 계약을 말한다(동법 제2조 제7호). 실시협약은 법인 또는 설립예정법인의 출자예정자 명의로 체결한다(민자사업일반지침 제89조). 실시협약 체결 시까지 사업시행법인을 설립하지 아니한 경우에는 실시계획의 승인신청을 하기 전까지 해당 법인을 설립하여야 한다(동법 제14조 제3항).

2. 법적 성질

실시협약은 공법상의 계약으로 보는 견해가 유력하다. 이 견해는 (i) 실시협약에 의한 사업시행은 민간투자법 및 관련 법률에 정한 일정한 절차 등 법이 정한 사항을 반드시 따라야 하고(민간투자법 제15조, 제24조 등), (ii) 사업시행자는 사업시행자 지정 후 주무관청이 인정하는 경미한 사업을 제외하고는 사업시행자 지정 시 인정된 사업 외의 사업은 수행할 수 없으며(동법 제14조 제4항), (iii) 관리운영권의 처분 또는 출자자 변경 시 주무관청의 사전승인을 요하고(동법 제27조 제2항, 제15조 제1항), (iv) 주무관청의 포괄적인 감독명령권(동법 제45조)이 존재하는 등 실시협약에는 공공성의 이탈을 방지하기 위한 사항이 상당히 존재한다는 점을 그 근거로 들고 있다.[127] 서울고등법원 2004. 6. 24. 선고 2003누6483 판결도, "법 제18조 내지 제20조에 의하면, 사업시행자는 민간투자사업의 시행을 위하여 타인의 토지에 출입 등을 할 수 있고, 국·공유재산을 무상으로 사용할 수 있으며, 토지

127) 김대인(2009), 41-42쪽. 같은 취지로 이상훈(2018), 143-144쪽; 노상범·고동원(2017), 145쪽; 윤성철(2006), 158-159쪽.

등을 수용 또는 사용할 수 있으므로 사업시행자 지정의 효력을 가진 실시협약의 체결을 단순한 사법적, 일반적 계약관계라고 할 수 없다"라고 판시하였는데, 이는 실시협약이 공법상 계약에 해당된다는 취지로 이해되고 있다.[128][129]

실시협약의 법적 성질을 이와 같이 공법상 계약으로 파악하는 경우 그에 관한 기본적인 분쟁해결수단은 공법상 당사자소송이라고 할 것이다.[130] 그런데, 민간투자법 제13조 제3항은 " … 실시협약을 체결함으로써 사업시행자를 지정하고 … "라고 규정하고 있으므로 실시협약의 체결행위는 계약체결행위임과 동시에 사업시행자를 지정하는 행정처분의 성격도 갖는다.[131] 따라서 실시협약체결에 의한 사업시행자 지정행위는 행정소송의 대상이 된다고 볼 것이다. 앞서 본 서울고등법원판결은 민간투자사업에 관한 실시협약 체결 전의 주무관청에 의한 '우선협상자 지정행위'는 항고소송의 대상이 되는 행정처분이라고 판시하였다.[132]

---

128) 김대인(2009), 42쪽.

129) 대법원 2021. 5. 6. 선고 2017다273441 전원합의체 판결은, BTO 방식으로 추진된 민간투자사업의 실시협약에 관하여, "구 민간투자법에 의한 실시협약의 공법적 특수성"이라는 제목 하에 "실시협약에 의한 사업시행은 민간투자법 및 관련 법률에 정한 일정한 절차 등 규정을 따라야 하고, 사업시행자는 사업시행자 지정 시 인정된 사업 외의 사업은 수행할 수 없으며, 관리운영권의 처분 시나 출자자 변경 시 주무관청의 사전승인이 요구되는 등 제한 또는 수정사항이 존재한다. 따라서 사업시행자와 국가 등이 실시협약에 의하여 각기 취득하는 권리의무는 사법상 대등한 당사자 사이에서 체결되는 계약에 의하여 계약당사자가 취득하는 권리의무와는 내용 및 성질을 달리한다. … 실시협약의 체결은 사업시행자 지정 및 이에 따른 공법적 효과까지 아울러 발생시킨다."라고 판시하여 실시협약의 공법적 성격을 인정하였다{김대인(2021), 235쪽}.

130) 김대인(2009), 43·45쪽. 다만, 실시협약의 무효로 인한 손해배상 청구는 실시협약에 기한 청구가 아니므로 일반 민사소송(국가배상법에 기한 손해배상청구)으로 처리된다. 대법원 2012. 6. 28. 선고 2011다88313 판결은, 지방자치단체(서울시 광진구)가 주차장건립사업을 BTO 방식으로 추진하기로 하여 甲 주식회사와 실시협약을 체결하였으나 지방의회의 사전 의결이 없었음을 이유로 실시협약이 무효로 된 사안에서, 지방자치단체 소속 공무원들이 위 사업에 지방의회 의결이 필요한지를 관련 행정기관에 질의하는 등 신중을 다함으로써 甲 회사에 실시협약 무효로 인한 불의의 손해가 발생하지 않도록 하여야 할 직무상 의무를 위반하였으므로 지방자치단체는 甲 회사가 실시협약이 유효한 것으로 믿고 실시계획을 준비하는 데 지출한 비용 상당의 손해를 배상할 책임이 있고, 다만 甲 회사도 지방의회 의결 없이 체결되는 실시협약이 무효임을 모른 데 사회통념상, 신의성실 원칙상, 공동생활상 요구되는 약한 부주의가 인정되는 점 등의 사정에 비추어 손해배상책임을 20%로 제한한 원심 판단을 인용하였다. 2012. 10. 11. 선고 2010다3162 판결, 2008. 2. 14. 선고 2006다37892 판결 등도 같은 취지.

131) 김대인(2009), 47-48쪽. 같은 취지로 윤성철(2006), 158-159쪽.

132) 서울고등법원 2004. 6. 24. 선고 2003누6483 판결("우선협상대상자 지정행위는 사업시행자로 지정되기 위한 전제요건으로서 사업시행자의 실체적 권리관계에 밀접하게 관련되어 있으므로 사업계획을 제출한 사업자의 권리관계에 영향을 미치는 것으로서 항고소송의 대상이 되는 행정처분에 해당한다").

3. 실시협약의 주요 내용

공공투자관리센터는 기획재정부장관과의 사전협의를 거쳐서 표준실시협약안을 작성·공표한다(민자사업일반지침 제40조 제6호). 개별 사업의 실시협약은 표준실시협약안을 바탕으로 협상·체결된다(동지침 제127조 제2항). 주무관청은 다음 사항 등이 실시협약에 포함되도록 하여야 한다(동지침 제83조).

① 민간투자사업 관련 기본사항: 사업시행자의 지정, 시설의 사용 및 운영·관리기간의 결정, 협약당사자의 권리·의무관계, 사업시행자 지정취소 및 법령위반에 대한 처분 등
② 사업의 실시절차에 관한 사항: 법인의 설립, 실시계획 신청, 사업이행보증 및 위험 관련 사항, 안전 및 환경관리 등
③ 공사 관련 필요조치 사항: 공사착수시기, 공사기간, 공사감리, 공사지연에 따른 지체상금의 부과 등
④ 총사업비, 사용료 결정·변경, 목표수익률(세전사업수익률 이외에 세후사업수익률, 주주기대수익률을 병기), 기타 운영수입·비용 관련사항
⑤ 투자위험분담, 재정지원의 기준 및 절차에 관한 사항 등
⑥ 시설유지·보수·관리 및 운영관련 사항
⑦ 위험유형의 분류기준 및 분담원칙에 관한 사항
⑧ 협약의 중도해지 요건과 절차 및 중도해지에 따른 해지시지급금의 지급기준 및 지급절차에 관한 사항
⑨ 매수청구권 실행요건 및 방법에 관한 사항
⑩ 그 밖에 협약종료 및 분쟁처리절차에 관한 사항 등

4. 사업시행자 지정에 따른 사업시행자의 권리

(1) 사업시설의 무상 사용·수익권 등

공공관리센터가 작성한 표준실시협약안[133]은 사업시행자의 지정에 의하여 사업시행자가 다음과 같은 권리를 취득하는 것으로 규정한다(표준실시협약안 제7조 제1항).

① 실시협약 및 실시계획에 따른 대상 사업시설의 설계 및 건설
② 사업부지 내에 국·공유재산을 실시계획이 고시된 날로부터 대상 사업시설의 관리운영

133) 이하에서 언급하는 표준실시협약안은 달리 구분하여 언급하지 아니한 경우에는 「수익형 민자사업[BTO] 표준실시협약안(도로사업)」(2010. 3.)과 「임대형 민자사업[BTL] 표준실시협약안」(2009. 3.) 모두를 가리킨다.

권 설정기간 만료일까지 무상으로 사용[134](다만, 공익적 목적 등의 사유로 주무관청으로부터 승인을 받지 않는 한 사업시행자는 실시협약에 명시된 용도를 제외하고는 다른 목적으로는 사용할 수 없음)

③ 실시협약 및 관리운영권에 따른 본 사업시설의 무상사용·수익(다만, 임대형 민자사업의 경우 대상 사업시설의 수익실현은 실시협약에서 달리 정함이 없는 한 주무관청에게 임대하는 방식으로만 가능함)

④ 실시협약 및 관리운영권에 따른 대상 사업시설의 유지·관리 및 운영, (수익형 민자사업의 경우에는 이에 추가하여) 사용료의 부과 또는 징수

⑤ (임대형 민자사업의 경우) 주무관청에 대한 임대료 및 운영비의 청구와 수령

(2) 관리운영권의 설정

BTO 또는 BTL 방식에 의한 민자사업의 경우 사업시설의 소유권은 대상 사업시설의 준공과 동시에 국가(또는 지방자치단체)에 귀속된다(표준실시협약안 제9조 제1항). 주무관청은 사업시행자가 준공확인을 받은 경우에는 사업시행자에게 대상 사업의 관리운영권을 설정한다(민간투자법 제26조, 표준실시협약안 제39조 제8항). 관리운영권 설정기간은 실시협약에서 정한다. 실시협약은 관리운영권 설정기간의 만료에 의하여 종료되고 사업시행자의 관리운영권은 소멸한다(수익형 민자사업 표준실시협약안 제64조 제1항, 임대형 민자사업 표준실시협약안 제73조 제1항). 실시협약이 중도해지되거나 매수청구에 따라 매수되는 경우에도 같다(표준실시협약안 제9조 제2항).

(3) 토지 등의 수용권

사업시행자는 민간투자사업의 시행을 위하여 필요한 경우에는 공익사업을 위한 토지 등의 취득 및 보상에 관한 법률 제3조에 따른 토지·물건 또는 권리를 수용 또는 사용할 수 있다(민간투자법 제20조 제1항).

5. 위험의 분담

(1) 수익형 민자사업

과거 BTO 방식으로 추진되는 민간투자사업의 최소운영수입을 정부가 보장해 주던

134) 국·공유 재산을 민간투자법 및 본 협약 규정에 의거 무상사용토록 할 수 있으나, 반드시 무상사용권을 부여하여야 하는 것은 아니므로 유상의 행정재산의 대부계약을 별도로 체결하는 것도 가능하다(표준실시협약안 제7조 제1항의 각주).

최소운영수입보장(minimum revenue guarantee: MRG) 제도는 과다한 수요예측 등으로 인해 정부에 과중한 재정 부담을 초래한다는 문제점이 지적되어 왔다. 최소운영수입보장 제도는 2006년에 먼저 민간제안사업에 대하여 폐지되었고, 2009. 10. 6.부터 정부고시사업에 대하여도 폐지되었다.[135)]

2015. 4. 20.자 민간투자사업기본계획에 의하여 수익형 민자사업의 투자위험 분담 방법으로 '위험분담형'과 '손익공유형'이 새로 마련되었다. 위험분담형은 주무관청이 민간사업비의 일부에 대하여 투자위험을 부담하기로 하고, 투자위험을 분담하는 부분에 대한 수익률, 운영수입 귀속 및 운영비용 위험분담 비율 등을 실시협약에서 정하는 방식이다(민자사업일반지침 제33조). 손익공유형은 주무관청이 매년도 실제 운영수입에서 변동운영비용을 차감한 금액이 실시협약상 주무관청의 매년도 투자위험분담기준금에 미달하는 경우 그 부족분을 재정지원 하는 방식이다(동지침 제33조의2).

(2) 임대형 및 혼합형 민자사업

주무관청은 금융시장상황에 따라 금리가 급변할 경우 임대형 민자사업 및 혼합형 민자사업의 원활한 추진을 위하여 금리변동위험의 일부를 분담할 수 있다(민자사업일반지침 제34조).

(3) 불가항력사유 등의 발생과 사업시행자의 매수청구권

민간투자법에 의하면 귀속시설(BTO, BOT 및 BTL)의 사업시행자는 천재지변 등 동법 시행령으로 정하는 불가피한 사유로 사회기반시설의 건설 또는 관리·운영이 불가능한 경우에는 동법시행령으로 정하는 바에 따라 국가 또는 지방자치단체에 대하여 해당 사업(부대사업을 포함한다)을 매수하여 줄 것을 요청할 수 있다(동법 제59조, 동법시행령 제39조). 사업시행자에게 지급되는 매수가액의 산정기준, 산정방법, 그 밖에 필요한 사항은 청구 당시의 사회기반시설(관련 운영설비 포함), 부대사업시설 및 해당 사업의 영업권 등의 적정가치를 고려하여 실시협약에서 정할 수 있다(동법시행령 제40조 제3항). 실시협약에서는 통상적으로 사업시행자의 매수청구에 따른 매수가액을 후술하는 해지시지급금 규정에 준하는 방식으로 산정한다.

(4) 해지시지급금

실시협약이 만기 전에 해지될 경우 정부는 사업시행자에게 실시협약에서 정한 해지

135) 2009. 10. 6.자 민간투자사업기본계획(기획재정부공고 제2009-162호); 반기로(2017), 578쪽.

시지급금을 지급한다. 해지시지급금은 실시협약에서 (i) 민간투자사업의 추진방식(수익형 민자사업, 임대형 민자사업과 혼합형 민자사업), (ii) 해지 사유(사업시행자의 귀책사유로 인한 경우, 비정치적 불가항력으로 인한 경우, 정치적 불가항력으로 인한 경우 및 정부 귀책사유로 인한 경우)와 (iii) 해지 시점(건설기간 중의 해지와 운영기간 중의 해지)에 따라 산정기준을 달리한다(민자사업일반지침 제37조 제3항, 별표 4).[136)]

사업시행자가 사업수행 능력을 상실하거나 파산할 경우 정부 또는 지방자치단체는 실시협약상 위 해지시지급금 관련 조항에 기하여 실시협약을 해지할 수 있고, 이 경우 사업시행자에게는 '사업시행자의 귀책사유로 인한 해지시의 해지시지급금'이 지급될 것이다. 그런데, 사업의 잔존가치가 해지시지급금에 미치지 못할 경우 정부 또는 지방자치단체는 실시협약을 해지하는 것을 꺼릴 수 있고, 실시협약이 해지되지 아니한 상태에서 사업시행자에 대하여 파산절차가 개시될 수 있다. 파산절차가 개시되면 사업시행자의 파산관재인은 채무자회생법 제335조 제1항에 따른 쌍방미이행 쌍무계약의 해제·해지 또는 이행에 관한 선택권을 행사하여 실시계약에 대하여 해지권을 행사할 수 있다. 파산관재인에 의해 실시협약이 해지될 경우에는 위 실시협약상 해지시지급금에 관한 규정은 적용되지 아니하므로 해지에 따른 당사자간의 채권채무의 정산은 민법 법리에 의하여 이루어지게 된다. 이 경우 파산관재인에 의한 해지는 사업시행자의 귀책사유로 인한 해지임에도 불구하고 정부나 지방자치단체로서는 사회기반시설의 운영위험을 인수해야 하는 불합리하게 불리한 입장에 처하게 될 수도 있다. 이것은 주로 채무자회생법이 계약상대방의 귀책사유가 없음에도 불구하고 파산관재인에게 계약을 해제·해지할 수 있는 권한을 부여한 데에서 기인한다.

앞서 살펴본 대법원 2021. 5. 6. 선고 2017다273441 전원합의체 판결[137)]의 사안에서는 바로 이러한 문제점이 부각되었다. 위 대법원판결은 먼저 실시협약이 민간투자법령의 규율을 받아 공법적 법률관계로서의 특수성이 강하지만, 사업시행자가 파산한 경우 채무자회생법 제335조 제1항을 유추적용할 수 있다고 보았다. 다만, 대법원은 사업의 완공·인도 후 관리운영단계에 있는 사업시행자에 대하여 파산절차가 개시된 본건 사안에서, 결론적으로는 실시협약상 당사자간의 법률관계는 상호 대등한 대가관계에 있지 아니하므로 위 채무자회생법상의 쌍방미이행 쌍무계약에 해당하지 아니하고 따라서 사업시행자의 파산관재인은 실시협약을 해지할 수 없다고 판시하였다. 이와 관련하여, 위 대법원판결은 파산절차에 들어선 이상, 사업시행자는 재산을 환가하여 권리의 우선순위와 채권액에 따

136) 해지시지급금에 관한 상세한 설명(비교법적 검토 포함)은, 황성현(2018), 84-94쪽.

137) ☞ 위 각주 129.

라 환가된 금원을 분배한 후 법인격이 소멸하게 되는데, 사업시행자가 보유하고 있는 물권으로서의 관리운영권은 공개매각 등의 절차를 통해 사업시행자의 파산절차에서 시장가격으로 환가될 수 있음을 지적하였다.[138] 위 대법원판결은 실시협약의 공법적 성격을 가미하여 파산관재인의 해지권에 대하여 보다 엄격하게 해석한 측면도 있지만, 위에서 본 바와 같이 파산관재인에 의한 실시협약의 해지를 인정할 경우 초래될 수 있는 현실적인 불합리도 고려한 것으로 보인다.[139] 이 대법원판결을 계기로 삼아, 민간투자사업 사업시행자에 대하여 도산절차가 개시될 경우에 대비하여 해지시지급금 제도를 보완하는 방안을 검토할 필요가 있다.

Ⅲ. 민간투자사업을 위한 프로젝트금융

1. 개　념

민간투자사업 프로젝트금융은 민간투자사업에 참여하는 민간기업 또는 금융회사 등이 사업추진에 필요한 재원을 조달하는 행위를 총칭하는 개념으로서, 해당 프로젝트에 대한 프로젝트금융 방식에 의하여 자기자본 또는 타인자본을 조달한다.[140]

2. 프로젝트금융의 추진 절차

민간투자사업을 위한 프로젝트금융 관련 업무를 담당하는 기관 및 그 주요 진행은 [표 12-7]과 같다. 민자사업일반지침은 “주무관청과 사업시행자는 실시협약(변경실시협약을 포함)과 금융약정의 체결시점이 일치하도록 노력하여야 한다”고 규정하고 있다(동지침 제25조의3). 표준실시협약안에 의하면 사업시행자는 사업계획서 제출 당시 제시한 채권금

---

138) 이 판결의 별개의견은 위 실시협약은 쌍방미이행 쌍무계약에 해당하지만 파산을 이유로 이를 해지하는 것은 행정목적의 달성을 어렵게 하여 공익에 대한 중대한 침해를 초래하므로 파산관재인의 해지에 관한 채무자회생법의 규정은 적용될 수 없다고 보았다. 반대의견은 파산 당시 사업시행자의 주차장 운영의무와 주무관청이 사업시행자로 하여금 부지를 무상으로 사용하게 하고 주차요금 조정 등에 협력하며 주차단속을 실시할 의무는 쌍방 모두 계약의 주요 부분이 이행되지 않은 것이고 부수적인 채무는 아니므로 위 실시협약은 쌍방미이행 쌍무계약에 해당하고, 공법상 계약은 공법적 법률관계에 관한 계약으로서 일반적인 사항에 관해서는 민법상 계약이나 법률행위에 관한 규정이 적용되는 것을 전제로 체결되는 것이므로 그에 대해서는 채무자회생법의 쌍방미이행 쌍무계약 해지규정을 적용하여 파산관재인은 이를 해지할 수 있다고 보았다.

139) 이 대법원판결에 관한 평석으로는 김대인(2021), 이상훈(2021), 김유성(2021).

140) 김재형(2009b), 6쪽.

[표 12-7] 민간투자사업 프로젝트금융 관련 업무의 진행[141)]

민간투자사업 절차	프로젝트금융 관련 업무	
	관여금융회사	관련 업무
시설사업기본계획 고시		
사업계획서 제출	금융자문사	o 금융자문계약 체결 o 사업성 검토에 대한 자문 o 채권금융기관 등의 대출의향서(또는 조건부 대출확약서) 발급
협상대상자 지정	금융자문사	o 대정부 협상 지원
실시협약 체결 (=사업시행자 지정)	금융자문사	o 실사(due diligence) o 대출조건(term sheet) 협상 o 대출주선기관(=간사은행) 선정(mandate)
	간사은행*	o 사업설명서(information memorandum) 배포 o 대출주선(대주단 구성, 대출계약 협상) o 대출계약 체결
실시계획 승인	대리은행*	o 선행조건 충족+대출실행
착공·운영개시	대리은행	o 사후관리

주: 간사은행과 대리은행의 역할, 권한과 의무에 대한 상세한 논의는 ☞ 제4장 제2절 Ⅰ. 간사은행의 의무와 책임 및 제4장 제3절 대리은행의 의무와 책임.

융기관의 대출의향서 또는 조건부 대출확약서를 실시계획 승인 신청시까지 대출약정서로 변경하여 주무관청에 제출하도록 하고 있다(수익형 민자사업 표준실시협약안 제8조 제3항).[142)]

프로젝트금융과 관련하여 금융자문사는 사업성검토에 관한 자문, 對정부 협상 지원 등의 업무를 수행하고, 간사은행은 프로젝트 및 프로젝트회사에 대한 실사, 대주단 모집을 위한 사업설명서의 작성, 대출조건의 협상 등에 관여한다. 실무에서는 금융자문을 담당하는 금융회사가 간사은행(금융주선 업무) 역할도 담당하는 경우가 적지 않은 것으로 보인다. 이 경우 그 금융회사는 사업성 검토 등 금융자문과 대주단 구성 등 대출 주선에 관하여는 프로젝트회사를 위하여 업무를 수행하지만, 대출조건 및 대출계약에 관하여는 향후 대주로서 대출에 참가할 자신의 이익을 위하여 협상을 진행하게 된다. 이러한 이중적 지위 및 그로 인한 이익충돌의 가능성이 있으므로 간사은행은 이에 대해 차주 및 사업주로부터 동의를 받을 필요가 있다. 간사은행은 별도의 약정이 없는 한 대출주선이나 대출계약 협상과 관련하여 대출참가를 희망하는 다른 대주들을 위해 업무를 수행해야 할 계약상의 의무를 부담하는 것은 아니다. 그러나 간사은행이 프로젝트에 관여하여 지득한 정보와 관련하여 사업설명서상 중요한 점에서 그 정보와 다른 사실이 기재되었거나 중요한

141) 상세한 내용은 이종윤·김남용(2014), 157-159쪽.

142) 실시계획 승인신청 이전까지 금융약정이 어려울 경우, 경우에 따라서는 무조건부 대출확약서를 제시할 수 있도록 하는 경우도 있다(예: 임대형 민자사업 표준실시협약안 제8조 제3항의 각주).

사실관계에 관한 기재가 누락되었음을 안 경우, 간사은행은 차주로 하여금 대출참여은행들에게 그에 관한 정보를 제공하도록 하여야 할 것이다. 간사은행이 알게 된 정보가 대출참여은행에 제대로 제공되지 못할 경우, 간사은행은 대출참여은행들에 대하여 차주와 함께 불법행위로 인한 손해배상책임을 질 가능성이 있다(☞ 제4장 제2절 Ⅰ. 간사은행의 의무와 책임).

3. 사업시행자의 자기자본 비율

사업시행자는 민자사업일반지침이 정한 기준에 따라 자기자본 비율을 유지하여야 한다. 수익형 민자사업의 경우에는, 동지침에 따른 하향 조정이 인정되는 경우를 제외하고, 건설기간 중에는 총민간투자비의 15% 이상으로, 운영기간 중에는 관리운영권 잔액(정부보조금 제외)의 10% 이상으로 유지하여 한다(동지침 제25조 제1항). 임대형 민자사업의 사업시행자는 총민간투자비의 5%부터 15% 범위 내에서 결정하여 시설사업기본계획에서 제시하되, 총사업비가 1천억원 미만인 사업의 경우에는 총민간투자비의 5%를 원칙으로 한다(같은 조 제2항). 혼합형 민자사업의 사업시행자는 수익형 민자사업 부분과 임대형 민자사업 부분의 최저 자기자본비율을 가중평균한 비율 이상으로 자기자본을 조달하여야 하고, 개량운영형 민자사업의 최소자기자본비율은 관리운영권 기초가액의 5%부터 15% 범위 내로 결정하여 시설사업기본계획에서 제시한다(같은 조 제3항, 제4항).

4. 담 보

(1) 관리운영권에 대한 근저당권

관리운영권은 물권으로 간주되고, 민법 중 부동산에 관한 규정이 준용된다(민간투자법 제27조 제1항). 관리운영권을 목적으로 하는 저당권의 설정·변경·소멸 및 처분의 제한은 주무관청의 관리운영권 등록원부에 등록함으로써 효력이 발생한다(동법 제28조 제1항). 관리운영권을 분할 또는 합병하거나 처분하려는 경우에는 미리 주무관청의 승인을 받아야 한다(동법 제27조 제2항). 관리운영권에 대한 근저당권 설정은 관리운영권의 처분에 해당되므로 위 규정에 따라 주무관청의 승인을 받아야 한다. 실시협약상으로도 실시협약상의 권리와 관리운영권에 대한 담보설정에 대하여는 주무관청의 사전 승인을 요한다(수익형 민자사업 표준실시협약안 제71조 제2항, 임대형 민자사업 표준실시협약안 제79조 제2항).

그런데, 근저당권자가 관리운영권에 대한 근저당권을 실행하고자 하는 경우 주무관청의 승인을 다시 받아야 하는지는 의문이 있다. 생각건대, 관리운영권에 대한 근저당권 설정에 대하여 주무관청이 민간투자법 제27조 제2항 및 실시협약의 규정에 따라 승인을 하는 경우 이는 향후 사업시행자의 채무불이행시 근저당권자가 민사집행법상의 경매절차에 의하여 근저당권을 실행하는 것에 대한 승인도 포함하는 것으로 보는 것이 합리적일 것이다.[143] 그러나, 관리운영권에 대한 경매에 의하여 매수인이 실시협약상 사업시행자의 지위까지 취득한다고 보기는 어렵고, 사업시행자의 지위 이전과 분리되어 제3자가 경매에 의하여 관리운영권만 취득하는 경우는 현실적으로 발생하기 어렵다.[144] 대주로서는 사업시행자의 채무불이행이 발생한 경우 관리운영권에 대한 근저당권의 실행보다는 주무관청의 동의를 얻어 대주가 희망하는 대체사업자가 실시협약상의 지위를 이전받도록 하는 것이 최선일 것이다. 이러한 점에서 관리운영권에 대한 근저당권은 관리운영권 자체의 환가를 통한 채권회수보다는 사업시행자의 다른 채권자들이 관리운영권에 대하여 권리행사를 함으로써 사업수행 및 현금흐름 창출에 지장이 초래되는 것을 방지하고, 나아가 대주가 대체사업자로의 사업 이관 등에 의하여 해당 사업의 구조조정을 추진하는 것을 지원하는 기능을 한다고 볼 수 있다. 입법론으로는, 민간투자법을 개정하여 관리운영권에 대한 저당권 실행시 관리운영권과 사업시행자의 지위가 분리되지 않도록 하는 보완 장치를 마련할 필요가 있다.

(2) 담보 및 신용보강

민간투자사업을 위한 프로젝트금융을 제공하는 대주들에 대하여는 대체로 다음과 같은 담보가 제공된다.[145]

① 산업기반신용보증서
② 실시협약상 사업시행자가 갖는 해지시지급금 등의 채권 및 공사도급계약, 운영관리계약, 그 밖의 계약상 사업시행자가 갖는 채권에 대한 양도담보
③ 관리운영권에 대한 1순위 근저당권
④ 출자자 보유주식에 대한 1순위 근질권
⑤ 차주사의 각종 예금계좌에 대한 1순위 근질권
⑥ 보험금청구권에 대한 1순위 근질권

143) 허익렬·김규식·김건호(2009), 61쪽은 담보권 실행을 위한 경매로 인한 관리운영권의 이전은 민법 제187조에 따른 법률의 규정에 의한 물권 취득으로 사업시행자가 관리운영권을 처분하는 행위에 해당된다고 보기 어렵다고 한다.

144) 허익렬·김규식·김건호(2009), 60-61쪽; 김동은·김광열(2009), 35쪽.

145) 김동은·김광열(2009), 33-36쪽; 이종윤·김남용(2014), 168쪽.

신용보강 조치로는 일정금액의 부채상환적립계좌(debt service reserve account: DSRA)에의 적립,[146] 출자자에 의한 완공보증 및 자금보충약정 등을 들 수 있다.

(3) 대체사업자 선정

(i) 주무관청이 사업시행자에게 해지사유의 발생을 통지한 후 치유기간 내에 당해 해지사유의 치유 또는 치유를 위한 합의가 이루어지지 않은 경우 또는 (ii) 채권금융기관 중 어느 기관이 사업시행자에게 기한이익상실에 관한 통지를 한 경우, 채권금융기관(또는 대리은행)은 서면통지("대체사업자 추천통지")를 통해 사업시행자를 대체할 대체사업자를 주무관청에 추천할 수 있도록 하는 '대체사업자 선정'에 관한 조항을 실시협약에 두는 경우가 있다. 대체사업자 선정 조항에서 주무관청은 대체사업자 추천통지를 수령한 후 일정기간 내에 채권금융기관이 추천한 대체사업자의 수용 여부를 검토하여 사업시행자 및 채권금융기관에게 통지하기로 한다. 그러나 대체사업자가 선정된 날로부터 일정한 기간 안에 주무관청, 채권금융기관 및 선정된 대체사업자가 사업시행자의 귀책사유 및 대출계약상의 채무불이행 사유의 치유를 위한 기간 및 방법에 관하여 합의에 이르지 못할 경우, 채권금융기관 또는 주무관청에 의해 대체사업자의 선정이 취소될 수 있고, 이 경우 당사자들은 대체사업자의 추천이 처음부터 없었던 것처럼 실시협약의 본래의 조건에 따른 권리의무를 갖는다.[147]

대체사업자 선정 조항은 프로젝트 관련 계약을 제3자에게 이전시킴으로써 프로젝트를 유지시키고 대출금의 상환재원이 되는 현금흐름을 확보하는 것을 목적으로 한다는 점에서 앞에서 살펴본 직접계약(Direct Agreement)과 유사하다. 그러나 대체사업자의 선정에 대하여 주무관청의 승인이 필요하고 채무불이행의 치유 방법에 대하여 주무관청, 대주 및 대체사업자 간에 별도의 합의가 필요하므로 대주가 실시협약상 지위를 대체사업자에게 이전할 것을 강제할 수는 없다.[148]

---

146) 부채상환적립계좌에의 적립은 사업시행자의 여유현금 중 일정금액(대체로 6개월분의 대출원리금 상환액)을 그 계좌에 적립하게 함으로써 대출원리금 상환의 안정성을 확보하기 위한 것이다.

147) 공공투자관리센터가 공고한 표준실시협약안 중에는 이러한 내용의 대체사업자 선정 조항을 두고 있는 경우{예컨대, 임대형 민자사업 표준실시협약안 제80조(사업시행자의 변경)}도 있고, 그렇지 아니한 경우{예컨대, 수익형 민자사업 표준실시협약안 제72조}도 있다. 실제로 체결된 실시협약에서 본문에서와 같은 내용의 대체사업자 선정 조항을 둔 사례는 최근에도 있는 것으로 보인다.

148) 민간투자사업에서 실시협약상 대체사업자 선정 조항에 관한 상세한 내용은 김동은·김광열(2009), 31-33쪽.

5. 자금재조달

(1) 개 념

민자사업일반지침상 자금재조달(refinancing)은 ① 5% 이상의 출자자 지분 변경(예외 있음), ② 자기자본, 후순위채 등을 증감시키는 등 자본구조의 변경, ③ (최초 금융약정 체결 후) 타인자본의 조달금리, 상환기간, 부채상환금 적립조건 등 타인자본 조달조건의 현저한 변경을 말한다(동지침 제28조). 예컨대, 사업시설의 준공 시에 신규 대출을 받아 그 대출금으로 준공 전의 차입금을 상환하고자 하는 경우 위 "자금재조달"에 해당될 수 있다.[149] 준공위험이 해소되는 시점에 사업시행자는 준공 전 금융보다는 더 나은 조건으로 대환을 함으로써 자금조달 비용을 낮추고 수익을 늘릴 수 있다. 그런데, 아래에서 보는 바와 같이 사업시행자는 이러한 자금재조달에 따른 사업시행자의 수익증가분을 원칙적으로 주무관청과 공유하여야 한다.

(2) 자금재조달 이익의 공유

자금재조달 이익의 공유란 자금재조달로 인하여 발생하는 출자자의 기대수익 증가분을 사업시행자와 주무관청이 공유하는 것을 말한다.[150] 실시협약상 총사업비(임대형 민자사업의 경우에는 총민간투자비)가 500억원 이상인 사업의 경우(또는 총사업비가 500억원 미만인 사업이라도 주무관청이 자금재조달의 적정성 확인 및 이익공유가 필요하다고 판단하는 경우. 단, 예외 인정을 받는 일정한 사업은 제외), 사업시행자는 자금재조달로 인한 이익을 민자사업일반지침이 정하는 기준(보다 정확히는, 민자사업일반지침의 기준을 반영한 실시협약)에 따라 주무관청과 공유하여야 한다(동지침 제27조, 제29조).[151] 정부는 민간투자사업 추진에 필요한 사업부지 지원 및 보상, 최저수입보장(MRG)(최소수입보장제도가 폐지되기 전에 실시협약이 체결된 사업의 경우), 산업기반신용보증기금의 운용, 사업 중단 시 해지시지급금 등 각종 지원을 제공하고 있으므로 자금재조달 이익이 발생하는 경우 이를 사업시행자와 주무관청이 공유해야 한다는 것이다.[152]

---

149) 황호동·황학천·김길홍(2009), 48쪽.
150) KDI 공공투자관리센터(2014b), 30쪽.
151) 이러한 자금재조달 이익의 공유에 대하여 비판적 견해로는, 황호동·황학천·김길홍(2009), 48쪽.
152) KDI 공공투자관리센터(2014b), 3쪽.

참고문헌

김경무(2014) 김경무 편, ABS의 이해와 신용평가(새로운 제안, 2014)

김동은 · 김광열(2009) 김동은 · 김광열, "프로젝트 파이낸스에 있어서 개입권의 유형과 내용 — 민간투자사업을 중심으로 —", BFL 제37호(서울대학교 금융법센터, 2009. 9.)

김대인(2009) 김대인, 민간투자사업관리법제 개선방안에 관한 연구(Ⅰ) — 정부계약법과의 관계정립을 중심으로 — (한국법제연구원, 2009)

김대인(2021) 김대인, "채무자회생법의 공법상 계약에의 적용에 대한 고찰 — 대법원 2021. 5. 6. 선고 2017다273441 전원합의체 판결에 대한 평석 —", 이화여자대학교 법학논집(이화여자대학교 법학연구소, 2021. 9.)

김상만(2014) 김상만, "글로벌 프로젝트 파이낸스 최근 동향 및 상업위험 분석", 한국무역상무학회지 제61권(한국무역상무학회, 2014. 2.)

김용호 · 선용승(2009) 김용호 · 선용승, "국제금융을 위한 담보수단 — 개관 및 관련된 몇 가지 문제 —", 석광현 · 정순섭, 국제금융법의 현상과 과제(제1권)(소화, 2009)

김재형(2002) 김재형, "근저당권부 채권의 유동화에 관한 법적 문제", 서울대학교 법학 제43권 제1호(서울대학교, 2002)

김재형(2009a) 김재형, "『동산 · 채권 등의 담보에 관한 법률』제정안의 구성과 내용", 법조 제638호(법조협회, 2009. 11.)

김재형(2009b) 김재형, "사회기반시설에 대한 민간투자 프로젝트 파이낸스 현황 및 과제", BFL 제37호(서울대학교 금융법센터, 2009. 9.)

김유성(2021) 김유성, "민간투자법에 근거하여 이루어진 실시협약이 쌍방미이행 쌍무계약에 해당하는지 여부, 사법 통권 58호(사법발전재단, 2021)

노상범 · 고동원(2017) 노상범 · 고동원, 부동산금융법 — 이론과 실무 — (박영사, 2017)

박현석 · 김태건 · 안성현(2019) 박현석 · 김태건 · 안성현, 민간투자법 해설과 실무(삼일인포마인, 2019)

반기로(2017) 반기로, 프로젝트파이낸스(제10판)(한국금융연수원, 2017)

법무부(2010) 법무부, 동산 · 채권 등의 담보에 관한 법률(2010)

서극교(2004) 서극교, 프로젝트 파이낸스 원리와 응용(한국수출입은행, 2004)

양창수(2003) 양창수, "장래채권의 양도", 민법연구 제7권(박영사, 2003)

오영준(2006) 오영준, "집합채권양도담보와 도산절차의 개시", 사법논집 제43집(법원도서관, 2006)

윤성철(2006) 윤성철, 민간투자 법제연구(한국학술정보, 2006)

이상훈(2018) 이상훈, "민간투자사업 실시협약 해지와 공익처분의 관계", 성균관법학 제30권 제4호(성균관대학교 법학연구원, 2018)

이상훈(2021) 이상훈, "민간투자사업 실시협약의 미이행 쌍무계약 해당 여부에 관한 대법원 2021.

5. 6. 선고 2017다273441 판결의 쟁점과 함의", 사법 통권 57호(사법발전재단, 2021)

이종윤·김남용(2014) 이종윤·김남용, 민간투자사업 Hand Book(북랩, 2014)

최수정(2004) 최수정, "집합채권양도담보의 해석을 둘러싼 제문제 — 대법원 2003.9.5., 2002다40456 판결 —", 민사법학 제26권(한국민사법학회, 2004)

한민(2018) 한민, "프로젝트금융의 법적 쟁점", 이화여자대학교 법학논집 제22권 제3호(이화여자대학교 법학연구소, 2018. 3.)

허익렬(2001) 허익렬, "프로젝트 파이낸스와 한국법상의 문제점에 관하여", 민사판례연구[XXIII](박영사, 2001)

허익렬·김규식·김건호(2009) 허익렬·김규식·김건호, "프로젝트 파이낸스에서의 담보에 대한 검토", BFL 제50호(서울대학교 금융법센터, 2009. 9.)

황보창(2015) 황보창, "프로젝트파이낸스 평가방법론", Methodology Report(한국기업평가, 2015. 2. 27.)

황성현(2018) 황성현, "실시협약(PPP Contract) 중도해지시 대주의 이익보호방안 — 해지시지급금(Termination Payment) 산정기준 및 이에 대한 대주(Lender)의 직접적 권리확보방법을 중심으로 —", 국제거래법연구 제27집 제2호(국제거래법학회, 2018)

황호동·황학천·김길홍(2009) 황호동·황학천·김길홍, "사회기반시설에 대한 민간투자법에 따른 실시협약에 대한 이해", BFL 제37호(서울대학교 금융법센터, 2009. 9.)

KDI 공공투자관리센터(2014a) KDI 공공투자관리센터, 민간투자사업의 펀드 투자 현황 및 규제개선에 대한 연구(2014년도 민간투자 정책연구 보고서)(2014. 6. 30.)

KDI 공공투자관리센터(2014b) KDI 공공투자관리센터, 자금재조달에 관한 세부요령(2014)

KDI 공공투자관리센터(2023) KDI 공공투자관리센터, 2022년도 KDI 공공투자관리센터 연차보고서(2023. 8.)

Dewar(2015) John Dewar (ed.), International Project Finance Law and Practice (2nd ed.) (Oxford, 2015)

Hoffman(2008) Scott L. Hoffman, The Law and Business of International Project Finance (Cambridge, 2008)

Nihehuss(2010) John M. Nihehuss, International Project Finance (2nd ed.) (West Academic Publishing, 2010)

森·濱田松本法律事務所(2015) 森·濱田松本法律事務所, 發電プロジェクトの契約實務(別册 NBL No.154) (商事法務, 2015)

西村總合法律事務所(2003) 西村總合法律事務所 編, ファイナンス法大全(下) (商事法務, 2003)

西村あさひ法律事務所(2017) 西村あさひ法律事務所 編, ファイナンス法大全[全訂版](下) (商事法務, 2017)

西村ときわ法律事務所(2015) 西村ときわ法律事務所 編, 新しいファイナンス手法(第2版) (金融財政

事情研究会, 2015)

村上祐亮(2015) "プロジェクトファイナンスにおけるステップ·インの再検討 — 英美におけるDirect Agreementの實務を踏まえて—," NBL No.1052 (商事法務, 2015. 6. 15.)

제13장 부동산개발금융

제1절 총 설

Ⅰ. 부동산개발금융의 개념

부동산개발사업[1]은 대체로 "토지를 택지·공장용지·상업용지 등으로 조성하거나 토지에 건축물·공작물을 건축하여 이를 타인에게 판매 또는 임대의 방법으로 공급하는 사업"이라고 정의할 수 있다.[2] 다만, 그 법적 개념은 해당 부동산개발사업을 규제하는 법률에 따라 차이가 있으므로 사안에 따라 개별적으로 파악하여야 한다.[3]

부동산개발금융은 부동산개발사업에 소요되는 사업자금(토지비 및 사업비)[4]을 조달하기 위한 금융이다. 부동산개발사업에서는 통상적으로 사업 초기에 사업부지의 취득에 소요되는 토지비는 지분투자 또는 기업금융 방식의 담보부 대출(=후술하는 브릿지 대출)에

1) 전국적으로 진행 중인 부동산개발사업의 현황은 ☞ 국토교통부 리츠정보시스템의 '리츠정보-부동산개발정보'(http://reits.molit.go.kr/rbm/rbm/openSearchReportProjectLst.do).

2) 유병곤(2007), 7쪽.

3) 일정 규모 이상의 부동산개발 중 다른 개별 법률에 따라 시행자격이 규율되지 않는 부동산개발을 업으로 영위하는 자를 일괄하여 관리·감독하는 부동산개발업법에서는 보다 포괄적인 내용으로 '부동산개발' 및 '부동산개발업'의 개념을 정의하고 있다(동법 제2조 제1호, 제2호). 또한, 부동산투자회사법과 자본시장법은 부동산투자회사와 집합투자기구의 자산의 투자·운용과 관련하여 각각 부동산개발사업의 개념을 다소 다른 내용으로 정의하고 있다(부동산투자회사법 제2조 제4호, 자본시장법 제81조 제1항 제2호 가목).

4) 토지비 및 사업비의 개념에 관하여는 ☞ 아래 각주 60.

의하여 조달하고, 그 이후에 소요되는 사업자금(토지비 차입금의 상환자금 포함)은 완공된 사업으로부터 창출되는 현금흐름을 상환재원으로 하여 금융회사 등으로부터 대출받는다. 후자의 부동산개발금융은 넓은 의미에서의 프로젝트금융에 포함시킬 수 있다. 시장에서는 이를 "부동산 프로젝트금융" 또는 약칭하여 "부동산 PF"라고 부른다.[5] 공동주택과 상가, 오피스텔, 주상복합건물 등 일정 유형의 일반건축물의 분양을 위한 개발사업에서는 필요한 사업자금의 상당 부분을 '선분양제도'에 기하여 수분양자들이 선급하는 분양대금(계약금 및 중도금)으로부터 조달한다. 넓은 의미에서의 부동산개발금융에는 선분양에 의한 분양대금의 선급 및 이와 관련하여 제공되는 금융(수분양자에 대한 중도금 대출 및 수분양자를 수혜자로 하는 주택도시보증공사의 분양보증 등)도 포함시킬 수 있다.

부동산개발사업에서 위와 같은 방법에 의한 사업자금의 조달은 필요불가결한 것이므로 부동산개발사업 자체에 금융의 요소가 포함되어 있다고 볼 수 있다. 제2절에서는 부동산개발금융을 이해하는 데에 필요한 범위 내에서 부동산개발사업에 관하여 살펴본다.

Ⅱ. 금융조달을 위한 부동산개발사업의 유형과 구조

부동산개발금융은 부동산개발사업의 사업시행자[6]에 대한 지분투자와 융자로 구성된다. 부동산개발사업의 사업시행자로는 실체가 있는 사업회사 외에도 수분양자·금융채권자 및 투자자의 보호, 조세 혜택, 금융조달의 편의 등을 고려하여 부동산신탁의 신탁회사, 조세특례제한법에 의한 프로젝트금융투자회사, 부동산투자회사법에 의한 부동산투자회사, 자본시장법에 의한 부동산펀드 등 다양한 특별목적기구가 이용된다. 이들 특별목적기구에 대하여는 해당 법률에 의하여 각각 그 특유의 투자·업무 구조가 적용되고, 이에 따라 부동산개발사업의 거래구조도 영향을 받는다.

최근 부동산개발사업에서는 수분양자의 이익 보호, 금융조달의 편의, 개발사업의 안정적 수행 등을 위하여 신탁회사 명의의 개발사업 수행(=토지신탁), 신탁회사에 의한 사업부지 및 건축물의 소유와 분양수입금의 관리(=분양관리신탁), 금융채권자를 위한 담보

5) 이를 토지매입자금 조달을 위한 대출(=후술하는 브릿지 대출)과 구별하여 '본 PF'라고도 부른다. 실무에서는 사업 초기의 토지계약금 조달을 위한 지분투자와 잔여 토지비 조달을 위한 브릿지 대출까지 넓게 포함하여 부동산개발사업과 관련된 일체의 금융조달을 부동산 PF에 포함시키기도 한다.

6) 후술하는 바와 같이 부동산개발사업에 토지신탁을 이용하는 경우 사업시행자는 신탁회사가 되지만 실질적인 사업주체인 위탁자가 사업자금의 전부 또는 일부를 조달한다. 제1절 Ⅱ. 및 Ⅲ.에서 말하는 부동산개발금융의 조달 주체로서의 사업시행자는 실질적 사업주체도 포함한다.

의 제공(=담보신탁) 등 여러 목적과 기능을 가지는 다양한 부동산신탁 상품이 활발하게 이용되고 있다. 이에 따라 거의 모든 부동산개발사업에는 부동산신탁의 이용 및 부동산신탁회사의 참여가 필수적이라고 할 수 있을 정도로 당연한 것으로 인식되고 있다.[7] 제3절에서는 부동산신탁을 이용한 부동산개발사업의 유형과 구조에 관하여 살펴본다.

위에서 본 특별목적기구 중에는 부동산개발사업에서 사업시행자로만 이용되는 경우(=프로젝트금융투자회사)가 있고, 사업시행자로 이용되기도 하지만 주로는 사업시행자에 대한 투자·융자나 완공 건축물에 대한 투자를 위한 기구로 이용되는 경우(=부동산투자회사 및 부동산펀드)가 있다. 부동산개발사업에 대한 투자자의 관점에서 보면, 사업시행자로 이용되는 특수목적기구도 넓게 보면 부동산개발사업에 대한 직접 또는 간접적인 투자 또는 융자를 위한 기구의 범주에 포함시킬 수도 있다. 이러한 관점에서, 제4절에서는 부동산개발사업에 직간접적으로 참여하는 투융자기구로서 프로젝트금융투자회사, 부동산투자회사 및 부동산펀드의 역할에 관하여 살펴본다.

Ⅲ. 부동산 프로젝트금융

부동산개발사업의 초기에 사업승인을 얻기 전 단계에서 일반적으로 시행회사는 사업용 토지에 대한 매매계약을 체결하고 자체 자금으로 계약금을 지급한 후 잔금(중도금 포함) 상당액을 담보대출 방식에 의한 브릿지 대출(bridge loan)에 의해 조달한다. 브릿지 대출은 부동산 PF가 성사되면 그 대출금으로 상환한다. 토지매매의 계약금 상당액은 통상 지분투자에 의해 조달하나, 최근에는 브릿지 대출로 조달하는 경우도 많다(☞ 제5절 Ⅱ. 1.). 브릿지 대출은 개발사업에 대한 인허가를 받기 전에 제공되어 대주가 부담하는 신용위험이 크기 때문에 이자율이 높고 주로 상호저축은행, 여신전문금융회사 등 제2 금융권의 금융회사가 참여한다.

사업시행자는 부동산개발사업에 대한 인허가를 얻은 후에 사업착공 무렵에 부동산 PF에 의해 토지비(토지비를 위와 같이 브릿지 대출로 조달한 경우에는 그 상환자금)와 사업비를 조달한다. 부동산 PF는 기본적으로 분양대금의 현금흐름으로부터 대출원리금을 상환할 것을 예정한다. 은행 등 제1 금융권의 금융회사, 부동산투자회사, 부동산펀드, 자산유동화회사 등이 부동산 PF의 대주가 된다. 부동산 PF의 대주가 공모 부동산투자회사, 공모 부동산펀드 또는 자산유동화회사인 경우에는 그 대출의 재원은 자본시장에서 증권 발행

7) 최용호(2020), 79쪽.

을 통해 조달한다.

1990년대까지의 부동산개발은 건설회사가 사업자금의 대부분을 직접 조달하여 사업부지를 매입하고 사업시행을 위한 인허가를 받은 후 시공을 하는 방식, 즉 건설회사가 시행과 시공을 모두 전담하여 수행하는 자체사업 방식에 의했다.[8] 그러나, 1997년 말 IMF 구제금융을 받는 경제위기로 인하여 자금조달이 어려워지면서 많은 건설회사들이 재무적 곤경에 처하게 되었다.[9] 그 후 건설회사의 재무건전성, 리스크관리 등을 요구하는 부동산 시장의 변화에 적응하기 위해 시공을 제외한 사업기획, 사업자금의 조달, 사업부지의 매입, 인허가의 획득, 분양 등 개발사업의 시행에 관한 업무는 별도의 시행회사가 담당하는 형태로 시공과 시행이 분리되었다.[10] 이와 같이 부동산개발사업에서 개발사업 전체에 대하여 책임을 지는 시행 주체와 건설공사를 담당하는 시공 주체가 분리됨에 따라 부동산 PF가 시행회사의 자금조달을 위한 새로운 부동산금융 기법으로 대두되었다.[11]

하지만, 영세한 시행회사로서는 사업이 지연되거나 사업성이 저하되는 경우 PF 대출금을 상환할 수 없게 될 위험이 있어서 개발사업의 사업성만을 기초로 시행회사가 사업자금을 차입하는 것은 현실적으로 어려웠다.[12] 이에 따라 그 후에도 시공회사는 영세한 시행회사의 신용을 보강하기 위하여 부동산 PF의 대주에게 시행회사의 채무에 대한 지급보증을 제공함으로써 여전히 대부분의 사업위험을 부담하였다. 이 때문에 시행과 시공의 실질적 분리가 이루어진 것으로 보기는 어렵다는 평가도 있었다.[13] 2011년부터 한국채택국제회계기준(K-IFRS)이 금융회사와 일반 상장회사를 중심으로 도입됨에 따라 재무제표상 우발채무의 인식 요건, 시행회사와 시공회사의 재무제표 연결기준 등이 강화된 것을 계기로 최근의 부동산 PF에서는 시공회사가 부동산 PF 대주에게 지급보증 대신에 상대적으로 시공회사의 부담이 적은 방식의 신용보강(예: 책임준공확약)을 제공하고 있다. 특히 후술하는 바와 같이 선분양에 의하여 선급받는 분양대금을 사업비로 충당할 것을 전제하고 추진하는 주택이나 일반건축물의 분양을 목적으로 하는 개발사업의 경우에는, 사업시행자의 자기자본조달은 토지계약금과 초기 필수사업비에 국한되고 나머지 자금은 외부차입과 선분양대금이라는 타인자본조달에 의존하므로 사업시행자의 자기자본비율은 매우 낮다.[14] 이 경우 사업비 증가나 분양 부진에 대비한 시공회사의 신용보강은 필수적이

8) 김경무(2014), 306쪽.
9) 손재영 외(2012), 제9장 PF대출(강민석·최은영·황규안 집필), 253-254쪽.
10) 유병곤(2007), 8쪽.
11) 김경무(2014), 306쪽.
12) 김경무(2014), 306쪽.
13) 손재영 외(2012), 제1장 우리나라 부동산금융의 현황과 과제(손재영·이준용 집필), 7쪽.
14) 김진·사공대창(2009), 178-179쪽.

라고 할 수 있다. 부동산 PF에 관하여는 아래 제5절에서 살펴본다.

제 2 절 부동산개발사업

Ⅰ. 부동산개발사업의 진행과 주요 참가자

부동산개발사업은 (i) 개발형태에 따라 '토지 관련 개발사업과 건축 관련 개발사업' 또는 '신개발사업과 재개발사업'으로, (ii) 개발주체에 따라 공공개발사업, 민간개발사업과 민관합동개발사업으로, (iii) 개발지역에 따라 도시개발사업과 도시외개발사업으로 분류할 수 있다.[15)]

부동산개발사업의 일반적인 유형은 사업시행자가 토지를 매입한 후 건축물을 건축하여 분양하는 방식이다. 부동산개발사업은 대체로 사업의 기획 및 사업 타당성 분석을 하는 예비단계를 거친 후에, ① 사업부지인 토지의 확보(토지비 자금의 조달 포함), ② 부동산개발에 관한 정부 인허가의 획득, ③ 사업비의 조달 및 사업 수행 관련 계약(금융계약, 신탁계약, 공사도급계약, 용역계약 등)의 체결, ④ 분양 관련 절차의 수행(선분양 요건의 충족 포함), ⑤ 준공 및 인도 등의 순서로 진행된다.[16)]

부동산개발사업의 주요 참가자로는 개발사업의 주체인 시행회사, 건설공사를 수행하는 시공회사, 부동산개발을 위한 금융의 제공자와 완공된 목적물을 분양받는 수분양자를 들 수 있다. 주택법에 의한 주택개발사업에서는 주택의 선분양시 수분양자를 보호하기 위하여 주택도시보증공사의 주택분양보증이 요구되므로 주택도시보증공사도 주요 참가자라고 할 수 있다. 부동산개발사업의 시행회사는 사업의 주체로서 개발사업 전체를 책임지고 수행하고, 시공회사에 대하여는 발주자, 수분양자에 대한 관계에서는 부동산상품의 공급자, 금융제공자에 대하여는 차주의 지위를 가진다.[17)] 부동산개발사업의 시행 주체로는 실체가 있는 회사 외에도 토지신탁의 부동산신탁회사, 프로젝트금융투자회사, 부동산투자회사, 부동산펀드 등 특별목적기구가 많이 이용되고 있다.

15) 이에 관한 상세한 내용은 이종규(2020), 96-98, 122-125쪽.
16) 부동산개발사업의 일반적인 절차에 관한 상세한 내용은 우덕성(2021), 29-33쪽.
17) 유병곤(2007), 7쪽.

Ⅱ. 부동산개발사업의 법 규제 체계

부동산개발사업에 대하여 적용되는 법규는 크게 ① 토지의 합리적 이용·개발과 보전을 위한 계획의 수립 및 집행에 관한 국토계획법,[18] ② 건축물로부터 발생하는 위험을 방지하기 위하여 건축할 권리를 제한하는 건축경찰법으로서의 건축법, ③ 도시·군관리계획 등에 의하여 개발행위의 허용 요건을 소극적으로 통제하는 국토계획법[19]과는 달리 적극적인 공법적 수단·절차(예: 사업시행자의 지정, 사업계획의 수립, 토지 수용, 주택 철거, 공동주택 등의 건설 절차)에 의한 토지·건축 관련 개발사업을 규율하는 주택법, 도시개발법, 도시 및 주거환경정비법, 체육시설의 설치·이용에 관한 법률 등의 이른바 "개발사업법률"로 나누어 볼 수 있다.[20]

건축물의 건축을 위하여는 건축물의 위험방지를 주된 목적으로 하는 건축법상의 요건과 토지의 합리적 이용을 주된 목적으로 하는 국토계획법상의 요건을 모두 충족하여야 한다. 개발사업법률들은 국토계획법의 특별법이고, 개발사업법률들에 의한 구역 등의 지정 또는 개발계획 등에 의하여 국토계획법상의 도시·군관리계획이 변경될 수 있으나[21] 이 경우 국토계획법상의 요건을 준수하여야 한다(동법 제8조, 제9조).

부동산개발사업을 시행하기 위해서는 기본적으로 해당 부동산개발사업(예: 주택법에 따른 주택건설사업, 도시개발법에 따른 도시개발사업, 도시 및 주거환경정비법에 따른 재건축·재개발 등 정비사업, 체육시설 설치 및 이용에 관한 법률에 따른 체육시설 설치 등)을 규제하는 관련 개발사업법률에 따른 사업승인을 받아야 한다. 또한, 그 부동산개발사업을 구성하는 건축물의 건축, 공작물의 설치, 토지의 형질변경 등의 개발행위에 대하여는 국토계획법에 따라 개발행위허가를 받아야 하고(동법 제56조 제1항),[22] 건축물의 건축에 대하여는 건축법에 따른 건축허가도 받아야 한다.[23] 그 외에도 해당 부동산개발사업을 구성하는 관련

---

18) 김종보(2020), 10쪽은 국토계획법을 구성하는 법 규정을 크게 (i) 계획의 종류 및 그 수립절차에 관한 규정, (ii) 그에 의한 허가요건을 정하고 있는 규정 및 (iii) 건축과 형질변경 허가 등을 포함하는 개발행위허가의 절차조항들로 구분한다.

19) 다만, 국토계획법상 기반시설의 설치를 위한 도시계획시설사업에 관한 규정(동법 제43조 이하 및 제85조 이하)은 개발사업법률의 속성을 가진다(김종보(2020), 11-12쪽).

20) 김종보(2020), 8-15쪽.

21) 김종보(2020), 191쪽.

22) 국토계획법상 개발행위허가는 허가기준 및 금지요건이 불확정개념으로 규정된 부분이 많아 그 요건에 해당하는지 여부는 행정청의 재량판단의 영역에 속한다(대법원 2020. 7. 23. 선고 2019두31839 판결).

23) 다만, 대법원 2020. 7. 23. 선고 2019두31839 판결에 의하면, 건축주가 건축물을 건축하기 위해서는 건축법상 건축허가와 국토계획법상 개발행위(건축물의 건축) 허가를 각각 별도로 신청하여야 하는 것이 아니라, 건축법상 건축허가절차에서 관련 인허가 의제 제도를 통해 두 허가의 발급 여부가 동시에 심사·결정되도록 하여야 한다(건축법 제11조 제1항, 제5항 제3호 및 국토계획법 제

행위들에 대하여 다른 개별 법률에 따른 인허가·신고를 요하는 경우가 많다. 이와 같이 부동산개발사업에 대하여는 그를 관장하는 개발사업법률을 중심으로 국토계획법, 건축법과 그 밖에 개발사업 관련 행위를 규제하는 수많은 법규들이 사업의 유형·목적·개발단계별로 매우 복잡하게 서로 맞물려 적용된다.[24] 이를 고려하여, 인허가 등의 창구를 단일화하고 절차를 간소화하기 위하여 많은 경우 개발사업의 시행을 규율하는 개별 법령은 그 법령에 따른 인허가를 받은 경우로서 다른 법령에 따른 관련 인가, 허가, 결정, 승인, 신고 등에 필요한 자료의 제출, 관계 행정기관과의 협의 등의 요건을 충족한 때에는 다른 법령에 따른 관련 인허가 등을 받은 것으로 의제하고 있다. 예컨대, 주택법에 따른 사업계획이 승인된 경우로서 위 관련 인허가 의제 요건을 충족한 때에는 국토계획법에 따른 개발행위허가, 건축법에 따른 건축허가 등 주택법에 열거된 다양한 관련 인허가도 받은 것으로 의제된다(주택법 제19조).[25]

한편, 부동산개발업의 등록, 부당한 표시·광고의 제한, 등록사업자의 보고의무 등에 관한 제도를 마련함으로써 부동산개발업을 종합적·체계적으로 관리·육성하기 위하여 2007년에 부동산개발업법이 제정되었다.[26] 타인에게 공급할 목적으로 일정한 규모 이상의 부동산개발을 업으로 영위하려는 자는 원칙적으로 부동산개발업법에 따른 출자금, 시설 및 부동산개발 전문인력 등을 갖추어 시·도지사 등에게 등록을 하여야 한다(동법 제2조 제1호, 제4조 제1항, 제2항). 부동산개발업법 및 동법시행령은 '상근 임직원이 없는 일정한 특수목적법인'[27]을 통하여 부동산개발업을 영위하고자 하는 경우 그에 관한 등록요건이나 그 밖에 필요한 사항을 따로 정하고 있다(동법 제4조 제3항, 동법시행령 제6조 제1항). 부동산개발업 등록을 하지 아니하거나 거짓이나 그 밖의 부정한 방법으로 등록을 하고 부동산개발업을 영위한 자는 형사처벌의 대상이 된다(동법 제36조 제1호). 부동산개발업법은 위 부동산개발업 등록 의무 이외에 등록한 부동산개발업자에 대한 보고의무 부과, 실태조사 및 정보 종합관리, 부동산개발업자 등의 금지행위, 위반행위에 대한 조사 및 제재 등 부동산개발업자의 관리·감독에 관하여 규정하고 있다. 다만, 이 법은 주택법 또는 그 밖에 다른 법률에 따라 자격을 갖추어 부동산개발을 시행하는 자에 대하여는 적용되지 않

56조 제1항 제1호, 제57조 제1항).

24) 우덕성(2021), 34-39쪽; 이종규(2020), 96-97쪽.

25) 김종보(2020), 10, 13쪽; 우덕성(2021), 110쪽.

26) 법제처 국가법령정보센터, 부동산개발업의 관리 및 육성에 관한 법률[2007. 5. 17., 제정, 2007. 11. 18. 시행] 제정이유.

27) 부동산투자회사법상의 위탁관리부동산투자회사 및 기업구조조정부동산투자회사, 자본시장법 제229조 제2호에 따른 부동산집합투자기구 중 투자회사(=주식회사 형태의 집합투자기구)와 조세특례제한법 제104조의31 제1항에 따른 투자회사(=프로젝트금융투자회사)가 이러한 특수목적법인으로 인정되고 있다(동법시행령 제6조 제1항).

고, 국가 및 지방자치단체, 한국토지주택공사 등 대통령령이 정하는 공공기관, 지방공사 및 지방공단에 대하여도 적용되지 않는다(동법 제4조 제1항 단서, 동법시행령 제3조 제3항).

Ⅲ. 건축물의 선분양과 수분양자의 보호

1. 개 요

주택법에 따라 건설되는 일정 규모 이상의 주택의 공급(분양 또는 임대)은 주택법 및 주택공급에 관한 규칙(국토교통부령)에 따라 규제된다(동법 제54조, 동규칙 제2조 제1호, 제20조 등). 건축법 제11조에 따른 건축허가를 받아 건축하여야 하는 일정 유형·규모의 일반건축물[28]을 건축법 제22조에 따른 사용승인 전에 분양하려는[29] 경우 그 분양절차 및 방법은 건축물분양법에 따라 규제된다(동법 제3조, 동법시행령 제2조 등).

주택법과 건축물분양법에 의하면 수분양자의 보호를 위하여 사업시행자는 주택이나 건축물을 분양하려는 경우 원칙적으로 사전에 대지의 소유권을 확보하여야 하고 일정한 요건을 갖춘 때에만 건축물을 완공 전에 분양하는 이른바 '선분양'을 할 수 있다. 주택의 선분양제도는 (구)주택건설촉진법에 근거하여 제정된 (구)주택공급에 관한 규칙(1978. 5. 10. 제정·시행)이 그 효시라고 할 수 있는데, 그 후 분양대금을 선납한 수분양자의 보호를 점차 강화하여 현재에 이르고 있다. 일반건축물의 경우에는, '굿모닝 시티' 상가 분양사건에서와 같은 분양피해로부터 수분양자를 보호하기 위하여 2004. 10. 22.자로 제정(2005. 4. 23. 시행)된 건축물분양법[30]에 주택 이외의 일반건축물의 선분양에 대한 규제가 최초로 도입되었다.

건축물의 선분양은 부동산개발사업의 건축물 공급자에게는 대규모의 건설자금 중

28) 분양하는 부분의 바닥면적의 합계(전용+공용 면적)가 3천 평방미터 이상의 건축물(예: 상가)과 건축물분양법시행령에서 정하는 용도 및 규모의 오피스텔·생활숙박시설·주상복합건축물·임대 후 분양전환을 조건으로 임대하는 건축물을 말한다(단, 주택법 등 개별 법률에서 분양방법을 별도로 정하고 있는 건축물 및 공공기관 등이 매입하는 업무용 건축물은 제외된다).

29) 건축물분양법상 "분양"이란 분양사업자가 건축하는 건축물의 전부 또는 일부를 2인 이상에게 판매하는 것을 말한다. 다만, 건축법 제2조 제2항에 따른 건축물의 용도 중 둘 이상의 용도로 사용하기 위하여 건축하는 건축물을 판매하는 경우 어느 하나의 용도에 해당하는 부분의 바닥면적이 건축물분양법 제3조 제1항 제1호에서 정한 규모 이상에 해당하고 그 부분의 전부를 1인에게 판매하는 것은 제외한다(동법 제2조 제2호).

30) 국회 건설교통위원회, "건축물의 분양에 관한 법률안 심사보고서"(2004. 9.), 2쪽. 2003년 4월에 서울에서 발생한 '굿모닝 시티' 상가 분양사건은 사업시행자가 대지 소유권이 미확보된 상태에서 상가 사전분양을 하고 분양대금을 타 용도로 유용하여 약 3,200여 명에게 총 3,735억 원에 달하는 재산상 피해를 입히는 등 사회적으로 큰 파장을 불러일으킨 사건이다(앞의 심사보고서, 5쪽).

상당 부분을 소비자로부터 간편하게 조달할 수 있는 수단이 되고 소비자에게는 시장가격보다 낮은 가격으로 부동산을 분양받고 분양대금을 분할 지급함으로써 자금 부담을 덜 수 있도록 하여 주택 등 건축물의 공급을 확대하는 데에 기여해 왔으며, 금융회사에게는 분양대금 대출이라는 소비자금융의 영업기회를 창출하였다.[31]

2. 주택의 선분양과 수분양자의 보호

(1) 주택건설대지의 소유권 확보와 대지·주택의 처분제한

주택법에 의한 주택건설사업의 사업주체는 선분양이든 후분양이든 입주자모집을 하기 전에 원칙적으로 주택이 건설되는 대지의 소유권을 확보하여야 하고 저당권·가등기담보권·가압류·가처분·전세권·지상권 및 등기되는 부동산임차권 등이 설정되어 있는 경우에는 이를 말소하여야 한다(주택공급에 관한 규칙 제16조 제1항). 또한, 사업주체는 입주자모집공고 승인신청일(주택조합의 경우에는 사업계획승인 신청일) 이후부터 입주예정자가 그 주택 및 대지의 소유권이전등기를 신청할 수 있는 날(=사업주체가 입주예정자에게 통보한 입주가능일) 이후 60일까지의 기간 동안은 원칙적으로 입주예정자의 동의 없이 주택건설대지 및 주택에 대하여 저당권 또는 가등기담보권 등 담보물권을 설정하거나 전세권·지상권 또는 등기되는 부동산임차권을 설정하는 행위 및 매매 또는 증여 등의 방법으로 이를 처분하는 행위를 하여서는 안 된다(주택법 제61조 제1항, 제2항).

이와 관련하여, 사업주체(단, 사업주체가 국가·지방자치단체 및 한국토지주택공사 등 공공기관인 경우 등 대통령령으로 정하는 일정한 자는 제외)는 주택건설대지 및 주택에 대한 위 처분제한에 관하여 대통령령이 정하는 내용으로 소유권등기의 부기등기[32]를 하여야 한다(동법 제61조 제3항, 동법시행령 제72조 제1항). 부기등기는 주택건설대지에 대하여는 원칙적으로 입주자 모집공고 승인 신청과 동시에 하여야 하고, 건설된 주택에 대하여는 소유권보존등기와 동시에 하여야 한다(동법 제61조 제4항). 위의 부기등기일 이후에 해당 대지 또는 주택을 양수하거나 제한물권을 설정받은 경우 또는 압류·가압류·가처분 등의 목적물로 한 경우에는 대통령령으로 정한 예외적인 경우를 제외하고 그 효력은 무효이다(동법

---

31) 손재영(2012), 제12장 주택분양보증(조홍연 집필), 349쪽; 조덕훈(2017), 57쪽; 김형두(2008), 974쪽.

32) (i) 주택건설대지에 관한 부기등기: "이 토지는 주택법에 따라 입주자를 모집한 토지(주택조합의 경우에는 주택건설사업계획승인이 신청된 토지를 말한다)로서 입주예정자의 동의 없이는 양도하거나 제한물권을 설정하거나 압류·가압류·가처분 등 소유권에 제한을 가하는 일체의 행위를 할 수 없음."
(ii) 주택에 관한 부기등기: "이 주택은 부동산등기법에 따라 소유권보존등기를 마친 주택으로서 입주예정자의 동의 없이는 양도하거나 제한물권을 설정하거나 압류·가압류·가처분 등 소유권에 제한을 가하는 일체의 행위를 할 수 없음."

제61조 제5항).

한편, 주택도시기금법에 따른 주택도시보증공사의 분양보증이 제공된 경우에는 위의 대지 및 주택에 대한 처분제한(처분제한에 관한 부기등기 포함)에 대하여 특례가 인정되고 있다. 즉, 사업주체의 재무 상황 및 금융거래 상황이 극히 불량한 경우 등 대통령령으로 정하는 사유에 해당되어 주택도시보증공사가 분양보증을 하면서 주택건설대지를 주택도시보증공사에 신탁하게 할 경우에는 사업주체는 그 주택건설대지를 주택도시보증공사에게 신탁할 수 있다(주택법 제61조 제6항, 동법시행령 제72조 제5항). 이 경우 신탁등기일 이후부터 입주예정자가 해당 주택건설대지의 소유권이전등기를 신청할 수 있는 날 이후 60일까지의 기간 동안 해당 신탁의 종료를 원인으로 하는 사업주체의 소유권이전등기청구권에 대한 압류·가압·가처분 등은 효력이 없음을 신탁계약조항에 포함하여야 한다(동법 제61조 제7항). 위의 신탁에 따른 신탁등기일 이후부터 입주예정자가 해당 주택건설대지의 소유권이전등기를 신청할 수 있는 날 이후 60일까지의 기간 동안 해당 신탁의 종료를 원인으로 하는 사업주체의 소유권이전등기청구권을 압류·가압류·가처분 등의 목적물로 한 경우에는 그 효력은 무효이다(동법 제61조 제8항).

(2) 주택의 선분양과 주택도시보증공사의 분양보증

주택법 및 주택공급에 관한 규칙에 의하면 주택건설사업의 사업주체(한국토지주택공사, 지방공사, 공공주택사업자 등 일정한 사업주체는 제외)는 입주자를 모집하려면 관할 지방자치단체의 장으로부터 분양승인(=입주자모집공고 승인)을 받아야 한다(동법 제54조 제1항, 동규칙 제20조). 위 사업주체가 착공과 동시에 입주자를 모집하려면, 즉 선분양을 하려면 원칙적으로 다음의 요건을 모두 갖추어야 하고, 관할 지방자치단체의 장으로부터 착공확인을 받아야 한다(동법 제54조 제1항, 동규칙 제15조 제1항, 제16조 제3항).[33]

① 주택이 건설되는 대지의 소유권을 확보할 것(주택도시기금법에 따라 분양보증을 제공한 주택도시보증공사에게 주택건설대지를 신탁하는 경우는 이 요건을 충족하는 것으로 인정된다.)[34]

② 주택도시보증공사의 분양보증을 받을 것

33) 아래 요건 중 분양보증 요건을 갖추지 못한 경우에도 해당 주택의 사용검사에 대하여 자격을 갖춘 2 이상의 등록사업자(일반건설업등록자 또는 주택건설사업등록자)의 연대보증을 받으면 주택의 유형별로 정해진 건축공정(골조공사 등)에 달한 후에 입주자를 모집할 수 있다(주택공급에 관한 규칙 제15조 제2항).

34) 또한, 주택이 건설되는 대지에 저당권·가등기담보권·가압류·가처분·전세권·지상권 및 등기되는 부동산임차권 등이 설정되어 있는 경우에는 원칙적으로 이를 말소해야 입주자를 모집할 수 있다(주택공급에 관한 규칙 제16조 제1항).

주택분양보증은 보증기간 중에 사업주체(사업시행자)가 파산 등의 사유로 분양계약을 이행할 수 없게 되는 경우 보증인이 수분양자에 대하여 (i) 해당 주택의 분양 또는 임대(주택법 제49조에 따른 사용검사 또는 건축법 제22조에 따른 사용승인과 소유권보존등기를 포함한다)의 이행 또는 (ii) 납부한 계약금 및 중도금의 환급(해당 주택의 감리자가 확인한 실행공정률이 80% 미만이고, 입주자의 3분의 2 이상이 원하는 경우로 한정된다)을 책임지는 보증을 말한다(주택도시기금법 제26조 제1항 제2호, 동법시행령 제21조 제1항 제1호). 분양보증에 따른 보증기간은 해당 주택사업의 입주자모집공고 승인일로부터 완공된 건물에 대한 소유권보존등기일(사용검사를 받은 경우에 한함)까지이다.[35)]

주택도시보증공사가 분양보증서의 발급 전에 해당 사업의 대출관련 이해관계인(사업주체, 대출기관, 대출약정 연대보증인, 분양대금관리자, 시공회사, 사업주체의 대표이사 등)과 체결하는 '프로젝트파이낸싱 대출관련 협약서'에 의하면, 주택도시보증공사가 가지는 사업부지·건축물에 관한 권리, 분양과 관련한 권리와 사업시행권 및 사업과 관련한 그 밖의 권리는 대출관련 이해관계인의 권리보다 우선하고(동협약서 제4조 제2항), 보증사고가 발생하는 경우 대주들의 담보권은 주택도시보증공사의 동의를 얻은 경우에 한하여 실행할 수 있으며(동협약서 제2조 제2항), 분양보증책임 이행 후에는 그 이행에 필요한 지출금과 유보금(주택도시보증공사가 선지출한 경우 선투입금액에 대한 금융비용 포함)을 제외하고도 잔여수익금이 있는 경우 대출기관의 대출채권잔액 등에 배분하도록 하는 등(동협약서 제5조 제1항) 보증인으로서의 주택도시보증공사의 권리를 보호하고 있다.[36)]

3. 일반 건축물의 선분양과 수분양자의 보호

건축물분양법이 적용되는 건축물의 선분양 시기는 건축법 제21조에 따른 착공신고 후 또는 골조공사의 3분의 2 이상이 완료된 후이어야 한다(건축물분양법 제4조 제1항). 분양사업자가 건축법에 따른 착공신고 후 건축물의 선분양을 하려는 경우에는 (i) 자본시장법에 따른 신탁업자와 대통령령이 정하는 방법과 기준에 따라 신탁계약 및 대리사무계약을 체결하거나 또는 (ii) 보증보험회사, 은행, 건설공제조합이나 주택도시보증공사의 분양보증을 받아야 한다(건축물분양법 제4조 제1항 제1호, 제4항, 동법시행령 제3조, 제4조).[37)] 다만, 신탁회사가 분양사업자로 되는 신탁계약(=후술하는 토지신탁계약)이 체결된 경우에는

35) 주택도시보증공사의 주택분양보증약관(2021. 9. 24. 최종 개정) 제4조.
36) 주택도시보증공사, 프로젝트파이낸싱 대출관련 협약서(2020. 8. 28. 최종 개정).
37) 선분양 중 골조공사의 3분의 2 이상을 완료한 후에 할 수 있는 방법(동법 제4조 제1항 제2호)에 관한 논의는 생략한다.

선분양을 위한 별도의 신탁계약을 요하지 아니한다(동법 제4조 제2항. 상세한 내용은 ☞ 아래 제3절 Ⅳ. 1.). 분양사업자는 이와 같은 선분양을 하려는 경우 건축법에 따른 건축허가권자에게 분양신고를 하여 그 신고 수리 사실을 통보받은 후에 분양받을 자를 공개모집하여야 한다(건축물분양법 제5조, 제6조).

분양사업자는 건축물을 분양하려는 경우에는 원칙적으로 건축할 대지의 소유권을 확보하여야 하고 저당권, 가등기담보권, 전세권, 지상권 및 등기되어 있는 부동산임차권이 설정되어 있는 경우에는 이를 말소하여야 한다(동법 제4조 제6항, 제7항). 분양사업자가 건축할 대지의 소유권을 일단 취득한 후에 선분양을 하기 위하여 건축물분양법에 따라 신탁회사와 신탁계약 및 대리사무계약을 체결하고 신탁회사에게 신탁을 원인으로 대지 소유권을 이전하는 경우는 위에서 말하는 '건축할 대지의 소유권 확보'에 위반되지 아니한다.[38]

제 3 절 부동산신탁

Ⅰ. 서 설

부동산신탁은 부동산을 신탁재산으로 하는 신탁으로서 수탁자로 하여금 수익자의 이익을 위하여 부동산의 관리, 처분, 운용, 개발, 그 밖에 신탁 목적의 달성을 위하여 필요한 행위를 하게 하는 법률관계이다(신탁법 제2조, 자본시장법 제103조 제1항 제5호). 부동산신탁업은 현재 14개사가 영업 중이고, 2023년 말 기준 부동산신탁회사의 수탁고 합계는 402.1조원으로 국내 신탁업자 전체{은행(18), 증권회사(21), 보험회사(7) 및 부동산신탁회사(14)}의 수탁고 합계 1,310.7조 중 30.7%를 차지한다. 신탁보수 현황을 보면, 2023년 중 부동산신탁회사의 신탁보수 합계액은 9,808억원으로서 국내 신탁업자 전체의 신탁보수 합계액 2조 3,384억원의 41.9%에 달한다.[39] 부동산개발사업에서 부동산신탁은 사업용 토지를 신탁회사에 신탁함으로써 신탁의 재산분리기능(실질적 사업주체인 위탁자의 재산으로부터의 분리), 재산변환기능(PF 대주 등에게 복층의 신탁 수익권 부여) 및 담보기능(PF 대주를 위한 담보신탁의 설정)[40]을 이용하는 구조와 더 나아가 아예 신탁회사가 사업시행자가 되

38) (구)국토해양부, "건축물의 분양에 관한 법령 해설 및 질의회신 내용"(2009. 12.), 26쪽(건축기획팀-2153. 2007. 4. 23.).

39) 금융감독원 보도자료(2024. 4. 9.), "2023년 신탁업 영업실적[잠정]".

40) ☞ 제6장 제1절 Ⅳ.

는 구조(토지신탁)가 활발히 이용된다.

신탁회사가 수탁자로서 개발대상 토지를 소유하면서 개발사업의 시행주체가 되는 토지신탁은 주로 주택의 분양을 목적으로 하는 주택건설사업에 이용된다. 주택건설사업 이외의 부동산개발사업에서도 사업시행자의 신용을 보강할 목적으로 신탁회사가 개발사업의 시행자가 되는 토지신탁을 이용하는 경우도 있다. 토지신탁에는 위탁자가 사업비 조달책임을 지면서 실질적으로 사업을 수행하는 관리형토지신탁과 신탁회사가 사업비 조달책임을 지면서 실질적인 사업수행도 담당하는 차입형토지신탁이 있다. 최근에는 관리형토지신탁의 변형으로서 부동산PF 대주를 위하여 시공회사뿐만 아니라 신탁회사도 책임준공확약을 제공하는 책임준공확약형 관리형토지신탁도 이용되고 있다. **관리형토지신탁**에서는 신탁회사가 사업시행자이기는 하지만 사업비 조달을 위탁자가 책임지고 신탁회사의 역할과 책임이 상당히 제한되므로 신탁회사가 사업시행자로서 부담하는 위험은 크게 감소한다. 반면에, **차입형 토지신탁**에서는 신탁회사가 사업시행자로서 공사계약, 분양계약 등 관련 계약의 이행 책임을 지므로 신탁회사가 부담하는 위험 및 신탁보수 금액이 가장 높다. 신탁회사의 위험부담 및 신탁보수의 수준에 있어서 책임준공확약형 관리형토지신탁은 관리형토지신탁과 차입형토지신탁의 사이에 위치한다.

분양관리신탁은 상가, 오피스텔 등 일정 유형의 일반 건축물의 선분양시 건축물분양법에 따라 수분양자를 보호하기 위하여 개발사업의 대상인 토지(건축 예정인 건물 포함)를 신탁재산으로 하는 신탁이다. 건축물분양법에 따라 사업시행자는 수분양자를 위한 보호장치로서 신탁회사와 분양대금의 관리 등을 위한 대리사무계약도 체결하여야 한다. 위에서 본 유형의 신탁이 이용되지 않는 부동산개발사업에서는 담보신탁이 거의 예외 없이 이용되고 있다. **담보신탁**은 사업시행자가 금융회사 등 대주로부터 부동산개발사업에 필요한 자금을 조달하면서 차입금의 상환을 담보하기 위하여 대주를 제1순위 우선수익자로 하여 사업시행자 소유의 토지(건축 예정인 건물 포함)에 대하여 설정하는 신탁이다.[41] 담보신탁의 수탁자에게 사업시행자를 위하여 분양대금과 PF대출금의 관리, 지출 등의 대리사무를 맡기기 위하여 사업시행자, 수탁자 및 PF 대주 간에 대리사무계약도 체결된다. 분양관리신탁이나 담보신탁을 이용하는 부동산개발사업에서는 신탁회사가 개발사업의 주체가 되지는 않고 사업시행자와의 신탁계약 및 대리사무계약에 따라 신탁재산과 분양대금을 관리·처분하는 데에 그친다.

41) 담보신탁에 관하여는 ☞ 제6장 제3절 Ⅱ.

Ⅱ. 관리형토지신탁

1. 거래구조

토지신탁은 신탁회사가 신탁의 인수 시에 신탁재산으로 토지 등을 수탁하고 신탁계약에 따라 토지 등에 건물, 택지, 공장용지 등의 유효시설을 조성하여 처분·임대 등 부동산 사업을 시행하고 그 성과를 수익자에게 교부하여 주는 신탁이고, 관리형토지신탁은 토지신탁의 한 종류로서 사업비의 조달의무를 위탁자가 부담하는 신탁을 말한다(한국금융투자협회의 「금융투자회사의 영업 및 업무에 관한 규정」 제2-65조 제6항 및 별표 15).

[그림 13-1]에서 보듯이 관리형토지신탁 구조에서는 신탁회사가 사업시행자가 된다. 실질적인 사업주체인 위탁자는 신탁회사와 토지신탁계약을 체결하여 자신이 소유권을 취득한 사업용 토지를 신탁회사에 신탁하고 위탁자겸 수익자의 지위에 선다. 신탁회사는 사업시행자로서 그의 명의로 사업승인 등 정부인허가를 받고 이에 따라 해당 부동산개발사업을 수행하여 수분양자에게 해당 부동산을 공급할 의무를 부담한다. 그러나, 신탁회사가 사업시행자임에도 불구하고 관리형토지신탁 구조에 참여하는 당사자들 간의 약정에 의하여 사업시행자인 신탁회사 대신에 실질적인 사업주체인 위탁자가 사업비를 조달할 의무를 부담하고, 이 점이 차입형토지신탁과 대비되는 관리형토지신탁의 핵심적인 내용이다. 사업비 조달 의무 외에도 개발사업의 대부분은 당사자간 약정에 의하여 실질적으로 위탁자가 수행한다.

[그림 13-1] 관리형토지신탁의 구조

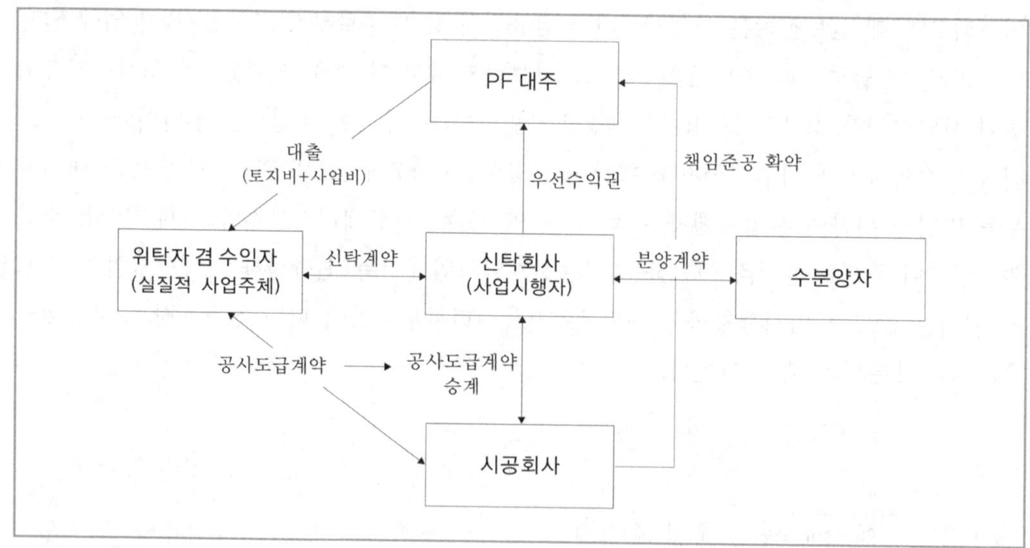

사업용 토지를 취득한 자는 처음부터 관리형토지신탁을 이용할 수도 있고, 일단 사업용 토지에 대하여 담보신탁을 설정하여 토지비 대출을 받은 후에 이를 관리형토지신탁 구조로 변경하는 방법을 택할 수도 있다. 실무에서는 최근에는 전자의 방식을 선호하는 경향이라고 한다.[42] 관리형토지신탁은 위탁자가 사업용 토지를 신탁재산으로 하여 부동산신탁회사와 토지신탁계약을 체결함으로써 설정된다. 위탁자에게 토지비 대출 및 사업비 대출을 하는 PF 대주에게는 1순위 우선수익권이 부여되고, 위탁자에게는 후순위 수익권이 부여된다. 시공회사는 위탁자의 신용을 보강하기 위해 PF 대주에게 책임준공확약을 제공하고, 공사비 중 상당 부분을 분양대금으로 지급받기로 하는 경우도 많이 있으므로 시공회사에게 전체 공사비 상당금액을 수익금액으로 하는 2순위 우선수익권을 부여하기도 한다.[43]

토지신탁계약을 체결하기 전에 통상 위탁자, 신탁회사, 시공회사 및 PF 대주 간에 [표 13-1]과 같이 사업수행에 필요한 기본적인 합의사항을 반영한 사업약정을 체결한다. 실무에서는 별도로 사업약정을 체결하지 않고, [표 13-1]의 사업약정의 내용을 관리형토지신탁계약의 특약으로 반영하는 경우도 많은 것으로 보인다.

[표 13-1] 관리형토지신탁 사업약정(분양형)의 주요 내용[44]

구 분	합의 내용
업무분담 및 협력의무	사업비 조달 등 실질적인 사업주체로서 위탁자가 수행하는 업무, 시공회사가 담당하는 업무, 명의상 사업시행자로서 신탁회사가 담당하는 제한적인 업무(인허가 획득에의 협조, 신탁재산에 속하는 금전의 관리, 분양관리 등), PF 대주의 대출 제공 등
정부인허가 획득 및 토지신탁계약의 체결	사업약정을 체결한 후 토지신탁계약을 체결하기 전에(또는 예외적으로 토지신탁계약을 체결한 후에) 신탁회사의 명의로 개발사업과 관련한 정부인허가(인허가의 변경 포함)를 취득하거나 위탁자가 받은 인허가 명의를 신탁회사로 변경(신탁회사의 협조하에 위탁자가 수행)
시공 등	시공의 주요 내용, 공사도급계약의 체결(또는 승계), 공사비 지급 방법, 하자담보책임의 주체(위탁자 및 시공회사), 용역계약의 승계 등 시공 관련 사항
자금의 조달 및 집행	사업비 조달 및 사업비 부족분에 대한 위탁자의 의무와 책임, 조달한 자금의 집행순서, 신탁수익의 교부 등
분양업무	시공회사에 의한 실질적인 분양업무 수행, 일부 업무는 신탁회사와 사전 합의에 의해 수행 등
기타	사업약정 및 토지신탁계약상 위탁자의 일정한 의무에 대한 시공회사의 보증, 사업약정 등 관련 계약의 해제·해지, 시공회사의 시공권 포기 및 대체시공회사에 대한 현장인도 등.

42) 지평(2021), 168쪽. 담보신탁으로부터 관리형 토지신탁으로의 전환 방법에 관하여는 앞의 책, 168-169쪽.
43) 이석·오지현(2018), 42쪽.
44) 이영석·김종필(2022), 323-333쪽에 예시된 관리형토지신탁사업약정서(분양형)를 참고하였음.

또한, 신탁회사는 사업시행자로서 사업 관련 계약(공사도급계약, 설계계약·감리계약, 분양계약 등)의 당사자가 된다. 신탁회사는 위탁자가 신탁 설정 전에 체결한 계약은 이를 승계하고, 신탁 설정 후 새로 체결하는 계약은 신탁회사의 명의로 체결한다. 실무상 신탁회사가 승계하거나 새로이 체결한 계약에는 신탁회사 외에 실질적인 사업주체인 위탁자가 실질적인 의무 부담자로서 함께 당사자가 된다. 용역계약의 경우에는 정부인허가를 받기 위하여 제출이 필요한 계약을 제외한 나머지 계약들은 위탁자가 발주하고 신탁회사가 이를 승계하지 않는 경우가 많다고 한다.[45]

2. 관리형토지신탁의 효용

관리형토지신탁은 신용도가 높은 시공회사의 신용보강에 기하여 PF 대출에 의해 사업비를 조달할 수 있는 비교적 큰 규모의 부동산개발사업에 주로 이용된다. 후술하는 바와 같이 관리형토지신탁에서 신탁종료 전에 수익자에게 신탁수익을 선지급하기 위해서는 원칙적으로 회사채 신용등급이 BBB0 이상인 시공회사의 책임준공약정이 있어야 한다는 점에서도 신용도가 높은 시공회사의 참여가 필요한 구조이다.

관리형토지신탁은 '담보신탁 및 대리사무계약'에 의한 부동산개발사업 구조(☞ 이하, Ⅴ. 담보신탁)와 비교할 때 다음과 같은 효용을 가진다.[46]

첫째, 담보신탁 및 대리사무계약 구조는 주택건설사업에 이용하기 어렵다. 주택법상 주택의 분양시 사업시행자는 주택건설부지의 소유권을 확보하여야 하고 그 후에도 수분양자가 입주 가능한 날로부터 60일이 경과할 때까지는 주택건설부지 및 주택의 처분이 금지되는데, 사업시행자와 주택건설부지의 소유자가 분리되는 담보신탁 구조에서는 이를 준수하기가 어렵기 때문이다.[47][48] 반면에, 관리형토지신탁은 주택법에 따른 주택건설사업에 적합하다. 관리형토지신탁 구조에서는 신탁회사가 주택건설부지 및 완공될 건축물의 소유자로서 사업시행자의 지위에서 주택을 분양하고 PF 대출의 대주에게는 담보로 신

45) 장중식(2021), 143쪽(이와 관련하여 신탁회사가 용역계약을 승계하지 아니할 경우 그 용역비는 신탁사무의 처리를 위한 비용에 해당하지 아니하므로 신탁재산에서 이를 지급하기 어렵게 된다는 점을 지적하고 있다).

46) 이하의 내용은 주로 최용호(2020), 89-90쪽을 참고하였음.

47) 이석·오지현(2018), 42쪽.

48) 관리형토지신탁 구조가 활성화되기 이전에는, 공동주택의 건설·분양을 목적으로 하는 개발사업에서는 '담보신탁 및 대리사무계약' 구조를 활용하였는데, 주택법상 '사업시행자의 주택건설부지 소유권 확보' 요건으로 인하여 착공시에는 담보신탁을 종료한 후에 주택건설부지에 대한 처분제한 부기등기를 경료하여 제3자에 의한 권리 침해만 방지하는 것으로 만족하고, 완공시에도 미분양건축물에 대해서만 담보신탁을 신규로 체결하고, 기분양건축물에 대해서는 처분제한 부기등기로 제3자에 의한 권리 침해만을 방지하는 방법을 이용한 것으로 보인다.

탁의 우선수익권을 부여하는 것이므로 위 주택법상의 분양요건을 준수할 수 있다.

둘째, PF 대주가 보다 안정적으로 담보를 확보할 수 있다. 관리형토지신탁에서는 신탁회사가 사업시행자(공급자)가 되어 신탁사무의 처리로써 수분양자와 분양계약을 체결하므로 별도의 신탁행위 없이도 분양대금채권 및 분양대금은 신탁재산이 된다. 또한, 사업시행자인 신탁회사가 신탁사무를 처리하는 과정에서 완공된 건물을 원시취득하므로 완공된 건물도 별도의 신탁행위 없이 신탁재산이 된다. 따라서 담보신탁 및 분양관리신탁의 경우와 비교할 때, 관리형토지신탁 구조에서는 통상의 담보신탁보다 PF 대출의 대주가 보다 안정적으로 담보를 확보할 수 있다.

셋째, 사업시행자 위험을 크게 줄일 수 있다. 관리형토지신탁 구조에서는 신탁회사가 사업시행자가 되고 사업용 토지와 건축물, 분양대금채권, 분양대금 등으로 구성되는 신탁재산은 신탁재산의 독립성에 의해 실질적인 사업주체인 위탁자로부터 절연된다. 또한, 사업시행에 필요한 정부인허가를 신탁회사의 명의로 받게 되므로 사업시행자가 사업을 수행할 수 없는 상황에 처할 경우에도 사업을 계속 수행해 나가는 데에 유리하다. 이에 따라 PF 대주와 시공회사의 입장에서는 통상의 부동산개발사업 구조에서 직면하는 사업시행자 위험을 크게 줄일 수 있다. 실질적인 사업주체의 입장에서도 사업의 안정성이 확보되므로 금융비용을 절감할 수 있다.

3. 위탁자에 의한 사업비 조달과 신탁회사의 책임재산 한정

(1) 위탁자에 의한 사업비 조달

관리형토지신탁에서는 사업비의 재원은 분양대금과 위탁자가 그의 책임으로 조달한 자금이다. 앞서 살펴본 관리형토지신탁의 사업약정에서는 '금융기관으로부터 프로젝트 파이낸싱 등을 통해 사업비를 차입하여 신탁재산에 출연'하는 것을 위탁자가 수행하여야 하는 업무의 하나로 규정하고, 모든 사업비는 신탁재산에서 우선 충당하며 신탁재산이 부족한 경우 위탁자가 부담하도록 한다.[49] 나아가, 시공회사로 하여금 신탁계약상 위탁자가 실질적 사업주체로서 이행하여야 할 의무(위탁자의 사업비 조달 의무는 제외)에 대하여 위탁자와 연대하여 책임을 지도록 하는 경우도 많은 것으로 보인다. 위탁자에게 사업비를 대출하는 PF 대주에게는 담보목적으로 관리형토지신탁의 1순위 우선수익권이 부여된다. 위탁자가 동일한 대주로부터 토지비 대출을 받으면서 담보 목적으로 1순위 우선수익권을

49) 이영석·김종필(2022), 323쪽 이하에 예시된 '관리형토지신탁(분양형) 사업약정서 제4조 제1항 제7호 및 제22조 제1항.

이미 부여한 경우에는 그 1순위 우선수익권이 사업비 대출도 담보하게 된다.

한편, 위탁자가 조달한 사업비를 신탁회사에 제공하는 방법으로 금전신탁을 이용하지는 않는다.[50] 기업회계기준은 신탁회사가 위탁자로부터 사업비로 제공받는 자금은 부채(예: 신탁사업예수금)로 인식하도록 한다.[51] 위탁자가 출연한 사업비는 신탁사무처리에 관하여 필요한 비용으로서 위탁자가 그에 대하여 가지는 권리는 신탁채권의 성질을 가진다고 볼 수 있으나, 위탁자가 사업비 부족분을 전적으로 조달할 책임이 있다는 점과 위탁자에게 사업비를 대출한 PF 대주에게 신탁의 1순위 우선수익권이 담보로 제공되어 있다는 점을 고려한다면, 위탁자가 PF 대출로 조달하여 신탁회사에게 제공한 사업비는, 관계당사자들이 달리 합의하지 아니하는 한, 신탁회사가 신탁의 계산으로 위탁자에게 따로 변제할 것이 아니라 해당 사업비에 대한 대출채권을 담보하는 1순위 우선수익권에 대한 배당에 의해 정산하여야 할 성질의 것이다.

(2) 신탁회사의 책임재산 한정

가. 공사도급계약과 용역계약

본래 수탁자가 신탁사무 처리상 부담하는 채무에 대하여는 원칙적으로 해당 신탁재산뿐만 아니라 수탁자의 고유재산으로도 책임을 진다.[52] 관리형토지신탁의 위탁자가 사업비 부족분을 제공하지 못하여 수탁자인 신탁회사가 고유재산에서 사업비를 지출한 경우 이는 '신탁사무의 처리에 관하여 필요한 비용'이므로 신탁재산으로부터 그 금액을 상환받을 수 있다(신탁법 제46조 제2항). 그러나, 위탁자와 그의 신용을 보강하는 시공회사가 무자력이고 신탁재산의 가액이 수탁자가 지출한 사업비 금액에 미치지 못하면 그 차액은 신탁회사의 부담으로 된다. 즉, 관리형토지신탁에서도 시행회사의 자금조달 또는 시공회사의 공사수행에 문제가 생기면 차입형토지신탁의 경우와 마찬가지로 사업시행자인 신탁회사가 개발사업의 완공 및 인도에 관하여 최종적인 책임을 부담하게 될 수 있다. 그러므로 사업비 조달을 비롯한 실질적인 사업수행의 책임이 없는 신탁회사로서는 이와 같이 그의 고유재산으로 신탁재산에 속하는 채무를 부담할 위험에 대비하기 위해 관련 계약상

50) 자본시장법상 부동산신탁회사는 원칙적으로 금전신탁을 받을 수 없고, 부동산개발사업을 목적으로 하는 신탁계약에 한하여 부동산개발사업별로 사업비의 15% 내에서만 금전신탁이 가능하다(자본시장법 제103조 제4항).

51) 기업회계기준서(신탁업자의 신탁계정) 제5004호 부록 B23; 장중식(2021), 64쪽.

52) 대법원 2004. 10. 15. 선고 2004다31883, 31890 판결(수탁자의 이행책임이 신탁재산의 한도 내로 제한되는 것은 신탁행위로 인하여 수익자에 대하여 부담하는 채무에 한정되는 것이므로 신탁사무의 처리상 발생한 채권에 대하여는 신탁재산뿐만 아니라 수탁자의 고유재산으로도 이행책임을 진다).

신탁회사가 부담하는 의무에 대한 책임재산을 신탁재산으로 한정하고 계약상의 의무는 실질적인 사업주체인 위탁자가 부담하는 것임을 규정할 필요가 생긴다.

실무에서는 앞서 본 바와 같이 사업약정서에서 공사비를 포함한 모든 사업비는 신탁재산에서 우선 충당하고 신탁재산이 부족한 경우 위탁자가 부담하도록 하며, 나아가 이러한 내용을 공사도급계약서 및 용역계약서에 반영할 수 있도록 규정하고 있다.[53] 실제로 공사도급계약 및 관련 용역계약을 체결·승계할 때 사업시행자로서 신탁회사가 부담하는 계약상 의무는 실질적인 사업주체로서 계약 당사자로 함께 참여한 위탁자가 이행하도록 규정하고, 신탁회사의 책임은 신탁재산으로 한정하는 책임재산한정특약을 포함시키는 경우가 많다.[54]

나. 분양계약

종래에는 관리형토지신탁 구조에서 다수의 수분양자들과 체결하는 분양계약(=공급계약)에는 책임재산한정특약을 두지 아니하였으나, 최근에는 공급계약에도 책임재산한정특약을 두어 신탁회사는 공급자(=매도인)로서 부담하는 모든 의무에 대하여 신탁재산을 한도로만 책임을 부담하고, 매도인으로서 일체의 의무 및 실질적 시행주체로서의 의무와 책임은 관리형토지신탁의 위탁자가 부담하는 것으로 약정하는 경우가 많은 것으로 보인다.[55] 아울러, 공급계약에는 수분양자는 신탁회사를 상대로 준공건축물의 하자보수를 청구할 수 없으며, 하자보수와 관련된 모든 책임은 위탁자와 시공회사에게 있는 것으로 규정한다. 책임재산한정특약을 포함하는 공급계약은 다수의 고객을 대상으로 미리 마련한 계약으로서 약관규제법에 따라 규율되는 약관에 해당한다. 책임재산한정특약이 약관규제법과의 관계에서 그 효력이 인정될 수 있는지는 관리형토지신탁 상품에서 사업시행자인 신탁회사의 의무에 대하여 책임재산을 신탁재산으로 한정하는 것이 '신의성실의 원칙을 위반하여 공정을 잃은 약관'에 해당하는지 여부(동법 제6조), 그와 같이 책임재산을 한정하는 데에 '상당한 이유'가 있는 것인지 여부(동법 제7조) 등 계약조항의 공정성이나 상당성에 대한 판단 여하에 달린 문제이다.[56][57] 다만, 후술하는 책임준공확약형 관리형토지신

53) 이영석·김종필(2022), 323쪽 이하에 예시된 '관리형토지신탁(분양형) 사업약정서 제14조 제3항. 제22조.

54) 장중식(2021), 160쪽. 책임재산한정특약 대신에 2011년 신탁법 전면개정(2012. 7. 26. 시행)시 도입된 유한책임신탁 제도를 이용하는 예는 아직은 없는 것으로 보인다.

55) 장중식(2021), 160쪽.

56) 책임재산한정특약에 따라 신탁회사의 고의 또는 중과실로 인한 법률상의 책임(예: 고의 또는 중과실에 의한 신탁법상 의무 위반에 따른 수탁자의 책임)까지 면제하기로 하는지 여부에 따라 책임재산한정특약이 동법 제7조 제1호에 의해 금지되는 면책조항(=신탁회사의 고의 또는 중과실로 인한 법률상의 책임을 배제하는 조항)에 해당하는지 여부가 달라질 것이다.

57) 장중식(2021), 161쪽은 관리형토지신탁에서 신탁회사는 사업주체의 지위를 가지므로 수분양자에

탁에서는 신탁회사가 사업시행자로서 PF 대주에게 책임준공확약을 제공하고 있으므로 공급계약상 신탁회사의 수분양자에 대한 공급의무에 대한 책임을 신탁재산으로 한정하는 경우 그 공정성이나 상당성에 대한 논란이 커질 것으로 보인다.

다. 주택분양보증

한편, 선분양 방식의 주택 공급계약의 경우에는 주택법에 따라 수분양자들에게 주택도시보증공사의 주택분양보증을 제공하여야 하는데, 주택법상 주택분양보증은 공사의 완공 또는 분양 계약금 및 중도금의 환급을 보증하는 것이다. 따라서 설사 공급계약에서 주채무자(사업시행자)인 신탁회사의 공급계약상 의무에 대한 책임을 신탁재산으로 한정한다고 하더라도 주택법상 분양보증에 따른 보증기관의 수분양자에 대한 책임을 신탁재산의 가액으로 한정할 수는 없을 것이다. 그렇다면, 보증사고가 발생하여 보증기관이 주택분양보증에 따른 채무를 이행한 경우, 주채무자인 신탁회사는 보증기관에 대하여 구상채무를 부담하고, 보증기관과 신탁회사 간의 관련 계약서(예: 주택도시보증공사가 분양보증시 체결하는 프로젝트파이낸싱 대출관련 협약서)에서 신탁회사의 보증기관에 대한 구상채무의 이행책임을 신탁재산으로 한정하지 않았다면,[58] 그 구상채무에 대하여는 신탁재산뿐만 아니라 신탁회사의 고유재산으로 이행할 책임을 지게 될 것이다.[59]

4. 관리형토지신탁에서 신탁수익의 선지급 기준

관리형토지신탁에서 신탁회사가 토지신탁 업무와 관련하여 신탁수익(=분양수입금에서 사업비를 공제한 금액, 즉 토지비와 사업이익의 합계금액)[60]을 수익자에게 신탁종료 전에 선지급할 경우 한국금융투자협회가 정한 '토지신탁수익의 신탁종료 전 지급 기준'(이하, "선지급기준"이라고 함)에 따른 선지급 금액 한도를 초과하여 지급할 수 없다[61] 선지급기

대한 책임마저도 신탁재산을 한도로 한정하는 것은 바람직하지 않고 불공정 약관에 해당할 소지도 있음을 지적하나 약관규제법 위반 문제에 관하여는 직접적으로 논하지는 않고 있다.

58) 실제로 프로젝트파이낸싱 대출 관련 협약서에서 신탁회사의 주택도시보증공사에 대한 구상채무를 신탁재산으로 한정하는 사례도 있는 것으로 보인다.

59) 장중식(2021), 161면도 같은 취지.

60) 사업비는 공사비, 광고비, 분양비 등 부동산개발사업에 드는 모든 비용에서 토지비를 제외한 금액을 말하고, 토지비는 부동산 자체의 취득가액과 등기비용, 그 밖에 부동산 취득에 관련된 부대비용을 합한 금액이며, 사업이익은 분양수입금에서 사업비와 토지비를 공제한 금액이다.

61) 「금융투자회사의 영업 및 업무에 관한 규정」 제2-65조 제6항, 별표 15. 위 조항의 상위법 근거가 위 규정에 명시되어 있지 않으나, 한국금융투자협회가 신탁업자의 이익제공에 관한 구체적 기준을 정할 수 있도록 한 금융투자업규정 제4-92조 제4항에 근거한 것으로 볼 수 있다. 금융투자업규정 제4-92조는 신탁업자의 불건전영업행위 금지에 관한 자본시장법 제108조 제9호와 동법시행령 제109조 제3항 제4호에 근거한 것이므로, 동규정 제4-92조에 근거하여 제정된 '선지급 기준'

준은 분양수입금 중 사업비를 제외한 신탁수익을 신탁종료 전에 수익자에게 지급하는 행위를 규율하는 것이므로 분양수입금으로 신탁사무처리비용 등 신탁채권을 변제하거나 사업비 대출을 한 우선수익자에게 대출원리금을 선지급하는 등 사업비 용도의 지급을 하는 것은 위 선지급기준의 규제 대상이 아니다.

위 규정에 따라 수익자에 대하여 신탁수익의 선지급이 허용되는 경우는 원칙적으로 토지비 대출원리금 상환을 위한 지급(토지비 대출을 한 우선수익자 또는 수익권 질권자에 대한 지급)과 위탁자에게 부과된 일정 유형의 세금의 지급(수익자로서의 위탁자에 대한 지급)에 한정되고 일정한 조건을 충족해야 한다.[62] 또한, 선지급기준은 신탁회사에 대하여 토지비 대출약정의 체결 등 일정한 행위[63]를 금지하고 있다. 그 금지사항은 차입형토지신탁의 경우에도 동일하게 적용된다.

관리형토지신탁의 경우 위 선지급 금액의 한도는 원칙적으로 지급시점에 기수납된 분양수입금에 전체 사업비용(토지비+사업비) 중 토지비가 차지하는 비율을 곱한 금액이다(「금융투자회사의 영업 및 업무에 관한 규정」 별표 15, 3. 선지급금액).[64]

이 허용하는 범위 내에서 수익자에게 신탁수익을 선지급하는 것은 신탁회사의 불건전영업행위에 해당하지 않는다(최용호(2020), 88쪽).

62) ① 지급시점을 기준으로 회사채 신용등급이 BBB0 이상인 시공회사의 책임준공약정이 있을 것
② 지급시점을 기준으로 회사채 신용등급 BBB- 이하의 시공회사가 책임준공약정을 한 경우에는 BBB+ 이상인 시공회사(당해 사업의 공사도급금액 이상의 시공능력평가액도 함께 보유)가 자금보충약정 또는 책임준공 연대보증을 할 것
③ 토지비를 대여한 자가 수익권에 대한 질권자 또는 우선수익자의 지위에 있을 경우에 한하여 토지비를 대여한 자에 대한 토지비 등의 선지급이 가능함을 관리형토지신탁계약서에 명기할 것
④ 선지급기준에서 정한 범위 내에서 선지급이 가능하다는 취지의 조항을 관리형토지신탁계약서 및 개별 약정서 등에 명기할 것
⑤ 수분양자의 보호를 위해 분양대금이 토지비, 공사비 등의 지급에 사용될 수 있음을 분양계약서에 명기할 것
⑥ 신탁사업에서 발생한 위탁자의 법인세 등 일정한 세금의 납부를 목적으로 하는 선지급은 선지급기준에서 정한 별도의 요건을 갖출 것

63) (ⅰ) 대출약정의 효력이 신탁계약의 효력과 동등하거나 우선하게 하는 내용의 신탁계약 체결
(ⅱ) 신탁회사가 위 지급기준에 반하는 금융기관과의 임의인출 약정, 금융기관과의 자금집행순서 및 방법을 임의로 변경하는 약정 등을 체결하는 것
(ⅲ) 신탁회사가 당사자가 되는 토지비 대출약정의 체결
(ⅳ) 신탁재산(분양대금계좌, 운영계좌, 보험금 및 건축 중인 건축물 등)에 대한 대출금융기관의 질권 설정 또는 대출금융기관에 대한 양도담보 제공 등
(ⅴ) 신탁회사의 분양수입금 관리계좌에서 선지급 및 사업비 집행을 위한 이체 외에 시공사 등 제3자의 계좌로의 이체

64) 이러한 선지급 금액에 대한 제한은 건축물의 사용승인일 이후 및 그 밖에 선지급기준이 정하는 일정한 예외적인 경우(대출금융기관이 자금보충약정을 한 경우 등)에는 적용되지 아니한다. 또한, 시공회사의 회사채 신용등급이 BBB+ 이상인 경우로서 일정한 추가적인 요건을 충족한 때에는 차입형토지신탁에서의 신탁수익의 선지급금액 한도와 동일한 한도를 적용할 수 있다(한국금융투자협회의 위 규정 별표 15, 3. 선지급금액).

5. 자금집행 순서와 신탁이익의 배당[65)]

통상 사용되는 관리형토지신탁 사업약정에 의하면, 분양수입금으로부터의 자금집행은 대체로 ① 신탁사업과 관련된 제세공과금(사업소득세 및 법인세 제외), 부담금, 분양대금 반환금, ② 설계·감리, 분양대행 및 신탁보수 등 사업비, ③ PF 대출의 이자, 기타 지급이 시급한 사무처리비용, ④ 기성불 공사비 중 일부, ⑤ PF 대출의 원금(우선수익권), ⑥ 잔여 공사비[66)]의 순서에 의한다. 신탁종료시 위 비용을 지급하고 남는 금액은 후순위수익자인 위탁자에게 시행이익으로 배당된다. 관련 당사자들이 합의한 경우(예: 순조로운 분양으로 공사기성금 등 사업비를 충당하고도 수익의 발생이 확실시 되고 신탁계정의 현금흐름이 원활할 것으로 판단되는 경우[67)])에는 앞서 살펴본 신탁수익의 선지급기준이 허용하는 범위 내에서 토지비 PF 대출의 원리금 등을 수익자에게 신탁종료 전에 선지급할 수 있다.

후술하는 책임준공확약형 관리형토지신탁의 경우에는, 시공회사가 책임준공의무를 이행하지 못할 경우에 신탁회사가 공사를 완공하기로 하는 내용의 추가적인 책임준공확약을 PF 대주에게 제공한다. 신탁회사가 이 확약에 따라 지출한 사업비는 신탁사무처리 비용이기는 하나 그에 대한 자금집행 순서는 사업비에 대한 PF 대출원리금(우선수익권)보다는 후순위로 취급하는 것이 통상의 실무인 것으로 보인다.

한편, 주택법에 따른 선분양 주택개발사업에서 수분양자들에게 주택도시보증공사의 분양보증이 제공된 후 보증사고가 발생한 때에는 주택도시보증공사와 해당 사업의 대출 관련 이해관계인(사업주체, 대출기관, 대출약정 연대보증인, 분양대금관리자, 시공회사, 사업주체의 대표이사 등)과 체결한 '프로젝트파이낸싱 대출관련 협약서'에 의하여 주택도시보증공사의 신탁회사에 대한 구상채권에 대한 변제가 최우선순위에 위치하게 된다.[68)]

6. 책임준공확약형 관리형토지신탁

책임준공확약형 관리형토지신탁은 위에서 본 통상의 관리형토지신탁 구조에 사업시

65) 장중식(2021), 184-185쪽; 이영석·김종필(2022), 323쪽 이하에 예시된 '관리형토지신탁(분양형) 사업약정서 제21조의 내용을 주로 참고하였음.

66) PF 대출약정에서는 시공회사의 공사비 중 일부는 PF 대출원금의 상환 후에 최후순위로 지급하는 것으로 약정하는 것이 일반적이다. 이는 관리형토지신탁에 의한 부동산개발사업은 기본적으로 시공회사의 책임준공확약을 기초로 진행되고, 책임준공확약의 핵심은 바로 공사비 미지급시에도 공사를 준공한다는 것이기 때문이다.

67) 이영석·김종필(2022), 323쪽 이하에 예시된 '관리형토지신탁(분양형) 사업약정서 제23조 제2항.

68) 주택도시보증공사의 "프로젝트파이낸싱 대출관련 협약서"(2020. 8. 28. 최종개정) 제5조 제1항. 이석·오지현(2018), 43쪽.

행자인 신탁회사가 PF 대주에게 제공하는 책임준공확약을 추가한 토지신탁 상품이다.[69] 책임준공확약형 관리형토지신탁은 1차적으로는 시공회사가 PF 대주에게 제공한 책임준공확약에 따른 의무를 이행하고, 시공회사가 그 의무를 이행하지 못할 경우 2차적으로 신탁회사가 PF 대주에게 제공한 책임준공확약에 따라 책임준공을 이행하거나 그 불이행시 손해배상책임을 지도록 하는 구조이다.[70] 부동산신탁회사가 책임준공의무를 실제로 이행하여야 할 경우, 부동산신탁회사는 고유계정의 자금을 신탁계정에 투입하는 방식에 의할 것이고, 그와 같이 투입한 자금을 신탁사무처리비용으로서 회수할 수 있다.[71] 책임준공확약형 관리형토지신탁은 1차적인 책임준공확약을 제공하는 시공회사의 신용도를 보충하기 위한 것이므로 주로 신용도가 높은 금융지주회사에 속한 부동산신탁회사 위주로 이루어지고 있다.[72]

자본시장법상 신탁회사는 지급보증업무를 영위할 수 없고(동법 제40조, 동법시행령 제43조 제5항), 수탁한 재산에 대하여 손실의 보전이나 이익의 보장을 하는 것이 금지되어 있다(동법 제103조 제3항 및 동법시행령 제104조 제1항). 전에는 책임준공확약형 관리형토지신탁에서 신탁회사가 PF 대주에게 제공하는 책임준공확약은 PF 대주에 대한 신용보강의 성질을 가지고 있다는 점에서, 부동산신탁회사가 책임준공확약을 제공하는 것이 자본시장법상 금지되는 지급보증이나 손실보전·이익보장에 해당하는지에 관하여 의문이 있었다. 이 점에 관하여, 금융감독원은 2016년 11월경 책임준공확약은 신탁업자 본인의 채무에 해당하고 수탁받은 재산의 손실을 직접 보전하는 것은 아니므로 지급보증 및 손실보전에 해당하지 않는다는 입장을 밝혔다. 다만, 의무 미이행에 따른 손해배상액 산정 조건이 통상적인 조건이 아닌 경우(과도한 손해배상 약정 등) 손실보전에 해당될 수 있고, 과도한 책임준공확약 체결은 재무건전성을 저해할 우려가 있으므로 적절히 관리하여야 한다는 점을 덧붙였다.[73]

공사비 규모가 상대적으로 작은 상가, 오피스텔 등 비주거시설의 개발사업에는 신용도가 높은 시공회사가 잘 참여하지 아니하므로 시공회사의 책임준공확약만으로는 PF 대

69) 2020년 3월에 개정된 금융투자업규정 제3-22조 제1항 제12호는 금융투자업자의 신용위험액 산정기준과 관련하여 "시공사 또는 위탁자가 책임준공의무를 불이행하는 경우 부동산신탁업자가 그에 갈음하여 책임준공의무를 부담하게 되는 형태의 관리형토지신탁계약"을 "책임준공확약형 관리형토지신탁"이라고 정의하고 있다.

70) 최용호(2020), 102-103쪽; 장중식(2021), 65쪽; 정기열(2018), 137쪽.

71) 최용호(2020), 103쪽. 다만, 분양수입금으로부터의 자금집행 순서에 관하여는 앞의 5. 참조.

72) 최용호(2020), 103쪽; 이영석·김종필(2022), 310쪽.

73) 2016년 11월경 금융감독원 자산운용국의 부동산신탁사 준법감시인 간담회 자료(장중식(2021), 43쪽에서 재인용); 최용호(2020), 107쪽. 최근 개정된 금융투자업규정(2020. 3. 30. 개정) 제3-22조 제1항 제12호는 신탁업자의 영업용순자본비율과 관련한 신용위험액 산정기준과 관련하여 '책임준공형 관리형토지신탁계약'을 명시적으로 언급함으로써 이를 법제도 내의 금융상품으로 인식하였다.

출을 받기 어렵다. 이 경우 관리형토지신탁 대신에 신탁회사가 사업비 조달의무를 부담하는 차입형토지신탁을 이용할 수도 있을 것이다. 그러나, 책임준공확약형 관리형토지신탁에서는 위탁자가 사업비 조달 책임을 지고 시공회사가 책임준공의무의 불이행에 빠지지 않는 이상 신탁회사는 사업비 조달을 하지 않는 것이므로 신탁보수와 금융비용은 통상의 관리형토지신탁보다는 높지만 신탁회사가 처음부터 자금조달의무를 지는 차입형토지신탁보다는 낮출 수 있다.[74] 책임준공확약형 관리형토지신탁은 2014년경부터 통상의 관리형토지신탁과 차입형토지신탁의 틈새상품으로 등장하였는데,[75] 그 후 2016년 11월경 금융감독원이 부동산신탁회사의 책임준공확약형 관리형토지신탁 상품이 자본시장법상 허용된다는 입장을 밝힌 이후에 활성화된 것으로 보인다. PF 대주의 입장에서는 신탁회사의 책임준공확약을 시공회사가 제공하는 책임준공확약에 대한 일종의 보험(또는 신용스왑 상품)처럼 여겼다고 한다.[76] 그런데, 최근 부동산 경기의 침체로 인하여 중소형 건설회사들의 재무상태가 나빠지면서 이들 시공회사의 신용을 보강하기 위해 부동산 PF 대주들에게 책임준공확약을 제공한 신탁회사들이 상당한 손실을 입을 위험에 처하게 되었다.[77]

Ⅲ. 차입형토지신탁

1. 거래구조

차입형토지신탁은 토지신탁 중 사업비의 조달의무를 신탁회사가 부담하는 신탁을 말한다. [그림 13-2]에서 보는 바와 같이 차입형토지신탁 구조에서도 신탁회사가 사업시행자가 된다. 위탁자는 신탁회사와 토지신탁계약을 체결하여 자신이 취득한 사업용 토지를 신탁회사에 신탁하고 위탁자겸 후순위수익자의 지위에 선다. 위탁자에게 토지비 대출을 하는 PF 대주에게는 1순위 우선수익권이 부여된다. 차입형토지신탁에서는 관리형토지신탁과 달리 신탁회사가 사업비를 조달할 의무를 부담하고 실질적으로 사업시행자로서의 역할을 수행한다. 신탁회사는 공사도급계약, 분양계약 및 용역계약의 당사자로 서명하고,

---

74) 최용호(2020), 102쪽; 정기열(2018), 136쪽. 토지신탁의 유형별 신탁보수를 보면, 차입형토지신탁의 경우에는 '매출액의 2%+공사비의 3%' 수준에서, 관리형토지신탁의 경우 '매출액의 0.5% 이하'(단, 신탁회사의 역할 증가시 증가) 수준에서, 책임준공확약형 관리형토지신탁의 경우 '매출액의 2%'의 수준에서 협의한다고 한다(장중식(2021), 72쪽).

75) 정기열(2018), 136쪽.

76) 이영석·김종필(2022), 309-310쪽.

77) 황남경, "독이 된 신탁사 '책임준공'…올해 만기 수두룩"(연합인포맥스, 2024. 2. 7.), <https://news.einfomax.co.kr/news/articleView.html?idxno=4297777>(2024. 6. 7. 최종방문).

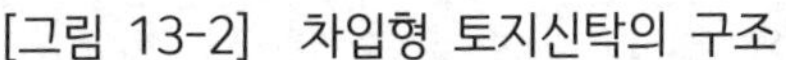
[그림 13-2] 차입형 토지신탁의 구조

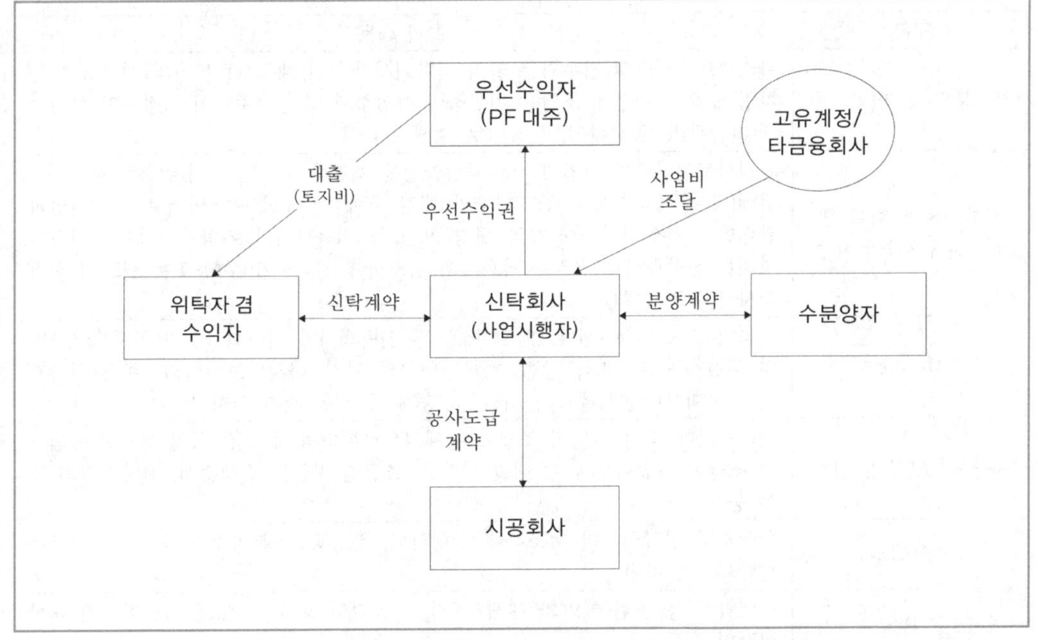

신탁회사가 사업시행자로서 신탁재산뿐만 아니라 고유재산으로도 이들 계약에 따른 채무를 이행할 책임을 진다. 다만, 용역계약의 경우에는 위탁자가 기체결한 계약을 승계하는 경우도 있고, 용역계약상 신탁회사의 책임을 신탁재산으로 한정하는 특약을 포함시키는 경우도 있는 것으로 보인다.[78)]

차입형토지신탁 구조에서도 토지신탁계약을 체결하기 전에 통상 위탁자, 신탁회사 및 시공회사 간에 [표 13-2]와 같이 사업수행에 필요한 기본적인 합의사항을 반영한 사업약정을 체결한다(단, 토지비를 대출하는 PF 대주는 계약당사자로 참가하지 아니하고 신탁의 우선수익권만 부여받는다). 실무에서는 별도로 사업약정을 체결하지 않고, [표 13-2]의 사업약정의 내용을 차입형토지신탁계약의 특약으로 반영하는 경우도 많은 것으로 보인다.

2. 차입형토지신탁의 효용

차입형토지신탁은 주로 신용도가 높은 소위 1군 시공회사들이 잘 참여하지 아니하여 시공회사의 신용보강만으로는 PF 대출을 받기가 어려운 소규모 개발사업에서 신탁회사로부터 사업비를 조달하기 위하여 이용된다. 신탁회사는 관리형토지신탁보다는 높은 위

78) 이영석·김종필(2022), 334-345쪽에 예시된 차입형토지신탁(분양형) 사업약정서 제8조 제3항.

[표 13-2] 차입형토지신탁 사업약정서(분양형)의 주요 내용[79]

구분	합의 내용
업무분담 및 협력의무	관리형토지신탁의 경우와는 달리 신탁회사가 '고유계정으로부터의 대지급 또는 차입'에 의한 사업비 조달을 비롯하여 사업주체 및 건축주로서 실질적인 사업수행(자금관리, 공사관리, 분양업무 수행 등)
정부인허가 획득 및 토지신탁계약의 체결	관리형토지신탁과 마찬가지로 사업약정을 체결한 후 토지신탁계약을 체결하기 전에(또는 예외적으로 신탁계약의 체결 후에) 신탁회사의 명의로 개발사업과 관련한 정부인허가(인허가의 변경 포함)를 취득하거나 위탁자가 받은 인허가 명의를 신탁회사로 변경(신탁회사의 협조하에 위탁자가 수행 또는 필요시 신탁회사가 직접 수행)
시공 등	시공의 주요 내용, 신탁계약의 체결 후 신탁회사와 시공회사간의 공사도급계약의 체결, 공사비 지급 방법, 하도급대금의 관리, 하자담보책임의 주체(위탁자 및 시공회사), 용역계약의 체결 및 승계 등 시공 관련 사항
자금의 조달 및 집행	신탁회사에 의한 사업비 조달(고유계정으로부터의 대지급, 차입 등), 신탁회사가 조달한 사업비 자금에 대한 이자율, 조달한 자금의 집행순서, 신탁수익의 교부 등
분양업무	위탁자와 신탁회사의 협조하에 수행하되, 분양광고, 분양방법 등 일부 업무는 신탁회사가 주관
기타	사업약정 등 관련 계약의 해제·해지, 시공권의 포기 및 대체 시공회사에 대한 현장인도 등

험을 부담하지만 그에 상응하는 높은 수익을 얻을 수 있다. 앞서 살펴본 책임준공확약형 관리형토지신탁은 차입형토지신탁과 경쟁관계에 있는 상품이다. 사업주체가 부동산개발사업을 수행하는 데에 경험과 능력이 부족한 경우에는 차입형토지신탁 구조에 의해 신탁회사에게 사업수행을 맡기는 방법을 선호할 수 있다.

3. 신탁회사의 사업비 조달

(1) 사업비 조달 방법

차입형토지신탁에서 신탁회사에 의한 사업비 조달은 ① 수탁자가 사업주체 지위에서 신탁사무의 일환으로서 신탁재산의 계산으로 다른 금융회사로부터 차입하는 방법, ② 수탁자의 고유재산으로부터 차입하는 방법 또는 ③ 신탁회사의 고유재산에서 신탁사무처리에 관한 비용으로서 사업비를 대지급하는 방법에 의할 수 있다.[80]

차입형토지신탁계약에서는 수탁자는 위 ①, ② 및 ③ 중 어느 방법에 의해서도 자금

79) 이영석·김종필(2022), 334-345쪽에 예시된 차입형형토지신탁 사업약정서(분양형)를 참고하였음.
80) 장중식(2021), 61쪽.

을 차입할 수 있음을 규정하고 있고, 차입금의 원리금 및 신탁회사가 사업비로 지출한 제 비용을 신탁재산에서 지급할 수 없는 경우 위탁자겸 수익자가 이를 지급할 의무가 있는 것으로 하되, 위탁자겸 수익자의 상환의무를 수익자가 얻은 이익의 범위 내로 한정하고 있지는 않다.[81)]

(2) 신탁의 계산에 의한 차입

위 ②의 경우 자본시장법상 신탁업자는 원칙적으로 신탁의 계산으로 그 신탁업자의 고유재산으로부터 금전을 차입할 수 없으나, 부동산 및 자본시장법 제103조 제1항 제6호의 재산(지상권, 전세권, 부동산임차권, 부동산소유권 이전등기청구권, 그 밖의 부동산 관련 권리)만을 신탁받는 경우 또는 동법 제103조 제4항에 따라 부동산개발신탁을 목적으로 신탁계약을 체결한 경우로서 그 신탁계약에 의한 부동산개발사업별로 사업비의 15% 이내에서 금전을 신탁받은 경우 등 일정한 경우에는 예외적으로 그 신탁업자의 고유재산으로부터 금전을 차입할 수 있다(동법 제105조 제2항, 동법시행령 제106조 제4항). 따라서 위탁자로부터 부동산만을 신탁받는 차입형토지신탁의 신탁회사는 고유재산으로부터 금전을 차입할 수 있다.[82)] 위 ① 및 ②의 경우, 부동산신탁업자는 특정 부동산신탁사업의 소요자금의 금액 범위 내에서 당해 부동산신탁재산으로 자금을 차입할 수 있다(다만, 동법 제103조 제4항에 따라 금전을 수탁한 경우에는 그 수탁금액과 자금차입 금액을 합산한 금액이 사업소요자금의 금액 범위 내여야 한다)(금융투자업규정 제4-86조).

위 ① 및 ②의 경우 대출원리금에 관한 금융회사 대주 또는 수탁자(고유재산)의 권리는 신탁법 제22조 제1항에서 말하는 '신탁사무의 처리상 발생한 권리'에 해당하므로 신탁재산에 대하여 권리를 행사하여 대출원리금을 상환받을 수 있다. 이 권리는 일반적인 신탁채권이고 신탁법 제48조의 우선변제권과 자조매각권의 대상이 되는 동법 제46조의 비용상환청구권에는 해당하지 아니한다.[83)] 그러나, 신탁재산으로부터 위 ①의 대출원리금을 상환하는 것이 여의치 아니할 경우 신탁회사는 고유재산에서 그 대출원리금을 대지급한 후에 대지급금 및 그에 대한 이자를 신탁법 제46조의 신탁사무처리 비용으로 신탁재산에서 상환받을 수도 있다(위 ③의 방식). 이 경우 신탁회사의 위 우선변제권과 자조매각권이 인정될 수 있다.

81) 한국토지신탁의 분양형 토지신탁계약서 제4조(자금차입), 제18조(신탁사무처리비용의 지급); 이영석·김종필(2022), 312면 이하에 예시된 분양형 토지신탁계약서, 제4조(자금차입), 제17조(제비용의 지급).

82) 노혁준(2019), 154쪽.

83) 노혁준(2019), 149쪽.

(3) 사업비의 대지급

처음부터 위 ③의 방식을 취할 경우에는, 해당 사업비를 차입하지 않고 신탁회사가 고유재산에서 신탁사무처리 비용을 대지급한 후에 비용상환청구권을 행사하여 대지급금 및 지출한 날 이후의 이자를 신탁재산에서 상환받을 수 있다(동법 제46조 제1항, 제2항). 위 ③의 경우 신탁재산이 신탁사무처리 비용을 충족하기에 부족한 경우, 수탁자는 수익자에게 그가 얻은 이익의 범위 내에서 비용상환청구권을 행사할 수 있고(동법 제46조 제4항, 제5항), 신탁회사는 이 비용상환청구권에 관하여 우선변제권과 자조매각권을 가진다(동법 제48조). 신탁사무처리 비용의 상환에 관하여는 신탁행위로 달리 정할 수 있다(동법 제46조 제6항).

(4) 사업비의 조달과 적용금리

차입 방식에 의하든 대지급 방식에 의하든 이자율에 관하여는 미리 약정해 두는 것이 바람직하다. 자본시장법상 신탁업자가 부동산만을 신탁받는 경우 신탁의 계산으로 그의 고유재산으로부터 금전을 차입하는 것이 허용된다고 하더라도 이는 신탁업자의 충실의무에 따른 제한을 받는다.[84] 이에 따라 신탁사업에 활용된 자금에 대한 이자율는 그것이 차입 방식이든 대지급 방식이든 설사 명시적인 약정이 있다고 하더라도 시장금리에 한정되어야 한다고 보는 견해가 있다.[85] 한편, 차입 방식 또는 대지급 방식에서 이자율에 관한 약정이 없는 경우에 법정이율과 조달금리 중 어느 것을 적용하여야 하는지의 문제가 있다. 대법원판례는 신탁사무처리 비용의 대지급금에 대한 이자에 대하여는 조달금리를 적용하였다.[86] 이에 대하여 차입 방식이든 대지급 방식이든 이자율 약정이 없는 경우에는 모두 상사법정이율에 의하되, 수익자는 수탁자의 조달금리가 그보다 낮음을 입증하여 초과분의 효력을 부인할 수 있다고 보는 견해가 있다.[87]

4. 차입형토지신탁에서 신탁수익의 선지급 기준

차입형토지신탁에서도 신탁회사가 토지신탁 업무와 관련하여 신탁수익(토지비 및 사

---

84) 대법원 2017. 6. 8. 선고 2016다230317, 230324 판결.
85) 노혁준(2019), 161-163, 167, 170쪽.
86) 대법원 2017. 6. 8. 선고 2016다230317, 230324 판결(수탁자가 미리 조달한 자금을 자신의 고유계정에 보관하고 있다가 신탁계정에 대여하면서 조달이자에 이자를 가산하는 경우, 가산이자 부분은 신탁사무의 처리를 위해 실제로 정당하게 지급하거나 부담한 비용 내지 이자 등에 해당한다고 볼 수 없으므로 신탁계약에서 정한 비용상환청구권의 대상으로 볼 수 없다).
87) 노혁준(2019), 170-171쪽.

업이익)을 수익자에게 신탁 종료 전에 선지급할 경우 한국금융투자협회가 정한 선지급기준에 따른 선지급 금액 한도를 초과하여 지급할 수 없다(「금융투자회사의 영업 및 업무에 관한 규정」 제2-65조 제6항). 위 규정에 따라 수익자에 대하여 신탁수익의 선지급이 허용되는 경우는 관리형토지신탁의 경우와 마찬가지로 원칙적으로 토지비 대출의 원리금(토지비 대출을 한 우선수익자 또는 수익권 질권자에 대한 지급)과 위탁자에게 부과된 일정 유형의 세금(수익자로서의 위탁자에 대한 지급)에 한정되고 일정한 요건[88)]을 충족해야 한다. 관리형토지신탁의 경우와 마찬가지로 분양수입금으로 신탁사무처리 비용 등 신탁채권을 변제하거나 사업비 대출을 한 우선수익자에게 대출원리금을 선지급하는 것은 위 선지급기준의 규제 대상이 아니다.

위 선지급기준에 의하면, 지급시점에서 안정적인 사업비 확보가 예상되는 경우 분양수입금(지급시점의 분양분에 대한 기수납분 및 장래 수납 예정 분양수입금 총액)에서 사업비(지급시점까지 지급된 사업비 및 향후 지급이 예상되는 사업비)를 공제한 금액 범위 내에서 위 신탁수익의 선지급을 할 수 있다(「금융투자회사의 영업 및 업무에 관한 규정」 별표 15).[89)]

5. 자금집행 순서와 신탁이익의 배당[90)]

차입형토지신탁 사업약정에 따른 분양수입금으로부터의 자금집행은 대체로 ① 신탁사업과 관련된 제세공과금(사업소득세 및 법인세 제외), 부담금 및 분양대금 반환금, ② 설계·감리비용, 분양대행 수수료 등 필수사업비, ③ 고유계정 대지급금 및 차입금의 이자, 신탁보수, 기타 신탁사무처리비용, ④ 기성불 공사대금, ⑤ 고유계정 대지급금·차입금의 원금, ⑥ 잔여 공사대금의 순서에 의한다. 신탁종료시 위 사업비의 지급 후에 남는 금액은 우선수익자인 PF대주(토지비 대출원리금)와 후순위수익자인 위탁자(시행이익)에게 배당된다. 관련 당사자들이 합의한 경우(예: 순조로운 분양으로 공사기성금 등 사업비를 충당하고

88) ① 토지비를 대여한 자가 수익권에 대한 질권자 또는 우선수익자의 지위에 있을 경우에 한하여 토지비를 대여한 자에 대한 토지비 등의 선지급이 가능함을 차입형토지신탁계약서에 명기할 것
② 선지급기준에서 정한 범위 내에서 선지급이 가능하다는 취지의 조항을 차입형토지신탁계약서 및 개별약정서 등에 명기할 것
③ 수분양자의 보호를 위해 분양대금이 토지비, 공사비 등의 지급에 사용될 수 있음을 분양계약서에 명기할 것
④ 신탁사업에서 발생한 위탁자의 법인세 등 일정한 세금의 납부를 목적으로 하는 선지급은 선지급기준에서 정한 별도의 요건을 갖출 것

89) 이러한 선지급 금액에 대한 제한은 건축물의 사용승인일 이후에는 적용되지 아니한다.

90) 장중식(2021), 185-186쪽; 이영석·김종필(2022), 334쪽 이하에 예시된 '차입형토지신탁(분양형) 사업약정서 제22조의 내용을 주로 참고하였음.

도 수익의 발생이 확실시 되고 신탁계정의 현금흐름이 원활할 것으로 판단되는 경우[91])에는 앞서 살펴본 신탁수익의 선지급기준이 허용하는 범위 내에서 토지비에 대한 PF 대출의 원리금 등을 신탁종료 전에 수익자에게 선지급할 수 있다. 신탁회사가 사업비 조달 책임을 지기 때문에 고유계정 대지급금 및 차입금에 대한 지급이 일반 사업비의 지급순위보다 후순위로 되어 있다. 다만, 시공회사가 단순 도급을 넘어 일정 부분 사업에 관하여 책임을 지는 구조에서는 공사비의 일부를 고유계정 대지급금 및 차입금의 상환보다 후순위로 정하는 경우도 있는 것으로 보인다.[92]

한편, 관리형토지신탁에서와 마찬가지로 주택도시보증공사가 분양보증을 발급한 후에 보증사고가 발생한 때에는 관련 당사자들간에 체결된 '프로젝트파이낸싱 대출관련 협약서'에 기하여 주택도시보증공사의 신탁회사에 대한 구상채권의 변제가 최우선순위에 위치하게 된다.[93]

Ⅳ. 분양관리신탁

1. 거래구조

분양관리신탁은 상가, 오피스텔, 주상복합건물 등 일정 유형·규모의 일반건축물의 선분양을 규제하는 건축물분양법에 따라 설정되는 부동산신탁이다. 건축물분양법에 의하면, 사업시행자(=분양사업자)가 자본시장법상 신탁업자와 신탁계약 및 대리사무계약을 체결한 때에는 건축법 제21조에 따른 착공신고 후에 건축물을 분양할 수 있다(동법 제4조 제1항 제1호). 다만, 신탁업자가 분양사업자로 되는 토지신탁계약이 체결된 경우에는 착공신고 후 분양을 위하여 별도의 신탁계약을 체결할 필요는 없다(동법 제4조 제2항).[94]

분양관리신탁의 설정 후에도 위탁자는 사업시행자로서 부동산개발사업 및 건축물의 분양에 필요한 정부인허가, 사업비의 조달, 시공·분양 등 사업관련 계약의 체결 및 이행 등 사업시행자로서의 업무를 수행한다. 즉, 분양관리신탁 구조에서는 토지신탁의 경우와

91) 이영석·김종필(2022), 323쪽 이하에 예시된 '차입형토지신탁(분양형) 사업약정서 제25조 제1항.

92) 장중식(2021), 132쪽.

93) 이석·오지현(2018), 43쪽.

94) 이 경우 토지신탁계약이 대리사무계약의 기능도 하므로 토지신탁계약이 체결된 때에는 대리사무계약도 체결할 필요가 없다. 다만, 분양받은 자의 보호를 위해 해당 신탁계약 내용에는 부도·파산 등으로 중도에 신탁계약을 정산하는 경우 신탁재산에서 분양받은 자의 분양대금 반환금을 최우선 지급하여야 한다는 내용을 포함하여야 한다(국토교통부(2016), 16쪽).

[그림 13-3] 분양관리신탁의 구조

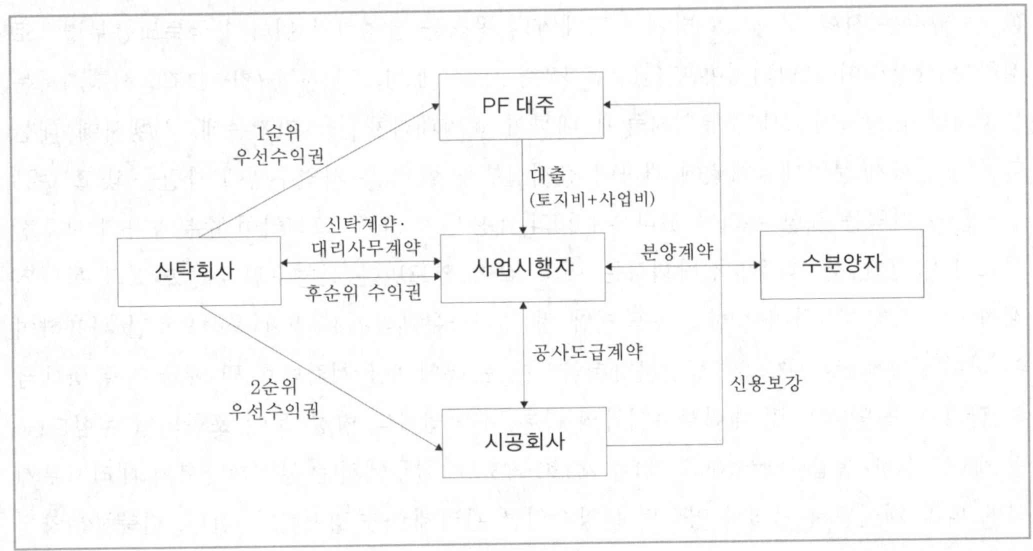

는 달리 사업 주체와 사업부지 및 분양대금의 소유·관리 주체가 분리된다. PF 대주, 시공회사 및 사업시행자에게 각각 1순위 우선수익권, 2순위 우선수익권 및 후순위 수익권이 부여된다.

건축물분양법은 사업자금의 상당 부분에 대한 금융제공자라고 할 수 있는 수분양자들을 보호하기 위하여 신탁계약과 대리사무계약에 반드시 포함되어야 할 내용을 규정하고 있다.

우선 신탁계약에는 (i) 분양받은 자의 소유권등기 전일까지의 토지와 그 정착물의 소유권 관리에 관한 사항, (ii) 신탁받은 소유권의 처분에 관한 사항, (iii) 신탁을 정산할 때 분양받은 자가 납부한 분양대금을 다른 채권 및 수익자의 권리보다 우선하여 정산하여야 한다는 사항이 포함되어야 한다(동법 제4조 제4항, 동법시행령 제3조 제1항). 이러한 내용을 반영하는 분양관리신탁은 건축물분양법에 따라 사업시행자(분양사업자)인 위탁자가 그 소유의 사업부지(추가 신탁될 완공 건축물 포함)를 신탁회사에게 신탁하고, 수탁자는 분양부동산의 소유권을 이전받을 수분양자를 보호하기 위하여 신탁부동산(추가 신탁된 완공 건축물 포함)을 소유·관리하며, 신탁을 정산할 때에는 수분양자가 납부한 분양대금을 다른 채권 및 수익자의 권리보다 우선하여 정산하기로 하는 내용의 부동산신탁이라고 할 수 있다.

대리사무계약에는 ① 분양받은 자를 보호하기 위한 분양수입금 관리계좌의 개설에 관한 사항, ② 분양사업자는 분양수입금 총액을 자본시장법에 의한 신탁업자에게 양도하여야 한다는 사항, ③ 분양대금은 신탁계약 및 대리사무계약에서 정한 토지매입비, 공사비, 설계비, 감리비 또는 그 밖의 부대사업비 등 해당 분양사업과 관련된 용도로만 사용할 수 있다는 사항 및 ④ 그 밖에 신탁계약의 목적을 달성하기 위하여 국토교통부령으로 정하는 사항[95]이 포함되어야 한다(동법시행령 제3조 제2항, 동법시행규칙 제2조). 시행회사는 분양계약의 당사자로서 수분양자들에 대하여 분양대금채권을 가지는데, 시행사에 대한 다른 채권자가 분양대금채권에 대하여 강제집행을 할 경우 사업수행에 차질을 빚고 수분양자들의 이익을 해할 우려가 있다. 위 ②의 내용은 이 점을 고려하여 수분양자의 보호장치로서 마련된 것이다.[96] 신탁회사는 이와 같이 양도받은 분양수입금을 별도의 독립된 계정으로 회계처리하여야 하고 신탁계약 및 대리사무계약에서 정한 목적으로만 사용하여야 하며(동법시행령 제3조 제3항), 분양계약서에는 '분양대금 계좌번호 및 예금주, 분양대금의 관리자, 신탁계약 및 대리사무계약의 종류, 신탁업자의 명칭' 등이 포함되어야 한다(동법 제6조 제4항, 동법시행령 제9조 제1항 제4호, 제5호). 실무에서는 분양계약서에 대리사무계약에 따라 개설된 신탁회사 명의의 분양수입금 관리계좌를 명시한다. 한편, 건축물분양법 시행령 제3조 제2항에 규정된 위 ③의 내용은, "신탁계약·대리사무계약 방식에 의해 건축물을 사용승인 이전에 분양하는 경우 분양받은 자의 보호를 위한 안전장치가 작동되므로 분양대금을 건축물 대지매입비 원리금 상환에 사용하는 것이 가능하도록 하여 분양사업자의 재정부담을 완화"할 목적으로 2008. 9. 18. 법 개정에 의해 신설한 것이라고 한다.[97] 실무에서는, 신탁계약의 체결에 앞서서 사업시행자(분양사업자), 신탁회사, 시공회사

---

95) 동법시행규칙 제2조는 대리사무계약에 포함되어야 할 사항으로 다음과 같이 9개 항목을 규정하고 있다.
1. 계약금을 포함한 분양대금의 수납·관리 등
2. 부도·파산 등으로 사업 추진이 불가능한 경우 분양수입금 관리계좌의 남은 금액은 분양받은 자에게 우선하여 지급하여야 한다는 사항을 포함한 분양대금의 지출 원칙, 방법 및 용도
2의2. 건축공사가 6개월 이상 중단되거나 영 제8조 제1항 제10호에 따른 준공예정일부터 6개월 이상 준공이 지연되는 경우 공사의 이행 방법에 관한 사항
3. 자본시장법에 따른 신탁업자가 분양사업자의 사업을 감독할 권한, 분양사업자가 신탁업자에게 자료를 제출할 의무 등
4. 자금 집행순서 및 시공사에 공사비를 지급하는 방법·시기
5. 분양계약의 관리
6. 건축공사의 공정(工程) 관리(시공사가 분양사업자에게 공사비를 청구할 때 시공사의 예정 공정계획에 비례하여 공사비를 지급할 수 있도록 신탁업자가 실제 공정 현황을 파악하는 등의 업무를 말한다)에 대한 사항
7. 분양받은 자를 위한 공사 진척 사항의 열람 및 게시 방법
8. 그 밖에 신탁업자와 분양사업자가 협의하여 정한 사항

96) 최수정(2019), 63쪽은, 위 ②에서 말하는 '분양수입금의 양도'는 시행사가 수분양자로부터 받은 분양대금을 신탁회사에게 지급하는 것은 물론, 지시에 의한 단축급부의 형태로 또는 분양대금채권 자체를 양도하는 형태로도 가능하며, 이는 어디까지나 계약상의 정함에 달린 문제라고 한다. 현재 실무에서는 분양대금채권의 양도 방식을 이용하고 있다.

97) 국토교통부(2016), 15쪽. 토지신탁(관리형토지신탁 및 차입형토지신탁)의 경우 신탁종료 전에 신탁수익(토지비+사업이익)을 토지비 대출을 한 수익자에게 선지급하는 것을 규제하는 한국금융

및 대출금융기관 간에 사업 관련 내용 및 대리사무계약의 내용을 포함하는 '사업약정 및 대리사무계약'을 체결하는 것이 보통이나,[98] 별도의 계약 체결 없이 그 내용을 모두 분양관리신탁계약서에 포함시키는 예도 있는 것으로 보인다.

2. 분양관리신탁의 효용

분양대상인 신탁부동산에 대하여는 사업시행자의 채권자가 강제집행을 할 수 없으므로(신탁법 제22조 제1항 본문), 분양관리신탁은 시공 및 분양과 수분양자에 대한 분양부동산의 소유권 이전이 안정적으로 진행될 수 있도록 한다.[99] 또한, 분양관리신탁은 담보신탁[100]의 기능도 가진다. 분양관리신탁의 실무에서는 사업시행자인 위탁자에게 후순위 수익권이 부여되고, 사업시행자에게 토지비 및 사업비를 대여하는 PF 대주에게 담보로 1순위 우선수익권이 부여된다. 위탁자의 도산으로부터의 절연성을 가지는 담보신탁을 이용함으로써 토지비 및 사업비의 조달이 수월해진다. 다만, 통상 분양관리신탁계약서에서는 최초 분양계약이 체결된 후 수분양자에게 소유권이 이전될 때까지는 사업추진이 불가능하게 된 경우를 제외하고는 원칙적으로 신탁부동산을 처분할 수 없는 것으로 규정하고 있고,[101] 신탁의 정산시에는 신탁재산은 수분양자의 분양대금반환에 우선 지급하여야 하므로 우선수익권에 기한 신탁재산 환가 및 우선변제권은 통상의 담보신탁보다는 제한을 받는다.[102]

투자협회의 '토지신탁수익의 신탁종료 전 지급 기준'(2009. 12. 14. 제정)이 상세한 내용으로 마련되어 있는 것과 비교한다면, 분양관리신탁에서는 토지비 대출의 원리금 상환을 위한 지급을 신탁계약과 대리사무계약에 맡기고 있어서 이들 계약의 당사자가 아닌 수분양자의 보호에는 충분하지 아니하다는 지적이 있을 수 있다.

98) 남궁주현(2020), 217쪽; ㈜한국토지신탁 사업약정 및 대리사무계약서 표준안; 이영석·김종필(2022), 285쪽에 예시된 사업약정 및 대리사무계약서(동 계약서 제1조는 "본 계약은 건축물의 분양에 관한 법률에 의거하여 본 사업에 대한 '갑'[사업시행자], '을'[신탁회사], '병'[시공회사] 및 '정'[대출금융기관] 간의 업무 범위와 책임을 명확히 하고, 신탁재산 및 분양수입금을 효율적으로 관리함으로써 피분양자를 보호하고 본 사업을 원활하게 진행하는 것을 목적으로 한다."라고 규정한다).

99) 이계정(2021), 804쪽.

100) 이계정(2021), 804쪽(전형적인 담보신탁의 표지는 '채권담보의 목적일 것', '채권자가 수익자가 되는 타익신탁일 것', '수익자에게 처분요청권이 부여될 것'이라고 한다).

101) 한국토지신탁의 분양관리신탁계약서 표준안 제19조.

102) 이영석·김종필(2022), 273쪽; 이계정(2021), 804쪽.

3. 분양관리신탁의 신탁재산과 대리사무계약의 법적 성질

건축물분양법령에 의하면, 앞서 본 바와 같이 사업시행자는 신탁업자와 분양관리신탁계약을 체결하는 외에 대리사무계약을 체결하여야 하고, 대리사무계약의 규정에 따라 분양수입금 총액을 신탁업자에게 양도하여야 한다. 이와 같이 분양수입금의 양도는 분양관리신탁계약이 아니라 대리사무계약에 의하여 이루어지는 것이라면, 분양수입금은 분양관리신탁의 신탁재산을 구성하는 것은 아니고 대리사무계약에 의하여 별도로 신탁업자에게 양도되는 것이며, 신탁업자는 대리사무계약이 위임한 바에 따라 수임인으로서 분양수입금을 관리·처분한다고 보는 것이 논리적일 것이다.

그런데, 국내 부동산신탁회사들이 이용하는 분양관리신탁계약서 표준안을 보면, "신탁재산"은 신탁의 원본, 신탁의 수익 및 해당 분양사업과 관련하여 위탁자로부터 양수받은 분양대금채권과 분양수입금, 해당 사업 관련 신축 중인 건축물"이라고 정의하고 있다.[103] 이와 관련하여, 분양관리신탁계약서는 "수탁자는 분양수입금 관리계좌의 분양수입금을 사업약정 및 대리사무계약에 따라 본건 분양사업에 사용한다."라고 규정한다.[104] 신탁계약에 앞서서 체결되는 사업약정 및 대리사무계약서에서는 "본 계약은 "'갑'[시행자(분양사업자)]과 '병'[대리사무 신탁회사] 간에 체결되는 분양관리신탁계약과 상호 보완적 효력을 가[진다]",[105] "'갑'은 피분양자에 대한 분양대금채권을 '병'에게 양도하며 '병'은 이를 양수한다."라고 규정한다.[106] 위 계약조항들을 보면, 사업약정 및 대리사무계약과 분양관리신탁계약은 상호 보완적인 관계에 있으며,[107] 신탁회사가 사업시행자(분양사업자)로부터 양도받은 분양대금채권 및 그로부터 추심된 분양수입금은 모두 분양관리신탁의 신탁재산을 구성하고, 신탁재산인 분양수입금은 사업약정 및 대리사무계약이 정하는 바에 따라 분양사업에 사용한다는 것이 당사자간의 합의 내용인 것으로 보인다.

다수의 국내 부동산신탁회사가 사용하는 분양관리신탁계약서에서는 위와 같이 분양대금채권과 분양대금은 모두 분양관리신탁의 신탁재산이라고 명확히 규정하고 있는 바,[108] 처분문서인 분양관리신탁계약서에서 위탁자와 수탁자가 명시적으로 분양대금채권과 분양대금을 분양관리신탁의 신탁재산이라고 합의하였다면, 이러한 합의는 특별한 사

103) KB부동산신탁, 코람코자산신탁, 한국자산신탁, 한국토지신탁 등의 분양관리신탁계약서 표준안 제2조; 이영석·김종필(2022), 277쪽 이하에 예시된 분양관리신탁계약서 제2조.

104) 한국토지신탁 등의 분양관리신탁계약서 표준안 제6조.

105) 한국토지신탁 등의 사업약정 및 대리사무계약서 표준안 제4조 제1항.

106) 한국토지신탁 등의 사업약정 및 대리사무계약서 표준안 제19조 제2항.

107) 같은 취지: 남궁주현(2020), 219쪽.

108) 최수정(2019), 58쪽도 이 점을 지적하고 있다.

정이 없는 한 존중되어야 할 것이다. 부동산신탁회사의 현행 계약 실무를 전제로 한다면, 사업시행자로부터 신탁회사에게 양도된 분양대금채권과 그로부터 추심된 분양대금은 분양관리신탁계약의 신탁재산에 해당하고, 사업약정 및 대리사무계약 중 사업수행을 위한 신탁회사의 자금관리사무 관련 내용은 위임계약의 성질을 가지는 것이라고 볼 수 있다.[109)]

건축물분양법에 의한 분양관리신탁계약 및 대리사무계약의 구조, 이에 관한 해석론, 부동산신탁회사의 현행 계약실무 등을 종합하여 볼 때, 분양관리신탁계약의 신탁재산의 범위와 대리사무계약의 법적 성질이 명료하게 정리되어 있다고 보기 어렵다. 법률관계의 불확실성에 따른 분쟁의 소지를 줄이기 위하여 현행 계약실무를 점검하여 권리의무관계를 보다 명확히 규정할 필요가 있다. 그런데, 수분양자는 분양관리신탁계약과 대리사무계약의 당사자나 신탁의 수익자가 아닌바, 분양수입금을 분양관리신탁계약의 신탁재산으로 보든 대리사무계약의 신탁재산으로 보든, 수분양자의 보호에는 별다른 차이가 생기지 아니할 것이다. 수분양자의 보호에 있어서는, 이하에서 논의하는 바와 같이 수분양자가 신탁회사에게 분양대금 반환청구권을 직접 행사하여 다른 채권 및 수익권에 우선하여 분양대금을 반환받을 수 있는지의 문제가 중요하다.

4. 수분양자의 신탁회사에 대한 분양대금 반환청구

분양관리신탁 구조에서 수분양자가 부담하는 주된 위험은 사업시행자가 분양계약상 공급의무를 제대로 이행하지 아니하여 수분양자가 분양받은 부동산의 소유권을 이전받지 못하고[110)] 기납부한 분양대금도 반환받지 못할 위험이다. 건축물분양법령은 기본적으로 신탁계약에 ① 신탁을 정산할 때 분양받은 자가 납부한 분양대금을 다른 채권 및 수익자

109) 이에 대하여, 대리사무계약은 신탁회사가 사업시행자로부터 양도받은 분양대금채권을 신탁재산으로 하는 신탁계약이고, 그로부터 추심된 분양대금은 대리사무계약의 신탁재산을 구성한다고 보는 견해가 있다(이계정(2021), 808-809쪽). 이 견해는, 당사자가 대리사무계약에서 신탁이라는 문언을 쓰지 않았더라도, ① 신탁재산의 이전(=분양대금채권의 양도 및 금융기관 대출금의 자금관리계좌 입금), ② 수탁자의 재산관리의 목적(=사업자금의 적정하고 투명한 집행을 위한 재산 이전) 및 ③ 분별관리 등에 기한 신탁설정의사가 모두 인정되므로 시행회사를 위탁자 겸 수익자로 하는 신탁이 성립된다고 한다. 같은 취지: 정순섭(2021), 53쪽(대리사무계약 전체가 아니라 분양수입금에 대한 법률관계만을 신탁으로 파악한다.).

110) 분양관리신탁 구조에서는 사업시행자인 위탁자가 건축주 및 공사도급계약상 도급인이 된다. 완공된 건축물은 공사도급계약의 당사자이자 원시취득자인 사업시행자가 그의 명의로 보존등기를 한 후에 이를 신탁회사에 추가로 신탁해야 하는데, 건축물이 완공되었음에도 사업시행자에 대한 채권자의 개입 등으로 인하여 추가 신탁이 제대로 이루어지지 아니할 수 있다. 또한, 완공 건축물의 추가 신탁 후에 사업시행자는 분양부동산(건축물 및 사업부지)의 소유권을 신탁회사로부터 회복한 후 이를 수분양자들에게 이전해 주어야 하는데, 이러한 소유권 이전이 제대로 이루어지지 아니할 수도 있다. 아예 건축물이 완공에 이르지 못할 수도 있다.

의 권리보다 우선하여 정산하도록 하는 내용을 규정하도록 하고(건축물분양법 제4조 제4항, 동법시행령 제3조 제1항), 대리사무계약에 ② 부도·파산 등으로 사업추진이 불가능한 경우 분양수입금 관리계좌의 남은 금액은 수분양자에게 우선하여 지급하여야 한다는 내용을 규정하도록 함으로써(동법시행규칙 제2조 제2호) 분양사업의 실패시 수분양자들이 분양대금을 우선적으로 반환받을 수 있도록 하는 데에 중점을 두고 있다.

국내 부동산신탁회사들의 분양관리신탁계약서 표준안은, '피분양자의 보호'라는 조문 제목 하에 "위탁자의 부도, 파산 등으로 사업추진이 불가한 경우 또는 기타 사유로 중도에 신탁계약을 해지하여 정산하는 경우에는 신탁부동산의 처분대금 등 신탁재산에서 우선수익자 등 다른 권리자에 우선하여 피분양자의 분양대금반환에 우선 지급한다."라고 규정한다(=위 ①의 내용 반영).[111] 또한, 사업약정 및 대리사무계약서 표준안은, "위탁자, 시공사의 부도, 파산 등으로 사업추진이 불가한 경우 및 기타 사유로 중도에 신탁계약을 해지하여 정산하는 경우 분양수입금 관리계좌의 잔여금액은 피분양자에게 우선하여 지급하여야 한다."라고 규정한다(=위 ②의 내용 반영).[112] 위와 같은 '분양대금의 우선 지급'에 관한 계약조항의 법적 성질에 관하여는 견해가 나뉜다. 수분양자는 신탁계약과 대리사무계약의 당사자가 아니고 신탁수익자도 아니지만, 건축물분양법은 분양관리신탁계약과 대리사무계약에 분양대금의 반환에 우선적으로 정산 또는 지급하는 계약조항을 둘 것을 강제하고 있으며, 이는 수분양자의 보호 취지상 시행회사와 신탁회사에만 구속력을 가진다고 볼 수는 없으므로 그 계약조항은 제3자약관으로 해석하여야 할 것이고 따라서 수분양자는 그 계약조항을 근거로 신탁회사에 대하여 직접 분양대금의 반환을 청구할 권리가 있다고 보는 견해가 있다.[113] 이에 대하여, 위 계약조항은 신탁부동산 처분대금의 집행순서를 구체화한 규정이고, 수탁자가 자금관리에 있어서 주의해야 할 의무를 규정한 것에 불과하다는 점과 수분양자는 분양관리신탁의 수익자는 아니라는 점 등에서 앞의 견해는 타당하지 않다고 보는 견해도 있다.[114]

위에서 본 분양대금의 우선 지급에 관한 계약조항들은 신탁계약 및 대리사무계약에 포함될 내용을 정한 건축물분양법 시행령 제3조 제1항 및 건축물분양법 시행규칙 제2조 제2호의 규정을 반영한 것이다. 부동산신탁회사들이 이용하는 사업약정 및 대리사무계약서에서는, "본 계약은 … 분양관리신탁계약과 상호 보완적 효력을 가지며, 건축물분양법과 동법 시행령, 시행규칙 등 관계법령에 위배할 수 없고 위배시에는 위 법령에 따른다."라

111) 한국토지신탁 등의 분양관리신탁계약서 표준안 제12조(피분양자의 보호) 제2항.
112) 한국토지신탁 등의 사업약정 및 대리사무계약서 표준안 제20조(자금관리계좌의 개설 등) 제5항.
113) 최수정(2019), 58쪽; 남궁주현(2020), 223쪽도 같은 견해.
114) 이계정(2021), 825쪽.

고 규정한다.[115] 또한, 건축물분양법령이 위 ①에서와 같이 수분양자가 납부한 분양대금을 '**다른 채권**' 및 수익자의 권리보다 우선하여 정산하여야 한다고 규정한 것은 수분양자의 권리가 신탁회사에 대한 '**채권**'임을 전제로 한 것이라고 볼 수 있다. 수분양자 보호를 위한 건축물분양법령의 규정 취지와 위 관련 계약조항의 내용에 비추어 볼 때 분양대금의 우선 지급에 관한 위 계약조항들은 수분양자를 위한 제3자약관이라고 보아야 할 것이고, 수분양자는 이들 계약조항에 기하여 신탁회사에 대하여 직접 분양대금의 반환을 청구할 수 있다고 보는 것이 타당하다.

그러나, 위 ① 및 ②에 해당하지 아니하는 때에는 수분양자가 분양계약을 해제 또는 취소하더라도 신탁회사에게 직접 분양대금의 반환을 청구할 수 없다고 보는 견해가 유력하다.[116] 이 견해는, 사업약정 및 대리사무계약에서는 분양수입금관리계좌로부터 수분양자에게 분양대금반환금을 지급하는 순위를 최우선 순위인 제세공과금 바로 다음 순위로 규정하고 있으나,[117] 이 계약조항은 자금집행순서, 지출방법 및 절차 등을 규정한 것일 뿐이고 수분양자에게 직접적인 청구권을 부여하는 제3자약관에는 해당하지 않는다고 한다.[118]

또한, 대법원 2017. 7. 11. 선고 2013다55447 판결은 개별적으로 분양계약을 해제 또는 취소한 수분양자가 신탁회사를 상대로 직접 분양대금 상당액을 부당이득으로서 반환을 구할 수 있는지 여부에 대하여 부정적으로 보았다. 이 대법원판결은, 甲 주식회사가 乙 등과 상가 분양계약을 체결할 당시 丙 신탁회사와 체결한 분양관리신탁계약 및 대리사무계약에 따라 분양대금채권을 丙 회사에 양도하였고, 乙 등이 이를 승낙하여 분양대금을 전부 丙 회사의 계좌로 납입하였는데, 그 후 乙 등이 甲 회사와 丙 회사를 상대로 분양계약 해제로 인한 원상회복 또는 분양계약 취소로 인한 부당이득반환으로 乙 등이 납부한 분양대금 등의 지급을 구한 사건에서, 乙 등이 분양계약에 따라 丙 회사 명의의 계좌에 분양대금을 입금한 것은 이른바 '단축급부'에 해당하고, 이러한 경우 丙 회사는 甲 회사와의 분양관리신탁계약 및 대리사무계약에 따른 변제로서 정당하게 분양대금을 수령한 것이므로, 乙 등이 丙 회사를 상대로 법률상 원인 없이 급부를 수령하였다는 이유로 원상회복청구나 부당이득반환청구를 할 수 없다고 보았다.[119]

---

115) 한국토지신탁 등의 사업약정 및 대리사무계약서 표준안 제4조 제1항.

116) 김지훈(2019), 48-49쪽; 남궁주현(2020), 224쪽; 이계정(2021), 825쪽.

117) 한국토지신탁 등의 사업약정 및 대리사무계약 제23조 제1항.

118) 김지훈(2019), 49쪽.

119) 이 대법원판결의 쟁점에 관한 상세한 분석은 이계정(2021), 811-823쪽(대법원판결의 결론에는 찬성하지만, 신탁업자는 채권양수인으로서 수분양자로부터 급부를 수령한 것이므로 수분양자가 신탁회사에게 분양대금을 입금한 것이 '단축급부'에 해당한다고 한 법리 설시는 타당하지 않다

위와 같이 수분양자가 직접 신탁회사를 상대로 분양계약의 해제 또는 취소를 이유로 분양대금의 반환을 청구할 수 없다고 한다면, 그 수분양자는 시행회사에 대하여 가지는 분양대금반환채권에 기하여 신탁회사를 상대로 채권자대위권을 행사할 수 있는지가 문제된다. 이 점에 관하여는, 위 수분양자는 시행회사에 대한 분양대금반환채권을 보전하기 위하여 시행회사를 대위하여 (i) 신탁회사를 상대로 대리사무계약상의 사업비 지출 요청권을 행사하고, (ii) 대출기관을 상대로 동의의 의사표시를 구함으로써 신탁회사에게 분양대금의 반환을 구할 수 있다고 보는 것이 지배적인 견해이다.[120] 이와 관련하여, 아래에서 '담보신탁과 대리사무계약' 구조와 관련하여 살펴보는 대법원 2021. 6. 30. 선고 2016다10827 판결의 취지에 비추어 볼 때, 위 수분양자가 분양수입금관리계좌로부터의 분양대금 반환금 지급을 요청하였음에도 관리계좌로부터의 자금인출에 대하여 동의권을 가지고 있는 PF 대주 등이 동의를 거절한 채 관리계좌로부터 우선변제권이 없는 자신의 채권부터 회수할 경우 수분양자는 PF 대주 등에 대하여 제3자의 채권침해로 인한 불법행위 손해배상책임을 청구할 수 있는 여지가 있다.

V. 담보신탁

주택법 및 건축물분양법이 적용되지 않는 부동산개발사업에서는 담보신탁 및 대리사무계약이 많이 이용되고 있으나 이는 법적으로 강제되는 것은 아니고 사적 자치의 영역에 속한다. 이러한 담보신탁 구조에서 위탁자는 PF 대출채무를 담보하기 위하여 사업부지를 신탁회사에게 신탁하고, PF 대주에게 1순위 우선수익권을 부여하는 통상의 부동산담보신탁이 이용된다. 담보신탁의 수탁자는 사업시행자와 별도로 체결되는 대리사무계약에 따라 분양수입금의 관리 등 대리사무를 처리한다. 담보신탁 및 대리사무계약을 이용하는 부동산 PF 구조는 분양관리신탁 대신에 통상의 담보신탁이 이용된다는 점에서 차이가 있고, 나머지 거래구조는 분양관리신탁의 구조와 대동소이하다.

담보신탁의 우선수익자인 PF 대주는 사업시행자인 위탁자(차주)의 채무불이행이 있는 경우 수탁자에게 신탁재산의 환가를 요구할 수 있고, 환가가 이루어진 경우 환가대금의 교부를 요구함으로써 자신의 대출채권을 변제받을 수 있다. 분양관리신탁과는 달리 담보신탁계약상 신탁재산의 처분대금에서 우선수익자인 PF 대주가 우선변제를 받고, 수분

고 본다).

120) 최수정(2019), 67-68쪽; 이계정(2021), 825-827쪽; 김지훈(2019), 49쪽.

양자는 그로부터 분양대금채권을 변제받을 수 없다.[121] 반면에, 분양관리신탁에서는 PF 대주가 신탁의 우선수익자이지만 수분양자의 보호를 위해 분양관리신탁계약 및 대리사무계약에 의하여 신탁재산의 환가권 및 우선변제권이 제한된다. 담보신탁의 주된 목적은 PF 대주의 대출채권 회수에 있다는 점에서 수분양자의 보호를 주된 목적으로 하는 분양관리신탁과 차이가 있다.[122]

부동산신탁회사들이 이용하는 담보신탁계약상으로는 신탁재산은 신탁부동산 및 그 물상대위로 취득한 재산, 신탁부동산의 처분대금 등이고, 분양관리신탁계약에서와는 달리 분양대금채권 및 분양수입금은 신탁재산에 포함되지 아니한다.[123] 또한, 담보신탁 및 대리사무계약 구조에서는 신탁회사가 수분양자들로부터 분양대금을 신탁회사의 분양금 관리계좌로 지급받아 관리하지만, 이는 대리사무계약에 기하여 사업시행자의 수임인으로서의 지위에서 분양대금의 보관을 위탁받는 것이며 사업시행자로부터 분양대금채권을 양도받는 것은 아니다.

담보신탁 및 대리사무계약을 이용한 부동산개발사업에서는 그 동안 분양계약을 해제한 수분양자가 ① 신탁회사를 상대로 계약상 직접 분양대금 반환청구를 할 수 있는지, ② 신탁회사를 상대로 분양대금 상당액에 대하여 부당이득 반환청구를 할 수 있는지, ③ 사업시행자의 지출요청권을 대위하여 신탁회사를 상대로 분양대금반환금의 지급을 청구할 수 있는지 등이 다투어졌다.[124] 대법원 2018. 7. 12. 선고 2018다204992 판결은, 위 ①의 쟁점에 관하여는 수분양자는 신탁회사와 직접적인 계약관계에 있지 않고 대리사무계약을 수분양자를 위한 '제3자를 위한 계약'으로 보기 어렵다는 이유로 수분양자의 직접청구권을 부정하였고,[125] 위 ②의 쟁점에 관하여는 이른바 '삼각관계에서의 급부부당이득'에 관한 기존 대법원판례의 법리에 기하여 수분양자는 신탁회사를 상대로 부당이득반환청구권이 없다고 보았다.[126] 위 ③에 관하여 대법원 2014. 12. 11. 선고 2013다71784 판결은 결론에서는 수분양자에 의한 채권자대위권의 행사를 부정하였으나, 수분양자가 사업시행자의 사업비 지출요청권을 대위하여 행사하는 것은 수분양자의 사업시행자에 대한 분양대금 반환채권의 현실적 이행을 유효적절하게 확보하기 위하여 필요한 경우에 해당한다고 함으로써 보전의 필요성을 인정하였다. 다만 계약상 요구되는 자금지출에 대한 시행회사와 대출금융기관의 확인을 얻지 못하였다는 이유로 피보전권리(사업시행자의 신탁회

121) 이계정(2021), 805쪽.
122) 이계정(2021), 802쪽.
123) 한국토지신탁, KB부동산신탁 등의 부동산담보신탁계약서 표준안 제4조.
124) 이에 관한 최근의 종합적인 분석은 김지훈(2019), 43-62쪽.
125) 김지훈(2019), 46쪽.
126) 김지훈(2019), 46-47쪽.

사에 대한 사업비지출요청권)의 존재를 인정하지 않았다. 따라서 위 대법원판결은 자금지출에 대한 확인권 또는 동의권을 가진 자의 동의 또는 확인이 있으면 수분양자의 채권자대위권 행사가 인정될 수 있는 여지를 둔 것이다.[127)]

위와 같이 사적자치에 맡겨져 있는 담보신탁 및 대리사무계약 구조에서는 수분양자의 보호가 토지신탁이나 분양관리신탁 구조에 비하여 훨씬 취약하다. 그런데, 최근 대법원 2021. 6. 30. 선고 2016다10827 판결은, 분양계약을 합의해제한 수분양자가 신탁회사 명의의 분양수입금 관리계좌로부터 분양계약 합의해제에 따른 해약금을 반환받기 위하여 그 관리계좌로부터의 자금인출에 대하여 동의권을 가진 시공회사에게 해약금의 인출에 대한 동의를 요청하였으나 시공회사가 그 요청을 거절하고 우선변제권이 없는 자신의 공사대금을 위 관리계좌로부터 우선적으로 지급받은 사안에서, 시공회사에게 제3자의 채권침해로 인한 불법행위 손해배상책임을 인정하였다.[128)] 이로써 수분양자의 분양대금반환채권에 대하여 직접청구권이나 우선변제권이 부여된 것은 아니지만, 부당한 자금관리·집행이 있는 경우 수분양자의 이익이 어느 정도 보호받을 수 있는 여지가 생겼다.

제 4 절 부동산개발사업의 투융자기구

Ⅰ. 서 설

제4절에서는 부동산개발사업에 직간접적으로 참여하는 특별목적기구인 프로젝트금

127) 김지훈(2019), 53쪽.

128) 사실관계: 상가분양사업과 관련하여 시행회사 甲, 시공회사 乙 및 자금관리신탁회사 간에 각자의 역할과 업무에 관한 사업약정을 체결하였는데, 그중 ‘분양 및 분양수입금 관리’에 관해서는 ‘분양사업과 관련된 수입금 일체를 신탁회사 명의로 개설한 분양수입금 관리계좌에 입금하고, 분양 개시 후 그 관리계좌에 입금된 수입금의 인출절차는 시공회사 乙의 동의서를 첨부한 시행회사 甲의 서면 요청에 따라 신탁회사가 인출하기로 한다.’고 정하였음. 수분양자인 원고 丙은 시행회사 甲과의 분양계약의 합의해제에 따른 해약금 인출에 대한 동의를 乙회사에게 요청하였으나, 乙회사가 인출에 동의하지 않은 채 위 관리계좌에서 자신의 공사대금을 변제받고자 우선적으로 금원을 인출함으로써 위 관리계좌의 잔고가 부족하게 되어 원고 丙이 해약금을 반환받지 못함. 판시사항: 乙회사는 丙의 해약금 반환채권이 자신의 행위로 침해됨을 알면서도 丙에 대한 관계에서 법률상 우선변제권이 인정되지 않는 자신의 공사대금을 우선적으로 추심하기 위하여 금원을 인출하였고, 乙회사의 이러한 행위는 부동산 선분양 개발사업 시장에서 거래의 공정성과 건전성을 침해하고 사회통념상 요구되는 경제질서를 위반하는 위법한 행위로서, 丙은 乙회사의 위와 같은 위법행위로 말미암아 甲회사로부터 해약금을 반환받지 못하는 손해를 입었으므로, 乙회사는 丙에게 그 손해를 배상할 책임이 있다고 본 원심판결이 정당하다고 판시함.

융투자회사, 부동산투자회사와 부동산펀드를 다룬다. 프로젝트금융투자회사는 부동산개발사업에서 사업시행자로만 참여할 수 있으나 넓은 의미에서 부동산개발사업에 투자하는데 이용되는 투융자기구에 포함시킬 수 있으므로 여기서 함께 다룬다. 부동산투자회사와 부동산펀드는 주로 사업시행자에 대한 투융자나 완공 건축물에 대한 투자를 위한 기구로 이용되고, 사업시행자로 이용되는 경우는 상대적으로 적은 것으로 보인다.

Ⅱ. 프로젝트금융투자회사

1. 개념과 현황

프로젝트금융투자회사(Project Financing Vehicle: PFV)는 2001. 11. 24. 발의되었던 '프로젝트금융투자회사법안'[129]에서 프로젝트금융 기법을 통하여 설비투자, 사회간접시설건설, 주택건설, 플랜트건설 등의 프로젝트(=특정사업)를 보다 활성화하기 위하여 제안되었던 제도이다.[130] 이 법안은 기업구조조정투자회사법에 따른 기업구조조정투자회사(Corporate Restructuring Vehicle: CRV) 제도를 참고하여, ① 프로젝트금융의 대상이 되는 특정사업을 수행하는 특별목적회사(SPC)로서 프로젝트금융투자회사의 설립과 운영(자산관리업무 및 자금관리업무의 위탁 포함)에 관하여 규정하였고, ② 한편으로는 프로젝트금융투자회사를 (구)금융감독위원회에 등록하게 하면서[131] 프로젝트금융투자회사 및 유관 회사(자산관리회사 및 자금관리수탁회사)는 (구)금융감독위원회의 감독을 받도록 하였고, 다른 한편으로는 프로젝트금융투자회사에 대한 투자를 지원하기 위하여 은행 등 금융기관의 출자 제한, 은행의 자회사 신용공여 한도, 공정거래법상 출자총액한도 등에 관한 특례를 부여하고자 하였다. 또한, 별도의 세법 개정을 통해 ③ 배당가능이익의 90% 이상을 배당하는 경우 배당금액을 해당 사업연도의 소득금액에서 공제해 주고(=배당금손금산입에 의한 이중과세 조정), ④ 취득세 및 등록세를 감면해 주는 등의 세제지원을 할 예정이었다.[132]

그러나, 위 법안은 2년이 넘도록 국회에서 표류하다가 2003. 12.경 우회출자 등의 우려를 이유로 본회의에 상정되지 못하고 폐기되었다.[133] 그 후 2004. 1. 29.자 법인세법 개

129) 강운태 의원 대표발의(의안번호: 1213).

130) 국회 재정경제위원회, "프로젝트금융투자회사법안 심사보고서"(2003. 12.), 2쪽, 4쪽.

131) 등록신청서에는 프로젝트금융계획서(프로젝트의 구체적 내용 및 그 자금의 조달·운영계획을 말함)를 첨부하도록 하였다(동법안 제8조 제2항).

132) 앞의 심사보고서, 7쪽.

133) 앞의 심사보고서, 22쪽. 법안이 폐기된 보다 구체적인 이유는, 당시 과도한 부동산투기 열기로

정(같은 날 시행)에 의해 프로젝트금융투자회사는 세법상의 제도로서 법제화되었다(당시의 법인세법 제51조의2 제1항). 개정 법인세법은 당초 프로젝트금융투자회사법안에서 제안되었던 내용 중 위 ①의 내용의 대부분을 참고하여 프로젝트금융투자회사의 요건을 규정하면서 이를 충족하는 프로젝트금융투자회사에 대하여 위 ③의 조세 혜택을 부여하였으나, 위 ②의 프로젝트금융투자회사 등에 대한 감독이나 금융기관 출자제한 등에 대한 특례는 반영하지 아니하였다.[134] 아울러 조세특례제한법의 개정에 따라 위 ④의 세제지원[135]도 이루어졌다.

프로젝트금융투자회사는 위와 같은 조세 혜택에 힘입어 그 동안 주로 장기간에 걸쳐 수행되는 대규모 부동산개발사업, 특히 공모형 부동산개발사업[136]에 이용되어 왔다. 프로젝트금융투자회사의 경우에는, 부동산투자회사 등 다른 부동산투자기구와는 달리 회사의 설립, 투자자 및 기관의 구성, 업무(자산관리업무 및 자금관리업무의 위탁 포함) 등은 위의 배당금손금산입 등의 조세 혜택을 부여받을 수 있는 요건으로서만 규율되고 있고, 회사의 업무에 대하여 별도의 관리·감독을 받지는 않는다. 이러한 이유로 프로젝트금융투자회사 제도를 폐지하려는 시도도 있었고,[137] 세법 이외에 프로젝트금융투자회사의 업무를 관리·감독 및 지원하는 특별법을 따로 제정하여야 한다는 견해도 있다.[138]

인하여 법안이 통과될 경우 부동산투기를 더욱 부추기고 정상적이지 못한 법인, 부실법인 등에 불법적으로 돈이 유입될 소지가 있다는 우려 때문이었고 한다(이경돈·전경준·한용호(2007), 46-47쪽).

134) 이러한 법인세법 개정의 취지는, "상법에 의하여 주식회사의 형태로 설립된 명목회사(paper company)가 상법 이외의 개별법에 의하여 설립된 명목회사와 유사한 요건을 갖추고 배당가능이익의 90% 이상을 배당하는 경우에는 개별법에 의하여 설립된 명목회사와 동일하게 동 배당금액을 소득공제하도록 하여 명목회사에 대한 과세체계를 일원화함"에 있다고 한다(국세청(2004), 261쪽). 그러나, 그 전에 프로젝트금융투자회사법안이 폐기되었던 이유에 관하여 법인세법 개정 당시에 어떠한 고려가 있었는지는 분명치 않다.

135) 조세특례제한법의 개정에 의해 취득세 및 등록세의 50% 감면과 수도권 내 법인 설립 시 취득세 및 등록세의 중과세율 적용배제를 규정하였으나 그 후 취득세 및 등록세의 50% 감면 조항은 폐지하였고, 취득세 및 등록세의 중과세율 적용배제는 현재는 지방세특례제한법에서 규정하고 있다(지방세특례제한법 제180조의2 제1항 제1호: 프로젝트금융투자회사가 취득하는 부동산에 대해서는 2024. 12. 31.까지 지방세법 제13조 제2항 및 제3항에 따른 과밀억제권역내 부동산의 취득에 대한 취득세율 3배 중과 규정을 적용하지 아니함).

136) "공모형 부동산개발사업"은 주로 2006~2007년 무렵부터 활발하게 등장한 개발사업 유형으로서 공기업(또는 지방공기업)과 공모 방식(=경쟁입찰)에 의해 선정된 민간 컨소시엄이 사업협약서를 체결하고, 그 사업협약서에 따라 공기업과 민간 컨소시엄이 공동으로 출자하여 시행회사를 설립하여, 시행회사가 사업비 조달, 해당 공기업 및 (필요한 경우) 제3자로부터의 사업부지 취득, 인허가 취득, 설계용약계약 및 시공계약 등을 통한 공사 완료, 시설물의 매각·분양, 사업완료 후 청산 및 배당 등의 업무를 수행하는 방식의 개발사업을 말한다(김형두·변동열(2012), 8-9쪽).

137) 기획재정부는 2008년 9월경 프로젝트금융투자회사 제도를 폐지하는 내용의 법인세법 개정안을 입법예고하였다가 관련 업계의 의견을 수용하여 이를 철회하였다(한중석(2010), 9-10쪽; 노상범·고동원(2020), 125-126쪽).

138) 노상범·고동원(2020), 127쪽; 이경돈·전경준·한용호(2007), 50쪽.

그런데, 프로젝트금융투자회사에 관한 위 법인세법 제51조의2 제1항은 2020. 12. 29.자로 개정되어(2021. 1. 1. 시행) 같은 날 개정된 조세특례제한법(2021. 1. 1. 시행)으로 이관되었고, 그 과정에서 2022. 12. 31. 이전에 끝나는 사업연도의 배당가능이익에 대해서만 위의 배당금손금산입 특례가 적용되는 것으로 하는 일몰기한이 신설되었으며, 2022. 12. 31.자 조세특례제한법 개정에 의하여 위 일몰기한은 2025. 12. 31.까지 연장되었다(조세특례제한법 제104조의31 제1항). 일몰기한을 신설한 이유는, 유동화전문회사 등 여타 법인들의 경우 별도의 개별법에 의해 설립되어 관리·감독이 이루어지고 있으나, 프로젝트금융투자회사의 경우 법인세법에서 요건을 정하여 조세 특례를 부여하고 있는 점을 감안할 때 동 조항을 조세특례제한법으로 이관하여 주기적으로 배당금손금산입 제도를 평가하려고 한 것이다.[139)]

부동산개발사업에 한정하여 본다면, 투자자 보호 및 부동산에 대한 건전한 투자의 활성화를 도모하고 규제 차익을 방지하기 위해서는 동일한 역할을 하는 부동산투자기구에 대하여는 동일한 내용의 지원과 규제를 하는 것이 바람직하다. 프로젝트금융투자회사와 업무 구조가 유사한 부동산투자회사법상의 위탁관리리츠도 부동산개발사업을 직접 수행할 수 있으므로 장기적으로는 위탁관리리츠 제도를 보완하여 대규모 부동산개발사업에서의 프로젝트금융투자회사의 역할을 충분히 흡수하도록 하는 방안도 고려해 볼 수 있을 것이다.[140)]

2. 프로젝트금융투자회사의 요건과 거래구조

(1) 기본적 요건과 거래구조

프로젝트금융투자회사는 법인세법 제51조의2 제1항 제1호부터 제8호까지의 규정에 따른 투자회사[141)]와 유사한 투자회사로서 아래 가.부터 라.까지의 요건을 모두 갖춘 법인

---

139) 송병철, 조세특례제한법 일부개정법률안(정부 제출; 의안번호 제2103334호) 검토보고, 281-282쪽.

140) 이 경우 법이 제도화하여 지원하고 있는 그 밖의 개발사업(예: 민간투자법에 따른 민간투자사업)을 시행하는 특별목적회사에 대하여 배당금손금산입이 불합리하게 적용 배제되지 않도록 하는 별도의 제도적 장치에 관하여도 논의할 필요가 있을 것이다.

141) ① 자산유동화법에 따른 유동화전문회사, ② 자본시장법에 따른 투자회사, 투자목적회사, 투자유한회사, 투자합자회사(동법 제9조 제19항 제1호의 기관전용 사모집합투자기구는 제외) 및 투자유한책임회사, ③ 기업구조조정투자회사법에 따른 기업구조조정투자회사, ④ 부동산투자회사법에 따른 기업구조조정 부동산투자회사 및 위탁관리 부동산투자회사, ⑤ 선박투자회사법에 따른 선박투자회사, ⑥ 민간임대주택에 관한 특별법 또는 공공주택 특별법에 따른 특수 목적 법인 등으로서 대통령령으로 정하는 법인, ⑦ 문화산업진흥기본법에 따른 문화산업전문회사 및 ⑨ 해외자원개발 사업법에 따른 해외자원개발투자회사.

을 말한다(조세특례제한법 제104조의31 제1항). 이러한 요건은 프로젝트금융투자회사가 아래 3.에서 살펴보는 '배당금액의 소득공제' 혜택을 받기 위한 것이므로 사업 진행 과정 또는 사업 종료 후에 해당 회사가 더 이상 위 요건을 갖추지 못하게 되더라도 프로젝트금융투자회사는 장래에 향하여 조세 혜택을 받지 못할 뿐이고,[142] 그 사업이 위법하게 되는 것은 아니다.

프로젝트금융투자회사는 일반적으로 [그림 13-4]와 같은 거래구조하에서 '특정사업'에 해당하는 부동산개발사업의 사업시행자 겸 프로젝트금융의 차주가 된다. 후술하는 바와 같이 프로젝트금융투자회사는 토지신탁을 이용할 경우 '배당금액의 소득공제' 혜택을 받을 수 없으므로 '분양관리신탁+대리사무계약'(☞ 제3절 Ⅳ.) 또는 '담보신탁+대리사무계약' 구조(☞ 제3절 Ⅴ.)를 이용한다.

가. 회사의 설립 및 사업에 관한 요건

프로젝트금융투자회사는 주식회사로서 '특정사업'을 영위하기 위하여 한시적으로 설립된 명목회사이어야 하는바, 다음의 요건을 모두 갖추어야 한다(동법 제104조의31 제1항

[그림 13-4] PFV가 참여하는 부동산개발사업 거래구조[143]

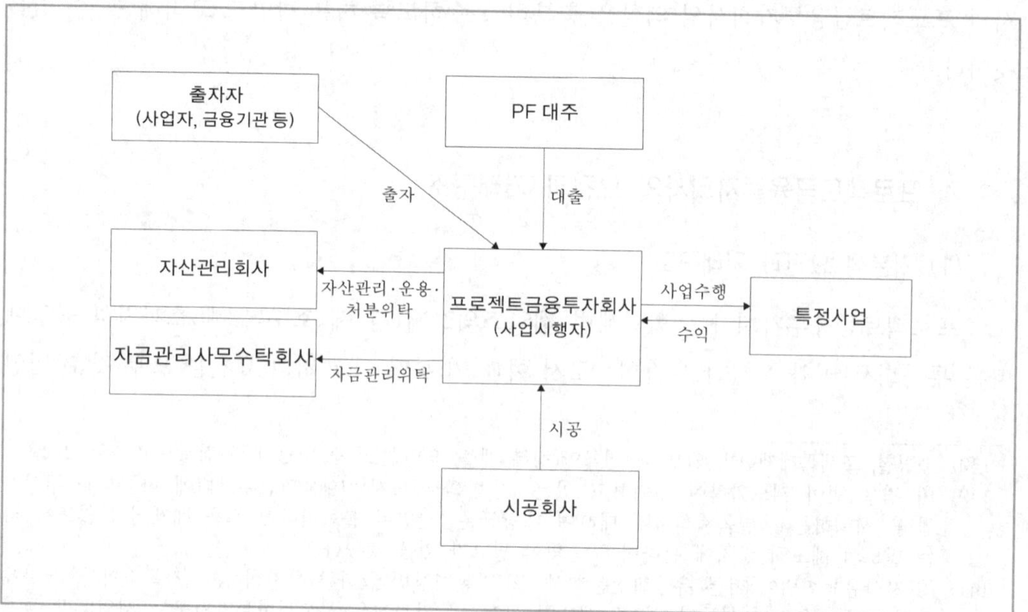

142) 단, 프로젝트금융투자회사가 '명목회사 설립신고'(동법시행령 제104조의28 제4항 제5호) 후에 이사·감사의 자격 요건 또는 금융회사 등의 출자비율 요건을 충족하지 못하게 되는 경우로서 그 사유가 발생한 날로부터 1개월 이내에 해당 요건을 보완하는 경우에는 그 법인은 해당 요건을 계속 충족하는 것으로 본다(동법시행령 제104조의28 제5항).

143) 이경돈·전경준·한용호(2007), 48쪽을 주로 참고하였음.

제1호부터 제4호 및 제8호, 동법시행령 제104조의28 제4항 제5호).

· 회사의 자산을 설비투자, 사회간접자본 시설투자, 자원개발, 그 밖에 상당한 기간과 자금이 소요되는 '특정사업'에 운용하고 그 수익을 주주에게 배분하는 회사일 것
· 본점 외의 영업소를 설치하지 아니하고 직원과 상근하는 임원을 두지 않을 것
· 한시적으로 설립된 회사로서 존립기간이 2년 이상일 것
· 상법이나 그 밖의 법률의 규정에 따른 주식회사로서 발기설립의 방법으로 설립할 것
· 법인설립등기일부터 2개월 이내에 일정한 사항[144]을 적은 명목회사설립신고서에 기획재정부령으로 정하는 서류를 첨부하여 납세지 관할 세무서장에게 신고할 것

나. 자본금 및 출자자에 관한 요건

프로젝트금융투자회사의 자본금은 원칙적으로 50억원 이상이어야 하고, 법에서 정한 금융회사 등이 자본금의 5% 이상을 출자하여야 하는 등 자본금 및 출자자에 관한 요건을 갖추어야 한다.[145]

다. 자금관리·자산관리 업무의 위탁

프로젝트금융투자회사는 자본시장법에 따른 신탁업을 경영하는 금융회사 등(=자금관리사무수탁회사)에게 자금관리업무를 위탁하여야 한다(동법 제104조의31 제1항 제8호, 동법시행령 제104조의28 제4항 제3호). 또한, 프로젝트금융투자회사는 자산관리·운용 및 처분에 관한 업무를 해당 회사에 출자한 법인(또는 해당 회사에 출자한 자가 단독 또는 공동으로 설립한 법인)(=자산관리회사)에게 위탁하여야 한다(동법 제104조의31 제1항 제8호, 동법시행령 제104조의28 제4항 제2호). 다만, 해당 회사가 자금관리사무수탁회사[146]와 건축물분양법 제4

144) 정관의 목적사업, 이사 및 감사의 성명·주민등록번호, 자산관리회사의 명칭과 자금관리사무수탁회사의 명칭.

145) 프로젝트금융투자회사가 자본금 및 출자자에 관하여 갖추어야 하는 구체적인 요건은 다음과 같다.
· 자본금이 50억원 이상(단, 민간투자법 제4조 제2호에 따른 방식으로 민간투자사업을 시행하는 투자회사의 경우에는 10억원 이상)일 것(동법시행령 제104조의28 제4항 제1호).
· 발기인이 기업구조조정투자회사법 제4조 제2항 각 호의 부적격자 중 어느 하나에 해당하지 아니할 것(동법 제104조의31 제1항 제5호),
· 발기인 및 주주가 다음 요건을 모두 충족할 것(동법시행령 제104조의28 제3항, 제4항 제4호).
① 발기인(회사성립 후에는 주주) 중 1인 이상이 다음 각 목의 어느 하나에 해당할 것
(i) 법인세법 시행령 제61조 제2항 제1호부터 제4호까지, 제6호부터 제13호까지 및 제24호의 어느 하나에 해당하는 금융회사 등
(ii) 국민연금법에 따른 국민연금공단(민간투자법 제4조 제2호에 따른 방식으로 민간투자사업을 시행하는 투자회사의 경우에 한정함)
② 위 ①의 (i) 또는 (ii)에 해당하는 발기인(회사성립 후에는 주주)이 5%(해당하는 발기인 또는 주주가 다수인 경우에는 이를 합산함) 이상의 자본금을 출자할 것

146) 단, 자금관리수탁회사는 해당 회사에 대하여 법인세법 시행령 제43조 제7항에 따른 지배주주 등이 아닌 경우로서 출자비율이 10% 미만이어야 한다.

조 제1항 제1호에 따라 신탁계약과 대리사무계약을 체결한 경우, 그 신탁계약에 관한 업무는 자금관리사무수탁회사에 위탁할 수 있다(동법시행령 제104조의28 제4항 제2호 단서, 동항 제6호 단서). 자산관리회사와 자금관리사무수탁회사는 동일인이 아니어야 하나, 해당 프로젝트금융투자회사가 자금관리사무수탁회사[147]와 건축물의 분양에 관한 법률 제4조 제1항 제1호에 따라 신탁계약과 대리사무계약을 체결한 경우는 그러하지 않다(동항 제6호).

라. 이사·감사의 자격

프로젝트금융투자회사의 이사는 기업구조조정투자회사법 제12조 각 호의 어느 하나에 해당하지 않아야 하고, 감사는 동법 제17조가 규정하는 감사의 자격에 적합하여야 한다(조세특례제한법 제104조의31 제1항 제6호 및 제7호).

(2) '특정사업'의 개념

앞서 본 바와 같이 프로젝트금융투자회사는 회사의 자산을 설비투자, 사회간접자본시설투자, 자원개발, 그 밖에 상당한 기간과 자금이 소요되는 특정사업에 운용하여야 한다. 그런데, '특정사업'과 그의 한 유형으로 예시되어 있는 '설비투자'의 개념은 법문상 명확하지 아니하다. 이러한 불확실성으로 인하여 그 동안 특정사업에 해당하는지 여부에 관하여는 국세청의 유권해석에 크게 의존해 왔다. 국세청의 유권해석에 의해 인정된 특정사업으로는, 민간투자법에 의한 도로건설사업, 공공주택과 주상복합건물의 건설·분양사업, 기업도시개발특별법에 의한 기업도시개발사업, 복합상업용 건물을 신축·분양 후 매각하는 부동산개발사업, 사회간접자본시설투자, 도시환경정비구역 내에서 오피스빌딩을 건축·임대한 후 매각하는 사업, 노인복지법에 의한 노인주거복지시설 건설사업, 종합리조트(온천·스파·골프장·콘도 및 부대시설) 개발사업, 지방자치단체가 추진하는 도시개발사업(아파트 신축분양 포함), 경제자유구역개발계획에 따른 단계적 개발사업 등이 있다.[148]

이미 완공된 부동산이나 시설을 프로젝트금융투자회사가 이관받아 운영하는 사업은 특정사업으로 인정받기는 어렵다.[149] 특정사업은 프로젝트금융의 대상이 될 수 있는 사업으로서 그 성질상 완성(또는 완공)의 대상이 될 수 있어야 하기 때문이다.

'특정사업'의 개념과 관련하여, 법상 그 개념이 명확하지 않아 다의적인 해석의 여지가 있고 실제로 그 개념의 해석에 관하여 국세청의 유권해석에 의존할 수밖에 없으므로

---

147) 단, 자금관리수탁회사는 바로 위 각주의 요건을 갖추어야 한다.
148) 한중석(2010), 22-25쪽; 노상범·고동원(2020), 101쪽.
149) 같은 취지: 노상범·고동원(2020), 101쪽.

프로젝트금융투자회사의 '특정사업'에 관한 (구)법인세법의 규정은 헌법재판소의 판례[150]에 비추어 볼 때 헌법 제38조 및 제59조가 선언하는 조세법률주의로부터 도출되는 '과세요건 명확주의'에 위배될 여지가 있다고 보는 견해도 있다.[151] 그 동안 국세청의 유권해석이 축적되어 있으므로 이를 토대로 법에 '특정사업'의 개념을 보다 명확히 규정함으로써 위의 과세요건 명확주의와 관련한 문제점을 해소하고 법적 안정성을 제고하는 것이 바람직하다.

프로젝트금융투자회사는 직원과 상근 임원을 둘 수 없는 명목회사로서 주택법 제4조에 따른 주택건설사업의 등록 요건을 갖출 수 없으므로 단독으로 주택건설사업을 시행할 수 없다. 그러나, 프로젝트금융투자회사가 주택법 제5조에 따라 토지소유자의 지위에서 등록사업자(통상 시공회사)와 공동으로 주택건설사업을 하는 경우로서 그 자산을 주택건설사업에 운용하고 해당 수익을 주주에게 배분하는 때에는 해당 주택건설사업은 조세특례제한법 제104조의31 제1항 제1호의 요건[152]을 갖춘 것으로 인정되므로(조세특례제한법시행령 제104조의28 제2항) 나머지 요건들을 모두 충족할 경우 배당금액의 소득공제 혜택을 받을 수 있다.

(3) 자산관리·자금관리 업무의 위탁과 부동산신탁의 이용

앞에서 살펴본 자산관리 및 자금관리 업무의 위탁 요건과 관련하여 프로젝트금융투자회사가 관리형토지신탁 구조로 부동산개발사업을 수행할 수 있는가의 문제가 있다. 관리형토지신탁 구조에서는 신탁회사가 사업시행자로서 자산관리·운용 및 처분 업무 및 자금관리사무를 담당하게 될 것인데, 그 신탁회사는 앞서 본 바와 같은 프로젝트금융투자회사의 자산관리회사 자격(동법시행령 제104조의28 제4항 제2호)을 충족하지 못할 뿐만 아니라 자산관리회사와 자금관리사무수탁회사는 동일인이어서는 안 된다는 요건(동항 제6호)에도 부합하지 않는다. 따라서 프로젝트금융투자회사가 관리형토지신탁을 이용할 경우에는 위 조세특례제한법상의 조세혜택을 받을 수 없다.[153] 같은 이유로 차입형토지신탁도 이용하기 어렵다. 차입형토지신탁은 신탁회사가 명의상 사업시행자일 뿐 아니라 실질적으로도 사업시행자의 업무를 수행하므로 프로젝트금융투자회사를 '특정사업'의 주체로 보기 어

150) 헌법재판소 1995. 11. 30.자 93헌바32 결정, 헌법재판소 2001. 8. 30.자 99헌바90 결정 등.
151) 구상수(2011), 37쪽.
152) '회사의 자산을 설비투자, 사회간접자본 시설투자, 자원개발, 그 밖에 상당한 기간과 자금이 소요되는 특정사업에 운용하고 그 수익을 주주에게 배분하는 회사일 것'.
153) (구)법인세법 제51조의2 제1항에 관한 국세청 질의회신: 법령해석과-1232(2017. 5. 12.), 법인세과-453(2014. 10. 27.), 법인세과-587(2009. 5. 28.) 등(관리형토지신탁의 신탁회사가 자산관리 및 자금관리를 동시에 수행하는 경우 소득 공제 적용 안 됨).

렵다.

반면에, 프로젝트금융투자회사가 사업시행자의 지위를 유지하면서 건축물분양법에 따른 분양관리신탁 구조를 이용하여 부동산개발사업을 수행하는 경우에는 소득공제 혜택을 받을 수 있다. 프로젝트금융투자회사가 자본시장법에 의한 신탁업자와 건축물분양법에 의한 신탁계약 및 대리사무계약을 체결하는 경우에는, 위 자산관리회사의 자격 요건 및 자산관리회사와 자금관리수탁회사가 동일인이 아니어야 한다는 요건은 적용되지 아니하므로(동법시행령 제104조의28 제4항 제2호 단서, 동항 제6호 단서), 프로젝트금융투자회사는 그 신탁업자에게 신탁계약에 관한 업무(=자산관리업무) 및 자금관리업무를 모두 위탁할 수 있기 때문이다.[154]

프로젝트금융투자회사가 '담보신탁+대리사무계약' 구조로 부동산개발사업을 수행하고자 하는 경우에는, 특정사업에 운용할 토지를 담보신탁한 신탁회사가 자산관리회사 자격을 갖추었다면 그 신탁회사를 자산관리회사로 지정할 수 있다(다만, 그 신탁회사는 자금관리사무수탁회사를 겸할 수 없다).[155]

3. 이익배당과 소득공제 혜택

프로젝트금융투자회사가 2025. 12. 31. 이전에 끝나는 사업연도에 대하여 대통령령으로 정하는 배당가능이익의 90% 이상을 배당한 경우 그 금액은 해당 배당을 결의한 잉여금 처분의 대상이 되는 사업연도의 소득금액에서 공제한다(조세특례제한법 제104조의31 제1항, 법인세법 제51조의2 제1항).[156] 다만, 법인세법 제51조의2 제2항 각 호의 어느 하나에 해당하는 경우에는 위 소득공제를 적용하지 아니한다(조세특례제한법 제104조의31 제2항).[157] 위 소득공제 혜택을 적용받으려는 회사는 대통령령으로 정하는 바에 따라 소득공제신청을 하여야 한다(동조 제5항, 동법시행령 제104조의28 제8항, 제9항).

---

154) (구)법인세법 제51조의2 제1항에 관한 국세청 질의회신: 법인, 서면-2016-법인-6117[법인세과-2075](2017. 7. 27.) 등.

155) (구)법인세법 제51조의2 제1항에 관한 국세청 질의회신: 법인세과-312(2010. 3. 31.).

156) 프로젝트금융투자회사가 배당가능이익의 90% 이상을 배당한 경우로서 배당금액이 해당 사업연도의 소득금액을 초과하는 경우 그 초과하는 금액은 해당 사업연도의 다음 사업연도 개시일부터 5년 이내에 끝나는 각 사업연도로 이월하여 그 이월된 사업연도의 소득금액에서 공제할 수 있다(조세특례제한법 제104조의31 제3항 본문). 이 경우 (i) 이월된 초과배당금액은 해당 사업연도의 배당금액보다 먼저 공제하여야 하고, (ii) 이월된 초과배당금액이 둘 이상인 경우에는 먼저 발생한 초과배당금액부터 공제하여야 한다(동조 제4항). 다만, 내국법인이 이월된 사업연도에 배당가능이익의 100분의 90 이상을 배당하지 아니하는 경우에는 그 초과배당금액을 공제하지 아니한다(동조 제3항 단서).

157) 법인세법 제51조의2 제2항 각 호의 내용은 ☞ 이하 제4절 Ⅲ. 6.

상법상 주식회사는 그 자본금의 2분의 1이 될 때까지 매결산기 이익배당액의 10% 이상을 이익준비금으로 적립해야 하므로(상법 제458조) 프로젝트금융투자회사는 배당시 배당가능이익의 100%를 배당할 수 없고 90%가 배당을 할 수 있는 최대치이다. 나머지 10%는 이익준비금으로 적립해야 하므로 결국 10%의 이익준비금 적립액에 대해서는 소득공제를 받지 못하게 되므로 그에 대하여는 법인세를 부담하게 된다. 이는 배당가능이익을 초과하여 배당할 수 있는 자산유동화법에 의한 유동화전문회사나 이익준비금을 적립하지 않아도 되는 부동산투자회사와 비교할 때 다소 불리한 조세 혜택이라고 할 수 있다.[158)]

Ⅲ. 부동산투자회사

1. 부동산투자회사의 개념과 현황

부동산투자회사는 자산을 부동산에 투자하여 운용하는 것을 주된 목적으로 부동산투자회사법에 따라 설립된 주식회사로서, 다수의 투자자로부터 자금을 모아 부동산, 부동산 관련 증권 등에 투자·운용하고 그 수익을 투자자에게 분배하는 부동산 간접투자기구 중의 하나이다.[159)] 부동산투자회사법[160)]은 부동산투자회사의 설립과 운영에 관한 사항을 정함으로써 소액투자자가 부동산에 간접적으로 투자할 수 있는 기회를 확대하고 건전한 부동산투자를 활성화하기 위하여 2001. 4. 7. 제정(2001. 7. 1. 시행)되었다.[161)] 부동산투자회사는 제도의 초기인 1990년대 말의 IMF 경제위기 직후에는 자산매각을 통한 기업의 재무구조 개선 등 기업의 구조조정에 기여하였고, 현재 자본시장법에 따른 부동산펀드와 함께 부동산 간접투자의 대표 상품으로 자리잡고 있다.[162)]

부동산투자회사는 흔히 "리츠(REIT: Real Estate Investment Trusts)"라고 불린다. 이는 미국에서 1960년의 「내국세법(IRC: Internal Revenue Code)」의 개정(1961. 1. 1. 시행)에 의하여 조직요건, 자산구성, 소득요건, 배당요건 등의 일정한 자격을 갖춘 경우 신탁과 투자자의 이중과세를 회피할 수 있는 과세상 도관체(pass-through entity)로서 '부동산투자신탁

158) 구상수(2011), 38쪽.
159) 김용진(2021), 30쪽.
160) 이하 제4절 Ⅲ.에서 법명의 기재 없이 "법" 및 "시행령"이라고만 표기된 것은 부동산투자회사법 및 동법시행령을 가리킨다.
161) 국가법령센터, 부동산투자회사법 제정이유(법제처 제공).
162) 손재영(2012), 제7장 부동산펀드: 부동산투자회사와 부동산집합투자기구(이현석·강승일 집필), 194쪽.

(Real Estate Investment Trust)'을 도입한 데에서 연유한다(동법 제856조-제858조). 그 후 1976년의 내국세법 개정에 의하여 신탁형 REIT 외에 회사형 REIT도 인정되었다.[163] 미국의 REIT 제도에서 투자기구인 신탁 또는 회사는 주법에 따라 설정·설립되므로 각주의 신탁법 또는 회사법의 규제를 받고, 내국세법 외에는 REIT를 따로 규율하는 독자적인 법률은 존재하지 아니한다. 현재 미국 시장에서는 회사형과 신탁형 모두 이용되고 있으나 회사형이 압도적으로 많다.[164]

부동산투자회사법상 부동산투자회사에는 자기관리부동산투자회사(이하, "자기관리리츠"), 위탁관리부동산투자회사(이하, "위탁관리리츠") 및 기업구조조정 부동산투자회사(이하, "CR리츠")의 세 가지 유형이 있다(법 제2조 제1호 가목 내지 다목).[165] 자기관리리츠는 자산운용 전문인력을 포함한 임직원을 상근으로 두고 자산의 투자·운용을 직접 수행하는 실체가 있는 회사이다. 위탁관리리츠와 CR리츠는 자산의 투자·운용을 자산관리회사에 위탁하는 명목상 회사이다. CR리츠는 총자산의 70% 이상을 법에서 정한 기업구조조정 관련 부동산으로 구성하여야 한다는 점에서 위탁관리리츠와 구분된다. 부동산투자회사법의 제정 당시에는 자기관리리츠만 인정하였으나 그 후 법을 개정하여 CR리츠(2001. 5. 24. 개정)와 위탁관리리츠(2004. 10. 22. 개정)를 순차적으로 도입하였다. 최근의 부동산투자회사의 현황을 보면, 위탁관리리츠의 비중이 압도적이다.[166] 2023. 8. 16.자 법 개정(2024. 2. 17. 시행)에 의하여 자기관리리츠는 주주총회 특별결의와 국토교통부장관의 영업인가를 받아 위탁관리리츠로 전환할 수 있게 되었다(법 제5조의2).

163) IRC, section 856(a).

164) 미국의 REIT에 관한 이상의 내용은, Bruggeman·Fisher(2022), pp. 693-694; 박훈(2003), 76-81쪽, 89-90쪽.

165) 법 제2조 제1호: "부동산투자회사"란 자산을 부동산에 투자하여 운용하는 것을 주된 목적으로 제3조부터 제8조까지, 제11조의2, 제45조 및 제49조의2 제1항에 적합하게 설립된 회사로서 다음 각 목의 회사를 말한다.
가. 자기관리 부동산투자회사: 자산운용 전문인력을 포함한 임직원을 상근으로 두고 자산의 투자·운용을 직접 수행하는 회사
나. 위탁관리 부동산투자회사: 자산의 투자·운용을 자산관리회사에 위탁하는 회사
다. 기업구조조정 부동산투자회사: 제49조의2 제1항 각 호의 부동산을 투자 대상으로 하며 자산의 투자·운용을 자산관리회사에 위탁하는 회사.

166) 부동산투자회사의 현황(2024. 4월말 기준)

구 분	리츠(개)	총자산규모(10억원)	비율(%)
CR리츠	14	2,399.6	2.5%
위탁관리리츠	355	93,893.5	97%
자기관리리츠	4	499.6	0.5%
계	373	96,792.7	100%
(상장리츠)	(18)	(시가총액: 7,727)	

[출처] 한국리츠협회

2. 부동산투자회사의 거래구조

(1) 위탁관리리츠 및 CR리츠

위탁관리리츠와 CR리츠의 업무 구조는 [그림 13-5]와 같다. 위탁관리리츠와 CR리츠는 본점 외의 지점을 설치할 수 없으며, 직원을 고용하거나 상근 임원을 둘 수 없다(법 제11조의2, 제49조의2 제4항). 위탁관리리츠와 CR리츠는 자산의 투자·운용업무를 국토교통부장관의 설립인가를 받은 자산관리회사에 위탁하여야 하고, 주식발행업무 및 일반적인 사무는 대통령령으로 정하는 요건을 갖춘 기관(=일반사무등 위탁기관)에 위탁하여야 한다(법 제22조의2, 제22조의3, 49조의2 제4항). 일반사무 등 위탁기관 중 주식을 판매하는 판매회사는 자본시장법에 따른 투자매매업 또는 투자중개업의 인가를 받은 자이어야 하고, 사무수탁회사는 자본시장법 제254조에 따른 일반사무관리회사이어야 한다(시행령 제19조 제1항, 제2항).

모든 유형의 부동산투자회사는 법이 정한 주요 사항에 관하여 주주총회결의를 거쳐야 하고, 특히 부동산개발사업계획의 확정 및 중요한 변경, 총자산 중 부동산개발사업에

[그림 13-5] 위탁관리리츠 및 CR리츠의 업무 구조

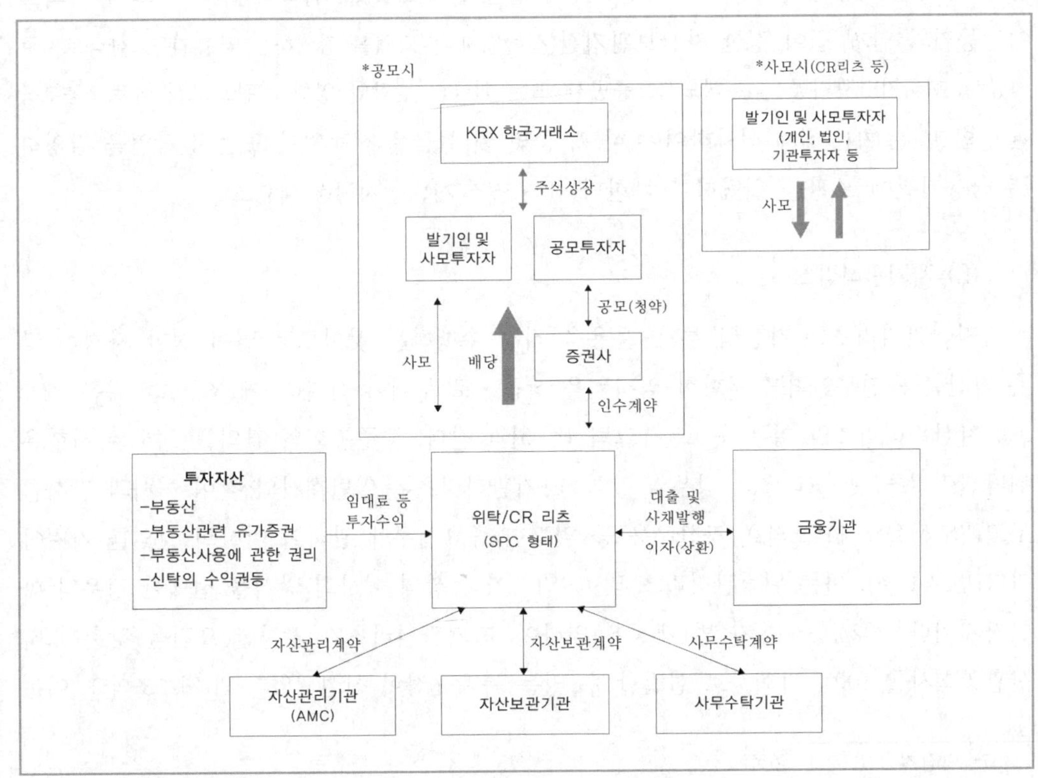

[출처] 국토교통부 리츠정보시스템(http://www.molit.go.kr)

대한 투자비율 등에 관하여는 주주총회특별결의를 거쳐야 한다(법 제12조 제1항). 이사회에 관하여는, 위탁관리리츠와 CR리츠는 통상의 이사회 방식과 법인이사 주도 방식 중 어느 하나를 선택할 수 있다.[167] 법인이사 주도 방식을 선택하는 경우 위탁관리리츠와 CR리츠는 정관이 정하는 바에 따라 위 자산관리회사인 법인이사 1인과 감독이사 2인 이상을 둘 수 있고, 이 경우 부동산투자회사에는 다른 이사 및 감사를 두지 아니한다(법 제14조의3, 제49조의2 제4항). 법인이사는 회사를 대표하고 회사의 업무를 집행하되, 일정한 중요업무에 관하여는 법인이사와 감독이사로 구성되는 이사회의 결의를 거쳐야 한다(법 제14조의5, 제49조의2 제4항). 감독이사는 법인이사의 업무집행을 감독한다(법 제14조의7). 위탁관리리츠와 CR리츠가 통상의 이사회 방식을 선택한 경우에는 일반 회사와 같이 이사와 감사를 두고(법 제14조, 제14조의2), 자산운용 등 일정한 중요업무에 관하여 이사회 결의를 거쳐야 한다(법 제13조). 이와 같이 부동산투자회사는 주주총회 및 이사회(또는 법인이사)를 통해 자산운용에 관한 중요 사항을 결정할 수 있다는 점에서 집합투자기구인 부동산펀드와 차이가 있다.[168]

한편, 모든 유형의 부동산투자회사(위탁관리리츠, CR리츠 및 후술하는 자기관리리츠 포함)는 부동산(지상권·전세권 등 부동산 사용에 관한 권리 포함)을 취득하는 즉시 회사 명의로 이전등기와 함께 법이 정한 자산보관기관(신탁업자, 신탁업을 겸영하는 금융기관, 한국토지주택공사, 한국자산관리공사, 주택도시보증공사 또는 외국의 신탁업 영위 기관으로서 국토교통부장관이 인정하는 기관)에게 신탁하여야 하고, 증권 및 현금은 신탁업자 또는 신탁업을 겸영하는 금융기관에 보관을 위탁하여야 한다(법 제35조 제1항, 시행령 제37조).

(2) 자기관리리츠

자기관리리츠는 자산의 투자·운용을 직접 수행하는 것이므로 법이 정한 자격을 갖춘 자산운용 전문인력을 포함한 임직원을 상근으로 두어야 한다(법 제2조 제1호 가목, 제22조). 자산관리리츠의 업무 구조는 [그림 13-6]과 같다. 주주총회의 결의를 요하는 사항은 위탁관리리츠 및 CR리츠의 경우와 같다. 자기관리리츠는 일반회사와 같이 이사와 감사를 두고(법 제14조, 제14조의2), 자산운용 등 일정한 중요업무에 관하여 이사회 결의를 거쳐야 한다(법 제13조). 이는 위탁관리리츠 및 CR리츠가 통상의 이사회 방식을 선택한 경우와 마찬가지이다. 2023. 8. 16.자 법 개정에 의하여, 자기관리리츠가 일정한 요건을 갖추어 자산관리회사를 100% 자회사로 설립할 수 있는 특례규정이 신설되었다(법 제22조의5). 이는

167) 박삼철 외(2021), 40쪽.
168) Id.

[그림 13-6] 자기관리리츠의 업무 구조

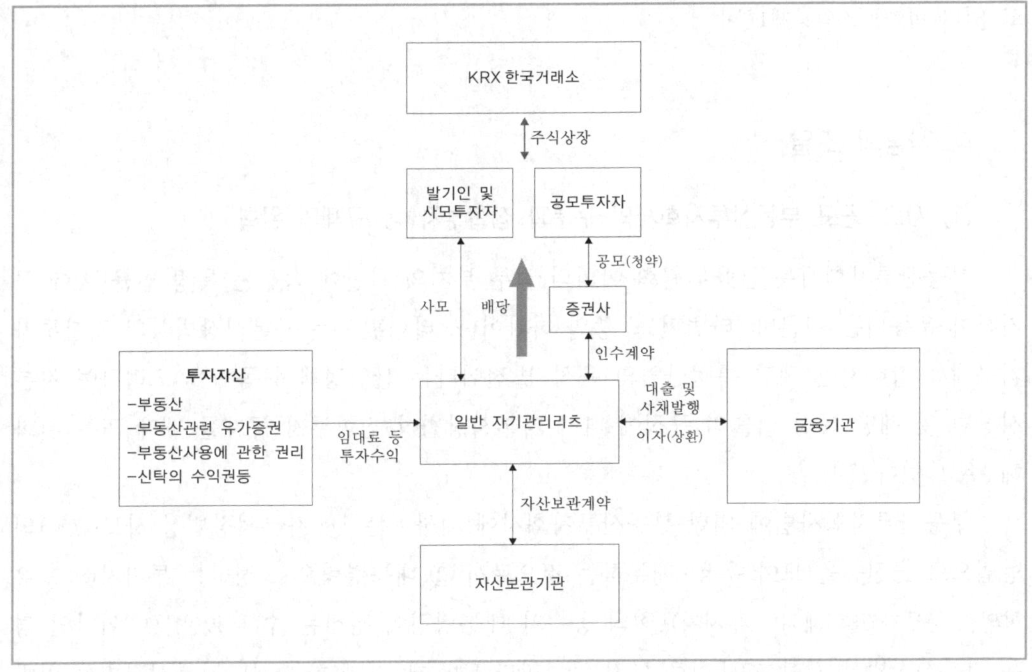

[출처] 국토교통부 리츠정보시스템(http://www.molit.go.kr)

자기관리리츠가 자산관리회사의 설립을 통해 보다 다양한 수익을 창출할 수 있도록 하기 위한 것이라고 한다.[169)]

3. 영업인가와 등록

부동산투자회사의 설립은 결격사유가 없는 발기인에 의한 발기설립의 방법으로 하여야 한다(법 제5조 제1항, 제7조).[170)] 부동산투자회사가 설립등기 후에 부동산투자회사법에 따른 투자·운용 업무(부동산 취득을 위한 조사 등 대통령령으로 정하는 업무는 제외)를 영위하려면 부동산투자회사의 종류별로 국토교통부장관의 영업인가를 받아야 한다(법 제9조 제1항, 시행령 제8조). 다만, 위탁관리리츠와 CR리츠의 경우에는 법에서 정한 요건을 충족

169) 송병철, "부동산투자회사법 일부개정법률안 검토보고"(김정재 의원 대표발의, 의안번호 제2116665호)(2022. 9.), 42쪽.

170) 부동산투자회사의 경우, 설립시 현물출자를 할 수 없고 재산인수약정(=발기인이 회사의 성립을 조건으로 다른 발기인이나 주식인수인 또는 제3자로부터 일정한 재산을 매매의 형식으로 양수할 것을 약정하는 계약)의 효력도 인정되지 않는다(법 제5조 제2항, 제49조 제3항).

한 때에는 예외적으로 국토교통부장관에게 등록하도록 함으로써 영업인가 제도를 완화하고 있다(법 제9조의2 제1항).

4. 자금의 조달

(1) 사모·공모 부동산투자회사의 구분과 집합투자 등 규제의 완화

부동산투자회사는 금융위원회 이외의 정부 부처의 관할에 속하는 특정 법률[171]에 근거하여 운용되는 이른바 '타법펀드' 중의 하나이다. 타법펀드는 자본시장법상의 집합투자기구에 해당하지만 해당 특정산업의 육성·발전이라는 산업정책적 목적을 고려하여 자본시장법 및 해당 특정 법률의 규정에 따라 자본시장법상 집합투자 규제를 배제 또는 완화해 주고 있다.[172]

부동산투자회사법에 의한 부동산투자회사에 대하여는, ① 자본시장법상 사모(私募)의 방법으로 금전등을 모아 운용·배분하는 것으로서 ② 대통령령으로 정하는 투자자(일정 유형의 전문투자자를 제외한 투자자)[173]의 총수가 대통령령이 정하는 수(=49인)[174] 이하인 경우 자본시장법상 집합투자[175]로 보지 아니한다(동법 제6조 제5항 단서). 자본시장법상 일반투자자는 위 ①의 사모에 해당하기 위한 '49인 이하'의 산정시 포함되나, 전문투자자 및 발행회사와 특수관계에 있는 연고자는 '49인 이하'의 산정시 제외된다. 사모 발행 이후에도 위 ②의 요건에 따라 일정 유형의 전문투자자를 제외한 투자자(이는 대체로 일반투자자 및 일반투자자로 전환할 수 있는 전문투자자라고 특징지을 수 있다)의 수는 여전히 49인 이하이어야 한다. 요컨대, 자본시장법상 사모로만 주식을 발행하고, 사모발행 이후에도 위의 '투자자 총수 49인 이하' 요건도 충족하는 부동산투자회사법에 의한 부동산투자회사에 대하여는 자본시장법상의 집합투자 규제가 배제된다.

---

171) 부동산투자회사법, 선박투자회사법, 문화산업진흥 기본법, 산업발전법, 벤처투자 촉진에 관한 법률, 여신전문금융업법, 소재·부품·장비산업 경쟁력강화를 위한 특별조치법, 농림수산식품투자조합 결성 및 운용에 관한 법률 등(자본시장법시행령 제6조 제1항).

172) 김건식·정순섭(2023), 112-114쪽.

173) 자본시장법시행령 제6조 제2항.

174) 이 경우 49인을 계산할 때 다른 집합투자기구(자본시장법시행령 제80조 제1항 제5호의2에 따른 사모투자재간접집합투자기구, 같은 항 제5호의3에 따른 부동산·특별자산투자재간접집합투자기구 또는 같은 호 각 목의 어느 하나에 해당하는 집합투자기구 등에 대한 투자금액을 합산한 금액이 자산총액의 80%를 초과하는 부동산투자회사법 제49조의3 제1항에 따른 공모부동산투자회사는 제외한다)가 해당 집합투자기구의 집합투자증권 발행총수의 10% 이상을 취득하는 경우에는 그 다른 집합투자기구의 투자자(자본시장법시행령 제6조 제2항에 따른 투자자를 말한다)의 수를 더해야 한다(자본시장법시행령 제6조 제3항).

175) 자본시장법상 "집합투자"의 개념에 관하여는 ☞ 제6장 제5절 Ⅰ.1. 집합투자의 의의.

부동산투자회사법은 자본시장법상의 "사모집합투자기구"[176]에 해당하지 아니하는 부동산투자회사를 "공모부동산투자회사"라고 정의하면서, 공모부동산투자회사 및 그의 자산관리회사에 대하여는 금융투자업 인가 등 자본시장법에 따른 금융투자업 및 집합투자 규제 및 금융소비자보호법상의 규제를 일부 완화해 주고 있고, 금융회사의 지배구조에 관한 법률의 적용을 배제하고 있다(법 제49조의3 제1항). 자본시장법상 "사모집합투자기구"는 (i) 집합투자증권을 사모로만 발행하는 집합투자기구로서 (ii) 대통령령으로 정하는 투자자의 총수가 대통령령으로 정하는 방법에 따라 산출한 100인 이하인 것을 말한다(동법 제9조 제19항, 동법시행령 제14조 제1항 내지 제3항). 사모집합투자기구의 투자자 총수는 본래 '49인 이하'였는데, 최근 자본시장법 개정(2021. 4. 20. 개정, 2021. 12. 30. 시행)에 의하여 위와 같이 '100인 이하'로 변경되었다(다만, 집합투자증권의 '사모 발행' 요건은 그대로 유지되고 있으므로 6개월 이내에 청약의 권유를 받은 일반투자자의 수는 49인을 초과할 수 없다). 요컨대, 공모부동산투자회사는 주식을 공모하였거나 위 (ii)의 투자자 총수가 100인을 초과하는 부동산투자회사를 의미한다.

위 자본시장법 개정 전에는 집합투자 규제가 배제되는 부동산투자회사의 개념이 자본시장법상 사모집합투자기구의 개념과 거의 동일하였다. 따라서 공모부동산투자회사에 대하여는 완화된 자본시장법 규제가 적용되고, 공모부동산투자회사를 제외한 부동산투자회사는 이를 "사모부동산투자회사"라고 칭하면서 자본시장법의 집합투자 규제가 전적으로 배제되는 것으로 이해하면 무난하였다. 그러나, 그와 같은 이해는 타당하지 않게 되었다. 위 자본시장법 개정에 의하여 위 (ii)의 '투자자 총수'가 50인 이상 100인 이하인 부동산투자회사는 주식을 사모로 발행하더라도 자본시장법상 집합투자 규제가 면제되지 않고, 자본시장법상의 규제가 일부 완화되는 부동산투자회사법상의 공모부동산투자회사에도 해당하지 않기 때문이다. 요컨대, 부동산투자회사가 자본시장법에 따라 동법상의 집합투자 규제를 면제받기 위해서는 '사모+투자자 총수 49인 이하'의 요건을 충족해야 하고, 부동산투자회사법에 따라 공모부동산투자회사로서 자본시장법상의 집합투자 규제가 일부 완화되는 특례를 적용받으려면 주식을 공모로 발행하거나 위 (ii)의 투자자 총수가 100인을 초과하여야 한다.

---

176) 자본시장법 사모집합투자기구는 기관전용사모집합투자기구와 일반사모집합투자기구로 구분된다(동법 제9조 제19항 제1호 및 제2호).

(2) 주식의 공모·분산 및 상장 의무

가. 주식의 공모

부동산투자회사는 영업인가 등을 받은 날[177]로부터 2년 이내에 발행하는 주식 총수의 30% 이상을 일반의 청약에 제공하여야 한다(법 제14조의8 제2항).[178] 다만, 다음의 경우에는 이러한 공모의무가 적용되지 않는다(법 제14조의8 제3항, 제49조의2 제3항, 제26조의3 제2항).[179]

① 위 기간 내에 국민연금공단이나 그 밖의 공모의무면제기관[180]이 단독이나 공동으로 인수 또는 매수한 주식의 합계가 부동산투자회사가 발행하는 주식 총수의 50% 이상인 경우
② 부동산투자회사의 총자산의 70% 이상을 임대주택(민간임대주택에 관한 특별법에 따른 민간임대주택 및 공공주택 특별법에 따른 공공임대주택)으로 구성하는 경우
③ CR리츠의 경우
④ 법 제26조의3에 기하여 대토보상권을 현물출자 받아 그 보상받은 토지를 개발할 목적으로 설립된 부동산투자회사(이른바 "대토 부동산투자회사")의 경우

나. 주식의 분산

동일인(=주주 1인과 그 특별관계자[181])은 부동산투자회사의 설립 후 일정 기간[182]이 경과한 후에는 부동산투자회사가 발행한 주식 총수의 50%를 초과하여 주식을 소유하지 못한다(법 제15조 제1항). 이에 위반한 경우 위반분 주식은 그 의결권이 배제되고 국토교통부장관의 처분명령의 대상이 될 수 있다(법 제15조 제2항 내지 제4항). 그러나, 위 (2)가.①

177) 영업인가를 받거나 등록을 한 날 또는 (총자산 중 부동산개발사업에 대한 투자비율이 30%를 초과하는 부동산투자회사의 경우에는) 그가 투자한 부동산개발사업에 관하여 '관계 법령에 따른 사용승인·준공검사 등을 받은 날'(2023. 8. 16.자 법 개정에 의하여 '부동산개발사업에 관하여 관계 법령에 따른 시행에 대한 인가·허가 등이 있은 날'이 뒤로 늦추어진 것임)을 말한다.

178) 영업인가 등을 받기 전에는 발행하는 주식을 일반의 청약에 제공할 수 없다(동조 제1항).

179) 김용진(2021), 42-44쪽.

180) 시행령 제12조의3에 열거된 주주(지방자치단체, 각종 연기금 운영기관, 각종 공제회·공제조합, 앞의 주주가 단독 또는 공동으로 일정한 지분을 소유하는 부동산투자회사 및 부동산집합투자기구, 상장리츠, 일정한 전문투자자, 공모 부동산집합투자기구, 일정한 특정금전신탁의 신탁업자 등)를 말한다. 제도 도입의 초기에 리츠 제도를 통한 기업구조조정의 촉진을 지원하기 위한 것이라고 할 수 있는데, 이와 같이 주식의 공모·상장·분산 의무에 대하여 특례를 부여한 결과, 리츠 시장이 대기업과 기관투자자 중심의 사모 형태로 발달하면서 본래의 리츠의 대중화 취지가 후퇴하였다는 지적이 있다(신용상(2017), 8쪽).

181) 자본시장법 제133조 제3항에 따른 특별관계자(=특수관계인과 공동보유자)를 말한다(부동산투자회사법 제14조 제2항 제1호).

182) 최저자본금준비기간 또는 (총자산 중 부동산개발사업에 대한 투자비율이 30%를 초과하는 부동산투자회사의 경우에는) 부동산개발사업에 관하여 관계 법령에 따른 시행에 대한 인가·허가 등이 있은 날부터 6개월.

의 국민연금공단 및 그 밖의 공모의무면제기관에 대하여는 위 동일인 주식소유한도 및 의결권 제한이 적용되지 않는다(법 제16조 제1항, 제2항, 시행령 제13조 제2항). 또한, 위 (2) 가.②의 부동산투자회사와 CR리츠의 경우에는 법 제15조에 따른 주식의 분산이 적용되지 않는다(법 제16조 제3항, 제49조의2 제3항).

다. 주식의 상장

부동산투자회사는 자본시장법 제390조 제1항에 따른 상장규정의 상장요건을 갖추게 된 때에는 지체 없이 증권시장에 주식을 상장하여야 한다(법 제20조 제1항).[183] 그러나, 우리나라에서는 주식이 상장된 '상장리츠'의 비중은 매우 낮다. 상장리츠는 2018년부터 시작하여 2024년 4월말 현재 전체 373개 부동산투자회사 중 18개사에 불과하다.[184]

보통 부동산투자회사는 1개 자산을 운용하는데, 단일 부동산에 투자할 경우 규모가 작아 발행주식 수가 적어짐에 따라 상장 후에도 거래가 어렵고 가격 변동성이 커진다. 이를 고려하여 상장시 거래유동성·안정성 확대를 위한 대형화 차원에서 모회사(=모리츠)만 상장하고, 모리츠가 실물자산을 보유한 복수의 자회사(=자리츠)에 투자하는 구조를 채택하는 추세이고, 2018년부터 신규 상장한 15개 상장리츠 중 10개사가 모자구조를 채택하고 있다.[185] 그런데, 모리츠가 대형화하는 경우 공정거래법상 지주회사로 규제될 수 있다. 즉, 자산규모 5천억원 이상이면서 자산의 50% 이상이 자회사 주식으로 구성될 경우 공정거래법에 따라 지주회사 전환신고를 하여야 하고(동법 제2조 제7호, 제17조) 지주회사에 대한 규제(자리츠 주식 50% 이상 보유 의무, 부채비율 제한 등)가 적용된다(동법 제18조). 이는 리츠의 상장 및 규모 확대를 제약하는 요인이 되었다.[186]

이에 2023. 8. 16.자 법 개정(2024. 2. 17. 시행)에 의하여 공정거래법에 따른 지주회사에 관한 규정은 부동산투자회사(단, 위탁관리리츠 및 CR리츠에 한정됨)가 다음 요건을 충족하는 경우 적용하지 않는 것으로 되었다(법 제49조 제5항).[187]

① 법 제20조에 따라 증권시장에 주식을 상장한 부동산투자회사일 것
② 법 제4조의 업무 범위에서 부동산 등에 투자·운용하기 위하여 다른 부동산투자회사(다른 회사의 주식을 보유하지 아니한 부동산투자회사로 한정함)의 주식을 취득함에 따라 지

183) 대토보상권의 현물출자를 받은 후 보상받은 토지를 개발할 목적으로 설립된 이른바 "대토 부동산투자회사"에 대하여는 상장의무가 면제된다(법 제26조의3 제2항).
184) ☞ 위 각주 166.
185) 국토교통부·금융위원회·공정거래위원회 보도자료(2022. 1. 12.), "공모·상장 활성화를 위한 리츠제도 개선방안", 4쪽.
186) Id., 5-6쪽.
187) 법 제49조 제5항의 신설 취지에 관한 상세한 내용은 송병철, 앞의 검토보고(각주 169), 65-68쪽.

주회사에 해당할 것

③ 공정거래법 제31조 제1항 전단에 따라 지정된 공시대상기업집단에 속하는 회사가 아닐 것

④ 위 ②에 따라 취득한 부동산투자회사의 주식 외에 다른 회사의 주식을 보유하고 있지 아니할 것

(3) CR리츠에 대한 출자 특례

CR리츠에 출자하는 경우 그 출자에 대하여는 은행법, 보험업법 또는 자본시장법에 따른 출자한도 제한, 재산운용 제한 및 투자 제한 등[188]을 적용하지 아니한다(법 제49조의2 제5항). 또한, 은행법 제37조 제3항에 따른 자회사에 대한 신용공여 한도를 산출할 때에는 CR리츠는 은행의 자회사로 보지 아니한다(법 제49조의2 제6항).

(4) 자금차입 및 사채발행에 의한 자금조달

부동산투자회사는 영업인가를 받거나 등록을 한 후에 자산을 투자·운용하기 위하여 또는 기존의 차입금 및 발행사채를 상환하기 위하여 부동산투자회사법상의 요건을 갖추어 자금차입 또는 사채발행을 할 수 있다(법 제29조 제1항, 시행령 제33조). 자금차입 및 사채발행은 그 합계금액이 자기자본의 2배(주주총회의 특별결의를 한 경우에는 자기자본의 10배)를 넘지 아니하는 범위에서 할 수 있다(법 제29조 제2항).[189]

5. 자산운용

(1) 투자의 대상

부동산투자회사가 투자할 수 있는 자산은 ① 부동산, ② 부동산개발사업, ③ 지상권, 임차권 등 부동산 사용에 관한 권리, ④ 신탁이 종료된 때에 신탁재산 전부가 수익자에게 귀속하는 부동산 신탁 수익권, ⑤ 증권,[190] 채권 및 ⑥ 현금(금융기관의 예금 포함)이다(법 제21조 제1항 제1호 내지 제6호). 부동산투자회사는 위 ① 내지 ⑥의 자산을 (i) 취득, 개발,

188) 은행법 제37조 제1항 및 제2항, 보험업법 제106조, 제108조 및 제109조 및 자본시장법 제344조에 따른 제한을 말한다.

189) 대토보상권의 현물출자 및 이와 관련된 업무를 하기 위하여 영업인가 전에 국토교통부장관에 특례등록을 한 부동산투자회사의 경우에는 현물출자를 받아 주식을 발행한 이후에 자기자본의 30%를 초과하지 않는 범위에서 법이 정한 제한된 목적으로 차입 및 사채발행을 할 수 있다(법 제26조의3 제6항).

190) 여기서의 "증권"에는 자본시장법 제5조 제2항의 장내파생상품도 포함된다(법 제2조 제2호).

개량 및 처분, (ii) 관리(시설운영을 포함한다), 임대차 및 전대차, (iii) 부동산개발사업(법 제2조 제4호)을 목적으로 하는 법인 등 대통령령으로 정하는 자에 대하여 부동산에 대한 담보권 설정 등 대통령령으로 정한 방법에 따른 대출 및 (iv) 예치 중 어느 하나에 해당하는 방법으로 투자·운용하여야 한다(법 제21조 제2항 제1호 내지 제3호).

부동산투자회사는 위 ① 내지 ⑥의 부동산 등 자산에 대하여 위 (i) 내지 (iv)의 방법으로 투자·운용하는 것 외의 업무는 할 수 없고(법 제4조), 부동산투자회사법 또는 다른 법령에 따른 경우를 제외하고는 다른 업무를 하여서는 안 된다(법 제31조 제1항).

위 법 제21조의 조문만으로는 부동산투자회사의 업무 범위나 그에 관련된 조문을 매끄럽게 이해하는 데에는 어려움이 있으므로 제21조의 입법연혁을 살펴볼 필요가 있다. 2019. 8. 20.자 부동산투자회사법 일부개정(2020. 2. 21. 시행) 시 제21조를 개정하여 부동산개발사업을 목적으로 하는 법인 등에 대한 대출을 부동산투자회사의 업무 범위에 추가하면서 개정 전 제21조[191]와는 달리 제1항에 투자대상을 먼저 규정하고 제2항에 투자·운용의 방법을 규정하였다.[192] 이러한 개정은 개정 전 법에 따르면 투자대상과 투자·운용방법이 혼재되어 있어 이를 구분하여 자산운용 범위를 명확하게 하기 위한 것이었다.[193]

부동산투자회사의 주된 투자대상은 후술하는 부동산투자회사의 '자산의 구성'에 대한 규제로 인하여 부동산 및 부동산으로 간주되는 자산에 집중될 수밖에 없다. 실제로 대부분의 부동산투자회사는 주로 부동산을 직접 취득 또는 취득·건설하여 임대차 사업을 수행하고 일부 증권 및 현금을 예치하는 방식으로 그 자산을 투자·운용하고 있다고 한다.[194]

(2) 자산의 구성

부동산투자회사(CR리츠는 제외)는 최저자본금준비기간이 끝난 후에는 매 분기 말 현재 총자산의 80% 이상을 부동산, 부동산 관련 증권[195] 및 현금으로 구성하여야 하고(법

191) 개정 전 법 제21조(자산의 투자·운용방법) 부동산투자회사는 그 자산을 다음 각 호의 어느 하나에 해당하는 방법으로 투자·운용하여야 한다.
1. 부동산의 취득·관리·개량 및 처분 2. 부동산개발사업 3. 부동산의 임대차 4. 증권의 매매 5. 금융기관에의 예치 6. 지상권·임차권 등 부동산 사용에 관한 권리의 취득·관리·처분 7. 신탁이 종료된 때에 신탁재산 전부가 수익자에게 귀속하는 부동산신탁의 수익권의 취득·관리·처분

192) 투자대상에는 증권 외에 "채권"이 새로 추가되었다. 이는 제2항에서 투자·운용방법으로 '대출'을 규정함에 따라 그에 대응하여 투자대상에 '채권(債權)'을 포함시킨 것으로 보인다. 제1항의 투자대상 중 '현금(금융기관의 예금 포함)에 대응되는 제2항의 투자·운용방법은 '예치'이다.

193) 국회 국토교통위원회, 부동산투자회사법 일부개정법률안(의안번호: 2017916, 이후삼 의원 등 발의)에 대한 심사보고서(2019. 7.), 10쪽.

194) 지평(2021), 84쪽.

195) "부동산 관련 증권"은 (i) 부동산투자회사의 주식 및 사채, (ii) 자본시장법 제9조 제21항의 집합

제25조 제1항 전단), 이 경우 총자산의 70% 이상은 부동산(건축 중인 건축물 및 후술하는 시행령 제27조 제1항에 따른 부동산 의제 자산을 포함함)이어야 한다(법 제25조 제1항 후단).[196] 위 각 '자산의 구성 비율'을 계산할 때 (i) 설립할 때 납입된 주금(株金), (ii) 신주발행으로 조성한 자금과 (iii) 부동산투자회사 소유 부동산의 매각대금은 최저자본금준비기간의 만료일, 신주발행일 또는 부동산 매각일부터 2년 이내에는 부동산으로 본다(법 제25조 제2항). 위 법 제25조 제1항에 따른 자산의 구체적 내용 및 산정기준 등은 대통령령에 위임되어 있다(법 제25조 제3항, 시행령 제27조). 특히, 시행령 제27조 제1항은 위 '총자산의 70% 이상 부동산 투자' 요건에 관하여는 일정한 유형의 자산은 부동산이 아니더라도 법 제25조 제1항 후단의 '부동산'에 해당하는 것으로 의제해 주고 있다.[197]

CR리츠에 대하여는 위의 자산구성에 관한 제한이 적용되지 아니한다(법 제49조의2 제3항). CR리츠의 경우에는 총자산의 70% 이상을 (i) 기업이 채권금융기관에 대한 부채 등 채무를 상환하기 위하여 매각하는 부동산, (ii) 채권금융기관과 재무구조 개선을 위한 약정을 체결하고 해당 약정 이행 등을 하기 위하여 매각하는 부동산, (iii) 채무자회생법에 따른 회생 절차에 따라 매각하는 부동산 또는 (iv) 그 밖에 기업의 구조조정을 지원하기

투자증권 중 부동산과 관련되는 것으로서 대통령령으로 정하는 것, (iii) 자산유동화법에 따른 유동화증권 중 부동산과 관련되는 것으로서 대통령령으로 정하는 것, (iv) 한국주택금융공사법에 따른 주택저당채권담보부채권 및 주택저당증권, (v) 주택도시기금법에 따른 국민주택채권, (vi) 도시철도법에 따른 도시철도채권, (vii) 그 밖에 부동산과 관련되는 증권으로서 대통령령으로 정하는 것을 말한다(법 제2조 제3호).

196) 부동산 및 부동산 관련 재산에 대한 부동산투자회사의 의무 투자비율은 자본시장법상 공모부동산펀드의 의무 투자비율(50% 초과)보다 높다.

197) 시행령 제27조 제1항에 따라 부동산으로 의제되는 자산은 ① 건축 중인 건축물의 개발사업을 제외한 부동산개발사업에 투자한 모든 금액(건축물에 부속된 토지 및 정착물에 대한 투자금액, 프로젝트금융투자회사의 주식 및 담보부사채 매입금액과 민간투자법에 따른 사회기반시설투융자회사의 주식 및 담보부·보증부사채의 매입금액을 포함함), ② 부동산의 소유권 및 지상권·전세권·임차권 등 부동산 사용에 관한 권리를 취득하기 위하여 투자한 모든 금액, ③ 신탁이 종료된 경우에 신탁재산 전부가 수익자에게 귀속하는 부동산신탁의 수익권을 취득하기 위하여 투자한 모든 금액, ④ 총자산의 80% 이상이 부동산(부동산으로 의제되는 일정 자산 포함)으로 구성된 법인 또는 조합(법인 또는 조합이 설립 중인 경우를 포함한다)의 발행 지분증권 총수의 50%를 초과하여 취득하기 위하여 투자한 모든 금액, ⑤ 총자산의 80% 이상이 위 ①의 금액 및 건축 중인 건축물의 개발사업에 투자한 모든 금액으로 구성된 법인 또는 조합(법인 또는 조합이 설립 중인 경우를 포함한다)의 발행 지분증권 총수의 20%를 초과하여 취득하기 위하여 투자한 모든 금액(이 항목 ⑤는 2024. 2. 13.자 시행령 개정에 의하여 신설된 것임), ⑥ 민간투자법에 따른 사회기반시설 관리운영권 및 유료도로법에 따른 유료도로관리권 또는 관리운영권·유료도로관리권을 가진 회사의 주식, 사채 또는 대출채권을 매입하기 위하여 투자한 모든 금액, ⑦ 다른 부동산투자회사 또는 부동산집합투자기구(외국의 부동산투자회사·부동산집합투자기구 및 동회사 또는 기구의 업무를 수행하는 외국 부동산투자 관련 기관 포함)가 발행한 지분증권, 수익증권 또는 채무증권을 취득하기 위하여 투자한 모든 금액, ⑧ 부동산개발사업을 영위하는 법인(부동산투자회사, 부동산집합투자기구 및 부동산신탁회사), 민간투자법에 따른 사업시행자, 유료도로법에 따른 민자도로사업자 및 프로젝트금융투자회사에 대출한 금액 등이다.

위하여 금융위원회가 필요하다고 인정하는 부동산으로 구성하여야 한다(법 제49조의2 제1항). 다른 유형의 부동산투자회사의 경우와 마찬가지로 CR리츠가 보유하는 일정 유형의 자산은 부동산이 아니더라도 법 제49조의2 제1항에 따른 총자산의 70% 이상을 구성하는 부동산에 포함되는 것으로 의제된다(시행령 제27조 제1항).[198]

(3) 부동산 관련 투자 및 융자

가. 부동산개발사업을 목적으로 하는 법인 등에 대한 대출

부동산투자회사법상 "부동산개발사업"은 (i) 토지를 택지·공장용지 등으로 개발하는 사업, (ii) 공유수면을 매립하여 토지를 조성하는 사업, (iii) 건축물이나 그 밖의 인공구조물을 신축하거나 재축하는 사업, (iv) 그 밖에 (i)부터 (iii)까지의 사업과 유사한 사업으로 대통령령으로 정하는 사업의 어느 하나에 해당하는 사업을 말한다(법 제2조 제4호).

부동산투자회사는 부동산개발사업을 영위하는 법인(부동산투자회사, 부동산집합투자기구 및 부동산신탁회사를 포함), 민간투자법에 따른 사업시행자, 유료도로법 제23조의2 제1항에 따른 민자도로사업자, 조세특례제한법에 의한 프로젝트금융투자회사에 대하여 대출을 할 수 있다(법 제21조 제2항, 시행령 제17조의2 제1항). 이 대출은 다음의 요건을 모두 충족하는 방법에 의하여야 한다(법 제21조 제2항, 시행령 제17조의2 제2항).

① 정관에서 자산의 투자·운용방법으로서 대출에 관한 사항을 정하고 있을 것
② 부동산에 대하여 담보권을 설정하거나 시공사 등으로부터 지급보증을 받는 등 대출금을 회수하기 위한 적절한 수단을 확보할 것
③ 대출의 한도를 부동산투자회사의 자산총액에서 부채총액을 뺀 가액으로 유지할 것
④ 그 밖에 대출의 방법 및 절차에 관한 사항으로서 투자자 보호를 위해 국토교통부장관이 정하여 고시하는 사항을 준수할 것

법에 명시적인 규정은 없으나 신규 대출뿐만 아니라 제3자로부터 대출채권을 양수하는 것도 부동산투자회사의 업무 범위에 속한다고 보는 것이 합리적이다.[199] 다만, 이 경우 제3자로부터 양수하는 대출채권은 차주의 유형, 대출의 조건, 방법 등에 관한 위 시행령 제17조의2 제1항 및 제2항의 요건을 충족하여야 할 것으로 본다. 대출채권의 양수가

198) 그런데 이와 같이 CR리츠의 자산 구성에 관한 사항을 시행령에서 규정할 수 있는 위임입법의 근거가 있는지는 의문이 있다. 시행령 제27조의 근거가 되는 법 제25조 제1항 및 제3항은 CR리츠에 대하여는 적용되지 않고, 달리 시행령으로 CR리츠의 자산을 구성하는 부동산의 개념을 정할 수 있도록 위임한 법 규정도 없기 때문이다.

199) 시행령 제27조 제1항 제5호 및 제6호의 규정은 '대출채권의 매입'이 부동산투자회사의 업무범위에 속함을 전제로 하는 것으로 보인다.

업무범위에 속하는지에 관하여는 입법에 의하여 명확히 할 필요가 있다.

부동산투자회사가 대출 또는 대출채권의 양수·추심을 '업'으로 하는 것으로 인정될 경우에는 대부업법에 따라 대부업등록을 하여야 한다(대부업법 제3조 제1항, 제2항). 한편, 대부업자 또는 여신금융기관[200]은 대부업법 제3조 제2항 제2호(대부채권매입추심업)에 따라 금융위원회에 등록한 대부업자, 여신금융기관 등 대통령령으로 정한 적격양수인에게만 대출채권을 양도할 수 있는바(대부업법 제9조의4 제3항, 동법시행령 제6조의4), 대출채권의 양도인이 대부업자나 여신금융기관에 해당하는 때에는 부동산투자회사는 위 적격양수인에 해당하여야만 그로부터 대출채권을 양수받을 수 있다.

나. 부동산개발사업·부동산투융자를 목적으로 하는 법인 등이 발행한 증권의 취득

법 제21조 제1항의 투자대상에 증권이 포함되어 있으므로 부동산투자회사는 부동산개발사업·부동산투융자를 목적으로 하는 법인과 그 밖의 법인이 발행하는 주식, 사채 등 증권을 취득할 수 있다. 다만, 부동산투자회사의 자산 구성[201] 및 증권투자 한도[202]에 대한 규제로 인해 부동산투자회사가 취득할 수 있는 '증권의 유형'에 관하여는 제약이 있다.

다. 부동산개발사업의 수행

법 제21조 제1항 및 제2항에 근거하여 부동산투자회사는 사업시행자로서 부동산개발사업을 수행할 수 있다.[203] 부동산투자회사가 부동산개발사업을 수행하는 데에는 부동산투자회사법뿐만 아니라 앞서 살펴보았던 부동산개발사업 관련 규제법이 적용된다.

2007. 7. 13.자 법 개정(2007. 10. 14. 시행)에 의하여 자산을 주로 부동산개발사업에 투자하기 위한 '개발전문 부동산투자회사'가 도입되었으나, 이 제도는 2015. 6. 22.자 법 개정(2015. 10. 23. 시행)에 의하여 폐지되었다. 개발전문 부동산투자회사는 자기관리리츠,

---

200) 은행법 등 대통령령으로 정하는 법령에 따라 인가 또는 허가 등을 받아 대부업을 하는 금융기관을 말한다(대부업법 제2조 제4호, 동법시행령 제2조의2).

201) 앞서 본 바와 같이 '70% 이상 부동산 투자' 요건과 관련하여 해당 증권이 부동산으로 간주되려면 시행령 제27조 제1항이 정하는 주식 또는 사채에 해당하여야 한다. 나아가, '80% 이상 부동산, 부동산 관련 증권, 현금 투자' 요건의 충족이 문제될 경우에는 해당 증권은 법에 정의된 '부동산 관련 증권'(☞ 위 각주 195)에 해당하여야 한다(법 제25조 제1항, 제2조 제3호).

202) 부동산투자회사는 원칙적으로 다른 회사의 의결권 있는 발행주식의 10%를 초과하여 취득하여서는 안 된다(법 제27조 제1항). 또한, 부동산투자회사는 원칙적으로 동일인이 발행한 증권(국채, 지방채, 그 밖에 대통령령으로 정하는 증권은 제외한다)을 총자산의 5%를 초과하여 취득하여서는 안 된다(법 제27조 제3항). 다만, 이들 제한은 다른 부동산투자회사 또는 부동산집합투자기구의 주식 등을 취득하는 경우를 비롯하여 법과 시행령에 규정된 일정 유형의 증권 취득에 대하여는 적용되지 아니한다(법 제27조 제1항, 제3항, 시행령 제31조).

203) 같은 취지: 지평(2021), 82쪽(부동산투자회사법에서 정하고 있는 자산의 투자·운용방법 중 하나인 '부동산개발사업'에 대한 투자는 부동산투자회사가 개발사업의 신축, 재축 업무를 하는 것으로 해석한다).

위탁관리리츠, CR리츠 중 어느 하나의 유형에 해당하는 것으로서 주된 투자대상이 부동산개발사업에 한정된다는 특징을 가진 것이었는데, 이 제도가 폐지되면서 모든 유형의 부동산투자회사는 주주총회 특별결의로 정한 '총자산 중 부동산개발사업에 대한 투자비율' 범위 내에서 부동산개발사업에 투자할 수 있게 되었다(법 제21조 제1항 제2호, 제12조 제1항 제4호의2, 제26조 제1항).[204)]

라. 부동산의 처분시기에 대한 제한

부동산투자회사법은 부동산투자가 투기목적으로 남용되는 것을 방지하기 위하여 부동산투자회사가 취득한 부동산의 처분을 부동산의 유형별로 일정 기간 제한한다(법 제24조 제1항, 동법시행령 제26조 제1항), 다만, 부동산개발사업으로 조성하거나 설치한 토지·건축물 등을 분양하는 경우 또는 그 밖에 투자자 보호를 위하여 대통령령으로 정하는 사유가 있는 경우는 그러하지 아니하다(동항 제1호, 제2호, 동법시행령 제26조 제2항). 또한 부동산투자회사는 건축물, 그 밖에 공작물이 없는 토지(공유수면을 매립하여 조성된 토지는 제외)는 원칙적으로 해당 토지에 부동산개발사업을 시행한 후가 아니면 이를 처분하지 못한다(동법 제24조 제2항). 이러한 제한은 CR리츠에 대하여는 적용되지 아니한다(동법 제49조의2 제3항).

6. 이익배당과 소득공제 혜택

부동산투자회사 중 위탁관리리츠 및 CR리츠는 상법 제462조 제1항에 따른 해당 연도 이익배당한도{자산의 평가손실(직전 사업연도까지 누적된 평가손실을 포함함)[205)]은 고려하지 아니함}의 90% 이상을 주주에게 배당하여야 하고, 이 경우 상법 제458조에 따른 이익준비금은 적립하지 아니한다(법 제28조 제1항). 그러나, 자기관리리츠의 경우에는 위 이익배당한도의 50% 이상을 주주에게 배당하여야 하며 이익준비금을 적립할 수 있다(법 제28조 제2항 전단).[206)] 위탁관리리츠와 CR리츠가 이와 같이 이익배당을 할 때에는 상법 제462조

204) 지평(2021), 74쪽.

205) 이익배당한도에서 '자산의 평가손실'을 고려하지 않도록 하는 규정은 2024. 2. 20.자 법 개정에 의하여 추가된 것이다. 유동화전문회사 등 일정한 투자회사에 대하여 같은 내용의 배당금액 소득공제 특례를 부여하고 있는 법인세법 및 동법시행령에서는 배당가능이익을 산정할 때 '자산의 평가손익'을 제외하도록 규정하고 있는 것과의 균형을 고려한 것이라고 한다{박재유, "부동산투자회사법 일부개정법률안 검토보고"(김병욱의원 대표발의, 의안번호 제2122211호)(2023. 9.), 16-18쪽}.

206) 이 경우 배당금액이 위 이익배당한도의 90% 이상인 경우에는 주주총회 보통결의를 요하고, 50% 이상 90% 미만인 경우에는 주주총회 특별결의를 요한다(동조 제2항 후단). 이익배당 및 이익준비금 적립에 관한 특례인 제28조 제2항은 원래 2021. 12. 31.까지만 적용되었으나 2023. 8. 16.

제1항에도 불구하고 이익을 초과하여 배당할 수 있다.[207)]

부동산투자회사법에 따른 부동산투자회사 중 명목회사인 위탁관리리츠 및 CR리츠가 대통령령으로 정하는 배당가능이익의 90% 이상을 배당한 경우, 그 배당금액은 해당 배당을 결의한 잉여금 처분의 대상이 되는 사업연도의 소득금액에서 공제한다(법인세법 제51조의2 제1항 제4호, 동법시행령 제86조의3).[208)]

다음 각 호의 어느 하나에 해당하는 경우에는 위 소득공제를 적용하지 아니한다(동법 제51조의2 제2항).

① 배당을 받은 주주등에 대하여 법인세법 또는 조세특례제한법에 따라 그 배당에 대한 소득세 또는 법인세가 비과세되는 경우. 다만, 배당을 받은 주주등이 조세특례제한법 제100조의15에 따라 동업기업과세특례를 적용받는 동업기업인 경우로서 그 동업자들(그 동업자들의 전부 또는 일부가 같은 조 제3항에 따른 상위 동업기업에 해당하는 경우에는 그 상위 동업기업에 출자한 동업자들을 말함)에 대하여 같은 법 제100조의18에 따라 배분받은 배당에 해당하는 소득에 대한 소득세 또는 법인세가 전부 과세되는 경우는 제외한다.

② 배당을 지급하는 내국법인이 주주등의 수 등을 고려하여 대통령령[209)]으로 정하는 기준에 해당하는 법인인 경우

자산운용 전문인력을 포함한 임직원을 상근으로 두고 자신의 투자·운용을 직접 수행하는 실체가 있는 회사인 자기관리리츠에 대하여는 이러한 법인세 혜택이 부여되지 않는다.

법 개정에 의하여 일몰시한 없이 동일한 특례가 부활되었다.

207) 초과배당금액의 기준은 해당 연도 감가상각비의 범위에서 대통령령으로 정한다(법 제28조 제3항, 제49조의2 제4항, 시행령 제32조).

208) 배당금액이 해당 사업연도의 소득금액을 초과하는 경우 그 초과하는 금액("초과배당금액")은 해당 사업연도의 다음 사업연도 개시일부터 5년 이내에 끝나는 각 사업연도로 이월하여 그 이월된 사업연도의 소득금액에서 공제할 수 있다(동법 제51조의2 제4항 본문). 이 경우 (i) 이월된 초과배당금액을 해당 사업연도의 배당금액보다 먼저 공제하여야 하고, (ii) 이월된 초과배당금액이 둘 이상인 경우에는 먼저 발생한 초과배당금액부터 공제하여야 한다(동조 제5항). 다만, 내국법인이 이월된 사업연도에 배당가능이익의 90% 이상을 배당하지 아니하는 경우에는 그 초과배당금액을 공제하지 아니한다(동조 제4항 단서).

209) 법인세법시행령 제86조의 3 제10항: 법 제51조의2 제2항 제2호에서 "대통령령으로 정하는 기준에 해당하는 법인"이란 다음 각 호의 요건을 모두 갖춘 법인을 말한다.
1. 사모방식으로 설립되었을 것
2. 개인 2인 이하 또는 개인 1인 및 그 친족(이하 이 호에서 "개인등"이라 한다)이 발행주식총수 또는 출자총액의 95% 이상의 주식등을 소유할 것. 다만, 개인등에게 배당 및 잔여재산의 분배에 관한 청구권이 없는 경우를 제외한다.

Ⅳ. 부동산펀드

1. 부동산펀드의 개념과 현황

자본시장법상 집합투자기구는 집합투자를 수행하기 위한 기구로서 그 법적 형태에 따라 투자신탁, 투자회사, 투자유한회사, 투자합자회사, 투자유한책임회사, 투자합자조합 및 투자익명조합으로 구분한다(동법 제9조 제18항). 또한, 집합투자기구는 집합투자증권의 공모·사모 및 투자자의 수에 따라 사모집합투자기구와 공모투자집합투자기구로 구분한다(동법 제9조 제19항). 사모집합투자기구는 다시 투자자의 유형에 따라 일반 사모집합투자기구와 기관전용 사모집합투자기구로 나뉜다.[210] 일반 사모집합투자기구의 경우에는 (i) 대통령령이 정하는 전문투자자와 (ii) 1억원 이상으로서 대통령령으로 정하는 금액 이상을 투자하는 개인, 법인 또는 그 밖의 단체(국가재정법 별표 2에서 정한 법률에 따른 기금과 집합투자기구를 포함)에게만 집합투자증권을 발행할 수 있다(동법 제249조의2, 동법시행령 제271조). 일반 사모집합투자기구는 '일반투자자가 포함된 일반 사모집합투기구'와 '일반투자자가 포함되지 아니한 일반 사모집합투자기구'로 세분하여 전자에 대해서는 일반투자자의 보호를 위해 보다 강화된 규제가 적용된다.[211] 기관전용 사모집합투자기구의 경우에는 개인(예외 있음)을 제외한 일정한 전문투자자 등에게만 집합투자증권을 발행할 수 있다(동법 제9조 제19항, 제249조의11 제6항).

집합투자기구는 집합투자재산의 주된 운용대상자산의 유형에 따라 증권집합투자기구, 부동산집합투자기구, 특별자산집합투자기구, 혼합자산집합투자기구 및 단기금융집합투자기구로 구분하는데(동법 제229조), 이러한 분류는 사모집합투자기구에 대하여는 적용되지 아니한다(동법 제249조의8 제1항, 제249조의20 제1항). 사모집합투자기구의 경우에는 집합투자업자가 집합투자재산의 주된 운용대상 등을 결정하여 이를 신탁계약서(투자신탁의 경우), 정관(회사형 집합투자기구 의 경우), 조합계약(조합형 집합투자기구의 경우) 등의 집합투자규약에 반영함으로써 집합투자기구의 성격이 정해진다. 집합투자기구는 실무에서는 흔히 "펀드(fund)"라고 부른다. 이하에서는 자본시장법상 본래의 분류에 따른 부동산집합투자기

---

210) 종전에는 자본시장법상 사모집합투자기구를 투자자의 유형 및 투자대상에 따라 전문투자형 사모집합투자기구와 경영참여형 사모집합투자기구로 구분하였으나, 2020. 12. 29.자 개정 자본시장법(2021. 12. 30. 시행)은 사모집합투자기구를 투자자의 유형에 따라 기관전용 사모집합투자기구와 일반 사모집합투자기구로 구분한다.

211) 박삼철 외(2021), 78쪽.

구 및 부동산에 주로 투자하는 사모집합투자기구를 모두 “부동산펀드”라고 통칭한다.[212)]

부동산펀드는 부동산투자회사법에 따른 부동산투자회사(=리츠)와 함께 대표적인 부동산 간접투자상품으로서, 2004년 간접투자자산운용업법의 제정에 의하여 펀드의 투자대상이 주식과 채권으로부터 부동산 등으로 확대됨에 따라 등장한 금융상품이다.[213)] 부동산펀드는 부동산투자회사와 마찬가지로 비상장·사모 형태를 중심으로 운용기간이 정해져 있는 기한부 상품이 대부분을 차지하고 있고 개인 등 일반투자자들의 접근성은 현저히 낮다.[214)] 부동산펀드의 대부분은 사모 투자신탁이다.[215)]

2. 부동산펀드의 구조

부동산펀드의 대부분을 차지하고 있는 부동산투자신탁의 구조는 투자자들로부터 모은 자금으로 부동산펀드가 부동산 관련 투자(부동산개발사업을 영위하는 법인에 대한 대출, 일정한 부동산 관련 증권의 취득 또는 부동산개발사업의 직접 수행)를 한다는 점을 제외하고는 제6장 제5절 [그림 6-4] 투자신탁의 거래구조와 같다.

3. 집합투자기구의 등록 등

공모펀드의 경우에는 집합투자기구가 설정·설립된 경우 그 집합투자기구를 금융위원회에 등록하여야 한다(자본시장법 제182조 제1항). 그러나, 사모집합투자기구의 경우에는 원칙적으로 펀드의 설정·설립일로부터 2주일 이내에 금융위원회에 보고하면 된다(자본시장법 제249조의6, 제249조의10 제4항).

---

212) 부동산투자회사법상의 부동산투자회사도 넓은 의미에서 부동산펀드에 포함시킬 수 있으나 여기서는 부동산에 주로 투자하는 자본시장법상의 집합투자기구만을 부동산펀드라고 부른다.

213) 김경무(2014), 308쪽.

214) 신용상(2017), 7-8쪽.

215) 펀드 설정액 현황(2023년 12월말 기준 / 단위: 1억원)

구분		투자신탁	투자회사(주식회사)	투자유한회사	합계
부동산 펀드	공모	4,999	–	–	4,999(0.6%)
	사모	619,737	99,657	47,507	766,901(99.4%)
	소계	624,736(80.9%)	99,657(12.9%)	47,507(6.2%)	771,900(100%)

[출처] 한국금융투자협회 종합통계 Portal(http://freesis.kofia.or.kr/)

4. 자금의 조달

(1) 집합투자증권의 환매금지·상장

집합투자기구가 환매금지형으로 설정·설립된 경우에는 기존 투자자의 이익을 해할 우려가 없는 등 대통령령으로 정한 때에만 집합투자증권을 추가로 발행할 수 있다(동법 제230조 제2항, 동법시행령 제242조 제1항).[216] 환매금지형으로 설정·설립되는 펀드의 투자자는 펀드가 존속하는 동안은 집합투자증권을 환매청구하여 투자금을 회수할 수는 없으므로 수익증권의 양도 및 이익분배에 의하여 투자금을 회수하게 된다. 자본시장법은 이를 고려하여 투자신탁의 집합투자업자 또는 투자회사(주식회사 형태의 집합투자기구)는 신탁계약 또는 정관에 투자자의 환금성 보장 등을 위한 별도의 방법을 정하지 아니한 경우에는 환매금지형집합투자기구의 집합투자증권을 최초로 발행한 날부터 90일 이내에 그 집합투자증권을 증권시장에 상장하도록 하고 있다(동법 제230조 제3항).

(2) 부동산의 취득·운용을 위한 자금차입

자본시장법상 집합투자업자는 집합투자기구의 계산으로 금전을 차입하지 못함이 원칙이다(동법 제83조 제1항). 다만, 집합투자재산으로 부동산을 취득하는 경우(동법 제229조 제2호에 따른 부동산집합투자기구는 운용하는 경우를 포함)에는 대통령령으로 정하는 방법[217]에 따라 집합투자기구의 계산으로 금전을 차입할 수 있다(동법 제94조 제1항, 동법시행령 제97조 제1항). 이 경우 그 차입금 한도는 (i) 부동산집합투자기구의 계산으로 차입하는 경우에는 그 부동산집합투자기구의 순자산액의 200%(집합투자자총회에서 달리 의결할 수 있음)이고, (ii) 부동산집합투자기구가 아닌 집합투자기구의 계산으로 차입하는 경우에는 그 집합투자기구에 속하는 부동산 가액의 70%이다(동법 제94조 제6항, 동법시행령 제97조 제7항, 금융투자업규정 제4-72조 제2항). 일반 사모집합투자기구와 기관전용 사모집합투자기구의 자금 차입에 대하여는 위의 제한은 적용되지 않고, 차입금 등의 운용 한도(=레버리지 한도) 등 별도의 집합투자재산 운용 규제가 적용된다(동법 제249조의8 제1항, 제249조의7, 제249조의12 등).

---

216) 신탁형 부동산펀드의 수익증권 환매에 관한 상세한 내용은 ☞ 제6장 제5절 Ⅲ. 4.

217) 자본시장법시행령 제97조(부동산의 운용 특례) ① 법 제94조 제1항에서 "대통령령으로 정하는 방법"이란 집합투자업자가 다음 각 호의 어느 하나에 해당하는 금융기관 등에게 부동산을 담보로 제공하거나 금융위원회가 정하여 고시하는 방법으로 금전을 차입하는 것을 말한다. 다만, 집합투자자총회에서 달리 의결한 경우에는 그 의결에 따라 금전을 차입할 수 있다.
1. 제79조 제2항 제5호 각 목의 금융기관, 2. 보험회사, 3. 국가재정법에 따른 기금, 4. 다른 부동산집합투자기구, 5. 제1호부터 제4호까지의 규정에 준하는 외국 금융기관 등

5. 자산운용

(1) 투자대상

자본시장법상 부동산집합투자기구(=공모부동산펀드)는 집합투자재산의 50%를 초과하여 다음과 같이 부동산 및 부동산과 관련된 파생상품·대출·증권에 투자하여야 한다(동법 제229조 제2호, 동법시행령 제240조 제3항 내지 제5항).

① 부동산에 대한 투자
② 부동산을 기초자산으로 한 파생상품에 대한 투자
③ 부동산개발과 관련된 법인에 대한 대출
④ 그 밖에 대통령령으로 정하는 방법에 의한 부동산에 대한 투자[218] 및 대통령령으로 정하는 부동산과 관련된 증권에 대한 투자[219]

부동산집합투자기구는 집합투자재산의 50%를 초과하여 위의 부동산 등에 투자하면 나머지 집합투자재산으로는 자본시장법의 규제 하에 다른 종류의 투자대상에 투자할 수 있다.[220] 사모부동산펀드에 대하여는 위의 투자대상 및 자산운용에 대한 제한은 적용되지 아니하지만, 사모부동산펀드의 경우에도 원칙적으로 위 ① 내지 ④에 투자할 수 있다

---

218) 동법시행령 제240조 제4항: 법 제229조 제2호에서 "대통령령으로 정하는 방법"이란 다음의 어느 하나에 해당하는 방법을 말한다. (i) 부동산의 개발, (ii) 부동산의 관리 및 개량, (iii) 부동산의 임대 및 운영, (iv) 지상권·지역권·전세권·임차권·분양권 등 부동산 관련 권리의 취득, (v) 기업구조조정촉진법 제2조 제3호에 따른 채권금융기관이 채권자인 금전채권(부동산을 담보로 한 경우만 해당한다)의 취득 및 (vi) 제1호부터 제5호까지의 어느 하나에 해당하는 방법과 관련된 금전의 지급

219) 동법시행령 제240조 제5항: "대통령령으로 정하는 부동산과 관련된 증권"이라는 다음 어느 하나에 해당하는 증권을 말한다.
1. 다음 각 목의 어느 하나에 해당하는 자산이 신탁재산, 집합투자재산 또는 유동화자산의 100분의 50 이상을 차지하는 경우에는 그 수익증권, 집합투자증권 또는 유동화증권
가. 부동산
나. 지상권·지역권·전세권·임차권·분양권 등 부동산 관련 권리
다. 기업구조조정촉진법 제2조 제3호에 따른 채권금융기관(이에 준하는 외국 금융기관과 금융산업구조개선법에 따른 금융기관이었던 자로서 청산절차 또는 채무자회생법에 따른 파산절차가 진행 중인 법인을 포함한다)이 채권자인 금전채권(부동산을 담보로 한 경우만 해당한다)
2. 부동산투자회사법에 따른 부동산투자회사가 발행한 주식
3. 자본시장법시행령 제80조 제1항 제1호 라목부터 사목까지의 증권(특정한 부동산을 개발하기 위하여 존속기간을 정하여 설립된 회사가 발행한 증권, 부동산·부동산 관련 자산을 기초로 발행된 일정한 요건을 갖춘 유동화증권, 한국주택금융공사의 주택저당채권담보부채권 또는 특정한 금융기관이 보증한 주택저당증권, 일정한 요건을 갖춘 부동산투자목적회사가 발행한 증권)

220) 이경돈·한용호·오지현(2012), 34쪽.

고 본다.[221] 따라서 부동산펀드는 공모펀드이든 사모펀드이든 기본적으로 그의 집합투자재산을 부동산의 취득·개발·임대, 부동산개발 관련 법인에 대한 대출, 일정한 부동산 관련 증권 및 부동산담보부채권의 취득 등 다양한 분야에 운용하는 것이 가능하다.

투자신탁재산으로 부동산을 취득하는 경우에는 부동산등기법 제81조(신탁등기의 등기사항)에 불구하고 신탁원부에 수익자를 기록하지 아니할 수 있다(자본시장법 제94조 제5항).[222]

(2) 부동산개발사업 영위 법인에 대한 대출

자본시장법상 "부동산개발사업"은 토지를 택지·공장용지 등으로 개발하거나 그 토지 위에 건축물, 그 밖의 공작물을 신축 또는 재축하는 사업을 말한다(동법 제81조 제1항 제2호 가목).

집합투자업자는 집합투자재산으로 금전을 대여할 수 없음이 원칙이나(동법 제83조 제4항), 집합투자재산으로 부동산개발사업을 영위하는 법인(부동산신탁업자, 다른 집합투자기구 및 부동산투자회사법에 따른 부동산투자회사를 포함)에 대하여 대통령령으로 정하는 방법[223]에 따라 금전을 대여할 수 있다(동법 제94조 제2항, 동법시행령 제97조 제2항, 제3항). 이 경우 그 대여금 한도는 해당 집합투자기구의 순자산액의 100%이다(동법 제94조 제6항, 동법시행령 제97조 제4항). 일반 사모집합투자기구와 기관전용 사모집합투자기구의 금전 대여에 대하여는 위의 제한은 적용되지 않고 별도의 집합투자재산 운용 규제가 적용된다(동법 제249조의8 제1항, 제249조의7, 제249조의12 등).

자본시장법에 의한 집합투자기구는 대부업등록이 면제되는 여신금융기관에 해당하고,[224] 대부업자나 여신금융기관으로부터 대출채권을 양도받을 수 있는 적격양수인에 해당한다(대부업법 제9조의4, 동법시행령 제6조의4 제7호, 대부업등감독규정 제12조 제3항 제2호).

(3) 부동산개발사업의 직접 수행

부동산펀드는 부동산개발사업을 직접 수행할 수 있다. 집합투자업자(일반 사모집합투자업자는 제외)는 집합투자재산으로 부동산개발사업에 투자하고자 하는 경우에는 추진일정·추진방법, 그 밖에 대통령령으로 정하는 사항이 기재된 사업계획서를 작성하여 감정

221) 같은 취지: 박삼철 외(2021), 232쪽.

222) 간접투자자산운용업법(2003. 10. 4. 제정, 2004. 1. 5. 시행)의 제정 당시에 이미 이와 유사한 내용으로 부동산투자신탁을 위한 신탁등기의 특례 규정을 두고 있었다(동법 제143조 제5항).

223) (i) 신탁계약, 정관 등 집합투자규약에서 금전의 대여에 관한 사항을 정하고 있을 것 및 (ii) 집합투자업자가 부동산에 대하여 담보권을 설정하거나 시공사 등으로부터 지급보증을 받는 등 대여금을 회수하기 위한 적절한 수단을 확보할 것(동법시행령 제97조 제3항).

224) 박삼철 외(2021), 228쪽.

평가 및 감정평가사에 관한 법률에 따른 감정평가법인 등으로부터 그 사업계획서가 적정한지의 여부에 대하여 확인을 받아야 하며, 이를 인터넷 홈페이지 등을 이용하여 공시하여야 한다(자본시장법 제94조 제4항, 동법시행령 제97조 제6항).

부동산펀드가 부동산개발사업을 수행하려고 할 경우 해당 개발사업법률상 사업시행자 자격을 갖출 수 있는지가 먼저 검토되어야 한다. 사업시행자 자격을 별도로 요하지 아니하는 부동산개발사업의 경우에도 일정 규모 이상의 부동산개발을 업으로 영위할 경우 부동산개발업법에 따른 등록을 하여야 한다(☞ 제2절 Ⅱ.). 부동산개발업법은 일정한 유형의 특수목적법인[225]도 부동산개발업등록을 할 수 있도록 특례를 두고 있으나, 투자회사를 제외한 부동산집합투자기구는 이러한 특례에 포함되어 있지 않다. 따라서 투자신탁형 부동산집합투기구의 경우에는 토지소유자로서 부동산개발업법에 의한 등록사업자와 공동사업을 하는 방법을 고려할 수 있다(동법 제4조 제4항, 동법시행령 제7조).[226] 부동산개발사업을 직접 수행하는 '직접개발형 부동산펀드'의 규모는 아직은 미미한 것으로 보인다.

(4) 부동산 처분시기 제한

자본시장법은 집합투자업자가 집합투자재산으로 취득한 부동산의 처분을 부동산의 유형별로 일정 기간 제한한다(동법 제81조 제1항 제2호 가목). 다만, 부동산개발사업에 따라 조성하거나 설치한 토지·건축물 등을 분양하는 경우, 그 밖에 투자자 보호를 위하여 필요한 경우로서 대통령령으로 정하는 경우를 제외한다(동호 가목 단서, 동법시행령 제80조 제8항). 또한, 건축물, 그 밖에 공작물이 없는 토지에 대한 부동산개발사업의 시행 전에 그 토지를 처분하는 행위를 원칙적으로 금지한다(동법 제81조 제1항 제2호 나목, 동법시행령 제80조 제9항). 사모집합투자기구에 대하여는 부동산의 처분시기에 대하여 별도로 유사한 내용의 규제를 두고 있다(동법 제249조의7 제2항 제1호, 제2호, 제249조의12 제1항).

6. 이익배당과 소득공제 혜택

자본시장법에 따른 투자회사(=주식회사), 투자목적회사, 투자유한회사, 투자합자회사(동법 제9조 제19항 제1호의 기관전용 사모집합투자기구는 제외) 및 투자유한책임회사도 대통령령으로 정하는 배당가능이익의 90% 이상을 배당한 경우 그 금액은 해당 배당을 결의한 잉여금 처분의 대상이 되는 사업연도의 소득금액에서 공제한다(법인세법 제51조의2 제1항

225) ☞ 위 각주 27.
226) 이경돈·한용호·오지현(2012), 42-43쪽; 박삼철 외(2021), 234쪽.

제2호).[227] 자본시장법상 투자신탁, 투자익명조합의 집합투자업자, 투자회사등(=투자회사·투자유한회사·투자합자회사·투자유한책임회사 및 투자합자조합)은 집합투자기구의 특성에 따라 이익금을 초과하여 분배할 필요가 있는 경우에는 이익금을 초과하여 금전으로 분배할 수 있는데(다만, 투자회사의 경우에는 순자산액에서 최저순자산액[228]을 뺀 금액을 초과하여 분배할 수 없음)(자본시장법 제242조),[229] 위의 "배당"은 재무제표상 배당가능이익의 한도를 초과하여 관련 법령(예: 자본시장법)에 따라 배분하는 경우를 포함한다.[230]

부동산투자회사의 경우와 마찬가지로 법인세법 제51조의2 제2항에 해당하는 경우(☞ 제4절 Ⅲ.6.)에는 위 소득공제를 적용하지 아니한다.

제 5 절 부동산 프로젝트금융

Ⅰ. 부동산 PF의 특징

통상의 프로젝트금융은 프로젝트의 완공 전에 제공되는 금융과 완공 이후에 제공되는 금융으로 구분할 수 있고,[231] 완공 후에 장기간에 걸쳐 프로젝트로부터 발생하는 현금흐름에 의하여 금융채무가 상환된다. 반면에, 토지의 개발 및 건축물의 분양을 목적으로 하는 대부분의 부동산 PF는 개발사업의 완공 전에 제공되고, 완공된 부동산의 분양대금으로 사업 완공 직후에 전부 상환된다. 즉, 부동산 PF는 개발사업이 성공적으로 완공되면 금융의 목적을 달성하고 종료한다. 이 점에서 부동산 PF는 통상의 프로젝트금융과 기본

227) 배당금액이 해당 사업연도의 소득금액을 초과하는 경우 초과배당금액의 이월 및 이월된 사업연도의 소득으로부터의 초과배당금액 공제에 관한 내용은 부동산투자회사의 경우와 동일하다(☞ 위 각주 208).

228) "최저순자산액"은 투자회사가 유지하여야 하는 순자산액(=자산에서 부채를 뺀 금액)의 최저액으로서 정관에 기재한 금액을 말한다(자본시장법 제194조 제2항 제7호).

229) 이익금을 초과하여 금전으로 분배하려는 경우에는 집합투자규약에 그 뜻을 기재하고 이익금의 분배방법 및 시기, 그 밖에 필요한 사항을 미리 정하여야 한다(자본시장법시행령 제266조 제4항). 이익금의 초과분배에 관한 자본시장법 제242조의 규정은 투자목적회사에 준용된다(동법 제249조의13 제5항).

230) 법인세법 2024년 기본통칙 51의2−86의3…1 [유동화전문회사 등에 대한 소득공제](2024. 3. 15. 번호개정): ① 법 제51조의 2에 따른 소득공제는 해당 배당을 결의한 잉여금 처분의 대상이 되는 사업연도에 이를 적용한다. ② 법 제51조의2 제1항의 "배당"에는 현금배당과 주식배당을 모두 포함한다. 이 경우 재무제표상 배당가능이익의 한도를 초과하여 관련법령에 따라 배분하는 경우를 포함한다.

231) 이에 관하여는 ☞ 제12장 제2절 Ⅰ.1.(2).

적인 차이가 있다. 또한, 부동산 PF에서는 선분양시 수분양자들로부터 선급받는 분양대금(계약금 및 중도금)이 사업자금으로 투입되고 PF 대출원리금의 일부를 상환하는 데에 쓰일 수도 있다. 이 점에서도 프로젝트 완공 후에야 프로젝트금융 채무금의 상환이 시작되는 통상의 프로젝트금융과 차이가 있다.[232)]

위와 같은 이유로 분양 목적의 개발사업을 위한 부동산 PF의 경우 대주가 부담하는 위험은 통상의 프로젝트금융과는 달리 프로젝트 건설 중의 위험, 즉 완공위험(completion risk)에 집중되어 있다. 통상의 프로젝트금융과 마찬가지로 부동산 PF 등 부동산개발금융에서도 건설 중의 위험으로는 사업주체에 관한 위험(사업수행 능력, 출자금조달 능력, 도산위험 등), 법령의 변경, 인허가의 취득·유지, 환경문제, 불가항력, 완공지연, 사양미달, 비용증가 등을 들 수 있다.[233)] 사업부지의 매입 완료 전 초기 사업단계의 브릿지 대출에서는 사업부지 전부의 취득 및 사업 인허가 관련 위험이 주로 위험요소로 작용하고, 시공 및 분양단계인 부동산 PF 단계에서는 시공위험과 분양위험이 주로 문제된다.[234)] 선분양 방식으로 시행되는 개발사업에서 건축물의 미분양으로 인한 사업자금 부족 위험은 부동산 PF 특유의 건설 중의 위험이라고 할 수 있다.

부동산 PF에서는 일반적으로 이러한 건설 중의 위험의 분담 방법으로서 PF 대주가 사업용 토지 등의 물적 담보 이외에 시공회사에 의한 신용보강(예: 책임준공확약)을 제공받는 경우가 많다. 시공회사에 의한 신용보강은 통상의 프로젝트금융에서의 완공 지원에 해당하는 것이다. 특이한 점은 이러한 시공회사의 신용보강은 시공회사가 시행회사에 대한 지분투자나 후순위대출로 사업주로 참여하고 있는지에 관계없이 제공된다는 점이다. 시공회사는 신용보강을 제공함으로써 더 큰 위험을 부담하는 것에 대한 대가로 시행회사로부터 상대적으로 높은 금액의 공사대금을 받는다. 시공회사의 신용보강만으로는 충분하지 아니한 경우 토지신탁 구조를 이용하여 신탁회사에 의한 신용보강을 추가한다.

부동산개발사업에 부동산 PF 방식이 도입되었던 초기에는 시공회사가 부동산 PF 대출에 대하여 지급보증(또는 채무인수 확약)을 제공함으로써 부동산 PF가 일반 기업금융과 차별성이 없었고 사실상 시공회사가 사업주체인 것과 다를 바 없다고 볼 여지가 있었다. 2011년부터 한국채택 국제회계기준(K-IFRS)이 도입된 것을 계기로 시공회사에 의한 신용보강 방식이 PF 대주를 위한 지급보증 대신에 책임준공확약으로 바뀌기 시작한 다음에

232) 임대형 개발신탁(임대형 토지신탁)에서 개발사업의 완공 후 장기간의 부동산 임대로부터 발생하는 현금흐름으로 차입금을 상환할 경우 통상의 프로젝트금융과 별로 차이가 없을 것이다. 임대형 개발신탁은 많이 이용되고 있지는 아니한 것으로 보인다.

233) 이에 관하여는 ☞ 제12장 제1절 Ⅲ. 3(위험의 분담).

234) 김경무(2014), 309-310쪽.

도,[235] 시공회사는 PF 대주를 위한 자금보충약정, 책임분양약정, 관리형토지신탁에서 시행회사의 의무(비용부담의무 및 손해배상의무 포함)에 대한 연대보증 등 추가적 신용보강을 제공함으로써[236] 여전히 시공회사가 PF 대출에 대한 지급보증을 제공하는 것과 큰 차이가 없는 경우도 많았던 것으로 보인다. 그러나, 최근의 부동산개발사업에서는 시공회사의 신용보강은 사실상 책임준공확약에 한정되는 경우가 많고, 시공회사와 시행회사는 대등한 독립 당사자로서 협상을 통해 사업참여 조건(예: PF 대출로 확보되는 사업비의 규모, 분양가, 미분양시 할인분양률 등)을 정하는 경우가 많다고 한다.

Ⅱ. 부동산 PF의 구조

1. 브릿지 대출

사업시행자는 부동산개발사업에 대한 정부인허가를 얻기 전 단계에서 사업용 토지에 대한 매매계약을 체결하고 자체 자금으로 계약금을 지급한 후 잔금(중도금 포함) 상당액을 브릿지 대출(bridge loan)에 의해 조달하는 것이 일반적이다.[237] 계약금은 통상 지분투자를 받아 조달한다. 브릿지 대출의 대출금으로 토지 소유권을 취득할 수 있으므로 대주에게 그 토지를 대출의 담보로 제공할 수 있다. 담보 제공은 토지에 대한 담보신탁을 설정하여 대주에게 우선수익권을 제공하는 방식에 의하는 것이 보통이다. 그 외에 시행회사 주식에 대한 질권, 시행회사 임원의 연대보증 등이 담보로 제공된다. 브릿지 대출은 부동산 PF에 의하여 조달된 자금으로 상환된다.

그런데, 최근에는 시행회사가 토지의 소유권을 취득하기 전에 토지매매 계약금을 대출받는 경우도 종종 있는 것으로 보인다. 이 경우 토지비의 상승 등으로 인하여 부동산 PF가 성사되지 못할 경우, 만일 담보가 부족하다면 브릿지 대출의 대주들은 채권회수에 어려움을 겪을 수 있다.[238] 최근의 실무에서는 시행회사가 이미 그전의 다른 개발사업에서 분양에 성공하여 그 개발사업에서 시행이익을 얻을 것이 예상되는 경우 그 시행이익에 관한 후순위 신탁수익권을 담보로 신규 개발사업의 토지매매 계약금 자금을 차입하는

235) 이에 관하여는 ☞ 제1절 Ⅲ.

236) 시공회사의 신용공여 유형에 관한 상세한 내용은, 지평(2021), 116-129쪽.

237) 브릿지 대출의 대출심사에서는 상환재원이 될 부동산 PF가 성사될 가능성이 있는지(사업의 경제성 및 인허가 가능성)가 중요시되고, 부동산 PF의 성사 가능성이 충분하다고 인정될 경우 통상의 담보대출보다 훨씬 높은 LTV가 적용되는 경우도 있는 듯하다.

238) 제4장 제3절 Ⅱ. 2.에서 검토한 대법원 2012. 2. 23. 선고 2010다83700 판결의 사안은 그러한 사례라고 할 수 있다.

방식이 많이 이용되고 있는 것으로 보인다.

한편, 사업부지에 포함된 부동산 필지가 다수이고 소유자도 많아서 토지를 취득하는 데에 상당한 시간이 소요되고 그 과정에서 지가 상승 등으로 인하여 토지소유자가 변심하여 매매계약의 이행을 거절할 가능성이 있는 경우에는 사업부지의 취득 단계에서 부동산처분신탁을 이용하는 경우도 있다.[239] 이 부동산처분신탁에서는 매도인이 위탁자로서 신탁회사에 사업부지의 소유권을 이전하고, 사업시행자를 지정매수인으로 지정하며, 사업시행자가 매도인에게 잔금을 지급하거나 이를 공탁하는 경우 수탁자는 사업부지의 소유권을 지정매수인에게 이전하기로 함으로써 매도인를 상대로 하는 소송절차를 제기할 필요 없이 매매계약의 이행을 신속히 확보할 수 있게 된다.[240]

2. 비토지신탁 구조의 부동산 PF

토지신탁이 아닌 부동산신탁으로서 분양관리신탁 또는 통상의 담보신탁을 이용하는 개발사업에서 부동산 PF의 기본 구조는 [그림 13-7]과 같다. 분양계약의 당사자인 사업시행자는 PF 대출의 차주로서 사업자금(토지비에 대한 브릿지 대출의 상환자금 및 사업비)을 조달한다. 실체가 있는 사업회사 외에도 프로젝트금융투자회사, 부동산투자회사, 부동산펀드 등 특수목적기구가 사업시행자 겸 차주로 이용된다.[241] 사업시행자는 사업자금의 일부를 자기자본(지분투자 및 후순위 대출)으로 조달하기도 하나 그 비중은 낮은 편이고 사업자금의 상당 부분은 타인자본(PF 대출 및 선분양대금)으로 조달한다. 사업시행자에게 사업자금을 대여하는 PF 대주는 금융회사, 자산유동화회사 등 특수목적회사, 부동산투자회사, 부동산펀드 등이다. PF 대주는 다른 금융회사나 투융자기구 또는 자본시장 투자자로부터 투자 또는 융자를 받아 대출 재원을 조달한다. 시공회사는 PF 대주를 위하여 책임준공확약 등의 신용보강을 제공한다. 신탁회사는 건축물분양법에 따른 분양관리신탁 또는 통상의 담보신탁의 수탁자로서 신탁사무를 처리하고, 사업시행자와 별도로 체결하는 대리사무계약에 따라 분양수입금 등 자금을 관리한다. PF 대주는 PF 대출채권의 담보로 1순위 우선수익권을, 시공회사는 공사대금채권, 책임준공확약의 이행에 따른 구상권 등의 담보로 공사대금 상당액에 대하여 2순위 우선수익권을 제공받는다. 위탁자인 사업시행자는 후

239) 최용호(2020), 86-87쪽.

240) Id.

241) 자산유동화회사는 사업시행자로 이용되지 않는다. 자산유동화법상 부동산개발사업은 자산유동화회사의 업무 범위에 속하지 아니하므로 동법에 따른 자산유동화회사는 사업시행자가 될 수 없고, 자산유동화법에 의하지 아니한 자산유동화회사도 그 속성상 사업시행자가 되기에는 적합하지 아니하기 때문이다.

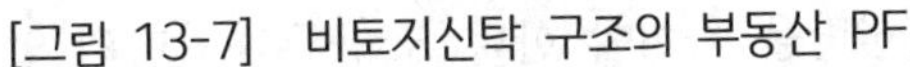
[그림 13-7] 비토지신탁 구조의 부동산 PF

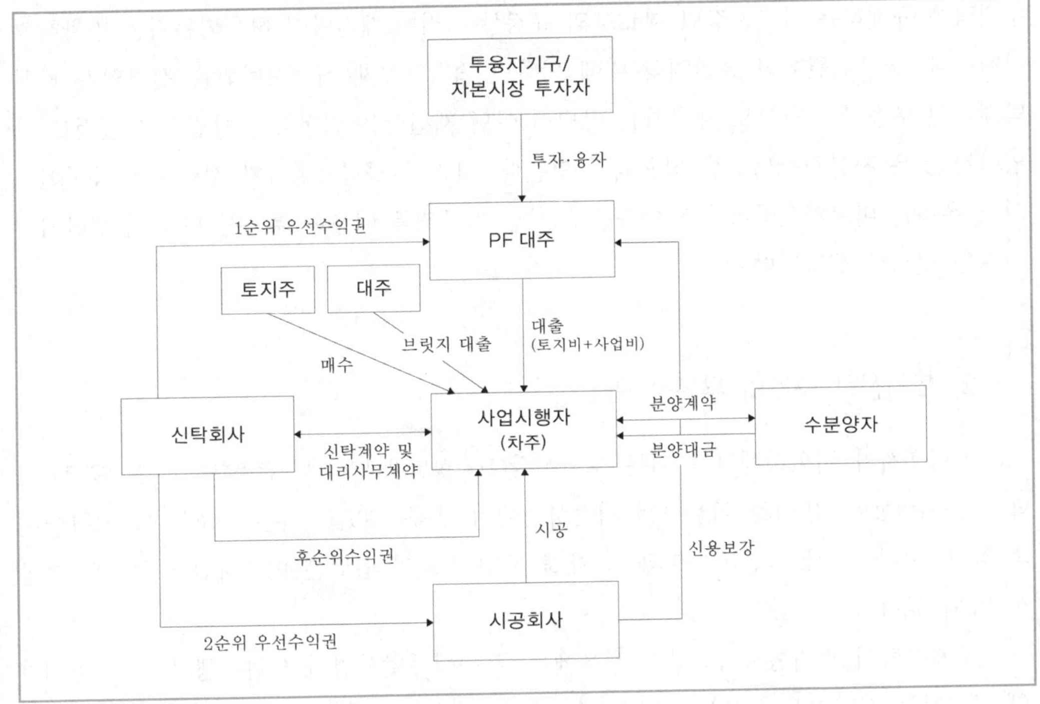

순위 수익권을 통하여 시행이익을 회수한다.

프로젝트금융투자회사가 사업시행자가 되어 부동산신탁 구조를 이용하고자 하는 경우에는, 앞에서 살펴본 바와 같이 배당금액의 소득공제 혜택을 받기 위해서는 부동산신탁 구조 중 토지신탁(관리형토지신탁 및 차입형토지신탁)을 이용할 수는 없고, 비토지신탁 구조('분양관리신탁+대리사무계약' 또는 '담보신탁+대리사무계약')를 이용하여야 한다(☞ 제4절 Ⅱ.2.(3)).

부동산투자회사법에 의한 모든 유형의 부동산투자회사는 부동산을 취득하는 즉시 이를 동법이 정한 자산보관기관에 신탁하여야 한다(☞ 제4절 Ⅲ.2(1)). 따라서 부동산투자회사가 부동산개발사업을 수행하려는 경우에는 사업부지를 취득하여 자산보관기관에 신탁한 상태에서 부동산투자회사가 사업시행자가 되어 부동산투자회사의 유형별 업무구조에 맞추어 부동산개발사업 및 부동산 PF를 진행하는 방식에 의하여야 할 것이다.

한편, 자본시장법상 부동산펀드의 대부분은 투자신탁 형태로 설정되고 있는데, 이러한 신탁형 부동산펀드가 취득한 부동산은 투자신탁의 신탁업자가 수탁자로서 소유·관리한다. 신탁형 부동산펀드가 사업시행자가 되어 비토지신탁 구조(또는 후술하는 토지신탁 구조)를 이용하려면 부동산펀드의 신탁업자가 신탁재산인 토지를 다른 신탁회사에게 소유·

관리 및 부동산 PF의 담보제공 등의 목적으로 재신탁을 하여야 한다. 금융투자업자의 업무위탁을 규제하는 자본시장법 제42조의 규정상 이러한 재신탁이 허용되는지는 명확하지 아니하나, 금융위원회의 유권해석[242]에 의하면 집합투자재산을 수탁받은 신탁업자가 신탁재산인 부동산을 담보로 제공하는 방법이 아닌 재신탁을 설정하는 방법으로 금전을 차입하는 것은 자본시장법령상 허용되지 않는다. 따라서 사업시행자가 신탁형 부동산펀드인 경우에는 비토지신탁이나 후술하는 토지신탁 구조를 이용한 부동산 PF를 진행하기는 어려운 것으로 생각된다.[243]

3. 토지신탁 구조의 부동산 PF

신탁회사가 사업시행자로 되는 토지신탁(관리형토지신탁, 책임준공확약형 관리형토지신탁 또는 차입형토지신탁)을 이용하는 개발사업에서 부동산 PF의 기본 구조는 [그림 13-8]과 같다. 누가 PF 대주가 되는지와 그 대출 재원의 조달 방법은 비토지신탁 구조의 부동산 PF와 같다.

토지신탁이 관리형토지신탁인 경우에는, 부동산개발사업의 사업시행자 및 분양계약의 당사자는 신탁회사이지만, 실질적 사업주체인 위탁자가 PF 대출의 차주로서 전체 사업자금(토지비 및 사업비)을 조달하고, 실질적인 사업수행 및 계약이행 책임을 진다. 시공회사가 PF 대주를 위하여 책임준공확약 등 신용보강을 제공하는 점은 비토지신탁 구조의 부동산 PF와 같다. 책임준공형 관리형토지신탁의 경우에는 시공회사의 책임준공확약에 추가하여 신탁회사가 PF 대주에게 책임준공확약을 제공한다.

토지신탁이 차입형토지신탁인 경우에는, 위탁자는 PF 대주로부터 토지비 대출을 받아서 브릿지 대출을 상환하고, 토지비 대출을 담보하기 위하여 PF 대주에게 토지신탁의 1순위 우선수익권을 제공한다. 시공회사에게는 2순위 우선수익권, 위탁자에게는 후순위 수익권이 제공된다. 차입형토지신탁의 경우에는 신탁회사가 토지비를 제외한 나머지 사업자금(=사업비)을 조달할 책임을 진다. 이러한 사업비 조달은 통상 신탁회사의 고유계정으로부터의 차입 또는 대지급에 의하여 이루어지고, 해당 차입금 또는 대지급금은 신탁사무처리비용으로서 토지비 대출을 한 PF 대주가 보유하는 우선수익권에 우선하여 상환

242) '자본시장법상 집합투자기구(펀드)로서 사모부동산펀드가 집합투자재산을 담보신탁 방식으로 담보제공하여 금융기관으로부터 자금을 차입하는 것이 가능한지 여부'에 관한 금융위원회의 유권해석(2022. 6. 22.).

243) 담보신탁 내지 재신탁을 이용하지 않고 사업부지에 근저당권을 설정해 주는 통상의 담보부차입 방식에 의하여 부동산 PF 대출을 제공받을 수는 있다(이경돈·한용호·오지현(2012), 47쪽).

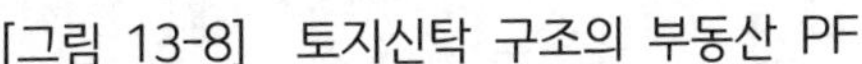
[그림 13-8] 토지신탁 구조의 부동산 PF

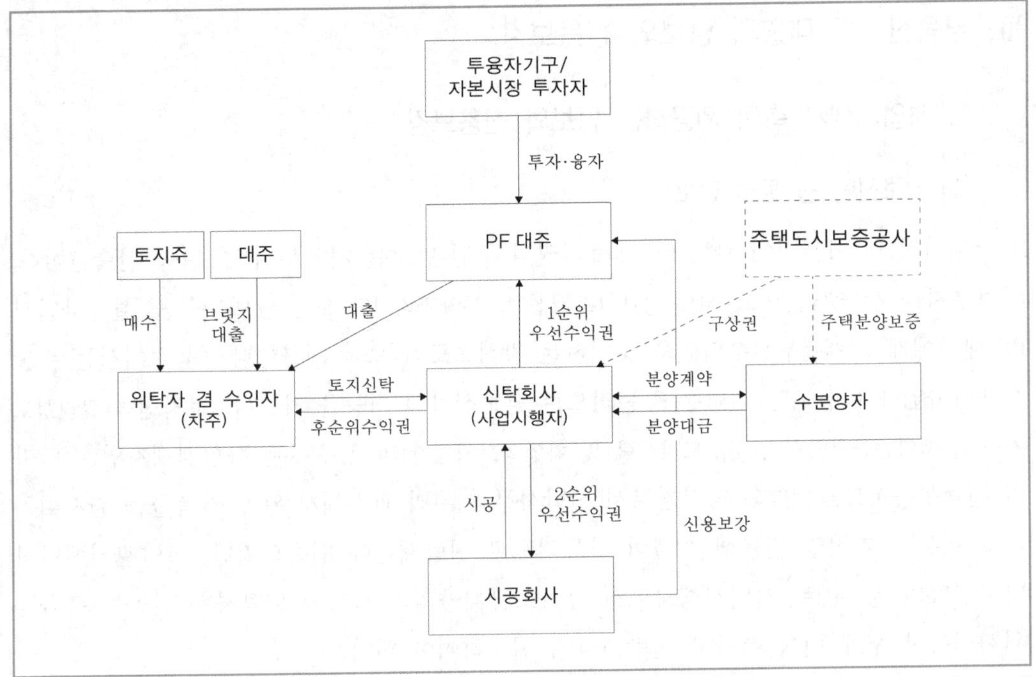

된다.

한편, 주택법에 따른 선분양 주택개발사업에서 수분양자들에게 주택도시보증공사의 주택분양보증이 제공되는 경우, 주택도시보증공사는 사업시행자인 신탁회사에 대하여 구상권을 가진다. 주택도시보증공사와 부동산 PF 대출 관련 이해관계인(사업주체, 대출기관, 대출약정 연대보증인, 분양대금관리자, 시공회사, 사업주체의 대표이사 등) 간에 체결되는 '프로젝트파이낸싱 대출관련 협약서'에 기하여, 주택도시보증공사가 가지는 위 구상권 및 그와 관련된 권리는 PF 대주 등 다른 이해관계인의 권리에 우선하는 최우선순위를 가진다.[244)]

244) 주택도시보증공사의 표준서식으로 정해진 "프로젝트파이낸싱 대출관련 협약서"(2020. 8. 28. 최종 개정)는, 부동산 PF 대출현황, 상환내용 및 변경시 통지의무, 위 이해관계인의 담보권 실행 제한, 보증사고 발생 우려시 분양대금납부 중지 및 분양대금관리 변경, 보증사고 등으로 주택도시보증공사가 분양보증책임을 이행하기로 한 경우 사업부지 및 건축물(건축 중인 건축물 포함), 분양대금채권, 사업시행권 및 그 밖의 사업 관련 권리의 귀속 및 행사에 있어서 위 이해관계인에 우선하는 주택도시보증공사의 최우선권, 분양보증의 이행 및 구상채권 회수 후의 잔여 사업수익금의 분배 등에 관하여 규정한다.

Ⅲ. 부동산 PF 대출의 담보와 신용보강

1. 사업시행자 측이 제공하는 담보와 신용보강

(1) 담보신탁 등 물적 담보

토지비 및 사업비에 관한 PF 대출채권의 주된 담보는 사업부지 및 완공 건축물이다. 사업부지를 신탁재산으로 하여 신탁(토지신탁, 분양관리신탁 또는 담보신탁)을 설정하면서 PF 대주에게 1순위 우선수익권을 부여하는 방식으로 담보를 제공한다. 이 점에서는 부동산개발사업에 이용되는 신탁은 공통적으로 담보신탁의 기능을 가진다. 토지신탁(관리형토지신탁, 책임준공확약형 관리형토지신탁 및 차입형토지신탁)의 경우에는 사업시행자인 수탁자가 건축물공사도급계약의 당사자로서 신탁사무의 처리 과정에서 완공 건축물을 원시취득하고 이는 추가적인 법률행위 없이 자동적으로 신탁재산에 귀속되지만, 분양관리신탁과 담보신탁의 경우에는 사업시행자로서 공사도급계약의 당사자인 위탁자가 완공 건축물을 원시취득한 후에 이를 추가로 신탁회사에 신탁하여야 한다.

부동산개발금융을 위한 담보권 설정은 개발사업에 내재하는 법령상 또는 계약상 제한에 의하여 허용되지 않을 수 있다. 예컨대, 한국금융투자협회가 정한 선지급기준(☞ 제13장 제3절 Ⅱ. 3. 관리형토지신탁에서 신탁수익의 선지급 기준)에 의하면, 토지신탁의 신탁재산(분양대금계좌, 운영계좌, 보험금 및 건축 중인 건축물 등)에 대한 대출금융기관의 질권설정 또는 대출금융기관에 대한 양도담보 제공 등은 금지된다. 또한, 위 한국금융투자협회의 선지급기준이 허용하는 범위 내에서 선지급 및 사업비 집행을 위한 이체를 하는 것을 제외하고, 분양수입금 관리계좌에서 시공회사 등 제3자의 계좌로 자금을 이체하는 것도 금지된다.[245] 분양관리신탁 구조의 경우에도 사업약정 및 대리사무계약상 신탁회사 명의로 개설된 분양수입금관리계좌의 자금은 사업에 필요한 비용으로만 지출할 수 있고, 분양수입금관리계좌의 자금에 대하여 제3자에게 질권을 설정하거나 이를 양도할 수 없도록 하고 있다.[246]

(2) 사업시행자의 사업시행권 포기 및 양도 확약

사업주체에 관한 위험(사업수행 능력, 사업자금조달 능력, 도산위험 등)이 현실화하여 대출채무의 기한이익이 상실되는 등 사업수행이 곤란하게 될 경우 대주의 입장에서는 사업

245) 한국금융투자협회의 「금융투자회사의 영업 및 업무에 관한 규정」 별표 15(토지신탁수익의 신탁종료 전 지급기준).

246) 한국토지신탁의 사업약정 및 대리사무계약서 표준안 제20조 제4항.

을 청산하는 것보다는 사업수행 능력을 상실한 사업시행자 대신에 제3자로 하여금 해당 사업을 계속 수행하게 하는 것이 채권 회수에 유리할 수 있다. 이러한 '사업시행자 위험'은 비토지신탁(분양관리신탁 및 담보신탁)에서 주로 문제된다. 비토지신탁 구조의 부동산 PF에서 대주는 대출채무의 불이행 등 사업시행자에게 책임 있는 사유로 인하여 사업수행이 곤란하게 될 경우(또는 계약상 정해진 그에 준하는 사유가 생긴 경우) 시공회사 또는 대주가 지정하는 제3자에게 사업에 관한 정부인허가, 사업부지 및 건축물(건축 중의 건축물 포함), 사업과 관련된 사업시행자의 권리·의무 일체를 이전할 수 있도록(신탁법 제10조에 기한 위탁자 지위의 이전 포함) 사업시행자로부터 '사업시행권의 포기 및 양도'에 관한 확약을 미리 받아 두는 경우가 많다.[247] 사업시행자에 의한 사업시행권의 포기 및 양도 확약은 시행회사, 시공회사, 비토지신탁의 신탁회사 및 PF 대주 간에 체결되는 사업약정과 대출협약에 포함시키는 것이 일반적이나, 별도로 사업시행권 포기 및 양도 확약서를 PF 대주에게 제공하도록 하는 경우도 있다.[248]

사업시행권의 양도는 사업약정과 대출협약의 해지를 정지조건으로 하여 사업시행권 포기 및 양도 계약의 효력이 발생하는 것으로 약정하거나(=정지조건부 사업시행권 양도계약), 사업약정과 대출협약에서 사업시행권의 양도예약을 하고 PF 대주가 시공회사와 신탁회사와의 협의를 거쳐 대출채무의 기한이익상실 등 계약에 정한 사유 발생시 예약완결권을 행사함으로써 사업시행권의 양도계약이 성립하는 방법(=사업시행권 양도예약)에 의한다. 이러한 사업시행권 포기 및 양도는 실질적으로 담보권 실행에 준하는 채권회수 조치에 해당한다고 할 수 있고,[249] 제3자에게로 이전되는 사업부지·건축물, 사업 관련 계약상 지위 등을 포함하는 이른바 '사업시행권'의 적정 가액을 평가하여 이를 사업시행자인 차주의 대출금 채무와 정산하는 과정이 필요하다.[250] 사업시행권의 양도에서는 부동산개발

---

247) 이는 부동산 PF 대출채권에 대한 실질적인 담보로 기능하는 것으로서 통상의 프로젝트금융에서 이용되는 '프로젝트 관련 계약상 지위의 양도예약'과 유사한 것이다(☞ 제12장 제2절 Ⅱ. 2. (3)). 사업시행권의 양도에 관한 상세한 내용은 지평(2021), 228-247쪽; 우덕성(2021), 105-163쪽.

248) 지평(2021), 228, 233쪽.

249) 사업시행권 양도의 효력이 발생하는 시점에는 채무자의 재무상태가 현저히 악화되었을 가능성이 높을 것이고, 이 경우 사업시행권의 양도가 민법상 사해행위 취소 또는 채무자회생법상 부인의 대상이 될 수 있는지의 문제가 있다. 대법원 2011. 9. 8. 선고 2009다24866 판결은, '담보신탁+대리사무계약' 구조의 부동산 PF에서 '정지조건부 사업권양도계약'이 체결된 사안에서, 사업시행권의 이전 및 건축주의 명의변경에 관한 법률행위는 대리사무계약 및 대출협약의 체결 시점에 존재한 것이고, 사업시행권 이전 및 건축주 명의 변경을 위한 정지조건의 성취로 사업시행권의 이전 및 건축주 명의 변경에 관한 의사표시의 효과가 발생한 것에 불과하다는 이유로 원고의 사해행위 취소 청구를 배척한 원심판결의 결론은 정당하다고 보았다. 이 쟁점에 관하여는 예약형 집합채권양도담보와 정지조건형 집합채권양도담보의 부인에 관한 제15장 제3절 Ⅲ.2.(3) 및 (5)의 논의가 적용될 수 있을 것이다.

250) ☞ 제12장 제2절 Ⅱ. 2. (3) 각주 91.

사업 관련 정부인허가가 사업시행자 명의로부터 시공회사(또는 그 밖의 제3자) 명의로 변경될 수 있는가도 중요한 문제가 된다.[251]

위와 같은 사업시행권의 포기 및 양도에 관한 확약을 받더라도 사업시행자가 이를 이행하지 아니할 경우 소송에 의하여 그 이행을 강제하는 데에는 시간과 비용이 많이 소요될 수 있고, 이는 신탁회사가 사업시행자가 되는 관리형토지신탁 등 토지신탁을 이용하는 이유 중의 하나이다.[252] 토지신탁을 이용할 경우 시행회사 위험이 현실화되는 때에도 신탁회사에 의하여 개발사업이 정상적으로 진행될 수 있고, 신탁회사가 부실화하는 경우에도 신탁재산의 독립성에 의하여 신탁재산은 보호되며 계약이전 등을 통해 사업을 계속 추진할 가능성이 높다.[253] 다만, 토지신탁의 경우에도 위탁자에게 책임이 있는 사유(부도, 도산절차의 신청 등)로 사업수행이 어려워질 경우, 사업약정 및 신탁계약에서 위탁자의 권리행사를 시공회사에게 위임하도록 하거나 아예 신탁의 위탁자를 제3자로 변경하기로 하는 약정(=위탁자의 지위 이전 약정)을 포함시킬 수 있을 것이다.

(3) 주식 질권

PF 대주는 대출채권의 담보로 시행회사의 주주로부터 시행회사 주식에 대하여 질권을 설정받는 것이 보통이다. 주식 질권의 취득은 주식의 경제적 가치 확보보다는 주식 질권을 통하여 시행회사와 그 대주주를 통제하는 데에 주된 목적이 있다.

2. 시공회사에 의한 주요 신용보강

(1) 책임준공확약

과거에는 시공회사가 PF 대출채무에 대하여 지급보증(또는 대출금채무에 대한 채무인수 확약)을 제공함으로써 사업시행자의 신용을 보강하는 것이 일반적이었으나, 한국채택 국제회계기준(K-IFRS)의 도입을 계기로 최근에는 시공회사가 PF 대주에 지급보증 대신에 상대적으로 시공회사의 부담이 적은 책임준공확약을 제공하고 있다. 다만, 차입형토지신탁 구조에서는 신탁회사가 사업자금의 조달책임을 지고 실질적인 사업주체의 역할을 수행하므로 시공회사는 단순 수급인이 되고 PF 대주에게 신용보강을 제공하지 않거나 약한 내용의 신용보강을 제공하는 사례가 많다.

251) 대부분의 개발사업법률상 사업시행권 포기 및 양도 확약에 기하여 해당 개발사업에 관한 인허가가 이전되는 절차는 없고, 행정청이 재량을 가지는 사업시행자 변경처분에 의해야 한다.

252) 지평(2021), 227쪽, 각주 15.

253) 김경무(2014), 312-313쪽.

책임준공확약은 대체로 "천재지변, 내란, 전쟁 등 불가항력적인 경우를 제외하고는 시공회사가 공사비 지급 지연 또는 민원 등 여하한 이유로도 공사를 중단하거나 지연할 수 없고 예정된 기간 내에 사용승인(임시사용승인을 제외, 이하 같음) 또는 준공인가를 득하기로 하는 의무를 부담하는 것"을 말한다.[254] 책임준공확약의 구체적인 내용은 당사자간 합의에 의해 정해진다. 시공회사의 책임준공확약은 시행회사, PF 대주, 시공회사 등 간에 기본적으로 PF 대출의 정상적인 상환을 위해 필요한 업무분담과 책임을 정하기 위해 체결하는 사업약정서에 규정하거나 또는 PF 대주에게 책임준공확약서를 별도로 제출하기도 한다.[255] 책임준공확약을 사업약정서에 규정한 경우 그 내용은 시행회사와 시공회사 간에만 체결된 공사도급계약상의 책임준공의무에 우선한다.[256]

책임준공확약에 따른 의무의 법적 성질에 관하여 대법원 2015. 10. 29. 선고 2014다75349 판결은 다음과 같이 판시하였다.[257]

"원고들을 포함한 대주단이 [사업시행자]에 이 사건 대출을 함에 있어 신용과 자력을 갖춘 피고가 시공사로서 대주단에 대하여 예정준공일까지 공사를 완성하겠다고 확약하는 이 사건 책임준공약정에 따른 의무는 비록 그 법적 형식이 향후 이 사건 대출의 물적 담보가 될 이 사건 시설을 준공하겠다는 내용의 '하는 채무'이지만, 이러한 책임준공의무 위반으로 공사완성 여부에 관한 위험이 현실화되면 프로젝트 파이낸스 대출을 한 금융기관이 그 책임준공의무의 이행을 강제하여 완성된 물적 담보로부터 대출원리금을 회수하기보다는 시공사로 하여금 책임준공의무 위반으로 금융기관이 입은 손해를 배상하게 함으로써 그 한도 내에서 대출원리금 상당액을 직접 회수하는 것이 일반적이다. 이러한 책임준공약정의 특수성과 이 사건 책임준공약정에서 '준공보증확약'이라는 문언을 사용한 점 등을 고려하면, 이 사건 책임준공약정은 적어도 피고가 그 약정을 위반하는 경우에는 사실상 [사업시행자]의 대출채무에 대한 보증으로서의 기능이나 경제적 실질을 가지는 것이고, 나아가 대주단과 피고 사이에서 이러한 기능이나 경제적 실질을 고려하여 체결된 것이라고 봄이 타당하다."

위 대법원판결에 의하면, 책임준공확약 위반시 PF 대주는 시공회사에 대하여 의무

254) 한국금융투자협회의 「금융투자회사의 영업 및 업무에 관한 규정」 별표 15(토지신탁수익의 신탁종료 전 지급기준)에서 이와 같이 정의하고 있다.

255) 지평(2021), 130쪽.

256) 대법원 2010. 3. 11. 선고 2009다20628 판결(시행회사에 귀책사유가 있어서 시공회사가 공사도급계약상의 책임준공확약에 따른 의무를 면한다고 하더라도, 그에 우선하는 사업약정상의 책임준공확약 의무는 면할 수 없다).

257) 나아가, 이 대법원판결은 이 사건 책임준공약정에 따른 책임준공의무 위반으로 인한 손해배상채권은 (구)기업구조조정촉진법에 따른 채무조정 대상이 되는 신용공여에 해당한다고 보았다. 이 대법원판결에 관한 상세한 분석은 최용호(2020), 104-106쪽.

위반으로 인한 PF 대주의 손해를 배상할 것을 청구할 수 있고 따라서 그 손해액 범위 내에서 대출원리금을 시공회사로부터 회수할 수 있다. 실무에서는 손해액 산정의 어려움을 피하기 위하여 책임준공확약에 따른 의무 불이행시 시공회사는 대출원리금 채무를 인수하기로 하는 내용의 조건부 채무인수약정을 추가하거나, 책임준공의무 불이행시 PF 대주의 대출원리금 전액을 손해액으로 하여 손해배상하기로 하는 약정(=손해배상의 예정)하는 경우가 대부분이다.[258]

(2) 시공권의 포기 및 양도와 유치권 포기 확약

사업약정과 대출협약 등 관련 계약에서 'PF 대출의 기한이익상실'이 발생한 때에는 시공회사는 시공권, 유치권 등 사업 관련 권리[259]를 포기하고 사업시행자, 신탁회사 및 PF 대주가 지정하는 제3자에게 이를 양도하기로 약정하고, 공사포기 각서 등 시공권 포기 및 양도에 관한 서류를 따로 PF 대주에게 제출한다.[260] 'PF 대출의 기한이익상실'이 발생한 때에 시공회사가 시공권, 유치권 등을 포기한다고 약정하는 것은, 신용보강으로 시공회사의 책임준공확약만 있는 부동산 PF에서는 시공회사가 공사비 지급부족에도 불구하고 자체 자금으로 책임준공의무를 이행하여 건축물을 준공한 후에 유치권을 행사하면 PF 대주는 후순위가 된다는 점을 고려한 것이다.

3. 토지신탁의 신탁회사에 의한 신용보강

책임준공확약형 관리형토지신탁에서는 신탁회사도 PF 대주에게 책임준공확약을 제공한다. 다만, 이러한 책임준공확약에 따른 신탁회사의 의무는 시공회사가 책임준공확약에 따른 의무를 이행하지 않을 때에 발동된다. 차입형토지신탁의 경우에는 신탁회사가 사업시행자로서 사업비 조달 책임을 부담한다.

258) 지평(2021), 130, 143쪽.

259) 사업의 시공권(시공회사가 사업과 관련하여 가지는 모든 권리 포함), 건축된 구축물에 대한 일체의 권리, 사업 관련하여 시공회사가 보유하는 유치권 및 시공회사가 사업시행자의 사업시행권을 양수하였을 경우 그 사업시행권 일체를 말한다.

260) 한국토지신탁의 사업약정 및 대리사무계약서 제15조 등.

Ⅳ. 부동산 PF 유동화

좁은 의미에서 부동산 PF 유동화는 부동산 PF 대출채권을 기초자산으로 하는 자산유동화거래이다.[261] 금융회사는 PF대출을 제공한 후에 대출채권을 자산유동화회사에 양도하고 자산유동화증권 발행으로 조달한 자금으로부터 대출채권을 조기에 회수하기도 한다. 이 경우 대주는 금융회사로부터 자산유동화회사로 바뀌게 된다.[262] 금융회사를 게재시키지 않고 처음부터 자산유동화법에 의하지 아니한 자산유동화에 의하여 조달한 자금으로 유동화회사(=비등록유동화회사)가 직접 사업시행자에게 PF대출을 하는 경우도 있다.[263] 부동산 PF 대출채권을 기초자산으로 하는 자산유동화거래에서 발행된 유동화증권은 분양대금으로 상환된다.

넓은 의미에서의 부동산 PF 유동화에는 PF 대출채권 외에, 부동산개발사업에서 발생하는 분양대금채권, 공사대금채권, 부동산 신탁수익권, 토지매매대금반환채권 등을 기초로 하여 유동화증권을 발행하고 그 기초자산으로부터의 장래의 현금흐름을 유동화증권의 상환재원으로 하는 자산유동화거래를 포함시킬 수 있다.[264]

261) 김경무(2014), 317쪽.
262) 이러한 자산유동화거래구조에 관하여는 ☞ 제9장 제3절 Ⅰ.1.
263) ☞ 제9장 제3절 Ⅰ.1. 실무에서는 비등록유동화회사에 의한 대출은 부동산 PF(=본 PF)의 경우보다는 그 전에 이루어지는 토지비 조달을 위한 브릿지 대출단계에서 더 많이 이루어지는 것으로 보인다.
264) 김경무(2014), 316-317쪽, 321-330쪽.

참고문헌

구상수(2011) 구상수, "프로젝트금융투자회사(PVF)의 과세특례 적용과 문제점"(월간공인회계사, 2011. 3.)

국세청(2004) 국세청, 개정세법 해설(2004)

국토교통부(2013) 국토교통부, 건축물분양제도 업무편람(2016. 10.)

김건식·정순섭(2023) 김건식·정순섭, 자본시장법(제4판)(박영사, 2023)

김종보(2020) 김종보, 건설법의 이해(제6판)(피데스, 2020)

김용진(2021) 김용진, "간접투자로서 부동산투자회사제도 개선 방안의 연구—공모 부동산투자회사를 중심으로—"(한양대학교 박사학위논문, 2021)

김지훈(2019) 김지훈, "분양계약 해제 시 담보신탁 법률관계와 관련한 대법원 판결의 동향—대법원 2018. 7. 12. 선고 2018다204992 판결 등을 중심으로—", BFL 제94호(서울대학교 금융법센터, 2019. 3.)

김진·사공대창(2009) 김진·사공대창, "부동산 PF(Project Finance) 대출의 부실화 요인에 관한 연구", 국토계획 제44권 제5호(대한국토·도시계획학회, 2009. 10.)

김형두(2008) 김형두, "부동산을 목적물로 하는 신탁의 법률관계", 민사판례연구[XXX](박영사, 2008).

김형두·변동열(2012) 김형두·변동열, "부동산개발사업에 대한 법적 조명—공모형 대규모 부동산개발사업에서의 시사점을 중심으로—", BFL 제52호(서울대학교 금융법센터, 2012. 3.)

남궁주현(2020) 남궁주현, "수분양자의 신탁회사에 대한 분양대금반환청구에 관한 소고—하급심 판결에서의 논의를 중심으로—", 기업법연구 제34권 제3호(한국기업법학회, 2020. 9.)

노상범·고동원(2020) 노상범·고동원, 부동산금융법(제4판)(박영사, 2020)

노혁준(2019) 노혁준, "차입형 토지신탁의 수탁자와 신탁재산간 거래", 증권법연구 제20권 제2호(한국증권법학회, 2019)

박삼철 외(2021) 박삼철·차태진·박재현·김건·이화석, 사모펀드해설(제3판)(지원출판사, 2021)

박훈(2003) 박훈, "부동산 간접투자의 법적 구조와 세제에 관한 연구—부동산투자회사를 중심으로—"(서울대학교 박사학위 논문, 2003)

손재영 외(2012) 손재영 편, 부동산금융의 현황과 과제(한국개발연구원, 2012)

신용상(2017) 신용상, "국내 부동산간접투자시장 활성화를 위한 과제", 금융브리프 제26권 제20호(한국금융연구원, 2017)

신용상(2019) 신용상, "국내 부동산 그림자금융 현황과 업권별 리스크 관리방안", KIF VIP 리포트(한국금융연구원, 2019. 5.)

우덕성(2021) 우덕성, 부동산개발사업 성공과 실패(박영사, 2021)

유병곤(2007) 유병곤, "부동산개발업의 관리 및 육성에 관한 법률안[정부제출안] 검토보고"(건설교통위원회, 2007. 4.)

이경돈·전경준·한용호(2007) 이경돈·전경준·한용호, "부동산거래유형과 쟁점", BFL 제21호(서울대학교 금융법센터, 2007. 1)

이경돈·한용호·오지현(2012) 이경돈·한용호·오지현, "부동산펀드에 관한 법적 제문제", BFL 제52호(2012. 3.)

이계정(2021) 이계정, "분양계약 해제에 따른 부당이득의 법률관계와 수분양자 보호방안", 양창수 교수 고희 기념논문집 간행위원회 편, 자율과 정의의 민법학(양창수 교수 고희 기념논문집(박영사, 2021)

이석·오지현(2018) 이석·오지현, "부동산금융의 최신 동향", BFL 제90호(서울대학교 금융법센터, 2018. 7.)

이영석·김종필(2022) 이영석·김종필, 부동산개발금융 실무 길잡이(법영사, 2022)

이종규(2020) 이종규, 부동산 개발사업의 이해(제7판)(부연사, 2020)

장중식(2021) 장중식, 부동산신탁 실무 해설(제3판)(부크크, 2021)

정기열(2018) 정기열, "부동산 프로젝트파이낸싱의 고도화—부동산신탁회사의 신용보강을 통하여—", 부동산분석 제4권 제1호(한국감정원, 2018. 5.)

정순섭(2021) 정순섭, 신탁법(지원출판사, 2021)

조덕훈(2017) 조덕훈, "역사적 제도주의 관점에서 부동산개발 금융시스템의 변화과정 분석", 도시행정학보 제30집 제1호(2017. 3.)

지평(2021) 법무법인(유한) 지평 건설부동산팀, 부동산PF 개발사업법(제3판)(박영사, 2021).

최수정(2019) 최수정, "분양계약의 해제에 따른 분양대금의 반환—대법원 2018. 7. 12. 선고 2018다204992 판결을 계기로—", 인권과 정의 제484호(대한변호사협회, 2019. 9.).

최용호(2020) 최용호, "부동산신탁회사의 부동산 개발 관련 금융기능 강화 경향과 법적 쟁점", 신탁연구 제2권 제1호(한국신탁학회, 2020. 6.)

한중석(2010) 한중석, "프로젝트금융투자회사에 관한 연구—법적 문제점을 중심으로—", 건국대학교 부동산대학원 석사학위논문(2010. 8.)

Bruggeman·Fisher (2022) William Bruggeman/Jeffrey D. Fisher, ISE Real Estate Finance & Investments (17th ed.)(McGraw Hill, 2022)

제14장

자산금융과 인수금융

제 1 절 자산금융

I. 자산금융의 개념과 기본 유형

1. 자산금융의 개념

자산금융(Asset Finance)이라 함은 설비투자 등을 목적으로 자산을 확보하려고 하는 자가 그 자산의 취득에 필요한 자금 또는 그 자산 자체를 융통하는 거래이다. 자산금융의 대상이 되는 주요 자산으로는 기계·기구, 철도차량, 선박, 항공기, 부동산 등을 들 수 있다. 자산금융은 금융제공자의 관점에서 "자산에 기초한 금융(asset-based financing)"이라고도 부른다. 자산금융이 해당 자산뿐만 아니라 그 자산에서 창출되는 미래의 현금흐름을 주된 상환재원으로 하는 경우에는 프로젝트금융의 특성도 갖는다.[1)]

2. 자산금융의 기본 유형

자산금융의 기본적인 유형으로는 ① 채무자가 금융제공자로부터 자산구매에 필요한 자금을 조달하여 해당 자산을 직접 구매하고 그 자산을 담보로 제공하는 방식(예: 자산담

1) 자산금융의 개념을 넓게 동산이나 부동산, 채권 그 밖의 자산으로부터 발생하는 현금흐름이나 자산 그 자체를 기초로 이루어지는 금융수단으로 파악하면서 그 대표적인 유형으로 자산유동화, 프로젝트금융, 항공기금융, 선박금융 등을 드는 견해도 있다{정순섭(2017), 482면}.

보대출), ② 대상자산의 소유권을 금융제공자에게 유보하고 채무자는 이용권을 부여받는 소유권유보 방식(예: 소유권유보부매매, 리스)과 ③ 특별목적회사(SPC)를 이용하여 ① 및 ②를 혼합한 방식[2]이 있다.[3] 위 세 방식 중 어떤 방식에 의할 것인지를 정함에 있어서는, 채무자의 신용도 및 자금조달 능력, 채무자에 대하여 도산절차가 개시되는 경우 금융제공자가 대상자산을 반환받거나 그에 대한 담보권을 실행하는 것이 용이할 것인지, 해당 거래에 관한 회계 및 조세상의 취급(국제금융인 경우 원리금의 대외지급 시 세금의 원천징수 문제 포함), 대상자산이 금융제공자에게 반환되는 조건인 경우 자산의 시장가치 하락으로 인한 손실 위험, 자산이나 자산관리의 하자로 인한 제3자의 피해에 대하여 자산의 소유자가 손해배상책임을 질 위험 등이 중요한 고려사항이 된다. 국내에서 자산을 도입하는 금융의 경우에는 주로 위 ① 또는 ②의 방식이 이용되고, 외국법인이 소유하는 자산을 도입하는 국제금융(예컨대, 선박금융과 항공기금융)의 경우에는 위 ③의 방식이 많이 이용된다.

위 ①의 자산담보대출은 자산금융의 가장 기본적인 형태이다. 해당 자산이 특정동산저당법에 따른 건설기계, 소형선박, 항공기 등 특정동산(동법 제3조)인 경우에는 동법에 따른 저당권을 설정할 수 있다. 소형선박 외의 선박(즉, 선박법 제2조에 의한 선박)에 대하여는 선박등기법에 따른 저당권을 설정할 수 있다. 그 외의 동산인 경우에는 양도담보권을 설정하거나 동산채권담보법에 의한 동산담보권을 설정할 수 있다.[4] 또한, 대주는 자산에 관한 보험의 보험금청구권에 대하여 질권 또는 양도담보권을 설정받는다. 부동산의 매수금융에는 전통적으로 저당권이 이용되고 있으나 국내에서는 매수자금의 규모가 큰 경우 담보신탁이 많이 이용된다(담보신탁에 관하여는 ☞ 제6장 제3절 Ⅱ. 담보신탁).[5]

위 ②의 방식 중 소유권유보부매매는 동산을 매매함에 있어 매매목적물을 인도하면서 대금완납시까지 소유권을 매도인에게 유보하고 대금이 모두 지급된 때에 그 소유권을 매수인에게 이전하기로 특약한 것을 말한다. 따라서 그 대금이 모두 지급되지 아니하고 있는 동안에는 비록 매수인이 목적물을 인도받았어도 목적물의 소유권은 위 약정대로 여

---

2) 위 ③의 방식은, 예컨대, 특별목적회사가 자산을 구매하면서 그 자산을 구매자금 대출채권자에게 담보로 제공하고(위 ①의 방식), 이어서 소유자로서 그 자산을 이용자에게 리스해 주는 방식(위 ②의 방식)을 말한다.

3) 한민(2018), 72쪽.

4) 동산 담보의 경우 수탁자에 의한 담보관리의 어려움 등의 이유로 담보신탁은 별로 이용되지 않고 있는 것으로 보인다.

5) 대규모 자금이 투입되는 국내 부동산개발사업을 위한 부동산 프로젝트금융(=부동산PF)에서는 사업 초기에 시행사가 사업용 토지 매입자금을 대주(금융회사 또는 자산유동화를 위해 설립된 특별목적회사)로부터 차입하면서 대출금채무를 담보하기 위하여 그 토지를 부동산신탁회사에 담보목적으로 신탁하고 대주에게 담보신탁의 우선수익권을 부여하는 방법을 이용한다. 이러한 토지매입자금 대출은 부동산PF의 일부를 구성하는 것이지만, 자산의 취득을 위한 금융이라는 점에서 자산금융의 특성을 갖는다.

전히 매도인이 이를 가지고, 대금이 모두 지급됨으로써 그 정지조건이 완성되어 별도의 의사표시 없이 바로 목적물의 소유권이 매수인에게 이전된다.[6] 동산에 관한 할부매매[7] 또는 연불판매[8]에서 목적물에 대한 소유권이 대금완납시 매수인에게 이전되는 것으로 약정하는 경우 할부매매 또는 연불판매는 소유권유보부매매에 해당된다. 소유권유보부매매에 의할 경우, 설비공급자는 설비구매자에게 매매대금에 관하여 신용을 공여하고 설비의 소유권을 유보함으로써 대금채권이 담보되는 효과를 얻을 수 있다(소유권유보부매매의 담보적 기능 및 도산절차에서의 취급에 관하여는 ☞ 제14장 제4절 소유권의 담보권으로의 재구성).

이하에서는 한국법을 준거법으로 하는 리스금융과 외국법을 준거법으로 하는 선박금융과 항공기금융을 살펴본다.

Ⅱ. 리스금융

1. 리스의 개념

일반적으로 리스는 일방 당사자(=리스제공자)가 상대방 당사자(=리스이용자)에게 일정기간 동안 리스료를 지급받는 대가로 특정 재산을 점유·이용할 수 있는 권리를 제공하는 거래라고 정의할 수 있다.[9] 리스는 외관상 민법상의 임대차계약과 유사하나 설비취득자금을 융통하는 성격을 얼마나 가지고 있는가에 따라 ① 물적 금융으로서 그 실질은 설비 취득대금의 융통인 '금융리스(finance lease)'와 ② 임대차계약과 실질적으로 차이가 없는 '운용리스(operating lease)'로 구분할 수 있다. 운용리스는 물건의 취득대금에 관하여 금융을 제공하는 것은 아니나 설비 자체를 융통해 준다는 점에서 넓은 의미에서 자산금융의 범주에 포함시킬 수 있다. 리스(특히 금융리스)의 개념은 금융규제법, 상법, 기업회계기준과 세법에서 사용되고 있으나 그 개념이 통일되어 있지 않다.

---

6) 대법원 2010. 2. 11. 선고 2009다93671 판결, 대법원 1999. 9. 7. 선고 99다30534 판결 등.

7) 소유권유보부매매가 할부거래에 관한 법률에 의한 "할부거래"(동법 제2조 제3호, 제1호 가목)에 해당되는 경우에도 매수인이 사업자의 지위에서 상행위를 위하여 설비를 공급받는 때에는 할부거래에 관한 법률은 적용되지 않는다(동법 제3조 제1호).

8) 여신전문금융업법에 따라 시설대여업자가 업으로 영위하는 "연불판매"는 "대통령령으로 정하는 물건을 새로 취득하여 거래상대방에게 넘겨주고, 그 물건의 대금·이자 등을 1년 이상 동안 정기적으로 나누어 지급받으며, 그 물건의 소유권 이전 시기와 그 밖의 조건에 관하여는 당사자 간의 약정으로 정하는 방식의 금융"을 말한다(동법 제2조 제11호, 제28조, 동법시행령 제2조 제1항, 제5항).

9) 리스제공자가 타인으로부터 리스물건을 대여받아 리스이용자에게 점유·이용하게 하는 거래, 즉 전(轉)리스(sublease)도 리스에 해당된다.

(1) 여신전문금융업법상의 시설대여

시설대여업(=리스업)에 관한 행정적 규제와 리스산업의 육성을 지원하기 위한 금융감독법규인 여신전문금융업법에 의하면, 시설대여는 "대통령령이 정하는 물건을 새로이 취득하거나 대여받아 거래 상대방에게 대통령령으로 정하는 일정기간 이상 사용하게 하고, 그 사용기간 동안 일정한 대가를 정기적으로 나누어 지급받으며 그 사용 기간이 끝난 후의 물건의 처분에 관하여는 당사자 간의 약정으로 정하는 방식의 금융"을 말한다(동법 제2조 제10호, 동법시행령 제2조 제1항, 제4항). 이 정의 규정은 금융리스와 운용리스를 포괄하는 것이다.[10] 여신전문금융업법은 시설대여업자에 의한 시설대여를 지원하기 위하여 여러 특례 규정을 두고 있다. 위의 정의규정은 여신전문금융업법을 적용받기 위해 금융위원회에 등록한 시설대여업자(=리스회사)가 행하는 시설대여에 대하여만 적용된다(동법 제3조 제2항 참조). 2022년 12월 말 현재 26개 회사가 시설대여업을 영위하고 있다.[11] 여신전문금융업법에 따른 혜택을 필요로 하지 않는 자는 동법에 따른 등록을 하지 않고도 리스업을 영위할 수 있고(동법 제3조 제2항), 리스물건과 리스기간에 관한 제한을 받지 아니한다.

(2) 상법상 금융리스의 개념

상법은 영업으로 하는 "기계, 시설, 그 밖의 재산의 금융리스에 관한 행위"를 기본적 상행위로 규정하고(상법 제46조 제19호), 금융리스업자에 의한 금융리스의 기본적인 법률관계에 관하여 정하고 있다(상법 제168조의2부터 제168조의5).[12] 상법은 "금융리스이용자가 선정한 기계, 시설, 그 밖의 재산을 제3자(=공급자)로부터 취득하거나 대여받아 금융리스이용자에게 이용하게 하는 것을 영업으로 하는 자"를 금융리스업자라고 정의함으로써 간접적으로 금융리스의 개념에 관하여 규정하고 있다(상법 제168조의2). 이 정의 규정은 리스이용자가 리스물건을 선정하는 것이 금융리스의 중요한 특징임을 분명히 한 것이나[13] 이 규정에 따른 금융리스의 정의는 그 자체로는 완결된 내용이라고 보기는 어렵다. 상법 제168조의5가 리스계약의 중도해지시 잔존 리스료 상당액의 일시지급 청구를 인정하는 등 '실질적인 리스물건 취득자금의 대여'를 금융리스의 속성으로 상정하고 있기 때문이다.

---

10) 여신전문금융업감독규정 제2조 제1항 제2호는 시설대여업자가 보유하는 "리스자산"을 "운용리스자산, 금융리스채권, 선급리스자산, 렌탈자산, 관련 미수금"이라고 정의하고 있다.

11) 여신전문금융업협회, 리스금융업현황(2022. 12.)

12) 상법 제168조의2부터 제168조의5까지의 규정은 2010. 5. 14.자 상법 개정(2010. 11. 15. 시행)에 의하여 신설된 것이다.

13) 법무부(2012), 87쪽.

최근 대법원은 금융리스업자가 상법 제168조의3 제1항에 따라 금융리스이용자가 공급자로부터 적합한 금융리스물건을 수령할 수 있도록 협력할 의무를 부담하는 외에 이와 별도로 독자적인 금융리스물건 인도의무 또는 검사·확인의무를 부담하는지 여부가 다투어진 사안에서, "금융리스계약은 금융리스업자가 금융리스이용자가 선정한 기계, 시설 등 금융리스물건을 공급자로부터 취득하거나 대여받아 금융리스이용자에게 일정 기간 이용하게 하고 그 기간 종료 후 물건의 처분에 관하여는 당사자 사이의 약정으로 정하는 계약이다(상법 제168조의2). 금융리스계약은 금융리스업자가 금융리스이용자에게 금융리스물건을 취득 또는 대여하는 데 소요되는 자금에 관한 금융의 편의를 제공하는 것을 본질적 내용으로 한다."라고 판시하였다.[14)15)]

리스계약 중에는 리스제공자가 리스물건의 취득원가 등 투하자본 전액을 리스기간 중 리스료 지급에 의하여 회수하는 조건의 리스{=전부상각리스(full payout lease)}와 리스기간 중 리스료 지급에 의하여 리스물건 취득원가의 일부만을 회수할 수 있는 조건의 리스{=부분상각리스(partial payout lease)}가 있다. 대법원판례에 의하면 전부상각리스가 금융리스에 해당된다는 데에는 의문이 없으나, 부분상각리스도 상법상 금융리스에 해당될 수 있는지, 만일 해당될 수 있다면 리스기간 중 어느 정도의 취득원가가 회수되어야 금융리스에 해당되는 것인지는 명확하지 않다. 이는 후술하는 회계기준상의 금융리스 개념을 어느 범위 내에서 상법상의 금융리스 판단기준으로 원용할 수 있는가의 문제이기도 하다. 계약의 실질은 그 명칭이 아니라 내용을 가지고 파악하여야 하는 것이므로 "렌탈"[16)]이라는 명칭을 사용하는 계약이라고 하더라도 그 법적 성질은 금융리스에 해당되는 경우도 있다.[17)] 한편, 설비의 소유자가 유동성을 확보할 필요가 있는 경우에는 보유 중인 설비를 판매한 후 이를 다시 리스하는 소위 "판매 후 재리스(sale and lease back)" 거래를 하는 예가 있다. 판매 후 재리스는 그 조건에 따라서 운용리스에 해당될 수도 있고 물적 금융의

14) 대법원 2019. 2. 14. 선고 2016다245418, 245425, 245432 판결. 이 판결에 대한 평석으로는 백숙종(2019).

15) 상법상 금융리스업에 관한 조항이 신설되기 이전부터 대법원판례는 "금융리스는 리스이용자가 선정한 특정 물건을 리스회사가 새로이 취득하거나 대여받아 그 리스물건에 대한 직접적인 유지·관리 책임을 지지 아니하면서 리스이용자에게 일정 기간 사용하게 하고 그 대여 기간 중에 지급받는 리스료에 의하여 리스물건에 대한 취득 자금과 그 이자, 기타 비용을 회수하는 거래관계로서, 그 본질적 기능은 리스이용자에게 리스물건의 취득 자금에 대한 금융 편의를 제공하는 데에 있다"고 보았다(대법원 2013. 7. 12. 선고 2013다20571 판결, 대법원 1997. 11. 28. 선고 97다26098 판결, 대법원 1996. 8. 23. 선고 95다51915 판결, 대법원 1992. 7. 14. 선고 91다25598 판결 등). 대법원 2019. 2. 14. 선고 2016다245418, 245425, 245432 판결이 설시한 금융리스의 개념은 종전의 대법원판례와 실질적인 차이가 없다.

16) 시장에서는 자동차, 산업용 계기나 공구 등을 대상으로 하는 대체로 1년 미만의 단기 임대계약을 렌탈(rental)로 분류한다{장대홍·권영준·안동규(1995), 15쪽}.

17) 대법원 1996. 8. 23. 선고 95다51915 판결.

실질을 가지는 금융리스에 해당될 수도 있다.[18)]

(3) 회계기준 및 세법상의 개념

종전 리스의 회계처리에 관하여는 한국채택국제회계기준(Korean International Financial Reporting Standards: K-IFRS) 중 기업회계기준서 제1017호(이하, "IAS 17")[19)]와 일반기업회계기준 제13장에서 정하고 있었다. 그런데, 2019. 1. 1. 이후에 최초로 시작되는 회계연도부터 IAS 17을 대체하여 새로이 마련된 기업회계기준서 제1116호(이하, "IFRS 16")[20)]가 적용되었다. IFRS 16의 시행에 따라, K-IFRS가 적용되는 기업의 경우에는 리스회계처리, 특히 리스이용자의 리스회계처리에 중대한 변화가 생기게 되었다.

회계기준에 정의된 "리스"의 개념은 '자산의 사용권 이전'과 '대가의 지급'으로 구성된다.[21)] 종전의 IAS 17은 리스를 금융리스와 운용리스로 구분하여 리스제공자 및 리스이용자는 그 유형별로 다른 내용의 리스회계처리를 하도록 하고 있다. 금융리스의 경우, 리스제공자는 리스순투자금액을 자산으로 재무상태표에 인식하고, 리스기간에 배분하여 리스순투자금액에 대한 이자수익을 인식한다. 리스제공자는 금융리스자산에 대한 감가상각을 하지 않는다. 운용리스의 경우에는 리스제공자가 리스자산을 자산으로 인식하고 그에 대한 감가상각을 한다. IAS 17에 의하면, 금융리스는 리스자산의 소유에 따른 위험과 보상의 대부분을 리스이용자에게 이전하는 리스이고, 운용리스는 금융리스 이외의 리스, 즉 리스자산의 소유에 따른 위험과 보상의 대부분을 리스이용자에게 이전하지 않는 리스이다.[22)] 금융리스와 운용리스는 계약의 형식보다는 거래의 실질에 따라 구분하고, 회계기준에 예시된 다음 중 어느 하나 이상에 해당되면 일반적으로 금융리스로 분류한다.[23)][24)]

---

18) 대법원 1998. 8. 21. 선고 97누19649 판결(대법원은 이 사건에서 문제된 '판매 후 재리스계약'은 그 내용에 비추어 물적 금융의 실질을 가지는 것으로서 금융리스계약의 일종이라고 판시하였다.).

19) 기업회계기준서 제1017호는 국제회계기준위원회(International Accounting Standards Board: IASB)가 제정한 국제회계기준(International Accounting Standards: IAS) 제17호(IAS 17) '리스(Leases)'에 대응하는 기준이다.

20) 기업회계기준서 제1116호는 국제회계기준위원회가 제정한 국제재무보고기준(International Financial Reporting Standards) 제16호(IFRS 16) '리스(Leases)'에 대응하는 기준이다.

21) IAS 17은 리스를 "리스제공자가 자산의 사용권을 합의된 기간 동안 리스이용자에게 이전하고, 리스이용자는 그 대가로 사용료를 리스제공자에게 지급하는 계약"으로 정의한다(IAS 17 문단 4). IFRS 16에서는 리스를 "대가와 교환하여 자산(기초자산)의 사용권을 일정 기간 이전하는 계약이나 계약의 일부"라고 정의하고(IFRS 16 부록 A), 계약에서 대가와 교환하여 식별되는 자산의 사용 통제권을 일정 기간 이전하게 한다면 그 계약은 리스이거나 리스를 포함한다고 본다(IFRS 16 문단 9, 문단 B9~B31). IFRS 16에 의한 '리스'의 정의에 관한 간략한 설명은 김동수·오영진(2018), 56쪽.

22) IAS 17 문단 8.

23) IAS 17 문단 10.

24) 본문의 예시에 해당하지 않더라도 다음 중 하나 이상에 해당하면 금융리스로 분류할 수 있다(IAS 17 문단 11). ① 리스이용자가 리스를 해지할 경우 해지로 인한 리스제공자의 손실을 리스이용자가

① 리스기간 종료시점까지 리스자산의 소유권이 리스이용자에게 이전되는 경우
② 리스이용자가 선택권을 행사할 수 있는 시점의 공정가치보다 충분하게 낮을 것으로 예상되는 가격으로 리스자산을 매수할 수 있는 선택권을 가지고 있으며, 그 선택권을 행사할 것이 리스약정일 현재 거의 확실한 경우
③ 리스자산의 소유권이 이전되지 않더라도 리스기간이 리스자산의 경제적 내용연수의 상당부분을 차지하는 경우
④ 리스약정일 현재 최소리스료(리스기간에 리스이용자가 리스제공자에게 지급해야 하는 금액)의 현재가치가 적어도 리스자산 공정가치의 대부분에 상당하는 경우
⑤ 리스이용자만이 중요한 변경 없이 사용할 수 있는 특수한 성격의 리스자산인 경우

IFRS 16에서도 위와 같은 리스제공자의 리스회계처리 기준 및 이와 관련한 금융리스와 운용리스의 구분 기준은 실질적으로 변경되지 않았다.[25] 그러나, 리스이용자의 리스회계처리에 관하여는 IFRS 16은 큰 변화를 담고 있다. 기존의 IAS 17 하에서는 리스이용자가 운용리스에서 생기는 자산과 부채를 인식하지 않고 있으나, IFRS 16은 리스이용자가 일부 예외를 제외하고는 모든 리스에 대하여 자산과 부채를 인식할 것으로 요구한다. 이에 따라 IFRS 16에 의하면, 기존의 운용리스에 해당하는 리스의 리스이용자도 원칙적으로 리스의 사용권 자산과 리스부채를 재무상태표에 인식하여야 하므로 더 이상 부외금융 효과를 얻을 수 없게 된다.[26]

2. 리스금융의 구조

(1) 금융리스

금융리스를 이용한 국내 설비금융의 구조는 [그림 14-1]과 같다.[27] 대표적으로 여신전문금융업법에 따라 국내 리스회사가 금융리스 방식에 의해 제공하는 시설대여가 이에 속한다. 금융리스 방식으로 설비투자를 하려고 하는 자는 설비공급자를 물색한 후에 리스제공자로 하여금 설비를 구입하게 하고 리스제공자로부터 시설을 리스받을 수 있다. 설비

부담하는 경우, ② 잔존자산의 공정가치 변동에 따른 손익이 리스이용자에게 귀속되는 경우(예를 들어, 리스종료시점에 리스자산 매각 대가의 거의 대부분에 해당하는 금액이 리스료 환급의 형태로 리스이용자에게 귀속되는 경우) 또는 ③ 리스이용자가 시장가격보다 현저하게 낮은 가격으로 리스를 갱신할 능력이 있는 경우.

25) 김동수·오영진(2018), 56, 57쪽.
26) 김동수·오영진(2018), 56쪽, 59쪽; 이연호(2018), 298쪽.
27) 리스의 규모가 큰 경우에는 복수의 리스회사들이 공동으로 설비를 구입하여 리스를 하는 이른바 “공동리스(syndicated lease)” 방식에 의할 수도 있다. 공동리스에서의 분쟁의 예로는 대법원 2004. 2. 27. 선고 2001다52759 판결.

[그림 14-1] 금융리스

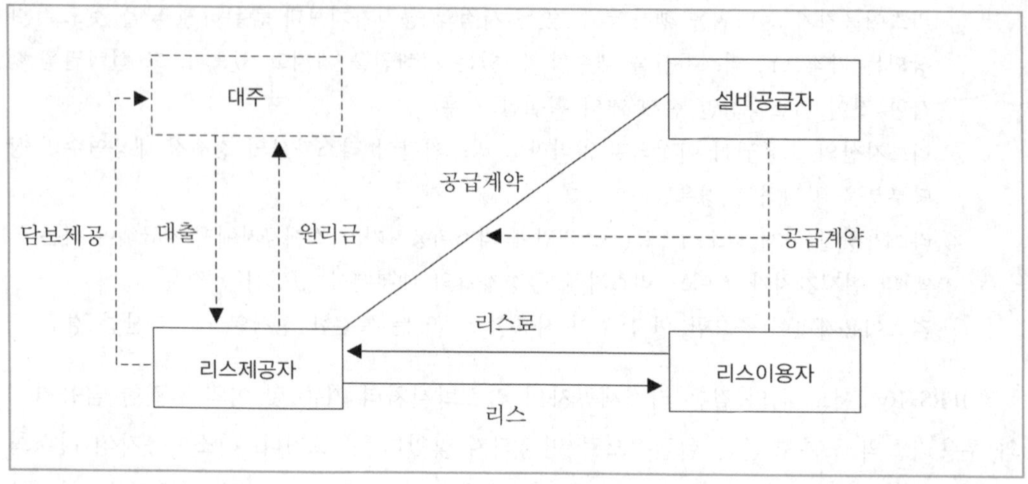

투자자가 설비공급자와 이미 설비공급계약을 체결한 때에는 이 계약을 리스제공자에게 양도하고 그렇지 아니한 경우에는 리스제공자가 처음부터 설비공급자와 설비공급계약을 체결한다.[28] 금융리스제공자가 직접 물건의 공급을 담보하기로 약정하는 등의 특별한 사정이 없는 한, 금융리스제공자는 리스이용자가 공급자로부터 상법 제168조의3 제1항에 따라 적합한 리스물건을 수령할 수 있도록 협력할 의무를 부담할 뿐이고, 이와 별도로 독자적인 리스물건 인도의무 또는 검사·확인의무를 부담한다고 볼 수는 없다.[29] 리스제공자는 구매자금의 전부 또는 일부를 금융회사로부터 차입할 수 있다.

(2) 운용리스

운용리스의 경우에는 리스회사가 범용성이 있는 물건을 구매한 후에 리스이용자와 그에 관하여 리스계약을 체결한다. 리스물건의 반환시 잔존가치에 대한 제3자의 신용보강이 없는 때에는 리스회사가 리스물건의 매각 등 처분에 따른 손실 위험을 부담한다. 리스제공자는 리스채권의 담보로 일정기간의 리스료에 상당하는 현금 또는 은행 지급보증서를 담보로 받을 수 있다. 리스제공자는 구매자금의 전부 또는 일부를 금융회사로부터 차입할 수도 있다.

28) 금융리스의 진행 과정은 대체로 다음과 같다. ① 리스대상 물건의 선정과 매매조건 협상(리스이용자와 공급자 간), ② 리스신청 및 리스계약의 체결(리스제공자와 리스이용자 간), ③ 리스물건 공급계약의 체결(리스제공자와 공급자 간)(또는 리스이용자와 공급자 간에 기체결된 공급계약의 양도), ④ 공급자로부터 리스이용자로의 리스물건 인도(공급자, 리스제공자와 리스이용자 간) 및 리스물건 대금의 지급(리스제공자와 공급자 간), ⑤ 리스 개시 및 리스료 지급(리스제공자와 리스이용자 간).

29) 대법원 2019. 2. 14. 선고 2016다245418, 245425, 245432 판결; 백숙종(2019), 109-111쪽, 117-118쪽.

(3) 대출채권의 담보

리스제공자가 리스물건 구매자금의 전부 또는 일부를 차입하는 경우 리스물건, 리스계약상의 채권 및 리스물건에 관한 보험의 보험금청구권을 대주에게 담보(양도담보 또는 질권)로 제공한다. 리스제공자는 대주에게 담보로 제공한 자산만으로 대출채무에 관하여 책임을 부담하고 리스제공자의 일반재산으로는 책임을 부담하지 않기로 하는 책임재산한정특약을 하는 경우도 있다.

3. 주요 법률문제

운용리스는 그 실질이 임대차계약에 해당되므로 원칙적으로 민법상 임대차계약에 관한 규정이 적용된다. 물적 금융의 실질을 갖는 금융리스의 경우에는 하자담보책임, 리스료의 법적 성질, 리스계약의 중도해지시 권리의무관계 등에서 운용리스와 차이가 있다.

(1) 리스물건에 관한 하자담보책임

상법은 금융리스이용자의 리스물건 유지·관리 의무(상법 제168조의3 제4항)와 리스물건의 인도지연 또는 하자에 관한 금융리스이용자의 공급자에 대한 직접적 손해배상청구권을 명시하고 있다(상법 제168조의4 제2항). 금융리스계약은 통상 리스제공자가 리스물건에 대하여 하자담보책임을 지지 않기로 하는 특약을 두고 있고 그 특약의 유효성이 인정되어 왔다.[30] 이에 따라 리스이용자로서는 공급자에게 하자담보책임을 추급할 필요가 있다. 위의 상법 규정은 금융리스이용자가 금융리스제공자로부터 공급자에 대한 하자담보책임을 추급할 수 있는 권리를 양도받는 불편 없이 리스물건의 공급자에 대하여 직접 하자담보책임을 물을 수 있도록 법적 근거를 마련한 것이다.[31]

(2) 리스료의 법적 성질

대법원판례에 의하면, 금융리스에 있어서 리스료는 리스제공자가 리스이용자에게 제공하는 취득자금의 금융편의에 대한 원금의 분할변제 및 이자·비용 등의 변제의 기능을

30) 하자담보책임 면책특약에 민법의 임대차에 관한 조항이 적용되지 않는다는 판결로는 대법원 1996. 8. 23. 선고 95다51915 판결, 대법원 1994. 11. 8. 선고 94다23388 판결, 대법원 1986. 8. 19. 선고 84다카503, 504 판결 등. 약관규제법에 위반되지 않는다는 판결로는 대법원 1996. 8. 23. 선고 95다51915 판결. 상세한 내용은 백숙종(2019), 113-117쪽.

31) 법무부(2012), 109쪽; 강정혜(2009), 52-53쪽.

갖고 그 외에도 리스제공자가 리스이용자에게 제공하는 이용상의 편익을 포함하여 거래관계 전체에 대한 대가로서의 의미를 지닌다. 따라서 리스료 채권은 그 채권관계가 일시에 발생하여 확정되고 다만 그 변제방법만이 일정 기간마다의 분할변제로 정하여진 것에 불과하다.[32]

(3) 리스계약의 중도 해지

가. 중도해지와 리스물건 조기반환 이익의 청산

금융리스계약의 해지에 따라 리스물건을 조기반환받는 경우, 리스물건의 반환시 리스물건의 가치가 본래의 리스기간 만료시 리스물건의 잔존가치보다 크면 리스제공자는 그 차액 상당의 이익(=리스물건의 조기반환 이익)을 취득하게 된다. 대법원판례에 의하면, 리스제공자는 특단의 사정이 없는 한 리스물건의 조기반환 이익을 리스이용자에게 반환하거나 또는 리스채권의 지불에 충당하는 등으로 이를 청산하여야 하고, 구체적인 청산금액은 리스물건 반환시와 리스기간의 만료시에 있어서의 리스물건의 교환가치에 의하여 산정해야 한다.[33] 다만, 리스물건은 범용성이나 시장성이 없는 경우가 많고 교환가치의 확정이 곤란한 경우가 많다. 대법원판례는 범용성이나 시장성이 없어 거래가격에 의한 교환가치의 평가가 불가능한 경우에는 교환가치를 0으로 볼 수밖에 없고 리스제공자가 실제로 그 물건을 타에 처분한 때에는 그 처분가액으로 청산할 수밖에 없다고 한다.[34] 금융리스의 리스물건은 리스채권에 대한 담보적 기능을 갖는 것이므로 리스물건 조기반환 이익의 청산 방법으로는 귀속청산과 처분청산이 있을 수 있다. 위 대법원판례는 귀속청산을 원칙으로 하면서 리스물건의 교환가치 평가가 불가능한 경우에는 예외적으로 처분청산을

32) 대법원 2001. 6. 12. 선고 99다1949 판결(이러한 이유로 리스료채권은 기본적 정기금채권에 기하여 발생하는 지분적 채권이 아니므로 3년의 단기 소멸시효가 적용되는 채권이라고 할 수 없고, 한편 매회분의 리스료가 각 시점별 취득원가분할액과 그 잔존액의 이자조로 계산된 금액과를 합한 금액으로 구성되어 있다 하더라도, 이는 리스료액의 산출을 위한 계산방법에 지나지 않는 것이므로 그 중 이자부분만이 따로 3년의 단기 소멸시효에 걸린다고 할 것도 아니라고 한다). 리스료의 법적 성질에 관한 같은 취지의 판결로는 대법원 2004. 9. 13. 선고 2003다57208 판결.

33) 대법원 1995. 9. 29. 선고 94다60219 판결(금융리스계약에서 리스제공자는 리스이용자의 채무불이행을 원인으로 하여 리스물건을 반환받을 때라도 리스기간 전부에 대한 리스료채권을 상실하는 것이 아니기 때문에 위 리스료 채권을 지불받은 외에 리스물건의 조기반환 이익까지 취득하는 것은 리스계약이 약정대로 존속하여 기간이 만료된 경우와 비교하여 과대한 이익을 취득하는 것이 되므로 형평의 원칙에 반한다고 한다.). 같은 취지의 판결로는, 대법원 1999. 9. 3. 선고 98다22260 판결, 대법원 1992. 7. 14. 선고 91다25598 판결.

34) 대법원 1999. 9. 3. 선고 98다22260 판결(리스물건들 중 상당 부분은 중고시장이 형성되지 않아 교환가치를 평가할 수 없었고 나머지 리스물건들에 대하여는 왜곡되기는 하였으나 중고시장이 형성되어 있어 교환가치를 평가할 수 있었던 사안에서, 전체 리스물건의 일괄공매처분 가격을 리스물건 반환시의 교환가치로 인정함이 상당하다고 판시하였다). 대법원 1992. 7. 14. 선고 91다25598 판결도 같은 취지.

인정하는 것으로 볼 수 있다. 그런데, 리스계약에서 명시적으로 처분청산 방식을 규정하고 있는 경우 이러한 조항은 반환시 교환가치의 평가가 가능한 리스물건에 관하여도 효력이 있는가?[35] 금융리스에서 리스물건은 담보적 기능을 하는 것이므로 당사자가 리스물건의 처분가격을 기준으로 청산하기로 리스계약에서 명시적으로 약정한 때에는 일반 담보부채권의 담보권 실행과 마찬가지로 그 효력이 인정되어야 할 것으로 생각된다.

한편, 상법은 금융리스계약의 중도해지에 관한 규정들을 두고 있다. 우선 금융리스업자가 금융리스이용자의 귀책사유로 금융리스계약을 해지하는 경우 잔존 금융리스료 상당액의 일시 지급 또는 리스물건의 반환을 청구할 수 있고(상법 제168조의5 제1항), 아울러 손해배상청구도 할 수 있다(동조 제2항).[36] 위 조항의 입법취지는 대법원판례와 실질적으로 동일한 결과가 도출되도록 중도해지의 경우에는 이로 인한 손해를 배상토록 하여 리스제공자와 리스이용자의 이익을 합리적으로 조정하고자 한 것이다.[37]

생각건대, 위 상법 규정으로 인하여 기존의 대법원판례에 따른 청산의무의 내용이 실질적으로 변경되는 것은 아니다. 금융리스에서는 리스물건이 리스채권(=리스료채권, 해지시 손해배상채권 등 리스계약상의 채권)을 담보하는 기능을 갖고 있다는 점에서 금융리스업자는 실질상 담보부채권자에 해당된다고 볼 수 있는데,[38] 금융리스업자가 피담보채권과 실질

35) 대법원 1995. 9. 29. 선고 94다60219 판결은 "통상 리스물건은 범용성이나 시장성이 없는 경우가 많고 교환가치의 확정이 곤란한 경우가 많으므로 리스업자는 리스계약에 사후 청산조항으로 이 사건 시설대여 계약서 제21조 제3항과 같이 "물건처분대금에서 처분에 관련된 모든 비용을 공제한 잔액을 … 채무의 변제 충당할 것을 … 요구할 수 있다"는 조항을 두고 있는 것이므로, 위 조항에 있어서 '물건처분대금'이라 함은 특별한 사정이 없는 한 그 문언 그대로 리스업자가 리스물건을 처분하면서 취득한 대금이라고 해석하여야 할 것이다"라고 판시하였으나, 이 사건에서 리스물건의 반환시 교환가치의 평가가 가능하였는지 여부는 명확하지 않다.

36) 리스계약의 중도해지시 잔존 금융리스료 상당액의 일시 지급을 청구할 수 있도록 한 상법 조항이 타당한지에 대하여는 의문이 있다. 금융리스의 중도해지로 인하여 리스제공자가 잔존리스료 상당액을 일시에 지급받으면 잔존리스료 중 미경과이자에 해당하는 금액까지 지급받게 되기 때문이다. 이 문제점은 대출에서 기한이익이 상실된 경우 은행이 기한이익상실 시점에 잔존 대출금 원금뿐 아니라 (원래 정한) 만기까지의 이자(=미경과이자)를 모두 지급받는 것이 부당함을 생각해 보면 쉽게 알 수 있다. 따라서, 중도해지시 일시 지급 청구의 대상은 잔존리스료 중 원본 상당액에 한정하고 미경과이자 상당액은 중도해지에 따른 손해배상액의 산정에서 고려되어야 할 사항인 것으로 생각된다.

37) 법무부(2012), 111-113쪽.

38) 대법원 2000. 1. 21. 선고 97다1013 판결("일반적으로 리스계약에 있어서는 리스물건의 소유권이 리스회사에게 유보되는 것 자체가 리스이용자의 리스회사에 대한 계약상의 채무 이행을 담보하는 기능을 가지고 있는바, 리스회사의 리스물건 소유권 중 리스이용자의 리스회사에 대한 리스계약상의 채무 이행을 담보하는 기능에 상응하는 부분(이는 리스회사의 리스물건 소유권 중 리스계약 당시부터 리스계약 종료시의 잔존 가치로 산정된 부분을 제외한다는 것을 의미하는 것으로 편의상 '담보기능지분'이라고 한다)은 규정손실금채무의 담보에 관한 권리에 속한다고 봄이 상당하므로, 리스이용자의 리스료 연체 등 리스계약상 채무불이행이 있어서 리스보증보험의 보험자가 리스보증보험계약에 따른 보험금으로 리스회사에게 리스계약에서 정한 규정손실금 상당액을 지급하면 리스보증보험의 보험자는 변제자대위의 법리에 따라 리스회사의 리스물건에 대한 담보기능지

적으로 담보의 기능을 하는 권리 중 어느 하나의 권리만을 행사할 수 있다고 해석하는 것은 부당하다. 책임재산한정특약을 하지 않는 한, 실질적인 담보권 행사(리스물건의 반환·처분)에 의해 리스제공자가 회수하지 못한 리스채권은 여전히 변제받을 수 있다고 보는 것이 합리적이다. 따라서 금융리스계약상 리스이용자에 의한 채무불이행이 있는 경우 리스제공자는 리스계약이 정하는 바에 따라 리스계약을 해지하고 잔존 리스료 상당액, 규정손해금 등 계약에서 정한 손해액의 배상과 리스물건의 반환을 청구할 수 있다고 보아야 한다.39)

나. 중대한 사정 변경과 중도해지

상법은 리스이용자가 중대한 사정 변경으로 인하여 리스물건을 계속 사용할 수 없는 경우에 3개월 전에 예고하고 금융리스계약을 해지할 수 있고, 이 경우 리스이용자는 계약의 해지로 인하여 금융리스업자에게 발생한 손해를 배상하도록 하고 있다(상법 제168조의5 제3항). 금융리스는 실질적으로 리스물건 취득자금의 융통이므로 리스이용자에 의한 리스계약의 중도해지는 원칙적으로는 인정되어서는 안 될 것이다.

그러나 대출거래에서도 당사자가 예상하지 못한 법령이나 제도의 변경 등 부득이한 사정이 생긴 경우 대출계약에서 차주에게 조기상환권을 부여하는 경우가 많다. 위 상법 규정은 중대한 사정 변경이 있는 경우 리스이용자에게 일종의 조기상환권을 강행적으로 부여한 것이라고 볼 수 있다.40) 다만, 물적 금융의 특성을 갖는 금융리스에서 위의 중도해지로 인한 손실까지 리스제공자에게 전가되어서는 안 될 것이므로 리스이용자는 그의 채무불이행으로 인하여 금융리스계약이 해지되었더라면 부담하였을 채무와 실질적으로 동일한 내용의 채무를 리스제공자에게 부담하여야 한다고 본다.41)

분을 행사할 수 있다").

39) 1988년의 「UNIDROIT 국제금융리스협약(UNIDROIT Convention on International Financing Leasing)」에 의하면, 리스이용자의 채무불이행이 있는 경우, 리스제공자는 (i) 잔존 리스료의 기한이익을 상실시키고 일시 지급을 청구하거나 또는 (ii) 리스계약을 해지하고 리스물건의 반환 및 손해배상을 청구할 수 있다(동협약 제13조 제2항). 리스계약을 해지하는 경우에는 위 (i)에 의한 잔존 리스료의 일시 지급 청구를 할 수는 없으나, 잔존 리스료 금액을 손해배상액에 고려할 수 있다고 규정한다(동협약 제13조 제4항). 위 협약에 관한 소개로는, 강정혜(2013), 43-63쪽.

40) 대법원 2019. 2. 14. 선고 2016다245418, 245425, 245432 판결의 원심판결{서울고등법원 2016. 7. 22. 선고 2015나2042665(본소), 2015나2042672(반소), 2015나2042689(반소) 판결}은 원고(=리스이용자)가 스스로 피고들(=리스회사들)에게 확인서, 확약서, 물건수령증과 물건점검보고서(물건점검확인서) 등을 교부함으로써 피고들로 하여금 ① 리스물건 공급자에게 이 사건 각 리스물건의 물품대금을 지급하게 하고 ② 원고가 이 사건 각 리스계약에서 정한 각 리스물건을 수령한 것으로 인식하게 한 이상, 원고가 이 사건 각 리스계약에서 정한 각 리스물건을 전혀 사용하지 못하였다 하더라도 이를 상법 제168조의5 제3항이 정하는 중대한 사정변경이라고 볼 수는 없다(대법원 2007. 3. 29. 선고 2004다31302 판결 참조)고 판단하였고, 대법원은 이러한 원심의 판단을 유지하였다. 상세한 내용은 백숙종(2019), 112-113쪽.

41) 같은 취지: 강정혜(2009), 55쪽.

(4) 도산절차와 리스채권

가. 리스이용자의 도산과 리스제공자의 권리

리스거래에서는 리스제공자가 리스물건에 대한 소유권을 갖는다. 리스이용자의 채무불이행이 있는 경우 앞서 본 바와 같이 리스제공자는 리스계약을 해지하고 리스물건의 반환 및 손해배상을 청구할 수 있다. 리스이용자에 대하여 회생절차 또는 파산절차가 개시될 경우, 운용리스는 통상의 임대차계약의 경우와 마찬가지로 쌍방미이행 쌍무계약으로 취급되고, 관리인 또는 파산관재인에 의해 리스계약이 해지되는 때에는 리스제공자는 리스물건에 대하여 환취권을 갖는다. 그런데, 금융리스의 경우에는 법원 실무상 리스물건의 소유권이 리스제공자에게 유보되어 있는 것이 실질적으로 리스채권에 대한 담보기능을 하고 있다는 점에 주목하여 금융리스계약상의 리스채권을 원칙적으로 담보부채권(회생담보권 또는 별제권부 채권)으로 취급하고 있고 리스제공자의 환취권을 인정하지 않고 있다(상세한 내용은 ☞ 제14장 제4절 Ⅱ. 2. 금융리스).

나. 리스제공자의 도산과 리스료채권에 대한 담보권

채무자회생법에 의하면, 임대인인 채무자에 대하여 회생절차 또는 파산절차가 개시될 경우 임대인에 의한 차임채권의 양도 기타 처분은 회생절차 또는 파산절차가 개시된 때의 당기와 차기에 관한 것을 제외하고는 회생절차 또는 파산절차와의 관계에서는 그 효력을 주장할 수 없고(동법 제124조 제1항 및 제340조 제1항), 그로 인하여 손해를 받은 자는 그 손해에 관하여 회생채권자 또는 파산채권자로서 손해배상청구권을 행사할 수 있을 뿐이다(동법 제124조 제2항 및 제340조 제2항). 따라서 민법상 임대차의 실질을 갖는 운용리스의 리스제공자에 대하여 회생절차 또는 파산절차가 개시될 경우 리스제공자가 설정한 리스료 채권에 대한 담보권은 위 채무자회생법의 규정에 따라 그 효력이 제한된다. 하지만 금융리스의 리스료 채권은 앞서 본 바와 같이 금융편의에 대한 원금의 분할변제 및 이자·비용 등의 변제의 기능을 갖는다는 점에서 차임채권과는 법적 성질이 다를 뿐만 아니라 도산절차에서는 차임채권과는 달리 담보부채권으로 취급되고 있으므로 위 채무자회생법의 규정들에서 말하는 '차임채권'에 해당되지 않는다고 보아야 할 것이다(☞ 제14장 제3절 Ⅱ. 5. 도산절차의 개시와 리스료채권에 대한 담보의 효력).

Ⅲ. 선박금융

1. 서 설

(1) 선박금융의 개념

선박금융은 선박을 확보하려고 하는 자(신조선의 발주자 또는 중고선의 매수인)에게 선박의 취득에 필요한 자금 또는 선박 자체를 융통해 주는 거래로서 설비투자를 위한 자산금융에 속한다. 선박의 용선 또는 운항으로부터 생기는 현금흐름을 신조선 구매금융의 주된 상환재원으로 하는 경우 선박금융은 프로젝트금융의 특성도 갖는다.[42] 선박금융은 일반적으로 외항상선을 그 대상으로 하고 있고 표시 및 지급 통화는 외화(주로 미국 달러화)이다.[43] 여기서는 외항선을 대상으로 하는 선박금융을 다룬다.

설비투자를 목적으로 선박을 취득하는 자는 주로 선박의 이용가치(=현금흐름 창출)와 교환가치(=시장가치)를 염두에 두고 신조선 또는 중고선을 취득하여 운용한다. 선박금융을 제공하는 대주 역시 주로 선박의 이용가치에 주목하면서 적절한 보험의 부보 등에 의해 선박의 교환가치를 유지하는 데에 유의한다.[44] 선박금융에는 넓은 의미에서 선박건조자(=조선소)에게 제공되는 금융도 포함시킬 수 있다. 조선소에 대한 금융은 설비투자를 위한 것은 아니고 조선소의 담보재산 및 일반재산으로 상환책임을 지는 것이므로 일반 기업금융에 해당된다. 선박의 수출을 지원하기 위하여 한국수출입은행이 제공하는 수출금융과 한국무역보험공사가 제공하는 수출보험도 넓은 의미에서의 선박금융에 포함시킬 수 있다.

(2) 선박금융의 유형

선박금융의 방식은 선박확보 방법에 따라 달라진다. 선박소유자에 대한 선박저당대출은 가장 기본적인 형태의 선박금융으로서 신조선 또는 중고선의 구매자에게 선박저당권을 담보로 하여 구매자금의 전부 또는 일부를 대출해 주는 거래이다. 실제 거래에서는 선박저당권 외에 선박의 용선 또는 운항으로부터 생기는 수익을 담보로 하는 경우가 많

---

42) 대주의 요청에 의해 선박소유자인 SPC로부터 선박을 용선하는 실선주(SPC의 모회사 또는 용선기간 만료시 선박의 소유권을 취득하기로 예정된 용선회사)가 SPC의 대출채무를 보증하는 경우도 있는데, 이러한 구조의 선박금융은 프로젝트금융이라기보다는 실질적인 차주라고 할 수 있는 실선주의 담보재산 및 일반재산으로 상환책임을 지는 일반 기업금융에 해당된다고 볼 수 있다.

43) 내항에서 운항되는 중소형선박을 대상으로 하는 금융은 원화 담보대출이나 원화 리스거래에 의한다.

44) 木原知己(2014), 6-7쪽.

다. 후술하는 소유권이전조건부 선체용선을 목적으로 하는 선박금융이 그 대표적인 예이고 상당히 많이 이용된다. 여신전문금융업법상 리스회사에 의한 선박리스의 비중은 매우 낮은 편이다.[45)]

(3) 선박금융의 특성

가. 선박의 국적과 등록

대한민국 선박[46)](이하, "한국선박"이라고 함)의 소유자는 선적항을 관할하는 지방해양수산청장에 선박의 등록을 하여야 하고, 이 경우 소형선박을 제외한 선박에 대하여는 먼저 선박등기법에 따라 선박의 등기를 한 후에 선박의 등록을 신청해야 한다(선박법 제2조, 제8조 제1항, 선박등기법 제2조, 제4조). 선박의 등록을 마치면 지방해양수산청장은 등록신청인에게 선박국적증서를 발급하고(선박법 제8조 제2항), 이로써 해당 선박은 대한민국 국적을 취득한다. 한국선박은 선박법에 따라 우리나라에 등록하여야만 하고 외국에 등록하는 것은 허용되지 않는다. 반대로, 한국선박이 아닌 선박은 우리나라에 등록할 수 없다.[47)] 선박 소유권의 이전은 이를 등기하고 선박국적증서에 기재하지 아니하면 제3자에게 대항하지 못한다(상법 제743조). 다만, 선박 등기의 대상에서 제외되어 있는 소형선박의 경우에는 그 소유권의 득실변경은 선박법에 따른 등록에 의하여 효력이 생긴다(동법 제8조의2).[48)]

그런데, 선박의 소유 및 등록은 파나마, 라이베리아, 마샬제도공화국 등 편의치적국(便宜置籍國)에 설립된 SPC 명의로 하는 경우가 많다. 대법원판례에 의하면, "편의치적(便宜置籍, Flag of Convenience)"은 국제해운사업에 종사하는 선박의 실제 소유자가 소속된 국가 또는 실제 그 선박의 운항에 관한 중추기업이 소재하는 국가와는 별도의 국가인 라이베리아, 파나마 등에 형식적으로 개인명의 또는 법인을 설립하여 그 명의로 선박의 적을

---

45) 리스회사에 의한 선박리스는 주로 중소형 선사들이 내항에서 운항하는 중소형 선박을 대상으로 하여 원화거래로 이루어진다{정우영(2009), 266-267쪽; 현용석(2016), 11쪽}.

46) 선박법 제2조에 의하면 "대한민국 선박"은 ① 국유 또는 공유의 선박, ② 대한민국 국민이 소유하는 선박, ③ 대한민국의 법률에 따라 설립된 상사법인(商事法人)이 소유하는 선박 및 ④ 대한민국에 주된 사무소를 둔 ③ 외의 법인으로서 그 대표자(공동대표인 경우에는 그 전원)가 대한민국 국민인 경우에 그 법인이 소유하는 선박을 말한다.

47) 해양법에 관한 국제연합 협약(United Nations Convention on the Law of the Sea)에 의하면, 모든 국가는 선박에 대한 자국국적의 부여, 자국영토에서의 선박의 등록 및 자국기를 게양할 권리에 관한 조건을 정하고, 어느 국기를 게양할 자격이 있는 선박은 그 국가의 국적을 가지며(동협약 제91조), 국제조약이나 동협약에 명시적으로 규정된 예외적인 경우를 제외하고는 선박은 어느 한 국가의 국기만을 게양할 수 있다(동협약 제92조).

48) 소형선박 이외의 선박에 대한 저당권·임차권은 선박등기법에 의하여 선박등기부에 등기할 수 있고(동법 제3조), 소형선박에 대한 저당권은 특정동산저당법에 의하여 선박원부에 등록할 수 있다(동법 제5조).

두는 것을 말한다.[49][50] 편의치적국은 자국에 등록하는 선박의 소유자를 자국민 또는 자국민이 지배하는 자국기업에 한정하지 않는다. 편의치적을 하는 이유는 편의치적국에 선박을 등록하게 되면 조세 혜택, 저렴한 등록비용, 행정규제의 완화, 선원 고용의 재량 등 여러 가지 이점을 누릴 수 있기 때문이다.[51] 금융채권자의 입장에서는 선박경매 절차의 예측가능성도 중요한 이점 중의 하나이다. 우리나라처럼 선적국법(편의치적국의 법)이 선박 물권의 준거법이 되는 국가에서 선박에 대하여 경매절차가 진행될 경우(국제사법 제94조 제1호, 제2호), 법원 경매절차에서 선박저당권보다 앞서는 선박우선특권의 범위가 예측 가능하고, 실제 대출계약서에서도 대주가 요구하는 선적국에 선박등록을 유지하도록 규정하는 것이 일반적이다.

또한, 선박별로 선박을 소유할 SPC를 따로 설립하는 것이 해운업계의 관행이다.[52] 이를 "one-ship company"라고 한다.[53] 선박금융에서는 선박의 전손으로 인한 담보의 상실 이외에도 선박운항으로 인한 선박소유자 또는 선박운항자의 제3자에 대한 손해배상책임 위험이 주된 고려사항이 된다. 특히 해양오염사고에 관하여 선박소유자의 무과실책임이 인정될 위험이 있으므로 적절한 보험의 부보, 관련 계약서의 보강, 거래구조의 변경 등에 의하여 이러한 위험에 대한 대비를 요한다.[54]

나. SPC의 이용과 도산절연

SPC가 선박의 소유자로서 선박금융의 차주가 된다. 선박금융을 제공하는 채권자의 입장에서 보면, SPC 소유의 선박에 대한 선박저당권을 담보로 SPC에 금융을 제공할 경우 실선주나 용선회사 등 선박의 운항에 관여하는 다른 거래참가자들의 도산으로부터 선박 및 선박저당권을 격리시키는 효과를 얻을 수 있다(☞ 제14장 제4절 Ⅱ. 3. 소유권이전조건부

49) 대법원 1989. 9. 12. 선고 89다카678 판결; 대법원 1988. 11. 22. 선고 87다카1671 판결. 선박법에 따라 한국선박(동법 제2조)은 반드시 우리나라에 등록하여야 하므로 우리나라의 개인 또는 회사 명의로 선박을 편의치적국에 등록할 수는 없다. 따라서 선박을 실제로 소유하거나 선박운항의 중추기업인 우리나라 회사가 편의치적을 이용하고자 하는 경우, 편의치적국에 새로 설립된 법인으로 하여금 그 명의로 선박의 등록을 하도록 하는 것이 일반적이다.

50) 2018. 1. 1. 현재 우리나라의 경우 재화중량톤수(Dead Weight Tonnage) 기준으로 약 82%, 선박수 기준으로 약 51%가 편의치적을 이용하고 있다. 2018. 1. 1. 현재 우리나라 및 주요 국가들의 편의치적 현황에 관하여는 UNCTAD(2018), pp. 29-30.

51) 대법원 1989. 9. 12. 선고 89다카678 판결은, 국제해운사업에 종사하는 선박의 실제 소유자가 그 선박의 선적국과의 사이에 생기는 재무, 노무, 금융 등 각 부분의 수준차를 이용하고 기타 사회 제조건의 차이 및 행정상의 법규단속, 감독의 정도 차이를 이용하여 자유롭게 해운기업을 경영하기 위한 방편으로 편의치적을 이용한다고 보았다.

52) 어느 한 선박의 운항으로 인한 채권을 가진 채권자가 선박소유자가 소유한 다른 선박에 대하여도 압류 등 강제집행을 하는 것을 피하기 위한 것이다.

53) Harwood(2006), pp. 11-12.

54) Nolan(2017), p. 947.

선체용선). 또한, SPC의 업무는 선박의 소유만으로 제한되므로 차주인 SPC 자체의 도산위험도 줄일 수 있다.[55][56]

다. 장기간의 선가 및 선박운용 수익의 변동 위험

선박의 가격(교환가치)과 용선료 또는 선박 운임(선박의 이용가치)은 변동성이 매우 크다. 선박금융은 장기간에 걸쳐 제공되는 금융이므로 선가와 운임의 변동에 따라 차주의 상환능력이 떨어질 위험에 노출되어 있다. 이러한 점에서 선박금융의 상환기간 동안 안정적인 수익을 보장할 수 있는 장기운송계약 등의 장치가 필요하다. 그러나 대형 화주와 장기운송계약이 가능한 선종은 벌크, 탱커, LNG선 등에 한정된다. 컨테이너선의 경우에는 장기운송계약이나 정기용선계약이 없는 상태로 선박금융이 이루어지는 경우도 있다. 선종에 관계없이, 선박 가격의 변동위험은 담보가치 대비 대출 비율(loan to value: LTV)을 통해 대처하고, 매년 선박 가액에 대한 평가(valuation)를 실시하여 LTV를 초과하는 부분에 대해서는 추가 담보(주로 현금)를 제공하거나 일부 대출금을 조기상환할 의무를 부과하는 것이 일반적이다.

라. 국제금융

선박금융은 항공기금융과 함께 대표적인 국제금융거래이다. 선박금융거래에는 국적을 달리하는 금융제공자, 조선소, 발주자(또는 매수인), 용선회사 등이 참여하고, 대출계약, 선박건조계약, 용선계약 등 관련 계약의 준거법과 선박저당권 등 담보권의 준거법은 외국법이 되는 경우가 많다.[57] 선박의 운항으로 얻는 수익도 외화(주로 미국 달러화)이고 선박금융도 외화(주로 달러화)로 제공된다. 외환·무역·관세 관련 규제, 국제조세 문제 등에도 유의하여야 한다. 국내에서 건조되는 선박의 경우에는 조선소뿐만 아니라 용선회사 및 금융제공자도 모두 국내 법인이고 단지 선박소유자만이 편의치적국에 설립된 SPC인 경우

---

55) SPC로부터 선박을 용선한 해운회사가 도산하는 경우 SPC가 지급받는 용선료가 선박금융의 원리금을 상환하기에 부족하게 되어 SPC에 도산원인이 발생할 수 있다. SPC를 이용한 구조화금융(자산유동화, 프로젝트금융 등)에서는 SPC에 대한 도산절차의 개시를 방지하기 위하여 채권자가 SPC에 대한 도산절차개시 신청권을 사전에 포기하는 약정과 '채무초과' 상태를 방지하기 위해 채권자들에 대한 SPC의 책임을 그 소유의 재산에 한정하는 책임재산한정약정 등의 조치가 취해진다(☞ 이에 관하여는 제9장 제1절 Ⅲ. 1. (3) 도산절차개시의 방지; 제12장 제1절 Ⅱ. 2. SPC를 이용한 구조화금융).

56) 최근 선박매수금융(BBCHP 금융)의 조달을 위하여 편의치적국인 파나마에 설립된 SPC에 대하여 SPC로부터 선박을 용선한 국내 해운회사가 SPC에 대한 채권자로서 서울회생법원에 SPC에 대한 회생절차개시 신청을 하였으나 신청이 기각된 사례가 있었다(☞ 제14장 제4절 Ⅱ. 3. 소유권이전조건부 선체용선).

57) 다만, 편의치적국에 설립된 SPC 이외의 당사자들이 모두 한국 회사들인 때에는 대출계약, 소유권이전조건부 선체용선계약 등 선박금융 관련 계약의 준거법을 한국법으로 정하는 경우도 있다.

가 많지만, 이 경우에도 거래참여자가 대부분 국내 법인이라는 점을 제외하고는 여전히 국제금융거래로서의 특성을 갖는다.

(4) 금융제공자

가. 민간 금융회사

은행 대출은 전보다 비중이 낮아지고는 있지만 아직까지는 전 세계 선박금융 시장에서 중요한 역할을 유지하고 있다. 우리나라의 경우에는 최근 은행 등 민간 금융회사의 선박금융 참여는 매주 저조한 상태이다.[58)]

나. 공적 수출금융기관

선박의 수출을 수반하는 거래에 대한 선박금융은 각국의 공적 수출신용기관(Export Credit Agency: ECA)의 수출금융 지원 대상이 된다. 한국수출입은행법에 의하여 한국수출입은행은 주로 수출자인 조선소 또는 수입자인 선박 구매자에 대한 대출 또는 보증(예컨대, 선수금환급보증)의 방식으로 수출금융을 제공하거나 선박펀드에 자본금을 공급하기도 한다. 한국무역공사법에 따라 한국무역보험공사가 제공하는 수출보험은 수출기업이 물품을 수출하고 수출대금을 지급받지 못하거나 수출자 또는 구매자에게 대출 또는 보증을 제공한 금융회사가 채권을 회수하지 못하여 입는 손실 등을 보상해 주는 정책보험으로서 신용위험, 비상위험(political risk) 등을 보장한다.

다. 정책금융기관

한국산업은행과 한국자산관리공사는 선박펀드를 조성하고 편의치적국에 설립된 SPC를 이용하여 해운회사들이 보유하는 중고선을 대상으로 판매 후 재리스(sale & lease back) 방식으로 선박금융을 공급하고 있다. 그 외에도 한국산업은행은 다양한 거래구조로 선박펀드를 조성하여 신조선 및 중고선 구매를 위한 선박금융 공급을 활발히 하고 있다. 한국해양진흥공사법에 따라 설립된 한국해양진흥공사는 해운기업들의 안정적인 선박 도입과 유동성 확보를 지원하기 위하여 선박 등 해운항만업 관련 자산에 대한 투자, 선박 등의 취득자금 차입에 대한 채무보증, 해운항만업 관련 채권·주식의 매입, 선박의 취득·관리 및 처분 수탁 등 업무를 수행한다(동법 제11조 제1항).[59)]

---

58) 이경래(2017), 604-612쪽.

59) 종전에 한국해양보증보험(주)와 한국선박해양(주)가 수행하던 업무는 한국해양진흥공사가 담당하게 되었고 양사의 재산 및 권리·의무는 한국해양진흥공사의 설립과 동시에 동 공사에게 포괄승계된다(한국해양진흥공사법 부칙 제4조 제1항).

라. 자본시장을 이용한 선박금융

선박취득 자금은 전통적으로 간접금융시장에서 은행 대출에 주로 의존해 왔으나 최근에는 선박투자회사법에 따른 선박투자회사와 자본시장법에 따른 집합투자기구를 통하여 자본시장에서 선박취득 자금의 일부를 조달하는 경우가 늘어나고 있다.

2. 선박의 건조·매입 및 운항 관련 계약

(1) 선박건조계약

선박건조계약(Shipbuilding Contract)에는 선박의 명세와 선급(Class), 선가 및 지급조건, 선가의 조정, 설계도면의 승인과 건조 중의 검사, 사양의 변경, 시운전, 선박의 인도일 및 인도절차, 불가항력사유 및 선박인도 시기의 연장, 선박의 성능에 대한 보장과 조선소의 책임, 발주자에 의한 계약 해제, 발주자의 의무불이행 및 조선소의 구제수단, 중재, 계약의 양도, 조세 및 공과금의 부담, 발주자 공급품, 보험, 그 밖의 잡칙 등에 관한 규정을 둔다.[60] 발주자가 특별목적회사이거나 신용도가 낮은 회사인 경우 조선소는 발주자의 모회사로부터 이행보증을 받는다.

선박대금은 선수금환급보증서 발급 직후, 강재절단(steel cutting), 용골배치(keel laying), 진수(launching), 인도(delivery) 등으로 시기를 나누어 4~5회에 걸쳐 분할 지급하는 것이 보통이다.[61] 선박건조계약에서 조선소는 조선소의 귀책사유로 계약이 해제되는 경우 선박인도 전에 지급받은 선수금을 발주자에게 반환할 의무를 부담하고, 이러한 선수금반환 의무는 은행 등 금융회사가 발행하는 선수금환급보증서에 의하여 담보된다.

(2) 중고선매매계약

중고선 매매에는 주로 "Memorandum of Agreement"라는 명칭의 선박매매계약서 양

---

60) 선박건조계약은 영국법을 준거법으로 하는 경우가 많다. 우리나라, 중국, 싱가포르, 타이완 등에서는 일본 선주협회(The Shipbuilders' Association of Japan)가 마련한 표준양식(SAJ Form)을 주로 이용한다. SAJ Form에 의한 선박건조계약의 주요 내용에 대하여는, 김인현(2016), 129-167쪽.

61) 선수금환급보증서의 발급이 어렵거나 치열한 수주 경쟁 등으로 인해 구매자 시장(buyer's market)인 경우에는 초기에 10~20%의 선수금만 지급하고 나머지는 선박인도시에 지급하거나, 경우에 따라서는 선박 인도 후 일정기간 동안 분할 지급하는 예도 있다{정우영(2009), 274쪽}. 대출계약 체결과 선박 인도 시점 사이에 선가가 급락하여 대출계약시 정해진 대출금 한도로는 선박 대금을 지급하기에 부족한 때에도 선박 인도 후에 선가의 일부를 분할 지급하는 경우가 있다. 이 경우 그 부족분 선가의 지급은 조선소로부터의 신용공여(builder's credit) 방식, 즉 조선소가 구매자에게 선박매수를 위한 금융을 제공하는 방식에 의한다.

식을 이용한다.[62] 선박매수인은 매매대금 중 일부를 계약금으로 지급하고 그 반환에 관하여 매도인으로부터 담보를 제공받는다. 실무상 담보로 은행보증서를 받는 경우는 많지 않고, 은행에 에스크로우계좌(escrow account)를 개설하여 매매대금의 10%를 예치하는 방식이 자주 이용된다. 중고선 구매를 위한 금융에서는 선박의 인도, 기존 담보의 말소 및 선박소유권의 등기, 구매대금의 대출 및 선가 지급, 선박저당권의 등기 등이 실질적으로 동시에 일어나도록 거래종결(closing)을 하는 것이 중요하다. 새로운 선박의 등록지(예컨대, 편의치적국)는 특히 선박저당권의 우선순위와 관련하여 대주에게 중요한 의미가 있으므로 대출계약서에서는 선박등록국을 지정하고 이를 변경하려면 대주의 사전 승인을 받도록 하는 것이 일반적이다.[63] 중고선 매수를 위한 대출 및 담보는 신조선 발주자에게 제공되는 대출 및 담보와 실질적으로 차이가 없으므로 여기서는 중고선 매수를 위한 금융에 관하여는 따로 살펴보지 않기로 한다.

(3) 주요 용선계약

가. 선체용선계약

선체용선(Bareboat Charter: BBC)은 선박 자체를 용선회사에게 임대하여 용선회사가 선원의 고용, 유류 공급 등은 자신의 책임 하에 선박을 운항하는 선박임대차 거래이다. BBC의 준거법도 영국법으로 하는 것이 보통이다.[64] 용선기간이 만료되면 해운회사는 선박을 소유자에게 반환한다. 따라서 임대인측이 선가 등락으로 인한 위험을 부담한다. 후술하는 BBCHP와 대비하여 "단순 선체용선"(또는 "단순 나용선")이라고 하고 리스의 분류상으로는 원칙적으로 운용리스에 해당된다.

나. 소유권이전조건부 선체용선계약

소유권이전조건부 선체용선(Bareboat Charter Hire Purchase: BBCHP)[65] 계약은 BBC에 소유권이전특약이 부가된 용선계약이다. BBCHP 계약도 영국법을 준거법으로 하는 것이 보통이다.[66] BBCHP는 상법 및 회계기준에 따른 리스의 분류상 금융리스(전부상각리스:

62) 매매계약서 양식으로는 노르웨이 선박중개협회에서 제정한 표준서식(SALEFORM)이 통용되고 있다.
63) Harwood(2006), p. 26.
64) BBC의 표준서식으로는 발틱국제해운협의회(Baltic and International Maritime Council: BIMCO)가 마련한 BARECON 표준양식이 사용되고 있다.
65) "국적취득조건부 나용선"이라고도 한다.
66) 한국법이 계약의 준거법인 경우에는, 용선기간이 종료된 후에 용선자가 선박을 매수 또는 인수할 권리를 가지는 경우 및 금융의 담보를 목적으로 채권자를 선박소유자로 하여 선체용선계약을 체결한 경우에도 용선기간 중에는 당사자 사이에서는 상법상 선체용선에 관한 규정(제847조부터 제851조)에 따라 권리와 의무가 있다(상법 제848조 제2항).

full pay-out lease)에 속한다. 그러나 법인세법상으로는, 국외거래에 있어서는 '소유권이전 조건부 약정에 의한 자산의 임대'(예: BBCHP)로서 해당 목적물의 인도일의 다음날부터 최종의 할부금의 지급기일까지의 기간이 1년 이상인 것은 자산의 장기할부조건 판매·양도에 해당되는 것으로 본다(법인세법시행령 제68조 제4항).[67]

개별법상으로는 BBCHP 선박에 대하여 한국 국적의 선박에 준하는 혜택을 부여하고 있는 경우도 있다. 외항운송사업자 또는 해운법 제33조에 따른 선박대여업자가 한국 국적의 취득을 조건으로 임차한 외국 선박 중 외항운송사업자가 운항하는 선박은 국제선박등록법에 따라 선박원부에 국제선박으로 등록할 수 있다(동법 제3조). 정부는 국제선박에 대하여 관계 법령이 정하는 바에 따른 조세의 감면이나 그 밖에 필요한 지원을 할 수 있다(동법 제9조 제1항). 개별법상으로 BBCHP 선박을 한국 국적의 선박과 동일하게 취급하고 있는 경우도 있다.[68]

다. 정기용선계약

정기용선계약(Time Charter)은 선박 소유자 또는 선박임차인(선체용선자)이 용선자에게 선원과 항해장비가 모두 갖추어진 상태에서 선박을 일정기간 동안 사용하게 하고 그 대가로 용선료를 지급받기로 하는 계약이다.[69][70]

3. 조선소에 대한 금융

(1) 조선소에 대한 건조자금 대출

1980년대 후반 경까지는 외국 선주사가 발주한 선박(=수출 선박)에 관한 선박건조계약은 선박인도 시까지는 선주사로부터 선박대금 중 일부(예컨대, 선가의 20%)만 지급되고 선박인도 후에 나머지 대금이 장기간에 걸쳐 분할 지급되는 조건으로 체결되는 경우가 많았다. 이 경우 조선소는 한국수출입은행으로부터 선박건조자금의 상당 부분을 대출

---

67) 대법원 2009. 1. 30. 선고 2006두18270 판결((구)법인세법시행령 제68조 제3항[현행 법인세법시행령 제68조 제4항]의 규정에 따라 할부금의 지급방법이 2회 이상으로 분할되어 최종 지급기일까지의 기간이 1년 이상인 국적취득조건부 용선계약은 법인세법을 적용하는 경우 장기할부조건부 매매와 동일하게 취급하여야 한다). 따라서, 외국법인이 BBCHP에 따라 지급받는 용선료는 임대료나 이자가 아닌 자산할부가액으로서 사업소득으로 분류된다{김동수·오영진(2018), 67쪽; 이연호(2018), 149-150쪽}.

68) 예컨대, 선박안전법, 도선법 및 선박입출항법{상세한 내용은 김인현(2018), 188쪽}.

69) 정기용선계약의 표준서식으로는 발틱국제해운협의회(BIMCO)의 BALTIME 양식과 뉴욕물산거래소(New York Produce Exchange: NYPE)의 양식이 있다.

70) 상법은 제842조에 정기용선에 관한 정의 규정을 두고 있다. 상법상 정기용선계약의 법적 성질에 관하여는 김인현(2018), 190-193쪽.

받아 선박을 건조하였다. 이와 같이 선박 인도 전에 조선소에게 제공되는 금융을 "인도전 금융(pre-delivery financing)"이라고 한다. 선박 인도 후 분할 지급될 선박대금에 관하여는 조선소가 선박 인도 시에 선주사로부터 약속어음을 발행받아 이를 한국수출입은행에 할인 매각하여 수출대금을 조기에 회수한다. 이와 같이 선박 인도 후에 어음매입(Note Purchase Facility)의 방식으로 조선소에게 제공되는 금융을 "인도후 금융(post-delivery financing)"이라고 한다. 한국수출입은행은 매입한 약속어음을 국제금융시장에서 매각하여 자금을 조달한다.[71] 그러나 조선소가 발주자로부터 선가 전액을 선박인도 전에 분할 지급받는 경우에는 건조자금 대출이 필요할 정도의 추가 자금수요는 별로 없을 것이다.

(2) 선수금환급보증

선수금환급보증(Refund Guarantee)은 조선소의 의뢰에 따라 은행 등 금융회사가 선박건조계약에 따른 조선소의 선수금 반환채무에 관하여 발주자에게 제공하는 지급보증이다. 은행 이외의 금융회사(예컨대, 보험회사)가 선수금환급보증서를 직접 발행하는 경우도 있지만 은행에 역보증(counter-guarantee)을 제공하고 은행으로 하여금 선수금환급보증서를 발행하도록 하는 경우도 있다. 선수금환급보증은 선박의 완공위험에 대처하기 위하여 발주자에게는 필수적인 담보이다. 선박건조계약에서는 통상적으로 조선소로 하여금 선박건조계약 체결 직후(예컨대, 5 영업일내)에 선수금환급보증서가 선주사에게 제공되도록 할 의무를 부과한다. 선수금환급보증의 준거법은 선박건조계약과 마찬가지로 대부분 영국법이다.[72] 국내 조선소가 당사자인 선박건조계약과 관련하여 발급되는 선수금환급보증은 일반적으로 "독립적 은행보증"으로 발급된다(☞ 제5장 제4절 독립적 은행보증).

(3) 건조 중인 선박에 대한 양도담보

선수금환급보증을 제공한 은행 등 금융회사가 보증채무 이행 후 조선소에 대하여 갖게 될 장래의 구상권을 담보하기 위하여 건조 중인 선박에 대하여 양도담보권을 설정하

71) 1990년대 초반에는 해외 선주사는 국내 조선소에 선박인도시까지 선박대금을 분할하여 전액 지급하는 것으로 하고, 한국수출입은행은 해외 선주사에 대하여 직접 대출을 제공하기도 하였다. 이 경우 한국수출입은행은 해외 선주사측 은행으로부터 대출원리금에 관한 지급보증서를 담보로 받았다.

72) 발틱국제해운협의회(BIMCO)가 2021년에 마련한 「선박건조계약을 위한 선수금환급보증서」의 양식(준거법: 영국법)과 선수금환급보증서의 각 조항에 관한 해설은, BIMCO의 홈페이지(https://www.bimco.org/contracts-and-clauses/bimco-contracts/refund-guarantee-for-shipbuilding-contracts#){독립적 은행보증인 영국법상의 '청구보증(demand guarantee; primary obligation guarantee)'과 '부종성 있는 보증(secondary obligation guarantee; see-to-it guarantee)'의 차이점을 잘 설명하고 있다}. 국내 조선소가 발급한 선수금환급보증에 관한 영국 법원의 판례에 관한 분석은, 김창준(2016), 189-226쪽.

는 것이 일반적이다. 이는 장래 증감변동하는 집합동산에 관한 양도담보로서 목적물이 특정되는 이상 유효하다. 건조 중인 선박에 대하여는 발주자를 채권자로 하여 저당권을 설정할 수 있으나(상법 제790조, 선박등기규칙 제23조, 제24조), 실제로 건조 중인 선박에 대한 저당권은 거의 이용되지 않고 있는 것으로 보인다. 가장 큰 이유는 국내 조선소에서 건조하는 선박의 발주자는 대부분 외국회사(편의치적국에 설립된 SPC 포함)이고 선박건조계약에 따른 선박의 인도시에 외국 발주자가 그 선박에 대하여 소유권을 취득하기 때문이다. 상업등기선례(제2-157호, 2007. 5. 8.)는 "외국인이 우리나라 조선자에 발주하여 건조 중인 외국 선박에 관하여는 근저당권설정등기를 할 수 없다"고 하였다.

4. 선박매수인에 대한 금융

(1) 기본구조

선박매수인에 대한 선박금융의 기본 거래구조는 [그림 14-2]와 같다. 파나마 등 편의치적국에 명목상의 자본금으로 설립된 SPC[73]가 신조선을 구매하는 데에 필요한 자금

[그림 14-2] 선박금융의 기본 구조

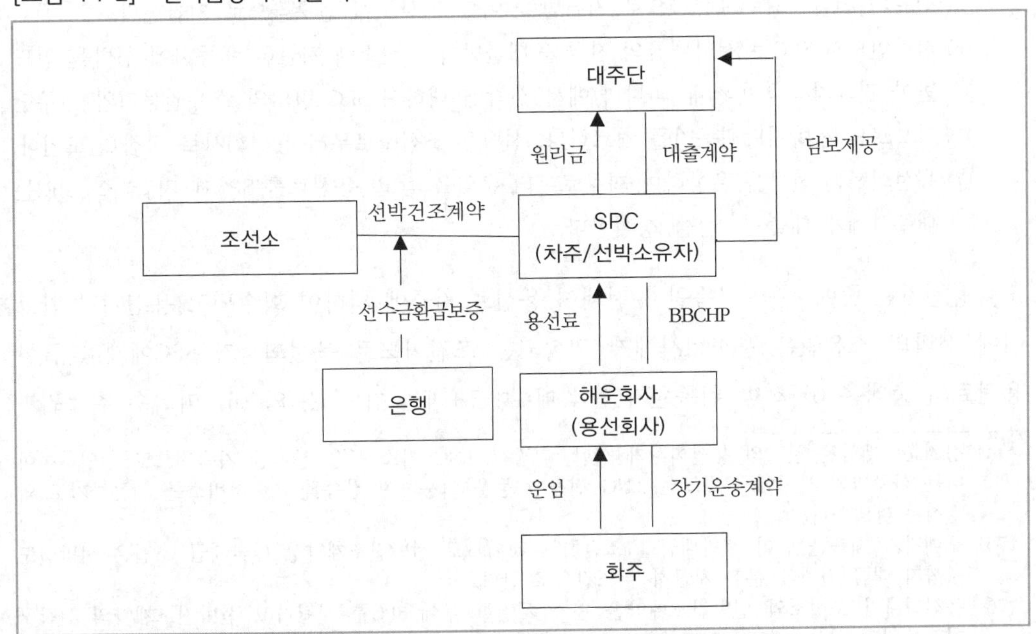

73) 실무상 SPC 설립국의 현지 변호사 등 명목상 주주(nominee shareholder) 서비스를 제공하는 자 또는 용선회사의 해외 직원이 SPC의 출자자가 되는 경우가 많은 것으로 보인다. 예외적으로, 선박투자회사법에 따라 설립된 선박투자회사는 직접 SPC의 주주가 된다.

을 대출받고 그 원리금은 선박의 운항으로 얻는 수익으로부터 상환하는 구조이다. 해운회사는 SPC로부터 BBCHP 방식으로 선박을 용선하여 특정 화주(貨主)와 체결한 장기운송계약(Contract of Affreightment: COA)[74]에 따라 화물을 운송한다. 장기운송계약에 따라 얻는 운임으로부터 BBCHP에 따른 용선료가 지급되고 이로부터 선박금융의 원리금이 상환된다.

이러한 구조에 의한 선박금융을 “BBCHP 금융”이라고 한다. BBCHP 금융은 대체로 아래와 같이 진행된다.

① 선박을 확보하고자 하는 용선회사(=해운회사)는 조선소와 선박건조·구매 조건에 관하여 협상한다.[75]
② 편의치적국에 설립된 SPC가 조선소와 선박건조계약을 체결하고,[76] 용선회사와는 BBCHP를 체결한다. 용선회사는 화주와 장기운송계약을 체결한다.
③ SPC는 대주단과 신디케이티드 대출계약을 체결한다.
④ SPC는 조선소 측 은행으로부터 선수금환급보증서를 발급받아 선박인도 전에 제공되어야 할 다른 담보와 함께 이를 대주단에게 담보로 제공한다.
⑤ SPC는 대주단으로부터 제공받은 대출금으로 선박인도 전에 조선소에 선수금을 지급한다. 대출금으로 선박대금의 일부만 조달되는 경우에는 그 부족분을 용선회사로부터 용선료의 선급 또는 보증금으로 지급받아 이를 조선소에 선수금으로 지급한다.
⑥ 선박인도시 SPC는 선박대금의 잔금을 대출받아 조선소에 지급하는 동시에 선박을 인도받아 편의치적국(예컨대, 파나마)에서 선박에 대하여 SPC 명의의 소유권등기와 대주단 앞으로의 선박저당권등기를 경료한다. 선박은 조선소로부터 용선회사로 직접 인도된다.
⑦ 용선회사는 선박을 운항하여 화주로부터 운임을 받고, 용선료를 SPC에 지급하고 SPC는 대주단에게 대출원리금을 상환한다.

용선기간 중에 선박 취득원가 전액이 용선료 지급에 의하여 회수되고 용선기간 만료시에 선박의 소유권은 용선회사에게 귀속되는 조건이므로 용선회사가 SPC에게 지급할 용선료의 총액은 (i) 선박 취득원가(선박 매수대금+제반 취득비용)와 (ii) 미회수 취득원가

---

74) 장기운송계약은 선박의 용선회사가 석탄, 철광석, LNG 가스 등을 장기간 지속적으로 수입하여야 하는 화주와의 사이에서 벌크선, LNG 전용선 등을 이용하여 전속적 운송서비스를 제공하기로 약정하는 계약이다.

75) 구매자가 대출을 받아 선박대금을 조달하는 것이므로 선박건조계약상 대금지급 조건은 선박인도시까지 대금 전액을 분할 지급하는 조건으로 한다.

76) 용선회사가 조선소와 선박건조계약을 먼저 체결한 후에 SPC를 설립하고 선박건조계약의 선박구매자를 용선회사로부터 SPC로 변경하는 계약을 체결할 수도 있다. 실무에서는 해운회사와 조선소가 선박건조계약을 체결하여 1차 선박대금을 지급한 후에, 선박금융 계약의 체결 시점(대체로 2차 선박대금 지급 무렵)에 SPC를 설립하여 조선소-해운회사-SPC 삼자 간의 경개계약(novation agreement)을 체결하여 당사자를 변경하는 경우도 많은 것으로 보인다.

에 대한 이자상당액으로 구성된다. 용선회사가 SPC에게 정기적으로 분할 지급하는 용선료[77]는 SPC가 대주에게 분할 지급하는 대출원리금과 동일한 금액으로 동일한 지급일에 이른바 'back-to-back 지급'이 되도록 하는 것이 일반적이다.[78]

선박의 수출·용선과 관련한 선박의 해외 반출 및 국내 도입은 대외무역법 및 관세법에 따라 규율되고 용선계약, 선박금융에 대한 보증·담보제공 등의 자본거래는 외국환거래법에 따라 규율되므로, 대외무역법에 따른 수출입승인, 관세법에 따른 수출입신고, 외국환거래법에 따른 외환신고 등이 필요한지를 검토하여 적절한 절차를 거쳐야 한다. 또한, 용선료 등의 국외 지급시 세법상 원천징수의 대상이 되는지 여부 및 원천징수의 세율도 중요하다.

(2) 담 보

선박의 시황이 좋을 때에는 선박구매대금 전액에 대하여 대출이 제공되었으나 조선경기가 침체되면 대주가 선박구매대금의 일부만 대출하고 나머지는 선주겸 용선회사가 자체 조달하는 구조도 이용된다. 대주단으로부터의 차입에 의하여 선박구매대금 전액이 조달되지 않는 구조(예컨대, 선박구매대금의 60~80%만 조달되는 경우)에서는 용선회사가 용선료의 선급금 또는 BBCHP상 용선료채무의 보증금으로 그 부족분에 상당하는 금액을 SPC에 선급하여 선박구매대금으로 지급되도록 한다.

가. SPC 주식에 대한 담보권

SPC의 주식 전부에 대하여 편의치적국의 법을 준거법으로 하여 대주 앞으로 담보권을 설정한다.

나. 선박 인도 전의 담보

선박건조계약에 따라 발주자인 SPC가 조선소에 대하여 갖는 채권 및 선수금환급보증을 대주에게 담보로 양도한다. 또한, BBCHP 계약에 따라 SPC가 용선회사에 대하여 갖는 채권도 대주에게 담보로 양도한다. 국제사법에 의하면 채권의 양도인과 양수인간의 법률관계는 당사자 간의 계약의 준거법에 의하고, 채권의 양도가능성, 채무자 및 제3자에 대한 채권양도의 효력은 양도되는 채권의 준거법에 의한다(동법 제54조 제1항). 따라서 채

77) 용선료를 정하는 방법으로는 (i) 용선료의 총액(취득원가 및 이자 상당액의 합계)을 매 용선료 지급기일에 균등(또는 균등에 가깝게) 분할하여 지급하는 방법(level payment)과 (ii) 취득원가 금액만을 균등분할하고 이에 대하여 기간이자를 합산하여 지급하는 방법이 있다. 어느 방법을 택하는지에 따라 용선회사 측의 조세효과에 차이가 생길 수 있다.

78) 西村總合法律事務所(2003), 431쪽.

권양도계약 및 채권의 발생 원인이 되는 계약의 준거법이 외국법(예컨대, 영국법)인 경우, 국제사법에 의하면 채권양도의 효력에 관하여는 그 외국법이 적용되고 한국법이 적용되지는 않는다.

선박 인도 전의 위험을 조선소와 용선회사 간에 분배하는 문제로서, 조선소의 귀책사유로 인하여 BBCHP가 해지될 수 있는지, 반대로 용선회사의 귀책사유로 인하여 선박건조계약이 해제될 수 있는지의 문제가 있다. 선박건조계약과 BBCHP를 연계시키는, SPC-조선소-용선회사 삼자 간의 계약(실무에서는 이를 "Basic Agreement"라고 칭한다)에 의하여 위와 같은 상황에 대비하여 권리의무를 미리 조정하게 된다.[79)]

다. 선박 인도 후의 담보

(가) 선박에 관한 제1순위 선박저당권

SPC는 대출금채무를 담보하기 위하여 대주에게 제1순위 선박저당권을 설정해 준다. 국제사법에 의하면 '선박의 소유권 및 저당권, 선박우선특권 그 밖의 선박에 관한 물권'과 '선박에 관한 담보물권의 우선순위'는 선적국법에 의한다(동법 제94조 제1호, 제2호). 이러한 준거법 지정의 예외로서, 동법에 의하여 지정된 준거법이 해당 법률관계와 근소한 관련이 있을 뿐이고, 그 법률관계와 가장 밀접한 관련이 있는 다른 국가의 법이 명백히 존재하는 경우에는 그 다른 국가의 법에 의한다(동법 제21조 제1항).[80)]

(나) 채권의 양도

BBCHP상의 채권을 담보로 양도한다는 점은 위에서 선박인도 전의 담보에 관하여 살펴본 바와 같다. 또한 용선회사가 화주와 체결하는 장기운송계약(COA)에 따라 발생하는 운임이 BBCHP 금융의 주된 상환재원이 된다는 점에서 대주가 장기운송계약에 개입

---

79) 최근 실무에서는 이러한 Basic Agreement는 별로 이용되지 않고 있는 것으로 보인다. 이 경우 대주의 입장에서는, 선박건조계약이 해제되면 대출계약상으로는 의무 조기상환사유(Mandatory Prepayment Event), BBCHP 상으로는 해지사유(Termination Event)로 규정함으로써 선박건조계약의 불이행으로 인한 위험이 대주 측에 이전되지 않도록 할 필요가 있다. 조선소의 입장에서는 용선회사의 귀책사유로 인한 BBCHP의 해지 또는 대출계약상 기한이익상실의 위험이 조선소 측에 이전되지 않도록 할 필요가 있다.

80) 대법원은 "… 국제사법 규정의 내용과 취지에 비추어 보면, 선원의 임금채권을 근거로 하는 선박우선특권의 성립 여부나 선박우선특권과 선박저당권 사이의 우선순위를 정하는 준거법은 원칙적으로 선적국법이라고 할 것이나, 선박이 편의치적이 되어 있어 그 선적만이 선적국과 유일한 관련이 있을 뿐이고, 실질적인 선박 소유자나 선박 운영회사의 국적과 주된 영업활동장소, 선박의 주된 항해지와 근거지, 선원들의 국적, 선원들의 근로계약에 적용하기로 한 법률, 선박저당권의 피담보채권을 성립시키는 법률행위가 이루어진 장소 및 그에 대하여 적용되는 법률, 선박경매절차가 진행되는 법원이나 경매절차에 참가한 이해관계인 등은 선적국이 아닌 다른 특정 국가와 밀접한 관련이 있어 앞서 본 법률관계와 가장 밀접한 관련이 있는 다른 국가의 법이 명백히 존재하는 경우에는 그 다른 국가의 법을 준거법으로 보아야 한다"고 판시하였다(대법원 2014. 7. 24. 선고 2013다34839 판결). 이 대법원판결에 관한 평석으로는, 석광현(2015), 139-168쪽.

할 수도 있다. 장기운송계약상 용선회사의 채무불이행 사유가 발생할 경우, 화주(貨主)는 일정 기간 계약해지권의 행사를 유예하고 그 기간 중에 선박금융의 대주가 채무불이행 사유를 치유할 수 있도록 하며, 나아가 대주가 지정하는 제3의 선사와 장기운송계약을 체결하기로 약정하는 경우가 많다. 이러한 약정은 프로젝트금융에서 이용되는 직접계약(direct agreement)에 해당된다고 할 수 있다(직접계약에 관한 상세한 내용은 ☞ 제12장 제2절 Ⅱ. 4. 대주의 개입권과 직접계약). 신용이 우량하지 아니한 용선회사는 장기운송계약이 확보되지 아니한 경우에는 BBCHP 금융 방식에 의하여 선박확보 자금을 조달하는 것이 어려울 수 있다.

한편, 특정 화주와의 장기운송계약 없이 BBCHP 금융이 제공된 때에는, 용선회사는 선박을 다른 선사에 정기용선하는 경우가 있다.[81] 이 경우 용선회사가 갖는 정기용선계약상의 채권도 선박금융 채권의 담보로 대주에게 양도할 수 있다. 정기용선에 따른 용선료가 BBCHP상의 용선료 및 선박금융의 상환재원이 되기는 하지만, 정기용선의 지속이나 정기용선을 하는 해운회사의 신용도에 불확실성이 있으므로 대주는 선박의 가격과 용선회사의 신용에 더 의존하게 된다.

선박보험에는 선체보험(hull & machinery insurance), 제3자 책임보험(P&I insurance), 전쟁보험(war insurance) 등이 있다. 선박보험(제3자 책임보험은 제외)에 관한 청구권도 대주에게 담보로 양도한다.

(3) 도산절차와 선박의 환취

단순 선체용선의 경우에는 통상의 임대차계약과 마찬가지로 쌍방미이행 쌍무계약으로 취급되므로 임대인은 임차인의 회생절차에서 선박에 대한 환취권을 갖는다. 한편, 외국(=편의치적국)에 설립된 SPC를 이용한 BBCHP 금융거래에 있어서는, 현재의 법원실무에 의하면 BBCHP 계약도 쌍방미이행 쌍무계약으로 취급하고 있고 이에 따라 용선회사의 회생절차에서 선박에 대한 SPC의 권리는 담보권이 아니라 환취권으로 인정되고 있다. 이에 대하여 최근 한진해운의 도산사건을 계기로 SPC의 권리를 회생담보권으로 취급하여 회생절차에 구속되도록 하여야 하고, 이렇게 하는 것이 회생절차에서 해운회사의 회생을 위해 바람직하다는 주장이 해운업계를 중심으로 제기되고 있으며, 이를 지지하는 학설도 있다(이에 관한 상세한 내용은 제14장 제4절 Ⅱ. 3. 소유권이전조건부 선체용선).

---

81) 컨테이너선의 경우에는 해운회사 스스로 운항(liner)하는 경우가 일반적이다. 따라서 BBCHP 금융에서 장기운송계약이나 정기용선계약이 체결되지 않는 경우도 많다. 이 경우 대주는 선박의 가치와 용선회사의 신용에 크게 의존하게 된다.

(4) 평온한 선박 점유의 보장

용선회사가 계약상 의무를 준수하고 있음에도 불구하고 선박소유자(SPC)의 귀책사유로 대출계약상의 기한이익상실 사유가 발생하고 이에 따라 금융채권자가 선박저당권을 실행하게 되면 용선회사는 뜻밖의 손실을 입게 된다. 이를 방지하기 위해 용선회사로서는 선박금융의 채권자겸 선박저당권자로부터 용선회사가 용선계약상의 의무를 이행하고 있는 한 용선기간 중에는 용선회사에 의한 선박의 평온한 사용·수익을 방해하지 않겠다는 서면 확약(quiet enjoyment letter)을 받을 필요가 있다.[82]

5. 자본시장을 이용한 선박금융

(1) 선박투자회사

가. 선박투자회사의 개념과 현황

선박투자회사는 선박투자회사법[83]에 따라 주식회사 형태로 설립되는 특별목적회사로서 주식발행·차입 등을 통해 조달한 자금으로 선박을 직접 또는 자회사(SPC)를 통하여 매입하고 이를 대선(貸船)·매각하여 창출된 수익을 주주에게 분배하는 것을 목적으로 한다(동법 제2조 제1호). 선박투자회사는 자본시장법상 상장요건을 갖추면 지체 없이 증권시장에 주식을 상장하여야 한다(선박투자회사법 제17조).

선박투자회사는 모집 방법에 따라 금융회사 등 전문투자자 중심의 사모펀드와 일반투자자 위주의 공모펀드로 구분되고, 정부예산·기금 등의 투입 여부에 따라 공공 선박펀드(KAMCO펀드, 해경펀드 등)와 민간펀드로 구분된다. 선박투자회사가 출범할 무렵에는 선박시장이 활황기였고 '출자 주식 양도소득 비과세'(2005년 폐지)와 '배당소득에 대한 과세특례'(2015년 폐지)라는 조세 혜택에 힘입어 선박투자회사를 이용한 선박금융 조달이 성공을 거둘 수 있었다. 그 후 글로벌 금융위기를 겪으면서 선가와 운임이 급락하고 해운시황의 장기 불황이 계속됨에 따라, 기존의 선박투자회사는 투자금을 회수하는 데에 어려움이 있었고 일반투자자들을 대상으로 자금을 모집하여 새로운 선박투자회사를 설립하여 신규 선박금융을 조성하는 것도 용이하지 않았다.[84] 최근에는 다시 선박투자회사 설립이 증가

82) 西村あさひ法律事務所(2017), 760-761쪽.

83) 선박투자회사 제도는 2002년 제정된 선박투자회사법에 의해 도입되었다. 외환위기 이후 기업구조조정, 선박금융 지원 중단 등의 영향으로 우리나라의 국적선이 급감함에 따라 해운산업의 경쟁력을 제고하기 위한 것이었다{해양수산부, 선박투자회사제도 개요 및 도입효과(2015. 7. 20)}.

84) 정우영(2018), 6-8쪽; 이경래(2017), 614-615쪽.

하고 있다.[85]

나. 선박투자회사의 업무

선박투자법에 의하면, 선박투자회사는 해양수산부장관의 인가를 받아 선박의 취득·대선, 자금의 차입과 사채·주식의 발행, 취득한 선박의 관리·매각, 그 밖에 대통령령으로 정하는 업무를 할 수 있고, 그 외에 다른 업무를 겸업할 수 없다(동법 제13조, 제24조 제1항, 제2항). 자산유동화법에 의한 유동화전문회사와 마찬가지로 본점 외의 영업소를 설치하거나 상근 임원을 두거나 직원을 고용할 수 없다(동법 제3조 제5항). 다만, 선박투자회사는 업무와 관련하여 필요한 경우 국내 또는 국외에 자회사를 설립할 수 있다(동법 제3조 제2항).[86] 편의치적국 등에 선박 소유를 목적으로 한 SPC를 설립할 수 있도록 한 것이다. 선박투자회사는 자회사를 두지 않은 경우에는 반드시 1척의 선박을 소유하여야 하지만, 자회사를 둔 경우에는 선박을 소유할 수 없고 자회사별로 각각 1척의 선박을 소유하여야 한다(동법 제3조 제3항).

선박투자회사의 존립기간은 선박투자업을 인가받은 날부터 3년 이상이어야 한다(동법 제6조). 선박투자회사는 소유하는 선박을 선박운항회사에 2년 이상의 기간을 정하여 임대하여야 하고, 대선기간이 끝나는 시점에 선박운항회사에 선박의 소유권을 이전하는 것을 조건으로 대선할 수도 있다(동법 제26조).

다. 업무의 위탁

선박투자회사는 해양수산부장관의 허가를 받은 선박운용회사에 선박의 취득·대선, 차입·사채발행·주식발행, 선박의 관리·매각, 그에 부수되는 업무 등 사실상 모든 업무를 위탁하여야 한다(동법 제30조 제1항, 제31조 제1항, 제24조 제1항).[87] 선박운용회사는 원칙적으로 선박투자회사로부터 위탁받은 업무 외의 다른 업무를 겸업하여서는 안 된다(동법 제32조 제1항).[88] 또한, 선박운용회사의 자의적인 자산관리를 방지하기 위하여 선박투자회사는 보유하는 자산(증권, 현금 및 그 밖의 자산의 경우) 또는 그의 권리관계를 증명하는

85) 2024. 5. 3. 기준 인가받은 선박투자회사는 펀드 수 390개(민간펀드: 134개), 선박척수 554척(민간펀드: 208척), 펀드규모(선가 기준) 21조 3,449억원(민간펀드: 10조 3,802억원)이다. 2019년 34개, 2020년 27개, 2021년 34개, 2022년 21개, 2023년 22개, 2024년 5월 3일까지 14개의 선박투자회사가 새로 인가를 받았다{해양수산부, "연도별 선박투자회사 인가 현황(2024. 5. 3. 기준)"}.

86) 선박투자회사가 외국에 자회사로 설립한 SPC가 선박을 소유하는 경우 그 선박은 선박법 제2조에서 말하는 "대한민국 선박"이 아니므로 동법 제8조에 따른 우리나라에서의 선박등록 의무는 적용되지 않는다.

87) 다만, 주식의 모집 또는 매매에 관한 업무는 자본시장법에 따른 투자매매업 또는 투자중개업의 인가를 받거나, 인가를 받은 기관에 그 업무를 위탁하여야 한다(동법 제30조 제2항).

88) 선박투자회사가 매입·대선하는 선박의 운항과 관련한 책임을 부담하는 주체와 책임의 범위에 관하여는, 김인현(2017), 103-131쪽.

서류(선박 및 부동산의 경우)의 보관업무와 이와 관련된 업무를 자산보관회사(=자본시장법에 따른 신탁업자)에 위탁하도록 하고 있다(동법 제36조 제1항, 제2조 제3호, 동법시행령 제20조).

라. 선박투자회사를 이용한 선박금융의 구조

선박투자회사는 자본시장 투자자로부터 모은 자금(대체로 자금조달액의 10~30%)과 금융회사로부터 차입한 자금(대체로 자금조달액의 70~90%)으로 신조선 또는 중고선을 취득하여 이를 해운회사에 대선하여 얻은 수익으로 대출원리금과 투자금을 상환한다. 이와 같은 금융 구조는 금융회사 대출에 의한 기존의 선박금융 구조에서 금융회사 대출비율(LTV)은 유지하면서 해운회사 자체부담분의 전부 또는 일부를 선박투자회사를 통하여 자본시장 투자자로부터 조달하는 것이라고 이해할 수 있다.[89)]

선박투자회사를 이용한 신조선 선박금융의 기본 구조는 [그림 14-3]과 같다. 선박투자회사는 조세편의국에 100% 자회사로서 SPC를 설립하고 SPC는 국내 조선소와 선박

[그림 14-3] 선박투자회사를 이용한 선박금융

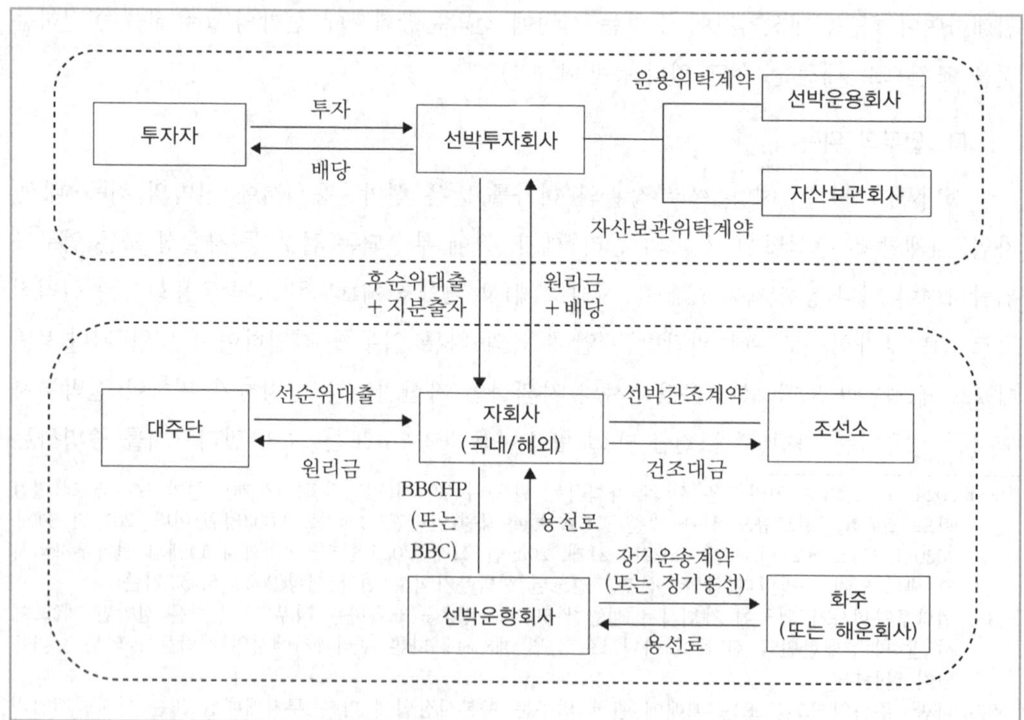

89) 이기환 외(2016), 385쪽. 그러나 선박취득대금 전액을 주식 발행으로만 조달한 사례들도 있다(이 경우에는 SPC에 대한 선순위대출이 없음).

건조계약을 체결한다.[90] SPC는 선박운항회사와 BBCHP(또는 BBC) 계약을 체결한다.[91] BBCHP가 체결되는 경우, 선박운항회사는 특정 화주와 장기운송계약을 체결한다. 장기운송계약 없이 BBCHP 금융이 제공되는 경우 또는 선박운항회사에 대한 BBC를 기초로 선박금융이 제공되는 경우에는, 선박운항회사는 다른 해운회사와 정기용선계약을 체결한다. BBCHP가 아니라 BBC에 의하여 선박을 용선하는 경우에는 용선기간 만료시 선가의 하락으로 인한 손실 위험은 SPC(실질적으로는 투자자 및 대주)가 부담하게 된다. 선박투자회사는 자본시장에서 투자자들에게 주식을 발행하여 선가의 일부를 조달하고 이를 SPC에 후순위대출 방식으로 제공하여 SPC는 이 자금으로 조선소에 선박대금의 지급일정에 맞추어 대금을 지급한다. 나머지 선박대금 상당액은 SPC가 금융회사로부터 선순위대출금으로 차입하여 선박대금의 지급일정에 맞추어 조선소에 지급한다. 선박대금이 분할지급되는 경우 SPC는 후순위대출금(선박투자회사가 증권발행에 의해 조달한 자금)으로 먼저 조선소에 선박대금을 지급한다. SPC는 선박운항에 따른 용선료 수익으로 선순위대출금을 전액 상환한 후에 선박투자회사의 후순위대출금을 상환하고, 선박투자회사는 후순위대출의 상환금으로 투자자들에게 배당금 및 투자원금을 지급한다.

(2) 자본시장법상 집합투자기구

자본시장법상 집합투자기구를 이용한 선박금융도 이루어지고 있다. 그 구조는 앞서 살펴본 선박투자회사를 이용한 선박금융의 구조에서 자본시장 투자자로부터의 자금조달 부분([그림 14-3]의 상단 부분)에 자본시장법상의 집합투자기구 및 집합투자재산을 보관·관리하는 신탁업자가 이용되는 것이다. 그 외의 거래구조([그림 14-3]의 하단 부분)는 동일하다.[92] 다만, 자본시장법상 집합투자기구 중 투자회사는 선박에 투자할 수 없다(동법 제194조 제11항). 이는 선박투자회사법에 따른 선박투자회사의 영역을 확보하기 위한 것으로 보인다.[93]

90) 선박투자회사가 조선소와 먼저 선박건조계약을 체결한 후에 이를 SPC에게 양도할 수도 있다.
91) SPC가 선박운항회사와 정기용선계약을 체결하는 경우도 있다.
92) 정우영 외(2021), 323쪽; Chung(2017), pp. 15-16.
93) 박삼철 외(2021), 109쪽.

Ⅳ. 항공기금융

1. 서 설

(1) 항공기금융의 개념

항공기금융은 항공기의 도입을 목적으로 하는 자산금융이다. 항공기금융은 주로 항공운송사업자 또는 항공기 리스회사(특히, 항공기 운용리스를 전업으로 하는 리스회사)에 의한 항공기 도입을 대상으로 한다.

(2) 항공기도입 방식과 항공기금융의 유형

항공기의 도입 방식에는 직접구매와 리스가 있다. 직접구매 방식의 경우 항공기금융은 항공기저당권 등을 담보로 하는 담보대출에 의한다. 리스 방식에서는 리스회사가 직접 또는 조세회피지역에 설립된 특별목적회사(SPC)를 이용하여 항공기를 구매하여 이를 항공회사에 리스해 준다. 과거에는 직접구매가 많았지만 최근에는 리스가 선호되고 있다.

특히 자본력이 취약한 저비용항공회사는 거의 대부분 운용리스에 의하고 있다. 전세계적으로도 최근 리스거래 중에서 운용리스의 비중(2016년도에 전체 항공기리스 중 운용리스가 차지하는 비율은 42%)이 증가하고 있다.[94] 이와 같이 운용리스가 선호되고 있는 이유로는, (i) 운용리스의 경우 부외금융 효과로 장부상 재무구조 개선 및 자산 수익률 제고 효과를 얻을 수 있다는 점,[95] (ii) 항공회사의 유연한 항공기 포트폴리오(portfolio) 운영에 금융리스보다는 운용리스가 유리하다는 점, (iii) 자금력이나 신용도가 충분하지 못한 항공회사나 저비용항공회사는 운용리스 의존도가 높다는 점, (iv) 항공회사의 수익성 악화와 금융수요 증가에 따른 유동성 확보를 위하여 최근에는 보유 중인 항공기를 대상으로 하여 운용리스 방식의 '판매 후 재리스(sale and lease-back)' 거래가 늘어나고 있다는 점 등을 들 수 있다.[96]

---

94) 김송주(2017), 6-7쪽; 조영균·김영민(2018), 26쪽.

95) 앞서 본 바와 같이 2019. 1. 1. 이후 최초로 시작하는 회계연도부터 적용되는 IFRS 16에 의하면 운용리스의 경우에도 사용권 및 리스부채를 재무상태표에 인식하여야 하므로 이러한 부외금융 효과는 없어지게 될 것이다. 국내 저비용항공회사(Low Cost Carrier: LCC)는 대부분 항공기를 운용리스 방식으로 도입하고 있으므로 새로운 회계기준이 적용될 경우 부채비율 상승이 불가피할 것으로 예상되고, 부채비율 상승으로 인해 자금조달이 어려워질 수 있으므로 이에 대비하여 상장을 추진하거나 계획하고 있는 항공회사들도 있다고 한다{조영균·김영민(2018), 31쪽}.

96) 김하균 외(2017), 22쪽, 32쪽; 김송주(2017), 7쪽. 항공기 운용리스가 증가하고 있는 다른 이유들에 관하여는 조영균·김영민(2018), 26쪽.

(3) 항공기금융의 특성

가. 항공기의 국적 및 등록에 대한 제한

항공안전법[97]에 의하면, 대한민국 국민 또는 법인이 항공기를 운항하기 위해서는 원칙적으로 우리나라에 항공기를 등록해야 하고[98] 그와 같이 우리나라에 등록된 항공기는 우리나라 국적을 취득하고 그에 따른 권리와 의무를 갖는다(동법 제7조, 제8조, 제23조).[99] 외국 국적을 가진 항공기는 우리나라에 등록할 수 없다(동법 제10조 제2항). 대한민국 국민이 아닌 자(또는 그에 준하는 자)[100]가 소유하거나 임차한 항공기는 우리나라에서 등록할 수 없다(동법 제10조 제1항). 다만 이에 해당되더라도 대한민국의 국민 또는 법인이 임차하여 사용할 수 있는 권리가 있는 항공기는 외국국적을 가진 항공기가 아닌 한 우리나라에서 등록할 수 있다(동법 제10조 제1항 단서, 제2항).

우리나라도 가입하고 있는 국제민간항공협약(Convention on International Civil Aviation; "시카고협약")[101]에 의하면 항공기는 등록된 국가의 국적을 갖고(동협약 제17조) 동시에 2개 이상의 국가에 등록될 수 없다(동협약 제18조). 그러나 시카고협약은 협약가입국 내에

97) (구)항공법(1961년 제정)은 항공안전법, 항공사업법 및 공항시설법(각각 2016. 3. 29.자 제정, 2017. 3. 30. 시행)으로 분리되었다. 항공안전법은 항공기의 등록·운항 및 항공안전에 관한 내용을 규율하고, 항공사업법은 (구)항공법 중 항공운송사업 등 사업에 관한 내용과 (구)항공운송사업진흥법을 통합하여 제정된 것이며, 공항시설법은 (구)항공법 중 공항에 관한 내용과 (구)수도권신공항건설촉진법을 통합한 것이다. 국토교통부 보도자료(2017. 3. 27.), "항공운송산업 발전 등에 적극 대응하기 위해 항공법령 대폭 개편".

98) 선박의 경우, 소형선박 이외의 선박에 대하여는 먼저 선박등기법에 따라 관할등기소에 선박의 등기를 한 후에 선적항을 관할하는 해운관청에 선박의 등록을 하여야 한다(선박법 제8조 제1항). 즉, 소형선박이 아닌 선박의 경우에는 사법상의 권리를 공시하는 등기와 공법적 효력을 갖는 등록을 구별하고 있다. 소형선박의 경우에는 사법상의 효력과 공법적 효력을 모두 갖는 등록제도로 일원화되어 있다(선박법 제8조 제1항, 제8조의2). 반면에, 항공기의 경우에는 등기와 등록을 구별하지 않고 사법상의 효력과 공법적 효력을 모두 갖는 항공안전법상 등록제도로 일원화되어 있다{석광현·조영균(2009), 237쪽}. 항공기의 등록에 관한 하위 법규로는 항공안전법시행령, 항공기등록령(대통령령), 항공기등록규칙(국토교통부령) 등이 있다.

99) 항공안전법상 누구든지 국토교통부장관의 감항증명을 받지 아니한 항공기를 운항해서는 안 되고(동법 제23조 제3항), 감항증명은 일부 예외적인 경우(항공안전법시행규칙 제36조)를 제외하고 대한민국 국적을 가진 항공기(즉, 우리나라에서 등록된 항공기)가 아니면 받을 수 없다(동법 제23조 제2항). 다만, 항공안전법 제102조에서 정하는 외국 국적 항공기의 경우에는 해당 항공기의 국적인 외국의 정부가 발급한 감항증명은 항공안전법에 따라 발급한 것으로 간주된다(항공안전법 제102조, 항공사업법 제54조, 제55조).

100) (i) 대한민국 국민이 아닌 사람, (ii) 외국의 정부·법인·단체와 (iii) 우리나라에 설립된 법인이더라도 (i) 또는 (ii)의 자가 지분의 50% 이상을 소유하거나 그 사업을 사실상 지배하는 경우 또는 외국인이 그 법인의 대표자이거나 그 법인 임원의 2분의 1 이상을 차지하는 경우를 말한다(항공안전법 제10조 제1항).

101) 시카고협약은 1944년 미국 시카고에서 체결되어 1947년에 발효되었고, 우리나라를 비롯해 193개국이 이 협약에 가입하였다.

서의 항공기의 등록 또는 등록의 변경은 그 협약가입국의 국내 법령에 의하도록 규정하고 있다(동협약 제19조). 각국의 항공기등록 제도는 차이가 있으나, 일반적으로 항공기의 소유자 또는 운항자가 국민 또는 국내법인[102] 인 경우에 자국에서의 항공기등록을 허용하고 있다. 예컨대, (i) 우리나라와 같이 항공기 소유자 또는 항공기 임차인이 국민 또는 국내법인인 경우에 항공기등록을 허용하는 국가(예: 아일랜드, 벨기에), (ii) 항공기 소유자가 국민 또는 국내법인인 경우에 항공기등록을 허용하되 예외를 인정하는 국가(예: 미국[103]), (iii) 항공기 운항자가 국민 또는 국내법인인 경우에 항공기등록을 허용하는 국가(예: 오스트리아), (iv) (항공기 운항자가 국민 또는 국내법인이어도) 항공기 소유자가 국민 또는 국내법인인 경우에 한하여 항공기등록을 허용하는 국가(예: 일본[104]) 등으로 나뉘고 있다.[105] 이러한 항공기등록제도의 차이는 항공기금융의 거래구조에 영향을 미치게 된다.[106]

나. SPC의 이용

항공기금융의 경우에도 조세회피지역에 설립된 SPC를 차주로 이용하는 경우가 많다. 외국에 설립된 SPC가 항공기를 취득하여 소유하면서 국내 리스이용자에게 리스해 주는 경우, 항공회사(리스이용자)에 대하여 도산절차가 개시되더라도 SPC는 리스계약을 해지하고 항공기를 환취할 수 있는 이점을 얻을 수 있다{☞ Ⅳ. 2. (4) 리스이용자의 도산절차에서 리스제공자의 항공기 환취권; 제14장 제4절 Ⅱ. 4. 소유권이전조건부 항공기금융리스}. 또한, SPC의 업무를 항공기의 소유 및 리스제공만으로 제한함으로써 SPC 자체의 도산위험도 줄일

102) '국내법인'의 개념은 나라별로 차이가 있다.

103) 미국의 경우, 항공기 소유자가 (i) 미국 시민권자(시민권자 요건을 갖춘 법인·단체 포함), (ii) 미국내 영주권을 가진 외국인 및 (iii) (미국 내에서 기항하면서 주로 미국 내에서 운항되는 항공기의 경우에는) 미국 시민권자 요건을 충족하지 못한 미국 법인 중 어느 하나에 해당되면 미국에서 항공기등록을 할 수 있다{49 USC §44102(a)(1)}. 또한, 예외적으로, 담보거래로 인정되는 리스(우리나라의 금융리스에 해당하는 리스)와 소유권유보부매매의 경우에는 리스이용자나 매수인의 명의로 항공기등록이 가능하다고 한다{Hanley (2017), p. 85}.

104) 일본의 경우, 외국인 및 외국의 법인·단체뿐만 아니라 외국인 또는 외국의 법인·단체가 대표자이거나 임원의 3분의 1 이상 또는 의결권의 3분의 1 이상을 차지하는 국내법인이 소유하는 항공기는 일본에서 등록할 수 없다(일본 항공법 제4조). 일본에서 등록된 항공기가 아니면 항공기 운항에 필요한 감항증명을 받을 수 없음이 원칙이다(동법 제10조 제2항, 제11조 제1항).

105) Hanley(2017), pp. 85-88.

106) 예컨대, 미국에서는 미국 국민이나 미국 법인이 아닌 항공기 소유자가 운용리스를 제공하고자 하는 경우에는 자신을 수익자(beneficiary)로 하여 항공기를 대형 미국 은행에게 신탁하고 그 수탁자(owner trustee) 명의로 항공기를 등록하여 운용리스를 제공하는 방법을 이용하고 있다{Hanley (2017), p. 85}, 일본에서는 외국법인이 일본 항공사에게 운용리스를 제공하고자 하는 경우, 일본에 설립된 특별목적회사(항공기 소유권등록 목적의 SPC)가 일단 외국법인으로부터 항공기를 구입하여 소유권을 취득한 다음, 그 항공기를 다시 그 외국법인에게 소유권유보부 할부매매 방식으로 매도하고, 그 외국법인으로부터 일본 항공사가 항공기를 리스하되 리스기간 만료시까지는 위 특별목적회사에게 항공기 소유권이 유보되도록 하는 방법 등이 이용된다고 한다{西村總合法律事務所(2003), 438쪽; Hanley (2017), p. 87}.

수 있다.[107)]

다. 장기금융

항공기금융은 장기간에 걸쳐 제공되는 금융이므로 항공기 가격의 변동에 따라 채무자의 상환능력이 떨어질 위험에 노출되어 있다. 그러나 미국의 Boeing사와 유럽의 Airbus사가 항공기 제조시장을 사실상 양분하고 있으므로 항공기 가격의 변동성이 선박의 경우만큼 크지는 않다.

라. 국제금융

항공기금융은 항공기의 도입을 위한 금융이므로 항공기제조회사, 항공기소유자, 항공기운항회사 등의 설립지국이 다르고 항공기금융에 참여하는 대주들도 복수의 국가의 금융회사인 경우가 많다. 항공기의 운항으로 얻는 수익도 미국 달러화인 경우가 대부분이므로 항공기금융도 달러화로 제공되는 경우가 많다. 항공기금융은 선박금융과 마찬가지로 대표적인 국제금융거래이다. 따라서 계약과 담보권의 준거법, 외환·무역·관세 관련 규제, 국제조세 문제 등에 유의하여야 한다.

대출계약, 리스계약 등 관련 계약의 준거법은 영국법인 경우가 많다. 국제사법에 의하면 항공기에 관한 물권은 그 국적소속국법에 의하므로(동법 제34조) 항공기에 관한 소유권 및 저당권, 그 밖의 물권 및 항공기에 관한 담보물권의 우선순위는 항공기등록국법에 의한다. 항공기금융의 경우도 비거주자와의 계약체결, 비거주자에 대한 지급, 항공기의 국내 도입 및 반출 등이 일어나므로 외국환거래법에 따른 외환 신고, 대외무역법에 따른 수출입승인, 관세법에 따른 수출입신고 등을 요하는지 검토하여 적절한 절차를 거쳐야 한다. 또한, 리스료 등의 대외지급시 세법상 원천징수 대상이 되는지 여부도 중요한 검토 대상이다.

(4) 금융제공자

항공기금융의 주요 공급원은 은행 등 민간 금융회사에 의한 대출 또는 금융리스, 공적 수출신용기관의 보증, 리스회사에 의한 운용리스, 자본시장에서의 증권발행 등을 들 수 있다.[108)]

가. 민간 금융회사

항공기금융은 유럽과 미국의 상업은행에 의한 대출 또는 금융리스가 주류를 이루었

107) SPC에 대한 도산절차개시 방지 조치의 필요성 및 방법에 관하여는 위 각주 55.

108) 이하의 내용은 주로 김하균 외(2017), 23-28쪽을 참고하였다.

으나 2008년 글로벌 금융위기, Basel Ⅲ에 의한 은행의 자기자본 규제 강화 등으로 인하여 상업은행의 항공기금융 참여는 위축되었다. 그러나, 최근 각국이 금융위기에서 벗어나 항공산업과 항공기금융도 회복되기 시작하면서 이번에는 중국 등 아시아계 은행들의 담보부대출이 늘어나고 있다.[109)]

나. 공적 수출신용기관

자국의 항공기 수출을 지원하기 위하여 미국 수출입은행(U.S. Export-Import Bank) 등 공적 수출신용기관들은 항공기구매자의 구매대금 대출채무에 대하여 보증을 제공한다. 2011년 「민간 항공기를 위한 수출신용 부문에 관한 양해(Sector Understanding on Export Credits for Civil Aircraft: ASU)」의 개정으로 수출신용기관들의 보증조건이 표준화되면서 수출신용기관에게 지급해야 하는 보증 수수료율이 시장금리 수준으로 높아졌고 수출금융의 한도도 있기 때문에 최근에는 수출신용기관보증부 대출을 이용하는 빈도나 비중이 축소되고 있다.[110)]

다. 리스회사

전세계적으로 항공기리스회사는 150여개이다.[111)] 항공기리스회사는 대부분 금융회사의 계열회사이거나 항공기제조회사 또는 대형 항공회사들의 금융계열사이다.[112)] 우리나라에서 항공기리스업을 영위하려면 항공사업법에 따라 요건을 갖추어 항공기대여업을 등록하여야 한다(동법 제46조).[113)]

라. 자본시장 투자자

전세계적으로(특히 미국의 경우) 자본시장에서 채무증권 또는 지분증권을 발행하여 기존의 기관투자자뿐만 아니라 국부펀드, 사모투자펀드 등 자본시장의 투자자로부터 항공기 구매자금을 조달하는 경우가 늘어나고 있다.[114)]

---

109) 조영균·김영민(2018), 22쪽.

110) Scheinberg(2014), pp. 125-126; 조영균·김영민(2018), 21쪽, 29-30쪽.

111) 미국 GE의 계열사인 GECAS(GE Capital Aviation Services)가 가장 시장점유율이 높고, 동사를 포함한 상위 5개사가 전세계 운용리스 시장의 약 50%의 비중을 차지하고 있다. 김송주(2017), 8쪽.

112) 석광현·조영균(2009), 231쪽.

113) 국내 항공회사의 항공기 도입 방법 중 가장 큰 비중을 차지하고 있는 운용리스는 전적으로 외국 리스회사에 의존하고 있어 항공기리스를 전업으로 하는 국내 리스회사를 육성할 필요성에 대한 논의가 제기되었고, 항공사업법에 항공기리스업에 관한 별도의 규정을 마련하기 위한 「항공사업법 일부개정법률안」(2017. 12. 27. 안호영의원 대표발의, 의안번호 11043)이 국회에 제출되었으나 2020. 5. 제20대 국회 임기만료로 폐기되었다.

114) 자본시장을 통한 항공기금융 동향에 관한 상세한 내용은 조영균·김영민(2018), 22-26쪽.

2. 항공기리스

(1) 거래구조

가. 금융리스

항공기 금융리스는 법인세가 면제되는 조세편의국(예컨대, Cayman Islands)에 설립된 특별목적회사(SPC)를 이용하여 [그림 14-4]와 같이 자산담보대출과 리스를 연계하는 금융기법을 이용하는 경우가 많다. 항공기에 대하여 담보권을 취득하는 채권자의 입장에서는 SPC의 설립지를 선택함에 있어서 아래에서 따로 살펴보는 바와 같이 항공기 담보권에 대한 케이프타운협약의 적용 가능성도 중요한 고려 사항이 될 수 있다. 은행 대출 외에 지분투자를 받는 방식으로 항공기 구매대금의 일부를 조달할 수도 있다. 대주(또는 대주 및 지분투자자)는 SPC로 하여금 항공기를 소유하게 함으로써 항공기 소유에 따른 위험을 피할 수 있는 이점도 있다. 또한, 대주는 SPC 출자지분에 대하여 담보권을 설정받음으로써 SPC의 채무불이행시 항공기저당권을 실행하기보다는 출자지분에 대한 담보권을 실행하여 보다 용이하게 채권을 회수할 수도 있다.[115] 한편, SPC의 도산위험을 줄이기 위하여 대출계약에 SPC가 소유한 재산만으로 대출채무에 대하여 책임을 지도록 하는 책임재산 한정특약을 포함시킬 수 있다.[116] 리스는 승무원 없이 항공기만 리스하는 소위 “Dry Lease”

[그림 14-4] 항공기금융리스의 구조

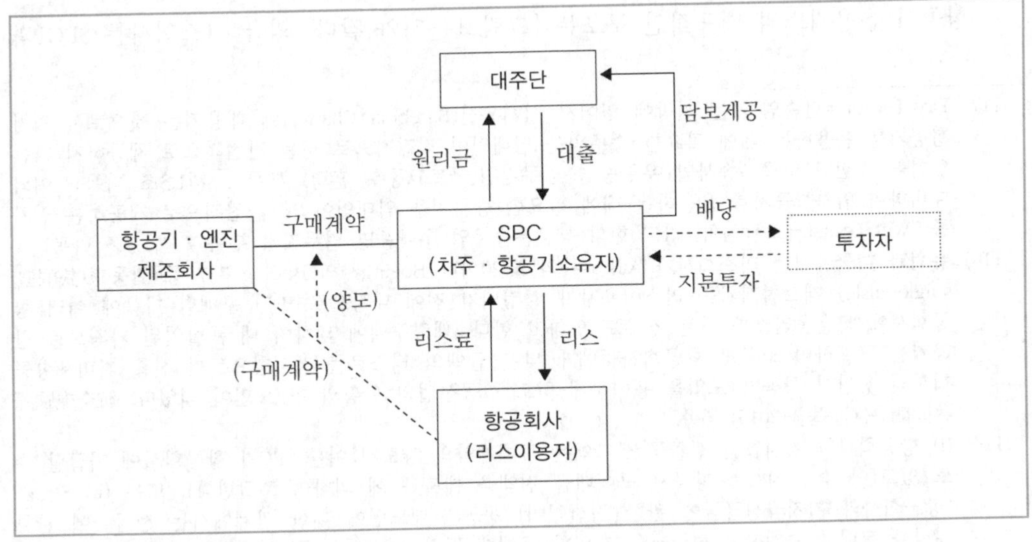

115) Hanley(2017), p. 18.
116) Schroth(2010), p. 328; 西村總合法律事務所(2003), 429-430쪽.

방식에 의한다.[117)]

항공기 금융리스는 대체로 다음과 같이 진행된다.

① 항공회사는 항공기를 선정하여 항공기 제작사와 구매계약을 체결하고 선수금(예컨대, 구매대금의 10%~15%)을 지급한다.[118)]

② 대주(또는 지분투자자)는 SPC(=차주겸 리스제공자)를 설립하고 SPC에게 대출(또는 대출 및 지분투자)를 하여 항공기 구매자금을 제공한다.

③ 항공기 구매계약상 매수인의 지위를 항공회사로부터 SPC로 양도한다.[119)]

④ SPC는 항공기제작사에 구매대금의 잔금을 지급하고, 항공기 제작사는 항공기를 리스이용자인 항공회사에게 인도한다.

⑤ 항공기의 인도와 동시에 국토교통부의 항공기등록원부에 항공기에 대한 SPC의 소유권, 항공회사의 임차권 및 대주의 저당권을 순차로 등록하고, SPC는 리스계약상의 채권과 항공기보험의 보험금청구권을 대주에게 담보로 양도한다.

⑥ 리스기간이 개시되고 항공회사는 SPC에 리스료를 지급한다. 전부상각방식의 금융리스의 경우, 항공회사가 SPC에게 지급할 리스료의 총액은 (i) 취득원가(항공기 구매대금+제반 취득비용)와 (ii) 미회수 취득원가에 대한 이자상당액으로 구성된다. 선박 BBCHP 금융과 마찬가지로 항공회사가 SPC에게 정기적으로 분할 지급하는 리스료는 SPC가 대주에게 분할 지급하는 대출원리금과 동일한 금액으로 동일한 지급일에 이른바 'back-to-back 지급'이 되도록 하는 것이 보통이다.

나. 운용리스

항공기 운용리스의 대표적인 구조는 [그림 14-5]와 같다. 외국 리스회사는 SPC1과

---

117) Dry Lease(=단순임차)는 선박에 있어서 선체용선(Bareboat Charter)에 대응되는 것으로서 임차항공기를 운용하는 데에 필요한 승무원을 임대인이 직접적으로 또는 간접적으로 제공하지 않는 임차를 말한다{항공운송사업 운항증명 업무지침(국토교통부 훈령) 부록 7 제1.3조 다목}. 이와 대비하여 임차항공기를 운용하는 데에 필요한 승무원을 임대인이 직·간접적으로 제공하는 임차를 "Wet Lease(=포괄임차)"라고 한다(항공운송사업 운항증명 업무지침 부록 7 제1.3조 라목).

118) 유럽과 미국에서는 리스회사가 Airbus사의 A320이나 Boeing사의 Boeing 737 등 협동형(狹胴型; single-aisle) 제트여객기를 리스이용자가 결정되기 전에 대량으로 먼저 구매한 다음에 여러 항공회사에게 운용리스를 하는 경우도 있다고 한다. 대량구매에 의하여 대폭 할인된 가격으로 항공기를 구매하여 소규모 항공회사들에게 낮은 금액의 리스료를 제시함으로써 신흥 저비용항공회사의 창업시 항공기 도입을 용이하게 하고 항공산업의 활황의 한 요인이 되었다. 航空機國際共同開發促進基金(2015), 6쪽.

119) (i) 항공회사가 기지급한 선급금 상당액은 구매계약의 양도시 이를 SPC가 항공회사에 지급할 수도 있고(이 경우 SPC는 항공기 구매대금 전액을 대출 등에 의하여 조달한다), 또는 (ii) SPC가 (항공회사와 기지급선급금에 관한 정산없이) 공급자/매도인에 대한 관계에서는 선급금에 관한 권리를 그대로 승계하고 선급금을 제외한 구매대금 잔액을 대출 등에 의하여 조달하고 그 금액을 리스료 산정기준으로 삼을 수도 있다. 항공회사의 신용도가 충분하지 아니할 경우에는 위 (ii)의 방법에 의하게 될 것이다.

[그림 14-5] 항공기운용리스의 구조

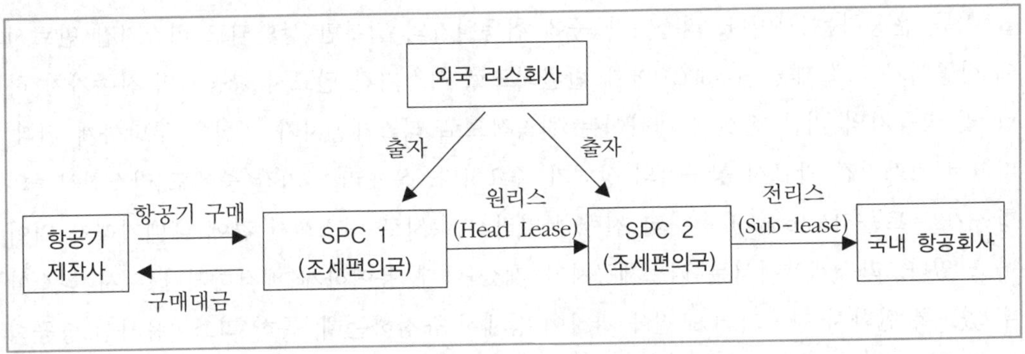

SPC2로 복수의 SPC를 설립하고 지배지분을 취득한다. SPC1은 항공기를 소유하고 SPC2와의 원(元)리스계약(head lease agreement)에 따라 SPC2에게 항공기를 리스한다. SPC2는 항공회사와의 전(轉)리스계약(sub-lease agreement)에 따라 항공회사에게 항공기를 다시 리스한다. SPC1은 법인세가 면제되는 조세편의국(예컨대, Cayman Islands)에 설립하고 SPC2도 리스료에 대한 원천징수, 항공기 유지관리 서비스의 제공 등을 고려하여 조세편의국(예컨대, Ireland)에 설립한다. 항공기에 대하여 담보권을 취득하는 채권자의 입장에서는 SPC1의 설립지국을 선택함에 있어서 아래에서 따로 살펴보는 항공기 담보권에 대한 케이프타운협약의 적용 가능성도 중요한 고려사항이 될 수 있다. 항공기 구매자금의 조달은 대체로 ① SPC1이 구매대금을 간접금융시장에서 차입하는 방법, ② 리스회사가 보유하고 있는 다수의 항공기들을 담보 풀(security pool)로 하여 은행 차입 또는 자본시장에서의 증권발행(사채 등)을 통하여 구매자금을 조달하는 방법, ③ 리스채권과 항공기를 자산유동화하는 방법 등이 이용된다.

운용리스의 리스기간은 항공기의 내용연수보다 상당히 짧은 통상 5~7년이다. 리스료는 매월 선급되는 것이 보통이다. 리스기간 중에 리스항공기에 투하한 자본을 전액 회수하는 것은 아니므로 리스료 금액은 항공기의 구매가격이나 금리가 아니라 시장 상황(시장의 수요와 공급)에 따라 좌우된다.[120] 금융리스와 마찬가지로 Dry Lease 방식으로 한다.

전리스제공자(=SPC2)는 전리스계약상의 채무를 담보하기 위하여 전리스이용자인 국내 항공회사로부터 리스기간 동안 통상 2~3개월분의 리스료에 상당하는 금액의 담보예치금을 제공받는다. 담보예치금은 현금 또는 일류 은행의 신용장으로 제공된다. 담보예치금은 선급리스료, 유지보수적립금과 함께 항공회사의 의무 이행의 담보가 된다.[121]

120) 瀨野克久·岩瀨ひとみ(1999), 29쪽, 44쪽, 47쪽.
121) 국지희(2006), 11쪽; Hanley(2017), p. 53, p. 58; 瀨野克久·岩瀨ひとみ(1999), 29쪽, 44쪽.

리스제공자는 항공기의 이용가치(=리스료 수익)와 항공기의 교환가치를 보고 항공기를 취득·운용하는 것이다. 리스기간 중에 취득원가의 일부만 상환되고 리스기간 만료시에 항공기가 리스제공자(=SPC1)에게 반환되므로 리스기간 만료시 항공기의 잔존가치 하락 및 항공기의 처분 손실에 대하여는 원칙적으로 리스제공자가 위험을 부담하게 된다. 따라서 리스기간 만료시 항공기의 상태가 중요하다. 운용리스 기간 중에도 리스회사들의 항공기 포트폴리오(portfolio) 관리 전략에 따라서 수시로 리스회사 간에 매매거래가 일어나고 있다. 리스계약에서는 리스제공자가 제3자에게 용이하게 매각하거나 다시 리스할 수 있도록 반환시 항공기의 조건에 관하여 상세히 규정하는데, 특히 리스이용자인 항공회사가 중요한 유지보수를 완료한 상태에서 항공기를 반환하도록 한다.[122] 리스제공자는 리스이용자의 중요 유지보수에 필요한 비용에 충당하기 위해 리스이용자로부터 미리 유지보수적립금을 지급받는다. 유지보수금은 기체, 엔진, 랜딩기어, 보조동력장치, 부품 등으로 구분하여 배정되고 매월 해당 항목에 대한 그 전월의 실제 유지보수실적에 따라 정기적으로 리스이용자 또는 유지보수업자에게 지급된다.[123]

(2) 항공기리스와 임차권등록

외국인이 소유하는 항공기라도 대한민국의 국민 또는 법인이 임차하여 사용할 수 있는 항공기는 우리나라에 등록할 수 있다(항공안전법 제10조 제1항 단서). 실무상 임차항공기에 관하여는 항공기등록원부에 항공기소유자인 외국인 명의의 소유권등록과 임차인인 국내 항공회사 명의의 임차권등록을 모두 경료하고 있다. 항공기에 대한 소유권의 취득·상실·변경은 등록하여야 그 효력이 생기고, 항공기에 대한 임차권은 등록하여야 제3자에 대하여 그 효력이 생긴다(항공안전법 제9조 제1항, 제2항).

항공기등록원부에는 항공기가 등록되고 엔진은 따로 등록되지 않는다(항공안전법 제11조, 제12조, 항공기등록령 제12조, 제15조). 항공기는 여러 개의 물건이 각각 개성을 잃지 않고 결합하여 단일한 형태를 이루는 이른바 합성물에 해당된다.[124] 항공기등록 관련 법령상 항공기의 범위에 관하여는 정하고 있지 아니하나, 국제관례에 따라 항공기는 기체, 엔진 및 부품으로 구성된다고 볼 수 있다. 따라서 동일인이 그 구성물들을 소유하고 있는 경우에는 이를 하나의 물건으로 볼 수 있을 것이다. 요컨대, 항공기 등록은 그 기체에 부착된 동일인 소유의 엔진 및 부품에 대하여도 효력이 미친다고 본다.

---

122) 瀬野克久·岩瀬ひとみ(1999), 44쪽.

123) Hanley(2017), pp. 55-56.

124) 석광현·조영균(2009), 240쪽; 지원림(2016), 150쪽.

(3) 취득자금 대출에 대한 담보

항공기 구매자금의 규모가 크므로 금융리스이든 운용리스이든 리스제공자가 구매자금을 차입하는 경우에는 통상 신디케이티드 대출 방식에 의한다. 대출채권의 담보는 아래와 같다. 아래 담보 이외에도 금융리스의 거래구조에서 살펴본 바와 같이 대주는 SPC 출자지분에 대하여 담보권을 설정받을 수 있다.

가. 항공기저당권

(가) 저당권의 등록

항공안전법에 따라 항공기등록원부에 등록된 항공기에 저당권을 설정하고자 하는 경우에는 특정동산저당법에 따라 항공기등록원부에 저당권을 등록을 하여야 한다(동법 제3조 제4호, 제5조 제1항 제6호). 국내 항공회사가 리스에 의해 도입하는 임차항공기는 항공안전법에 따라 우리나라의 국적을 취득하기 위하여 항공기등록원부에 임차권등록을 먼저 하여야 하므로(항공안전법 제7조) 임차권등록이 저당권등록보다 앞서게 된다.[125] 항공기등록원부에 등록될 수 있는 저당권은 특정동산저당법에 따라 설정되는 저당권이어야 하므로 외국법에 따른 저당권(mortgage)은 항공기등록원부에 등록될 수 없다. 따라서 항공기등록원부에 등록할 항공기저당권의 설정계약의 준거법은 한국법이 되어야 한다.[126]

실무상 항공기에 설정되는 항공기저당권은 근저당권이다.[127] 신디케이티드 대출의 경우에는 대주단에 참가한 모든 대주들이 근저당권의 채권자로 표시되어 근저당권을 준공유하는 방법을 이용하고 있는 것으로 보인다.[128] 이 경우 담보물권의 부종성 원칙에 따라 개별 대주들의 대출채권 양도 시 저당권도 함께 양도되어야 한다. 항공기에 대한 저당권 등록을 규율하는 특정동산저당법, 동법시행령, 항공기등록령 및 항공기등록규칙에 신탁법상 인정되고 있는 담보권신탁(채무자가 수탁자 앞으로 근저당권을 설정하고 채권자들에게 수익권을 부여하는 방식)의 등록에 관한 근거 규정이 없으므로 담보권신탁 방식에 의한 항공기저당권 등록이 인정될 수 있는지는 의문이다. 입법적 보완이 필요하다.

(나) 저당권의 효력범위

앞서 항공기등록원부상의 항공기의 범위에 관하여 살펴본 바와 마찬가지로 항공기저당권도 항공기의 기체, 엔진 및 부품에 대하여 효력이 미친다고 볼 것이다.[129] 그런데,

---

125) 석광현·조영균(2009), 248쪽.

126) 석광현·조영균(2009), 243쪽; 정순섭(2017), 512쪽.

127) 석광현·조영균(2009), 242쪽.

128) 정순섭(2017), 551쪽.

129) 석광현·조영균(2009), 247쪽.

통상 항공기에 부착된 원래의 엔진은 유지보수 기간 중에 항공회사 간의 엔진교환 프로그램(engine pooling)에 의하여 리스이용자가 확보하는 예비엔진(spare engine)[130]으로 수시로 일시 교체된다.[131] 이와 관련하여 다음 두 가지 문제를 검토할 필요가 있다.

첫째, 항공기에 원래의 엔진 대신에 새로 부착된 예비엔진에 대하여 항공기저당권의 효력이 미치는지의 문제이다. 항공기저당권에 관하여는 특정동산저당법에 규정된 것을 제외하고는 민법 중 저당권에 관한 규정이 준용된다(특정동산저당법 제12조). 법률에 특별한 규정 또는 설정행위에 다른 약정이 있는 경우 외에는 민법상 저당권의 효력은 저당부동산에 부합된 물건과 종물에 미친다(민법 제358조). 그런데 엔진은 이를 훼손하지 아니하면 항공기로부터 분리할 수 없다거나 그 분리에 과다한 비용을 요하는 것은 아니므로 예비엔진이 항공기 기체에 부착되더라도 항공기에 부합(附合)한다고 보기는 어렵다(민법 제257조). 그러면 새로 부착된 예비엔진은 항공기의 종물로서 그에 대하여 항공기저당권의 효력이 미친다고 볼 수 있는가? 이 점에 관하여는 민법상 부동산저당권의 효력이 제3자가 소유하는 종물에 대하여도 미친다고 보는 견해도 있으나 경매실무는 제3자의 소유인 종물에는 저당권의 효력이 미치지 않는다고 본다.[132] 항공기저당권 설정자의 소유에 속하지 않는 예비엔진은 항공기저당권의 효력이 미치는 종물에는 해당되지 않는다고 할 것이다.[133]

둘째, 항공기저당권의 효력이 항공기로부터 분리된 원래의 엔진에 대하여 미치는지의 문제이다. 학설상 저당부동산의 종물이 저당권설정자의 정당한 사용에 의하여 저당부동산으로부터 분리·반출된 경우에는 그 분리된 물건에 대하여는 저당권의 효력이 미치지 않는다고 보는 데에 견해가 일치한다. 정당하지 아니한 분리의 경우에는, 분리된 물건이 저당부동산으로부터 반출되지 않고 저당부동산과의 동일성을 유지하면서 저당부동산 위에 남아 있는 경우에 한하여 저당권의 효력이 미친다고 보는 것이 다수설이다.[134] 항공기에 원래 설치되었던 엔진을 유지보수하기 위하여 예비엔진으로 수시로 교체하는 것은 항공기리스계약과 항공기저당권설정계약상 원칙적으로 정당한 사용으로서 허용되어 있는 것이므로 분리된 엔진에 대하여는 항공기저당권의 효력은 미치지 않는다고 보아야

130) 예비엔진은 항공기에 부착된 원래의 엔진을 수리할 경우에 대비하여 항공회사가 예비로 확보하는 엔진을 말한다{Scheinberg(2014), p. 15}.

131) 석광현·조영균(2009), 240쪽; Wood(2007), p. 564. 항공기리스계약에서는 리스이용자와 다른 항공회사 간의 예비엔진의 상호 제공을 위한 엔진풀링약정(engine pooling arrangement)은, 리스이용자의 채무불이행이 발생하지 않은 기간 동안에 한하여, 리스제공자의 이익을 보호하기 위하여 계약상 부과된 일정한 요건들을 충족할 것을 조건으로 허용되고 있다{Hanley(2017), p. 270 (Sample Aircraft Lease Agreement, Article 8.15}.

132) 김용담(2011), 140쪽(김재형 집필).

133) 같은 취지: 석광현·조영균(2009), 247쪽.

134) 김용담(2011), 143쪽(김재형 집필).

할 것이다.

나. 엔진에 대한 담보권

항공기리스계약서에서는 원래의 엔진이 항공기로부터 분리되더라도 항공기 소유자인 리스제공자가 그 엔진에 대하여 여전히 소유권을 갖는 것으로 규정한다.[135] 그런데 위에서 본 바와 같이 항공기로부터 분리된 엔진에 대하여 항공기저당권의 효력이 미친다고 보기 어려우므로 항공기에 원래 부착된 엔진에 대하여는 항공기저당권과는 별도로 항공기저당권자 앞으로 동산양도담보권을 설정하는 것이 보통이다.[136] 한편, 실무상 리스회사 등이 리스금융에 의하여 항공회사에게 예비엔진만을 리스하는 때에는 리스회사 등에게 엔진 구입자금을 대출한 대주 앞으로 그 엔진에 대하여 동산채권담보법에 따른 동산담보권을 설정해 주는 경우도 있다.

다. 케이프타운협약에 의한 항공기 담보

(가) 케이프타운협약의 개요

케이프타운협약[137]은 항공기장비 등 고가의 장비를 대상으로 하는 국제적인 리스 및 금융 거래를 지원하기 위하여 마련되었다. 일반적인 내용으로 되어 있는 케이프타운협약과 이를 보완하는 항공기의정서[138]가 일체로서 하나의 협약을 구성한다(이하에서는 케이프타운협약과 항공기의정서를 합하여 "협약"이라고 한다).[139] 2024. 5. 31. 현재 미국 등 83개국 및 1개의 지역경제통합기구(EU)가 케이프타운협약 및 항공기의정서 양자 모두에 가입하고 있으나 우리나라는 아직 가입하지 않았다.[140]

협약의 핵심적인 내용은 (i) 항공기구성물(aircraft object)(=일정한 규모 또는 성능 이상

135) Hanley(2017), p. 271(Sample Lease Agreement, Article 8.17(a)).

136) 실무상으로는 양도담보계약서를 따로 작성하지 않고 항공기저당권설정계약서에 엔진 양도담보에 관한 약정을 포함시킨다. 양도담보 약정은 엔진이 어떠한 이유로든 항공기저당권의 효력 범위를 벗어나게 되는 경우, 저당권자를 위해 양도담보권이 자동적으로 설정된다는 내용이다{조영균·김영민(2018), 31쪽}.

137) 2004. 4. 1. 발효된 "이동장비에 대한 국제적 권리에 관한 협약(Convention on International Interests in Mobile Equipment)"을 말한다.

138) 2006. 3. 1. 발효된 "이동장비에 대한 국제적 권리에 관한 협약의 항공장비 특유의 사항에 관한 의정서(Protocol to the Convention on International Interests in Mobile Equipment on Matters Specific to Aircraft Equipment)"를 말한다.

139) 케이프타운협약은 세 가지의 특정 장비(항공기장비, 철도차량 및 우주자산)에 관한 각각의 의정서(protocol)로 보완된다. 항공기장비에 관한 케이프타운협약은 항공기의정서까지 채택하여야 발효된다.

140) 케이프타운협약 및 항공기의정서의 체약국 현황은 UNIDROIT, "Protocol to the Convention on International Interests in Mobile Equipment on Matters Specific to Aircraft Equipment-Status" (https://www.unidroit.org/status-2001capetown-aircraft).

의 항공기기체, 엔진 또는 헬리콥터)에 대한 실질법상의 권리로서 "국제적 권리(international interest)"의 창설, (ii) 국제등록 제도에 의한 국제적 권리의 대항요건 및 우선순위 설정과 (iii) 채무자(=담보제공자·소유자)의 채무불이행 발생시 국제적 권리에 기하여 채권자가 갖는 권리 및 구제수단의 마련에 있다.[141] "국제적 권리"는 항공기구성물에 대하여 국제등록부(International Registry)에 등록될 수 있는 권리로서 담보계약(security agreement)에 따른 담보권자의 권리, 소유권유보부매매(title reservation agreement)에 따른 매도인의 권리 및 리스계약(leasing agreement)에 따른 리스제공자의 권리를 말한다(케이프타운협약 Article 2(2), Article 7 및 Article 16). 협약에 따라 항공기구성물에 대하여 등록된 국제적 권리는 그 후 그 구성물에 관하여 등록된 다른 권리 및 미등록 권리에 대하여 우선한다(케이프타운협약 Article 29(1)).

(나) 협약의 적용범위

협약은 기본적으로 다음의 요건이 충족되는 때에 적용된다.

① 항공기구성물을 대상으로 하여 국제적 권리를 설정하는 계약(=담보계약, 소유권유보부매매계약 또는 리스계약)이 체결되고,

② 위 계약의 체결시 담보제공자·조건부매수인·리스이용자가 체약국에 소재하고 있거나(케이프타운협약 Article 3(1))[142] 또는 항공기기체 또는 헬리콥터의 경우에는 항공기기체 또는 헬리콥터가 체약국의 항공기등록부에 등록되어 있을 것(항공기의정서 Article Ⅳ(1)).[143]

채권자가 비체약국에 소재하고 있더라도 협약의 적용범위에 영향을 주지 않는다(케이프타운협약 Article 3(2)).

(다) 협약에 의한 항공기 담보권(기체 및 엔진에 대한 국제적 권리)

우리나라의 항공회사가 임차하여 운항하는 항공기는 국내 항공기등록원부에 등록되고 항공기등록원부에 등록되는 항공기저당권은 한국법에 따라 설정된다. 그런데, 앞서 본 바와 같이 항공기구성물을 대상으로 하여 국제적 권리를 설정하는 계약의 체결 당시 담보제공자가 협약 체약국에 소재하는 경우 그 항공기구성물에 관하여는 협약이 적용된다. 따라서 체약국에 소재하는 항공기 소유자는 항공기금융을 제공한 채권자와 항공기의 기체 및 엔진을 대상으로 하여 담보계약(=항공기저당권설정계약)을 체결하고 그에 따라 기체

141) 협약에 관한 상세한 소개는 석광현(2004), 163-198쪽; 성낙주(2020), 615-628쪽.

142) 담보제공자 등이 체약국에 소재한다는 것은, 담보제공자 등의 설립지, 등기된 사무소의 소재지, 경영의 중심지 또는 주된 영업의 소재지가 체약국인 것을 말한다(케이프타운협약 Article 4).

143) Clifford Chance(2007), pp. 1-2.

및 엔진에 대하여 설정된 국제적 권리를 국제등록부에 등록할 수 있다.[144] 우리나라는 협약에 가입하지 아니하였으므로 위 채권자는 우리나라에서는 한국법에 따른 항공기저당권만을 등록·행사할 수 있으나, 협약 체약국 내에서는 항공기의 기체 및 엔진에 대하여 국제등록부에 등록된 국제적 권리를 협약이 정하는 바에 따라 행사할 수 있게 된다. 우리나라가 협약에 가입하지 않았다고 하더라도, 위와 같이 담보계약 체결 시 항공기 소유자가 체약국에 소재하는 때에는 우리나라의 항공회사가 임차하여 국내에 등록된 항공기에 대하여도 협약에 따른 국제적 권리가 설정·행사될 수 있다는 점에 유의할 필요가 있다.

(라) 엔진에 대한 담보권

항공기의 엔진 소유자(=담보제공자)가 체약국에 소재하는 경우 엔진에 관하여는 협약이 적용된다{케이프타운협약 Article 3(1)}. 협약에 의하면 일정 규모 또는 성능 이상의 항공기엔진은 국제적 권리의 목적이 되는 독립적인 담보자산으로 취급되고{케이프타운협약 Article 2(3), 항공기의정서 Article I(2)(b)} 협약에 따라 항공기엔진에 관하여 등록된 국제적 권리는 그 후 그 엔진에 관하여 등록된 다른 권리 및 미등록 권리에 대하여 우선한다(케이프타운협약 Article 29(1)). 또한, 항공기엔진에 대한 소유권 또는 그 밖의 권리는 항공기 기체에의 설치나 기체로부터의 분리에 의해 영향을 받지 않는다(항공기의정서 Article ⅩⅣ(3)).[145] 따라서 국내 항공회사가 리스금융에 의하여 도입하는 예비엔진의 소유자가 협약 체약국에 소재하는 경우에는 예비엔진의 구입자금을 대출하는 대주는 우리나라에서 그 예비엔진에 대하여 동산채권담보법에 따른 동산담보권을 설정받는 것과 병행하여 엔진소유자와 담보계약을 체결하고 예비엔진에 대하여 협약에 따른 국제적 권리를 설정받을 수도 있을 것이다.

라. 채권양도

국제사법에 의하면 채권의 양도인과 양수인 간의 법률관계는 당사자 간의 계약의 준거법에 의하고, 채권의 양도가능성, 채무자 및 제3자에 대한 채권양도의 효력은 양도되는

---

144) 항공기를 소유하는 SPC가 주로 설립되고 있는 Cayman Islands는 영국의 자치령(autonomous British Overseas Territory)인데, 영국은 2015. 11. 1.자로 협약에 가입하면서 항공기의정서 Article XXIX에 근거하여 Cayman Islands를 비롯한 자치령에 대하여도 가입의 효력이 미치는 것으로 선언하였다(Declaration lodged by the United Kingdom of Great Britain and Northern Ireland under the Aircraft Protocol, <https://www.unidroit.org/status-2001capetown-aircraft?id=1890).
따라서 Cayman Islands에 설립된 SPC가 항공기의 기체 및 엔진을 소유하는 경우 그 기체 및 엔진에 관하여는 협약에 따른 국제적 권리가 설정될 수 있다.

145) 석광현(2004), 173쪽, 191-193쪽; Clifford Chance(2007), p. 1, note 5. 예비엔진이 항공기에 설치될 경우 설사 체약국의 국내법에 따라 항공기에 부합(附合; accession)한다고 하더라도 그에 앞서서 그 예비엔진에 대하여 협약에 따른 국제적 권리가 등록되어 있는 경우에는 그 예비엔진에 대한 국제적 권리가 우선한다{Hanley(2017), pp. 95-96}.

채권의 준거법에 의한다(동법 제54조 제1항). 채권양도계약 및 채권의 발생 원인이 되는 리스계약, 보험계약 등 계약의 준거법이 영국법 등 외국법인 경우 채권양도의 효력에 관하여 한국법이 적용되지 않는다.

(가) 리스채권의 양도

금융리스의 경우 차주겸 리스제공자(=SPC)가 리스이용자(=항공회사)에 대하여 갖는 리스채권을 대주에게 담보로 양도한다. 운용리스의 경우 항공기소유자가 항공기 구매대금을 차입하여 조달하는 경우에는 원리스계약 및 전리스계약에 따른 채권을 대주에게 담보로 양도한다.

(나) 보험금청구권의 양도

항공운송사업자 등은 항공보험에 가입하지 아니하고는 항공기를 운항할 수 없다(항공사업법 제70조). 항공보험은 여객보험, 기체보험, 화물보험, 전쟁보험, 제3자보험 및 승무원보험과 그 밖에 국토교통부령이 정하는 보험을 말한다(항공사업법 제2조 제37호). 국제항공기리스의 실무상으로도 리스계약에서 리스이용자가 그의 비용으로 항공보험에 가입하도록 하고 있고, 보험의 범위와 조건에 관하여 상세한 규정을 둔다.[146] 리스회사와 금융채권자를 항공보험의 공동피보험자(additional insureds)로 하고 리스회사의 보험금청구권(여객보험, 제3자 보험, 승무원 보험 등 제3자 책임보험은 제외)을 금융채권자에게 담보로 양도한다. 보험금청구권 양도 이외에도 실무상 보험사고의 유형에 따라 보험금 수령자를 정하여 보험회사가 그 보험금 수령자에게 보험금을 지급하기로 하는 이른바 "Loss Payable Clause"도 이용한다. Loss Payable Clause는 통상 이미 이루어진 '보험금청구권 양도'의 효력 범위 내에서 보험금의 실제 지급방법을 규정한 것이라고 볼 수 있다.[147]

(4) 리스이용자의 도산절차에서 리스제공자의 항공기 환취권

가. 국내 도산절차

리스이용자인 항공회사에 대하여 우리나라에서 회생절차가 개시될 경우, 항공기 소유자인 SPC가 소유자로서 환취권을 행사하여 항공기를 반환받을 수 있는지의 문제가 있다. 항공기 운용리스의 경우에는 리스계약은 실질적으로 임대차의 특성을 갖는 것이므로 통상의 임대차계약과 마찬가지로 채무자회생법상 쌍방미이행 쌍무계약으로 취급되고 리스제공자의 환취권이 인정된다. 한편, BBCHP를 이용한 선박금융거래와 관련하여, 우리

146) 석광현·조영균(2009), 254쪽.

147) 국내보험회사는 위험을 분산시키기 위하여 외국의 보험회사들과 재보험계약을 체결하는데, 리스회사 또는 금융채권자가 재보험계약에 따른 보험금을 국내보험회사를 거치지 않고 직접 수령할 수 있는지의 문제가 있다. 이에 관하여는 석광현·조영균(2009), 257쪽.

법원의 실무는 용선회사의 회생절차에서 선박 소유자인 SPC의 BBCHP상 권리를 쌍방미이행 쌍무계약상의 권리로 파악하고 소유자겸 리스제공자인 SPC에게 환취권을 인정하고 있다. 따라서 선박 BBCHP에 관한 현재의 법원 실무가 항공기리스에도 그대로 적용된다면, SPC를 이용한 소유권이전조건부 항공기 금융리스의 경우에도 리스이용자인 항공회사의 도산절차에서 소유자인 SPC의 환취권이 인정될 수 있을 것이다. 하지만, 이 점에 관하여 명시적인 법 규정이 없고 대법원판례도 없기 때문에 법적 불확실성이 완전히 해소되지 않고 있다(이에 관한 상세한 내용은 ☞ 제14장 제4절 소유권의 담보권으로의 재구성).

나. 케이프타운협약의 적용

케이프타운협약 및 항공기의정서의 가입 당시 항공기의정서의 선택지 A(Alternative A)를 적용할 것을 선언한 체약국이 '주된 도산관할(primary insolvency jurisdiction)'을 갖고 있는 도산절차에서는 리스제공자(또는 담보권자·소유권유보조건부매도인)는 리스이용자(또는 담보설정자·소유권유보조건부매수인)에 대한 도산절차의 개시에도 불구하고 리스이용자 등이 협약에서 정한 일정한 기간 내에 기존의 채무불이행을 전부 치유하고 장래의 채무를 모두 이행하기로 약정하지 않는 이상 그 기간의 만료 즉시 그 항공기구성물을 환취할 수 있는 권한을 부여 받는다(항공기의정서 Article XI, Alternative A).[148] 대다수의 체약국은 항공기의정서 Article XXX(3)에 따라 선택지 A를 채택하고 있다.[149][150] 우리나라의 항공회

148) 항공기의정서에 의하면 체약국은 선택지 A 또는 선택지 B(Alternative B)를 채택하거나 그 어느 것도 채택하지 아니함으로써 환취권에 관하여 국내 도산법을 적용하는 것으로 할 수도 있다{항공기의정서 Article XXX(3), Article XI}. 선택지 A의 적용을 선언한 채택국에서는 항공기의정서에서 규정한 바대로 강한 내용의 환취권이 인정되나, 선택지 B의 적용을 선언한 채택국에서는 종국적으로 채권자가 항공기구성물을 환취할 수 있을 것인지는 법원의 재량에 맡겨져 있다{석광현(2004), 186-187쪽; Hanley(2017), p. 139; Scheinberg(2014), pp. 156-157}.

149) UNIDROIT, "Protocol to the Convention on International Interests in Mobile Equipment on Matters Specific to Aircraft Equipment-Status"(https://www.unidroit.org/status-2001capetown-aircraft). 미국은 선택지 A와 B 어느 것도 채택하지 아니하였으나 미국 연방파산법 제1110조는 선택지 A와 사실상 동일한 내용으로 규정되어 있다. 비교적 최근에 케이프타운협약과 항공기의정서에 가입한 영국의 경우에도 선택지 A를 채택하지 않고 영국의 국내 도산법(Insolvency Act of 1986)을 개정하여 선택지 A의 내용을 반영하는 방법을 취하였다{Clifford Chance(2015), p. 1, note 6}. 현재 선택지 B를 선택한 나라로는 멕시코가 유일하다{Hanley(2017), p. 139; <https://www.unidroit.org/status-2001capetown-aircraft?id=1598>}.

150) 미국의 항공회사들은 미국 증권시장에서 EETC(Enhanced Equipment Trust Certificate: 보강된 설비신탁증서)라는 금융상품을 발행하여 투자자들로부터 항공기 도입에 필요한 자금을 활발하게 조달하여 왔다. 최근에는 케이프타운협약 체약국의 항공회사들도 미국 증권시장에서 EETC를 발행하는 사례가 증가하고 있다{Scheinberg(2014), pp. 43-44}. EETC는 항공회사가 항공기 구매대금의 20% 정도를 출연하여 특별목적신탁을 설정하고, 이 신탁의 수탁자(owner trustee)가 나머지 80% 정도를 설비 채무증서(equipment notes) 발행에 의해 자본시장 투자자들로부터 조달하여 항공기를 구매한 후에, 그 항공기를 항공회사에게 리스하는 방식이다. 1회차 채무증서 발행시에 발행인이 소유하는 다수의 항공기들을 대상으로 할 수도 있다. EETC의 발행은 아래와 같이 크게 두 부분으로 구성된다{Scheinberg(2014), pp. 40-43; EETC를 소개하는 국내 문헌으로

사에 대하여 도산절차가 개시될 경우, 주된 도산관할은 비체약국인 우리나라가 갖게 될 것이므로 국내 항공회사에 대한 국내외 도산절차에서 위 항공기의정서에 따른 환취권이 적용될 여지는 없을 것이다.

그러나 만일 국내 항공회사가 리스한 항공기의 소유자에 대하여 체약국에서 도산절차가 개시된다면 위 항공기의정서의 환취권에 관한 규정이 적용될 수도 있다. 예컨대, 항공기소유자와 금융제공자 간의 (항공기를 담보로 제공하는) 담보계약 체결 당시 항공기 소유자가 체약국에 소재하고 그 항공기의 기체 및 엔진에 대한 담보권이 케이프타운협약 및 항공기의정서에 따른 국제적 권리로 등록되어 있는 때에는, 항공기 소유자(=담보설정자)에 대하여 주된 도산관할을 갖는 체약국에서 도산절차가 개시될 경우 그 체약국이 선택한 바에 따라 선택지 A, 선택지 B 또는 그 체약국의 국내 도산법에 기하여 항공기의 기체 및 엔진에 대한 환취권의 인정 여부 및 그 범위가 정해지게 될 것이다.151)

(5) SPC의 의무이행에 관한 보증 및 평온한 항공기 점유의 보장

SPC가 계약당사자로서 리스거래 및 이와 관련된 금융거래에 참가할 경우 리스이용자인 항공회사는 거래의 실질적 주체인 리스회사로부터 SPC의 계약상 의무에 대한 보증을 제공받을 필요가 있다. 또한, 리스이용자는 항공기의 저당권자, 소유자, 원리스제공자(head lessor), 항공기등록을 목적으로 설정된 신탁의 수익자 등으로부터 리스이용자의 채무불이행이 없는 한 리스기간 중에는 리스이용자에 의한 항공기의 평온한 사용·수익(quiet use and enjoyment)을 방해하지 않겠다는 확약을 받을 필요가 있다.152)

는, 조영균·김영민(2018), 22-25쪽; 김하균 외(2017), 26-28쪽, 33쪽; 김정동(2015), 6쪽, 13쪽}.

(i) 첫째, 항공기 소유자(=owner trustee)가 미국 증권시장에서 담보부 채무증서(equipment notes)를 상환우선순위 별로 복수의 tranche로 발행하는 단계이다. 채무증서에 따른 채무는 항공기 저당권 및 리스채권으로 담보된다.

(ii) 둘째, 위의 담보부 채무증서에 투자하고자 하는 투자자들은 이를 위하여 채무증서의 각 tranche에 대응하여 별도로 설정된 신탁의 수탁자가 발행하는 수익증권(Pass Through Certificates: PTC)을 매입하고, 그 신탁의 수탁자들은 그 투자금으로 owner trustee가 발행한 담보부 채무증서를 매입한다.

한편, 항공회사가 도산절차에 들어가는 경우 항공기를 용이하게 환취할 수 있을 것인지는 고가의 항공기에 대한 금융을 제공하는 채권자에게는 중요한 고려사항이 된다. EETC 발행은 국내 도산법(예컨대, 미국 연방파산법 제1110조) 또는 케이프타운협약 및 항공기의정서 가입에 의하여 그러한 환취권이 강하게 인정되고 있는 국가의 항공회사들이 미국 증권시장에서 자금을 조달하는 유력한 수단이 되고 있다. 앞으로 국내 항공회사가 EETC의 발행을 통해 항공기 도입자금을 조달하려고 하는 경우, 채무자회생법상 리스제공자가 리스이용자의 도산절차에서 리스항공기에 대한 환취권을 인정받을 수 있을 것인지에 관한 법적 불확실성이 먼저 해소될 필요가 있다{조영균·김영민(2018), 33쪽}.

151) 다만, 항공기 소유자가 SPC인 경우에는 채권자와의 사이에 책임재산한정특약이 체결되어 있는 경우가 많을 것이므로 SPC가 도산절차에 들어가는 일은 별로 없을 것으로 생각된다.

152) Hanley(2017), p. 19, pp. 63-64.

3. 항공기저당대출

(1) 거래구조

항공기저당대출의 구조는 [그림 14-6]과 같다. 항공기 구매자금의 규모가 크므로 SPC에 대한 대출은 신디케이티드 대출에 의한다. 대출계약의 준거법은 영국법으로 하는 경우가 많다. 대주가 외국 금융회사인 경우에는 외국으로 지급하는 대출이자가 법인세법상 원천징수의 대상이 된다. 따라서 조세조약에 의하여 원천징수가 면제되지 않는 경우 국내 항공회사가 항공기저당대출에 의하여 항공기를 도입하기는 어려울 것이다. 그러나 대주단이 국내 금융회사들로만 구성되는 경우에는 원천징수의 부담이 없으므로 항공기저당대출 방식이 고려될 수 있다.

[그림 14-6] 항공기저당대출의 구조

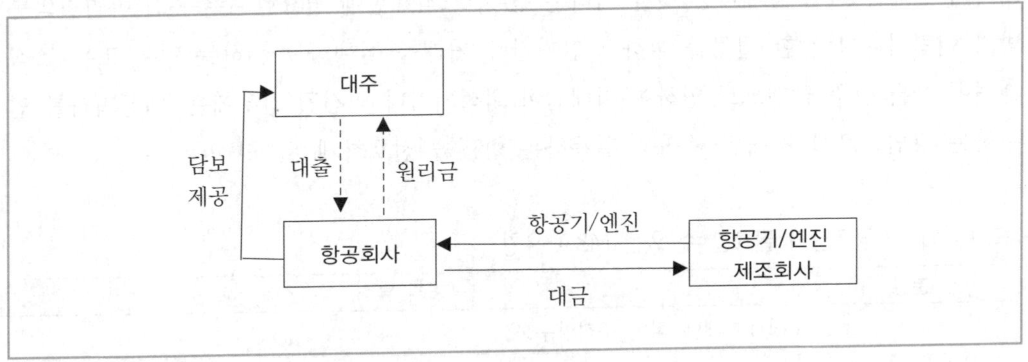

(2) 항공기등록 및 국적 취득

앞서 본 바와 같이 항공안전법에 따라 항공회사는 도입한 항공기에 대하여 소유권등록을 하여야 하고 이로써 해당 항공기는 우리나라 국적을 취득하고 감항증명을 받을 수 있다.

(3) 취득자금 대출에 대한 담보

대출채권을 담보하기 위하여 항공회사는 특정동산저당법에 따라 대주 앞으로 항공기저당권을 설정한다. 항공기리스의 경우와 마찬가지로 항공기 엔진에 대하여는 추가적으로 양도담보권을 설정한다. 또한, 항공기에 관한 보험의 보험금청구권을 대주에게 담보로 양도한다.

제 2 절 인수금융

Ⅰ. 서 설

1. 인수금융의 개념

(1) M&A의 유형과 인수자금의 조달

인수금융은 M&A에 의하여 회사 또는 사업을 인수하는데 필요한 자금을 융통하는 거래이다. 인수금융의 대상이 되는 M&A 유형은 대체로 아래 [표 14-1]과 같다.153)

인수금융이 필요한 대표적인 M&A 유형은 지배권 주식의 취득이다. 인수회사가 대상회사의 부채를 직접 승계하는 것을 꺼리는 경우, 조직재편에 필요한 주주총회 특별결의를 받기 어렵거나 복잡한 절차를 피하고 단기간에 거래를 실행하고자 하는 경우 또는 조직개편에 따른 신주 발행으로 인하여 지배권이 희석되거나 역전될 경우에는, 대상회사를 인수하는 방법으로서 지배권 주식을 취득하는 방법을 선호하게 된다.154)

[표 14-1] 자금조달이 필요할 수 있는 M&A 유형

분류	거래 유형
지배권 주식의 취득	상대거래에 의한 주식양수도
	상장주식의 공개매수
	제3자 배정에 의한 신주발행(회생회사의 M&A)
	출자전환에 의한 신주발행+주식양수도(워크아웃 회사의 M&A)
사업의 인수	영업양수도, 자산양수도
	회사분할+주식양수도
조직재편	합병, 포괄적 주식교환, 분할합병 등 조직재편절차(대상회사의 주주에게 대가로 현금이 지급되는 경우)

지배권 주식의 취득은 일반적으로 대상회사의 지배주주와의 상대거래에 의한 주식매수에 의한다. 상장회사를 인수하는 경우에는 자본시장법에 따른 공개매수절차가 적용

153) 주식형 조직재편과 현금형 조직재편 간 및 영업양도·자산양도·주식양도 및 합병 간의 거시적인 비교에 관하여는 노혁준 외(2020), 626-628쪽.

154) 笹山幸嗣·村岡香奈子(2008), 9-10쪽.

될 수 있다. 신주인수에 의하여 지배권 주식을 취득하는 경우도 있다. 예컨대, 회생절차 진행 중에 이루어지는 회생회사의 M&A는 인수자가 회생회사가 발행하는 신주를 인수하여 지배권 주식을 취득하는 경우가 많다.[155] 반면에, 워크아웃회사[156]의 M&A에서는 출자전환에 의하여 워크아웃회사의 지배지분을 보유하게 된 금융채권자들이 지배권 주식을 공동으로 매각하는 방식(=출자전환+주식양도)을 이용한다.[157]

사업을 인수하는 방법으로는 영업양수도와 자산양수도가 있다. 영업양수도와 자산양수도는 인력승계 문제, 조세 문제 등과 관련하여 장단점이 있으나 기본적으로 개별 자산에 대한 양도절차를 일일이 거쳐야 한다는 부담이 있다.[158] 최근에는 대상회사의 특정 사업을 인수하고자 하는 경우, 먼저 회사분할에 의하여 회사를 신설하되 신설회사가 분할전 회사의 채무에 대하여 연대책임을 지지 않는 조건으로 특정 사업을 승계하도록 하고(상법 제530조의9 제2항, 제530조의10), 그 신설회사의 지배권 주식을 양도받는 방법(=회사분할+주식양도)도 많이 이용되고 있다.[159] 합병, 포괄적 주식교환, 분할합병 등 조직재편절차에서 인수대상 회사의 주주에게 대가로 현금이 지급되는 경우에도 자금조달이 필요할 수 있다. 영업양수도·자산양수도를 위한 자금조달은 제1절에서 살펴본 자산금융과 유사한 특성을 갖고, 조직재편을 위한 자금조달은 인수회사(또는 존속회사)의 책임재산을 기초로 하는 일반 기업금융에 의하는 경우가 많을 것이다.

(2) 광의의 인수금융과 협의의 인수금융

넓은 의미의 인수금융은 대상회사의 인수자가 외부로부터의 차입 또는 지분투자 유치에 의하여 인수자금을 조달하는 방법으로서 일반 기업금융 방식에 의한 자금조달도 포함한다. 좁은 의미의 인수금융은 대상회사의 인수자가 자신의 신용이나 재산이 아니라 대

155) 실무상 지배권 주식의 취득에 필요한 지분비율을 고려하여 전체 인수대금 중 상당 부분이 신주발행에 의하여 회생회사에 납입되고 나머지 인수대금은 회생회사가 발행하는 사채의 인수 또는 회생회사에 대한 대출에 의하여 회생회사에게 지급된다. 인수대금 전액이 회생회사로 유입되므로 M&A에 의하여 회생회사의 성공적인 재건 및 회생절차의 조기종결을 도모할 수 있게 된다. 회생회사의 M&A에 관한 상세한 내용은, 홍성준(2017), 49-107쪽.

156) 기업구조조정촉진법에 의한 공동관리절차나 금융기관간 협약에 의한 워크아웃의 대상인 회사를 말한다.

157) 이 경우 회생절차에서의 M&A와는 달리 주식매매대금(경영권 프리미엄 포함)은 양도인인 주주(=출자전환 채권자)에게 귀속된다. 워크아웃회사의 M&A에 관한 상세한 내용은, 장상헌(2017), 23-48쪽.

158) 영업양도와 자산양도의 장단점에 관하여는, 강희철(2009), 39-57쪽; 윤여균·곽명철(2011), 47-48쪽.

159) 윤여균·곽명철(2011), 48쪽. 이 방식은 M&A의 관점에서는 사업의 일부를 인수하는 방식 중의 하나로 볼 수 있으나 인수금융의 관점에서는 결국 지배권 주식의 인수를 위한 인수금융과 동일시할 수 있다.

상회사의 자산이나 영업의 가치를 기초로 하여 자금을 조달하는 기법을 말한다.[160] 대표적인 예는 지배주식인수(buy-out) 거래[161]에 있어서 주식매수대금의 지급을 위한 자금조달이다. 일반적으로 지배주식인수 거래는 실질적 인수자인 스폰서(sponsor)가 특별목적회사(SPC)를 설립하여 지분투자를 하고, SPC가 대상회사의 지배주주로부터 주식을 매수하면서 주식매수대금의 상당 부분을 제3자로부터의 차입에 의하여 조달하는 방법을 이용한다.

한편, 인수금융은 전략적 투자자(strategic investor)[162]가 주도하는 인수거래에서 인수자금을 조달하기 위한 금융과 재무적 투자자(financial investor)[163]가 주도하는 인수거래에서 인수자금을 조달하기 위한 금융으로 구분할 수도 있다. 후자는 대체로 좁은 의미의 인수금융에 해당된다.

2. 인수금융의 기본 유형

(1) 기업금융 방식

사업회사(=전략적 투자자)가 인수자인 경우 자신의 신용과 책임재산으로 인수자금을 조달하는 통상적인 기업금융에 의하는 경우가 많다. 가장 일반적인 자금조달 방법은 대출이다. 인수대금의 규모가 크므로 복수의 대주들이 참여하는 신디케이트 대출이 이용된다.[164] 인수거래의 성사가 확실하고 자본시장에서 자금조달 능력이 있는 경우에는 사채 발행[165] 또는 보통주, 우선주, 상환전환우선주 등의 주식을 발행하여 자금을 조달하기도 한다.[166]

160) 안보용(2010), 26쪽; 윤여균·곽명철(2011), 47쪽.

161) 지배권 있는 주식을 인수하는 거래(buy-out)에서는 주로 재무적 투자자(특히, PEF)가 주체가 된다. 1990년대 후반부터는 실무상 거의 모든 유형의 buy-out에 대하여 “leveraged buy-out(LBO: 차입매수)”이라는 용어를 사용하고 있다. 여기서 “leveraged”는 기업인수가 상당한 금액의 차입으로 조달된다는 점을 의미한다{Speechley(2015), pp. 5-6}.

162) 전략적 투자자는 경영전략에 따라 사업의 확대 또는 재편을 목적으로 하여 M&A를 행하는 투자자를 말한다.

163) 재무적 투자자는 기업 인수 후에 일정기간 동안 기업가치를 높이고 그 후 기업 매각 또는 기업공개(Initial Public Offering: IPO) 등에 의하여 투자자금을 회수함으로써 매매차익을 얻는 것을 목적으로 하는 투자자를 지칭한다. 사모투자펀드(Private Equity Fund: PEF)가 대표적인 예이고 그 밖에 은행, 기관투자자(증권·보험·자산운용사 등), 연기금 등이 있다.

164) 두산인프라코어가 2007. 12.경 미국의 Ingersoll-Rand사로부터 건설장비 사업부문을 인수하면서, 한국산업은행을 비롯한 9개 은행으로부터 미화 29억달러(원화 약 2조 9천억원)을 차입한 사례{안보용(2010), 27쪽}.

165) SK텔레콤이 2008. 3.경 하나로텔레콤을 인수하기 위해 지급한 대금 약 1조 877억원 중 4,000억원을 회사채 발행을 통해 조달하고 나머지는 SK텔레콤 자체 자금을 이용한 사례{안보용(2010), 28쪽}.

166) 신한금융지주회사가 2003. 8.경 조흥은행 인수를 위해 상환우선주 및 상환전환우선주를 발행한 사례. 9천억원 상당의 상환우선주는 조흥은행 주식의 매수대금 조달을 위해 발행되었고 나머지 약 1조 6천억원 상당의 상환전환우선주는 조흥은행 주식을 직접 현물출자 받는 대가로 발행되

(2) 공동투자 방식

대상회사의 주식을 사업회사가 단독으로 매수하기에는 소요 자금의 규모와 투자위험이 큰 경우, 재무적 투자자들과 콘소시움(consortium)을 구성하여 직접 또는 SPC를 통해 대상회사의 주식을 인수하는 공동투자방식을 이용할 수 있다. 콘소시움 구성원 간의 권리의무 관계는 기본적으로 콘소시움계약에 의하여 정해진다. 콘소시움계약 또는 별도의 주주간계약에 의하여 주식 취득 후 대상회사에 대한 주주권 행사, 주식매각 제한 등에 관한 주주간 합의 사항도 정한다.

공동투자 방식에서 재무적 투자자는 사업회사와의 재무약정에 의하여 투자위험을 사업회사에 전가함으로써 실질적으로 금융을 제공하는 역할을 한다. 재무약정의 유형으로는, ① 사업회사가 재무적 투자자에게 대상기업(또는 대상기업을 인수한 SPC)의 주식을 미리 정한 가격으로 사업회사에게 매도할 수 있는 주식매도옵션(put option)을 부여해 주는 방법,[167] ② 사업회사가 재무적 투자자에 대하여 위의 주식매도옵션을 부여하고 재무적 투자자로부터는 동 주식을 미리 정한 가격으로 매수할 수 있는 주식매수옵션(call option)을 부여받는 방법 또는 ③ 재무적 투자자의 투자기간 동안 사업회사와 재무적 투자자 간에 동 주식을 대상으로 하여 총수익스왑(total return swap)을 하는 방법 등이 있다. 재무약정에 의하여 사업회사는 재무적 투자자의 손실을 인수하거나(위의 ①), 재무적 투자자의 손실을 인수하는 동시에 투자에 따른 이익이 생기는 경우 이를 자신에게 귀속시킬 수 있게 된다(위의 ② 및 ③).[168]

(3) SPC 방식

지배권 주식 취득을 위한 인수금융(협의)의 기본 구조는 [그림 14-7]과 같다. 실질적 인수자인 스폰서가 설립한 SPC가 주식매매 거래에서는 매수인, 인수금융 거래에서는 차

었다{안보용(2010), 30-31쪽}.

167) 2006. 12. 15 금호산업㈜ 등 5개의 금호그룹 회사들은 다수의 재무적 투자자들과 콘소시움을 구성하여 대우건설(주)의 주식 약 72%를 주당 26,262원에 매수하였다. 금호산업은 재무적 투자자들이 매수한 주식 전부(발행주식 총수의 약 39.6%)에 관하여, 일정 기간 동안 동 주식의 가격이 기준가격(주식매수가격 26,262원에 3년간 연복리 9%의 비율에 따라 산정된 금액을 가산하고, 이익배당액과 유상소각 대가를 차감한 금액)에 도달하지 않을 경우 주식매수일 이후 3년이 경과하면 기준가격으로 동 주식을 금호산업에게 매도할 수 있는 매도선택권(put option)을 재무적 투자자들에게 부여하였다. 그 후 대우건설 주식의 가격이 기준가격에 도달하지 못하여 재무적 투자자들이 위 매도선택권을 행사하였으나 금호산업은 일시에 지급되어야 하는 거액의 주식 매수대금을 조달하지 못하고 (구)기업구조조정촉진법에 의한 공동관리절차에 들어갔다{금호산업 제38기 감사보고서(2010. 3. 15.)에 첨부된 재무제표에 대한 주석 31항}.

168) 재무약정의 유형에 관한 상세한 내용은, 유건(2015), 6-11쪽; 윤여균·곽명철(2011), 56-58쪽.

[그림 14-7] SPC 방식[169)]

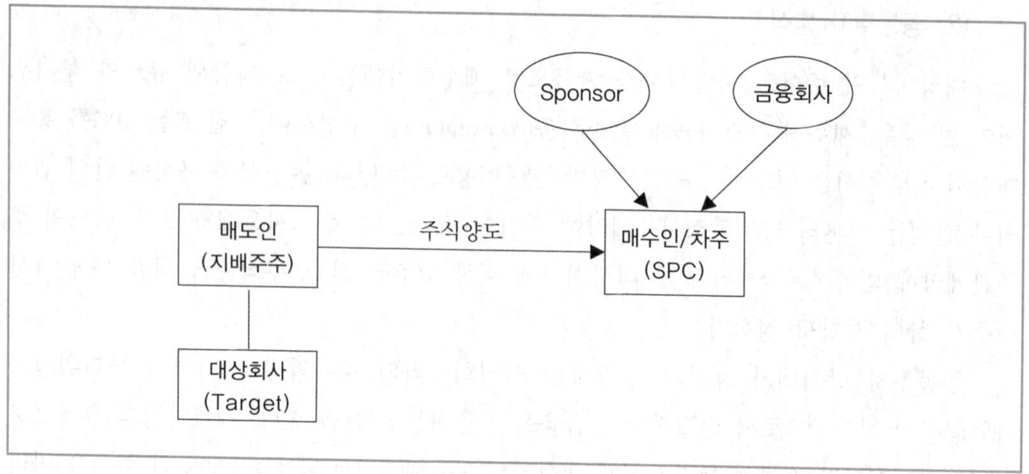

주가 된다. SPC를 이용하는 경우 다음과 같은 이점을 얻을 수 있다.

가. 상환책임 배제

스폰서는 SPC를 이용함으로써 인수금융의 차주가 되는 것을 피할 수 있고 인수금융에 대한 책임은 SPC에 대한 출자금액으로 한정할 수 있다{=상환책임배제(non-recourse) 금융}. 다만, 스폰서가 채무보증에 제약을 받지 않는 경우 인수금융 제공자에게 SPC의 채무에 관하여 보증이나 자금보충약정을 제공하는 경우도 있다.

나. SPC의 이용

자본시장법상 사모집합투자기구가 경영참여 목적의 투자를 하는 경우 거래구조 내지 위험을 투자건별로 구분하고 분산하기 위하여 SPC인 투자목적회사(동법 제249조의13)를 이용할 수 있다.[170)] SPC가 공정거래법상 지주회사에 해당되는 경우에는 자본총액의 2배를 초과하는 부채액을 보유하는 행위가 금지되는 등 공정거래법상의 지주회사에 대한 규제가 적용된다.[171)] 그러나 자본시장법상 사모집합투자기구와 투자목적회사는 자본시장법상 요건을 충족하는 경우 그 요건을 충족한 날부터 10년간 공정거래법상의 지주회사 규제가 적용되지 아니한다(동법 제249조의19 제1항).

---

169) Speechley(2015), p. 8.

170) 박삼철 외(2021), 527-532쪽.

171) SPC는 주식의 소유를 통해 대상회사의 사업내용을 지배하는 것을 '주된 사업'(=SPC가 보유하는 대상회사의 주식 가액의 합계액이 SPC 자산총액의 100분의 50 이상인 것)으로 하는 회사로서 SPC의 자산총액이 5,000억원 이상인 경우에는 공정거래법상 지주회사에 해당되므로(동법 제2조 제7호, 동법시행령 제3조 제1항 내지 제3항), 부채액 보유 한도(동법 제18조 제2항 제1호) 등 공정거래법상의 지주회사 규제가 적용된다.

다. 유연한 회사구조

국내의 재무적 투자자가 주도하는 지배주식인수 거래에서는 대부분 하나의 SPC를 이용하고 있다. SPC는 조직 운영이 탄력적이고 이익배당 설계와 자본증가 절차가 주식회사보다는 용이하다는 등의 이유로 실무상 유한회사로 설립하는 경우가 많다. 다만 SPC에 의한 사채발행이나 SPC와 대상회사(주식회사) 간의 합병이 예정된 경우에는 상법상의 제약 때문에 SPC를 주식회사로 설립해야 한다.[172)]

라. 조세혜택과 구조적 후순위화

외국투자자가 국내 회사를 인수하는 경우의 인수금융과 국내 투자자가 외국 회사를 인수하는 경우의 해외 인수금융에서는 조세혜택을 받기 위해 조세편의국가에 SPC를 설립하고, 나아가 스폰서 등 후순위채권자가 SPC에 대하여 갖는 채권의 구조적 후순위화(구조적 후순위화에 관하여는 ☞ 제3장 제5절 후순위 채권 채무)를 위해 복층의 SPC를 이용하는 경우가 많다.

3. 인수금융(협의)의 특성

(1) 자금조달의 목적과 구성

인수회사는 자금을 조달하기 위해 금융회사로부터 대출을 받거나 사채 또는 주식을 발행한다. 인수대금의 지급은 인수계약에서 정한 시기에 확실하게 조달되어야 하므로 인수회사는 자금조달 방법에 따른 자금조달의 시기 및 확실성을 충분히 검토하여 인수계약상 인수대금의 지급의무를 이행하지 못하게 될 위험을 최소화하여야 한다. 조달자금의 구성은 [표 14-2]와 같다. 메자닌채권(=중순위채권)은 보통주와 선순위대출 사이의 채권, 즉 이익배당 및 잔여재산분배에 관하여 보통주보다 우대되는 우선주, 상환우선주, 상환전환우선주 등의 주식과 후순위채권(후순위대출 및 후순위사채)을 의미한다. 좁게 후순위채권만을 메자닌채권이라고 하는 경우도 있다. 메자닌채권은 인수자금의 조달 규모가 큰 경우에 이용된다.

---

172) 상법의 해석상 유한회사는 사채를 발행할 수 없고, 유한회사가 주식회사와 합병하는 경우에 존속회사가 주식회사인 때에는 법원의 인가를 받지 아니하면 합병의 효력이 없다(상법 제600조 제1항).

[표 14-2] 조달자금의 구성

<table>
<tr><td rowspan="4">조달자금</td><td rowspan="2">부채</td><td>선순위대출</td><td>선순위사채</td><td>선순위(Senior)</td></tr>
<tr><td>후순위대출</td><td>후순위사채</td><td rowspan="2">메자닌(Mezzanine)</td></tr>
<tr><td rowspan="2">자본</td><td colspan="2">우선주, 상환우선주, 상환전환우선주</td></tr>
<tr><td colspan="2">보통주</td><td>지분(Equity)</td></tr>
</table>

인수대금의 조달 방법으로는 일부 주식매매대금의 후불 조건에 의하여 주식매도인의 신용공여(seller's credit)를 받는 방법도 이용된다. 인수금융은 인수대금을 조달하는 것이 주된 것이지만, SPC가 대상회사를 인수한 후에 대출이자 및 비용의 지급을 위하여 추가로 자금을 차입하기도 한다. 또한, SPC에게 인수대금 대출을 제공한 대주가 대상회사에게 별도로 대출을 제공하여 대상회사의 기존채무를 변제하도록 하거나 운영자금에 사용하도록 하는 경우도 있다.

(2) 담보의 제약과 신용보강

SPC 방식에서는 원칙적으로 배후의 실질적인 인수자인 스폰서의 상환책임이 배제된다. 차주인 SPC가 보유하는 유일한 자산은 대상회사의 주식이다. 대주에게는 이 주식이 담보로 제공된다. 대상회사가 SPC의 채무에 대하여 보증·담보를 제공하지도 못한다. 따라서 대상회사의 신용도와 현금흐름의 창출 능력이 중요하고, SPC의 신용위험을 어떠한 방법으로 보강할 것인지가 관건이 된다. 인수금융의 채권자는 신용위험을 줄이기 위해 SPC와 대상회사를 합병시키는 등의 방법으로 SPC의 채무를 대상회사로 이관시키는 방법(debt push-down)과 SPC 및 대상회사의 현금흐름을 엄격하게 통제하여 금융채권의 상환재원을 확보하는 방법을 강구하게 된다.

(3) 지분매각에 의한 인수금융 상환

재무적 투자자에 의한 지배주식인수에서 차주인 SPC는 자체적으로 수익을 창출할 능력이 없고 인수금융의 상환재원은 기본적으로 대상회사가 창출하는 현금흐름이다. 재무적 투자자의 경우 투자기간이 비교적 단기(3~5년)이므로 이 기간 동안 대상회사가 생성하는 현금흐름으로 인수금융을 전부 상환하기는 쉽지 않다. 따라서 재무적 투자자는 투자지분을 매각하여 그 매각대금으로 인수금융을 상환하고자 한다. 이 점에서 10~20년의 장기 대출기간 동안 발생하는 현금흐름으로 금융부채를 상환하도록 설계되는 프로젝트금융과 차이가 있다.

(4) 리파이낸싱

인수회사가 대상회사를 인수한 후에 대상회사의 사업실적과 재무사정이 개선된 경우 인수회사로서는 인수금융 대출의 만기가 도래하기 전에 당초의 대출보다 유리한 조건으로 새로 자금을 차입하여 기존의 대출금을 상환하는 리파이낸싱(refinancing)을 할 유인을 갖게 된다.[173] 리파이낸싱을 위한 새로운 대출계약에서는 기존 대출계약상 차주의 영업 및 재산에 대한 엄격한 통제를 완화시킬 수 있다. 한편, 투자 후 비교적 단기간에 투자금을 회수하고자 하는 재무적 투자자가 투자지분의 매각에 의하여 투자금을 회수하는 것이 여의치 않을 경우에는 대상회사가 차입한 자금으로 이익배당, 자기주식의 매수 또는 유상감자를 하도록 하여 투자자금의 일부를 회수하는 방법(=후술하는 '유상감자·배당형 LBO')을 고려할 수 있다.[174]

(5) 환율 및 금리 변동 위험

변동금리에 의한 원화자금의 차입의 경우에는 이자율스왑에 의하여, 외화자금 차입의 경우에는 통화 및 이자율 스왑에 의하여 이자율 또는 환율 변동 위험을 헤지하는 것이 필요하다.

4. 국내 인수금융의 동향[175]

국내 사모투자펀드(PEF)가 활성화되면서 지배주식인수 거래가 국내시장에서 널리 이용되고 있다. 최근 국내 인수금융 시장에는 그 동안 인수금융의 경험을 많이 축적한 국내 금융회사들이 활발히 참여하고 있고 국내 대형 은행 또는 증권회사가 주간사를 맡고 있다. 대출계약 등 금융 관련 계약의 준거법도 한국법에 의하고 있다. 외국 금융회사의 참여는 미미한 것으로 보인다. 그 이유로는, 첫째 국내 회사 간의 M&A에서는 인수대금이 원화로 지급되고 있어서 인수금융을 달러화로 조달할 경우 헤지 비용이 발생하므로 원화 대출이 조달비용 측면에서 유리하기 때문이다. 둘째, 외국 금융회사로부터의 차입시 지급하는 이자 및 수수료는 세법상 원천징수의 대상이 되는데, 조세조약에 의하여 원천징수 세율이 감경되더라도 차주로서는 대출계약에 통상 포함되는 '원천징수세액의 추가지급

---

173) 우동석·김혜원(2015), 34-36쪽.

174) 우동석·김혜원(2015), 36쪽은 이러한 방법에 의한 리파이낸싱을 "부채를 통한 자본구조 재조정(leveraged recapitalization)"이라고 한다.

175) 이하의 내용은 주로 Chung·Myung·Kim(2016), pp. 269, 272-273을 참고한 것이다.

조항'(☞ 제3장 제4절 Ⅱ. 3. 원천징수 세액의 추가지급 등)으로 인하여 조달비용이 상승하기 때문이다. 국내 인수금융에서는 통상적으로 대출(선순위)이 전체 인수대금의 약 50% 정도를 차지한다. 대규모 인수거래에서는 후순위대출 또는 상환우선주 발행에 의한 메자닌 금융도 이용되고 있는데, 선순위대출 참가기관들이 후순위대출에도 참가하는 경우가 많다.

Ⅱ. 인수금융(협의)의 신용보강

1. LBO를 위한 인수금융

(1) LBO의 개념과 기본 구조

LBO의 개념에 관하여 대법원판례는 "LBO(Leveraged Buy-Out: 차입매수)는 일의적인 법적 개념이 아니라 일반적으로 기업인수를 위한 자금의 상당 부분에 관하여 피인수회사의 자산을 담보로 제공하거나 그 상당 부분을 피인수기업의 자산으로 변제하기로 하여 차입한 자금으로 충당하는 방식의 기업인수 기법을 일괄하여 부르는 경영학상의 용어로, 거래현실에서 그 구체적인 태양은 매우 다양하다"고 판시하였다.[176)]

LBO를 위한 인수금융은 SPC 방식에 의한 인수금융의 대표적인 것이고 기본 구조는 [그림 14-8]과 같다.

LBO를 위한 인수금융은 대출실행에 이르기까지 대체로 다음과 같이 진행된다.

① 실질적 인수자인 스폰서는 일대일 협상 또는 공개경쟁입찰을 거쳐 대상회사의 주주(=주식매도인)와 주식매매계약을 체결한다. 주식매매계약의 체결 전에 스폰서는 인수금융을 주선할 간사은행으로부터 대출확약서를 발급받아 주식매도인에게 제공한다.

② 스폰서는 SPC를 설립하여 주식매매계약상 매수인의 지위를 SPC에 양도한다.[177)]

③ SPC는 주식매매대금을 조달하기 위하여 스폰서로부터는 지분출자에 관한 확약을 받고, 인수금융의 대주들과는 대출계약을 체결한다. 대출계약에서 대출채권의 담보로 SPC가 취득할 대상회사의 주식에 대하여 대주들 앞으로 질권을 설정해 주기로 약정한다. 후순위대출이 있는 경우에는 SPC는 후순위대주들과 대출계약을 체결하고 위 대상회사 주식에 대하여 2순위로 질권을 설정해 주기로 약정한다. 선순위대주들과 후순위대주들 간에

---

176) 대법원 2015. 3. 12. 선고 2012도9148 판결, 대법원 2011. 12. 22. 선고 2010도1544 판결, 대법원 2010. 4. 15. 선고 2009도6634 판결 등.

177) 이 경우 스폰서는 거래종결일까지 주식매매계약상 매수인의 의무를 그대로 부담하는 것으로 약정하는 경우가 많다. SPC를 미리 설립하여 SPC가 대상회사의 주주와 주식매매계약을 체결할 수도 있다.

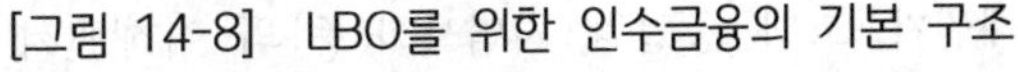
[그림 14-8] LBO를 위한 인수금융의 기본 구조

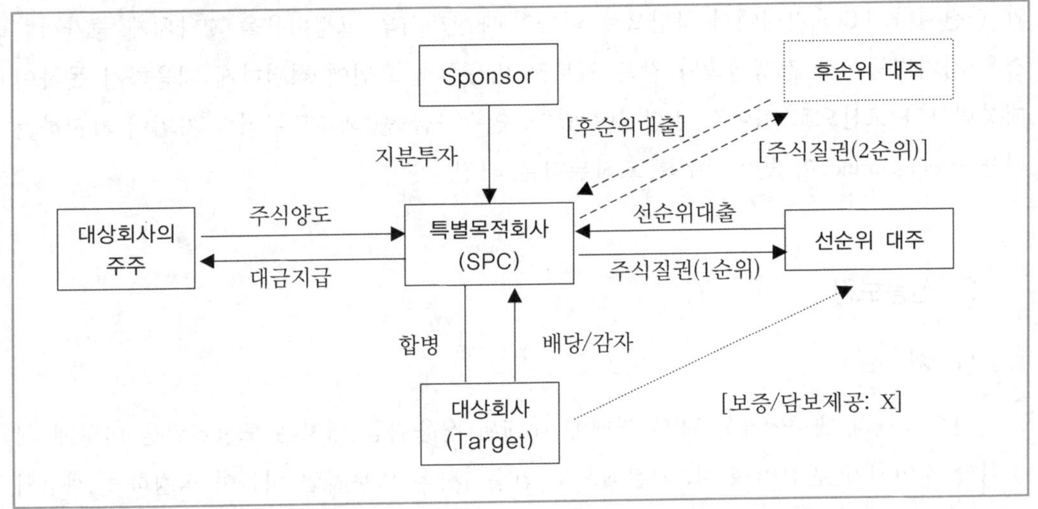

는 변제의 우선순위 등에 관하여 채권자간약정(Inter-creditor Agreement)을 체결한다.

④ 스폰서는 SPC에 지분출자를 한다.

⑤ 거래종결일(Closing Date)에 (i) 인수금융 대주들의 대출실행, 주식매도인의 SPC에 대한 주식양도 및 SPC에 의한 주식매수대금 지급이 사실상 동시에 이루어지고, 그 직후에 (ii) 인수금융의 대주들에게 SPC가 취득한 대상회사 주식에 대한 1순위 질권(후순위대출이 있는 경우 후순위대주에 대하여는 2순위 질권)이 설정된다.[178]

(2) LBO의 효용과 위험[179]

LBO 거래의 경제적 효과는 효율적인 기업인수로 인한 대상회사의 주주가치 증대와 그 과정에서 대상회사 또는 대상회사의 자산으로 부담하는 부채의 증가로 인한 도산 위험의 증가로 대별할 수 있다. 주주가치 증대의 원인으로는, 차입금 등 타인자본을 활용하여 적은 자기자금으로 다액의 투자 수익을 얻음으로써 투자효율을 증대시키는 효과{=레버리지(leverage) 효과}, 차입금에 대한 이자가 손금으로 인정됨에 따른 법인세 절감효과와 경영진의 대리비용 감소효과[180]를 들 수 있다. 도산위험의 증가는 주로 LBO 이후 대상회

178) 개념상 ⑤의 (i) 거래들은 동시에 일어날 수는 없는 것이지만, 실무상으로는 ⑤ (i)의 거래 중 어느 하나가 진행되지 아니함으로 인하여 관련 당사자가 불이익을 받지 않도록 거래종결 전에 이들 거래의 진행에 필요한 서류들을 모두 변호사에게 맡겨서 사실상 동시에 일괄하여 거래종결이 일어나도록 하고 어느 한 거래라도 진행되지 아니할 경우에는 거래종결이 되지 않은 것으로 간주하기로 미리 합의한다. ⑤의 (ii)에 관하여는 거래종결 전에 미리 필요한 서류를 준비하여 두었다가 거래종결에 의해 SPC가 대상회사의 주식을 양도받는 즉시 주식 질권이 설정되도록 한다.

179) 김건식(2011), 20-26쪽; 윤영신(2009), 23-24쪽; 박태현(2007), 67-70쪽.

180) 차입금 상환 압박 등으로 인한 잉여 현금흐름의 비효율적 집행 방지, 경영진에 대한 인센티브

사의 지배주주 이외의 이해관계자(소액주주, 채권자, 고객, 종업원, 지역사회 등)의 이해관계와 관련된다. LBO 거래에서 차입으로 인하여 대상회사의 고정비용을 지나치게 증가시킬 경우 경기변동이나 경쟁심화와 같은 외부적 비용증가 요인에 적절하게 대응하지 못하여 대상회사의 도산으로 이어질 위험성이 있다. 인수자금 중 외부로부터의 차입이 차지하는 비율(leverage ratio)이 높아질수록 도산위험은 커진다.181)

2. 신용보강

(1) 개 요

인수금융의 대주에게는 LBO 거래에 내재된 신용위험 내지는 도산위험을 어떻게 최소화할 것인지가 관건이 된다. 기본적으로 인수회사의 외부차입 비율이 적정하게 책정되도록 할 필요가 있고, 대출계약상의 진술보장, 확약, 기한이익상실 조항 등에 의하여 SPC 및 대상회사의 영업, 재무, 재산처분, 현금유출 등에 관하여 엄격하게 통제할 필요가 있다. 나아가, 인수금융의 대주는 다음과 같은 신용보강 수단을 고려할 수 있다. ① SPC의 재산에 대한 담보로서 대상회사의 주식에 대한 질권 설정은 필수적이다. SPC의 현금흐름을 통제하기 위해 예금계좌에 대한 질권 설정도 필요하다. ② 본래의 의미에서의 LBO 구조에서는 대상회사로 하여금 SPC의 인수금융 채무에 대하여 보증 또는 담보를 제공하도록 하는 방법(=담보제공형 LBO)을 고려할 수 있으나 이는 후술하는 바와 같이 현행법상 원칙적으로 허용되지 않는다. ③ 대상회사의 인수 후에 SPC의 인수금융 채무를 대상회사로 이관시키는 방법(debt push-down)으로서 SPC로 하여금 일정기간 내에 대상회사와 합병하도록 하는 방법(=합병형 LBO)을 고려할 수 있다. ④ 합병을 예정하지 않는 경우 또는 합병을 예정한 경우에도 합병이 이루어질 때까지는 대상회사의 유상감자, 이익배당, 자사주 매입 등을 통하여 주주인 SPC가 인수금융의 상환재원을 확보하는 방법(=유상감자·배당형 LBO)을 고려할 수 있다. 이하에서는 위 ① 내지 ④의 신용보강 수단에 관하여 차례로 살펴본다.

(2) SPC의 재산에 대한 담보

SPC가 취득하는 대상회사 주식에 대한 질권(등록질) 설정은 차주의 신용보강을 위한 필수적인 담보이다. 후순위대출이 있는 경우 이를 담보하기 위해 2순위 주식 질권을 제

제공에 따른 자발적인 수익 극대화 노력 등.

181) LBO로 인하여 도산위험이 커진 실제 사례들에 관하여는 Appelbaum · Batt(2014).

공한다. 실무상으로는 선순위채권자 및 후순위채권자가 공동으로 질권을 설정받고, 질권 설정계약상의 회수금분배(waterfall) 조항에서 정하는 우선순위에 따라 질권 실행에 의한 회수금을 지급받는 것으로 약정하는 경우도 많다.[182] 인수 전에 대상회사가 주식관련사채, 스톡옵션 등을 발행한 경우, 대주 입장에서는 질권의 목적물인 보통주식의 희석화 가능성을 고려하여야 한다. 대상회사가 기발행한 주식관련사채로 인하여 향후 신주가 발행되어 인수회사의 지배권이 약화 또는 상실될 위험이 있는 경우에는 인수 전에 그 전부 또는 일부를 조기상환하도록 할 필요가 있다. 한편, SPC가 수취할 모든 자금은 인수금융의 대출은행에 개설된 예금계좌에 예치되도록 하고 그 예금계좌에 대하여 질권을 설정한다.

(3) 대상회사에 의한 보증·담보

가. 보증·담보 제공에 대한 제한

상법상 대상회사가 모회사인 인수회사의 채무에 관하여 보증·담보(=upstream guarantee)를 제공하는 행위는 여러 법적인 쟁점을 일으킨다. 우선 대상회사의 이사가 상법상 요구되는 충실의무와 주의의무를 다하였는지가 문제될 수 있다. 대상회사가 주권상장회사인 경우에는 인수회사의 채무에 관한 보증·담보 제공은 상장회사에 대하여 특수관계인을 위한 신용공여를 제한하는 상법 규정에 위반될 수 있다.[183] 공정거래법에 의하면 상호출자제한 기업집단에 속하는 국내 회사(금융업 및 보험업 영위 회사는 제외)는 국내금융기관의 여신과 관련하여 그의 국내계열회사를 위하여 채무보증을 하는 것이 원칙적으로 금지된다(동법 제24조 및 제2조 제18호).[184]

특히 대상회사에 의한 보증·담보의 제공은 회사에 대하여 배임행위가 될 수 있다는 점이 가장 문제된다. 대법원 2006. 11. 9. 선고 2004도7027 판결(신한 사건)에 의하면, 담보

182) 특히 후순위 질권을 설정할 수 있는지가 명확하지 아니한 전자증권법에 따른 전자등록주식의 경우 이러한 방법을 이용한다. 이에 관한 상세한 내용은, 전경준(2023), 623-624쪽.

183) 주권상장회사는 상법 제542조의9 제1항에 따라 주요주주, 그의 특수관계인, 이사, 집행임원 또는 감사를 상대방으로 하거나 그를 위하여 대출·보증·담보제공 등 신용공여를 하는 것이 원칙적으로 금지된다. 다만, 상장회사가 경영상 목적을 달성하기 위하여 적법한 절차에 따라 이행하는 것으로서 같은 기업집단에 속하는 일정한 법인(기본적으로, 법인의 출자지분이 개인의 출자지분보다 큰 법인)을 위하여 대출·보증·담보제공 등 신용공여를 하는 것은 예외적으로 허용된다(상법 제542조의9 제2항, 상법시행령 제35조 제3항){김건식·노혁준·천경훈(2024), 462-463쪽}. 대법원 2021. 4. 29. 선고 2017다26193 판결에 의하면, 상법 제542조의9 제1항의 규정에 위반하여 이루어진 신용공여는 무효이고, 다만 제3자와의 관계에서는 제3자가 그 위반에 관하여 알지 못하였고 알지 못한 데에 중과실이 없는 경우에는 그 제3자에 대하여는 무효를 주장할 수 없다.

184) 이 조항은 단속규정이고 채무보증의 사법상 효력에는 영향을 미치지 않는다(대법원 2019. 1. 17. 선고 2015다227000 판결).

제공형 LBO 거래에서 대상기업으로서는 주채무가 변제되지 아니할 경우에는 담보로 제공되는 자산을 잃게 되는 위험을 부담하게 되므로 인수자(대상기업의 새로운 대주주, SPC)로부터 대상기업의 담보제공으로 인한 위험 부담에 상응하는 대가를 지급받는 등 반대급부를 제공받는 경우에 한하여 허용되고, 대상회사가 반대급부 없이 그의 재산을 담보로 제공하였다면 인수자 또는 제3자에게 담보가치에 상응한 재산상의 이익을 취득하게 하고 대상회사에게 그 재산상 손해를 가한 것으로 보아 이에 관여한 대상회사의 이사는 형사상 배임죄로 처벌받을 수 있다.[185] 또한 대법원판례에 의하면 인수자가 대상회사의 주식 전부를 소유하고 있다는 이유만으로 배임죄의 성립이 부정되지 않는다.[186]

인수금융의 대주가 대상회사의 보증·담보 제공이라는 배임행위를 유인·교사하거나 배임행위의 전 과정에 관여하는 등 배임행위에 적극 가담하는 경우에는 대주와 대상회사간의 보증·담보 계약이 반사회적 법률행위에 해당하여 무효로 될 수 있다.[187]

위 대법원 2006. 11. 9. 선고 2004도7027 판결이 설시한 "반대급부"의 의미는 명확하지 않다.[188] 대상회사가 인수회사로부터 보증·담보의 제공에 대한 대가로 '보증료'를 받는 것만으로 배임죄를 면할 수 있다고 보기는 어렵다. 배임죄의 성립 여부와 관련하여 '담보제공으로 인한 위험부담에 상응하는 반대급부'를 언급하는 위 대법원판결은 타인(계열사 포함)을 위한 채무보증이 형사상 배임행위가 되는지에 관하여 "타인의 채무변제능력"과 "회사에 손해가 발생할 가능성에 대한 인식"을 판단기준으로 삼고 있는 대법원판

185) 파기환송 후의 대법원 2008. 2. 28. 선고 2007도5987 판결과 대법원 2012. 6. 14. 선고 2012도1283 판결도 같은 취지.

186) 1인 회사에서 주주의 승인이 있는 경우(또는 1인 주주가 회사 재산을 처분하는 경우)에도 배임죄가 성립될 수 있다는 것이 확립된 대법원판례이다(대법원 1983. 12. 13. 선고 83도2330 전원합의체 판결 등 다수의 판결). 위 대법원 2006. 11. 9. 선고 2004도7027 판결의 사안에서는 인수회사가 대상회사의 약 66% 지분만 소유하였었는데도, 대법원은 방론으로 기존의 대법원판례와 같은 취지로 판시하였다. 대법원판례에 찬성하는 견해로는 전현정(2007), 91쪽. 이에 대하여 인수회사가 대상회사 지분 100%를 소유하였다면 소수주주의 이익은 침해되는 것이 없고 대상회사가 채무불이행에 빠지지 않는 이상 채권자의 이익도 침해되는 바 없으므로 배임죄에 해당되지 않는다고 보아야 한다는 견해는 천경훈(2011), 235-236쪽. 윤영신(2009), 38쪽도 같은 취지.

187) 대법원 2009. 3. 26. 선고 2006다47677 판결.

188) 대법원 2006. 11. 9. 선고 2004도7027 판결은 "SPC가 신주인수대금을 납부하였다거나 피고인이나 SPC가 피인수회사의 채무변제자금의 형성을 위하여 기여하였다는 사정만으로 정당한 반대급부가 제공되었다고 볼 수 없다"고 한다. 후술하는 대법원 2015. 3. 12. 선고 2012도9148 판결(온세통신 사건)의 원심판결은, 배임죄의 고의를 인정할 수 없는 사유 중의 하나로서 "[인수회사]가 [피인수회사]를 인수하는 과정에서 [인수회사]의 내부에 유보되어 있던 자금이나 [인수회사]의 유상증자 및 전환사채 발행 등에 의하여 자체적으로 마련한 자금도 상당 정도 투입하였으므로 [인수회사]가 피인수회사에 아무런 반대급부를 제공하지 않고 임의로 피인수회사의 재산을 담보로 제공하게 한 경우와는 근본적으로 차이가 있는 점"을 들었고, 대법원은 이 점을 비롯한 제반 사정을 고려하여 배임죄의 고의를 인정하지 아니한 원심 판단이 정당하다고 보았다. 그러나 이 대법원판결이 대상회사가 인수자로부터 담보 제공에 상응한 "반대급부"를 받았다고 인정한 것은 아니다.

례[189]와도 차이가 있다. 한편 위 대법원 2006. 11. 9. 선고 2004도7027 판결의 사안에서는 인수회사가 피인수회사의 주식 약 66%를 취득하여 약 34%의 소액주주가 있었다. 만약 인수회사가 피인수회사의 주식을 100% 취득한 상태에서 자회사가 모회사의 채무에 대한 보증 또는 담보를 제공하면 어떻게 볼 것인가? 100% 자회사의 모회사를 위한 보증 또는 담보제공은 주주의 이익을 침해할 우려에 기초한 "충분한 '반대급부'를 받았는지"의 문제로 접근할 것이 아니라, 주채무자의 채무변제 능력 즉 "도산 또는 채무불이행 발생가능성"의 문제로 접근하는 것이 합리적이고, 이러한 관점에서 100% 자회사의 담보제공 문제를 본다면 결국 모회사의 자기자본 비율 등 재무구조가 중요한 고려요소가 되는 것이 합리적일 것이다.[190]

한편 대법원 2017. 11. 9. 선고 2015도12633 판결[191]은 계열회사 간의 자금지원행위에 대하여 일정한 요건을 충족하는 경우 배임죄에 해당하지 않는다고 판시하여 그동안의

---

189) 대법원 2013. 9. 26. 선고 2013도5214 판결(한화 사건)(회사의 이사 등이 타인에게 회사자금을 대여하거나 타인의 채무를 회사 이름으로 지급보증함에 있어 그 타인이 이미 채무변제능력을 상실하여 그를 위하여 자금을 대여하거나 지급보증을 할 경우 회사에 손해가 발생하리라는 점을 충분히 알면서 이에 나아갔거나, 충분한 담보를 제공받는 등 상당하고도 합리적인 채권회수조치를 취하지 아니한 채 만연히 대여해 주었다면, 그와 같은 자금대여나 지급보증은 타인에게 이익을 얻게 하고 회사에 손해를 가하는 행위로서 회사에 대하여 배임행위가 되고, 이러한 이치는 그 타인이 자금지원 회사의 계열회사라 하여 달라지지 않는 것이[다]).

190) 윤영신(2009), 38쪽. 위 대법원 2006. 11. 9. 선고 2004도7027 판결의 사안에서는 인수자가 설립한 SPC의 자기자본이 극히 작고 인수자금의 거의 전부를 차입금으로 조달하였다.

191) 대법원 2017. 11. 9. 선고 2015도12633 판결은 "회사의 이사등이 타인에게 회사자금을 대여함에 있어 … 충분한 담보를 제공받는 등 상당하고도 합리적인 채권회수조치를 취하지 아니한 채 만연히 대여해 주었다면, … 그것이 경영상의 판단이라는 이유만으로 배임죄의 죄책을 면할 수 없으며, 이러한 이치는 타인이 자금지원 회사의 계열회사라 하여 달라지지 않"는 것이 원칙이지만 "경영자가 개인적인 이익을 취할 의도 없이 가능한 범위 내에서 수집된 정보를 바탕으로 기업의 이익을 위한다는 생각으로 신중하게 결정을 내렸다고 하더라도 그 예측이 빗나가 기업에 손해가 발생하는 … 경우에까지 … 업무상배임죄의 형사책임을 물을 수 없다"고 판시하였다. 나아가 동일 기업집단에 속한 계열회사 사이의 지원행위가 합리적인 경영판단의 재량 범위 내에서 행하여졌는지 여부는 신중하게 판단하여야 한다고 하면서 그 기준으로 다음 사항을 제시하였고, 이 기준들을 모두 충족하는 사안에 대하여 무죄로 판단하였다.
(i) 지원을 주고받는 계열회사들이 자본과 영업 등 실체적인 측면에서 결합되어 공동이익과 시너지 효과를 추구하는 관계에 있는지 여부
(ii) 이러한 계열회사들 사이의 지원행위가 지원하는 계열회사를 포함하여 기업집단에 속한 계열회사들의 공동이익을 도모하기 위한 것으로서 특정인 또는 특정회사만의 이익을 위한 것은 아닌지 여부
(iii) 지원 계열회사의 선정 및 지원 규모 등이 당해 계열회사의 의사나 지원 능력 등을 충분히 고려하여 객관적이고 합리적으로 결정된 것인지 여부
(iv) 구체적인 지원행위가 정상적이고 합법적인 방법으로 시행된 것인지 여부
(v) 지원을 하는 계열회사에 지원행위로 인한 부담이나 위험에 상응하는 적절한 보상을 객관적으로 기대할 수 있는 상황이었는지 여부.
위 대법원 판결은 프랑스의 판례법으로 형성된 로젠블룸(Rosenblum) 원칙을 참고한 것으로 평가되고 있다. 이 판결에 대한 상세한 논의는 이완형(2018); 황남석(2018).

대법원판례에 비하여 배임죄가 성립하지 않는 범위를 넓혔다. 위 대법원판결이 제시한 법리가 인수금융의 보증·담보 계약에도 원용될 가능성을 생각해 볼 여지가 있겠으나, SPC를 설립하는 방식의 거래는 통상의 계열회사간의 지원행위와는 차이가 있다는 점도 고려해야 한다.

나. 국내 인수금융의 실무

현재 우리나라의 인수금융 실무에서는 앞서 본 배임죄 문제 때문에 대상회사의 보증이나 담보는 제공하지 않는 것이 원칙으로 되어 있다. 최근 (구)회사정리법에 따른 회사정리절차 진행 중에 M&A의 대상회사인 정리회사가 인수자의 인수금융 채무에 관하여 담보를 제공한 사안에서 이사의 배임죄 성립이 부정된 사례가 있다.[192] 이 사건에 관한 대법원판결은 담보제공으로 인한 대상회사의 손해발생 가능성을 부정한 것은 아니고 인수자의 자체자금 조달 비율, 인수자가 대상회사의 100% 지분을 취득한 점, 대상회사가 인수자에게 흡수합병(=순합병)됨으로써 담보 제공으로 인한 부담 내지 손해가 인수자에게 귀결된 점, 인수자 및 대상회사의 재무 상황, 인수의 경영상 필요성 등 인수과정 전반에 관한 사정을 고려하여 대상회사의 이사에게 배임죄의 고의가 있었다고 볼 수 없다고 판시하였다.[193] 그런데 이 사건은 인수대금 전액이 대상회사로 유입되는 회생회사의 M&A에 관한 것이므로 이 사건의 대법원판결이 설시한 배임죄의 고의 여부에 관한 판단 기준이 인수대금이 대상회사로 전혀 유입되지 아니하는 구주양도 방식에서 대상회사가 인수자(구주의 매수인)에게 보증·담보를 제공하는 경우에 그대로 적용될 수 있는지는 논의의 여지가 있다.

(4) 인수회사와 대상회사 간의 합병

가. 합병의 이점

차주의 신용을 보강하기 위해 인수회사와 대상회사가 합병하는 경우, 보증·담보 구조의 제약에 대한 보완책이 될 수 있다. 합병 후에는 대상회사의 현금흐름으로부터 대상회사가 직접 대출원리금을 상환할 수 있고 대상회사의 재산으로 담보를 제공할 수도 있다. 또한 이자의 손금 산입에 따른 대상회사의 법인세 비용을 절감할 수 있다는 이점도 있다.

---

192) 대법원 2015. 3. 12. 선고 2012도9148 판결(온세통신 사건).

193) 이 대법원판결에 대한 상세한 분석은, 안보용·이영민·김태오(2017), 255-259쪽.

나. 배임죄의 성립 여부

LBO 거래에서 대상회사의 주식을 사실상 유일한 자산으로 하는 SPC와 대상회사가 합병하게 되면, 대상회사는 실질적으로 자산은 늘어나지 않고 부채만 급격히 증가한다. 사업상의 시너지 효과를 기대하기도 쉽지 않다. 이에 따라 합병형 LBO의 경우, 합병이 적법한 절차를 거치고 유효하다고 하더라도, SPC와 대상회사 간 합병의 결과 대상회사에 손해발생 가능성이 인정되면 합병에 관여한 대상회사의 이사의 행위가 형사상 배임행위에 해당될 것인지의 문제가 있다.[194)]

대법원 2010. 4. 15. 선고 2009도6634 판결(한일합섬 사건)은 대상회사가 독자적인 영업활동의 실질을 갖춘 인수자(모회사)에 흡수합병된 사안에서 배임죄의 성립을 부정하였으나 대상회사가 영업활동의 실질을 갖추지 아니한 SPC와 합병하는 경우도 배임죄의 성립이 부정될 수 있을지는 의문으로 남아 있었다.[195)]

위 한일합섬 사건 판결이 합병형 LBO의 법적 위험성을 낮추었다고 평가하기에는 부족해 보이기는 하나 SPC의 재무구조가 안정적이라면 합병의 정당성이 인정될 수 있다고 판단한 법원의 입장은 타당하다고 보는 견해가 있다.[196)] 다만, 이 사건의 1심 판결[197)]은 "[인수회사]가 사실상 자본금이 거의 없는 형식적인 회사에 불과하여 [대상회사]로서는 실질적인 자산의 증가 없이 오직 [인수회사]의 대출금채무만을 부담하게 되는 결과가 초래되거나, [인수회사]의 재무구조가 매우 열악하여 합병을 하게 되면 그로 인해 [대상회사]의 재산잠식이 명백히 예상되는 경우라면 배임죄가 성립할 수 있다고 볼 여지가 전혀 없는 것은 아니다"라고 설시함으로써 합병형 LBO에서 SPC와 대상회사 간의 합병이 배임행위로 인정될 수 있는 여지를 남겨 두고 있다.

한편 대법원 2020. 10. 15. 선고 2016도10654 판결(하이마트 사건)은 영업활동을 갖추지 아니한 인수회사(=SPC)가 대상회사에 흡수합병이 된 사안에서 SPC가 인수자금 중 상당 부분을 자체자금으로 조달하였다는 점 등을 이유로 '손해발생 위험성'을 인정할 사정이

---

194) 회사가 완전자본잠식 및 부채초과 상태의 계열사를 흡수합병한 사안에서 이사의 업무상배임죄가 인정된 사례로는 한화유통 사건에 관한 대법원 2006. 6. 16. 선고 2005도9549 판결{이 판결에 관한 분석은, 천경훈(2011), 220-221쪽; 윤영신(2009), 40쪽}.

195) 천경훈(2011), 220쪽; 안보용·이영민·김태오(2017), 261쪽.

196) 안보용·이영민·김태오(2017), 265쪽, 267쪽(1심 판결은 SPC와 대상회사 간의 합병이 배임죄에 해당되는지를 주된 쟁점 중의 하나로 삼아 판단기준을 제시한 반면, 항소심판결은 무죄를 선고한 1심 법원의 판단을 유지하기는 하였으나 합병 전에 이루어진 대상회사의 담보제공이 배임죄에 해당되는지 여부에 주로 초점을 맞추고 있다고 분석한다).

197) 서울중앙지방법원 2015. 1. 22. 선고 2012고합450, 2013고합319(병합) 판결. 위의 한일합섬 사건의 1심 법원 판결{부산지방법원 2009. 2. 10. 선고 2008고합482, 2008고합516(병합), 2008고합656(병합) 판결}도 같은 취지로 설시한 바 있다.

없었다고 보아 배임죄의 성립을 부정한 항소심 판결[198])을 유죄취지로 파기환송하였다.

다. 대상회사에 대한 대출

SPC에 대한 인수자금 대출 이외에 대상회사에 대하여도 기존 차입금의 변제를 위한 대출[199]) 및 운영자금 대출을 제공하는 경우도 있다. 이러한 대출은 대상회사에 대하여 별도로 직접 제공되는 것이므로 대상회사 소유의 재산에 담보권을 설정 받을 수 있다. 대상회사에 대출을 제공하여 대상회사의 기존채무의 대부분을 변제하게 되면, SPC가 추후 대상회사와 합병이 예정되어 있는 경우 채권자의 이의제기에 따른 부담을 피할 수 있는 이점이 있다. 또한, 가능한 범위 내에서 SPC에 대한 대출 규모를 줄이고 대상회사에 대한 직접 대출 규모를 늘림으로써 보증·담보 구조의 법적인 제약으로 인한 문제를 줄이는 효과도 있을 수 있다.

라. 국내 인수금융의 실무

SPC와 대상회사 간의 합병이 형사상 배임행위에 해당될 위험성을 고려하여, 인수금융 대출계약에서, 차주(SPC)로 하여금 '법상 허용되는 경우에는' 대출계약에서 정한 기간 내에 대상회사와 합병을 할 의무를 부과하되, 합병이 이루어지지 아니하는 때에는 대출이자율을 점차 상향 조정하기로 하는 조항(step-up provision)을 두는 경우도 있다.[200]) 최근 국내 PEF의 지배주식인수 거래에서는 인수금융의 대주들이 SPC와 대상회사 간의 합병을 계약상 요구하지는 않는 경우가 많은 것으로 보인다. 또한, 대출계약에서 대상회사와의 합병을 의무로 부과하지는 않되, SPC가 희망하는 때에는 대상회사와의 합병을 허용하는 조항을 두는 경우도 있다.

(5) 대상회사의 유상감자와 이익배당

가. 대출금 상환재원의 확보

유상감자·배당형 LBO는 대상회사가 유상감자와 이익배당을 하도록 하여 인수회사가 대출금 상환재원을 확보하는 방법이다. 유상감자·배당형의 경우 대상회사의 순자산이 감소하게 된다. 또한, 대상회사가 외부 차입을 하여 배당 등에 필요한 재원을 조달하고

198) 서울고등법원 2016. 6. 24. 선고 2015노478 판결. 이 판결 및 제1심 법원의 판결에 관한 분석은 안보용·이영민·김태오(2017), 261-267쪽.

199) 하이마트 사건에서도 인수금융의 대주단은 총 4,720억원 상당의 대출계약을 체결하였는데, 대출금 중 2,550억원은 하이마트홀딩스(=SPC·인수회사)가 차주가 되었고, 나머지 2,170억원은 하이마트(=대상회사)의 기존 채무를 리파이낸싱(refinancing)하기 위하여 하이마트에게 대출이 제공되었다{안보용·이영민·김태오(2017), 262쪽}.

200) 천경훈(2011), 213쪽 각주 32.

인수회사가 대상회사로부터 지급받은 배당금 등으로 자신의 채무를 변제하는 경우에는 인수회사의 채무가 대상회사의 채무로 바뀌는 효과가 생긴다.[201)]

나. 배임죄의 성립 여부

대법원 2013. 6. 13. 선고 2011도524 판결(대선주조 사건)은, "[대상회사]가 수행한 유상감자 및 이익배당으로 인하여 [대상회사]의 적극재산이 감소하였다고 하더라도 이는 우리 헌법 및 상법 등 법률이 보장하는 사유재산제도, 사적 자치의 원리에 따라 주주가 가지는 권리의 행사에 따르는 결과에 불과하고, 유상감자 당시 [대상회사]의 영업이익이나 자산 규모 등에 비추어 볼 때 유상감자의 절차에 있어서 절차상의 일부 하자로 인하여 [대상회사]의 채권자들에게 손해를 입혔다고 볼 수 없으며, 1주당 감자 환급금액과 [대상회사]의 배당가능이익을 감안하면 결국 이 사건 유상감자 및 이익배당으로 인하여 [대상회사]의 주주들에게 부당한 이익을 취득하게 함으로써 [대상회사]에 손해를 입혔다고 볼 수 없다"라고 판단한 원심 판결을 유지하였다.

위 대법원판결에 의하면, 유상감자의 경우 (i) 유상감자에 관한 상법 규정을 중대하게 위반하지 아니하고, 또한 (ii) 유상소각되는 주식의 가치가 실질보다 높게 평가되어 회사에 손해를 입히는 것이 아니라면 이사의 유상감자 수행은 배임죄에 해당되지 아니할 것이다.[202)] 이익배당의 경우, 상법이 정한 절차에 따라 배당가능이익의 범위 내에서 이익배당이 이루어지는 때에는 원칙적으로 배임죄가 성립되지 않을 것이다.[203)] 다만, 위 대법원판결의 사안에서는 유상감자·이익배당 후에 대상회사가 도산의 위험에 처하지는 않았으나, 만일 과도한 금액의 유상감자·이익배당으로 인하여 대상회사에 도산의 위험이 생긴다는 사

201) 노혁준 외(2020), 622쪽.

202) 안보용·이영민·김태오(2017), 269-270쪽. 서울고등법원 2020. 11. 25. 선고 2019노2099 판결(쌍방상고로 대법원 2020도17272로 계류중)은 유상감자가 이사의 임무위배행위에 해당하는지에 대해 일반론으로 "회사의 이사가 주주평등의 원칙에 따라 주주들에게 주식 수에 따른 비율로 유상감자의 기회를 부여하고, … 유상감자 절차를 적법하게 모두 거친 경우에는 시가보다 높게 1주당 감자 환급금을 정하였다고 하더라도 그 점만으로 배임죄의 구성요건인 임무위배행위에 해당한다고 볼 것은 아니다. 그러나 … 회사의 재정상황에 비추어 감자 환급금 규모가 지나치게 커 과도한 자금이 유출된다면 회사의 존립 자체가 위태로워질 수 있다. 신주발행의 경우에는 자본충실의 원칙을 지키기 위한 최소한의 신주 발행 금액(액면가)을 정하고 있지만, 유상감자에 있어서는 자본충실의 원칙을 지키기 위한 감자가액의 상한 내지 감자비율에 대한 제약이 없다. 결국 유상감자로 인한 배임 여부를 판단할 때에는 회사의 재정상황에 비추어 과도한 자금이 유출되어 회사가 형해화되거나 그 존립 자체에 현저한 지장이 초래되었는지 여부 등을 고려하여 임무위배행위 여부를 판단해야 한다"고 판시하고, 당해 사건에서는 "유상감자로 과도하게 자금이 유출됨으로써 Y가 형해화되었다거나 그 존립 자체에 현저한 지장이 초래되었다고 볼 만한 증거가 없다"고 판시하였다.

203) 위 대법원판결의 1심 판결(부산지방법원 2010. 8. 10. 선고 2010고합73 판결)은 이와 같은 취지로 판시하였다.

실을 경영진이 유상증자·이익배당 시점에 알고 있었고, 실제 유상증자·이익배당후 곧 도산 상황에 이르게 되었다면 배임죄에 해당될 가능성을 완전히 배제할 수 없을 것이다.

다. 국내 인수금융의 실무

SPC는 대상회사로부터 지급받는 배당금으로 대출이자를 지급한다. 이익배당이 있을 때까지 SPC에게 대출이자·비용의 지급을 위한 추가 대출을 제공하기도 한다. 일반적으로 인수금융의 대출원금은 대상기업의 주식 매각에 의한 투자회수금으로 상환한다.[204]

(6) 국내회사의 해외 인수금융과 신용보강

우리나라의 사업회사가 외국 회사를 인수하는 데에 필요한 자금을 조달하는 해외 인수금융 거래에서는, ① 사업회사와 재무적 투자자의 공동투자, ② 구조적 후순위화를 위한 복층의 해외 SPC 설립, ③ 사업회사가 설립한 해외 SPC의 외부 차입에 대한 사업회사의 보증(downstream guarantee), ④ 대상회사의 지배권 주식을 취득한 후 대상회사와 인수회사(SPC) 간의 합병 등의 방법으로 신용보강이 이루어진다.[205]

Ⅲ. 인수금융 관련 계약

1. 주식매매계약의 인수금융 관련 조항

(1) 주식매수 의무의 선행조건과 인수자금의 조달

지배권 주식에 관한 주식매매에 있어서 매수인이 주식매매대금을 외부로부터의 차입 등 인수금융에 의하여 조달하기로 예정되어 있는 경우, 주식매매계약의 체결 후 거래종결까지 사이에 인수자금이 조달되지 아니할 위험을 매도인과 매수인 중 누가 부담할 것인지가 문제된다.

가. 매도인의 입장

인수금융이 조달되지 못하는 경우 매수인이 주식매매계약상 손해배상책임 등의 불이익 없이 주식매매계약으로부터 벗어나는 것(=매수인의 financing-out)을 허용하는 때에는 인수금융의 조달 실패의 위험은 매도인에게 전가된다. 이 경우 매도인은 상당한 경제

204) 기업공개(Initial Public Offering: IPO)를 통한 투자회수금으로 대출금을 상환하는 방법도 고려해 볼 수 있으나 아직 사례는 거의 없는 것으로 보인다.

205) 윤여균·우동석(2011), 118-125쪽.

적 손실을 입게 되므로 일반적으로 이와 같은 주식매매계약상 매수인의 의무 면제를 수용하기는 어려울 것이다.[206] 인수금융 조달불가를 이유로 매수인의 주식매매계약상 의무 면제를 허용하는 규정을 두는 경우에는, 매도인은 (i) 매수인으로 하여금 대출예정기관으로부터 대출확약서를 발급받도록 하고 사전에 대출확약서의 내용을 검토하여 대출이 제공되지 아니할 가능성을 가급적 줄이고, (ii) 매수인으로부터 주식매매계약에서 인수자금을 조달하는 데에 최선의 노력을 다하겠다는 취지의 확약(covenant)을 받아 둘 필요가 있다.[207]

나. 매수인의 입장

인수금융 조달불가를 이유로 매수인의 주식매매계약상 의무 면제가 허용되지 아니할 경우 매수인은 대출예정기관으로부터 대출제공의 선행조건이 명확히 한정되고 법적으로 구속력이 있는 내용으로 대출확약서를 미리 받아 둘 필요가 있다. 인수금융이 조달되지 아니하여 주식매매가 성사되지 아니할 경우, 매수인은 주식매매계약에 따라 매도인에게 지급한 이행보증금이 몰취되어 상당한 경제적 손실을 입을 수 있기 때문이다. 설사 매수인의 주식매매계약상 의무 면제를 허용받았다고 하더라도 매수인은 주식매수의 성사 가능성을 높이기 위해 대출예정 금융회사로부터 여전히 대출확약서를 미리 받아 둘 필요가 있다. 또한, 매수인은 주식매매계약에서 매도인으로부터 매수인의 인수자금 조달에 협조하겠다는 확약을 받아 두는 것이 바람직하다.

(2) 매수인의 진술보장

매도인의 입장에서는, (i) 대출확약서의 적법성·유효성·집행가능성, (ii) 주식매매계약 체결 당시 대출확약서상 채무불이행 사유의 부존재, (iii) 대출확약서에 명시된 대출제공의 선행조건 이외에 대출제공에 영향을 줄 수 있는 다른 사정의 부존재, (iv) 매수인은 대출이 거래종결시에 제공될 때 주식매매대금과 관련 수수료 및 비용을 지급하기에 충분

---

206) Peck · Wojciechowski(2016), p. 45.

207) 藤原総一郎(2010), 144쪽(藤原総一郎 집필). 우리 대법원은 '최선노력조항'의 법적 구속력에 대하여 엄격하고 신중한 태도를 보이고 있고 아직까지는 그 법적 효력을 부정한 사례들만 있다(대법원 1994. 3. 25. 선고 93다32668 판결, 대법원 1996. 10. 25. 선고 96다16049 판결 및 대법원 2013. 6. 27. 선고 2012다79347 판결). 이에 대하여, 최선노력조항의 법적 효력은 개별 사안에서의 당사자의 의사해석에 따라 판단되어야 하는 것이므로 기존의 대법원판례로부터 최선노력조항의 법적 효력이 원칙적으로 부정된다는 일반론을 도출하는 것은 적절치 않다는 견해가 있다. 이 견해에 의하면, 대상 행위 실현에 대한 상대방의 신뢰가 커질수록 최선노력조항에 법적 효력이 인정될 가능성이 높아진다고 한다{권영준(2014), 81-82쪽}. 경청할만한 견해이다. 일본에서도 주식매매계약에서 일방 당사자의 확약으로서 규정된 사항에 관하여 법적 의무가 없다고 하는 것은 통상은 당사자의 합리적 기대에 부합되지 않는 것이므로 노력의무에 관하여도 법적 의무가 있다고 해석하는 것이 타당하다고 보는 견해가 있다{藤原総一郎(2010), 233쪽(笠原康弘 집필)}.

한 자금을 갖게 될 것이라는 점 등에 관한 매수인의 진술보장을 받아 둘 필요가 있다.[208]

2. 대출확약서

(1) 대출확약서의 발급 시점

주식매매에 관한 협상의 진행 과정에서 대출확약서를 발급받는 시점은 주식매매를 수의계약 또는 경쟁입찰 중 어느 방법으로 할 것인지에 따라 차이가 있다. 수의계약에 의할 경우에는 매도인과 매수인간에 주식매매에 관한 양해각서(memorandum of understanding: MOU)가 체결된 후 주식매매에 관한 본계약(definitive agreement)의 조건에 관한 협상이 마무리될 무렵 또는 본계약의 체결과 동시에 발급될 수 있을 것이다. 경쟁입찰로 하는 경우에는 입찰조건에 따라 달라진다. 통상적으로 대출확약서는 입찰서류 중의 하나로 요구되고 있으므로 입찰서류를 제출하기 전에 대출확약서가 발급되어야 한다. 한편, 대상회사가 주권상장법인인 경우에는 상장주식의 매수에 관한 자본시장법상의 공개매수절차가 적용될 수 있다(동법 제133조). 자본시장법상 공개매수의 개시 전에 공개매수 재원의 사전 확보를 요하고 공개매수에 필요한 금액 이상의 금융기관 예금잔액, 그 밖에 자금의 확보를 증명하는 서류를 공개매수신고서에 첨부하여야 한다(동법 제134조 제2항 제7호, 동법시행령 제146조 제2항 제4호, 제4항 제4호). 감독당국의 실무에 의하면 공개매수자는 내·외국인의 구분없이 공개매수자금 보유증명서류로 국내 금융기관이 발행한 예금잔고증명서 또는 단기금융상품, 국내금융기관의 대출확약서(Letter of Commitment), LP(단, 연기금, 공제회, 금융기관 등 사모펀드에 자금을 위탁하는 투자자(Limited Partner)로 신뢰성 있는 국내기관에 한정하여 인정됨)의 출자이행약정서 등을 제출해야 하고, 국내 금융기관의 대출확약이나 LP의 출자이행약정서의 경우에는 자금조달 일정, 방법 등을 포함한 자금조달계획서를 첨부해야 한다.[209]

(2) 대출확약서의 법적 구속력

가. 대출제공의 선행조건

대출을 주선할 간사은행은 주식매수인 앞으로 발급되는 대출확약서에 의하여 일정한 선행조건의 충족을 조건으로 주식매수인에게 주식매수에 필요한 자금을 대출해 줄 것을 확약한다. 대출확약서에 주요 대출조건을 기재한 조건제안서(term sheet)를 첨부하는

208) Curtis · Barshop(2011), p. 3, p. 5.
209) 금융감독원(2023), 427쪽.

것이 일반적이나 주식매수인(=차주)과 간사은행 간에 합의된 전체 대출계약서의 양식을 첨부하는 경우도 있다.[210)]

대출확약서에서 대출제공의 선행조건을 어떠한 내용으로 정할 것인지는 대출확약서의 발급일 이후의 사정변경 위험을 주식매수인과 간사은행 간에 어떻게 배분하는가의 문제이고, 이는 경제여건과 당사자의 협상력에 달려있다. 주식매수인의 입장에서 볼 때, 대출확약서에 규정된 대출제공의 선행조건은 가급적 그에 대응되는 주식매매계약서상 주식매수의무의 이행을 위한 선행조건의 내용과 일치시킬 필요가 있고, 한정적이고 구체적인 내용(대출확약서에 명시된 선행조건들이 대출제공의 유일한 선행조건이라는 점을 포함)이어야 한다.[211)] 예컨대, 주식매수인의 입장에서는 가급적 대출제공의 선행조건은 '중요한 불이행(major default)의 부존재'로 한정시키되 나머지 선행조건들은 관련 계약서나 부대서류의 제출 등 주식매수인의 통제 하에 있는 조건들로 제한할 필요가 있다. 위의 '중요한 불이행'으로는 대체로 (i) 주식매매계약상 거래종결(closing)의 거절, 계약의 해제 또는 종료 사유의 발생과 (ii) 별도로 명시된 주식매수인 및 실질적 인수자인 스폰서에 관한 '중요한 진술보장'{=회사의 존속, 내부수권, 계약의 유효성, 차주 및 스폰서에 도산절차개시 원인이 없다는 점(solvency), 중요한 법령·계약의 준수 등}의 위반을 들 수 있다. 또한, 대출제공에 필요한 간사은행의 내부 승인절차를 이미 거쳤음을 대출확약서에서 명시적으로 규정하는 것이 바람직하다.

나. 대출확약의 법적 구속력

대출확약은 조건부 대출약정 또는 대출예약으로서 간사은행은 법적 구속력이 있는

210) 인수금융 실무에서의 대출확약서의 작성례에 관하여는 전경준(2023), 112-113쪽. 영국의 「The City Code on Takeovers and Mergers」에 의하면, 상장주식에 대한 현금 공개매수의 경우 공개매수의 공시 전에 공개매수자가 주식을 매수하는 데에 필요한 재원을 확보하고 있다는 점에 관한 제3자(예컨대, 은행 또는 금융자문사)의 확약을 공개매수 청약서류에 포함시켜야 한다. 즉, 공개매수에 필요한 '확실한 자금(Certain Funds)'을 확보할 것이 법적 의무로서 요구된다. 이에 따라 실무상으로는 공개매수의 공시 전에 대출계약이 체결되고 대출의 선행조건(일부 예외적인 조건은 제외)도 충족되도록 한다. 일대일 주식매수를 위한 인수금융의 경우에는 위의 Certain Funds 요건이 적용되지 아니하나, 실무상으로는 일대일 주식매매의 경우에도 위와 마찬가지로 주식매매계약 체결시 주식매매대금의 조달을 위한 대출계약도 함께 체결하고, 대출계약상의 대출 선행조건은 매수인의 주식매수에 불합리한 지장이 초래되지 않도록 제한적인 내용으로 규정하고 있다. 주식매매대금을 조달하기 위한 대출계약에 이와 같이 제한된 내용으로 포함되는 선행조건 조항을 실무상 "Certain Funds 조항"이라고 한다. 반면에, 미국에서는 주식매매계약 체결 시 대출계약을 체결하지 않고 그 대신 대출확약서를 제공받는 방법을 주로 이용하는데, 대출확약서에 규정되는 선행조건의 내용은 위 Certain Funds 조항과 유사하게 제한적이다. 미국에서는 이와 같이 대출 선행조건의 내용을 제한하는 조항을 실무상 "SunGard" 조항이라고 부른다. 영국의 Certain Funds 조항과 미국의 SunGard 조항의 차이에 관한 간단한 설명으로는, Ward·Darley(2015), p. 56.

211) Peck·Wojciechowski(2016), pp. 46-47.

의무를 부담하고 이에 위반한 경우에는 차주에 대하여 채무불이행 또는 불법행위로 인한 손해배상책임을 질 수 있다(☞ 제4장 제2절 I. 간사은행의 의무와 책임). 다만, 대출확약의 위반에 따른 책임의 존부, 내용 및 범위는 대출확약서의 준거법에 따라 결정된다는 점에 유의해야 한다.[212)]

(가) 우리나라의 판례

인수금융에 관한 것은 아니나, 부동산 프로젝트금융(부동산PF) 제공에 관한 확약서의 법적 구속력을 인정한 판결들이 있다. 서울중앙지방법원 2010. 1. 7. 선고 2008가합90243 판결은, 부동산개발사업의 시행사(=차주)가 사업시행지의 매입을 위한 계약금 및 초기사업비 등을 대출하는 저축은행들(=원고들)에게 본프로젝트파이낸싱("본PF")의 금융주간사로 선정된 증권회사(=피고)가 본PF를 제공하기로 하는 확약서[213)]를 교부하였으나 그 후 본PF가 성사되지 않았던 사안에서, 피고가 위 확약서를 통하여 원고들에게 확약한 피고의 원고들에 대한 본PF를 실현시킬 의무는 법적 구속력이 있고 실현 가능한 구체적인 의무이며[214)] 본PF를 실현시키지 않은 피고의 행위는 원고들에 대한 채무불이행에 해당한다는 이유로 피고의 원고들에 대한 손해배상책임을 인정하였다. 위 사건에서 원고들은 주위적으로, 피고가 본PF를 실현하는 등의 방법으로 원고들이 시행사에 대출한 자금을 원고들에게 일정한 기한 내에 지급하기로 약정한 것이라고 주장하였으나, 법원은 그러한 약정사실은 인정하지 아니하였다. 즉, 확약서에 따른 의무의 직접적인 이행청구는 인정하지 아니한 것으로 볼 수 있다. 또한, 위 판결에서는 본PF의 실현과 관련된 제반 사정[215)]을

---

212) 불법행위에 대하여는 국제사법상 ① 가해자와 피해자 간의 법률관계가 불법행위에 의하여 침해되는 경우에는 그 법률관계의 준거법 → ② 불법행위 당시 동일한 국가 안에 가해자와 피해자의 상거소가 있는 경우에는 그 국가의 법 → ③ 불법행위지법의 순서로 적용된다(동법 제52조).

213) 이 사건에서 피고가 원고들의 최초 대출과 관련하여 발행한 확약서의 내용은 대체로 다음과 같다: "[사]업에 관한 인허가 등 사업승인 여부와 관계없이, 사업시행지의 [일정 비율] 이상의 비율로 계약이 체결된 후 3개월 이내에 금융주간사를 통한 본프로젝트파이낸싱(전체토지대 및 초기사업비 등 약 3,000억 원 내외)을 하기로 하며, 사업시행지의 계약금 및 초기사업비 등을 위하여 지급된 원고들의 대출원리금을 최우선 상환할 것을 확약한다." 피고는 그 후 일부 원고들의 추가적인 대출과 관련하여 새로운 확약서를 발행하였는데, 이 확약서에서는 앞서 발행된 확약서 중 밑줄 친 부분의 내용을 "본PF를 2006. 10. 31.까지 실현하겠다"는 취지로 변경하였다.

214) 이 판결은 대체로 다음과 같은 이유로 확약서의 법적 구속력을 인정하였다. ① 국내의 대형 증권회사인 피고가 작성하여 교부한 위와 같은 내용의 확약서는 계약금 대출을 위한 원고들의 내부여신승인 심사과정에서 중요한 고려요소가 되었을 것으로 보이는 점, ② 원고들이 시행사의 대출금 인출을 허락한 것은 결정적으로 피고가 이 사건 확약서를 원고들에게 교부하였기에 가능한 것으로 보이는 점, ③ 증권회사인 피고는 은행 등과 같이 직접적으로 대출을 하는 방식으로 타인에게 신용을 공여할 수는 없지만, 대출을 실행한 은행 등으로부터 당해 대출채권을 매입하여 자산유동화하는 방식으로 금융참여하는 것은 가능하고 피고는 위와 같은 방식을 통하여 부동산개발사업에 성공한 경험이 있다는 점 및 ④ 그 이후 피고는 본PF를 2006. 10. 31.까지 실현하겠다고 명시한 두 번째 확약서를 교부하여 일부 원고들로부터 추가적인 대출이 실행을 되었던 점.

215) 이 판결에서 손해배상책임의 제한과 관련하여 법원이 고려한 사정은 다음과 같다. ① 원고들 스

고려하여 공평의 원칙상 피고의 손해배상책임을 60%로 제한하였다.[216]

그 후 대법원 2012. 11. 15. 선고 2010다20228 판결은 동일한 사안에서 다른 저축은행이 원고가 되어 같은 피고를 상대로 제기한 소에서 위 서울중앙지방법원 2010. 1. 7. 선고 2008가합90243 판결과 유사한 이유로 피고가 제공한 확약서는 피고가 본대출을 성사시키기로 확약한 것으로서 당사자 사이에 법적 구속력이 있는 약정이라고 보았고, 피고가 그와 같은 약정상의 의무의 이행을 거절하면서 시행사에 대하여 주간사계약의 해지를 통보한 후 해당 개발사업에 관한 업무를 중단한 것은 본대출을 실현하여 그 대출된 자금으로 원고를 비롯한 상호저축은행들의 대출원리금이 최우선적으로 상환될 수 있도록 할 피고의 의무를 위반한 것이라고 볼 여지가 크다고 판시하면서, 이와 달리 피고에게 본대출을 실행시켜야 할 법적 의무가 없다고 본 원심판결을 파기환송하였다.[217]

(나) 영국의 판례

항공기금융에 관한 Novus Aviation 사건에서 은행의 지분투자에 관한 확약서(commitment letter)의 법적 구속력을 인정한 영국의 하급심 판결[218]도 참고할만하다. 이 사건에서 Novus Aviation("Novus")사가 주간회사(arranger)로서 주선하던 항공기 구매(매수인: SPC) 및 리스 거래(리스제공자: SPC, 리스이용자: Malaysian Airlines)와 관련하여 Alubaf 은행은 Novus사 앞으로 지분투자 확약서{내용: 항공기 매수대금 중 외부차입에 의하여 조달할 금액(미화 약 7천만불)을 제외한 나머지 금액(미화 약 4천만불)의 99%에 관하여 Alubaf 은행이 SPC에 대한 지분투자(나머지 1%는 Novus사가 지분투자)를 하기로 함}를 발급하였다. 확약서의 준거법은 영국법이었다. 이 확약서에 규정된 지분투자는 "본건 거래(지분의 99%에 상당하는 금액의 조달을 포함하여)에 관한 Alubaf의 확약은 구매·리스 및 금융을 위한 서류의 만족스

스로 전문적인 금융기관이라는 점, ② 사업시행지의 매입을 위한 계약금 대출의 경우 일반적으로 원고들과 같은 저축은행 등의 제2 금융권에서 취급하고 있고, 원고들 역시 계약금 대출 업무를 다수 처리한 경험과 전문적인 지식이 있다는 점, ③ 피고가 이 사건 본PF를 실현시킬 의무는 실현 가능한 구체적인 의무이나, 피고가 직접 이 사건 본PF를 실행할 수는 없고, 결국 이 사건 본PF의 실현 여부는 제1 금융권 등의 다른 금융기관의 협조가 필요하였던 점, ④ 이 사건 사업의 경우에 시공사조차 선정되어 있지 않은 상태였고, 시공사의 금융기관에 대한 보증 없이 이 사건 본PF가 이루어지도록 계획되어 있었으므로, 금융기관을 통한 이 사건 본PF가 실행되지 않을 위험성은 비교적 높았던 것으로 보이는데, 원고들은 그 위험성을 충분히 인식할 수 있는 지위에 있었던 점, ⑤ 원고들은 대출금에서 수수료로 20%를 선취하였고, 이자 또한 연 12%의 높은 비율로 정하는 등 이 사건 사업에 관한 투자로 많은 이익을 추구하였던 점.

216) 이 사건의 항소심인 서울고등법원 2010나20862 사건에서 법원은 피고의 책임비율을 70%로 보고 손해배상금액을 산정하여 화해권고결정을 하였다.

217) 파기환송 후의 서울고등법원 2012나96757 사건에서 법원은 피고의 책임비율을 70%로 보고 손해배상금액을 산정하여 화해권고결정을 하였다.

218) Novus Aviation Limited v. Alubaf Arab International Bank BSC(c) [2016] EWHC 1575 (Comm). 이 판결에 관한 상세한 분석은, Clifford Chance(2016).

러운 검토 및 완성(upon satisfactory review and completion of documentation for the purchase, lease and financing)"을 조건으로 하였다.

그 후 Alubaf는 확약서에 따른 지분투자를 거절하였다. 그 이유는, Alubaf는 회계법인으로부터 항공기 매수인인 SPC가 Alubaf의 재무제표상 연결 대상이 된다고 조언을 받았는데 이러한 회계처리를 꺼려했기 때문이었다. 이에 Novus사는 Alubaf를 상대로 확약서상 의무의 불이행을 이유로 하여 손해배상(장래의 관리수수료 일실 손해 미화 약 8백만불)을 청구하는 소를 제기하였다. 이에 대하여 피고 Alubaf는, 확약서는 법적 권리의무 관계의 성립을 의도한 것이 아니었고, 확약서에 기재된 조건은 Alubaf가 언제든지 거래에서 탈퇴할 수 있다는 것을 의미하는 것이라는 등의 이유로 확약서는 법적 구속력이 없다는 취지의 항변을 제기하였다. 법원은, 확약서는 법적 구속력이 있고[219] Alubaf는 확약서상의 대출제공의무의 선행조건대로 계약서류가 만족스럽지 아니하다고 진실로 여긴 때에만 거래로부터 벗어날 수 있는데, 이 사건에서 Alubaf는 회계처리 문제 때문에 지분투자를 거절하였고 이는 이행거절에 의한 채무불이행에 해당하므로 이로 인하여 Novus사가 입은 손해를 배상할 책임이 있다고 판시하였다. 이 판결은 영국법에 따른 기존의 법리를 설명한 것이고 새로운 법리를 제시한 것은 아니지만 확약서를 작성할 때 실무상 유의하여야 할 점을 부각시켜 주었다는 점에서 의의가 있다고 평가되고 있다.[220]

3. 대출계약의 주요 조항

인수금융 대출의 담보로는 사실상 차주(SPC)가 보유하는 대상회사의 주식이 유일하고, 대출원리금의 주된 상환재원은 대상회사가 창출하는 현금흐름과 대상회사 주식의 처분대금이다. 따라서 대출계약서에서 대상회사의 영업, 재무, 재산처분 및 현금흐름을 엄격히 통제할 필요가 있다. 인수금융 대출계약에는 기업금융을 위한 통상의 대출계약에 위와 같은 인수금융의 특성을 고려한 계약조항들이 추가된다. 인수금융 대출계약이 통상의

219) 법원은 다음과 같은 이유로 확약서의 법적 구속력을 인정하였다. ① 양사는 확약서에 준거법과 재판관할에 관한 규정을 포함시켰고, 의무를 지칭하는 "shall"과 "약정한다(covenants)"라는 단어를 썼으며, 달리 확약서가 구속력이 없다고 명시하지 아니하였다. ② 확약서의 해석상 Alubaf사의 확약은 "만족스러운 검토(satisfactory review)"와 "서류의 완성(completion of documentation)"으로 두 개의 분리된 조건이 아니라 단일 조건으로 보아야 하므로 "검토(review)"의 대상은 "서류(documentation)"이다. 이러한 조건은 충분히 확실하고 Alubaf가 확약서에 정한 이유로 거래를 거절한 것인지 여부는 사실인정의 문제이다. ③ Alubaf는 확약서에서 부여된 재량을 신의(in good faith)로써 행사하여야 하고, 자의적이거나 변덕스럽거나 불합리하게 행사하여서는 안 된다(must not be exercised arbitrarily, capriciously or unreasonably).

220) Clifford Chance(2016), p. 2.

대출계약과 차이가 나는 부분은 주로 조기상환, 대출금 인출의 선행조건, 진술보장, 확약, 기한이익상실 등에 관한 조항이다.

(1) 조기상환

가. 자발적 조기상환

실무상 자발적 조기상환은 허용하되 1~2년 내에 자발적 조기상환을 하는 경우 조기상환수수료를 지급하도록 하는 경우가 많은 것으로 보인다.[221]

나. 의무 조기상환

차주로 하여금 자산매각대금, 대상회사로부터 수령하는 일체의 순현금 유입액, 차주의 유상증자대금(또는 주주차입금), 후순위차입금, 보험금(단, 수선비, 대체물 구입비 제외), 해당 인수거래 관련 손해배상금 유입액 등을 의무적으로 조기상환하도록 하는 경우가 많다.[222] 경우에 따라, 대상회사가 창출하는 현금흐름으로부터 사업비용, 설비투자, 채무변제 등에 사용하고 남은 금액(=초과현금흐름) 중 일정 비율 상당액을 감자, 배당 등을 통해 차주에게 환급하도록 하고, 차주가 수령한 해당 금액을 조기상환할 의무를 부과하기도 한다. 통상적인 대출계약에서와 마찬가지로 차주의 입장에서는 차주에 대한 '지배권의 변동(change of control)'은 기한이익상실 사유보다는 의무 조기상환 사유로 하는 것이 바람직하다.

(2) 선행조건

차주의 입장에서는 자금조달의 확실성을 높여야 하므로 대출계약상 대출실행의 선행조건은 앞서 살펴본 대출확약서상 대출제공 의무의 선행조건과 실질적으로 동일한 내용이 되어야 할 것이다. 대출실행의 선행조건을 제한적으로 규정한다고 하더라도, 대출실행의 선행조건 조항에는 포함되지 아니한 사항이 진술보장·확약·기한이익상실 사유 등 대출계약의 다른 규정에 남아 있어서 그로 인하여 대출실행 직후에 기한이익상실 사유가 발생하지 않도록 유의하여야 한다(☞ 이러한 상황에 대비하여 후술하는 Clean-Up 조항이 활용된다). 주식 질권의 설정은 대출실행 후에야 가능하므로 후행조건(condition subsequent)으

221) 다만, 대주가 금융소비자보호법에 따른 금융상품판매업자에 해당할 경우, 대출계약이 성립한 날로부터 3년 이내에 상환하는 경우, 다른 법령에 따라 중도상환수수료 부과가 허용되는 경우 및 동법시행령에서 정하는 경우를 제외하고는, 해당 대주가 수수료, 위약금 또는 그 밖에 어떤 명목이든 중도상환수수료를 부과하는 행위는 금지된다((☞ 제3장 제2절 Ⅲ. 1).

222) 인수금융 실무에서 조기상환 조항(자발적 조기상환 및 의무조기상환)의 작성례에 관하여는, 전경준(2023), 280-284쪽.

로 규정한다.

(3) 진술보장

진술보장 조항은 차주가 알고 있는 사실을 확인하기 위한 것만은 아니고, 대상회사의 영업·재산 등의 상태가 대주가 상정한 내용과 다르다는 것이 판명될 경우 차주와 대주 중 누가 그 위험을 부담할 것인지를 미리 정하는 것이다. 투자수익을 목적으로 하는 차주와는 달리 대주는 대상회사에 대한 실사(due diligence exercise)를 직접 수행하지 않고 대출을 통해 이자 및 수수료 수입을 얻고자 하는 것이다. 따라서 대주와 차주 간의 위험분담은 이러한 관점에서 이루어져야 할 것이고 차주가 알지 못한다는 이유만으로 대주에게 그에 따른 위험을 부담시키는 것은 합리적이지 않을 것이다.[223] 다만, 차주로서는 대출계약의 체결이나 대출금 인출 당시 대상회사에 관하여 충분한 정보를 갖고 있지 아니하므로 주식매도인이나 대상회사의 사정으로 인하여 대출금을 인출하지 못하여 주식매매대금을 지급하지 못하게 된다면 차주에게는 지나치게 불합리한 점이 있다. 이에 따라 실무상 주식매매대금을 지급하기 위한 대출금의 인출 시점에는 대상회사에 관한 진술보장은 주요 사항에 한정시키는 경우가 많다.

(4) 확 약

확약조항으로는 차주 및 대상회사에 관하여 재무제한 확약(financial covenants),[224] 담보제공 금지(negative pledge), 자산유출의 제한,[225] 인수 구조의 유지를 위한 제한[226] 등을 규정한다.

(5) 기한이익상실

주식매매계약의 거래종결(closing)(=인수금융 대출계약에 따른 대출금의 인출) 전에는 매수인(=차주)이 대상회사에 관한 정보에 접근하는 데에 한계가 있다. 차주로서는 이러한 점을 고려하여 인수대금의 지급을 위한 대출금의 인출시점에는 대상회사에 관한 진술보

223) 笹山幸嗣·村岡香奈子(2008), 200-201쪽.

224) 재무제한 확약의 대표적인 예로는 (i) 금융비용과 대비한 최저 현금흐름의 수준 제한: 이자보상비율(Interest Coverage Ratio), 부채상환비율(Debt Service Coverage Ratio: DSCR) 등, (ii) 현금흐름과 대비한 부채 규모의 상한 제한, (iii) 설비투자 제한 등을 들 수 있다.

225) 자산유출을 제한하는 확약으로는, 배당, 자기주식 취득, 자본금 또는 자본준비금 감소, 차입·보증, 투자 및 대출, 자산양도·처분, 임원 보수, 기타 현금흐름에 중대한 영향을 미치는 사항(파생상품계약의 체결 등)에 대한 제한을 들 수 있다.

226) 신주발행, 인수·합병, M&A 계약 변경 등의 금지 등을 들 수 있다. 지배권 변동(change of control)은 의무 조기상환 대상으로 한다.

장이나 확약 사항은 차주가 알고 있거나 통제 가능한 주요 사항(즉, 주식매매계약상 주식매수를 거절하거나 주식매매계약을 해제할 수 있는 사유)에 한정시킬 필요가 있다. 그런데 대출금의 인출 후에 대출계약상 대상회사에 관한 차주의 진술보장 또는 확약의 위반이 발생하고 그로 인하여 기한이익상실 사유가 발생한 경우에 대출금 인출 후 곧바로 기한이익을 상실시킬 수 있다고 한다면 차주에게는 불합리하게 불리할 수 있다. 차주의 이익을 합리적으로 보호하기 위하여 인수금융의 대출계약에서 그와 같은 경우 의무불이행을 치유할 수 있는 기간(=Clean-Up Period)을 부여하는 경우가 있다. 이러한 Clean-Up Period 규정은 차주의 의무불이행 사유가 중대하지 아니하고 치유 가능한 경우에는 대출금의 인출 후 일정한 기간 동안을 유예기간으로 정하여 차주에게 의무불이행 사유를 치유할 수 있는 기회를 부여하는 것이다.

4. 후순위채권

(1) 후순위대출의 원리금 상환

인수금융에서 대출채권을 후순위화하는 방법으로는 ① 복층의 SPC를 이용한 구조적 후순위화(structural subordination) 방법과 ② 당사자 간 약정에 의한 후순위화(contractual subordination) 방법이 있다(☞ 이에 관한 상세한 내용은 제3장 제5절 후순위 채권 채무 및 제14장 제2절 도산절차와 권리의 우선순위). 국내 인수금융 실무에서는 후순위대출의 원금은 선순위대출 원리금 완제 후에 상환하도록 하는 것이 일반적이다. 후순위대출의 이자에 관하여는 이자 중 일부는 정기적으로 지급하고 나머지는 복리로 산정하여 선순위대출 원리금 완제 후에 지급하는 경우가 많은 것으로 보인다.[227)]

(2) 채권자간 약정

선순위대주와 후순위대주 간에는 채권자간약정(Inter-Creditor Agreement)을 체결한다. 채권자간약정에서는 (i) 후순위채권자의 채권회수 제한 및 위반시 선순위채권자에게 반환(turn-over), (ii) 변제충당의 순서, (iii) 후순위채권자에 의한 기한이익상실, 담보권 실행 및 그 밖의 권리행사의 제한, (iv) 대주단의 의사결정에 있어서 선·후순위대주들의 의결권, (v) 선·후순위대출계약서의 변경 제한, (vi) 선·후순위대출의 리파이낸싱에 관한 사항, (vii) 선·후순위대출채권의 양도 등에 관하여 규정한다.[228)]

227) Chung·Myung·Kim(2016), pp. 273-274.
228) 우동석·김혜원(2015), 33-34쪽; 전경준(2023), 326-345쪽.

참고문헌

강정혜(2009) 강정혜, "금융리스에 대한 개정 상법안의 쟁점", 상사법연구 제28권 제2호(한국상사법학회, 2009)

강정혜(2013) 강정혜, "UNDROIT의 리스 통일화법 과정에서의 쟁점과 상법에 대한 시사점", 상사법연구 제32권 제3호(한국상사법학회, 2013)

강희철(2009) 강희철, "영업양수도의 법률관계", BFL 제38호(서울대학교 금융법센터, 2009. 11)

국지희(2006) 국지희, "항공기 운용리스의 현황 및 사례연구", 금융시장리뷰 제23호(한국산업은행, 2006. 10.)

권영준(2014) 권영준, "최선노력조항(best efforts clause)의 해석", 서울대학교 법학 제55권 제3호(서울대학교 법학연구소, 2014. 9.)

금융감독원(2023) 금융감독원, 기업공시 실무안내(2023. 12.)

김건식(2011) 김건식, 국제적 기준에 부합하는 합리적 LBO 가이드라인 제정방안(법무부 연구용역과제보고서)(2011)

김건식·노혁준·천경훈(2024) 김건식·노혁준·천경훈, 회사법(제8판)(박영사, 2024)

김동수·오영진(2018) 김동수·오영진 "리스의 회계와 세무", BFL 제90호(서울대학교 금융법센터, 2018. 7.)

김송주(2017) 김송주, "항공기리스 현황과 활성화 방안", 입법 및 정책과제 통권 제6호(국회입법조사처, 2017. 6.)

김정동(2015) 김정동, "항공기 금융 현황 점검 및 신용평가의 이해", Issue Report(한국기업평가, 2015. 12.)

김용담(2011) 주석민법(제4판)[물권(4)](한국사법행정학회, 2011)

김인현(2016) 김인현, "선박건조계약 표준계약서(SAJ)에 대한 연구", 선박건조·금융법 연구 I(법문사, 2016)

김인현(2017) 김인현, "선박투자회사 선박의 운항관련 책임주체와 그 채권자 보호", 상사법연구 제35권 제4호(한국상사법학회, 2017)

김인현(2018) 김인현, 해상법(제5판)(법문사, 2018)

김창준(2016) 김창준, "선박건조계약에 있어서 선수금환급보증서의 법률관계 —2011~2012 영국 판례를 중심으로—", 김인현 편, 선박건조·금융법 연구 I(법문사, 2016)

김하균 외(2017) 김하균·권성호·여지은·정지윤·조영주, 항공금융 육성 기반 마련을 위한 연구(국토교통부 연구보고서)(2017. 1.)

노혁준 외(2020) 노혁준·송옥렬·안수현·윤영신·천경훈·최문희, 신체계회사법(제8판)(박영사, 2020)

박삼철 외(2021) 박삼철·차태진·박재현·김건·이화석, 사모펀드 해설(제3판)(지원출판사, 2021)

박태현(2007) 박태현, "LBO의 효과 및 허용범위에 대한 미국 회사법상의 논의", BFL 제24호(서울대학교 금융법센터, 2007. 7.)

백숙종(2019) 백숙종, "금융리스계약에 기해 금융리스업자가 금융리스이용자에게 부담하는 의무 — 대상판결 : 대법원 2019. 2. 14. 선고 2016다245418 판결 —", BFL 제96호(서울대학교 금융법센터, 2019. 7.)

법무부(2012) 법무부, 상법총칙·상행위법 해설(법조협회, 2012)

석광현(2004) 석광현, "항공기에 대한 국제적 담보거래 — 케이프타운협약과 항공기의정서를 중심으로 —", 국제거래법연구 제12집(국제거래법학회, 2004)

석광현(2015) 석광현, "편의치적에서 선박우선특권의 준거법 결정과 예외 조항의 적용", 국제거래법연구 제24집 제1호(국제거래법학회, 2015)

석광현·조영균(2009) 석광현·조영균, "국제 항공기금융에 관한 법적 문제점", 석광현·정순섭 편, 국제금융법의 현상과 과제(제1권)(소화, 2009)

성낙주(2020) 성낙주, 항공기금융(박영사, 2020)

안보용(2010) 안보용, "M&A와 금융", 회사법연구 — M&A 실무(사법연수원, 2010)

안보용·이영민·김태오(2017) 안보용·이영민·김태오, "차입매수(LBO)를 통한 인수금융의 최근 쟁점", 우호적 M&A의 이론과 실무(제1권)(소화, 2017)

우동석·김혜원(2015) 우동석·김혜원, "인수금융에서의 후순위금융과 리파이낸싱", BFL제73호(서울대학교 금융법센터, 2015. 9.)

유건(2015) 유건, "기업인수시 재무적 투자자(FI)와의 약정 어떻게 볼 것인가? — 재무약정 유형별 차입 성격 판단기준과 차입금 조정 가이드라인", Special Report(한국신용평가, 2015. 8.)

윤여균·곽명철(2011) 윤여균·곽명철, "인수금융의 주요 법적 쟁점 — 우리나라에서의 실무를 중심으로", BFL 제47호(서울대학교 금융법센터, 2011. 5.)

윤여균·우동석(2011) 윤여균·우동석, "해외인수금융의 사례와 법적쟁점", 국제거래법연구 제20집 제2호(국제거래법학회, 2011)

윤영신(2009) 윤영신, "동양그룹의 합병형 LBO와 배임죄", BFL 제36호(서울대학교 금융법센터, 2009. 7.)

이경래(2017) 이경래, "우리나라 선박금융 활성화를 위한 국내외 선박금융시장 비교 연구", 해운물류연구 제33권 제3호(한국해운물류학회, 2017. 9.)

이기환 외(2016) 이기환·오학균·신주선·이재민, 선박금융원론(개정판)(두남, 2016)

이연호(2018) 이연호, 선박금융의 회계와 세무(제3판)(한국금융연수원, 2018)

이완형(2018) 이완형, "배임죄에서 계열사 지원행위와 경영판단의 한계", BFL 제91호(서울대학교 금융법센터, 2018. 11.)

장대홍·권영준·안동규(1995) 장대홍·권영준·안동규, 리스금융론(법문사, 1995)

장상헌(2017) 장상헌, "금융기관에 의한 기업구조조정과 M&A", 천경훈 편, 우호적 M&A의 이론과 실무(제1권)(소화, 2017)

전경준(2023) 전경준, M&A 금융과 실무(제2판)(삼일인포마인, 2023)

전현정(2007) 전현정, "LBO와 배임죄 — 손해를 중심으로 —", BFL 제24호(서울대학교 금융법센터, 2007. 7.)

정순섭(2017) 정순섭, 은행법(지원출판사, 2017)

정우영(2009) 정우영, "선박 금융의 실무 소개", 석광현·정순섭 편, 국제금융법의 현상과 과제(제1권)(소화, 2009)

정우영(2018) 정우영, "한국 선박금융 패러다임의 전환 — 전환기의 몇 가지 논제", BFL 제90호(서울대학교 금융법센터, 2018. 7.)

정우영 외(2021) 정우영·현용석·윤희성·이승철, 해양금융의 이해와 실무(전정 1판)(한국금융연수원, 2021)

조영균·김영민(2018) 조영균·김영민, "항공기금융의 최근 동향", BFL 제90호(서울대학교 금융법센터, 2018. 7.)

지원림(2016) 지원림, 민법강의(제14판)(홍문사, 2016)

천경훈(2011) 천경훈, "LBO 판결의 회사법적 의미 — 이사는 누구의 이익을 보호해야 하는가?", 저스티스 통권 제127호(한국법학원, 2011. 12.)

한민(2018) 한민, "자산금융과 최근의 도산법 쟁점", BFL 제90호(서울대학교 금융법센터, 2018. 7.)

현용석(2016) 현용석, "해운기업의 자금조달과 국내 선박금융의 발전방안, 선박건조·금융법 연구 I (법문사, 2016)

홍성준(2017) 홍성준, "회생절차 M&A의 실무상 쟁점", 천경훈 편, 우호적 M&A의 이론과 실무(제1권)(소화, 2017)

황남석(2018) 황남석, "기업집단 내 계열회사간 지원행위와 경영판단 — 대법원 2017. 11. 9. 선고 2015도12633 판결 —", 법조 제730호(법조협회, 2018. 8.)

Appelbaum·Batt(2014) Eileen Appelbaum·Rosemary Batt, "Private Equity at Work: When Wall Street Manages Main Street" (Russell Sage Foundation, 2014)

Chung(2017) Dae Hyung Chung, "KDB Shipping Fund and the Sophistication of the Korean Shipping Industry" (Marine Money Forum, Nov. 1. 2017)

Chung·Myong·Kim(2016) Kye Sung Chung·Jina Myung·Chong Woo Kim, South Korea chapter, Acquisition Finance (2nd ed.) (Thomson Reuters, 2016)

Clifford Chance(2007) Clifford Chance, "Cape Town Convention and Aircraft Protocol", Client Briefing (March 2007)

Clifford Chance(2015) Clifford Chance, "The Cape Town Convention and Aircraft Protocol lands in the United Kingdom", Briefing Note (October 2015)

Clifford Chance(2016) Clifford Chance, "Commitment letters: some hard lessons", Briefing Note (October 2016)

Curtis·Barshop(2011) Linda L. Curtis·Melissa L. Barshop, "Financing Provisions in Acquisition Agreements" (California Business Law Practitioners, Summer 2011)

Hanley(2017) Donal Patrick Hanley, Aircraft Operating Leasing (2nd ed.) (Wolters Kluer, 2017)

Harwood(2006) Stephenson Harwood(2006), Shipping Finance (3rd ed.) (Euromoney Books, 2006)

Nolan(2017) Francis X Nolan(2017), Ⅲ, "The Last Half Century of Financing Vessels", 91 Tulane Law Review 927 (May, 2017)

Peck · Wojciechowski(2016) Georffrey R. Peck · Mark S. Wojciechowski, "Chapter 9: Acquisition Financing in the United States: Will the Boom Continue?", The International Comparative Legal Guide to: Lending & Secured Finance 2016 (Global Legal Group, 2016)

Scheinberg(2014) Ronald Scheinberg, The Commercial Aircraft Finance Handbook (Euromoney Books, 2014)

Schroth(2010) Peter W. Schroth, "Financial Leasing of Equipment in the Law of the United States" (American Journal of Comparative Law, 2010)

Speechley(2015) Tom Speechley(2015), Acquisition Finance (2nd ed.) (Bloomsbury, 2015)

UNCTAD(2018) UNCTAD, Review of Maritime Transport 2018

Ward · Darley(2015) Sarah Ward · Mark Darley, "Chapter 11: A Comparison of Key Provisions in U.S. and European Leveraged Loan Agreements", The International Comparative Legal Guide to: Lending & Secured Finance (3rd ed.) (Global Legal Group, 2015)

Wood(2007) Philip Wood, Comparative Law of Securtiy Interests and Title Finance, The Law and Practice of International Finance Series (2nd ed.), Volume 2 (Sweet & Maxwell, 2007)

藤原総一郎(2010) 藤原総一郎(編), M&Aの契約實務 (中央經濟社, 2010)

瀨野克久 · 岩瀨ひとみ(1999) 瀨野克久 · 岩瀨ひとみ, "航空機オペレーティング契約と實務(上)", 金融法務事情 No.1544 (金融財政事情研究會, 1999. 4.)

木原知己(2014) 木原知己, "船舶金融の發展的再定義", 木原知己 · 箱井崇史(編), 船舶金融法の諸相 (成文堂, 2014)

西村總合法律事務所(2003) 西村總合法律事務所(編), ファイナンス法大全(下) (商事法務, 2003)

西村あさひ法律事務所(2017) 西村あさひ法律事務所 編, ファイナンス法大全[全訂版](上) (商事法務, 2017)

笹山幸嗣 · 村岡香奈子(2008) 笹山幸嗣 · 村岡香奈子, M&A ファィナンス (金融財政事情研究會, 2008)

航空機國際共同開發促進基金(2015) 航空機國際共同開發促進基金, "27-5 航空機リースの現狀 2015-LCCを育ててきた航空機リースー" (2015), <http://www.iadf.or.jp/document/pdf/27-5.pdf>

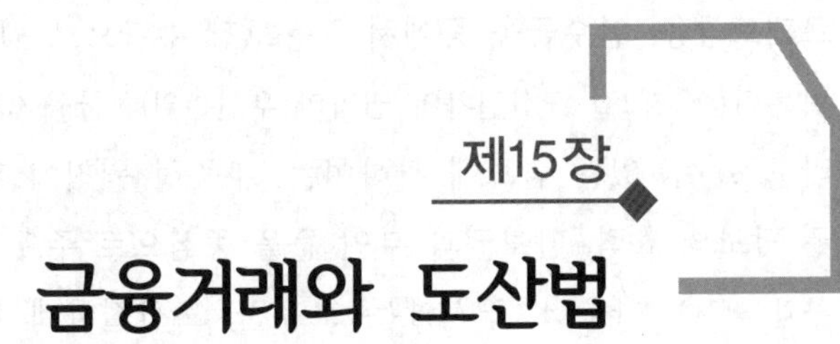

제15장 금융거래와 도산법

제1절 서 설

Ⅰ. 금융거래와 도산절차

금융거래에서 채권자는 금융수혜자인 채무자의 채무불이행이 발생할 위험, 즉 신용위험을 부담하고 그 위험에 대비하여 인적·물적 담보를 제공받는 등 신용보강 조치를 취한다. 도산법제는 신용위험이 현실화되어 채무자에 대하여 도산절차가 신청, 개시되는 경우, 채권자의 권리가 어떠한 제약을 받는지를 예측하고 그에 따라 채권자가 부담하는 신용위험 및 법적 위험의 정도를 가늠할 수 있게 해 준다.

채무자회생법의 내용은 도산절차의 신청 후 절차 개시로부터 종결에 이르기까지의 진행 과정에서 절차적 측면을 규율하는 도산절차법과 이해관계인 간의 실체적 법률관계를 규율하는 도산실체법{도산사법(倒産私法)}으로 구분해 볼 수 있다. 채무자회생법의 규정 중에서 권리의 우선순위, 담보와 보증, 상계, 쌍방미이행 쌍무계약 등 계약상 권리의무에 관한 특례, 환취권, 부인권 등에 관한 규정은 도산실체법의 주요 구성 부분이라고 할 수 있다. 이러한 도산실체법의 규정은 당사자 간의 실체적 법률관계에 영향을 미치는 것이어서 특히 금융거래에서 중요한 의미를 갖는다. 그리고 금융거래가 국제화함에 따라 어느 한 국가에서 개시된 도산절차의 절차법적·실체법적 효력이 다른 국가에서 어떻게 효력을 인정받을 수 있는지의 문제가 제기된다.

제15장에서는 우선 도산절차상 권리의 우선순위에 관한 기본원칙과 구조화금융, 프로젝트금융, 인수금융 등에서 신용보강 수단으로 널리 사용되는 후순위약정에 관하여 살펴본다(☞ 제2절 도산절차와 권리의 우선순위). 금융거래에서 가장 중요한 신용보강 수단이라고 할 수 있는 담보에 관하여는, 부종성 원칙에 관한 특칙, 도산절차의 개시와 장래채권 담보의 효력, 담보권과 부인 등을 중심으로 주요 법적 쟁점들을 다룬다(☞ 제3절 도산절차와 담보). 아울러, 평시에는 소유권, 도산절차에서는 담보권으로 분류되는 도산절차상 비전형담보에 관하여 검토한다(☞제4절 소유권의 담보권으로의 재구성). 끝으로, 금융의 국제화에 따라 금융거래에서 흔히 접하게 될 기본적인 국제도산법 쟁점들을 살펴본다(☞ 제5절 금융거래와 국제도산법).

Ⅱ. 도산절차 적용의 배제

금융채권자는 사전적·사후적으로 가능한 한 도산절차에 의해 영향을 받지 않고 개별적인 권리행사를 통하여 채권회수를 극대화하고자 하는 유인을 갖는다. 반면에 도산절차는 집단적 절차로서 채권자 일반의 공정하고 형평에 맞는 채권 회수를 그 목적 중의 하나로 삼고 있다. 도산절차에서 관리인과 파산관재인은 채권자 등 이해관계인의 이익을 위하여 도산재단을 확보하는 데에 진력하게 된다. 도산법은 개별 채권자의 채권회수 극대화와 채권자 일반의 이익을 위한 도산재단의 확보라는 상충되는 이해관계를 조정하기 위한 법적 장치들을 두고 있다.

금융채무자에 대하여 도산절차가 신청·개시되면 채권자의 권리 행사에 제약이 생기므로 금융채권자는 자신의 권리가 채무자에 대한 도산절차의 적용으로부터 배제될 수 있는 장치를 원하게 된다. 그 대표적인 것이 "도산절연(도산격리)"이다.

도산절연은 채권자가 채무자 보유의 담보자산에 대하여 갖는 권리가 기본적으로 채무자의 도산절차에 의하여 영향을 받지 않는 것을 말한다. 자산을 담보로 하여 자금을 조달하는 금융거래에서 특별목적회사(SPC), 신탁 등의 특별목적기구를 이용하여 거래구조를 설계하는 주된 목적은 채무자의 자산을 특별목적기구에 이전하여 채무자로부터 법적으로 분리시킴으로써 도산절연 효과를 얻는 데에 있는 경우가 많다. 자산유동화, 프로젝트금융, 자산금융 등이 그 대표적인 예라고 할 수 있다.

금융거래에서 도산절연의 효과가 생기는 경우로는 대체로 아래 세 가지 유형을 들 수 있다.

첫째, 담보자산을 채무자 소유로 그대로 둔 상태에서 '법률의 규정에 의하여' 채무자의 도산절차에 구속되지 않도록 하는 경우이다. 이중상환채권법에 따라 은행 등 금융회사가 발행하는 커버드본드{☞ 제8장 제5절 Ⅱ. 이중상환청구권부 채권(커버드본드 Covered Bond)}와 한국주택금융공사법에 따라 한국주택금융공사가 발행하는 주택저당채권담보부채권(☞ 제9장 제2절 Ⅰ. 2. 한국주택금융공사법)은 법률의 규정에 의하여 관련 담보자산이 발행인의 채권자에 의한 강제집행 대상에서 제외되고 발행인의 파산절차나 회생절차에 구속되지 않는다.

둘째, 진정양도에 의한 경우이다. 자산유동화 등 구조화금융거래에서 자산보유자가 특별목적회사(SPC)에 담보권의 설정이 아닌 진정양도 방식으로 자산을 양도하여 그것이 양도담보가 아니라 진정한 소유권의 이전으로 인정되는 경우, 그 자산은 자산보유자의 도산절차로부터 절연된다(☞ 제9장 제1절 Ⅲ. 2. 자산보유자로부터 자산의 법적 분리와 도산절연). 이는 당사자 간의 약정에 의하여 도산절연 효과를 얻는 것이다. 이와 관련하여, 자산유동화법은 유동화자산의 양도가 일정한 요건을 갖출 것을 요구하고 있고 그 요건을 갖춘 자산의 양도를 담보권의 설정으로 보지 않는다고 규정함으로써 진정양도 및 도산절연 효과에 관한 예측가능성 내지 법적 안정성을 높여 주고 있다(동법 제13조).

셋째, 신탁을 이용하는 경우이다. 신탁법에 따른 신탁을 설정함으로써 신탁법이 부여하는 신탁재산의 독립성을 이용하여 신탁재산이 수탁자뿐만 아니라 금융수혜자인 위탁자의 도산절차로부터 절연되도록 하는 방법이다(☞ 제6장 제2절 Ⅲ. 신탁재산의 독립성, 제6장 제3절 Ⅱ. 담보신탁).

한편, 채무자회생법 제120조(회생절차) 및 제336조(파산절차)에 의한 지급결제제도, 청산결제제도 및 적격금융거래에 관한 특칙은 이들 제도나 거래에 대하여 도산절차의 적용을 배제하고 해당 제도의 운영자가 정한 바에 따라 또는 적격금융거래의 당사자들 간에 약정한 바에 따라 거래의 청산·결제나 종료·정산 등이 이루어지도록 하는 것이다. 이는 금융시스템의 안정과 거래의 법적 안정성을 도모하기 위하여 특별히 법률의 규정에 의하여 도산절차의 적용을 배제하고 있는 예라고 할 수 있다(☞ 제10장 제3절 Ⅴ. 도산과 파생상품거래).

채권자가 도산절차에 구속되지 않고 담보자산에 대한 권리를 행사할 수 있게 되면, 채권의 회수가능성이 높아지므로 채무자도 보다 쉽게 낮은 비용으로 자금을 조달할 수 있게 된다. 반면에, 금융수혜자의 일반 채권자들은 책임재산, 즉 도산재단이 줄어들게 되어 불리하게 된다. 이러한 상충되는 이해관계는 도산절차의 적용을 배제하려고 하는 행위를 민법상의 사해행위 취소, 신탁법에 의한 사해신탁 취소 또는 채무자회생법상의 부인

제도에 의하여 견제함으로써 조정되게 된다(☞ 제6장 제4절 사해신탁의 취소와 신탁행위의 부인, ☞ 제14장 제3절 Ⅲ. 담보권과 부인).

그런데, 이러한 사후적 구제수단만으로는 도산법의 목적을 충분히 달성하기 어렵다. 도산법의 목적 달성과 채권자 일반의 이익 보호를 위하여 개별 채권자의 평시 실체법적 권리를 도산절차에서는 재구성하여 그 권리행사를 제한하는 것이 공정·형평의 원칙에 부합되는 경우가 있다. 실체법적 권리의 재구성의 대표적인 예는 소유권이 경제적 실질상 담보권과 동일시 될 수 있는 경우 이를 도산절차에서 담보권으로 취급하는 것이다(☞ 제14장 제4절 소유권의 담보권으로의 재구성). 원래 자산의 소유자는 환취권을 행사하여 그 자산을 도산절차로부터 배제시킬 수 있음이 원칙이다. 그러나, 이와 같이 본래 도산절차로부터 배제될 수 있었던 권리가 '실체법적 권리의 도산법적 재구성'에 의하여 도산절차에 편입될 수도 있게 된다. 또한, 금융채권자는 채무자와의 계약에 채무자에 대한 도산절차의 신청 또는 개시가 있는 경우 금융채권자가 해당 계약을 조기 종료시킬 수 있도록 하는 계약조항을 두는 것을 선호한다. 이는 당사자 간의 계약에 의하여 해당 계약 및 계약상 권리를 도산절차로부터 배제시키고자 하는 것으로서 그 효력이 인정될 수 있는지가 문제된다(제14장 제4절 Ⅲ. 2. 도산해지조항).[1)]

제 2 절 도산절차와 권리의 우선순위

Ⅰ. 파산절차와 회생절차에서 권리 우선순위의 비교

1. 절대우선원칙과 상대우선원칙

일반 강제집행절차와 채무자회생법상 파산절차에서는 권리의 우선순위는 절대우선의 원칙에 의한다. 즉, 정해진 우선순위에 따라 상위의 권리자가 전액 변제받기 전까지는 하위의 권리자는 변제나 배당을 받을 수 없다. 다만, 집단적 채권추심 절차로서 채권자들 간의 평등이 보다 중시되는 파산절차에서 개별 파산채권의 우선순위[2)]는 일반 강제집행

1) 채무자에 대한 도산절차의 신청이나 개시를 이유로 금융채권자가 대출 등 여신거래의 기한이익을 상실시킬 수 있도록 하는 계약조항의 효력도 관련 문제로서 검토할 필요가 있다(이에 관하여는 ☞ 제3장 제3절 Ⅲ. 1. 원금의 상환과 기한이익상실).

2) 파산절차에서는 우선권 있는 파산채권(채무자회생법 제441조) → 일반 파산채권 → 후순위파산채권(동법 제446조)의 순위에 따라 배당을 한다. 실무상 후순위파산채권에까지 배당이 되는 경우는

절차에서의 우선순위와 완전히 일치하지는 않는다.[3)]

반면에, 채무자회생법에 의하면 회생계획에서는 동법 제217조 제1항 각 호에 규정된 권리의 순위[4)]를 고려하여 회생계획의 조건에 공정하고 형평에 맞는 차등을 두어야 한다(동법 제217조 제1항). 여기서 '공정하고 형평에 맞는 차등'은 소위 "상대우선원칙"에 의한 권리 우선순위를 의미한다.[5)] 상대우선원칙은 변제되어 할 몫을 권리의 우선순위에 따라 분배하는 것이 아니라, 권리의 우선순위를 고려하되 적절한 차등을 두어 분배한다는 것으로서, 선순위 권리자에게 주는 권리실현의 만족이 후순위 권리자에게 주는 만족보다 상대적으로 크면 공정·형평에 위배되지 않는다는 원칙이다. 예컨대, 회생절차에서는 무담보채권자가 전액 변제받지 못하는 경우에도 주주의 권리를 완전히 상각하지 않고, 권리감축비율에 차등을 두어 권리변경을 하고 있다. 물론 채무자회생법상의 '청산가치보장의 원칙'에 따라 채권자는 최소한 채무자의 파산 시 변제받을 금액 이상을 변제받아야 한다(동법 제243조 제1항 제4호).

2. 형평에 의한 후순위화

파산절차에서는 동일순위로 변제하여야 하는 파산채권은 각각 그 채권액의 비율에 따라서 평등하게 변제한다(동법 제440조). 회생절차에서도 회생계획의 조건은 같은 성질의 권리를 가진 자 사이에서는 평등하여야 함이 원칙이나, 파산절차와는 달리 평등취급에 대하여 예외가 인정되어 있다(동법 제218조 제1항). 즉, 회생계획에 동일한 종류의 권리를 가진 자 사이에 차등을 두어도 형평을 해하지 아니한 때(예: 소액채권 및 중소기업자의 회생채권의 우대, 불이익한 취급에 동의한 채권자 및 회생절차개시 후의 이자 등의 채권자에 대한 불리한 취급 등)에는 평등취급에 대한 예외가 인정된다(동항 각 호). 특히, 회생절차개시 전에 채무자와 대통령령이 정하는 특수관계에 있는 자("특수관계자")의 다음 채권은 다른 회생채권과 다르게 정하거나 차등을 두어도 형평을 해하지 않는다고 인정되는 경우에는 다른 회생채권보다 불리하게 취급할 수 있다(동조 제2항, 동법시행령 제4조).

극히 드물다고 한다{서울회생법원 재판실무연구회(2019b), 252쪽}.

3) 일반 강제집행절차, 파산절차 및 회생절차에서의 우선순위에 관한 상세한 논의는, 오수근·정문경(2009), 94-124쪽.

4) 1. 회생담보권, 2. 일반의 우선권 있는 회생채권, 3. 제2호에 규정된 것 외의 회생채권, 4. 잔여재산의 분배에 관하여 우선적 내용이 있는 종류의 주주·지분권자의 권리, 5. 제4호에 규정된 것 외의 주주·지분권자의 권리.

5) 대법원 2004. 12. 10. 자 2002그121 결정, 대법원 2000. 1. 5. 자 99그35 결정 등; 서울회생법원 재판실무연구회(2023a), 679쪽; 오수근(2008), 221쪽.

① 특수관계자의 채무자에 대한 금전소비대차로 인한 청구권

② 채무자가 특수관계자를 위하여 무상으로 보증인이 된 경우의 보증채무에 대한 청구권

③ 특수관계자가 채무자를 위하여 보증인이 된 경우 채무자에 대한 보증채무로 인한 구상권

위와 같은 '형평에 의한 후순위화'가 인정되는 특수관계자의 채권의 유형은 예시적인 것으로 보아야 하고, 위 ① 내지 ③의 채권에 해당하지 아니하는 특수관계자의 채권도 동법 제418조 제1항 제4호('그 밖에 동일한 종류의 권리를 가진 자 사이에 차등을 두어도 형평을 해하지 아니하는 때')에 해당하는 경우 다른 회생채권보다 불이익하게 취급할 수 있다.[6)]

위 형평에 의한 후순화를 허용하는 채무자회생법의 규정은 형평에 의하여 채권 또는 지분권을 후순위화할 수 있는 권한을 법원에 부여한 미국 연방파산법의 규정과 유사하다.[7)] 다만, 미국 연방파산법과는 달리 채무자회생법은 파산절차에서는 위와 같은 '형평에 의한 후순위화'에 관한 규정을 두고 있지 않다.[8)]

3. 신규차입자금채권의 우선변제

(1) 회생절차에서 신규차입자금채권의 우대

채무자회생법상 공익채권은 회생절차에 의하지 아니하고 수시로 회생채권과 회생담보권에 우선하여 변제한다(동법 제180조 제1항, 제2항).[9)] 2009. 10. 21.자 채무자회생법 개정(같은 날 시행)에 의하여, 회생절차에서 공익채권의 총액을 변제하기에 부족한 것이 명백하게 된 때에는, ① 채무자(또는 보전관리인)가 회생절차개시신청 후 그 개시 전에 또는 ② 관리인이 회생절차의 개시 후에, 채무자의 사업을 계속하기 위하여 법원의 허가를 받아 차입한 자금에 대한 채권(=신규차입자금채권)은 다른 모든 공익채권(단, 채무자 재산상의

6) 서울회생법원 재판실무연구회(2023a), 689쪽.

7) 미국 연방파산법 section 510(c)(1): "…the court may under the principle of equitable subordination, subordinate for purposes of distribution all or part of an allowed claim to all or part of another allowed claim or all or part of an allowed interest to all or part of another allowed interest;" (밑줄 필자)

8) 이에 관한 보다 상세한 내용은 ☞ 제3장 각주 116.

9) 공익채권이 회생담보권에 우선한다는 것은 채무자의 일반재산으로부터 변제를 받는 경우에 우선한다는 의미이고, 회생담보권의 담보목적물에 대한 경매절차나 환가절차에서 회생담보권보다 우선하여 변제를 받을 수 있다는 의미는 아니다{대법원 1993. 4. 9. 선고 92다56216 판결; 대법원 2012. 7. 12. 선고 2012다23252 판결; 서울회생법원 재판실무연구회(2019a), 506쪽}.

담보권 또는 우선특권으로 담보되는 공익채권은 제외)보다 우선하여 변제받을 수 있도록 하였다(동법 제180조 제7항, 제179조 제1항 제5호 및 제12호).[10)] 신규차입자금채권을 제외한 위 무담보 공익채권은 법령에 정하는 우선권에 불구하고 아직 변제하지 아니한 채권액의 비율에 따라 변제한다(동법 제180조 제7항).

(2) 견련파산절차에서 신규차입자금채권의 우대

채무자회생법상 재단채권도 파산절차에 의하지 아니하고 파산재단으로부터 수시로 파산채권보다 먼저 변제받을 수 있다(동법 제475조, 제476조).[11)] 파산재단이 재단채권의 총액을 변제하기에 부족한 것이 분명하게 된 때의 재단채권간 변제의 우선순위에 관하여는 동법 제477조에서 정하고 있다.[12)] 2020. 2. 4.자 채무자회생법 개정(같은 날 시행)에 의하여, 회생절차에서 발생한 위 '신규차입자금채권'은 견련파산절차[13)]에서 파산재단이 재단채권의 총액을 변제하기에 부족한 것이 분명하게 된 때에는, 근로자의 임금·퇴직금 및 재해보상금 채권을 제외한 다른 모든 무담보 재단채권보다 우선하여 변제받을 수 있도록 하였다(동법 제477조 제3항). 회생절차에서의 위 신규차입자금채권은 견련파산절차에서는 근로자의 임금·퇴직금 및 재해보상금채권과 동순위로 최우선변제권을 가진다. 다만, 회생절차에서의 신규차입자금채권이 없는 경우에는, 법 개정 전과 마찬가지로 근로자의 임금·퇴직금 및 재해보상금채권은 위 최우선변제권이 인정되지 않는다.[14)]

---

10) 이는 회생절차 중에 있는 기업에게 필수적인 신규자금을 지원하는 경우에는 공익채권 중에서도 우선적으로 회수할 수 있는 지위를 부여하여 기업 회생에 필요한 운영자금을 원활하게 조달할 수 있도록 개선하려는 것이었다{국회 법제사법위원회, "채무자 회생 및 파산에 관한 법률 일부개정법률 심사보고서"(2009. 9.), 2쪽}.

11) 서울회생법원 재판실무연구회(2019), 347쪽.

12) 다만, 2014. 12. 30.자 채무자회생법 개정(2015. 7. 1. 시행)에 의하여 신설된 채무자회생법 제415조의2에 의하면, 근로기준법 제38조 제2항 각 호의 채권(근로자의 최종 3개월분의 임금 채권 및 재해보상금 채권)과 근로자퇴직급여보장법 제12조 제2항에 따른 최종 3년간의 퇴직급여등 채권의 채권자는 해당 채권을 파산재단에 속하는 재산에 대한 별제권 행사 또는 채무자회생법 제349조 제1항의 체납처분에 따른 환가대금에서 다른 담보물권자보다 우선하여 변제받을 권리가 있다. 따라서 위 최종 3개월분의 임금 등의 채권자는 위 환가대금으로부터는 담보물권자뿐만 아니라 다른 재단채권자보다 우선하여 변제받게 된다. 이에 관한 상세한 내용은 서울회생법원 재판실무연구회(2019), 384-387쪽.

13) "견련파산절차"라 함은 실무에서 쓰이는 용어인데, 채무자회생법 제6조 또는 제7조에 따라 회생절차의 인가 전 또는 인가 후 폐지, 회생절차개시신청의 기각, 회생계획불인가 등이 이루어진 후에 개시(또는 속행)된 파산절차를 의미한다.

14) 위와 같이 채무자회생법을 개정한 중요한 이유는, 회생절차에서 발생한 신규차입자금채권은 다른 모든 무담보 공익채권보다 우선하여 변제받을 수 있는데, 회생절차가 폐지 등에 의하여 종료하고 견련파산절차가 진행될 경우에는, 사후적으로 최우선변제권을 상실하게 되는 불합리를 시정하기 위한 것이었다{국회 법제사법위원회, 채무자 회생 및 파산에 관한 법률 일부개정법률안 심사보고서(2019. 11.), 2-4쪽}. 그런데, 국회 심사과정에서 기업파산에 따라 생계가 불안해진 근로자에 대한 보호의 정도가 약화된다는 점을 고려하여, 근로자의 임금·퇴직금 및 재해보상금채권도 신

Ⅱ. 약정 후순위 채권[15)]

금융거래에서 이용되고 있는 후순위 약정은 (i) 약정에서 지정한 유형의 모든 선순위 채권을 대상으로 하는 채무자와 후순위 채권자 간의 후순위 약정(=절대적 후순위 약정)과 (ii) 특정 채권만을 대상으로 하는 선순위 채권자와 후순위 채권자(또는 선순위 채권자·후순위 채권자 및 채무자) 간의 후순위 약정(=상대적 후순위 약정)으로 구분할 수 있다.

1. 절대적 후순위 약정

(1) 개념 및 유형

후순위 채권을 후순위 약정에서 지정한 유형에 속하는 모든 선순위 채권과의 관계에서 후순위로 하는 약정으로는 조건부 변제 약정(contingent-debt subordination)과 단순 후순위 약정(simple contractual subordination)이 있다. 이는 지정된 유형에 속하는 모든 선순위 채권과의 관계에서 해당 채권을 후순위로 하는 약정이므로 '절대적 후순위 약정'이라고 한다. 주로 선순위 채권자들이 불특정 다수인인 경우에 이용되고 채무자와 해당 후순위 채권자 간에만 후순위 약정이 이루어진다. 절대적 후순위 약정의 대표적인 예로는 은행 등 금융회사가 자기자본 규제의 준수 등을 목적으로 발행하는 후순위債(subordinated bond)를 들 수 있다.[16)]

가. 조건부 변제 약정(=정지조건부 후순위 특약)

국내 금융회사가 발행하는 대부분의 후순위채에서는, 채무자에 대하여 도산절차(외국 도산절차 포함)가 개시되는 경우 그 후순위채와 동일하거나 열후한 후순위 특약이 부가된 채권(이에 추가하여 주주의 권리를 언급하는 경우도 있다)을 제외한 다른 모든 채권이 전액 변제될 것을 조건으로 하여 그 후순위채의 상환(또는 도산절차에서 그에 관한 변제 또는 배당)을 받을 수 있는 것으로 정하는 '정지조건부 후순위 특약'을 두고 있다.[17)] 이는 후순위 약정의 유형 중 '조건부 변제 약정'에 해당된다. 정지조건부 후순위 특약을 두는 경우에도, (i) 선순위 채권이 전부 변제될 때까지 후순위 채권에 대하여는 어떠한 변제도 할 수 없는 것으로 약정하는 '완전 후순위 약정'에 의하는 경우와 (ii) 도산절차의 개시 등 일정

규차입자금채권과 함께 동순위로 최우선변제권을 갖는 것으로 하였다(앞의 심사보고서, 7쪽).

15) 이하의 내용은 한민(2009), 404-417쪽의 내용을 수정, 보완한 것이다.

16) 상세한 내용은 제3장 제5절 Ⅱ. 2. '후순위 약정의 유형' 참조.

17) 후순위특약의 예는 제3장 제5절 Ⅱ. 2. (3) 나. "조건부 변제 약정" 참조.

한 사유가 발생하지 않는 한 후순위 채권을 변제할 수 있도록 하는 불완전 후순위 약정에 의하는 경우가 있다. 국내 금융회사가 발행하는 후순위채는 통상적으로 위 (ii)의 불완전 후순위 약정에 의한다.

완전 후순위 약정 방식의 정지조건부 후순위 특약에 따라 후순위 채권자가 갖는 채권은 지정된 모든 선순위 채권이 전액 변제될 것을 조건으로 채권이 발생하는 정지조건부 채권이다. 불완전 후순위 약정 방식에 의한 정지조건부 후순위 특약의 경우, 평시에는 후순위 채권에 관하여 이자의 지급이 이루어진다. 그러나 채무자에 대하여 도산절차가 개시될 경우에는 후순위 채권의 효력이 정지되었다가 그 후 지정된 모든 선순위 채권이 전액 변제될 것을 조건으로 후순위 채권의 효력이 다시 생기는 것으로 볼 수 있다. 따라서 이 경우 역시 도산절차에서는 정지조건부 채권으로 파악할 수 있다.[18]

나. 단순 후순위 약정

단순 후순위 약정에서는 당해 채권이 지정된 모든 선순위 채권에 대하여 후순위임을 표시하는 문구를 계약상 정해 놓는다. 이러한 후순위 약정의 효력이 인정될 것인지 여부와 인정될 경우 구체적으로 어떻게 후순위가 실현될 것인지가 명확하지 않다. 일반 강제집행 절차에서는 채무자회생법 제446조 제2항[19]과 같이 채무자와 채권자 간의 단순 후순위 약정의 효력을 인정하는 법 규정이 없기 때문이다.

(2) 파산절차에서 절대적 후순위 약정의 효력

조건부 변제 약정에 따른 채권은 일종의 정지조건부 파산채권으로서 파산절차에서 효력을 인정받을 수 있다.[20] 다만, 파산절차에서 그 정지조건이 성취될 가능성은 사실상 없으므로 채권의 존재가 시인된다고 하더라도 그에 대한 배당은 기대하기 어렵다. 채무자와 채권자 간의 후순위 약정이 '파산절차에서' 다른 채권보다 후순위로 하는 합의를 포함하고 있는 경우 채무자회생법 제446조 제2항에 따라 그 합의의 효력이 인정되고 배당표 작성 시에도 구분하여 기재된다(동법 제507조 제2항). 따라서 두 약정 중 어느 방식에 의하더라도 파산절차에서는 효력에 차이가 없다.[21] 위 두 약정 중 어느 것에 의하든 후순위

18) 長島·大野·常松法律事務所(2016), 92쪽, 95쪽, 141-142쪽; 笹山幸嗣·村岡香奈子(2008), 133-134쪽.

19) 채무자회생법 제446조 제2항: "채무자가 채권자와 파산절차에서 다른 채권보다 후순위로 하기로 정한 채권은 그 정한 바에 따라 다른 채권보다 후순위로 한다."

20) 채무자회생법 제446조 제2항과 같은 후순위 합의의 효력을 인정하는 법 규정을 두지 아니하였던 (구)파산법 하에서는 절대적 후순위 약정으로는 조건부 변제 약정만이 이용될 수 있었다. 채무자회생법 하에서는 조건부 변제 약정에 의한 정지조건부 후순위 특약도 넓은 의미에서 채무자회생법 제446조 제2항에서 말하는 후순위 합의에 해당하는 것으로 볼 여지가 있다.

21) 일본의 파산법은 우리 채무자회생법과는 달리 채무자와 채권자 간의 합의에 의하여 파산법상의

채권의 원리금채권은 파산절차에서 법정 후순위파산채권(파산절차 개시 후의 이자 및 지연손해금)까지 전액 변제된 경우에 한하여 변제될 수 있도록 정하는 것이 일반적이므로[22] 최후순위인 해당 후순위 채권에 대한 배당이 이루어지기는 어렵다.

(3) 회생절차에서 절대적 후순위 약정의 효력

채무자회생법은 회생절차에 관하여는 제446조 제2항의 "채무자가 채권자와 파산절차에서 다른 채권보다 후순위로 하기로 정한 채권"에 대응되는 규정을 두고 있지 않다. 그러나 채무자회생법상 불이익을 받을 자의 동의가 있는 경우에는 회생계획의 조건을 일반의 회생채권보다 불리하게 취급할 수 있다(동법 제218조 제1항 제1호). 따라서 일반 회생채권에 비하여 후순위로 취급받을 것을 사전에 약정한 경우 그 후순위 채권은 회생절차에서 그 약정에서 선순위의 지위를 부여하기로 정한 일반 회생채권보다 후순위로 취급할 수 있을 것이다.[23] 그런데 여기서 "후순위"가 어떤 의미인지가 문제된다. 조건부 변제 약정 또는 단순 후순위 약정의 경우 회생절차에서 그 약정에서 지정된 모든 선순위 채권이 전액 변제되지 않는 때에는 파산절차와 마찬가지로 후순위 채권에 대하여 전혀 변제할 수 없는가?

가. 조건부 변제 약정(=정지조건부 후순위 특약)

회생절차에서 정지조건부 후순위 특약의 효력에 관하여는 견해가 나뉠 수 있다. ① 제1설은, 조건부 변제 약정에 따른 후순위 채권자의 채권은 정지조건부 회생채권에 해당되고, 선순위로 지정된 모든 채권이 전액 변제되지 않는 한 정지조건이 성취되지 못하여 후순위 채권은 아예 발생하지 않은 것이므로 회생절차에서 후순위 채권에 대한 변제액은 영(0)이 된다고 보는 견해이다.[24][25] ② 제2설은, 정지조건부 후순위특약도 넓은 의미에서

법정 후순위파산채권보다도 후순위인, 즉 최후순위인 '약정 후순위파산채권'만을 파산법에 규정하고 있다(동법 제99조 제2항). 파산절차에서 법정 후순위파산채권보다도 후순위로 하고자 하는 경우, 정지조건부 후순위특약에 의할 수도 있고 해당 채권을 위의 약정 후순위채권으로 하기로 하는 내용의 단순 후순위 약정을 이용할 수도 있다{笹山幸嗣·村岡香奈子(2008), 136쪽}.

22) 다만, 채무자회생법 제446조 제2항은 후순위 약정의 혜택을 받는 '다른 채권'이 일반 파산채권인지 법정 후순위파산채권인지 명시하고 있지 아니하므로, 후순위 약정의 취지가 파산절차에서 법정 후순위파산채권보다도 후순위로 최후에 배당을 받겠다는 취지인지, 아니면 다른 일반파산채권과의 관계에서만 후순위로 배당받겠다는 취지인지를 명확히 규정할 필요가 있다.

23) 서울회생법원 재판실무연구회(2023a), 431쪽.

24) 일본의 학설로는, 금융기관이 채무자인 경우에는 자기자본 규제와의 정합성을 확보하기 위하여 해당 선순위 채권과 후순위 채권 간에 엄격한 절대우선원칙을 적용해야 한다는 견해가 있다{山本克己(2002), 58쪽}.

25) 은행법상 은행의 기타기본자본 또는 보완자본으로 인정되는 후순위 채무의 후순위 특약은 "파산 등의 사태가 발생한 경우 선순위 채권자(unsubordinated creditor)가 전액을 지급받은 후에야 후순위 채권자의 지급청구권의 효력이 발생함을 정한 특약"을 말하는 것으로 되어 있어 정지조건

'후순위 합의'로 볼 수 있고, 후순위 채권자의 의사가 주주보다도 후순위로 변제받기로 합의한 것이라고 보기는 어려우므로 아래에서 보는 단순 후순위 약정의 경우와 동일하게 회생절차에서는 상대우선원칙에 따라 후순위를 실현하여야 한다고 보는 견해이다.[26] 법원 실무에서는 제2설을 따른 사례가 있는 것으로 보인다.[27] 은행이 금융규제법규상 자기자본으로 인정되는 후순위채를 발행하는 경우 자기자본 규제의 목적상 회생절차에서도 위 제1설과 같이 해석함으로써 절대적 후순위를 실현할 수 있도록 할 필요성이 있을 것이다.[28] 이 문제는 후순위 특약의 구체적인 내용을 보다 명확하게 함으로써 해결할 필요가 있다.

나. 단순 후순위 약정

지정된 모든 선순위 채권에 대하여 후순위인 것으로 정한 단순 후순위 약정에 의한 후순위 채권은 "불이익을 받을 자의 동의가 있는 경우"(채무자회생법 제218조 제1항 제1호)에 해당된다고 볼 수 있다. 그런데 후순위 채권자는 선순위 채권보다 불리하게 취급되는 것에 대하여 동의한 것이지 자신보다 후순위 권리자인 주주보다도 불리하게 취급되는 것에 대하여 동의한 것으로 보기는 어렵고, 또한 상대우선원칙에 의하더라도 후순위 채권자에 대한 변제액이 영(0)이 되면 주주의 권리 역시 전혀 인정될 수 없게 된다. 이렇게 되면, 후순위 약정이 있는지 여부에 따라 회생절차에서 주주의 권리에 대한 취급이 크게 차이가 생기게 되어 불합리하게 된다. 따라서 단순 후순위 약정에 의한 후순위 채권자에 대하여는 선순위 채권자 및 주주와의 관계에서 상대우선원칙이 여전히 적용되어야 한다고 보는 것이 합리적이다.[29] 즉, 지정된 모든 선순위 채권이 전액 변제되지 않더라도 후순위 채권에 관하여 선순위 채권 및 주주의 권리와의 관계에서 공정하고 형평에 맞는 차등을 두고(즉 선순위 채권자보다는 불리하나 주주보다는 유리하게) 권리변경을 하여야 할 것으로 생각된다.[30)]

부 채권으로 할 것을 요구한다. 은행업감독업무시행세칙 별표 3{신용·운영리스크 위험가중자산에 대한 자기자본비율 산출 기준(바젤Ⅲ 기준)} 6.나.

26) 한민(2009), 413-414쪽.

27) (구)회사정리법이 적용되었던 정리회사 ㈜엔터프라이즈 네트워크에 대한 정리계획(2005년 1월; 서울지방법원 2004회13)에서는, 정리채권인 후순위전환사채 및 후순위신주인수권부사채에 대하여 각각 원금의 일부를 출자전환하고 일부는 제10차 연도에 변제하며 나머지 원금 잔액은 전액 면제하는 것으로 정하였다.

28) 다만, 은행이 부실화하는 경우 금융산업의 구조개선에 관한 법률에 따른 부실금융기관의 정리제도 및 파산절차에 의하는 것이 일반적이고, 예금채권자가 주된 채권자인 은행에 대하여는 회생절차를 통한 회생은 적합하지 않을 것이다.

29) 한민(2009), 413-414쪽.

30) 상대우선원칙을 채택하고 있는 일본 회사갱생절차에서도 후순위 합의를 본문 설명과 같이 취급하고 있다. 즉, 일본의 회사갱생법에서는 파산법상의 '(최후순위) 약정파산채권'에 해당하는 갱생

2. 상대적 후순위 약정

(1) 개념 및 유형

채권자들 간에 단순 후순위 약정 방식으로 상대적 우선순위를 정하고 선순위인 채권자에 대한 채무가 전액 변제될 때까지는 후순위인 채권자가 채무자로부터 변제받은 금액을 선순위 채권자에게 지급하기로 약정할 수 있다. 이러한 약정은 그 당사자인 채권자들 간에만 효력이 있으므로 '상대적 후순위 약정'이라고 한다. 채무자에게 후순위 채권자에 대한 변제를 금지하는 등 일정한 의무를 부과하기 위하여 채무자도 후순위 약정의 당사자가 되도록 하는 경우도 많다. 이러한 삼자 간의 후순위 약정에서는, 단순 후순위 약정 방식에 의하여 해당 채권을 특정 선순위 채권과의 관계에서 후순위로 하고, 이에 따라 채무자는 특정 선순위 채권자에게 먼저 변제하기로 하며, 만일 후순위 채권자가 특정 선순위채권자보다 먼저 변제받는 경우에는 그 변제받은 금액을 선순위 채권자에게 지급하기로 하는 약정을 포함시키는 것이 일반적이다.[31] 상대적 후순위 약정은 프로젝트금융이나 인수금융 등에서 특별목적회사(SPC)의 선순위 대출채권자를 위한 신용보강 방법으로 많이 이용되고 있다. SPC에 대한 스폰서(sponsor)의 대출채권이나 중순위(mezzanine) 대출채권을 대상으로 선순위 대출채권자와의 관계에서 이들 채권을 후순위로 하는 약정을 체결하는 것이 그 대표적인 예이다.

(2) 파산절차에서 상대적 후순위 약정의 효력

파산관재인은 채권자 간의 후순위 약정에 구속되지 않으므로 파산절차에서는 약정

채권을 회사갱생절차에서는 "약정 후순위갱생채권"이라고 정의하고 있고(회사갱생법 제43조 제4항 제1호), 약정 후순위갱생채권은 (i) 일반 갱생채권과 (ii) 잔여재산분배에 관하여 우선적 내용이 있는 종류의 주식의 중간에 위치하는 것으로 규정하고 있으며(동법 제168조 제1항 제4호), 동법 제168조 제3항에서는 이러한 순위를 고려하여 회생계획의 내용에 공정하고 형평에 맞는 차이를 두어야 한다고 규정하고 있다{永石一郎(2007), 409쪽}. 한편, 미국의 연방 파산절차에서는 후순위 약정에 적용되는 연방파산법 이외의 적용법(applicable nonbankuptcy law. 예컨대, 후순위 약정의 준거법인 주법)이 후순위 약정에 부여하는 집행력(enforceability)을 도산절차에서 그대로 인정해 준다{미국 연방파산법 Section 510(a)}. 다만, 후순위 약정의 혜택을 받는 상위 채권자조가 후순위 약정을 변경하는 내용의 회생계획에 동의하면, 후순위 약정은 원래의 약정이 아니라 회생계획에 의하여 변경된 내용대로 효력을 인정받을 수 있다.{Resnick · Sommer(2009), p. 510-10}.

31) 채무자가 당사자가 되는 삼자 간의 상대적 후순위 약정에서 후순위 채권을 정지조건부 채권(조건부 변제 약정 방식)으로 구성하는 것도 고려해 볼 수 있다. 그러나 채무자와 후순위 채권자 사이에서 정지조건을 엄격히 해석할 경우 후순위 채권자는 파산절차와 회생절차에서 전혀 변제를 받지 못할 가능성이 있고, 이 경우 특정 선순위 채권자의 입장에서도 채권자 간의 상대적 후순위 약정보다 채권회수액이 줄어들 수 있다. 따라서 상대적 후순위 약정에서 후순위 채권을 굳이 정지조건부 채권으로 구성할 이유는 별로 없는 것으로 보인다. 이하에서는 단순 후순위 약정 방식에 의한 삼자 간 후순위 약정에 관하여만 살펴보기로 한다.

후순위 채권자와 선순위 채권자에게 채권액에 따라 평등배당을 하여야 한다.[32] 선순위 채권자와 후순위 채권자는 파산절차에서 그들 몫을 각자 배당받고, 선순위 채권자는 계약상 권리로 본래의 채권을 전액 변제받을 때까지 후순위 채권자로부터 그가 파산절차에서 배당받은 금액을 추가로 지급할 것을 청구할 수 있다. 따라서 채권자 간 후순위 약정의 경우 다른 방식의 후순위 약정에 의할 때보다 법적 확실성이 높고 선순위 채권자의 채권 회수액이 커질 수 있다는 장점이 있다. 다만, 선순위 채권자는 후순위 채권자의 신용위험을 부담한다는 단점이 있다.

그런데, 채무자도 당사자가 되어 삼자 간의 후순위 약정이 체결된 경우에는 위와 같은 후순위 취급의 내용이 달라지는가? 삼자 간의 약정은 (i) 특정 채권과의 관계에서만 후순위 채권자의 채권을 후순위로 하기로 하는 채무자와 후순위 채권자 간의 후순위 합의와 (ii) 채권자 간의 후순위 합의가 결합된 것이라고 볼 수 있다. 파산절차에 있어서는 위 (i)의 합의가 채무자회생법 제446조 제2항에서 말하는 '채무자와 채권자 간의 후순위 합의'에 해당될 수 있는지가 문제된다. 이에 관하여는 전체 채권자의 이해관계를 조정하는 파산절차에서 그러한 합의를 인정하게 되면 절차가 복잡해지므로 이와 같은 상대적 후순위 약정은 채무자회생법 제446조 제2항에서 규정하는 후순위 합의에 포함되지 않는다고 보는 견해도 있다.[33]

그러나 채무자회생법 제446조 제2항에서 "그 정한 바에 따라 다른 채권보다 후순위로 한다"라고 규정하고 있는 것은 특정 채권과의 관계에서만 후순위 채권자의 채권을 후순위로 하기로 하는 후순위 합의도 그 대상으로 포함하는 취지라고 해석하는 것이 타당하다.[34] 이렇게 해석하면, 파산절차에서 특정 선순위 채권자의 채권이 전액 변제될 때까지는 후순위 채권자에게 배당될 몫은 이를 특정 선순위 채권자에게 배당하여야 할 것이다. 따라서 특정 선순위 채권자는 파산절차에서 본래의 후순위 합의대로 배당을 받을 수 있게 되어 그와 동 순위에 있는 다른 채권자보다 많은 금액의 배당을 받게 된다.

이렇게 해석하는 근거로는 우선 채무자회생법 제446조 제2항에서 말하는 '다른 채권'에는 특정 채권도 포함하는 것으로 보아야 하고, 이를 '동순위에 있는 모든 채권'을 의미하는 것이라고 제한할 이유는 없기 때문이다. 또한 "그 정한 바에 따라"라는 문언의 해석상 상대

32) 앞에서 본 바와 같이 채무자회생법은 파산절차에서 채무자와 채권자 간 후순위 합의의 효력에 관한 규정만을 두고 있고 채권자 간 후순위 약정에 관하여는 아무런 규정을 두고 있지 않다.

33) 임치용(2007), 130쪽; 김도경(2005), 375쪽. 이 견해가 일본에서도 일반적인 견해인 것으로 보이나, 일본 파산법 제99조 제2항은 파산절차에서 법정 후순위파산채권보다도 후순위인 최후순위 채권으로 하는 약정의 효력만 인정하고 있으므로 채무자회생법 제446조 제2항과는 차이가 있다는 점에 유의할 필요가 있다.

34) 한민(2009), 408-411쪽.

적인 후순위 합의도 포함될 수 있다. 또한 이와 같이 해석하여 후순위 채권자 몫을 선순위 채권자에게 더 배당하더라도 다른 파산채권자의 배당액에 영향을 주지 않는다. 위 추가적인 배당은 채무자회생법 제446조 제2항에 의하여 파산절차에서 당사자 간 후순위 합의의 효력이 인정된 결과라고 볼 수 있다. 후순위 약정이 신용보강의 효과를 가지게 되는 셈이다.

(3) 회생절차에서 상대적 후순위 약정의 효력

채무자회생법은 회생절차와 관련하여서는 "[동법 제92조 제1항에 따라 법원이 정한 관리인의 조사보고] 기한까지 전부 또는 일부의 채권자들 사이에 그들이 가진 채권의 변제순위에 관한 합의가 되어 있는 때에는 회생계획안 중 다른 채권자를 해하지 아니하는 범위 안에서 변제순위에 관한 합의가 되어 있는 채권에 관한 한 그에 반하는 규정을 정하여서는 아니 된다. 이 경우 채권자들은 합의를 증명하는 자료를 제92조 제1항에 따라 법원이 정한 기한까지 법원에 제출하여야 한다"라는 조항을 두고 있다(동법 제193조 제3항).[35]

채무자회생법의 위 조항은 (구)회사정리법 제228조 제3항에 있던 조항으로[36] 채무자회생법상 파산절차에 있어서는 채무자와 채권자 간의 후순위 합의에 관한 조항(동법 제446조 제2항)을 두고 있는 것과 균형이 맞지 않을 뿐만 아니라 회생절차에 적용되는 상대우선원칙과의 관계에서 해석상 어려움을 야기하고 있다. 채무자회생법 제193조 제3항의 해석에 관하여는 견해가 나뉠 수 있다. 논의의 편의상 무담보채권자 A(선순위)와 무담보채권자 B(후순위) 간에 후순위 약정이 있고, 회생절차에서 채권자 A(20), 채권자 B(20), 이들 채권자와 법상 동순위인 일반 회생채권자 C(20), 합계 60의 회생채권이 있으며 회생채권에 대한 변제율은 50%, 주주 권리의 인정 비율은 20%라고 가정한다.

채무자회생법 제193조 제3항에서 말하는 "변제순위에 관한 합의" 및 "그에 반하는 규정"의 의미는 상대우선원칙에 따라 해석하여야 하고, A, B 및 C에 대한 변제액에 관하여는 A와 B 간의 후순위 합의 내용을 반영하되 공정하고 형평에 맞는 차등을 두어야 한다고 보는 것이 타당하다.[37] 이에 의하면 회생계획상의 변제조건은, 예컨대 A=15{10+

35) 대법원 2015. 12. 29. 자 2014마1157 결정(채권자들 간의 합의를 증명하는 자료가 법이 정한 기한 내에 법원에 제출되지 아니한 경우에는 특별한 사정이 없는 한 법원이 회생계획의 인가 여부에 관한 결정을 할 때 채권자들 간의 채권의 변제순위에 관한 합의를 반드시 고려하여야 하는 것은 아니라고 판시함).

36) (구)회사정리법 제228조 제3항은 2001. 4. 7. 개정으로 도입되었다. 이 조항을 둔 취지는, 기업구조조정촉진법에 의한 관리절차나 금융기관 간 사적 워크아웃과 관련하여 채권자 간에 합의된 채무조정 내용에 기초하여 사전계획안(pre-negotiated plan)이 제출될 경우 특정 채권자 간의 변제우선순위에 관한 합의(특히 신규자금 대출에 대한 우선변제순위에 관한 합의)를 회생계획에서도 유지시킬 수 있도록 근거 규정을 두고자 한 것이었다{(구)회사정리법 2001. 4. 7. 일부개정시의 개정이유; 회사정리법중 개정법률안 검토보고(2000. 12.), 10쪽}.

37) 한민(2009), 416쪽.

5(B의 몫 중 일부)}, B=5, C=10이 될 수 있다. 이와 같이 해석하더라도 선순위 채권자는 원래의 후순위 약정보다 더 불리하게 되지는 않는다. 채권자 간의 후순위 약정에 의하면, 후순위 채권자가 선순위 채권이 전액 변제되기 전에 채무자로부터 변제를 받은 때에는 변제받은 금액을 선순위 채권자에게 지급할 의무가 있고 이러한 의무는 회생절차 밖에서 여전히 유효하므로 선순위 채권자는 후순위 채권자에 대하여 회생계획에 따라 변제받은 금액을 선순위 채권자에게 지급할 것을 청구할 수 있기 때문이다.

위의 해석과는 달리 채무자회생법 제193조 제3항에 따라 B가 원래 변제받을 수 있었던 10을 회생계획상 A에 대한 변제액(또는 변제율)에 전액 반영하여야 한다고 보면 회생계획상의 변제액은 A=20(10+10), B=0, C=10이 될 것이다. 이러한 견해를 취하게 되면, 특정 채권자와의 관계에서만 상대적 후순위 약정을 한 후순위 채권자(B)가 최후순위의 권리자인 주주보다도 회생계획상 더 불리하게 취급될 수 있게 되는데, 이는 약정 당사자의 의사나 권리의 순위를 고려할 때 불합리하다.

위의 논의는 채무자도 당사자가 된 삼자 간의 후순위 약정이 체결된 경우에도 적용될 수 있다. 삼자 간의 약정은 (i) 특정 채권과의 관계에서만 후순위 채권자의 채권을 후순위로 하기로 하는 채무자와 후순위 채권자 간의 후순위 합의와 (ii) 채권자 간의 후순위 합의가 결합된 것이라고 볼 수 있다. 채무자회생법은 위 (i)의 후순위 합의의 효력에 관한 규정은 두고 있지 아니하나, 위 (ii)의 채권자간 합의 부분은 채무자회생법 제193조 제3항에서 말하는 '채권자들 간의 변제 순위에 관한 합의'에 해당된다. 따라서 삼자간 합의의 효력에 대하여는 전체적으로 채무자회생법 제193조 제3항이 적용된다고 본다.

제 3 절 도산절차와 담보

Ⅰ. 보증채무·담보물권의 부종성에 관한 특칙

채무자회생법은 회생절차 및 파산절차에서 민법상의 보증채무 및 담보물권의 부종성 원칙에 대한 예외를 인정하고 있다.[38] 반면에 사적 워크아웃이나 기업구조조정촉진법[39]에 따른 공동관리절차에서는 당사자들이 달리 약정하지 않는 한 부종성 원칙이 적용

38) 개인회생절차의 경우에도 마찬가지이나 여기서는 다루지 않기로 한다.

39) 2018. 10. 16. 제정·시행된 (제6차) 기업구조조정촉진법은 5년의 존속기간이 만료되었고, 2023. 12. 26. (제7차) 기업구조조정촉진법이 다시 한시법으로 제정·시행되었다. 동법의 존속기간은 시

된다.

1. 회생절차

(1) 부종성 원칙의 배제

회생계획은 회생채권자 또는 회생담보권자가 채무자의 보증인 그 밖에 채무자와 함께 채무를 부담하는 자에 대하여 가지는 권리와 제3자가 회생채권자 또는 회생담보권자를 위하여 제공한 담보에 영향을 미치지 아니한다(채무자회생법 제250조 제2항). 즉, 회생채권 또는 회생담보권이 목록에 기재되지 않거나 신고되지 아니하는 등의 이유로 회생계획인가의 결정이 있는 때에 채무자가 그 회생채권 또는 회생담보권에 관하여 면책되거나(동법 제251조)[40] 또는 회생계획에 따라 회생채권자 또는 회생담보권자의 권리가 변경되더라도(동법 제252조 제1항)[41] 보증채무, 물상보증인, 그 밖에 채무자와 함께 채무를 부담하는 자(예컨대, 연대채무자)의 의무는 면책되거나 변경되지 않는다.[42] 회생절차 개시 전에 회생채권을 피담보채권으로 하는 담보권이 설정된 재산(예컨대 저당권이 설정된 부동산)에 대한 소유권을 채무자로부터 취득한 제3취득자도 물상보증인(=회생채권자 또는 회생담보권자를 위하여 담보를 제공한 제3자)에 해당된다.[43] 회생계획이 인가되기 이전에 회생채권자 등이 보증인 등에 대하여 권리행사를 할 수 있는 요건이 구비되어 있는 경우 그 권리를 행사할 수 있음은 물론이다.

헌법재판소는 (구)회사정리법 제240조 제2항(채무자회생법 제250조 제2항)이 헌법에 위반되지 않는다고 보았다.[44] 특히, 헌법재판소는 이러한 특칙을 두지 않고 보증인 등에 대한 권리까지 면책 또는 권리변경의 효력이 미치는 것으로 하는 경우, 정리채권자(=보증채

행일로부터 3년이다.

40) 대법원 2001. 7. 24. 선고 2001다3122 판결은 "(구)회사정리법 제241조[채무자회생법 제251조]에 따른 면책은 채무 자체는 존속하지만 회사에 대하여 이행을 강제할 수 없는 것, 즉 자연채무 상태로 남게 되는 것을 의미한다"고 함으로써 책임소멸설을 취하였다.

41) 대법원 2017. 10. 26. 선고 2015다224469 판결(권리변경이란 회생계획인가의 결정에 의하여 회생채권자 등의 권리가 회생계획의 내용대로 실체적으로 변경되는 것을 말한다. … 따라서 회생계획인가의 결정이 있으면 회생채권자 등의 권리는 회생계획에 따라 변경되어 채무의 전부 또는 일부의 면제효과가 생기고, 기한을 유예한 경우에는 그에 따라 채무의 기한이 연장되며, 회생채권이나 회생담보권을 출자전환하는 경우에는 그 권리는 인가결정 시 또는 회생계획에서 정하는 시점에 소멸한다). 대법원 2003. 3. 14. 선고 2002다20964 판결도 같은 취지.

42) 서울회생법원 재판실무연구회(2023b), 110쪽. 보증채무에 관하여는 대법원 2007. 5. 31. 선고 2007다11231 판결 등. 물상보증인에 관하여는 대법원 2003. 5. 30. 선고 2003다18685 판결 등.

43) 대법원 2017. 11. 23. 선고 2015다47327 판결, 대법원 2007. 4. 26. 선고 2005다38300 판결.

44) 헌법재판소 1992. 6. 26. 선고 91헌가8, 9 결정.

권자) 등에게 채무자의 정리·재건에 직접 필요한 범위를 넘어서 희생을 강요하게 되는 것일 뿐만 아니라, 정리채권자 등은 보증인 등에게 충분한 변제자력이 있는 때에는 차라리 정리절차를 폐지시키는 방향으로 의결권을 행사할 가능성이 높을 것이고 그렇게 되면 정리계획의 성립조차 위태롭게 되어 정리절차의 목적이 실현되기 어려워지게 된다는 점을 지적하였다.

채권자가 보증인에 대한 권리를 행사하여 보증인으로부터 변제를 받은 때에는 보증인은 회생채무자에 대하여 구상권을 취득하고, 대위변제의 효과로서 채권자의 회생채권 또는 회생담보권을 대위행사할 수 있다(민법 제441조, 제481조 등). 보증인의 구상권은 회생채권(또는 회생담보권)이므로 회생절차에 의해서만 변제받을 수 있고 회생계획에 따른 권리변경의 대상이 된다. 보증인은 구상권 또는 대위권을 선택하여 행사할 수 있다.[45] 그러나 회생절차에서 피보증채권 전액이 회생채권(또는 회생담보권)으로 목록에 기재되어 있거나 채권신고가 되어 있는 경우에는 구상권의 행사는 채권의 이중행사가 되므로 허용되지 않는다(채무자회생법 제 126조 제3항). 또한 피보증채권이 전액 변제되기 전에는 보증인은 대위권을 행사할 수 없다(동법 제126조 제1항, 제2항, 제4항).[46] 물상보증인의 대위권 또는 구상권의 행사에 대하여도 위의 논의가 마찬가지로 적용된다(동법 제126조 제5항).[47]

한편, 신용보증기금법과 기술신용보증기금법은 중소기업 채무자의 재기를 지원하기 위하여 채무자회생법 제250조 제2항에 대한 예외를 인정하고 있다. 채무자회생법 제250조 제2항에도 불구하고, 신용보증기금 또는 기술신용보증기금이 채권자이고 주채무자가 중소기업기본법에 따른 중소기업인 경우로서, 회생계획인가결정을 받는 시점에 주채무가 감경 또는 면제될 경우 연대보증채무도 동일한 비율로 감경 또는 면제된다(신용보증기금법 제30조의3, 기술신용보증기금법 제37조의3).[48] 중소기업진흥에 관한 법률에서도 채권자가 중

---

45) 실무에서는 채권신고 기간 중에 피보증채권이 신고되지 않거나 신고가 취하될 것에 대비하여 장래의 구상채권을 예비적으로 신고하는 경우가 많다. 만일 피보증채권은 무담보채권이고 구상권이 채무자의 재산으로 담보되고 있다면, 보증인으로서는 피보증채권(=회생채권)을 전액 변제한 후 구상권을 회생담보권으로 행사하는 것이 유리하다.

46) 서울회생법원 재판실무연구회(2023a), 449-452쪽. 채무자회생법은 도산절차개시 후 보증인, 물상보증인 등 회생채권·회생담보권의 면책·권리변경의 영향을 받지 않는 전부의무자의 일부 변제에 따른 채권자의 권리행사액의 범위에 관하여 이른바 '도산절차개시 당시 현존액주의'를 취하고 있다.

47) 회생절차에서 보증인 및 물상보증인의 구상권 행사에 관한 앞의 내용은 파산절차의 경우에도 마찬가지이다{서울회생법원 재판실무연구회(2019), 290-295쪽; 대법원 2009. 5. 14. 선고 2008다40052 판결}. 채무자회생법 제정 시 현존액주의에 관한 회생절차의 법 조항들만 개정하고 파산절차와 개인회생절차에 관한 법조항들은 개정하지 않았으나 파산절차와 개인회생절차의 경우에도 회생절차의 경우와 동일하게 해석된다{김정만(2012), 276-280쪽}.

48) 대법원 2016. 8. 17. 선고 2016다218768 판결(회생계획에서 주채무의 변제기를 연장한 것도 기술신용보증기금법 제37조의 3에서 정한 '주채무의 감경 또는 면제'에 해당한다고 본 사례).

소기업진흥공단인 경우(동법 제66조 제5항에 따라 대출 방식으로 이루어지는 사업에 한정함)에 관하여 위와 유사한 조항을 두고 있다(동법 제74조의2).

(2) 출자전환과 보증채무·피담보채무

주채무자에 대한 회생계획에서 회생채권의 변제에 갈음하여 출자전환을 하기로 정한 경우 회생채권자나 회생담보권자가 출자전환에 의한 신주 취득에 의하여 실질적으로 권리의 만족을 얻은 이상 그에 상당하는 금액만큼 보증채무(물상보증의 경우에는 피담보채무)는 소멸한다고 보아야 할 것이다.[49] 대법원판례는 이때 보증채무는 "출자전환에 의한 신주발행의 효력발생일 당시를 기준으로 회생채권자가 인수한 신주의 시가를 평가하여 출자전환으로 변제에 갈음하기로 한 회생채권의 액수를 한도로 그 평가액에 상당하는 채무액이 변제"된 것으로 보고 따라서 회생채무자의 채무를 보증한 보증인은 회생채권자에 대하여 위 변제된 금액의 공제를 주장할 수 있다고 판시하였다.[50] 여기서 출자전환으로 변제에 갈음하기로 한 회생채권의 액수는 신주의 발행가액에 출자전환 받은 주식 수를 곱하여 산출한 액수를 말한다.[51]

(3) 회생계획에 따른 전환사채의 발행과 보증채무

(구)회사정리법 하에서의 대법원판례에 의하면, 정리계획에 따라 정리채권의 변제에 갈음하여 정리채권자에게 전환사채를 발행하는 경우에는 정리채권자는 여전히 채권자의 지위를 유지하고 있고 단지 채권액을 감액하고 유통성을 높이고자 유가증권의 형식을 갖춘 것에 불과하다는 점에 비추어 볼 때, 전환권이 실제로 행사된 때에 그 주식의 시가 상당액의 보증채무가 소멸하는 것으로 봄은 별론으로 하고, 그 행사 이전에는 달리 특별한 사정이 없는 한 전환사채를 취득하였다 하여 이를 취득한 시점에 그 평가액만큼 주채무가 실질적으로 만족을 얻은 것으로 볼 수는 없고, 따라서 그 평가액만큼 보증채무가 소멸

---

49) 대법원 2003. 1. 10. 선고 2002다12703, 12710 판결, 대법원 2002. 1. 11. 선고 2001다64035 판결 등.

50) 대법원 2018. 5. 15. 선고 2015다200685 판결; 대법원 2012. 6. 14. 선고 2010다28383 판결, 대법원 2010. 3. 25. 선고 2009다85830 판결 등. 상세한 내용은 서울회생법원 재판실무연구회(2023a), 851-852쪽.

51) 서울회생법원 재판실무연구회(2023a), 845쪽(실무상 과거에는 주로 할증발행 방식이 이용되었으나 최근에는 거의 대부분 액면발행 방식을 이용하고 있다고 함); 대법원 2010. 3. 25. 선고 2009다85830 판결{(구)회사정리법에 따라 정리채권자인 A생명보험주식회사가 주채무자인 정리회사 B의 원 정리계획에 의하여 액면 5,000원의 기명식 보통주식 187,500주를 주당 발행가액 10,000원에 출자전환 받았고, 위 출자전환 무렵 위 출자전환주식의 주당 가치가 위 발행가액 10,000원을 넘고 있었다 하더라도, 정리회사 B의 A생명보험주식회사에 대한 채무를 보증한 소외인의 보증채무는 위 주식의 발행가액에 출자전환 받은 주식 수를 곱하여 산출한 액수를 한도로 소멸할 뿐 이를 넘는 부분까지 소멸한다고 볼 수 없다}.

한다고 할 수는 없다고 한다.52)

2. 파산절차

주채무자가 개인채무자인 경우, 주채무자에 대한 면책은 파산채권자가 채무자의 보증인 그 밖에 채무자와 함께 채무를 부담하는 자에 대하여 가지는 권리와 제3자가 파산채권자를 위하여 제공한 담보에 영향을 미치지 아니한다(채무자회생법 제567조). 주채무자가 법인인 경우 파산절차에서 채무가 면책되는 것은 아니나 파산절차가 종료하면 법인채무자의 법인격이 원칙적으로 소멸하므로 그의 채무도 소멸한다. 그러나 법인 채무자가 파산종결 또는 파산폐지의 결정으로 소멸하는 경우에도 법인격 소멸에 의한 주채무 소멸의 효과는 보증인 등의 의무에 영향이 없다(채무자회생법 제548조 제2항, 제567조). 다만, 파산절차에서 배당받은 범위 내에서는 주채무는 절대적으로 소멸하므로 채권자는 잔존 채권에 관하여만 보증인 등에게 권리를 행사할 수 있다.53)

신용보증기금법과 기술신용보증기금법은 회생절차의 경우와 마찬가지로 주채무자가 중소기업인 경우 채무자회생법 제567조의 적용을 배제하고 있다.54) 이 배제조항은 개인 중소기업에 대해서만 적용되고 법인인 중소기업의 파산에 대하여는 적용되지 않는다.55)

3. 워크아웃

(1) 부종성 원칙의 적용

대법원판례에 의하면, 기업구조조정촉진법상의 관리절차에서 일부 채권을 포기하거나 채무를 면제하는 등 채무조건을 완화하여 주채무를 축소·감경하는 내용의 기업개선작

52) 대법원 2005. 1. 27. 선고 2004다27143 판결.

53) 서울회생법원 재판실무연구회(2019), 648쪽.

54) 개인회생절차에서의 면책의 효력에 관한 채무자회생법 제625조 제3항도 그 적용이 배제된다.

55) 채무자회생법 제567조에도 불구하고 신용보증기금 또는 기술신용보증기금이 채권자이고 중소기업기본법에 따른 중소기업이 주채무자인 경우로서 주채무자에 대한 파산선고 이후 면책결정을 받는 시점에 주채무가 감경 또는 면제될 경우 연대보증채무도 동일한 비율로 감경 또는 면제된다(신용보증기금법 제30조의3, 기술신용보증기금법 제37조의3). 중소기업진흥에 관한 법률에서도 채권자가 중소기업진흥공단인 경우(동법 제66조 제5항에 따라 대출 방식으로 이루어지는 사업에 한정함)에 관하여 위와 유사한 조항을 두고 있다(동법 제74조의2). 그런데, 위 '파산선고 이후 면책결정을 받는 시점'이란 중소기업이 채무자회생법이 정한 절차에 따라 면책결정을 받는 것을 전제로 하는 것이고 채무자회생법은 개인에 대한 파산절차와 달리 법인에 대한 파산절차에서는 면책절차를 규정하고 있지 않으므로, 채무자회생법상 면책결정을 받을 여지가 없는 법인인 중소기업의 파산에 대하여는 위 조항이 적용되지 않는다(대법원 2016. 8. 25. 선고 2016다211774 판결).

업약정을 체결한 경우, 이를 규율하는 기업구조조정촉진법에서 보증채무의 부종성에 관한 예외규정을 두고 있지 아니할 뿐만 아니라, 기업개선작업약정은 법원의 관여 없이 일부 채권자들인 채권금융기관들과 기업 사이의 사적 합의에 의하여 이루어지고 그러한 합의의 내용에 따른 효력을 갖게 된다. 이는 채권자와 주채무자 간의 사적 합의에 의한 주채무 변경이므로, 보증인은 원래의 채무 전액에 대하여 보증채무를 부담한다는 의사표시를 하거나 채권자와의 사이에 그러한 내용의 약정을 하는 등의 특별한 사정이 없는 한 보증채무의 부종성 원칙이 유지되어 기업개선작업약정에 의해 축소·감경된 주채무의 내용에 따라 보증채무를 부담한다.[56)]

채무자와 채권자들 간의 사적 워크아웃(예: 채권은행협약 또는 자율협약)에 의하여 채무의 감경 또는 면제에 관한 워크아웃약정이 체결된 경우에도, 위 대법원판결이 설시한 특별한 사정이 없는 한, 보증채무의 부종성 원칙이 적용되므로 보증인은 감경 또는 면제된 주채무의 내용에 따라 보증채무를 부담한다.

(2) 주채무의 출자전환과 보증채무

대법원판례에 의하면, 기업개선작업약정에 따라 채무자인 기업과 채권자인 금융기관 사이에 채무자가 채권자에게 주식을 발행하여 주고 채권자의 신주인수대금채무와 채무자의 기존 채무를 같은 금액만큼 소멸시키기로 하는 내용의 상계계약 방식에 의하여 출자전환을 하는 경우, 상계계약의 효과로서 각 채무는 당사자들이 그 계약에서 정한 금액만큼 소멸하고, 이와 달리 주식의 시가를 평가하여 그 시가평가액만큼만 기존의 채무가 변제되고 나머지 금액은 면제되었다거나 또는 출자전환받은 채권자가 현실적으로 금전의 만족을 얻은 때에 비로소 그 한도 내에서 채권이 소멸된다고 볼 것은 아니라고 한다.[57)] 따라서 이 경우 출자전환된 채권에 관한 보증채무도 앞에서 본 바와 같이 보증채무의 부종성 원칙에 따라 소멸한다.

---

56) 대법원 2004. 12. 23. 선고 2004다46601 판결{대법원은 기업개선작업약정은 법원의 관여하에 전체 채권자들을 대상으로 하여 진행되고 법에서 정해진 바에 따른 효력을 갖는 (구)화의법상의 화의와 동일시할 수 없어 여기에 보증채무의 부종성에 대한 예외를 정한 (구)화의법 제61조, (구)파산법 제298조 제2항의 규정이 유추적용된다고 할 수 없다고 판시하였다}.

57) 대법원 2004. 12. 23. 선고 2004다46601 판결, 대법원 2010. 9. 16. 선고 2008다97218 전원합의체 판결. 이에 관한 상세한 내용은, 진상범(2008), 100-115쪽; 오수근·한민·김성용·정영진(2012), 455-458쪽(한민 집필).

Ⅱ. 도산절차의 개시와 장래채권 담보의 효력[58)]

1. 문제의 소재와 판례의 입장

대법원 2013. 3. 28. 선고 2010다63836 판결(이하, "대상판결")[59)]은 "회생절차개시결정으로 채무자의 업무의 수행과 재산의 관리 및 처분 권한은 모두 관리인에게 전속하게 되는데, 관리인은 채무자나 그의 기관 또는 대표자가 아니고 채무자와 그 채권자 등으로 구성되는 이른바 이해관계인 단체의 관리자로서 일종의 공적 수탁자에 해당하므로 회생절차가 개시된 후 발생하는 급여비채권은 채무자가 아닌 관리인의 지위에 기한 행위로 인하여 발생하는 것으로서 채권양도담보의 목적물에 포함되지 아니하고, 이에 따라 그러한 채권에 대해서는 담보권의 효력이 미치지 아니한다"고 판시하였다.[60)] 대상판결은 장래의

58) 이 부분은 한민(2018), 83-91쪽에 주로 의존한 것이다.

59) 이 사건의 주요 사실관계는 다음과 같다.

(1) 피고는 2006. 8. 28. 원고 은행과의 사이에 여신한도금액을 2억원으로 하여 여신거래약정을 체결하고, 같은 날 원고 은행으로부터 116,000,000원을 대출받았다.

(2) 피고는 여신거래약정에 따른 대출금채권을 담보하기 위하여 피고가 국민건강보험공단에 대하여 장래에 취득할 요양급여비 및 의료급여비 채권을 원고에게 양도하고 국민건강보험공단에 양도통지를 하였다.

(3) 원고 은행과 피고 간에 2008. 8. 28. 체결된 채권양도담보계약에는 양도채권으로 "채권양도인이 채권양도일 이후 제3채무자로부터 수령할 국민건강보험법에 의한 요양급여비용 및 의료급여법에 의한 의료급여비용", 양도금액으로 "금 일십억 원"으로 각각 기재되어 있었다. 양도채권 발생의 시기와 종기는 따로 정하지 아니하였다.

(4) 채권양도통지서(통지서상의 확정일자: 2008. 8. 28.)에도 양도채권으로 "본 통지서 도달일로부터 발생한 채권으로서, 채권양도인이 국민건강보험공단으로부터 수령할 국민건강보험법에 의한 요양급여비용 및 의료급여법에 의한 의료급여비용", 양도금액으로 "금 일십억 원", 변제방법으로 "귀사의 변제방법으로서 양도된 요양급여비 및 의료급여비는 아래 계좌로 입금하여 주시기 바랍니다"라고 각각 기재되어 있었고, 입금할 계좌로 원고 은행에 개설된 원고 명의 계좌번호가 기재되어 있었다.

(5) 피고는 2008. 11. 7. 회생절차(채무자회생법 제2편의 일반 회생절차) 개시 신청을 하였다.

(6) 원고 은행은 2008. 12. 1. 기한이익상실을 이유로 담보권을 실행하여 위 담보로 양도받은 채권 중 기 발생한 17,749,460원을 회수하였고, 그 이후 요양급여비 등 채권은 발생하지 않다가 회생절차개시 후에 발생하였다.

(7) 서울중앙지방법원은 2008. 12. 12. 피고에 대한 회생절차개시결정을 내렸고, 회생채무자인 피고 본인을 관리인으로 선임하였다.

(8) 원고 은행이 회생담보권으로 신고한 위 대출금채권(133,733,591원)에 관하여 관리인이 이의를 제기하자, 원고 은행은 2009. 1. 22. 서울중앙지방법원에 조사확정재판을 신청하였으나, 동 법원은 원고의 피고에 대한 회생담보권은 존재하지 않는다고 결정하였고, 이에 원고 은행은 조사확정재판이의의 소를 제기하였다.

60) 또한, 대상판결은 이른바 "누적형 집합채권양도담보"에 해당하는 이 사건 급여비채권 양도담보에 관하여 담보권의 실행에 의하여 담보목적물이 고정화되지 않는다고 보았으나, 이 부분 판시와 관련된 쟁점은 집합채권양도담보의 효력이 미치는 범위에 관한 담보계약 및 당사자 의사의 해석 문제이고 도산절차와는 직접 관련되는 것이 아니므로 여기서는 다루지 않는다.

집합채권에 대한 양도담보권의 도산절차상 효력을 다루고 있으나, 일반적으로 장래채권(장래의 집합채권 및 특정채권 포함)에 대하여 양도담보권이 설정된 후에 양도인인 채무자에 대하여 회생절차가 개시된 경우, 회생절차개시 후에 발생하는 채권에 대하여 양도담보권의 효력이 미치는지 여부가 문제될 수 있다. 이 쟁점은 장래의 집합채권 또는 특정채권을 담보로 하는 금융거래(예컨대, 프로젝트금융, 자산금융, 담보신탁을 이용한 금융 등)에 큰 영향을 미칠 수 있는 중요한 사항이다.

도산절차 밖에서의 장래채권 양도의 유효성 문제에 관하여는 그 동안 판례와 학설상의 논의가 어느 정도 축적되어 있었으나 도산절차 개시 전에 제공된 장래채권 양도담보가 양도인(채무자)에 대한 도산절차 개시에 의하여 어떻게 영향을 받는지에 관하여는 대상판결을 계기로 본격적인 논의가 촉발되었다. 이 문제에 관한 논의는 도산채권자 공동의 이익을 위하여 도산재단에 귀속되어야 할 재산을 특정 채권자의 이익을 위해 사용해서는 안 된다는 도산제도의 목적에 터잡은 기본명제에서 출발하는 것이다.[61] 도산절차 개시 당시 아직 '장래채권'이었던 채권을 도산절차 개시 후에 도산재단의 비용을 투입하여 발생시키고 이 채권을 도산절차 전에 담보권을 취득한 특정 채권자에게만 귀속시킬 경우 도산재단에는 불합리한 피해가 생기므로 도산절차 개시 후에는 장래채권 담보의 효력을 그대로 인정하기는 어렵다는 것이다. 이와 같이 장래채권 양도의 효력을 제한하는 방법으로는 다양한 접근방법이 있을 수 있고, 실제로 미국, 독일, 일본 등 외국의 법제는 효력 제한의 방법과 정도에 있어서 상당한 차이를 보이고 있다.[62]

대상판결은 회생절차 개시 후에 공적수탁자로서 제3자인 관리인이 발생시킨 채권은 회생절차 개시 전에 설정된 양도담보의 목적물인 채권과는 동일성이 없다는 이유로 장래채권 양도담보의 효력을 제한한 것이다. 이에 대하여 대체로 국내 학설들은 후술하는 바와 같이 장래채권 양도담보의 효력을 제한할 필요성은 인정하고 있으나 대상판결의 법리나 결론에 대하여는 비판적이다. 채무자회생법은 도산절차 개시 시 장래채권 담보의 효력 문제에 관하여 정면으로 규율하는 규정을 두고 있지 아니하므로 이 문제의 해결에는 매우 복잡하고 어려운 관련 쟁점들에 관한 해석을 요하고, 해석론만으로 해결하기 어려운 것도 있다.

---

61) 최준규(2015), 260쪽.
62) 미국, 독일, 일본, 영국, 프랑스, 이탈리아 등의 입법례에 관한 상세한 분석으로는 최준규(2015), 250-259쪽.

2. 학 설

이 쟁점에 대해서는 아래와 같이 견해가 나뉘고 있다.

(1) 회생절차 개시후 발생한 채권에 대해서도 양도담보의 효력이 미친다는 견해(=효력긍정설)

효력긍정설은 장래채권 양도담보에 관하여 회생절차의 개시 전에 제3자 대항요건을 구비하였다면 회생절차가 개시되더라도 채권양도의 효력을 관리인에게 대항할 수 있으므로[63] 양도담보의 효력은 회생절차개시 후에 발생한 채권에 대하여도 미친다고 본다. 이 견해는 관리인이 채무자의 재산 및 업무에 관한 관리처분권을 갖는다고 하더라도 회생절차개시 후에 발생한 채권의 권리주체는 여전히 채무자이므로 관리인의 행위에 의해 발생한 채권임을 이유로 양도담보목적물에 포함되지 않는다고 본 대상판결은 타당하지 않다고 비판한다.[64] 특히 회생절차가 개시되더라도 채무자의 업무수행권과 재산의 관리처분권이 관리인에게 이전될 뿐, 권리주체는 변동이 없고 따라서 관리인은 원칙적으로 채무자의 지위를 포괄적으로 승계한 것과 유사한 지위에 선다고 설명한다.[65] 한편, 이 견해에서는 공서양속 위반, 부인 등의 법리에 의하여 부당한 양도담보의 효과를 제한함으로써 도산재단의 보호를 도모할 수 있다고 본다.[66] 이 견해에서도 도산절차 고유의 가치 내지 질서 정립이라는 관점에서 도산절차 개시 후 장래채권 담보의 효력을 제한할 필요가 있다고 하는 방향성 및 입법의 필요성을 지적하고 있다.[67][68]

63) 대법원판례와 국내의 지배적인 학설에 의하면, 장래채권 양도의 제3자 대항력은 채권이 발생한 때가 아니라 대항요건을 갖춘 때에 생긴다고 본다{이에 관한 상세한 내용은 ☞ 제12장 제2절 Ⅱ. 2. (2) 다. (나) 장래채권 양도의 대항요건 구비시기}.

64) 이연갑(2014), 189-192, 201-202쪽; 박진수(2014), 599-600쪽.

65) 이연갑(2014), 189-191쪽.

66) 박진수(2014), 600-602쪽.

67) 이연갑(2014), 202-203쪽.

68) 우리나라와 유사한 도산법제를 갖고 있는 일본의 경우, 과거의 주류적 견해는 대상판결과 유사한 입장을 취하였으나 최근의 다수설은 효력긍정설을 취하고 있다{倒産と擔保·保證實務研究會(2014), 555-556쪽(杉本純子 집필)}. 도쿄지방재판소의 실무도 효력긍정설을 취하고 있는 것으로 보인다{東京地裁會社更生實務研究會(2014), 319쪽}. 이는 장래채권의 제3자 대항력은 대항요건을 갖춘 시점에 생기고 그 후 채권이 발생하더라도 양도인의 특단의 행위를 요함이 없이 그 채권은 당연히 양수인에게 귀속된다고 본다는 취지의 최고재판소판례{최고재판소 2007(平成 19). 2. 15. 판결(民集 61권 1호 243면)}에 근거를 두고 있다. 반면에, 미국에서는 이 문제를 입법적으로 해결하고 있다. 미국 연방파산법은 원칙적으로 도산절차개시 후에 도산재단(estate) 또는 채무자가 취득한 재산은 도산절차개시 전에 채무자가 체결한 담보계약으로부터 비롯되는 담보권의 대상이 되지 않는다는 사후취득재산(after-acquired property) 조항{section 552(a)}을 두고 있다. 미국 연방파산법상의 사후취득재산 조항에 관한 보다 상세한 소개로는 이연갑(2014), 203쪽; 최준규(2015), 250쪽; 정소민(2016), 234-237쪽.

(2) 회생절차 개시후 발생한 채권에 대해서는 양도담보의 효력이 미치지 않는다는 견해 (=효력부정설)

효력부정설은 대상판결의 결론에는 찬성하나 법리 구성은 달리한다. 이 견해는 대체로 회생절차개시 후의 권리취득에 관한 채무자회생법 제65조 제1항[69]을 근거로 든다. 이 견해는 독일 도산법(Insolvenzordnung)[70]도 채무자회생법 제65조 제1항과 유사한 조항을 두고 있고, 그 조항도 이와 같이 해석되고 있다는 점을 전거로 들고 있다.[71] 대상판결의 사안에서 회생절차개시 후에 발생하는 급여비채권에 대한 양도담보권은 '채무자의 재산에 대한 권리'이고 이를 '회생절차개시 후에 채무자의 행위에 의하지 아니하고 취득한 때'에 해당하므로 회생절차에 있어서는 효력이 없다고 본다. 다만, 이 견해는 효력긍정설과 마찬가지로 관리인의 관리처분권 행사에 의하여 발생한 채권은 관리인이 아니라 채무자에게 귀속되는 것이므로 관리인이 회생절차개시 후에 발생하는 급여비채권의 권리주체임을 전제로 한 대상판결의 설시는 타당하지 않다고 지적한다.[72]

(3) 학설의 검토

우선 효력부정설은, 채무자회생법(제124조 및 제340조)이 특별히 차임채권에 관하여는 회생절차나 파산절차의 개시 후에 그 개시 전에 이루어진 처분의 효력을 엄격히 제한하고 있는 것은 장래채권의 양도 등 처분 행위가 회생절차나 파산절차의 개시 후에 발생하는 채권에 대하여도 효력이 미치는 것을 전제로 하고 있다는 점과 충돌한다.[73] 이는 장래의 차임채권을 유동화자산으로 하여 자산유동화법에 따른 자산유동화 거래를 하는 경우에는 위 채무자회생법 규정의 적용이 배제되도록 함으로써 자산보유자(=임대인)에 대하여 도산절차가 개시되더라도 그 도산절차의 개시 후에 발생하는 차임채권에 대하여도 양도 또는 신

69) 채무자회생법 제65조 제1항은, "회생절차개시 이후 회생채권 또는 회생담보권에 관하여 채무자의 재산에 대한 권리를 채무자의 행위에 의하지 아니하고 취득한 때에는 회생절차와 관계에 있어서 그 효력을 주장하지 못한다"라고 규정한다. 파산절차개시 후의 권리취득에 관한 동법 제330조 제1항은 "파산선고 후에 파산재단에 속하는 재산에 관하여 채무자의 법률행위에 의하지 아니하고 권리를 취득한 경우에도 그 취득은 파산채권자에게 대항할 수 없다"라고 규정한다.

70) 독일 도산법 제91조 제1항은 "도산재단의 목적물에 대한 권리는 채무자의 처분과 도산채권자를 위한 강제집행에 기하지 않은 경우에도 도산절차개시 후에 유효하게 취득할 수 없다"라고 규정한다 {김재형(2015), 161쪽}. 이 조항의 적용에 관한 상세한 내용은, 이연갑(2014), 198-200쪽; 최준규(2015), 251-253쪽; 오영준(2006), 88-89쪽.

71) 김재형(2015), 160-161쪽; 오영준(2006), 369-373쪽; 이상주(2013), 678-679쪽; 도산재단을 투입하여 채권이 발생한 경우 그 채권에 대한 장래채권 양도담보의 효력은 원칙적으로 부정되어야 한다는 것을 이유로 드는 견해로는 최준규(2015), 282쪽.

72) 김재형(2015), 160-161쪽; 이상주(2013), 678-679쪽; 오영준(2006), 369-373쪽.

73) 이연갑(2014), 194-195쪽; 박진수(2014), 599-600쪽.

탁의 효력이 미치도록 하기 위해 마련된 자산유동화법 제15조에도 반하는 해석이 된다.[74)]

또한, 양수인에 의한 양도담보권 취득의 원인은 회생절차개시 전에 양수인과 채무자 간의 양도담보설정계약, 즉 채무자의 행위라고 보아야 할 것이므로[75)] "회생절차개시 후에 채무자의 재산에 관한 권리를 채무자의 행위에 의하지 아니하고 취득한 때"에 해당한다고 단정할 수는 없을 것이다.

효력부정설 중에는, 채권 발생 전에 대항요건을 갖춘 때에 장래채권 양도의 제3자 대항력이 생기지만, 양도인으로부터 양수인으로 채권이 이전되는 시점은 채권 발생 시라고 보는 견해가 있다.[76)] 그러나 이 견해를 취하더라도 회생절차개시 후에 채권이 발생한 때 양수인(=양도담보권자)이 그 채권을 직접 취득한 것으로 볼 것인지(=직접취득설), 아니면 양도인(=채무자)이 일단 그 채권을 취득한 후에 양수인이 이를 이전받는 것으로 볼 것인지(=경유취득설)의 문제가 남는다. 채무자회생법 제65조 제1항이 효력부정설의 근거가 되려면 직접취득설이 배제되고 경유취득설이 성립될 수 있어야 한다. 경유취득설에 의할 경우에만 양수인이 '회생절차개시 후에 채무자의 재산에 대한 권리(=양도담보권)를 취득한 때'에 해당될 여지가 생기기 때문이다.[77)]

효력긍정설은 회생절차가 개시되더라도 재산에 관한 권리주체는 변동이 없고 관리인은 원칙적으로 채무자의 지위를 포괄적으로 승계한 것과 유사한 지위에 있다는 것을 전제로 하여 장래채권 양도담보가 회생절차개시 후에 발생한 채권에 대하여 효력을 미치는지의 문제를 장래채권 양도의 제3자 대항력 문제로 다루고 있다. 요컨대, 효력긍정설은 회생절차개시의 전과 후에 '채무자의 재산'(또는 '권리귀속 주체로서의 채무자')이 법적으로 동일성이 유지된다고 본 것으로 이해된다. 그러나 회생절차 개시 후의 '채무자의 재산'은 개시 전의 '채무자의 재산'과는 법적 성질이 다르므로 회생절차개시 후에 발생한 채권에 대해 회생절차개시 전에 체결한 장래채권 양도담보의 효력이 어느 범위까지 미치는지에 대해서는 심도 있게 검토할 필요가 있다.

---

74) 자산유동화실무연구회(2000), 398쪽.

75) 같은 취지: 박진수(2014), 594쪽 각주 67(회생절차개시 이전 채무자의 장래채권에 대한 권리를 채무자의 행위에 의하여 취득한 것이고, 다만 채권이 회생절차개시결정 이후 발생하여 별도의 행위를 요하지 않고 당연히 담보목적물로 되는 경우로 볼 수 있다고 한다).

76) 오영준(2006), 307쪽.

77) 이러한 복잡한 법리 구성에 대한 비판으로는 이연갑(2014), 197-199쪽. 일본에서도 양수인이 채권을 취득하는 것은 양도대상채권의 발생시라고 보는 것을 전제로 하여 경유취득설과 직접취득설의 가능성이 논의되고 있고, 최근에는 직접취득설이 유력하다고 한다{和田勝行(2014), 174쪽}.

3. 검 토

(1) 장래채권 양도의 제3자 대항력과의 관계

장래채권에 대하여 유효하게 담보권을 설정하기 위해서는 우선 장래채권의 양도요건을 갖추어야 한다.[78] 대법원판례에 의하면 장래 발생할 채권이 채권양도 당시 기본적 채권관계가 어느 정도 확정되어 있어 그 권리의 특정이 가능하고 가까운 장래에 발생할 것임이 상당한 정도로 기대되는 경우에 이를 양도할 수 있다. 이러한 대법원판례에 대하여 학설은 장래채권의 양도성은 '채권의 특정성' 여부만을 가지고 판단하여야 하고 "가까운 장래에 발생할 것임이 상당한 정도로 기대될 것"까지를 요구하는 것은 타당하지 않다고 보는 견해가 유력하다.[79] 도산제도의 목적에 비추어 도산절차 개시시 장래채권 담보의 효력을 제한할 필요가 있음을 강조하는 입장에서는, 양도대상 채권의 특정가능성만 인정되면 장래채권의 양도성을 넓게 인정하는 것보다는 우리 대법원판례와 같이 엄격하게 장래 발생가능성까지 요구하는 것이 오히려 장래채권 양도의 오남용으로부터 도산재단을 보호하는 데에는 도움이 될 수 있다는 관점도 가질 수 있을 것이다. 대상판결의 사안에서는 장래채권의 양도성은 문제되지 않았던 것으로 보인다.

한편, 대법원판례에 의하면 관리인은 회생절차의 이해관계인 단체를 위한 일종의 공적 수탁자로서 제3자의 지위를 갖는 것이므로 회생절차개시 전의 채권양도를 관리인에게 대항할 수 있으려면 확정일자 있는 증서에 의한 양도 통지 또는 승낙에 의하여 제3자 대항요건을 갖추어야 한다. 장래채권 양도담보에 관하여 회생절차의 개시 전에 이러한 제3자 대항요건을 갖추지 못한 경우에는 그 자체로 회생절차개시 후에는 담보권의 효력이 인정되지 않는다.

대상판결이 다룬 사건에서는 회생절차개시 전에 장래채권 양도의 제3자 대항력이 갖추어졌다. 그런데, 대상판결은 관리인의 지위에서 한 행위로 인하여 발생한 채권과 채무자가 회생절차개시 전에 양도한 채권은 '채권 발생원인'을 달리하는 서로 다른 채권이라는 것이고, 이는 채권양도의 제3자 대항력으로 해결할 문제가 아니라고 본 것으로 이해된다.[80]

---

78) 장래채권에 대한 담보는 질권 설정에 의할 수도 있으나 여기서는 양도담보를 중심으로 살펴본다. 이하의 장래채권 양도담보에 관한 논의는 질권 설정의 경우에도 타당하다.

79) 장래채권의 양도요건과 그에 관한 판례 및 학설에 관한 상세한 내용은 ☞ 제12장 제2절 Ⅱ. 2. (2) 나. (나) 장래채권의 양도요건.

80) 이상주(2013), 677쪽; 최준규(2015), 272쪽.

(2) 양도인의 처분권이 미치는 장래채권의 범위 - 제한적 효력긍정설

대상판결의 관점에서 '양도담보목적물의 범위', 즉 '양도인의 처분권이 미치는 범위'에 관하여 보다 깊은 검토가 필요하다. 민법 법리에 의하면, 장래채권을 발생시킬 양도인의 지위에 변동이 생기면 그 지위 변동 후 제3자가 발생시킨 채권에 대하여는, 그 제3자가 장래채권을 발생시키는 계약상 지위를 승계하지 않는 한, 양도인의 처분권, 즉 장래채권 양도의 효력이 미치지 않는다.[81] 이는 채권양도의 대항력 문제가 아니라 해당 채권의 권리주체 문제이다. 예컨대, 양도인이 어떤 영업을 영위하면서 발생할 장래의 매출채권을 금융회사에 담보로 양도한 후에 그 영업을 제3의 영업양수인에게 양도한 경우, 영업양수인이 매출채권을 발생시키는 계약상의 지위를 함께 승계하지 아니한 경우에는 영업양수인이 양도채권의 제3채무자와 새로 체결한 계약에 기하여 발생시킨 매출채권은 영업양수인에 귀속되고 장래 매출채권 양도의 목적물에는 포함되지 않는다. 그러나, 영업양수인이 양도인으로부터 매출채권을 발생시키는 계약상 지위를 승계하여 그 계약에 기하여 매출채권을 발생시킨 때에는, 그 매출채권은 양도인 하에서 발생한 채권과 동일시되어 양도인의 처분권(즉, 장래 매출채권 양도의 효력)이 미친다고 보아야 한다.[82]

회생절차가 개시된 경우 관리인의 지위를 위 영업양수인과 마찬가지로 볼 것인가? 이 점은 관리인의 법적 지위와 도산재단의 법적 성질을 어떻게 파악할 것인지의 문제와 관련된다. 회생절차개시 후의 '채무자의 재산'은 회생채권자·회생담보권자 등 이해관계인을 위한 도산재단을 구성하는 것이므로 회생절차개시 전의 '채무자의 재산'과는 법적 성질이 다르다.[83] 회생절차에서 관리인은 회생채권자 등 이해관계인의 이익을 위하여 도산재단을 관리·처분하는 것이다. 이러한 법적 구조는 회생절차개시에 의하여 채무자로부터 도산재단 또는 (채권자 등 이해관계인을 위하여) 도산재단을 대표하는 관리인(=도산대표자: insolvency representative)에게로 채무자의 사업 및 재산에 대한 신탁적 양도가 이루어진 것과 실질적으로 유사하다고 볼 수 있다.[84] 그렇다면, 대상판결의 관점에서 보더라도 장래

81) 이연갑(2014), 190쪽; 法務省民事局(2011), 122-123쪽; 小林信明(2012), 319쪽. 일본의 民法(債權法)改正檢討委員會의 기본방침에 관한 간략한 소개로는, 이상주(2013), 674쪽.

82) 이연갑(2014), 190쪽; 小林信明(2012), 319쪽.

83) 회생절차에서는 회생재단에 관한 명시적인 조항은 없지만 회생절차개시 후의 '채무자의 재산'에 관하여 "회생재단"이라는 개념을 상정할 수 있고, 회생절차개시 후의 '채무자의 재산'은 파산절차의 파산재단 및 개인회생절차의 개인회생재단과 함께 넓게 도산채권자를 위한 "도산재단"이라고 통칭할 수 있다{김재형(2011), 88쪽}. 파산절차와 회생절차에서 도산재단의 범위에는 차이가 있으나 그 법적 성질은 동일하다고 볼 수 있다.

84) 채무자로부터 도산채권자단에게 도산재단의 사업 및 재산이 양도된 것(도산채권자를 위하여 신탁적으로 양도된 것)과 유사하다고 설명하기도 한다{小林信明(2012), 313쪽, 322쪽}.

채권 양도담보에 관하여 회생절차개시 전에 장래채권의 양도요건 및 제3자 대항요건을 구비하였고 장래채권을 발생시키는 양도인의 계약상 지위가 회생절차개시에 따라 도산재단으로 이전된(또는 귀속된) 것으로 볼 수 있는 경우에는 회생절차개시 후에 발생한 채권에 대하여 장래채권 양도담보의 효력이 미친다고 할 것이다. 이러한 해석론은 대상판결과 정합성을 유지하면서 효력긍정설과 효력부정설의 한계 내지는 문제점을 보완하는 절충적인 입장(이하, "제한적 효력긍정설")이라고 할 수 있다.[85)]

최근 파산절차와의 관계에서 장래채권 양도담보의 효력이 다투어진 소송사건이 있었다. 이 사건에서는 토지매매계약의 매수인이 매도인에 대하여 갖는 매매계약상 채권(매매계약 해제에 따른 원상회복청구권 포함)에 대하여 매수인의 금융채권자에게 채권양도담보를 설정하고 제3자 대항요건을 구비하였다. 그 후 매수인에 대하여 파산절차가 개시되어 매수인의 파산관재인이 쌍방미이행 쌍무계약에 해당되는 위 매매계약을 해제하였다. 이에 원고(=채권양수인)[86)]가 매도인(=피고·제3채무자)에 대하여 매매계약의 해제에 따른 원상회복으로서 계약금 및 중도금의 반환을 청구하자, 매도인 및 파산관재인(=독립당사자참가인)이 위 채권양도담보는 매수인(=채권양도인)에 대한 파산절차개시 후 파산관재인의 행위로 인하여 발생한 이 사건 원상회복청구권에 대하여 효력이 미치지 않는다고 다투었다. 이에 대하여 서울고등법원은 다음과 같은 이유로 파산관재인의 매매계약 해제에 따라 발생한 원상회복청구권은 위 채권양도담보의 담보목적물에 포함되고, 그에 대하여 채권양도담보의 효력이 미친다고 보았다.[87)]

① 매수인의 파산관재인이 파산 선고 이후에 파산관재인의 지위에서 채무자회생법 제335조에 따라 매도인(=제3채무자)에 대하여 해제권을 행사하였다고 하더라도, 그로 인한 원상회복청구권의 기초는 파산절차 개시 전에 체결된 위 매매계약으로부터 비롯된 것이다.

② 파산관재인이 '파산절차가 개시된 후 발생하는 채권은 파산채무자가 아닌 파산관재인의 지위에 기한 행위로 인하여 발생하는 것으로서 채권양도담보의 목적물에 포함되지 않는다'는 취지로 들고 있는 대법원 2013. 3. 28. 선고 2010다63836 판결(=대상판결)의 의료비 채권은 회생절차가 개시된 이후 관리인이 의료 행위를 통하여 새롭게 얻은 것인

---

85) 최근 일본에서는 일본 민법의 개정안 검토과정에서 제한적 효력긍정설과 같은 취지의 견해가 해석론 및 입법론으로 제시된 바 있다{小林信明(2012), 313쪽}.

86) 원고는 파산절차개시 전에 매수인의 금융채무를 대위변제하고 이 사건 양도채권을 최초 양수인인 위 금융채권자로부터 다시 양도받고 그 양도에 관하여 제3자 대항요건을 구비한 자이다.

87) 서울고등법원 2017. 1. 12. 선고 2016나2031174, 2031181(참가) 판결(확정). 이 판결에 대하여는 대법원에 상고되었으나 심리불속행으로 상고기각되었다(대법원 2017. 5. 16. 선고 2017다209228, 209235 판결).

> 반면, 이 사건 원상회복청구권은 매수인에 대한 파산절차가 개시되기 전에 체결된 이 사건 매매계약의 해제에 의하여 발생한 것인바, 위 판례를 이 사건에 그대로 원용하기에는 적절하지 않다.

위 사건에서 매매계약의 해제로 인하여 발생할 원상회복청구권은 채권양도시점 현재 그 채권발생의 기초가 되는 법률관계를 발생시킬 요건의 일부만이 성립하고 있는 경우로서 장래채권에 해당된다.[88] 위의 제한적 효력긍정설에 의할 경우, 위 사건에서는 장래채권의 발생 원인이 되는 매매계약상의 지위가 매수인(=채권양도인)으로부터 도산재단(=파산재단)에 이전된 것으로 볼 수 있는 경우이므로 매매대금반환채권이 파산절차개시 후에 파산관재인에 의하여 발생하였더라도 여전히 양도담보목적물에 포함된다.

효력긍정설에 의하면 파산절차개시 전에 장래채권 양도의 제3자 대항요건을 갖춘 이상 당연히 양도담보목적물에 포함된다. 그러나 효력부정설(채무자회생법 제65조 적용설)에 의하면 원고(=채권양수인)가 위 사건에서 원상회복청구권을 취득하는 것은 채무자회생법 제65조 제1항에 해당되어 무효로 될 여지가 있다. 앞서 본 효력부정설 중 경유취득설에 의하면, 원고(=채권양수인)는 파산절차의 개시 이후에 채무자(=채권양도인)의 행위에 의하지 않고(즉, 파산관재인에 의한 해제에 의하여) 발생한 원상회복청구권을 채무자를 경유하여 취득한 것이 되기 때문이다.

결론적으로, 대상판결 하에서는 효력긍정설을 취하기는 어렵고, 효력부정설은 해석상 명확하지 아니한 점이 있어서 선뜻 채택하기에 주저되는 점이 있다. 대상판결을 전제로 할 때 제한적 효력긍정설의 입장에서 그 적용범위를 논하는 것이 타당한 것으로 생각된다.

4. 개별적 구체적 쟁점

(1) 특정 장래채권

집합채권양도담보의 효력에 관한 대상판결이 특정 장래채권 양도담보에 대하여도 적용될 것인가? 앞에서 본 제한적 효력긍정설에 의할 경우 특정 장래채권을 발생시키는 양도인의 계약상 지위(예컨대, 공사도급계약)가 채무자의 재산으로부터 도산재단으로 이전된 것으로 볼 수 있는 경우에는 관리인 하에서 그 계약이 이행되어 채권(공사완공에 따른 공사대금채권)이 발생하는 때에도 그 채권에 대한 양도인의 사전처분은 효력이 있는 것이

88) 양창수(2003), 244-245쪽; 오영준(2006), 38-239쪽.

므로 그 채권은 양도담보목적물에 포함된다.

더욱이, 도산재단의 부담으로 비용을 투입하여 특정 장래채권을 발생시키는 계약은 대부분 채무자회생법상의 쌍방미이행 쌍무계약(동법 제119조)에 해당될 것인데, 관리인이 특정 장래채권을 발생시키는 쌍방미이행 쌍무계약의 이행을 선택한 경우에는 채무자의 재산에 속하던 계약상 지위가 도산재단으로 이전된다는 점이 보다 분명해진다.[89] 관리인이 위 쌍방미이행 쌍무계약의 이행을 위하여 도산재단에 속하는 재산을 투입하는 것이 도산재단에 이익이 되지 않는다고 판단하면 그 계약을 해제·해지할 수 있다. 또한, 관리인과 담보권자는 해당 쌍방미이행 쌍무계약의 이행 또는 해제·해지에 따른 손익을 고려하여, 관리인이 계약의 이행을 선택하는 것으로 하되, 계약 이행을 위해 투입할 비용 상당액을 담보권자가 양도담보목적물로 취득할 채권의 가액에서 적절히 감액하는 등의 방법으로 상호 양보하여 도산재단과 담보권자 모두에게 이익이 되는 해결책에 합의할 수도 있을 것이다. 따라서 제한적 효력긍정설과 같이 해석하더라도 도산재단의 보호가 불합리하게 취약해진다고 단정할 것은 아니다. 요컨대, 특정 장래채권 양도담보의 경우 회생절차개시 전에 장래채권의 양도요건 및 제3자 대항요건을 구비하였고 그 채권을 발생시키는 계약상 지위가 도산재단으로 귀속되는 한 도산절차개시 후에 발생한 채권에 대하여 담보권의 효력이 미친다고 하여야 할 것이다. 대상판결은 이와 같이 도산재단에게 계약상 지위가 이전되는 특정 장래채권 양도담보에 대하여는 적용되지 않는다고 보아야 할 것이다.[90]

(2) 계속적 거래를 위한 기본계약

제한적 효력긍정설에 의할 경우 장래채권을 발생시키는 '계약상 지위'의 개념 내지는 범위를 어떻게 이해할 것인가의 문제가 있다. 예를 들어, 거래처와의 사이에 '계속적 기본계약'을 전제로 하면서 채권을 발생시키기 위해서는 개별계약을 필요로 하는 경우, '계약상 지위'는 개별계약상의 지위를 의미하는 것인지, 아니면 계속적 기본계약상의 지위도 포함하는 것인지의 문제이다.[91] 이에 대하여는 장래채권 양도의 효력 범위를 명확히 할

89) 이 경우 그 계약상의 부담도 함께 도산재단으로 이전되어야 하는 것은 당연하다.

90) 논거는 달리 하지만 결론을 같이 하는 견해로는 김용담(2011), 632-633쪽(오영준 집필). 이 견해는 대상판결 이전의 견해로서, 특정의 제3채무자와 사이에서 특정의 발생원인에 기하여 발생하는 것이 확실한 장래채권(예컨대, 특정의 공사도급계약에 따라 수급인이 장래 공사의 완공시 취득할 공사대금채권)을 담보목적물로 하는 경우에는, 집합채권양도담보의 경우와는 달리, 채권양도인과 채권양수인 모두 채권양수인에 의한 당해 채권의 추심·사용을 전제로 하여 계약을 체결한 것이고 채무자도 그러한 결과 발생을 고려한 것이기 때문에, 통상의 기발생 채권의 양도담보와 동일하게 회생담보권으로 취급되어야 한다고 본다.

91) 小林信明(2012), 320쪽.

필요가 있으므로 '장래채권을 발생시키는 것'이라는 점에 주목하여 해당 채권을 발생시키기 위한 '개별계약상의 지위'가 도산재단에 이전되는 경우로 좁게 해석하는 견해가 있다.[92] 일반적으로 기본계약인 계속적 물품공급계약에 기하여 장래 개개의 주문에 따라 발생할 매매대금채권은 계약상 채무의 불이행으로 발생할 손해배상채권, 계약의 해제로 인하여 발생할 원상회복청구권 등과 마찬가지로 현재 그 채권의 발생의 기초가 되는 법률관계를 발생시킬 요건의 일부만이 성립하고 있는 경우로서 장래채권의 한 유형으로 분류되고 있다.[93] 계속적 거래를 위한 기본계약의 내용 및 구속력은 거래마다 차이가 있으므로 계속적 거래를 위한 기본계약과 관련한 계약상 지위의 이전에 관하여는 개별적인 검토가 필요하다.

(3) 회생담보권 가액의 평가 및 관련 문제

채무자회생법에 의하면 회생담보권액은 회생절차개시 당시 담보권의 목적의 가액이고, 그 가액을 넘는 채권액 부분은 회생채권으로 취급된다(채무자회생법 제 141조 제3항, 제4항). 장래채권 양도담보권이 회생절차개시 후에 발생하는 채권에 대하여는 효력이 미치지 않는다는 입장을 취할 경우, 회생담보권액은 회생절차개시 당시 발생한 채권의 가액이 될 것이다. 회생절차개시 후에 발생하는 채권에 대하여도 양도담보권의 효력이 미친다는 입장을 취할 경우에는, 이미 발생한 채권 외에 회생절차개시 후에 발생할 것으로 기대되는 채권에 대한 평가를 어떻게 할 것인지가 문제된다. 장래 발생할 채권에 대한 평가방법으로는 장래 발생할 것으로 기대되는 채권의 가치를 현재가치로 평가한 전체가치가 되어야 한다는 견해(=전체가치파악설)와 그 전체가치에서 장래채권을 발생시키는 데에 필요한 합리적 사업 활동비용을 공제한 금액이 되어야 한다는 견해(=비용공제가치파악설)가 있다.[94]

그러나 장래 발생할 채권의 액면금액이 특정되어 있지 않거나 예측하기 어려운 때에는 관리인은 물론이고 회계법인, 감정평가사 등 전문가가 위와 같은 방법으로 채권액을 평가하는 것이 용이하지 않을 수도 있고, 이 경우 회생절차개시 후에 발생하는 채권에 대하여 양도담보권의 효력이 미친다고 보더라도 회생담보권액은 사실상 이미 발생한 채권액으로 한정될 가능성도 있다.[95] 따라서 이와 같이 회생담보권의 가액 평가가 곤란한 집

92) 小林信明(2012), 320쪽; 後藤出(2010), 41쪽.

93) 양창수(2003), 244-245쪽; 오영준(2006), 238-239쪽.

94) 이상주(2013), 681쪽; 倒産と擔保·保證實務硏究會(2014), 558-559쪽(杉本純子 집필).

95) 이상주(2013), 686쪽. 2009년 1월에 도쿄지방재판소에서 개시된 Spansion Japan주식회사에 대한 회사갱생절차에서는 집합동산양도담보권 및 집합채권양도담보권의 평가를 회사갱생절차개시 당시 존재하는 동산 및 채권을 대상으로 한 것으로 보인다{種ヶ江洋祐·倉持 大(2011), 85쪽; 長島·大野·常松法律事務所(2016), 250쪽}.

합채권양도담보의 경우에는 회생절차개시 후에 발생한 채권에 대하여 담보권의 효력이 미치는지 여부에 관한 논의의 실익은 현실적으로 크지 않을 수도 있다. 이른바 "순환형 집합채권양도담보"96)의 경우에는 미리 정해진 담보가액이 부족하면 즉시 채무자에 대한 추심·사용권 부여를 중단하고 담보가액을 유지할 수 있을 것이므로 회생절차개시 당시까지 발생한 채권을 회생담보권액의 평가 대상으로 하더라도 담보권자에게 불이익한 경우는 많지 않을 것으로 생각된다. 오히려 회생채무자의 입장에서는 본래의 양도담보계약대로 '순환형'을 유지하는 것이 회생에 도움이 되는 경우도 많을 것이다. 이미 발생한 채권으로부터의 회수금을 동결시킨다면 채무자는 현금 유동성에 어려움을 겪을 수 있기 때문에 담보가치를 유지하는 범위 내에서 회생절차개시 후에 새로 발생하는 채권을 담보목적물로 편입시키면서 기발생 채권으로부터의 회수금은 관리인이 사용할 수 있도록 하는 방안이 고려될 수 있다.97)

(4) 파산절차

장래채권 양도담보의 효력이 파산절차개시 후에 발생한 채권에 대하여 효력이 미치는지에 관하여도 장래채권 양도담보의 회생절차에서의 효력에 관한 위의 논의가 타당하다고 본다. 파산절차의 경우에는 파산재단에 속하는 재산상에 설정된 담보권(=별제권)은

96) 집합채권양도담보는 순환형과 누적형으로 구분된다. 순환형은 이미 발생한 채권의 가액이 정해진 담보가액을 초과하는 경우, 피담보채권에 관한 기한이익상실 사유가 발생하지 않는 한, 그 초과 부분에 관하여는 채무자에게 추심권 및 추심금의 사용권을 부여하거나 또는 담보권자가 추심권을 갖되 회수금을 채무자에게 지급함으로써 기 발생 채권의 회수금이 수시로 담보목적물로부터 유출되고 새로 발생하는 채권이 담보목적물로 편입되는 방식이다. 누적형은 채권양도의 대상이 되는 현재 및 장래의 채권 전부(그 회수금 포함)를 누적하여 담보목적물로 포착하고 채무자에게 추심권을 부여하지 않는 방식이다. 김연미(2015), 274-275쪽; 정소민(2016), 230-231쪽; 이상주(2013), 655-656쪽, 663-664쪽; 이연갑(2014), 174-176쪽.

97) 순환형 집합채권 양도담보의 경우에는 당사자 간에 별도의 특약이 없는 한 담보권 실행에 의하여 순환형 담보의 취지는 상실되는 것이므로 담보권 실행 시에 담보목적물이 고정화되고 그 후에 새로 발생하는 채권은 담보목적물에 포함되지 않는다고 보는 것이 일반적인 견해이다. 반면에, 누적형 집합채권양도담보의 경우 채무자에게 추심·사용권이 부여되어 있지 아니하고 담보목적물의 교체가 예정되어 있지 않은 것이므로 당사자 간에 달리 합의하지 않은 한 담보권의 실행에 의하여 담보목적물이 고정화되지 않는다고 본다{이상주(2013), 655-656쪽, 663-664쪽; 이연갑(2014), 174-176쪽; 정소민(2016), 230-231쪽}. 대상판결에서 다루어진 채권 양도담보는 누적형 집합채권 양도담보에 해당한다. 대상판결은 특별한 사정이 없는 한, 채권양수인인 원고가 담보목적물 중 일부인 그 당시 현존 의료비 등 채권에 대하여 담보권을 실행하여 국민건강보험공단으로부터 채권액의 일부를 직접 회수하였다 하더라도, 원고가 피담보채권인 대출금채권 전액의 만족을 얻지 아니한 이상, 그 후 발생하는 의료비 등 채권에 대해서도 담보권을 실행할 수 있다고 할 것이고, 원고의 위와 같은 담보권실행으로 인하여 그 후 발생하는 의료비 등 채권에 대하여 담보권의 효력이 미치지 아니하게 되는 것은 아니라고 판시함으로써 위 학설과 같은 입장을 취하였다. 이 부분 판시내용은 집합채권 양도담보 특유의 평시 실체법 문제이고 장래채권 양도담보의 도산절차에서의 효력과 직접 관련되는 것은 아니다.

원칙적으로 파산절차와 관계없이 실행할 수 있으므로 집합채권 양도담보권자는 별제권자로서 파산절차개시 후에 담보권을 실행하여 채권을 회수할 수 있다. 순환형 집합채권 양도담보의 경우에는 이러한 담보권실행 시에 담보목적물이 고정화하여 그 이후에 발생하는 채권에 대하여는 양도담보권의 효력이 미치지 아니할 수 있다.

(5) 장래채권의 진정양도

장래채권에 대하여 담보목적의 양도(=양도담보)가 아니라 진정양도(=진정매매)가 이루어진 경우, 이는 도산절차개시 후에 발생하는 채권에 대하여 효력이 미치는가? 진정양도의 경우에는 채무자가 갖고 있던 장래채권이 양수인에게 양도되고 확정일자 있는 통지 또는 승낙이라는 대항력을 갖추었으므로 양수인은 그 채권을 확정적으로 취득하였고, 그 채권은 더 이상 양도인의 재산이 아니므로 양수인은 양도인에 대한 회생절차와 관계없이 양수채권을 추심할 수 있다고 보는 견해가 있다.[98)][99)] 하급심법원의 실무에서도 같은 입장을 취한 선례가 있다.[100)]

채권을 담보로 양도하는 것과 진정양도에 의해 양도하는 것은 큰 차이가 있다. 담보로 양도하는 경우, 양도인의 회생절차 또는 파산절차에서 그 담보재산은 여전히 도산재단을 구성하고 당사자들은 그것을 전제하고 담보부 금융거래를 한다. 회생절차에서는 원칙적으로 담보권을 행사하지 못하고 파산절차에서는 담보권을 행사할 수 있다는 점에서 차

98) 오영준(2006), 361쪽.

99) 반대견해로는 최준규(2015), 278-279쪽(진정매매로 채권을 양도받은 채권자도 도산재단을 투입하여 발생한 채권으로부터 독점적으로 자기 채권의 만족을 얻는다는 점에서 채권양도담보권자와 차이가 없다고 보아 장래채권 양도와 양도담보의 도산절차상 효력에 차이를 둘 이유는 없다고 봄).

100) 오영준(2006), 358-363쪽에 소개된 주식회사 두루넷("두루넷")에 대한 (구)회사정리법에 따른 회사정리사건(서울중앙지방법원 2003회7)의 선례를 정리하면 다음과 같다.

- 두루넷은 향후 4년간 취득할 신용카드매출채권(초고속인터넷서비스 가입자들이 매월 통신사용료를 신용카드로 결제함에 따라 두루넷이 신용카드회사들에 대하여 갖게 될 장래의 신용카드매출채권)을 금 1,738억원에 SPC에 양도하였고, SPC는 이를 기초자산으로 하여 은행들로부터 1,500억원의 자산담보부대출(Asset Backed Loan: ABL)을 받아 두루넷에게 양도대금 중 1,500억원을 현금으로 지급하고 나머지 양도대금은 후순위채를 발행·교부하였다.
- 그 후 두루넷에 대하여 회사정리절차가 개시되었는데, 두루넷의 관리인은 회사정리절차 개시 후에 발생한 신용카드매출채권은 두루넷의 관리인이 영업을 통하여 취득한 것으로서 관리인의 관리처분권에 속하는 것이므로 더 이상 SPC의 소유에 속하지 아니하여 '진정양도'의 목적물이 될 수 없다고 주장하였다.
- 정리법원은 위 자산담보부대출 거래가 신용카드매출채권의 진정양도에 해당되므로 회사정리절차 개시 후에 발생한 신용카드매출채권은 두루넷이 아니라 SPC의 재산에 속하고, 따라서 대주들의 SPC에 대한 권리행사는 두루넷에 대한 회사정리절차에 의하여 제약을 받지 않는다고 보아 대주단이 신용카드회사 내지 SPC로부터 계속 채권을 추심하여 변제에 충당하는 것을 허용하였다.

위 선례에 관한 보다 상세한 내용은, 조용연·최진숙(2009), 212-222쪽.

이가 있으나 담보권이 설정된 재산이 도산재단을 구성한다는 점에서는 동일하다. 회생절차에서 담보권은 회생계획에 따른 권리변경의 대상이 되고, 파산절차에서는 최종 3개월분의 임금 채권, 최종 3년간의 퇴직급여등 채권 등과 같이 담보권에 우선하는 권리도 있다(채무자회생법 제415조의2). 그러나 진정양도의 경우 거래당사자들은 양도목적물이 양도인의 도산재단으로부터 제외될 것을 의도하고 또 그것을 전제로 하여 거래조건을 정한다. 진정양도에 의하여 자산보유자는 보다 용이하고 저렴하게 자금을 조달할 수 있다. 이러한 점에서, 부인권의 대상이 되는 예외적인 경우를 제외하고, 장래의 특정채권의 양도이든 집합채권의 양도이든, 진정양도 요건을 충족하는 이상 양수인은 양수받은 채권을 양도인에 대한 채권자로서 행사하는 것이 아니므로 회생담보권자·회생채권자와는 달리 취급되는 것이 당연하다. 진정양도의 양수인의 권리는 도산절차와의 관계에서는 실질적으로 환취권에 준하여 취급되는 것이 타당하다.

물론, 장래채권의 진정양도에 대하여는 장래채권 양도담보와 마찬가지로 양도목적물의 범위(=양도인의 처분권이 미치는 범위)의 문제를 검토할 필요가 있다. 이 경우 도산절차 개시 전에 장래채권을 진정양도한 경우, 앞서 본 제한적 효력긍정설에 따라 장래채권을 발생시키는 '계약상 지위'가 양도인으로부터 도산재단으로 이전된 것으로 볼 수 있는 한 도산절차개시 후에 발생하는 채권에 대해 진정양도의 효력이 미친다. 진정양도의 속성을 고려하여 '계약상 지위'의 개념 내지 범위를 불합리하게 좁게 해석해서는 안 될 것이다.

5. 도산절차의 개시와 리스료채권에 대한 담보의 효력

(1) 차임채권 처분의 효력 제한

채무자회생법은 임대인인 채무자에 대하여 회생절차 또는 파산절차가 개시될 경우, 임대인에 의한 차임채권의 양도 기타 처분은 회생절차 또는 파산절차가 개시된 때의 당기와 차기에 관한 것을 제외하고는 회생절차 또는 파산절차와의 관계에서는 그 효력을 주장할 수 없고(동법 제124조 제1항 및 제340조 제1항), 그로 인하여 손해를 받은 자는 그 손해에 관하여 회생채권자 또는 파산채권자로서 손해배상청구권을 행사할 수 있다고 규정하고 있다(동법 제124조 제2항 및 제340조 제2항). 위와 같은 조항을 둔 취지는 회생채무자가 임차인 또는 제3자와 통모하여 차임채권을 사전에 처분하거나 다액의 선급이 있었다고 주장함으로써 회생채무자의 재산 또는 파산재단의 감소를 초래할 우려가 있기 때문이라고 일반적으로 설명되고 있다.[101)]

101) 서울회생법원 재판실무연구회(2023a), 427쪽; 자산유동화실무연구회(2000), 398쪽. 위 채무자회생

(2) 적용범위

도산절차에서 담보부채권으로 분류되고 있는 금융리스의 리스료채권에 관하여는 차임채권 처분의 효력 제한에 관한 채무자회생법의 위 조항들은 적용되지 않는다고 보아야 한다. 금융리스의 리스료채권은 차임채권과는 법적 성질을 달리하기 때문이다.[102] 금융리스의 리스료채권은 리스제공자가 리스이용자에게 제공하는 취득자금의 금융편의에 대한 원금의 분할변제 및 이자·비용 등의 변제 기능을 갖고 거래관계 전체에 대한 대가로서의 의미를 지니며, 리스료채권은 그 채권관계가 일시에 발생하여 확정되고 다만 그 변제방법만이 일정 기간마다의 분할변제로 정하여진 것에 불과하다.[103] 또한, 위와 같은 해석이 금융리스를 쌍방미이행 쌍무계약으로 보지 않고 금융리스에 따른 리스제공자의 채권을 담보부 채권으로 취급하고 있는 것과 논리적으로 일관된다. 그러나 금융리스가 아닌 운용리스의 리스료채권은 차임채권에 해당된다고 볼 수 있으므로 채무자회생법의 위 조항에 따라 임대인의 회생절차 또는 파산절차와의 관계에서 양도 기타 처분의 효력이 제한될 수 있다.[104]

(3) 리스료채권에 대한 담보

위와 같은 채무자회생법상의 제한으로 인하여 차임채권(그에 준하는 운용리스료 채권 포함)은 금융거래에서 담보로 활용되기가 어렵다. 회생절차나 파산절차의 개시 전 차임의 선급이나 차임채권의 처분은 채무자에 의한 것이고 그것이 채무자의 재산 또는 파산재단의 충실을 해하는 경우 다른 유형의 재산의 처분과 마찬가지로 부인권 행사를 통하여 그 효력을 부인하는 것으로 충분하고, 현행법과 같이 회생절차나 파산절차에서 이를 당연 무효로 하여 채무자의 자산처분에 의한 자금조달수단을 원천적으로 막을 필요는 없을 것이다. 채무자회생법의 위 조항들은 리스료채권의 매매나 담보거래에 장애가 되고 있으므로 폐지를 고려할 필요가 있다.[105] 이에 앞서, 장래채권 양도담보의 효력이 도산절차개시 후에 발생하는 채권에 대하여 미치는지의 문제에 관한 대상판결의 적용범위 및 이에 관한 견해 대립이 먼저 정리되어야 할 것이다. 앞에서 논의한 제한적 효력긍정설에 의하면, 임대인에 대한 도산절차의 개시에 의하여 차임채권의 발생 원인이 되는 임대차계약상의 지위가 채

법 조항들의 입법 연혁에 관한 상세한 설명은 최준규(2015), 273-276쪽.

102) ☞ 제13장 제1절 Ⅱ. 3. (4) 도산절차와 리스채권.

103) 대법원 2001. 6. 12. 선고 99다1949 판결, 대법원 2004. 9. 13. 선고 2003다57208 판결.

104) 西村總合法律事務所(2003), 458쪽.

105) 한민(2009), 400-401쪽(일본의 경우 과거에는 회사갱생법 및 파산법에 채무자회생법의 위 조항들과 같은 내용으로 차임채권 처분의 효력을 제한하는 조항들을 두고 있었으나 법을 개정하여 동 조항들을 삭제하였다).

무자로부터 도산재단으로 이전된 것으로 볼 수 있으므로, 채무자회생법의 위 조항들이 폐지된다면, 차임채권 양도담보의 효력은 도산절차개시 후에 발생한 차임채권에 대하여도 효력이 미치게 될 것이다. 다만, 도산절차개시 후에 임대인의 관리인이나 파산관재인이 쌍방미이행 쌍무계약임을 이유로 임대차계약을 해지할 수 있는 때에는 관리인 또는 파산관재인은 임대차계약을 해지함으로써 차임채권을 더 이상 발생시키지 않을 수도 있을 것이다.

(4) 리스료채권의 진정양도

자산유동화 거래에서 장래 발생할 차임채권(그에 준하는 운용리스의 리스료채권 포함)을 유동화자산으로 하는 경우, 자산보유자에 대하여 파산절차 또는 회생절차가 개시되어 채무자회생법의 위 조항들이 적용되게 되면 양도(또는 신탁)의 효력이 제한되므로 유동화전문회사(또는 유동화 신탁회사)가 자산보유자로부터 양도(또는 신탁)받은 유동화자산으로부터의 장래의 현금흐름은 차단된다. 이렇게 되면, 차임채권을 유동화자산으로 하는 자산유동화 거래는 할 수 없게 된다.106) 이에 자산유동화법은 자산유동화 거래의 활성화를 지원하기 위하여 자산보유자에 대하여 파산절차 또는 회생절차가 개시되는 경우 유동화자산 중 차임채권에 관하여는 위 채무자회생법 조항들의 적용을 배제하는 특칙을 두고 있다(자산유동화법 제15조). 나아가, 자산유동화법에 의하면, 자산보유자가 자산유동화계획에 따라 유동화전문회사 등에게 시설대여계약 또는 연불판매계약에 의한 채권을 양도 또는 신탁한 경우 당해 자산보유자, 채무자회생법에 따라 선임된 자산보유자의 파산관재인, 관리인 등은 자산유동화계획에 의하지 아니하고는 당해 시설대여계약 또는 연불판매계약을 변경 또는 해지할 수 없다(자산유동화법 제14조 제1항). 따라서 리스채권의 보유자(=자산보유자)에 대하여 회생절차 또는 파산절차가 개시되는 경우 관리인 또는 파산관재인은 쌍방미이행 쌍무계약이라는 이유로 리스계약을 해지할 수 없으므로 자산유동화의 대상이 된 장래 리스료채권이 유동화자산으로 확보될 수 있다. 자산유동화법에 의하지 아니한 비등록유동화 거래의 경우에는 위와 같은 자산유동화법상의 특칙이 적용되지 아니한다.

---

106) 자산유동화실무연구회(2000), 398쪽.

Ⅲ. 담보권과 부인

1. 회생절차개시 전 담보권 실행의 부인

파산절차의 경우 파산절차개시 당시 파산재단[107]에 속하는 재산상에 설정된 담보권은 별제권(채무자회생법 제411조)이고, 별제권자는 파산절차에 구속되지 않고 담보권을 실행하여 피담보채권을 변제받을 수 있다. 따라서 파산선고 전에 채무자가 별제권자에게 피담보채권을 변제하거나 채권자가 담보권을 실행하여 피담보채권을 회수하는 행위는 부인의 대상이 되지 아니한다. 회생절차의 경우, 회생절차개시 전에는 회생담보권(정확히는, 회생절차개시에 의해 회생담보권으로 될 채권)에 기한 담보권의 실행은 중지명령 또는 포괄적 금지명령의 대상이 된다(채무자회생법 제44조, 제45조). 회생절차가 개시되면 회생절차개시 당시 채무자가 소유하는 재산상에 설정된 담보권으로 담보되는 채권은 회생담보권(채무자회생법 제141조 제1항)으로서 회생절차개시 후에는 담보권을 실행할 수 없고 원칙적으로 회생계획에 의하여서만 변제받을 수 있다.

회생절차개시 전에 회생담보권에 기하여 담보권을 실행하여 피담보채권을 회수한 경우, 담보권 실행 행위는 회생절차개시 후 관리인에 의해 부인될 수 있는가? 담보권의 실행이 법정 경매절차를 통하여 이루어지는 경우 시간이 많이 걸리고 담보권의 실행 완료 전에 개별적인 중지명령이나 포괄적 금지명령에 의하여 담보권실행 자체가 중지 또는 금지될 수 있다. 따라서 담보권실행 행위의 부인 문제는 담보권 실행이 신속하게 이루어지는 유질특약에 의한 담보권의 사적 실행의 경우에 주로 문제되게 된다. 대법원판례에 의하면, 유질특약에 의한 질권의 사적 실행은 채무자회생법 제104조(또는 구 회사정리법 제81조) 후단[108]에서 말하는 집행행위와 동일한 것으로 보아 동 조항을 유추적용하여 채무자회생법 제100조 제1항 각 호의 '유해성 등의 요건'을 갖추는 경우에 부인할 수 있다.[109] 대법원 2011. 11. 24. 선고 2009다76362 판결[110]은 채권자에 대한 유해성에 관하여, 이 사

107) 채무자가 파산절차개시 당시에 가진 모든 재산과 채무자가 파산절차개시 전에 생긴 원인으로 장래에 행사할 청구권은 파산재단에 속한다(채무자회생법 제382조).

108) 채무자회생법 제104조(집행행위의 부인): 부인권은 부인하고자 하는 행위에 관하여 집행력있는 집행권원이 있는 때 또는 그 행위가 집행행위에 의한 것인 때에도 행사할 수 있다.

109) 대법원 2011. 11. 24. 선고 2009다76362 판결, 대법원 2003. 2. 28. 선고 2000다50275 판결. 대법원판결에 대하여 반대하는 견해로는, 오영준(2006), 337쪽 이하. 대법원판결 대하여 찬성하는 견해로는, 이진만(2006), 898-904쪽.

110) 채무자 소유의 공제조합 출자증권에 대하여 유질특약부 질권을 설정받은 채권자가 채무자의 지급정지(또는 회생절차개시 신청) 후 회생절차개시 전(=위기시기)에 회생담보권에 기하여 질권의 사적 실행을 한 사안으로 구체적인 사실관계는 다음과 같다.

건 출자증권(=질권의 목적물)은 채무자가 영업을 계속하기 위하여 필요한 주요 자산으로서, 피고(=질권자)가 이를 취득함으로써 채무자의 회생에 현저한 지장을 가져올 것임은 쉽게 예상할 수 있으므로, 피고의 이 사건 출자증권 취득행위는 특별한 사정이 없는 한 회생채권자 등을 해하는 것이라고 봄이 상당하다"라고 판시하였다.[111] 이 대법원판결은 담보목적물이 채무자가 영업을 계속하기 위하여 필요한 자산이 아니어서 채무자의 회생에 지장을 초래한다고 보기 어려운 때에는 담보권의 실행이 회생채권자 등을 해하는 것이 아니라는 이유로 부인되지 아니할 가능성을 열어 두고 있는 것으로 보인다.[112] 또한 위 대법원판결의 보다 근본적인 문제점은 채무자회생법이 '집행행위'를 부인의 대상으로 하고 있는데도 회생절차에서만 '사적인 담보권실행'을 부인의 대상으로 삼을 수 있다고 본 점이다. 회생절차 개시전 담보실행이 회생채권자 또는 회생담보권자를 해한다는 해석은 개시 후 담보실행이 제한된다는 데서 출발하는 것인데 이러한 해석은 담보권 실행이 법률에 의하여 담보권자에게 부여된 우선적 권리를 행사하는 것이고 그러한 실행이 담보권제도를 둔 실체법의 취지에 부합한다는 점을 충분히 고려하지 않은 것으로 보인다.[113]

2. 집합채권 양도담보의 부인

(1) 집합채권 양도담보 제공방법과 문제의 소재

집합채권 양도담보는 채무자가 특정 또는 불특정의 제3채무자들에 대하여 현재 또는

2006. 6. 23. 채무자와 피고가 한도거래약정을 체결하고 채무자의 출자증권을 피고에게 담보로 제공하여 질권을 설정하고 14400만원을 융자받음.

2007. 5. 29. 채무자가 최종 부도 후 회생절차 개시신청을 하여 2007. 6. 29. 회생절차개시결정을 받음.

2007. 6. 7.경 피고가 채무자에게 2007. 5. 30.자 당좌거래정지로 인하여 위 융자금 채무의 기한의 이익이 상실되었음을 통지함.

2007. 6. 28. 피고가 질권 실행을 위하여 출자증권을 취득하여 자신 앞으로 명의개서함.

2007. 7. 2. 피고는 채무자에 대한 융자원리금 채권 144,364,410원으로 이 사건 출자증권의 취득대금 145,843,335원에서 취득비용 729,210원을 공제한 145,114,125원의 채무와 대등액에서 상계한다는 취지의 의사표시를 채무자의 관리인에게 통지함.

111) 이 판결은 '유해성 등의 요건'에 관한 일반적 판단기준에 관하여, "집행행위에 대하여 부인권을 행사할 경우에도 … 채무자회생법 제100조 제1항 각 호 중 어느 하나에 해당하는 요건을 갖추어야 할 것이므로, 제2호에 의한 이른바 위기부인의 경우에는 그 집행행위로 인하여 회생채권자 또는 회생담보권자를 해하는 등의 요건이 충족되어야 한다. 이 경우 회생채권자 등을 해하는 행위에 해당하는지 여부를 판단할 때는 회생절차가 기업의 수익력 회복을 가능하게 하여 채무자의 회생을 용이하게 하는 것을 목적으로 하는 절차로서, 파산절차와 달리 담보권자에게 별제권이 없고 회생절차의 개시에 의하여 담보물권의 실행행위는 금지되거나 중지되는 등 절차적 특수성이 있다는 점 및 집행행위의 내용, 집행대상인 재산의 존부가 채무자 회사의 수익력의 유지 및 회복에 미치는 영향 등 제반 요소를 종합적으로 고려하여 정할 것이다"라고 판시하였다.

112) 대법원 2011. 11. 24. 선고 2009다76362 판결에 대한 평석은, 민정석(2012), 97쪽 이하.

113) 오영준(2006), 336-337쪽.

장래에 발생할 다수의 지명채권의 묶음을 담보의 목적으로 채권자에게 일괄적으로 양도하는 것을 말한다.114) 집합채권 양도담보의 경우 채권자의 입장에서 볼 때 피담보채권의 이행기 전에 채무자로부터 양도받은 채권을 추심하여 곧바로 변제에 충당할 것은 아니므로, 채무자는 채권양도계약 체결 시 자신 명의의 채권양도통지서를 백지로 작성하여 채권자에게 교부하거나 또는 채권자에게 채권양도통지에 관한 대리권을 부여하여, 나중에 채무자에게 지급정지 등의 일정한 사유가 발생하면 채권자가 양도인인 채무자를 대신하여 채권양도통지를 하는 방법을 이용하고 있다. 집합채권 양도담보를 제공하는 방법으로는, (i) 채무자에게 일정한 사유(지급정지, 도산절차 신청 등)가 발생한 때에 채권자가 예약완결권을 행사하여 채권양도계약이 성립 또는 효력발생하도록 하는 방식(예약형 집합채권 양도담보)과 (ii) 채무자에게 일정한 사유가 발생하는 것을 정지조건으로 하여 채권자의 별도 의사표시 없이 채권양도계약의 효력이 발생하는 것으로 정하는 방식(정지조건형 집합채권 양도담보)이 있다.115) 집합채권의 양도는 채무자에게 지급정지 등 '위기사유'가 발생하는 때에 당사자 간에 채권양도의 효력이 발생하고 그 때 제3자에 대한 대항요건도 구비하게 되므로 채무자에 대한 회생절차 또는 파산절차의 개시 후에 집합채권 양도담보가 부인의 대상이 될 수 있는지가 문제된다.

(2) 일반적인 부인권 행사의 근거

채무자회생법상 집합채권 양도담보에 관한 담보권 설정 행위의 부인은 채권양도행위의 부인(동법 제100조 제1항 또는 제391조) 또는 대항요건 부인(동법 제103조 제1항 또는 제394조 제2항)에 의할 수 있다.116) 일반적으로 채권양도행위는 위기시기 이전에 이루어지므

114) 이진만(2006), 904면; 이철원(2006), 453쪽; 오영준(2006), 216쪽.

115) 이철원(2006), 455-456쪽. 단순히 채권양도통지만 유보하는 방법으로 양도담보를 제공할 경우(즉, 채권양도의 효력은 즉시 발생시키되, 채권양도통지는 채무자의 지급정지 등 위기시기 도래시까지 유보할 경우)에는 위기시기 도래 후의 대항요건구비행위가 부인될 수 있다. 채무자에게 지급정지 등 위기시기가 도래한 후에 채권양도통지를 하게 되면, 채권양도일(=채권양도의 효력발생일)로부터 15일이 경과한 후에 채권자(=채권양수인)가 위기시기의 도래를 알고 있는 상태에서 대항요건이 구비되는 경우가 대부분일 것이고, 이 경우 후술하는 바와 같이 채무자회생법상 대항요건부인의 대상이 되기 때문이다. 실무에서는 위와 같은 대항요건부인의 위험을 피하기 위하여 예약형 또는 정지조건형 집합채권 양도담보를 이용하여 채권양도의 효력발생시기를 지급정지 등 위기시기 도래 이후로 늦춘 것이다{이진만(2006), 904-905쪽}.

116) 집합채권에 대한 담보권은 동산채권담보법에 따라 설정할 수도 있다. 복수의 채권(채무자가 특정되었는지 여부를 묻지 아니하고 장래에 발생할 채권을 포함함)이더라도 채권의 종류, 발생 원인, 발생 연월일을 정하거나 그 밖에 유사한 방법으로 특정할 수 있는 경우에는 이를 목적으로 담보등기를 함으로써 채권담보권을 설정할 수 있다(동법 제34조 제2항){☞ 제12장 제2절 Ⅱ. 2. (2) 다. (다) 채무자가 특정되지 아니한 장래채권}. 이 경우 담보등기에 의하여 즉시 채권담보권의 설정을 제3자에게 대항할 수 있다(동법 제35조 제1항). 채무자의 위기시기가 도래할 때까지 대항요건 구비를 유보하는 것이 아니므로 통상적인 집합채권 양도담보와는 달리 대항요건부인

로 양도행위 자체를 부인하기는 어렵다. 대항요건의 부인은 (i) 지급정지 등이 있은 후에 대항요건을 구비하고, (ii) 양도일로부터 15일을 경과한 후에 채권자(=채권양수인)가 지급정지 등이 있음을 알고 있는 상태에서 대항요건을 구비한 경우에 그 요건이 충족된다(동법 제103조 제1항).[117] 대항요건 구비행위 자체는 채무자회생법 제100조 제1항(또는 제391조)에 의한 부인 대상이 되지 않는다.[118]

(3) 예약형 집합채권 양도담보의 부인

예약형 집합채권 양도담보에 관한 대법원판례의 주요 판시 내용은 다음과 같다.[119]

① 대항요건의 부인: "양도일로부터 15일"의 기산일은 채권양도의 효력발생일, 즉 예약완결권의 행사일이고, 대항요건(채권양도통지)이 15일 기간의 경과 전에 구비되면 대항요건 부인의 대상이 되지 않는다.

② 채권양도행위의 부인: 원칙적으로 '채무자의 행위'를 부인 대상으로 한다. 예약완결권 행사 등 채권자(=양수인)의 행위는 부인 대상이 되지 않는다.

③ 다만, 채무자와의 통모 등 특별한 사정이 있어서 채권자 또는 제3자의 행위를 채무자의 행위와 동일시할 수 있는 사유가 있는 경우에는 채권자 또는 제3자의 행위도 부인의 대상이 된다.

위 ③과 관련하여, 대법원 2011. 10. 13. 선고 2011다56637, 56644 판결은, 채권자(=양수인)의 예약완결 의사표시 당시 채무자(=양도인)는 자금사정이 급격히 악화된 상태였고, 채권자도 이러한 사정을 잘 알면서도 자신의 채권을 미리 우선적으로 확보하기 위하여 채무자와 통모하여 채무자로부터 그의 거래처(=제3채무자)에 대한 대금채권 관련 정보를 제공받아 예약완결권과 선택권을 행사하는 등 채권자의 예약완결 의사표시가 실질적으로 채무자의 행위와 동일시할 만한 특별한 사정이 있었다고 보았다. 위 판결 이전의 대법원 2002. 7. 9. 선고 2001다46761 판결과 대법원 2004. 2. 12. 선고 2003다53497 판결에서는, 예약형 집합채권 양도담보에 관하여 채권자의 예약완결권 행사가 채무자와 통모하였거나 달리 채무자의 행위와 동일시할만한 특별한 사정이 없다는 이유로 집합채권 양도담보는 부인 대상이 되지 아니한다는 취지로 판시하였다.[120] 대법원 2011. 10. 13. 선고

문제는 생기지 않는다.

117) 서울회생법원 재판실무연구회(2023a), 355-356쪽.

118) 대법원 2004. 2. 12. 선고 2003다53497 판결.

119) 대법원 2002. 7. 9. 선고 2001다46761 판결, 대법원 2004. 2. 12. 선고 2003다53497 판결, 대법원 2003. 9. 5. 선고 2002다40456 판결.

120) 요컨대, 채권자의 예약완결권 행사가 실질적으로 채무자의 행위와 동일시할 수 있는 특별한 사정이 없는 한 양도담보예약 체결 당시를 기준으로 부인 여부를 판단하여야 한다는 것이다. 대법

2011다56637, 56644 판결에서는 채무자가 1차 부도가 난 이후 양도담보예약이 체결되었음에 반하여 대법원 2002. 7. 9. 선고 2001다46761 판결과 대법원 2004. 2. 12. 선고 2003다53497 판결의 사안에서는 양도담보예약이 체결된 시점에는 채무자의 재무사정에 특별히 문제는 없었던 것으로 보인다는 점에서 큰 차이가 있다.[121] 위 대법원 2011. 10. 13. 선고 2011다56637, 56644 판결에서와 같이 채권자의 예약완결권 행사가 채무자와의 통모에 의한 것으로서 실질적으로 채무자의 행위와 동일시할만한 특별한 사정이 있다고 인정될 경우, 예약형 집합채권 양도담보에서의 담보제공 행위(=채권양도 행위)는 채무자가 이미 특정 채권자에게 부담하고 있던 담보제공 의무를 재무사정이 악화된 후에 이행하는 편파행위에 해당되어 채무자회생법상 부인의 대상이 될 수 있다. 이 경우 채무자회생법상 편파행위에 대한 고의부인(동법 제100조 제1항 제1호 또는 제391조 제1호)[122] 또는 본지행위에 대한 위기부인(제100조 제1항 제2호 또는 제391조 제2호)의 요건을 갖추어야 할 것이다.

이러한 대법원판례에 대하여는 채무자에게 지급정지 등의 사유가 발생한 때에 효력을 발생하는 것으로 하는 집합채권 양도담보는 채권자 사이의 형평과 도산재단의 충실을 도모하는 도산법의 기본원칙을 잠탈하는 것으로서 부인 대상이 된다고 보거나[123] 집합채권 양도담보에서의 채권자의 행위는 그 사법상 효과가 실질적으로는 채무자의 행위와 같으므로 부인 대상으로 삼을 수 있고 또 공평의 관념에서 보더라도 그 실질을 중시하여 부

원 2016. 7. 14. 선고 2014다233268 판결도 민법상 사해행위취소의 대상이 되는지가 문제된 사안에서, 집합채권 양도담보예약이 체결된 다음 예약완결권의 행사에 기하여 채권이 양도된 경우 사해행위 여부는 양도담보 예약시를 기준으로 판단하여야 한다고 보았다.

121) 대법원 2011. 10. 13. 선고 2011다56637, 56644 판결의 사안에서는 2008. 3. 31. 채무자가 1차 부도가 난 상황에서 채권자로부터 물품을 공급받으면서 약속어음을 발행하고 그 지급기일을 연장받으면서 2008. 4. 27. 그 담보를 위한 집합채권 양도담보예약을 체결하였다. 대법원 2002. 7. 9. 선고 2001다46761 판결의 사안은 1997. 8. 양도담보예약이 체결된 후 약 2년이 지난 1999. 11. 30. 회사정리절차개시신청이 있었으며, 대법원 2004. 2. 12. 선고 2003다53497 판결의 사안에서는 1998. 6. 양도담보예약이 체결된 후 거의 3년이 지난 2001. 5. 14. 채무자가 부도나고 2일 뒤 회사정리절차개시신청이 있었다{민정석(2012), 121쪽}.

122) 대법원판례에 의하면 채무자회생법 제391조 제1호에서 말하는 "파산채권자를 해하는 것을 알고 한 행위"에는 총채권자의 공동담보가 되는 채무자의 일반재산을 파산재단으로부터 일탈시킴으로써 파산재단을 감소시키는 행위뿐만 아니라, 특정한 채권자에 대한 변제나 담보의 제공과 같이 그 행위가 채무자의 재산관계에 영향을 미쳐 특정한 채권자를 배당에서 유리하게 하고 이로 인하여 파산채권자들 사이의 평등한 배당을 저해하는 이른바 편파행위도 포함된다(대법원 2018. 10. 25. 선고 2017다287648, 287655 판결, 대법원 2011. 10. 13. 선고 2011다56637, 56644 판결 등). 대법원 2016. 1. 14. 선고 2014다18131 판결은 회생절차에 관한 채무자회생법 제100조 제1항 제1호에 관하여도 같은 취지로 판시하였다. 위 대법원 2011. 10. 13. 선고 2011다56637, 56644 판결은, 채권자의 예약완결권 행사 당시 채무자는 자금사정이 급격히 악화된 상태였고(예약완결의 의사표시를 한 당일에 채무자는 2차 부도가 났음) 채권자도 이러한 사정을 잘 알면서 채무자와 통모한 것이므로 채무자회생법 제391조 제1호를 적용한 원심판결은 정당하다고 보았다.

123) 이철원(2006), 492쪽.

인의 대상으로 삼을 필요가 있다는 이유로 비판하는 견해도 있다.[124)]

(4) 부인 대상이 아니면 양도받은 채권을 변제받을 수 있는가? - 양도담보의 예약 v. 대물변제의 예약

집합채권 양도담보에 관한 위 대법원판결들은 담보권 실행(=대물변제예약의 예약완결권 행사)에 관한 것이 아니라 담보권 설정(=양도담보예약의 예약완결권의 행사)에 관한 것이다.[125)] 따라서 대법원 2002. 7. 9. 선고 2001다46761 판결 및 대법원 2004. 2. 12. 선고 2003다53497 판결에서 부인 대상이 아니라고 판단된 집합채권 양도담보는 유효하게 설정된 담보권으로 인정될 수 있으나, 이러한 양도담보는 회생담보권에 해당하므로 회생절차개시 후에 양도담보권을 실행하는 것(=양도받은 채권을 변제받는 것)은 여전히 금지된다.[126)] 만일 채무자에 대한 회생절차개시 전에 채권자가 양도받은 채권을 추심하여 피담보채권의 변제에 충당하면, 이는 곧 담보권 실행에 해당되는 것이므로 앞서 본 질권 실행의 부인에 관한 대법원판례가 제시한 법리에 따르면 담보권 실행이 회생채권자 등을 해하는 것인지 여부(=유해성 여부)에 따라 부인 여부도 결정될 것이다.

---

124) 이진만(2006), 913-914쪽{이 견해는 구체적으로 채권자(=채권양수인)가 예약완결권을 행사함으로써 비로소 완전한 본계약(채권양도계약)이 성립하게 되는바, 이러한 법적 효과에 초점을 맞추어서 실질적으로 파악하여 본다면, 대상채권이 채권자에게 양도되는 것은 채권자의 예약완결권의 행사에 의하여 완성된 '채무자의 채권양도의 의사표시'에 기하여 이루어지는 것이라고 볼 수 있다고 한다}. 최준규(2018), 53쪽도 같은 취지의 논거로 위 대법원판례에 반대한다.

125) 민정석(2012), 120쪽. 이 점에 관하여, 대법원 2003. 9. 5. 선고 2002다40456 판결은, "채무를 담보하기 위하여 체결된 집합채권의 양도예약이 당연히 대물변제의 예약으로서의 성질을 갖는 것이라고 할 수는 없고, 당사자의 계약내용이 장차 선택권과 예약완결권의 행사로 채권양도의 효력이 발생하는 경우에 그 채권이 다른 채무의 변제를 위한 담보로 양도되는 것을 예정하고 있는지 또는 다른 채무의 변제에 갈음하여 양도되는 것을 예정하고 있는지에 따라 집합채권의 양도담보의 예약 또는 대물변제의 예약으로서의 성질을 가질 수 있고, 그 계약내용이 명백하지 아니한 경우에는 일반적인 채권양도에서와 마찬가지로 특별한 사정이 없는 한 채무변제를 위한 담보로 양도되는 것을 예정하고 있는 집합채권의 양도담보의 예약으로 추정함이 상당하다 … 상고이유에서 드는 대법원 2002. 7. 9. 선고 2001다46761 판결은 [구]회사정리법 제78조 제1항 제2호의 위기부인의 대상이 되는 회사의 행위가 언제 있었던 것으로 볼 것인지가 쟁점이었던 사안으로, 집합채권의 양도예약에 기한 채권양도가 채무변제를 위한 담보로 이루어진 것인지 또는 채무변제에 갈음하여 이루어진 것인지가 쟁점인 이 사건의 적절한 선례가 될 수 없다"라고 판시하였다. 집합채권 양도담보예약이 민법상 사해행위취소의 대상이 되는지가 문제된 사안에서 대법원 2016. 7. 14. 선고 2014다233268 판결은, 위 대법원 2003. 9. 5. 선고 2002다40456 판결을 원용하면서, 집합채권의 양도예약은 특별한 사정이 없는 한 채무변제를 위한 담보로 양도되는 것을 예정하고 있는 양도담보의 예약으로 추정된다고 하였다.

126) 회생절차개시 후에는 양도채권으로부터의 추심금을 관리인 명의로 은행에 예치하고 예금계좌에 대해 질권을 설정받을 수 있다. 추심된 양도채권에 관하여는 채권양도담보권이 예금 질권으로 담보가 대체되는 셈이다. 또한 관리인이 채무자의 회생을 위해 추심금을 사용할 필요가 있는 경우에는 위의 예금 질권을 등가의 다른 담보로 대체할 수 있을 것이다. 위와 같은 담보 대체는 회생계획에 의하여 행하는 것이 원칙이나 부득이한 경우 회생계획의 인가 전에도 법원의 허가를 얻어 일단 담보 대체를 한 후에 그 내용을 회생계획에 반영하는 방법도 고려할 수 있다.

(5) 정지조건형 집합채권 양도담보

대법원판례상 정지조건형 집합채권 양도담보의 부인이 문제된 사례는 없는 것으로 보인다. 그런데, 대법원판례는 부인의 대상이 되는 행위가 파산채권자를 해하는 행위인지 여부는 그 행위 당시를 기준으로 판단하여야 하고, 이는 특별한 사정이 없는 한 그 행위가 정지조건부인 경우라 하더라도 마찬가지라고 본다.[127] 이러한 대법원판례와 예약형 집합채권 양도담보의 부인에 관한 대법원판례를 종합하여 보면, ① 정지조건형 집합채권 양도담보계약의 경우 조건성취 시점이 아니라 계약체결 당시를 기준으로 양도행위가 부인 대상 행위인지 여부를 판단하여야 하는데, 일반적으로 양도담보계약 체결 시점에 채무자는 위기시기에 있지 않을 것이어서 양도행위 자체를 부인하기는 어렵고, ② 채무자에 관하여 지급정지 등의 발생이라는 정지조건의 성취는 부인 대상이 되는 채무자의 행위에는 해당되지 아니하여, 달리 지급정지 등 위기시기에 채권자가 채무자와 통모하는 등 특별한 사정이 있어서 채권자 또는 제3자의 행위를 채무자의 행위와 동일시할 수 있는 사유가 없는 한, 부인 대상이 되지 않으며, ③ 통상적으로 지급정지 등의 발생이라고 하는 정지조건이 성취된 때로부터 즉시(15일이 경과하기 전에) 채권양도의 제3자 대항요건이 갖추어진다고 본다면 대항요건부인의 요건에도 해당되지 아니할 것이다. 그렇다면, 현재의 대법원판례에 의하면, 정지조건형 집합채권 양도담보도 예약형 집합채권 양도담보의 경우와 마찬가지로 부인 대상이 되지 않는 것으로 인정될 가능성이 클 것이다.[128]

그러나, 이에 대하여는 비판적인 견해도 있다. 정지조건부 채권양도나 예약형 채권양도 모두, 원인계약 당시에는 처분행위가 완성되지 않았다가, 정지조건 성취시 또는 예약

127) 대법원 2018. 10. 25. 선고 2017다287648, 287655 판결{지급불능상태인 채무자가 변호사에게 부가가치세 환급을 위한 소송 등을 의뢰하며 성공보수의 지급을 담보하기 위하여 위임사무가 성공하는 것을 정지조건으로 하여 부가가치세 환급금채권 중 성공보수금 상당액을 양도하였고, 그 후 정지조건이 성취한 후 채무자가 파산선고를 받았던 사안에서, 채권양도 당시 채무자는 이미 지급불능 상태였으나 대법원은 위 채권양도는 채권자(변호사)의 위임사무 처리와 동시교환적 등가 관계에 있었으므로 부인 대상이 되지 않는다고 판시하였다}. 대법원 2013. 6. 28. 선고 2013다8564 판결도 민법 제406조에 기한 사해행위취소의 소에서, 채무자의 재산처분행위가 사해행위가 되는지 여부는 처분행위 당시를 기준으로 판단하여야 하며, 그 재산처분행위가 정지조건부인 경우라 하더라도 특별한 사정이 없는 한 마찬가지라고 판시하였다. 이 사건에서는 채무자(=채권양도인)는 피고(=채권양수인)에게 물품 및 금전거래로 인한 채무를 담보하기 위하여 동 채무를 변제하지 못하게 되는 것을 정지조건으로 하여 임대차보증금 반환채권을 양도하는 계약을 체결하였는데, 채권양도계약 체결일로부터 약 4개월 후에 채무자가 부도를 내고 사업을 사실상 폐지하게 됨으로써 위 정지조건이 성취되어 채권양도계약의 효력이 발생하였다. 대법원은 위 채권양도계약이 사해행위에 해당되는지는 채권양도계약 체결일을 기준으로 판단해야 한다고 보았다.

128) 같은 취지: 최준규(2018), 53쪽.

완결권 행사시 비로소 처분행위의 효력이 발생한다고 할 수 있으므로 '법적 효과'의 측면에서 보면 정지조건 성취 시점 또는 채권자의 예약완결권 행사 시점에 채무자의 처분행위는 존재하고 따라서 '채무자의 행위와 동일시할만한 특별한 사정'이 있는지 여부를 더 따져볼 필요 없이 채권양도를 부인할 수 있다고 보는 견해가 있다.[129] 비슷한 견해로 채무자의 지급정지 등을 정지조건으로 하는 채권양도담보계약에 따른 채권양도는, 그 계약 내용을 실질적으로 보면, 채무자에게 위기시기가 도래한 후에 행하여진 채권양도와 차이가 없으므로 위기시기 이후에 행해진 채권양도와 마찬가지로 부인의 대상이 된다고 보아야 한다는 견해도 있다.[130][131]

제 4 절 소유권의 담보권으로의 재구성[132]

Ⅰ. 서 설

채무자회생법 제141조 제1항에 의하면, 회생담보권은 회생채권이나 회생절차개시 전의 원인으로 생긴 채무자 외의 자에 대한 재산상의 청구권으로서 회생절차개시 당시 채

129) 최준규(2018), 53-57쪽. 이진만(2006), 913-914쪽은 예약형 집합채권 양도담보의 부인에 관하여 동일한 취지로 대법원판례를 비판한다.

130) 일본 최고재판소 2004(平成 16). 7. 16. 판결(判例タイムズ 1167号, 102면 이하)은 정지조건형 집합채권 양도담보에 대한 부인 여부가 문제된 사안에서, 채무자의 지급정지 등을 정지조건으로 하는 채권양도계약은, 그 계약체결 행위 자체는 위기시기 이전에 행하여졌지만, 계약당사자는 위기시기의 도래를 그 계약에 기한 채권양도의 효력발생의 정지조건으로 함으로써 위기시기 이전에는 채무자의 재산에 속하였던 채권을 채무자에게 위기시기가 도래함과 동시에 곧바로 채권자에게 귀속시켜 이를 채무자의 책임재산으로부터 일탈시키는 것을 미리 의도하여 이를 목적으로 하여 체결한 것이므로, 위 계약 내용을 실질적으로 보면, 위 계약에 따른 채권양도는 채무자에게 위기시기가 도래한 후에 행하여진 채권양도와 같이 보아야 하므로 부인의 대상이 된다고 보았다{이 판결에 관한 상세한 소개는, 이진만(2006), 909-910쪽}. 일본 최고재판소 2004(平成 16). 9. 14. 판결(判例タイムズ 1167号, 102면 이하)도 같은 취지. 일본에서는 위 최고재판소 판례에 따라 위 정지조건형 집합채권 양도담보뿐만 아니라 채무자의 지급정지 등을 예약완결권의 발생 사유로 하는 예약형 집합채권 양도담보의 경우도 부인의 대상이 된다고 보고 있다{위 최고재판소 판결을 원용하면서 예약형 집합채권 양도담보에 대한 부인권의 행사를 인정한 도쿄지방재판소 2010(平成 22). 11. 12. 판결(判例タイムズ 1346号, 241면 이하); 倒産と擔保·保證實務研究會(2014), 560쪽(杉本純子 집필)}.

131) 이진만(2006), 910쪽은, 위와 비슷한 맥락에서, 처음부터 채권양도계약(본계약)을 확정적으로 체결하면서 단지 양도통지 시기만을 채무자에 관한 위기시기 도래 시로 유보하기로 정한 경우에는 (대항요건)부인의 대상이 될 수 있는데, 정지조건형 채권양도담보계약을 이와 비교하여 볼 때, 계약서를 어떻게 작성하였는지에 따라서 부인의 가부가 결정된다는 것은 이상하다는 의문을 제기한다.

132) 이 부분은 한민(2018), 73-83쪽에 주로 의존한 것이다.

무자의 재산상에 존재하는 유치권·질권·저당권·양도담보권·가등기담보권·동산채권담보법에 따른 담보권·전세권 또는 우선특권으로 담보된 범위의 것을 말한다(다만, 이자 또는 채무불이행으로 인한 손해배상이나 위약금의 청구권에 관하여는 회생절차개시결정 전날까지 생긴 것에 한한다).[133] 양도담보권과 가등기담보권은 1998. 2. 24.자 구 회사정리법 제123조의 개정에 의하여 추가된 것이다. 그러나 회사정리법 개정 전에도 대법원 1992. 10. 27. 선고 91다42678 판결은 비전형담보인 양도담보권에 관하여 "회사정리절차가 개시된 경우에는 … 양도담보권자도 회사정리법 제123조 소정의 정리담보권에 준하여 회사정리절차에서 그 권리를 행사하여야 할 [것]"이라고 함으로써 유추적용에 의하여 양도담보권을 정리담보권(=회생담보권)으로 인정하였다.

그 후 대법원 2014. 4. 10. 선고 2013다61190 판결은 "동산의 소유권유보부매매의 경우에, 매도인이 유보한 소유권은 담보권의 실질을 가지고 있으므로 담보 목적의 양도와 마찬가지로 매수인에 대한 회생절차에서 회생담보권으로 취급함이 타당하고, 매도인은 매매목적물인 동산에 대하여 환취권을 행사할 수 없다"라고 함으로써 그 동안 동산 소유권유보부매매에서 매도인의 권리를 회생담보권(또는 구 정리담보권)으로 취급하여 온 법원 실무의 입장을 지지하였다. 또한, 후술하는 바와 같이 법원실무에서는 금융리스계약상 리스제공자에게 리스물건에 대한 소유권이 유보되어 있는 것은 실질적으로 리스채권에 대한 담보적 기능을 하고 있으므로 회생절차에서는 리스제공자에게 환취권을 인정하지 않고 리스채권을 회생담보권이나 이에 준하는 것으로 취급하고 있다. 소유권유보부매매의 매도인이나 금융리스의 리스제공자의 권리는 회생담보권의 정의(채무자회생법 제141조 제1항)에 명시되어 있지 않다. 소유권유보부매매에서 매도인의 권리나 금융리스에서 리스제공자의 채권을 회생담보권으로 취급하는 것은 구 회사정리법 하에서 양도담보권을 정리담보권으로 취급하였던 것과 마찬가지로 채무자회생법 제141조 제1항의 유추적용에 의한 것이라 할 수 있다.[134]

실질적으로 동일한 종류의 권리에 대한 평등 취급, 도산절차의 목적을 달성하기 위한 도산재단의 확보, 도산채권자 일반의 이익 보호 등 도산법의 목적에 비추어 보면 위와

133) 채무자회생법상 회생담보권은 담보권 그 자체가 아니라 담보권으로 담보되는 청구권을 의미한다.

134) 외국법에 따라 설정된 담보권도 그 실질이 채무자회생법에 열거된 담보권과 같다면 회생담보권으로 인정될 수 있다. 이것도 유추적용의 한 예라고 볼 수 있으나, 이 경우에는 도산절차 밖에서 인정되는 담보권을 도산절차 내에서도 담보권으로 인정해 주는 것이다. 소유권유보부매매나 금융리스에서의 목적물에 대한 권리와 같이 도산절차 밖에서는 소유권으로 인정되는 권리를 도산절차에서는 담보권으로 재구성하는 것과는 차이가 있다. 다만, 국제도산법의 주요 쟁점 중의 하나로서, 외국에 소재하는 재산으로 담보되는 채권이 우리나라에서 개시된 회생절차에서 회생담보권으로 취급될 수 있는지에 관하여는 ☞ 제5절 Ⅱ. 2.

같은 유추적용은 수긍할 수 있다.[135] 그러나, 도산절차에서 소유권을 담보권으로 재구성하여야 하는 경우와 그렇지 아니한 경우를 구분하는 기준이 명확하지는 않다. 예컨대, 대법원판례는 담보신탁(=담보를 목적으로 하는 신탁)의 신탁재산은 제3자인 수탁자가 소유하는 것이므로 위탁자의 회생절차에 구속되지 않는다고 함으로써 수탁자의 소유권(또는 채권자의 우선수익권)을 담보권으로 재구성하지 않고 있으나, 이에 대하여는 담보신탁의 실질은 양도담보와 동일시할 수 있으므로 담보신탁의 신탁재산(또는 수익권)으로 담보되는 채권은 회생담보권으로 취급하여야 한다는 비판이 있다(☞ 제6장 제3절 Ⅱ. 4. 담보신탁과 도산절연). 또한, 도산절차 내에서 소유권을 담보권으로 재구성하는 경우에도, 이렇게 담보권으로 재구성(re-characterize)된 권리가 도산절차개시 전후의 여러 단계에서 구체적으로 어떻게 취급되어야 하는 것인지에 관하여는 아직 논의가 충분한 것 같지는 않다. 소유권의 담보권으로의 재구성은 담보권의 행사가 원칙적으로 중지·금지되고 담보부채권(=회생담보권)이 회생계획에 따라 변제되는 회생절차에서 문제된다. 파산절차에서는 채권자가 가지는 소유권이 담보권으로 취급된다고 하더라도 채권자는 파산절차에 의하지 아니하고 별제권을 행사할 수 있으므로(채무자회생법 제411조, 제412조) 담보권을 실행하여 채무를 변제받거나 별제권에 기하여 목적물을 반환받아 처분·청산할 수 있기 때문에 소유권에 기한 환취권이 인정되는 경우와 별로 차이는 없다.[136]

이하에서는 회생절차에서 소유권의 담보권으로의 재구성이 문제되는 거래 유형에 관하여 살펴본다.

Ⅱ. 소유권의 담보권으로의 재구성이 문제되는 거래 유형

1. 소유권유보부매매

대법원판례에 의하면, 소유권유보부매매에서 그 대금이 모두 지급되지 아니하고 있

135) 계약상 권리에 대한 도산법적 재구성의 근거 법리에 관한 일본의 논의로는, 伊藤眞(2002), 1657号(2002), 6쪽 이하; 1658号(2002), 82쪽 이하; 山本和彦(2015), 1181-1202쪽.

136) 서울회생법원 재판실무연구회(2023a), 462쪽. 다만, 파산절차에서 파산관재인은 민사집행법에 의하여 별제권의 목적인 재산을 환가할 수 있고, 별제권자는 (법률에 정한 방법에 의하지 않고 별제권의 목적을 처분하는 권리를 가지는 때를 제외하고는) 이를 거절할 수 없으므로(채무자회생법 제497조 제1항, 제498조), 소유권이 담보권으로 재구성되어 환취권이 아니라 별제권이 인정될 경우 파산관재인은 해당 담보물의 반환을 거절하고 민사집행법에 의하여 이를 환가할 수 있다는 점에서 환취권의 경우와 차이가 있다{서울회생법원 재판실무연구회(2019), 462쪽, 주 38}. 이 경우 별제권자는 그 환가대금으로부터 담보부채권(=별제권부채권)을 변제받을 수 있다.

는 동안에는 비록 매수인이 목적물을 인도받았어도 목적물의 소유권은 위 약정대로 여전히 매도인이 이를 가지고, 대금이 모두 지급됨으로써 그 정지조건이 완성되어 별도의 의사표시 없이 바로 목적물의 소유권이 매수인에게 이전된다.[137] 소유권유보부매매에 의할 경우, 매도인은 매수인에게 매매대금에 관하여 신용을 공여하고 목적물의 소유권을 유보함으로써 대금채권이 담보되는 효과를 얻을 수 있다. 동산 소유권유보부매매의 매도인은 평시(平時)에는 목적물에 대하여 완전한 소유권을 가진다. 예컨대, 매매목적물에 대하여 매수인의 채권자가 강제집행할 경우 목적물의 소유자로서 제3자 이의의 소를 제기할 수 있다.

그러나 매수인이 회생절차에 들어가는 경우 목적물에 대한 매도인의 권리는 소유권이 아니라 담보권으로 취급된다. 대법원 2014. 4. 10. 선고 2013다61190 판결은 동산 소유권유보부매매의 경우에, 매도인이 유보한 소유권은 담보권의 실질을 가지고 있으므로 매수인에 대한 회생절차에서는 이를 담보목적의 양도와 마찬가지로 회생담보권으로 취급하여야 하고, 매도인은 목적물에 대하여 소유자로서 환취권을 행사할 수 없다고 한다. 회생절차 밖에서는 소유권유보부매매에서 매도인의 소유권이 그대로 인정되고 있으나 회생절차에서는 담보권으로 재구성되고 있다.

그런데, 소유권유보부매매의 목적물이 등기·등록에 의해 소유권이 이전되는 동산이고 등기·등록이 매도인의 명의로 남아 있는 경우에도 매도인의 권리는 회생담보권으로 취급될 것인가? 이에 관하여는, 유보된 소유권이 담보권의 실질을 가지고 있다는 점에 주목하여, 등기·등록은 형식적인 것이고 실질적인 소유권은 이미 매수인에게 이전되었다고 보아 매도인이 소유권자로 등기·등록되어 있다고 하더라도 여전히 회생담보권자로 인정되어야 한다고 보는 견해가 있을 수 있으나,[138] 이는 다음과 같은 이유로 타당하지 않다고 본다.

형사판결이기는 하지만 대법원 2010. 2. 25. 선고 2009도5064 판결은, 덤프트럭의 할부매매를 하면서 매수인 명의로 소유권 등록을 하고 매수인, 매도인 및 할부금융사 사이에 대출원리금의 완제 시까지 그 소유권이 할부금융사에 유보된다는 취지의 특약을 한 사안에서, 그러한 특약이 있더라도 매수인 명의로 등록된 이상 매수인이 대외적인 소유권자라고 보았다. 이 대법원판결은 "소유권유보부매매는 동산을 매매함에 있어 매매목적물을 인도하면서 대금완납시까지 소유권을 매도인에게 유보하기로 특약한 것을 말하며, 이러한 내용의 계약은 동산의 매도인이 매매대금을 다 수령할 때까지 그 대금채권에 대한

137) 대법원 2010. 2. 11. 선고 2009다93671 판결, 대법원 1999. 9. 7. 선고 99다30534 판결, 대법원 1996. 6. 28. 선고 96다14807 판결 등.

138) 정석종(2011), 22-23쪽은 등기·등록의 대상이 되는 자동차, 선박 등의 금융리스에 관하여 이러한 입장을 취하고 있다.

담보의 효과를 취득·유지하려는 의도에서 비롯된 것이다. 따라서 부동산과 같이 등기에 의하여 소유권이 이전되는 경우에는 등기를 대금완납시까지 미룸으로써 담보의 기능을 할 수 있기 때문에 굳이 위와 같은 소유권유보부매매의 개념을 원용할 필요성이 없으며, 일단 매도인이 매수인에게 소유권이전등기를 경료하여 준 이상은 특별한 사정이 없는 한 매수인에게 소유권이 귀속되는 것이다. 한편, 자동차, 중기, 건설기계 등은 비록 동산이기는 하나 부동산과 마찬가지로 등록에 의하여 소유권이 이전되고, 등록이 부동산 등기와 마찬가지로 소유권이전의 요건이므로, 역시 소유권유보부매매의 개념을 원용할 필요성이 없는 것이다"라고 판시하였다. 위 판시는 소유권의 이전에 관하여 등기·등록이라는 공시방법을 갖추어야 하는 부동산·동산은 일반 동산에 대해 사용되는 소유권유보부매매의 목적물이 될 수 없다고 본 것으로 이해할 수 있다.[139)]

생각건대, 동산 소유권유보부매매의 매도인의 권리를 매수인의 회생절차에서 회생담보권으로 취급하는 법적 근거는, (i) 매도인에게 유보된 소유권이 담보권의 실질을 갖고 있다는 점만은 아니고, (ii) 매도인의 의무는 목적물 인도에 의하여 이행이 완료된 것이고 매매대금 전액의 지급이라는 정지조건의 성취에 의해 소유권은 자동적으로 매수인에게 이전된다는 점에 있다. 위 (ii)는 동산 소유권유보부매매계약이 채무자회생법 제119조의 쌍방미이행 쌍무계약에 해당되지 않고, 따라서 회생절차에서 매도인의 환취권(=소유권)을 부정할 수 있는 근거가 된다. 그러나 매매목적물이 등기·등록을 요하는 동산(선박, 항공기, 자동차, 건설기계 등)으로서 소유권 등기·등록이 매도인 명의로 남아있는 경우에는 회생절차의 개시 당시 매수인의 대금지급의무와 매도인의 소유권 등기·등록 이전의무가 모두 미이행으로서 상호 대등한 대가관계에 있다고 보아야 할 것이므로 소유권유보부매매계약은 쌍방미이행 쌍무계약에 해당된다. 이 경우 매수인의 회생절차에서 관리인이 매매계약을 이행하기로 선택한 경우에는 매도인의 매매대금채권은 공익채권이 된다(채무자회생법 제119조 제1항, 제179조 제7호). 이행선택 후에 관리인이 대금지급의무를 이행하지 아니하면, 매도인은 계약을 해제하고 매매목적물의 반환을 청구할 수 있다. 관리인이 계약의 해제를 선택한 경우에도 매도인은 환취권을 행사하여 목적물의 반환을 청구할 수 있다(동법 제121조 제2항). 등기·등록에 의하여 소유권이 공시되는 동산의 매매의 경우에는 경제적 실질이 담보권과 마찬가지로 볼 수 있다는 이유만으로 공시제도의 적용까지 배제하면서 매도인의 소유권을 담보권으로 재구성하는 것은 적절하지 않다.[140)]

139) 같은 취지: 김용담(2016), 380쪽(이병준 집필); 지원림(2016), 1399쪽; 임치용(2016), 480-481쪽.

140) 임채홍·백창훈(2002), 366쪽도 같은 견해. 소유권 등기·등록에 관하여 대항요건주의를 취하고 있는 일본의 경우, 기본적으로 동산 소유권유보부매매의 매도인의 권리는 도산절차에서 담보권(갱

2. 금융리스

제13장 제1절에서 살펴본 바와 같이 2010년 5월 개정에 의해 신설된 상법 제2편 제12장(금융리스업) 제168조의2부터 168조의5까지의 조항은 금융리스 거래를 규율하고 있으나 금융리스의 개념에 관하여는 직접적으로 정의하고 있지 않고 해석에 맡겨 두고 있다. 현재 우리 법원의 실무 및 하급심판례[141]에 의하면, 금융리스[142]에 있어서는 리스료의 산정과 그 지급방법의 결정과정으로 볼 때, 리스료가 리스물건의 사용대가라고 보기는 어렵고, 리스물건의 인수와 함께 지급하여야 하는 대금을 리스회사와의 계약을 통하여 분할하여 지급하도록 하는 금융계약에 의하여 발생하는 것이라고 보는 것이 타당하다는 이유로 금융리스계약은 채무자회생법상의 쌍방미이행 쌍무계약에 해당되지 않는 것으로 보고 있다. 나아가, 금융리스계약에서는 리스기간 동안 리스물건의 소유권을 리스회사에 유보시키는 것이 일반적인데, 이는 실질적으로 리스료채권에 대한 담보적 기능을 하고 있으므로 회생절차 내에서는 리스채권을 회생담보권이나 이에 준하는 것으로 취급하고 있다.[143]

대법원판례는 "금융리스는 리스이용자가 선정한 특정 물건을 리스회사가 새로이 취득하거나 대여받아 그 리스물건에 대한 직접적인 유지·관리 책임을 지지 아니하면서 리스이용자에게 일정 기간 사용하게 하고 그 대여 기간 중에 지급받는 리스료에 의하여 리스물건에 대한 취득 자금과 그 이자, 기타 비용을 회수하는 거래관계로서, 그 본질적 기능은 리스이용자에게 리스물건의 취득 자금에 대한 금융 편의를 제공하는 데에 있다"고 한다.[144] 위 대법원판례에서 말하는 전형적인 금융리스는 리스기간 만료 시에 리스물건의 잔존가치가 없는 것으로 보고 리스제공자가 리스물건의 취득원가 등 투하자본 전액을

생담보권 또는 별제권)으로 취급하는 법원 실무가 정착되어 있으나, 등기·등록을 대항요건으로 하는 물건에 대한 소유권유보부매매의 경우(즉 소유권의 등기·등록이 매도인에게 남아 있는 경우), 학설 및 하급심판례는 (i) 담보권으로 취급하여야 한다는 견해와 (ii) 담보권으로 취급할 것이 아니라 쌍방미이행 쌍무계약에 관한 규정이 적용된다고 보는 견해로 나뉘고 있다{倒産と擔保·保證實務硏究會(2014), 566-572쪽(岩崎通也·權田修一 집필)}.

141) 서울고등법원 2000. 6. 27. 선고 2000나14622 판결(확정)(금융리스계약에서 리스료의 산정과 그 지급방법의 결정 과정으로 볼 때, 리스이용자가 지급하는 리스료는 리스물건의 사용대가라고만 보기는 어렵고, 리스물건의 인수와 함께 지급하여야 하는 대금을 리스회사와의 계약을 통하여 분할하여 지급하도록 하는 금융계약에 의하여 발생하는 것이라고 보는 것이 타당하므로 쌍방미이행 쌍무계약에 관한 관리인의 선택을 규정한 채무자회생법 제119조는 적용되지 않는다고 보았다.).

142) 여기서의 금융리스는 전부상각리스(full payout lease)를 염두에 둔 것으로 보인다.

143) 서울회생법원 재판실무연구회(2023a), 411, 469-471쪽. 이러한 법원 실무에 대하여 반대하는 견해로는 이연갑(2006), 956-975쪽; 김영주(2015b), 25-28쪽.

144) 대법원 2013. 7. 12. 선고 2013다20571 판결, 대법원 1997. 11. 28. 선고 97다26098 판결, 대법원 1996. 8. 23. 선고 95다51915 판결, 대법원 1992. 7. 14. 선고 91다25598 판결 등.

회수할 수 있도록 리스료 총액이 산정되는 소위 "전부상각리스(full payout lease)"이다. 그런데, 이와 달리 리스기간 중 리스료 지급에 의하여 리스물건 취득원가 등 투하자본의 일부만을 회수할 수 있는 조건의 부분상각리스(partial payout lease)는 회생절차에서 금융리스와 운용리스(또는 임대차) 중 어느 것에 해당될 것인지, 만일 금융리스에 해당될 수 있다면 리스기간 중 어느 정도의 취득원가가 회수되어야 금융리스에 해당될 것인지는 명확하지 않다.

회생절차에서의 금융리스와 운용리스(또는 임대차)의 구별은 계약서의 제목만 보고 결정해서는 안 되고 그 계약 내용의 실질을 검토하여 결정할 문제이다.[145] 이는 금융리스상의 권리를 회생담보권으로 취급하는 경우 구체적으로 담보의 목적물을 어떻게 파악할 것인지의 문제와 관련된다. 법원 실무상 금융리스에 있어서 리스제공자의 권리를 회생담보권으로 보는 이유는 리스기간 동안 리스물건의 소유권이 리스제공자에 유보되고 유보된 소유권이 실질적으로 리스료채권에 대한 담보적 기능을 한다는 데에 있다. 이러한 입장은 회생절차에서 리스물건 자체를 담보목적물로 보고 소유권유보부매매의 경우와 유사한 담보권이 설정된 것으로 파악하는 것이라고 할 수 있다.[146] 부분상각리스의 경우에는 리스기간 중 리스료 지급에 의하여 리스물건의 취득원가 등 투하자금의 일부만 회수되고 리스물건의 반환이 예정되어 있다. 그러나 부분상각리스의 경우에도 리스이용자에 부여된 리스물건의 염가 매입선택권(또는 재리스선택권)으로 인하여 리스물건의 반환 가능성이 낮거나, 반환되는 경우에도 리스제공자에게 경제적으로 의미 있는 가치가 없을 때, 리스물건에 대한 실질적인 소유권이 리스이용자에게 이전된다고 볼 수 있으므로 전부상각리스와 마찬가지로 취급해야 할 것이다. 이러한 관점에서 볼 때, 리스자산의 소유권에 따른 위험과 보상의 대부분을 이전하는 리스를 금융리스로, 그렇지 아니한 리스를 운용리스로 분류하고 있는 기업회계기준에 따라 부분상각리스가 금융리스로 분류되는 경우(☞ 제13장 제1절 Ⅱ. 1. (3)), 리스제공자의 권리는 도산절차에서 회생담보권으로 인정될 가능성이 높을 것이다. 그러나 회계기준상 금융리스에 해당되지 아니하는 리스도 회생절차에서는 회생담보권으로 인정되는 경우가 있을 수 있다. 또한, 리스물건이 소유권의 이전에 등기·등록을 요하는 동산(선박, 항공기, 건설기계 등)이고 등기·등록이 리스제공자의 명의로 남아

145) 서울회생법원 재판실무연구회(2023a), 470쪽.

146) 이연갑(2006), 965쪽. 일본의 경우에도 전부상각 방식의 금융리스를 회사갱생절차에서 갱생담보권으로 취급하고 있는데{최고재판소 1995(平成 7). 4. 14. 판결(民集 49巻 4号, 1063면)}, 담보권의 목적이 무엇인가에 관하여는 (i) 리스이용자가 갖는 리스물건의 이용권에 대하여 리스제공자 앞으로 담보권(=채권질 또는 양도담보권과 유사한 담보권)을 설정한 것으로 파악하는 소위 "이용권설"과 (ii) 리스물건 자체에 소유권유보부매매와 유사한 담보권이 설정된 것으로 보는 "소유권설"로 견해가 나뉘고 있다{倒産と擔保·保證實務研究會(2014), 639-641쪽(上野 保 집필)}.

있는 때에도 금융리스채권이 회생담보권으로 취급될 것인가의 문제가 있다. 이에 대하여는 금융리스채권에 대한 회생담보권적 구성은 리스물건에 대한 리스제공자의 소유권이 형식적인 것이고 실질적인 소유권은 이미 리스이용자에게 이전되었음을 전제로 하는 것이므로 등기·등록의 유무에 따라 이를 달리 볼 필요는 없고, 소유권 등기·등록의 이전이 리스료 지급과 대가적 관계가 있다고 보기도 어렵다는 이유로 위와 같은 경우에도 마찬가지로 회생담보권으로 취급되어야 한다고 보는 견해가 있다.147)

그러나 앞서 본 바와 같이 회생절차에서 금융리스채권을 회생담보권으로 취급하는 것은 리스물건 자체를 담보목적물로 하여 소유권유보부매매와 유사한 담보권이 설정된 것으로 보는 것이므로 전부상각 방식(또는 이에 준하는 부분상각 방식)의 금융리스는 도산절차에서 소유권유보부매매와 동일한 내용으로 취급하는 것이 합리적일 것이다. 따라서 이와 같은 유형의 금융리스에서 리스물건이 등기·등록상 리스제공자의 소유로 남아 있는 경우, 그 리스계약은 매매목적물에 관한 등기·등록이 매도인에게 남아 있는 소유권유보부매매의 경우와 마찬가지로 회생담보권이 아니라 쌍방미이행 쌍무계약으로 취급하는 것이 타당하다. 이렇게 해석하는 것이 아래에서 살펴보는 바와 같이 회생절차에서 소유권이전조건부 선체용선계약을 쌍방미이행 쌍무계약으로 취급하고 있는 현재의 법원 실무와도 합치되는 것이다.

위에서 본 바와 같이, 금융리스에서 리스제공자의 권리는 도산절차에서 담보권으로 취급된다고 하는 총론적인 법리만으로는 개별 사안의 해결에 충분하지 않고, 리스계약이 도산절차에서 어떻게 취급될 것인지는 법적 불확실성이 있다.148)

---

147) 정석종(2011), 22-23쪽.

148) 미국 통일상법전(Uniform Commercial Code: UCC)상 리스의 분류는 우리 상사법상의 분류와는 차이가 있다. 미국 UCC상 리스(lease)는 "lease"와 "finance lease"로 구분된다(UCC Section 2A-103(1) (g), (j)). finance lease는 기본적으로 리스제공자, 리스이용자 및 공급자 삼자 간에 이루어지는 리스를 말하는데(UCC Section 2A-103(1)(g)), 이는 진정한 리스(true lease)이고 UCC Article 9에 의하여 규율되는 담보거래(secured transaction)는 아니다. UCC Section 1-203은 특정 거래가 진정한 리스(finance lease 포함)가 아니라 담보권(security interest)의 설정으로 인정되는 기준을 규정하고 있는데, 이 기준은 우리나라의 회계기준상 금융리스 분류기준{☞ 제14장 제1절 Ⅱ. (3)}과 유사하다. 다만, 미국 주 법원의 판례에 의하면, UCC Section 1-203의 기준에 의하여 담보권으로 인정되지 않는 경우에도 리스제공자가 리스물건에 관하여 '경제적으로 의미 있는 반환 이익(economically meaningful reversionary interest)'을 갖지 않는 때에는 리스가 아니라 담보권으로 인정될 수 있다{Brook(2014), p. 39; White·Summers(2010), p. 1163}. 또한 미국 UCC상 소유권유보부매매(title-retention contract 또는 conditional sale)에서 매도인이 유보한 소유권은 해당 목적물에 대하여 매수인의 미지급 대금채무를 담보하는 담보권(security interest)으로 인정된다{Sections 2-401(1), 9-202; Harris(2015), pp. 354-355}. 미국 연방파산절차에서 리스와 소유권유보부매매가 진정한 리스·매매인지 또는 담보거래인지에 관하여는 기본적으로 UCC(즉, UCC를 채택한 해당 주법)가 적용된다{Harris(2015), p. 355; Schroth(2010), p. 348}. 요컨대, 미국은 리스와 소유권유보부매매가 담보거래에 해당된다는 점을 법률에 규정하고 있다.

3. 소유권이전조건부 선체용선

2008년 글로벌 금융위기의 여파로 부실화된 국내 해운회사에 대한 회생사건에서, 국내 해운회사가 해외 편의치적국에 설립된 SPC를 이용하여 소유권이전조건부 선체용선(BBCHP) 방식의 선박금융[149]에 의하여 도입한 선박과 관련하여, (i) 선박금융의 대주들이 선박소유자겸 채무자인 SPC로부터 대출채권의 담보로 양도받은 BBCHP상의 채권을 위 금융리스의 경우와 마찬가지로 회생담보권으로 파악할 것인가, 아니면 (ii) BBCHP를 쌍방미이행 쌍무계약으로 파악하여 해운회사의 관리인이 이행을 선택하는 경우 대주들의 용선료 채권을 공익채권으로 인정할 것인가가 문제되었다.[150]

현재 법원의 실무는 법리적 측면과 채무자의 회생가능성 측면 등을 종합적으로 고려하여 BBCHP를 쌍방미이행 쌍무계약으로 취급하고 있다. 이는 (i) BBCHP의 대상이 되는 선박이 특별목적회사(SPC)의 명의로 외국에서 소유권 등기가 되어 있다는 점, (ii) 대주들의 SPC에 대한 대출채권을 담보하기 위해 SPC의 선박 소유권에 기하여 대주들 앞으로 외국법을 준거법으로 하는 저당권이 설정되어 있다는 점, (iii) 외국에서의 선박저당권 실행 가능성 등 국제도산 관련 문제를 종합적으로 고려한 결과인 것으로 이해된다.[151][152] 이러한 법원 실무에 대하여는 찬반양론이 있다.

찬성하는 견해는, BBCHP의 경우 대주와 해운회사 사이에 SPC가 선박의 소유자로서 개입하여 별도의 법인으로 존재한다는 점과 대상 선박이 등기의 대상이라는 점에서 일반적인 금융리스와 차이가 있으므로 BBCHP에 따른 채권은 회생담보권에 해당되지 않는다

149) BBCHP를 이용한 선박매수 금융에 관하여는 제13장 제1절 Ⅲ. 4. 선박매수인에 대한 금융.

150) 정석종(2011), 1-2쪽.

151) 이러한 법원 실무에 관한 상세한 분석은, 정석종(2011), 1-38쪽.

152) 창원지방법원은 2016. 10. 6. 한진해운(그 당시 회생절차가 개시되어 진행 중이었음)이 BBCHP 방식으로 확보하여 SPC 명의로 파나마에 선박 소유권 등기를 경료한 선박(M/V Hanjin Xiamen) ("한진샤먼호")에 대하여 선박우선특권자의 신청에 따라 압류명령 및 경매개시결정을 내렸다. 이에 대하여 한진해운이 이의신청 및 항고를 제기하였으나, 법원은 이를 모두 기각하였다(창원지방법원 2016. 10. 17. 자 2016타기227 결정, 창원지방법원 2017. 2. 14. 자 2016라308 결정). 창원지방법원의 항고심은 2016라308 결정에서, (i) BBCHP에서 용선자는 용선기간이 종료된 후에 약정한 용선료 등을 지급하고 선박의 소유권을 취득할 수 있는 '계약상의 권리'를 취득할 뿐이므로, 특별한 사정이 없는 한, SPC에 선박을 편의치적하였다는 사정만으로 용선기간 중에도 용선자가 당해 선박에 대해 소유권을 갖는다 할 수 없고, (ii) 한진샤먼호가 국제선박인 점, SPC의 설립 및 편의치적으로 인하여 한진샤먼호가 누리는 제도상 및 금융상 지위, 선박연료유 공급자와 한진해운 간의 유류공급계약의 내용 및 한진샤먼호의 건조에 자금조달을 한 금융기관 등의 한진샤먼호의 법적 소유관계에 대한 신뢰 등을 고려하면, 한진해운에 대한 회생절차에서 한진샤먼호를 한진해운의 소유로 취급하는 것은 국제거래에서의 채권자 등 제3자의 예측가능성 및 법적 안정성을 크게 해할 우려가 있다는 이유로 한진해운의 항고를 기각하였다. 위 사건에 관한 설명으로는, 김창준(2017), 53-54쪽.

고 한다. 이 견해는 법원이 BBCHP를 쌍방미이행 쌍무계약으로 인정하여 관리인에게 그 이행 여부를 선택할 수 있도록 한 것은 타당하다고 본다.[153]

반대하는 견해는, BBCHP의 목적물인 선박은 채무자의 영업 지속에 필요한 재산이므로 채무자회생법 제58조에 따라 회생절차개시에 의하여 강제집행 등이 중지·금지되는 "채무자의 재산"에 해당된다고 해석함으로써 회생절차개시 후에 그 선박에 대한 강제집행 등이 금지될 수 있도록 하여야 한다는 견해[154]와 BBCHP 방식으로 용선한 선박은 용선주인 회생회사의 영업기반 자체라고 볼 수 있으므로 선박의 보유가 불안정하게 되면 계속기업으로서의 존립이 흔들리고, BBCHP를 금융리스와 달리 취급할 법적 근거를 찾기 어려우므로 BBCHP상의 권리는 회생절차에서 담보권으로 취급해야 한다고 보는 견해가 있다.[155] 다음에서 보는 바와 같은 이유로 법원 실무의 입장이 타당하다고 본다.

BBCHP는 상거래법상의 분류 및 한국채택국제회계기준(K-IFRS)에 따른 리스의 분류상 금융리스에 속한다. BBCHP와 같이 리스기간 만료시 리스물건의 소유권이 리스이용자에게 이전되는 것으로 약정한 금융리스(=전부상각리스)를 소유권유보부매매(=소유권유보부 연불판매)와 구분하기는 쉽지 않다.[156] 앞에서 본 바와 같이 등기·등록을 요하는 동산에 관한 소유권유보부매매계약은 쌍방미이행 쌍무계약에 해당된다고 보는 것이 타당하다. 소유권 등기를 요하는 선박을 목적물로 하는 BBCHP도 이와 마찬가지로 취급하는 것이 합리적이다.

이와 달리 BBCHP상의 권리를 회생담보권으로 취급하고 회생계획에 따라 권리변경을 하게 될 경우 SPC는 대주들에게 대출원리금 채무를 이행하지 못하게 되고, 이에 따라 대주들은 대출계약상 기한이익을 상실시키고 편의치적국법이 준거법인 선박저당권을 실

153) 임치용(2016), 480-481쪽. 같은 취지: 석광현(2019), 49-52면(회생절차에서 BBCHP를 쌍방미이행 쌍무계약으로 취급하는 법원 실무와 앞에서 본 창원지방법원 결정이 타당하다고 봄).

154) 김인현(2017), 43쪽.

155) 김창준(2017), 63-71쪽.

156) 법인세법상 장기할부조건 판매·양도에 해당하는지 여부를 판단할 때, 국외거래에 있어서 '소유권이전조건부 약정에 의한 자산의 임대'는 자산의 판매·양도에 해당되는 것으로 본다(법인세법시행령 제68조 제4항). 대법원 2009. 1. 30. 선고 2006두18270 판결은, "국적취득조건부 용선계약이라 함은 용선계약의 형식을 취하고는 있으나 실질적으로는 선박의 매매로서 그 선박의 매매대금을 일정기간 동안 분할하여 지급하되 그 기간 동안 매수인이 선박을 사용할 수 있는 것으로서 선박수입의 특수한 형태인바(대법원 1983. 10. 11. 선고 82누328 판결 등 참조), 법인세법시행령 제68조 제3항[현행 법인세법시행령 제68조 제4항]은 … [라]고 규정하고 있으므로, 할부금의 지급방법이 2회 이상으로 분할되어 최종지급기일까지의 기간이 1년 이상인 국적취득조건부 용선계약은 법인세법을 적용함에 있어서 장기할부조건부 매매와 동일하게 취급하여야 할 것이다"라고 하였다. 위 밑줄 친 부분에 인용된 대법원 1983. 10. 11. 선고 82누328 판결은 BBCHP 방식으로 선박을 국내로 도입한 것이 관세법상 수입에 해당되어 관세 부과의 대상이 되는지가 문제된 사건에서 위 밑줄 친 부분과 같은 내용으로 판시하였다.

행할 수 있게 된다. 외국에서 선박저당권이 실행될 경우 이를 저지할 수 있다는 보장이 없기 때문에 BBCHP를 회생담보권으로 인정하는 것은 해운회사의 회생에 오히려 불리한 영향을 끼칠 수 있다.157) 우리나라 해운회사들의 선박 확보 방법 중 BBCHP 방식이 차지하는 비중과 해운산업의 특수성·중요성 등을 고려하여 회생 가능한 해운회사에 대한 제도적 지원이 중요하다고 판단되는 경우에는 채무자회생법을 개정하여 채무자의 회생에 긴요한 선박에 관한 BBCHP상의 채권을 회생담보권에 준하여 취급하거나 또는 채무자가 회생 방안을 강구할 수 있도록 합리적인 기간 동안 BBCHP상의 권리행사를 제한하는 방안을 검토해 볼 수는 있을 것이다. 다만, 이러한 제도 설계에 있어서는, 도산시 BBCHP 채권자의 권리에 대한 제한이 강할수록 평상시 국내 해운회사들이 BBCHP 방식으로 선박매수 금융을 조달하기가 더 어려울 수 있다는 점도 충분히 고려되어야 할 것이다.158)

157) 최근 국내 해운회사인 동아탱커(주)는 2019. 4. 2. 서울회생법원에 회생절차개시의 신청을 하여 2019. 4. 17. 회생절차개시결정을 받았다. 아울러 동사가 BBCHP 선박금융에 의해 도입하여 운항하고 있던 선박 12척("이 사건 선박들")의 소유자(각 선박별로 편의치적국인 파나마 또는 마샬제도공화국에 설립된 SPC)에 대한 채권자로서 서울회생법원에 SPC에 대한 회생절차개시 신청과 SPC의 재산에 대한 담보권 실행을 중지·금지하는 포괄적 금지명령을 신청하였다.
이 사건은 편의치적국에 설립된 SPC에 대하여 한국 법원에 도산절차개시 신청이 된 최초의 사례로 보인다. 동아탱커가 외국법인인 SPC에 대하여 우리나라에서 회생절차개시 신청을 한 주된 이유는 이 사건 선박들에 대하여 금융채권자들 앞으로 설정된 선박저당권의 실행을 막고 이 사건 선박들을 계속 용선하면서 동아탱커 및 SPC에 대한 회생절차를 통하여 채무조정 및 기업재건을 도모하기 위함이었던 것으로 추측된다.
서울회생법원은 2019. 4. 17. SPC 재산에 대한 포괄적 금지명령을 발령하였으나, 2019. 5. 22.경 SPC에 대한 회생절차개시 신청을 기각하였다. 그 중 한 SPC에 관한 결정을 보면, 법원은 다음과 같은 이유로 회생절차개시 신청을 기각하였다(서울회생법원 2019. 5. 22.자 2019회합100083 결정).
(1) 국제사법 제2조 제1항에 따라 한국 법원은 SPC에 대한 회생절차개시 신청에 대한 국제재판관할권이 있음(SPC의 이사들이 한국에 거주하고, 용선료 및 대출원리금의 지급장소가 한국이며, 대출계약 및 BBCHP계약의 준거법이 한국법이라는 점이 고려됨).
(2) 동아탱커는 SPC의 대출원리금채무에 대하여 연대보증을 하였고 보증채무자인 동아탱커에 대한 회생절차가 서울회생법원에 계속되어 있으므로 채무자회생법 제3조 제3항 제3호에 따라 같은 법원에 주채무자인 SPC에 대한 회생절차개시 신청을 할 수 있음.
(3) 그러나, 이 사건에서 회생절차를 개시하는 것은 채권자 일반의 이익에 적합하지 아니하므로 채무자회생법 제42조 제3호에 규정된 회생절차개시신청의 기각사유에 해당함(선박금융채권자들이 회생절차의 개시에 반대하고 있고, 회생절차에 의하는 것보다는 선박매각 등을 통하여 채권을 회수하는 것이 채권자들에게 유리하다는 점 등이 고려됨).
(4) 동아탱커와 금융채권자들이 도산절연의 효과 때문에 특수목적법인인 SPC를 설립하여 이 사건 선박을 SPC 소유로 한 점, SPC에 대한 대출 역시 도산절연의 효과로 인한 담보의 확실성을 믿고 이루어진 점 등을 고려하면, 동아탱커와 SPC에 대한 회생사건의 병합적 처리는 당초 도산절연을 염두에 둔 신청인과 채권자들의 의사에 반하는 것임.

158) 미국 연방파산법 제1110조는, 제11장(Chapter 11) 절차의 개시 후에도 일정한 요건을 갖춘 항공기(엔진 등 포함)와 선박의 담보권자, 리스제공자 및 소유권유보부매도인(conditional vendor)에게 원칙적으로 선박·항공기에 대한 환취권을 부여함으로써 자동중지(automatic stay)의 예외를 인정하고 있고, 다만 관리인(trustee)이 법에서 정한 일정 기간 내에 계약의 이행을 선택하면서 기존의 채무불이행을 전부 치유한 때에는, 그 후에 채무불이행이 발생하지 않는 한, 자동중지의

4. 소유권이전조건부 항공기금융리스

항공기금융리스는 일반적으로 조세편의국(예컨대, Cayman Islands)에 설립된 SPC를 이용하여 'BBCHP 방식의 선박금융'과 거의 같은 구조의 소유권이전조건부 금융리스 방식에 의한다. 따라서 회생절차상 선박 BBCHP를 쌍방미이행 쌍무계약으로 취급하고 있는 현재의 법원 실무가 소유권이전조건부 항공기금융리스의 경우에도 그대로 적용된다면, 리스이용자인 항공사에 대한 국내 도산절차에서 항공기소유자(SPC)의 환취권이 인정될 수 있을 것이다. 그러나 이 점에 관하여 명시적인 법 규정이 없고 대법원판례도 없기 때문에 법적 불확실성이 있다.[159)]

Ⅲ. 담보권으로 재구성된 권리의 취급

1. 도산절차의 진행과 재구성된 권리의 취급

소유권유보부매매와 금융리스에서 목적물에 대한 소유권이 회생절차에서 담보권으로 재구성된다는 의미는, 회생절차가 개시되면 매도인 또는 리스제공자의 채권은 담보 목적물의 가액 범위 내에서 회생담보권으로 인정되고 담보권의 실행 등 권리 행사가 금지되며 회생계획에 따른 권리변경의 대상이 된다는 것이다.

그런데, 회생절차개시 전 단계에서도 위 매도인 또는 리스제공자의 채권이 다른 회생담보권(정확히는, 회생절차가 개시되면 회생담보권으로 인정될 권리)과 마찬가지로 채무자회생법 제44조에 따른 중지명령과 제45조에 따른 포괄적 금지명령의 대상이 될 수 있는가? 채무자회생법 조항의 문언상으로는 "회생채권 또는 회생담보권에 기한 강제집행, 가압류,

---

대상이 되어 위의 담보권자 등은 환취권을 행사할 수 없는 것으로 규정하고 있다{11 U.S.C. § 1110(a); Schroth(2010), p. 349}. 위 조항의 입법취지는 항공기·선박의 담보권자, 리스제공자 및 소유권유보부매도인의 환취권 행사를 용이하게 함으로써 항공기·선박에 관한 금융채권자의 권리 보호를 강화하고 이를 통하여 평상시에 항공기금융과 선박금융의 조달을 보다 용이하게 하는 데 있다고 한다{Ripple(2002), p. 290, pp. 298-299}. BBCHP는 위 미국 연방파산법의 규정에 따르면 선박에 관한 리스 또는 소유권유보부매매 중 어느 하나에 해당되어 선박소유자에게 위와 같은 내용으로 선박에 대한 환취권이 인정될 것이다. 회생절차에서 BBCHP를 쌍방미이행 쌍무계약으로 취급하고 있는 현재의 우리 법원 실무는 기본적으로 선박 소유자의 환취권을 인정하는 것이라는 점에서 선박의 리스 및 소유권유보부매매에 관한 위 미국 연방파산법상의 취급과 유사하다.

159) 리스이용자의 도산절차에서 리스제공자의 항공기 환취권에 관한 상세한 내용은 ☞ 제13장 제1절 Ⅳ. 2 (4).

가처분 또는 담보권실행을 위한 경매절차"가 중지명령과 포괄적 금지명령의 대상으로 되어 있으나(동법 제44조, 제45조), 대법원판례는 비전형담보인 양도담보권의 사적 실행도 그 대상에 포함된다고 해석하고 있다.160) 소유권유보부매매계약이나 금융리스계약의 해제·해지 및 목적물의 환취는 실질적으로 담보권(=회생절차가 개시되면 회생담보권에 해당될 담보권)의 사적 실행에 해당된다고 볼 수 있으므로 매도인의 권리(해제권 및 목적물반환청구권)와 리스제공자의 권리(해지권 및 목적물반환청구권)는 중지명령과 포괄적 금지명령의 대상이 된다고 해석하는 것이 합리적이다. 소유권유보부매매나 금융리스계약이 해제 또는 해지되었다고 하더라도 아직 목적물이 매도인이나 리스제공자에게 반환되지 않았다면 여전히 중지명령 및 포괄적 금지명령의 대상이 된다고 본다.161)

또한, 앞에서 본 바와 같이 대법원 2011. 11. 24. 선고 2009다76362 판결은 지급정지 또는 회생절차개시신청 후 회생절차개시 전(=위기시기)에 담보권자가 채무자의 회생에 필요한 재산에 설정된 질권을 귀속청산 방식으로 실행한 사안에서 회생절차개시 후에 질권의 실행이 부인될 수 있다고 하였다. 이 판결의 논리를 따르면 소유권유보부매매와 금융리스에 있어서도 채무자(=소유권유보부매매의 매수인 또는 리스이용자)에 대한 회생절차개시 전 위기시기(지급정지 후 또는 회생절차개시신청 후)에 계약의 해제·해지에 이어서 채무자로부터 소유권유보부매매의 매도인 또는 리스제공자에게로 목적물의 반환까지 이루어졌다면, 이는 담보권실행 행위와 마찬가지로 보아야 할 것이므로 그 목적물이 채무자의

160) 대법원 2011. 5. 26. 선고 2009다90146 판결(채무자회생법 제141조 제1항은 양도담보권도 회생담보권에 포함되는 것으로 규정하고 있으므로, 회생절차개시결정의 효력을 규정하고 있는 같은 법 제58조 제2항 제2호의 "회생담보권에 기한 강제집행 등"에는 양도담보권의 실행행위도 포함되고, … [같은 법 제45조 제1항, 제3항에 의한] 포괄적 금지명령에 의하여 금지되거나 중지되는 '회생담보권에 기한 강제집행 등'에는 양도담보권의 실행행위도 포함된다고 해석함이 상당하다고 하였다).

161) 일본에서는 회사갱생절차에서 금융리스의 취급에 관하여 (i) 리스계약의 해지 의사표시만에 의하여 담보권 실행이 종료되는 것으로 보는 견해{山本和彦(2014), 92쪽; 長島·大野·常松法律事務所(2016), p. 227}가 있으나 (ii) 계약해지 후 리스물건이 반환되어야 담보권 실행이 종료한다는 반대견해도 있다{全國倒産處理辯護士ネットワク(2011), 154쪽(三森 仁 집필)}. 위 (i)의 견해는 금융리스 채권을 갱생담보권으로 구성함에 있어서 리스제공자에게 리스이용자가 갖는 이용권에 대하여 담보권(=채권질 또는 양도담보권과 유사한 담보권)을 설정한 것으로 파악하는 소위 "이용권설"에 기한 것이다. 위 (i)의 견해에 의하면, 중지명령과 포괄적 금지명령은 금융리스계약의 해지 전에만 가능하다. 그러나 앞서 본 바와 같이 금융리스의 경우 리스물건 자체에 소유권유보부매매와 유사한 담보권이 설정된 것으로 보는 것이 타당하고(=소유권설) 이에 따르면 위 (i)의 견해를 취하기는 어렵다. 또한, 대법원판례(대법원 2001. 6. 12. 선고 99다1949 판결, 대법원 1999. 9. 3. 선고 98다22260 판결, 대법원 1992. 7. 14. 선고 91다25598 판결 등)에 의하면, 금융리스계약의 중도해지시 조기반환 이익(=리스물건의 반환시 리스물건의 교환가치가 본래의 리스기간 만료시 리스물건의 잔존 교환가치보다 클 경우 그 차액 상당의 이익)은 리스료 채권에 충당하는 등으로 청산하여야 한다. 청산해야 하는 조기반환 이익이 리스물건의 실제 반환시 리스물건의 교환가치를 기준으로 산정되는 것이므로 위 (i)의 견해와 같이 리스물건의 반환 전에 리스계약이 해지된 단계에서 담보권 실행이 종료된 것으로 보기는 어렵다.

회생에 필요한 것인 때에는 회생절차의 개시 후에 부인될 수 있다.[162)]

2. 도산해지조항

(1) 대법원판결

최초로 도산해지조항의 효력에 관하여 판단한 대법원 2007. 9. 6. 선고 2005다38263 판결의 주요 판시 내용은 다음과 같다.[163)]

① 도산해지조항이 (구)회사정리법에서 규정한 부인권의 대상이 되거나 공서양속에 위반된다는 등의 이유로 효력이 부정되어야 할 경우를 제외하고, 도산해지조항으로 인하여 정리절차개시 후 정리회사에 영향을 미칠 수 있다는 사정[164)]만으로는 그 조항이 무효라고 할 수는 없다("판시 ①").

② 쌍방미이행 쌍무계약의 경우에는 계약의 이행 또는 해제에 관한 관리인의 선택권을 부여한 (구)회사정리법 제103조의 취지에 비추어 도산해지조항의 효력을 무효로 보아야 한다거나 아니면 적어도 정리절차개시 이후 종료 시까지의 기간 동안에는 도산해지조항의 적용 내지는 그에 따른 해지권의 행사가 제한된다는 등으로 해석할 여지가 있다("판시 ②").

---

162) 이에 대하여는 도산절차가 신청된 후에 중지명령이나 포괄적 금지명령의 적용을 받을 수 있는 것은 별론으로 하고, 도산절차가 신청조차 되지 아니한 평시의 법률관계에서는 소유권유보부매매의 매도인과 금융리스의 리스제공자는 목적물에 대하여 소유자로서 완전한 권리를 행사할 수 있다고 보아야 하고, 도산절차의 신청 전에 계약조건에 따라 적법히 계약을 해제 또는 해지하고 목적물을 반환받은 것은 부인의 대상이 되어서는 안 된다는 반론이 있을 수 있다. 그러나, 회생절차개시 후에 회생담보권으로 취급된다면, 담보권실행의 부인에 관한 법리도 마찬가지로 적용된다고 보는 것이 논리적이다.

163) 위 대법원판결은 "도산해지조항"을 "계약의 당사자들 사이에 채무자인 회사의 재산상태가 장래 악화될 때에 대비하여 지급정지, 회사정리절차의 개시신청, 회사정리절차의 개시와 같이 도산에 이르는 과정상의 일정한 사실이 그 회사에 발생하는 것을 당해 계약의 해지권의 발생 원인으로 정하거나 또는 계약의 당연 해지사유로 정하는 특약"이라고 정의한다. 대법원판결의 사안에서는 합작투자계약의 '해지'가 문제되었으므로 위 정의에는 해제를 언급하고 있지는 아니하나, 여기서는 도산해지조항과 도산해제조항을 일괄하여 "도산해지조항"이라고 한다. 도산해지조항의 개념 및 다양한 용어 사용례에 관하여는 권영준(2018), 2-3쪽; 한민(2011), 61-63쪽.

164) 이 점과 관련하여 대법원판결은 이 판시 내용의 앞 부분에서 (i) 구체적인 사정을 도외시한 채 도산해지조항은 어느 경우에나 회사정리절차의 목적과 취지에 반한다고 하여 일률적으로 무효로 보는 것은 계약자유의 원칙을 심각하게 침해하는 결과를 낳을 수 있을 뿐만 아니라 상대방 당사자가 채권자의 입장에서 채무자의 도산으로 초래될 법적 불안정에 대비할 보호가치 있는 정당한 이익을 무시하는 것이 될 수 있고 (ii) 회사정리법상 관리인은 정리절차개시 당시에 존재하는 회사 재산에 대한 관리처분권을 취득하는 데에 불과하므로 채무자인 회사가 사전에 지급정지 등을 정지조건으로 하여 처분한 재산에 대하여는 처음부터 관리처분권이 미치지 아니한다고 설시하였다.

위 대법원판결이 판시 ②에서 쌍방미이행 쌍무계약에 포함된 도산해지조항의 효력에 관하여 단정적으로 판단하지 아니한 것은 쌍방미이행 쌍무계약의 경우에도 도산해지조항의 효력을 부정할 수 없는 경우가 있음을 염두에 둔 것으로 짐작된다. 현재 법원 실무에서는 쌍방미이행 쌍무계약의 도산해지조항은 채무자회생법상 관리인 또는 파산관재인에게 부여된 쌍방미이행 쌍무계약의 해제(해지)·이행에 관한 선택권을 잠탈하는 것이라는 이유로 원칙적으로 무효로 보고 있다.165)

(2) 금융리스·소유권유보부매매와 도산해지조항의 효력

소유권유보부매매매나 금융리스가 쌍방미이행 쌍무계약으로 인정되는 경우(예컨대, 소유권이전조건부 선체용선계약)에는 판시 ②의 취지 및 법원의 실무에 따라 동 계약에 포함된 도산해지조항은 무효로 보아야 할 것이다. 반면에 소유권유보부매매와 금융리스상 채권자의 권리가 담보권으로 재구성되어 회생절차에서 회생담보권으로 취급되는 경우에는, 판시 ②는 관련이 없다. 그런데, 소유권유보부매매와 금융리스의 목적물이 채무자의 회생에 긴요한 경우에는 도산해지조항만에 기하여 회생절차개시 전에 그 목적물을 채무자의 책임재산으로부터 일탈시켜 채무자의 회생 가능성을 저해하는 것은 도산법의 목적(=도산 공서양속)에 반한다고 볼 여지가 있다. 또한, 앞서 살펴본 바와 같이 계약의 해제·해지에 이은 목적물의 환취는 실질적으로 담보권실행 행위로 볼 수 있으므로 회생절차개시 전의 위기시기에 채무자의 회생에 필요한 목적물을 환취하게 되면 채무자에 대한 회생절

---

165) 서울회생법원 재판실무연구회(2023a), 410쪽. 예외적으로, 은행에 전산시스템 관리용역을 제공하기로 하는 계약과 관련한 가처분 사건에서, 쌍방미이행 쌍무계약임에도 불구하고 도산해지조항의 효력을 인정한 하급심 판결례가 있다{서울중앙지방법원 2014. 1. 24.자 2013카합80074 결정. 서울고등법원 2014. 7. 30.자 2014라20044 결정(항고기각). 대법원 2014. 11. 14.자 2014마4144 결정(심리불속행 기각)}. 이 판결은 도산해지조항의 효력을 인정한 이유로, 해당 계약이 계속적 계약으로서 당사자 간의 신뢰관계가 매우 중요하다는 점, 은행이 언제든지 계약을 해지할 수 있고 일정한 경우 손해배상의무만 지는 점, 국민 일반의 이익을 위하여 은행 전산시스템에 대해서는 오류에 대하여 사전적·예방적 보호 조치가 필요하다는 점, 계약의 해지로 채무자회사가 회생의 목적을 달성하기 어렵다고 볼 수 없는 점 등을 들었다. 이 사건에 관한 분석은 황인용(2018), 48-50쪽. 도산해지조항의 효력을 부정한 최근의 하급심판결로는 서울고등법원 2023. 1. 13. 선고 2021나2024972 판결이 있다. 이 판결은 'AI 분석 지원 솔루션 라이선스 도입계약'에 포함된 도산해지조항의 효력이 다투어진 사건에서, 쌍무계약으로서 회생절차의 개시신청이나 회생절차의 개시 당시 쌍방미이행 상태에 있는 계약에 대해서 별도의 법률규정이 없는 한 도산해지조항에 의한 해제·해지의 효력을 인정할 수 없고(그 주된 이유로 도산해지조항은 채무자회생법 제1조, 제119조 제1항, 민법 제2조, 제103조에 위반하여 무효라고 보면서 위 대법원 2007. 9. 6. 선고 2005다38263 판결의 판시 ②를 원용하였음), 다만 회생절차 진행 중에 계약을 존속시키는 것이 계약상대방 또는 제3자의 이익을 중대하게 침해할 우려가 있거나 회생채무자의 회생을 위하여 더 이상 필요하지 않은 경우에는 예외적으로 도산해제조항에 의한 해제·해지가 허용된다고 보아야 한다고 판시하였다.

차개시 후 그러한 권리행사는 부인될 수 있다. 따라서 목적물이 채무자의 회생에 필요한 경우에는, 소유권유보부매매계약과 금융리스계약상의 권리가 쌍방미이행 쌍무계약상의 권리가 아니라 회생담보권으로 취급되더라도 그에 포함된 도산해지조항 중 적어도 목적물 반환의무를 발생시키는 부분은 위 대법원판결의 판시 ①에서 말하는 "도산해지조항이 (구)회사정리법[채무자회생법]에서 규정한 부인권의 대상이 되거나 공서양속에 위반된다는 등의 이유로 효력이 부정되어야 할 경우"에 해당될 수 있다고 본다.166) 반면에, 파산절차의 경우에는 담보권은 별제권으로 인정되어 담보권의 실행이 허용되므로 소유권유보부매매와 금융리스에서의 도산해지조항의 효력은 인정되어야 할 것으로 생각된다.167)

제 5 절 금융거래와 국제도산법

Ⅰ. 서 설

금융거래 등 상거래가 국제화됨에 따라 국내에서 도산절차가 개시되더라도 채무자의 영업이나 재산이 외국에 있거나 채권자 중에 외국 채권자가 포함되는 경우가 많다. 이와 같이 도산절차에 외국적 요소가 있는 경우 제기되는 법적 문제를 규율하는 규범이 국제도산법이다. 국제도산법은 (i) 어느 한 국가에서 개시된 도산절차의 효력을 다른 국가에서 승인·지원하기 위한 절차법적 문제를 규율하는 국제도산절차법과 (ii) 어느 한 국가에서 개시된 도산절차가 당사자 간의 권리의무관계에 미치는 실체법적 효력이 다른 국가에서도 적용될 수 있는지의 문제에 관한 국제도산실체법(도산국제사법)으로 구분할 수 있다.

1. 국제도산절차법

국제도산절차법에 관한 대표적인 국제규범으로는 UN 국제상거래법위원회(UNCITRAL)의 「국제도산에 관한 UNCITRAL 모델법」(UNCITRAL Model Law on Cross-border Insolvency:

166) 서울회생법원 재판실무연구회(2023a), 411쪽도 대체로 같은 취지.

167) 일본 최고재판소의 판례로는, 소유권유보부매매계약에 포함된 도산해제특약(=도산해지조항)은 회사갱생절차의 취지와 목적을 해하는 것이므로 무효라고 한 판결{최고재판소 1982(昭和 57). 3. 30. 판결(民集 36卷 3号 484면)}과 금융리스계약의 도산해지조항은 민사재생절차의 취지와 목적에 반하는 것이므로 무효라고 한 판결{최고재판소 2008(平成 20). 12. 16. 판결(民集 62卷 10号, 2561면)}이 있다. 이 판결들에 대한 소개로는 권영준(2018), 20-21쪽.

이하 "국제도산모델법")이 있다.168) 국제도산모델법은 도산절차의 효력에 대한 국제적 승인·지원과 국내외 도산절차 간의 공조를 원활하게 하기 위한 목적으로 1997년에 제정되었다. 국제도산모델법은 각국이 재량에 의하여 국내법으로 채택할 수 있는 연성법(soft law)이다. 우리나라는 2006년에 시행된 채무자회생법에 국제도산모델법을 수용하였다. 제정 후 25년이 된 2022년 6월 현재 51개국이 국제도산모델법을 국내 입법으로 채택하고 있다.169)

외국에서 개시된 도산절차의 효력을 우리나라에서 승인·지원하는 절차는 채무자회생법 제5편(국제도산)의 규정에 의하여 규율된다. 우리나라에서 개시된 도산절차에 대한 외국에서의 승인·지원은 그 외국의 법률에 의한다. 해당 국가가 국제도산모델법을 채택한 경우에는 그에 따라 우리나라의 도산절차에 대하여 승인·지원을 받을 수 있다. 국제도산모델법을 채택하지 않은 국가의 경우에는 외국도산절차 자체에 대하여 승인·지원을 하는 법적 장치가 없으므로 일반 민상사에 관한 재판과 마찬가지로 우리나라 법원의 도산 관련 재판에 대하여 승인·집행을 얻어야 한다. 그러나 국제도산모델법을 채택하지 않은 국가들은 독일, 프랑스 등 일부 국가들을 제외하고는 대부분 속지주의(principle of territoriality)를 택하고 있기 때문에 우리나라 법원의 도산 관련 재판에 대하여 이들 국가에서 승인·집행을 얻는 것은 어렵다.170)

국제도산모델법을 채택한 국가들의 경우에도 외국 도산절차에 대한 지원이 불충분하거나 지원의 내용이 나라마다 차이를 보이고 있다. 국제도산모델법이 제공하는 지원(relief)은 주로 금지명령(stay order) 등 절차법적 사항으로 제한되어 있고, 미국 연방파산법 제15장(=국제도산모델법을 수용한 미국의 국내법)을 제외하고는 국제도산모델법을 수용한 각국의 국내법은 외국도산절차의 실체법적 효력을 승인·지원하지 않고 있는 것이 일반적이다. 또한 국제도산모델법상의 지원은 그 대상이 되는 외국도산절차가 종료된 경우에는 제공되지 않는다는 문제점도 있다.171) 이에 따라 국제도산모델법 외에 도산 관

168) EU 회원국들 간에 적용되는 국제도산 규범으로서 EU 도산규정{Regulation (EU) 2015/848 of the European Parliament and of the Council of 20 May 2015 on Insolvency Proceedings (recast)}이 있다. EU 도산규정은 UNCITRAL 국제도산모델법과는 달리 국제도산절차법뿐만 아니라고 국제도산실체법에 관하여도 규정하고 있다.

169) 국제도산모델법의 채택국 현황은 UNCITRAL의 홈페이지(https://uncitral.un.org/en/texts/insolvency/modellaw/cross-border_insolvency/status) 참조.

170) 최근 해운산업의 불황으로 인하여 회생절차에 들어간 다수의 국내 해운회사들은 국제해상운송업의 유지 및 선박 보호를 위하여 선박이 기항하는 국가들의 법원으로부터 국내 회생절차에 대한 승인·지원을 적시에 받기 위해 노력을 기울였고, 이에 따라 국내 회생절차가 외국에서 승인·지원을 받거나 받지 못한 선례들이 쌓이게 되었다{이에 관한 상세한 내용은, 김선경·김시내(2017), 71-83쪽}. 국내 파산절차가 외국에서 승인·지원을 받은 사례는 아직 보고된 바가 없는 것으로 보인다.

171) Han(2015), p. 351, p. 363.

련 재판에 대한 국제적 승인·집행을 효율적으로 지원하는 새로운 국제규범의 필요성이 제기되었고, UNCITRAL은 2018. 7. 2. 도산 관련 재판에 대한 국제적 승인·집행을 원활하게 하기 위해 「도산 관련 재판의 승인 및 집행에 관한 UNCITRAL모델법(UNCITRAL Model Law on Recognition and Enforcement of Insolvency-Related Judgments)」을 채택·제정하였다.[172)]

1997년에 제정된 위 국제도산모델법은 개별 채무자의 국제도산에 적용되는 것이어서 기업집단의 국제도산을 지원하는 데에는 한계가 있었다. 이에 UNCITRAL은 수년간의 성안작업을 거쳐 2019년 7월 국제도산에 관한 세 번째 모델법으로서 「기업집단 도산에 관한 UNCITRAL 모델법(UNCITRAL Model Law on Enterprise Group Insolvency)」을 제정하였다. 이 모델법의 주된 내용은 (i) 기업집단소속 기업에 대한 국내외 도산절차 간의 원활한 국제공조 방법과 (ii) 통합된 기업집단도산계획의 수립·수행 및 그에 필요한 국내외 법원의 승인·지원 결정에 관한 것이다.[173)]

2. 국제도산실체법

국제도산모델법은 국제도산에 있어서의 준거법 선택에 관한 규정을 두고 있지 않다. 각국의 국내 도산법에 관한 입법지침을 제시하고 있는 UNCITRAL 도산법입법지침(UNCITRAL Legislative Guide on Insolvency Law)」(이하, "UNCITRAL 도산법입법지침" 또는 "UNCITRAL Legislative Guide")은 국제도산 맥락에서 준거법의 선택에 관한 입법지침을 제시하고 있으나 통일된 법원칙이라고 하기에는 미흡하다. 우리나라의 채무자회생법과 국제사법도 국제도산에 있어서의 준거법 선택에 관한 규정은 두고 있지 않다. 일부 입법례를 제외하고는,[174)] 이 문제는 해석에 맡겨져 있는 상황이다.

실체적 권리의 발생 및 효력은 일반 국제사법(private international law)의 법리에 따라 정해지는 실질법(substantive law)에 의하여 결정된다. 그러나 도산절차가 그 권리에 미치는 도산법 특유의 효과, 즉 도산효과(insolvency effect)[175)]에 관한 사항은 도산절차가 개시

172) 이 모델법(안)에 관한 간략한 소개로는 한민(2017), 92쪽, 109-110쪽. 이 모델법에 관한 상세한 분석과 국내법에의 수용 방안에 관하여는 석광현·한민(2020), 제2장(석광현 집필).

173) 이 모델법에 관한 상세한 분석과 국내법에의 수용 방안에 관하여는 석광현·한민(2020), 제3장(한민 집필).

174) EU 도산규정과 독일 도산법은 국제도산에 있어서 준거법의 선택에 관한 규정을 두고 있다.

175) 도산법은 도산절차의 집단적 목적을 달성하기 위하여 도산절차가 개시되면 채권자 등의 채권 및 권리의 상대적 지위를 정하고 그러한 채권과 권리에 대하여 제약과 변경을 가한다. 이러한 제한과 제약은 도산절차의 개시로부터 발생한다는 점에서 이를 "도산효과(insolvency effect)"라고 한다(UNCITRAL Legislative Guide, Part two, I, para. 81).

된 국가의 법, 즉 도산법정지법(lex fori concursus)에 따르는 것이 원칙이다.[176] 이와 같이 도산실체법 사항에 대하여 도산법정지법을 적용하는 근거는 도산절차에서는 절차와 실체가 밀접하게 관련되어 있다는 점과 도산법정지법을 적용함으로써 채권자들의 공평한 취급이라는 국제도산의 이념과 정의에 충실할 수 있고 국제도산절차에서 법적 안정성을 도모할 수 있다는 데에 있다.[177] 그러나 후술하는 바와 같이 도산법 특유의 효력에 해당되는지 여부가 명확하지 않거나 그에 대한 도산법정지법 적용의 원칙에 예외를 두는 경우가 있고, 아예 도산법정지법 원칙을 적용하지 않는 국가도 있다. 이에 따라 국제도산에서 실체법적 권리의무관계에 적용될 준거법의 결정에 관하여는 법적 불확실성이 존재한다.

Ⅱ. 국제도산법의 주요 쟁점

1. 도산법정지법(倒産法廷地法)의 적용

UNCITRAL 도산법입법지침의 입법 권고는 도산법정지법을 적용할 수 있는 도산실체법에 관한 사항으로서 도산절차에서 계약 및 채권의 취급, 권리의 우선순위, 부인, 상계, 면책 등을 들고 있다.[178] 도산법정지법의 적용 대상에 담보권 등 물권은 포함시키지 않고 있다. 또한, 지급결제제도 및 규제 금융시장(regulated financial markets)의 참가자의 권리의무와 근로계약에 관하여는 도산법정지법 원칙에 대한 예외를 둘 수 있다고 하고 있다. 즉, 지급결제제도 또는 규제 금융시장의 참가자의 권리의무관계에 대하여는 그 제도 또는 시장에 적용되는 법을, 근로계약의 해지·이행 및 변경에 대하여는 계약의 준거법을 적용할 것을 권고하고 있다. 나아가, 상계권에 관하여는 도산법정지법 대신에 상계권에 관한 준거법을 적용하는 입법례도 있을 수 있고, 부인에 관하여는 도산법정지법에 의할 수도 있으나 도산법정지법과 부인 대상이 되는 거래의 준거법을 중첩적으로 적용하는 입법례도 있을 수 있음을 지적하고 있다.[179]

복수의 외국도산절차 또는 국내도산절차와 외국도산절차가 병행하여 진행되고 있는 경우, 우리나라 법원에 제기된 실체적 권리의무관계에 관한 소송에서 어느 도산법정지법을 적용할 것인지의 문제도 있다. 이 점에 관하여는 아직 논의가 많이 이루어지고 있지

176) UNCITRAL Legislative Guide, Part two, I, paras. 81-83.
177) 석광현(2012), 602-604쪽.
178) UNCITRAL Legislative Guide, Part two, I, recommendation 31.
179) UNCITRAL Legislative Guide, Part two, I, paras. 85-90 and recommendations 32-34.

아니하나, 국제도산모델법 및 이를 수용한 채무자회생법 제5편(국제도산)의 규정과의 균형을 고려할 때, 원칙적으로 복수의 외국도산절차가 병행되고 있는 경우에는 외국 주절차[180]의 도산법을, 우리나라의 도산절차와 외국도산절차가 병행되고 있는 경우에는 채무자회생법을 적용하는 것이 타당할 것으로 생각된다.[181]

이하에서는 도산법정지법의 적용 여부가 문제 되었던 국내외의 주요 사례를 검토한다.

(1) 도산법정지법의 적용에 관한 대법원 판례

가. 국내에서 도산절차가 개시된 경우

대법원 2015. 5. 28. 선고 2012다104526, 104533 판결은, 외국적 요소가 있는 계약(영국법을 준거법으로 하는 정기용선계약)을 체결한 당사자에 대하여 국내에서 회생절차가 개시된 경우, 그 계약이 쌍방미이행 쌍무계약에 해당하여 관리인이 이행 또는 해제·해지를 선택할 수 있는지 여부, 그리고 계약의 해제·해지로 인하여 발생한 손해배상채권이 회생채권인지 여부는 도산법정지법인 채무자회생법에 따라 판단되어야 한다고 하였다(다만, 위 정기용선계약의 해제·해지로 인한 손해배상의 범위에 관한 문제는 계약 자체의 효력과 관련된 실체법적 사항으로서 도산전형적인 법률효과에 해당하지 아니하므로 국제사법에 따라 정해지는 계약의 준거법이 적용된다고 하였다). 위 대법원판결은 쌍방미이행 쌍무계약에 대한 이행 여부의 선택 및 그에 따른 상대방 권리의 도산절차상 취급은 도산법 특유의 효과에 해당된다고 보아 도산법정지법을 적용한 것이다.[182]

180) 국제도산모델법상 "외국 주절차(foreign main proceeding)"라 함은 채무자의 주된 이익의 중심지(Center of Main Interest: COMI)에서 개시된 외국도산절차를 말한다{국제도산모델법 제2조 (b)항}.

181) 국제 병행도산 사건에서 준거법의 선택이 문제된 사례로는 미국의 Maxwell Communication 사건{In re Maxwell Communication Corp., 93 F.3d. 1036 (2d Cir. 1996)}을 들 수 있다. 이 사건에서는 미국(=대부분의 채무자 재산의 소재지)의 Chapter 11 절차와 영국(=본사 소재지 및 대부분의 채무 발생지)의 관리절차(administration)가 절차 간의 공조 하에 병행하여 진행되던 중 미국의 Chapter 11 절차에서 부인권이 행사되었는데, 미국 연방 제2항소법원은 병행 도산절차가 진행 중인 영국의 도산법(Insolvency Act of 1986)이 사안과 가장 밀접한 관련이 있고 결과에 대하여 더 강력한 이해관계를 가진다는 이유로 국제예양의 원칙(doctrine of international comity)에 입각하여 부인권의 준거법은 미국 연방파산법이 아니라 영국 도산법이라고 보았다{석광현(2012), 635쪽; Westbrook(1996), pp. 2531-2541}. 국제도산에서 부인권에 관한 준거법의 결정에 관하여는 한민(2017), 100쪽.

182) 대법원 2001. 12. 24. 선고 2001다30469 판결도 준거법이 영국법인 신디케이티드 대출계약상의 대주인 우리나라 은행에 대하여 파산절차가 개시된 사안에서, 비록 도산법정지법의 적용을 명시적으로 언급하지는 아니하였으나 계약의 준거법에 관계없이 쌍방미이행 쌍무계약(신디케이티드 대출계약 중 차주와 파산은행 간의 대출계약 부분)에 대하여 구 파산법에 따른 파산관재인의 해제 또는 이행의 선택권을 긍정함으로써 도산법정지법 원칙을 따랐다. 이 대법원판결에 대한 평석으로는 석광현(2004), 559-564쪽.

나. 외국에서 도산절차가 개시된 경우

속지주의를 취하고 있던 (구)회사정리법 하에서 대법원은 독일에서 도산절차가 개시되어 독일 도산법상 도산채무자에 대한 자동채권과 수동채권 간의 상계가 금지되더라도 도산채무자의 채권(=수동채권)이 우리나라 법원에서 재판상 청구를 할 수 있는 경우(즉, 우리나라에 소재하고 있는 재산으로 볼 수 있는 경우), 우리나라 법원이 위 상계의 효력을 판단함에 있어서는 도산법정지법인 독일 도산법상의 상계 금지는 우리나라에 효력이 미치지 않는다고 보았다.[183] 이 판결은 외국도산절차의 효력이 국내에 미치지 않는 것으로 하는 이른바 속지주의를 채택하였던 (구)회사정리법 하에서 내려진 판결이므로 속지주의를 폐기한 채무자회생법 하에서라면 도산법정지법인 독일 도산법을 적용하여 동법에 따른 상계 금지의 효력이 국내에 미친다고 판단될 가능성이 있다.

(2) 채무자회생법의 대외적 적용

외국 법원의 소송에서 우리나라에서 개시된 도산절차의 실체법적 효력이 다투어질 경우 외국 법원이 문제된 쟁점에 대하여 도산법정지법인 채무자회생법을 적용할 것인지는 그 외국법에 의하여 결정된다. 금융거래의 준거법으로 많이 이용되는 영국법과 미국 뉴욕주법 하에서는 도산법 특유의 효과에 관한 사항이라고 할 수 있는 도산해지조항의 효력에 대하여도 도산법정지법인 한국법이 아니라 계약의 준거법을 적용한 예가 있다. 예컨대, 영국 법원은 우리나라의 해운회사인 팬오션에 대한 국내 회생절차와 관련하여 팬오션과 브라질 회사인 Fibria Celulose 간에 체결된 장기 운송계약(contract of affreightment)에 포함된 도산해지조항의 효력이 여러 쟁점 중의 하나로 다투어졌던 사건에서, 도산법정지법인 한국 채무자회생법이 아니라 운송계약의 준거법인 영국법에 따라 도산해지조항이 유효하다고 보았다.[184] 또한, 한국 회사인 에스엠피주식회사에 대하여 한국에서 회생절차가 개시된 사안에서, 미국 뉴욕주 법원은 동사와 외국 회사 간에 체결된 공급 및 라이센스계약(Supply and License Agreement)에 포함된 도산해지조항의 효력에 대하여는 동 계약

---

183) 대법원 2009. 4. 23. 선고 2006다28782 판결. 도산절차 밖에서의 상계의 효력에 관한 국제사법상 준거법 결정에 관하여는 자동채권과 수동채권의 준거법을 누적적으로 적용해야 한다는 견해와 수동채권의 준거법을 적용해야 한다는 견해가 있다{한민(2009), 394쪽}. 그런데 (i) 국제사법상 정해지는 상계의 준거법에 의해 상계의 효력이 인정되더라도 (ii) 도산절차에서의 상계의 요건, 허용범위, 효력 등에 관하여는 도산법정지법이 강행적·중첩적으로 적용된다고 본다{한민(2009), 395쪽}. 대법원 2009. 4. 23. 선고 2006다28782 판결은 (i)에 관하여는 명시적으로 판단하지 아니하였고, (ii)에 관하여는 구 회사정리법상 속지주의의 원칙상 도산법정지법인 독일 도산법상의 상계금지는 우리나라에 효력을 미치지 않는다고 보았다.

184) Fibria Celulose S/A v. Pan Ocean, [2014] EWHC 2124 (Ch). 이 판결에 관한 분석은 임치용(2016), 498-506쪽; 권영준(2018), 43-44쪽.

의 준거법인 미국 뉴욕주법이 적용되고 도산법정지국법인 한국의 채무자회생법이 적용되지 않는다고 하면서, 뉴욕주법상 위 도산해지조항은 유효하다고 판시하였다.[185] 이 뉴욕주 법원의 판결에 대하여는 미국 내에서도 타당하지 않다는 비판이 강하다.[186] 위 영국 법원의 판결이 내려질 때까지만 해도 영국에서는 도산해지조항의 효력을 부정하는 입법이나 법리가 없었다. 그러나 영국에서는 최근 기업도산제도 개선작업의 하나로서, 도산절차에서 영업활동의 안정성을 지원하여 회생가능성을 제고하기 위한 목적으로, 도산법(Insolvency Act 1986)을 개정하여 재화·용역의 공급계약에 규정된 도산해지조항의 효력을 원칙적으로 부정하는 법 조항들을 신설하였다.[187] 이러한 영국 도산법의 변화에 비추어 볼 때, 향후 영국 법원의 입장도 도산해지조항에 대하여 도산법정지법을 적용하는 방향으로 변경될 가능성이 상당히 있을 것으로 예상된다.

(3) 동일 사안에 관하여 적용법을 달리한 사례

영국과 미국의 법원에서 각각 진행된 소송 사건에서, 리먼브러더스(Lehman Brothers) 계열사가 주도한 합성CDO(Synthetic Collateralized Debt Obligation) 거래와 관련하여 보장매입자인 Lehman Brothers Special Financing Inc.("LBSF")와 보장매도자인 특별목적회사(SPC) 간에 체결된 신용스왑(CDS) 계약의 관련 계약[188]에 포함된 플립(flip) 조항[189]의 효력이 문제되었다. 합성CDO 거래의 사채권자들은 플립조항의 수혜자로서 영국의 법원에 담보권의 실행 및 사채권자에 대한 담보권실행 대금의 우선지급에 관한 명령을 내려줄 것을 구하였고, LBSF는 미국 연방파산법원에 플립조항은 소위 "ipso facto clause(도산조항; 넓은 의미의 도산해지조항)"에 해당되므로 미국 연방파산법상 무효라는 선언을 내려줄 것을 구하였다.[190]

---

185) SMP Ltd. v. SunEdison, Inc. (In re SunEdison, Inc.), 577 B.R. 120 (Bankr. S.D.N.Y. 2017). 이 판결에 대한 분석은 황인용(2018), 60-62쪽.

186) Walters(2018), pp. 173-175.

187) 상세한 내용은, Roberts · Green(2021).

188) 합성CDO 및 신용스왑(CDS) 거래에 관하여는 제9장 제3절 Ⅰ.과 제11장 제1절 Ⅱ. 및 Ⅲ.

189) 이 사건 합성CDO 거래에서는, 담보재산으로부터의 지급금은 (i) 신용스왑 계약의 보장매입자인 LBSF에게 우선적으로 지급하고 투자자(=사채권자)는 그보다 후순위로 지급받는 것으로 하되, (ii) 보장매입자에게 파산(bankruptcy) 등 채무불이행사유(event of default)가 발생한 때에는 보장매입자의 위 지급순위가 투자자의 지급 순위보다 후순위로 변경되도록 하는 내용의 계약조항을 두고 있었다. 담보재산으로부터의 지급금에 관한 지급순위를 이와 같이 역전시키는 계약조항을 "플립조항" 또는 "워터폴 플립(waterfall flip) 조항"이라고 한다. 이러한 플립조항을 두는 이유는, 합성CDO 거래에서 발행되는 신용연계채권(credit-linked notes)에 대한 신용평가는 신용스왑계약의 상대방의 채무불이행 시 투자자에 대한 우선 지급에 크게 의존하고 있고, 신용연계채권이 높은 신용평가를 받기 위해서는 기본적으로 신용연계채권의 투자자가 신용스왑계약의 상대방의 도산으로부터 절연될 것을 요하기 때문이다{Goode(2011), p. 12; 김성용(2011), 1046-1047쪽}.

190) 영국의 소송에서는 플립조항이 영국법상의 재산박탈금지원칙(anti-deprivation rule)에 위반되는지 여부가, 미국의 소송에서는 플립조항이 미국 연방파산법상 효력이 부정되는 ipso facto clause

미국 연방파산법원은 위 플립조항은 ipso facto clause에 해당되는 것으로서 미국 연방파산법 규정에 위반되어 무효라고 판단하였으나,[191] 영국 대법원은 그 계약의 준거법인 영국법을 적용하여 플립조항이 유효하다는 판결을 내렸다.[192] 실질적으로 동일한 사안에 관하여 미국 연방파산법원은 도산법정지법인 미국 연방파산법을, 영국 대법원은 계약의 준거법인 영국법을 적용함에 따라 판결의 결론도 서로 달라졌다.[193] 이는 도산법정지법의 적용, 나아가 국제도산실체법에 관하여 국제적으로 통일적인 기준이 수립될 필요가 있음을 보여주는 대표적인 사례로 논란을 불러일으켰다. 그 후 미국 연방파산법원은

에 해당되는지 여부가 쟁점이 되었다{이 사건의 경과에 관하여는 박준(2018), 31-34쪽; 김성용(2011), 1047-1051쪽; Goode(2011), pp. 2-3}. 재산박탈금지원칙은 대체로 채무자의 재산이 도산 또는 도산절차의 개시 전까지는 채무자의 것으로 남아 있다가 도산 또는 도산절차의 개시 시에 채무자의 재산(=도산재단)으로부터 박탈되게 하는 계약조항을 무효화하는 법리라고 할 수 있다{김성용(2011), 1055쪽; Goode(2011), pp. 3-4}. 한편, 미국 연방파산법은 채무자의 도산, 도산절차의 개시 등을 이유로 하여 (i) 계약을 해제·해지할 수 있도록 하는 계약조항뿐만 아니라 (ii) 계약(또는 계약상 권리의무)을 변경하는 내용의 계약조항(Section 365(e) (1))과 (iii) 채무자의 재산권을 박탈·변경·소멸시키는 권리를 발효시키는 내용의 계약조항(Section 541(c) (1))도 ipso facto clause(=도산조항)에 포함시켜 그 효력을 부정하고 있다{한민(2011), 64-65쪽}.

191) In re Lehman Bros. Holding Inc., 422 B.R. 407 (Bankr. S.D.N.Y. 2010). 다만, 이 미국 연방파산법원의 판결은 신용스왑계약의 상대방으로서 계약당사자였던 LBSF가 아니라 그 지주회사로서 신용보강제공자(Credit Support Provider)였던 Lehman Brothers Holdings Inc.에 대한 미국 연방파산절차의 개시를 이유로 한 플립조항의 적용도 미국 연방파산법 규정에서 무효로 하고 있는 ipso facto clause에 해당된다고 하였는데, 이러한 확대 적용은 미국 법원에서도 선례가 없는 것이었다{Goode (2011), p. 12}. 이 판결에 관한 분석으로는, 김성용(2011), 1052-1054쪽; 임지웅(2010), 33-36쪽; Mugasha(2011), pp. 571-574. 그 후 미국 뉴욕남부 연방지방법원은 이 판결이 중간판결이지만 전례가 없는 결정을 한 점을 들어 의견의 차이에 관한 상당한 근거가 있고 이 판결의 즉각적인 재검토가 소송의 최종적 종결을 진전시킬 것이라고 보아 LBSF의 소송상대방인 BNY의 항소를 허가하였으나{Lehman Brothers Special Financing Inc. v. BNY Corporate Trustee Services Limited (In re Lehman Brothers Holdings Inc.), 2010 WL10078354 (S.D.N.Y. Sept. 23, 2010)}, 수개월 후 화해로 종결되었다.

192) Belmont Park Investments Pty Ltd v. BNY Corporate Trustee Services Ltd., [2011] UKSC 38. 이 사건의 영국 항소심 법원은 (i) 플립조항에 의하여 권리의 우선순위만 변경되고 재산이 박탈되는 것은 아니고, (ii) 재산박탈금지원칙의 적용 여부가 문제된 재산(=담보재산)은 플립조항의 수혜자인 사채권자가 제공한 금전에 의하여 취득된 재산이었으며, (iii) 최초에 LBSF에게 부여되었던 우선순위는 조건부의 잠재적인 우선순위(conditional and contingent priority)에 불과하였다는 점 등을 이유로 플립조항은 영국법상의 재산박탈금지원칙에 위반되지 않고 유효하다고 보았다{Goode(2011), pp. 4-5}. 그러나 영국 대법원은, 항소심 법원의 판단과는 달리, 도산을 회피하기 위한 목적에서가 아니라 객관적으로 보아 성실하게(in good faith) 체결된 상업적 거래(특히 복잡한 거래)에 대하여는 재산박탈금지원칙은 적용되지 않는다는 이유로 이 사건 플립조항의 효력을 인정하였다{박준(2018), 32-33쪽; 김성용(2011), 1054-1056쪽; Good(2012), pp. 173-174}.

193) 당초 Perpetual Trustee Co. Ltd.("Perpetual")가 사채권자인 합성CDO 거래에 대하여 미국과 영국에서 소송이 병행하여 진행되었는데, 미국의 소송 사건에 대한 연방파산법원의 판결에 대하여 연방지방법원에 항소가 제기된 후에 당사자 간에 화해가 성립되었다. 반면에, 영국 법원의 소송 사건에서는 Perpetual 외에도 동일한 구조의 다른 합성CDO 거래에서의 사채권자들이 소송 당사자로 참가하여 소송이 계속되었고, 이들을 당사자로 하는 사건에 대하여 영국 대법원의 판결이 내려지게 된 것이다.

2016년 판결[194]에서 파생금융거래에 관한 안전항 조항이 적용되어 위와 같은 플립조항이 유효하다고 판시하였고, 미국 연방지방법원 판결[195]과 연방항소법원 판결[196]이 이를 유지하였다.[197] 이로써 영국과 미국의 법원이 이유는 다르지만 같은 결론에 이르게 되었다.[198]

2. 국외재산에 대한 담보권

우리나라에서 개시된 회생절차에서 외국에 소재하는 재산에 설정된 담보권이 어떻게 취급될 것인가의 문제가 있다.[199] 국외재산에 설정된 담보권의 효력에 관하여는 국제사법 법리에 따라 결정되는 담보권에 관한 준거법이 적용된다. 이하에서는 논의의 편의상 국외재산이 부동산인 것으로 전제한다. 우리나라에서 채무자에 대하여 채무자회생법에 따른 회생절차가 개시된 경우 국외재산 담보권도 회생담보권으로서 회생절차에 구속된다고 볼 수 있는가? 이론상의 논의는 접어두고, 해당 재산 소재지국 법원이 회생절차 및 회생계획의 효력을 승인하여 국외재산 담보권이 회생절차에 편입되도록 조치를 취해 주지 않는 이상 현실적으로 그 국외재산 담보권을 우리나라의 회생절차에 구속되게 할 방법은 없다.

---

194) In re Lehman Bros. Holdings Inc., 553 B.R. 476 (Bankr S.D.N.Y. 2016) 또는 Lehman Bros. Special. Fin. Inc. v. Bank of America, N.A., et al. (In re Lehman Bros. Holdings Inc.), No. 08-13555, AP No. 10-03547 (Bankr. S.D.N.Y. June 28, 2016) (SCC)

195) Lehman Brothers Special Financing Inc. v. Bank of America National Association, No. 17-cv-01224, 2018 WL 1322225 (S.D.N.Y. Mar. 14, 2018)

196) Lehman Brothers Special Financing Inc. v. Bank of America N.A., No. 18-1079 (2d Cir. 2020)

197) 미국 연방파산법원의 2016년 판결과 미국 연방지방법원의 판결에 대한 논의는 박준(2018), 34-36쪽.

198) 채무자회생법상 플립조항의 효력은 다음과 같은 이유로 인정되어야 할 것으로 보인다{상세한 논의는 박준(2018), 36-37쪽}.

첫째, 플립조항이 기본계약의 일부를 이루는 한 채무자회생법 제120조 제3항에 따라 그 조항의 작동에 따른 당사자 간 지급금액의 변경은 기본계약에서 당사자가 정한 바에 따라 효력이 발생한다.

둘째, 채무자회생법 제120조 제3항에 정한 특례에 의존하지 않더라도 플립조항의 효력이 인정되어야 한다. 우선 채무자회생법이 도산해지조항을 광범위하게 일반적으로 금지하고 있지 않다. 대법원 2007. 9. 6. 선고 2005다38263 판결이 제시한 기준에 비추어 볼 때에도 플립조항은 관리인의 선택권을 침해하는 것이 아니며 상업적 합리성과 상당성이 있다고 보아야 한다{유사한 견해로는 김성용(2011), 1056-1058쪽; 임지웅(2010), 40쪽}.

셋째, 채무자회생법상 부인권의 대상이 되지도 않는다. 합성CDO 거래구조를 만들어 플립조항이 포함된 신용스왑계약을 체결하고 합성CDO를 발행·판매하는 것은 스왑상대방의 영업활동의 하나이다. 스왑상대방이 정상적으로 행한 영업활동(고의로 자신의 순자산을 감소시킬 목적으로 자신에게 불리한 조건으로 한 것이 아닌 거래)을 자신이 도산했을 때 파산채권자·회생채권자를 해하는 것을 알면서 행한 것이라고 보기는 어려울 것이다.

199) 국내 도산절차가 파산절차인 경우에는 담보권자는 별제권이 인정되므로 국외 담보재산에 대한 담보권의 행사가 특별히 문제되지는 않는다.

국외재산 담보권을 회생절차에 편입시키기 위해서는 해당 재산의 소재지 국가에서 국내 회생절차에 대한 승인 및 지원 결정(담보권의 실행을 금지하는 명령 포함)을 받아야 한다. 그러나 소재지국이 국제도산모델법을 채택한 국가라고 하더라도 담보권의 실행을 금지하는 지원결정을 내려주지 않을 가능성이 있다. 도산법제에 따라서는 담보권의 실행에 관하여는 담보물의 소재지법 등 국제사법에 의하여 결정되는 담보권의 준거법에 의해야 하고 도산법정지법에 따르는 것은 적절치 않다고 보기 때문이다.[200] 설사 담보재산 소재지국 법원으로부터 국내 회생절차에 대한 승인·지원 결정을 받을 수 있다고 하더라도 그 후 회생절차가 종결되면 그러한 승인·지원 결정의 효력도 상실되므로 국외재산 담보권에 대하여 회생계획에 따른 권리변경·면책의 효력을 미치게 하기 위해서는 회생계획인가결정에 대하여 별도로 담보재산 소재지국 법원의 승인을 받아야 한다. 이와 같은 이유로 담보권자의 의사에 반하여 국외재산 담보권을 국내 회생절차에 편입하는 것은 현실적으로 매우 어려운 일이 될 것이다. 회생절차에 편입되지 않는 이상 국외재산으로 담보되는 채권은 우리 회생절차에서는 회생담보권이 아니라 회생채권으로 취급되어야 한다.[201] 만일 국외담보 소재지국의 도산법상 그 담보권이 도산절차에 구속되고 담보권의 실행이 중지·금지되어 도산절차에 의해서만 담보부채권이 변제될 수 있다면, 국외담보의 소재지국에서 별도로 도산절차를 신청하여 국내 회생절차와 국외담보 소재지국의 도산절차를 병행하면서 도산절차 간에 필요한 공조를 해 나가는 방법을 생각해 볼 수 있다.

3. 외국에서의 변제와 국내도산절차에서의 배당조정

채무자회생법 제642조 및 채무자 회생 및 파산에 관한 규칙 제107조에 따른 '배당조정 준칙(hotchpot rule)'에 의하면, 국내 회생절차의 개시결정 또는 파산선고가 있은 후 외국도산절차 또는 채무자의 국외재산으로부터 변제를 받은 때에는 국내도산절차에서 그와 같은 조 및 순위에 속하는 다른 채권자가 동일한 비율의 변제를 받을 때까지 국내도산절차에서 배당 또는 변제를 받지 못한다. 위 배당조정 준칙은 UNCITRAL의 국제도산모델법 제32조에 기초한 것이다.[202] 국제도산모델법 제32조는 국제 병행도산에 있어서 동 순위

---

200) UNCITRAL Legislative Guide, Part two. I, para. 88(담보재산의 소재지법이 아니라 외국의 도산법정지법을 적용할 경우에는, 담보부 대출의 법적 구조에 영향을 주어 법적 불확실성로 인한 금융비용의 증가를 초래할 수 있고, 외국도산법의 개입으로 인하여 담보가액이 하락하는 부작용이 생길 수 있음을 지적하고 있다). 회생절차가 국외재산 담보권에 미치는 효력에 관한 상세한 해석론은 석광현(2012), 609-611쪽.

201) 같은 취지: 석광현(2012), 610-611쪽; 온주 채무자회생법(2015), 제642조 주석(임치용 집필).

202) 채무자회생법 제642조는 국제도산모델법 제32조의 내용을 다소 변경하여 수용하였다. 채무자회생

채권자들 간의 공평한 배당을 달성하기 위하여 보통법(common law)에서 인정되어 있는 이른바 'hotchpot rule'을 규정한 것이다.[203)]

채무자회생법 제642조는 국내도산절차의 개시 전에 외국도산절차 또는 국외재산으로부터 받은 변제에 대하여는 적용되지 않는다. 국내도산절차의 개시 전에 이루어진 변제에 관하여는 개개의 사안별로 부인권의 대상이 되는지의 문제가 있을 뿐이다. 배당조정의 대상이 되는 변제는 국내 회생절차나 파산절차에 구속되는 회생채권, 회생담보권 또는 파산채권에 관하여 받은 변제에 한정된다고 본다. 공익채권·재단채권과 별제권부 채권은 배당조정의 대상이 되지 않는다.[204)] 또한, 채무자의 임의변제뿐만 아니라 채권자에 의한 강제집행에 의한 변제도 배당조정의 대상이 된다.[205)]

국외재산에 대한 담보권은 국내 도산절차에 편입되지 않는 이상 국내도산절차의 효력이 미치지 아니하는 것이므로 그에 의해 담보되는 채권은 기본적으로 국내도산절차에서는 무담보채권으로 취급되어야 할 것이다. 이와 같이 국외재산 담보권으로 담보되는 채권이 무담보채권(회생채권 또는 파산채권)으로 인정될 경우, 채권자가 국외재산에 대한 담보권을 실행하여 변제받은 금액이 채무자회생법 제642조에 따른 배당조정의 대상이 되는지의 문제가 있다. 국외재산 담보권으로 담보되는 채권이 위 조항의 적용 대상이 되는지와 그 구체적인 적용방법에 관하여는 견해가 일치하지 않는다.[206)]

4. 회생계획인가결정의 국제적 승인[207)]

도산절차는 실질적으로 채무자의 모든 재산 및 이해관계인이 다루어지는 집단적 절차이다. 회생절차에서 회생계획인가결정에 의하여 회생절차에 복속되는 모든 채권에 대하여 부과되는 권리변경과 면책(이하, 일괄하여 "채무감면"이라고 함)은 도산절차의 핵심적인 효과 중의 하나이고, 회생계획인가결정은 그 자체로서 도산절차의 중요한 일부를 구성한다.[208)] 따라서 회생계획인가결정에 의한 채무감면의 효력에 관하여는 도산법정지법을

법 제642조는 국제도산모델법 제32조와는 달리, 담보부채권을 적용 대상에서 명시적으로 제외하지 않고 있고 외국도산절차에서의 변제뿐만 아니라고 넓게 '국외재산으로부터의 변제'를 배당조정의 대상으로 하고 있다.

203) 석광현(2012), 565쪽.

204) 한민(2009), 434쪽.

205) 석광현(2012), 565쪽; 온주 채무자회생법(2015), 제642조 주석(임치용 집필).

206) 이에 관한 상세한 내용은 한민(2009), 435-447쪽; 온주 채무자회생법(2015), 제642조 주석(임치용 집필).

207) 이 부분은 한민(2017), 100-109쪽을 주로 참고하였다.

208) 개인채무자에 대한 파산절차의 경우, 나라마다 면책의 요건, 시기, 범위 등에 차이가 있으나 대

적용하는 것이 바람직하다.[209] 그런데 도산절차에서 법원이 내린 회생계획인가결정의 효력이 채무자의 중요한 영업과 재산이 소재하고 있는 다른 국가에서 승인되지 않는다면 채무자로서는 그 국가에서 따로 도산절차를 신청할 수밖에 없다. 속지주의를 채택하고 있는 국가에서는 다른 나라에서 개시된 도산절차의 효력을 인정받기가 곤란하므로 필요한 경우 그 국가 내에서 도산절차를 따로 신청하여야 한다. 그런데, 국제도산에 관한 수정된 보편주의(modified universalism)를 채택하여 외국도산절차나 그와 관련된 재판의 효력을 승인하고 있는 국가의 경우에도 아래에서 보는 바와 같이 외국 회생계획인가결정에 대한 승인의 방법·절차에는 차이가 있다.

(1) 외국 회생계획인가결정에 대한 국내에서의 승인

(구)회사정리법이나 (구)파산법의 속지주의 하에서는 우리나라 법원이 외국 회생계획인가결정을 승인하는 것은 가능하지 않았지만, 속지주의를 폐지한 채무자회생법 하에서는 외국 회생계획인가결정이 승인될 수 있다. 그런데, 회생계획인가결정의 승인은 이를 민사소송법 제217조에 따른 외국재판의 승인에 의하여야 하는지, 아니면 채무자회생법 국제도산편의 규정에 따른 외국도산절차에 대한 승인·지원에 의하여야 하는지의 문제가 있다. 이 점에 관하여 대법원은 외국 회생계획인가결정의 승인 여부를 둘러싼 분쟁은 그 대상이 된 채권에 기하여 제기된 이행소송이나 강제집행절차 혹은 파산절차 등에서 당해 채무자와 채권자 상호간의 공격방어를 통하여 개별적으로 해결함이 타당하므로, 미국 연방파산법 제11장(Chapter 11) 절차에서의 회생계획인가결정에 대한 승인은 채무자회생법상 외국도산절차의 승인·지원에 의할 것은 아니고 민사소송법 제217조에 따른 외국재판의 승인에 의해야 한다고 보았다.[210] 따라서 외국 회생계획인가결정에 대하여 우리나라에서 승인을 받고자 하는 경우, 외국 회생계획인가결정이 민사소송법 제217조에 따른 외국재판의 승인 요건을 갖추었는지가 관건이 된다.[211]

(2) 국내 회생계획인가결정에 대한 외국에서의 승인

가. 외국재판의 승인 경로에 의하는 경우

영국의 경우, 도산법정지국의 도산절차에서 내려진 회생계획인가결정 등 실체적 권

체로 채무자가 법원의 면책결정을 받으면 대부분의 파산채권에 관하여 면책된다. 회생계획인가결정의 승인에 관한 이하의 논의는 개인 파산절차에서의 면책결정에 대하여도 마찬가지로 적용된다.

209) UNCITRAL Legislative Guide, Part two, Ⅰ, Recommendation 31(s).

210) 대법원 2010. 3. 25. 자 2009마1600 결정.

211) 이에 관한 상세한 내용은, 한민(2017), 105-109쪽.

리의무에 관한 도산 관련 재판은 도산법정지국 법원이 해당 채권자에 대하여 인적 관할(personal jurisdiction)이 있었을 것(그 채권자가 채권신고 등에 의해 도산법정지국의 도산절차에 참가하여 도산법정지국 법원의 관할에 복속한 것으로 인정되는 경우를 포함) 등 외국재판의 승인 요건을 충족하는 때에 영국의 보통법원칙 등에 따른 외국재판의 승인 경로를 거쳐 영국 내에서 효력이 인정될 수 있다.[212] 따라서 우리나라의 회생절차에서 회생계획인가결정에 의하여 외국 채권자에 대한 채무가 감면되더라도 그 외국 채권자에 대하여 우리나라의 법원이 인적 관할을 갖지 못한 경우에는 그 회생계획인가결정은 영국 내에서는 그 외국 채권자에 대하여 효력이 인정되기 어렵다. 보다 근원적으로는, 영국 법원(the Queen's Bench Division of the High Court: 현재의 English Court of Appeal)의 1890년 판결[213]이 설시한 채무의 면책(discharge)에 적용되는 준거법에 관한 깁스 원칙(Gibbs Principle)에 의하면, 채무의 면책은 그 채무의 준거법에 의해서만 가능하므로 외국의 도산절차에서 면책이 이루어지더라도 해당 채무의 준거법(예: 영국법)에 의해 면책의 효력이 인정되지 아니하면 그 면책은 영국에서는 효력이 인정되지 아니한다. 따라서 영국법을 준거법으로 하는 채무의 면책을 위해서는 영국에서 별도의 도산절차 개시가 필요하게 된다. 이러한 깁스 원칙은 최근까지도 유지되고 있는 것으로 보인다.[214] 깁스 원칙은 도산 관련 외국재판

---

212) [2012] UKSC 46 (on appeal from [2010] EWCA Civ 895 and [2011] Civ 971). 이 사건은 Rubin 사건(Rubin and another v Eurofinance SA and others [2010] EWCA Civ 895)(=미국의 Chapter 11 절차와 관련한 미연방파산법원 판결의 승인·집행에 관한 사건)과 New Cap 사건(New Cap Reinsurance Corporation (in liquidation) and another v A E Grant and others [2011] EWCA Civ 971)(=호주의 파산절차와 관련한 호주법원 판결의 승인·집행에 관한 사건)이 병합된 상고심 사건이다. 영국 대법원은 미국의 Chapter 11 절차와 호주의 파산절차(liquidation)와 관련한 부인(avoidance) 소송에서 미국 법원과 호주 법원이 각각 내린 판결에 대한 영국 내에서의 승인·집행은 UNCITRAL 국제도산모델법을 채택한 영국의 국내법인 「2006년 국제도산규정(Cross-border Insolvency Regulation of 2006)」에 의한 승인·지원에 의할 것이 아니라 외국재판의 승인·집행 경로에 의하여야 한다고 하면서, 위 판결을 내린 외국 법원이 영국의 피고들에 대하여 인적 관할이 있었던 경우(피고가 채권신고에 의해 외국도산절차에 참가한 경우를 포함) 등 외국재판의 승인 요건을 충족한 때에 그 외국 법원의 판결은 영국 내에서 승인·집행될 수 있다고 보았다. 위 영국 대법원의 판결(국제적으로 "Rubin 판결"이라고 부른다)은 부인 소송에 관한 외국재판에 관한 것인데 외국 회생계획인가결정에 대하여도 마찬가지로 적용된다고 볼 것이다 {Stewart(2014)}. Rubin 판결에 관한 상세한 분석은, 김영석(2024), 208-215쪽, 221-228쪽.

213) Antony Gibbs & Sons v La Societe lndustrielle et Commerciale des Métaux [1890] LR 25 QBD 399 (Eng.).

214) 상세한 내용은 Sachdev(2019), pp. 343-374; 김영석(2024), 163-177쪽. 깁스 원칙을 유지한 최근의 판결로는, Gunel Bakhshiyeva (In Her Capacity as the Foreign Representative of the OJSC International Bank of Azerbaijan) v Sberbank of Russia and others [2018] EWCA Civ 2802 (appeal from [2018] EWHC 59 (Ch)). 이 사건에서 아제르바이젠 도산절차의 대표자는 아제르바이젠 법원의 면책재판(회생계획인가결정) 자체에 대하여 영국 법원에 승인을 구하는 대신, 아제르바이젠 도산절차에 참가하지 아니한 채권자들(영국법이 준거법인 채권을 가진 채권자들이 포함되어 있었음)을 상대로 UNCITRAL 국제도산법(정확히는 이를 수용한 영국의 국내법인 Cross-Border Insolvency Regulation)에 따른 지원처분으로서 영국 법원에 영구적 금지명령(permanent

의 승인·집행에 대한 UNCITRAL 국제도산모델법의 적용을 제한적으로 해석한 Rubin 판결(각주 212)과 함께, 속지주의를 폐지하고 수정된 보편주의를 널리 수용하고 있는 최근의 국제도산 규범의 흐름에 역행하는 법리로서 국제적으로 많은 비판을 받고 있고, 앞서 살펴본 「도산 관련 재판의 승인 및 집행에 관한 UNCITRAL 모델법」이 제정되는 계기가 되었다.[215] 앞으로 영국이 이 모델법의 국내법 수용 등에 의해 깁스 원칙과 Rubin 판결의 법리를 수정할 것인지가 국제적으로 주목되고 있다.[216] 깁스 원칙과 Rubin 판결이 계속 유지될 경우 영국 내에 중요한 재산을 보유하거나 보유하게 될 채무자는 특히 영국법이 준거법인 채무에 대하여 영국에서 채무감면의 효과를 얻기 위해서는 영국에서 별도로 도산절차를 신청해야 하는 부담을 갖게 된다.

일본의 경우 학설상 다수설은 외국도산절차에서 변제계획에 의한 채무감면의 효과가 외국법원의 재판에 의하여 생기는 이상 그 재판이 일본법상 승인 가능한지의 문제로 되고, 이에 대하여는 외국판결의 승인에 관한 일본 민사소송법의 규정을 유추적용해야 한다고 본다.[217] 일본에서는 2007년 아자부건물(주){麻布建物(株)}의 도산 사건[218]에서, 미국 연방파산법 제11장(Chapter 11) 절차를 신청하여 동 절차에서 회생계획이 인가된 후에, 미국의 회생계획을 일본에서도 실행할 목적으로 일본 법원에 별도로 회사갱생절차를 신청하여 미국 회생계획의 내용을 반영한 갱생계획에 대하여 일본 법원에서 인가를 받은 예가 있다.[219] 이와 같이 도산절차의 병행을 선택한 이유는, 일본에서는 외국 회생계획인가결정의 승인에 관하여 위와 같은 학설이 있기는 하나 확정적인 선례가 없기 때문이었다. 특히 외국판결의 승인 경로에 의한다고 하더라도 일본 민사소송법의 규정이 유추적용 또는 적용되는 과정에서 승인요건 중의 하나인 '송달'의 적법성이 문제될 경우, 미국 연방파산절차에서의 송달이 일본법에 부합되지 않는 것으로 되어 미국 법원의 회생계획인가결정이 일본 내에서 승인되지 못할 가능성을 배제할 수 없다는 우려가 있었다.[220]

injunction)을 신청하였다. 영국의 1심 법원은 이러한 신청은 실질적으로 영국법이 준거법인 채권에 대하여 내려진 외국 법원의 면책재판의 승인을 구하는 것이므로 위 깁스 원칙에 따라 허용되지 않는다고 판시하였다. 항소심법원은 1심 법원의 판단을 유지하였고, 아울러 위 Rubin 판결(위 각주 212)의 법리에 의하면 실체적 권리를 변경하는 외국법원의 면책재판은 Cross-Border Insolvency Regulation에 따른 지원처분의 대상이 되지 않는다고 보았다. 1심 및 항소심 법원은 채무자(International Bank of Azerbaijan)가 영국에서 도산절차를 따로 신청했어야 한다고 언급하였다.

215) Sachdev(2019), pp. 366-373.

216) 영연방국가였던 호주와 싱가포르는 이미 깁스 원칙을 폐기하였다{Sachdev(2019), pp. 370-371}.

217) 山本和彦(2014), 349쪽; 坂井秀行(2013), 77-78쪽.

218) UNCITRAL CLOUT Case 1478: MLCBI 17; 21, Azabu Building Company Ltd 2006 (shou) No.1, 2007 (mi) No. 5 (Japan), available at <https://www.uncitral.org/clout/clout/data/jpn/clout_case_1478.html>.

219) 片山 英二 외(2010), 70쪽.

나. 외국도산절차에 대한 지원에 의하는 경우

국제도산모델법을 수용한 미국 연방파산법 제15장(Chapter 15)은 외국도산절차에 대한 승인·지원의 대상을 넓게 규정함으로써 회생계획인가결정 등 도산실체법에 관한 외국법원의 재판도 승인·지원의 대상에 포함시키고 있다. 미국에서는 연방파산법 제15장의 규정에 따라 외국도산절차에 대하여 승인결정이 내려지면, 동법 제1521조(사안에 따라서는 추가적으로 제1507조)의 요건을 충족하는 경우, 외국 회생계획인가결정의 효력을 지원하기 위한 지원결정으로서 감면된 채권의 권리행사를 영구히 금지하는 명령(permanent injunction)을 내려주고 있다. 예컨대, 우리나라의 해운회사인 삼선로직스는 미국 연방파산법 제15장 절차에 따라 우리나라의 회생절차에 대한 지원으로서 우리 법원의 회생계획인가결정에 의해 감면된 채권의 행사를 미국 내에서 영구적으로 금지하는 명령을 받은 바 있다.[221] 다만, 회생계획인가결정에 대한 미연방파산법 제15장에 따른 지원결정(감면된 채권의 행사에 대한 영구금지명령 등)은 우리나라 회생절차의 종결 전에 받아야 한다. 우리나라 회생절차의 종결 후에는 제15장에 따른 지원을 새로 받을 수 없다.[222]

(3) 회생계획인가결정 승인의 중요성과 국제 공조

국제 해상운송업을 영위하는 해운회사와 같이 해외에 영업 및 재산을 갖는 채무자가 국내에서 회생절차를 신청하는 경우, 신속히 해당 외국에서 국내 회생절차의 효력을 인정받아 채권자에 의한 권리행사를 중지·금지시키는 것이 중요하다. 그러나 이러한 권리행사의 중지·금지는 기본적으로 국내 회생절차가 진행 중인 것을 전제로 하므로 회생계획의 인가시 또는 회생절차의 종결시까지만 그 효력이 유지될 수 있다는 점에 유의하여야 한다. 회생계획에 따른 채무감면의 효력을 외국에서 인정받기 위해서는 위에서 본 바와 같이 회생계획인가결정의 효력을 승인받기 위한 별도의 절차가 필요하다. 회생계획인가결정의 효력을 외국에서 승인받는 것이 어려울 경우에는, 국내에서의 회생절차개시 신청과 함께 중요한 영업 또는 재산이 소재하는 외국에서도 별도로 도산절차개시 신청을 하여, 병행하는 국내외 도산절차 간의 국제 공조를 도모하는 방법을 고려하여야 한다.

---

220) 片山 英二 외(2010), 71쪽.

221) In re Samsun Logix Corporation, No. 09-B-11109 (SMB). 이 사건에서 미국 연방파산법원으로부터 영구중지명령을 받은 경위에 관한 간략한 소개는, 김철만(2011), 262쪽.

222) In re Daewoo Logistics Corporation (Bankr. S.D.N.Y. 2011).

참고문헌

권영준(2018) 권영준, "도산해지조항의 효력", 비교사법 제25권 2호(한국비교사법학회, 2018. 5.)

김도경(2005) 김도경, "프로젝트 파이낸스의 자금조달문제 중 후순위대출과 담보확보에 관한 몇 가지 법적 문제점," 상사법연구 제24권 제2호(한국상사법학회, 2005)

김선경·김시내(2017) 김선경·김시내, "우리나라 해운회사의 회생절차에 대한 외국 법원의 승인", BFL 제81호(서울대학교 금융법센터, 2017. 1.)

김성용(2011) 김성용, "합성CDO 거래에서의 Flip Clause의 도산절차상 효력", 성균관법학 제23권 제3호(성균관대학교 법학연구소, 2011)

김연미(2015) 김연미, "매출채권을 이용한 기업의 자금조달", 상사법연구 제34권 제3호(한국상사법학회, 2015)

김영석(2024) 김영석, 국제도산에서 도산절차와 도산관련재판의 승인 및 집행에 관한 연구(경인문화사, 2024)

김영주(2015a) 김영주, "미이행쌍무계약에 대한 민법과 채무자회생법의 규율 — 해석론 및 입법론에 대한 비판적 검토를 중심으로 —", 민사법학 제70호(한국민사법학회, 2015. 3.)

김영주(2015b) 김영주, "도산절차상 양도담보계약상 당사자의 법적 지위", 사법 33호(사법발전재단, 2015. 9.)

김용담(2011) 김용담 편, 주석민법(제4판)[물권(4)](한국사법행정학회, 2011)

김용담(2016) 김용담 편, 주석민법(제4판)[채권각칙(3)](한국사법행정학회, 2016)

김인현(2017) 김인현, "한진해운 회생절차에서의 해상법 및 도산법적 쟁점, 상사법연구 제36권 제2호(한국상사법학회, 2017)

김정만(2012) 김정만, "도산절차상 현존액주의 — 일부보증 및 물상보증을 중심으로 —", 한국도산법학회 편, 회생과 파산(Vol. 1)(사법발전재단, 2012)

김재형(2011) 김재형, "선진 도산법제 구축을 위한 편제 및 용어 정비 방안연구"(법무부 연구용역 과제보고서)(2011)

김재형(2015) 김재형, 민법판례분석(박영사, 2015)

김창준(2017) 김창준, "한진해운의 도산법적 쟁점 — 공익채권, 회생담보권, BBCHP, 책임제한절차를 중심으로 —", 한국해법학회지 제39권 제1호(한국해법학회, 2017. 5.)

김철만(2011) 김철만, "한국회생절차의 외국에서의 승인", 도산법연구 제2권 제1호(도산법연구회, 2011)

민정석(2012) 민정석, "질권 실행행위가 회생절차상 부인권 행사의 대상이 될 수 있는지 여부 — 대상판결: 대법원 2011. 11. 24. 선고 2009다76362 판결 —", BFL 제54호(서울대학교 금융법센터, 2012. 7.)

박준(2018) 박준, "리먼브러더스의 도산절차에서 제기된 파생금융거래 관련 법적 쟁점", BFL 제92호(서울대학교 금융법센터, 2018. 11.)

박진수(2014) 박진수, "회생절차개시결정과 집합채권양도담보의 효력이 미치는 범위", 민사판례연구회 편, 민사판례연구[XXXVI](박영사, 2014)

서울회생법원 재판실무연구회(2019) 서울회생법원 재판실무연구회, 법인파산실무(제5판)(박영사, 2019)

서울회생법원 재판실무연구회(2023a) 서울회생법원 재판실무연구회, 회생사건실무(상)(제6판)(박영사, 2023)

서울회생법원 재판실무연구회(2023b) 서울회생법원 재판실무연구회, 회생사건실무(하)(제6판)(박영사, 2023)

석광현(2004) 석광현, "국제적인 신디케이티드 론 거래와 어느 대주은행의 파산 — 대법원 2001. 12. 24. 선고 2001다30469 판결에 대한 평석", 국제사법과 국제소송(제3권)(박영사, 2004)

석광현(2006) 석광현, "채무자회생 및 파산에 관한 법률(이른바 통합도산법)에 따른 국제도산법", 국제거래법연구 제15집 제2호(국제거래법학회, 2006)

석광현(2012) 석광현, 국제사법과 국제소송 제5권(박영사, 2012)

석광현(2019) 석광현, "외국도산절차의 승인에 관한 모델법과 EU규정의 비교: 한진해운 사건을 계기로", 국제거래법연구 제28집 제2호(국제거래법학회, 2019. 12.)

석광현·한민(2020) 석광현·한민, "2018·2019 도산 관련 UNCITRAL 모델법 입법 방안 연구"(법무부 연구보고서, 2020. 12.)

양창수(2003) 양창수, "장래채권의 양도", 민법연구(제7권)(박영사, 2003)

양형우(2015) 양형우, "회생절차에서 소유권유보와 매도인의 지위 — 대상판결: 대법원 2014. 4. 10. 선고 2013다61190 판결 —" 인권과 정의 제447호(대한변호사협회, 2015. 2.)

오수근(2008) 오수근, 도산법의 이해(이화여자대학교, 2008)

오수근·정문경(2009) 오수근·정문경, "도산절차에서 우선순위 — 우선순위의 의미에 대한 새로운 해석—", 이화여자대학교 법학논집 제13권 제2호(이화여자대학교 법학연구소, 2009. 3.)

오수근·한민·김성용·정영진(2012) 오수근·한민·김성용·정영진, 도산법(한국사법행정학회, 2012)

오영준(2006) 오영준, "집합채권양도담보와 도산절차의 개시", 사법논집 제43집(법원도서관, 2006)

온주 채무자회생법(2015) 온주 채무자 회생 및 파산에 관한 법률(로앤비, 2015. 7. 16.)

이계정(2017) 이계정, 신탁의 기본 법리에 관한 연구 — 본질과 독립재산성(경인문화사, 2017)

이상주(2013) 이상주, "집합채권양도담보에서의 담보권실행의 효력과 회생절차가 개시된 후 발생하는 채권에 대해서도 담보권의 효력이 미치는지 여부", 대법원판례해설 제95호(법원도서관, 2013)

이연갑(2006) 이연갑, "리스계약과 도산절차", 민사판례연구회 편, 민사판례연구[XXVIII](박영사, 2006)

이연갑(2014) 이연갑, "장래채권 양도담보와 회생담보권의 효력이 미치는 범위 — 대법원 2013. 3. 28. 선고 2010다63836 판결 —", 법조 통권 제695호(법조협회, 2014. 8.)

이진만(2006) 이진만, "통합도산법상의 부인권 — 부인의 대상을 중심으로 —", 민사판례연구[XXVII](박영사, 2006)

이철원(2006) 이철원, "집합채권의 양도담보와 회사정리법상의 부인권행사의 가부", 민사판례연구[XXVIII](박영사, 2006)

임지웅(2010) 임지웅, "도산해지조항의 효력 및 범위 — Flip-In 조항의 효력에 관한 영국과 미국의 판례분석을 중심으로 —", 도산법연구 제1권 제2호(도산법연구회, 2010)

임채홍·백창훈(2002) 임채홍·백창훈(2002), 회사정리법(상)(제2판)(한국사법행정학회, 2002)

임치용(2007) 임치용, "자산유동화와 파산", 사법 창간호(사법연구지원재단, 2007. 9.)

임치용(2016) 임치용, "해운회사의 회생절차 개시와 국제사법의 주요 쟁점 — 회생담보권의 범위, 상계 및 쌍방미이행쌍무계약의 준거법, 국제중재절차, 외국관리인의 지위를 중심으로 —", 국제사법연구 제22권 제2호(한국국제사법학회, 2016. 12.)

자산유동화실무연구회(2000) 자산유동화실무연구회, 금융혁명 ABS(한국경제신문사, 2000)

정석종(2011) 정석종, "회생절차에서의 선박금융에 대한 취급 — BBCHP를 중심으로 —", 도산법연구 제2권 제2호(도산법연구회, 2011)

정소민(2015) 정소민, "도산법상 소유권유보부매매의 매도인의 지위", 민사판례연구[XXXVII](박영사, 2015)

정소민(2016) 정소민, "도산법상 채권담보권자의 지위에 관한 연구 — 회생절차에서 담보목적물의 범위 확정을 중심으로 —", 법학논총 제33집 제1호(한양대학교 법학연구소, 2016)

조용연·최진숙(2009) 조용연·최진숙, "자산유동화거래와 진정한 매매(True Sale) — 회사정리법과 관련된 사안을 중심으로 —", 박준·정순섭 편저, 자산유동화의 현상과 과제(제1권)(소화, 2009)

지원림(2016) 지원림, 민법강의(제14판)(홍문사, 2016)

진상범(2008) 진상범, "기업개선작업(workout)에서의 출자전환과 채무의 소멸범위 — 대법원 2004. 12. 23. 선고 2004다46601 판결", BFL 제32호(서울대학교 금융법센터, 2008. 11.)

최준규(2015) 최준규, "장래채권 양도담보의 도산절차상 효력", 사법 제32호(사법발전재단, 2015)

최준규(2018) 최준규, "정지조건부 채권양도의 사해성 판단기준", 민사법학 제84호(한국민사법학회, 2018. 8.)

한민(2009) 한민, "국제금융과 국제도산법에 관한 소고", 석광현·정순섭 편저, 국제금융법의 현상과 과제(제1권)(소화, 2009)

한민(2011) 한민, "미이행쌍무계약에 관한 우리 도산법제의 개선방안", 선진상사법률연구 통권 제53호(법무부, 2011. 1.)

한민(2014) 한민, "시스템적으로 중요한 금융기관(SIFI)에 대한 국제적 정리체계 — FSB의 개선권고를 중심으로 —", 이화여자대학교 법학논집 제19권 제1호(이화여자대학교 법학연구소, 2014. 9.)

한민(2017) 한민, "도산관련 외국재판의 승인과 집행", BFL 제81호(서울대학교 금융법센터, 2017. 1.)

한민(2018) 한민, "자산금융과 최근의 도산법 쟁점", BFL 제90호(서울대학교 금융법센터, 2018. 7.)

황인용(2018) 황인용, "도산해지조항의 실무", 도산과 금융거래의 법적 쟁점(한국금융법학회·고려대학교 법학연구원 2018 하계특별세미나 발표문, 2018. 8. 17.)

Brook(2014) James Brook, Secured Transactions; Examples and Explanations (6th ed.) (Wolters Kluwer, 2014)

Goode(2011) Roy Goode, "Perpetual trustee and flip clauses in swap transactions", Law Quarterly Review 2011, 127(Jan), 1-13

Goode(2012) Roy Goode, "Flip clauses: the end of the affair?", Law Quarterly Review 2012, 128(Apr), 171-178

Han(2015) Min Han, "Recognition of Insolvency Effects of a Foreign Insolvency Proceeding: Focusing on the Effect of Discharge", Trade Development Through Harmonization of Commercial Law, Comparative Law Journal of The Pacific, Volume Hors-serie XIX (2015)

Harris(2015) Steven L. Harris, United States of America, in Marcel Willems (ed.), Retention of Title in and out of Insolvency (Global Law and Business, 2015)

Mugasha(2011) Agasha Mugasha, "Global Financial Transactions and Jurisdictional Fragmentation: Inconsistent Decisions by Leading Tras-Atlantic Courts", 29 Penn St. Int'l L. Rev. 553 (2011)

Resnick·Sommer(2009) Allan N. Resnick·Henry J. Sommer (eds.), Collier on Bankruptcy (15th ed.) (Matthew Bender & Company, Inc., 2009)

Ripple(2002) Gregory P. Ripple, "Special Protection in the Air[ine Industry]: The Historical Development of Section 1110 of the Bankruptcy Code", 78 Notre Dame L. Rev. 281 (2002)

Sachdev(2019) Varoon Sachdev, "Choice of Law in Insolvency Proceedings: How English Courts' Continued Reliance on the Gibbs Principle Threatens Universalism", American Bankruptcy Law Journal (Spring, 2019).

Schroth(2010) Peter W. Schroth, "Financial Leasing of Equipment in the Law of the United States", 58 American Journal of Comparative Law 323 (2010)

Stewart(2014) Gordon Stewart, et al, "International Cooperation in Cross-Border Cases: Is Modified Universalism a Busted Flush?", American Bankruptcy Institute International Insolvency & Restructuring Symposium (Oct. 30-31, 2014), 103014 ABI-CLE 69

UNCITRAL Legislative Guide(2004) UNCITRAL Legislative Guide on Insolvency Law (2004).

Roberts·Green(2021) Christopher Roberts and Jared Green, "UK Corporate Insolvency and Governance Act: Termination Clauses in Supply Contracts" (DLA Piper, last updated 29 March 2021)

Walters(2018) Adrian Walters, "Cross-border insolvency: the Southern District of New York's

Pan Oean moment", Comp. Law. 39(6) (2018)

Westbrook(1996) Westbrook, "The Lessons of Maxwell Communication", 64 Fordham L. Rev. 2531 (1996)

White · Summers(2010) James J. White and Robert S. Summers, Uniform Commercial Code (6th ed.) (West, 2010)

倒産と擔保·保證實務研究會(2014) 倒産と擔保·保證實務研究會 編, 倒産と擔保·保證 (商事法務, 2014)

東京地裁會社更生實務研究會(2014) 東京地裁會社更生實務研究會 編, 會社更生の實務(新版)(上) (金融 財政事情研究會, 2014)

法務省民事局(2011) 法務省民事局參事官室, 民法(債權關係)の改正に關する中間的論點整理の補足說明 (平成 23年 5月), <http://www.moj.go.jp/content/000074425.pdf>

山本克己(2002) 山本克己, "債權劣後化の約定と 倒産處理手續─立法論的檢討," ジュリスト 第1217号 (有斐閣, 2002. 2. 15.)

山本和彦(2014) 山本和彦, 倒産法制の現代的課題 (有斐閣, 2014)

山本和彦(2015) 山本和彦, "倒産手續におくる法律行爲の效果の變容", 民事手續の現代的使命(伊藤 眞 先生古稀祝賀論文集) (有斐閣, 2015)

西村總合法律事務所(2003) 西村總合法律事務所 編, ファイナンス法大全(下) (商事法務, 2003)

笹山幸嗣·村岡香奈子(2008) 笹山幸嗣·村岡香奈子, M&Aファイナンス 第2版 (金融財政事情研究會, 2008)

小林信明(2012) 小林信明, "倒産法における將來債權讓渡に關する規定の創設, 東京辯護士會倒産法部 編, 倒産法改正展望 (商事法務, 2012)

永石一郎(2007) 永石一郎 編, 倒産處理實務ハンドブック (中央經濟社, 2007)

伊藤眞(2002) 伊藤眞, "證券化と倒産法理(上)(下)", 金融法務事情 1657号, 1658号 (金融財政事情研究會, 2002)

長島·大野·常松法律事務所(2016) 長島·大野·常松法律事務所 編, ニューホライズン事業再生と金融 (商事法務, 2016)

全國倒産處理辯護士ネットワク(2011) 全國倒産處理辯護士ネットワク 編, 新注釋民事再生法(第2版)(上) (金融財政事情研究會, 2011)

種ケ 江洋祐·倉持 大(2011) 種ケ 江洋祐·倉持 大, "更生手續における更生擔保權をめぐる諸問題(ABL融資および更生擔保權者委員會の實務對應), NBL No.956 (商事法務, 2011. 7. 1.)

坂井秀行(2013) 坂井秀行, "國際倒産(2)", ジュリスト 1451号 (有斐閣, 2013)

片山 英二 외(2010) 片山 英二, 佐々木 英人, 藤松 文 외, "日米にまたがる麻布建物(株)にみる－承認援助手続と国際並行倒産", 事業再生と債権管理 No. 127 (金融財政事情研究會, 2010)

和田勝行(2014) 和田勝行, 將來債權讓渡擔保と倒産手續 (有斐閣, 2014)

後藤出(2010) 後藤出, "將來債權讓渡の'主體をまたがる效力'について", NBL No.942 (商事法務, 2010)

제16장

핀테크와 금융거래

제1절 총 설

I. 핀테크와 금융혁신

1. 핀테크의 개념

핀테크(FinTech)는 금융(finance/financial)과 기술(technology)을 결합한 단어로서 "금융서비스 분야에서 기술이 가능하게 한 혁신으로서 금융서비스 제공에 중대한 영향을 미치는 새로운 비즈니스 모델, 응용, 프로세스 또는 상품을 이끌어낼 수 있는 혁신"을 의미한다고 할 수 있다.[1)]

핀테크 개념의 구성요소는 (i) 기술의 활용, (ii) 금융서비스 제공에 중대한 영향을 미치는 수준의 혁신과, (iii) 새로운 비즈니스 모델, 응용, 프로세스 또는 상품의 개발이라고 할 수 있다. 핀테크에 사용되는 기술은 급속도로 발전한 정보처리·정보통신기술, 인공지능, 분산원장기술, 암호화기술 등 여러 디지털기술이다. 최근에는 특히 디지털기술이 활

1) 금융안정위원회(Financial Stability Board, FSB)가 사용한 정의이고{FSB(2017a), p. 7}, 이후 바젤은행감독위원회{BCBS(2018), p. 8}, 유럽집행위원회{European Commission(2018), p. 1}, 국제통화기금(IMF)과 세계은행{IMF·World Bank(2018), p. 7} 등 다른 국제기구들이 이를 따르거나 유사한 정의를 사용하였다. 국제기구와 각 국가에서 사용하는 핀테크의 정의에 대해서는 Rupeika-Apoga·Thalassinos(2020).

용된다는 점을 강조하여 디지털금융이라는 용어도 사용된다.2)3)

핀테크는 금융의 거의 전 분야에 걸쳐 영향을 미치고 있다. 아래 Ⅱ.에서 핀테크에 의한 혁신이 반영된 새로운 금융상품과 금융서비스를 금융분야별로 나누어 살펴본 후, Ⅲ.과 Ⅳ에서 핀테크에서 발생하는 새로운 위험과 이에 대한 법적인 대응을 각각 살펴본다. 제2절부터 제5절까지는 핀테크에 의한 대표적인 금융거래로 들 수 있는 크라우드 펀딩, P2P대출, 알고리즘거래와 로보어드바이저를 각각 살펴본다. 이러한 금융거래들이 기존 금융제도를 전제로 혁신을 일으킨 것인데 반하여 가상자산은 기존 금융제도를 벗어나고자 하는 시도라는 점에서 장을 바꾸어 제17장에서 논의한다.

2. 핀테크에 의한 금융혁신

(1) 금융혁신

금융혁신은 "넓은 의미로는 새로운 금융상품 또는 새로운 금융기술, 제도, 시장을 창조하고 보급하는 행위"이고 혁신에는 "새로운 상품, 서비스 또는 아이디어를 발명(지속적인 연구개발 기능)하고 확산시키는 (또는 수용하는) 행위"를 포함한다.4) 금융혁신을 자극하는 요인으로 금융시장의 불완전성, 대리비용과 정보비대칭, 거래·탐색·마케팅 비용, 조세와 규제, 글로벌화와 위험인식 및 기술적 충격을 들 수 있다.5) 금융혁신은 수천년 동안 이루어져 왔다고 할 수 있고,6) 글로벌 금융위기 이전에도 기술발전에 따른 금융혁신이 있었지만7) 이는 주로 금융회사에 의한 상품혁신이었다.8)

---

2) 금융위원회 보도자료(2020. 7. 24.), "『디지털금융 종합혁신방안』 발표)", 정순섭(2020), EU의 Digital Finance Strategy(2020. 9. 24.), Avgouleas·Marjosola(2022) 등.

3) 문헌들이 핀테크와 디지털금융을 엄밀하게 구별하지 않고 혼용하고 있어서, 이 책에서는 기본적으로 핀테크라는 용어를 사용하되 관련 문헌의 내용을 인용할 때는 그 문헌에 사용한 용어를 따랐다.

4) Tufano(2003), pp. 310-311(또한 혁신을 상품혁신과 프로세스혁신으로 나눌 수도 있지만 구분이 명확하지 않고 상호 연계되어 있음을 지적함).

5) Tufano(2003), pp. 313-322.

6) 역사적인 관점에서 금융개혁을 다룬 문헌으로는 Goetzmann·Rouwenhorst(2005), Arthur(2017).

7) Arner et al.(2016)은 대서양횡단 통신케이블을 설치한 1866년부터 현금자동인출기(ATM)가 설치되기 전까지(1866년-1967년)를 Fintech 1.0(아날로그로 금융의 글로벌화), ATM 설치 후 글로벌 금융위기 전까지(1967년-2008년)를 Fintech 2.0(전통적인 디지털 금융서비스의 발전), 글로벌금융위기 이후를 Fintech 3.0(디지털 금융서비스의 민주화)으로 부른다.

8) 이성복(2021a), 9쪽은 새로운 증권들(예: 부채담보부증권(CDO), 조건부자본증권 등)을 상품혁신의 예로 들었고, 신용카드, 현금자동지급기, 전자증권거래시스템(나스닥), 온라인증권업, 인터넷뱅킹 등을 프로세스 혁신의 예로 들었다.

(2) 핀테크가 금융혁신을 일으킨 요인

금융안정위원회(FSB)는 핀테크가 금융혁신을 일으킨 요인을 핀테크에 대한 수요측면과 공급측면으로 나누어 분석하였다. 수요측면에서는 인터넷과 모바일기기의 보급으로 금융서비스의 편의성, 속도, 비용 등에 대한 소비자의 기대가 커진 점과 컴퓨터와 모바일에 익숙한 밀레니얼 세대의 영향력증가를 들었다,[9] 공급측면에서는 (i) 신기술의 발전(빅데이터, 인공지능, 클라우드 컴퓨팅, 분산원장기술 등)[10] 및 휴대폰 등 모바일기기의 보급과 (ii) 글로벌 금융위기 이후 각국의 규제당국이 새로운 위기가 발생할 위험을 방지하기 위한 규제정책을 추구해 온 점 등을 들었다.[11]

(3) 핀테크에 의한 금융혁신의 특징

핀테크에 의한 혁신이 종전의 발전과 다른 점으로 (i) 여러 다른 기술의 통합(예: 지급, 대출과 같은 익숙한 금융분야에서 프로세스 혁신을 일으켜 새로운 비즈니스모델을 만들어 냄), (ii) 새로운 참여자들의 민첩성과 유연성, (iii) 혁신이 금융서비스 전분야에 걸칠 정도로 광범위함, (iv) 온라인과 모바일 이용에 따른 신속한 혁신 수용 등이 언급된다.[12] 유사하지만 약간 시각을 달리하여 디지털금융의 특징으로 (i) 금융서비스 기능의 해체(unbundling)와 플랫폼화, (ii) 탈중앙화·탈중개화, (iii) 네트워크 효과에 기반한 높은 확산성, (iv) 높은 편리성과 접근성을 들고,[13] 일부는 새로운 금융 패러다임으로 자리잡을 것으로 보기도 한다.[14][15] 이러한 여러 특징들의 바탕에 있는 요소들은 대체로 (ㄱ) 핀테크기업에 의한 혁신주도와 비금융회사의 금융업 진출, (ㄴ) 온라인 플랫폼이 고객접촉면과 금융상품 판매의 중심이 된 점, (ㄷ) 금융에 필요한 정보수집과 활용의 변화라고 할 수 있다.[16]

---

9) FSB(2017a), p. 35(또한 전세계 20억명이 기본적인 은행계정과 서비스를 받지 못하여 금융포용이 중요한 문제가 되는 상황에서 핀테크가 금융서비스 접근 장벽을 낮추어 준 점도 언급함).

10) FSB(2017a), pp. 35-36.

11) FSB(2017a), pp. 36-37(자기자본 규제 등 규제강화로 은행 등 금융회사의 영업에 일부 제약이 있어 새로운 시장참여자가 참여할 수 있는 여지가 생겼다는 점과 기술기반 서비스 개발을 장려하는 규제정책을 취할 수도 있다는 점을 지적함).

12) FSB(2017a), p. 36.

13) 한국은행(2021), 2, 11-14쪽.

14) 한국은행(2021), 3, 21-22쪽.

15) 핀테크를 4차 산업혁명이 금융산업에 나타난 기술적 양태로 보면서 연결성, 통합성, 복잡성, 일상적 비대면화, 탈중앙화, 인간성과 노동력의 위기, 공유경제로의 전이, 사회적·구조적 불평등의 심화 등을 4차 산업혁명이 금융에 미치는 영향의 특징으로 들기도 한다{이정수(2021), 210쪽}.

16) 핀테크에 의한 금융혁신을 금융중개에서의 정보와 소통의 측면에서 분석한 문헌으로 Boot et al. (2020).

가. 비금융회사인 핀테크기업에 의한 혁신 주도와 비금융회사의 금융업 진출

핀테크에 의한 금융혁신은 금융회사가 아니라 비금융회사인 창업기업이 주도하였다는 점이 지적되고 있다.17) 금융회사가 신기술을 이용하는 경우도 있지만, 비금융회사인 핀테크기업이 신기술을 이용하여 새로운 서비스를 제공함으로써 금융업에 실질적으로 진출할 수 있다. 비금융회사가 새로운 기술을 활용하여 더 저렴한 비용으로 새로운 서비스를 제공하여 전통적인 금융회사의 서비스를 대체하기도 하고,18) 영업점을 갖춘 전통적인 금융회사와는 달리 온라인 플랫폼을 통한 금융서비스를 제공함으로써 공간적인 제약을 벗어난다. 또한 분산원장기술을 활용한 가상자산을 만들어 기존의 금융제도의 틀을 벗어나고자 한다. 핀테크기업은 거의 모든 금융서비스 분야에 등장하였고 핀테크에 의한 금융혁신은 금융권역간의 경계를 모호하게 하였으며,19) 비금융회사가 금융업에 진출하고 금융업과 비금융업이 융화되는 현상이 발생하였다.20)

나. 고객접촉면과 금융상품 판매방식의 변화 - 플랫폼을 통한 비대면 거래

금융회사와 금융소비자 간의 접촉과 소통이 영업점에서 이루어지던 전통적인 방식을 벗어나 온라인 플랫폼을 통하여 비대면으로 이루어진다는 점이 금융소비자와 관련해서는 가장 중요한 변화라고 할 수 있다. 이러한 비대면 거래는 시간과 공간의 제약을 받지 않고 사람의 개입없이 거래가 이루어진다는 점에서 전통적인 대면방식과는 근본적으로 차이가 있다.21)

비대면 거래는 금융회사가 스스로 플랫폼을 만들어 할 수도 있지만, 핀테크기업과 같은 비금융회사가 운영하는 온라인 플랫폼에서 이루어질 수 있다. 핀테크기업이 운용하는 플랫폼은 여러 금융회사의 금융상품과 서비스에 대한 정보를 이용자에게 제공하여 이용자로 하여금 선택할 수 있게 하고, 이용자가 선택한 금융상품 또는 서비스 거래를 그 플랫폼에서 할 수도 있게 된다. 이와 같이 핀테크기업이 운영하는 온라인 플랫폼이 이용자에게 금융회사의 금융상품과 서비스에 대한 정보를 제공하고, 이용자가 그 플랫폼 상에서 금융상품과 서비스를 제공받는 거래를 체결하는 경우에는 고객접촉을 결국 플랫폼 운용자인 핀테크기업이 하는 셈이다. 더 나아가 온라인 플랫폼이 금융회사가 아닌 최종적인 자금공급자와 자금수요자를 연결하는 역할을 할 수도 있다(예: 크라우드펀딩과 P2P대출).

17) 이성복(2021a), 10쪽.
18) 高橋郁夫 외(2018), 16-17쪽.
19) 이성복(2019a), 23-25쪽, 이정수(2021), 219-224쪽(특히 플랫폼사업을 통한 금융업 내부경계의 붕괴를 강조함).
20) 이성복(2019a), 28-29쪽, 이정수(2021), 213-219쪽.
21) 비대면 영업은 핀테크기업의 해외진출을 활발하게 만드는 요인도 된다{이성복(2019a), 26-27쪽}.

전통적인 금융서비스 기능의 해체(unbundling) 현상과 금융회사의 중개없이 최종 자금공급자와 자금수요자가 직접 거래를 하는 탈중개화(disintermediation) 현상이 발생한다.

비대면으로 금융상품이 판매되고 금융서비스가 제공되면 금융회사와 소비자 양쪽 모두 편리성이 증가하고 소비자가 주도하여 금융상품과 서비스가 선택될 가능성이 커지게 되지만, 다른 한편 소비자의 권익이 침해되거나 불건전 영업행위에 따른 피해가 발생할 우려가 커진다.[22] 핀테크기업 등이 운영하는 플랫폼에서 이용자가 금융회사와 금융상품과 서비스 거래를 체결하는 경우, 플랫폼 운영자의 금융규제상 취급[23]뿐 아니라 역할과 법적 지위도 검토할 문제이다.[24]

법적인 측면에서는 종전의 법적 규율은 대체로 영업점의 존재와 대면거래를 전제로 하였으므로 새로운 비대면 방식에 적절히 대응할 필요가 있다. 금융소비자보호법이 적용되는 금융거래가 비대면으로 이루어지는 경우 적합성원칙과 설명의무 등 금융소비자보호법상 요구되는 장치가 실제로 금융소비자 보호를 위하여 작동될 수 있게 해야 하고, 금융소비자보호법의 적용범위 밖에 있는 금융서비스가 비대면으로 제공되어 금융소비자 보호에 공백이 생기지 않게 할 필요가 있다.[25] 또한 온라인 플랫폼을 통한 비대면 금융서비스 제공은 금융서비스에 대한 접근성을 확대하는 기능도 하지만,[26] 이미 전통적인 금융서비스 제공 체제가 잘 마련되어 있는 한국에서는 오히려 새로운 제공방법에 익숙하지 않은 고령자 등의 금융소외가 발생할 우려도 제기되므로,[27] 이에 대한 대책도 필요하다.

다. 금융정보의 수집과 활용

금융시장에서 은행은 저축을 투자로 바꾸는 기능을 한다.[28] 은행은 이 기능을 수행하기 위하여 여신고객에 대한 정보를 수집, 분석하여 여신심사를 하고 제공한 여신을 모니터한다. 은행은 장기간 축적한 대출상환 등 주로 장부상 기록된 고객정보를 활용하여 금융중개 기능을 수행해 왔다. 이제는 그러한 정보 이외에도 인터넷 발달로 고객의 비재무정보(검색이력, 온라인쇼핑 정보등)도 수집할 수 있게 되고(특히 빅테크 기업), 정보통신 및

22) 이성복(2019a), 11-14쪽.
23) 금융소비자보호법상 대출성상품에 관한 금융상품판매대리·중개업자로 규율된다. 온라인 대출플랫폼에 대해서는 1사 전속주의에 대한 예외를 인정하였다(금융소비자보호에 관한 감독규정 제22조 제2호 마목 2).
24) 금융플랫폼 관련 여러 법적 쟁점과 규제에 대해서는 정준혁(2021).
25) 이러한 점에 대한 논의는 김정연(2023).
26) King(2018), p. 105(2000년 케냐의 금융포용은 27%였지만 이제는 성인인구 거의 100%가 M-Pesa라는 모바일머니를 사용하고, 2011년 은행 계정이 없는 인도 인구가 5억 5,700만명이었으나 모바일접근이 가능해지면서 2015년에는 반으로 감소함).
27) 이성복(2019a), 15쪽.
28) ☞ 제1장 각주 4의 본문.

정보처리기술의 발달로 빅데이터 분석을 할 수 있게 되었다.[29] 이러한 변화는 은행의 금융중개 없는 금융제공이 가능하게 만들었다(예: P2P대출, 빅테크 기업의 실질적 금융기능).

또한 핀테크의 발전에 따라 더 편리한 서비스를 받기 위하여 각자가 자신의 금융거래에 관한 정보를 활용할 수 있게 되었다. 오픈뱅킹시스템[30]을 통하여 은행이 보유한 고객 정보를 당해 고객의 동의하에 다른 금융회사 또는 핀테크업자가 제공받아 자금이체등의 서비스를 구현할 수 있게 되었다.[31] 또한 신용정보주체인 고객의 동의하에 그의 개인신용정보를 통합하여 그 고객에게 제공하는 본인신용정보관리업(일명 마이데이터사업)[32] 제도도 도입되어, 마이데이터사업자는 부수업무 또는 겸영업무로 데이터 분석 및 컨설팅 업무, 투자자문 및 투자일임 등의 서비스를 제공할 수 있게 되었다.[33]

Ⅱ. 핀테크에 의한 새로운 금융서비스와 금융상품

핀테크에 의한 혁신이 반영된 새로운 금융상품과 금융서비스를 금융분야별로 나누어 살펴본다.[34]

1. 지급결제

정보통신기술을 이용한 금융서비스의 발달은 지급결제 분야에서 두드러진다.[35] 지급

29) Boot et al.(2021), pp. 4-5.

30) 핀테크기업 및 은행들이 표준 방식(API)으로 모든 은행의 자금이체·조회 기능을 자체 제공할 수 있는 시스템. 금융위원회 보도자료(2019. 10. 30.), "오픈뱅킹 추진 현황 및 향후 계획", 3쪽.

31) 오픈뱅킹의 법적 쟁점에 대해서는 이정민·김세중·박해리(2019).

32) 신용정보법 제2조 제9호의2. 금융데이터의 법적 규제에 대해서는 정성구·조연수·소윤주(2021).

33) 신용정보법 제11조 제6항, 제11조의2 제6항.

34) 바젤은행감독위원회는 금융분야별 분류이외에 핀테크의 시장지원서비스로 다음과 같은 것을 들고 있다{BCBS(2018), p. 9.}.
① 포탈과 데이터집계업
② 생태계(하부구조, 오픈소스, API 등)
③ 데이터 응용(빅데이터 분석, 어신러닝, 예측모델)
④ 분산원장기술(블록체인, 스마트계약)
⑤ 보안(고객본인확인과 인증)
⑥ 클라우드 컴퓨팅
⑦ 사물인터넷
⑧ 인공지능(보트, 금융자동화, 알고리즘)

35) 핀테크에 따른 지급수단의 변화와 관련 법적 문제에 대한 개괄적인 설명은 강현구·유주선·이성남(2020), 41-72쪽.

결제업을 영위하는 주체에는 은행, 신용카드업자 등의 금융회사 외에 전자금융거래법에 의한 전자금융업자가 있다.[36] 지급수단의 면에서는 어음, 수표, 은행예금 등을 이용한 전통적인 지급수단에서 신용카드, 선불·직불지급수단 등 여러 새로운 전자지급수단으로 변화하여 왔다. 또한 예금이나 신용카드를 최종지급수단으로 하면서도 모바일로 손쉽게 결제하는 간편결제[37]와 간편송금[38] 서비스의 이용도 증가하고 있다.[39] 지급결제 분야에서의 은행의 역할은 전자금융업자에 의하여 상당히 침식당하고 있고, 종합지급결제사업자 제도가 도입되면[40] 더 심화될 것으로 예상된다. 전자금융업자의 성장과 더불어 지급결제 업무에 대한 법적 규율의 재정비가 필요하다는 주장이 나오고 있다.[41] 지급결제에 대한 현행 규제가 "지급수단의 기능과 위험이 아니라 지급수단의 전달방법이 전자적 장치를 사용하는지 여부나 지급업무의 수행주체가 은행인지 여부 등 형식에 기초"하고 있어 핀테크에 따른 새로운 지급수단에 대해 체계적인 대응을 하기 어려운 상황이라는 지적도 있다.[42]

예금과 신용카드 이외의 새로운 지급수단으로는 비트코인과 같은 가상화폐를 들 수 있다. 분산원장기술(DLT: Distributed Ledger Technology)(통칭 블록체인(blockchain) 기술)과 암호화기술을 활용한 비트코인을 대표로 하는 가상화폐는 국가와 전통적인 금융제도에 따른 규제를 벗어나 지급수단으로 사용될 수도 있다. 그러나 국가의 규제를 벗어난 지급결제는 자금세탁 등 위법행위에 이용될 우려가 있어 현재는 특정금융정보법으로 규율하고 있다. 가상화폐에 대해서는 제17장에서 별도로 다룬다.

---

36) 정순섭(2017a), 10-11쪽은 현행법상 지급결제업무가 은행법(환업무), 여신전문금융업법(신용카드업무), 전자금융거래법(전자지급업무), 외국환거래법(외화이체업), 정보통신망법(통신과금서비스), 자본시장법(금융투자업자의 자금이체업무) 등 여러 법률에 분산되어 규율되고 있음을 지적하였다.

37) 모바일에 미리 저장해둔 신용카드 또는 은행계좌 등 정보 또는 충전한 선불금 등을 이용하여 단말기 접촉등으로 간편하게 결제하는 서비스{한국은행 보도자료(2022. 3. 23.), "2021년중 전자지급서비스 이용 현황", 9쪽}. 간편결제의 법적 구조에 대해서는 이승희·주민석(2020).

38) 모바일을 통해 계좌이체 등의 방법으로 충전한 선불금을 전화번호, SNS 등을 활용해 수취인에게 송금하는 서비스. 선불전자지급 서비스에 포함된다{위 한국은행 보도자료(2022. 3. 23.), 9쪽}. 간편송금의 법적 구조에 대해서는 이규림(2020).

39) 위 한국은행 보도자료(2022. 3. 23.), 7-8쪽.

40) 금융위원회는 "고객 결제계좌를 직접 발급·관리하고 결제·이체 등 다양한 디지털 금융서비스를 원스톱으로 제공하는 종합지급결제사업자" 제도와 "고객자금을 보유하지 않으면서도 하나의 앱(App)으로 고객의 모든 계좌에 대해 결제·송금 등에 필요한 이체지시를 전달하는 지급지시전달업(MyPayment)"을 도입하겠다고 발표하였고{금융위원회 보도자료(2020. 7. 24.), "『디지털금융 종합혁신방안』 발표", 3-4쪽}, 그 내용이 반영된 전자금융거래법 일부개정법률안(윤관석 의원 대표발의, 2020. 11. 27. 의안번호: 2105855)이 발의되었으나 21대 국회 임기만료로 폐기되었다.

41) 이정수(2021), 228-229쪽.

42) 정순섭(2017a), 5쪽.

2. 여수신과 자금조달

(1) 플랫폼을 기반으로 하는 은행업

인터넷 플랫폼을 기반으로 한 금융으로는 우선 인터넷전문은행을 들 수 있다. 인터넷전문은행은 전통적인 은행과는 달리 물리적인 영업점을 두지 않고 플랫폼을 기반으로 은행업을 영위한다. 2018년 제정된 인터넷전문은행법이 인터넷전문은행의 설립과 운영을 규율하고 있다.[43]

(2) 플랫폼을 기반으로 하는 자금공급

가. 광의의 크라우드펀딩

은행업이 아닌 형태로 플랫폼을 기반으로 한 금융에는 우선 플랫폼을 통하여 자금수요자가 추진하는 사업이나, 개발하는 상품·서비스에 동조하는 다수의 자금공급자들로부터 직접 자금을 조달하는 광의의 크라우드펀딩을 들 수 있다.

증권형 크라우드펀딩은 증권을 공모하는 것이므로 원래 공모발행에 관한 자본시장법의 규율 대상이지만, 자본시장법은 일정한 중소기업이나 벤처기업 등이 일정한 요건에 따라 인터넷 플랫폼을 통하여 증권을 공모하는 경우에는 여러 특례를 인정하고 있다(☞ 제2절 Ⅳ.). 창업초기 기업이나 중소기업이 비교적 소액의 자금을 다중으로부터 조달할 수 있는 길을 열어준 것이다.

한편 기업과 개인이 모두 이용할 수 있는 P2P대출은 대출형 크라우드펀딩이라고 할 수 있다. 현재 P2P대출은 온라인투자연계금융업법으로 규율되고 있다(☞ 제3절). 동법에 따른 P2P대출은 자금수요자(=차입자)가 온라인 플랫폼에 대출을 신청하고 플랫폼을 운영하는 사업자(=온라인투자연계금융업자)는 자금공급자(=투자자)로부터 자금을 공급받아 특정한 차입자에게 대출을 실행한다. 하지만 플랫폼 운영사업자는 차입자에 대한 신용위험을 부담하지 않고 자금공급자(=투자자)가 그 위험을 부담한다. 즉 자금공급자가 대출에 투자한 것이고, 플랫폼사업자는 수수료를 받을 뿐이다. 이러한 P2P대출은 자금수요자와 자금공급자 간의 직접 거래를 행하는 것과 다름 없게 되어 자금수요자에게는 유용한 자금조달수단이 되고 자금공급자에게는 대출시장에 대한 투자기회를 제공하게 되어 활발하게 이용되고 있다.

---

43) 인터넷전문은행에 관한 개괄적인 설명은 강현구·유주선·이성남(2020), 157-187쪽.

나. 플랫폼을 기반으로 하는 대출성 금융상품 대리·판매업

플랫폼사업자가 온라인 플랫폼상 은행, 저축은행, 여신금융업자, 대부업자, 온라인투자연계금융업자 등의 대출상품을 비교할 수 있게 하여 대출성 금융상품의 대리·판매업을 영위하는 경우를 들 수 있다.[44]

3. 자본시장 거래

정보처리기술의 발전으로 인공지능이 개발됨으로써 이를 활용하여 방대한 데이터를 신속하게 처리하고 이에 기초하여 예측기능이 개선되었다. 금융회사는 다양한 내부적인 업무처리에서도 인공지능을 활용하여 업무의 효율성을 높일 수 있을 뿐 아니라, 금융시장 참여자로서 인공지능을 활용한 알고리즘 거래를 하거나(☞ 제4절), 인공지능에 의존하여 종전보다 더 낮은 비용으로 자산운용, 투자일임, 투자자문 서비스를 고객에게 제공할 수 있게 되었다(☞ 제5절).[45] 이러한 현상에 대해서는 예컨대 알고리즘 거래라는 거래수단을 가졌는지 여부에 따른 불균형 현상을 해소해야 하는 문제가 발생한다는 지적도 있다.[46].

4. 보 험

인공지능, 빅데이터, 사물인터넷, 분산원장기술 등을 활용하여 보험상품의 개발, 보험계약의 체결 및 고객관리 등의 분야에서의 혁신이 추구되어 이른바 인슈어테크(Insure-Tech)에 관한 여러 법적 쟁점이 제기되고 있다.[47] 특히 유사한 위험을 가진 집단이 스스

44) Ehrentraud et al.(BIS)(2020), pp. 3, 18은 플랫폼사업자가 자기자금으로 하는 대출(Fintech balance sheet lending)을 플랫폼 대출의 유형으로 들고 있으나, 한국에서는 그러한 대출도 여신전문업법 또는 대부업법 등의 규율을 받는 대출영업에 해당한다고 보아야 할 것이다.

45) 외관상 고객이 낮은 비용으로 서비스를 제공받는 것 같지만 실제로는 그렇지 않은 경우도 발생하고 있다. 대표적인 예로 미국의 온라인 증권회사인 로빈후드 사건을 들 수 있다. 로빈후드는 무상으로 고객의 주문을 받지만, 그 주문을 다른 회사에게 넘겨서 처리하며 그 회사로부터 이례적으로 높은 대가를 받았고 그것이 로빈후드의 주요 수입원이었다. 로빈후드는 이런 사실을 고객에게 알리지 않았고 오히려 고객주문 체결의 품질이 경쟁자들과 같거나 더 낫다고 웹사이트에 게시하였다. 실제로는 고객에게 불리한 가격으로 고객주문이 체결되어 고객들이 미화 3,410만 달러의 손해를 입은 것으로 나타났다. SEC는 로빈후드가 고의로 증권법 제17조(a)(2)와 제17조(a)(3) 및 증권거래소법 제17조(a)와 그에 따른 규칙 17a-4를 위반한 것으로 보아 로빈후드에게 미화 6,500만 달러의 민사벌을 부과하였다. SEC Order in the Matter of Robinhood Financial LLC (Securities Act Release No. 10906, December 17, 2020).

46) 이정수(2021), 230-231쪽.

47) 인슈어테크에 대한 일반적인 설명은 박소정·박지윤(2017). 인슈어테크 관련 주요 법적 쟁점에 대한 설명은 김준영·이일석(2021), 강현구(2021).

로 조직하여 운영하는 보험인 P2P보험이 국내에서도 혁신금융서비스로 지정되어 판매되어 법적 성격이 논의되고 있다.[48)]

5. 레그테크(RegTech)와 섭테크(SupTech)

신기술을 이용하여 규제상 요구사항 이행을 보다 효율적·효과적으로 할 수 있게 하는 레그테크(RegTech)[49)]와 금융감독을 지원하기 위하여 혁신적 기술을 사용하는 섭테크(SubTech)[50)]도 핀테크의 한 분야라고 할 수 있다. 이를 통하여 피규제자는 규제준수비용의 절감과 보다 효율적인 위험관리, 감독기관은 비용의 절감과 보다 효율적인 모니터링을 할 수 있을 것으로 보고 있다.[51)][52)]

Ⅲ. 핀테크에 의한 금융거래에서 발생하는 새로운 위험

1. IT위험

핀테크는 개별 금융회사 차원뿐 아니라 시장의 하부구조의 면에서도 정보통신·정보처리 기술과 시스템에 크게 의존한다. 정보통신 기술 또는 시스템의 한계, 통신망의 장애 등으로 인하여 개별 금융회사 또는 그 이용자에게 예상하지 않은 불이익이 발생할 수 있고, 시스템 위험까지 초래할 수도 있다. 또한 다양한 핀테크기업이 진입하여 금융시스템이 더 복잡해지는데, 핀테크기업이 위험관리의 전문성과 경험이 부족할 수 있다.[53)]

---

48) 임수민(2021).

49) RegTech의 정의는 European Commission(2020), p. 13. 금융회사의 입장에서 RegTech가 적용될 분야로는 컴플라이언스, (자금세탁방지 등을 위한) 본인확인, 위험관리, 감독당국에의 각종 보고, 영업행위규제 준수등을 위한 거래모니터링, 금융시장거래 관련 각종 절차의 자동화 등이 있다 {Toronto Centre(2017), p. 10}.

50) SubTech의 정의는 European Commission(2020), p. 13. SubTech는 규제감독기관을 위한 RegTech 라고도 할 수 있다{Toronto Centre(2017), p. 10}. 인공지능을 활용한 금융감독에 대해서는 허유경(2022).

51) Arner et al.(2017), pp. 381-383.

52) EU는 2024년까지 피규제감독자의 보고와 규제감독기구의 감독에 RegTech과 SupTech 수단을 포함한 혁신적 기술을 이용할 수 있기 위하여 필요한 조건을 만들 계획이다. European Commission (2020), p. 13.

53) BCBS(2018), p. 27.

2. 비대면거래에 따른 위험

비대면거래는 시간과 공간의 제약을 극복할 수 있는 영업방법으로서, 금융서비스 제공자나 이용자 양쪽 모두에게 편리성을 높이고 비용을 절감할 수 있는 이점이 있다. 그러나 비대면거래로 금융서비스를 제공하는 경우에는 대면거래와는 다른 새로운 문제점이 발생할 수 있다. 비대면거래에서는 이용자가 기망을 당하거나 충분한 정보제공을 받지 못한 상태에서 거래가 이루어질 위험이 있다. 또한 금융회사가 적합성원칙과 적정성원칙을 준수하는데 필요한 고객정보 파악과 설명의무 이행을 어떻게 해야 하는지, 온라인으로 이용자가 클릭하게 해서 확인 받으면 대면거래와 같은 정도라고 볼 수 있는지 등의 문제가 제기될 수 있다.

또한 거래가 비대면으로 이루어지는 경우 고객확인 역시 비대면으로 이루어지게 되고 핀테크에 의한 혁신은 대체로 고객에게 신속하고 편리한 서비스를 제공하려고 한다는 점에서 자금세탁방지 등에 쉽게 이용될 수 있는 우려도 있다.

3. 신상품 개발과 업무위탁에 따른 위험

금융회사는 핀테크에 의한 혁신을 내부적으로 자신의 업무에 반영하기보다는 업무위탁 등의 방법으로 핀테크기업과 협업하여 혁신을 활용하는 경우도 많다. 업무위탁 등의 협업에 따른 핀테크기업의 활동의 법적인 효과는 금융회사에 귀속될 수 있다. 금융회사의 입장에서는 소속 임직원이 활동하는 경우 보다 영업행위 규제 등을 준수하지 않을 위험이 커질 수 있다. 이 점은 고객본인확인이나 고객정보보호 등의 면에서도 우려할 수 있다. 핀테크기업이 운영하는 플랫폼을 통하여 금융상품을 판매하는 등 금융상품 판매 채널에 새로운 당사자가 들어오는 경우, 사법(私法)상 거래당사자들의 권리의무도 명확하게 할 필요가 커진다.

4. 사이버위험

핀테크에 의한 금융거래는 대부분 온라인으로 이루어지므로 해킹등 사이버공격의 위험에 노출된다. 이 점은 특히 API, 클라우드 컴퓨팅 등 상호연결을 수월하게 하는 기술과 장치의 이용이 증가하여 금융회사보다 덜 규제를 받는 당사자와 연결되는 경우 우려해야 할 사항이다.

5. 기 타

핀테크에 의한 금융혁신은 비금융회사인 핀테크기업이 주도하였다. 혁신을 촉진하기 위하여 제도적으로 새로운 비즈니스모델이나 금융상품등에 대해 전통적인 금융상품이나 금융서비스에 적용되는 법적 규율에 대한 특례를 인정하는 경우, 그 개발자 또는 금융회사는 규제차익을 추구할 수 있다. 또한 핀테크에 의한 금융서비스 제공이 국경을 넘어 이루어지는 경우에 대한 규율의 필요성도 있다.[54]

Ⅳ. 핀테크의 발전과 법제도의 대응

1. 총 설

핀테크의 기초가 되는 정보통신기술 등 각종 디지털 기술은 빠른 속도로 발전하고 있고, 금융분야에서 그러한 기술을 활용한 새로운 비즈니스 모델, 프로세스와 상품 역시 빠른 속도로 개발되고 있다. 그러한 핀테크로 개발된 새로운 비즈니스 모델, 프로세스, 상품을 법적으로 어떻게 규율한 것인가에 관한 법제도의 발전은 그만큼 빠르게 이루어지지 않고 있다.

법적인 규율은 기술발전을 활용한 새로운 비즈니스에 대해 법적 불확실성을 해소하고 예측가능성을 높일 수 있도록 해야 한다.[55] 사법(私法)적인 면이건 규제등 공법적인 면이건 법적인 불확실성은 거래비용을 높이게 되고 혁신을 저해하는 요소가 된다.

다른 금융거래와 마찬가지로 핀테크에 의하여 이루어지는 금융거래에 대한 법적인 규율도 (i) 거래당사자간의 권리의무 관계를 규율하는 사법(私法)적인 면과 (ii) 거래질서의 유지와 공공적 이익의 보호를 위한 공법적인 면이 있으므로 이를 나누어 살펴보기로 한다.

2. 사법(私法)적 규율

새로운 비즈니스모델, 프로세스와 금융상품은 금융시장 참가자들에게 선택의 폭을 넓혀주는 것으로 그러한 선택지가 공서양속에 반하는 것이 아닌 이상 사법(私法)적으로는

54) 정순섭(2021), 8쪽.
55) Garrido et al.(IMF)(2022), p. 1.

이용가능하게 되는 것이 합당하다. 또한 그러한 선택지를 이용하는 거래당사자 간의 권리의무 관계가 사법적으로 잘 정리될 필요가 있다. 예컨대 분산원장기술을 이용하여 거래하는 경우 그 분산원장 기재가 권리의 득실변경효과 또는 제3자에 대한 대항력을 가지는지 등은 기존의 법제도가 전혀 생각하지 않았던 문제이다. 기존의 법제도와 개념하에서 이러한 문제를 분석하여 모두가 동의할 수 있는 결론을 내리기 쉽지 않을 경우에는 입법적으로 해결해야 할 필요가 있다.

3. 공법적 규제

(1) 금융규제 샌드박스 제도

핀테크에 의한 혁신적인 금융서비스가 개발되어도 금융업 영위에 필요한 허가 등이 없으면 그 금융서비스를 시장에서 검증해 볼 수 없고, 기존 금융회사가 새로운 금융서비스를 제공하는데 대한 제한도 있는 경우가 많다. 혁신적인 새로운 금융서비스에 대해 기존 금융법규상 제약에 대한 예외를 일정기간 인정하여 시장에서 테스트할 수 있도록 금융혁신지원특별법[56]에 따른 금융규제 샌드박스제도[57]가 도입되어 2021년 말까지 3년간 185건의 혁신금융서비스가 지정되었다.[58] 금융혁신지원특별법에 따라 혁신금융서비스로 지정되면, 지정기간 동안 영위하는 혁신금융서비스에 대해 인허가, 지배구조, 업무범위, 건전성, 영업행위, 검사, 감독 등에 대해 특례가 인정된다(동법 제17조 제1항, 제4조 제2항).[59] 규제샌드박스 제도는 잠정적으로 기존 금융규제법규 적용에 관한 특례가 인정되는 것이고, 혁신적인 금융서비스에 대해서는 결국 주로 공법적 규제의 차원에서 어떻게 취급할 것인가를 정해야 한다.

---

56) 법률 제16183호(2018. 12. 31. 제정, 2019. 4. 1. 시행). 2021. 4. 20. 최종개정(2021. 7. 21. 시행).

57) 규제 샌드박스는 2016년 영국 금융행위감독기구(Financial Conduct Authority, FCA)가 처음 시행한 이후 수십개국에서 운영하고 있다. 영국, 호주, 일본의 샌드박스 운영에 대해서는 정순섭(2017b), 8-11쪽. 금융혁신지원특별법에 의한 금융규제 샌드박스에 관한 설명은 김원순(2021). 미국 뉴욕주를 비롯한 일부 주들이 샌드박스제도에 대해 긍정적이지 않다는 점과 샌드박스 접근법에 대한 우려에 대한 지적도 있다{Prasad(2021), pp. 339-342}.

58) 국무조정실 등 보도자료(2022. 1. 19.), "규제샌드박스 시행 3년, 세상을 바꾸다", 2쪽. 대표적인 혁신금융서비스 사례는 금융감독원, 금융규제 샌드박스 관련 혁신성 심사 사례집(2021. 6.), 11-40쪽. 국무조정실 규제조정실, 신기술이 빛을 보게 하다 — 규제샌드박스 백서(2022. 3.), 159-204쪽.

59) 금융소비자의 재산, 개인정보 등에 회복할 수 없는 피해가 예상되거나 금융시장 및 금융질서의 안정성이 현저히 저해될 우려 등이 있는 금융관련법령상 규정에 대하여 특례를 인정할 수 없다(금융혁신지원특별법 제17조 제2항).

(2) 금융규제법규

공법적 규제에서는 핀테크에 의한 혁신과 효율성증진을 촉진하되, 그에 따르는 새로운 위험을 관리할 수 있게 대응할 필요가 있다.[60] 새로운 기술을 이용한 금융거래에는 여러 새로운 위험이 내재되어 있다. 이러한 위험을 미리 파악하고 대응하는 것이 바람직하지만 현실적으로 그 위험을 사전에 모두 파악하기는 쉽지 않다. 또한 위험을 우려하여 새로운 기술 활용을 과도하게 억제하면 기술발전에 따른 혁신을 저해할 수 있다. 결국 새로운 기술 활용에 따른 위험을 관리하고 혁신을 추구할 수 있도록 균형 잡힌 법적 규율을 해야 할 텐데 과연 그 지점이 어디인지를 찾는 것이 쉬운 일은 아니다. 이와 관련하여 기본원칙으로 몇 가지 사항을 고려할 필요가 있다.[61]

첫째, 규제상 불확실성을 줄일 필요가 있다. 규제상 불확실성은 금융혁신을 저해하고 소비자·투자자에게도 해를 끼친다.[62] 법규의 개정과 보완 및 기존 법규에 따른 해석등을 통하여 가능한 한 불확실성을 제거할 필요가 있다. 어떤 기술에 의하여 개발된 금융서비스 등이 규제의 대상이 되거나 아니면 대상이 아님이 드러나면 그러한 규제 또는 규제제외가 타당한지를 더 효과적으로 논의할 수 있고 바람직한 규제를 찾아갈 수 있다.

둘째, 핀테크에 의한 혁신으로 인한 위험, 특히 금융소비자와 공공적인 면에서의 위험을 면밀히 파악하여 규제는 그 위험에 대처해야 한다. 금융소비자보호, 금융시장의 건전한 질서, 공정경쟁, 금융안정성 등의 관점에서의 위험과 아울러 자금세탁이나 탈세 등의 위법·부정한 행위에 이용될 여지 등을 고려해야 한다.[63][64]

셋째, 기술발전으로 금융서비스의 내용과 제공 방식이 다양하게 됨에 따라 규제차익이 발생하도록 하는 것은 바람직하지 않다. 동일한 위험에 대해 동일한 규제가 행해지는

---

60) 정순섭(2021), 8쪽(핀테크에 대한 법적 규율은 금융혁신이 긍정적 기능을 충실히 하도록 하되 위험을 적절히 관리해야 할 필요가 있음). FAFT(2021)(인공지능, 블록체인등 신기술이 자금세탁방지에 미치는 영향을 분석).

61) 본문에 적은 사항 이외에도 금융소외의 우려와 금융포용의 필요성, 레그테크와 섭테크 활용의 필요성, 자율규제의 중요성, 국제적 규제의 필요성 등도 고려할 필요가 있다{이정수(2021), 233-240쪽, 森下哲朗(2017), 778-786쪽}.

62) European Commission(2020), p. 12.

63) 유럽집행위원회도 디지털 변화에 따른 새로운 도전과 위험에 대처에 관하여 유사한 점을 들었다{European Commission(2020), p. 16}.

64) 싱가포르 통화청(Monetary Authority of Singapore, MAS)은 규제받지 않은 영역에서의 핀테크 혁신에 대해서 위험기반 접근을 하되, 규제가 혁신보다 앞장서서는 안 되고, 중요성(신기술로 인한 위험이 중요하게 되었을 때 비로소 규제로 개입)과 비례원칙(규제는 위험에 비례해야 함)의 두 가지 테스트를 적용한다. MAS 총재 Ravi Menon의 2016. 4. 2. 강연("FinTech-Harnessing its Power, Managing its Risks").

것을 원칙으로 삼는 것이 합당할 것이다.[65] 또한 규제는 기술중립적이어야 한다. 특정 기술을 선호하거나 배척해서는 안 된다. 다른 정책적 고려 하에서 이 원칙을 따르지 않는 경우에는 다른 보완장치를 둘 필요가 있다.[66] 참고로 유럽집행위원회도 기존 금융회사와 새로운 참여자 간의 공정한 경쟁이 이루어지도록 "동일행위, 동일위험, 동일규제"(same activity, same risk, same rules) 원칙을 따르고,[67] 규제 감독은 그 원칙에 기초하여 비례적이어야 하고 주요참여자의 위험에 특별히 주의를 기울여야 함을 지적하였다.[68]

넷째, 규제는 핀테크에 활용되는 다양한 기술과 혁신의 특성을 반영할 수 있어야 하고 혁신의 발전에 대응하여 신속히 규제의 내용을 조정할 수 있는 유연성을 갖추어야 한다. 금융소비자와 금융시장의 효율성 증진에 기여하는 혁신을 규제가 방해해서는 안 되고 기본적으로 혁신에 우호적이어야 한다. 물론 이러한 혁신우호적인 태도는 안정성과 이용자 보호장치 등이 충분히 갖추어져 있음을 전제로 해야 한다.

제 2 절 크라우드펀딩

Ⅰ. 크라우드펀딩의 의의와 연혁

1. 크라우드펀딩의 의의

크라우드펀딩은 주로 창업초기단계의 기업(start-up)과 중소기업이 온라인 플랫폼을 이용하여 사업계획을 제시하여 비교적 소액의 자금을 투자하는 개인투자자를 중심으로 한 다중(crowd)으로부터 자금조달(funding)하는 것을 말한다. 크라우드펀딩은 기업가가 통찰력과 정보를 가진 수많은 사람들과 소통할 수 있게 함으로써 자금조달 이외의 기능도 한다. 기업가는 크라우드펀딩을 자신의 사업 아이디어를 재확인하는 기회를 삼을 수 있고

65) 안수현(2017), 158쪽, 이성복(2019a), 16, 58쪽.

66) 외관상 동일위험-동일규제의 원칙이 관철되지 않은 것으로 보이는 예로는 인터넷전문은행을 들 수 있다. 인터넷전문은행법은 비금융주력자가 인터넷전문은행의 의결권있는 주식을 34%까지 보유할 수 있도록 하여(동법 제5조 제1항), 은행법상 엄격하게 규율하는 산업자본의 은행지배를 허용하였다. 은행 인가시 규제를 완화하는 대신 대주주 신용공여금지와 대주주의 부당한 영향력 행사 금지 등(동법 제8조부터 제10조) 은행 운영에 대한 규율로 보완하였다.

67) European Commission(2020), p. 5.

68) European Commission(2020), p. 15.

마케팅 수단으로도 사용할 수 있다.[69)]

창업초기기업이나 신제품 개발자가 크라우드펀딩을 이용할 인센티브로는 낮은 자금 조달 비용과 크라우드펀딩의 마케팅정보 제공기능을 들 수 있고, 이용을 꺼릴 요소로는 공시·정보제공 의무를 지는 점과 아울러 투자자 관리의 어려움 등으로 인하여 벤처캐피탈등 전문투자자로부터의 자금조달에 비해 기회비용이 있으며 투자자를 선택하지 못한다는 점 등을 들 수 있다.[70)] 자금공급자가 크라우드펀딩을 이용할 인센티브로는 새로운 아이디어에 대한 초기 투자기회, 신제품에 대한 빠른 접근, 신사업·신상품 관련 커뮤니티에의 참여, 신상품·아이디어에 대한 지원 등을 들 수 있으며, 이용을 꺼릴 요소로서는 자금수요자와의 정보불균형으로 인하여 파악하기 어려운 자금수요자의 능력부족과 사기 및 프로젝트 리스크를 들 수 있다.[71)] 통상 자금조달규모에 비례한 수수료 수입을 얻는 플랫폼사업자의 입장에서는 성공적인 크라우드펀딩 프로젝트의 숫자와 규모를 극대화해야 하므로 이를 위하여 크라우드펀딩 시장이 양질의 프로젝트를 유치하고 사기적인 행위를 방지하며 아이디어를 자본과 효율적으로 연계시킬 수 있도록 하고자 한다.[72)]

2. 크라우드펀딩의 연혁

다중으로부터 소액의 자금을 조달하는 크라우드펀딩의 역사는 18세기까지 거슬러 올라가고,[73)] 근대 크라우드펀딩의 초기 사례로는 1885년 조셉 퓰리처가 발간하던 신문에 홍보하는 방법으로 모금한 뉴욕 자유의 여신상 받침대 설치자금,[74)] 인터넷을 이용한 크라우드펀딩의 초기 사례로는 1996-7년 영국 록밴드 마릴리온(Marillion)이 미국순회공연자금 6만 불을 조달한 것을 들 수 있고, 최초의 크라우드펀딩 플랫폼 서비스로는 2003년 시작한 ArtistShare를 들 수 있다.[75)]

69) Regulation (EU) 2020/1503 of the European Parliament and of the Council of 7 October 2020 on European crowdfunding service providers for business, and amending Regulation (EU) 2017/1129 and Directive (EU) 2019/1937(이하 "EU 크라우드펀딩 규정"), 전문(4).

70) Agrawal et al.(2014), pp. 70-73, 75-76(투자자가 벤처캐피탈등 전문적인 투자자에 비하여 업계지식, 관계와 지위가 떨어지고, 또한 단순히 투자자가 다수라는 점에서도 투자자 관리에 비용이 들어감).

71) Agrawal et al.(2014), pp. 73-74, 76-78.

72) Agrawal et al.(2014), p. 74.

73) Kallio·Vuola(2020), pp. 221-222는 1713년 시인 알렉산더 포프가 일리아드를 포함한 그리스 시를 번역하며 출판될 책의 감사표시에 기부자의 이름을 적어주기로 하고 기부를 받은 사례 및 1783-1784년 모차르트가 피아노협주곡 공연을 하기 위해 기부금을 모금한 사례와 더불어 조나단 스위프트가 저소득 농민들에게 소액대출을 하기 위해 설립한 "Irish Loan Fund"를 언급하였다.

74) Id. 16만명 이상이 1인당 5센트에서 1달러를 기부하여 10만불 이상을 모금하였다.

75) Kallio·Vuola(2020), p. 223.

2008년 글로벌 금융위기 이후 은행 등 기존 금융회사의 건전성규제 강화로 중소기업, 특히 창업초기단계의 기업이 은행 등 기존 금융회사로부터 여신을 받기 더 어려워지면서, 은행 등 기존 금융회사로부터의 여신이 아닌 대체자금조달(alternative financing) 수단을 찾는 환경이 조성되었고, 은행예금이자율이 마이너스금리로까지 가는 시장상황 때문에 투자자들도 새로운 투자수단을 찾게 되어 전세계적으로 크라우드펀딩이 크게 성장하게 되었다.[76][77]

국내에서는 2015년 자본시장법 개정으로 증권형 크라우드펀딩에 대한 특례조항을 두었으나 아직 증권형 크라우드펀딩의 규모는 크지 않다.[78] P2P대출은 2016년경부터 급증하여 투자자보호 등의 문제가 제기되었고 2019년 온라인투자연계금융업법 제정으로 P2P대출의 법적 규율이 보다 명확하게 되었다(☞ 제16장 제3절).

Ⅱ. 크라우드펀딩의 유형

광의의 크라우드펀딩은 대체로 제공되는 자금에 대한 반대급부의 유무와 내용에 따라 다음의 5가지 유형으로 나누어 볼 수 있다.

1. 기부형 크라우드펀딩

기부형(donation-based crowdfunding)은 자금공급자가 특정한 사업 추진을 위한 자금

76) Ziegler et al.(2020), p. 45(전세계 대체자금조달거래의 금액이 2013년 110억불에서 2017년 4185억불로 증가); Kallio·Vuola(2020), pp. 225-226(아울러 은행 여신이 아닌 대체자금조달수단을 찾는 주된 이유는 조달비용에 있지 않고 은행업무처리의 관료적인 면 때문이라는 지적도 있음을 언급함).

77) 중국을 제외한 전세계 대체자금조달거래의 규모(단위: 억불) {Ziegler et al.(2021), p. 42}

	2019년	2020년
P2P 개인대출	336.0	347.3
P2P 기업대출	73.7	153.7
P2P 부동산대출	40.9	30.7
플랫폼사업자의 개인대출	106.2	118.9
플랫폼사업자의 기업대출	191.3	280.1
플랫폼사업자의 부동산대출	40.3	18.0
지분형 크라우드펀딩	10.9	15.2
채무증권형 크라우드펀딩	4.9	3.8
기부형 크라우드펀딩	26.8	70.0
보상형 크라우드펀딩	8.8	12.4

78) 2016년부터 2022. 5. 31.까지의 총발행실적 1,658억원(크라우드넷 통계정보 crowdnet.or.kr.).

을 무상으로 제공하는 유형이다. 자금의 무상제공을 이끌어 낼 수 있을 정도로 명분과 공공성이 있는 사업을 위한 자금조달에서 사용된다.

2. 보상형 크라우드펀딩

보상형 크라우드펀딩(reward-based crowdfunding)은 자금공급자가 자금제공에 대해 자금수요자로부터 개발 중인 상품, 공연 티켓, 음악 앨범과 같은 형태의 대가를 받기로 되어 있는 유형이다. 자금공급자가 금융적 권리(주식·채권 등의 증권 또는 원리금상환청구권 등)를 대가로 취득하지 않는다. 소매용 상품을 개발하는 창업초기단계의 기업이나 중소기업이 유용하게 이용할 수 있는 자금조달 수단이다. Kickstarter와 Indiegogo가 대표적인 보상형 크라우드펀딩을 위한 플랫폼이다.

3. 증권형 크라우드펀딩

자금공급자가 자금을 제공하고 자금수요자가 발행하는 주식 또는 채권을 취득하는 유형이다.[79] 투자형 크라우드펀딩이라고도 불린다.

4. 대출형 크라우드펀딩

자금공급자가 자금수요자에게 자금을 대여하고 원리금반환채권을 취득하는 유형이다. P2P 대출(peer-to-peer lending)로도 불린다.[80] 원리금반환을 할 수 있는 현금흐름 또는 자산이 있어야 하므로 기업의 경우에는 창업초기단계의 기업보다는 어느 정도 자리 잡은 중소기업이 이용하게 된다.[81] 자금공급자가 직접 자금수요자에게 자금을 대여하는 경우뿐 아니라 플랫폼사업자 또는 그와 연계한 대출업자가 자금수요자에게 대출하고 자금공급자는 그 대출자로부터 원리금반환채권을 양수하거나 원리금수취권을 취득하는 경우도 이 유형에 속한다.

---

79) 외국 문헌 중에는 자금공급자가 채무증권(debt-based securities)을 취득하는 유형을 대출형 크라우드펀딩과 함께 타인자본형 대체자금조달로 보고 주식을 취득하는(equity-based) 크라우드펀딩과 구별하기도 한다.

80) 제3절에서 다루는 P2P대출은 법정통화에 기반한 대출형 크라우드펀딩이라고 할 수 있다. 최근 새로 등장한 탈중앙화금융(DeFi)(☞ 제17장 제3절 Ⅲ. 1.)의 하나인 가상자산에 기반한 대여·차입은 가상자산 기반 P2P대출을 가능하게 한다{DeVito(2021), pp. 36-38}.

81) Armour·Enriques(2018), p. 57.

5. ICO(initial coin offering)

자금수요자가 일정한 사업과 관련하여 다수의 투자자로부터 가상화폐 또는 법정통화로 자금을 조달하고 그 대가로 투자자에게 블록체인 기술을 활용한 토큰을 제공하는 유형이다. 다수의 자금제공자로부터 전통적인 금융회사의 중개를 통하지 않고 자금을 조달한다는 점에서 크라우드펀딩의 한 유형이라고 할 수 있다(☞ 제17장 제3절 Ⅰ. 3.).

Ⅲ. 크라우드펀딩의 법적 규율 개관

1. 기부형과 보상형 크라우드펀딩

기부형 크라우드펀딩에서 자금공급자로부터 자금을 무상으로 제공받기 위해 모집하는 행위는 민법상 증여에 해당하고 기부금품법으로 규율된다.[82]

보상형 크라우드펀딩의 자금공급자와 자금수요자 간의 법률관계는 구체적인 자금조달 조건에 따라 매매계약 또는 부담부 증여계약의 성격을 가지게 될 것이다. 매매계약의 성격을 가지는 경우에도 통상의 매매계약과는 달리 제품의 품질이나 인도기한에 대해 자금수요자에게 엄격한 의무를 부과하지 않는 등 자금수요자와 자금공급자 간의 위험의 분담이 이루어진다.[83] 매매계약에 해당하면 소비자보호 차원의 법적 규율의 대상이 될 수 있고[84] 전자상거래법상 통신판매에도 해당하게 될 것이나 전자상거래법은 크라우드펀딩 거래의 특성을 충분하게 반영하지 못한다는 지적을 받고 있다.[85]

통상 기부형과 보상형 크라우드펀딩은 금융거래의 성격을 가지지 않으므로 그러한 크라우드펀딩을 할 수 있는 플랫폼을 제공하는 사업자도 금융업자로 규율되지 않는다.[86][87]

---

82) 윤민섭(2014), 108-109쪽, 115-117쪽(기부금품법상 기부금품 모집목적과 모집방법의 제한 등으로 인하여 기부형 크라우드펀딩에 제약이 있음을 지적하고 개선을 주장함).

83) Armour · Enriques(2018), pp. 62-63.

84) Armour · Enriques(2018), pp. 53, 68-72는 미국에 비해 영국에서는 보상형 크라우드펀딩이 활발하지 않은 이유로 영국에서는 목적물의 인도 후 일정기간 환불을 받을 수 있도록 한 소비자보호 법규가 보상형 크라우드펀딩에도 적용되어 보상형 크라우드펀딩의 당사자 간 위험분담구조를 반영하지 못한다는 점을 지적하였다.

85) 윤민섭(2014), 111-114쪽, 117-119쪽(전자상거래법이 조건부 거래, 단일 판매자와 다수의 소비자가 동시에 계약을 체결하는 거래, 미완성품 거래 등을 상정하지 않아 보상형 크라우드펀딩 거래에는 적합하지 않음을 지적하고 개선할 필요가 있음을 주장함).

86) Chapman(2019), p. 55. 물론 플랫폼이 판매자와 소비자간의 지급결제에 관여하는 등 금융서비스를 제공하는 경우는 그 금융서비스에 대한 규제의 적용대상이 되어야 한다.

87) 한국소비자원의 "보상형 크라우드 펀딩 실태조사"(2021. 5.)에 따르면 2021. 3. 기준으로 국내에서

2. 증권형과 대출형 크라우드펀딩

증권형과 대출형 크라우드펀딩은 금융수익 크라우드펀딩(financial-return crowdfunding)에 해당하고 그러한 크라우드펀딩을 할 수 있는 플랫폼을 제공하는 사업자는 금융업자로 규율된다. 증권형 크라우드펀딩은 전형적인 증권공모에 의한 자금조달에 해당하므로 특별한 입법적 조치를 취하지 않는 한 증권공모에 대한 규제(자본시장법상 증권신고서의 제출 등)의 적용을 받게 된다. 2015년 자본시장법 개정으로 온라인 플랫폼을 이용하여 다수의 소액투자자로부터 자금을 조달하는 소액증권공모에 대해 증권신고서 등 증권발행에 대한 공시규제가 대폭 완화되고 온라인소액투자중개업자 제도가 신설되었다. 대출형 크라우드펀딩은 온라인투자연계금융업법의 적용을 받는다(☞ 제3절).

증권형 크라우드펀딩은 자본시장법상 증권의 공모발행의 하나의 유형으로 보아 자본시장법으로 규율하고 대출형 크라우드펀딩은 특별한 유형의 대출거래로 보아 온라인투자연계금융업법으로 규율하고 있다. 물론 거래의 목적물에 맞추어 법적 규율을 달리 할 필요가 있겠으나 온라인 플랫폼을 통하여 이루어지고 다수의 소액투자자의 투자가 이루어진다는 점 등 거래유형상으로는 유사한 면이 많이 있다.[88]

3. ICO

ICO는 발행되는 코인 또는 토큰의 법적 성격이 증권에 해당하는 경우에는 증권의 공모에 해당하겠으나 그렇지 않은 경우에는 기존의 법제가 생각하지 않은 새로운 유형의 자금조달수단에 해당할 것이다. 2017년 금융위원회는 ICO를 금지한다는 입장을 표명하였다. ICO에 대해서는 아래 제17장 제3절 Ⅰ. 3.과 제17장 제5절 Ⅳ. 1.에서 상세히 검토한다.

아래에서는 증권형 크라우드펀딩의 법적 규율을 살펴보고, 제3절에서 대출형 크라우드펀딩을 다룬다.

온라인소액투자중개업자로 등록한 후 보상형 크라우드 펀딩도 함께 영위하고 있는 업체가 8개, 온라인소액투자중개업자로 등록되지 않고 보상형 크라우드 펀딩을 영위하는 업체가 2개이며, 시장규모는 2017년 252억원에서 2019년 2,103억원 규모로 추정되고 있다.

88) EU 크라우드펀딩 규정은 증권형 크라우드펀딩과 기업을 대상으로 하는 대출형 크라우드펀딩을 하나의 규정으로 규율하지만, 대출형 크라우드펀딩을 더 엄격하고 상세하게 규율하고 있다. Macchiavello (2021), p. 581.

Ⅳ. 증권형 크라우드펀딩

1. 증권형 크라우드펀딩의 의의와 현황

(1) 증권형 크라우드펀딩의 의의와 투자자가 부담하는 위험

증권형 크라우드펀딩은 전통적인 은행 등 금융회사의 여신을 받기 어려운 창업초기 단계의 기업이나 중소기업이 인터넷을 통하여 새로운 사업을 홍보하여 다수의 자금공급자로부터 자금을 조달하고 자금공급자에게는 주식 또는 채권을 발행하는 유형의 크라우드펀딩이다.

증권형(특히 주식형) 크라우드펀딩은 전문성이 없는 다수의 투자자가 투자하고 지배권을 행사할 수 없는 지분을 취득하므로 벤처캐피탈보다 기업의 지배주주 또는 경영진의 대리문제에 더 쉽게 노출될 수 있다. 또한 통상의 증권공모보다 완화된 공시제도가 적용되어 투자자로서는 정보가 부족하고 거래소와 같은 유통시장도 없어서 상장증권에 투자하는 것보다 투자자는 높은 위험을 부담한다. 또한 전문성과 정보가 부족한 투자자들은 쏠림현상(herding)을 보이기 쉽다.[89)]

(2) 증권형 크라우드펀딩과 증권공모에 대한 규제

다중을 상대로 주식·채권 발행을 추진한다는 점에서 전형적인 증권공모에 해당한다. 증권공모를 하기 위해서는 원칙적으로 증권신고서의 제출 등 일반적인 증권법규(한국에서는 자본시장법)에 따른 공모절차를 거쳐야 한다. 그러나 전통적인 은행 여신을 받기 어려워 증권형 크라우드펀딩을 이용하고자 하는 창업초기단계의 기업이나 중소기업이 기존의 증권발행절차를 거쳐 자금을 조달하는 것은 매우 큰 부담이 되어 실질적으로 창업과 새로운 사업활동에 장애요인이 될 수 있다.

2012년 제정된 미국의 JOBS법(The Jumpstart Our Business Startups Act) 제3편(Title Ⅲ)은 일정한 요건을 갖춘 증권형 크라우드펀딩에 대해 미국 연방증권법의 발행공시의무를 면제하고 크라우드펀딩의 중개인에 대한 자격을 정하였다. 이 법에 따라 2015. 10. 30. 미국 SEC가 규정(Regulation Crowdfunding)을 제정하여 2016. 5. 16.에 시행하였다.[90)91)]

89) Armour · Enriques(2018), pp. 58-61.

90) JOBS법의 크라우드펀딩에 관한 부분에 대한 설명은 윤민섭(2012a), 199-213쪽, JOBS법 전체에 대한 설명은 이정수(2013).

91) JOBS법과 Regulation Crowdfunding이 시행된 2016. 5.부터 2018. 12. 말까지 이 제도를 이용한 증권모집은 1,351건이지만 모집이 완료된 것은 519건이고 실제 조달금액은 1억820만불이다. 이는

JOBS법의 영향으로 2015년 자본시장법이 개정되어[92] 온라인소액투자중개 제도가 도입되고 증권형 크라우드펀딩에 대한 특례가 신설되었다. 이후 법령의 몇 차례 개정을 통하여 특례 적용을 받을 수 있는 발행인과 투자자의 범위가 확대되고 투자자 보호장치가 보완되었다.

2016년부터 2024년 5월 말까지 크라우드펀딩 제도를 이용한 국내의 주식과 채권 발행은 총 1,182건(주식: 744건, 채권: 438건), 총발행금액 약 2,005억원(주식: 약 1,268억원, 채권: 약 737억원)이다.[93] 2024. 5. 31. 현재 온라인소액투자중개업자는 총 11개(증권회사 2개 포함)이다.[94]

2. 온라인소액투자중개를 이용한 발행 방법과 공시에 대한 특례

(1) 온라인소액투자중개

자본시장법상 온라인소액투자중개란 "온라인상에서 누구의 명의로 하든지 타인의 계산으로 창업기업 등 일정한 자격을 갖춘 자가, 대통령령으로 정하는 방법으로 발행하는 채무증권, 지분증권, 투자계약증권의 모집 또는 사모에 관한 중개"를 말하고, 그 중개를 영업으로 하는 투자중개업자가 온라인소액투자중개업자이다(동법 제9조 제27항). 자본시장법은 온라인소액투자중개 제도를 이용한 발행에 대해서는 증권신고서 제출의무 배제 등의 특례조항을 두면서, (i) 그 제도를 이용할 수 있는 발행인의 범위와 (ii) 발행방법을 제한하고, (iii) 그 중개업자를 별도로 규율하고 있다.

(2) 온라인소액증권발행인의 자격제한

온라인소액투자중개 제도에 따라 증권을 발행할 수 있는 발행인(=온라인소액증권발행인)은 ①「중소기업창업지원법」 제2조 제3호에 따른 창업기업으로서 (i) 주권상장법인(코넥스시장 상장법인 중 일정한 경우[95]는 제외) 또는 (ii) 금융보험업, 부동산업, 유흥주점업 등

영국의 크라우드펀딩 실적(2017년에만 약 4억5천만불)보다 훨씬 작은 금액이다. 그 원인으로는 영국의 크라우드펀딩시장이 역사가 깊고 더 발달된 점, 투자자가 조세상 미국보다 유리한 취급을 받는 점, 미국 제도상 제한된 발행금액보다 큰 금액의 발행이 가능한 점등이 지적되었다. SEC (2019), pp. 15-17.

92) 법률 제13448호(2015. 7. 24. 일부개정 및 시행).

93) 크라우드넷(https://www.crowdnet.or.kr/) 통계정보.

94) 크라우드넷(https://www.crowdnet.or.kr/) 중개업자 현황.

95) 코넥스시장에 주권을 신규로 상장하여 그 상장일부터 3년이 경과하지 않은 법인으로서 자본시장법 제119조 또는 제130조에 따른 방식으로 증권의 모집 또는 매출을 한 실적이 없는 법인.

일정한 업종을 영위하는 자(다만 금융위원회가 고시한 업종[96]은 제외)에 해당하지 않는 자, ② 벤처기업, 기술혁신형 중소기업, 경영혁신형 중소기업으로서 ①(ii)의 업종제한에 해당하지 않는 자, ③ 중소기업으로서 일정한 요건을 갖춘 자(자본시장법 제9조 제27항, 동법시행령 제14조의5)로 제한하였다.

(3) 공시의무에 대한 특례

가. 증권신고서 제출의무와 계속공시의무 면제

1) 증권신고서 제출의무 면제

온라인소액투자중개의 방법으로 일정한 발행한도 범위 내에서 증권을 모집하는 경우에는 자본시장법 제119조에 규정된 모집·매출시 증권신고서 제출의무와 제130조에 규정된 소액공모시의 재무상태 공시의무가 적용되지 않는다(동법 제117조의10 제1항).[97]

이러한 증권신고서 제출의무 면제는 전통적인 발행규제로 인한 "소액자금조달"의 어려움을 온라인소액투자중개를 통한 증권모집으로 해소하기 위한 것이므로 발행금액에 한도를 두었다. 온라인소액투자중개를 통한 모집으로 발행규제에 대한 특례적용을 받기 위해서는 (i) 당해 모집가액과 과거 1년간 모집가액(채무증권 상환액은 제외) 각각의 합계액이 30억 원(채무증권의 합계액은 15억원) 이하이고, (ii) 1년간 사모로 청약의 권유를 한 금액의 합계액이 30억원(채무증권의 합계액은 15억원) 이하이어야 한다(동법 제117조의10 제1항, 동법시행령 제118조의15 제1항). 이때 전문투자자등 일정한 투자자[98]가 취득하는 증권을 예탁결제원에 예탁 또는 보호예수하고 1년간 인출·매도하지 않기로 예탁결제원과 계약한 경우 그 투자자가 납입한 금액은 제외한다(동법시행령 제118조의15 제2항, 제118조의17 제2항).

2) 계속공시의무 면제

자본시장법상 주권 등 일정한 증권을 모집·매출한 발행인은 사업보고서·반기보고서·분기보고서 등 정기보고서와 주요사항보고서를 제출할 의무가 있으나, 온라인소액투자중개의 방법으로 모집한 경우에는 그 적용을 배제하였다(동법 제159조 제1항, 제160조, 제161조, 동법시행령 제167조 제1항 제2호).

---

96) 금융투자업규정 제1-9조 제1항.

97) 일반적으로 비상장법인의 청약의 권유시 그 법인의 주주는 연고자로서 50인 산정시 제외되지만, 주권을 모집·매출한 실적이 있는 비상장법인이 청약의 권유를 하는 경우에는 그 법인의 주주도 50인 산정시 포함된다(자본시장법시행령 제11조 제1항 제2호 라목). 온라인소액투자중개를 이용하여 증권을 모집한 회사도 모집실적이 있는 비상장법인에 해당하므로 그 회사가 주주배정 유상증자를 하는 경우 그 회사의 주주(온라인소액투자중개를 이용하여 투자한 주주포함)는 50인 산정시 포함된다.

98) ☞ 아래 각주 108.

나. 온라인소액증권발행인의 발행관련 정보제공

공모시 요구되는 일반적인 공시의무가 면제되는 대신, 온라인소액증권발행인은 투자자를 보호하기 위하여 증권의 발행조건과 재무상태, 사업계획서 및 그 밖에 일정한 사항을 온라인소액투자중개업자가 개설한 홈페이지에 게재하고, 모집이 끝난 후 모집결과를 위 홈페이지에 게재하며, 매 사업년도 경과후 90일 이내에 결산서류를 위 홈페이지에 게재하는 등 투자자 보호를 위한 일정한 조치를 하여야 한다(동법 제117조의10 제2항, 동법시행령 제118조의16 제1항, 제3항).

온라인소액증권발행인은 청약기간[99]의 종료일부터 7일 전까지 온라인소액투자중개업자가 관리하는 인터넷 홈페이지를 통하여 투자자의 투자판단에 도움을 줄 수 있는 정보를 제공할 수 있다. 다만, 온라인소액증권발행인은 투자자의 투자판단에 영향을 미칠 수 있는 중요한 사항을 포함하고 있는 정보가 자본시장법 제117조의10 제2항에 따른 게재의 내용과 상이한 경우에는 그 게재의 내용을 즉시 정정하고 온라인소액투자중개업자가 관리하는 인터넷 홈페이지를 통하여 정정 게재(정정 게재일이 청약기간의 말일부터 7일 이내인 경우에는 청약기간의 말일은 그 게재일부터 7일 후로 변경된 것으로 본다)하여야 한다(동법 제117조의10 제4항, 동법 시행령 제118조의16 제6항).[100]

(4) 발행방법 · 광고 · 청약의 권유의 제한

가. 발행방법 — 온라인소액투자중개업자의 인터넷 홈페이지 이용

온라인소액투자중개를 통한 증권발행은 온라인소액투자중개업자의 인터넷 홈페이지(이동통신단말장치에서 사용되는 앱, 그 밖에 이와 비슷한 응용프로그램을 통하여 온라인소액투자중개업자가 가상의 공간에 개설하는 장소를 포함함)에 자본시장법 제117조의10 제2항에 따라 게재한 증권의 발행조건과 재무상태, 사업계획서 및 그 밖에 대통령령으로 정하는 사항에

---

99) 온라인소액투자중개에 따른 증권모집의 청약기간은 10일 이상으로 해야 한다(동법시행령 제118조의16 제3항 제1의2호).

100) 다음의 경우에는 정정 게재해야 한다(동법시행령 제118조의16 제6항).
1. 모집가액 또는 매출가액·발행이율 등 발행조건, 배정기준일·청약기간 또는 납입기일, 자금의 사용목적 중 어느 하나에 해당하는 사항이 변경된 경우
2. 최근 사업연도의 재무제표가 확정된 경우
3. 발행인의 사업목적 변경, 영업의 양도·양수 또는 합병계약의 체결, 발행인의 경영이나 재산 등에 중대한 영향을 미치는 소송의 당사자가 된 때, 발행한 어음이나 수표의 부도 또는 은행과의 당좌거래 정지·금지, 영업활동의 전부나 중요한 일부의 정지, 회생절차개시의 신청, 해산사유 발생 중 어느 하나에 해당하는 사실이 발생한 경우
4. 그 밖에 투자자의 투자판단에 영향을 미칠 수 있는 사항으로서 금융위원회가 정하여 고시하는 경우

관하여 온라인소액증권발행인과 투자자 간, 투자자 상호 간에 해당 인터넷 홈페이지에서 의견의 교환이 이루어질 수 있도록 한 후에 채무증권, 지분증권 또는 투자계약증권을 발행하는 방법으로 행하여야 한다(자본시장법 제9조 제27항, 동법시행령 제14조의4 제1항).

나. 광고 및 청약의 권유의 규제

온라인소액투자중개업자와 온라인소액증권발행인은 그 중개업자의 홈페이지 이외의 수단을 사용해서 투자광고를 해서는 안 된다. 다만, 온라인소액투자중개업자와 온라인소액증권발행인이 다른 매체를 사용하여 투자광고가 게시된 인터넷 홈페이지 주소, 그 홈페이지에 접속할 수 있는 장치에 관한 정보를 제공하거나, 그 중개업자와 발행인의 명칭, 발행인의 업종 및 청약기간에 관한 정보를 인터넷 포털서비스를 이용하여 제공하는 것은 허용된다(자본시장법 제117조의9 제1항). 온라인소액투자중개업자와 온라인소액증권발행인이 아닌 사람의 온라인소액투자중개에 대한 투자광고는 금지된다(동조 제2항).

(5) 온라인소액투자중개업자의 제한적인 역할

온라인소액투자중개업자는 자본시장법 제117조의9 제1항에 따른 투자광고와 정보제공, 온라인소액증권발행인이 증권의 발행조건 등을 자신의 홈페이지에 게재하도록 하여 게시하는 행위 등 몇 가지 제한적으로 허용된 행위[101]를 제외하고는 증권의 청약을 권유하는 일체의 행위를 해서는 안 된다(동법 제117조의7 제10항). 일반적인 증권공모시 인수인의 업무와 비교하면 큰 차이가 있고 온라인소액투자중개업자는 공모에서 수동적인 역할만 하고 있다고 하겠다.

온라인소액증권발행인의 공시와 관련된 온라인소액투자중개업자의 역할도 제한적이다. 온라인소액투자중개업자는 온라인소액투자중개 전에 온라인소액증권발행인의 재무상황, 그 대표자와 경영진의 이력, 사업계획과 모집자금사용계획이 법령상 요구되는 사항을

101) 청약의 권유와 관련하여 온라인소액투자중개업자가 할 수 있는 행위는 다음과 같다.
(i) 자본시장법 제117조의9 제1항에 따른 투자광고를 자신의 인터넷 홈페이지에 게시하는 행위
(ii) 동법 제117조의9 제1항 단서에 따라 다른 매체를 통하여 인터넷 홈페이지 주소와 홈페이지에 접속할 수 있는 장치를 알려주거나, 위 홈페이지나 인터넷 포털서비스를 이용하여 온라인소액증권발행인의 명칭, 업종 및 청약기간을 제공하는 행위
(iii) 동법 제117조의10 제2항에 따라 온라인소액증권발행인이 게재하는 내용(증권의 발행조건 등)을 자신의 인터넷 홈페이지에 게시하는 행위
(iv) 자신의 인터넷 홈페이지를 통하여 자신이 중개하는 증권 또는 그 온라인소액증권발행인에 대한 투자자들의 의견이 교환될 수 있도록 관리하는 행위. 다만, 온라인소액투자중개업자는 자신의 인터넷 홈페이지를 통하여 공개되는 투자자들의 의견을 임의로 삭제하거나 수정하여서는 안 된다.
(v) 사모 방식으로 증권의 청약을 권유하는 경우에는 동법 제117조의10 제2항에 따라 온라인소액증권발행인이 게재하는 내용을 특정 투자자에게 전송하는 행위

포함했는지 여부와 그 발행인의 신뢰성을 확인할 수 있는 사항으로 동법시행령이 정하는 사항을 확인할 의무가 있다(동법 제117조의11 제1항, 동법시행령 제118조의18). 이 확인의무 위반시에는 과태료 처분을 할 수 있다(동법 제449조 제1항 제35의10호).

온라인소액투자중개업자가 투자하고자 하는 자신의 고객들을 위하여 자본시장법에 규정된 위 확인의무보다 더 많은 내용을 확인하거나 다른 투자자보호 장치[102]를 두는 것은 자본시장법의 다른 조항이나 법률에서 명시적으로 제한하지 않는 한 허용된다고 보아야 한다.

3. 온라인소액투자중개 방식 발행시 투자자 보호

(1) 부실공시에 대한 발행인 등의 책임

가. 형사책임 조항의 부존재

온라인소액투자중개를 통하여 증권을 발행하는 경우의 부실공시에 대해서 자본시장법은 민사책임을 추궁할 수 있는 조항을 두었으나 형사처벌 조항[103]은 두지 않았다.[104]

나. 민사책임

자본시장법 제117조의10 제2항에 따라 게재한 증권의 발행조건과 재무상태 등을 기재한 서류 또는 사업계획서(정정게재 포함) 중 중요사항에 관한 거짓의 기재·표시가 있거나, 중요사항이 기재·표시되지 아니함으로써 온라인소액투자중개를 통하여 증권을 취득한 자가 손해를 입은 경우에는 온라인소액증권발행인, 그 서류 작성당시의 발행인의 대표

---

102) 주식형 크라우드펀딩시 플랫폼 운영회사가 투자자들의 nominee 자격으로 주식발행인과 투자계약을 체결하여 투자자들에게 신주인수권, 동반매도참여권(tag-along right), 중요사항에 대한 거부권 등이 부여되도록 하고 그 권리를 플랫폼 운영회사가 투자자들을 위하여 행사하는 구조로 투자자보호장치를 운영하는 사례(영국의 Seedrs)도 있다{Armour·Enriques(2018), p. 80}. 자본시장법상 온라인소액투자중개업자가 이러한 투자자보호장치를 두는 것에 대해서는 자신이 중개하는 증권을 자기계산으로 취득하지 못하게 한 동법 제117조의7 제2항의 취지에 어긋난다거나 중개업자가 투자자들의 수탁자의 지위를 겸하는 것은 이익충돌의 문제가 있다는 논란이 제기될 수 있다. 또한 온라인소액투자중개업자는 온라인소액증권발행인의 신용 또는 투자 여부에 대한 투자자의 판단에 영향을 미칠 수 있는 자문에 응하지 못하게 되어 있는 조항(동법 제117조의7 제3항) 때문에 다른 종류의 투자자보호장치를 두는 것에 대해서도 자본시장법상 제한이 있다는 논의도 제기될 여지가 있다.

103) 자본시장법은 통상의 공모시 증권신고서·투자설명서에 중요사항에 관한 거짓의 기재·표시를 하거나 중요사항을 표시·기재하지 않은 경우 5년 이하의 징역 또는 2억원 이하의 벌금에 처하도록 하였다(동법 제444조 제13호),

104) 온라인소액투자중개를 통한 증권발행시 부실공시가 자본시장법 제178조 제1항 제1호 또는 제2호에 규정된 부정거래행위에 해당하는 경우에는 형사처벌의 대상이 될 수 있다.

자 또는 이사 등 일정한 책임주체[105]가 그 손해에 관하여 배상책임을 진다. 다만, 배상책임을 질 자가 상당한 주의를 하였음에도 불구하고 이를 알 수 없었음을 증명하거나 그 증권의 취득자가 취득의 청약을 할 때에 그 사실을 안 경우에는 배상책임을 지지 않는다(동법 제117조의12 제1항).

여기서 주목할 부분은 온라인소액투자중개업자는 책임을 부담할 자로 열거되어 있지 않다는 점이다. 자본시장법상 통상의 공모시 증권신고서·투자설명서의 부실기재로 인한 투자자의 손해를 배상할 책임주체에는 인수인·주선인과 투자설명서를 작성하거나 교부한 자(이하 이 단락에서 "인수인 등")가 포함되어 있다(동법 제125조 제1항 제5호와 제6호). 인수인 등의 임무를 수행하는 투자매매업자·투자중개업자는 증권신고서·투자설명서에 부실기재가 없도록 상당한 주의를 다해야 부실기재에 따른 투자자의 손해를 배상할 책임을 면할 수 있다. 자본시장법 제125조에서 인수인 등에게 상당한 주의를 다하지 않으면 발행인의 부실공시에 따른 손해배상책임을 지도록 한 것은 인수인 등이 자본시장의 문지기(gatekeeper)로서 공시내용에 대한 독자적인 조사의무를 부과하여 발행시장의 공시제도가 제대로 작동되도록 한 것이다.

온라인소액투자중개를 통한 증권 발행시 온라인소액증권발행인에게는 부실공시에 따른 손해배상책임을 추궁할 수 있도록 하면서 온라인소액투자중개업자를 손해배상책임주체에 포함시키지 않은 것은 온라인소액투자중개 시장에서 온라인소액투자중개업자가 전통적인 인수인·주선인의 지위에 있지 않고 단순히 정보서비스업을 하는 정도의 역할을 하는 것으로 본 것이라고 할 수 있다. 자본시장법이 온라인소액투자중개를 통한 증권발행에서는 온라인소액투자중개업자가 자신의 홈페이지에 투자자와 발행인 사이 및 투자자들 사이에서 의견을 교환할 수 있도록 하여 의사소통을 원활하게 하는 기능[106]을 기대하고

105) 책임주체는 다음과 같다(동법 제117조의12 제1항).
1. 온라인소액증권발행인
2. 그 증권의 발행조건과 재무상태 등을 기재한 서류 또는 사업계획서의 작성 당시의 온라인소액증권발행인의 대표자 또는 이사(이사가 없는 경우에는 이에 준하는 자를 말하며, 법인의 설립 전에 작성된 경우에는 그 발기인을 말한다)
3. 상법 제401조의2 제1항 각 호의 어느 하나에 해당하는 자로서 그 증권의 발행조건과 재무상태 등을 기재한 서류 또는 사업계획서의 작성을 지시하거나 집행한 자
4. 그 증권의 발행조건과 재무상태 등을 기재한 서류 또는 사업계획서가 진실 또는 정확하다고 증명하여 서명한 공인회계사·감정인 또는 신용평가를 전문으로 하는 자 등(그 소속 단체를 포함한다) 대통령령으로 정하는 자
5. 그 증권의 발행조건과 재무상태 등을 기재한 서류 또는 사업계획서에 자기의 평가·분석·확인 의견이 기재되는 것에 동의하고 그 기재 내용을 확인하는 자

106) 온라인소액투자중개업자는 플랫폼에 투자자들이 관심을 가질 사항에 관한 표준화된 질문사항을 마련하여 투자하고자 하는 고객들의 시간을 절약하는 등{Armour·Enriques(2018), p. 82}의 방법으로 발행인과 관련 프로젝트에 대한 정보를 효과적으로 취득하게 하는 장치를 적극적으로

있는 점(동법 제117조의7 제10항)과 아래 영업행위규제에서 보듯이 일반적인 매매중개업자에게 적용되는 여러 의무조항들이 온라인소액투자중개업자에게는 적용하지 않도록 한 점도 같은 맥락으로 이해할 수 있다.

(2) 청약증거금 관리

온라인소액투자중개업자는 투자자로부터 일체의 금전·증권, 그 밖의 재산의 보관·예탁을 받아서는 안 된다(동법 제117조의8 제1항). 온라인소액투자중개업자는 투자자의 청약증거금이 은행·증권금융회사(=청약증거금 관리기관)에 예치·신탁되도록 해야 하고, 이와 같이 예치·신탁된 투자자의 청약증거금이 투자자의 재산이라는 뜻을 밝혀야 한다(동조 제2항, 제3항).

이와 같이 예치·신탁된 청약증거금은 상계·압류하지 못하며, 제한적인 예외를 제외하고는 양도·담보제공할 수 없다(동조 제4항). 온라인소액투자중개업자는 그에 대한 등록취소, 해산결의, 파산선고 등이 발생하면 위와 같이 예치·신탁된 예탁증거금이 투자자에게 우선지급될 수 있도록 조치해야 한다(동조 제5항). 투자매매업자·투자중개업자의 투자자예탁금 예치·신탁의무 및 예치·신탁된 투자자예탁금의 처리에 관한 자본시장법 제74조와 유사한 내용으로 되어 있다.

다만 등록취소 등 우선지급사유가 발생하였음에도 불구하고 온라인소액투자중개업자가 아무런 조치를 취하지 않는 경우 청약증거금 관리기관이 예탁증거금을 어떻게 처리해야 하는지에 대해 법령상으로는 아무런 언급이 없다. 청약증거금을 청약증거금 관리기관에 예치·신탁하기 위한 계좌개설 약정에 그러한 우선지급사유가 발생하고 금융감독원이 우선지급업무에 관한 별도의 지시를 하는 경우에는 약정의 당사자가 이를 준수하겠다는 내용을 포함시키도록 하여(금융투자업규정 제4-114조 제5호) 계약으로 해결하고 있다. 자본시장법 제74조 제5항의 최근 개정[107]과 같이 우선지급사유가 발생한 경우 온라인소액투자중개업자의 조치없이 투자자의 청구에 따라 우선지급될 수 있도록 법령상 규정하

개발할 필요가 있다. 투자하고자 하는 고객들로부터 신뢰를 얻어야 장기적으로 온라인소액투자중개업을 영위할 수 있을 것이고, 이를 위해서는 자본시장법에서 요구하는 수준보다 더 높은 수준으로 온라인소액증권발행인에 대해 실사·확인할 유인은 있을 것이다.

107) 자본시장법상 투자매매업자·투자중개업자는 투자자예탁금을 증권금융회사 등(이하 "예치기관")에 예치 또는 신탁해야 한다. 동법은 예치·신탁한 투자매매업자·투자중개업자(이하 "예치한 업자")에 대해 인가취소·파산선고·해산결의 등이 있으면 그 예치한 업자는 예치기관에 예치·신탁한 투자자예탁금을 인출하여 투자자에게 우선하여 지급하도록 규정하였었으나(동법 제74조 제1항, 제5항), 동법 제74조 제5항이 개정되어 예치한 업자가 조치를 취할 필요 없이 예치기관이 투자자의 청구에 따라 투자자예탁금을 투자자에게 우선지급하도록 되었다(법률 제18228호, 2021. 6. 8, 일부개정, 2021. 12. 9. 시행).

는 것이 타당하다.

(3) 기타 간접적 투자자보호장치

가. 투자한도

온라인소액투자중개를 통한 증권모집에 대해 증권신고서 제출의무를 면제하고 공시를 대폭 간소하게 한데 따른 위험부담을 고려하여 자본시장법은 온라인소액투자중개를 통한 투자액에 한도를 두었다.

전문투자자 등 일정한 투자자[108]를 제외한 일반투자자는 온라인소액투자중개를 통한 투자를 (i) 소득 등 일정한 요건을 갖춘 경우에는 동일 발행인에 대한 1년간 누적투자금액 1천만 원, 1년간 총누적투자금액 2천만 원, (ii) 그러한 요건을 갖추지 못한 경우에는 동일 발행인에 대한 1년간 누적투자금액 5백만 원, 1년간 총투자금액 1천만 원의 한도 내에서만 투자할 수 있다(동법 제117조의10 제6항, 동법시행령 제118조의17 제2항 내지 제4항).

나. 온라인소액증권발행인과 그 대주주의 지분처분 금지의무

온라인소액증권발행인과 그 대주주(온라인소액투자중개의 방법으로 자금을 모집하기 직전을 기준으로 한 대주주를 말한다)는 그 발행인이 온라인소액투자중개 방식으로 증권을 발행한 후 1년 동안은 보유한 그 발행인의 지분을 누구에게도 매도할 수 없다(동법 제117조의10 제5항, 동법시행령 제118조의17 제1항).

다. 최소청약금액 미달시 발행취소

온라인소액증권발행인은 온라인소액투자중개의 방법으로 증권을 모집하는 경우 청약금액이 모집예정금액의 80%에 미달하는 때에는 그 발행을 취소해야 한다(동법 제117조의10 제3항, 동법시행령 제118조의16 제5항).

4. 온라인소액투자중개업자의 규율

(1) 온라인소액투자중개업자의 등록의무

금융위원회에 등록하지 않으면 온라인소액투자중개를 할 수 없다(자본시장법 제117조

108) 1. 자본시장법 제11조 제2항 제1호부터 제4호까지의 규정에 해당하는 자(전문투자자, 전문가, 연고자, 일정한 특별법에 따라 설립된 집합투자기구)
2. 창업자나 벤처기업에 투자한 실적을 보유하고 있는 자로서 금융위원회가 정하여 고시하는 금액 이상을 투자한 자
3. 그 밖에 창업자·벤처기업 등에 대한 투자의 전문성 등을 고려하여 금융위원회가 정하여 고시하는 자

의3). 금융위원회에 등록하면 투자중개업 인가를 받은 것으로 본다(동법 제117조의4 제1항).

(2) 중개업무의 내용

온라인소액투자중개업자가 행하는 중개는 새로 발행되는 증권에 대하여 온라인소액증권발행인을 위하여 (i) 투자자에게 그 증권의 취득에 관한 청약의 권유, (ii) 그 밖에 직접·간접으로 온라인소액증권발행인과 그 증권의 모집 또는 사모의 분담, (iii) 투자자로부터 그 증권의 취득에 관한 청약을 받아 온라인소액증권발행인에게 전달하는 행위를 말한다(동법 제9조 제27항, 동법시행령 제14조의4 제2항).

(3) 영업행위 규제

가. 통상의 투자중개업자에게 적용되는 조항들의 적용배제

온라인소액투자중개업자에 대해서는 겸영업무(자본시장법 제40조), 금융소비자보호법 위반으로 발생한 일반투자자의 손해를 배상할 책임(동법 제48조), 투자권유준칙과 투자권유의 위탁(동법 제50조부터 제53조), 고유재산 소유증권의 예탁의무(동법 제61조), 매매형태의 명시의무(동법 제66조), 자기계약금지(동법 제67조), 최선집행의무(동법 제68조), 자기주식의 예외적 취득(동법 제69조), 임의매매 금지(동법 제70조), 신용공여(동법 제72조), 매매명세 통지의무(동법 제73조), 투자자예탁금 별도예치의무(동법 제74조), 투자자 예탁증권의 예탁(동법 제75조), 집합투자증권 판매 등에 관한 특례(동법 제76조), 투자성있는 예금·보험에 대한 특례(동법 제77조), 종합금융투자사업자(동법 제77조의2, 제77조의3), 다자간매매체결회사(동법 제78조), 금융소비자보호법상의 적합성원칙(제17조), 적정성원칙(제18조), 설명의무(제19조), 부당권유행위 금지(제21조), 계약서류 제공의무(제23조), 금융상품판매·중개업자의 금지행위와 고지의무(제25조 제1항, 제26조), 손해배상책임(제44조, 제45조), 청약의 철회(제46조)가 적용되지 않는다(자본시장법 제117조의7 제1항).

적합성원칙과 적정성원칙의 적용을 배제하는 등 외국의 입법례에 비하여 온라인소액투자중개업자의 투자자보호 기능이 대폭 축소되었다.[109] 결국 온라인소액투자중개업자

109) 미국 JOBS법에 따라 개정된 증권법(Securities Act)상 크라우드펀딩을 중개하는 중개인과 펀딩포탈은 투자자교육자료를 공시하고, 투자자들로 하여금 (a) 그들이 투자자교육자료를 검토하도록 하고 (b) 투자전액의 손실위험을 부담함을 이해한다는 점과 투자자가 그 손해를 부담할 능력이 있다는 점을 적극적으로 확인하도록 하며, (c) 창업, 신규사업, 소기업에 대한 투자에 일반적으로 적용되는 위험수준, 유동성부족에 따른 위험과 SEC가 정한 기타 사항을 이해했는지를 보여주는 질문에 답하도록 해야 한다{Securities Act Article 4A(a)(3)(4)}.

EU 법규상 크라우드펀딩 서비스제공자는 일반투자자에게 플랫폼상 자금수요자의 프로젝트에 투자하도록 완전한 접근을 허용하기 전에 크라우드펀딩 서비스가 그 일반투자자에게 적정한지를 평가해야 하고 그 평가를 매 2년마다 재검토해야 한다. 그 평가를 위하여 서비스제공자는

에게 적용되는 조항은 신의성실의무(자본시장법 제37조), 이해상충의 관리(동법 제44조), 정보교류의 차단(동법 제45조) 정도만 남는다.

나. 온라인소액투자중개 및 청약과 관련된 영업행위 규제

온라인소액투자중개업자에게는 위 '발행방법·광고·청약의 권유의 제한'에서 언급한 온라인소액투자중개를 위한 온라인 홈페이지의 개설과 온라인소액투자중개 전에 행할 확인의무, 광고와 투자권유 제한 등의 영업행위 규제 이외에도 아래와 같은 영업행위 규제가 적용된다.

1) 부당한 투자자 차별의 금지

온라인소액투자중개업자는 온라인소액증권발행인에 관한 정보의 제공, 청약주문의 처리 등의 업무를 수행할 때, 일정한 정당한 사유가 있는 경우 이외에는 특정한 온라인소액증권발행인 또는 투자자를 부당하게 우대하거나 차별해서는 안 된다(동법 제117조의7 제7항, 동법시행령 제118조의10 제1항).[110] 정당한 사유에는 투자자가 청약의 의사를 먼저 표시한 경우, 온라인소액증권발행인의 요청에 따라 온라인소액투자중개업자가 투자자의 자격 등을 합리적이고 명확한 기준에 따라 제한한 경우(동법 제117조의7 제5항), 그 밖에 금융위원회가 정한 사유가 있다.

2) 투자자 확인의무

온라인소액투자중개업자는 투자자가 청약의 내용, 투자에 따르는 위험, 증권의 매도 제한, 증권의 발행조건과 온라인소액증권발행인의 재무상태가 기재된 서류 및 사업계획서의 내용을 충분히 확인하였는지 여부를 투자자의 서명, 전자우편, 기타 일정한 본인확인방법으로 확인하기 전에는 그 청약의 의사표시를 받아서는 안 된다(동법 제117조의7 제4항, 동법시행령 제118조의9 제1항).

3) 투자자의 청약철회시 청약증거금 반환의무

투자자는 청약을 하더라도 청약기간의 종료일까지 온라인소액투자중개업자의 홈페이지에 전자문서로 청약의 의사를 철회할 수 있다.[111] 이 경우 온라인소액투자중개업자

일반투자자에게 경험, 투자목적, 재무상황과 일반적인 투자에 따른 위험과 크라우드펀딩 플랫폼에서 제시하는 유형의 투자에 따른 위험의 기본적 이해에 관한 정보를 요청해야 한다. 일반투자자가 그 정보의 제공을 거부하거나 제공한 정보에 기초할 때 그의 지식과 경험이 부족한 경우에는 크라우드펀딩 플랫폼에서 제시하는 서비스가 그에게 적정하지 않음을 알리고 리스크경고를 하도록 하였다(EU 크라우드펀딩 규정 제21조).

110) EU 크라우드펀딩 규정 제3조 제3항은 크라우드펀딩 서비스제공자가 투자자의 주문을 특정자금수요자에게 연결하는 데 대해 보수, 할인, 또는 비금전적 이익을 지급하거나 수령하지 못하도록 하였다.

111) EU 크라우드펀딩 규정 제22조 제2항과 제3항은 일반투자자가 크라우드펀딩 청약을 한 후 4일 이내에 이유를 제시하지 않고 불이익없이 청약을 철회할 수 있도록 하였다.

는 그 투자자의 청약증거금을 지체 없이 반환하여야 한다(동법 제117조의7 제8항, 동법시행령 제118조의17 제7항).

4) 투자자의 의사표시 없는 청약 금지

온라인소액투자중개업자는 투자자가 청약의 의사를 표시하지 아니한 상태에서 투자자의 재산으로 증권의 청약을 하여서는 아니 된다(동법 제117조의7 제6항).

5) 청약기간 만료후 통지

온라인소액투자중개업자는 증권의 청약기간이 만료된 경우에는 증권의 청약 및 발행에 관한 내역을 금융위원회가 정하여 고시하는 방법에 따라 지체 없이 투자자에게 통지하여야 한다(동법 제117조의7 제8항).

다. 이익충돌 규제

자본시장법 제44조의 이해상충에 관한 조항의 적용에 추가하여, 온라인소액투자중개업자는 (i) 자신이 온라인소액투자중개를 하는 증권을 자기 계산으로 취득하거나, 증권의 발행·청약을 주선·대리하는 행위(자본시장법 제117조의7 제2항) 또는 (ii) 온라인소액증권발행인의 신용 또는 투자 여부에 대한 투자자의 판단에 영향을 미칠 수 있는 자문이나 온라인소액증권발행인의 경영에 관한 자문에 응하는 행위(동법 제117조의7 제3항)를 하여서는 안된다.

이익충돌에 관하여는 EU 크라우드펀딩 규정이 정비가 잘되어 있는 것으로 보인다. EU 크라우드펀딩 규정은 서비스제공자의 대주주, 임직원 또는 그들과 지배관계에 있는 자가 자금수요자로서 그 서비스제공자의 플랫폼을 이용할 수 없도록 하고, 그들이 투자자로 참여하는 경우에는 그 내용을 웹사이트에 공지하고 다른 투자자와 동일하게 취급하도록 하였다.[112] 또한 서비스제공자는 이익충돌의 일반적인 성격과 원천에 대해 웹사이트에 잘 보이는 곳에 공시하여 이용자들에게 알리도록 하였다.[113]

5. 온라인소액투자중개로 발행된 증권의 양도의 제한

투자자는 온라인소액투자중개를 통하여 발행된 증권을 지체 없이 예탁결제원에 예탁 또는 보호예수해야 하며, 전문투자자 또는 해당 증권의 투자 손실가능성 및 낮은 유통가능성 등을 인지하고 있는 자로서 자본시장법시행령 제118조의17 제5항에 정한 자에 대한 매도를 제외하고는 그 예탁일·보호예수일부터 6개월간 해당 증권(증권에 부여된 권리의

112) EU 크라우드펀딩 규정 제8조 제2항.
113) EU 크라우드펀딩 규정 제8조 제5항, 제6항.

행사로 취득하는 증권을 포함한다)을 매도, 그 밖의 방법으로 양도할 수 없다(동법 제117조의10 제7항).

6. 중앙기록관리기관

자본시장법은 중앙기록관리기관 제도를 두었다. 현재 한국예탁결제원이 중앙기록관리기관으로 지정되어 있다. 중앙기록관리기관은 (i) 온라인소액투자중개업자로부터 제공받은 온라인소액투자중개정보의 집중관리, (ii) 온라인소액투자중개를 통한 증권의 발행한도와 투자자의 투자한도의 관리, (iii) 온라인소액투자중개업자 또는 온라인소액증권발행인 등에 대한 온라인소액투자중개정보의 제공, (iv) 이에 부수하는 업무를 수행하도록 하였다(동법 제117조의13 제1항, 동법시행령 제118조의20 제2항). 이때 온라인소액투자중개정보는 온라인소액증권발행인과 투자자에 대한 정보, 증권의 모집가액, 청약기간 등 온라인소액증권발행인의 소액투자중개 의뢰에 관한 정보, 증권의 청약금액과 수량등 투자자의 청약에 관한 정보 등 법령에 규정된 일정한 정보를 말한다(자본시장법 제117조의13 제1항, 동법시행령 제118조의20 제1항).

제 3 절 P2P대출

I. P2P대출의 의의와 특징

1. P2P대출의 의의와 유형

P2P(Peer-to-Peer)대출[114]은 자금수요자가 온라인 플랫폼을 통하여 자금공급자(특히 개인)로부터 자금을 제공받는 거래다. 2005년 영국에서 최초로 온라인 P2P대출이 이루어진 이후 여러 나라에서 성장하고 있다.[115] 국내에서도 온라인투자연계금융업법이 제정되기 이전 수년간 P2P대출액이 급증하였고,[116] 동법 제정 이후 온라인투자연계금융업 등록

114) Person-to-Person lending, social lending, marketplace lending 또는 크라우드 대출로 부르기도 한다.

115) 금융기술법연구회(2019) 제2장에 수록된 논문들이 영국, 미국, 독일, 일본 등 주요국가의 P2P대출의 현황과 규제를 잘 정리하였다.

116) 누적대출액 기준으로 2015년 말 373억 원에서 2019년 말 8조6천억 원으로, 대출잔액기준으로

업체의 P2P대출액도 꾸준히 증가하고 있다.[117]

P2P대출 거래의 유형은 (i) 자금수요자와 자금공급자가 차입자와 대여자로서 거래상대방이 되어 직접적인 법률관계가 발생하도록 하는 직접대출형 거래[118]와 (ii) 자금수요자와 자금공급자 간 직접적인 법률관계는 발생하지 않지만 자금공급자가 대출자금을 제공하고 대출에 따른 신용위험을 부담하는 간접대출형 거래[119]로 나누어 볼 수 있다. 간접대출형 거래에서는 플랫폼사업자 또는 금융회사가 자금수요자와 대출계약을 체결하고, 자금공급자와는 자금공급에 관한 계약을 체결하게 된다.

그동안 국내에서는 대부업법에 따른 규제 등 때문에 P2P대출이 간접대출형 거래로 행해졌다.[120] 2019년 제정된 온라인투자연계금융업법도 자금수요자와의 대출계약은 온라인투자연계금융업자가 체결하고 자금공급자에게는 원리금수취권을 부여하는 간접대출형으로 거래유형을 정하였다.

2. P2P대출의 특징

(1) P2P대출의 특징

P2P대출은 (i) 온라인플랫폼이 자금수요자(=차입자)와 자금공급자(=투자자)를 연결시켜주고, (ii) 그 온라인플랫폼을 운영하는 사업자는 차입자에 대한 대출자금을 제공하지 않고 차입자에 대한 신용위험도 부담하지 않으며, (iii) 투자자가 대출자금을 제공하고 차

2016년 말 4,140억 원에서 2019년 말 2조3,800억 원으로 증가하였다{금융위원회 보도자료(2020. 1. 23.), "「온라인투자연계금융업 및 이용자 보호에 관한 법률 시행령」 제정안 (P2P법 시행령 제정안) 입법예고", 2쪽}. 설민수(2019), 124-125쪽은 이러한 P2P대출의 급성장은 부동산 프로젝트 파이낸스 대출이 주도하였고 다수의 업체가 경쟁하며 급성장한 점에서 중국과 유사한 성장 형태로 보았다.

117) 온라인투자연계금융업법에 따라 2021. 6. 10. 3개 회사가 최초로 온라인투자연계금융업 등록을 한 이후 2022. 6. 2. 기준으로 41개 업체가 등록하였다. 2022. 6. 2. 기준으로 온라인투자연계금융업 등록 이후의 누적대출금액이 4조636억원, 대출잔액이 1조4,150억원이다. 대출유형별 대출잔액비율은 부동산 담보대출(71%), 부동산 프로젝트파이낸싱(6%), 어음·매출채권 담보대출(6%), 기타 담보대출(2%), 개인신용대출(13%), 법인신용대출(2%)이다. 온라인투자연계금융업 중앙기록기관(p2pcenter.co.kr)의 P2P금융종합정보.

118) 온라인 플랫폼이 자금수요자와 자금공급자 간의 계약 체결을 중개하는 역할을 하는 경우이다. 온라인 플랫폼을 거치지 않고 자금수요자가 자금공급자로부터 직접 차입하는 거래유형도 생각해 볼 수 있고 정치인들이 자금을 조달하는 수단으로 사용하기도 하였으나, 이는 매우 예외적인 현상이다. 윤민섭(2012b), 460-462쪽.

119) 온라인투자연계금융업법 시행 이전에는 자금공급자에게 원리금수취권을 부여하는 유형과 자금공급자가 현금담보를 제공하는 유형이 사용되었다. 이 두 유형의 거래의 구조에 대해서는 금융위원회 보도자료(2016. 11. 2.), "P2P 대출, 가이드라인 준수 여부를 먼저 확인하세요" (별첨) "P2P 대출 가이드라인 제정 방안", 4쪽: 윤민섭(2012b), 463-470쪽.

120) 윤민섭(2019), 414쪽.

입자에 대한 신용위험을 부담한다는 특징을 가지고 있다.

(2) P2P대출의 특징이 가지는 의미

P2P대출에 관여하는 각 당사자 별로 P2P대출의 특징이 가지는 의미를 살펴보자.

가. P2P대출플랫폼 사업자

1) 온라인 비대면 영업의 장단점

P2P대출플랫폼 사업자는 온라인으로만 대출신청과 투자를 받음으로써 오프라인 영업을 하는 기존 금융회사보다 비용을 절감할 수 있다. 그러나 온라인플랫폼을 통하여 비대면으로 거래가 이루어지므로 사기 기타 비정상적 거래의 발생 우려가 높고 해킹의 위험도 있다는 점에서 투자자보호와 사이버보안 등의 면에서 전통적인 금융업에 대한 규율만으로는 부족할 수 있다.

2) P2P대출플랫폼 사업자의 제한된 기능과 저비용 영업

P2P대출플랫폼 사업자는 대출자금을 부담하지 않고, 은행이 예금자에 대해 행하는 기능(은행이 대출에 따른 신용위험과 유동성위험을 흡수하고 유동성변환, 만기변환과 신용변환을 통하여 예금자는 그러한 위험을 부담하지 않도록 하는 기능[121])을 하지 않는다. 이는 P2P대출플랫폼 사업자가 위험흡수에 필요한 자기자본을 갖출 필요가 없어 은행보다 낮은 비용으로 대출업무를 행할 수 있음을 의미한다. 이러한 사업비용의 절감은 대출 당사자에게도 이익이 될 수 있다.

3) 신용위험부담 없는 P2P대출플랫폼 사업에 따른 우려

P2P대출플랫폼 사업자는 대출이 이루어지는 경우 차입자와 투자자로부터 받는 수수료가 주된 수입이 되고, 대출에 따른 신용위험을 자신이 부담하지 않기 때문에 투자자가 과도한 신용위험을 부담하도록 내버려두고 대출액 증가에만 관심을 가질 유인이 있을 우려가 발생한다. 이는 2008년 글로벌 금융위기 발생 전에 이루어진 서브프라임 주택담보대출을 할 때 자산유동화될 것이라는 전제하에 여신심사가 느슨해졌던 것과 유사한 상황의 발생을 우려하는 것이지만[122] 아래와 같은 점을 고려하면 그렇게 심각한 문제는 아닐 것으로 보인다.

---

121) 제1장 각주 4의 본문.

122) 글로벌 금융위기의 발생 원인 중의 하나로 서브프라임 주택담보대출이 "대출후 매각하는(originate to distribute)" 모델로 이루어져 여신심사가 느슨해지고 채무자의 상환능력을 넘는 대출이 발생하게 된 점이 지적된다(☞ 앞의 제9장 제1절 Ⅱ. 4. 경제전체-글로벌 금융위기와 자산유동화). P2P대출플랫폼 사업자가 대출 후 투자자에게 대출채권을 양도하건 원리금수취권을 부여하건 P2P대출플랫폼 사업자가 차입자에 대한 신용위험을 부담하지 않는다는 점에서는 차이가 없다.

대출원리금 상환시 차입자와 투자자가 수수료를 지급한다면 P2P플랫폼 사업자도 대출원리금상환에 대해 이해관계를 가지게 되어 실질적으로 대출에 대한 신용위험을 부담하는 것과 차이가 없게 된다. 또한 부실대출이 증가하면 그 P2P대출플랫폼의 평판이 나빠지고 투자자들이 외면하게 될 것이므로 결국 P2P대출플랫폼 사업자가 차입자의 신용위험을 제대로 평가하고 대출조건을 심사할 유인이 있다.[123] 그러한 유인이 제대로 작동한다면 P2P대출플랫폼 사업자의 경쟁의 초점은 결국 기술혁신을 활용한 효과적인 신용분석평가 시스템과 관리시스템의 개발과 신속하고 적정한 신용평가에 맞추어지게 될 것이다. 또한 위 유인의 작동과 관계없이 P2P대출플랫폼 사업자는 차입자로부터 정보를 입수하여 투자자에게 제공하도록 할 필요가 있다.

나. 자금수요자 - 크라우드펀딩 방식의 자금조달

자금수요자가 인터넷(온라인 플랫폼)에 자금조달이 필요한 사유를 설명하고 이에 기초하여 다수의 자금공급자가 자금을 제공하게 된다는 점에서 P2P대출은 크라우드펀딩의 한 유형이라고 할 수 있다.[124] P2P대출은 기업뿐 아니라 개인도 자금수요자로서 이용할 수 있다는 점에서 벤처기업 등 기업이 이용할 수 있는 자본시장법상의 온라인소액투자중개제도에 따른 증권형 크라우드펀딩과 차이가 있다. 특히 은행 등 기존 여신금융회사로부터 만족스러운 조건으로 대출을 받기 어려운 중신용자가 중금리대출을 받을 수 있게 된다고 보고 있다.[125]

다. 투자자 - 대출시장 참여

P2P대출은 자금공급자들이 대출상품에 투자할 수 있게 함으로써 그동안 참여할 수 없었던 대출시장에 접근할 수 있게 만들었고, 온라인으로 쉽게 분산투자할 수 있게 되어 고위험대출이 가능해지는 효과가 생긴 것으로 보고 있다.[126] 그러나 이는 투자자가 직접 차입자의 채무불이행위험에 노출된다는 것을 의미한다.

123) 이성복(2018), 20쪽. 천창민(2020), 58쪽(P2P대출플랫폼 사업자가 빅데이터와 인공지능 등을 활용하여 대출심사의 효율성을 높임으로써 이용자의 편익을 증진시킬 수 있음).

124) 윤민섭(2012b), 452-453쪽.

125) 기준하(2019), 1쪽.

126) 기준하(2018), 3쪽. 그러나 온라인투자연계금융법상 “특정 차입자에게 자금을 제공할 목적으로 투자”하는 것을 연계투자로 정의하고 있다는 점에서 온라인투자연계금융업자가 연계투자자에게 자동분산투자 서비스를 제공할 수 없다. 자동분산투자를 허용해야 할 필요성을 강조한 문헌으로는 김은정(2021), 211-214쪽.

Ⅱ. P2P대출에 대한 법적 규율의 변화

1. 금융감독당국의 법령해석

온라인투자연계금융업법이 제정되기 이전에는 기존의 금융에 관한 여러 법률(대부업법, 이자제한법, 채권의 공정추심에 관한 법률, 유사수신행위법, 자본시장법 등)이 P2P대출에 적용되는지 여부와 그 범위에 대하여 논란이 있었다.[127] 기존 법률상 P2P대출 활동에 따른 법적 쟁점에 대해 금융감독당국은 2015년부터 10여 차례 법령해석을 하였으나, 그 법령해석은 "금융기관의 P2P대출플랫폼과 관련된 업무 영위 및 협업 등에 소극적 태도를 보여 온 것"[128]으로 평가되고 있다.

2. P2P대출 가이드라인

(1) 가이드라인 제정 배경

P2P대출시장이 급속히 성장하여 투자자 보호 등 P2P대출에 대한 규율의 필요성이 제기되고 해외 P2P업체의 투자금 횡령과 부정대출 사례와 국내 P2P업체의 허위대출상품에 대한 투자금 모집 등의 금융사고가 발생하자, 금융감독당국은 P2P대출에 대한 법적 규율방안을 논의한 후 2016. 7. 1. P2P대출 가이드라인을 제정하기로 결정하였다.[129] 이후 업계와 전문가 등의 의견수렴을 거쳐 P2P대출 가이드라인의 내용을 확정한 후 2017. 2. 27. (기존업체의 경우 전산시스템구축 등 사업재정비가 필요한 사항에 대해 3개월 적용유예로 2017. 5. 29.) 시행되었다.[130]

(2) 가이드라인의 내용

P2P대출 가이드라인은 P2P대출정보 중개업자(=P2P대출 플랫폼사업자)와 연계하여 대출실행업무를 수행하는 연계금융회사(대부업자 또는 여신금융기관)에게 적용된다. 가이드라인은 연계금융회사가 P2P대출정보 중개업자와 연계영업을 하기 위해서는 투자자의 투자금의 별도관리, 개인투자자의 투자한도, 일정한 영업행위 제한, 투자광고 제한 등의 사항

127) 고동원(2015), 23-43쪽.

128) 이지은(2019), 332쪽(법률에 명시적 규정이 없다면 할 수 없다고 보는 열거주의적(positive) 방식의 기존 금융개별법 해석의 한계를 넘지 못한 것으로 지적함).

129) 금융위원회 보도자료(2016. 11. 2.), "P2P 대출, 가이드라인 준수 여부를 먼저 확인하세요".

130) 금융위원회 보도자료(2017. 2. 24.), "안전한 P2P 대출, 가이드라인 준수에서 시작합니다".

들을 확인하도록 하였다.131)

P2P대출 가이드라인의 유효기간은 1년으로 정했으나 이후 내용을 보완하여 연장되었고, 온라인투자연계금융업법이 제정 및 시행 후 기존 P2P업체의 등록 유예기간(2020. 8. 27.-2021. 8. 26.) 동안 가이드라인을 법령수준으로 개정하여 운용하였다.132)

3. 대부업법시행령 개정

온라인투자연계금융업법이 제정되기 이전 P2P대출의 주된 거래구조133)는 P2P대출 플랫폼 사업자의 자회사인 대부업체가 자금수요자에게 대출하고, 그 대출원리금수취권을 자금공급자(=투자자)에게 부여하는 구조를 취하였다. P2P대출 플랫폼 사업 자체를 규제할 명시적인 법적 근거는 없었고, 대출을 실행하는 대부업자는 대부업법의 적용을 받고 있었다. 이에 2017년 대부업법시행령을 개정하여134) P2P대출에서 대출을 실행하는 대부

131) P2P대출 가이드라인(2017. 2. 27. 시행)상 연계금융회사는 다음 사항들을 확인해야 한다.
① 정보제공: P2P대출정보 중개업자가 P2P대출의 구조와 대출잔액등 사업정보를 매월 홈페이지에 게재하고, 차입자에게 일정한 정보를 제공하며, 투자자에게 제공할 일정한 정보를 홈페이지에 게재
② 투자광고: 거짓, 불확실한 사항에 대한 단정적 판단 제공, 투자자 오인행위 하지 않을 것
③ 영업행위: P2P대출에 중개업자가 투자자로 참여하거나, 중개업자가 자기이익을 위하여 P2P대출을 이용하지 않고, 대출의 연체사실과 이유를 투자자에게 지체없이 알릴 것
④ 투자금의 별도관리: 투자자로부터 받은 자산을 중개업자의 자산과 분리하여 관리하고 은행 등 공신력있는 기관에 투자자 재산임을 밝히고 예치 또는 신탁
⑤ 투자한도: 개인투자자(개인전문투자자는 제외)에 대해 일정한 투자한도 설정
⑥ 자료제공: 연계금융회사에게 가이드라인 준수여부를 확인할 수 있는 자료를 충분히 제공
⑦ 법령준수: P2P대출에 현재 적용되는 관련 법령 준수

132) 금융위원회 보도자료(2020. 7. 20.), "온라인투자연계대출(P2P대출) 준수사항(가이드라인) 개정안 사전예고".

133) 대부업체와 연계한 원리금수취권 부여형 거래구조 {금융위원회 보도자료(2016. 11. 2.), (별첨) P2P대출 가이드라인 제정방안}

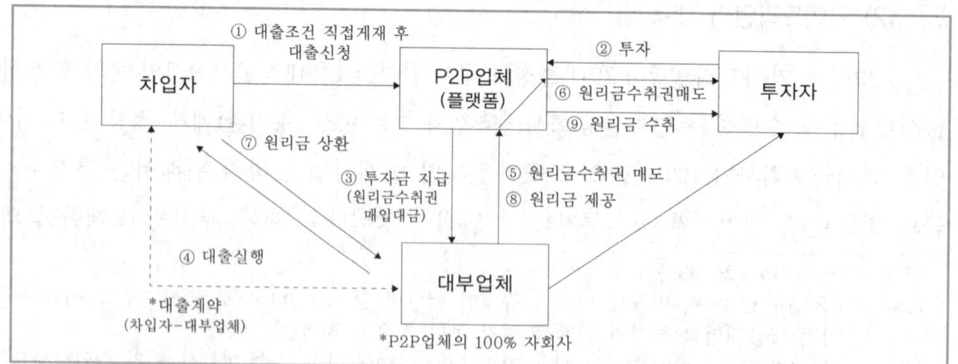

134) 대통령령 제28257호(2017. 8. 29. 일부개정, 2017. 8. 29. 시행).

업자를 규율하기 시작하였다.

대부채권에서 발생하는 원리금수취권을 취득하려는 자금공급자와 자금수요자의 정보를 온라인에서 게재하는 자와 연계한 대부업인 "온라인대출정보연계대부업"을 영위하기 위해서는 금융위원회에 등록해야 하고(대부업법 제3조 제2항 제6호, 당시 동법시행령 제2조의4), 이를 위반한 경우 형사처벌을 할 수 있도록 하였다(동법 제19조 제1항 제1호). 온라인대출정보연계대부업을 영위하는 경우에는 다른 일반적인 대부업을 영위할 수 없도록 하고(당시 대부업등 감독규정 제10조 제2항), 온라인대출정보연계대부업자가 원리금수취권을 자금공급자에게 부여한 경우에는 그 대부채권을 최저자기자본 비율 산정시 그 대부업자의 총자산에 포함시키지 않도록 하였다(당시 대부업법시행령 제4조의4 제2항).

4. 온라인투자연계금융업법 제정

P2P대출 가이드라인은 연계금융회사에 대한 가이드라인이고 P2P대출 플랫폼사업자에 대해서는 강제력이 없다, 또한 대부업법으로는 P2P대출에서 가장 중심적인 역할을 하는 플랫폼사업자의 권리, 의무, 책임을 규율할 수 없었다.[135] 법적 규율의 공백하에 실제 일부 사업자의 도산, 사기, 횡령 등으로 인한 투자자들의 피해와 부실한 대출심사, 허술한 정보관리 등의 문제가 제기되었다.[136] 또한 P2P대출 거래에 대한 기존 금융법규의 적용과 자금공급자(투자자)의 법적 지위에 관한 불확실성이 남아 있었다.[137]

여러 법률안이 제출되었고, 결국 2019년 온라인투자연계금융업법[138]이 제정되어 P2P대출을 규율하게 되었다.[139] 온라인투자연계금융업법 제3조는 (i) 동법에 따른 온라인투자연계금융업자의 온라인투자연계금융업에 대해 은행법과 한국은행법을 적용하지 않고, (ii) 온라인투자연계금융업자가 차입자의 신용상태를 평가하여 그 결과를 투자자에게 제공하는 업무에 대해 신용정보법상의 허가가 필요 없도록 하였으며, (iii) 원리금수취권을 자본시장법상 금융투자상품으로 보지 않고, (iv) 투자자의 연계투자에 대해 대부업법 제3조(대부업·대부중개업의 등록)를 적용하지 않음을 명시하여 기존 금융법규 적용상 법적 불확실성을 제거하였다.

---

135) P2P대출 가이드라인과 대부업법에 의한 규제의 문제점에 대해서는 이지은(2019), 337-355쪽.
136) 금융감독원 보도자료(2018. 11. 19.), "P2P 대출 취급실태 점검결과 및 향후 계획".
137) 고동원(2015), 24-34쪽, 임정하(2019), 54-55쪽.
138) 법률 제16656호(2019. 11. 26, 제정, 2020. 8. 27. 시행, 일부조항은 2021. 5. 1. 시행).
139) 고환경·주성환(2020)은 제출된 법률안의 개괄적인 내용과 아울러 온라인투자연계금융업법 제정 과정에서 논란이 있던 여러 쟁점들을 언급하였다.

Ⅲ. 온라인투자연계금융업법상 당사자의 권리의무

1. 온라인투자연계금융의 거래구조

온라인투자연계금융업법은 온라인투자연계금융업의 핵심 영업인 "온라인투자연계금융"을 온라인플랫폼을 통하여 특정 차입자에게 자금을 제공할 목적으로 투자(="연계투자") 한 투자자의 자금을 투자자가 지정한 해당 차입자에게 대출(어음할인·양도담보, 그 밖에 이와 비슷한 방법을 통한 자금의 제공을 포함)(="연계대출")하고 그 연계대출에 따른 원리금수취권을 투자자에게 제공하는 것으로 정의하였다(동법 제2조 제1호).

온라인투자연계금융은 투자자(=자금공급자)가 차입자(=자금수요자)에게 직접 대출하는 거래구조가 아니라 온라인투자연계금융업자가 투자자로부터 제공받은 자금을 차입자에게 대출하고 투자자는 투자의 대가로 온라인투자연계금융업자로부터 대출원리금수취권을 부여받는 거래구조를 택한 것이다([그림 16-1]).

또한 투자자의 투자금의 입금과 차입자에 대한 대출실행, 차입자의 대출원리금 상환과 투자자의 원리금수취권에 기한 지급 등의 자금흐름이 모두 온라인투자연계금융업자를 통하지 않고 은행등 일정한 예치기관에 개설된 별도 계좌를 통하여 이루어진다는 점(동법

[그림 16-1] 온라인투자연계금융의 거래구조

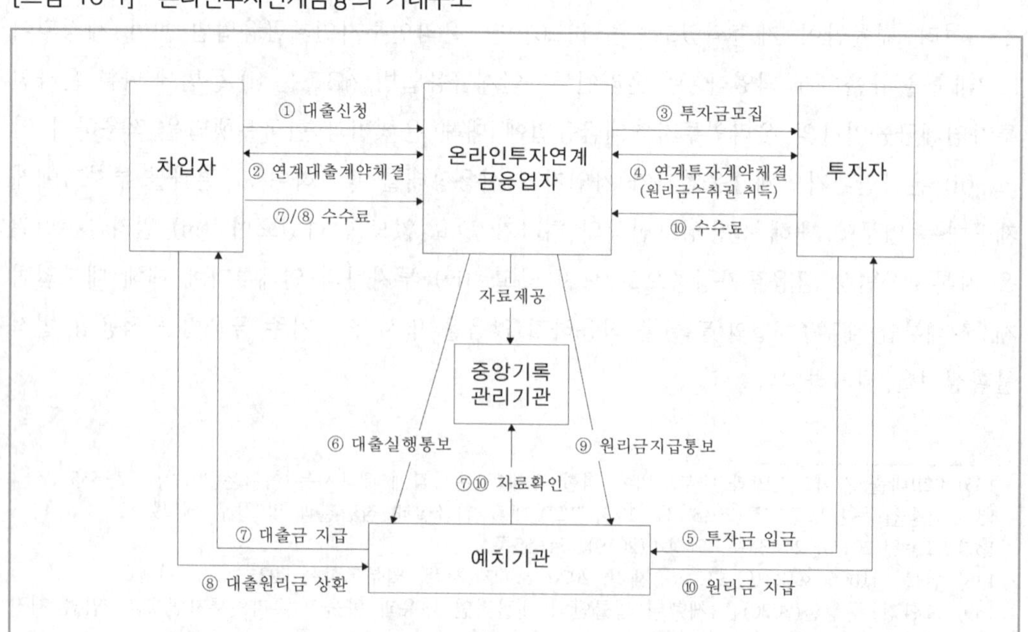

제26조 제1항)도 온라인투자연계금융의 거래의 특징이라고 할 수 있다.

2. 투자자가 가지는 원리금수취권의 법적 성격

온라인투자연계금융의 투자자가 연계투자로 취득하는 원리금수취권은 투자자와 온라인투자연계금융업자 간의 계약에 따라 발생하는 권리로서 강학상 자금제공부 참가(funded-participation) 거래에서 참가자(=자금공급자)가 취득하는 권리를 표현한 것으로 보이고,[140] 온라인투자연계금융업법이 그 권리의 내용을 구체적으로 정하였다.

자금제공부 참가거래의 법적 성격은 물론 계약서의 내용에 따라 달라지겠으나 통상의 자금제공부 참가거래는 대출채권자와 참가자 간의 대출채권 양수도·매매거래라기보다는 대출채권자가 책임재산 한정특약하에 참가자로부터 자금을 차입하는 거래로 보는 것이 합리적이고, 참가자는 대출의 차입자의 신용위험과 대출채권자의 신용위험을 부담하게 된다는 점을 앞에서 언급하였다(☞ 제3장 제6절 Ⅲ. 대출채권에 대한 참가거래). 온라인투자연계금융업자는 은행에 비하면 자본도 작고 신용도도 낮으므로 대출채권자인 온라인투자연계금융업자의 신용위험을 부담하는 것은 투자자로서는 실질적으로 상당히 큰 위험부담이 된다. 온라인투자연계금융업법은 이러한 점을 감안하여 아래에서 살펴보는 바와 같이 몇 가지 특별한 투자자 보호장치를 두었다.

법률이 특별한 투자자 보호장치를 마련하고 있다는 점에서 온라인투자연계금융에서 투자자의 원리금수취권은 단순히 자금제공부 참가계약만을 체결한 경우의 참가자의 권리와는 차이가 있다.[141] 온라인투자연계금융업법상의 투자자의 원리금수취권의 법적 성격은 그 권리의 구체적인 내용(또는 그 권리를 둘러싼 구체적인 법률관계)에 달려 있다고 할 수 있고, 그 구체적인 내용과 법률관계는 온라인투자연계금융업법과 하위 법규의 해석·적용의 문제이다. 이런 점을 감안할 때, 온라인투자연계금융업법상의 원리금수취권의 법적 성격을 강학상의 권리의 분류에 맞추어 규명할 실천적인 의미는 크지 않은 것으로 보인다.

140) 고환경·주성환(2020), 41쪽. 이와 관련하여 여신금융기관등이 인허가등을 받은 법령에서 별도로 정하지 않는 경우에 한정하여 여신금융기관등의 연계투자를 차입자에 대한 대출 또는 신용공여로 보도록 한 온라인투자연계금융업법 제35조 제3항은 여신규제 차원에서 둔 조항이고 사법(私法)상의 권리의무를 정한 조항은 아니다.

141) 천창민(2020), 75쪽은 온라인투자연계금융업법에 따른 원리금수취권이 의제신탁에 따른 수익권에 가깝다고 보았다.

3. 투자자 보호장치

(1) 연계대출채권을 온라인투자연계금융업자의 책임재산에서 제외

온라인투자연계금융업법은 온라인투자연계금융업자의 연계대출채권을 그 업자의 일반 채권자들을 위한 책임재산에서 제외하는 장치를 두었다. 즉 온라인투자연계금융업자의 연계대출채권은 원칙적으로 강제집행이나 채무자회생법에 따른 보전처분, 중지명령 또는 포괄적 금지명령의 대상이 되지 않도록 하였다(동법 제28조 제2항).[142] 또한 온라인투자연계금융업자가 파산하거나 회생절차가 개시되는 경우 그 업자의 연계대출채권은 그 업자의 파산재단 또는 회생절차의 관리인이 관리 및 처분권한을 가지는 채무자의 재산을 구성하지 않는다(동법 제28조 제1항). 같은 취지로, 온라인투자연계금융업자에 대해 기업구조조정 관리절차가 개시된 경우 그 업자의 연계대출채권은 관리대상이 되는 재산을 구성하지 않는다(동법 제28조 제3항).

(2) 투자자의 우선변제권

투자자는 연계대출채권으로부터 제3자에 우선하여 변제받을 권리를 가진다(동법 제28조 제4항).[143] 온라인투자연계금융업자에 대한 회생절차 또는 기업구조조정 관리절차에서 채무의 면책·조정·변경이나 그 밖의 제한이 이루어져도 투자자의 우선변제권에는 영향이 없다(동법 제28조 제6항). 투자자의 원리금수취권이 온라인투자연계금융업자에 대한 채권으로서 회생절차 등에 의하여 권리가 제한될 수 있지만, 투자자는 그러한 제한과 상관없이 연계대출채권에 대해 우선변제권을 행사할 수 있는 것이다. 연계대출채권은 투자자 등의 우선변제권의 대상이므로, 온라인투자연계금융업자가 대출채권자라고 하더라도 연계대출채권이 상환되지 않고 잔액이 존속하는 한 연계투자계약에서 특별히 정하는 경우[144]를 제외하고는 연계대출채권을 처분하거나 다른 채무에 대한 담보로 제공해서는 안

142) 투자자 또는 우선변제권자(온라인투자연계금융업법 제28조 제5항)의 우선변제를 위한 강제집행은 예외로 한다(동법 제28조 제2항 단서).

143) (i) 원리금수취권의 상환·유지 및 관리와 연계대출채권의 관리·처분 및 집행을 위한 비용채권과 (ii) 수탁기관의 보수채권을 가진 자도 투자자와 동일한 우선변제권을 가진다(동법 제28조 제5항).

144) 2021. 6. 10.부터 2021. 7. 21.까지 등록한 7개의 온라인투자연계금융업자(이하 이 각주에서 "금융업자") 약관을 보면 (i) 1건은 대출이 연체, 기한이익상실 사유 발생 또는 약정만기상환일에 모두 상환되지 못한 경우 금융업자가 투자자의 동의 없이 연계대출채권을 신용회복기금 등에 매각할 수 있도록 하였고, (ii) 6건은 금융업자가 투자자의 동의(5건은 금융업자가 미리 정한 동의 비율이 없는 경우에는 투자금 기준 2/3 이상의 동의, 1건은 투자금 기준 과반수 동의)를 얻어 투자자 보호를 위하여 연계대출채권을 매각할 수 있도록 하였다. 대출채권 매각대금은 투자자에게 분배 또는 지급하도록 하였다.

된다. 이를 위반한 처분·담보제공은 우선변제권자에 대해서는 효력이 없다(동법 제28조 제7항).

(3) 투자금·상환금의 구분관리와 우선지급

차입자가 온라인투자연계금융업자에게 원리금을 상환하면 연계대출채권은 소멸하므로, 연계대출채권에 관한 투자자 보호장치(책임재산 제외와 투자자의 우선변제권)는 의미가 없게 된다. 온라인투자연계금융업자가 차입자로부터 수령한 상환금에 대해서도 투자자가 우선적인 권리를 가질 수 있도록 할 필요가 있다. 또한 투자자가 연계투자를 위하여 투자금을 온라인투자연계금융업자에게 지급하여도, 그 투자금이 연계대출 차입자에게 지급되어 연계대출이 실행되지 않으면 연계대출채권이 발생하지 않으므로, 그 투자금이 연계대출 실행용으로 사용되기 이전에도 투자자가 그 투자금에 대해 우선적인 권리를 가질 수 있도록 할 필요가 있다.

이러한 점을 반영하여 온라인투자연계금융업법은 투자자가 지급한 투자금과 차입자가 지급한 상환금을 온라인투자연계금융업자의 고유재산 및 그 업자가 자기계산으로 연계투자한 자금과 구분하여 은행 등 공신력있는 기관에 예치 또는 신탁하도록 규정하였다(동법 제26조 제1항). 온라인투자연계금융업자는 예치기관에게 예치·신탁된 투자금·상환금이 투자자의 재산이라는 뜻을 밝히도록 하였다(동법 제26조 제2항). 법률의 위 조항에 따라 하위 감독규정은 계좌의 개설과 자금관리에 관한 상세한 조항을 두어, 투자금 모집 완료 후 온라인투자연계금융업자가 연계대출 차입자에게 지급할 대출금액을 예치기관에게 통보하면 예치기관이 직접 차입자에게 대출금액을 지급하고, 차입자가 상환한 경우에도 온라인투자연계금융업자가 투자자에게 지급할 원리금을 예치기관에게 통보하면 예치기관이 직접 투자자에게 그 금액을 지급하도록 하였다.[145] 또한 그 별도계좌 이외의 계좌를 통하여 이용자(=투자자 또는 차입자)로부터 투자금·상환금을 받거나 이용자에게 투자금·

145) 온라인투자연계금융업 감독규정 제29조. 제29조 제1항은 투자금과 상환금을 보관·관리하기 위한 별도 계좌 개설 약정에 "예치기관 명의의 계좌개설"과 온라인투자연계금융업자는 예치·신탁한 투자금등이 투자자재산이라는 점을 충분히 설명하고, 예치기관도 이를 인지하고 있다는 사항도 계좌개설약정에 포함시키도록 하였다. 투자금과 상환금이 투자자의 재산이라는 뜻을 밝히라는 온라인투자연계금융업법 제26조 제2항의 의미를 살리기 위한 것으로 보이지만 계좌를 개설하고자 하는 당사자가 온라인투자연계금융업자인데 "예치기관 명의의 계좌"를 개설한다는 것은 이해하기 어렵다. 금융실명거래법에 부합하는지도 의문이고, 신탁계좌인 경우 수탁자인 예치기관이 신탁선언으로 신탁을 설정하는 것도 아닌데 예치기관 명의로 신탁계좌를 개설할 수는 없을 것이다. 참고로 온라인소액투자중개업자가 투자자의 청약증거금을 예치·신탁할 때 은행등 청약증거금관리기관에 개설하는 청약증거금 관리계좌에 대해서는 예치자명의를 "온라인소액투자중개업자 명의로 하되 "투자자재산"이라고 부기하여야 한다"고 규정하였다(금융투자업규정 제4-114조 제1호).

상환금을 지급·반환할 수 없도록 하고 있다.[146)]

그렇게 예치·신탁된 투자금·상환금은 상계·압류·가압류하지 못하며, 합병·영업양도 등 일정한 제한적인 경우를 제외하고는 양도할 수 없고 담보로 제공할 수도 없다(동법 제26조 제3항, 동법시행령 제24조 제2항). 온라인투자연계금융업자에 대한 업무정지명령, 등록취소, 파산선고 또는 그 업자의 해산결의 등이 발생한 경우 위와 같이 예치·신탁된 투자금·상환금이 투자자에게 우선하여 지급될 수 있도록 조치하도록 하였다(동법 제26조 제4항).

(4) 투자금·상환금의 구분관리에 관하여 제기될 수 있는 쟁점

가. 구분관리의 기준 – 개별 투자자별로 구분관리해야 하는지 여부

온라인투자연계금융업법은 투자금·상환금의 구분관리가 개별 투자자별로 구분하여 구분관리하도록 하는 조항을 두고 있지는 않아 투자자들의 투자금과 차입자들의 상환금을 집합적으로 온라인투자연계금융업자의 고유재산 및 자기계산으로 연계투자한 자금과 구분하여 관리하면 충분한 것처럼 보인다. 그러나 온라인투자연계금융업 감독규정은 투자금·상환금이 온라인투자연계금융업자의 계좌로 입금되는 일이 없이 항상 예치기관에 개설된 별도계좌에 입금되었다가 차입자에 대한 대금실행 용도 또는 투자자의 투자금회수 용도로 사용되도록 하고 있고, 그 별도계좌 이외의 계좌를 통하여 이용자와 자금을 수수하는 것을 금지하였다. 따라서 특정 온라인투자연계금융업자의 모든 투자자의 투자금과 모든 차입자의 상환금이 1개의 별도계좌에 입출금된다고 하더라도 각 투자금·상환금이 각 관련되는 연계대출의 대출실행용도 또는 관련되는 연계투자의 투자금회수용도로 사용되는지 여부를 추적할 수 있을 것이다. 그렇다면 개별 투자자별로 투자금·상환금을 구분관리해야 할 필요는 없을 것이다.

나. 상환금의 의미와 상계시 처리

온라인투자연계금융업법에서 상환금을 정의하고 있지 않으나, 원리금수취권의 정의조항[147)]에 비추어 보면 온라인투자연계금융업자가 연계대출 차입자로부터 회수하는 금액을 의미한다고 보아야 할 것이다. 그렇다면 상환금에는 차입자가 자발적으로 상환한 경우뿐 아니라 담보실행, 강제집행, 보증인으로부터 회수한 금액을 모두 포함한다고 보아야 할 것이다. 또한 상계로 연계대출의 원리금채무의 전부 또는 일부가 소멸한 경우에는 상

---

146) 온라인투자연계금융업 감독규정 제29조 제6항.

147) 제2조 제4호: "원리금수취권"이란 온라인투자연계금융업자가 회수하는 연계대출 상환금을 해당 연계대출에 제공된 연계투자 금액에 비례하여 지급받기로 약정함으로써 투자자가 취득하는 권리를 말한다.

계된 액만큼이 상환금에 해당하고, 온라인투자연계금융업자가 그 금액을 예치·신탁할 의무가 있다고 보는 것이 합리적이다.[148)]

다. "투자금과 상환금이 투자자의 재산"이라는 말의 법적인 의미

온라인투자연계금융업법은 온라인투자연계금융업자는 예치기관에게 예치·신탁된 투자금과 상환금이 투자자의 재산이라는 뜻을 밝히도록 하였는데(동법 제26조 제2항), 투자자의 재산이라는 것의 법적인 의미가 무엇인지 명확하지 않다.

먼저 예치하는 경우를 살펴보자. 투자금과 상환금이 특정물로 예치된다면 투자자가 소유권을 가지는 특정물을 예치기관이 보관한다는 의미라고 할 수 있을 것이다. 그러나 투자금과 상환금의 예치로 예금채권이 발생하는 경우 투자자가 예금채권자라는 의미인지는 명확하지 않다. 투자금과 상환금이 투자자의 재산이라는 말은 투자금과 상환금 및 이를 예치하여 발생하는 예금채권이 온라인투자연계금융업자의 책임재산에 속하지 않고 그 업자의 채권자가 강제집행할 수 없으며 투자자가 우선변제권을 가진다는 점을 표현하는 것이라고 할 수 있다. 책임재산 배제, 강제집행금지 및 투자자의 우선변제권 등의 법적 효과는 온라인투자연계금융업법에 명시적인 조항에 따라 발생하는 것이므로, 일정한 조건하에 투자자가 반환채권을 행사할 수 있다는 의미라고 할 수 있을 것이다. 투자금과 상환금이 투자자의 재산이라는 뜻을 밝히는 것은 동법에 따른 법적 효과를 예치기관도 잘 알고 이에 맞추어 투자금과 상환금을 관리할 수 있도록 하기 위한 것이라고 보는 것이 합리적이다.

투자금과 상환금을 예치기관에 신탁하는 경우, 투자자가 일정한 조건하에서 수익권을 행사할 수 있는 수익자인 것으로 보아야 하는가. 상환금의 경우에는 투자자가 원리금수취권에 해당하는 금액을 상환금으로부터 수령할 수 있어야 하므로 투자자를 수익자로 정해놓는 것이 매우 자연스럽다. 그러나 투자금은 정상적인 거래에서는 차입자에 대한 대출실행에 사용되는 것이고, 연계대출계약의 해제·해지 또는 연계투자계약의 신청철회 등으로 인하여 대출실행에 사용되지 않는 경우에만 투자자에게 반환된다. 따라서 투자금을 예치기관에 신탁한 경우에는 투자자는 그에게 반환되어야 할 상황이 발생할 것을 조건으로 하는 수익권을 가진다고 보는 것이 타당할 것이다.

라. 등록취소 등의 사유 발생시 우선지급

온라인투자연계금융업법은 온라인투자연계금융업자에게 등록취소 등의 사유가 발생

148) 상계로 인한 연계대출채권 소멸시 상환금의 예치·신탁에 관한 구체적인 사항은 온라인투자연계금융업 감독규정 등에 명시하는 것이 바람직할 것이다.

한 경우 그 업자는 예치기관에 예치·신탁된 투자금·상환금이 투자자에게 우선하여 지급될 수 있게 조치하도록 규정하고 있음(동법 제26조 제4항)을 앞서 언급하였다. 온라인투자연계금융업법은 온라인투자연계금융업자가 등록취소 등의 사유가 발생하였음에도 불구하고 투자자에 대한 우선지급 조치를 취하지 않은 경우 예치기관에 예치된 투자금·상환금이 어떻게 처리되어야 하는지에 대해 아무런 조항을 두고 있지 않다.[149] 다만, 온라인투자연계금융업 감독규정 제29조 제1항 제5호에서 별도계좌설정약정상 "약정의 당사자는 온라인투자연계금융업자에게 위 제26조 제4항에 따른 우선지급 사유가 발생한 경우로서 금융감독원장이 우선지급에 관한 별도의 지시를 하는 경우 이를 준수하겠다는 사항"을 포함시키도록 요구하여 계약으로 해결하고 있다.

투자금·상환금의 우선지급은 온라인투자연계금융업자의 채권자와 투자자 사이에서 발생하는 사법(私法)적인 권리의 우선순위의 문제이므로 금융감독원장이 지시하여 결정하는 것이 적절한지는 매우 의문이다. 투자매매업자·투자중개업자의 투자자예탁금 처리에 관하여 최근 개정된 자본시장법 제74조 제5항[150]과 같이 투자금·상환금의 우선지급에 관한 사항은 법령으로 정해 놓는 것이 타당하다.

4. 수수료

온라인투자연계금융업자의 주된 수입은 그 업자의 서비스를 이용하는 고객인 차입자와 투자자로부터의 수수료이다. 수수료율과 부과방법은 기본적으로 온라인투자연계금융업자와 그 고객 간의 계약으로 정해진다. 온라인투자연계금융업법은 온라인투자연계금융업자가 수수료 부과기준을 정할 때 이용자를 정당한 사유없이 차별하지 못하도록 하고, 그 수수료 부과기준을 온라인플랫폼에 공시하도록 하였다(동법 제11조, 동법시행령 제14조). 수수료 부과기준은 온라인투자연계금융업자마다 차이가 있으나 차입자와 투자자 양쪽으로부터 수수료를 받되 연계대출에 관하여 차입자가 지급하는 대출수수료가 연계투자에 관하여 투자자가 지급하는 투자수수료보다 높다. 대출수수료는 대출실행시점에 지급받는 선취방식과 원리금 지급시 지급받는 후취방식이 있고, 투자수수료는 대체로 연계대출의 원리금이 상환되어 투자자에게 원리금수취권에 따른 지급을 할 때 공제하는 방식으로 지급받는 것으로 보인다.

149) 온라인투자연계금융업자는 등록취소 등 영업중단 등에 대비하여 원리금 상환·배분 업무계획 등 이용자 보호에 관한 것으로서 일정한 청산업무 처리절차를 법무법인·회계법인 등 외부 수탁기관에 위탁하는 등 청산업무 처리절차를 마련해야 한다(동법 제27조 제4항, 동법시행령 제25조).

150) ☞ 위 각주 107.

대출수수료의 후취와 원리금상환시 투자수수료 공제방식으로 수수료를 지급받는다면, 온라인투자연계금융업자도 대출원리금 상환에 대해 이해관계를 가지게 되므로 대출에 대한 신용위험을 부담하는 것과 유사한 입장에 서게 된다. 글로벌 금융위기시 대출 후 매각하는 (originate to distribute) 모델로 서브프라임 주택담보대출을 함으로써 여신심사가 느슨해진 상황과는 차이가 있다고 할 수 있다.

5. 원리금수취권의 양도·양수

투자자는 (i) 전문투자자 또는 (ii) 해당 원리금수취권의 투자 손실가능성 및 낮은 유통가능성 등을 인지하고 있는 자로서 (ㄱ) 온라인투자연계금융업자 이외의 법인, (ㄴ) 일정한 소득기준을 충족하는 일반개인투자자 또는 (ㄷ) 직전 3년간 연계투자계약을 5회 이상 체결한 일반개인투자자에게 양도하는 경우에 한하여 원리금수취권을 양도할 수 있다(온라인투자연계금융업법 제34조 제1항, 동법시행령 제29조 제1항). 그 양도는 원리금수취권을 제공한 온라인투자연계금융업자의 중개를 통해야 하고, 그 업자는 양도·양수계약에 일정한 정보[151]가 포함되도록 하고, 원리금수취권 양도·양수에 따른 위험을 설명하며, 양수인의 투자한도를 확인하는 등의 조치를 취해야 한다(동법 제34조 제2항, 제3항, 동법시행령 제29조 제2항).

투자자가 취득한 원리금수취권을 변제기 전에 양도할 수 있으면 투자자의 투자회수가 보다 수월해질 것이다. 그런데 온라인투자연계금융업법이 양수인의 자격을 제한하고 온라인투자연계금융업자의 중개를 통하도록 하여 원리금수취권의 양도에 제한을 둔 것은 양수인에게 충분한 정보를 제공하고 투자한도를 관리하기 위한 것으로 보인다.

그러한 제한을 두더라도 원리금수취권의 양도·양수를 가능한 한 쉽게 이루어질 수 있게 할 필요가 있다. 이와 같은 정보제공, 위험 설명과 확인의무 이행을 온라인투자연계금융업자의 플랫폼을 통해서 온라인으로 이루어지도록 할 수 있다면, 원리금수취권의 양도·양수 의사가 있는 사람들이 플랫폼상에 그 의사를 나타내고 플랫폼상에서 양도·양수 거래가 손쉽게 이루어지도록 하는 것도 고려해 볼 수 있을 것이다. 이 경우에도 입법적으로 특례를 두지 않는 한 양도의 제3자에 대한 대항력을 갖추는 문제가 남을 것이다.

151) 온라인투자연계금융업법 제22조 제1항에 규정된 연계투자시 투자자에게 제공하는 정보.

6. 온라인투자연계금융업자의 손해배상책임

온라인투자연계금융업법 제31조는 "온라인투자연계금융업자는 온라인투자연계금융업을 영위하면서 법령·약관·계약서류에 위반하는 행위를 하거나 그 업무를 소홀히 하여 이용자에게 손해를 발생시킨 경우에는 그 손해를 배상할 책임이 있다. 다만, 배상의 책임을 질 온라인투자연계금융업자가 상당한 주의를 하였음을 증명한 경우에는 그러하지 아니하다."고 규정하여 온라인연계금융업자가 상당한 주의를 입증해야 책임을 면하도록 하였다.

Ⅳ. 온라인투자연계금융업에 관한 규제

1. 온라인투자연계금융업자의 등록의무와 업무범위

(1) 등록의무와 미등록영업에 대한 제재

온라인투자연계금융업을 하려는 자는 온라인투자연계금융업법에 따라 자기자본 규모 등 필요한 요건을 갖추어 금융위원회에 등록해야 한다(동법 제5조). 최저 자기자본은 연계대출채권 잔액 규모에 연동하여 5억 원부터 30억 원까지를 요구한다(동법시행령 제3조 제1항). 그 등록을 하지 않고는 온라인투자연계금융업을 영위해서는 안 되고, 이를 위반한 경우에는 형사처벌될 수 있다(동법 제4조, 제55조).

그런데 온라인투자연계금융업법은 온라인투자연계금융을 일정한 거래구조로 정의했기 때문에, 그러한 거래구조 이외의 다른 거래구조(예컨대, 투자자와 차입자 간의 직접대출을 중개하는 유형, 원리금수취권 부여 이외의 방법으로 투자자가 간접적으로 대출에 투자하는 유형)를 채택하여 P2P대출 플랫폼을 운영하는 경우에도 온라인투자연계금융업법 제4조를 위반하는 행위라고 할 수 있는지에 대한 의문이 제기된다. 형벌법규의 구성요건은 엄격하게 해석해야 할 것이므로 그러한 경우에는 온라인투자연계금융업법 제4조 위반으로 형사처벌하기는 어려울 것이다. 다만 이러한 경우에도 온라인투자연계금융업자가 아니면서 상호 중에 온라인투자연계금융업, 온라인대출금융업, 온라인투자연계대출업, 온라인연계대출업, P2P lending, Marketplace lending이나 그와 비슷한 의미를 가지는 다른 외국어문자(그 한글표기문자를 포함)를 사용해서는 안 된다(동법 제8조, 동법시행령 제8조), 또한 다른 법률로 규제받는 금융회사가 관여한 경우 그 금융회사에 대한 감독차원에서는 온라인투자연계금융업법의 규율을 잠탈하는지 여부를 형벌법규보다 조금 더 유연하게 해석할 수 있을 것이다. 물론 기존의 다른 법률에 위반의 문제도 제기될 수는 있다.[152)]

(2) 등록한 온라인투자연계금융업자의 업무범위

온라인투자연계금융업법에 따라 등록한 온라인투자연계금융업자는 온라인투자연계금융업, 동법에 따른 자기계산 연계투자업무, 원리금수취권 양도·양수의 중개업무, 차입자의 신용상태 평가결과를 투자자에게 제공하는 업무, 연계대출채권 관리·추심업무, 신용평가모델 개발·운영업무, 일정한 겸영업무와 부수업무만을 영위할 수 있다(동법 제13조, 동법시행령 제13조). 따라서 온라인투자연계금융업자는 동법에 규정된 온라인투자연계금융이 아닌 유형의 P2P대출을 행하는 것이 허용되지 않는다.[153)]

크라우드펀딩 서비스제공자가 투자자가 정한 기준에 따른 대출채권 포트폴리오관리 서비스를 제공할 수 있도록 명시한 EU 크라우드펀딩 규정[154)]과는 달리 온라인투자연계금융업법은 온라인투자연계금융업자가 행할 수 있는 업무범위에 투자자로부터 위임을 받아 그 투자자의 연계투자의 취득·처분을 행하는 연계투자 일임업무를 명시적으로 포함시키지 않았다.

(3) 업무위탁의 제한

온라인투자연계금융업자는 온라인투자연계금융업과 직접적으로 관련된 필수적인 업무인 (i) 준법감시인의 업무, (ii) 내부감사업무, (iii) 위험관리업무, (iv) 차입자에 대한 정보의 사실 확인 및 신용위험의 분석·평가 업무, (v) 연계대출계약의 심사·승인 및 계약의 체결·해지 업무와 (vi) 투자자 모집, 연계투자 계약 신청의 접수 및 계약의 체결·해지 업무는 원칙적으로[155)] 제3자에게 위탁해서는 안된다(동법 제15조 제1항, 동법시행령 제15조).

---

152) 투자자와 차입자 간의 직접대출을 중개하는 거래유형에 대해서는 종전부터 대부업법상 투자자의 대부업영위와 중개인의 대부중개업 영위의 문제가 있고{고동원(2015), 29-32쪽}, 투자자가 대출자금을 제공하지 않고 차입자에 대한 신용위험만을 부담하는 유형의 거래를 하는 플랫폼 사업자는 장외파생상품영업으로 볼 여지가 있을 것이다.

153) 금융감독원 법령해석 회신(2020. 7. 27.)은 은행이 대출하고 투자자가 현금담보를 제공하는 방식의 P2P대출을 온라인투자연계금융업자가 행하는 것은 온라인투자연계금융업법상 불가능하다고 하였다.

154) EU 크라우드펀딩 규정 제2조 제1항(c), 제6조.

155) 2가지 예외가 인정된다. 첫째, 본문에 열거한 업무 중 이용자 보호 및 건전한 거래질서를 해칠 우려가 없는 경우로서 금융위원회가 정하여 고시하는 업무(임직원의 법규준수와 관련한 교육, 실명확인업무, 연계대출계약 또는 연계투자계약의 계약서 등 발송 업무)는 업무위탁금지 대상에서 제외된다(동법시행령 제15조 제1항, 온라인투자연계금융업감독규정 제16조 제1항). 둘째, 동법 제27조 4항에 따라 등록취소, 파산선고 등이 발생한 온라인투자연계금융업자의 청산업무를 위탁하여 처리하는 경우는 업무위탁금지의 예외로 허용된다(동법시행령 제15조 제2항).

2. 온라인투자연계금융업 영업행위 규제

(1) 기본의무

가. 신의성실의무

온라인투자연계금융업법 제9조는 "온라인투자연계금융업자가 선량한 관리자의 주의로서 온라인투자연계금융업을 영위하여야 하며 이용자의 이익을 보호하여야 한다"고 온라인투자연계금융업자의 기본적인 의무를 규정하였다. 이용자는 투자자와 차입자를 말한다. 이 조항에 규정된 "이용자의 이익 보호"는 투자자와 차입자의 법적 지위에 상응하는 이익보호를 의미한다고 보는 것이 합리적이다.

온라인투자연계금융업자가 연계대출을 하여 대출채권을 취득하여도 그 대출채권에 내재하는 신용위험은 투자자가 부담하고 회수한 원리금도 원리금수취권이 있는 투자자에게 지급해야 하므로 대출채권자인 온라인투자연계금융업자는 실질적으로 투자자로부터 위임·위탁받은 것과 유사하게 연계대출계약 체결·이행과 대출채권의 행사 및 원리금 회수 업무를 수행해야 하는 지위에 있다고 볼 수 있다. 온라인투자연계금융업자가 투자자의 이익을 보호해야 하는 의무는 집합투자자산을 보관·관리하는 신탁업자가 집합투자기구에 대한 투자자의 이익을 보호해야 하는 의무(자본시장법 제244조[156])나 이중상환채권의 기초자산집합 처분시 감시인이 우선변제권자의 이익을 보호해야 하는 의무(이중상환채권법 제10조[157])와 같은 성질의 의무라고 할 수 있다.

그러나 온라인투자연계금융업자와 차입자의 관계는 대출계약의 두 당사자이고 상호 위임·위탁의 관계에 있지 않다. 온라인투자연계금융업자가 차입자의 이익을 보호한다는 것은 과도한 대출, 부당한 조건·방법의 대출 등을 하지 않을 의무 정도의 의미라고 보아야 할 것이다.

나. 금융소비자보호법상 의무

온라인투자연계금융업법에 따른 연계투자와 연계대출은 금융소비자보호법상 금융상품에 속하고(동법 제2조 제1호 바목, 동법시행령 제2조 제1항 제3호), 온라인투자연계금융업자는 금융소비자보호법상 금융회사등에 해당한다(동법 제2조 제7호 아목, 동법시행령 제2조 제6항

156) 자본시장법 제244조(선관주의의무): 집합투자재산을 보관·관리하는 신탁업자는 선량한 관리자의 주의로써 집합투자재산을 보관·관리하여야 하며, 투자자의 이익을 보호하여야 한다.

157) 이중상환채권법 제10조(감시인의 권한 및 의무) ③ 제13조 제3항에 따라 기초자산집합을 처분하는 경우 감시인은 선량한 관리자의 주의로써 기초자산집합을 관리·유지 및 처분하여야 하며, 제13조 제3항의 우선변제권자의 이익을 보호하여야 한다.

제4호). 다만 금융소비자보호법은 연계투자와 연계대출에 대해 여러 특례조항을 두고 있다.

금융소비자보호법은 연계투자에 대해 적합성원칙이 적용되지 않도록 하였다(동법시행령 제11조 제1항 제2호 가목). 온라인투자연계금융업자는 투자자의 본인확인을 할 의무가 있고 온라인투자연계금융 이용계약에 따라 투자자의 소득·재산 및 투자경험 등에 관련된 정보를 투자자에게 요구할 수 있을 뿐이다(온라인투자연계금융업법 제21조 제1항, 제2항). 온라인투자연계금융업을 금융업으로 포섭하면서 연계투자에 대해 적합성원칙을 배제하는 것이 타당한지는 의문이다. 연계투자에 대한 한도를 투자자 보호장치로 두었지만 그것으로 투자자에게 적합하지 않은 연계투자로 인한 폐해를 해소할 수는 없다. 최소한 EU 크라우드펀딩 규정과 같은 정도의 적합성원칙 또는 적정성원칙을 적용하는 것이 바람직할 것으로 보인다.[158)]

연계투자에도 설명의무는 적용되어 온라인투자연계금융업자는 연계투자상품의 내용과 투자에 따른 위험 및 온라인투자연계금융업법 제22조 제1항에 규정된 정보를 설명해야 한다(금융소비자보호법 제19조 제1항 제1호 나목, 동법시행령 제13조 제4항 제4호). 연계투자와 연계대출에 대해서는 청약철회권의 적용이 배제된다(동법 제46조 제1항, 동법시행령 제37조 제1항 제2호, 제3호 나목). 온라인투자연계금융업법에 따른 계약서류가 제공되면 온라인투자연계금융업자는 금융소비자보호법상 계약서류 제공의무의 적용에서 제외된다(동법 제23조 제1항 단서, 동법 제22조 제2항). 온라인투자연계금융업자는 금융소비자보호법상으로는 내부통제기준을 마련할 의무를 부담하지 않고(동법 제16조 제2항, 동법시행령 제10조 제1항 제4호), 온라인투자연계금융업법에 따라 내부통제기준을 마련할 의무를 진다(동법 제17조 제1항).

(2) 정보의 공시와 제공

가. 이용자를 위한 전반적인 정보공시

온라인투자연계금융업자는 이용자가 그 업자의 영업건전성과 온라인투자연계금융 이용방법 등을 쉽게 이해할 수 있도록 온라인투자연계금융업의 거래구조 및 영업방식, 온

158) EU 크라우드펀딩 규정 제21조는 크라우드펀딩 서비스제공자에게 그의 플랫폼을 이용하고자 하는 일반투자자에 관하여 적정성원칙 준수를 요구하고 있다. 즉 크라우드펀딩 서비스제공자는 일반투자자에게 플랫폼상 자금수요자의 프로젝트에 투자하도록 완전한 접근을 허용하기 전에 크라우드펀딩 서비스가 그 일반투자자에게 적정한지를 평가해야 하고 그 평가를 매 2년마다 재검토해야 한다. 그 평가를 위하여 서비스제공자는 일반투자자에게 경험, 투자목적, 재무상황과 일반적인 투자에 따른 위험과 크라우드펀딩 플랫폼에서 제시하는 유형의 투자에 따른 위험의 기본적 이해에 관한 정보를 요청해야 한다. 일반투자자가 그 정보의 제공을 거부하거나 제공한 정보에 기초할 때 그의 지식과 경험이 부족한 경우에는 크라우드펀딩 플랫폼에서 제시하는 서비스가 그에게 적정하지 않음을 알리고 리스크 경고를 하도록 하였다.

라인투자연계금융업자의 재무 및 경영현황, 차입자의 신용능력평가 체계, 연체에 관한 사항, 원리금 회수방식에 관한 사항 등 일정한 사항을 자신의 온라인 플랫폼을 통하여 공시해야 한다(온라인투자연계금융업법 제10조, 동법시행령 제9조).

나. 차입자에 대한 정보확인과 투자자에 대한 정보제공

온라인투자연계금융업법은 연계대출을 받을 수 있는 차입자의 자격을 특별히 제한하고 있지는 않다. 그러나 온라인투자연계금융업자는 차입자의 연계대출 정보를 온라인 플랫폼에 게시하기 전에 차입자로부터 일정한 증명서류를 제출받아 차입자의 소득, 재산 및 부채상황 등 일정한 내용을 확인하여야 한다(동법 제20조 제1항, 동법시행령 제19조). 차입자는 허위정보를 제공하거나 허위 증명서류를 제출해서는 안 된다(동법 제20조 제2항). 그러나 차입자의 허위정보 제공이나 허위서류 제출에 대해 별도의 제재조항을 두고 있지는 않으므로 민법상의 사기와 착오, 형법상의 사기죄와 업무방해죄 등의 적용의 문제가 제기될 것이다.[159]

온라인투자연계금융업자는 투자자에게 연계대출의 내용, 차입자에 관한 사항, 연계투자에 따른 위험, 수수료, 투자자의 예상수익률 등 일정한 정보를 투자자가 쉽게 이해할 수 있도록 온라인플랫폼을 통해 제공해야 한다(동법 제22조 제1항). 투자자가 연계투자 의사를 표시한 경우에는 온라인플랫폼에 게시한 내용을 그가 이해하였음을 확인받아야 한다(동법 제22조 제3항). 특정 부동산개발사업에서 발생할 미래 현금흐름을 주된 상환재원으로 하는 연계대출에 대한 연계투자 상품 또는 담보가 있는 연계대출에 대한 연계투자 상품에 대해서는 투자금을 모집하기 전에 일정 기간 동안 미리 위 정보를 온라인플랫폼을 통해 제공해야 한다(동법 제22조 제2항). 온라인투자연계금융업자는 위 정보를 제공할 때 투자자의 합리적인 투자판단 또는 해당 상품의 가치에 중대한 영향을 미칠 수 있는 사항을 누락하거나 거짓 또는 왜곡된 정보를 제공해서는 안 된다(동법 제22조 제4항). 한편 연계대출의 연체가 발생한 경우에는 온라인투자연계금융업자는 5영업일 이내에 그 사유를 확인하여 연체사실과 그 사유를 투자자에게 통지하고 온라인플랫폼에 게시해야 한다(동법 제22조 제5항, 동법시행령 제20조 제4항).[160]

---

159) 허위정보 제공유인을 차단하기 위하여 형사적·행정적 제재 조항을 두어야 한다는 견해도 있다{고동원(2015, 50쪽, 신혜진(2021), 386쪽).

160) 연체사실은 중요한 투자정보이므로 연체사실에 대해서는 발생한 다음 영업일에 공시하고 그 사유는 5영업일 내에 공시하도록 하는 것이 바람직하다는 지적{천창민(2020), 94-95쪽}이 설득력이 있다.

(3) 연계대출에 대한 제한

가. 연계대출한도

온라인투자연계금융업자는 일정한 예외적인 경우[161]를 제외하고는 동일한 차입자에 대해 자신이 보유하고 있는 총 연계대출채권 잔액의 7% 또는 70억원 중 작은 금액을 초과하는 대출을 할 수 없다(동법 제32조 제1항, 동법시행령 제27조 제1항).

나. 이자 및 수수료 수취에 대한 제한

온라인투자연계금융업자는 대부업법 제15조 제1항에 정한 최고이자율[162]을 초과하여 이자[163]를 받을 수 없고,[164] 수수료를 수취하는 경우 이용자로부터 받는 수수료의 부과기준에 관한 사항을 정하고, 온라인플랫폼에 이를 공시해야 하며, 수수료 부과기준을 정할 때 이용자들을 정당한 사유없이 차별해서는 안 된다(온라인투자연계금융업법 제11조, 동법시행령 제10조).

다. 연계대출과 연계투자의 조건의 일치

온라인투자연계금융업자는 연계투자와 해당 연계투자의 투자금으로 실행하는 연계대출의 만기, 금리 및 금액(=동일한 연계대출에 연계투자한 투자자들의 투자금을 합산한 금액)을 다르게 해서는 안 된다(온라인투자연계금융업법 제12조 제7항).

---

161) 1. 온라인투자연계금융업자가 보유하고 있는 총 연계대출채권 잔액이 300억원 이하이고, 시행하려는 연계대출의 규모가 21억원 이하인 경우
2. 온라인투자연계금융업자가 국가, 지방자치단체, 공공기관의 운영에 관한 법률에 따른 공공기관, 지방공기업법에 따른 지방직영기업·지방공사 및 지방공단 등이 수도사업, 궤도사업, 가스사업 등 대통령령으로 정하는 지역개발사업, 사회기반시설사업 등을 할 때 직접 필요한 금액을 연계대출 하는 경우
3. 그 밖에 국민생활 안정 등을 위하여 불가피한 경우로서 급격한 경제 여건의 변화 또는 국민생활 안정목적 등 불가피한 사유가 있다고 금융위원회가 인정하는 경우
(온라인투자연계금융업법 제32조 제1항 단서, 동법시행령 제27조).

162) 대부업법 제15조 제1항은 동법에 정의된 여신금융기관에게 적용되는 것으로 동조항에 따른 최고이자율은 연 20%(대부업법시행령 제9조 제1항)이다. 대부업자의 개인 또는 소기업에 대한 대부의 최고이자율(대부업법 제8조 제1항, 동법시행령 제5조 제2항) 및 이자제한법상의 최고이자율과 동일하다.

163) 이자에는 차입자로부터 받는 수수료가 포함된다. 다만 거래체결과 변제 등에 관한 부대비용으로서 대통령령이 정하는 비용인 담보권 설정비용, 신용조회비용, 차입자의 조기상환에 따라 발생하는 비용으로서 조기상환금액의 1%를 초과하지 않는 금액, 그 밖에 금융위원회가 정하여 고시하는 비용은 포함되지 않는다(온라인투자연계금융업법시행령 제10조 제2항). 수수료 선취·후취에 따라 이자율 산정에 미치는 영향이 다를 수 있다. 이에 관한 논의는 김은정(2021), 215-217쪽.

164) 대부업법은 동법 제8조에 따른 이자율제한을 위반한 경우 3년이하의 징역 또는 3천만원이하의 벌금에 처하도록 하였다(동법 제19조 제2항 제3호), 이와는 달리 온라인투자연계금융업법은 동법 제11조 제1항과 제2항을 위반하여 이자·수수료를 받은 경우 5천만원 이하의 과태료를 부과하도록 하였다(동법 제57조 제1항 제2호).

라. 연계대출 실행의 제한

온라인투자연계금융업자는 차입자가 요청한 연계대출 금액에 상응하는 투자금 모집이 완료되지 않은 경우 연계대출을 실행해서는 안 되지만, 차입자가 연계대출 금액의 변경을 요청한 경우에는 연계투자계약을 체결한 투자자들의 투자의사를 재확인한 후 연계대출을 실행할 수 있다(동법 제12조 제2항, 제3항).

마. 연계대출의 금지

온라인투자연계금융업자는 다음 연계대출을 해서는 안 된다.

(i) 일정한 자산[165]을 담보로 하는 연계대출과 일정한 차입자[166]에 대한 연계대출(온라인투자연계금융업법 제12조 제9항, 동법시행령 제12조 제6호, 온라인투자연계금융업 감독규정 제13조).

(ii) 자신 또는 자신의 대주주 및 임직원에 대한 연계대출(동법 제12조 제1항).

(iii) 자신 또는 자신의 대주주 및 임직원에 대한 연계대출, 금전 그 밖의 재산상의 이익을 제공할 목적으로 다른 온라인투자연계금융업자를 통해 연계대출하거나 제3자에게 연계대출하는 것(동법 제12조 제9항, 동법시행령 제12조 제7호)

(4) 연계투자에 대한 제한

가. 연계투자한도

온라인투자연계금융업법은 위험감수능력이 있는 개인전문투자자[167]에 해당하지 않는 개인투자자에 대하여 투자자의 투자목적, 재산상황, 투자경험, 연계투자 상품의 종류 및 차입자의 특성 등을 고려하여 투자한도를 정하였다. 일반투자자의 경우 총 연계투자한도는 3천만 원(다만, 특정 부동산개발사업에서 발생할 미래 현금흐름을 주된 상환재원으로 하는 연계대출과 부동산담보 연계대출은 1천만 원), 동일 차입자에 대한 연계투자한도는 5백만 원이다. 일정한 소득요건을 충족하는 개인투자자의 경우 총 연계투자한도는 1억 원, 동일 차입자에 대한 연계투자한도는 2천만 원이다(동법 제32조 제2항, 동법시행령 제27조 제6항, 온라인

---

165) 가. 대부업법 제2조 제1호에 따른 금전의 대부 계약에 따른 채권
나. 법 제2조 제4호에 따른 원리금수취권
다. 그 밖에 투자위험성 등이 높은 자산으로서 금융감독원장이 정하는 것

166) 가. 대부업법 제3조에 따라 대부업의 등록을 한 자
나. 복수의 차입자에게 자금을 공여하기 위한 목적으로 설립한 상근 임직원이 없는 특수목적법인(연계대출을 받는 것 이외에 다른 설립 또는 운영 목적이 있다고 인정되기 어려운 경우에 한정한다)

167) 자본시장법시행령 제10조 제3항 제17호에 따른 전문투자자.

투자연계금융업감독규정 제33조 제2항).

일반 법인투자자와 개인전문투자자의 연계투자한도는 연계대출 모집금액의 40%이다(동법 제35조 제1항, 동법시행령 제30조 제2항 제2호). 여신금융기관(여신금융기관에 준하는 자[168] 포함)의 투자한도는 부동산담보 연계대출에 대해서는 연계대출 모집금액의 20%, 그 밖의 경우에는 연계대출 모집금액의 40%이다(동법 제35조 제1항, 동법시행령 제30조 제2항 제1호).

나. 자기계산 연계투자

일정한 요건[169]하에서 연계대출 모집미달금액의 범위 내에서 자기계산으로 연계투자하는 경우를 제외하고, 온라인투자연계금융업자는 자신이 실행하는 연계대출에 자기계산으로 하는 연계투자를 할 수 없다(온라인투자연계금융업법 제12조 제4항). 이러한 엄격한 온라인투자연계금융업자의 자기계산투자 제한에 대해서는 과도한 제한이라는 비판이 있으나,[170] 자기계산투자를 한 연계대출을 다른 연계대출보다 더 우선적으로 처리할 유인이 있는 등 다른 투자자들과의 이익충돌 발생의 문제가 있다는 점에서 자기계산 투자 허용을 엄격하게 규율할 필요성도 있는 것으로 보인다.

다. 특수관계인의 연계투자

온라인투자연계금융업자의 특수관계인에 해당하는 투자자의 연계투자는 원칙적으로 금지되고, 다만, 그 특수관계인이 온라인투자연계금융업법 제12조 제4항에 따라 허용되는 자기계산 연계투자의 범위 내에서 연계투자 계약을 체결하는 경우는 제외한다(온라인투자연계금융업법 제12조 제9항, 동법시행령 제12조 제8호, 온라인투자연계금융업 감독규정 제13

168) 여신금융기관과 실질적 동일성이 인정되는 자로서 금융위원회가 정하여 고시하는 자(온라인투자연계금융업법시행령 제11조 제3항 제6호 나목).

169) 1. 차입자가 신청한 연계대출 금액의 80% 이상 모집될 것
2. 자기의 계산으로 한 연계투자 잔액이 자기자본의 100% 이하일 것
3. 온라인투자연계금융업자의 건전성 유지와 이용자 보호 등을 위하여 온라인투자연계금융업법 시행령 제11조 제3항 및 온라인투자연계금융업 감독규정 제10조에서 규정한 사항(연계대출의 연체율이 10%를 초과한 경우 새로운 자기계산 연계투자 금지, 동일 차입자에 대한 자기계산 연계투자 총액이 자기자본에서 준비금을 뺀 금액의 5% 이내일 것, 자기계산 연계투자 확약 금지, 자기계산 연계투자에 따른 원리금을 다른 투자자들의 원리금보다 우선회수 금지, 자기계산 연계투자에 따른 원리금수취권의 양도 금지, 대부업법에 따른 여신금융기관 등이 연계투자의 의사표시를 한 연계대출에 대해서는 연계대출 금액의 10%를 초과한 자기계산 연계투자 금지, 주택담보 연계대출의 경우 담보인정비율의 70%를 초과한 자기계산 연계투자 금지 등)을 준수할 것

170) 고환경·주성환(2020), 42쪽(자기계산투자는 온라인투자연계금융업자로 하여금 대출채권 관리를 더 신중하게 하도록 유인하는 효과가 있고 사전약정으로 다른 투자자보다 동순위 또는 후순위로 회수하도록 하여 투자자를 보호할 수 있음을 강조함).

조 제3호).[171]

(5) 광고 규제

온라인투자연계금융업법은 온라인투자연계금융업자의 광고를 내용과 방법의 양면에서 규제하고 있다(동법 제19조). 내용면에서는 우선 허위·과장 광고 등 다양한 유형의 부실한 내용의 광고행위[172]가 금지되고 있다(동법 제19조 제1항). 또한 특정 연계투자 상품·조건에 대한 광고에는 그 상품의 내용, 위험 등 그 밖에 대통령령으로 정하는 사항이 포함되어야 하고, 특정 연계대출 상품·조건에 대한 광고에는 그 상품의 내용, 과도한 채무의 위험성, 연계대출 이용에 따른 신용등급의 하락 가능성을 알리는 경고문구 그 밖에 차입자를 보호하기 위하여 필요한 사항으로서 대통령령이 정하는 사항이 포함되어야 한다(동법 제19조 제4항, 제5항).

방법에 대한 규제로는 명시적으로 사전 동의를 하지 않은 고객에게 방문, 전화, 이메일 전송 등의 방법으로 연계투자·연계대출을 광고하는 행위가 금지되고(동법 제19조 제2항), 연계투자·연계대출 광고를 받은 고객이 이를 거부하는 취지의 의사를 표시하였음에도 불구하고 해당 광고를 계속하는 행위도 일정한 제한된 예외[173]를 제외하고는 금지된다(동법 제19조 제3항).

(6) 이익충돌 규제

앞서 살펴본 것처럼 온라인투자연계금융업법은 온라인투자연계금융업자의 자기계산 연계투자와 그의 특수관계인의 연계투자에 대한 제한을 두고 있다. 또한 온라인투자연계금융업법은 자본시장법 제44조에 따른 금융투자업자의 이해상충 관리와 매우 유사한 내용으로 온라인투자연계금융업자의 이해상충 관리를 규정하고 있다. 즉 온라인투자연계금융업법상 온라인투자연계금융업자는 (i) 그와 이용자 간, 특정 이용자와 다른 이용자 간

171) 이 조항에 대한 비판적인 견해로는 고환경·주성환(2020), 44쪽.

172) 1. 사실과 다르게 광고하거나 사실을 지나치게 부풀려 광고하는 행위
2. 사실을 은폐하거나 축소하는 방법으로 광고하는 행위
3. 비교대상 및 기준을 분명하게 밝히지 아니하거나 객관적인 근거 없이 유리하다고 광고하는 행위
4. 다른 온라인투자연계금융업자에 관하여 객관적인 근거가 없는 내용으로 광고하여 비방하거나 불리한 사실만을 광고하여 다른 온라인투자연계금융업자를 비방하는 광고행위
5. 원금보장, 확정수익 등 투자자들이 투자원금 및 수익이 보장된다고 오인할 소지가 있는 내용으로 광고하는 행위
6. 그 밖에 건전한 거래질서를 위하여 필요한 경우로서 대통령령으로 정하는 광고행위

173) 거부의사표시 후 금융위원회가 정한 기간이 지난 후에 다시 해당광고를 계속하는 경우와 금융위원회가 정한 기준에 따라 다른 종류의 상품에 대하여 광고하는 경우(동법시행령 제18조 제2항).

의 이해상충을 방지하기 위하여 이해상충이 발생할 가능성을 파악·평가하고, 내부통제기준으로 정하는 방법 및 절차에 따라 이를 적절히 관리해야 하고, (ii) 이해상충이 발생할 가능성이 있다고 인정되는 경우에는 그 사실을 미리 해당 이용자에게 알리고, 그 이해상충이 발생할 가능성을 내부통제기준에 따라 이용자 보호에 문제가 없는 수준으로 낮춘 후 해당 이용자들의 연계투자를 받거나 연계대출을 실행해야 하며, (iii) 이해상충이 발생할 가능성을 낮추는 것이 곤란하다고 판단되는 경우에는 해당 이용자들의 연계투자를 받거나 연계대출을 실행하여서는 안 된다(동법 제18조).

이익충돌에 관하여 EU 크라우드펀딩 규정은 크라우드펀딩 서비스제공자의 대주주, 임직원 또는 그들과 지배관계에 있는 자가 자금수요자로서 그 서비스제공자의 플랫폼을 이용할 수 없도록 하고, 그들이 투자자로 참여하는 경우에는 그 내용을 웹사이트에 공지하고 다른 투자자와 동일하게 취급하도록 하였다.[174] EU 크라우드펀딩 규정은 또한 서비스제공자가 이익충돌에 관한 내규를 제정하고, 이익충돌의 방지, 확인, 관리, 공시하는 적절한 조치를 취하도록 하며 이익충돌에 관하여 고객에게 공시하도록 하였다.[175]

(7) 손해배상책임

온라인투자연계금융업자는 온라인투자연계금융업을 영위하면서 법령·정관 또는 투자자와 차입자에게 교부되는 계약서류에 위반하는 행위를 하거나 그 업무를 소홀히 하여 투자자 또는 차입자에게 손해를 발생시킨 경우 온라인연계투자금융업자가 상당한 주의를 하였음을 증명하지 않는 한 손해배상책임을 진다(온라인연계투자금융업법 제31조). 이 때 투자자가 입은 손해액은 투자자가 지급했거나 지급해야 할 금전 등의 총액에서 투자자가 회수했거나 회수할 수 있는 금전등의 총액을 뺀 금액으로 추정한다(동법시행령 제26조).

3. 중앙기록관리기관

온라인투자연계금융업법은 온라인투자연계금융업자로부터 이용자에 관한 정보를 제공받아 관리하는 “중앙기록관리기관” 제도를 두었다(동법 제33조, 동법시행령 제28조). 금융결제원이 중앙기록관리기관으로 선정되어 있다. 온라인투자연계금융업자는 (i) 차입자로부터 연계대출 신청을 받거나 (ii) 투자자로부터 연계투자 신청 또는 원리금수취권에 대한 양도·양수 신청을 받은 경우, 신청의 내용과 이용자에 대한 정보 등 일정한 자료를 중

174) EU 크라우드펀딩 규정 제8조 제2항.
175) EU 크라우드펀딩 규정 제8조 제3항부터 제6항.

앙기록관리기관에게 제공해야 하고, 중앙기록관리기관은 이를 보관·관리한다. 중앙기록관리기관은 온라인투자연계금융업자로부터 위탁받아 연계대출한도와 연계투자한도 관리 업무도 수행한다.

투자금·상환금 예치기관이 온라인투자연계금융업자의 통보에 따라 차입자·투자자에게 대출금·투자금을 지급·반환할 때 중앙기록관리기관에 관련 자료의 확인을 요청할 수 있다(온라인투자연계금융업 감독규정 제29조 제5항). 중앙기록관리기관의 자료 관리를 통하여 고의·과실 또는 시스템 오류로 인한 잘못된 통보에 따른 지급을 방지할 수 있도록 한 것이다.

제 4 절 알고리즘거래와 고빈도거래

Ⅰ. 인공지능과 금융거래

1. 금융거래에서의 인공지능의 활용

인공지능[176]이 발달하여 사회의 각 분야에서 활용되고 있다. 특히 통계적 모델을 사용하여 데이터를 학습·분석하는 기계학습(machine learning)에 의한 인공지능은 방대한 데이터의 분석을 사람보다 더 효율적으로 할 수 있다. 데이터에 크게 의존하는 금융업은 자동화, 생산성 향상, 비용절감, 보안, 고객지원 등 여러 면에서 인공지능을 활용할 여지가

176) 인공지능이 무엇인지에 대한 개념정의는 통일되어 있지 않다. 2021. 7. 8. 금융위원회가 발표한 「금융분야 인공지능(AI) 운영 가이드라인(안)」(아래 각주 188)은 "AI 시스템이란 특정 목표가 주어진 상태에서, 데이터를 획득하여 환경을 인식하고, 획득된 데이터를 해석하며, 지식을 추론하거나 정보를 처리하고, 해당 목표를 달성하기 위한 최선의 행동을 결정함으로써 물리적 또는 디지털 차원에서 작동하는 인간이 설계한 소프트웨어 또는 하드웨어 시스템을 의미한다"라고 하여 유럽연합 집행위원회 산하 인공지능 고위전문가 그룹(High Level Expert Group on AI)의 개념정의와 유사한 개념을 사용하였다.

유럽연합의 인공지능법(☞ 아래 각주 185) 제3조 제1항은 인공지능시스템을 "다양한 수준의 자율성을 가지고 운영되고, 배치에 적응성을 보여줄 수도 있으며, 명시적·묵시적 목표를 위하여 받은 입력으로부터 물리적·가상적 환경에 영향을 미칠 수 있는 예측·컨텐츠·추천·결정과 같은 출력 생성 방법을 추론하는 기계기반 시스템"으로 정의하였다.

지능정보화기본법 제2조 제4호에서 정의한 "지능정보기술"에 포함된 "전자적 방법으로 학습·추론·판단 등을 구현하는 기술", "데이터(부호, 문자, 음성, 음향 및 영상 등으로 표현된 모든 종류의 자료 또는 지식을 말한다)를 전자적 방법으로 수집·분석·가공 등 처리하는 기술"이 인공지능을 나타낸 것으로 보인다. 인공지능의 개념정의에 관한 국내외 논의에 대해서는 고학수 외(2021), 3-11쪽.

크고 실제로도 많이 활용하고 있다.[177] 금융거래와 관련하여 인공지능이 이용되는 분야는 자동화된 알고리즘거래, 로보어드바이저에 의한 투자자문과 자산운용, 고객 신용정보 이외의 기타정보의 수집 및 신용위험의 평가, 보험상품의 개발과 보험요율의 산정, 사기성 거래의 적발과 예방 기타 위험관리, 마케팅 조사연구, 고객서비스(챗봇에 의한 고객민원 처리 포함), 감독기관에의 보고와 컴플라이언스 등 여러 영역에 걸쳐 있다. 이 중에서 알고리즘거래는 제4절, 로보어드바이저는 제5절에서 상세히 살펴보기로 한다.

2. 인공지능 활용시 발생할 수 있는 위험과 문제

금융회사 또는 금융시장 참여자는 인공지능을 활용하여 효율성을 높이고 시간과 비용을 절감할 수 있다. 그러나 인공지능의 활용시에는 다음과 같은 위험을 고려해야 한다.[178]

첫째, 인공지능에 한계가 있다. 우선 인공지능을 구성하는 컴퓨터 프로그램이 시장과 인간사회에서 발생하는 일들을 모두 충분하고 깊이 있게 그리고 다양하게 반영하고 파악할 수 없다는 점에서 근본적인 한계가 있다.[179] 그러한 한계에 대한 인식없이 설계하여 처음부터 인공지능에 흠결이나 하자가 있을 수 있다.

둘째, 인공지능이 의존하는 데이터의 품질에 따라 인공지능의 분석과 결정에 큰 영향을 준다. 인공지능에게 제공되는 데이터가 편향되거나 품질이 떨어지는 경우 또는 편향된 결정을 하기 위해 의도적으로 또는 부주의하게 데이터를 편향되게 선택하여 제공하면 인공지능의 분석과 결론이 편향될 수밖에 없다.[180]

셋째, 인공지능의 분석·결정에 대해 여러 문제가 제기될 수 있다. 우선 공정성, 책임성과 투명성(fairness, accountability and transparency, FAT)의 문제가 제기된다.[181] 인공지능이 윤리관념 없이 학습하여 사람이라면 발생하기 어려운 비윤리적인 의사결정을 할 수도 있다. 또한 인공지능의 의사결정 과정에서 인공지능들의 쏠림현상이나 디지털 담합이 이루어질 수 있다.[182]

177) Bank of England·FCA(2019), p. 8은 감독대상인 금융회사에게 설문조사한 결과 답변자의 2/3이상이 이미 기계학습을 업무에 이용하고 있다고 하였다.
178) 금융에서의 인공지능 활용에 따른 위험요소에 대한 상세한 논의는 Lin(2019), pp. 534-543, Buckley et al.(2021), pp. 49-57 등.
179) 이에 대한 상세한 설명은 Lin(2019), pp. 534-535.
180) Lin(2019), pp. 536-538, Buckley et al.(2021), pp. 50-51.
181) 투명성은 의사결정의 근거가 명확하게 드러나야 한다는 것이고 그것이 명확하지 않아 의사결정이 블랙박스화 되지 않도록 설명가능성(explainability)이 있어야 한다는 점이 강조된다. 인공지능의 설명가능성에 관한 국내의 최근 문헌으로는 고학수 외(2021), 금융인공지능에 대한 설명요구권에 대해서는 박상철(2021).
182) Buckley et al.(2021), p. 51.

넷째, 인공지능은 해킹 등 외부의 사이버공격이나 내부의 운영상의 위험에 쉽게 노출될 수 있다.

다섯째, 금융회사의 자산 및 데이터베이스가 대규모이고, 빠른 속도로 처리되며, 다른 금융회사 및 시장과 복잡하게 연계되어 있다는 점,[183] 네트워크 효과로 인한 플랫폼 등 제3자에 대한 의존 심화, 인공지능의 불투명성 등으로 인하여 금융안정성에 부정적인 영향을 미칠 수 있다.[184]

그 이외에도 금융회사의 입장에서는 인공지능 개발·설치·유지를 위한 비용과 인력이 필요하고, 임직원을 교육 훈련해야 하며, 데이터 보호에 필요한 여러 장치를 마련하고, 해킹과 기술적·비기술적 장애 등의 문제 발생에 대비할 필요가 생긴다.

3. 인공지능 활용의 법적 규율

인공지능의 활용에 따른 위험과 잠재적인 문제에 대해 유럽연합의 인공지능법[185]과 같이 인공지능을 일반적으로 규율하는 법률을 제정하여 대응할 수도 있을 것이다. 국내에서는 아직 그러한 법률이 제정되어 있지 않고, 하나의 법률로 모든 분야에서 발생할 수 있는 법적 쟁점을 다루기는 어렵다. 금융에서의 인공지능 활용에 대해서는 금융의 특성을 고려하여 검토할 필요가 있다.

금융에서의 인공지능 활용에 따른 위험과 잠재적인 문제에 대한 법적 검토는 대체로 (ㄱ) 금융감독을 어떻게 할 것인가와 (ㄴ) 인공지능 이용에 따른 이용자의 의무와 책임의 범위를 어떻게 정할 것인가의 문제에 귀착하게 될 것이다.

전자의 쟁점에 대해서는 로보어드바이저 등 일부 인공지능을 활용한 금융업무와 같이 이미 금융관련 법령에 반영되어 있는 것[186]도 있고 입법예고[187]된 것도 있다. 금융회

183) Lin(2019), pp. 541-543.

184) FSB(2017b), pp. 33-34.

185) 2021. 4. 21. 유럽집행위원회가 법안을 제안하였고{Proposal for a regulation of the European Parliament and of the council laying down harmonised rules on artificial intelligence (artificial intelligence act) and amending certain Union legislative acts - COM(2021)206 21.04.2021 2021/0106(COD)}, 수정을 거쳐 2024. 3. 13. 유럽의회가 최종안을 채택하였다{REGULATION (EU) 2024/… OF THE EUROPEAN PARLIAMENT AND OF THE COUNCIL of … laying down harmonised rules on artificial intelligence and amending Regulations (EC) No 300/2008, (EU) No 167/2013, (EU) No 168/2013, (EU) 2018/858, (EU) 2018/1139 and (EU) 2019/2144 and Directives 2014/90/EU, (EU) 2016/797 and (EU) 2020/1828 (Artificial Intelligence Act)}.

186) 자본시장법시행령 제2조 제6호의 "전자적 투자조언장치"(☞ 아래 각주 306)는 로보어드바이저를 규율하기 위한 것이다. 신용정보법은 "자동화평가"(사람이 관여하지 않고 컴퓨터 등 정보처리장치로만 개인신용정보 등을 처리하여 개인인 신용정보주체를 평가하는 행위) 개념을 도입하였고(동법 제2조 제4호), 개인인 신용정보주체는 자동화평가에 대항 대응권(신용평가회사 등에 대하

사의 일반적인 인공지능 활용에 대해 금융감독당국은 약한 규제 형식을 취하기로 하여 2021. 7. 8. 「금융분야 인공지능(AI) 운영 가이드라인(안)」을 발표하였다.[188] 가이드라인(안)은 인공지능을 활용하는 금융회사의 가버넌스의 구축, 인공지능 시스템의 (i) 기획 및 설계단계, (ii) 개발 단계, (iii) 평가 및 검증 단계와 (iv) 도입, 운영 및 모니터링 단계로 나누어 금융회사가 취해야 할 조치를 제시하고 마지막에 인공지능 시스템의 업무위탁에 관한 사항을 제시하였다. 국제증권감독위원회(IOSCO)가 제시한 지침[189]의 많은 부분이 반영된 것으로 보인다.

후자의 쟁점에 관해서는 우선 인공지능에 대해 법인격을 인정할 것인가에 대해 논의가 있지만[190] 국내에서는 아직 제한적으로라도 법인격을 부여하고 있지 않고 특별히 법인격을 부여할 필요성이 크게 제기되고 있지 않다. 인공지능 또는 알고리즘을 사용한 금융거래가 이루어지는 경우, 그 이용자가 인공지능과 알고리즘을 도구로 사용하는 것에 지나지 않는다. 결국 후자의 쟁점은 각 유형의 금융거래별로 검토할 필요가 있다.

여 자동화평가에 관한 일정한 사항에 대한 설명을 요구할 수 있고 정보의 정정·삭제 또는 재산출 요구 등을 요구할 수 있음)을 가지도록 하였다(동법 제36조의2).

187) 예: 보험업법시행령 일부개정령안 입법예고(2021. 5. 17.)(전화 모집 시 전자적 상품설명장치인 음성봇을 활용을 할 수 있는 법적 근거 마련을 위한 개정 포함)가 있었으나 그대로 입법되지는 않았다.

188) 금융위원회·금융감독원 보도자료(2021. 7. 8.), "「금융분야 인공지능(AI) 가이드라인」이 시행됩니다".

189) IOSCO(2021)은 6가지 지침을 제시하였다.

1. 감독기관은 피감독회사에게 고위경영진 중 인공지능의 개발, 테스팅, 배치, 모니터링과 통제에 대한 감독책임을 지는 사람을 지정하도록 할 것을 검토해야 함
2. 감독기관은 피감독회사에게 지속적으로 인공지능 기법의 결과를 확인하기 위하여 알고리즘을 충분히 테스트하고 모니터할 것을 요구해야 함
3. 감독기관은 피감독회사에게 그 회사가 사용하는 인공지능을 개발, 테스트, 배치, 모니터하고 인공지능에 대한 통제를 감시할 충분한 기량, 전문성과 경험을 갖출 것을 요구해야 함
4. 감독기관은 피감독회사가 외부 공급자들에 대한 의존을 이해하고 그들과의 관계를 관리할 것(성과 모니터링과 감시활동 포함)을 요구해야 함
5. 감독기관은 인공지능 이용에 관해 피감독회사가 고객과 감독기관에 대한 어느 수준의 공시·공개를 하도록 할 것인지를 검토해야 함
6. 감독기관은 인공지능이 의존하는 데이터가 편향을 방지할 수 있도록 충분한 품질을 갖추고 데이터가 인공지능이 근거 있는 결정을 하도록 충분히 광범위하도록 적절한 통제를 할 것을 피감독회사에게 요구할 것을 검토해야 함

190) 국내 문헌으로는 신현탁(2018), 김진우(2019), 송호영(2021), 장호준(2023).

Ⅱ. 알고리즘거래·고빈도거래의 의의와 특징

1. 알고리즘거래·고빈도거래의 의의

알고리즘거래(algorithmic trading)는 매매주문의 모든 요소들(예: 주문의 종류와 유형, 주문시점, 가격, 수량 등)을 컴퓨터 알고리즘[191]이 결정하여 많은 경우 사람의 개입 없이 매매주문을 내는 방법으로 하는 매매거래를 말한다.[192][193] 알고리즘거래는 현대 자본시장의 필수적이고 영구적인 일부가 되어 있다고 평가되고 있다.[194] 알고리즘거래가 발전하게 된 배경에는 자본시장에서 생산·소비되는 시장정보의 증가, 전산능력과 데이터송신속도의 발달, 투자자들의 초과수익 추구 및 정교한 수량적 분석의 발달을 들 수 있다.[195]

고빈도거래(high-frequency trading)는 알고리즘거래의 한 유형으로서[196] 컴퓨터와 알고리즘을 이용하여 사람이 생각하거나 반응하는 것보다 훨씬 빠른 속도로 자동적으로 주문과 그 취소를 행하는 방법으로 하는 거래를 말한다.[197][198] 고빈도거래는 통상 자

191) 알고리즘은 "한정적이고 결정론적이고 효과적인 문제해결 수단으로 컴퓨터 프로그램으로 실행하는데 적합한 것"을 말하고{SEC(2020), pp. 5-6}, 이를 보다 쉽게 표현하면 "컴퓨터가 수행할 일을 알려주는 명령어의 집합"{도밍고스(강형진 역)(2016), 29쪽}이라고 할 수 있다.

192) Scopino(2020), p. 16.

193) 한국거래소 규정들은 알고리즘거래를 "일정한 규칙에 따라 투자의 판단, 호가의 생성 및 제출 등을 사람의 개입 없이 자동화된 시스템으로 하는 매매거래"로 정의하였다(유가증권시장업무규정 제2조 제22항, 코스닥시장업무규정 제2조 제18항, 파생상품시장업무규정 제2조 제1항 제24호). EU의 제2차 금융상품시장지침(Directive 2014/65/EU of the European Parliament and of the Council of 15 May 2014 on markets in financial instruments, 이하 "MiFID Ⅱ") 제4조 제1항 (39)는 알고리즘거래를 "사람의 관여 없이 또는 제한된 관여 하에, 컴퓨터 알고리즘이 주문의 개별적인 기준(주문할지 여부, 주문 시점, 가격과 수량, 주문 제출후 주문의 관리)을 자동적으로 결정하여 행하는 금융상품거래"로 정의하고, 단순히 거래소에 주문을 전송하거나, 주문의 기준을 결정함이 없이 주문을 처리하거나, 주문의 확인이나 체결된 거래의 주문후 사후처리를 위한 시스템은 포함하지 않는 것으로 규정하였다. EU에 앞서 입법된 독일 고빈도거래법{Gesetz zur Vermeidung von Gefahren und Missbräuchen im Hochfrequenzhandel (Hochfrequenzhandelsgesetz) Vom 7, Mai, 2013}에 의하여 개정된 독일 증권거래법(Wertpapierhandelsgestz)도 이와 유사하게 알고리즘거래를 정의하였다(현재는 동법 제80조 제2항).

194) SEC(2020), p. 4.

195) SEC(2020), p. 4.

196) 한국거래소, 알고리즘거래 위험관리 가이드라인(2014), 3쪽는 "알고리즘거래는 … 시장상황 변동에 따라 스스로 변화하여 거래를 하고 변화된 시장상황에 다시 반응하도록 설계되어 있어서 신속한 주문전달 및 체결속도를 요구하는 등 매우 복잡한 특징을 가지고 있으며, 매매의 우위를 점하기 위하여 빠른 속도에 기반한 고빈도매매기법이 사용되는 것이 일반적이다"라고 하였다.

197) Scopino(2020), p. 16.

198) 고빈도거래를 흥미롭게 설명하고 문제점을 지적한 책으로는 루이스(2014), 업계등 관계자들을 인터뷰하는 방법으로 고빈도거래의 실상과 문제점을 조사한 책으로는 MacKenzie(2021).

기계산으로 하는 거래로 꾸준히 이익을 내는 것으로 알려져 있으며,[199] 그 거래의 수익성은 속도에 달려있다.[200] 고빈도거래자는 속도의 우위를 가지기 위하여 거래소등이 제공하는 동일공간사용(co-location)[201] 서비스와 데이터제공(data feed) 서비스를 사용하고,[202] 통신선과 전산시설에 많은 투자를 하게 된다.

2. 고빈도거래의 특징과 전략

미국 SEC는 고빈도거래를 행하는 업자는 "대량의 데이터를 입수하여 신속, 정확하게 처리하고, 그 데이터에 기초하여 거래와 위험에 대한 의사결정을 내리며, 그 결정에 따른 주문을 거래기회가 사라지기 전에 재빨리 제출하도록 정보통신기술과 정교한 컴퓨터를 사용"한다는 점을 특징으로 들었다.[203] SEC는 자기계산으로 고빈도거래를 하는 업자의 특징을 보다 구체적으로 다음 다섯 가지로 설명하였다.[204] 즉 (i) 주문 생성·전송·체결시 초고속도의 정교한 프로그램을 사용한다는 점, (ii) 네트워크 기타 유형의 지체(latency)를 최소화하기 위하여 동일공간사용(co-location) 서비스와 데이터제공(data feed) 서비스를 사용한다는 점, (iii) 매우 짧은 시간에 포지션을 구축하고 청산한다는 점, (iv) 제출후 곧 취소되는 수많은 주문을 제출한다는 점, (v) 장마감시에는 가능한 한 중립포지션으로 만든다는 점들이다. 국제증권감독위원회(IOSCO)도 고빈도거래의 특징을 이와 유사하게 설명했고,[205] 유럽연합(EU) MiFID Ⅱ에 규정된 "고빈도 알고리즘거래기법"의 정의도 위 특

199) Dalko·Wang(2020), p. 290, O'Hara(2015), p. 259(대표적인 고빈도매매업자인 Virtu Financial이 2009. 1. 1.부터 2013. 12. 31. 까지 1,238 거래일 중 1237일은 이익을 보고 하루만 손실을 입었음).

200) MacKenzie(2021), p. 4. 그 속도는 100분의 1초(millisecond), 100만분의 1초(microsecond), 10억분의 1초(nanosecond) 단위를 사용해야 할 정도이다. O'Hara(2015), p. 259.

201) 거래소의 매매거래체결서버와 동일 또는 근접한 곳에 시장참여자의 거래시스템을 설치하는 것을 말한다. 동일공간사용 서비스는 거래소입장에서는 거래량이 높은 시장참여자의 참여를 증가 시킬 수 있으나, 시장참여자들 간의 경쟁을 잠재적으로 왜곡하는 문제가 제기된다. IOSCO(2011), p. 16.

202) 고빈도거래자는 속도의 우위를 이용한 초단기매매로 수익을 올리고, 거래소는 고빈도매매자가 속도의 우위를 가질 수 있도록 동일공간사용 서비스와 데이터제공 서비스 등을 제공하여 거래량 증가의 혜택을 누리는 공생관계에 있다고 하며, 거래소의 이러한 태도의 배경에는 거래소의 조직형태가 주식회사로 되고 다수의 거래소들의 경쟁이 심화되면서 이익추구 성향이 강해진 점이 있음이 지적되고 있다. Myklebust(2020), pp. 39-40, 48-50.

203) SEC(2020), p. 38.

204) SEC(2010), 75 FR 3606. 위의 5가지 특징을 모두 갖추어야 고빈도거래라고 부를 수 있는 것은 아니다{SEC(2020), p. 38}. CFTC Concept Release on Risk Controls and System Safeguards for Automated Trading Environments, RIN 3038-AD52 (September 12, 2013), 78 FR 56542, 56545도 이와 유사하게 고빈도거래의 속성을 언급하였다.

205) IOSCO(2011), p. 21.은 고빈도거래의 특징으로 (i) 시장조성부터 차익거래에 이르기까지 다양한 전략을 추구하기 위한 정교한 기술적 도구의 사용, (ii) 시장데이터 분석, 적절한 거래전략의 수립, 거래비용 최소화와 거래체결등 투자의 전과정에 알고리즘을 사용하는 고도의 수량적 도구,

징을 반영하였다.[206] 한국거래소 규정들에 정의된 "고속 알고리즘거래"[207]와 일본 금융상품거래법에 규정된 "고속거래행위"는 위 특징 중 일부만이 반영되어 있다.[208]

고빈도거래의 거래전략은 수동적 전략과 적극적 전략으로 나누어 볼 수 있다.[209]

수동적 전략에는 (ㄱ) 수동적 시장조성(passive market-making)(매도·매수주문을 매치시키거나 자기계산으로 매매하여 유동성을 공급하고 매도호가와 매수호가의 차이인 스프레드에서 이익을 얻음)과 (ㄴ) 차익거래(arbitrage)(동일 상품의 시장 간의 가격차이 또는 유사상품 간의 가격차이를 포착하여 거래하여 이익을 얻음)를 들 수 있다.

적극적 전략은 가까운 장래의 가격변동을 예측하여 단기 포지션을 취함으로써 이익을 얻는 방향성(directional) 전략이라고도 할 수 있다. 이 전략에는 (ㄷ) 대형투자자들의 숨은 주문을 파악하기 위한 소규모 주문을 계속 내서 그 존재를 파악한 후 그 주문에 앞

(iii) 높은 일중 포트폴리오 변동과 높은 주문 대 거래체결 비율, (iv) 통상 장종료시 중립포지션이 되거나 이에 가깝게 함(포지션은 흔히 수초 또는 1초도 안 되는 시간 동안 보유함), (v) 거의 자기계산 매매를 하는 업자가 사용함, (vi) 지체시간에 매우 민감함{고빈도거래의 성공은 경쟁자보다 더 빠르고 직접전자접속(direct electronic access)과 동일공간사용 등의 서비스를 이용할 능력에 크게 좌우됨}을 들었다.

206) EU의 MiFID Ⅱ 제4조 제1항 (40)은 "고빈도 알고리즘거래기법"이라는 용어를 사용하면서 그 특징으로 (i) 네트워크 기타 유형의 지체를 최소화하기 위한 하부구조{동일공간사용(co-location), 근접공간사용(proximity hosting) 또는 고속직접전자접속(high-speed electronic access) 중 최소한 하나의 알고리즘 주문제출 장치를 포함}, (ii) 개별 거래와 주문에 관하여 사람의 개입 없이 시스템에 의한 주문 개시, 생성, 전송 또는 체결의 결정과 (iii) 높은 일중(intraday) 주문, 호가 또는 취소 메시지 율을 들었다. 독일의 고빈도거래법에 의하여 개정된 은행법(Kreditwesengesetz) 제1조 제1a항 제4호 d)과 증권거래법(Wertpapierhandelsgesetz) 제2조 제44항도 이와 유사하게 고빈도 알고리즘거래기법을 규정하였다.

207) 유가증권시장 업무규정 제2조 제23항: 이 규정에서 "고속 알고리즘거래"란 위탁자가 다음 각 호의 기준을 모두 충족하는 방식으로 하는 알고리즘거래 또는 회원이 자기매매로서 하는 알고리즘거래를 말한다.
1. 위탁자가 소유하거나, 위탁자가 직접 통제하는 전용 매매주문시스템(투자의 판단, 주문의 생성·제출 등의 기능이 탑재된 주문시스템을 말한다. 이하 이 항에서 같다)을 이용할 것
2. 제1호의 매매주문시스템을 회원전산센터(제8조의2 제1항에 따라 거래소가 정한 「회원시스템 접속 등에 관한 지침」의 회원전산센터를 말한다. 이하 같다) 내 또는 회원전산센터가 있는 건물 내에 설치할 것

코스닥시장 업무규정 제2조 제19항과 파생상품시장 업무규정 제2조 제1항 제25호도 거의 같은 내용으로 고속 알고리즘거래의 정의조항을 두고 있다.

208) 일본 금융상품거래법(金融商品取引法)상 "고속거래행위"는 (i) 증권의 매매 또는 장내파생상품거래, 그 위탁, 그 밖에 일정한 행위에 관한 판단이 전자정보처리조직에 의해 자동적으로 행해지고, (ii) 그 판단에 따른 증권의 매매 또는 장내파생상품거래를 하기 위하여 필요한 정보를 정보통신기술을 이용하는 방법으로 거래소에게 전달하되, 그 전달에 통상 소요되는 시간을 단축하기 위한 방법으로 내각부령이 정한 방법을 사용하는 것을 말한다(동법 제2조 제41항). 시간단축방법에 해당하려면 (i) 매매등에 관한 판단을 행하는 전자정보처리조직이 설치된 시설이 거래소가 그 전달을 받기 위한 전자정보처리조직이 설치된 장소(인접하거나 근접한 장소 포함)에 소재하고, (ii) 그 전달이 다른 전달과 경합하는 것을 방지하는 장치가 갖추어져 있어야 한다(일본 금융상품거래법 제2조에 규정하는 정의에 관한 내각부령 제26조 제2항).

209) Miller·Shorter(2016), pp. 3-6의 분류에 따른 것임.

서 거래를 하여 이익을 얻고자 하는 유동성탐지(liquidity detection){=주문발견(order discovery)} 전략[210]을 비롯한 주문예상(order anticipation) 전략과 (ㄹ) 모멘텀 촉발(momentum ignition) 전략(유리한 가격으로 포지션을 개시·청산할 기회를 만들기 위하여 추세를 시작하거나 강화하고 다른 투자자들이 그 추세를 가속·확대하도록 조장하는 주문을 제출하거나 거래를 체결하는 전략)과 같이 적극적으로 가격을 변동시키고자 하는 전략도 있다. 이 전략에는 체결할 의사없는 주문을 다수 제출하고 짧은 시간 내에 취소하는 허수주문(spoofing)[211]이 사용될 수도 있다. 이러한 모멘텀 촉발이나 허수주문은 뒤에서 검토하듯이 시세조종에 해당할 수 있는 행위들이다. 그 밖에 구조적 전략{시장 또는 시장 참가자의 구조적 취약성을 이용하여 이익을 얻는 전략. 예: 거래소와의 통신 지체시간이 짧은(low latency) 고빈도거래자가 그 보다 느린 투자자와의 거래에서 이익을 얻음}을 사용하기도 한다.[212]

3. 고빈도거래의 현황과 시장에 미치는 영향

미국 주식시장에서 고빈도거래가 차지하는 비중은 매우 높고 유럽과 아시아 시장에서도 그 비중이 상당한 규모로 알려지고 있다.[213] 한국거래소 회원이 거래소에 신고한 알고리즘거래 파생상품계좌의 거래비중은 2014년 1월부터 9월까지의 기간 동안 거래량 기준으로 코스피200 선물시장 53.7%, 코스피200옵션시장 46.2%로 나타났고,[214] 2013년 자료에 의하면 주식시장에서 고빈도거래가 차지하는 비중은 전체주문의 4%, 체결의 0.42%이다.[215] 국내의 고빈도거래에 대한 실증연구들도 있지만 각 연구마다 고빈도거래의 정

210) Myklebust(2020), pp. 45-46. 전자적 선행매매(elecronic front-running), 예상주문취소(anticipatory order canclellaton)로 부르기도 한다. Fox et al.(2020), pp. 96-97.

211) 허수주문(spoofing)의 하위 범주에는 주문쌓기(layering)가 있다. 이것은 행위자가 체결하고자 하는 작은 주문(예: 매도주문)을 내고, 그 반대편에 큰 주문들(예: 매수주문. 이 주문들은 앞에 언급한 작은 주문이 거래체결되면 취소할 생각임)을 가격대별로 다수 제출하는 행위이다{Scopino(2020), p. 356}.

212) SEC(2010), 75 FR 3608, SEC(2020), p. 40.

213) ESMA(2021), pp. 20-21에 의하면 24개 EU 국가에 소재한 52개 거래소의 거래를 살펴보면 (i) 고빈도알고리즘거래가 2019년 기준으로 주식거래량의 약 60%를 차지했고, (ii) 채권거래에서는 고빈도거래가 아닌 알고리즘거래가 2019년 2분기부터 증가하여 2019년 3분기에는 전체거래량의 약 80%에 이르렀으며 고빈도거래의 비중은 미미했다. 이는 채권거래의 유동성이 부족하기 때문이라고 할 수 있다. 한편 HKIMR(2021), pp. 10, 17에 의하면 고빈도거래가 2014-2019년의 주식시장 거래량 기준으로 미국 시장의 51%, 유럽시장의 25%, 호주시장의 26%이고, 2018년 8월부터 2020년 7월까지 홍콩 1부 시장(Main Board)의 11%이다. 대표적인 고빈도거래업자인 Virtu Financial은 36개국의 25,000개 종목을 거래하고 미국 주식거래량의 1/5을 차지하고 있다{MacKenzie(2021), p. 5}.

214) 한국거래소, 알고리즘거래 위험관리 가이드라인(2014), 3쪽.

215) 최수정(2013), 52쪽.

의를 다르게 하여 실상을 파악하기 어렵다.[216)]

미국에서의 고빈도거래의 성황은 다수의 거래소 또는 대체거래소의 존재를 전제로 하고 있다. 또한 개별 거래에서는 매우 작은 매매차익을 얻지만, 그러한 거래를 많이 함으로써 이익을 추구하는 투자전략은 증권거래세와 같은 거래비용이 없어야 효과적이다. 한국에서는 자본시장법상 금융위원회의 인가를 받아 다자간매매체결회사(동법 제8조의2 제5항)를 설립함으로써 대체거래소(alternative trading system, ATS)를 만들 수 있는 법적 근거는 마련되어 있지만 아직 설립된 것이 없어 한국거래소가 유일한 증권거래소이다. 또한 한국에서는 상장주식의 매도시 원칙적으로 증권거래세가 부과되기 때문에 아주 작은 매매차익을 얻기 위한 다수의 주식거래를 하는데 우호적인 환경은 아니다. 다만 상장지수투자신탁(ETF)은 수익증권이 상장되어 거래되므로 증권거래세가 부과되지 않아 고빈도거래의 대상으로 삼기 쉽다고 할 수 있다.

미국을 중심으로 고빈도거래에 대한 수많은 실증연구가 발표되었고 그 연구결과도 다양하며, 여러 연구결과들을 종합한 평가[217)]도 견해가 나뉜다.[218)] 미국 SEC의 보고서에 따르면 우선 알고리즘거래와 고빈도거래가 최소한 정상적인 시장상황 하에서는 호가스프레드를 줄여 일반투자자들의 거래비용을 줄이고[219)] 유동성을 개선하였다고 할 수 있는 많은 실증연구가 있다.[220)] 그러나 이례적으로 변동성이 높은 시기 또는 시장이 스트레스

216) 우민철·최혁(2013)이 주식워런트증권(ELW)시장 개설일부터 2011년 7월까지 5년 8개월간 ELW거래 중 (i) 일평균거래량 기준 상위 0.1%, (ii) 장 마감 시점에 순매수 포지션이 없는 종목비율이 99% 이상, (iii) 주문속도 상위 0.2%를 고빈도거래계좌를 판별하는 기준으로 사용한 결과, 유동성공급자를 제외한 전체 324,362개 계좌 중 (i)만 충족한 계좌가 324개, (i)(ii)를 충족한 계좌가 176개, (i)(ii)(iii)을 모두 충족한 계좌가 117개였다. (i)만 충족한 계좌가 전체체결금액의 54.1%를 차지하였고, (i)(ii)기준을 충족한 계좌가 전체호가건수의 14.6%, 전체체결금액의 33.8%를, (i)(ii)(iii)기준을 모두 충족한 계좌가 전체호가건수의 12.1%, 전체체결금액의 22.1%를 차지하였다(전체체결금액과 전체호가건수에는 유동성공급자의 체결금액과 호가건수를 제외함). 박수철(2020)은 2005년부터 2019년까지의 국내주식, ELW와 상장지수펀드(ETF) 시장에서의 고빈도거래계좌를 조사하였는데, ELW와 상장지수펀드(ETF) 시장에서 고빈도거래가 차지하는 비중은 전체 매매체결건수의 1% 내외로 매우 작은 편이고 주식시장에서는 고빈도거래 계좌의 일일 매매체결건수가 전체계좌의 일일매매체결건수의 20%에 달하는 것으로 나타났다. 증권거래세가 없는 ELW와 ETF시장보다 증권거래세가 부과되는 주식시장에서 고빈도거래가 더 활발하다는 것은 수긍하기 어렵다. 이는 그 연구에서 적용한 고빈도거래계좌의 판별기준이 “호가상위 10%이고 일평균 체결금액 상위 10%이면서 일평균 호가규모 하위 10%에 해당하는 계좌”이어서 통상 논의하는 고빈도거래의 특성이 반영되지 않았고, 오히려 일반적인 기관투자자들의 주식투자용 계좌가 다수 고빈도거래계좌로 분류되었기 때문인 것으로 추측된다.

217) SEC(2020), Virgilio(2019), Chung·Lee(2016) 등.

218) 대부분의 실증연구들은 시장의 가격발견기능에 초점을 맞추었고 유동성, 효율성, 거래비용, 변동성 등의 측정을 강조하였으나, 일부 문헌은 고빈도거래의 내재적인 불공정성·불공평성의 문제를 다루었다{Quebec CEST(2019), Myklebust(2020), Roncella·Ferrero(2021) 등}.

219) 기관투자자들의 거래비용에 대한 고빈도거래의 영향에 대해서는 연구결과가 나뉜다. SEC(2020), p. 72.

220) SEC(2020), pp. 70-71. Chung·Lee(2016), pp. 15-17와 Yadav(2019), pp. 234-235도 같은 취지.

를 받는 시기에 일부 알고리즘거래·고빈도거래가 가격변동을 악화시킬 수 있음을 보여주었다는 연구도 다수 있다.[221] 또한 자본시장의 전자화·자동화로 인하여 증권회사 등 자본시장 참여자 또는 플랫폼이나 하부구조에서의 운영상 오류가 시장과 투자자에게 예상하지 못한 광범위한 악영향을 줄 수 있는 등 위험이 증가했다고 평가되고 있다.[222]

Ⅲ. 알고리즘거래·고빈도거래의 규제

1. 고빈도거래 규제의 필요성

예상치 않은 시장의 급격한 시장붕괴(flash crash)[223]가 발생하면서, 고속화된 자동 거래가 대량으로 이루어지는 데 따른 위험에 대한 인식이 높아졌다. 거래시스템에 대한 고부하의 위험증가, 착오주문이나 오작동 등에 의한 시장질서 문란의 위험, 알고리즘의 과잉반응으로 인하여 변동성이 증가할 위험 등[224] 시장의 안정성과 시스템 취약성의 우려, 투자자 간의 공평성, 새로운 시세남용행위의 발생 등의 문제가 제기되었다.

이에 대응하여 EU{MiFID Ⅱ와 시장남용규정(MAR: Market Abuse Regulation)},[225] 독일

221) SEC(2020), pp. 46-47, 78-79.

222) SEC(2020), pp. 42-43. 대표적인 사례로 (i) 미국에서는 2012년 시스템 업데이트시 8개 서버 중 1개 서버에 새로운 소프트웨어 코드설치가 누락되어 주문전달시스템 에러가 발생하여 원래 제출하고자 한 212개의 주문 이외에 45분간 수백만개의 주문이 전송되어 4백만개의 거래가 체결되고 4억6천만불의 손실이 발생한 Knight Capital 사건{Knight Capital Americas LLC. Exchange Act Release No. 70694 (October 16, 2013), 윤승영(2020), 266-267쪽}과 (ii) 국내에서는 2013년 자동거래프로그램을 이용하여 자기계좌로 코스피200 옵션거래를 하면서 소프트웨어에 변수를 잘못 입력함으로써 통상적인 수준에서 현저히 벗어나는 호가가 반복하여 이루어져 36,978건의 거래가 체결된 후, 약 460억원 손실을 입고 결국 파산한 한맥투자증권 사건이 있다{이 사건의 사실관계와 관련 소송에 대한 상세한 설명은 서희석(2020), 653쪽 이하}. 두 사건 모두 거래소에 호가(주문전달)를 제시할 때 이용한 자동시스템에 오류가 발생한 것처럼 보이지만 근본적인 원인은 사람이 입력을 잘못했기 때문이었다.

223) 통상 Flash Crash로 불리는 2010. 5. 6. 시장붕괴(20여분만에 다우지수가 9% 급락한 후 다시 회복) 이외에도 2013. 8. 22. 나스닥시장 급락, 2014. 10. 15. 미국 국채수익률 급락(12분 만에 미국 10년 만기 국채 수익률이 1.6% 급락 후 회복), 2015. 8. 24. 다우지수 급락 등. Brummer(2020), p. 246, Miller·Shorter(2016), p. 6.

224) MiFID Ⅱ 전문 62.

225) EU는 (i) MiFID Ⅱ(2014. 5. 15.) 제17조와 제48조에서 알고리즘거래를 하는 금융투자업자의 거래시스템 관련의무와 시장조성 전략 활용시 거래소와의 약정체결의무, 시장 거래시스템의 안정성에 관한 거래소의 의무, 직접 전자접속과 동일공간사용 및 수수료 구조에 대한 규제 등을 규정하였고, (ii) 시장남용규정(Regulation (EU) No 596/2014 of the European Parliament and of the Council of 16 April 2014 on market abuse) 제12조 제2항 (c)에서 알고리즘거래 및 고빈도거래시 시세조종에 해당하는 행위를 규정하였다. EU 입법에 대한 설명은 노혁준(2021), 80-84쪽. 독일 입법과 비교한 설명은 정대익(2015), 157-165쪽.

(고빈도거래법),[226] 일본(금융상품거래법)[227] 등은 법률에 명시하여 고빈도거래를 규율하고 있다. 미국은 별도 법률로 규제하고 있지는 않으나 금융위기 이후 제정된 금융개혁법(= 도드-프랭크법)으로 상품선물거래법에 허수주문(spoofing)을 금지하는 조항이 새로 들어갔다.[228] CFTC등 감독기관이 추진한 고빈도거래 규제 법규가 이루어지지 않아[229] 기존 법규의 틀을 활용하여 규율하고 있다.[230] 뉴욕증권거래소, 나스닥, 시카고증권거래소(CBOE) 등 거래소들이 과속방지턱(speed bump)을 도입하여 고빈도매매자들의 주문을 매우 짧은 시간 지연시키는 것도 고빈도매매에 대한 규제의 일종이라고 할 수 있다.

2. 외국의 입법례 - EU의 규제

고빈도거래에 대한 EU의 규제를 간략하게 살펴보면 다음과 같다.

(1) 고빈도거래자의 의무

우선 고빈도알고리즘거래 기법을 사용하여 투자하는 사람은 금융투자업자로서 허가를 받아야 한다.[231] 또한 알고리즘거래를 하는 금융투자업자는 (i) 거래시스템이 복원력과 충분한 주문처리능력이 있고, 적정한 거래 한도의 적용을 받으며, 오류주문 기타 시장에 혼란을 일으킬 수 있는 시스템 문제를 방지할 효과적인 시스템과 리스크관리 장치를 갖추어야 하고, (ii) 설립지와 거래소 소재지의 감독기관에게 통지하고, 감독기관이 요구

226) 독일에서는 고빈도거래법(2013. 5. 7.)으로 거래소법(Börsengesetz), 은행법(Kreditwesengesetz), 증권거래법(Wertpapierhandelsgesetz), 투자법(Investmentgesetz) 등을 개정하였다. 이에 관한 상세한 설명은 정대익(2015), 126-156쪽.

227) 2017년 일본은 금융상품거래법을 개정하여 매매거래, 파생상품거래, 그 위탁등을 전자정보처리조직에 의해 자동적으로 행하고 매매등을 행하기 위한 거래소에의 정보전달이 정보통신기술에 의해 통상 요하는 시간보다 단축되도록 하는 방법을 사용하는 것을 "고속거래행위"로 정의하고(동법 제2조 제41항), 고속행위거래자의 등록 및 업무관리체계 정비의무를 부과하고 감독을 받도록 하였다(동법 제66조의50부터 제66조의67). 이에 관한 설명은 노혁준(2021), 85-86쪽.

228) 미국 금융개혁법(일명 도드-프랭크 법) 제747조로 상품거래소법(Commodity Exchange Act)이 개정되어 "spoofing(체결 전에 취소할 의도로 매도 또는 매수 주문을 내는 행위)"을 명시적으로 금지하는 조항이 추가되었다{7 USC §6c(a)(5)(C)}. 이 조항이 추가되기 전에도 미국 상품선물거래위원회(CFTC)는 허수주문(spoofing)을 다른 조항에 따른 불공정거래행위로 취급했다. 또한 미국 증권법(Securities Act)과 증권거래소법(Securities Exchange Act)에는 이와 유사한 조항이 들어있지 않지만, 미국 증권거래위원회(SEC)는 허수주문(spoofing)을 증권거래소법 제10조 (b)항과 제9조 (a)항 및 증권법 제17조 (a)항을 위반한 행위로 취급하였다{Scopino(2020), pp. 350- 354}.

229) Miller · Shorter(2016), pp. 3-6.

230) SEC의 Regulation Systems Compliance and Integrity. FINRA의 Regulatory Notice 15-09(March 26, 2015)와 16-21(June 8, 2016)은 명시적으로 알고리즘거래를 언급하고 있다.

231) MiFID Ⅱ 제2조 제1항 (d)(iii).

하는 정보를 제공하며, 주문관련 사항을 모두 기록해야 한다.[232] 시장조성을 위하여 알고리즘거래를 하는 금융투자업자와 직접전자접속(direct electronic access) 서비스를 제공하는 금융투자업자는 추가적인 여러 의무를 진다.[233]

(2) 정규거래소(regulated market)에 대한 규제

가. 자본시장 거래시스템의 안정성을 위한 규제

정규거래소는 (i) 복원력있고 충분한 주문처리능력을 갖추어 질서있는 거래가 이루어질 수 있도록 효과적인 시스템을 갖추어야 하고, (ii) 미리 정한 수량과 가격범위를 벗어난 주문과 명백한 오류주문을 거부하는 효과적인 시스템을 갖추어야 하며, (iii) 단기간 급격한 가격변동이 있는 경우 거래를 중단, 제한 또는 예외적으로 취소·변경·정정할 수 있어야 하고 그 기준을 감독기관에게 보고해야 한다.[234]

나. 시장접속서비스 규제

직접전자접속(Direct Electronic Access)을 허용하는 정규거래소는 일정한 기준을 정하여 허가받은 금융투자업자·금융기관인 회원·참가자만 그 서비스를 제공할 수 있도록 하고, 그 회원·참가자는 그 서비스를 이용한 주문과 체결된 거래에 대해 책임을 지도록 하는 효과적인 시스템을 갖추어야 한다, 또한 정규거래소의 동일공간사용(co-location) 서비스에 관한 규칙은 투명하고 공정하며 차별이 없어야 한다.[235]

다. 수수료 규제

정규거래소는 수수료 구조가 투명하고 공정하며 차별이 없어야 하고 거래문란이나 시장남용에 기여하는 방법으로 주문하거나 거래할 유인을 만들지 않도록 해야 한다. 또한 정규거래소는 (i) 취소되는 주문에 대해 주문제출 후 취소될 때까지의 시간에 따라 수수료를 조정할 수 있고, (ii) 주문제출 후 취소되는 경우 체결되는 주문보다 높은 수수료를 부과할 수 있으며, (iii) 주문대비 거래체결비율(order to trade ration, OTR)이 높거나 고빈도 알고리즘거래 기법을 사용하는 참가자에게는 시스템 용량에 대한 추가적인 부담을 반영

---

232) MiFID Ⅱ 제17조 제1항, 제2항. ESMA(2021), pp. 16-17에 의하면 EU 내 회원국의 감독기관에게 그 국가 내에서 알고리즘거래를 한다고 통지한 금융투자업자는 246개, 거래소 기준으로 EU 내의 각 거래소에서 알고리즘거래를 한다고 통지한 금융투자업자는 911개이다.

233) MiFID Ⅱ 제17조 제3항부터 제5항.

234) MiFID Ⅱ 제48조 제1항, 제4항, 제5항.

235) MiFID Ⅱ 제48조 제7항, 제8항. 이 조항은 동일공간사용 서비스 이용자 간의 차별이 없어야 함을 규정한 것이고 그 서비스를 이용하는 고빈도거래자와 이용하지 않는 시장참여자 간의 관계에는 적용이 없다{Myklebust(2020), p. 70}.

하여 높은 수수료를 부과할 수 있게 하였다.[236]

라. 호가단위 규제

정규거래소는 호가단위제도(tick size regimes)를 채택해야 한다. 호가단위제도는, 호가스프레드(bid-ask spread) 축소를 부당히 제한하지 않으면서 안정적인 가격이 형성되도록 하는 것이 바람직하다는 점을 고려해서, 다른 시장의 그 금융투자상품의 유동성 정도와 평균적인 호가스프레드를 반영하는 것을 원칙으로 하였고,[237] 주식, 예탁증권, ETF 등에 대해서는 일일거래량에 따라 정한 일정한 최소 호가단위 이상이 되도록 하였다.[238]

마. 알고리즘거래 주문의 표시

정규거래소는 회원이나 참가자가 표시하도록 하는 방법으로 알고리즘거래로 생성된 주문, 주문생성에 사용된 알고리즘, 주문을 개시한 사람을 확인할 수 있어야 하고 감독기관이 요청하면 그 정보를 제공해야 한다.[239]

(3) 불공정거래행위 규제

내부자거래, 공시위반, 시세조종 등 시장남용행위를 규율하는 시장남용규정(MAR) 제12조 제2항(c)는 알고리즘거래와 고빈도거래 기법 등 전자적 수단을 포함한 가능한 거래수단을 사용하여 (i) 거래시스템의 기능을 교란하거나 지연시키는 행위, (ii) 주문장부에 과부하 또는 불안정을 초래하는 주문을 제출하는 등 타인이 거래소의 거래시스템에서 진정한 주문을 식별하기 더 어렵게 만드는 행위, (iii) 특히 추세를 개시하거나 강화하는 주문을 제출함으로써 금융투자상품의 수요, 공급 또는 가격에 관한 거짓 또는 오해를 유발할 수 있는 신호를 생성하는 행위(또는 (i), (ii), (iii)이 발생할 가능성이 있는 행위)를 하는 방법으로 주문(취소와 변경 포함)을 제출하여, 동규정 제12조 제1항 (a)와 (b)[240]에 규정된 효과가 있는 경우 시세조종으로 취급하는 조항을 두었다. 시장남용규정의 시행규정은 고빈도거래에서 흔히 문제되는 거래들을 시세조종적 행태의 유형으로 포함시켰다.[241]

---

236) MiFID Ⅱ 제48조 제9항.

237) MiFID Ⅱ 제49조 제1항.

238) RTS(Regulatory Technical Standards) 11{Commission Delegated Regulation (EU) 2017/588 of 14 July 2016}, 제2조 제1항과 부록.

239) MiFID Ⅱ 제49조 제10항.

240) (a)는 수요공급·가격에 관한 잘못된 신호를 생성하거나 인위적인 가격을 확보하거나 또는 그럴 가능성이 있는 거래, 주문 기타 행위, (b)는 기망적 수단을 사용하여 가격에 영향을 주는 거래, 주문 기타 행위를 규율한다.

241) COMMISSION DELEGATED REGULATION (EU) 2016/522 of 17 December 2015, Annex Ⅱ에 시세조종적 행태의 지표를 열거하였고, 그 가운데 고빈도거래와 관련된 거래유형으로는 (i) 모멘텀 촉발(momentum ignition), (ii) 주문쌓기와 허수주문(layering and spoofing), (iii) 주문부하(quote

3. 한국의 알고리즘거래 · 고빈도거래 규제

(1) 자본시장법

우리나라에서는 자본시장법 등 법률에 알고리즘거래 또는 고빈도거래를 특별히 명시하여 규율하고 있지는 않다. 물론 알고리즘거래와 고빈도거래도 자본시장법의 불공정거래 규제의 적용을 받는다. 이 부분은 아래 Ⅳ.에서 별도로 살펴본다.

(2) 한국거래소

한국거래소는 유가증권시장, 코스닥시장, 파생상품시장별 업무규정으로 거래소회원을 규율함으로써 거래소 차원에서 알고리즘거래와 고속 알고리즘거래에 대한 위험관리 장치를 두고 있다. 또한 한국거래소 시장감시위원회는 2014년 알고리즘거래의 사고를 예방하고 위험을 관리하여 시장의 안정성 제고와 투자자 보호에 기여하기 위하여 「알고리즘거래 위험관리 가이드라인」을 제정하여 시스템 설계, 리스크관리, 시스템의 실제 적용, 사고대응 및 사후검증 등 각 단계별로 거래소 회원들이 알고리즘거래를 하거나 고객으로부터 수탁할 때 준수할 사항을 정하였다. 아래에서는 거래소 시장업무규정에 의한 규제를 살펴본다.

가. 알고리즘거래와 고속 알고리즘거래의 정의

거래소의 각 시장업무규정에서 "알고리즘거래"란 "일정한 규칙에 따라 투자의 판단, 호가의 생성 및 제출 등을 사람의 개입 없이 자동화된 시스템으로 하는 매매거래"로 정의되어 있다.[242] "고속 알고리즘거래"는 "(i) 위탁자가 소유하거나, 위탁자가 직접 통제하는 전용 매매주문시스템(투자의 판단, 주문의 생성·제출 등의 기능이 탑재된 주문시스템)을 이용하고, (ii) (i)의 매매주문시스템을 회원전산센터(거래소가 정한 「회원시스템 접속 등에 관한

---

stuffing: 대량의 주문 또는 취소·변경을 하여 그 처리가 지연되게 하거나 전략을 위장하는 행위), (iv) 연기피우기(smoking: 다른 느린 거래자들을 끌기 위해 주문을 낸 후 재빨리 조건을 변경하여 이득을 취하기 위하는 행위), (v) 탐지목적 주문(ping order: 숨은 주문의 수준을 파악하기 위하여 소량의 주문을 내는 행위), (vi) 피싱(phishing: 다른 투자자의 주문을 밝혀내기 위한 주문을 낸 후 그 얻은 정보를 이용하기 위한 주문을 내는 것) 등을 들 수 있다. 또한 MiFID Ⅱ 시행을 위한 COMMISSION DELEGATED REGULATION (EU) 2017/565 of 25 April 2016, Annex Ⅲ Section A는 거래소의 감독당국에 대한 즉시 보고의무와 관련하여 시세조종일 수 있는 신호 가운데 특히 자동적 거래환경에 관련된 것으로 위 6가지 거래유형을 열거하였다. 이들 거래유형에 대한 상세한 설명은 정대익(2015), 151-156쪽. 간략한 설명은 노혁준(2021), 96-98쪽.

242) 유가증권시장업무규정 제2조 제22항, 코스닥시장업무규정 제2조 제18항, 파생상품시장업무규정 제2조 제1항 제24호. 유가증권시장업무규정의 알고리즘거래의 대상은 채무증권을 제외한 증권이다(동규정세칙 제6조의6).

지침」의 회원전산센터) 내 또는 회원전산센터가 있는 건물 내에 설치할 것이라는 기준을 모두 충족하는 방식으로 하는 알고리즘거래 또는 회원이 자기매매로서 하는 알고리즘거래"로 정의되어 있다.[243]

나. 알고리즘거래에 관한 규제

1) 알고리즘거래 및 계좌의 관리

알고리즘거래에 관한 거래소회원의 기본적인 의무로서 거래소회원은 (i) 알고리즘거래시 발생할 수 있는 위험을 파악하고 관리해야 하며(유가증권시장업무규정 제104조의2 제1항, 코스닥시장업무규정 제50조의2 제1항, 파생상품시장업무규정 제156조의3 제1항), (ii) 알고리즘거래를 수행하는 계좌를 설정·변경·해지하는 경우 지체없이 거래소에 신고해야 한다(위 각 조문의 제2항).[244][245]

2) 알고리즘거래시 비상상황에 대한 대처 – 계좌단위 호가처리 제도

알고리즘거래와 관련하여 시스템 장애, 착오 등으로 인한 비상상황이 발생하는 경우 거래소에게 알고리즘계좌별로 호가를 한꺼번에 취소하고 추가적인 호가 접수를 차단할 것[246]을 신청할 수 있다(위 각 조문의 제3항).[247]

3) 알고리즘거래 실행단계의 규제

파생상품시장에 대해서는 알고리즘거래로 인한 호가 폭주에 대비할 수 있는 장치로 (i) 거래소 시스템 장애 발생 또는 장애가 예상되거나 시장관리상 필요한 경우 과다호가 접수거부제도(파생상품시장규정 제156조의2 제1항), (ii) 거래 체결 대비 과다한 호가건수를 제출한 파생상품계좌에 대한 과다호가 부담금제도(동조 제2항), (iii) 누적호가수량한도(파생상품계좌당 제출할 수 있는 미체결 호가수량 누계의 최대치) 제도(동규정 제61조) 등을 두고

---

243) 유가증권시장 업무규정 제2조 제23항, 코스닥시장 업무규정 제2조 제19항, 파생상품시장 업무규정 제2조 제1항 제25호.

244) 파생상품거래를 위하여 외국인통합계좌(다른 외국투자자의 파생상품거래를 일괄하여 주문·결제할 수 있는 파생상품계좌)를 설정한 경우에는 통합계좌 내 알고리즘거래를 수행하는 최종투자자별로 알고리즘계좌 신고를 해야 한다(파생상품업무규정시행세칙 제114조의5 제3항).

245) 알고리즘계좌 설정 신고가 되어 있지 않은 파생상품계좌를 통하여 초당 2건 이상 및 장종료 시점 기준 5천건 이상의 호가건수를 제출한 경우, 거래소는 해당 회원에게 통지하고 회원은 그 파생상품계좌가 알고리즘거래를 수행하는 계좌가 아님을 밝히는 자료를 거래소에 제출해야 한다(파생상품시장업무규정시행세칙 제164조의4 제2항).

246) 일괄취소(kill switch) 제도로서 앞서 언급한 한맥투자증권 사건(☞ 위 각주 222)과 같은 일이 재발하지 않도록 도입한 것이다{금융위원회 보도자료(2014. 1. 15.), 별첨, "파생상품시장 거래안정성 제고방안", 1쪽}. 외국인통합계좌인 경우에는 알고리즘거래를 수행하는 최종투자자별로 처리한다(파생상품업무규정시행세칙 제164조의5 제1항).

247) 외국에서도 착오와 오류로 인한 거래에 관한 장치를 두고 있다. 서희석(2020), 630-652쪽(한국, 미국, 일본의 알고리즘거래의 착오에 대한 대응책), 윤승영(2020), 262-269쪽(알고리즘거래에 대한 뉴욕증권거래소의 대응사례).

있다. 이와는 달리 주식시장에 대해서는 아래에서 언급하는 고속 알고리즘거래에 대해서만 알고리즘거래의 실행단계에 관한 조항을 두고 있다.

다. 고속 알고리즘거래에 대한 규제

1) 고속 알고리즘거래자 등록

거래소회원은 고객으로부터 고속 알고리즘거래 주문을 수탁하기 전에 해당 위탁자가 주문시스템의 안정성과 적정성 등 일정한 요건을 충족하는지를 확인한 후 그를 거래소에 고속 알고리즘거래자로 등록해야 한다(유가증권시장업무규정 제104조의3 제1항, 코스닥시장업무규정 제50조의3 제1항, 파생상품시장업무규정 제156조의4 제1항). 거래소회원이 고속 알고리즘거래를 하려고 하는 경우에도 사전에 거래소에 고속 알고리즘거래자로 등록해야 한다(위 각 조문의 제2항). 거래소는 공익, 투자자보호 또는 시장에서의 거래질서의 안정 등을 위하여 고속 알고리즘거래자인 위탁자가 고속 알고리즘거래를 하는 것이 적절하지 않다고 인정하는 경우에는 해당 위탁자의 등록을 말소할 수 있다(위 각조문의 제6항).

고속 알고리즘거래자 등록을 하지 않거나 그 등록이 말소된 자로부터 고속 알고리즘거래의 위탁을 받으면 회원은 그 수탁을 거부해야 한다(유가증권시장업무규정 제84조 제4항 제1호, 코스닥시장업무규정 제40조 제5항 제1호, 파생상품시장업무규정 제124조 제1항 제4호).

2) 고속 알고리즘거래계좌 관리

거래소회원은 고속 알고리즘거래를 수행하는 계좌를 설정·변경·해지하는 경우 지체없이 거래소에 신고해야 하고, 그 신고한 고속 알고리즘거래계좌를 통해서만 고속 알고리즘거래 호가를 제출해야 한다(유가증권시장업무규정 제104조의3 제3항, 제4항, 코스닥시장업무규정 제50조의3 제3항, 제4항, 파생상품시장업무규정 제156조의4 제3항, 제4항).

3) 고속 알고리즘거래 실행단계의 규제

고속 알고리즘거래 등록요건을 충족하지 못하거나 등록시 중요한 사항을 거짓으로 작성하거나 고의적으로 누락한 경우 등 일정한 경우에는 회원은 당해 위탁자의 고속 알고리즘거래 수탁중단 조치를 취해야 한다(위 각조문의 제5항).

(3) 관련사항 - 직접시장접속

가. 한국거래소의 동일공간사용(co-location) 서비스 금지

한국거래소의 「회원시스템 접속 등에 관한 지침」은 회원전산센터 및 호가를 제출하는 기능을 수행하는 회원시스템은 거래소역내에 설치할 수 없도록 하고, 회원이 호가를 제출하는 기능을 수행하는 회원시스템과 거래소시스템을 연결하는 경우 반드시 기간통신

사업자 역내의 통신회선설비를 경유하도록 하였다(동지침 제7조 제2항, 제3항). 회원의 호가 제출시스템을 거래소의 매매거래체결 시스템과 동일 공간에 둘 수 없을 뿐 아니라, 거래소 근처에 설치하더라도 반드시 통신회사의 통신설비를 경유하도록 해야 하므로 거래소 시스템과 직접 연결이 될 수 없도록 한 것이다.[248)]

나. 거래소회원의 고객에 대한 직접시장접속(DMA: direct market access) 서비스[249)]

주문이 거래소에 도달하는 속도에 민감한 투자자는 그의 주문이 거래소회원인 증권회사를 통하여 자동적으로 거래소 매매체결시스템에 전달되도록 하는 DMA 서비스를 이용하게 된다.[250)] 거래소회원인 증권회사는 투자자의 주문 서버를 증권회사 데이터센터 내에 설치하고 주문적정성 점검은 간소화하여 투자자가 알고리즘에 의한 주문을 낼 수 있도록 한다.

증권회사가 주식워런트증권(ELW: equity-linked warrant) 차익거래를 하는 특정소수의 고객(이른바 스캘퍼)에게 DMA 서비스를 제공하여 거래하자, 검사가 증권회사의 DMA 서비스 제공을 자본시장법 제178조 제1항 제1호에 규정된 부정한 거래에 해당한다고 기소한 사건이 있었다. 이 사건에서 검사는 DMA 서비스를 받는 고객의 주문을 다른 고객의 주문에 우선하여 처리하고 다른 투자자들에게는 빠른 주문수단의 존재 및 사용여부에 대한 선택의 기회를 제공하지 않은 것이 부정한 거래에 해당한다고 주장하였으나, 1심과 항소심 모두 무죄를 선고하였고 대법원은 원심판결을 그대로 유지하였다.[251)]

---

248) 동일공간사용(co-location) 서비스 도입을 검토해야 한다는 입장은 양기진(2013), 105-106쪽.

249) "자동주문전달시스템"으로 부르기도 한다. 알고리즘거래와 DMA의 연관성에 대한 설명은 양기진(2013), 89-92쪽.

250) DMA서비스의 의의와 알고리즘거래와의 관계에 대한 상세한 설명은 최수정(2013), 25-37쪽과 양기진(2013), 89-92쪽.

251) 항소심 판결(서울고등법원 2013. 7. 26. 선고 2013노71 판결)은 ① 증권회사가 고객주문을 접수하는 방식은 주문전표, 전화, 전자통신, DMA 등 다양하고 다른 방식으로 접수된 주문들 사이의 접수시점 처리기준도 없고 기술적으로 접수순서대로 주문이 체결되도록 하는 것은 사실상 불가능한 점, ② 법규상 주문접수시점에 관한 기준이나 DMA 방식 주문접수 허용여부에 대해서 명확한 언급이 없는 점, ③ 감독기관에서는 거래소에 직접 연결된 증권회사의 대외계 서버(=FEP 서버)에서 거래소에 이르기까지의 주문프로세스를 부당하게 배정하여 발생하는 속도 차이만을 감독할 뿐 그 이전 단계에서는 증권회사가 자율적으로 주문을 처리할 수 있고 감독기관도 DMA 방식 주문접수를 허용하고 있었다고 한국거래소와 금융감독원 직원이 증언한 점, ④ 증권회사들은 우량고객 유치를 위해 홈트레이딩 속도 향상 등 서비스를 적극 홍보하였고 외국인이나 기관투자자들에게 DMA 서비스를 제공하였으므로 일반 투자자들도 증권회사의 속도 관련 서비스로 인한 차별의 가능성을 예견할 수 있었던 점, ⑤ 이미 투자자의 알고리즘 매매프로그램이 증권회사의 서버에 탑재하여 주문처리속도를 높이는 등의 DMA 방식이 허용되었던 상황이므로 ELW 차익거래를 위해 이를 이용한 피고인들이 다른 투자자들의 이익을 해하려는 목적이 있었다고 보기 어려운 점 등의 이유를 들어 "부정한 수단, 계획, 기교를 사용하는 행위"에 해당한다고 보기 어렵다고 판단하였고, 대법원 2014. 1. 16. 선고 2013도9933 판결은 원심의 판단이 정당하다고 판시하였다.

위 ELW사건이 기소된 이후 2012년 금융투자업규정과 그 시행세칙 개정[252]으로 금융투자업자의 매매주문처리에 관한 내부통제기준에 반영할 사항이 정비되었고 금융투자협회의 금융투자회사 표준내부통제기준에 그 내용이 반영되었다. 금융투자회사는 매매주문 방법, 처리방법 및 그에 따른 이용조건 등을 투자자가 이해할 수 있도록 설명하고 투자자가 이를 선택할 수 있도록 하되, 매매주문 접수·처리방법 등을 선택할 때 투자자의 신용도, 전문성, 위험관리능력 등을 고려하도록 하였다. 또한 금융투자업자는 투자자의 매매주문을 접수, 집행하는 과정에서 특정 위탁자에게 감독원장이 정하는 정당한 사유없이 자료, 설비, 서비스 등을 차별적으로 제공하는 행위를 할 수 없도록 하였다.[253]

Ⅳ. 알고리즘거래·고빈도거래와 불공정거래 금지

1. 시세조종·부정거래행위

(1) 고빈도거래의 매매태양과 시세조종·부정거래행위의 객관적 요건

고빈도거래자가 거래소 또는 거래소회원과 법규상 허용되는 방법으로 연결하고 통신을 행하는 경우, 그가 시장정보를 신속히 취득하고 그 정보를 분석하여 시장 또는 다른 투자자들의 주문동향을 파악하는 행위와 그 정보에 기초하여 신속히 주문 및 그 변경·취소를 행하는 것 자체는 불공정거래에 해당하지 않는다. 그러나 매매 및 주문의 제출·변경·취소 등의 태양에 따라서는 불공정거래에 해당할 수 있으므로, 자본시장법상 시세조종(동법 제176조)과 부정거래행위(동법 제178조)에 해당하는지 여부를 검토할 필요가 있다.

자본시장법 제176조 제2항 제1호에 따른 현실매매에 의한 시세조종에 해당하려면 "상장증권 또는 장내파생상품의 매매가 성황을 이루고 있는 듯이 잘못 알게 하거나 그 시세를 변동시키는 매매"를 하거나 그러한 매매의 위탁 또는 수탁을 해야 한다. 판례로 시세조종이 인정된 사건들을 살펴보면 허수주문, 순차적 고가매수주문 등 일정한 형태의 고가매수주문, 물량소진 매수주문, 시가·종가관여주문, 상한가 지지를 위한 상한가 매수주

252) 금융투자업규정 제2-26조, 금융투자업규정시행세칙 제1-3조.

253) 한국거래소의 「회원시스템 접속 등에 관한 지침」은 공용세션 이용자가 전용세션 이용자보다 호가제출시간에 있어 정당한 사유 없이 불리하지 않도록 세션을 운영하도록 하였다(동기준 제10조). "세션"이란 회원과 거래소 간의 호가 및 매매계약체결내용 등을 전자적으로 송·수신하는 논리적 회선을 말하며, 전용세션(회원이 정한 일정요건을 충족하는 투자자만 사용할 수 있는 세션)과 공용세션(전용세션을 제외한 모든 세션)으로 나뉜다.

문, 계속적 시장가 매수주문, 하락방어 매수주문 등을 가격에 영향을 줄 수 있는 시점과 방법으로 이용하는 것으로 유형화해 볼 수 있다.[254) 대표적인 부정거래행위는 자본시장법 제178조 제1항 제1호에 규정된 금융투자상품의 매매 그 밖의 거래와 관련하여 "부정한 수단, 계획, 기교를 사용하는 행위"이다.

위에서 언급한 EU 법규상 열거된 시세조종적 행태를 보이는 고빈도거래의 거래유형 6가지 가운데 모멘텀 촉발(momentum ignition), 주문쌓기와 허수주문(layering and spoofing),[255) 연기피우기(smoking)는 자본시장법 제176조 제1항의 현실거래에 의한 시세조종행위의 객관적 구성요건에 해당하는데 큰 어려움이 없을 것이고, 사실관계에 따라서는 제178조의 부정거래행위의 객관적 구성요건에도 해당할 수 있다. 주문체증을 일으켜 거래소의 처리속도를 낮추는 주문부하(order stuffing 또는 quote stuffing)는 자본시장법 제178조 제1항 제1호의 부정거래행위의 객관적 구성요건에 해당하기 쉬울 것이다.[256) 탐지목적 주문(ping order)과 피싱(phishing)은 자본시장법 제176조의 시세조종에 해당하기는 어렵겠으나 제178조의 부정거래행위에 해당할 것인지에 대해 논란의 여지가 있을 것이다.[257) 관련되는 거래유형인 전자적 선행매매(electronic front-running)에 대해서는 시세조종성이 약한 것으로 보는 견해[258)가 있으나 역시 구체적인 매매와 주문의 태양이 중요할 것으로 보인다. 전형적으로 문제되는 거래유형이 아니어도 알고리즘거래의 거래태양에 따라서는 자본시장법 제176조와 제178조의 객관적 요건에 해당할 수 있다.[259)

(2) 알고리즘 이용과 불공정거래의 주관적 요건

불공정거래에 대한 형사책임을 추궁하기 위해서는 고의 또는 목적 등 주관적 요건이

254) 현실매매에 의한 시세조종행위의 유형에 대한 상세한 논의는 박준(2019), 304-316쪽.

255) CFTC의 해석지침(Interpretive Guidance and Policy Statement on Disruptive Practices 78FR31890, 31896)은 허수주문(spoofing)의 4가지 예로 (i) 호가시스템에 과부하가 되도록 하는 주문의 제출 또는 취소, (ii) 다른 사람의 거래체결을 지연시키기 위한 주문의 제출 또는 취소, (iii) 거짓된 시장 깊이의 외관을 만드는 복수의 주문의 제출 또는 취소, (iv) 인위적인 가격변동을 만들 의도를 가지고 하는 주문의 제출 또는 취소를 들었다. 미국 장내파생상품시장에서의 허수주문(spoofing)의 불공정거래규제에 관한 상세한 논의는 Scopino(2020), pp. 335-390.

256) 상세한 논의는 노혁준(2021), 100-101쪽. 주문부하(order stuffing)도 대량의 주문을 고속도로 내고 거의 곧바로 취소하는 것으로 허수주문(spoofing)과 본질적으로 차이가 없다고 보기도 한다 {Scopino(2020), p. 269}.

257) 상세한 논의는 노혁준(2021), 101-103쪽.

258) 노혁준(2021), 101쪽. Fox et al.(2019), pp. 110-111은 아직 실증연구가 충분하지는 않으나 잠정적으로 전자적 선행매매가 가격의 정확성에 대한 효과의 면에서 사회적 복지를 증진시킨다고 하였다.

259) 미국에서는 종가에 영향을 주기 위해서 장종료시 대량 주문을 내는 행위(banging the close 또는 marking the close)도 고빈도거래자가 장내파생상품시장에서 사용하는 불법적인 교란행위로 알려져 있다{Scopino(2020), pp. 270, 330-334}.

필요하다. 예컨대 자본시장법 제176조 제2항 제1호에 규정된 현실매매에 의한 시세조종에 해당하기 위해서는 매매거래를 유인할 목적(=유인목적)이 필요하다. 대법원 판례는 유인목적에 대한 인식의 정도는 적극적 의욕이나 확정적 인식일 필요가 없고 미필적 인식으로 충분하고,[260] 당사자가 유인목적이 있었음을 자백하지 않아도 그 간접사실(증권의 성격과 발행된 증권의 수량, 가격 및 거래량의 동향, 전후의 거래상황, 거래의 경제적 합리성과 공정성, 가장 혹은 허위매매 여부, 시장관여율의 정도, 지속적인 종가관리 등 거래의 동기와 태양 등)을 종합적으로 고려하여 유인목적이 있었는지 여부를 판단할 수 있다[261]는 입장이다.

알고리즘거래에서는 유인목적을 어떻게 인정할 것인가? 고의나 목적 같은 주관적 요건은 인간의 심리상태를 말하는 것이므로 사람의 개입없이 인공지능이 기계학습과 심층학습을 통하여 자체 판단에 의해 한 행위에 대해서는 주관적 요건을 적용할 수 없다고 보는 주장도 있을 수 있다.[262] 그러나 알고리즘의 개발과 이용은 사람이 하는 것이므로 그 사람에게 고의 또는 목적이 있었는지를 확인하면 충분하다.[263]

문제는 어떤 경우 개발·이용자에게 고의·목적을 인정할 수 있는가이다. 알고리즘의 투명성이 높아지면 알고리즘 분석으로 개발·이용자의 주관적 요건을 인정할 수 있을 것이다. 불공정거래에 해당하는 행위를 하도록 알고리즘을 개발·이용한 경우라면 알고리즘을 통하여 행한 개별 불공정거래행위에 대해 그 개발·이용자의 고의 또는 목적을 쉽게 인정할 수 있을 것이다.[264] 개발·이용자가 알고리즘이 시세조종 행위를 하도록 하였음을

---

260) 대법원 2003. 12. 12. 선고 2001도606 판결, 대법원 2013. 7. 11. 선고 2011도15056 판결 등.

261) 대법원 2001. 6. 26. 선고 99도2282 판결, 대법원 2004. 3. 26. 선고 2003도7112 판결 등.

262) 안수현(2017), 157쪽.

263) 이정수(2022) 21-34쪽은 알고리즘의 발전을 (i) 주문을 최적화하는 1단계, (ii) 주문속도를 최대화 하는 2단계, (iii) 인간에 의하여 적정가치산정 최적화가 이루어지는 3단계, (iv) 적정가치산정 최적화가 기계에 의하여 제한적으로 이루어지는 4단계, (v) 적정가치산정 최적화가 기계에 의해 자율적으로 이루어지는 5단계로 분류하고, 현재 기술수준은 4단계 초기형태로 보았다. 위 논문 237쪽은 나아가 현 단계를 법적으로는 "미리 정해진 값에 따라 알고리즘이 설정되고, 거래의 결과에 대해 인간이 통제하는 단계"로 보고 "현재의 기술단계는 알고리즘 거래는 인간의 거래수단을 대신하는 것일 뿐이므로 알고리즘을 작성하고, 알고리즘 거래를 운용하는 인간에게 여전히 최종적인 책임이 귀속된다"고 보았다.

264) Flash Crash(2010. 5. 6.) 발생 직전 허수주문(spoofing)을 행한 것으로 2015년 미국 법무부가 발표한 Navinder Singh Sarao는 자동거래 소프트웨어 프로그램에 시장가격이 주문가격에 근접하면 자동적으로 주문을 취소하는 기능을 넣도록 소프트웨어 공급자에게 프로그램 수정을 요청한 사실이 인정되어 시세조종에 대한 Sarao의 고의를 쉽게 인정할 수 있었다{Scopino(2020), pp. 377, 380}. 그 밖의 예로 (i) 미국 SEC가 제재한 Athena Capital Research (SEC Order 34-73369, October 16, 2014), (ii) United States v. Coscia, No. 16-3017 (7th Cir. 2017)(일정한 경우 주문이 철회되고 체결되지 않도록 프로그램을 만들 것을 요청하고, 상품거래에서 그 프로그램을 이용하여 허수주문을 내는 고빈도거래에 대해 상품거래법의 허수주문조항(Commodity Exchange Act, 7 U.S.C. §§ 6c(a)(5)(C), 13(a)(2)) 위반과 상품 사기(18 U.S.C. § 1348(1))로 징역 3년이 선고됨)등을 들 수 있다. 이에 대한 간단한 설명은 고재종(2019), 460-463쪽.

인정하지 않는 경우에는 알고리즘의 소스코드의 분석과 주문의 태양 등 간접사실에 의하여 판단할 수밖에 없을 것이다.[265)]

알고리즘 개발·이용자가 시세조종 등 불공정거래에 해당하는 행위를 하도록 적극적으로 알고리즘에 반영하지는 않았지만, 알고리즘이 불공정거래에 해당하는 행위를 하지 않도록 하는 장치 없이 예컨대 단순히 최대의 이익을 추구하도록 하였는데, 알고리즘이 자신의 목표인 최대의 이익추구를 위해서 불공정거래에 해당하는 행위를 한 경우는 어떠한가. 그러한 경우에도 그 개발·이용자는 그러한 알고리즘의 특성을 이용하여 이익을 추구한 것이므로 알고리즘을 이용하여 불공정거래를 한 것으로서 이용자의 주관적 요건을 인정할 여지가 있을 것이다. 특히 알고리즘이 지속적으로 그러한 행위를 반복하는 경우에는 이용자가 이를 묵인하고 알고리즘을 이용한 것으로서 주관적 요건을 인정할 여지가 더 커질 것이다.

현재로서는 자동거래 알고리즘이 그렇게 복잡하고 정교한 기계학습을 필요로 하지 않는 것으로 보인다.[266)] 또한 증권이나 장내파생상품거래로 이익을 얻기 위해서 알고리즘을 이용하는 사람이라면 알고리즘의 개발시부터 관여하거나 이용하면서 자신의 니즈에 맞는지를 살펴보면서 필요하면 설계를 변경하도록 할 것이다. 이용자는 알고리즘을 이용하여 이익을 얻고자 하는 것이므로 알고리즘이 어떠한 기준에 따라 어떠한 목표를 향하여 작동되는지를 잘 알고 있고 있다고 보는 것이 상식에 부합할 것이다. 또한 학습형 알고리즘을 이용하는 이용자는 알고리즘이 불공정거래의 객관적 요건에 해당하는 행위를 하는 것을 감독·제어할 수 있어야 한다.

만약 알고리즘의 개발·이용자가 알고리즘을 불공정거래에 해당하는 행위를 하도록 할 의사가 전혀 없었고, 이용자는 그러한 장치가 잘되어 있다고 믿고 알고리즘을 이용하였으나, 알고리즘 개발시 불공정거래에 해당하는 행위를 하지 않도록 하는 장치가 불충분하여 알고리즘에 의한 불공정거래에 해당하는 행위가 행해진 경우는 어떠한가. 알고리즘에 불공정거래에 해당하는 행위를 하지 못하도록 하는 장치를 충분하게 반영하지 못한 것 또는 알고리즘의 감독·제어가 충분하지 않았던 것을 근거로 알고리즘에 의한 개별적인 불공정거래 행위의 주관적 요건을 인정할 수 있을 것인가. 이러한 사항들은 과실의 성

---

265) 이정수(2022), 282쪽(또한 280쪽 각주 776은 "실제 사건에서는 소스코드는 제공되지 않거나 제한적으로만 제공된 상황에서 알고리즘 거래자가 시세조종의 고의나 목적과 같은 주관적 요건이 없었다고 부인하는 경우가 대부분"임을 지적함), 이지우·박선종(2022), 114-117쪽{소프트웨어 작동과정 및 프로그램내용을 역순으로 분석하는 백트래킹(backtracking)과 시세조종행위 목적을 지닌 코드 내용을 미리 표준화하여 기준으로 삼고, 이에 일정 기준 이상 부합하는 경우를 선별하는 스크리닝(screening)을 통한 입증을 논의함}.

266) MacKenzie(2021), p. 8(고빈도거래를 위하여 가장 중요한 신호들이 비교적 단순한 데이터 패턴들임).

격을 가지므로 일반적으로 불공정거래 행위의 고의 또는 목적같은 주관적 요건을 간접사실로 인정할 수 있다고 하더라도 이러한 경우에도 주관적 요건이 충족되었다고 인정할 수 있는지에 대해서는 논란이 많을 것이다. 이미 부정적인 견해도 있다.[267)]

위의 논의는 알고리즘을 이용한 거래에서 불공정거래 행위의 주관적 요건을 갖출 수 있다고 보아야 할 전형적인 유형과 주관적 요건 충족에 대해 논란이 있을 유형을 언급한 것이나, 실제 구체적인 사건에서 주관적 요건이 충족될 지 여부는 알고리즘의 작동의 검증과 거래의 목적과 태양 등 여러 사정을 고려함과 아울러 알고리즘의 작동의 검증이 필요할 것이다.

알고리즘이 불공정거래에 해당하는 행위를 하면 시장질서의 문란과 다른 투자자들의 피해가 발생할 수 있고, 알고리즘이 하는 행위라고 하여 이를 방치하면 이용자가 알고리즘 뒤에 숨어 알고리즘이 행한 불공정거래 해당 행위로 이득을 얻는 현상도 발생할 수 있다. 결국 그 이용자가 이에 대한 책임을 지도록 법제도가 갖추어져야 한다. 불공정거래의 주관적 요건 인정을 엄격하게 하는 경우 이른바 책임의 공백(accountability gap)이 발생한다. 논란이 제기될 수 있는 알고리즘거래에 의한 불공정거래의 주관적 요건에 대해서는 외국의 법제[268)]와 논의[269)]를 참고하여 입법적으로 정비하는 것과 아울러 집행을 확실하게 할 수 있는 장치[270)]를 마련하는 것이 바람직하다.

---

267) 山本俊之(2020), 356쪽. アルゴリズム·AI の利用を巡る法律問題研究会(2019), pp. 23-24(법인의 대표자가 모르는 사이에 알고리즘·인공지능이 시세에 미치는 영향을 계속적으로 학습·분석하고 그 분석에 기초하여 시세변동을 일으키는 거래를 행하여 이익을 얻으려고 하는 전략을 채택한 경우 그 알고리즘·인공지능을 이용한 법인을 시세조종규제 위반으로 형사처벌하는 것은 곤란함). 日原拓哉(2023), 84쪽.

268) EU의 시장남용규정(Market Abuse Regulation)은 유인목적을 요구하지 않고 기본원칙으로 "(i) 금융상품의 공급, 수요 또는 가격에 관한 거짓 또는 오해를 유발시키는 시그널을 주거나 줄 가능성이 있거나, (ii) 1개 또는 수개의 금융상품의 가격을 비정상적 또는 인위적인 수준으로 만들거나 만들 가능성이 있는, 거래의 체결, 거래의 주문, 기타 행동"을 금지하고 다만 "그 행위자가 그 거래, 주문, 행동에 정당한 이유가 있고, 용인되는 시장관행에 따랐음을 입증하는 경우"에는 예외로 하였고{동규정 제12조 제1항(a)}, 시세조종에 해당하는 구체적인 유형(동조 제2항)과 허용되는 행위의 유형(동규정 제13조)을 열거하였다. 알고리즘거래·고빈도거래에 의한 시세조종은 동규정 제12조 제2항 (c)에 규정되어 있다(☞ 위 각주 241과 그 본문). 한편 EU의 시장남용지침(Market Abuse Directive on Criminal Sanctions, 2014/57/EU, 16 April 2014) 제5조 제1항은 회원국들은 시세조종행위가 최소한 심각한 사례로서 고의로 행해진 경우 형사처벌대상으로 하는 조치를 취할 의무가 있도록 규정하였다. 행정제재와 민사책임에 대해서는 시장남용규정이 고의를 요구하지 않고 각 회원국의 행정법에 따르도록 하였다{Sebastian Mock, "A3. The Concept of Market Manipulation" in Ventoruzzo·Mock(2022), p. 36}.

269) Fletcher(2021), pp. 318-321{알고리즘거래에서는 고의(scienter)요건을 배제하고 해(harm)를 끼치는 경우에는 위법으로 취급하거나 중과실 정도의 recklessness 기준을 적용할 것을 주장함}. 芳賀良(2021), 147쪽(Fletcher의 견해를 검토한 후 일본법의 해석론에 "시장에 대한 위해"를 넣는 방안을 제시).

270) FINRA는 (i) 알고리즘거래 전략의 설계, 개발 또는 중요한 변경에 주된 책임이 있는 자와 (ii)

2. 시장질서교란행위

(1) 시장질서교란행위 금지제도의 도입

자본시장법 제176조 제1항부터 제3항에 규정된 시세조종행위는 행위자의 오인목적, 유인목적 또는 시세고정·안정목적이 필요하다. 이러한 목적이 인정되지 않아도 시세에 영향을 주는 행위를 규율하기 위하여 2014년 자본시장법 개정으로 시세관여형 시장질서교란행위 금지 제도가 도입되었다. 일정한 유형의 시세관여형 시장질서교란행위는 금지되고, 위반시 과징금이 부과될 수 있다(동법 제178조의2 제2항, 제429조의2). 위에서 살펴본 고빈도매매의 거래행태에 비추어 볼 때 적용될 가능성이 높은 것은 동법 제178조의2 제2항 제1호와 제4호이다.

(2) 자본시장법 제178조의2 제2항 제1호[271)]

제2항 제1호는 과다한 허수성 호가 제출행위와 반복적인 호가 정정·취소행위를 금지한다. 이 조항은 유인목적을 요구하지 않을 뿐 아니라 금융감독당국은 "과실로 인한 시스템 에러 발생으로 과다한 허수호가가 이루어진 경우" 등도 시세 등에 부당한 영향을 미치거나 미칠 우려가 있는 경우에는 규제 대상이 될 수 있다는 입장을 취하고 있다.[272)]

위 조항이 규율하는 행위는 "호가"의 제출과 정정·취소다. 자본시장법상 "호가"의 정의는 없으나 한국거래소의 시장업무규정상 "호가"는 거래소 회원이 시장에서 거래를 하기 위한 매도·매수의 의사표시를 의미한다.[273)] 위탁자(=고객)가 거래를 하기 위하여 투자중개업자에게 하는 매도·매수의 의사표시는 "주문"이다.[274)] 자본시장법도 "주문"이라는 용어를 같은 의미로 사용한다.[275)] "호가를 제출"하는 주체는 거래소 회원이고, 고객은 투자중개업자(거래소 회원)에게 "주문"을 내는 것이다. 그렇다면 자본시장법 제178조의2 제2항 제1호는 호가제출을 대상으로 하므로 고객이 허수주문을 내는 행위는 제1호에

그러한 거래의 일상적인 감독 또는 지시 책임이 있는 자가 증권 트레이더로 FINRA에 등록하도록 하였고, 그 등록의무가 있는 자는 자격시험을 통과하도록 하였다(SEC Release No. 34-77551, April 7, 2016). 알고리즘의 작성자와 이용자에게 알고리즘에 대한 감시의무를 법정하는 방안도 제시되고 있다{芳賀良(2021), 156쪽}.

271) 제1호: 거래 성립 가능성이 희박한 호가를 대량으로 제출하거나 호가를 제출한 후 해당 호가를 반복적으로 정정·취소하여 시세에 부당한 영향을 주거나 줄 우려가 있는 행위.

272) 금융위원회·금융감독원 등(2015), 51쪽.

273) 유가증권시장업무규정 제2조 제4항, 코스닥시장업무규정 제2조 제6항, 파생상품시장업무규정 제2조 제15호.

274) 유가증권시장업무규정 제2조 제5항, 코스닥시장업무규정 제33조, 파생상품시장업무규정 제2조 제16호.

275) 자본시장법 제7조 제2항, 제66조, 제68조, 71조 제1호, 제180조의4, 제429조의3 등.

해당되지 않는다. 그러나 금융감독당국은 자본시장법 제178조 제2항 제1호 적용시 호가와 주문을 엄격하게 구별하지 않는 것으로 보인다.[276] 호가와 주문은 구별되는 개념인 만큼 제1호의 구성요건을 위와 같이 유연하게 해석할 수 있는지에 대해서는 의문이 있다. 물론 허수호가는 금지하면서 허수주문은 허용할 정책적 이유가 있다고 하기는 어렵다. 제1호에서 호가라는 용어를 사용하고 주문을 언급하지 않은 것은 입법상 불비로 보인다.[277][278] 입법적으로 정비해야 할 사항이다.

(3) 자본시장법 제178조의2 제2항 제4호[279]

제2항 제4호은 "거짓으로 계책을 꾸미는 등"으로 수요공급이나 가격에 대해 타인에게 잘못된 판단이나 오해를 유발하거나 가격을 왜곡할 우려가 있는 행위를 금지한다. 수많은 주문을 내고 이를 재빨리 취소·변경하는 알고리즘거래 특히 고빈도거래의 행위 태양이 "거짓으로 계책을 꾸미는 등"에 해당하는지 여부가 문제될 수 있을 것이다. 1일 후를 예측하는 것보다는 1초 후를 예측하는 것이 용이하므로 짧은 시간 내에 포지션을 구축하고 해소하는 것 자체를 부정적으로 볼 것은 아니라는 견해[280]도 설득력이 있다. 그러나 위에서 살펴본 시세조종·부정거래행위에 해당할 수 있는 매매태양 또는 이와 유사한 매매태양은 시세조종·부정거래행위의 주관적 요건이 입증되지 않는 경우 제4호에 해당할 여지가 높을 것이다. 다만 지능형 알고리즘이 스스로 학습하여 이 조항을 위반하는 행위를 한 경우, "계책을 꾸미"는 데 대한 고의에 대해서는 불공정거래의 주관적 요건에서 논의한 것과 같은 문제가 제기될 수 있을 것이다.

---

276) 일반투자자가 선물을 매매하는 과정에서 허수성 호가를 제출한 후 해당 호가를 지속·반복적으로 취소하였다고 하여 과징금을 부과한 사례{증권선물위원회 의결(2021. 1. 6.)(안건번호 2021-제4호)}와 금융위원회·금융감독원 등(2015) 별책부록(시장질서 교란행위 사례와 예방), 43쪽.

277) 자본시장법 제178조 제2항 제1호는 한국거래소의 시장감시규정 제4조 제1항 제5호(거래 성립 가능성이 희박한 호가를 대량으로 제출하거나 직전가격 또는 최우선호가의 가격이나 이와 유사한 가격으로 호가를 제출한 후 당해 호가를 반복적으로 정정·취소하여 시세 등에 부당한 영향을 미치거나 미칠 우려가 있는 행위)와 매우 유사하다. 시장감시규정의 위 조항은 거래소 회원과 그 임직원의 행위를 규율하는 것이므로 "호가"를 대상으로 하는 것이 당연하다. 그러나 자본시장법 제178조 제2항 제1호는 모든 사람을 적용대상으로 하는 것이므로 적용대상에 호가뿐 아니라 "주문"도 포함시켰어야 했다.

278) 거래소 회원인 증권회사가 2017년 10월부터 2018년 5월 중 위탁자(C사)로부터 DMA를 이용한 알고리즘거래를 통하여 430개 종목에서 모두 6,220회(900만주, 847억원)의 허수성주문을 수탁함으로써 시장감시규정 제4조 제3항 위반으로 한국거래소 시장감시위원회로부터 회원제재금 1억 7500만원을 부과받은 사례가 있다. 한국증권거래소 보도자료(2019. 7. 16.), "시장감시위원회, 메릴린치인터내셔날엘엘씨증권 서울지점에 대해 회원제재금 부과".

279) 제4호: 풍문을 유포하거나 거짓으로 계책을 꾸미는 등으로 상장증권 또는 장내파생상품의 수요·공급 상황이나 그 가격에 대하여 타인에게 잘못된 판단이나 오해를 유발하거나 상장증권 또는 장내파생상품의 가격을 왜곡할 우려가 있는 행위.

280) 芳賀良(2019), 80쪽.

3. 내부자거래

알고리즘이 공시된 발행회사의 재무정보 이외에 다른 여러 정보를 수집·해석하여 발행회사의 실적 발표이전에 실적을 예측하여 거래하는 것은 증권분석가가 그러한 정보를 수집·해석하여 거래하는 것과 마찬가지로 미공개중요정보 이용행위라고 하기는 어려울 것이다.

그러나 알고리즘이 어떠한 경위로든 미공개중요정보를 지득하여 그 정보를 활용한 투자판단을 하여 관련 종목을 거래한 경우는 어떠한가? 알고리즘을 사용하는 법인 또는 개인이 미공개중요정보를 알고리즘에 반영하여 거래한 경우는 물론 미공개중요정보 이용행위에 해당할 것이다. 또한 알고리즘을 사용하는 법인이 의도적으로 알고리즘에게 미공개중요정보가 주어지도록 하는 구조를 만들거나 용인하였다면, 거래책임자가 미공개중요정보를 몰랐어도 알고리즘이 미공개중요정보가 있는 종목을 거래한 경우 사실관계에 따라서는 법인이 미공개중요정보를 지득하여 거래를 행한 것으로 볼 수 있는 경우도 있을 것이다.[281)]

알고리즘을 이용한 거래를 하는 거래책임자가 미공개중요정보를 알고 있지만 알고리즘에게 그 미공개중요정보를 제공하지는 않았는데도, 알고리즘이 그 정보가 관련된 종목의 거래를 한 경우는 어떠한가? 이 경우 거래책임자가 알고리즘에게 그 정보를 이용한 거래를 하지 않도록 학습시키지 않았다면 그 정보를 알고 있는 거래책임자의 미공개중요정보이용행위가 성립한다고 보는 견해도 있다.[282)] 알고리즘이 미공개중요정보를 획득하는 경위가 중요한 고려요소가 되어야 할 것이다.

알고리즘거래 특히 고빈도거래로 다른 투자자보다 빠른 정보 습득과 분석을 통하여 특정 종목에 대한 수요공급에 관한 정보를 취득하여 이를 이용하는 행위는 자본시장법 제174조가 규율하는 상장법인의 업무등과 관련된 미공개중요정보를 이용하는 행위라고 보기는 어렵다.[283)] 그러나 입법론으로 이러한 거래를 어떻게 취급할 것인지에 대해서는 더 논의가 필요하다. 고빈도거래를 구조적 내부자거래(structural insider trading)에 해당한다고 보고 기업내부자의 내부자거래는 투자자보호 차원에서 금지하면서 구조적 내부자거래로 인한 투자자의 피해는 그대로 두는 것에 대한 의문을 제기한다거나,[284)] 고빈도거래가 불공정거래를 조장할 우려와 내재적 불공정성 및 다른 투자자들의 피해 등의 문제점을

281) アルゴリズム·AI の利用を巡る法律問題研究会(2019), p. 35.
282) 山本俊之(2020), 357쪽.
283) 노혁준(2021), 91쪽.
284) Yadav(2016).

지적하고 그것이 다른 투자자들뿐 아니라 사회전체에 미치는 영향이 있다는 점을 감안하여 규제를 정비해야 한다는 견해[285]를 제시하는 외국학자들도 있다.

V. 알고리즘거래와 착오취소

알고리즘이 일정한 입력에 기초하여 주문·호가의 내용을 결정하는 경우 잘못 입력이 되는 경우에는 알고리즘거래를 하는 투자자 또는 증권회사가 의도하지 않은 주문·호가가 제출될 수 있다. 이러한 경우 사람이 직접 주문·호가를 잘못 입력하는 경우와 마찬가지로 착오에 의한 주문·호가제출이라고 할 수 있다. 주문·호가 제출자가 착오취소를 주장하는 경우 몇 가지 법적인 쟁점이 발생한다.

(1) 중요사항의 착오와 동기의 착오

민법상 법률행위 내용의 중요부분에 착오가 있는 때에는 의사표시를 취소할 수 있되, 그 착오가 표의자의 중대한 과실로 인한 때에는 취소하지 못한다(민법 제109조 제1항). 의사표시의 동기에 착오가 있는 경우에는 당사자들이 그 동기를 의사표시의 내용으로 삼았을 때에 한하여 의사표시의 내용의 착오가 되어 취소할 수 있다.[286]

대법원 2023. 4. 27. 선고 2017다227264 판결이 다룬 한맥투자증권사건에서 원심판결(서울고등법원 2017. 4. 7. 선고 2015나2055371 판결)은 부당이득반환청구를 기각하는 이유 중의 하나로 한맥투자증권이 호가를 계산하는 과정에서 계산의 기초가 되는 사정에 관하여 착오를 일으킨 것으로 동기에 착오가 있다고 보아, 피고(=거래상대방)의 투자중개업자(=거래소회원)와의 사이에서 그러한 동기를 매매거래의 내용으로 삼을 것을 표시했다는 증거가 없어 동기의 착오를 이유로 매매거래를 취소할 수 없다고 판시하였다.

(2) 표의자의 중대한 과실 유무

'중대한 과실'이란 표의자의 직업, 행위의 종류, 목적 등에 비추어 보통 요구되는 주의를 현저히 결여한 것을 의미한다.[287] 증권회사란 거래소를 통한 증권·장내파생상품거래를 영업으로 하는 회사이고 거래소회원은 호가 제출전에 호가의 적합성 등을 점검해야 하는 등의 의무가 있다는 점과 기타 사실관계에 비추어 증권회사의 호가제출시 착오가

285) Myklebust(2020), pp. 52-54, 72-74.

286) 대법원 2016. 4. 15. 선고 2013다97694 판결, 대법원 1999. 4. 23. 선고 98다45546 판결 등.

287) 대법원 2020. 3. 26. 선고 2019다288232 판결, 대법원 2003. 4. 11. 선고 2002다70884 판결 등.

중대한 과실에 기한 것으로 인정된 2개의 판결례가 있다.

① 대법원 2023. 4. 27. 선고 2017다227264 판결

증권회사가 파생상품거래의 호가를 자동 생성하는 소프트웨어에 변수를 잘못 입력하여 대규모로 거래가 체결되고 거액의 손실을 입은 후 거래상대방에 대해 착오취소를 이유로 부당이득 반환을 청구한 사건이다.[288] 이 사건에서 대법원은 "한맥투자증권은 자본시장법상 금융투자업자로서 파생상품거래 시스템에 호가를 입력하기 전에 호가의 적합성 등을 점검해야 할 의무를 부담하고 있고(파생상품시장 업무규정 제65조 제2항), 금융투자상품의 매매를 위한 호가제시 업무는 자본시장법상 투자매매업자에게만 위탁할 수 있음에도[자본시장법 제42조 제4항, 같은 법 시행령 제47조 제1항 제1호 (나)목] 이를 위반하여 투자매매업자가 아닌 A시스템의 직원으로 하여금 이 사건 소프트웨어에 자신이 제출할 호가에 영향을 줄 수 있는 수치를 입력하도록 하였다. 이러한 사정 등에 의하면 이 사건 매매거래에 관한 한맥투자증권의 착오는 중대한 과실로 인한 것이다."라고 판시하였다.

② 대법원 2014. 11. 27. 선고 2013다49794 판결

알고리즘거래가 아닌 증권회사 직원의 입력에 의한 파생상품매수주문에서 착오로 시세와 현저하게 다른 호가를 제출한 사건에서도 대법원 2014. 11. 27. 선고 2013다49794 판결의 원심인 서울고등법원 2013. 5. 30. 선고 2012나65647 판결은 "원고 M증권은 한국거래소의 회원으로서 이 사건 거래와 같은 장내파생상품거래 등을 영업으로 하는 회사이고, 이 사건 거래를 담당한 직원은 3년 이상 파생상품거래업무를 한 경험이 있는 사실, 원고 M증권이 이 사건 선물스프레드 매수가격으로 정하고자 한 0.80원과 실제로 단말기에 입력한 80원은 100배에 달하는 차이가 있고, … 입력 이후 전송하기까지 입력한 내용을 확인할 시간적 여유가 있었던 사실, … 금융감독원에서 2007년경부터 마련한 증권회사의 주문착오 방지 모범 규준을 정하여 착오주문을 방지를 위한 대책마련을 촉구하기도 하였는데 원고 M증권은 이 사건 거래와 관련하여서는 아무런 시스템을 구축하지 않은 사실"을 인정하고 "이러한 사실을 종합하면, 원고 M증권의 착오는 보통 요구되는 주의를 현저히 결여한 중대한 과실에 기한 것이라고 봄이 상당하다"고 판시하였다.

---

288) 한맥투자증권은 A시스템으로부터 사용권을 구매한 소프트웨어를 설치하고 A시스템 소속 직원으로 하여금 이자율 등 변수를 입력하도록 하여 그 입력된 조건에 따라 소프트웨어가 자동적으로 생성하는 호가를 제출하는 방법으로 장내파생상품거래를 해왔다. 2013. 12. 12. 파생상품시장 개시전 A시스템 직원이 이자율을 계산하기 위한 설정값에 "잔존일수/365"로 입력해야 할 것을 "잔존일수/0"으로 잘못 입력함으로써 대규모로 거래가 체결되고 약 460억원의 손실이 발생하여 결국 한맥투자증권이 파산하였다.

(3) 상대방이 표의자의 착오를 알고 이용하였는지 여부

상대방이 표의자의 착오를 알고 이를 이용한 경우에는 착오가 표의자이 중대한 과실로 인한 것이라도 표의자는 그 의사표시를 취소할 수 있다.[289] 이 점에 관하여 위 2개의 판결례는 다른 결론을 내렸다.

① 대법원 2023. 4. 27. 선고 2017다227264 판결

대법원 2023. 4. 27. 선고 2017다227264 판결은 일반적인 법리로 "한국거래소가 설치한 파생상품시장에서 이루어지는 파생상품거래와 관련하여 상대방 투자중개업자나 그 위탁자가 표의자의 착오를 알고 이용했는지 여부를 판단할 때에는 파생상품시장에서 가격이 결정되고 계약이 체결되는 방식, 당시의 시장 상황이나 거래관행, 거래량, 관련 당사자 사이의 구체적인 거래형태와 호가 제출의 선후 등을 종합적으로 고려하여야 하고, 단순히 표의자가 제출한 호가가 당시 시장가격에 비추어 이례적이라는 사정만으로 표의자의 착오를 알고 이용하였다고 단정할 수 없다"고 설시하였다.

이 사건에 관해서는 대법원은 원심이 "피고는 이 사건 매매거래 중 상당 부분에 대하여 파생상품시장이 개장되기 전에 호가를 제출하였고, 개장된 후에 호가를 제출한 부분도 거래 관행 및 거래 수량, 간격 등에 비추어 볼 때 이 사건 소프트웨어와 유사한 알고리즘거래 소프트웨어를 이용하여 호가를 제출하였다고 보인다. … 피고는 이 사건 매매거래일 전후 일정 기간 계속하여 이 사건 매매거래에서와 동일한 방식으로 호가를 제시하여 왔는데, 순위험증거금액 제도를 고려할 때 위와 같은 피고의 호가가 우연히 발생할지도 모르는 한맥투자증권의 착오를 이용할 목적으로 사전에 마련된 것이라고 단정할 수 없으며, 이 사건 매매거래 중에는 옵션의 예상 가치에 근접한 가격의 거래 등 한맥투자증권의 착오에 의하여 체결되었다고 보기 어려운 거래도 상당 부분을 차지하고 있다. 이러한 사정을 고려하면 피고가 한맥투자증권의 착오를 이용하여 이 사건 매매거래를 체결하였다고 보기 어렵다"고 한 원심(서울고등법원 2017. 4. 7. 선고 2015나2055371 판결) 판단이 정당하다고 판시하였다.

② 대법원 2014. 11. 27. 선고 2013다49794 판결

이 사건의 사실관계를 살펴보면, (i) 원고 M증권이 위탁자로부터 받은 미국 달러 선물스프레드 매수주문을 입력하면서 주문가격란에 0.80을 입력해야 할 것을 "."을 찍지 않아 80을 입력하였고 피고 D증권이 그 가격으로 8700계약을 매수하였으며, (ii) 이 선물스프레드의 전날 종가는 0.90원이었고 평소 전날 종가를 기준으로 0.1원 내지 0.3원의 변동

289) 대법원 2014. 11. 27. 선고 2013다49794 판결 등.

이 있었으며, (iii) 피고 D증권의 직원은 당일 개장전 1.1원에 입력해 둔 매도주문이 개장 후 09:00:03:60 80원에 체결되자 09:00:15:73까지 28회에 걸쳐 다시 매도주문을 했고, 그 직원은 그 전에는 하루 1,000계약 이상 주문을 하지 않았으나 당일에는 10,000계약의 주문을 하였다.

원심(서울고등법원 2013. 5. 30. 선고 2012나65647 판결)은 위 (ii)와 (iii)에 비추어 "피고로서는 최초에 매매계약이 80원에 체결된 후에는 이 사건 매수주문의 주문가격이 80원인 사실을 확인함으로써 그것이 주문자의 착오로 인한 것임을 충분히 알고 있었고, 이를 이용하여 다른 매도자들보다 먼저 매매계약을 체결하여 시가와의 차액을 얻을 목적으로 단시간 내에 여러 차례 매도주문을 냄으로써 이 사건 거래를 성립시켰으므로, 원고가 이 사건 매수주문을 함에 있어서 중대한 과실이 있었다고 하더라도 착오를 이유로 이를 취소할 수 있다"고 판시하였고, 대법원은 원심판단이 정당하다고 하고 피고의 상고를 기각하였다.

위 사건 ①에서는 호가생성 소프트웨어가 입력값을 기반으로 "매수가격의 상한과 매도가격의 하한을 정하는 이른바 박스"를 설정하고 그 박스 한도 내에서 체결호가들과 제시된 호가 중 최우선호가들을 검토해서 거래가 이익으로 판단되면 호가를 자동으로 제시하여 거래가 체결되는데, 오입력으로 인하여 박스의 한도가 설정되지 못했고 그 결과 소프트웨어가 체결호가와 최우선호가만을 좇아서 호가 제출을 하게 되었다는 점에서 거래상대방이 원고의 소프트웨어가 착오로 주문함을 알고 이를 이용했다고 보기 어려운 면이 있다. 그러나 위 사건 ②에서는 착오로 제출한 호가가 시세보다 현저하게 높은 가격이어서 그것이 착오로 제출한 호가임을 상대방이 쉽게 알 수 있었고 또한 상대방이 10초 남짓한 짧은 시간에 대량으로 반대방향 주문을 하여 착오로 제출된 호가를 이용한 정황이 드러나 있다고 할 수 있다. 이러한 차이가 거래상대방이 착오를 이용했는지에 대하여 다른 결론에 이르게 한 것이라고 할 수 있다.

제 5 절 로보어드바이저

Ⅰ. 로보어드바이저의 의의와 현황

1. 의 의

로보어드바이저는 자동화된 자산관리서비스를 제공하기 위해 미리 만든 알고리즘 체계를 의미한다.[290] 로보어드바이저 서비스는 알고리즘에 기초하여 통상 온라인으로 고객의 상황과 성향 및 투자목적 등에 맞추어 자동적으로 투자조언·투자결정하는 방법으로 제공하는 투자자문·투자일임·자산운용 등 자산관리서비스이다. 로보어드바이저는 이러한 알고리즘 체계 즉 소프트웨어이고 별도의 법인격을 가지지 않으며 계약의 당사자가 될 수 없다. 로보어드바이저를 운영하여 투자자문·투자일임·자산운용 서비스를 제공하는 금융회사가 계약의 당사자가 된다. 그 서비스를 제공하는 금융회사는 투자자문·투자일임·자산운용뿐 아니라 그 투자의사결정에 따른 주문을 집행하는 업무를 함께 수행하기도 한다.[291]

로보어드바이저를 이용한 서비스는 금융회사 직원의 관여없이 이루어질 수도 있고, 직원이 일부 관여하거나 로보어드바이저와 직원의 업무를 분담할 수도 있다.[292] 로보어드바이저 서비스를 제공하기 위한 알고리즘이 행하는 기능은 대체로 ① 고객성향분석(customer profiling: 투자자의 위험성향, 투자목적 등 분석), ② 자산배분(투자자의 성향과 투자목적에 따른 자산군별 투자비중 결정 및 최적의 금융상품 추천)과 ③ 포트폴리오 리밸런싱(시장모니터링과 포트폴리오 자동조정)으로 나누어 볼 수 있다.[293]

---

290) 이성복(2021b), 8쪽. 미국 SEC는 "로보어드바이저"라는 용어가 일반적으로 "자동화된 디지털 투자자문 프로그램(automated digital investment program)"을 의미한다고 하고 있다{SEC(2017b), p. 1}.

291) Maume(2021), pp. 10-11.

292) SEC(2017a), p. 4, Brummer(2020), p. 201. Maume(2021), p. 12는 분석과 투자결정의 집행은 로보어드바이저, 투자전략과 전반적인 자산운용계획은 직원이 담당하는 혼합형(blended model)을 언급하였다. 금융회사 직원이 고객에게 조언을 하기 위하여 내부적으로 소프트웨어의 도움을 받는 것은 포함되지 않는다.

293) 이성복(2021b), 9쪽.

2. 현 황

2010년 미국에서 최초로 로보어드바이저 서비스가 제공되었고 로보어드바이저에 의한 운용자산의 규모가 2017년 2,970억 달러에서 2020년 1조680억 달러로 크게 증가하였고, 이용자의 수도 증가하고 있다.[294] 그러나 로보어드바이저 서비스가 전세계 자본시장에서 차지하는 비중은 아직 작다.[295]

2016년 국내에도 로보어드바이저가 소개된 후 금융감독당국이 로보어드바이저 활성화를 위한 제도 개선을 발표하고 2017년 자본시장법령의 개정으로 로보어드바이저 서비스가 본격적으로 제공되기 시작하였다. 로보어드바이저 시장규모가 급속히 성장할 것이라는 예상도 있지만 아직 로보어드바이저 서비스가 국내 자본시장에서 차지하는 비중은 작다.[296]

국내에서 제공되는 로보어드바이저 서비스는 상품추천형(금융회사가 펀드 등 금융상품을 판매할 목적으로 그 금융상품 또는 포트폴리오를 추천하는 형태의 로보어드바이저 서비스), 투자자문형(자본시장법상의 투자자문업자가 제공하는 로보어드바이저 서비스), 투자일임형(자본시장법상의 투자일임업자가 제공하는 로보어드바이저 서비스), 정보제공형(금융상품에 대한 정보를 제공하는 로보어드바이저 서비스)으로 나뉜다.[297]

---

294) Maume(2021), pp. 14-15(2020년 유럽에서 로보어드바이저를 이용하는 투자자수는 2,010만명이고 2025년에는 약 4,000만명으로 증가할 것으로 예상함).

295) Maume(2021), pp. 14-15(로보어드바이저가 운용하는 자산규모는 2020년 전세계 주식시장의 시가총액 109조 달러의 1%에 미달함).

296) 코스콤 로보어드바이저 테스트베드 센터가 집계한 2021년 12월 말 현재 로보어드바이저 시장규모는 다음과 같다. 테스트베드에 참여하지 않고 로보어드바이저 서비스를 제공하는 경우가 있어 실제 시장규모는 아래 수치보다 더 클 것으로 보인다{이성복(2021b), 17-18쪽}.

구분		계약자수(단위: 명)	운용금액(단위: 억원)
업종별	증권사	1,107	55.3
	자산운용사	56,220	1,050.0
	자문일임사	138,103	1,252.9
	은행	227,282	16,792.7
서비스 유형별	일임	73,247	1,594.8
	자문	122,183	763.4
	무료추천	227,282	16,792.7
합계		422,712	19,150.9

297) 이성복(2021b), 10-11쪽.

3. 특 징

로보어드바이저의 장점으로는 우선 사람의 관여 및 사람의 실수와 편향에 따른 비용을 줄임으로써 낮은 수수료[298]와 낮은 최소가입금액으로 서비스를 제공할 수 있다는 점을 들 수 있다. 시장동향의 파악과 이에 대한 대응도 사람이 하는 것보다는 훨씬 신속하게 할 수 있다, 온라인 플랫폼을 기반으로 시간과 공간의 제약없이 서비스를 제공함으로써 서비스 접근성을 높일 수 있다. 이러한 장점 때문에 고객의 범위가 대폭 확대될 수 있고 이는 전통적인 투자자들보다 금융에 대한 이해도가 낮은 투자자들이 로보어드바이저를 이용하게 될 수 있다.

그러나 알고리즘에 흠이 있는 경우, 고객이 로보어드바이저의 질문을 잘못 이해하여 잘못된 데이터를 입력하는 경우, 고객이 로보어드바이저의 조언을 잘못 이해하는 경우, 또는 알고리즘의 조작·해킹 등이 발생하는 경우, 이로 인하여 로보어드바이저 이용자들에게 손해가 발생할 수 있고, 인간이 관여하지 않고 로보어드바이저만의 판단에 따르는 경우에는 로보어드바이저의 판단이 이루어지는 과정의 불투명성이 문제될 수 있다. 특히 알고리즘에 흠이 있거나 알고리즘의 조작·해킹 등으로 인한 문제는 그 로보어드바이저를 이용하는 모든 고객에게 손해를 입힐 뿐 아니라 금융시장에도 영향을 미칠 수 있다.[299]

Ⅱ. 자본시장법상 로보어드바이저 규제

1. 연 혁

(1) 투자자문업·투자일임업·집합투자재산운용에 대한 전통적인 규율

자본시장법상 "투자자문업"은 금융투자상품, 그 밖에 일정한 투자대상자산(이하 "금융투자상품등")의 가치 또는 금융투자상품등에 대한 투자판단에 관한 자문에 응하는 것을 영업으로 하는 것을 말한다(동법 제6조 제7항). 로보어드바이저를 이용하여 금융투자상품등의 가치 또는 투자판단에 관한 자문에 응하는 것을 영업으로 하면 투자자문업의 정의에 해당하고 법령상 예외에 해당하지 않는 한 자본시장법에 따른 투자자문업 규율을 받

298) Maume(2021), p. 11{EU에서는 로보어드바이저 수수료는 투자자산의 0.55-1.65%로서 사람이 제공하는 전통적인 서비스의 수수료율인 1~3%(최근 자료에서는 1~2% 또는 1%를 훨씬 넘음) 보다 비용이 낮음}.

299) 안수현(2016), 171-174쪽.

아야 한다. 로보어드바이저를 이용하여 투자일임업을 하거나 집합투자재산운용을 하는 경우에도 마찬가지로 자본시장법에 따른 규율을 받게 된다. 자본시장법은 전통적으로 투자자문업·투자일임업·집합투자재산운용은 일정한 자격을 갖춘 전문인력이 수행할 것이 요구하여 오다가 2017년부터 로보어드바이저 활용에 관한 특례를 두기 시작하였다.

(2) 로보어드바이저를 활용한 투자자문업 등에 대한 특례 신설

2016년 금융위원회가 로보어드바이저 활성화를 위한 제도 개선방안을 발표[300]한 후 2017년 자본시장법상 로보어드바이저를 활용한 투자자문, 투자일임, 집합투자재산운용에 대한 규제가 도입되었고 그 이후 다음과 같이 점차 완화되었다.

① 2017년 자본시장법시행령 개정[301]으로 일정한 요건을 갖춘 '전자적 투자조언장치'를 활용하여 일반투자자를 대상으로 투자자문업 또는 투자일임업을 수행할 수 있게 되었다(동시행령 제99조 제1항 제1호의2).

② 2018년 금융투자업규정 개정[302]으로 일정한 요건을 갖춘 전자적 투자조언장치를 활용하는 투자일임업자로서 자기자본요건(40억원)을 갖추면 비대면 투자일임계약을 체결할 수 있게 되었고, 2019년 3월 개정[303]으로 그 자기자본 요건(40억원)이 삭제되었다(동규정 제4-77조 제18호).

③ 2019년 자본시장법시행령 개정[304]으로 집합투자업자가 전자적 투자조언장치를 활용하여 집합투자재산을 운용하는 것이 허용되었다(동시행령 제87조 제1항 제5호).

④ 2019년 금융투자업규정 개정[305]으로 일정한 요건을 갖추면 전자적 투자조언장치 개발업체가 집합투자업자 또는 투자일임업자로부터 집합투자재산 또는 투자일임재산을 위탁받아 전자적 투자조언장치로 운용할 수 있게 되었다(동규정 제4-4조의2).

2. 현행 규제의 내용

(1) 전자적 투자조언장치

가. 전자적 투자조언장치의 요건

집합투자업, 투자일임업 또는 투자자문업을 영위할 때 원래 사람이 행하여야 할 업

300) 금융위원회 보도자료(2016. 3. 24.), "국민 재산의 효율적 운용을 지원하기 위한 금융상품자문업 활성화 방안".
301) 자본시장법시행령(대통령령 제28040호, 2017. 5. 8. 일부개정 및 시행).
302) 금융투자업규정(금융위원회고시 제2018-16호, 2018. 6. 29, 일부개정 및 시행).
303) 금융투자업규정(금융위원회고시 제2019-8호, 2019. 3. 20, 일부개정 및 시행).
304) 자본시장법시행령(대통령령 제29711호, 2019. 4. 23. 일부개정, 2019. 7. 24. 시행).
305) 금융투자업규정(금융위원회 고시 제2019-20호, 2019. 5. 21. 일부개정, 2019. 7. 24. 시행).

무를 전자적 투자조언장치가 행하도록 하거나, 전자적 투자조언장치 개발업체에게 위탁하기 위해서는 우선 그 전자적 투자조언장치가 자본시장법시행령에 규정된 일정한 요건[306]을 갖추어야 한다. 즉 (i) 투자자의 투자성향을 분석해야 하고, (ii) 해킹 등 침해사고[307] 및 재해의 예방과 침해사고 또는 재해 발생시 피해확산 방지 및 신속 복구 체계를 갖추어야 하며, (iii) 그 밖에 코스콤의 지원을 받아 외부전문가로 구성된 심사위원회의 심사를 거쳐야 하는 등 금융위원회가 정하여 고시하는 요건[308]을 갖추어야 한다.

금융위원회가 고시한 요건 중 하나인 '㈜코스콤의 지원을 받아 외부전문가로 구성된 심의위원회가 수행하는 심사'(즉 로보어드바이저 테스트베드 심사)에서 자동화 요건과 운용

---

306) "전자적 투자조언장치"란 다음 각 목의 요건을 모두 갖춘 자동화된 전산정보처리장치를 말한다(자본시장법시행령 제2조 제6호).
가. 활용하는 업무의 종류에 따라 다음의 요건을 갖출 것
1) 집합투자재산을 운용하는 경우: 집합투자기구의 투자목적·투자방침과 투자전략에 맞게 운용할 것
2) 투자자문업 또는 투자일임업을 수행하는 경우: 투자자의 투자목적·재산상황·투자경험 등을 고려하여 투자자의 투자성향을 분석할 것
나. 정보통신망법 제2조 제7호에 따른 침해사고(이하 "침해사고"라 한다) 및 재해 등을 예방하기 위한 체계 및 침해사고 또는 재해가 발생했을 때 피해 확산·재발 방지와 신속한 복구를 위한 체계를 갖출 것
다. 그 밖에 투자자 보호와 건전한 거래질서 유지를 위해 금융위원회가 정하여 고시하는 요건을 갖출 것

307) 정보통신망법 제2조 제7호에 따른 "침해사고"란 다음 각 목의 방법으로 정보통신망 또는 이와 관련된 정보시스템을 공격하는 행위로 인하여 발생한 사태를 말한다.
가. 해킹, 컴퓨터바이러스, 논리폭탄, 메일폭탄, 서비스거부 또는 고출력 전자기파 등의 방법
나. 정보통신망의 정상적인 보호·인증 절차를 우회하여 정보통신망에 접근할 수 있도록 하는 프로그램이나 기술적 장치 등을 정보통신망 또는 이와 관련된 정보시스템에 설치하는 방법

308) 다음 각호의 요건을 말한다(금융투자업규정 제1-2조의2).
1. 전자적 투자조언장치를 활용하는 업무의 종류에 따라 다음 각 목의 요건을 갖출 것
가. 집합투자재산을 운용하는 경우: 전자적 투자조언장치의 활용이 집합투자규약 등에 명기된 투자목적·투자방침과 투자전략 등에 부합하는지 주기적으로 점검할 것
나. 투자자문업 또는 투자일임업을 수행하는 경우: 다음의 요건을 갖출 것
1) 투자자문의 내용 또는 투자일임재산에 포함된 투자대상자산이 하나의 종류·종목에 집중되지 않을 것
2) 매 분기별로 1회 이상 다음 사항을 평가하여 투자자문의 내용 또는 투자일임재산의 운용방법의 변경이 필요하다고 인정되는 경우 그 투자자문의 내용 또는 투자일임재산의 운용방법을 변경할 것
가) 투자자문 내용 또는 투자일임재산의 안전성 및 수익성
나) 자본시장법시행령 제2조 제6호 가목 2)에 따른 투자자의 투자성향 분석을 고려하여 투자자문의 내용 또는 투자일임재산에 포함된 투자대상자산의 종목·수량 등이 적합한지 여부
2. 전자적 투자조언장치를 유지·보수하기 위하여 별표 29의 요건을 갖춘 전문인력을 1인 이상 둘 것
3. 자본시장법시행령 제2조 제6호 가목부터 다목까지의 요건을 충족하는지를 확인하기 위하여 ㈜코스콤의 지원을 받아 외부전문가로 구성된 심의위원회가 수행하는 요건 심사 절차를 거칠 것

자산 요건 및 시스템 보안성과 안정성을 심사한다.[309] 자동화 요건은 투자자 성향분석, 자산배분, 리밸런싱 등의 과정에서 사람의 개입없이 전산시스템만으로 서비스 제공이 가능할 것을 요구한다.[310] 운용자산요건으로는 펀드(ETF 포함), 파생결합증권, 주식으로 운용할 것(다만 대기성 자금은 예금, 환매조건부채권매매 등으로 운용가능), 투자자성향 분석에 따라 유의미하게 구분되는 복수의 포트폴리오가 산출될 것, 각 포트폴리오는 최소 5개 이상의 상품·종목으로 구성될 것, 알고리즘이 법령에서 금지하는 투자를 자체적으로 제한할 수 있을 것 등이 있다. 포트폴리오 유형은 안정추구형, 위험중립형, 적극투자형의 3개의 유형으로 나누어 심사한다.

이와 같이 자본시장법은 로보어드바이저가 전자적 투자조언장치로 인정되기 위한 추상적인 요건을 규정하고 있고, 보다 구체적인 요건은 테스트베드 심사에 맡겨져 있다. 금융위원회 보도자료가 밝힌 테스트베드 심사시 적용하는 요건은 미국, 영국, 호주 등의 법제에서 요구하는 요건[311]보다 단순하고 심사테스트베드의 내재적 한계[312] 때문에 이익충돌과 같이 법적으로 중요한 사항을 심사하기 어렵다.

나. 자본시장법상 전자적 투자조언장치 규율의 범위

자본시장법은 전자적 투자조언장치를 활용하여 집합투자재산을 운용하거나 일반투자자를 상대로 한 투자일임업·투자자문업을 수행하는 행위를 집합투자업자, 투자일임업자와 투자자문업자의 불건전영업행위가 아닌 것으로 규정하는 방식으로 로보어드바이저 서비스를 규율하고 있다. 따라서 로보어드바이저를 활용하여도 집합투자업, 투자일임업, 투자자문업을 수행하지 않은 것으로 보는 경우에는 자본시장법상 전자적 투자조언장치 관련 조항들의 규율 범위 밖에 있게 된다.

전자적 투자조언장치 관련 조항들의 적용범위는 로보어드바이저를 활용한 영업활동이 투자자문업에 해당되는지 여부에 따라 결정된다. 자본시장법상 금융투자상품, 그 밖에 일정한 투자대상자산(이하 "금융투자상품등")의 가치 또는 금융투자상품등에 대한 투자판

---

309) 금융위원회 보도자료(2016. 8. 26.), "로보어드바이저 테스트베드 기본 운영방안", 8-12쪽.

310) 이성복(2021b), 13쪽("사람의 개입이 조금이라도 있으면 자본시장법상 로보어드바이저가 아니고 테스트베드의 심사도 받지 않아도 된다는 견해가 암묵적으로 용인됨"). 투자자문업자가 로보어드바이저 서비스를 제공하는 경우에도 반드시 금융전문인력이 고객과 최소한 1회 이상의 대화를 한 후에 서비스를 제공하는 유형도 있고 사람의 관여가 거의 없이 거의 전적으로 고객이 적어서 제공하는 정보에 의존하여 서비스를 제공하는 경우도 있는 외국의 사례{Brummer(2020), p. 201, SEC(2017a), p. 4}와 차이가 있다.

311) 미국, 영국, 호주의 규제에 대해서는 김범준·엄윤경(2018), 213-222쪽.

312) 테스트베드의 사전심사시는 가상의 투자자 정보를 입력하여 진행하고, 본심사시에는 참여업체의 고유자금이나 임원의 자금을 운용하는 방식으로 진행한다, 금융위원회 보도자료, "로보어드바이저 테스트베드 기본 운영방안"(2016. 8. 26.), 9-11쪽.

단에 관한 자문에 응하는 것을 영업으로 하면 원칙적으로 투자자문업에 해당한다(동법 제6조 제7항).

다만, 따로 대가 없이 다른 영업에 부수하여 금융투자상품등의 가치나 그 금융투자상품등에 대한 투자판단에 관한 자문에 응하는 경우는 금융투자업으로 보지 않는다(동법 제7조 제6항 제4호, 동법시행령 제7조 제4항 제8호).[313] 따라서 금융회사가 대가없이 부수업무로 로보어드바이저 서비스를 제공하는 경우 자본시장법의 규율을 받지 않지 않게 된다.

다. 대가없이 다른 영업에 부수하여 제공하는 로보어드바이저 서비스

예컨대 은행 등 펀드 판매회사가 펀드 판매와 관련하여 대가없이 투자자문에 응하거나 증권회사가 위탁매매와 관련하여 대가없이 투자자문에 응하는 경우에는 투자자문업으로 규율되지 않는다. 은행이 로보어드바이저를 활용하여 별도의 대가없이 펀드 포트폴리오를 추천하는 이른바 상품추천형 로보어드바이저 서비스는 투자자문의 성격을 가지지만 자본시장법의 위 조항에 따라 투자자문으로 규율되지 않는다.[314] 또한 증권회사들이 제공하는 로보어드바이저 서비스의 압도적 다수는 주식·ETF 종목추천과 매매타이밍 정보를 제공하는 이른바 정보제공형이다.[315] 정보제공형 로보어드바이저 서비스가 투자자문적 성격이 있는지 여부는 명확하지 않지만 투자자문적 성격이 있다고 하더라도 대가없이 그러한 서비스를 제공한다면 자본시장법의 투자자문업 규율대상에서 벗어난다.

펀드 판매 또는 증권 위탁매매에 부수하여 투자판단에 관한 고객의 자문에 응하는 행위는 결국 펀드 판매 또는 증권 위탁매매를 통한 이익을 목적으로 행하는 행위로 영업적 성격이 있다고 할 수 있다. 그럼에도 불구하고 따로 대가없이 자문에 응하는 경우 투자자문업에서 제외한 것은 원래의 영업(펀드 판매 또는 증권 위탁매매)에 대한 규율로 충분할 것으로 보았기 때문일 것이다. 그런데 금융회사가 자문에 응할 때 로보어드바이저를 활용하는 경우, 고객들이 로보어드바이저에 대한 충분한 이해없이 인공지능 또는 알고리즘을 과도하게 신뢰할 우려가 있다. 금융회사가 부수업무로 로보어드바이저 서비스를 제공하며 별도의 대가를 받지 않더라도 고객은 그 금융회사 자체의 신뢰도에 기초하여 로보어드바이저 서비스에 의존할 가능성이 높다. 또한 대가없이 다른 업무에 부수하여 제공하는 로보어드바이저 서비스도 투자자문업자가 전자적 투자조언장치를 활용하여 제공하

313) "다른 영업에 부수하여"에서 다른 영업은 금융업을 의미하는 것으로 보는 것이 합리적이다. 김건식·정순섭(2023), 123쪽.

314) 이성복(2021b), 13-15쪽에 의하면 2021년 3월 말 기준으로 10개의 은행이 상품추천형 로보어드바이저 서비스를 제공하고 있고 그 중 일부만 테스트베드에 참여하였다.

315) 이성복(2021b), 14-15쪽(2021년 3월 말 기준으로 증권회사가 제공하는 로보어드바이저 서비스 총 91개 중 72개가 정보제공형임. 2021년 6월 말 기준으로 정보제공형 로보어드바이저 서비스를 제공하는 업체중 테스트베드 심사를 신청한 곳은 없음).

는 서비스와 같은 방식(고객성향파악-자산배분-포트폴리오 리밸런싱)으로 이루어진다는 점에서 고객입장에서는 두 서비스를 구별하기 어렵다. 그렇다면 대가없이 다른 업무에 부수하여 제공하는 로보어드바이저 서비스를 투자자문업으로 규율하지 않더라도 로보어드바이저의 특성에 따른 고객보호장치(로보어드바이저 서비스의 내용과 한계 등에 관한 정보제공의무 등)를 두도록 제도적으로 보완할 필요가 있다.[316]

라. 투자자를 상대로 한 투자분석 소프트웨어의 판매

업자가 로보어드바이저 기능과 유사한 기능을 하는 투자분석 소프트웨어를 개발하여 불특정 다수의 투자자에게 판매하는 경우, 그러한 판매행위가 금융투자상품등의 가치 또는 이에 대한 투자판단에 대한 자문에 응하는 것이라고 보기는 어려울 것이다.[317] 그러나 업자가 소프트웨어의 판매와 더불어 인터넷 등 정보통신수단을 통하거나 회원 가입 등의 방법으로 개별적인 투자정보를 제공하거나, 구매자의 소프트웨어 사용시 투자정보의 제공이 필요한 경우에는 단순한 소프트웨어의 판매가 아니라 투자정보와 소프트웨어의 결합에 의한 투자자문에 해당할 수 있다.[318] 또한 만약 특정 투자자와의 협의 후에 그의 투자성향을 반영하여 맞춤형으로 개발한 소프트웨어를 그 투자자에게 판매하는 경우에는 소프트웨어의 개발 및 판매행위가 특정 투자자에 대한 투자종목, 투자시점, 투자규모등에 대한 조언으로 인정될 여지가 있을 것이다.[319]

(2) 전자적 투자조언장치를 이용하여 수행할 수 있는 업무의 범위

가. 투자운용인력과 투자권유자문인력의 대체

원래 집합투자업과 투자일임업은 일정한 자격을 갖춘 투자운용인력(자본시장법 제286

---

316) 김정연(2023), 223-224쪽(고객과의 이익충돌을 방지하고 고객이익을 우선하는 조항들을 로보어드바이저 서비스를 무상으로 부수하여 제공하는 금융회사에게도 준용하는 입법방안을 제시하고, 입법이 지연되더라도 신의칙상 고객보호의무의 일환으로 충실의무를 적용할 것을 제안함). 이성복(2021b), 59쪽도 유사한 견해(동일행위-동일규제 원칙에 입각하여 정비할 필요가 있음).

317) 불특정다수에 대한 투자분석 소프트웨어의 판매가 유사투자자문업에 해당하는가? 자본시장법상 유사투자자문업은 "불특정 다수인을 대상으로 발행 또는 송신되고, 불특정 다수인이 수시로 구입 또는 수신할 수 있는 간행물·출판물·통신물 또는 방송 등을 통하여 투자자문업자 외의 자가 일정한 대가를 받고 행하는 투자조언"을 업으로 하는 것을 말하는데(동법 제101조 제1항, 동법시행령 제102조 제1항), 투자분석 소프트웨어의 판매는 포함되어 있지 않다.

318) アルゴリズム·AI の利用を巡る法律問題研究会(2019), p. 8.

319) 금융위원회 법령해석 회신문(210416)(2022. 2. 14.)은 은행이 영업에 부수하여 대가를 받지 않고 로보어드바이저를 활용한 투자조언을 하는 경우 로보어드바이저시스템을 공급하는 업체가 투자자문업자이어야 하는지 여부에 대한 질의에 대해 "자본시장법상 투자자문에 해당하지 않는 투자조건을 위하여 활용하는 로보어드바이저에 대해서는 자본시장법상 별도로 규율하고 있지 않다"고 회신하였다.

조 제1항 제3호 다목)이 수행하고, 투자자문업은 일정한 자격을 갖춘 투자권유자문인력(동법 동조 동항 동호 가목)이 수행하는 것이 원칙이고, 그러한 인력에 해당하지 않는 사람에게 집합투자업, 투자일임업 또는 투자자문업을 수행하도록 하는 행위는 일정한 예외를 제외하고는 불건전 영업행위로서 금지된다(동법 제85조 제7호, 제98조 제1항 제3호). 전자적 투자조언장치의 활용은 그 예외로 인정된다(동법시행령 제87조 제1항 제5호, 제99조 제1항 제1호의2).

전자적 투자조언장치를 활용하여 투자일임업을 수행하는 경우 투자일임재산을 실제로 운용하는 전자적 투자조언장치를 투자자의 동의를 얻지 않고 교체하는 행위는 기존 전자적 투자조언장치와 동일성이 유지되는 범위 내에서 전자적 투자조언장치를 단순 수정, 개선하는 경우가 아닌 한 불건전 영업행위에 해당한다(자본시장법 제98조 제2항 제10호, 동법시행령 제99조 제4항 제7호, 금융투자업규정 제4-77조 제19호). 전자적 투자조언장치를 활용한 투자자문업과 집합투자업에 대해서는 이러한 조항을 두고 있지 않다.[320)]

나. 업무위탁

집합투자업자와 투자일임업자를 비롯한 금융투자업자가 본질적 업무를 위탁하는 경우에는 위탁받는 자가 그 업무수행에 필요한 인가를 받거나 등록을 한 자이어야 한다(자본시장법 제42조 제4항). 본질적 업무란 위탁하는 금융투자업자가 인가를 받거나 등록을 한 업무와 직접적으로 관련된 필수업무로서 자본시장법시행령 제47조로 정하는 업무를 말한다. 집합투자업자의 집합투자재산의 운용·운용지시업무와 투자일임업자의 투자일임재산의 운용업무는 원래 본질적 업무에 속하지만(동법시행령 제47조 제1항 제3호, 제5호), 투자자 보호 및 건전한 거래질서를 해칠 우려가 없는 경우로서 금융위원회가 정하여 고시하는 업무는 제외하도록 하고 있다(동조항 단서).

위 단서에 근거하여 금융투자업규정은 집합투자재산의 운용·운용지시 업무와 투자일임재산의 운용업무로서 (i) 위탁자의 접근권한과 통제권, (ii) 위탁자의 투자자등에 대한 직접적인 책임부담, (iii) 위탁자의 전자적 투자조언장치 점검, 유지·보수, 변경 등의 주체로서의 역할 등의 요건[321)]을 모두 갖추어 전자적 투자조언장치를 활용하는 경우에는 본

320) 전자적 투자조언장치를 이용한 투자자문업에서 계약시 사용하기로 한 전자적 투자조언장치를 투자자의 동의를 얻지 않고 교체하는 행위는 불건전 영업행위로 규정되어 있지 않아, 계약불이행 여부만 문제될 수 있을 것으로 보인다. 집합투자업의 경우 전자적 투자조언장치를 활용하여 집합투자재산을 운용한다는 점은 중요한 투자전략에 관한 사항이므로 투자설명서(일반사모펀드의 경우에는 핵심상품설명서)에 기재되어야 하고, 그 기재를 위반한 집합투자재산 운용행위는 불건전 영업행위에 해당한다(자본시장법 제85조 제8호, 동법시행령 제87조 제4항 제1호).

321) 1. 위탁자인 금융투자업자가 전자적 투자조언장치에 대한 배타적 접근권한 및 통제권을 보유하면서 직접 전자적 투자조언장치를 이용할 것

질적 업무에서 제외하였다(동규정 제4-4조의2). 이러한 예외를 둠에 따라, 금융투자업규정에 규정된 위 요건을 갖춘 경우 집합투자업 또는 투자일임업 인가·등록을 갖추지 못한 전자적 투자조언장치 개발업체에게 집합투자자산의 운용·운용지시 또는 투자일임재산의 운용업무를 위탁할 수 있다.

Ⅲ. 로보어드바이저 관련 법적 쟁점

1. 로보어드바이저를 활용하는 금융회사의 의무와 책임

(1) 의무와 책임의 주체 - 금융회사

로보어드바이저를 활용하는 투자일임업자, 투자자문업자, 집합투자업자 등의 금융회사는 주의의무와 충실의무를 준수해야 하고, 자본시장법과 금융소비자보호법을 비롯한 여러 법규상의 규제를 준수해야 한다. 로보어드바이저는 그 의무의 준수 주체가 될 수 없고, 로보어드바이저를 활용한다고 하여 금융투자업자 기타 금융회사의 의무 준수가 면제되는 것은 아니다. 금융회사의 직원의 관여없이[322] 또는 최소한의 관여하에 로보어드바이저(즉 전자장치 또는 그 소프트웨어)가 고객과 직접 소통하는 경우 전통적인 금융회사의 의무이행과는 매우 다르게 금융서비스가 제공된다. 이러한 특수성을 고려하여 금융회사의 의무이행 문제를 접근할 필요가 있다. 이와 같은 로보어드바이저의 특수성이 자본시장법 등 법규상 아직 상세히 반영되어 있지는 않은 것으로 보인다. 법규가 잘 준수되는지에 대한 감독도 중요하고[323] 법규상 보완해야 할 부분을 파악하는 것도 중요하다.

---

2. 위탁자인 금융투자업자가 운용·운용지시 업무의 주체로서 투자자 등에 대하여 운용·운용지시와 관련하여 직접적인 책임을 부담한다는 사항을 집합투자규약 또는 투자일임계약에 명시할 것
3. 위탁자인 금융투자업자가 전자적 투자조언장치에 대해 충분히 이해하고, 전자적 투자조언장치 점검, 유지·보수, 변경 등의 주체로서 역할을 할 것

322) 자본시장법상 전자적 투자조언장치는 사람의 관여없이 서비스 제공이 가능할 것을 요구하여 직원의 관여가 없는 형태를 기본으로 하고 있다. 직원의 관여없이 로보어드바이저가 고객에게 서비스를 제공한다는 것은 (i) 고객이 로보어드바이저 서비스를 이용할지 여부를 결정하기 전에 의문이 있거나 자료가 필요해도 직원에게 요청해서 해결하지 못하고 웹사이트를 통한 정보에만 의존하여 서비스 이용여부를 결정하게 되고, (ii) 고객은 자신의 금융니즈에 대해 직원과 이야기하지 못하며, (iii) 고객은 로보어드바이저가 실제 행하는 투자조언 또는 투자결정에 대해 의문이 있어도 직원과 상담할 수 없음을 의미한다{SEC(2017b), p. 1}.

323) 최근 미국 SEC 검사부의 발표에 따르면 인터넷을 통하여 로보어드바이저 서비스를 제공하는 투자자문업자들을 검사한 결과 대상업자들 거의 전부가 지적을 받았고 특히 (i) 대부분 업자들의 불충분한 컴플라이언스 프로그램, (ii) 다수업자들이 플랫폼이 생성한 투자조언·투자결정이 고객의 투자목적에 맞는지 테스트하지 않음, (iii) 다수업자들의 이익충돌, 수수료 등에 관한

(2) 주의의무와 충실의무

투자자문업자·투자일임업자는 고객인 투자자에 대하여 선량한 관리자로서의 주의의무와 충실의무를 부담한다(자본시장법 제96조). 투자자문업·투자일임업은 높은 전문성에 대한 고객의 신뢰에 기초하여 고객의 이익을 위한 투자조언·재산운용을 하는 것이므로 고도의 주의의무가 요구된다.[324] 객관적 상황과 그 업자에게 적용되는 법규 및 투자자와의 약정 및 투자자의 투자목적 등에 비추어 투자자문업자·투자일임업자의 투자조언·투자결정이 명백히 합리성을 결하거나 투자자에게 과도한 위험을 초래하는 거래를 하도록 한 경우에는 주의의무를 위반한 것으로 인정해야 할 것이다.[325] 로보어드바이저를 이용한 투자자문·투자일임 서비스 제공에도 주의의무와 충실의무가 적용된다. 알고리즘·인공지능을 이용하는 경우에도 투자판단의 프로세스만이 아니라 개별적인 투자판단 또는 투자전략전체의 내용의 합리성이 고려요소가 되어야 한다.[326]

테스트베드 심사를 통과하여 전자적 투자조언장치로 인정되고 있는 로보어드바이저 서비스들은 대체로 투자자를 3-5개의 유형[327]으로 분류하고, 투자자 유형 개수와 같은 수의 투자포트폴리오를 제시하고[328] 각 개별 투자자를 유형에 따라 포트폴리오 유형에 끼워맞추는 방식을 채택하고 있는 것으로 보인다. 금융회사 직원이 투자자와 상담과정에서 실질적인 양방향 의사소통을 거쳐 투자조언을 하는 것과는 차이가 있다.[329] 투자자를

부정확하거나 불충분한 정보제공, (iv) 과반수 업자들의 광고·마케팅의 문제를 지적하였다{SEC (2021)}.

324) 안수현(2009), 21-22쪽.

325) 대법원 2008. 9. 11. 선고 2006다53856 판결(투자일임업자에 대해 "고객의 투자목적·투자경험·위험선호의 정도 및 투자예정기간 등을 미리 파악하여 그에 적합한 투자방식을 선택하여 투자하여야 하고, 조사된 투자목적에 비추어 볼 때 과도한 위험을 초래하는 거래행위를 감행하여 고객의 재산에 손실을 가한 때에는 그로 인한 손해를 배상할 책임이 있다"고 판시).

326) アルゴリズム·AI の利用を巡る法律問題研究会(2019), p. 16.

327) 금융투자협회가 제정한 표준투자권유준칙에서 예시한 5가지 투자자 유형(공격투자형, 적극투자형, 위험중립형, 안정추구형, 안정형)을 그대로 사용하거나, 5가지 유형을 3개로 통합하거나, 5가지 유형 중 일부(예: 안정형)는 제외하고 나머지만 사용하는데, 테스트베드에 공시된 각 알고리즘설명서에서 사용하는 용어의 의미가 통일되어 있지 않다(예컨대 "적극투자형"을 표준투자권유준칙과 유사하게 사용하는 경우도 있고 표준투자권유준칙의 공격투자형과 적극투자형을 합친 유형으로 사용하는 경우도 있음). 투자자 유형은 대체로 투자자 성향진단 설문서 결과를 점수화하여 분류하고 있고, 알고리즘설명서 별로 그 분류기준 점수가 차이가 있다. 그러나 설문서의 내용이 테스트베드에 공개되어 있지 않아 그 차이가 가지는 의미를 파악하기 어렵다.

328) 대체로 위험자산에 대한 투자비중을 다르게 한다(예컨대 위험자산 편입비율을 적극투자형은 80%, 중립형은 60%, 안정추구형은 40%로 정하는 방식). 동일한 용어를 사용한 포트폴리오(예: 적극투자형 포트폴리오)라도 위험자산의 내용과 투자 비율은 각 알고리즘마다 차이가 있다. 투자자들이 알고리즘을 파악할 때 오도되기 쉬운 부분이다.

329) Brummer(2020), p. 201는 로보어드바이저가 고객으로부터 얻는 정보와 그에 기초하여 제공하는 투자조언이 각 고객별로 특화되지 못하여 고객의 특유한 상황에 맞추어 이루어지는 정도가 낮

이렇게 3-5개의 유형의 하나로 취급하여도 과연 투자자의 이익을 우선하는 신중한 전문가로서의 투자조언을 한 것인지에 대해 의문이 제기될 수 있다.

로보어드바이저를 이용한 투자자문·투자일임 서비스를 제공하는 경우 그 로보어드바이저에 적용되는 알고리즘·인공지능의 투자판단 기준의 분석이 곤란한 경우도 있을 수 있어 앞으로 투자자와의 분쟁 발생시 주된 쟁점의 하나로 부각될 것으로 보인다. 로보어드바이저를 이용한 서비스로 인한 책임에 관한 분쟁을 예방하기 위해서는 로보어드바이저에 적용되는 알고리즘·인공지능의 성질에 관하여 투자자에게 설명하고 그것에 따른 책임에 관하여 미리 합의하여 둘 필요가 있다.330)

2. 적합성원칙 - 고객정보 파악

(1) 고객정보 파악이 가지는 의미

가. 적합성원칙의 준수

투자자문업자와 투자일임업자는 금융소비자보호법 제17조에 따른 적합성원칙을 준수해야 하고, 고난도투자일임계약을 체결하는 투자일임업자는 동법 제18조에 따른 적정성원칙을 준수해야 하며 이를 위해서는 고객정보를 파악해야 한다. 투자일임업자가 일반금융소비자에게 투자성 금융상품 계약 체결을 권유하거나 권유없이 고난도투자일임계약을 체결하는 경우 또는 투자자문업자가 일반금융소비자의 자문에 응하는 경우에는 면담·질문을 통하여 금융상품 취득·처분 목적, 재산상황, 취득·처분 경험에 대한 정보를 파악해야 한다. 투자일임업자와 투자자문업자는 그렇게 파악한 정보를 고려하여 그 일반금융소비자에게 적합하지 않다고 인정되는 계약 체결을 권유하거나 자문에 응해서는 안된다. 고난도금융투자상품과 고난도투자일임계약 등 적정성원칙이 적용되는 투자성상품에 대해서는 권유없이 계약 체결하려고 할 때에도 해당 금융상품이 그 일반금융소비자에게 적정하지 않다고 판단되면 그 일반금융소비자에게 그 사실을 알리고 확인을 받아야 한다.

나. 로보어드바이저의 투자결정·투자조언의 전제로서의 고객정보 파악

자본시장법은 투자자문업 또는 투자일임업을 수행하는 경우 "투자자의 투자목적·재산상황·투자경험 등을 고려하여 투자자의 투자성향을 분석할 것"을 전자적 투자조언장

아질 수 있음을 지적하였다.

330) アルゴリズム·AI の利用を巡る法律問題研究会(2019), pp. 17-18.

치가 갖추어야 할 요건으로 삼고 있다(동법시행령 제2조 제6호). 이 요건을 충족하기 위해서도 고객정보를 파악할 필요가 있다. 이러한 요건에 관한 조항이 없더라도 투자일임업자·투자자문업자가 신중한 전문가로서의 주의를 다하여 고객의 이익을 우선시키는 투자결정·투자조언을 하기 위해서는 투자자의 투자성향, 위험성향과 투자목적 등 투자자의 특성을 파악해야 한다.

(2) 고객정보 파악 방법

적합성원칙 준수를 위한 경우와 로보어드바이저의 의사결정을 위한 경우 고객정보 파악의 방법이 다를 이유는 없을 것이다. 금융소비자보호법은 적합성원칙 준수를 위한 고객정보를 "면담, 질문 등을 통하여" 파악하도록 하고 있을 뿐, 전자적 투자조언장치를 이용하여 투자일임업 또는 투자자문업을 행하고자 하는 경우 고객정보 파악 방법에 대해 특별한 조항을 두고 있지 않다.

한편 자본시장법도 투자일임·투자자문 계약 체결시 적합성원칙 준수를 위한 고객정보 파악 방법에 대해서는 특별한 조항을 두고 있지 않으나, 고객정보의 변경여부를 정기적으로 확인하는 경우에 대해서는 특별한 조항을 두고 있다. 즉 투자일임업자·투자자문업자의 고객이 일반투자자인 경우 연 1회 이상 투자자의 재무상태, 투자목적 등의 변경여부를 원칙적으로 대면·유선(투자자가 원하는 경우에는 서면·전자우편)으로 확인하되, 전자적 투자조언장치를 활용하여 투자일임업을 수행하는 경우에는 전자우편, 인터넷 또는 모바일시스템 그 밖에 이와 비슷한 전자통신 방법으로 할 수 있도록 하였다(금융투자업규정 제4-78조의2). 이 조항에 비추어 볼 때, 현행 법규상 투자일임·투자자문 계약 체결시에도 마찬가지로 인터넷 또는 모바일시스템을 이용하여 고객정보를 파악하는 것이 허용되고 있다고 보는 것이 합리적일 것이다.

(3) 인터넷·모바일시스템을 통한 고객정보 파악의 특수성

가. 현행 법규와 준칙

금융회사의 직원이 관여하지 않고 전자적 장치가 고객정보를 파악하는 경우 고객과 전자적 장치 사이의 의사소통이 원활하지 않을 수 있어 적합성원칙의 충실한 준수가 이루어지기 어려울 수 있다.[331] 금융소비자보호법과 자본시장법은 이러한 점을 고려한 조

331) 안수현(2016), 203-204쪽("로보어드바이저는 사전에 준비된 예상 질문에 따라 고객이 입력한 것에 기초해서 알고리즘에 의해 자동적으로 자문이 제공되는 점에서 적합성원칙의 충실한 준수를 기대하기는 사실상 어렵다").

항을 두고 있지 않다. 금융투자협회의 표준투자권유준칙에서 온라인으로 로보어드바이저 자문계약 등을 체결하는 경우 투자자 유의사항을 투자자가 쉽게 이해할 수 있도록 게시하도록 하고 투자자 유의사항 예시 가운데 "로보어드바이저는 투자자 성향분석 결과를 바탕으로 자문이 이루어지므로 효율적인 투자자문을 위해서는 투자자의 정확한 답변이 중요하며, 과장되거나 사실과 다른 답변은 잘못된 운용결과를 초래할 수 있다"는 점을 적시하였을 뿐이다(동준칙 23항, [참고 7]). 미국 금융산업규제기구(FINRA: Financial Industry Regulatory Authority)에 의하면 디지털방식으로 조언하는 경우 일반적으로 개인정보, 금융정보, 투자목표, 투자기간 및 위험허용한도의 5가지 범주에 속하는 4~12개 질문에 대해 투자자가 입력한 답변을 통해 고객을 파악하고 있는 것으로 보이고,[332] 투자자가 금융상품의 위험요인등을 구체적으로 인지하는지를 정확하게 판단하기 곤란한 실정이라는 비판도 있다.[333]

나. 참고 - EU 법규

이에 관하여는 보다 상세한 조항을 둔 EU 법규[334]를 참고할 필요가 있다. EU 법규는 우선 투자일임·투자자문 서비스의 전부 또는 일부를 자동·반자동 시스템을 통하여 제공하는 경우 전자적 시스템을 이용하였다고 하여 적합성원칙 준수의무가 줄어들지 않음을 명시하였다{MiFID Ⅱ-DelReg Article 54(1)}.

나아가 금융회사는 고객으로부터 받는 정보가 신뢰할 수 있는 것이 되도록, (i) 고객이 정확한 최신 정보를 제공하는 것의 중요성을 알도록 하고, (ii) 고객의 지식과 경험등을 평가하는 수단을 비롯하여 적합성원칙 준수에 사용되는 모든 수단이 목적에 적합하고 적절하게 개발되어야 하며, (iii) 적합성원칙 준수를 위한 과정에서 사용되는 질문[335]들은 고객이 이해할 수 있고 고객의 목적과 니즈의 정확한 파악과 적합성 판단에 필요한 정보 수집을 할 수 있을 것 같은 것이어야 하고, (iv) 고객정보가 일관성을 가질 수 있도록 필요한 조치를 취하도록 하였다{MiFID Ⅱ-DelReg Article 54(7)}.[336]

이 조항들에 근거하여 적합성 평가를 하기 위한 고객과의 소통에서 발생하는 결함은

332) FINRA(2016), p. 8.

333) 김범준·엄윤경(2018), 212쪽, 박기주(2020), 111-112쪽.

334) COMMISSION DELEGATED REGULATION (EU) 2017/565 of 25 April 2016 ("MiFID Ⅱ-DelReg").

335) Maume(2021), p. 29는 로보어드바이저가 적합성원칙 준수를 위하여 고객에게 묻는 여러 질문이 표준화되어 있지 않음도 지적하였다.

336) 또한 유럽증권시장감독청(ESMA: European Securities and Markets Authority)은 투자자문업자와 투자일임업자가 MiFID Ⅱ에 따른 적합성원칙을 준수하는데 관한 상세한 가이드라인(Guidelines on certain aspects of the MiFID Ⅱ suitability requirements, 06/11/2018, ESMA35-43-1163)을 제시하였다

금융회사의 책임이고, 고객이 고의로 거짓 정보를 제공하거나 정보제공시 심각한 실수가 있는 경우에만 고객의 책임인 것으로 보고 있다.[337)]

3. 설명의무 및 로보어드바이저에 관한 정보제공

(1) 설명의무의 법적 근거

가. 금융소비자보호법과 약관규제법

금융소비자보호법상 투자일임업자는 투자성 상품인 투자일임계약 체결 권유시 그 상품의 내용과 위험 등에 관한 사항 등과 그에 연계·제휴된 서비스 등의 내용과 이행책임에 관한 사항 등을 일반금융투자자가 이해할 수 있게 설명해야 하고, 그 설명에 필요한 설명서를 일반금융소비자에게 제공하고 일반금융소비자가 이해하였음을 확인받아야 한다(동법 제19조 제1항, 제2항). 전자적 투자조언장치에 관한 설명은 투자일임계약의 내용에 관한 사항으로서 금융소비자보호법상의 설명의무의 대상에 포함된다. 투자자문업자가 일반금융소비자의 자문에 응하는 경우에도 마찬가지로 설명할 의무를 부담한다(동법 제19조 제1항).

약관으로 계약을 체결하는 경우에는 약관규제법에 따라, 계약의 성질상 설명하는 것이 현저하게 곤란한 경우가 아닌 한, 사업자는 약관에 정하여져 있는 중요한 내용을 고객이 이해할 수 있도록 설명하여야 한다(동법 제3조 제3항). 이러한 설명의무를 위반하여 계약을 체결한 경우에는 해당 약관을 계약의 내용으로 주장할 수 없다(동법 제3조 제4항).

나. 선관주의의무의 일부로서의 설명의무

전자적 투자조언장치를 활용하는 투자일임업자·투자자문업자는 고객인 투자자에 대하여 부담하는 선량한 관리자로서의 주의의무와 충실의무(자본시장법 제96조)를 이행하기 위해서도 그 전자적 투자조언장치에 관하여 고객에게 정보를 제공하고 설명할 의무가 있다고 보아야 할 것이다.[338)]

---

337) Maume(2021), p. 30(또한 로보어드바이저 활용시에는 로보어드바이저 작동 프로세스의 불투명성 때문에 고객이 금융회사의 잘못에 대한 증거를 제시하는 것은 극히 어려워 입증책임의 전환이 필요하다고 주장함).

338) Brummer(2020), p. 209(투자자문업자가 신인의무자(fiduciary)로서 부담하는 의무를 다음과 같이 요약함. (i) 투자조언에 관한 중요사실을 고지할 의무, (ii) 사심없는 조언을 하지 못할 가능성에 대해 민감해야 하고 이익충돌 상황에서 조언하기 위해서는 충분한 정보를 제공한 후 고객의 동의를 받아야 할 의무, (iii) 조언이 고객에게 적합하도록 고객의 재무상황에 대해 상당한 조사를 할 의무, (iv) 투자자문업자가 고객의 거래를 집행할 증권회사를 선정할 경우 최선집행이 이루어지도록 할 의무), SEC(2017a), p. 3(로보어드바이저와 이를 활용한 서비스에 관하여 고객에게

(2) 설명의무 이행방법에 관한 특칙

자본시장법은 투자일임계약시 금융소비자보호법 제19조에 따른 설명의무를 이행하는 방법을 별도로 규율하고 있다. 투자일임계약은 고객별로 자산을 운용하는 계약이므로 원칙적으로 각 고객에게 '대면'으로 설명의무를 이행하도록 하고 이를 위반하면 불건전영업행위에 해당하지만(자본시장법 제98조 제2항 제10호, 동법시행령 제99조 제4항 제7호, 금융투자업규정 제4-77조 제18호),[339] "투자일임업자와 투자자가 최근 1년 6개월 이상 ㈜코스콤 홈페이지에 운용성과, 위험지표 등 주요사항을 매일 공시하고 있는 전자적 투자조언장치를 활용하는 투자일임계약을 체결하는 경우"는 그 예외로 인정되고 있다(동규정 제4-77조 제18호 단서 라목). 금융투자업규정 제4-77조 제18호 단서 라목은 전자적 투자조언장치를 활용하는 투자일임계약 체결시 설명의무를 면제하는 취지가 아니라 단지 "대면"으로 설명의무를 이행해야 하는 점에 대한 예외를 인정한 것으로 보아야 한다.[340]

이와 같이 전자적 투자조언장치를 활용하는 투자일임계약에서는 투자일임업자의 직원의 관여 없이 비대면 방식(온라인 등)으로 설명하는 것을 허용하여 비대면 방식 투자일임계약 체결을 허용하고 있다.[341] 비대면방식으로 설명하는 경우에도, 투자일임계약의 내용과 위험을 일반금융투자자가 이해할 수 있게 설명해야 하고 일반금융투자자가 이해하였음을 확인받아야 한다. 설명자료가 화면에 등장하도록 하고 고객이 이해하였음을 클릭함으로써 고객이 이해하였음을 확인받은 것으로 처리한다면 설명의무의 이행이 형식적으로 흐를 우려가 있다.[342] 전자적 투자조언장치를 활용하는 투자일임계약에서는 전자적 투자조언장치의 활용과 인터넷을 통한 서비스 제공의 내용과 한계 및 그에 따른 위험을 고객이 충분히 이해할 수 있게 해야 한다.

제공할 정보의 내용과 제공방법에 대한 지침을 제시하면서, 투자자문업자는 고객에 대한 신인의무자로서 모든 중요한 사실을 충분하고 공정하게 고객에게 제공하고, 고객을 오도하지 않도록 상당한 주의를 해야 할 의무를 부담함을 강조함).

339) 투자자문업에 대해서는 위와 같은 제한을 두고 있지 않다.

340) 금융투자업규정 조문별 개정이유서(금융위원회, 2018. 6.), 9쪽("투자일임계약시 비대면 설명의무 이행을 제한적으로 허용").

341) 금융소비자보호법상 설명의무 이행을 위한 설명서에는 설명을 한 사람의 서명이 있어야 하지만 전자금융거래법에 따른 전자적 장치를 이용한 자동화 방식을 통해서만 서비스가 제공되는 계약에 대한 설명서는 제외하도록 하였다(동법 제14조 제2항).

342) 양영식·맹수석(2017), 63-64쪽, 김범준·엄윤경(2018), 212쪽도 비대면 온라인 일방적인 의사소통으로는 설명의무를 충분히 이행하기 어렵다는 점을 지적하였다.

(3) 설명할 사항

가. 법령상 설명할 사항

전자적 투자조언장치가 사용하는 알고리즘의 내용을 설명해야 하고 특히 어떠한 기준을 적용하여 어떻게 투자의사 또는 조언내용을 결정하는지를 설명해야 할 것이다. 그런데 금융소비자보호법과 자본시장법은 전자적 투자조언장치를 활용하여 투자일임·투자자문업을 영위하는 경우 설명할 사항을 특별히 정하고 있지 않다.

나. 표준투자권유준칙[343]상 설명할 사항

2017년 5월 전자적 투자조언장치를 활용하여 투자자문업·투자일임업을 수행할 수 있도록 자본시장법시행령이 개정되자, 금융투자협회도 표준투자권유준칙을 개정[344]하여 다음과 같이 로보어드바이저에 관한 사항을 반영하였다.

(i) 로보어드바이저를 이용하여 투자자문업·투자일임업을 수행하는 경우, 그 업무를 수행하는 임직원의 성명과 경력 대신에 "투자자문·투자일임이 로보어드바이저에 의해 이루어진다는 사실"을 기재한 서면을 투자자문·투자일임계약 체결전에 미리 투자자에게 제공하고 확인받도록 하였다(동준칙 20항).

(ii) 투자자에게 로보어드바이저를 활용하는 투자자문·일임계약 체결을 권유하는 경우에는 로보어드바이저의 의미와 해당 로보어드바이저의 투자전략 및 위험요인 등을 충분히 설명하고 투자자의 이해여부를 확인하도록 하였다(동준칙 23항 1)).

(iii) 온라인으로 자문계약등을 체결하는 경우에는 로보어드바이저의 주요 특성 및 유의사항 등을 투자자가 쉽게 이해할 수 있도록 관련사항을 게시하고, 로보어드바이저 알고리즘의 중대한 변경 등 주요사항 변경시에는 투자자에게 미리 고지하도록 하였다(동준칙 23항 2)와 3)).[345]

(iv) 투자자 유의사항 예시로 "투자자는 알고리즘의 특징에 대하여 충분히 이해하고 투자에 임해야 함"을 적고 있다.

표준투자권유준칙은 로보어드바이저 알고리즘의 특징을 얼마나 어떻게 투자자에게

343) 자본시장법 제50조에 따라 금융투자업자는 투자권유를 함에 있어서 금융투자업자의 임직원이 준수하여야 할 구체적인 기준 및 절차(=투자권유준칙)를 정하여 공시해야 하고, 금융투자협회는 금융투자업자가 공통으로 사용할 수 있는 표준투자권유준칙을 제정할 수 있다.

344) 2017. 5. 25. 개정.

345) 동준칙은 [참고 7]에 로보어드바이저 투자자 유의사항도 예시하였다. 그 유의사항은 로보어드바이저를 이용해도 손실이 발생할 수 있고 수익률을 보장하는 것이 아니라는 점과 알고리즘의 특징에 대해 충분히 이해하고 투자해야 한다는 점을 적고 있을 뿐, 투자자에게 알고리즘의 특징에 대한 정보를 얼마만큼 제공하는지에 대해서는 언급이 없다.

설명해야 하는지에 대해서는 별다른 기준을 제시하지 않았다. 또한 알고리즘 사용에 따른 리스크, 알고리즘의 전제조건과 한계, 알고리즘 개발과 관리에 제3자의 관여 여부 등에 대해서도 특별한 조항이 없다.

다. 테스트베드에 공시하는 알고리즘 설명서

자본시장법상 전자적 투자조언장치로 인정되기 위해서는 코스콤이 운용하는 로보어드바이저 테스트베드에 참여하여 외부전문가로 구성된 심의위원회의 심사를 거쳐야 하고 (금융투자업규정 제1-2조의2), 그렇게 참여한 각 로보어드바이저의 알고리즘 설명서를 테스트베드센터에서 정한 양식[346]에 따라 공시한다. 전자적 투자조언장치의 알고리즘에 관한 정보는 결국 이러한 방법으로 투자자에게 제공되는 것으로 보인다. 그러나 그 양식에서 요구하는 정보에는 미국 SEC 지침이 인터넷을 통한 로보어드바이저 서비스 제공시 고객에게 제공하도록 요구하는 내용[347] 가운데 포함되지 않은 것이 많다. 투자자가 이러한 설명서 양식에 의한 공시로 과연 전자적 투자조언장치가 사용하는 알고리즘의 내용과 작동

346) 알고리즘 설명서 양식은 (i) 알고리즘의 일반현황(적용기술, 주요특성, 운용목표 등), (ii) 투자자 성향 진단 설문서 결과에 따른 투자자 유형 구분, (iii) 포트폴리오 유형 현황(포트폴리오 유형 종류 및 운용방식, 투자자 성향에 따른 투자가능 포트폴리오 유형), (iv) 편입자산 현황(편입자산 종류 및 특징, 위험등급별 편입자산, 포트폴리오 유형별 위험자산 비중 편입한도 및 위험도 범위 등), (v) 로보어드바이저 테스트베드 참여현황(참여 포트폴리오 현황, 참여 포트폴리오의 자산배분 현황), (vi) 주요위험 및 위험관리 방법, (vii) 리밸런싱, (viii) 투자자성향 분석을 위한 설문내용을 기재하도록 하고 있다. 실제 공시된 알고리즘 설명서에는 "투자자성향 분석을 위한 설문내용"은 포함되어 있지 않다.

347) SEC(2017a), pp. 3-4는 "로보어드바이저 서비스가 알고리즘에 의존한다는 점과 인터넷을 통하여 서비스를 제공한다는 점에 비추어 로보어드바이저 서비스 제공자는 그 서비스의 한계, 위험과 운영에 관한 사항을 고객에게 가장 효과적인 방법으로 전달해야 함"을 강조하고 구체적으로 다음 사항들이 포함되도록 하였다.
- 고객자산을 운용하는 알고리즘 기능의 서술
- 알고리즘의 가정과 한계의 서술(예: 알고리즘이 현대 포트폴리오 이론에 기초한 것이라면, 그 이론이 전제하는 가정과 그 이론의 한계의 서술)
- 알고리즘에 고유한 위험의 서술(예: 알고리즘이 시장상황과 관계없이 또는 고객이 기대하는 것보다 자주 고객자산을 리밸런싱할 수 있다거나, 알고리즘이 시장상황의 장기적인 변화를 반영하지 않음)
- 알고리즘의 개발, 운영, 소유에 대한 제3자의 관여의 서술(그러한 관여가 야기할 수 있는 이익충돌에 대한 설명 포함)
- 로보어드바이저가 고객에게 직접 부과하는 수수료와 고객이 직·간접적으로 부담하는 다른 모든 비용
- 개별 고객자산의 관리 및 운용에 대한 사람의 관여 정도에 대한 설명
- 로보어드바이저가 권장 포트폴리오를 만들기 위해 고객으로부터 수집한 정보를 어떻게 사용하는지와 한계의 서술(예: 설문을 사용한다면 그 설문에 대한 답변이 로보어드바이저의 조언의 유일한 근거가 되는지, 로보어드바이저가 고객정보 또는 자산에 달리 접근할 수 있다면 그 정보가 투자조언을 하는데 사용되는지 여부와 사용된다면 어떻게 사용되는지)
- 고객이 로보어드바이저에게 제공한 정보를 언제 어떻게 갱신해야 하는지에 대한 설명

을 쉽게 이해할 수 있을 지에 대해서는 의문이 있고 보완이 필요하다는 지적이 설득력이 있다.[348)]

(4) 리밸런싱의 설명

금융투자업규정은 전자적 투자조언장치를 활용하여 투자자문업·투자일임업을 영위하는 경우 매 분기별로 1회 이상 (i) 투자자문 내용 또는 투자일임재산의 안전성 및 수익성과 (ii) 투자자의 투자성향 분석을 고려하여 투자자문의 내용 또는 투자일임재산에 포함된 투자대상자산의 종목·수량 등이 적합한지 여부를 평가하여 투자자문의 내용 또는 투자일임재산의 운용방법의 변경이 필요하다고 인정되는 경우 그 투자자문의 내용 또는 투자일임재산의 운용방법을 변경하도록 하였다(동규정 제1-2조의2 제1호 나목 2)).

금융소비자보호법과 자본시장법은 투자자문업자·투자일임업자가 위 조항에 따라 투자자문의 내용 또는 투자일임재산의 운용방법을 변경한 경우의 설명의무에 대해 명시적인 조항을 두고 있지 않다. 다만 투자일임업자는 일반투자자와의 투자일임계약 체결시 "투자자의 재무상태, 투자목적 등의 변경을 확인하거나 투자자로부터 변경된 내용을 회신받은 경우 변경된 내용에 부합하도록 투자일임재산을 운용한다는 사항"을 기재한 서면자료를 일반투자자에게 교부하도록 하였다(자본시장법법 제97조 제1항 제8호, 동법시행령 제98조 제5호, 금융투자업규정 제4-73조 제2호 다목). 이러한 서면자료는 리밸런싱될 수 있음을 알리는 것에 그칠 뿐이므로 투자자는 리밸런싱으로 실제 변경된 운용방법을 알 수 없다. 리밸런싱으로 투자자문·투자일임 서비스의 내용이 변경된 것이므로 그 시점에 변경된 내용을 투자자에게 설명할 필요가 있다고 보는 것이 타당할 것이다.[349)]

4. 광 고

금융소비자보호법상 투자일임계약은 투자성 상품이므로(동법 제3조 제3호, 동법시행령 제3조 제3항 제3호), 투자일임업에 관한 광고는 투자성 상품에 대한 광고규제(동법 제22조 제4항 제2호)와 동일한 규제를 받는다. 투자자문업에 대한 광고는 투자자문업무에 관한 광고의 규율을 받는다(동법 제22조 제2항[350)]). 전자적 투자조언장치를 이용하는 경우에 관한 특

348) 안수현(2017), 153쪽, 이규복(2019), 17쪽.

349) 안수현(2016), 204쪽. 박철영(2009), 23쪽은 자산운용단계에서도 투자일임업자에게 일정한 설명의무를 부과할 필요가 있다고 주장하였다.

350) 금융소비자보호법 제22조 제2항은 "… 금융상품등에 관한 광고를 하는 경우에는 금융소비자가 금융상품의 내용을 오해하지 아니하도록 …"으로 규정하고 있으나 이 조항에서 "금융상품의 내용"은 광고대상인 "업무와 금융상품의 내용"이라고 해야 의미가 통한다. "금융상품등에 관한 광

별한 내용은 없다. 투자자들이 신기술이라는 점에 과도하게 현혹되지 않도록 할 필요가 있다.[351]

5. 이익충돌

(1) 로보어드바이저 활용시 발생할 수 있는 이익충돌의 특수성

로보어드바이저가 투자자문·투자일임 서비스 또는 이와 유사한 서비스를 받는 투자자의 이익을 우선시키지 않고 투자조언·투자결정을 하는 경우[352]에도 로보어드바이저의 조언·결정 과정이 투명하게 드러나지 않으므로 그것이 밝혀지기 쉽지 않다.[353] 또한 로보어드바이저는 자동화·기계화된 서비스라서 이익충돌 상황이 고정화되고 확대될 우려도 있다.[354] 로보어드바이저 서비스 제공시에도 과당매매와 같이 투자결정 행태를 사후적으로 점검할 수 있는 경우에는 이에 관한 전통적인 법리[355]를 적용하여 판단할 수도

고"는 금융상품판매업자등의 업무에 관한 광고와 금융상품에 관한 광고를 의미하는 것이므로 업무에 관한 광고시 금융소비자가 오해하지 않도록 해야 하는 내용 역시 "업무의 내용"이 되어야 하기 때문이다. 입법의 불비이므로 조속히 시정하는 것이 바람직하겠으나 시정되기 전에도 "업무와 금융상품의 내용"으로 읽는 것이 합리적이다. 요컨대 투자자문업자·투자일임업자는 그의 업무에 관한 광고를 할 때 금융소비자가 업무의 내용을 오해하지 아니하도록 명확하고 공정하게 전달하여야 한다.

351) 2018년 12월 미국 SEC가 로보어드바이저에 대해 취한 최초의 제재(금지명령과 민사벌 부과)가 고객에게 제공한 로보어드바이저 서비스의 내용과 실제 서비스에 차이가 있음이 밝혀진 건(Wealthfront Advisors LLC)과 오도할 수 있는 실적비교 광고를 한 건(Hedgeable Inc.)에 대한 것이었다. SEC Press Release 2018-300(December 21, 2018), SEC Charges Two Robo-Advisers With False Disclosures.

352) 집합투자업자가 로보어드바이저를 이용하여 운용하는 펀드를 설정하고, 투자자들이 그 집합투자증권에 투자한 경우, 로보어드바이저가 펀드투자자들의 이익보다 집합투자업자 또는 그 계열회사나 특수관계인 등 다른 사람의 이익을 우선화는 투자결정을 하는 경우도 마찬가지이다.

353) 자본시장법상 투자자문업으로 규율되지는 않지만 상품추천 또는 정보제공이라는 명칭으로 실질적으로 고객에게 투자에 대한 조언을 하는 경우도 마찬가지의 문제가 있다.

354) 角田美穂子(2019), 71쪽.

355) 대법원은 증권회사가 고객과 포괄적 일임매매 약정을 한 사례에서 "그 직원이 충실의무를 위반하여 고객의 이익을 등한시하고 무리하게 빈번한 회전매매를 함으로써 고객에게 손해를 입힌 경우에는 과당매매행위로서 불법행위가 성립한다"고 보고, "증권회사의 직원이 충실의무를 위반하여 과당매매행위를 한 것인지 여부는 고객 계좌에 대한 증권회사의 지배 여부, 주식매매의 동기 및 경위, 거래기간과 매매횟수 및 양자의 비율, 매입주식의 평균적 보유기간, 매매주식 중 단기매매가 차지하는 비율, 동일 주식의 매입·매도를 반복한 것인지, 수수료 등 비용을 공제한 후의 이익, 운용액 및 운용기간에 비추어 본 수수료액의 과다 여부, 손해액에서 수수료가 차지하는 비율, 단기매매가 많이 이루어져야 할 특별한 사정이 있는지 등의 여러 사정을 참작하여 주식매매의 반복이 전문가로서의 합리적인 선택이라고 볼 수 있는지 아닌지를 기준으로 판단하여야 한다"고 판시하였다(대법원 2007. 11. 15. 선고 2005다16775 판결, 대법원 1997. 10. 24. 선고 97다24603 판결 등 다수). 대법원은 증권회사의 과당매매에 따른 손해배상책임의 법적 근거에 대해 불법행위만을 언급하였으나 채무불이행도 근거가 될 수 있을 것이다.

있으나, 로보어드바이저가 투자자의 이익을 우선시켰는지 여부가 사후적으로도 잘 드러나지 않을 수 있다.

특히 금융상품을 제조, 발행 또는 판매하는 금융회사가 로보어드바이저 서비스를 직접 또는 자회사·계열회사를 통하여 제공하는 경우, 로보어드바이저가 고객의 이익을 충분히 고려하지 않고 그 금융상품을 선호하여 실질적으로 그 금융상품 판매채널 역할을 할 우려가 있다.[356] 이는 독립적인 로보어드바이저 활용기업이 금융상품을 제조 또는 발행하는 금융회사와 금융상품 마케팅계약을 체결하고 다른 한편 투자자에게 투자자문·투자일임 서비스를 제공하는 경우에도 발생할 수 있다.[357]

투자자문·투자일임 서비스를 제공받는 투자자들은 흔히 로보어드바이저의 투자결정이 더 독립적·객관적일 것으로 생각하고 편향된 투자자문·투자결정에 대해 대비할 태세를 느슨하게 하게 되고, 로보어드바이저를 이용한 투자자문·투자일임은 젊은 투자자 또는 경험이 적은 투자자들을 주된 대상으로 삼는다는 점에서 구조적 이익충돌의 문제가 더 커질 수 있다고 지적되고 있다.[358]

(2) 자본시장법의 이익충돌 규율과 로보어드바이저 테스트베드의 검증

자본시장법은 금융투자업 영위와 관련하여 금융투자업자와 투자자 간 또는 특정 투자자와 다른 투자자 간의 이해상충을 방지하기 위한 내부통제기준에 따라 적절히 관리하고, 이해상충이 발생할 가능성이 있으면 그 사실을 투자자에게 알리고 투자자 보호에 문제가 없는 수준으로 낮춘 후 거래를 하도록 할 의무를 부과하는 등(동법 제44조), 금융투자업자의 일반적인 이익충돌 관리를 규정하고 있다. 투자자문업자와 투자일임업자에 대해서는 일반투자자와 투자자문·투자일임 계약을 체결하는 경우 투자자와의 이해상충방지를 위하여 투자자문업자·투자일임업자가 정한 기준 및 절차를 기재한 서면자료를 일반투자자에게 교부하도록 하였다(동법 제97조 제1항 제4호). 그러나 전자적 투자조언장치를 활용하는 경우에 관하여 특별한 조항을 두고 있지는 않다.

한편 로보어드바이저 테스트베드는 “분산투자, 투자자성향 분석, 해킹방지체계 등 투자자문·일임을 수행하기 위한 최소한의 규율이 제대로 작동하는지 여부를 확인하는 절차”인데 금융위원회의 발표한 「로보어드바이저 테스트베드 기본 운영방안」상으로는 알고

356) Maume(2021), p. 31은 본문에 적은 유형 이외에 펀드가 독립적인 로보어드바이저 활용 기업의 지분을 취득하는 경우(예: 블랙록이 2017년부터 2020년 사이에 독일 시장에서 로보어드바이저 선도기업인 Scalable Capital에 투자한 사례)에도 같은 문제가 발생할 수 있음을 지적하였다.

357) Maume(2021), p. 32, Brummer(2020), pp. 201-202.

358) Maume(2021), p. 32.

리즘이 법령에서 금지하는 투자(예: 투자자 동의없는 계열회사 증권 투자)를 자체적으로 제한할 수 있어야 한다는 점을 요구하고 있을 뿐 구조적인 이익충돌의 발생가능성을 확인하지는 않는 것으로 보인다.

로보어드바이저를 이용한 투자자문·투자일임 서비스는 일단 투자자문·투자일임계약 체결 후에는 로보어드바이저의 투자조언과 투자결정에 대해 투자자가 아무런 영향을 줄 수 없는 등 로보어드바이저를 이용한 서비스 제공의 특수성[359]에 비추어 로보어드바이저를 이용한 서비스에서는 이익충돌 고지가 아니라 이익충돌 방지·완화하는 조직상 장치에 초점을 맞추어야 하고, 로보어드바이저는 명백하게 고객의 최선의 이익을 위한 경우에만 투자결정 수행이 허용되어야 한다는 주장[360]이 상당히 설득력이 있다.

6. 기 타

(1) 시세조종 기타 불공정거래

투자자가 로보어드바이저의 조언에 따라 행한 거래가 시세조종행위 기타 불공정거래행위의 객관적 요건에 해당하는 경우, 투자자는 로보어드바이저의 조언에 따랐음을 이유로 시세조종 기타 불공정거래행위에 대해 고의가 없었다고 할 수 있는가. 일반적으로 투자자문을 받고 행한 매매가 불공정거래행위의 객관적 요건에 해당하는 경우 투자자문을 받았다고 하여 당연히 그 불공정거래행위에 대한 고의가 없다고 단정할 수 없는 것과 마찬가지로 보아야 할 것이다. 투자자는 로보어드바이저로부터 투자조언을 얻는 것에 불과하고 매매거래는 투자자가 결정하는 것이므로 투자조언을 이유로 매매거래의 불공정행위성을 부정할 수 없다.

(2) 금융안정성에의 영향

외국의 논의에 의하면 로보어드바이저가 금융안정성에 문제를 일으킬 우려가 있지는 않다고 본다. 그 이유로는 로보어드바이저가 대부분 상장지수펀드(ETF)에 투자하고 투

359) (i) 고객이 로보어드바이저를 이용한 서비스 제공에 대해 최초 계약 체결시에는 금융회사의 고지내용을 바탕으로 그 서비스를 이용할지 여부를 정할 수 있으나, 일단 로보어드바이저 서비스를 이용하기로 한 이후 로보어드바이저가 내리는 개별적인 투자결정에 대해서는 고객이 아무런 영향을 줄 수 없고, (ii) 고객이 로보어드바이저 서비스를 이용하는 계약을 체결한 이후에 이익충돌에 대한 고지를 받는 경우에는 이익충돌 문제에 대해 덜 심각하게 생각하게 되며, (iii) 고객은 계약으로 금융회사의 이익충돌의 존재를 인정하고 계속 거래를 하기로 할 수도 있다. Maume (2021), pp. 34-35.

360) Maume(2021), p. 36.

자위험을 줄이기 위하여 투자포트폴리오를 다양화하려고 한다는 점, 로보어드바이저에 의한 거래는 고빈도거래에 비해 훨씬 느리게 이루어지고 투자자산의 리밸런싱은 수주일에 한번 정도 이루어지며, 수동적 로보어드바이저는 포트폴리오를 손대지도 않는다는 점, 여러 알고리즘이 동시에 동일한 방향으로 자산을 움직일 가능성은 별로 없다는 점 등을 들고 있다.[361)]

361) Maume(2021), pp. 8, 13. 그러나 Buckley et al.(2021), p. 51은 어느 한 인공지능이 다른 인공지능의 투자결정에 대해 선행매매하는 경우 로보어드바이저들의 쏠림현상이 발생할 가능성이 있다고 하며 이를 인공지능 이용시의 위험요소의 하나로 들고 있다.

참고문헌

강현구(2021) 강현구, "인슈어테크관련 법적 쟁점", 보험법연구 제15권 제3호(한국보험법학회, 2021)

강현구·유주선·이성남(2020) 강현구·유주선·이성남, 핀테크와 법(제3판)(씨아이알, 2020)

고동원(2015) 고동원, "인터넷상에서의 개인 간(P2P) 금융거래에 관한 법적 연구—P2P 대출 거래를 중심으로—", 은행법연구 제8권 제2호(한국은행법학회, 2015)

고재종(2019) 고재종, "미국의 고빈도 거래에 대한 규제 동향과 우리나라에의 시사점", 법학연구 제30권 제1호(충남대학교, 2019)

고학수 외(2021) 고학수·김용대·윤성로·김정훈·이선구·박도현·김시원, 인공지능 원론: 설명가능성을 중심으로(박영사, 2021)

고환경·주성환(2020) 고환경·주성환, "온라인투자연계금융업법의 주요 내용과 법적 쟁점", BFL 제102호(서울대학교 금융법센터, 2020. 7.)

금융기술법연구회(2019) 금융기술법연구회(편), P2P금융과 법(박영사, 2019)

금융위원회·금융감독원 등(2015) 금융위원회·금융감독원·한국거래소·금융투자협회·한국상장회사협의회, 안전한 자본시장 이용법—꼭 알아야 할 자본시장 불공정거래 제도 해설—(2015)

기준하(2018) 기준하, "P2P 대출의 현황과 향후과제", NARS 현안분석 vol. 6(국회입법조사처, 2018. 5. 18.)

기준하(2019) 기준하, "「온라인투자연계금융업 및 이용자보호에 관한 법률」('P2P금융법') 제정의 의의와 향후 과제", 이슈와 논점 제1637호(국회입법조사처, 2019. 12. 20.)

김범준·엄윤경(2018) 김범준·엄윤경, "로보-어드바이저 알고리즘의 규제 개선을 통한 금융소비자 보호", 법학연구 제18권 제3호(한국법학회, 2018)

김원순(2021) 김원순, "「금융혁신지원 특별법」상 금융규제 샌드박스 제도에 대한 소고—혁신 친화적 금융규제체계의 정립—", 홍익법학 제22권 제2호(홍익대학교 법학연구소, 2021)

김은정(2021) 김은정, 공급망 금융 활성화를 위한 혁신금융 법제 개선방안 연구(한국법제연구원, 2021)

김정연(2023) 김정연, "온라인 금융거래와 금융소비자보호", 증권법연구 제24권 제3호(한국증권법학회, 2023. 12.)

김준영·이일석(2021) 김준영·이일석, "보험과 핀테크—인슈어테크 관련 주요 법적 쟁점", BFL 제108호(서울대학교 금융법센터, 2021. 7.)

김진우(2019) 김진우, "인공지능에 대한 전자인 제도 도입의 필요성과 실현방안에 관한 고찰", 저스티스 제171호(한국법학원, 2019. 4.)

노혁준(2021) 노혁준, "증권 불공정거래의 새로운 양태와 대응 — 고빈도거래(HFT)를 중심으로 —", 법학연구 제31권 제1호(연세대학교 법학연구원, 2021)

도밍고스(강형진 역)(2016) 페드로 도밍고스(강형진 역), 마스터 알고리즘(비즈니스북스, 2016)

루이스(2014) 마이클 루이스(이제용 역), 프래시 보이스(비즈니스북스, 2014)

박기주(2020) 박기주, "인공지능 알고리즘을 활용한 전문(추천) 서비스 제공의 법적 성격에 관한 연구", 법제 제688호(법제처, 2020)

박상철(2021) 박상철, "금융AI의 활용과 금융소비자 보호: 차별금지, 설명요구권, 6대 판매규제 준수를 중심으로", BFL 제107호(서울대학교 금융법센터, 2021. 5.)

박수철(2020) 박수철, "한국 증권시장의 고빈도거래 현황 및 특성", 재무관리연구 제37권 제2호(한국재무관리학회, 2020)

박준(2019) 박준, "시세조종행위의 성립요건과 유형", 정순섭·노혁준(편저), 증권불공정거래의 쟁점 제1권(소화, 2019) 제7장

박철영(2009) 박철영, "투자자문업 및 투자일임업에 관한 법적 규제의 현황과 과제", 증권법연구 제10권 제1호(한국증권법학회, 2009)

서희석(2020) 서희석, "알고리즘거래에서 착오주문의 문제 — H증권사건 하급심판결에 대한 비판적 고찰 —", 상사법연구 제39권 제2호(한국상사법학회, 2020)

설민수(2019) 설민수, "크라우드펀딩 규제 경험을 통해 본 한국 핀테크 산업 규제의 방향: 증권형·대출형 크라우드펀딩의 규제체계와 문제점을 중심으로", 인권과 정의 제479호(대한변호사협회, 2019. 2.)

송호영(2021) 송호영, "인공지능 로봇은 법인격을 가질 수 있는가?", 저스티스 통권 제184호(한국법학원, 2021. 6.).

신현탁(2018) 신현탁, "인공지능(AI)의 법인격 — 전자인격(Electronic Person) 개념에 관한 소고 —", 인권과 정의 제478호(대한변호사협회, 2018. 12.)

신혜진(2021) 신혜진, "P2P 대출 온라인플랫폼 법제와 사법적 고찰", 법조 제70권 제2호(법조협회, 2021. 4.)

안수현(2009) 안수현, "투자자문회사의 선관주의의무 — 대법원 2008. 9. 11. 선고, 2006다53856 판결 —", 상사판례연구 제22집 제1권(한국상사판례학회, 2009)

안수현(2016) 안수현, "Automated Investment Tool(일명 "로보어드바이저")을 둘러싼 법적 쟁점과 과제", 상사판례연구 제29권 제2호(한국상사판례학회, 2016)

안수현(2017) 안수현, "지능형 인공지능(AI)의 발전에 따른 자본시장법제 정비방향과 과제", 증권법연구 제18권 제3호(한국증권법학회, 2017)

양기진(2013) 양기진, "고빈도매매의 규제동향 및 규제방안", 증권법연구 제14권 제1호(한국증권법학회, 2013)

양영식·맹수석(2017) 양영식·맹수석, "로보어드바이저 거래와 금융소비자 보호 방안", 금융소비자연구 제7권 제1호(한국금융소비자학회, 2017)

우민철·최혁(2013) 우민철·최혁, "고빈도거래자의 매매양태 분석: ELW 시장을 대상으로", 한국

증권학회지 제42권 4호(한국증권학회, 2013)

유주선·강현구(2018) 유주선·강현구, "P2P 대출의 규제 체계에 관한 연구", 법조 제67권 제1호(법조협회, 2018. 2.)

윤민섭(2012a) 윤민섭, "자금조달 수단으로서 Crowdfunding에 관한 연구", 기업법연구 제26권 제2호(한국기업법학회, 2012)

윤민섭(2012b) 윤민섭, "P2P금융에 관한 법적 연구", 금융법연구 제9권 제2호(한국금융법학회, 2012)

윤민섭(2014) 윤민섭, "非금융형 크라우드펀딩의 법적 제문제와 개선방안", 저스티스 통권 142호(한국법학원, 2014)

윤민섭(2019) 윤민섭, "담보형 P2P 대출의 사례 및 개선방향", 비교사법 제26권 제2호(한국비교사법학회, 2019)

윤승영(2020) 윤승영, "알고리즘 거래에 관한 거래소의 주의의무에 대한 고찰 — 미국의 사례를 중심으로", 은행법연구 제13권 제2호(은행법학회, 2020)

이규림(2020) 이규림, "간편송금의 법적 구조와 과제", BFL 제99호(서울대학교 금융법센터, 2020. 1.)

이규복(2019) 이규복, "로보어드바이저 이용자 보호를 위한 공시의무 강화방안", 주간금융브리프 28권 9호(한국금융원, 2019. 5.)

이성복(2018) 이성복, "P2P 대출중개시장 분석과 시사점 — 금융중개 역할을 중심으로 —", 조사보고서 18-02(자본시장연구원, 2018)

이성복(2021a) 이성복, 핀테크에 의한 금융혁신 양상과 시사점(연구보고서 21-03)(자본시장연구원, 2021. 2.)

이성복(2021b) 이성복, 국내 로보어드바이저 현황과 성과 분석(연구보고서 21-05)(자본시장연구원, 2021. 11.)

이숭희·주민석(2020) 이숭희·주민석, "간편결제의 법적 구조와 과제", BFL 제99호(서울대학교 금융법센터, 2020. 1.)

이정민·김세중·박해리(2020) 이정민·김세중·박해리, "오픈뱅킹의 개념과 법적 쟁점", BFL 제99호(서울대학교 금융법센터, 2020. 1.)

이정수(2013) 이정수, "미국 자본시장접근개혁법('잡스법')의 제정과 우리나라에의 시사점", 증권법연구 제14권 제1호(한국증권법학회, 2013)

이정수(2021) 이정수, "제4차 산업혁명과 금융법의 과제", 상사법연구 제40권 제3호(한국상사법학회, 2021)

이정수(2022) 이정수, "알고리즘거래에 관한 금융법적 규제 연구", 서울대학교 박사학위 논문(2022)

이지우·박선종(2022) 이지우·박선종, "AI 알고리즘에 의한 불공정거래행위 규제에 관한 연구 — AI의 기술적 측면에서 법적 책임의 귀속 가능 여부를 중심으로 —," 법학연구 제63권 제3호(부산대학교, 2022)

이지은(2019) 이지은, "P2P대출거래 규제의 입법안 검토", 금융기술법연구회(2019) 제3장 제3절

임수민(2021) 임수민, “P2P보험의 보험성 고찰”, 상사판례연구 제34권 제3호(한국상사판례학회, 2021. 9.)

임정하(2019) 임정하, “P2P 대출의 법제화를 위한 과제 — 금융포용과 투자자보호를 중심으로 —”, 금융소비자연구 제9권 제1호(한국금융소비자학회, 2019)

장호준(2023) 장호준, “인공지능에 대한 법인격 부여에 관한 소고 — 민사법적·인간 중심적 관점에 국한하여”, 사법 제63호(사법발전재단, 2023. 3.)

정대익(2015) 정대익, “독일과 유럽연합의 고빈도 알고리즘 거래 규제 — 규제 방향에 대한 시사점 —”, IT와 법연구 제10집(경북대학교 IT와 법연구소, 2015)

정성구·조연수·소윤주(2019) 정성구·조연수·소윤주, “금융데이터의 법적규제 및 금융데이터 관련 정보산업”, BFL 제107호(서울대학교 금융법센터, 2021. 5.)

정순섭(2017a) 정순섭, “기술발전과 금융규제 — 지급결제서비스를 중심으로”, 금융경제연구원 연구보고서(2017. 8. 19.)

정순섭(2017b) 정순섭, “기술발전과 금융규제 — 이른바 ‘규제 샌드박스(regulatory sandbox)’의 한국법상 구상과 가능성”, BFL 제85호(서울대학교 금융법센터, 2017. 9.)

정순섭(2020) 정순섭(연구책임자), “디지털 금융혁신관련 법령분석과 향후 입법정책과제”, 국회입법조사처 정책연구용역보고서(2020. 9. 30.)

정순섭(2021) 정순섭, “기술발전과 금융규제법의 전망”, BFL 제107호(서울대학교 금융법센터, 2021. 5.)

정준혁(2021) 정준혁, “금융플랫폼 규제의 과제와 전망”, BFL 제108호(서울대학교 금융법센터 2021. 7.)

정지수(2020) 정지수, P2P금융의 국내외 현황과 이슈, Zoom-in 자본시장포커스 2020-22호(자본시장연구원, 2020. 9. 29.)

천창민(2020) 천창민, “P2P대출법의 주요 내용과 법적 쟁점에 관한 연구”, 상사법연구 제39권 제1호(한국상사법학회, 2020)

최수정(2013) 최수정, DMA 거래 관련 국제적 규제동향과 그 시사점(글로벌법제전략 연구 13-22-1-1)(한국법제연구원, 2013)

한국은행(2015) 한국은행 금융결제국 금융정보화추진협의회, 전자금융총람(2015. 2.)

한국은행(2021) 한국은행, “디지털 혁신에 따른 금융부문 패러다임 전환 가능성”, 국제경제리뷰 제2021-16호(2021. 8. 6.)

허유경(2022) 허유경, “인공지능을 활용한 금융감독의 법적 함의”, 증권법연구 제23권 제1호(한국증권법학회, 2022. 4.)

Agrawal et al.(2014) Ajay Agrawal, Christian Catalini, and Avi Goldfarb, “Some Simple Economics of Crowdfunding”, Innovation Policy and the Economy Vol. 14 (2014)

Armour·Enriques(2018) John Armour and Luca Enriques, “The Promise and Perils of Crowd-funding: Between Corporate Finance and Consumer Contracts”, Modern Law Review

Volume 81, Issue 1 (January 2018)

Arner et al.(2016) Douglas W. Arner, Janos Barberis & Ross P. Buckley, "The Evolution of FinTech: A New Post-Crisis Paradigm", Georgetown Journal of International Law vol 47, no. 4 (2016)

Arner et al.(2017) Douglas W. Arner, Janos Barberis & Ross P. Buckley, "FinTech, RegTech, and the Reconceptualization of Financial Regulation", Northwestern Journal of International Law & Business vol 37 no 3 (2017)

Arthur(2017) Keren Naa Abeka Arthur, "The emergence of financial innovation and its governance-a historical literature review", Journal of Innovation Management JIM 5, 4 (2017)

Avgouleas · Marjosola(2022) Avgouleas · Marjosola (eds.), Digital Finance in Europe: Law, Regulation, and Governance (Walter de Gruyter, 2022)

Bank of England · FCA(2019) Bank of England · Financial Conduct Authority, Machine Learning in UK Financial Services (October 2019)

BCBS(2018) Basel Committee on Banking Supervision, Sound Practices: Implications of fintech developments for banks and bank supervisors (Bank for International Settlements, February 2018)

Boot et al.(2021) Arnoud Boot, Peter Hoffmann, Luc Laeven and Lev Ratnovski, "Fintech: what's old, what's new?", Journal of Financial Stability Volume 53 (April 2021)

Brummer(2020) Chris Brummer, Fintech Law in a nutshell (West Academic Publishing, 2020)

Buckley et al.(2021) Ross P Buckley, Dirk A Zetzsche, Douglas W Arner and Brian W Tang, "Regulating Artificial Intelligence in Finance: Putting the Human in the Loop", Sydney Law Review, Volume 43(1) (2021)

Chapman(2019) Chapman, Peter, "Crowdfunding" in Madir (2019)

Chung · Lee(2016) Kee H. Chung and Albert J. Lee, High-frequency Trading: Review of the Literature and Regulatory Initiatives around the World, Asia Pacific Journal of Financial Studies Volume 45, Issue1 (2016)

Dalko · Wang(2020) Viktoria Dalko and Michael H. Wang, "High-frequency trading: Order-based innovation or manipulation?", Journal of Banking Regulation, Vol. 21, Issue 4 (2020)

DeVito(2021) William Rick DeVito, DeFi (Decentralized Finance): The Future of Finance Evolution Explained and the Complete Guide for Investing in Crypto & Digital Assets (2021)

Ehrentraud et al.(BIS)(2020) Johannes Ehrentraud, Denise Garcia Ocampo, Camila Quevedo Vega, Regulating fintech financing: digital banks and fintech platforms (Bank for International Settlements, August 2020)

Enriques · Zetzsche(2020) Luca Enriques and Dirk A Zetzsche, "Corporate Technologies and the

Tech Nirvana Fallacy", Hastings Law Journal, Volume 72(1) (2020)

ESMA(2021) European Securities and Markets Authority, MiFID Ⅱ Review Report: MiFID Ⅱ/ MiFIR review report on Algorithmic Trading (28 September 2021, ESMA70-156-4572)

European Commission(2018) FinTech Action plan: For a more competitive and innovative European financial sector, Brussels, 8.3.2018 COM(2018) 109

European Commission(2020) Digital Finance Strategy for the EU, Brussels, 24.9.2020 COM(2020) 591

FATF(2021) FATF, Opportunities and Challenges of New Technologies for AML/CFT(2021)

FINRA(2016) Financial Industry Regulatory Authority, Report on Digital Advice (March 2016)

Fletcher(2021) Gina-Gail S. Fletcher, Deterring Algorithmic Manipulation, Vanderbilt Law Review Vol. 74 No. 2 (March 2021)

Fox et al.(2020) Merritt B. Fox, Lawrence R. Glosten, and Gabriel V. Rauterberg, The New Stock Market-Law, Economics, and Policy (Columbia University Press, 2019)

FSB(2017a) Financial Stability Board, Financial Stability Implications from FinTech-Supervisory and Regulatory Issues that Merit Authorities' Attention (27 June 2017)

FSB(2017b) Financial Stability Board, Artificial intelligence and machine learning in financial services (1 November 2017)

Garrido et al.(IMF)(2022) José Garrido, Yan Liu, Joseph Sommer, Juan Sebastián Viancha, Keeping Pace with Change: Fintech and the Evolution of Commercial Law (International Monetary Fund, January 27, 2022)

Goetzmann · Rouwenhorst(2005) William N. Goetzmann and K. Geert Rouwenhorst (eds.), The Origins of Value: The Financial Innovations that Created Modern Capital Markets (Oxford University Press, 2005)

HKIMR(2021) Hong Kong Institute for Monetary and Financial Research, Algorithmic and High-frequency Trading in Hong Kong's Equity Market: Adoption, market impact and risk management, HKIMR Applied Research Report No. 1/2021 (June 2021)

IMF · World Bank(2018) International Monetary Fund and World Bank Group, The Bali Fintech Agenda (September 19, 2018)

IOSCO(2011) Technical Committee of the International Organization of Securities Commissions, Regulatory Issues Raised by the Impact of Technological Changes on Market Integrity and Efficiency (July 10, 2011)

IOSCO(2021) The Board of the International Organization of Securities Commissions, The use of artificial intelligence and machine learning by market intermediaries and asset managers, Final Report (September 2021)

Kallio · Vuola(2020) Aki Kallio and Lasse Vuola, "History of Crowdfunding in the Context of Ever-Changing Modern Financial Markets" in Shneor, et al. (2020)

King(2018) Bret King, Bank 4.0 (Marshall Cavendish, 2018)

Lin(2019) Tom C.W. Lin, "Artificial Intelligence, Finance, and the Law", 88 Fordham Law Review, Volume 88, 531-551 (2019)

Macchiavello(2021) Eugenia Macchiavello, "The European Crowdfunding Service Providers Regulation: The Future of Marketplace Lending and Investing in Europe and the 'Crowdfunding Nature' Dilemma", European Business Law Review, Volume 32, Issue 3 (2021)

MacKenzie(2021) Donald MacKenzie, Trading at the Speed of Light: How Ultrafast Algorithms Are Transforming Financial Markets (Princeton University Press, 2021)

Madir(2019) Jelena Madir(ed), FinTech: Law and Regulation (Edward Elgar Publishing, 2019)

Maume(2021) Philipp Maume, Robo-Advisors: How do they fit in the existing EU regulatory framework, in particular with regard to investor protection?, Publication for the committee on Economic and Monetary Affairs, Policy Department for Economic, Scientific and Quality of Life Policies, European Parliament (2021)

Myklebust(2020) Trude Myklebust, "Fairness and Integrity in High-Frequency Markets-A Critical Assessment of the European Regulatory Approach", European Business Law Review, Volume 31, Issue 1 (2020)

O'Hara(2015) Maureen O'Hara, "High frequency market microstructure", Journal of Financial Economics, Volume 116, Issue 2 (2015)

Quebec CEST(2019) Commission de l'éthique en science et en technologie, Ethical Issues of High-Frequency Trading (2016)

Roncella · Ferrero(2021) Andrea Roncella & Ignacio Ferrero, "The Ethics of Financial Market Making and Its Implications for High-Frequency Trading", Journal of Business Ethics (July, 2021)

Prasad(2021) Eswar S. Prasad, The Future of Money: How the Digital Revolution Is Transforming Currencies and Finance (Belknap Press, 2021)

Ross et al.(2021) Ross P Buckley, Dirk A Zetzsche, Douglas W Arner and Brian W Tang, "Regulating Artificial Intelligence in Finance: Putting the Human in the Loop", Sydney Law Review, Volume 43(1) (2021)

Rupeika-Apoga · Thalassinos(2020) Ramona Rupeika-Apoga & Eleftherios Ⅰ. Thalassinos, "Ideas for a regulatory definition of FinTech", International Journal of Economics and Business Administration Vol 8(2) (2020)

Scopino(2020) Gregory Scopino, Algo Bots and the Law (Cambridge University Press, 2020)

SEC(2010) US Securities and Exchange Commission Concept Release on Equity Market Structure, Release No. 34-61358, RIN 3235-AK47 (January 21, 2010), 75 FR 3594

SEC(2017a) US Securities and Exchange Commission Division of Investment Management,

Guidance Update, Robo-Advisers(February, 2017)

SEC(2017b) US Securities and Exchange Commission Office of Investor Education and Advocacy, Investor Bulletin: Robo-Advisers(February 23, 2017)

SEC(2019) US Securities and Exchange Commission Staff, Report to the Commission Regulation Crowdfunding (June 18, 2019)

SEC(2020) Staff Report on Algorithmic Trading in U.S. Capital Markets (August 5, 2020)

SEC(2021) US Securities and Exchange Commission Division of Examination, Risk Alert, "Observations from Examinations of Advisers that Provide Electronic Investment Advice" (Novermber 9, 2021)

Shneor et al.(2020) Rotem Shneor, Liang Zhao and Bjørn-Tore Flaten (ed.), Advances in Crowdfunding (Palgrave, 2020)

Toronto Centre(2017) Toronto Centre, FinTech, RegTech and SupTech: What They Mean for Financial Supervision (August 2017)

Tufano(2003) Peter Tufano, "Financial innovation", Chapter 6 of Constatinides et al. (eds.), Handbook of the Economics of Finance Volume 1A (North-Holland, 2003)

Ventoruzzo · Mock(2022) Marco Ventoruzzo and Sebastian Mock (eds), "Market Abuse Regulation: Commentary and Annotated Guide" (Oxford University Press, 2022)

Virgilio(2019) G. Virgilio, "High-frequency trading: a literature review", Financial Markets and Portfolio Management 33: 183-208 (19 June 2019)

Yadav(2016) Yesha Yadav, "Insider Trading and Market Structure", 63 UCLA Law Review. 968 (2016)

Yadav(2019) Yesha Yadav, "Algorithmic Trading and Market Regulation", in Walter Mattli (ed.), Global Algorithmic Capital Markets: High Frequency Trading, Dark Pools, and Regulatory Challenges (Oxford Scholarship Online, 2019)

Ziegler et al.(2020) Tania Ziegler, Rotem Shneor, and Bryan Zheng Zhang, "The Global Status of the Crowdfunding Industry" in Shenor, et al. (2020)

Ziegler et al.(2021) Tania Ziegler, Rotem Shneor, Karsten Wenzlaff, Krishnamurthy Suresh, Felipe Ferri de Camargo Paes, Leyla Mammadova, Charles Wanga, Neha Kekre, Stanley Mutinda, Britney Wanxin Wang, Cecilia Lopez Closs, Bryan Zhang, Hannah Forbes, Erika Soki, Nafis Alam and Chris Knaup, The 2nd Global Alternative Finance Market Benchmarking Report (Cambridge Centre for Alternative Finance, 2021)

アルゴリズム·AI の利用を巡る法律問題研究会(2019) アルゴリズム·AI の利用を巡る法律問題研究会, "投資判断におけるアルゴリズム·AI の利用と法的責任", 金融研究 제38권 제2호 (日本銀行金融研究所, 2019)

角田美穂子(2019) 角田美穂子, "ロボアドバイザーと金融業者の法的義務", 金融法研究 第35号 (金

融法学会, 2019)

芳賀良(2019) 芳賀良, "HFT と相場操縦規制", 金融法研究 第35号 (金融法学会, 2019)

芳賀良(2021) 芳賀良, "アルゴリズムと相場操縦 — AI による価格操作とその予防 —", 横浜法学 第30巻 第1号(横浜法学会, 2021. 9.)

山本俊之(2020) 山本俊之, "AIと金融法", 福岡真之介(편저), AIの法律 (商事法務, 2020)

森下哲朗(2017) 森下哲朗, "FinTech時代の金融法のあり方に関する序説的検討", 黒沼悦郎·藤田友敬(편집) 江頭憲治郎先生古稀記念『企業法の進路』(有斐閣, 2017)

日原拓哉(2023) 日原拓哉, "AIの利活用における刑法上の諸問題 — 利用者と製造者の刑事責任を中心に—", 立命館大学博士論文(2023)

제17장 가상자산

제 1 절 서 설

Ⅰ. 가상자산의 등장과 법적인 논의의 필요성

2017년 이후 비트코인을 비롯한 여러 가상화폐의 가격이 급등락하며 투기적 투자대상으로서의 가상화폐와 토큰 등 가상자산이 주목받고 있다. 가상자산 가운데 가상화폐는 지급수단으로서 교환의 매개 기능을 하도록 개발된 것이지만 법률에 의한 강제통용력이 부여되지 않았다. 가상화폐의 가치는 내재 가치로 뒷받침되지 않기 때문에 거의 전적으로 수요공급에 따라 가상화폐의 가격이 형성되어 변동성이 매우 크다. 그러나 비트코인을 중심으로 한 가상화폐의 가격변동이 증권·부동산·일반상품 등 전통적인 투자대상과는 상관관계가 낮다는 점에서 대체투자대상으로 부각되고 있다.[1] 한편 주요국가의 중앙은행은 지급수단으로서의 가상화폐의 기능에 주목하여 중앙은행 디지털화폐(CBDC: central bank digital currency) 발행을 검토하고 있다. 또한 교환의 매개 기능을 하는 지급토큰 이외에도 다른 기능을 하는 유틸리티 토큰과 증권형 토큰 등의 가상자산이 ICO(initial coin offering)의 방법으로 다중에게 판매되고 유통시장에서 거래되고 있다. 이 책에서는 가상자산 가운데 비트코인을 대표로 하는 가상화폐와 ICO를 통하여 발행되는 토큰을 중심으로 논의하

1) Hougan·Lawant(2021), pp. 40-42. 그러나 2020년부터 2021년에는 가상자산과 주식이 양의 상관관계를 가지고 있다는 연구결과도 있다{FSB(2022a), pp. 5-6}.

고, 대체불가능 토큰(NFT: non-fungible token)[2]은 검토대상에서 제외하였다.

가상자산은 디지털정보로만 표시되고 분산원장·블록체인 기술과 암호화기술을 활용하여 거래가 기록되어 가치가 저장·이전된다는 점에서 기존의 법제가 예상하지 않은 현상이다. 익명성 내지는 가명성과 고위험성을 가진 가상자산 시장이 급성장함에 따라 투자자보호와 금융안정성의 차원에서 가상자산사업자와 가상자산시장의 규제의 필요성이 높아지고 있다(☞ 제5절 Ⅰ.). 가상자산 관련 권리의무의 면에서는 블록체인 기술과 가상자산을 통한 금융혁신을 억제하지 않으면서 기존의 사법(私法) 원리와 어떻게 조화를 이룰 수 있는지의 문제 등 어려운 법적인 문제들이 제기되고 있다.[3]

이러한 법적인 쟁점들을 검토하기 위해서는 가상화폐·가상자산에 대한 이해가 선행되어야 하므로, 가상화폐·가상자산과 분산원장 기술이 무엇인지(☞ 제1절), 가상화폐의 탈중앙화가 어떻게 이루어지고 어떠한 한계가 있는지(☞ 제2절)와 가상자산이 어떻게 생성되고 유통되며 응용되는지(☞ 제3절)를 먼저 살펴본다. 이어 제4절에서는 가상자산에 관한 관계 당사자들의 권리의무 등 민사, 형사법적인 문제들을 검토하고, 제5절에서는 가상자산에 대한 규제를 검토한다.

Ⅱ. 가상자산과 가상화폐

1. 가상자산·가상화폐의 의의

"가상자산(virtual assets)" 또는 "암호자산(crypto asset)"은 그 정의가 확립되어 있지는 않지만 대체로 디지털정보로 구성되고 분산원장기술과 암호화 기술을 이용하여 전자적으로 가치가 저장·이전될 수 있는 전자적 증표를 의미한다고 할 수 있다.[4] 가상자산의 주

2) NFT는 대체불가능하고 고유한 디지털자산으로서 지급·투자수단이라기보다는 수집대상으로 이용되고{FATF(2021), p. 24} 통상 블록체인에 기록되는 것을 말한다. NFT는 실물자산 또는 디지털자산을 기초로 발행될 수 있고, 그 구체적 내용과 용도에 따라 법적인 성격과 규율이 달라지게 된다.

3) 최근 수년간 가상자산·가상화폐의 법적 쟁점에 관하여 수많은 문헌들이 나오고 있다. 주요 단행본으로는 Brummer(2019), Fox·Green(2019), Maume·Maute·Fromberger(2022), 增島雅和·堀天子(2023), 河合健 외(2020) 등.

4) FSB(2018)은 암호자산이란 사적인 자산의 한 형태로 그 인지가치 또는 내재가치의 일부로 주로 암호화기술과 분산원장기술 또는 이와 유사한 기술에 의존하는 것을 말한다고 하였고 IOSCO(2020a)도 이 정의를 따랐다. EU의 암호자산시장규정{REGULATION (EU) 2023/1114 OF THE EUROPEAN PARLIAMENT AND OF THE COUNCIL of 31 May 2023 on markets in crypto-assets, and amending Regulations (EU) No 1093/2010 and (EU) No 1095/2010 and Directives 2013/36/EU and (EU) 2019/1937}{이하 "암호자산시장규정(MiCAR)"}은 "암호자산"을 "가치 또는 권리를

된 특징으로는 무형, 암호화된 인증, 분산원장 사용과 탈중앙화 등을 들 수 있고.[5] 속성으로는 자유로운 양도가 가능하여 거래의 대상이 될 수 있다는 점을 들 수 있다. 가상자산 가운데 교환의 매개기능을 가지도록 한 것이 "가상화폐"라고 할 수 있고, 그 대표적인 예는 비트코인[6]이다. 실무상으로는 가상자산과 가상화폐라는 용어를 그렇게 엄격하게 구분하여 사용하지는 않는 것으로 보이나, 이 책에서는 "가상화폐"는 비트코인을 비롯하여 교환의 매개기능을 가진 가상자산을 의미하는 것으로 사용하고, '가상자산'은 가상화폐와 기타 토큰을 포함한 것을 모두 지칭하는 의미로 사용한다.

그동안 정부에서는 "가상통화"라는 용어를 사용하였고, 2020년 개정된 특정금융정보법은 국제자금세탁방지기구(FATF: Financial Action Task Force)를 따라 "가상자산(virtual assets)"이라는 용어를 사용하였다. 외국문헌에서는 (i) 가상화폐(virtual currencies) 또는 가상자산, (ii) 암호화폐(cryptocurrencies) 또는 암호자산(cryptoassets),[7] (iii) 디지털통화(digital currencies), 디지털코인(digital coins) 또는 디지털자산(digital assets)[8] 등 다양한 용어가 사용되고 있다.[9] "암호자산"과 "암호화폐"가 외형과 특징을 잘 나타내고 국제적으로 강학상

디지털로 표시한 것으로 분산원장기술 또는 유사기술을 사용하여 전자적으로 이전되고 저장될 수 있는 것"으로 정의하였다{제3조 제1항 (5)}.

5) UK Jurisdiction Taskforce(2019), p. 10.

6) 비트코인이 대규모 가상화폐로서 성공한 최초의 사례이지만, 가상화폐는 1980년대부터 시도되어 왔고 비트코인은 실패한 여러 시도들(예: 1997년의 Hashcash, 1998년의 Bit Gold와 B-Money)의 기술에 상당히 의존하였다. Hougan · Lawant(2021), p. 2.

7) FSB(2018), FSB(2022a), IOSCO(2020a), World Bank(2018), EU 암호자산시장규정(MiCAR), Brummer (2019), Fox · Green(2019) 등.

8) ABA(2020), Brummer(2020) 등.

9) 대체로 가상화폐 · 가상통화(virtual currencies)는 그동안 실제 사용되어 온 법정통화(fiat currency)에 대응되는 점을, 암호자산(cryptoassets) · 암호화폐(cryptocurrencies)는 암호화 기술을 사용한다는 점을, 디지털자산(digital assets) · 디지털통화(digital currencies)는 디지털정보로 표시되는 점을 강조하는 것이다. 전자증권법에 따른 전자증권도 디지털자산에 속한다고 할 수 있다. 중앙은행 디지털화폐(CBDC: central bank digital currency)는 분산원장이 아닌 단일원장을 사용하는 유형도 있을 수 있는데 이러한 유형은 디지털화폐 · 디지털자산에는 포함되겠으나 분산원장기술과 암호화 기술 사용을 특징으로 하는 암호화폐와는 차이가 있다. 그러나 각 용어가 엄격하게 정의되어 있지 않아 사용자에 따라 약간 다른 의미로 사용되거나 혼용되기도 한다. ABA(2020), p. 31은 디지털자산은 반드시 블록체인이 아니더라도 전자적인 장부에 표시되는 것을 의미하는 것으로 적고 있으나, Brummer(2020), p. 107은 디지털자산이라는 용어를 "가치가 디지털로 표시되고 암호를 사용하여 이전 · 기록되어 분산원장에 남아 있는 금융상품의 불균일한 집단"을 묘사하는 것으로 사용하여 디지털자산과 암호자산을 구별하지 않았다. 또한 디지털자산(digital asset)과 디지털화한 자산(digitized asset)을 구별하기도 한다. 디지털자산은 그 보유자가 전자적 기록 자체에 대해 권리를 가지는 경우이고, 디지털화한 자산은 원래 있는 자산(예: 증권 또는 부동산)에 대한 권리가 전자적 기록으로 표시되는 경우를 의미한다. 영국 조폐국(Royal Mint)이 금고에 보관중인 금 1그램의 가치를 표창하는 Royal Mint Gold(RMG)를 블록체인 기반으로 발행할 계획을 세웠으나 영국정부에서 불허하여 중단되었는데, RMG는 디지털화한 자산에 속한다{ABA(2020), pp. 30, 34}. 다양한 용어와 분류를 형식과 실체 및 특성을 반영하여 정비할 필요에 대해서는 Allen et al.(2020), pp. 10-15. 용어사용에 관한 국내문헌으로는 정다영(2019), 48-52쪽.

의 용어로 최근 통용되고 있으나, 국내에서는 특정금융정보법에 이어 2023년 입법된 가상자산이용자보호법이 "가상자산"이라는 용어를 사용하였고 다른 법률들도 이를 따르고 있으므로 이 책에서도 "가상자산"과 "가상화폐"라는 용어 및 아래에서 설명하는 "토큰"이라는 용어를 사용하였다.[10)]

2. 분산원장기술과 블록체인

가상자산의 특성 중 하나가 분산원장기술을 이용한다는 것이다. 분산원장기술(DLT: distributed ledger technology) 시스템은 "중앙관리자의 권위있는 기록 제공에 의존하지 않고, 독립적인 당사자들이 공유하는 원장에 관한 합의를 할 수 있도록 하는 전자기록시스템"이다.[11)] "신뢰할 수 있는 제3의 중개기관 또는 중앙관리자" 없이 모든 참여자가 거래내역이 기록된 원장을 각자 보유하고 새로운 거래를 원장에 반영하는 작업도 공동으로 수행한다는 점에서 탈중앙화되었다(decentralized)[12)]고 하고, 여기에 암호화기술을 활용하여 이중양도·사용의 위험을 해소한다. 결국 분산원장기술 시스템은 원장의 공유, 참여자의 합의장치, 거래와 시스템의 완전성에 대한 각 참여자의 독립적 확인, 합의되지 않은 기록조작·변경의 손쉬운 파악 등의 특성을 가지고 있다고 하겠다.[13)]

분산원장기술 시스템 가운데 정보를 다른 정보들과 묶어서 하나의 암호화된 덩어리(=블록)로 만들어 일정한 순서(=체인)로 저장하도록 한 것이 블록체인이다. 각 블록마다 생성된 시간기록이 있고 각 블록마다 암호화되며 직전의 블록과 연결되어 블록체인에 기록된 정보의 위변조가 이루어지기 매우 어렵게 한다.[14)][15)]

---

10) 국내외 문헌과 외국의 입법례 등을 인용하는 경우에는 그 문헌과 입법례에서 사용한 용어를 그대로 사용하는 것을 원칙으로 하였다.

11) Rauchs et al., pp. 22-24(DLT시스템이 전통적인 분산형 데이터베이스와 차이가 있는 부분은 특히 신뢰할 수 없거나 악의적인 참여자가 있는 상황에서도 데이터의 완전성(integrity)을 유지할 수 있게 하는 장치이라고 설명함).

12) 엄격히 보면 분산(distributed)과 탈중앙화(decentralized)는 다른 개념이다. Rauchs et al.(2018), p. 45는 그 차이를 다음과 같이 설명하였다.
"저장 또는 계산이 분산됨(distributed)은 그것이 복수의 서버 또는 노드(node)에 나타난다는 것이고, 이는 하나의 서버 또는 노드만을 사용할 때에 비하여 높은 회복탄력성을 가지게 한다. 분산된 프로세스를 이용하는 경우 중앙관리자에게 의존할 수도 있고 아닐 수도 있다. 프로세스가 탈중앙화되는(decentralized) 경우에도 복수의 노드를 이용한다. 그러나 이 경우에는 그 프로세스가 통상 서로 다른 주체가 통제하는 여러 노드에 걸쳐 복제된다. 이는 결국 각 노드가 모든 다른 노드들과 마찬가지로 동일한 정보를 저장하고 동일한 프로그램을 실행함을 의미한다."

13) Rauchs et al., p. 24. 블록체인기술과 다른 기술(코드화, 디지털화, 보안기술, 내용검증장치, P2P공유기술 등)과의 구별에 대해서는 신지혜(2021), 50-60쪽.

14) Zetzsche et al.(2018), p. 1372.

15) 정순섭(2021), 16쪽은 다음과 같이 분산원장과 블록체인의 관계를 설명하였다. "블록체인은 블록

블록체인은 (i) 정보접근(access)을 기준으로 블록체인에 저장된 정보에 누구든지 접근할 수 있는 공개형(public)과 그렇지 않은 폐쇄형(private)으로 분류할 수도 있고, (ii) 거래승인(validation)을 기준으로 참여자 중 일부가 거래승인권한을 보유하고 있는 허가형(permissioned)과 모든 네트워크 참여자가 동일한 참여권리를 보유하는 비허가형(permissionless)으로 분류할 수 있다. 비트코인과 이더리움은 공개형·비허가형이고 리플은 공개형·허가형에 속한다.[16)]

3. 가상화폐의 실제 기능과 현황

비트코인과 이더 같은 주요 가상화폐의 개발은 기존의 통화제도와 지급결제제도를 벗어나 언제 어디서나 누구에게나 낮은 비용으로 신속하게 지급할 수 있는 수단으로 사용될 것을 기대한 것이었다. 그러나 법정통화가 아닌 가상화폐의 가치는 다른 사람들이 그 가치를 인정하고 사용할 것이라는 기대에 기초하는 것이고 시장의 수요·공급에 따라 결정되며 변동성이 크다. 가상화폐가 특정 네트워크에서 제한된 범위의 사람들 사이의 교환의 매개 기능을 하기도 하지만, 공급의 제한과 높은 변동성 및 사용절차의 복잡성과 블록체인상 거래확인에 걸리는 시간 등의 문제점 때문에 가치의 척도 기능과 일반적인 지급수단으로서의 기능을 수행하지는 못하고 있고,[17)] 암시장의 지급기능을 수행하고[18)] 투기적 투자대상이 되고 있다.[19)]

전세계적으로는 2024년 6월 5일 기준으로 가상화폐의 시가총액은 미화 2.64조 달러에 달하며, 비트코인(BTC)이 시가총액의 53.1%, 이더(ETH)가 17.5%를 차지하였다.[20)] 국내

에 저장된 정보로 구성되는 … 원장을 가지고 체인에 새로운 블록을 연결함으로써 제시된 거래를 인증하는 방법으로 기능한다. 분산원장은 노드들에 의해 유지되고 확인되는 암호기록으로 구성되는 합의의 기록이다. 분산원장은 탈중앙화할 수도 있지만 중앙화할 수도 있다. 블록체인이 분산원장을 실행하는 기술의 하나이지만 모든 분산원장이 블록체인방식을 채택해야 하는 것은 아니다."

16) Dr. Nina-Luisa Siedler, "§7 Rechtsfragen der Blockchain-Technologies" in Möslein·Omlor(2023), p. 145.

17) 정순섭(2020), 9쪽, Christoph Gschnaidtner, "§2 Economics of Crypto Assets" in Maume·Maute·Fromberger(2022), p. 57, 増島雅和·堀天子(2023), pp. 79-80, Matt Freehily, "Payments and Blockchain/Crypto-assets" in Casanova·Savoie(2022), p. 217(비트코인이 가치저장수단으로서는 성공적으로 자리잡았고 교환의 매개체로 이용될 수도 있지만 실제로 지급수단으로 널리 사용되지 않음).

18) Christoph Gschnaidtner, "§2 Economics of Crypto Assets" in Maume·Maute·Fromberger(2022), p. 57.

19) 전통적인 투자대상과 상관관계가 낮다는 점이 가상화폐의 특색의 하나이다(☞ 위 각주 1).

20) 가상화폐의 거래현황에 대해서는 https://coinmarketcap.com/

에서는 2023년 12월 31일 기준으로 가상자산의 시가총액은 43.6조원, 2023년 하반기의 일평균 거래규모[21] 3.6조원, 가상자산 종목수 1,333개(중복상장 제외시 600개), 거래가능 이용자 645만명에 달한다.[22] 그러나 아직 가상자산의 가치평가 모델이 확립되어 있지 않고 일반 상품과 같이 수요공급에 따른 변동성이 매우 크다는 문제가 있고,[23] 이 문제는 가상자산의 법적인 취급과 규제에도 영향을 줄 수 있는 요소라고 할 수 있다.

Ⅲ. 가상자산의 종류와 특징

1. 자체 블록체인 유무에 따른 분류

'코인'은 통상 그 가상화폐를 생성하고 이전하기 위하여 만든 자체 블록체인에 따라 만들어진 가상화폐{예: 비트코인(Bitcoin) 블록체인에 의한 가상화폐 비트코인(bitcoin, BTC), 이더리움(Ethereum) 블록체인에 의한 가상화폐 이더(Ether, ETH)}를 지칭한다.[24] 토큰은 기존의 블록체인(통상 스마트계약을 할 수 있는 이더리움 같은 블록체인)을 이용하여 만든 플랫폼에서 발행된 가상자산을 지칭하지만, 이 구분이 실제 엄격하게 적용되지는 않는다.[25]

2. 기능에 따른 분류

가상자산 분류의 기준으로 흔히 인용되는 스위스 금융시장감독기구(FINMA: Swiss Financial Market Supervisory Authority)의 2018년 ICO가이드라인[26]은 위 1.에서 언급한 코인과 토큰을 구분하지 않고 모두 포함하여 기능에 따라 지급토큰(payment tokens), 유틸리티토큰(utility tokens)과 자산토큰(asset tokens)의 3가지로 나누었고, 또 위 속성이 섞여있는 혼합형 토큰(hybrid token)도 있을 수 있음을 언급하였다.[27] 2019년 ICO가이드라인 보충

---

21) 2023. 7. 1.-2023. 12. 31.의 일평균.
22) 금융위원회 보도자료(2024. 5. 14.), "'23년 하반기 가상자산사업자 실태조사 결과".
23) Hougan · Lawant(2021), pp. 16-21.
24) 이를 native token이라고 부르기도 한다. IOSCO(2022), p. 6.
25) van der Merwe(2021), p. 34. 본문에 언급한 코인과 토큰을 native token과 non-native token으로 부르기도 한다{Guseva(2021), p. 175}.
26) FINMA(2018), p. 3.
27) 다수의 호환성이 있는 토큰(fungible token)이 발행되어 이전되는 경우와 달리 블록체인 기술을 이용해서 유일무이한 디지털자산을 표시하는 '대체불가능 토큰'(NFT: non-fungible token)이 위의 분류의 어디에 속할 것인지를 판단하려면 그 NFT의 조건과 실질적인 기능을 살펴보아야 할 것이다.

서[28]에서는 스테이블코인(stable coin)을 추가하였다. FINMA의 설명과 이를 따른 국제증권감독기구(IOSCO)[29]의 설명에 기초하여 위 세 가지 토큰을 보면 다음과 같다.

(i) 지급토큰(payment/exchange/currency tokens): 흔히 가상통화 또는 암호화폐로 불리고, 교환의 수단(예: 토큰 발행자 이외의 다른 사람이 제공하는 물건의 매매가 가능하게 함), 투기목적 또는 가치저장을 위하여 사용되는 토큰이다. 대표적인 예로는 비트코인과 이더.

(ii) 유틸리티 토큰(utility tokens): 전형적으로 분산원장기술 플랫폼을 사용하여 제공되는 특정 상품이나 서비스에 전자적으로 접근할 수 있도록 하는 토큰으로 발행자의 네트워크에서만 사용할 수 있다. 대표적인 예로는 이더.

(iii) 자산토큰(asset token) 또는 증권형 토큰(security tokens)[30]: 전형적으로 권리(예: 지분권, 배당 유사 권리, 발행주체에 대한 채권 또는 자산에 대한 권리 등)를 부여하는 토큰이다. 예컨대, 기업이 그의 프로젝트에 필요한 자금조달을 위해 법정통화 또는 다른 가상자산을 받고 이러한 토큰을 발행한다.

위 분류는 추상적으로 속성을 구분한 것이고 실제 발행되는 토큰은 위 분류의 여러 속성을 가지고 있는 경우도 많다. 지급토큰은 대체로 지급기능이 있는 가상화폐를 지칭한다. 대표적인 지급토큰인 비트코인은 발행주체를 특정할 수 없고 특정인에 대한 권리를 표창하지 않는다. 그러나 발행주체를 특정할 수 있는 지급토큰도 있을 수 있다. 유틸리티 토큰과 자산토큰은 통상 일정한 사업을 수행하기 위한 자금조달 목적으로 행하는 ICO 등에 의하여 발행되고 토큰보유자는 그 토큰의 내용에 따라 발행주체에 대한 권리를 가진다. 자산토큰은 장래의 현금흐름에 대한 분배가 예정되어 있으므로 주식, 사채, 파생상품과 유사하게 되고, 실물자산에 대한 지분적 권리를 표창할 수도 있다. 유틸리티 토큰은 특정 네트워크 또는 서비스 기능에 접근할 권한이 있는 사용 토큰(usage token),[31] 플랫폼에 기여할 권리가 부여된 작업 토큰(work token)[32]과 순수 유틸리티 토큰으로 나누기도 한다.[33] 여러 명칭이 사용되고 있어도 중요한 것은 토큰의 실제 내용과 기능이다. 증권규제를 포함한 각종 법률의 적용시에는 명칭보다는 토큰의 실질적인 내용과 기능에 따라

---

28) FINMA(2019).
29) IOSCO(2020c), p. 10.
30) 투자토큰(investment token), 지분토큰(equity token)으로도 불린다. 탈중앙화금융(DeFi)에서 토큰 관련 프로젝트에 관한 의사결정에 참여할 권리가 부여된 토큰인 지배구조토큰(governance token)의 경우에는 권리의 구체적인 내용에 따라 증권 해당여부가 달라질 수 있다. ☞ 아래 제5절 V.
31) 예: 이더리움 네트워크 사용을 위한 이더(ETH), 분산저장 네트워크 사용을 위한 Filecoin(FIL).
32) 예: 예측시장 플랫폼인 Augur에서 사용되는 Reputation(REP).
33) Ofir · Sadeh(2020), pp. 541-544.

판단해야 한다.

이더리움 네트워크의 가상자산인 이더(Ether, ETH)는 위 분류 가운데 기본적으로 지급토큰의 성격이 있지만 이더리움 네트워크를 사용한 토큰 전송시 수수료로 이더가 반드시 포함되어야 한다는 점에서 유틸리티 토큰의 성격도 있으므로, 이더는 결국 혼합형 토큰이라고 할 수 있다.[34)]

3. 스테이블코인

(1) 의의와 기능

높은 가격변동성을 가지는 비트코인 등 대부분의 가상화폐와는 달리 다른자산에 연계하거나 알고리즘을 이용하여 가격변동성을 줄여 가치의 안정성을 추구하도록 한 가상화폐가 스테이블코인(stable coins)이다. EU 암호자산시장규정(MiCAR), 일본의 자금결제에 관한 법률(資金決済に関する法律)(이하, "자금결제법"이라고 함)과 같이 스테이블코인의 일부 유형에 관하여 정의를 둔 경우도 있으나,[35)][36)] 통상 논의되는 스테이블코인은 정의가 확

---

34) 이더리움을 기반으로 한 앱 이용자가 그 앱의 토큰을 전송하기 위해서는 반드시 이더를 첨부해야 하고 그 이더는 거래를 인증하는 채굴자들의 수수료(gas라고 부른다)로 지급된다. 어느 전송거래에 gas가 부족하면 채굴자들이 그 전송거래의 인증을 할 유인이 없어 결국 인증을 받지 못하게 되므로 이때 사용되는 이더는 이더리움 블록체인 네트워크의 서비스를 이용하기 위하여 필요한 토큰이라고 할 수 있다. ABA(2020), p. 33.

35) EU 암호자산시장규정(MiCAR)은 '자산참조형 토큰(asset-referenced token)'(1개 또는 수개의 국가공식통화를 포함한 다른 가치, 권리 또는 그것의 조합을 참조하여 안정된 가치를 유지하고자 하는 암호자산으로서 전자화폐형 토큰이 아닌 것)과 '전자화폐형 토큰(electronic money token)'(1개의 국가공식통화의 가치를 참조하여 안정된 가치를 유지하고자 하는 암호자산)의 두 가지 유형으로 규정하였다{제3조 제1항 (6)과 (7)}.

36) 2022년 6월 개정된 일본의 자금결제법은 암호자산과는 별도로 단일통화와 연계된 스테이블코인을 규율하기 위하여 '전자결제수단'이라는 개념을 신설하고, 이를 동법상의 암호자산의 정의에서 제외하였다. "전자결제수단"은 (i) 물품 기타 재산적 가치(엔화 또는 외국통화를 제외)를 구입하거나 임차 또는 서비스의 제공을 받는 경우에 이에 대한 대가의 변제를 위하여 불특정인에 대하여 사용할 수 있고 또한 불특정인을 상대방으로 하여 구입 또는 매각할 수 있는 재산적 가치{전자기기 기타 물건에 전자적 방법에 의하여 기록되는 통화표시자산(通貨建資産)}에 한정하며, 유가증권, 전자기록채권법 제2조 1항에서 규정하는 전자기록채권, 선불식지급수단(前払式支払手段) 기타 이와 유사한 것으로서 내각부령에서 정하는 것을 제외함}로서 전자정보처리조직을 이용하여 이전할 수 있는 것, (ii) 불특정인을 상대방으로 하여 위 (i)에 해당하는 것과 상호 교환할 수 있는 재산적 가치로서 전자정보처리조직을 이용하여 이전할 수 있는 것, (iii) 특정신탁수익권, (iv) 위 (i) 내지 (iii)에서 규정하는 것에 준하는 것으로서 내각부령이 정하는 것을 말한다(동법 제2조 제5항).

(i)의 "통화표시자산"은 엔화 또는 외국 통화로 표시되거나 엔화 또는 외국통화로 채무이행, 상환 기타 이에 준하는 행위가 이루어질 것으로 정해진 자산을 말한다(동법 제2조 제7항). (iii)의 특정신탁수익권은 금전신탁의 수익권으로 전자정보처리조직을 이용하여 이전할 수 있는 재산적 가치(전자기기 그 밖의 물건에 전자적 방법에 의하여 기록된 것에 한함)에 표시되는 경우에 한하

립되어 있지 않고 특정한 법적인 분류를 의미하는 것이 아니다. 또한 스테이블코인이라고 하여 반드시 가치가 안정적임을 보장하는 것도 아니다.[37)]

스테이블코인은 비트코인이나 이더 등 변동성이 높은 가상화폐와는 달리 가치의 안정을 추구하므로 법정통화와 가상자산을 연결하는 기능을 한다.[38)] 발행계획이 중단된 Facebook의 리브라(Libra)[39)] 같이 여러 국가에 걸쳐 큰 규모로 발행하는 글로벌 스테이블코인 프로젝트는 스테이블코인을 신속하고 저렴한 국제적인 지급수단으로 이용하고자 한다. 또한 일정한 조건 성취시 자동이행되는 스마트계약에 따른 담보 또는 지급수단으로 이용하기 적합하기 때문에 스테이블코인은 스마트계약으로 이루어지는 탈중앙화금융거래에서 중요한 역할을 하고 있다. 스테이블코인의 발행은 크게 증가하고 있고,[40)] 특히 글로벌 스테이블코인에 대하여 여러 국제기구가 보고서를 발표하였다.[41)]

(2) 종 류

스테이블코인은 가치안정수단을 기준으로 보면 (i) 그 가치를 일정한 다른 자산에 연계하여 가격의 안정을 추구하는 '자산연계형'이 다수이지만 (ii) 연계자산 없이 알고리즘을 이용하여 가치의 안정을 추구하는 '알고리즘형'[42)]도 있다.

가장 흔한 자산연계형 스테이블코인이 일정 자산과 연계하여 가치를 유지하는 장치

며, 수탁자가 신탁계약에 의하여 인수한 금전의 전액을 예저금(預貯金)에 의하여 관리하고 그 밖에 내각부령이 정하는 요건을 갖춘 것을 말한다(동법 제2조 제9항). 위 (i)에 규정된 전자결제수단은 USDC, USDT 같이 법정통화에 연계되고 비허가형 블록체인상 이전되며 발행자가 액면으로 상환을 약속한 스테이블코인을 염두에 둔 것이다{市古裕太(2024), pp. 5, 217}. 일본의 전자결제수단의 정의에 관한 상세한 설명은 市古裕太(2024), pp. 215-251, 增島雅和·堀天子(2023), pp. 233-240.

37) FINMA(2019) pp. 1, 4는 "stable"이라는 용어는 기본적으로 마케팅용으로 사용되는 용어이고, 스테이블코인이라고 하여 항상 가격변동성이 낮다고 할 수 없고 스테이블코인 자체가 안정된 투자수단은 아니라는 점을 지적하였다. FSB(2020), p. 9도 비슷한 지적을 하였다.

38) FSB(2022a), p. 11.

39) 페이스북은 2019년 스위스 소재 리브라협회가 글로벌 화폐로 리브라(Libra)를 발행하는 계획을 발표하였다. 이에 대해 G7과 유럽연합 등이 문제를 제기하자 2020년 미국 달러에만 연계된 토큰인 디엠(Diem)을 발행하는 것으로 계획이 변경되었으나, 미국 정부의 승인을 얻지 못하여 발행계획이 중단된 것으로 알려졌다. 리브라/디엠 프로젝트를 정리한 문헌으로는 심인숙(2021), 116-121쪽, Matt Freehily, "Payments and Blockchain/Crypto-assets" in Casanova·Savoie(2022), pp. 221-225.

40) Blandin et al.(2020), p. 37.

41) FSB(2020), IOSCO(2020b), FATF(2020a), G7 Working Group on Stablecoins(2019) 등. 미국의 보고서로는 PWG·FDIC·OCC(2021). EU, 미국 및 국제기구 차원에서의 스테이블코인 규제에 대한 국내문헌으로는 심인숙(2021), 122-142쪽.

42) 예: Ampleforth(AMPL). 알고리즘형 스테이블코인의 작동에 대한 설명은 Harvey et al.(2021), pp. 26-27. 실제 2022년 테라-루나 사태로 내재가치 없는 가상화폐의 가치를 알고리즘으로 안정시키는 장치의 한계가 드러났다.

는 다양하다. 연계되는 자산을 준비자산으로 별도로 관리할 수도 있고 준비자산 없이 단순히 다른 자산의 가치에 고정(peg)시키도록 할 수도 있다.[43] 또한 스테이블코인의 내용도 예컨대 일정한 법정통화의 단위와 연동하거나, 무액면으로 하되 일정한 자산의 지분으로 구성하거나, 특정인에 대한 채권을 표창하도록 하는 등 다양하게 설계될 수 있다.[44]

연계되는 자산은 법정통화(예: 미 달러화 예금),[45] 다른 가상자산,[46] 일반 실물자산[47] 등이 있을 수 있다. 법정통화가 준비자산인 경우 그 자산은 중앙관리자, 미연방예금보험에 부보된 은행, 탈중앙화된 시스템, 에스크로 계정 등에 의하여 관리된다.[48] 이러한 경우 스테이블코인의 가치는 준비자산의 존재와 관리에 달려 있으므로 법규상 또는 계약상 그 관리를 어떻게 잘 규율할 것인가가 중요하다.[49] 자산연계형 스테이블코인은 일정자산에 연동하여 가치가 결정되도록 하기 때문에 그 코인의 발행과 소멸은 특정한 주체가 관리하게 된다. 이러한 면에서는 탈중앙화가 이루어지지 않지만, 일단 발행된 스테이블코인의 유통은 분산원장시스템에 따라 이루어진다.

(3) 위 험

스테이블코인을 활용할 경우 발생할 위험으로는 (i) 스테이블코인은 여러 통로로 금융안정성 위험을 야기할 수 있다는 점, 특히 스테이블코인에 대한 신뢰 손상시 단기간에 집중적으로 스테이블코인을 상환하고자 하는 런(run)이 발생할 수 있고, 이 경우 스테이블코인의 준비자산의 급매는 전통적인 자금조달시장에도 영향을 줄 수 있으며, 그러한 런은 다른 스테이블코인에게도 전염될 수도 있다는 점, (ii) 스테이블코인을 이용한 자금이체장치는 전통적인 지급시스템과 마찬가지의 위험(신용위험, 유동성위험, 운영위험, 부적적한 시스템지배구조에 따른 위험, 결제위험 등)에 노출된다는 점, (iii) 특정 스테이블코인이 규모

---

43) FSB(2020), p. 10.
44) FSB(2020), p. 37은 4가지의 가정적인 스테이블코인 모델을 제시하고 그 작동을 요약하였다.
45) 예: Tether(USDT).
46) 예: 이더(ETH)를 담보로 하는 Dai.
47) 예: 금에 연계된 Tether Gold(XAUT). 부동산에 연계된 SwissRealCoin(SRC).
48) van der Merwe(2021), p. 36.
49) 대표적인 스테이블코인인 테더(Tether, USDT)의 연계자산 관리상 불투명성에 대해 비판이 있었고{Alexander Lipton, "Toward a Stable Tokenized Medium of Exchange" in Brummer(2019), p. 102는 테더가 은행에 예치된 미달러화로 뒷받침되도록 되어 있는데, 각 테더에 상응하는 달러화 예금이 실제 존재하는지, 그 장소와 관리자가 불명확하다고 함}, 이후 미국 뉴욕주 검찰의 수사 결과 테더를 뒷받침할 예치금 8억5천만불을 계열사 금융손실 은폐에 사용하였음이 드러나기도 하였다. NY Attorney General Press Release(February 23, 2021)(Attorney General James Ends Virtual Currency Trading Platform Bitfinex's Illegal Activities in New York). 테더의 안정화 장치와 테더에 대한 미국 뉴욕주 검찰의 제재조치 및 미국 상품선물거래위원회(CFTC)의 제재조치에 대한 국내문헌으로는 심인숙(2021), 110-116쪽.

의 경제와 네트워크효과로 단기간에 대규모로 이용되는 경우 그 발행인과 주요 관련기관이 시스템위험과 경제력집중의 문제를 발생시킨다는 점 등이 지적되고 있다.[50)]

4. 중앙은행 디지털화폐(CBDC)

새로운 기술을 이용하여 지급결제시스템의 효율성을 높이고 이용비용을 감소시키기 위하여 여러 국가에서 중앙은행 디지털화폐(Central Bank Digital Currency, 이하 "CBDC") 발행을 검토하고 있다.[51)] CBDC는 전자적 형태로 발행되는 중앙은행 화폐이고 전통적인 지급준비금과는 다르다.[52)] CBDC는 당해 국가의 화폐단위로 표시되고 중앙은행의 직접적 부채가 되는 디지털 지급수단이다.[53)] CBDC를 어떻게 구현하는가에 따라 비트코인과 같은 가상화폐와의 유사성·차별성이 달라진다. 단일원장(centralized ledger)을 사용하여 CBDC를 구현하는 경우에는 CBDC의 보관·이전이 전통적인 은행계정 개설을 통한 자금의 예치·송금과 근본적으로 차이가 없을 것이다. 그러나 분산원장방식을 사용하는 경우에는 CBDC의 보관·관리·사용이 분산원장기술과 암호화기술에 의존한다는 점에서 비트코인 같은 가상화폐와 유사성이 있다. 그러나 이 경우에도 탈중앙화된 장치가 아닌 중앙화된 검증장치를 이용할 것이고 중앙은행이 발행하여 법화로 통용되도록 하는 이상 민간에서 발행하는 가상화폐 또는 스테이블코인과는 근본적으로 다르다.

한국은행이 법화(法貨)로서 강제통용력을 가지는 CBDC를 발행할 수 있도록 입법적 정비[54)]를 한 후 CBDC를 발행하는 경우 CBDC는 현금에 가까운 기능을 하게 된다. 그러나 CBDC는 현금과는 달리 전자적 방식으로 구현되므로 (i) 거래의 익명성을 제한하거나, (ii) 이자의 지급 또는 마이너스 이자의 부과, (iii) 보유·사용한도의 설정, (iv) 이용가능시간 설정 등이 가능하다.[55)] 이와 같이 CBDC의 일부 기능을 현금과 다르게 설정하여 발행하는 경우, 그 차이에 따라 현금화폐의 유통, 은행의 자금중개기능, 지급결제산업과 통화량 등에 영향을 미칠 수 있다.[56)]

CBDC 발행을 적극적으로 검토하는 국가들의 발행동기는 현금이용 감축과 지급결제

---

50) PWG·FDIC·OCC(2021), pp. 12-14; FSB(2020), pp.15-16; 최지영(2022), 45-46쪽.
51) Boar·Wehrli(2021), p. 6, Kosse·Mattei(2023), p. 10.
52) 한국은행(2019), 4쪽.
53) BIS(2020), p. 3.
54) 한국은행(2019), 55-58쪽, 정순섭·정준혁·이종혁(2020), 44-46쪽.
55) 한국은행(2019), 8-9쪽.
56) BIS(2020), p. 10은 (i) CBDC 발행이 통화와 금융안정성 확보라는 중앙은행의 임무수행을 저해하지 않을 것, (ii) CBDC는 기존 통화와 상호 보완할 수 있을 것, (iii) CBDC는 혁신과 효율성을 촉진할 것이라는 CBDC 발행에 관한 3가지 기본원칙을 제시하였다.

시스템의 민간독점의 우려 또는 운영리스크에 대한 대비, 화폐제조·유통비용의 절감, 금융포용수준의 제고와 통화정책의 유연성 제고 등에 있고 일부 국가에서 발행하였거나 발행을 추진하고 있다.[57] 한국은 그러한 발행동기가 적용되기 어려운 상황이므로 한국은행은 한국이 가까운 장래에 CBDC를 발행할 필요성은 크지 않은 것으로 판단하였으나,[58] CBDC 활용에 대한 검토를 계속해 오면서 모의시스템을 구현하여 실험해 왔고, 최근에는 한국은행·금융위원회·금융감독원이 함께 CDBC 활용테스트 세부추진계획을 마련하여 추진하고 있다.[59]

한국은행이 CBDC를 발행하는 경우에는 그 발행에 대한 법적인 근거, 발행의 상대방을 금융기관에 국한하는 경우와 일반 법인·개인도 포함하는 경우의 법적인 쟁점, CBDC에 이자를 지급(또는 마이너스 이자를 부과)하는 경우의 법적인 쟁점, 민법·형법·소송법상 CBDC의 법적인 성격 등 다양한 법적인 쟁점이 제기될 수 있다.[60]

제 2 절 가상자산과 탈중앙화

Ⅰ. 전통적인 은행·지급결제제도를 벗어난 지급수단의 개발

근대 이후 각종 거래의 지급결제는 은행을 중심으로 이루어져 왔다. 은행에 예치한 예금은 법정통화로 인출될 수 있어서 금전은 실질적으로 은행에 대한 예금반환청구권의 형태를 취하고 있다. 은행예금을 이체함으로써 지급이 이루어지고, 은행 간의 지급결제는 중앙은행을 정점으로 하는 은행지급결제시스템을 통하여 이루어진다. 즉 전통적인 지급결제는 국가가 강제통용력을 부여하여 유통성을 보장하는 법정통화를 사용하고, 중앙은행을 정점으로 하는 은행시스템을 이용하는 제도이다. 정보처리와 정보통신 기술의 발전에 따른 다양한 지급결제수단의 발전도 기본적으로 기존의 법정통화를 전제로 하고 대부

---

57) Kosse·Mattei(2023), p. 10에 따르면 바하마, 동카리비안, 자마이카, 나이지리아의 중앙은행이 일반거래용(retail) CBDC를 발행하였고 2028년 까지 15개의 일반거래용 CBDC와 9개의 거액거래용 CBDC가 발행될 것으로 예상하였다.

58) 한국은행(2019), 75-76쪽.

59) 한국은행·금융위원회·금융감독원 보도자료(2023. 11. 23.), "「CBDC 활용성 테스트」 세부추진계획 마련)".

60) CBDC의 발행·유통과 관련한 다양한 법적인 쟁점의 분석은 정순섭·정준혁·이종혁(2020). 일본에서의 법적인 쟁점의 분석은 中央銀行デジタル通貨に関する法律問題研究会(2019).

분 은행시스템에 어느 정도 의존하고 있다. 전통적인 금융제도상 은행은 가치저장수단으로서의 금전의 예치와 이체를 통한 금전·화폐의 사용에서 중심적인 역할을 하고 있고, 정보통신의 발달에 따라 등장한 새로운 지급결제수단에서도 신뢰할 수 있는 제3의 기관(전자금융업자, 신용카드업자 등)이 관여하여 금전 기타 지급결제수단의 이중사용을 방지한다.

비트코인 같은 주요 가상화폐의 개발은 기존의 통화제도와 지급결제제도를 벗어나 언제 어디서나 누구에게나 저비용으로 신속하게 지급할 수 있는 수단을 만들고자 한 것이었다. 그런데 디지털정보로만 구성되어 장부상 기록을 통하여 이전할 수 있는 디지털자산은 보유자가 그 디지털정보를 쉽게 복제하여 이중양도·사용(double spending)할 위험이 있다. 가상자산은 참여자들이 대등하게 참여하는 P2P네트워크(peer-to-peer network)[61]에서 암호화기술 및 분산원장·블록체인 기술을 활용하여 정부 또는 은행 같은 신뢰할 수 있는 제3의 기관의 확인 없이 거래가 기록되도록 하여 이 위험에 대처한다.

Ⅱ. 비트코인 네크워크상 비트코인의 이전

1. 비트코인 네트워크의 구조

가상화폐 비트코인(bitcoin, BTC)은 비트코인(Bitcoin) 네트워크상 디지털 정보로 표시되고 이전된다. 비트코인 네트워크는 P2P 네트워크 구조[62]를 가지고 있다. 비트코인 거래에 적용되는 기술의 기본 아이디어를 담은 2008년 백서[63]에 의하면 다음과 같이 거래가 이루어지도록 하였다.

① 전자코인(electronic coin)은 전자서명이 이어진 것(a chain of digital sinatures)이고, 전자코인의 소유자는 직전 거래의 해시값과 양수인의 공개키(public key)에 디지털서명한 후 전자코인의 마지막에 이를 추가함으로써 전자코인을 양도할 수 있다.

② 이중양도·사용의 문제를 해소하기 위해 P2P 시간기록 분산서버(peer-to-peer distributed timestamp server)를 사용한다.

③ 새로운 거래는 전체 노드에게 송신하고, 각 노드는 새로운 거래를 블록에 반영한다. 각

61) 중앙컴퓨터인 서버(server)와 서버에 연결하여 접속하는 사용자(client)로 구성되는 것이 아니라, 서버나 중앙관리자 없이 참여자(nodes)들이 모두 등등한 지위를 가지고 네트워크서비스를 공급하는 역할을 분담한다. 안토노풀로스(2018), 255쪽, 김동섭(2016), 4쪽, 설민수(2018), 299쪽.

62) 비트코인 네트워크는 비트코인 P2P프로토콜을 실행하는 노드의 집합을 말한다. 안토노풀로스(2018), 256쪽.

63) Nakamoto(2008){안토노풀로스(2018), 429-443쪽에 전문이 번역되어 있음}.

노드가 작업증명(proof-of work) 산출을 시도하고, 이를 찾은 노드는 그 블록을 전체 노드에게 송신한다. 노드들은 그 블록에 반영된 거래가 유효하고 아직 사용되지 않은 경우에만 그 블록을 승인한다.

2. 노드(node)의 기능과 종류

비트코인 블록체인 네트워크는 노드(node)[64]로 구성된다. 노드는 (i) 거래와 블록을 검증, 전파하고 이웃 노드들과 연결을 유지하는 네트워크 참여(routing) 기능, (ii) 최신의 완전한 블록체인 복사본을 가지고 있는 블록체인 데이터베이스(blockchain database) 기능, (iii) 작업증명 알고리즘을 풀기 위한 채굴(mining) 기능과 (iv) 지갑(wallet) 기능을 한다.[65] 비트코인 P2P프로토콜을 가동하는 주된 비트코인 네트워크는 위 네 가지 기능을 모두 하는 노드들로 구성된다.[66] 많은 비트코인 네트워크 참여자는 네트워크 참여와 지갑기능만을 가지고 있다.

지갑기능에서 중요한 사항은 비밀키, 공개키 및 비트코인주소(bitcoin address)의 작성이다.[67] 공개키는 은행거래의 계정번호와 유사하고 비밀키는 은행거래의 암호와 유사하다고 비유할 수 있다. 공개키는 비트코인을 전송받을 때 사용되고 비밀키는 전송받은 비트코인을 사용하는 거래에 서명할 때 사용된다. 공개키는 비트코인주소라는 디지털지문으로 표현된다. 비밀키는 무작위로 선택되는 수치이고, 비트코인 거래(transaction)에 필요한 디지털서명[68]을 만드는데 사용된다. 공개키는 비밀키에 기하여 일방향 암호함수를 이용하여 생성되고 공개키로부터 비밀키를 산출할 수는 없다. 비트코인주소는 공개키로부터 일방향 해시함수를 사용하여 생성된다.

특정 참여자의 지갑 내에는 그에게 비트코인을 이전한 종전의 비트코인소지인과 비트코인의 개수를 나타내는 데이터가 '미사용 거래출력(UTXO: unspent transaction output)'으

64) 노드는 분산원장을 생성, 운용 및 이용하기 위한 기능을 제공하는 분산원장 네트워크의 구성요소{한국정보통신기술협회, 블록체인 용어 정의(2018. 12. 19.)}이고 이는 바꾸어 말하면 블록체인 네트워크에 참여하는 컴퓨터(또는 그 사용자)를 의미한다고 할 수 있다.

65) 안토노풀로스(2018), 256-258쪽.

66) 비트코인의 기본 클라이언트(비트코인코어)를 구동하는 노드 5,000-8,000개와 비트코인 P2P프로토콜을 구현한 노드 수백개로 구성된다. 안토노풀로스(2018), 258쪽.

67) 이 단락의 내용은 안토노풀로스(2018), 110-111쪽. 가상자산의 맥락에서 지갑(wallet)은 일반적으로 비밀키를 관리하는 소프트웨어를 말한다. 지갑을 분류하며 때로는 그것이 저장되어 있는 물건을 지칭하기도 한다(예: 비밀키 정보가 저장된 USB를 인터넷에 연결되지 않은 콜드월렛으로 부를 수도 있음).

68) 디지털서명은 (i) 비밀키를 가진 사람이 해당 수량의 소비를 승인했음을 증명하고, (ii) 승인증명을 부인할 수 없으며, (iii) 서명된 후에는 해당거래를 누구도 수정하지 않았고 수정될 수도 없음을 증명하는 기능을 한다. 안토노풀로스(2018), 211쪽.

로 존재한다.

3. 비트코인의 이전과 거래승인절차

어느 참여자(A)가 자신의 지갑에 있는 비트코인 잔고(=미사용 거래출력)의 전부 또는 일부를 다른 사람(B)에게 이전하려면, A의 비밀키로 서명한 거래(transaction) 기록과 공개키를 원래의 거래기록에 첨부하여 B의 비트코인주소로 이전하는 취지를 비트코인 네트워크에 송신한다. B는 A의 서명을 A의 공개키로 복호화하여 확인한 후 거래의 승낙을 네트워크에 송신한다.

네트워크 참여자(노드)들이 그 거래의 데이터로서의 유효성 검증을 확인하면 그 데이터는 네트워크상의 메모리풀(거래풀)에 일시적으로 보관되어 후보블록이 되고, 채굴 노드가 이에 대한 작업증명(proof of work, POW)[69] 알고리즘에 대한 해답을 찾는다. 해답을 찾은 채굴 노드는 이를 이웃 노드들에게 전달하고 이웃 노드들이 검증 후 전파한다. 이 과정을 거쳐 그 거래기록은 새로운 블록으로서 승인되고 새로운 블록은 기존의 블록에 연쇄하여 연결된다.[70] 해답을 찾은 채굴 노드에 대해서는 일정한 비트코인[71]과 거래수수료가 제공된다.

노드들은 항상 가장 긴 체인 즉 최다누적작업체인(greatest cumulative work chain)을 선택하여 그 체인을 연장하려고 하므로,[72] 비트코인 이전에 대해 작업증명과 검증을 거쳐 새로운 블록이 승인되고 기준의 블록에 연결되어 가장 긴 체인으로 되면 그 이전은 일견 완결된 것으로 볼 수 있을 것이다. 그런데 당해 비트코인 이전거래가 블록에 반영되고 블록이 체인에 연결되었다고 하여도 그와 경쟁하는 체인이 발생할 수 있다. 예컨대 부정직한 노드가 채굴 지배력을 가지는 경우에는 이전 몇 개의 블록 계산을 새로 하여 분기(소위 orphan fork)를 만들고 새로운 가장 긴 체인을 만들 수 있는 가능성이 있다. 블록이 쌓일수록 계산이 어려워지므로 통상 당해 비트코인의 이전거래를 포함하는 블록 위에 6번

69) 블록체인의 합의(consensus) 알고리즘에는 (i) 비트코인네트워크가 사용하는 작업증명(POW) 이외에 (ii) 작업증명방식이 가진 과도한 에너지 소모문제를 해소하기 위하여 의사결정권한에 참여자의 보유지분을 반영하는 지분증명(POS: proof of stake), (iii) 이를 변형한 위임지분증명(DPoS: delegate proof of stake)과 아울러 위 각 방안의 단점을 개선하려는 다른 방안들이 제시되고 있다. 이더리움은 2022년 9월 작업증명에서 지분증명 방식으로 전환하였다. 작업증명이 아닌 지분증명 방식을 이용할 경우 탈중앙화가 심각하게 훼손된다는 지적도 있다{신지혜(2021), 61-62쪽}.

70) 안토노풀로스(2018), 313-342쪽

71) 1블록당 채굴자에게 부여되는 비트코인은 2009년 50비트코인으로 시작하여 21만 블록마다 반감하여 2012년 11월 25비트코인, 2016년 7월 12.5비트코인, 2020년 5월 6.25비트코인이 되었다. Antonopoulos (2021), pp. 260-261.

72) 안토노풀로스(2018), 343쪽.

의 승인이 있어 6개의 블록이 더 쌓이면 그 체인은 사실상 변경이 불가능하다고 본다.73)

Ⅲ. 블록체인에 의한 탈중앙화의 의미와 한계

1. 분산원장·블록체인 기술과 탈중앙화

앞서 언급한 바와 같이 분산원장기술(DLT: distributed ledge technology) 시스템에서는 "신뢰할 수 있는 제3의 중개기관 또는 중앙관리자" 없이 모든 참여자가 거래내역이 기록된 원장을 각자 보유하고 새로운 거래를 원장에 반영하는 작업도 공동으로 수행한다는 점에서 탈중앙화되었다(decentralized)고 한다. 분산원장기술 시스템은 원장의 공유, 참여자의 합의장치, 거래와 시스템의 완전성에 대한 각 참여자의 독립적 확인, 합의되지 않은 기록조작·변경의 손쉬운 파악 등의 특성을 가지고 있다.74)

가상자산 개발자와 옹호자는 가상자산의 탈중앙화 성격을 강조한다. 탈중앙화는 (i) 거래기록이 다수 참여자의 컴퓨터에 기록되고, 각 참여자가 독립적이어서 어느 한 참여자의 실패가 다수 또는 전체의 실패가 되지 않는 구조라는 점과 (ii) 비허가형(permissionless) 블록체인에서 특정인이 거래기록 임무(responsibility)와 권한을 맡지 않고 따라서 누구도 거래기록에 대해 책임(accountability)을 지지 않음을 의미한다.75) 전자는 그 구조가 회복탄력성이 있다는 기술적인 면을 이야기하는 것이고 후자는 집중된 권한으로부터 자유로움을 이야기 하는 것으로 정치적·법적 의미를 가진다. 후자에 대한 강조는 국가의 통제를 벗어난 통화를 개발하고자 하는 가상화폐 무정부주의와도 연계된다.76) 이러한 분산원장에 의한 탈중앙화는 네트워크 참여자의 개인정보를 확인할 수 없으므로 자금세탁방지 차원에서 문제점이 있고, 다른 한편 참여자의 개인정보는 드러내지 않더라도 그의 거래 내역을 모든 참여자들이 알고 있다는 점에서 데이터 비밀보호상 위험이 있다는 지적도 있다.77)

---

73) 이와 관련된 비트코인 이전의 효력발생시기에 관한 논의는 아래 각주 180-182의 본문.
74) Rauchs et al., p. 24.
75) Angela Walch, "Deconstructing "Decentralization": Exploring the Core Claim of Crypto Systems" in Brummer(2019), p. 42.
76) 초기의 가상자산 개발자들의 무정부주의적 성격에 대해서는 Brunton(2019)에 잘 묘사되어 있다.
77) ABA(2020), pp. 29-30.

2. 블록체인의 지배구조와 탈중앙화의 한계

블록체인을 통한 탈중앙화에는 많은 시간과 비용이 소요되어 경제적 비효율이 있다는 점이 지적된다.[78] 또한 실제 각 가상자산이 얼마나 탈중앙화되어 있는지는 개별적으로 살펴보아야 한다. 가상자산의 개발에는 개발자 그룹, 거래에는 가상자산사업자, 거래 승인에는 다른 보유자와 채굴자들이 관여한다. 이들의 영향력이 얼마나 될 것인지는 개별 가상자산과 그때그때의 상황에 따라 큰 차이가 있을 수 있다.[79]

가상자산에서 탈중앙화의 의미가 그렇게 명확하지 않고 상황에 따라 그 내용이 달라진다는 점에서 탈중앙화라는 용어의 사용이 시스템내의 핵심적인 인물의 행동을 덮는 장막의 기능을 하고 있다고 보는 견해도 있다.[80] 가상자산 시스템에 중요한 영향을 미치는 역할을 할 수 있는 핵심적인 인물로는 가상자산 개발자와 높은 채굴능력을 가진 자가 있다.

① 가상자산 개발자

가상자산은 소프트웨어 코드에 의하여 생성, 기록된다. 소프트웨어 개발자 그룹은 코드에 접근할 수 있고 버그를 없애거나 필요한 개선을 한다.[81] 대표적인 가상자산 블록체인인 비트코인과 이더리움의 경우 이용자의 권리에 중대한 영향을 미칠 수 있는 사항에 대하여 소프트웨어 개발자가 실질적인 권한을 행사한 예들이 있다.[82]

② 높은 채굴능력을 가진 자[83]

작업증명 제도를 채택한 가상자산에서는 네트워크의 채굴능력(hashing power)의 50%를 넘게 통제할 수 있는 사람 또는 집단은 거래의 승인여부를 결정하고 심지어 이미 저장된 기록도 변경할 수 있게 되어, 그러한 지위를 남용하여 작업증명 제도를 부당하게 이용

---

78) 신지혜(2021), 47-49쪽.

79) Angela Walch, "Deconstructing "Decentralization": Exploring the Core Claim of Crypto Systems" in Brummer(2019), pp. 47-50.

80) id, p. 62.

81) 비트코인의 경우 5명으로 구성된 개발팀이 계속 소프트웨어의 개선작업을 해왔다{Grinberg, (2012), p. 175, note 71}. 신지혜(2021), 64-65쪽도 비트코인과 이더리움에 대해 유사한 지적을 하며 개발자에 대해 상당히 높은 수준의 선관주의의무를 부과하는 것이 타당하다고 하였다.

82) 2018년 비트코인에서 발견된 심각한 버그 해결을 위하여 소수의 개발자들이 시스템 구조를 위한 긴급조치를 취한 사례, 2016년 DAO 소프트웨어의 버그를 이용한 해킹에 대응하여 하드포크 조치를 취한 사례(☞ 아래 각주 230), 2018년 이더리움 소프트웨어 개발자 그룹이 초대받은 사람만 참석할 수 있도록 하여 시스템 업그레이드를 논의한 사례 등. Brummer(2019), pp. 53-57.

83) 비트코인 채굴은 대부분 소수의 채굴업자가 하고 있다. 채굴능력을 나타내는 해시레이트 기준으로 상위 3개 채굴업자가 62%, 상위 6대 업자가 85%(https://www.bitcoinmining.com/bitcoin-mining-pools/ 2024. 6. 6. 방문), 1개월간 채굴실적 기준으로는 상위 2대 업자가 54.92%, 상위 4대 업자의 채굴풀 배당비율이 78.84%(https://btc.com/ko/btc/insights-pools 2024. 6. 6. 방문)에 달한다.

하는 경우(이른바 "51% 공격"[84]) 이중양도·사용의 문제가 발생할 수 있다. 실제 비트코인 골드(2018년)와 이더리움 클래식(2019년과 2020년)에서 이러한 일이 발생하였고, 이를 방지하기 위한 다양한 방안이 제시되고 있다.[85]

의사결정권한에 참여자의 보유지분율을 반영하는 지분증명(proof of stake) 방식을 채택한 가상자산에서는 당해 가상자산을 많이 가지고 있는 사람 또는 집단이 작업증명 제도하에서 높은 채굴능력을 가진 자와 유사한 지위에 있다고 할 수 있다.

또한 가상자산의 유통시장거래가 가상자산거래소·업자를 통하여 이루어진다는 점은 탈중앙화를 통한 전통적인 금융회사의 중개기능으로부터 자유라는 원칙에 대한 중대한 예외가 되고 있다는 지적도 있다.[86]

제3절 가상자산의 생성, 판매, 유통과 응용

Ⅰ. 가상자산의 생성과 판매

1. 가상자산의 생성

새로운 가상자산을 개발하면 이를 생성·판매하기 전에 통상 백서를 발표한다. 백서에는 블록의 생성에 관한 규칙, 새 가상자산의 공급 절차, 참여자들의 합의(consensus)를 이루는 장치 등을 정해 놓는다.[87]

가상자산은 대체로 다음과 같은 방법으로 생성된다.[88]

① 채굴전 생성형(pre-mine) 또는 발행형

채굴에 의한 생성없이 가상자산을 모두 발행한다.

② 계속적 채굴형(mining)

가상자산이 속한 네트워크의 프로토콜에서 정한 절차에 따라 채굴자(miners 또는 record producers)에게 일정한 수량의 가상자산이 부여된다. 예컨대 비트코인을 다른 주소로

84) 안토노풀로스(2018), 362쪽은 51% 공격이라고 하지만 실제 51% 미만의 해싱파워로도 시도할 수 있고, 51%는 공격의 성공률이 거의 보장되는 수준을 의미한다고 하였다.
85) Choy(2020).
86) Veronica R. S. Hoch, "§5 Intermediaries in Secondary Crypto Trade" in Maume·Maute·Fromberger (2022), p. 123.
87) van der Merwe(2021), p. 34.
88) Blandin et al.(2019), p. 23.

이전하는 거래기록을 반영하는 새로운 블록을 기존의 블록에 연결하기 위해서는 작업증명(proof of work) 알고리즘에 대한 해답이 필요하다. 시간과 에너지를 투입하여 그 해답을 찾은 채굴 노드에게 그 보상으로 일정한 수량의 비트코인이 부여된다.

③ 혼합형

공급할 가상자산의 전체 수량 중 일부분은 채굴전 생성하고, 나머지는 네트워크 가동후 계속적 채굴에 따라 부여한다.

2. 가상자산의 판매와 분배

채굴에 따른 부여 이외에 가상자산의 판매 또는 분배가 이루어지는 유형은 대체로 다음과 같다.[89)]

① 사전 판매(pre-token sale)

가상자산이 속한 네트워크가 가동되기 전에 향후 생성될 예정인 가상자산 또는 채굴전 생성된 가상자산을 주로 기관투자자들에게 사모의 방법으로 할인된 가격으로 판매한다.[90)]

② 개발자 등 내부자와 마케팅 관련자 배정

가상자산의 개발자 등 내부자에게 상당한 분량의 가상자산을 부여하는 경우와 가상자산 마케팅 과정에서 일정한 임무수행[91)]에 대한 보상으로 토큰을 부여하는 경우가 많다.

③ ICO(initial coin offering)

다수의 일반 투자자들을 대상으로 새로운 가상자산을 판매하는 경우이다. 아래 3.에서 별도 항목으로 상세히 다룬다.

④ 무상배정(airdrop)

기존의 다른 가상자산 보유자에게 또는 활발한 활동을 하는 전자지갑주소로 새로운 가상자산을 무상으로 부여하는 경우가 있다.

⑤ 하드포크(hard fork)

포크(fork)는 블록이 연결된 블록체인이 두 갈래로 갈라지는 것을 말한다. 개발자가 기존 소프트웨어의 성능향상을 위하여 계획적으로 행하는 경우가 대부분이다. 포크는 소프트포크와 하드포크로 나뉜다. 소프트포크는 이전 버전과 호환성이 있는 업데이트이므

89) Blandin et al.(2019), p. 24.
90) 예: 텔레그램 사례(아래 각주 355-359의 본문).
91) 예컨대 ICO에 대하여 평가한 글 작성, 관련 서류의 다른 언어로의 번역, 코드의 버그 수정 등에 대한 가상화폐 부여.

로 소프트포크로 인하여 네트워크가 분리되는 일이 생기지는 않는다. 그러나 하드포크는 호환성이 없는 업데이트이고, 종전의 네트워크와 다른 새로운 네트워크를 만들어 결국 두 개의 다른 네트워크를 만들게 된다. 하드포크가 발생하면 종전의 프로토콜에 따른 가상자산과는 다른 새로운 가상자산이 만들어진다.[92)]

3. ICO

(1) 의의와 절차

ICO(initial coin offering)[93)]는 일반적으로 발행주체[94)]가 일정한 사업과 관련하여 다수의 투자자로부터 가상화폐(주로 비트코인 또는 이더) 또는 법정통화로 자금을 조달하고 그 대가로 투자자에게 블록체인 기술을 활용한 코인 또는 토큰(이하 ICO에 관한 설명에서는 토큰으로 총칭한다)을 제공하는 것이다.[95)] 토큰 발행 방식으로 크라우드펀딩을 하는 셈이다. 토큰은 ICO를 위하여 특별히 만든 블록체인에서 생성되도록 할 수도 있고 기존의 다른 블록체인(주로 이더리움[96)])상 스마트계약[97)]으로 제공할 수도 있다. 이 가운데 자산토큰·증권형 토큰·투자토큰 등으로 불리는 것을 증권법 절차에 따라 발행하여 자금을 조달하는 것을 STO(security token offering)로 부른다.[98)] 최근에는 소위 가상자산거래소를 통하여 새로운 토큰을 판매하는 IEO(initial exchange offering)[99)]도 발생하고 있다.

---

92) 예: 비트코인(BTC)에서 분리되어 새로운 프로토콜에 의하여 만들어진 비트코인골드(BTG)(2017. 10. 25. 하드포크)와 비트코인캐시(BCH)(2018. 11. 16. 하드포크).

93) 2013. 7. Mastercoin 프로젝트가 최초의 ICO로 알려지고 있다. Peter Zickgraf, "§7 Initial Coin Offerings (ICOs)" in Maume·Maute·Fromberger(2022), p. 177.

94) 2018년 8월 ICO를 했다고 알려진 22개 국내회사를 조사한 결과, 프로젝트 개발은 국내회사가 하고 스위스 또는 싱가포르에 설립한 회사 또는 재단이 발행주체가 되어 토큰을 발행하였다. 정부의 ICO 금지를 우회한 것이다. 국무조정실 보도자료(2019. 1. 31.), "ICO 실태조사 결과 및 향후 대응방향", 7쪽.

95) FINMA(2018), p. 1, 김준영·김계정·문준호(2018), 204쪽 등.

96) 2019년 이루어진 ICO 981개 중 826개가 이더리움을 이용하였다. Haffke·Fromberger(2020), p. 14.

97) 스마트계약의 의미에 대해서는 아래 각주 217, 218의 본문.

98) Maume(2020), p. 191(기능적 관점에서는 ICO와 STO의 차이가 없고 용어의 변화는 시장이 성숙해 감을 보여주는 것임).

99) Securities and Exchange Commission, Initial Exchange Offerings (IEOs)–Investor Alert (January 14, 2020). IEO에서는 토큰 발행주체가 가상자산거래소에게 수수료(상장수수료에 추가하여 토큰 판매대금의 일부)를 지급하고 가상자산거래소는 토큰 판매를 지원한다. 増島雅和·堀天子(2023), p. 99는 IEO에서는 토큰 발행자로부터 토큰 판매를 위탁받은 암호자산거래소가 해당 토큰, 발행자, 프로젝트 등 토큰의 판매 전반에 관하여 심사하고, 심사를 통과한 토큰만이 IEO로 거래소를 통하여 고객에게 판매되므로 ICO에 비하여 프로젝트의 신뢰성이나 컴플라이언스상의 건전성이 담보되어 있다고 설명하였다. IEO가 ICO에 비하여 이러한 장점을 가질 것인지는 가상자산사업자

ICO 절차는 각국의 법규와 관습에 따라 차이가 있을 수 있으나, 대체로 (i) 사전절차(pre-ICO), (ii) 토큰의 매도와 투자자금의 조달 절차, (iii) 사후절차(post-ICO)로 나누어 볼 수 있다.[100)]

① 사전절차

사전절차는 통상 인터넷[101)]상에 프로젝트의 개요를 간략하게 알리는 일종의 ICO 계획을 공표한 후, 프로젝트와 ICO의 내용을 담은 백서를 발표한다. 백서의 내용은 건마다 차이가 있고 대체로 사업모델, 기술적인 설명, 프로젝트 추진주체, 토큰의 내용(총수량, 유형 등), ICO에 관한 사항(판매할 토큰의 수량, 청약기간, 청약한도, 가격과 지급할 가상화폐, 분배 등), 조달자금의 용도, 위험 등에 대한 경고와 준거법, 프로젝트의 진행계획 등을 기재한다.

ICO의 마케팅은 주로 소셜미디어를 통하여 하고, 마케팅 과정에서 일정한 임무수행[102)]에 대한 보상으로 토큰을 부여(bounty program)하거나 무상으로 토큰을 부여(airdrop)하기도 한다. 다중을 대상으로 한 ICO를 정식으로 개시하기 전에 주로 기관투자자, 벤처투자자 등 대규모 투자자들을 대상으로 토큰을 할인하여 사전판매(pre-sale)하는 경우도 많다.

② 토큰의 매도와 투자자금의 조달

토큰의 발행주체는 ICO 개시후 일정한 기간 동안 투자자로부터 자금을 받고 토큰을 부여한다. 그 기간은 확정기간으로 미리 정할 수도 있고, 조달자금이 일정금액(hard cap)에 도달하면 종료하도록 정하기도 한다. 또 조달하고자 하는 최소금액(soft cap)을 정하여 놓고, 그 기간 동안 조달금액이 최소조달금액에 도달하지 못하면 ICO가 실패한 것으로 보고 자금을 투자자에게 반환하기도 한다. ICO는 대체로 토큰 발행가액을 미리 정하고 선착순으로 판매하지만 수요에 따라 가격을 변동시키거나 경매방식을 사용하기도 한다. 투자자가 투자자금을 가상화폐(주로 이더) 또는 법정통화로 입금하면 통상 스마트계약을 활용하여 투자자에게 토큰이 발행되도록 한다.

토큰이 기존 법규에서 규율하는 증권 또는 금융투자상품으로 인정되지 않고 별도법규로 규율되지 않는 한 ICO는 공시규제 없이 이루어지고 절차적으로도 투명성이 떨어지게 된다. 또한 ICO는 발행주체가 소셜미디어와 인터넷을 통하여 투자자들과 직접 소통하

에 대한 규제가 얼마나 적절하고 효과적으로 이루어지는지와 가상자산사업자가 전통적인 증권의 인수인에 비하여 얼마나 신뢰할 수 있는지에 달려 있다.

100) ICO 절차에 관한 설명은 다음 문헌들에 의존하였다. Ofir · Sadeh(2020), pp. 547-551, Lee et ai.(2021), pp. 8-10, Howell et al.(2020), pp. 3942-3943.

101) 주로 Bitcointalk와 같은 가상화폐 포럼. Ofir · Sadeh(2020), p. 547.

102) 예컨대 ICO에 대하여 평가한 글 작성, 관련 서류의 다른 언어로의 번역, 코드의 버그 수정 등에 대한 가상화폐 부여. Ofir · Sadeh(2020), p. 549.

고 직접 투자를 받기 때문에 기업공개(IPO)에서 자본시장의 문지기 역할을 하는 인수인이 없다. 대신 ICO로 발행되는 토큰을 평가하는 웹사이트들[103]이 있고 여기에 수많은 독립적인 평가자가 자신의 이름과 직업을 밝히고 평가결과를 올려놓고 있다. 다수의 ICO에 대한 실증연구결과를 토대로 토큰평가 플랫폼이 증권공모에서의 인수인의 역할을 대신할 수 있다고 보는 견해도 제시되고 있다.[104] 그러나 이에 대해서는 그러한 웹사이트가 제공하는 정보의 품질이 낮고 사기적인 ICO가 그러한 웹사이트에 올라 있는 경우도 드물지 않으며, ICO 추진주체가 토큰평가에 대해 대가를 지급하는 점 등을 들어 회의적으로 보는 견해도 있다.[105]

③ 사후절차

토큰 매도가 종료되면 토큰을 가상자산사업자가 운영하는 거래플랫폼(trading platform)에 상장하여 거래되도록 한다. 통상 스마트계약을 이용하여 프로젝트 개발자와 관련 임직원 등에게 부여된 토큰에 대해서는 일정 기간 매도금지(lock-up) 약정을 둔다.

(2) ICO에 의한 기업자금조달

가. ICO에 의한 기업자금조달의 장점과 위험

기업의 입장에서는 ICO를 통하여 금융회사의 중개기능에 의존하지 않고 직접 자금조달을 할 수 있다는 점에서 거래비용을 줄일 수 있어 전체 자금조달비용을 절감할 수 있다. 투자자입장에서는 ICO는 스타트업 회사의 초기단계에 투자하는 수단으로 유용하고 블록체인 기술 활용으로 국제간 거래에서도 투자자는 신속하게 토큰을 이전받을 수 있다.

그러나 ICO는 발행자·사업추진자와 투자자 간의 정보불균형이 심하고 투명성이 떨어지며,[106] 전통적인 금융회사가 관여하지 않는다는 점에서 투자자로서는 더욱 위험한 투자가 되기 쉽다.[107]

---

103) 토큰평가 플랫폼이라고도 하며 대표적인 곳으로 ICOBench.

104) Lee et al.(2021)(토큰평가 플랫폼에서 높은 평가를 받을수록 ICO가 성공할 가능성이 높아지고, 높은 평가를 받은 경우에는 ICO 후 유통시장에서의 토큰의 장기적인 성과와 낮은 변동성을 예측할 수 있다), Ofir·Sadeh(2020), p. 586에 언급된 여러 실증연구들.

105) Ofir·Sadeh(2020), p. 587.

106) Zetzsche et al.(2019), pp. 287-289(백서 20% 이상이 상품개발에 관한 기술적인 정보만을 담고 있고, 25%는 프로젝트의 재무상황에 대한 정보가 없으며, 96%는 조달한 자금이 분리하여 관리되는지 여부에 대해 언급이 없고, 45%는 청약으로 조달한 금액 등 실제 청약에 관한 정보가 없으며, 65%가 준거법에 대한 정보가 없고, 57%가 사업추진자의 이름 또는 주소 등 배경정보가 없음), Christoph Gschnaidtner, “§2 Economics of Crypto Assets“ in Maume·Maute·Fromberger (2022), p. 52(67%가 주소가 없고, 20%는 발행자인 회사가 표시되어 있지 않으며, 31%가 ICO 추진자에 대한 기재가 없음).

107) ICO의 장점과 위험에 대해서는 Peter Zickgraf, “§7 Initial Coin Offerings(ICO)” in Maume·Maute·Fromberger(2022), pp. 181-184.

나. ICO와 기업공개(IPO)의 차이

기업이 사업활동에 필요한 자금을 다수의 투자자들로부터 조달하고 투자자들이 부여받은 토큰 또는 주식을 유통시장에서 유통할 수 있게 된다는 점에서 ICO와 IPO에 유사한 점이 있으나, 여러 면에서 차이가 있다.108)

첫째, ICO의 투자자는 토큰을 취득하고 따라서 투자자가 가지는 권리도 주주와는 차이가 있다. 제일 많이 이용되는 유틸리티토큰을 취득하는 투자자는 프로젝트를 추진하는 발행주체 기업에 대해 의결권이나 배당을 받을 권리가 없다. 기업 입장에서는 지분을 희석하지 않고 자금을 조달할 수 있게 된다. 일정한 프로젝트 수행을 위하여 토큰을 발행하면서 토큰 투자자에게 당해 프로젝트 자체의 의사결정에 참여할 권리 또는 당해 프로젝트에서 나오는 수익에 참여할 권리를 부여하는 경우가 있다. 이 경우에도 발행을 추진한 기업의 지분이 희석되지는 않는다.

둘째, ICO는 증권발행으로 인정되지 않는 한 발행시 공시의무의 적용이 없고 통상 백서의 형태로 프로젝트와 토큰 관련 정보가 제공되며 마케팅도 인터넷을 통하여 이루어진다. 또 앞서 본 바와 같이 ICO에는 인수인이 관여하지 않는다.

셋째, ICO는 IPO에 비해서 프로젝트의 성숙도가 훨씬 낮은 상태에서 이루어지므로 IPO에 비하여 투자자가 부담하는 위험도 높고 정보불균형도 크다고 할 수 있다.

(3) ICO 규제의 필요성

ICO에서는 IPO에서와 마찬가지로 토큰의 발행주체 또는 프로젝트의 추진주체와 투자자 사이에 정보불균형이 발생한다. 특히 ICO를 통하여 자금조달하려는 프로젝트는 주로 디지털 기술을 이용하는 것들이라 일반 투자자들이 그 기술적인 내용을 이해하기 쉽지 않다. 또한 ICO는 프로젝트의 초기단계에 이루어지는 경우가 많아 IPO에서 보다 더 큰 정보불균형의 문제가 발생하고 사기적인 ICO가 발생할 가능성도 커진다.109) ICO의 규제에 대해서는 아래 제5절 Ⅵ.에서 검토한다.

---

108) Ofir·Sadeh(2020), pp. 551-554. 김준영·김계정·문준호(2018), 206-207쪽은 (i) IPO는 이미 사업을 영위하는 기업의 자금조달수단 또는 초기 투자자의 자금회수수단이지만, ICO는 사업을 개시하기 위한 자금조달수단이라는 점, (ii) IPO를 하기 위해서는 일정한 요건 충족과 규제준수가 필요하지만 ICO에는 그러한 제한이 없고 따라서 소규모회사도 이용할 수 있다는 점, (iii) IPO에 비하여 ICO는 소요기간이 짧다는 점, (iv) IPO는 지분매각으로 투자자들로부터 경영간섭을 받을 수 있으나 ICO는 그렇지 않다는 점, (v) IPO는 기업과 투자자 이외에 중개인과 거래소등 다수 당사자가 참여하지만 ICO는 통상 기업과 투자자가 참여하여 인터넷을 통하여 이루어지므로 손쉽게 국제적으로 자금조달할 수 있다는 점을 들었다.

109) 미국 SEC가 2020년 사기적인 ICO을 이유로 중지명령 또는 제재를 구하는 신청을 법원에 제출한 건이 12건이다. https://www.sec.gov/spotlight/cybersecurity-enforcement-actions.

Ⅱ. 가상자산의 유통과 보관

가상자산 보유자는 그 가상자산이 속한 네트워크를 통하여 직접 다른 사람에게 가상자산을 이전하는 방법으로 가상자산 거래를 할 수도 있다. 다른 재화 또는 증권과 마찬가지로 가상자산의 원활한 유통을 위해서는 시장과 중개 기능이 필요하고 다수의 가상자산사업자들이 그러한 기능을 수행하고 있다.[110] 가상자산사업자는 거래소와 유사한 기능이외에도 가상자산을 법정통화로 교환(즉 가상자산을 법정통화를 대가로 매매) 또는 그 중개업무, 고객을 위한 가상자산보관업무도 수행한다.[111] 가상자산의 보관은 비밀키를 해킹 등으로부터 보호할 수 있게 보관하는 것을 의미한다.

가상자산의 엄청난 거래규모에도 불구하고 가상자산의 유통시장의 신뢰도는 높지 않다. 증권과 증권시장에 비하여 가상자산과 그 시장에 관한 정보의 품질이 떨어지고 정보에 대한 신뢰가 부족하며, 가상자산의 평가에 대한 이론도 정립되어 있지 않다는 지적이 있다.[112] 물론 가상자산거래가 새로운 현상이므로 가상자산의 평가에 대한 이론과 실무가 더 발전되어야 하겠다. 국내의 가상자산사업자에 관한 사건들[113]에서도 드러나듯이 형사적으로 처벌될 수 있는 행위들이 빈발하고 이로 인한 고객들의 피해가 발생하는 현상을 그대로 둘 것이 아니라 가상자산사업자에 대한 법과 규제를 정비할 필요가 있다.

Ⅲ. 가상자산의 응용

1. 탈중앙화금융(DeFi)

(1) 금융거래에서의 분산원장기술의 활용

분산원장기술은 비트코인과 같은 가상화폐의 발행과 유통 이외에도 자금이체, 청산

110) 2024. 5. 31. 기준 특정금융정보법에 따라 가상자산사업 신고가 수리된 사업자가 37개이다{금융정보분석원, 가상자산사업자 신고현황(2024. 5. 31. 기준)}.

111) 다만 특정금융정보법은 가상자산사업자가 "가상자산의 매매·교환을 중개·알선하거나 대행하면서 실질적으로 그 중개·알선이나 대행의 상대방으로 거래하는 행위"를 제한하는 기준을 마련하여 시행하도록 하였다(동법 제8조, 동법시행령 제10조의20 제5호 다목).

112) Hougan·Lawant(2021), p. 1.

113) 대표적인 예로는 대법원 2020. 8. 27. 선고 2019도11294 전원합의체 판결(가상화폐거래소의 대표이사 등이 차명계정을 만들어 허위로 원화와 가상화폐를 보유하고 있는 것처럼 입력하여 매매함)과 대법원 2020. 12. 10. 선고 2020도11188 판결(가상화폐거래소의 대표이사 등이 가상화폐 상장에 관한 부정한 청탁을 받고 그 대가를 받고, 상장수수료를 개인적으로 착복).

결제, 인증수단 등 금융거래의 다양한 면에 활용될 여지가 있고 일부 금융회사는 그 활용을 시도하고 있는 것으로 보인다.[114] 이러한 기존의 금융회사의 분산원장기술 활용은 전통적인 금융거래의 틀 내에서 효율성을 증진하는 수단으로 분산원장기술을 활용하는 것이라고 할 수 있다. 즉 금융회사가 금융중개기관(financial intermediary)이나 중앙관리기관(centralized institution)의 기능을 하면서 전통적인 금융거래를 하되 분산원장기술을 활용하여 그 거래의 효율성을 높이고자 하는 것이다. 또한 가상자산사업자를 통한 가상화폐 기반 금융거래는 전통적인 금융거래와 마찬가지로 가상자산사업자가 관리주체 기능을 한다는 점에서 중앙화금융(CeFi: centralized finance)으로 불린다.[115]

이와 달리 탈중앙화금융(DeFi: decentralized finance)[116]은 분산원장네트워크에서 작동하는 금융서비스로서 전통적인 금융중개기관과 중앙관리기관의 개입 없이 분산원장기술을 활용하여 가상화폐로 금융상품과 서비스를 제공하고 그 거래를 체결하고 이행한다.[117] 탈중앙화금융은 분산원장기술을 사용하여 장부가 분산되고 관리주체가 탈중앙화되며 모든 이용자가 데이터에 접근할 수 있고 가상자산을 사용하여 거래한다는 점에서 전통적인 금융거래와 차이가 있다. 탈중앙화금융은 (i) 이용자의 거래를 중개하는 중개기관이나 이용자의 가상자산을 관리하는 중앙관리기관이 없고, (ii) 누구든지 소스코드를 읽을 수 있는 오픈소스 기술을 사용하며(개방성), (iii) 누구든지 규약(protocol)이 요구하는 사항을 갖추면 이용할 수 있다(허가불필요 및 신뢰불필요).[118] 탈중앙화금융은 이러한 차이점을 바탕으로 전통적인 금융이 가지는 문제점을 해소할 수 있다고 하고 있다.[119] 그런데 탈중앙화금융에서는 지배구조토큰(governance token)을 발행하여 이용자들이 지배구조와 운영에 참여할 수 있도록 하고 있다고 하나, 현재 이루어지고 있는 탈중앙화금융에서는

114) 블록미디어(2021), 20-24쪽(블록체인을 활용하여 고객의 가격을 검증하는 시스템을 구축하는 등 은행들의 블록체인 활용과 해외송금에서의 블록체인 기술활용 등을 언급함); 김헌수·권혁준(2018), 33-34쪽(블록체인을 활용한 본인인증시스템을 도입한 보험회사와 카드회사 사례와 블록체인을 이용한 지역화폐 사례 등을 언급함).

115) DeFi와 전통적 금융 및 Cefi간의 차이에 대해서는 블록미디어(2021), 276-33쪽, 홍지연(2021), 2쪽.

116) 탈중앙화금융을 개괄적으로 설명한 국내문헌은 블록미디어(2021), 김협·김민수·권혁준(2021), 홍지연(2021), 고동원(2024), 외국문헌으로는 Harvey et al.(2021), Devito(2021), 코인게코(2021), Coin Gecko et al.(2021). 탈중앙화금융의 규제를 다룬 국제기구 보고서는 IOSCO(2022), OECD(2022), FSB(2022a), FSB(2023).

117) IOSCO(2022), p. 1, 블록미디어(2021), 26-28쪽.

118) FSB(2022a), pp. 16-17, OECD(2022), p. 18. OECD(2022), pp. 18-19는 탈중앙화금융 네트워크의 구성요소(가상자산, 스마트계약, 프로토콜, 앱)를 결합하여 새로운 앱을 만들어 낼 수 있는 점 (이용자의 관점에서는 다른 앱에서 사용할 수 있는 점)(결합성)도 탈중앙화금융의 주된 특징의 하나로 언급하였다.

119) Harvey et al.(2021), pp. 2-7(전통적인 금융의 문제점으로 (i) 중앙집중관리, (ii) 금융서비스에 대한 접근의 제한, (iii) 비효율성, (iv) 금융회사들 사이의 상호운영의 부재, (v) 금융회사와 금융상품에 관한 정보의 불투명성등을 들었다).

실제 많은 경우 이용자들이 집단적으로 의사결정하지 않고 탈중앙화금융 프로젝트 관련자가 영향력을 가지고 있다.[120] 현 단계에서는 탈중앙화금융이라고 이야기 하지만 실제 탈중앙화의 정도는 프로젝트마다 차이가 있고 많은 경우 프로젝트 초기에는 중앙화되어 있다고 지적되고 있다.[121]

(2) 탈중앙화금융(DeFi)의 구조

탈중앙화금융은 일정한 블록체인네트워크에서 작동하는 프로토콜이 일정한 가상자산에 관한 거래를 할 수 있도록 함으로써 이루어진다. 탈중앙화금융의 중요한 구성요소는 가상화폐, 분산원장기술 및 스마트계약이라고 할 수 있다. 탈중앙화금융 서비스는 결제층(settlement layer),[122] 자산층(asset layer),[123] 프로토콜층(protocol layer)[124]과 애플리케이션층(application layer)[125]의 계층구조로 이루어진 것으로 설명되고 있다.[126]

탈중앙화금융 프로토콜은 당해 블록체인 내에 존재하지 않는 정보(예: 중앙화된 가상자산거래소에서 형성된 가상자산의 시장가격 등)를 필요로 하는 경우가 자주 있고, 스마트계약을 블록체인 외부데이터와 연결하는 서비스인 오라클 서비스를 사용한다. 또한 탈중앙화금융 프로토콜은 흔히 거버넌스에 관한 사항(예: 장래 스마트계약이나 기타 프로토콜의 작동에 변경을 가할 수 있는 방법 등)을 정하는데 이를 위하여 의결권을 가지는 거버넌스 토큰의 발행과 탈중앙화 자율조직(DAO, decentralized autonomous organization)[127]을 이용

120) FSB(2022a), p. 17(탈중앙화금융 프로젝트 관여자가 토큰을 다량보유하는 등의 방법으로 영향력을 행사할 수 있고, 개발자가 관리키(admin keys)를 가지고 최소한 초기단계에는 전반적인 기능을 통제함), OECD(2022), p. 18(많은 경우 외부위임 등에 의하여 지배구조토큰과 관계없이 결정이 이루어짐. 프로토콜과 스마트계약의 변경에 대해 거부하거나 통제할 수 있는 주체가 있는 경우도 있음).

121) OECD(2022), pp. 20-21.

122) 결제층은 거래를 기록하는 일정한 블록체인네트워크(주로 이더리움)로 구성된다.

123) 자산층은 블록체인의 본원가상화폐(예: 이더리움의 이더(ETH))와 그 블록체인에서 작동하는 프로토콜에 의하여 발행되는 토큰과 스테이블코인 등으로 구성된다.

124) 프로토콜층은 스마트계약층(smart contract layer)이라고도 불리며 제공하는 탈중앙화금융 서비스(예: 탈중앙화거래소를 통한 매매거래, 대출·차입, 파생상품거래, 자산운용 등)의 내용을 스마트계약으로 정해 놓는다.

125) 애플리케이션층은 이용자들과의 접촉이 이루어지는 층으로 이용자들은 탈중앙화된 앱(dApps: decentralized applications)을 사용하여 탈중앙화금융서비스를 이용한다. 앱은 특정 프로토콜에만 사용할 수 있는 것과 복수의 프로토콜에 사용할 수 있도록 한 것(aggregators)이 있다.

126) 탈중앙화금융의 계층구조에 대해서는 IOSCO(2022), pp. 4-7과 Schär(2021), pp. 155-157.

127) 탈중앙화 자율조직(DAO)의 정의는 통일되어 있지 않으나, 대체로 "블록체인에서 코드화된 규칙으로 운영관리되는 조직"을 의미한다. 이더리움재단 웹사이트 한글본(ethereum.org/ko/dao)은 영문본을 거의 직역하여 "DAO는 공동의 사명을 위해 일하는 집단 소유의, 블록체인 관리 조직"이라고 하였고 일본어본(ethereum.org/ja/dao)은 "DAO란 공통의 목적을 위하여 집단이 공동으로 소유하고, 블록체인에서 관리되는 조직"이라고 하였다. DAO에서는 통상 자체적인 토큰이 발

한다.[128]

(3) 탈중앙화금융서비스의 내용

탈중앙화금융으로 제공되는 주요한 금융서비스는 대체로 다음과 같다.

① 대여·차입

탈중앙화금융서비스 가운데 대표적인 것이 대여·차입이다. 대여·차입이 가능하게 하는 프로토콜에서는 스마트계약에 따라, (i) 가상자산(주로 스테이블코인) 보유자는 그 가상자산을 대여자산 풀(lending pool)에 예치하고 통상 대여자산 풀에 대한 지분을 나타내는 별도의 가상자산을 생성하며, (ii) 대여자산 풀에 예치한 사람은 언제든지 그 별도의 가상자산을 반환하고 예치한 가상자산과 이에 대한 수익[129]을 인출할 수 있고, (iii) 차입자는 가상자산 담보를 제공하고 대여자산 풀에 있는 가상자산을 차입하며 그 대가로 이자를 지급한다.[130]

② 파생상품

파생상품서비스를 제공하는 프로토콜에서는 스마트계약에 따라, 가상자산 보유자는 그 가상자산을 담보로 제공하고, 일정한 기초자산에 기반하거나(asset-based) 일정한 사건의 발생에 따라(event-based) 가치가 결정되는 파생상품형 토큰을 생성하여 이를 거래한다.[131]

③ 자산운용

자산운용서비스를 제공하는 프로토콜은 다양한 형태가 있다. 대표적인 것은 투자자가 보유한 가상자산을 지급하고 세트토큰(포트폴리오 운용전략이 내장되어 있는 토큰)을 구

행되고 일반적인 운영은 미리 정한 블록체인기반 코드(=스마트계약)로 정해지며 일정한 경우에는 토큰보유자가 의사결정에 참여한다{노혁준(2022), 92-93쪽, 안수현(2022), 34, 41-43쪽}. 남궁주현(2024), 26쪽은 DAO를 '공동의 목적을 달성하기 위하여 1인 이상의 구성원이 블록체인기술에 기반을 둔 자동화된 컴퓨터 프로그램 코드를 이용하여 직접 단체의 설립·운영 등에 관한 의사를 결정할 수 있는 단체'로 정의하였다. DAO의 사례와 관련 법적인 쟁점에 관한 전반적인 설명과 분석은 남궁주현(2024), 福岡真之介·本柳祐介(2024).

128) IOSCO(2022), p. 8.

129) 금전대출에 따른 이자수령에 상응하는 것을 DeFi에서는 통상 이자농사·수익농사(yield farming)로 부른다. 수익지급의 한 형태로 당해 프로젝트에 관한 의사결정에 참여할 권리가 있는 지배구조토큰(governance token)을 부여하기도 한다. IOSCO(2022), p. 12, Harvey et al.(2021), p. 61.

130) IOSCO(2022), p. 11. 대표적인 대여·차입서비스를 제공하는 플랫폼으로는 MakerDAO, Compound, Aave 등을 들 수 있다. 이에 관한 설명은 Harvey et al.(2021), pp. 69-95, 블록미디어(2021), 159-161쪽.

131) IOSCO(2022), pp. 13-14, Harvey et al.(2021), pp. 105-123(Yield Protocol, dYdX와 Synthetix에 관한 설명), 코인게코(2021), 100-121쪽(Synthetix와 Opyn에 대한 설명), 블록미디어(2021), 170-176쪽(Synthetix와 UMA에 관한 설명).

입하는 것이다.[132] 스마트계약으로 가상자산에 대한 투자전략이 자동적으로 정해지고, 이용자는 보유한 가상자산을 운용자산 풀에 예치하고, 통상 별도의 토큰을 발행받아 그 토큰을 의결권행사와 거래비용 또는 운용보수 지급에 사용할 수 있다.[133]

④ 탈중앙화거래소(DEX: decentralized exchange)를 통한 가상자산의 거래[134]

중앙화된 거래소(CEX: centralized exchange)인 통상의 가상자산거래소에서는 참여자의 매도·매수주문을 나타내는 호가창(order book)에 따라 매매거래가 체결되고 이러한 체결을 거래소에서 관리한다. DEX에는 (i) 그 운영자가 호가창(order book)을 블록체인 밖에서 유지하고 블록체인은 결제에만 사용하는 유형[135]과 (ii) 호가창 없이 참여자들이 복수의 가상자산을 유동성 풀에 예치하여 유동성공급을 하도록 하고 스마트계약으로 유동성 풀에 있는 가상자산의 양에 따라 교환비율이 자동적으로 정해지도록 하는 자동시장조성자(AMM: automatic market maker) 유형이 있다.[136] DEX에서는 복수의 가상자산 간의 교환이 이루어질 수 있고, 법정통화를 대가로 하는 가상자산거래는 중앙화된 가상자산거래소에서 이루어진다.

⑤ 보험 또는 위험보장

미리 정한 일정한 내용의 사고(예: 탈중앙화금융 프로토콜이나 중앙화된 가상자산거래플랫폼의 해킹 또는 실패, 스테리블코인 붕괴 등) 발생에 따른 위험에 대해 이용자들이 풀을 만들어 상호 위험을 분담하는 방식의 거래 등 위험보장거래도 탈중앙화금융서비스의 하나로 언급된다.[137]

2. 파생상품

대표적인 선물거래소인 CBOE와 CME(Chicago Mercantile Exchange)에는 2017년 현금정산형 비트코인 선물상품이 상장되었고, CME에는 2020년 비트코인 선물에 대한 옵션상

132) Harvey et al.(2021), pp. 124-127, 코인게코(2021), 122-131쪽.
133) IOSCO(2022), p. 21.
134) 2020년 6월 DEX의 거래량이 CEX의 거래량의 1%에 처음으로 도달하였고{ABA(2020), p. 41}, 2024년 4월-5월은 CEX의 거래량의 8%를 넘는다 (https://www.theblock.co/data/decentralized-finance/dex-non-custodial/dex-to-cex-spot-trade-volume. 2024. 6. 6. 확인)
135) 탈중앙화 정도는 각 DEX 별로 차이가 있다.
136) IOSCO(2022), p. 14. AMM을 활용한 Uniswap에 대한 상세한 설명은 Harvey et al.(2021), pp. 95-105, 탈중앙화거래소 구축 관련 기술에 대한 설명은 블록미디어(2021), 65-69쪽.
137) IOSCO(2022), pp. 20-21, FSB(2022a), p. 16. 블록미디어(2021), 180쪽은 보험서비스는 상호보험의 구성과 운영에 관한 법규제를 따르고 있어서 완전 탈중앙화가 아닌 반중앙화 서비스라고 하였다.

품, 2021년 이더 선물상품이 상장되었으며, ICE(Intercontinental Exchange)에는 2019년 현물결제형 선물상품(Bakkt futures)이 상장되어 거래되고 있다. 이러한 가상화폐 선물·옵션 거래는 가상자산의 가격변동위험에 대한 헤지 기능과 아울러 공매도 기능을 할 수 있어 가상화폐 현물시장의 효율성을 증진시키는 것으로 평가되고 있다.[138)]

3. 가상자산 펀드

미국 SEC는 2021년 비트코인 선물에 투자하는 ETF(exchange traded fund)를 허용하였다,[139)] SEC는 수년간 비트코인 현물에 투자하는 ETF는 사기적 행위의 방지와 투자자와 공공이익의 보호를 위하여 허용하지 않고 있었다.[140)] 그러나 2023년 8월 미국연방항소법원에서 SEC가 비트코인 현물에 투자하는 ETF를 허용하지 않는 것이 자의적이라고 판결하자,[141)] 2024년 1월 이를 허용하기로 결정하여 11개의 비트코인 ETF를 승인하였고,[142)] 2024년 5월에는 이더 ETF도 승인하였다.[143)] 반면에, 일본의 경우에는 가상자산 ETF나 해외에서 조성된 가상자산 ETF에 투자하는 투자신탁·투자회사를 조성·판매할 수 없다.[144)]

제 4 절 가상자산 관련 민·형사법 쟁점

Ⅰ. 논의의 전개

제4절에서는 가상자산거래에 관한 사법(私法)적인 쟁점과 이와 관련하여 제기되는 형사법적 쟁점을 다룬다. 가상자산은 보유자가 직접보유할 수도 있고 가상자산사업자의

138) Augustin et al.(2020), Shynkevich(2021) 등.
139) ProShares Bitcoin Strategy ETF (BITO) 등.
140) SEC Release No. 34-94571(March 31, 2022) 등.
141) Grayscale Investments, LLC v. SEC, No. 22-1142 (D.C. Cir. 2023).
142) SEC Release No. 34-99306(January 10, 2024).
143) SEC Release No. 34-100224(May 23, 2024).
144) 일본의 투자신탁과 투자회사는 일본 「투자신탁 및 투자법인에 관한 법률」(投資信託及び投資法人に関する法律) 및 금융청의 감독지침(2019년 12월에 개정·시행된 「金融商品取引業者等向けの總合的監督指針」)에 따라 현물 가상자산에 투자하는 것이 사실상 허용되지 않는다. 다만, 동법 및 동감독지침이 적용되지 않는 익명조합의 출자지분을 통한 투자는 이루어지고 있다{増島雅和·堀天子(2023), pp. 214-220}.

고객으로서 간접보유할 수도 있다. Ⅱ.부터 Ⅶ.의 논의는 특별히 언급하지 않는 한 가상자산 직접보유를 전제로 하였다. Ⅷ.은 가상자산을 간접보유할 때 제기되는 추가적인 쟁점을 다루었다. 또한 제4절의 논의는 특별히 언급하지 않는 한 비트코인으로 대표되는 공개형(public)·비허가형(permissionless) 블록체인을 이용한 가상자산에 관한 것이다.

Ⅱ. 가상자산의 법적 성격

1. 발행주체가 없는 가상화폐 – 비트코인을 중심으로

가상자산의 법적 성격은 그 가상자산에 부여된 권리와 경제적 기능을 파악하여 판단해야 하므로 일률적으로 가상자산의 법적 성격을 논할 수는 없다. 가장 대표적인 가상화폐인 비트코인을 중심으로 법적 성격을 살펴보자. 비트코인의 경우 발행주체를 정할 수 없고 비트코인 보유자의 발행주체에 대한 권리를 생각할 수 없다.

(1) 금전·선불지급수단·전자화폐와의 차이

가. 금전과의 차이

금전은 국가가 강제통용력을 부여한 교환의 매개물을 말한다.[145] 국내에서는 한국은행이 발행한 한국은행권과 주화가 법화(法貨)로서 강제통용력을 가지고 있다(한국은행법 제48조, 제53조). 비트코인과 같은 가상화폐는 국가가 강제통용력을 부여한 것이 아니므로 금전에 해당하지 않는다. 비트코인과 같이 공개형 블록체인 네트워크에서 일정한 소프트웨어 코드에 따라 생성되는 가상화폐는 발행자와 발행량 관리자가 없다는 점에서도 전통적인 통화의 개념에 해당하지 않는다.

나. 선불지급수단·전자화폐와의 차이

전자금융거래법상 '선불지급수단'은 이전 가능한 금전적 가치가 전자적 방법으로 저장되어 발행된 증표 또는 그 증표에 관한 정보로서 발행인과 그 특수관계인 외의 제3자로부터 재화 또는 용역을 구입하고 그 대가를 지급하는데 사용되어야 하는 등 일정한 요건을 갖추어야 한다(동법 제2조 제14호). 또한 '전자화폐'는 이전 가능한 금전적 가치가 전자적 방법으로 저장되어 발행된 증표 또는 그 증표에 관한 정보로서 현금·예금과 동일한

145) 주석민법[민법총칙(2)](2019), 318쪽(김종기 집필).

가치로 교환되어 발행되어야 하고 발행자에 의해 현금·예금으로 교환이 보장되어야 하는 등 일정한 요건을 갖추어야 한다(동법 제2조 제15호). 그러한 요건을 갖춘 선불전자지급수단과 전자화폐의 발행·관리업무는 전자금융거래법에 따른 등록 또는 허가를 받은 전자금융업자나 은행 기타 일정한 금융회사만이 할 수 있다(동법 제28조).

비트코인(BTC) 또는 이더(ETH)와 같은 가상화폐는 재산적 가치가 있다고 할 수는 있으나 그 자체의 수요공급에 따라 가격이 형성되는 것일 뿐 금전적 가치가 전자적으로 저장된 것이라고 하기는 어려울 것이다. 그러나 스테이블코인(특히 법화의 가치에 연계하여 발행되는 경우)은 그 조건에 따라서는 선불전자지급수단에 해당할 수 있고, 법화로 반환할 수 있도록 하는 조건이 있는 경우에는 전자화폐에 해당할 여지가 있을 것이다.[146)]

(2) 물권의 대상 여부

가. 민법상 물건 해당 여부

비트코인을 비롯한 가상화폐는 실제 투자대상으로 활발하게 거래되고 있다. 디지털정보로 표시되는 가상화폐가 물건으로 거래되는 것인가? 민법상 물건은 유체물 및 전기 기타 관리가능한 자연력이어야 한다(민법 제98조). 유체물은 공간의 일부를 차지하고 사람의 감각에 의하여 지각할 수 있는 '형체'를 가진 것을 의미하므로 디지털정보를 유체물이라고 하기는 어렵다. 공간의 일부를 차지하는 형체가 없는 것은 무체물이고 이 가운데 자연력만을 물건으로 인정하고 있다. 자연력은 자연계에 존재하는 힘 또는 이와 유사한 것을 의미한다고 보고 있다. 전통적인 견해에 따르면 디지털정보는 유체물이 아니고 자연력이라고 볼 수도 없어 민법상 물건에 해당한다고 해석하기 어렵다고 본다.[147)][148)]

이에 대하여는 "관리가능한 자연력"에 포함시키는 견해[149)]도 있으나 자연력의 사전적 의미에 디지털 정보가 포함된다고 보는 것은 설득력이 약하다. 민법 제98조의 "자연력"을 예시적인 것으로 보고, 물건의 요건의 핵심은 민법 해석상 물건의 개념요소로 통상

146) 블록미디어(2021), 137-139쪽.

147) 주석민법[민법총칙(2)](2019), 258-261쪽(김종기 집필), 정순섭(2021), 18쪽, 박영호(2019), 25-26쪽, 윤배경(2018), 9-11쪽.

148) 가상자산거래소 마운트곡스의 파산절차에서 도쿄지방재판소 2015년(平成 27) 8월 5일 판결(平成26(ワ) 第33320号)은 비트코인을 맡긴 고객의 환취권을 인정하지 않으면서 비트코인이 소유권의 대상이 아닌 근거로 (i) 비트코인이 유체물이 아니라는 점(참고: 일본민법 제85조는 물건이란 유체물을 말한다고 규정함)과 (ii) 비트코인의 양도에 네트워크상의 검증이 필요한 등 비밀키를 가지고 있다고 하여 배타적 지배가능성이 있다고 할 수 없는 점을 들었다. (i)에 대해서는 일본에서 학설상 활발한 논의가 있고, (ii)에 대해서도 의문이 제기되고 있다{増島雅和·堀天子(2023), 20-28쪽}.

149) 김홍기(2014), 393쪽, 김이수(2018), 95쪽, 전승재·권헌영(2018), 88-89쪽, 전우정(2019), 163쪽.

제시되는 관리가능성, 독립성과 비인격성 가운데 관리가능성에 있다고 보아, 디지털정보도 일정한 요건을 갖추어 유체물과 동등한 정도로 관리가 가능한 경우는 "유체물 동등 데이터"로서 유체물과 동등하게 민법상 물건으로 취급해야 한다는 견해도 있다.[150)][151)]

나. 준물권 기타 재산권의 대상인지 여부

가상화폐가 민법상 물건에 해당하지 않는다고 하여도 가상화폐가 실제 투자대상으로 거래되고 있고 법화로 교환되고 있으므로 사람들로부터 재산적 가치를 인정받고 있음을 부정할 수 없다. 가상화폐 보유자는 비밀키를 배타적으로 관리함으로써 가상화폐 시스템에서 정한 규칙에 따라 보유한 가상화폐를 처분할 수 있고 이를 통하여 가상화폐의 재산적 가치를 실현할 수 있다.[152)]

비트코인의 보유란 비밀키의 배타적인 관리를 통하여 가상자산을 다른 전자주소로 보낼 수 있는 상태를 독점하고 있다고 하는 사실상태에 불과하다고 하며 비트코인의 권리성을 부정하는 견해도 있다.[153)] 그러나 가상화폐에 대해 재산적 가치를 부여하는 실상을 반영하여 사법(私法)적으로도 물권에 준하는 권리 기타 재산권[154)]으로 취급해야 한다는 견해가 더 설득력이 있다. 이 견해는 그 근거로 가상화폐 보유자가 가상화폐 정보(보다

150) 백대열(2020){그 요건으로 경합성(한 주체의 사용·수익에 따라 다른 주체의 사용·수익 가능성이 필연적으로 감소), 배제성(일정한 주체의 사용·수익을 배제 가능)과 존립성(특정한 타인의 행위에 의존하지 않고 존립가능)을 들었다}.

151) UK Jurisdiction Taskforce(2019), p. 7은 암호자산이 영국법(English law)상 재산(property)의 속성(특정성, 영구성 또는 안정성, 배타성, 지배, 양도성)을 갖추고 있다고 보아 재산으로 취급되어야 한다는 입장이다. AA v Persons Unknown & Ors, Re Bitcoin [2019] EWHC 3556 (Comm) (13 December 2019)과 Tulip Trading Ltd v van der Laan and others [2023] EWCA Cir 83 (3 February 2023)도 비트코인을 재산(property)으로 취급하였다. 뉴질랜드 법원의 판결인 Ruscoe v Cryptopia Limited (in liquidation) [2020] NZHC 728 (8 April 2020)도 UK Jurisdiction Taskforce(2019)를 인용하면서 암호자산을 재산으로 취급할 것인지를 분석하였다. 한편 영국 Law Commission(2022), pp. 77-108, 156-189는 일정한 속성(컴퓨터 코드와 같은 전자적 수단으로 표시되고, 사람과 법제도로부터 독립적으로 존재하며, 경합성이 있을 것)을 갖춘 데이터객체라는 새로운 종류의 재산을 인정할 것을 권고하였고, 암호토큰에 대해 상세한 분석을 하여 암호토큰도 데이터객체의 요건을 갖춘 것으로 보았다.

152) UK Jurisdiction Taskforce(2019), pp. 16-17은 "암호자산의 가치는 기록된 데이터 자체가 아니라 데이터 보유자가 시스템의 규칙에 따라 암호자산을 거래할 수 있게 된다는 점에 있다"고 하면서, 이 점에서 암호자산은 데이터베이스 또는 컴퓨터프로그램 같은 다른 유형의 디지털자산과 차이가 있음을 지적하였다.

153) 西村あさひ法律事務所(2017). 842-852쪽(芝章浩 집필)(다만 이 견해는 배타적인 지배라는 사실상태도 재산으로 매매의 대상이 되고 불법행위법 또는 형법의 보호의 대상이 된다고 봄), 정순섭(2021), 18쪽(위 견해를 따르면서 가상자산에 대해 어떤 법적 보호를 할 것인지는 입법정책의 문제로 봄), 정순섭(2018), 11쪽(가상통화가 재산적 가치는 있으나 재산권은 아니라고 함). 정다영(2019), 76쪽은 가상화폐 거래의 대상은 가상화폐가 아니라 가상화폐의 디지털주소이고 결국 가상화폐의 개인키가 거래의 대상이 된다고 보고 있다.

154) 민법은 여러 조항에서 재산권 개념을 사용하고 있다{제162조(소멸시효), 제210조(준점유), 제248조(취득시효), 제278조(준공동소유), 제345조(권리질권), 제406조(채권자취소권), 제563조(매매) 등}.

정확하게는 비밀키 정보)를 배타적으로 지배한다는 점,[155] 관습,[156] 프로그램 코드에 대한 합의[157] 등을 든다.

대법원 2018. 5. 30. 선고 2018도3619 판결은 비트코인이 형사상 몰수의 대상인지 여부가 쟁점이 된 사건에서 “비트코인은 재산적 가치가 있는 무형의 재산”이라고 판시하였다. 하급심판결례에는 주문에 비트코인 등의 가상자산을 인도하라고 명한 사례가 다수 있는 것으로 보인다.[158] 이들 판결례들도 비트코인을 인도가능한 재산으로 봄을 전제로 한 것이다.

이와 같이 가상화폐가 재산으로 인정된다면 보유자의 사망시 상속의 대상이 되고[159] 파산시 파산재단에 속하며, 권리의 침해에 대해서는 불법행위에 따른 손해배상청구권이 발생할 것이다.

다. 가상화폐에 대한 권리의 이전과 귀속

예컨대 비트코인이 무형의 재산이라고 하면, 그 재산권의 이전과 귀속은 어떻게 이루어지는가. 비트코인 네트워크상으로는 비트코인 보유자는 비밀키를 이용하여 그 네트워크에서 정한 규칙에 따라 비트코인을 다른 사람에게 이전한다. 그렇다면 비밀키를 보유한 사람이 비트코인을 보유한 것으로 보면 되는 것인가? 민법 등 법률에 권리의 양도와 귀속에 대해 정해 놓은 동산, 부동산, 채권, 저작권등 지식재산권과 달리 비트코인과 같은 무형의 재산의 양도와 귀속에 대해서는 법률에서 정하고 있지 않아 논란이 있을 수 있다.

금전의 성격에 관한 통설에 따르면 금전은 일반적인 동산과는 달리 물건으로서의 성격보다는 표시된 화폐가치가 중요하다고 보아 소유와 점유를 분리하지 않으며, 원인 없이

---

155) 이나래(2018), 25-26쪽, 남기연(2014), 534쪽과 정해상(2018), 38쪽은 지배력을 기준으로 준소유의 대상이 된다고 보았다. 이석준(2023a), 492-493쪽도 같은 취지. 홍은표(2019), 133쪽은 가상자산의 소유권 보호의 필요성을 강조하지만 “물건 개념과 물권법정주의에 비추어 해석만으로 가상자산 보유자를 소유자로 인정하는 것은 쉽지 않아” 보인다고 하며 준점유 개념을 활용하는 견해를 제시하였다.

156) 増島雅和·堀天子(2023), 28쪽.

157) 加毛明(2019), 21-24쪽.

158) 서울고등법원 2020. 9. 23. 선고 2020나2016462 판결(판결 주문: “피고는 원고로부터 레미 토큰(Remiit token) 암호화폐 5억개를 인도받음과 동시에 원고에게 3억5천만원을 지급하라”), 서울고등법원 2021. 12. 8. 선고 2021나2010775 판결(판결 주문: 피고는 원고에게 비트코인 암호화폐 5.03비트코인(BTC)을 인도하고, 위 비트코인 암호화폐에 대한 강제집행이 불능일 때에는 비트코인 암호화폐 1비트코인(BTC)당 54,280,000원의 비율로 환산한 돈을 지급하라), 수원지방법원 2019. 9. 4. 선고 2018나88937 판결 등.

159) 피상속인의 사망시 상속인은 피상속인의 재산을 포괄적으로 승계하므로(민법 제1005조) 피상속인이 보유했던 비트코인 등 가상자산도 상속으로 법률상 당연히 상속인이 승계한다. 그러나 가상자산은 비밀키를 사용해야 이전할 수 있으므로 피상속인이 관리하던 비밀키를 상속인이 파악하지 못하면 상속에도 불구하고 실질적으로 가상자산을 승계하지 못하는 결과가 발생할 수 있다.

금전의 점유가 타인에게 이전된 경우 원래의 금전소유자가 물권적 반환청구권이 아닌 부당이득반환청구권을 가진다.[160][161] 비트코인이 실질적으로 화폐와 유사한 기능을 할 수 있다는 점을 강조하여, 비트코인의 비밀키를 배타적으로 관리하는 경우 금전의 점유자와 유사하게 비트코인에 대한 실체적 권리를 보유한 것으로 볼 것인가? 비트코인을 통설에 따른 금전과 유사하게 규율하는 것이 타당하다는 견해도 있다.[162]

그러나 비트코인을 비롯한 가상화폐는 법정통화와 달리 가치가 안정되어 있지도 않고 널리 통용되고 있지도 않다. 또한 가상화폐를 대법원 판시와 같이 무형의 재산으로 보면서도 이를 금전과 동일하게 취급하는 것은 타당하지 않다. 예컨대 해킹 등의 방법으로 불법적으로 비밀키를 지득한 후 자신의 전자주소로 비트코인을 이전한 사람이 그 비트코인에 대한 실체적인 권리를 가지고 있다고 인정하는 것은 타당하지 않다.[163] 해킹 등의 방법으로 불법적으로 비트코인을 취득한 사람에 대해서는 원래의 보유자가 물권적 반환청구권을 가진다고 보아야 타당하다. 사기·강박으로 비트코인을 자신의 전자주소로 이전한 후 원래의 보유자가 사기·강박을 이유로 이를 취소한 경우에도 마찬가지이다. 비트코인의 거래활성화와 지급수단으로서의 기능을 지원하는 관점에서 본다면 불법적인 취득자 등 무권리자로부터 비트코인을 취득한 사람에 대해서는 선의취득 법리를 유추적용하여 보호할 필요가 있다고 할 수 있다.[164] 그러나 비트코인의 과거 거래내역은 쉽게 추적할 수 있다는 점에서 불법거래와 관련된 비트코인의 취득을 허용할 필요가 있는지에 대해서는 논란의 여지가 있다.[165]

---

160) 주석민법[채권총칙(1)](2020), 150쪽(권순형 집필).

161) 다만 대법원 2012. 8. 30. 선고 2012도6157 판결은 "금전을 도난당한 경우 절도범이 절취한 금전만 소지하고 있는 때 등과 같이 구체적으로 절취된 금전을 특정할 수 있어 객관적으로 다른 금전 등과 구분됨이 명백한 예외적인 경우에는 절도 피해자에 대한 관계에서 그 금전이 절도범인 타인의 재물이라고 할 수 없다"고 판시하여 예외적으로 금전을 특정할 수 있는 경우에는 점유의 이전에도 불구하고 소유권이 이전되지 않는다는 입장을 취하였다{주석민법[채권총칙(1)](2020), 152-153쪽(권순형 집필)}.

162) "가상통화 … 보유자에게 배타적으로 귀속되는 것은 지급단위라고 하는 가치적 권능이고, … 가치적 권능의 귀속과 이전에 관하여는 현금통화와 예금통화 어느 것도 "특정"에 의한 관념적인 귀속 내지 이전을 인정하지 않는 고유의 규율이 타당하고, 가상통화에도 이것과 마찬가지 규율이 타당하다"는 견해로는 森田宏樹(2019), 21쪽.

163) 영국법상의 논의이지만 UK Jurisdiction Taskforce(2019), p. 13도 같은 취지. 물론 불법적으로 비밀키를 지득한 후 가상자산을 다른 주소로 이전하면 그 수령자는 새로운 비밀키로 그 가상자산을 다시 다른 사람에게 이전할 수 있는 지위를 사실상 가지게 된다. 그 수령자를 선의취득 등 일정한 요건하에 적법한 가상자산 보유자로 볼 수 있는지는 별개의 문제다.

164) Law Commission(2022), p. 266(선의취득법리를 암호토큰의 이전에도 적용할 것을 제안함). 민법 제249조는 동산에 대해 적용되고 점유를 요건으로 하므로 가상자산에 직접 적용된다고 보기는 어려울 것이다.

165) Christoph Gschnaidtner, "§2 Economics of Crypto Assets" in Maume·Maute·Fromberger(2022), p. 59.

(3) 계약의 목적물 - 대체가능성

민법상 물건을 목적으로 하는 거래는 특정물로 정했는지 아니면 종류물로 정했는지에 따라 당사자의 권리의무에 차이가 발생한다(민법 제375조). 비트코인이 민법상 물건에 해당하지 않고 무형의 재산이라고 하더라도 비트코인은 대체가능성(fungibility)이 있는 재산권이므로 비트코인을 거래의 목적물로 삼는 경우 특정물로 정했는지 아니면 종류로만 정했는지를 검토할 필요가 있다.

비트코인의 보유는 비트코인 네트워크에 연결할 수 있고 비트코인주소가 있는 보유자의 전자지갑에 '미사용 거래출력(UTXO: unspent transaction output)'으로 표시된다. 비트코인을 가상자산사업자에게 보관시킨 경우에는 그 가상자산사업자에 개설한 계정의 전자지갑에 표시된다. 비트코인을 목적물로 한 매매, 임치 등의 계약을 체결할 때 비트코인주소를 특정하는 등 개별·구체적으로 목적물을 특정하지 않고, 비트코인의 개수만을 정하여 계약의 목적물로 한 경우에는 계약의 목적물을 종류로 정한 것으로 취급하여 인도의무를 부담한 당사자가 계약에 정한 개수의 비트코인을 인도할 의무가 있다고 보아야 한다.[166)]

(4) 가상자산의 신탁

대법원 2018. 5. 30. 선고 2018도3619 판결에 따르면 비트코인은 "재산적 가치가 있는 무형의 재산"에 해당한다. 가상자산이용자보호법상 가상자산은 경제적 가치를 가진 것으로 거래 이전될 수 있다. 그렇다면 비트코인과 가상자산이용자보호법에 따른 가상자산은 신탁법 제2조에 규정된 "재산"에 해당된다고 볼 수 있고, 가상자산을 수탁자에게 이전하는 방법으로 당해 가상자산에 대한 신탁을 설정할 수 있다. 가상자산은 등기 등록할

---

166) 서울고등법원 2021. 12. 8. 선고 2021나2010775 판결("비트코인 자체에는 고유한 값이나 번호가 부여되어 있지 않아 각개의 개성이 중요시되지 않으므로, 피고의 원고에 대한 비트코인 이전 내지 반환의무는 종류채무와 유사한 성질을 가진다(민법 제375조 제1항 참조). 따라서 피고는 원고가 출금을 요청한 주소로 비트코인을 이전하기 전에 비트코인의 멸실·훼손 등 사정이 발생하였더라도 특별한 사정이 없는 한 원고에게 동종·동질·동량의 비트코인을 다시 조달하여 이전하거나 반환할 의무를 부담한다"). 전주지방법원 정읍지원 2022. 5. 11. 선고 2021가합1488 판결(피고가 원고의 위임을 받아 피고의 명의로 '칠리즈 코인'을 매수하여 보관하다가 임의로 처분한 사건에서, "'칠리즈 코인'은 가상화폐거래소에 상장된 가상화폐로서 '칠리즈 코인' 상호 간에는 그 개성이 중요하지 아니하고, 이 사건 계약에서 '칠리즈 코인'이 특정물로서 개별적, 구체적으로 지정되었다고 보기도 어렵다. 따라서 피고가 원고를 위해 매수한 '칠리즈 코인'을 임의 처분한 이후에도 가상화폐거래소에서 '칠리즈 코인'을 다시 매수하여 이 사건 계약에 따른 의무를 이행하는 것이 얼마든지 가능하다고 할 것"이라고 판시함). 전휴재(2023)는 가상자산이전청구권이 특정되지 않은 종류물의 급부를 목적으로 하는 '종류채권'에 해당한다고 봄이 타당하다고 하고(108쪽), 채무자가 인도의무를 불이행한 경우 대체집행을 허용할지 여부에 대해 상세히 논의하였다(122-128쪽).

수 있는 재산이 아니고 신탁법은 블록체인을 통한 재산의 이전을 상정하고 있지 않아 현행 신탁법상으로는 다른 재산과 분별하여 관리하는 등의 방법으로 신탁재산임을 표시함으로써 그 재산이 신탁재산에 속한 것임을 제3자에게 대항할 수 있다고 할 수 있을 것이다(동법 제4조 제2항). 가상자산과 같은 새로운 유형의 재산에 대하여는 신탁의 대항력에 대해 입법적으로 보완할 필요가 있다.

그러나 신탁을 영업으로 하는 신탁업자가 수탁할 수 있는 재산은 일정하게 제한되어 있다(자본시장법 제103조 제1항). 가상자산을 무체재산권으로 볼 수 있는지의 문제가 제기될 수 있을 것으로 보인다. 가상자산을 신탁업자가 수탁하는 경우에는 자본시장법상 신탁업 이외에 가상자산이용자보호법상 가상자산의 보관 관리업무에도 해당되는지 문제등도 제기될 수 있어 입법적으로 정비할 필요가 있을 것으로 보인다.[167]

2. 발행주체가 있는 가상자산

비트코인과는 달리 가상자산의 발행주체가 있는 경우도 있다. 특정한 사업 수행을 위한 자금조달 목적으로 ICO(initial coin offering) 등을 통하여 발행되는 토큰 또는 실물자산·지식재산권 등을 토큰화하여 발행되는 증권형 토큰과 중앙은행 디지털화폐(CBDC: Central Bank Digital Currency)를 들 수 있다. CBDC는 필요한 입법적 보완을 거쳐 기존의 법화와 같은 법적 지위를 가지도록 발행될 것이므로 CBDC를 규율하는 특정 법률조항에 의하여 그 성격이 결정될 것이다.

ICO는 통상 프로젝트 개발단계에서 디지털 토큰을 투자자에게 발행하고 투자자로부터 가상화폐 등으로 투자금을 제공받아 프로젝트 수행자금을 조달한다.[168] ICO로 발행되는 토큰은 통상 지급토큰, 유틸리티 토큰[169]과 자산토큰으로 분류된다.[170] 그 토큰은 발

167) 일본의 경우, 2020년 5월 일본 신탁업법시행규칙이 개정되어, 동법에 따른 신탁업자(=후술하는 겸영법에 의해 규율되는 금융기관을 제외한 신탁업자)는 암호자산을 신탁재산으로 하는 관리형 신탁, 운용형 신탁 및 암호자산 파생거래를 하는 신탁을 인수할 수 있다(동시행규칙 제6조 제1항 제12호, 제30조의18 제2호). 반면, 「금융기관의 신탁업무의 겸영 등에 관한 법률(金融機關の信託業務の兼営等に関する法律)」("겸영법")에 따른 신탁업 겸영은행은 암호자산을 신탁재산으로 하는 관리형신탁만 할 수 있고, 겸영법에 따라 신탁업을 겸영하는 다른 금융기관들(장기신용은행, 각종 금고, 각종 협동조합, 금고·협동조합의 연합회 등)은 암호자산에 대한 신탁업이 금지되어 있다(겸영법 제1조 제1항, 동법시행령 제3조 제4호, 동법시행규칙 제3조 제1항 제7호){市古裕太(2024) pp. 405-406, 増島雅和·堀天子(2023). 35쪽}.

168) 김준영·김계정·문준호(2017), 201쪽.

169) 서비스 접근을 위한 유틸리티 토큰을 발행한 ICO가 실증연구 대상 ICO의 60-80% 이상으로 나타난 실증연구들{Ofir·Sadeh(2020), p. 569 n 308과 그곳에 인용된 문헌들}도 있고, 약 75%가 서비스접근용, 약 50%가 지급용, 약 25%가 투자용을 발행했다는 연구와 49%가 지급토큰, 36%가 서비스토큰, 16%가 투자토큰이라는 연구{Maume(2020), pp. 188-189와 n 15와 16에 인용된

행주체가 있고 발행주체와 토큰보유자 간의 권리의무가 표시되어 있다고 볼 수 있다. 물론 그 토큰보유자와 발행주체 간의 구체적인 권리의무는 각 건마다 토큰의 내용을 검토해야 알 수 있을 것이다.

실물자산에 기초한 증권형 토큰의 사법(私法)적 성격은 그 토큰보유자의 권리와 토큰발행자의 의무를 면밀하게 분석하여야 판단할 수 있다. 토큰보유자가 실물자산 등에 관한 물권적 권리의 지분을 가질 수도 있고, 물권적 권리없이 발행주체에 대한 채권을 가지는 경우도 있을 수 있다. 후자의 경우에도 익명조합원의 지위에 해당하는 경우도 있을 수 있다.[171)]

ICO로 발행한 토큰과 실물자산에 기초한 토큰 모두 사법(私法)상 무기명채권 등 유가증권으로 인정할 수 있는지가 문제될 수 있다. 민법은 지시채권과 무기명채권 모두 증서의 존재를 전제로 하고 있고, 상법 제65조 제2항은 전자등록하는데 적합한 유가증권은 상법 제356조의2에 정한 전자등록기관의 전자등록부에 등록하여 발행할 수 있도록 함으로써, 민법과 상법상 블록체인 기재로 권리의 발생·이전이 이루어지도록 하는 형태의 유가증권이 인정될 수 있는지는 상당히 의문이다.[172)] 지명채권으로 인정되는 경우에는 블록체인상 토큰의 양도기록으로 현행법상 채권양도의 대항요건을 갖추었는지의 문제가 발생할 수 있고,[173)] 전자증권법상 전자증권제도와 어떻게 조화를 이루는가의 문제도 있다.[174)]

Ⅲ. 가상화폐를 이용한 지급

1. 가상화폐를 이용한 지급의 법적 성격과 효력

가상화폐는 법화[175)]와는 달리 법률에 의하여 강제통용력이 부여되지 않았으므로 채

문헌들}도 있다.

170) ☞ 제1절 Ⅲ. 2. 기능에 따른 분류.

171) 증권형 토큰이 자본시장법상 증권에 해당하는지 여부에 대해서는 ☞ 제5절 Ⅳ. 1.

172) 일본에서는 유가증권 법리에서 종이와 유체물이 본질적인 것이 아니라고 보고 전자적 기록과 같은 매체가 있으면 사법상 유가증권에 해당한다고 해석하는 것이 가능하다는 견해{大越有人(2021), 32-34쪽}도 제시되고 있으나 이와는 다른 견해들도 있다.

173) 이에 관한 논의는 윤태영(2021), 293-296쪽, 블록체인 기재와 제3자 대항요건에 대해서는 아래 Ⅶ. 1.

174) 이에 관한 논의는 박준선(2022), 17-28쪽, 최지웅(2020), 24-25쪽. 2023년 분산원장 기술을 이용하여 전자등록할 수 있도록 하는 내용의 전자증권법 일부개정법률안(윤창현의원 대표발의, 의안번호 2123533)이 제출되었으나 21대 국회 임기만료로 폐기되었다.

175) 한국은행법 제48조(한국은행이 발행한 한국은행권은 법화(法貨)로서 모든 거래에 무제한 통용된다).

무자가 가상화폐로 자신의 금전채무를 이행할 수는 없다. 그러나 당사자의 합의로 가상화폐에 채무변제력을 부여할 수는 있다.176) 가상화폐는 금전이 아니므로 물건 매매대금을 가상화폐로만 지급하기로 합의한 경우 그 계약은 그 물건과 가상화폐의 교환계약에 해당한다고 볼 수 있다.177) 물건매매대금을 법화로 표시하고 법화로 지급하거나 가상화폐로 변제할 수 있도록 합의한 경우에는 물건의 매매계약에 대물변제의 합의가 추가된 것이라고 볼 수 있다. 법화의 지급을 대가로 가상화폐를 이전하는 계약은 가상화폐의 매매계약이 될 것이다.178) 또한 가상화폐는 법화가 아니므로 가상화폐의 단위로 표시된 채무는 금전채무에 해당하지 않는다.

전자지급수단을 사용한 지급의 효력발생시기에 대해서는 전자금융거래법이 명시하고 있으나,179) 가상화폐에 의한 변제에 대해서는 법률에 정해 놓은 것이 없다. 거래 당사자 간에서는 변제의 효력발생시기를 약정으로 정할 수 있겠으나, 그러한 약정이 없는 경우에는 가상화폐에 의한 변제의 효력은 가상화폐가 채권자에게 이전되어야 발생한다고 보아야 할 것이다. 당사자 중의 일방에 대해 도산절차가 개시되는 경우 가상화폐의 이전 시점은 가상화폐가 도산재단에 속하는지 여부의 결정 등에서 중요한 의미를 가질 수 있는데, 이때 이전 시점은 당사자 간의 약정으로 결정되는 것은 아니다. 그런데 합의 알고리즘을 사용하는 블록체인을 통하여 가상화폐의 이전이 이루어지는 경우, 그 이전의 효력이 확정되는 시점을 특정하기 어렵다는 문제가 있다.180)

---

176) 이 점은 전자화폐도 마찬가지다. 전자화폐보유자가 재화공급·용역제공의 대가를 전자화폐로 지급하는 경우 그러한 지급에 대해 수취인과의 합의가 있어야 채무변제로 인정된다(전자금융거래법 제17조). 전자화폐도 강제통용력을 가진 법정통화가 아니기 때문이다.

177) 정다영(2019), 81쪽도 같은 견해.

178) 참고로 수원지방법원 여주지원 2019. 10. 16. 선고 2019가단52978 판결은 원고(=부동산소유자)로부터 1억3천만 원에 매도할 권한을 위임받은 C가 제트페이라는 가상화폐로 매매대금을 지급받는 내용으로 매매계약을 체결한 사건에서 "일반적으로 대리인에게 매매대금을 정해주면서 매도할 권한을 위임하는 경우 그 매매대금은 수권행위에 특별한 정함이 없는 이상 강제통용력을 지닌 금전 기타 그에 준하는 예금채권의 양도 등을 의미한다 … [제트페이는] 강제통용력이 있는 금전에 해당하지도 않고, 그에 준하는 화폐가치를 지니고 있다고 볼 수도 없다. … C가 원고를 대리하여 매매대금을 전자화폐로 지급받는 내용의 이 사건 매매계약을 체결한 행위는 무권대리행위에 해당한다"고 판시하였다.

179) 전자자금이체의 경우에는 수취인의 계좌가 개설되어 있는 금융회사 또는 전자금융업자의 계좌의 원장에 입금기록이 끝난 때, 선불전자지급수단으로 지급하는 경우에는 거래지시된 금액의 정보가 수취인이 지정한 전자적 장치에 도달한 때 지급의 효력이 생긴다(전자금융거래법 제13조 제1항, 제1호, 제3호).

180) BIS/CPMI(2017), pp. 15-16, Nabilou(2022), pp. 12-13. 이 문헌들은 지급결제시스템의 관점에서 합의 알고리즘을 사용하는 블록체인에 의한 가상화폐의 이전에서는 결제완결성(settlement finality)을 갖추는 특정한 시점을 정할 수 없음을 지적하였으나, 지급결제시스템에서의 결제만이 아니라 비트코인과 같은 가상화폐의 일반적인 거래에서도 가상화폐의 이전 시기의 불명확성의 문제가 발생한다.

대표적인 가상화폐인 비트코인을 중심으로 살펴보자. 비트코인의 이전에는 비트코인 네트워크가 요구하는 일정한 절차(작업증명과 다른 네트워크 참여자들의 승인)가 필요하다. 그 절차완료시 가상화폐가 이전되고 변제의 효력도 그 시점에 발생한다고 볼 수 있는가? 어떤 비트코인 이전거래가 작업증명과 다른 네트워크 참여자의 승인을 거쳐 블록(이하 "블록A")에 반영되고 블록A가 체인에 연결되었더라도(이하 이 단락에서 그 시점을 "시점T1"이라고 함), 그와 경쟁하는 체인이 발생할 수 있다.[181] 그 경쟁하는 체인이 최다누적작업체인(=가장 긴 체인)이 되어 주된 체인으로 인정되면, 블록A는 고아블록이 되므로 이를 다시 주된 체인에 연결하는 절차가 진행되어야 한다. 이러한 상황이 발생하면 시점T1에 비트코인이 이전되었다고 하기 어렵다. 블록A가 체인에 연결된 후 그 위에 새로운 블록이 승인되어 연결되면 연결될수록 블록A가 체인에 연결된 기록이 변경될 가능성은 낮아진다. 통상 당해 비트코인의 이전거래를 포함하는 블록 위에 6번의 승인이 있어 6개의 블록이 더 쌓이면 그 체인은 사실상 변경이 불가능하다고 본다.[182] 비트코인 거래와 채굴이 활발하다고 가정하면, 비트코인 블록 생성 간격이 10분이므로 시점T1 이후 1시간이 경과하면 비트코인 이전이 사실상 확정된 것으로 볼 수 있게 되는 것이다.

이와 같이 비트코인 이전 거래에 대해 비트코인 네트워크에서 요구하는 절차(작업증명과 네트워크 참여자들의 승인)을 거쳐 블록이 형성되었더라도 네트워크에서 인정되지 않을 가능성이 있고, 그 가능성은 그 블록에 연결되는 거래들이 더 여러 차례 승인될수록 낮아진다는 점에서 비트코인 이전은 어느 한 시점(예: 당해 거래에 관한 작업증명과 네트워크 참여자들의 승인)에 확정적으로 발생하는 것이 아니라 확률적이라고 지적되고 있다.[183] 위에서 언급한 동시에 경쟁하는 체인의 발생은 이례적이라는 점을 고려하면, 당사자간의 특

181) 거의 동시에 두 개의 다른 블록이 채굴되어 각각 체인에 연결된 후 네트워크에 전파되는 경우 발생할 수 있다{이에 관한 설명은 안토노플로스(2018), 343-350쪽}. 본문에 언급한 상황 이외에도 51% 공격에 의한 이중양도·사용이 이루어지는 경우도 있을 수 있고 이때는 51% 공격에 대한 법적 평가의 문제도 함께 검토할 필요가 있다.

182) 안토노풀로스(2018), 75쪽. 닉 퍼노(2019), 88쪽(본문의 내용을 언급한 후 BitcoinWiki는 "대규모 트랜잭션의 경우에는 블록 144개 또는 1일이 교환을 완료하기 전에 요구된다"라고 설명한다고 함). Nabilou(2022), pp. 32-33(업계의 관행상 비트코인 거래를 확정적으로 인정하기 위하여 요구되는 승인이 0부터 6이라고 하고, 가장 보수적인 접근은 6개를 요구하는 것이라고 하면서 그 이유로 6개의 블록을 바꾸는 것은 매우 높은 에너지 투자가 필요하기 때문에 6개의 승인을 요구하는 것이 비교적 안전하기 때문이라고 함. 지갑 가운데는 비트코인 거래가 비트코인 네트워크에 전파되면 수령을 확인하는 통지를 하지만 지급의 효력은 60분 이후에 발생하는 것으로 간주하도록 하는 경우도 있다고 함). 국내 주요 가상자산사업자의 이용약관 가운데 일부는 "가상자산 전송은 해당 가상자산이 속한 블록체인 네트워크에서 필요한 절차를 이행하는데 요구되는 시간이 경과한 후 완료된다"는 취지의 조항을 두고 있으나, 본문에 언급한 시점T1을 의미하는 것인지 아니면 그 이후 일정한 시간의 경과를 의미하는 것인지 명확하지 않다.

183) Nabilou(2022), pp. 3-4, BIS/CPMI(2017), p. 15.

약이 없거나 적용되지 않는 경우, 위의 예에서 시점T1에 (경쟁하는 체인의 발생 등으로 인하여 블록이 주된 체인에 연결되지 않는 상황의 발생을 해제조건으로 하여) 비트코인의 이전이 이루어진 것으로 보는 것이 합리적일 것이다.

2. 가상화폐의 착오이체

비트코인과 같은 가상화폐가 블록체인 네트워크에서 이체되고 그 이체에 착오·사기·강박 등 무효·취소 사유가 있더라도 블록체인 네트워크의 성질상 이미 블록이 형성되어 네트워크상 거래승인이 된 이후 그 블록을 사후에 제거할 수는 없다. 이러한 경우 무효·취소로 인한 원상회복은 원인없이 가상화폐를 이체받은 사람이 그 가상화폐를 다시 원보유자에게 이체하는 방법으로 하는 것이 타당할 것이고, 그가 그 가상화폐를 처분·사용한 경우에는 동종·동량의 가상화폐를 반환할 의무를 진다고 보는 것이 합리적일 것이다.

이와 관련한 형사사건에서 선고된 대법원 판결이 있으나 민사상 원상회복에 대해서는 판시하지 않았다. 이 사건에서는 A의 B거래소 가상지갑에 들어 있던 비트코인이 알 수 없는 경위로 피고인 C의 계정으로 이체되었다. 피고인은 그 이체받은 비트코인을 자신의 다른 계정으로 이체하여 배임죄로 기소되었다.

1심(수원지방법원 평택지원 2020. 2. 14. 선고 2019고합56 판결)과 원심(수원고등법원 2020. 7. 2. 선고 2020노171 판결)[184]은 배임죄 성립을 인정하였으나 대법원 2021. 12. 16. 선고 2020도9789 판결은 이를 파기환송하였다. 위 대법원 판결은 "가상자산 권리자의 착오나 가상자산 운영 시스템의 오류 등으로 법률상 원인관계 없이 다른 사람의 가상자산 전자지갑에 가상자산이 이체된 경우, 가상자산을 이체받은 자는 가상자산의 권리자 등에 대한 부당이득반환의무를 부담하게 될 수 있다. 그러나 이는 당사자 사이의 민사상 채무에 지나지 않고 이러한 사정만으로 가상자산을 이체받은 사람이 신임관계에 기초하여 가상자산을 보존하거나 관리하는 지위에 있다고 볼 수 없다"고 보았다. 또한 대법원은 가상자산은 법정화폐와 동일하게 취급되고 있지 않으므로 형법 적용시 법정화폐와 동일하게 보호해야 하는 것은 아니라고 보고, "원인불명으로 재산상 이익인 가상자산을 이체받은 자가 가상자산을 사용·처분한 경우 이를 형사처벌하는 명문의 규정이 없는 현재의 상황에서 착오

184) 원심판결(수원고등법원 2020. 7. 2. 선고 2020노171 판결)과 1심판결(수원지방법원 평택지원 2020. 2. 14. 선고 2019고합56 판결)은 "신임관계의 발생근거는 법령의 규정, 법률행위, 관습 또는 사무관리에 의하여도 발생할 수 있다(대법원 1999. 6. 22. 선고 99도1095 판결)"는데 기초하여 피고인이 "신의칙에 근거하여 이체받은 비트코인을 그 소유자에게 반환하기 위해 그대로 보관하는 등 피해자의 재산을 보호하고 관리할 임무를 부담하게 함이 타당"하다고 보았다.

송금 시 횡령죄 성립을 긍정한 판례(대법원 2010. 12. 9. 선고 2010도891 판결 등 참조)를 유추하여 신의칙을 근거로 피고인을 배임죄로 처벌하는 것은 죄형법정주의에 반한다"고 판시하였다.[185]

Ⅳ. 강제집행과 도산절차에서의 가상자산의 취급

1. 가상자산에 대한 강제집행

채무자가 가상자산을 직접 보유하는 경우와 가상자산사업자의 고객으로 간접보유하는 경우를 나누어 검토할 필요가 있다.

채무자가 직접 보유하는 가상자산에 대한 강제집행은 가상자산의 사법상 성격을 어떻게 보는가에 따라 달라질 것이다. 가상자산 보유자가 물권적으로 가상자산을 보유하고 있음을 인정하지 않는 견해는 그 가상자산을 강제집행할 수 없다고 본다.[186] 가상자산을 물권 또는 준물권의 대상으로 보는 경우에는 그 가상자산에 대해서도 강제집행을 할 수 있다고 보아야 할 텐데 구체적으로 어떠한 절차를 따라야 할 것인지 문제가 된다.[187] 특히 가상자산의 비밀키 정보가 없으면 그 가상자산을 처분할 수 없으므로 채무자가 직접 보유한 가상자산에 대한 강제집행을 하기 위해서는 채무자의 협조가 필요하다. 채무자가 비밀키 정보를 제공하지 않는 경우에는 간접강제(민사집행법 제261조) 수단을 사용할 수밖에 없을 것이다.[188] 비밀키 정보 없이는 가상자산을 처분할 수 없다는 점 때문에 파산

185) 대전지방법원 2022. 7. 7. 선고 2021노3179 판결은 알 수 없는 경위로 법률상 원인없이 피해자의 지갑으로부터 피고인의 가상지갑으로 비트코인이 이체된 후 이를 사용한 피고인이 횡령죄와 배임죄로 택일적으로 기소된 사건에서 (i) 배임죄에 대하여는 대법원 2021. 12. 16. 선고 2020도9789 판결의 판시와 같이 피고인이 신임관계에 기초하여 피해자의 사무를 처리하는 것으로 볼 수 없어 피고인을 타인의 사무를 처리하는 자에 해당하지 않는다고 하였고, (ii) 횡령죄에 대하여는 비트코인이 '재물'에 해당하지 않는다고 하여 무죄를 선고하였다.

186) 박영호(2019), 24쪽(채무자 자신의 전자지갑에 보관된 비트코인 자체는 현행 법제 아래서는 강제집행의 대상이 되기 어렵지만, 입법적으로 유체동산 집행의 대상이 되도록 보완할 필요가 있음).

187) 이혜정(2022), 202-204는 동산으로 취급하자는 3가지 견해와 '그 밖의 재산권'으로 취급하자는 견해를 소개하고 있다. 전휴재(2023)는 가상자산은 민사집행법 제251조에 규정된 "그 밖의 재산권"으로 집행대상 적격이 있다고 보고 집행절차를 상세히 논의하였다.

188) 전승재·권헌영(2018), 105-106쪽은 "민사집행법 제189조 제1항 단서에 따른 봉인표에 공개키 주소와 압류 집행 시각을 기재해 두면 그 시점 이후 채무자의 임의처분을 감시할 수 있다. 압류물을 임의처분한 채무자는 형법 제140조 제1항의 공무상봉인등무효죄로 처벌받으므로, 이를 통해 채무자로 하여금 압류된 전자지갑에서 비트코인을 꺼내지 못하도록 간접적으로 강제할 수 있다."고 하면서 그 경우에도 추심하려면 비밀키 정보가 필요하다는 한계가 있음을 지적하였다. 실무에서는 채무자에게 송달되는 압류명령에 "채무자는 압류된 가상자산을 채무자의 전자지갑으로부터 채권자가 위임하는 집행관의 전자지갑 또는 집행관이 지정하는 가상자산사업자의 전

채무자가 비밀키 정보를 제공하지 않음으로써 파산재단에 속해야 할 가상자산을 파산재산에서 배제되도록 할 수 있다는 문제도 발생한다.[189)]

가상자산의 사법(私法)상 성격에 관하여 어떠한 견해를 취하더라도, 가상자산사업자의 고객으로 가상자산을 간접보유하는 사람은 가상자산사업자에 대하여 최소한 계약에 따른 채권적 권리를 가지고 있게 된다.[190)] 그 고객에 대한 채권자는 그 고객이 가지는 가상자산사업자에 대한 권리를 강제집행할 수 있다고 보아야 한다.[191)] 구체적인 현금화절차로 추심명령과 전부명령이 가능한지, 매각명령과 양도명령으로 현금화할 것인지 등에 대하여 견해가 나뉘고 있으나, 실무상으로는 가상자산사업자를 제3채무자로 하고 가상자산반환청구권에 대한 압류명령으로 이루어진다고 한다.[192)] 입법적으로 보완할 필요가 있다.

2. 도산절차에서의 가상자산

일반적으로 가상자산 보유자가 파산한 경우 가상자산은 파산재단에 속하게 될 것이다. 문제는 고객의 가상자산을 보관한 가상자산사업자가 파산한 경우에 발생한다. 이 경우

자지갑에 전송하여야 합니다"라는 주의 문구를 기재하여 채무자의 임의 이행을 유도하는 방식을 사용하고 있다고 한다{임성민, "가상자산에 관한 민사절차법상의 문제 — 민사집행절차를 중심으로", 한국민사집행법학회 춘계학술대회 발표문 (한국민사집행법학회, 2022. 3. 19.), p. 3. 조동관(2023), 196쪽 각주 553에서 재인용}. 국세징수법 제55조 제3항은 가상자산을 압류하려는 경우 체납자(가상자산사업자 등 제3자가 체납자의 가상자산을 보관하고 있을 때에는 그 제3자)에게 해당 가상자산의 이전을 문서로 요구할 수 있고 요구받은 체납자 또는 그 제3자는 이에 따라야 한다고 규정하고 있다.

189) 岩原紳作(2019), 84쪽은 (i) 가상화폐를 재산은닉수단으로 이용하여 강제집행제도와 도산절차제도의 기초를 붕괴시키게 된다는 점, (ii) 가상화폐로 표시된 채권의 회수에 문제가 생겨 가상화폐의 이용이 어렵게 될 수 있음을 지적하였다.

190) 가상자산을 물권 또는 준물권의 대상으로 보는 경우에는 물권적 반환청구권도 인정될 수 있다.

191) 이정엽·이석준·김성인(2023), 509-510쪽("가상자산거래소를 제3채무자로 하여 채무자의 제3채무자에 대한 출금청구권에 대하여 가압류하는 것이 실무례로 보인다"고 하고 다수의 하급심결정 사례를 언급함). 박영호(2019), 28-30쪽{울산지방법원 2018. 1. 5.자 2017카합10471 결정(최초 비트코인 가압류결정 — 암호화폐거래소에 대한 출금청구권의 가압류), 서울중앙지방법원 2018. 2. 1.자 2017카단817381 결정(암호화폐 전송, 매각 등 이행청구채권을 가압류)을 실제사례로 제시함}. 이혜정(2022), 189-194쪽(고객이 가상자산교환업자에게 가상자산의 관리를 위탁한 경우 가상자산교환업자에 대하여 가상자산반환 또는 이전청구권을 가지고 이 권리는 '그 밖의 재산권에 해당한다'는 견해가 일본 실무상 입장이라고 하며 일본에서의 강제집행과 현금화 절차에 대하여 설명함).

192) 이혜정(2022), 204-209쪽. 전휴재(2023), 104쪽은 고객이 가상자산사업자에 대하여 가지는 가상자산반환청구권은 민사집행법 제251조에 규정된 "그 밖의 재산권"이고, 집행실무에서도 이에 대한 집행을 "그 밖의 재산권"에 대한 강제집행으로 보아 채권집행에 관한 규정을 준용하여 처리하고 있다고 한다.

고객이 맡긴 가상자산을 파산절차에서 어떻게 취급할 것인가(평상시 가상자산사업자를 이용한 가상자산 간접보유의 법률관계에 대해서는 ☞ 아래 Ⅷ). 이 문제는 가상자산의 사법(私法)상 성격 즉 물권의 대상으로 볼 수 있는가와 고객과 보관업자 사이의 계약에 따라 달라진다. 가상자산을 소유권 또는 이에 준하는 물권적 권리의 대상으로 볼 수 있고 고객과 보관업자 사이의 계약상 고객이 그 권리를 완전히 보관업자에게 이전한 것[193]이 아니라면, 도산법상 고객이 가지는 가상자산 반환에 관한 권리를 보호받을 수 있어야 타당할 것이다.

앞서 언급한 바와 같이 일본의 마운트곡스의 파산절차에서 비트코인을 맡긴 고객들이 환취권을 행사하고자 하였으나 일본 법원은 비트코인이 일본 민법상 물건에 해당하지 않는다는 등의 근거를 들어 환취권 행사를 허용하지 않았다.[194][195] 법제가 다르기는 하지만, 뉴질랜드 법원은 가상자산사업자인 Cryptopia의 파산절차에서 그 고객들이 맡긴 가상자산이 뉴질랜드 회사법상 재산(property)에 해당할 뿐 아니라 보다 일반적으로 보통법상 재산에 해당하고, Cryptopia가 고객들이 맡긴 가상자산의 수탁자에 해당한다고 판시하였다.[196]

국내에서 가상자산사업자가 도산절차에 들어가는 경우 가상자산의 사법상 성격에 대해서는 여러 견해가 있을 수 있고 가상자산사업자의 고객 가상자산 보관형태가 약관상 명확하지 않기 때문에 고객의 보호 차원에서는 법적 불확실성이 매우 큰 상태이다.

---

193) 증권대차와 같이 고객이 가상자산상의 권리를 가상자산사업자에게 완전히 이전하고 동종 동량의 가상자산을 반환받는 채권적 권리만을 가지는 것으로 계약에 정해 놓을 수도 있을 것이고, 이 경우 고객은 가상자산사업자에게 채권적 권리만을 행사할 수 있으므로 결국 파산채권자가 될 것이다.

194) 도쿄지방재판소 2015년(平成 27年) 8월 5일 판결(平成 26年(ワ) 第33320号)(☞ 위 각주 148). 마운트곡스가 운영하는 비트코인거래소는 한 때 전세계 비트코인 거래의 70%를 차지할 정도로 큰 거래소였으나, 2014년 초 보유하고 있던 비트코인을 도난당하여 모든 거래를 중단하고 2014. 2. 28. 도쿄지방재판소에 민사재생을 신청하였고 2014. 4. 24. 동경지방재판소는 파산절차개시결정을 하였다. 이후 비트코인 가격이 상승하여 도난당한 비트코인에 대해 고객들에게 2014년 가격으로 손해배상하고도 자산이 남게 되어 2018. 6. 22. 도쿄지방재판소는 민사재생절차개시결정을 하고 파산절차를 중지하였다. 재생계획안이 채권자집회를 거쳐 도쿄지방재판소의 인가를 받아 2021. 11. 16. 확정되었고 2024. 7.부터 비트코인과 비트코인캐쉬에 의한 변제가 개시될 것이라고 발표되었다.

195) 이석준(2023a)은 서울회생법원 2019하합29(코인빈 파산사건)에서도 이용자의 가상자산거래소에 대한 가상자산반환청구권을 채권으로 보고 환취권의 성립을 부정하였으나 그 이유는 분명하지 않다고 하고(499쪽), "거래소가 고유의 가상자산과 이용자의 가상자산을 분리하여 관리하는 등 이용자의 가상자산을 식별하는 것이 가능하다면 … 이용자들은 거래소의 파산절차에서 환취권을 가지게 될 것"이라는 입장을 취하였다(496, 507쪽).

196) Ruscoe v Cryptopia Limited (in liquidation) [2020] NZHC 728 (8 April 2020).

V. 국제사법상 가상자산의 취급

1. 가상자산의 유통시장 거래의 준거법과 관할 - 비트코인을 중심으로

국제사법상 가상자산거래의 준거법과 관할법원은 가상자산의 종류와 성격에 따라 다르다. 예컨대 증권형 토큰이 법인·단체에 대한 지분권을 표창하는 경우에는 원칙적으로 법인·단체의 설립의 준거법에 따르고, 채권을 표창하는 경우에는 채권에 관한 국제사법원칙에 따르게 된다. 그러나 비트코인과 같이 발행주체가 없이 또 내재가치를 표창하지 않고 발행된 가상화폐를 블록체인 네트워크상에서 거래하는 경우에는 명확하지 않다.[197]

국제사법은 재산적 권리를 물권, 지식재산권, 채권으로 나누어 규율하고 있는데, 대법원 판결과 같이 비트코인을 재산적 가치가 있는 무형의 재산으로 보는 경우 국제사법상 어느 범주에 넣어야 하는지가 명확하지 않고, 물권 또는 물권적 권리라고 보는 경우에도 국제사법은 비트코인과 같은 종류의 재산을 상정하고 있지 않아 그 준거법이 어떻게 결정되어야 하는지 명확하지 않다.

또한 가상자산거래의 준거법을 어떻게 정할 것인지도 명확하지 않다. 당사자 간 또는 블록체인 네트워크의 프로토콜상 준거법 지정이 없음을 전제로 할 때, 블록체인 네트워크를 통하여 비트코인과 같은 가상자산을 거래하는 경우 그 거래의 준거법이 어떻게 정해져야 하는지에 대해 문제가 제기된다. 국제사법은 계약에 대해서는 당사자가 준거법을 선택하지 않은 경우 그 계약과 가장 밀접한 관련이 있는 국가의 법에 따르도록 하고 있고(동법 제46조 제1항), 계약의 특징적 이행(양도계약의 양도인의 이행, 위임·도급 및 이와 유사한 용역제공계약의 용역의 이행)[198]을 해야 하는 당사자의 상거소가 있는 국가의 법을 가장 밀접한 관련이 있는 것으로 추정한다(동조 제2항). 비트코인 네트워크상 비트코인이 이전되는 거래가 국제적으로 이루어지는 경우, 그 거래와 가장 밀접한 관련이 있는 국가의

197) 가상화폐 또는 블록체인 거래가 국제적으로 이루어지는 경우의 준거법과 관할법원 결정의 어려움에 대해서는 외국에서도 논의가 많다. Andrew Dickinson, "Cryptocurrencies and the Conflict of Laws", in Fox·Green(2019), Territt(2019), Lehmann(2019), FMLC (2018), Björn Steinrötter, "§3 International Jurisdiction and Applicable Law" in Maume·Maute·Fromberger(2022).

198) Björn Steinrötter, "§3 International Jurisdiction and Applicable Law" in Maume·Maute·Fromberger (2022), pp. 86-87은 (i) 암호자산을 법정통화와 교환하는 거래에서는 암호자산의 이전이 중요하므로 암호자산 매도인의 상거소지의 법, (ii) 암호자산을 상품·서비스와 교환하는 거래에서는 상품·서비스를 제공하는 당사자의 상거소지의 법을 적용하고, (iii) 두 종류의 암호자산을 교환하는 거래에서는 로마1 규정 제4조 (4)항에 따른 가장 밀접한 관련성의 원칙을 적용하는 것을 제시하였다.

법이 무엇인지가 문제가 된다.[199] 준거법을 정하지 않고 ICO를 행하는 경우 이러한 문제가 제기되기 쉬울 것이고,[200] 관련 당사자가 속한 국가들이 가상자산을 법적으로 서로 다르게 취급하는 경우에도 문제가 발생할 수 있다.[201]

그러나 비트코인 네트워크상 거래에 대한 준거법에 관한 논의는 실제로는 그렇게 심각한 문제가 되지 않을 것으로 보인다. 왜냐하면 거의 모든 비트코인 거래라는 법률행위는 비트코인 네트워크 밖에서(예: 가상자산거래소·가상자산사업자를 상대방으로 하거나 그를 통하여) 이루어질 것이기 때문이다. 그 법률행위의 이행이 비트코인 네트워크를 통하여 이루어지는 것이다. 그 법률행위가 가상자산거래소·가상자산사업자를 상대방으로 하거나 그를 통하여 이루어지는 경우에는 거의 예외 없이 준거법이 정해져 있을 것이고 그렇지 않은 경우에도 법률행위의 준거법은 묵시적인 합의 등 전통적인 국제사법 원칙을 적용하여 정하는데 큰 어려움이 없을 것이다.

아무런 중개인이나 플랫폼 운영자 없이 이루어지는 완전한 탈중앙화금융에서 이루어지는 스마트계약에 관한 분쟁 발생시 준거법과 재판관할을 어떻게 정해야 하는지에 대해 어려운 문제에 봉착할 수 있다. 그러나 진정한 탈중앙화금융이라면 거래상대방을 알 수 없고 계약불이행으로 인한 분쟁이 발생할 여지가 별로 없을 것이다. 또한 실질적인 운영자가 있는 플랫폼을 이용하여 탈중앙화금융거래를 하는 경우에는 플랫폼이용계약을 체결할 것이므로 순수히 공개형 블록체인만을 이용하여 거래하는 경우보다는 준거법·관할법원 결정의 어려움이 덜할 것으로 보인다.

---

199) Andrew Dickinson, "Cryptocurrencies and the Conflict of Laws", in Fox·Green(2019), pp. 113-115는 비트코인거래에서 작업증명을 통한 거래승인이 중요한 역할을 하고 그 역할을 하는 채굴자 다수가 중국에서 활동하더라도, 그것만으로 비트코인 시스템 참여자 간의 계약의 특징적 이행을 행해야 하는 당사자의 상거소가 중국이고 로마 I 규정 제4조 (1)항(b)(용역제공계약은 용역제공자가 상거소를 가진 국가의 법에 의하여 규율됨) 또는 제4조 (2)항(계약이 (1)항에 해당하지 않거나 (1)항 (a)부터 (h) 중 둘 이상에 해당하는 경우, 그 계약은 특징적 이행을 해야 하는 당사자가 상거소를 가진 국가의 법에 의하여 규율됨)에 따라 중국법이 비트코인거래의 준거법이 된다고 할 수는 없다고 하였다. 그러나 위 제4조 (1)항과 (2)항으로 준거법을 정하지 못하여 제4조 (4)항에 따라 밀접한 관련이 있는 국가의 법을 준거법으로 정해야 하는 상황에서는 영국 또는 EU 국가의 법원이 비트코인 채굴활동이 가장 활발한 국가인 중국의 법을 준거법으로 인정할 가능성이 상당히 크다고 하였다.

200) Björn Steinrötter, "§3 International Jurisdiction and Applicable Law" in Maume·Maute·Fromberger (2022), pp. 83-84는 (i) 계약의 특징적 이행지 원칙을 적용하여 발행자의 상거소지법이 적용될 수 있고, (ii) 로마 1 규정(Rome I) 제4조 (3)항의 예외조항을 이용하여 당해 토큰발행을 규제하는 법을 적용하는 것도 생각해 볼 수 있으며, (iii) 통화토큰의 경우 소비자보호에 관한 국제사법 원칙이 적용되어 소비자의 상거소지법이 적용된다는 결론은 여러 문제점이 있어서 발행자의 등록된 주소지가 고려될 수 있다고 한다.

201) 이정수(2023c), 393-396쪽(어느 한 당사자의 국가만 가상자산을 물권의 대상으로 인정하는 경우, 어느 한 당사자의 국가만 특정 가상자산을 법화로 인정하는 경우, 어느 한 당사자의 국가가 가상자산을 광범위하게 증권으로 인정하는 경우 발생할 수 있는 국제사법적 쟁점을 설명함).

국제재판관할에 대해 국제사법은 재산소재지가 한국인 경우 국내법원에게 재산권에 관한 소에 대한 특별관할을 인정하고 있다. 비트코인과 같은 가상자산의 소재지를 무엇을 기준으로 인정할 것인지가 문제가 된다. 보다 근본적으로는 가상자산의 성격상 가상자산에 대해 소재지 개념을 적용하는 것이 적합한지에 대해 의문이 제기된다.[202] 이 문제도 비트코인을 비롯한 가상자산 거래가 가상자산 네트워크 밖에서(예: 가상자산거래소·가상자산사업자를 상대방으로 하거나 그를 통하여) 이루어지는 경우에는 거의 대부분 가상자산거래소·가상자산사업자와 고객 간의 법률관계에 대한 관할의 문제로 처리하게 될 것이다.

Ⅵ. 형사법상 가상자산의 취급

1. 형사법상 재물 또는 재산 여부

대법원 2018. 5. 30. 선고 2018도3619 판결[203]은 "비트코인은 재산적 가치가 있는 무형의 재산"이라고 보아 범죄수익은닉규제법[204]에 따라 몰수할 수 있다고 판시하였다. 대법원판결은 비트코인이 재산적 가치가 있는 무형의 재산이라는 근거로 (i) "비트코인은 경제적인 가치를 디지털로 표상하여 전자적으로 이전, 저장 및 거래가 가능하도록 한, 이른바 '가상화폐'의 일종"인 점과 (ii) 그 사건의 피고인이 음란물유포 인터넷사이트를 운영하면서 이용자 및 광고주들로부터 비트코인을 대가로 지급받아 재산적 가치가 있는 것으로 취급한 점을 들었다. 위 대법원판결이 비트코인을 경제적 가치가 있는 재산으로 파악한 것은 타당하지만, 그 근거로 "비트코인이 경제적 가치를 디지털로 표상"하였다는 점은 설득력이 약하다. 비트코인이 재산적 가치가 있는 것으로 취급되어 거래되고 있지만 그 재산적 가치는 비트코인을 거래하는 사람들이 부여한 것일 뿐, 비트코인이 일정한 경제적 가치를 디지털 정보로 나타내는 것은 아니다.[205]

이어 대법원 2021. 11. 11. 선고 2021도9855 판결은 "비트코인은 경제적인 가치를 디

202) Björn Steinrötter, "§3 International Jurisdiction and Applicable Law" in Maume·Maute·Fromberger (2022), pp. 75-76.

203) 1심판결(수원지방법원 2017. 9. 7. 선고 2017고단2884 판결)은 "비트코인은 현금과는 달리 물리적 실체 없이 전자화된 파일의 형태로 되어 있어 몰수하는 것이 적절하지 아니하"다고 판시하였으나, 항소심(수원지법 2018. 1. 30. 선고 2017노7120 판결)과 대법원은 몰수할 수 있다고 보았다.

204) 범죄수익은닉규제법은 범죄수익을 몰수할 수 있도록 하였고(동법 제8조 제1항 제1호), 범죄수익은 "중대범죄에 해당하는 범죄행위에 의하여 생긴 재산 또는 그 범죄행위의 보수로 얻은 재산"을 의미한다{동법 제2조 제2호 (가)목}.

205) 비트코인과는 달리 법정통화 또는 실물자산으로 뒷받침되는 스테이블코인은 일정한 경제적 가치를 디지털정보로 나타낸 것이라고 할 수 있다.

지털로 표상하여 전자적으로 이전, 저장과 거래가 가능하도록 한 가상자산의 일종으로 사기죄의 객체인 재산상 이익에 해당한다"고 판시하였다.[206] 즉 비트코인은 사기죄의 객체 가운데 재물에 해당하지 않음을 전제로 하였다고 할 수 있다.

2. 몰 수

물건에 해당하지 않으면 형법 제48조에 따른 몰수의 대상이 되지 않는다. 형법상 물건의 개념은 민법 제98조에 따라 해석해야 할 것이고 앞서 본 바와 같이 전통적인 민법 해석에 따르면 비트코인과 같은 가상자산은 물건에 해당하지 않는다. 범죄행위에 제공되었거나 범죄행위로 취득한 가상자산을 형법에 따라 몰수하기 위해서는 입법적 보완이 필요하다.[207]

이 때 몰수대상인 가상자산을 가상자산사업자에 개설한 계정에 예치하여 놓거나 다른 전자지갑으로 이전하여 보유하는 경우 그 가상자산사업자 또는 전자지갑서비스 제공자에 대한 반환채권도 범죄행위로 취득한 가상자산과 마찬가지로 몰수의 대상이 되도록 할 필요가 있다.[208]

3. 압 수

가상자산의 압수[209]에 관해서도 현행법상으로는 여러 문제점이 발생한다. 입법적으로 해결할 필요가 있다.

첫째, 압수 대상의 문제가 제기된다. 형사소송법 제106조 제1항에 따른 압수는 물건을 대상으로 하므로 물건에 해당하지 않는 가상자산을 압수의 대상으로 할 수 있는가가 문제된다.[210] 형사소송법 제106조는 이메일 정보 등 디지털 정보 자체를 압수의 대상으

206) 착오이체를 다룬 대법원 2021. 12. 16. 선고 2020도9789 판결은 대법원 2021. 11. 11. 선고 2021도9855 판결을 인용하며 가상자산은 재산상 이익에 해당한다고 판시하였다.

207) 이나래(2019), 31쪽. 배타적 지배가 기술적으로 구현가능한 범위 내에서는 재산적 가치가 있는 전자정보도 형법상 재물에 해당된다고 볼 여지가 있다는 견해로는 이정훈(2019), 68쪽.

208) "유럽연합내 범죄 도구 및 수익의 동결과 몰수에 관한 지침"(Directive 2014/42/EU of 3 April 2014)상으로는 범죄행위자가 몰수대상인 가상자산을 가상자산보관업자에게 예치하여 계약상의 채권만을 가지고 있는 경우 그 계약상 채권이 동지침 제4조 (1)항에 따른 몰수 대상이 된다{Tanja Niedernhuber, "§12 Confiscation" in Maume·Maute·Fromberger(2022), p. 340}.

209) 압수는 증거물 또는 몰수할 물건을 보전하기 위하여 법원 또는 수사기관이 강제적으로 그 점유를 취득하거나 점유를 지속시키는 강제처분이다. 주석형사소송법(2017), 557쪽(안성수 집필).

210) 범죄수익은닉규제법에 따른 범죄수익의 몰수 또는 형법 제134조에 따른 뇌물(금품과 이익 모두 포함)의 몰수의 경우에도 그 대상이 물건이 아닌 수익·이익인 경우에는 형사소송법상 압수의

로 하고 있지 않고 정보저장매체를 압수의 목적물로 삼아 정보저장매체에 저장된 정보를 출력 또는 복제하는 방법으로 디지털 정보를 파악하도록 하고 있다. 따라서 가상자산의 압수도 형사소송법상으로는 가상자산에 관한 정보가 저장된 정보저장매체를 압수하는 방법으로 이루어질 수밖에 없다.

둘째, 압수의 방법에 관하여도 여러 가지 문제가 제기된다. 대법원판결은 이메일 정보의 경우 압수·수색영장에 따라 서버에 적법하게 접속하여 내려받거나 현출된 전자정보를 대상으로 범죄 혐의사실과 관련된 부분에 대하여 압수·수색하는 것을 허용하였다.[211] 이메일 정보의 경우에는 그 존재와 내용을 서버에서 확인함으로써 압수목적을 달성할 수 있을 것이나, 가상자산의 경우에는 그렇지 않다. 가상자산은 분산원장을 사용한다는 점에서 전통적인 클라이언트-서버 모델을 사용한 인터넷 서비스와는 근본적인 차이가 있어 위 대법원판결이 허용한 방법으로 가상자산을 압수할 수 있는지는 의문이다.[212]

또한 가상자산은 재산적 가치를 가지고 있으므로 그 보유자가 가상자산을 처분하면 보전이라는 목적을 달성할 수 없다. 가상자산 보유자가 처분할 수 없도록 보전하려면, 압수주체인 법원 또는 수사기관이 디지털 지갑을 생성하여 그 지갑으로 압수대상 가상자산을 이전할 필요가 있을 것이다. 가상자산의 특수성에 비추어 가상자산을 이전하는 방식의 압수는 동산의 점유를 이전받는 것과 유사하게 평가하는 것이 합리적이겠으나, 형사소송법상 압수의 방법으로 명시되어 있지 않다는 점에서 적법성에 대한 문제가 있다. 이전을 위해서는 가상자산 보유자가 이전에 협조하거나 비밀키를 제공해야 하는데, 피압수자가 법원 또는 수사기관에게 비밀키를 제공할 의무가 있는지의 문제가 있다.[213] 또한 수사기관이 비밀키를 파악한 경우에도 국가 명의의 디지털 지갑이 없어 수사관 개인 이름으로 만든 디지털 지갑으로 이전하는 방법으로 압수하게 되는데 이러한 방법이 적절한지에 대한 문제도 제기되고 있다.[214]

대상이 되지 않는다. 주석형사소송법(2017), 559쪽(안성수 집필)도 “디지털 증거와 같은 정보도 무체물이므로 이를 압수대상으로 명확히 하는 취지에서 법 개정이 필요하다”는 견해.

211) 대법원 2017. 11. 29. 선고 2017도9747 판결(“피의자의 이메일 계정에 대한 접근권한에 갈음하여 발부받은 압수·수색영장에 따라 원격지의 저장매체에 적법하게 접속하여 내려받거나 현출된 전자정보를 대상으로 하여 범죄 혐의사실과 관련된 부분에 대하여 압수·수색하는 것은, 압수·수색영장의 집행을 원활하고 적정하게 행하기 위하여 필요한 최소한도의 범위 내에서 이루어지며 그 수단과 목적에 비추어 사회통념상 타당하다고 인정되는 대물적 강제처분 행위로서 허용”된다고 판시).

212) 이정훈(2019), 78쪽.

213) 대법원 2017. 11. 29. 선고 2017도9747 판결도 “적법하게 취득한 피의자의 이메일 계정 아이디와 비밀번호를 입력”함을 전제로 한다.

214) 이정훈(2019), 79쪽.

Ⅶ. 블록체인과 스마트계약을 활용한 거래 관련 법적 쟁점

1. 블록체인 네트워크상 가상자산의 이전의 법적인 효력

대법원 2018. 5. 30. 선고 2018도3619 판결과 같이 비트코인등 가상자산을 재산적 가치가 있는 무형의 재산으로 파악하는 경우, 그 재산의 이전방법에 대해 법률에 특별한 제한이 없다. 따라서 해킹 등 불법적인 방법으로 비밀키를 지득하여 가상화폐를 이전한 경우[215]가 아니라면, 당사자간의 특약이 없거나 적용되지 않는 경우, 가상화폐의 기반이 되는 블록체인 네트워크가 요구하는 절차(예컨대 작업증명과 다른 네트워크 참여자들의 승인)가 완료되면 원칙적으로 권리의 이전이 이루어졌다고 할 수 있을 것이다(이례적인 상황에 대해서는 ☞ 제4절 Ⅲ. 1. 가상화폐를 이용한 지급의 법적 성격과 효력).

비트코인과는 달리 가상자산에 속하는 토큰 가운데는 발행인이 있고 토큰 보유자가 발행인에 대한 채권(또는 채권을 포함한 계약상의 지위)을 표창하는 증권형 토큰도 있을 수 있다. 우선 이러한 토큰이 유가증권이 아닌 지명채권으로 인정되는 경우, 블록체인 기록으로 채권 양도의 효력과 대항력을 갖추었다고 볼 수 있는지가 문제될 수 있다. 준거법이 한국법이라고 가정하고 검토해 보자. 토큰의 발행 약정이라고 할 수 있는 관련 블록체인 네트워크 프로토콜상으로는 그 블록체인 네트워크가 요구하는 일정한 절차를 완료하면 토큰 이전의 효력이 발생하도록 정해 놓았을 것이므로 토큰 양도인과 양수인 사이에서는 그 절차완료로 양도의 효력이 발생한다고 할 수 있다. 채무자(=발행인)에 대한 대항력 문제에 대해서는, 발행인이 토큰 발행시 토큰 이전절차를 정하였으므로 그 절차에 따른 이전에 대해 채무자인 발행인이 사전에 승낙한 것으로 볼 수 있을 것이다. 그러나 제3자에 대한 대항력은 그렇게 처리할 수 없을 것이고 민법상 요구되는 대항요건을 갖추는 절차를 이행해야 하는 문제가 남는다. 이 문제에 대하여 양도인은 그가 발행인에 개설한 계좌의 토큰잔고를 감축하고, 양수인은 발행인에게 개설한 계좌의 토큰잔고를 증가시킨 것으로 봄(전통적인 은행을 통한 송금과 유사한 구조로 파악하는 것임)으로써 제3자 대항요건 문제를 해결하고자 하는 견해, 블록체인상 토큰이전 기재를 관습상의 대항요건으로 인정할 수 있다는 견해 등이 제기되고 있으나 모두 상당한 비판을 받고 있다.[216]

증권형 토큰의 양도에 대해 지명채권 양도시 필요한 제3자 대항요건을 갖추어야 한다는 것은 그 토큰 거래에는 상당히 큰 장애가 될 것이다. 기술의 발전에 따라 무권화 시

215) 이에 관하여는 ☞ 위 각주 163의 본문.

216) 大越有人(2021), 34-37쪽.

대가 되고 있으므로 증권의 발행, 이전, 소멸 등이 일정한 요건을 갖춘 블록체인상 기재로 이루어질 수 있도록 하는 입법적 보완을 하여 증권형 토큰이 유가증권으로 거래될 수 있도록 할 필요가 있다.

2. 탈중앙화 금융과 스마트계약

탈중앙화금융(DeFi) 거래는 앞서 본 바와 같이 기본적으로 블록체인 네트워크상에서 스마트계약(smart contract)[217]을 활용하여 이루어져서 계약불이행이 발생하지 않도록 한다. 스마트계약이라는 용어의 의미에 대해서는 여러 견해가 있으나,[218][219] 블록체인 또는 탈중앙화금융의 맥락에서는 스마트계약은 대체로 법적인 의미의 계약이 아닌 일정조건 성취시 거래를 자동체결 또는 실행하는 장치(=컴퓨터 코드)를 의미한다. 문헌에 따라서는 그러한 코드를 활용하여 체결된 계약을 지칭하기도 하므로 맥락을 잘 파악할 필요가 있다.

예컨대 탈중앙화금융(DeFi) 서비스를 제공하는 플랫폼을 이용하는 이용자는 그 플랫폼에 접속하여 금융서비스의 종목을 선택하여 수량, 기간 등을 입력하고 예컨대 담보제공에 필요한 가상자산 이전에 필요한 조치를 취함으로써 그 플랫폼에 입력된 컴퓨터 코드로 계약조건이 정해진 계약을 체결하게 된다. 계약 체결시점에 일부 계약이행(예: 담보제공)이 이루어질 수 있고, 계약체결 후 일정한 시간의 경과 또는 사건의 발생시 이루어질 수 있다.

블록체인을 기반으로 하는 스마트계약은 익명성과 투명성의 보장과 거래비용의 절감 등의 장점이 있다.[220] 그러나 기본적으로 정보를 대상으로 한다는 데 따른 기본적인

217) 스마트계약이 블록체인 위에서만 이루어지는 것은 아니다. 이에 관한 설명은 신지혜(2021), 52-53쪽.

218) 김현수(2021), 64-66쪽, 윤태영(2019), 75-76쪽.

219) 2017년 미국 아리조나주의 입법에 이어 2018년 이루어진 테네시주 입법(Tenn. Code Ann. § 47-10-201(2))에서는 스마트계약을 다음과 같이 정의하였다.

"'스마트계약'은 다음 거래를 포함한 거래를 자동화하는데 사용되는 전자적이고 분산되며 탈중앙화되고 공유되며 그리고 복제되는 원장에서 실행되는, 사건에 기반하여 작동하는 컴퓨터 프로그램이다.

(A) 원장에 있는 자산의 보관과 이체 지시
(B) 전자적 자산의 생성과 분배
(C) 정보의 동기화, 또는
(D) ID 및 소프트웨어 애플리케이션 접근의 관리"

220) 김현수(2021), 59-60쪽. 김제완(2018), 184-185쪽은 컴퓨터언어로 작성되는 스마트계약은 계약내용을 보다 명확하게 하여 언어가 가지는 모호성 문제를 해결할 수 있는 장점을 언급하면서 이 장점은 한계가 있음을 지적하고 계약상 언어의 모호성이 반드시 부정적이지 않다는 지적도 있음을 언급하였다.

한계,[221] 법률용어와 개념을 코드화하는데 따른 한계, 이로 인한 계약 내용의 단순화·형식화와 유연성 부족, 계약내용 수정의 어려움 등의 단점도 있다.[222] 또한 스마트계약을 이용하여 고객의 가상자산을 섞은 후 재분배하여 인출·전송할 수 있게 하는 이른바 믹서(mixer) 서비스를 제공함으로써 자금세탁을 용이하게 하는 문제도 발생한다.[223]

이러한 스마트계약에 대해서는 전통적인 계약법 원칙이 적용될 때 처리(예: 무효·취소사유가 있을 때 원상회복의 방법), 약관규제법 기타 소비자보호 또는 전자상거래에 관한 법령이 적용되는지 등의 문제가 발생할 수 있다.[224] 계약당사자의 일방 또는 쌍방에 대해 파산·회생절차등 도산절차가 개시된 경우 스마트계약의 취급도 논란이 있을 수 있다.

3. 소프트웨어의 결함·취약성과 법적 책임

분산원장기술을 활용한 가상자산 시스템에서도 이용자 또는 가상자산 보유자가 손해를 입는 일이 발생할 수 있다. 소프트웨어의 버그 기타 기술적 결함[225]으로 인하여 해킹 공격을 당하거나 51% 공격으로 이중양도·사용이 이루어지는 경우 가상자산 보유자에게 직·간접적으로 손해가 발생할 수 있다.[226] 이때 누가 어떠한 책임을 부담하는지가 문제될 수 있다. 그 밖에 소프트웨어의 불완전성 때문에 가상자산 보유자에게 손실이 발생하는 상황이 발생하는 경우에도 개발자의 책임이 문제될 수 있고 실제 영국에서는 비트코인 개발자 그룹의 신인의무 위반을 묻는 소송이 제기되었다.[227] 분산원장기술을 사용

221) 김제완(2021), 7쪽.

222) 김현수(2021), 60-64쪽, 김제완(2021), 20쪽.

223) 2022. 8. 8. 미국 재무부의 해외자산통제국(OFAC: Office of Foreign Assets Control)은 이더리움 기반 스마트계약을 활용한 믹서 서비스로 2019년 이후 약 미화 70억 달러 이상(북한의 해킹그룹 라자루스가 탈취한 미화 4억5,500만 달러 포함)을 자금세탁하였다고 하여 거래금지대상으로 지정하는 제재를 하였고, 미국연방지방법원도 그 제재조치의 적법성을 확인하였다. US Treasury Press Release(August 8, 2022), "U.S. Treasury Sanctions Notorious Virtual Currency Mixer Tornado Cash"; Joseph Van Loon et al v. Department of the Treasury et al (W.D. Tex., August 17, 2023).

224) 김제완(2021), 21쪽, 최현태(2021), 394-398쪽, 김제완(2018), 179-180쪽, 윤태영(2019), 76쪽.

225) 블록미디어(2021), 96-104쪽은 블록체인의 기술적 결함 또는 금융로직의 허점으로 인하여 발생한 다양한 사고 사례들을 들고 그 유형을 분석하였다.

226) Zetzsche et al.(2018), pp. 1374-1382는 분산원장기술 사용시 법적 책임을 야기할 수 있는 위험으로 (i) 소프트웨어의 결함 등 운영위험과 (ii) 사이버공격을 받을 위험 이외에 (iii) 원장의 투명성 증대에 따른 위험(이용자에 관한 정보가 노출될 위험, 민감한 정보를 저장하는데 분산원장이 사용되는 경우 내부자거래·시세조종 등이 발생할 위험, 신원 절도의 위험)도 들었다.

227) Tulip Trading Ltd v van der Laan and others [2023] EWCA Cir 83 (3 February 2023). 이 판결은 암호화폐 네트워크 개발자가 충분히 명확한 그룹이고, 그들이 재량권을 가지고 (신인의무자의 보살핌에 맡겨진) 다른 사람들의 재산과 관련하여 다른 사람들을 위하여 권한을 행사하는 역할을 하였으므로 개발자들은 신인의무자에 해당하고, 비트코인 소프트웨어 이용자에 대한 충

하였다고 하여 귀책사유가 있는 사람의 책임이 면제될 수는 없다.[228)]

가상자산 소프트웨어에 결함이 있는 경우에는 그 개발자가 책임주체가 될 수 있고, 책임의 법적 근거로는 계약[229)]과 불법행위 모두 생각해 볼 수 있다. 이러한 문제가 발생하는 상황에 대비하여 가상자산에 관한 백서 또는 네트워크상 개발자의 책임을 면제하는 조항(disclaimer)을 넣은 경우에는 그 조항의 효력을 어디까지 인정할 것인지의 문제가 발생할 것이다.

가상자산 시스템의 운영(거래의 승인과 기록)은 그 시스템의 소프트웨어에 따라 이루어진다. 시스템을 권한없이 해킹하는 경우는 물론 시스템의 소프트웨어에 따라 운영이 이루어지는 경우에도 법적인 책임 문제가 제기될 수 있다. 작업증명 제도를 채택한 가상자산 시스템에서 높은 채굴능력을 가지고 있음을 기화로 51% 공격을 통해 부당한 거래승인 또는 불승인을 하거나 기존 기록을 부당하게 변경·삭제하는 행위는 시스템의 소프트웨어에 따라 이루어졌다고 하더라도 다른 가상자산 보유자의 권리를 침해하는 불법행위가 될 수 있다.

2016년 The DAO사건[230)]과 같이 소프트웨어의 취약성을 이용하여 부당한 이익을 취하는 행위를 해킹과 마찬가지로 불법행위로 볼 것인가에 대해 논란이 있을 수 있다. 이른바 "코드는 법(code is law)"이라는 입장을 강조하며 소프트웨어가 허용하는 것을 최대한

성의무를 지며, 그 의무는 자신의 이익을 위하여 행동하지 않을 의무와 일정한 상황하에서는 적극적으로 행동할 의무를 포함하고, 비트코인 소유자가 비트코인을 안전하게 이전할 수 있도록 새로운 코드를 도입할 의무도 포함될 수 있다는 주장을 해 볼만 하다고 하고, 그 주장이 받아들여질지 여부는 사실관계에 달려 있으며 추후 사실심에서 결정될 것이라는 취지로 판시하였다. 사실관계에 따라 가상자산 개발자의 신인의무가 인정될 여지가 있음을 인정한 것이다.

228) Angela Walch, "Deconstructing "Decentralization": Exploring the Core Claim of Crypto Systems", in Brummer(2019), p. 63.은 탈중앙화된 블록체인 시스템은 주주가 유한책임을 지는 회사제도에서 요구되는 신인의무 등의 의무와 책임도 없이 운영되는 점을 지적하였다.

229) Zetzsche et al.(2018), pp. 1392-1396(분산원장기술을 이용하는 경우 계약의 성립에 관하여 상세히 논함). 이와 다른 입장으로는 Bayern(2014), pp. 31-33(비트코인은 분산원장 소프트웨어에 따라 생성되는 것일 뿐 주식과 같은 조직상의 권리도 아니고 다른 비트코인 네트워크 이용자에 대한 권리도 아니라고 하여 기본적으로 계약관계를 부정함).

230) 2016년 이더리움 개발자그룹은 이더리움 블록체인에 The DAO라는 계약플랫폼을 만들어 그 운영에 참여할 참여자들에게 DAO토큰을 발행하였다. 참여자들은 그 토큰의 대가로 가상화폐인 Ether(ETH)를 납입하였다. The DAO에는 참여자가 The DAO를 탈퇴하고 Ether를 돌려받을 수 있는 나누기(split)기능이 있었다. 문제는 탈퇴자가 나누기 코드를 실행하여 Ether를 반환받을 수 있게 된 후 그의 계정잔액이 정리되기 전에 다시 나누기 코드를 반복 실행함으로써 실제 잔액보다 훨씬 많이 반환받을 수 있는 취약점이 있었고, 다만 실제 인출은 일정기간 지연되도록 하는 장치를 두고 있었다. 2016년 6월 누군가(공격자)가 이 취약점을 이용하여 약 360만개의 Ether (The DAO가 보유한 총량의 약 30%이고 당시 시세로 미화 약 6천만 달러 상당)를 반환받아 인출하려고 하였다. 지연장치 덕에 공격자가 인출하지 못하고 있는 동안 개발자 그룹의 결정으로 2016년 7월 20일 하드포크를 단행하였다. 현재의 Ether(ETH)는 하드포크 후의 이더리움에 의한 것이고, 하드포크에 반대하는 사람들은 종전의 블록체인에 남아 있으며 이는 Ethereum Classic으로 불린다. The Dao사건에 대한 상세한 설명은 DuPont(2018), pp. 157-174. The DAO 사건을 포함한 이더리움의 생성과 발전에 대해서는 Russo(2020).

활용한 적법한 행위라는 주장도 있지만, 행위의 적법성과 정당성은 소프트웨어가 아닌 법과 사회통념에 따라 판단하는 것이 타당할 것이다.[231] 2016년 The DAO사건과 같이 사회통념상 예견할 수 있는 작동방법이 아닌 특수한 방법으로 소프트웨어가 작동되도록 하여 타인의 재산을 가져가는 행위가 적법·정당한 행위로 인정되어서는 안 된다. 또한 가상자산 시스템이 위법·부당하게 운영되는 경우 그 운영(거래의 승인)에 참여한 사람들이 조합 또는 공동사업자와 유사한 책임을 질 수 있다는 논의도 있고,[232] 경우에 따라서는 공동불법행위가 성립할 수도 있을 것이다.

Ⅷ. 가상자산사업자를 이용한 가상자산 간접보유

1. 가상자산의 간접보유

(1) 가상자산사업자의 업무

국내 주요 가상자산사업자는 모두 고객에게 통상 가상자산 보관서비스를 제공하는 것으로 보인다.[233] 고객이 매수하거나 다른 전자주소로부터 전송받은 가상자산은 그 사업자에 개설된 계정(가상자산사업자의 이용약관상 용어로는 통상 전자지갑 또는 전자지갑주소)에 표시된다. 일부 가상자산사업자는 고객이 예치한 가상자산으로 스테이킹을 할 수 있는 서비스를 제공하거나,[234] 고객이 그 사업자에 개설된 계정에 보관하는 가상자산에 관한 다른 서비스를 제공하기도 한다. 아래의 간접보유에 관한 논의는 고객이 가상자산사업자에 개설된 계정에 가상자산을 보관하고 그 밖의 특별한 다른 서비스가 보관에 영향을 주

231) Zetzsche et al.(2018), p. 1401.

232) Zetzsche et al.(2018), pp. 1399-1400.

233) 국내 주요 가상자산거래소 이용약관을 보면 일부는 가상자산거래소가 제공하는 서비스의 내용에 명시적으로 보관서비스를 언급하였다{빗썸 이용약관(2024. 1. 31.), 코인원 이용약관(2023. 11. 23.)}. 보관서비스에 대한 명시적인 언급이 없는 경우에도 "회사가 보관 내지 관리중인 회원자산"{고팍스 이용약관(2022. 12. 2.)}, "회사에 보관중인 자산"{코빗 이용약관(2024. 3. 16.)}, "회원은 회사에 대하여 계정내 '디지털 자산'의 수량만큼의 출금청구권을 보유", "계정 내 디지털 자산 잔액", "디지털자산 입출금 서비스"{업비트 이용약관(2024. 4. 29.)} 등과 "암호키 관리방안"을 언급하고 있어 보관서비스를 제공하는 것으로 보인다.

234) 스테이킹이란 각 가상자산의 블록체인 네트워크에서 정하는 방법에 따른 검증 업무등 블록체인 활동에 참여하고 그 참여로 발생하는 보상을 추구하는 행위이다{업비트 스테이킹 이용약관(2022. 10. 31.) 제2조 제2호}. 주요 가상자산사업자의 약관은 스테이킹서비스는 고객이 쉽게 스테이킹을 할 수 있도록 하는 기술적 대행서비스이고 금융투자상품이 아니라고 규정하고 있다{예: 업비트 스테이킹 이용약관(2022. 10. 31.) 제3조 제1항}. 그러한 서비스가 금융투자상품이나 다른 규제의 대상에 해당하는지는 약관에 의하여 결정될 문제는 아니고 실제 서비스의 내용에 따라 결정될 사항이다.

지 않는 상황을 전제로 한다.

(2) 가상자산의 직접보유와 간접보유

가상자산보유자는 가상자산 발행의 근거가 된 네트워크에 자신의 전자주소를 등록하여 가상자산을 보유하고 그 네트워크에 직접 접근하여 그 보유한 가상자산을 다른 주소로 이전할 수 있다. 이와 같은 네트워크 참여자는 가상자산을 직접 보유하는 것으로 위 Ⅰ.부터 Ⅶ.의 논의는 특별한 언급이 없는 한 가상자산 직접보유를 전제로 하였다.

그러나 이와는 달리 가상자산사업자의 고객으로 그 사업자에 계정을 개설하여 가상자산을 매수하는 경우에는 가상자산사업자에 개설한 계정에 가상자산을 매수하였음이 표시된다. 또한 고객이 직접보유하는 가상자산을 가상자산사업자를 통하여 매도하고자 하는 경우에는 미리 그 가상자산을 가상자산사업자에게 보관시켜야 할 것이다. 가상자산사업자가 고객에게 가상자산 보관서비스를 제공한다는 것은 고객이 가상자산사업자에 개설한 계정에 보유하는 것으로 표시됨을 의미하는 것으로 보이나, 가상자산사업자가 그 가상자산을 가상자산 네트워크상 어느 주소에 어떠한 방식으로 보관하는지에 대하여 상세한 언급이 없다.

국내 주요 가상자산거래소 이용약관 중 하나는 고객의 당해 가상자산거래소 내 가상자산 거래내역이 해당 가상자산이 속한 블록체인 네트워크에 기록되지 않는다는 점과 고객이 사업자에게 가상자산을 보관한다는 개념을 사용하면서 고객이 사업자에게 이전한 가상자산의 소유권이 사업자에게 귀속되고 고객은 채권적 반환청구권을 가진다는 점을 명시하였다.[235] 이 이용약관은 고객과 사업자의 법률관계를 소비임치와 유사하게 만든 것으로 과연 가상자산이용자보호법상 가상자산의 보관이 소비임치하는 개념인지에 대해서는 의문이 있다.

다른 국내 주요 가상자산거래소 이용약관은 고객 가상자산을 보관하는 형태에 대해 아무런 조항을 두고 있지 않아 보관형태를 파악하기 어렵다. 고객이 가상자산사업자에 개설한 계정에 보관하는 가상자산을 당해 가상자산거래소를 통한 매매 또는 다른 가상자산 주소로 출금(전송)하도록 규정한 점에 비추어 볼 때 고객이 가상자산사업자의 계정에 보유하는 것으로 기록된 가상자산은 가상자산 네트워크상으로는 가상자산사업자가 비밀키를 관리하는 전자주소에 있는 것으로 기록되고 (즉 가상자산 네트워크상으로는 가상자산사업자가 가상자산을 직접 보유하고) 고객은 가상자산사업자를 통하여 가상자산을 간접적으로 보

235) 코빗이용약관(2024. 3. 16. 개정) 제17조 제6항(거래소 내 거래가 블록체인 네트워크에 기록되지 않음), 제20조 제4항(고객자산 보관 개념 사용), 제5조 제4항(고객의 채권적 청구권만 인정).

유하고 있을 것으로 추측된다.

가상자산사업자가 자신의 고유재산인 가상자산과 고객 계정에 기록된 가상자산을 가상자산 네트워크상 구분하여 관리하는지, 구분 관리한다면 각 고객 계정별로 하는지 아니면 전체 고객분을 총량으로 자신의 고유자산과 구분하여 관리하는지 등에 대해서는 이용약관상 아무런 언급이 없고 웹사이트상으로도 확인할 수 없다.[236)]

일본의 가상자산사업자는 대체로 "고객 자산용 전자주소"를 만들어 전체 고객이 맡긴 가상자산 총량을 그 전자주소로 관리하고 있다고 한다.[237)]

2. 간접보유하는 고객의 가상자산에 관한 권리

(1) 간접보유하는 고객의 권리 파악의 중요성

고객이 가상자산사업자에 개설한 계정을 이용하여 가상자산을 매수하거나, 또는 다른 사람으로부터 그 계정으로 가상자산을 이전받았을 때 간접보유자인 고객과 가상자산사업자 사이의 법률관계의 성격과 고객이 가지는 권리를 어떻게 파악하는가는 특히 가상자산사업자의 채권자가 자신의 채권회수를 위하여 그 사업자가 보유하고 있는 가상자산을 강제집행하고자 하는 경우 또는 그 사업자가 도산하는 경우 고객의 지위에 큰 영향을 미친다.

즉 가상자산사업자의 파산시 고객이 맡겨 사업자가 직접보유·관리하는 가상자산도

236) 다만 일부 이용약관은 일정한 경우 "사업자가 고객의 손해발생을 방지하기 위하여 필요한 관리자의 주의를 다하였음"을 입증하면 사업자가 고객의 손해에 대해 책임을 지지 않도록 한 면책조항을 두면서, "필요한 관리자의 주의"에 "암호키 관리방안"이 포함된다고 규정하였다. 이 조항에 비추어 보면 가상자산사업자가 고객이 맡긴 가상자산의 보관에 관한 암호키 관리방안을 갖추고 있을 것으로 추측되나 약관이나 홈페이지 등에 그 내용을 공개하지 않은 것으로 보인다.

237) 增島雅和·堀天子(2023), 36쪽은 일본의 암호자산교환업자가 이용자가 맡긴 암호자산을 어떻게 관리하는지는 사업자와 암호자산에 따라 차이가 있지만, 일반적으로 아래와 같이 관리하는 것으로 정리하였다.

(i) 암호자산교환업자는 "이용자 자산용 전자주소"를 만들어 전체 이용자가 맡긴 암호자산 총량에 해당하는 수량의 암호자산을 "이용자 자산용 전자주소"로 관리한다. 각 이용자 별로 구분관리하지는 않는다.

(ii) 이용자 별로 계좌(장부)를 작성하여 각 이용자별로 맡긴 암호자산을 그 계좌에 기록한다.

(iii) 계좌의 기록과 암호자산 블록체인의 기록이 반드시 연결되지는 않는다. 동일한 암호자산교환업자의 이용자 A가 다른 이용자 B에게 특정 암호자산을 매도한 경우, A와 B의 계좌에는 보유 암호자산의 증감이 기록되지만, 암호자산교환업자의 입장에서는 이용자 자산의 총량이 변하지 않기 때문에 암호자산교환업자는 그 암호자산의 네트워크에서 아무런 거래를 일으키지 않는다.

(iv) 이용자가 암호자산교환업자에 대하여 계좌의 잔고 범위 내에서 외부의 전자주소를 지정하여 암호자산을 이전(송신)하도록 지시한 경우에는, 암호자산교환업자는 "이용자 자산용 전자주소"로부터 이용자가 지정하는 주소로 지시된 수량의 암호자산을 이전하는 거래를 실행한다.

모두 파산재단에 속하는지 아니면 간접보유자가 그 사업자를 통하여 간접보유한 가상자산에 대해 환취권을 가지는지에 대한 결론이 달라지게 된다.[238] 또한 가상자산사업자의 채권자가 채권회수를 위하여 강제집행할 수 있는 책임재산에 고객이 간접보유하고 사업자가 직접보유·관리하는 가상자산도 포함되는지도 동일한 문제이다. 가상자산사업자가 고객의 가상자산을 부실하게 관리한 경우에도 영향을 미칠 수 있다.

(2) 고객과 가상자산사업자 간의 법률관계의 성격규명

이 법률관계의 내용에 제일 큰 영향을 미치는 것은 두 당사자 간의 계약이다. 가상자산의 법적 성격을 무엇으로 볼 것인지도 간접보유자가 가지는 권리에 영향을 미칠 수 있으나, 여기서는 가상자산이 물권·준물권 기타 재산권의 대상이 됨을 전제로 검토한다.

국내 주요 가상자산사업자의 이용약관을 살펴보면, 고객이 채권적 반환청구권만 가진다고 규정한 약관이 하나 있고,[239] 나머지 약관들은 고객에게 전자지갑 또는 지갑주소를 제공한다는 내용만 있을 뿐 대부분 그 밖의 구체적인 내용은 규정되어 있지 않다.[240] 계약을 보다 명확하게 할 필요가 있다.

계약상 명확하게 정해 놓지 않는 경우, 가상자산사업자를 통하여 가상자산을 간접보유하는 고객의 권리에 대해서는 대체로 (i) 고객은 예금자와 유사하게 가상자산사업자에 대해 매도주문 또는 다른 전자주소로의 전송(인출 포함)을 요구할 수 있는 채권적 권리만

---

238) 혼장임치에 해당하는 것으로 보는 경우 임치인인 간접보유자는 계약상 또는 물권에 기하여 수치인인 가상자산사업자에 대해 임치물반환청구권을 가진다. 가상자산사업자가 고객별로 구분하여 관리하는 경우에는 각 고객이 간접보유한 가상자산 특정에 문제가 없고, 고객별 구분관리를 하지 않고 혼장임치하는 경우에는 공유지분을 인정할 수 있을 것이다. 고객이 맡기거나 고객의 계산으로 취득한 가상자산과 가상자산사업자 자신의 계산으로 보유한 가상자산을 구분하여 관리하지 않는 경우에는 가상자산사업자의 고유재산과 고유재산이 아닌 부분을 구분하기 어려워진다. 이 경우에는 가상자산사업자의 네트워크 지갑에 들어있는 가상자산중 고객몫인 가상자산을 먼저 제외한 나머지를 고유재산으로 보는 것이 타당할 것이다{岩原紳作(2019), 88쪽}. 참고로 신탁법 제29조 제1항은 신탁재산과 고유재산 간에 귀속관계를 구분할 수 없는 경우 그 재산은 신탁재산에 속한 것으로 추정하도록 하였다.

239) 코빗이용약관(2024. 3. 16. 개정) 제5조 제4항.

240) 업비트 이용약관(2024. 4. 29.)은 "회원은 회사에 대하여 계정 내 "디지털자산"의 수량만큼의 출금 청구권을 보유"한다고 하고(제2조 제5호), 이때 출금은 디지털자산의 이전의 의미로 사용하였다(제15조 제3항). "출금 청구권"이라는 용어는 물권적 청구권과 채권적 청구권 어느 쪽에도 사용할 수 있으므로 위 이용약관 조항이 고객의 권리를 채권적 청구권으로만 규정한 것으로 단정할 수는 없다. 고팍스 이용약관(2022. 12. 2.)은 "회원이 회사의 서비스를 이용하여 가상자산을 거래하였을 경우, 해당 가상자산의 거래내역은 블록체인에 기록이 되어 전 세계의 가상자산 이용자가 해당 거래의 진실성 등을 확인할 수 있게 됩니다"(제14조 제3호)라고 하였으나 고객(회원)의 거래내역이 고객별로 별도의 전자주소를 이용하여 블록체인에 기록되는 것인지, 고객들이 보유한 특정 가상자산 전체에 대해 하나의 전자주소를 이용하는 것인지, 아니면 고객들 보유분뿐 아니라 회사 보유분도 함께 하나의 전자주소를 이용하여 블록체인에 기록이 되는 것인지 등은 명확하지 않다.

을 가진다고 보는 견해,[241] (ii) 고객은 가상자산사업자에게 혼장임치한 경우와 유사하게 물권적으로도 권리를 가진다고 보는 견해,[242] (iii) 고객이 가상자산사업자에게 맡긴 가상자산을 가상자산사업자가 수탁자로서 보유하는 것으로 보는 견해[243] 등이 있을 수 있다.[244]

이와 관련하여 피고회사가 운영하는 가상화폐거래소에 계정을 개설한 고객들(=원고)이 예치한 가상화폐를 피고가 관리하는 전자지갑에 보관하던 중 해킹으로 인하여 그 전자지갑에 보관한 고객의 가상화폐의 일부가 유출되어 거래소가 폐쇄된 사건을 다룬 하급심 판결례가 있다. 이 사건에서 서울고등법원 2022. 10. 20. 선고 2021나2047876 판결은 거래소이용계약상 "피고는 … 원고들이 거래소에 개설한 각 계정에 보관되어 있는 가상화폐의 반환을 요구할 경우 즉시 응할 의무를 부담하며", "가상화폐는 재산적 가치가 있는 무형의 재산으로 그 자체에 고유한 값이나 번호가 부여되어 있지 않아 그 개성이 중요시되지 않고, … 원고들의 요청이 있을 경우 피고가 부담하는 가상화폐 반환의무는 한정 종류채무와 유사한 성질을 갖는다"라고 판시하였다.[245] 위 판결은 나아가 해킹사고로 가상화폐가 유출된 부분에 대하여 피고의 원고들에 대한 반환의무가 이행불능이 되었다

241) 이 견해에 따르면 고객이 가상자산사업자에게 맡긴 가상자산은 가상자산 네트워크상 가상자산사업자가 비밀키를 관리하는 전자주소로 이전되므로 고객은 그 가상자산에 대한 사실상의 지배 내지는 재산권을 가상자산사업자에게 이전한 것이고, 가상자산사업자가 그 가상자산을 자유롭게 사용할 수 있고 계약상 채무만을 질뿐이라고 본다. 가상자산사업자가 고객이 맡긴 가상자산을 자신의 고유재산인 가상자산과 구분 관리하도록 계약상 명시된 경우 또는 계약상 명시 없이 실제로 구분 관리하는 경우는 이 견해의 전제, 즉 고객이 맡긴 가상자산을 가상자산사업자가 자유롭게 사용할 수 있다는 것과는 큰 거리가 있다.

242) 이 견해에 따르면 가상자산사업자가 가상자산의 비밀키를 관리하고 있어도 고객의 가상자산을 수치인으로서 관리하는 것이라고 보는 것이 타당하고, 고객 또는 가상자산사업자의 채권자에 대한 관계에서 가상자산사업자가 그 가상자산에 대한 권리를 고유자산으로 취득한 것이라고 볼 수는 없게 된다. 森下哲朗(2017), 803쪽(비밀키를 고객이 직접관리하는지 여부와 관계없이 임치, 혼장임치 또는 이와 유사한 계약관계로 파악해야 한다는 견해).

243) 사채발행회사가 사채권자에게 원리금을 지급하기 위하여 그 자금을 지급대행기관인 은행에게 제공하고 은행이 별단예금으로 관리한 경우, 명시적인 신탁계약이 체결되지 않았음에도 은행이 받은 그 자금을 신탁재산으로 인정한 대법원 2002. 7. 26. 선고 2000다17070 판결에 비추어 볼 때, 가상자산사업자가 고객분을 별도 관리하는 경우 가상자산사업자가 고객(간접보유자)을 수익자로 하여 이를 수탁받아 보관하는 것으로 볼 여지가 있다{加毛明(2019), 33쪽도 유사한 견해}. 또한 각 고객별로 구분관리하지 않더라도 고객분 가상자산을 가상자산사업자의 고유자산과 구별하여 관리하는 경우, 고객은 고객분 가상자산에 대해 지분적 권리를 가지는 것으로 볼 수 있다{岩原紳作(2019), 88쪽}.

244) 增島雅和·堀天子(2023), 37-40쪽, 後藤出(2020), 39-40쪽.

245) 서울고등법원 2021. 12. 8. 선고 2021나2010775 판결은 "비트코인 보관에 관한 법률관계를 민법상의 임치계약관계 그 자체로 볼 수는 없고, 원고와 피고 사이의 계약은 유상임치계약의 성질을 가지는 비전형계약이라고 봄이 상당하다"고 하고 "피고는 원고가 출금을 요청한 주소로 비트코인을 이전하기 전에 비트코인의 멸실·훼손 등 사정이 발생하였더라도 특별한 사정이 없는 한 원고에게 동종·동질·동량의 비트코인을 다시 조달하여 이전하거나 반환할 의무를 부담한다"고 판시하였다.

고 보고 이행불능 당시의 시가 상당액을 손해배상액으로 산정하였다. 이 사건에서는 고객의 물권적 권리 유무는 쟁점이 되지 않았다.

가상자산은 실제 지급결제의 수단보다는 투자대상으로 거래가 되고 있다는 점, 가격 변동성이 매우 크다는 점 등을 고려할 때 가상자산을 법정통화와 마찬가지로 취급하여 가상자산의 간접보유를 예금과 유사하게 취급하는 것은 설득력이 약하다. 간접보유하는 고객의 보호 및 고객과의 분쟁의 방지를 위하여 위 (ii)(혼장임치) 또는 (iii)(신탁)의 견해에 부합하도록 계약의 내용을 명확하게 하는 것이 바람직하다. 입법적으로 가상자산사업자의 행위규제를 한다면 가상자산사업자가 고유재산과 고객이 맡긴 재산(금전과 가상자산 모두)을 구분 관리하도록 하고,[246] 구분 관리되는 고객 재산은 가상자산사업자의 채권자의 강제집행의 대상이나 가상자산사업자의 파산재단에 속하지 않도록 할 필요가 있다.[247]

(3) 블록체인의 하드포크(hard fork) 발생시 간접보유자의 권리

하드포크가 발생하면 새로운 소프트웨어·프로토콜을 따르는 새로운 블록체인과 새로운 가상자산이 만들어지고, 개발자는 종전 가상자산을 보유한 주소로 새로운 가상자산을 부여한다. 고객이 가상자산사업자에 계정을 개설하여 가상자산을 간접적으로 보유하는 경우, 가상자산사업자가 가진 주소로 가상자산 네트워크에 연결하여 가상자산을 보유하게 되므로, 하드포크에 따른 새로운 가상자산도 가상자산사업자의 주소로 부여된다. 가상자산사업자가 이렇게 부여받은 새로운 가상자산을 어떻게 처리할 지에 대해 특별한 약정이 없는 경우 그 가상자산을 고객에게 이전할 의무가 있는지가 문제될 수 있다. 이에 대해 일본에서는 고객이 새로운 가상자산을 이전받을 권리가 없다고 보는 학설[248]과 비트코인에 하드포크가 이루어져 발행된 비트코인골드를 고객에게 이전하기로 하는 명시적·

246) EU와 일본 법제상 가상자산사업자의 고객 가상자산 구분 관리에 관하여는 ☞ 제5절 Ⅴ. 2. (1)과 (2).

247) 투자매매업자와 투자중개업자가 받은 투자자예탁금의 별도예치와 강제집행대상 제외를 규정한 자본시장법 제74조, 유동화자산이 자산관리자의 채권자의 강제집행의 대상과 자산관리자의 파산재단에 속하지 않음을 명시한 자산유동화법 제12조, 신탁재산이 수탁자의 채권자의 강제집행의 대상과 수탁자의 파산재단에 속하지 않음을 명시한 신탁법 제22조, 제24조 등을 참고할 수 있다. 또한 가상자산을 간접보유하는 고객의 권리보호의 필요성에 대해서는 뒤의 제5절 Ⅳ.2.(2)와 제5절 Ⅵ. 2. (1) 참조.

248) 増島雅和·堀天子(2020), 63-64쪽{암호자산교환업자는 하드포크로 발생하는 새로운 프로토콜의 소스코드의 확인(새로운 코인의 안전성의 확인, 거래기록형식의 확인, 리플레이 프로텍션의 유무 확인 등)을 위한 시스템의 구축, 새로운 프로토콜에 대응한 지갑의 준비, 서명방법의 검증 등이 필요하므로, 고객이 예탁한 암호자산에 관하여 하드포크로 새로운 코인이 발생하더라도 당연히 고객에게 귀속한다거나 고객에게 이전할 의무를 부담하는 것은 아님}. Blandin et al. (2019), p. 52 note 107은 보관서비스업자들이 포크로 부여된 가상자산을 고객계정에 넣어줄 것인지에 대해 보관서비스업자들이 전적인 재량을 가지고 있다고 한다.

묵시적 합의가 있었다고 볼 수 없다고 하여 고객의 비트코인골드 이전청구를 기각한 하급심 판결[249]이 있다. 그러나 고객이 간접보유한 가상자산 네트워크가 하드포크되어 네트워크에 직접 연결된 가상자산사업자의 전자주소로 새로운 가상자산이 부여된 경우, 그 새로운 가상자산 중 고객의 간접보유분에 해당하는 부분은 가상자산사업자가 고객의 계산으로 보유하는 것으로 보는 것이 합리적일 것이다.[250][251] 가상자산사업자는 하드포크로 발생한 새로운 프로토콜의 안전성 확인 등을 포함하여 새로운 시스템을 구축할 필요가 있어서 비용이 소요될 수 있으나 그 비용은 장기적으로 하드포크로 발행된 새로운 가상자산의 거래를 통하여 회수될 수 있는 투자의 성격도 있다는 점에서 하드포크 당시의 고객에게 얼마나 그 비용을 부담시키는 것이 합리적인지의 문제가 제기될 것으로 보인다.

제 5 절　가상자산의 규제

I. 가상자산 규제의 필요성

1. 개　설

가상자산의 실제 기능은 (i) 지급수단, (ii) 투자대상 및 (iii) 관련 서비스에의 접근으로 나누어 볼 수 있다.[252] 가상자산이 지급수단으로 사용되는 경우 거래 당사자의 명의를 밝힐 필요 없이 전자주소를 이용하여 전송된다는 점에서 기존의 자금송금과는 큰 차이가 있고, 그 중요한 특징은 (i) 은행 등 중개기관의 관여 없이 지급이 이루어진다는 점과 (ii)

249) 도쿄지방재판소 2019년(令和 1) 12월 20일 판결(平成30年(ワ) 第4239号).

250) UNIDROIT Digital Assets and Private Law Principle 2(2)의 원칙 11(보관기관이 고객에 대해 부담하는 의무)의 (3)(e)는 "보관기관이 고객에게 지는 의무에는, 보관기관 또는 제3자에게 부여된 권리가 있는 경우 그 권리를 인정함을 조건으로 하여, 고객을 위하여 보관하는 디지털자산으로부터 발생하는 이익을 당해 고객에게 귀속시킬 의무가 포함된다"고 하였다. 이 조항에 대한 주석 11.14에서 "디지털자산의 이익에는 의결권, 금전배당, 현물분배(예: 에어드롭) 및 '포크'와 같이 네트워크에 영향을 미치는 사건으로 인하여 생성되는 추가적인 디지털자산을 포함한다"고 설명하였다{UNIDROIT(2023), pp. 80, 84}. 片岡総合法律事務所(2023), pp. 459-460(하드포크에 의한 블록체인 분열후 자산은 분열전 원래 자산의 보유자에게 귀속해야 함. 다만 암호자산사업자가 하드포크에 대응하여 안전대책을 강구해야 한다는 점도 합리성이 있으므로 고려해야 함).

251) 가상자산의 매매계약 체결후 이행 전에 하드포크가 발생한 경우 매도인이 종전의 가상자산과 새로운 가상자산 중 어느 것을 매수인에게 이전해야 하는지에 대해서도 논란이 있을 수 있으나 결국 매매계약 당사자의 의사해석의 문제라고 할 수 있다.

252) 가상자산의 기능에 따른 규제의 검토는 神田秀樹(2019), 124-127쪽.

거래 당사자의 실명을 감추고 있는 점[253]이라고 할 수 있다. 기존의 금융제도를 벗어나 익명 지급에 이용될 수 있다는 점에서 자금세탁·테러자금 등의 용도로 사용되지 않도록 규제할 필요성이 생긴다. 또한 통화신용정책과 금융시스템 위험에 대한 영향도 고려할 사항이다.

투자대상으로서의 가상자산은 내재가치로 뒷받침되지 않아 가상자산의 개발자 또는 판매자가 사기적인 행위를 하거나 또는 투자자들이 높은 위험을 제대로 파악하지 못하고 매수할 우려가 있어 투자자 보호의 문제가 제기될 수 있다. 또 가상자산은 소위 가상자산거래소를 통하여 거래가 되고 있는데, 가상자산거래소는 거래시장을 개설하는 기능과 가상자산의 매매, 고객을 위한 위탁매매, 중개, 보관 등의 업무도 같이 행하고 있어 이익충돌과 투자자보호의 문제가 발생한다. 이러한 여러 문제점들을 다루는 포괄적인 입법으로는 EU의 암호자산시장규정(MiCAR)을 들 수 있다.[254]

2. 가상자산의 "실명을 감출 수 있는 성격"과 관련한 문제

가상화폐 거래는 실명을 감출 수 있으므로 정부의 추적을 피하여 자금이전 수단으로 사용될 수 있어 자금세탁, 범죄·테러자금 조달, 불법적인 거래의 지급수단으로 이용될 우려가 있다. 또한 탈중앙화 블록체인을 이용하여 거래한다는 것은 근본적으로 중앙에서 관리하여 의심거래의 인식과 보고가 이루어질 수 없음을 의미한다.[255] 또한 이러한 거래는 쉽게 국경을 넘는 이전을 가능하게 한다. 이는 잠재적으로 국가안보를 위협하는 요인이 될 수도 있다. 실제 2013년 발생한 실크로드 사건[256]과 리버티리저브 사건,[257] 2017년 알파베이 사건[258] 등[259]에서 마약거래 등 불법거래를 비트코인등 가상화폐로 결제하였음이

253) 완전한 익명(anonymity)가 아닌 가명사용(pseudonimity)에 가깝다고 할 수 있다.

254) MiCAR에 대한 개괄적인 설명으로는 심인숙(2023).

255) Philipp Maume·Lars Haffke, "§10 Anti-Money Laundering" in Maume·Maute·Fromberger (2022), p. 273.

256) United States of America v. Ross William Ulbricht, No. 15-1815-cr (2d Cir. May 31, 2017).

257) 미국 Department of Justice Press Release 13-192 (May 28, 2013), "Manhattan U.S. Attorney Announces Charges Against Liberty Reserve, One Of World's Largest Digital Currency Companies, And Seven Of Its Principals And Employees For Allegedly Running A $6 Billion Money Laundering Scheme"; Department of Justice Press Release 16-541 (May 6, 2016) "Liberty Reserve Founder Sentenced to 20 Years For Laundering Hundreds of Millions of Dollars".

258) 미국 Department of Justice News (July 20, 2017), "AlphaBay, the Largest Online 'Dark Market,' Shut Down".

259) 국내 판결례에서도 비트코인으로 마약 매수대금을 결제한 사례가 나타난다. 서울고등법원 2017. 9. 19. 선고 2017노1823, 2337(병합) 판결.

드러났다.[260] 스테이블 코인도 자금세탁에 이용될 위험이 있다.[261]

국제자금세탁방지기구(FATF: Financial Action Task Force)는 2018년 "자금세탁과 테러자금조달 및 확산 방지에 관한 국제기준-권고사항(International Standards on Combating Money Laundering and the Financing of Terrorism & Proliferation-The FATF Recommendations)"[262]에 가상자산(virtual assets)[263]으로부터 발생하는 위험을 관리할 수 있게 가상자산사업자를 자금세탁방지 목적으로 규제하고, 인가 또는 등록하도록 하며, FATF 권고가 요구하는 적절한 조치를 준수하는지 모니터하고 이를 준수하도록 하는 효과적인 시스템의 적용을 받도록 할 것을 권고하였다(동권고사항 제15항).[264][265]

실명사용을 감출 수 있는 가상자산의 성격 때문에 조세회피, 이혼시 재산분할 회피, 파산자의 재산은닉 등에 가상자산을 악용할 우려도 있다. 이는 대부분 기존의 법제도에서 규율하고 있는 문제로 가상자산 이용으로 법제도를 적법하게 회피할 수는 없을 것이고 어떻게 효과적으로 파악하고 집행하는가가 문제가 될 것이다.

3. 가상자산의 고위험성과 관련한 문제

많은 경우 가상자산을 발행할 때부터 발행자·사업추진자와 투자자 간의 정보비대칭이 매우 심각하고 가상자산 네트워크의 거버넌스가 불투명하고 불안정성이 내재해 있다. 또한 대부분의 가상자산은 아무런 내재가치 없이 사용자와 투자자들이 얼마나 선호하고

---

260) 사기, 해킹, 절취 등 여러 종류의 가상화폐 기반 범죄의 총규모도 상당히 크다. Chainanalysis (2024), pp. 3-6, 24{2023년 중 불법적인 주소에서 수령한 암호화폐가 액수로는 총 미화 242억 달러 상당으로 2022년(396억 달러)보다 감소하였으나 2021년 이전보다는 큰 금액임. 가상화폐 총거래량에 대한 비율로는 2023년에는 0.34%로 2022년(0.42%)보다는 낮지만 2021년(0.14%)보다는 높음. 암호화폐로 자금세탁한 금액이 2023년 미화 222억달러로 2022년 315억달러보다는 감소하였으나 2021년과 그 이전보다는 증가하였음}.

261) Dr. Joachim Kaetzler, "§20 Rechtsfragen der Blockchain-Technologies" in Möslein·Omlor (2023), pp. 521-524.

262) FATF(2012-2023).

263) FATF 권고사항은 "가상자산(virtual asset)은 디지털방식으로 가치가 표시된 것으로서 디지털방식으로 거래, 이전될 수 있고 지급 또는 투자목적으로 사용될 수 있는 것이다. 가상자산은 FATF 권고사항의 다른 곳에서 이미 다루고 있는 법정통화, 증권 기타 금융자산을 디지털방식으로 표시한 것은 포함하지 않는다"고 정의하였다{FATF(2012-2023), p. 137}.

264) 2019년 6월 FATF 권고사항 제15항에 대한 주석(Interpretative Note to Recommendation 15)을 추가하여 각국이 취할 가상자산사업자 규제에 관한 보다 상세한 내용을 제시하였고 2020년 9월 가상자산의 위험 지표를 제시하였다{FATF(2020b)}. FATF가 제시하는 가상자산과 가상자산사업자 규율에 대한 보다 상세한 설명은 FATF(2021).

265) EU도 2018. 6. 19. 제5차 자금세탁방지지침{The 5th anti-money laundering Directive (Directive (EU) 2018/843)}에 각 회원국이 가상통화와 법정통화 교환업자, 보관지갑 제공자가 등록하도록 할 것을 규정하였다(동지침 제41조 제1항).

장래 얼마나 선호할 것으로 예상되는지에 따라 수요와 가격이 변동된다. 가상자산은 변동성이 높아서 시장위험이 크고 그 거래와 사업자가 법적으로 규율되지 않는 경우 운영위험이 커지게 된다. 일반투자자·금융소비자들이 전통적인 금융상품에 비하여 가상자산(그 내용, 손익구조, 비용, 이익충돌, 투자자보호장치 유무, 운영위험 등)을 이해하는 것은 훨씬 어렵다.[266] 일반투자자·금융소비자가 과도한 위험에 노출될 수 있다. 가상자산의 개발·판매자가 사기적인 행위를 할 유인도 크다. 또한 소셜미디어 등을 이용한 사기행위를 하거나 또는 허위정보 유포로 시세조종을 할 수도 있다.[267] 사기에 이르지 않고 일정한 프로젝트의 수행을 위하여 토큰을 발행하는 경우에도 그 프로젝트 수행자는 프로젝트 수행에 필요한 자금보다 더 많은 자금을 조달한 후 프로젝트 수행을 소홀히 하는 유인이 생길 수 있다.

4. 가상자산사업자와 관련한 문제

소위 가상자산거래소를 운영하는 가상자산사업자는 단순히 시장을 개설하여 거래가 이루어지게 하는 업무를 수행하는데 그치지 않고 스스로 가상자산을 거래하고 고객의 자산을 보관하는 등의 업무도 수행하는 경우가 많다.[268] 증권거래소, 증권회사 및 보관기관의 역할을 모두 수행하는 셈이다. 업무가 분화되지 않음에 따라 상호견제가 이루어지지 않아 잠재적인 여러 문제가 제기될 수 있다. 이렇게 여러 기능을 하는 가상자산사업자에 대해서는 각 기능에서 발생하는 위험에 따른 규제를 할 필요가 있다.[269]

시장개설 차원에서는 시장의 투명성, 가격의 공정성, 시장정보의 정확성 등에 대한 의문, 고객에 대한 관계에서는 고객자산의 보호의 문제 등이 제기될 수 있다. 국내에서는 가상자산거래소의 대표이사 등이 차명계정을 만들어 허위로 원화와 가상화폐를 보유하고 있는 것처럼 입력하여 매매한 사례,[270] 가상자산거래소의 대표이사 등이 가상화폐 상장에 관한 부정한 청탁을 받고 그 대가를 받고, 상장수수료를 개인적으로 착복한 사례[271] 등 형

266) FSB(2022a), p. 8(미국과 영국의 일반투자자의 암호자산 이해도가 낮음).

267) Barnes(2018), pp. 68, 71-72(암호자산 관련 pump and dump 건과 사기적인 ICO의 비율이 높다는 여러 실증연구결과를 지적함). FTC(2022)(2021년초부터 2022년 1분기까지 신고된 암호화폐 사기피해액이 10억 달러를 넘고 이는 신고된 사기피해의 24%로 암호화폐가 여러 지급수단 중 가장 높은 비율을 차지함. 2018년 신고 피해액에 비하여 거의 60배 증가함).

268) 다만 특정금융정보법은 가상자산사업자가 "가상자산의 매매·교환을 중개·알선하거나 대행하면서 실질적으로 그 중개·알선이나 대행의 상대방으로 거래하는 행위"를 제한하는 기준을 마련하여 시행하도록 하였다(동법 제8조, 동법시행령 제10조의20 제5호 다목).

269) FSB(2022b) pp. 15-16.

270) 대법원 2020. 8. 27. 선고 2019도11294 전원합의체 판결.

271) 대법원 2020. 12. 10. 선고 2020도11188 판결. 그 밖에 가상자산거래소의 설립과 이를 통하여 가치가 없는 코인을 발행하는 방법으로 투자사기를 행한 사례(부산지방법원 동부지원 2020. 9. 11.

사처벌된 사례들이 적지 않고 이로 인한 고객들의 피해가 발생하고 있다. 외국문헌에서도 가상자산 가격의 시세조종, 가상자산 거래량 정보의 불투명성, 스푸핑(spoofing)[272] 등의 문제와 더불어 가상자산사업자가 가상자산 관련 범죄행위자에게 가상자산을 이전하는 문제[273]가 제기되고 있다.[274]

또한 전통적인 금융에 비하여 가상자산시장·산업은 성숙도가 떨어져서 자율적으로 위험관리가 잘 이루어질 것을 기대하기 어렵다는 점도 규제의 필요성을 뒷받침한다.

5. 금융안정성에 대한 영향

가상자산시장이 급속도로 성장하고 기존의 금융시스템 내의 금융회사들이 가상자산 거래에 관여하는 경우가 증가하고 있다. 또한 글로벌 스테이블코인 발행, 탈중앙화금융의 확대, 가상자산사업자의 활동 등과 관련하여 가상자산시장이 지닌 여러 취약성으로 인한 위험이 가상자산시장 내에서의 상호연계와 전통적 금융시장·산업과의 연계를 통하여 금융시스템에 전이될 수 있고 금융안정성에 영향을 줄 수 있다.[275] 특히 글로벌 스테이블코인에 대해서는 여러 국제기구와 주요 국가에서 규제를 논의하고 있다.[276]

Ⅱ. 국내 가상자산 규제의 변화

1. 2017년 가상화폐 시장과열과 불법거래 규제 방침

2016년 금융위원회는 디지털통화의 제도화를 본격 추진하겠다고 밝힌 후,[277] 디지털

선고 2020고단881 판결), 가상자산거래소 직원과 거래소 외부 성명불상자와의 컴퓨터사용사기죄 공동정범이 성립된 사례(서울남부지방법원 2021. 11. 22. 선고 2020노2765 판결), 가상자산사업자의 장외거래 사업 담당 임원이 공동사업계약에 따라 보관중인 가상자산을 자신의 지갑으로 이체하여 업무상배임죄로 처벌된 사례(서울중앙지방법원 2022. 1. 14. 선고 2021고합826 판결)도 있다{이정엽·이석준·김성인·장민석·한웅희(2024), 37-42쪽, 80-86쪽, 134-142쪽}.

272) 실제 거래를 체결할 의사 없이 대규모 주문을 내서 호가창에 반영되도록 한 뒤 거래성사 직전에 취소하는 행위 (☞ 제16장 제4절 각주 211, 228).

273) Ciphertrace(2021), pp. 9-10.

274) Barnes(2018), pp. 69-70.

275) 그동안 가상자산시장이 금융시스템 위험을 야기할 것으로 보지는 않았으나{Blandin(2019), p. 56}, 가상자산시장의 성장 및 특히 스테이블코인의 등장과 더불어 금융안정성 문제가 제기되고 있다{FSB(2020), pp. 12-16, FSB(2022a), FSB(2023)}.

276) 바로 위 각주의 FSB발간 자료들, 천창민(2021) 57-62쪽(각종 국제기구의 규제동향), 66-99쪽(MiCAR의 스테이블 코인 규제).

277) 금융위원회 보도자료(2016. 10. 24.), "「2단계 핀테크 발전 로드맵」 기본방향 발표".

화폐 태스크포스를 구성하여 디지털화폐의 법적 정의, 거래소 등록제, 자금세탁방지, 외환규제 등에 대하여 심도 있게 논의할 계획이라고 밝혔으나,[278] 그 후 별다른 진전이 없었다.

2017년 하반기 가상화폐의 가격이 급등하고 시장이 과열되자 정부는 가상화폐를 이용한 불법거래와 소비자피해를 우려하며 이에 대해 엄정히 대처하기로 하였다.[279] 이 가운데 특히 주목받는 것은 "모든 형태의 ICO를 금지할 방침"이라고 한 부분이다.[280] 보도자료의 앞뒤 맥락을 보면 금융위원회가 ICO를 금지하는 방향으로 법규를 정비하겠다는 것이 아니라 보도자료 발표시점 현재 모든 ICO를 금지하겠다는 의사를 표명한 것으로 보인다. 그 금지의 내용이 명확하지 않고 법적 근거를 밝히지 않아 금지의 법적 근거가 없다는 비판이 있다.[281] 이 조치에 관한 위헌확인청구에 대해 헌법재판소는 공권력행사에 해당하지 않는다고 하여 각하하였다.[282]

2017년 12월에 발표된 보도자료는 조속한 시일 내에 입법조치를 거쳐 투자자 보호, 거래투명성 확보 조치 등의 요건을 갖추도록 하겠다고 하며 규제의 기본골격을 제시하였다.[283] 그러나 가상자산에 관한 입법은 조속히 이루어지지 않았다. 대신 가상자산사업자의 영업형태에 적용되는 일반적인 각종 규제법률(전자상거래법, 약관규제법, 정보통신망법, 외국환거래법 등) 위반 여부를 조사하고,[284] 가상화폐거래 실명화와 거래은행의 자금세탁

278) 금융위원회 보도자료(2016. 11. 17.), "디지털화폐 T/F 제1차 회의 개최".

279) ① 금융위원회 보도자료(2017. 9. 1.), "「가상통화 관계기관 합동 TF」 개최 — 가상통화 현황 및 대응방향"(가상통화거래를 금융업으로 포섭하여 공신력을 부여하기는 어려우나 거래투명성 확보와 소비자보호를 위한 장치 마련이 필요하다고 보고 자금세탁방지 강화, 유사수신행위법의 적용범위의 확대, 증권형 ICO에 대한 자본시장법 적용 등 법제도를 정비하겠다는 입장을 표명).

② 금융위원회 보도자료(2017. 9. 29.), "기관별 추진현황 점검을 위한 「가상통화 관계기관 합동 TF」 개최(기술·용어 등에 관계없이 모든 형태의 ICO를 금지할 방침; 가상통화취급업자의 소비자에 대한 신용공여금지).

③ 금융위원회 보도참고자료(2017. 12. 4.), "향후 대응방향 점검을 위한 「가상통화 관계기관 합동TF」 개최"(가상통화가 화폐나 금융상품이 아니며, 정부가 가치의 적정성을 보장하지 않는다는 정부의 기본입장에는 변함이 없음을 재확인).

280) 금융위원회 보도자료(2017. 9. 29.), "기관별 추진현황 점검을 위한 「가상통화 관계기관 합동TF」 개최.

281) 천창민(2017), 138쪽, 권오훈(2019), 17-18쪽.

282) 헌법재판소 2022. 9. 29. 2018헌마1169.

283) 국무조정실 보도자료(2017. 12. 13.), "정부, 가상통화 관련 긴급 대책 수립"(가상통화 거래에 대한 규율 마련". 이 보도자료는 (i) 가상통화 거래소 운영에 관한 일정한 사항(예: 고객자산의 별도 예치, 설명의무 이행, 이용자 실명확인, 암호키 분산보관, 가상통화 매도매수 호가·주문량 공개)의 의무화 검토. 가상통화 거래소에 자금세탁방지의무 부과 및 은행 등의 의심거래 보고의무 강화, (ii) 가상통화거래소에게 금지되는 행위{ICO(Initial Coin Offering), 신용공여 등}를 명확히 규정하고 위반시 처벌 등을 제시하였다.

284) 국무조정실 보도자료(2017. 12. 20.), "정부, 「가상통화 관련 긴급대책(12.13)」 후속조치 추진".

방지의무 강화 및 가상통화 온라인 광고규제 강화 등의 조치를 취하였으며,[285] "가상통화 관련 자금세탁방지 가이드라인"[286]을 제정하였다. 이러한 일련의 조치에 관한 위헌확인 청구에 대해 헌법재판소는 공권력행사에 해당하지 않는다고 보아 각하하였다.[287]

2. 특정금융정보법 개정

정부가 2019년 보도자료[288]로 자금세탁방지 등을 위한 특정금융정보법 개정안에 대한 지지 입장을 발표하였고, 2020. 3. 24. 특정금융정보법 개정[289]으로 가상자산을 이용한 자금세탁 등을 방지하기 위하여 가상자산사업자에 대해 규율하게 되었다. 이 개정은 국제자금세탁방지기구(FATF)의 권고사항 등 국제사회의 흐름에 따른 입법이다.[290] 특정금융정보법 개정 이외에 가상자산에 적극적으로 대처하는 다른 입법은 하지 않았다.

2021. 5. 발표된 "가상자산 거래 관리방안"[291]은 거래투명성 제고를 위한 가상자산사업자 관리·감독 및 제도개선을 금융위원회가 주관한다고 했으나 특정금융정보법의 테두리 내에서의 제도 개선이다.

3. 기존 법률의 적극적 적용과 가상자산이용자보호법의 제정

특정금융정보법은 금융거래 등을 이용한 자금세탁행위 등을 규제하기 위한 법률이므로 그 목적을 벗어나는 내용을 그 법률에 반영할 수 없는 반면에 가상자산 거래에 따라서는 자본시장법, 유사수신행위규제법 등 기존의 다른 법령으로 규율할 여지가 있다. 금융감독당국도 최근 조각투자 관련 가이드라인[292]을 제정하는 등 자본시장법 등 기존 법률의 적용에 보다 적극적인 태도를 보이고 있고, 가상자산거래 관련 유사수신행위규제법

---

285) 국무조정실 보도자료(2017. 12. 28.), "정부, 가상통화 투기근절을 위한 특별대책 마련". 이 보도자료가 다른 관계부처 차관회의에서 "법무부는 가상통화 거래소 폐쇄를 위한 특별법 제정을 건의"했으며, 2018. 1. 11. 법무부장관이 새해 기자간담회에서 같은 내용을 밝혀 파문이 일었으나, 국무조정실 보도자료(2018. 1. 15.), "가상통화에 대한 정부입장"에서 "향후 범정부 차원에서 충분한 협의와 의견조율 과정을 거쳐 결정할 예정"인 것으로 정리되었다.

286) 2018. 1. 30. 시행.

287) 헌법재판소 2021. 11. 25. 2017헌마1384, 2018헌마90, 145, 391(병합)(재판관 4인의 반대의견은 법률유보원칙에 위반하여 기본권을 침해한다고 보았음).

288) 국무조정실 보도자료(2019. 5. 28.), "가상통화 관련 관계부처 회의 결과".

289) 법률 제17113호(2020. 3. 24. 일부개정, 2021. 3. 25. 시행).

290) 특정금융정보법 개정의 배경에 대해서는 김지웅(2020), 21-22쪽.

291) 국무조정실 등 관계부처 합동 보도자료(2021. 5. 28.), (별첨) "가상자산 거래 관리방안".

292) 금융위원회 보도자료(2022. 4. 29.), "조각투자 등 신종증권 사업 관련 가이드라인".

위반사건 판결들도 나오고 있다.

한편 현행 법제로는 가상자산거래 규율이 충분하지 않다는 인식하에 국회에서 19개 법안이 발의된 후 2023. 7. 18. 가상자산이용자보호법이 제정되어 2024. 7. 19 부터 시행된다.[293] 2023년 제정된 가상자산이용자보호법은 불공정거래의 규제와 이용자자산의 보호 등 투자자 보호에 중점을 맞춘 1단계 입법이고, 가상자산의 발행과 공시, 상장 등을 포함하여 가상자산업 전체를 규율하는 2단계 입법을 예정하고 있다. 국회 정무위원회는 2023. 5. 11. 1단계 입법안을 채택하며 2단계 입법에 필요한 사항들에 대한 분석과 대책 마련을 금융위원회 등에게 요구하는 부대의견을 채택하였다.[294]

Ⅲ. 특정금융정보법상 가상자산 규제

1. 적용대상

2024. 7. 19. 가상자산이용자보호법이 시행되면 특정금융정보법상 가상자산[295]과 가상자산사업자[296]는 가상자산이용자보호법 제2조 제1호와 제2호에서 정한 것을 의미하게

293) 입법배경에 대해서는 최민혁·강련호(2023), 6-18쪽.

294) 부대의견에서 방안을 마련하여 가상자산이용자보호법 시행 전까지 국회 소관 상임위원회에 보고할 것을 요구한 사항과 담당부처는 다음과 같다.
(i) 가상자산사업자의 이해상충문제 해소 방안(금융위원회)
(ii) 스테이블코인(증권형 토큰, 유틸리티 코인 등 포함)에 대한 규율체계 확립, 가상자산평가업·자문업·공시업에 대한 규율체계 마련, 통합전산시스템 구축·운영방안, 사고시 입증책임 전환 등 대책 마련(금융위원회)
(iii) 가상자산사업자의 영업행위 규율 방안(금융위원회)
(iv) 실명확인 입출금제도가 자금세탁방지 취지에 부합하는지 점검하고 개선방안 검토(금융위원회, 금융정보분석원)
(v) 가상자산 유통량·발행량에 대한 통일된 기준 마련(금융위원회·금융감독원)
(vi) 자기 또는 특수관계인이 발행한 가상자산 거래제한과 관련한 공시와 내부통제의무 부과와 동시에 가상자산 활용성 증대와 실물경제 융합형 혁신서비스 출현을 저해되지 않도록 균형잡힌 규정 마련(금융위원회)
(vii) 금융감독원장에 대한 가상자산사업자 검사권 위탁(금융위원회)
(viii) 가상자산 관련 자율협의기구를 통한 가상자산거래소 공통의 가상자산 상장관련 내부통제와 절차 마련(금융위원회·금융감독원)

295) 가상자산이용자보호법 및 동법 시행 이전의 특정금융정보법에 따른 가상자산의 정의에는 FATF 권고사항상 가상자산(virtual currency) 정의(☞ 위 각주 263)와는 달리 "지급 또는 투자목적으로 사용될 수 있는" 것이라는 요건이 없다. 김지웅(2020), 26쪽은 "가상자산이 지급수단으로서의 범용성을 갖추거나 제도권 내로 편입되지 않은 현실을 감안하고 투기의 대상으로 인식될 수 있는 표현을 지양함으로써 가치중립적으로 규정할 필요가 있다는 공감대에 따른 것"으로 설명하였다.

296) 서울중앙지방법원 2021. 8. 13.자 2021카합21055 결정은 가상자산거래소를 운영하는 A회사가 거래소 사용자들로 하여금 예탁금을 B법무법인의 에스크로계좌에 입금하도록 한 사건에서 "A회사

된다.

2. 가상자산사업자의 신고

가상자산사업자 및 이를 운영하려는 자[297]는 금융정보분석원장에게 신고하여야 한다. 금융정보분석원장은 정보보호 관리체계인증을 받지 못한 자, (금융정보분석원장이 인정한 예외를 제외한) 실명확인이 가능한 입출금 계정을 통하여 금융거래등을 하지 아니하는 자 등 일정한 경우에는 신고를 수리하지 않을 수 있다(동법 제7조 제1항, 제3항). 가상자산사업자의 인가 또는 등록을 하도록 한 FATF의 권고사항을 반영한 것이라고 할 수 있다.

3. 가상자산사업자의 자금세탁방지의무 및 추가적인 의무

가상자산사업자는 특정금융정보법상 금융기관등에 해당하여 이들에게 적용되는 고객확인(동법 제5조의2), 의심거래 보고(동법 제4조), 고액현금거래 보고(동법 제4조의2) 등 기본적인 자금세탁방지의무를 진다. 가상자산사업자(A)가 고객 요청에 따라 100만원 상당 이상의 가상자산을 다른 가상자산사업자(B)에게 이전하는 경우, A는 B에게 가상자산 이전과 함께 가상자산을 보내는 고객과 받는 고객의 성명과 가상자산주소를 제공해야 한다(동법시행령 제10조의10 제2호).[298]

또한 가상자산사업자는 의심거래 및 고액현금거래 보고의무 이행등을 위하여 고객별 거래내역을 분리하여 관리하는 등의 조치를 하여야 한다(동법 제8조). 그 조치의 하나로 예치금(=가상자산사업자의 고객인 자로부터 가상자산거래와 관련하여 예치받은 금전)을 고유재산(=가상자산사업자의 자기재산)과 구분하여 관리해야 한다(동법시행령 제10조의20 제2호).[299] 가상자산사업자와 거래하는 은행등 금융회사는 고객인 가상자산사업자가 예치금을

는 물론이고 B법무법인도 역시 가상자산 … 매도·매수대금의 입출금업무를 대행하거나 … 입출금을 중개하거나 … 알선한 것으로 볼 여지가 크므로 특정금융거래정보법 제2조 제1호 하목 5)에서 정한 가상자산사업자에 해당한다"고 판시하였다.

297) 특정금융거래정보 보고 및 감독규정 제27조 제4항 제3호는 외국가상자산사업자도 특정금융정보법에 따른 신고의무가 있음을 전제로 하는 조항을 두었다. 외국가상자산사업자는 "본점 또는 주사무소가 외국에 있는 자(사업의 실질적 관리장소가 국내에 있지 않은 경우만 해당한다)로서 내국인을 대상으로 가상자산거래를 영업으로 하는 자"로 정의되어 있다.

298) 금융위원회 보도자료(2022. 3. 25.), "3.25일 특정금융정보법상 트래블룰이 시행됩니다".

299) 특정금융정보법 제8조에 규정된 조치에는 본문에서 언급한 것 이외에 (i) 동법 제5조의2 제1항 각 호에 따른 확인 조치가 모두 끝나지 않은 고객에 대해서는 거래를 제한할 것, (ii) 동법 제7조 제1항 및 제2항에 따른 신고·변경신고 의무를 이행하지 않은 가상자산사업자와는 영업을 목적으로 거래하지 않을 것, (iii) 그 밖에 투명한 가상자산거래를 위해 금융정보분석원장이 정하

고유재산과 구분하여 관리하는지를 확인할 의무가 있다(동법 제5조의2 제1항 제3호 마목 1)).

최근 특정금융정보법시행령 개정[300]으로 동법 제8조에 따라 가상자산사업자가 취할 조치의 범위를 확대하였다(동법시행령 제10조의20). 즉, 자금세탁행위와 공중협박자금조달행위를 효율적으로 방지하기 위해 가상자산사업자는 (i) 그 사업자나 사업자의 특수관계인(상법시행령 제34조 제4항에 따름)이 발행한 가상자산의 매매·교환을 중개·알선하거나 대행하는 행위, (ii) 그 사업자의 임직원이 해당 가상자산사업자를 통해 가상자산을 매매·교환하는 행위, (iii) 그 사업자가 가상자산의 매매·교환을 중개·알선하거나 대행하면서 실질적으로 그 중개·알선이나 대행의 상대방으로 거래하는 행위를 제한하는 기준을 마련하여 시행할 것을 규정하였다. 이 조항은 가상자산사업자의 이익충돌행위를 규율하지만 그 규율의 목적은 자금세탁행위와 공중협박자금조달행위의 효율적 방지에 있다.

4. 특정금융정보법에 의한 규제의 한계

특정금융정보법은 금융거래 등을 이용한 자금세탁행위와 공중협박자금조달행위를 규제하는 것이 목적이므로 동법에 가상자산사업자를 규율하는 조항을 추가한다고 하여도 동법의 목적 범위를 벗어나는 내용을 규정할 수는 없다. 특정금융정보법과 동법시행령에 고객예치금과 가상자산사업자의 고유재산의 구분관리, 고객별 거래내역의 분리 관리를 규정하고 있고, 최근 동법시행령 개정으로 가상자산사업자의 이익충돌행위를 일부 규율하고 있다.

그러나 이는 모두 특정금융정보법의 목적상 필요한 사항을 규정하는 것이고 고객을 보호하는 기능이 얼마나 있을지 의문이다. 예컨대, 고객 예치금의 구분 관리는 자금세탁 방지 등 동법의 목적을 위하여 둔 것으로서, 단순히 장부상 구분 관리하는 것만으로는 가상자산사업자의 도산시 고객을 충분히 보호할 수 있는 장치가 되기는 어렵다. 또한 시장의 투명성, 가격의 공정성, 시장정보의 정확성 등의 확보와 고객이 맡긴 가상자산 보호의 문제 등은 전혀 다루지 않고 있다.[301] 이러한 문제를 해소하기 위하여 가상자산이용자보호법이 제정되었다.

여 고시하는 조치 등이 있다(동법시행령 제10조의20 제3호부터 제5호).

300) 특정금융정보법시행령(대통령령 제32028호, 2021. 10. 5, 일부개정 및 시행).

301) 관계부처 합동 "가상자산 거래 관리방안"(2021. 5. 28.)은 특정금융정보법상 가상자산사업자 관리·감독 강화를 위한 제도 개선으로 가상자산사업자의 시세조종 금지와 가상자산 보관 강화(콜드월렛보관 비율을 70% 이상으로 상향 적용)를 제시하였으나 특정금융정보법의 목적에 비추어 볼 때 이러한 조치가 가상자산시장의 질서유지와 투자자보호를 도모하는데 얼마나 효과적일지 의문이었다.

Ⅳ. 가상자산이용자보호법

1. 적용대상

가상자산이용자보호법의 적용대상인 가상자산과 가상자산사업자는 종전 특정금융정보법상의 정의와 매우 유사하다.

(1) 가상자산의 정의

가상자산이용자보호법은 "가상자산"이란 "경제적 가치를 지닌 것으로서 전자적으로 거래 또는 이전될 수 있는 전자적 증표(그에 관한 일체의 권리를 포함한다)"를 말하되 일정한 유형을 제외하는 것[302]으로 정의하였다(동법 제2조 제1호). 가상자산이용자보호법상 가상자산의 속성은 (i) 전자적 증표, (ii) 경제적 가치, (iii) 전자적 거래·이전 가능성의 3가지이고 분산원장 기술이나 암호화기술을 사용할 것을 요구하지 않는다. 분산원장 기술이나 암호화기술을 사용하지 않은 것도 포함하기 때문에 유럽연합의 암호자산시장규정(MiCAR)의 암호자산의 정의[303] 또는 통상 논의되는 암호화폐·암호자산보다 범위가 넓다.

---

302) 가상자산에서 제외되는 것은 다음과 같다.

가. 화폐·재화·용역 등으로 교환될 수 없는 전자적 증표 또는 그 증표에 관한 정보로서 발행인이 사용처와 그 용도를 제한한 것
나. 「게임산업진흥에 관한 법률」 제32조 제1항 제7호에 따른 게임물의 이용을 통하여 획득한 유·무형의 결과물
다. 「전자금융거래법」 제2조 제14호에 따른 선불전자지급수단 및 같은 조 제15호에 따른 전자화폐
라. 「주식·사채 등의 전자등록에 관한 법률」 제2조 제4호에 따른 전자등록주식등
마. 「전자어음의 발행 및 유통에 관한 법률」 제2조 제2호에 따른 전자어음
바. 「상법」 제862조에 따른 전자선하증권
사. 「한국은행법」에 따른 한국은행이 발행하는 전자적 형태의 화폐 및 그와 관련된 서비스
아. 거래의 형태와 특성을 고려하여 대통령령으로 정하는 것

가상자산이용자보호법시행령(안)(금융위원회 공고 제2023-454호, 2023. 12. 11.) 제2조는 위 아목에 따라 가상자산에서 제외할 것을 다음과 같이 열거하였다.

1. 「전자금융거래법」 제2조 제16호에 따른 전자채권
2. 발행자가 일정한 금액이나 물품·용역의 수량을 기재하여 발행한 상품권 중 휴대폰 등 모바일기기에 저장되어 사용되는 상품권
3. 「한국은행법」에 따른 한국은행이 법 제2조 제1호 사목의 화폐를 발행·관리하는 네트워크 내에서 전자적 형태로 발행되는 「예금자보호법」 제2조 제2호 가목 전단의 예금등
4. 수집을 주된 목적으로 하거나 거래 당사자 간에 거래의 확인을 위하여 수수하는 것 등과 같이 단일하게 존재하여 상호간에 대체할 수 없는 전자적 증표. 다만, 금융위원회가 정하여 고시하는 경우는 제외한다.
5. 그 밖에 거래의 형태와 특성을 고려하여 금융위원회가 정하여 고시하는 것

303) ☞ 위 각주 4.

이는 그동안 가상자산을 규제해오던 특정금융정보법을 기본적으로 그대로 따름으로써 혼란을 방지하고자 한 것으로 보인다. 특정금융정보법은 자금세탁 등의 방지를 목적으로 하고 있으므로 적용대상을 보다 광범위하게 정할 필요가 있다고 할 수 있다. 그러나 가상자산이용자보호법은 가상자산거래와 영업에 관한 기본법이므로 적용대상인 가상자산의 범위를 지나치게 광범위하게 규정하는 경우에는 분산원장 기술과 암호화 기술을 사용하는데 따른 특별한 법적 규율이 적합하지 않은 거래까지 적용범위에 포함될 가능성이 크고, 기존의 다른 법률의 규율과의 충돌도 발생할 수 있다. "전자적 증표"와 "전자적 거래·이전 가능성"에 대한 법적인 규율과 그것이 분산원장 기술과 암호화 기술을 하용한 증표이고 그 기술을 사용한 거래·이전을 한다는 점에서 행하는 법적인 규율에는 차이가 있다.

가상자산의 정의를 이와 같이 광범위하게 규정했기 때문에 가상자산이용자보호법은 가상자산에서 제외되는 것들을 다수 열거하였다. 대부분 특정금융정보법의 가상자산 정의와 같은 내용으로 규정하였고, 특기할 사항으로는 장차 한국은행이 발행할 수 있는 중앙은행디지털화폐(CBDC)가 적용대상에서 제외되었다(동호 단서 사목).

그러나 자본시장법상 증권으로 인정되는 토큰을 가상자산에서 제외하는 조항은 두고 있지 않다. 증권성 가상자산을 가상자산에서 제외할 경우 이용자보호에 공백이 발생할 우려가 있다고 하여 증권을 가상자산에서 제외하는 규정을 두지 않았다고 한다.[304] 가상자산이용자보호법 제4조가 다른 법률과의 관계를 규정하고 있으나("가상자산 및 가상자산사업자에 대해 다른 법률에서 특별히 정한 경우를 제외하고는 이 법이 정하는 바에 따른다"), 그 조항으로 문제가 해소되기 어렵다. 동일한 거래에 대하여 자본시장법과 가상자산이용자보호법이 중복 적용되는 경우에는 법적 규율의 내용에 대해 혼선이 발생할 수 있다. 자본시장법상 금융투자상품에 해당하는 경우에는 자본시장법의 규율을 받도록 하고 그러한 금융투자상품은 가상자산이용자보호법상의 가상자산에서는 제외하는 것이 타당할 것이다.

(2) 가상자산사업자의 정의

"가상자산사업자"는 가상자산과 관련하여 (가) 가상자산을 매도·매수하는 행위, (나) 가상자산을 다른 가상자산과 교환하는 행위, (다) 가상자산을 이전하는 행위 중 대통령령으로 정하는 행위,[305] (라) 가상자산을 보관 또는 관리하는 행위, (마) 가목 및 나목의 행

304) 최민혁·강련호(2023), 15쪽.

305) 가상자산이용자보호법시행령(안) 제3조는 "대통령령이 정하는 행위"를 "이용자의 요청에 따라 가상자산의 매매, 교환, 보관 또는 관리 등을 위해 하나의 가상자산주소에서 다른 가상자산주소로 가상자산을 전송하는 행위 등 가상자산을 이전하는 모든 행위"로 규정하였다.

위를 중개·알선하거나 대행하는 행위를 영업으로 하는 자로 정의되어 있다(동법 제2조 제2호). 종전 특정금융정보법상의 가상자산사업자의 정의와 거의 같다. 특정금융정보법상으로는 가상자산 거래업자,[306] 가상자산 보관관리업자,[307] 가상자산 지갑서비스업자[308]가 이에 해당된다고 보았다.

가상자산사업자의 정의에 대해서는 여러 의문점이 제기되고 있다. 중요한 몇 가지 사항을 살펴보면 다음과 같다.

첫째, 가상자산사업자의 분류와 범위에 대해 금융규제 차원에서 체계적으로 정비해야 할 필요가 있다는 비판[309]이 설득력이 있다. 가상자산사업자의 정의에 추가로 포함시켜야 할 부분도 있을 뿐 아니라 현재 입법되어 있는 가상자산사업자의 정의를 조금 더 정치하게 정비할 필요가 있다. 예컨대 가목의 매매는 자기계산으로 하는 매매와 타인계산으로 하는 매매를 나누어 규율할 필요가 있고,[310] 라목의 보관·관리는 통상 협의의 보관·관리(custody and administration)를 의미하므로 가상자산의 운용(portfolio management)업무를 규제하기 위해서는 이를 보다 명확하게 규정할 필요가 있다.

둘째, 가상자산의 매매를 규정한 가목과 다른 가상자산과의 교환을 규정한 나목에 따르면 규제의 공백이 발생한다. 전형적인 매매는 매도인이 재산권 이전을 약정하고 매수인이 대금지급을 약정하는 계약이다(민법 제563조). 대금지급은 금전의 지급을 의미하므로 매수인이 매수의 대가로 금전지급이 아닌 다른 재화·재산권의 이전을 약정하는 경우에는 매매계약에 대물변제의 특약을 추가한 계약이거나 교환계약에 해당하게 된다(민법 제569

306) 금융위원회 보도자료(2021. 3. 16.), "가상자산 거래를 하는 고객은 가상자산사업자의 신고상황에 유의하시기 바랍니다", 5쪽은 가상자산 거래업자란 "가상자산(가상통화) 매매·교환을 위한 플랫폼을 개설·운영하는 사업자"로서 가상자산 거래소·취급업·교환업으로 통용되며 "일반적으로 가상자산의 매매와 교환을 중개·알선·대행과 가상자산의 이전 기능을 함께 수행하는 것"으로 보고 있다. 위 보도자료는 "매수·매도 제안을 게시할 수 있는 게시판만 제공하고 당사자간의 거래는 당사자별 지갑으로 이루어지는 경우" 또는 "단순히 가상자산 거래에 대한 조언이나 기술제공하는 경우"는 가상자산사업자에서 제외될 수 있다고 보았다.

307) 위 금융위원회 보도자료(2021. 3. 16.), 6쪽은 "사업자가 개인 암호키를 보관·저장하는 프로그램만 제공하고 개인 암호키에 대한 독립적인 통제권을 가지지 않아 가상자산의 보관·이전등에 관여하지 않는 경우"에는 가상자산 보관관리업자에서 제외될 수 있다고 보았다.

308) 위 금융위원회 보도자료(2021. 3. 16.), 6쪽은 바로 위 각주에 기재된 내용과 같은 경우 또는 콜드월렛 등 하드웨어 지갑서비스 제조자는 가상자산 지갑서비스업자에서 제외될 수 있다고 보았다.

309) 이정수(2023b), 101-102쪽{자본시장법을 모델로 매매업(매매, 중개)과 관리업(일임, 자문, 신탁, 집합투자) 및 시장인프라 관련업(거래소, 보관, 평가, 공시업 등)으로 구분하는 방안을 제시함}.

310) 김시목·김익현(2023), 55-56쪽은 금융감독원·금융정보분석원이 2021. 2. 배포한 가상자산사업자 신고매뉴얼이 "FATF 국제기준상 가상자산사업자의 주요요소는 ① 영업으로 ② 고객을 대신하여 ③ 가상자산활동을 적극적으로 촉진하는 것임"이라고 하여 본인을 위한 거래행위는 가상자산사업자로 규율되지 않는 취지로 이해된다고 하며, 자신을 위한 가상자산의 매도·매수는 가상자산사업자의 범위에서 제외하는 것이 타당하다는 견해를 제시하고, 향후 이를 명확히 할 필요가 있다고 지적하였다.

조). 나목은 다른 가상자산과의 교환만을 규정하고 있으므로 당사자 일방이 가상자산을 이전하고 타방이 그 대가로 가상자산이 아닌 다른 재화·재산권을 이전하는 영업을 명시적으로 교환계약을 체결하는 방법으로 영위하면 가목과 나목 어디에도 해당하지 않게 된다.[311] 그러한 방법으로 하는 가상자산 영업을 규제하지 않을 특별한 이유는 없을 것이다. 입법적으로 정비할 필요가 있다.

셋째, 가상자산이용자보호법 제2조 제2호의 정의상으로는 가상자산의 발행을 영업으로 하는 자가 가상자산사업자에 해당하는지 명확하지 않다. 가목의 가상자산의 매도·매수를 영업으로 하는 행위에 속하는가가 문제가 될 것이다. 주식·채권 등 증권의 발행에 대해서는 상법과 자본시장법은 "신주청약", "인수가액의 납입", "취득의 청약"과 같은 개념을 사용하고, 신주발행의 경우 동시이행의 원칙이나 담보책임에 관하여도 상법은 특별한 조항을 두어 민법상 매매와는 달리 규정하고 있다. 가상자산 발행을 영업으로 하는 경우 위 제2조 제2호 가목에 해당하는지 여부는 새로운 가상자산의 발행과 투자자의 취득을 증권의 발행과 마찬가지로 민법상 매매와 다르게 볼 것인지, 아니면 가상자산의 발행과 투자자의 취득은 가상자산의 매도·매수의 하나의 형태에 불과하다고 볼 것인지에 따라 달라질 것이다. 상법에서 명시적으로 매매와 다른 법적 규율을 하고 있는 주식·채권의 발행과는 달리 가상자산의 발행에 대해 그러한 특별한 법적 규율이 있지 않은 이상 신규발행하는 가상자산의 매도·매수는 가상자산의 매도·매수의 하나의 형태로 볼 수 있을 것이다. 이 점에 대해서는 논란의 여지가 있으므로 자본시장법 제7조 제1항과 유사하게 가상자산 발행이 가상자산사업자에 해당하는 경우와 그렇지 않은 경우를 입법적으로 명시하는 것이 바람직하다.

2. 이용자자산의 보호

(1) 예치금의 보호

가상자산사업자는 이용자(=가상자산사업자를 통하여 가상자산을 매매, 교환, 이전 또는 보관·관리하는 자)의 예치금(=이용자로부터 가상자산의 매매, 매매의 중개, 그 밖의 영업행위와 관련하여 예치받은 금전)을 고유재산과 분리하여 관리기관(=은행업에 따른 은행 등 대통령령으로 정하는 기관)에 대통령령이 정하는 방법에 따라 예치 또는 신탁하여 관리해야 한다(가상자산이용자보호법 제6조 제1항).[312] 가상자산사업자는 관리기관에 이용자의 예치금을 예

311) 김시목·김익현(2023), 57-58쪽도 같은 취지.

312) EU 암호자산시장규정(MiCAR) 제70조 제2항은 암호자산사업자는 고객의 예치금에 대한 고객의

치·신탁하는 경우 그 예치금이 이용자의 재산이라는 뜻을 밝혀야 한다(동조 제2항). 이 때 예치금이 이용자의 재산이라는 것의 법적인 의미가 무엇인지는 분명하지 않다.[313)]

가상자산사업자가 관리기관에 예치·신탁한 예치금은 상계·압류하지 못하며 그 가상자산사업자는 대통령령이 정하는[314)] 이외에는 예치금을 양도하거나 담보로 제공해서는 안 된다(동조 제3항). 가상자산사업자의 사업자신고 말소, 해산·합병 결의, 파산선고가 있는 때에는 관리기관은 그 사업자의 예치금을 이용자의 청구에 따라 대통령령이 정하는 방법과 절차에 따라 그 이용자에게 우선하여 지급해야 한다(동조 제4항).

(2) 이용자로부터 위탁받은 가상자산의 보관

가. 고유재산과의 분리보관 의무

가상자산사업자는 자기의 가상자산과 이용자의 가상자산을 분리하여 보관해야 한다(동법 제7조 제2항 전단). 분리보관 의무를 부과하는 취지는 (ㄱ) 가상자산사업자의 이용자 가상자산 무단사용을 방지하고 (ㄴ) 이용자의 가상자산이 가상자산사업자의 채권자의 압류의 대상이 되거나 가상자산사업자의 파산시 파산재단에 속하지 않게 함으로써 이용자를 보호하는데 있을 것이다.

가상자산이용자보호법은 분리보관 의무만을 부과하였을 뿐 (ㄴ)에 관하여는 아무런 조항을 두고 있지 않다. 사법(私法) 법리에 맡겨놓은 것이다. 앞에서 살펴본 것처럼(☞ 제4절 Ⅱ. 2. (2)와 제4절 Ⅷ. 2.), 가상자산의 법적 성격에 대하여 견해가 나뉘고 있고, 이용자가 가상자산사업자에게 가상자산의 보관을 위탁한 경우의 법률관계가 계약상 명확하지 않은 경우 그 법률관계에 관하여도 견해가 나뉠 수 있다. 이러한 견해 대립에 따른 불확실성의 해소와 이용자 보호를 위해서는 계약과 법률 양면에서 정비할 필요가 있다. 계약 측면에서는 가상자산사업자가 이용자의 가상자산을 고객별로 보관하는지 아니면 다른 고객의 가상자산과 혼장하여 보관하는지 아니면 수탁자로 보유하는지를 계약상 명백하게 하도록 할 필요가 있다. 법률 측면에서는 고객이 소유한 증권을 증권회사에 보관하는 경

권리를 보호하고 고객 예치금을 암호자산사업자의 계산으로 사용하는 것을 방지할 충분한 장치를 마련하도록 하였고, 동조 제3항은 암호자산사업자가 고객 예치금을 받은 다음 영업일 종료시까지 금융기관 또는 중앙은행에 예치하도록 하였다.

313) 온라인투자연계금융업 관련 동일한 문제에 대한 논의 참조(☞ 제16장 제3절 Ⅲ. 3. 다.). 황현일·허준범(2023), 65-67쪽은 가상자산이용자보호법 제6조와 관련하여 예치·신탁시 법적인 권리자, 이용자 예치금의 운용방법과 수익배분, 우선지급시 발생할 수 있는 문제를 지적하였다.

314) 가상자산이용자보호법시행령(안) 제5조 제5항은 합병, 영업양도에 따라 예치금을 양도하는 경우와 그 밖에 이용자의 보호를 해칠 염려가 없는 경우로서 금융위원회가 정하여 고시하는 경우로 규정하였다.

우의 보호장치[315] 또는 자산유동화에서 유동화자산의 보호장치[316]에 준하는 정도로 이용자 보호장치를 둘 필요가 있다. 증권회사의 고객소유 증권보관에 대한 법적인 규율은 예탁제도에 기반한 것이다. 가상자산의 경우 그러한 예탁제도를 두고 있지 않은 이상, 자산유동화법의 유동화자산 보호 조항과 유사하게 가상자산사업자가 분리하여 관리하는 이용자 가상자산은 가상자산사업자의 채권자의 압류대상이 되지 않고 가상자산사업자의 파산시에도 파산재단에 속하지 않음을 법률에 명시하는 것이 바람직하다.[317]

가상자산사업자의 가상자산과 이용자의 가상자산을 분리하여 보관한다는 것이 (i) 가상자산사업자의 장부상 고유분과 이용자분을 명확하게 구분하고 이용자분은 언제라도 어느 이용자가 보관 위탁한 가상자산인지를 곧바로 판별할 수 있으면 충분한 것인지,[318] 아니면 (ii) 장부상 그러한 구분 기장이 되어 있을 뿐만 아니라 가상자산이 속한 블록체인 네트워크상 이용자의 가상자산이 기록된 전자주소와 사업자 자신의 가상자산이 기록된 전자주소를 구분하여 가지고 있는 것을 의미하는 것인지에 대해 견해가 나뉠 수 있다. 분리 보관의 취지를 제대로 구현하기 위해서는 (ii)의 견해가 더 합리적이라고 볼 수 있다.

나. 고객이 보관을 위탁한 가상자산을 실질적으로 보유할 의무

가상자산사업자는 이용자로부터 위탁받은 가상자산과 동일한 종류와 수량의 가상자산을 실질적으로 보유하도록 규정하고 있다(동법 제7조 제2항 후단).

---

315) 증권회사가 투자자 소유증권을 보관하게 되는 경우에는 투자자의 소유권을 보호하는 법적 장치가 마련되어 있다. 증권회사는 투자자 소유증권을 예탁결제원에 지체없이 예탁하여야 하고(자본시장법 제75조 제1항), 이 때 증권회사는 자기소유분과 구분하여 투자자 예탁분으로 예탁하고 투자자계좌부를 작성하여야 하며(동법 310조), 투자자계좌부에 기재된 투자자는 기재된 내용대로 증권을 점유하는 것으로 보고 예탁증권의 공유지분을 가지는 것으로 추정한다(동법 제 311조, 312조). 전자증권법이 적용되는 경우에는 예탁제도 대신 전자등록의 효력(동법 제35조)에 의하여 투자자의 권리가 보호된다.

316) 자산유동화법은 자산관리자가 유동화자산을 고유재산과 구분하여 관리하도록 하고(동법 제11조 제2항), 자산관리자가 파산하는 경우 유동화자산은 자산관리자의 파산재단을 구성하지 않고 자산관리자의 채권자가 강제집행할 수 없음(동법 제12조)을 명시하였다. 신탁법도 수탁자의 채권자의 강제집행금지와 수탁자의 파산재단에 속하지 않음을 명시하였다(동법 제22조, 제24조).

317) EU 암호자산시장규정(MiCAR)은 암호자산사업자가 고객에게 속하는 암호자산(또는 그 암호자산에 접근할 수단)을 가지고 있는 경우에는 (특히 암호자산사업자의 도산시) 고객의 소유권을 보호하고, 사업자가 자기의 계산으로 고객의 암호자산을 사용하는 것을 방지할 충분한 장치를 마련하도록 하였다(동규정 제70조 제1항).

318) 일본 자금결제법은 고객분과 고유분을 명확하게 구분하도록 하고, 암호자산사업자가 고객분에 관하여 어느 이용자의 암호자산인지 곧바로 판별될 수 있는 상태(각 이용자의 수량이 자신의 장부에 의해 곧바로 판별될 수 있는 상태 포함)로 스스로 관리하거나 제3자로 하여금 관리하도록 하였다(일본 자금결제법 제63조의11 제2항, 일본 암호자산교환업자에 관한 내각부령 제27조 제1항).

가상자산이용자보호법 제7조 제2항은 이용자의 가상자산을 보관(custody)하는 업무와 이를 운용하는 업무를 구별하지 않고 입법한 것으로 보인다. 소비임치약정 기타 특별한 약정이 없는 한 타인의 자산을 맡아서 보관하는 사람은 그 자산을 처분·사용할 권한이 없고, 그 자산을 그대로 (때로는 동종의 자산과 혼장하여) 보관한 후 보관위탁자에게 그 보관하던 자산을 반환하는 것이 정상이다. 이러한 보관의 법률관계에서는 보관자가 보관을 위탁받은 자산을 당연히 그대로 보관하는 것이므로 실질적으로 보유해야 한다는 의무를 부과할 필요가 없다. 가상자산의 실질보유의무 조항을 둔 것은 가상자산사업자가 이용자의 가상자산을 처분·사용할 수 있다는 전제를 두고 있는 듯하다. 가상자산사업자가 이용자의 가상자산을 처분·사용할 수 있는 법률관계는 보관이 아니라 이용자의 가상자산을 운용하기로 하는 계약이나 가상자산 준소비임치계약 또는 차입계약을 체결한 법률관계라고 할 수 있다. 이러한 관계는 보관과는 근본적으로 다른 법률관계이므로 별도로 규율해야 타당하다.

다. 콜드월렛(cold wallet) 보관의무

가상자산사업자는 이용자의 가상자산 중 대통령령으로 정하는 비율[319] 이상의 가상자산을 인터넷과 분리하여 안전하게 보관하여야 한다(동법 제7조 제3항).

가상자산사업자가 관리하는 가상자산이 해킹 등에 의하여 절취, 분실되는 사건이 자주 발생하고 있으므로,[320] 고객이 맡긴 가상자산의 비밀키의 관리 방법을 정한 것이다.[321]

---

319) 가상자산이용자보호법시행령(안) 제6조 제1항과 이에 따른 가상자산업감독규정(안) 제9조 제1항은 "이용자 가상자산의 경제적 가치(가상자산 종류별로 총 수량에 최근 1년간 1일 평균 원화환산액을 곱한 금액의 총합)의 100분의 80"으로 정했고, 이용자 보호를 위하여 긴급한 필요가 있다고 인정되는 경우에는 개별 가상자산사업자에 대해 금융위원회가 비율을 정할 수 있도록 하였다.

320) 수많은 가상자산사업자 해킹 중 주요한 사건으로는 국제적으로는 2013년 Mt Gox(일본), 2015년 Bitstamp(EU), 2016년 Bitfinex(홍콩), 2017년 NiceHash(슬로베니아 해시파워 중개업자), 2018년 Coincheck(일본), 2021년 Liquid(일본). 국내에서는 2017년부터 2019년까지 빗썸, 유빗, 코인레일, 업비트 등.

321) 고객이 가상자산사업자에게 가상자산을 보관하도록 한 경우, 통상 (i) 고객이 보관을 맡긴 가상자산은 가상자산사업자 내에 있는 고객의 전자지갑(즉 고객의 계정)에 기록되고, (ii) 당해 가상자산이 속한 블록체인 네트워크에는 가상자산사업자가 통제하는 전자주소에 가상자산이 있는 것으로 기록되며 가상자산사업자가 그 비밀키를 통제한다. 이렇게 가상자산을 간접보유하는 경우 사이버공격은 (i)단계에서 이루어질 수도 있고 (ii)단계에서 이루어질 수도 있다. 바로 위 각주에 언급한 해킹 등의 사고는 (ii) 단계에서 이루어진 것이고 본문의 비밀키 보관에 관한 논의도 (ii)단계에 관한 것이다. (i)단계에서 고객이 가상자산사업자와 거래할 때 사용하는 암호가 유출되어 권한없는 사람이 고객의 계정에 접근하여 고객이 간접보유한 가상자산을 인출한 경우에는 다른 특별한 약정이 없는 한 가상자산사업자가 관리하는 시스템의 해킹이나 전산장애, 기술적 오류 등으로 인해 발생한 것이 아니라면 가상자산사업자가 그 부정인출에 대해 책임을 지지 않는다. (i)단계의 고객 계정에 무단히 접근하여 가상자산을 인출한 데 대해 가상자산사업자의 책임을 인정하지 않은 사례로는 서울중앙지방법원 2018. 12. 18. 선고 2017가단5016023 판결, 서

고객이 맡긴 가상자산의 비밀키 관리에 관하여, 일본 자금결제법은 이용자의 암호자산을 이전시키는데 필요한 비밀키를 콜드월렛(cold wallet)에 보관하는 방법(제3자로 하여금 관리하도록 하는 경우에는 이용자의 암호자산의 보전에 관하여 당해 암호자산교환업자가 스스로 관리하는 경우와 동등하게 이용자보호가 확보되고 있다고 합리적으로 인정되는 방법)으로 보관함을 원칙으로 하였다.[322] 일본 자금결제법은 다만 이용자 편의 확보 및 암호자산교환업의 원활한 수행을 위하여 필요한 최소한도의 암호자산(고객분 암호자산의 5% 이내)은 다른 방법으로 관리하는 것을 허용하였다.[323]

고객이 맡긴 가상자산의 비밀키는 콜드월렛에 보관하는 것이 해킹으로부터 고객자산을 보호하는 가장 바람직한 방법이고 다른 방법으로 보관하기 위해서는 그 위험을 고객이 알고 동의하는 경우에 한해야 할 것이다. 그러나 가상자산사업자가 고객이 맡긴 가상자산을 항상 콜드월렛에 보관하면, 고객의 매도 또는 인출요청에 응하기 위해서는 그 가상자산을 콜드월렛에서 핫월렛(hot wallet)으로 이전할 필요가 있고 그 때마다 콜드월렛(예: 별도저장장치)을 사용해야 하는 불편함과 아울러 시간과 비용이 소요되고, 콜드월렛의 횡령 또는 분실 등 콜드월렛 사용에 따른 또 다른 보안문제가 발생할 수도 있다. 고객이 맡긴 가상자산을 항상 콜드월렛에 보관하는 것은 수많은 고객과 수많은 거래를 해야 하는 가상자산사업자에게는 비현실적인 방안이 될 것이다. 일본 자금결제법이 고객분 가상자산의 5% 이내를 콜드월렛이 아닌 다른 방법으로 관리하는 것을 허용한 것도 이러한 점을 고려한 것으로 보인다. 이와 같이 일정부분을 콜드월렛이 아닌 다른 방법으로 보관할 수 있도록 하더라도 그에 따른 위험관리 방안을 수립하도록 하고, 고객에게 그 위험을 충분히 고지하여 고객이 알고 동의하도록 해야 할 것이다.

라. 위탁보관

가상자산사업자는 이용자의 가상자산을 대통령령이 정하는 보안기준[324]을 충족하는

울중앙지방법원 2018. 12. 20. 선고 2017가합585293 판결, 수원지방법원 성남지원 2020. 9. 25. 선고 2018가합405029 판결 등.

322) 콜드월렛(cold wallet)은 인터넷에 연결되지 않은 저장장치, 핫월렛(hot wallet)은 인터넷에 연결되는 저장장치이다. 일본 자금결제법에 따른 암호자산교환업자에 관한 내각부령(暗号資産交換業者に関する内閣府令) 제27조 제3항은 "이용자의 자산을 이전하기 위하여 필요한 정보를 상시 인터넷에 접속하고 있지 않은 전자기기, 전자적 기록매체(문서 그 밖의 물건을 포함한다)에 기록하여 관리하는 방법 그 밖에 이와 동등한 기술적 안전관리조치를 강구하여 관리하는 방법"으로 관리하도록 규정하였다. 한번이라도 인터넷에 접속한 적이 있는 전자기기 등은 '상시 인터넷에 접속하지 않는 전자기기 등'에 해당하지 않는 것으로 보고 있다(일본 금융청 사무가이드라인 제3분책 16. 암호자산교환업자관계 II-2-2-3-2(3)⑤).

323) 일본 암호자산교환업자에 관한 내각부령 제27조 제2항, 제3항.

324) 가상자산이용자보호법시행령(안) 제6조 제2항에 5가지의 기준을 제시하였다.

기관에 위탁하여 보관할 수 있다(동법 제7조 제4항). 가상자산사업자로부터 위탁을 받아 가상자산을 보관하는 제3의 보관기관은 가상자산의 보관을 영업으로 하는 자이므로 가상자산사업자에 해당한다.

마. 이용자명부 작성의무

이용자로부터 위탁을 받아 가상자산을 보관하는 경우 이용자의 주소·성명, 이용자가 위탁하는 가상자산의 종류 및 수량과 이용자의 가상자산주소(=가상자산의 전송기록 및 보관내역의 관리를 위하여 전자적으로 생성시킨 고유식별번호)를 기재한 이용자명부를 작성·비치해야 한다(동법 제7조 제1항).

3. 불공정거래행위 금지

가상자산이용자보호법 제10조는 자본시장법상의 불공정거래 규제와 유사하게 미공개중요정보 이용행위 금지(동조 제1항), 시세조종행위 금지(동조 제2항, 제3항), 부정거래행위 금지(동조 제4항) 규정을 두고, 그 밖에 자기발행 가상자산 거래 제한(동조 제5항)을 규정한 후, 위 각 조항을 위반한 자는 이용자에 대해 손해배상책임을 지도록 하였다(동조 제6항). 또한 가상자산이용자보호법 제10조 제1항부터 제5항 위반은 형사처벌(동법 제19조)과 과징금 부과(동법 제17조)의 대상이 된다.

(1) 미공개중요정보 이용행위 금지

가상자산사업자, 가상자산 발행자, 그 밖의 일정한 범위의 내부자[325]는 가상자산에

---

325) 1. 가상자산사업자, 가상자산을 발행하는 자(법인인 경우 포함) 및 그 임직원·대리인으로서 그 직무와 관련하여 미공개중요정보를 알게 된 자

2. 제1호의 자가 법인인 경우 주요주주(「금융회사의 지배구조에 관한 법률」 제2조 제6호 나목에 따른 주요주주. 이 경우 "금융회사"는 "법인"으로 본다)로서 그 권리를 행사하는 과정에서 미공개중요정보를 알게 된 자

3. 가상자산사업자 또는 가상자산을 발행하는 자에 대하여 법령에 따른 허가·인가·지도·감독, 그 밖의 권한을 가지는 자로서 그 권한을 행사하는 과정에서 미공개중요정보를 알게 된 자

4. 가상자산사업자 또는 가상자산을 발행하는 자와 계약을 체결하고 있거나 체결을 교섭하고 있는 자로서 그 계약을 체결·교섭 또는 이행하는 과정에서 미공개중요정보를 알게 된 자

5. 제2호부터 제4호까지의 어느 하나에 해당하는 자의 대리인(이에 해당하는 자가 법인인 경우에는 그 임직원 및 대리인을 포함)·사용인, 그 밖의 종업원(제2호부터 제4호까지의 어느 하나에 해당하는 자가 법인인 경우에는 그 임직원 및 대리인)으로서 그 직무와 관련하여 미공개중요정보를 알게 된 자

6. 제1호부터 제5호까지의 어느 하나에 해당하는 자(제1호부터 제5호까지의 어느 하나의 자에 해당하지 아니하게 된 날부터 1년이 경과하지 아니한 자 포함)로부터 미공개중요정보를 받은 자

관한 미공개중요정보(이용자의 투자판단에 중대한 영향을 미칠 수 있는 정보로서 대통령령으로 정하는 방법에 따라 불특정 다수인이 알 수 있도록 공개되기 전의 것)를 가상자산의 매매 그 밖의 거래에 이용하거나 타인에게 이용하게 해서는 안 된다.

가상자산에 관한 미공개중요정보의 이용을 금지하는 것이므로 가상자산발행자에 관한 정보도 가상자산에 관한 것에 한하여 미공개중요정보가 된다. 가상자산의 대량 취득·처분에 관한 정보는 미공개중요정보에 해당하지 않는다.

자본시장법과는 달리 가상자산이용자보호법은 가상자산에 관한 중요정보의 공시제도가 마련되어 있지 않다. 2단계 입법에서 정비되어야 할 사항이다.

(2) 시세조종행위 금지

통정·가장매매에 의한 시세조종행위(가상자산이용자보호법 제10조 제2항)와 현실거래에 의한 시세조종행위(동조 제3항)가 금지된다. 자본시장법 제176조 제2항 제2호 및 제3호와는 달리 가상자산이용자보호법은 허위표시에 의한 가상자산 시세조종행위 금지조항을 두고 있지 않다. 자상자산이용자보호법 제10조 4항에 규정된 부정거래행위 금지조항으로 규율하면 된다고 본 것 같다.

가상자산이용자보호법 제10조 제2항과 제3항은 "매매가 성황을 이루고" 있는 듯이 잘못 알게 하거나, "시세"를 변동시키는 매매 등의 표현을 사용하고 있어 매매가 성황이 루거나 시세가 형성되는 가상자산시장을 전제로 하는 것으로 보인다. 이 조항의 적용시에는 가상자산시장을 어떻게 정할 것인지가 문제가 될 것이다. 2단계 입법에서 정비해야 할 것으로 보인다.

(3) 부정거래행위 금지

가상자산이용자보호법 제10조 제4항[326]은 자본시장법 제178조 제1항과 매우 유사한 내용으로 가상자산의 매매 그 밖의 거래와 관련한 부정거래행위 금지를 규정하였다.

---

7. 그 밖에 이에 준하는 자로서 대통령령으로 정하는 자

326) ④ 누구든지 가상자산의 매매, 그 밖의 거래와 관련하여 다음 각 호의 행위를 하여서는 아니 된다.
1. 부정한 수단, 계획 또는 기교를 사용하는 행위
2. 중요사항에 관하여 거짓의 기재 또는 표시를 하거나 타인에게 오해를 유발시키지 아니하기 위하여 필요한 중요사항의 기재 또는 표시가 누락된 문서, 그 밖의 기재 또는 표시를 사용하여 금전, 그 밖의 재산상의 이익을 얻고자 하는 행위
3. 가상자산의 매매, 그 밖의 거래를 유인할 목적으로 거짓의 시세를 이용하는 행위
4. 제1호부터 제3호까지의 행위를 위탁하거나 수탁하는 행위

(4) 자기발행 가상자산 거래 금지

가상자산사업자는 원칙적으로 자기 또는 대통령령으로 정하는 특수관계인[327]이 발행한 가상자산의 매매, 그 밖의 거래를 하여서는 안 된다. 다만, (i) 특정 재화·서비스의 지급수단으로 발행된 가상자산으로서 가상자산사업자가 이용자에게 약속한 특정 재화·서비스를 제공하고, 그 반대급부로 가상자산을 취득하는 경우[328]와 (ii) 가상자산의 특성으로 인하여 가상자산사업자가 불가피하게 가상자산을 취득하는 경우로서 불공정거래행위의 방지 또는 이용자와의 이해상충 방지를 위하여 대통령령으로 정하는 절차와 방법[329]을 따르는 경우는 금지에서 제외한다(가상자산이용자보호법 제10조 제5항).

4. 기 타

(1) 가상자산에 관한 임의적 입·출금 차단 금지

가상자산사업자는 이용자의 가상자산에 관한 입·출금을 대통령령이 정하는 정당한 사유[330]없이 차단해서는 안 된다(가상자산이용자보호법 제11조 제1항). 입·출금을 차단하는 경우에는 그 사유를 미리 이용자에게 통지하고 그 사실을 금융위원회에 즉시 보고해야 한다(동조 제2항). 가상자산에 대한 입·출금 차단금지를 위반한 자는 그 위반으로 인하여 형성된 가격으로 그 가상자산을 거래하여 입은 손해에 대하여 배상할 책임을 진다(동조 제3항). 그 책임에 대해서는 위반행위가 있었던 사실을 안 때로부터 2년, 행위가 있었던 때로부터 5년의 소멸시효기간이 적용된다(동조 제4항). 위의 입·출금 차단 금지 위반은 행정조치(가상자산이용자보호법 제14조)의 대상이 될 수는 있으나 형사처벌이나 과징금부과의 대상이 아니다.

이 조항은 입·출금 차단에 대해서만 규정하고 있으므로 가상자산사업자가 제공하는

327) 가상자산이용자보호법시행령(안) 제10조 제1항은 금융회사지배구조법시행령 제3조 제1항의 특수관계인으로 규정하였다.

328) 유틸리티 토큰을 거래하는 경우를 예외로 인정한 것으로 보고 있다{임세영·박영주(2023), 82쪽}.

329) 가상자산이용자보호법시행령(안) 제10조 제3항은 (i) 가상자산 취득 즉시 인터넷 홈페이지와 가상자산시장을 개설·운영하는 가상자산사업자가 설치·운영하는 전자전달매체를 통하여 일정한 사항의 공시, (ii) 분기별 금융위원회 보고, (iii) 그 밖에 금융위원회가 정하여 공시하는 사항의 준수를 규정하였다.

330) 가상자산이용자보호법시행령(안) 제11조 제1항은 가상자산사업자의 귀책사유 없이 입금 또는 출금 차단이 불가피한 경우로서 이용자 보호를 위하여 신속한 입금 또는 출금 차단조치가 필요한 경우로 전산장애, 특정금융정보법 제5조의2 제4항에 따른 거래거절·종료, 법원·수사기관·국세청·금융위원회 등의 입출금 차단 요청 등과 그 밖에 금융위원회가 정하여 고시하는 경우의 9가지 정당한 사유를 규정하였다.

다른 서비스(예: 매매 체결)의 중단에 대해서는 불공정거래행위 금지 조항(동법 제10조 제2항부터 제4항)에 규정된 수탁금지가 적용되는 경우에는 그에 따라야 할 것이고 그 밖의 다른 경우에는 가상자산사업자와 이용자 간의 계약에 따라 처리하게 된다.[331]

(2) 가상자산 이상거래의 감시

가상자산시장(=가상자산의 매매 또는 가상자산 간 교환을 할 수 있는 시장)을 개설·운영하는 가상자산사업자는 이상거래(=가상자산의 가격이나 거래량이 비정상적으로 변동하는 거래 등 대통령령으로 정하는 이상거래)를 상시 감시하고 이용자 보호 및 건전한 거래질서 유지를 위하여 금융위원회가 정하는 바에 따라 적절한 조치를 취하여야 한다(가상자산이용자보호법 제12조 제1항).

V. 가상자산에 대한 기존의 다른 법률의 적용

1. ICO로 발행하는 토큰에 대한 자본시장법의 적용

(1) 증권형 토큰의 증권해당 여부

가. 증권에 해당하는 경우 법적 규율

증권에 해당하는 토큰을 공모하는 경우에는 자본시장법상 증권신고서의 제출의무 등 발행공시에 관한 규제의 적용을 받게 된다. 토큰이 지분증권 또는 사채로 인정되는 경우에는 계속공시의무도 적용될 수 있다(자본시장법 제159조, 160조, 제161조, 동법시행령 제167조 제1항 제2호, 제3호). 또한 증권에 해당하면 자본시장법 제178조에 규정된 부정거래행위금지도 적용된다. 또한 증권에 해당하는 토큰을 국제적으로 발행하는 등 외국환거래법상 거주자와 비거주자 간의 거래가 이루어지는 경우에는 외국환거래법상의 규제를 받을 수 있으나 거래의 대가를 가상자산으로 지급하는 경우에는 규제의 실효성을 확보하기

331) 가상자산이용자보호법 제정전에 발생한 사건에 대한 판결로 서울중앙지방법원 2019. 1. 9. 선고 2018가합525502 판결은, 원고가 가상화폐거래 서비스를 제공하는 C사이트에 150만원을 예탁한 후 자동주문 프로그램을 사용하여 18일간 1일 평균 9,993회 거래를 하자(그동안 약 4억2302만원의 수익을 얻음), C사이트를 운영하는 피고가 원고의 C사이트 이용제한 조치(로그인 및 보유 가상화폐의 출금 제한)를 하고 약 5개월 후 이용제한을 해제하자 원고가 손해배상을 청구한 사건에서, 약관상 금지된 '회사의 사전승낙 없이 자동화된 수단을 통하여 서비스에 접속하는 행위, 서비스 이용 신청을 하는 행위', '건전한 거래질서를 교란하는 행위', '기타 불법적이거나 부당한 행위'에 해당한다고 보아 원고의 청구를 기각하였다.

어렵다는 지적이 있다.[332)]

다만 자본시장법은 투자계약증권에 대하여 동법 제2편 제5장(온라인소액투자중개업자), 제3편 제1장(증권신고서)과 그 의무 위반에 따른 감독·처분·벌칙 규정 및 제178조(부정거래행위)·제179조(부정거래행위 등의 배상책임)를 적용하는 경우에만 증권으로 보도록 하였다(동법 제4조 제1항 단서 제1호).[333)] 따라서 토큰이 다른 종류의 증권에 해당하지 않고 투자계약증권에 해당하는 경우에는 공모시 증권신고서 제출의무와 부정거래행위 조항의 적용이 가장 중요한 규제라고 할 수 있다.

나. 투자계약증권 해당 여부에 관한 판결례

이 쟁점을 다룬 대법원판결은 아직 없고 하급심판결례들만 있는 것으로 보인다.

서울남부지방법원 2020. 3. 25. 선고 2019가단225099 판결은 피고회사가 자신이 운영하는 암호화폐거래소에서 사용할 수 있는 자체 토큰("F")을 만들어 "F 보유자에게 거래소 수수료 수익 중 일정액을 지급하는 방법(수익금 배당)과 거래행위에 사용한 수수료에 따라 토큰을 지급하는 방법(트레이드 마이닝) 등으로 이익을 취득할 수 있다"고 광고하면서 F 매수인을 모집한 사건을 다루었다. 이 판결은 F를 매수한 원고들이 "F를 보유함으로써 피고회사가 운영하는 거래소의 수익을 분배받기는 하지만, 그러한 수익 분배는 피고회사가 F의 거래를 활성화하기 위하여 토큰 보유자에게 부수적으로 제공하는 이익일 뿐 F에 내재된 구체적인 계약상 권리라거나 본질적 기능이라고 볼 수 없는 점, 토큰 자체 거래로 발생하는 시세차익의 취득이 F 매수의 가장 큰 동기이고, 이에 관하여 토큰보유자(투자자) 사이에 이해관계가 상충하는 점 등에 비추어 볼 때, F를 자본시장법상 투자계약증권이라고 볼 수 없다"고 판시하였다.

의정부지방법원 고양지원 2021. 9. 10.자 2019가단78506 판결도 가상화폐거래소 수수료의 일부를 자체 코인보유자에게 배당하기로 하고 실제 배당한 사건에서 유사한 근거를 들어 투자계약증권으로 볼 수 없다고 판결하였다.

위 판결들은 "공동사업의 수익의 분배에 관한 계약상 권리가 표시된 것"인지 여부에 대해 심도있게 분석하지 않았다. 투자계약증권 해당여부가 원고의 손해배상청구 인정여부에 결정적인 영향을 미치는 쟁점이 아니었기 때문인 것으로 추측할 수 있다.[334)] 위 판

332) 이에 관한 논의는 정승기·김성호(2019).

333) 투자계약증권은 유통성이 제한되어 공모규제와 부정거래행위 규제만을 적용하고 투자자보호의 필요성이 크지 않다는 점에서 자본시장법의 나머지 규제를 적용하지 않도록 한 것이지만{김상만(2013), 12쪽}, 유통가능한 투자계약증권이 발행될 수 있는 상황에서도 이러한 자본시장법의 태도가 타당한지에 대해서는 재고해 볼 필요가 있다.

334) 서울남부지방법원 2020. 3. 25. 선고 2019가단225099 판결과 의정부지방법원 고양지원 2021. 9.

결들은 분배받은 수익이 공동사업의 수익인지 여부에 대해 명확하게 판시하지 않았고, 수익분배에 대해 광고를 하면서 판매하였음에도 불구하고 계약상 권리가 아니라고 한 근거와 수익분배가 부수적이고 본질적이지 않다는 판단의 근거 및 기준 등을 제시하지 않았다.[335)]

다. 증권해당 여부에 대한 금융위원회의 입장

토큰이 발행주체에 대한 일정한 채권적 권리 또는 배당청구권 등의 권리를 포함하는 이른바 증권형 토큰/자산 토큰/투자 토큰에 해당하는 경우에는 자본시장법상 지분증권, 채무증권 또는 투자계약증권에 해당할 여지가 있을 것이다.[336)][337)]

특히 문제가 되는 부분은 투자계약증권[338)] 해당 여부이다. 투자계약증권의 개념은 자본시장법 제정시 도입되었지만 그동안 적용사례가 없다가, 2022. 4. 20. 최초로 금융감독당국이 투자계약증권에 해당한다고 판단한 사례가 발생하였다.[339)]

① 「조각투자 등 신종증권 사업 관련 가이드라인」

2022. 4. 9. 금융위원회는 「조각투자 등 신종증권 사업 관련 가이드라인」을 발표하여,[340)] 증권성이 인정될 가능성이 높은 경우의 예를 들었다. 일부는 채무증권,[341)] 지분증

10.자 2019가단78506 판결이 다룬 사건에서는 원고(토큰·코인 보유자)가 토큰·코인의 가치하락에 따른 손해배상을 청구하는 근거의 하나로 그 토큰·코인이 투자계약증권임을 전제로 피고(발행자)가 자본시장법상 증권발행절차를 위반했음을 주장하였다. 투자계약증권임이 인정된다고 하더라도 발행절차 위반에 따른 원고의 손해 발생을 인정하기 어려운 사건이었던 것으로 보인다.

335) 이정수(2023), 161-162쪽(서울남부지방법원 2020. 3. 25. 선고 2019가단225099 판결에 대해 여러 의문점을 제기함). 그러나 이정엽·이석준·김성인(2023), 67-68쪽은 서울남부지방법원 2020. 3. 25. 선고 2019가단225099 판결에서 다룬 토큰이 투자계약증권의 본질적 요소를 갖추지 못한 것으로 보았다.

336) 증권형 토큰의 증권해당여부에 대한 논의로는 김준영·김계정·문준호(2018), 209-213쪽(본문의 쟁점과 아울러 수익증권, 파생결합증권, 집합투자업 해당여부 등도 검토함), 박준선(2022), 7-17쪽.

337) 발행자등의 의사결정에 참여하는 권리만 있고 재산적 권리가 없는 경우에는 EU의 제2차 금융상품시장지침(MiFID Ⅱ) 제4조 제(1)항 (44)(a)에 규정된 "회사주식 및 회사·파트너십·기타 실체에 대한 지분에 상당하는 증권"에 해당하지 않는다고 보고 있다{Peter Zickgraf, "§7 Initial Coin Offerings (ICOs)" in Maume·Maute·Fromberger(2022), p. 200}. 자본시장법상 금융투자상품의 정의상 "이익을 얻거나 손실을 회피할 목적"이 필요하므로 자본시장법상 증권 해당여부에 대해서도 유사한 논의가 전개될 수 있다.

338) "투자계약증권"이란 특정 투자자가 그 투자자와 타인(다른 투자자를 포함한다. 이하 이 항에서 같다) 간의 공동사업에 금전등을 투자하고 주로 타인이 수행한 공동사업의 결과에 따른 손익을 귀속받는 계약상의 권리가 표시된 것을 말한다(자본시장법 제4조 제6항).

339) 금융위원회 보도자료(2022. 4. 20.), "저작권료 참여청구권의 증권성 여부 판단 및 ㈜뮤직카우에 대한 조치". 이 사례에서는 투자자들이 ㈜뮤직카우에 대해 가지는 청구권이 투자계약증권에 해당한다고 보아 그 증권을 증권신고서 없이 모집·매출한데 대해 제재조치를 취할 수 있었으나, 발행인의 위법인식과 고의성이 낮고 다수 투자자가 서비스를 이용하고 있으며 저작권 유통활성화에 기여할 수 있는 점 등을 고려하여 투자자 보호 장치 구비 및 사업구조 개편을 조건으로 제재절차 개시를 보류하였다.

340) 금융위원회 보도자료(2022. 4. 29.), "조각투자 등 신종증권 사업 관련 가이드라인".

341) 예: 일정기간 경과 후 투자금을 상환 받을 수 있는 경우.

권,[342] 파생결합증권[343]에 해당할 가능성이 높은 예들이라고 할 수 있다. 투자계약증권에 대해서는 그 요건인 "주로 타인이 수행한 공동사업의 결과에 따른 손익"과 관련하여 "투자자의 수익에 사업자의 전문성이나 사업활동이 중요한 영향을 미치는 경우"의 예를 들었다.[344] 또한 이 가이드라인은 실물 기타 재산권을 분할하여 투자하도록 한 조각투자에서 물권적인 권리를 분할해서 투자자에게 직접 부여하거나 투자자가 조각투자대상을 개별적으로 직접 사용·수익·처분할 수 있는 경우에는 증권 해당 가능성이 낮다는 점도 밝혔다.

② 「토큰증권 가이드라인」

2023. 2. 금융위원회는 토큰증권 관련 보도자료[345]에서 증권여부 판단원칙을 제시하며 조각투자 가이드라인('22. 4.)에 제시한 판단원칙과 기본적으로 동일하다고 언급하였다. 판단원칙의 구체적 내용을 담아 보도자료에 첨부된 「토큰증권 가이드라인」은 일반론으로 "증권 해당여부는 권리를 표시하는 방법과 형식, 특정 기술 채택 여부, 명칭 등에 관계없이 그 권리의 실질적 내용을 기준으로 함"을 지적하고, "명시적 계약·약관·백서의 내용 외에도 묵시적 계약, 스마트계약에 구현된 계약의 체결 및 집행, 수익배분 내용, 투자를 받기 위해 제시한 광고·권유의 내용, 여타 약정 등 해당 디지털자산 관련 제반 사정을 종합적으로 감안하여 사안별로 판단"하며 "기존 규제를 의도적으로 우회하려는 시도에 대해서는 자본시장법의 취지와 투자자들의 피해 가능성을 감안해 적극적으로 해석·적용"한다는 입장을 표명하였다.

「토큰증권 가이드라인」은 투자계약증권 해당여부의 판단에 대하여 투자계약증권의 주요 요건 별로 다음과 같이 기준을 제시하고 증권에 해당할 가능성이 높은 경우[346]와

342) 예: 사업 운영에 따른 손익을 배분받을 수 있는 경우, 새로 발행될 증권을 청약·취득할 수 있는 경우, 다른 증권에 대한 계약상 권리나 지분 관계를 가지는 경우.

343) 예: 실물자산, 금융상품 등에 대한 투자를 통해 조각투자대상의 가치상승에 따른 투자수익을 분배받을 수 있는 경우, 기초자산의 가격변동에 따라 달라지는 회수금액을 지급받는 경우.

344) 예: 사업자 없이는 투자자가 조각투자 수익의 배분을 기대하기 어려운 경우, 또는 사업자의 운영 노력 없이는 투자자의 손실이 발생하는 경우, 사업자가 투자자가 갖는 권리에 대한 유통시장을 개설하여 운영하는 등 거래 여부·장소를 결정하고, 유통시장의 활성화 정도가 투자자의 수익에 영향을 크게 미치는 경우, 투자자 모집 과정에서 해당 사업의 성과와 연계된 수익, 가치·가격상승 또는 투자 손실 방지에 대한 합리적 기대를 갖도록 하는 경우. 특히 이러한 수익, 가치·가격상승 또는 손실방지를 가져올 수 있는 사업자의 노력·경험과 능력 등과 관련된 내용이 홍보 포인트로 제시된 경우 등.

345) 금융위원회 보도자료(2023. 2. 3.), "토큰증권(Security Token) 발행·유통 규율체계 정비방안".

346) 투자계약증권에 해당할 가능성이 높은 경우의 예시:
- 발행인이 투자자의 금전 등으로 사업을 수행하여 그 결과로 발생한 수익을 귀속시키는 경우. 특히 투자자 모집시 사업을 성공시킬 수 있는 발행인의 노력·경험과 능력 등에 대한 내용이 적극적으로 제시된 경우[저자주: 이 예시가 발행인의 노력 등에 의하여 코인·토큰을 활용하는 플랫폼사업이 성공하여 투자자에게 코인·토큰의 전매차익이 귀속되도록 한 경우도 포함하는지 불명확함]
- 투자자에게 지급되는 금전등이 형식적으로는 투자자 활동의 대가 형태를 가지더라도, 해당

낮은 경우[347]의 예시를 들었다.

(ㄱ) 공동사업: 수평적 공동성 또는 수직적 공동성이 있는 경우 공동사업에 해당

(ㄴ) 금전등을 투자

- 투자되는 금전등은 반드시 법정통화(금전)일 필요는 없으며, 법정통화와의 교환 가능성, 재산적 가치의 유무 등을 종합적으로 고려

(ㄷ) 주로 타인이 수행

- 타인(발행인)의 노력이 부정할 수 없을 정도로 중대하고 사업의 성패를 좌우하는 필수적인 경영상의 노력이어야 함
- 발행인이 모든 사업을 직접 수행하지 않더라도, 투자자 외에 사업주체의 공동적·집단적 노력이 있는 경우를 포함
- 발행주체와 사업주체가 형식적으로만 상이한 경우 공동발행인으로 볼 수 있음
- 투자자가 사업 일부를 수행하는 경우에도 사업의 대부분의 사항에 대한 정보비대칭성이 있는 경우 주로 타인이 수행한 것으로 볼 수 있음

(ㄹ) 공동사업의 결과에 따른 손익을 귀속 받는 계약상의 권리

- 장래 일정 시점이 도래하거나 일정한 객관적 조건(예: 매출액 목표)이 달성될 경우 사업 결과에 따른 손익을 귀속 받기로 계약한 경우도 포함될 수 있음
- 투자자의 권리가 스마트계약을 통해 이행되나 그 스마트계약의 구현을 계약으로 약속한 발행인이 있다면 발행인에 대한 계약상 권리로 해석 가능
- 발행인 등이 투자자의 금전등으로 사업을 수행하고, 수행한 사업의 성과에 따른 수익을 귀속시키기로 약속한 경우 해당함. 특히 약속한 수익이 사업에서 발생한 매출·이익과 비례관계에 있거나, 사업에서 발생한 매출·이익을 환산하여 분배하기로 약속한 경우 공동사업의 결과에 따른 손익에 해당함
- 발행인이 투자자에게 사업 수익을 직접 분배할 것을 명시적·묵시적으로 약속하거나,

대가의 주된 원천이 발행인이 투자자의 금전 등으로 사업을 수행한 결과로 발생한 수익이고 해당 대가가 투자자 활동보다는 사업 성과와 비례적인 관계에 있어 실질적으로 사업 수익을 분배하는 것에 해당하는 경우. 특히 투자자 모집시 사업 성과에 따른 수익 분배 성격이 적극적으로 제시된 경우

347) 증권에 해당할 가능성이 낮은 경우의 예시:
- 발행인이 없거나, 투자자가 가진 권리에 상응하는 의무를 이행해야 하는 자가 없는 경우
- 디지털자산에 표시된 권리가 없거나, 사업 수익에 대한 투자자의 권리가 없는 경우
- 현재 또는 미래의 재화·서비스의 소비·이용을 목적으로 발행되고 사용되는 경우
- 지급결제 또는 교환매개로 활용하기 위해 안정적인 가치유지를 목적으로 발행되고 상환을 약속하지 않는 경우
- 투자자가 사업의 관리·운영에 일상적으로 참여하여 사업에 대한 정보비대칭성이 없는 경우
- 투자자가 사업의 성패를 좌우하는 중요한 재화·용역을 제공하고 그 대가에 해당하는 금전등만을 지급받는 경우
- 실물자산에 대한 공유권만을 표시한 경우로서 공유목적물의 가격·가치상승을 위한 발행인의 역할·기여 및 이익귀속에 대한 약정이 없는 경우

발행인이 제3자와의 계약 등을 바탕으로 해당 제3자가 투자자에게 사업 수익을 분배할 것을 약속하는 등 투자자와 발행인 간 계약에 따른 수익 청구권이 인정되어야 함

(ㅁ) 이익획득 목적

– 투자자는 투자 이익을 목적으로 금전 등을 투자하였어야 함

다. 투자계약증권의 요건과 미국 Howey 기준의 차이에 관한 논의

자본시장법상 투자계약증권 제도는 미국 판례로부터 형성된 이른바 Howey 기준[348]을 원용한 것인데, 투자계약증권의 요건과 Howey 기준에 차이가 있음을 지적하는 문헌이 다수 발표되고 있다.[349]

첫째, Howey 기준에 따른 "이익의 기대" 요건 중 이익에는 투자로부터 발생하는 자본증가가 포함된다고 보고 있으나, 자본시장법상으로는 "공동사업의 결과에 따른 손익이란 일반적으로 운영자가 공동사업을 영위하여 거둔 수익에서 비용을 공제하여 얻은 이익(또는 손실)을 가리킨다고 보는 것이 자연스럽고, 이러한 해석에 따르면 투자대상의 가격상승으로 인한 시세차익이나 전매차익은 그러한 손익으로 볼 수 없을 것"이라고 하는 견해가 유력하게 제시되고 있다.[350] 이와는 달리 자본시장법상의 "공동사업의 결과에 따른 손익"에서 손익의 종류에 제한을 두고 있지 않으므로 배당·분배이익뿐 아니라 전매차익 등 자본이익도 포함된다는 견해도 있다.[351]

둘째, 투자계약증권은 "손익을 귀속받는 계약상의 권리가 표시된 것"이고, "이익을 얻을 것을 기대하게 하는" 계약, 거래, 구조가 있을 것을 요구하는 Howey 기준과는 차이가 있다고 지적하며 전매차익은 손익을 귀속받는 계약상의 권리에 해당하지 않는다고 하는 견해가 현재 다수설로 보이지만[352] 이에 대립되는 견해[353]도 있다.

348) SEC v. Howey Co., 328 U.S. 293 (1946)은 "투자계약은 투자자가 (i) 오직 권유자 또는 제3자의 노력에 의하여 비롯되는 (ii) 이익을 얻을 것을 기대하여 (iii) 공동사업에 (iv) 금전을 투자하는 계약, 거래 또는 구조(an investment contract means a contract, transaction or scheme whereby a person invests his money in a common enterprise and is led to expect profits solely from the efforts of the promoter or a third party)"라고 판시하였다. 이 판결 이후 Tcherepnin v. Knight, 389 U.S. 332 (1967); United Housing Found., Inc. v. Forman, 421 U.S. 837 (1975); SEC v. Glenn W. Turner Enter., Inc., 474 F.2d 476, 482 (9th Cir.), cert. denied, 414 U.S. 821, 94 S. Ct. 117, 38 L. Ed. 2d 53 (1973) 등의 후속 판례들에 의해 기준이 보완되었다. 이에 관한 상세한 논의는 심인숙(2008), 57-78쪽.

349) 투자계약증권의 요건에 관한 전반적인 논의는 온주 자본시장법, 제4조 주석(한민 집필)(2024).

350) 김건식·정순섭(2023), 64쪽. 이정수(2023a), 144-145쪽.

351) 민기호(2023), 200쪽.

352) 김건식·정순섭(2023), 64쪽. 이정수(2023a), 148-151쪽, 한서희(2022), 20-21쪽. 조경준(2022), 177쪽, 김·장 법률사무소, 핀테크·가상자산 Legal Update (2021. 12.) NFT 관련 주요 현안(1), 2쪽. 심인숙(2008), 83-84쪽도 유사한 견해.

353) 김갑래(2023), 4-5쪽('손익을 귀속받는 계약상의 권리'란 타인이 수행한 공동사업의 결과에 따른

(2) 미국의 사례

미국 SEC가 ICO에 대해 개별 건별로 Howey 기준을 적용하여 증권 여부를 판단한 사례들과 SEC가 투자계약증권 해당여부에 대한 판단시 고려하는 사항을 참고로 살펴본다.

① 증권에 해당한다고 본 사례(1) - The DAO의 DAO토큰

2016년 이더리움 네트워크상의 탈중앙화 자율조직(decentralized autonomous organization)인 The DAO의 개발자들이 총 약 1억5천만 달러 상당의 이더(ETH)를 대가로 받고 DAO토큰을 판매하였다. DAO토큰 보유자는 The DAO가 선정하여 투자한 프로젝트에서 발생하는 이익을 분배받고, 일정한 사항(프로젝트 선정, 수익의 재투자 또는 분배의 결정 등)에 관한 의결권을 행사할 수 있었다. 미국 SEC는 DAO토큰이 증권에 해당하고 그 발행은 미국 연방증권법을 준수해야 한다고 보았다.[354)]

② 증권에 해당한다고 본 사례(2) - 텔레그램의 그램(Gram)

2018년 텔레그램은 175명의 전문투자자 등("최초투자자들")에게 장차 개발할 새로운 토큰인 그램(Gram) 29억 개를 교부하기로 하고 그 대가로 17억불을 수령하는 사상 최대 규모 ICO를 추진하였다. 텔레그램이 그 자금으로 블록체인 네트워크(TON)를 개발한 후 토큰 그램을 최초투자자들에게 교부하면, 최초투자자들은 교부받은 토큰 그램을 다중에게 매각할 수 있는 구조였다. 이러한 계획은 미국 SEC가 법원에 예비적 금지명령을 신청하고 미국연방법원이 이를 받아들임으로써 중단되었다,[355)] 미국연방법원은 SEC와 텔레그램의 합의를 승인하여 텔레그램에게 민사벌을 포함한 제재를 명하였다.[356)]

손익을 투자계약이 정한 바에 따라 해당 증권의 소유자에게 속하게 하는 권리를 의미하고, 배당 이외에 증가된 가치(increased value)로서 투자자에게 귀속되는 경우도 포함한다고 봄), 민기호(2023), 200-204쪽(자본시장법이 '손익을 분배받는'이 아니라 '손익을 귀속받는'이라고 규정하고 있음. '공동사업의 결과에 따른 손익을 귀속받는 권리'는 Howey 기준의 '이익의 기대'보다는 좁은 개념이지만 '손익을 분배받는' 경우에 한정할 수 없음. 가상자산 발행자 등이 가상자산을 관리·처분할 권한 또는 의무가 있는 경우 그 권한행사·의무이행으로 인하여 가상자산보유자가 전매차익을 얻게 되는 경우는 '손익을 귀속받는'에 해당한다고 보아야 함. 발행자가 자상자산을 관리·처분할 권한·의무가 있는 경우의 예로서 (i) 가상자산 발행자 등이 직접 가상자산 발행이나 소각을 통제하는 등의 방식으로 유통량을 조절할 권한이 있는 경우와 (ii) 가상자산 발행자 등이 백서 등을 통해 가상자산의 생태계를 활성화시키기 위해 약속한 활동이 가상자산 매수인에 대한 관계에서 이행의무를 부담한다고 볼 수 있을 정도로 법적 구속력이 있는 경우를 제시함).

354) SEC(2017). 이 사건에 대한 상세한 분석은 심인숙(2018), 4-18쪽, 천창민(2017), 129-134쪽.

355) SEC v. Telegram Group, Inc., No. 19-cv-9439 (PKC) (S.D.N.Y. Mar. 24, 2020). 이 사건을 상세히 검토한 국내문헌으로는 조경준(2022).

356) (i) 증권신고서 제출 또는 면제 없는 증권 공모 금지, (ii) 앞으로 3년간 분산원장기술을 사용한 디지털자산 발행에 참여시 SEC에게 45일 전에 통지할 것, (iii) 투자자들에게 12억2,400만불을 반환할 것과 (iv) SEC에게 1,850만불의 민사벌금을 납부할 것을 명하였다. SEC v. Telegram Group, Inc., No. 19-cv-9439 (PKC) (S.D.N.Y. June 25, 2020).

텔레그램은, 최초투자자들에게 그램 29억개를 교부하기로 한 계약은 투자계약으로 증권에 해당하지만 사모요건을 갖추었고, 최초투자자들이 교부받은 그램을 매각하는 것은 증권의 공모가 아니라고 주장하였다. 텔레그램은 그램 자체는 증권이 아니라고 주장하며 그 근거로 그램 보유로 텔레그램 또는 그 계열사에 대한 지분권, 배당을 받거나 지배에 참여할 권리가 부여되지 않는다고 하고,[357] 그램은 개발하려고 하는 블록체인 네트워크(TON) 이용을 위한 도구와 물건·서비스 대가 지급수단 등에 사용될 것이라고 하였다. 이에 대해 SEC는 ICO 및 그 이후에도 텔레그램이 제시한 그러한 용도가 실제 존재하지 않았음을 지적하였다. SEC는 그램 투자자들은 다른 투자자들 및 텔레그램과 공동의 이해관계를 가지고 있고 텔레그램의 사업적 노력으로부터 얻는 이익을 포함하여 토큰으로부터의 이익을 기대하도록 한 것으로 보아 그 토큰이 투자계약증권에 해당하는 것으로 보았다.[358] 또한 SEC는 175명의 최초투자자들은 인수인에 해당하여 다중에게 분매하는 지위에 있다고 보았다. 미국 뉴욕남부연방지방법원은 투자계약증권 요건 분석에 관한 SEC의 주장을 받아들이고, 최초투자자들에 대한 그램 판매를 포함한 이건 계약과 거래는 그램을 유통시장에 분매하는 큰 계획의 일부이고, 이건의 거래 구조상 최초투자자들이 그램을 유통시장에서 판매하는 것은 증권신고서 제출 없이 행하는 증권판매의 일부를 이룬다고 보았다.[359][360]

③ 증권에 해당하지 않는다고 본 사례 - Turnkey Jet, Inc.의 유틸리티 토큰

Turnkey Jet, Inc.("TKJ")는 항공기 임대서비스를 영업으로 하는 회사로서 지급결제와 법규준수에 관한 거래비용과 비효율성을 개선하기 위하여. 폐쇄형 블록체인 네트워크로

357) Telegram Team, A Public Notice About the TON Blockchain and Grams (January 6, 2020).

358) SEC Complaint: Telegram Group Inc. et al. (October 11, 2019), p. 2.

359) SEC v. Telegram Group, Inc., No. 19-cv-9439 (PKC) (S.D.N.Y. Mar. 24, 2020).

360) 미국 뉴욕남부연방지방법원은 토큰 Kin 사건과 테라·루나 사건에서도 같은 입장을 취했다.
① SEC v. Kik Interactive, Inc., Opinion and Order on Motion for Summary Judgment No. 19-cv-05244 (S.D.N.Y. Sept. 30, 2019)(2017년 Kik Interactive, Inc.가 토큰 Kin을 사모(50명의 전문투자자들과 Simple Agreements for Future Tokens을 체결하여 그들에게 Kin을 할인가격에 매수할 수 있는 권리를 부여하는 대가로 5천만불을 조달)와 공모(사모기간 종료 1일 후 약 1만명의 투자자에게 이더(ETH)를 대가로 Kin을 판매하여 약 4,920만불을 조달)로 판매한 건에 대해 SEC가 증권신고서 없는 증권공모로 보아 금지명령을 신청하였다. 미국 뉴욕남부연방지방법원은 Kik의 디지털생태계 구축이 공동사업에 해당하고 그 성공은 Kik의 노력에 달려 있다고 보아 Kin의 판매가 증권공모에 해당한다고 판시하였다).
② SEC v. Terraform Labs Pte. Ltd. No. 23-cv-1346 (S.D.N.Y. Dec. 28, 2023)(Howey기준이 법의 구속력있는 설시라고 한 후, 테라(UST)와 루나 모두 투자계약증권에 해당한다고 판시하였다. 테라는 그것을 예치하여 이익을 얻도록 한 앵커 프로토콜과 결합하여 투자계약에 해당하고, 루나가 투자계약증권에 해당하는 근거로는 피고들이 루나 판매대금을 모아 루나보유자에게 이익이 될 추가투자를 약속한 점, 피고들이 테라폼 블록체인을 더 개발하는 피고들의 노력에 기초한 이익을 합리적인 투자자가 기대할 수 있는 발언을 구체적이고 반복적으로 한 점 등을 들었다).

토큰화된 제트카드("이건 토큰")를 소비자에게 판매하는 토큰플랫폼을 개발하고 토큰회원제도를 개시하고자 하였다. TKJ는 미국 SEC에 이건 토큰이 증권에 해당하지 않는다는 비조치의견서를 구하였고, SEC 기업금융부는 TKJ가 발행하는 이건 토큰이 증권에 해당하지 않는다고 보았다.[361] SEC의 비조치 의견서는 결론에 이르게 된 고려사항으로 (i) 이건 토큰이 판매시점부터 원래 의도한 기능(항공기 임대서비스 구매)대로 즉시 사용될 것이라는 점과 (ii) TKJ는 플랫폼, 네트워크 또는 앱을 이건 토큰판매로 조달한 자금으로 개발하지 않고, 이것들은 이건 토큰 판매시점에 이미 완전히 개발되어 운영되고 있을 것이라는 점 및 그 밖에 몇 가지 사항[362]을 언급하였다.

④ FinHub의 "디지털자산의 투자계약증권 분석에 대한 기본틀"

미국 SEC의 부서인 "혁신과 금융기술의 전략적 허브"(Strategic Hub for Innovation and Financial Technology. "FinHub")는 2019년 "디지털자산의 투자계약증권 분석에 대한 기본틀"[363]을 발표하여 Howey 기준 적용에 대한 보다 상세한 설명을 하였다. 특히 Howey 기준 중 "제3자의 노력에 의하여 비롯되는 이익의 기대"와 관련하여 (i) "제3자 노력에 대한 의존"으로 인정될 여지가 커질 요소들과 (ii) "이익의 기대"가 있다고 인정될 여지가 커질 요소들을 예시하였다.

(i)의 예로 제3자가 네트워크의 개발, 개선, 운영과 추진을 책임지고 있는 경우(특히 제3자가 네트워크나 디지털자산이 의도한 목적과 기능을 수행하는데 필요한 임무를 수행하거나 감독할 것을 디지털자산 매수자가 기대하는 경우), 제3자가 디지털자산의 시장을 만들거나 가격을 지지하는 경우, 제3자가 네트워크 또는 디지털자산의 지속적인 개발 방향을 이끌거나 주된 역할을 하는 경우 등을 들었다.

(ii)의 예로는 디지털자산 보유자가 그 사업의 이익을 분배받는 경우, 디지털자산이 유통시장을 통하여 거래될 것으로 기대되는 경우, 디지털자산이 상품·용역의 사용자 또는 네트워크의 기능이 필요한 사람을 대상으로 하기보다 널리 잠재적 매수인들에게 판매되는 경우, 제3자가 네트워크 또는 디지털자산의 기능 또는 가치를 높이는데 조달자금을 계속 사용하거나, 네트워크 또는 디지털자산상의 권리에 관한 결정 또는 판단에 지속적인

361) SEC Division of Corporation Finance, No-action letter (April 2, 2019) re Turnkey Jet, Inc.

362) (iii) TKJ는 이건 토큰을 TKJ 지갑으로만 양도할 수 있도록 하고 플랫폼 외부 지갑으로는 양도할 수 없도록 할 것이라는 점, (iv) TKJ는 이 프로그램 기간중 계속 이건 토큰을 토큰 1개에 1달러로 판매하고, 이건 토큰은 토큰당 1달러의 가치를 가지는 항공기 임대서비스를 제공할 TKJ의 채무를 표창할 것이라는 점, (v) 미국 내 법원이 TKJ에게 이건 토큰을 청산할 것을 명하지 않는 한, TKJ가 이건 토큰을 환매하려고 할 때에는 이건 토큰의 액면가(1개당 1달러)를 할인한 가격으로만 할 것이라는 점, (vi) 이건 토큰의 마케팅은 이건 토큰의 시장가치가 상승할 잠재력이 아닌 이건 토큰의 기능성을 강조하는 방법으로 이루어질 것이라는 점.

363) SEC FinHub(2019).

경영자적인 역할을 하는 경우 등을 들었다.

2. 가상자산거래소·가상자산사업자에 대한 자본시장법상 규제

자본시장법상 증권시장을 개설하거나 운영하려는 자는 금융위원회로부터 거래소허가를 받아야 하고(동법 제373조의2 제1항), 거래소허가를 받지 않고 증권시장을 개설하거나 운영하면 형사처벌의 대상이 된다(동법 제444조 제27호, 제373조). 또한 증권의 매매 또는 중개를 영업으로 하기 위해서는 자본시장법에 따른 허가를 받아야 하고(동법 제11조, 제6조), 인가를 받지 않고 그러한 영업을 하면 형사처벌의 대상이 된다(동법 제444조 제1호). 따라서 토큰이 지분증권, 채무증권, 파생결합증권, 집합투자증권 등에 해당하는 경우, 그 토큰을 거래하는 시장을 개설하기 위해서는 자본시장법상 거래소허가가 필요하고, 그 매매, 중개 등의 영업을 하기 위해서는 자본시장법상 금융투자업 인가가 필요하다.

다만 앞에서 언급한 것처럼 자본시장법은 투자계약증권에 대해서는 동법 제2편 제5장(온라인소액투자중개업자), 제3편 제1장(증권신고서)과 그 의무 위반에 따른 감독·처분·벌칙 규정 및 제178조(부정거래행위)·제179조(부정거래행위 등의 배상책임)를 적용하는 경우에만 증권으로 보도록 하였다(동법 제4조 제1항 단서 제1호). 투자계약증권은 유통성이 없다고 보아 다른 조항들을 적용할 필요가 없다고 본 것이다. 따라서 투자계약증권에 해당하는 토큰을 거래하는 시장을 개설하거나 매매·중개를 영업으로 하더라도 자본시장법상 허가가 필요 없다고 할 수 있다.

이와 관련하여 미국 SEC는 ICO에서 흔히 사용되는 ERC-20 토큰을 거래하는 온라인 유통시장 플랫폼(EtherDelta)을 등록되지 않은 거래소로 인정하여 그 플랫폼 운영에 대해 제재를 하고,[364] 토큰을 ICO 단계 또는 유통단계에서 판매한 업자를 미등록증권업자로 인정하여 제재를 하였다.[365]

3. 스테이블코인과 증권발행 규제 및 수신행위 규제

스테이블코인을 금융규제상 어떻게 취급해야 할 것인가는 스테이블코인에 표시되는

364) SEC Release No. 34-84553(2018. 11. 8.)/Administrative Proceeding File No. 3-18888(Zachary Coburn 사건). 그 이후의 유사한 제재로는 SEC Press Release 2019-164(2019. 8. 29.)(Bitqyck Inc.의 TradeBQ 운영).

365) SEC Release 33-10543/34-84075/40-33221(2018. 9. 11.)/Administrative Proceeding File No. 3-18739(TokenLot 사건); SEC v. ICOBox and Nikolay Evdokimov, No. 19-CV-08066(C.D. California)(March 5, 2020).

권리의 구체적인 내용에 따라 달라질 것이다. 예컨대 스테이블코인의 상환금액이 법정통화에 일정한 비율로 연계된 경우에는 그 스테이블코인의 발행과 상환은 채무증권의 발행 또는 은행의 수신행위와 큰 차이가 없다.[366] 스테이블코인의 상환금액이 일정한 자산에 연계되고 그 자산이 운용되며 그 운용성과가 스테이블코인 소지자에게 그대로 귀속된다면 집합투자의 성격이 있다고 할 수 있다. 스테이블코인이 복수의 통화의 가치와 연계되어 자산이 운용되고 그 운용성과가 코인 소지자에게 귀속된다면 마찬가지의 문제가 발생할 수 있다. 반면 자산의 운용성과가 스테이블코인 발행주체에게 귀속되고 스테이블코인의 상환금액은 운용성과와 관련 없이 자산에 연계하여 일정하게 산정되는 경우에는 그 구체적인 조건에 따라 채무증권 또는 파생결합증권의 발행, 파생상품 또는 수신행위에 해당하는지를 검토할 필요가 있다. 또한 앞서 언급한 것과 같이 스테이블코인의 조건에 따라서는 전자금융거래법상 선불전자지급수단 또는 전자화폐에 해당한다고 볼 여지도 있다.[367]

스테이블코인이 확정된 실물자산에 연계되고 스테이블코인이 그 실물자산에 대한 공유지분권을 나타내는 경우, 그 실물자산 공유지분권 거래를 규율하는 법규가 적용될 수도 있다.

4. 탈중앙화금융(DeFi)에 대한 금융규제법규의 적용가능성

(1) 탈중앙화금융(DeFi)에 대한 규제의 필요성

탈중앙화금융에 내재한 여러 위험[368] 가운데 거버넌스 위험과 오라클 위험 때문에 진정한 탈중앙화를 하기 어렵다는 점, 탈중앙화금융의 확대가 전통금융에도 영향을 미치고 탈중앙화금융의 위험이 전통금융에도 전이될 수 있다는 점 등 때문에 탈중앙화금융을 규제할 필요성과 규제방법에 관한 논의가 이루어지고 있다.[369] 아래에서는 입법론과는

366) FINMA(2019), p. 2.

367) 김준영·김계정·문준호(2018), 214-215쪽은 ICO로 발행하는 토큰에 관한 논의에서 그러한 토큰이 재화·용역의 구입에 사용된다면 선불지급수단이나 전자화폐 규제를 받을 가능성이 있지만, 선불지급수단과 전자화폐는 발행자와 계약을 맺은 가맹점에서 사용됨을 전제로 하므로 토큰 발행자가 그러한 가맹점계약을 맺고 있는 것이 아니라면 선불지급수단이나 전자화폐 규제를 받는다고 보기는 어렵다고 함.

368) Harvey et al.(2021), pp. 130-149는 탈중앙화금융에 내재한 위험으로 스마트계약 위험(해킹, 개발자의 과실, 코딩과정에서의 오류가 있을 위험), 거버넌스 위험(불완전한 탈중앙화 자율조직의 한계와 이를 보완하기 위한 간섭), 오라클(oracle) 위험(스마트계약의 조건과 집행에 외부정보가 필요하다는 한계), 규모위험(분산원장의 처리정보의 증가에 따른 처리속도의 저하와 처리능력의 한계), 탈중앙화거래소(DEX)위험(유동성을 높이는 장치의 부작용, 선행매매 우려등), 보관위험(블록체인 접근장치 분실위험), 환경위험(처리정보 증가에 따른 전기소모), 규제적 위험(규제의 불확실성에 따른 위험) 등을 들었다.

369) 이정수(2022), 202-219쪽, 고동원(2024), 103-124쪽.

별도로 탈중앙화금융이 현행법상 어떻게 규율될 수 있는지를 살펴본다.

(2) 가상자산이용자보호법 및 특정금융정보법상 가상자산사업자

탈중앙화금융 앱(소프트웨어) 자체가 가상자산사업자에 해당하는 것은 아니지만, 탈중앙화금융 거래를 통제하거나 충분한 영향력을 가지는 개발자, 운영자, 사업자 등이 있는 경우에는 외관상 탈중앙화되었다고 하여도 그들이 가상자산사업자에 해당할 수 있다는 것이 국제자금세탁방지기구(FATF)의 입장이다.370) 미국에서는 상품선물거래위원회(CFTC)가 탈중앙화 블록체인 기반 소프트웨어 프로토콜(이용자들이 레버리지 포지션을 취할 수 있게 하여 거래플랫폼 기능을 함)을 운영하는 탈중앙화 자율조직(DAO)에 대하여 상품거래소법(Commodity Exchange Act) 위반을 이유로 법원에 제재를 청구하자, 미국 캘리포니아 북부지역 연방지방법원은 탈중앙화 자율조직이 비법인단체로서 상품거래소법에 규정된 사람(person)에 해당한다고 인정하고 민사벌 부과와 영구금지명령을 내린 사례도 있다.371)

탈중앙화금융에서 사용되는 블록체인 본원 가상화폐{예: 이더리움의 이더(ETH)}와 탈중앙화금융 프로토콜에 의하여 생성되는 토큰은 모두 특정금융정보법상 가상자산에 해당할 것이다. 탈중앙화금융으로 이루어지는 대여·차입, 파생상품, 자산운용 등이 이용자가 보유한 가상자산을 예치 또는 담보제공하면 별도의 가상자산을 제공받는 거래구조로 되어 있는 이상, 그러한 프로토콜을 탑재한 플랫폼을 통하여 이용자에게 그러한 서비스를 제공하면 가상자산의 교환, 보관, 관리, 매매 또는 그 중개, 알선, 대행 행위를 한 것으로 볼 수 있고 이를 영업으로 하면 가상자산사업자에 해당하게 된다. 그러나 개발자가 탈중앙화금융 거래를 할 수 있는 앱(소프트웨어)을 개발한 후 이를 공개하고 웹사이트를 만들어 다른 사람이 이용하기 편리하게 하되 이용에 대한 아무런 대가를 받지 않는 경우에는 특정금융정보법상 가상자산사업자의 요건 중 하나인 "영업"을 한다고 볼 수 없을 것이다.

(3) 각종 금융 제공에 대한 금융규제법규의 적용

탈중앙화금융은 금융중개기관과 중앙관리기관이 없이 분산원장네트워크에서 작동하는 것이라고 하더라도, 그렇게 작동하는 프로토콜을 탑재한 플랫폼을 만들어 운영하는 주체가 있는 경우 그 운영주체가 프로토콜을 사용하는 방법으로 금융서비스를 제공하는 것

370) FATF(2021), p. 27, para. 67.
371) CFTC v. Ooki DAO, No. 3:22-cv-05416-WHO (N.D. Cal. June 8, 2023).

으로 볼 여지가 크다. 물론 탈중앙화금융으로 제공되는 각종 금융에 대해 기존의 금융규제법규가 어디까지 적용될 수 있는가는 각 탈중앙화금융의 내용을 구체적으로 파악해서 검토할 문제이다.

① 대여·차입

가상화폐를 목적물로 하는 대여·차입은 금전의 대부·예치를 규율하는 법령의 적용대상이 된다고 보기는 어렵다. 목적물 또는 매개물로 이용되는 가상화폐가 스테이블코인이고 법정통화에 연계되어 있는 경우 또는 법정통화의 대부·차입을 탈법적으로 회피할 목적으로 가상화폐를 사용한 것으로 인정되는 경우에는 실질적인 금전의 대부·예치로 볼 여지가 있을 것이다. 또한 표준적인 내용으로 다수의 이용자들과 대량으로 차입하는 거래를 하는 경우에는 증권이 발행되지 않은 경우에도 자본시장법상의 채무증권 가운데 "사채권과 유사한 것으로서 지급청구권이 표시된 것"에 해당할 여지가 있다(동법 제4조 제3항, 제9항).

한편 스테이블코인이 아닌 비트코인 등 가상화폐로 납입받는 경우는 어떠한가. 이는 실질적인 금전이라고 할 수 없는 가상화폐로 납입받는 경우에도 상법에 따른 사채(社債) 또는 이와 유사한 것에 해당하는가의 문제이다. 상법은 사채의 '금액'과 '발행가액'을 정하도록 하고 사채 '전액' 납입 후 사채를 발행하도록 하는 등(동법 제474조 제1항, 제478조 제1항) 금전으로 납입함을 전제로 하였다. 그러나 사채의 상환은 반드시 금전으로 해야 하는 것이 아니고 다른 물건으로 상환하여도 무방하다. 상법상 사채는 통상 자금조달을 위하여 발행하는 것이라 금전납입을 전제로 하는 조항을 두었을 것이다. 상법문면에 충실하게 보면 금전납입을 하지 않는 경우에는 가상화폐라는 재산권의 차입이므로 사채발행이라고 할 수 없다고 보아야 할 것이지만, 가상화폐의 차입으로 실질적으로 자금조달의 목적을 달성할 수 있으므로, 다수의 이용자들로부터 대량으로 차입하는 경우에는 투자자가 취득하는 권리는 자본시장법상 채무증권에 속하는 "사채권과 유사한 증권으로서 지급청구권이 표시된 것"에는 해당할 여지가 있다.

미국 SEC는 탈중앙화금융 사업자인 BlockFi가 고객으로부터 가상화폐를 대여받아 완전한 소유권을 취득하고 정기적으로 변동되는 이자를 가상화폐로 고객에게 지급하는 상품이 채무증권(note) 또는 투자계약증권에 해당한다고 보고, 증권법에 따른 등록을 하지 않고 공모하고 그 상품투자의 위험수준을 투자자들에게 부실하게 알렸다는 등의 이유로 제재를 가하였다.[372)]

---

372) SEC Release No. 33-11029, 40-34503 (2022. 2. 14.)/Administrative Proceeding File No. 3-20758 Order Instituting Proceedings(Blockfi Lending Llc. 사건).

② 파생상품과 자산운용

탈중앙화금융으로 제공되는 파생상품은 자본시장법 제4조 제10항에 규정된 기초자산을 기초로 하는 경우에는 자본시장법의 규율대상이 될 수 있을 것이다. 자본시장법상 집합투자의 투자대상은 재산적 가치가 있는 재산으로 되어 있으므로 탈중앙화금융으로 제공되는 자산운용도 자본시장법상 집합투자의 범위에 포함될 수 있을 것이다.

앞에서 언급한 스테이블코인에 대한 전자금융거래법을 비롯한 여러 법규의 적용가능성에 대한 논의는 탈중앙화금융과 관련하여 발행·이용되는 스테이블코인에도 동일하게 적용된다.

③ 탈중앙화거래소(DEX)

가상자산 거래가 이루어지는 탈중앙화거래소에서도 관련 프로토콜을 탑재한 플랫폼을 만들어 운영하는 주체가 있는 경우, 특정금융정보법상 가상자산사업자 규제에 추가하여 가상자산의 성격이 투자계약증권이 아닌 증권인 경우에는 거래소 개설에 대한 자본시장법상 규제의 대상이 될 수 있다. 탈중앙화거래소의 운영자가 호가창(order book)을 블록체인 밖에서 유지하고 블록체인은 결제에만 사용하는 경우 규제면에서는 중앙화된 일반적인 거래소와 마찬가지로 취급해야 타당할 것이다.

④ 보험과 위험보장

보험과 위험보장서비스를 탈중앙화방식으로 제공하기 위하여 프로토콜을 탑재한 플랫폼을 만들어 운영하는 주체가 있는 경우에는 그 주체가 보험업법상의 보험업을 영위한다고 볼 여지가 있을 것이다. 그러한 운영주체 없이 서비스 이용자들 사이에서 위험보장을 받는 이용자가 위험보장을 제공하는 이용자에게 수수료를 지급하고 위험보장을 받는 방식을 취하거나, 이용자 집단 전체가 상호 위험을 부담하도록 하는 경우에는 보험에 해당하는지 여부와 그것이 보험업법이 규제하는 영업에 해당하는지 여부 등을 구체적인 거래구조와 조건에 비추어 검토할 필요가 있다. 신용위험을 대상으로 하는 경우에는 신용파생거래에 해당하는지 여부도 검토대상이 된다.

5. 가상자산 관련 기타 법적 불확실성

가상자산을 파생상품의 기초자산으로 사용할 수 있는지 여부,[373] 가상자산을 집합투

373) 가상자산이 "그 밖에 자연적·환경적·경제적 현상 등에 속하는 위험으로서 합리적이고 적정한 방법에 의하여 가격·이자율·지표·단위의 산출이나 평가가 가능한 것"(자본시장법 제4조 제10항 제5호)에 해당하는가가 문제되고 이 문제는 결국 객관적 평가가 가능한 것인지에 귀착할 텐데, 금융위원회는 비트코인이 파생상품의 기초자산에 해당하지 않는다는 입장으로 알려져 있다

자기구 또는 신탁업자의 운용대상에 포함시킬 수 있는지 여부, 신탁업자 또는 은행이 가상자산의 수탁이 아닌 단순 보관업무를 행할 수 있는지 여부 등은 현행법의 해석의 문제이지만 감독당국의 정책이 큰 영향을 미칠 수 있는 부분이다.[374] 한편 가상자산으로 대외지급하는 경우 외국환거래법상 규율할 것인지 등에 관한 불확실성을 해소할 필요가 있다.[375]

6. 가상자산거래의 외관과 실질적인 금전거래

스테이블코인이 아닌 가상자산을 거래하는 외관을 갖추었어도 실질이 금전거래로 인정될 수 있는 경우도 있다. 대법원 2019. 5. 30. 선고 2019도1462 판결로 상고기각되어 확정된 서울중앙지방법원 2019. 1. 9. 선고 2018노2816 판결은 투자에 대해 일정한 수익을 언급하면서[376] 비트코인 채굴사업에 대한 투자자를 모집한 행위에 대하여 "… 비트코인의 성질, 이 사건 투자자들은 오로지 이 사건 사업에 투자할 목적으로 비트코인을 구매하면서 그 구매 자금을 투자금으로 인식하였던 점, 이 사건 사업의 수익 실현 절차는 비트코인의 취득만이 아니라 취득한 비트코인을 실물 화폐로 환전하는 것까지 예정하고 있는 점 등을 종합하면, 이 사건 사업은 투자금 및 수익금을 산정하거나 수수하는 단위 내지 매개로서 비트코인을 활용하였을 뿐 그 실질은 금전의 거래라고 봄이 타당하다. 따라서 이 사건 사업에 대한 투자 모집은 유사수신행위의 규제에 관한 법률 제2조에 정한 '자금을 조달'하는 행위에 해당"한다고 판시하였다.[377]

{정순섭(2020), 107쪽}.

374) 이에 관한 논의는 정순섭(2021), 26-27쪽, 정순섭(2020), 107-108쪽.

375) 환전을 원하는 의뢰인들로부터 중국 위안화를 지급받아 중국 가상자산거래소에서 비트코인을 매수하여 국내 가상자산거래소에서 매도한 후 매도대금을 의뢰인이 지정한 원화계좌로 송금한 사례는 등록없이 외국환업무를 영위하여 외국환거래법을 위반한 것으로 인정되었다(인천지방법원 2018. 9. 12. 선고 2018노1183 판결).

376) 1심 판결문에서 인정한 범죄사실에 언급된 채굴사업 설명 사례의 하나를 보면 다음과 같다. "'S 프로그램'은 1일에 0.66%의 비율로 비트코인을 지급하기 때문에, 30코인(1,800만 원 상당)을 투자하면 1일에 0.2코인을 채굴하여 12만 원, 30일에 6코인을 채굴하여 360만 원, 365일에 73개의 코인을 채굴하여 4,380만 원의 수익이 발생하므로, 1년을 결산하면 2,580만 원의 순수익(=4,380만 원-1,800만 원)을 볼 수 있어 이익률이 143%이고 5개월 정도면 원금을 회수하며 그 이후부터는 수익이 난다".

377) 이 판결에 대한 평석으로는 최민준(2021). 서울중앙지방법원 2019. 1. 9. 선고 2018노2816 판결은 유사수신행위에 대해 대법원 2005. 11. 24. 선고 2003도2213 판결이 판시한 법리(상품거래대금을 주고받은 경우 "상품의 거래를 가장하거나 빙자한 것이어서 실제로는 상품의 거래 없이 금원의 수입만 있는 것으로 볼 수 있는 경우에 한하여 이를 법에서 금하는 유사수신행위로 볼 수" 있음)를 따른 것으로 보인다.

Ⅵ. 가상자산사업자 규제 보완의 필요성

1. 현행법규의 미비점

앞에서 본 바와 같이 가상자산이용자보호법과 특정금융정보법으로 가상자산사업자를 규율하고 있다. 가상자산이용자보호법은 불공정거래의 규제와 이용자 보호 측면에서 일부 가상자산사업자를 규제하고 있으나 2단계 입법이 필요한 상태이고 특정금융정보법은 그 입법목적상 가상자산 거래의 법적 규율로는 제한적인 역할밖에 할 수 없다. ICO, 스테이블코인,[378] 탈중앙화금융[379] 등 여러 면에서 가상자산 규제가 필요한 사항들이 있겠으나, 그 가운데 가장 중요한 것은 가상자산 거래에서 중심적 역할을 하는 가상자산사업자의 규율이다.[380] 아래에서는 가상자산사업자 규제 보완의 필요성만을 언급한다.

이에 관해서는 EU 암호자산시장규정(MiCAR)[381]과 일본 자금결제법과 같은 외국의 입법례를 참고할 수 있다.

2. 고객 보호

(1) 고객의 가상자산 반환청구권

가상자산이용자보호법은 가상자산사업자가 이용자의 가상자산을 분리 보관할 의무와 이용자의 가상자산 중 일정 비율 이상을 인터넷과 분리하여 보관할 의무를 부과함으로써(동법 제7조 제2항, 제3항) 고객이 맡긴 가상자산의 보관에 관한 기본적인 사항은 법률에 반영되었다. 그러나 고객이 보관을 위탁한 가상자산에 대해 가상자산사업자의 채권자

378) FSB(2020)(글로벌 스테이블코인 규제에 관한 10가지 권고사항 제시), IOSCO(2020)(스테이블코인으로 인한 위험을 금융소비자보호, 시장의 건전성과 투명성, 이익충돌, 금융범죄, 시스템 위험 등의 관점에서 분석함).

379) 이정수(2022), 고동원(2024).

380) 이석준(2023b)은 가상자산시장이 증권시장에 비하여 높은 변동성과 시장흐름의 복잡성을 가지고 있다는 점, 일정한 평가기준(주당 순이익, 주당 순자산가치 등)으로 가치를 평가할 수 있는 증권과 달리 객관적 평가척도가 적기 때문에 투자자들이 실질가치가 아닌 다른 정보에 의존한다는 점 등에 비추어 진입, 영업행위, 공시 등 투자자보호를 위한 규제 필요성이 더 크다는 점을 지적하고(60-61쪽), 그동안 가상자산 입법이 공백인 상태에서 내려진 여러 가상자산 관련 하급심 판결례들이 투자자보호에 한계가 있음을 지적하였다(63-76쪽).

381) EU 암호자산시장규정(MiCAR)은 암호자산사업자에 대하여 고객의 최선의 이익에 따라 정직하고, 공정하게 그리고 전문가로 행동할 의무, 자본건전성요건, 지배구조요건 등을 적용하는 등 전통적인 금융회사와 유사하게 규율하고자 하였다(동규정 제66조, 제67조, 제68조).

의 압류의 대상이 될 수 있는지 또는 가상자산사업자의 파산시 파산재단에 귀속되는지에 대해서는 아무런 조항이 없다.

또한 앞에서 살펴본 것처럼 가상자산의 사법(私法)상 성격에 대해 어떤 견해를 취하는가와 가상자산사업자의 보관형태에 따라 가상자산사업자에게 가상자산을 맡긴 고객이 가상자산사업자에 대하여 가지는 권리는 크게 달라진다. 만약 고객이 가상자산사업자에게 맡긴 가상자산에 대하여 채권적 반환청구권만 가지는 것에 그치는 것으로 본다면 가상자산사업자는 가상자산의 가격등락에 대해 일종의 옵션을 가진 것과 같은 지위에 서게 된다. 고객이 맡긴 가상자산의 가격이 하락할 것이 예상되면 가상자산으로 반환하고, 상승할 것이 분명하다면 가상자산 반환채무를 불이행하여 그 시점의 시가를 지급하면 된다. 이로 인한 불합리는 일본의 마운트곡스 파산절차에서 잘 드러났다. 즉 마운트곡스 파산절차에서와 같이, 고객이 가상자산에 대하여 환취권이 아니라 채권적 반환청구권을 가지는 것으로 취급할 경우, 파산채권에 해당하는 채권적 반환청구권의 가액은 파산절차 개시 시점에 확정되기 때문에 파산한 가상자산사업자는 파산절차가 진행되는 동안 고객이 맡긴 가상자산의 가격이 상승하였음에도 불구하고 고객에게 파산절차 개시 시점의 가상자산 가격만을 지급하고 다른 채권자에 대해서도 채무를 변제하고 파산을 벗어날 수 있게 된다는 불합리한 결과가 발생한다. 가상자산사업자의 채권자가 그 사업자의 고객이 맡긴 가상자산을 채무자의 일반재산에 포함시켜 채권을 회수할 수 있다는 것도 매우 부당하다. 가상자산의 사법상 성격과 보관형태를 입법적으로 정하거나 최소한 일본 자금결제법과 같이 고객의 가상자산 반환청구권에 대한 우선변제권[382]을 규정할 필요가 있다.[383]

(2) 고객에 대한 신의성실의무와 정보제공

가상자산사업자의 고객에 대한 기본적인 의무와 고객에 대한 정보제공에 대하여 법적으로 정해 놓을 필요가 있다. 이와 관련하여 EU 암호자산시장규정(MiCAR)을 보면 암호자산사업자는 (i) 고객과 잠재적 고객의 최선의 이익에 따라 성실하고 공정하게 전문적으로 행동해야 하고, (ii) 고객에게 공정하고 명확한 정보를 제공해야 하고 암호자산의 장점

382) 일본 자금결제법 제63조의19의2 제1항{암호자산교환업자와의 사이에서 암호자산교환업자가 암호자산의 관리를 행할 것을 내용으로 하는 계약을 체결한 자는, 당해 암호자산교환업자에 대하여 가지는 암호자산의 이전을 목적으로 하는 채권에 관하여, 대상 암호자산(당해 암호자산교환업자가 제63조의11 제2항의 규정에 의해 자기의 암호자산과 분별하여 관리하는 그 암호자산관리업자의 이용자의 암호자산과 이행보증암호자산을 말한다)에 관하여 다른 채권자에 앞서 변제를 받을 권리가 있다}.

383) EU 암호자산시장규정(MiCAR) 제70조 제1항은 '특히 암호자산사업자의 도산시' 암호자산에 대한 고객의 소유권을 보호할 수 있는 충분한 장치를 두도록 규정하였다.

에 관하여 고객을 오도해서는 안 되며, (iii) 암호자산 거래에 관한 위험을 고객에게 경고해야 하고, (iv) 가격, 수수료 및 비용에 대한 정책을 웹사이트의 잘 볼 수 있는 곳에 공지해야 하며, (v) 서비스 제공대상인 암호자산의 발행에 사용되는 합의장치가 기후에 비치는 주된 부정적 영향과 기타 환경에 관련된 부적적 영향에 관한 정보를 웹사이트의 잘 보이는 곳에 공지해야 한다{동규정 제66조}.

일본의 자금결제법상 (i) 암호자산교환업자는 이용자와 암호자산의 교환 등을 할 때에는 미리 이용자에게 암호자산의 성질에 대해 설명해야 하고(동법 제63조의10 제1항, 암호자산교환업자에 관한 내각부령 제21조),[384] (ii) 암호자산사업자가 이용자와 암호자산교환업에 해당하는 거래를 하거나 계속적 계약을 체결하거나 암호자산 신용거래를 할 때 미리 이용자에게 일정한 정보를 제공해야 한다(동법 제63조의10 제1항과 제2항, 암호자산교환업자에 관한 내각부령 제22조, 제25조).[385]

(3) 이익충돌의 방지

가상자산사업자는 시장의 개설, 매매, 위탁매매·중개, 판매, 보관, 자문 등 여러 업무의 전부 또는 일부를 수행하는 것으로 보인다. 이러한 다양한 업무의 수행은 이익충돌 상황을 발생시킬 수 있다. 예컨대, 가상자산사업자가 시장을 개설하여 운영하면서 스스로 시장에서의 거래를 행하면 가상자산사업자에게 유리하게 시장을 운영하거나 다른 시장참여자보다 우월한 시장정보를 이용할 여지가 있다. 고객들에게 새로운 가상자산을 판매하

384) 암호자산의 성질에 관하여 설명할 사항은 다음과 같다(일본 암호자산교환업자에 관한 내각부령 제21조 제2항).
1. 암호자산이 일본 통화 또는 외국 통화가 아닌 점
2. 암호자산의 가치변동을 직접적 원인으로 하여 손실이 생길 우려가 있는 때는 그 취지와 그 이유
3. 암호자산은 대가의 변제를 받는 자의 동의가 있는 경우에 한하여 대가의 변제를 위하여 사용할 수 있다는 점
4. 취급하는 암호자산의 개요와 특성(당해 암호자산이 특정한 자에 의해 그 가치가 보증되지 않는 경우에는 그 취지 또는 특정한 자에 의해 그 가치가 보증되고 있는 경우에는 그 자의 성명, 상호 또는 명칭과 당해 보증의 내용을 포함한다)
5. 기타 암호자산의 성질에 관하여 참고로 된다고 인정되는 사항

385) 암호자산교환업자가 이용자와 암호자산교환업에 관한 거래를 행할 때 미리 이용자에게 제공할 정보에는 아래 내용도 포함되어 있다(일본 암호자산교환업자에 관한 내각부령 제22조).
1. 당해 암호자산교환업자 그 밖의 자의 업무 또는 재산상황의 변화를 직접적 원인으로 하여 손실이 생길 우려가 있는 때는 그 취지와 그 이유
2. 당해 거래에 관하여 이용자의 판단에 영향을 미칠 중요한 사유를 직접적 원인으로 하여 손실이 생길 우려가 있는 때는 그 취지와 그 이유
3. 이용자가 지급할 수수료, 보수 또는 비용의 금액 또는 그 상한액 또는 그 계산방법
4. 이용자로부터 암호자산의 매매 또는 교환의 위탁을 받은 경우, 자기가 당해 위탁에 의한 매매 또는 교환의 상대방이 되는 때는 그 취지와 그 이유

면서 발행주체로부터 판매수수료를 받는 경우, 매매·판매하고자 하는 가상자산을 자문시 추천하는 경우 등 이익충돌이 발생하는 상황은 쉽게 상정할 수 있다.

특정금융정보법은 가상자산사업자가 "가상자산의 매매·교환을 중개·알선하거나 대행하면서 실질적으로 그 중개·알선이나 대행의 상대방으로 거래하는 행위"를 제한하도록 하는 정도로만 이익충돌 방지 체계를 규율하고 있다(동법 제8조, 동법시행령 제10조의20 제5호 다목). 가상자산사업자의 이익충돌을 일반적인 형법의 배임죄와 민법의 불법행위 또는 이용계약불이행으로 처리하도록 하는 것은 불충분한 법적 대응이다. 입법적으로 가상자산사업자의 이익충돌을 방지할 장치를 두거나 그러한 장치를 두도록 하는 의무를 부과하고 감시하는 장치를 둘 필요가 있다. EU 암호자산시장규정(MiCAR)은 암호자산사업자의 이익충돌을 방지, 파악, 관리, 공개할 효과적인 방침을 세우고 운영할 것을 요구하고 고객에게 이익충돌의 성격과 발생원인을 공개하도록 하는 등 이익충돌에 관한 조항을 두고 있다{동규정 제72조}.

3. 가상자산사업자의 업무유형별 규제

전통적인 금융업무는 세분화되고 이에 대한 규제도 각 세분화된 업무에 맞추어 이루어지고 있으나, 가상자산사업자의 업무는 아직 그렇게 세분화되지 않은 것으로 보인다. 가상자산사업자의 업무에 대한 규제도 그 업무내용에 따라 달라져야 합리적일 것이다. EU 암호자산시장규정(MiCAR)은 업무별로 규제 내용을 정하고 있어 참고할 필요가 있다.

(1) 시장개설과 운영

가상자산사업자는 스스로 거래소라고 부르고 사업자가 특정 가상자산의 매매 등을 취급하는 것을 상장 또는 거래지원, 더 이상 취급하지 않는 것을 상장폐지 또는 거래지원 종료로 부르기도 한다. 이는 가상자산사업자가 자신의 고객인 회원들 간에 매매거래가 이루어질 수 있도록 하는 서비스를 제공하고, 고객들에게 호가와 호가별 미체결 주문수량에 관한 정보를 제공하는 등 다수가 참여하여 경쟁적으로 가격이 형성되는 시장과 유사한 기능을 하는 서비스를 제공하기 때문이다. 하지만, 가상자산사업자는 "증권 및 장내파생상품의 공정한 가격 형성과 그 매매, 그 밖의 거래의 안정성 및 효율성을 도모하기 위하여 자본시장법에 따라 금융위원회의 허가를 받아 금융투자상품시장을 개설하는 거래소"와는 달리 국내에서는 특정금융정보법과 가상자산이용자보호법의 1단계 입법에 따른 규제 이외에 시장 개설 또는 매매·보관·중개 등에 관하여 아무런 공적 규제를 받고 있지 않다.

가상자산사업자가 금융투자상품에 해당하지 않는 가상자산의 시장기능을 수행하는 경우, 그러한 시장에 대해서도 금융투자상품시장에 준하는 규제를 할 필요가 있는지는 그러한 가상자산 시장이 경제에서 차지하는 비중과 이용자와 거래의 규모등을 감안하여 정책적으로 결정할 문제라고 할 수 있다. 시장으로 규제하는 경우에는 금융투자상품시장의 규제를 참고할 필요가 있을 것이다.[386)]

EU 암호자산시장규정(MiCAR)은 암호자산거래플랫폼(trading platform)을 운영하는 암호자산사업자가 시장운영규정에 정할 사항,[387)] 거래시스템이 갖추어야 할 사항[388)]을 규정하고 있고, 또한 매도·매수 호가와 수량 및 체결된 거래의 가격·수량·시간의 실시간 공개, 이러한 정보의 일반인에 대한 공개, 거래후 24시간 이내 결제의무 등을 규정하고 있다(동규정 제76조 제9항부터 제12항). 또한 암호자산 시장을 운영하는 암호자산사업자는 수수료의 구조를 투명, 공정, 무차별하게 해야 하고, 시장질서 문란이나 시장남용에 기여하는 방법으로 주문, 주문변경, 주문취소 또는 거래체결할 유인을 만들지 않도록 해야 한다(동규정 제76조 제13항).

(2) 교환업무

EU 암호자산시장규정(MiCAR)상 암호자산과 금전 또는 다른 암호자산과의 교환을 영업으로 하는 암호자산사업자는 거래상대방이 될 고객의 유형과 고객이 충족해야 할 요건에 관한 무차별적인 상업적 정책을 수립해야 하고, 암호자산의 확정적인 가격 또는 암호자산의 가격을 산정하는 방법을 공시해야 하며, 그 공시한 가격대로 거래를 체결해야 하고, 체결된 거래의 수량과 가격을 공시해야 한다(동규정 제77조).

386) 이에 관한 기본적인 분석은 IOSCO(2020a).

387) 시장운영규정에는 암호자산의 상장 요건, 실사 및 승인절차, 상장 정책과 수수료, 시장참여에 관한 객관적이고 무차별하며 균형있는 기준, 공정하고 질서있는 거래를 확보하기 위한 요건, 암호자산의 상장유지 요건(유동성 기준과 정기 공시요건 등), 암호자산의 거래 중지 요건, 암호자산과 자금의 효율적인 결제를 확보할 수 있는 절차 등을 규정하도록 하였다{암호자산시장규정(MiCAR) 제76조 제1항}.

388) 거래시스템이 회복가능하고, 심한 시장스트레스 상황에서도 질서있게 거래가 이루어질 수 있는 능력이 있으며, 사전에 정한 수량과 가격을 넘는 주문 또는 명백한 주문오류를 거부할 수 있어야 하고, 거래시스템이 작동하지 않아도 암호자산사업자의 서비스가 계속될 수 있도록 하는 효과적인 영업지속장치를 둘 것 등을 규정하고 있다{암호자산시장규정(MiCAR) 제76조 제7항}.

(3) 중개업무

EU 암호자산시장규정(MiCAR)은 암호자산사업자가 고객을 위하여 주문을 집행하는 경우에는 여러 요소들(가격, 비용, 속도, 체결과 결제 가능성, 규모, 성격, 암호자산 보관 조건 등)을 고려하여 고객에게 최선의 결과를 가져오도록 해야 하고, 이를 위하여 효과적으로 주문을 집행할 장치를 수립하고 시행하도록 하였다(동규정 제78조).

(4) 암호자산 신규판매업무

EU 암호자산시장규정(MiCAR)은 암호자산사업자가 암호자산을 판매하는 업무를 하는 경우, 발행자와 계약체결 전에 협의할 사항들을 규정하고, 암호자산 판매시 발생할 수 있는 이익충돌을 파악·방지·관리·공개하는 명확하고 충분한 절차를 두도록 하였다(동규정 제79조).

(5) 암호자산 관련 자문·자산운용 업무

EU 암호자산시장규정(MiCAR)상 암호자산사업자가 고객에게 암호자산에 관한 조언을 하거나 암호자산을 운용하는 경우 적합성 원칙을 준수하여야 하고, 암호자산사업자가 고객에게 암호자산에 관한 조언을 하는 경우에는 그의 조언이 독립적인지 여부와 조언이 제한적인 암호자산 분석에 기초한 것인지 등에 대해 고객에게 알려야 한다(동규정 제81조 제1항, 제2항). 고객에게 독립적으로 조언을 한다고 알린 암호자산사업자는 고객의 투자목적이 적절히 충족되도록 다양하고 넓은 범위의 암호자산을 평가해야 하고, 고객에 대한 서비스 제공과 관련하여 제3자로부터 수수료 기타 금전적·비금전적 이익을 받아서는 안된다(동조 제3항). 암호자산사업자가 고객을 위하여 자산운용을 하는 경우에는 암호자산 발행자 판매자, 기타 제3자로부터 수수료 기타 이익을 수령해서는 안된다(동조 제5항). 고객에게 비독립적으로 조언을 한다고 알린 암호자산사업자는 다른 사람으로부터 지급이나 혜택을 받을 수 있지만, 그러한 지급이나 혜택이 (i) 고객에 대한 서비스의 질을 향상시키기 위한 것이어야 하고, (ii) 고객의 최선의 이익에 따라 성실하고 공정하게 전문적으로 행동할 의무의 준수를 해치지 않는 조건하에서만 허용된다. 또한 그 지급이나 혜택의 성격과 금액 등을 고객에게 명확하게 고지하여야 한다(동조 제6항).

또한 고객에게 암호자산에 관한 조언을 하거나 암호자산을 운용하는 암호자산사업자는 고객에게 적합한 서비스를 제공할 수 있도록 직원의 지식과 경험, 적합성 원칙 준수를 위한 고객정보의 입수, 고객에 대한 여러 위험의 고지, 적합성 판단의 고지, 정기적 적

합성 판단의무 등 여러 의무를 부담한다(동조 제7항부터 제13항).389)

389) 구체적으로 다음과 같은 의무를 부담한다
(i) 그 업무를 담당하는 직원이 필요한 지식과 경험을 갖출 것(동조 제7항)
(ii) 고객에게 적합하고 고객의 위험허용치와 손실부담능력에 맞는 서비스와 암호자산을 제공할 수 있도록 고객으로부터 고객의 지식과 경험, 투자목적, 위험에 대한 이해 등 여러 정보를 입수할 것(동조 제8항)
(iii) 고객에게 암호자산의 변동성, 손실가능성, 유동성부족 가능성 및 투자자보상제도와 예금보장제도의 대상이 되지 않는다는 점 등에 대하여 경고할 것(동조 제9항)
(iv) 적합성여부를 판단하기 위한 모든 정보를 수집하고 평가할 수 있는 정책과 절차를 수립, 유지, 시행할 것(동조 제10항)
(v) 고객이 위 제8항에 규정된 정보를 제공하지 않거나, 암호자산서비스 또는 암호자산이 고객에게 적합하지 않다고 판단하면 그 서비스 또는 암호자산을 권하거나 그 암호자산의 자산운용을 개시하지 말 것(동조 제11항)
(vi) 고객에게 적합한지 등에 대해 최초 평가 후 2년에 한 번씩 다시 평가할 것 등을 준수해야 한다(동조 제12항)
(vii) 고객에게 적합한지 등을 평가한 경우에는 고객에 대한 조언의 개요와 어떻게 그 조언이 고객의 선호, 목표 기타 특성에 부합하는지를 기재한 보고서를 고객에게 제공할 것(동조 제13항)

참고문헌

고동원(2022) 고동원, "탈중앙화금융(Decentralized Finance: DeFi)의 진전과 불공정거래의 규제 방향", 증권법연구 제23권 제1호(한국증권법학회, 2022. 4.)

고동원(2024) 고동원, "탈중앙화금융(Decentralized Finance)과 금융안정", 금융안정연구 제25권 제1호(예금보험공사, 2024. 6.)

권오훈(2019) 권오훈, "가상통화와 관련한 정부 정책 — 한국형 가이드라인을 중심으로 —", 일감법학 제43호(건국대학교 법학연구소, 2019. 6.)

김갑래(2023) 김갑래, "금융투자상품 포괄주의 하에서 디지털 자산의 증권성에 관한 소고", 자본시장포커스 2023-09호(한국자본시장연구원, 2023. 4. 18-05. 02)

김건식 · 정순섭(2023) 김건식 · 정순섭, 자본시장법(제4판)(박영사, 2023)

김동섭(2016) 김동섭, 분산원장 기술과 디지털통화의 현황 및 시사점(지급결제조사자료 2016-2)(한국은행 금융결제국 결제연구팀, 2016)

김상만(2013) 김상만, "금융투자상품의 정의", BFL 제60호(서울대학교 금융법센터, 2013. 7.)

김시목 · 김익현(2023) 김시목 · 김익현, "가상자산법의 법적 쟁점 1: 제1장 총칙(제1조~제5조)", BFL 제122호(서울대학교 금융법센터, 2023. 11.)

김이수(2018) 김이수, "비트코인(Bitcoin)의 사법상 지위에 관한 고찰", 법학연구 제59권 제4호(부산대학교 법학연구소, 2018. 11.)

김제완(2018) 김제완, "블록체인 기술의 계약법 적용상의 쟁점 — '스마트계약(Smart Contract)'을 중심으로 —" 법조 통권 제727호(법조협회, 2018. 2.)

김제완(2021) 김제완, "블록체인과 스마트 계약(Smart Contract) : 민사법학과 법조실무에 던지는 도전과 응전 — 비가역적 · 탈중앙화 거래에 관한 민사법적 쟁점과 법률가의 역할 —", 비교사법 제28권 제4호(한국비교사법학회, 2021. 11.)

김준영 · 김계정 · 문준호(2018) 김준영 · 김계정 · 문준호, "ICO(Initial Coin Offering)에 대한 주요 이슈 및 시사점", 증권법연구 제18권 제2호(한국증권법학회, 2018)

김지웅(2020) 김지웅, "가상자산에 관한 개정 특정금융거래정보법에 대한 검토", BFL 제102호(서울대학교 금융법센터 2020. 7.)

김현수(2021) 김현수, "스마트 컨트랙트(Smart Contract)와 계약법적 과제", 비교사법 제28권 제4호(한국비교사법학회, 2021. 11.)

김협 · 김민수 · 권혁준(2021) 김협 · 김민수 · 권혁준, "디파이(De-Fi), 탈중앙화 금융의 가능성과 한계점", 한국전자거래학회지 제26권 제2호(한국전자거래학회, 2021)

남궁주현(2024) 남궁주현, "탈중앙화 자율조직(DAO)에 관한 법적 연구", 서울대학교 법학박사 학위논문(서울대학교, 2024. 2.)

남기연(2014) 남기연, "Bitcoin의 법적 가치에 관한 연구", 법학논총 제38권 제3호(단국대학교 법학연구소, 2014)

노혁준(2022) 노혁준, "블록체인과 회사법—DAO를 중심으로 한 시론적 고찰—", 상사법연구 제41권 제3호(한국상사법학회, 2022. 11.)

닉 퍼노(2019) 닉 퍼노 지음(백명훈·이규옥 옮김), 암호화폐수사(에이콘출판, 2019)

민기호(2023) 민기호, "가상자산의 증권성 판단기준 및 규제 방향", 기업법연구 제37권 제1호(한국기업법학회, 2023. 3.)

박영호(2019) 박영호, "암호화폐의 강제집행, 비트코인을 중심으로", 사법 제49호(사법발전재단, 2019. 9.)

박준선(2022) 박준선, "증권형 토큰에 대한 규제 가능성 검토—자본시장법 및 전자증권법을 중심으로—", 상사법연구 제40권 제4호(한국상사법학회, 2022. 2.)

백대열(2020) 백대열, "데이터 물권법 시론(試論)—암호화폐를 비롯한 유체물-동등 데이터를 중심으로—", 민사법학 제90호(한국민사법학회, 2020. 3.)

블록미디어(2021) ㈜블록미디어, 블록체인 기반 혁신금융 생태계 연구보고서(발주기관: 한국인터넷진흥원)(2021)

신지혜(2021) 신지혜, "블록체인의 성립과 운용에 있어서 민사법적 쟁점—블록체인에 대한 기술적 이해를 기초로—", 비교사법 제28권 제3호(한국비교사법학회, 2021. 8.)

심인숙(2008) 심인숙, "「자본시장과 금융투자업에 관한 법률」상 '투자계약증권' 개념에 대한 검토—미국 연방증권법상 '투자계약'(investment contract)과의 비교법적 검토—", 비교사법 제15권 제1호(한국비교사법학회, 2008)

심인숙(2018) 심인숙, "ICO(Initial Coin Offering)에 대한 미국 연방증권법상 쟁점에 관한 고찰—연방증권규제당국(SEC)의 접근방법을 중심으로—", 중앙법학 제20집 제4호(중앙법학회, 2018)

심인숙(2021) 심인숙, "스테이블코인의 안정화 메카니즘에 관한 법규제적 관점에서의 고찰", 중앙법학 제23집 제4호(중앙법학회, 2021)

심인숙(2023) 심인숙, "EU 암호자산시장법(MiCA)에 관한 고찰—암호자산 규제법으로서의 포괄성과 그 한계를 중심으로", 중앙법학 제25집 제4호(중앙법학회, 2023)

안수현(2022) 안수현, "탈중앙화 금융(De-Fi)의 기업·금융 규제 법제 연구—탈중앙화 자율조직(DAO)의 조직구조와 참여자 보호", 규제혁신법제연구 22-21-②-1(한국법제연구원 2022. 8. 31.)

안토노풀로스(2018) 안드레아스 M. 안토노풀로스(최은실, 김도훈, 송주한 역), 비트코인, 공개 블록체인 프로그래밍(고려대학교출판부, 2018)

온주 자본시장법 온주 자본시장법(로앤비)

윤배경(2018) 윤배경, "가상화폐의 법적 성질과 민·형사상 강제집행", 인권과 정의 제474호(대한변호사협회, 2018. 6.)

윤태영(2021) 윤태영, "블록체인 플랫폼에서의 토큰(token) 거래에 대한 민법상 쟁점", 외법논집 제45권 제3호(한국외국어대학교 법학연구소, 2021. 8.)

이나래(2018) 이나래, "가상통화의 법적 성질 및 보유자권리의 성격 검토", BFL 제89호(서울대학교 금융법센터, 2018. 5.)

이석준(2023a) 이석준, "가상자산거래소 운영자(가상자산사업자) 파산절차에 대한 실무연구 — 주식회사 코인빈 사건(서울회생법원 2019하합29)을 중심으로", 사법 제64호(사법발전재단, 2023. 6.)

이석준(2023b) 이석준, "가상자산 투자자 보호를 위한 진입·영업행위·공시규제의 적용 방안 연구 — 관련 민사판례의 실무 동향과 한계 및 입법 방안을 중심으로", 사법 제66호(사법발전재단, 2023. 12.)

이정수(2022) 이정수, "탈중앙화금융(DeFi)에 대한 금융규제 연구", 증권법연구 제23권 제2호(한국증권법학회, 2022. 8.),

이정수(2023a) 이정수, "가상자산의 증권성 판단기준 — 서울남부지방법원 2020. 3. 25. 선고 2019다단225099 판결 —", 상사판례연구 제36권 제2호(한국상사판례학회, 2023. 6.),

이정수(2023b) 이정수, "가상자산 이용자 보호 등에 관한 법률의 법적 의의와 쟁점 및 향후 입법 방향", 증권법연구 제24권 제2호(한국증권법학회 2023. 8.)

이정수(2023c) 이정수, "가상자산의 국제사법적 쟁점에 관한 시론적 고찰 : 금융거래를 중심으로", 국제사법연구 제29권 제1호(한국국제사법학회 2023. 6.)

이정엽·이석준·김성인(2023) 이정엽·이석준·김성인, 가상자산 판례백선 — 민사·신청편(박영사, 2023)

이정엽·이석준·김성인·장민석·한웅희(2024) 이정엽·이석준·김성인·장민석·한웅희, 가상자산 판례백선 — 형사·행정편(박영사, 2024)

이정훈(2019) 이정훈, "블록체인과 가상화폐의 형사법적 문제와 전망 — 대법원 2018. 5. 30. 선고 2018도3619 판결을 중심으로 —", 홍익법학 제20권 제1호(홍익대학교 법학연구소, 2019)

이혜정(2022) 이혜정, "가상자산에 대한 민사집행 연구" (사법정책연구원, 2022)

임세영·박영주(2023) 임세영·박영주, "가상자산법의 법적 쟁점 3: 제3장 불공정거래의 규제(상), (제10조, 제19조~제21조)", BFL 제122호(서울대학교 금융법센터, 2023. 11.)

전승재·권헌영(2018) 전승재·권헌영, "비트코인에 대한 민사상 강제집행 방안 — 암호화폐의 제도권 편입 필요성을 중심으로 —", 정보법학 제22권, 제1호(한국정보법학회, 2018)

전우정(2019) 전우정, "암호화폐의 법적 성격과 규제개선 방안 : 민법상 물건, 금전, 자본시장법상 증권인지 여부 검토", 금융법연구 제16권 제1호(한국금융법학회, 2019)

전휴재(2023) 전휴재, "가상자산에 대한 민사집행에 관한 소고 — 비금전채권에 기한 집행을 중심으로", 사법 제66호(사법발전재단, 2023. 12.)

정다영(2019) 정다영, "암호화폐 거래에 대한 민사법적 고찰", 민사법의 이론과 실무 제22권 제2호(민사법의 이론과 실무학회, 2019)

정순섭(2020) 정순섭, 「디지털 금융혁신관련 법령분석과 향후 입법·정책과제」, 『NARS 정책연구용역보고서』(국회입법조사처, 2020. 9.)

정순섭(2021) 정순섭, "블록체인과 금융", BFL 제108호(서울대학교 금융법센터, 2021. 7.)

정순섭·정준혁·이종혁(2021) 정순섭·정준혁·이종혁, 중앙은행 디지털화폐(CBDC) 관련 법적 이슈 및 법령 제·개정 방향(한국은행, 2021. 1.)

정승기·김성호(2019) 정승기·김성호, "증권형 토큰의 발행 및 거래와 관련한 외국환거래법상 쟁점에 대한 검토", 증권법연구 제20권 제2호(한국증권법학회, 2019)

정해상(2018) 정해상, "가상화폐의 법적 특성과 거래에 관한 법리", 법학논총 제25권 제2호(조선대학교 법학연구원, 2018)

조경준(2022) 조경준, "SAFT(Simple Agreement for Future Tokens) 관련 미 연방증권법상 쟁점에 관한 고찰 — Telegram 사안에 대한 미 연방 하급심 법원의 판단을 중심으로 —", 증권법연구 제23권 제2호(한국증권법학회, 2022)

조동관(2023) 조동관, "지급수단의 법적 측면에 대한 연구", 서울대학교 박사학위논문(서울대학교, 2023. 2.)

주석민법[민법총칙(2)](2019) 김용덕(편집대표), 주석민법 민법총칙(2)(제5판)(한국사법행정학회, 2019. 5.)

주석민법[채권총칙(1)](2020) 김용덕(편집대표), 주석민법 채권총칙1(제5판)(한국사법행정학회, 2020. 10.)

주석형사소송법(2017) 김희옥·박일환(편집대표), 주석형사소송법(제5판)(한국사법행정학회, 2017. 11.)

천창민(2017) 천창민, "크라우드세일의 증권법적 쟁점에 대한 고찰 — DAO 사례와 관련하여 —", 경제법연구 제16권 제3호(경제법학회, 2017)

천창민(2021) 천창민, "글로벌 스테이블코인의 규제흐름과 감독기구의 역할에 관한 연구 — 유럽 암호자산시장규정(MiCAR)를 중심으로", 금융법연구 제18권 제3호(금융법학회, 2021)

최민준(2021) 최민준, "가상화폐의 금전성 — 대법원 2019도1462 판결(원심 서울중앙지방법원 2018노2816 판결)에 대한 판례 평석 —", 형사법의 신동향 통권 제72호(대검찰청, 2021 가을)

최민혁·강련호(2023) 최민혁·강련호, "가상자산법의 입법 배경과 경위 및 향후 전망", BFL 제122호(서울대학교 금융법센터, 2023. 11.)

최지웅(2020) 최지웅, "증권형 토큰 발행·유통 현황 및 합리적 규제방안", 경제법연구 제19권 제2호(한국경제법학회, 2020)

최지영(2022) 최지영, "스테이블코인의 법적 성질", BFL 제115호(서울대학교 금융법센터, 2022. 9.)

최현태(2021) 최현태, "스마트계약의 계약법적 쟁점과 과제", 법과 정책연구 제21집 제1호(한국법정책학회, 2021. 3.)

코인게코(2021) 세상에 없던 금융 디파이 입문편(디파이크루 옮김)(제이펍 2021) Coin Gecko, Daryl Lau, Sze Jin Teh, Kristian Kho, Erina Azmi, Benjamin Hor, Lucius Fang and Win Khor, How to DeFi: Beginner (2021)

한국은행(2015) 한국은행 금융결제국 금융정보화추진협의회, 전자금융총람(2015. 2.)

한국은행(2019) 한국은행, 중앙은행 디지털화폐(2019. 1.)

한국인공지능법학회(2019) 한국인공지능법학회, 인공지능과 법(박영사, 2019)

한서희(2022) 한서희, "디지털자산과 자본시장법상 규제—증권성 판단 기준을 중심으로—", BFL 제115호(서울대학교 금융법센터, 2022. 9.)

홍은표(2019) 홍은표, "암호자산에 대한 소유권 보호를 위한 시론", 정보법학 제23권 제3호(한국정보법학회, 2019)

홍지연(2021) 홍지연, 디파이(DeFi) 시장의 성장과 시사점, 자본시장포커스 2021-06호(자본시장연구원, 2021)

황현일·허준범(2023) 황현일·허준범, "가상자산법의 법적 쟁점 2: 제2장 이용자 자산의 보호(제6조~제9조)", BFL 제122호(서울대학교 금융법센터, 2023. 11.)

ABA(2020) American Bar Association, Digital and Digitized Assets: Federal and State Jurisdictional Issues (December 2020)

Allen et al.(2020) Jason G. Allen, Michel Rauchs, Apolline Blandin, Keith Bear, Legal and Regulatory Considerations for Digital Assets (Cambridge Centre for Alternative Finance, 2020)

Kosse·Mattei(2023) Anneke Kosse and Ilaria Mattei, Making headway - Results of the 2022 BIS survey on central bank digital currencies and crypto, BIS Papers No 136(BIS Monetary and Economic Department, July 2023)

Antonopoulos(2021) Andreas M. Antonopoulos, Mastering Bitcoin: Programming the Open Blockchain(stanfordpub.com, 2021)

Auer et al.(2020) Raphael Auer, Giulio Cornelli and Jon Frost, Rise of the central bank digital currencies: drivers, approaches and technologies (BIS Working Papers No 880, August 2020)

Barnes(2018) Paul Barnes, "Crypto Currency and its Susceptibility to Speculative Bubbles, Manipulation, Scams and Fraud", Journal of Advanced Studies in Finance, Vol. 9, Winter, 2(2018)

Bayern(2014) Shawn Bayern, "Dynamic Common Law and Technological Change: The Classification of Bitcoin", 71 Wash. & Lee L. Rev. 22 (2014)

BIS(2020) Bank for International Settlements, Central bank digital currencies: foundational principles and core features (2020)

BIS/CPMI(2017) Bank for International Settlement, Committee on Payments and Market Infrastructures, "Distributed ledger technology in payment, clearing and settlement—An analytical framework (February 2017)

Blandin et al.(2019) Apolline Blandin, Ann Sofie Cloots, Hatim Hussain, Michel Rauchs, Rasheed Saleuddin, Jason Grant Allen, Bryan Zhang, Katherine Cloud, Global Cryptoasset

Regulatory Landscape Study (Cambridge Centre for Alternative Finance, 2019)

Blandin et al.(2020) Apolline Blandin, Gina Peters, Yue Wu, Thomas Eisermann, Anton Dek, Sean Taylor, Damaris Njoki, 3rd Global Cryptoasset Benchmarking Study (Cambridge Centre for Alternative Finance, September 2019)

Boar · Wehrli(2021) Codruta Boar and Andreas Wehrli, Ready, steady, go?—Results of the third BIS survey on central bank digital currency (BIS Papers No 114, January 2021)

Brummer(2019) Chris Brummer(ed.), Cryptoassets *Legal, Regulatory and Monetary Perspectives* (Oxford University Press, 2019)

Brummer(2020) Chris Brummer, Fintech Law in a nutshell (West Academic Publishing, 2020)

Brunton(2019) Finn Brunton, Digital Cash (Princeton University Press, 2019)

Casanova · Savoie(2022) John Casanova and Max Savoie(ed), Payment Services: Law and Practice (Edward Elgar Publishing, 2022)

Chainanalysis(2024) Chainanalysis, The 2024 Crypto Crime Report (February, 2024)

Choy(2020) Wai L Choy, "Blockchain 51% Attacks—Lessons Learned for Developers and Trading Platform Operators", National Law Review, Volume X, Number 43 (February 12, 2020)

Ciphertrace(2021) Ciphertrace, Cryptocurrency Crime and Anti-Money Laundering Report (February, 2021)

Cohney et al.(2019) Shaanan Cohney, David Hoffman, Jeremy Sklaroff and David Wishnick, "Coin-Operated Capitalism", 119 Columbia Law Review 591 (April 2019)

Coin Gecko et al.(2021) Coin Gecko, Lucius Fang, Benjamin Hor, Erina Azmi and Win Win Khor, How to DeFi: Advanced (2021)

DeVito(2021) William Rick DeVito, DeFi (Decentralized Finance): The Future of Finance Evolution Explained and the Complete Guide for Investing in Crypto & Digital Assets (2021)

DuPont(2018) Quinn DuPont, "Experiments in Algorithmic Governance: An Ethnography of "The DAO", a Failed Decentralized Autonomous Organization", in Malcolm Campbell-Verduyn(ed.), Bitcoin and Beyond: Cryptocurrencies, Blockchains and Global Governance (Routledge, 2018)

ESMA(2019) European Securities and Markets Authority, Advice: Initial Coin Offerings and Crypto-Assets (January 19, 2019)

FATF(2012-2023) Financial Action Task Force, International Standards on Combating Money Laundering and The Financing of Terrorism & Proliferation—The FATF Recommenda-tions (Updated November 2023)

FATF(2020a) FATF Report to the G20 Finance Ministers and Central Bank Governors on So-called Stablecoins (June 2020)

FATF(2020b) FATF, Money Laundering and Terrorist Financing Red Flag Indicators Associated with Virtual Assets (September 2020)

FATF(2021) FINANCIAL ACTION TASK FORCE, Updated Guidance For A Risk-Based Approach: Virtual Assets And Virtual Asset Service Providers (October 2021)

Filippi · Wright(2018) Primavera De Filippi and Aaron Wright, Blockchain and the Law: The Rule of Code (Harvard University Press, 2018)

Finck(2018) Michèle Finck, Blockchain Regulation and Governance in Europe (Cambridge University Press, 2018)

FINMA(2018) Swiss Financial Market Supervisory Authority, Guidelines for enquiries regarding the regulatory framework for initial coin offerings (ICOs) (February 16, 2018)

FINMA(2019) Swiss Financial Market Supervisory Authority, Supplement to Guidelines for enquiries regarding the regulatory framework for initial coin offerings (ICOs) (September 11, 2019)

Florysiak · Schandlbauer(2022) David Florysiak and Alexander Schandlbauer, "Experts or Charlatans ICO Analysts and White Paper Informativeness" (March 4, 2022). Journal of Banking and Finance, Forthcoming, Available at SSRN httpsssrn.comabstract=3265007 or httpdx.doi.org10.2139ssrn.3265007

FMLC(2018) Financial Markets Law Committee, Distributed Ledger Technology and Governing Law (27 March 2018)

Fox · Green(2019) David Fox and Sarah Green(ed.), Cryptocurrencies in Public and Private Law (Oxford University Press, 2019)

FSB(2018) Financial Stability Board, Crypto-asset markets: Potential channels for future financial stability implications (10 October, 2018)

FSB(2020) Financial Stability Board, Regulation, Supervision and Oversight of "Global Stablecoin" Arrangements (13 October 2020)

FSB(2022a) Assessment of Risks to Financial Stability from Crypto-assets (16 February 2022)

FSB(2022b) Regulation, Supervision and Oversight of Crypto-Asset Activities and Markets (11 October 2022)

FSB(2023) The Financial Stability Risks of Decentralised Finance (16 February 2023)

FTC(2022) Fair Trade Commission, Data Spotlight: Reports show scammers cashing in on crypto craze (June 2022)

Grinberg(2012) Reuben Grinberg, "Bitcoin: An Innovative Alternative Digital Currency", 4 Hastings Sci. & Tech. L.J. 159 (2012)

Guseva(2021) Guseva, Yuliya, "A Conceptual Framework for Digital-Asset Securities: Tokens and Coins as Debt and Equity", 80 Maryland Law Review 166 (2021)

G7 Working Group on Stablecoins(2019) G7 Working Group on Stablecoins, "Investigating the impact of global stablecoins" (October 2019)

Haffke · Fromberger(2020) Lars Haffke and Mathias Fromberger, ICO Market Report 2019/2020 – Performance Analysis of 2019's Initial Coin Offerings (December 30, 2020)

Harvey et al.(2021) Campbell R. Harvey, Ashwin Ramachandran, Joey Santoro, DeFi and the Future of Finance (John Wiley & Sons, Inc., 2021)

Hougan · Lawant(2021) Matt Hougan and David Lawant, "CRYPTOASSETS: The Guide to Bitcoin, Blockchain, and Cryptocurrency for Investment Professionals" (CFA Institute Research Foundation, 2021)

Howell et al.(2020) Sabrina T Howell, Marina Niessner and David Yermack, "Initial Coin Offerings: Financing Growth with Cryptocurrency Token Sales" The Review of Financial Studies, Volume 33, Issue 9 (September 2020)

IOSCO(2020a) International Organization of Securities Commissions, Issues, Risks and Regulatory Considerations Relating to Crypto-Asset Trading Platforms (Final Report) (February 2020)

IOSCO(2020b) International Organization of Securities Commissions, Global Stablecoin Initiatives (March 2020)

IOSCO(2020c) International Organization of Securities Commissions, Investor Education on Crypto-Assets (December 2020)

IOSCO(2022) International Organization of Securities Commissions, IOSCO Decentralized Finance Report (2022)

Kosse · Mattei(2023) Anneke Kosse and Ilaria Mattei, Making headway — Result of the 2022 BIS survey on central bank digital currencies and crypto (BIS Papers No. 136), Bank for International Settlements (July 2023)

Law Commission(2022) Law Commission, Digital Assets: Consultation Paper, Law Com 256 (28 July 2022)

Lee et al.(2021) Jongsub Lee, Tao Li, and Donghwa Shin, The Wisdom of Crowds in FinTech: Evidence from Initial Coin Offerings (January 5, 2021). Available at SSRN: https://ssrn.com/abstract=3195877 or http://dx.doi.org/10.2139/ssrn.3195877

Lehmann(2019) Matthias Lehmann, "Who Owns Bitcoin? Private Law Facing the Blockchain" 21 Minnesota Journal of Law, Science & Technology Vol. 21 Issue 1 (2019)

Madir(2019) Jelena Madir, FINTECH Law and Regulation (Edward Elgar Publishing, 2019)

Maume(2020) Philipp Maume, "Initial Coin Offerings and EU Prospectus Disclosure", European Business Law Review 31, no. 2 (2020)

Maume · Maute · Fromberger(2022) Philipp Maume, Lena Maute and Mathias Fromberger(ed.), The Law of Crypto Assets: A Handbook (C.H. Beck, 2022)

Möslein · Omlor(2023) Florian Möslein and Sebastian Omlor (hrsg.), FinTech-Handbuch: Digitalisierung, Recht, Finanzen (C.H. Beck, 2023)

Nabilou(2022) Hossein Nabilou, "Probabilistic Settlement Finality in Proof-of-Work Blockchains: Legal Considerations" (January 31, 2022). Available at SSRN: https://ssrn.com/abstract=4022676 or http://dx.doi.org/10.2139/ssrn.4022676

Nakamoto(2008) Satoshi Nakamoto, "Bitcoin: A Peer-to-Peer Electronic Cash System" (2008)

OECD(2022) OECD, Why Decentralised Finance (DeFi) Matters and the Policy Implications (2022)

Ofir · Sadeh(2020) Moran Ofir and Ido Sadeh, "ICO vs IPO: Empirical Findings, Information Asymmetry and the Appropriate Regulatory Framework", Vanderbilt Journal of Transnational Law, Vol. 53, Issue 2 (March 2020), pp. 525-614

PWG · FDIC · OCC(2021) President's Working Group on Financial Markets, the Federal Deposit Insurance Corporation and the Office of the Comptroller of the Currency, Report on Stablecoins (November 2021)

Rauchs et al.(2018) Michel Rauchs, Andrew Glidden, Brian Gordon, Gina Pieters, Martino Recanatini, François Rostand, Kathryn Vagneur and Bryan Zhang, "Distributed Ledger Technology Systems—A Conceptual Framework" (Cambridge Centre for Alternative Finance, 2018)

Russo(2020) Camila Russo, The Infinte Machine (Harper Business, 2020)

SEC(2017) Securities and Exchange Commission, Release No. 81207 (July 25, 2017), "Report of Investigation Pursuant to Section 21(a) of the Securities Exchange Act of 1934: The DAO"

SEC FinHub(2019) Strategic Hub for Innovation and Financial Technology of the Securities and Exchange Commission, Framework for 'Investment Contract' Analysis of Digital Assets (April 3, 2019)

Schär(2021) Fabian Schär, "Decentralized Finance: On Blockchain-and Smart Contract-based Financial Markets", Federal Reserve Bank of St. Louis Review, Vol. 103 No. 2, Second Quarter 2021

Shynkevich(2021) Andrei Shynkevich, "Impact of bitcoin futures on the informational efficiency of bitcoin spot market", Journal of Futures Markets, Vol. 41, No. 1, 2021;41:115-134.

Sims(2019) Alexandra Sims, "Blockchain and Decentralised Autonomous Organisations (DAOs): The Evolution of Companies?", New Zealand Universities Law Review, Vol. 28 Issue 3, pp. 423-458 (November 1, 2019)

Territt(2019) Harriet Territt, "Governing the Blockchain: What is the Applicable Law?" in Madir (2019)

UK Jurisdiction Taskforce(2019) UK Jurisdiction Taskforce, Legal statement on cryptoassets and smart contracts (November 2019)

UNIDROIT(2023) UNIDROIT Digital Assets and Private Law Principle 2(2)

van der Merwe(2021) Andria van der Merwe, "A Taxonomy of Cryptocurrencies and Other

Digital Assets", Review of Business, Vol. 41, No. 1, pp. 30-43 (St. John's University, 2021)

World Bank(2018) World Bank Group, Cryptocurrencies and Blockchain, World Bank Economic Update (May 2018)

Zetzsche et al.(2018) Dirk Zetzsche, Ross Buckley and Douglas W. Arne, "The Distributed Liability of Distributed Ledgers: Legal Risks of Blockchain", University of Illinois Law Review, Vol 2018 No. 4, pp. 1361-1406

Zetzsche et al.(2019) Dirk A. Zetzsche, Ross P. Buckley, Douglas W. Arner and Linus Föhr, "The ICO Gold Rush: It's a Scam, It's a Bubble, It's a Super Challenge for Regulators" Harvard International Law Journal, Vol. 60, No. 2 (2019)

Zetzsche et al.(2020) Dirk A. Zetzsche, Filippo Annunziata, Douglas W. Arner and Ross P. Buckley, "The Markets in Crypto-Assets Regulation (MICA) and the EU Digital Finance Strategy" (November 5, 2020). European Banking Institute Working Paper Series No. 2020/77

加毛明(2019) 加毛明, "仮想通貨の私法上の法的性質 ― ビットコインのプログラム·コードとその法的評価", 金融法務研究会 (2019) 제1장

金融法務研究会(2019) 金融法務研究会, 仮想通貨に関する私法上·監督法上の 諸問題の検討 (2019. 3.)

大越有人(2021) 大越有人, "電子記録移転権利の法的位置付けについて", NBL 1189호 (商事法務, 2021. 3. 1.)

デジタル·分散型金融への対応のあり方等に関する研究会(2021) デジタル·分散型金融への対応のあり方等に関する研究会 中間論点整理 (2021. 11. 17.)

福岡真之介·本柳祐介(2024) 福岡真之介·本柳祐介, DAOの仕組みと法律 (商事法務 2024)

森田宏樹(2019) 森田宏樹 "仮想通貨の私法上の性質について", 金融法研究 제35호(2019. 6.)

森下哲朗(2017) 森下哲朗, "FinTech時代の金融法のあり方に関する序説的検討", 黒沼悦郎·藤田友敬(편집) 江頭憲治郎先生古稀記念『企業法の進路』(有斐閣, 2017)

西村あさひ法律事務所(2017) 西村あさひ法律事務所, ファイナンス法大全(下)(全訂版) (商事法務, 2017)

神作裕之(2019) 神作裕之, "ドイツにおける 暗号資産および ICOの 監督法上の 取扱い", 金融法務研究会 (2019) 제5장

市古裕太(2024) 市古裕太, デジタルマネービジネスの法務 (商事法務, 2024)

神田秀樹(2019) 神田秀樹, "仮想通貨と監督法", 金融法務研究会 (2019) 제5장

岩原紳作(2019) 岩原紳作, "仮想通貨に関する私法上の諸問題", 金融法務研究会 (2019) 제4장

中央銀行デジタル通貨に関する法律問題研究会(2019) 「中央銀行デジタル通貨に関する法律問題研究会」報告書 (日本銀行金融研究所, 2019. 9.)

増島雅和·堀天子(2020) 増島雅和·堀天子, 暗号資産の法律 (中央経済社, 2020)

増島雅和·堀天子(2023) 増島雅和·堀天子, 暗号資産の法律(第2版) (中央経済社, 2023)

片岡総合法律事務所(2023) 片岡総合法律事務所(編集), 金融法務の理論と実践 (有斐閣, 2023)

河合健 외(2020) 河合健·高松志直·田中貴一·三宅章仁(編著), 暗号資産·デジタル証券法 (商事法務, 2020)

後藤出(2020) 後藤出, "暗号資産の分別管理 ― 暗号資産の私法上の性質を踏まえて―", NBL 1177호 (商事法務, 2020. 9. 1.)

판례색인

[헌법재판소]

[대법원]

[서울고등법원]

[대전고등법원]

[부산고등법원]

[수원고등법원]

[서울지방법원]

[서울남부지방법원]

[서울북부지방법원]

[서울중앙지방법원]

외국판례색인

사항색인

[ㄹ]

[ㅅ]

[ㅈ]

[ㅊ]

외국어색인

[A]

[B]

[C]

[D]

[H]

[I]

[J]

[K]

[L]

[M]

[N]

[O]

[P]

[Q]

저자 약력

박 준

서울대 법대 졸업
하버드대 LL.M.
변호사(김·장 법률사무소)
서울대 법학전문대학원 교수
서울대 법학연구소 금융법센터장
서울대 금융경제연구원장
서울대 경영대 객원교수·특임교수
(현) 서울대 법학전문대학원 특임교수

한 민

서울대 법대 졸업
코넬대 LL.M.
변호사(김·장법률사무소, 법무법인 율촌)
금융위원회 법률자문위원
UN 국제상거래법위원회(UNCITRAL) 도산법회의 한국대표단
법무부 채무자회생법 개정위원회 위원장
이화여대 법학전문대학원 교수
(현) 김·장법률사무소 변호사

제 4 판
금융거래와 법

초판발행 2018년 8월 30일
제 4 판발행 2024년 8월 15일

지은이 박 준·한 민
펴낸이 안종만·안상준

편 집 김선민
기획/마케팅 조성호
표지디자인 이영경
제 작 고철민·김원표

펴낸곳 (주) 박영사
서울특별시 금천구 가산디지털2로 53, 210호(가산동, 한라시그마밸리)
등록 1959. 3. 11. 제300-1959-1호(倫)
전 화 02)733-6771
f a x 02)736-4818
e-mail pys@pybook.co.kr
homepage www.pybook.co.kr
ISBN 979-11-303-4784-4 93360

정 가 72,000원